日本中世史図書総覧

明治～平成

日外アソシエーツ

Catalog of Books
of
Japanese Medieval History

1868-2007

Compiled by
Nichigai Associates, Inc.

©2008 by Nichigai Associates, Inc.
Printed in Japan

本書はディジタルデータでご利用いただくことができます。詳細はお問い合わせください。

●編集担当● 町田 千秋
装　丁：浅海 亜矢子

刊行にあたって

　天皇・貴族から武士へと主権が移行した中世は、支配者層の変遷とともに社会の構造もまた劇的に変化した時代である。政治面においては、「下剋上」の言葉に象徴されるように新勢力の台頭と戦乱が相次ぎ、経済面では、平安時代末期に生まれた荘園公領制が守護や大名による領国支配体制の始まりとともに解体されていった。また、武士階級や民衆が新たに文化の担い手として登場し、能や茶道など現代まで続く日本独自の芸術が花開いたのもこの時代であった。

　このような激動の時代を背景にして、さまざまな個性を持った人物が活躍したことから、「中世」は歴史研究の対象として非常に人気がある。特に戦国時代への関心は常に高く、専門書、一般書を問わず多くの関連書籍が刊行されている。映画やドラマ、小説の舞台として選ばれるのみならず、乱世の混迷に現代との共通点を見出す人々によって、戦国武将の生き方が現代人の行動の指針とされることも多い。

　本書は、そうした日本中世史関連の図書を、主題を問わずに収録し、包括的に調査できるようにしたものである。現在の図書分類法では、政治史は「政治」、経済史は「経済」という主題のもとに分類整理されるのが通例であるが、本書ではそれらを網羅的に収録することにより、歴史研究の対象となる多様な主題を通覧することが可能になっている。歴史区分としての「中世」の定義についてはさまざまな議論があるが、本書では鎌倉幕府開府から江戸幕府開府までを便宜上の区切りとした。収録範囲は明治元年から現在までの140年間であり、稀覯本から最新の学説書まで、幅広く参照できる。なお、古代（平安時代以前）を扱った文献の調査については、「日本古代史図書総覧　明治～平成」(2008.6刊)が便利である。併せてご利用頂きたい。

　本書が中世に関する図書を調査研究・利用する際の手がかりの一つとして、多くの人々に活用されることを願うものである。

2008年9月

日外アソシエーツ

凡　例

1. 本書の内容

　　本書は、日本の中世関連の図書を網羅的に集め、主題分類した図書目録である。なお、中世の範囲は鎌倉幕府開府から江戸幕府開府までとした。

2. 収録対象

　(1) 1868年（明治元年）から2007年（平成19年）までの140年間に日本国内で刊行された図書を収録対象とした。
　(2) 中世を扱った図書でも小説、児童書、受験参考書・問題集は収録しなかった。
　(3) 日本史を包括的に扱った通史書は除外した。ただし中世に記述の重点を置いているものや、収録範囲が古代から中世、中世から近世にまたがる図書は収録した。
　(4) 収録した図書は18,293点である。

3. 見出し

　(1) 各図書は、古代から中世にまたがる時代を扱った「古代・中世史」と、中世のみを扱った「中世史」、中世から近世にまたがる時代を扱った「中世・近世史」に区分し、これを大見出しとした。
　(2) 各大見出しの下は主題分類し、これを中見出しとした。また中見出しの下には適宜小見出しを設けた。
　(3) 見出しの詳細は、目次を参照されたい。

4. 排　列

　(1) 見出しの下での排列は、書名の読みの五十音順とした。
　(2) 濁音・半濁音は清音扱いとし、ヂ→シ、ヅ→スとした。また拗促音は直音扱いとし、長音（音引き）は無視した。
　(3) 「日本…」の読みは、「ニホン…」に統一した。
　(4) 同一書名の図書は刊行年月順に排列した。

5. 図書の記述

　　記述の内容と順序は次の通り。
　　書名／副書名／巻次／各巻書名／著者表示／版表示／出版地（東京以外を表示）／出版者／出版年月／ページ数または冊数／大きさ／叢書名／叢書番号／定価（刊行時）／ISBN（①で表示）／NDC（Ⓝで表示）／文献番号（〔　〕で表示）

6．著者名索引

　　各図書の著者名を五十音順に排列した。本文における図書の所在は文献番号で示した。

7．事項名索引

　　本文の見出しに含まれるテーマをキーワードとして五十音順に排列し、見出しの掲載ページを示した。

8．書誌事項等の出所

　　本書に掲載した各図書の書誌事項は、概ねデータベース「BOOKPLUS」及びJAPAN/MARCに拠ったが、掲載にあたっては編集部で記述形式などを改めたものがある。

目　次

- 古代・中世史 …………………………… 1
  - 古代・中世一般 ……………………… 1
    - 古代・中世史料・古文書 ………… 2
      - 金石文 ………………………… 3
      - 花押・印章 …………………… 4
      - 公卿補任 ……………………… 4
      - 尊卑分脈 ……………………… 4
      - 系譜・系図 …………………… 4
  - 政治史 ………………………………… 5
  - 合戦史 ………………………………… 5
  - 外交史 ………………………………… 5
  - 経済史 ………………………………… 5
    - 財政史 ……………………………… 6
      - 貨幣・金融 …………………… 6
    - 農業史 ……………………………… 6
    - 製造業・工業技術 ………………… 6
      - 製鉄・鍛冶 …………………… 6
    - 運輸・交通 ………………………… 6
  - 社会史 ………………………………… 6
    - 天皇制 ……………………………… 6
    - 女性史 ……………………………… 6
    - 風俗・生活史 ……………………… 7
      - 儀礼 …………………………… 7
      - 祭礼・民間信仰 ……………… 7
      - 年中行事 ……………………… 7
    - 服飾史 ……………………………… 7
      - 鎧・武具 ……………………… 7
    - 食物史 ……………………………… 7
    - 差別史 ……………………………… 7
    - 住居史 ……………………………… 7
    - 集落・都市 ………………………… 7
    - 家族 ………………………………… 8
    - 民話・民間伝承 …………………… 8
    - 歴史地理 …………………………… 8
    - 災害史 ……………………………… 8
  - 思想史 ………………………………… 8
  - 宗教史 ………………………………… 8
    - 神道史 ……………………………… 8
      - 伊勢神宮 ……………………… 9
    - 仏教史 ……………………………… 9
      - 寺院 …………………………… 9
  - 学術・教育史 ………………………… 10
    - 科学史 ……………………………… 10
    - 医学史 ……………………………… 10
    - 教育史 ……………………………… 10
  - 文化史 ………………………………… 10
  - 美術史 ………………………………… 10
    - 宗教美術 …………………………… 10
    - 彫刻 ………………………………… 10
    - 絵画 ………………………………… 11
      - 仏教画 ………………………… 11
      - 大和絵 ………………………… 11
      - 絵巻物 ………………………… 11
      - 説話絵 ………………………… 12
      - 合戦絵 ………………………… 12
    - 陶芸 ………………………………… 12
    - 建築史 ……………………………… 13
      - 寺社建築 ……………………… 13
      - 城郭建築 ……………………… 14
    - 芸能史 ……………………………… 14
      - 音楽史 ………………………… 14
        - 琉球音楽 …………………… 14
    - 言語史 ……………………………… 14
    - 文学史 ……………………………… 14
      - 仏教文学 ……………………… 16
      - 地方文学 ……………………… 16
      - 和歌 …………………………… 16
        - 歌学・歌論書 ……………… 17
        - 歌枕 ………………………… 17
        - 歌合 ………………………… 18
      - 歌謡 …………………………… 18
      - 物語文学 ……………………… 18
      - 説話文学 ……………………… 19
        - 仏教説話文学 ……………… 20
      - 日記・紀行文 ………………… 20
      - 漢詩文 ………………………… 20
  - 地方史 ………………………………… 20
    - 北海道 ……………………………… 20
    - 東北地方 …………………………… 20
      - 青森県 ………………………… 20
      - 岩手県 ………………………… 21
      - 宮城県 ………………………… 21
      - 秋田県 ………………………… 21
      - 山形県 ………………………… 22
      - 福島県 ………………………… 22
    - 関東地方 …………………………… 23
      - 茨城県 ………………………… 23
      - 栃木県 ………………………… 23
      - 群馬県 ………………………… 24
      - 埼玉県 ………………………… 24
      - 千葉県 ………………………… 25
      - 東京都 ………………………… 26
      - 神奈川県 ……………………… 27
    - 北越地方 …………………………… 27
      - 新潟県 ………………………… 27
      - 富山県 ………………………… 28
      - 石川県 ………………………… 28
      - 福井県 ………………………… 28
    - 中部・東海地方 …………………… 29
      - 山梨県 ………………………… 29
      - 長野県 ………………………… 29
      - 岐阜県 ………………………… 29
      - 静岡県 ………………………… 30
      - 愛知県 ………………………… 31
      - 三重県 ………………………… 31
    - 近畿地方 …………………………… 32
      - 滋賀県 ………………………… 32

(6)

目 次

京都府	32
大阪府	32
兵庫県	33
奈良県	33
和歌山県	33
中国地方	34
鳥取県	34
島根県	34
岡山県	34
広島県	35
山口県	35
四国地方	35
徳島県	35
香川県	35
愛媛県	35
九州地方	36
福岡県	36
佐賀県	36
長崎県	36
熊本県	36
大分県	36
宮崎県	37
鹿児島県	37
沖縄県	37

中世史 ……… 38

中世一般	38
中世史料・古文書	43
古文書学	44
東寺百合文書	46
歴代残闕日記	46
二中歴	47
武家年代記	47
鎌倉大日記	47
続史愚抄	47
花押・印章	47
系譜・系図	48
中世の天皇	48
後鳥羽天皇	49
土御門天皇	49
順徳天皇	49
亀山天皇	50
後宇多天皇	50
花園天皇	50
後村上天皇	50
長慶天皇	50
光厳天皇	51
後奈良天皇	51
正親町天皇	51
後陽成天皇	51
中世公家	51
中世武家・武将	51
中世悪党・武士団	54
中世海賊・水軍	56
倭寇	57
鎌倉時代	57
鎌倉幕府	59
源頼朝	60
源実朝	61
御家人	61
守護	63
地頭	63
執権政治	63
北条氏	63
承久の乱	65
正中の乱・元弘の乱	65
鎌倉時代史料	65
大日本史料（4）	66
大日本史料（5）	66
史料綜覧（鎌倉時代）	67
鎌倉遺文	67
山槐記	69
玉葉	69
吉記	70
明月記	70
猪隈関白記	71
民経記	71
岡屋関白記	72
深心院関白記	72
言緒卿記	72
建治三年記	72
実躬卿記	72
花園天皇宸記	72
朝儀諸次第	73
南北朝時代	73
建武中興	77
後醍醐天皇	78
南朝	78
護良親王	81
懐良親王	81
楠木正成・楠木氏	81
新田義貞・新田氏	82
菊池氏	83
北畠氏	83
北朝	83
足利尊氏・足利氏	83
佐々木道誉	84
後南朝	84
南北朝時代史料	85
大日本史料（6）	85
史料綜覧（南北朝時代）	86
南北朝遺文	86
園太暦	87
愚管記	87
後愚昧記	87
玉英記抄	88
室町時代	88
室町幕府・足利将軍	90
足利義満	91
足利義政	91
鎌倉府・東国支配	91
守護大名	91
応永の乱	92
結城合戦	92
嘉吉の乱	92
応仁の乱	92
室町時代史料	93
大日本史料（7）	94

(7)

目　次

　　大日本史料（8） …………………… 95
　　大日本史料（9） …………………… 97
　　史料綜覧（室町時代）……………… 98
　　建内記 ………………………………… 98
　　大乗院寺社雑事記 …………………… 98
　　看聞日記 ……………………………… 100
　　薩戒記 ………………………………… 100
　　師郷記 ………………………………… 100
　　蔭涼軒日録 …………………………… 100
　　親俊日記 ……………………………… 100
　　大館常興日記 ………………………… 100
　　親元日記 ……………………………… 101
　　八坂神社記録 ………………………… 101
　　親長卿記 ……………………………… 101
　　後法興院記 …………………………… 101
　　実隆公記 ……………………………… 102
　　言国卿記 ……………………………… 102
　　鹿苑日録 ……………………………… 102
　　二水記 ………………………………… 102
　　親孝日記 ……………………………… 103
　　後奈良天皇宸記 ……………………… 103
　戦国時代 ………………………………… 103
　　下剋上 ………………………………… 109
　　足軽 …………………………………… 109
　　鉄砲伝来 ……………………………… 109
　　戦国の群雄 …………………………… 110
　　　伊達氏 ……………………………… 120
　　　最上氏 ……………………………… 121
　　　葦名氏 ……………………………… 121
　　　佐竹氏 ……………………………… 121
　　　太田氏 ……………………………… 121
　　　里見氏 ……………………………… 121
　　　後北条氏 …………………………… 122
　　　上杉氏 ……………………………… 123
　　　武田氏 ……………………………… 125
　　　　川中島の合戦 …………………… 131
　　　　三方ケ原の戦い ………………… 132
　　　　戸次川合戦 ……………………… 132
　　　真田氏 ……………………………… 132
　　　今川氏 ……………………………… 133
　　　織田氏 ……………………………… 134
　　　斎藤氏 ……………………………… 134
　　　朝倉氏 ……………………………… 134
　　　浅井氏 ……………………………… 135
　　　六角氏 ……………………………… 135
　　　細川氏 ……………………………… 135
　　　尼子氏 ……………………………… 135
　　　大内氏 ……………………………… 136
　　　毛利氏 ……………………………… 136
　　　長宗我部氏 ………………………… 138
　　　龍造寺氏 …………………………… 139
　　　大友氏 ……………………………… 139
　　　島津氏 ……………………………… 141
　戦国時代史料 …………………………… 142
　　歴代古案 ……………………………… 143
　　武功夜話 ……………………………… 143
　　言継卿記 ……………………………… 143
　安土桃山時代 …………………………… 144
　　織田信長 ……………………………… 146
　　　織田家の武将 ……………………… 152

　　　桶狭間の戦い ……………………… 153
　　　美濃攻略 …………………………… 153
　　　長篠の戦い ………………………… 153
　　　明智光秀・本能寺の変 …………… 154
　　豊臣秀吉 ……………………………… 155
　　　豊臣政権の武将 …………………… 162
　　　　石田三成 ………………………… 162
　　　　加藤清正 ………………………… 163
　　　　蒲生氏郷 ………………………… 163
　　　　黒田孝高 ………………………… 164
　　　　小西行長 ………………………… 164
　　　　高山右近 ………………………… 164
　　　　前田利家 ………………………… 164
　　　　山内一豊 ………………………… 165
　　　賤ケ岳合戦 ………………………… 166
　　　小田原合戦 ………………………… 166
　　徳川家康 ……………………………… 166
　　　徳川家臣団 ………………………… 169
　　　関が原の戦い ……………………… 170
　　安土桃山時代史料 …………………… 172
　　　大日本史料（10）………………… 173
　　　大日本史料（11）………………… 174
　　　史料綜覧（安土桃山時代）……… 175
　　　ルイス・フロイス「日本史」…… 175
　　　晴右記 ……………………………… 176
　　　兼見卿記 …………………………… 176
　　　言経卿記 …………………………… 177
　　　家忠日記 …………………………… 177
　　　義演准后日記 ……………………… 177
　　　多聞院日記 ………………………… 177
　　　おあん物語 ………………………… 178
　政治史 …………………………………… 178
　法制史 …………………………………… 178
　　中世官制 ……………………………… 180
　　鎌倉幕府の法 ………………………… 180
　　　御成敗式目 ………………………… 180
　　室町幕府の法 ………………………… 181
　　戦国分国法 …………………………… 181
　　職原抄 ………………………………… 181
　合戦史 …………………………………… 181
　外交史 …………………………………… 184
　　対中国外交 …………………………… 184
　　　元寇 ………………………………… 185
　　対朝鮮外交 …………………………… 187
　　　文禄・慶長の役 …………………… 188
　　対南蛮外交 …………………………… 190
　　その他の諸国との外交 ……………… 191
　経済史 …………………………………… 191
　　土地制度 ……………………………… 191
　　　中世荘園制 ………………………… 192
　　　大名領国制 ………………………… 195
　　　検地 ………………………………… 195
　　財政・税制史 ………………………… 196
　　貨幣・金融 …………………………… 196
　　　徳政令 ……………………………… 196
　　農業史 ………………………………… 197
　　畜産業 ………………………………… 197
　　製造業・工業技術 …………………… 197
　　　鋳物 ………………………………… 197
　　鉱業 …………………………………… 197

(8)

目　次

運輸・交通	197
道	198
水運・海運	198
商業史	199
貿易	200
社会史	200
封建制度	203
女性史	204
一揆史	206
一向一揆	207
風俗・生活史	208
儀礼	209
葬儀	210
祭礼・民間信仰	210
年中行事	210
服飾史	210
鎧・武具	211
食物史	211
差別史	211
住居史	212
集落・都市	212
村落	212
都市	214
町衆	216
家族	216
性風俗	216
遊戯	216
民話・民間伝承	216
埋蔵金伝説	216
歴史地理	216
災害史	217
世相・事件史	217
思想史	217
儒学	218
倫理・道徳	218
宗教史	219
神話	220
神道史	220
神社	220
修験道	221
仏教史	221
鎌倉時代の仏教	223
室町時代の仏教	224
浄土教	224
各宗派	224
旧宗派	224
天台宗	225
真言宗	225
浄土宗	225
浄土真宗	225
禅宗	227
日蓮宗	228
時宗	228
寺院	228
寺社勢力	231
知恩院	231
本願寺	231
僧侶	232
法然	232
親鸞	233
栄西	236
道元	236
日蓮	237
一遍	238
一休宗純	238
蓮如	239
キリスト教史	239
ザビエル・イエズス会	241
キリシタン大名・キリシタン武士	243
天正遣欧使節	243
弾圧と殉教	244
学術・教育史	245
金沢文庫	245
史学史	246
吾妻鏡	246
愚管抄	250
神皇正統記	250
後鑑	251
科学史	252
暦学	252
医学史	252
教育史	252
兵法史	253
軍師	253
甲陽軍鑑	254
文化史	255
鎌倉文化	255
室町文化	256
東山文化	256
安土・桃山文化	257
南蛮文化	257
美術史	257
鎌倉時代の美術	258
室町時代の美術	258
北山文化の美術	258
東山文化の美術	259
桃山時代の美術	259
南蛮美術	259
宗教美術	260
仏教美術	260
彫刻	261
石彫	261
鎌倉彫刻	261
絵画	262
仏教画	263
絵巻物	263
障屏画	264
似絵	264
鎌倉時代絵画史	264
鎌倉時代仏教画	264
鎌倉時代絵巻物	264
伊勢物語絵巻	264
紫式部日記絵詞	265
隆房卿艶詞絵巻	265
長谷雄草子	265
男衾三郎絵巻	265
平治物語絵巻	265
平家物語絵巻	265
華厳宗祖師絵伝	266
東征伝絵巻	266

(9)

玄奘三蔵絵	266	安土城	288
法然上人絵伝	266	姫路城	289
一遍上人絵伝	267	大坂城	290
石山寺縁起	267	民家	291
北野天神縁起	267	御所・邸宅	291
春日権現験記絵	267	茶屋	291
蒙古襲来絵詞	267	庭園	291
三十六歌仙絵巻	268	芸能史	291
鎌倉時代似絵	268	舞曲	292
室町時代絵画史	268	説教浄瑠璃	293
室町時代絵巻物	268	能楽・謡曲	293
弘法大師行状絵詞	269	世阿弥	295
当麻曼荼羅縁起	269	狂言	297
なよ竹物語絵巻	269	音楽史	297
後三年の役絵詞	269	茶道	297
慕帰絵詞	269	武野紹鴎	299
御伽草子絵巻	269	千利休	299
奈良絵本	269	山上宗二	301
室町時代水墨画	270	書道	301
室町時代障屏画	270	武道	302
桃山時代絵画史	271	忍術	302
桃山時代障屏画	271	言語史	302
桃山時代風俗画	272	鎌倉時代の日本語	303
画家	272	室町時代の日本語	305
吉山明兆	272	キリシタン語	306
大巧如拙	272	文学史	307
天章周文	273	草庵文学	311
雪舟等楊	273	宗教文学	311
土佐光信	273	鎌倉時代の文学	312
相阿弥（真相）	274	南北朝時代の文学	312
賢江祥啓	274	室町時代・安土桃山時代の文学	312
狩野正信	274	キリシタン文学	313
狩野元信	274	和歌	313
雪村周継	274	歌学・歌論書	315
狩野永徳	274	無名抄	316
狩野光信	274	勅撰和歌集	316
長谷川等伯	274	新古今和歌集	316
海北友松	275	十三代集	320
雲谷等顔	275	私撰集	321
狩野山楽	275	小倉百人一首	322
狩野山雪	275	夫木和歌抄	331
陶芸	275	風葉和歌集	331
伊賀焼	276	新葉和歌集	331
越前焼	277	家集	331
信楽焼	277	建礼門院右京大夫集	334
瀬戸焼	278	金槐和歌集	334
丹波焼	278	山家集	334
常滑焼	279	拾遺愚草	335
備前焼	279	歌合	335
美濃焼	280	連歌	335
工芸	281	菟玖波集	338
染織工芸	281	犬筑波集	338
金工	281	新撰菟玖波集	338
建築史	281	連歌論	338
数寄屋造	282	狂歌	339
寺社建築	282	歌謡	339
大徳寺	283	閑吟集	340
金閣	283	物語文学	340
銀閣	283	中世王朝物語	341
城郭建築	283	有明の別	342

あまのかるも	342
住吉物語	342
松浦宮物語	342
いはでしのぶ	342
しのびね物語	343
我身にたどる姫君	343
小夜衣	343
御伽草子	343
説話文学	347
選集抄	349
宇治拾遺物語	349
古事談・続古事談	350
発心集	350
十訓抄	350
沙石集	350
古今著聞集	350
歴史物語	351
水鏡	351
増鏡	351
六代勝事記	352
軍記物語	352
保元物語	353
平治物語	353
平家物語	354
承久記	363
源平盛衰記	363
太平記	364
義経記	366
曾我物語	366
明徳記	367
随筆・評論	367
無名草子	367
方丈記	367
徒然草	369
日記・紀行文	373
建春門院中納言日記	374
海道記	374
東関紀行	374
弁内侍日記	374
十六夜日記	374
うたたね	375
飛鳥井雅有日記	375
中務内侍日記	375
とはずがたり	375
竹むきが記	376
廻国雑記	376
宗長日記	376
漢詩文	376
五山文学	377
中華若木詩抄	378
狂雲集	378
作家論	378
阿仏尼	379
飛鳥井雅経	379
荒木田守武	379
一休宗純	379
猪苗代兼載	380
今川了俊	380
永福門院	380
鴨長明	380
京極為兼	380
後鳥羽院	380
後深草院二条	381
西行	381
慈円	381
寂蓮	382
正徹	382
心敬	382
宗祇	382
東常縁	382
藤原家隆	382
藤原定家	382
藤原俊成女	383
源実朝	384
宗良親王	384
吉田兼好	384
地方史	384
北海道	385
東北地方	385
青森県	386
岩手県	386
宮城県	387
秋田県	388
山形県	388
福島県	389
関東地方	390
茨城県	391
栃木県	393
群馬県	394
埼玉県	395
千葉県	397
東京都	399
神奈川県	400
北越地方	403
新潟県	404
富山県	405
石川県	406
福井県	407
中部・東海地方	407
山梨県	408
長野県	409
岐阜県	411
静岡県	412
愛知県	413
三重県	414
近畿地方	415
滋賀県	415
京都府	418
大阪府	420
兵庫県	422
奈良県	424
和歌山県	424
中国地方	425
山陰地方	426
鳥取県	426
島根県	426
山陽地方	427
岡山県	427
広島県	428
山口県	429

四国地方	430
徳島県	430
香川県	430
愛媛県	431
高知県	432
九州地方	432
福岡県	434
大宰府	435
佐賀県	436
長崎県	436
熊本県	437
大分県	438
宮崎県	441
鹿児島県	441
沖縄県	441

中世・近世史 443

中世・近世一般	443
中世・近世史料・古文書	444
花押・印章	445
政治史	445
合戦史	445
外交史	445
経済史	446
貨幣・金融	446
製造業・工業技術	447
製鉄・鍛冶	447
運輸・交通	447
道	447
水運・海運	447
商業史	447
社会史	447
天皇制	448
女性史	448
一揆史	448
風俗・生活史	448
服飾史	448
差別史	448
住居史	449
集落・都市	449
歴史地理	449
災害史	449
思想史	449
宗教史	450
神道史	450
仏教史	450
僧侶	450
寺院	450
キリスト教史	450
弾圧と殉教	451
かくれキリシタン	452
学術・教育史	452
教育史	452
古往来	452
文化史	452
美術史	452
彫刻	453
絵画	453

肖像画	453
障屏画	453
陶芸	453
工芸	454
染織工芸	454
金工	454
建築史	454
城郭建築	454
芸能史	460
茶道・華道	460
武道	460
忍術	460
言語史	461
文学史	461
和歌	461
歌学・歌論書	462
俳諧	462
歌謡	462
説話文学	462
漢詩文	462
地方史	462
北海道	462
東北地方	462
青森県	462
岩手県	462
宮城県	462
秋田県	463
山形県	463
福島県	463
関東地方	463
茨城県	463
栃木県	463
群馬県	463
埼玉県	463
千葉県	464
東京都	464
神奈川県	464
北越地方	464
新潟県	464
富山県	465
石川県	465
福井県	465
中部・東海地方	465
山梨県	465
長野県	465
岐阜県	466
静岡県	466
愛知県	466
三重県	467
近畿地方	467
滋賀県	467
京都府	467
大阪府	467
兵庫県	467
和歌山県	467
中国地方	468
鳥取県	468
島根県	468
岡山県	468
広島県	468

目　次

　　山口県 …………………………………… 468
　四国地方 …………………………………… 468
　　徳島県 …………………………………… 468
　　愛媛県 …………………………………… 468
　　高知県 …………………………………… 468
　九州地方 …………………………………… 469
　　福岡県 …………………………………… 469
　　長崎県 …………………………………… 469
　　熊本県 …………………………………… 469
　　大分県 …………………………………… 469
　　宮崎県 …………………………………… 469
　　沖縄県 …………………………………… 469

古代・中世史

古代・中世一般

◇石母田正著作集 第12巻 古代・中世の歴史 青木和夫ほか編 岩波書店 1990.3 448p 22cm 5000円 Ⓘ4-00-091412-X Ⓝ210.08 〔00001〕

◇石母田正著作集 第12巻 古代・中世の歴史 石母田正著 岩波書店 2001.2 448p 21cm 5200円 Ⓘ4-00-091412-X 〔00002〕

◇概説日本歴史 上 古代,中世 豊田武著 大阪 大阪教育図書 1948 279p 21cm Ⓝ210.1 〔00003〕

◇教科書から消された偉人・隠された賢人 巻の2 神話から読み取る日本人の心 涛川栄太著 イーグルパブリッシング 2004.8 207p 19cm 1400円 Ⓘ4-86146-025-5 〔00004〕

◇久米邦武歴史著作集 第2巻 日本古代中世史の研究 大久保利謙ほか編纂 吉川弘文館 1989.12 364, 20p 22cm 6800円 Ⓘ4-642-01273-7 Ⓝ210.04 〔00005〕

◇国史略―安政丁巳仲秋再刻 4 岩垣松苗著 観音寺 上坂氏顕彰会史料出版部 2001.1 3冊 30cm （理想日本リプリント 第36巻） 各52800円 Ⓝ210.1 〔00006〕

◇国史略―安政丁巳仲秋再刻 5 岩垣松苗著 観音寺 上坂氏顕彰会史料出版部 2000.10 3冊 30cm （理想日本リプリント 第23巻） 各46800円 Ⓝ210.1 〔00007〕

◇古代から中世へ 竹内理三著 吉川弘文館 1978.2 2冊 19cm 各1500円 Ⓝ210.3 〔00008〕

◇古代中世史論集 九州大学国史学研究室編 吉川弘文館 1990.8 593p 22cm 10000円 Ⓘ4-642-01051-3 Ⓝ210.3 〔00009〕

◇古代中世の課題 竹内理三著,竹内啓編・解説 角川書店 2000.3 415p 22cm （竹内理三著作集 第8巻） 14000円 Ⓘ4-04-522708-3 Ⓝ210.3 〔00010〕

◇古代中世の社会と国家 大阪 清文堂出版 1998.12 710p 22cm （大阪大学文学部日本史研究室創立50周年記念論文集 上巻） 14000円 Ⓘ4-7924-0445-2 Ⓝ210.3 〔00011〕

◇こども歴史新聞 上巻 日本のあけぼの―室町時代 世界文化社 1999.3 159p 24cm （別冊家庭画報） 1200円 Ⓘ4-418-99104-2 Ⓝ210.3 〔00012〕

◇コミック版 NHK その時歴史が動いた 古代・中世の謎編 柳リカ, 天野タマキ, 池原しげと, たかや健二, 狩那匠ほか作画, NHK取材班編 ホーム社, 集英社〔発売〕 2005.10 498p 15cm （ホーム社漫画文庫） 876円 Ⓘ4-8342-7347-4 〔00013〕

◇知っててほしい貴族・武士の世に活躍した人びと―平安・鎌倉時代 佐藤和彦監修 あかね書房 2000.4 47p 31cm （楽しく調べる人物図解日本の歴史 2） 3200円 Ⓘ4-251-07932-9 〔00014〕

◇写真図説 総合日本史 第1巻 古代中世篇 日本近代史研究会編 国際文化情報社 1955 31cm Ⓝ210.1 〔00015〕

◇写真図説 総合日本史 第2巻 古代中世篇 日本近代史研究会編 国際文化情報社 1955 31cm Ⓝ210.1 〔00016〕

◇写真図説 総合日本史 第3巻 古代中世篇 日本近代史研究会編 国際文化情報社 1955 31cm Ⓝ210.1 〔00017〕

◇昭史会三十周年記念論文集 日本歴史論究 東京教育大学昭史会編 二宮書店 1963 606p 22cm Ⓝ210.04 〔00018〕

◇新日本史のかぎ 第2 大化の改新から応仁の大乱まで 中部日本新聞社編 東京大学出版会 1957 19cm Ⓝ210.1 〔00019〕

◇人物伝承事典 古代・中世編 小野一之, 鈴木彰, 谷口栄, 樋口州男編 東京堂出版 2004.4 313p 19cm 2500円 Ⓘ4-490-10646-7 〔00020〕

◇神霊の国日本―禁断の日本史 井沢元彦著 ベストセラーズ 1998.5 238p 15cm （ワニ文庫） 495円 Ⓘ4-584-39103-3 Ⓝ210.04 〔00021〕

◇続々日本史こぼれ話 古代・中世 笠原一男, 児玉幸多編 山川出版社 2003.2 195p 18cm 920円 Ⓘ4-634-59310-6 Ⓝ210.049 〔00022〕

◇続・日本史こぼれ話 古代・中世 笠原一男, 児玉幸多編 山川出版社 1999.2 190p 18cm 900円 Ⓘ4-634-60730-1 Ⓝ210.049 〔00023〕

◇その時歴史が動いた 33 NHK取材班編 KTC中央出版 2005.6 253p 20cm 1600円 Ⓘ4-87758-346-7 Ⓝ210 〔00024〕

◇ちょっとまじめな日本史Q&A 上（原始古代・中世） 五味文彦, 野呂肖生編著 山川出版社 2006.4 204p 20cm 1500円 Ⓘ4-634-59042-5 Ⓝ210.1 〔00025〕

◇奈良・平安・鎌倉時代の話題の人々 村田寛夫著 文芸社 2000.2 146p 19cm 1400円 Ⓘ4-88737-910-2 Ⓝ281.04 〔00026〕

◇日本紀略 後篇 百錬抄 黒板勝美編輯, 黒板勝美編輯 新装版 吉川弘文館 2000.7 290, 258p 23cm （國史大系 新訂増補 第11巻） 7600円 Ⓘ4-642-00312-6 Ⓝ210.3 〔00027〕

◇日本古代・中世図書目録 日外アソシエーツ株式会社編 日外アソシエーツ 1993.9 873p 22cm （歴史図書総目録 2） 32000円 Ⓘ4-8169-1171-5 Ⓝ210.031 〔00028〕

◇日本古代中世史論考 佐伯有清編 吉川弘文館 1987.3 515p 22cm 8000円 Ⓘ4-642-01269-9 Ⓝ210.3 〔00029〕

◇日本古代・中世史論集 史正会創立十周年記念論文集刊行委員会編 府中（東京都） 史正会 1980.10 199p 21cm Ⓝ210.3 〔00030〕

◇日本古代中世人名辞典 平野邦雄, 瀬野精一郎編 吉川弘文館 2006.11 1069, 144p 27cm 20000円 Ⓘ4-642-01434-9 Ⓝ210.1 〔00031〕

古代・中世一般　　　　　古代・中世史

◇日本国家の史的特質　古代・中世　大山喬平教授退官記念会編　思文閣出版　1997.5　783p　22cm　15000円　Ⓘ4-7842-0937-9　Ⓝ210.04　〔00032〕
◇日本史—なぜこうなのか　〔第1〕原始—鎌倉時代　工藤張雄著　大蔵出版株式会社　180p　19cm　Ⓝ210.1　〔00033〕
◇日本史概論　上　小口雅史他著　増補新版　同成社　2006.4　165p　21cm　1700円　Ⓘ4-88621-355-3　Ⓝ210.1　〔00034〕
◇日本史研究資料　上巻　古代より前期封建社会まで　京都大学日本史学研究会編　京都　羽田書房　1951　21cm　Ⓝ210.08　〔00035〕
◇日本史こぼれ話　古代・中世　笠原一男, 児玉幸多編　山川出版社　1993.3　186p　18cm　860円　Ⓘ4-634-60330-6　Ⓝ210.049　〔00036〕
◇日本史史話　1　古代・中世　大口勇次郎, 五味文彦編　山川出版社　1993.6　341p　19cm　1900円　Ⓘ4-634-60350-0　〔00037〕
◇日本史人物「その後のはなし」　上　古代から戦国　加来耕三著　講談社　1995.2　490p　16cm　（講談社＋α文庫）　980円　Ⓘ4-06-256081-X　Ⓝ281.04　〔00038〕
◇日本史1000人—ビジュアル版　上巻　世界文化社　2007.10　223p　26cm　2400円　Ⓘ978-4-418-07230-9　Ⓝ281.04　〔00039〕
◇日本史の虚像と実像　和歌森太郎著　河出書房新社　1988.6　308p　15cm　（河出文庫）　500円　Ⓘ4-309-47136-6　Ⓝ210.3　〔00040〕
◇日本史の迷宮—いまだ解けざるミステリー　古代〜中世（失われた真実編）　三浦竜著　青春出版社　1996.6　253p　15cm　（青春best文庫）　480円　Ⓘ4-413-08295-8　Ⓝ210.04　〔00041〕
◇日本人の精神風土の起源　ジョージ小川著　太陽出版　2005.11　191p　17cm　762円　Ⓘ4-88469-430-9　Ⓝ210.3　〔00042〕
◇日本通史　1　歴史の曙から伝統社会の成熟へ—原始古代中世　義江彰夫著　山川出版社　1986.8　xii, 452, 15p　24cm　3800円　Ⓘ4-634-30010-9　Ⓝ210.1　〔00043〕
◇日本の歴史がわかる本　古代〜南北朝時代篇　小和田哲男著　三笠書房　1991.7　269p　15cm　（知的生きかた文庫）　450円　Ⓘ4-8379-0455-6　Ⓝ210.1　〔00044〕
◇日本の歴史がわかる本—人物篇　古代〜鎌倉時代　小和田哲男著　三笠書房　1993.11　269p　15cm　（知的生きかた文庫）　500円　Ⓘ4-8379-0613-3　Ⓝ210.1　〔00045〕
◇日本の歴史がわかる本—マンガ　「古代〜南北朝時代」篇　小杉あきら画　三笠書房　1995.8　277p　19cm　1000円　Ⓘ4-8379-1595-7　Ⓝ726.1　〔00046〕
◇日本の歴史がわかる本　「古代—南北朝時代」篇　小和田哲男著　改訂版　三笠書房　2003.3　269p　15cm　（知的生きかた文庫）　533円　Ⓘ4-8379-7309-4　Ⓝ210.1　〔00047〕
◇日本の歴史がわかる本　「古代—南北朝時代」篇　小和田哲男著　新装版　三笠書房　2004.8　269p　15cm　（知的生きかた文庫）　533円　Ⓘ4-8379-7420-1　Ⓝ210.1　〔00048〕
◇日本の歴史と人物を調べよう　2（平安〜安土桃山時代）　菊地家達著　国土社　2002.3　91p　27cm　（新社会科学習事典　総合的な学習に役立つ 9）　2800円　Ⓘ4-337-26329-2　〔00049〕
◇日本歴史講座　第2巻　古代—中世　序論〔ほか〕　歴史学研究会, 日本史研究会共編　松本新八郎　東京大学出版会　1956　18cm　Ⓝ210.1　〔00050〕
◇肥後和男著作集　教育出版センター　1985.8　7冊　22cm　全87000円　Ⓝ210.04　〔00051〕
◇ビジュアル版　日本史1000人　上　古代国家の誕生から秀吉の天下統一まで　世界文化社　2007.12　223p　26cm　2400円　Ⓘ978-4-418-07240-8　〔00052〕
◇Final日本史こぼれ話　古代・中世　野呂肖生著　山川出版社　2007.6　231p　18cm　950円　Ⓘ978-4-634-59321-3　Ⓝ210.1　〔00053〕
◇変革期の人傑　村山修一著　塙書房　2003.12　325p　19cm　（塙選書）　3200円　Ⓘ4-8273-3100-6　〔00054〕
◇まんがで学習日本の歴史　2（奈良時代—鎌倉時代）　小和田哲男監修, 麻生はじめまんが　成美堂出版　2003.12　235p　23cm　950円　Ⓘ4-415-01561-1　Ⓝ210　〔00055〕
◇マンガ日本史教科書　1　古代・中世編　春口祥一著　新版　山川出版社　2005.11　145p　21cm　820円　Ⓘ4-634-07521-0　〔00056〕
◇「マンガ」日本の歴史がわかる本　「古代—南北朝時代」篇　小和田哲男監修, 小杉あきら画　三笠書房　1999.12　281p　15cm　（知的生きかた文庫）　533円　Ⓘ4-8379-7075-3　Ⓝ210.1　〔00057〕
◇マンガ・日本の歴史がわかる本　古代〜南北朝時代篇　小和田哲男責任監修, 小杉あきら画　三笠書房　1999.10　277p　19cm　981円　Ⓘ4-8379-1595-7　〔00058〕
◇躍動の時代—古代から中世へ　古市遺跡発掘調査概報〔浜田〕　浜田市教育委員会　1992.3　7p　26cm　〔00059〕

◆古代・中世史料・古文書
◇新しい史料学を求めて　国立歴史民俗博物館編　吉川弘文館　1997.3　242p　20cm　（歴博大学院セミナー）　2678円　Ⓘ4-642-07731-6　Ⓝ210.07　〔00060〕
◇演習古文書選　古代・中世編　日本歴史学会編　吉川弘文館　1971　168p　19×27cm　Ⓝ210.08　〔00061〕
◇演習古文書選　古代・中世紀　日本歴史学会編　吉川弘文館　1988.11　168p　19×26cm　1400円　Ⓘ4-642-07021-4　Ⓝ210.088　〔00062〕
◇概説古文書学　古代・中世編　日本歴史学会編　吉川弘文館　1983.5　229, 10p　21cm　2800円　Ⓝ210.02　〔00063〕
◇改定史籍集覧　第1冊　通記類　〔第1〕　近藤瓶城編　京都　臨川書店　1983.11　320, 444p　22cm　8400円　Ⓘ4-653-00907-4　Ⓝ210.088　〔00064〕
◇改定史籍集覧　第2冊　通記類　〔第2〕　近藤瓶城編　京都　臨川書店　1983.11　1冊　22cm　9000円　Ⓘ4-653-00908-2　Ⓝ210.088　〔00065〕
◇改定史籍集覧　第6冊　通記類　〔第6〕　近藤瓶城編　京都　臨川書店　1983.11　280, 156, 478p　22cm　10000円　Ⓘ4-653-00912-0　Ⓝ210.088　〔00066〕
◇角筆のみちびく世界—日本古代・中世への照明　小林芳規著　中央公論社　1989.1　319p　18cm　（中公新書）　680円　Ⓘ4-12-100909-6　Ⓝ210.02　〔00067〕

◇京都御所東山御文庫本撰集秘記　所功編　国書刊行会　1986.1　560p　22cm　（古代史料叢書 第1輯）　7500円　Ⓝ210.09　〔00068〕
◇京都大学文学部博物館の古文書　第8輯　大山崎宝積寺文書　仁木宏編　京都　思文閣出版　1991.5　32p　33cm　2060円　Ⓘ4-7842-0647-7　Ⓝ210.088　〔00069〕
◇京都大学文学部博物館の古文書　第9輯　浄土宗西山派と三鈷寺文書　大山喬平編　京都　思文閣出版　1992.9　32p　33cm　2060円　Ⓘ4-7842-0733-3　Ⓝ210.088　〔00070〕
◇京都大学文学部博物館の古文書　第12輯　伊勢松木文書　西山克編　京都　思文閣出版　1994.6　32p　33cm　2060円　Ⓘ4-7842-0811-9　Ⓝ210.088　〔00071〕
◇九条家歴世記録　3　宮内庁書陵部　1993.3　290p　22cm　（図書寮叢刊）　Ⓝ210.088　〔00072〕
◇古記録入門　高橋秀樹著　東京堂出版　2005.11　246p　21cm　3500円　Ⓘ4-490-20567-8　〔00073〕
◇古代中世史料学研究　上巻　皆川完一編　吉川弘文館　1998.10　550p　22cm　14000円　Ⓘ4-642-01306-7　Ⓝ210.3　〔00074〕
◇古代中世史料学研究　下巻　皆川完一編　吉川弘文館　1998.10　559p　22cm　14000円　Ⓘ4-642-01307-5　Ⓝ210.3　〔00075〕
◇古文書研究　第57号　日本古文書学会編　日本古文書学会, 吉川弘文館〔発売〕　2003.5　142p　26cm　3500円　Ⓘ4-642-08753-2　〔00076〕
◇古文書古記録語辞典　阿部猛編著　東京堂出版　2005.9　561p　21cm　9500円　Ⓘ4-490-10675-0　〔00077〕
◇古文書入門ハンドブック　飯倉晴武著　吉川弘文館　1993.12　293, 4p　19cm　2500円　Ⓘ4-642-07409-0　Ⓝ210.02　〔00078〕
◇砂巌　宮内庁書陵部　1994.3　456p　22cm　（図書寮叢刊）　Ⓝ210.088　〔00079〕
◇史籍解題辞典　上巻　古代・中世　竹内理三編, 滝沢武雄編　東京堂出版　1986.8　402p　22cm　6200円　Ⓘ4-490-10215-1　Ⓝ210.031　〔00080〕
◇史籍解題辞典　上巻（古代中世編）　竹内理三, 滝沢武雄編　東京堂出版　1995.9　402p　22cm　6500円　Ⓘ4-490-10215-1　Ⓝ210.031　〔00081〕
◇史料纂集　古文書編〔第1〕第6　熊野那智大社文書　第6　索引　続群書類従完成会　1991.9　233p　22cm　8240円　Ⓝ210.08　〔00082〕
◇史料日本史　古代・中世篇　高橋正彦, 村山光一編　慶応通信　1985.4　247p　21cm　2800円　Ⓘ4-7664-0325-8　Ⓝ210.088　〔00083〕
◇体系・古文書実習　飯倉晴武ほか編著　〔1996〕改訂　雄山閣出版　1996.3　108p　19×26cm　2060円　Ⓘ4-639-00236-X　Ⓝ210.02　〔00084〕
◇大日本古文書　家わけ18ノ1　東大寺文書之1　東南院文書之1　東京大学史料編纂所編　東京大学出版会　1980.5　550p　22cm　Ⓝ210.088　〔00085〕
◇大日本古文書　家わけ第18之15　東大寺文書之15　東大寺図書館架蔵文書之10　東京大学史料編纂所編纂　東京大学　1992.3　316p　22cm　4800円　Ⓝ210.088　〔00086〕
◇大日本古文書　家わけ第18之16　東大寺文書之16　東大寺図書館架蔵文書之11　東京大学史料編纂所編纂　東京大学　1996.3　326p　22cm　5562円　Ⓘ4-13-091187-2　Ⓝ210.088　〔00087〕
◇大日本古文書　家わけ第18〔17〕　東大寺文書之17　東大寺圖書館架蔵文書之12　東京大学史料編纂所編纂　東京大学史料編纂所　1999.3　306, 8p　22cm　6100円　Ⓘ4-13-091188-0　Ⓝ210.088　〔00088〕
◇大日本古文書　家わけ第18〔18〕　東大寺文書之十八　東大寺圖書館架蔵文書之13　東京大学史料編纂所編纂　東京大学史料編纂所　2002.3　288p, 4枚　22cm　6400円　Ⓘ4-13-091189-9　Ⓝ210.088　〔00089〕
◇大日本古文書　家わけ第18 [19]　東大寺文書之十九　東大寺圖書館架蔵文書之14　東京大学史料編纂所編纂　東京大学史料編纂所　2005.3　377p, 2枚　22cm　7800円　Ⓘ4-13-091190-2　Ⓝ210.088　〔00090〕
◇大日本古文書　家わけ第19之〔10〕　醍醐寺文書之10　東京大学史料編纂所編纂　東京大学　1995.3　309, 5p　22cm　5000円　Ⓘ4-13-091210-0　Ⓝ210.088　〔00091〕
◇田中穣氏旧蔵典籍古文書目録　古文書・記録類編　佐倉　国立歴史民俗博物館　2000.3　250p 図版18枚　30cm　（国立歴史民俗博物館資料目録 1）　Ⓝ210.088　〔00092〕
◇日本歴史「古記録」総覧―学校図書館用　古代・中世篇　橋本義彦ほか著　新人物往来社　1990.12　476p　22cm　3107円　Ⓘ4-404-01788-X　Ⓝ210.02　〔00093〕
◇日本歴史「古文書」総覧　新人物往来社　1992.4　515p　21cm　（歴史読本特別増刊―事典シリーズ 第14号）　1800円　Ⓝ210.02　〔00094〕
◇入門史料を読む―古代・中世　小山田和夫著　吉川弘文館　1997.11　192, 14p　19cm　1800円　Ⓘ4-642-07740-5　Ⓝ210.029　〔00095〕
◇武士と農民文字世界への招待―古代・中世を生きた文字たち　東北歴史博物館編　多賀城　東北歴史博物館　2001.1　111p　30cm　Ⓝ210.029　〔00096〕

◆◆金石文
◇阿波碑文集　竹治貞夫著　徳島　竹治貞夫　1979.8　307p　25cm　Ⓝ210.02　〔00097〕
◇阿波碑文補集　竹治貞夫著　〔徳島〕　〔竹治貞夫〕　1995.2　457p　26cm　Ⓝ210.02　〔00098〕
◇いしぶみ日本史　本山桂川著　新人物往来社　1970　266p 図　20cm　980円　Ⓝ210.02　〔00099〕
◇犬山市の金石文　横山住雄著　一宮　石黒印刷　1970　27p　21cm　Ⓝ210.02　〔00100〕
◇金石文の研究　庄司忠著　岩国　庄司忠　1971.5　333p　21cm　Ⓝ210.02　〔00101〕
◇金石文の研究　続篇　梵鐘は語る　庄司忠著　岩国　岐峰書房　1973.8　312p　21cm　Ⓝ210.02　〔00102〕
◇剣銘ží・竹刀　伊藤二三郎著　〔岐阜〕　〔伊藤二三郎〕　1984.5　49p　21cm　Ⓝ210.02　〔00103〕
◇古京遺文　狩谷望之纂, 山田孝雄, 香取秀真編　勉誠社出版部　1968　1冊　22cm　1300円　Ⓝ210.02　〔00104〕
◇小牧の石碑　小牧市文化財資料研究員会編　小牧　小牧市教育委員会　1992.3　77p　21cm　（小牧叢書 13）　Ⓝ210.02　〔00105〕
◇佐渡碑文集　山本静古編纂, 山本修之助補緝　〔真野町（新潟県）〕　抽栄堂　1957　142p　24cm　Ⓝ210.02　〔00106〕
◇大日本金石史　第1巻　木崎愛吉編　歴史図書社　1972　457p 図　22cm　3400円　Ⓝ210.02　〔00107〕

◇大日本金石史　第2巻　木崎愛吉編　歴史図書社　1972　526p 図　22cm　3400円　Ⓝ210.02　〔00108〕
◇大日本金石史　第3巻　木崎愛吉編　歴史図書社　1972　1冊　22cm　3400円　Ⓝ210.02　〔00109〕
◇大日本金石史　第5巻(大阪金石史)　木崎愛吉編　歴史図書社　1972　616p 図20枚　22cm　4200円　Ⓝ210.02　〔00110〕
◇大日本金石史　第4巻　木崎愛吉編　歴史図書社　1972　327p 図21枚　22cm　3000円　Ⓝ210.02　〔00111〕
◇多麻金石文　3　町田市,日野市編　山本正夫編著　八王子　晴耕書屋　1973　56丁　26cm　(晴耕叢書 第5編)　Ⓝ210.02　〔00112〕
◇多麻金石文　5　北多摩及西多摩一部　山本正夫編著　八王子　晴耕書店　1974　37丁　26cm　(晴耕叢書 第7編)　Ⓝ210.02　〔00113〕
◇丹波古銘誌　奥谷高史著　京都　綜芸舎　1975　225p 図11枚　22cm　Ⓝ210.02　〔00114〕
◇時を越えて語りかける塔碑　丸森郷土研究会編　丸森町(宮城県)　丸森町教育委員会　1992.4　48p　26cm　(丸森町文化財調査報告書 第11集)　Ⓝ210.02　〔00115〕
◇日本金石図録　大谷大学編　二玄社　1972　147, 56p　(解説共)　43cm　18000円　Ⓝ210.02　〔00116〕
◇日田金石年史　武石繁次編纂　〔日田〕　日田市教育委員会　1973　2冊　24cm　Ⓝ210.02　〔00117〕

◆◆花押・印章
◇印章　荻野三七彦著　吉川弘文館　1995.5　469, 11p　20cm　(日本歴史叢書 新装版)　3296円　①4-642-06612-8　Ⓝ739　〔00118〕
◇印判の歴史　石井良助著　明石書店　1991.6　252p　19cm　2575円　〔00119〕
◇花押大集成—古美術・古文書の鑑賞・鑑定に必携　常石英明編著　金園社　1994.3　518p　22cm　15000円　①4-321-34502-2　Ⓝ210.02　〔00120〕
◇花押の世界　京都府立総合資料館歴史資料課編　〔京都〕　京都府立総合資料館　1993.7　56, 12p　26cm　(東寺百合文書展 第10回)　Ⓝ210.02　〔00121〕
◇書画落款印譜大全　第1輯　明治以前　狩野亨吉, 岩上方外共編　柏書房　1996.10　1冊　27cm　①4-7601-1368-1　Ⓝ739　〔00122〕

◆◆公卿補任
◇新訂増補 国史大系　第54巻　公卿補任 第2篇　黒板勝美編　オンデマンド版　吉川弘文館　2007.6　744p　26cm　15000円　①978-4-642-04056-3　〔00123〕
◇新訂増補 国史大系　別巻1　公卿補任索引　黒板勝美編　オンデマンド版　吉川弘文館　2007.6　294p　26cm　9500円　①978-4-642-04060-0　〔00124〕
◇豊後国風土記・公卿補任　冷泉家時雨亭文庫編　朝日新聞社　1995.6　364, 54p　22cm　(冷泉家時雨亭叢書 第47巻)　26000円　①4-02-240347-0　Ⓝ210.42　〔00125〕

◆◆尊卑分脉
◇新訂増補 国史大系　第58巻　尊卑分脉　黒板勝美, 国史大系編修会編　完成記念版　吉川弘文館　1966　409p　27cm　Ⓝ210.08　〔00126〕
◇新訂増補 国史大系　第58巻　尊卑分脉 第1篇　黒板勝美, 国史大系編修会編　オンデマンド版　吉川弘文館　2007.6　409p　26cm　11000円　①978-4-642-04061-7　〔00127〕
◇新訂増補 国史大系　第59巻　尊卑分脉　黒板勝美, 国史大系編修会編　完成記念版　吉川弘文館　1966　548p　27cm　Ⓝ210.08　〔00128〕
◇新訂増補 国史大系　第59巻　尊卑分脉 第2篇　黒板勝美, 国史大系編修会編　オンデマンド版　吉川弘文館　2007.6　548p　26cm　12500円　①978-4-642-04062-4　〔00129〕
◇新訂増補 国史大系　第60巻 上　尊卑分脉　黒板勝美, 国史大系編修会編　完成記念版　吉川弘文館　1966　584p　27cm　Ⓝ210.08　〔00130〕
◇新訂増補 国史大系　第60巻 上　尊卑分脉 第3篇　黒板勝美, 国史大系編修会編　オンデマンド版　吉川弘文館　2007.6　584p　26cm　13000円　①978-4-642-04063-1　〔00131〕
◇新訂増補 国史大系　第60巻 下　尊卑分脉　黒板勝美, 国史大系編修会編　完成記念版　吉川弘文館　1967　240p　27cm　Ⓝ210.08　〔00132〕
◇新訂増補 国史大系　第60巻 下　尊卑分脉 第4篇　黒板勝美, 国史大系編修会編　オンデマンド版　吉川弘文館　2007.6　240p　26cm　7500円　①978-4-642-04064-8　〔00133〕
◇新訂増補 国史大系　別巻2　尊卑分脉索引　黒板勝美, 国史大系編修会編　オンデマンド版　吉川弘文館　2007.6　343, 6p　26cm　10500円　①978-4-642-04065-5　〔00134〕

◆◆系譜・系図
◇桓武平氏国香流系図　第1巻　常陸大掾・北条氏族篇　千葉琢穂編著　展望社　1986.7　488p　22cm　6500円　Ⓝ288.2　〔00135〕
◇桓武平氏国香流系図　第2巻　平清盛流・織田流氏族篇　千葉琢穂編著　展望社　1986.10　426p　22cm　6500円　Ⓝ288.2　〔00136〕
◇桓武平氏良文系全系図　第1巻　千葉琢穂編著　展望社　1984.11　473p　22cm　6500円　Ⓝ288.2　〔00137〕
◇桓武平氏良文系全系図　第2巻　千葉琢穂編著　展望社　1985.1　331p　22cm　5500円　Ⓝ288.2　〔00138〕
◇桓武平氏良文系全系図　第3巻　奥州葛西・千葉氏族　千葉琢穂編　展望社　1986.4　526p　22cm　6500円　Ⓝ288.2　〔00139〕
◇桓武平氏良文流山邊氏系譜　山邊儀兵衛著　須賀川　桓武平氏山邉氏の会　1986.12　546p　22cm　非売品　Ⓝ288.2　〔00140〕
◇桓武平氏良文流山辺氏系譜文献資料集　山辺儀兵衛編　須賀川　桓武平氏山辺氏の会　1987.8　1冊　27cm　非売品　Ⓝ288.2　〔00141〕
◇系図研究の基礎知識—家系にみる日本の歴史　第1巻　序章・古代・中世1　近藤安太郎著　近藤出版社　1989.3　817, 13p　22cm　12000円　①4-7725-0265-3　Ⓝ288.2　〔00142〕
◇源氏三代101の謎　奥富敬之著　新人物往来社　2002.6　263p　20cm　2800円　①4-404-02966-7　Ⓝ288.2　〔00143〕
◇源氏と日本国王　岡野友彦著　講談社　2003.11　237p　18cm　(講談社現代新書)　700円　①4-06-149690-5　Ⓝ288.2　〔00144〕

◇皇胤・西国諸家研究　阪田数年著　万籟の会　1991.9　162p　26cm　非売品　Ⓝ288.2　〔00145〕
◇史料甲斐源氏発祥考　野口二郎編　甲府　山梨日日新聞社　1989.1　1052, 6p　27cm　Ⓝ288.2　〔00146〕
◇新撰関家伝　第1　荒川玲子ほか編　続群書類従完成会　1995.12　266p　22cm　9270円　Ⓘ4-7971-0254-3　Ⓝ288.2　〔00147〕
◇清和源氏の源流をたずねて―三河遠江名倉氏の系譜　川島長次郎, 細田安治編著　細田安治　1992.10　285p　21cm　非売品　Ⓝ288.1　〔00148〕
◇清和源氏の全家系　1　天皇家と多田源氏　奥富敬之著　新人物往来社　1988.9　228p　20cm　2000円　Ⓘ4-404-01553-4　Ⓝ288.2　〔00149〕
◇清和源氏の全家系　2　奥羽戦乱と東国源氏　奥富敬之著　新人物往来社　1988.11　225p　20cm　2000円　Ⓘ4-404-01574-7　Ⓝ288.2　〔00150〕
◇清和源氏の全家系　3　東国源氏の京都進出　奥富敬之著　新人物往来社　1989.4　244p　20cm　2300円　Ⓘ4-404-01601-8　Ⓝ288.2　〔00151〕
◇清和源氏の全家系　4　源平合戦と鎌倉三代　奥富敬之著　新人物往来社　1989.9　316p　20cm　2300円　Ⓘ4-404-01652-2　Ⓝ288.2　〔00152〕
◇清和源氏の全家系　5　南北朝争乱と足利一族　奥富敬之著　新人物往来社　1990.9　296p　20cm　2300円　Ⓘ4-404-01767-7　Ⓝ288.2　〔00153〕
◇坂東平氏一門―伝記　鏑木清春著　川崎　鏑木清春　1982.8　216p　19cm　Ⓝ288.2　〔00154〕
◇藤原氏族系図　第1巻　千葉琢穂編著　展望社　1988.3　437p　22cm　6500円　Ⓝ288.2　〔00155〕
◇藤原氏族系図　第2巻　秀郷流　2　千葉琢穂編著　展望社　1988.7　413p　22cm　6500円　Ⓝ288.2　〔00156〕
◇藤原氏の正体―名門一族の知られざる闇　関裕二著　東京書籍　2002.12　285p　19cm　1400円　Ⓘ4-487-79860-4　Ⓝ288.3　〔00157〕
◇藤原氏物語―栄華の謎を解く　高橋崇著　新人物往来社　1998.2　372p　20cm　4800円　Ⓘ4-404-02574-2　Ⓝ288.2　〔00158〕
◇平氏略系図　田嶋喜三郎著　田嶋喜三郎（製作）　1981.8　1冊（頁付なし）　22×30cm　非売品　Ⓝ288.2　〔00159〕

政治史

◇日本古代中世の政治と宗教　佐伯有清編　吉川弘文館　2002.5　385p　22cm　12000円　Ⓘ4-642-02377-1　Ⓝ210.3　〔00160〕

合戦史

◇合戦絵巻―武士の世界　鈴木敬三監修　毎日新聞社　1990.12　135p　38cm　（復元の日本史）　4854円　Ⓘ4-620-60244-2　Ⓝ210.19　〔00161〕
◇合戦の舞台裏　二木謙一著　新人物往来社　1979.3　189p　20cm　1300円　Ⓝ210.1　〔00162〕
◇京都附近著名古戦史　鈴木友吉著　文献出版　1975　354p　図・肖像24枚　22cm　10500円　Ⓝ210.1　〔00163〕
◇古戦史を語る　軍事史学会編　大学教育社　1981.7　191p　19cm　(Military history books 1)　1300円　Ⓝ210.19　〔00164〕
◇古戦場　佐藤春夫監修　人物往来社　1962　434p（図版共）　20cm　Ⓝ210.47　〔00165〕
◇古戦場に立つ　豊田穣著　日本交通公社出版事業局　1982.4　254p　20cm　1600円　Ⓝ210.19　〔00166〕
◇古戦場の旅　泰山哲之著　人物往来社　1963　302p（図版解説共）　22cm　Ⓝ210.04　〔00167〕
◇時代考証日本合戦事典　笹間良彦著　雄山閣出版　1997.10　260, 11p　21cm　3500円　Ⓘ4-639-01473-2　Ⓝ210.19　〔00168〕
◇戦乱　安田元久編　近藤出版社　1984.6　351, 23p　20cm　（日本史小百科 18）　2000円　Ⓝ210.19　〔00169〕
◇戦乱と人物　高柳光壽博士頌寿記念会編　吉川弘文館　1968　535p　図版　22cm　Ⓝ210.04　〔00170〕
◇日本合戦史　高柳光壽, 鈴木亨著　学芸書林　1968　308p　20cm　600円　Ⓝ210.1　〔00171〕
◇日本合戦史　上　高柳光壽, 鈴木亨著　河出書房新社　1991.6　207p　15cm　（河出文庫）　490円　Ⓘ4-309-47222-2　Ⓝ210.19　〔00172〕
◇日本合戦ものがたり　あゆみ書房編集部編　あゆみ書房　1960　292p　図版共　22cm　Ⓝ210.1　〔00173〕

外交史

◇外交繹史　那珂通世著　岩波書店　1958　564p　図版　23cm　Ⓝ210.3　〔00174〕
◇韓国と日本の交流史　古代・中世篇　李進煕著　明石書店　1994.9　90p　21cm　（講座制「民族大学」ブックレット 1）　750円　Ⓘ4-7503-0611-8　Ⓝ210.18　〔00175〕
◇書物の中日交流史　王勇著　国際文化工房　2005.12　288p　21cm　1200円　Ⓘ4-907676-24-7　Ⓝ020.22　〔00176〕
◇善隣国宝記　新訂続善隣国宝記　瑞渓周鳳著, 田中健夫編　集英社　1995.1　729, 21p　23cm　（訳注日本史料）　15000円　Ⓘ4-08-197029-7　Ⓝ210.18　〔00177〕
◇超航海・英雄伝説の謎を追う―縄文人から義経まで　茂在寅男著　三交社　1995.10　220p　20cm　1600円　Ⓘ4-87919-558-8　Ⓝ210.18　〔00178〕
◇波濤をこえて―古代・中世の東アジア交流　石川県立歴史博物館編　金沢　石川県立歴史博物館　1996.10　186p　30cm　Ⓝ210.025　〔00179〕

経済史

◇一般経済史―古代・中世　高村象平著　慶応出版社　1948　198p　21cm　Ⓝ332　〔00180〕
◇古代中世社会経済史研究　赤松俊秀著　京都　平楽寺書店　1972　604, 24p　22cm　4000円　Ⓝ332.1　〔00181〕
◇日本経済史を学ぶ　上　古代・中世　永原慶二ほか編　有斐閣　1982.4　260p　19cm　（有斐閣選書）　1500円　Ⓘ4-641-02230-5　Ⓝ332.1　〔00182〕

経済史　　　　　　　　　　　　　古代・中世史

◇日本経済史序説　古代・中世　野村兼太郎著　有斐閣　1948　252p　22cm　Ⓝ332.1　〔00183〕
◇日本経済史第一文献　本庄栄治郎著　日本評論新社　1955　703, 195p　22cm　Ⓝ332.1031　〔00184〕
◇日本経済史第三文献　本庄栄治郎著　日本評論新社　1953　612p　22cm　Ⓝ332.1031　〔00185〕
◇日本経済史第四文献　本庄榮治郎編　日本評論新社　1959　879p　22cm　Ⓝ332.1031　〔00186〕
◇日本経済史第五文献　本庄栄治郎編　大阪　大阪経済大学日本経済史研究所　1965　853p　22cm　Ⓝ332.1031　〔00187〕
◇日本経済史第六文献　本庄栄治郎編　大阪　大阪経済大学日本経済史研究所　1969　819p　22cm　6000円　Ⓝ332.1031　〔00188〕
◇日本経済史第七文献　黒羽兵治郎編　大阪　大阪経済大学日本経済史研究所　1977.2　910p　22cm　15000円　Ⓝ332.1031　〔00189〕
◇日本経済史第八文献　山田達夫編　〔大阪〕　大阪経済大学日本経済史研究所　1986.12　1203p　22cm　26000円　Ⓝ332.1031　〔00190〕
◇日本古代・中世の生活保障　武田久義著　堺　桃山学院大学総合研究所　1991.9　177p　21cm　（研究叢書2）Ⓝ332.103　〔00191〕
◇日本社会経済史研究　古代・中世編　半折考〔ほか〕　宝月圭吾先生還暦記念会著　弥永貞三　吉川弘文館　1967　22cm　Ⓝ332.1　〔00192〕

◆財政史

◆◆貨幣・金融
◇越中の金・銀貨　三鍋昭吉編著　富山　桂書房　1991.11　87p　26cm　6180円　Ⓝ337.21　〔00193〕
◇大川功氏寄贈日本古金銀貨図録　東京国立博物館編　東京国立博物館　2002.7　71p　30cm　Ⓝ337.21　〔00194〕
◇古貨幣七十話　利光三津夫著　慶應義塾大学出版会　2002.9　306p　図版16p　22cm　5200円　Ⓘ4-7664-0949-3　Ⓝ337.21　〔00195〕
◇古銭語事典　大鎌淳正著　改訂増補　国書刊行会　1997.1　327p　27cm　9800円　Ⓘ4-336-03907-0　Ⓝ337.21　〔00196〕
◇図録日本の貨幣　1　原始・古代・中世　日本銀行調査局編　東洋経済新報社　1972　336, 4p（図共）　31cm　1500円　Ⓝ337.21　〔00197〕
◇日本銀行所蔵銭幣館古文書目録　日本銀行金融研究所　2000.7　108p　30cm　Ⓝ337.21　〔00198〕

◆農業史
◇日本古代・中世畠作史の研究　木村茂光著　校倉書房　1992.11　412p　22cm　（歴史科学叢書）　8755円　Ⓘ4-7517-2210-7　Ⓝ612.1　〔00199〕

◆製造業・工業技術
◇ヴィジュアル史料日本職人史　第1巻　職人の誕生―古代・中世編　遠藤元男著　雄山閣出版　1991.6　196p　26cm　4500円　Ⓘ4-639-01033-8　Ⓝ502.1　〔00200〕
◇技術の社会史　第1巻　古代・中世の技術と社会　三浦圭一編　有斐閣　1982.9　294p　20cm　2100円　Ⓘ4-641-07455-0　Ⓝ502.1　〔00201〕

◇日本職人史の研究　2　古代中世の職人と社会　遠藤元男著　雄山閣出版　1985.3　409p　22cm　4800円　Ⓘ4-639-00439-7　Ⓝ502.1　〔00202〕
◇本朝度量権衡攷　1　狩谷棭斎著, 冨谷至校注　平凡社　1991.8　318p　18cm　（東洋文庫 537）　2781円　Ⓘ4-582-80537-X　Ⓝ609　〔00203〕
◇本朝度量権衡攷　2　狩谷棭斎著, 冨谷至校注　平凡社　1992.3　304p　18cm　（東洋文庫 546）　2884円　Ⓘ4-582-80546-9　Ⓝ609　〔00204〕
◇和漢紙文献類聚　古代・中世　関義城著　京都　思文閣　1976　332, 9p　27cm　13000円　Ⓝ585.6　〔00205〕

◆◆製鉄・鍛冶
◇鉄と銅の生産の歴史―古代から近世初頭にいたる　佐々木稔ほか編著　雄山閣　2002.2　253p　22cm　3800円　Ⓘ4-639-01754-5　Ⓝ564.09　〔00206〕
◇鉄の文化史　田中天著　福岡　海鳥社　2007.7　254p　19cm　1700円　Ⓘ978-4-87415-640-7　〔00207〕

◆運輸・交通
◇橋の歴史―紀元一三〇〇年ごろまで　山本宏著　森北出版　1991.4　272p　22cm　3605円　Ⓘ4-627-48370-8　Ⓝ515.02　〔00208〕

社会史

◇公家と武家―その比較文明史的考察　村井康彦編　京都　思文閣出版　1995.10　437, 2p　22cm　8034円　Ⓘ4-7842-0891-7　Ⓝ210.1　〔00209〕
◇古代・中世の社会と民俗文化―和歌森太郎先生還暦記念　和歌森太郎先生還暦記念論文集編集委員会編　弘文堂　1976　800p　22cm　7800円　Ⓝ210.12　〔00210〕
◇古代中世の社会文化史　林屋辰三郎著　筑摩書房　1987.10　303pp　22cm　（日本史講義 3）　3200円　Ⓘ4-480-35903-6　Ⓝ210.3　〔00211〕
◇体系日本史叢書　8　社会史　1　安藤良雄ほか編集　中村吉治編　第2版　山川出版社　1982.12　371, 19p　22cm　2300円　Ⓝ210.08　〔00212〕
◇日本社会の史的構造　古代・中世　大山喬平教授退官記念会編　京都　思文閣出版　1997.5　761p　22cm　15000円　Ⓘ4-7842-0936-0　Ⓝ210.04　〔00213〕

◆天皇制
◇講座・前近代の天皇　第1巻　天皇権力の構造と展開　その1　永原慶二ほか編　青木書店　1992.12　243p　22cm　3090円　Ⓘ4-250-92026-7　Ⓝ288.41　〔00214〕
◇天皇制批判と日本古代・中世史―中規模国家多元論の視点　草野善彦著　本の泉社　2002.3　446p　22cm　2500円　Ⓘ4-88023-371-4　Ⓝ210.3　〔00215〕
◇日本王代一覧　林鵞峯著　〔大阪〕　秋田屋太右衛門　18-　7冊　26cm　Ⓝ210.3　〔00216〕

◆女性史
◇家・社会・女性―古代から中世へ　前近代女性史研究会編　吉川弘文館　1997.9　335p　22cm　6500円　Ⓘ4-642-01304-0　Ⓝ367.21　〔00217〕
◇家族と女性の歴史―古代・中世　前近代女性史研究会編　吉川弘文館　1989.8　367p　22cm　Ⓘ4-642-01294-

古代・中世史　　　　　　　　　　　　　　　　　　　　　社会史

X　Ⓝ367.21
〔00218〕
◇古代・中世のイエと女性―家族の理論　明石一紀著　校倉書房　2006.9　315p　20cm　3800円　Ⓘ4-7517-3770-8　Ⓝ361.63
〔00219〕
◇古代・中世の家族と女性　西村汎子著　吉川弘文館　2002.2　434, 13p　22cm　9500円　Ⓘ4-642-02374-7　Ⓝ367.21
〔00220〕
◇古代・中世の女性と仏教　勝浦令子著　山川出版社　2003.3　93p　21cm　(日本史リブレット 16)　800円　Ⓘ4-634-54160-2　Ⓝ182.1
〔00221〕
◇日本史人物「女たちの物語」　上　古代―戦国の舞台裏　加来耕三, 馬場千枝著　講談社　1998.1　297p　16cm　(講談社+α文庫)　680円　Ⓘ4-06-256241-3　Ⓝ281.04
〔00222〕
◇歴史のなかの愛―万葉・戦国の女たち　田中澄江著　文芸春秋　1981.4　246p　19cm　950円　Ⓝ281.04
〔00223〕
◇歴史のなかの愛―万葉・戦国の女たち　田中澄江著　文芸春秋　1987.9　254p　16cm　(文春文庫)　340円　Ⓘ4-16-731303-0　Ⓝ281.04
〔00224〕

◆風俗・生活史
◇画報風俗史　1　日本近代史研究会編　日本図書センター　2006.3　282p　31cm　Ⓘ4-284-50009-0, 4-284-50008-2　Ⓝ382.1
〔00225〕
◇古代・中世くらしの文化―日本生活文化史　森田恭二編著　大阪　和泉書院　1996.4　267p　21cm　2884円　Ⓘ4-87088-778-9　Ⓝ210.4
〔00226〕
◇古代・中世の社会と民俗文化―和歌森太郎先生還暦記念　和歌森太郎先生還暦記念論文集編集委員会編　弘文堂　1976　800p　22cm　7800円　Ⓝ210.12　〔00227〕
◇古文書に見る職人のくらし　横浜市勤労福祉財団　〔横浜〕〔横浜市勤労福祉財団〕　1999.11　12p　30cm　Ⓝ384.3
〔00228〕
◇図説 日本庶民生活史　第2巻　平安-鎌倉　奈良本辰也等編　赤井達郎他　河出書房新社　1961　252p　図版　27cm　Ⓝ210.1
〔00229〕
◇生活と思想　中村孝也編　小学館　1944　202p　図版　22cm　Ⓝ210.04
〔00230〕
◇日本生活史点描　1　古代中世の関東・近世以前の職人　遠藤元男著　つくばね舎　1994.9　209p　22cm　3000円　Ⓘ4-924836-14-1　Ⓝ210.1
〔00231〕

◆◆儀礼
◇旧儀装飾十六式図譜・解説書　霞会館公家と武家文化に関する調査委員会編纂　霞会館　1994.11　82p　23×31cm　非売品　Ⓝ382.1
〔00232〕
◇京都御所東山御文庫本撰集秘記　所功編　国書刊行会　1986.1　560p　22cm　(古代史料叢書 第1輯)　7500円　Ⓝ210.09
〔00233〕
◇公家と儀式　京都大学文学部博物館編　京都　京都大学文学部博物館　1991.10　131p　26cm　(京都大学文学部博物館図録 第5冊)　Ⓝ210.09
〔00234〕
◇江家次第　1 (自1巻至3巻)　大江匡房著　現代思潮新社　2007.5　302p　16cm　(覆刻日本古典全集)　4100円　Ⓘ978-4-329-02566-1　Ⓝ210.09
〔00235〕
◇江家次第　2 (自4巻至5巻)　大江匡房著　現代思潮新社　2007.5　p303-587　16cm　(覆刻日本古典全集)　3800円　Ⓘ978-4-329-02567-8　Ⓝ210.09
〔00236〕

◆◆祭礼・民間信仰
◇亀卜―歴史の地層に秘められたうらないの技をほりおこす　東アジア怪異学会編　京都　臨川書店　2006.5　265p　19cm　2500円　Ⓘ4-653-03962-3　Ⓝ148
〔00237〕

◆◆年中行事
◇踏歌節会研究と資料　中田武司編　おうふう　1996.1　465p　22cm　40000円　Ⓘ4-273-02887-5　Ⓝ210.096
〔00238〕

◆服飾史
◇服装の歴史　第1　キモノが生れるまで　村上信彦著　理論社　1955　19cm　Ⓝ383.1
〔00239〕
◇服装の歴史　1　キモノが生れるまで　村上信彦著　理論社　1974　211p　20cm　1000円　Ⓝ383.1
〔00240〕
◇服装の歴史　1　キモノが生れるまで　村上信彦著　講談社　1979.7　239p　15cm　(講談社文庫)　320円　Ⓝ383.1
〔00241〕

◆◆鎧・武具
◇大山祇神社　大山祇神社編　大三島町(愛媛県)　大山祇神社　1988.6　76p　24×25cm　Ⓝ702.17
〔00242〕
◇甲冑と名将　笹間良彦著　雄山閣出版　1966　242p　図版　19cm　(名将シリーズ)　Ⓝ210.04
〔00243〕
◇名将の鎧兜物語　笹間良彦著　雄山閣出版　1971　242p　図　20cm　(物語歴史文庫 16)　880円　Ⓝ210.04
〔00244〕
◇鎧の中の日本人　村木幹侍著　三交社　1975　213p　20cm　1200円　Ⓝ210.04
〔00245〕

◆食物史
◇食べる―原始から中世の食生活 平成5年度秋季特別展　小野市立好古館　小野　小野市立好古館　1993.10　22p　26cm　Ⓝ383.8
〔00246〕
◇日本食物史　上　古代から中世　桜井秀, 足立勇共著　雄山閣出版　1994.12　479p　22cm　5800円　Ⓘ4-639-01262-4　Ⓝ383.8
〔00247〕

◆差別史
◇河原巻物の世界　脇田修著　東京大学出版会　1991.5　304, 6p　22cm　4738円　Ⓘ4-13-020095-X　Ⓝ361.86
〔00248〕

◆住居史
◇日本古代中世住宅史論　藤田勝也著　中央公論美術出版　2002.12　339p　22cm　10000円　Ⓘ4-8055-0429-3　Ⓝ521.3
〔00249〕

◆集落・都市
◇古代から中世へ　中世都市研究会編　新人物往来社　1995.9　346p　21cm　(中世都市研究 2)　3500円　Ⓘ4-404-02252-2　Ⓝ210.4
〔00250〕
◇笹生衛提出学位請求論文『東国古代・中世の村落と信仰』審査報告書　國學院大學　2006.7　24p　26cm　Ⓝ377.5
〔00251〕
◇日本村落史講座　第2巻　景観 1 原始・古代・中世　日本村落史講座編集委員会編　雄山閣出版　1990.8　318p

22cm　4854円　①4-639-00976-3　Ⓝ210　〔00252〕

◆家族
◇古代・中世のイエと女性─家族の理論　明石一紀著　校倉書房　2006.9　315p　20cm　3800円　①4-7517-3770-8　Ⓝ361.63
〔00253〕
◇古代・中世の家族と女性　西村汎子著　吉川弘文館　2002.2　434, 13p　22cm　9500円　①4-642-02374-7　Ⓝ367.21
〔00254〕
◇平安鎌倉室町家族の研究　高群逸枝著, 栗原弘校訂　国書刊行会　1985.2　1097p　22cm　16000円　Ⓝ385.4
〔00255〕

◆民話・民間伝承
◇狐の日本史　古代・中世篇　中村禎里著　日本エディタースクール出版部　2001.6　343p　20cm　2800円　①4-88888-308-4　Ⓝ387
〔00256〕
◇死と豊穣の民俗文化　藤森裕治著　吉川弘文館　2000.1　279, 8p　22cm　（日本歴史民俗叢書）　6200円　①4-642-07358-2　Ⓝ164.1
〔00257〕

◆歴史地理
◇図解 意外な真実！地図が解き明かす日本史　武光誠監修　PHP研究所　2006.5　95p　26cm　952円　①4-569-64979-3
〔00258〕

◆災害史
◇新収日本地震史料　第1巻　自允恭天皇五年至文禄四年　東京大学地震研究所編　東京大学地震研究所　1981.3　193p　22cm　Ⓝ453.21
〔00259〕

思想史
◇三種の神器観より見たる日本精神史　加藤仁平著　訂第一書房　1939　334p　23cm　Ⓝ121.1　〔00260〕
◇日本古代中世の思想と文化　渡部正一著　大明堂　1980.1　295p　22cm　2800円　Ⓝ121.3　〔00261〕
◇日本思想史序説　岩崎允胤著　新日本出版社　1991.9　547p　22cm　5000円　①4-406-02006-3　Ⓝ121.3
〔00262〕
◇日本精神と生死観　紀平正美等著　有精堂出版部　1943　353p　19cm　Ⓝ121.1
〔00263〕

宗教史
◇古代中世宗教史研究　鶴岡静夫著　雄山閣出版　1982.9　702p　22cm　15000円　①4-639-00177-0　Ⓝ162.1
〔00264〕
◇笹生衛提出学位請求論文『東国古代・中世の村落と信仰』審査報告書　國學院大學　2006.7　24p　26cm　Ⓝ377.5
〔00265〕
◇神話・物語の文芸史　古橋信孝著　ぺりかん社　1992.4　347p　22cm　4120円　①4-8315-0544-7　Ⓝ910.23
〔00266〕
◇日本古代中世の政治と宗教　佐伯有清編　吉川弘文館　2002.5　385p　22cm　12000円　①4-642-02377-1　Ⓝ210.3
〔00267〕
◇日本宗教史　1　近世以前　笠原一男編　笠原一男等著　山川出版社　1977.10　396, 35p　図　20cm　（世界宗教史叢書 11）　1900円　Ⓝ160.21
〔00268〕
◇日本宗教史研究　第1　組織と伝導〔ほか〕　日本宗教史研究会編　竹田聴洲　京都　法蔵館　1967　242p　22cm　Ⓝ160.21
〔00269〕
◇日本宗教史研究　第2　布教者と民衆との対話〔ほか〕　日本宗教史研究会編　二葉憲香　京都　法蔵館　1968　235p　22cm　Ⓝ160.21
〔00270〕
◇日本宗教史の謎　上　和歌森太郎編　佼成出版社　1976　325p　20cm　1500円　Ⓝ160.21
〔00271〕
◇日本人の信仰思想のすがた─古代・中世　中島亮一著　文芸社　2003.3　231p　19cm　1400円　①4-8355-5212-1　Ⓝ162.1
〔00272〕
◇跋扈する怨霊─祟りと鎮魂の日本史　山田雄司著　吉川弘文館　2007.8　199p　19cm　（歴史文化ライブラリー 237）　1700円　①978-4-642-05637-3　Ⓝ210.3
〔00273〕

◆神道史
◇一代要記　1　石田実洋, 大塚紘子, 小口雅史, 小倉慈司校注　神道大系編纂会　2005.8　306p　23cm　（続神道大系 朝儀祭祀編）　18000円　Ⓝ210.3
〔00274〕
◇一代要記　2　石田実洋, 大塚紘子, 小口雅史, 小倉慈司校注　神道大系編纂会　2006.10　287p　23cm　（続神道大系 朝儀祭祀編）　Ⓝ210.3
〔00275〕
◇一代要記　3　石田実洋, 大塚紘子, 小口雅史, 小倉慈司校注　神道大系編纂会　2006.10　296p　23cm　（続神道大系 朝儀祭祀編）　Ⓝ210.3
〔00276〕
◇学芸の神菅原道真─天神信仰と富山　青柳正美著　富山　北日本新聞社出版部　1986.1　134p　図版20枚　22cm　1500円　Ⓝ172
〔00277〕
◇猿投神社編年史料　古代・中世編　編者:太田正弘　豊田　豊田市教育委員会　1972　160p　21cm　Ⓝ175.955
〔00278〕
◇神道講座　第4　神道攷究会編　神道攷究会　1930　1冊　22cm　Ⓝ170
〔00279〕
◇続神道大系　論説編〔2〕　国史実録　2　神道大系編纂会編　林鵞峯, 林鳳岡著, 真壁俊信, 小口雅史校注　神道大系編纂会　1998.3　375p　23cm　18000円　Ⓝ170.8
〔00280〕
◇男女二神考　神器三種考　藤原芳樹撰　写 12丁　25cm　Ⓝ172
〔00281〕
◇天神信仰　村山修一編　雄山閣出版　1983.8　328p　22cm　（民衆宗教史叢書 第4巻）　4800円　①4-639-00273-4　Ⓝ172
〔00282〕
◇天神信仰の基礎的研究　真壁俊信著　〔大宮〕　日本古典籍註釈研究会　1984.8　329, 79, 7p　23cm　13000円　Ⓝ172
〔00283〕
◇日本古典に於ける産靈神の研究　本篇　原正男著　原法律事務所　1963　209p　図版　22cm　Ⓝ172
〔00284〕
◇八幡信仰　中野幡能編　雄山閣出版　1983.7　292p　22cm　（民衆宗教史叢書 第2巻）　4800円　①4-639-00264-5　Ⓝ172
〔00285〕
◇八幡信仰　中野幡能著　塙書房　1985.6　215p　18cm　（塙新書）　800円　Ⓝ172
〔00286〕
◇八幡信仰史の研究　中野幡能著　増補版　吉川弘文館　1976.5　2冊　23cm　Ⓝ172
〔00287〕

◇琉球神道記　良定著, 明治聖徳記念学会研究所編　明世堂書店　1943　86, 35p　22cm　Ⓝ170.2　〔00288〕

◆◆伊勢神宮
◇伊勢神宮の建築と歴史　福山敏男著　長岡京　日本資料刊行会　1976.12　1冊　22cm　5500円　Ⓝ521
〔00289〕
◇伊勢信仰　1　古代・中世　萩原龍夫編　雄山閣出版　1985.9　339p　22cm　(民衆宗教史叢書　第1巻)　4800円　Ⓘ4-639-00508-3　Ⓝ171.2　〔00290〕

◆◆仏教史
◇技術と信仰の名僧—和泉・河内国の新探訪　古代・中世　辻川季三郎著　〔泉大津〕〔辻川季三郎〕　1993.6　210p　22cm　Ⓝ187.6　〔00291〕
◇喜田貞吉著作集　第3巻　国史と仏教史　林屋辰三郎編集　平凡社　1981.11　562p　22cm　5400円　Ⓝ210.3
〔00292〕
◇古代・中世人の祈り—善光寺信仰と北信濃　長野　長野市立博物館　1997.4　131p　30cm　Ⓝ188.45
〔00293〕
◇古代中世寺と仏教　鶴岡静夫著　渓水社　1991.11　313p　22cm　11000円　Ⓘ4-89287-195-8　Ⓝ182.1
〔00294〕
◇古代・中世の浄土教信仰と文化　西田圓我著　京都　思文閣出版　2000.12　230, 4p　22cm　6600円　Ⓘ4-7842-1068-7　Ⓝ188.62　〔00295〕
◇古代・中世の女性と仏教　勝浦令子著　山川出版社　2003.3　93p　21cm　(日本史リブレット 16)　800円　Ⓘ4-634-54160-2　Ⓝ182.1　〔00296〕
◇日本初期天台の研究　仲尾俊博著　京都　永田文昌堂　1976.7　323, 15, 6p　22cm　Ⓝ188.42　〔00297〕
◇日本の仏教と奈良　岩城隆利著　明石書店　1986.2　190p　19cm　1000円　Ⓝ182.1　〔00298〕
◇日本仏教史　上世篇, 中世篇之1-2　辻善之助著　岩波書店　1947　3冊　21cm　Ⓝ180.21　〔00299〕
◇日本仏教思想研究　第1巻　戒律の研究　上　石田瑞麿著　京都　法蔵館　1986.9　491p　22cm　8500円　Ⓘ4-8318-3851-9　Ⓝ182.1　〔00300〕
◇日本仏教思想研究　第3巻　思想と歴史　石田瑞麿著　京都　法蔵館　1986.6　499p　22cm　8500円　Ⓝ182.1
〔00301〕
◇日本仏教の源流—仏教伝来から日蓮まで　島村喬著　波書房　1984.9　290p　19cm　980円　Ⓘ4-8164-1191-7　Ⓝ182.1　〔00302〕
◇日本仏教の史的展開　薗田香融編　塙書房　1999.10　540p　22cm　12000円　Ⓘ4-8273-1158-7　Ⓝ182.1
〔00303〕
◇日本仏教の展開とその基調　上　硲慈弘著　三省堂　1948　346p　21cm　Ⓝ180.21　〔00304〕
◇仏教教育思想　第1巻　新装版　日本図書センター　2001.11　785p　22cm　(日本近世教育思想シリーズ)　Ⓘ4-8205-5988-5, 4-8205-5987-7　Ⓝ184　〔00305〕
◇仏教教育思想　第2巻　新装版　日本図書センター　2001.11　664p　22cm　(日本近世教育思想シリーズ)　Ⓘ4-8205-5989-3　Ⓝ184　〔00306〕
◇仏教考古学研究　久保常晴著　ニュー・サイエンス社　1967　376p 図版　22cm　Ⓝ180.21　〔00307〕
◇仏教考古学の研究　第1　伽藍論攷　石田茂作著　丹波市町(奈良県)　養徳社　1948　309p 図版26p　22cm　Ⓝ180.21　〔00308〕
◇仏教考古学論攷　2　仏像編　石田茂作著　京都　思文閣出版　1977.8　291p　22cm　4200円　Ⓝ180.21
〔00309〕
◇仏教考古学論攷　3　経典編　石田茂作著　京都　思文閣出版　1977.4　417p　22cm　4900円　Ⓝ180.21
〔00310〕
◇仏教考古学論攷　4　仏塔編　石田茂作著　京都　思文閣出版　1977.6　392p(図共)　22cm　4900円　Ⓝ180.21
〔00311〕
◇仏教考古学論攷　5　仏具編　石田茂作著　京都　思文閣出版　1977.10　321p　22cm　4500円　Ⓝ180.21
〔00312〕
◇仏教考古学論攷　6　雑集編　石田茂作著　京都　思文閣出版　1977.12　326p　22cm　4500円　Ⓝ180.21
〔00313〕
◇仏教考古とその周辺　景山春樹著　雄山閣出版　1974　292p　21cm　2000円　Ⓝ180.21　〔00314〕
◇仏教のこころ—日本仏教の源流を求めて　仏教伝道協会編　広済堂出版　1981.6　253p　20cm　1300円　Ⓝ182.1　〔00315〕
◇ブッダから日蓮まで　近藤正輝著　文芸社　2002.10　594p　19cm　1300円　Ⓘ4-8355-4260-6　Ⓝ182.1
〔00316〕
◇仏法の文化史　大隅和雄編　吉川弘文館　2003.1　292p　22cm　7000円　Ⓘ4-642-02818-8　Ⓝ182.1
〔00317〕
◇宝篋印陀羅尼経広本の日本成立に関する一試論—平安末期台密所伝の諸本の分析　中野隆行著　〔中野隆行〕　2006.10　34p　21×30cm　Ⓝ183.7　〔00318〕
◇本地垂迹信仰と念仏—日本庶民仏教史の研究　今堀太逸著　京都　法蔵館　1999.2　468, 13p　22cm　8700円　Ⓘ4-8318-7488-4　Ⓝ182.1　〔00319〕
◇民衆と仏教　古代・中世編　二葉憲香編　京都　永田文昌堂　1984.1　248p　22cm　(日本仏教史研究 5)　3000円　Ⓝ182.1　〔00320〕

◆◆寺院
◇石岡の寺とみほとけ　石岡ライオンズクラブ編　石岡　石岡ライオンズクラブ　1987.6　245p　27cm　Ⓝ702.17　〔00321〕
◇出雲の札所—特別展　島根県立博物館編　松江　島根県立博物館　1984.4　61p　25cm　Ⓝ702.17　〔00322〕
◇古代中世寺と仏教　鶴岡静夫著　渓水社　1991.11　313p　22cm　11000円　Ⓘ4-89287-195-8　Ⓝ182.1
〔00323〕
◇仏教考古学論攷　1　寺院編　石田茂作著　京都　思文閣出版　1978.2　375p　22cm　4900円　Ⓝ180.21
〔00324〕
◇霊験寺院と神仏習合—古代寺院の中世的展開　八田達男著　岩田書院　2003.12　340p　22cm　(御影史学研究会歴史学叢書 3)　7900円　Ⓘ4-87294-301-5　Ⓝ185.021
〔00325〕

学術・教育史

◆科学史
◇小川清彦著作集 古天文・暦日の研究―天文学で解く歴史の謎 斉藤国治編著 皓星社 1997.8 318p 21cm 5000円 ⓘ4-7744-0020-3 〔00326〕
◇近代科学の源流 伊東俊太郎著 中央公論新社 2007.9 397p 16cm (中公文庫) 1000円 ⓘ978-4-12-204916-1 Ⓝ402 〔00327〕
◇古代中世暦―和暦・ユリウス暦月日対照表 日外アソシエーツ編集部編 紀伊國屋書店(発売) 2006.9 506p 21cm 5000円 ⓘ4-8169-1998-8 Ⓝ449.81 〔00328〕

◆医学史
◇京医師の歴史―日本医学の源流 森谷尅久著 講談社 1978.10 208p 18cm (講談社現代新書) 390円 Ⓝ490.21 〔00329〕
◇史伝健康長寿の知恵 1 末法を照らした達人の極意 宮本義己編纂, 吉田豊編纂 第一法規出版 1989.2 325p 21cm 2200円 ⓘ4-474-17041-5 Ⓝ498.3 〔00330〕

◆教育史
◇愛知県教育史 第1巻 古代・中世 名古屋 愛知県教育委員会 1973 2冊(別冊共) 22cm Ⓝ372.155 〔00331〕

文化史

◇エピソードで語る日本文化史 上 松井秀明著 地歴社 2006.6 222p 21cm 2000円 ⓘ4-88527-175-4 〔00332〕
◇古代中世芸術論 林屋辰三郎校注 岩波書店 1995.10 812p 22cm (日本思想大系新装版―芸の思想・道の思想 2) 5400円 ⓘ4-00-009072-0 Ⓝ702.1 〔00333〕
◇古代中世の社会文化史 林屋辰三郎著 筑摩書房 1987.10 303pp 22cm (日本史講義 3) 3200円 ⓘ4-480-35903-6 Ⓝ210.3 〔00334〕
◇書物の中日交流史 王勇著 国際文化工房 2005.12 288p 21cm 1200円 ⓘ4-907676-24-7 Ⓝ020.22 〔00335〕
◇内藤湖南全集 第9巻 筑摩書房 1969 528p 図版15枚 23cm 2800円 Ⓝ220.08 〔00336〕
◇日本古代中世文化史への接近―民衆・女性・交流・地方文化 奥野中彦著 三一書房 1996.9 197p 21cm 2800円 ⓘ4-380-96272-5 Ⓝ210.2 〔00337〕
◇日本歴史再考 所功著 講談社 1998.3 311p 15cm (講談社学術文庫) 920円 ⓘ4-06-159322-6 Ⓝ210.12 〔00338〕
◇発掘された日本列島―新発見考古速報 1995 文化庁編 朝日新聞社 1995.6 110p 26cm 1500円 ⓘ4-02-256875-5 Ⓝ210.2 〔00339〕

美術史

◇九州美術史年表 古代・中世篇 平田寛著 福岡 九州大学出版会 2001.2 872, 34p 22cm (長崎純心大学学術叢書 4) 14000円 ⓘ4-87378-665-7 Ⓝ702.199 〔00340〕
◇日本美術史の巨匠たち 上 京都国立博物館編 筑摩書房 1982.8 313, 11p 21cm 3200円 Ⓝ702.1 〔00341〕
◇日本美術全史 上巻 上古―室町 今泉篤男等編 美術出版社 1959 600p(図版 解説共) 29cm Ⓝ702.1 〔00342〕
◇はるかみちのく―古典文学と美術にみるすがた 特別展 東北歴史博物館編 〔多賀城〕〔東北歴史博物館〕2001.10 165p 30cm Ⓝ702.1 〔00343〕
◇福井利吉郎美術史論集 上 福井利吉郎 中央公論美術出版 1998.2 430p 26cm 28000円 ⓘ4-8055-1471-X Ⓝ702.1 〔00344〕
◇文化財と歴史学 奈良文化財研究所編 〔奈良〕 奈良文化財研究所 2003.3 750p 27cm 10000円 ⓘ4-642-02390-9 Ⓝ709.1 〔00345〕
◇文化財論叢 3 文化財研究所奈良文化財研究所編 奈良 文化財研究所奈良文化財研究所 2002.12 750p 27cm (奈良文化財研究所学報 第65冊) ⓘ4-902010-00-3 Ⓝ709.1 〔00346〕
◇歴史における芸術と社会 日本史研究会編 みすず書房 1960 353p 図版 22cm Ⓝ210.04 〔00347〕

◆宗教美術
◇伽藍論攷―仏教考古学の研究 第1 石田茂作著 丹波市町(奈良県) 養徳社 1948 309p 図版 21cm Ⓝ702.1 〔00348〕
◇浄土信仰の美―浄土へのあこがれ 第33回特別展 〔長野〕長野市立博物館 1993.9 29p 26cm Ⓝ702.078 〔00349〕
◇東京国立博物館図版目録 仏具篇 東京国立博物館編 東京美術 1990.6 148, 10p 27cm 5356円 ⓘ4-8087-0555-9 Ⓝ721.1 〔00350〕
◇南都北嶺 中村直勝著 京都 星野書店 1948 298p 18cm Ⓝ702.1 〔00351〕
◇仏教美術史の研究 清水善三著 中央公論美術出版 1997.4 411p 26cm 20000円+税 ⓘ4-8055-0321-1 Ⓝ702.098 〔00352〕
◇不動明王の諸相・最澄と空海の書風について―研究発表と座談会 京都 仏教美術研究上野記念財団助成研究会 1981.3 39, 4p 30cm (仏教美術研究上野記念財団助成研究会報告書 第8冊) Ⓝ702.098 〔00353〕

◆彫刻
◇新選仏像の至宝 下 毎日新聞社編, 西川杏太郎解説 毎日新聞社 2006.11 223p 38cm Ⓝ718.021 〔00354〕
◇ふくしまの磨崖仏 小林源重著 〔須賀川〕小林源重 1997.11 262p 27cm 5200円 Ⓝ718.4 〔00355〕
◇仏像の歴史―飛鳥時代から江戸時代まで 久野健著 山川出版社 1987.9 220, 29p 19cm 1300円 ⓘ4-634-60200-8 Ⓝ718 〔00356〕

◆絵画
◇肖像画　宮島新一著　吉川弘文館　1994.11　286,7p　20cm　（日本歴史叢書 新装版）　2781円　①4-642-06601-2　Ⓝ721.02
〔00357〕
◇日本の障壁画　飛鳥―室町編　真保亨編　毎日新聞社　1979.6　269p　36cm　28000円　Ⓝ721.08
〔00358〕
◇女房三十六人歌合　京都　ふたば書房　1990.4　2冊（別冊とも）　36cm　全28000円　①4-89320-127-1　Ⓝ721.2
〔00359〕

◆◆仏教画
◇岩手の仏画―岩手県立博物館第47回企画展図録　1　中尊寺・毛越寺の仏画　岩手県立博物館編　盛岡　岩手県文化振興事業団　1998.10　75p　30cm　（岩手県立博物館調査研究報告書 第15冊）　Ⓝ721.1
〔00360〕
◇国宝 六道絵　泉武夫,加須屋誠,山本聡美編・著,金井杜道撮影　中央公論美術出版　2007.11　376p　37×27cm　36000円　①978-4-8055-0556-4
〔00361〕
◇地獄絵　写真:金子桂三,監修・文:真保亨　毎日新聞社　1976　245p（図共）　36cm　50000円　Ⓝ721.1
〔00362〕
◇地獄絵　奈良国立博物館編　〔奈良〕　奈良国立博物館　1994.7　47p　26cm　（親と子のギャラリー）　Ⓝ721.2
〔00363〕
◇地獄絵と文学―絵解きの世界　石破洋著　教育出版センター　1992.11　224p　20cm　（古典選書12）　2800円　①4-7632-1216-8　Ⓝ910.2
〔00364〕
◇地獄と十王図録―テーマ展　神奈川県立金沢文庫編　横浜　神奈川県立金沢文庫　1991.12　63p　26cm　Ⓝ721.2
〔00365〕
◇地獄ものがたり　真保亨著　毎日新聞社　2001.11　126p　27cm　2800円　①4-620-60578-6　Ⓝ721.2
〔00366〕
◇六道絵　金子桂三写真,真保亨文　毎日新聞社　1977.6　244p（おもに図）　36cm　50000円　Ⓝ721.2
〔00367〕
◇六道絵の研究　中野玄三著　京都　淡交社　1989.2　341,10p　31cm　9000円　①4-473-01067-8　Ⓝ721.2
〔00368〕

◆◆大和絵
◇下店静市著作集　第8巻　大和絵史研究　下店静市著作集編集委員会,講談社出版研究所編　講談社　1985.9　570p 図版65枚　22cm　9800円　①4-06-141638-3　Ⓝ708
〔00369〕
◇社寺縁起絵　角川書店　1975　327,207,28p（おもに図）　31cm　24000円　Ⓝ721.2
〔00370〕
◇大和絵　下店静市著　京都　高桐書院　1946　192p　19cm　（京都叢書）　Ⓝ721.2
〔00371〕
◇やまと絵　白畑よし著　京都　河原書店　1967　175p 図版　19cm　（日本の美と教養）　Ⓝ721.2
〔00372〕
◇やまと絵　出光美術館編　出光美術館　1986.10　249p　34cm　（出光美術館蔵品図録）　32000円　①4-582-21821-0　Ⓝ721.2
〔00373〕
◇やまと絵―雅の系譜　特別展　東京国立博物館編　東京国立博物館　1993.10　289,16p　29cm　Ⓝ721.2
〔00374〕
◇大和絵史―絵巻物史　下店静市著　冨山房　1956　306p 図版　22cm　Ⓝ721.2
〔00375〕

◇大和絵史研究　下店静市著　富山房　1944　971p 図版122枚 地図　21cm　Ⓝ721.2
〔00376〕
◇大和絵史論　小林太市郎著　京都　全国書房　1946　421p 図版48枚　27cm　Ⓝ721.2
〔00377〕
◇大和絵と戦記物語　桜井清香著　木耳社　1969　337p 図版　22cm　3200円　Ⓝ721.2
〔00378〕
◇大和絵の研究　源豊宗著　角川書店　1976.12　501p 図　23cm　7300円　Ⓝ721.2
〔00379〕
◇やまと絵論　家永三郎著　宝雲舎　1947　131p 図版　18cm　（宝雲舎芸術論輯）　Ⓝ721.2
〔00380〕

◆◆絵巻物
◇安養寺縁起絵巻　米子　立花書院　1988.8　1帖　22cm　5000円　Ⓝ721.2
〔00381〕
◇絵巻　奥平英雄著　美術出版社　1957　289p 原色図版表　26cm　Ⓝ721.2
〔00382〕
◇絵巻―特別展　東京国立博物館　1974　251p（図共）　26cm　600円　Ⓝ721.2
〔00383〕
◇絵巻―特別展図録　東京国立博物館　1975　304p（おもに図）　35cm　Ⓝ721.2
〔00384〕
◇絵巻　京都国立博物館編　角川書店　1989.6　203,5p　37cm　30000円　①4-04-851083-5　Ⓝ721.2
〔00385〕
◇絵巻　徳川美術館編　名古屋　徳川美術館　1993.4　140,3p　26×27cm　（徳川美術館名品集1）　①4-88604-016-0　Ⓝ721.2
〔00386〕
◇絵巻を読み解く　若杉準治執筆　新潮社　1998.11　207p　20cm　（美術館へ行こう）　1800円　①4-10-601867-5　Ⓝ721.2
〔00387〕
◇絵巻小宇宙―絵の中に生きる人々　サントリー美術館編　サントリー美術館　2000　110p　28cm　Ⓝ721.2
〔00388〕
◇絵巻と文房具―サントリー美術館館蔵品展　サントリー美術館　1983　68p　26cm　Ⓝ721.2
〔00389〕
◇絵巻にしたしむ　奈良国立博物館編　〔奈良〕　奈良国立博物館　2001.4　64p　30cm　（親と子のギャラリー）　Ⓝ721.2
〔00390〕
◇絵巻の諸問題―研究発表と座談会　京都　仏教美術研究上野記念財団助成研究会　1988.3　27,7p 図版12p　30cm　（仏教美術研究上野記念財団助成研究会報告書 第17冊）　Ⓝ721.2
〔00391〕
◇絵巻の世界　奥平英雄著　東京創元社　1959　208p 図版60枚　19cm　（創元選書）　Ⓝ721.2
〔00392〕
◇絵巻の世界　福井　福井県立美術館　1997　131p　30cm　Ⓝ721.2
〔00393〕
◇絵巻の歴史　武者小路穣著　吉川弘文館　1990.3　273,6p　20cm　（日本歴史叢書42）　2700円　①4-642-06542-3　Ⓝ721.2
〔00394〕
◇絵巻の歴史　武者小路穣著　吉川弘文館　1995.4　273,6p　20cm　（日本歴史叢書 新装版）　2781円　①4-642-06610-1　Ⓝ721.2
〔00395〕
◇絵巻物　田中一松著　大日本雄弁会講談社　1956　58p（図版共）原色図版4枚　20cm　（講談社版アート・ブックス日本美術シリーズ）　Ⓝ721.2
〔00396〕
◇絵巻物―アニメの源流　徳間書店,スタジオジブリ・カンパニー,千葉市美術館編　〔千葉〕　千葉市美術館　1999.8　64p　23cm　①4-925022-12-1　Ⓝ721.2
〔00397〕
◇絵巻物研究　上野直昭著　岩波書店　1950　168p 図版28p　26cm　Ⓝ721.2
〔00398〕

◇絵巻物再見　奥平英雄著　角川書店　1987.5　278p　22cm　3200円　Ⓘ4-04-851071-1　Ⓝ721.2
〔00399〕

◇絵巻物残欠の譜　梅津次郎著　角川書店　1970　208p　図版　23cm　2500円　Ⓝ721.2
〔00400〕

◇絵巻物叢考　梅津次郎著　中央公論美術出版　1968　539p　図版　25cm　Ⓝ721.2
〔00401〕

◇絵巻物叢誌　梅津次郎著　京都　法蔵館　1972　353p　図　27cm　7800円　Ⓝ721.2
〔00402〕

◇絵巻物展―特別展観　文化庁　1983.11　51,5p　26cm　Ⓝ721.2
〔00403〕

◇絵巻物と民俗　五来重著　角川書店　1981.9　265p　19cm　（角川選書 127）　920円　Ⓝ721.2
〔00404〕

◇絵巻物の鑑賞基礎知識　若杉準治編　至文堂　1995.11　272p　26cm　3600円　Ⓘ4-7843-0157-7　Ⓝ721.2
〔00405〕

◇絵巻物文献目録　家永三郎編　謄写版　家永三郎　1951　37p　26cm　Ⓝ721.2
〔00406〕

◇絵巻山中常盤　辻惟雄編集　角川書店　1982.12　1冊　37cm　38000円　Ⓝ721.2
〔00407〕

◇角川絵巻物総覧　宮次男ほか編　角川書店　1995.4　578p　27cm　22000円　Ⓘ4-04-851107-6　Ⓝ721.2
〔00408〕

◇古画の秘所　中野栄三編　雄山閣出版　1968　159p　図版17枚　16×22cm　1800円　Ⓝ721.2
〔00409〕

◇国宝絵巻　奥平英雄著　大阪　保育社　1962　151p（図版共）　15cm　（カラーブックス）　Ⓝ721.2
〔00410〕

◇国宝絵巻　奥平英雄著　大阪　保育社　1974　189p（図共）　19cm　（カラーブックスデラックス版 41）　680円　Ⓝ721.2
〔00411〕

◇古筆と絵巻　古筆学研究所編　八木書店　1994.5　339p　22cm　（古筆学叢林 第4巻）　6800円　Ⓘ4-8406-9404-4　Ⓝ721.2
〔00412〕

◇小松茂美著作集　第29巻　日本絵巻史論 1　小松茂美著　旺文社　2000.7　645p　22cm　17143円　Ⓘ4-01-071189-2　Ⓝ702.1
〔00413〕

◇小松茂美著作集　第30巻　日本絵巻史論 2　小松茂美著　旺文社　2000.9　635p　22cm　17143円　Ⓘ4-01-071190-6　Ⓝ702.1
〔00414〕

◇小松茂美著作集　第31巻　日本絵巻史論 3　小松茂美著　旺文社　2000.11　666p　22cm　17143円　Ⓘ4-01-071191-4　Ⓝ702.1
〔00415〕

◇小松茂美著作集　第32巻　日本絵巻史論 4　小松茂美著　旺文社　2001.1　650p　22cm　17143円　Ⓘ4-01-071192-2　Ⓝ702.1
〔00416〕

◇小松茂美著作集　第33巻　日本絵巻史論 5　小松茂美著　旺文社　2001.3　663p　22cm　17143円　Ⓘ4-01-071193-0　Ⓝ702.1
〔00417〕

◇すぐわかる絵巻の見かた　榊原悟監修　東京美術　2004.3　143p　21cm　2000円　Ⓘ4-8087-0750-0
〔00418〕

◇チェスター・ビーティー・ライブラリィ絵巻絵本解題目録　解題篇　国文学研究資料館,チェスター・ビーティー・ライブラリィ共編　勉誠出版　2002.3　403p　31cm　Ⓘ4-585-00313-4　Ⓝ721.2
〔00419〕

◇チェスター・ビーティー・ライブラリィ絵巻絵本解題目録　図録篇　国文学研究資料館,チェスター・ビーティー・ライブラリィ共編　勉誠出版　2002.3　16,321p　31cm　Ⓘ4-585-00313-4　Ⓝ721.2
〔00420〕

◇南部絵巻物―陸奥の土風　小保内東泉絵,国香よう子文　盛岡　熊谷印刷出版部　1980.6　70p　27cm　3000円　Ⓝ721.2
〔00421〕

◇日本絵巻聚稿　上　小松茂美著　中央公論社　1989.4　661p　22cm　17000円　Ⓘ4-12-001781-8　Ⓝ721.2
〔00422〕

◇日本絵巻聚稿　下　小松茂美著　中央公論社　1989.4　646p　22cm　17000円　Ⓘ4-12-001782-6　Ⓝ721.2
〔00423〕

◇日本絵巻物抄―スペンサー・コレクション蔵 付・石山寺蔵　辻英子編　笠間書院　2002.11　283p　16×22cm　9500円　Ⓘ4-305-70239-8　Ⓝ721.2
〔00424〕

◇日本絵巻物の研究　上　秋山光和著　中央公論美術出版　2000.5　362,50p　26cm　30000円　Ⓘ4-8055-0386-6　Ⓝ721.2
〔00425〕

◇日本絵巻物の研究　下　秋山光和著　中央公論美術出版　2000.12　387 図版52p　26cm　30000円　Ⓘ4-8055-0387-4　Ⓝ721.2
〔00426〕

◇日本古典絵巻館　〔1〕　貴重本刊行会　1993.3　4冊　26cm　全88000円　Ⓝ721.2
〔00427〕

◇日本古典絵巻館　〔2〕　貴重本刊行会　1993.9　4冊　26cm　全88000円　Ⓝ721.2
〔00428〕

◆◆◆説話絵

◇説話絵巻―庶民の世界　毎日新聞社　1991.4　135p　37cm　（復元の日本史）　5000円　Ⓘ4-620-60245-0　Ⓝ382.1
〔00429〕

◇説話文学と絵巻　益田勝実著　クレス出版　1999.9　264p　22cm　（物語文学研究叢書 第24巻）　Ⓘ4-87733-067-4　Ⓝ913.37
〔00430〕

◇日本の説話画　京都国立博物館編　便利堂　1961　図版54枚（はり込原色図版3　36cm　Ⓝ721.2　〔00431〕

◇日本の説話画特別展覧会目録　京都国立博物館編　〔京都〕　1960　図版17枚 解説18p　26cm　Ⓝ721.2
〔00432〕

◇仏教説話絵の研究　亀田孜著　東京美術　1979.2　237p　図版20枚　31cm　16000円　Ⓝ721.2
〔00433〕

◇仏教説話の美術　奈良国立博物館編　京都　思文閣出版　1996.3　372,7p　37cm　40000円　Ⓘ4-7842-0845-3　Ⓝ721.1
〔00434〕

◆◆◆合戦絵

◇赤間神宮源平合戦図録　下関　赤間神宮社務所　1985.4　66p　31cm　Ⓝ721.087
〔00435〕

◇合戦絵巻　宮次男編著　角川書店　1977.11　216p 図73枚　31cm　20000円　Ⓝ721.2
〔00436〕

◇日本合戦繪巻　奥平英雄,鎌原正巳,樋口秀雄解説　人物往来社　1962　図版236p（解説共）原色図　19×27cm　Ⓝ721.2
〔00437〕

◆陶芸

◇古代・中世の陶器―阿形コレクション　五島美術館　1978　94p　26cm　（五島美術館展覧会図録 no.97）　Ⓝ751.3
〔00438〕

◇世界陶磁全集　第2　奈良・平安・鎌倉・室町篇　座右宝刊行会編　田中作太郎編　河出書房新社　1958　31cm　Ⓝ751.3
〔00439〕

◇陶器の流れ―須恵器から渥美・常滑・瀬戸へ 特別展　名古屋市博物館編　〔名古屋〕　名古屋市博物館　1991.3　91p　26cm　Ⓝ751.1
〔00440〕

◇日本の陶磁　古代中世篇 第1巻　須恵器・三彩・緑釉・灰釉　責任編集:楢崎彰一　中央公論社　1974　317p（はり込み図94枚共）　36cm　68000円　Ⓝ751.3
〔00441〕
◇日本の陶磁　古代中世編 第2巻　三彩・緑釉・灰釉　責任編集:楢崎彰一　中央公論社　1976　168p（図共）　35cm　9800円　Ⓝ751.3
〔00442〕
◇日本の陶磁　古代・中世篇 2　三彩・緑釉・灰釉　楢崎彰一責任編集　中央公論社　1989.10　141p　35cm　4800円　①4-12-402872-5　Ⓝ751.1　〔00443〕
◇日本の陶磁　古代中世編 第4巻　常滑・渥美・猿投　責任編集:楢崎彰一　中央公論社　1976　147p（図共）　35cm　9800円　Ⓝ751.3
〔00444〕
◇日本の陶磁　古代・中世篇 4　常滑・渥美・猿投　楢崎彰一責任編集　中央公論社　1990.2　125p　35cm　4800円　①4-12-402874-1　Ⓝ751.1　〔00445〕

建築史

◇校倉の研究　石田茂作著　京都　便利堂　1951　122p　図版35枚　表　27cm　Ⓝ521.2　〔00446〕
◇岡山の建築　厳津政右衛門著　岡山　日本文教出版　1966　203p 図版共　15cm　（岡山文庫）Ⓝ521.4
〔00447〕
◇日本建築史図録　飛鳥・奈良・平安, 鎌倉 上, 下　天沼俊一著　京都　星野書店　1933　3冊　27cm　Ⓝ521
〔00448〕
◇日本建築図録　上　藤原義一著　京都　星野書店　1947　1冊　21cm　Ⓝ521
〔00449〕
◇日本建築の構造と技法—岡田英男論集　上　岡田英男著　京都　思文閣出版　2005.8　339p　27cm　①4-7842-1254-X　Ⓝ521.3
〔00450〕
◇日本建築の構造と技法—岡田英男論集　下　岡田英男著　京都　思文閣出版　2005.8　411p　27cm　①4-7842-1254-X　Ⓝ521.3
〔00451〕
◇日本古建築史　第1, 3冊　服部勝吉著　京都　田中平安堂　1926　2冊　19cm　Ⓝ521
〔00452〕
◇文化財講座日本の建築 2　古代 2,中世 1　編集:伊藤延男, 太田博太郎, 関野克　福山敏男等著　第一法規出版　1976　243p 図　22cm　1900円　Ⓝ521
〔00453〕

◆寺社建築

◇足立康著作集 3　塔婆建築の研究　足立康, 太田博太郎編修　中央公論美術出版　1987.12　376p　22cm　9800円　①4-8055-1413-2　Ⓝ521.3　〔00454〕
◇出雲大社の本殿　福山敏男著　大社町（島根県）　出雲大社々務所　1955　25p 図版　18cm　Ⓝ521.1
〔00455〕
◇伊勢神宮の建築と歴史　福山敏男著　長岡京　日本資料刊行会　1976.12　1冊　22cm　5500円　Ⓝ521
〔00456〕
◇栄山寺八角堂の研究　福山敏男, 秋山光和共著　京都　便利堂　1951　108, 12p 図版　30cm　（美術研究所研究報告）Ⓝ521.2
〔00457〕
◇春日大社建築史論　黒田昇義著, 福山敏男, 岡田英男編　京都　綜芸舎　1978.7　236p　22cm　4500円　Ⓝ521.2
〔00458〕

◇伽藍論攷—仏教考古学の研究　第1　石田茂作著　丹波市町（奈良県）　養徳社　1948　309p 図版　21cm　Ⓝ702.1
〔00459〕
◇国分寺　太田博太郎, 宮下真澄著　〔長野〕　長野県教育委員会　1961　49p 図版　26cm　（長野県文化財修理工事報告 第9）Ⓝ521.4
〔00460〕
◇国宝級古建築の意匠墓股　土谷壽一写真・文　相模書房　2000.5　75p　29cm　2200円　①4-7824-0004-7　Ⓝ521.81
〔00461〕
◇古建築の見方・楽しみ方—これで神社や仏閣の意味がよくわかる　瓜生中著　PHP研究所　2000.1　317p　19cm　1400円　①4-569-60964-3　Ⓝ521.81　〔00462〕
◇古寺解体　浅野清著　学生社　1969　214p 図版　19cm　580円　Ⓝ521
〔00463〕
◇古寺細見—細部意匠と時代判定　近藤豊著　ラジオ技術社　1967　164p 図版52枚　22cm　（大河文庫）Ⓝ521
〔00464〕
◇古寺再現　藤島亥治郎著　学生社　1967　258p 図版　19cm　Ⓝ521
〔00465〕
◇古社寺調書綴　文化財建造物保存技術協会　1989　939p　27cm　Ⓝ521.81
〔00466〕
◇古社寺遍路　中　一色史彦著　土浦　建築文化振興研究所　1998.11　193p　21cm　1619円　Ⓝ521.81
〔00467〕
◇古代出雲大社の復元—失なわれたかたちを求めて　大林組プロジェクトチーム編著　学生社　1989.11　246p　19cm　1800円　①4-311-20147-8　Ⓝ521.81
〔00468〕
◇古塔を訪ねて　西山清著　人物往来社　1964　図版222p（解説共）　22cm　Ⓝ521.08　〔00469〕
◇古塔巡礼　朝日新聞社編　1957　図版64p 解説共　26cm　（アサヒ写真ブック）Ⓝ521　〔00470〕
◇古塔巡歴　北川桃雄著　美術出版社　1962　235p 図版　21cm　（美術選書）Ⓝ521
〔00471〕
◇私註庭作古記録　荒井留五郎編　伊勢　荒井留五郎　1993.6　199p　21cm　Ⓝ521.81
〔00472〕
◇社寺建築の軒反りの研究　北尾嘉弘著　京都　北尾嘉弘　1999.6　139p　30cm　Ⓝ521.81　〔00473〕
◇丈六寺—写真説明　藤目正雄著　徳島　藤目先生追職記念刊行会　1957　41p　11×16cm　Ⓝ521.4
〔00474〕
◇丈六寺の姿　藤目正雄著　徳島　藤目先生追職記念刊行会事務所　1957　154p 図版　21cm　Ⓝ521.4
〔00475〕
◇善光寺の匠と技—絵で見る善光寺本堂の造営　相原文哉著　長野　銀河書房　1987.8　140p　27cm　1800円　Ⓝ521.81
〔00476〕
◇東寺の建造物—古建築からのメッセージ　東寺（教王護国寺）宝物館編　〔京都〕　東寺（教王護国寺）宝物館　1995.3　150p　30cm　Ⓝ521.81
〔00477〕
◇南都七大寺の研究　大岡実著　中央公論美術出版　1966　399p 図版　25cm　Ⓝ521.2
〔00478〕
◇日本の美術 8　密教の建築　伊藤延男著　小学館　1973　215p（おもに図）　20cm　（ブック・オブ・ブックス）750円　Ⓝ708
〔00479〕
◇根来大工　〔田辺〕　吉田弥左衛門　1994.10　3冊　7.5×10cm　（続々々田奈部豆本 第6集）全4800円　Ⓝ521.818
〔00480〕

◇藤原氏の氏寺とその院家　奈良国立文化財研究所編　奈良　1968　149p 図版 地図　30cm　（奈良国立文化財研究所学報 第19冊）　Ⓝ521.3　〔00481〕
◇仏塔の風景―心のふるさとを訪ねて　長谷川周写真・文　学習研究社　2003.11　146p　22cm　（Gakken graphic books 23―美ジュアル日本）　1600円　Ⓘ4-05-402229-4　Ⓝ521.818　〔00482〕
◇不滅の建築　6　長弓寺本堂―奈良・長弓寺　小川光三撮影　毎日新聞社　1988.11　63p　31cm　1800円　Ⓘ4-620-60276-0　Ⓝ521.08　〔00483〕
◇幻の塔を求めて西東―古代寺院跡の一研究　小堀栄三著　小堀栄三　1989.5　176p　19cm　Ⓝ521.81　〔00484〕

◆城郭建築
◇古城―歴史の舞台をゆく　中沖弘著　日進　知書之屋本舗　2003.5　333p　21cm　1429円　Ⓘ4-9901544-0-1　Ⓝ210.1　〔00485〕
◇古城をたずねて　井上宗和著　朝日新聞社　1956　図版64p 解説共　26cm　（アサヒ写真ブック 第35）　Ⓝ521　〔00486〕
◇城と館を掘る・読む―古代から中世へ　佐藤信, 五味文彦編　山川出版社　1994.10　242p　22cm　5800円　Ⓘ4-634-61630-0　Ⓝ210.2　〔00487〕
◇城の語る日本史　佐原真ほか著　朝日新聞社　1996.10　246p　21cm　2000円　Ⓘ4-02-219793-5　Ⓝ210.1　〔00488〕
◇日本城郭全集　第1巻　総論・上世中世の城　井上宗和著　大類伸等著　日本城郭協会出版部　1961　82p 図版共35cm　Ⓝ521.08　〔00489〕
◇日本の古城・名城100話　鈴木亨著　立風書房　1987.3　280p　20cm　1300円　Ⓘ4-651-75012-5　Ⓝ210.1　〔00490〕
◇日本の城―知られざる築城の歴史と構造　古代～戦国編　香川元太郎文・イラストレーション　世界文化社　1996.11　210p　28cm　（ビッグマンスペシャル）　2500円　Ⓘ4-418-96131-3　Ⓝ521.823　〔00491〕
◇日本の城攻・防の戦略―究極の巨大要塞の秘密　藤崎定久著　ナツメ社　1992.12　263p　19cm　1500円　Ⓘ4-8163-1452-0　Ⓝ521.82　〔00492〕

芸能史

◇芸能の起源　五来重著　角川書店　1995.11　191p　20cm　（宗教民俗集成 5）　2000円　Ⓘ4-04-530705-2　Ⓝ772.1　〔00493〕
◇日本芸能史　第2巻　古代-中世　芸能史研究会編　法政大学出版局　1982.6　361p　20cm　1800円　Ⓝ772.1　〔00494〕
◇日本芸能の起源　山上伊豆母著　大和書房　1997.4　283p　20cm　2800円+税　Ⓘ4-479-84041-9　Ⓝ772.1　〔00495〕
◇能楽史年表　古代・中世編　鈴木正人編　東京堂出版　2007.3　406p　21cm　15000円　Ⓘ978-4-490-20589-3　〔00496〕

◆音楽史
◇古代中世音楽史の研究　荻美津夫著　吉川弘文館　2007.2　317, 15p　22cm　8500円　Ⓘ978-4-642-02455-6　Ⓝ768.02　〔00497〕
◇長唄を読む―歌舞伎と人と歴史奇談　1（古代―安土桃山編）　西園寺由利著　新風舎　2007.4　418, 17p　19cm　2800円　Ⓘ978-4-7974-8075-7　Ⓝ768.58　〔00498〕
◇日本楽器の源流―コト・フエ・ツヅミ・銅鐸　歴博フォーラム　国立歴史民俗博物館編　佐倉　国立歴史民俗博物館　1995.3　222p　20cm　非売品　Ⓝ768.1　〔00499〕
◇日本琴始め―福山琴への流れ　広島県立歴史博物館編　福山　広島県立歴史博物館　1994.4　92p　30cm　（広島県立歴史博物館展示図録 第10冊）　Ⓝ768.12　〔00500〕
◇日本の古典音楽―特別展　天理大学附属天理図書館編　天理　天理大学出版部　1992.6　1冊（頁付なし）　26cm　Ⓘ4-924787-24-8　Ⓝ768　〔00501〕

◆◆琉球音楽
◇沖縄の民謡と古謡―奄美の民謡と伊江島の古謡　比嘉加津夫著　那覇　ボーダーインク　1993.11　205p　19cm　1500円　Ⓝ910.29　〔00502〕
◇南島の抒情―琉歌　外間守善著　中央公論社　1995.2　395p　16cm　（中公文庫）　980円　Ⓘ4-12-202249-5　Ⓝ910.29　〔00503〕
◇琉歌こぼればなし―辻の名妓をめぐって　清水彰著　那覇　沖縄タイムス社　1994.11　216p　19cm　1600円　Ⓝ910.29　〔00504〕
◇琉歌大成　清水彰編著　那覇　沖縄タイムス社　1994.2　2冊　27cm　Ⓝ910.29　〔00505〕
◇『琉歌大成』註解編　1　清水彰編著　大阪　和泉書院　1996.7　372p　21cm　4120円　Ⓘ4-87088-797-5　Ⓝ910.29　〔00506〕
◇『琉歌大成』註解編　2　清水彰著　大阪　和泉書院　1996.7　389p　21cm　4120円　Ⓘ4-87088-809-2　Ⓝ910.29　〔00507〕

言語史

◇國語意識史の研究―上古・中古・中世　永山勇著　風間書房　1963　836p 図版　22cm　Ⓝ810.12　〔00508〕
◇武士と農民文字世界への招待―古代・中世を生きた文字たち　東北歴史博物館編　多賀城　東北歴史博物館　2001.1　111p　30cm　Ⓝ210.029　〔00509〕
◇「文字の登場、そして広まり―古代中世の人と文字をめぐって」展　美濃加茂市民ミュージアム編　美濃加茂　美濃加茂市民ミュージアム　2001.9　57p　30cm　Ⓝ811　〔00510〕

文学史

◇あなたに語る日本文学史　古代・中世篇　大岡信著　新書館　1995.4　310p　19cm　1200円　Ⓘ4-403-21052-X　Ⓝ910.2　〔00511〕
◇岩波講座日本文学史　第4巻　変革期の文学　1　久保田淳ほか編　岩波書店　1996.3　343p　22cm　3000円　Ⓘ4-00-010674-0　Ⓝ910.2　〔00512〕
◇歌語り・歌物語事典　雨海博洋ほか編　勉誠社　1997.2　632, 34p　23cm　15450円　Ⓘ4-585-06004-9　Ⓝ910.2　〔00513〕

◇国語国文学論叢　久松潜一編　有明書房　1964　409p　22cm　Ⓝ910.4　〔00514〕
◇国書遺芳　呉文炳著　理想社　1965.6　261, 133p　30cm　非売品　Ⓝ910.2　〔00515〕
◇国書漢籍論集　古典研究会編　汲古書院　1991.8　657p　22cm　15000円　Ⓝ910.4　〔00516〕
◇国文学研究叢書　7　和歌と説話文学篇　2　札幌　北海道教育大学札幌分校国文学第二研究室　1991.5　55p　26cm　Ⓝ910.4　〔00517〕
◇国文学史新講　上巻　古代・中世篇　次田潤著　明治書院　1953　22cm　Ⓝ910.2　〔00518〕
◇国文学論集―高田昇教授古稀記念　高田昇教授古稀記念国文学論集刊行会編　大阪　和泉書院　1993.9　315p　22cm　6180円　Ⓘ4-87088-611-1　Ⓝ910.4　〔00519〕
◇古代中世日本文学十二講　高須芳次郎著　新潮社　1930　Ⓝ910.23　〔00520〕
◇古代中世日本文学十二講　高須芳次郎著　新潮社　1937　487p　17cm　（新潮文庫　第264編）　Ⓝ910.2　〔00521〕
◇古代中世文学研究論集　第1集　伊井春樹編　大阪　和泉書院　1996.10　369p　22cm　6180円　Ⓘ4-87088-824-6　Ⓝ910.23　〔00522〕
◇古代中世文学研究論集　第2集　伊井春樹編　大阪　和泉書院　1999.3　382p　22cm　6000円　Ⓘ4-87088-984-6　Ⓝ910.23　〔00523〕
◇古代中世文学研究論集　第3集　伊井春樹編　大阪　和泉書院　2001.1　602p　22cm　9000円　Ⓘ4-7576-0094-1　Ⓝ910.23　〔00524〕
◇古代中世文学論考　第1集　古代中世文学論考刊行会編　新典社　1998.10　318p　22cm　6400円　Ⓘ4-7879-3501-1　Ⓝ910.23　〔00525〕
◇古代中世文学論考　第2集　古代中世文学論考刊行会編　新典社　1999.6　319p　22cm　6400円　Ⓘ4-7879-3502-X　Ⓝ910.23　〔00526〕
◇古代中世文学論考　第3集　古代中世文学論考刊行会編　新典社　1999.10　270p　22cm　6000円　Ⓘ4-7879-3503-8　Ⓝ910.23　〔00527〕
◇古代中世文学論考　第4集　古代中世文学論考刊行会編　新典社　2000.5　301p　22cm　6300円　Ⓘ4-7879-3504-6　Ⓝ910.23　〔00528〕
◇古代中世文学論考　第5集　古代中世文学論考刊行会編　新典社　2001.1　316p　22cm　6400円　Ⓘ4-7879-3505-4　Ⓝ910.23　〔00529〕
◇古代中世文学論考　第6集　古代中世文学論考刊行会編　新典社　2001.10　301p　22cm　6300円　Ⓘ4-7879-3506-2　Ⓝ910.23　〔00530〕
◇古代中世文学論考　第7集　古代中世文学論考刊行会編　新典社　2002.7　349p　22cm　7000円　Ⓘ4-7879-3507-0　Ⓝ910.23　〔00531〕
◇古代中世文学論考　第8集　古代中世文学論考刊行会編　新典社　2002.11　317p　22cm　6400円　Ⓘ4-7879-3508-9　Ⓝ910.23　〔00532〕
◇古代中世文学論考　第9集　古代中世文学論考刊行会編　新典社　2003.4　285p　22cm　6100円　Ⓘ4-7879-3509-7　Ⓝ910.23　〔00533〕
◇古代中世文学論考　第10集　古代中世文学論考刊行会編　新典社　2003.11　302p　22cm　6300円　Ⓘ4-7879-3510-0　Ⓝ910.23　〔00534〕
◇古代中世文学論考　第11集　古代中世文学論考刊行会編　新典社　2004.5　318p　22cm　6400円　Ⓘ4-7879-3511-9　Ⓝ910.23　〔00535〕
◇古代中世文学論考　第12集　古代中世文学論考刊行会編　新典社　2004.5　318p　22cm　6400円　Ⓘ4-7879-3512-7　Ⓝ910.23　〔00536〕
◇古代中世文学論考　第13集　古代中世文学論考刊行会編　新典社　2005.2　317p　22cm　6400円　Ⓘ4-7879-3513-5　Ⓝ910.23　〔00537〕
◇古代中世文学論考　第14集　古代中世文学論考刊行会編　新典社　2005.5　318p　22cm　6400円　Ⓘ4-7879-3514-3　Ⓝ910.23　〔00538〕
◇古代中世文学論考　第15集　古代中世文学論考刊行会編　新典社　2005.5　334p　22cm　6700円　Ⓘ4-7879-3515-1　Ⓝ910.23　〔00539〕
◇古代中世文学論考　第16集　古代中世文学論考刊行会編　新典社　2005.11　366p　22cm　7300円　Ⓘ4-7879-3516-X　Ⓝ910.23　〔00540〕
◇古代中世文学論考　第17集　古代中世文学論考刊行会編　新典社　2006.4　301p　22cm　6300円　Ⓘ4-7879-3517-8　Ⓝ910.23　〔00541〕
◇古代中世文学論考　第18集　古代中世文学論考刊行会編　新典社　2006.10　413p　22cm　8500円　Ⓘ4-7879-3518-6　Ⓝ910.23　〔00542〕
◇古代中世文学論考　第19集　古代中世文学論考刊行会編　新典社　2007.5　470p　22cm　9500円　Ⓘ978-4-7879-3519-9　Ⓝ910.23　〔00543〕
◇古典文学選　7　日記・物語―現代語版　横山青娥著　塔影書房　1972　132p　22cm　2800円　Ⓝ910.2　〔00544〕
◇古典文学選　10　物語・日記―現代語版　横山青娥著　塔影書房　1976　128p　22cm　2700円　Ⓝ910.2　〔00545〕
◇これで古典がよくわかる　橋本治著　筑摩書房　2001.12　253p　15cm　（ちくま文庫）　680円　Ⓘ4-480-03690-3　Ⓝ910.23　〔00546〕
◇島田教授古稀記念国文学論集　関西大学国文学会編　吹田　1960　420p　図版　21cm　Ⓝ910.4　〔00547〕
◇資料日本古典文学史　古代・中世　梶原正昭ほか編　武蔵野書院　1987.11　300p　22cm　1500円　Ⓘ4-8386-0628-1　Ⓝ910.2　〔00548〕
◇神話・物語の文芸史　古橋信孝著　ぺりかん社　1992.4　347p　22cm　4120円　Ⓘ4-8315-0544-7　Ⓝ910.23　〔00549〕
◇高崎正秀著作集　第8巻　古典評釈　桜楓社　1971　578p　23cm　4800円　Ⓝ910.8　〔00550〕
◇伝承の古層―歴史・軍記・神話　水原一, 広川勝美編　桜楓社　1991.5　329p　22cm　（伝承と様式3）　3800円　Ⓘ4-273-02551-5　Ⓝ910.2　〔00551〕
◇遁世ということ―古代・中世日本文芸論考　井手恒雄著　翰林書房　1993.1　235p　22cm　5800円　Ⓘ4-906424-04-X　Ⓝ910.2　〔00552〕
◇日本古典の花鳥風月―景物の数量的考察　山田豊一著　文芸社　1999.8　199p　19cm　1300円　Ⓘ4-88737-564-6　Ⓝ910.23　〔00553〕
◇日本古典文学を読む　三村晃功ほか編　大阪　和泉書院　2002.2　217p　21cm　1700円　Ⓘ4-7576-0145-X　Ⓝ910.23　〔00554〕

文学史

◇日本文学史　渡辺貞麿, 高橋貞一著　第2版　京都　仏教大学通信教育部　1993.3　266p　21cm　非売品　Ⓝ910.23　〔00555〕

◇日本文学史入門　上　上代文学,中古文学,中世文学　大久保正等著　テキスト版　愛日書院　1950　18cm　Ⓝ910.2　〔00556〕

◇日本文学大系—校註　第2, 3, 12, 13, 19巻　国民図書　1925　5冊　19cm　Ⓝ918　〔00557〕

◇日本文学の歴史　2　古代・中世篇　2　ドナルド・キーン著, 土屋政雄訳　中央公論社　1994.7　339p　21cm　2200円　ⓘ4-12-403221-8　Ⓝ910.2　〔00558〕

◇日本文学の歴史　3　古代・中世篇　3　ドナルド・キーン著, 土屋政雄訳　中央公論社　1994.9　320p　21cm　2200円　ⓘ4-12-403222-6　Ⓝ910.2　〔00559〕

◇日本文学の歴史　4　古代・中世篇　4　ドナルド・キーン著, 土屋政雄訳　中央公論社　1994.11　291p　21cm　2200円　ⓘ4-12-403223-4　Ⓝ910.2　〔00560〕

◇日本文学の歴史　5　古代・中世篇　5　ドナルド・キーン著, 土屋政雄訳　中央公論社　1995.1　297p　21cm　2200円　ⓘ4-12-403224-2　Ⓝ910.2　〔00561〕

◇日本文学の歴史　6　古代・中世篇　6　ドナルド・キーン著, 土屋政雄訳　中央公論社　1995.3　356p　21cm　2200円　ⓘ4-12-403225-0　Ⓝ910.2　〔00562〕

◇久松潜一著作集　第3　日本文学評論史　古代・中世編　至文堂　1968　490p　22cm　3500円　Ⓝ910.8　〔00563〕

◇広島大学蔵古代中世文学貴重資料集—翻刻と目録　位藤邦生編　笠間書院　2004.10　451p　22cm　(笠間叢書 357)　ⓘ4-305-10357-5　Ⓝ910.23　〔00564〕

◇文学の中の茨城　1　上代—中世　今瀬文也著　秀英書房　1976　261p　図　18cm　980円　Ⓝ910.2　〔00565〕

◇碧冲洞叢書　第1巻(総目録・第1輯〜第4輯)　簗瀬一雄編著　京都　臨川書店　1995.12　581p　22cm　ⓘ4-653-03175-4, 4-653-03173-8　Ⓝ910.2　〔00566〕

◇碧冲洞叢書　第2巻(第5輯〜第10輯)　簗瀬一雄編著　京都　臨川書店　1995.12　604p　22cm　ⓘ4-653-03176-2, 4-653-03173-8　Ⓝ910.2　〔00567〕

◇碧冲洞叢書　第5巻(第25輯〜第30輯)　簗瀬一雄編著　京都　臨川書店　1995.12　543p　22cm　ⓘ4-653-03179-7, 4-653-03173-8　Ⓝ910.2　〔00568〕

◇碧冲洞叢書　第6巻(第31輯〜第36輯)　簗瀬一雄編著　京都　臨川書店　1995.12　627p　22cm　ⓘ4-653-03180-0, 4-653-03173-8　Ⓝ910.2　〔00569〕

◇碧冲洞叢書　第8巻(第51輯〜第58輯)　簗瀬一雄編著　京都　臨川書店　1995.12　628p　22cm　ⓘ4-653-03182-7, 4-653-03173-8　Ⓝ910.2　〔00570〕

◇碧冲洞叢書　第9巻(第59輯〜第64輯)　簗瀬一雄編著　京都　臨川書店　1996.2　695p　22cm　ⓘ4-653-03183-5, 4-653-03174-6　Ⓝ910.2　〔00571〕

◇碧冲洞叢書　第11巻(第72輯〜第77輯)　簗瀬一雄編著　京都　臨川書店　1996.2　579p　22cm　ⓘ4-653-03185-1, 4-653-03174-6　Ⓝ910.2　〔00572〕

◇碧冲洞叢書　第13巻(第84輯〜第87輯)　簗瀬一雄編著　京都　臨川書店　1996.2　561p　22cm　ⓘ4-653-03187-8, 4-653-03174-6　Ⓝ910.2　〔00573〕

◇碧冲洞叢書　第14巻(第88輯〜第93輯)　簗瀬一雄編著　京都　臨川書店　1996.2　684p　22cm　ⓘ4-653-03188-6, 4-653-03174-6　Ⓝ910.2　〔00574〕

◇碧冲洞叢書　第15巻(第94輯〜第98輯)　簗瀬一雄編著　京都　臨川書店　1996.2　575p　22cm　ⓘ4-653-03189-4, 4-653-03174-6　Ⓝ910.2　〔00575〕

◇碧冲洞叢書　第16巻(第99輯〜第100輯)　簗瀬一雄編著　京都　臨川書店　1996.2　484p　22cm　ⓘ4-653-03174-6　Ⓝ910.2　〔00576〕

◇野鶴群芳—古代中世国文学論集　池田利夫編　笠間書院　2002.10　435p　21cm　12000円　ⓘ4-305-70248-7　〔00577〕

◇野鶴群芳—古代中世国文学論集　池田利夫編　笠間書院　2002.10　435p　21cm　12000円　ⓘ4-305-70248-7　Ⓝ910.23　〔00578〕

◇歴史と文学のあいだ　仁藤敦史編　佐倉　総研大日本歴史研究専攻　2006.3　101p　21cm　(歴史研究の最前線 v.5)　Ⓝ210.01　〔00579〕

◇和漢詩歌源流考—詩歌の起源をたずねて　溝口貞彦著　八千代出版　2004.3　236, 4p　21cm　2400円　ⓘ4-8429-1305-3　〔00580〕

◇和漢比較文学の周辺　和漢比較文学会編　汲古書院　1994.8　306p　22cm　(和漢比較文学叢書 第18巻)　6500円　ⓘ4-7629-3242-6　Ⓝ910　〔00581〕

◇わたしの古典発掘　大岡信ほか著　光村図書出版　1984.9　260p　19cm　(朝日カルチャー叢書 14)　1200円　ⓘ4-89528-024-1　Ⓝ910.23　〔00582〕

◆仏教文学

◇岩波講座日本文学と仏教　第9巻　古典文学と仏教　今野達ほか編　岩波書店　1995.3　376p　22cm　3800円　ⓘ4-00-010589-2　Ⓝ910.2　〔00583〕

◇叡山の和歌と説話　新井栄蔵ほか編　京都　世界思想社　1991.7　254p　20cm　(Sekaishiso seminar)　2500円　ⓘ4-7907-0401-7　Ⓝ910.4　〔00584〕

◇地獄絵と文学—絵解きの世界　石破洋著　教育出版センター　1992.11　224p　20cm　(古典選書 12)　2800円　ⓘ4-7632-1216-8　Ⓝ910.2　〔00585〕

◇日本仏教文学と歌謡　榎克朗著　笠間書院　1994.1　248p　22cm　(笠間叢書 264)　7500円　ⓘ4-305-10264-1　Ⓝ910.2　〔00586〕

◇仏教文学の周縁　渡辺貞麿著　大阪　和泉書院　1994.6　474p　22cm　(研究叢書 149)　14420円　ⓘ4-87088-665-0　Ⓝ910.2　〔00587〕

◆地方文学

◇南島の文学・民俗・歴史—『南島文学発生論』をめぐって　谷川健一, 山下欣一編　三一書房　1992.12　304p　20cm　2900円　ⓘ4-380-92254-5　Ⓝ910.29　〔00588〕

◇南島文学発生論　谷川健一著　思潮社　1991.8　482p　22cm　5800円　ⓘ4-7837-1544-0　Ⓝ910.29　〔00589〕

◆和歌

◇公宴続歌　索引編　公宴続歌研究会編, 井上宗雄監修　大阪　和泉書院　2000.2　1091p　31cm　(索引叢書 46)　ⓘ4-7576-0031-3　Ⓝ911.14　〔00590〕

◇公宴続歌　本文編　公宴続歌研究会編, 井上宗雄監修　大阪　和泉書院　2000.2　629p　31cm　(索引叢書 46)　ⓘ4-7576-0031-3　Ⓝ911.14　〔00591〕

◇古代中世和歌文学の研究　藤岡忠美先生喜寿記念論文集刊行会編　大阪　和泉書院　2003.2　503p　22cm　(研

究叢書 290） 12500円　Ⓘ4-7576-0197-2　Ⓝ911.13
〔00592〕
◇斎王和歌文学の史的研究　所京子著　国書刊行会　1989.4　718p　22cm　15000円　Ⓝ911.13
〔00593〕
◇詩歌人天皇とその夫人達　沖塩穆著　岩波ブックサービスセンター（製作）　1997.4　328p　23cm　2800円　Ⓝ911.102
〔00594〕
◇島津忠夫著作集　第7巻　和歌史　上　島津忠夫著　島津忠夫著　大阪　和泉書院　2005.6　514p　22cm　14000円　Ⓘ4-7576-0329-0　Ⓝ910.8
〔00595〕
◇清唱千首　塚本邦雄撰　富山房　1983.4　384p　18cm　（富山房百科文庫 35）　1300円　Ⓘ4-572-00135-9　Ⓝ911.108
〔00596〕
◇清唱千首—白雄・朱鳥より安土・桃山にいたる千年の歌から選りすぐつた絶唱千首　塚本邦雄著　富山房　1983.5　384p　23cm　4000円　Ⓘ4-572-00769-1　Ⓝ911.108
〔00597〕
◇中古中世和歌文学論叢　大取一馬編　京都　思文閣出版　1998.12　294p　22cm　（龍谷大学仏教文化研究叢書 9）　7800円　Ⓘ4-7842-0983-2　Ⓝ911.13
〔00598〕
◇平安・鎌倉時代秀歌撰の研究　樋口芳麻呂著　ひたく書房　1983.2　450, 3p　22cm　11500円　Ⓘ4-89328-015-5　Ⓝ911.13
〔00599〕
◇平安鎌倉女流歌人集　高橋文二, 浅井伸一編著　加藤中道館　1979.6　255p　21cm　1500円　Ⓝ911.13
〔00600〕
◇未刊和歌資料集　第3冊　季道朝臣集—水戸彰考館所蔵本,頓阿法師集-復原本,春日社奉納十首和歌　簗瀬一雄編　藤原為久　謄写版　限定版　大府町（愛知県）　1965　91p　21cm　（碧冲洞叢書 第60輯）　Ⓝ911.108　〔00601〕
◇未刊和歌資料集　第4冊　御詠百首和歌〔ほか〕　簗瀬一雄編　菅原道真著伝　謄写版　限定版　大府町（愛知県）　1966　62p　22cm　（碧冲洞叢書 第63輯）　Ⓝ911.108
〔00602〕
◇未刊和歌資料集　第6冊　内経公百首　簗瀬一雄編　大府町（愛知県）　1966　71p　21cm　（碧冲洞叢書 第69輯）　Ⓝ911.108　〔00603〕
◇未刊和歌資料集　第8冊　簗瀬一雄編　大府町（愛知県）　簗瀬一雄　1969　72p　22cm　（碧冲洞叢書 第88輯）　Ⓝ911.108
〔00604〕
◇未刊和歌資料集　第10冊　簗瀬一雄編　大府町（愛知県）　簗瀬一雄　1970　126p　22cm　（碧冲洞叢書 第91輯）　Ⓝ911.108　〔00605〕
◇未刊和歌資料集　第11冊　簗瀬一雄, 井上宗雄, 和田英道共編　大府　簗瀬一雄　1971　206p　22cm　（碧冲洞叢書 第99輯）　非売　Ⓝ911.108
〔00606〕
◇和歌とウタの出会い　花部英雄編　岩波書店　2006.4　252p　21cm　（和歌をひらく 第4巻）　3700円　Ⓘ4-00-027069-9
〔00607〕

◆◆歌学・歌論書
◇擬作家長日記　谷山茂編　大阪　和泉書院　1984.8　68p　21cm　（和泉書院影印叢刊 43）　1500円　Ⓘ4-87088-103-9　Ⓝ911.14
〔00608〕
◇清輔雑談集　藤原清輔著　大阪　和泉書院　1978.11　166p　21cm　1200円　Ⓝ911.101　〔00609〕
◇桐火桶　京都　思文閣出版　1989.7　513p　22cm　（徳川黎明会叢書）　14420円　Ⓘ4-7842-0564-0　Ⓝ911.14
〔00610〕

◇古典和歌論集—万葉から新古今へ　寺田純子著　笠間書院　1984.6　229p　20cm　2800円　Ⓝ911.104
〔00611〕
◇佐佐木信綱歌学著作覆刻選　第1巻　歌学論叢　林大ほか編　本の友社　1994.9　564, 48p　23cm　Ⓘ4-938429-85-3　Ⓝ911.1
〔00612〕
◇佐佐木信綱歌学著作覆刻選　第2巻　日本歌学史　林大ほか編　本の友社　1994.9　365, 26, 5p　23cm　Ⓘ4-938429-85-3　Ⓝ911.1
〔00613〕
◇難後拾遺集成　源経信原著, 関根慶子著　風間書房　1975　186, 17p　27cm　8000円　Ⓝ911.137　〔00614〕
◇日本歌学大系　第1巻　解題〔ほか〕　佐佐木信綱編　久曾神昇　風間書房　1956　22cm　Ⓝ911.108　〔00615〕
◇日本歌学大系　第2巻　袋草紙 2巻〔ほか〕　佐佐木信綱編　藤原清輔　風間書房　1956　22cm　Ⓝ911.108
〔00616〕
◇日本歌学大系　第3巻　後鳥羽天皇御口伝〔ほか〕　佐佐木信綱編　後鳥羽天皇　風間書房　1956　22cm　Ⓝ911.108
〔00617〕
◇日本歌学大系　別巻 第1　難後拾遺抄〔ほか〕　佐佐木信綱編　久曾神昇編　風間書房　1959　465p　図版　22cm　Ⓝ911.108
〔00618〕
◇日本歌学大系　別巻 第2　袖中抄〔ほか〕　佐佐木信綱編　久曾神昇編　風間書房　1958　615p　図版　22cm　Ⓝ911.108
〔00619〕
◇日本歌学の源流　山田孝雄著　日本書院　1952　370p　図版　22cm　Ⓝ911.101
〔00620〕
◇和歌文学論集　7　歌論の展開　『和歌文学論集』編集委員会編　風間書房　1995.3　446p　22cm　5974円　Ⓘ4-7599-0916-8　Ⓝ911.102
〔00621〕

◆◆歌枕
◇歌枕　奥村恒哉著　平凡社　1977.4　274p　20cm　（平凡社選書）　1000円　Ⓝ911.13
〔00622〕
◇歌枕を尋ねて—京都から奥吉野まで　仁木功著　仁木功　1986.9　247p　15cm　Ⓝ911.102　〔00623〕
◇歌枕名寄　1　巻第1—4　吉田幸一, 神作光一, 橘りつ編　古典文庫　1974　284p　17cm　（古典文庫 第325冊）　非売品　Ⓝ911.1
〔00624〕
◇謌枕名寄—静嘉堂文庫本　上　福田秀一ほか編　古典文庫　1996.8　397p　17cm　（古典文庫 第597冊）　非売品　Ⓝ911.108
〔00625〕
◇歌枕名寄　2　巻第5—9　吉田幸一, 神作光一, 橘りつ編　古典文庫　1974　269p　17cm　（古典文庫 第327冊）　非売品　Ⓝ911.1
〔00626〕
◇歌枕名寄　3　巻第10—14　吉田幸一, 神作光一, 橘りつ編　古典文庫　1974　271p　17cm　（古典文庫 第331冊）　非売品　Ⓝ911.1
〔00627〕
◇謌枕名寄—静嘉堂文庫本　下　福田秀一, 杉山重行, 千艘秋男編　古典文庫　1996.12　411p　17cm　（古典文庫 第601冊）　非売品　Ⓝ911.108
〔00628〕
◇歌枕名寄　4　巻第15—20　吉田幸一, 神作光一, 橘りつ編　古典文庫　1975　285p　17cm　（古典文庫 第338冊）　非売品　Ⓝ911.1
〔00629〕
◇歌枕名寄　5　巻第21—24　吉田幸一, 神作光一, 橘りつ編　古典文庫　1975　245p　17cm　（古典文庫 第342冊）　非売品　Ⓝ911.1
〔00630〕
◇歌枕名寄　6　巻第25—29　吉田幸一, 神作光一, 橘りつ編　古典文庫　1975　255p　17cm　（古典文庫 第345冊）　非売品　Ⓝ911.1
〔00631〕

◇歌枕名寄　7　巻第30—34　吉田幸一, 神作光一, 橘りつ編　古典文庫　1975　291p　17cm　(古典文庫第348冊)　非売品　Ⓝ911.1　〔00632〕
◇歌枕名寄　8　巻第35—38　吉田幸一, 神作光一, 橘りつ編　古典文庫　1976　439p　17cm　(古典文庫第357冊)　非売品　Ⓝ911.1　〔00633〕
◇校本謌枕名寄　研究・索引篇　渋谷虎雄編　桜楓社　1979.2　803p　22cm　22000円　Ⓝ911.1　〔00634〕
◇校本謌枕名寄　本文篇　渋谷虎雄編　桜楓社　1977.3　1338p　図　22cm　38000円　Ⓝ911.1　〔00635〕
◇新撰歌枕名寄　上　黒田彰子編　古典文庫　1989.8　336p　17cm　(古典文庫 第513冊)　非売品　Ⓝ911.108　〔00636〕
◇新撰歌枕名寄　下　黒田彰子編　古典文庫　1989.9　344p　17cm　(古典文庫 第514冊)　非売品　Ⓝ911.108　〔00637〕
◇中古中世散文学歌枕地名索引　志村士郎編　新典社　1996.12　221p　22cm　(新典社索引叢書12)　6800円　Ⓘ4-7879-6012-1　Ⓝ910.23　〔00638〕
◇未刊和歌資料集　第7冊　同名歌枕名寄集　簗瀬一雄編　大府町 (愛知県)　1967　225p　21cm　(碧冲洞叢書第73輯)　Ⓝ911.108　〔00639〕

◆◆歌合
◇歌合集　峰岸義秋編校註　朝日新聞社　1947　408p　図版　19cm　(日本古典全書)　Ⓝ911.18　〔00640〕
◇歌合集　峯岸義秋編・校注　再版　朝日新聞社　1952　408p　図版　19cm　(日本古典全書)　Ⓝ911.18　〔00641〕
◇歌合集　峯岸義秋校註　新訂　朝日新聞社　1969　432p　19cm　(日本古典全書　監修:高木市之助等)　680円　Ⓝ911.18　〔00642〕
◇歌合せの歌論史研究　岩津資雄著　早稲田大学出版部　1963　591, 31p　図版　22cm　Ⓝ911.18　〔00643〕
◇歌合の研究　峯岸義秋著　三省堂出版株式会社　1954　737, 22p　図版　22cm　Ⓝ911.18　〔00644〕
◇歌合の研究　峯岸義秋著　バルトス社　1995.8　737, 22p　22cm　20000円　Ⓝ911.18　〔00645〕
◇校註国歌大系　第9巻　撰集, 歌合　全　国民図書株式会社編　講談社　1976.10　43, 937p　図　19cm　Ⓝ911.108　〔00646〕
◇纂輯/類聚歌合とその研究　堀部正二著　美術書院　1945　365p　図版36枚　26cm　10.00円　Ⓝ911.18　〔00647〕
◇纂輯類聚歌合とその研究　堀部正二著　京都　大学堂書店　1967.5　365, 9p　図版36枚　27cm　Ⓝ911.18　〔00648〕
◇新校六百番歌合—付・顕昭陳状　小西甚一編著　有精堂出版　1976　629p　図　22cm　13000円　Ⓝ911.18　〔00649〕
◇千五百番歌合の校本とその研究　有吉保著　風間書房　1968　34, 864p　図　22cm　8300円　Ⓝ911.18　〔00650〕
◇短歌パラダイス—歌合二十四番勝負　小林恭二著　岩波書店　1997.4　256p　18cm　(岩波新書)　660円　Ⓘ4-00-430498-9　Ⓝ911.18　〔00651〕
◇定家自筆本 物語二百番歌合と研究　竹本元晥著, 久曾神昇共編著　豊橋　未刊国文資料刊行会　1955　200p　図版　19cm　(未刊国文資料 第1期 第1冊)　Ⓝ911.18　〔00652〕

◇女人和歌大系　第2巻　勅撰集期私家集, 歌合　長澤美津編　風間書房　1965　898p　22cm　Ⓝ911.108　〔00653〕

◆歌謡
◇講座日本の伝承文学　第2巻　韻文文学〈歌〉の世界　福田晃ほか編　真鍋昌弘ほか編著　三弥井書店　1995.6　428p　22cm　5500円　Ⓘ4-8382-5002-9　Ⓝ910.4　〔00654〕
◇校註国歌大系　第1巻　古歌謡集　全　国民図書株式会社編　講談社　1976.10　25, 15, 808p　図　19cm　Ⓝ911.108　〔00655〕
◇初期歌謡論　吉本隆明著　筑摩書房　1994.6　561p　15cm　(ちくま学芸文庫)　1500円　Ⓘ4-480-08143-7　Ⓝ911.6　〔00656〕
◇日本歌謡研究—現在と展望　日本歌謡学会編　大阪　和泉書院　1994.3　644p　22cm　(研究叢書 147)　18540円　Ⓘ4-87088-650-2　Ⓝ911.6　〔00657〕
◇日本の歌謡　真鍋昌弘ほか編　双文社出版　1995.4　225p　22cm　2200円　Ⓘ4-88164-064-X　Ⓝ911.6　〔00658〕
◇日本民俗歌謡の研究　須藤豊彦編　桜楓社　1993.3　525p　22cm　29000円　Ⓘ4-273-02636-8　Ⓝ911.6　〔00659〕
◇仏教歌謡研究　鈴木佐内著　近代文芸社　1994.4　492p　22cm　6500円　Ⓘ4-7733-2547-X　Ⓝ911.6　〔00660〕

◆物語文学
◇石母田正著作集　第11巻　物語と軍記の世界　青木和夫ほか編　岩波書店　1990.2　299p　22cm　3800円　Ⓘ4-00-091411-1　Ⓝ210.08　〔00661〕
◇絵と語りから物語を読む　石井正己著　大修館書店　1997.9　290p　20cm　2300円　Ⓘ4-469-22133-3　Ⓝ913　〔00662〕
◇研究資料日本古典文学　第1巻　物語文学　大曽根章介ほか編集　明治書院　1983.9　390p　22cm　3900円　Ⓝ910.2　〔00663〕
◇講座日本の伝承文学　第3巻　散文文学〈物語〉の世界　福田晃ほか編　美濃部重克, 服部幸造編著　三弥井書店　1995.10　373p　22cm　5500円　Ⓘ4-8382-5103-3　Ⓝ910.4　〔00664〕
◇古典文学逍遙　熊谷幸男著　MBC21　1999.10　268p　20cm　2000円　Ⓘ4-8064-0637-6　Ⓝ913　〔00665〕
◇古典文学選　5　物語　横山青娥著　塔影書房　1972　212p　22cm　2800円　Ⓝ910.2　〔00666〕
◇古典文学選　7　日記・物語—現代語版　横山青娥著　塔影書房　1972　132p　22cm　2800円　Ⓝ910.2　〔00667〕
◇古典文学選　10　物語・日記—現代語版　横山青娥著　塔影書房　1976　128p　22cm　2700円　Ⓝ910.2　〔00668〕
◇島津忠夫著作集　第10巻　物語　島津忠夫著　島津忠夫著　大阪　和泉書院　2006.10　485p　22cm　13000円　Ⓘ4-7576-0388-6　Ⓝ910.8　〔00669〕
◇高崎正秀著作集　第5巻　物語文学序説　桜楓社　1971　461p　23cm　4800円　Ⓝ910.8　〔00670〕
◇日本〈小説〉原始　藤井貞和著　大修館書店　1995.12　264p　20cm　2060円　Ⓘ4-469-22115-5　Ⓝ913　〔00671〕

◇平安・鎌倉時代散逸物語の研究　樋口芳麻呂著　ひたく書房　1982.2　582, 3p　22cm　12800円　Ⓘ4-89328-010-4　Ⓝ913.39
〔00672〕
◇物語史への試み―語り・話型・表現　関根賢司著　桜楓社　1992.1　246p　21cm　2800円　Ⓘ4-273-02562-0　Ⓝ913
〔00673〕
◇物語という回路　赤坂憲雄編著　新曜社　1992.4　365p　20cm　（叢書・史層を掘る　第2巻）　2884円　Ⓘ4-7885-0417-0　Ⓝ913
〔00674〕
◇物語の起源―フルコト論　藤井貞和著　筑摩書房　1997.6　234p　18cm　（ちくま新書）　660円　Ⓘ4-480-05713-7　Ⓝ913
〔00675〕
◇物語の誕生　塚崎進著　岩崎美術社　1983.5　238p　19cm　（民俗民芸双書 42）　1700円　Ⓝ913.437
〔00676〕
◇物語の展開と和歌資料　伊井春樹著　風間書房　2003.12　1294p　22cm　29000円　Ⓘ4-7599-1401-3　Ⓝ910.23
〔00677〕
◇物語・謡曲の研究　岡崎正著　小林印刷（印刷）　1992.7　478p　22cm　Ⓝ913
〔00678〕

◆説話文学
◇異形の伝説―伝承文学考　志村有弘著　国書刊行会　1989.3　225p　20cm　2200円　Ⓝ913.37　〔00679〕
◇伊予の説話資料の研究　小泉道著　大明堂　1980.3　216p　22cm　3300円　Ⓝ913.37　〔00680〕
◇語り紡ぐ絵解きのふるさと信濃―台本集　林雅彦ほか編　笠間書院　2000.4　176p　26cm　1905円　Ⓘ4-305-70218-5　Ⓝ913.37
〔00681〕
◇験記文学の研究　千本英史著　勉誠出版　1999.2　389, 12p　22cm　10200円　Ⓘ4-585-10041-5　Ⓝ913.37
〔00682〕
◇研究資料日本古典文学　第3巻　説話文学　大曽根章介ほか編集　明治書院　1984.1　322p　22cm　3900円　Ⓝ910.2
〔00683〕
◇研究資料日本古典文学　第3巻　説話文学　大曽根章介ほか編集　明治書院　1992.11　322p　22cm　4300円　Ⓘ4-625-51103-8　Ⓝ910.2
〔00684〕
◇講座日本の伝承文学　第1巻　伝承文学とは何か　福田晃ほか編　福田晃, 渡辺昭五編著　三弥井書店　1994.12　326p　22cm　4500円　Ⓘ4-8382-5001-0　Ⓝ910.4
〔00685〕
◇講座日本の伝承文学　第4巻　散文文学〈説話〉の世界　福田晃ほか編　江本裕ほか編著　三弥井書店　1996.7　434p　22cm　5500円　Ⓘ4-8382-3048-6　Ⓝ910.4
〔00686〕
◇神話・伝説・説話文学　久松潜一著　至文堂　1951　209p　19cm　（日本文芸教養講座　第5）　Ⓝ910.22　〔00687〕
◇説話集の世界　出雲路修著　岩波書店　1988.9　315p　22cm　3800円　Ⓘ4-00-001187-1　Ⓝ913.37
〔00688〕
◇説話と記録の研究　池上洵一著　大阪　和泉書院　2001.1　534p　22cm　（池上洵一著作集　第2巻）　13000円　Ⓘ4-7576-0062-3　Ⓝ913.37　〔00689〕
◇説話と説話集―論集　池上洵一編　大阪　和泉書院　2001.5　421p　22cm　（研究叢書 272）　11000円　Ⓘ4-7576-0115-8　Ⓝ913.37　〔00690〕
◇説話の生成と変容についての研究　黒部通善著　名古屋　中部日本教育文化会　1982.3　220p　22cm　2000円　Ⓝ913.37
〔00691〕

◇説話のなかの民衆像　小林豊著　三省堂　1980.3　222p　19cm　（三省堂選書 70）　1000円　Ⓝ913.37
〔00692〕
◇説話文学　日本文学研究資料刊行会編　有精堂出版　1972　314p　22cm　（日本文学研究資料叢書）　2000円　Ⓝ913
〔00693〕
◇説話文学と絵巻　益田勝実著　クレス出版　1999.9　264p　22cm　（物語文学研究叢書　第24巻）　Ⓘ4-87733-067-4　Ⓝ913.37　〔00694〕
◇説話文学の構想と伝承　志村有弘著　明治書院　1982.5　341p　22cm　5200円　Ⓝ913.37　〔00695〕
◇説話文学の世界―名篇の鑑賞と批評　長野嘗一著　明治書院　1980.12　258p　19cm　（国文学研究叢書）　2200円　Ⓝ913.37
〔00696〕
◇説話文学の世界　池上洵一, 藤本徳明編　京都　世界思想社　1987.11　232p　19cm　（Sekaishiso seminar）　1900円　Ⓘ4-7907-0324-X　Ⓝ913.37　〔00697〕
◇説話文学論考　長野嘗一著　笠間書院　1980.2　458p　22cm　（笠間叢書 146）　9500円　Ⓝ913.37　〔00698〕
◇説話論集　第9集　歌物語と和歌説話　説話と説話文学の会編　大阪　清文堂出版　1999.8　359p　22cm　8700円　Ⓘ4-7924-1351-6　Ⓝ913.37　〔00699〕
◇説話論集　第11集　説話と宗教　説話と説話文学の会編　大阪　清文堂出版　2002.8　429p　22cm　9000円　Ⓘ4-7924-1353-2　Ⓝ913.37
〔00700〕
◇高崎正秀著作集　第7巻　金太郎誕生譚　桜楓社　1971　484p　23cm　4800円　Ⓝ910.8　〔00701〕
◇伝説の時代―古代・中世人の思想　志村有弘著　教育社　1984.3　218p　18cm　（教育社歴史新書　日本史 38）　800円　Ⓝ913.37
〔00702〕
◇日本説話小事典　野村純一ほか編　大修館書店　2002.4　339p　20cm　2800円　Ⓘ4-469-01270-X　Ⓝ913.37
〔00703〕
◇日本説話文学の研究　中谷一正著　大阪　中谷一正　1982.3　329, 3p　21cm　2800円　Ⓝ913.37
〔00704〕
◇日本短篇物語集事典　小林保治ほか編　東京美術　1984.10　494p　19cm　2800円　Ⓘ4-8087-0248-7　Ⓝ913.37
〔00705〕
◇日本伝承文学　野村純一ほか編　おうふう　1996.1　189p　21cm　2100円　Ⓘ4-273-02874-3　Ⓝ913
〔00706〕
◇日本の心日本の説話　1　総説・インド説話・中国説話　説話研究会編　大修館書店　1987.7　257p　20cm　1600円　Ⓘ4-469-12046-4　Ⓝ913.37
〔00707〕
◇日本の心日本の説話　2　仏教説話・文学説話　説話研究会編　大修館書店　1987.7　262p　20cm　1600円　Ⓘ4-469-12047-2　Ⓝ913.37
〔00708〕
◇日本の心日本の説話　3　世俗説話　説話研究会編　大修館書店　1987.7　325p　20cm　1800円　Ⓘ4-469-12048-0　Ⓝ913.37
〔00709〕
◇表現学大系　各論篇　第6巻　軍記と説話の表現　尾崎勇ほか著　教育出版センター　1988.11　158p　22cm　2500円　Ⓘ4-88582-918-6　Ⓝ910.8　〔00710〕
◇馬淵和夫博士退官記念説話文学論集　馬淵和夫博士退官記念説話文学論集刊行会編　大修館書店　1981.7　314p　22cm　12000円　Ⓝ913.37
〔00711〕
◇民話・笑話にみる正直者と知恵者　西田知己著　研成社　2000.9　252p　19cm　1600円　Ⓘ4-87639-620-5　Ⓝ913.37
〔00712〕

◆◆仏教説話文学

◇絵解きの東漸　林雅彦著　笠間書院　2000.3　292p　22cm　（明治大学人文科学研究所叢書）　7000円　Ⓘ4-305-70215-0　Ⓝ913.37
〔00713〕

◇唱導文学研究　第2集　福田晃, 廣田哲通編著　三弥井書店　1999.2　352p　22cm　8500円　Ⓘ4-8382-3063-X　Ⓝ913.37
〔00714〕

◇唱導文学研究　第3集　福田晃, 廣田哲通編著　三弥井書店　2001.2　398p　22cm　8800円　Ⓘ4-8382-3086-9　Ⓝ913.37
〔00715〕

◇仏教説話の世界　松本寧至ほか編　宮本企画　1992.3　271p　15cm　（かたりべ叢書 34）　1000円　Ⓝ913
〔00716〕

◆日記・紀行文

◇こころの譜―日記つれづれ　京都新聞社編　京都　京都新聞社　1993.7　391p　20cm　1800円　Ⓘ4-7638-0327-1　Ⓝ915
〔00717〕

◇女流日記文学講座　第1巻　女流日記文学とは何か　石原昭平ほか編　勉誠社　1991.9　338p　20cm　3200円　Ⓘ4-585-01011-4　Ⓝ915
〔00718〕

◇女流日記文学選集　続群書類従完成会著　立文書院　1948　231p　21cm　Ⓝ915.3
〔00719〕

◇日記文学の成立と展開　森田兼吉著　笠間書院　1996.2　522p　22cm　（笠間叢書 293）　16000円　Ⓘ4-305-10293-5　Ⓝ915
〔00720〕

◇日記文学論叢　森田兼吉著　笠間書院　2006.11　508p　22cm　13000円　Ⓘ4-305-70329-7　Ⓝ915.3
〔00721〕

◇日記・和歌文学　池田亀鑑著　至文堂　1968　566p　22cm　（池田亀鑑選集）　Ⓝ910.23
〔00722〕

◇平安鎌倉時代閨秀日記文　長連寛編, 小杉榅邨閲　鳴皐書院　1901.7　163p　19cm　Ⓝ914.3
〔00723〕

◆漢詩文

◇新日本古典文学大系　65　日本詩史・五山堂詩話　佐竹昭広ほか編　清水茂ほか校注　岩波書店　1991.8　656p　22cm　4200円　Ⓘ4-00-240065-4　Ⓝ918
〔00724〕

◇日本漢詩文選―標註　波戸岡旭編　笠間書院　1980.5　177p　21cm　1000円　Ⓝ919.3
〔00725〕

◇日本漢文学史　岡田正之著　増訂版　吉川弘文館　1996.10　458, 10p　22cm　8755円　Ⓘ4-642-08516-5　Ⓝ919.02
〔00726〕

◇平安鎌倉未刊詩集　宮内庁書陵部編　明治書院　1972　241p　図　22cm　（図書寮叢刊）　4200円　Ⓝ919.3
〔00727〕

地方史

◇日本古代・中世史の地方的展開　豊田武教授還暦記念会編　吉川弘文館　1973　486p　22cm　4300円　Ⓝ210.12
〔00728〕

◇未知は誘惑する―古代・中世地方史研究法稿　砂漠に樹を―戦後地方文化運動記録　橋本義夫著　八王子　ふだん記全国グループ　1983.11　137p　19cm　（ふだん記新書 133）　Ⓝ210.07
〔00729〕

◆北海道

◇遺跡が語る北海道の歴史―（財)北海道埋蔵文化財センター15周年記念誌　北海道埋蔵文化財センター編　札幌　北海道埋蔵文化財センター　1994.5　176, 20p　30cm　Ⓝ210.2
〔00730〕

◇蝦夷島と北方世界　菊池勇夫編　吉川弘文館　2003.12　314, 14p　22cm　（日本の時代史 19）　3200円　Ⓘ4-642-00819-5　Ⓝ211
〔00731〕

◇蝦夷今昔物語　ジョン・バチェラー著　札幌　尚古堂書店　1938　34丁　23cm　Ⓝ211
〔00732〕

◇蝦夷今昔物語　初篇　バチロル著　函館　1884.1　34丁　27cm　Ⓝ211
〔00733〕

◇蝦夷地御用内密留―阿部家文書（北海道立文書館寄託）古文書解読テキスト　〔札幌〕　古文書学習会　2006.10　8, 468p　26cm　非売品　Ⓝ211
〔00734〕

◇蝦夷年代記　松浦武四郎編　多気志楼　1870　24丁　26cm　Ⓝ211
〔00735〕

◇エゾの歴史―北の人びとと「日本」　海保嶺夫著　講談社　2006.2　315p　15cm　（講談社学術文庫）　1100円　Ⓘ4-06-159750-7　Ⓝ211
〔00736〕

◇蝦夷みやけ　無名氏著, 石川鴻斎校　函館　魁文舎　1900.3　33, 27丁（上・下合本）　23cm　Ⓝ211
〔00737〕

◇樺太・北海道の古文化　新岡武彦著　札幌　北海道出版企画センター　1977.12　2冊　22cm　（北方歴史文化叢書）　各3500円　Ⓝ211
〔00738〕

◇古地図に見る西蝦夷地とイシカリ川筋　滝川　たきかわ歴史地図研究会　2007.6　116p　30cm　Ⓝ211
〔00739〕

◇北辺の遺跡　藤本強著　〔東村山〕　教育社　1979.4　248p　18cm　（教育社歴史新書）　600円　Ⓝ211
〔00740〕

◇幕別町蝦夷文化考古館吉田菊太郎資料目録―アイヌ民族文化遺産集　1　幕別町（北海道）　幕別町教育委員会　1992.3　77p　26cm　Ⓝ382.11
〔00741〕

◇幕別町蝦夷文化考古館吉田菊太郎資料目録　2（文書資料編）　幕別町（北海道）　幕別町教育委員会　1998.2　150p　26cm　Ⓝ382.11
〔00742〕

◇松前蝦夷地義経伝説考―アイヌ社会経済史の一断面　白山友正著　函館　北海道経済史研究所　1972　82p（図共）　22cm　（北海道経済史研究所研究叢書　第47編）　Ⓝ211
〔00743〕

◆東北地方

◇はるかみちのく―古典文学と美術にみるすがた　特別展　東北歴史博物館編　〔多賀城〕　〔東北歴史博物館〕　2001.10　165p　30cm　Ⓝ702.1
〔00744〕

◆◆青森県

◇青い森の農耕社会と文化―平安時代、鎌倉・室町時代編　青森県埋蔵文化財調査センター編　青森　青森県埋蔵文化財調査センター　1995.3　90p　26cm　（図説ふるさと青森の歴史シリーズ 5）　Ⓝ210.36
〔00745〕

◇五所川原市と東北古代中世史抄　第2号　和田喜八郎著　〔五所川原〕　東日流中山史跡保存会　1988　142p　26cm　非売品　Ⓝ212.1
〔00746〕

◇新編弘前市史　資料編12　「新編弘前市史」編纂委員会編　弘前　弘前市長公室企画課　1995.1　681p　22cm　Ⓝ212.1
〔00747〕

古代・中世史　　　　　　　　　　　　　　　地方史

◇新編弘前市史　通史編1　古代・中世　「新編弘前市史」編纂委員会編, 甫尾俊哉監修　弘前　弘前市企画部企画課　2003.11　553p　22cm　Ⓝ212.1　〔00748〕

◆◆岩手県
◇胆沢城—鎮守府の国物語　高橋富雄著　学生社　1971　250p　図　19cm　680円　Ⓝ212.2　〔00749〕
◇胆沢町史　2　古代中世編　胆沢町(岩手県)　胆沢町史刊行会　1982.9　409p　22cm　Ⓝ212.2　〔00750〕
◇胆沢町史　3　古代中世編　胆沢町(岩手県)　胆沢町史刊行会　1982.9　480p　22cm　Ⓝ212.2　〔00751〕
◇岩手県の歴史散歩　岩手県高等学校教育研究会地歴・公民部会歴史部会日本史部会編　山川出版社　2006.12　324p　19cm　(歴史散歩3)　1200円　①4-634-24603-1　〔00752〕
◇江刺の古文書　8　中尊寺建立供養願文・陸奥話記・奥州後三年記　佐島直三郎編　江刺　江刺市立岩谷堂公民館　1994.5　87p　26cm　Ⓝ212.2　〔00753〕
◇奥州平泉黄金の世紀　荒木伸介他著　新潮社　1987.5　119p　22cm　(とんぼの本)　1100円　①4-10-601947-7　Ⓝ212.2　〔00754〕
◇奥州藤原史料　東北大学東北文化研究会編　吉川弘文館　1959　215,27p　21cm　(東北史史料集　第2)　Ⓝ212　〔00755〕
◇金ヶ崎町史　1(原始・古代・中世)　金ヶ崎町(岩手県)　岩手県金ヶ崎町　2006.7　893p　22cm　Ⓝ212.2　〔00756〕
◇川原遺跡出土鉄製品保存処理報告書—古代末～中世の鉄製品　釜石　釜石市教育委員会　2007.3　181p　30cm　(釜石市埋蔵文化財調査報告書　第12集)　Ⓝ709.122　〔00757〕
◇北上市史　第2巻　古代(2)・中世　〔北上〕　北上市史刊行会　1970　732p(図版共)　22cm　Ⓝ212.2　〔00758〕
◇くがねのゆめ—平泉を中心とする東北風土記　上野霄里著　平泉町(岩手県)　東明商事　1969.5　318p　18cm　Ⓝ291.22　〔00759〕
◇久慈市史　第1巻　通史　自然・原始・古代・中世　久慈市史編纂委員会編纂　久慈　久慈市史刊行会　1984.11　570p　22cm　Ⓝ212.2　〔00760〕
◇九戸村史　第1巻　九戸村史編集委員会編　九戸村(岩手県)　九戸村　1993.5　682p　22cm　Ⓝ212.2　〔00761〕
◇古代・中世を歩く—いわて未来への遺産　奈良～安土桃山時代　岩手日報社出版部編　盛岡　岩手日報社　2001.9　227p　30cm　4000円　①4-87201-288-7　Ⓝ212.2　〔00762〕
◇中尊寺と藤原三代　板橋源著　仙台　東北出版　1959　220p　地図　19cm　(東北の地理歴史研究双書)　Ⓝ212.2　〔00763〕
◇二戸市史　第1巻(先史・古代・中世)　高橋富雄監修, 二戸市史編さん委員会編　二戸　二戸市　2000.6　761p　22cm　Ⓝ212.2　〔00764〕
◇没落奥州和賀一族　小原藤次著　文芸社　2000.12　357p　20cm　1800円　①4-8355-0791-6　Ⓝ288.2　〔00765〕
◇盛岡市史　第1巻　総説・先史期・開拓期・中世期　盛岡市著　盛岡　トリョー・コム(発売)　1978.7　708p　22cm　7500円　Ⓝ212.2　〔00766〕
◇和賀一族の興亡—一族の隆盛と相剋—平安・鎌倉・南北朝時代　前編　北上　北上市立博物館　1995.3　33p　21×22cm　(北上川流域の自然と文化シリーズ 16)　Ⓝ212.2　〔00767〕
◇和賀一族の興亡　総集編　北上　北上市立博物館　2000.3　69p　21×22cm　(北上川流域の自然と文化シリーズ 21)　Ⓝ212.2　〔00768〕
◇私の平泉—藤原秀衡公・源義経公・武蔵坊弁慶八〇〇年特別大祭プレ・イベント「あなたが講師のゼミナール」総集編　平泉町(岩手県)　中尊寺　1986.4　223p　26cm　1800円　Ⓝ212.2　〔00769〕

◆◆宮城県
◇石巻の歴史　第8巻　資料編　2　古代・中世編　石巻市史編さん委員会編　石巻　石巻市　1992.3　866p　27cm　Ⓝ212.3　〔00770〕
◇郷土資料目録　考古　古川市図書館編　古川　古川市教育委員会　1980.3　56p　26cm　Ⓝ212.3　〔00771〕
◇気仙沼市史　2　先史・古代・中世編　気仙沼市史編さん委員会編さん　〔気仙沼〕　気仙沼市　1988.3　735p　22cm　Ⓝ212.3　〔00772〕
◇仙台市史　資料編1　古代中世　仙台市史編さん委員会編　〔仙台〕　仙台市　1995.3　2冊(別冊とも)　22cm　Ⓝ212.3　〔00773〕
◇仙台市史　通史編2　古代中世　仙台市史編さん委員会編　仙台　仙台市　2000.3　501p　22cm　Ⓝ212.3　〔00774〕
◇仙台の考古展図録　仙台市教育委員会, 仙台市歴史民俗資料館編　仙台　仙台市教育委員会　1981.8　35p　26cm　Ⓝ212.3　〔00775〕
◇多賀城市史　第1巻　原始・古代・中世　多賀城市史編纂委員会編　多賀城　多賀城市　1997.3　591p　27cm　Ⓝ212.3　〔00776〕
◇時を越えて語りかける塔碑　丸森郷土研究会編　丸森町(宮城県)　丸森町教育委員会　1992.4　48p　26cm　(丸森町文化財調査報告書　第11集)　Ⓝ210.02　〔00777〕
◇宮城県史　第1　古代史　中世史　宮城県史編纂委員会編　仙台　宮城県史刊行会　1954　22cm　Ⓝ212.3　〔00778〕
◇宮城県史　第30　資料篇第7　宮城県史編纂委員会編　仙台　宮城県史刊行会　1965　585p　図版35枚　22cm　Ⓝ212.3　〔00779〕
◇宮城の研究　第2巻　古代篇.中世篇1　渡辺信夫編　大阪　清文堂出版　1983.4　435p　22cm　4500円　Ⓝ291.23　〔00780〕

◆◆秋田県
◇秋田県史—資料編　〔第1巻〕　古代・中世編　秋田県編　〔秋田〕　1961　22cm　Ⓝ212.4　〔00781〕
◇秋田の豪族安倍・安東(秋田)・湊氏物語—閉ざされた扉を叩く　長岐喜代次著　秋田　秋田文化出版　1989.7　181p　26cm　1800円　Ⓝ212.4　〔00782〕
◇能代市史稿　第1輯　古代—中世　能代市史編纂委員会編　能代　能代市役所　1956　22cm　Ⓝ212.4　〔00783〕
◇北方風土—北国の歴史民俗考古研究誌　12('84.4)　特集:義家から義経まで　北方風土社編　秋田　秋田文化出版社　1986.4　173p　21cm　1000円　Ⓝ212.4　〔00784〕

地方史　　　　　　　　　　　　　　古代・中世史

◇横手市史　史料編 古代・中世　横手市編　横手　横手市　2006.3　882p　29cm　Ⓝ212.4　〔00785〕

◆◆山形県
◇工藤泰正文庫目録　1　近世以前・一件史料—山形県教育関係史料　山形　山形大学教育学部教育学教室　1982.7　30p　26cm　Ⓝ212.4　〔00786〕
◇古代・中世史料　上巻　鶴岡市史編纂会編　鶴岡　鶴岡市　2002.3　322p　22cm　（鶴岡市史資料編 荘内史料集 1-1）Ⓝ212.5　〔00787〕
◇寒河江市史　上巻　原始・古代・中世編　寒河江市史編さん委員会編　〔寒河江〕　寒河江市　1994.5　996, 13p　22cm　Ⓝ212.5　〔00788〕
◇新庄市史　第1巻　自然・原始・古代・中世編　新庄　新庄市　1989.10　702, 14p　23cm　Ⓝ212.5　〔00789〕
◇天童市史　上巻　原始・古代・中世編　天童市史編さん委員会編　天童　天童市　1981.3　518p　22cm　Ⓝ212.5　〔00790〕
◇長井市史　第1巻　原始・古代・中世編　長井　長井市　1984.6　1003p　22cm　Ⓝ212.5　〔00791〕
◇中山町史　上巻　中山町（山形県）　中山　1991.11　1042p　22cm　Ⓝ212.5　〔00792〕
◇南陽市史　上巻　地質・原始・古代・中世　南陽市史編さん委員会編　南陽　南陽市　1990.3　757p　22cm　Ⓝ212.5　〔00793〕
◇南陽市史　考古資料編　南陽市史編さん委員会編　南陽　南陽市　1987.12　435p　27cm　Ⓝ212.5　〔00794〕
◇東根市史　別巻 上　考古・民俗篇　東根市史編さん委員会，東根市史編集委員会編　東根　東根市　1989.2　700, 11p　27cm　Ⓝ212.5　〔00795〕
◇村山市史　原始・古代・中世　村山市史編さん委員会編　村山　村山市　1991.7　576, 8p　22cm　Ⓝ212.5　〔00796〕
◇山形県遺跡地名表—埋蔵文化財包蔵地一覧　山形県教育委員会編　〔山形〕　1963　112p　26cm　Ⓝ212.5　〔00797〕
◇山形県史　第1巻　原始・古代・中世編　〔山形〕　山形県　1982.3　1020, 16p　22cm　Ⓝ212.5　〔00798〕
◇山形県史　資料篇 15 上　古代中世史料 1　山形県編　〔山形〕　山形県　1977.3　1008, 8, 23p 図　22cm　Ⓝ212.5　〔00799〕
◇山形県史　資料篇 15 下　古代中世史料 2　山形県編　〔山形〕　山形県　1979.3　635, 60p 図版68p　22cm　Ⓝ212.5　〔00800〕
◇山形市史　上巻　原始・古代・中世　山形市史編さん委員会，山形市史編集委員会編　山形　山形市　1973　972p 図　22cm　Ⓝ212.5　〔00801〕
◇米沢市史　資料篇 1　古代・中世史料　〔米沢〕　米沢市　1985.3　1016p　22cm　4900円　Ⓝ212.5　〔00802〕
◇米沢市史　第1巻　原始・古代・中世　米沢市史編さん委員会編, 小林清治監修　〔米沢〕　米沢市　1997.3　798, 13p　22cm　4400円　Ⓝ212.5　〔00803〕

◆◆福島県
◇会津高田町史　第2巻　考古・古代・中世—資料編1　会津高田町史編纂委員会編　会津高田町（福島県）　会津高田町　1997.3　835p　23cm　Ⓝ212.6　〔00804〕
◇石川町史　第3巻（資料編 1（考古・古代・中世））考古　福島県石川町町史編纂委員会編　石川町（福島県）　福島県石川町　2006.3　209p　26cm　5238円　Ⓝ212.6　〔00805〕
◇石川町史　第3巻（資料編 1（考古・古代・中世）) 古代・中世　福島県石川町町史編纂委員会編　石川町（福島県）　福島県石川町　2006.3　565p　26cm　5238円　Ⓝ212.6　〔00806〕
◇いわき市史　第1巻　原始・古代・中世　いわき市史編さん委員会編　〔いわき〕　いわき市　1986.3　922p 図版66枚　24cm　8000円　Ⓝ212.6　〔00807〕
◇いわき市史　第8巻　原始・古代・中世資料　いわき市史編さん委員会編　いわき　いわき市　1976.3　412p 図287p　24cm　3000円　Ⓝ212.6　〔00808〕
◇磐城市史の歴史—中世まで　磐城市教育委員会編　磐城　1966　95p　22cm　Ⓝ212.6　〔00809〕
◇大熊町史　第2巻　史料　原始・古代・中世　大熊町史編纂委員会編　大熊町（福島県）　大熊町　1984.3　142p 図版331枚　27cm　Ⓝ212.6　〔00810〕
◇鹿島町史　第3巻（資料編 2）　工藤雅樹監修, 鹿島町史編纂委員会編　鹿島町（福島県）　鹿島町　1999.3　1000p　22cm　Ⓝ212.6　〔00811〕
◇川俣町史資料　第13集　桜田家系・合戦記　川俣町（福島県）　川俣町教育委員会　1978.2　91p　23cm　Ⓝ212.6　〔00812〕
◇喜多方市史　第1巻（通史編 1）　原始・古代・中世　喜多方市史編纂委員会編　喜多方　喜多方市　1999.3　700p　22cm　5500円　Ⓝ212.6　〔00813〕
◇喜多方市史　第4巻　資料編 1　考古・古代・中世　喜多方市史編纂委員会編　喜多方　喜多方市　1995.6　837p 図版14枚　22cm　6000円　Ⓝ212.6　〔00814〕
◇郡山市史　第1巻　原始・古代・中世　郡山　郡山市 郡山書店連盟（発売）　1975　603, 12, 7p 図　24cm　1800円　Ⓝ212.6　〔00815〕
◇郡山市史　第1巻　原始・古代・中世　郡山市編集　国書刊行会　1981.12　603, 12, 6p 図版12枚　23cm　Ⓝ212.6　〔00816〕
◇白河市史　第5巻　資料編 2 古代・中世　白河　白河市　1991.3　867, 14p　22cm　6000円　Ⓝ212.6　〔00817〕
◇田島町史　第5巻　自然・原始・古代・中世史料　田島町史編纂委員会編　田島町（福島県）　田島町　1981.3　805p　23cm　Ⓝ212.6　〔00818〕
◇棚倉町史　第2巻　棚倉町町史編さん室編　棚倉町（福島県）　棚倉町　1978.3　1037p　23cm　Ⓝ212.6　〔00819〕
◇二本松市史　第3巻　資料編 1 原始・古代・中世　二本松市編　〔二本松〕　二本松市　1981.3　527p 図版377枚　22cm　5700円　Ⓝ212.6　〔00820〕
◇発掘ふくしま—企画展　福島県立博物館編　会津若松　福島県立博物館　1993.1　133p　26cm　Ⓝ210.2　〔00821〕
◇原町市史　第4巻（資料編 2）古代・中世　原町市教育委員会文化財課編　原町　原町市　2003.3　636p　27cm　Ⓝ212.6　〔00822〕
◇福島県史　第1巻　通史編 第1 原始・古代・中世　〔福島〕　福島県　1969　1088p 図版75枚　22cm　3000円　Ⓝ212.6　〔00823〕

古代・中世史　地方史

◇福島県史　第6巻　資料編 第1 考古資料　福島県編　〔福島〕　1964　図版278枚 解説247p　22cm　Ⓝ212.6
〔00824〕
◇福島県史　第7巻　資料編 第2 古代・中世資料　福島県編　〔福島〕　1966　1171p 図版　22cm　Ⓝ212.6
〔00825〕
◇福島県史　第7巻　資料編 2 古代・中世資料　福島県編　〔京都〕　臨川書店　1985.5　1171p　22cm　Ⓘ4-653-01181-8　Ⓝ212.6
〔00826〕
◇福島県山都町史資料集　第2集　原始・古代・中世　山都町史編さん委員会編　山都町(福島県)　山都町教育委員会　1990.3　122, 37p 図版130p　26cm　Ⓝ212.6
〔00827〕
◇福島市史　第1巻　原始・古代・中世 (通史編1)　福島市史編纂委員会編　〔福島〕　福島市教育委員会　1970　667p 図版 地図　22cm　1600円　Ⓝ212.6　〔00828〕
◇福島市史　第6巻　原始・古代・中世資料(資料編1)　福島市史編纂委員会編　〔福島〕　福島市教育委員会　1969　390p 図版66枚　22cm　2000円　Ⓝ212.6　〔00829〕
◇ふくしまの古戦場物語　栃窪浩ほか著　会津若松　歴史春秋出版　1988.2　270p　20cm　1600円　Ⓝ212.6
〔00830〕
◇双葉町史　第2巻　資料編 1 原始・古代・中世資料　双葉町史編さん委員会編　双葉町(福島県)　双葉町　1984.3　355p 図版320p　22cm　Ⓝ212.6　〔00831〕
◇三春町史　第1巻　通史編 1 自然・原始・古代・中世　三春町編　三春町(福島県)　三春町　1982.3　655p　23cm　Ⓝ212.6　〔00832〕
◇三春町史　第7巻　資料編 1 自然・原始・古代・中世資料　三春町編　三春町(福島県)　三春町　1978.1　677p 図版24枚　23cm　Ⓝ212.6　〔00833〕
◇本宮町史　第1巻 (通史編1)　原始・古代・中世　本宮町史編纂委員会, 本宮町史専門委員会編　本宮町(福島県)　本宮町　2002.3　823p　22cm　5000円　Ⓝ212.6
〔00834〕
◇本宮町史　第4巻(資料編1)　考古・古代中世　本宮町史編纂委員会, 本宮町史専門委員会編　本宮町(福島県)　本宮町　1999.3　798p　22cm　Ⓝ212.6　〔00835〕
◇梁川町史　5　資料編 2 古代・中世　梁川町(福島県)　梁川町　1985.2　743p　22cm　4200円　Ⓝ212.6
〔00836〕
◇和具B遺跡・和具C遺跡―古代・中世集落跡の調査　いわき市教育文化事業団編　いわき　いわき市教育委員会　2007.2　82p 図版22p　30cm　(いわき市埋蔵文化財調査報告 第119冊)　Ⓝ210.0254　〔00837〕

◆関東地方
◇坂東の峠路―古代・中世の古道を行く　蜂矢敬啓著　高文堂出版社　1979.7　221p　18cm　(高文堂新書)　880円　Ⓝ213　〔00838〕

◆◆茨城県
◇東町史　史料編 古代・中世　東町史編纂委員会編　東町(茨城県)　東町史編纂委員会　1998.3　570p　22cm　Ⓝ213.1　〔00839〕
◇石岡市史編纂資料　第4-14号　〔石岡〕　石岡市教育委員会　1959　11冊(合本1冊)　25cm　Ⓝ213.1
〔00840〕
◇石岡の寺とみほとけ　石岡ライオンズクラブ編　石岡　石岡ライオンズクラブ　1987.6　245p　27cm　Ⓝ702.17
〔00841〕
◇伊奈町史　史料編 1　伊奈町史編纂委員会編　伊奈町(茨城県)　伊奈町　2001.3　623p　22cm　Ⓘ4-901162-11-X　Ⓝ213.1
〔00842〕
◇牛久市史　原始古代中世　牛久市史編さん委員会編　牛久　牛久市　2004.3　589p　22cm　Ⓝ213.1
〔00843〕
◇勝田市史　別編 2　考古資料編　勝田市史編さん委員会編　勝田　勝田市　1979.12　475p　27cm　5500円　Ⓝ213.1
〔00844〕
◇古社寺遍路　中　一色史彦著　土浦　建築文化振興研究所　1998.11　193p　21cm　1619円　Ⓝ521.81
〔00845〕
◇猿島の郷土史　今井隆助著　岩井町(茨城県)　1965　317p　26cm　Ⓝ213.1
〔00846〕
◇三和町史　資料編 原始・古代・中世　三和町史編さん委員会編　三和町(茨城県)　三和町　1992.10　839p　22cm　Ⓝ213.1
〔00847〕
◇三和町史　通史編 原始・古代・中世　三和町史編さん委員会編　三和町(茨城県)　三和町　1996.11　514p　22cm　Ⓝ213.1
〔00848〕
◇下妻市史　上　下妻市史編さん委員会編　下妻　下妻市　1993.3　494p　23cm　Ⓝ213.1
〔00849〕
◇下妻市史料　古代・中世編　下妻市教育委員会編　〔下妻〕　下妻市　1996.3　302p　26cm　Ⓝ213.1
〔00850〕
◇重要遺跡調査報告書 3　茨城県教育庁文化課編　〔水戸〕茨城県教育委員会　1986.3　301p　26cm　Ⓝ213.1
〔00851〕
◇総和町史　資料編 原始・古代・中世　総和町史編さん委員会編　総和町(茨城県)　総和町　2002.3　774p　27cm　Ⓝ213.1
〔00852〕
◇総和町史　通史編 原始・古代・中世　総和町史編さん委員会編　総和町(茨城県)　総和町　2005.7　585p　27cm　Ⓝ213.1
〔00853〕
◇利根町史　第3巻　通史・古代中世　利根町教育委員会, 利根町史編さん委員会編　〔利根町(茨城県)〕　利根町　1989.3　303p　22cm　Ⓝ213.1　〔00854〕
◇取手市史　古代中世史料　取手市史編さん委員会編　取手　取手市庶務課　1986.3　701p　22cm　Ⓝ213.1
〔00855〕
◇文学の中の茨城　1　上代―中世　今瀬文也著　秀英書房　1976　261p 図　18cm　980円　Ⓝ910.2
〔00856〕
◇結城市史　第1巻　古代中世史料編　結城市史編さん委員会編　結城　結城市　1977.3　771p　22cm　Ⓝ213.1
〔00857〕
◇結城市史　第4巻　古代中世通史編　結城市史編さん委員会編　結城　結城市　1980.10　968p　22cm　Ⓝ213.1
〔00858〕

◆◆栃木県
◇市貝町史　第1巻(自然・原始古代・中世資料編)　市貝町史編さん委員会編　市貝町(栃木県)　市貝町　1990.3　790p　22cm　Ⓝ213.2　〔00859〕
◇いまいち市史　史料編・原始 1, 中世　今市史編さん専門委員会編　今市　今市市　1975　234p(図共)　24cm　Ⓝ213.2　〔00860〕
◇小山市史　通史編 1　自然.原始・古代.中世　小山市史編さん委員会編　小山　小山市　1984.11　2冊(別冊と

地方史　　　　　　　　　　　古代・中世史

も）　22cm　Ⓝ213.2　　　〔00861〕
◇鹿沼市史—古代中世　鹿沼市史編纂委員会編　鹿沼　1966　133p　地図　25cm　Ⓝ213.2　　　〔00862〕
◇鹿沼市史　資料編　古代・中世　鹿沼市史編さん委員会編　〔鹿沼〕　鹿沼市　1999.3　880, 41p　27cm　Ⓝ213.2　〔00863〕
◇鹿沼市史　通史編　原始・古代・中世　鹿沼市史編さん委員会編　〔鹿沼〕　鹿沼市　2004.3　543, 26p　27cm　Ⓝ213.2　〔00864〕
◇鹿沼の城と館　鹿沼市史編さん委員会編　鹿沼　鹿沼市　2002.3　138p　30cm　（鹿沼市史叢書7）　Ⓝ213.2　〔00865〕
◇上三川町史　資料編〔1〕　原始・古代・中世　上三川町史編さん委員会編　〔上三川町（栃木県）〕　上三川町　1979.8　643p　22cm　Ⓝ213.2　〔00866〕
◇喜連川町史　第2巻（資料編2）　喜連川町史編さん委員会編　喜連川町（栃木県）　喜連川町　2001.3　461p　27cm　Ⓝ213.2　〔00867〕
◇佐野市史　資料編1　原始・古代・中世　佐野市史編さん委員会編　佐野　佐野市　1975　1073p　図　22cm　Ⓝ213.2　〔00868〕
◇佐野の歩み—佐野地方の古代から中世へ　佐野市開市記念・第四十四回企画展　佐野　佐野市郷土博物館　2005.10　51p　30cm　Ⓝ288.2　〔00869〕
◇下野国寒川郡—古代・中世の軌跡　第34回企画展　小山　小山市立博物館　1997.4　70p　30cm　Ⓝ213.2　〔00870〕
◇高根沢町史　史料編1　高根沢町史編さん委員会編　高根沢町（栃木県）　高根沢町　1995.3　826p　22cm　Ⓝ213.2　〔00871〕
◇伊達氏の源流の地　土生慶子著　仙台　宝文堂　1994.2　135p　19cm　1800円　①4-8323-0065-2　Ⓝ213.2　〔00872〕
◇田沼町史　第3巻　資料編　2 原始古代・中世　田沼町（栃木県）　田沼町　1984.3　745p　22cm　Ⓝ213.2　〔00873〕
◇栃木県遺跡地図　昭和49年3月31日現在　栃木県教育委員会事務局文化課編　宇都宮　栃木県教育委員会　1975　地図25枚　56p　30cm　Ⓝ213.2　〔00874〕
◇栃木県遺跡目録集成　栃木県教育委員会編　〔宇都宮〕　1968　146p　26cm　（栃木県埋蔵文化財報告書 第1集）　Ⓝ213.2　〔00875〕
◇栃木県史　資料編　考古1　栃木県史編さん委員会編　〔宇都宮〕　栃木県　1976　806, 35p　図　22cm　Ⓝ213.2　〔00876〕
◇栃木市史　史料編　古代・中世　栃木市史編さん委員会編　栃木　栃木市　1985.3　785p　22cm　Ⓝ213.2　〔00877〕
◇芳賀町史　史料編　古代・中世　芳賀町史編さん委員会編　芳賀町（栃木県）　芳賀町　2001.7　401, 16p　22cm　Ⓝ213.2　〔00878〕
◇芳賀町史　通史編　原始古代・中世　芳賀町史編さん委員会編　芳賀町（栃木県）　芳賀町　2003.3　720p　22cm　Ⓝ213.2　〔00879〕
◇藤岡町史　資料編　古代・中世　藤岡町史編さん委員会編　〔藤岡町（栃木県）〕　藤岡町　1999.3　511p　27cm　Ⓝ213.2　〔00880〕
◇南河内町史　史料編2　古代・中世　南河内町史編さん委員会編　南河内町（栃木県）　南河内町　1991.3　783p　22cm　Ⓝ213.2　〔00881〕

◇南河内町史　通史編　古代・中世　南河内町史編さん委員会編　南河内町（栃木県）　南河内町　1998.3　766p　図版10枚　22cm　Ⓝ213.2　〔00882〕
◇南河内町史　史料編2 古代・中世　別冊　南河内町史編さん委員会編　南河内町（栃木県）　南河内町　1998.3　184p　21cm　Ⓝ213.2　〔00883〕
◇壬生町史　資料編　原始古代・中世　壬生町史編さん委員会編　壬生町（栃木県）　壬生町　1987.10　975p　22cm　Ⓝ213.2　〔00884〕
◇壬生町史　資料編　原始古代・中世　補遺　壬生町（栃木県）　壬生町　1990.3　274p　21cm　Ⓝ213.2　〔00885〕
◇真岡市史　第1巻　考古資料編　真岡市史編さん委員会編　真岡　真岡市　1984.3　949p　22cm　Ⓝ213.2　〔00886〕
◇真岡市史　第2巻　古代中世史料編　真岡市史編さん委員会編　真岡　真岡市　1984.3　882p　図版10枚　22cm　Ⓝ213.2　〔00887〕
◇真岡市史　第6巻　原始古代中世通史編　真岡市史編さん委員会編　真岡　真岡市　1987.3　891p　22cm　Ⓝ213.2　〔00888〕
◇茂木町史　第2巻　史料編　1 原始古代・中世　茂木町史編さん委員会編　茂木町（栃木県）　茂木町　1997.3　802p　22cm　Ⓝ213.2　〔00889〕

◆◆群馬県
◇安中市史　第4巻（原始古代中世資料編）　安中市市史刊行委員会編　安中　安中市　2001.3　1128p　27cm　Ⓝ213.3　〔00890〕
◇伊勢崎市史　通史編1　原始古代中世　伊勢崎市編　伊勢崎　伊勢崎市　1987.4　923, 13p　22cm　Ⓝ213.3　〔00891〕
◇群馬県遺跡台帳　2 西毛編　群馬県教育委員会編　前橋　群馬県教育委員会　1972.3　483p　図　26cm　Ⓝ213.3　〔00892〕
◇群馬県遺跡地図　前橋　群馬県教育委員会　1973　40p　地図20枚　43×53cm　Ⓝ213.3　〔00893〕
◇富岡市史　自然編, 原始・古代・中世編　富岡市市史編さん委員会編　富岡　富岡市　1987.3　436p　図版35枚　22cm　Ⓝ213.3　〔00894〕
◇沼田市史　資料編1　沼田市編　沼田　沼田市　1995.3　2冊（別冊とも）　22cm　Ⓝ213.3　〔00895〕
◇沼田市史　通史編1　沼田市史編さん委員会編　沼田　沼田市　2000.3　762p　22cm　Ⓝ213.3　〔00896〕
◇藤岡市史　資料編　原始・古代・中世　藤岡市史編さん委員会編　藤岡　藤岡市　1993.3　1102p　図版32枚　22cm　Ⓝ213.3　〔00897〕
◇藤岡市史　通史編　原始・古代・中世　藤岡市教育委員会編　藤岡　藤岡市　2000.3　430p　22cm　Ⓝ213.3　〔00898〕

◆◆埼玉県
◇岩槻市史　古代・中世史料編 2　岩付太田氏関係史料　岩槻　岩槻市市史編さん室　1983.3　954p　22cm　Ⓝ213.4　〔00899〕
◇岩槻市史　古代・中世史料編 1〔1〕　古文書史料　上　岩槻　岩槻市市史編さん室　1983.3　294p　図版71枚　22cm　Ⓝ213.4　〔00900〕
◇岩槻市史　古代・中世史料編 1〔2〕　古文書史料　下　岩槻　岩槻市市史編さん室　1983.3　818, 57p　22cm

◇㊃213.4　　　　　　　　　　〔00901〕
◇岩槻市史料　第14巻　古代・中世史料 1　岩槻　岩槻市教育委員会市史編さん室　1982.3　244p　26cm　㊃213.4　　　　　　　　　　〔00902〕
◇浦和市史　第1巻　考古資料編　浦和市総務部市史編さん室編　〔浦和〕　浦和市　1974　566p 図　22cm　㊃213.4　　　　　　　　　　〔00903〕
◇浦和市史　第2巻〔1〕　古代中世史料編 1　浦和市総務部市史編さん室編　〔浦和〕　浦和市　1977.3　571p 図　22cm　㊃213.4　　　　　　〔00904〕
◇浦和市史　第2巻〔2〕　古代中世史料編 2　浦和市総務部市史編さん室編　〔浦和〕　浦和市　1978.3　528p　22cm　㊃213.4　　　　　　　〔00905〕
◇遠古の川越　大護八郎著　川越　川越叢書刊行会　1954　75p 図版　19cm　（川越叢書 第3巻）　㊃213.4　　　　　　　　　　〔00906〕
◇大井町史　資料編 1　原始古代・中世　大井町史編さん委員会編　大井町（埼玉県）　大井町　1989.8　672p　22cm　㊃213.4　　　　　　〔00907〕
◇大宮市史　第2巻　古代・中世編　大宮市史編さん委員会編　大宮　大宮市　1971　611, 18p 図　22cm　2600円　㊃213.4　　　　　　〔00908〕
◇小川町の歴史　資料編 2　古代・中世 1　小川町編　小川町（埼玉県）　小川町　1999.3　337p　27cm　㊃213.4　　　　　　　　　　〔00909〕
◇小川町の歴史　資料編 3　古代・中世 2　小川町編　小川町（埼玉県）　小川町　1997.3　705p　27cm　㊃213.4　　　　　　　　　　〔00910〕
◇桶川市史　第3巻　古代・中世資料編　桶川　桶川市　1985.3　453p　22cm　㊃213.4　　　　　〔00911〕
◇越生の歴史 1（原始・古代・中世）　越生町教育委員会編　越生町（埼玉県）　越生町　1997.3　504p　27cm　㊃213.4　　　　　　　〔00912〕
◇越生の歴史　古代・中世史料（古文書・記録）　越生町史研究会編　越生町（埼玉県）　越生町　1991.3　300p　27cm　㊃213.4　　　　〔00913〕
◇春日部市史　第1巻　考古資料　春日部市教育委員会社会教育課編　〔春日部〕　春日部市　1988.3　579, 3p　22cm　㊃213.4　　　　　〔00914〕
◇春日部市史　第2巻　古代・中世史料編　春日部市教育委員会編　〔春日部〕　春日部市　1989.3　732p　22cm　㊃213.4　　　　　　　〔00915〕
◇川口市史　古代・中世資料編　川口市編　川口　川口市　1978.12　700p　22cm　㊃213.4　　　〔00916〕
◇久喜市史　資料 1　考古・古代・中世　久喜市史編さん室編　久喜　久喜市　1989.3　703p　22cm　㊃213.4　　　　　　　　　　〔00917〕
◇久喜市史調査報告書　第7集　久喜市の遺跡―遺跡分布調査報告書　久喜市史編さん室編　久喜　久喜市　1987.2　115p 図版41p　26cm　㊃213.4　　　〔00918〕
◇江南町史　資料編 2（古代・中世）　江南町史編さん委員会編　江南町（埼玉県）　江南町　1998.12　520p　22cm　㊃213.4　　　　　　〔00919〕
◇鴻巣市史　通史 1　鴻巣市市史編さん調査会編　〔鴻巣〕　鴻巣市　2000.8　594p　22cm　㊃213.4　　　　　　　　　　〔00920〕
◇鴻巣市史　資料編 2　鴻巣市史編さん調査会編　〔鴻巣〕　鴻巣市　1991.3　921p　22cm　㊃213.4　　　　　　　　　　〔00921〕

◇幸手市史　古代・中世資料編　幸手市教育委員会生涯学習課市史編さん室編　幸手　幸手市教育委員会　1995.10　693p　22cm　㊃213.4　　　〔00922〕
◇新修蕨市史　資料 1　古代・中世　蕨　蕨市　1991.3　812, 22p　22cm　㊃213.4　　　　　　〔00923〕
◇新説武蔵国の国道伊利麻路　大野七三著　批評社　2003.11　164p　20cm　1800円　①4-8265-0380-6　㊃213.4　　　　　　　　〔00924〕
◇秩父丹党考　井上要著　浦和　埼玉新聞社　1991.8　158p　20cm　1500円　①4-87889-121-1　㊃213.4　　　　　　　　　　〔00925〕
◇秩父地方史研究必携 1　古代中世　埼玉新聞社編　浦和　埼玉新聞社　1979.8　249p　19cm　1500円　㊃213.4　　　　　　　　〔00926〕
◇鶴ケ島町史　原始・古代・中世 1　鶴ケ島町史編さん室編　鶴ケ島町（埼玉県）　鶴ケ島町　1991.3　407p 図版49p　27cm　㊃213.4　　　〔00927〕
◇都幾川村史資料 3　古代・中世史料編　都幾川村史編さん委員会　都幾川村（埼玉県）　都幾川村　1997.3　297p　26cm　㊃213.4　　　　〔00928〕
◇戸田市史　資料編 1　原始・古代・中世　戸田　戸田市　1981.5　709p　22cm　㊃213.4　　　〔00929〕
◇新座市史　第1巻　自然・考古・古代中世資料編　新座市教育委員会市史編さん室編　新座　新座市　1984.3　985p　22cm　㊃213.4　　　　〔00930〕
◇蓮田市史　考古資料編 2, 古代・中世資料編　蓮田市教育委員会社会教育課編　蓮田　蓮田市教育委員会　1999.3　386p　27cm　㊃213.4　　　〔00931〕
◇東松山市史　資料編 第1巻　原始古代・中世　遺跡・遺構・遺物編　東松山市市史編さん課編　東松山　東松山市　1981.5　401p　28cm　㊃213.4　　〔00932〕
◇東松山市史　資料編 第2巻　古代～中世―文書・記録・板石塔婆　東松山市教育委員会事務局市史編さん課編　東松山　東松山市　1982.8　745p　27cm　㊃213.4　　　　　　　　　　〔00933〕
◇富士見市史　資料編 3　古代・中世　富士見市総務部市史編さん室編　富士見　富士見市　1985.3　484p　22cm　㊃213.4　　　　　　〔00934〕
◇掘りおこされた浦和の歴史―最新出土品展　特別展示　浦和　浦和市遺跡調査会　1987.3　32p　26cm　㊃213.4　　　　　　　　　　〔00935〕
◇武蔵国太田荘をめぐる諸問題―荘域と荘名を中心に　清水利浩著　〔羽生〕　〔清水利浩〕　2001.3　100p　21cm　（埼玉県教育委員会長期研修教員報告 平成12年度）　㊃213.4　　　　　　〔00936〕
◇毛呂山町金石文集―解読文付　岡野恵二著　〔毛呂山町（埼玉県）〕　〔岡野恵二〕　2000.12　79p　26cm　㊃213.4　　　　　　　　　　〔00937〕
◇八潮市史　史料編　古代・中世　八潮　八潮市　1988.6　830, 82p　22cm　㊃213.4　　　　　〔00938〕
◇寄居町史　原始古代・中世資料編　寄居町教育委員会町史編さん室編　寄居町（埼玉県）　寄居町教育委員会　1984.3　538p　22cm　㊃213.4　　　　〔00939〕
◇蕨市古代中世史資料年表　蕨　蕨市　1986.3　130p　26cm　（蕨市史調査報告書 第2集）　㊃213.4　　　　　　　　　　〔00940〕

◆◆千葉県
◇我孫子市史　原始・古代・中世篇　我孫子市史編集委員会原始・古代・中世部会編　我孫子　我孫子市教育委員会

地方史　　　　　古代・中世史

2005.3　711p　27cm　Ⓝ213.5
〔00941〕
◇我孫子市史資料　古代・中世篇　古代・中世篇　我孫子市教育委員会市史編さん室編委員編　〔我孫子〕　我孫子市教育委員会　1987.3　661p　27cm　Ⓝ213.5
〔00942〕
◇遺跡から見た印旛の歴史　印旛郡市文化財センター図書刊行部会編　〔佐倉〕　印旛郡市文化財センター　1993.9　66p　26cm　Ⓝ210.2
〔00943〕
◇市川市史　第5巻　史料　古代・中世　市川市史編纂委員会編　吉川弘文館　1973　534,54p　図　22cm　4000円　Ⓝ213.5
〔00944〕
◇印旛沼をめぐる歴史―古代・中世の仏教文化を中心として　企画展　栄町(千葉県)　千葉県立房総風土記の丘　1980　7p　26cm　Ⓝ213.5
〔00945〕
◇柏市史　原始・古代・中世編　柏市史編さん委員会編　柏　柏市教育委員会　1997.3　978p　22cm　Ⓝ213.5
〔00946〕
◇柏の金石文　2　柏市教育委員会編　柏　柏市教育委員会　1999.3　643p　27cm　Ⓝ213.5
〔00947〕
◇稲本野田市年表　第1巻　原始・古代から安土・桃山時代まで　野田市史編さん委員会編　野田　野田市　1973　276p　22cm　Ⓝ213.5
〔00948〕
◇袖ケ浦市史　資料編1　袖ケ浦市史編さん委員会編　袖ケ浦　袖ケ浦市　1999.3　382,229p　31cm　Ⓝ213.5
〔00949〕
◇袖ケ浦市史　通史編1　袖ケ浦市史編さん委員会編　袖ケ浦　袖ケ浦市　2001.3　547p　30cm　Ⓝ213.5
〔00950〕
◇大栄町史　通史編　上　大栄町史編さん委員会編　大栄町(千葉県)　大栄町　2001.9　856p　22cm　Ⓝ213.5
〔00951〕
◇千葉県鎌ケ谷市埋蔵文化財分布地図―史跡・埋蔵文化財包蔵地所在地図　鎌ケ谷　鎌ケ谷市教育委員会　1983.3　47p　26cm　Ⓝ213.5
〔00952〕
◇千葉市史　史料編1　原始古代中世　千葉市史編纂委員会編　〔千葉〕　千葉市　1976　357p(図共)　27cm　Ⓝ213.5
〔00953〕
◇発掘された考古資料―最近の調査成果から　千葉県文化財センター10周年記念展　千葉　千葉県文化財センター　1985.3　8p　26cm　Ⓝ213.502
〔00954〕
◇船橋市史　原始・古代・中世編　船橋市史編さん委員会編　〔船橋〕　船橋市　1991.3　567p　22cm　Ⓝ213.5
〔00955〕
◇八千代市の歴史　資料編　原始・古代・中世　八千代市編さん委員会　八千代　八千代市　1991.3　565p　22cm　Ⓝ213.5
〔00956〕

◆◆東京都
◇足立区の遺跡と遺物　西垣隆雄著　46p　図版　21cm　Ⓝ213.6
〔00957〕
◇足立のあゆみ―古代・中世　考古・歴史資料展　東京都足立区立郷土博物館編　足立区立郷土博物館　1988.2　34p　26cm　(足立区立郷土博物館紀要 第4号)　Ⓝ213.6
〔00958〕
◇遺跡をさぐる　堀切康司著　弘隆社　1989.4　326p　20cm　Ⓝ213.6
〔00959〕
◇板橋区史　資料編2　古代・中世　板橋区史編さん調査会編　〔東京都〕板橋区　1994.3　843p　22cm　Ⓝ213.6
〔00960〕

◇江戸以前―埋もれた東京を掘る　永峯光一,坂詰秀一共編　東京新聞出版局　1981.4　200p　19cm　980円　①4-8083-0069-9　Ⓝ213.6
〔00961〕
◇青梅市の埋蔵遺跡　青梅市教育委員会編　青梅　青梅市郷土博物館　1977.12　202p　図版p205～314　26cm　(青梅市文化財調査報告書5)　Ⓝ213.6
〔00962〕
◇大田区遺跡地図　東京都大田区教育委員会社会教育部社会教育課編　大田区教育委員会　1989.6　11p　26cm　Ⓝ213.6
〔00963〕
◇大田区史　資料編　考古2　東京都大田区史編さん委員会編　東京都大田区　1980.3　483p　27cm　Ⓝ213.6
〔00964〕
◇北区史　資料編　古代中世1　北区史編纂調査会編　東京都北区　1994.2　442p　27cm　Ⓝ213.6　〔00965〕
◇北区史　資料編　古代中世2　北区史編纂調査会編　東京都北区　1995.3　425p　27cm　Ⓝ213.6　〔00966〕
◇北区諸家文書目録―北区古文書調査会調査報告書　北区古文書調査会編　北区古文書調査会　2002.3　90p　26cm　Ⓝ213.61
〔00967〕
◇古文書の語る立河氏　岩間冨文編著　〔立川〕　けやき出版　2003.3　269p　21cm　2000円　①4-87751-196-2　Ⓝ213.65
〔00968〕
◇史跡でつづる東京の歴史　上　尾河直太郎著　新版　一声社　1998.8　215p　19cm　1500円　①4-87077-151-9　Ⓝ213.6
〔00969〕
◇史蹟将門塚の記　史蹟将門塚保存会　1976.2　52p　21cm　Ⓝ291.36
〔00970〕
◇多麻金石文　3　町田市,日野市編　山本正夫編著　八王子　晴耕書屋　1973　56丁　26cm　(晴耕叢書第5編)　Ⓝ210.02
〔00971〕
◇多麻金石文　5　北多摩及西多摩一部　山本正夫編著　八王子　晴耕書店　1974　37丁　26cm　(晴耕叢書 第7編)　Ⓝ210.02
〔00972〕
◇多摩市史　資料編1　多摩市史編集委員会編　多摩　多摩市　1995.3　1087p　22cm　Ⓝ213.6　〔00973〕
◇多摩歴史散歩　1　八王子・南多摩丘陵　佐藤孝太郎著　有峰書店　1973　293p　19cm　950円　Ⓝ291.36
〔00974〕
◇多摩歴史散歩　2　滝山・八王子城址,陣馬街道,日野市　佐藤孝太郎著　有峰書店　1974　278p　図　19cm　1200円　Ⓝ291.36
〔00975〕
◇東京都古代中世古文書金石文集成　第1巻(古文書編1)　角川文化振興財団編　角川書店　1993.12　533p　22cm　19890円　①4-04-522301-0　Ⓝ213.6
〔00976〕
◇年表・葛飾の歴史―古代・中世　〔東京都〕葛飾区郷土と天文の博物館　1997.3　92p　21cm　(かつしかブックレット 7)　Ⓝ213.61
〔00977〕
◇八王子物語　上巻　江戸以前編　佐藤孝太郎著　八王子　多摩文化研究会　1965　19cm　Ⓝ213.6　〔00978〕
◇東村山市史　6　資料編　古代・中世　東村山市史編さん委員会編　東村山　東村山市　1996.3　1036p　22cm　Ⓝ213.65
〔00979〕
◇日野市遺跡調査会年報　1(1977年度)　日野　日野市遺跡調査会　1978.3　453p　27cm　Ⓝ213.6　〔00980〕
◇武州二宮神社と古代・中世の瓦―二宮考古館資料整理報告書　二宮考古館資料整理委員会編　あきる野　あきる野市教育委員会　2004.3　93p　30cm　Ⓝ213.65
〔00981〕

◇福生市史資料編　考古　福生市史編さん委員会編　福生　福生市　1988.3　313p　21cm　Ⓝ213.6　〔00982〕
◇武蔵考古漫歴　宮崎糺著　立川　けやき出版　1991.12　229p　22cm　2500円　Ⓘ4-905845-92-0　Ⓝ210.2　〔00983〕
◇武蔵村山市史　資料編 古代・中世　武蔵村山市史編さん委員会編　武蔵村山　武蔵村山市　1999.3　543p　22cm　Ⓝ213.65　〔00984〕
◇目黒の遺跡—ガイドブック　東京都目黒区守屋教育会館郷土資料室編　目黒区守屋教育会館郷土資料室　1993.10　29p　26cm　Ⓝ210.2　〔00985〕

◆◆神奈川県
◇綾瀬市史　1　資料編　古代・中世　綾瀬　綾瀬市　1991.7　834p　22cm　Ⓝ213.7　〔00986〕
◇伊勢原市史　古代・中世資料編　伊勢原市史編集委員会編　伊勢原　伊勢原市　1991.3　688p　22cm　Ⓝ213.7　〔00987〕
◇伊勢原市史　通史編　先史・古代・中世　伊勢原市史編集委員会編　伊勢原　伊勢原市　1995.3　788p　22cm　Ⓝ213.7　〔00988〕
◇海老名市史　6　通史編　原始・古代・中世　海老名市編　海老名　海老名市　2003.3　726p　22cm　Ⓝ213.7　〔00989〕
◇小田原市史　史料編　原始・古代・中世 1　小田原市編　小田原　小田原市　1995.3　2冊（別冊とも）　22cm　Ⓝ213.7　〔00990〕
◇小田原市史　別編　城郭　小田原市編　小田原　小田原市　1995.10　699p　27cm　Ⓝ213.7　〔00991〕
◇神奈川県史　資料編1　古代・中世　第1　神奈川県企画調査部県史編集室編　横浜　神奈川県　1970　939, 51, 10p 図版　23cm　非売　Ⓝ213.7　〔00992〕
◇神奈川県史　通史編1　原始・古代・中世　神奈川県民部県史編集室編　横浜　神奈川県　1981.3　1126, 6p　23cm　非売品　Ⓝ213.7　〔00993〕
◇神奈川県史　資料編2　古代・中世 2　神奈川県企画調査部県史編集室編　横浜　神奈川県　1973　2冊（付録共）　23cm　非売　Ⓝ213.7　〔00994〕
◇神奈川県史　資料編3　古代・中世 3 上　神奈川県企画調査部県史編集室編　横浜　神奈川県　1975　2冊（付録共）　23cm　非売品　Ⓝ213.7　〔00995〕
◇神奈川県史　資料編20　考古資料　神奈川県県民部史編集室編　横浜　神奈川県　1979.3　2冊（付録とも）　23cm　非売品　Ⓝ213.7　〔00996〕
◇神奈川県史　資料編3〔2〕　古代・中世 3 下　神奈川県県民部史編集室編　横浜　神奈川県　1979.3　2冊（付録とも）　23cm　非売品　Ⓝ213.7　〔00997〕
◇神奈川の城　朝日新聞横浜支局編, 西ケ谷恭弘文　朝日ソノラマ　1978.5　2冊　20cm　各1100円　Ⓝ521.82　〔00998〕
◇鎌倉市史　〔第1〕　考古編　鎌倉市史編纂委員会編　鎌倉　鎌倉市　1959　534p 図版　22cm　Ⓝ213.7　〔00999〕
◇鎌倉市史　〔第1〕　考古編　鎌倉市史編纂委員会編　吉川弘文館　1967　24cm　Ⓝ213.7　〔01000〕
◇川崎市史　通史編1　自然環境, 原始, 古代・中世　川崎市編　川崎　川崎市　1993.3　570p　22cm　Ⓝ213.7　〔01001〕

◇座間市史　1（原始・古代・中世資料編）　座間市編　座間　座間市　2001.3　537p　22cm　Ⓝ213.7　〔01002〕
◇城山町史　1　資料編　考古・古代・中世　城山町編　城山町（神奈川県）　城山町　1992.3　802p　22cm　Ⓝ213.7　〔01003〕
◇城山町史　5　通史編　原始・古代・中世　城山町編　城山町（神奈川県）　城山町　1995.3　461p　22cm　Ⓝ213.7　〔01004〕
◇新横須賀市史　資料編 古代・中世 1　横須賀市編　横須賀　横須賀市　2004.3　1213p　22cm　Ⓝ213.7　〔01005〕
◇新横須賀市史　資料編 古代・中世 2　横須賀市編　横須賀　横須賀市　2007.8　1136p　22cm　Ⓝ213.7　〔01006〕
◇鶴見川流域の考古学—最古の縄文土器やなぞの中世城館にいどむ　坂本彰著　八王子　百水社, 星雲社〔発売〕　2005.1　192p　21cm　1500円　Ⓘ4-434-05722-7　〔01007〕
◇秦野市史　第1巻　古代・中世寺社史料　秦野　秦野市　1985.3　2冊（別冊とも）　22cm　Ⓝ213.7　〔01008〕
◇平塚市史　1　資料編　古代・中世　平塚市編　平塚　平塚市　1985.4　2冊（別冊とも）　22cm　Ⓝ213.7　〔01009〕
◇武相叢書　考古　第1編　考古集録—論考説話及武相踏査雑記 第1　石野瑛校・編　名著出版　1973　213p 図 肖像　22cm　Ⓝ213.7　〔01010〕
◇武相叢書　考古　第2編　考古集録—相模中部遺蹟及史蹟調査記 第2　石野瑛校・編　名著出版　1973　206p 図　22cm　Ⓝ213.7　〔01011〕
◇武相叢書　考古　第3編　考古集録—相模中部以西踏査雑記及国府阯研究 第3　石野瑛校・編　名著出版　1973　210p 図 肖像 地図　22cm　Ⓝ213.7　〔01012〕
◇南足柄市史　1　資料編　自然・原始・古代中世　南足柄　南足柄市　1989.3　834p　22cm　Ⓝ213.7　〔01013〕
◇山北町史　史料編　原始・古代・中世　山北町編　山北町（神奈川県）　山北町　2000.3　842p　22cm　Ⓝ213.7　〔01014〕
◇大和市史　1　通史編　原始・古代・中世　大和　大和市　1989.3　804p　22cm　Ⓝ213.7　〔01015〕
◇大和市史　7　資料編　考古　大和　大和市　1986.7　628p　22cm　Ⓝ213.7　〔01016〕
◇横浜市史　資料編21　考古資料編　横浜市編　横浜　横浜市　1982.3　520p　27cm　Ⓝ213.7　〔01017〕
◇横浜市埋蔵文化財遺跡台帳　昭和44年9月1日現在　〔横浜〕　横浜市教育委員会　1969　90p　25cm　Ⓝ213.7　〔01018〕

◆北越地方

◆◆新潟県
◇糸魚川市史　1　自然・古世・中世　糸魚川　糸魚川市　1976　524p 図　27cm　Ⓝ214.1　〔01019〕
◇越佐史料　巻5　自正親町天皇元亀元年至同天正元年　高橋義彦編　名著出版　1971　817p 図12枚　22cm　5000円　Ⓝ214.1　〔01020〕
◇加茂市史　資料編1（古代・中世）　加茂市史編集委員会編　加茂　加茂市　2005.3　329p　23cm　Ⓝ214.1　〔01021〕

地方史　　　　　　　　　　　古代・中世史

◇黒埼町史　資料編1　原始・古代・中世　黒埼町町史編さん民俗部会編　黒埼町（新潟県）　黒埼町　1998.3　630p　27cm　Ⓝ214.1　〔01022〕
◇越路町史　資料編1　越路町編　越路町（新潟県）　越路町　1998.3　650p　23cm　Ⓝ214.1　〔01023〕
◇五泉市史　資料編1　五泉市史編集委員会編　五泉　五泉市　1994.2　581p　22cm　Ⓝ214.1　〔01024〕
◇笹神村史　資料編1　笹神村編　笹神村（新潟県）　笹神村　2003.5　475p　27cm　Ⓝ214.1　〔01025〕
◇佐渡碑文集　山本静古編纂，山本修之助補緝　〔真野町（新潟県）〕　抽栄堂　1957　142p　24cm　Ⓝ210.02　〔01026〕
◇三条市史　資料編　第2巻　古代中世編　三条市史編修委員会編　三条　三条市　1979.3　376, 21p　図版52p　22cm　Ⓝ214.1　〔01027〕
◇上越市史　資料編3　上越市史編さん委員会編　上越　上越市　2002.3　753p　22cm　Ⓝ214.1　〔01028〕
◇寺泊町史　資料編1　原始・古代・中世　寺泊町（新潟県）　寺泊町　1991.3　569p　22cm　Ⓝ214.1　〔01029〕
◇十日町市史　通史編1　自然・原始・古代・中世　十日町市史編さん委員会編　十日町　十日町市　1997.8　589p　22cm　Ⓝ214.1　〔01030〕
◇十日町市史　資料編3　古代・中世　十日町市史編さん委員会編　十日町　十日町市　1992.3　776p　22cm　Ⓝ214.1　〔01031〕
◇中条町史　資料編　第1巻　考古・古代・中世　中条町（新潟県）　中条町　1982.7　844p　22cm　Ⓝ214.1　〔01032〕
◇新潟市史　資料編1　原始古代中世　新潟市史編さん原始古代中世史部会編　新潟　新潟市　1994.3　785p　22cm　Ⓝ214.1　〔01033〕
◇新津市史　資料編　第1巻　原始・古代・中世　新津市史編さん委員会編　新津　新津市　1989.2　481p　22cm　Ⓝ214.1　〔01034〕
◇羽茂町誌　第2巻　通史編　古代中世の羽茂　羽茂町史編さん委員会編　羽茂町（新潟県）　羽茂町　1989.3　458p　22cm　非売品　Ⓝ214.1　〔01035〕
◇分水町史　資料編1　考古・古代・中世　分水町編　分水町（新潟県）　分水町　2004.6　309p　27cm　Ⓝ214.1　〔01036〕
◇村上市史　資料編1　古代中世編　村上市編　村上　村上市　1993.3　608p　図版21枚　22cm　Ⓝ214.1　〔01037〕
◇村上城主代々記　鈴木鉀三著　新訂版　〔村上〕　イヨボヤの里開発公社　1996.5　71p　19cm　Ⓝ214.1　〔01038〕
◇村松町史　資料編　第1巻　考古・古代・中世　村松町史編纂委員会編　村松町（新潟県）　村松町教育委員会事務局　1980.3　525p　22cm　Ⓝ214.1　〔01039〕
◇弥彦村史　古代・中世資料編　〔弥彦村（新潟県）〕　弥彦村教育委員会　1992　74p　26cm　Ⓝ214.1　〔01040〕
◇吉田町史　資料編1（考古・古代・中世）　吉田町編　吉田町（新潟県）　吉田町　2000.3　477, 7, 132p　27cm　Ⓝ214.1　〔01041〕

◆◆富山県
◇越中の金・銀貨　三鍋昭吉編著　富山　桂書房　1991.11　87p　26cm　6180円　Ⓝ337.21　〔01042〕
◇小矢部のいしぶみ　第1集　石動地区源平合戦古跡　小矢部市高齢者指導者養成グループ編　小矢部　小矢部市教育委員会　1986.3　125p　26cm　Ⓝ214.2　〔01043〕
◇五箇山史談—吉野朝期　高桑敬親編述　〔平村（富山県）〕　〔高桑敬親〕　1977　29p　26cm　Ⓝ214.2　〔01044〕
◇利賀村史　1（自然・原始古代・中世）　利賀村史編纂委員会編　利賀村（富山県）　利賀村　2004.10　420p　22cm　Ⓝ214.2　〔01045〕
◇富山縣郷土史年表—神代より桃山時代まで　飛見丈繁編　増補改版　高岡　飛見丈繁　1953.9　682p　22cm　Ⓝ214.2　〔01046〕
◇富山県史　考古編　〔富山〕　富山県　1972　図653p　184, 36p　22cm　Ⓝ214.2　〔01047〕

◆◆石川県
◇石川県遺跡地図　〔昭和54年度現在〕　石川県立埋蔵文化財センター編　金沢　石川県教育委員会　1980.3　地図65枚　44×57cm　Ⓝ214.3　〔01048〕
◇石川県考古学便覧　第1　文献目録・発見と調査の記録篇　橋本澄夫著　金沢　北国出版社　1970　237p　22cm　800円　Ⓝ214.3　〔01049〕
◇石川県立埋蔵文化財センター年報　第4号（昭和57年度）　金沢　石川県立埋蔵文化財センター　1984.3　54p　26cm　Ⓝ214.3　〔01050〕
◇金沢市史　資料編1（古代・中世1）　金沢市史編さん委員会編　金沢　金沢市　1998.3　781, 11p　22cm　Ⓝ214.3　〔01051〕
◇金沢市史　通史編1（原始・古代・中世）　金沢市史編さん委員会編　金沢　金沢市　2004.3　722, 24p　22cm　Ⓝ214.3　〔01052〕
◇くりから興亡史　竹中一峰著　小矢部　小矢部市芸術文化連盟　1969　63p　図　19cm　非売　Ⓝ214.3　〔01053〕
◇倶利伽羅峠—歴史秘話　高山精一著　〔津幡町（石川県）〕　高山精一　1988.3　180p　21cm　1800円　①4-89010-065-2　Ⓝ214.3　〔01054〕
◇新修小松市史　資料編4　新修小松市史編集委員会編　小松　小松市　2002.3　454, 8p　27cm　Ⓝ214.3　〔01055〕
◇新修七尾市史　2（古代・中世編）　七尾市史編さん専門委員会編　七尾　七尾市　2003.3　562p　27cm　Ⓝ214.3　〔01056〕
◇鶴来町史　歴史篇　原始・古代・中世　鶴来町史編纂室編　鶴来町（石川県）　鶴来町　1989.11　628p　22cm　Ⓝ214.3　〔01057〕
◇能登志賀平家文書目録　石川県立図書館編　金沢　石川県立図書館　1981.3　125p　26cm　Ⓝ214.3　〔01058〕
◇野々市町史　資料編1　野々市町史編纂専門委員会編　野々市町（石川県）　野々市町　2003.3　586p　27cm　Ⓝ214.3　〔01059〕

◆◆福井県
◇岡本村史　〔第1〕　本篇　小葉田淳著　岸俊男　岡本村（福井県今立郡）　岡本村史刊行会　1956　22cm　Ⓝ214.4　〔01060〕
◇福井県史　資料編13　考古　〔福井〕　福井県　1986.3　2冊　26cm　Ⓝ214.4　〔01061〕

古代・中世史　　　　　　　　　　　　　　　　　　　　　　地方史

◇福井県史　資料編16下　条里復原図　福井県編　〔福井〕　福井県　1992.3　図版129枚　52×73cm　Ⓝ214.4
〔01062〕
◇福井市史　通史編1　古代・中世　福井市編　福井　福井市　1997.3　881, 30p　22cm　Ⓝ214.4　〔01063〕
◇福井市史　資料編2　古代・中世　福井　福井市　1989.3　1029p　22cm　Ⓝ214.4　〔01064〕

◆中部・東海地方

◆◆山梨県
◇塩山市史　史料編　第1巻　塩山市史編さん委員会編　塩山　塩山市　1996.3　2冊(別冊とも)　22cm　Ⓝ215.1
〔01065〕
◇甲斐の成立と地方的展開　磯貝正義先生喜寿記念論文集刊行会編　角川書店　1989.12　604p　22cm　14000円　①4-04-821038-6　Ⓝ215.1　〔01066〕
◇勝山記と原本の考証　流石奉編　国書刊行会　1985.6　298p　22cm　6000円　Ⓝ215.1　〔01067〕
◇甲府市史　史料編　第1巻　原始・古代・中世　甲府市市史編さん委員会編　甲府　甲府市　1989.3　1092p　22cm　Ⓝ215.1　〔01068〕
◇甲府市史　通史編　第1巻　原始・古代・中世　甲府市市史編さん委員会編　甲府　甲府市　1991.4　808p　22cm　Ⓝ215.1　〔01069〕
◇須玉町史　史料編　第1巻(考古・古代・中世)　須玉町史編さん委員会編　須玉町(山梨県)　須玉町　1998.6　929p　22cm　Ⓝ215.1　〔01070〕
◇全国遺跡地図―史跡・名勝・天然記念物および埋蔵文化財包蔵地地図　山梨県　文化庁文化財保護部　1981.3　42p 地図17枚　30cm　Ⓝ215.1　〔01071〕
◇富士吉田市史　通史編 第1巻(原始・古代・中世)　富士吉田市史編さん委員会編　富士吉田　富士吉田市　2000.10　694p　22cm　Ⓝ215.1　〔01072〕
◇富士吉田市史　史料編 第2巻 古代・中世　富士吉田市史編さん委員会編　富士吉田　富士吉田市　1992.3　652p　22cm　Ⓝ215.1　〔01073〕
◇山梨県遺跡地名表　山梨県教育委員会編　〔甲府〕　1964　90p　26cm　(山梨県文化財調査報告書 第5集)　Ⓝ215.1　〔01074〕
◇山梨市史　史料編 考古・古代・中世　山梨市編　山梨　山梨市　2005.3　776p　22cm　Ⓝ215.1　〔01075〕

◆◆長野県
◇大町市史　第2巻　原始・古代・中世　大町市史編纂委員会編　〔大町〕　大町市　1985.9　2冊(資料編とも)　22cm　Ⓝ215.2　〔01076〕
◇木曽・楢川村誌　第2巻　村に根づいた人々―原始・古代・中世　楢川村誌編纂委員会編　楢川村(長野県)　楢川村　1993.8　621p　22cm　Ⓝ215.2　〔01077〕
◇更埴市史　第1巻　古代・中世編　更埴市史編纂委員会編　更埴　更埴市　1994.7　741p　27cm　Ⓝ215.2
〔01078〕
◇古代・中世の信濃社会―塚本学先生退官記念論文集　塚本学先生退官記念論文集刊行会編著　長野　銀河書房　1992.7　312p　22cm　5800円　Ⓝ215.2　〔01079〕
◇信濃の古代・中世の仏教文化と関係遺跡　上田市立信濃国分寺資料館編　上田　上田市立信濃国分寺資料館　2005.9　66p　30cm　Ⓝ185.9152　〔01080〕

◇蛇抜・異人・木霊―歴史災害と伝承　笹本正治著　岩田書院　1994.12　385, 6p　22cm　6077円　①4-900697-17-6　Ⓝ215.2　〔01081〕
◇諏訪市史　上巻　原始・古代・中世　諏訪市史編纂委員会編纂　〔諏訪〕　諏訪市　1995.3　60, 1216p　22cm　Ⓝ215.2　〔01082〕
◇諏訪市の遺跡　〔諏訪〕　諏訪市教育委員会　1983.3　98p　26cm　(諏訪市文化財報告 1982)　Ⓝ215.2
〔01083〕
◇武石村の水と開発　武石村教育委員会編　〔武石村(長野県)〕　武石村教育委員会　1982.3　94p　26cm　Ⓝ215.2　〔01084〕
◇土と水から歴史を探る―古代・中世の用水路を軸として　小穴喜一著　長野　信毎書籍出版センター　1987.7　338p　27cm　9800円　Ⓝ215.2　〔01085〕
◇土林―縄文時代―中世集落址・他　八坂村(長野県)　八坂村教育委員会　1995.3　29p 図版10枚　30cm　Ⓝ210.2　〔01086〕
◇伴野庄の成立と初期の伴野氏について　佐久　伴野氏館跡保存会　1991.11　24p　22cm　(資料 第18)　Ⓝ215.2　〔01087〕
◇長門町の水と歴史　長門町教育委員会編　〔長門町(長野県)〕　長門町教育委員会　1983.3　68p　26cm　Ⓝ215.2　〔01088〕
◇長野県史　考古資料編 第1冊　遺跡地名表　長野県編　長野　長野県史刊行会　1981.3　917p　22cm　Ⓝ215.2
〔01089〕
◇長野県史　考古資料編 第2冊　主要遺跡　北・東信　長野県編　長野　長野県史刊行会　1982.12　825p　27cm　Ⓝ215.2　〔01090〕
◇長野県史　考古資料編3　主要遺跡　中・南信　長野県編　長野　長野県史刊行会　1983.3　2冊　27cm　Ⓝ215.2　〔01091〕
◇長野県の考古学　更埴　長野県埋蔵文化財センター　1996.1　348p　26cm　((財)長野県埋蔵文化財センター研究論集 1)　Ⓝ215.2　〔01092〕
◇長野県の考古学 2　更埴　長野県埋蔵文化財センター　2002.12　389p　26cm　(長野県埋蔵文化財センター研究論集 2)　Ⓝ215.2　〔01093〕
◇長野市の地理と歴史　第14部　『長野市誌』の学術的批判―『長野市誌歴史編原始・古代・中世』の学術的批判 8　小林英一著　〔長野〕　〔小林英一〕　2003.4　225p　26cm　非売品　Ⓝ291.52　〔01094〕
◇松本市史　第2巻 歴史編 1　松本市編　松本　松本市　1996.9　920p 図版12枚　22cm　Ⓝ215.2　〔01095〕
◇南牧村遺跡詳細分布調査報告書―縄文時代～中世　南牧村遺跡詳細分布調査団編　〔南牧村(長野県)〕　南牧村教育委員会　1993.3　151p　26cm　Ⓝ215.2
〔01096〕
◇御代田町誌　歴史編 上　御代田町誌編纂委員会編纂　御代田町(長野県)　御代田町誌刊行会　1998.3　562, 9p　27cm　Ⓝ291.52　〔01097〕
◇米山一政著作集　第2巻　古代・中世の地域史　米山一政著, 米山一政著作集編集委員会編　長野　信濃毎日新聞社　1997.7　407p　22cm　6952円　①4-7840-9712-0　Ⓝ215.2　〔01098〕

◆◆岐阜県
◇恵那市史　史料編 考古・文化財　恵那市史編纂委員会編　〔恵那〕　恵那市　1980.3　530p 図版290p　22cm

地方史　　　　　　　　　　古代・中世史

◇各務原市史　史料編 古代・中世　各務原市教育委員会編〔各務原〕各務原市　1984.3　607p　22cm　Ⓝ215.3
〔01100〕

◇各務原市史　通史編 自然・原始・古代・中世　各務原市教育委員会編　各務原　各務原市　1986.12　1冊　22cm　Ⓝ215.3
〔01101〕

◇岐阜県史　史料編 古代・中世 補遺　岐阜県編　〔岐阜〕岐阜県　1999.3　803, 27, 92p　22cm　Ⓝ215.3
〔01102〕

◇岐阜県史　史料編 古代・中世 1　〔岐阜〕岐阜県　1969　1177p 図版　22cm　Ⓝ215.3
〔01103〕

◇岐阜県史　史料編 古代・中世 2　〔岐阜〕岐阜県　1972　1冊　22cm　Ⓝ215.3
〔01104〕

◇岐阜県史　史料編 古代・中世 3　〔岐阜〕岐阜県　1971　1270p 図　22cm　Ⓝ215.3
〔01105〕

◇岐阜県史　史料編 古代・中世 4　〔岐阜〕岐阜県　1973　1276p 図　22cm　Ⓝ215.3
〔01106〕

◇岐阜県の歴史　〔第1〕　治源から関ケ原の役まで　吉岡勲著　岐阜　大衆書房　1954　3冊　19cm　Ⓝ215.3
〔01107〕

◇岐阜市史　史料編 古代・中世　〔岐阜〕岐阜市　1976　783, 18p 図　22cm　Ⓝ215.3
〔01108〕

◇岐阜市史　史料編 考古・文化財　岐阜市編　岐阜市　1979.3　910, 2p　22cm　Ⓝ215.3
〔01109〕

◇稿本 那加町史―織豊時代まで　小林義徳著　那加町（岐阜県）　那加高等学校嶺友会　1955　49p　21cm　Ⓝ215.3
〔01110〕

◇高原郷史の研究　古代・中世篇　村中利男著　〔神岡町（岐阜県）〕庶民史研究会　1997.2　250p　26cm　（高原郷庶民史シリーズ 1-1）　4000円　Ⓝ215.3
〔01111〕

◇土岐市史　1　原始時代―関ケ原合戦　土岐市史編纂委員会編　土岐　土岐市　1970　472p 図　27cm　Ⓝ215.3
〔01112〕

◇美濃古城史　梅田晋一編纂　岐阜　中川書房　1980.11　52p　19cm　1300円　Ⓝ215.3
〔01113〕

◇美濃古戦記史考―六古記原文とその注釈　渡辺俊典著　瑞浪　瑞浪市郷土史研究会　1969.5　251p　22cm　非売品　Ⓝ215.3
〔01114〕

◇美濃国古城並土岐由緒記　岐阜　岐阜県郷土資料研究協議会　1993.8　1冊（頁付なし）　26cm　④4-905687-25-X　Ⓝ215.3
〔01115〕

◆◆静岡県

◇浅羽町史　資料編 1（考古・古代・中世）　浅羽町史編さん委員会編　浅羽町（静岡県）　浅羽町　1997.11　624p　22cm　Ⓝ215.4
〔01116〕

◇新居町史　第4巻　考古・古代中世資料　新居町史編さん委員会編　〔新居町（静岡県）〕新居町　1986.3　575p　図版34枚　22cm　Ⓝ215.4
〔01117〕

◇伊東市史　史料編 古代・中世　伊東市史編集委員会, 伊東市教育委員会編　伊東　伊東市　2007.3　844, 14p　図版11枚　27cm　Ⓝ215.4
〔01118〕

◇磐田市史　史料編 1 考古・古代・中世　磐田市史編さん委員会編　〔磐田〕磐田市　1992.3　1112p　22cm　Ⓝ215.4
〔01119〕

◇磐田市史　通史編 上巻 原始・古代・中世　磐田市史編さん委員会編　〔磐田〕磐田市　1993.3　736p　22cm　Ⓝ215.4
〔01120〕

◇小山町史　第1巻　原始古代中世資料編　小山町史編さん専門委員会編　小山町（静岡県）　小山町　1990.3　1036p　22cm　Ⓝ215.4
〔01121〕

◇小山町史　第6巻　原始古代中世通史編　小山町史編さん専門委員会編　小山町（静岡県）　小山町　1996.3　1004p　22cm　Ⓝ215.4
〔01122〕

◇書かれていない逗子の昔話―先史時代から室町時代まで　〔出版地不明〕逗子市立図書館　1961.12　1冊　25cm　Ⓝ215.4
〔01123〕

◇掛川市史　資料編（古代・中世）　掛川市史編纂委員会編　掛川　掛川市　2000.3　755p　22cm　Ⓝ215.4
〔01124〕

◇勝田氏物語―遠江勝田氏の研究 その2　桐田栄編・執筆　榛原町（静岡県）　榛原町教育委員会　1991.8　200p　22cm　（郷土シリーズ 32）　Ⓝ215.4
〔01125〕

◇金谷町史　資料編 1　古代中世　金谷町史編さん委員会編　金谷町（静岡県）　金谷町　1997.3　402, 8p　22cm　Ⓝ215.4
〔01126〕

◇菊川町遺跡地図　〔菊川町（静岡県）〕菊川町教育委員会　1982　1冊（頁付なし）　26×37cm　Ⓝ215.4
〔01127〕

◇御殿場市史　別巻 1　考古・民俗編　御殿場市史編さん委員会編　〔御殿場〕御殿場市　1982.3　714, 7p　27cm　Ⓝ215.4
〔01128〕

◇相良町史　資料編 古代・中世　相良町編　相良町（静岡県）　相良町　1995.7　469p　22cm　Ⓝ215.4
〔01129〕

◇静岡市史　古代中世史料　静岡市編　静岡　静岡市　1978.4　1090p　22cm　Ⓝ215.4
〔01130〕

◇静岡市史　原始古代中世　静岡市編　静岡　静岡市　1981.12　1373p　22cm　Ⓝ215.4
〔01131〕

◇清水町史　資料編 3　清水町史編さん委員会編　清水町（静岡県）　清水町　1999.3　686p　27cm　Ⓝ215.4
〔01132〕

◇裾野市史　第2巻　資料編 古代・中世　裾野市史編さん専門委員会編　裾野　裾野市　1995.3　988p　22cm　Ⓝ215.4
〔01133〕

◇駿遠豆古城歴史紀行　長倉智恵雄著　静岡　明文出版社　1992.3　189p　19cm　（駿遠豆ブックス 9）　1545円　④4-943976-07-7　Ⓝ291.54
〔01134〕

◇高部の御所の親王伝説を尋ねて　浅井喜作編　袋井　浅井喜作　1994.12　57p　21cm　Ⓝ215.4
〔01135〕

◇遠江の相良氏　川原崎次郎著　相良町（静岡県）　川原崎次郎　1981.11　408p　21cm　2000円　Ⓝ215.4
〔01136〕

◇韮山町史　第10巻　通史 1 自然・原始・古代・中世　韮山町史編纂委員会編　〔韮山町（静岡県）〕韮山町史刊行委員会　1995.3　862p　22cm　Ⓝ215.4
〔01137〕

◇韮山町史　第3巻 上　古代中世篇　韮山町史刊行委員会編　韮山町（静岡県）　韮山町　1985.9　193p　22cm　Ⓝ215.4
〔01138〕

◇韮山町史　第3巻 中　古代中世篇　韮山町史編纂委員会編　韮山町（静岡県）　韮山町　1986.3　p191〜552　22cm　Ⓝ215.4
〔01139〕

◇韮山町史　第3巻 下　古代中世篇　韮山町史編纂委員会編　韮山町（静岡県）　韮山町　1987.3　p553〜1023 図版12枚　22cm　Ⓝ215.4
〔01140〕

◇沼津市史　史料編 古代・中世　沼津市史編さん委員会, 沼津市教育委員会編　沼津　沼津市　1996.3　602, 25p　図版78枚　27cm　Ⓝ215.4
〔01141〕

◇沼津市史　通史編　原始・古代・中世　沼津市史編さん委員会, 沼津市教育委員会編　沼津　沼津市　2005.3　717p　22cm　Ⓝ215.4　〔01142〕
◇沼津市歴史民俗資料館資料集　4　考古資料　1　柳沢・伊良宇禰　沼津　沼津市歴史民俗資料館　1983.3　87p　26cm　Ⓝ215.4　〔01143〕
◇沼津市歴史民俗資料館資料集　6　考古資料　2　鳥谷・大芝原　沼津市歴史民俗資料館編　沼津　沼津市歴史民俗資料館　1988.3　81p　26cm　Ⓝ215.4　〔01144〕
◇浜北市史　資料編　原始古代中世　〔浜北〕　浜北市　2004.3　878p　22cm　Ⓝ215.4　〔01145〕
◇春野町史　資料編1　春野町史編さん委員会編　春野町（静岡県）　春野町　1994.1　662p　22cm　Ⓝ215.4　〔01146〕
◇袋井市史　史料編1　古代中世　袋井　袋井市　1981.3　351, 8p　22cm　Ⓝ215.4　〔01147〕
◇藤枝市史　資料編2　藤枝市史編さん委員会編　藤枝　藤枝市　2003.3　927, 16p　22cm　Ⓝ215.4　〔01148〕
◇富士市埋蔵文化財分布地図地名表　〔富士〕　富士市教育委員会　1985.3　49p　30cm　Ⓝ215.4　〔01149〕
◇本川根町史　資料編1　古代中世　本川根町史編さん委員会編　本川根町（静岡県）　本川根町　1998.3　689p　22cm　Ⓝ215.4　〔01150〕
◇本川根町史　通史編1　本川根町史編さん委員会編　本川根町（静岡県）　本川根町　2003.3　732p　22cm　Ⓝ215.4　〔01151〕
◇三島の成りたち―原始・古代～中世　三島市郷土資料館編　第2版　〔三島〕　三島市教育委員会　2004.3　57p　30cm　Ⓝ215.4　〔01152〕
◇三島の成りたち―企画展　1　三島市郷土館編　〔三島〕　三島市教育委員会　1995.2　42p　26cm　Ⓝ215.4　〔01153〕
◇森町史　資料編2　古代・中世　森町史編さん委員会編　森町（静岡県）　森町　1994.3　505p　22cm　Ⓝ215.4　〔01154〕
◇焼津市史　資料編2（古代・中世）　焼津市史編さん委員会編　焼津　焼津市　2003.3　629, 9p　22cm　Ⓝ215.4　〔01155〕
◇わかりやすい伊東の歴史物語―古代から中世まで　森山俊英著　伊東　サガミヤ　1986.2　131p　19cm　（サガミヤ選書7）　880円　Ⓝ215.4　〔01156〕

◆◆愛知県
◇愛知県教育史　第1巻　古代・中世　名古屋　愛知県教育委員会　1973　2冊（別冊共）　22cm　Ⓝ372.155　〔01157〕
◇一宮市史―新編　資料編6　古代・中世史料集　一宮　一宮市　1970　1101p　図版　22cm　Ⓝ215.5　〔01158〕
◇犬山市史　史料編3　考古・古代・中世　犬山市教育委員会, 犬山市史編さん委員会編　〔犬山〕　犬山市　1983.3　808p　22cm　Ⓝ215.5　〔01159〕
◇犬山市の金石文　横山住雄著　一宮　石黒印刷　1970　27p　21cm　Ⓝ210.02　〔01160〕
◇岡崎の歴史物語　岡崎の歴史物語編集委員会編　名古屋　愛知県郷土資料刊行会　1987.4　255p　21cm　980円　Ⓝ215.5　〔01161〕
◇春日井市史　資料編3　文化財編　1　春日井　春日井市　1973　346p（図共）　22cm　非売　Ⓝ215.5　〔01162〕
◇蒲郡市史　本文編1（原始古代編・中世編）　蒲郡市史編さん事業実行委員会編　蒲郡　蒲郡市　2006.3　629, 12p　23cm　Ⓝ215.5　〔01163〕
◇刈谷市史　第1巻　本文　原始・古代・中世　刈谷市史さん編集委員会編　刈谷　刈谷市　1989.3　603p　22cm　Ⓝ215.5　〔01164〕
◇北設楽郡史　原始-中世　北設楽郡史編纂委員会編　〔設楽町（愛知県）〕　1968　635p　図版　地図　22cm　Ⓝ215.5　〔01165〕
◇吉良町史　原始・古代, 中世前期　吉良町史編さん委員会編　吉良町（愛知県）　吉良町　1996.3　516p　22cm　Ⓝ215.5　〔01166〕
◇小牧の石碑　小牧市文化財資料研究員会編　小牧　小牧市教育委員会　1992.3　77p　21cm　（小牧叢書13）　Ⓝ210.02　〔01167〕
◇猿投神社編年史料　古代・中世編　編者:太田正弘　豊田　豊田市教育委員会　1972　160p　21cm　Ⓝ175.955　〔01168〕
◇新編豊川市史　第5巻（資料編）　新編豊川市史編集委員会編　豊川　豊川市　2002.3　825p　23cm　Ⓝ291.55　〔01169〕
◇図説岡崎・額田の歴史―岡崎市・額田郡（額田町・幸田町）　上巻　旧石器時代から江戸時代前期まで　名古屋　郷土出版社　1996.4　263p　22cm　2400円　①4-87670-079-6　Ⓝ215.5　〔01170〕
◇図説東三河の歴史―豊橋市・蒲郡市・豊川市・新城市・渥美郡・宝飯郡・南設楽郡・北設楽郡　上巻　旧石器時代から戦国時代まで　名古屋　郷土出版社　1996.3　285p　22cm　2400円　①4-87670-081-8　Ⓝ215.5　〔01171〕
◇瀬戸市史　資料編3（原始・古代・中世）　瀬戸市史編纂委員会編纂　瀬戸　愛知県瀬戸市　2005.2　459p　27cm　Ⓝ215.5　〔01172〕
◇豊明市史　資料編補1（原始・古代・中世）　豊明市史編集委員会編　〔豊明〕　豊明市　2001.3　542p　22cm　Ⓝ215.5　〔01173〕
◇豊田市郷土資料館収蔵品図録　3　松平義人寄贈考古資料　豊田市郷土資料館編　豊田　豊田市郷土資料館　1983.3　69p　26cm　（豊田市郷土資料館報告20）　Ⓝ215.5　〔01174〕
◇豊田市郷土資料館収蔵品図録　5　小野鉱雄氏寄贈考古資料　豊田市郷土資料館編　〔豊田〕　豊田市教育委員会　1985.3　99p　26cm　（豊田市郷土資料館報告22）　Ⓝ215.5　〔01175〕
◇豊田市史　1巻　自然・原始・古代・中世　豊田市教育委員会豊田市史編さん専門委員会編　豊田　豊田市　1976　646, 27p　図　22cm　Ⓝ215.5　〔01176〕
◇豊田市史　6　資料　自然・原始・古代・中世　豊田市教育委員会, 豊田市史編さん専門委員会編　豊田　豊田市　1978.3　860p　22cm　Ⓝ215.5　〔01177〕
◇豊橋市史　第1巻　原始・古代・中世　豊橋市史編集委員会編　〔豊橋〕　豊橋市　1973　681, 24p　図　22cm　Ⓝ215.5　〔01178〕
◇横須賀の遺跡　岡戸栄吉著　横須賀町（愛知県）　横須賀町史編纂委員会　1956　44p　図版　地図　22cm　Ⓝ215.5　〔01179〕

◆◆三重県
◇伊勢国司記略　斎藤徳蔵著　津　三重県郷土資料刊行会　1976　363, 9p　図　地図　22cm　（三重県郷土資料刊行

会叢書 第79集）　4000円　Ⓝ215.6　〔01180〕
◇考古学上からみた北伊勢　岩野見司著　四日市　三岐鉄道　1956　30p 図版　27cm　Ⓝ215.6　〔01181〕
◇勢陽考古録　津坂東陽著, 倉田正邦校訂　津　三重県郷土資料刊行会　1979.6　85p　21cm　（三重県郷土資料叢書 第27集）　1500円　Ⓝ291.56　〔01182〕
◇多度町史　資料編　多度町教育委員会編　〔多度町（三重県）〕　多度町　2002.3　519p　27cm　Ⓝ215.6　〔01183〕
◇二見町の遺跡と遺物　皇学館大学考古学研究会編　伊勢　皇学館大学考古学研究会　1986.3　91p　26cm　（皇学館大学考古学研究会報告 1）　Ⓝ215.6　〔01184〕
◇松阪市史　第3巻　史料篇　古代・中世　松阪市史編さん委員会編　蒼人社　1980.6　770p　27cm　15000円　Ⓝ215.6　〔01185〕
◇三重県名張市遺跡地図　名張市教育委員会編　〔名張〕　名張市教育委員会　1983.3　1冊　42cm　Ⓝ215.6　〔01186〕
◇四日市市史　第7巻　史料編　古代・中世　四日市市編　四日市　四日市市　1991.3　970p　27cm　Ⓝ215.6　〔01187〕
◇四日市市史　第16巻　通史編　古代・中世　四日市市編　四日市　四日市市　1995.3　2冊（別冊とも）　22cm　Ⓝ215.6　〔01188〕

◆近畿地方

◆◆滋賀県
◇今津町史　第1巻（古代・中世）　今津町史編集委員会編　今津町（滋賀県）　今津町　1997.3　467, 33p　22cm　Ⓝ216.1　〔01189〕
◇近江愛知川町の歴史　第1巻（古代・中世編）　愛知川町史編集委員会編　愛知川町（滋賀県）　愛知川町　2005.12　704p　27cm　Ⓝ216.1　〔01190〕
◇蒲生町史　第1巻　古代・中世　蒲生町史編纂委員会編　蒲生町（滋賀県）　蒲生町　1995.12　756, 55p　22cm　Ⓝ216.1　〔01191〕
◇北近江の遺跡　谷口義介, 宮成良佐著　京都　サンブライト出版　1986.6　248p 図版14枚　19cm　（近江文化叢書 23）　1800円　①4-7832-0081-5　Ⓝ216.1　〔01192〕
◇甲賀の歳月―忍術甲賀流の背景　柚木踏草編　甲賀町（滋賀県）　誠秀堂　1987.3　428p　22cm　4000円　①4-915459-11-X　Ⓝ216.1　〔01193〕
◇五個荘町史　第1巻　古代・中世　五個荘町史編さん委員会編　五個荘町（滋賀県）　五個荘町　1992.3　869, 37p　22cm　Ⓝ216.1　〔01194〕
◇滋賀県高島郡新旭町近江国木津荘現況調査報告書 1　新旭町教育委員会事務局郷土資料室編　新旭町（滋賀県）　新旭町教育委員会　2002.3　149p　30cm　Ⓝ216.1　〔01195〕
◇滋賀県高島郡新旭町近江国木津荘現況調査報告書 2　新旭町郷土資料室編　新旭町（滋賀県）　新旭町教育委員会　2003.3　248p　30cm　Ⓝ216.1　〔01196〕
◇新修彦根市史　第1巻（通史編 古代・中世）　彦根市史編集委員会編　彦根　彦根市　2007.1　713, 25p　22cm　Ⓝ216.1　〔01197〕
◇新修彦根市史　第5巻（史料編 古代・中世）　彦根市史編集委員会編　彦根　彦根市　2001.3　845, 3p　22cm　Ⓝ216.1　〔01198〕
◇秦荘の歴史　第1巻（古代・中世）　秦荘町史編集委員会編　秦荘町（滋賀県）　秦荘町　2005.3　414, 24p　27cm　Ⓝ216.1　〔01199〕
◇栗東の歴史　第1巻　古代・中世編　栗東町史編さん委員会編　栗東町（滋賀県）　栗東町　1988.3　538, 31p　22cm　Ⓝ216.1　〔01200〕

◆◆京都府
◇天橋立物語―その文化と歴史と保全　岩垣雄一著　技報堂出版　2007.7　322p　21cm　3000円　①978-4-7655-1721-8　〔01201〕
◇加茂町史　第1巻　古代・中世編　加茂町史編さん委員会編　加茂町（京都府）　加茂町　1988.3　482, 39p　22cm　Ⓝ216.2　〔01202〕
◇カラー京のみどころ・味どころ―京の美と心を綴る京都の旅この一冊でOK　特集:京の歴史故事―平安～室町編　京美観光出版社編　京都　京美観光出版社　1987.1　161p　19cm　（みどころ・味どころ No.45）　400円　①4-88599-024-6　Ⓝ291.62　〔01203〕
◇京都考古学散歩　樋口隆康編　学生社　1976　256p 図　19cm　1200円　Ⓝ216.2　〔01204〕
◇京都市史　第3巻　鳥羽天皇―後鳥羽天皇　京都市編　京都　京都市役所　1944　図版　22cm　Ⓝ216.2　〔01205〕
◇丹波古銘誌　奥谷高史著　京都　綜芸舎　1975　225p 図11枚　22cm　Ⓝ210.02　〔01206〕
◇小さな展覧会―考古展　第1回　昭和56年度発掘調査の成果から　京都　京都府埋蔵文化財調査研究センター　1982　37p　26cm　Ⓝ216.2　〔01207〕
◇小さな展覧会―考古展　第4回　昭和59年度発掘調査の成果から　向日　京都府埋蔵文化財調査研究センター　1985.8　60p　26cm　Ⓝ216.2　〔01208〕
◇南山城　〔第1〕　京都府立桃山高等学校郷土史研究部編　京都　京都府立桃山高等学校　1950　258p 図版　21cm　Ⓝ216.2　〔01209〕
◇歴史探訪丹後の古代中世社会を探る　2　加悦町（京都府）　加悦町教育委員会　1998.3　113p　27cm　（加悦町歴史文化シリーズ 第2集）　Ⓝ216.2　〔01210〕
◇歴史探訪丹後の古代中世社会を探る　4　加悦町（京都府）　加悦町教育委員会　2000.3　79p　26cm　（加悦町歴史文化シリーズ 第4集）　Ⓝ216.2　〔01211〕
◇和束町史　第1巻　古代・中世の歴史と景観　和束町町史編さん委員会編　和束町（京都府）　和束町　1995.3　437, 7p　22cm　Ⓝ216.2　〔01212〕

◆◆大阪府
◇池田市史　史料編 第1　池田市史編纂委員会編　池田　1967　138p 図版102枚 地図　27cm　Ⓝ216.3　〔01213〕
◇泉大津風土記　古代・中世編　辻川季三郎著　〔泉大津〕〔辻川季三郎〕　1984.10　273p　22cm　Ⓝ216.3　〔01214〕
◇大阪郷土史讀本―弘仁三年頃の長柄橋は郷土守口から架っていた　魚澄惣五郎著　守口　松井淳　2005.12　89p 図版14枚　26cm　Ⓝ216.3　〔01215〕
◇大阪狭山市史　第2巻　大阪狭山市史編さん委員会, 大阪狭山市立郷土資料館編　大阪狭山　大阪狭山市　2002.3　708, 11p　22cm　Ⓝ216.3　〔01216〕
◇河内長野市史　第1巻 下　本文編　古代・中世　河内長野市史編修委員会編　〔河内長野〕　河内長野市　1997.

3 772, 11p 22cm Ⓝ216.3 〔01217〕
◇岸和田市史 第2巻 古代・中世編 岸和田市史編さん委員会編 〔岸和田〕 岸和田市 1996.3 666, 28p 22cm Ⓝ216.3 〔01218〕
◇新修茨木市史 第4巻(史料編 古代中世) 茨木市史編さん委員会編 茨木 茨木市 2003.3 446, 8p 22cm Ⓝ216.3 〔01219〕
◇大日本金石史 第5巻(大阪金石史) 木崎愛吉編 歴史図書社 1972 616p 図20枚 22cm 4200円 Ⓝ210.02 〔01220〕
◇高槻市史 第3巻 史料編 1 古代編, 中世編 高槻 高槻市 1973 678p 図 地図1枚(袋入) 22cm Ⓝ216.3 〔01221〕
◇難波宮から大坂へ 栄原永遠男, 仁木宏編 大阪 和泉書院 2006.3 254p 22cm (大阪叢書 2) 6000円 ①4-7576-0367-3 Ⓝ216.3 〔01222〕
◇藤井寺市史 第1巻 通史編 1 藤井寺市史編さん委員会編 藤井寺 藤井寺市 1997.3 981, 31p 図版14枚 22cm Ⓝ216.3 〔01223〕
◇松原市史資料集 第5号 松原年代記(古代・中世) 松原市史編さん室編 松原 松原市 1976.3 69p 21cm Ⓝ216.3 〔01224〕
◇松原市史資料集 第9号 松原市の考古誌 松原市史編さん室編 松原 松原市 1978.3 67p 21cm Ⓝ216.3 〔01225〕
◇八尾の条里制 棚橋利光著 八尾 八尾市教育委員会八尾市史編さん室 1976.3 47p 21cm (八尾市史紀要 第6号) Ⓝ216.3 〔01226〕
◇八尾編年史―古代・中世 八尾市立図書館編 八尾 八尾市立図書館 1980.8 68p 26cm (八尾市民文化双書 1) Ⓝ216.3 〔01227〕

◆◆兵庫県
◇明石市史資料 第5集 古代・中世篇 明石 明石市教育委員会 1985.3 376p 21cm Ⓝ216.4 〔01228〕
◇尼崎市史 第11巻 別編 考古 尼崎 尼崎市 1980.11 373, 18p 22cm Ⓝ216.4 〔01229〕
◇尼崎市史編集資料目録集 第5 尼崎市史編集事務局編 〔尼崎〕 1963 25cm (市史編集資料) Ⓝ216.4 〔01230〕
◇淡路島の古代・中世研究 武田信一著 神戸 神戸新聞総合出版センター 2003.7 230p 22cm 2000円 ①4-343-00238-1 Ⓝ216.4 〔01231〕
◇遺跡からみた川西の古代・中世―川西市文化財資料館展示図録 川西市, 川西市教育委員会編 〔川西〕 川西市 1993.11 16p 26cm Ⓝ210.2 〔01232〕
◇猪名川町史 1 古代・中世 猪名川町史編集専門委員会編 猪名川町(兵庫県) 猪名川町 1987.9 427, 7p 22cm Ⓝ216.4 〔01233〕
◇古代・中世の家島 奥山芳夫編著 家島町(兵庫県) 家島町教育委員会 2001.3 50p 26cm (家島郷土歴史史(資)料集 3) Ⓝ216.4 〔01234〕
◇三田市史 第3巻 古代・中世資料 三田市史編さん専門委員編 〔三田〕 三田市 2000.12 635, 34p 27cm Ⓝ216.4 〔01235〕
◇高砂市史 第4巻(史料編 地理・考古・古代・中世) 高砂市史編さん専門委員会編 高砂 高砂市 2007.4 241, 345, 4p 22cm Ⓝ216.4 〔01236〕

◇地下に眠る神戸の歴史展 9 神戸 神戸市教育委員会文化財課 1993.4 16p 30cm 200円 Ⓝ210.2 〔01237〕
◇地下に眠る神戸の歴史展 10 神戸市教育委員会文化財課編 神戸 神戸市教育委員会 1995.8 13p 30cm 300円 Ⓝ210.2 〔01238〕
◇西播磨の原始・古代・中世をたぐる 兵庫県教育委員会ほか編 〔神戸〕 兵庫県教育委員会 1985.10 28p 26cm Ⓝ210.2 〔01239〕
◇姫路市史 第8巻 史料編 古代中世1 姫路市史編集専門委員会編 〔姫路〕 姫路市 2005.2 802p 22cm Ⓝ216.4 〔01240〕
◇法隆寺領鵤庄 栗岡清高著 太子町(兵庫県) 〔栗岡清高〕 1976.12 324p 図 22cm Ⓝ216.4 〔01241〕

◆◆奈良県
◇古代中世史の探究 大和を歩く会 京都 法蔵館 2007.11 421p 19cm (シリーズ 歩く大和 1) 3800円 ①978-4-8318-7567-9 〔01242〕
◇西大寺古絵図は語る―古代・中世の奈良 特別陳列 東京大学文学部, 奈良国立博物館編 〔奈良〕 奈良国立博物館 2002.9 85, 3p 30cm Ⓝ188.55 〔01243〕
◇奈良県史 第3巻 考古 奈良県史編集委員会編 木村芳一, 小泉俊夫著 名著出版 1989.7 624p 22cm 8200円 Ⓝ216.5 〔01244〕
◇奈良県史 4 条里制 木村芳一ほか編 名著出版 1987.3 691p 22cm 8800円 ①4-626-01294-1 Ⓝ216.5 〔01245〕
◇奈良県史 第11巻 大和武士 奈良県史編集委員会編 朝倉弘著 名著出版 1993.5 676, 7p 22cm 8900円 ①4-626-01461-5 Ⓝ216.5 〔01246〕
◇奈良市史―考古編 奈良市史編集審議会編 〔奈良〕 1968 415p 図版50枚 22cm Ⓝ216.5 〔01247〕
◇発掘―奈良 坪井清足編 至文堂 1984.4 288p 図版14枚 22cm 1390円 Ⓝ216.5 〔01248〕
◇大和飛鳥の古城跡 尾原隆男著 大阪 日本古城友の会 2000.5 12p 22cm (城と陣屋シリーズ 233号) Ⓝ216.5 〔01249〕
◇大和高田城物語 大和高田 大和高田市 1994.9 136, 8p 21cm (たかだ歴史文化叢書 1) Ⓝ216.5 〔01250〕

◆◆和歌山県
◇石の文化―原始から中世 特別展 紀伊風土記の丘管理事務所編 〔和歌山〕 紀伊風土記の丘管理事務所 1992 17p 26cm Ⓝ210.2 〔01251〕
◇かつらぎ町史 古代・中世史料編 かつらぎ町(和歌山県) かつらぎ町 1983.9 1126p 22cm Ⓝ216.6 〔01252〕
◇紀伊国加太・木本・雑賀庄史―古代・中世の加太・木本・雑賀地方 松田文夫著 〔和歌山〕 〔松田文夫〕 1991.8 188p 23cm 2800円 Ⓝ216.6 〔01253〕
◇紀伊国官省符荘史 松田文夫著 〔和歌山〕 〔松田文夫〕 2001.7 22, 244p 23cm 3000円 Ⓝ216.6 〔01254〕
◇紀伊国鞆淵・志富田荘史 松田文夫著 〔和歌山〕 〔松田文夫〕 2001.6 273p 23cm 3300円 Ⓝ216.6 〔01255〕
◇紀伊国の条里制 中野栄治著 古今書院 1989.5 213p 22cm 3100円 ①4-7722-1111-X Ⓝ291.66

◇紀州豪族史料―現代語訳の紀州豪族史料　松田文夫編〔和歌山〕〔松田文夫〕1997.2　886p　23cm　6300円　Ⓝ216.6　〔01257〕
◇紀州史の豪族　松田文夫著〔和歌山〕〔松田文夫〕1991.1　246p　23cm　3000円　Ⓝ216.6　〔01258〕
◇紀州史の豪族　松田文夫著　増補版〔和歌山〕〔松田文夫〕1992.5　318p　23cm　3300円　Ⓝ216.6　〔01259〕
◇紀州史の豪族　続　松田文夫著〔和歌山〕〔松田文夫〕1993.1　178p　23cm　2700円　Ⓝ216.6　〔01260〕
◇きのくにに荘園の世界―学ぶ・歩く・調べる　上巻　山陰加春夫編　大阪　清文堂出版　2000.6　303p　19cm　1900円　①4-7924-0490-8　Ⓝ216.6　〔01261〕
◇きのくにに荘園の世界―学ぶ・歩く・調べる　下巻　山陰加春夫編　大阪　清文堂出版　2002.2　422p　19cm　2700円　①4-7924-0491-6　Ⓝ216.6　〔01262〕
◇高野枡をつくらせた荘園―もうひとつのカタカナ書き百姓申状の世界　和歌山県教育庁文化財課紀の川流域荘園詳細分布調査委員会編　和歌山　和歌山県教育委員会　2003.3　161p　30cm　（紀の川流域荘園詳細分布調査概要報告書　官省符荘現況調査 2）　Ⓝ216.6　〔01263〕
◇南紀史叢考―竜水随筆　宇井縫蔵著　田辺　あおい書店　1988.2　268p　18cm　（あおい叢書）　1800円　Ⓝ216.6　〔01264〕
◇日置川町の文化財―古代・中世の宗教美術　日置川町教育委員会編　日置川町（和歌山県）　日置川町教育委員会　2003.3　24p　30cm　Ⓝ216.6　〔01265〕
◇本宮町史　文化財編・古代中世史料編　本宮町史編さん委員会編　本宮町（和歌山県）　本宮町　2002.12　1085p　22cm　非売品　Ⓝ216.6　〔01266〕
◇訳注紀伊国地頭制史料　松田文夫編〔和歌山〕〔松田文夫〕1999.7　227p　23cm　3000円　Ⓝ216.6　〔01267〕
◇訳注紀伊国荘官制史料　松田文夫編〔和歌山〕〔松田文夫〕1999.10　365p　23cm　3700円　Ⓝ216.6　〔01268〕
◇和歌山市史　第1巻　自然・原始・古代・中世　和歌山市史編纂委員会編纂〔和歌山〕　和歌山市　1991.11　1092p,39p　22cm　Ⓝ216.6　〔01269〕
◇和歌山市史　第4巻　古代・中世史料　和歌山市史編纂委員会編〔和歌山〕　和歌山市　1977.3　1322,15p　22cm　Ⓝ216.6　〔01270〕

◆中国地方
◇古城の譜―中国地方　上　中国新聞社編　広島　たくみ出版　1973　166p　21cm　1200円　Ⓝ217　〔01271〕
◇古城の譜―中国地方　下　中国新聞社編　広島　たくみ出版　1974　176p　地図　21cm　1200円　Ⓝ217　〔01272〕
◇中国山地のたたら製鉄―平成4年度特別企画展　広島県立歴史民俗資料館編　三次　広島県立歴史民俗資料館　1992.10　37p　26cm　Ⓝ564.021　〔01273〕

◆◆鳥取県
◇因伯叢書　佐伯元吉編纂　名著出版　1972　6冊　22cm　33000円　Ⓝ217.2　〔01274〕
◇郷土史蹟めぐり案内　第23回　因幡国庁跡と池田家墓地をたずねて〔米子〕　鳥取県立米子図書館　1977.10　13p　13×18cm　Ⓝ217.2　〔01275〕
◇新修鳥取市史　第1巻　古代・中世篇　鳥取　鳥取市　1983.3　819,24p　22cm　Ⓝ217.2　〔01276〕
◇新修米子市史　第1巻（通史編　原始・古代・中世）　米子市史編さん協議会編　米子　米子市　2003.3　991p　22cm　7000円　Ⓝ217.2　〔01277〕
◇新修米子市史　第7巻　資料編考古（原始・古代・中世）　米子市史編さん協議会編　米子　米子市　1999.3　556p　31cm　8000円　Ⓝ217.2　〔01278〕

◆◆島根県
◇新修島根県史　史料篇　第1　古代・中世　島根県編〔松江〕1966　682p　22cm　Ⓝ217.3　〔01279〕
◇大社町史　史料編　古代・中世　大社町史編集委員会編　大社町（島根県）　大社町　1997.3　3冊（別冊とも）　22cm　Ⓝ217.3　〔01280〕
◇西石見の豪族と山城　広田八穂著　益田　広田八穂　1985.2　511p　22cm　Ⓝ217.3　〔01281〕

◆◆岡山県
◇岡山県史　第18巻　考古資料　岡山県史編纂委員会編纂〔岡山〕　岡山県　1986.3　492p　図版240p　27cm　Ⓝ217.5　〔01282〕
◇岡山県重要文化財図録　考古学資料篇　厳津政右衛門、鎌木義昌編　岡山　富士出版社　1957　93p（図版　解説共）　31cm　Ⓝ217.5　〔01283〕
◇おかやま桃太郎伝説の謎　山陽新聞社編集局編著　岡山　山陽新聞社　1995.4　127p　23cm　1600円　①4-88197-535-8　Ⓝ217.5　〔01284〕
◇長船町史　史料編　上　考古・古代中世　長船町史編纂委員会編　長船町（岡山県）　長船町　1998.3　588p　22cm　Ⓝ217.5　〔01285〕
◇寒風古窯址群―須恵器から備前焼の誕生へ　山本悦世著　岡山　吉備人出版　2002.7　169p　21cm　（吉備考古ライブラリィ 7）　1600円　①4-86069-003-6　Ⓝ217.5　〔01286〕
◇新修倉敷市史　第2巻　古代・中世　倉敷市史研究会編　倉敷　倉敷市　1999.3　895,11p　22cm　Ⓝ217.5　〔01287〕
◇新修倉敷市史　第2巻　古代・中世　倉敷市史研究会編　倉敷　倉敷市　1999.6　895,11p　22cm　6381円　①4-88197-666-4　Ⓝ217.5　〔01288〕
◇総社市史　古代・中世史料編　総社市史編さん委員会編〔総社〕　総社市　1988.3　863p　22cm　Ⓝ217.5　〔01289〕
◇総社市史　考古資料編　総社市史編さん委員会編〔総社〕　総社市　1987.3　423,12p　27cm　Ⓝ217.5　〔01290〕
◇美作古城史　寺阪五夫編　落合町（岡山県）　作陽新報社　1977　858p　27cm　Ⓝ217.5　〔01291〕
◇桃太郎は吉備国に実在した―歴史ドキュメント　福武一郎著　倉敷　倉敷出版社　1986.3　202p　19cm　1200円　Ⓝ217.5　〔01292〕
◇歴史を彩るひとびと―岡山の古代・中世　平成8年度特別展　岡山県立博物館編　岡山　岡山県立博物館　1996.10　72p　26cm　Ⓝ281　〔01293〕

◆◆広島県

◇紀伊国高野山と備後国大田庄―紀伊国高野山領備後国大田庄史　松田文夫編　〔和歌山〕　〔松田文夫〕　2003.7　200p　24cm　2600円　Ⓝ217.6　〔01294〕

◇甲山町史　資料編1（古代・中世・文化財・考古）　甲山町編さん委員会編　甲山町（広島県）　甲山町　2003.3　526p　図版12枚　27cm　Ⓝ217.6　〔01295〕

◇堺谷鍛冶跡　庄原市教育委員会編　庄原　庄原市教育委員会　1995.3　24p　図版8p　26cm　（庄原市文化財調査報告書3）　Ⓝ210.2　〔01296〕

◇下岡田遺跡発掘調査概報―古代・中世建築遺構群　1965年度　府中町教育委員会編　府中町（広島県）　府中町教育委員会,府中町重要文化財保護協会　1966.7　1冊　26cm　Ⓝ210.2　〔01297〕

◇下岡田遺跡発掘調査概報―古代・中世建築遺構群　1966年度　府中町教育委員会編　府中町（広島県）　府中町教育委員会,府中町重要文化財保護協会　1967.7　1冊　26cm　Ⓝ210.2　〔01298〕

◇千代田町史　古代中世資料編　千代田町（広島県）　千代田町　1987.6　611p　22cm　Ⓝ217.6　〔01299〕

◇広島県史　古代中世資料編1　〔広島〕　広島県　1974　861,12p　23cm　Ⓝ217.6　〔01300〕

◇広島県史　古代中世資料編2　〔広島〕　広島県　1976　1498p　図　23cm　Ⓝ217.6　〔01301〕

◇広島県史　古代中世資料編3　広島県編　〔広島〕　広島県　1978.3　81,1542p　23cm　Ⓝ217.6　〔01302〕

◇広島県史　古代中世資料編4　広島県編　広島　広島県　1978.3　119,62,1222p　23cm　Ⓝ217.6　〔01303〕

◇広島県史　古代中世資料編5　広島県編　広島　広島県　1980.3　8,1548p　23cm　Ⓝ217.6　〔01304〕

◇広島県の考古学　松崎寿和著　吉川弘文館　1981.7　368,5p　22cm　（郷土考古学叢書8）　4800円　Ⓝ217.6　〔01305〕

◆◆山口県

◇岩国市史　史料編1　岩国市史編纂委員会編　〔岩国〕　〔岩国市〕　2002.3　1051p　22cm　Ⓝ217.7　〔01306〕

◇金石文の研究　庄司忠著　岩国　庄司忠　1971.5　333p　21cm　Ⓝ210.02　〔01307〕

◇下関市史―原始-中世　下関市市史編修委員会編　下関　下関市　1965　531p　図版　22cm　Ⓝ217.7　〔01308〕

◇周東町史　周東町史編纂委員会編　〔周東町（山口県）〕　周東町　1979.3　1131p　22cm　Ⓝ217.7　〔01309〕

◇防長埋もれた古城　部坂高男著　東洋図書出版　1980.8　153p　19cm　（防長文庫2）　750円　Ⓝ217.7　〔01310〕

◇防長古城趾の研究　御薗生翁甫著　徳山　マツノ書店　1975　72,29p　図　肖像　21cm　（新防長叢書）　900円　Ⓝ217.7　〔01311〕

◇防長路―Yamgin Graph　第1　山口県の城址をたずねて　山口銀行編　〔山口〕　1960　21cm　Ⓝ217.7　〔01312〕

◇防長路―Yamgin Graph　第14　山代神楽　山口銀行編　〔山口〕　1960　21cm　Ⓝ217.7　〔01313〕

◇防府市史　通史1（原始・古代・中世）　防府市史編纂委員会編　防府　防府市　2004.3　560p　27cm　Ⓝ217.7　〔01314〕

◆四国地方

◇四国の古城　山田竹系著　高松　四国毎日広告社　1974.9　186p　21cm　Ⓝ218.04　〔01315〕

◆◆徳島県

◇阿南市史　第1巻　原始・古代・中世　阿南市史編さん委員会編　〔阿南〕　阿南市教育委員会事務局　1987.3　691p　22cm　Ⓝ218.1　〔01316〕

◇阿波碑文集　竹治貞夫著　徳島　竹治貞夫　1979.8　307p　25cm　Ⓝ210.02　〔01317〕

◇阿波碑文補集　竹治貞夫著　〔徳島〕　〔竹治貞夫〕　1995.2　457p　26cm　Ⓝ210.02　〔01318〕

◇徳島の遺跡散歩　天羽利夫,岡山真知子著　徳島　徳島市立図書館　1985.3　284p　20cm　（徳島市民双書19）　1700円　Ⓝ218.1　〔01319〕

◆◆香川県

◇香川県史　第8巻　資料編　古代・中世史料　〔高松〕　香川県　1986.3　1146p　22cm　Ⓝ218.2　〔01320〕

◇香川史談　2　古代・中世　上　香川県県史編さん室編　〔高松〕　香川県広報協会　1982.5　59p　19cm　Ⓝ218.2　〔01321〕

◇香川史談　3　古代・中世　下　香川県県史編さん室編　〔高松〕　香川県広報協会　1982.8　55p　19cm　Ⓝ218.2　〔01322〕

◇さぬきの遺跡　高橋邦彦等著,四国新聞社編集　高松　美巧社　1972　290p　図　22cm　（Biko books 1）　1500円　Ⓝ218.2　〔01323〕

◇新編丸亀市史　1（自然・原始・古代・中世編）　丸亀市史編さん委員会編　〔丸亀〕　丸亀市　1995.2　1004p　22cm　Ⓝ218.2　〔01324〕

◇善通寺市史　第1巻　自然,原始・古代,中世　善通寺市企画課編　高松　善通寺市　1977.7　1015p　図16枚　22cm　Ⓝ218.2　〔01325〕

◇町史ことひら　1　自然・環境・生物・原始・古代・中世編　琴平町史編集委員会編　〔琴平町（香川県）〕　琴平町　1996.7　398,246p　図版18枚　27cm　Ⓝ218.2　〔01326〕

◆◆愛媛県

◇今治郷土史　資料編　古代・中世　村上家・来島家文書.大山祇神社・国分寺文書.能寂寺・仙遊寺文書　今治郷土史編さん委員会編　〔今治〕　今治市　1989.3　1073p　27cm　Ⓝ218.3　〔01327〕

◇伊予の古城跡　長山源雄編　改訂版　松山　伊予史談会　1993.2　363p　19cm　（伊予史談会双書　第4集）　2600円　Ⓝ218.3　〔01328〕

◇伊予の古城跡　長山源雄編　松山　伊予史談会　1982.4　358p　19cm　（伊予史談会双書　第4集）　2500円　Ⓝ218.3　〔01329〕

◇愛媛県史　古代2・中世　〔松山〕　愛媛県　1984.3　747,49p　22cm　Ⓝ218.3　〔01330〕

◇えひめ発掘物語―発見の歴史と近年の調査成果　発掘された日本列島2002新発見考古速報展地域展図録　愛媛県歴史文化博物館編　宇和町（愛媛県）　愛媛県歴史文化博物館　2002.10　130p　30cm　Ⓝ218.3　〔01331〕

◇斎院の遺跡　松山市教育委員会編　松山　松山市生涯学習振興財団埋蔵文化財センター　1994.8　130p 図版36p 26cm　（松山市文化財調査報告書 第43集）　Ⓝ210.2
〔01332〕
◇松山市史　第1巻　松山市史編集委員会編　松山　松山市　1992.10　992p　22cm　Ⓝ218.3　〔01333〕

◆九州地方
◇九州古代中世史論集　熊本　志方正和遺稿集刊行会　1967　255p 図版　22cm　Ⓝ219　〔01334〕
◇九州史研究　竹内理三編　御茶の水書房　1968　513p　22cm　Ⓝ219　〔01335〕
◇九州史料叢書　第6　禰寝文書 第3　九州史料刊行会編　福岡　九州史料刊行会　1959　182p　21cm　Ⓝ219
〔01336〕
◇九州美術史年表　古代・中世篇　平田寛編　福岡　九州大学出版会　2001.2　872, 34p　22cm　（長崎純心大学学術叢書 4）　14000円　Ⓘ4-87378-665-7　Ⓝ702.199
〔01337〕

◆◆福岡県
◇嘉穂地方史　古代中世編　川添昭二著　〔出版地不明〕　嘉穂地方史編纂委員会 飯塚 元野木書店（発売）　1968　432p 図版　22cm　2500円　Ⓝ219.1　〔01338〕
◇北九州市史　古代・中世　北九州市史編さん委員会編　〔北九州〕　北九州市　1992.1　1269p 図版22枚　22cm　Ⓝ219.1　〔01339〕
◇久留米市史　第7巻　資料編　古代・中世　久留米市史編さん委員会編　久留米　久留米市　1992.6　723p　22cm　Ⓝ219.1　〔01340〕
◇鴻臚館の時代　朝日新聞福岡総局編　福岡　葦書房　1988.5　201p　19cm　（はかた学 1）　1200円　Ⓝ219.1　〔01341〕
◇古代・中世宗像の歴史と伝承　正木喜三郎著　岩田書院　2004.9　499p　22cm　12800円　Ⓘ4-87294-329-5　Ⓝ219.1　〔01342〕
◇大宰府・太宰府天満宮史料—太宰府天満宮史料補遺　川添昭二, 吉原弘道編　太宰府　太宰府天満宮, 吉川弘文館〔発売〕　2006.3　586p　21cm　18000円　Ⓘ4-642-01232-X　〔01343〕
◇筑後武士—宮園城と筑後宇都宮氏について　江崎竜男著　第2版　佐世保　芸文堂　1990.2　221p　19cm　2427円　Ⓘ4-905897-44-0　Ⓝ219.1　〔01344〕
◇筑後武士—宮園城と筑後宇都宮氏について　江崎竜男著　改訂新版　佐世保　芸文堂　1992.10　237p　19cm　2500円　Ⓘ4-905897-57-2　Ⓝ219.1　〔01345〕
◇筑紫野市史　上巻　筑紫野市史編さん委員会編　筑紫野　筑紫野市　1999.3　956p　22cm　Ⓝ219.1
〔01346〕
◇筑前国怡土庄故地現地調査速報　服部英雄編　福岡　服部英雄研究室　1999.12　177p　30cm　（地域資料叢書 1343-473X）　Ⓝ219.1　〔01347〕
◇東アジアの中の宗像—古代から中世へ　第2回『海人』シンポジウム　宗像『海人』シンポジウム実行委員会　1992.10　44p　20×20cm　Ⓝ219.1　〔01348〕
◇英彦山の史跡と伝説　佐藤孝著　福岡　葦書房　1985.9　188p　19cm　1000円　Ⓝ219.1　〔01349〕
◇福岡県史　第1巻　上世,中世　福岡県編　〔福岡〕　1962　2冊　22cm　Ⓝ219.1　〔01350〕

◇福岡市埋蔵文化財センター収蔵資料目録　第1集　西区拾六町ツイジ遺跡 1　福岡市埋蔵文化財センター編　福岡　福岡市埋蔵文化財センター　1985.3　80p　27cm　Ⓝ219.1
〔01351〕
◇豊前史の一断面—黒田・宇都宮両氏の闘争史　深川俊男著　〔京都〕　〔深川俊男〕　1984　65p　22cm　非売品　Ⓝ219.1　〔01352〕
◇宗像市史　史料編 第1巻　古代・中世 1　宗像市史編纂委員会編　宗像　宗像市　1995.4　952, 105p　22cm　Ⓝ219.1　〔01353〕
◇門司・小倉の古城史　八木田謙著　北九州　今井書店　2001.10　220p　22cm　4500円　Ⓝ219.1
〔01354〕

◆◆佐賀県
◇佐賀県史　上巻　原始・古代・中世編　佐賀県史編さん委員会編　佐賀　佐賀県史料刊行会　1968　672, 70p 図版 表 地図　22cm　Ⓝ219.2　〔01355〕
◇佐賀市史　第1巻　地理的環境・原始・古代・中世編　佐賀市史編さん委員会編　佐賀　佐賀市　1977.7　790p 図　22cm　Ⓝ219.2　〔01356〕
◇多久市史　第1巻（自然・原始・古代・中世編）　多久市編さん委員会編　多久　多久市　2000.5　927p　22cm　Ⓝ219.2　〔01357〕
◇西有田町史　上巻　西有田町史編さん委員会編　西有田町（佐賀県）　西有田町　1986.3　866p　22cm　Ⓝ219.2
〔01358〕
◇発掘された三沢のむかしのくらし—総集編　小郡　小郡市教育委員会　1994　13p　26cm　（小郡市文化財調査報告書 第91集—三沢土地区画整理事業関係埋蔵文化財調査報告 9）　Ⓝ210.2　〔01359〕

◆◆長崎県
◇長崎県史　古代・中世編　長崎県史編集委員会編　吉川弘文館　1980.3　697p　22cm　5000円　Ⓝ219.3
〔01360〕

◆◆熊本県
◇新熊本市史　史料編 第2巻　古代・中世　新熊本市史編纂委員会編　熊本　熊本市　1993.3　965, 64p　22cm　Ⓝ219.4　〔01361〕
◇八代市遺跡地図　八代　八代市教育委員会　1983.1　2, 34, 14枚　26×39cm　Ⓝ219.4　〔01362〕
◇八代市史　第2巻　蓑田田鶴男著　八代（熊本県）　八代市教育委員会　1970　462p　22cm　非売　Ⓝ219.4
〔01363〕
◇よくわかる熊本の歴史 1　古代より秀吉の入国まで　荒木栄司著　熊本　熊本出版文化会館　1997.7　240, 6p　21cm　1500円　Ⓘ4-7505-9718-X　Ⓝ219.4
〔01364〕

◆◆大分県
◇遺跡が語る大分の歴史—大分県の埋蔵文化財　大分県教育庁文化課編　〔大分〕　大分県教育委員会　1992.3　185p　26cm　Ⓝ210.2　〔01365〕
◇日田金石年史　武石繁次編纂　〔日田〕　日田市教育委員会　1973　2冊　24cm　Ⓝ210.02　〔01366〕
◇豊後国香々地荘の調査　資料編　宇佐　大分県立宇佐風土記の丘歴史民俗資料館　1998.3　152p　26cm

（大分県立宇佐風土記の丘歴史民俗資料館報告書 第21集）
Ⓝ219.5　　　　　　　　　　　　　〔01367〕
◇豊後国香々地荘の調査　本編　宇佐　大分県立歴史博物館　1999.3　286p　26cm　（大分県立歴史博物館報告書 第1集）Ⓝ219.5　　　〔01368〕
◇豊後国荘園公領史料集成　6　豊後国佐賀郷・丹生荘・臼杵荘・佐伯荘・紫山村史料　渡辺澄夫編　別府　別府大学附属図書館　1991.9　696p　22cm　（別府大学史料叢書 第1期）Ⓝ219.5　　　〔01369〕
◇豊後国荘園公領史料集成　7 上　豊後国大野荘・三重郷・野津院・井田郷史料　渡辺澄夫編　別府　別府大学附属図書館　1992.8　665p　22cm　（別府大学史料叢書 第1期）Ⓝ219.5　　　〔01370〕
◇豊後国荘園公領史料集成　7 下　豊後国緒方荘・直入郷・入田郷・朽網郷史料　渡辺澄夫編　別府　別府大学附属図書館　1993.10　662p　22cm　（別府大学史料叢書 第1期）Ⓝ219.5　　　〔01371〕
◇豊後国都甲荘の調査―資料編　宇佐　大分県立宇佐風土記の丘歴史民俗資料館　1992.3　143p　26cm　（大分県立宇佐風土記の丘歴史民俗資料館報告書 第10集）Ⓝ219.5　　　　　　　　　　　　〔01372〕
◇豊後国都甲荘の調査　本編　宇佐　大分県立宇佐風土記の丘歴史民俗資料館　1993.3　264p　26cm　（大分県立宇佐風土記の丘歴史民俗資料館報告書 第11集）Ⓝ219.5
〔01373〕
◇編年大友史料―併大分県古文書全集　第1　田北学編　増補訂正版　大分　田北学　1962　340p　26cm　Ⓝ219.5　　　　　　　　　　　　〔01374〕

◆◆宮崎県
◇都城市史　史料編 古代・中世　都城市史編さん委員会編　都城　都城市　2001.7　793p　22cm　Ⓝ219.6
〔01375〕

◆◆鹿児島県
◇古代・中世奄美史料　松田清編　JCA出版　1981.12　238p　22cm　5000円　Ⓝ219.7　　〔01376〕
◇吹上郷土誌　通史編 1　吹上郷土誌編纂委員会編　吹上町（鹿児島県）　吹上町　2003.3　299p　27cm　Ⓝ291.97
〔01377〕

◆◆沖縄県
◇琉球国碑文記　塚田清策著　啓学出版　1970　4冊（別巻共）　26cm　全19500円　Ⓝ219.9　〔01378〕
◇琉球神道記　良定著,明治聖徳記念学会研究所編　明世堂書店　1943　86, 35p　22cm　Ⓝ170.2　〔01379〕
◇琉球歴史の謎とロマン　その1　総集編&世界遺産　亀島靖著　那覇　環境芸術研究所　1999.9　226p　18cm　（琉球歴史入門シリーズ）　933円　Ⓘ4-900374-00-8
〔01380〕

中世史

中世一般

◇悪人列伝―中世篇　海音寺潮五郎著　新装版　文藝春秋　2006.12　284p　15cm　（文春文庫）　543円　Ⓘ4-16-713549-3　〔01381〕

◇朝日百科歴史を読みなおす　3　朝日新聞社　1996.11　1冊　31cm　Ⓘ4-02-257056-3　Ⓝ210.1　〔01382〕

◇新しい中世史像の展開　歴史科学協議会編　山川出版社　1994.5　216p　19cm　2300円　Ⓘ4-634-60380-2　Ⓝ210.4　〔01383〕

◇網野善彦著作集　第12巻　無縁・公界・楽　網野善彦著、稲葉伸道、桜井英治、盛本昌広、山本幸司編　網野善彦著　岩波書店　2007.10　505p　22cm　4500円　Ⓘ978-4-00-092652-2　Ⓝ210.4　〔01384〕

◇網野善彦著作集　第15巻　列島社会の多様性　網野善彦著、稲葉伸道、桜井英治、盛本昌広、山本幸司編　網野善彦著　岩波書店　2007.6　450p　22cm　4200円　Ⓘ978-4-00-092655-3　Ⓝ210.4　〔01385〕

◇異形の王権　網野善彦著　平凡社　1986.9　217p　21cm　（イメージ・リーディング叢書）　1800円　Ⓘ4-582-28454-X　Ⓝ210.4　〔01386〕

◇異形の王権　網野善彦著　平凡社　1993.7　273p　16cm　（平凡社ライブラリー）　980円　Ⓘ4-582-76010-4　Ⓝ210.4　〔01387〕

◇石母田正著作集　第5巻　中世的世界の形成　石母田正著、青木和夫ほか編　岩波書店　1988.12　365p　22cm　4500円　Ⓘ4-00-091405-7　Ⓝ210.08　〔01388〕

◇岩波講座日本通史　第7巻　中世　1　朝尾直弘ほか編　岩波書店　1993.11　364p　22cm　2800円　Ⓘ4-00-010557-4　Ⓝ210.1　〔01389〕

◇岩波講座　日本通史　第7巻　中世　朝尾直弘、網野善彦、石井進、鹿野政直、早川庄八、安丸良夫編　岩波書店　2000.3　364p　21cm　3000円　Ⓘ4-00-010557-4　〔01390〕

◇岩波講座　日本通史　第10巻　中世　朝尾直弘、網野善彦、石井進、鹿野政直、早川庄八、安丸良夫編　岩波書店　2000.6　339p　21cm　3000円　Ⓘ4-00-010560-4　〔01391〕

◇岩波講座日本歴史　第5　中世　2　国史研究会編　岩波書店　1933-1935　22cm　Ⓝ210　〔01392〕

◇岩波講座　日本歴史　第5　中世〔ほか〕　家永三郎等編　林屋辰三郎　岩波書店　1962　342p　22cm　Ⓝ210.1　〔01393〕

◇岩波講座　日本歴史　第6　中世〔ほか〕　家永三郎等編　中村栄孝　岩波書店　1963　345p　22cm　Ⓝ210.1　〔01394〕

◇英傑の日本史　風林火山編　井沢元彦著　角川グループパブリッシング（発売）　2007.9　262p　20cm　1500円　Ⓘ978-4-04-621108-8　Ⓝ281.04　〔01395〕

◇王法と仏法―中世史の構図　黒田俊雄著　京都　法蔵館　1983.7　250p　20cm　（法蔵選書23）　1600円　Ⓝ210.4　〔01396〕

◇王法と仏法―中世史の構図　黒田俊雄著　増補新版　京都　法蔵館　2001.12　278p　20cm　2600円　Ⓘ4-8318-7483-3　Ⓝ210.4　〔01397〕

◇面白すぎる謎解き日本史―ここまでわかった戦国日本　中ノ巻　平安時代から信長統一まで　歴史の謎を探る会編　青春出版社　1991.7　246p　15cm　（青春best文庫）　460円　Ⓘ4-413-08055-6　Ⓝ210.04　〔01398〕

◇画報中世史　1（1150年―1232年）　日本近代史研究会編著　日本図書センター　2004.10　p625-830　31cm　Ⓘ4-8205-9751-5, 4-8205-9750-7　Ⓝ210.4　〔01399〕

◇画報中世史　2（1232年―1360年）　日本近代史研究会編著　日本図書センター　2004.10　p831-1036　31cm　Ⓘ4-8205-9752-3, 4-8205-9750-7　Ⓝ210.4　〔01400〕

◇画報中世史　3（1360年―1550年）　日本近代史研究会編著　日本図書センター　2004.10　p1037-1240, 7p　31cm　Ⓘ4-8205-9753-1, 4-8205-9750-7　Ⓝ210.4　〔01401〕

◇鎌倉・室町・安土桃山時代の50人　PHP研究所編　PHP研究所　2001.2　47p　31cm　（歴史人物アルバム日本をつくった人たち大集合2）　2900円　Ⓘ4-569-68262-6, 4-569-29456-1　Ⓝ210.4　〔01402〕

◇鎌倉・室町人名事典　安田元久編　新人物往来社　1985.11　670p　23cm　9800円　Ⓘ4-404-01302-7　Ⓝ210.4　〔01403〕

◇鎌倉・室町人名事典　安田元久編　新人物往来社　1990.9　670p　19cm　3689円　Ⓘ4-404-01757-X　Ⓝ281.03　〔01404〕

◇北日本中世史の研究　羽下徳彦編　吉川弘文館　1990.2　567p　22cm　7300円　Ⓘ4-642-02631-2　Ⓝ210.4　〔01405〕

◇逆説の日本史　4（中世鳴動編）　井沢元彦著　小学館　1999.1　438p　16cm　（小学館文庫）　619円　Ⓘ4-09-402004-7　Ⓝ210.04　〔01406〕

◇逆説の日本史　5（中世動乱編）　井沢元彦著　小学館　2000.1　394p　15cm　（小学館文庫）　600円　Ⓘ4-09-402005-5　Ⓝ210.04　〔01407〕

◇境界の中世象徴の中世　黒田日出男著　東京大学出版会　1986.9　273p　22cm　3800円　Ⓝ210.4　〔01408〕

◇教科書の絵と写真で見る日本の歴史資料集　3　鎌倉時代～室町時代　宮原武夫監修、古舘明廣、加藤剛編著　岩崎書店　2002.4　45p　30cm　3000円　Ⓘ4-265-04853-6　〔01409〕

◇京大日本史　第3巻　中世の日本〔ほか〕　林屋辰三郎　大阪　創元社　1951-53　22cm　Ⓝ210.1　〔01410〕

◇黒田俊雄著作集　第1巻　権門体制論　井ケ田良治ほか編　京都　法蔵館　1994.10　384, 13p　22cm　8800円　Ⓘ4-8318-3321-5　Ⓝ210.4　〔01411〕

◇黒山に龍はいた―開発史から絵画史論まで　東京大学史料編纂所退官記念　黒田日出男著、黒田日出男先生退官記

念誌刊行会編　黒田日出男先生退官記念誌刊行会　2004.3　161, 14p　21cm　Ⓝ210.4　〔01412〕

◇現代に生きる中世　横井清著　西田書店　1981.7　248p　20cm　1600円　Ⓝ210.4　〔01413〕

◇交感する中世—日本と中国　網野善彦, 谷川道雄著　名古屋　ユニテ　1988.7　296p　19cm　2200円　Ⓝ210.4　〔01414〕

◇考古学と中世史研究—中世考古学及び隣接諸学から　シンポジウム　資料集　帝京大学山梨文化財研究所編　石和町（山梨県）　帝京大学山梨文化財研究所　1990.4　2冊（補遺とも）　26cm　Ⓝ210.2　〔01415〕

◇考古学と中世史研究—帝京大学山梨文化財研究所シンポジウム報告集　石井進編　名著出版　1991.6　260p　22cm　2800円　Ⓘ4-626-01410-0　Ⓝ210.2　〔01416〕

◇「考古学と中世史研究」シンポジウム—資料集　第2回　都市と商人職人像—中世考古学及び隣接諸学から　帝京大学山梨文化財研究所　石和町（山梨県）　帝京大学山梨文化財研究所　1991.6　84, 8p　27cm　Ⓝ210.2　〔01417〕

◇「考古学と中世史研究」シンポジウム—資料集　第3回　村の墓・都市の墓—中世考古学及び隣接諸学から　帝京大学山梨文化財研究所編　石和町（山梨県）　帝京大学山梨文化財研究所　1992.10　67, 38p　26cm　Ⓝ210.2　〔01418〕

◇「考古学と中世史研究」シンポジウム—資料集　第4回　中世資料論の現在と課題—中世考古学及び隣接諸学から　帝京大学山梨文化財研究所編　石和町（山梨県）　帝京大学山梨文化財研究所　1993.7　97p　26cm　Ⓝ210.2　〔01419〕

◇「考古学と中世史研究」シンポジウム—資料集　第5回　「中世」から「近世」へ—中世考古学及び隣接諸学から　帝京大学山梨文化財研究所編　石和町（山梨県）　帝京大学山梨文化財研究所　1994.6　78p　26cm　Ⓝ210.2　〔01420〕

◇「考古学と中世史研究」シンポジウム—資料集　第6回　中世日本列島の地域性—中世考古学及び隣接諸学から　帝京大学山梨文化財研究所編　石和町（山梨県）　帝京大学山梨文化財研究所　1995.7　81p　26cm　Ⓝ210.2　〔01421〕

◇講座日本歴史　3　中世　1　歴史学研究会編, 日本史研究会編　東京大学出版会　1984.12　xi, 375p　19cm　1500円　Ⓘ4-13-025053-1　Ⓝ210.1　〔01422〕

◇講座日本歴史　4　中世　2　歴史学研究会編, 日本史研究会編　東京大学出版会　1985.2　xi, 357p　19cm　1500円　Ⓘ4-13-025054-X　Ⓝ210.1　〔01423〕

◇声と顔の中世—戦さと訴訟の場景より　蔵持重裕著　吉川弘文館　2007.5　223p　19cm　（歴史文化ライブラリー　231）　1700円　Ⓘ978-4-642-05631-1　Ⓝ210.4　〔01424〕

◇国史論叢　渡辺世祐著　文雅堂書店　1956　610p　図版　22cm　Ⓝ210.4　〔01425〕

◇古代國家解体過程の研究　村井康彦著　岩波書店　1965　443p　Ⓝ210.3　〔01426〕

◇古代国家解体過程の研究　村井康彦著　岩波書店　1988.11　443, 16p　22cm　3600円　Ⓘ4-00-000764-5　Ⓝ210.3　〔01427〕

◇古代史復元　10　古代から中世へ　河原純之編　講談社　1990.5　198p　27cm　2880円　Ⓘ4-06-186430-0　Ⓝ210.2　〔01428〕

◇里の国の中世—常陸・北下総の歴史世界　網野善彦著　平凡社　2004.9　262p　16cm　（平凡社ライブラリー）　1100円　Ⓘ4-582-76512-2　〔01429〕

◇周縁から見た中世日本　大石直正, 高良倉吉, 高橋公明著　講談社　2001.12　408p　20cm　（日本の歴史　第14巻）　2200円　Ⓘ4-06-268914-6　Ⓝ210.4　〔01430〕

◇宗教と文学の鏡を通してフランスから見た日本—コレージュ・ド・フランス日本文明講座開講講演　ベルナール・フランク述, 石井晴一訳　日仏会館　1981　19, 32p　21cm　Ⓝ210.4　〔01431〕

◇新視点日本の歴史　第4巻（中世編）　平安末期→戦国時代　峰岸純夫, 池上裕子編　新人物往来社　1993.6　334p　22cm　4800円　Ⓘ4-404-02004-X　Ⓝ210.1　〔01432〕

◇新書日本の歴史　第2　鎌倉幕府の誕生から戦国時代　笠原一男著　評論社　1967　236p　図版　18cm　Ⓝ210.1　〔01433〕

◇新訂増補　國史大系　第14巻　續史愚抄　中篇　黒板勝美編　オンデマンド版　吉川弘文館　2007.6　788p　26cm　15500円　Ⓘ978-4-642-04014-3　〔01434〕

◇新日本史講座　〔第4〕　封建時代前期〔ほか〕　中村吉治　中央公論社　1947-53　21cm　Ⓝ210.08　〔01435〕

◇新日本歴史　第3巻　前期封建時代　新日本歴史学会編　再版　1948-49　22cm　Ⓝ210.1　〔01436〕

◇新日本歴史　第3　鎌倉室町時代　新日本歴史学会編　福村書店　1953　22cm　Ⓝ210.1　〔01437〕

◇人物を読む日本中世史—頼朝から信長へ　本郷和人著　講談社　2006.5　250p　19cm　（講談社選書メチエ 361）　1600円　Ⓘ4-06-258361-5　Ⓝ281.04　〔01438〕

◇人物日本の歴史・日本を変えた53人　3　高野尚好監修　学習研究社　2002.2　63p　27×22cm　2800円　Ⓘ4-05-201567-3　〔01439〕

◇人物日本歴史館　鎌倉・室町篇　児玉幸多監修　三笠書房　1998.12　389p　15cm　（知的生きかた文庫）　838円　Ⓘ4-8379-0998-1　〔01440〕

◇図解・日本の中世遺跡　小野正敏ほか編　東京大学出版会　2001.3　271p　31cm　6800円　Ⓘ4-13-026058-8　Ⓝ210.4　〔01441〕

◇図説日本の史跡　第6巻　中世　狩野久ほか編　京都　同朋舎出版　1991.5　308p　31cm　14000円　Ⓘ4-8104-0929-5　Ⓝ291.02　〔01442〕

◇戦国の雄と末裔たち　中嶋繁雄著　平凡社　2005.12　243p　18cm　（平凡社新書）　780円　Ⓘ4-582-85301-3　〔01443〕

◇相剋の中世—佐藤和彦先生退官記念論文集　佐藤和彦先生退官記念論文集刊行委員会編　東京堂出版　2000.2　344p　22cm　7500円　Ⓘ4-490-20396-9　Ⓝ210.4　〔01444〕

◇争点日本の歴史　第4巻　中世編（平安末期～戦国時代）　峰岸純夫編　新人物往来社　1991.2　300p　22cm　3700円　Ⓘ4-404-01777-4　Ⓝ210.1　〔01445〕

◇増補　中世的世界の形成　石母田正著　4版　伊藤書店　1950　475p　地図　22cm　Ⓝ210.4　〔01446〕

◇その時歴史が動いた　21　NHK取材班編　名古屋　KTC中央出版　2003.11　253p　20cm　1600円　Ⓘ4-87758-279-7　Ⓝ210　〔01447〕

中世一般　　　　　　　　　　　　　　　中世史

◇空より参らむ―中世論のために　桜井好朗著　京都　人文書院　1983.6　299p　20cm　2200円　Ⓝ210.4
〔01448〕
◇誰でも読める日本中世史年表―ふりがな付き　吉川弘文館編集部編　吉川弘文館　2007.10　531, 61p　23cm　4800円　Ⓘ978-4-642-01439-7　Ⓝ210.4　〔01449〕
◇知の対話　石井進著　山川出版社　2006.1　402, 15p　20cm　(石井進の世界 4)　6500円　Ⓘ4-634-59054-9　Ⓝ210.4
〔01450〕
◇中世を歩く　国立歴史民俗博物館編　佐倉　国立歴史民俗博物館　1988.2　98p　26cm　(日本歴史探険)　Ⓝ210.4
〔01451〕
◇中世を歩く　国立歴史民俗博物館編　福武書店　1988.5　98p　26cm　(日本歴史探険)　800円　Ⓘ4-8288-1172-9　Ⓝ210.4
〔01452〕
◇中世を生きた日本人　今井雅晴著　学生社　1992.6　310p　19cm　2400円　Ⓘ4-311-20175-3　Ⓝ210.4
〔01453〕
◇中世を生きた人びと　横井清著　京都　ミネルヴァ書房　1981.6　270p　19cm　(歴史と日本人 3)　1600円　Ⓝ210.4
〔01454〕
◇中世を生きた人びと―史話　横井清著　福武書店　1991.9　295p　15cm　(福武文庫)　680円　Ⓘ4-8288-3214-9　Ⓝ210.4
〔01455〕
◇中世を推理する　邦光史郎著　集英社　1991.1　253p　16cm　(集英社文庫)　380円　Ⓘ4-08-749675-9　Ⓝ210.4
〔01456〕
◇中世を創った人びと　松岡心平著, 裵昭写真　新書館　2001.4　310p　20cm　2800円　Ⓘ4-403-23085-7　Ⓝ281.04
〔01457〕
◇中世鎌倉人の手紙を読む　女性編　相川高徳編著　岩田書院　2004.8　111p　26cm　(金沢文庫の古文書 2)　2000円　Ⓘ4-87294-335-X　Ⓝ210.4　〔01458〕
◇中世鎌倉人の手紙を読む　男性編　相川高徳編著　岩田書院　2004.8　111p　26cm　(金沢文庫の古文書 1)　2000円　Ⓘ4-87294-334-1　Ⓝ210.4　〔01459〕
◇中世奇人列伝　今谷明著　草思社　2001.11　229p　20cm　1600円　Ⓘ4-7942-1094-9　Ⓝ281.04
〔01460〕
◇中世勤王家列伝　谷口流鶯編　松声堂　1899.2　147p　22cm　Ⓝ281
〔01461〕
◇中世考古学への招待　坂詰秀一編　雄山閣出版　2000.9　154p　26cm　(普及版・季刊考古学)　2500円　Ⓘ4-639-01709-X　Ⓝ210.4
〔01462〕
◇中世国家成立過程の研究　奥野中彦著　三一書房　1979.8　542p　23cm　7500円　Ⓝ210.4　〔01463〕
◇中世国家と東国・奥羽　伊藤喜良著　校倉書房　1999.2　526p　22cm　(歴史科学叢書)　14000円　Ⓘ4-7517-2910-1　Ⓝ210.4
〔01464〕
◇中世再考―列島の地域と社会　網野善彦著　日本エディタースクール出版部　1986.4　233p　20cm　1800円　Ⓝ210.4
〔01465〕
◇中世史へのいざない　石井進著　山川出版社　2006.4　401, 36p　20cm　(石井進の世界 6)　6500円　Ⓘ4-634-59056-5　Ⓝ210.4
〔01466〕
◇中世史研究と歴史教育論―遺稿と追悼　矢代和也著　校倉書房　1991.5　404p　22cm　5150円　Ⓘ4-7517-2120-8　Ⓝ210.4
〔01467〕
◇中世史雑考　鈴木良一著　校倉書房　1987.6　324p　20cm　2800円　Ⓘ4-7517-1800-2　Ⓝ210.4

◇中世史と考古学・民俗学　石井進著　岩波書店　2005.6　346, 55p　22cm　(石井進著作集 第10巻)　8400円　Ⓘ4-00-092630-6　Ⓝ210.4
〔01469〕
◇中世史ハンドブック　永原慶二等編　近藤出版社　1973　497p　22cm　3200円　Ⓝ210.4
〔01470〕
◇中世史用語事典　佐藤和彦編　新人物往来社　1991.9　427p　20cm　5800円　Ⓘ4-404-01839-8　Ⓝ210.4
〔01471〕
◇中世総合資料学の可能性―新しい学問体系の構築に向けて　前川要編　新人物往来社　2004.11　231p　22cm　3500円　Ⓘ4-404-03217-X　Ⓝ210.01　〔01472〕
◇中世総合資料学の提唱―中世考古学の現状と課題　前川要編　新人物往来社　2003.3　292p　22cm　4200円　Ⓘ4-404-03126-2　Ⓝ210.4
〔01473〕
◇中世地域史の研究　仲村研著　高科書店　1988.5　397p　22cm　7000円　Ⓝ210.4
〔01474〕
◇中世的世界の形成　石母田正著　伊藤書店　1946　304p　21cm　25円　Ⓝ210.4
〔01475〕
◇中世的世界の形成　石母田正著　東京大学出版会　1957　484p　地図　22cm　Ⓝ210.4
〔01476〕
◇中世的世界の形成　石母田正著　岩波書店　1985.9　467, 14p　15cm　(岩波文庫)　700円　Ⓝ210.4
〔01477〕
◇中世的世界の形成　石母田正著　岩波書店　2007.7　467, 14p　15cm　(岩波文庫)　1100円　Ⓘ4-00-334361-1
〔01478〕
◇中世東国の研究　中世東国史研究会編　東京大学出版会　1988.2　614p　22cm　8600円　Ⓘ4-13-026045-6　Ⓝ210.4
〔01479〕
◇中世東国の支配構造　佐藤博信著　京都　思文閣出版　1989.6　379, 18p　22cm　(思文閣史学叢書)　8034円　Ⓘ4-7842-0554-3　Ⓝ210.4　〔01480〕
◇中世と中世人　秦恒平著　平凡社　1978.6　438p　20cm　1600円　Ⓝ210.4
〔01481〕
◇中世内乱期の群像　佐藤和彦著　河出書房新社　1991.3　227p　15cm　(河出文庫)　490円　Ⓘ4-309-47202-8　Ⓝ210.4
〔01482〕
◇中世に国家はあったか　新田一郎著　山川出版社　2004.8　100p　21cm　(日本史リブレット 19)　800円　Ⓘ4-634-54190-4　Ⓝ210.4
〔01483〕
◇中世日本の王権・宗教・芸能　桜井好朗著　京都　人文書院　1988.10　354p　22cm　3600円　Ⓘ4-409-52008-3　Ⓝ210.4
〔01484〕
◇中世日本の形成　芳賀幸四郎著　弘文堂　1956　75p　15cm　(アテネ文庫 日本歴史シリーズ)　Ⓝ210.4
〔01485〕
◇中世日本の社会と国家　永原慶二著　日本放送出版協会　1982.8　217p　19cm　(新NHK市民大学叢書 13)　900円　Ⓘ4-14-012051-7　Ⓝ210.4　〔01486〕
◇中世日本の諸相　上巻　安田元久著, 安田元久先生退任記念論集刊行委員会編　吉川弘文館　1989.4　582p　22cm　9806円　Ⓘ4-642-02628-2　Ⓝ210.4
〔01487〕
◇中世日本の諸相　下巻　安田元久著, 安田元久先生退任記念論集刊行委員会編　吉川弘文館　1989.4　640p　22cm　9806円　Ⓘ4-642-02629-0　Ⓝ210.4
〔01488〕

◇中世日本の歴史　五味文彦, 本郷和人編著　放送大学教育振興会　2003.3　223p　21cm　（放送大学教材 2003）　2600円　Ⓘ4-595-23660-3　Ⓝ210.4
〔01489〕
◇中世日本の歴史像　日本史研究会史料研究部会編　大阪　創元社　1978.7　440p　22cm　（創元学術双書）　4000円　Ⓝ210.4
〔01490〕
◇中世のかたち　石井進著　中央公論新社　2002.1　326p　20cm　（日本の中世 1）　2400円　Ⓘ4-12-490210-7　Ⓝ210.4
〔01491〕
◇中世の系譜―東と西、北と南の世界　小野正敏, 五味文彦, 萩原三雄編　高志書院　2004.7　294p　21cm　（考古学と中世史研究 1）　2500円　Ⓘ4-906641-84-9　Ⓝ210.4
〔01492〕
◇中世の権力と民衆　日本史研究会史料研究部会編　大阪　創元社　1970　528p　22cm　（創元学術双書）　3500円　Ⓝ210.4
〔01493〕
◇中世の光景　朝日新聞学芸部編　朝日新聞社　1994.10　354p　19cm　（朝日選書 512）　1600円　Ⓘ4-02-259612-0　Ⓝ210.4
〔01494〕
◇中世の考古学―埋蔵文化財研究講座　昭和54・55年度〔福山〕　広島県草戸千軒町遺跡調査研究所　1981.3　49p　26cm　Ⓝ210.2
〔01495〕
◇中世の考古学―遺跡発掘の新資料　斎藤忠編　名著出版　1983.9　365p　22cm　5800円　Ⓝ210.2
〔01496〕
◇中世の旅人たち　丸茂武重著　六興出版　1987.5　237p　20cm　1800円　Ⓘ4-8453-8075-7　Ⓝ210.4
〔01497〕
◇中世の地域と宗教　羽下徳彦著　吉川弘文館　2005.1　360p　22cm　9000円　Ⓘ4-642-02836-6　Ⓝ210.4
〔01498〕
◇中世の発見　永原慶二編　吉川弘文館　1993.4　368p　22cm　6500円　Ⓘ4-642-02731-9　Ⓝ210.4
〔01499〕
◇中世の杜―羽下徳彦先生退官記念論集　仙台　東北大学文学部国史研究室中世史研究会　1997.3　102p　26cm　Ⓝ210.4
〔01500〕
◇沈黙の中世　網野善彦ほか著　平凡社　1990.10　232p　20cm　1806円　Ⓘ4-582-47504-3　Ⓝ210.4
〔01501〕
◇通語　上 分冊1　中井履軒著　観音寺　上坂氏顕彰会史料出版部　2001.4　1冊（ページ付なし）　30cm　（理想日本リプリント 第50巻）　46800円　Ⓝ210.4
〔01502〕
◇通語　上 分冊2　中井履軒著　観音寺　上坂氏顕彰会史料出版部　2001.4　1冊（ページ付なし）　30cm　（理想日本リプリント 第50巻）　46800円　Ⓝ210.4
〔01503〕
◇通語　上 分冊3　中井履軒著　観音寺　上坂氏顕彰会史料出版部　2001.4　1冊（ページ付なし）　30cm　（理想日本リプリント 第50巻）　46800円　Ⓝ210.4
〔01504〕
◇通語　下 分冊1　中井履軒著　観音寺　上坂氏顕彰会史料出版部　2001.4　1冊（ページ付なし）　30cm　（理想日本リプリント 第50巻）　52800円　Ⓝ210.4
〔01505〕
◇通語　下 分冊2　中井履軒著　観音寺　上坂氏顕彰会史料出版部　2001.4　1冊（ページ付なし）　30cm　（理想日本リプリント 第50巻）　52800円　Ⓝ210.4
〔01506〕

◇堂々日本史　第6巻　NHK取材班編　名古屋　KTC中央出版　1997.5　256p　20cm　1553円　Ⓘ4-924814-91-1　Ⓝ210
〔01507〕
◇謎解き中世史　今谷明著　洋泉社　1997.4　237p　19cm　1600円+税　Ⓘ4-89691-255-1　Ⓝ210.4
〔01508〕
◇日本史を学ぶ 2　中世　吉田晶等編　永原慶二編　有斐閣　1975　307p　19cm　（有斐閣選書）　1000円　Ⓝ210.07
〔01509〕
◇日本史図録　第2　鎌倉-安土桃山時代　児玉幸多, 斎藤忠, 久野健編　吉川弘文館　1960　208p 図版　22cm　Ⓝ210.038
〔01510〕
◇日本史総覧 3　中世 2　今井尭ほか編集　新人物往来社　1984.3　517p　27cm　9800円　Ⓝ210.03
〔01511〕
◇日本史総覧　補巻　中世 3.近世 3　今井尭ほか編集　新人物往来社　1984.11　529p　27cm　9800円　Ⓝ210.03
〔01512〕
◇日本史の快楽―中世に遊び現代を眺める　上横手雅敬著　講談社　1996.6　237p　19cm　1500円　Ⓘ4-06-208200-4　Ⓝ210.04
〔01513〕
◇日本史の快楽―中世に遊び現代を眺める　上横手雅敬著　角川書店　2002.5　236p　15cm　（角川文庫）　600円　Ⓘ4-04-363801-9　Ⓝ210.04
〔01514〕
◇日本史の真髄―頼山陽の『日本楽府』を読む 2　中世・武家篇―源頼朝から応仁の乱まで　渡部昇一著　PHP研究所　1992.8　325p　20cm　1500円　Ⓘ4-569-53686-7　Ⓝ210.1
〔01515〕
◇日本史の真髄―頼山陽の『日本楽府』を読む 3　戦国・織豊時代篇―応仁の乱から朝鮮出兵まで　渡部昇一著　PHP研究所　1994.4　269p　20cm　1500円　Ⓘ4-569-54275-1　Ⓝ210.1
〔01516〕
◇日本史論聚 3　変革の道程　林屋辰三郎著　岩波書店　1988.3　320p　22cm　3800円　Ⓘ4-00-003483-9　Ⓝ210.1
〔01517〕
◇日本人物史大系　第2巻　中世　佐藤進一編　朝倉書店　1959　309p　22cm　Ⓝ210.1
〔01518〕
◇日本全史　第4　中世 第1　安田元久　東京大学出版会　1958　22cm　Ⓝ210.1
〔01519〕
◇日本中世史　原勝郎著　大阪　創元社　1939　216p　17cm　（日本文化名著選 第10）　Ⓝ210.4
〔01520〕
◇日本中世史　原勝郎著　平凡社　1969　336p　18cm　（東洋文庫 146）　450円　Ⓝ210.4
〔01521〕
◇日本中世史　原勝郎著　講談社　1978.6　186p　15cm　（講談社学術文庫）　280円　Ⓝ210.46
〔01522〕
◇日本中世史　五味文彦編著　放送大学教育振興会　1993.3　169p　21cm　（放送大学教材 1993）　1850円　Ⓘ4-595-85611-3　Ⓝ210.4
〔01523〕
◇日本中世史　第1巻　原勝郎著　富山房　1906.2　257p　23cm　Ⓝ210.4
〔01524〕
◇日本中世史覚書　竹内久夫著　原書房　1999.11　391p　20cm　Ⓘ4-562-03260-X　Ⓝ210.4
〔01525〕
◇日本中世史を見直す　佐藤進一ほか著　悠思社　1994.2　244p　20cm　1800円　Ⓘ4-946424-56-3　Ⓝ210.4
〔01526〕
◇日本中世史を見直す　佐藤進一, 網野善彦, 笠松宏至著　平凡社　1999.2　278p　16cm　（平凡社ライブラリー）　1000円　Ⓘ4-582-76278-6　Ⓝ210.4
〔01527〕

◇日本中世史研究事典　佐藤和彦ほか編　東京堂出版　1995.6　291p　22cm　4500円　Ⓘ4-490-10389-1　Ⓝ210.4　〔01528〕
◇日本中世史研究の軌跡　永原慶二, 佐々木潤之介編　東京大学出版会　1988.4　334p　22cm　5400円　Ⓘ4-13-020079-8　Ⓝ210.4　〔01529〕
◇日本中世史像の形成―研究と教育の狭間　池永二郎著　柏書房　1993.10　290p　21cm　（ポテンティア叢書30）　3800円　Ⓘ4-7601-1013-5　Ⓝ210.4　〔01530〕
◇日本中世史像の再検討　網野善彦ほか著　山川出版社　1988.6　202p　19cm　1500円　Ⓘ4-634-60210-5　Ⓝ210.4　〔01531〕
◇日本中世史入門　中野栄夫著　雄山閣出版　1986.4　280p　22cm　2500円　Ⓘ4-639-00557-1　Ⓝ210.4　〔01532〕
◇日本中世史の研究　原勝郎著　同文館　1929　Ⓝ210.4　〔01533〕
◇日本中世史の研究　魚澄惣五郎著　京都　星野書店　1944　293p　19cm　Ⓝ210.4　〔01534〕
◇日本中世史の研究　渡辺世祐著　千葉　六盟館　1946　350p　図版　21cm　Ⓝ210.4　〔01535〕
◇日本中世史の再発見　峰岸純夫編　吉川弘文館　2003.5　365p　22cm　10000円　Ⓘ4-642-02823-4　Ⓝ210.4　〔01536〕
◇日本中世史論考　大森金五郎著　巣鴨町（府）　四海書房　1928　452, 85p　22cm　Ⓝ210.4　〔01537〕
◇日本中世史論攷　川添昭二先生還暦記念会編　文献出版　1987.3　491, 26p　22cm　10000円　Ⓝ210.4　〔01538〕
◇日本中世史論集　福尾教授退官記念事業会編　吉川弘文館　1972　344p　22cm　2500円　Ⓝ210.4　〔01539〕
◇日本中世史論集　佐藤進一著　岩波書店　1990.12　335, 20p　22cm　4272円　Ⓘ4-00-001681-4　〔01540〕
◇日本中世内乱史人名事典　上巻　佐藤和彦, 樋口州男, 錦昭江, 松井吉昭, 櫻井彦, 鈴木彰編　新人物往来社　2007.5　380p　22cm　12000円　Ⓘ978-4-404-03449-6　Ⓝ281.03　〔01541〕
◇日本中世内乱史人名事典　下巻　佐藤和彦, 樋口州男, 錦昭江, 松井吉昭, 櫻井彦, 鈴木彰編　新人物往来社　2007.5　356p　22cm　12000円　Ⓘ978-4-404-03450-2　Ⓝ281.03　〔01542〕
◇日本中世内乱史人名事典　別巻　佐藤和彦, 樋口州男, 錦昭江, 松井吉昭, 櫻井彦, 鈴木彰編　新人物往来社　2007.6　595p　22cm　15000円　Ⓘ978-4-404-03451-9　Ⓝ281.03　〔01543〕
◇日本中世の史的展開　芥川龍男編　文献出版　1997.7　249p　22cm　6500円　Ⓘ4-8305-1200-8　Ⓝ210.4　〔01544〕
◇日本の中世　五味文彦編著　放送大学教育振興会　1998.3　202p　21cm　（放送大学教材 1998）　2600円　Ⓘ4-595-55432-X　Ⓝ210.4　〔01545〕
◇日本の中世　五味文彦, 本郷和人, 中島圭一編著　放送大学教育振興会　2007.4　229p　21cm　（放送大学教材 2007）　2500円　Ⓘ978-4-595-30713-3　Ⓝ210.4　〔01546〕
◇日本の歴史　4（中世1）　源氏と平氏―東と西　新訂増補　朝日新聞社　2005.1　324p　30cm　（朝日百科）　Ⓘ4-02-380017-1　Ⓝ210.1　〔01547〕

◇日本の歴史　中世 1-6　海民と遍歴する人びと　新訂増補　朝日新聞社　2002.7　p166-196　30cm　（週刊朝日百科 6）　476円　Ⓝ210.1　〔01548〕
◇日本の歴史　別巻 第2　図録　竹内理三, 永原慶二編　中央公論社　1967　図版288p　18cm　Ⓝ210.1　〔01549〕
◇日本の歴史が10倍おもしろくなる　3　鎌倉から安土・桃山　旺文社編　旺文社　1984.12　95p　21cm　（おもしろ教科書ゼミナール 3）　580円　Ⓘ4-01-017053-0　Ⓝ210.07　〔01550〕
◇日本の歴史資料集―教科書の絵と写真で見る　第3巻　鎌倉時代～室町時代　宮原武夫監修, 古舘明廣, 加藤剛編著　岩崎書店　2002.4　45p　31cm　3000円　Ⓘ4-265-04853-6, 4-265-10265-4　Ⓝ210.07　〔01551〕
◇日本の歴史パノラマ絵地図　3―時代のようすが一目でわかる　鎌倉～室町時代　田代脩監修　学習研究社　2005.4　48p　31×22cm　3000円　Ⓘ4-05-202140-1　〔01552〕
◇日本歴史学界の回顧と展望　6　日本中世 1 1949～71　史学会編　山川出版社　1987.6　558p　22cm　6500円　Ⓘ4-634-31060-0　Ⓝ204　〔01553〕
◇日本歴史学界の回顧と展望　7　日本中世 2 1972～85　史学会編　山川出版社　1987.6　500, 40p　22cm　6500円　Ⓘ4-634-31070-8　Ⓝ204　〔01554〕
◇日本歴史講座　第3巻　中世篇 第1〔ほか〕　松本新八郎編　河出書房　1951-53　22cm　Ⓝ210.08　〔01555〕
◇日本歴史講座　第4巻　中世篇 第2〔ほか〕　林基編　河出書房　1951-53　22cm　Ⓝ210.08　〔01556〕
◇日本歴史大系　2　中世　井上光貞ほか編　山川出版社　1985.5　xv, 1045p　27cm　11000円　Ⓘ4-634-20020-1　Ⓝ210.08　〔01557〕
◇日本歴史物語　第3　武士の世の中〔ほか〕　和島誠一等編　西岡虎之助編　河出書房　1955　18cm　（河出新書）　Ⓝ210.1　〔01558〕
◇日本歴史物語　第3　武士の争い　和島誠一等編　河出書房新社　1962　218p　18cm　Ⓝ210.1　〔01559〕
◇日本論の視座―列島の社会と国家　網野善彦著　新装版　小学館　2004.8　286p　21cm　1900円　Ⓘ4-09-626209-9　〔01560〕
◇母のための 日本歴史　第2　武士のおこりから戦国時代まで　和歌森太郎著　中央公論社　1960　232p　図版　18cm　Ⓝ210.1　〔01561〕
◇反復する中世　高橋輝雄著　梟社, 新泉社〔発売〕　1992.5　462p　19cm　3090円　〔01562〕
◇東と西の語る日本の歴史　網野善彦著　講談社　1998.9　340p　15cm　（講談社学術文庫）　960円　Ⓘ4-06-159343-9　〔01563〕
◇100問100答・日本の歴史　3（中世）　歴史教育者協議会編　河出書房新社　1995.3　282p　20cm　2600円　Ⓘ4-309-22271-4　Ⓝ210　〔01564〕
◇百夜一話・日本の歴史　第4　武士勢力の台頭　和歌森太郎, 山本藤枝著　集英社　1969　346p　図版　18cm　580円　Ⓝ210.1　〔01565〕
◇武士世界の序幕　安田元久著　吉川弘文館　1973　304p　19cm　980円　Ⓝ210.12　〔01566〕
◇武士と文士の中世史　五味文彦著　東京大学出版会　1992.10　300, 11p　21cm　2884円　Ⓘ4-13-020102-4　Ⓝ210.42　〔01567〕
◇北京科学シンポジウム歴史部門参加論文集　1964年　歴史学研究会, 京都地区歴史部門研究連絡協議会編　京都

京都歴研連事務局　1964　104p　25cm　Ⓝ210.4
〔01568〕
◇封建時代から戦国動乱へ―第5場面から第8場面　TOSS社会編　明治図書出版　2005.12　177p　21cm　(20場面で"日本の歴史"をこう組み立てる　第2巻)　1960円　①4-18-417210-5
〔01569〕
◇まんが人物・日本の歴史　3　鎌倉―室町時代　つぼいこう著　朝日新聞社　1998.7　254p　19cm　800円　①4-02-222023-6
〔01570〕
◇まんがで学習日本の歴史　3(南北朝時代―安土桃山時代)　小和田哲男監修,渡部暁まんが　成美堂出版　2003.12　238p　23cm　950円　①4-415-01562-X　Ⓝ210
〔01571〕
◇まんが日本の歴史―小学館版　4　立ち上がる民衆と戦国大名　あおむら純漫画　小学館　1992.2　319p　20cm　1400円　①4-09-624004-4　Ⓝ726.1
〔01572〕
◇漫画版　日本の歴史　4　鎌倉時代・南北朝時代・室町時代　1　入間田宣夫監修,森ља‎よしひろ漫画　集英社　2007.8　302p　15cm　(集英社文庫)　571円　①978-4-08-746178-7
〔01573〕
◇無縁・公界・楽―日本中世の自由と平和　網野善彦著　平凡社　1978.6　269p　20cm　(平凡社選書58)　1100円　Ⓝ210.4
〔01574〕
◇無縁・公界・楽―日本中世の自由と平和　網野善彦著　増補版　平凡社　1987.5　376p　20cm　(平凡社選書58)　2200円　①4-582-82258-4　Ⓝ210.4
〔01575〕
◇明治の源流　平泉澄著　時事通信社　1970　366p　図版　19cm　1000円　Ⓝ210.4
〔01576〕
◇鳴動する中世―怪音と地鳴りの日本史　笹本正治著　朝日新聞社　2000.2　249,11p　19cm　(朝日選書644)　1300円　①4-02-259744-5　Ⓝ210.4
〔01577〕
◇物語日本の歴史―その時代を見た人が語る　第6巻　中世社会の展望　笠原一男編　木耳社　1995.9　208p　20cm　1500円　①4-8393-7558-5　Ⓝ210.1
〔01578〕
◇義経から一豊へ―大河ドラマを海域にひらく　小島毅編　勉誠出版　2006.1　135p　21cm　1400円　①4-585-10403-8　Ⓝ210.4
〔01579〕
◇蘇る中世の英雄たち―「武威の来歴」を問う　関幸彦著　中央公論社　1998.10　212p　18cm　(中公新書)　660円　①4-12-101444-8　Ⓝ210.4
〔01580〕
◇甦る日本史―頼山陽の『日本楽府』を読む　2　中世・武家篇―源頼朝から応仁の乱まで　渡部昇一著　PHP研究所　1996.8　347p　15cm　(PHP文庫)　600円　①4-569-56919-6　Ⓝ210.1
〔01581〕
◇乱世の歴史像　高橋磌一著　志摩書房　1959　268p　19cm　Ⓝ210.04
〔01582〕
◇歴史を創った人々　2　中世篇　邦光史郎著　大阪　大阪書籍　1983.2　207p　19cm　(朝日カルチャーブックス16)　1200円　①4-7548-1016-3　Ⓝ281
〔01583〕
◇歴史を読みなおす　7～12　朝日新聞社　1993.11～1995.10　6冊(合本1冊)　31cm　(朝日百科―日本の歴史別冊)　各980円　Ⓝ210.1
〔01584〕
◇歴史を読みなおす　13～18　朝日新聞社　1993.10～1995.11　6冊(合本1冊)　31cm　(朝日百科―日本の歴史別冊)　各980円　Ⓝ210.1
〔01585〕
◇歴史学の再生―中世史を組み直す　黒田俊雄著　校倉書房　1983.5　241p　20cm　2500円　Ⓝ210.4
〔01586〕

◇歴史人物アルバム　日本をつくった人たち大集合　2　鎌倉・室町・安土桃山時代の50人　PHP研究所編　PHP研究所　2001.2　47p　30cm　2900円　①4-569-68262-6
〔01587〕
◇歴史人物列伝　心に残る日本人　岡田良平著　文芸社　2004.3　266p　19cm　1700円　①4-8355-7066-9
〔01588〕
◇列島の歴史を語る　網野善彦著,藤沢・網野さんを囲む会編　仙台　本の森　2005.11　322p　19cm　1800円　①4-938965-76-3　Ⓝ210.04
〔01589〕
◇渡部昇一の中世史入門―頼山陽「日本楽府」を読む　渡部昇一著　新版　PHP研究所　2007.6　358p　18cm　950円　①978-4-569-69337-8
〔01590〕

◆中世史料・古文書
◇安保文書　北畠顕家卿奉賛会編　北畠顕家卿奉賛会　1941　40p　24cm　Ⓝ210.4
〔01591〕
◇和泉松尾寺文書　魚澄惣五郎著　〔大阪〕　大阪府教育委員会　1957　46p　図版11枚　26cm　(大阪府文化財調査報告　第6輯)　Ⓝ210.4
〔01592〕
◇今堀日吉神社文書集成　仲村研編　雄山閣出版　1981.4　xi,711p　22cm　18000円　①4-639-00044-8　Ⓝ210.4
〔01593〕
◇石清水八幡宮文書―外　田沼睦校訂　続群書類従完成会　1999.5　182,42p　22cm　(史料纂集　古文書編30―筑波大学所蔵文書　下)　8000円　①4-7971-0412-0　Ⓝ210.4
〔01594〕
◇奥山庄史料集　新潟県教育委員会編　〔新潟〕　1965　200,25p　26cm　(新潟県文化財調査報告　第10)　Ⓝ210.4
〔01595〕
◇鮮明鶴岡八幡宮古文書集　貫達人,三浦勝男編　鎌倉　鶴岡八幡宮社務所　1980.10　2冊　16～22cm　(鶴岡叢書　第3輯)　全12000円　Ⓝ210.4
〔01596〕
◇葛川明王院史料　村山修一編　吉川弘文館　1964　1101p　図版　22cm　Ⓝ210.4
〔01597〕
◇蒲田史料―上代より徳川家康江戸入府まで　中里右吉郎記　蒲田町(府)　山田義一　1929　83p　24cm　Ⓝ213.6
〔01598〕
◇喜連川文書―栃木県立博物館調査研究報告書　栃木県立博物館人文課編　宇都宮　栃木県立博物館　1993.3　95p　26cm　①4-924622-76-1　Ⓝ210.4
〔01599〕
◇結番日記　親孝日記　鼍盲記　保房作,坪井九馬三,日下寛校　〔東京帝国大学〕　1908.11　1冊　23cm　(文科大学史誌叢書)　Ⓝ210.4
〔01600〕
◇高野山文書　総本山金剛峯寺編　歴史図書社　1973　7冊　22cm　全38000円　Ⓝ210.4
〔01601〕
◇猿投影印叢刊　第1輯　平家秘巻〔ほか〕　太田正弘編,村田正志校閲　限定版　猿投神社誌刊行会　1966　27cm　Ⓝ210.4
〔01602〕
◇志賀文書　〔日田〕　〔志賀昭夫〕　2003.11　2冊　26cm　Ⓝ210.4
〔01603〕
◇称名寺の新発見資料―テーマ展図録　神奈川県立金沢文庫編　横浜　神奈川県立金沢文庫　1994.11　64p　26cm　Ⓝ210.4
〔01604〕
◇史料纂集　古文書編36　福智院家文書　第1　上島享,末柄豊,前川祐一郎,安田次郎校訂　続群書類従完成会　2005.5　249p　22cm　11000円　①4-7971-0418-X　Ⓝ210.088
〔01605〕
◇史料纂集　古文書編38　朽木家文書　第1　藤田達生,西島太郎校訂　八木書店　2007.7　223p　22cm　13000

◇新修八坂神社文書―中世篇　八坂神社文書編纂委員会編　京都　臨川書店　2002.9　300, 16p　22cm　7400円　Ⓘ4-653-03911-9　Ⓝ175.962
〔01607〕

◇菅浦文書　滋賀大学経済学部史料館編纂　〔大津〕　滋賀大学日本経済文化研究所　東京　有斐閣(発売)　1960-1967　2冊　22cm　(滋賀大学日本経済文化研究所叢書　第1,8冊)　Ⓝ210.4
〔01608〕

◇續史料大成　第10巻　建治三年記　永仁三年記　斎藤基恒日記　斎藤親基日記　親元日記1(寛正6年春夏秋)　竹内理三編　三善康有著, 太田時連著, 斎藤基恒著, 斎藤親基著, 蜷川親元著　増補　京都　臨川書店　1967.8(第4刷:1994.5)　438p　22cm　Ⓘ4-653-00459-5, 4-653-02734-X　Ⓝ210.088
〔01609〕

◇續史料大成　第18巻　玉英記抄　舉盲記　後奈良天皇宸記　土右記　白河上皇高野御幸記　竹内理三編　一条兼良著, 半井保房著, 後奈良天皇著, 田中久夫校訂, 源師房著, 藤原通俊著　増補　京都　臨川書店　1967.8(第5刷:1994.6)　311p　22cm　Ⓘ4-653-00464-1　Ⓝ210.088
〔01610〕

◇續史料大成　第51巻　鎌倉年代記　武家年代記　鎌倉大日記　竹内理三編　増補　京都　臨川書店　1979.9(第5刷:1998.4)　260p　22cm　Ⓘ4-653-00500-1　Ⓝ210.088
〔01611〕

◇大日本古文書　家わけ第17　別集2　大徳寺文書別集　真珠庵文書之2　東京大学史料編纂所編纂　東京大学　1992.3　414p　図版5枚　22cm　6000円　Ⓝ210.088
〔01612〕

◇大日本古文書　家わけ第17　〔別集3〕　大徳寺文書別集　真珠庵文書之3　東京大学史料編纂所編纂　東京大学　1995.3　284, 12p　22cm　4800円　Ⓘ4-13-091170-8　Ⓝ210.088
〔01613〕

◇大日本古文書　家わけ第17　〔別集5〕　大徳寺文書別集　眞珠庵文書之5　東京大学史料編纂所編纂　東京大学史料編纂所　2002.3　284p 13枚　22cm　6900円　Ⓘ4-13-091262-3　Ⓝ210.088
〔01614〕

◇談山神社古文書集成　3　談山神社文化財調査会監修　大阪　小林写真工業(発売)　2003.9　CD-ROM2枚　12cm　Ⓘ4-901383-13-2, 4-901383-14-0, 4-901383-08-6　Ⓝ210.088
〔01615〕

◇筑前麻生文書―中世史料集　北九州市立歴史博物館編　北九州　北九州市立歴史博物館　2001.3　121p　30cm　Ⓝ210.4
〔01616〕

◇中古中世仮名書状集　久曽神昇著　風間書房　2000.12　106p　31cm　9000円　Ⓘ4-7599-1226-6　Ⓝ210.4
〔01617〕

◇中世結城家文書―重要文化財指定記念　白河市歴史民俗資料館, 白河集古苑編　白河　白河市歴史民俗資料館　1996.11　124p　30cm　Ⓝ210.4
〔01618〕

◇鶴岡社務記録　正慶乱離志――名・楠木合戦注文　博多日記　坪井九馬三, 日下寛校, 良覚著, 坪井九馬三, 日下寛校　1908.11　1冊　23cm　(文科大学史誌叢書)　Ⓝ210.4
〔01619〕

◇定本　飯野家文書―中世篇画像集　いわき　飯野文庫, 東京文献センター〔発売〕　2004.12　260p　18×26cm　8000円　Ⓘ4-925187-53-8
〔01620〕

◇手鑑―鴻池家旧蔵　井上宗雄, 岡崎久司責任編集　大東急記念文庫, 汲古書院〔発売〕　2004.8　210p　27×37cm　(大東急記念文庫善本叢刊　中古中世篇　別巻三)　45000円　Ⓘ4-7629-3491-7
〔01621〕

◇豊島氏編年史料　1　東京都豊島区立郷土資料館編　〔東京都〕豊島区教育委員会　1992.3　120p　26cm　(豊島区立郷土資料館調査報告書　第8集―中世豊島氏関係史料集 2)　Ⓝ210.4
〔01622〕

◇豊島氏編年史料　2　東京都豊島区立郷土資料館編　〔東京都〕豊島区教育委員会　1995.3　120p　26cm　(豊島区立郷土資料館調査報告書　第11集―中世豊島氏関係史料集 3)　Ⓝ210.4
〔01623〕

◇豊島氏編年史料　3　豊島区立郷土資料館編　豊島区教育委員会　2003.3　177p　26cm　(豊島区立郷土資料館調査報告書　第15集―中世豊島氏関係史料集 4)　Ⓝ210.4
〔01624〕

◇豊島・宮城文書　東京都豊島区立郷土資料館編　〔東京都〕豊島区教育委員会　1988.3　117p　26cm　(豊島区立郷土資料館調査報告書　第4集)　Ⓝ210.4
〔01625〕

◇中村吉治収集土一揆史料集成　下巻　中村吉治編, 久留島典子校訂　校倉書房　1998.8　350p　22cm　18000円　Ⓘ4-7517-2850-4　Ⓝ210.4
〔01626〕

◇本能寺史料　中世篇　藤井学, 上田純一, 波多野郁夫, 安国良一編著　京都　思文閣出版　2006.6　403p　22cm　15000円　Ⓘ4-7842-1305-8　Ⓝ188.95
〔01627〕

◇本能寺史料　中世篇　藤井学, 上田純一, 波多野郁夫, 安国良一編著　京都　思文閣出版　2006.6　403p　21cm　15000円　Ⓘ4-7842-1305-8
〔01628〕

◇三野町の中世文書　三野町教育委員会編　三野町(香川県)　三野町　2005.3　133p　30cm　(三野町文化史 3)　Ⓝ218.2
〔01629〕

◇類書　1　築島裕責任編集　大東急記念文庫, 汲古書院〔発売〕　2005.8　30p　21cm　(大東急記念文庫善本叢刊　中古中世篇　第12巻)　19000円　Ⓘ4-7629-3471-2
〔01630〕

◇冷泉家古文書　冷泉家時雨亭文庫編　朝日新聞社　1993.6　392, 94, 5p　19×27cm　(冷泉家時雨亭叢書　第51巻)　30000円　Ⓝ210.4
〔01631〕

◆◆◆古文書学

◇越後文書宝翰集古文書学入門　矢田俊文, 新潟県立歴史博物館編　新潟　新潟大学人文学部地域文化連携センター　2007.3　55p　30cm　Ⓝ214.1
〔01632〕

◇岡山県の古文書―中世文書を中心とした昭和48年度特別展　岡山県立博物館編　岡山　岡山県立博物館　1973.10　1冊(頁付なし)　26cm　Ⓝ214.1
〔01633〕

◇お湯殿の上の日記主要語彙索引　小高恭編　岩田書院　1997.1　1287p　27cm　38000円　Ⓘ4-900697-68-0　Ⓝ210.09
〔01634〕

◇興隆寺文書を読む　その1　岩崎俊彦著　山口　大内氏壁書(法令)研究会　2004.3　182p　26cm　Ⓝ217.7
〔01635〕

◇興隆寺文書を読む―氏寺の文書から大内氏歴史を探る　その2　岩崎俊彦著　山口　大内氏壁書(法令)研究会　2005.3　224p　26cm　Ⓝ217.7
〔01636〕

◇古記録入門　高橋秀樹著　東京堂出版　2005.11　246p　22cm　3500円　Ⓘ4-490-20567-8　Ⓝ210.029
〔01637〕

◇古典形成の基盤としての中世資料の研究　人物・キャラクター編　人間文化研究機構国文学研究資料館文学形成研究系「古典形成の基盤としての中世資料の研究」プロジェクト編　人間文化研究機構国文学研究資料館　2006.3　31, 24p　30cm　(研究成果報告　平成17年度)　Ⓘ4-87592-112-8　Ⓝ210.4
〔01638〕

◇古文書研究 第54号 日本古文書学会編 日本古文書学会, 吉川弘文館〔発売〕 2001.11 115p 26cm 3500円 Ⓘ4-642-08750-8, ISSN0386-2429
〔01639〕
◇古文書研究 第58号 日本古文書学会編 八王子 日本古文書学会, 吉川弘文館〔発売〕 2004.3 146p 26cm 3500円 Ⓘ4-642-08754-0, ISSN0386-2429
〔01640〕
◇古文書研究 第61号 日本古文書学会編 八王子 日本古文書学会, 吉川弘文館〔発売〕 2006.3 132p 26cm 3500円 Ⓘ4-642-08757-5
〔01641〕
◇今日の古文書学 第3巻 中世 高橋正彦ほか編 峰岸純夫編 雄山閣出版 2000.1 313p 22cm 3700円 Ⓘ4-639-01666-2, 4-639-01667-0 Ⓝ210.029
〔01642〕
◇さいたまの文書―中世―収蔵中世文書ガイド 平成5年度第2回収蔵文書展 埼玉県立文書館編 浦和 埼玉県立文書館 1993.11 24p 26cm Ⓝ210.02 〔01643〕
◇書物へのまなざし 石井進著 山川出版社 2005.12 369, 16p 20cm (石井進の世界 3) 6500円 Ⓘ4-634-59053-0
〔01644〕
◇史料を読み解く 1 中世文書の流れ 久留島典子, 五味文彦編 久留島典子, 五味文彦著 山川出版社 2006.8 153, 11p 26cm 1900円 Ⓘ4-634-59044-1 Ⓝ210.4
〔01645〕
◇史料日本史 中世篇 高橋正彦著 慶応通信 1995.4 119p 21cm 1800円 Ⓘ4-7664-0607-9 Ⓝ210.4
〔01646〕
◇史料による日本の歩み 中世編 安田元久ほか編 吉川弘文館 1988.3 399, 15p 22cm 2800円 Ⓘ4-642-01007-6 Ⓝ210.088
〔01647〕
◇史料による日本の歩み〔第2〕中世編 児玉幸多等編 吉川弘文館 1957-58 22cm Ⓝ210.1 〔01648〕
◇史料の新しい可能性をさぐる 高橋一樹編 吉川弘文館〔発売〕 2007.3 93p 21cm (歴史研究の最前線 v.8) 900円 Ⓘ978-4-642-07981-5 Ⓝ210.029
〔01649〕
◇図録中世文書の基礎知識 小和田哲男編 柏書房 1979.7 159p 22cm ("調べる歴史"への入門シリーズ) 1500円 Ⓝ210.029
〔01650〕
◇世界史のなかの日本中世文書 河音能平著 京都 文理閣 1996.4 254p 22cm 4800円 Ⓘ4-89259-256-0 Ⓝ210.029
〔01651〕
◇田安徳川家蔵書と高乗勲文庫―二つの典籍コレクション 国文学研究資料館編 京都 臨川書店 2003.3 234p 19cm (古典講演シリーズ 9) 2300円 Ⓘ4-653-03913-5
〔01652〕
◇中世をひろげる―新しい史料論をもとめて 石井進編 吉川弘文館 1991.11 406p 22cm 5800円 Ⓘ4-642-02638-X Ⓝ210.4
〔01653〕
◇中世を読み解く―古文書入門 石井進著 東京大学出版会 1990.11 215p 26cm 2800円 Ⓘ4-13-022011-X Ⓝ210.02
〔01654〕
◇中世古文書を読み解く―南北朝内乱と九州 工藤敬一著 吉川弘文館 2000.6 198p 22cm 6000円 Ⓘ4-642-02792-0 Ⓝ210.4
〔01655〕
◇中世古文書資料目録 神奈川県立博物館編 横浜 神奈川県立博物館 1981.3 1冊(頁付なし) 26cm (神奈川県立博物館人文部門資料目録 4) Ⓝ210.4 〔01656〕

◇中世古文書の散策 外園豊基編 教育出版 1993.4 2冊 (解説編とも) 19×26cm 全2800円 Ⓘ4-316-38370-1 Ⓝ210.02
〔01657〕
◇中世古文書の世界 小川信編 吉川弘文館 1991.7 474p 22cm 8000円 Ⓘ4-642-02635-5 Ⓝ210.02
〔01658〕
◇中世社会史料論 五味文彦著 校倉書房 2006.11 426p 22cm 8000円 Ⓘ4-7517-3780-5 Ⓝ210.4
〔01659〕
◇中世史料採訪記―史料論の展開と史料調査の旅 福田榮次郎編 ぺりかん社 1998.5 523p 22cm 4000円 Ⓘ4-8315-0844-6 Ⓝ210.4
〔01660〕
◇中世史料採訪記―史料論の展開と史料調査の旅 福田榮次郎編 新訂 ぺりかん社 1998.9 509p 22cm 4000円 Ⓘ4-8315-0855-1 Ⓝ210.4 〔01661〕
◇中世史料論考 田中稔著 吉川弘文館 1993.11 444, 11p 22cm 9800円 Ⓘ4-642-02733-5 Ⓝ210.02
〔01662〕
◇中世史料論の現在 石井進著 岩波書店 2005.4 418, 5p 22cm (石井進著作集 第7巻) 8400円 Ⓘ4-00-092627-6 Ⓝ210.4
〔01663〕
◇中世資料論の現在と課題―考古学と中世史研究4 網野善彦ほか編 名著出版 1995.6 404p 22cm (帝京大学山梨文化財研究所シンポジウム報告集) 4500円 Ⓘ4-626-01513-1 Ⓝ210.4
〔01664〕
◇中世日本の政治と史料 羽下徳彦著 吉川弘文館 1995.5 371, 3p 22cm 8652円 Ⓘ4-642-02746-7 Ⓝ210.4
〔01665〕
◇中世の史料と制度 今江廣道編 続群書類従完成会 2005.6 305p 22cm 7000円 Ⓘ4-7971-0743-X Ⓝ210.4
〔01666〕
◇中世文書論の視座 河音能平編 東京堂出版 1996.3 510p 22cm 9800円 Ⓘ4-490-20283-0 Ⓝ210.02
〔01667〕
◇中世歴史資料目録 神奈川県立博物館編 横浜 神奈川県立博物館 1990.3 15p 図版8枚 26cm (神奈川県立博物館人文部門資料目録 12) Ⓝ210.4 〔01668〕
◇長福寺文書の研究 石井進編 山川出版社 1992.1 529, 65p 22cm (東京大学文学部布施基金学術叢書 1) 6500円 Ⓘ4-634-61730-7 Ⓝ210.4 〔01669〕
◇南都寺院文書の世界 勝山清編 京都 思文閣出版 2007.10 342p 22cm 5800円 Ⓘ978-4-7842-1369-6 Ⓝ210.4
〔01670〕
◇日記の家―中世国家の記録組織 松薗斉著 吉川弘文館 1997.8 345, 10p 22cm 7300円 Ⓘ4-642-02757-2 Ⓝ210.4
〔01671〕
◇日本古文書学講座 4 中世編Ⅰ 赤松俊秀ほか編 雄山閣出版 1984.11 287p 22cm 3000円 Ⓘ4-639-00414-1 Ⓝ210.02
〔01672〕
◇日本古文書学と中世文化史 荻野三七彦著 吉川弘文館 1995.2 482, 14p 22cm 9682円 Ⓘ4-642-02745-9 Ⓝ210.02
〔01673〕
◇日本古文書学論集 9 中世Ⅴ―中世の社会と経済関係文書 日本古文書学会編 熱田公編 吉川弘文館 1987.7 402pp 22cm 5800円 Ⓘ4-642-01264-8 Ⓝ210.02
〔01674〕
◇日本古文書学論集 10 中世Ⅵ―中世の宗教文書 日本古文書学会編 中尾堯編 吉川弘文館 1987.10 431p 22cm 5800円 Ⓘ4-642-01265-6 Ⓝ210.02
〔01675〕

◇日本史史料 2　歴史学研究会編　岩波書店　1998.3　422p　22cm　3500円　Ⓘ4-00-026137-1　Ⓝ210.1
〔01676〕
◇日本中世逸亡金石拓本展観目録　〔早稲田大學圖書館〕　1954　34p　19cm　Ⓝ210.028
〔01677〕
◇日本中世古文書の研究　荻野三七彦著　荻野三七彦博士還暦記念論文集刊行会　1964　336p　図版　22cm　Ⓝ210.02
〔01678〕
◇日本中世史料学の課題―系図・偽文書・文書　網野善彦著　弘文堂　1996.3　420p　22cm　5150円　Ⓘ4-335-25055-X　Ⓝ210.4
〔01679〕
◇日本中世の政治と史料　飯倉晴武著　吉川弘文館　2003.6　342, 7p　22cm　9000円　Ⓘ4-642-02824-2　Ⓝ210.4
〔01680〕
◇房総里見・正木氏文書の研究　史料篇1　日本古文書学研究所編著　流山　崙書房出版　1991.9　63p　図版13枚　30cm　7000円　Ⓝ213.5
〔01681〕
◇房総里見・正木氏文書の研究　史料篇2　日本古文書学研究所編著　流山　崙書房出版　1992.12　112p　図版12枚　30cm　7000円　Ⓝ213.5
〔01682〕
◇房総里見・正木氏文書の研究　史料篇3　日本古文書学研究所編著　流山　崙書房出版　1997.3　166p　図版22枚　30cm　15000円　Ⓝ213.5
〔01683〕
◇木簡・木札が語る中世　水藤真著　東京堂出版　1995.6　248p　22cm　4500円　Ⓘ4-490-20265-2　Ⓝ210.4
〔01684〕
◇モノとココロの資料学―中世史料論の新段階　小野正敏, 五味文彦, 萩原三雄編　高志書院　2005.4　240p　21cm（考古学と中世史研究2）　2500円　Ⓘ4-906641-97-0　Ⓝ210.4
〔01685〕

◆◆◆東寺百合文書

◇上桂庄―伝領と相論　京都府立総合資料館歴史資料課編　〔京都〕　京都府立総合資料館　1990.7　52, 12p　26cm（東寺百合文書展 第7回）　Ⓝ210.4
〔01686〕
◇古文書の様式　京都府立総合資料館歴史資料課編　〔京都〕　京都府立総合資料館　1999.7　44, 12p　26cm（東寺百合文書展 第16回）　Ⓝ210.029
〔01687〕
◇大日本古文書　家わけ第10之9　東寺文書之9　百合文書わ中之2　東京大学史料編纂所編　東京大学　1991.3　433p 9枚　22cm　6200円　Ⓝ210.088
〔01688〕
◇大日本古文書　家わけ第10之10　東寺文書之10　百合文書わ下　東京大学史料編纂所編纂　東京大学　1994.3　302p, 3枚　22cm　4800円　Ⓘ4-13-091110-4　Ⓝ210.088
〔01689〕
◇大日本古文書　家わけ第10之11　東寺文書之11　百合文書よ之1　東京大学史料編纂所編纂　東京大学　1997.3　358, 10p　22cm　6500円　Ⓘ4-13-091111-2　Ⓝ210.088
〔01690〕
◇大日本古文書　家わけ第10ノ12　東寺文書之12　百合文書よ之2　東京大学史料編纂所編纂　東京大学史料編纂所　2000.3　371, 8p　22cm　7100円　Ⓘ4-13-091112-0　Ⓝ210.088
〔01691〕
◇大日本古文書　家わけ第10〔13〕　東大寺文書之十三　百合文書よ之3・た之1　東京大学史料編纂所編纂　東京大学史料編纂所　2003.3　322p 2枚　22cm　7200円　Ⓘ4-13-091113-9　Ⓝ210.088
〔01692〕
◇大日本古文書　家わけ第10〔14〕　東寺文書之十四　百合文書た之2　東京大學史料編纂所編纂　東京大学出版会（発売）　2006.3　318, 1p　22cm　7600円　Ⓘ4-13-091114-7　Ⓝ210.088
〔01693〕
◇中世東寺の文書管理　京都府立総合資料館歴史資料課編　〔京都〕　京都府立総合資料館　1997.7　54, 20p　26cm（東寺百合文書展 第14回）　Ⓝ210.4
〔01694〕
◇東寺・東寺文書の研究　上島有著　京都　思文閣出版　1998.10　827, 31p　21cm　17000円　Ⓘ4-7842-0979-4
〔01695〕
◇東寺百合文書　1（イ函・ロ函1）　京都府立総合資料館編　京都　思文閣出版　2004.3　433, 29p　22cm　9500円　Ⓘ4-7842-1182-9　Ⓝ210.088
〔01696〕
◇東寺百合文書　2（ロ函2）　京都府立総合資料館編　京都　思文閣出版　2005.2　429, 8p　22cm　9500円　Ⓘ4-7842-1224-8　Ⓝ210.088
〔01697〕
◇東寺百合文書　3（ロ函3）　京都府立総合資料館編　京都　思文閣出版　2005.10　438, 3p　22cm　9500円　Ⓘ4-7842-1266-3　Ⓝ210.088
〔01698〕
◇東寺百合文書　4（ロ函4・ハ函1）　京都府立総合資料館編　京都　思文閣出版　2006.10　418, 16p　22cm　9500円　Ⓘ4-7842-1319-8　Ⓝ210.088
〔01699〕
◇東寺百合文書　5　ハ函2　京都府立総合資料館編　京都　思文閣出版　2007.10　396, 36p　21cm　9500円　Ⓘ978-4-7842-1364-1
〔01700〕
◇東寺百合文書を読む―よみがえる日本の中世　上島有, 大山喬平, 黒川直則編　京都　思文閣出版　1998.12　148, 6p　23cm　2500円　Ⓘ4-7842-0978-6　Ⓝ210.4
〔01701〕
◇東寺百合文書からみた日本の中世　京都府立総合資料館歴史資料課編　〔京都〕　京都府立総合資料館　2001.9　54, 22p　26cm（東寺百合文書展 第16回）　Ⓝ210.4
〔01702〕
◇東寺百合文書にみる日本の中世　京都府立総合資料館編　京都　京都新聞社　1998.3　363p　22cm　2900円　Ⓘ4-7638-0429-4　Ⓝ210.029
〔01703〕
◇東寺文書にみる中世社会　東寺文書研究会編　東京堂出版　1999.5　616p　22cm　8500円　Ⓘ4-490-20381-0　Ⓝ210.4
〔01704〕
◇南北朝内乱と東寺―第15回東寺百合文書展　京都府立総合資料館歴史資料課編　〔京都〕　京都府立総合資料館　1998.7　58, 16p　26cm　Ⓝ210.029
〔01705〕
◇日本史のなかの百合文書　京都府立総合資料館歴史資料課編　〔京都〕　京都府立総合資料館　2007.9　75p　26cm（東寺百合文書展 第22回）　Ⓝ210.088
〔01706〕
◇奉書と直状　京都府立総合資料館歴史資料課編　〔京都〕　京都府立総合資料館　2006.10　79p　26cm（東寺百合文書展 第21回）　Ⓝ210.4
〔01707〕

◆◆◆歴代残闕日記

◇歴代残闕日記　第2冊　巻4～巻6　黒川春村編　京都　臨川書店　1989.10　400p　22cm　Ⓘ4-653-01885-5　Ⓝ210.088
〔01708〕
◇歴代残闕日記　第3冊　巻7～巻9　黒川春村編　京都　臨川書店　1989.10　490p　22cm　Ⓘ4-653-01886-3　Ⓝ210.088
〔01709〕
◇歴代残闕日記　第5巻（巻26-29）　黒川春村編　京都　臨川書店　1969　427p　22cm　Ⓝ210.08
〔01710〕
◇歴代残闕日記　第6巻（巻30-32）　黒川春村編　京都　臨川書店　1970　461p　22cm　Ⓝ210.08
〔01711〕

◇歴代残闕日記　第7巻（巻33-36）　黒川春村編　京都　臨川書店　1970　502p　22cm　Ⓝ210.08　〔01712〕
◇歴代残闕日記　第8巻（巻37-40）　黒川春村編　京都　臨川書店　1970　448p　22cm　Ⓝ210.08　〔01713〕
◇歴代残闕日記　第9巻（巻41-44）　黒川春村編　京都　臨川書店　1970　496p　22cm　Ⓝ210.08　〔01714〕
◇歴代残闕日記　第10巻（巻45-48）　黒川春村編　京都　臨川書店　1970　440p　22cm　Ⓝ210.08　〔01715〕
◇歴代残闕日記　第10冊　巻27～巻29　黒川春村編　京都　臨川書店　1989.10　393p　22cm　Ⓘ4-653-01893-6　Ⓝ210.088　〔01716〕
◇歴代残闕日記　第11巻（巻49-52）　黒川春村編　京都　臨川書店　1970　539p　22cm　Ⓝ210.08　〔01717〕
◇歴代残闕日記　第11冊　巻30～巻32　黒川春村編　京都　臨川書店　1990.1　461p　22cm　Ⓘ4-653-01894-4　Ⓝ210.088　〔01718〕
◇歴代残闕日記　第12巻（巻54-57）　黒川春村編　京都　臨川書店　1970　496p　22cm　Ⓝ210.08　〔01719〕
◇歴代残闕日記　第12冊　巻33～巻35　黒川春村編　京都　臨川書店　1990.1　468p　22cm　Ⓘ4-653-01895-2　Ⓝ210.088　〔01720〕
◇歴代残闕日記　第13巻（巻58-60）　黒川春村編　京都　臨川書店　1970　438p　22cm　Ⓝ210.08　〔01721〕
◇歴代残闕日記　第13冊　巻36～巻39　黒川春村編　京都　臨川書店　1990.1　430p　22cm　Ⓘ4-653-01896-0　Ⓝ210.088　〔01722〕
◇歴代残闕日記　第14巻（巻61-66）　黒川春村編　京都　臨川書店　1970　480p　22cm　Ⓝ210.08　〔01723〕
◇歴代残闕日記　第14冊　巻40～巻42　黒川春村編　京都　臨川書店　1990.1　398p　22cm　Ⓘ4-653-01897-9　Ⓝ210.088　〔01724〕
◇歴代残闕日記　第15巻（巻67-70）　黒川春村編　京都　臨川書店　1970　570p　22cm　Ⓝ210.08　〔01725〕
◇歴代残闕日記　第15冊　巻43～巻46　黒川春村編　京都　臨川書店　1990.1　494p　22cm　Ⓘ4-653-01898-7　Ⓝ210.088　〔01726〕
◇歴代残闕日記　第16巻（巻71-74）　黒川春村編　京都　臨川書店　1970　504p　22cm　Ⓝ210.08　〔01727〕
◇歴代残闕日記　第16冊　巻47～巻50　黒川春村編　京都　臨川書店　1990.1　463p　22cm　Ⓘ4-653-01899-5　Ⓝ210.088　〔01728〕
◇歴代残闕日記　第17巻（巻75-79）　黒川春村編　京都　臨川書店　1970　534p　22cm　Ⓝ210.08　〔01729〕
◇歴代残闕日記　第17冊　巻51～巻54　黒川春村編　京都　臨川書店　1990.1　500p　22cm　Ⓘ4-653-01900-2　Ⓝ210.088　〔01730〕
◇歴代残闕日記　第18巻（巻80-83）　黒川春村編　京都　臨川書店　1970　450p　22cm　Ⓝ210.08　〔01731〕
◇歴代残闕日記　第18冊　巻55～巻58　黒川春村編　京都　臨川書店　1990.1　530p　22cm　Ⓘ4-653-01901-0　Ⓝ210.088　〔01732〕
◇歴代残闕日記　第19巻（巻84-87）　黒川春村編　京都　臨川書店　1971　430p　22cm　Ⓝ210.08　〔01733〕
◇歴代残闕日記　第19冊　巻59～巻62　黒川春村編　京都　臨川書店　1990.1　496p　22cm　Ⓘ4-653-01902-9　Ⓝ210.088　〔01734〕
◇歴代残闕日記　第20巻（巻88-90）　黒川春村編　京都　臨川書店　1971　344p　22cm　Ⓝ210.08　〔01735〕
◇歴代残闕日記　第20冊　巻63～巻66　黒川春村編　京都　臨川書店　1990.1　498p　22cm　Ⓘ4-653-01903-7　Ⓝ210.088　〔01736〕
◇歴代残闕日記　第21巻（巻91-93）　黒川春村編　京都　臨川書店　1971　480p　22cm　Ⓝ210.08　〔01737〕
◇歴代残闕日記　第22巻（巻94-100）　黒川春村編　京都　臨川書店　1971　467p　22cm　Ⓝ210.08　〔01738〕
◇歴代残闕日記　第23巻（巻101-105）　黒川春村編　京都　臨川書店　1970　460p　22cm　Ⓝ210.08　〔01739〕
◇歴代残闕日記　第24巻（巻106-108）　黒川春村編　京都　臨川書店　1970　510p　22cm　Ⓝ210.08　〔01740〕

◆◆◆二中歴

◇二中歴　1　第一～第四　前田育徳会尊経閣文庫編　八木書店　1997.8　252, 6p　30cm　（尊経閣善本影印集成 14）　22000円　Ⓘ4-8406-2314-7　〔01741〕
◇二中歴　2　前田育徳会尊経閣文庫編　八木書店　1997.11　233, 8p　22×31cm　（尊経閣善本影印集成 15）　28000円　Ⓘ4-8406-2315-5　〔01742〕
◇二中歴　3　前田育徳会尊経閣文庫編　八木書店　1998.3　190, 19p　21×29cm　（尊経閣善本影印集成 16）　25000円　Ⓘ4-8406-2316-3　〔01743〕

◆◆◆武家年代記

◇続史料大成　別巻　鎌倉年代記.武家年代記.鎌倉大日記　竹内理三編　増補　京都　臨川書店　1979.9　260p　22cm　7000円　Ⓝ210.08　〔01744〕

◆◆◆鎌倉大日記

◇続史料大成　別巻　鎌倉年代記.武家年代記.鎌倉大日記　竹内理三編　増補　京都　臨川書店　1979.9　260p　22cm　7000円　Ⓝ210.08　〔01745〕

◆◆◆続史愚抄

◇新訂増補　國史大系　第13巻　続史愚抄　黒板勝美, 國史大系編修會編　吉川弘文館　1966　634p　24cm　Ⓝ210.08　〔01746〕
◇新訂増補　國史大系　第14巻　続史愚抄　黒板勝美, 國史大系編修會編　吉川弘文館　1966　788p　24cm　Ⓝ210.08　〔01747〕
◇新訂増補　國史大系　第15巻　続史愚抄　黒板勝美, 國史大系編修會編　吉川弘文館　1966　754, 2, 80p　23cm　Ⓝ210.08　〔01748〕

◆◆花押・印章

◇花押・印章集—山口県史史料編中世3別冊　山口県編　山口　山口県　2004.3　200p　21cm　Ⓝ210.029　〔01749〕
◇花押かがみ　2　鎌倉時代　1　東京大学史料編纂所編　東京大学　1981.3　289p　27cm　3000円　Ⓝ210.02　〔01750〕
◇花押かがみ　3　鎌倉時代　2　東京大学史料編纂所編　東京大学　1984.3　294p　27cm　3000円　Ⓝ210.02　〔01751〕
◇花押かがみ　4　鎌倉時代　3　東京大学史料編纂所編　東京大学　1985.3　218, 24p　27cm　2800円　Ⓝ210.02　〔01752〕

◇花押かがみ　5　南北朝時代　1　東京大学史料編纂所編纂　東京大学史料編纂所　2002.3　279p　27cm　5400円　①4-642-01016-5　Ⓝ210.029　〔01753〕
◇花押かがみ　6　南北朝時代　2　東京大学史料編纂所編　東京大学史料編纂所　2004.3　303p　27cm　5400円　①4-642-01017-3　Ⓝ210.029　〔01754〕
◇花押かがみ　7　南北朝時代　3　東京大学史料編纂所編纂　吉川弘文館(発売)　2006.3　295p　27cm　5800円　①4-642-01018-1　Ⓝ210.029　〔01755〕
◇戦国期印章・印判状の研究　有光友學編　岩田書院　2006.3　441p　22cm　8900円　①4-87294-424-0　Ⓝ210.47　〔01756〕
◇戦国大名の印章―印判状の研究　相田二郎著　名著出版　1976　365p　図　22cm　(相田二郎著作集2)　4500円　Ⓝ210.48　〔01757〕
◇茶人の花押　小田栄一著　京都　河原書店　1991.10　264p　22cm　3000円　①4-7611-0078-8　Ⓝ210.02　〔01758〕
◇中世花押の謎を解く―足利将軍家とその花押　上島有著　山川出版社　2004.11　365, 11p　27cm　13000円　①4-634-52330-2　Ⓝ210.029　〔01759〕

◆◆系譜・系図
◇鎌倉武士の後裔たち　三浦美知子著　卯辰山文庫　1988.7　245p　20cm　2500円　Ⓝ288.2　〔01760〕
◇鎌倉北条氏及びその関連氏族―系譜　辻村弥太郎編　〔辻村弥太郎〕　1976?　図14枚　40cm　Ⓝ288.21　〔01761〕
◇九州の大友系図　鶴久二郎編　〔三潴町(福岡県)〕　〔鶴久二郎〕　1977.11　132p　26cm　Ⓝ288.2　〔01762〕
◇系図研究の基礎知識―家系にみる日本の歴史　第2巻　中世　2　近藤安太郎著　近藤出版社　1989.5　p818～1753　22cm　12360円　①4-7725-0266-1　Ⓝ288.2　〔01763〕
◇甲州の名将馬場美濃守信房公とその子孫　鳳来町(愛知県)　愛知県鳳来町立長篠城趾史跡保存館　1971　305p　22cm　(長篠戦史資料　その2)　1500円　Ⓝ288.21　〔01764〕
◇清和源氏義光流名族小笠原　板垣十三時編　三戸町(青森県)　俳誌・句集「いのち」の会　1984.11　66p　26cm　非売品　Ⓝ288.1　〔01765〕
◇戦国宇喜多一族　立石定夫著　新人物往来社　1988.10　437p　20cm　2500円　①4-404-01511-9　Ⓝ288.2　〔01766〕
◇戦国大名閨閥事典　第1巻　小和田哲男編　新人物往来社　1996.11　265p　22cm　9800円　①4-404-02421-5　Ⓝ210.47　〔01767〕
◇戦国大名閨閥事典　第2巻　小和田哲男編　新人物往来社　1996.12　276p　22cm　9800円　①4-404-02422-3　Ⓝ210.47　〔01768〕
◇戦国大名閨閥事典　第3巻　小和田哲男編　新人物往来社　1997.1　267p　22cm　9800円　①4-404-02423-1　Ⓝ210.47　〔01769〕
◇戦国大名系譜人名事典　西国編　山本大, 小和田哲男編　新人物往来社　1986.1　563p　22cm　7500円　①4-404-01316-7　Ⓝ210.47　〔01770〕
◇戦国大名系譜人名事典　東国編　山本大, 小和田哲男編　新人物往来社　1985.11　555p　22cm　7500円　①4-404-01293-4　Ⓝ210.47　〔01771〕

◇戦国の武将永井隼人とその系譜　永井源六郎著　武芸川町(岐阜県)　永井源六郎　1986.12　434p　22cm　Ⓝ288.2　〔01772〕
◇武田氏の祖は高麗王か―ひきちぎられた家系図のナゾ　中津攸子著　〔市川〕　〔中津攸子〕　1976　189p　19cm　800円　Ⓝ288.2　〔01773〕
◇武田信玄その華麗なる系譜　坂本徳一著　秋田書店　1988.4　254p　20cm　1500円　①4-253-00294-3　Ⓝ288.2　〔01774〕
◇武田武士の系譜　土橋治重著　新人物往来社　1972　267p　20cm　880円　Ⓝ288.21　〔01775〕
◇伊達氏系図(巻一)中世期における伊達家の歴史　伊達泰宗著　〔仙台〕　伊達泰宗　1997.9　8p　21cm　(伊達泰山文庫 v.1 no.4)　300円　Ⓝ288.21　〔01776〕
◇伊達氏系図(巻二)戦国武将から近世大名へ―伊達政宗の時代　伊達泰宗著　〔仙台〕　伊達泰宗　1997.9　8p　21cm　(伊達泰山文庫 v.1 no.5)　300円　Ⓝ288.21　〔01777〕
◇中世武家系図の史料論　上巻　峰岸純夫, 入間田宣夫, 白根靖大編　高志書院　2007.10　253p　22cm　4000円　①978-4-86215-029-5　Ⓝ288.2　〔01778〕
◇中世武家系図の史料論　下巻　峰岸純夫, 入間田宣夫, 白根靖大編　高志書院　2007.10　314p　22cm　5000円　①978-4-86215-030-1　Ⓝ288.2　〔01779〕
◇播州後藤氏の栄光―後藤又兵衛基次の系譜　松本多喜雄著　神戸　神戸新聞出版センター　1982.3　402p　22cm　4800円　①4-87521-591-6　Ⓝ288.1　〔01780〕
◇坂東に於ける武士団の興隆とその系譜　桧山良夫著　桧山良夫　1989.4　137p　22cm　非売品　Ⓝ288.2　〔01781〕
◇平尾守芳とその一統―郷土を拓いた戦国武将　栩沢竜吉著　佐久　櫟　1987.9　190p　19cm　(千曲川文庫8)　1800円　①4-900408-17-4　Ⓝ288.2　〔01782〕
◇古田重勝とその一族　三輪繁市著　2版　藤原町(三重県)　三輪繁市　1982.9　191p　20cm　Ⓝ288.1　〔01783〕

◆中世の天皇
◇王権と神祇　今谷明編　京都　思文閣出版　2002.6　343p　22cm　6500円　①4-7842-1110-1　Ⓝ210.4　〔01784〕
◇鎌倉時代の後宮生活　横尾豊著　柏書房　1976.8　212p　19cm　1500円　Ⓝ210.42　〔01785〕
◇宸翰英華　別篇(北朝)　宸翰英華別篇編修会編　京都　思文閣出版　1992.8　2冊　27×37cm　全49440円　①4-7842-0728-7　Ⓝ288.41　〔01786〕
◇正統天皇と日蓮―ついに明かされる王仏冥合の真実　小野寺直著　いしずえ　2001.7　238p　22cm　1905円　①4-900747-34-3　Ⓝ288.41　〔01787〕
◇戦国時代の宮廷生活　奥野高廣著　続群書類従完成会　2004.1　387p　22cm　6000円　①4-7971-0741-3　Ⓝ210.47　〔01788〕
◇戦国・織豊期の武家と天皇　池享著　校倉書房　2003.10　306p　21cm　6000円　①4-7517-3480-6　〔01789〕
◇戦国大名と天皇―室町幕府の解体と王権の逆襲　今谷明編　福武書店　1992.3　261p　19cm　(Fukutake books 28)　1240円　①4-8288-3327-7　Ⓝ210.47　〔01790〕

◇戦国大名と天皇―室町幕府の解体と王権の逆襲　今谷明著　講談社　2001.1　259p　15cm　（講談社学術文庫）　960円　Ⓘ4-06-159471-0　Ⓝ210.47　〔01791〕

◇中世王権と支配構造　中原俊章著　吉川弘文館　2005.10　321, 11p　22cm　9000円　Ⓘ4-642-02844-7　Ⓝ210.4　〔01792〕

◇中世王権と即位灌頂―聖教のなかの歴史叙述　松本郁代著　森話社　2005.12　403p　21cm　7800円　Ⓘ4-916087-60-7　〔01793〕

◇中世の天皇観　河内祥輔著　山川出版社　2003.1　102p　21cm　（日本史リブレット 22）　800円　Ⓘ4-634-54220-X　Ⓝ210.4　〔01794〕

◇中世の天皇と音楽　豊永聡美著　吉川弘文館　2006.12　309, 14p　21cm　7500円　Ⓘ4-642-02860-9　〔01795〕

◇超越的王権論―天皇制の謎を解く　外村直彦著　〔岡山〕〔外村直彦〕　1988.9　71p　19cm　Ⓝ210.4　〔01796〕

◇天皇家はなぜ続いたか　今谷明著　新人物往来社　1991.12　247p　19cm　1300円　Ⓘ4-404-01874-6　Ⓝ210.4　〔01797〕

◇天皇・天皇制・百姓・沖縄―社会構成史研究よりみた社会史研究批判　安良城盛昭著　吉川弘文館　2007.6　503p　19cm　（歴史文化セレクション）　3800円　Ⓘ978-4-642-06336-4　〔01798〕

◇天皇と中世文化　脇田晴子著　吉川弘文館　2003.7　231p　20cm　2400円　Ⓘ4-642-07918-1　Ⓝ210.4　〔01799〕

◇天皇と天下人　今谷明著　新人物往来社　1993.12　234p　19cm　1350円　Ⓘ4-404-02073-2　Ⓝ210.46　〔01800〕

◇日本中世の非農業民と天皇　網野善彦著　岩波書店　1984.2　591, 29p　22cm　5800円　Ⓝ210.4　〔01801〕

◇信長と天皇―中世的権威に挑む覇王　今谷明著　講談社　1992.4　219p　18cm　（講談社現代新書）　600円　Ⓘ4-06-149096-6　Ⓝ210.48　〔01802〕

◇信長と天皇―中世的権威に挑む覇王　今谷明著　講談社　2002.9　220p　15cm　（講談社学術文庫）　900円　Ⓘ4-06-159561-X　Ⓝ210.48　〔01803〕

◇武士から王へ―お上の物語　本郷和人著　筑摩書房　2007.10　218p　18×11cm　（ちくま新書）　720円　Ⓘ978-4-480-06388-5　〔01804〕

◆◆後鳥羽天皇

◇後鳥羽上皇隠岐御遷幸御道筋に就いて　三国村（岡山県）岡山県和気郡三国村史蹟調査会　1926　4, 12p 地図　24cm　Ⓝ210.4　〔01805〕

◇後鳥羽上皇の熊野懐紙と後奈良天皇の勅筆諸国心経　猪熊信男著, 名古屋史談会編　名古屋　名古屋史談会　1933　26p　24cm　Ⓝ288.4　〔01806〕

◇後鳥羽天皇を偲び奉る　平泉澄著　大阪府三島郡島本村　水無瀬神宮社務所　1939　49p　23cm　Ⓝ288.4　〔01807〕

◇後鳥羽天皇七百年式年御祭記念展観図録　金丸二郎編　大阪　金丸二郎　1940　図版40枚　29×43cm　Ⓝ288.4　〔01808〕

◇後鳥羽天皇七百年式年御祭記念特別展観目録　大阪市編　大阪　大阪市　1939　30p　19cm　Ⓝ288.4　〔01809〕

◇後鳥羽天皇七百年式年祭水無瀬神宮隠岐神社奉納刀匠昭和の御番鍛冶作刀展　高島屋編　高島屋　1941　図版24枚　28cm　Ⓝ756　〔01810〕

◇後鳥羽院　丸谷才一著　第二版　筑摩書房　2004.9　412, 13p　19cm　3300円　Ⓘ4-480-82346-8　〔01811〕

◇史伝後鳥羽院　目崎徳衛著　吉川弘文館　2001.11　259p　20cm　2600円　Ⓘ4-642-07781-2　Ⓝ911.142　〔01812〕

◆◆土御門天皇

◇土御門院天皇御事蹟書　宮田竹三著　徳島県板野郡堀江村　古林林作　1938　29p 図版　23cm　Ⓝ288.4　〔01813〕

◇土御門院奉祀地問題と徳島　其2　田所市太著　徳島　田所市太　1940　84p　23cm　（粟種袋 巻8）　Ⓝ218.1　〔01814〕

◇土御門上皇聖蹟之研究　笠井藍水編　徳島県日和佐町　阿波聖蹟研究会　1944　410p　22cm　Ⓝ218.1　〔01815〕

◇土御門上皇清和天皇祭典誌　土成村（徳島県）　阿波国文武館　1932　38, 3p　24cm　Ⓝ288.4　〔01816〕

◇土御門上皇と阿波　藤井喬著　土成町（徳島県）　土成町観光協会　1975　74p 図　19cm　500円　Ⓝ288.41　〔01817〕

◇土御門天皇と御遺蹟　武田勝蔵編　御所村（徳島県）　御所神社奉讚会　1931　131p　20cm　Ⓝ288.4　〔01818〕

◆◆順徳天皇

◇越後佐渡に於ける順徳天皇聖蹟誌　新潟県教育会編　新潟　新潟県教育会　1942　341p　22cm　Ⓝ288.4　〔01819〕

◇佐渡案内―附・順徳天皇御遺跡　浅香寛編　相川町（新潟県）　佐渡日報社　1923　158, 91p　17cm　Ⓝ291.41　〔01820〕

◇順徳天皇　伊藤治一著　日本郷土史苑社　1943　202p 図版　22cm　Ⓝ210.4　〔01821〕

◇順徳天皇　今春聴著　有光社　1943　388p 図版 肖像　22cm　Ⓝ210.4　〔01822〕

◇順徳天皇を仰ぎ奉る　平泉澄著　建武義会　1942　57p　21cm　Ⓝ288.4　〔01823〕

◇順徳天皇を仰ぎ奉る　平泉澄著　大阪府島本町　官幣大社水無瀬神宮社務所　1942　57p　22cm　Ⓝ288.4　〔01824〕

◇順徳天皇を仰ぐ―七百五十年祭記念講演記録　芸林会, 順徳天皇七百五十年祭奉賛会編　新人物往来社　1993.5　144p　21cm　（文化講演叢書）　1500円　Ⓘ4-404-02016-3　Ⓝ288.41　〔01825〕

◇順徳天皇佐渡史　山本幸作編　新潟県小木町　順徳天皇佐渡御霊蹟参拝会　1937　104p 図版　19cm　Ⓝ288.4　〔01826〕

◇順徳天皇佐渡史蹟　佐渡回遊案内社編　小木町（新潟県）山本商会　1934　1冊　13×20cm　Ⓝ288.4　〔01827〕

◇順徳天皇佐渡史蹟　順徳天皇御霊蹟参拝会編　2版　小木町（新潟県）　山本商会　1935　1冊　13×20cm　Ⓝ288.4　〔01828〕

◇順徳天皇佐渡史蹟―教育資料　4版　小木町（新潟県）　山本商会　1937　1冊（頁付なし）　13×20cm　Ⓝ288.4

◇順徳天皇佐渡聖蹟誌　山本修之助著　佐渡聖蹟奉讚会　1942　103p 図版 地図 19cm　Ⓝ214.1　〔01830〕
◇順徳天皇 佐渡の御遺跡　山本修之助著　真野町(新潟県)順徳天皇奉讚会　1956　97p 図版 19cm　Ⓝ288.41　〔01831〕
◇順徳天皇とその周辺　芸林会編　京都　臨川書店　1992.11　280p　21cm　2800円　Ⓘ4-653-02516-9　Ⓝ288.41　〔01832〕
◇順徳天皇の真野山御陵　羽田清次編　新穂村(新潟県)　羽田清次　1917　41p 図版 17cm　Ⓝ288.4　〔01833〕
◇真野御陵―順徳天皇の御遺跡　山本修之助著　真野町(新潟県)　真野観光センター　1975　97p 図 18cm　400円　Ⓝ288.46　〔01834〕

◆◆亀山天皇
◇亀山天皇御事蹟　山田無文著　京都　元寇六百六十年記念亀山天皇報恩会　1941　71p　22cm　Ⓝ288.4　〔01835〕

◆◆後宇多天皇
◇伝後宇多天皇宸翰八祖賛　3版　京都　竜池密雄　1923　1帖　33×13cm　Ⓝ728　〔01836〕

◆◆花園天皇
◇忠孝本義の実践的精華―花園天皇太子御教訓書謹訳　思想問題研究所編　東山書房　1939　92p　19cm　Ⓝ155　〔01837〕
◇花園天皇　岩橋小弥太著　吉川弘文館　1962　187p 図版 18cm　(人物叢書)　Ⓝ288.41　〔01838〕
◇花園天皇　岩橋小弥太著　吉川弘文館　1990.3　187p　19cm　(人物叢書 新装版)　1450円　Ⓘ4-642-05187-2　Ⓝ288.41　〔01839〕
◇花園天皇遺芳―花園天皇六百五十年御遠諱記念　村田正志編　利府町(宮城県)　楊岐寺　1995.11　3, 4, 80p 図版17枚　27cm　非売品　Ⓝ288.41　〔01840〕
◇花園天皇遺芳―花園天皇六百五十年御遠諱記念　村田正志編　利府町(宮城県)　楊岐寺　1998.11　1冊　27cm　非売品　Ⓝ288.41　〔01841〕
◇花園天皇遺芳　村田正志編　利府町(宮城県)　楊岐寺　2005.5(第3刷)　80, 5p 図版17枚　27cm　Ⓘ4-9901046-3-3　Ⓝ288.41　〔01842〕
◇花園天皇遺芳　別冊　Masashi Murata編　Rifu-machi (Miyagi-ken)　Yohgi-ji　2005.5印刷　37p　26cm　Ⓘ4-9901046-3-3　Ⓝ288.41　〔01843〕
◇花園天皇の御芳躅　京都　妙心寺開基花園天皇六百年御聖諱記念大法会局　1945　388p 図版 22cm　Ⓝ288.4　〔01844〕

◆◆後村上天皇
◇後村上天皇御事蹟　岩手県教育会編　盛岡　岩手県教育会　1940　44p　23cm　Ⓝ288.4　〔01845〕
◇後村上天皇御事蹟大要　山田孝雄著　〔多賀城村(宮城県)〕　多賀城神宮創建期成会　1935　57p　28cm　Ⓝ288.4　〔01846〕
◇後村上天皇の聖蹟　木村武夫著　大阪　柳原書店　1943　314p 図版 肖像　22cm　Ⓝ210.4　〔01847〕

◆◆長慶天皇
◇私本長慶天皇と児島高徳太平記　庭田暁山著　岡山　児島高徳公顕彰忠桜会　1978.11　1冊　19cm　1500円　Ⓝ210.45　〔01848〕
◇長慶天皇紀略　三輪義熙著　博進館　1924　149, 27p　23cm　Ⓝ288.4　〔01849〕
◇長慶天皇皇代御加列に就ての要旨　芝葛盛著　明治書院　1927　30p(以下欠頁)　23cm　Ⓝ288.4　〔01850〕
◇長慶天皇御紀伝―国史研究　笹原助著　精文館書店　1926　140p　19cm　Ⓝ288.4　〔01851〕
◇長慶天皇御事蹟並びに其の取扱―集説　堀尾義根著　〔名古屋〕　愛知県第一師範学校附属小学校　1926　71p　23cm　Ⓝ288.4　〔01852〕
◇長慶天皇御聖蹟と東三河の吉野朝臣　家田富貴男著　御油町(愛知県)　三河吉野朝聖蹟研究所　1940　105p　22cm　Ⓝ210.4　〔01853〕
◇長慶天皇御即位の研究　八代国治　明治書院　1920　668p　23cm　Ⓝ288.4　〔01854〕
◇長慶天皇御即位の研究　八代国治　改版　明治書院　1927　252, 7, 4p　23cm　Ⓝ210.4　〔01855〕
◇長慶天皇御陵及び南朝皇孫御墳墓　北山清江著　浅瀬石村(青森県)　北山清江　1935　44p　23cm　Ⓝ288.4　〔01856〕
◇長慶天皇御陵御遺蹟御調査方請願書　江口航三編　神湊町(福岡県)　江口航三　1936　1冊　24cm　Ⓝ210.02　〔01857〕
◇長慶天皇御陵考　平野黄金著　明見村(山梨県)　柏木豊明　1929　14丁　24cm　Ⓝ288.4　〔01858〕
◇長慶天皇御陵考　木村晃明著　大阪　皇国日報社　1937　184p 図版 24cm　Ⓝ288.4　〔01859〕
◇長慶天皇御陵の研究　島田泉山著　長生村(徳島県)　島田麻寿吉　1927　71p　23cm　Ⓝ288.4　〔01860〕
◇長慶天皇山中陵私考　天野隆義著　山梨県南都留郡瑞穂村　天野隆義　1937　93p　20cm　Ⓝ288.4　〔01861〕
◇長慶天皇山陵攷　音代節雄著　枚方町(大阪府)　音代節雄　1926　63p　19cm　Ⓝ288.4　〔01862〕
◇長慶天皇聖蹟と東三河の吉野朝臣　中西久次郎著　御油町(愛知県)　中西久次郎　1940　194p　25cm　Ⓝ210.4　〔01863〕
◇長慶天皇側近者事蹟研究資料　臨時陵墓調査委員会編　〔臨時陵墓調査委員会〕　1938　331p　23cm　Ⓝ210.458　〔01864〕
◇長慶天皇と河津氏との関係　江口航三著　神湊町(福岡県)　江口航三　1941　11p　23cm　Ⓝ210.4　〔01865〕
◇長慶天皇と楠正勝　岡彩雲著　〔十津川村(奈良県)〕　長慶天皇御陵顕彰会　1935　79p　23cm　Ⓝ210.4　〔01866〕
◇長慶天皇ノ御陵ニ付　藤原儀助著　〔不動村(岩手県)〕　〔藤原儀助〕　1930　99p　27cm　Ⓝ288.4　〔01867〕
◇長慶天皇の三河遷幸と諸豪の動き―三河に伝えられる南朝の秘史　藤原石山著, 南朝史学会, 三遠文化協会編　豊橋　南朝史学会　1982.11　34p　22cm　Ⓝ210.45　〔01868〕
◇三河に於ける長慶天皇伝説考―民族学の視点から南朝の史蹟と伝説を探る　藤原石山著, 南朝史学会編　豊橋　三遠文化協会　1979.1　2冊(別冊とも)　26cm　Ⓝ215.5　〔01869〕

◇大和十津川国王神社長慶天皇御陵墓顕彰史料　岡照誠編　〔十津川村（奈良県）〕　長慶天皇御陵顕彰会　1935　1冊　23cm　Ⓝ216.5
〔01870〕

◆◆光厳天皇

◇光厳天皇　中村直勝著　京都　淡交新社　1961　216p　図版　22cm　Ⓝ210.458
〔01871〕

◇光厳天皇と常念寺　森徳一郎著　一宮　一宮史談会　1964　194p　図版　19cm　（一宮史談会叢書）　Ⓝ210.458
〔01872〕

◇地獄を二度も見た天皇光厳院　飯倉晴武著　吉川弘文館　2002.12　217p　19cm　（歴史文化ライブラリー 147）　1700円　Ⓘ4-642-05547-9　Ⓝ288.41
〔01873〕

◆◆後奈良天皇

◇後鳥羽上皇の熊野懐紙と後奈良天皇の勅筆諸国心経　猪熊信男著, 名古屋史談会編　名古屋　名古屋史談会　1933　26p　23cm　Ⓝ288.4
〔01874〕

◆◆正親町天皇

◇天皇皇族実録　99　正親町天皇実録　第1巻　藤井讓治, 吉岡眞之監修・解説　ゆまに書房　2005.11　437p　22cm　Ⓘ4-8433-2025-0, 4-8433-2022-6, 4-8433-2021-8　Ⓝ288.4
〔01875〕

◇天皇皇族実録　100　正親町天皇実録　第2巻　藤井讓治, 吉岡眞之監修・解説　ゆまに書房　2005.11　p439-914　22cm　Ⓘ4-8433-2025-0, 4-8433-2022-6, 4-8433-2021-8　Ⓝ288.4
〔01876〕

◆◆後陽成天皇

◇天皇皇族実録　101　後陽成天皇実録　第1巻　藤井讓治, 吉岡眞之監修・解説　ゆまに書房　2005.11　578p　22cm　Ⓘ4-8433-2026-9, 4-8433-2022-6, 4-8433-2021-8　Ⓝ288.4
〔01877〕

◇天皇皇族実録　102　後陽成天皇実録　第2巻　藤井讓治, 吉岡眞之監修・解説　ゆまに書房　2005.11　p579-1088　22cm　Ⓘ4-8433-2026-9, 4-8433-2022-6, 4-8433-2021-8　Ⓝ288.4
〔01878〕

◆中世公家

◇弘安書札礼の研究―中世公家社会における家格の桎梏　百瀬今朝雄著　東京大学出版会　2000.5　331, 7p　22cm　6800円　Ⓘ4-13-020124-7　Ⓝ210.4
〔01879〕

◇戦国期公家社会の諸様相　中世公家日記研究会編　大阪　和泉書院　1992.11　394p　22cm　（日本史研究叢刊2）　8240円　Ⓘ4-87088-539-5　Ⓝ210.46
〔01880〕

◇戦国時代の貴族―『言継卿記』が描く京都　今谷明著　講談社　2002.3　412p　15cm　（講談社学術文庫）　1300円　Ⓘ4-06-159535-0　Ⓝ210.47
〔01881〕

◇中世公家社会の空間と芸能　秋山喜代子著　山川出版社　2003.11　197, 9p　22cm　（山川歴史モノグラフ 3）　4800円　Ⓘ4-634-52300-0　Ⓝ210.4
〔01882〕

◇中世公家政権の研究　本郷恵子著　東京大学出版会　1998.3　352, 7p　22cm　7400円　Ⓘ4-13-020116-6　Ⓝ210.4
〔01883〕

◇中世公家と地下官人　中原俊章著　吉川弘文館　1987.2　257, 15p　20cm　（中世史研究選書）　2500円　Ⓝ210.4
〔01884〕

◇中世公家の家と女性　後藤みち子著　吉川弘文館　2002.1　264, 8p　22cm　7000円　Ⓘ4-642-02811-0　Ⓝ367.21
〔01885〕

◇中世公家の経済と文化　菅原正子著　吉川弘文館　1998.1　378, 17p　22cm　6900円　Ⓘ4-642-02762-9　Ⓝ210.4
〔01886〕

◇中世公武権力の構造と展開　上横手雅敬編　吉川弘文館　2001.8　299p　22cm　8000円　Ⓘ4-642-02805-6　Ⓝ210.4
〔01887〕

◇中世の王朝社会と院政　白根靖大著　吉川弘文館　2000.2　286, 8p　22cm　7000円　Ⓘ4-642-02787-4　Ⓝ210.4
〔01888〕

◇中世の貴族―重要文化財久我家文書修復完成記念 特別展観　国学院大学久我家文書特別展示開催実行委員会編　国学院大学　1996.4　327, 8p　30cm　Ⓝ210.4
〔01889〕

◇月ノ輪関白 九條兼實　日高重孝著　宮崎　1965　136p　図版　21cm　Ⓝ210.42
〔01890〕

◇源通親　橋本義彦著　吉川弘文館　1992.10　232p　19cm　（人物叢書 新装版）　1650円　Ⓘ4-642-05196-1　Ⓝ289.1
〔01891〕

◇流浪の戦国貴族近衛前久―天下一統に翻弄された生涯　谷口研語著　中央公論社　1994.10　264p　18cm　（中公新書）　760円　Ⓘ4-12-101213-5　Ⓝ289.1
〔01892〕

◇簾中抄・中世事典・年代記　朝日新聞社　2000.6　570, 30p　22cm　（冷泉家時雨亭叢書 第48巻）　29000円　Ⓘ4-02-240348-9　Ⓝ210.09
〔01893〕

◆中世武家・武将

◇安芸吉川氏―歴史紀行　中国新聞社編著　新人物往来社　1988.6　222p　20cm　2000円　Ⓘ4-404-01517-8　Ⓝ288.3
〔01894〕

◇伊地知氏の研究―氏姓誕生から明治まで　伊地知重幸著　宮崎　鉱脈社　1991.5　236p　22cm　2060円　Ⓝ288.3
〔01895〕

◇伊自良氏の足跡―常陸国から美濃国、そして越前国へ　清水邦夫著　歴研　2003.10　122p　21cm　（歴史研究会叢書）　2000円　Ⓘ4-947769-21-1
〔01896〕

◇近江源氏　1巻　まぼろしの観音寺城　田中政三著　大津　弘文堂書店　1979.10　543p　23cm　Ⓝ288.2
〔01897〕

◇近江源氏　2巻　佐々木氏の系譜　田中政三著　大津　弘文堂書店　1981.5　642p　23cm　4300円　Ⓝ288.2
〔01898〕

◇近江源氏　3巻　佐々木氏の支流・分流　田中政三著　大津　弘文堂書店　1982.6　597p　23cm　4300円　Ⓝ288.2
〔01899〕

◇憶う、歴史の流れとルーツに―近江源氏・出雲尼子氏　尼子偉三郎著　2版　〔尼子偉三郎〕　1992.4　343p　22cm　4850円　Ⓝ288.2
〔01900〕

◇葛西氏諸系図集成　西田耕三編　気仙沼　耕風社　1991.5　347p　21cm　（葛西史資料集成 第1巻）　6000円　Ⓝ288.2
〔01901〕

◇葛西氏とその家臣団―東山町葛西史シンポジウム全記録　西田耕三編　東山町（岩手県）　東山町葛西史シンポジウム実行委員会　1992.10　258p　21cm　2500円　Ⓝ288.2
〔01902〕

◇葛西中諸氏族系図　1　西田耕三編　気仙沼　耕風社　1995.5　315p　21cm　（葛西史史料集成 第3巻）　6180円　Ⓝ288.2
〔01903〕

◇葛西中武将録　佐藤正助著　気仙沼　耕風社　1995.11　330p　21cm　（葛西史研究叢書）　3800円　Ⓝ288.2

◇上総下総千葉一族　丸井敬司著　新人物往来社　2000.1　308p　20cm　3000円　Ⓘ4-404-02840-7　Ⓝ288.2　〔01905〕

◇神風の武士像―蒙古合戦の真実　関幸彦著　吉川弘文館　2001.6　184p　19cm　（歴史文化ライブラリー 120）　1700円　Ⓘ4-642-05520-7　Ⓝ210.4　〔01906〕

◇「'93美濃源氏土岐氏研究講座」講義録　瑞浪　美濃源氏フォーラム事務局　1993　89p　26cm　Ⓝ288.2　〔01907〕

◇黒澤家室町・戦国時代より五〇〇年へのあゆみ　前編（記録集）　黒澤啓一編，黒澤公夫監修　黒澤啓一　1995.3　130p　30cm　Ⓝ288.2　〔01908〕

◇源流―中世―大井氏ものがたり　大井信著　杉並けやき出版　2005.4　338p　20cm　1400円　Ⓘ4-434-05936-X　Ⓝ288.2　〔01909〕

◇さむらい―武士の興隆とその終焉　小林寔著　立川　けやき出版　2007.3　312p　20cm　1400円　Ⓘ978-4-87751-332-0　Ⓝ210.1　〔01910〕

◇新編武家事紀　山鹿素行著　新人物往来社　1969　1403p　22cm　9000円　Ⓝ210.4　〔01911〕

◇新名将言行録―源平―室町　榊山潤著　講談社　1977.8　334p　図　20cm　1800円　Ⓝ210.4　〔01912〕

◇駿河相模の武家社会　福田以久生著　大阪　清文堂出版　1976.11　526, 12p　図　22cm　5800円　Ⓝ210.4　〔01913〕

◇殺生と信仰―武士を探る　五味文彦著　角川書店　1997.1　283p　19cm　（角川選書 280）　1400円　Ⓘ4-04-703280-8　Ⓝ210.4　〔01914〕

◇戦国・織豊期の武家と天皇　池享著　校倉書房　2003.10　306p　21cm　6000円　Ⓘ4-7517-3480-6　〔01915〕

◇大宰少弐武藤氏―その栄光と衰亡　中世史探訪　渡辺文吉著　福岡　歴史と自然を守る会　1979.3　129p　21cm　Ⓝ288.1　〔01916〕

◇千葉家実記　朝野雅文著　名著出版　1999.9　933p　22cm　20000円　Ⓘ4-626-01571-9　Ⓝ288.2　〔01917〕

◇千葉氏―将門から秀吉まで　千葉県博物館協会編　船橋　千葉県博物館協会　1976.10　60p　26cm　Ⓝ288.1　〔01918〕

◇中世阿波細川氏考　若松和三郎著　徳島　原田印刷出版　2000.11　584p　22cm　Ⓝ288.2　〔01919〕

◇中世江馬氏の研究　葛谷鮎彦著　神岡町（岐阜県）　岐阜県神岡町　1970　315p　図　21cm　非売　Ⓝ288.3　〔01920〕

◇中世合田氏ノ跡　合田昌文著　三鷹　合田昌文　2000.3　198p　21cm　Ⓝ288.2　〔01921〕

◇中世公武権力の構造と展開　上横手雅敬編　吉川弘文館　2001.8　299p　22cm　8000円　Ⓘ4-642-02805-6　Ⓝ210.4　〔01922〕

◇中世讃岐国人香西氏の実体　佐藤篤著　高松　佐藤篤　2002.10　86p　22cm　Ⓝ288.2　〔01923〕

◇中世寺院と関東武士　小此木輝之著　青史出版　2002.3　694p　22cm　12000円　Ⓘ4-921145-14-8　Ⓝ185.913　〔01924〕

◇中世史と風間氏―中世・近世の記録にあらわれた風間氏とその推移　風間吉也編　〔藤沢〕　〔風間吉也〕　1993.1　205p　21cm　Ⓝ288.2　〔01925〕

◇中世的武具の成立と武士　近藤好和著　吉川弘文館　2000.3　283, 79, 11p　22cm　12000円　Ⓘ4-642-02788-2　Ⓝ210.4　〔01926〕

◇中世東国の「都市的な場」と武士　落合義明著　山川出版社　2005.11　222, 10p　22cm　（山川歴史モノグラフ 7）　5000円　Ⓘ4-634-52341-8　Ⓝ210.4　〔01927〕

◇中世の小野寺氏―その伝承と歴史　小野寺彦次郎編著, 小野寺宏補訂　仙台　創栄出版（印刷）　1993.12　1145p　22cm　Ⓘ4-88250-383-2　Ⓝ288.2　〔01928〕

◇中世の豪族・山川氏―第3回企画展　三和町立資料館編　三和町（茨城県）　三和町立資料館　2002.7　55p　30cm　Ⓝ288.2　〔01929〕

◇中世の社会と武力　福田豊彦編　吉川弘文館　1994.8　266p　22cm　6180円　Ⓘ4-642-02735-1　Ⓝ210.4　〔01930〕

◇中世の都市と武士　高橋慎一朗著　吉川弘文館　1996.8　255p　22cm　5459円　Ⓘ4-642-02752-1　Ⓝ210.4　〔01931〕

◇中世の武家と農民―日本の歴史2　北山茂夫著　筑摩書房　1982.11　286p　20cm　（ちくま少年図書館）　1200円　Ⓝ210.4　〔01932〕

◇中世の真壁氏　真壁町歴史民俗資料館編　真壁町（茨城県）　真壁町歴史民俗資料館　1998.10　58p　22cm　（ふるさと真壁文庫 no.1）　Ⓝ288.2　〔01933〕

◇中世の山形と大江氏―米沢女子短期大学日本史学科15周年記念事業フォーラム・講演記録　山形県立米沢女子短期大学附属生活文化研究所編　米沢　山形県立米沢女子短期大学　2000.3　287p　21cm　Ⓝ288.2　〔01934〕

◇中世武家系図の史料論　上巻　峰岸純夫, 入間田宣夫, 白根靖大編　高志書院　2007.10　253p　22cm　4000円　Ⓘ978-4-86215-029-5　Ⓝ288.2　〔01935〕

◇中世武家系図の史料論　下巻　峰岸純夫, 入間田宣夫, 白根靖大編　高志書院　2007.10　314p　22cm　5000円　Ⓘ978-4-86215-030-1　Ⓝ288.2　〔01936〕

◇中世武家政権と政治秩序　金子拓著　吉川弘文館　1998.12　303, 14p　22cm　6800円　Ⓘ4-642-02769-6　Ⓝ210.4　〔01937〕

◇中世武家の作法　二木謙一著　吉川弘文館　1999.12　262, 8p　20cm　（日本歴史叢書 新装版）　2600円　Ⓘ4-642-06657-8　Ⓝ210.09　〔01938〕

◇中世武家の末裔―奈良県北葛城郡藤田家の歴史　藤田正弘著　〔堺〕　〔藤田正弘〕　1978　1冊（頁付なし）　26cm　Ⓝ288.3　〔01939〕

◇中世武蔵武士越生氏とその子孫　生越重章著　横須賀　生越重章　1997.1　108p　26cm　Ⓝ288.2　〔01940〕

◇天下人の条件　鈴木真哉著　洋泉社　1998.9　333p　19cm　2000円　Ⓘ4-89691-331-0　〔01941〕

◇東西宇都宮太平記　原田種純著　文芸社　2002.3　185p　20cm　1000円　Ⓘ4-8355-3378-X　Ⓝ210.47　〔01942〕

◇豊島氏とその時代―中世の板橋と豊島郡　東京都板橋区立郷土資料館編　板橋区立郷土資料館　1997.10　93p　30cm　Ⓝ288.2　〔01943〕

◇豊島氏とその時代―東京の中世を考える　峰岸純夫, 小林一岳, 黒田基樹編　新人物往来社　1998.6　354p　19cm　2800円　Ⓘ4-404-02617-X　〔01944〕

◇豊嶋氏之研究　平野実著　府中　東京史談会　1957　161p　21cm　Ⓝ288.1　〔01945〕

◇豊嶋氏の研究　杉山博編　名著出版　1974　310p 図　22cm　（関東武士研究叢書 第5巻）　3700円　Ⓝ288.1
〔01946〕
◇長門国守護厚東氏の研究及び史料　川副博著　風間書房　1977.3　348p 図　22cm　8200円　Ⓝ288.1
〔01947〕
◇日本外史―現代語訳　頼山陽著, 鷲尾義直訳　宮越太陽堂　1944　3冊　19cm　Ⓝ210.4
〔01948〕
◇日本史の人物像　第6　武家の世界　岡田章雄編　筑摩書房　1968　270p 図版　20cm　Ⓝ281.08
〔01949〕
◇日本中世の私戦世界と親族　鈴木国弘著　吉川弘文館　2003.7　340, 15p　22cm　9000円　Ⓘ4-642-02825-0　Ⓝ210.4
〔01950〕
◇日本武士　田中義成著　弘学館書店　1918　438p　15cm　Ⓝ210.4
〔01951〕
◇日本武将評伝　第1巻　高柳光寿著　大日本出版　1945　488p 図版　22cm　8.00円　Ⓝ281
〔01952〕
◇武家家訓・遺訓集成　小沢富夫編・校訂　ぺりかん社　1998.1　443p　21cm　6800円　Ⓘ4-8315-0828-4
〔01953〕
◇武家家訓・遺訓集成　小沢富夫編・校訂　増補改訂版　ぺりかん社　2003.8　595p　21cm　7800円　Ⓘ4-8315-1045-9
〔01954〕
◇武家事紀―58巻　山鹿素行著　写　30冊　27-29cm　Ⓝ210.4
〔01955〕
◇武家事紀　上巻　山鹿素行著　原書房　1982.12　748p　22cm　（明治百年史叢書）　15000円　Ⓘ4-562-01319-2　Ⓝ210.4
〔01956〕
◇武家事紀　中　素行子山鹿高興著　原書房　1982.12　776p　22cm　（明治百年史叢書）　15000円　Ⓘ4-562-01320-6　Ⓝ210.4
〔01957〕
◇武家事紀　下　山鹿素行著　原書房　1983.1　764p　22cm　（明治百年史叢書）　15000円　Ⓘ4-562-01321-4　Ⓝ210.4
〔01958〕
◇武家盛衰記　南条範夫著　文芸春秋　1989.10　446p　16cm　（文春文庫）　500円　Ⓘ4-16-728210-0　Ⓝ281
〔01959〕
◇武家盛衰記　上　南条範夫著　秋田書店　1978.9　230p　20cm　980円　Ⓝ281
〔01960〕
◇武家盛衰記　下　南条範夫著　秋田書店　1978.10　230p　20cm　980円　Ⓝ281
〔01961〕
◇武家戦陣資料事典　笹間良彦著　第一書房　1992.3　651p　27cm　38000円　Ⓝ210.19
〔01962〕
◇武家の棟梁源氏はなぜ滅んだのか　野口実著　新人物往来社　1998.12　259p　20cm　2800円　Ⓘ4-404-02658-7　Ⓝ288.2
〔01963〕
◇武家の棟梁の条件―中世武士を見なおす　野口実著　中央公論社　1994.11　188p　18cm　（中公新書）　680円　Ⓘ4-12-101217-8　Ⓝ210.42
〔01964〕
◇武家の歴史　中村吉治著　岩波書店　1967　204p　18cm　（岩波新書）　Ⓝ210.1
〔01965〕
◇武士―日本史小百科　下村効編　東京堂出版　1993.9　282, 6p　20cm　2500円　Ⓘ4-490-20220-2　Ⓝ210.4
〔01966〕
◇武士と荘園支配　服部英雄著　山川出版社　2004.9　107p　21cm　（日本史リブレット 24）　800円　Ⓘ4-634-54240-4　Ⓝ210.4
〔01967〕
◇武士と信仰―特別展　千葉県立総南博物館編　〔千葉〕　千葉県社会教育施設管理財団　1991.10　42p　26cm　Ⓝ210.4
〔01968〕

◇武士と文士の中世史　五味文彦著　東京大学出版会　1992.10　300, 11p　21cm　2884円　Ⓘ4-13-020102-6　Ⓝ210.42
〔01969〕
◇武士の家訓　桑田忠親著　講談社　2003.12　324p　15cm　（講談社学術文庫）　1000円　Ⓘ4-06-159630-6
〔01970〕
◇武士の時代　五味文彦著　岩波書店　2000.1　203, 4p　18cm　（岩波ジュニア新書―日本の歴史 4）　740円　Ⓘ4-00-500334-6
〔01971〕
◇武士の実像　岩原信守著　元就出版社　2005.3　268p　19cm　1800円　Ⓘ4-86106-025-7　Ⓝ281.04
〔01972〕
◇武士の成立武士像の創出　高橋昌明著　東京大学出版会　1999.11　334, 12p　22cm　5200円　Ⓘ4-13-020122-0　Ⓝ210.4
〔01973〕
◇武将を支えた禅の教え　童門冬二著　青春出版社　2004.10　270p　20cm　1500円　Ⓘ4-413-02170-3　Ⓝ281.04
〔01974〕
◇武将が信じた神々と仏　八幡和郎監修　青春出版社　2007.5　188p　18cm　（青春新書インテリジェンス）　730円　Ⓘ978-4-413-04173-7　Ⓝ281.04
〔01975〕
◇武将感状記　熊沢淡庵著, 真鍋元之訳　金園社　1972　475p　19cm　800円　Ⓝ281.04
〔01976〕
◇武将たちの四季―戦国の逸話と物語　岩原信守著　元就出版社　2003.10　318p　19cm　1800円　Ⓘ4-906631-99-1　Ⓝ281.04
〔01977〕
◇武将と軍法　泰山哲之著　人物往来社　1964　254p　19cm　Ⓝ210.4
〔01978〕
◇武将と名僧　百瀬明治著　清流出版　1996.3　222p　19cm　1600円　Ⓘ4-916028-17-1
〔01979〕
◇武将のふるさと・尾張―蜂須賀正勝・家政　徳島市立徳島城博物館編　徳島　徳島市立徳島城博物館　2000.7　64p　30cm　Ⓝ288.3
〔01980〕
◇武門の倫理―悲しき「侍」から、誇り高き「武家」へ　児玉正幸著　京都　行路社　1993.9　172p　20cm　1854円　Ⓝ210.4
〔01981〕
◇豊後国山香郷に於ける大友田北氏史料考　大友田北氏史料刊行会編　別府　大友田北氏史料刊行会（麻生書店内）　1968　183p 図版　26cm　Ⓝ288.1
〔01982〕
◇別所氏と三木合戦　福本錦嶺編　三木　三木市教育委員会　1996.3　260p　22cm　Ⓝ288.2
〔01983〕
◇豊饒平野―戦国時代の大崎一族　伊藤卓二著　大崎タイムス社　1984.4　396p　21cm　1800円
〔01984〕
◇武者の中世―鎌倉時代南北朝時代室町時代　松本芳徳著　〔菊川町（静岡県）〕　菊川資料センター　1994.4　146p　26cm　（〈東遠江〉事件年日記(抄)2）　2000円　Ⓝ215.4
〔01985〕
◇室町武士遊佐氏の研究　須藤儀門著　叢文社　1993.2　257p　19cm　2800円　Ⓘ4-7947-0206-X　Ⓝ288.2
〔01986〕
◇名將言行録　第7編　岡谷繁實著　帝國青年教育會　1911.3　398p　15cm　Ⓝ281.04
〔01987〕
◇名将と戦史―名将の名将たる所以は何か!!戦史に見る英雄の謀略と闘魂　岡村誠之著　軍事研究社　1973　237p　21cm　1000円　Ⓝ281.04
〔01988〕
◇名将兵談　大場弥平著　実業之日本社　1938　267p　19cm　Ⓝ210.4
〔01989〕
◇落日後の平家　永井彦熊著　増補第2版　名著出版　1972　618p 図　22cm　5000円　Ⓝ384.1
〔01990〕

◇「歴史街道」を駆けぬけた武将たち―三重・奈良・滋賀・京都・大阪・兵庫　横山高治著　大阪　新風書房　1996.8　195p　19cm　1456円　ⓘ4-88269-339-9　Ⓝ281.6
〔01991〕

◇忘れられた近江源氏―小さな家の大きな歴史　小足武司著　〔銚子〕　〔小足武司〕　1991.6　227p　21cm　1500円　Ⓝ210.46
〔01992〕

◆中世悪党・武士団

◇悪党　小泉宜右著　〔東村山〕　教育社　1981.6　232p　18cm　（教育社歴史新書）　800円　Ⓝ210.42
〔01993〕

◇悪党と海賊―日本中世の社会と政治　網野善彦著　法政大学出版局　1995.5　379, 32p　22cm　（叢書・歴史学研究）　6901円　ⓘ4-588-25044-2　Ⓝ210.42
〔01994〕

◇悪党と地域社会の研究　櫻井彦著　校倉書房　2006.2　446p　22cm　（歴史科学叢書）　10000円　ⓘ4-7517-3690-6　Ⓝ210.4
〔01995〕

◇悪党と内乱　悪党研究会編　岩田書院　2005.6　379p　22cm　7900円　ⓘ4-87294-382-1　Ⓝ210.42
〔01996〕

◇悪党・忍者・猿楽　山本律郎著　新人物往来社　1993.5　220p　20cm　1800円　ⓘ4-404-02008-2　Ⓝ210.4
〔01997〕

◇悪党の世紀　新井孝重著　吉川弘文館　1997.6　208p　19cm　（歴史文化ライブラリー 17）　1700円　ⓘ4-642-05417-0　Ⓝ210.42
〔01998〕

◇悪党の中世　悪党研究会編　岩田書院　1998.3　399p　22cm　7900円　ⓘ4-87294-119-5　Ⓝ210.42
〔01999〕

◇一統の論理―武士団にみる棟梁たちの規範学　田原八郎著　未知谷　1997.3　316p　20cm　2800円　ⓘ4-915841-49-9　Ⓝ210.04
〔02000〕

◇甲斐党戦記　荒木栄司著　熊本　熊本出版文化会館　1988.10　189, 9p　19cm　（肥後戦国史双書）　1500円　Ⓝ219.4
〔02001〕

◇紀州荒川庄の悪党―訳註・荒川悪党史料　松田文夫編　〔和歌山〕　〔松田文夫〕　1998.10　104p　24cm　2000円　Ⓝ216.6
〔02002〕

◇黒田悪党たちの中世　新井孝重著　日本放送出版協会　2005.7　288p　19cm　（NHKブックス 1035）　1120円　ⓘ4-14-091035-6　Ⓝ215.6
〔02003〕

◇軍記武蔵七党　川又辰次編　清瀬　川又タケヨ　1985.5　2冊　22cm　非売品　Ⓝ210.4
〔02004〕

◇上野武士団の中世史　久保田順一著　前橋　みやま文庫　1996.9　212p　19cm　（みやま文庫 143）　1500円　Ⓝ213.3
〔02005〕

◇西国武士団関係史料集　1　財津氏系譜　芥川竜男，福川一徳編校訂　財津永澄撰　文献出版　1991.5　230p　26cm　4500円　ⓘ4-8305-5606-4　Ⓝ219
〔02006〕

◇西国武士団関係史料集　2　岐部文書　芥川竜男，福川一徳編校訂　文献出版　1992.4　118p　26cm　4000円　ⓘ4-8305-5607-2　Ⓝ219
〔02007〕

◇西国武士団関係史料集　3　森文書　芥川竜男，福川一徳編校訂　文献出版　1992.3　95p　26cm　4000円　ⓘ4-8305-5608-0　Ⓝ219
〔02008〕

◇西国武士団関係史料集　4　富来文書　芥川竜男，福川一徳編校訂　文献出版　1992.4　87p　26cm　4000円　ⓘ4-8305-5609-9　Ⓝ219
〔02009〕

◇西国武士団関係史料集　5　戸次文書　芥川竜男，福川一徳編校訂　文献出版　1992.6　88p　26cm　4000円　ⓘ4-8305-5610-2　Ⓝ219
〔02010〕

◇西国武士団関係史料集　6　臼杵宝岸寺過去帳　芥川竜男，福川一徳編校訂　文献出版　1992.7　106p　26cm　4300円　ⓘ4-8305-5611-0　Ⓝ219
〔02011〕

◇西国武士団関係史料集　7　豊田文書　芥川竜男，福川一徳編校訂　文献出版　1992.9　80p　26cm　4000円　ⓘ4-8305-5612-9　Ⓝ219
〔02012〕

◇西国武士団関係史料集　8　財津文書・野上文書　芥川竜男，福川一徳編校訂　文献出版　1992.10　76p　26cm　4000円　ⓘ4-8305-5613-7　Ⓝ219
〔02013〕

◇西国武士団関係史料集　9　田北文書　芥川竜男，福川一徳編校訂　文献出版　1993.2　117p　26cm　4300円　ⓘ4-8305-5614-5　Ⓝ219
〔02014〕

◇西国武士団関係史料集　10　足立文書　芥川竜男，福川一徳編校訂　文献出版　1993.10　81p　26cm　4000円　ⓘ4-8305-5615-3　Ⓝ219
〔02015〕

◇西国武士団関係史料集　11　田原文書　芥川竜男，福川一徳編校訂　文献出版　1994.2　104p　26cm　4300円　ⓘ4-8305-5616-1　Ⓝ219
〔02016〕

◇西国武士団関係史料集　12　萱島文書　芥川竜男，福川一徳編校訂　文献出版　1994.4　80p　26cm　4000円　ⓘ4-8305-5617-X　Ⓝ219
〔02017〕

◇西国武士団関係史料集　13　小田・魚返文書　芥川竜男，福川一徳編校訂　文献出版　1994.7　80p　26cm　4000円　ⓘ4-8305-5618-8　Ⓝ219
〔02018〕

◇西国武士団関係史料集　14　由比文書　芥川竜男，福川一徳編校訂　文献出版　1994.8　86p　26cm　4120円　ⓘ4-8305-5619-6　Ⓝ219
〔02019〕

◇西国武士団関係史料集　15　渡辺文書　芥川竜男，福川一徳編校訂　文献出版　1994.10　94p　26cm　4120円　ⓘ4-8305-5620-X　Ⓝ219
〔02020〕

◇西国武士団関係史料集　16　渡辺文書・河内文書　芥川竜男，福川一徳編校訂　文献出版　1994.12　98p　26cm　4120円　ⓘ4-8305-5621-8　Ⓝ219
〔02021〕

◇西国武士団関係史料集　17　鶴原文書・田口文書　芥川竜男，福川一徳編校訂　文献出版　1995.1　81p　26cm　4120円　ⓘ4-8305-5622-6　Ⓝ219
〔02022〕

◇西国武士団関係史料集　18　後藤文書　芥川竜男，福川一徳編校訂　文献出版　1995.4　79p　26cm　4120円　ⓘ4-8305-5623-4　Ⓝ219
〔02023〕

◇西国武士団関係史料集　19　米多比文書　1　芥川竜男，福川一徳編校訂　文献出版　1995.6　84p　26cm　4120円　ⓘ4-8305-5624-2　Ⓝ219
〔02024〕

◇西国武士団関係史料集　20　米多比文書　2　芥川竜男，福川一徳編校訂　文献出版　1995.7　98p　26cm　4120円　ⓘ4-8305-5625-0　Ⓝ219
〔02025〕

◇西国武士団関係史料集　21　米多比文書　3　芥川竜男，福川一徳編校訂　文献出版　1995.9　86p　26cm　4120円　ⓘ4-8305-5626-9　Ⓝ219
〔02026〕

◇西国武士団関係史料集　22　横岳文書　1　芥川竜男，福川一徳編校訂　文献出版　1996.2　94p　26cm　4120円　ⓘ4-8305-5627-7　Ⓝ219
〔02027〕

◇西国武士団関係史料集　23　横岳文書　2　芥川竜男，福川一徳編校訂　文献出版　1996.4　93p　26cm　4120円　ⓘ4-8305-5628-5　Ⓝ219
〔02028〕

◇西国武士団関係史料集　24　横岳文書 3　小深田文書　芥川竜男，福川一徳編校訂　文献出版　1996.5　89p　26cm　4120円　ⓘ4-8305-5629-3　Ⓝ219

◇西国武士団関係史料集 25 堀文書・本田文書 芥川竜男, 福川一徳編校訂 文献出版 1996.7 97p 26cm 4120円 Ⓘ4-8305-5630-7 Ⓝ219
〔02030〕
◇西国武士団関係史料集 26 戸次文書・清田文書 芥川竜男, 福川一徳編校訂 文献出版 1996.9 102p 26cm 4326円 Ⓘ4-8305-5631-5 Ⓝ219
〔02031〕
◇西国武士団関係史料集 27 佐田文書 芥川龍男, 福川一徳編校訂 文献出版 1996.12 103p 26cm 4200円 Ⓘ4-8305-5632-3 Ⓝ219
〔02032〕
◇西国武士団関係史料集 28 古後文書 芥川龍男, 福川一徳編校訂 文献出版 1997.11 99p 26cm 4200円 Ⓘ4-8305-5633-1 Ⓝ219
〔02033〕
◇西国武士団関係史料集 29 平林文書 1 芥川龍男, 福川一徳編校訂 文献出版 1998.1 93p 26cm 4200円 Ⓘ4-8305-5634-X Ⓝ219
〔02034〕
◇西国武士団関係史料集 30 平林文書 2 芥川龍男, 福川一徳編校訂 文献出版 1998.1 100p 26cm 4200円 Ⓘ4-8305-5635-8 Ⓝ219
〔02035〕
◇西国武士団関係史料集 32 問注所文書 1 芥川龍男, 福川一徳編校訂 文献出版 1998.6 100p 26cm 4200円 Ⓘ4-8305-5637-4 Ⓝ219
〔02036〕
◇西国武士団関係史料集 33 問注所文書 2 芥川龍男, 福川一徳編校訂 文献出版 1998.6 92p 26cm 4200円 Ⓘ4-8305-5638-2 Ⓝ219
〔02037〕
◇西国武士団関係史料集 34 徳丸文書 1 芥川龍男, 福川一徳編校訂 文献出版 1999.6 95p 26cm 4300円 Ⓘ4-8305-5639-0 Ⓝ219
〔02038〕
◇西国武士団関係史料集 35 徳丸文書 2 芥川龍男, 福川一徳編校訂 文献出版 1999.6 90p 26cm 4300円 Ⓘ4-8305-5640-4 Ⓝ219
〔02039〕
◇西国武士団関係史料集 36 田原文書・吉弘文書 芥川龍男, 福川一徳編校訂 文献出版 1999.10 87p 26cm 4300円 Ⓘ4-8305-5641-2 Ⓝ219
〔02040〕
◇西国武士団関係史料集 37 竹田津文書・岐部文書 芥川龍男, 福川一徳編校訂 文献出版 2000.4 84p 26cm 4300円 Ⓘ4-8305-5642-0 Ⓝ219
〔02041〕
◇最後の松浦党 富岡行昌著 佐世保 芸文堂 1996.6 174p 15cm (芸文堂文庫) 850円 Ⓘ4-905897-79-3
〔02042〕
◇實録三浦党 岩間尹著 横須賀 三浦一族会 1966 253p 図版 22cm Ⓝ288.1
〔02043〕
◇実録三浦党 岩間尹著 6版 横須賀 三浦一族会 1971 267p 図 22cm 3000円 Ⓝ288.1
〔02044〕
◇週刊ビジュアル日本の歴史 no.67 貴族の没落 7 デアゴスティーニ・ジャパン 2001.6 p254-293 30cm 533円 Ⓝ210.1
〔02045〕
◇戦いに強い男になる法—乱世を勝ち抜く「悪党」の生き方 佐藤和彦著 ひらく 1998.1 227p 20cm 1600円 Ⓘ4-341-19037-7 Ⓝ210.45
〔02046〕
◇秩父丹党考 井上要著 浦和 埼玉新聞社 1991.8 158p 20cm 1500円 Ⓘ4-87889-121-1 Ⓝ213.4
〔02047〕
◇中世悪党の研究 新井孝重著 吉川弘文館 1990.3 300p 22cm (戊午叢書) 4800円 Ⓘ4-642-02632-0 Ⓝ210.42
〔02048〕
◇中世関東の武士団と信仰 阿部征寛著 〔横浜〕 阿部征寛著作集刊行会 1990.4 269p 22cm Ⓝ210.4
〔02049〕

◇中世寺院と「悪党」 山陰加春夫著 大阪 清文堂出版 2006.6 326p 22cm 7800円 Ⓘ4-7924-0608-0 Ⓝ185.021
〔02050〕
◇中世村落と武士団—豊後国日田郡 郷土史研究 長順一郎著 〔日田〕 〔長順一郎〕 1992 33p 26cm Ⓝ219.5
〔02051〕
◇中世武士団 石井進著 山川出版社 2005.11 391, 9p 20cm (石井進の世界 2) 6500円 Ⓘ4-634-59052-2 Ⓝ210.4
〔02052〕
◇中世武士団と信仰 奥田真啓著 柏書房 1980.5 473p 22cm 7800円 Ⓝ210.4
〔02053〕
◇中世武士団と地域社会 高橋修著 大阪 清文堂出版 2000.3 329p 22cm 7800円 Ⓘ4-7924-0483-5 Ⓝ210.42
〔02054〕
◇中世武士団の自己認識 入間田宣夫著 三弥井書店 1998.12 318p 20cm (三弥井選書 27) 2800円 Ⓘ4-8382-9046-2 Ⓝ210.42
〔02055〕
◇日本史の社会集団 第3巻 中世武士団 石井進著 小学館 1990.5 477p 15cm 800円 Ⓘ4-09-401123-4 Ⓝ210.1
〔02056〕
◇日本の歴史 12 中世武士団 石井進著 小学館 1974 390p(図共)地図 20cm 790円 Ⓝ210.1
〔02057〕
◇坂東に於ける武士団の興隆とその系譜 桧山良夫著 桧山良夫 1989.4 137p 22cm 非売品 Ⓝ288.2
〔02058〕
◇肥前松浦党有浦文書 福田以久生, 村井章介編 大阪 清文堂出版 1982.2 303p 22cm (清文堂史料叢書 第15刊) 6800円 Ⓝ210.4
〔02059〕
◇武士団 安田元久著 塙書房 1964 264p 19cm (塙選書) Ⓝ210.4
〔02060〕
◇武士団研究の歩み 第1部 戦前編—史学史的展開 関幸彦著 新人物往来社 1988.6 219p 20cm 2200円 Ⓘ4-404-01519-4 Ⓝ210.4
〔02061〕
◇武士団研究の歩み 第2部 戦後篇—学説史的展開 関幸彦著 新人物往来社 1988.7 305p 20cm 2800円 Ⓘ4-404-01528-3 Ⓝ210.4
〔02062〕
◇武士団と神道 奥田真啓著 白揚社 1939 299p 18cm (日本歴史文庫) Ⓝ210.4
〔02063〕
◇武士団と村落 豊田武著 吉川弘文館 1994.12 296, 10p 20cm (日本歴史叢書 新装版) 2884円 Ⓘ4-642-06603-9 Ⓝ210.4
〔02064〕
◇松浦党関係史料集 第1 瀬野精一郎編 続群書類従完成会 1996.8 269p 22cm 9000円 Ⓘ4-7971-0632-8 Ⓝ219.3
〔02065〕
◇松浦党研究 no.1 松浦党研究連合会編 佐世保 芸文堂 1980.5 203p 26cm 4200円 Ⓝ219.3
〔02066〕
◇松浦党関係史料集 第3 瀬野精一郎編 続群書類従完成会 2004.3 274p 21cm 9000円 Ⓘ4-7971-0634-4
〔02067〕
◇松浦党研究 no.2 松浦党研究連合会編 佐世保 芸文堂 1981.6 164p 26cm 3300円 Ⓝ219.3
〔02068〕
◇松浦党研究 no.3 松浦党研究連合会編 佐世保 芸文堂 1981.6 140p 26cm 3800円 Ⓝ219.3
〔02069〕
◇松浦党研究 no.4 松浦党研究連合会編 佐世保 芸文堂 1982.6 117p 26cm 2800円 Ⓝ219.3
〔02070〕

◇松浦党研究　no.5　松浦党研究連合会編　佐世保　芸文堂　1982.6　226p　26cm　4000円　Ⓝ219.3
〔02071〕
◇松浦党研究　no.6　松浦党研究連合会編　佐世保　芸文堂　1983.6　209p　26cm　4000円　Ⓝ219.3
〔02072〕
◇松浦党研究　no.7　松浦党研究連合会編　佐世保　芸文堂　1984.6　187p　26cm　4000円　Ⓝ219.3
〔02073〕
◇松浦党研究　no.8　松浦党研究連合会編　佐世保　芸文堂　1985.6　184p　26cm　4000円　Ⓝ219.3
〔02074〕
◇松浦党戦旗　神尾正武著　新人物往来社　1998.9　306p　19cm　1600円　Ⓘ4-404-02659-5　〔02075〕
◇松浦党武士団一揆の成立―古文書による松浦党通史　古賀稔康著　佐世保　芸文堂　1987.7　517p　19cm　（肥前歴史叢書9）　Ⓝ219.3
〔02076〕
◇武蔵武士―新装開館記念特別展　大宮　埼玉県立博物館　1983.10　119p　25cm　Ⓝ210.4　〔02077〕
◇武蔵武士　渡辺世祐著，八代国治著　有峰書店新社　1987.10　289pp　20cm　2800円　Ⓘ4-87045-172-7　Ⓝ210.4
〔02078〕
◇武蔵武士―そのロマンと栄光　福島正義著　浦和　さきたま出版会　1990.5　278p　19cm　1942円　Ⓘ4-87891-040-2　Ⓝ210.4
〔02079〕
◇武蔵武士団の一様態―安保氏の研究　伊藤一美著　文献出版　1981.12　347, 30p　22cm　6500円　Ⓝ210.4
〔02080〕
◇横山党とその一族―中世武士武蔵七党の一党　木曽義仲臣越前横山某のルーツ探索より　横山敏男編著　正和商事制作部　2003.3　565, 44p　22cm　5800円　Ⓝ288.2
〔02081〕

◆中世海賊・水軍
◇安宅一乱記―熊野水軍史料　長谷克久編　名著出版　1976.2　240p　22cm　4200円　Ⓝ210.45　〔02082〕
◇遺跡が語る村上水軍―第3回愛媛大学考古学研究室公開シンポジウム　愛媛大学法文学部考古学研究室編　松山　愛媛大学法文学部考古学研究室　2002.11　67p　30cm　Ⓝ218.3
〔02083〕
◇伊予海賊史話　景浦勉著　松山　三好文成堂　1936　92p　19cm　Ⓝ218.3
〔02084〕
◇伊予の水軍―平成七年度企画展　愛媛県歴史文化博物館編　宇和町（愛媛県）　愛媛県歴史文化博物館　1996.2　59p　30cm　Ⓝ210.1
〔02085〕
◇伊予歴史散歩―水軍のふるさと　小田武雄著　大阪　創元社　1976　205p　18cm　530円　Ⓝ291.83
〔02086〕
◇海と列島の中世　網野善彦著　日本エディタースクール出版部　1992.1　328p　20cm　2400円　Ⓘ4-88888-183-9　Ⓝ210.4
〔02087〕
◇海と列島の中世　網野善彦著　講談社　2003.4　386p　15cm　（講談社学術文庫）　1150円　Ⓘ4-06-159592-X　Ⓝ210.4
〔02088〕
◇海賊　よねもとひとし著　近代文芸社　2007.10　168p　19cm　1400円　Ⓘ978-4-7733-7520-6
〔02089〕
◇海賊史の旅―村上水軍盛衰記　村谷正隆著　福岡　海鳥社　1990.7　244p　19cm　（海鳥ブックス7）　1650円　Ⓘ4-906234-75-5　Ⓝ210
〔02090〕
◇海賊大将軍　三島安精著　人物往来社　1967　253p　図版　19cm　（歴史選書）　Ⓝ210.04
〔02091〕
◇海賊大名―村上水軍ものがたり　村上公一原作, 三友社出版株式会社企画・編集・制作　三友社出版　1996.1　176p　21cm　（劇画・歴史再発見シリーズ1）　1000円　Ⓘ4-88322-610-7　Ⓝ726.1
〔02092〕
◇海賊たちの中世　金谷匡人著　吉川弘文館　1998.12　205p　19cm　（歴史文化ライブラリー56）　1700円　Ⓘ4-642-05456-1　Ⓝ210.4　〔02093〕
◇海賊と海城―瀬戸内の戦国史　山内譲著　平凡社　1997.6　221p　20cm　（平凡社選書168）　2000円　Ⓘ4-582-84168-6　Ⓝ217.4
〔02094〕
◇海賊の島―しまなみ海道ロマン紀行・宮窪　宮窪町（愛媛県）　宮窪町観光協会　2002.4　95p　26cm　1429円　Ⓘ4-901108-21-2　Ⓝ218.3　〔02095〕
◇海賊松浦党　呼子重義著　人物往来社　1965　283p　19cm　Ⓝ210.4
〔02096〕
◇熊野水軍シンポジウム　第2回　〔日置川町（和歌山県）〕　〔日置川町教育委員会〕　2003　62p　30cm　Ⓝ216.6
〔02097〕
◇熊野水軍シンポジウム　第3回　熊野水軍の里未来へ　〔日置川町（和歌山県）〕　〔日置川町〕　2004　45p　30cm　Ⓝ216.6
〔02098〕
◇熊野水軍シンポジウム報告書　第1回　日置川町教育委員会編　日置川町（和歌山県）　日置川町教育委員会　2002.3　88p　30cm　Ⓝ216.6
〔02099〕
◇熊野水軍シンポジウム報告書　第2回　日置川町教育委員会編　日置川町（和歌山県）　日置川町教育委員会　2003.3　83p　30cm　Ⓝ216.6
〔02100〕
◇熊野水軍シンポジウム報告書　第3回　熊野水軍の里未来へ　日置川町（和歌山県）　日置川町　2004　78p　30cm　Ⓝ216.6
〔02101〕
◇史的研究　続　史学研究会編　富山房　1916　347, 7p　22cm　Ⓝ204
〔02102〕
◇水軍史の女性たち―瀬戸うち海賊秘話　村谷正隆著　北九州　ライオンズマガジン社　1980.12　338p　19cm　1200円　Ⓝ210.1
〔02103〕
◇水軍盛衰記―松浦薫の活動をめぐって　呼子重義著　三鷹　1967　94p　図版　18cm　Ⓝ210.4
〔02104〕
◇水軍の先覚村上義弘　小笠原長生, 村上貞一著　今日の問題社　1940　174p　19cm　Ⓝ289.1　〔02105〕
◇水軍の伝統　松波治郎著　彰文館　1944　294p　19cm　Ⓝ392
〔02106〕
◇瀬戸内水軍散歩24コース　瀬戸内水軍散歩編集委員会編　山川出版社　2002.12　200p　18cm　1400円　Ⓘ4-634-60570-8
〔02107〕
◇瀬戸内の海賊―村上武吉の戦い　山内譲著　講談社　2005.2　214p　19cm　（講談社選書メチエ322）　1500円　Ⓘ4-06-258322-4　Ⓝ217.4
〔02108〕
◇瀬戸内海―水軍の興亡　千賀四郎編集　小学館　1974　182p（図共）　20cm　（歴史の旅6）　750円　Ⓝ291.79
〔02109〕
◇瀬戸内海海賊城塞古図　三好源十郎編　道後湯之町（愛媛県）　三好源十郎　1936　図1枚　55×76cm　Ⓝ217.4
〔02110〕
◇戦国最強の海上軍団・毛利水軍　森本繁著　新人物往来社　1991.7　224p　20cm　2700円　Ⓘ4-404-01834-7　Ⓝ210.47
〔02111〕
◇戦国水軍と村上一族―日本最強の瀬戸内水軍を率いた海賊大将「村上武吉」と海のサムライたち　新人物往来社

2005.8　157p　26cm　（別冊歴史読本　第30巻第15号）　2000円　Ⓘ4-404-03317-6　Ⓝ217.4　〔02112〕
◇戦国水軍の興亡　宇田川武久著　平凡社　2002.10　260p　18cm　（平凡社新書）　760円　Ⓘ4-582-85158-4　Ⓝ210.46　〔02113〕
◇謎の日本海賊―日本史の旅　奈良本辰也著, 高野澄著　祥伝社　1986.5　251p　16cm　（ノン・ポシェット　な1-2）　400円　Ⓘ4-396-31007-2　Ⓝ210.4　〔02114〕
◇日本海賊史話　金城陽介著　大浸社　1937　267p　20cm　Ⓝ369.1　〔02115〕
◇日本社会再考―海民と列島文化　網野善彦著　小学館　1994.5　333p　20cm　2500円　Ⓘ4-09-626181-5　Ⓝ210.4　〔02116〕
◇日本水軍史　佐藤和夫著　原書房　1985.5　465, 4p　22cm　8000円　Ⓘ4-562-01593-4　Ⓝ210.1　〔02117〕
◇日本中世水軍の研究―梶原氏とその時代　佐藤和夫著　錦正社　1993.7　418p　22cm　（錦正社史学叢書）　9800円　Ⓘ4-7646-0305-5　Ⓝ210.4　〔02118〕
◇日本の海賊―戦雲たなびく水軍旗　村上護著　講談社　1982.3　298p　20cm　1400円　Ⓘ4-06-116984-X　Ⓝ210.04　〔02119〕
◇日本の海賊　宇田川武久著　誠文堂新光社　1983.8　290p　20cm　2000円　Ⓘ4-416-88312-9　Ⓝ210.19　〔02120〕
◇沼田海賊史　沢井常四郎著　三原　三原図書館　1943　225p　19cm　Ⓝ369.1　〔02121〕
◇松井水軍考―付松倉城物語　村野孝之著　復刻　明石　宮園昌之　1998.7　42p　26cm　（久八叢書7）　非売品　Ⓝ216.2　〔02122〕
◇（上）の船印　河本勢一著　〔久賀町（山口県）〕　〔河本勢一〕　2001.5　98p　18cm　Ⓝ210.1　〔02123〕
◇村上海賊史　村上公一著　因島　因島市史料館　1972　286p　図　19cm　850円　Ⓝ210.4　〔02124〕
◇村上水軍興亡史―戦史ドキュメント　森本繁著　学習研究社　2001.9　363p　15cm　（学研M文庫）　650円　Ⓘ4-05-901080-4　Ⓝ210.1　〔02125〕
◇村上水軍史考―九州の視座から　村谷正隆著　福岡　西日本新聞社　1981.9　319p　20cm　2700円　Ⓘ4-8167-0010-2　Ⓝ210.1　〔02126〕
◇村上水軍全史　森本繁著　新人物往来社　2008.1　295p　19cm　2800円　Ⓘ978-4-404-03502-8　〔02127〕
◇村上水軍のすべて　森本繁著　新人物往来社　1997.7　250p　20cm　2800円　Ⓘ4-404-02499-1　Ⓝ210.1　〔02128〕
◇歴史シンポジウム　4　村上水軍考　奈良本辰也ほか述　松山　愛媛県文化振興財団　1983.11　246p　19cm　（財団図書8）　Ⓝ218.3　〔02129〕

◆◆倭寇

◇海外視点・日本の歴史　7　大明国と倭寇　田中健夫編　ぎょうせい　1986.8　175p　27cm　2800円　Ⓘ4-324-00261-4　Ⓝ210.1　〔02130〕
◇日本の歴史　中世2-4　海―環シナ海と環日本海　新訂増補　朝日新聞社　2002.9　p98-128　30cm　（週刊朝日百科14）　476円　Ⓝ210.1　〔02131〕
◇八幡船　柴田賢一著　興亜日本社　1942　282p　19cm　Ⓝ210.4　〔02132〕
◇八幡船史　村田四郎著　高松　草臥房　1943　304p　22cm　Ⓝ210.4　〔02133〕
◇八幡船の史的考察　松下三鷹著　東邦書院　1942　82p　図版　19cm　Ⓝ210.4　〔02134〕
◇八幡船の人々　岡田政男著　岡山　岡山ユネスコ協会　1972　67p　図　21cm　（日本人の国際理解シリーズ2）　非売品　Ⓝ210.4　〔02135〕
◇明代倭寇史略　陳懋恒著　〔名古屋〕　〔采華書林〕　1973　229p　19cm　Ⓝ222.058　〔02136〕
◇琉球王国と倭寇―おもろの語る歴史　吉成直樹, 福寛美著　森話社　2006.1　317p　20cm　（叢書・文化学の越境12）　3300円　Ⓘ4-916087-61-5　Ⓝ219.9　〔02137〕
◇琉球諸島における　倭寇史跡の研究　稲村賢敷著　吉川弘文館　1957　361p　図版　地図　22cm　Ⓝ219.9　〔02138〕
◇倭寇　長谷川正気著　吉川村(広島県)　長谷川正気　1914　216p　22cm　Ⓝ210.4　〔02139〕
◇倭寇　石原道博著　吉川弘文館　1964　361p　図版　地図　20cm　（日本歴史叢書7　日本歴史学会編）　Ⓝ210.4　〔02140〕
◇倭寇―海の歴史　田中健夫著　〔東村山〕　教育社　1982.2　240p　18cm　（教育社歴史新書）　800円　Ⓝ210.4　〔02141〕
◇倭寇　石原道博著　吉川弘文館　1996.3　361, 10p　20cm　（日本歴史叢書　新装版）　3193円　Ⓘ4-642-06633-0　Ⓝ210.4　〔02142〕
◇倭寇―商業・軍事史的研究　太田弘毅著　横浜　春風社　2002.8　599p　22cm　13000円　Ⓘ4-921146-51-9　Ⓝ210.4　〔02143〕
◇倭寇―日本あふれ活動史　太田弘毅著　文芸社　2004.10　385p　20cm　2300円　Ⓘ4-8355-7934-8　Ⓝ210.4　〔02144〕
◇倭寇記　竹越与三郎著　白揚社　1938　200p　18cm　Ⓝ210.4　〔02145〕
◇倭寇記　竹越与三郎著　補　白揚社　1939　284p　19cm　Ⓝ210.4　〔02146〕
◇倭寇研究　登丸福寿, 茂木秀一郎共著　中央公論社　1942　272p　図版　19cm　Ⓝ210.4　〔02147〕
◇倭寇史考　呼子丈太朗著　新人物往来社　1971　453p　図　20cm　2000円　Ⓝ210.4　〔02148〕
◇倭寇図巻　大阪　登竜閣　1936　1軸　30cm　Ⓝ210.4　〔02149〕
◇倭寇と勘合貿易　田中健夫著　至文堂　1961　237p　図版　19cm　（日本歴史新書）　Ⓝ210.4　〔02150〕
◇倭寇と日麗関係史　李領著　東京大学出版会　1999.11　283, 13p　22cm　8800円　Ⓘ4-13-026069-3　Ⓝ210.4　〔02151〕

鎌倉時代

◇イラスト日本の歴史　2　貴族vs武士　服部夕紀著　誠文堂新光社　1989.4　212p　21cm　920円　Ⓘ4-416-78912-2　Ⓝ210.1　〔02152〕
◇王朝政権から武家政権確立　蜂矢敬啓著　高文堂出版社　1988.2　124p　19cm　（人間活性化双書）　1100円　Ⓘ4-7707-0242-6　Ⓝ210.42　〔02153〕
◇概観鎌倉時代史　沢田章著　鳳鳴書院　1932　282, 14p　23cm　Ⓝ210.4　〔02154〕
◇鎌倉　渡辺保著　至文堂　1962　217p　図版　地図　19cm　（日本歴史新書）　Ⓝ210.42　〔02155〕

| 鎌倉時代 | 中世史 |

◇Kamakura　アメリカ・カナダ11大学連合日本研究センター編　東京大学出版会（製作・発売）　1974　2冊　27×22cm　（Readings in Japanese history 2）　Ⓝ210.42
〔02156〕

◇鎌倉合戦物語　笹間良彦著　雄山閣出版　2001.2　254p　19cm　2200円　Ⓘ4-639-01714-6　Ⓝ210.42
〔02157〕

◇鎌倉 古戦場を歩く　奥富敬之著,奥富雅子著　新人物往来社　1985.7　246p　20cm　2000円　Ⓘ4-404-01276-4　Ⓝ210.42
〔02158〕

◇鎌倉時代　小和田哲男監修　岩崎書店　2000.4　47p　29cm　（人物・資料でよくわかる日本の歴史 5）　3000円　Ⓘ4-265-04845-5, 4-265-10223-9　Ⓝ210.42
〔02159〕

◇鎌倉時代―その光と影　上横手雅敬著　復刊　吉川弘文館　2006.12　279p　19cm　（歴史文化セレクション）　2300円　Ⓘ4-642-06304-8
〔02160〕

◇鎌倉時代 前篇　中島孤島著　早稲田大学出版部　1922　443p　19cm　（国民の日本史 第4編）　Ⓝ210.4
〔02161〕

◇鎌倉時代 上　関東 竜粛著　春秋社　1957　22cm　Ⓝ210.42
〔02162〕

◇鎌倉時代 後篇　高須梅渓著　早稲田大学出版部　1923　640p　20cm　（国民の日本史 第5編）　Ⓝ210.4
〔02163〕

◇鎌倉時代概観―資料集成　藤田徳太郎等編　金星堂　1936　472p　23cm　Ⓝ210.4
〔02164〕

◇鎌倉時代概観　花見朔巳著　日本放送出版協会　1940　168p　18cm　（ラヂオ新書 第30）　Ⓝ210.4
〔02165〕

◇鎌倉時代史　日下寛講述　早稲田大學出版部　18-266p　22cm　（[早稲田大學三十七年度史學科第二學年講義録]）　Ⓝ210.4
〔02166〕

◇鎌倉時代史　三浦周行著　訂正増補　早稲田大学出版部　1916　630p　23cm　（大日本時代史 [5]）　Ⓝ210.4
〔02167〕

◇鎌倉時代史　松本彦次郎著　2版　日本文学社　1938　119p　22cm　Ⓝ210.4
〔02168〕

◇鎌倉時代史考―下剋上とデモクラシー　久野満男著　見聞ブックス　1995.12　314p　20cm　2500円　Ⓘ4-8382-4024-4　Ⓝ210.42
〔02169〕

◇鎌倉時代史論　日本歴史地理学会編　勿来社　1931　394p 図版　22cm　Ⓝ210.4
〔02170〕

◇鎌倉時代史論　日本歴史地理学会編　日本図書センター　1976.11　394p 図版13枚　22cm　6000円　Ⓝ210.42
〔02171〕

◇鎌倉時代政治史研究　上横手雅敬著　吉川弘文館　1991.6　323, 16p　22cm　6500円　Ⓘ4-642-02634-7　Ⓝ210.42
〔02172〕

◇鎌倉時代―その光と影　上横手雅敬著　吉川弘文館　1994.5　272p　20cm　2884円　Ⓘ4-642-07423-6　Ⓝ210.42
〔02173〕

◇鎌倉時代通俗史談　大森金五郎著　長風社　1912.3　260p 図版 地図　22cm　Ⓝ210.4
〔02174〕

◇鎌倉時代と昭和　椿山荘編　藤田観光　1971.11　1冊（頁付なし）　26cm　（名品展 第1回）　Ⓝ210.4
〔02175〕

◇鎌倉時代の研究　史学地理学同攷会編　京都　星野書店　1925　506p 図版　21cm　Ⓝ210.4
〔02176〕

◇鎌倉時代の研究　竜粛著　春秋社松柏館　1944　364p 図版　21cm　Ⓝ210.4
〔02177〕

◇鎌倉時代の後宮生活　横尾豊著　柏書房　1976.8　212p　19cm　1500円　Ⓝ210.42
〔02178〕

◇鎌倉時代の考古学　小野正敏, 萩原三雄編　高志書院　2006.6　452p　31cm　14000円　Ⓘ4-86215-012-8　Ⓝ210.42
〔02179〕

◇鎌倉時代の庶民生活　村山修一著　京都　臼井書房　1949　200p　19cm　Ⓝ210.4
〔02180〕

◇鎌倉史話紀行　今野信雄著　青蛙房　1982.5　239p　20cm　1800円　Ⓝ213.7
〔02181〕

◇鎌倉史話散歩　御所見直好著　秋田書店　1975　270p 図　19cm　1200円　Ⓝ210.42
〔02182〕

◇鎌倉史話探訪―武家社会の葛藤の謎　御所見直好著　大和書房　1990.8　229p　20cm　1650円　Ⓘ4-479-01047-5　Ⓝ210.42
〔02183〕

◇鎌倉人物志―永井路子対談集　永井路子著　毎日新聞社　1979.3　260p　20cm　980円　Ⓝ210.42
〔02184〕

◇鎌倉草創記―あの日あの時めくるめく季節を彩る　関弘文・写真　中央公論事業出版（発売）　2005.2　120p　21cm　1700円　Ⓘ4-89514-240-X　Ⓝ213.7
〔02185〕

◇鎌倉と各郷土の縁故　鈴木隆著　2版　鎌倉　島森書店　1957　208p 図版 地図　22cm　Ⓝ210.42
〔02186〕

◇鎌倉・南北朝時代　竹内誠総監修, 木村茂光監修　フレーベル館　2000.10　71p　31cm　（地図でみる日本の歴史 3）　2800円　Ⓘ4-577-02020-3　Ⓝ210.42
〔02187〕

◇鎌倉の風雲―人物群像　学習研究社編集部編　学習研究社　2001.4　364p　15cm　（学研M文庫）　650円　Ⓘ4-05-902042-7　Ⓝ210.42
〔02188〕

◇鎌倉の山　吉田助治著　文仁會　1934.10　170, 22p　19cm　（童話の日本史 9（鎌倉時代の巻））　Ⓝ210.42
〔02189〕

◇鎌倉・花と樹の記憶　勝原範夫写真　国書刊行会　1988.12　143p　22cm　2500円　Ⓝ210.42
〔02190〕

◇鎌倉びとの声を聞く　石井進著　日本放送出版協会　2000.12　206p　20cm　1300円　Ⓘ4-14-080558-7　Ⓝ210.42
〔02191〕

◇鎌倉武家事典　出雲隆著　青蛙房　2005.1　641p　19cm　5700円　Ⓘ4-7905-0530-8
〔02192〕

◇カラー版 国民の歴史 第8　京・鎌倉〔ほか〕　福尾猛市郎　文英堂　1968　357p 図版　21cm　Ⓝ210.1
〔02193〕

◇京・鎌倉の王権　五味文彦編　吉川弘文館　2003.1　284, 18p　22cm　（日本の時代史 8）　3200円　Ⓘ4-642-00808-X　Ⓝ210.42
〔02194〕

◇きらめく中世―歴史家と語る　永井路子著　横浜　有隣堂　1995.8　229p　20cm　1500円　Ⓘ4-89660-130-0　Ⓝ210.42
〔02195〕

◇校本保暦間記　佐伯真一, 高木浩明編著　大阪　和泉書院　1999.3　319p　22cm　（重要古典籍叢刊 2）　8000円　Ⓘ4-87088-964-1　Ⓝ210.42
〔02196〕

◇国史講座　〔第20巻〕　鎌倉時代史　松本彦次郎著　受験講座刊行会　1931　124p　22cm　Ⓝ210.1
〔02197〕

◇御書と鎌倉時代 上（政治・経済・社会編）　河合一, 小林正博著　第三文明社　1993.12　310p　19cm　1500円　Ⓘ4-476-06083-8　Ⓝ210.42
〔02198〕

◇御書と鎌倉時代　下（宗教・生活・文化編）　河合一, 小林正博著　第三文明社　1994.1　349p　19cm　1500円　④4-476-06084-6　Ⓝ210.42　〔02199〕
◇古東海道謎紀行　放生池一彌著　調布　海道史研究会　1998.11　141p　19cm　1143円　Ⓝ210.42　〔02200〕
◇古東海道夢跡十選　放生池一弥著　調布　海道史研究会　2005.6　310p　19cm　1900円　Ⓝ210.42　〔02201〕
◇再現日本史―週刊time travel　鎌倉・室町1　講談社　2002.10　42p　30cm　533円　Ⓝ210.1　〔02202〕
◇趣味の日本史談　巻5　鎌倉時代　北垣恭次郎著　明治図書出版株式会社　1951-56　19cm　Ⓝ210.1　〔02203〕
◇少年少女日本の歴史　第7巻　鎌倉幕府の成立　児玉幸多監修, あおむら純まんが　増補版　小学館　1998.2　157p　23cm　（小学館版学習まんが）　830円　④4-09-298107-4　〔02204〕
◇調べ学習に役立つ時代別・テーマ別日本の歴史博物館・史跡　4　鎌倉・南北朝・室町時代　佐藤和彦監修　あかね書房　1999.4　47p　31cm　3200円　④4-251-07904-3　〔02205〕
◇新・中世王権論―武門の覇者の系譜　本郷和人著　新人物往来社　2004.12　260p　19cm　1800円　④4-404-03228-5　Ⓝ210.42　〔02206〕
◇人物・資料でよくわかる日本の歴史　5　鎌倉時代　小和田哲男監修　岩崎書店　2000.4　47p　30cm　3000円　④4-265-04845-5　〔02207〕
◇人物・日本の歴史　第4　鎌倉と京都　永原慶二編　読売新聞社　1966　320p　19cm　Ⓝ210.1　〔02208〕
◇大系日本の歴史　5　鎌倉と京　永原慶二ほか編　五味文彦著　小学館　1988.5　398p　21cm　1800円　④4-09-622005-1　Ⓝ210.1　〔02209〕
◇大系日本の歴史　5　鎌倉と京　永原慶二ほか編　五味文彦著　小学館　1992.12　497p　16cm　（小学館ライブラリー）. 980円　④4-09-461005-7　Ⓝ210.1　〔02210〕
◇中世王権の成立　伊藤喜良著　青木書店　1995.11　235p　20cm　（Aoki library―日本の歴史 中世）　2266円　④4-250-95050-6　Ⓝ210.4　〔02211〕
◇中世の開幕　林屋辰三郎著　講談社　1976　222p　18cm　（講談社現代新書）　390円　Ⓝ210.36　〔02212〕
◇展望日本歴史　9　中世社会の成立　大石直正, 柳原敏昭編　東京堂出版　2001.5　453p　23cm　5000円　④4-490-30559-1　Ⓝ210.1　〔02213〕
◇日蓮聖人と鎌倉時代　蛍沢藍川著　佐藤出版部　1920　300p　19cm　Ⓝ188.9　〔02214〕
◇日本国民史　第3巻　鎌倉幕府時代　小林鶯里著　文芸社　1925　104p　18cm　Ⓝ210.1　〔02215〕
◇日本史から見た日本人　鎌倉編　渡部昇一著　祥伝社　2000.7　268p　16cm　（祥伝社黄金文庫）　571円　④4-396-61019-X　Ⓝ210.04　〔02216〕
◇日本史から見た日本人　鎌倉編―「日本型」行動原理の確立　渡部昇一著　祥伝社　2000.7　268p　15cm　（祥伝社黄金文庫）　571円　④4-396-31220-2　〔02217〕
◇日本時代史　第5巻　鎌倉時代史　三浦周行著　早稲田大学出版部　1926　630p　22cm　Ⓝ210.1　〔02218〕

◇日本史探訪　7　武士政権の誕生　角川書店編　角川書店　1984.8　293p　15cm　（角川文庫 5357）　420円　④4-04-153307-4　Ⓝ210.1　〔02219〕
◇日本史の舞台　3　風翔ける鎌倉武士―鎌倉時代　上横手雅敬ほか著　集英社　1982.5　167p　27cm　1800円　Ⓝ210.1　〔02220〕
◇日本中世国家史の研究　石井進著　岩波書店　2004.9　438, 16p　22cm　（石井進著作集 第1巻）　8400円　④4-00-092621-7　Ⓝ210.42　〔02221〕
◇日本の中世国家　佐藤進一著　岩波書店　1983.4　237p　19cm　（日本歴史叢書）　1400円　Ⓝ210.4　〔02222〕
◇日本の中世国家　佐藤進一著　岩波書店　2001.9　237p　20cm　（岩波モダンクラシックス）　2300円　④4-00-026668-3　Ⓝ210.42　〔02223〕
◇日本の中世国家　佐藤進一著　岩波書店　2007.3　259p　15cm　（岩波現代文庫 学術）　1000円　④978-4-00-600173-5, 4-00-600173-8　Ⓝ210.42　〔02224〕
◇日本の歴史　4　鎌倉武士　編集委員・執筆者代表:岡田章雄, 豊田武, 和歌森太郎　読売新聞社　1972　288p 図　19cm　550円　Ⓝ210.1　〔02225〕
◇日本の歴史―集英社版　7　武者の世に　児玉幸多ほか編　入間田宣夫著　集英社　1991.12　350p　22cm　2400円　④4-08-195007-5　Ⓝ210.1　〔02226〕
◇日本の歴史―集英社版　7　武者の世に　児玉幸多ほか編　入間田宣夫著　東京ヘレン・ケラー協会点字出版局　1994.9　6冊　27cm　全21000円　Ⓝ210.1　〔02227〕
◇日本の歴史―マンガ　16　朝幕の確執、承久の乱へ　石ノ森章太郎著　中央公論社　1991.2　235p　20cm　1000円　④4-12-402816-4　Ⓝ726.1　〔02228〕
◇日本歴史大系　4　武家政権の形成　井上光貞ほか編　山川出版社　1996.1　353, 28p　22cm　3500円　④4-634-33040-7　Ⓝ210.1　〔02229〕
◇鉢形祭り　九野啓祐著　講談社出版サービスセンター　2002.2　329p　20cm　1800円　④4-87601-602-X　Ⓝ210.4　〔02230〕
◇早わかり鎌倉・室町時代―時代の流れが図解でわかる！　河合敦著　日本実業出版社　2005.1　256, 6p　19cm　1400円　④4-534-03854-2　〔02231〕
◇百夜一話・日本の歴史　第4　武士勢力の台頭　和歌森太郎, 山本藤枝著　集英社　1969　346p 図版　18cm　580円　Ⓝ210.1　〔02232〕
◇武者の世―東と西　福田以久生著　吉川弘文館　1995.2　232p　20cm　2575円　④4-642-07457-0　Ⓝ210.42　〔02233〕
◇物語日本の歴史―その時代を見た人が語る　第11巻　鎌倉びとの哀歓　笠原一男編　木耳社　1997.3　177p　20cm　1500円　④4-8393-7563-1　Ⓝ210.1　〔02234〕
◇八重姫・千鶴丸考　伊東まで著　横浜　伊東まで〔東京〕歴史図書社（製作）　1971　227p 図　19cm　600円　Ⓝ210.4　〔02235〕

◆鎌倉幕府
◇安達泰盛と鎌倉幕府―霜月騒動とその周辺　福島金治著　横浜　有隣堂　2006.11　213p　18cm　（有隣新書）　1000円　④4-89660-196-3　〔02236〕
◇石井進著作集　第1巻　日本中世国家史の研究　石井進著　岩波書店　2004.9　438, 16p　21cm　8400円　④4-00-092621-7　〔02237〕

◇石井進の世界 1　鎌倉幕府　石井進著, 石井進著作集刊行会編　山川出版社　2005.10　346,6p　19cm　6500円　Ⓘ4-634-59051-4　〔02238〕
◇海外視点・日本の歴史 6　鎌倉幕府と蒙古襲来　田中健夫編　ぎょうせい　1986.3　175p　27cm　2800円　Ⓘ4-324-00260-6　Ⓝ210.1　〔02239〕
◇外史鈔―源平氏,北条氏　興文社編輯所編　興文社　1909.8　115p　23cm　Ⓝ210　〔02240〕
◇画報新説日本史　第7巻　鎌倉幕府と蒙古襲来　時事世界新社編　時事世界新社　1963-64　31cm　Ⓝ210.1　〔02241〕
◇鎌倉開府と源頼朝　安田元久著　〔東村山〕　教育社　1977.10　245p 図　18cm　(教育社歴史新書)　600円　Ⓝ210.42　〔02242〕
◇鎌倉時代の朝幕関係　森茂暁著　京都　思文閣出版　1991.6　486,18p　22cm　(思文閣史学叢書)　9064円　Ⓘ4-7842-0648-5　Ⓝ210.42　〔02243〕
◇鎌倉将軍家譜　林道春著　豊田政恒　1883.9　18丁　24cm　Ⓝ288　〔02244〕
◇鎌倉の政権　中山義秀著　河出書房新社　1959　306p 図版　19cm　(現代人の日本史 第8)　Ⓝ210.42　〔02245〕
◇鎌倉幕府―その実力者たち　安田元久著　人物往来社　1965　310p　19cm　Ⓝ210.42　〔02246〕
◇鎌倉幕府―その政権を担った人々　安田元久著　新人物往来社　1971　310p　19cm　850円　Ⓝ210.42　〔02247〕
◇鎌倉幕府―その政権を担った人々　安田元久著　改訂新版　新人物往来社　1979.5　310p　20cm　1300円　Ⓝ210.42　〔02248〕
◇鎌倉幕府　石井進著　改版　中央公論新社　2004.11　565p　16cm　(中公文庫―日本の歴史 7)　1238円　Ⓘ4-12-204455-3　Ⓝ210.42　〔02249〕
◇鎌倉幕府　石井進著　山川出版社　2005.10　346,6p　20cm　(石井進の世界 1)　6500円　Ⓘ4-634-59051-4　Ⓝ210.4　〔02250〕
◇鎌倉幕府成立史の研究　川合康著　校倉書房　2004.10　510p　21cm　(歴史科学叢書)　13000円　Ⓘ4-7517-3570-5　〔02251〕
◇鎌倉幕府体制成立史の研究　三田武繁著　吉川弘文館　2007.12　399,11p　21cm　13000円　Ⓘ978-4-642-02870-7　〔02252〕
◇鎌倉幕府と江戸幕府　細川亀市著　日本放送出版協会　1941　168p　18cm　(ラヂオ新書 第36)　Ⓝ210.4　〔02253〕
◇鎌倉幕府と葛西氏―地域史フォーラム・地域の歴史を求めて　葛飾区郷土と天文の博物館編　葛飾区郷土と天文の博物館　2001.12　60p　30cm　Ⓝ288.2　〔02254〕
◇鎌倉幕府と東国　岡田清一著　続群書類従完成会　2006.1　425,18p　21cm　11000円　Ⓘ4-7971-0745-6　〔02255〕
◇鎌倉幕府と悲劇の三浦一族・三浦党　小峰正志著　文芸社　2003.9　199p　19cm　1238円　Ⓘ4-8355-6214-3　Ⓝ210.42　〔02256〕
◇鎌倉幕府と和賀江島築港　島崎武雄著　地域開発研究所　1993.3　42p　30cm　1000円　Ⓝ210.42　〔02257〕
◇鎌倉幕府の成立―鎌倉時代　入間田宣夫監修, 森藤よしひろ漫画　集英社　1998.3　163p　23cm　(集英社版・学習漫画―日本の歴史 7)　850円　Ⓘ4-08-239007-3　〔02258〕
◇鎌倉幕府の転換点―『吾妻鏡』を読みなおす　永井晋著　日本放送出版協会　2000.12　220p　19cm　(NHKブックス)　870円　Ⓘ4-14-001904-2　Ⓝ210.42　〔02259〕
◇鎌倉幕府のリスクマネジメント　相原鐵也著　文芸社　2003.7　207p　19cm　1200円　Ⓘ4-8355-5788-3　Ⓝ210.42　〔02260〕
◇鎌倉幕府滅亡―特別展　神奈川県立金沢文庫編　横浜　神奈川県立金沢文庫　2003.1　79p　30cm　Ⓝ210.42　〔02261〕
◇鎌倉幕府論　石井進著　岩波書店　2004.10　318,12p　22cm　(石井進著作集 第2巻)　8400円　Ⓘ4-00-092622-5　Ⓝ210.42　〔02262〕
◇完全制覇鎌倉幕府―この一冊で歴史に強くなる!　鈴木亨著　立風書房　2000.11　268p　19cm　1400円　Ⓘ4-651-75208-X　Ⓝ210.42　〔02263〕
◇逆説の日本史 5 (中世動乱編)　源氏勝利の奇蹟の謎　井沢元彦著　小学館　1997.5　329p　20cm　1550円+税　Ⓘ4-09-379416-2　Ⓝ210.04　〔02264〕
◇図説日本の歴史 6　鎌倉の幕府　井上幸治等編　編集責任者:貫達人　集英社　1974　267p(図共)　28cm　2300円　Ⓝ210.1　〔02265〕
◇日本の歴史　第7　鎌倉幕府　石井進　中央公論社　1965　18cm　Ⓝ210.1　〔02266〕
◇日本の歴史　7　鎌倉幕府　石井進著　中央公論社　1984.1　498p　18cm　(中公バックス)　1200円　Ⓘ4-12-401147-4　Ⓝ210.1　〔02267〕
◇日本の歴史 9　鎌倉幕府　大山喬平著　小学館　1974　390p(図共) 地図　20cm　790円　Ⓝ210.1　〔02268〕
◇源頼朝と鎌倉幕府　上杉和彦著　新日本出版社　2003.5　229p　19cm　1500円　Ⓘ4-406-03006-9　Ⓝ210.42　〔02269〕
◇頼朝はなぜ鎌倉に幕府をひらいた?―平安・鎌倉時代　佐藤和彦監修　ポプラ社　1998.4　47p　29cm　(調べ学習にやくだつ日本史の大疑問 3)　3000円　Ⓘ4-591-05697-X, 4-591-99229-2　Ⓝ210.42　〔02270〕
◇六波羅探題の研究　森幸夫著　続群書類従完成会　2005.4　313,17p　22cm　6000円　Ⓘ4-7971-0742-1　Ⓝ210.42　〔02271〕

◆◆源頼朝

◇鎌倉開府と源頼朝　安田元久著　〔東村山〕　教育社　1977.10　245p 図　18cm　(教育社歴史新書)　600円　Ⓝ210.42　〔02272〕
◇源氏三代―死の謎を探る　奥富敬之著　新人物往来社　1986.6　214p　20cm　1800円　Ⓘ4-404-01355-8　Ⓝ210.42　〔02273〕
◇週刊ビジュアル日本の歴史　no.62　貴族の没落 2　デアゴスティーニ・ジャパン　2001.5　p44-83　30cm　533円　Ⓝ210.1　〔02274〕
◇総合的学習に役立つクイズでわかる日本の歴史 5　源頼朝ってどんな人? 鎌倉時代　竹内誠, 梅沢実監修　学習研究社　2001.2　60p　26cm　2200円　Ⓘ4-05-300838-7　〔02275〕
◇転形期 法然と頼朝　坂爪逸子著　青弓社　1993.7　209p　19cm　2060円　Ⓘ4-7872-2005-5　〔02276〕
◇批評日本史―政治的人間の系譜 2　源頼朝　奈良本辰也, 山田宗睦, 尾崎秀樹著　思索社　1972　239p 図 肖像　20cm　980円　Ⓝ281.08　〔02277〕

◇北条政子と源頼朝の謎　高田直次著　アロー出版社　1979.2　199p　19cm　850円　Ⓝ210.42　〔02278〕

◇謀略家頼朝と武将たち―源平合戦の遺跡探訪　小林林平著　共栄書房　1982.1　284p　20cm　1800円　Ⓝ210.42　〔02279〕

◇源家三代　渡辺保著　人物往来社　1964　253p　19cm　Ⓝ210.42　〔02280〕

◇源頼朝　永原慶二著　岩波書店　1958　211p　18cm　(岩波新書)　Ⓝ210.42　〔02281〕

◇源頼朝　永原慶二著　岩波書店　1992.8　211p　18cm　(岩波新書)　550円　Ⓘ4-00-413098-0　Ⓝ210.42　〔02282〕

◇源頼朝　永原慶二著　岩波書店　1995.4　211p　20cm　(岩波新書―評伝選)　1600円　Ⓘ4-00-003873-7　Ⓝ210.42　〔02283〕

◇源頼朝　山路愛山著　復刻版　日本図書センター　1998.1　682p　22cm　(山路愛山伝記選集 第1巻)　Ⓘ4-8205-8238-0, 4-8205-8237-2　Ⓝ210.42　〔02284〕

◇源頼朝―武家の時代を開く　酒寄雅志監修, 小西聖一著　理論社　2004.1　109p　25cm　(NHKにんげん日本史)　1800円　Ⓘ4-652-01466-X　Ⓝ289.1　〔02285〕

◇源頼朝公伝　植松安著　文武堂書店　1920　296, 8p　19cm　(少年史伝叢書)　Ⓝ289.1　〔02286〕

◇源頼朝像―沈黙の肖像画　米倉迪夫著　平凡社　2006.6　227p　16cm　(平凡社ライブラリー 577)　1200円　Ⓘ4-582-76577-7　Ⓝ721.0242　〔02287〕

◇「源頼朝と葛西氏」展示図録―開館10周年記念特別展　葛飾区郷土と天文の博物館編　葛飾区郷土と天文の博物館　2001.10　194p　30cm　Ⓝ288.2　〔02288〕

◇源頼朝と鎌倉幕府　上杉和彦著　新日本出版社　2003.5　229p　19cm　1500円　Ⓘ4-406-03006-9　Ⓝ210.42　〔02289〕

◇源頼朝と関東の御家人―千葉開府880年　千葉市立郷土博物館特別展図録　千葉市立郷土博物館編　千葉　千葉市立郷土博物館　2006.10　35p　30cm　Ⓝ289.1　〔02290〕

◇源頼朝と天下の草創―東国武士団の発展史について　山内景樹著　大阪　かんぽうサービス　2005.2　189p　19cm　1500円　Ⓘ4-900277-59-2　Ⓝ289.1　〔02291〕

◇源頼朝のすべて　奥富敬之編　新人物往来社　1995.4　245p　19cm　(人物すべてシリーズ)　2800円　Ⓘ4-404-02181-X　〔02292〕

◇源頼朝の那須野巻狩　磯忍編　黒磯　磯忍　1991.12　16p　26cm　(那須野ケ原の歴史シリーズ 1)　Ⓝ213.2　〔02293〕

◇源頼朝　島田正藏, 松本浩記共編　再版　中文館書店　1929.6　65p　19cm　(學習室文庫 第5期)　Ⓝ289.1　〔02294〕

◇源頼朝―武家政権創始の歴史的背景　安田元久著　新訂版　吉川弘文館　1986.10　223p　20cm　2300円　Ⓘ4-642-07257-8　Ⓝ210.42　〔02295〕

◇源頼朝ってどんな人?―鎌倉時代　竹内誠, 梅澤実監修　学習研究社　2001.2　60p　27cm　(クイズでわかる日本の歴史 総合的学習に役立つ 5)　2200円　Ⓘ4-05-300838-7, 4-05-810600-X　Ⓝ210.42　〔02296〕

◇源頼朝と重臣加藤景廉　山本七郎著　修善寺町(静岡県)　長倉書店　1998.4　314p　21cm　3000円　Ⓝ210.42　〔02297〕

◇源頼朝と房州　白鳥健著, 頼朝会安房支部編纂　〔市川町(千葉県)〕　頼朝会安房支部　1931　32p　23cm　Ⓝ213.5　〔02298〕

◇源頼朝の世界　永井路子著　中央公論社　1979.1　253p　20cm　820円　Ⓝ210.42　〔02299〕

◇源頼朝の世界　永井路子著　中央公論社　1982.11　257p　16cm　(中公文庫)　320円　Ⓝ210.42　〔02300〕

◇頼朝をめぐる十五人の女　府馬清著　昭和図書出版　1979.4　214p　19cm　1200円　Ⓝ210.42　〔02301〕

◇頼朝の時代――一一八〇年代内乱史　河内祥輔著　平凡社　1990.4　296p　20cm　(平凡社選書 135)　2266円　Ⓘ4-582-84135-X　Ⓝ210.39　〔02302〕

◇頼朝の精神史　山本幸司著　講談社　1998.11　254p　19cm　(講談社選書メチエ)　1500円　Ⓘ4-06-258143-4　〔02303〕

◇頼朝の天下草創　山本幸司著　講談社　2001.7　386p　20cm　(日本の歴史 第9巻)　2200円　Ⓘ4-06-268909-X　Ⓝ210.42　〔02304〕

◆◆源実朝

◇朱い雪―歌人将軍実朝の死　森本房子著　三一書房　1996.5　252p　19cm　2500円　Ⓘ4-380-96242-3　〔02305〕

◇公暁は生きていた―歴史ドキュメント　増田武夫著　秦野　21世紀社　1981.8　200p　19cm　1450円　Ⓝ210.04　〔02306〕

◇再現日本史―週刊time travel　鎌倉・室町 3　講談社　2002.11　42p　30cm　533円　Ⓝ210.1　〔02307〕

◆◆御家人

◇吾妻鏡の中の加藤景廉・遠山景朝父子―美濃国恵奈・遠山荘地頭　度會宜男編著　岩波出版サービスセンター(製作)　2006.6　7, 208p　22cm　Ⓝ289.1　〔02308〕

◇安達泰盛と鎌倉幕府―霜月騒動とその周辺　福島金治著　横浜　有隣堂　2006.11　213p　18cm　(有隣新書)　1000円　Ⓘ4-89660-196-3　Ⓝ210.42　〔02309〕

◇海のもののふ三浦一族　石丸熙著　新人物往来社　1999.11　239p　20cm　2500円　Ⓘ4-404-02838-5　Ⓝ210.42　〔02310〕

◇大江広元　上杉和彦著　吉川弘文館　2005.5　228p　19cm　(人物叢書 新装版)　1800円　Ⓘ4-642-05231-3　Ⓝ289.1　〔02311〕

◇大江廣元改姓の謎　大江隻舟著　福岡　西日本新聞社　2003.10　210p　22cm　1905円　Ⓘ4-8167-0582-1　Ⓝ210.42　〔02312〕

◇梶原景時―知られざる鎌倉本体の武士　梶原等著　増補改訂版　新人物往来社　2004.3　545p　21cm　2200円　Ⓘ4-404-03187-4　〔02313〕

◇鎌倉御家人　安田元久著　〔東村山〕　教育社　1981.5　209p　18cm　(教育社歴史新書)　800円　Ⓝ210.42　〔02314〕

◇鎌倉御家人平子氏の西遷・北遷―特別展　横浜市歴史博物館編　横浜　横浜市歴史博物館　2003.10　262p　30cm　Ⓝ288.2　〔02315〕

◇鎌倉争乱と大江一族　大江隻舟著　福岡　西日本新聞社　2005.12　361p　22cm　2667円　Ⓘ4-8167-0668-2　Ⓝ210.42　〔02316〕

◇鎌倉の豪族 1　野口実著　かまくら春秋社　1983.1　256p　19cm　(鎌倉叢書 第3巻)　1800円　Ⓝ210.42

鎌倉時代　　　　　　　　　　　　中世史

〔02317〕
◇鎌倉の豪族　2　岡田清一著　鎌倉　かまくら春秋社　1983.4　285p　19cm　（鎌倉叢書 第4巻）　1800円　Ⓝ210.42
〔02318〕
◇鎌倉の城と武将と　井上宗和著　グリーンアロー出版社　1978.11　247p　19cm　（グリーンアロー・ブックス）　880円　Ⓝ210.42
〔02319〕
◇鎌倉の武士たち―北条九代記物語　西川清治著　若樹出版　1965　358p 図版　19cm　Ⓝ210.42
〔02320〕
◇鎌倉の武士と馬―秋季特別展　馬事文化財団馬の博物館編　横浜　馬事文化財団　1998.10　83p　30cm　Ⓝ210.42
〔02321〕
◇鎌倉の武士と馬　馬事文化財団馬の博物館編　名著出版　1999.12　86p　27cm　1600円　Ⓘ4-626-01573-5　Ⓝ210.42
〔02322〕
◇鎌倉幕臣の三村氏―三村氏の出自について　小野淑夫著　〔小野淑夫〕　1993.3　38p　26cm　Ⓝ288.2
〔02323〕
◇鎌倉幕臣三村氏とその一族　小野淑夫著　小野淑夫　1993.10　121p　26cm　Ⓝ288.2
〔02324〕
◇鎌倉幕府御家人制度の研究　田中稔著　吉川弘文館　1991.8　469, 12p　22cm　8500円　Ⓘ4-642-02636-3　Ⓝ210.42
〔02325〕
◇鎌倉幕府御家人制の政治史的研究　清水亮著　校倉書房　2007.11　304p　21cm　（歴史科学叢書）　8000円　Ⓘ978-4-7517-3910-5
〔02326〕
◇鎌倉幕府御家人制の展開　七海雅人著　吉川弘文館　2001.12　306, 13p　22cm　11000円　Ⓘ4-642-02809-9　Ⓝ210.42
〔02327〕
◇鎌倉幕府と葛西氏―地域フォーラム・地域の歴史をもとめて　葛飾区郷土と天文の博物館編　名著出版　2004.5　200p　22cm　3000円　Ⓘ4-626-01691-X　Ⓝ288.2
〔02328〕
◇鎌倉幕府と悲劇の三浦一族・三浦党　小峰正志著　文芸社　2003.9　199p　19cm　1238円　Ⓘ4-8355-6214-3　Ⓝ210.42
〔02329〕
◇鎌倉武家事典　出雲隆編　青蛙房　1972　641p　20cm　3200円　Ⓝ210.42
〔02330〕
◇鎌倉武家事典　出雲隆編　新装版　青蛙房　2005.1　641p　20cm　5700円　Ⓘ4-7905-0530-8　Ⓝ210.42
〔02331〕
◇鎌倉武士　大町桂月著　弘学館　1909.10　331, 15p　22cm　Ⓝ210.4
〔02332〕
◇鎌倉武士―鎌倉時代　森克己著　ポプラ社　1982.4　217p　23cm　（日本の歴史 4）　850円　ⓃK210
〔02333〕
◇鎌倉武士―合戦と陰謀　奥富敬之著　新人物往来社　1986.5　248p　20cm　2000円　Ⓘ4-404-01342-6　Ⓝ210.42
〔02334〕
◇鎌倉武士の実像―合戦と暮しのおきて　石井進著　平凡社　1987.6　359p　20cm　（平凡社選書 108）　2300円　Ⓘ4-582-84108-2　Ⓝ210.42
〔02335〕
◇鎌倉武士の実像―合戦と暮しのおきて　石井進著　平凡社　2002.11　395p　16cm　（平凡社ライブラリー）　1400円　Ⓘ4-582-76449-5　Ⓝ210.42
〔02336〕
◇鎌倉武士の実像　石井進著　岩波書店　2005.1　365, 10p　22cm　（石井進著作集 第5巻）　8400円　Ⓘ4-00-092625-X　Ⓝ210.42
〔02337〕

◇鎌倉武士の精神―源氏将軍時代を中心として　室田泰一著　京都　永沢金港堂　1943　258p　19cm　Ⓝ156
〔02338〕
◇鎌倉武士の世界―教養の日本史　阿部猛著　東京堂出版　1994.1　258p　19cm　2500円　Ⓘ4-490-20229-6　Ⓝ210.42
〔02339〕
◇鎌倉武士物語　今野信雄著　河出書房新社　1991.5　270p　20cm　1900円　Ⓘ4-309-22198-X　Ⓝ210.42
〔02340〕
◇菊池一族　阿蘇品保夫著　改訂新版　新人物往来社　2007.4　262p　19cm　2400円　Ⓘ978-4-404-03467-0
〔02341〕
◇激録・日本大戦争　第8巻　元寇と鎌倉武士　原康史著　東京スポーツ新聞社　1980.12　316, 〔2〕p　19cm　1300円　Ⓘ4-8084-0042-2　Ⓝ210.1
〔02342〕
◇御家人制の研究　御家人制研究会編　吉川弘文館　1981.7　472p　22cm　6800円　Ⓝ210.42
〔02343〕
◇相模のもののふたち―中世史を歩く　永井路子著　横浜　有隣堂　1978.8　268p　18cm　（有隣新書）　Ⓝ210.4
〔02344〕
◇相模のもののふたち―中世史を歩く　永井路子著　文芸春秋　1986.6　254p　16cm　（文春文庫）　360円　Ⓘ4-16-720016-3　Ⓝ210.4
〔02345〕
◇相模三浦一族　奥富敬之著　新人物往来社　1993.7　267p　20cm　2800円　Ⓘ4-404-02037-6　Ⓝ210.42
〔02346〕
◇島津忠久の生ひ立ち―低等批評の一例　朝河貫一著　慧文社　2007.6　127p　22cm　6000円　Ⓘ978-4-905849-74-2　Ⓝ289.1
〔02347〕
◇千葉氏　鎌倉・南北朝編　千野原靖方著　流山　崙書房出版　1995.5　446p　22cm　7800円　Ⓘ4-8455-1015-4　Ⓝ288.3
〔02348〕
◇鎮西御家人の研究　瀬野精一郎著　吉川弘文館　1975　536p　22cm　（日本史学研究叢書）　4800円　Ⓝ210.42
〔02349〕
◇津戸三郎為守―法然上人をめぐる関東武者　3　梶村昇著　大阪　東方出版　2000.11　223p　19cm　2000円　Ⓘ4-88591-689-5
〔02350〕
◇つわものの賦　永井路子著　文芸春秋　1978.9　334p　20cm　880円　Ⓝ210.42
〔02351〕
◇つわものの賦　永井路子著　文芸春秋　1983.7　339p　16cm　（文春文庫）　380円　Ⓘ4-16-720012-0　Ⓝ210.42
〔02352〕
◇転換期の戦略　2　鎌倉武士―貴族から武士の時代　邦光史郎他著　経済界　1988.10　254p　20cm　1300円　Ⓘ4-7667-8051-5　Ⓝ210.1
〔02353〕
◇都市鎌倉の武士たち　石丸熙著　新人物往来社　1993.4　227p　20cm　2300円　Ⓘ4-404-02015-5　Ⓝ210.42
〔02354〕
◇日本の歴史　第4巻　鎌倉武士　岡田章雄, 豊田武, 和歌森太郎編　読売新聞社　1959　318p 図版 地図　23cm　Ⓝ210.1
〔02355〕
◇日本の歴史　第4　鎌倉武士　岡田章雄, 豊田武, 和歌森太郎編　読売新聞社　1963　18cm　Ⓝ210.1
〔02356〕
◇日本の歴史　第4　鎌倉武士　岡田章雄, 豊田武, 和歌森太郎編　読売新聞社　1968　19cm　Ⓝ210.1
〔02357〕
◇日本の歴史文庫　7　鎌倉武士　安田元久著　講談社　1975　300p 図　15cm　380円　Ⓝ210.1　〔02358〕

◇日本歴史シリーズ　第6巻　鎌倉武士　遠藤元男等編　安田元久編　世界文化社　1967　27cm　Ⓝ210.1
〔02359〕
◇日本歴史展望　第4巻　鎌倉武士の御恩と奉公―鎌倉　安田元久責任編集　旺文社　1981.6　280p　26cm　2300円　Ⓝ210.1
〔02360〕
◇畠山重忠と菅谷館址　東松山　比企の自然と文化財を守る会　1972　54p 図　19cm　(比企の自然と文化財シリーズ)　100円　Ⓝ213.4
〔02361〕
◇文士と御家人―中世国家と幕府の吏僚　北爪真佐夫著　青史出版　2002.3　398p　22cm　9000円　Ⓘ4-921145-13-X　Ⓝ210.42
〔02362〕
◇三浦一族と相模武士　神奈川新聞横須賀総局編著　横浜　神奈川新聞社　1995.11　215p　20cm　2200円　Ⓘ4-87645-197-4　Ⓝ210.42
〔02363〕
◇三浦党と鎌倉武士道　高橋恭一著　長谷川書房　1942　355p 肖像　Ⓝ288
〔02364〕
◇三浦義村　暁太郎著　新人物往来社　2006.8　221p　19cm　1500円　Ⓘ4-404-03416-4
〔02365〕
◇源頼朝と関東の御家人―千葉開府880年　千葉市立郷土博物館特別展図録　千葉市立郷土博物館編　千葉　千葉市立郷土博物館　2006.10　35p　30cm　Ⓝ289.1
〔02366〕
◇源頼朝と重臣加藤景廉　山本七郎著　修善寺町(静岡県)　長倉書店　1998.4　314p　21cm　3000円　Ⓝ210.42
〔02367〕
◇武蔵武士、本田次郎親恒―その生涯と史跡を訪ねて　本田一二著　本田花子　1994.3　133p　23cm　Ⓝ289.1
〔02368〕
◇頼朝が思い込み過ぎた梶原景時　澤地英著　そうぶん社出版　2000.7　91p　20cm　Ⓘ4-88328-218-X　Ⓝ210.049
〔02369〕
◇輪廻無常―鎌倉御家人の軌跡　山根京一著　ライフリサーチプレス　1999.5　222p　20cm　1500円　Ⓘ4-906472-39-7　Ⓝ210.42
〔02370〕

◆◆守護

◇鎌倉幕府守護制度の研究―諸国守護沿革考証篇　佐藤進一著　要書房　1948　216p 表　21cm　(人文科学委員会編 人文科学研究叢書 第1編)　Ⓝa210　〔02371〕
◇守護と地頭　安田元久著　至文堂　1964　223p　19cm　(日本歴史新書)　Ⓝ322.14
〔02372〕

◆◆地頭

◇鎌倉幕府地頭職成立史の研究　義江彰夫著　東京大学出版会　1978.3　780, 21p　22cm　7500円　Ⓝ210.42
〔02373〕
◇研究史 地頭　関幸彦著　吉川弘文館　1983.9　248p　19cm　1800円　Ⓝ210.4
〔02374〕
◇地頭　関幸彦著　吉川弘文館　1983.9　248, 7p　19cm　(研究史)　1800円　Ⓝ210.4
〔02375〕
◇地頭及び地頭領主制の研究　安田元久著　山川出版社　1961　460, 44p　22cm　Ⓝ210.4
〔02376〕
◇地頭及び地頭領主制の研究　安田元久著　山川出版社　1985.1　460, 44, 9p　22cm　4200円　Ⓘ4-634-61210-0　Ⓝ210.4
〔02377〕
◇守護と地頭　安田元久著　至文堂　1964　223p　19cm　(日本歴史新書)　Ⓝ322.14
〔02378〕

◆◆執権政治

◇鎌倉執権政治―その展開と構造　安田元久著　〔東村山〕教育社　1979.2　241p　18cm　(教育社歴史新書)　600円　Ⓝ210.42
〔02379〕
◇鎌倉将軍執権列伝　安田元久編　秋田書店　1974　406p　20cm　1700円　Ⓝ210.42
〔02380〕

◆◆北条氏

◇亜細亜を睨む時宗と秀吉　加藤咄堂著　潮文閣　1942　258p　19cm　Ⓝ289.1
〔02381〕
◇阿魔将軍論考北条政子　八切止夫著　日本シェル出版　1978.11　238p　19cm　840円　Ⓝ210.42
〔02382〕
◇一冊で読む執権北条時宗と蒙古襲来　谷口研語著　成美堂出版　2000.10　253p　16cm　(成美文庫)　505円　Ⓘ4-415-06894-4　Ⓝ210.43
〔02383〕
◇裏方将軍 北条時政　小野真一著　叢文社　2000.1　418p　19cm　Ⓘ4-7947-0326-0
〔02384〕
◇金沢北条氏と称名寺　福島金治著　吉川弘文館　1997.9　312, 8p　22cm　6900円　Ⓘ4-642-02761-0　Ⓝ185.9137
〔02385〕
◇金沢北条氏の研究　永井晋著　八木書店　2006.12　508, 26p　21cm　12000円　Ⓘ4-8406-2025-3　〔02386〕
◇鎌倉政権得宗専制論　細川重男著　吉川弘文館　2000.1　430, 127p　22cm　13000円　Ⓘ4-642-02786-6　Ⓝ210.42
〔02387〕
◇鎌倉と北条氏―もののふの都　石井進編　新人物往来社　1999.9　182p　26cm　(別冊歴史読本 30)　2000円　Ⓘ4-404-02730-3　Ⓝ213.7
〔02388〕
◇鎌倉幕府と北条氏　石井進著　岩波書店　2004.12　368, 11p　22cm　(石井進著作集 第4巻)　8400円　Ⓘ4-00-092624-1　Ⓝ210.42
〔02389〕
◇鎌倉北条一族　奥富敬之著　新人物往来社　1983.9　280p　20cm　2000円　Ⓝ210.42
〔02390〕
◇鎌倉北条一族　奥富敬之著　新版　新人物往来社　2000.12　281p　20cm　2400円　Ⓘ4-404-02895-4　Ⓝ210.42
〔02391〕
◇鎌倉北条九代記 下　承久記　集文館　1913　434p　15cm　(日本歴史文庫)　Ⓝ210.4
〔02392〕
◇鎌倉北条氏と鎌倉山ノ内―得宗領相模国山内庄の様相　湯山学著　藤沢　光友会社会就労センター神奈川ワークショップ(印刷)　1999.9　176p　21cm　(南関東中世史論集 5)　1600円　Ⓝ210.42
〔02393〕
◇鎌倉北条氏の基礎的研究　奥富敬之著　吉川弘文館　1980.11　295p　22cm　(戊午叢書)　2200円　Ⓝ210.42
〔02394〕
◇鎌倉北条氏の興亡　奥富敬之著　吉川弘文館　2003.8　226p　19cm　(歴史文化ライブラリー 159)　1700円　Ⓘ4-642-05559-2　Ⓝ210.42
〔02395〕
◇決断―蒙古襲来と北条時宗　童門冬二著　日本放送出版協会　2000.11　301p　20cm　1500円　Ⓘ4-14-080550-1　Ⓝ210.43
〔02396〕
◇国難と時宗　鷲尾義直著　牧書房　1941　230p　19cm　Ⓝ210.4
〔02397〕
◇国難と北条時宗　関靖著　長谷川書房　1942　215p 図版　19cm　Ⓝ210.4
〔02398〕
◇再現日本史―週刊time travel　鎌倉・室町 4　講談社　2002.11　42p　30cm　533p　Ⓝ210.1
〔02399〕
◇史籍集覧　〔23〕　北条九代記　近藤瓶城校　近藤瓶城　1883.8　37, 42丁(上・下合本)　19cm　Ⓝ210
〔02400〕

◇史跡北条氏邸跡発掘調査報告　1　韮山町教育委員会編　韮山町（静岡県）　韮山町教育委員会　2002.3　225p　図版8枚, 19p　30cm　（韮山町文化財調査報告 no.42）　Ⓝ210.0254　〔02401〕

◇執権時頼と廻国伝説　佐々木馨著　吉川弘文館　1997.12　223p　19cm　（歴史文化ライブラリー 29）　1700円　Ⓘ4-642-05429-4　Ⓝ210.42　〔02402〕

◇週刊ビジュアル日本の歴史　no.63　貴族の没落　3　デアゴスティーニ・ジャパン　2001.5　p86-125　30cm　533円　Ⓝ210.1　〔02403〕

◇史話北条時宗　関靖著　朝日新聞社　1943　242p　18cm　（朝日新選書 12）　Ⓝ210.4　〔02404〕

◇図説北条時宗の時代　佐藤和彦, 錦昭江編　河出書房新社　2000.11　127p　22cm　（ふくろうの本）　1800円　Ⓘ4-309-72648-8　Ⓝ210.42　〔02405〕

◇青年執権・北条時宗と蒙古襲来　緒形隆司著　光風社出版, 成美堂出版〔発売〕　2000.11　259p　18cm　781円　Ⓘ4-415-08801-5　〔02406〕

◇青年北条時宗　小島健三著　三邦出版社　1942　281p　19cm　Ⓝ289.1　〔02407〕

◇贈従一位北条時宗公肖像付録　関藤通熙著　日本公道会　1909.6　10p　23cm　Ⓝ289.1　〔02408〕

◇茶と金沢貞顕—特別展　神奈川県立金沢文庫編　横浜　神奈川県立金沢文庫　2005.10　80p　30cm　Ⓝ791.2　〔02409〕

◇時宗の決断—国難・蒙古襲来にどう対処したか　永井路子他著　中央公論新社　2000.11　268p　16cm　（中公文庫）　648円　Ⓘ4-12-203748-4　Ⓝ210.43　〔02410〕

◇時頼と時宗　奥富敬之著　日本放送出版協会　2000.10　410p　19cm　1700円　Ⓘ4-14-080549-8　〔02411〕

◇新田北條兩軍鎌倉戰圖　日本歴史地理學會編　三省堂書店　1908　1枚　23×32cm　〔02412〕

◇武家の興学—北条実時一門と金沢文庫　関靖著　関靖　1945　270, 42, 10p　図版　肖像　19cm　Ⓝ289.1　〔02413〕

◇北条一族—頼朝と政子をめぐる権謀秘図　大月博志著　光風社出版　1979.6　254p　19cm　850円　Ⓝ210.42　〔02414〕

◇北条一族—平成13年NHK大河ドラマ　北条氏研究会編　新人物往来社　2001.1　174p　26cm　（別冊歴史読本 62）　1800円　Ⓘ4-404-02762-1　Ⓝ210.42　〔02415〕

◇北条九代記　増淵勝一訳　〔東村山〕　教育社　1979.9　3冊　18cm　（教育社新書）　各700円　Ⓝ210.42　〔02416〕

◇北条家の叡知—日本最強の一族　加来耕三著　扶桑社　2001.2　346p　20cm　1429円　Ⓘ4-594-03081-5　Ⓝ210.42　〔02417〕

◇北条実時と金沢文庫　関靖著　金沢町（神奈川県）　金沢文庫　1935　21p　19cm　Ⓝ210.4　〔02418〕

◇北条氏権力と都市鎌倉　秋山哲雄著　吉川弘文館　2006.12　344, 10p　22cm　11000円　Ⓘ4-642-02861-7　Ⓝ210.42　〔02419〕

◇北条政子　女の決断　松尾美恵子著　叢文社　2005.12　220p　19cm　1500円　Ⓘ4-7947-0534-4　〔02420〕

◇北条高時のすべて　佐藤和彦編　新人物往来社　1997.7　217p　19cm　2800円　Ⓘ4-404-02494-0　〔02421〕

◇北条時宗　菅谷秋水著　如山堂　1909.9　204, 11p　22cm　Ⓝ289.1　〔02422〕

◇北条時宗—日本の危機,蒙古襲来　浜野卓也著　講談社　1992.8　205p　18cm　（講談社 火の鳥伝記文庫 81）　490円　Ⓘ4-06-147581-9　〔02423〕

◇北条時宗—史上最強の帝国に挑んだ男　奥富敬之著　角川書店　2000.11　205p　19cm　（角川選書 320）　1200円　Ⓘ4-04-703320-0　Ⓝ210.42　〔02424〕

◇北条時宗—平成13年NHK大河ドラマ総特集　蒙古襲来に挑んだ若き宰相　新人物往来社　2000.11　176p　26cm　（別冊歴史読本）　1800円　Ⓘ4-404-02758-3　Ⓝ210.42　〔02425〕

◇北条時宗　川添昭二著, 日本歴史学会編　新装版　吉川弘文館　2001.10　304p　19cm　（人物叢書）　2000円　Ⓘ4-642-05223-2　〔02426〕

◇北条時宗公　笂田敏野著　大阪　有本書店　1943　337p　19cm　Ⓝ289.1　〔02427〕

◇北条時宗公鑽仰会講演集　北条時宗公鑽仰会編　大船町（神奈川県）　北条時宗公鑽仰会　1936　42p　19cm　Ⓝ289.1　〔02428〕

◇北条時宗小百科　鎌倉　かまくら春秋社　2001.2　143p　26cm　1000円　Ⓘ4-7740-0160-0　Ⓝ210.42　〔02429〕

◇北条時宗とその時代Q&A　後藤寿一著　双葉社　2000.12　204p　18cm　762円　Ⓘ4-575-15293-5　Ⓝ210.42　〔02430〕

◇北条時宗とその時代展　NHK, NHKプロモーション編　NHK　2001　247p　30cm　Ⓝ210.42　〔02431〕

◇北条時宗と日蓮　沢田謙著　再版　地踏社　1932　418, 8p　肖像　20cm　Ⓝ210.4　〔02432〕

◇北条時宗と日蓮・蒙古襲来—末世・乱世・大難を生きる　尾崎綱賀著　世界書院　2001.2　251p　20cm　1800円　Ⓘ4-7927-1011-1　Ⓝ210.43　〔02433〕

◇北条時宗と蒙古襲来　安西篤子著　学習研究社　2000.12　309p　15cm　（学研M文庫）　570円　Ⓘ4-05-901019-7　Ⓝ210.43　〔02434〕

◇北条時宗と蒙古襲来がわかるQ&A 100　—蒙古襲来と鎌倉時代のことが図解ですべてわかります　川口素生著　竹内書店新社　2000.10　237p　21cm　1400円　Ⓘ4-8035-0313-3　Ⓝ210.43　〔02435〕

◇北条時宗と蒙古襲来99の謎　森本繁著　PHP研究所　2000.9　366p　15cm　（PHP文庫）　619円　Ⓘ4-569-57452-1　Ⓝ210.43　〔02436〕

◇北条時宗の決断—「蒙古襲来」を歩く　森本繁著　東京書籍　2000.12　260p　19cm　1500円　Ⓘ4-487-79646-6　〔02437〕

◇北条時宗の時代—歴史・文化ガイド　奥富敬之監修　日本放送出版協会　2000.12　158p　24cm　（NHKシリーズ）　1300円　Ⓘ4-14-910406-9　Ⓝ210.42　〔02438〕

◇北条時宗の生涯—そのとき、若き執権は何を思い、どう決断したか　童門冬二著　三笠書房　2000.6　238p　19cm　1400円　Ⓘ4-8379-1834-4　〔02439〕

◇北条時宗のすべて　佐藤和彦, 樋口州男編　新人物往来社　2000.12　290p　19cm　2800円　Ⓘ4-404-02884-9　〔02440〕

◇北条時宗の謎　北条氏研究会編　新人物往来社　2000.12　229p　19cm　1600円　Ⓘ4-404-02893-8　〔02441〕

◇北条時頼—国史の再検討　岡部長章著　朝日新聞社　1954　173p　20cm　（朝日文化手帖）　Ⓝ210.42　〔02442〕

中世史　　　　　　　　　　　　　　　　　　　　　　　　　　　　　鎌倉時代

◇北条得宗家の興亡　岡田清一著　新人物往来社　2001.4　285p　20cm　2500円　Ⓘ4-404-02917-9　Ⓝ210.42
〔02443〕

◇北条政子―物語と史蹟をたずねて　土橋治重著　成美堂出版　1995.6　311p　16cm　（成美文庫）　560円　Ⓘ4-415-06423-X　Ⓝ289.1
〔02444〕

◇北条政子―幕府を背負った尼御台　田端泰子著　京都　人文書院　2003.10　212p　19cm　2300円　Ⓘ4-409-52052-0
〔02445〕

◇北条政子―母が嘆きは浅からぬことに候　関幸彦著　京都　ミネルヴァ書房　2004.3　229,7p　19cm　（ミネルヴァ日本評伝選）　2400円　Ⓘ4-623-03969-2
〔02446〕

◇北条政子と源頼朝の謎　高田直次著　アロー出版社　1979.2　199p　19cm　850円
〔02447〕

◇北条義時法華堂跡確認調査報告書　鎌倉市教育委員会編〔鎌倉〕　鎌倉市教育委員会　2005.11　64p　30cm　Ⓝ210.0254
〔02448〕

◇蒙古襲来から国を護った北条時宗と鎌倉時代　高野澄著　勁文社　2001.5　333p　16cm　（勁文社「大文字」文庫）　895円　Ⓘ4-7669-3761-9　Ⓝ210.42
〔02449〕

◇蒙古襲来と北条氏の戦略―日本国存亡の危機　激動の鎌倉時代を生きた熱き男たち　成美堂出版　2000.11　144p　26cm　（Seibido mook）　1300円　Ⓘ4-415-09573-9　Ⓝ210.43
〔02450〕

◆承久の乱

◇史籍集覧　〔89〕　承久兵乱記　上　近藤瓶城校　近藤瓶城　1881.12　46丁　19cm　Ⓝ210
〔02451〕

◇週刊ビジュアル日本の歴史　no.64　貴族の没落　4　デアゴスティーニ・ジャパン　2001.5　p128-167　30cm　533円　Ⓝ210.1
〔02452〕

◇承久殉難の五忠臣　植木直一郎著　渋谷町（府）　皇典講究所　1929　148p　20cm　Ⓝ281
〔02453〕

◇承久の役と源有雅卿　萩原頼平編著　甲府　甲斐志料編纂会　1929　133,9p　20cm　Ⓝ210.4
〔02454〕

◇日本の歴史　中世1-4　鎌倉幕府と承久の乱　新訂増補　朝日新聞社　2002.6　p102-132　30cm　（週刊朝日百科　4）　476円　Ⓝ210.1
〔02455〕

◇マンガ日本の歴史　16　朝幕の確執、承久の乱へ　石ノ森章太郎　中央公論社　1997.9　212p　16cm　（中公文庫）　524円　Ⓘ4-12-202952-X　Ⓝ726.1
〔02456〕

◇水無瀬神宮と承久役論　水無瀬神宮社務所編　〔京都〕　京都内外出版印刷（印刷）　1939　85p　19cm　Ⓝ210.4
〔02457〕

◆正中の乱・元弘の乱

◇嗚呼誠忠土岐頼兼公　笹原佗介著　岐阜県土岐町　土岐頼兼公顕彰会　1938　250p　図版　23cm　Ⓝ210.4
〔02458〕

◇笠置山　草野渓風編　国史物語叢書刊行会　1924　101p　15cm　（国史物語叢書　第1編）　Ⓝ210.4
〔02459〕

◇笠置山元弘戦記　笠置村（京都府）　古跡研究所　1925　17p　図版　19cm　Ⓝ210.4
〔02460〕

◇笠置山元弘戦記　訂正増補　笠置村（京都府）　古跡研究所　1926　20p　図版　19cm　Ⓝ210.4
〔02461〕

◇元弘隠伯枢要録事　小泉憲貞編　台北　小泉憲貞　1910.9　20p　19cm　Ⓝ210.4
〔02462〕

◇元弘史蹟笠置山軍録―附・陣取図　笠田和城編　南笠置村（京都府）　古川重郎〔ほか〕　1914　40p　19cm　Ⓝ210.4
〔02463〕

◇元弘史跡舩上山遺事　正墻薫著, 佐伯元吉校補　倉吉町（鳥取県）　佐伯元吉　1912　21p　23cm　Ⓝ210.4
〔02464〕

◇建武中興の忠臣平成輔卿の事蹟と其の遺蹟　中野敬次郎著　〔小田原町（神奈川県）〕　小田原振興会　1939　36p　23cm　Ⓝ289.1
〔02465〕

◆鎌倉時代史料

◇大江傳記・鎌倉和田軍記　和田悌五郎, 和田佳子編　三浦　和田悌五郎　1998.6　157p　27cm　3800円　Ⓘ4-9980647-3-8　Ⓝ210.42
〔02466〕

◇春日社家日記―鎌倉期社会の一断面　永島福太郎著　高桐書院　1947　172p　図版　21cm　（国民生活記録叢書）　Ⓝ210.42
〔02467〕

◇鎌倉期社会と史料論　東京堂出版　2002.5　523p　22cm　（鎌倉遺文研究3）　9800円　Ⓘ4-490-20469-8　Ⓝ210.42
〔02468〕

◇鎌倉時代水界史料目録　網野善彦監修, 中世海事史料研究会編　東京堂出版　2003.7　634p　22cm　12000円　Ⓘ4-490-20434-5　Ⓝ210.42
〔02469〕

◇鎌倉時代の手紙　神奈川県立金沢文庫編　横浜　神奈川県立金沢文庫　1984.10　87p　19×26cm　Ⓝ210.42
〔02470〕

◇関東往還記　性海著, ण靖編　校訂増補　京都　便利屋　1934　75p　図版22p　20cm　Ⓝ210.4
〔02471〕

◇九州地方中世編年文書目録―鎌倉時代篇　瀬野精一郎著　所沢　1966　344p　25cm　Ⓝ210.4
〔02472〕

◇玉葉　九条道家著, 今川文雄校訂　京都　思文閣出版　1984.7　536p　22cm　12000円　Ⓝ210.42
〔02473〕

◇玉葉　九条道家著, 今川文雄校訂　2版　京都　思文閣出版　1992.11　536p　22cm　14420円　Ⓘ4-7842-0746-5　Ⓝ210.42
〔02474〕

◇公家・武家・寺家　京都市歴史資料館編　京都　京都市歴史資料館　1991.5　24p　26cm　（寄託品特別展・灯心文庫の史料2）　Ⓝ210.4
〔02475〕

◇『建治三年記』注釈　三善康有著, 伊藤一美校注　文献出版　1999.11　194p　22cm　8000円　Ⓘ4-8305-1216-4　Ⓝ210.42
〔02476〕

◇御書にみる鎌倉時代　1　政治・社会編　上　河合一, 中村勝三共著　聖教新聞社　1975　237p　18cm　（聖教新書）　340円　Ⓝ210.42
〔02477〕

◇御書にみる鎌倉時代　2　政治・社会編　下　河合一, 中村勝三共著　聖教新聞社　1975　238p　18cm　（聖教新書）　340円　Ⓝ210.42
〔02478〕

◇御書にみる鎌倉時代　3　御供養・生活編　河合一著　聖教新聞社　1976　222p　18cm　（聖教新書）　340円　Ⓝ210.42
〔02479〕

◇御書にみる鎌倉時代　4　文化編　河合一著　聖教新聞社　1977.10　194p　18cm　（聖教新書）　340円　Ⓝ210.42
〔02480〕

◇古文書の語る日本史　3　鎌倉　所理喜夫ほか編　安田元久編　筑摩書房　1990.1　494,17p　20cm　3300円　Ⓘ4-480-35433-6　Ⓝ210.1
〔02481〕

◇史籍集覧　〔70〕　鎌倉管領九代記・鎌倉九代後記　近藤瓶城校　近藤瓶城　1881.9　4冊（8冊合本）　19cm　Ⓝ210
〔02482〕

◇史籍集覧　〔90〕承久兵乱記　下　竹崎五郎絵詞――一名・蒙古襲来絵巻物之詞書　舟上記　近藤瓶城校　近藤瓶城　1881.12　43, 13, 12丁　19cm　Ⓝ210
〔02483〕

◇十五代執権金沢貞顕の手紙―企画展　神奈川県立金沢文庫編　横浜　神奈川県立金沢文庫　2004.6　88p　30cm　Ⓝ210.42
〔02484〕

◇正安三年業顕王西宮参詣記　白川業顕著, 未刊史料を読む会編　調布　未刊史料を読む会　1998.3　41p　21cm　Ⓝ210.42
〔02485〕

◇史料纂集　141　葉黄記　第2　[葉室定嗣][著], 菊地康明, 田沼睦, 小森正明校訂　続群書類従完成会　2004.12　274, 71p　22cm　12000円　①4-7971-1321-9　Ⓝ210.088
〔02486〕

◇続史料大成　別巻　鎌倉年代記.武家年代記.鎌倉大日記　竹内理三編　増補　京都　臨川書店　1979.9　260p　22cm　7000円　Ⓝ210.08
〔02487〕

◇筑紫本八幡大菩薩愚童訓　筑紫頼定編　泰東書道院出版部　1942　69, 64, 14p　図版　19cm　Ⓝ210.4
〔02488〕

◇経俊卿記　吉田経俊著, 宮内庁書陵部編　明治書院　1970　479p　図版　22cm　（図書寮叢刊）　Ⓝ210.42
〔02489〕

◇日本古文書学論集　5　中世 I―鎌倉時代の政治関係文書　日本古文書学会編　瀬野精一郎編, 村井章介編　吉川弘文館　1986.12　418p　22cm　5800円　①4-642-01260-5　Ⓝ210.02
〔02490〕

◇日本古文書学論集　6　中世 II―鎌倉時代の法制関係文書　日本古文書学会編　瀬野精一郎, 村井章介編　吉川弘文館　1987.6　399p　22cm　5800円　①4-642-01261-3　Ⓝ210.02
〔02491〕

◇伏見天皇宸筆御置文　宮内庁書陵部　1984.2　2軸　32cm　Ⓝ210.42
〔02492〕

◇豊後国風土記・公卿補任　冷泉家時雨亭文庫編　朝日新聞社　1995.6　364, 54p　22cm　（冷泉家時雨亭叢書　第47巻）　26000円　①4-02-240347-0　Ⓝ210.42
〔02493〕

◇源頼朝文書の研究　史料編　黒川高明編著　吉川弘文館　1988.7　388p　29cm　18000円　①4-642-02624-X　Ⓝ210.42
〔02494〕

◆◆大日本史料（4）

◇大日本史料　第4編之補遺（別冊1）　建久4年正月～建仁3年12月　東京大学史料編纂所編纂　東京大学出版会　1981.9　762p　22cm　8000円　Ⓝ210.088
〔02495〕

◇大日本史料　第4編之1　後鳥羽天皇　文治元年11月～文治3年8月　東京大学史料編纂所編纂　東京大学出版会　1981.1　1048p　22cm　8000円　Ⓝ210.088
〔02496〕

◇大日本史料　第4編之2　後鳥羽天皇　文治3年9月～建久元年正月　東京大学史料編纂所編纂　東京大学出版会　1981.1　985p　22cm　8000円　Ⓝ210.088
〔02497〕

◇大日本史料　第4編之3　後鳥羽天皇　建久元年正月～同3年2月　東京大学史料編纂所編纂　東京大学出版会　1991.2　995p　22cm　13390円　①4-13-090153-2　Ⓝ210.088
〔02498〕

◇大日本史料　第4編之4　後鳥羽天皇　建久3年3月～同6年8月　東京大学史料編纂所編纂　東京大学出版会　1991.2　1010, 2p　22cm　13390円　①4-13-090154-0　Ⓝ210.088
〔02499〕

◇大日本史料　第4編之5　後鳥羽天皇―建久6年9月～同9年正月　東京大学史料編纂所編纂　東京大学出版会　1981.3　978, 20p　22cm　8000円　Ⓝ210.088
〔02500〕

◇大日本史料　第4編之6　土御門天皇―正治元年正月～建仁元年3月　東京大学史料編纂所編纂　東京大学出版会　1981.3　994, 56p　22cm　8000円　Ⓝ210.088
〔02501〕

◇大日本史料　第4編之7　土御門天皇　建仁元年4月～同3年12月　東京大学史料編纂所編纂　東京大学出版会　1981.4　1102p　22cm　8000円　Ⓝ210.088
〔02502〕

◇大日本史料　第4編之8　土御門天皇　元久元年正月～建永元年4月　東京大学史料編纂所編纂　東京大学出版会　1981.4　976p　22cm　8000円　Ⓝ210.088
〔02503〕

◇大日本史料　第4編之9　土御門天皇　建永元年五月～同年十二月.承元元年正月～同二年二月　東京大学史料編纂所編纂　東京大学出版会　1981.5　1019p　22cm　8000円　Ⓝ210.088
〔02504〕

◇大日本史料　第4編之11　順徳天皇　建暦元年正月～同2年11月　東京大学史料編纂所編纂　東京大学出版会　1981.6　1044p　22cm　8000円　Ⓝ210.088
〔02505〕

◇大日本史料　第4編之13　順徳天皇　建保2年正月～同4年3月　東京大学史料編纂所編纂　東京大学出版会　1981.7　1038p　22cm　8000円　Ⓝ210.088
〔02506〕

◇大日本史料　第4編之15　順徳天皇　承久元年2月～同3年4月　東京大学史料編纂所編纂　東京大学出版会　1981.8　982p　22cm　8000円　Ⓝ210.088
〔02507〕

◇大日本史料　第4編之1-11　東京帝国大学文学部史料編纂所編　東京帝国大学　1902-1911　11冊　22cm　Ⓝ210
〔02508〕

◆◆大日本史料（5）

◇大日本史料　第5編之9　四条天皇　天福元年5月～嘉禎元年4月　東京大学史料編纂所編纂　東京大学出版会　1982.2　959p　22cm　8000円　Ⓝ210.088
〔02509〕

◇大日本史料　第5編之10　四条天皇　嘉禎元年5月～同2年11月　東京大学史料編纂所編纂　東京大学出版会　1982.2　1冊　22cm　8000円　Ⓝ210.088
〔02510〕

◇大日本史料　第5編之11　四条天皇　嘉禎2年12月～暦仁元年9月　東京大学史料編纂所編纂　東京大学出版会　1982.3　961p　22cm　8000円　Ⓝ210.088
〔02511〕

◇大日本史料　第5編之13　四条天皇　仁治元年9月～同2年12月　東京大学史料編纂所編纂　東京大学出版会　1982.4　979p　22cm　8000円　Ⓝ210.088
〔02512〕

◇大日本史料　第5編之14　四条天皇　東京大学史料編纂所編　1944-58　22cm　Ⓝ210.088
〔02513〕

◇大日本史料　第5編之14　四条天皇　仁治3年正月　東京大学史料編纂所編纂　東京大学出版会　1982.4　500, 6p　22cm　5000円　Ⓝ210.088
〔02514〕

中世史　　　　　　　　　　　　　　　　　　　　　　　　　　　　　　　鎌倉時代

◇大日本史料　第5編之15　後嵯峨天皇　仁治3年8月〜同年12月　東京大学史料編纂所編纂　東京大学出版会　1982.5　566p　22cm　5000円　Ⓝ210.088
〔02515〕
◇大日本史料　第5編之17　後嵯峨天皇　寛元元年12月〜同2年7月　東京大学史料編纂所編纂　東京大学出版会　1982.6　461,2p　22cm　5000円　Ⓝ210.088
〔02516〕
◇大日本史料　第5編之19　後嵯峨天皇　寛元3年5月〜同4年正月.後深草天皇　寛元4年正月〜同年2月　東京大学史料編纂所編纂　東京大学出版会　1982.7　449p　22cm　5000円　Ⓝ210.088
〔02517〕
◇大日本史料　第5編之20　後深草天皇　東京大学史料編纂所編　1944-58　22cm　Ⓝ210.088
〔02518〕
◇大日本史料　第5編之20　後深草天皇　寛元4年3月〜同年10月　東京大学史料編纂所編纂　東京大学出版会　1982.7　470p　22cm　5000円　Ⓝ210.088
〔02519〕
◇大日本史料　第5編之21　後深草天皇　寛元4年11月〜宝治元年4月　東京大学史料編纂所編纂　東京大学出版会　1982.8　474,4p　22cm　5000円　Ⓝ210.088
〔02520〕
◇大日本史料　第5編之22　後深草天皇　東京大学史料編纂所編　東京大学　1966　514p　22cm　Ⓝ210.088
〔02521〕
◇大日本史料　第5編之24　後深草天皇　宝治元年,年末雑載　東京大学史料編纂所編纂　東京大学　東京大学出版会（発売）　1973　326p　22cm　2800円　Ⓝ210.08
〔02522〕
◇大日本史料　第5編之25　後深草天皇　宝治2年正月　東京大学史料編纂所編纂　東京大学　1978.3　514p　22cm　4000円　Ⓝ210.08
〔02523〕
◇大日本史料　第5編之26　後深草天皇　宝治2年正月〜同年9月　東京大学史料編纂所編纂　東京大学　1982.3　444p　22cm　5400円　Ⓝ210.088
〔02524〕
◇大日本史料　第5編之27　後深草天皇（宝治2年10月〜同年是歳）東京大学史料編纂所編　東京大学出版会　1986.3　13,417p　22cm　6000円　①4-13-090227-X　Ⓝ210.088
〔02525〕
◇大日本史料　第5編之28　後深草天皇—自宝治二年雑載至宝治年中雑載　東京大学史料編纂所編纂　東京大学　1990.3　357p　22cm　6200円　①4-13-090228-8　Ⓝ210.088
〔02526〕
◇大日本史料　第5編之28　後深草天皇　寶治2年雑載—寶治年中雑載　東京大学史料編纂所編纂　東京大学出版会　2000.1　375p　22cm　12000円　①4-13-090228-8　Ⓝ210.088
〔02527〕
◇大日本史料　第5編之29　後深草天皇　建長元年正月〜同年4月　東京大学史料編纂所編纂　東京大学　1994.3　383p　22cm　7210円　①4-13-090229-6　Ⓝ210.088
〔02528〕
◇大日本史料　第5編之30　後深草天皇　建長元年5月〜同年6月　東京大学史料編纂所編纂　東京大学　1997.3　401p　22cm　7600円　①4-13-090230-X　Ⓝ210.088
〔02529〕
◇大日本史料　第5編之31　後深草天皇　建長元年7月〜同年12月　東京大学史料編纂所編纂　東京大学史料編纂所　2000.3　371p　22cm　10100円　①4-13-090231-8　Ⓝ210.088
〔02530〕
◇大日本史料　第5編之32　後深草天皇　建長元年是歳—同二年正月　東京大學史料編纂所編纂　東京大学史料編纂所　2003.3　331,55p　22cm　7100円　①4-13-090232-6　Ⓝ210.088
〔02531〕
◇大日本史料　第5編之33　後深草天皇　自建長2年2月至同年10月　東京大學史料編纂所編纂　東京大学出版会（発売）　2006.3　440p　22cm　9400円　①4-13-090233-4　Ⓝ210.088
〔02532〕
◇大日本史料　第5編之1-23　東京大学史料編纂所編　東京大学　1921-1969　23冊　22cm　Ⓝ210.08　〔02533〕

◆◆史料綜覧（鎌倉時代）
◇史料綜覧　巻4　鎌倉時代之1　東京大学史料編纂所編　印刷局朝陽会　1923-1957　22cm　Ⓝ210.08
〔02534〕
◇史料綜覧　巻4　鎌倉時代之1—文治元年〜建長7年　東京大学史料編纂所編纂　東京大学出版会　1981.12　816p　22cm　7000円　Ⓝ210.088
〔02535〕
◇史料綜覧　巻5　鎌倉時代之2　東京大学史料編纂所編　印刷局朝陽会　1923-1957　22cm　Ⓝ210.08
〔02536〕
◇史料綜覧　巻5　鎌倉時代之2—康元元年〜元弘3年　東京大学史料編纂所編纂　東京大学出版会　1981.12　790p　22cm　7000円　Ⓝ210.088
〔02537〕

◆◆鎌倉遺文
◇鎌倉遺文　古文書編　第1巻　自文治元年（1185）至建久二年（1191）　竹内理三編　東京堂出版　1971　456p　図　22cm　3800円　Ⓝ210.42
〔02538〕
◇鎌倉遺文　古文書編　補遺第1巻　竹内理三編　東京堂出版　1994.9　292p　22cm　7800円　①4-490-30241-X　Ⓝ210.42
〔02539〕
◇鎌倉遺文　古文書編　第2巻　自建久三年（1192）至正治三年（1201）　竹内理三編　東京堂出版　1972　430p　図　22cm　3800円　Ⓝ210.42
〔02540〕
◇鎌倉遺文　古文書編　補遺第2巻　自建保元年（1213）至暦仁2年（1239）　竹内理三編　東京堂出版　1995.3　271p　22cm　7800円　①4-490-30242-8　Ⓝ210.42
〔02541〕
◇鎌倉遺文　古文書編　第3巻　自建仁元年（1201）至承元五年（1211）　竹内理三編　東京堂出版　1972　420p　図　22cm　3800円　Ⓝ210.42
〔02542〕
◇鎌倉遺文　古文書編　補遺　第3巻　自延応元年（1239）至弘安11年（1288）　竹内理三編　東京堂出版　1995.9　254p　22cm　7800円　①4-490-30243-6　Ⓝ210.42
〔02543〕
◇鎌倉遺文　古文書編　第4巻　自建暦元年（1211）至承久二年（1220）　竹内理三編　東京堂出版　1973　426p　図　22cm　3800円　Ⓝ210.42
〔02544〕
◇鎌倉遺文　古文書編　補遺　第4巻　自正応元年（1288）至元弘3年・正慶2年（1333）　竹内理三編　東京堂出版　1995.12　210p　22cm　7800円　①4-490-30445-5　Ⓝ210.42
〔02545〕
◇鎌倉遺文　古文書編　第5巻　自承久三年（1221）至嘉禄二年（1226）　竹内理三編　東京堂出版　1973　451p　図　22cm　3400円　Ⓝ210.42
〔02546〕
◇鎌倉遺文　古文書編　第6巻　自嘉禄3年（1227）至貞永元年（1232）　竹内理三編　東京堂出版　1974　437p　図　22cm　4800円　Ⓝ210.42
〔02547〕
◇鎌倉遺文　古文書編　第7巻　自貞永2年（1233）至嘉禎4年（1238）　竹内理三編　東京堂出版　1974　435p　図　22cm　4800円　Ⓝ210.42
〔02548〕

◇鎌倉遺文　古文書編　第8巻　自暦仁元年（1238）至仁治4年（1243）　竹内理三編　東京堂出版　1975　420p　図　22cm　4800円　Ⓝ210.42
〔02549〕

◇鎌倉遺文　古文書編　第9巻　自寛元元年（1243）至宝治元年（1247）　竹内理三編　東京堂出版　1975　423p　図　22cm　4800円　Ⓝ210.42
〔02550〕

◇鎌倉遺文　古文書編　第10巻　自宝治2年（1248）至建長5年（1253）　竹内理三編　東京堂出版　1976　430p　図　22cm　4800円　Ⓝ210.42
〔02551〕

◇鎌倉遺文　古文書編　第11巻　建長6年（1254）〜正元2年（1260）　竹内理三編　東京堂出版　1979.3　403p　22cm　5500円　Ⓝ210.42
〔02552〕

◇鎌倉遺文　古文書編　第12巻　文応元年（1260）〜文永2年（1265）　竹内理三編　東京堂出版　1979.3　429p　22cm　5500円　Ⓝ210.42
〔02553〕

◇鎌倉遺文　古文書編　第13巻　文永2年（1265）〜文永5年（1268）　竹内理三編　東京堂出版　1979.6　447p　22cm　5500円　Ⓝ210.42
〔02554〕

◇鎌倉遺文　古文書編　第14巻　自文永6年（1269）至文永9年（1272）　竹内理三編　東京堂出版　1978.2　400p　22cm　5500円　Ⓝ210.42
〔02555〕

◇鎌倉遺文　古文書編　第15巻　自文永9年（1272）至文永12年（1275）　竹内理三編　東京堂出版　1978.9　403p　22cm　5500円　Ⓝ210.42
〔02556〕

◇鎌倉遺文　古文書編　第16巻　文永12年（1275）〜建治2年（1279）　竹内理三編　東京堂出版　1979.5　392p　22cm　5500円　Ⓝ210.42
〔02557〕

◇鎌倉遺文　古文書編　第17巻　建治3年（1277）〜弘安元年（1278）　竹内理三編　東京堂出版　1979.10　390p　22cm　5500円　Ⓝ210.42
〔02558〕

◇鎌倉遺文　古文書編　第18巻　弘安元年（1278）〜弘安3年（1280）　竹内理三編　東京堂出版　1980.5　398p　22cm　5500円　Ⓝ210.42
〔02559〕

◇鎌倉遺文　古文書編　第19巻　弘安3年（1280）〜弘安5年（1282）　竹内理三編　東京堂出版　1980.11　397p　22cm　6000円　Ⓝ210.42
〔02560〕

◇鎌倉遺文　古文書編　第20巻　弘安6年（1283）〜弘安8年（1285）　竹内理三編　東京堂出版　1981.6　399p　22cm　6000円　Ⓝ210.42
〔02561〕

◇鎌倉遺文　古文書編　第21巻　自弘安8年（1285）至弘安11年（1288）　竹内理三編　東京堂出版　1981.10　398p　22cm　6000円　Ⓝ210.42
〔02562〕

◇鎌倉遺文　古文書編　第23巻　自正応3年（1290）至正応6年（1293）　竹内理三編　東京堂出版　1982.9　387p　22cm　6000円　Ⓝ210.42
〔02563〕

◇鎌倉遺文　古文書編　第24巻　自正応6年（1293）至永仁3年（1295）　竹内理三編　東京堂出版　1983.4　382p　22cm　6000円　Ⓝ210.42
〔02564〕

◇鎌倉遺文　古文書編　第25巻　自永仁3年（1295）至永仁5年（1297）　竹内理三編　東京堂出版　1983.9　399p　22cm　6000円　Ⓝ210.42
〔02565〕

◇鎌倉遺文　古文書編　第26巻　自永仁5年（1297）至正安元年（1299）　竹内理三編　東京堂出版　1984.5　388p　22cm　6000円　Ⓝ210.42
〔02566〕

◇鎌倉遺文　古文書編　第27巻　自正安元年（1299）至正安4年（1302）　竹内理三編　東京堂出版　1984.9　402p　22cm　6000円　Ⓝ210.42
〔02567〕

◇鎌倉遺文　古文書編　第28巻　自正安四年（1302）至嘉元二年（1304）　竹内理三編　東京堂出版　1985.4　392p　22cm　6000円　Ⓝ210.42
〔02568〕

◇鎌倉遺文　古文書編　第29巻　自嘉元二年（1304）至嘉元四年（1306）　竹内理三編　東京堂出版　1985.9　379p　22cm　6500円　Ⓝ210.42
〔02569〕

◇鎌倉遺文　古文書編　第30巻　自嘉元四年（1306）至徳治三年（1308）　竹内理三編　東京堂出版　1986.3　365p　22cm　6500円　Ⓝ210.42
〔02570〕

◇鎌倉遺文　古文書編　第31巻　自延慶元年（1308）至延慶四年（1311）　竹内理三編　東京堂出版　1986.9　403p　22cm　6500円　①4-490-30062-X　Ⓝ210.42
〔02571〕

◇鎌倉遺文　古文書編　第32巻　自応長元年（1311）至正和二年（1313）　竹内理三編　東京堂出版　1987.1　390p　22cm　6500円　①4-490-30063-8　Ⓝ210.42
〔02572〕

◇鎌倉遺文　古文書編　第33巻　自正和三年（1314）至正和五年（1316）　竹内理三編　東京堂出版　1987.5　383p　22cm　6500円　①4-490-30064-6　Ⓝ210.42
〔02573〕

◇鎌倉遺文　古文書編　第34巻　自正和五年（1316）至文保二年（1318）　竹内理三編　東京堂出版　1987.9　391p　22cm　6500円　①4-490-30065-4　Ⓝ210.42
〔02574〕

◇鎌倉遺文　古文書編　第35巻　自文保二年（1318）至元応二年（1320）　竹内理三編　東京堂出版　1988.2　378p　22cm　6500円　①4-490-30066-2　Ⓝ210.42
〔02575〕

◇鎌倉遺文　古文書編　第36巻　自元応二年（一三二〇）至元亨三年（一三二三）　竹内理三編　東京堂出版　1988.6　382p　22cm　6500円　①4-490-30067-0　Ⓝ210.42
〔02576〕

◇鎌倉遺文　古文書編　第37巻　自元亨三年（一三二三）至正中二年（一三二五）　竹内理三編　東京堂出版　1988.9　381p　22cm　6500円　①4-490-30068-9　Ⓝ210.42
〔02577〕

◇鎌倉遺文　古文書編　第38巻　自正中二年（一三二五）至嘉暦二年（一三二七）　竹内理三編　東京堂出版　1989.2　383p　22cm　6500円　①4-490-30069-7　Ⓝ210.42
〔02578〕

◇鎌倉遺文　古文書編　第39巻　自嘉暦三年（一三二八）至元徳二年（一三三〇）　竹内理三編　東京堂出版　1989.6　367p　22cm　6602円　①4-490-30070-0　Ⓝ210.42
〔02579〕

◇鎌倉遺文　古文書編　第40巻　自元徳二年（一三三〇）至元弘元年（一三三一）　竹内理三編　東京堂出版　1989.10　322p　22cm　6602円　①4-490-30071-9　Ⓝ210.42
〔02580〕

◇鎌倉遺文　古文書編　第41巻　自元弘二年（一三三二）至元弘三年（一三三三）　竹内理三編　東京堂出版　1990.6　370p　22cm　6602円　①4-490-30222-3　Ⓝ210.42
〔02581〕

◇鎌倉遺文　古文書編　第42巻　自元弘3年（1333）至元弘4年（1334）　竹内理三編　東京堂出版　1991.7　176p　22cm　4800円　①4-490-30223-1　Ⓝ210.42
〔02582〕

◇鎌倉遺文　索引編1　人名・地名　自文治元年（1185）至建長5年（1253）　竹内理三編　東京堂出版　1984.9　400p　22cm　7200円　Ⓝ210.42
〔02583〕

◇鎌倉遺文　索引編2　人名・地名　自建長六年（1254）至弘安八年（1285）　竹内理三編　東京堂出版　1986.9

392p　22cm　7200円　①4-490-30073-5　Ⓝ210.42
〔02584〕
◇鎌倉遺文　索引編3　人名・地名—自弘安八年（一二八五）至徳治三年（一三〇八）　竹内理三編　東京堂出版　1989.4　368p　22cm　7184円　①4-490-30074-3　Ⓝ210.42
〔02585〕
◇鎌倉遺文　索引編4　竹内理三編　東京堂出版　1992.6　420p　21cm　8500円　①4-490-30075-1　〔02586〕
◇鎌倉遺文　索引編5　人名・地名 自補遺第一巻至補遺第四巻　竹内理三編　東京堂出版　1997.9　105p　22cm　5000円　①4-490-30448-X　Ⓝ210.42　〔02587〕
◇鎌倉遺文　月報—古文書編1-37,39-42　東京堂出版　1971.11-1991.7　1冊　21cm　Ⓝ210.42　〔02588〕
◇鎌倉遺文研究　第5号（2000.4）　鎌倉遺文研究会編　吉川弘文館　2000.4　96p　21cm　1600円　①4-642-08985-3, ISSN1345-0921
〔02589〕
◇鎌倉遺文研究　第6号（2000.10）　鎌倉遺文研究会編　吉川弘文館　2000.10　96p　21cm　1600円　①4-642-08986-1, ISSN1345-0921
〔02590〕
◇鎌倉遺文研究　第7号　鎌倉遺文研究会編　鎌倉遺文研究会, 吉川弘文館〔発売〕　2001.4　96p　21cm　1900円　①4-642-08987-X, ISSN1345-0921　〔02591〕
◇鎌倉遺文研究　第13号　鎌倉遺文研究会編　鎌倉遺文研究会, 吉川弘文館〔発売〕　2004.4　98p　21cm　1900円　①4-642-08993-4, ISSN1345-0921　〔02592〕
◇鎌倉遺文研究　第14号　鎌倉遺文研究会編　鎌倉遺文研究会, 吉川弘文館〔発売〕　2004.10　124p　21cm　1900円　①4-642-08994-2, ISSN1345-0921
〔02593〕
◇鎌倉遺文研究　第16号　鎌倉遺文研究会編　鎌倉遺文研究会, 吉川弘文館〔発売〕　2005.10　96p　21cm　1900円　①4-642-08996-9, ISSN1345-0921　〔02594〕
◇鎌倉遺文研究　第17号　鎌倉遺文研究会編　鎌倉遺文研究会, 吉川弘文館〔発売〕　2006.4　96p　21cm　1900円　①4-642-08997-7, ISSN1345-0921　〔02595〕
◇鎌倉遺文研究　第18号　鎌倉遺文研究会編　鎌倉遺文研究会, 吉川弘文館〔発売〕　2006.10　96p　19cm　1900円　①4-642-08998-5, ISSN1345-0921　〔02596〕
◇鎌倉遺文研究　第19号（2007.4）　鎌倉遺文研究会編　鎌倉遺文研究会, 吉川弘文館〔発売〕　2007.4　96p　21cm　1900円　①978-4-642-08999-9, ISSN1345-0921
〔02597〕
◇鎌倉遺文研究　第20号　鎌倉遺文研究会編　鎌倉遺文研究会, 吉川弘文館〔発売〕　2007.10　108p　21cm　1900円　①978-4-642-09000-1, ISSN1345-0921
〔02598〕
◇鎌倉遺文無年号文書目録　瀬野精一郎編　東京堂出版　1993.9　458p　22cm　12000円　①4-490-30240-1　Ⓝ210.42
〔02599〕

◆◆山槐記
◇増補史料大成　第26巻　山槐記　1　増補史料大成刊行会編　中山忠親著　京都　臨川書店　1989.3　305p　22cm　①4-653-00544-3　Ⓝ210.088　〔02600〕
◇増補史料大成　第27巻　山槐記　2　増補史料大成刊行会編　中山忠親著　京都　臨川書店　1989.3　330p　22cm　①4-653-00545-1　Ⓝ210.088　〔02601〕
◇増補史料大成　第28巻　山槐記　3　増補史料大成刊行会編　中山忠親著　京都　臨川書店　1989.3　356p　22cm　①4-653-00546-X　Ⓝ210.088　〔02602〕

◆◆玉葉
◇玉葉　藤原兼実著　限定版　すみや書房　1966　3冊　23cm　Ⓝ210.42
〔02603〕
◇玉葉　藤原兼実著　名著刊行会　1971　3冊　22cm　各4000円　Ⓝ210.42
〔02604〕
◇玉葉索引—藤原兼実の研究　多賀宗隼編著　吉川弘文館　1974　583p 図　23cm　6300円　Ⓝ210.42
〔02605〕
◇玉葉索引—藤原兼実の研究　多賀宗隼編著　吉川弘文館　1974.3（第3刷:1998.9）　583p　23cm　9000円　①4-642-02533-2　Ⓝ210.42
〔02606〕
◇玉葉事項索引　大饗亮編　風間書房　1991.2　692p　22cm　32960円　①4-7599-0785-8　Ⓝ210.42
〔02607〕
◇公卿日記の統計的考察—玉葉・明月記　山口唯七著　保谷　山口唯七　1999.6　369p　26cm　Ⓝ210.42
〔02608〕
◇九条家本玉葉　1　九条兼実著, 宮内庁書陵部編　明治書院　1994.3　328p　22cm　（図書寮叢刊）　16000円　①4-625-51049-X　Ⓝ210.42　〔02609〕
◇九条家本玉葉　2　九条兼実著, 宮内庁書陵部編　明治書院　1995.3　303p　22cm　（図書寮叢刊）　15500円　①4-625-51050-3　Ⓝ210.42
〔02610〕
◇九条家本玉葉　3　九条兼実著　宮内庁書陵部　1996.3　307p　22cm　（図書寮叢刊）　Ⓝ210.42　〔02611〕
◇九条家本玉葉　4　九条兼実著, 宮内庁書陵部編　明治書院　1997.3　282p　22cm　（図書寮叢刊）　15500円　①4-625-51070-8　Ⓝ210.42　〔02612〕
◇九条家本玉葉　5　九条兼実著, 宮内庁書陵部編　明治書院　1998.3　339p　22cm　（図書寮叢刊）　17100円　①4-625-51203-4　Ⓝ210.42
〔02613〕
◇九条家本玉葉　6　九条兼実著　宮内庁書陵部　2000.3　311p　22cm　（図書寮叢刊）　Ⓝ210.42　〔02614〕
◇九条家本玉葉　7　九条兼実著　宮内庁書陵部　2001.3　339p　22cm　（図書寮叢刊）　Ⓝ210.42　〔02615〕
◇九条家本玉葉　7　九条兼実著, 宮内庁書陵部編　明治書院　2001.4　343p　22cm　（圖書叢刊）　18000円　①4-625-42303-1　Ⓝ210.42　〔02616〕
◇九条家本玉葉　8　九条兼実著, 宮内庁書陵部編　明治書院　2002.3　302p　22cm　（図書寮叢刊）　17200円　①4-625-42304-X　Ⓝ210.42　〔02617〕
◇九条家本玉葉　9　九条兼実著, 宮内庁書陵部編　明治書院　2003.3　345p　22cm　（図書寮叢刊）　18000円　①4-625-42306-6　Ⓝ210.42
〔02618〕
◇九条家本玉葉　10　九条兼実著　宮内庁書陵部　2005.3　328p　22cm　（圖書寮叢刊）　Ⓝ210.42
〔02619〕
◇九条家本玉葉　10　九条兼実著, 宮内庁書陵部編　明治書院　2005.4　328p　22cm　（図書寮叢刊）　17300円　①4-625-42308-2　Ⓝ210.42
〔02620〕
◇九条家本玉葉　11　九条兼実著　宮内庁書陵部　2007.3　299p　22cm　（圖書寮叢刊）　Ⓝ210.42
〔02621〕
◇九条家本玉葉　11　九条兼実著, 宮内庁書陵部編　明治書院　2007.4　299p　22cm　（図書寮叢刊）　11000円　①978-4-625-42400-7　Ⓝ210.42　〔02622〕
◇訓読玉葉　第1巻　巻第1～巻第11　九条兼実原著, 高橋貞一著　高科書店　1988.7　362p　22cm　8000円　Ⓝ210.42　〔02623〕
◇訓読玉葉　第2巻　巻第12～巻第19　九条兼実原著, 高橋貞一著　高科書店　1988.11　338p　22cm　8000円　Ⓝ210.42
〔02624〕

鎌倉時代　中世史

◇訓読玉葉　第3巻　巻第20〜巻第26　九条兼実原著, 高橋貞一著　高科書店　1989.1　366p　22cm　8000円　Ⓝ210.42
〔02625〕

◇訓読玉葉　第4巻　巻第27〜巻第35　九条兼実原著, 高橋貞一著　高科書店　1989.3　348p　22cm　8000円　Ⓝ210.42
〔02626〕

◇訓読玉葉　第5巻　巻第36〜巻第42　九条兼実原著, 高橋貞一著　高科書店　1989.8　370p　22cm　8240円　Ⓝ210.42
〔02627〕

◇訓読玉葉　第6巻　巻第43〜巻第49　九条兼実原著, 高橋貞一著　高科書店　1989.10　349p　22cm　8240円　Ⓝ210.42
〔02628〕

◇訓読玉葉　第7巻　巻第50〜巻第59　九条兼実原著, 高橋貞一著　高科書店　1990.2　378p　22cm　8240円　Ⓝ210.42
〔02629〕

◇訓読玉葉　第8巻　巻第60〜巻第66　九条兼実原著, 高橋貞一著　高科書店　1990.7　362p　22cm　8000円　Ⓝ210.42
〔02630〕

◆◆吉記

◇吉記　吉田経房著　写　6冊　29cm　Ⓝ210.36
〔02631〕

◇増補史料大成　第29巻　吉記 1　増補史料大成刊行会編　藤原経房著　京都　臨川書店　1989.6　338p　22cm　Ⓘ4-653-00547-8　Ⓝ210.088
〔02632〕

◇増補史料大成　第30巻　吉記 2(寿永2年〜文治4年)　増補史料大成刊行会編　藤原経房著　京都　臨川書店　1989.6　428p　22cm　Ⓘ4-653-00548-6　Ⓝ210.088
〔02633〕

◆◆明月記

◇京都冷泉家「国宝明月記」—藤原定家の日記から八〇〇年を越えて甦る王朝貴族の生活　特別展京都冷泉家「国宝明月記」図録　五島美術館学芸部編　五島美術館　2004.10　200p　30cm　（五島美術館展覧会図録 128）　Ⓝ210.42
〔02634〕

◇公卿日記の統計的考察—玉葉・明月記　山口唯七著　保谷　山口唯七　1999.6　369p　26cm　Ⓝ210.42
〔02635〕

◇訓注明月記人名索引　上（定家とその身辺（年表），ア—シ）　稲村榮一著　松江　松江今井書店　2004.6　566p　27cm　Ⓘ4-89593-043-2　Ⓝ210.42
〔02636〕

◇訓注明月記人名索引　下（ス—ワ）　稲村榮一著　松江　松江今井書店　2004.6　387p　27cm　Ⓘ4-89593-043-2　Ⓝ210.42
〔02637〕

◇訓読明月記　第1巻　藤原定家著, 今川文雄訳　河出書房新社　1977.9　353p　22cm　4400円　Ⓝ210.42
〔02638〕

◇訓読明月記　第2巻　藤原定家著, 今川文雄訳　河出書房新社　1977.11　326p　22cm　4400円　Ⓝ210.42
〔02639〕

◇訓読明月記　第3巻　藤原定家著, 今川文雄訳　河出書房新社　1978.1　352p　22cm　4400円　Ⓝ210.42
〔02640〕

◇訓読明月記　第4巻　藤原定家著, 今川文雄訳　河出書房新社　1978.5　349p　22cm　4400円　Ⓝ210.42
〔02641〕

◇訓読明月記　第5巻　藤原定家著, 今川文雄訳　河出書房新社　1978.8　275p　22cm　4400円　Ⓝ210.42
〔02642〕

◇訓読明月記　第6巻　藤原定家著, 今川文雄訳　河出書房新社　1979.5　286p　22cm　4400円　Ⓝ210.42
〔02643〕

◇定家明月記と私　斎藤栄三郎著　ヒューマン・ドキュメント社　1987.6　245p　20cm　2800円　Ⓘ4-7952-3246-6　Ⓝ210.42
〔02644〕

◇定家明月記と私　斎藤栄三郎著　増補　ヒューマン・ドキュメント社　1989.4　249p　20cm　2718円　Ⓘ4-7952-3262-8　Ⓝ915.4
〔02645〕

◇史料纂集　期外〔第2〕第1　明月記　第1　藤原定家著, 辻彦三郎校訂　続群書類従完成会　1971　315p 図　20cm　3000円　Ⓝ210.08
〔02646〕

◇藤原定家明月記の研究　辻彦三郎著　吉川弘文館　1977.5　377, 14p 図　22cm　6500円　Ⓝ210.42
〔02647〕

◇藤原定家明月記の研究　辻彦三郎著　吉川弘文館　1996.10　377, 14p　22cm　7210円・Ⓘ4-642-02540-5　Ⓝ210.42
〔02648〕

◇明月記—鎌倉時代の社会と世相　村山修一著　京都　高桐書院　1947　193p 図版　21cm　（国民生活記録叢書）　35円　Ⓝ210.42
〔02649〕

◇明月記—鎌倉時代の社会と世相　村山修一著　京都　高桐書院　1947　193p 図版　21cm　（国民生活記録叢書）　Ⓝ210.4
〔02650〕

◇明月記　藤原定家著　国書刊行会　1973　3冊　22cm　9000円　Ⓝ210.42
〔02651〕

◇明月記 1　藤原定家著　朝日新聞社　1993.12　626, 30p　19×27cm　（冷泉家時雨亭叢書 第56巻）　30000円　Ⓘ4-02-240356-X　Ⓝ210.42
〔02652〕

◇明月記—徳大寺家本　第1巻　藤原定家著, 五味文彦監修, 尾上陽介編　ゆまに書房　2004.10　491p　19×27cm　35000円　Ⓘ4-8433-1255-X　Ⓝ210.42
〔02653〕

◇明月記 2　藤原定家著　朝日新聞社　1996.2　573, 13p　19×27cm　（冷泉家時雨亭叢書 第57巻）　30000円　Ⓘ4-02-240357-8　Ⓝ210.42
〔02654〕

◇明月記—徳大寺家本　第2巻　藤原定家著, 五味文彦監修, 尾上陽介編　ゆまに書房　2004.12　529p　19×27cm　35000円　Ⓘ4-8433-1256-8　Ⓝ210.42
〔02655〕

◇明月記 3　藤原定家著　朝日新聞社　1998.4　565, 16p　19×27cm　（冷泉家時雨亭叢書 第58巻）　30000円　Ⓘ4-02-240358-6　Ⓝ210.42
〔02656〕

◇明月記—徳大寺家本　第3巻　藤原定家著, 五味文彦監修, 尾上陽介編　ゆまに書房　2005.2　455p　19×27cm　35000円　Ⓘ4-8433-1257-6　Ⓝ210.42
〔02657〕

◇明月記 4　藤原定家著　朝日新聞社　2000.8　648, 17p　19×27cm　（冷泉家時雨亭叢書 第59巻）　30000円　Ⓘ4-02-240359-4　Ⓝ210.42
〔02658〕

◇明月記—徳大寺家本　第4巻　藤原定家著, 五味文彦監修, 尾上陽介編　ゆまに書房　2005.6　362p　19×27cm　35000円　Ⓘ4-8433-1258-4　Ⓝ210.42
〔02659〕

◇明月記 5　藤原定家著　朝日新聞社　2003.2　628, 21p　19×27cm　（冷泉家時雨亭叢書 第60巻）　30000円　Ⓘ4-02-240360-8　Ⓝ210.42
〔02660〕

◇明月記—徳大寺家本　第5巻　藤原定家著, 五味文彦監修, 尾上陽介編　ゆまに書房　2005.8　512p　19×27cm　35000円　Ⓘ4-8433-1259-2　Ⓝ210.42
〔02661〕

◇明月記—徳大寺家本　第6巻　藤原定家著, 五味文彦監修, 尾上陽介編　ゆまに書房　2005.10　478p　19

×27cm　35000円　Ⓘ4-8433-1260-6　Ⓝ210.42
〔02662〕
◇明月記―徳大寺家本　第7巻　藤原定家著，五味文彦監修，尾上陽介編　ゆまに書房　2005.12　393p　19×27cm　35000円　Ⓘ4-8433-1261-4　Ⓝ210.42
〔02663〕
◇明月記―徳大寺家本　第8巻　藤原定家著，五味文彦監修，尾上陽介編　ゆまに書房　2006.2　336p　19×27cm　35000円　Ⓘ4-8433-1262-2　Ⓝ210.42　〔02664〕
◇「明月記」をよむ―藤原定家の日常　山中智恵子著　三一書房　1997.2　304p　23cm　7210円　Ⓘ4-380-97218-6　Ⓝ210.42　〔02665〕
◇明月記研究―記録と文学　8号　明月記研究会編　続群書類従完成会　2003.12　231p　26cm　3000円　Ⓘ4-7971-7108-1, ISSN1342-9140　〔02666〕
◇明月記研究―記録と文学　9号　明月記研究会編　明月記研究会，続群書類従完成会〔発売〕　2004.12　222p　26cm　3000円　Ⓘ4-7971-7109-X, ISSN1342-9140
〔02667〕
◇明月記研究提要　明月記研究会編　八木書店　2006.11　195, 55p　27cm　6000円　Ⓘ4-8406-2024-5　Ⓝ210.42　〔02668〕
◇明月記抄　藤原定家著，今川文雄編訳　河出書房新社　1986.9　422p　22cm　5800円　Ⓘ4-309-00424-5　Ⓝ210.42　〔02669〕
◇明月記人名索引　今川文雄著　京都　初音書房　1972　223p　22cm　2500円　Ⓝ210.42　〔02670〕
◇明月記人名索引　今川文雄著　新訂　河出書房新社　1985.3　221p　22cm　5400円　Ⓘ4-309-60727-6　Ⓝ210.42　〔02671〕
◇明月記人名索引　山上仲子著　宇和島　山上仲子　1988.2　235p　26cm　Ⓝ210.42　〔02672〕
◇明月記の史料学　五味文彦著　青史出版　2000.7　328, 12p　22cm　6800円　Ⓘ4-921145-08-3　Ⓝ210.42
〔02673〕

◆◆猪隈関白記
◇大日本古記録　猪隈関白記 1　自建久八年正月至正治元年九月　東京大学史料編纂所編纂　岩波書店　1987.1　285p　22cm　4200円　Ⓘ4-00-909561-7　Ⓝ210.088
〔02674〕
◇大日本古記録　猪隈関白記 2　自正治元年十月至建仁元年三月　東京大学史料編纂所編纂　岩波書店　1987.1　353p　22cm　5000円　Ⓘ4-00-009562-5　Ⓝ210.088
〔02675〕
◇大日本古記録　猪隈関白記 3　自建仁元年四月至建仁二年十二月　東京大学史料編纂所編纂　岩波書店　1987.1　401p　22cm　6700円　Ⓘ4-00-009563-3　Ⓝ210.088
〔02676〕
◇大日本古記録―猪隈關白記 5　承元2年7月～建暦元年3月，別記・斷簡　東京大学史料編纂所編　岩波書店　1982.10　263p　22cm　6700円　Ⓝ210.088　〔02677〕
◇大日本古記録　猪隈関白記 5　自承元二年七月至建暦元年三月　別記・断簡　東京大学史料編纂所編纂　岩波書店　1987.1　263p　22cm　6700円　Ⓘ4-00-009565-X　Ⓝ210.088　〔02678〕
◇大日本古記録　猪隈関白記 6　断簡・補遺　東京大学史料編纂所編纂　岩波書店　1987.1　268p　22cm　8300円　Ⓘ4-00-009566-8　Ⓝ210.088　〔02679〕

◇大日本古記録　〔15〕1　猪隈関白記 1　東京大学史料編纂所編纂　藤原家実著　岩波書店　1972　285p　図　22cm　2700円　Ⓝ210.08
〔02680〕
◇大日本古記録　〔第15〕1　猪隈関白記 1　建久8年正月～正治元年9月　東京大学史料編纂所編纂　藤原家実著　岩波書店　1995.2　285p　22cm　8000円　Ⓘ4-00-009561-7　Ⓝ210.088　〔02681〕
◇大日本古記録　〔15〕2　猪隈関白記 2　東京大学史料編纂所編纂　藤原家実著　岩波書店　1974　353p　図　22cm　4800円　Ⓝ210.08
〔02682〕
◇大日本古記録　〔第15〕2　猪隈関白記 2　正治元年10月～建仁元年3月　東京大学史料編纂所編纂　藤原家実著　岩波書店　1995.2　353p　22cm　9000円　Ⓘ4-00-009562-5　Ⓝ210.088　〔02683〕
◇大日本古記録　〔15〕3　猪隈関白記 3　自建仁元年4月至建仁2年12月　東京大学史料編纂所編纂　岩波書店　1977.4　401p　図　22cm　6500円　Ⓝ210.08
〔02684〕
◇大日本古記録　〔第15〕3　猪隈関白記 3　建仁元年4月～建仁2年12月　東京大学史料編纂所編纂　藤原家実著　岩波書店　1995.2　401p　22cm　10500円　Ⓘ4-00-009563-3　Ⓝ210.088　〔02685〕
◇大日本古記録　〔第15〕4　猪隈関白記 4　建仁3年正月～承元2年6月　東京大学史料編纂所編纂　岩波書店　1980.2　282p　22cm　5700円　Ⓝ210.088
〔02686〕
◇大日本古記録　〔第15〕4　猪隈関白記 4　建仁3年正月～承元2年6月　東京大学史料編纂所編纂　藤原家実著　岩波書店　1995.2　282p　22cm　8000円　Ⓘ4-00-009564-1　Ⓝ210.088　〔02687〕
◇大日本古記録　〔第15〕5　猪隈関白記 5　承元2年7月～建暦元年3月　別記・断簡　東京大学史料編纂所編纂　藤原家実著　岩波書店　1982.10　263p　22cm　6700円　Ⓝ210.088
〔02688〕
◇大日本古記録　〔第15〕5　猪隈関白記 5　承元2年7月～建暦元年3月　別記・断簡　東京大学史料編纂所編纂　藤原家実著　岩波書店　1995.2　263p　22cm　8000円　Ⓘ4-00-009565-X　Ⓝ210.088　〔02689〕
◇大日本古記録　〔第15〕6　猪隈関白記 6　断簡・補遺　東京大学史料編纂所編纂　藤原家実著　岩波書店　1983.5　268p　22cm　8300円　Ⓝ210.088　〔02690〕
◇大日本古記録　〔第15〕6　猪隈関白記 6　断簡・補遺　東京大学史料編纂所編纂　藤原家実著　岩波書店　1995.2　268p　22cm　8500円　Ⓘ4-00-009566-8　Ⓝ210.088
〔02691〕

◆◆民経記
◇大日本古記録―民經記 3　東京大學史料編纂所編　岩波書店　1981.3　272p　22cm　6500円　Ⓝ210.088
〔02692〕
◇大日本古記録　民經記 4　東京大學史料編纂所編　岩波書店　1985.3　247p　22cm　6200円　Ⓘ4-00-009525-0　Ⓝ210.088
〔02693〕
◇大日本古記録　〔16〕1　民経記 1　東京大学史料編纂所編纂　藤原経光著　岩波書店　1975　278p　図　22cm　4200円　Ⓝ210.08　〔02694〕
◇大日本古記録　〔第16〕2　民経記 2　安貞2年10月～寛喜3年3月　東京大学史料編纂所編纂　藤原経光著　岩波書店　1978.4　313p　22cm　5500円　Ⓝ210.08
〔02695〕

◇大日本古記録 〔第16〕3 民経記 寛喜3年4月～寛喜3年7月 東京大学史料編纂所編纂 藤原経光著 岩波書店 1981.3 272p 22cm 6500円 Ⓝ210.088
〔02696〕

◇大日本古記録 〔第16〕4 民経記 寛喜3年8月～貞永元年2月 東京大学史料編纂所編纂 藤原経光著 岩波書店 1985.3 247p 22cm 6200円 Ⓘ4-00-009525-0 Ⓝ210.088
〔02697〕

◇大日本古記録 〔第16〕5 民経記 貞永元年2月～貞永元年10月 東京大学史料編纂所編纂 藤原経光著 岩波書店 1989.3 287p 22cm 9800円 Ⓘ4-00-009580-3 Ⓝ210.088
〔02698〕

◇大日本古記録 〔第16〕6 民経記 天福元年正月～天福元年4月 東京大学史料編纂所編纂 藤原経光著 岩波書店 1992.3 205p 22cm 9000円 Ⓘ4-00-009581-1 Ⓝ210.088
〔02699〕

◇大日本古記録 〔第16〕7 民経記 天福元年5月～文暦元年正月 東京大学史料編纂所編纂 藤原経光著 岩波書店 1995.3 213p 22cm 10000円 Ⓘ4-00-009582-X Ⓝ210.088
〔02700〕

◇大日本古記録 〔第16〕8 民経記 嘉禎元年10月～建長元年3月 東京大学史料編纂所編纂 藤原経光著 岩波書店 2001.3 359p 22cm 13000円 Ⓘ4-00-009583-8 Ⓝ210.088
〔02701〕

◇大日本古記録 [第16] 10 民経記─補遺・附載 文永4年10月─文永9年7月 東京大学史料編纂所編纂 [藤原經光][著] 岩波書店 2007.3 334p 22cm 12000円 Ⓘ978-4-00-009585-3 Ⓝ210.088
〔02702〕

◆◆岡屋関白記
◇岡屋関白記 近衛兼経著 京都 思文閣出版 1984.10 608, 11p 16×23cm （陽明叢書 記録文書篇 第2輯） 14000円 Ⓝ210.4
〔02703〕

◇岡屋関白記 東京大学史料編纂所編 岩波書店 1995.2 370p 21cm （大日本古記録） 13000円 Ⓘ4-00-009514-5
〔02704〕

◇大日本古記録 〔第18〕 岡屋関白記 貞応元年～建長3年 東京大学史料編纂所編纂 藤原兼経著 岩波書店 1988.3 370p 22cm 12000円 Ⓘ4-00-009514-5 Ⓝ210.088
〔02705〕

◆◆深心院関白記
◇後深心院関白記 1 近衛道嗣著, 陽明文庫編 京都 思文閣出版 1985.10 577p 16×23cm （陽明叢書 記録文書篇 第4輯） 12000円 Ⓘ4-7842-0404-0 Ⓝ210.45
〔02706〕

◇後深心院關白記 1 近衛道嗣著 岩波書店 1999.3 382p 22cm （大日本古記録） 13000円 Ⓘ4-00-009742-3 Ⓝ210.45
〔02707〕

◇後深心院関白記 2 近衛道嗣著, 陽明文庫編 京都 思文閣出版 1986.1 557p 16×23cm （陽明叢書 記録文書篇 第4輯） 12000円 Ⓘ4-7842-0409-1 Ⓝ210.45
〔02708〕

◇後深心院關白記 2 近衛道嗣著 岩波書店 2002.3 349p 22cm （大日本古記録） 13000円 Ⓘ4-00-009745-8 Ⓝ210.45
〔02709〕

◇後深心院関白記 3 近衛道嗣著, 陽明文庫編 京都 思文閣出版 1986.4 532p 16×23cm （陽明叢書 記録文書篇 第4輯） 12000円 Ⓘ4-7842-0423-7 Ⓝ210.45
〔02710〕

◇後深心院關白記 3 近衛道嗣著 岩波書店 2005.3 366p 22cm （大日本古記録） 13000円 Ⓘ4-00-009747-4 Ⓝ210.45
〔02711〕

◇大日本古記録 〔第23〕 深心院関白記 建長7年～文永5年 東京大学史料編纂所編纂 藤原基平著 岩波書店 1996.3 235p 22cm 8500円 Ⓘ4-00-009740-7 Ⓝ210.088
〔02712〕

◆◆言緒卿記
◇大日本古記録 〔第22〕下 言緒卿記 元和元─6年 東京大学史料編纂所編纂 山科言緒著 岩波書店 1998.3 448p 22cm 13000円 Ⓘ4-00-009481-5 Ⓝ210.088
〔02713〕

◆◆建治三年記
◇続 史料大成 第10 建治三年記〔ほか〕 竹内理三編 三善康有 京都 臨川書店 1967 22cm Ⓝ210.08
〔02714〕

◇続史料大成 第10巻 建治三年記 竹内理三編 三善康有著 増補 京都 臨川書店 1978.12 438p 22cm 4500円 Ⓝ210.08
〔02715〕

◆◆実躬卿記
◇大日本古記録 〔第20〕1 実躬卿記 弘安6年～正応3年 東京大学史料編纂所編纂 藤原実躬著 岩波書店 1991.10 307p 22cm 12000円 Ⓘ4-00-009597-8 Ⓝ210.088
〔02716〕

◇大日本古記録 〔第20〕2 実躬卿記 正応4年～永仁元年 東京大学史料編纂所編纂 藤原実躬著 岩波書店 1994.3 274p 22cm 12000円 Ⓘ4-00-009598-6 Ⓝ210.088
〔02717〕

◇大日本古記録 〔第20〕3 實躬卿記 永仁2年─正安2年 東京大学史料編纂所編纂 藤原實躬著 岩波書店 1998.3 271p 22cm 12000円 Ⓘ4-00-009599-4 Ⓝ210.088
〔02718〕

◇大日本古記録 〔第20〕4 實躬卿記 正安3年─乾元元年 東京大学史料編纂所編纂 藤原實躬著 岩波書店 2001.3 256p 22cm 12000円 Ⓘ4-00-009744-X Ⓝ210.088
〔02719〕

◇大日本古記録 実躬卿記 5 東京大学史料編纂所編 岩波書店 2006.3 342p 21cm 12000円 Ⓘ4-00-009749-0
〔02720〕

◆◆花園天皇宸記
◇史料纂集─花園天皇宸記 第1 自延慶三年十月至文保二年正月 花園天皇著, 村田正志校訂 続群書類従完成会 1982.2 216p 22cm 5200円 Ⓝ210.08
〔02721〕

◇史料纂集 古記録編 80 花園天皇宸記 第3 花園天皇著, 村田正志校訂 続群書類従完成会 1986.12 308p 22cm 6800円 Ⓝ210.088
〔02722〕

◇史料纂集 〔第21〕第1 花園天皇宸記 第1 村田正志校訂 続群書類従完成会 1982.2 216p 21cm 5200円 Ⓝ210.088
〔02723〕

◇史料大成 続編 第33 花園天皇宸記──名花園院御記 第1 笹川種郎編, 矢野太郎校訂 内外書籍 1938 305p 22cm Ⓝ210
〔02724〕

◇史料大成 続編 第34 花園天皇宸記 第2 伏見天皇宸記 笹川種郎編, 矢野太郎校訂 内外書籍 1938 329p 23cm Ⓝ210
〔02725〕

◇花園院宸記　1　花園天皇著　宮内庁書陵部　1992.3　1軸　31cm　Ⓝ210.42　〔02726〕
◇花園院宸記　2　花園天皇著　宮内庁書陵部　1992.3　1軸　31cm　Ⓝ210.42　〔02727〕
◇花園院宸記　3　花園天皇著　宮内庁書陵部　1992.3　1軸　31cm　Ⓝ210.42　〔02728〕
◇花園院宸記　4　花園天皇著　宮内庁書陵部　1993.3　1軸　31cm　Ⓝ210.42　〔02729〕
◇花園院宸記　5　花園天皇著　宮内庁書陵部　1993.3　1軸　31cm　Ⓝ210.42　〔02730〕
◇花園院宸記　6　花園天皇著　宮内庁書陵部　1994.3　1軸　31cm　Ⓝ210.42　〔02731〕
◇花園院宸記　7　花園天皇著　宮内庁書陵部　1995.3　1軸　31cm　Ⓝ210.42　〔02732〕
◇花園院宸記　8　花園天皇著　宮内庁書陵部　1996.3　1軸　32cm　Ⓝ210.42　〔02733〕
◇花園院宸記　9　花園天皇著　宮内庁書陵部　1997.3　1軸　33cm　Ⓝ210.42　〔02734〕
◇花園院宸記　11　花園天皇著　宮内庁書陵部　1997.3　1軸　33cm　Ⓝ210.42　〔02735〕
◇花園院宸記　12　花園天皇著　宮内庁書陵部　1999.3　1軸　33cm　Ⓝ210.42　〔02736〕
◇花園院宸記　13　花園天皇著　宮内庁書陵部　1999.3　1軸　31cm　Ⓝ210.42　〔02737〕
◇花園院宸記　14　花園天皇著　宮内庁書陵部　2000.3　1軸　30cm　Ⓝ210.42　〔02738〕
◇花園院宸記　15　花園天皇著　宮内庁書陵部　2000.3　1軸　32cm　Ⓝ210.42　〔02739〕
◇花園院宸記　16　花園天皇著　宮内庁書陵部　2000.3　1軸　32cm　Ⓝ210.42　〔02740〕
◇花園院宸記　17　花園天皇著　宮内庁書陵部　2001.3　1軸　33cm　Ⓝ210.42　〔02741〕
◇花園院宸記　18　花園天皇著　宮内庁書陵部　2002.3　1軸　33cm　Ⓝ210.42　〔02742〕
◇花園院宸記　19　花園天皇著　宮内庁書陵部　2001.3　1軸　32cm　Ⓝ210.42　〔02743〕
◇花園院宸記　20　花園天皇著　宮内庁書陵部　2003.3　1軸　33cm　Ⓝ210.42　〔02744〕
◇花園院宸記　21　花園天皇著　宮内庁書陵部　2004.3　1軸　33cm　Ⓝ210.42　〔02745〕
◇花園院宸記　22（元亨2年自正月至6月）　花園天皇著　宮内庁書陵部　2005.3　1軸　33cm　Ⓝ210.42　〔02746〕
◇花園院宸記　23（元亨2年自7月至12月）　花園天皇著　宮内庁書陵部　2006.3　1軸　33cm　Ⓝ210.42　〔02747〕
◇花園院宸記　25（元亨3年自4月至9月）　花園天皇著　宮内庁書陵部　2007.3　1軸　33cm　Ⓝ210.42　〔02748〕
◇花園天皇宸翰集―誡太子書 学道之御記 御処分状　花園天皇著,宮内庁書陵部編　宮内庁書陵部　1977.1　3軸　36cm　Ⓝ210.42　〔02749〕
◇和訳花園天皇宸記　第1　村田正志編　続群書類従完成会　1998.3　251p　22cm　7000円　Ⓘ4-7971-1551-3　Ⓝ210.42　〔02750〕
◇和訳花園天皇宸記　第1　村田正志編　利府町（宮城県）楊岐寺　1998.11　251p　22cm　非売品　Ⓝ210.42　〔02751〕
◇和訳花園天皇宸記　第2　村田正志編　利府町（宮城県）楊岐寺　2002.12　344p　22cm　非売品　Ⓝ210.42　〔02752〕

◇和訳花園天皇宸記　第2　村田正志編　続群書類従完成会　2003.1　344p　22cm　9000円　Ⓘ4-7971-1552-1　Ⓝ210.42　〔02753〕
◇和訳花園天皇宸記　第3　村田正志編　続群書類従完成会　2003.3　364p　22cm　9000円　Ⓘ4-7971-1553-X　Ⓝ210.42　〔02754〕
◇和訳花園天皇宸記　第3　村田正志編　利府町（宮城県）楊岐寺　2003.4　364p　22cm　非売品　Ⓝ210.42　〔02755〕

◆◆朝儀諸次第
◇朝儀諸次第　1　朝日新聞社　1997.2　489,24p　19×27cm　（冷泉家時雨亭叢書　第52巻）　29870円　Ⓘ4-02-240352-7　Ⓝ210.09　〔02756〕
◇朝儀諸次第　2　朝日新聞社　1999.6　495,19p　19×27cm　（冷泉家時雨亭叢書　第53巻）　29000円　Ⓘ4-02-240353-5　Ⓝ210.09　〔02757〕
◇朝儀諸次第　3　朝日新聞社　2001.8　502,21p　19×27cm　（冷泉家時雨亭叢書　第54巻）　29000円　Ⓘ4-02-240354-3　Ⓝ210.09　〔02758〕
◇朝儀諸次第　4　朝日新聞社　2004.4　482,28p　19×27cm　（冷泉家時雨亭叢書　第55巻）　30000円　Ⓘ4-02-240355-1　Ⓝ210.09　〔02759〕

南北朝時代

◇岩波講座日本通史　第8巻　中世　2　朝尾直弘ほか編　岩波書店　1994.3　373p　22cm　2800円　Ⓘ4-00-010558-2　Ⓝ210.1　〔02760〕
◇鬼の太平記―まんじゅう伝来史　沢史生著　彩流社　1992.11　443p　21cm　3000円　Ⓘ4-88202-238-9　Ⓝ210.45　〔02761〕
◇おもしろ日本誌　尾崎秀樹著　集英社　1993.12　230p　20cm　1600円　Ⓘ4-08-774044-7　Ⓝ210.45　〔02762〕
◇画報新説日本史　第8巻　南朝北朝の内乱　時事世界新社編　時事世界新社　1963-64　31cm　Ⓝ210.1　〔02763〕
◇鎌倉・南北朝時代　竹内誠総監修,木村茂光監修　フレーベル館　2000.10　71p　31cm　（地図でみる日本の歴史　3）　2800円　Ⓘ4-577-02020-3　〔02764〕
◇神風と悪党の世紀―南北朝時代を読み直す　海津一朗著　講談社　1995.3　215p　18cm　（講談社現代新書）　650円　Ⓘ4-06-149243-8　Ⓝ210.45　〔02765〕
◇逆説の日本史　7（中世王権編）　太平記と南北朝の謎　井沢元彦著　小学館　1999.10　363p　20cm　1550円　Ⓘ4-09-379418-9　Ⓝ210.04　〔02766〕
◇逆説の日本史　7（中世王権編）　井沢元彦著　小学館　2003.3　429p　15cm　（小学館文庫）　600円　Ⓘ4-09-402007-1　Ⓝ210.04　〔02767〕
◇九州太平記　荒木栄司著　熊本　熊本出版文化会館,亜紀書房〔発売〕　1991.4　214,32p　19cm　1600円　〔02768〕
◇九州太平記―資料による　多々良川大合戦　田中政喜著　福岡　あきつ出版　1996.8　130p　21cm　1500円　Ⓘ4-7952-7898-9　Ⓝ210.45　〔02769〕
◇九州南北朝戦乱　天本孝志著　福岡　葦書房　1982.3　340p　20cm　2000円　Ⓝ210.45　〔02770〕

◇教科書に於ける南北正閏問題の由来　三上参次述　1911　20p　19cm　Ⓝ210.4　〔02771〕
◇激録・日本大戦争　第10巻　南北朝悲劇の戦い　原康史著　東京スポーツ新聞社　1981.10　302p　19cm　1300円　Ⓘ4-8084-0048-0　Ⓝ210.1　〔02772〕
◇五箇山史―南北朝期　高桑敬親著　〔平村(富山県東砺波郡)〕　高桑敬親　1972　16p　25cm　Ⓝ210.458　〔02773〕
◇国史講座　〔第19巻〕　南北朝室町時代史　魚澄惣五郎著　受験講座刊行会　1930　247p　22cm　Ⓝ210.1　〔02774〕
◇再現日本史―週刊time travel　鎌倉・室町7　講談社　2002.12　42p　30cm　533円　Ⓝ210.1　〔02775〕
◇史談太平記の超人たち―後醍醐天皇・正成・尊氏　上田滋著　中央公論社　1991.6　411p　20cm　2400円　Ⓘ4-12-002015-0　Ⓝ210.45　〔02776〕
◇知っててほしい戦乱の世に活躍した人びと―南北朝・室町時代　佐藤和彦監修　あかね書房　2000.4　47p　31cm　(楽しく調べる人物図解日本の歴史 3)　3200円　Ⓘ4-251-07933-7　〔02777〕
◇實録秘史 南北朝の真相　岩間尹著　横須賀　三浦一族会　1966　392p 図版　22cm　Ⓝ210.458　〔02778〕
◇私本常陸太平記　本堂清著　土浦　筑波書林　1992.8　131p　26cm　1600円　Ⓝ210.45　〔02779〕
◇週刊ビジュアル日本の歴史　no.69　貴族の没落 9　デアゴスティーニ・ジャパン　2001.6　p338-377　30cm　533円　Ⓝ210.1　〔02780〕
◇週刊ビジュアル日本の歴史　no.70　貴族の没落 10　デアゴスティーニ・ジャパン　2001.6　p380-419　30cm　533円　Ⓝ210.1　〔02781〕
◇趣味の日本史談　巻6　南北朝時代と室町時代の前編　北垣恭次郎著　明治図書出版株式会社　1951-56　19cm　Ⓝ210.1　〔02782〕
◇少年少女日本の歴史　第8巻　南朝と北朝　児玉幸多監修, あおむら純まんが　増補版　小学館　1998.2　157p　23cm　(小学館版学習まんが)　830円　Ⓘ4-09-298108-2　〔02783〕
◇擾乱の中の葛西・大崎―南北朝時代の動向　佐藤正助著　気仙沼　耕風社　2000.1　316p　21cm　3300円　Ⓝ210.45　〔02784〕
◇諸国南北朝興亡記　神奈川県　青山弁著　札幌　青山弁　1989.4　480p　26cm　8600円　Ⓝ210.45　〔02785〕
◇調べ学習に役立つ時代別・テーマ別日本の歴史博物館・史跡 4　鎌倉・南北朝・室町時代　佐藤和彦監修　あかね書房　1999.4　47p　31cm　3200円　Ⓘ4-251-07904-3　〔02786〕
◇史料解読奥羽南北朝史　大友幸男著　三一書房　1996.10　536p　22cm　9800円　Ⓘ4-380-96274-1　Ⓝ210.45　〔02787〕
◇資料集成吉野室町時代概観　藤田徳太郎等編　金星堂　1935　520p　23cm　Ⓝ210.4　〔02788〕
◇真説日本歴史　第5　南北朝の動乱　松本新八郎　雄山閣出版　1960　304p 図版　22cm　Ⓝ210.1　〔02789〕
◇人物・資料でよくわかる日本の歴史 6　南北朝・室町・戦国時代　小和田哲男監修　岩崎書店　2000.4　47p　30cm　3000円　Ⓘ4-265-04846-3　〔02790〕

◇人物「太平記」の世界　海音寺潮五郎他著　三笠書房　1990.8　265p　15cm　(知的生きかた文庫)　450円　Ⓘ4-8379-0402-5　Ⓝ281.04　〔02791〕
◇人物日本の歴史　第5　内乱の時代〔ほか〕　豊田武編　読売新聞社　1966　320p　19cm　Ⓝ210.1　〔02792〕
◇図説太平記―南北朝動乱に生きた男たちの群像　毎日新聞社　1991.1　162p　30cm　(毎日グラフ別冊)　1800円　Ⓝ210.45　〔02793〕
◇図説太平記の時代　佐藤和彦編, 工藤敬一ほか著　河出書房新社　1990.12　135p　22cm　1553円　Ⓘ4-309-72478-7　Ⓝ210.45　〔02794〕
◇図説日本の歴史 7　武家の勝利　井上幸治等編　編集責任:豊田武　集英社　1975　267p(図共)　28cm　1800円　Ⓝ210.1　〔02795〕
◇正閏断案国体之擁護　友声会編　松風書院　1911.7　434p 図版　23cm　Ⓝ210.4　〔02796〕
◇千年尚名有り　野長瀬盛孝著　田辺　紀州政経新聞社(印刷)　1968　51p 図版　21cm　非売　Ⓝ210.458　〔02797〕
◇戦乱の日本史「合戦と人物」　第5巻　南北朝の内乱　佐藤和彦責任編集　第一法規出版　1988.6　158p　31cm　3500円　Ⓘ4-474-10135-9　Ⓝ210.19　〔02798〕
◇大系日本の歴史 6　内乱と民衆の世紀　永原慶二ほか編集　永原慶二著　小学館　1988.6　334p　21cm　1800円　Ⓘ4-09-622006-X　Ⓝ210.1　〔02799〕
◇大系日本の歴史 6　内乱と民衆の世紀　永原慶二ほか編　永原慶二著　小学館　1992.12　417p　16cm　(小学館ライブラリー)　980円　Ⓘ4-09-461006-5　Ⓝ210.1　〔02800〕
◇太平記―国を争う武将たち　福島忠利著　古川書房　1985.10　264p　19cm　1800円　Ⓘ4-89236-249-2　Ⓝ210.45　〔02801〕
◇太平記―乱世の男たち　梶原正昭構成・文　学習研究社　1990.12　151p　18cm　(ワインブックス)　1262円　Ⓘ4-05-105222-2　Ⓝ210.45　〔02802〕
◇「太平記」をたっぷり楽しむ法―尊氏と七人の男たち　高野冬彦　五月書房　1990.12　276p　19cm　1340円　Ⓘ4-7727-0149-4　Ⓝ210.45　〔02803〕
◇太平記おもしろ紀行―南北朝争乱の舞台を行く　村松定孝著　大陸書房　1990.12　222p　16cm　(大陸文庫 1042)　466円　Ⓘ4-8033-3152-9　Ⓝ210.45　〔02804〕
◇太平記おもしろ人物史―もっと知りたい歴史の真相　河野亮著　広済堂出版　1991.6　245p　18cm　(Kosaido books)　760円　Ⓘ4-331-00527-5　Ⓝ210.45　〔02805〕
◇「太平記」を読む―動乱の時代と人々　佐藤和彦著　学生社　1991.10　218p　19cm　1700円　Ⓘ4-311-20169-9　Ⓝ210.45　〔02806〕
◇太平記紀行　邦光史郎著　徳間書店　1991.4　175p　16cm　(徳間文庫)　320円　Ⓘ4-19-569294-6　Ⓝ210.45　〔02807〕
◇太平記供養の旅 1　関東・東海編―関東・東海八十六カ所　新田明江著　栴檀社　1992.2　227p　19cm　1300円　Ⓘ4-7952-2833-7　Ⓝ291.02　〔02808〕
◇太平記供養の旅 2　中部・北陸・関西編―中部・北陸・関西八十七カ所　新田明江著　栴檀社　1992.9　225p　19cm　1300円　Ⓘ4-7952-2834-5　Ⓝ291.02　〔02809〕

◇太平記供養の旅 3 大阪神中国編—大阪神中国一〇五カ所 新田明江著 梅檀社 1993.1 228p 19cm 1300円 Ⓘ4-7952-2835-3 Ⓝ291.02 〔02810〕
◇太平記供養の旅 4 四国九州と中部北陸から青森まで 111カ所 新田明江著 梅檀社 1993.6 224p 19cm 1300円 Ⓘ4-7952-2836-1 Ⓝ291.02 〔02811〕
◇「太平記」群雄の興亡と謎—南北朝動乱を演出した巨将たちの覇権と興亡 岩松清四郎著 日本文芸社 1990.11 220p 18cm (Rakuda books) 757円 Ⓘ4-537-02212-4 Ⓝ210.45 〔02812〕
◇『太平記』幻想 上総英郎著 春秋社 1990.11 300p 20cm 2233円 Ⓘ4-393-48222-0 Ⓝ210.45 〔02813〕
◇太平記に学ぶ—動乱を生きる人間学 小山竜太郎著 六興出版 1990.12 223p 19cm 1165円 Ⓘ4-8453-8112-5 Ⓝ210.45 〔02814〕
◇太平記に学ぶ人間学—人心を分けた「義」と「慾」の論理 安藤英男著 PHP研究所 1991.6 294p 20cm 1600円 Ⓘ4-569-53073-7 Ⓝ210.45 〔02815〕
◇「太平記」の疑問を探る—関東周辺の「太平記」の故地を歩けば想い自から限りなく果しもない 山地悠一郎著 清水弘文堂 1990.2 238p 20cm 2000円 Ⓘ4-87950-929-9 Ⓝ210.45 〔02816〕
◇太平記の群像—軍記物語の虚構と真実 森茂暁著 角川書店 1991.10 311p 19cm (角川選書 221) 1300円 Ⓘ4-04-703221-2 Ⓝ210.45 〔02817〕
◇太平記の時代 新田一郎著 講談社 2001.9 352p 20cm (日本の歴史 第11巻) 2200円 Ⓘ4-06-268911-1 Ⓝ210.45 〔02818〕
◇「太平記」の時代と下総相馬氏—企画展図録 市立市川歴史博物館編 市川 市立市川歴史博物館 1991.10 32p 26cm Ⓝ210.45 〔02819〕
◇「太平記」の世界—列島の内乱史 佐藤和彦著 新人物往来社 1990.11 222p 20cm 2233円 Ⓘ4-404-01762-6 Ⓝ210.45 〔02820〕
◇太平記の世界展 カタログ編集委員会編 NHK 1991 197p 30cm Ⓝ210.45 〔02821〕
◇太平記の謎—なぜ、70年も内戦が続いたのか 邦光史郎著 光文社 1990.12 231p 18cm (カッパ・ブックス) 748円 Ⓘ4-334-00502-0 Ⓝ210.45 〔02822〕
◇太平記百人一話—乱世を生きぬく壮烈な闘い 陳舜臣ほか著 青人社 1990.11 205p 21cm 1456円 Ⓘ4-88296-101-6 Ⓝ210.45 〔02823〕
◇太平記49の謎—闇に包まれた歴史ロマン 大森隆司著 広済堂出版 1991.1 235p 18cm (Kosaido books) 760円 Ⓘ4-331-00511-9 Ⓝ210.45 〔02824〕
◇太平記49の謎—闇に包まれた歴史ロマン 大森隆司著 広済堂出版 1991.7 241p 15cm (広済堂文庫—ヒューマン・セレクト) 440円 Ⓘ4-331-65103-7 〔02825〕
◇中世軍忠状とその世界 漆原徹著 吉川弘文館 1998.7 281, 8p 22cm 6200円 Ⓘ4-642-02763-7 Ⓝ210.45 〔02826〕
◇展望日本歴史 10 南北朝内乱 佐藤和彦, 小林一岳編 東京堂出版 2000.2 420p 23cm 5000円 Ⓘ4-490-30560-5 Ⓝ210.1 〔02827〕
◇東国の南北朝動乱—北畠親房と国人 伊藤喜良著 吉川弘文館 2001.12 209p 19cm (歴史文化ライブラリー 131) 1700円 Ⓘ4-642-05531-2 Ⓝ210.45 〔02828〕

◇堂々日本史 第9巻 NHK取材班編 名古屋 KTC中央出版 1997.10 251p 20cm 1600円 Ⓘ4-87758-056-5 Ⓝ210 〔02829〕
◇東北南北朝・宇津峰 伊藤幸治著 郡山 伊藤幸治 1997.9 400p 26cm Ⓝ210.45 〔02830〕
◇動乱の南北朝—第91回特別展 大阪 大阪市立博物館 1981 77p 26cm (展覧会目録 第88号) Ⓝ210.45 〔02831〕
◇謎の太平記 童門冬二著 祥伝社 1991.7 264p 16cm (ノン・ポシェット—日本史の旅) 460円 Ⓘ4-396-31038-2 Ⓝ210.45 〔02832〕
◇南朝と北朝 伊藤銀月著 千代田書房 1910.1 262p 19cm Ⓝ210.4 〔02833〕
◇南朝北朝 蓬草廬主人著 青木嵩山堂 1910.2 240p 22cm Ⓝ210.4 〔02834〕
◇南朝・北朝 加賀淳子著 河出書房新社 1960 272p 図版 20cm (現代人の日本史 第10巻) Ⓝ210.458 〔02835〕
◇南北朝 林屋辰三郎著 大阪 創元社 1957 201p 図版 18cm (創元歴史選書) Ⓝ210.458 〔02836〕
◇南北朝 林屋辰三郎著 大阪 創元社 1967 205p 図版 18cm (創元新書) Ⓝ210.458 〔02837〕
◇南北朝 林屋辰三郎 朝日新聞社 1991.1 211p 15cm (朝日文庫) 420円 Ⓘ4-02-260634-7 Ⓝ210.45 〔02838〕
◇南北朝異聞—護良親王と淵辺義博 中丸祐昌著 MBC21 1998.4 222p 20cm 1800円 Ⓘ4-8064-0580-9 Ⓝ210.45 〔02839〕
◇南北朝期公武関係史の研究 森茂暁著 文献出版 1984.6 537, 19p 22cm 10000円 Ⓝ210.45 〔02840〕
◇南北朝経緯管見—魂の紛失朝権の韜晦 大日本歴史抜萃更始一心会 1932 33p 22cm Ⓝ210.4 〔02841〕
◇南北朝時代史 久米邦武述 早稲田大学出版部 1905 806p 22cm (早稲田大学卅七年度史学科第二学年講義録) Ⓝ210.4 〔02842〕
◇南北朝時代史 田中義成著 明治書院 1922 288p 22cm Ⓝ210.4 〔02843〕
◇南北朝時代史 田中義成著 講談社 1979.1 285p 15cm (講談社学術文庫) 360円 Ⓝ210.458 〔02844〕
◇南北朝事典—なぜ? なに?日本史雑学 おもしろ不思議な歴史の謎 ざつがく倶楽部編著 成美堂出版 1991.1 238p 19cm 880円 Ⓘ4-415-07555-X Ⓝ210.45 〔02845〕
◇南北朝史100話 立風書房 1991.10 318p 20cm 1500円 Ⓘ4-651-75022-2 Ⓝ210.45 〔02846〕
◇南北朝史論 村田正志著 中央公論社 1949 398p(図版共) 22cm Ⓝ210.458 〔02847〕
◇南北朝史論 村田正志著 中央公論社 1971 400p(図版共) 22cm 1300円 Ⓝ210.458 〔02848〕
◇南北朝正閏問題の回顧 内田周平著 谷門精舎 1938 9p 23cm Ⓝ210.4 〔02849〕
◇南北朝正閏論 史学協会編 修文閣 1911.5 402p 22cm Ⓝ210.4 〔02850〕
◇南北朝動乱と伊予の武将 別府頼雄著 〔重信町(愛媛県)〕 〔別府頼雄〕 1995.7 198p 20cm Ⓝ210.45 〔02851〕
◇南北朝動乱と王権 伊藤喜良著 東京堂出版 1997.7 286p 19cm (教養の日本史) 2800円 Ⓘ4-490-20318-7 Ⓝ210.45 〔02852〕

南北朝時代　　　　　　　　　中世史

◇南北朝と室町政権―南北朝期―室町期　小和田哲男監修・年表解説　世界文化社　2006.7　199p　24cm　(日本の歴史を見る ビジュアル版 4)　2400円　Ⓘ4-418-06211-4　Ⓝ210.45
〔02853〕

◇南北朝内乱史論　佐藤和彦著　東京大学出版会　1979.12　408, 3p　22cm　4000円　Ⓝ210.458
〔02854〕

◇南北朝内乱と東寺―第15回東寺百合文書展　京都府立総合資料館歴史資料課編　〔京都〕　京都府立総合資料館　1998.7　58, 16p　26cm　Ⓝ210.029
〔02855〕

◇南北朝の争い―南北朝時代・室町時代1　入間田宣夫監修, 森藤よしひろ漫画　集英社　1998.3　163p　23cm　(集英社版・学習漫画―日本の歴史 8)　850円　Ⓘ4-08-239008-1
〔02856〕

◇南北朝の英雄たち―後醍醐天皇・足利尊氏と常陸の群像　桐原光明著　土浦　筑波書林　1991.4　101p　18cm　(ふるさと文庫)　618円　Ⓝ210.45
〔02857〕

◇南北朝の合戦　泉俊秀著　大阪　岡本偉業館　1914　111p　15cm　(イクサ叢書 第3編)　Ⓝ210.4
〔02858〕

◇南北朝の宮廷誌―二条良基の仮名日記　小川剛生著, 国文学研究資料館編　京都　臨川書店　2003.2　232p　19cm　2400円　Ⓘ4-653-03726-4
〔02859〕

◇南北朝の虚像と実像―太平記の歴史学的考察　岡部周三著　雄山閣　1975　318, 8p　22cm　3800円　Ⓝ210.458
〔02860〕

◇南北朝の動乱　安藤英男編　新人物往来社　1984.12　266p　20cm　2000円　Ⓘ4-404-01250-0　Ⓝ210.45
〔02861〕

◇南北朝の動乱　村井章介著　吉川弘文館　2003.3　270, 12p　22cm　(日本の時代史 10)　3200円　Ⓘ4-642-00810-1　Ⓝ210.45
〔02862〕

◇南北朝の動乱　佐藤進一著　改版　中央公論新社　2005.1　557p　16cm　(中公文庫―日本の歴史 9)　1238円　Ⓘ4-12-204481-2　Ⓝ210.45
〔02863〕

◇南北朝の動乱　森茂暁著　吉川弘文館　2007.9　251, 7p　20cm　(戦争の日本史 8)　2500円　Ⓘ978-4-642-06318-0　Ⓝ210.45
〔02864〕

◇南北朝の動乱と千葉氏　千野原靖方著　流山　崙書房　1984.8　240p　18cm　(ふるさと文庫)　980円　Ⓝ210.45
〔02865〕

◇南北朝の内乱　井上良信著　評論社　1969　272p　図版　18cm　(若い世代と語る日本の歴史 15)　290円　Ⓝ210.458
〔02866〕

◇南北朝の内乱　井上良信著　評論社　1987.11　272p　20cm　(若い世代と語る日本の歴史 15)　1600円　Ⓘ4-566-06014-4　Ⓝ210.45
〔02867〕

◇南北朝の流れと真相　藤田寿雄著　近代文芸社　1996.7　511p　21cm　3000円　Ⓘ4-7733-5144-6　Ⓝ210.45
〔02868〕

◇南北朝編年史　由良哲次著　吉川弘文館　1964　2冊　23cm　Ⓝ210.458
〔02869〕

◇南北朝室町時代史　魚澄惣五郎著　2版　日本文学社　1938　248p　23cm　Ⓝ210.4
〔02870〕

◇南北朝・室町・戦国時代　小和田哲男監修　岩崎書店　2000.4　47p　29cm　(人物・資料でよくわかる日本の歴史 6)　3000円　Ⓘ4-265-04846-3, 4-265-10223-9　Ⓝ210.4
〔02871〕

◇南北朝問題と国体の大義　姉崎正治著　博文館　1911.3　108p　19cm　Ⓝ210.4
〔02872〕

◇南北朝 乱世を生きた女たち　豊浜紀代子著　名古屋　中日出版社　2007.5　191p　19cm　1429円　Ⓘ978-4-88519-289-0
〔02873〕

◇南北朝論―現代名家　高橋越山編　成光館　1912.4　182p　20cm　Ⓝ210.4
〔02874〕

◇南北朝論―史実と思想　村田正志著　至文社　1959　263p　図版　19cm　(日本歴史新書)　Ⓝ210.458
〔02875〕

◇日本時代史　第6巻　南北朝時代史　久米邦武著　早稲田大学出版部　1927　666p　23cm　Ⓝ210.1
〔02876〕

◇日本史探訪　8　南北朝と室町文化　角川書店編　角川書店　1984.9　281p　15cm　(角川文庫 5358)　420円　Ⓘ4-04-153308-2　Ⓝ210.1
〔02877〕

◇日本史の舞台　4　吉野の嵐動乱の炎　佐藤和彦ほか編　集英社　1982.6　167p　27cm　1800円　Ⓝ210.1
〔02878〕

◇日本の合戦　第2　南北朝の争乱　桑田忠親編　森克己　人物往来社　1965　414p　図版　20cm　Ⓝ210.1
〔02879〕

◇日本の合戦　2　南北朝の争乱　桑田忠親編集　新人物往来社　1978.10　416p　20cm　1500円　Ⓝ210.1
〔02880〕

◇日本の歴史　第5巻　北朝と南朝　岡田章雄, 豊田武, 和歌森太郎編　読売新聞社　1959　314p　図版　地図　23cm　Ⓝ210.1
〔02881〕

◇日本の歴史　第5　北朝と南朝　岡田章雄, 豊田武, 和歌森太郎編　読売新聞社　1963　18cm　Ⓝ210.1
〔02882〕

◇日本の歴史　第5　北朝と南朝　岡田章雄, 豊田武, 和歌森太郎編　読売新聞社　1968　18cm　Ⓝ210.1
〔02883〕

◇日本の歴史　5　北朝と南朝　編集委員・執筆者代表:岡田章雄, 豊田武, 和歌森太郎　読売新聞社　1972　288p　図　19cm　550円　Ⓝ210.1
〔02884〕

◇日本の歴史　5(中世 2)　後醍醐と尊氏―建武の新政　新訂増補　朝日新聞社　2005.1　320p　30cm　(朝日百科)　Ⓘ4-02-380017-1　Ⓝ210.1
〔02885〕

◇日本の歴史―集英社版　8　南北朝の動乱　児玉幸多ほか編　伊藤喜良著　集英社　1992.1　334p　22cm　2400円　Ⓘ4-08-195008-3　Ⓝ210.1
〔02886〕

◇日本の歴史―集英社版　8　南北朝の動乱　児玉幸多ほか編　伊藤喜良著　東京ヘレン・ケラー協会点字出版局　1994.9　6冊　27cm　全21000円　Ⓝ210.1
〔02887〕

◇日本の歴史　第9　南北朝の動乱　佐藤進一　中央公論社　1965　18cm　Ⓝ210.1
〔02888〕

◇日本の歴史　9　南北朝の動乱　佐藤進一著　中央公論社　1984.2　488p　18cm　(中公バックス)　1200円　Ⓘ4-12-401149-0　Ⓝ210.1
〔02889〕

◇日本の歴史　11　南北朝内乱　佐藤和彦著　小学館　1974　358p(図共)　地図　20cm　790円　Ⓝ210.1
〔02890〕

◇日本の歴史―マンガ　19　南北朝動乱のなかの京と田舎　石ノ森章太郎著　中央公論社　1991.5　235p　20cm　1000円　Ⓘ4-12-402819-9　Ⓝ726.1
〔02891〕

◇日本の歴史文庫　8　南北朝と室町　村田正志著　講談社　1975　413p　図　15cm　380円　Ⓝ210.1
〔02892〕

◇日本文化史　第7巻　南北朝　中村直勝著　大鐙閣　1922　418p　19cm　Ⓝ210.1
〔02893〕
◇日本歴史シリーズ　第7巻　南北朝　遠藤元男等編　松本新八郎編　世界文化社　1967　27cm　Ⓝ210.1
〔02894〕
◇日本歴史大系　5　南北朝内乱と室町幕府　上　井上光貞ほか編　山川出版社　1996.1　210, 19p　22cm　3000円　①4-634-33050-4　Ⓝ210.1
〔02895〕
◇日本歴史展望　第5巻　分裂と動乱の世紀─南北朝　瀬野精一郎責任編集　旺文社　1981.7　288p　26cm　2300円　Ⓝ210.08
〔02896〕
◇日野太記　福本上著　新人物往来社　1991.3　315p　20cm　2500円　①4-404-01795-2　Ⓝ210.45
〔02897〕
◇百夜一話・日本の歴史　第5　北朝の武家・南朝の公家　和歌森太郎, 山本藤枝著　集英社　1969　352p　図版　18cm　580円　Ⓝ210.1
〔02898〕
◇分裂する王権と社会　村井章介著　中央公論新社　2003.5　306p　20cm　（日本の中世 12）　2500円　①4-12-490219-0　Ⓝ210.45
〔02899〕
◇芳闕嵐史─付南山霞抄　長岡悟校註　〔京都〕　天真会　2001.8　254p　21cm　Ⓝ210.45
〔02900〕
◇マンガ日本の歴史　19　南北朝動乱の中の京と田舎　石ノ森章太郎著　中央公論社　1997.11　212p　16cm　（中公文庫）　524円　①4-12-203000-5　Ⓝ726.1
〔02901〕
◇村田正志著作集　第1巻　増補南北朝史論　京都　思文閣出版　1983.3　425p　22cm　9000円　Ⓝ210.45
〔02902〕
◇村田正志著作集　第2巻　続南北朝史論　京都　思文閣出版　1983.8　448p　22cm　9000円　Ⓝ210.45
〔02903〕
◇村田正志著作集　第3巻　続々南北朝史論　京都　思文閣出版　1983.12　615p　22cm　12500円　Ⓝ210.45
〔02904〕
◇村田正志著作集　第4巻　証註椿葉記　京都　思文閣出版　1984.9　383p　22cm　9000円　Ⓝ210.45
〔02905〕
◇村田正志著作集　第7巻　風塵録　京都　思文閣出版　1986.8　696p　22cm　16000円　①4-7842-0434-2　Ⓝ210.45
〔02906〕
◇物語日本の歴史─その時代を見た人が語る　第13巻　南北朝の動乱　笠原一男編　木耳社　1991.11　207p　20cm　1500円　①4-8393-7565-8　Ⓝ210.1
〔02907〕
◇矢野城の戦い─古文書に偲ぶ　山田有利著　広島　発喜会　1991.11　35p　26cm　（発喜のしおり　総集第1号）　Ⓝ210.45
〔02908〕
◇山本七平の日本の歴史　上　山本七平著　ビジネス社　2005.3　266p　18cm　（B選書）　952円　①4-8284-1177-1　Ⓝ210.45
〔02909〕
◇山本七平の日本の歴史　下　山本七平著　ビジネス社　2005.3　283p　18cm　（B選書）　952円　①4-8284-1178-X　Ⓝ210.45
〔02910〕
◇吉野山と太平記　NHKサービスセンター編　吉野町（奈良県）　吉野町経済観光課　1991.3　59p　26cm　700円　Ⓝ291.65
〔02911〕
◇歴史の中興　上　大阪読売新聞社編　大阪　浪速社　1969　345p　19cm　500円　Ⓝ210.45
〔02912〕

◆建武中興

◇綾歌郡ニ於ケル建武中興関係史蹟　香川県綾歌郡神職会編　〔坂出町（香川県）〕　綾歌郡神職会　1935　34p　23cm　Ⓝ218.2
〔02913〕
◇建武遺宝　帝室博物館編　大塚巧芸社　1934　63, 63枚　37cm　Ⓝ210.4
〔02914〕
◇建武政権─後醍醐天皇の時代　森茂暁著　〔東村山〕　教育社　1980.11　223p　18cm　（教育社歴史新書）　800円　Ⓝ210.45
〔02915〕
◇建武政権期の国司と守護　吉井功児著　近代文芸社　1993.8　375, 23p　20cm　2800円　①4-7733-1738-8　Ⓝ210.45
〔02916〕
◇建武前後の常総　荒井庸夫編著　水戸　茨城県教育会　1934　58p　19cm　Ⓝ210.4
〔02917〕
◇建武中興　建武中興六百年記念会編　建武中興六百年記念会　1934　217p　22cm　Ⓝ210.4
〔02918〕
◇建武中興　久保田収著　日本教文社　1965　220p　20cm　（日本人のための国史叢書 9）　Ⓝ210.45
〔02919〕
◇建武中興伊予勤王読本　第2版　〔松山〕　愛媛県教育会　1938　88p　23cm　Ⓝ210.4
〔02920〕
◇建武中興を中心としたる信濃勤王史攷　信濃教育会編　長野　信濃毎日新聞　1939　1806p　22cm　Ⓝ210.4
〔02921〕
◇建武中興を中心としたる信濃勤王史攷　上巻　信濃教育会著　復刊　松本　信濃史学会　1977.12　1037p　23cm　Ⓝ215.2
〔02922〕
◇建武中興を中心としたる信濃勤王史攷　下巻　信濃教育会著　復刊　松本　信濃史学会　1978.7　1冊　23cm　Ⓝ215.2
〔02923〕
◇建武中興と隠岐　内山天壇著　皇都城北新聞社　1934　39p　19cm　Ⓝ217.3
〔02924〕
◇建武中興と金崎　小林健三著　福井　金崎宮御祭神六百年大祭奉賛会　1937　119p　22cm　Ⓝ210.4
〔02925〕
◇建武中興と国民精神　宮井義雄著　教育科学社　1942　294p　22cm　Ⓝ121.1
〔02926〕
◇建武中興と敷山籠城の意義　渡辺世祐述　〔防府町（山口県）〕　防府町　1935　17p　19cm　Ⓝ217.7
〔02927〕
◇建武中興と丹波　須藤政夫著　上川口村（京都府）　藤田瀬一（印刷）　1936　24p　23cm　Ⓝ216.2
〔02928〕
◇建武中興と新田義貞公　和島芳男著　桜雲閣　1937　204p　23cm　Ⓝ210.4
〔02929〕
◇建武中興の演出者─河辺清談　山本律郎著　新人物往来社　1991.3　204p　20cm　1300円　①4-404-01805-3　Ⓝ210.049
〔02930〕
◇建武中興の回顧　中村孝也著　章華社　1934　355p　19cm　Ⓝ210.4
〔02931〕
◇建武中興の忠臣清尊・教乗両師の事蹟と敷山城　三坂圭治著　牟礼村（山口県）　敷山城址顕彰会事務所　1936　52p　19cm　Ⓝ210.4
〔02932〕
◇建武中興の本義　平泉澄著　3版　至文堂　1934　312p　23cm　Ⓝ210.4
〔02933〕
◇建武中興の本義　平泉澄著　6版　至文堂　1934　312p　23cm　Ⓝ210.4
〔02934〕
◇建武中興の本義　平泉澄著　至文堂　1934　312p　23cm　Ⓝ210.4
〔02935〕

南北朝時代　中世史

◇建武中興六百年記念会事業報告　建武中興六百年記念会編　建武中興六百年記念会　1934　371p　23cm　Ⓝ210.4〔02936〕

◇建武中興六百年記念展覧会目録　神宮皇学館編　宇治山田　神宮皇学館　1935　37p　23cm　Ⓝ210.4〔02937〕

◇建武之中興　建武中興六百年記念会神奈川県支部編　〔横浜〕　建武中興六百年記念会神奈川県支部　1934　359, 7p　23cm　Ⓝ210.4〔02938〕

◇建武中興　平田俊春著　〔建武中興六百五十年奉祝十五社会〕　1984　54p　19cm　Ⓝ210.45〔02939〕

◇建武の中興―理想に殉じた人々　堀井純二著　錦正社　1990.1　272p　19cm　（国学研究叢書 第12編）　2700円　ⓘ4-7646-0217-2　Ⓝ210.45〔02940〕

◇建武中興―後醍醐天皇の理想と忠臣たちの活躍　久保田収著　明成社　2004.9　308p　19cm　1600円　ⓘ4-944219-28-8　Ⓝ210.45〔02941〕

◇建武中興時代の人々　中村孝也著　有朋堂　1944　311p 図版　19cm　Ⓝ210.4〔02942〕

◇建武中興と伊勢　鎌田純一著　伊勢　皇學館大学出版部　1985.7　37p　19cm　（皇学館大学講演叢書 第53輯）　280円　Ⓝ210.45〔02943〕

◇建武の中興と神宮祠官の勤王　神宮祠官勤王顕彰会編　神宮祠官勤王顕彰会　1935　311p　23cm　Ⓝ210.4〔02944〕

◇建武の中興と神宮祠官の勤王　神宮祠官勤王顕彰会編　伊勢　皇学館大学出版部　1984.6　311p 図版11枚　22cm　非売品　Ⓝ210.45〔02945〕

◇建武中興と大日本史　松崎覚本著　文松堂出版　1944　232p　19cm　Ⓝ210.4〔02946〕

◇後醍醐天皇と建武政権　伊藤喜良著　新日本出版社　1999.10　190p　18cm　（新日本新書）　950円　ⓘ4-406-02685-1　Ⓝ210.45〔02947〕

◇後醍醐天皇の御理想と建武中興　平田俊春著　伊勢　皇学館大学出版部　1985.4　57p　19cm　（皇学館大学講演叢書 第52輯）　300円　Ⓝ210.45〔02948〕

◇世界興亡史政話　第2　建武親政の没落　河野林治郎著　政治懇話会　1948　19cm　Ⓝa209〔02949〕

◇日本国民史　第5巻　建武の中興　小林鶯里著　文芸社　1926　108p　19cm　Ⓝ210.1〔02950〕

◇日本の歴史―マンガ　18　建武新政から室町幕府の成立へ　石ノ森章太郎著　中央公論社　1991.4　235p　20cm　1000円　ⓘ4-12-402818-0　Ⓝ726.1〔02951〕

◇日本の歴史　中世 2-1　後醍醐と尊氏―建武の新政　新訂増補　朝日新聞社　2002.8　30p　30cm　（週刊朝日百科 11）　476円　Ⓝ210.1〔02952〕

◇マンガ日本の歴史　18　建武新政から室町幕府の成立へ　石ノ森章太郎著　中央公論社　1997.10　214p　16cm　（中公文庫）　524円　ⓘ4-12-202976-7　Ⓝ726.1〔02953〕

◆◆後醍醐天皇

◇後醍醐帝と大桜　近藤厚喜著　文芸社　2007.3　150p　19cm　1143円　ⓘ978-4-286-02521-6〔02954〕

◇後醍醐天皇　水戸部正男著　秋田書店　1974　237p 図　20cm　1300円　Ⓝ210.45〔02955〕

◇後醍醐天皇―南北朝動乱を彩った覇王　森茂暁著　中央公論新社　2000.2　194p　18cm　（中公新書）　680円　ⓘ4-12-101521-5　Ⓝ288.41〔02956〕

◇後醍醐天皇―竹内文書　楠木正成対足利尊氏　竹田日恵著　明窓出版　2000.7　380p　20cm　1500円　ⓘ4-89634-052-3　Ⓝ210.45〔02957〕

◇後醍醐天皇関係十五官幣社御祭神御神徳記　中村直勝編　奈良県吉野町　建武中興記念会　1939　222p　19cm　Ⓝ175〔02958〕

◇後醍醐天皇御遠忌奉修総持寺発願次第　栗山泰音述　横浜　総持寺　1934　30p　22cm　Ⓝ188.8〔02959〕

◇後醍醐天皇御事蹟　吉野神宮奉賛会編　吉野神宮奉賛会　1932　131, 6p　23cm　Ⓝ288.4〔02960〕

◇後醍醐天皇十種勅問講話　岳尾来尚述　天淵閣書府　1930　109p　20cm　Ⓝ188.8〔02961〕

◇後醍醐天皇宸翰集　国民精神文化研究所　1937　2冊（別冊共）　47×64cm　Ⓝ210.4〔02962〕

◇後醍醐天皇勅問奏対謹解　伊藤道海著　横浜　総持寺　1937　146p　23cm　Ⓝ210.4〔02963〕

◇後醍醐天皇と足利尊氏―『太平記』の主人公　緒形隆司著　光風社出版　1991.2　238p　18cm　800円　ⓘ4-87519-606-7　Ⓝ210.45〔02964〕

◇後醍醐天皇と楠木正成・足利尊氏　杉原親雄著　甲陽書房　1971　245p 肖像　19cm　1000円　Ⓝ210.45〔02965〕

◇後醍醐天皇と建武政権　伊藤喜良著　新日本出版社　1999.10　190p　18cm　（新日本新書）　950円　ⓘ4-406-02685-1　Ⓝ210.45〔02966〕

◇後醍醐天皇と船上山　松岡貞信編　東伯郡（鳥取県）　松岡貞信　1942　136p　21cm　Ⓝ210.4〔02967〕

◇後醍醐天皇と吉野山　山田文造編　吉野町（奈良県）　金峯山寺　1939　100p　20cm　Ⓝ210.4〔02968〕

◇後醍醐天皇と吉野山　山田文造編　吉野町（奈良県）　金峯山寺　1939　16p　19cm　Ⓝ210.4〔02969〕

◇後醍醐天皇の御理想と建武中興　平田俊春著　伊勢　皇学館大学出版部　1985.4　57p　19cm　（皇学館大学講演叢書 第52輯）　300円　Ⓝ210.45〔02970〕

◇後醍醐天皇のすべて　佐藤和彦, 樋口州男編　新人物往来社　2004.9　279p　20cm　2800円　ⓘ4-404-03212-9　Ⓝ288.41〔02971〕

◇後醍醐天皇奉賛論文集　建武義会編　至文堂　1939　248p　23cm　Ⓝ210.4〔02972〕

◇再現日本史―週刊time travel　鎌倉・室町 5　講談社　2002.11　42p　30cm　533円　Ⓝ210.1〔02973〕

◇週刊ビジュアル日本の歴史　no.68　貴族の没落 8　デアゴスティーニ・ジャパン　2001.6　p296-335　30cm　533円　Ⓝ210.1〔02974〕

◇帝王後醍醐―「中世」の光と影　村松剛著　中央公論社　1978.6　494p　20cm　1500円　Ⓝ288.41〔02975〕

◇帝王後醍醐―「中世」の光と影　村松剛著　中央公論社　1981.5　494p　16cm　（中公文庫）　540円　Ⓝ288.41〔02976〕

◇物語日本の歴史―その時代を見た人が語る　第12巻　後醍醐天皇と足利尊氏　笠原一男編　木耳社　1991.11　235p　20cm　1500円　ⓘ4-8393-7564-X　Ⓝ210.1〔02977〕

◇忘れられた「日本意外史」　2　後醍醐天皇の右往左往　岡橋隼夫著　はまの出版　1988.7　244p　19cm　1200円　ⓘ4-89361-051-1　Ⓝ210.04〔02978〕

◆南朝

◇ああ南朝　堰沢清竜著　明窓出版　1994.7　220p　19cm　1300円　ⓘ4-938660-39-3　Ⓝ210.45

◇足助一族と大塚掃部助―南朝秘史　岡野錦弥, 鈴木茂夫著　〔尼崎〕　岡野錦弥　1991.11　2冊　27cm　Ⓝ210.45　〔02979〕

◇宇津峰勤皇事略　諸根樟一著　福島県田村郡谷田川村　宇津峯親王御忠蹟奉彰会　1940　32p　23cm　Ⓝ210.4　〔02980〕

◇皇子たちの南北朝―後醍醐天皇の分身　森茂暁著　中央公論社　1988.7　248p　18cm　（中公新書 886）　620円　Ⓘ4-12-100886-3　Ⓝ210.45　〔02981〕

◇皇子たちの南北朝―後醍醐天皇の分身　森茂暁著　中央公論新社　2007.10　301p　15cm　（中公文庫）　933円　Ⓘ978-4-12-204930-7　〔02982〕

◇兜のほまれ ある南朝武将の秘話と末裔　渡辺嘉造伊著　草土文化　1968　219p　図版　19cm　Ⓝ288.3　〔02983〕

◇建武之忠臣畑将軍　畑時能公顕彰会大聖寺支部編　石川県大聖寺町　畑時能公顕彰会大聖寺支部　1936　43p　図版　23cm　Ⓝ289.1　〔02984〕

◇建武之忠臣畑將軍　畑時能公顕彰会大聖寺支部編　〔八王子〕　畑時能公遺徳顕彰会　2004.4　29, 14p　23cm　Ⓝ289.1　〔02985〕

◇児島高徳　中村徳五郎著　鍾美堂　1910.4　264p　22cm　Ⓝ289.1　〔02986〕

◇児島高徳　小川喜数著　豊田　小川喜数　1985.10　145p　22cm　Ⓝ289.1　〔02987〕

◇児島高徳　小川喜数著　豊田　小川喜数　1994.12　180p　22cm　Ⓝ289.1　〔02988〕

◇児島高徳と新田一族　浅田晃彦著　群馬出版センター　1993.12　281p　20cm　2000円　Ⓘ4-906366-20-1　Ⓝ210.45　〔02989〕

◇児島範長墳墓考　亀田次郎述　曽根町（兵庫県）　亀田次郎　1921　96, 46p　23cm　Ⓝ210.4　〔02990〕

◇三遠国境の南北朝攻防戦―宗良親王の終焉と長慶天皇児島高徳の謎　藤原石山著, 南朝史学会, 三遠文化協会編　豊橋　南朝史学会　1983.11　72p　21cm　Ⓝ210.45　〔02991〕

◇四国に於ける後醍醐天皇の諸皇子　秋山英一著　愛媛県西条町　燧洋出版社　1940　124p　24cm　Ⓝ288.4　〔02992〕

◇獅子の弓 名和長年　富長源十郎著　叢文社　1991.1　231p　19cm　（現代を拓く歴史名作シリーズ）　1500円　Ⓘ4-7947-0182-9　〔02993〕

◇私本長慶天皇と児島高徳太平記　庭田暁山著　岡山　児島高徳公顕彰忠桜会　1978.11　1冊　19cm　1500円　Ⓝ210.45　〔02994〕

◇殉忠名和一族　伊達真知男著, 志摩不二雄編　近代小説社　1943　224p　19cm　Ⓝ289.1　〔02995〕

◇神皇正統記のふるさと―南北朝時代史　荒木和夫著　荒木和夫　1985.3　225p　22cm　5000円　Ⓝ210.45　〔02996〕

◇尊良親王ト二忠臣　高知県幡多郡幡東教育会編　高知　仁尾商店　1940　111p　図版　22cm　Ⓝ210.4　〔02997〕

◇忠不忠―南朝史話　藤田精一著　京文社　1926　241p　19cm　Ⓝ210.4　〔02998〕

◇忠芬義芳　小野利教編　神戸　辻こう　1922.10　3冊　27cm　Ⓝ281.02　〔02999〕

◇長慶天皇側近者事蹟研究資料　臨時陵墓調査委員会編　〔臨時陵墓調査委員会〕　1938　331p　23cm　Ⓝ210.458　〔03000〕

◇長慶天皇の三河遷幸と諸豪の動き―三河に伝えられる南朝の秘史　藤原石山著, 南朝史学会, 三遠文化協会編　豊橋　南朝史学会　1982.11　34p　22cm　Ⓝ210.45　〔03001〕

◇那珂通辰と常陸の豪族―南朝秘録　石川豊著　〔緒川村（茨城県那珂郡）〕　石川豊　1968　143p　22cm　Ⓝ210.458　〔03002〕

◇中村直勝著作集　第3巻　南朝の研究　京都　淡交社　1978.4　468p　22cm　4500円　Ⓝ210.08　〔03003〕

◇名和世家　平泉澄著　伊勢　皇学館大学出版部　1975　252p　図　22cm　2500円　Ⓝ288.1　〔03004〕

◇名和長年　岸田政蔵編　倉吉町（鳥取県）　徳岡太蔵　1908.8　37p　23cm　Ⓝ210.4　〔03005〕

◇南山遺響　石井一幸著　黒江町（和歌山県）　石井一幸　1933　1冊　23cm　Ⓝ210.4　〔03006〕

◇南山遺芳　神宮皇学館編　神戸　五典書院　1935　259p　27cm　Ⓝ210.4　〔03007〕

◇南山義烈史　橋詰照江, 武内護文著　桜井町（奈良県）　珠水館　1900.1　310p　23cm　Ⓝ210.4　〔03008〕

◇南山史―30巻　成島譲編輯　写　9冊　26cm　Ⓝ210.45　〔03009〕

◇南山史　成島譲倹輯　片山平三郎　1881.9　3冊（上50, 中74, 下65丁）　23cm　Ⓝ210.4　〔03010〕

◇南山余録　東牧堂（武）編　民友社　1912.1　268p　図版　22cm　Ⓝ210.4　〔03011〕

◇南狩遺文　山中信古編　天香堂　1870　3冊（6巻合本）　26cm　Ⓝ210.4　〔03012〕

◇南朝遺史　林嘉三郎（柳斎）編　竜門村（奈良県）　芳文堂　1892.9　28, 26, 29丁（巻1-3合本）　23cm　Ⓝ210.4　〔03013〕

◇南朝遺史　巻1-3　柳斎林嘉三郎編　増補　竜門村（奈良県）　林一郎　1918　3冊　23cm　Ⓝ210.4　〔03014〕

◇南朝遺史　追加之2 自天王碑　林嘉三郎編　竜門村（奈良県）　芳文堂　1894.3　図版1枚　24cm　Ⓝ210.4　〔03015〕

◇南朝遺跡吉野名勝誌　林水月著　吉川弘文館　1911.10　178p　図版　22cm　Ⓝ216.5　〔03016〕

◇南朝への節に殉じた畑時能の生涯　補遺　八王子　畑時能公遺徳顕彰会　2004.4　91p　23cm　Ⓝ289.1　〔03017〕

◇南朝外史武勇伝　第5輯　加藤伴之（楳亭主人）編　大阪　郡鳳堂〔ほか〕　1883.11　5冊　23cm　Ⓝ210.4　〔03018〕

◇南朝懸田大橋家伝承録　大橋二郎編　〔相馬〕　〔大橋二郎〕　1979.3　174p　22cm　非売品　Ⓝ288.3　〔03019〕

◇南朝勤王史略―小学読本　牧野重正著　牧野重正　1881　2冊（上30, 下28丁）　22cm　Ⓝ210.4　〔03020〕

◇南朝五十七年史　笹川臨風著　新潮社　1911.7　381p　図版　22cm　Ⓝ210.4　〔03021〕

◇南朝史伝　北畠親房著, 大町桂月校　至誠堂　1911.6　330p　16cm　（学生文庫 第1編）　Ⓝ210.4　〔03022〕

◇南朝順考論　二宮成著　布施村（鹿児島県）　坂本宝徳　1911.7　44丁　24cm　Ⓝ210.4　〔03023〕

◇南朝史論考　平田俊春著　錦正社　1994.3　356p　19cm　（国学研究叢書 第18編）　4800円　Ⓘ4-7646-0238-5　Ⓝ210.45　〔03025〕
◇南朝正統皇位継承論―日本史の盲点南北朝時代の謎を解く　南朝史学会編　豊橋　1966　56p 表 25cm　Ⓝ210.458　〔03026〕
◇南朝正統皇位継承論―尾三遠南朝史論 日本史の盲点南北朝時代の謎を解く　藤原石山著　2版　豊橋　南朝史学会　1988.10　121p　22cm　Ⓝ210.45　〔03027〕
◇南朝正統論　笹川臨風著　春陽堂　1911.3　166p　19cm　Ⓝ210.4　〔03028〕
◇南朝全史―大覚寺統から後南朝へ　森茂暁著　講談社　2005.6　238p　19cm　（講談社選書メチエ 334）　1500円　Ⓘ4-06-258334-8　Ⓝ210.45　〔03029〕
◇南朝忠義録―勤王愛国　矢土晩翠(省三)著　榊原文盛堂　1894.2　115p　22cm　Ⓝ210.4　〔03030〕
◇南朝忠臣詠史歌曲集　第1編　苑道春千代編　雅学協会事務所　1894.3　46p　22cm　Ⓝ767　〔03031〕
◇南朝忠臣肝付兼重　贈従四位肝付兼重顕彰会編　鹿児島県高山町　贈従四位肝付兼重顕彰会　1936　501p　23cm　Ⓝ289.1　〔03032〕
◇南朝忠臣桜井遺訓　柳本計編　開進堂　1887.4　47p　18cm　Ⓝ289.1　〔03033〕
◇南朝忠臣贈正四位富士名判官義綱公伝　宮崎幸麿著　3版　松江　佐藤喜八郎　1918　14p　16cm　Ⓝ289.1　〔03034〕
◇南朝忠臣碑文集　小野利教編　神戸　辻こう　1922　186丁　27cm　Ⓝ210.4　〔03035〕
◇南朝と足利天皇血統秘史　熊沢寛道著　三秘同心会　1962　88p 図版　19cm　Ⓝ155.2　〔03036〕
◇南朝の研究　中村直勝著　京都　星野書店　1927　496p 図版　22cm　Ⓝ210.4　〔03037〕
◇南朝の砥柱　大西源一著　五ケ所村（三重県）　愛洲顕彰会　1935　231p　23cm　Ⓝ210.4　〔03038〕
◇南朝の戦略と関氏の謎　坂入三喜男著　土浦　筑波書林　1986.3　101p　18cm　（ふるさと文庫）　600円　Ⓝ210.45　〔03039〕
◇南朝の忠臣児島高徳（熊山・福山合戦）　中西尉一著　新風舎　2004.9　38p　15cm　（Toppu）　900円　Ⓘ4-7974-5184-X　Ⓝ913.6　〔03040〕
◇南朝の星―南北朝と後南朝（皇胤志巻五）　中田憲信編，木村信行訳と解説　日本歴史研究所　2000.3　60, 127, 49p　26cm　8000円　Ⓝ210.45　〔03041〕
◇南朝の星　続　木村信行訳と解説　日本歴史研究所　2000.12　146p　26cm　5100円　Ⓝ210.45　〔03042〕
◇南朝秘史―大竜寺蔵書三古文書復刻版　津島　亀伯山大竜寺　1995.4　107p　21cm　1000円　Ⓝ210.45　〔03043〕
◇南朝悲史新田精神再検討―三たび議会に討議された教科書問題　稲村坦元，谷口撃電編　新田精神普及会　1939　100p　23cm　Ⓝ375.9　〔03044〕
◇南朝吉祥村御所伝説地に就て　相沢正彦著　岸和田　相沢正彦　1938　15p　23cm　Ⓝ216.3　〔03045〕
◇南風遺響　阪倉篤太郎編　積善館　1923　127p　23cm　Ⓝ210.4　〔03046〕
◇南風競わず―南北朝時代秘史　第3集　山地悠一郎編集　相模原　南朝皇愛会　1987.7　104pp　21cm　800円　Ⓘ4-7952-4861-3　Ⓝ210.45　〔03047〕

◇南北朝時代の郷土と熊谷直行公　折田春雄著　広島　安芸郷土調査会　1937　17p　19cm　Ⓝ289.1　〔03048〕
◇南北朝の正閏と天皇論―南朝研究　藤原石山著　豊橋　南朝史学会　1984.12　25p　22cm　Ⓝ210.45　〔03049〕
◇新田堀江氏と世良田郷　高橋宗二著　尾島町（群馬県）　新田堀江氏と世良田郷刊行会　1991.6　403p　22cm　Ⓝ288.1　〔03050〕
◇新田義貞・北畠顕家・結城宗広三公六百年記念展観図録　大阪市編　大阪　大阪市　1937　図版40枚　30×39cm　Ⓝ210.4　〔03051〕
◇日本精神作興歴史読本　第5　南朝忠戦記　実業之日本社編　実業之日本社　1934　346p　19cm　Ⓝ210.1　〔03052〕
◇箱根に於ける南朝の将裔新田相州　沼田頼輔編　2版　温泉村（神奈川県）　蔦屋旅館　1923　52p　19cm　Ⓝ289.1　〔03053〕
◇三河吉野朝の研究　山口保吉著　愛知県御津町　山口究宗堂　1940　146p 図版　23cm　Ⓝ210.4　〔03054〕
◇三つのともし火―南朝史談 筑前琵琶歌　山田新一郎, 高山昇作, 江頭法絃曲　京都　官幣大社稲荷神社　1924　22p　22cm　Ⓝ768　〔03055〕
◇宗良親王―吉野朝柱石　川田順著　第一書房　1938　285p 肖像　20cm　Ⓝ210.4　〔03056〕
◇宗良親王―御遺蹟の研究　市村咸人著　八木書店　1943　320, 21p 図版12枚 地図　22cm　Ⓝ210.4　〔03057〕
◇宗良親王信州大河原の三十年・東海信越南北朝編年史　松尾四郎著　静岡　松尾書店　1981.12　379p　22cm　2000円　Ⓝ210.45　〔03058〕
◇宗良親王の研究　安井久善著　笠間書院　1993.12　331p　22cm　10000円　Ⓘ4-305-40056-1　Ⓝ210.45　〔03059〕
◇吉野哀史　鈴木友吉著　磯部甲陽堂　1921　309p 図版11枚　18cm　Ⓝ210.4　〔03060〕
◇吉野哀史　鈴木友吉著　増訂　古川出版部　1934　267p　20cm　Ⓝ210.4　〔03061〕
◇吉野時代　薄田斬雲著　早稲田大学出版部　1922　522p　19cm　（国民の日本史 第6編）　Ⓝ210.4　〔03062〕
◇吉野時代/東北勤皇史　大島延次郎著　春秋社松柏館　1945　313p 図版 地図　22cm　7.70　Ⓝ210.45　〔03063〕
◇吉野時代の研究　平田俊春著　山一書房　1943　725p 図版　22cm　Ⓝ210.4　〔03064〕
◇吉野朝関係事項調査資料　湊川神社編　神戸　湊川神社　1934　86p　19cm　Ⓝ210.4　〔03065〕
◇吉野朝御系譜録―南朝遺史附録　柳斎林嘉三郎稿　竜門村（奈良県）　林新二郎　1925　39丁　23cm　Ⓝ288.4　〔03066〕
◇吉野朝史　中村直勝著　京都　星野書店　1935　511p　23cm　Ⓝ210.4　〔03067〕
◇吉野朝史蹟調査会報　第1号　吉野朝史蹟調査会編　吉野朝史蹟調査会本部　1938　47p　23cm　Ⓝ210.4　〔03068〕
◇吉野朝と高野山―並芳山千株乃遺薫・長慶院御陵立証　岩谷白嶺著　和歌山　岩谷民蔵　1928　92丁 図版　24cm　Ⓝ210.4　〔03069〕
◇吉野朝と宗良親王の生活　笠原喜一郎著　新津　東洋館印刷所（印刷）　1963　186p 図版 地図　19cm　Ⓝ210.458　〔03070〕

◇吉野朝の人々　高須芳次郎著　潮文閣　1943　261p　19cm　Ⓝ210.4　〔03071〕

◆◆護良親王
◇大塔宮之吉野城　中岡清一著　奈良県吉野町　吉野叢書刊行会　1937　898p　22cm　Ⓝ210.4　〔03072〕
◇大塔宮之吉野城　中岡清一著　再版　奈良県吉野町　吉野叢書刊行会　1938　898p　22cm　Ⓝ210.4　〔03073〕
◇大塔宮之吉野城　中岡清一著　訂3版　奈良県吉野町　吉野叢書刊行会　1938　898p　22cm　Ⓝ210.4　〔03074〕
◇大塔宮護良親王　蒲原拓三著　東亜文化書房　1944　228p　19cm　Ⓝ210.4　〔03075〕
◇大塔宮の太平記と甲州青木家の家譜　青木カズノ監修, 山地悠一郎著　相模原　アトム出版, 星雲社〔発売〕　2005.8　163p　19cm　1300円　Ⓘ4-434-06172-0　〔03076〕
◇護良親王と大忠大義の淵辺義博　高橋鉄牛著　石巻町(宮城県)　陸陽社　1926　126p　23cm　Ⓝ210.4　〔03077〕

◆◆懐良親王
◇懐良親王と三井郡　三井郡史蹟調査委員編　〔北野町(福岡県)〕　福岡県三井郡　1923　261, 53p　23cm　Ⓝ210.4　〔03078〕
◇後征西将軍官社創建問題　橋本徳太郎著　日の出書院　1941.4　23p　21cm　Ⓝ288.4　〔03079〕
◇征西将軍懐良親王　酒巻鷗公著　警醒社　1903.10　263p　20cm　Ⓝ288.4　〔03080〕
◇征西将軍懐良親王御陵墓考　渡辺村男著　山本村(福岡県)　山本村　1934　22p　20cm　Ⓝ288.4　〔03081〕
◇征西将軍宮　藤田明著　東京宝文館　1915　752p　22cm　Ⓝ219　〔03082〕
◇征西将軍宮　藤田明編著　文献出版　1976　752p 図 肖像　22cm　11000円　Ⓝ219　〔03083〕
◇征西将軍宮御遺跡星野氏の勤王と星野村　星野村(福岡県)　星野村　1934　27丁　24cm　Ⓝ291.91　〔03084〕
◇征西将軍宮御在所御墓所考証─附:勤皇星野氏一族末裔之研究　橋本徳太郎著　日の出書院　1942　640p 図版 地図 表　22cm　Ⓝ288.4　〔03085〕
◇征西将軍宮千光寺ご陵墓の研究　上野無一著　「征西将軍宮千光寺ご陵墓の研究」刊行会　1969　109p 図版　21cm　非売　Ⓝ219.1　〔03086〕
◇征西将軍宮と五条氏　福岡県教育会編　福岡　福岡県教育会　1936　145p　20cm　Ⓝ210.4　〔03087〕
◇征西大将軍と八代─懐良親王・良成親王　江上敏勝著　八代　八代史談会　1991.4　290p　21cm　Ⓝ219.4　〔03088〕
◇筑後に於ける両征西大将軍宮　宮陣神社社務所著　〔宮陣村(福岡県)〕　〔宮陣神社社務所〕　1931　60p　19cm　Ⓝ219.1　〔03089〕
◇筑後に於ける両征西大将軍宮　宮陣神社社務所著　宮陣村(福岡県)　宮陣神社社務所　1933　61p　19cm　Ⓝ219.1　〔03090〕

◆◆楠木正成・楠木氏
◇偉人英傑物語─源義家・楠木正成・新田義貞　教科書準拠　高橋喜藤治著　藤谷崇文館　1934.1　273p　23cm　Ⓝ289.1　〔03091〕

◇楠木一族　竜胆寺雄著　潮文閣　1943　267p　19cm　(新偉人伝全集)　Ⓝ210.4　〔03092〕
◇楠氏一門の教養　中村直勝著　教学局　1939　44p　21cm　(教学叢書 第6輯)　Ⓝ210.4　〔03093〕
◇楠木氏三代の研究─正成・正行・正儀　井之元春義著　大阪　創元社　1997.2　265p　20cm　1854円　Ⓘ4-422-20136-0　Ⓝ288.3　〔03094〕
◇楠氏三代の史蹟めぐり─建武中興六百年記念　大阪　藤塚中国堂　1934　53p　20cm　Ⓝ210.4　〔03095〕
◇楠木氏新研究　生田目経徳著　清教社　1939　218p　23cm　Ⓝ289.1　〔03096〕
◇楠木氏と高見南家　南益郎著　〔長岡〕　〔南益郎〕　1988.3　88p　22cm　Ⓝ288.3　〔03097〕
◇楠正成─小学史談　橋本五郎平編　栃木町(栃木県)　橋本五郎平　1892.5　9丁　22cm　Ⓝ289.1　〔03098〕
◇楠正成─日本歴史教育　機節小史編　日吉堂　1900.11　56p　22cm　Ⓝ289.1　〔03099〕
◇楠木正成　佐藤紫仙著　大学館　1910.3　158p　19cm　Ⓝ289.1　〔03100〕
◇楠木正成　長田権次郎(偶得)著　経済新聞社　1911.5　164p　19cm　Ⓝ289.1　〔03101〕
◇楠木正成　社会教育会編　社会教育会館　1935　62p　19cm　Ⓝ289.1　〔03102〕
◇楠木正成　安岡正篤著　金雞学院　1935　32p　23cm　(人物研究叢刊 第28)　Ⓝ289.1　〔03103〕
◇楠木正成　植村清二著　至文堂　1962　230p　19cm　(日本歴史新書)　Ⓝ210.45　〔03104〕
◇楠木正成　童門冬二著　成美堂出版　1991.2　236p　19cm　(物語と史蹟をたずねて)　1000円　Ⓘ4-415-06572-4　Ⓝ289.1　〔03105〕
◇楠木正成─物語と史蹟をたずねて　童門冬二著　成美堂出版　1995.6　306p　16cm　(成美文庫)　560円　Ⓘ4-415-06422-1　Ⓝ289.1　〔03106〕
◇楠正成一巻書　観音寺　上坂氏顕彰会史料出版部　2000.5　2冊　30cm　(理想日本リプリント 第6巻)　46800円；46800円　Ⓝ399.1　〔03107〕
◇楠正成へ血脈を遡って─吾が家系の生きざまと変遷と　菅原美穂子著　秋田　菅原美穂子　1995.5　62p　22cm　Ⓝ288.3　〔03108〕
◇楠木正成奥判文書　前田侯爵家　1926　1枚　39×55cm　Ⓝ210.4　〔03109〕
◇楠木正成公　秋山角弥著　光風館　1910.6　290p 図版　20cm　Ⓝ289.1　〔03110〕
◇楠木正成公　〔大阪〕　大阪府教育会　1913　34p　22cm　Ⓝ289.1　〔03111〕
◇楠木正成と悪党─南北朝時代を読みなおす　海津一朗著　筑摩書房　1999.1　222p　18cm　(ちくま新書)　660円　Ⓘ4-480-05785-4　Ⓝ210.45　〔03112〕
◇楠木正成湊川の戦い　陳舜臣著　天山出版　1990.8　270p　16cm　(天山文庫 2033)　427円　Ⓘ4-8033-2788-2　Ⓝ210.45　〔03113〕
◇楠正行公忠勤記　前篇　嬉野米一郎編　大町村(佐賀県)　嬉野米一郎　1938　100p　24cm　Ⓝ210.4　〔03114〕
◇劇画楠木正成─湊川に吼えた稀代の戦略家　十川誠志原作, あきやま耕輝劇画　日本文芸社　1993.12　219p　22cm　(ゴラク・コミックス─歴史人物シリーズ)　1200円　Ⓘ4-537-03871-3　Ⓝ726.1　〔03115〕

◇激録・日本大戦争　第9巻　楠木正成と足利尊氏　原康史著　東京スポーツ新聞社　1981.5　310p　19cm　1300円　Ⓘ4-8084-0044-8　Ⓝ210.1　〔03116〕
◇後醍醐天皇と楠木正成・足利尊氏　杉原親雄著　甲陽書房　1971　245p　肖像　19cm　1000円　Ⓝ210.45　〔03117〕
◇再現日本史―週刊time travel　鎌倉・室町 6　講談社　2002.11　42p　30cm　533円　Ⓝ210.1　〔03118〕
◇さぬきと楠公　日下利春編著　〔高松〕　南海不動産研究所出版部　1993.11　211p　26cm　2000円　Ⓝ288.2　〔03119〕
◇小楠公―少年亀鑑　谷口流鶯著　金松堂　1893.4　149p　19cm　Ⓝ289.1　〔03120〕
◇小楠公―教育歴史譚　亀尾肇著　大阪　柏原圭文堂　1901.2　56p　22cm　Ⓝ289.1　〔03121〕
◇小楠公遺芳録　池上幸次郎編　集成堂　1905.4　49p 図版　27cm　Ⓝ289.1　〔03122〕
◇青年楠木正行　土橋真吉著　大阪　弘文社　1944　204p　18cm　Ⓝ289.1　〔03123〕
◇大楠公詳傳　林弥三吉著　普及版　新興亞社　1942.11　405p　19cm　Ⓝ289.1　〔03124〕
◇大楠公秘史　八板千尋著　東京閣　1942　275p 図版　19cm　Ⓝ210.4　〔03125〕
◇大楠公附南朝史　上, 下巻　大久保竜, 野沢藤吉編　大日本楠公会出版部　1932　2冊　23cm　Ⓝ210.4　〔03126〕
◇大楠公附南朝史蹟集　第1輯　大日本楠公会編　大日本楠公会出版部　1930　142枚　23×31cm　Ⓝ210.4　〔03127〕
◇大楠公附南朝史蹟集　第2輯　大日本楠公会編　大日本楠公会出版部　1932　94枚　23×31cm　Ⓝ210.4　〔03128〕
◇大楠公六百年祭写真帖　関保之助, 高田義男編　神戸大楠公六百年大祭奉賛会　1935　図版266枚　27cm　Ⓝ210.4　〔03129〕
◇大楠小楠　豊岡茂夫著　敬文館　1912.6　198p　22cm　Ⓝ289.1　〔03130〕
◇太平記をかけぬけた河内の武将楠木正行　天竹薫信著　奈良　天竹薫信　2006.9　87p　26cm　Ⓝ289.1　〔03131〕
◇長慶天皇と楠正勝　岡彩雲著　〔十津川村(奈良県)〕　長慶天皇御陵顕彰会　1935　79p　23cm　Ⓝ210.4　〔03132〕
◇楠公　大和田建樹著　博文館　1898.3　80p　23cm　(日本歴史譚 第10編)　Ⓝ289.1　〔03133〕
◇楠公―教育歴史譚　亀尾肇著　大阪　柏原圭文堂　1901.2　67p　22cm　Ⓝ289.1　〔03134〕
◇楠公一代日記―附・遺言　松本秀業編　法文館書店　1912.7　355, 22p 図版　22cm　Ⓝ289.1　〔03135〕
◇楠公遺芳集　楠木正成著, 布施庄太郎編　大阪　布施寧静閣　1935　16p 図版21枚　25cm　Ⓝ289.1　〔03136〕
◇楠公外史　松下三鷹著　高志書房　1939　193, 36p　20cm　Ⓝ210.4　〔03137〕
◇楠公銅像記　大阪　住友本店　1900.8　4丁 図版　31cm　Ⓝ289.1　〔03138〕
◇楠公夫人伝　織田完之著　楠公夫人遺蹟保存会　1915　1冊　肖像　22cm　Ⓝ289.1　〔03139〕
◇楠氏と石州益田―南朝悲史　楠孝雄著　〔益田〕　〔楠孝雄〕　1980.10　286p　19cm　Ⓝ210.45　〔03140〕

◇南北朝太平記―楠木正儀の闘い　小山龍太郎著　三一書房　1991.10　239p　19cm　1700円　Ⓘ4-380-91227-2　〔03141〕
◇錦に燃ゆる楠木正成　吉川寅二郎著　たちばな出版　1996.9　236p　19cm　1300円　Ⓘ4-88692-650-9　〔03142〕

◆◆新田義貞・新田氏
◇偉人英傑物語―源義家・楠木正成・新田義貞　教科書準據　高橋喜藤治著　藤谷崇文館　1934.1　273p　23cm　Ⓝ289.1　〔03143〕
◇越後新田氏の研究　赤澤計眞著　高志書院　2000.3　372p　22cm　(環日本海歴史民俗学叢書 8)　5300円　Ⓘ4-906641-34-2　Ⓝ214.1　〔03144〕
◇合戦伝説―新田義貞と分倍河原合戦―府中市郷土の森博物館特別展　府中市郷土の森博物館編　府中(東京都)　府中市郷土の森博物館　1994.3　35p　26cm　Ⓝ213　〔03145〕
◇建武中興と新田義貞公　和島芳男著　桜雲閣　1937　204p　23cm　Ⓝ210.4　〔03146〕
◇上州新田一族　奥富敬之著　新人物往来社　1984.8　299p　20cm　2000円　Ⓝ210.45　〔03147〕
◇清和源氏の全家系　6　新田諸族と戦国争乱　奥富敬之著　新人物往来社　1991.12　309p　20cm　2300円　Ⓘ4-404-01879-7　Ⓝ288.2　〔03148〕
◇新田一族の盛衰　久保田順一著　藪塚本町(群馬県)　あかぎ出版　2003.7　224p, 図版24p　19cm　1800円　Ⓘ4-901189-13-1　Ⓝ288.3　〔03149〕
◇新田一門史　藪塚喜声造著　新町(群馬県)　藪塚喜声造　1975　1330p　22cm　非売品　Ⓝ288.1　〔03150〕
◇新田一門史 続　藪塚喜声造編著　新町(群馬県)　藪塚喜声造　1980.12　1873p　22cm　非売品　Ⓝ288.1　〔03151〕
◇新田公御略伝　今井清彦編　敦賀　藤島神社　1901.5　48p　23cm　Ⓝ289.1　〔03152〕
◇新田左中将義貞公鎌倉平定　中村孝也著, 別格官幣社藤島神社奉賛会編　福井　別格官幣社藤島神社奉賛会　1933　38p　19cm　Ⓝ210.4　〔03153〕
◇新田氏根本史料　千々和実編　国書刊行会　1974　1456, 28, 7p 図・肖像58枚　地図3枚　22cm　13000円　Ⓝ210.4　〔03154〕
◇新田氏根本史料　千々和実編　国書刊行会　2004.4　1456, 28, 7p　21cm　20000円　Ⓘ4-336-00438-2　〔03155〕
◇新田の旗風―南北朝史　秋山英一, 片山才一郎著　今治　常盤史書刊行会　1973　502p(図共)　22cm　2300円　Ⓝ210.458　〔03156〕
◇新田北條両軍鎌倉戰圖　日本歴史地理學會編　三省堂書店　1908　1枚　23×32cm　Ⓝ210.458　〔03157〕
◇新田義貞―日本歴史教育　機節小史編　中村惣次郎　1900.11　56p　22cm　Ⓝ375　〔03158〕
◇新田義貞　三島霜川著　金の星社　1941　201p　19cm　Ⓝ289.1　〔03159〕
◇新田義貞　峰岸純夫著　新装版　吉川弘文館　2005.5　213p　19cm　(人物叢書)　1700円　Ⓘ4-642-05232-1　〔03160〕
◇新田義貞―関東を落すことは子細なし　山本隆志著　京都　ミネルヴァ書房　2005.10　302, 13p　19cm　(ミネルヴァ日本評伝選)　2200円　Ⓘ4-623-04491-2　〔03161〕

◇新田義貞卿　山田秋甫著　福井県丹生郡朝日村　新田義貞卿刊行会　1938　220p 図版　22cm　Ⓝ289.1
〔03162〕
◇新田義貞卿誕生地建碑祝辞集―附・両毛吟咏　〔足利〕　群馬県金山文学会同窓会　1940　32p　19cm　Ⓝ213.3
〔03163〕
◇新田義貞公を偲ぶ　平泉澄著　福井　藤島神社社務所　1938　79p　19cm　Ⓝ289.1
〔03164〕
◇新田義貞公根本史料　前橋　群馬県教育会　1942　1456p 図版　22cm　Ⓝ289.1
〔03165〕
◇新田義貞公正伝　毛呂正憲著　増補　新田義貞公顕彰会　1938　118p　22cm　Ⓝ289.1
〔03166〕
◇新田義貞公と鎌倉征討　岡部福蔵著　前橋　上毛郷土史研究会　1938　36p　22cm　Ⓝ210.4
〔03167〕
◇新田義貞公と其指導精神　中村孝也述, 岡部栄信編　丹生村（群馬県）　岡部栄信　1933　26, 26p　16cm　Ⓝ289.1
〔03168〕
◇新田義貞公の養子説非認と由良台源氏館誕生首唱論　岡部福蔵著　前橋　上毛郷土史研究会　1938　17p　23cm　Ⓝ289.1
〔03169〕
◇新田義貞公六年大祭記念録　天野千春編　福井　藤島神社　1940　143p 図版　23cm　Ⓝ289.1　〔03170〕
◇新田義貞公の誕生地に就て―里見家よりの養子説を正す　岡部福蔵著　前橋　上毛郷土史研究会　1938　17p 肖像　22cm　Ⓝ289.1
〔03171〕
◇炎と屍の歴史―新田一族の開拓と流離　永岡利一著　高崎　あさを社　1981.5　118p　19cm　（上州路文庫 第5集）　1000円　Ⓝ213.3
〔03172〕
◇武蔵新田縁起―新田義興をめぐる時代背景　松原武志著　今日の話題社　2003.5　98p　19cm　1000円　ⓘ4-87565-531-2
〔03173〕
◇義貞太平記―新田史研究会、積年の成果　金谷豊編　高崎　あさを社　1991.2　120p　26cm　1000円　Ⓝ289.1
〔03174〕

◆◆菊池氏
◇因縁の菊池氏　菊池秀之著　高崎　菊池秀之　1984.8　461p　22cm　非売品　Ⓝ288.1
〔03175〕
◇菊池一族　阿蘇品保夫著　新人物往来社　1990.10　260p　20cm　2136円　ⓘ4-404-01771-5　Ⓝ288.3
〔03176〕
◇菊池一族　阿蘇品保夫著　改訂新版　新人物往来社　2007.4　262p　19cm　2400円　ⓘ978-4-404-03467-0
〔03177〕
◇菊池一族の興亡　荒木栄司著　熊本　熊本出版文化会館　1988.4　165, 33p　21cm　1500円　Ⓝ288.3
〔03178〕
◇菊池氏三代　杉本尚雄著　吉川弘文館　1966　314p 図版　18cm　（人物叢書 日本歴史学会編）　Ⓝ288.3
〔03179〕
◇菊池氏三代　杉本尚雄著　吉川弘文館　1988.4　314p　19cm　（人物叢書 新装版）　1800円　ⓘ4-642-05112-0　Ⓝ288.3
〔03180〕
◇菊池氏の女性たち―精忠好学の名族　上米良純臣著　菊池　菊池至誠会　1970　130p　21cm　400円　Ⓝ288.3
〔03181〕
◇菊池武光　川添昭二著　人物往来社　1966　267p 図版　19cm　（日本の武将 18）　Ⓝ210.45
〔03182〕
◇菊池の伝統　千種宜夫著　菊池　菊池氏発祥九百年・菊池神社御鎮座百年記念事業奉賛会　1970　147p 図　18cm　非売　Ⓝ288.1
〔03183〕

◆◆北畠氏
◇伊勢北畠一族　加地宏江著　新人物往来社　1994.7　216p　20cm　2500円　ⓘ4-404-02115-1　Ⓝ210.4
〔03184〕
◇北畠顕能公　八代国治著　相可町（三重県）　飯南多気郷友会　1933　56p　23cm　Ⓝ210.4
〔03185〕
◇北畠卿父子の誠忠　北畠卿奉讃会編著　大阪　北畠卿奉讃会　1938　22p　22cm　Ⓝ210.4
〔03186〕
◇北畠氏と修験道―伊勢山上のミステリー　田畑美穂語り手　松阪　伊勢の國・松阪十樂　2002.10　40p　21cm　（十樂選よむゼミ no.6）　400円　Ⓝ188.59　〔03187〕
◇北畠太平記―南朝の大義に生きた一族と家臣団　横山高治著　大阪　創元社　1986.8　219p　19cm　1200円　ⓘ4-422-20458-0　Ⓝ210.45
〔03188〕
◇北畠父子と足利兄弟　久保田収著　伊勢　皇學館大学出版部　1977.2　372p　22cm　5800円　Ⓝ210.45
〔03189〕
◇東海道に於る北畠顕家卿　斎藤笹舟著　福島県中村町　相馬郷土史研究会　1940　68丁　20cm　Ⓝ210.4
〔03190〕
◇常陸の親房　辻正義著　水戸　月居会　1945　224p 図版　22cm　Ⓝ210.45
〔03191〕

◆北朝
◇逆賊畠山氏因果論　仲島北海著　高階村（石川県）　明治山史学研究所　1940　27, 14p　20cm　Ⓝ210.4
〔03192〕
◇宸翰英華　別篇（北朝）　宸翰英華別篇編修会編　京都　思文閣出版　1992.8　2冊　27×37cm　全49440円　ⓘ4-7842-0728-7　Ⓝ288.41
〔03193〕
◇二条良基研究　小川剛生著　笠間書院　2005.11　628, 32p　21cm　（笠間叢書）　14000円　ⓘ4-305-10362-1
〔03194〕
◇ばさら大名のすべて　佐藤和彦編　新人物往来社　1990.11　308p　20cm　2524円　ⓘ4-404-01764-2　Ⓝ210.45
〔03195〕
◇細川頼之補伝　細川潤次郎著　細川潤次郎　1891.3　28, 47丁　23cm　Ⓝ289.1
〔03196〕

◆◆足利尊氏・足利氏
◇足利尊氏　山路愛山著　玄黄社　1909.1　326p　20cm　（時代代表日本英雄伝）　Ⓝ289.1
〔03197〕
◇足利尊氏　佐野学著　青山書院　1952　233p 図版8枚　19cm　Ⓝ210.44
〔03198〕
◇足利尊氏　高柳光寿著　春秋社　1955　460p 図版 表　22cm　Ⓝ210.45
〔03199〕
◇足利尊氏　高柳光寿著　改稿版　春秋社　1966　518.32p 図版 表　22cm　Ⓝ210.45
〔03200〕
◇足利尊氏　高柳光寿著　春秋社　1987.9　518, 32p　22cm　4500円　ⓘ4-393-48207-7　Ⓝ210.45
〔03201〕
◇足利尊氏　会田雄次ほか著　思索社　1991.1　285p　20cm　1600円　ⓘ4-7835-1161-6　Ⓝ210.45
〔03202〕
◇足利尊氏　山路愛山著　復刻版　日本図書センター　1998.1　326p　22cm　（山路愛山伝記選集 第2巻）

◇4-8205-8239-9, 4-8205-8237-2　Ⓝ210.45
〔03203〕
◇足利尊氏―人と作品　河北騰著　風間書房　2005.5　203p　20cm　2000円　①4-7599-1506-0　Ⓝ289.1
〔03204〕
◇足利尊氏の生涯と史蹟―太平記ガイド　下野新聞社編　宇都宮　下野新聞社　1991.1　118p　26cm　2500円　①4-88286-012-0　Ⓝ289.1
〔03205〕
◇足利尊氏文書の総合的研究　上島有著　国書刊行会　2001.2　2冊（セット）　26cm　14000円　①4-336-04284-5
〔03206〕
◇足利直冬　瀬野精一郎著　吉川弘文館　2005.6　218p　19cm　（人物叢書 新装版）　1700円　①4-642-05233-X　Ⓝ289.1
〔03207〕
◇足利ノ尊氏　中村直勝著　弘文堂　1953　214p 図版　19cm　（アテネ新書）　Ⓝ210.4
〔03208〕
◇尾道と足利尊氏―歴史を探る　朝井柾善著　尾道　歴史研書房　1987.9　131p　19cm　1000円　Ⓝ217.6
〔03209〕
◇北畠父子と足利兄弟　久保田収著　伊勢　皇学館大学出版部　1977.2　372p　22cm　5800円　Ⓝ210.45
〔03210〕
◇劇画足利尊氏　たかだサダお劇画, 桜井和生原作　日本文芸社　1991.1　353p　19cm　（ゴラク・コミックス―歴史コミック）　680円　①4-537-03651-6　Ⓝ726.1
〔03211〕
◇激録・日本大戦争　第9巻　楠木正成と足利尊氏　原康史著　東京スポーツ新聞社　1981.5　310p　19cm　1300円　①4-8084-0044-8　Ⓝ210.1
〔03212〕
◇後醍醐天皇と足利尊氏―『太平記』の主人公　緒形隆司著　光風社出版　1991.2　238p　18cm　800円　①4-87519-606-7　Ⓝ210.45
〔03213〕
◇後醍醐天皇と楠木正成・足利尊氏　杉原親雄著　甲陽書房　1971　245p 図像　19cm　1000円　Ⓝ210.45
〔03214〕
◇週刊ビジュアル日本の歴史　no.68　貴族の没落 8　デアゴスティーニ・ジャパン　2001.6　p296-335　30cm　533円　Ⓝ210.1
〔03215〕
◇尊氏と丹波の土豪―第11回企画展図録　亀岡市文化資料館編　亀岡　亀岡市文化資料館　1991.5　28p　26cm　Ⓝ216.2
〔03216〕
◇「強い男」入門―足利尊氏に見るほんとうの"悪党"とは　佐藤和彦著　ごま書房　1991.3　224p　19cm　（ゴマセレクト）　800円　①4-341-02138-9　Ⓝ210.45
〔03217〕
◇南朝と足利天皇血統秘史　熊沢寛道著　三秘同心会　1962　88p 図版　19cm　Ⓝ155.2
〔03218〕
◇南北朝の風雲―足利尊氏　童門冬二著　創隆社　1982.4　268p　20cm　（歴史ロマンブックス）　1200円　Ⓝ155.2
〔03219〕
◇ピクトリアル足利尊氏　2　南北朝の争乱　学習研究社　1991.2　127p　26cm　2500円　①4-05-105246-X　Ⓝ210.45
〔03220〕
◇批評日本史―政治的人間の系譜　3　足利尊氏　会田雄次, 大隈和雄, 山崎正和著　思索社　1972　285p 肖像　20cm　980円　Ⓝ281.08
〔03221〕
◇「三河と足利氏」図録―尊氏をささえたもうひとつの三河武士 企画展　安城市歴史博物館編　安城　安城市歴史博物館　1991.8　40p　26cm　Ⓝ215.5
〔03222〕

◇物語日本の歴史―その時代を見た人が語る　第12巻　後醍醐天皇と足利尊氏　笠原一男編　木耳社　1991.11　235p　20cm　1500円　①4-8393-7564-X　Ⓝ210.1
〔03223〕

◆◆佐々木道誉
◇佐々木導誉　森茂暁著　吉川弘文館　1994.9　253p　19cm　（人物叢書 新装版）　1803円　①4-642-05201-1　Ⓝ289.1
〔03224〕
◇佐々木道誉―南北朝の内乱と「ばさら」の美　林屋辰三郎著　平凡社　1995.2　215p　15cm　（平凡社ライブラリー 85）　880円　①4-582-76085-6
〔03225〕

◆後南朝
◇植月御所の真相―三種の神器八咫の鏡と美作「後南朝」秘史　田中千秋著　復刻版　岡山　流王農　2000.6（2刷）　189p　21cm　1200円　①4-900907-23-5　Ⓝ210.45
〔03226〕
◇紅の雪―風聞・後南朝悲史　笹目広史著　〔土浦〕　筑波書林　1999.5　226p　19cm　1500円　①4-900725-66-8　Ⓝ210.45
〔03227〕
◇後南朝新史　市川元雅, 小笠原秀凞共著　南正会　1967　147p 図版　22cm　Ⓝ210.46
〔03228〕
◇後南朝史論集―吉野皇子五百年忌記念　後南朝史編纂会編　原書房　1981.7　345p　22cm　5000円　①4-562-01145-9　Ⓝ210.45
〔03229〕
◇後南朝史話―歴史と文学の谷間に　安井久善著　笠間書院　1975　247p　18cm　（笠間選書 49）　1000円　Ⓝ210.46
〔03230〕
◇後南朝編年史　由良哲次, 毛束昇共著　栃木　秀明舎　1974～1977　12冊　26cm　680～1100円　Ⓝ210.458
〔03231〕
◇三種の神器八咫の鏡と美作「後南朝」秘史　植月御所の真相　田中千秋著　作東町（岡山県）　妹尾弘一郎　1961　189p 図版 地図　20cm　Ⓝ210.458
〔03232〕
◇前・後南朝新史　市川元雅, 小笠原秀凞共著　小笠原秀熙　芳雅堂書店（発売）　1975　201, 53p 図　22cm　Ⓝ210.458
〔03233〕
◇尊雅王子―後南朝の殿 尊雅王は怨念大菩薩　秋田殖康編著　熊野　寶積山光福寺　1998.1　135p　21cm　Ⓝ210.46
〔03234〕
◇尊雅王子は蘇る―後南朝 平維盛卿残照　秋田殖康著　〔熊野〕〔秋田殖康〕　199-　105p　21cm　Ⓝ210.46
〔03235〕
◇南山慟哭―後南朝物語　中谷順一著　〔川上村（奈良県）〕〔中谷順一〕　1979.10　219p　22cm　2000円　Ⓝ210.45
〔03236〕
◇南朝興亡史―後南朝と熊沢家略記　早瀬晴夫編著　近代文芸社　1996.6　179p　20cm　2300円　①4-7733-5165-9　Ⓝ210.45
〔03237〕
◇南朝の正皇系熊沢天皇の真相　吉田長蔵著　南山社　1947　60p　B6　25cm　Ⓝ210.45
〔03238〕
◇南帝由来考―後南朝秘史　中谷順一著　川上村（奈良県）　中谷順一　1985.4　204p　22cm　Ⓝ210.45
〔03239〕
◇悲運の南朝皇胤並自天王祭祀について　伊藤独著　〔京都〕　桧書店　1972　179p（図・肖像共）　27cm　非売　Ⓝ210.458
〔03240〕
◇闇の歴史、後南朝―後醍醐流の抵抗と終焉　森茂暁著　角川書店　1997.7　247p　19cm　（角川選書 284）　1500

円　Ⓘ4-04-703284-0　Ⓝ210.45
〔03241〕
◇吉野皇子五百年忌記念　後南朝史論集　後南朝史編纂会編　新樹社　1956　345p　図版　地図　22cm　Ⓝ210.458
〔03242〕

◆南北朝時代史料
◇足利尊氏文書の総合的研究　上島有著　国書刊行会　2001.2　2冊（セット）　26cm　14000円　Ⓘ4-336-04284-5
〔03243〕
◇紀州小山家文書　神奈川大学日本常民文化研究所編　日本評論社　2005.4　418p　21cm　（常民資料叢書）　8000円　Ⓘ4-535-58327-7
〔03244〕
◇九州地方中世編年文書目録　南北朝時代篇　瀬野精一郎編　吉川弘文館　1974　276p　21cm　2800円　Ⓝ210.4
〔03245〕
◇古文書の語る日本史　4　南北朝・室町　所理喜夫ほか編　永原慶二編　筑摩書房　1990.7　506, 14p　20cm　3300円　Ⓘ4-480-35434-4　Ⓝ210.1
〔03246〕
◇史籍集覧　〔110〕　浪合記・信濃宮伝・十津川記・底倉記・足利治乱記　近藤瓶城校　近藤瓶城　1884.9　1冊（3冊合本）　19cm　Ⓝ210
〔03247〕
◇証註　椿葉記　村田正志著　宝文館　1954　72, 260, 92p　図版　22cm　Ⓝ210.458
〔03248〕
◇大日本古文書　家わけ第19 [13]　醍醐寺文書之十三　東京大学史料編纂所編纂　東京大学史料編纂所　2004.3　323p, 8枚　22cm　7400円　Ⓘ4-13-091213-5　Ⓝ210.088
〔03249〕
◇大日本古文書　家わけ第19 [14]　醍醐寺文書之十四　東京大学史料編纂所編纂　東京大学出版会（発売）　2007.3　318p, 7枚　22cm　8200円　Ⓘ978-4-13-091214-3　Ⓝ210.088
〔03250〕
◇長慶天皇側近者事蹟研究資料　臨時陵墓調査委員会編　〔臨時陵墓調査委員会〕　1938　331p　23cm　Ⓝ210.458
〔03251〕
◇椿葉記　後崇光院著　宮内庁書陵部　1985.2　1軸　31cm　Ⓝ210.45
〔03252〕
◇洞院公定日記　玉英記抄　洞院公定著、坪井九馬三、日下寛校、一条兼良著、坪井九馬三、日下寛校　1908.11　1冊　図版　23cm　（文科大学史誌叢書）　Ⓝ210.4
〔03253〕
◇南部家文書　吉野朝史蹟調査会編　吉野朝史蹟調査会　1939　420p　23cm　Ⓝ210.4
〔03254〕
◇日本古文書学論集　7　中世III—南北朝時代の武家文書　日本古文書学会編　上島有編　吉川弘文館　1986.11　432p　22cm　5800円　Ⓘ4-642-01262-1　Ⓝ210.02
〔03255〕
◇前田本「玉燭宝典」紙背文書とその研究　今江廣道編　続群書類従完成会　2002.2　305p　22cm　8000円　Ⓘ4-7971-0736-7　Ⓝ210.45
〔03256〕
◇師守記目録　文化庁文化財部美術学芸課　2004.3　39p　30cm　Ⓝ210.45
〔03257〕

◆◆大日本史料（6）
◇大日本史料　第6編之1　後醍醐天皇　元弘3年5月〜建武元年10月　東京大学史料編纂所編纂　東京大学出版会　1982.10　926p　22cm　8000円　Ⓝ210.088
〔03258〕
◇大日本史料　第6編之2　後醍醐天皇　建武元年10月〜延元元年正月　東京大学史料編纂所編纂　東京大学出版会　1982.10　1016p　22cm　8000円　Ⓝ210.088
〔03259〕
◇大日本史料　第6編之13　後村上天皇（正平4年11月〜5年10月）　東京大學史料編纂所編　東京大学出版会　1983.4　46, 1000, 10p　22cm　8000円　Ⓝ210.088
〔03260〕
◇大日本史料　第6編之16　後村上天皇（正平7年正月〜8月）　東京大學史料編纂所編　東京大学出版会　1983.5　57, 800p　22cm　8000円　Ⓝ210.088
〔03261〕
◇大日本史料　第6編之17　後村上天皇（正平7年9月〜8年3月）　東京大學史料編纂所編　東京大学出版会　1983.6　41, 768p　22cm　8000円　Ⓝ210.088
〔03262〕
◇大日本史料　第6編之19　後村上天皇（正平9年4月〜10年8月）　東京大學史料編纂所編　東京大学出版会　1983.7　56, 936p　22cm　8000円　Ⓝ210.088
〔03263〕
◇大日本史料　第6編之20　後村上天皇（天正10年9月〜11年11月）　東京大學史料編纂所編　東京大学出版会　1983.7　41, 952p　22cm　8000円　Ⓝ210.088
〔03264〕
◇大日本史料　第6編之21　後村上天皇（正平11年12月〜13年8月）　東京大學史料編纂所編　東京大学出版会　1983.8　44, 990p　22cm　8000円　Ⓝ210.088
〔03265〕
◇大日本史料　第6編之23　後村上天皇（正平15年2月〜16年12月）　東京大學史料編纂所編　東京大学出版会　1983.9　40, 993p　22cm　8000円　Ⓝ210.088
〔03266〕
◇大日本史料　第6編之25　後村上天皇（正平18年3月〜19年7月）　東京大學史料編纂所編　東京大学出版会　1983.10　39, 981p　22cm　8000円　Ⓘ4-13-090275-X　Ⓝ210.088
〔03267〕
◇大日本史料　第6編之26　後村上天皇（正平19年7月〜20年7月）　東京大學史料編纂所編　東京大学出版会　1983.10　28, 975p　22cm　8000円　Ⓘ4-13-090276-8　Ⓝ210.088
〔03268〕
◇大日本史料　第6編之27　後村上天皇（正平20年8月〜22年4月）　東京大學史料編纂所編　東京大学出版会　1983.11　47, 1055p　22cm　8000円　Ⓘ4-13-090277-6　Ⓝ210.088
〔03269〕
◇大日本史料　第6編之28　後村上天皇（正平22年5月〜12月）　東京大學史料編纂所編　東京大学出版会　1983.11　26, 970p　22cm　8000円　Ⓘ4-13-090278-4　Ⓝ210.088
〔03270〕
◇大日本史料　第6編之29　南朝後村上天皇　東京大学史料編纂所　1944-58　22cm　Ⓝ210.088
〔03271〕
◇大日本史料　第6編之29　後村上天皇・長慶天皇（正平23年正月〜7月）　東京大學史料編纂所編　東京大学出版会　1983.12　14, 506p　22cm　5000円　Ⓘ4-13-090279-2　Ⓝ210.088
〔03272〕
◇大日本史料　第6編之30　南朝長慶天皇　東京大学史料編纂所　1944-58　22cm　Ⓝ210.088
〔03273〕
◇大日本史料　第6編之30　長慶天皇（正平23年8月〜24年6月）　東京大學史料編纂所編　東京大学出版会　1983.12　20, 489p　22cm　5000円　Ⓘ4-13-090280-6　Ⓝ210.088
〔03274〕
◇大日本史料　第6編之31　長慶天皇（正平24年6月〜建徳元年2月）　東京大學史料編纂所編　東京大学出版会　1984.1　15, 507p　22cm　5000円　Ⓘ4-13-090281-4　Ⓝ210.088
〔03275〕

◇大日本史料　第6編之32　長慶天皇　東京大学史料編纂所編　東京大学　1959　410p 図版　22cm　Ⓝ210.088
〔03276〕
◇大日本史料　第6編之32　長慶天皇（建徳元年3月〜12月）東京大學史料編纂所編　東京大學出版会　1984.1　19, 410p　22cm　5000円　Ⓘ4-13-090282-2　Ⓝ210.088
〔03277〕
◇大日本史料　第6編之33　長慶天皇　東京大学史料編纂所編　東京大学　1961　472p 図版　22cm　Ⓝ210.088
〔03278〕
◇大日本史料　第6編之33　長慶天皇（建徳元年是歳〜2年3月）後光厳天皇（應安3年是歳〜4年3月）　6・33　東京大學史料編纂所編　東京大學出版会　1984.2　472p　22cm　5000円　Ⓘ4-13-090283-0　Ⓝ210.088
〔03279〕
◇大日本史料　第6編之34　長慶天皇　東京大学史料編纂所編　東京大学　1964　482p　22cm　Ⓝ210.088
〔03280〕
◇大日本史料　第6編之34　南朝長慶天皇（建徳2年）北朝後圓融天皇（應安4年閏3月）　6・34　東京大學史料編纂所編　東京大學出版会　1984.2　17, 482p　22cm　5000円　Ⓘ4-13-090284-9　Ⓝ210.088
〔03281〕
◇大日本史料　第6編之35　長慶天皇　東京大学史料編纂所編　東京大学　1965　353p 図版　22cm　Ⓝ210.088
〔03282〕
◇大日本史料　第6編之35　長慶天皇　東京大学史料編纂所編　東京大学出版会　1984.3　353p　22cm　5000円　Ⓘ4-13-090285-7　Ⓝ210.088
〔03283〕
◇大日本史料　第6編之36　長慶天皇 文中元年7月-同2年正月, 後円融天皇 応安5年7月-同6年正月　東京大学史料編纂所編纂　東京大学 東京大学出版会（発売）　1971　358p　22cm　2800円　Ⓝ210.08
〔03284〕
◇大日本史料　第6編之36　長慶天皇　東京大学史料編纂所編　東京大学出版会　1984.3　358p　22cm　5000円　Ⓘ4-13-090286-5　Ⓝ210.088
〔03285〕
◇大日本史料　第6編之37　長慶天皇 文中2年2月-同年6月, 後円融天皇 応安6年2月-同年6月　東京大学史料編纂所編纂　東京大学 東京大学出版会（発売）　1976　359, 3p 図　22cm　4000円　Ⓝ210.08
〔03286〕
◇大日本史料　第6編之37　長慶天皇　東京大学史料編纂所編　東京大学出版会　1984.3　359p　22cm　5000円　Ⓘ4-13-090287-3　Ⓝ210.088
〔03287〕
◇大日本史料　第6編之38　長慶天皇—文中2年7月-同12月　東京大学史料編纂所編　東京大学　1980.3　423p　22cm　5000円　Ⓝ210.088
〔03288〕
◇大日本史料　第6編之38　長慶天皇 文中2年7月—同年12月　後圓融天皇 応安6年7月—同年12月　東京大学史料編纂所編纂　東京大学出版会　2000.2　423p　22cm　12000円　Ⓘ4-13-090288-1　Ⓝ210.088
〔03289〕
◇大日本史料　第6編之39　長慶天皇 文中2年是歳—同年雑載　後圓融天皇 応安6年是歳〜同年雑載　東京大学史料編纂所編纂　2000.3　344, 55p　22cm　12000円　Ⓘ4-13-090289-X　Ⓝ210.088
〔03290〕
◇大日本史料　第6編之40　長慶天皇　文中3年正月〜同年5月　東京大学史料編纂所編纂　東京大学　1987.3　579p　22cm　9000円　Ⓝ210.088
〔03291〕
◇大日本史料　第6編之40　長慶天皇 文中3年正月—同5月　後圓融天皇 応安7年正月—同年5月　東京大学史料編纂所編纂　東京大学出版会　2000.3　579p　22cm　14000円　Ⓘ4-13-090290-3　Ⓝ210.088
〔03292〕

◇大日本史料　第6編之41　長慶天皇—自文中三年六月至同年十二月　東京大学史料編纂所編纂　東京大学　1990.3　420p　22cm　7200円　Ⓘ4-13-090291-1　Ⓝ210.088
〔03293〕
◇大日本史料　第6編之42　長慶天皇 文中3年是歳〜同年雑載　後円融天皇 応安7年是歳〜同年雑載　東京大学史料編纂所編　東京大学　1993.3　441p　22cm　7000円　Ⓝ210.088
〔03294〕
◇大日本史料　第6編之43　長慶天皇 天授元年正月〜同年5月　後円融天皇 永和元年正月〜同年5月　東京大学史料編纂所編纂　東京大学　1996.3　353p　22cm　6592円　Ⓘ4-13-090293-8　Ⓝ210.088
〔03295〕
◇大日本史料　第6編之44　長慶天皇 天授元年6月—同年11月　後圓融天皇 永和元年6月—同年11月　東京大学史料編纂所編纂　東京大学史料編纂所　1999.3　390p　22cm　8100円　Ⓘ4-13-090294-6　Ⓝ210.088
〔03296〕
◇大日本史料　第6編之46　長慶天皇 自天授元年雑載至同2年6月　後圓融天皇 自永和元年雑載至同2年6月　東京大學史料編纂所編纂　東京大學史料編纂所　2005.3　388p　22cm　7000円　Ⓘ4-13-090296-2　Ⓝ210.088
〔03297〕
◇大日本史料　第6編之1-11　東京帝国大学文学部史料編纂所編　東京帝国大学　1901-1912　11冊　Ⓝ210
〔03298〕
◇大日本史料　第6編之21-35　東京大学史料編纂所編　東京大学　1924-1965　15冊　22cm　Ⓝ210.08
〔03299〕

◆◆史料綜覧（南北朝時代）
◇史料綜覧　巻6　南北朝時代之1　東京大学史料編纂所編　印刷局朝陽会　1923-1957　22cm　Ⓝ210.08
〔03300〕
◇史料綜覧　巻6　南北朝時代之1—元弘3年〜南朝文中元年・北朝応安5年　東京大学史料編纂所編纂　東京大学出版会　1981.12　810p　22cm　7000円　Ⓝ210.088
〔03301〕
◇史料綜覧　巻7　南北朝時代之2,室町時代之1　東京大学史料編纂所編　印刷局朝陽会　1923-1957　22cm　Ⓝ210.08
〔03302〕
◇史料綜覧　巻7　南北朝時代之2 南朝文中2年・北朝応安6年〜南朝元中9年・北朝明徳3年.室町時代之1 明徳3年〜文安5年　東京大学史料編纂所編纂　東京大学出版会　1982.1　780p　22cm　7000円　Ⓝ210.088
〔03303〕

◆◆南北朝遺文
◇南北朝遺文—九州編　第1巻　自建武元年（1334）至延元3・暦応元年（1338）　瀬野精一郎編　東京堂出版　1980.1　394p　22cm　7500円　Ⓝ210.45
〔03304〕
◇南北朝遺文　関東編 第1巻　自元弘三・正慶二年（一三三三）至暦応元・延元三年（一三三八）　佐藤和彦, 伊東和彦, 山田邦明, 角田朋彦編　東京堂出版　2007.5　332p　22cm　16000円　Ⓘ978-4-490-30621-7　Ⓝ210.45
〔03305〕
◇南北朝遺文—九州編　第3巻　自正平3・貞和4年（1348）至正平9・文和3年（1354）　瀬野精一郎編　東京堂出版　1983.10　396p　22cm　7500円　Ⓝ210.45
〔03306〕
◇南北朝遺文—九州編　第4巻　自正平10・文和4年（1355）至建徳元・応安3年（1370）　瀬野精一郎編　東京堂出版

◇南北朝遺文 九州編 第5巻 自建徳二・応安四年（一三七一）至 元中元・至徳元年（一三八四） 瀬野精一郎編 東京堂出版 1988.9 395p 22cm 8500円 ⓘ4-490-30228-2 Ⓝ210.45 〔03308〕
◇南北朝遺文 九州編 第6巻 自元中二・至徳二年（一三八五）至元中十二年（一三九五）・無年号文書・年月日闕文書 瀬野精一郎編 東京堂出版 1990.10 373p 22cm 9515円 ⓘ4-490-30229-0 Ⓝ210.45 〔03309〕
◇南北朝遺文 九州編 第7巻 瀬野精一郎編 東京堂出版 1992.9 421p 21cm 15000円 ⓘ4-490-30426-9 〔03310〕
◇南北朝遺文 中国四国編 第1巻 自建武元年(1334)至興国元・暦応3年(1340) 松岡久人編 東京堂出版 1987.11 362p 22cm 9000円 ⓘ4-490-30234-7 Ⓝ210.45 〔03311〕
◇南北朝遺文 中国四国編 第2巻 自興国二・暦応四年（一三四一）至 正平五観応元年（一三五〇） 松岡久人編 東京堂出版 1989.1 373p 23cm 9000円 ⓘ4-490-30235-5 Ⓝ210.45 〔03312〕
◇南北朝遺文 中国四国編 第3巻 自正平六・観応二年（一三五一）至正平十五・延文五年（一三六〇） 松岡久人編 東京堂出版 1990.7 343p 22cm 9000円 ⓘ4-490-30236-3 Ⓝ210.45 〔03313〕
◇南北朝遺文 中国四国編 第4巻 自正平16・康安元年(1361)至文中2・応安6年(1373) 松岡久人編 東京堂出版 1992.4 382p 22cm 9270円 ⓘ4-490-30237-1 Ⓝ210.45 〔03314〕
◇南北朝遺文 中国四国編 第5巻 自文中3・応安7年(1374)至弘和2・永徳2年(1382) 松岡久人編 東京堂出版 1993.9 317p 22cm 13000円 ⓘ4-490-30238-X Ⓝ210.45 〔03315〕
◇南北朝遺文 中国四国編 第6巻 自弘和3・永徳3年(1383)至元中11・明徳5年(1394) 松岡久人編 東京堂出版 1995.4 350p 22cm 13000円 ⓘ4-490-30239-8 Ⓝ210.45 〔03316〕
◇南北朝遺文（九州編）月報―1-7 東京堂出版 1980.1-1992.9 1冊 21cm Ⓝ210.45 〔03317〕
◇南北朝遺文（中国四国編）月報―1-6 東京堂出版 1987.11-1995.1 1冊 21cm Ⓝ210.45 〔03318〕

◆◆園太暦
◇園太暦 巻1,3,4 洞院公賢著, 岩橋小弥太, 斎木一馬校 太洋社 1936-1938 3冊 23cm Ⓝ210.4 〔03319〕
◇園太暦 巻1 洞院系図,応長元年2月-貞和2年5月 洞院公賢著, 岩橋小弥太, 斎木一馬校訂 続群書類従完成会 1970 532p 図 22cm 3500円 Ⓝ210.458 〔03320〕
◇園太暦 巻2 貞和2年7月-貞和4年12月 洞院公賢著, 岩橋小弥太, 斎木一馬校訂 続群書類従完成会 1971 567p 図 22cm 3500円 Ⓝ210.458 〔03321〕
◇園太暦 巻3 貞和5年春-観応2年夏 洞院公賢著, 岩橋小弥太, 斎木一馬校訂 続群書類従完成会 1971 480p 図 22cm 3500円 Ⓝ210.458 〔03322〕
◇園太暦 巻4 観応2年秋冬-文和3年12月 洞院公賢著, 岩橋小弥太, 村田正志, 永島福太郎校訂 続群書類従完成会 1971 399p 22cm 3500円 Ⓝ210.458 〔03323〕

◇史料纂集 古記録編 75 園太暦 巻6 斎木一馬ほか校訂 続群書類従完成会 1985.11 330p 22cm 6800円 Ⓝ210.088 〔03324〕
◇史料纂集 古記録編 76 園太暦 巻7 斎木一馬ほか校訂 続群書類従完成会 1986.4 322p 22cm 6800円 Ⓝ210.088 〔03325〕
◇史料纂集 期外〔第4〕巻5 園太暦 巻5 洞院公賢著, 斎木一馬, 黒川高明校訂 続群書類従完成会 1973 272p 22cm 3500円 Ⓝ210.08 〔03326〕
◇内乱のなかの貴族―南北朝期『園太暦』の世界 林屋辰三郎著 角川書店 1975 180p 図 21cm （季刊論叢日本文化 1） 1400円 Ⓝ210.458 〔03327〕
◇内乱のなかの貴族―南北朝と「園太暦」の世界 林屋辰三郎著 角川書店 1991.11 219p 19cm （角川選書 220） 1300円 ⓘ4-04-703220-4 Ⓝ210.45 〔03328〕

◆◆愚管記
◇愚管記 近衛道嗣著, 坪井九馬三, 日下寛訂 吉川半七 1906.3 12冊 23cm （文科大学史誌叢書） Ⓝ210.4 〔03329〕
◇続 史料大成 第1 愚管記 竹内理三編 近衛道嗣 京都 臨川書店 1967 22cm Ⓝ210.08 〔03330〕
◇続史料大成 第1巻 愚管記 1 文和3年～延文5年 竹内理三編 近衛道嗣著 増補 京都 臨川書店 1978.6 382p 22cm 4500円 Ⓝ210.08 〔03331〕
◇続史料大成 第1巻 愚管記 1―文和3年～延文5年 竹内理三編 近衛道嗣著 増補〔版〕京都 臨川書店 1985.8 382p 22cm ⓘ4-653-00444-7 Ⓝ210.08 〔03332〕
◇続 史料大成 第2 愚管記 竹内理三編 近衛道嗣 京都 臨川書店 1967 22cm Ⓝ210.08 〔03333〕
◇続史料大成 第2巻 愚管記 2 康安元年～応安3年 竹内理三編 近衛道嗣著 増補 京都 臨川書店 1978.6 336p 22cm 4500円 Ⓝ210.08 〔03334〕
◇続史料大成 第2巻 愚管記 2―康安元年～応安3年 竹内理三編 近衛道嗣著 増補〔版〕京都 臨川書店 1985.8 382p 22cm ⓘ4-653-00445-5 Ⓝ210.08 〔03335〕
◇続 史料大成 第3 愚管記 竹内理三編 近衛道嗣 京都 臨川書店 1967 22cm Ⓝ210.08 〔03336〕
◇続史料大成 第3巻 愚管記 3 応安4年～永和元年 竹内理三編 近衛道嗣著 増補 京都 臨川書店 1978.6 440p 22cm 4500円 Ⓝ210.08 〔03337〕
◇続 史料大成 第4 愚管記 竹内理三編 近衛道嗣 京都 臨川書店 1967 22cm Ⓝ210.08 〔03338〕
◇続史料大成 第4巻 愚管記 4 永和2年～永徳3年 竹内理三編 近衛道嗣著 増補 京都 臨川書店 1978.6 422p 22cm 4500円 Ⓝ210.08 〔03339〕
◇続史料大成 第4巻 愚管記 4―永和2年～永徳3年 竹内理三編 近衛道嗣著 増補〔版〕京都 臨川書店 1985.8 422p 22cm ⓘ4-653-00447-1 Ⓝ210.08 〔03340〕

◆◆後愚昧記
◇後愚昧記 1 東京大学史料編纂所編 岩波書店 1995.2 235p 21cm （大日本古記録）7500円 ⓘ4-00-009517-X 〔03341〕
◇後愚昧記 2 東京大学史料編纂所編 岩波書店 1995.2 281p 21cm （大日本古記録）8500円 ⓘ4-00-

南北朝時代

009524-2　　　　　　　　　　　　　〔03342〕
◇後愚昧記　3　東京大学史料編纂所編　岩波書店　1995.
2　306p　21cm　（大日本古記録）　12000円　Ⓘ4-
00-009529-3
　　　　　　　　　　　　　　　　　〔03343〕
◇大日本古記録─後愚昧記　1　東京大學史料編纂所編　岩
波書店　1980.10　235p　22cm　5900円　Ⓝ210.088
　　　　　　　　　　　　　　　　　〔03344〕
◇大日本古記録　〔第17〕1　後愚昧記　康安元年正月～応
安3年12月　東京大学史料編纂所編纂　三条公忠著　岩波
書店　1980.10　235p　22cm　5900円　Ⓝ210.088
　　　　　　　　　　　　　　　　　〔03345〕
◇大日本古記録　〔第17〕2　後愚昧記　応安4年正月～永
和4年12月　東京大学史料編纂所編纂　三条公忠著　岩波
書店　1984.3　281p　22cm　6700円　Ⓝ210.088
　　　　　　　　　　　　　　　　　〔03346〕
◇大日本古記録　〔第17〕3　後愚昧記　康暦元年正月～
永徳3年8月・附帯文書　上　東京大学史料編纂所編纂　三
条公忠著　岩波書店　1988.3　306p　22cm　11000
円　Ⓘ4-00-009529-3　Ⓝ210.088
　　　　　　　　　　　　　　　　　〔03347〕
◇大日本古記録　〔第17〕4　後愚昧記─附帯文書　下　実
冬公記─永和元年・永徳2年・嘉慶元年・応永2年　東京
大学史料編纂所編纂　三条公忠、三条実冬著　岩波書店
1992.3　401p　22cm　15000円　Ⓘ4-00-009589-7
Ⓝ210.088
　　　　　　　　　　　　　　　　　〔03348〕

◆◆玉英記抄

◇続史料大成　第18　玉英記抄〔ほか〕　竹内理三編　一
条兼良抄　京都　臨川書店　1967　22cm　Ⓝ210.08
　　　　　　　　　　　　　　　　　〔03349〕
◇続史料大成　第18巻　玉英記抄　竹内理三編　一条経通
著　増補　京都　臨川書店　1979.2　311p　22cm
5000円　Ⓝ210.08
　　　　　　　　　　　　　　　　　〔03350〕

室町時代

◇足利時代史　田中義成著　明治書院　1923　Ⓝ210.4
　　　　　　　　　　　　　　　　　〔03351〕
◇足利時代史　田中義成著　6版　明治書院　1939.11　22,
358p　23cm　Ⓝ210.46
　　　　　　　　　　　　　　　　　〔03352〕
◇足利時代史　田中義成著　講談社　1979.4　234p
15cm　（講談社学術文庫）　400円　Ⓝ210.46
　　　　　　　　　　　　　　　　　〔03353〕
◇足利時代史　田中義成著　講談社　1989.10　324p
15cm　（講談社学術文庫 341）　757円　Ⓘ4-06-158341-
7　Ⓝ210.46
　　　　　　　　　　　　　　　　　〔03354〕
◇足利時代之研究─関東中心　渡辺世祐著　雄山閣　1926
544p　22cm　Ⓝ210.4
　　　　　　　　　　　　　　　　　〔03355〕
◇足利時代の国士　三上義徹著　横浜　政教公論社　1917
76p　15cm　Ⓝ188.9
　　　　　　　　　　　　　　　　　〔03356〕
◇足利十五代史　国史研究会編　大同館　1912　404p
22cm　Ⓝ210.4
　　　　　　　　　　　　　　　　　〔03357〕
◇あなたのルーツ─戦国ロマン　矢野憲作, 出水康生著　高
松　香川あすなろ協会　2004.6　305p　19cm　1000
円　Ⓘ4-905702-38-0　Ⓝ210.47
　　　　　　　　　　　　　　　　　〔03358〕
◇岩波講座　日本歴史　第7　中世〔ほか〕　家永三郎等編
佐藤進一　岩波書店　1963　337p　22cm　Ⓝ210.1
　　　　　　　　　　　　　　　　　〔03359〕
◇裏切りの研究─謀略のバランスシート　新井英生著　政
界往来社　1988.3　244p　20cm　1300円　Ⓘ4-

915303-28-4　Ⓝ210.47　　　　　　〔03360〕
◇おもしろ日本誌　尾崎秀樹著　集英社　1993.12　230p
20cm　1600円　Ⓘ4-08-774044-7　Ⓝ210.45
　　　　　　　　　　　　　　　　　〔03361〕
◇替佐城と小幡上総介　風間宣揚著　豊田村（長野県）　風間
宣揚　1983.10　106p　22cm　Ⓝ210.47　〔03362〕
◇関東中心足利時代之研究　渡辺世祐著　新人物往来社
1971　455p　22cm　3800円　Ⓝ210.46　〔03363〕
◇逆説の日本史　8─室町文化と一揆の謎　中世混沌編　井
沢元彦著　小学館　2004.6　495p　15cm　（小学館
文庫）　657円　Ⓘ4-09-402008-X　　〔03364〕
◇逆説の日本史　7（中世王権編）　太平記と南北朝の謎　井
沢元彦著　小学館　1999.10　363p　20cm　1550円
Ⓘ4-09-379418-9　Ⓝ210.04　　　　　〔03365〕
◇逆説の日本史　7（中世王権編）　井沢元彦著　小学館
2003.3　429p　15cm　（小学館文庫）　600円　Ⓘ4-
09-402007-1　Ⓝ210.04　　　　　　　〔03366〕
◇逆説の日本史　8（中世混沌編）　室町文化と一揆の謎　井
沢元彦著　小学館　2000.12　419p　20cm　1550円
Ⓘ4-09-379419-7　Ⓝ210.04　　　　　〔03367〕
◇芸侯三家誌・吉田物語　国史研究会編　下関　防長史料
出版社　1978.3　408, 376, 307p　19cm　10000円
Ⓝ210.47　　　　　　　　　　　　　　〔03368〕
◇国史講座　〔第19巻〕　南北朝室町時代史　魚澄惣五郎著
受験講座刊行会　1930　247p　22cm　Ⓝ210.1
　　　　　　　　　　　　　　　　　〔03369〕
◇再現日本史─週刊time travel　戦国 4　講談社　2002.
4　42p　30cm　533円　Ⓝ210.1　　〔03370〕
◇再現日本史─週刊time travel　戦国 5　講談社　2002.
4　42p　30cm　533円　Ⓝ210.1　　〔03371〕
◇参考伊乱記─一名伊陽平定志　菊岡行宣原著, 入交省斎纂
修, 沖森直三郎編　上野　沖森文庫　1975　312p　図
地図　22cm　Ⓝ210.47　　　　　　　〔03372〕
◇知っててほしい戦乱の世に活躍した人びと─南北朝・室町
時代　佐藤和彦監修　あかね書房　2000.4　47p　31cm
（楽しく調べる人物図解日本の歴史 3）　3200円　Ⓘ4-
251-07933-7　　　　　　　　　　　　〔03373〕
◇趣味の日本史談　巻6　南北朝時代と室町時代の前編　北
垣恭次郎著　明治図書出版株式会社　1951-56　19cm
Ⓝ210.1　　　　　　　　　　　　　　〔03374〕
◇調べ学習に役立つ時代別・テーマ別日本の歴史博物館・史跡
4　鎌倉・南北朝・室町時代　佐藤和彦監修　あかね書房
1999.4　47p　31cm　3200円　Ⓘ4-251-07904-3
　　　　　　　　　　　　　　　　　〔03375〕
◇資料集成吉野室町時代概観　藤田徳太郎等編　金星堂
1935　520p　23cm　Ⓝ210.4　　　　〔03376〕
◇新講大日本史　第5巻　室町安土桃山時代史　田中久夫著
雄山閣　1943　285p　22cm　Ⓝ210　〔03377〕
◇人物・資料でよくわかる日本の歴史 6　南北朝・室町・
戦国時代　小和田哲男監修　岩崎書店　2000.4　47p
30cm　3000円　Ⓘ4-265-04846-3　　〔03378〕
◇人物日本の歴史　第5　内乱の時代〔ほか〕　豊田武
編　読売新聞社　1966　320p　19cm　Ⓝ210.1
　　　　　　　　　　　　　　　　　〔03379〕
◇新編日本合戦全集　3　応仁室町編　桑田忠親著　秋田書
店　1990.3　262p　20cm　1700円　Ⓘ4-253-00379-
6　Ⓝ210.19　　　　　　　　　　　　〔03380〕
◇大系日本の歴史　6　内乱と民衆の世紀　永原慶二ほか編
永原慶二著　小学館　1992.12　417p　16cm　（小学館

◇ライブラリー） 980円 ①4-09-461006-5 Ⓝ210.1
〔03381〕
◇『太平記』その後―下剋上 笠原一男著 木耳社 1991.4 253p 19cm （オリエントブックス） 1500円 ①4-8393-7544-5 Ⓝ210.46
〔03382〕
◇太平記の時代 新田一郎著 講談社 2001.9 352p 20cm （日本の歴史 第11巻） 2200円 ①4-06-268911-1 Ⓝ210.45
〔03383〕
◇中世動乱期に生きる――揆・商人・侍・大名 永原慶二著 新日本出版社 1996.11 206p 20cm 1650円 ①4-406-02477-8 Ⓝ210.46
〔03384〕
◇展望日本歴史 11 室町の社会 久留島典子，榎原雅治編 東京堂出版 2006.10 424p 23cm 5000円 ①4-490-30561-3 Ⓝ210.1
〔03385〕
◇土民嗷々――四四一年の社会史 今谷明著 東京創元社 2001.2 245p 15cm （創元ライブラリ） 860円 ①4-488-07040-X Ⓝ210.46
〔03386〕
◇南北朝と室町政権―南北朝期―室町期 小和田哲男監修，年表解説 世界文化社 2006.7 199p 24cm （日本の歴史を見る ビジュアル版 4） 2400円 ①4-418-06211-4 Ⓝ210.45
〔03387〕
◇南北朝室町時代史 魚澄惣五郎著 2版 日本文学社 1938 248p 23cm Ⓝ210.4
〔03388〕
◇南北朝・室町・戦国時代 小和田哲男監修 岩崎書店 2000.4 47p 29cm （人物・資料でよくわかる日本の歴史 6） 3000円 ①4-265-04846-3, 4-265-10223-9 Ⓝ210.4
〔03389〕
◇日本時代史 第7巻 室町時代史 渡辺世祐著 早稲田大学出版部 1926 645p 23cm Ⓝ210.1
〔03390〕
◇日本史探訪 8 南北朝と室町文化 角川書店編 角川書店 1984.9 281p 15cm （角川文庫 5358） 420円 ①4-04-153308-2 Ⓝ210.1
〔03391〕
◇日本史の舞台 5 室町絢爛の日々―室町時代前期 熱田公ほか著 集英社 1982.5 167p 27cm 1800円 Ⓝ210.1
〔03392〕
◇日本の歴史 5（中世 2） 後醍醐と尊氏―建武の新政 新訂増補 朝日新聞社 2005.1 320p 30cm （朝日百科） ①4-02-380017-1 Ⓝ210.1
〔03393〕
◇日本の歴史―集英社版 9 日本の国王と土民 児玉幸多ほか編 今谷明著 集英社 1992.2 350p 22cm 2400円 ①4-08-195009-1 Ⓝ210.1
〔03394〕
◇日本の歴史―集英社版 9 日本の国王と土民 児玉幸多ほか編 今谷明著 東京ヘレン・ケラー協会点字出版局 1995.2 6冊 27cm 全21000円 Ⓝ210.1
〔03395〕
◇日本の歴史 13 室町幕府 佐々木銀弥著 小学館 1975 390p（図・肖像共）地図 20cm 790円 Ⓝ210.1
〔03396〕
◇日本の歴史―マンガ 18 建武新政から室町幕府の成立へ 石ノ森章太郎著 中央公論社 1991.4 235p 20cm 1000円 ①4-12-402818-0 Ⓝ726.1
〔03397〕
◇日本の歴史文庫 8 南北朝と室町 村田正志著 講談社 1975 413p 図 15cm 380円 Ⓝ210.1
〔03398〕
◇日本歴史大系 6 南北朝内乱と室町幕府 下 井上光貞ほか編 山川出版社 1996.3 240, 23p 22cm 3000円 ①4-634-33060-1 Ⓝ210.1
〔03399〕

◇「花の乱」をたっぷり楽しむ法 高野冬彦著 五月書房 1994.3 182p 19cm 1380円 ①4-7727-0134-6 Ⓝ210.46
〔03400〕
◇早わかり鎌倉・室町時代―時代の流れが図解でわかる! 河合敦著 日本実業出版社 2005.1 256, 6p 19cm 1400円 ①4-534-03854-2
〔03401〕
◇東山時代に於ける一縉紳の生活 原勝郎著 大阪 創元社 1941.4 174p 19cm （日本文化名著選 第2輯） Ⓝ210.46
〔03402〕
◇マンガ日本の歴史 18 建武新政から室町幕府の成立へ 石ノ森章太郎著 中央公論社 1997.10 214p 16cm （中公文庫） 524円 ①4-12-202976-7 Ⓝ726.1
〔03403〕
◇漫画版 日本の歴史 5 室町時代2・戦国時代 池上裕子監修, 荘司としお漫画 集英社 2007.9 302p 15cm （集英社文庫） 571円 ①978-4-08-746179-4
〔03404〕
◇室町記 山崎正和著 朝日新聞社 1974 250p 図 20cm 980円 Ⓝ210.46
〔03405〕
◇室町記 山崎正和著 朝日新聞社 1976 252p 19cm （朝日選書 62） 620円 Ⓝ210.46
〔03406〕
◇室町記 山崎正和著 講談社 1985.2 218p 15cm （講談社文庫） 360円 ①4-06-183448-7 Ⓝ210.46
〔03407〕
◇室町時代 薄田斬雲著 早稲田大学出版部 1923 556p 19cm （国民の日本史 第7編） Ⓝ210.4 〔03408〕
◇室町時代―その社会と文化 豊田武, ジョン・ホール編 吉川弘文館 1976 429p 図 20cm 1800円 Ⓝ210.46
〔03409〕
◇室町時代 脇田晴子 中央公論社 1985.9 261p 18cm （中公新書） 600円 ①4-12-100776-X Ⓝ210.46
〔03410〕
◇室町時代公武関係の研究 水野智之著 吉川弘文館 2005.12 375, 10p 22cm 11000円 ①4-642-02847-1 Ⓝ210.46
〔03411〕
◇室町時代史 渡邊世祐述 早稲田大學出版部 18-586p 22cm （[早稲田大学卅六年度史学科第一學年講義録]） Ⓝ210.46
〔03412〕
◇室町時代史 渡邊世祐講述 早稲田大學出版部 18-728p 22cm （[早稲田大学三十七年度歴史地理科第一學年講義録]） Ⓝ210.46
〔03413〕
◇室町時代史 渡辺世祐講述 早稲田大学出版部 1905 744p 22cm （早稲田大学三十八年度歴史地理科第一学年講義録） Ⓝ210.4
〔03414〕
◇室町時代史 渡辺世祐著 創元社 1948 488p 21cm Ⓝa210
〔03415〕
◇室町時代政治史論 今谷明著 塙書房 2000.5 354, 24p 22cm 8000円 ①4-8273-1167-6 Ⓝ210.46
〔03416〕
◇室町時代の研究 史学地理学同攷会編 京都 星野書店 1923 374p 22cm Ⓝ210.4
〔03417〕
◇室町時代の社会と思想 松浦靖著 伊藤文信堂 1943 271p 22cm Ⓝ210.4
〔03418〕
◇室町時代之裏面 秋山蕒著 北隆館 1910.11 284p 23cm Ⓝ210.4
〔03419〕
◇室町社会の騒擾と秩序 清水克行著 吉川弘文館 2004.8 333, 7p 22cm 9000円 ①4-642-02834-X Ⓝ210.47
〔03420〕

室町時代　　　　　　　　　　　中世史

◇室町・戦国期研究を読みなおす　中世後期研究会編　京都　思文閣出版　2007.10　388, 9p　21cm　4600円　Ⓘ978-4-7842-1371-9　Ⓝ210.46　〔03421〕
◇室町戦国史紀行　宮脇俊三著　講談社　2000.11　374p　20cm　1800円　Ⓘ4-06-210090-8　Ⓝ291.09　〔03422〕
◇室町戦国史紀行　宮脇俊三著　講談社　2003.12　405p　15cm　（講談社文庫）　695円　Ⓘ4-06-273918-6　Ⓝ291.09　〔03423〕
◇室町・戦国時代　竹内誠総監修, 木村茂光監修　フレーベル館　2000.10　71p　31cm　（地図でみる日本の歴史 4）　2800円　Ⓘ4-577-02021-1　〔03424〕
◇室町戦国の社会―商業・貨幣・交通　永原慶二著　吉川弘文館　2006.6　321p　20cm　（歴史文化セレクション）　2300円　Ⓘ4-642-06298-X　Ⓝ210.46　〔03425〕
◇室町人の精神　桜井英治著　講談社　2001.10　398p　20cm　（日本の歴史 第12巻）　2200円　Ⓘ4-06-268912-X　Ⓝ210.46　〔03426〕
◇室町万華鏡―ひざかりの女と残照の男たち　千草子著　集英社　1997.5　269p　20cm　1900円　Ⓘ4-08-781138-7　Ⓝ210.46　〔03427〕
◇夢から探る中世　酒井紀美著　角川書店　2005.3　222p　19cm　（角川選書）　1400円　Ⓘ4-04-703376-6　〔03428〕
◇洛中洛外の群像―失われた中世京都へ　瀬田勝哉著　平凡社　1994.8　345p　22cm　4200円　Ⓘ4-582-47505-1　Ⓝ210.46　〔03429〕
◇論集日本歴史　5　室町政権　小川信編　有精堂出版　1975　380p　22cm　2800円　Ⓝ210.1　〔03430〕

◆室町幕府・足利将軍

◇足利将軍家―時代に翻弄され続けた十五人の男達　山中正英著　近代文芸社　1995.8　121p　20cm　1100円　Ⓘ4-7733-4581-0　Ⓝ210.46　〔03431〕
◇足利将軍列伝　桑田忠親編　秋田書店　1975　382p　20cm　1700円　Ⓝ210.46　〔03432〕
◇籤引き将軍足利義教　今谷明著　講談社　2003.4　238p　19cm　（講談社選書メチエ 267）　1500円　Ⓘ4-06-258267-8　Ⓝ210.46　〔03433〕
◇劇画日野富子―応仁の乱を起こした女の生涯　大崎悌造原作, 田中正仁劇画　日本文芸社　1994.4　298p　19cm　（Nichibun comics―歴史コミック）　580円　Ⓘ4-537-03890-X　Ⓝ726.1　〔03434〕
◇週刊ビジュアル日本の歴史　no.71　戦乱の世 1　デアゴスティーニ・ジャパン　2001.7　41p　30cm　533円　Ⓝ210.1　〔03435〕
◇週刊ビジュアル日本の歴史　no.73　戦乱の世 3　デアゴスティーニ・ジャパン　2001.7　p86-125　30cm　533円　Ⓝ210.1　〔03436〕
◇首都の経済と室町幕府　早島大祐著　吉川弘文館　2006.11　343, 10p　22cm　8000円　Ⓘ4-642-02858-7　Ⓝ210.46　〔03437〕
◇戦国期の室町幕府　今谷明著　角川書店　1975　230p　21cm　（季刊論叢日本文化 2）　1800円　Ⓝ210.46　〔03438〕
◇戦国期の室町幕府　今谷明著　講談社　2006.6　314p　15cm　（講談社学術文庫）　1000円　Ⓘ4-06-159766-3　〔03439〕
◇戦国期室町幕府と在地領主　西島太郎著　八木書店　2006.12　452, 22p　22cm　12000円　Ⓘ4-8406-2026-1　Ⓝ210.47　〔03440〕
◇戦国期室町幕府と将軍　山田康弘著　吉川弘文館　2000.7　264, 7p　22cm　8000円　Ⓘ4-642-02797-1　Ⓝ210.47　〔03441〕
◇日本国民史　第7巻　足利幕府の建設　小林鶯里著　文芸社　1926　105p　19cm　Ⓝ210.1　〔03442〕
◇日本歴史大系　5　南北朝内乱と室町幕府　上　井上光貞ほか編　山川出版社　1996.1　210, 19p　22cm　3000円　Ⓘ4-634-33050-4　Ⓝ210.1　〔03443〕
◇日野富子とその時代　青木重数著　新人物往来社　1994.11　330p　20cm　1300円　Ⓘ4-404-02142-9　Ⓝ289.1　〔03444〕
◇日野富子と影―室町幕府陰の実力者　中江克己著　広済堂出版　1994.3　231p　18cm　（Kosaido books）　800円　Ⓘ4-331-00640-9　Ⓝ289.1　〔03445〕
◇室町幕府―その実力者たち　笠原一男編　人物往来社　1965　278p　19cm　Ⓝ210.46　〔03446〕
◇室町幕府足利義教「御前沙汰」の研究　鈴木江津子著, 神奈川大学大学院歴史民俗資料学研究科編　〔横浜〕　神奈川大学21世紀COEプログラム「人類文化研究のための非文字資料の体系化」研究推進会議　2006.3　272, 9p　22cm　（歴史民俗資料学叢書 1）　Ⓘ4-9903017-0-6　Ⓝ210.46　〔03447〕
◇室町幕府解体過程の研究　今谷明著　岩波書店　1985.10　498, 12p　22cm　6000円　Ⓘ4-00-002217-2　Ⓝ210.46　〔03448〕
◇室町幕府将軍権力の研究　家永遵嗣著　東京大学日本史学研究室　1995.2　423p　26cm　（東京大学日本史学研究叢書 1）　非売品　Ⓝ210.46　〔03449〕
◇室町幕府と一揆の世―室町時代2　池上裕子監修, 荘司としお漫画　集英社　1998.3　163p　23cm　（集英社版・学習漫画―日本の歴史 9）　850円　Ⓘ4-08-239009-X　〔03450〕
◇室町幕府と国人一揆　福田豊彦著　吉川弘文館　1995.1　317, 8p　22cm　7416円　Ⓘ4-642-02742-4　Ⓝ210.46　〔03451〕
◇室町幕府と蜷川親元　山岸利政編　〔滑川〕　〔山岸利政〕　2007.8　63p　30cm　Ⓝ210.46　〔03452〕
◇室町幕府と民衆の成長―室町時代　古川清行著　小峰書店　1998.4　119p　27cm　（人物・遺産でさぐる日本の歴史 調べ学習に役立つ 7）　2500円　Ⓘ4-338-15107-2　Ⓝ210.46　〔03453〕
◇室町幕府の政治と経済　桑山浩然著　吉川弘文館　2006.5　316, 5p　22cm　9000円　Ⓘ4-642-02852-8　Ⓝ210.46　〔03454〕
◇室町幕府引付史料集成　上巻　桑山浩然校訂　近藤出版社　1980.8　564p　20cm　（日本史料選書 20）　5300円　Ⓝ210.46　〔03455〕
◇室町幕府引付史料集成　下巻　桑山浩然校訂　近藤出版社　1986.3　570, 33p　20cm　（日本史料選書 26）　5700円　Ⓝ210.46　〔03456〕
◇室町幕府文書集成　奉行人奉書篇　今谷明, 高橋康夫共編　京都　思文閣出版　1986.9　2冊　22cm　7000円, 8000円　Ⓘ4-7842-0436-9　Ⓝ210.46　〔03457〕
◇物語日本の歴史―その時代を見た人が語る　第14巻　室町幕府と応仁の乱　笠原一男編　木耳社　1991.12　214p　20cm　1500円　Ⓘ4-8393-7566-6　Ⓝ210.1　〔03458〕

◆◆足利義満
◇足利義満―中世王権への挑戦　佐藤進一著　平凡社　1994.6　221p　16cm　(平凡社ライブラリー)　880円　①4-582-76062-7　Ⓝ289.1　〔03459〕
◇足利義満―金閣にこめた願い　酒寄雅志監修, 小西聖一著　理論社　2005.1　101p　25cm　(NHKにんげん日本史)　1800円　①4-652-01478-3　Ⓝ289.1　〔03460〕
◇足利義満と東寺　京都府立総合資料館歴史資料課編　〔京都〕　京都府立総合資料館　2004.10　58, 26p　26cm　(東寺百合文書展 第19回)　Ⓝ210.46　〔03461〕
◇再現日本史―週刊time travel　鎌倉・室町 8　講談社　2002.12　42p　30cm　533円　Ⓝ210.1　〔03462〕
◇週刊ビジュアル日本の歴史　no.72　戦乱の世 2　デアゴスティーニ・ジャパン　2001.7　p44-83　30cm　533円　Ⓝ210.1　〔03463〕
◇ZEAMI―中世の芸術と文化　04　特集 足利義満の時代六百年忌記念　松岡心平, 小川剛生編　森話社　2007.6　207p　21cm　2500円　①978-4-916087-76-8　〔03464〕
◇天皇になろうとした将軍―それからの太平記/足利義満のミステリー　井沢元彦著　小学館　1992.5　229p　20cm　1300円　①4-09-379411-1　Ⓝ210.46　〔03465〕
◇天皇になろうとした将軍　井沢元彦著　小学館　1998.4　253p　15cm　(小学館文庫)　476円　①4-09-402301-1　Ⓝ210.46　〔03466〕
◇日本の歴史―マンガ　20　足利義満,「日本国王」となる　石ノ森章太郎著　中央公論社　1991.6　235p　20cm　1000円　①4-12-402820-2　Ⓝ726.1　〔03467〕
◇日本の歴史　中世 2-3　義満と室町幕府　新訂増補　朝日新聞社　2002.8　p66-96　30cm　(週刊朝日百科 13)　476円　Ⓝ210.1　〔03468〕
◇花は天地を呑む足利義満　弘末新一著　叢文社　1994.7　247p　19cm　1500円　①4-7947-0219-1　〔03469〕
◇マンガ日本の歴史　20　足利義満,「日本国王」となる　石ノ森章太郎著　中央公論社　1997.11　216p　16cm　(中公文庫)　524円　①4-12-203001-3　Ⓝ726.1　〔03470〕
◇室町の王権―足利義満の王権簒奪計画　今谷明著　中央公論社　1990.7　222p　18cm　(中公新書 978)　563円　①4-12-100978-9　Ⓝ210.46　〔03471〕

◆◆足利義政
◇足利義政―日本美の発見　ドナルド・キーン著, 角地幸男訳　中央公論新社　2003.1　247p　19cm　2000円　①4-12-003357-0　〔03472〕
◇足利義政とその時代　京都府立総合資料館歴史資料課編　〔京都〕　京都府立総合資料館　1994.7　54, 22p　26cm　(東寺百合文書展 第11回)　Ⓝ210.46　〔03473〕
◇足利義政の研究　森田恭二著　大阪　和泉書院　1993.2　361p　22cm　(日本史研究叢刊 3)　7725円　①4-87088-575-1　Ⓝ289.1　〔03474〕
◇再現日本史―週刊time travel　戦国 2　講談社　2002.3　42p　30cm　533円　Ⓝ210.1　〔03475〕

◆◆鎌倉府・東国支配
◇足利成氏文書集―古河公方初代　佐藤博信編著　茅ケ崎　後北条氏研究会　1976　91p 図　21cm　(「研究史料」外篇 第3輯)　1500円　Ⓝ210.46　〔03476〕
◇足利高基・晴氏文書集―古河公方三代・四代　佐藤博信編著　茅ケ崎　後北条氏研究会　1977.8　97p 図　21cm　(「研究史料」外篇 第4輯)　非売品　Ⓝ210.46　〔03477〕
◇足利政氏文書集―古河公方二代　茅ケ崎　後北条氏研究会　1973　62p 図　21cm　(「研究史料」外篇 第1輯)　900円　Ⓝ210.47　〔03478〕
◇足利持氏滅亡記―鎌倉大草紙脱漏　著者不詳　甫喜山景雄　1883.12　21丁　24cm　Ⓝ210.4　〔03479〕
◇足利氏文書集―古河公方五代　茅ケ崎　後北条氏研究会　1974　95p 図　21cm　(「研究史料」外篇 第2輯)　1200円　Ⓝ210.42　〔03480〕
◇奥州探題大崎氏　大崎シンポジウム実行委員会編　高志書院　2003.2　245p　22cm　3500円　①4-906641-63-6　Ⓝ288.3　〔03481〕
◇鎌倉公方九代記・鎌倉九代後記　黒川真道編　国史研究会　1914　504p　20cm　(国史叢書)　Ⓝ210.4　〔03482〕
◇鎌倉公方九代記・鎌倉九代後記　黒川真道編　流山　崙書房　1972　504p　20cm　(国史叢書)　3500円　Ⓝ210.46　〔03483〕
◇鎌倉府体制と東国　小国浩寿著　吉川弘文館　2001.9　294, 13p　22cm　7500円　①4-642-02807-2　Ⓝ210.45　〔03484〕
◇鎌倉府と関東―中世の政治秩序と在地社会　山田邦明著　校倉書房　1995.8　446p　22cm　(歴史科学叢書)　9270円　①4-7517-2490-8　Ⓝ210.46　〔03485〕
◇関東管領・上杉一族　七宮涬三編　新人物往来社　2002.6　307p　20cm　2800円　①4-404-02973-X　Ⓝ288.3　〔03486〕
◇関東公方足利氏四代―基氏・氏満・満兼・持氏　田辺久子著　吉川弘文館　2002.9　190p　20cm　2100円　①4-642-07789-8　Ⓝ213　〔03487〕
◇関東中心足利時代之研究　渡辺世祐著　改訂版　新人物往来社　1995.11　469p　22cm　9500円　①4-404-02296-4　Ⓝ210.46　〔03488〕
◇古河公方足利氏の研究　佐藤博信著　校倉書房　1989.11　494p　22cm　(歴史科学叢書)　9991円　①4-7517-1980-7　Ⓝ210.46　〔03489〕
◇古河公方文書展―昭和六十三年度特別解説　埼玉県立文書館編　浦和　埼玉県立文書館　1988.10　56p　26cm　Ⓝ210.46　〔03490〕
◇古河公方文書目録稿　佐藤博信著　〔茅ケ崎〕　佐藤博信　1971　84p　19×26cm　Ⓝ210.46　〔03491〕
◇戰國遺文　古河公方編　佐藤博信編　東京堂出版　2006.4　426p　22cm　18000円　①4-490-30594-X　Ⓝ210.47　〔03492〕
◇戦国期関東公方の研究　阿部能久著　京都　思文閣出版　2006.2　293, 15p　22cm　(思文閣史学叢書)　5700円　①4-7842-1285-X　Ⓝ213　〔03493〕
◇中世東国足利・北条氏の研究　佐藤博信著　岩田書院　2006.5　321, 11p　22cm　(中世史研究叢書 7)　6900円　①4-87294-426-7　Ⓝ210.4　〔03494〕

◆守護大名
◇足利一門守護発展史の研究　小川信著　吉川弘文館　1980.2　770, 40p　22cm　8700円　Ⓝ210.46　〔03495〕
◇今川了俊関係編年史料　上　川添昭二編　福岡　1960　130p　26cm　(九州探題史料 第2)　Ⓝ219　〔03496〕

室町時代　　　　　　　　中世史

◇今川了俊関係編年史料　下　川添昭二編　福岡　1961　148p　表　26cm　（九州探題資料）　Ⓝ219　〔03497〕
◇今川了俊・その武士道と文学　児山敬一著　三省堂　1944　389p　19cm　Ⓝ911.14　〔03498〕
◇河内守護畠山氏の研究　森田恭二著　近代文芸社　1993.4　305p　20cm　2500円　①4-7733-1856-2　Ⓝ210.46　〔03499〕
◇畿内戦国期守護と地域社会　小谷利明著　大阪　清文堂出版　2003.4　372,13p　21cm　8800円　①4-7924-0534-3　〔03500〕
◇逆賊畠山氏因果論　仲島北海著　高階村（石川県）　明治山史学研究所　1940　27,14p　20cm　Ⓝ210.4　〔03501〕
◇国別守護・戦国大名事典　西ヶ谷恭弘編　東京堂出版　1998.9　333p　23cm　3800円　①4-490-10491-X　Ⓝ210.4　〔03502〕
◇東国守護の歴史的特質　松本一夫著　岩田書院　2001.11　472,20p　22cm　（中世史研究叢書1）　9900円　①4-87294-225-6　Ⓝ210.45　〔03503〕
◇室町幕府守護職家事典　上巻　今谷明,藤枝文忠編　新人物往来社　1988.4　527p　22cm　8800円　①4-404-01501-1　Ⓝ288.2　〔03504〕
◇室町幕府守護職家事典　下巻　今谷明,藤枝文忠編　新人物往来社　1988.11　543p　22cm　8800円　Ⓝ288.2　〔03505〕
◇室町幕府守護職家事典　下巻　今谷明編,藤枝文忠編　新人物往来社　1988.11　543p　22cm　8800円　①4-404-01533-X　Ⓝ288.2　〔03506〕
◇室町幕府と守護権力　川岡勉著　吉川弘文館　2002.7　361,8p　22cm　8500円　①4-642-02814-5　Ⓝ210.46　〔03507〕

◆応永の乱
◇応永戦覧　陣山綏校注　行橋　美夜古文化懇話会　1975　170p　図　肖像　18cm　1000円　Ⓝ210.46　〔03508〕
◇大内氏の興亡―西海の守護大名　古川薫著　大阪　創元社　1974　184p　18cm　480円　Ⓝ210.46　〔03509〕
◇大内義弘　松岡久人著　人物往来社　1966　253p　図版　19cm　（日本の武将 20）　Ⓝ210.458　〔03510〕
◇南北朝合体と応永乱―大内義弘奮戦　大内盛見勝利　御建龍一著　近代文芸社　2001.12　314p　19cm　1700円　①4-7733-6138-7　〔03511〕
◇山銀百科シリーズ　第2　名族大内氏盛衰史　山口銀行編　〔山口〕　21cm　Ⓝ210.08　〔03512〕

◆結城合戦
◇嘉吉元年結城合戦籠城者等氏名拾遺　結城進編　和歌山　結城進　1991.9　351p　22cm　Ⓝ210.46　〔03513〕
◇結城合戦花鍬形　柳苑南翠（楊外堂主人）著　野村銀次郎　1885.11　257p　19cm　Ⓝ913.56　〔03514〕

◆嘉吉の乱
◇赤松物語　嘉吉記　矢代和夫著　勉誠社　1994.6　243p　19cm　（日本合戦騒動叢書 1）　2370円　①4-585-05101-5　〔03515〕
◇足利将軍暗殺―嘉吉土一揆の背景　今谷明著　新人物往来社　1994.2　215p　20cm　2300円　①4-404-02098-8　Ⓝ210.46　〔03516〕

◇再現日本史―週刊time travel　鎌倉・室町 9　講談社　2002.12　42p　30cm　533円　Ⓝ210.1　〔03517〕

◆応仁の乱
◇応仁記―加賀市立図書館聖藩文庫蔵　黒田彰編　加賀　加賀市立図書館　1987.3　305p　27cm　Ⓝ210.47　〔03518〕
◇応仁記　志村有弘著　勉誠社　1994.6　251p　20cm　（日本合戦騒動叢書 2）　2470円　①4-585-05102-3　Ⓝ210.47　〔03519〕
◇応仁記・応仁別記　和田英道編　古典文庫　1978.6　238p　17cm　（古典文庫 第381冊）　1200円　Ⓝ210.469　〔03520〕
◇応仁の大乱　榊山潤著　河出書房新社　1960　287p　19cm　（現代人の日本史 第11）　Ⓝ210.469　〔03521〕
◇応仁の乱　永島福太郎著　至文堂　1968　284p　図版　19cm　（日本歴史新書）　Ⓝ210.469　〔03522〕
◇応仁の乱　鈴木良一著　岩波書店　1973　211p　18cm　（岩波新書）　Ⓝ210.469　〔03523〕
◇応仁之乱　京都府立総合資料館歴史資料課編　〔京都〕京都府立総合資料館　1989.7　60,19p　26cm　（東寺百合文書展 第6回）　Ⓝ210.46　〔03524〕
◇応仁の乱―日野富子の専断と戦国への序曲　学習研究社　1994.5　177p　26cm　（歴史群像シリーズ 37号）　1200円　Ⓝ210.47　〔03525〕
◇応仁の乱で京都はどうなった？―南北朝・室町時代　佐藤和彦監修　ポプラ社　1998.4　47p　29cm　（調べ学習にやくだつ日本史の大疑問 4）　3000円　①4-591-05698-8, 4-591-99229-2　Ⓝ210.47　〔03526〕
◇応仁の乱と日野富子―将軍の妻として、母として　小林千草著　中央公論社　1993.10　212p　18cm　（中公新書）　700円　①4-12-101157-0　Ⓝ210.47　〔03527〕
◇画報新説日本史　第9巻　室町文化と応仁の戦火　時事世界新社編　時事世界新社　1963-64　31cm　Ⓝ210.1　〔03528〕
◇再現日本史―週刊time travel　戦国 1　講談社　2002.3　42p　30cm　533円　Ⓝ210.1　〔03529〕
◇再現日本史―週刊time travel　鎌倉・室町 10　講談社　2002.12　42p　30cm　533円　Ⓝ210.1　〔03530〕
◇史籍集覧　〔80〕　重篇応仁記　近藤瓶城校　近藤瓶城　1881.12　5冊（9冊合本）　19cm　Ⓝ210　〔03531〕
◇週刊ビジュアル日本の歴史　no.75　戦乱の世 5　デアゴスティーニ・ジャパン　2001.7　p170-209　30cm　533円　Ⓝ210.1　〔03532〕
◇週刊ビジュアル日本の歴史　no.76　戦乱の世 6　デアゴスティーニ・ジャパン　2001.8　p212-251　30cm　533円　Ⓝ210.1　〔03533〕
◇戦乱の日本史「合戦と人物」　第6巻　下剋上の幕開け　熱田公責任編集　第一法規出版　1988.6　158p　31cm　3500円　①4-474-10136-7　Ⓝ210.19　〔03534〕
◇日本国民史　第8　応仁の乱前後　小林鶯里著　文芸社　1928　102p　19cm　Ⓝ210.4　〔03535〕
◇日本の歴史―マンガ　22　王法・仏法の破滅―応仁の乱　石ノ森章太郎著　中央公論社　1991.8　237p　20cm　1000円　①4-12-402822-9　Ⓝ726.1　〔03536〕
◇日本の歴史　中世 2-7　応仁の乱　新訂増補　朝日新聞社　2002.9　p194-224　30cm　（週刊朝日百科 17）　476円　Ⓝ210.1　〔03537〕

◇マンガ日本の歴史 22　王法・仏法の破滅―応仁の乱　石ノ森章太郎著　中央公論社　1997.12　216p　16cm　（中公文庫）　524円　Ⓘ4-12-203027-7　Ⓝ726.1
〔03538〕

◇物語日本の歴史―その時代を見た人が語る　第14巻　室町幕府と応仁の乱　笠原一男編　木耳社　1991.12　214p　20cm　1500円　Ⓘ4-8393-7566-6　Ⓝ210.1
〔03539〕

◇山名宗全と細川勝元　小川信著　人物往来社　1966　269p　図版　19cm　（日本の武将 25）　Ⓝ210.469
〔03540〕

◇山名宗全と細川勝元　小川信著　新人物往来社　1994.3　246p　20cm　2800円　Ⓘ4-404-02106-2　Ⓝ210.47
〔03541〕

◆室町時代史料

◇足利義満と東寺　京都府立総合資料館歴史資料課編　〔京都〕　京都府立総合資料館　2004.10　58, 26p　26cm　（東寺百合文書展 第19回）　Ⓝ210.46
〔03542〕

◇伺事記録　飯尾宗勝記, 坪井九馬三, 日下寛校　東京帝国大学　1908.11　17, 43丁　23cm　（文科大学史誌叢書）　Ⓝ210.4
〔03543〕

◇小田原衆所領役帳―戦国遺文後北条氏編別巻　佐脇栄智校注　東京堂出版　1998.12　264p　22cm　Ⓘ4-490-30546-X　Ⓝ210.47
〔03544〕

◇海東諸国紀　申叔舟撰　京城　朝鮮総督府　1933　1冊　29cm　（朝鮮史料叢刊 第2）　Ⓝ210.4
〔03545〕

◇北山院御入内記　伝一条経嗣著　写　1軸　26cm　Ⓝ210.09
〔03546〕

◇興国寺城文献資料集　沼津市教育委員会社会教育課編　沼津　沼津市教育委員会　1987.3　45p　26cm　Ⓝ210.47
〔03547〕

◇校注加沢記　加沢平次左衛門原著, 萩原進著　国書刊行会　1980.10　196p　22cm　（萩原進著作選集）　2600円　Ⓝ210.47
〔03548〕

◇古河公方文書展―昭和六十三年度特別解説　埼玉県立文書館編　浦和　埼玉県立文書館　1988.10　56p　26cm　Ⓝ210.46
〔03549〕

◇古河公方文書目録稿　佐藤博信著　〔茅ケ崎〕　佐藤博信　1971　84p　19×26cm　Ⓝ210.46
〔03550〕

◇古文書の語る日本史　4　南北朝・室町　所理喜夫ほか編　永原慶二監修　筑摩書房　1990.7　506, 14p　20cm　3300円　Ⓘ4-480-35434-4　Ⓝ210.1
〔03551〕

◇史籍集覧　〔25〕　足利季世記　近藤瓶城校　近藤瓶城　1883.8　2冊　19cm　Ⓝ210
〔03552〕

◇史籍集覧　〔91〕　永享記・永享後記・上杉憲実記　近藤瓶城校　近藤瓶城　1881.12　34, 5, 9丁　19cm　Ⓝ210
〔03553〕

◇史籍集覧　〔92〕　嘉吉物語・長禄記・応仁乱消息　近藤瓶城校　近藤瓶城　1881.12　19, 16, 3丁　19cm　Ⓝ183
〔03554〕

◇史籍集覧　〔93〕　細川勝元記・官地論・長享年後畿内兵乱記　近藤瓶城校　近藤瓶城　1881.12　32, 16, 11丁　19cm　Ⓝ210
〔03555〕

◇史料纂集　135　長樂寺永禄日記　続群書類従完成会　2003.8　401p　22cm　14000円　Ⓘ4-7971-1315-4　Ⓝ210.088
〔03556〕

◇史料纂集　〔第8〕　十輪院内府記　中院通秀著, 奥野高広, 片山勝校訂　続群書類従完成会　1972　314p　図　22cm　3500円　Ⓝ210.08
〔03557〕

◇史料纂集　〔第11〕　第1　兼宣公記　第1　広橋兼宣著, 村田正志校訂　続群書類従完成会　1973　328p　図　22cm　3500円　Ⓝ210.08
〔03558〕

◇史料纂集　〔第12〕　元長卿記　甘露寺元長著, 芳賀幸四郎校訂　続群書類従完成会　1973　366p　図　22cm　4000円　Ⓝ210.08
〔03559〕

◇史料纂集　〔第23〕第6　師郷記　第6　中原師郷著, 藤井貞文, 小林花子校訂　続群書類従完成会　2001.5　271p　22cm　9000円　Ⓘ4-7971-1306-5　Ⓝ210.088
〔03560〕

◇史料纂集　古記録編 17　経覚私要鈔　第5　高橋隆三校訂, 小泉宜右校訂　続群書類従完成会　1985.7　310p　22cm　6400円　Ⓝ210.088
〔03561〕

◇史料纂集―三箇院家抄　第2　小泉宜右校訂, 海老沢美基校訂　続群書類従完成会　1984.6　297p　22cm　6600円　Ⓝ188.212
〔03562〕

◇戦國遺文　古河公方編　佐藤博信編　東京堂出版　2006.4　426p　22cm　18000円　Ⓘ4-490-30594-X　Ⓝ210.47
〔03563〕

◇続史料大成　第20巻　碧山日録―長禄3年～応仁2年　竹内理三編　太極著　増補　京都　臨川書店　1982.12　241p　22cm　6500円　Ⓘ4-653-00784-5　Ⓝ210.088
〔03564〕

◇大日本古記録　〔第13〕　臥雲日件録抜尤―文安3年～文明5年　東京大学史料編纂所編纂　瑞谿周鳳著　岩波書店　1992.3　294p　22cm　5500円　Ⓘ4-00-009588-9　Ⓝ210.088
〔03565〕

◇大日本古文書　家わけ第21之4　蜷川家文書之4　東京大学史料編纂所編　東京大学　1992.3　412p　図版3枚　22cm　6200円　Ⓝ210.088
〔03566〕

◇大日本古文書　家わけ第21之5　蜷川家文書之5　東京大学史料編纂所編纂　東京大学　1994.3　277, 1p　22cm　6400円　Ⓘ4-13-091235-6　Ⓝ210.088
〔03567〕

◇大日本古文書　家わけ第21之6　蜷川家文書之6　東京大学史料編纂所編纂　東京大学　1996.3　297p　22cm　5150円　Ⓘ4-13-091236-4　Ⓝ210.088
〔03568〕

◇大日本古文書　家わけ第22 [3]　益田家文書之三　東京大學史料編纂所編纂　東京大学出版会（発売）　2006.3　286p, 19枚　22cm　7700円　Ⓘ4-13-091293-3　Ⓝ210.088
〔03569〕

◇中世東寺の年中行事―御影堂　京都府立総合資料館歴史資料課編　〔京都〕　京都府立総合資料館　2005.11　84p　26cm　（東寺百合文書展 第20回）　Ⓝ210.46
〔03570〕

◇東寺廿一口供僧方評定引付　第1巻　伊藤俊一, 近藤俊彦, 富田正弘編　京都　思文閣出版　2002.2　367p　22cm　6500円　Ⓘ4-7842-1099-7　Ⓝ210.46
〔03571〕

◇東寺廿一口供僧方評定引付　第2巻　伊藤俊一, 富田正弘, 本多俊彦編　京都　思文閣出版　2003.2　382p　22cm　6500円　Ⓘ4-7842-1146-2　Ⓝ210.46
〔03572〕

◇日本古文書学論集　8　中世 IV―室町時代の武家文書　日本古文書学会編　上島有編　吉川弘文館　1987.7　442pp　22cm　5800円　Ⓘ4-642-01263-X　Ⓝ210.02
〔03573〕

◇畠山記集成　黒田俊雄編　羽曳野　羽曳野市　1988.10　260p　21cm　（羽曳野資料叢書 1）　Ⓝ210.46
〔03574〕

◇晴富宿禰記　壬生晴富著, 宮内庁書陵部編　明治書院　1971　240p　図　22cm　（図書寮叢刊）　3000円　Ⓝ210.468
〔03575〕

室町時代　　　　　　　　　　　　　　　　中世史

◇豊前氏古文書―館蔵貴重資料展　神奈川県立文化資料館編　横浜　神奈川県立文化資料館　1988.10　20p　26cm　Ⓝ210.46　〔03576〕

◇政基公旅引付　九条政基著,宮内庁書陵部編　天理　養徳社　1962　254p 図版　22cm　（図書寮叢刊）Ⓝ210.47　〔03577〕

◇室町時代の武家文書　京都府立総合資料館歴史資料課編　〔京都〕　京都府立総合資料館　2002.11　58,16p　26cm　（東寺百合文書展 第18回）Ⓝ210.46　〔03578〕

◇室町殿日記―京都大学蔵　楢村長教撰,笹川祥生校注,京都大学文学部国語学国文学研究室編　京都　臨川書店　1980.2　2冊　20cm　（京都大学国語国文資料叢書 16,17）　全12000円　Ⓝ210.47　〔03579〕

◇室町殿物語　1　楢村長教著,笹川祥生校注　平凡社　1980.6　378p　18cm　（東洋文庫 380）　1800円　Ⓝ210.47　〔03580〕

◇室町殿物語　2　楢村長教著,笹川祥生校注　平凡社　1980.8　313,10p　18cm　（東洋文庫 384）　1700円　Ⓝ210.47　〔03581〕

◇室町殿物語　足利治乱記　異本小田原記　楢村長教者,黒川真道編,黒川真道編,黒川真道編　国史研究会　1914　533p　19cm　（国史叢書）Ⓝ210.4　〔03582〕

◇室町幕府引付史料集成　上巻　桑山浩然校訂　近藤出版社　1980.8　564p　20cm　（日本史料選書 20）　5300円　Ⓝ210.46　〔03583〕

◇室町幕府引付史料集成　下巻　桑山浩然校訂　近藤出版社　1986.3　570,33p　20cm　（日本史料選書 26）　5700円　Ⓝ210.46　〔03584〕

◇室町幕府文書集成　奉行人奉書篇　今谷明,高橋康夫共編　京都　思文閣出版　1986.9　2冊　22cm　7000円,8000円　①4-7842-0436-9　Ⓝ210.46　〔03585〕

◇冥明抄　後奈良天皇著　宮内庁書陵部　京都　便利堂（印刷）　1951　1軸　29cm　Ⓝ210.46　〔03586〕

◇歴朝要紀　7　神道古典研究会会員有志校注　神道大系編纂会　2004.6　439p　23cm　（続神道大系 朝儀祭祀編）　18000円　Ⓝ210.088　〔03587〕

◇歴朝要紀　8　神道古典研究会会員有志校注　神道大系編纂会　2004.6　468p　23cm　（続神道大系 朝儀祭祀編）　18000円　Ⓝ210.088　〔03588〕

◇歴朝要紀　9　神道古典研究会会員有志校注　神道大系編纂会　2004.9　400p　23cm　（続神道大系 朝儀祭祀編）　18000円　Ⓝ210.088　〔03589〕

◇歴朝要紀　10　神道古典研究会会員有志校注　神道大系編纂会　2004.9　437p　23cm　（続神道大系 朝儀祭祀編）　18000円　Ⓝ210.088　〔03590〕

◇老松堂日本行録―朝鮮使節の見た中世日本　宋希璟者,村井章介校注　岩波書店　1987.3　312,12p　15cm　（岩波文庫）　550円　Ⓝ210.47　〔03591〕

◆◆大日本史料（7）

◇大日本史料　第7編之1　後小松天皇　明徳3年閏10月～応永2年3月　東京大學史料編纂所編纂　東京大学出版会　1984.4　986p　22cm　8000円　①4-13-090301-2　Ⓝ210.088　〔03592〕

◇大日本史料　第7編之2　後小松天皇　応永2年4月～同4年12月　東京大學史料編纂所編纂　東京大学出版会　1984.4　923p　22cm　8000円　①4-13-090302-0　Ⓝ210.088　〔03593〕

◇大日本史料　第7編之3　後小松天皇(應永4年の是歳～同6年6月)　東京大學史料編纂所編　東京大学出版会　1984.5　33,1002p　22cm　8000円　①4-13-090303-9　Ⓝ210.088　〔03594〕

◇大日本史料　第7編之4　後小松天皇(應永6年7月～同8年4月)　東京大學史料編纂所編　東京大学出版会　1984.5　46,990p　22cm　8000円　①4-13-090304-7　Ⓝ210.088　〔03595〕

◇大日本史料　第7編之5　後小松天皇(應永8年5月～同9年12月)　東京大學史料編纂所編　東京大学出版会　1984.6　40,984p　22cm　8000円　①4-13-090305-5　Ⓝ210.088　〔03596〕

◇大日本史料　第7編之6　後小松天皇(應永10年正月～同11年12月)　東京大學史料編纂所編　東京大学出版会　1984.6　45,1042p　22cm　8000円　①4-13-090306-3　Ⓝ210.088　〔03597〕

◇大日本史料　第7編之7　後小松天皇(應永12年正月～同13年5月)　東京大學史料編纂所編　東京大学出版会　1984.7　35,971p　22cm　8000円　①4-13-090307-1　Ⓝ210.088　〔03598〕

◇大日本史料　第7編之8　後小松天皇(應永13年6月～同14年7月)　東京大學史料編纂所編　東京大学出版会　1984.7　27,983p　22cm　8000円　①4-13-090308-X　Ⓝ210.088　〔03599〕

◇大日本史料　第7編之9　後小松天皇(應永14年7月～同年4月)　東京大學史料編纂所編　東京大学出版会　1984.8　19,975p　22cm　8000円　①4-13-090309-8　Ⓝ210.088　〔03600〕

◇大日本史料　第7編之10　後小松天皇　東京大學史料編纂所編　1944-58　22cm　Ⓝ210.088　〔03601〕

◇大日本史料　第7編之10　後小松天皇(應永15年5月～同年10月)　東京大學史料編纂所編　東京大学出版会　1984.8　11,488p　22cm　5000円　①4-13-090310-1　Ⓝ210.088　〔03602〕

◇大日本史料　第7編之11　後小松天皇(應永15年11月～同16年6月)　東京大學史料編纂所編　東京大学出版会　1984.9　19,507p　22cm　5000円　①4-13-090311-X　Ⓝ210.088　〔03603〕

◇大日本史料　第7編之12　後小松天皇(應永16年7月～同年12月)　東京大學史料編纂所編　東京大学出版会　1984.10　14,541p　22cm　5000円　①4-13-090312-8　Ⓝ210.088　〔03604〕

◇大日本史料　第7編之13　後小松天皇(應永16年雜載～17年12月)　東京大學史料編纂所編　東京大学出版会　1984.10　22,506p　22cm　5000円　①4-13-090313-6　Ⓝ210.088　〔03605〕

◇大日本史料　第7編之14　後小松天皇　応永17年雑載～同18年11月　東京大學史料編纂所編纂　東京大学出版会　1984.10　609,2p　22cm　8000円　①4-13-090314-4　Ⓝ210.088　〔03606〕

◇大日本史料　第7編之15　後小松天皇(應永18年12月～同19年8月)　東京大學史料編纂所編　東京大学出版会　1984.11　366p　22cm　5000円　①4-13-090315-2　Ⓝ210.088　〔03607〕

◇大日本史料　第7編之16　後小松天皇(應永19年8月)　東京大學史料編纂所編　東京大学出版会　1984.11　595p　22cm　8000円　①4-13-090316-0　Ⓝ210.088　〔03608〕

◇大日本史料　第7編之17　稱光天皇(應永19年8月～20年2月)　東京大學史料編纂所編　東京大学出版会　1984.

◇大日本史料　第7編之17　東京大学史料編纂所編　東京大学　1962　450p　22cm　5000円　Ⓘ4-13-090317-9　Ⓝ210.088
〔03609〕
◇大日本史料　第7編之18　稱光天皇　東京大学史料編纂所編　東京大学　1962　462p 図版　22cm　Ⓝ210.088
〔03610〕
◇大日本史料　第7編之18　稱光天皇（應永20年3月〜同年12月）　東京大學史料編纂所編　東京大学出版会　1984.12　15，462p　22cm　5000円　Ⓘ4-13-090318-7　Ⓝ210.088
〔03611〕
◇大日本史料　第7編之19　称光天皇　東京大学史料編纂所編　東京大学　1967　443p 図版　22cm　Ⓝ210.088
〔03612〕
◇大日本史料　第7編之19　稱光天皇　東京大學史料編纂所編　東京大学出版会　1985.1　10，442p　22cm　5000円　Ⓘ4-13-090319-5　Ⓝ210.088
〔03613〕
◇大日本史料　第7編之20　稱光天皇　東京大學史料編纂所編　東京大学出版会　1985.1　17，470p　22cm　5000円　Ⓘ4-13-090320-9　Ⓝ210.088
〔03614〕
◇大日本史料　第7編之21　称光天皇 応永21年12月,年末雑載　東京大学史料編纂所編纂　東京大学 東京大学出版会（発売）　1973　399p 図　22cm　2800円　Ⓝ210.08
〔03615〕
◇大日本史料　第7編之21　稱光天皇　東京大學史料編纂所編　東京大学出版会　1985.2　399p　22cm　5000円　Ⓘ4-13-090321-7　Ⓝ210.088
〔03616〕
◇大日本史料　第7編之22　称光天皇 応永22年正月〜8月　東京大学史料編纂所編纂　東京大学　1978.3　471p　22cm　4000円　Ⓝ210.08
〔03617〕
◇大日本史料　第7編之23　称光天皇―応永22年9月〜同年雑載　東京大学史料編纂所編纂　東京大学　1981.11　431p　22cm　5000円　Ⓝ210.088
〔03618〕
◇大日本史料　第7編之23　称光天皇・自応永二十二年九月至同年雑載　東京大学史料編纂所編　覆刻版　東京大学出版会　2000.5　431p　21cm　12000円　Ⓘ4-13-090323-3
〔03619〕
◇大日本史料　第7編之24　稱光天皇（應永22年雑載〜23年7月）　東京大學史料編纂所編　東京大学出版会　1984.3　13，421p　22cm　5800円　Ⓘ4-13-090324-1　Ⓝ210.088
〔03620〕
◇大日本史料　第7編之25　称光天皇　応永23年8月〜年雑載　東京大学史料編纂所編纂　東京大学　1987.3　582p　22cm　8800円　Ⓝ210.088
〔03621〕
◇大日本史料　第7編之26　称光天皇　応永23年雑載〜同24年正月　東京大学史料編纂所編纂　東京大学　1991.9　559p　22cm　8600円　Ⓝ210.088
〔03622〕
◇大日本史料　第7編之27　称光天皇　応永24年2月〜同年8月　東京大学史料編纂所編纂　東京大学　1995.3　350p　22cm　6400円　Ⓘ4-13-090327-6　Ⓝ210.088
〔03623〕
◇大日本史料　第7編之28　稱光天皇　應永24年9月―同年雑載　東京大学史料編纂所編纂　1998.3　384p　22cm　6900円　Ⓘ4-13-090328-4　Ⓝ210.088
〔03624〕
◇大日本史料　第7編之29　稱光天皇　應永24年雑載―25年正月　東京大学史料編纂所編纂　2001.3　433p　22cm　7600円　Ⓘ4-13-090329-2　Ⓝ210.088
〔03625〕
◇大日本史料　第7編之30　稱光天皇　應永25年正月―同年7月　東京大学史料編纂所編纂　2004.3　347，27p　22cm　6900円　Ⓘ4-13-090330-6　Ⓝ210.088
〔03626〕
◇大日本史料　第7編之31　稱光天皇　應永25年8月―同年是歳　東京大学史料編纂所編纂　東京大学出版会（発売）　2007.3　462p　22cm　12300円　Ⓘ978-4-13-090331-8　Ⓝ210.088
〔03627〕
◇大日本史料　第7編之1-20　東京大学史料編纂所編　東京大学　1927-1969　20冊　22cm　Ⓝ210.08
〔03628〕

◆◇大日本史料（8）
◇大日本史料　第8編之1　後土御門天皇　東京大学史料編纂所編　東京大学出版会　1985.2　41，1016p　22cm　9000円　Ⓘ4-13-090351-9　Ⓝ210.088
〔03629〕
◇大日本史料　第8編之2　後土御門天皇　東京大學史料編纂所編　東京大学出版会　1985.2　33，944，86p　22cm　9000円　Ⓘ4-13-090352-7　Ⓝ210.088
〔03630〕
◇大日本史料　第8編之3　後土御門天皇（文明元年10月〜2年12月）　東京大學史料編纂所編　東京大学出版会　1985.3　32，918p　22cm　8000円　Ⓘ4-13-090353-5　Ⓝ210.088
〔03631〕
◇大日本史料　第8編之4　後土御門天皇（文明2年〜3年11月）　東京大学史料編纂所編　東京大学出版会　1985.3　28，882p　22cm　8000円　Ⓘ4-13-090354-3　Ⓝ210.088
〔03632〕
◇大日本史料　第8編之5　後土御門天皇　文明3年12月〜同4年11月　東京大学史料編纂所編纂　東京大学出版会　1985.4　796p　22cm　8000円　Ⓘ4-13-090355-1　Ⓝ210.088
〔03633〕
◇大日本史料　第8編之6　後土御門天皇　文明4年12月〜同5年8月　東京大学史料編纂所編纂　1985.4　772p　22cm　8000円　Ⓘ4-13-090356-X　Ⓝ210.088
〔03634〕
◇大日本史料　第8編之7　後土御門天皇（文明5年9月〜同6年12月）　東京大学史料編纂所編　東京大学出版会　1985.5　34，840p　22cm　8000円　Ⓘ4-13-090357-8　Ⓝ210.088
〔03635〕
◇大日本史料　第8編之8　後土御門天皇（文明7年正月〜同8年6月）　東京大学史料編纂所編　東京大学出版会　1985.5　35，942p　22cm　8000円　Ⓘ4-13-090358-6　Ⓝ210.088
〔03636〕
◇大日本史料　第8編之9　後土御門天皇（文明8年7月〜9年12月）　東京大学史料編纂所編　東京大学出版会　1985.6　50，926p　22cm　8000円　Ⓘ4-13-090359-4　Ⓝ210.088
〔03637〕
◇大日本史料　第8編之10　後土御門天皇（文明9年是歳〜10年12月）　東京大學史料編纂所編　東京大学出版会　1985.6　46，926p　22cm　8000円　Ⓘ4-13-090360-8　Ⓝ210.088
〔03638〕
◇大日本史料　第8編之11　後土御門天皇（文明10年是歳〜同11年12月）　東京大學史料編纂所編　東京大学出版会　1985.7　40，1034p　22cm　9000円　Ⓘ4-13-090361-6　Ⓝ210.088
〔03639〕
◇大日本史料　第8編之12　後土御門天皇（文明12年正月〜同13年正月）　東京大學史料編纂所編　東京大学出版会　1985.7　33，1033p　22cm　9000円　Ⓘ4-13-090362-4　Ⓝ210.088
〔03640〕
◇大日本史料　第8編之13　後土御門天皇　文明13年正月〜同年12月　東京大学史料編纂所編纂　東京大学出版会

◇大日本史料　第8編之14　後土御門天皇（文明14年正月～同年12月）　東京大学史料編纂所編　東京大学出版会　1985.8　1052p　22cm　9000円　Ⓘ4-13-090364-0　Ⓝ210.088　〔03642〕

◇大日本史料　第8編之15　後土御門天皇　東京大學史料編纂所編　東京大学出版会　1985.9　1040p　22cm　9000円　Ⓘ4-13-090365-9　Ⓝ210.088　〔03643〕

◇大日本史料　第8編之16　後土御門天皇　東京大學史料編纂所編　東京大学出版会　1985.9　1034p　22cm　9000円　Ⓘ4-13-090366-7　Ⓝ210.088　〔03644〕

◇大日本史料　第8編之17　後土御門天皇―（文明17年2月～同年10月）　東京大学史料編纂所編　東京大学出版会　1985.10　42,1073p　22cm　9000円　Ⓘ4-13-090367-5　Ⓝ210.088　〔03645〕

◇大日本史料　第8編之18　後土御門天皇―（文明18年正月～同年8月）　東京大学史料編纂所編　東京大学出版会　1985.10　963p　22cm　9000円　Ⓘ4-13-090368-3　Ⓝ210.088　〔03646〕

◇大日本史料　第8編之19　後土御門天皇（文明18年9月～長享元年2月）　東京大學史料編纂所編　東京大学出版会　1985.11　23,992p　22cm　9000円　Ⓘ4-13-090369-1　Ⓝ210.088　〔03647〕

◇大日本史料　第8編之20　後土御門天皇（長享元年2月～同年11月）　東京大學史料編纂所編　東京大学出版会　1985.11　38,969p　22cm　9000円　Ⓘ4-13-090370-5　Ⓝ210.088　〔03648〕

◇大日本史料　第8編之21　後土御門天皇（長享元年閏11月～同2年4月）　東京大學史料編纂所編　東京大学出版会　1985.12　32,969p　22cm　9000円　Ⓘ4-13-090371-3　Ⓝ210.088　〔03649〕

◇大日本史料　第8編之22　後土御門天皇　東京大学史料編纂所編　東京大学　1959　490p　図版　22cm　Ⓝ210.088　〔03650〕

◇大日本史料　第8編之22　後土御門天皇（長享2年5月～同年7月）　東京大學史料編纂所編　東京大学出版会　1985.12　11,490p　22cm　5000円　Ⓘ4-13-090372-1　Ⓝ210.088　〔03651〕

◇大日本史料　第8編之23　後土御門天皇　東京大学史料編纂所編　東京大学　1960　461p　図版　22cm　Ⓝ210.088　〔03652〕

◇大日本史料　第8編之23　後土御門天皇（長享2年7月～同年11月）　東京大學史料編纂所編　東京大学出版会　1986.1　13,461p　22cm　5000円　Ⓘ4-13-090373-X　Ⓝ210.088　〔03653〕

◇大日本史料　第8編之24　後土御門天皇　東京大学史料編纂所編　東京大学　1961　427p　22cm　Ⓝ210.088　〔03654〕

◇大日本史料　第8編之24　後土御門天皇（長享2年12月～同年雑載）　東京大學史料編纂所編　東京大学出版会　1986.1　427p　22cm　5000円　Ⓘ4-13-090374-8　Ⓝ210.088　〔03655〕

◇大日本史料　第8編之25　後土御門天皇　東京大学史料編纂所編　東京大学　1962　452p　22cm　Ⓝ210.088　〔03656〕

◇大日本史料　第8編之25　後土御門天皇（長享2年雑載）　東京大學史料編纂所編　東京大学出版会　1986.2　452p　22cm　5000円　Ⓘ4-13-090375-6　Ⓝ210.088　〔03657〕

◇大日本史料　第8編之26　後土御門天皇　東京大学史料編纂所編　東京大学　1963　469p　22cm　Ⓝ210.088　〔03658〕

◇大日本史料　第8編之26　後土御門天皇（長享2年雑載～延徳元年2月）　東京大學史料編纂所編　東京大学出版会　1986.2　12,469p　22cm　5000円　Ⓘ4-13-090376-4　Ⓝ210.088　〔03659〕

◇大日本史料　第8編之27　後土御門天皇　東京大学史料編纂所編　東京大学　1964　472p　図版　22cm　Ⓝ210.088　〔03660〕

◇大日本史料　第8編之27　後土御門天皇（延徳元年3月～同年6月）　東京大學史料編纂所編　東京大学出版会　1986.3　12,472p　22cm　5000円　Ⓘ4-13-090377-2　Ⓝ210.088　〔03661〕

◇大日本史料　第8編之28　後土御門天皇（延徳元年6月～同年10月）　東京大學史料編纂所編　東京大学出版会　1986.3　15,442p　22cm　5000円　Ⓘ4-13-090378-0　Ⓝ210.088　〔03662〕

◇大日本史料　第8編之29　後土御門天皇（延徳元年十月～同年十二月）　東京大學史料編纂所編　東京大学出版会　1986.4　340p　22cm　5000円　Ⓘ4-13-090379-9　Ⓝ210.088　〔03663〕

◇大日本史料　第8編之30　後土御門天皇　延徳元年年末雑載　東京大學史料編纂所編纂　東京大学　東京大学出版会（発売）　1976　391p　22cm　4000円　Ⓝ210.08　〔03664〕

◇大日本史料　第8編之30　後土御門天皇（延徳元年雑載）　東京大學史料編纂所編　東京大学出版会　1986.4　391p　22cm　5000円　Ⓘ4-13-090380-2　Ⓝ210.088　〔03665〕

◇大日本史料　第8編之31　後土御門天皇―延徳元年年末雑載　東京大学史料編纂所編纂　東京大学　1979.3　399p　22cm　4500円　Ⓝ210.08　〔03666〕

◇大日本史料　第8編之32　後土御門天皇―（延徳元年雑載）　東京大學史料編纂所編　東京大学出版会　1983.3　500p　22cm　6400円　Ⓝ210.088　〔03667〕

◇大日本史料　第8編之32　後土御門天皇　延徳元年雑載　東京大学史料編纂所編纂　東京大学出版会　1999.9　500p　22cm　14000円　Ⓘ4-13-090382-9　Ⓝ210.088　〔03668〕

◇大日本史料　第8編之33　後土御門天皇（延徳元年雑載）　東京大學史料編纂所編　東京大学出版会　1985.11　441,110p　22cm　7600円　Ⓘ4-13-090383-7　Ⓝ210.088　〔03669〕

◇大日本史料　第8編之33　後土御門天皇　延徳元年雑載　東京大学史料編纂所編纂　東京大学出版会　1999.10　441,110p　22cm　14000円　Ⓘ4-13-090383-7　Ⓝ210.088　〔03670〕

◇大日本史料　第8編之34　後土御門天皇　延徳2年正月　東京大学史料編纂所編纂　東京大学　1989.3　566p　22cm　8000円　Ⓝ210.088　〔03671〕

◇大日本史料　第8編之36　後土御門天皇　延徳2年3月～同年4月　東京大学史料編纂所編纂　東京大学　1995.3　352p　22cm　5800円　Ⓝ210.088　〔03672〕

◇大日本史料　第8編之37　後土御門天皇　延徳2年5月―同年7月　東京大学史料編纂所編纂　東京大学史料編纂所　1998.3　446p　22cm　8000円　Ⓘ4-13-090387-X　Ⓝ210.088　〔03673〕

◇大日本史料　第8編之38　後土御門天皇　延徳2年8月―同年閏8月　東京大学史料編纂所編纂　東京大学史料編纂

所　2001.3　419p　22cm　7600円　Ⓘ4-13-090388-8　Ⓝ210.088
〔03674〕
◇大日本史料　第8編之39　後土御門天皇　延徳2年9月—同年11月　東京大学史料編纂所編纂　東京大学史料編纂所　2004.3　392p　22cm　7300円　Ⓘ4-13-090389-6　Ⓝ210.088
〔03675〕
◇大日本史料　第8編之40　後土御門天皇　延徳2年12月　東京大学史料編纂所編纂　東京大学出版会（発売）　2007.3　467p　22cm　12000円　Ⓘ978-4-13-090390-5　Ⓝ210.088
〔03676〕
◇大日本史料　第8編之1-28　東京大学史料編纂所編　東京大学　1913-1968　28冊　22cm　Ⓝ210.08　〔03677〕

◆◆大日本史料（9）
◇大日本史料　第9編之1　後柏原天皇（永正5年6月～同6年9月）　東京大学史料編纂所編　東京大学出版会　1986.5　46, 987p　22cm　10000円　Ⓘ4-13-090401-9　Ⓝ210.088
〔03678〕
◇大日本史料　第9編之2　後柏原天皇（永正6年10月～同7年12月）　東京大学史料編纂所編　東京大学出版会　1986.6　977p　22cm　10000円　Ⓘ4-13-090402-7　Ⓝ210.088
〔03679〕
◇大日本史料　第9編之4　後柏原天皇　永正9年4月～同10年12月　東京大学史料編纂所編纂　東京大学出版会　1986.8　960p　22cm　10000円　Ⓘ4-13-090404-3　Ⓝ210.088
〔03680〕
◇大日本史料　第9編之5　後柏原天皇　永正11年正月～同12年12月　東京大学史料編纂所編纂　東京大学出版会　1986.9　939p　22cm　10000円　Ⓘ4-13-090405-1　Ⓝ210.088
〔03681〕
◇大日本史料　第9編之6　後柏原天皇　永正12年是歳～同14年6月　東京大学史料編纂所編纂　東京大学出版会　1986.10　988p　22cm　10000円　Ⓘ4-13-090406-X　Ⓝ210.088
〔03682〕
◇大日本史料　第9編之7　後柏原天皇　永正14年7月～同15年5月　東京大学史料編纂所編纂　東京大学出版会　1986.10　797p　22cm　10000円　Ⓘ4-13-090407-8　Ⓝ210.088
〔03683〕
◇大日本史料　第9編之8　後柏原天皇　東京大学史料編纂所編　1944-58　22cm　Ⓝ210.088　〔03684〕
◇大日本史料　第9編之8　後柏原天皇　永正15年6月～同年雑載　東京大学史料編纂所編纂　東京大学出版会　1986.12　542, 10p　22cm　8000円　Ⓘ4-13-090408-6　Ⓝ210.088
〔03685〕
◇大日本史料　第9編之9　後柏原天皇　東京大学史料編纂所編　1944-58　22cm　Ⓝ210.088　〔03686〕
◇大日本史料　第9編之9　後柏原天皇　永正16年正月～同年10月　東京大学史料編纂所編纂　東京大学出版会　1986.12　469, 9p　22cm　8000円　Ⓘ4-13-090409-4　Ⓝ210.088
〔03687〕
◇大日本史料　第9編之10　後柏原天皇　東京大学史料編纂所編　1944-58　22cm　Ⓝ210.088　〔03688〕
◇大日本史料　第9編之10　後柏原天皇　永正16年10月～同17年3月　東京大学史料編纂所編纂　東京大学出版会　1987.1　475p　22cm　8000円　Ⓘ4-13-090410-8　Ⓝ210.088
〔03689〕
◇大日本史料　第9編之11　後柏原天皇　永正17年4月～同年雑載　東京大学史料編纂所編纂　東京大学出版会　1987.1　492p　22cm　8000円　Ⓘ4-13-090411-6　Ⓝ210.088
〔03690〕

◇大日本史料　第9編之12　後柏原天皇　永正17年雑載～大永元年4月　東京大学史料編纂所編纂　東京大学出版会　1987.2　443, 3p　22cm　7000円　Ⓘ4-13-090412-4　Ⓝ210.088
〔03691〕
◇大日本史料　第9編之13　後柏原天皇　大永元年5月～同年12月　東京大学史料編纂所編纂　東京大学出版会　1987.2　465p　22cm　7000円　Ⓘ4-13-090413-2　Ⓝ210.088
〔03692〕
◇大日本史料　第9編之14　後柏原天皇　大永元年是歳～同年雑載　東京大学史料編纂所編纂　東京大学出版会　1987.3　557p　22cm　8000円　Ⓘ4-13-090414-0　Ⓝ210.088
〔03693〕
◇大日本史料　第9編之15　後柏原天皇—大永2年正月-同2年3月　東京大学史料編纂所編纂　東京大学　1977.3　446p　図　22cm　4000円　Ⓝ210.08　〔03694〕
◇大日本史料　第9編之15　後柏原天皇　大永2年正月～同年3月　東京大学史料編纂所編纂　東京大学　1987.3　446p　22cm　7000円　Ⓘ4-13-090415-9　Ⓝ210.088
〔03695〕
◇大日本史料　第9編之16　後柏原天皇—大永2年4月-同年9月　東京大学史料編纂所編纂　東京大学　1980.3　375p　22cm　5000円　Ⓝ210.088
〔03696〕
◇大日本史料　第9編之17　後柏原天皇　大永2年10月-同年雑載　東京大学史料編纂所編纂　東京大学　1984.3　450p　22cm　6400円　Ⓝ210.088
〔03697〕
◇大日本史料　第9編之17　後柏原天皇　大永2年10月—同年雑載　東京大学史料編纂所編纂　東京大学出版会　1999.12　450p　22cm　12000円　Ⓘ4-13-090417-5　Ⓝ210.088
〔03698〕
◇大日本史料　第9編之18　後柏原天皇　大永2年雑載　東京大学史料編纂所編纂　東京大学　1987.2　558p　22cm　7600円　Ⓝ210.088
〔03699〕
◇大日本史料　第9編之18　後柏原天皇　大永2年雑載　東京大学史料編纂所編纂　東京大学出版会　2000.1　558p　22cm　14000円　Ⓘ4-13-090418-3　Ⓝ210.088
〔03700〕
◇大日本史料　第9編之19　後柏原天皇　大永3年正月～同年4月　東京大学史料編纂所編纂　東京大学　1991.3　445p　22cm　7800円　Ⓝ210.088
〔03701〕
◇大日本史料　第9編之20　後柏原天皇　大永3年4月～同年9月　東京大学史料編纂所編纂　東京大学　1994.3　472p　22cm　9476円　Ⓘ4-13-090420-5　Ⓝ210.088
〔03702〕
◇大日本史料　第9編之21　後柏原天皇　大永3年10月—同年雑載　東京大学史料編纂所編纂　東京大学　1997.3　339p　22cm　6500円　Ⓘ4-13-090421-3　Ⓝ210.088
〔03703〕
◇大日本史料　第9編之22　後柏原天皇　大永3年雑載　東京大学史料編纂所編纂　東京大学史料編纂所　2000.3　407p　22cm　7100円　Ⓘ4-13-090422-1　Ⓝ210.088
〔03704〕
◇大日本史料　第9編之23　後柏原天皇　大永3年雑載　東京大學史料編纂所編纂　東京大学史料編纂所　2003.3　331p　22cm　6200円　Ⓘ4-13-090423-X　Ⓝ210.088
〔03705〕
◇大日本史料　第9編之24　後柏原天皇　大永3年雑載　東京大學史料編纂所編纂　東京大学出版会（発売）　2006.3　460p　22cm　9800円　Ⓘ4-13-090424-8　Ⓝ210.088
〔03706〕

室町時代　　　　　　　中世史

◇大日本史料　第9編之1-13　東京大学史料編纂所編　東京大学　1928-1958　13冊　22cm　Ⓝ210.08　〔03707〕

◆◆史料綜覧（室町時代）

◇史料綜覧　巻7　南北朝時代之2,室町時代之1　東京大学史料編纂所編　印刷局朝陽会　1923-1957　22cm　Ⓝ210.08　〔03708〕

◇史料綜覧　巻7　南北朝時代之2　南朝文中2年・北朝応安6年～南朝元中9年・北朝明徳3年.室町時代之1 明徳3年～文安5年　東京大学史料編纂所編纂　東京大学出版会　1982.1　780p　22cm　7000円　Ⓝ210.088　〔03709〕

◇史料綜覧　巻8　室町時代之2　東京大学史料編纂所編　印刷局朝陽会　1923-1957　22cm　Ⓝ210.08　〔03710〕

◇史料綜覧　巻8　室町時代之2 宝徳元年～明応2年　東京大学史料編纂所編纂　東京大学出版会　1982.1　709p　22cm　7000円　Ⓝ210.088　〔03711〕

◇史料綜覧　巻9　室町時代之3　東京大学史料編纂所編　印刷局朝陽会　1923-1957　22cm　Ⓝ210.08　〔03712〕

◇史料綜覧　巻9　室町時代之3 明応3年～天文5年　東京大学史料編纂所編纂　東京大学出版会　1982.1　775p　22cm　7000円　Ⓝ210.088　〔03713〕

◇史料綜覧　巻10　室町時代之4,安土時代之1　東京大学史料編纂所編　印刷局朝陽会　1923-1957　22cm　Ⓝ210.08　〔03714〕

◇史料綜覧　巻10　室町時代之4 天文6年～永禄11年.安土時代之1 永禄11年～元亀3年　東京大学史料編纂所編纂　東京大学出版会　1982.2　822p　22cm　7000円　Ⓝ210.088　〔03715〕

◇史料綜覧　巻9-10　東京帝国大学文学部史料編纂所編　内閣印刷局朝陽会　1936-1938　2冊　23cm　Ⓝ210　〔03716〕

◆◆建内記

◇大日本古記録　建内記 1　自応永二十一年十二月至正長元年十二月　東京大学史料編纂所編纂　岩波書店　1987.1　282p　22cm　4000円　①4-00-009567-6　Ⓝ210.088　〔03717〕

◇大日本古記録　建内記 2　自永享元年正月至永享十一年六月　東京大学史料編纂所編纂　岩波書店　1987.1　370p　22cm　5000円　①4-00-009568-4　Ⓝ210.088　〔03718〕

◇大日本古記録　建内記 3　自永享十一年十月至嘉吉元年七月　東京大学史料編纂所編纂　岩波書店　1987.1　318p　22cm　4400円　①4-00-009569-2　Ⓝ210.088　〔03719〕

◇大日本古記録　建内記 4　自嘉吉元年八月至嘉吉元年十一月　東京大学史料編纂所編纂　岩波書店　1987.1　274p　22cm　3800円　①4-00-009570-6　Ⓝ210.088　〔03720〕

◇大日本古記録　建内記 5　自嘉吉元年十二月至嘉吉三年三月　東京大学史料編纂所編纂　岩波書店　1987.1　245p　22cm　3500円　①4-00-009571-4　Ⓝ210.088　〔03721〕

◇大日本古記録　建内記 6　自嘉吉三年五月至文安元年三年　東京大学史料編纂所編纂　岩波書店　1987.1　282p　22cm　4700円　①4-00-009572-2　Ⓝ210.088　〔03722〕

◇大日本古記録　建内記 7　自文安元年四月至文安四年閏二月　東京大学史料編纂所編纂　岩波書店　1987.1　299p　22cm　5600円　①4-00-009573-0　Ⓝ210.088　〔03723〕

◇大日本古記録—建内記 9　文安4年7月～11月　（上）東京大學史料編纂所編纂　岩波書店　1982.10　255p　22cm　6800円　Ⓝ210.088　〔03724〕

◇大日本古記録　建内記 10　東京大學史料編纂所編　岩波書店　1986.1　368p　22cm　11000円　①4-00-009526-9　Ⓝ210.088　〔03725〕

◇大日本古記録　〔14〕4　建内記 4　東京大学史料編纂所編　万里小路時房著　岩波書店　1970　274p 図版　22cm　2200円　Ⓝ210.088　〔03726〕

◇大日本古記録　〔14〕5　建内記 5　東京大学史料編纂所編纂　万里小路時房著　岩波書店　1972　245p 図　22cm　2500円　Ⓝ210.088　〔03727〕

◇大日本古記録　〔14〕6　建内記 6　東京大学史料編纂所編纂　万里小路時房著　岩波書店　1974　282p 図　22cm　4500円　Ⓝ210.088　〔03728〕

◇大日本古記録　〔14〕7　建内記 7　東京大学史料編纂所編纂　万里小路時房著　岩波書店　1976　299p 図　22cm　5400円　Ⓝ210.088　〔03729〕

◇大日本古記録　〔第14〕8　建内記 8 文安4年3月～文安4年6月　東京大学史料編纂所編纂　万里小路時房著　岩波書店　1978.2　212p　22cm　5000円　Ⓝ210.08　〔03730〕

◇大日本古記録　〔第14〕9　建内記 9 文安4年7月～文安4年11月上　東京大学史料編纂所編纂　万里小路時房著　岩波書店　1982.10　255p　22cm　6800円　Ⓝ210.088　〔03731〕

◇大日本古記録　〔第14〕10　建内記 10 文安4年11月中～康正元年8月　東京大学史料編纂所編纂　万里小路時房著　岩波書店　1986.1　368p　22cm　11000円　①4-00-009526-9　Ⓝ210.088　〔03732〕

◆◆大乗院寺社雑事記

◇続史料大成　第26巻　大乗院寺社雑事記 1 宝徳2年正月～長禄2年11月　竹内理三編　尋尊著　増補　京都　臨川書店　1978.4　531p　22cm　5500円　Ⓝ210.08　〔03733〕

◇続史料大成　第27巻　大乗院寺社雑事記 2 長禄2年12月～寛正2年7月　竹内理三編　尋尊著　増補　京都　臨川書店　1978.4　502p　22cm　5500円　Ⓝ210.08　〔03734〕

◇続史料大成　第29巻　大乗院寺社雑事記 4 寛正6年10月～文明2年9月　竹内理三編　尋尊著　増補　京都　臨川書店　1978.4　497p　22cm　5500円　Ⓝ210.08　〔03735〕

◇続史料大成　第30巻　大乗院寺社雑事記 5 文明2年10月～文明6年6月　竹内理三編　尋尊著　増補　京都　臨川書店　1978.6　492p　22cm　5500円　Ⓝ210.08　〔03736〕

◇続史料大成　第31巻　大乗院寺社雑事記 6 文明6年7月～文明11年3月　竹内理三編　尋尊著　増補　京都　臨川書店　1978.6　517p　22cm　5500円　Ⓝ210.08　〔03737〕

◇続史料大成　第32巻　大乗院寺社雑事記 7 文明11年4月～文明15年3月　竹内理三編　尋尊著　増補　京都　臨川書店　1978.6　510p　22cm　5500円　Ⓝ210.08　〔03738〕

◇続史料大成　第33巻　大乗院寺社雑事記　8 文明15年4月～文明18年10月　竹内理三編　尋尊著　増補　京都　臨川書店　1978.6　506p　22cm　5500円　Ⓝ210.08
〔03739〕
◇続史料大成　第34巻　大乗院寺社雑事記　9 文明18年11月～延徳2年12月　竹内理三編　尋尊著　増補　京都　臨川書店　1978.7　502p　22cm　5500円　Ⓝ210.08
〔03740〕
◇続史料大成　第35巻　大乗院寺社雑事記　10 延徳3年正月～明応4年12月　竹内理三編　尋尊著　増補　京都　臨川書店　1978.7　490p　22cm　5500円　Ⓝ210.08
〔03741〕
◇続史料大成　第36巻　大乗院寺社雑事記　11 明応5年正月～永正元年4月　竹内理三編　尋尊著　増補　京都　臨川書店　1978.7　502p　22cm　5500円　Ⓝ210.08
〔03742〕
◇続史料大成　第37巻　大乗院寺社雑事記　12（永正元年5月～永正5年正月）補遺・日記目録　竹内理三編　尋尊著　増補　京都　臨川書店　1978.7　496,2p　22cm　5500円　Ⓝ210.08
〔03743〕
◇大乗院寺社雑事記　第1巻　尋尊大僧正記　辻善之助編・校訂　角川書店　1964　22cm　Ⓝ210.46　〔03744〕
◇大乗院寺社雑事記　第2巻　尋尊大僧正記　辻善之助編・校訂　角川書店　1964　22cm　Ⓝ210.46　〔03745〕
◇大乗院寺社雑事記　第3巻　尋尊大僧正記　辻善之助編・校訂　角川書店　1964　22cm　Ⓝ210.46　〔03746〕
◇大乗院寺社雑事記　第4巻　尋尊大僧正記　辻善之助編・校訂　角川書店　1964　22cm　Ⓝ210.46　〔03747〕
◇大乗院寺社雑事記　第5巻　尋尊大僧正記　辻善之助編・校訂　角川書店　1964　22cm　Ⓝ210.46　〔03748〕
◇大乗院寺社雑事記　第6巻　尋尊大僧正記　辻善之助編・校訂　角川書店　1964　22cm　Ⓝ210.46　〔03749〕
◇大乗院寺社雑事記　第7巻　尋尊大僧正記　辻善之助編・校訂　角川書店　1964　22cm　Ⓝ210.46　〔03750〕
◇大乗院寺社雑事記　第8巻　尋尊大僧正記　辻善之助編・校訂　角川書店　1964　22cm　Ⓝ210.46　〔03751〕
◇大乗院寺社雑事記　第9巻　尋尊大僧正記　辻善之助編・校訂　角川書店　1964　22cm　Ⓝ210.46　〔03752〕
◇大乗院寺社雑事記　第10巻　尋尊大僧正記　辻善之助編・校訂　角川書店　1964　22cm　Ⓝ210.46　〔03753〕
◇大乗院寺社雑事記　第11巻　尋尊大僧正記　辻善之助編・校訂　角川書店　1964　22cm　Ⓝ210.46　〔03754〕
◇大乗院寺社雑事記　第12巻　尋尊大僧正記　辻善之助編・校訂　角川書店　1964　22cm　Ⓝ210.46　〔03755〕
◇大乗院寺社雑事記—ある門閥僧侶の没落の記録　鈴木良一著　そしえて　1983.3　305p　22cm　（日記・記録による日本歴史叢書 古代・中世編 18）　6000円　Ⓘ4-88169-717-X　Ⓝ210.46　〔03756〕
◇大乗院寺社雑事記　第1巻　尋尊大僧正記　1-9（自宝徳2年正月至長禄2年11月）　辻善之助編　潮書房　1931　531p　22cm　Ⓝ210.4　〔03757〕
◇大乗院寺社雑事記　1　京都　臨川書店　2001.7　531p　21cm　（続史料大成 増補 普及版 26）　Ⓘ4-653-03771-X, 4-653-03783-3　Ⓝ210.46　〔03758〕
◇大乗院寺社雑事記　2　京都　臨川書店　2001.7　502p　21cm　（続史料大成 増補 普及版 27）　Ⓘ4-653-03772-8, 4-653-03783-3　Ⓝ210.46　〔03759〕
◇大乗院寺社雑事記　3　京都　臨川書店　2001.7　524p　21cm　（続史料大成 増補 普及版 28）　Ⓘ4-653-03773-6, 4-653-03783-3　Ⓝ210.46　〔03760〕

◇大乗院寺社雑事記　4　京都　臨川書店　2001.7　497p　21cm　（続史料大成 増補 普及版 29）　Ⓘ4-653-03774-4, 4-653-03783-3　Ⓝ210.46　〔03761〕
◇大乗院寺社雑事記　5　京都　臨川書店　2001.7　492p　21cm　（続史料大成 増補 普及版 30）　Ⓘ4-653-03775-2, 4-653-03783-3　Ⓝ210.46　〔03762〕
◇大乗院寺社雑事記　6　京都　臨川書店　2001.7　517p　21cm　（続史料大成 増補 普及版 31）　Ⓘ4-653-03776-0, 4-653-03783-3　Ⓝ210.46　〔03763〕
◇大乗院寺社雑事記　7　京都　臨川書店　2001.7　510p　21cm　（続史料大成 増補 普及版 32）　Ⓘ4-653-03777-9, 4-653-03783-3　Ⓝ210.46　〔03764〕
◇大乗院寺社雑事記　第8巻（抜粋）　尋尊大僧正記　〔106-119〕（自文明15年4月至文明17年6月）　辻善之助編　三教書院　1934　320p　23cm　Ⓝ210.4　〔03765〕
◇大乗院寺社雑事記　8　京都　臨川書店　2001.7　510p　21cm　（続史料大成 増補 普及版 33）　Ⓘ4-653-03778-7, 4-653-03783-3　Ⓝ210.46　〔03766〕
◇大乗院寺社雑事記　9　京都　臨川書店　2001.7　502p　21cm　（続史料大成 増補 普及版 34）　Ⓘ4-653-03779-5, 4-653-03783-3　Ⓝ210.46　〔03767〕
◇大乗院寺社雑事記　10　京都　臨川書店　2001.7　490p　21cm　（続史料大成 増補 普及版 35）　Ⓘ4-653-03780-9, 4-653-03783-3　Ⓝ210.46　〔03768〕
◇大乗院寺社雑事記　11　京都　臨川書店　2001.7　502p　21cm　（続史料大成 増補 普及版 36）　Ⓘ4-653-03781-7, 4-653-03783-3　Ⓝ210.46　〔03769〕
◇大乗院寺社雑事記　第12巻　尋尊大僧正記第189至第196（永正元年5月至永正5年3月），補遺 第1至第19　大乗院日記目録 第1至4（治暦元年至永正元年）　辻善之助編　三教書院　1937　496p　23cm　Ⓝ210.4　〔03770〕
◇大乗院寺社雑事記　12　京都　臨川書店　2001.7　496p　21cm　（続史料大成 増補 普及版 37）　Ⓘ4-653-03782-5, 4-653-03783-3　Ⓝ210.46　〔03771〕
◇大乗院寺社雑事記　第2-11巻　尋尊大僧正記　10-188（自長禄2年12月至永正元年4月）　辻善之助編　三教書院　1931-1936　10冊　23cm　Ⓝ210.4　〔03772〕
◇大乗院寺社雑事記研究論集　第1巻　大乗院寺社雑事記研究会編　大阪　和泉書院　2001.2　328p　22cm　7500円　Ⓘ4-7576-0092-5　Ⓝ210.46　〔03773〕
◇大乗院寺社雑事記研究論集　第2巻　大乗院寺社雑事記研究会編　大阪　和泉書院　2003.1　343p　22cm　7500円　Ⓘ4-7576-0187-5　Ⓝ210.46　〔03774〕
◇大乗院寺社雑事記研究論集　第3巻　大乗院寺社雑事記研究会編　大阪　和泉書院　2006.10　318p　22cm　7500円　Ⓘ4-7576-0393-2　Ⓝ210.46　〔03775〕
◇大乗院寺社雑事記紙背文書—国立公文書館所蔵　第1巻　尋尊著，佐藤進一，笠松宏至，永村眞編　勉誠出版　2002.11　368p　22cm　9800円　Ⓘ4-585-10088-1　Ⓝ210.46　〔03776〕
◇大乗院寺社雑事記紙背文書—国立公文書館所蔵　第2巻　尋尊著，佐藤進一，笠松宏至，永村眞編　勉誠出版　2006.3　395p　22cm　10600円　Ⓘ4-585-03132-4　Ⓝ210.46　〔03777〕
◇大乗院寺社雑事記総索引　上巻　人名篇　史料研究の会編　京都　臨川書店　1988.2　435p　22cm　7000円　Ⓘ4-653-01689-5　Ⓝ210.46　〔03778〕
◇大乗院寺社雑事記総索引　下巻　地名・件名篇　史料研究の会編　京都　臨川書店　1989.6　494p　22cm　7725円　Ⓘ4-653-01690-9　Ⓝ210.46　〔03779〕

◇大乗院寺社雑事記の研究　森田恭二著　大阪　和泉書院　1997.3　368p　22cm　（日本史研究叢刊 8）　7500円＋税　Ⓘ4-87088-855-6　Ⓝ210.46　〔03780〕

◆◆看聞日記

◇看聞御記―「王者」と「衆庶」のはざまにて　横井清著　そしえて　1979.12　349p　22cm　（日記・記録による日本歴史叢書 古代・中世編 16）　4500円　Ⓝ210.46　〔03781〕

◇看聞日記　1　伏見宮貞成親王著,宮内庁書陵部編　明治書院　2002.3　321p　22cm　（図書寮叢刊）　18000円　Ⓘ4-625-42305-8　Ⓝ210.46　〔03782〕

◇看聞日記　2　伏見宮貞成親王著,宮内庁書陵部編　明治書院　2004.3　310p　22cm　（圖書寮叢刊）　16400円　Ⓘ4-625-42307-4　Ⓝ210.46　〔03783〕

◇看聞日記　3　伏見宮貞成親王著　宮内庁書陵部　2006.3　338p　22cm　（図書寮叢刊）　Ⓝ210.46　〔03784〕

◇看聞日記　3　伏見宮貞成親王著,宮内庁書陵部編　明治書院　2006.4　338p　22cm　（図書寮叢刊）　19000円　Ⓘ4-625-42309-0　Ⓝ210.46　〔03785〕

◇看聞日記紙背文書　宮内庁書陵部　1987.2　1軸　33cm　Ⓝ911.14　〔03786〕

◇看聞日記紙背文書　宮内庁書陵部編　吉川弘文館　1987.3　1軸p　33cm　90000円　Ⓘ4-642-02617-7　Ⓝ911.14　〔03787〕

◇室町時代の一皇族の生涯―『看聞日記』の世界　横井清著　講談社　2002.11　415p　15cm　（講談社学術文庫）　1400円　Ⓘ4-06-159572-5　Ⓝ210.46　〔03788〕

◆◆薩戒記

◇薩戒記　1　中山定親著　岩波書店　2000.3　259p　22cm　（大日本古記録）　8500円　Ⓘ4-00-009743-1　Ⓝ210.46　〔03789〕

◇薩戒記　2　中山定親著　岩波書店　2003.3　272p　22cm　（大日本古記録）　8600円　Ⓘ4-00-009746-6　Ⓝ210.46　〔03790〕

◇薩戒記　3　中山定親著　岩波書店　2006.3　263p　22cm　（大日本古記録）　8600円　Ⓘ4-00-009748-2　Ⓝ210.46　〔03791〕

◆◆師郷記

◇史料纂集　師郷記 第1　自應永二十七年正月至永享四年十二月　藤井貞文校訂,小林花子校訂　続群書類従完成会　1985.1　239p　22cm　5500円　Ⓝ210.08　〔03792〕

◇史料纂集　古記録編 73　師郷記　第2　藤井貞文校訂,小林花子校訂　続群書類従完成会　1985.9　225p　22cm　5500円　Ⓝ210.088　〔03793〕

◇史料纂集　古記録編 77　師郷記　第3　藤井貞文校訂,小林花子校訂　続群書類従完成会　1986.7　242p　22cm　5600円　Ⓝ210.088　〔03794〕

◇史料纂集　古記録編 81　師郷記　第4　藤井貞文校訂,小林花子校訂　続群書類従完成会　1987.2　265p　22cm　6200円　Ⓝ210.088　〔03795〕

◇史料纂集　古記録編84　師郷記　第5　藤井貞文校訂,小林花子校訂　続群書類従完成会　1988.4　276p　22cm　6200円　Ⓝ210.088　〔03796〕

◆◆蔭涼軒日録

◇蔭涼軒日録―室町禅林とその周辺　藤木英雄著　そしえて　1987.2　296p　22cm　（日記・記録による日本歴史叢書 古代・中世編 別篇 1）　6000円　Ⓘ4-88169-724-2　Ⓝ188.82　〔03797〕

◇続史料大成　第22巻　蔭涼軒日録　2 寛正6年正月～文明19年9月　竹内理三編　季瓊真蘂著　増補　京都　臨川書店　1978.9　580p　22cm　5400円　Ⓝ210.08　〔03798〕

◇続史料大成　第23巻　蔭涼軒日録　3 長享元年10月～延徳元年12月　竹内理三編　季瓊真蘂著　増補　京都　臨川書店　1978.9　560p　22cm　5400円　Ⓝ210.08　〔03799〕

◇続史料大成　第24巻　蔭涼軒日録　4 延徳2年正月～延徳3年12月　竹内理三編　季瓊真蘂著　増補　京都　臨川書店　1978.9　540p　22cm　5400円　Ⓝ210.08　〔03800〕

◇続史料大成　第25巻　蔭涼軒日録　5 延徳4年正月～明応2年9月　竹内理三編　季瓊真蘂著　増補　京都　臨川書店　1978.9　419, 7p　22cm　5400円　Ⓝ210.08　〔03801〕

◆◆親俊日記

◇續史料大成　第13巻　親孝日記　親俊日記 1（天文7年正月―天文8年12月）　竹内理三編　蜷川親孝著,蜷川親俊著　増補　京都　臨川書店　1967.3（第3刷:1994.5）　336p　22cm　Ⓘ4-653-00462-5, 4-653-02735-8　Ⓝ210.088　〔03802〕

◇続　史料大成　第14　親俊日記　竹内理三編　蜷川親俊　京都　臨川書店　1967　22cm　Ⓝ210.08　〔03803〕

◇續史料大成　第14巻　親俊日記 2（天文11年―天文21年）　結番日記　伺事記録　竹内理三編　蜷川親俊著, 飯尾宗勝著　増補　京都　臨川書店　1967.3（第3刷:1994.5）　368p　22cm　Ⓘ4-653-00463-3, 4-653-02735-8　Ⓝ210.088　〔03804〕

◇続史料大成　第14巻　親俊日記　2 天文11年～天文21年　竹内理三編　蜷川親俊著　増補　京都　臨川書店　1978.12　368p　22cm　4250円　Ⓝ210.08　〔03805〕

◇親俊日記　蜷川親俊著,坪井九馬三, 日下寛校　吉川半七　1902.2　3冊　23cm　（文科大学史誌叢書）　Ⓝ210.4　〔03806〕

◇落日の室町幕府―蜷川親俊日記を読む　水藤真著　吉川弘文館　2006.1　217, 4p　20cm　2800円　Ⓘ4-642-07950-5　Ⓝ210.47　〔03807〕

◆◆大館常興日記

◇大館常興日記――名・公儀日記　坪井九馬三, 日下寛校　吉川半七　1898.8　6冊　23cm　（文科大学史誌叢書）　Ⓝ210.5　〔03808〕

◇続　史料大成　第15　大館常興日記　竹内理三編　京都　臨川書店　1967　22cm　Ⓝ210.08　〔03809〕

◇續史料大成　第15巻　大館常興日記　1　竹内理三編　大館常興著　増補　京都　臨川書店　1967.3（第5刷:1994.6）　303p　22cm　Ⓘ4-653-00455-2, 4-653-02736-6　Ⓝ210.088　〔03810〕

◇続史料大成　第15巻　大館常興日記　1 天文7年9月～天文9年4月　竹内理三編　増補　京都　臨川書店　1978.12　303p　22cm　3500円　Ⓝ210.08　〔03811〕

中世史　　　　　　　　　　　　　　　　　　　　　　　　　　　　　　　　　　室町時代

◇続　史料大成　第16　大館常興日記　竹内理三編　京都　臨川書店　1967　22cm　Ⓝ210.08　〔03812〕
◇續史料大成　第16巻　大館常興日記 2　竹内理三編　大館常興著　増補　京都　臨川書店　1967.3（第5刷:1994.6）282p　22cm　Ⓘ4-653-00456-0, 4-653-02736-6　Ⓝ210.088　〔03813〕
◇続史料大成　第16巻　大館常興日記 2 天文9年5月～天文10年12月　竹内理三　増補　京都　臨川書店　1978.12　282p　22cm　3500円　Ⓝ210.08　〔03814〕
◇続　史料大成　第17　大館常興日記　竹内理三編　京都　臨川書店　1967　22cm　Ⓝ210.08　〔03815〕
◇續史料大成　第17巻　大館常興日記 3　竹内理三編　大館常興著　増補　京都　臨川書店　1967.3（第5刷:1994.6）228p　22cm　Ⓘ4-653-00457-9, 4-653-02736-6　Ⓝ210.088　〔03816〕
◇続史料大成　第17巻　大館常興日記 3 天文11年2月～天文11年9月　紙背文書　竹内理三編　増補　京都　臨川書店　1978.12　228p　22cm　3500円　Ⓝ210.08　〔03817〕

◆◆親元日記
◇続　史料大成　第11　親元日記　竹内理三編　蜷川親元　京都　臨川書店　1967　22cm　Ⓝ210.08　〔03818〕
◇續史料大成　第11巻　親元日記 2（寛正6年10月—文明15年6月）竹内理三編　蜷川親元著　増補　京都　臨川書店　1967.8（第4刷:1994.5）376p　22cm　Ⓘ4-653-00460-9, 4-653-02734-X　Ⓝ210.088　〔03819〕
◇続史料大成　第11巻　親元日記 2 寛正6年10月～文明15年6月　竹内理三編　蜷川親元著　増補　京都　臨川書店　1978.12　376p　22cm　4250円　Ⓝ210.08　〔03820〕
◇続　史料大成　第12　親元日記〔ほか〕　竹内理三編　蜷川親元　京都　臨川書店　1967　22cm　Ⓝ210.08　〔03821〕
◇續史料大成　第12巻　親元日記 3（文明17年・政所内評定記録・政所賦銘引付）親元日記 4（文明9年春夏）竹内理三編　蜷川親元著, 蜷川親元著　増補　京都　臨川書店　1967.8（第4刷:1994.5）408p　22cm　Ⓘ4-653-00461-7, 4-653-02734-X　Ⓝ210.088　〔03822〕
◇続史料大成　第12巻　親元日記 3 文明17年・政所内評定記録・政所賦銘引付　竹内理三編　増補　京都　臨川書店　1978.12　408p　22cm　4250円　Ⓝ210.08　〔03823〕
◇親元日記　蜷川親元著, 坪井九馬三, 日下寛校　吉川半七　1902.6　6冊　図版　23cm　（文科大学史誌叢書）Ⓝ210.4　〔03824〕

◆◆八坂神社記録
◇續史料大成　第43巻　八坂神社記録 1　竹内理三編　八坂神社社務所編　増補　京都　臨川書店　1978.10（5刷:1999.10）393p　22cm　Ⓘ4-653-00492-7, 4-653-00491-9　Ⓝ210.088　〔03825〕
◇續史料大成　第44巻　八坂神社記録 2　竹内理三編　八坂神社社務所編　増補　京都　臨川書店　1978.10（5刷:1999.10）461p 図版10枚　22cm　Ⓘ4-653-00493-5, 4-653-00491-9　Ⓝ210.088　〔03826〕
◇續史料大成　第45巻　八坂神社記録 3　竹内理三編　八坂神社社務所編　増補　京都　臨川書店　1978.10（5刷:1999.10）600p　22cm　Ⓘ4-653-00494-3, 4-653-00491-9　Ⓝ210.088　〔03827〕
◇續史料大成　第46巻　八坂神社記録 4　竹内理三編　八坂神社社務所編　増補　京都　臨川書店　1978.10（5刷:1999.10）596, 2p　22cm　Ⓘ4-653-00495-1, 4-653-00491-9　Ⓝ210.088　〔03828〕

◆◆親長卿記
◇史料大成　続編　第39　親長卿記　第1　笹川種郎編, 矢野太郎校訂　甘露寺親長著　内外書籍　1940　324p　23cm　Ⓝ210　〔03829〕
◇史料大成　続編　第40　親長卿記　第2　笹川種郎編, 矢野太郎校　内外書籍　1941　326p　22cm　Ⓝ210　〔03830〕
◇史料大成　続編　第41　親長卿記　第3　笹川種郎編, 矢野太郎校　内外書籍　1941　332p　22cm　Ⓝ210　〔03831〕
◇史料大成　続編　第42　親長卿記 補遺　宣胤卿記 第1　笹川種郎編, 矢野太郎校　内外書籍　1943　296p　22cm　Ⓝ210　〔03832〕
◇親長卿記　第1　甘露寺親長著, 飯倉晴武校訂　続群書類従完成会　2000.5　260p　22cm　（史料纂集）9000円　Ⓘ4-7971-1302-2　Ⓝ210.47　〔03833〕
◇親長卿記　第2　甘露寺親長著, 飯倉晴武校訂　続群書類従完成会　2002.9　285p　22cm　（史料纂集 132）10000円　Ⓘ4-7971-1312-X　Ⓝ210.47　〔03834〕
◇親長卿記　第3　甘露寺親長著, 飯倉晴武校訂　続群書類従完成会　2006.6　285p　22cm　（史料纂集 146）11000円　Ⓘ4-7971-1326-X　Ⓝ210.47　〔03835〕

◆◆後法興院記
◇後法興院記　上, 下巻　近衛政家著, 平泉澄校　至文堂　1930　2冊　23cm　Ⓝ210.4　〔03836〕
◇後法興院記 1　近衛政家著, 陽明文庫編　京都　思文閣出版　1990.4　538p　16×23cm　（陽明叢書 記録文書篇 第8輯）14420円　Ⓘ4-7842-0592-6　Ⓝ210.47　〔03837〕
◇後法興院記 2　近衛政家著, 陽明文庫編　京都　思文閣出版　1990.9　518p　16×23cm　（陽明叢書 記録文書篇 第8輯）14420円　Ⓘ4-7842-0616-7　Ⓝ210.47　〔03838〕
◇後法興院記 3　近衛政家著, 陽明文庫編　京都　思文閣出版　1991.2　520p　16×23cm　（陽明叢書 記録文書篇 第8輯）14420円　Ⓘ4-7842-0632-9　Ⓝ210.47　〔03839〕
◇後法興院記 4　近衛政家著, 陽明文庫編　京都　思文閣出版　1991.12　523p　16×23cm　（陽明叢書 記録文書篇 第8輯）14420円　Ⓘ4-7842-0674-4　Ⓝ210.47　〔03840〕
◇続　史料大成　第5　後法興院記　竹内理三編　近衛政家著, 平泉澄校訂　京都　臨川書店　1967　22cm　Ⓝ210.08　〔03841〕
◇続史料大成　第5巻　後法興院記 1 文正元年～文明15年　竹内理三編　近衛政家著　増補　京都　臨川書店　1978.8　412p　22cm　4500円　Ⓝ210.08　〔03842〕
◇続史料大成　第5巻　後法興院記 1—文正元年～文明15年　竹内理三編　近衛政家著　増補〔版〕　京都　臨川書店　1985.8　413p　22cm　Ⓘ4-653-00449-8　Ⓝ210.08　〔03843〕

◇続史料大成　第5巻　後法興院記 1　竹内理三編　近衛政家著　増補　京都　臨川書店　1994.2　412p　22cm　①4-653-00449-8, 4-653-00448-X　Ⓝ210.088
〔03844〕
◇続 史料大成　第6　後法興院記　竹内理三編　近衛政家著, 平泉澄校訂　京都　臨川書店　1967　22cm　Ⓝ210.08
〔03845〕
◇続史料大成　第6巻　後法興院記 2 文明16年～延徳3年　竹内理三編　近衛政家著　増補　京都　臨川書店　1978.8　421p　22cm　4500円　Ⓝ210.08
〔03846〕
◇続史料大成　第6巻　後法興院記 2—文明16年～延徳3年　竹内理三編　近衛政家著　増補〔版〕　京都　臨川書店　1985.8　421p　22cm　①4-653-00450-1　Ⓝ210.08
〔03847〕
◇続史料大成　第6巻　後法興院記 2　竹内理三編　近衛政家著　増補　京都　臨川書店　1994.2　421p　22cm　①4-653-00450-1, 4-653-00448-X　Ⓝ210.088
〔03848〕
◇続 史料大成　第7　後法興院記　竹内理三編　近衛政家著, 平泉澄校訂　京都　臨川書店　1967　22cm　Ⓝ210.08
〔03849〕
◇続史料大成　第7巻　後法興院記 3 明応元年～明応8年　竹内理三編　近衛政家著　増補　京都　臨川書店　1978.8　431p　22cm　4500円　Ⓝ210.08
〔03850〕
◇続史料大成　第7巻　後法興院記 3—明応元年～明応8年　竹内理三編　近衛政家著　増補〔版〕　京都　臨川書店　1985.8　431p　22cm　①4-653-00451-X　Ⓝ210.08
〔03851〕
◇続史料大成　第7巻　後法興院記 3　竹内理三編　近衛政家著　増補　京都　臨川書店　1994.2　431p　22cm　①4-653-00451-X, 4-653-00448-X　Ⓝ210.088
〔03852〕
◇続 史料大成　第8　後法興院記　竹内理三編　近衛政家著, 平泉澄校訂　京都　臨川書店　1967　22cm　Ⓝ210.08
〔03853〕
◇続史料大成　第8巻　後法興院記 4 明応9年～永正2年　竹内理三編　近衛政家著　増補　京都　臨川書店　1978.8　352p　22cm　4500円　Ⓝ210.08
〔03854〕
◇続史料大成　第8巻　後法興院記 4（明応9年～永正2年）　洞院公定公記　竹内理三編　近衛政家, 洞院公定著　増補　京都　臨川書店　1994.2　352p　22cm　①4-653-00452-8, 4-653-00448-X　Ⓝ210.088
〔03855〕

◆◆実隆公記

◇実隆公記　巻6　三条西実隆著, 三条西公正編　図書出版　1945　462p　22cm　Ⓝ210.4
〔03856〕
◇実隆公記　巻7　三条西実隆著, 高橋隆三編纂ならびに校訂　続群書類従完成会太洋社　1957　457p 図版　22cm　Ⓝ210.46
〔03857〕
◇實隆公記　巻8　三條西実隆著, 高橋隆三編纂ならびに校訂　続群書類従完成会太洋社　1958　474p 図版　22cm　Ⓝ210.46
〔03858〕
◇實隆公記　巻9　三條西実隆著, 高橋隆三編　続群書類従完成会　1967　326p 図版　22cm　Ⓝ210.46
〔03859〕
◇實隆公記　巻12　三條西実隆著, 高橋隆三編纂ならびに校訂　続群書類従完成会　1962　427p 図版　22cm　Ⓝ210.46
〔03860〕
◇實隆公記　巻13　三條西実隆著, 高橋隆三編纂ならびに校訂　続群書類従完成会　1963　430p 図版　22cm　Ⓝ210.46
〔03861〕
◇実隆公記　巻1至3　三条西実隆著, 三条西公正校訂　三条西実義　1931-1933　3冊　23cm　Ⓝ210.4　〔03862〕
◇實隆公記　巻1-3　三條西実隆著, 高橋隆三編纂ならびに校訂　2版　続群書類従完成会太洋社　1958-60　6冊　22cm　Ⓝ210.46
〔03863〕
◇実隆公記　巻1-5　三条西実隆著　三条西実義　1931-1938　5冊 図版　23cm　Ⓝ210.4　〔03864〕
◇實隆公記　巻4上　三條西実隆著, 高橋隆三編纂ならびに校訂　2版　続群書類従完成会　1961　401p　22cm　Ⓝ210.46
〔03865〕
◇実隆公記　巻5 上　三条西実隆著, 高橋隆三編纂ならびに校訂　続群書類従完成会　1963　387p 図版　22cm　Ⓝ210.46
〔03866〕
◇實隆公記　巻5 下　三条西実隆著, 高橋隆三編纂ならびに校訂　続群書類従完成会　1963　388-781p 図版　22cm　Ⓝ210.46
〔03867〕
◇實隆公記　巻6 上　三條西実隆著, 高橋隆三編纂ならびに校訂　続群書類従完成会　1961　312p 図版　23cm　Ⓝ210.46
〔03868〕
◇實隆公記　巻6 下　三條西実隆著, 高橋隆三編纂ならびに校訂　続群書類従完成会　1962　338p 図版　22cm　Ⓝ210.46
〔03869〕
◇實隆公記　巻10-11　三條西実隆著, 高橋隆三編纂ならびに校訂　続群書類従完成会太洋社　1959　2冊　22cm　Ⓝ210.46
〔03870〕

◆◆言国卿記

◇史料纂集—言國卿記　第7　明應十年正月至文龜元年十二月　飯倉晴武校訂　続群書類従完成会　1984.11　227p　22cm　5200円　Ⓝ210.088
〔03871〕
◇史料纂集〔29〕第8　言国卿記　第8　飯倉晴武校訂　続群書類従完成会　1995.3　239p　22cm　8240円　①4-7971-0380-9　Ⓝ210.08
〔03872〕

◆◆鹿苑日録

◇鹿苑日録　第1巻　辻善之助編　太洋社　1934　373p　23cm　Ⓝ210.4
〔03873〕
◇鹿苑日録　第3巻　辻善之助編纂, 辻善之助ほか校訂　続群書類従完成会　1991.9　420p　22cm　①4-7971-0505-4　Ⓝ210.1
〔03874〕
◇鹿苑日録　第1-3巻　辻善之助編　続群書類従完成会　1961　3冊　22cm　Ⓝ210.46
〔03875〕
◇鹿苑日録　索引　辻善之助編　続群書類従完成会　1962　518p　Ⓝ210.46
〔03876〕
◇鹿苑日録　総索引　辻善之助, 野村常重編纂, 辻善之助ほか校訂　続群書類従完成会　1992.2　518p　22cm　①4-7971-0509-7　Ⓝ210.1
〔03877〕

◆◆二水記

◇大日本古記録〔第19〕1　二水記　永正元年正月～永正17年12月　東京大学史料編纂所編纂　鷲尾隆康著　岩波書店　1989.3　259p　22cm　11500円　①4-00-009577-3　Ⓝ210.088
〔03878〕
◇大日本古記録〔第19〕2　二水記　大永元年正月～大永5年3月　東京大学史料編纂所編纂　鷲尾隆康著　岩波書店　1991.10　202p　22cm　9500円　①4-00-009578-1　Ⓝ210.088
〔03879〕

◇大日本古記録　〔第19〕3　二水記　大永5年7月～享禄3年12月　東京大学史料編纂所編纂　鷲尾隆康著　岩波書店　1994.3　266p　22cm　14000円　Ⓘ4-00-009579-X　Ⓝ210.088
〔03880〕

◇大日本古記録　〔第19〕4　二水記　自享禄4年正月～天文2年2月・補遺・別記・附載　東京大学史料編纂所編纂　鷲尾隆康著　岩波書店　1997.3　405p　22cm　15450円　Ⓘ4-00-009741-5　Ⓝ210.088
〔03881〕

◆◆親孝日記
◇続 史料大成　第13　親孝日記〔ほか〕　竹内理三編　蜷川親孝　京都 臨川書店　1967　22cm　Ⓝ210.08
〔03882〕

◇續史料大成　第13巻　親孝日記　親俊日記 1（天文7年正月―天文8年12月）　竹内理三編　蜷川親孝著, 蜷川親俊著　増補　京都 臨川書店　1967.3（第3刷:1994.5）　336p　22cm　Ⓘ4-653-00462-5, 4-653-02735-8　Ⓝ210.088
〔03883〕

◆◆後奈良天皇宸記
◇続 史料大成　第21　伯家五代記, 後奈良天皇？記　竹内理三編　京都 臨川書店　1967　22cm　Ⓝ210.08
〔03884〕

◇天聴集―後奈良天皇宸記　後奈良天皇著, 国民精神文化研究所編　国民精神文化研究所　1942　132p　22cm　（国民精神文化文献 第26）　Ⓝ288.4
〔03885〕

戦国時代

◇今さら聞けない戦国史のツボ　鈴木旭著　日本文芸社　2004.10　219p　19cm　476円　Ⓘ4-537-25237-5　Ⓝ210.47
〔03886〕

◇イラスト日本の歴史　3　戦国に翔ける　服部夕紀著　誠文堂新光社　1989.9　212p　21cm　920円　Ⓘ4-416-78913-0　Ⓝ210.1
〔03887〕

◇岩波講座日本通史　第10巻　中世 4　朝尾直弘ほか編　岩波書店　1994.11　339p　22cm　2800円　Ⓘ4-00-010560-4　Ⓝ210.1
〔03888〕

◇岩波講座 日本歴史　第8　中世〔ほか〕　家永三郎等編　鈴木良一　岩波書店　1963　321p　22cm　Ⓝ210.1
〔03889〕

◇NHKその時歴史が動いた　戦国挽歌編　NHK取材班編　ホーム社, 集英社〔発売〕　2005.4　500p　15cm　（ホーム社漫画文庫）　876円　Ⓘ4-8342-7332-6
〔03890〕

◇お城をめぐる戦国興亡こぼれ話―日本史を揺るがした怒濤の合戦絵巻　村石利夫著　日本文芸社　1992.12　239p　15cm　（にちぶん文庫）　480円　Ⓘ4-537-06211-8　Ⓝ210.48
〔03891〕

◇大人の歴史ドリル 書き込み戦国時代―歴史で遊んで脳を活性化!　河合敦監修　小学館　2006.12　134p　26cm　1200円　Ⓘ4-09-837742-X
〔03892〕

◇面白いほどよくわかる戦国史―動乱の時代を勝ち残った戦国群雄の軌跡　鈴木旭著　日本文芸社　2004.3　305p　19cm　（学校で教えない教科書）　1300円　Ⓘ4-537-25195-6　Ⓝ210.47
〔03893〕

◇おんなたちの戦国史　日本史探検の会編　ぶんか社　2006.6　255p　15cm　（ぶんか社文庫）　590円　Ⓘ4-8211-5052-2　Ⓝ281.04
〔03894〕

◇海外視点・日本の歴史　8　戦国日本と世界　大石慎三郎編　ぎょうせい　1986.2　175p　27cm　2800円　Ⓘ4-324-00262-2　Ⓝ210.1
〔03895〕

◇完全制覇戦国時代―この一冊で歴史に強くなる!　河合敦著　立風書房　1998.4　253p　19cm　1333円　Ⓘ4-651-75203-9　Ⓝ281.04
〔03896〕

◇飢餓と戦争の戦国を行く　藤木久志著　朝日新聞社　2001.11　244p　19cm　（朝日選書）　1300円　Ⓘ4-02-259787-9　Ⓝ210.4
〔03897〕

◇逆説の日本史　9（戦国野望編）　鉄砲伝来と倭寇の謎　井沢元彦著　小学館　2001.12　411p　20cm　1550円　Ⓘ4-09-379420-0　Ⓝ210.04
〔03898〕

◇逆説の日本史　9　戦国野望編　井沢元彦著　小学館　2005.6　481p　15cm　（小学館文庫）　657円　Ⓘ4-09-402009-8
〔03899〕

◇九州戦国合戦記　吉永正春著　福岡 海鳥社　1994.11　312p　19cm　1700円　Ⓘ4-87415-094-2　Ⓝ210.47
〔03900〕

◇クイズ風林火山と戦国時代―血湧き肉躍る! 脳と心を元気にする　黒瀬巌, 山野井亮監修　主婦の友社　2007.4　95p　26cm　950円　Ⓘ978-4-07-255160-8　Ⓝ210.47
〔03901〕

◇クロニック戦国全史　池上裕子ほか編　講談社　1995.12　799p　29cm　14800円　Ⓘ4-06-206016-7　Ⓝ210.47
〔03902〕

◇桑田忠親著作集　第1巻　戦国の時代　秋田書店　1979.10　350p　20cm　1900円　Ⓝ210.47
〔03903〕

◇群雄割拠と天下統一―戦国期　小和田哲男監修・年表解説　世界文化社　2006.4　199p　24cm　（日本の歴史を見る ビジュアル版 5）　2400円　Ⓘ4-418-06212-2　Ⓝ210.47
〔03904〕

◇化天の墓誌　糸井秀夫著　杉並けやき出版　2005.11　202p　19cm　1200円　Ⓘ4-434-07051-8　Ⓝ210.47
〔03905〕

◇考証戦国史伝　稲垣史生著　新人物往来社　1976　239p　20cm　1200円　Ⓝ210.47
〔03906〕

◇コミック版 その時歴史が動いた 逆転の戦国編　NHK取材班編　ホーム社, 集英社〔発売〕　2007.5　498p　15cm　（ホーム社漫画文庫）　876円　Ⓘ978-4-8342-7380-9
〔03907〕

◇紺碧要塞の戦理論―『紺碧の艦隊』の読み方1　荒巻義雄著　徳間書店　1992.4　223p　18cm　（Tokuma novels―戦略裏読みシリーズ 1）　750円　Ⓘ4-19-154838-7　Ⓝ210.47
〔03908〕

◇西国の戦国合戦　山本浩樹著　吉川弘文館　2007.7　291, 7p　20cm　（戦争の日本史 12）　2500円　Ⓘ978-4-642-06322-7　Ⓝ210.47
〔03909〕

◇雑学戦国時代ものしり百科―天下統一を賭けて戦った戦国大名たち!　中江克己著　日東書院　1991.5　299p　19cm　1000円　Ⓘ4-528-00880-7　Ⓝ210.47
〔03910〕

◇雑学・とことん戦国日本史クイズ―元旦から大晦日までの難問・常識問　淡野史良著　講談社　1997.11　409p　16cm　（講談社＋α文庫）　940円　Ⓘ4-06-256228-6　Ⓝ210.47
〔03911〕

◇実録・戦国時代の民衆たち―歴史の闇に消えた　笹本正治著　長野 一草舎出版　2006.6　295p　20cm　2190円　Ⓘ4-902842-23-8　Ⓝ210.47
〔03912〕

◇司馬遼太郎の「戦国時代」―総特集　河出書房新社　2002.8　207p　21cm　(Kawade夢ムック―文藝別冊)　1143円　Ⓘ4-309-97637-9　Ⓝ210.47
〔03913〕
◇呪術と占星の戦国史　小和田哲男著　新潮社　1998.2　213p　20cm　(新潮選書)　1000円　Ⓘ4-10-600532-8　Ⓝ210.46
〔03914〕
◇状況判断―まず計算し、しかる後これを超越せよ　大橋武夫著　復刻版　マネジメント社　2001.6　244p　20cm　1600円　Ⓘ4-8378-0401-2　Ⓝ210.47
〔03915〕
◇常識戦国歴史ドリル＋雑学豆知識―大人もこどもも、脳の鍛錬 書き込み式　鈴木亨編, 吉田茂, 広瀬瑛執筆　毎日コミュニケーションズ　2007.5　111, 16p　26cm　900円　Ⓘ978-4-8399-2330-3
〔03916〕
◇調べ学習に役立つ時代別・テーマ別日本の歴史博物館・史跡　5　戦国・安土桃山時代　佐藤和彦監修　あかね書房　1999.4　47p　31cm　3200円　Ⓘ4-251-07905-1
〔03917〕
◇深説戦国の謎100　歴史探訪研究の会編　リイド社　2005.9　254p　15cm　(リイド文庫)　476円　Ⓘ4-8458-2626-7　Ⓝ210.47
〔03918〕
◇真説日本歴史　第6　下剋上の世の中　桑田忠親　雄山閣出版　1959　352p　図版　22cm　Ⓝ210.1
〔03919〕
◇新・戦国史談　童門冬二著　立風書房　1996.9　254p　20cm　1600円　Ⓘ4-651-75106-7　Ⓝ210.47
〔03920〕
◇真相なるほど戦国史―謎の事件と人物　桑田忠親著　大陸書房　1991.12　239p　16cm　(大陸文庫)　530円　Ⓘ4-8033-3804-3　Ⓝ210.47
〔03921〕
◇新版 戦国史新聞―乱世の激動を伝える天下無双の大号外!　戦国史新聞編纂委員会編　新版　日本文芸社　2003.10　223p　26cm　1200円　Ⓘ4-537-25176-X
〔03922〕
◇人物・資料でよくわかる日本の歴史　6　南北朝・室町・戦国時代　小和田哲男監修　岩崎書店　2000.4　47p　30cm　3000円　Ⓘ4-265-04846-3
〔03923〕
◇人物・日本の歴史　第6　戦国の群雄〔ほか〕　豊田武編　読売新聞社　1965　19cm　Ⓝ210.1
〔03924〕
◇新編日本合戦全集　4　戦国乱世編　桑田忠親著　秋田書店　1990.3　262p　20cm　1700円　Ⓘ4-253-00380-X　Ⓝ210.19
〔03925〕
◇図解雑学戦国史　源城政好編著　ナツメ社　2005.2　287p　19cm　1400円　Ⓘ4-8163-3810-1　Ⓝ210.47
〔03926〕
◇図解戦国時代が面白いほどわかる本　金谷俊一郎著　中経出版　2003.5　262p　21cm　1600円　Ⓘ4-8061-1814-1　Ⓝ210.47
〔03927〕
◇図説・戦国地図帳―決定版　久保田昌希監修　学習研究社　2003.7　155p　26cm　2000円　Ⓘ4-05-602641-6　Ⓝ210.47
〔03928〕
◇図説日本人が知らなかった戦国地図　歴史の謎研究会編　青春出版社　2005.2　95p　26cm　1000円　Ⓘ4-413-00764-6　Ⓝ210.47
〔03929〕
◇図説日本の歴史　8　戦国の世　井上幸治等編　編集責任:笠原一男　集英社　1975　267p(図共)　28cm　2300円　Ⓝ210.1
〔03930〕
◇戦国逸話事典　逸話研究会編　新人物往来社　1989.1　357p　22cm　4800円　Ⓘ4-404-01585-2　Ⓝ210.47
〔03931〕

◇戦国うら史談　山本律郎著　新人物往来社　1998.9　211p　20cm　1800円　Ⓘ4-404-02660-9　Ⓝ281.04
〔03932〕
◇戦国覚え帖　稲垣史生著　人物往来社　1962　286p　20cm　Ⓝ210.47
〔03933〕
◇戦国覚え帖　稲垣史生著　旺文社　1984.2　261p　16cm　(旺文社文庫)　360円　Ⓘ4-01-061378-5　Ⓝ210.47
〔03934〕
◇戦国おもしろ読本　桑田忠親著　広済堂出版　1982.10　264p　18cm　(Kosaido books)　680円　Ⓝ210.47
〔03935〕
◇戦国おもしろ読本　桑田忠親著　広済堂出版　1987.5　265p　16cm　(広済堂文庫)　400円　Ⓘ4-331-65020-0　Ⓝ210.47
〔03936〕
◇戦国街道を歩く―街道探訪　泉秀樹文と写真　立風書房　2000.12　158p　21cm　1700円　Ⓘ4-651-75121-0　Ⓝ210.47
〔03937〕
◇戦国「関東三国志」―上杉謙信、武田信玄、北条氏康の激闘　学習研究社　1987.5　179p　26cm　(歴史群像シリーズ 2)　893円　Ⓘ4-05-105139-0　Ⓝ210.47
〔03938〕
◇戦国期江戸湾海上軍事と行徳塩業　千野原靖方著　岩田書院　2001.6　330, 17p　22cm　6900円　Ⓘ4-87294-209-4　Ⓝ210.47
〔03939〕
◇戦国期北関東の地域権力　荒川善夫著　岩田書院　1997.4　410p　22cm　(戦国史研究叢書 3)　7600円　Ⓘ4-900697-75-3　Ⓝ210.47
〔03940〕
◇戦国期権力と地域社会　有光友学編　吉川弘文館　1986.1　618p　22cm　9000円　Ⓘ4-642-02613-4　Ⓝ210.47
〔03941〕
◇戦国期東国の都市と権力　市村高男著　京都 思文閣出版　1994.10　562, 20p　22cm　(思文閣史学叢書)　11124円　Ⓘ4-7842-0855-0　Ⓝ210.47
〔03942〕
◇戦国期の政治経済構造　永原慶二著　岩波書店　1997.4　410, 10p　22cm　7000円　Ⓘ4-00-023601-6　Ⓝ210.47
〔03943〕
◇戦国国盛りガイド　小山内新著, 新紀元社編集部, 珪砡技研編　新紀元社　1994.12　283p　21cm　1800円　Ⓘ4-88317-244-9　Ⓝ210.47
〔03944〕
◇戦国クロニクル―時間軸で追う戦国史事典　宝島社　2006.9　127p　26cm　(別冊宝島 1341号)　1000円　Ⓘ4-7966-5418-6　Ⓝ210.47
〔03945〕
◇戦国激闘伝―乱世を生きた武将たちの知られざる死闘の舞台裏を描く!!　世界文化社　2006.8　191p　19cm　476円　Ⓘ4-418-06242-4　Ⓝ210.47
〔03946〕
◇戦国検定―あなたの知識レベルは将軍級? 足軽級?　戦国検定委員会編　廣済堂出版　2007.6　260p　19cm　(廣済堂ペーパーバックス)　476円　Ⓘ978-4-331-51237-1　Ⓝ210.47
〔03947〕
◇戦国サラリーマン事情―狂気と正気の狭間に　早川純夫著　作品社　1991.6　248, 6p　19cm　1300円　Ⓘ4-87893-162-0　Ⓝ210.04
〔03948〕
◇戦国史　源城政好編著　ナツメ社　2005.2　287p　19cm　(図解雑学)　1400円　Ⓘ4-8163-3810-1
〔03949〕
◇戦国史をみる目　藤木久志著　校倉書房　1995.2　337p　20cm　3090円　Ⓘ4-7517-2450-9　Ⓝ210.47
〔03950〕
◇戦国史疑　桑田忠親著　新人物往来社　1976　253p　20cm　1300円　Ⓝ210.47
〔03951〕

◇戦国史疑　桑田忠親著　講談社　1984.4　269p　15cm　（講談社文庫）　380円　Ⓘ4-06-183251-4　Ⓝ210.47
〔03952〕
◇戦国史研究　第13号（1987‐2）　戦国史研究会編　川崎　戦国史研究会　1987.2　32p　21cm　450円　Ⓘ4-642-08888-1　Ⓝ210.47
〔03953〕
◇戦国史研究　第14号　戦国史研究会編集　川崎　戦国史研究会　1987.8　32p　22cm　450円　Ⓘ4-642-08889-X　Ⓝ210.47
〔03954〕
◇戦国史研究　第16号　杉山博先生古稀記念　戦国史研究会編集　杉山博著　川崎　戦国史研究会　1988.8　64p　21cm　700円　Ⓘ4-642-08891-1　Ⓝ210.47
〔03955〕
◇戦国史研究　第17号　戦国史研究会編集　吉川弘文館　1989.2　32p　21cm　450円　Ⓘ4-642-08893-8　Ⓝ210.47
〔03956〕
◇戦国史研究　第48号　戦国史研究会編　藤沢　戦国史研究会, 吉川弘文館〔発売〕　2004.8　48p　21cm　667円　Ⓘ4-642-09216-1, ISSN0287-7449
〔03957〕
◇戦国史研究　第49号　戦国史研究会編　藤沢　戦国史研究会, 吉川弘文館〔発売〕　2005.2　48p　21cm　667円　Ⓘ4-642-09217-X, ISSN0287-7449
〔03958〕
◇戦国史研究　第50号　戦国史研究会編　藤沢　戦国史研究会, 吉川弘文館〔発売〕　2005.8　48p　21cm　667円　Ⓘ4-642-09218-8, ISSN0287-7449
〔03959〕
◇戦国史研究　第51号　戦国史研究会編　戦国史研究会, 吉川弘文館〔発売〕　2006.2　48p　21cm　667円　Ⓘ4-642-09219-6, ISSN0287-7449
〔03960〕
◇戦国史新聞—乱世をスクープ!　戦国史新聞編纂委員会編　日本文芸社　1996.10　223p　27cm　1300円　Ⓘ4-537-02539-5　Ⓝ210.47
〔03961〕
◇戦国史新聞—乱世の激動を伝える天下無双の大号外!　戦国史新聞編纂委員会編　新版　日本文芸社　2003.10　8, 223p　26cm　1200円　Ⓘ4-537-25176-X　Ⓝ210.47
〔03962〕
◇戦国時代　松井広吉著　博文館　1894.3　440p　20cm　Ⓝ210.4
〔03963〕
◇戦国時代　奥野高広著　人物往来社　1963　286p　19cm　Ⓝ210.47
〔03964〕
◇戦国時代—1550年から1650年の社会転換　永原慶二ほか編　吉川弘文館　1978.12　331p　20cm　1800円　Ⓝ210.47
〔03965〕
◇戦国時代—16世紀、日本はどう変わったのか　上　永原慶二著　小学館　2000.12　281p　16cm　（小学館ライブラリー）　870円　Ⓘ4-09-460137-6　Ⓝ210.47
〔03966〕
◇戦国時代—16世紀、日本はどう変わったのか　下　永原慶二著　小学館　2000.12　291p　16cm　（小学館ライブラリー）　870円　Ⓘ4-09-460138-4　Ⓝ210.47
〔03967〕
◇戦国時代内と外—越前朝倉氏とその時代の対外交流　第13回企画展　福井県立一乗谷朝倉氏遺跡資料館編　福井　福井県立一乗谷朝倉氏遺跡資料館　2003.7　96p　30cm　Ⓝ210.47
〔03968〕
◇戦国時代史の謎—通信講座　1　戦国時代を読み解く八つの視点　小和田哲男監修　U-CAN生涯学習局　2002　108p　30cm　Ⓝ210.47
〔03969〕
◇戦国時代史の謎—通信講座　2　戦国時代の幕開け群雄割拠の時代へ　小和田哲男監修　U-CAN生涯学習局　2002　102p　30cm　Ⓝ210.47
〔03970〕
◇戦国時代史の謎—通信講座　3　織田信長の野望「天下布武」への道　小和田哲男監修　U-CAN生涯学習局　2002　102p　30cm　Ⓝ210.47
〔03971〕
◇戦国時代史の謎—通信講座　4　豊臣秀吉と徳川家康天下取りへの攻防　小和田哲男監修　U-CAN生涯学習局　2002　118p　30cm　Ⓝ210.47
〔03972〕
◇戦国時代社会構造の研究　池上裕子著　校倉書房　1999.12　626p　22cm　（歴史科学叢書）　12000円　Ⓘ4-7517-3010-X　Ⓝ210.47
〔03973〕
◇戦国時代史論　日本歴史地理学会編　増訂2版　三省堂　1910.5　360p　22cm　Ⓝ210.4
〔03974〕
◇戦国時代史論　中村吉治著　春秋社松柏館　1945　334p　19cm　（春秋社歴史新書）　4.20円　Ⓝ210.47
〔03975〕
◇戦国時代史論　中村吉治著　春秋社　1945　334p　19cm　（春秋社歴史新書）　Ⓝ210.4
〔03976〕
◇戦国時代史論　日本歴史地理学会編　日本図書センター　1976.11　360p　22cm　6000円　Ⓝ210.47
〔03977〕
◇戦国時代人物総覧　新人物往来社　1992.5　440p　21cm　（別冊歴史読本特別増刊—ものしり事典シリーズ 4）　1500円　Ⓝ281.04
〔03978〕
◇戦国時代なるほど事典—合戦・武具・城の真実から武将・庶民の生活事情まで　川口素生著　PHP研究所　2001.12　515p　15cm　（PHP文庫）　781円　Ⓘ4-569-57646-X　Ⓝ210.47
〔03979〕
◇戦国時代の貴族—『言継卿記』が描く京都　今谷明著　講談社　2002.3　412p　15cm　（講談社学術文庫）　1300円　Ⓘ4-06-159535-0　Ⓝ210.47
〔03980〕
◇戦国時代の宮廷生活　奥野高廣著　続群書類従完成会　2004.1　387p　22cm　6000円　Ⓘ4-7971-0741-3　Ⓝ210.47
〔03981〕
◇戦国時代の考古学　小野正敏, 萩原三雄編　高志書院　2003.6　614p　31cm　14000円　Ⓘ4-906641-70-9　Ⓝ210.47
〔03982〕
◇戦国時代の終焉—「北条の夢」と秀吉の天下統一　斎藤慎一著　中央公論新社　2005.8　234p　19cm　（中公新書）　760円　Ⓘ4-12-101809-5
〔03983〕
◇戦国時代の大誤解　鈴木眞哉著　PHP研究所　2007.3　205p　18cm　（PHP新書）　700円　Ⓘ978-4-569-65940-4　Ⓝ210.47
〔03984〕
◇戦国時代の旅　鈴木亨著　オリエント書房　1974　254p　19cm　980円　Ⓝ210.47
〔03985〕
◇戦国時代の道具図鑑—各地を訪ねて描いた　調べ学習のヒントがいっぱい!　本山賢司絵・文　PHP研究所　2003.12　79p　29cm　2800円　Ⓘ4-569-68444-0　Ⓝ383.88
〔03986〕
◇戦国時代の謎と怪異　桑田忠親著　日本文芸社　1977.9　238p　18cm　600円　Ⓝ210.47
〔03987〕
◇戦国時代の百姓思想　永井隆之著　仙台　東北大学出版会　2007.8　262p　21cm　3000円　Ⓘ978-4-86163-055-2
〔03988〕
◇戦国時代の舞台裏—ここが一番おもしろい!　歴史の謎研究会編　青春出版社　2006.11　232p　19cm　476円　Ⓘ4-413-00859-6　Ⓝ210.47
〔03989〕
◇戦国時代、村と町のかたち　仁木宏著　山川出版社　2004.2　102p　21cm　（日本史リブレット 26）　800円　Ⓘ4-634-54260-9　Ⓝ210.47
〔03990〕

◇戦国時代用語辞典　外川淳編著　学習研究社　2006.12　320p　19cm　1600円　Ⓘ4-05-403281-8　Ⓝ210.47
〔03991〕
◇戦国時代論　勝俣鎮夫著　岩波書店　1996.11　292p　22cm　5150円　Ⓘ4-00-002997-5　Ⓝ210.47
〔03992〕
◇戦国時代は裏から読むとおもしろい！―「敗者」から見たもうひとつの戦国合戦史　小和田哲男著　青春出版社　2007.5　235p　15cm　（青春文庫）　552円　Ⓘ978-4-413-09367-5　Ⓝ210.47
〔03993〕
◇戦国史談　高柳光寿　人物往来社　1966　307p　19cm　Ⓝ210.04
〔03994〕
◇戦国史談　高柳光寿著　春秋社　1977.9　162p　図　18cm　（新書戦国戦記 3）　600円　Ⓝ210.48
〔03995〕
◇戦国史談　桑田忠親　潮出版社　1980.12　230p　20cm　980円　Ⓝ210.47
〔03996〕
◇戦国史談　桑田忠親著　潮出版社　1984.7　240p　15cm　（潮文庫）　340円　Ⓝ210.47
〔03997〕
◇「戦国史」謎解き読本―信長・秀吉・家康の野望を暴く！　小林久三著　青春出版社　2000.12　267p　15cm　（青春文庫）　533円　Ⓘ4-413-09168-X　Ⓝ210.47
〔03998〕
◇戦国織豊期の政治と文化―米原正義先生古希記念論集　米原正義先生古希記念論文集刊行会編　続群書類従完成会　1993.3　736p　22cm　18540円　Ⓝ210.46
〔03999〕
◇戦国織豊期の政治と文芸　諏訪勝則著　〔横須賀〕　葵印刷工業（印刷）　1996.10　159p　21cm　Ⓝ210.48
〔04000〕
◇戦国史話　中村吾郎著　能勢町（大阪府）　詩画工房　1994.8　261p　19cm　2000円　Ⓝ210.47　〔04001〕
◇戦国人物ガイド　後藤敦ほか著　新紀元社　1994.6　271p　21cm　1800円　Ⓘ4-88317-236-8　Ⓝ281.04
〔04002〕
◇戦国人名辞典　高柳光寿, 松平年一著　増訂版　吉川弘文館　1973　325p　20cm　1500円　Ⓝ281.03
〔04003〕
◇戦国人名事典　阿部猛, 西村圭子編　新人物往来社　1987.3　854p　23cm　9800円　Ⓘ4-404-01412-0　Ⓝ210.47
〔04004〕
◇戦国人名事典　阿部猛, 西村圭子編　新人物往来社　1990.9　854p　20cm　3800円　Ⓘ4-404-01752-9　Ⓝ210.47
〔04005〕
◇戦国人名辞典　戦国人名辞典編集委員会編　吉川弘文館　2006.1　1057, 112p　23cm　18000円　Ⓘ4-642-01348-2　Ⓝ281.03
〔04006〕
◇戦国随想　高柳光寿著　春秋社　1978.3　189p　18cm　（新書戦国戦記 8）　600円　Ⓝ210.47　〔04007〕
◇戦国争乱を生きる―大名・村、そして女たち　舘鼻誠著　日本放送出版協会　2006.12　313p　16cm　（NHKライブラリー 209）　970円　Ⓘ4-14-084209-1　Ⓝ210.47
〔04008〕
◇戦国争乱の群像　舘鼻誠著　日本放送出版協会　2005.1　222p　21cm　（NHKシリーズ―NHKカルチャーアワー）　850円　Ⓘ4-14-910533-2　Ⓝ210.47
〔04009〕
◇戦国って何だろう―図解・日本の歴史　PHP研究所編　PHP研究所　1991.7　158p　21cm　1100円　Ⓘ4-569-53088-5　Ⓝ210.47
〔04010〕

◇戦国なるほど人物事典―100人のエピソードで戦国史がよくわかる！完全保存版　泉秀樹著　PHP研究所　2004.2　111p　26cm　952円　Ⓘ4-569-63328-5　Ⓝ281.04
〔04011〕
◇戦国なるほど人物事典―100人のエピソードで戦国史がよくわかる！　泉秀樹著　愛蔵版　PHP研究所　2005.6　235p　19cm　476円　Ⓘ4-569-64332-9　Ⓝ281.04
〔04012〕
◇戦国人間模様　南条範夫述　富山　富山県教育委員会　1981.3　64p　19cm　（精神開発叢書 73）　非売品　Ⓝ210.049
〔04013〕
◇戦国の意外なウラ事情　川口素生著　PHP研究所　2007.4　223p　19cm　476円　Ⓘ978-4-569-69165-7　Ⓝ210.47
〔04014〕
◇戦国の異能人　戸部新十郎著　PHP研究所　1994.4　221p　15cm　（PHP文庫）　440円　Ⓘ4-569-56625-1　Ⓝ210.48
〔04015〕
◇戦国の妻たち　山村竜也著　リイド社　2005.12　239p　15cm　（リイド文庫）　476円　Ⓘ4-8458-2638-0　Ⓝ281.04
〔04016〕
◇戦国の女たち―乱世に咲いた名花23人　森実与子著　学習研究社　2006.2　311p　15cm　（学研M文庫）　667円　Ⓘ4-05-901180-0　Ⓝ281.04
〔04017〕
◇戦国の影法師―もうひとつの意外人物列伝　武田鏡村著　三修社　2006.4　207p　19cm　1600円　Ⓘ4-384-03809-7　Ⓝ210.47
〔04018〕
◇戦国のコミュニケーション―情報と通信　山田邦明著　吉川弘文館　2002.1　276p　20cm　3200円　Ⓘ4-642-07782-0　Ⓝ210.47
〔04019〕
◇戦国の終焉―よみがえる天正の世のいくさびと　木舟城シンポジウム解説図録　福岡町教育委員会編　福岡町（富山県）　福岡町教育委員会　2002.11　29p　30cm　Ⓝ210.47
〔04020〕
◇戦国の女性たち―16人の波乱の人生　小和田哲男編著　河出書房新社　2005.9　253p　20cm　1500円　Ⓘ4-309-22435-0　Ⓝ281.04
〔04021〕
◇戦国の城―目で見る築城と戦略の全貌　上　関東編　西ケ谷恭弘著, 香川元太郎イラストレーション　学習研究社　1991.8　145p　30cm　（歴史群像シリーズ―デラックス版 1）　1800円　Ⓘ4-05-105602-3　Ⓝ210.47
〔04022〕
◇戦国の地域国家　有光友學編　吉川弘文館　2003.5　337, 13p　22cm　（日本の時代史 12）　3200円　Ⓘ4-642-00812-8　Ⓝ210.47
〔04023〕
◇戦国の妻たち―歴史を陰で支えた女たちの物語　鈴木亨著　河出書房新社　2005.12　223p　15cm　（Kawade夢文庫）　514円　Ⓘ4-309-49598-2　Ⓝ281.04
〔04024〕
◇戦国の人々　高柳光寿著　春秋社　1962　246p　図版　20cm　Ⓝ210.49
〔04025〕
◇戦国の人々　高柳光寿著　春秋社　1977.7　181p　図　18cm　（新書戦国戦記 2）　600円　Ⓝ210.48
〔04026〕
◇戦国の秘話　桑田忠親著　聖文社　1978.12　232p　20cm　950円　Ⓝ210.47　〔04027〕
◇戦国の世　今谷明著　岩波書店　2000.2　204, 3p　18cm　（岩波ジュニア新書―日本の歴史 5）　740円　Ⓘ4-00-500335-4
〔04028〕

◇戦国人質無惨　稲垣史生著　旺文社　1984.8　235p　16cm　（旺文社文庫）　340円　Ⓘ4-01-061458-7　Ⓝ210.04　〔04029〕

◇戦国150年ニュース　新人物往来社　1997.8　195p　26cm　（別冊歴史読本 23）　Ⓝ210.47　〔04030〕

◇戦国風雲忍びの里　新人物往来社　1999.11　174p　26cm　（別冊歴史読本 34）　2000円　Ⓘ4-404-02734-6　Ⓝ210.47　〔04031〕

◇戦国ものしり101の考証―戦いのすべてがわかる面白雑学!　稲垣史生著　ロングセラーズ　1982.7　212p　18cm　（ムックの本）　730円　Ⓘ4-8454-0147-9　Ⓝ210.47　〔04032〕

◇戦国ものしり百科―戦国武将たちの意外な合戦・生活事情　完全保存版　中江克己著　PHP研究所　2005.6　95p　26cm　952円　Ⓘ4-569-64243-8　Ⓝ210.47　〔04033〕

◇戦国夜話　遠藤周作著　小学館　1996.6　157p　18cm　（こころの風景）　1000円　Ⓘ4-09-840040-5　Ⓝ914.6　〔04034〕

◇戦国裸像―人質物語　稲垣史生著　新人物往来社　1969　236p　19cm　530円　Ⓝ210.049　〔04035〕

◇戦国乱世―対談　海音寺潮五郎, 桑田忠親著　角川書店　1969　242p　19cm　（角川選書）　Ⓝ210.47　〔04036〕

◇戦国乱世―対談　海音寺潮五郎, 桑田忠親著　角川書店　1983.9　250p　15cm　（角川文庫）　340円　Ⓘ4-04-127309-9　Ⓝ210.47　〔04037〕

◇戦国乱世を生きる力　神田千里著　中央公論新社　2002.9　318p　20cm　（日本の中世 11）　2500円　Ⓘ4-12-490220-4　Ⓝ210.47　〔04038〕

◇戦国乱世おもしろ読本　桑田忠親著　広済堂出版　1990.7　303p　16cm　（広済堂文庫）　470円　Ⓘ4-331-65070-7　Ⓝ210.47　〔04039〕

◇「戦国乱世」に学ぶ―日本的「知」の源流はどこにあるか　小和田哲男著　PHP研究所　1992.3　202p　15cm　（PHP文庫）　460円　Ⓘ4-569-56457-7　Ⓝ210.46　〔04040〕

◇戦国裏面史　永岡慶之助著　東京書籍　2000.7　276p　20cm　1600円　Ⓘ4-487-79518-4　Ⓝ281.04　〔04041〕

◇戦国歴史力―あなたのサムライ度をチェック!　橋場日月著　学習研究社　2006.9　127p　15cm　（学研「大人のテスト」文庫 4）　400円　Ⓘ4-05-904021-5　Ⓝ210.47　〔04042〕

◇その時歴史が動いた 32　NHK取材班編　KTC中央出版　2005.4　253p　19cm　1600円　Ⓘ4-87758-345-9　〔04043〕

◇徹底図解戦国時代―カラー版　一族の存亡を賭け, 目指すは天下　榎本秋著　新星出版社　2007.5　191p　21cm　1400円　Ⓘ978-4-405-10658-1　Ⓝ210.47　〔04044〕

◇天下統一への道―戦国・安土桃山時代　古川清行著　小峰書店　1998.4　119p　27cm　（人物・遺産でさぐる日本の歴史　調べ学習に役立つ 8）　2500円　Ⓘ4-338-15108-0　Ⓝ210.47　〔04045〕

◇転換期の戦略 3　戦国―天下取りの時代　早乙女貢他著　経済界　1988.8　253p　20cm　1300円　Ⓘ4-7667-8052-3　Ⓝ210.1　〔04046〕

◇堂々日本史　第11巻　NHK取材班編　名古屋　KTC中央出版　1998.1　249p　20cm　1600円　Ⓘ4-87758-058-1　Ⓝ210　〔04047〕

◇堂々日本史　第12巻　NHK取材班編　名古屋　KTC中央出版　1998.2　249p　20cm　1600円　Ⓘ4-87758-059-X　Ⓝ210　〔04048〕

◇堂々日本史　第19巻　NHK取材班編　名古屋　KTC中央出版　1998.11　247p　20cm　1600円　Ⓘ4-87758-112-X　Ⓝ210　〔04049〕

◇堂々日本史　別巻 2　堂々戦国史　NHK取材班編　名古屋　KTC中央出版　1999.8　247p　20cm　1600円　Ⓘ4-87758-150-2　Ⓝ210　〔04050〕

◇永原慶二著作選集　第6巻　戦国期の政治経済構造・戦国大名と都市　永原慶二著　吉川弘文館　2007.12　581, 12p　21cm　17000円　Ⓘ978-4-642-02685-7　〔04051〕

◇南北朝・室町・戦国時代　小和田哲男監修　岩崎書店　2000.4　47p　29cm　（人物・資料でよくわかる日本の歴史 6）　3000円　Ⓘ4-265-04846-3, 4-265-10223-9　〔04052〕

◇日本史おもしろこぼれ話　小和田哲男著　三笠書房　1991.4　262p　19cm　1100円　Ⓘ4-8379-1445-4　Ⓝ210.49　〔04053〕

◇日本史「戦国」総覧　新人物往来社　1992.1　479p　21cm　（歴史読本特別増刊―事典シリーズ 第13号）　1500円　Ⓝ210.47　〔04054〕

◇日本史の舞台　6　戦雲流れる西ひがし―室町時代後期　峰岸純夫ほか著　集英社　1982.8　167p　27cm　1800円　Ⓝ210.1　〔04055〕

◇日本史論聚　4　近世の黎明　林屋辰三郎著　岩波書店　1988.4　379p　22cm　4200円　Ⓘ4-00-003484-7　Ⓝ210.1　〔04056〕

◇日本中世戦国期権力構造の研究　矢田俊文著　塙書房　1998.5　318, 8p　22cm　6300円　Ⓘ4-8273-1152-8　Ⓝ210.47　〔04057〕

◇日本の合戦　第3巻　群雄割拠　上　桑田忠親編　永島福太郎　人物往来社　1965　422p　図版　20cm　Ⓝ210.1　〔04058〕

◇日本の合戦 3　群雄割拠　上　桑田忠親編集　新人物往来社　1978.7　426p　20cm　1500円　Ⓝ210.1　〔04059〕

◇日本の合戦　第4　群雄割拠〔ほか〕　桑田忠親編　永島福太郎　人物往来社　1965　398p　図版　20cm　Ⓝ210.1　〔04060〕

◇日本の合戦 4　群雄割拠　下　桑田忠親編集　新人物往来社　1978.8　400p　20cm　1500円　Ⓝ210.1　〔04061〕

◇日本の歴史　第6巻　群雄の争い　岡田章雄編, 豊田武, 和歌森太郎編　読売新聞社　1959　314p　図版　23cm　Ⓝ210.1　〔04062〕

◇日本の歴史　第6　群雄の争い　岡田章雄, 豊田武, 和歌森太郎編　読売新聞社　1963　18cm　Ⓝ210.1　〔04063〕

◇日本の歴史　第6　群雄の争い　岡田章雄, 豊田武, 和歌森太郎編　読売新聞社　1968　18cm　Ⓝ210.1　〔04064〕

◇日本の歴史　6　群雄の争い　編集委員・執筆者代表:岡田章雄, 豊田武, 和歌森太郎　読売新聞社　1972　288p　図　地図　19cm　Ⓝ210.1　〔04065〕

◇日本の歴史　6（中世から近世へ）　信長と秀吉―天下一統　新訂増補　朝日新聞社　2005.1　320p　30cm　（朝日百科）　Ⓘ4-02-380017-1　Ⓝ210.1　〔04066〕

戦国時代

◇日本の歴史　第10　下剋上の時代　永原慶二　中央公論社　1965　18cm　Ⓝ210.1
〔04067〕
◇日本の歴史　10　下剋上の時代　永原慶二著　中央公論社　1984.2　502p　18cm　（中公バックス）　1200円　Ⓘ4-12-401150-4　Ⓝ210.1
〔04068〕
◇日本の歴史―集英社版　10　戦国の群像　児玉幸多ほか編　池上裕子著　集英社　1992.3　350p　22cm　2400円　Ⓘ4-08-195010-5　Ⓝ210.1
〔04069〕
◇日本の歴史―集英社版　10　戦国の群像　児玉幸多ほか編　池上裕子著　東京ヘレン・ケラー協会点字出版局　1995.9　7冊　27cm　全24500円　Ⓝ210.1〔04070〕
◇日本の歴史　14　戦国の動乱　永原慶二著　小学館　1975　390p（図共）地図　20cm　790円　Ⓝ210.1
〔04071〕
◇日本の歴史"とっておきの話"　小和田哲男著　三笠書房　1995.11　285p　15cm　（知的生きかた文庫）　500円　Ⓘ4-8379-0768-7　Ⓝ210.049
〔04072〕
◇日本歴史シリーズ　第9巻　戦国時代　遠藤元男等編　今井林太郎編　世界文化社　1967　27cm　Ⓝ210.1
〔04073〕
◇日本歴史大系　7　戦国動乱と大名領国制　井上光貞ほか編　山川出版社　1996.3　229, 21p　22cm　3000円　Ⓘ4-634-33070-9　Ⓝ210.1　〔04074〕
◇年表戦国史　二木謙一著　新人物往来社　1978.3　400p　20cm　2500円　Ⓝ210.47
〔04075〕
◇敗者の条件　会田雄次著　改版　中央公論新社　2007.2　222p　16cm　（中公文庫）　590円　Ⓘ978-4-12-204818-8　Ⓝ210.47
〔04076〕
◇早わかり戦国史―時代の流れが図解でわかる！　外川淳編著　日本実業出版社　1999.3　263, 8p　19cm　1400円　Ⓘ4-534-02906-3　Ⓝ210.47
〔04077〕
◇非情の戦国史―勝利と挫折の人間模様　南条範夫著　大陸書房　1991.11　247p　16cm　（大陸文庫）　530円　Ⓘ4-8033-3774-8　Ⓝ210.47
〔04078〕
◇百夜一話・日本の歴史　第6　争う将軍と大名　和歌森太郎, 山本藤枝著　集英社　1969　352p　図　18cm　580円　Ⓝ210.1
〔04079〕
◇本当はもっと面白い戦国時代―日本人の知恵　奈良本辰也監修, 神辺四郎著　祥伝社　1999.7　326p　16cm　（祥伝社文庫）　590円　Ⓘ4-396-31127-3　Ⓝ210.47
〔04080〕
◇鈎の陣とその時代―開館10周年記念展　〔栗東町（滋賀県）〕　栗東歴史民俗博物館　2000　112p　30cm　Ⓝ210.47
〔04081〕
◇間違いだらけの戦国史―歴史群像の虚実　桑田忠親編　大陸書房　1991.5　221p　16cm　（大陸文庫）　470円　Ⓘ4-8033-3324-6　Ⓝ210.47
〔04082〕
◇まるわかり！戦国時代　コーエー出版部企画・編集　横浜光栄　2006.6　119p　21cm　1200円　Ⓘ4-7758-0451-0　Ⓝ210.47
〔04083〕
◇まんが人物・日本の歴史　4　戦国時代　つぼいこう著　朝日新聞社　1998.8　254p　19cm　800円　Ⓘ4-02-222024-4　Ⓝ210.47
〔04084〕
◇漫画版　日本の歴史　5　室町時代2・戦国時代　池上裕子監修, 荘司としお漫画　集英社　2007.9　302p　15cm　（集英社文庫）　571円　Ⓘ978-4-08-746179-4
〔04085〕
◇3日でわかる戦国史　武光誠監修, ダイヤモンド社編　ダイヤモンド社　2000.11　253p　19cm　（知性のbasicシリーズ）　1400円　Ⓘ4-478-92033-8　Ⓝ210.47
〔04086〕
◇室町・戦国期研究を読みなおす　中世後期研究会編　京都　思文閣出版　2007.10　388, 9p　21cm　4600円　Ⓘ978-4-7842-1371-9　Ⓝ210.46
〔04087〕
◇室町戦国史紀行　宮脇俊三著　講談社　2000.11　374p　20cm　1800円　Ⓘ4-06-210090-8　Ⓝ291.09
〔04088〕
◇室町戦国史紀行　宮脇俊三著　講談社　2003.12　405p　15cm　（講談社文庫）　695円　Ⓘ4-06-273918-6　Ⓝ291.09
〔04089〕
◇室町・戦国時代　竹内誠総監修, 木村茂光監修　フレーベル館　2000.10　71p　31cm　（地図でみる日本の歴史 4）　2800円　Ⓘ4-577-02021-1　〔04090〕
◇室町戦国の社会―商業・貨幣・交通　永原慶二著　吉川弘文館　2006.6　321p　20cm　（歴史文化セレクション）　2300円　Ⓘ4-642-06298-X　Ⓝ210.46
〔04091〕
◇目からウロコの戦国時代―史料から読み解く、武将たちの本当の舞台裏　谷口克広著　PHPエディターズ・グループ　2000.12　237p　19cm　1350円　Ⓘ4-569-61335-7　Ⓝ210.47
〔04092〕
◇目からウロコの戦国時代―史料から読み解く武将たちの真相　谷口克広著　PHP研究所　2003.9　278p　16cm　（PHP文庫）　619円　Ⓘ4-569-66033-9　Ⓝ210.47
〔04093〕
◇もう一度学びたい戦国史　菊地正憲著　西東社　2006.2　279p　21cm　1500円　Ⓘ4-7916-1359-7　Ⓝ210.47
〔04094〕
◇もう一つの戦国時代―徳川家康をペンで倒した戦国の名将・太田牛一、四百四十年間の闘い　上巻　井上力著　講談社出版サービスセンター　2000.12　445p　19cm　1600円　Ⓘ4-87601-534-1　Ⓝ210.47　〔04095〕
◇もう一つの戦国時代―徳川家康をペンで倒した戦国の名将・太田牛一、四百四十年間の闘い　下巻　井上力著　講談社出版サービスセンター　2000.12　503p　19cm　1600円　Ⓘ4-87601-535-X　Ⓝ210.47　〔04096〕
◇萌えわかり！戦国時代ビジュアルガイド　司史生他本文執筆　モエールパブリッシング（発売）　2006.10　165p　21cm　1619円　Ⓘ4-903028-92-5　Ⓝ210.47
〔04097〕
◇「もしも…」の日本戦国史　高野澄著　ベストセラーズ　2001.10　262p　18cm　（ベスト新書）　680円　Ⓘ4-584-12019-6　Ⓝ210.48
〔04098〕
◇物語日本の歴史―その時代を見た人が語る　第15巻　戦国乱世の群像　笠原一男編　木耳社　1992.1　215p　20cm　1500円　Ⓘ4-8393-7567-4　Ⓝ210.1
〔04099〕
◇山内一豊の妻と戦国女性の謎〈徹底検証〉　加来耕三著　講談社　2005.10　572p　15cm　（講談社文庫）　781円　Ⓘ4-06-275203-4　Ⓝ281.04
〔04100〕
◇山本勘助の時代―〇〇人―「風林火山」と戦国時代　外川淳著　河出書房新社　2006.12　230p　15cm　（河出文庫）　720円　Ⓘ4-309-40826-5　Ⓝ281.04
〔04101〕
◇甦る日本史―頼山陽の『日本楽府』を読む　3　戦国・織豊時代篇―応仁の乱から朝鮮出兵まで　渡部昇一著　PHP研究所　1996.9　294p　15cm　（PHP文庫）　600円　Ⓘ4-569-56936-6　Ⓝ210.1
〔04102〕

◇乱世の論理―日本的教養の研究室町・戦国篇　小和田哲男著　京都　PHP研究所　1983.10　186p　18cm　(21世紀図書館 26)　500円　Ⓘ4-569-21180-1　Ⓝ210.46
〔04103〕
◇歴史からの発想―停滞と拘束からいかに脱するか　堺屋太一著　日本経済新聞社　2004.3　247p　15cm　(日経ビジネス人文庫)　571円　Ⓘ4-532-19216-1　Ⓝ210.049
〔04104〕
◇わたしたちの歴史　日本編　第7巻　新版　国際情報社　1975.9　106p　30cm　Ⓝ210.049
〔04105〕

◆◆下剋上
◇下剋上伝―信長の野望　稲葉義明著　横浜　光栄　1995.8　174p　21cm　1700円　Ⓘ4-87719-251-4　Ⓝ281.04
〔04106〕
◇下剋上の時代―戦国乱世の人間像　笠原一男著　講談社　1969　254p　18cm　(講談社現代新書)　250円　Ⓝ210.47
〔04107〕
◇下剋上の時代　永原慶二著　改版　中央公論新社　2005.2　579p　16cm　(中公文庫―日本の歴史 10)　1238円　Ⓘ4-12-204495-2　Ⓝ210.46
〔04108〕
◇下剋上の社会　鈴木良一著　京都　三一書房　1949　150p　19cm　(新日本歴史双書 中世 第3)　Ⓝa210
〔04109〕
◇下剋上の社会　阿部猛著　東京堂出版　1998.5　216p　19cm　(教養の日本史)　2300円　Ⓘ4-490-20343-8　Ⓝ210.4
〔04110〕
◇下剋上の人間学―時代を変えた凄い男たちの決断　ばさら列伝　童門冬二著　大和出版　1993.7　202p　19cm　1350円　Ⓘ4-8047-1259-3　Ⓝ159
〔04111〕
◇下剋上の文化　横井清著　東京大学出版会　1980.5　216p　20cm　1500円　Ⓝ210.4
〔04112〕
◇週刊ビジュアル日本の歴史　no.74　戦乱の世 4　デアゴスティーニ・ジャパン　2001.7　p128-167　30cm　533円　Ⓝ210.1
〔04113〕
◇自由狼藉・下剋上の世界―中世内乱期の群像　佐藤和彦著　小学館　1985.7　222p　19cm　(小学館創造選書 90)　880円　Ⓘ4-09-820090-2　Ⓝ210.4
〔04114〕
◇日本の歴史 10　下剋上の時代　永原慶二著　中央公論社　1984.2　502p　18cm　(中公バックス)　1200円　Ⓘ4-12-401150-4　Ⓝ210.1
〔04115〕
◇歴史の中の下剋上　嶋岡晨著　名著刊行会　1986.11　304p　19cm　1500円　Ⓘ4-8390-0228-0　Ⓝ281
〔04116〕

◆◆足軽
◇あしがる―文化史探訪　足軽の仲間　1982.12　158p　19cm　非売品　Ⓝ210.04
〔04117〕
◇足軽の生活　笹間良彦著　雄山閣出版　1969　260p　図版　22cm　(生活史叢書)　1200円　Ⓝ210.5
〔04118〕
◇「絵解き」雑兵足軽たちの戦い―歴史・時代小説ファン必携　東郷隆著, 上田信絵　講談社　2007.3　233p　15cm　(講談社文庫)　495円　Ⓘ978-4-06-275560-3　Ⓝ210.4
〔04119〕
◇下級武士足軽の生活　笹間良彦著　新装増補版　雄山閣出版　1991.1　269p　21cm　(生活史叢書 17)　2600円　Ⓘ4-639-01004-4
〔04120〕
◇雑兵たちの戦場―中世の傭兵と奴隷狩り　藤木久志著　朝日新聞社　1995.11　284, 6p　20cm　2400円　Ⓘ4-02-256894-1　Ⓝ210.4
〔04121〕
◇雑兵たちの戦場―中世の傭兵と奴隷狩り　藤木久志著　新版　朝日新聞社　2005.6　290, 6p　19cm　(朝日選書 777)　1300円　Ⓘ4-02-259877-8　Ⓝ210.47
〔04122〕
◇雑兵物語　かもよしひさ現代語訳・画　新版　パロル舎　2006.8　165p　19cm　1400円　Ⓘ4-89419-057-5
〔04123〕
◇鉄砲足軽ひとりごと抄―黒羽清隆講演・座談集　黒羽清隆著　地歴社　1987.3　245p　19cm　1500円　Ⓝ375.32
〔04124〕

◆◆鉄砲伝来
◇国友鉄砲鍛冶―その世界　特別展　市立長浜城歴史博物館編　長浜　市立長浜城歴史博物館　1985.10　59p　26cm　Ⓝ559.1
〔04125〕
◇国友鉄砲鍛冶―その世界　特別展　市立長浜城歴史博物館編　改訂版　長浜　市立長浜城歴史博物館　1991.3　82p　21×23cm　Ⓝ559.1
〔04126〕
◇国友鉄砲の歴史　湯次行孝著　彦根　サンライズ印刷出版部　1996.7　212p　19cm　(別冊淡海文庫 5)　1500円　Ⓘ4-88325-111-X　Ⓝ559.1
〔04127〕
◇再現日本史―週刊time travel　戦国 6　講談社　2002.4　42p　30cm　533円　Ⓝ210.1
〔04128〕
◇堺鉄砲―その源流と背景をさぐる　堺市博物館編　堺市博物館　1990.4　138p　26cm　Ⓝ559.1
〔04129〕
◇讃岐の古式銃砲 2　岩部忠夫著　高松　岩部忠夫　1994.3　29p　26cm　非売品　Ⓝ559.1
〔04130〕
◇設楽原と火縄銃　設楽原歴史資料館資料研究委員会編　〔新城〕　新城市教育委員会　199-　38p　21cm　(設楽原歴史資料館資料 第1集)　Ⓝ210.48
〔04131〕
◇週刊ビジュアル日本の歴史　no.78　戦乱の世 8　デアゴスティーニ・ジャパン　2001.8　p296-335　30cm　533円　Ⓝ210.1
〔04132〕
◇真説鉄砲伝来　宇田川武久著　平凡社　2006.10　246p　18cm　(平凡社新書)　800円　Ⓘ4-582-85346-3　Ⓝ559.1
〔04133〕
◇図解古銃事典　所荘吉著　雄山閣出版　1996.2　273, 9p　図版14枚　23cm　6000円　Ⓘ4-639-00641-1　Ⓝ559.1
〔04134〕
◇種子島の鉄砲とザビエル―日本史を塗り変えた"二つの衝撃"　石原結実著　PHP研究所　2005.9　186p　15cm　(PHP文庫)　495円　Ⓘ4-569-66476-8
〔04135〕
◇種子島の歴史考　大石虎之助著　ぶどうの木出版　2003.8　128p　26cm　1446円　Ⓘ4-901866-02-8　Ⓝ219.7
〔04136〕
◇鉄砲―伝来とその影響　洞富雄著　京都　思文閣出版　1991.10　489, 30p　20×16cm　10094円　Ⓘ4-7842-0657-4
〔04137〕
◇鉄砲―伝来とその影響　洞富雄著　2版　京都　思文閣出版　1993.3　489, 30p　20cm　10094円　Ⓘ4-7842-0657-4　Ⓝ559.1
〔04138〕
◇鉄砲―歴史を変えた新兵器　開館20周年特別展　千葉県立総南博物館編　〔千葉〕　千葉県社会教育施設管理財団　1995.10　37p　26cm　(特別展展示解説書)　Ⓝ559.1
〔04139〕
◇鉄炮伝来―兵器が語る近世の誕生　宇田川武久著　中央公論社　1990.2　182p　18cm　(中公新書)　520円　Ⓝ559.1
〔04140〕

戦国時代　　　　　　　　　中世史

◇鉄砲伝来記　洞富雄著　白揚社　1939　290p　18cm　（日本歴史文庫）　Ⓝ210.4
〔04141〕
◇鉄砲伝来記　平山武章著　八重岳書房　1969　318p　図版　20cm　760円　Ⓝ210.46
〔04142〕
◇鉄砲伝来の日本史―火縄銃からライフル銃まで　宇田川武久編　吉川弘文館　2007.10　307p　19cm　（歴博フォーラム）　2900円　Ⓘ978-4-642-07980-8
〔04143〕
◇鉄砲と戦国合戦　宇田川武久著　吉川弘文館　2002.11　211p　19cm　（歴史文化ライブラリー146）　1700円　Ⓘ4-642-05546-0　Ⓝ559.1
〔04144〕
◇鉄砲とその時代　三鬼清一郎著　〔東村山〕　教育社　1981.3　252p　18cm　（教育社歴史新書）　800円　Ⓝ210.48
〔04145〕
◇鉄砲と日本人―「鉄砲神話」が隠してきたこと　鈴木眞哉著　洋泉社　1997.9　294p　20cm　2000円　Ⓘ4-89691-276-4　Ⓝ210.48
〔04146〕
◇鉄砲と日本人　鈴木眞哉著　筑摩書房　2000.9　359p　15cm　（ちくま学芸文庫）　1300円　Ⓘ4-480-08576-9　Ⓝ210.48
〔04147〕
◇日本を変えた！種子島の鉄砲とザビエルの十字架―大航海時代の日本人の才智　石原結實著　青萠堂　2000.9　186p　19cm　857円　Ⓘ4-921192-01-4　Ⓝ219.7
〔04148〕
◇日本の火縄銃　2　須川薫雄著　須川薫雄　1991.9　95p　23×29cm　7000円　Ⓘ4-7694-0093-4　Ⓝ559.1
〔04149〕
◇日本の歴史　中世から近世へ2　鉄砲伝来―日本技術のポテンシャル　新訂増補　朝日新聞社　2002.10　p34-64　30cm　（週刊朝日百科22）　476円　Ⓝ210.1
〔04150〕
◇火縄銃の伝来と技術　佐々木稔編　吉川弘文館　2003.4　236p　22cm　7500円　Ⓘ4-642-03383-1　Ⓝ559.1
〔04151〕
◇砲術家の生活　安斎実著　POD版　雄山閣　2003.4　328p　21cm　（生活史叢書18）　3800円　Ⓘ4-639-10017-5
〔04152〕
◇歴史のなかの鉄炮伝来―種子島から戊辰戦争まで　人間文化研究機構国立歴史民俗博物館編　佐倉　人間文化研究機構国立歴史民俗博物館　2006.10　199p　30cm　Ⓝ559.1
〔04153〕

◆戦国の群雄

◇生き残りの戦略―戦国武将に学ぶ　後継者と人脈づくりの条件　風巻絃一著　日本文芸社　1983.4　248p　19cm　950円　Ⓘ4-537-00782-6　Ⓝ210.47
〔04154〕
◇一揆と戦国大名　久留島典子著　講談社　2001.11　362p　20cm　（日本の歴史　第13巻）　2200円　Ⓘ4-06-268913-8　Ⓝ210.47
〔04155〕
◇異能の勝者―歴史に見る「非常の才」　中村彰彦著　集英社　2006.4　286p　19cm　1900円　Ⓘ4-08-781342-8
〔04156〕
◇英雄待望論―戦国武将に学ぶ　福島崇行著　日本ブックマネジメント　1989.6　233p　20cm　1500円　Ⓘ4-89056-013-0　Ⓝ210.48
〔04157〕
◇英雄の手紙―戦国武将の映像　桑田忠親著　読売新聞社　1963　220p　18cm　（サラリーマン・ブックス）　Ⓝ210.47
〔04158〕
◇英雄の手紙―乱世を生きた武将の人間像　桑田忠親著　読売新聞社　1969　220p　18cm　（読売新書）　300円　Ⓝ210.47
〔04159〕
◇近江の武将―架空対談　徳永真一郎著　京都　サンブライト出版　1983.6　237p　19cm　（近江文化叢書16）　1500円　Ⓝ281.61
〔04160〕
◇男ありて―戦国武人列伝　竹村紘一著　〔川崎〕　ルックフォワード　2003.7　244p　22cm　1200円　Ⓘ4-939032-05-1　Ⓝ281.04
〔04161〕
◇男の禅―信長を支えた心の指針とは　童門冬二著　青春出版社　2007.4　269p　15cm　（青春文庫）　600円　Ⓘ978-4-413-09363-7　Ⓝ281.04
〔04162〕
◇男の点描―戦国武将生死の一瞬　戸部新十郎著　毎日新聞社　1995.5　246p　19cm　1300円　Ⓘ4-620-10518-X　Ⓝ210.47
〔04163〕
◇おのれ筑前、我敗れたり　南条範夫著　文芸春秋　1998.11　276p　19cm　1714円　Ⓘ4-16-318120-2
〔04164〕
◇勝ち抜く戦略生き残る知恵―武将に学ぶ　不況時代を乗り切る生き方のヒント　祖田浩一著　日本文芸社　1994.7　238p　19cm　1200円　Ⓘ4-537-02420-8　Ⓝ281.04
〔04165〕
◇画報新説日本史　第10巻　乱世の群雄と天下統一　時事世界新社編　時事世界新社　1963-64　31cm　Ⓝ210.1
〔04166〕
◇危機突破の発想―戦国武将は知恵で勝つ　小和田哲男著　日本経済新聞社　1992.9　212p　20cm　1500円　Ⓘ4-532-16072-3　Ⓝ210.47
〔04167〕
◇北国を駆けた戦国の武将たち　石川県立歴史博物館編　金沢　石川県立歴史博物館　1987.10　81p　26cm　Ⓝ210.47
〔04168〕
◇逆境を生き抜く男の人間学―歴史上の人物に学ぶ　山下康博著　中経出版　2007.2　191p　19cm　1300円　Ⓘ978-4-8061-2644-7　Ⓝ281.04
〔04169〕
◇九州戦国の武将たち　吉永正春著　福岡　海鳥社　2000.11　292p　22cm　2300円　Ⓘ4-87415-321-6　Ⓝ281.9
〔04170〕
◇九州大名の研究　木村忠夫編　吉川弘文館　1983.12　488p　22cm　（戦国大名論集7）　5900円　Ⓘ4-642-02587-1　Ⓝ210.47
〔04171〕
◇京極高知公伝―飯田市建設の祖　山本慈昭著　阿智村（長野県下伊那郡）　山本文庫　1970　124p　図　19cm　（山本文庫2）　350円　Ⓝ288.3
〔04172〕
◇近畿大名の研究　村田修三編　吉川弘文館　1986.9　479p　22cm　（戦国大名論集5）　5900円　Ⓘ4-642-02585-5　Ⓝ210.47
〔04173〕
◇「国盗り」の組織学―乱世を生き抜いた知恵　小和田哲男著　日本経済新聞社　1991.4　205p　20cm　1300円　Ⓘ4-532-16012-X　Ⓝ210.47
〔04174〕
◇桑田忠親著作集　第2巻　戦国武将1　秋田書店　1979.11　356p　20cm　1900円　Ⓝ210.47
〔04175〕
◇桑田忠親著作集　第3巻　戦国武将2　秋田書店　1979.12　358p　20cm　1900円　Ⓝ210.47
〔04176〕
◇群雄割拠と天下統一　小和田哲男監修・年表解説，井沢元彦巻頭総覧　世界文化社　2006.4　199p　24×19cm　（ビジュアル版　日本の歴史を見る5）　2400円　Ⓘ4-418-06212-2
〔04177〕
◇群雄割拠録　本間久（蓬草廬主人）編　日進堂　1910.10　244p　23cm　Ⓝ210.4
〔04178〕

◇群雄創世紀─信玄・氏綱・元就・家康　山室恭子著　朝日新聞社　1995.4　285p　19cm　2200円　Ⓘ4-02-256843-7　〔04179〕
◇群雄たちの興亡─播磨戦国史　熱田公監修, 播磨学研究所編　神戸　神戸新聞総合出版センター　2002.12　257p　20cm　1800円　Ⓘ4-343-00149-0　Ⓝ216.4　〔04180〕
◇激録・日本大戦争　第11巻　戦国武将の戦い　上　原康史著　東京スポーツ新聞社　1982.3　318p　19cm　1300円　Ⓘ4-8084-0050-2　Ⓝ210.1　〔04181〕
◇激録・日本大戦争　第12巻　戦国武将の戦い　下　原康史著　東京スポーツ新聞社　1982.8　330p　19cm　1300円　Ⓘ4-8084-0051-0　Ⓝ210.1　〔04182〕
◇下剋上伝─信長の野望　稲葉義明著　横浜　光栄　1995.8　174p　21cm　1700円　Ⓘ4-87719-251-4　Ⓝ281.04　〔04183〕
◇乾坤一擲　津本陽著　総合法令出版　2000.7　206p　19cm　1200円　Ⓘ4-89346-668-2　〔04184〕
◇検証　もうひとつの武将列伝　井沢元彦著　有楽出版社, 実業之日本社〔発売〕　2005.6　253p　19cm　1600円　Ⓘ4-408-59250-1　〔04185〕
◇現代に生きる戦国武将の智恵　田部井昌子編著　大阪　出版文化社　2000.4　233p　19cm　1200円　Ⓘ4-88338-243-5　Ⓝ281.04　〔04186〕
◇後継学─戦国父子に学ぶ　加来耕三著　時事通信社〔発売〕　2006.12　301p　20cm　1800円　Ⓘ4-7887-0673-3　Ⓝ281.04　〔04187〕
◇考証戦国武家事典　稲垣史生著　新人物往来社　1992.9　511p　22cm　7800円　Ⓘ4-404-01938-6　Ⓝ210.46　〔04188〕
◇河野氏滅亡と周辺の武将たち─伊予の戦国時代哀史　別府頼雄著　〔重信町（愛媛県）〕　〔別府頼雄〕　1997.8　185p　20cm　Ⓝ210.47　〔04189〕
◇高野山戦国大名之墓碑　前編　大阪　日本史古跡研究会　1983.7　88p　30cm　3900円　Ⓝ210.47　〔04190〕
◇この一冊で「戦国武将」101人がわかる！　小和田哲男著　三笠書房　1994.6　270p　15cm　（知的生きかた文庫）　500円　Ⓘ4-8379-0658-3　Ⓝ210.47　〔04191〕
◇この一冊で「戦国武将」101人がわかる！　小和田哲男著　三笠書房　2000.10　278p　15cm　（知的生きかた文庫）　552円　Ⓘ4-8379-7132-6　Ⓝ210.47　〔04192〕
◇コミック信長の野望戦国名将伝　巻之1　フロッシュ, コーエー出版部企画・編集, コーエー出版部監修　横浜　光栄　2005.7　187p　21cm　1200円　Ⓘ4-7758-0332-8　Ⓝ726.1　〔04193〕
◇コミック信長の野望戦国名将伝　巻之2　フロッシュ, コーエー出版部企画・編集, コーエー出版部監修　横浜　光栄　2005.11　190p　21cm　1200円　Ⓘ4-7758-0359-X　Ⓝ726.1　〔04194〕
◇こんな男が乱世に勝つ─戦国武将に学ぶ　早乙女貢著　広済堂出版　1993.3　251p　18cm　（Kosaido books）　780円　Ⓘ4-331-00599-2　Ⓝ281.04　〔04195〕
◇佐々部若狭守─戦国の武将　菊山肇著　〔高宮町（広島県）〕　〔菊山肇〕　1987.6　72p　21cm　Ⓝ281.76　〔04196〕

◇サムライたちの遺した言葉　秋庭道博著　PHP研究所　2004.9　214p　18cm　（PHPエル新書）　760円　Ⓘ4-569-63833-3　Ⓝ281.04　〔04197〕
◇知っててほしい天下統一に活躍した人びと─戦国・安土桃山時代　佐藤和彦監修　あかね書房　2000.4　47p　31cm　（楽しく調べる人物図解日本の歴史 4）　3200円　Ⓘ4-251-07934-5　〔04198〕
◇事典にのらない戦国武将の苦節時代　新人物往来社　2006.9　207p　21cm　（別冊歴史読本 44号）　1600円　Ⓘ4-404-03344-3　Ⓝ281.04　〔04199〕
◇事典にのらない戦国武将の死の瞬間　新人物往来社　2006.3　207p　21cm　（別冊歴史読本 31号）　1600円　Ⓘ4-404-03331-1　Ⓝ281.04　〔04200〕
◇事典にのらない戦国武将の晩年と最期　新人物往来社　2004.9　207p　21cm　（別冊歴史読本 第29巻第26号）　1600円　Ⓘ4-404-03094-0　Ⓝ281.04　〔04201〕
◇しぶとい戦国武将伝　外川淳著　河出書房新社　2004.1　237p　19cm　1600円　Ⓘ4-309-22409-1　Ⓝ281.04　〔04202〕
◇週刊ビジュアル日本の歴史　no.79　戦乱の世 9　デアゴスティーニ・ジャパン　2001.8　p338-377　30cm　533円　Ⓝ210.1　〔04203〕
◇週刊ビジュアル日本の歴史　no.137　戦国武将篇 17　デアゴスティーニ・ジャパン　2002.8　p674-713　30cm　533円　Ⓝ210.1　〔04204〕
◇週刊ビジュアル日本の歴史　no.140　戦国武将篇 20　デアゴスティーニ・ジャパン　2002.11　30cm　533円　p800-839　Ⓝ210.1　〔04205〕
◇重修木戸伊豆守忠朝小伝　富田勝治著　〔羽生〕　〔富田勝治〕　1988　72p　26cm　Ⓝ213.4　〔04206〕
◇状況判断─まず計算し, しかる後これを超越せよ　大橋武夫著　マネジメント社　1978.5　244p　19cm　980円　Ⓝ210.47　〔04207〕
◇勝者と敗者の判断─戦国武将にみる興亡の岐路　土門周平著　学陽書房　1989.5　258p　20cm　1380円　Ⓘ4-313-15041-2　Ⓝ210.47　〔04208〕
◇上州の戦国大名横瀬・由良一族　渡辺嘉造伊著　りん書房　1995.10　121p　20cm　1000円　Ⓘ4-7952-7384-7　Ⓝ288.3　〔04209〕
◇少年少女日本の歴史　第10巻　戦国大名の争い　児玉幸多監修, あおむら純まんが　増補版　小学館　1998.2　157p　23cm　（小学館版学習まんが）　830円　Ⓘ4-09-298110-4　〔04210〕
◇勝敗の分岐点─戦国武将に学ぶ　勝機をつかむ武将, つかめない武将　吉岡行雄著　産能大学出版部　1989.12　198p　19cm　1500円　Ⓘ4-382-05028-6　Ⓝ210.47　〔04211〕
◇白河結城家とその家臣たち　高村左文郎著　白河結城刊行会　1979.12　302p　19cm　6000円　Ⓝ288.3　〔04212〕
◇人心掌握の天才たち─戦国武将に学ぶリーダーの条件　童門冬二著　PHP研究所　1990.2　251p　15cm　（PHP文庫）　460円　Ⓘ4-569-56244-2　Ⓝ210.47　〔04213〕
◇人物日本歴史館　戦国篇 前期　三笠書房　1996.11　526p　15cm　（知的生きかた文庫）　980円　Ⓘ4-8379-0842-X　Ⓝ289.1　〔04214〕
◇新名将言行録　続戦国時代　榊山潤著　講談社　1976　348p 図　20cm　1800円　Ⓝ210.47　〔04215〕

戦国時代　　　　　　　　　　　　　中世史

◇新名将言行録　戦国時代　榊山潤著　講談社　1975　340p　図　20cm　1800円　Ⓝ210.47　〔04216〕
◇新・名将録―信長の野望　稲葉義明著　横浜　光栄　1995.3　174p　21cm　1700円　Ⓘ4-87719-196-8　Ⓝ210.47　〔04217〕
◇図解戦国大名格付け―信長・信玄・謙信・秀吉・家康…戦国大名を20項目で徹底採点!　綜合図書　2007.12　95p　26cm　（ローレンスムック―歴史雑学book）　1000円　Ⓘ978-4-86298-010-6　Ⓝ210.47　〔04218〕
◇「図解」ふるさとの戦国武将―智将・猛将・参謀たちの教科書には載らない新・真実!　河合敦著　学習研究社　2007.11　95p　26cm　933円　Ⓘ978-4-05-403558-4　Ⓝ281.04　〔04219〕
◇図説戦国武将おどろきの真実―乱世の英雄にまつわるウソのようなホントの話　歴史雑学探偵倶楽部編　学習研究社　2006.1　95p　26cm　905円　Ⓘ4-05-402999-X　Ⓝ281.04　〔04220〕
◇図説戦国武将おもしろ事典　奈良本辰也監修　三笠書房　1990.11　281p　19cm　1068円　Ⓘ4-8379-1427-6　Ⓝ210.47　〔04221〕
◇「図説」戦国武将おもしろ事典　三笠書房　1997.4　281p　19cm　1143円＋税　Ⓘ4-8379-1685-6　Ⓝ210.47　〔04222〕
◇図説戦国武将おもしろ事典　奈良本辰也監修　三笠書房　2005.2　285p　15cm　（知的生きかた文庫）　533円　Ⓘ4-8379-7468-6　Ⓝ210.47　〔04223〕
◇図説 戦国武将のあの人の「その後」―「関ヶ原」「本能寺」…事件が変えた男たちの運命　日本博学倶楽部著　PHP研究所　2003.11　95p　26cm　952円　Ⓘ4-569-63217-3　〔04224〕
◇図説・戦国武将118 ―決定版　学習研究社　2001.1　190p　26cm　1900円　Ⓘ4-05-602415-4　Ⓝ281.04　〔04225〕
◇諏訪氏概説　付・高島城　植村佐編著　1967　39p　図版　21cm　Ⓝ288.1　〔04226〕
◇生死をかけた戦国武将の決断に学ぶ　新谷博司著　米沢経営効率研究所　1999.1　250p　19cm　1800円　Ⓝ210.47　〔04227〕
◇戦国宇喜多一族　立石定夫著　新人物往来社　1988.10　437p　20cm　2500円　Ⓘ4-404-01511-9　Ⓝ288.2　〔04228〕
◇戦国御家騒動　新人物往来社　1996.1　291p　21cm　（歴史読本特別増刊）　1600円　Ⓝ210.47　〔04229〕
◇戦国を勝ちぬいた武将たち―危機克服のリーダーシップ　童門冬二著　日本放送出版協会　2001.10　195p　21cm　（NHKシリーズ―NHKカルチャーアワー）　850円　Ⓘ4-14-910423-9　Ⓝ281.04　〔04230〕
◇戦国合戦かくれ話―野望に燃えた武将たち!　土橋治重著　大陸書房　1992.9　246p　15cm　（大陸文庫）　470円　Ⓘ4-8033-4279-2　〔04231〕
◇戦国合戦と武将たち―信長・秀吉・家康 特別展　兵庫県立歴史博物館編　〔姫路〕　兵庫県立歴史博物館　1991.10　108p　26cm　（兵庫県立歴史博物館特別展図録 no.26）　Ⓝ210.47　〔04232〕
◇戦国関東名将列伝　島遼伍著　宇都宮　随想舎　1999.12　335p　21cm　2000円　Ⓘ4-88748-032-6　Ⓝ281.3　〔04233〕
◇戦国期東国の大名と国衆　黒田基樹著　岩田書院　2001.3　453,12p　22cm　9900円　Ⓘ4-87294-194-2　Ⓝ210.47　〔04234〕

◇戦国驍将・知将・奇将伝―乱世を駆けた62人の生き様・死に様　歴史群像編集部編　学習研究社　2007.1　380p　15cm　（学研M文庫）　690円　Ⓘ978-4-05-901194-1　Ⓝ281.04　〔04235〕
◇戦国群雄伝―信長、秀吉、そして毛利元就、…戦国に覇を競った武将たち　世界文化社　1996.10　306p　26cm　（ビッグマンスペシャル―歴史クローズアップ）　1900円　Ⓘ4-418-96126-7　Ⓝ210.46　〔04236〕
◇戦国群雄伝―信長、秀吉、そして毛利元就、…戦国に覇を唱えた武将たち　改訂新版　世界文化社　2006.1　305p　26cm　（ビッグマンスペシャル）　1700円　Ⓘ4-418-05149-X　Ⓝ210.46　〔04237〕
◇戦国群雄列伝―ロマンをたずねて　富永滋人著　大阪　創元社　1974　211p　18cm　480円　Ⓝ210.47　〔04238〕
◇戦国激闘伝―乱世を生きた武将たちの知られざる死闘の舞台裏を描く!!　世界文化社　2006.8　191p　19cm　476円　Ⓘ4-418-06242-4　〔04239〕
◇戦国剣豪伝―乱世を斬り裂く無双の撃剣　学習研究社　2003.1　191p　26cm　（歴史群像シリーズ 68号）　1500円　Ⓘ4-05-602948-2　Ⓝ789.3　〔04240〕
◇戦国興亡武将たちの進退　戸部新十郎著　PHP研究所　2000.10　249p　15cm　（PHP文庫）　514円　Ⓘ4-569-57460-2　Ⓝ281.04　〔04241〕
◇戦国興亡名将たちの決断　戸部新十郎著　PHP研究所　2006.9　221p　19cm　476円　Ⓘ4-569-65544-0　Ⓝ281.04　〔04242〕
◇戦国三英傑に学ぶ人間管理術―信長・秀吉・家康　加来耕三著　講談社　1996.2　261p　19cm　1300円　Ⓘ4-06-207738-8　Ⓝ336.4　〔04243〕
◇戦国史研究別冊　戦国大名再考　戦国史研究会編　戦国史研究会, 吉川弘文館〔発売〕　2001.5　48p　21cm　952円　Ⓘ4-642-08918-7, ISSN0287-7449　〔04244〕
◇戦国時代における高城氏の盛衰　松下邦夫著　謄写版　1965　50p　はり込み図版4枚　27cm　Ⓝ210.47　〔04245〕
◇戦国時代の群雄　長田権次郎（偶得）著　裳華房　1912.4　192p　22cm　Ⓝ210.4　〔04246〕
◇戦国時代の三傑―織田信長、豊臣秀吉、徳川家康　生田目旭東著　家庭と新講談社　1929　62p　19cm　Ⓝ210.4　〔04247〕
◇戦国時代の謎と怪異―戦国群雄に隠された謎を解く!　桑田忠親著　日本文芸社　1993.7　237p　15cm　（にちぶん文庫）　480円　Ⓘ4-537-06228-2　Ⓝ210.47　〔04248〕
◇戦国史ノート―秋元氏と秋元城の覚え書き　坂井昭編　君津　千葉県君津市教育委員会生涯学習課　2002.2　60p　30cm　非売品　Ⓝ288.2　〔04249〕
◇戦国人物700傑　新人物往来社　2001.5　376p　21cm　（別冊歴史読本 74号）　1800円　Ⓘ4-404-02774-5　Ⓝ281.04　〔04250〕
◇戦国大名　奥野高広著　塙書房　1960　303p　図版　19cm　（塙選書 第9）　Ⓝ210.4　〔04251〕
◇戦国大名　小和田哲男著　〔東村山〕　教育社　1978.12　219p　18cm　（教育社歴史新書）　600円　Ⓝ210.47　〔04252〕
◇戦国大名　杉山博著　改版　中央公論新社　2005.3　577p　16cm　（中公文庫―日本の歴史 11）　1238円　Ⓘ4-12-204508-8　Ⓝ210.47　〔04253〕

◇戦国大名家臣団事典　東国編　山本大, 小和田哲男編　新人物往来社　1981.8　427p　22cm　6800円　Ⓝ210.47　〔04254〕

◇戦国大名から将軍権力へ―転換期を歩く　所理喜夫編　吉川弘文館　2000.3　301p　22cm　9000円　Ⓘ4-642-02791-2　Ⓝ210.47　〔04255〕

◇戦国大名閨閥事典　第1巻　小和田哲男編　新人物往来社　1996.11　265p　22cm　9800円　Ⓘ4-404-02421-5　Ⓝ210.47　〔04256〕

◇戦国大名閨閥事典　第2巻　小和田哲男編　新人物往来社　1996.12　276p　22cm　9800円　Ⓘ4-404-02422-3　Ⓝ210.47　〔04257〕

◇戦国大名閨閥事典　第3巻　小和田哲男編　新人物往来社　1997.1　267p　22cm　9800円　Ⓘ4-404-02423-1　Ⓝ210.47　〔04258〕

◇戦国大名系譜人名事典　西国編　山本大, 小和田哲男編　新人物往来社　1986.1　563p　22cm　7500円　Ⓘ4-404-01316-7　Ⓝ210.47　〔04259〕

◇戦国大名系譜人名事典　東国編　山本大, 小和田哲男編　新人物往来社　1985.11　555p　22cm　7500円　Ⓘ4-404-01293-4　Ⓝ210.47　〔04260〕

◇戦国大名県別国盗り物語―我が故郷の武将にもチャンスがあった!?　八幡和郎著　PHP研究所　2006.1　338p　18cm　(PHP新書)　880円　Ⓘ4-569-64780-4　Ⓝ210.47　〔04261〕

◇戦国大名と公儀　久保健一郎著　校倉書房　2001.2　408p　22cm　(歴史科学叢書)　10000円　Ⓘ4-7517-3160-2　Ⓝ210.47　〔04262〕

◇戦国大名と職人　笹本正治著　吉川弘文館　1988.7　284, 10p　20cm　(中世史研究選書)　2600円　Ⓘ4-642-02658-4　Ⓝ210.47　〔04263〕

◇戦国大名と天皇―室町幕府の解体と王権の逆襲　今谷明編　福武書店　1992.3　261p　19cm　(Fukutake books 28)　1240円　Ⓘ4-8288-3327-7　Ⓝ210.47　〔04264〕

◇戦国大名と天皇―室町幕府の解体と王権の逆襲　今谷明著　講談社　2001.1　259p　15cm　(講談社学術文庫)　960円　Ⓘ4-06-159471-0　Ⓝ210.47　〔04265〕

◇戦国大名と外様国衆　黒田基樹著　文献出版　1997.1　569, 41p　22cm　16480円　Ⓘ4-8305-1192-3　Ⓝ210.47　〔04266〕

◇戦国大名南部信直　高橋富雄著　〔盛岡〕　南部藩志会　1990.7　1冊　26cm　Ⓝ210.47　〔04267〕

◇戦国大名の危機管理　黒田基樹著　吉川弘文館　2005.10　198p　19cm　(歴史文化ライブラリー 200)　1700円　Ⓘ4-642-05600-9　Ⓝ210.47　〔04268〕

◇戦国大名の研究　永原慶二編　吉川弘文館　1983.7　482p　22cm　(戦国大名論集1)　5900円　Ⓝ210.47　〔04269〕

◇戦国大名の研究―乱世を生きた武将と民衆の姿　池享監修　ポプラ社　2000.3　47p　29cm　(調べ学習日本の歴史5)　3000円　Ⓘ4-591-06380-1　Ⓝ210.47　〔04270〕

◇戦国大名の権力構造　藤木久志著　吉川弘文館　1987.2　370, 6p　22cm　6500円　Ⓘ4-642-02616-9　Ⓝ210.47　〔04271〕

◇戦国大名の政治と宗教　横山光雄著　國學院大學大学院　1999.12　251p　26cm　(國學院大學大学院研究叢書　文学研究科 1344-8021)　Ⓝ210.47　〔04272〕

◇戦国大名の大常識　小和田哲男監修, 青木一平文　ポプラ社　2006.1　143p　22cm　(これだけは知っておきたい 25)　880円　Ⓘ4-591-08956-8　Ⓝ210.47　〔04273〕

◇戦国大名の戦い―室町時代3・戦国時代　池上裕子監修, 荘司としお漫画　集英社　1998.3　163p　23cm　(集英社版・学習漫画―日本の歴史 10)　850円　Ⓘ4-08-239010-3　〔04274〕

◇戦国大名マニュアル　米沢二郎ほか共著　新紀元社　1993.10　288p　21cm　1850円　Ⓘ4-88317-225-2　Ⓝ210.47　〔04275〕

◇戦国大名論集 1　戦国大名の研究　秋沢繁ほか編　永原慶二編　吉川弘文館　1983.7　482p　22cm　5900円　Ⓝ210.47　〔04276〕

◇戦国大名論集 2　東北大名の研究　秋沢繁ほか編　小林清治編　吉川弘文館　1984.4　464p　22cm　5900円　Ⓘ4-642-02582-0　Ⓝ210.47　〔04277〕

◇戦国大名論集 3　東国大名の研究　秋沢繁ほか編　佐藤博信編　吉川弘文館　1983.9　469p　22cm　5900円　Ⓝ210.47　〔04278〕

◇戦国大名論集 4　中部大名の研究　秋沢繁ほか編　勝俣鎮夫編　吉川弘文館　1983.8　449p　22cm　5900円　Ⓝ210.47　〔04279〕

◇戦国大名論集 5　近畿大名の研究　秋沢繁ほか編　村田修三編　吉川弘文館　1986.9　479p　22cm　5900円　Ⓘ4-642-02585-5　Ⓝ210.47　〔04280〕

◇戦国大名論集 6　中国大名の研究　秋沢繁ほか編　岸田裕之編　吉川弘文館　1984.6　496p　22cm　5900円　Ⓘ4-642-02586-3　Ⓝ210.47　〔04281〕

◇戦国大名論集 7　九州大名の研究　秋沢繁ほか編　木村忠夫編　吉川弘文館　1983.12　488p　22cm　5900円　Ⓘ4-642-02587-1　Ⓝ210.47　〔04282〕

◇戦国知将「強者の論理」　鈴木亨著　三笠書房　2004.9　267p　15cm　(知的生きかた文庫)　571円　Ⓘ4-8379-7432-5　Ⓝ281.04　〔04283〕

◇戦国なるほど人物事典―100人のエピソードで歴史の流れがよくわかる　泉秀樹著　PHP研究所　2003.5　502p　15cm　(PHP文庫)　819円　Ⓘ4-569-57945-0　Ⓝ281.04　〔04284〕

◇戦国の遺書　桑田忠親著　人物往来社　1964　270p　19cm　Ⓝ210.47　〔04285〕

◇戦国の遺書　桑田忠親著　聖文社　1978.7　290p　20cm　800円　Ⓝ210.47　〔04286〕

◇戦国の家長―生き残るために何をしたか　童門冬二著　中経出版　1992.7　230p　20cm　1400円　Ⓘ4-8061-0609-7　Ⓝ281.04　〔04287〕

◇戦国の虚将　岡田稔著　大陸書房　1973　253p　19cm　700円　Ⓝ210.47　〔04288〕

◇戦国の七寸五分(轡田)一族　館盛英夫著　富山　館盛英夫　1977.10　152p　22cm　Ⓝ288.1　〔04289〕

◇戦国の群像　早乙女貢著　新人物往来社　1981.6　230p　20cm　1300円　Ⓝ281.04　〔04290〕

◇戦国の群雄　榊山潤著　河出書房新社　1961　299p　図版　19cm　(現代人の日本史 第12)　Ⓝ210.47　〔04291〕

◇戦国の群雄　西国編　飯田忠彦著　新人物往来社　1971　270p　20cm　(大日本野史)　850円　Ⓝ210.47　〔04292〕

◇戦国の五十人―特別展　大阪城天守閣編　大阪　大阪城天守閣特別事業委員会　1994.10　97p　26cm　Ⓝ210.47　〔04293〕

◇戦国の智将・謀将の秘密　井沢元彦ほか著　ベストセラーズ　1992.7　255p　15cm　（ワニ文庫―歴史マガジン文庫）　580円　Ⓘ4-584-30323-1　Ⓝ210.47
〔04294〕
◇戦国の反逆・謀叛の秘密　早乙女貢ほか著　ベストセラーズ　1992.8　255p　15cm　（ワニ文庫―歴史マガジン文庫）　580円　Ⓘ4-584-30328-2　Ⓝ210.47
〔04295〕
◇戦国の武将三十人　桑田忠親著　新人物往来社　1996.8　254p　20cm　2500円　Ⓘ4-404-02364-2　Ⓝ281.04
〔04296〕
◇戦国の武将と城　井上宗和著　角川書店　1984.6　404p　15cm　（角川文庫）　490円　Ⓘ4-04-156002-0　Ⓝ210.47
〔04297〕
◇戦国の武将と城と　井上宗和著　朝日新聞社　1973　250, 9p　肖像　22cm　1200円　Ⓝ210.47
〔04298〕
◇戦国の武将永井隼人とその系譜　永井源六郎著　武芸川町（岐阜県）　永井源六郎　1986.12　434p　22cm　Ⓝ288.2
〔04299〕
◇戦国の名城と武将たち　井上宗和著　グリーンアロー出版社　1977.11　278p（図共）　19cm　（グリーンアロー・ブックス）　760円　Ⓝ210.47
〔04300〕
◇戦国の名脇役たち―乱世に輝いた九つの才能　武光誠著　PHP研究所　1995.6　251p　15cm　（PHP文庫）　460円　Ⓘ4-569-56770-3　Ⓝ210.47
〔04301〕
◇戦国の雄と末裔たち　中嶋繁雄著　平凡社　2005.12　243p　18cm　（平凡社新書）　780円　Ⓘ4-582-85301-3　Ⓝ210.47
〔04302〕
◇戦国百人一話　1　織田信長をめぐる群像―創造性と行動力で勝利する　会田雄次ほか著　青人社　1991.4　203p　21cm　1500円　Ⓘ4-88296-102-4　Ⓝ210.47
〔04303〕
◇戦国百人一話　2　豊臣秀吉をめぐる群像―出世欲と気くばりで勝利する　尾崎秀樹ほか著　青人社　1991.7　203p　21cm　1500円　Ⓘ4-88296-103-2　Ⓝ210.47
〔04304〕
◇戦国百人一話　3　徳川家康をめぐる群像―待ちの戦略で勝利する　奈良本辰也ほか著　青人社　1991.10　203p　21cm　1500円　Ⓘ4-88296-104-0　Ⓝ210.47
〔04305〕
◇戦国百傑伝―戦国の世に輝いた百の将星　上巻　オフィス新大陸編著　ジャパン・ミックス　1997.10　215p　21cm　（ファンタジー・ファイル 5）　1900円　Ⓘ4-88321-417-6
〔04306〕
◇戦國武家事典　稲垣史生著　青蛙房　1962　551p　20cm　Ⓝ210.47
〔04307〕
◇戦国武家事典　稲垣史生編　青蛙房　1973　551p　20cm　1500円　Ⓝ210.47
〔04308〕
◇戦国武士　坂田吉雄著　弘文堂　1952　217p　19cm　（アテネ新書）　Ⓝ210.47
〔04309〕
◇戦国武将　小和田哲男著　中央公論社　1981.12　214p　18cm　（中公新書）　440円　Ⓝ210.47
〔04310〕
◇戦国武将　別冊宝島編集部編　宝島社　2000.1　317p　16cm　（宝島社文庫）　600円　Ⓘ4-7966-1681-0　Ⓝ210.47
〔04311〕
◇戦国武将―勝者の死にざま／敗者の生きざま　岳勇士著　健友館　2002.3　170p　19cm　1600円　Ⓘ4-7737-0614-7　Ⓝ281.04
〔04312〕

◇戦国武将頭の使い方　小和田哲男著　三笠書房　2001.8　266p　15cm　（知的生きかた文庫）　533円　Ⓘ4-8379-7190-3　Ⓝ281.04
〔04313〕
◇戦国武将・あの人の「その後」―「関ヶ原」「本能寺」…事件が変えた男たちの運命　日本博学倶楽部著　PHP研究所　2002.9　244p　15cm　（PHP文庫）　552円　Ⓘ4-569-57777-6　Ⓝ281.04
〔04314〕
◇戦国武将あの人の顛末　中江克己著　青春出版社　2004.9　253p　15cm　（青春文庫）　571円　Ⓘ4-413-09301-1　Ⓝ281.04
〔04315〕
◇戦国武将あの人の顛末―図説相関図と合戦地図で読み解く　中江克己著　青春出版社　2007.5　95p　26cm　1000円　Ⓘ978-4-413-00889-1　Ⓝ281.04
〔04316〕
◇戦国武将逸話の謎と真相　川口素生著　学習研究社　2007.8　321p　15cm　（学研M文庫）　630円　Ⓘ978-4-05-901202-3　Ⓝ281.04
〔04317〕
◇戦国武将いろいろ覚え帖　稲垣史生著　コンパニオン出版　1983.1　253p　19cm　1300円　Ⓘ4-906121-17-9　Ⓝ210.47
〔04318〕
◇戦国武将への大質問―ホントはどうなの？ コトの真相から、意外な顛末まで70の謎を解く　歴史の謎研究会編　青春出版社　2002.11　206p　15cm　（青春文庫）　486円　Ⓘ4-413-09255-4　Ⓝ281.04
〔04319〕
◇戦国武将岡部一族展―平成10年度秋季特別展　岸和田市立郷土資料館編　岸和田　岸和田市立郷土資料館　1998.10　32p　26cm　Ⓝ288.2
〔04320〕
◇戦国武将を支えた信仰―生死を超越した不退転の決意　風巻絃一著　日本文芸社　1987.10　241p　19cm　980円　Ⓘ4-537-02076-8　Ⓝ210.47
〔04321〕
◇戦国武将男の値打ち　田中even泥著　三笠書房　2006.3　253p　15cm　（知的生きかた文庫）　533円　Ⓘ4-8379-7548-8　Ⓝ281.04
〔04322〕
◇戦国武将おもしろ雑学　広済堂出版　1991.7　235p　16cm　（広済堂文庫）　440円　Ⓘ4-331-65102-9　Ⓝ210.47
〔04323〕
◇戦国武将おもしろ大百科　山梨輝雄著　広済堂出版　1987.9　263p　13cm　（豆たぬきの本）　380円　Ⓘ4-331-20108-2　Ⓝ210.47
〔04324〕
◇戦国武将ガイド　米沢二郎，小山内新共著　新紀元社　1992.7　383p　21cm　1900円　Ⓘ4-88317-213-9　Ⓝ210.47
〔04325〕
◇戦国武将学入門―乱世に生きた知恵と戦術　道満三郎著　同朋舎　2001.3　190p　19cm　1300円　Ⓘ4-8104-2672-6　Ⓝ281.04
〔04326〕
◇戦国武将勝ち残りの戦略―状況を読みいかに闘うか　風巻絃一著　日本文芸社　2001.6　237p　18cm　（日文新書）　686円　Ⓘ4-537-25057-7　Ⓝ210.47
〔04327〕
◇戦国武将・合戦事典　峰岸純夫，片桐昭彦編　吉川弘文館　2005.3　896, 77p　23cm　8000円　Ⓘ4-642-01343-1　Ⓝ281
〔04328〕
◇戦国武将がわかる絵事典―日本の歴史を学んでみよう 名将のエピソードを知ろう　山村竜也著　PHP研究所　2006.11　79p　29cm　2800円　Ⓘ4-569-68633-8　Ⓝ281.04
〔04329〕
◇戦国武将九戸政実―九戸政実公没後四百年記念　九戸政実公没後四百年記念事業実行委員会編　〔九戸村（岩手県）〕　九戸政実公没後四百年記念事業実行委員会　1991.8　46p　26cm　Ⓝ289.1
〔04330〕

◇戦国武将現代的経営学　八切止夫著　日本シェル出版　1983.5　252, 257p　19cm　1400円　Ⓝ210.04
〔04331〕

◇戦国武将「50通の手紙」—部下を奮い立たせた　加来耕三著　双葉社　1993.1　221p　15cm　（双葉文庫）400円　Ⓘ4-575-71031-8　Ⓝ210.47
〔04332〕

◇戦国武将55の名言—乱世を生きぬいた漢たち　秋庭道博著　学習研究社　2001.12　230p　15cm　（学研M文庫）530円　Ⓘ4-05-901098-7　Ⓝ281.04
〔04333〕

◇戦国武将 この「すごい眼力」に学べ　小和田哲男著　三笠書房　2007.12　220p　15cm　（知的生きかた文庫）533円　Ⓘ978-4-8379-7677-6
〔04334〕

◇戦国武将こぼれ話　土橋治重著　大陸書房　1991.9　230p　16cm　（大陸文庫）480円　Ⓘ4-8033-3692-X　Ⓝ210.47
〔04335〕

◇戦国武将最強列伝　宝島社　2004.3　127p　26cm　（別冊宝島 989号）　952円　Ⓘ4-7966-3953-5　Ⓝ210.47
〔04336〕

◇戦国武将最強列伝　別冊宝島編集部編　宝島社　2005.12　286p　15cm　（宝島社文庫）638円　Ⓘ4-7966-5048-2　Ⓝ281.04
〔04337〕

◇戦国武将最後の戦い　新人物往来社　2007.2　175p　26cm　（別冊歴史読本 第32巻4号）　1800円　Ⓘ978-4-404-03356-7　Ⓝ210.47
〔04338〕

◇戦国武将雑学事典—まるごと一冊戦国時代　戦国武将雑学研究所編　リイド社　2004.10　240p　19cm　381円　Ⓘ4-8458-2765-4　Ⓝ281.04
〔04339〕

◇戦国武将・勝機の決断　藤公房著　ダイヤモンド社　1981.4　183p　19cm　980円　Ⓝ210.47
〔04340〕

◇戦国武将勝利の実学　火坂雅志著　勉誠出版　2006.12　266p　19cm　1400円　Ⓘ4-585-05344-1　Ⓝ281.04
〔04341〕

◇戦国武将知れば知るほど　実業之日本社　1996.12　269p　19cm　1300円　Ⓘ4-408-10216-4　Ⓝ281.04
〔04342〕

◇戦国武将「凄い生き方」　小和田哲男著　三笠書房　2006.8　301p　15cm　（知的生きかた文庫）552円　Ⓘ4-8379-7573-9　Ⓝ210.47
〔04343〕

◇戦国武将大百科　勁文社　2001.6　173p　15cm　（ケイブンシャの大百科）　780円　Ⓘ4-7669-3841-0　Ⓝ210.47
〔04344〕

◇戦国武将誰も知らない苦労話　桑田忠親著　三笠書房　1991.9　248p　15cm　（知的生きかた文庫）　450円　Ⓘ4-8379-0466-1　Ⓝ210.47
〔04345〕

◇戦国武将散り様列伝—戦国武将174人の最期の瞬間　宝島社　2005.10　127p　26cm　（別冊宝島 1208号）　952円　Ⓘ4-7966-4863-1　Ⓝ210.47
〔04346〕

◇戦国武将「できる男」の意外な結末　日本博学倶楽部著　PHP研究所　2005.11　313p　15cm　（PHP文庫）571円　Ⓘ4-569-66484-9　Ⓝ281.04
〔04347〕

◇戦国武将「できる男」の意外な結末—愛蔵版　日本博学倶楽部著　PHP研究所　2007.10　221p　19cm　476円　Ⓘ978-4-569-69563-1　Ⓝ281.04
〔04348〕

◇戦国武将展　埼玉県立博物館編　大宮　埼玉県立博物館　1977.10　71p（図共）　25cm　Ⓝ210.47
〔04349〕

◇戦国武将伝—リーダーたちの戦略と決断　白石一郎著　文芸春秋　1992.3　290p　16cm　（文春文庫）420円　Ⓘ4-16-737009-3　Ⓝ914.6
〔04350〕

◇戦国武将と民衆　奥野高広著　新人物往来社　1971　285p　20cm　880円　Ⓝ210.47
〔04351〕

◇戦国武将なるほど事典—乱世がわかれば現代が見える！実業之日本社　1994.1　269p　19cm　1200円　Ⓘ4-408-39414-9　Ⓝ210.47
〔04352〕

◇戦国武将25人の手紙　岡本良一著　朝日新聞社　1970　222p　14×19cm　650円　Ⓝ210.47
〔04353〕

◇戦国武将に学ぶ生き残りの戦略　一龍斎貞花著　日新報道　1996.8　296p　19cm　1400円　Ⓘ4-8174-0375-6　Ⓝ281.04
〔04354〕

◇戦国武将に学ぶ逆境の勝ち方—7つの成功法則　植西聰著　廣済堂出版　2001.7　204p　19cm　1200円　Ⓘ4-331-50784-X　Ⓝ159
〔04355〕

◇戦国武将に学ぶ経営戦略　高木健次著　新評論　2001.12　225p　20cm　2200円　Ⓘ4-7948-0534-9　Ⓝ281.04
〔04356〕

◇戦国武将に学ぶ経営の秘訣　青山幸男著　芸艸堂　1995.6　291p　19cm　1600円　Ⓘ4-7538-0168-3　Ⓝ335.04
〔04357〕

◇戦国武将に学ぶ決断の時　玉木重輝著　鈴木出版　1988.7　252p　20cm　1400円　Ⓘ4-7902-9010-7　Ⓝ210.47
〔04358〕

◇戦国武将に学ぶ後継者づくり—明暗戦国二世物語　藤公房著　産業能率大学出版部　1983.11　200p　19cm　1200円　Ⓝ210.47
〔04359〕

◇戦国武将に学ぶ情報戦略　津本陽著　角川書店　1998.3　220p　15cm　（角川文庫）　438円　Ⓘ4-04-171314-5　Ⓝ914.6
〔04360〕

◇戦国武将に学ぶ処世術—信長・秀吉・家康　津本陽著　角川書店　1995.12　238p　15cm　1200円　Ⓘ4-04-884101-7　Ⓝ914.6
〔04361〕

◇戦国武将に学ぶ生活術　童門冬二著　産能大学出版部　2001.6　369p　19cm　1800円　Ⓘ4-382-05505-9　Ⓝ159
〔04362〕

◇戦国武将に学ぶ風格の研究—彼らにおける老いの品性・老いの真価とは　鈴木её一郎著　祥伝社　2001.12　202p　18cm　（ノン・ブック）　819円　Ⓘ4-396-10423-5　Ⓝ914.6
〔04363〕

◇戦国武将に学ぶ名補佐役の条件　童門冬二著　PHP研究所　1999.9　349p　15cm　（PHP文庫）　629円　Ⓘ4-569-57315-0　Ⓝ281.04
〔04364〕

◇戦国武将にみる混迷変革期突破—人間の行動原理は昔も今も欲　米田一雄著　福岡　西日本新聞社　2001.11　254p　19cm　1524円　Ⓘ4-8167-0539-2　Ⓝ281.04
〔04365〕

◇戦国武将に見るリーダーの人望力—人を魅きつける「人間経営」の八原則　三谷茉沙夫著　大和出版　1993.11　212p　19cm　1350円　Ⓘ4-8047-1280-1　Ⓝ335.13
〔04366〕

◇戦国武将の意外なウラ事情—英雄たちの「秘められた事実」　日本博学倶楽部著　PHP研究所　2004.6　276p　15cm　（PHP文庫）　571円　Ⓘ4-569-66199-8　Ⓝ281.04
〔04367〕

◇戦国武将の生き方死に方　小和田哲男著　新人物往来社　1985.5　244p　20cm　2000円　Ⓘ4-404-01263-2　Ⓝ210.47
〔04368〕

◇戦国武将の遺書　桑田忠親著　広済堂出版　1988.7　246p　16cm　（広済堂文庫）　420円　Ⓘ4-331-65035-9　Ⓝ210.47
〔04369〕

◇戦国武将の生命懸け損益計算書—人生の岐路に彼らはどう対処したか　加来耕三著　土屋書店　2007.11　203p

◇戦国武将の俤　樋口敬七郎著　琢磨社　1931　2,181p　20cm　Ⓝ210.4　〔04371〕

◇戦国武将の危機突破学　童門冬二著　日本経済新聞社　2005.8　309p　15cm　（日経ビジネス人文庫）　667円　①4-532-19305-2　Ⓝ281.04　〔04372〕

◇戦国武将の決断―合戦を推理する　大橋武夫著　新人物往来社　1973　213p　20cm　850円　Ⓝ210.47　〔04373〕

◇戦国武将の決断と実行　藤公房著　ダイヤモンド社　1973　311p図　19cm　900円　Ⓝ210.47　〔04374〕

◇戦国武将の時代―中世の上総国の秋元氏について　坂井昭編　〔君津〕〔坂井昭〕2001.5　166p　26cm　1300円　Ⓝ288.2　〔04375〕

◇戦国武将の時代―中世の上総国の秋元氏について　坂井昭編　新訂版　〔君津〕〔坂井昭〕2001.10　166p　26cm　1300円　Ⓝ288.2　〔04376〕

◇戦国武将の宿敵・好敵手　藤公房著　ダイヤモンド社　1977.5　196p　19cm　900円　Ⓝ210.47　〔04377〕

◇戦国武将の情勢判断　藤公房著　カルチャー出版社　1972　265p　19cm　650円　Ⓝ210.47　〔04378〕

◇戦国武将の情勢判断　藤公房著　ダイヤモンド社　1978.5　265p　19cm　980円　Ⓝ210.47　〔04379〕

◇戦国武将の情報学　宮崎正弘著　現代書林　1985.8　238p　20cm　1300円　①4-87620-076-9　Ⓝ210.47　〔04380〕

◇戦国武将の情報戦略　大西文紀著　アイペック　1986.10　229p　19cm　1300円　①4-87047-045-4　Ⓝ210.47　〔04381〕

◇戦国武将の書簡　1　桑田忠親編著　徳間書店　1977.7　268p図　20cm　1600円　Ⓝ210.47　〔04382〕

◇戦国武将の書簡　2　桑田忠親編著　徳間書店　1978.2　250p　20cm　2000円　Ⓝ210.47　〔04383〕

◇戦国武将の生活　桑田忠親著　青磁社　1942　410p図版　19cm　Ⓝ210.4　〔04384〕

◇戦国武将の生活　桑田忠親著　角川書店　1969　272p　19cm　（角川選書）　Ⓝ210.47　〔04385〕

◇戦国武将の生活　桑田忠親著　旺文社　1982.9　286p　16cm　（旺文社文庫）　380円　Ⓝ210.47　〔04386〕

◇戦国武将の攻めと守り　藤公房著　産業能率短期大学出版部　1978.7　190p　19cm　950円　Ⓝ210.47　〔04387〕

◇戦国武将の攻めと守り　藤公房著　第2版　産能大学出版部　2001.6　180p　19cm　1600円　①4-382-05512-1　Ⓝ210.47　〔04388〕

◇戦国武将の宣伝術―隠された名将のコミュニケーション戦略　童門冬二著　宣伝会議　2000.2　332p　19cm　1400円　①4-88335-026-6　Ⓝ281.04　〔04389〕

◇戦国武将の宣伝術―隠された名将のコミュニケーション戦略　童門冬二著　講談社　2005.12　311p　15cm　（講談社文庫）　571円　①4-06-275281-6　Ⓝ281.04　〔04390〕

◇戦国武将の戦略戦術　佐々克明著　世界文化社　1983.6　238p　19cm　（Bigmanビジネス）　1200円　①4-418-83601-2　Ⓝ336.04　〔04391〕

◇戦国武将の戦略と決断　藤公房著　産業能率短期大学出版部　1974　299p　19cm　900円　Ⓝ210.47　〔04392〕

◇戦国武将の戦略と決断　藤公房著　産業能率大学出版部　1981.8　299p　19cm　980円　Ⓝ210.47　〔04393〕

◇戦国武将の戦略と決断　藤公房著　第2版　産能大学出版部　2001.6　296p　19cm　1600円　①4-382-05511-3　Ⓝ210.47　〔04394〕

◇戦国武将の通知表―八幡和郎による戦国時代・名将100人の新常識！　八幡和郎監修　宝島社　2007.4　143p　26cm　（別冊宝島1403号）　1143円　①978-4-7966-5729-7　Ⓝ210.47　〔04395〕

◇戦国武将の手紙　桑田忠親著　人物往来社　1962　313p　20cm　Ⓝ210.47　〔04396〕

◇戦国武将の手紙　桑田忠親著　人物往来社　1967　313p　19cm　（歴史選書）　Ⓝ210.47　〔04397〕

◇戦国武将の手紙を読む　二木謙一著　角川書店　1991.10　299p　19cm　（角川選書218）　1400円　①4-04-703218-2　Ⓝ210.47　〔04398〕

◇戦国武将の統率道―リーダーシップの真髄をさぐる　藤公房著　産業能率短期大学出版部　1977.11　220p　18cm　950円　Ⓝ210.47　〔04399〕

◇戦国武将の謎　駒敏郎著　祥伝社　1986.9　221p　16cm　（ノン・ポシェット）　380円　①4-396-31009-9　Ⓝ210.47　〔04400〕

◇戦国武将の謎―教科書ではわからない戦国時代の裏のウラ　桑田忠親著　日本文芸社　2006.10　199p　18cm　648円　①4-537-25437-8　Ⓝ210.47　〔04401〕

◇戦国武将の人間学―リーダーにみる人の生かし方　童門冬二著　富士見書房　1993.2　254p　20cm　1600円　①4-8291-7228-2　Ⓝ281.04　〔04402〕

◇戦国武将の人間学　童門冬二著　小学館　1999.12　267p　15cm　（小学館文庫）　514円　①4-09-403532-X　Ⓝ281.04　〔04403〕

◇戦国武将の人間関係　藤公房著　カルチャー出版社　1973　243p　19cm　700円　Ⓝ281.04　〔04404〕

◇戦国武将の人間関係　藤公房著　ダイヤモンド社　1978.8　243p　19cm　980円　Ⓝ281.04　〔04405〕

◇戦国武将のひとこと　鳴瀬速夫著　丸善　1993.6　257p　18cm　（丸善ライブラリー88）　680円　①4-621-05088-5　Ⓝ159.8　〔04406〕

◇戦国武将の独り言　土橋治重著　三笠書房　1995.6　246p　15cm　（知的生きかた文庫）　500円　①4-8379-0738-5　Ⓝ210.47　〔04407〕

◇戦国武将の本領　戸部新十郎著　読売新聞社　1991.1　268p　20cm　1300円　①4-643-90116-0　Ⓝ914.6　〔04408〕

◇戦国武将の名言に学ぶ　武田鏡村著　大阪　創元社　2005.8　189p　21cm　1500円　①4-422-20161-1　Ⓝ281.04　〔04409〕

◇戦国武将の野望―乱世に命を賭けた男たち　早乙女貢著　大陸書房　1991.3　262p　16cm　（大陸文庫）　540円　①4-8033-3236-3　Ⓝ281.04　〔04410〕

◇戦国武将の遺言36選　歴史探訪研究の会編　リイド社　2005.6　254p　15cm　（リイド文庫）　476円　①4-8458-2779-4　〔04411〕

◇戦国武将の養生訓　山崎光夫著　新潮社　2004.12　218p　18cm　（新潮新書）　700円　①4-10-610098-3　〔04412〕

◇戦国武将の危機管理―生死を賭けた戦乱の行動原理とは　新宮正春著　PHP研究所　1989.8　229p　19cm　1050円　①4-569-52568-7　Ⓝ210.47　〔04413〕

◇戦国武将のロマンと文化展　毎日新聞社編　毎日新聞社　1977　1冊（頁付なし）　24×25cm　Ⓝ210.47
〔04414〕

◇戦国武将人を動かす天才に学ぶ　鈴木亨著　三笠書房　2005.3　285p　15cm　（知的生きかた文庫）　533円　Ⓘ4-8379-7472-4　Ⓝ210.47
〔04415〕

◇戦国武将一〇四傑―鎧に隠された男たちの実像　新人物往来社　1998.11　244p　21cm　（別冊歴史読本 94）　1600円　Ⓘ4-404-02678-1　Ⓝ281.04
〔04416〕

◇戦国武将百人百言―乱世を闘った男たちの珠玉の名言　PHP研究所編　京都　PHP研究所　1993.10　213p　21cm　1300円　Ⓘ4-569-53819-3　Ⓝ281.04
〔04417〕

◇戦国武将100話　中嶋繁雄, 小早川隆一　立風書房　1978.2　295p　20cm　1000円　Ⓝ210.47
〔04418〕

◇戦国武将名言録　楠戸義昭著　PHP研究所　2006.7　434, 3p　15cm　（PHP文庫）　686円　Ⓘ4-569-66651-5　Ⓝ281.04
〔04419〕

◇「戦国武将」名将の頭の中　菊池道人著　三笠書房　2007.6　219p　15cm　（知的生きかた文庫）　533円　Ⓘ978-4-8379-7636-3　Ⓝ281.04
〔04420〕

◇「戦国武将」名将のすごい手の内　小和田哲男著　三笠書房　2007.9　238p　15cm　（知的生きかた文庫）　533円　Ⓘ978-4-8379-7656-1　Ⓝ210.47
〔04421〕

◇戦国武将銘々伝　八切止夫著　日本シェル出版　1982.10　260, 245p　19cm　1400円　Ⓝ210.04
〔04422〕

◇戦国武将ものしり事典　小和田哲男著　新人物往来社　1976　235p　20cm　1200円　Ⓝ210.47
〔04423〕

◇戦国武将ものしり事典　奈良本辰也監修, 主婦と生活社編　主婦と生活社　2000.1　609p　21cm　2000円　Ⓘ4-391-12385-1　Ⓝ210.47
〔04424〕

◇戦国武将森忠政―津山城主への道　津山城築城四〇〇年記念特別展　津山　津山郷土博物館　2004.10　131p　30cm　Ⓝ217.5
〔04425〕

◇戦国武将・闇に消されたミステリー―いまだ解けない80の謎　三浦竜著　PHP研究所　2005.5　300p　15cm　（PHP文庫）　533円　Ⓘ4-569-66407-5
〔04426〕

◇戦国武将列伝―戦場を駆けた戦国武将たちの美学　甲冑・旗指物・陣羽織等、名品を一挙掲載　新人物往来社　2006.6　155p　26cm　（別冊歴史読本 39）　1800円　Ⓘ4-404-03339-7　Ⓝ281.04
〔04427〕

◇戦国武心伝―武門の意地と闘魂の群像　学習研究社　2002.5　195p　26cm　（歴史群像シリーズ 66号）　1500円　Ⓘ4-05-602599-1　Ⓝ281.04
〔04428〕

◇戦国房総の武将たち　府馬清著　昭和図書出版　1979.11　172p　20cm　1300円　Ⓝ281.35
〔04429〕

◇戦国三好一族　今谷明著　新人物往来社　1985.4　243p　20cm　2000円　Ⓘ4-404-01262-4　Ⓝ210.47
〔04430〕

◇戦国 三好一族―天下に号令した戦国大名　今谷明著　洋泉社　2007.4　302p　18cm　（洋泉社MC新書）　1700円　Ⓘ978-4-86248-135-1
〔04431〕

◇戦国名将一日一言　童門冬二著　経営書院　1993.4　238p　20cm　1500円　Ⓘ4-87913-447-3　Ⓝ159.8
〔04432〕

◇戦国名将一日一言　童門冬二著　PHP研究所　1996.5　422p　15cm　（PHP文庫）　760円　Ⓘ4-569-56895-5　Ⓝ159.8
〔04433〕

◇戦国・名将言行録 1　東海編　上　藤公房著　ダイヤモンド社　1977.7　232p　20cm　1500円　Ⓝ281.04
〔04434〕

◇戦国・名将言行録 2　東海編　下　藤公房著　ダイヤモンド社　1977.9　229p　20cm　1500円　Ⓝ281.04
〔04435〕

◇戦国・名将言行録 3　畿内・山陽・山陰編　藤公房著　ダイヤモンド社　1977.11　229p　20cm　1500円　Ⓝ281.04
〔04436〕

◇戦国・名将言行録 4　東山・北陸編　藤公房著　ダイヤモンド社　1978.2　238p　20cm　1500円　Ⓝ281.04
〔04437〕

◇戦国・名将言行録 5　西海・南海編　藤公房著　ダイヤモンド社　1978.4　244p　20cm　1500円　Ⓝ281.04
〔04438〕

◇戦国名将に学ぶ勝ち残りの戦略―状況を読みいかに闘うか!?　風巻紘一著　日本文芸社　1979.3　293p　19cm　850円　Ⓝ210.47
〔04439〕

◇戦国名将に学ぶ勝ち残りの戦略　風巻紘一著　三笠書房　1986.12　300p　15cm　（知的生きかた文庫）　440円　Ⓘ4-8379-0135-2　Ⓝ210.47
〔04440〕

◇戦国名将の条件・参謀の条件　百瀬明治著　PHP研究所　1992.2　251p　15cm　（PHP文庫）　480円　Ⓘ4-569-56442-9　Ⓝ210.47
〔04441〕

◇戦国名将名言録―激動の時代に生き残るリーダーの心得　百瀬明治著　小学館　1998.8　191p　19cm　（小学館ジェイブックス）　950円　Ⓘ4-09-504419-5　Ⓝ281.04
〔04442〕

◇戦国名将列伝―下剋上の世を勝ち抜いた一〇〇人の強者たち　『歴史街道』編集部編　PHP研究所　2006.2　103p　26cm　800円　Ⓘ4-569-64858-4　Ⓝ281.04
〔04443〕

◇戦国乱世百傑百話　泉秀樹著　実業之日本社　1998.3　401p　20cm　2800円　Ⓘ4-408-10261-X　Ⓝ281.04
〔04444〕

◇戦国リーダーの頭脳と計略　二木謙一著　産業能率大学出版部　1983.10　224p　19cm　1200円　Ⓝ210.48
〔04445〕

◇戦乱の日本史「合戦と人物」　第7巻　戦国の群雄 〈畿内・東国〉　二木謙一責任編集　第一法規出版　1988.6　158p　31cm　3500円　Ⓘ4-474-10137-5　Ⓝ210.19
〔04446〕

◇戦乱の日本史「合戦と人物」　第8巻　戦国の群雄 〈西国・奥羽〉　小林清治責任編集, 米原正義責任編集　第一法規出版　1988.6　158p　31cm　3500円　Ⓘ4-474-10138-3　Ⓝ210.19
〔04447〕

◇戦乱の日本史「合戦と人物」　第11巻　覇者の条件　大石慎三郎責任編集　第一法規出版　1988.6　158p　31cm　3500円　Ⓘ4-474-10141-3　Ⓝ210.19
〔04448〕

◇総合的学習に役立つクイズでわかる日本の歴史 7　いちばん強い武将はだれ? 安土・桃山時代　竹内誠, 梅沢実監修　学習研究社　2001.2　60p　26cm　2200円　Ⓘ4-05-300840-9
〔04449〕

◇大系日本の歴史 7　戦国大名　永原慶二ほか編集　脇田晴子著　小学館　1988.8　374p　21cm　1800円　Ⓘ4-09-622007-8　Ⓝ210.1
〔04450〕

◇大系日本の歴史 7　戦国大名　永原慶二ほか編　脇田晴子著　小学館　1993.2　457p　16cm　（小学館ライブラリー）　980円　Ⓘ4-09-461007-3　Ⓝ210.1
〔04451〕

◇大名と御伽衆　桑田忠親著　増補新版　有精堂出版　1969　276p 図版　22cm　1800円　Ⓝ210.47
〔04452〕

◇たけみつ教授のこれぞ、戦国武将！―乱世に舞った10人の鬼才　武光誠著　リイド社　2006.1　269p　15cm　（リイド文庫）　476円　Ⓘ4-8458-2342-X　Ⓝ210.47
〔04453〕

◇知識ゼロからの戦国武将入門　小和田哲男著　幻冬舎　2007.12　190p　21cm　1300円　Ⓘ978-4-344-90114-8
〔04454〕

◇チャンスのつかみ方―戦国時代の勝者と敗者　百瀬明治著　PHP研究所　1996.10　268p　15cm　（PHP文庫）　540円　Ⓘ4-569-56942-0　Ⓝ281.04
〔04455〕

◇中国大名の研究　岸田裕之編　吉川弘文館　1984.6　496p　22cm　（戦国大名論集 6）　5900円　Ⓘ4-642-02586-3　Ⓝ210.47
〔04456〕

◇中世のなかに生まれた近世　山室恭子著　吉川弘文館　1991.6　361, 5p　20cm　（中世史研究選書）　2900円　Ⓘ4-642-02663-0　Ⓝ210.46
〔04457〕

◇中部大名の研究　勝俣鎮夫編　吉川弘文館　1983.8　449p　22cm　（戦国大名論集 4）　5900円　Ⓝ210.47
〔04458〕

◇強いリーダー生き方の秘密―こんな男に人と運はついてくる　童門冬二著　経済界　1989.8　214p　18cm　（タツの本）　750円　Ⓘ4-7667-0159-3　Ⓝ210.48
〔04459〕

◇定本 名将言行録　第1　岡谷繁実著　人物往来社　1967　252p　19cm　（歴史選書）　Ⓝ281.08　〔04460〕

◇定本 名将言行録　第2　岡谷繁実著　人物往来社　1967　284p　19cm　（歴史選書）　Ⓝ281.08　〔04461〕

◇定本 名将言行録　第3　岡谷繁実著　人物往来社　1967　276p　19cm　（歴史選書）　Ⓝ281.08　〔04462〕

◇定本 名将言行録　第4　岡谷繁実著　人物往来社　1967　280p　19cm　（歴史選書）　Ⓝ281.08　〔04463〕

◇定本 名将言行録　第5　岡谷繁実著　人物往来社　1967　272p　19cm　（歴史選書）　Ⓝ281.08　〔04464〕

◇定本 名将言行録　第6　岡谷繁実著　人物往来社　1967　278p　19cm　（歴史選書）　Ⓝ281.08　〔04465〕

◇定本 名将言行録　第7　岡谷繁実著　人物往来社　1967　276p　19cm　（歴史選書）　Ⓝ281.08　〔04466〕

◇手紙から読み解く戦国武将意外な真実　吉本健二著　学習研究社　2006.12　270p　19cm　1450円　Ⓘ4-05-403275-3　Ⓝ210.47
〔04467〕

◇天下取り採点戦国武将205人　新人物往来社編　新人物往来社　1998.8　271p　21cm　1500円　Ⓘ4-404-02642-0　Ⓝ281.04
〔04468〕

◇天下取り戦国武将データファイル　新人物往来社　1996.7　296p　21cm　（歴史読本臨時増刊）　1400円　Ⓝ210.47
〔04469〕

◇東国大名の研究　佐藤博信編　吉川弘文館　1983.9　469p　22cm　（戦国大名論集 3）　5900円
〔04470〕

◇統率力と戦略―戦国武将にみる　南条範夫著　広済堂出版　1981.4　250p　18cm　（Kosaido books）　680円　Ⓝ210.47
〔04471〕

◇藤堂高虎公と藤堂式部家　林泉編著　久居　林泉　1982.5　262p 図版10枚　22cm　Ⓝ288.3
〔04472〕

◇東北大名の研究　小林清治編　吉川弘文館　1984.4　464p　22cm　（戦国大名論集 2）　5900円　Ⓘ4-642-02582-0　Ⓝ210.47
〔04473〕

◇同盟と裏切りの条件　二木謙一著　新人物往来社　1985.9　250p　20cm　1800円　Ⓘ4-404-01290-X　Ⓝ210.47
〔04474〕

◇土佐一条家年表―一条文化を考える　小松泰編著　中村　一条兼定没後四〇〇年記念実行委員会　1985.11　112p　26cm　Ⓝ288.3
〔04475〕

◇二番手を生ききる哲学―信念の武将・藤堂高虎が身をもって示したもの　童門冬二著　青春出版社　2002.7　234p　19cm　1500円　Ⓘ4-413-03352-3
〔04476〕

◇日本史探訪　戦国時代1　覇を競う戦国大名　さいとう・たかを著　角川書店　1989.12　255p　20cm　（角川コミックス）　971円　Ⓘ4-04-852181-0　Ⓝ210.47
〔04477〕

◇日本史探訪　9　戦国の武将たち　角川書店編　角川書店　1983.7　324p　15cm　（角川文庫）　420円　Ⓝ210.1
〔04478〕

◇日本史の人物像　第2　乱世の武将　渡辺保編　筑摩書房　1968　284p 図版　20cm　Ⓝ281.08
〔04479〕

◇日本史の人物像　第3　戦国の英雄　桑田忠親編　筑摩書房　1967　266p 図版　20cm　Ⓝ281.08
〔04480〕

◇日本の歴史　第11　戦国大名　杉山博　中央公論社　1965　18cm　Ⓝ210.1
〔04481〕

◇日本の歴史　11　戦国大名　杉山博著　中央公論社　1984.3　493, ivp　18cm　（中公バックス）　1200円　Ⓘ4-12-401151-2　Ⓝ210.1
〔04482〕

◇日本の歴史―マンガ　24　自立する戦国大名　石ノ森章太郎著　中央公論社　1991.10　237p　20cm　1000円　Ⓘ4-12-402824-5　Ⓝ726.1
〔04483〕

◇日本の歴史　中世から近世へ 1　戦国大名　新訂増補　朝日新聞社　2002.10　32p　30cm　（週刊朝日百科 21）　476円　Ⓝ210.1
〔04484〕

◇日本の歴史文庫　9　戦国の武将　佐々木銀弥著　講談社　1975　365p 図　15cm　380円　Ⓝ210.1
〔04485〕

◇寝返りの戦国史―「裏切り」に生死を賭けた男たちの光と影　寺林峻著　日本文芸社　1988.10　237p　18cm　（Darin books）　730円　Ⓘ4-537-02119-5　Ⓝ210.47
〔04486〕

◇敗者の条件―戦国時代を考える　会田雄次著　中央公論社　1965　208p　18cm　（中公新書）　Ⓝ210.47
〔04487〕

◇敗者の条件　会田雄次著　中央公論社　1983.8　218p　16cm　（中公文庫）　300円　Ⓝ210.47　〔04488〕

◇覇王たちの戦国合戦の謎　津本陽ほか著　ベストセラーズ　1992.6　255p　15cm　（ワニ文庫―歴史マガジン文庫）　580円　Ⓘ4-584-30318-5　Ⓝ210.47
〔04489〕

◇覇者の系譜―乱世の人物にみる行動力と知謀 対論　会田雄次, 奈良本辰也著　広済堂出版　1981.12　238p　20m　1200円　Ⓝ210.04
〔04490〕

◇悲紋の旛かげ―謎の戦国史・山中鹿之介物語　村松駿吉著　ルック社　1968　446p　19cm　Ⓝ210.04
〔04491〕

◇百姓から見た戦国大名　黒田基樹著　筑摩書房　2006.9　222p　18cm　（ちくま新書）　700円　Ⓘ4-480-06313-7　Ⓝ210.47
〔04492〕

◇平尾守芳とその一統―郷土を拓いた戦国武将　栩沢竜吉著　佐久 櫟　1987.9　190p　19cm　（千曲川文庫 8）　1800円　Ⓘ4-900408-17-4　Ⓝ288.2　〔04493〕

◇不殺の軍扇 金森長近 桐谷忠夫著 叢文社 1999.5 206p 19cm 1600円 Ⓘ4-7947-0312-0 〔04494〕
◇武将が信じた神々と仏 八幡和郎監修 青春出版社 2007.5 188p 18cm (青春新書INTELLIGENCE) 730円 Ⓘ978-4-413-04173-7 〔04495〕
◇武将・軍師から学ぶリーダー学事典―名場面が教えるリーダーの条件の数々 渡辺誠他著 ナツメ社 1994.2 222p 19cm 1200円 Ⓘ4-8163-1629-9 Ⓝ210.49 〔04496〕
◇武将たちの四季―戦国の逸話と物語 岩原信守著 元就出版社 2003.10 318p 19cm 1800円 Ⓘ4-906631-99-1 〔04497〕
◇武将たちの足跡をたどる―戦乱の世を生き、夢に散った男たち マガジントップ編 山海堂 2000.4 159p 21cm (私の創る旅 7) 1600円 Ⓘ4-381-10369-6 〔04498〕
◇武将伝 戦国の史話 桑田忠親著 人物往来社 1963 299p 19cm Ⓝ281.04 〔04499〕
◇武将伝 戦国の史話 桑田忠親著 人物往来社 1967 293p 19cm (歴史選書) Ⓝ281.04 〔04500〕
◇武将と茶道 桑田忠親著 京都 一条書房 1943 342p 図版 22cm Ⓝ791 〔04501〕
◇武将に学ぶ苦境からの脱出 松本幸夫著 総合ライフ出版 1992.11 227p 19cm 1500円 Ⓘ4-88311-029-X Ⓝ210.47 〔04502〕
◇武将の運命 津本陽著 朝日新聞社 2000.8 307p 15cm (朝日文庫) 560円 Ⓘ4-02-264237-8 〔04503〕
◇二人の武将―歴史エッセイ 新田次郎著 小学館 1997.7 205p 18cm (新田次郎エッセイ 3) 1200円+税 Ⓘ4-09-840046-4 Ⓝ914.6 〔04504〕
◇房総における戦国武将の系譜 千野原靖方著 流山 崙書房 1976 156p 19cm 1500円 Ⓝ210.47 〔04505〕
◇前田慶次―武家文人の謎と生涯 今福匡著 新紀元社 2005.10 303p 21cm (Truth In History 6) 1800円 Ⓘ4-7753-0419-4 〔04506〕
◇〈負け組〉の戦国史 鈴木眞哉著 平凡社 2007.9 243p 18cm (平凡社新書) 760円 Ⓘ978-4-582-85391-9 Ⓝ210.47 〔04507〕
◇松永久秀の真実―戦国ドキュメント 藤岡周三著 文芸社 2007.3 270p 20cm 1500円 Ⓘ978-4-286-02470-7 Ⓝ289.1 〔04508〕
◇マンガ日本の歴史 24 自立する戦国大名 石ノ森章太郎著 中央公論社 1998.1 214p 16cm (中公文庫) 524円 Ⓘ4-12-203051-X Ⓝ726.1 〔04509〕
◇村上義清と信濃村上氏―坂城町信濃村上氏フォーラム記念誌 笹本正治監修, 坂城町編 長野 信毎書籍出版センター 2006.3 281p 19cm 1429円 Ⓘ4-88411-048-X Ⓝ289.1 〔04510〕
◇「名君」「暴君」大逆転の戦国史 新井喜美夫著 講談社 2005.12 201p 18cm (講談社+α新書) 800円 Ⓘ4-06-272351-4 Ⓝ210.47 〔04511〕
◇名将を支えた戦国の異能群団―雑賀衆から柳生一族まで覇権に隠された群雄の知略 桐野作人著 日本文芸社 1991.7 238p 18cm (Rakuda books) 780円 Ⓘ4-537-02245-0 Ⓝ281.04 〔04512〕
◇名将がいて、愚者がいた 中村彰彦著 講談社 2004.3 316p 19cm 1800円 Ⓘ4-06-212281-2 〔04513〕

◇名将言行録 乱世を生き抜く智恵 谷沢永一, 渡部昇一著 PHP研究所 2002.4 196p 19cm 1300円 Ⓘ4-569-62018-3 〔04514〕
◇名将とその師―トップ・リーダーを支えた心の教え 武田鏡村著 PHP研究所 1988.7 210p 20cm 1200円 Ⓘ4-569-22276-5 Ⓝ210.04 〔04515〕
◇名将に学ぶ人間学―人望力 なぜ、この人のもとに「有能な人」が集まるのか 童門冬二著 三笠書房 2006.9 237p 19cm 1400円 Ⓘ4-8379-2210-4 〔04516〕
◇名将の戦略と用兵―強力な兵をつくる人間活用術 峰隆一郎著 日本文芸社 1982.1 244p 19cm 950円 Ⓝ210.47 〔04517〕
◇名将の法則―戦国乱世を生き抜いた12人の知られざる"決断"とは 安部龍太郎著 日本実業出版社 2006.8 254p 19cm 1600円 Ⓘ4-534-04106-3 Ⓝ281.04 〔04518〕
◇名将名城伝 津本陽著 PHP研究所 2005.6 280p 20cm 1500円 Ⓘ4-569-64187-3 Ⓝ210.47 〔04519〕
◇名将ものしり列伝 桑田忠親著 天山出版 1988.11 254p 16cm (天山文庫) 400円 Ⓘ4-8033-1723-2 Ⓝ210.47 〔04520〕
◇毛利隆元卿伝 吉川元春卿伝 小早川隆景卿伝 吉田松陰, 山県大華著, 吉川家撰, 青山佩弦斎, 塩谷宕陰撰 稲垣常三郎 1891.6 34丁 23cm (長周叢書 〔8〕) Ⓝ289.1 〔04521〕
◇毛利元就と戦国武将たち 古川薫著 PHP研究所 1996.11 283p 15cm (PHP文庫) 540円 Ⓘ4-569-56949-8 Ⓝ914.6 〔04522〕
◇役に立つ戦国武将―厳選50人 時代劇雑学研究会著 リイド社 2004.4 223p 15cm (リイド文庫) 562円 Ⓘ4-8458-2758-1 Ⓝ281.04 〔04523〕
◇結城一族の興亡 府馬清著 暁印書館 1983.2 295p 20cm 1800円 Ⓝ288.3 〔04524〕
◇吉川興経 金谷俊則著 中央公論事業出版 2004.8 240p 19cm 1800円 Ⓘ4-89514-229-9 〔04525〕
◇よみがえる戦国武将伝説―男たちの生き様を感じとれ! 宝島社 1999.4 254p 21cm (別冊宝島 433) 933円 Ⓘ4-7966-9433-1 〔04526〕
◇乱世仕置人 八切止夫著 日本シェル出版 1984.6 252p 18cm 780円 Ⓘ4-8194-8503-2 Ⓝ210.47 〔04527〕
◇乱世に生きる―戦国武将の手紙 桑田忠親著 新人物往来社 1970 339p 19cm 680円 Ⓝ210.47 〔04528〕
◇乱世に生きる指導者の知恵―人間の器量を磨き、精神力をつける 谷沢永一著 大和出版 1987.7 230p 19cm 1200円 Ⓘ4-8047-1104-X Ⓝ210.04 〔04529〕
◇乱世の選択―新・戦国武将列伝 多岐一雄著 現代経営研究会 1983.7 252p 18cm 680円 Ⓝ210.47 〔04530〕
◇乱世の武将 秘伝の処世術―成功の法則が通じない今、必要な智略とは 戸部新十郎著 青春出版社 1996.11 268p 19cm 1600円 Ⓘ4-413-03060-5 〔04531〕
◇リーダーの器―戦国武将に学ぶ 武藤誠著 啓正社 1995.7 317p 20cm 1800円 Ⓘ4-87572-100-5 Ⓝ281.04 〔04532〕
◇歴史を変えた野望の戦国史―国盗りに賭けた勇将たちの決断 寺林峻著 日本文芸社 1993.5 251p 15cm

戦国時代　　　　　　　　　　　　中世史

（にちぶん文庫）　480円　①4-537-06223-1　Ⓝ210.47
〔04533〕
◇老雄・名将 直伝の指導力―夢を託した者にだけ伝えたいリーダー論　早乙女貢著　青春出版社　1997.10　238p　19cm　1400円　①4-413-03082-6　〔04534〕
◇六人の武将―戦国乱世の哲学　安藤英男著　新人物往来社　1971　254p　20cm　780円　Ⓝ210.47　〔04535〕
◇若き日の戦国武将　藤公房著　産業能率短期大学出版部　1975　271p　19cm　900円　Ⓝ210.47　〔04536〕
◇我が祖先の謎と秀吉書状を追って―その調査資料のまとめ　北条竜彦著　小田原　孔芸社（印刷）　1972　156p　図 地図　26cm　非売　Ⓝ288.3　〔04537〕

◆◆伊達氏
◇岩出山伊達家文書　古文書美地の邦の旅実行委員会編〔岩出山町（宮城県）〕　古文書美地の邦の旅実行委員会　1992.11　100p　26cm　Ⓝ212.3　〔04538〕
◇週刊ビジュアル日本の歴史　no.133　戦国武将編 13　デアゴスティーニ・ジャパン　2002.9　p506-545　30cm　533円　Ⓝ210.1　〔04539〕
◇書に見る伊達政宗―その人と時代 特別展図録　仙台市博物館編　仙台　仙台市博物館　1995.4　134,5p　26cm　Ⓝ289.1　〔04540〕
◇瑞巌寺―陸奥の禅刹と伊達政宗 特別展図録　仙台市博物館編　仙台　仙台市博物館　1992.10　98p　25×27cm　Ⓝ702.17　〔04541〕
◇図説 伊達政宗　仙台市博物館編，渡辺信夫監修　新装版　河出書房新社　2002.7　129p　22×17cm　（ふくろうの本）　1600円　①4-309-76021-X　〔04542〕
◇仙台市史　資料編 12　仙台市史編さん委員会編　〔仙台〕　仙台市　2005.3　567p　22cm　Ⓝ212.3　〔04543〕
◇仙台市史　資料編 13　仙台市史編さん委員会編　〔仙台〕　仙台市　2007.3　554p　22cm　Ⓝ212.3　〔04544〕
◇仙台市史　資料編 12 別冊　仙台市史編さん委員会編〔仙台〕　仙台市　2005.3　165p　22cm　Ⓝ212.3　〔04545〕
◇仙台市史　資料編 13 別冊　仙台市史編さん委員会編〔仙台〕　仙台市　2007.3　図版269p　22cm　Ⓝ212.3　〔04546〕
◇仙台叢書　第15巻　伊達秘鑑 上巻　仙台叢書刊行会編　半田道時著　仙台　仙台叢書刊行会　1929　507p　23cm　Ⓝ212.3　〔04547〕
◇伊達家治家記録　第1　藩祖伊達政宗公顕彰会編　仙台　藩祖伊達政宗公顕彰会　1938　1084p　23cm　Ⓝ212　〔04548〕
◇伊達氏系図（巻一）中世期における伊達家の歴史　伊達泰宗著　〔仙台〕　伊達泰宗　1997.9　8p　21cm　（伊達泰山文庫 v.1 no.4）　300円　Ⓝ212　〔04549〕
◇伊達氏系図（巻二）戦国武将から近世大名へ―伊達政宗の時代　伊達泰宗著　〔仙台〕　伊達泰宗　1997.9　8p　21cm　（伊達泰山文庫 v.1 no.5）　300円　Ⓝ212　〔04550〕
◇伊達氏と米沢　小野栄著　米沢　鈴木デザイン事務所　1987.4　189p　19cm　980円　Ⓝ212.5　〔04551〕
◇伊達氏の源流の地　土生慶子著　仙台　宝文堂　1994.2　135p　19cm　1800円　①4-8323-0065-2　Ⓝ213.2　〔04552〕

◇伊達八百年歴史絵巻―時を超へ輝く人の物語　伊達宗弘著　新人物往来社　2007.12　210p　19cm　2000円　①978-4-404-03512-7　〔04553〕
◇伊達政宗　渡部義顕著　伊達政宗刊行会　1934　473p　肖像　23cm　Ⓝ289.1　〔04554〕
◇伊達政宗―福島ふるさと再見　永岡慶之助作・監修　会津若松　歴史春秋出版　1986.9　159p　26cm　1600円　Ⓝ210.48　〔04555〕
◇伊達政宗―戦国を生き抜いた大名 開館記念第1回特別展　徳島市立徳島城博物館編　徳島　徳島市立徳島城博物館　1993.1　62p　26cm　Ⓝ289.1　〔04556〕
◇伊達政宗―最後の戦国大名 独眼竜の実力と野望　世界文化社　1995.4　162p　26cm　（ビッグマンスペシャル―歴史クローズアップ 人物）　1300円　Ⓝ289.1　〔04557〕
◇伊達政宗―秀吉・家康を翻弄した男　長谷川つとむ著　PHP研究所　1997.4　382p　15cm　（PHP文庫）　629円　①4-569-57002-X　〔04558〕
◇伊達政宗―野望に彩られた独眼龍の生涯　相川司著　新紀元社　2007.11　270p　21cm　（Truth In History 11）　1800円　①978-4-7753-0591-1　〔04559〕
◇伊達政宗卿　藩祖伊達政宗公三百年祭協賛会編　〔仙台〕　藩組伊達政宗公三百年祭協賛会　1935　15,145,2p　22cm　Ⓝ289.1　〔04560〕
◇伊達政宗言行録―木村宇右衛門覚書　小井川百合子編　新人物往来社　1997.7　329p　21cm　13000円　①4-404-02463-0　〔04561〕
◇伊達政宗公　斎藤荘次郎著　仙台　金港堂書店　1925　326p　肖像　22cm　Ⓝ289.1　〔04562〕
◇伊達政宗公　斎藤荘次郎著　第2版　大河原町（宮城県）　北辰民報社出版部　1935　82p　19cm　Ⓝ289.1　〔04563〕
◇伊達政宗公　斎藤荘次郎著　大河原町（宮城県）　北辰民報社出版部　1935　82p　19cm　Ⓝ289.1　〔04564〕
◇伊達政宗人物史―伊達政宗年表　伊達泰宗著　〔仙台〕　伊達泰宗　2000.12　8p　21cm　（伊達泰山文庫 v.1 no.10）　300円　Ⓝ289.1　〔04565〕
◇伊達政宗の手紙　佐藤憲一著　新潮社　1995.7　208p　19cm　（新潮選書）　980円　①4-10-600479-8　〔04566〕
◇東国の覇王―ザ・Masamune〈歴史裁判〉独眼竜政宗の野望　志茂田景樹ほか著　ベストセラーズ　1995.5　255p　15cm　（ワニ文庫―歴史マガジン文庫）　600円　①4-584-37024-9　Ⓝ210.48　〔04567〕
◇東北の戦国時代―伊達氏、仙台への道　仙台市博物館編　仙台　仙台市博物館　1999.4　144p　30cm　（仙台開府四百年記念特別展 1）　Ⓝ210.48　〔04568〕
◇独眼竜伊達政宗　高橋紫燕著，久保天随校　大阪　鍾美堂　1901.9　315p 図版　16cm　Ⓝ289.1　〔04569〕
◇特別展独眼流と平泉―伊達藩下の中尊寺　平泉町（岩手県）　中尊寺　1987.8　1冊　26cm　Ⓝ289.1　〔04570〕
◇日本歴史上に於ける伊達政宗公の位置　徳富蘇峰述　〔仙台〕　蘇峰会宮城支部　1935　77p　19cm　Ⓝ289.1　〔04571〕
◇秀吉・氏郷・政宗―奥羽仕置400年 企画展　福島県立博物館編　改訂　会津若松　福島県立博物館　1991.3　92p　26cm　Ⓝ210.48　〔04572〕
◇みちのく伊達政宗歴史館ガイドブック　松島町（宮城県）　みちのく伊達政宗歴史館　1988.5　31p　20×21cm　Ⓝ210.48　〔04573〕

◇陸奥伊達一族　高橋富雄著　新人物往来社　1987.6　200p　20cm　1800円　Ⓘ4-404-01430-9　Ⓝ288.3
〔04574〕
◇義光と政宗―その時代と文化　山形県立博物館編　山形　山形県立博物館　1987.6　48p　26cm　Ⓝ212.5
〔04575〕

◆◆最上氏
◇「天正二年最上の乱」の基礎的研究―新発見史料を含めた検討　大澤慶尋著　第2版　仙台　青葉城資料展示館　2001.11　274p　26cm　（青葉城資料展示館研究報告特別号）　Ⓝ212.5
〔04576〕
◇「天正二年最上の乱」の基礎的研究―新発見史料を含めた検討　大澤慶尋著　改訂版　仙台　青葉城資料展示館　2002.2　273p　26cm　（青葉城資料展示館研究報告特別号）　Ⓝ212.5
〔04577〕
◇名城の謎と怪奇―不思議・伝説の城めぐり　早乙女貢他著　大陸書房　1991.7　287p　16cm　（大陸文庫560号）　Ⓘ4-8033-3420-X　Ⓝ210.48
〔04578〕
◇最上出羽守義光物語　安斉吉太郎著　山形　かめや書店　1910.7　120p　22cm　Ⓝ289.1
〔04579〕
◇最上義光―戦国の驍将　佐藤清志著　鶴岡　庄内農村工業農業協同組合連合会　1996.9　255p　20cm　2800円　Ⓘ4-404-02416-9　Ⓝ210.47
〔04580〕
◇最上義光合戦記　片桐繁雄ほか著，星亮一監修　郡山　ヨークベニマル　1998.9　228p　20cm　非売品　Ⓝ212.5
〔04581〕
◇最上義光の面影を追う　木村重道著　上山　みちのく書房　1997.11　301p　21cm　1800円　Ⓘ4-944077-29-7
〔04582〕
◇最上義光物語　中村晃訳　〔東村山〕　教育社　1989.5　225p　18cm　（教育社新書）　1000円　Ⓘ4-315-50969-8　Ⓝ210.47
〔04583〕
◇義光と政宗―その時代と文化　山形県立博物館編　山形　山形県立博物館　1987.6　48p　26cm　Ⓝ212.5
〔04584〕

◆◆葦名氏
◇会津葦名氏の時代―戦乱、合戦とその興亡　会津若松市史研究会編　会津若松　会津若松市　2004.3　80p　30cm　（会津若松市史 3（歴史編 3 中世 2））　1000円　Ⓝ212.6
〔04585〕
◇笹舟の記―戦国大名葦名氏の興亡　切田未良著　仙台　本の森　1997.10　220p　19cm　1600円　Ⓘ4-938965-04-6
〔04586〕

◆◆佐竹氏
◇佐竹氏の歴史―中世常陸大名　野澤汎著　水戸　ぷらざ茨城　2007.3　274p　22cm　1575円　Ⓝ288.2
〔04587〕
◇佐竹義宣その時代―『常羽有情』控え抄　土居輝雄著　秋田　秋田魁新報社　1994.5　63p　21cm　（あきたさきがけブック no.12―歴史シリーズ 2）　500円　Ⓘ4-87020-134-8　Ⓝ289.1
〔04588〕
◇千秋文庫所蔵佐竹古文書　千秋文庫編　千秋文庫　1993.7　528p　27cm　20000円　Ⓘ4-88594-211-X　Ⓝ210.48
〔04589〕
◇大河―悠久の佐竹氏―史伝　土居輝雄著　東洋書院　2002.4　462p　20cm　2000円　Ⓘ4-88594-313-2　Ⓝ288.2
〔04590〕
◇中世東国大名常陸国佐竹氏　江原忠昭著　〔水戸〕　江原忠昭　1970　346p　21cm　1200円　Ⓝ288.3
〔04591〕
◇藩祖佐竹義宣公　神沢繁, 鈴木市太郎編　横手町（秋田県）　鮮進堂　1901.9　109p 図版　23cm　Ⓝ289.1
〔04592〕
◇常陸・秋田佐竹一族　七宮涬三著　新人物往来社　2001.6　250p　20cm　2800円　Ⓘ4-404-02911-X　Ⓝ288.3
〔04593〕
◇常陸・秋田 佐竹一族　七宮涬三著　新装版　新人物往来社　2007.11　250p　19cm　2800円　Ⓘ978-4-404-03508-0
〔04594〕
◇名将 佐竹義宣　南原幹雄著　角川書店　2006.5　426p　19cm　1900円　Ⓘ4-04-873697-3
〔04595〕

◆◆太田氏
◇太田氏関係文書集　第1　練馬郷土史研究会編　1961　56p　25cm　（郷土研究史料 練馬郷土史研究会編 第13輯）　Ⓝ210.46
〔04596〕
◇太田氏関係文書集　第2　太田道可文書, 太田道誉文書　練馬郷土史研究会編　1962　66p　25cm　（郷土研究史料 練馬郷土史研究会編 第14輯）　Ⓝ210.46
〔04597〕
◇太田氏関係文書集　第3　梶原政景文書　練馬郷土史研究会編　1963　20, 34p　25cm　（郷土研究史料 練馬郷土史研究会編 第15輯）　Ⓝ210.46
〔04598〕
◇太田氏関係文書集　第4　太田資武文書　練馬郷土史研究会編　1964　46p　25cm　（郷土研究史料 練馬郷土史研究会編 第16輯）　Ⓝ210.46
〔04599〕
◇太田氏関係文書集　第5　練馬郷土史研究会　1970　44p　25cm　（郷土研究史料 第16輯 練馬郷土史研究会編）　Ⓝ210.46
〔04600〕
◇太田氏関係文書集　第6　練馬郷土史研究会　1974　65p　25cm　（郷土研究史料 第17輯）　Ⓝ210.46
〔04601〕
◇太田氏の研究　前島康彦編著　名著出版　1975　332p 図　22cm　（関東武士研究叢書 第3巻）　4000円　Ⓝ288.1
〔04602〕
◇太田道灌　勝守すみ著　人物往来社　1966　269p 図版　19cm　（日本の武将 26）　Ⓝ210.46
〔04603〕
◇太田道潅とその一族を探究して　岩井茂著　埼玉東部地方史解明調査会　1971　55p　25cm　Ⓝ288.3
〔04604〕
◇太田道灌と其の時代　松井庫之助著　豊誠社　1930　169p　20cm　Ⓝ210.4
〔04605〕
◇太田道真と道潅―河越・江戸・岩付築城五百五十年記念　小泉功著　幹書房　2007.5　175p　21cm　1714円　Ⓘ978-4-902615-26-5
〔04606〕
◇武州岩附城主太田氏房文書集　井上恵一編著　横浜　後北条氏研究会　1979.6　58p　21cm　（研究資料 第4輯）　700円　Ⓝ210.46
〔04607〕

◆◆里見氏
◇里見軍記 里見九代記 里見代々記　稲田篤信著, 稲田篤信, 稲田篤信著　勉誠出版　1999.5　201p　20cm　（日本合戦騒動叢書 15）　2500円　Ⓘ4-585-05115-5　Ⓝ288.2
〔04608〕
◇里美家改易始末―房総戦国大名の落日　千野原靖方著　流山　崙書房　2001.4　173p　18cm　（ふるさと文庫 175）　1200円　Ⓘ4-8455-0175-9　Ⓝ210.52
〔04609〕

◇里見氏と北条氏―企画展図録　館山　館山市立博物館　1986.10　32p　26cm　（展示図録 no.4）　Ⓝ210.47
〔04610〕

◇里見氏の城と歴史―特別展　館山　館山市立博物館　1993.10　54p　26cm　（展示図録 no.10）Ⓝ213.5
〔04611〕

◇さとみ物語―戦国の房総に君臨した里見氏の歴史 市民読本　館山市立博物館編　館山　館山市立博物館　2000.2　301p　21cm　Ⓝ288.2
〔04612〕

◇さとみ物語―戦国房総に君臨した里見氏の歴史 平成11年度企画展　館山市立博物館編　館山　館山市立博物館　2000.2　12p　26cm　Ⓝ288.2
〔04613〕

◇史籍集覧　〔64〕　里見九代記　近藤瓶城校　近藤瓶城　1881.12　50丁　19cm　Ⓝ210
〔04614〕

◇史籍集覧　〔72〕　深沢城矢文・湘山星移集・里見代々記　近藤瓶城校　近藤瓶城　1881.12　3, 10, 37丁　19cm　Ⓝ210
〔04615〕

◇すべてわかる戦国大名里見氏の歴史　川名登編　国書刊行会　2000.2　210, 13p　21cm　2500円　Ⓘ4-336-04231-4　Ⓝ288.2
〔04616〕

◇戦国大名里見氏　千野原靖方著　流山　崙書房　1989.6　225p　20cm　1942円　Ⓝ210.47
〔04617〕

◇千葉伝考記・小田軍記・小田天庵記・房総軍記・里見九代記　黒川真道編　国史研究会　1916　445p　20cm　（国史叢書）　Ⓝ213.5
〔04618〕

◇南総里見の「城と女」　戸田七郎, 相沢林蔵著　新人物往来社　1995.9　182p　20cm　1800円　Ⓘ4-404-02250-6　Ⓝ288.1
〔04619〕

◇南総里見太平記　戸田七郎著　新人物往来社　1991.3　291p　20cm　1500円　Ⓘ4-404-01807-X　Ⓝ288.1
〔04620〕

◇房総源氏里見一族の興亡　府馬清著　昭和図書出版　1982.4　273p　19cm　1500円　Ⓘ4-87986-029-8　Ⓝ288.1
〔04621〕

◇房総里見氏の研究　大野太平著　国書刊行会　1986.6　600, 86, 12p　23cm　10000円　Ⓝ288.1
〔04622〕

◆◆後北条氏

◇虚けの舞―織田信雄と北条氏規　伊東潤著　彩流社　2006.2　349p　19cm　1900円　Ⓘ4-7791-1139-0
〔04623〕

◇小田原旧記　下山照夫編　謄写版　烏山給田史談会　1960　34p　25cm　（郷土研究史料 第1集）Ⓝ210.47
〔04624〕

◇小田原編年録　間宮士信著　名著出版　1975.2　6冊　22cm　4500～7500円　Ⓝ210.47
〔04625〕

◇小田原北条記　上　めざす関東制覇・早雲から氏康まで　江西逸志子原著, 岸正尚訳　〔東村山〕　教育社　1980.10　303p　18cm　（教育社新書）　700円　Ⓝ210.46
〔04626〕

◇小田原北条記　上　江西逸志子原著, 岸正尚訳　新装　ニュートンプレス　1997.8（第8刷）303p　18cm　（原本現代訳 23）　1000円　Ⓘ4-315-40104-8　Ⓝ210.46
〔04627〕

◇小田原北条記　下　関東の名城小田原の栄華から悲劇の落城・滅亡まで　江西逸志子原著, 岸正尚訳　〔東村山〕　教育社　1980.11　321p　18cm　（教育社新書）　700円　Ⓝ210.46
〔04628〕

◇小田原北条記　下　江西逸志子原著, 岸正尚訳　新装　ニュートンプレス　1997.10（第9刷）321p　18cm　（原本現代訳 24）　1000円　Ⓘ4-315-40105-6　Ⓝ210.46
〔04629〕

◇小田原北条氏城郭顕正―早雲・氏綱が用いた軍配流兵法による　神奈川古城研究会著　小田原　神奈川古城研究会　1991.6　38p　19cm　非売品　Ⓝ213.7
〔04630〕

◇後北条氏　鈴木良一著　横浜　有隣堂　1988.6　187p　18cm　（有隣新書）　880円　Ⓘ4-89660-082-7　Ⓝ210.47
〔04631〕

◇後北条氏研究　小和田哲男著　吉川弘文館　1983.12　530, 24p　22cm　8000円　Ⓘ4-642-02573-1　Ⓝ210.47
〔04632〕

◇後北条氏と河越城―第三十回・企画展　川越市立博物館編　川越　川越市立博物館　2007.9　103p　30cm　Ⓝ213
〔04633〕

◇後北条氏と領国経営　佐脇栄智著　吉川弘文館　1997.3　249, 12p　22cm　6180円　Ⓘ4-642-02754-8　Ⓝ210.4
〔04634〕

◇後北条氏の基礎研究　佐脇栄智著　吉川弘文館　1976　238, 5p　22cm　3000円　Ⓝ210.47
〔04635〕

◇後北条氏の研究　佐脇栄智編　吉川弘文館　1983.7　10, 475p　22cm　（戦国大名論集 8）　5900円　Ⓝ210.47
〔04636〕

◇後北条氏の覇業とその当時の小田原　小田原町（神奈川県）　小田原振興会　1938　30p　23cm　Ⓝ213.7
〔04637〕

◇後北条氏民政史論　牧野純一著　奉公会　1916　298p　22cm　（奉公叢書 第4編）Ⓝ210.4
〔04638〕

◇後北条氏民政史論　牧野純一著, 下山治久校訂　文献出版　1977.2　300p　22cm　6300円　Ⓝ210.47
〔04639〕

◇後北条領国の地域的展開　浅倉直美著　岩田書院　1997.2　253, 7p　22cm　（戦国史研究叢書 2）　4900円　Ⓘ4-900697-71-0　Ⓝ210.47
〔04640〕

◇里見氏と北条氏―企画展図録　館山　館山市立博物館　1986.10　32p　26cm　（展示図録 no.4）　Ⓝ210.47
〔04641〕

◇史籍集覧　〔111〕　北条五代記　近藤瓶城校　三浦浄心著　近藤瓶城　1885.4　3冊（5冊合本）19cm　Ⓝ210
〔04642〕

◇週刊ビジュアル日本の歴史　no.121　戦国武将篇 1　デアゴスティーニ・ジャパン　2002.6　41p　30cm　533円　Ⓝ210.1
〔04643〕

◇集註小田原衆所領役帳　東京市史編纂室編　聚海書林　1988.2　452, 10p　20cm　（東京市史）　4800円　Ⓘ4-915521-38-9　Ⓝ210.47
〔04644〕

◇戦国遺文　後北条氏編 補遺編　下山治久編　東京堂出版　2000.8　208p　22cm　15000円　Ⓘ4-490-30575-3　Ⓝ210.47
〔04645〕

◇戦国遺文　後北条氏編 第1巻　自明応四年（一四九五）至永禄七年（一五六四）　杉山博編, 下山治久編　東京堂出版　1989.9　291p　22cm　9515円　Ⓘ4-490-30427-7　Ⓝ210.47
〔04646〕

◇戦国遺文　後北条氏編 第2巻　自永禄八年（一五六五）至天正二年（一五七四）　杉山博編, 下山治久編　東京堂出版　1990.9　271p　22cm　9515円　Ⓘ4-490-30428-5　Ⓝ210.47
〔04647〕

◇戦国遺文　後北条氏編 第3巻　杉山博, 下山治久編　東京堂出版　1991.9　265p　22cm　9800円　Ⓘ4-490-30429-3　Ⓝ210.47
〔04648〕

◇戦国遺文　後北条氏編　第4巻　杉山博, 下山治久編　東京堂出版　1992.9　328p　22cm　13000円　Ⓘ4-490-30430-7　Ⓝ210.47　〔04649〕
◇戦国遺文　後北条氏編　第5巻　杉山博, 下山治久編　東京堂出版　1993.7　324p　22cm　15000円　Ⓘ4-490-30431-5　Ⓝ210.47　〔04650〕
◇戦国遺文　後北条氏編　第6巻　下山治久, 黒田基樹編　東京堂出版　1995.12　214p　22cm　15000円　Ⓘ4-490-30432-3　Ⓝ210.47　〔04651〕
◇戦国遺文 (後北条氏編) 月報—1-6　東京堂出版　1989.9-1995.12　1冊　21cm　Ⓝ210.47　〔04652〕
◇戦国時代の終焉—「北条の夢」と秀吉の天下統一　齋藤慎一著　中央公論新社　2005.8　234p　18cm　(中公新書)　760円　Ⓘ4-12-101809-5　Ⓝ210.48　〔04653〕
◇戦国史料叢書　第2期　第1　北条史料集　萩原龍夫校注　人物往来社　1966　480p　地図　20cm　Ⓝ210.47　〔04654〕
◇戦国大名後北条氏の研究　杉山博著　名著出版　1982.10　498p　22cm　6800円　Ⓝ210.47　〔04655〕
◇戦国大名北条氏の領国支配　黒田基樹著　岩田書院　1995.3　307p　22cm　(戦国史研究叢書 1)　6077円　Ⓘ4-900697-30-3　Ⓝ210.47　〔04656〕
◇戦国大名北条氏文書の研究　山口博著　岩田書院　2007.10　313, 9p　21cm　(戦国史研究叢書)　6900円　Ⓘ978-4-87294-453-2　〔04657〕
◇戦国大名領国の支配構造　黒田基樹著　岩田書院　1997.9　423, 19p　22cm　8800円　Ⓘ4-900697-89-3　Ⓝ210.47　〔04658〕
◇戦国大名論集　8　後北条氏の研究　秋沢繁ほか編　佐脇栄智編　吉川弘文館　1983.7　475p　22cm　5900円　Ⓝ210.47　〔04659〕
◇戦国の終わりを告げた城—八王子城を探る　椚国男著　六興出版　1991.7　265p　19cm　(ロッコウブックス)　1400円　Ⓘ4-8453-5072-6　Ⓝ291.36　〔04660〕
◇戦国の魁早雲と北条一族—北条五代百年の興亡の軌跡　新人物往来社　2005.7　169p　26cm　(別冊歴史読本 第30巻14号)　2000円　Ⓘ4-404-03316-8　Ⓝ210.47　〔04661〕
◇戦国北条一族　黒田基樹著　新人物往来社　2005.9　249p　20cm　2800円　Ⓘ4-404-03251-X　Ⓝ210.47　〔04662〕
◇戦国文書聚影　後北条氏篇　戦国文書研究会編　柏書房　1973　図50枚　解説67p　37cm(解説:21×30cm)　2000円　Ⓝ210.47　〔04663〕
◇中世東国足利・北条氏の研究　佐藤博信著　岩田書院　2006.5　321, 11p　22cm　(中世史研究叢書 7)　6900円　Ⓘ4-87294-426-7　Ⓝ210.4　〔04664〕
◇定本・北条氏康　藤木久志, 黒田基樹編　高志書院　2004.11　339p　22cm　6700円　Ⓘ4-906641-91-1　Ⓝ210.47　〔04665〕
◇八王子城主・北条氏照—氏照文書からみた関東の戦国　下山治久著　国立　たましん地域文化財団　1994.12　348p　21cm　(多摩歴史叢書 3)　2000円　Ⓘ4-924972-06-1　Ⓝ289.1　〔04666〕
◇鉢形城開城—北条氏邦とその時代　寄居町教育委員会鉢形城歴史館編　寄居町(埼玉県)　寄居町教育委員会鉢形城歴史館　2004.10　78p　30cm　Ⓝ213.4　〔04667〕
◇発掘品から見る関東の戦国文化—後北条氏関連新出土資料を中心として　神奈川県立歴史博物館編　横浜　神奈川県立歴史博物館　1998.9　32p　30cm　Ⓝ210.47　〔04668〕
◇北条氏照の大石入嗣の時期についての研究　須崎完彦著　〔須崎完彦〕　1975.11　100p　図　21cm　非売品　Ⓝ288.1　〔04669〕
◇北条氏康と東国の戦国世界　山口博著　秦野　夢工房　2004.11　139p　19cm　(小田原ライブラリー 13)　1200円　Ⓘ4-946513-97-3　Ⓝ289.1　〔04670〕
◇北条五代記　矢代和夫, 大津雄一著　勉誠出版　1999.5　284p　20cm　(日本合戦騒動叢書 13)　2500円　Ⓘ4-585-05113-9　Ⓝ210.47　〔04671〕
◇北条五代に学ぶ—世代交替の力学　小山竜太郎著　六興出版　1988.7　251p　19cm　1200円　Ⓘ4-8453-8089-7　Ⓝ210.47　〔04672〕
◇北条早雲—さいしょの戦国大名　浜野卓也著　講談社　1998.2　205p　18cm　(講談社火の鳥伝記文庫 104)　590円　Ⓘ4-06-149904-1　〔04673〕
◇北条早雲と家臣団　下山治久著　横浜　有隣堂　1999.3　207p　18cm　(有隣新書)　1000円　Ⓘ4-89660-156-4　Ⓝ210.47　〔04674〕
◇北条早雲とその一族　黒田基樹著　新人物往来社　2007.7　246p　19cm　2800円　Ⓘ978-4-404-03458-8　〔04675〕
◇北条早雲とその子孫—知られざる北条五代の実像　小和田哲男著　聖文社　1990.6　249p　20cm　1700円　Ⓘ4-7922-0132-2　Ⓝ288.3　〔04676〕

◆◆上杉氏
◇上杉景勝—転換の時代を生き抜いた人生　開館五周年記念特別展　米沢　米沢市上杉博物館　2006.4　160p　30cm　Ⓝ289.1　〔04677〕
◇上杉景勝のすべて　花ヶ前盛明編　新人物往来社　1995.2　347p　19cm　3000円　Ⓘ4-404-02180-1　〔04678〕
◇上杉軍記—古戦場　歴史図書社編　歴史図書社　1969　185p(図版共)　19cm　590円　Ⓝ210.47　〔04679〕
◇上杉軍記　千秋社　2004.9　927p　19cm　20000円　Ⓘ4-88477-309-8　Ⓝ210.47　〔04680〕
◇上杉家御年譜　1　謙信公　米沢　米沢温故会　1977.1　501p　22cm　Ⓝ288.3　〔04681〕
◇上杉家御年譜　第1巻　米沢温故会編纂　〔米沢〕　米沢温故会　1988.12　501p　22cm　Ⓘ4-562-01980-8　Ⓝ288.3　〔04682〕
◇上杉家御年譜　2　景勝公　1　米沢　米沢温故会　1977.1　509p　22cm　Ⓝ288.3　〔04683〕
◇上杉家御年譜　第2巻　米沢温故会編纂　〔米沢〕　米沢温故会　1988.12　509p　22cm　Ⓘ4-562-01981-6　Ⓝ288.3　〔04684〕
◇上杉家御年譜　3　景勝公　2　米沢　米沢温故会　1977.1　424p　22cm　Ⓝ288.3　〔04685〕
◇上杉家御年譜　第3巻　米沢温故会編纂　〔米沢〕　米沢温故会　1988.12　424p　22cm　Ⓘ4-562-01982-4　Ⓝ288.3　〔04686〕
◇上杉家御年譜　第4巻　米沢温故会編纂　〔米沢〕　米沢温故会　1988.12　711p　22cm　Ⓘ4-562-01983-2　Ⓝ288.3　〔04687〕
◇上杉家御年譜　第5巻　米沢温故会編纂　〔米沢〕　米沢温故会　1988.12　745p　22cm　Ⓘ4-562-01984-0　Ⓝ288.3　〔04688〕

戦国時代　　　　　　　　　　中世史

◇上杉家御年譜　第6巻　米沢温故会編纂　〔米沢〕　米沢温故会　1988.12　661p 図版11枚　22cm　Ⓘ4-562-01985-9　Ⓝ288.3　〔04689〕
◇上杉家御年譜　第7巻　米沢温故会編纂　〔米沢〕　米沢温故会　1988.12　532p　22cm　Ⓘ4-562-01986-7　Ⓝ288.3　〔04690〕
◇上杉家御年譜　第8巻　米沢温故会編纂　〔米沢〕　米沢温故会　1988.12　705p　22cm　Ⓘ4-562-01987-5　Ⓝ288.3　〔04691〕
◇上杉家御年譜　第9巻　米沢温故会編纂　〔米沢〕　米沢温故会　1988.12　622p 図版11枚　22cm　Ⓘ4-562-01988-3　Ⓝ288.3　〔04692〕
◇上杉家御年譜　第10巻　米沢温故会編纂　〔米沢〕　米沢温故会　1988.12　642p 図版11枚　22cm　Ⓘ4-562-01989-1　Ⓝ288.3　〔04693〕
◇上杉家御年譜　第11巻　米沢温故会編纂　〔米沢〕　米沢温故会　1988.12　586p 図版11枚　22cm　Ⓘ4-562-01990-5　Ⓝ288.3　〔04694〕
◇上杉家御年譜　第12巻　米沢温故会編纂　〔米沢〕　米沢温故会　1988.12　603p　22cm　Ⓘ4-562-01991-3　Ⓝ288.3　〔04695〕
◇上杉家御年譜　第13巻　米沢温故会編纂　〔米沢〕　米沢温故会　1988.12　689p　22cm　Ⓘ4-562-01992-1　Ⓝ288.3　〔04696〕
◇上杉家御年譜　第14巻　米沢温故会編纂　〔米沢〕　米沢温故会　1988.12　708p　22cm　Ⓘ4-562-01993-X　Ⓝ288.3　〔04697〕
◇上杉家御年譜　第15巻　米沢温故会編纂　〔米沢〕　米沢温故会　1988.12　668p　22cm　Ⓘ4-562-01994-8　Ⓝ288.3　〔04698〕
◇上杉家御年譜　第16巻　米沢温故会編纂　〔米沢〕　米沢温故会　1988.12　666p　22cm　Ⓘ4-562-01995-6　Ⓝ288.3　〔04699〕
◇上杉家御年譜　第17巻　米沢温故会編纂　〔米沢〕　米沢温故会　1988.12　685p　22cm　Ⓘ4-562-01996-4　Ⓝ288.3　〔04700〕
◇上杉家御年譜　第18巻　米沢温故会編纂　〔米沢〕　米沢温故会　1988.12　767p　22cm　Ⓘ4-562-01997-2　Ⓝ288.3　〔04701〕
◇上杉家の至宝—開館記念特別展　米沢　米沢市上杉博物館　2001.9　80p　30cm　Ⓝ702.1　〔04702〕
◇上杉家の至宝—特別展　2　米沢　米沢市上杉博物館　2002.4　64p　30cm　Ⓝ702.1　〔04703〕
◇上杉謙信　得能文著　裳華書房　1898.1　354p 図版　19cm　（偉人史叢 第19巻）　Ⓝ289.1　〔04704〕
◇上杉謙信　松井広吉著　博文館　1902.3　130p 図版　16cm　Ⓝ289.1　〔04705〕
◇上杉謙信　井上一次著　農民社　1936　279p　19cm　Ⓝ289.1　〔04706〕
◇上杉謙信　井上鋭夫著　人物往来社　1966　341p 図版　19cm　（日本の武将 35）　Ⓝ210.47　〔04707〕
◇上杉謙信　大林清著　偕成社　1969.5　332p　19cm　（少年少女歴史小説全集 6）　Ⓝ210.47　〔04708〕
◇上杉謙信　花ヶ前盛明著　新人物往来社　2003.12 (8刷)　421p　20cm　2000円　Ⓘ4-404-01865-7　Ⓝ289.1　〔04709〕
◇上杉謙信—特別展　米沢　米沢市上杉博物館　2005.4　120p　30cm　Ⓝ289.1　〔04710〕
◇上杉謙信—政虎一世中忘失すべからず候　矢田俊文著　京都　ミネルヴァ書房　2005.12　183, 10p　20cm　（ミネルヴァ日本評伝選）　2200円　Ⓘ4-623-04486-6　Ⓝ289.1　〔04711〕
◇上杉謙信—信長も畏怖した戦国最強の義将　相川司著　新紀元社　2007.1　254p　21cm　（Truth In History 10）　1800円　Ⓘ978-4-7753-0524-9　〔04712〕
◇上杉謙信　花ヶ前盛明著　新装版　新人物往来社　2007.10　423p　19cm　2800円　Ⓘ978-4-404-03500-4　〔04713〕
◇上杉謙信偉業録　清水彦介編　清水得一　1934　210p　23cm　Ⓝ289.1　〔04714〕
◇上杉謙信言行録　内藤柳雨著　東亜堂書房　1917　152p 肖像　19cm　（修養史伝 第14編）　Ⓝ289.1　〔04715〕
◇上杉謙信公弥彦神社祈願文略解　高田　謙信文庫　1912.4　1冊　21cm　Ⓝ289.1　〔04716〕
◇上杉謙信公と栃尾　栃尾町教育会編　栃尾町（新潟県）　栃尾町教育会　1933　14p　19cm　Ⓝ289.1　〔04717〕
◇上杉謙信公と林泉寺　布施秀治著　高田　謙信文庫　1912.7　58p　19cm　Ⓝ289.1　〔04718〕
◇上杉謙信公略履歴　上杉茂憲編　上杉茂憲　1891.4　49丁　24cm　Ⓝ289.1　〔04719〕
◇上杉謙信大事典　花ヶ前盛明編　新人物往来社　1997.5　236p　21cm　9800円　Ⓘ4-404-02462-2　〔04720〕
◇上杉謙信大事典コンパクト版　花ヶ前盛明編　新人物往来社　2002.4　236p　19cm　4300円　Ⓘ4-404-02959-4　〔04721〕
◇上杉謙信伝　布施秀治著　高田　謙信文庫　1917　618, 26p 肖像　22cm　Ⓝ289.1　〔04722〕
◇上杉謙信伝　布施秀治著　高田　謙信文庫〔ほか〕　1920　618, 28p 肖像　22cm　Ⓝ289.1　〔04723〕
◇上杉謙信と春日山城　花ヶ前盛明著　新人物往来社　1984.8　247p　20cm　1800円　Ⓝ214.1　〔04724〕
◇上杉謙信と春日山城　花ヶ前盛明著　第7版　新人物往来社　1991.4　252p　20cm　1800円　Ⓘ4-404-01217-9　Ⓝ214.1　〔04725〕
◇上杉謙信に学ぶ事業承継　北見昌朗著　幻冬舎　2007.6　222p　19cm　1500円　Ⓘ978-4-344-01335-3　〔04726〕
◇上杉謙信の足跡—春日山城と周辺の城　上越城郭研究会編　日本城郭資料館出版会　1969　278p　19cm　490円　Ⓝ210.47　〔04727〕
◇上杉謙信の謎—戦国正義英雄伝　武山憲明著　ぶんか社　2007.12　239p　15cm　（ぶんか社文庫）　638円　Ⓘ978-4-8211-5131-8　〔04728〕
◇上杉氏年表—為景・謙信・景勝　池享, 矢田俊文編　高志書院　2003.9　244p　21cm　2500円　Ⓘ4-906641-73-3　〔04729〕
◇上杉氏年表—為景・謙信・景勝　池享, 矢田俊文編　増補改訂版　高志書院　2007.3　247, 30p　21cm　2500円　Ⓘ978-4-86215-019-6　〔04730〕
◇上杉氏の研究　阿部洋輔編　吉川弘文館　1984.12　479p　22cm　（戦国大名論集 9）　5900円　Ⓘ4-642-02589-8　Ⓝ210.47　〔04731〕
◇上杉史料集　井上鋭夫校注　新人物往来社　1969　3冊　20cm　各1500円　Ⓝ210.47　〔04732〕
◇上杉憲実　田辺久子著, 日本歴史学会編　吉川弘文館　1999.2　165p　19cm　（人物叢書）　1500円　Ⓘ4-642-05215-1　〔04733〕
◇越後 上杉一族　花ヶ前盛明著　新人物往来社　2005.9　257p　19cm　2800円　Ⓘ4-404-03265-X　〔04734〕

◇越後上杉氏の研究　赤澤計眞著　高志書院　1999.5　369p　22cm　(環日本海歴史民俗学叢書 6)　7400円　Ⓘ4-906641-28-8　Ⓝ214.1　〔04735〕
◇越後史料叢書　第1編　北越太平記　越後史料叢書編輯部編　新潟　文港堂〔ほか〕　1914　293p　22cm　Ⓝ214.1　〔04736〕
◇NHK歴史への招待　第6巻　信玄と謙信　日本放送協会編集　日本放送出版協会　1988.5　239p　18cm　680円　Ⓘ4-14-018001-3　Ⓝ210.1　〔04737〕
◇春日山城と上杉謙信　花ケ前盛明著　上越　越後城郭研究会　1980.5　60p　21cm　(越後城郭研究 第4号)　Ⓝ214.1　〔04738〕
◇春日山城と上杉謙信　花ケ前盛明著　上越　花ケ前盛明　1981　〔4〕p　26cm　Ⓝ214.1　〔04739〕
◇関東管領・上杉一族　七宮涬三編　新人物往来社　2002.6　307p　20cm　2800円　Ⓘ4-404-02973-X　Ⓝ288.3　〔04740〕
◇謙信軍記・上杉二十五将　勉誠社　1994.6　209p　19cm　(日本合戦騒動叢書 3)　2060円　Ⓘ4-585-05103-1　〔04741〕
◇謙信公御書集・覚上公御書集　東京大学文学部蔵，山田邦明解説　京都　臨川書店　1999.5　3冊(セット)　26cm　60000円　Ⓘ4-653-03544-X　〔04742〕
◇謙信公と日本精神　大乗寺良一著　山形　大政翼賛会山形県支部　1943　27p　19cm　(翼賛叢書 第2輯)　Ⓝ289.1　〔04743〕
◇謙信公と林泉寺　布施秀治編　再版　高田　謙信文庫　1915　58p　19cm　Ⓝ289.1　〔04744〕
◇謙信公と林泉寺　布施秀治編　4版　巣鴨町(府)　高陽社　1919　58p　19cm　Ⓝ289.1　〔04745〕
◇謙信と信玄　井上鋭夫著　至文堂　1964　292p　図版　19cm　(日本歴史新書)　Ⓝ210.47　〔04746〕
◇史籍集覧　〔60〕　上杉略譜　近藤瓶城校　近藤守重著　近藤瓶城　1884.3　55丁　19cm　Ⓝ210　〔04747〕
◇週刊ビジュアル日本の歴史　no.136　戦国武将編　16　デアゴスティーニ・ジャパン　2002.10　p632-671　30cm　533円　Ⓝ210.1　〔04748〕
◇少年上杉謙信伝　矢橋三子雄，高野盛義著　大同館　1939　387p　20cm　Ⓝ289.1　〔04749〕
◇信玄卜謙信　春秋蕪城編　如山堂　1909.6　293p　20cm　Ⓝ289.1　〔04750〕
◇信玄と謙信　和田政雄著　潮文閣　1942　277p　19cm　Ⓝ289.1　〔04751〕
◇信玄と謙信―川中島の合戦とその周辺　長野市立博物館編　長野　長野市立博物館　1988.10　37p　26cm　Ⓝ210.47　〔04752〕
◇信玄と謙信―覇を競う戦国大名　さいとう・たかを著　角川書店　2005.10　255p　18cm　(Kadokawa絶品コミック)　400円　Ⓘ4-04-853920-5　Ⓝ726.1　〔04753〕
◇新説上杉謙信上洛の謎　馬場範明著　日本図書刊行会　1997.12　63p　20cm　1000円　Ⓘ4-89039-782-5　Ⓝ210.47　〔04754〕
◇図解上杉謙信・景勝と直江兼続―天下を狙わなかった上杉二代の謎と真相に迫る!　綜合図書　2007.9　95p　26cm　(ローレンスムック―歴史雑学book)　1000円　Ⓘ978-4-86298-005-2　Ⓝ210.47　〔04755〕
◇図説 上杉謙信と上杉鷹山　花ケ前盛明，横山昭男著　河出書房新社　1999.11　111p　21cm　(ふくろうの本)　1800円　Ⓘ4-309-72625-9　〔04756〕

◇正伝・直江兼続―別篇・関ケ原戦縦横　渡辺三省著　恒文社　1999.6　444p　21cm　5800円　Ⓘ4-7704-0994-X　〔04757〕
◇戦国史料叢書　第2期　第8　上杉史料集 上　井上鋭夫校注　人物往来社　1966　442p　20cm　Ⓝ210.47　〔04758〕
◇戦国史料叢書　第2期　第12　上杉史料集 中　井上鋭夫校注　人物往来社　1967　395p　20cm　Ⓝ210.47　〔04759〕
◇戦国大名論集　9　上杉氏の研究　秋沢繁ほか編　阿部洋輔編　吉川弘文館　1984.12　479p　22cm　5900円　Ⓘ4-642-02589-8　Ⓝ210.47　〔04760〕
◇素描上杉謙信　栗岩英治著　長野　栗岩英治　1937　275p　20cm　Ⓝ289.1　〔04761〕
◇武田・上杉軍記　小林計一郎著　新人物往来社　1983.6　283p　20cm　2000円　Ⓝ210.47　〔04762〕
◇武田信玄と上杉謙信―決戦!　川中島の戦い　宝島社　2006.12　144p　26cm　(別冊宝島 1365号)　1143円　Ⓘ4-7966-5534-4　Ⓝ210.47　〔04763〕
◇直江兼続―家康に対峙した戦国の宰相　上田史談会文，樋口峰夫画　新潟　考古堂書店　2004.1　45p　27cm　(ビジュアルふるさと風土記 6)　1200円　Ⓘ4-87499-602-7　Ⓝ289.1　〔04764〕
◇直江兼続―家康に対峙した戦国の宰相　上田史談会文，樋口峰夫画　改訂版　新潟　考古堂書店　2007.6　45p　27cm　(ビジュアルふるさと風土記 6)　1200円　Ⓘ978-4-87499-682-9　Ⓝ289.1　〔04765〕
◇直江城州公小伝　今井清見著　米沢　米沢市　1938　53p　肖像　23cm　Ⓝ289.1　〔04766〕
◇夏戸城のロマン―現代へのメッセージ　上杉謙信のつわものたちの城と歴史　吉原賢二，花ヶ前盛明著　真菜書房　1999.10　297p　20cm　2400円　Ⓘ4-916074-36-X　Ⓝ288.3　〔04767〕
◇飛将謙信　栗岩英治著　長野　信濃毎日新聞社出版部　1943　260p　図版　肖像　19cm　Ⓝ289.1　〔04768〕
◇深谷上杉家八代記　大沢成四郎著　浦和　雄文社(印刷)　1992.9　316p　19cm　3800円　Ⓘ4-89693-029-0　Ⓝ288.3　〔04769〕
◇龍虎盛衰―川中島合戦再考　和千坂涼次著　文芸社　2007.9　494p　19cm　1600円　Ⓘ978-4-286-02618-3　〔04770〕

◆◆武田氏
◇アイヌの反乱―武田信広　白山友正著　人物往来社　1967　309p　図版　19cm　(日本の武将 71)　Ⓝ211　〔04771〕
◇安芸・若狭 武田一族　高野賢彦著　新人物往来社　2006.11　222p　19cm　2800円　Ⓘ4-404-03420-2　〔04772〕
◇家康の父親は武田信玄だった!　武山憲明，杉山光男著　ぶんか社　2006.11　270p　15cm　(ぶんか社文庫)　657円　Ⓘ4-8211-5076-X　Ⓝ210.47　〔04773〕
◇越前山縣家と武田信玄―平成十九年秋季特別陳列　福井市立郷土歴史博物館編　福井　福井市立郷土歴史博物館　2007.9　29p　30cm　Ⓝ288.2　〔04774〕
◇NHK歴史への招待　第6巻　信玄と謙信　日本放送協会編集　日本放送出版協会　1988.5　239p　18cm　680円　Ⓘ4-14-018001-3　Ⓝ210.1　〔04775〕

戦国時代　　　　　　　　　　中世史

◇エピソードで読む武田信玄―リーダーの統率力　楠木誠一郎著　PHP研究所　2003.3　286p　19cm　（PHP文庫）　571円　Ⓘ4-569-57881-0　〔04776〕
◇オール図解 30分でわかる武田信玄の兵法―風林火山 戦国最強の名将・信玄の生涯と戦い　武光誠監修　日本文芸社　2006.10　95p　26cm　952円　Ⓘ4-537-25429-7　〔04777〕
◇甲斐源氏と武田氏　東都山梨新聞社　1967　413p 図版　22cm　2000円　Ⓝ288.1　〔04778〕
◇甲斐源氏と武田信玄　磯貝正義著　岩田書院　2002.3　227p　21cm　2800円　Ⓘ4-87294-234-5　〔04779〕
◇甲斐　武田一族　柴辻俊六著　新人物往来社　2005.10　252p　19cm　2800円　Ⓘ4-404-03262-5　〔04780〕
◇甲斐武田氏　上野晴朗著　新人物往来社　1972　435p　22cm　（戦国史叢書4）　3200円　Ⓝ210.47　〔04781〕
◇甲斐武田氏―その社会経済史的考察　第1分冊　なかざわしんきち著　補訂　甲府　なかざわ・しんきち　1970　40p　21cm　非売　Ⓝ215.1　〔04782〕
◇甲斐武田氏―その社会経済史的考察　中巻　なかざわ・しんきち著　甲府　甲斐史学会　1966　239p　19cm　Ⓝ215.1　〔04783〕
◇甲斐武田氏―その社会経済史的考察　第2分冊　なかざわしんきち著　補訂　甲府　なかざわ・しんきち　1971　72p　21cm　非売　Ⓝ215.1　〔04784〕
◇甲斐武田氏―その社会経済史的考察　下巻　なかざわ・しんきち著　甲府　甲斐史学会　1967　238p　19cm　Ⓝ215.1　〔04785〕
◇甲斐武田氏―その社会経済史的考察　第3分冊　なかざわしんきち著　補訂　甲府　なかざわ・しんきち　1972　89p　21cm　非売　Ⓝ215.1　〔04786〕
◇甲斐武田氏―その社会経済史的考察　第4分冊　なかざわしんきち著　補訂　甲府　なかざわ・しんきち　1972　59p　21cm　非売　Ⓝ215.1　〔04787〕
◇甲斐武田氏―その社会経済史的考察　第5分冊　なかざわしんきち著　補訂　甲府　なかざわ・しんきち　1972　43p　21cm　非売　Ⓝ215.1　〔04788〕
◇甲斐武田氏―その社会経済史的考察　第6分冊　なかざわしんきち著　補訂　甲府　なかざわ・しんきち　1973　60p　21cm　非売　Ⓝ215.1　〔04789〕
◇甲斐武田氏―その社会経済史的考察　第7分冊　なかざわしんきち著　補訂　甲府　なかざわ・しんきち　1973　77p　21cm　非売品　Ⓝ215.1　〔04790〕
◇甲斐武田氏―その社会経済史的考察　第8分冊　なかざわしんきち著　補訂　甲府　なかざわ・しんきち　1973　77p　22cm　非売品　Ⓝ215.1　〔04791〕
◇甲斐武田氏―その社会経済史的考察　第9分冊　なかざわしんきち著　補訂　甲府　なかざわ・しんきち　1974　54p　22cm　非売品　Ⓝ215.1　〔04792〕
◇甲斐武田氏―その社会経済史的考察　第10分冊　なかざわしんきち著　補訂　甲府　なかざわ・しんきち　1974　63p　22cm　非売品　Ⓝ215.1　〔04793〕
◇甲斐武田氏―その社会経済史的考察　第11分冊　なかざわしんきち著　補訂　甲府　なかざわ・しんきち　1974　73p　22cm　非売品　Ⓝ215.1　〔04794〕
◇甲斐武田氏―その社会経済史的考察　第12分冊　なかざわしんきち著　補訂　甲府　なかざわ・しんきち　1974　69p　22cm　非売品　Ⓝ215.1　〔04795〕
◇甲斐武田氏―その社会経済史的考察　第13分冊　なかざわしんきち著　補訂　甲府　なかざわ・しんきち　1975　82p　22cm　非売品　Ⓝ215.1　〔04796〕
◇甲斐武田氏―その社会経済史的考察　第14分冊　なかざわしんきち著　補訂　甲府　なかざわ・しんきち　1975　74p　22cm　非売品　Ⓝ215.1　〔04797〕
◇甲斐武田氏―その社会経済史的考察　第15分冊　なかざわしんきち著　補訂　甲府　なかざわ・しんきち　1975　56p　22cm　非売品　Ⓝ215.1　〔04798〕
◇甲斐武田氏―その社会経済史的考察　第16分冊　なかざわしんきち著　補訂　甲府　なかざわ・しんきち　1976　54p　22cm　非売品　Ⓝ215.1　〔04799〕
◇甲斐武田氏―その社会経済史的考察　第17分冊　なかざわしんきち著　補訂　甲府　なかざわ・しんきち　1976　78p　22cm　非売品　Ⓝ215.1　〔04800〕
◇甲斐武田氏―その社会経済史的考察　第18分冊　なかざわしんきち著　補訂　甲府　なかざわ・しんきち　1976.12　74p　22cm　Ⓝ215.1　〔04801〕
◇甲斐武田氏―その社会経済史的考察　第19分冊　なかざわしんきち著　補訂　甲府　なかざわ・しんきち　1977.3　80p　22cm　非売品　Ⓝ215.1　〔04802〕
◇甲斐武田氏―その社会経済史的考察　第20分冊　なかざわしんきち著　補訂　甲府　なかざわ・しんきち　1977.7　77p　22cm　非売品　Ⓝ215.1　〔04803〕
◇甲斐武田氏―その社会経済史的考察　第21分冊　なかざわしんきち著　補訂　甲府　なかざわしんきち　1977.12　82p　22cm　非売品　Ⓝ215.1　〔04804〕
◇甲斐武田氏―その社会経済史的考察　第22分冊　なかざわしんきち著　補訂　甲府　なかざわしんきち　1978.2　74p　22cm　非売品　Ⓝ215.1　〔04805〕
◇甲斐武田氏―その社会経済史的考察　第23分冊　なかざわしんきち著　補訂　甲府　なかざわしんきち　1978.7　72p　22cm　非売品　Ⓝ215.1　〔04806〕
◇甲斐武田氏―その社会経済史的考察　第24分冊　なかざわしんきち著　補訂　甲府　なかざわしんきち　1978.10　53p　22cm　非売品　Ⓝ215.1　〔04807〕
◇甲斐武田氏―その社会経済史的考察　第25分冊　なかざわしんきち著　補訂　甲府　なかざわしんきち　1979.2　70p　22cm　非売品　Ⓝ215.1　〔04808〕
◇甲斐武田氏―その社会経済史的考察　第26分冊　なかざわしんきち著　補訂　甲府　なかざわしんきち　1979.7　82p　22cm　非売品　Ⓝ215.1　〔04809〕
◇甲斐武田氏―その社会経済史的考察　第27分冊　なかざわしんきち著　補訂　甲府　なかざわしんきち　1979.10　93p　22cm　非売品　Ⓝ215.1　〔04810〕
◇甲斐武田氏―その社会経済史的考察　第28分冊　なかざわしんきち著　補訂　甲府　なかざわしんきち　1980.1　85p　22cm　非売品　Ⓝ215.1　〔04811〕
◇甲斐武田氏―その社会経済史的考察　第29分冊　なかざわしんきち著　補訂　甲府　なかざわしんきち　1980.7　74p　22cm　非売品　Ⓝ215.1　〔04812〕
◇甲斐武田氏―その社会経済史的考察　第30分冊　なかざわしんきち著　補訂　甲府　なかざわしんきち　1980.11　69p　22cm　非売品　Ⓝ215.1　〔04813〕
◇甲斐武田氏―その社会経済史的考察　第31分冊　なかざわしんきち著　補訂　甲府　なかざわしんきち　1981.2　53p　22cm　非売品　Ⓝ215.1　〔04814〕
◇甲斐武田氏―その社会経済史的考察　第32分冊　なかざわしんきち著　補訂　甲府　なかざわしんきち　1981.6　66p　22cm　非売品　Ⓝ215.1　〔04815〕
◇甲斐武田氏―その社会経済史的考察　付録1　なかざわしんきち著　補訂　甲府　なかざわしんきち　1981.11　69p　22cm　非売品　Ⓝ215.1　〔04816〕

◇甲斐武田氏―その社会経済史的考察　別冊1　なかざわしんきち著　補訂　甲府　なかざわしんきち　1982.11　95p　22cm　非売品　Ⓝ215.1　〔04817〕

◇甲斐武田氏―その社会経済史的考察　付録2　なかざわしんきち著　補訂　甲府　なかざわしんきち　1982.6　68p　22cm　非売品　Ⓝ215.1　〔04818〕

◇甲斐武田氏―その社会経済史的考察　別冊2　総索引　なかざわしんきち著　補訂　甲府　なかざわしんきち　1983.12　93p　22cm　非売品　Ⓝ215.1　〔04819〕

◇甲斐武田氏―その社会経済史的考察　付録3　なかざわしんきち著　補訂　甲府　なかざわしんきち　1983.3　74p　22cm　非売品　Ⓝ215.1　〔04820〕

◇甲斐武田氏―その社会経済史的考察　付録4　なかざわしんきち著　補訂　甲府　なかざわしんきち　1983.8　72p　22cm　非売品　Ⓝ215.1　〔04821〕

◇甲斐武田氏―その社会経済史的考察　付録5　戦国下の武田領農民　なかざわしんきち著　補訂　甲府　なかざわしんきち　1984.10　138p　22cm　非売品　Ⓝ215.1　〔04822〕

◇甲斐武田氏―その社会経済史的考察　付録6　甲斐府中―『甲府の歴史と文化』〈中世〉補稿　なかざわしんきち著　補訂　甲府　なかざわしんきち　1986.5　156p　22cm　非売品　Ⓝ215.1　〔04823〕

◇甲斐武田氏―その社会経済史的考察　外篇　戦国期女性史　なかざわしんきち著　補訂　甲府　なかざわしんきち　1987.8　137p　22cm　非売品　Ⓝ215.1　〔04824〕

◇甲斐武田氏と国人―戦国大名成立過程の研究　秋山敬著　高志書院　2003.4　346p　22cm　6700円　Ⓘ4-906641-68-7　Ⓝ210.47　〔04825〕

◇甲斐躑躅ケ崎武田氏館―その歴史と構造　三池純正著　東大阪　日本古城友の会　1994.2　13p　22cm　（城と陣屋シリーズ　第204号）　Ⓝ215.1　〔04826〕

◇甲斐の虎信玄と武田一族―乱世を駆け抜けた"風林火山"　新人物往来社　2004.2　171p　26cm　（別冊歴史読本　第29巻5号）　2000円　Ⓘ4-404-03073-8　Ⓝ289.1　〔04827〕

◇勝頼と信長―後継者のリーダーシップ　童門冬二著　学陽書房　2003.1　270p　19cm　1600円　Ⓘ4-313-15050-1　〔04828〕

◇軍師山本勘助―語られた英雄像　笹本正治著　新人物往来社　2006.12　319p　20cm　2000円　Ⓘ4-404-03440-7　Ⓝ289.1　〔04829〕

◇劇画武田信玄―甲斐の猛将遂に立つ　大崎悌造原作, 狩那匠劇画　日本文芸社　1994.3　220p　22cm　（Nichibun comics―歴史人物シリーズ）　1200円　Ⓘ4-537-03883-7　Ⓝ726.1　〔04830〕

◇謙信と信玄　井上鋭夫著　至文堂　1964　292p　図版　19cm　（日本歴史新書）　Ⓝ210.47　〔04831〕

◇甲州・武田一族衰亡史　高野賢彦著　新人物往来社　2003.1　260p　19cm　2800円　Ⓘ4-404-03103-3　〔04832〕

◇甲州武田家臣団　土橋治重著　新人物往来社　1984.4　307p　20cm　1800円　Ⓝ288.2　〔04833〕

◇史跡武田氏館跡　12　甲府　甲府市教育委員会　2004.3　46p　30cm　（甲府市文化財調査報告 25）　Ⓝ210.0254　〔04834〕

◇史談武田落　土屋節堂著　歴史図書社　1979.11　245p　19cm　（土屋節堂選集　第5巻）　2800円　Ⓝ210.47　〔04835〕

◇疾風武田軍団―佐久から川中島へ　中村勝実著　佐久　櫟　1988.3　258p　19cm　（千曲川文庫 12）　1600円　Ⓘ4-900408-21-2　Ⓝ210.47　〔04836〕

◇実録・風林火山―「甲陽軍鑑」の正しい読み方　北影雄幸著　光人社　2007.3　333p　19cm　1900円　Ⓘ978-4-7698-1332-3　Ⓝ399.1　〔04837〕

◇実録・山本勘助　今川徳三著　河出書房新社　2006.10　183p　15cm　（河出文庫）　550円　Ⓘ4-309-40816-8　〔04838〕

◇信濃路の風林火山―山本勘助とその舞台　信濃毎日新聞社編　長野　信濃毎日新聞社　2006.12　153p　21cm　1200円　Ⓘ4-7840-7039-7　〔04839〕

◇週刊ビジュアル日本の歴史　no.128　戦国武将篇 8　デアゴスティーニ・ジャパン　2002.8　p296-335　30cm　533円　Ⓝ210.1　〔04840〕

◇信玄最後の側室　武田和子著　新風舎　2005.3　222p　19cm　1400円　Ⓘ4-7974-5321-4　〔04841〕

◇信玄と勘助111の謎　楠木誠一郎著　成美堂出版　2006.11　271p　16cm　（成美文庫）　524円　Ⓘ4-415-40010-8　Ⓝ210.47　〔04842〕

◇信玄ト謙信　春秋蕪城編　如山堂　1909.6　293p　20cm　Ⓝ289.1　〔04843〕

◇信玄と謙信　和田政雄著　潮文閣　1942　277p　19cm　Ⓝ289.1　〔04844〕

◇信玄と謙信―川中島の合戦とその周辺　長野市立博物館編　長野　長野市立博物館　1988.10　37p　26cm　Ⓝ210.47　〔04845〕

◇信玄と謙信―覇を競う戦国大名　さいとう・たかを著　角川書店　2005.10　255p　18cm　（Kadokawa絶品コミック）　400円　Ⓘ4-04-853920-5　Ⓝ726.1　〔04846〕

◇信玄と信長―戦国武将に学ぶリーダーの条件　百瀬明治著　実業之日本社（発売）　2007.10　181p　19cm　1400円　Ⓘ978-4-408-59298-5　Ⓝ289.1　〔04847〕

◇信玄とヒトラー―歴史に学ぶ東西「生きざま」比較　金森誠也著　日本経済通信社　1988.9　222p　19cm　1200円　Ⓘ4-8187-0099-1　Ⓝ280.4　〔04848〕

◇信玄の戦争　海上知明著　ベストセラーズ　2006.11　230p　18cm　（ベスト新書）　780円　Ⓘ4-584-12124-9　〔04849〕

◇信玄の戦略―組織、合戦、領国経営　柴辻俊六著　中央公論新社　2006.11　250p　18cm　（中公新書）　760円　Ⓘ4-12-101872-9　〔04850〕

◇新府城と武田勝頼　網野善彦監修, 山梨県韮崎市教育委員会編　新人物往来社　2001.3　307p　20cm　2400円　Ⓘ4-404-02912-8　Ⓝ215.1　〔04851〕

◇図解 武田信玄と山本勘助のことが面白いほどわかる本―2時間でわかる　中見利男著　中経出版　2006.11　255p　21cm　1400円　Ⓘ4-8061-2563-6　〔04852〕

◇「図解」山本勘助と武田一族の興亡―常勝軍団と謎の名参謀の実像に迫る　童門冬二監修　PHP研究所　2006.12　95p　26cm　952円　Ⓘ4-569-65862-8　Ⓝ210.47　〔04853〕

◇駿河の武田氏　藤枝市郷土博物館編　藤枝　藤枝市郷土博物館　2000.11　69p　30cm　Ⓝ215.4　〔04854〕

◇戦国遺文　武田氏編　第1巻　柴辻俊六, 黒田基樹編　東京堂出版　2002.4　305p　22cm　15000円　Ⓘ4-490-30583-4　Ⓝ210.47　〔04855〕

◇戦国遺文　武田氏編　第2巻　柴辻俊六, 黒田基樹編　東京堂出版　2002.9　310p　22cm　15000円　Ⓘ4-490-30584-2　Ⓝ210.47　〔04856〕
◇戦国遺文　武田氏編　第3巻　柴辻俊六, 黒田基樹編　東京堂出版　2003.3　339p　22cm　17000円　Ⓘ4-490-30585-0　Ⓝ210.47　〔04857〕
◇戦国遺文　武田氏編　第4巻　柴辻俊六, 黒田基樹編　東京堂出版　2003.9　331p　22cm　17000円　Ⓘ4-490-30586-9　Ⓝ210.47　〔04858〕
◇戦国遺文　武田氏編　第5巻　柴辻俊六, 黒田基樹編　東京堂出版　2004.4　325p　22cm　17000円　Ⓘ4-490-30587-7　Ⓝ210.47　〔04859〕
◇戦國遺文　武田氏編　第6巻　柴辻俊六, 黒田基樹, 丸島和洋編　東京堂出版　2006.5　409p　22cm　17000円　Ⓘ4-490-30638-5　Ⓝ210.47　〔04860〕
◇戦国遺文　武田氏編　第3巻　柴辻俊六, 黒田基樹編　東京堂出版　2003.3　339p　21cm　17000円　Ⓘ4-490-30585-0　〔04861〕
◇戦国期武田氏領の形成　柴辻俊六著　校倉書房　2007.2　294p　22cm　（歴史科学叢書）　7000円　Ⓘ978-4-7517-3820-7　Ⓝ210.47　〔04862〕
◇戦国期武田氏領の展開　柴辻俊六著　岩田書院　2001.11　442p　22cm　（中世史研究叢書 2）　8900円　Ⓘ4-87294-227-2　Ⓝ210.47　〔04863〕
◇戦国大名武田氏　佐藤八郎先生頌寿記念論文集刊行会編　名著出版　1991.12　402p　22cm　7900円　Ⓘ4-626-01428-3　Ⓝ215.1　〔04864〕
◇戦国大名武田氏の研究　笹本正治著　京都　思文閣出版　1993.7　415, 5p　22cm　（思文閣史学叢書）　8034円　Ⓘ4-7842-0780-5　Ⓝ215.1　〔04865〕
◇戦国大名武田氏の信濃支配　笹本正治著　名著出版　1990.11　260p　22cm　4660円　Ⓘ4-626-01392-9　Ⓝ215.2　〔04866〕
◇戦国大名武田氏領の支配構造　柴辻俊六著　名著出版　1991.8　375p　22cm　7800円　Ⓘ4-626-01415-1　Ⓝ210.47　〔04867〕
◇戦国大名の日常生活―信虎・信玄・勝頼　笹本正治著　講談社　2000.5　268p　19cm　（講談社選書メチエ 184）　1700円　Ⓘ4-06-258184-1　Ⓝ210.47　〔04868〕
◇戦国大名領の研究―甲斐武田氏領の展開　柴辻俊六著　名著出版　1981.10　491p　22cm　6800円　Ⓝ210.47　〔04869〕
◇戦国大名論集　10　武田氏の研究　秋沢繁ほか編　柴辻俊六編　吉川弘文館　1984.3　518p　22cm　5900円　Ⓘ4-642-02590-1　Ⓝ210.47　〔04870〕
◇戦国武田の黒川金山―多摩川源流の黄金境　大藪宏著　甲府　山梨日日新聞社出版局　1995.10　224p　18cm　（山日ライブラリー）　1165円　Ⓘ4-89710-702-4　Ⓝ562.1　〔04871〕
◇戦国武田の城―武田戦略と城塞群の全貌　中田正光著　有峰書店新社　1988.4　415p　20cm　1800円　Ⓘ4-87045-174-3　Ⓝ210.47　〔04872〕
◇戦国の猛虎　武田信玄　UTYテレビ山梨監修, 萩原三雄, 秋山敬編　新人物往来社　2007.1　254p　22×17cm　1500円　Ⓘ978-4-404-03445-8　〔04873〕
◇戦国武将の用兵と軍略―信玄にみる人間活用の秘訣　藤公房著　産業能率短期大学出版部　1976　227p　19cm　950円　Ⓝ210.47　〔04874〕

◇戦国武将の用兵と軍略―信玄にみる人間活用の秘訣　藤公房著　産業能率大学出版部　1979.6　227p　19cm　950円　Ⓝ210.47　〔04875〕
◇戦国文書聚影　武田氏篇　戦国文書研究会編　柏書房　1973　図45枚　解説63p　37cm（解説:21×30cm）　2800円　Ⓝ210.47　〔04876〕
◇武田意外史―逆転の構図　下流からの叫び　古屋兼雄著　近代文芸社　1994.9　226p　20cm　1800円　Ⓘ4-7733-3274-3　Ⓝ215.1　〔04877〕
◇武田・上杉軍記　小林計一郎著　新人物往来社　1983.6　283p　20cm　2000円　Ⓝ210.47　〔04878〕
◇武田落―悲壮史談　土屋節堂著　磯部甲陽堂〔ほか〕　1913　245p　19cm　Ⓝ210.4　〔04879〕
◇武田家臣団―信玄を支えた24将と息子たち　近衛龍春著　学習研究社　2006.9　426p　15cm　（学研M文庫）　760円　Ⓘ4-05-901191-6　Ⓝ281.04　〔04880〕
◇武田勝頼　柴辻俊六著　新人物往来社　2003.12　256p　20cm　2800円　Ⓘ4-404-03171-8　Ⓝ289.1　〔04881〕
◇武田勝頼のすべて　柴辻俊六, 平山優編　新人物往来社　2007.1　274p　19cm　2800円　Ⓘ978-4-404-03424-3　〔04882〕
◇武田軍記　小林計一郎著　人物往来社　1965　259p　図版　20cm　Ⓝ210.48　〔04883〕
◇武田軍記　小林計一郎著　人物往来社　1967　259p　図版　19cm　（歴史選書 2）　Ⓝ210.48　〔04884〕
◇武田軍記―古戦場　歴史図書社編　歴史図書社　1969　190p（おもに図版）　19cm　590円　Ⓝ210.47　〔04885〕
◇武田軍記　小林計一郎著　朝日新聞社　1988.1　290p　15cm　（朝日文庫）　420円　Ⓘ4-02-260477-8　Ⓝ210.48　〔04886〕
◇武田軍団を支えた甲州金―湯之奥金山　谷口一夫著　新泉社　2007.9　93p　21cm　（シリーズ「遺跡を学ぶ」039）　1500円　Ⓘ978-4-7877-0739-0　〔04887〕
◇武田家旧温録―武田家正末裔者録　甲府　武田家旧温会　1978.3　449p　22cm　Ⓝ288.1　〔04888〕
◇武田家と入明寺　蘆洲村松志孝編　住吉村（山梨県）　武田竜宝公遺蹟保存会　1943　73p　18cm　Ⓝ215.1　〔04889〕
◇武田家滅亡に学ぶ事業承継　北見昌朗著　幻冬舎　2006.6　270p　19cm　1500円　Ⓘ4-344-01188-0　〔04890〕
◇武田三代　新田次郎著　新装版　文藝春秋　2006.10　263p　16cm　（文春文庫）　495円　Ⓘ4-16-711235-3　Ⓝ913.6　〔04891〕
◇武田三代軍記　片島深淵補　甲府　徴古堂　1884　22冊　図版　19cm　Ⓝ210.4　〔04892〕
◇武田三代軍記　片島深淵著　千秋社　1979.11　22冊　19cm　全55000円　Ⓝ210.47　〔04893〕
◇武田三代軍記　片島深淵著　復刻版　千秋社　2004.9　1340p　19cm　27000円　Ⓘ4-88477-308-X　Ⓝ210.47　〔04894〕
◇武田三代軍記　1, 2　片島深淵著, 黒川真道編　国史研究会　1916　2冊　19cm　（国史叢書）　Ⓝ210.4　〔04895〕
◇武田氏家臣団の系譜　服部治則著　岩田書院　2007.11　324p　21cm　（中世史研究叢書）　7900円　Ⓘ978-4-87294-482-2　〔04896〕

◇武田氏三代と信濃―信仰と統治の狭間で　笹本正治著　松本　郷土出版社　1988.4　211p　19cm　(信濃史学会研究叢書1)　1600円　Ⓘ4-87663-106-9　Ⓝ215.2
〔04897〕
◇武田史蹟　土屋操著　金港堂書籍　1919　310,11p　16cm　Ⓝ291.51
〔04898〕
◇武田史蹟　土屋節堂著　4版　甲府　柳正堂書店　1941.8　219,11p　19cm　Ⓝ291.51
〔04899〕
◇武田史蹟　土屋節堂著　歴史図書社　1979.8　310,11p　19cm　(土屋節堂選集 第2巻)　3400円　Ⓝ291.51
〔04900〕
◇武田史跡めぐり　山梨日日新聞社企画出版局出版部編　甲府　山梨日日新聞社　1980.4　340p　19cm　1300円　Ⓝ291.51
〔04901〕
◇武田氏と御岳の鐘　笹本正治著　甲府　山梨日日新聞社出版局　1996.10　167p　18cm　(山日ライブラリー)　Ⓘ4-89710-707-5　Ⓝ215.1
〔04902〕
◇武田氏の研究　柴辻俊六編　吉川弘文館　1984.3　518p　22cm　(戦国大名論集10)　5900円　Ⓘ4-642-02592-1　Ⓝ210.47
〔04903〕
◇武田氏の祖は高麗王か―ひきちぎられた家系図のナゾ　中津攸子著　〔市川〕　〔中津攸子〕　1976　189p　19cm　800円　Ⓝ288.2
〔04904〕
◇武田信玄　町田源太郎著　顕光閣　1911.12　315p　図版　22cm　Ⓝ289.1
〔04905〕
◇武田信玄　井上一次著　雞鳴会　1933　327p　図版10枚　18cm　Ⓝ289.1
〔04906〕
◇武田信玄―物語と史蹟をたずねて　土橋治重著　成美堂出版　1991.1　224p　19cm　1000円　Ⓘ4-415-06510-4
〔04907〕
◇武田信玄―戦国最強武田軍団の全貌　世界文化社　1994.8　162p　26cm　(ビッグマン・スペシャル―歴史クローズアップ 人物)　1300円　Ⓝ289.1
〔04908〕
◇武田信玄―物語と史蹟をたずねて　土橋治重著　成美堂出版　1995.4　311p　16cm　(成美文庫)　560円　Ⓘ4-415-06418-3　Ⓝ289.1
〔04909〕
◇武田信玄―伝説的英雄像からの脱却　笹本正治著　中央公論社　1997.9　206p　17cm　(中公新書)　660円　Ⓘ4-12-101380-8
〔04910〕
◇武田信玄―武田三代興亡記　吉田龍司著　新紀元社　2005.11　282p　21cm　(Truth In History 8)　1900円　Ⓘ4-7753-0416-X
〔04911〕
◇武田信玄―芳声天下に伝わり仁道寰中に鳴る　笹本正治著　京都　ミネルヴァ書房　2005.11　316,10p　20cm　(ミネルヴァ日本評伝選)　2200円　Ⓘ4-623-04500-5　Ⓝ289.1
〔04912〕
◇武田信玄―『甲斐の虎』の激動の人生!　土橋治重著　成美堂出版　2006.10　310p　15cm　(成美文庫)　552円　Ⓘ4-415-40008-6
〔04913〕
◇武田信玄　平山優著　吉川弘文館　2006.12　225p　19cm　(歴史文化ライブラリー)　1700円　Ⓘ4-642-05621-1
〔04914〕
◇武田信玄　西本鶏介文　新装版　ポプラ社　2006.12　198p　18cm　(ポプラポケット文庫)　570円　Ⓘ4-591-09535-5
〔04915〕
◇武田信玄　平山優著　吉川弘文館　2006.12　225p　19cm　(歴史文化ライブラリー 221)　1700円　Ⓘ4-642-05621-1　Ⓝ289.1
〔04916〕
◇武田信玄―天才軍師・山本勘助と戦国最強軍団のすべて　改訂新版　世界文化社　2007.2　168p　26cm　(Bigmanスペシャル)　1400円　Ⓘ978-4-418-07100-5　Ⓝ289.1
〔04917〕
◇武田信玄―風林火山の旗がゆく　田代脩監修, 本山一城漫画　新装版　学習研究社　2007.3　128p　22cm　(学研まんが伝記シリーズ)　700円　Ⓘ978-4-05-202780-2　Ⓝ289.1
〔04918〕
◇武田信玄―風林火山の帝王学　新田次郎, 堺屋太一, 上野晴朗ほか著　新版　プレジデント社　2007.10　364p　20cm　(プレジデント・クラシックス)　1429円　Ⓘ978-4-8334-1859-1　Ⓝ289.1
〔04919〕
◇武田信玄を歩く　土橋治重著　新人物往来社　1987.6　223p　19cm　1600円　Ⓘ4-404-01422-8　Ⓝ291.51
〔04920〕
◇武田信玄 風の巻　新田次郎著　新装版　文藝春秋　2005.4　546p　15cm　(文春文庫)　714円　Ⓘ4-16-711230-2
〔04921〕
◇武田信玄合戦記　坂本徳一著　新人物往来社　1975　239p　20cm　1200円　Ⓝ210.46
〔04922〕
◇武田信玄合戦録　柴辻俊六著　角川学芸出版, 角川書店〔発売〕　2006.10　222p　19cm　(角川選書)　1400円　Ⓘ4-04-703403-7
〔04923〕
◇武田信玄からの手紙　山梨県立博物館監修　甲府　山梨日日新聞社　2007.3　64p　21cm　(かいじあむブックレット)　476円　Ⓘ978-4-89710-111-8　Ⓝ289.1
〔04924〕
◇武田信玄公　赤木義雄著　甲府　柳正堂書店　1940　96p　19cm　Ⓝ289.1
〔04925〕
◇武田信玄公　赤木義雄著　2版　甲府　柳正堂書店　1941　88p　19cm　Ⓝ289.1
〔04926〕
◇武田信玄事蹟考　内藤慶助著　啓成社〔ほか〕　1904.4　354p　23cm　Ⓝ289.1
〔04927〕
◇武田信玄・城と兵法　上野晴朗著　新人物往来社　1986.11　248p　20cm　2000円　Ⓘ4-404-01359-0　Ⓝ210.47
〔04928〕
◇武田信玄像の謎　藤本正行著　吉川弘文館　2006.1　215p　19cm　(歴史文化ライブラリー)　1700円　Ⓘ4-642-05606-8
〔04929〕
◇武田信玄その華麗なる系譜　坂本徳一著　秋田書店　1988.4　254p　20cm　1500円　Ⓘ4-253-00294-3　Ⓝ288.2
〔04930〕
◇武田信玄その死因と卒去地を探る　高野賢彦著　〔出版地不明〕　〔高野賢彦〕　2006.9　122p　21cm　800円　Ⓝ289.1
〔04931〕
◇武田信玄大事典　柴辻俊六著　新人物往来社　2000.10　336p　21cm　9800円　Ⓘ4-404-02874-1　Ⓝ289.1
〔04932〕
◇武田信玄伝　広瀬広一著　紙硯社　1944　423p　図版　22cm　Ⓝ289.1
〔04933〕
◇武田信玄と上杉謙信―決戦! 川中島の戦い　宝島社　2006.12　144p　26cm　(別冊宝島 1365号)　1143円　Ⓘ4-7966-5534-4　Ⓝ289.1
〔04934〕
◇武田信玄と勝頼―文書にみる戦国大名の実像　鴨川達夫著　岩波書店　2007.3　216,4p　18cm　(岩波新書)　740円　Ⓘ978-4-00-431065-5　Ⓝ289.1
〔04935〕
◇武田信玄と二十四将　さいとう・プロダクション監修, すぎたとおる著　リイド社　2007.1　223p　15cm　(リイド文庫)　476円　Ⓘ978-4-8458-3218-7　Ⓝ210.47
〔04936〕
◇武田信玄の経綸と修養　渡辺世祐著　〔篠ノ井町(長野県)〕　長野県北信五郡聯合教育会　1929　238p　23cm　Ⓝ289.1
〔04937〕

◇武田信玄の経綸と修養　渡辺世祐著　大阪　創元社　1943　360p　19cm　（日本文化名著選　第2輯　第8）　Ⓝ289.1　〔04938〕

◇武田信玄の古戦場をゆく―なぜ武田軍団は北へ向かったのか？　安部龍太郎著　集英社　2006.11　189p　18cm　（集英社新書）　660円　Ⓘ4-08-720365-4　〔04939〕

◇武田信玄の治郷と経略　金子智彦著　統治学研究所　1944　22p　22cm　（統研報告書　第6輯）Ⓝ289.1　〔04940〕

◇武田信玄の人間管理　藤公房著　カルチャー出版社　1974　208p　19cm　700円　Ⓝ210.47　〔04941〕

◇武田信玄百首―古今史料　太田百祥編　国史台　1894.12　11, 10, 4丁　図版　23cm　Ⓝ911.1　〔04942〕

◇武田信玄夫人　皇女・三条華子　高野賢彦著　日貿出版社　2004.11　287p　19cm　1400円　Ⓘ4-8170-8081-7　〔04943〕

◇武田信玄論　杉田万著　伊坂出版部　1921　366p　19cm　Ⓝ289.1　〔04944〕

◇武田信玄はどこから来たか―武田騎馬隊の謎を追う　岩崎正吾編　甲府　山梨ふるさと文庫,星雲社〔発売〕　1996.9　236p　19cm　1500円　Ⓘ4-7952-0745-3　〔04945〕

◇武田二十四将伝　坂本徳一著　新人物往来社　1980.3　284p　20cm　2000円　Ⓝ210.47　〔04946〕

◇武田二十四将論　保坂義照　アジア青年社　1944.2　382p　19cm　Ⓝ210.47　〔04947〕

◇武田二十四将―信玄を名将にした男たち　武光誠著　PHP研究所　2006.9　301p　15cm　（PHP文庫）　571円　Ⓘ4-569-66684-1　Ⓝ210.47　〔04948〕

◇武田二十四将論　保坂義照著　アジア青年社　1944　382p　図版　19cm　Ⓝ281.51　〔04949〕

◇武田信虎のすべて　柴辻俊六編　新人物往来社　2007.1　241p　19cm　2800円　Ⓘ978-4-404-03423-6　〔04950〕

◇武田武士の系譜　土橋治重著　新人物往来社　1972　267p　20cm　880円　Ⓝ288.21　〔04951〕

◇武田物語と信玄かくし湯　中沢正著　名古屋　海越出版社　1988.11　214p　19cm　1200円　Ⓘ4-906203-64-7　Ⓝ210.48　〔04952〕

◇武田流軍学全書　天, 地, 人　武田流軍学全書刊行会編　武田流軍学全書刊行会　1935　3冊　23cm　Ⓝ399　〔04953〕

◇闘神武田信玄―戦国最強・甲州軍団の激闘　学習研究社　2006.11　171p　26cm　（歴史群像シリーズ―新・歴史群像シリーズ 5）　1500円　Ⓘ4-05-604397-3　Ⓝ289.1　〔04954〕

◇長野県の武田信玄伝説　笹本正治編　岩田書院　1996.8　322p　22cm　8137円　Ⓘ4-900697-56-7　Ⓝ215.2　〔04955〕

◇日本の埋蔵金　下　武田の宝　畠山清行著　たんさく　2008.1　44p　21cm　800円　Ⓘ978-4-903288-04-8　〔04956〕

◇日本の埋蔵金〈2〉　上　武田の宝　畠山清行著　たんさく　2007.12　47p　21cm　800円　Ⓘ978-4-903288-03-1　〔04957〕

◇信長と信玄　津本陽著　東洋経済新報社　1999.7　261p　19cm　1500円　Ⓘ4-492-06112-6　〔04958〕

◇信長と信玄　津本陽著　角川書店　2001.11　270p　15cm　（角川文庫）　533円　Ⓘ4-04-171321-8　〔04959〕

◇風林火山―信玄の戦いと武田二十四将　学習研究社　1988.4　227p　26cm　（歴史群像シリーズ 6）　981円　Ⓝ210.47　〔04960〕

◇風林火山伊那をゆく―伊那と武田氏　一ノ瀬義法著　伊那　伊那毎日新聞社　1988.4　202p　22cm　1300円　Ⓝ210.47　〔04961〕

◇「風林火山」武田信玄の謎―徹底検証　加来耕三著　講談社　2006.10　589p　15cm　（講談社文庫）　838円　Ⓘ4-06-275528-9　Ⓝ289.1　〔04962〕

◇風林火山の女たち―信玄をとりまく二十四人　中津攸子著　歴研　2007.6　191p　19cm　（歴研ブックス）　1500円　Ⓘ978-4-947769-95-4　Ⓝ281.04　〔04963〕

◇「風林火山」の古道をゆく　高橋義夫, 桐野作人ほか著　集英社　2006.11　125p　21cm　1600円　Ⓘ4-08-781357-6　Ⓝ210.47　〔04964〕

◇風林火山のことがマンガで3時間でわかる本―へぇ〜そうなんだ！　津田太愚著　明日香出版社　2006.10　219p　21cm　（Asuka business & language books）　1300円　Ⓘ4-7569-1023-8　Ⓝ210.47　〔04965〕

◇風林火山の世界　歴史研究会出版局歴史浪漫編集委員会編　歴研　2007.6　191p　21cm　（歴史浪漫―大河ドラマ・シリーズ）　1200円　Ⓘ978-4-947769-89-3　Ⓝ210.47　〔04966〕

◇「風林火山」の謎―山本勘助と武田信玄　歴史真相研究会編著　コアラブックス（発売）　2007.2　183p　19cm　1400円　Ⓘ978-4-86097-225-7　Ⓝ289.1　〔04967〕

◇風林火山の旗　海を渡る―武田紀行　保科嘉郷著　新風舎　2007.3　255p　19cm　1700円　Ⓘ978-4-289-01720-1　〔04968〕

◇風林火山ゆかりの地を歩く―歩いてみつける戦国ロマン・甲斐の虎・信玄のたどった道　小和田哲男監修　エクスメディア　2006.12　145p　21cm　1480円　Ⓘ4-87283-682-0　Ⓝ291.09　〔04969〕

◇謀将山本勘助と武田軍団　新人物往来社　2006.10　191p　26cm　（別冊歴史読本　第31巻21号）　1800円　Ⓘ4-404-03347-8　Ⓝ210.47　〔04970〕

◇本能寺の変と武田松姫―上杉屏風が解き明かす戦国史の真相　首藤義之著　大阪　せせらぎ出版　2003.12　344p　19cm　2381円　Ⓘ4-88416-127-0　Ⓝ210.47　〔04971〕

◇名将信玄と武田軍団　土橋治重著　天山出版　1990.2　287p　16cm　（天山文庫）　440円　Ⓘ4-8033-2242-2　Ⓝ210.47　〔04972〕

◇名将武田信玄　羽皐隠史著　高山房　1913　255p　19cm　Ⓝ289.1　〔04973〕

◇山梨県の武田氏伝説　笹本正治編・著　〔甲府〕　山梨日日新聞出版局（製作）　1996.12　494p　20cm　Ⓘ4-89710-681-8　Ⓝ215.1　〔04974〕

◇山本勘助　上野晴朗著　新装版　新人物往来社　2006.7　244p　19cm　2300円　Ⓘ4-404-03295-1　〔04975〕

◇山本勘助　平山優著　講談社　2006.12　221p　18cm　（講談社現代新書）　720円　Ⓘ4-06-149872-X　〔04976〕

◇山本勘助　山梨日日新聞社編　甲府　山梨日日新聞社　2006.12　222p　21cm　1333円　Ⓘ4-89710-551-X　〔04977〕

◇山本勘助とは何者か―信玄に重用された理由　江宮隆之著　祥伝社　2006.11　256p　18cm　（祥伝社新書）　780円　Ⓘ4-396-11054-5　〔04978〕

◇山本勘助のすべて　上野晴朗, 萩原三雄編　新人物往来社　2006.12　265p　20cm　2800円　⒤4-404-03432-6　Ⓝ289.1
〔04979〕
◇山本勘介の謎を解く　渡辺勝正著　大正出版　2007.2　257p　20cm　2000円　⒤4-8117-0401-0　Ⓝ289.1
〔04980〕
◇山本勘助101の謎―その実像から「川中島の戦い」の内幕まで　川口素生著　PHP研究所　2006.10　314p　15cm　（PHP文庫）　571円　⒤4-569-66705-8　Ⓝ289.1
〔04981〕
◇山本勘助「兵法秘伝書」　慧文社史料室編　慧文社　2007.6　123p　21cm　5000円　⒤978-4-905849-75-9
〔04982〕
◇山本勘助はいなかった―「風林火山」の真実　山本七平著　ビジネス社　2006.11　226p　20cm　1500円　⒤4-8284-1316-2　Ⓝ289.1
〔04983〕
◇山本七平の武田信玄論―乱世の帝王学　山本七平著　角川書店　2006.12　200p　18cm　（角川oneテーマ21）　686円　⒤4-04-710072-2
〔04984〕
◇甦る武田軍団―その武具と軍装　三浦一郎著　京都　宮帯出版社　2007.5　259, 4p　21cm　4800円　⒤978-4-900833-38-8
〔04985〕
◇よみがえる武田信玄の世界―山梨県立博物館開館記念特別展　山梨県立博物館編　笛吹　山梨県立博物館　2006.3　151p　30cm　Ⓝ289.1
〔04986〕

◆◆◆川中島の合戦

◇「異説」もうひとつの川中島合戦―紀州本川中島合戦「川中島合戦図屏風」の発見　髙橋修著　洋泉社　2007.3　197p　18cm　（新書y）　780円　⒤978-4-86248-126-9　Ⓝ210.47
〔04987〕
◇川中島合戦　井口木犀著　豊川堂出版部　1943　244p　図版　19cm　Ⓝ210.4
〔04988〕
◇川中島合戦―徹底検証・徹底分析　戦国期の源平合戦　龍虎俊輔著　文芸社　2004.9　125p　20cm　1200円　⒤4-8355-7941-0　Ⓝ210.47
〔04989〕
◇川中島合戦―一気読み日本の戦史　工藤章興著　学習研究社　2007.9　253p　18cm　（学研新書）　740円　⒤978-4-05-403466-2　Ⓝ210.47
〔04990〕
◇川中島合戦記　榊山潤訳　〔東村山〕　教育社　1981.5　256p　18cm　（教育社新書）　700円　Ⓝ210.47
〔04991〕
◇川中島合戦記　西野辰吉現代訳・校丁　富士出版　1993.23冊（別本とも）　19cm　全36000円　⒤4-938607-36-0　Ⓝ210.47
〔04992〕
◇川中島合戦再考　笹本正治監修, 飯山市編　新人物往来社　2000.12　310p　20cm　2400円　⒤4-404-02899-7　Ⓝ215.2
〔04993〕
◇川中島合戦は二つあった―父が子に語る信濃の歴史　笹本正治著　長野　信濃毎日新聞社　1998.10　215p　19cm　1400円　⒤4-7840-9815-1　Ⓝ215.2
〔04994〕
◇川中島古戦場の旅　桑田忠親著　秋田書店　1969　236p　（図版共）　18cm　（サンデー新書）　350円　Ⓝ210.47
〔04995〕
◇川中嶋古戦場ひとり旅―信玄軍配団扇の跡　岡沢由往著　長野　銀河書房　1988.3　216p　19cm　1000円　Ⓝ210.47
〔04996〕
◇川中嶋戦史　長野市教育会編　長野　長野市教育会　1928　304p　22cm　Ⓝ210.4
〔04997〕

◇川中島戦史と戦跡資料（項目）　関川千代丸著　第3版　〔長野〕　〔関川千代丸〕　1985.10　8p　21cm　Ⓝ210.47
〔04998〕
◇川中島の戦　埴科教育会編　寺沢汲古館　1913　114p　23cm　Ⓝ210.4
〔04999〕
◇川中島の戦　小林計一郎著　春秋社　1963　254p　図版　20cm　Ⓝ210.47
〔05000〕
◇川中島の戦―甲信越戦国史　小林計一郎著　改訂12版　長野　銀河書房　1980.5　211p　21cm　1500円　Ⓝ210.47
〔05001〕
◇川中島の戦い―新分析現代に生きる戦略・戦術　旺文社編　旺文社　1984.7　176p　26cm　1800円　⒤4-01-070774-7　Ⓝ210.47
〔05002〕
◇川中島の戦―甲信越戦国史　小林計一郎著　長野　銀河書房　1985.5　211p　21cm　1500円　Ⓝ210.47
〔05003〕
◇川中島の戦い―いくさ・こころえ・祈り　松代城整備完成記念特別展　長野　長野市立博物館　2004.4　155p　30cm　Ⓝ210.47
〔05004〕
◇川中島の戦い―戦史ドキュメント　上　関東擾乱―戦雲の予兆　平山優著　学習研究社　2002.6　302p　15cm　（学研M文庫）　620円　⒤4-05-901126-6　Ⓝ210.47
〔05005〕
◇川中島の戦い―戦史ドキュメント　下　龍虎激突―死闘の果て　平山優著　学習研究社　2002.6　358p　15cm　（学研M文庫）　650円　⒤4-05-901134-7　Ⓝ210.47
〔05006〕
◇激戦川中島　一ノ瀬義法著　長野　信濃教育会出版部（発売）　1969　274p　19cm　450円　Ⓝ210.47
〔05007〕
◇激戦川中島　一ノ瀬義法著　松本　たつのこ出版（発売）　1981.2　274p　18cm　1000円　Ⓝ210.47
〔05008〕
◇激戦川中島―武田信玄最大の戦闘　一ノ瀬義法著　教育書籍　1987.11　249p　20cm　1200円　Ⓝ210.47
〔05009〕
◇激闘！　川中島合戦をたどる―古戦場に刻された戦いの光と陰　岡澤由往著　長野　龍鳳書房　2006.11　278p　19cm　1600円　⒤4-947697-30-X　Ⓝ210.47
〔05010〕
◇甲越川中島戦史　北村建信著　報国学会　1932　381p　22cm　Ⓝ210.4
〔05011〕
◇甲越軍記　速見春暁斉著　歴史図書社　1980.8　1冊　22cm　（戦記資料）　7000円　Ⓝ210.47　〔05012〕
◇甲越軍記―謙信と信玄　鷲尾雨工著　恒文社　1994.12　394p　19cm　1800円　⒤4-7704-0820-X　〔05013〕
◇再現日本史―週刊time travel　戦国9　講談社　2002.5　42p　30cm　533円　Ⓝ210.1　〔05014〕
◇史籍集覧　〔27〕　川中島五度合戦次第・上杉輝虎注進状　近藤瓶城校　近藤瓶城　1882.11　23, 8丁　19cm　Ⓝ210
〔05015〕
◇週刊ビジュアル日本の歴史　no.80　戦乱の世　10　デアゴスティーニ・ジャパン　2001.9　p380-419　30cm　533円　Ⓝ210.1
〔05016〕
◇週刊ビジュアル日本の歴史　no.125　戦国武将篇　5　デアゴスティーニ・ジャパン　2002.7　p170-209　30cm　533円　Ⓝ210.1
〔05017〕
◇庶民からみた川中島の合戦　武藤井蛙著　新人物往来社　1985.6　195p　20cm　1200円　⒤4-404-01274-8　Ⓝ210.47
〔05018〕

◇信玄vs謙信―信長の野望合戦事典　福田誠, 稲葉義明, 神谷真, 井草薫, 佐和山邁著　横浜　光栄　1993.10　189p　21cm　1800円　Ⓘ4-87719-031-7　〔05019〕
◇真説・川中島合戦―封印された戦国最大の白兵戦　三池純正著　洋泉社　2003.8　227p　18cm　（新書y）740円　Ⓘ4-89691-752-9　Ⓝ210.47　〔05020〕
◇戦国最大のライバル対決―信玄と謙信、川中島に激突　小西聖一著, 高田勲絵　理論社　2007.12　140p　21cm　（新・ものがたり日本 歴史の事件簿）1200円　Ⓘ978-4-652-01643-5　〔05021〕
◇徹底分析川中島合戦　半藤一利著　PHP研究所　2000.6　275p　20cm　1300円　Ⓘ4-569-61157-5　Ⓝ210.47　〔05022〕
◇徹底分析川中島合戦　半藤一利著　PHP研究所　2002.5　282p　15cm　（PHP文庫）552円　Ⓘ4-569-57746-6　〔05023〕
◇風林火山―信玄・謙信、そして伝説の軍師　大河ドラマ特別展　NHK, NHKプロモーション編　NHK　2007.4　239p　30cm　Ⓝ210.47　〔05024〕
◇龍虎盛衰―川中島合戦再考　和千坂涼次著　文芸社　2007.9　494p　19cm　1600円　Ⓘ978-4-286-02618-3　〔05025〕

◆◆◆三方ケ原の戦い
◇決戦! 三方ケ原　浜野卓也著　静岡　静岡新聞社　1980.8　206p　20cm　（静岡県歴史物語）1100円　〔05026〕
◇検証・三方ヶ原合戦　小楠和正著　浜松　小楠和正　2000.3　222p　21cm　1900円　Ⓘ4-7838-9452-3　Ⓝ210.47　〔05027〕
◇武田信玄の戦略―三方原の戦　高柳光寿著　春秋社　1988.3　239p　20cm　1400円　Ⓘ4-393-48209-3　Ⓝ210.46　〔05028〕
◇日本の戦史　第2　三方原・長篠の役　旧参謀本部編纂, 桑田忠親, 山岡荘八監修　徳間書店　1965　20cm　Ⓝ210.13　〔05029〕
◇三方原合戦　小島幸延編　浜松　喇叭の響社　1936　47p　20cm　Ⓝ210.4　〔05030〕
◇三方原合戦記―実話随筆　高橋国治編　浜松　喇叭の響社　1936　33p　24cm　Ⓝ210.4　〔05031〕
◇三方原の戦　高柳光寿著　春秋社　1977.11　143p　図 肖像　18cm　（新書戦国記5）600円　Ⓝ210.48　〔05032〕
◇三方ケ原の戦い―武田信玄上洛への大戦略!!　小和田哲男著　学習研究社　1989.1　219p　21cm　（「歴史群像」シリーズ）1200円　Ⓝ210.47　〔05033〕
◇三方ケ原の戦い―戦史ドキュメント　小和田哲男著　学習研究社　2000.11　270p　15cm　（学研M文庫）570円　Ⓘ4-05-901016-2　Ⓝ210.47　〔05034〕

◆◆◆戸次川合戦
◇新編　戸次川合戦　横川末吉著　高知　高知県文教協会　1964　119p　18cm　Ⓝ210.49　〔05035〕
◇新編戸次川合戦　横川末吉著　高知　土佐史談会　1986.10　119p　18cm　500円　Ⓝ210.47　〔05036〕
◇戸次川合戦　寺石正路著　高知　土佐史談会　1986.10　98, 〔5〕p　18cm　Ⓝ210.47　〔05037〕

◆◆真田氏
◇真田一族　小林計一郎著　新人物往来社　1972　248p　20cm　880円　Ⓝ288.1　〔05038〕
◇真田一族―家康が恐れた最強軍団　相川司著　新紀元社　2005.7　271p　21cm　（Truth In History 5）1800円　Ⓘ4-7753-0406-2　〔05039〕
◇真田家文書　上巻　米山一政編　長野　長野市　1981.10　381p　22cm　Ⓝ210.48　〔05040〕
◇真田家文書　中巻　米山一政編　長野　長野市　1982.11　403p　22cm　Ⓝ210.48　〔05041〕
◇真田家文書　下巻　米山一政編　長野　長野市　1983.12　382p　22cm　Ⓝ210.48　〔05042〕
◇真田三代―近世大名への道　長野　長野市教育委員会 松代藩文化施設管理事務所　2000.11　108p　30cm　Ⓝ288.3　〔05043〕
◇真田三代―戦乱を"生き抜いた"不世出の一族　学習研究社　2007.10　171p　26cm　（新・歴史群像シリーズ 10）1500円　Ⓘ978-4-05-604832-2　Ⓝ288.3　〔05044〕
◇真田三代記―正伝　臼田亜浪著　石楠書屋　1913　538p　22cm　Ⓝ281.52　〔05045〕
◇真田三代軍記　小林計一郎著　新人物往来社　1986.6　220p　20cm　2000円　Ⓘ4-404-01346-9　Ⓝ288.3　〔05046〕
◇真田三代録―伝説から史実へ　猪坂直一著　理論社　1966　334p 図版　20cm　Ⓝ210.49　〔05047〕
◇真田氏追慕―その故郷に真田三代をしのぶ　清水憲雄著　長野　信濃教育会出版部　1985.11　255p　22cm　2000円　Ⓝ288.3　〔05048〕
◇真田氏と上田城　上田市誌編さん委員会編　上田　上田市　2002.10　198p　26cm　（上田市誌 歴史編6）Ⓝ215.2　〔05049〕
◇真田氏と上州　唐沢定市ほか編　前橋　みやま文庫　1985.3　222p　19cm　（みやま文庫 97）Ⓝ288.2　〔05050〕
◇真田史料集　小林計一郎校注　新人物往来社　1985.7　453p　20cm　（史料叢書）3000円　Ⓘ4-404-01269-1　Ⓝ288.3　〔05051〕
◇真田戦記―幸隆・昌幸・幸村の血戦と大坂の陣　学習研究社　1988.6　181p　26cm　（歴史群像シリーズ7）971円　Ⓘ4-05-105144-7　Ⓝ288.3　〔05052〕
◇真田昌幸　柴辻俊六著　吉川弘文館　1996.8　247p　19cm　（人物叢書 新装版）1803円　Ⓘ4-642-05202-X　Ⓝ289.1　〔05053〕
◇真田昌幸のすべて　小林計一郎編　新人物往来社　1999.10　226p　19cm　2800円　Ⓘ4-404-02832-6　〔05054〕
◇真田文書集　藤沢直枝編　象山社　1978.4　185p　22cm　4600円　Ⓝ210.48　〔05055〕
◇真田幸村　藤沢直枝著　長野　信濃郷土文化普及会　1929　73p　19cm　（信濃郷土叢書 第5編）Ⓝ289.1　〔05056〕
◇真田幸村　小林計一郎著　人物往来社　1966　253p 図版　19cm　（日本の武将 64）Ⓝ210.49　〔05057〕
◇真田幸村―戦国を生きた知将三代　知れば知るほど面白い・人物歴史丸ごとガイド　橋場日月著　学習研究社　2004.5　316p　19cm　1350円　Ⓘ4-05-401950-1　Ⓝ288.3　〔05058〕

◇真田幸村―伝説になった英雄の実像　山村竜也著　PHP研究所　2005.8　209p　18cm　(PHP新書)　720円　Ⓘ4-569-64326-4　Ⓝ289.1　〔05059〕
◇滋野通記―真田氏一族の伝記　馬場政常著　真田町(長野県)　真田町教育委員会　1975　519, 13p 図　22cm　3000円　Ⓝ288.1　〔05060〕
◇疾風六文銭真田三代と信州上田―上田市観光ガイド付　週刊上田新聞社編　上田　週刊上田新聞社　2007.7　127p　21cm　800円　Ⓘ978-4-915770-16-6　Ⓝ291.52　〔05061〕
◇週刊ビジュアル日本の歴史　no.138　戦国武将篇 18　デアゴスティーニ・ジャパン　2002.10　p716-755　30cm　533円　Ⓝ210.1　〔05062〕
◇信州上田軍記―迫り来る徳川の大軍を上田城に迎え、これを二度にわたって撃退した真田昌幸父子の物語　堀内泰訳　長野　ほおずき書籍,星雲社〔発売〕　2006.12　138p　19cm　1200円　Ⓘ4-434-08657-X　〔05063〕
◇真説・智謀の一族　真田三代　三池純正著　洋泉社　2006.6　279p　18cm　(新書y)　820円　Ⓘ4-86248-039-X　〔05064〕
◇戦国・江戸真田一族―名族真田一族の軌跡　新人物往来社　1999.7　190p　26cm　(別冊歴史読本 第25号)　2000円　Ⓘ4-404-02725-7　Ⓝ288.3　〔05065〕
◇戦国最強軍団真田六文銭合戦記　武山憲明著　ぶんか社　2007.3　230p　15cm　(ぶんか社文庫)　629円　Ⓘ978-4-8211-5094-6　Ⓝ288.3　〔05066〕
◇戦国史料叢書　第2期　第2　真田史料集　小林計一郎校注　人物往来社　1966　453p　20cm　Ⓝ210.47　〔05067〕
◇戦国大名真田氏の成立―平成18年度第2回企画展図録　中之条町歴史民俗資料館編　中之条町(群馬県)　中之条町歴史民俗資料館　2006.10　40p　24cm　(企画展図録 第5集)　Ⓝ210.47　〔05068〕
◇大塔物語―異本対照　信濃郷土研究会編　長野　信濃郷土研究会　1932　54p　23cm　Ⓝ210.4　〔05069〕
◇闘将幸村と真田一族―戦国動乱を生き抜いた奇謀の一族　新人物往来社　2003.6　179p　26cm　(別冊歴史読本 第28巻19号)　2000円　Ⓘ4-404-03050-9　Ⓝ288.3　〔05070〕
◇秀吉と真田―大阪城・上田城友好城郭提携記念特別展　上田市立博物館編　上田　上田市立博物館　2007.10　97p　30cm　Ⓝ210.48　〔05071〕
◇もう一人の真田―依田右衛門佐信番　市川武治著　佐久　櫟　1993.12　194p　19cm　2000円　Ⓘ4-900408-50-6　〔05072〕
◇物語・真田十勇士―真田町・英雄たちの夢の里　真田町(長野県)　真田町　1993.10　127p　26cm　2000円　Ⓝ215.2　〔05073〕

◆◆今川氏
◇今川氏と杉並の観泉寺―観泉寺所蔵文書を中心として　企画展　東京都杉並区立郷土博物館編　杉並区立郷土博物館　1994.3　20p　26cm　200円　Ⓝ213.6　〔05074〕
◇今川氏と東光寺　鈴木正一著　〔島田〕　〔鈴木正一〕　1979.6　290p　22cm　1700円　Ⓝ215.4　〔05075〕
◇今川氏の研究　有光友学編　吉川弘文館　1984.2　499p　22cm　(戦国大名論集 11)　5900円　Ⓘ4-642-02591-X　Ⓝ210.47　〔05076〕
◇今川氏の研究　小和田哲男著　大阪　清文堂出版　2000.11　373p　22cm　(小和田哲男著作集 第1巻)　7800円　Ⓘ4-7924-0492-4　Ⓝ210.47　〔05077〕
◇今川氏の武将たち　土屋重朗著　近代文芸社　1996.3　241p　20cm　1600円　Ⓘ4-7733-5029-6　Ⓝ288.2　〔05078〕
◇今川義元―自分の力量を以て国の法度を申付く　小和田哲男著　京都　ミネルヴァ書房　2004.9　283, 13p　19cm　(ミネルヴァ日本評伝選)　2400円　Ⓘ4-623-04114-X　〔05079〕
◇今川義元　杉村佳晃著　日本文学館　2007.10　89p　19cm　900円　Ⓘ978-4-7765-1512-8　Ⓝ289.1　〔05080〕
◇史籍集覧　〔65〕　今川記――一名・富麓記　近藤瓶城校　近藤瓶城　1881.12　53丁　19cm　Ⓝ210　〔05081〕
◇写真でつづる今川氏十代の軌跡　水野茂著　静岡　静岡新聞社　1996.12　95p　21cm　2000円　Ⓘ4-7838-1057-5　Ⓝ288.2　〔05082〕
◇週刊ビジュアル日本の歴史　no.126　戦国武将篇 6　デアゴスティーニ・ジャパン　2002.7　p212-251　30cm　533円　Ⓝ210.1　〔05083〕
◇新説桶狭間の戦いとその後の今川宗家―峠地蔵の一人語り　梅垣牧著　〔出版地不明〕　〔梅垣牧〕　200-　18枚　30cm　Ⓝ210.47　〔05084〕
◇駿河の今川氏　第1集　今川氏研究会編　静岡　静岡谷島屋　1977.11　105p 図版8枚　21cm　800円　Ⓝ288.1　〔05085〕
◇駿河の今川氏　第2集　今川氏研究会編　静岡　静岡谷島屋　1977.9　179p　21cm　1000円　Ⓝ288.1　〔05086〕
◇駿河の今川氏　第3集　今川氏研究会編　静岡　静岡谷島屋　1978.12　219p　21cm　1200円　Ⓝ288.1　〔05087〕
◇駿河の今川氏　第4集　今川氏研究会編　静岡　静岡谷島屋　1979.12　228p　21cm　1300円　Ⓝ288.1　〔05088〕
◇駿河の今川氏　第5集　今川氏研究会編　静岡　静岡谷島屋　1980.12　223p　21cm　1500円　Ⓝ288.1　〔05089〕
◇駿河の今川氏　第6集　今川氏研究会編　静岡　静岡谷島屋　1982.5　183p　21cm　1500円　Ⓝ288.1　〔05090〕
◇駿河の今川氏　第7集　今川氏研究会編　静岡　静岡谷島屋　1983.12　245p　21cm　1500円　Ⓝ288.1　〔05091〕
◇駿河の今川氏　第8集　今川氏研究会編　静岡　静岡谷島屋　1985.3　222p　21cm　1500円　Ⓝ288.1　〔05092〕
◇駿河の今川氏　第9集　今川氏研究会編　静岡　静岡谷島屋　1986.2　224p　21cm　1500円　Ⓝ288.1　〔05093〕
◇駿河の今川氏　第10集　今川氏研究会編　静岡　静岡谷島屋　1987.5　248p　21cm　1500円　Ⓝ288.1　〔05094〕
◇駿河の戦国時代　黒沢脩著　静岡　明文出版社　1987.6　249p　19cm　(駿遠豆ブックス 5)　1500円　Ⓘ4-943976-03-4　Ⓝ215.4　〔05095〕
◇戦国今川氏―その文化と謎を探る　小和田哲男文, 水野茂写真　静岡　静岡新聞社　1992.10　142p　22cm　2800円　Ⓘ4-7838-1043-5　Ⓝ215.4　〔05096〕

◇戦国大名今川氏と領国支配　久保田昌希著　吉川弘文館　2005.2　398, 12p　22cm　11000円　Ⓘ4-642-02839-0　Ⓝ210.47　　〔05097〕
◇戦国大名今川氏の研究　有光友学著　吉川弘文館　1994.2　433, 13p　22cm　7500円　Ⓘ4-642-02734-3　Ⓝ210.47　　〔05098〕
◇戦国大名今川氏の研究と古文書　小和田哲男編著　静岡　駿河古文書会　1974.11　70p　21cm　（駿河古文書会叢書 2）　Ⓝ210.47　　〔05099〕
◇戦国大名駿河今川氏の研究　長倉智恵雄著　東京堂出版　1995.9　324p　22cm　5000円　Ⓘ4-490-20277-6　Ⓝ288.1　　〔05100〕
◇戦国大名論集 11　今川氏の研究　秋沢繁ほか編　有光友学編　吉川弘文館　1984.2　499p　22cm　5900円　Ⓘ4-642-02591-X　Ⓝ210.47　　〔05101〕
◇南向今川氏清の生涯　加藤三男著　静岡　静岡新聞社　2003.3　157p　19cm　1400円　Ⓘ4-7838-9554-6　　〔05102〕

◆◆織田氏
◇虚けの舞―織田信雄と北条氏規　伊東潤著　彩流社　2006.2　349p　19cm　1900円　Ⓘ4-7791-1139-0　　〔05103〕
◇織田一族の肖像画展―織田町歴史資料館平成16年度企画展覧会図録　織田町歴史資料館編　織田町（福井県）　織田町歴史資料館　2004.9　24p　30cm　　〔05104〕
◇織田氏と尾張―企画展 図録　名古屋市博物館編　名古屋　名古屋市博物館　1992.2　64p　30cm　Ⓝ215.5　　〔05105〕
◇織田秀信卿　土岐琴川編　岐阜　美濃考古史談会　1918　36p　肖像　19cm　Ⓝ289.1　　〔05106〕
◇織田vs毛利―鳥取をめぐる攻防　鳥取県総務部総務課県史編さん室編　鳥取　鳥取県　2007.6　85p　21cm　（鳥取県史ブックレット 1）　500円　Ⓝ217.2　　〔05107〕
◇尾州織田興亡史　滝喜義著　名古屋　ブックショップ「マイタウン」　1993.10　77p　26cm　2000円　Ⓝ288.3　　〔05108〕

◆◆斎藤氏
◇斎藤道三―物語と史蹟をたずねて　土橋治重著　成美堂出版　1997.6　302p　15cm　（成美文庫）　543円　Ⓘ4-415-06469-8　Ⓝ289.1　　〔05109〕
◇斎藤道三と稲葉山城史　村瀬茂七著　雄山閣　1973　232p　図　22cm　（雄山閣歴史選書 14）　1500円　Ⓝ210.47　　〔05110〕
◇斎藤道三文書之研究　松田亮著　岐阜　松田亮　1974　172p　21cm　1500円　Ⓝ210.47　　〔05111〕
◇美濃の土岐・斎藤氏―利永・妙椿と一族　横山住雄著　岐阜　教育出版文化協会　1992.1　272p　21cm　3000円　Ⓝ288.2　　〔05112〕

◆◆朝倉氏
◇朝倉氏五代の発給文書　福井県立一乗谷朝倉氏遺跡資料館編　福井　福井県立一乗谷朝倉氏遺跡資料館　2004.3　242, 11p　30cm　（福井県立一乗谷朝倉氏遺跡資料館古文書調査資料 1）　Ⓝ214.4　　〔05113〕
◇朝倉氏と織田信長―第8回企画展　福井県立一乗谷朝倉氏遺跡資料館編　福井　福井県立一乗谷朝倉氏遺跡資料館　1995.7　61, 3p　26cm　Ⓝ210.47　　〔05114〕
◇朝倉始末記　藤居正規著　勉誠社　1994.6　266p　19cm　（日本合戦騒動叢書 4）　2660円　Ⓘ4-585-05104-X　　〔05115〕
◇朝倉義景のすべて　松原信之編　新人物往来社　2003.8　295p　19cm　2800円　Ⓘ4-404-03133-5　　〔05116〕
◇一乗谷朝倉史跡・伝説　青山作太郎著　福井　柿原俊一　1972　149p　図　17cm　Ⓝ288.1　　〔05117〕
◇越前朝倉一族　松原信之著　新人物往来社　1996.11　255p　20cm　2800円　Ⓘ4-404-02412-6　Ⓝ288.2　　〔05118〕
◇越前 朝倉一族　松原信之著　新装版　新人物往来社　2006.12　256p　19cm　2800円　Ⓘ4-404-03438-5　　〔05119〕
◇越前朝倉氏・一乗谷―眠りからさめた戦国の城下町　一乗谷朝倉氏遺跡発掘調査開始30周年・一乗谷朝倉氏遺跡特別史跡指定25周年記念巡回展　福井県立一乗谷朝倉氏遺跡資料館編　福井　福井県立一乗谷朝倉氏遺跡資料館　1998.7　110p　30cm　Ⓝ214.4　　〔05120〕
◇越前朝倉氏と心月寺　松原信之著　福井　心月寺　1972　191p（図共）　22cm　非売　Ⓝ288.1　　〔05121〕
◇越前朝倉氏と心月寺　松原信之著　福井　安田書店出版部　ひまわり書店（発売）　1973　184p（図共）　22cm　1600円　Ⓝ288.3　　〔05122〕
◇週刊ビジュアル日本の歴史　no.124　戦国武将篇 4　デアゴスティーニ・ジャパン　2002.7　p128-167　30cm　533p　Ⓝ210.1　　〔05123〕
◇戦国城下町一乗谷に関する概説・論集　藤原武二編著　〔福井〕　藤原武二　2004.5　251p　27cm　Ⓝ214.4　　〔05124〕
◇戦国大名朝倉氏と一乗谷　水野和雄, 佐藤圭編　高志書院　2002.11　273p　22cm　（環日本海歴史民俗叢書 11）　3800円　Ⓘ4-906641-61-X　Ⓝ214.4　　〔05125〕
◇戦国大名越前朝倉氏の誕生―第5回企画展　福井県立一乗谷朝倉氏遺跡資料館編　福井　福井県立一乗谷朝倉氏遺跡資料館　1992.7　57, 3p　26cm　Ⓝ288.2　　〔05126〕
◇特別史跡一乗谷朝倉氏遺跡 33　福井県立一乗谷朝倉氏遺跡資料館編　〔福井〕　福井県立一乗谷朝倉氏遺跡資料館　2002.3　23p 図版11p　30cm　Ⓝ210.0254　　〔05127〕
◇特別史跡一乗谷朝倉氏遺跡 34　福井県立一乗谷朝倉氏遺跡資料館編　〔福井〕　福井県立一乗谷朝倉氏遺跡資料館　2003.3　23p 図版14p　30cm　Ⓝ210.0254　　〔05128〕
◇特別史跡一乗谷朝倉氏遺跡 35　福井県立一乗谷朝倉氏遺跡資料館編　〔福井〕　福井県立一乗谷朝倉氏遺跡資料館　2004.3　22p 図版15p　30cm　Ⓝ210.0254　　〔05129〕
◇特別史跡一乗谷朝倉氏遺跡 36　福井県立一乗谷朝倉氏遺跡資料館編　〔福井〕　福井県立一乗谷朝倉氏遺跡資料館　2006.3　34p 図版17p　30cm　Ⓝ210.0254　　〔05130〕
◇特別史跡一乗谷朝倉氏遺跡発掘調査報告 8　福井県立一乗谷朝倉氏遺跡資料館執筆・編集　福井　福井県立一乗谷朝倉氏遺跡資料館　2001.3　1冊　30cm　Ⓝ210.0254　　〔05131〕
◇特別史跡一乗谷朝倉氏遺跡発掘調査報告　2005　福井県立一乗谷朝倉氏遺跡資料館執筆・編集　福井　福井

県立一乗谷朝倉氏遺跡資料館　2006.3　1冊　30cm　Ⓝ210.0254
〔05132〕
◇日本海交易と一乗谷—海のネットワーク　第9回企画展　福井県立一乗谷朝倉氏遺跡資料館編　福井　福井県立一乗谷朝倉氏遺跡資料館　1996.7　51p　26cm　Ⓝ210.025
〔05133〕
◇甦る戦国城下町—一乗谷朝倉氏遺跡　天野幸弘著　朝日新聞社　1993.4　318p　20cm　1800円　Ⓘ4-02-256529-2　Ⓝ210.2
〔05134〕

◆◆浅井氏
◇浅井三代　〔大津〕　滋賀県文化財保護協会　1985.9　〔4〕p　26cm　（文化財教室シリーズ 81）　Ⓝ216.1
〔05135〕
◇浅井氏三代文書集—江州小谷城主　小和田哲男編著　長浜　浅井家顕彰会　1972　105p　21cm　非売　Ⓝ216.1
〔05136〕
◇近江浅井氏　小和田哲男著　新人物往来社　1973　353p　22cm　（戦国史叢書6）　3200円　Ⓝ288.3
〔05137〕
◇近江浅井氏の研究　小和田哲男著　大阪　清文堂出版　2005.4　342p　21cm　7500円　Ⓘ4-7924-0579-3
〔05138〕
◇史籍集覧　〔19〕　浅井三代記　近藤瓶城校　近藤瓶城　1883.1　5冊　19cm　Ⓝ210
〔05139〕
◇戦国期社会の形成と展開—浅井・六角氏と地域社会　宮島敬一著　吉川弘文館　1996.11　347,7p　20cm　（中世史研究選書）　3914円　Ⓘ4-642-02669-X　Ⓝ210.47
〔05140〕
◇戦国三姉妹物語　小和田哲男著　角川書店　1997.8　225p　19cm　（角川選書 286）　1300円　Ⓘ4-04-703286-7　Ⓝ210.48
〔05141〕
◇戦国大名浅井氏と小谷城—中村一郎先生遺稿集　中村一郎著,小谷城址保勝会編　湖北町（滋賀県）　小谷城址保勝会　1988.3　54p　26cm　Ⓝ216.1
〔05142〕
◇戦国の近江と水戸—浅井長政の異母兄とその娘たち　久保田暁一著　彦根　サンライズ印刷出版部　1996.5　178p　19cm　（別冊淡海文庫4）　1500円　Ⓘ4-88325-110-1　Ⓝ216.1
〔05143〕

◆◆六角氏
◇観音寺城と佐々木六角—平成7年度秋季特別展　滋賀県立安土城考古博物館編　安土町（滋賀県）　滋賀県立安土城考古博物館　1995.10　93p　30cm　Ⓝ288.2
〔05144〕
◇系譜伝承論—佐々木六角氏系図の研究　佐々木哲著　京都　思文閣出版　2007.11　328,22p　19cm　3800円　Ⓘ978-4-7842-1370-2
〔05145〕
◇戦国期社会の形成と展開—浅井・六角氏と地域社会　宮島敬一著　吉川弘文館　1996.11　347,7p　20cm　（中世史研究選書）　3914円　Ⓘ4-642-02669-X　Ⓝ210.47
〔05146〕

◆◆細川氏
◇阿蘇の煙—細川氏歴代の逸話集　八代　八代古文書の会　1993.4　101,2p　21cm　（八代古文書の会叢書5）　800円　Ⓝ288.3
〔05147〕
◇史籍集覧　〔14〕　細川忠興軍功記　近藤瓶城校　近藤瓶城　34丁　19cm　Ⓝ210
〔05148〕
◇戦国期歴代細川氏の研究　森田恭二著　大阪　和泉書院　1994.8　391p　22cm　（日本史研究叢刊5）　8240円　Ⓘ4-87088-677-4　Ⓝ210.47
〔05149〕
◇戦国細川一族—細川忠興と長岡与五郎興秋　戸田敏夫著　新人物往来社　1982.2　313p　20cm　2000円　Ⓝ210.48
〔05150〕
◇細川ガラシャ夫人　満江巌著　刀江書院　1937　172p　20cm　Ⓝ289.1
〔05151〕
◇細川ガラシャ夫人　満江巌著　刀江書院　1941　222p　19cm　Ⓝ289.1
〔05152〕
◇細川忠興夫人隠棲地由来記　与謝郡竹野郡聯合婦人会本部,与謝郡竹野郡聯合女子青年団本部編　〔京都〕　与謝郡竹野郡聯合婦人会　1936　17p　19cm　Ⓝ289.1
〔05153〕
◇細川幽斎　池辺義象著　金港堂　1903.1　366p　23cm　Ⓝ289.1
〔05154〕
◇細川幽斉　川田順著　京都　甲文社　1946　215p　18cm　Ⓝ289.1
〔05155〕
◇細川幽斉　桑田忠親著　日本書院　1948　257p　19cm　Ⓝ289.1
〔05156〕
◇細川幽斉　桑田忠親著　講談社　1996.9　282p　15cm　（講談社学術文庫）　800円　Ⓘ4-06-159249-1
〔05157〕
◇細川幽斎公略歴　熊本　細川幽斎公三百年会　1910.4　10p　19cm　Ⓝ289.1
〔05158〕
◇細川幽斎・忠興のすべて　米原正義編　新人物往来社　2000.3　282p　19cm　2800円　Ⓘ4-404-02843-1
〔05159〕
◇細川幽斎伝　平湯晃著　河出書房新社　1999.10　315p　19cm　2400円　Ⓘ4-309-22355-9
〔05160〕
◇細川幽斎の経営学—価値観大転換時代を生き抜く知恵　童門冬二著　PHP研究所　2005.3　268p　15cm　（PHP文庫）　495円　Ⓘ4-569-66350-8　Ⓝ289.1
〔05161〕
◇『細川両家記』索引　國見薫,川崎智之,谷岡理恵,渋谷和宏,大山由美子編　立正大学十六世紀史研究会　2005.6　182p　30cm　（16世紀史索引シリーズ2）　Ⓝ210.47
〔05162〕

◆◆尼子氏
◇尼子氏一門のルーツ—群雄割拠の戦国時代、中国山地を驀進した武将たちのルーツを探る!　横山正克著　米子　立花書院　1985.6　474p　19cm　2300円　Ⓝ288.1
〔05163〕
◇尼子盛衰人物記　妹尾豊三郎編　広瀬町（島根県）　広瀬町観光協会　1985.12　327p　18cm　非売品　Ⓝ210.47
〔05164〕
◇尼子とその城下町　妹尾豊三郎編著　広瀬町（島根県）　広瀬町　1972　68p 図　18cm　（広瀬町シリーズ5）　非売品　Ⓝ217.3
〔05165〕
◇尼子と毛利の時代—戦国絵巻　太田和子著　〔出雲〕　島根日日新聞社　1997.7　171p　21cm　Ⓝ217
〔05166〕
◇尼子毛利合戦雲陽軍実記　河本静楽軒著,勝田勝年注　新人物往来社　1978.12　304p　20cm　（史料叢書）　3200円　Ⓝ210.47
〔05167〕
◇尼子物語　妹尾豊三郎編著　広瀬町（島根県）　広瀬町　1968　185p　19cm　（広瀬町シリーズ3）　非売品　Ⓝ217.3
〔05168〕
◇尼子物語　妹尾豊三郎編著　復刻版　〔広瀬町（島根県）〕　広瀬町　1996.11　201p　19cm　（戦国ロマ

ン広瀬町シリーズ 3)　①4-938184-06-0　Ⓝ217.3
〔05169〕
◇尼子裏面史―能義郡土一揆と中井対馬守　岡崎英雄著　松江　島根県教科図書販売　1978.5　213p　18cm　Ⓝ217.3
〔05170〕
◇尼子裏面史　続　岡崎英雄著　松江　島根県教科図書販売　1979.10　181p　18cm　2000円　Ⓝ217.3
〔05171〕
◇出雲尼子一族　米原正義著　新人物往来社　1996.10　254p　20cm　2000円　①4-404-02428-2　Ⓝ288.2
〔05172〕
◇憶う、歴史の流れとルーツに―近江源氏・出雲尼子氏　尼子偉三郎著　2版　〔尼子偉三郎〕　1992.4　343p　22cm　4850円　Ⓝ288.2
〔05173〕
◇月山史談　妹尾豊三郎編者　復刻版　松江　ハーベスト出版　1997.1　225p　19cm　(戦国ロマン広瀬町シリーズ 10)　1100円　①4-938184-09-5
〔05174〕
◇月山富田城跡考　妹尾豊三郎編者　復刻版　松江　ハーベスト出版　1996.12　135p　19cm　(戦国ロマン広瀬町シリーズ 2)　800円　①4-938184-08-7
〔05175〕
◇再現日本史―週刊 time travel　戦国 10　講談社　2002.5　42p　30cm　533円　Ⓝ210.1
〔05176〕
◇戦国時代に於ける尼子毛利両氏の関係　松江市教育会編　松江　松陽新報社印刷部　1913　95p　19cm　Ⓝ217.3
〔05177〕
◇戦国大名尼子氏の研究　長谷川博史著　吉川弘文館　2000.5　278,17p　22cm　8000円　①4-642-02793-9　Ⓝ210.47
〔05178〕
◇戦国大名尼子氏の伝えた古文書―佐々木文書 島根県の歴史を語る古文書　島根県古代文化センター編　松江　島根県古代文化センター　1999.3　160,図版142p　27cm　Ⓝ217.3
〔05179〕
◇土一揆と尼子一族　岡崎英雄著　松江　島根県教科図書販売　1982.7　276p　18cm　2500円　Ⓝ217.3
〔05180〕
◇山中幸盛伝　松平高真公伝　山口美道著,谷口為次編,南摩羽峰著,谷口為次編　松江　有田伝助　1917　41p　23cm　Ⓝ289.1
〔05181〕

◆◆大内氏

◇栄光と挫折の賦―守護大名大内氏 中国新聞連載　山本一成著　山口　大内文化探訪会　2006.4　105p　25cm　Ⓝ217.7
〔05182〕
◇大内氏史研究　御薗生翁甫著　〔防府〕　山口県地方史学会　1959.10　418,6p 図　22cm　Ⓝ288.1
〔05183〕
◇大内氏史研究　御薗生翁甫著　復刻版　徳山　マツノ書店　1977.2(3刷:2001.3)　418,6p　22cm　9524円　Ⓝ217.7
〔05184〕
◇大内氏実録　近藤清石著,三坂圭治校訂　徳山　マツノ書店　1974　390p 図　22cm　4500円　Ⓝ288.1
〔05185〕
◇大内時代とその文化　〔山口〕　山口県知事公室　1950.10　40p　21cm　Ⓝ217.7
〔05186〕
◇大内文化研究要覧―資料1　1998修正・増補　山口　大内文化探訪会　1998.4　82p　26cm　Ⓝ217.7
〔05187〕
◇大内防長戦略誌　秦大道編　下関　防長史料出版社　1979.9　68丁　19cm　3500円　Ⓝ217.7
〔05188〕

◇興隆寺文書を読む　その1　岩崎俊彦著　山口　大内氏壁書(法令)研究会　2004.3　182p　26cm　Ⓝ217.7
〔05189〕
◇興隆寺文書を読む―氏寺の文書から大内氏歴史を探る　その2　岩崎俊彦著　山口　大内氏壁書(法令)研究会　2005.3　224p　26cm　Ⓝ217.7
〔05190〕
◇南北朝と大内氏　山本一成著　山口　大内文化研究会　2002.7　54p　21cm　500円　Ⓝ217.7
〔05191〕
◇文武の将 大内義興　御建龍一著　近代文芸社　1997.1　327p　19cm　1700円　①4-7733-6030-5
〔05192〕
◇名族大内氏の盛衰　利重忠著　新人物往来社　1993.3　245p　20cm　1800円　①4-404-01984-X　Ⓝ288.3
〔05193〕

◆◆毛利氏

◇安芸郡山城の戦―毛利元就出世の初舞台　小都勇二著　吉田町(広島県)　吉田郷土史調査会　1987.11　100p　21cm　(郡山文庫叢書 第3集)　Ⓝ210.47
〔05194〕
◇安芸毛利一族　河合正治著　新人物往来社　1984.11　246p　20cm　2000円　①4-404-01239-X　Ⓝ210.47
〔05195〕
◇尼子と毛利の時代―戦国絵巻　太田和子著　〔出雲〕　島根日日新聞社　1997.7　171p　21cm　Ⓝ217
〔05196〕
◇尼子毛利合戦雲陽軍実記　河本静楽軒著,勝田勝年校注　新人物往来社　1978.12　304p　20cm　(史料叢書)　3200円　Ⓝ210.47
〔05197〕
◇安西軍策―毛利元就合戦記　石黒吉次郎著　勉誠出版　1999.5　224p　20cm　(日本合戦騒動叢書 11)　2500円　①4-585-05111-2　Ⓝ217
〔05198〕
◇厳島大合戦　広島郷土史研究会編　〔広島〕　〔広島郷土史研究会〕　1978.2　316p　21cm　2000円　Ⓝ210.47
〔05199〕
◇厳島の戦い―戦史ドキュメント　森本繁著　学習研究社　2001.2　309p　15cm　(学研M文庫)　600円　①4-05-901034-0　Ⓝ210.47
〔05200〕
◇陰徳記　上巻　香川正矩著,米原正義校訂　徳山　マツノ書店　1996.7　761p　22cm　Ⓝ210.47
〔05201〕
◇陰徳記　下巻　香川正矩著,米原正義校訂　徳山　マツノ書店　1996.7　815p　22cm　Ⓝ210.47
〔05202〕
◇陰徳記抄　香川正矩著　岩国　岩国徴古館　1982.10　137p　21cm　Ⓝ210.47
〔05203〕
◇陰徳太平記―正徳二年板本　香川宣阿著,松田修,笹川祥生共編　京都　臨川書店　1972　2冊　27cm　20000円　Ⓝ210.47
〔05204〕
◇陰徳太平記　香川正矩原著,松田修,下房俊一訳　〔東村山〕　教育社　1980.3　3冊　18cm　(教育社新書)　各700円　Ⓝ210.47
〔05205〕
◇陰徳太平記　香川宣阿著　復刻　徳山　マツノ書店　2000.7　2冊　22cm　全23809円　Ⓝ210.47
〔05206〕
◇陰徳太平記―正徳二年板本　1　香川宣阿著,米原正義校注　東洋書院　1980.11　421p　22cm　4800円　Ⓝ210.47
〔05207〕
◇陰徳太平記―正徳二年板本　2　香川宣阿著,米原正義校注　東洋書院　1981.6　378p　22cm　4800円　Ⓝ210.47
〔05208〕
◇陰徳太平記―正徳二年板本　3　香川宣阿著,米原正義校注　東洋書院　1981.12　365p　22cm　4800円　Ⓝ210.47
〔05209〕

◇陰徳太平記―正徳二年板本　4　香川宣阿著, 米原正義校注　東洋書院　1982.7　342p　22cm　4800円　Ⓝ210.47　〔05210〕
◇陰徳太平記―正徳二年板本　5　香川宣阿著, 米原正義校注　東洋書院　1983.7　327p　22cm　4800円　Ⓝ210.47　〔05211〕
◇陰徳太平記―正徳二年板本　6　香川宣阿著, 米原正義校注　東洋書院　1984.2　320p　22cm　4800円　Ⓝ210.47　〔05212〕
◇陰徳太平記　巻2-4　香川正矩著　鳥取　吉田八得　1911.5　3冊(巻19-81合本)　23cm　Ⓝ210.4　〔05213〕
◇雲州軍話　多々良一龍外編　下関　防長史料出版社　1978.4　37, 24, 22丁　19cm　3000円　Ⓝ210.47　〔05214〕
◇雲陽軍実記　河本静楽軒著　松江　島根郷土資料刊行会(島根県立図書館内)　1973　217, 15p(索引共)図　22cm　(郷土資料シリーズ 2)　1000円　Ⓝ210.47　〔05215〕
◇織田vs毛利―鳥取をめぐる攻防　鳥取県総務部総務課県史編さん室編　鳥取　鳥取県　2007.6　85p　21cm　(鳥取県史ブックレット 1)　500円　Ⓝ217.2　〔05216〕
◇近世資料にみる戦国吉田と毛利元就―萩藩を中心に作られた戦国毛利氏の見聞記録　吉田町歴史民俗資料館編　吉田町(広島県)　吉田町歴史民俗資料館　1998.10　37p　30cm　(吉田町歴史民俗資料館特別展図録13)　Ⓝ217.6　〔05217〕
◇皇太子さまの毛利元就紀行―フォト史跡探訪　大久保利美撮影　三心堂出版社　1997.4　158p　27cm　2425円+税　Ⓘ4-88342-106-6　Ⓝ291.77　〔05218〕
◇小早川隆景のすべて　新人物往来社編　新人物往来社　1997.11　285p　19cm　3000円　Ⓘ4-404-02517-3　〔05219〕
◇再現日本史―週刊time travel　戦国10　講談社　2002.5　42p　30cm　533円　Ⓝ210.1　〔05220〕
◇西国太平記　毛利秀元記　橘生斎著, 黒川真道編, 三吉規為著, 黒川真道編　国史研究会　1915　516p　20cm　(国史叢書)　Ⓝ210.4　〔05221〕
◇史籍集覧　〔37〕　毛利元就　近藤瓶城校　近藤瓶城　1882.6　22丁　19cm　Ⓝ210　〔05222〕
◇史説・毛利元就―ふるさとの事績　福間健著　広島　中国新聞社　1997.8　198p　19cm　1200円　Ⓘ4-88517-251-9　Ⓝ289.1　〔05223〕
◇週刊ビジュアル日本の歴史　no.122　戦国武将篇 2　デアゴスティーニ・ジャパン　2002.7　p44-83　30cm　533円　Ⓝ210.1　〔05224〕
◇諸事小々控総目次　2　山口県文書館編　〔山口〕　山口県文書館　2006.2　136p　26cm　(毛利家文庫目録別冊 4)　Ⓝ217.7　〔05225〕
◇諸事小々控総目次　3　山口県文書館編　〔山口〕　山口県文書館　2007.3　140p　26cm　(毛利家文庫目録別冊 5)　Ⓝ217.7　〔05226〕
◇新雲陽軍実記　妹尾豊三郎編著　広瀬町(島根県)　広瀬町　1973　258p　図　18cm　(広瀬町シリーズ 6)　非売品　Ⓝ210.47　〔05227〕
◇新裁軍記―毛利元就軍記考証　田村哲夫校訂　徳山　マツノ書店　1993.4　108p　22cm　20000円　Ⓝ210.47　〔05228〕
◇戦国期毛利氏史料撰　三坂圭治校注　徳山　マツノ書店　1987.6　512p　22cm　7000円　Ⓝ210.47　〔05229〕
◇戦国最強の海上軍団・毛利水軍　森本繁著　新人物往来社　1991.7　224p　20cm　2700円　Ⓘ4-404-01834-7　Ⓝ210.47　〔05230〕
◇戦国時代に於ける尼子毛利両氏の関係　松江市教育会編　松江　松陽新報社印刷部　1913　95p　19cm　Ⓝ217.3　〔05231〕
◇戦国史料叢書　第2期　第9　毛利史料集　三坂圭治校注　人物往来社　1966　508p　20cm　Ⓝ210.47　〔05232〕
◇戦国大名毛利氏の研究　秋山伸隆著　吉川弘文館　1998.12　287, 8p　22cm　6800円　Ⓘ4-642-02770-X　Ⓝ210.47　〔05233〕
◇戦国大名論集　14　毛利氏の研究　秋沢繁ほか編　藤木久志編　吉川弘文館　1984.1　521p　22cm　5900円　Ⓘ4-642-02594-4　Ⓝ210.47　〔05234〕
◇誰も知らなかった毛利元就　後藤寿一著　勁文社　1996.12　208p　18cm　(ケイブンシャブックス)　880円　Ⓘ4-7669-2635-8　〔05235〕
◇智将 毛利元就・勝利の方程式99　藤田公道著　成美堂出版　1997.1　253p　15cm　(成美文庫)　520円　Ⓘ4-415-06457-4　〔05236〕
◇知将・毛利元就の生涯　榊山潤著　立風書房　1996.9　254p　19cm　1600円　Ⓘ4-651-75107-5　〔05237〕
◇智謀の人 毛利元就　古川薫ほか著　中央公論社　1997.6　265p　15cm　(中公文庫)　571円　Ⓘ4-12-202872-8　〔05238〕
◇輝元公上洛日記　平佐就言記, 村田峯次郎校　稲垣常三郎　1892.6　51丁　23cm　(長周叢書〔20〕)　Ⓝ289.1　〔05239〕
◇人間通―毛利元就　鈴村進著　三笠書房　1996.6　261p　19cm　1200円　Ⓘ4-8379-1640-6　〔05240〕
◇毛利一族の源流―戦国の雄・元就のルーツを探る　露木國寛著　〔横浜〕　神奈川新聞社　1997.1　96p　21cm　(ブックレットかながわ no.1)　583円　Ⓘ4-87645-207-5　Ⓝ288.2　〔05241〕
◇毛利軍記―小よく大を制す　古川薫著　歴思書院, かんき出版〔発売〕　1997.1　213p　19cm　1400円　Ⓘ4-7612-5622-2　〔05242〕
◇毛利軍功記　中村豊原作, 藤村耕市監修　復刻　三次『毛利軍功記』発行所　1996.10　147p　21cm　1280円　Ⓝ210.47　〔05243〕
◇毛利氏水軍と三田尻船廠　御薗生甫著　山口町(山口県)　御薗生防長史研究所　1929　48p　22cm　Ⓝ217.7　〔05244〕
◇毛利氏の研究　藤木久志編　吉川弘文館　1984.1　521p　22cm　(戦国大名論集14)　5900円　Ⓘ4-642-02594-4　Ⓝ210.47　〔05245〕
◇毛利氏の女性―特別展　毛利博物館編　防府　毛利博物館　1991.9　36p　26cm　Ⓝ217.7　〔05246〕
◇毛利隆元　金谷俊則著　中央公論事業出版　2008.1　449p　19cm　2571円　Ⓘ978-4-89514-301-1　〔05247〕
◇毛利隆元・吉川元春・小早川隆景展―毛利元就の子・三兄弟のおもかげ　特別展　吉田町歴史民俗資料館編　吉田町(広島県)　吉田町歴史民俗資料館　1991.4　31p　26cm　(吉田町歴史民俗資料館特別展図録 2)　Ⓝ210.47　〔05248〕

戦国時代　　　　　　　　　　　中世史

◇毛利輝元とその時代展―吉田郡山・広島・萩、中世から近世への激動の時代を追う　吉田町歴史民俗資料館編　吉田町(広島県)　吉田町歴史民俗資料館　1992.4　1冊(ページ付なし)　26cm　(吉田町歴史民俗資料館特別展図録4)　Ⓝ702.148
〔05249〕
◇毛利秀元記　黒川真道編　下関　防長史料出版社　1974　516p　20cm　(国史叢書)　5000円　Ⓝ210.48
〔05250〕
◇毛利元就―郷土史談　小都勇二著　吉田町(広島県)　郷土史調査会　1939　104p　19cm　Ⓝ289.1　〔05251〕
◇毛利元就　及川儀右衛門著　京都　星野書店　1942　630,58p　図版　地図　肖像　22cm　Ⓝ289.1　〔05252〕
◇毛利元就　瀬川秀雄著　大阪　創元社　1942　295p　19cm　(日本文化名著選　第2輯　第9)　Ⓝ289.1
〔05253〕
◇毛利元就―知略に長けた西国の覇者　和田恭太郎著　PHP研究所　1996.4　475p　15cm　(PHP文庫)　680円　Ⓘ4-569-56882-3
〔05254〕
◇毛利元就　森本繁著　新人物往来社　1996.10　234p　19cm　2800円　Ⓘ4-404-02411-8　〔05255〕
◇毛利元就―天下統一の先駆者　緒形隆司著　光風社出版　1996.11　246p　18cm　800円　Ⓘ4-87519-614-8
〔05256〕
◇毛利元就―西国の覇者　原田久仁信まんが　講談社　1996.12　216p　20cm　(おもしろ日本史)　1500円　Ⓘ4-06-267301-0　Ⓝ726.1
〔05257〕
◇毛利元就―混迷の時代を智略で生き抜いた英傑　世界文化社　1996.12　162p　26cm　(ビッグマンスペシャル―歴史クローズアップ)　1400円　Ⓘ4-418-96132-1　Ⓝ289.1
〔05258〕
◇毛利元就―「はかりごと多きは勝つ」秀吉が、そして家康が畏怖した男　堺屋太一,山本七平,百瀬明治,武岡淳彦,戸部新十郎,宮本義己著　プレジデント社　1997.2　245p　19cm　1500円　Ⓘ4-8334-1625-5　〔05259〕
◇毛利元就　林義勝写真,PHP研究所編　PHP研究所　1997.6　127p　21cm　(ビジュアル・ガイド)　1476円　Ⓘ4-569-55659-0
〔05260〕
◇毛利元就―その野望と群雄たち　世界文化社　1997.7　162p　26cm　(ビッグマンスペシャル―歴史クローズアップ)　1360円　Ⓘ4-418-97116-5　Ⓝ289.1
〔05261〕
◇毛利元就―ぶらり見て歩き　石川和朋著　〔山口〕　〔石川和朋〕　2004.8　210p　21cm　1429円　Ⓝ291.02
〔05262〕
◇毛利元就―これしっちょるかのー282の謎　石川和朋著　〔山口〕　〔石川和朋〕　2006.3　94p　21cm　800円　Ⓝ289.1
〔05263〕
◇毛利元就99の謎　森本繁著　PHP研究所　1996.11　284p　15cm　(PHP文庫)　540円　Ⓘ4-569-56951-X
〔05264〕
◇毛利元就考―毛利一族の死にせまる　碓井静照著　広島　ガリバープロダクツ　1996.12　220p　19cm　(ガリバーBOOKS―ベストヒットシリーズ)　1000円　Ⓘ4-906512-19-4
〔05265〕
◇毛利元就公の事蹟特に其教訓状を説いて防長精神の由来に及ぶ　瀬川秀雄著　山口　山口県教育会　1941　58p　19cm　Ⓝ289.1
〔05266〕
◇毛利元就　知将の戦略・戦術　小和田哲男著　三笠書房　1996.7　252p　15cm　(知的生きかた文庫)　500円　Ⓘ4-8379-0818-7
〔05267〕

◇毛利元就とその時代　古川薫著　文芸春秋　1996.11　237p　16cm　(文春文庫)　420円　Ⓘ4-16-735712-7　Ⓝ289.1
〔05268〕
◇毛利元就と地域社会　岸田裕之編　広島　中国新聞社　2007.5　276p　19cm　1600円　Ⓘ978-4-88517-346-2　Ⓝ217
〔05269〕
◇毛利元就と墓標ハリイブキ　篠原起昌著　広島　ヒラモト印刷(印刷)　1997.5　64p　図版12枚　21cm　1000円　Ⓝ217
〔05270〕
◇「毛利元就」なるほど百話―NHK大河ドラマの人物像がよくわかる　大衆文学研究会編　広済堂出版　1997.2　295p　18cm　(広済堂ブックス)　950円　Ⓘ4-331-00760-X
〔05271〕
◇毛利元就のすべて　河合正治編　新装版　新人物往来社　1996.11　315p　19cm　2800円　Ⓘ4-404-02435-5
〔05272〕
◇毛利元就のすべてがわかる本　桑田忠親著　三笠書房　1996.6　229p　15cm　(知的生きかた文庫)　500円　Ⓘ4-8379-0814-4
〔05273〕
◇毛利元就の人間学―家康が学んだ遅咲きの人生　中江克己著　ぴいぷる社　1997.4　263p　19cm　1600円　Ⓘ4-89374-116-0
〔05274〕
◇毛利元就の謀略―西国を制覇した諜報と奇襲の兵法　小林久三著　PHP研究所　1996.12　206p　18cm　(PHPビジネスライブラリー)　850円　Ⓘ4-569-55398-2
〔05275〕
◇毛利元就101の謎　中江克己著　新人物往来社　1996.12　246p　19cm　2800円　Ⓘ4-404-02443-6
〔05276〕
◇元就と毛利両川　利重忠著　福岡　海鳥社　1997.8　221p　19cm　1600円　Ⓘ4-87415-196-5　〔05277〕
◇元就の選択―困惑時代のリーダー　椿章謙著　広島　ガリバープロダクツ　1996.12　186p　19cm　(ガリバーbooks―ベストヒットシリーズ)　971円　Ⓘ4-906512-20-8　Ⓝ289.1
〔05278〕
◇吉田物語　杉岡就房著　歴史図書社　1979.11　371p　20cm　(戦記資料)　3800円　Ⓝ210.47　〔05279〕
◇吉田物語　続　杉岡就房著　下関　防長史料出版社　1980.4　302p　19cm　4000円　Ⓝ210.48　〔05280〕
◇乱世の智将 毛利元就―歴史紀行　古川薫著　広島　中国新聞社　1996.9　261p　20cm　1854円　Ⓘ4-88517-240-3　Ⓝ289.1
〔05281〕
◇歴史の散歩道―岩国藩始祖吉川広家公編　じゃげな会編　岩国　じゃげな会　1995.8　32p　26cm　Ⓝ289.1
〔05282〕
◇歴史マンガアドベンチャー毛利元就　小畑友季画,小森桂子作　広島　ガリバープロダクツ　1997.3　200p　19cm　(ガリバーcomics―ベストヒットシリーズ)　1000円　Ⓘ4-906512-22-4　Ⓝ289.1　〔05283〕

◆◆長宗我部氏
◇戦国大名論集　15　長宗我部氏の研究　秋沢繁ほか編　秋沢繁　吉川弘文館　1986.9　467p　22cm　5900円　Ⓘ4-642-02595-2　Ⓝ210.47　〔05284〕
◇戦国文書聚影　長宗我部氏篇　戦国文書研究会編　柏書房　1975　図24枚　解説46p　37cm(解説:21×30cm)　3000円　Ⓝ210.47
〔05285〕
◇長宗我部時代年表　高知県編　〔高知〕　高知県　1914　62p　19cm　Ⓝ218.4
〔05286〕

◇長宗我部元親　青木義正著　高知　開成舎　1898.4　82p　19cm　（土陽叢書　第9編）　Ⓝ289.1　〔05287〕
◇長宗我部元親　中島鹿吉著　高千穂書房　1943　187, 15p 図版　19cm　Ⓝ289.1　〔05288〕
◇長宗我部元親―信長・秀吉に挑んだ南海の雄　荒川法勝著　PHP研究所　1995.12　358p　15cm　（PHP文庫）　640円　①4-569-56833-5　〔05289〕
◇長宗我部元親伝　中島鹿吉著　高知県長浜町　秦神社社務所　1938　215p　20cm　Ⓝ289.1　〔05290〕
◇長宗我部盛親　寺石正路著　高知　土佐史談会　1925　109p　19cm　Ⓝ289.1　〔05291〕
◇長宗我部盛親―土佐武士の名誉と意地　開館15周年関連企画展　高知県立歴史民俗資料館編　南国　高知県立歴史民俗資料館　2006.10　96p　30cm　Ⓝ289.1　〔05292〕
◇毒入れ民部憑く―土佐の武将長曽我部元親と安芸国虎外伝　須田京介著　神戸　須田京介，（神戸）神戸新聞総合出版センター〔発売〕　2002.5　189p　19cm　1500円　①4-343-00188-1　〔05293〕
◇土佐長宗我部氏　山本大著　新人物往来社　1974　369p　22cm　（戦国史叢書 8）　4800円　Ⓝ288.1　〔05294〕
◇南海治乱記　香西成資原著, 伊井春樹訳　〔東村山〕　教育社　1981.1　3冊　18cm　（教育社新書）　各700円　Ⓝ210.46　〔05295〕
◇元親記　泉淳著　勉誠社　1994.6　212p　19cm　（日本合戦騒動叢書 6）　2060円　①4-585-05106-6　〔05296〕

◆◆龍造寺氏

◇肥陽軍記　原田種真著　勉誠社　1994.6　259p　19cm　（日本合戦騒動叢書 5）　2470円　①4-585-05105-8　〔05297〕
◇龍造寺隆信―五州二島の太守　川副博著, 川副義敦考訂　佐賀　佐賀新聞社　2006.10　386p　19cm　1800円　①4-88298-161-0　Ⓝ289.1　〔05298〕

◆◆大友氏

◇戦場の風景―大友氏の合戦を読む　平成十二年度秋季企画展　大分県立先哲史料館編　大分　大分県立先哲史料館　2000.10　33p　30cm　Ⓝ219.5　〔05299〕
◇石垣原合戦　久米忠臣著　杵築　杵築藩研究会　2001　74p　26cm　Ⓝ219.5　〔05300〕
◇大分県史料 31　第2部 補遺 3 大友家文書録 1　大分県教育委員会編　〔大分〕　大分県教育委員会　1979.3　354p　22cm　Ⓝ219.5　〔05301〕
◇大分県史料 32　第2部 補遺 4 大友家文書録 2　大分県教育委員会編　〔大分〕　大分県教育委員会　1980.2　382p　22cm　Ⓝ219.5　〔05302〕
◇大分県史料 33　第2部 補遺 5 大友家文書録 3　大分県教育委員会編　〔大分〕　大分県教育委員会　1980.7　348p　22cm　Ⓝ219.5　〔05303〕
◇大分県史料 34　第2部 補遺 6 大友家文書録 4　大分県教育委員会編　〔大分〕　大分県教育委員会　1981.10　268p　22cm　Ⓝ219.5　〔05304〕
◇大分の中世城館　別冊（総合索引）　大分　大分県教育委員会　2004.3　22p　30cm　Ⓝ219.5　〔05305〕
◇大友一族　日本家系協会出版部　1972.8　246p　19cm　1700円　Ⓝ288.1　〔05306〕
◇大友史料　第1, 2輯　田北学編　大分　金洋堂　1937-1938　2冊　23cm　Ⓝ219.5　〔05307〕
◇大友水軍―海からみた中世豊後　大分　大分県立先哲史料館　2003.10　68p　30cm　Ⓝ219.5　〔05308〕
◇大友宗麟―道を求め続けた男　風早恵介著　PHP研究所　1994.12　298p　15cm　（PHP文庫）　600円　①4-569-56719-3　〔05309〕
◇大友宗麟―戦国乱世の英傑　芦刈政治文, 仲築間英人絵, 大分県立先哲史料館編　〔大分〕　大分県教育委員会　1996.3　218p　19cm　（大分県先哲叢書）　Ⓝ289.1　〔05310〕
◇大友宗麟公　久多羅木儀一郎著　〔臼杵町（大分県）〕　大分県北海部郡教育会　1936　56p　22cm　Ⓝ289.1　〔05311〕
◇大友宗麟とその時代―覇権をめざした英雄たち　開館5周年記念特別展　大分市歴史資料館編　〔大分〕　大分市歴史資料館　1992　113p　26cm　Ⓝ289.1　〔05312〕
◇大友・立花文書―昭和六一・六二年度 古文書調査報告書　福岡県立図書館編　福岡　福岡県立図書館　1988.3　244p　26cm　Ⓝ219.5　〔05313〕
◇大友府内 5　大分　大分市教育委員会　2003.3　115p　図版22p　30cm　（大分駅周辺総合整備事業に伴う埋蔵文化財発掘調査報告書 1）　Ⓝ210.0254　〔05314〕
◇大友府内 6　大分　大分市教育委員会　2003.3　104p　30cm　Ⓝ210.0254　〔05315〕
◇大友府内 7　大分　大分市教育委員会　2004.3　91p　図版16p　30cm　（大分市文化財調査報告書 第49集―大分駅周辺総合整備事業に伴う埋蔵文化財発掘調査報告書 2）　Ⓝ210.0254　〔05316〕
◇大友府内 8　大分　大分市教育委員会　2006.3　213p　30cm　（大分市埋蔵文化財発掘調査報告書 第65集）　Ⓝ210.0254　〔05317〕
◇勢場原合戦記　久米忠臣著　〔杵築〕　〔久米忠臣〕　2004　50p　26cm　Ⓝ219.5　〔05318〕
◇戦国大名大友宗麟―その実像に迫る―開館5周年記念シンポジウム　〔大分〕　大分市歴史資料館　1992.11　20p　26cm　Ⓝ289.1　〔05319〕
◇戦国大名の外交と都市・流通―豊後大友氏と東アジア世界　鹿毛敏夫著　京都　思文閣出版　2006.2　296, 7p　22cm　（思文閣史学叢書）　5500円　①4-7842-1286-8　Ⓝ219.5　〔05320〕
◇續大友史料―家わけ　第1　田北學編　別府　別府大学会　1955　273p　27cm　Ⓝ219.5　〔05321〕
◇續大友史料―家わけ　第2　田北學編　別府　別府大学会　1955　220p 図版共　27cm　Ⓝ219.5　〔05322〕
◇續大友史料―家わけ　第5　田北學編　別府　別府大学会　1956　204p　27cm　Ⓝ219.5　〔05323〕
◇續大友史料―家わけ　第6　田北學編　大分　二豊文化ブースティング・センター　1957　178p　27cm　Ⓝ219.5　〔05324〕
◇續大友史料―家わけ　第3-4　田北學編　別府　別府大学会　1955　2冊　27cm　Ⓝ219.5　〔05325〕
◇續大友史料（家わけ）　第6　田北學編　大分　二豊文化ブースティング・センター　1957　178　27cm　和　Ⓝ219.5　〔05326〕
◇続大友史料（家わけ）　第1-5　田北学著　別府　別府大学会　1955-56　5冊　27cm　和　Ⓝ219.5　〔05327〕
◇續編年大友史料―併大分縣古文書全集　巻1　田北學編　大分　二豊文化ブースティング・センター　1956　219p　27cm　Ⓝ219.5　〔05328〕

戦国時代　　　　　　　　　　　中世史

◇續編年大友史料―併大分縣古文書全集　巻2　田北學編　大分　二豊文化ブースティング・セソター　1956　240p　27cm　Ⓝ219.5　〔05329〕
◇續編年大友史料―併大分縣古文書全集　巻3　田北學編　大分　二豊文化ブースティング・セソター　1957　223p　27cm　Ⓝ219.5　〔05330〕
◇續編年大友史料―併大分縣古文書全集　巻4　田北學編　大分　二豊文化ブースティング・セソター　1957　225p　27cm　Ⓝ219.5　〔05331〕
◇續編年大友史料―併大分縣古文書全集　巻5　田北學編　大分　二豊文化ブースティング・セソター　1957　238p　27cm　Ⓝ219.5　〔05332〕
◇續編年大友史料―併大分縣古文書全集　巻8　田北學編　大分　二豊文化ブースティング・セソター　1958　215p　27cm　Ⓝ219.5　〔05333〕
◇續編年大友史料―併大分県古文書全集　第9　田北學編　大分　二豊文化ブースティング・セソター　1958　236p　27cm 和　Ⓝ219.5　〔05334〕
◇續編年大友史料　第10　田北學編　大分　二豊文化ブースティング・セソター　1959　328p 表　27cm 和　Ⓝ219.5　〔05335〕
◇續編年大友史料―併大分縣古文書全集　巻6-7　田北學編　大分　二豊文化ブースティング・セソター　1957　2冊　27cm　Ⓝ219.5　〔05336〕
◇続編年大友史料 併大分県古文書全集　巻1　田北学編　大分　二豊文化ブースティング・セソター　1956-58　27cm 和　Ⓝ219.5　〔05337〕
◇続編年大友史料 併大分県古文書全集　巻2　田北学編　大分　二豊文化ブースティング・セソター　1956-58　27cm 和　Ⓝ219.5　〔05338〕
◇続編年大友史料 併大分県古文書全集　巻3　田北学編　大分　二豊文化ブースティング・セソター　1956-58　27cm 和　Ⓝ219.5　〔05339〕
◇続編年大友史料 併大分県古文書全集　巻4　田北学編　大分　二豊文化ブースティング・セソター　1956-58　27cm 和　Ⓝ219.5　〔05340〕
◇続編年大友史料 併大分県古文書全集　巻5　田北学編　大分　二豊文化ブースティング・セソター　1956-58　27cm 和　Ⓝ219.5　〔05341〕
◇続編年大友史料 併大分県古文書全集　巻6　田北学編　大分　二豊文化ブースティング・セソター　1956-58　27cm 和　Ⓝ219.5　〔05342〕
◇続編年大友史料 併大分県古文書全集　巻7　田北学編　大分　二豊文化ブースティング・セソター　1956-58　27cm 和　Ⓝ219.5　〔05343〕
◇続編年大友史料 併大分県古文書全集　巻8　田北学編　大分　二豊文化ブースティング・セソター　1956-58　27cm 和　Ⓝ219.5　〔05344〕
◇大名領国形成過程の研究―豊後大友氏の場合　外山幹夫著　雄山閣出版　1983.1　759p　22cm　15000円　Ⓘ4-639-00224-6　Ⓝ210.4　〔05345〕
◇大名領国支配の構造　三重野誠著　校倉書房　2003.4　286p　22cm　（歴史科学叢書）　8000円　Ⓘ4-7517-3410-5　Ⓝ210.47　〔05346〕
◇筑紫将軍大友宗麟建勲史　田島大機撰　別府　九州国宣伝会　1929　436p　20cm　Ⓝ289.1　〔05347〕
◇バテレンと宗麟の時代　加藤知弘著　福岡　石風社　1996.11　425p　20cm　3090円　Ⓘ4-88344-016-8　Ⓝ198.221　〔05348〕

◇豊後大友一族　芥川竜男著　新人物往来社　1990.3　211p　20cm　2500円　Ⓘ4-404-01509-7　Ⓝ219.5　〔05349〕
◇豊後大友氏　芥川竜男著　新人物往来社　1972　302p　22cm　（戦国史叢書9）　3200円　Ⓝ288.21　〔05350〕
◇豊後大友氏の研究　渡辺澄夫著　第一法規出版　1981.11　355p　22cm　3500円　Ⓝ219.5　〔05351〕
◇豊後大友氏の研究　渡辺澄夫著　増訂　第一法規出版　1982.12　363p　22cm　3800円　Ⓝ219.5　〔05352〕
◇豊後大友物語　狭間久著　大分　大分合同新聞社　1973　517p　22cm　3000円　Ⓝ219.5　〔05353〕
◇豊後史蹟考―附・大友二十二代史　佐藤蔵太郎著　大分町（大分県）　甲斐書店　1905.5　419p 図版　23cm　Ⓝ219.5　〔05354〕
◇編年大友史料―併大分県古文書全集　第1　田北学編　増補訂正版　大分　1962　340p　26cm　Ⓝ219.5　〔05355〕
◇編年大友史料―併大分県古文書全集　第2　田北学編　増補訂正版　大分　1963　289p　26cm　Ⓝ219.5　〔05356〕
◇編年大友史料―併大分県古文書全集　第3　田北学編　増補訂正版　大分　1963　293p　26cm　Ⓝ219.5　〔05357〕
◇編年大友史料―併大分県古文書全集　第4　田北学編　増補訂正版　大分　1963　20, 344p　26cm　Ⓝ219.5　〔05358〕
◇編年大友史料―併大分県古文書全集　第5　田北学編　増補訂正版　大分　1962　236p　26cm　Ⓝ219.5　〔05359〕
◇編年大友史料―併大分県古文書全集　第6　田北学編　増補訂正版　大分　1963　284p 図版共　26cm　Ⓝ219.5　〔05360〕
◇編年大友史料―併大分県古文書全集　第7　田北学編　増補訂正版　大分　1963　266p　26cm　Ⓝ219.5　〔05361〕
◇編年大友史料―併大分県古文書全集　第8　田北学編　増補訂正版　大分　1963　324p　26cm　Ⓝ219.5　〔05362〕
◇編年大友史料―併大分県古文書全集　第9　田北学編　増補新訂版　大分　1964　369p（図版共）　26cm　Ⓝ219.5　〔05363〕
◇編年大友史料―併大分県古文書全集　第10　田北学編　増補訂正版　大分　1964　267p　26cm　Ⓝ219.5　〔05364〕
◇編年大友史料―併大分県古文書全集　第11　田北学編　増補訂正版　大分　1964　286p　26cm　Ⓝ219.5　〔05365〕
◇編年大友史料―併大分県古文書全集　第12　田北学編　増補訂正版　大分　1964　277p　26cm　Ⓝ219.5　〔05366〕
◇編年大友史料―併大分県古文書全集　第13　田北学編　増補訂正版　大分　1964　26cm　Ⓝ219.5　〔05367〕
◇編年大友史料―併大分県古文書全集　第14　田北学編　増補訂正版　大分　1964　26cm　Ⓝ219.5　〔05368〕
◇編年大友史料―併大分県古文書全集　第15　田北学編　増補訂正版　大分　1965　265p　26cm　Ⓝ219.5　〔05369〕

◇編年大友史料―併大分県古文書全集　第16　田北学編　増補訂正版　大分　1965　230p　26cm　Ⓝ219.5
〔05370〕

◇編年大友史料―併大分県古文書全集　第17　田北学編　増補訂正版　大分　1965　204p　26cm　Ⓝ219.5
〔05371〕

◇編年大友史料―併大分県古文書全集　第18　田北学編　増補訂正版　大分　1965　251p(図版共)　26cm　Ⓝ219.5
〔05372〕

◇編年大友史料―併大分県古文書全集　第19　田北學編　増補訂正版　大分　1965　298p(図版共)　26cm　Ⓝ219.5
〔05373〕

◇編年大友史料―併大分県古文書全集　第20　田北学編　増補訂正版　大分　1966　246p　26cm　Ⓝ219.5
〔05374〕

◇編年大友史料―併大分県古文書全集　第21　田北學編　増補訂正版　大分　1966　226p　26cm　Ⓝ219.5
〔05375〕

◇編年大友史料―併大分県古文書全集　第22　田北學編　増補訂正版　大分　1966　248p　26cm　Ⓝ219.5
〔05376〕

◇編年大友史料―併大分県古文書全集　第23　田北学編　増補訂正版　大分　1966　297p　26cm　Ⓝ219.5
〔05377〕

◇編年大友史料―併大分県古文書全集　第24　田北学編　増補訂正版　大分　田北ユキ　1966　257p　26cm　Ⓝ219.5
〔05378〕

◇編年大友史料―併大分県古文書全集　第25　田北學編　増補訂正版　大分　田北ユキ　1967　234p　26cm　Ⓝ219.5
〔05379〕

◇編年大友史料―併大分県古文書全集　第26　田北學編　増補訂正版　大分　田北ユキ　1967　283p　26cm　Ⓝ219.5
〔05380〕

◇編年大友史料―併大分県古文書全集　第27　田北學編　増補訂正版　大分　田北ユキ　1968　386p　26cm　Ⓝ219.5
〔05381〕

◇編年大友史料―併大分県古文書全集　第28　天正16年1月-文禄4年12月　田北学編　増補訂正版　大分　田北ユキ　1968　371p　26cm　Ⓝ219.5
〔05382〕

◇編年大友史料―併大分県古文書全集　第29　文禄5年1月-明治12年3月　田北学編　増補訂正版　大分　田北ユキ　1969　463p　26cm　Ⓝ219.5
〔05383〕

◇編年大友史料―併大分県古文書全集　第30　大友氏の武芸・スポーツに関する秘伝書・その他　田北学編　増補訂正版　大分　田北ユキ　1969　232p　25cm　Ⓝ219.5
〔05384〕

◇編年大友史料―併大分県古文書全集　第31　大友家書札礼 他　田北学編　増補訂正版　大分　田北ユキ　1970　203p　25cm　Ⓝ219.5
〔05385〕

◇編年大友史料―併大分県古文書全集　第32　諸家系図篇1　田北学編　増補訂正版　大分　田北ユキ　1971　249p　25cm　Ⓝ219.5
〔05386〕

◇編年大友史料―併大分県古文書全集　第33　諸家系図篇2　田北学編　増補訂正　大分　田北ユキ　1971　303p　26cm　Ⓝ219.5
〔05387〕

◇編年大友史料―併大分県古文書全集　正和以前　田北学編　富山房　1942　676p 地図　22cm　Ⓝ288
〔05388〕

◇編年大友史料―併大分県古文書全集　第13-14　田北学編　増補訂正版　大分　田北学　1964　2冊　26cm　Ⓝ219.5
〔05389〕

◇編年大友史料―併大分県古文書全集　別巻 上　田北学編　増補訂正　大分　田北ユキ　1973　222p　25cm　3200円　Ⓝ219.5
〔05390〕

◆◆島津氏

◇『篤姫』と島津・徳川の五百年―日本でいちばん長く成功した二つの家の物語　八幡和郎, 八幡衣代著　講談社　2007.12　395p　15cm　(講談社文庫)　714円　①978-4-06-275929-8
〔05391〕

◇薩摩島津氏　三木靖著　新人物往来社　1972　331p　22cm　(戦国史叢書 10)　3200円　Ⓝ288.3
〔05392〕

◇史籍集覧〔22〕　島津家本東鑑纂　近藤瓶城校　近藤瓶城　1883.7　42丁　19cm　Ⓝ210
〔05393〕

◇史籍集覧〔104〕　島津家譜　近藤瓶城校　近藤瓶城　1881.12　24丁　19cm　Ⓝ210
〔05394〕

◇島津金吾歳久の自害　島津修久編　鹿児島　平松神社社務所　1982.8　139p　19cm　Ⓝ219.7
〔05395〕

◇島津家おもしろ歴史館　尚古集成館編　鹿児島　尚古集成館　1991.3　93p　21cm　Ⓝ288.3
〔05396〕

◇島津家文書―歴代亀鑑・宝鑑　東京大学史料編纂所編　八木書店　2007.5　239, 49p　22×31cm　(東京大学史料編纂所影印叢書 1)　25000円　①978-4-8406-2501-2
〔05397〕

◇島津氏の研究　福島金治編　吉川弘文館　1983.11　478p　22cm　(戦国大名論集 16)　5900円　Ⓝ210.47
〔05398〕

◇島津忠久とその周辺―中世史料散策　江平望著　鹿児島　高城書房出版　1996.5　238p　20cm　2500円　①4-924752-61-4　Ⓝ219.7
〔05399〕

◇島津忠久の生ひ立ち―低等批評の一例　朝河貫一著　慧文社　2007.6　127p　21cm　6000円　①978-4-905849-74-2
〔05400〕

◇島津日新公　渡辺盛衛著　東京啓発舎　1910.11　208p 図版　23cm　Ⓝ289.1
〔05401〕

◇島津義弘の賭け―秀吉と薩摩武士の格闘　山本博文著　読売新聞社　1997.8　294p　19cm　1800円　①4-643-97074-X
〔05402〕

◇週刊ビジュアル日本の歴史 no.123　戦国武将篇 3　デアゴスティーニ・ジャパン　2002.7　p86-125　30cm　533円　Ⓝ210.1
〔05403〕

◇戦国島津戦記　松元十丸著　大陸書房　1972　253p　19cm　650円　Ⓝ210.47
〔05404〕

◇戦国史料叢書　第2期 第6　島津史料集　北川鉄三校注　人物往来社　1966　474p　20cm　Ⓝ210.47
〔05405〕

◇戦国大名島津氏の領国形成　福島金治著　吉川弘文館　1988.12　319, 11p　20cm　(中世史研究選書)　2800円　①4-642-02660-6　Ⓝ288.3
〔05406〕

◇戦国大名論集 16　島津氏の研究　秋沢繁ほか編　福島金治編　吉川弘文館　1983.11　478p　22cm　5900円　Ⓝ210.47
〔05407〕

◇裂帛島津戦記―決死不退の薩摩魂　学習研究社　2001.8　203p　26cm　(歴史群像シリーズ―「戦国」セレクション)　1600円　①4-05-602595-9　Ⓝ210.47
〔05408〕

◆戦国時代史料

◇生駒家戦国史料集―尾張時代の織田信長・信雄父子を支えた一家　生駒陸彦, 松浦武編　名古屋　松浦武　1993.7　112p　26cm　Ⓝ210.47　〔05409〕

◇印判状の世界―特別展　小田原市郷土文化館編　小田原　小田原市郷土文化館　1996.10　56p　25×25cm　Ⓝ210.47　〔05410〕

◇館蔵歴史資料展―開館からの新収蔵資料　第14回企画展　滋賀県立安土城考古博物館編　安土町(滋賀県)　滋賀県立安土城考古博物館　1997.6　16p　30cm　Ⓝ210.47　〔05411〕

◇軍記類纂　黒川真道編　国史研究会　1916　492p　19cm　(国史叢書)　Ⓝ210.4　〔05412〕

◇後法成寺関白記　1　近衛尚通著, 陽明文庫編　京都　思文閣出版　1985.1　513p　16×23cm　(陽明叢書 記録文書篇 第3輯)　11800円　Ⓝ210.47　〔05413〕

◇後法成寺關白記　1　近衛尚通著　岩波書店　2001.3　345p　22cm　(大日本古記録)　13000円　Ⓘ4-00-009482-3　Ⓝ210.47　〔05414〕

◇後法成寺関白記　2　近衛尚通著, 陽明文庫編　京都　思文閣出版　1985.4　480p　16×23cm　(陽明叢書 記録文書篇 第3輯)　11000円　Ⓝ210.47　〔05415〕

◇後法成寺關白記　2　近衛尚通著　岩波書店　2004.3　298p　22cm　(大日本古記録)　12000円　Ⓘ4-00-009483-1　Ⓝ210.47　〔05416〕

◇後法成寺関白記　3　近衛尚通著, 陽明文庫編　京都　思文閣出版　1985.7　483p　16×23cm　(陽明叢書 記録文書篇 第3輯)　11800円　Ⓝ210.47　〔05417〕

◇後法成寺關白記　3　近衛尚通著　岩波書店　2007.3　326p　22cm　(大日本古記録)　12000円　Ⓘ978-4-00-009484-9　Ⓝ210.47　〔05418〕

◇古文書の語る日本史　5　戦国・織豊　所理喜夫ほか編　峰岸純夫編　筑摩書房　1989.5　518, 17p　20cm　3300円　Ⓘ4-480-35435-2　Ⓝ210.1　〔05419〕

◇史籍集覧〔94〕　細川政元記――名・細川大心院記　瓦林政頼記――名・松若物語　道家祖看記　立入左京亮入道隆左記　近藤瓶城校　近藤瓶城　1881.12　11, 16, 13, 9丁　19cm　Ⓝ210　〔05420〕

◇史籍集覧〔107〕　史料叢書 11-14　近藤瓶城　1883.4　2冊(4冊合本)　19cm　Ⓝ210　〔05421〕

◇史籍集覧〔109〕　備前文明乱記・妙善寺合戦記　近藤瓶城校　近藤瓶城　1881.12　21, 8丁　19cm　Ⓝ210　〔05422〕

◇戦国合戦「古記録・古文書」総覧―「応仁の乱」から「大坂の陣」まで　新人物往来社　1999.3　450p　21cm　(別冊歴史読本 10―入門シリーズ)　2400円　Ⓘ4-404-02710-9　Ⓝ210.47　〔05423〕

◇戦国期中国史料撰　米原正義校注　徳山　マツノ書店　1987.6　597p　22cm　7000円　Ⓝ210.47　〔05424〕

◇戦国期の権力と文書　矢田俊文編　高志書院　2004.2　366p　22cm　7200円　Ⓘ4-906641-80-6　Ⓝ210.47　〔05425〕

◇戦国時代の東寺　京都府立総合資料館歴史資料課編　〔京都〕　京都府立総合資料館　1991.7　52, 20p　26cm　(東寺百合文書展 第8回)　Ⓝ210.47　〔05426〕

◇戦国史料叢書　第1　太閤史料集　桑田忠親校注　人物往来社　1965　445p　20cm　Ⓝ210.47　〔05427〕

◇戦国史料叢書　第2　信長公記　太田牛一著, 桑田忠親校注　人物往来社　1965　389p　20cm　Ⓝ210.47　〔05428〕

◇戦国史料叢書　第3　甲陽軍鑑 上　磯貝正義, 服部治則校注　人物往来社　1965　445p　20cm　Ⓝ210.47　〔05429〕

◇戦国史料叢書　第4　甲陽軍鑑 中　磯貝正義, 服部治則校注　人物往来社　1965　414p　20cm　Ⓝ210.47　〔05430〕

◇戦国史料叢書　第5　甲陽軍鑑 下　磯貝正義, 服部治則校注　人物往来社　1966　478p　20cm　Ⓝ210.47　〔05431〕

◇戦国史料叢書　第6　家康史料集　小野信二校注　人物往来社　1965　514p　20cm　Ⓝ210.47　〔05432〕

◇戦国史料叢書　第2期 第1　北条史料集　萩原龍夫校注　人物往来社　1966　480p 地図　20cm　Ⓝ210.47　〔05433〕

◇戦国史料叢書　第2期 第2　真田史料集　小林計一郎校注　人物往来社　1966　453p　20cm　Ⓝ210.47　〔05434〕

◇戦国史料叢書　第2期 第3　奥羽永慶軍記 上　今村義孝校注　人物往来社　1966　511p　20cm　Ⓝ210.47　〔05435〕

◇戦国史料叢書　第2期 第4　奥羽永慶軍記 下　今村義孝校注　人物往来社　1966　506p　20cm　Ⓝ210.47　〔05436〕

◇戦国史料叢書　第2期 第5　四国史料集　山本大校注　人物往来社　1966　570p 地図　20cm　Ⓝ210.47　〔05437〕

◇戦国史料叢書　第2期 第6　島津史料集　北川鉄三校注　人物往来社　1966　474p　20cm　Ⓝ210.47　〔05438〕

◇戦国史料叢書　第2期 第7　中国史料集　米原正義校注　人物往来社　1966　563p 地図　20cm　Ⓝ210.47　〔05439〕

◇戦国史料叢書　第2期 第8　上杉史料集 上　井上鋭夫校注　人物往来社　1966　442p　20cm　Ⓝ210.47　〔05440〕

◇戦国史料叢書　第2期 第9　毛利史料集　三坂圭治校注　人物往来社　1966　508p　20cm　Ⓝ210.47　〔05441〕

◇戦国史料叢書　第2期 第12　上杉史料集 中　井上鋭夫校注　人物往来社　1967　395p　20cm　Ⓝ210.47　〔05442〕

◇戦国大名文書の読み方・調べ方　柴辻俊六著　雄山閣出版　1984.6　184p　15×21cm　(古文書入門叢書 3)　2000円　Ⓘ4-639-00357-9　Ⓝ210.02　〔05443〕

◇戦国文書聚影　浅井氏篇　戦国文書研究会編　柏書房　1974　図18枚 解説30p　37cm(解説:21×30cm)　2500円　Ⓝ210.47　〔05444〕

◇高尾山薬王院文書を紐とく　村上直編著　八王子　ふこく出版, 星雲社〔発売〕　2005.6　231p　21cm　1900円　Ⓘ4-434-06196-8　〔05445〕

◇地理歴史参考近世戦略上より観たる戦国時代活史　荒川衛次郎著　秀文館　1911.1　221p　22cm　Ⓝ210.4　〔05446〕

◇天正日記　小宮山綏介注　笠間政之　1883.11　42丁　23cm　Ⓝ210.5　〔05447〕

◇道三から信長へ―特別展　岐阜市歴史博物館編　〔岐阜〕道三から信長へ展実行委員会　2006　120p　30cm　Ⓝ210.47　〔05448〕
◇長興宿禰記　小槻長興著, 飯倉晴武校訂　続群書類従完成会　1998.8　242, 41p　22cm　（史料纂集 115）　9000円　Ⓘ4-7971-1295-6　Ⓝ210.47　〔05449〕
◇日本一鑑の總合的研究―大本山總持寺貫首梅田信隆禪師退董記念　本文篇　鄭舜功著, 木村晟ほか編輯　大阪〔リョウ〕伽林　1996.4　22, 532p　27cm　非売品　Ⓝ210.47　〔05450〕
◇政基公旅引付　本文篇・研究抄録篇・索引篇　中世公家日記研究会編　大阪　和泉書院　1996.3　517p　22cm　（日本史史料叢刊 1）　10300円　Ⓘ4-87088-773-8　Ⓝ210.47　〔05451〕
◇政基公旅引付　影印篇　中世公家日記研究会編　大阪　和泉書院　1996.3　444p　22cm　（日本史史料叢刊 2）　8240円　Ⓘ4-87088-781-9　Ⓝ210.47　〔05452〕

◆◆歴代古案
◇史料纂集　古文書編〔第15〕第1　歴代古案　第1　羽下徳彦ほか校訂　続群書類従完成会　1993.12　255p　22cm　9270円　Ⓝ210.088　〔05453〕
◇史料纂集　古文書編〔第16〕第2　歴代古案　第2　羽下徳彦ほか校訂　続群書類従完成会　1995.11　238p　22cm　9270円　Ⓘ4-7971-0408-2　Ⓝ210.088　〔05454〕
◇歴代古案　第3　羽下徳彦, 阿部洋輔, 金子達校訂　続群書類従完成会　1998.2　234p　21cm　（史料纂集 29）　9000円　Ⓘ4-7971-0411-2　Ⓝ210.088　〔05455〕
◇史料纂集　古文書編〔第33〕歴代古案　第4　羽下徳彦, 阿部洋輔, 金子達校訂　続群書類従完成会　2000.10　228p　22cm　9000円　Ⓘ4-7971-0415-5　Ⓝ210.088　〔05456〕

◆◆武功夜話
◇偽書『武功夜話』の研究　藤本正行, 鈴木眞哉著　洋泉社　2002.4　281p　18cm　（新書y）　780円　Ⓘ4-89691-626-3　Ⓝ210.48　〔05457〕
◇武功夜話―前野家文書　第1巻　巻第1～巻第7　吉田孫四郎雄翟編纂, 吉田蒼生雄訳注　新人物往来社　1987.2　488p　22cm　8800円　Ⓘ4-404-01396-5　Ⓝ210.48　〔05458〕
◇武功夜話―前野家文書　第2巻　巻第8～巻第14　吉田孫四郎雄翟編纂, 吉田蒼生雄訳注　新人物往来社　1987.3　466p　22cm　8800円　Ⓘ4-404-01397-3　Ⓝ210.48　〔05459〕
◇武功夜話―前野家文書　第3巻　巻第15～巻第21　吉田孫四郎雄翟編纂, 吉田蒼生雄訳注　新人物往来社　1987.4　458p　22cm　8800円　Ⓘ4-404-01398-1　Ⓝ210.48　〔05460〕
◇武功夜話―前野家文書　第4巻　吉田孫四郎雄翟編纂, 吉田蒼生雄訳注　新人物往来社　1987.5　446p　22cm　8800円　Ⓘ4-404-01399-X　Ⓝ210.48　〔05461〕
◇武功夜話―前野家文書　補巻　千代女書留　吉田孫史郎編纂, 千代女編纂, 吉田蒼生雄訳　新人物往来社　1988.3　342p　22cm　7800円　Ⓘ4-404-01489-9　Ⓝ210.47　〔05462〕
◇武功夜話―前野家文書　現代語訳　秀吉編　吉田雄翟著, 加来耕三編　新人物往来社　1992.6　256p　20cm　2800円　Ⓘ4-404-01917-3　Ⓝ210.48　〔05463〕
◇武功夜話―前野家文書　現代語訳　信長編　吉田雄翟著, 加来耕三編　新人物往来社　1991.12　254p　20cm　2800円　Ⓘ4-404-01877-0　Ⓝ210.48　〔05464〕
◇武功夜話紀行「東海の合戦」　舟橋武志著　名古屋　ブックショップ「マイタウン」　1994.8　231p　21cm　2400円　Ⓝ210.48　〔05465〕
◇『武功夜話』研究と三巻本翻刻　松浦武, 松浦由起著　おうふう　1995.1　233p　27cm　4800円　Ⓘ4-273-02805-0　Ⓝ210.48　〔05466〕
◇『武功夜話』検証―信長・秀吉戦跡実地踏査報告　松浦武著　新人物往来社　1996.1　561p　27cm　8000円　Ⓘ4-404-02341-3　Ⓝ210.48　〔05467〕
◇「武功夜話」のすべて　滝喜義著　新人物往来社　1992.6　250p　20cm　2800円　Ⓘ4-404-01914-9　Ⓝ210.48　〔05468〕
◇「武功夜話」の世界　新人物往来社編　新人物往来社　1991.12　242p　20cm　2500円　Ⓘ4-404-01882-7　Ⓝ210.48　〔05469〕
◇前野文書が語る戦国史の展開　滝喜義著　名古屋　ブックショップ「マイタウン」　1983.12　333p　22cm　（郷土資料選書）　Ⓝ210.47　〔05470〕

◆◆言継卿記
◇史料纂集　古文書編 35　言継卿記紙背文書　第2　橋本政宣, 尾上陽介, 末柄豊校訂　続群書類従完成会　2003.5　271p　22cm　10000円　Ⓘ4-7971-0417-1　Ⓝ210.088　〔05471〕
◇言継卿記―公家社会と町衆文化の接点　今谷明著　そしえて　1980.5　327, 28p　22cm　（日記・記録による日本歴史叢書　古代・中世23）　4500円　Ⓝ210.47　〔05472〕
◇言継卿記　第1, 2　山科言継著　国書刊行会　1914　2冊　22cm　Ⓝ210.4　〔05473〕
◇言継卿記　第1　山科言継著, 高橋隆三, 斎木一馬, 小坂浅吉校訂　新訂増補版　続群書類従完成会　1966　420p　図版　22cm　Ⓝ210.47　〔05474〕
◇言継卿記　第1　高橋隆三, 斎木一馬, 小坂浅吉校訂　続群書類従完成会　1998.9　420p　21cm　10000円　Ⓘ4-7971-0465-1　〔05475〕
◇言継卿記　第2　山科言継著　新訂増補版　高橋隆三, 斎木一馬, 小坂浅吉校訂　続群書類従完成会　1972　482p　22cm　2700円　Ⓝ210.47　〔05476〕
◇言継卿記　第2　高橋隆三, 斎木一馬, 小坂浅吉校訂　新訂増補　続群書類従完成会　1998.10　482p　21cm　10000円　Ⓘ4-7971-0466-X　〔05477〕
◇言継卿記　第3, 4　山科言継著　国書刊行会　1914-1915　2冊　22cm　（国書刊行会本）　Ⓝ210.4　〔05478〕
◇言継卿記　第3　山科言継著　続群書類従完成会　1998.11　776p　22cm　14000円　Ⓘ4-7971-0467-8　Ⓝ210.47　〔05479〕
◇言継卿記　第4　山科言継著　続群書類従完成会　1998.12　550p　22cm　11000円　Ⓘ4-7971-0468-6　Ⓝ210.47　〔05480〕
◇言継卿記　第5　山科言継著, 高橋隆三, 斎木一馬, 小坂浅吉校訂　新訂増補版　続群書類従完成会　1965　311p　図版　22cm　Ⓝ210.47　〔05481〕
◇言継卿記　第6　山科言継著, 高橋隆三, 斎木一馬, 小坂浅吉校訂　新訂増補版　続群書類従完成会　1967　324p　図版　22cm　Ⓝ210.47　〔05482〕

◇言継卿記　巻1-3　山科言継著, 太田藤四郎編　太洋社　1941　3冊 図版　22cm　Ⓝ210.4　〔05483〕

安土桃山時代

◇朝日百科歴史を読みなおす　4　朝日新聞社　1996.11　1冊　31cm　Ⓘ4-02-257056-3　Ⓝ210.1　〔05484〕
◇安土時代史　渡辺世祐著　学芸図書株式会社　1956　221p　19cm　Ⓝ210.48　〔05485〕
◇安土桃山・江戸時代「前期」　竹内誠監修　フレーベル館　2000.12　71p　31cm　（地図でみる日本の歴史 5）　2800円　Ⓘ4-577-02022-X　〔05486〕
◇安土桃山時代　西村真次著　早稲田大学出版部　1922　616p　19cm　（国民の日本史 第8編）　Ⓝ210.4　〔05487〕
◇安土桃山時代史　渡辺世祐述　早稲田大学出版部　1905　652p　22cm　（早稲田大学卅七年度史学科第二学年講義録）　Ⓝ210.4　〔05488〕
◇安土桃山時代史　渡辺世祐述　早稲田大学出版部　1907　522p　22cm　（早稲田大学卅八年度歴史地理科第二学年講義録）　Ⓝ210.4　〔05489〕
◇安土桃山時代史　渡辺世祐著　訂正増補　早稲田大学版部　1916　505p　23cm　（大日本時代史〔8〕）　Ⓝ210.4　〔05490〕
◇安土桃山時代史論　日本歴史地理学会編　仁友社　1915　440p 図版　22cm　Ⓝ210.4　〔05491〕
◇安土桃山時代史論　日本歴史地理学会編　日本図書センター　1976.9　440p 図版26枚　22cm　8000円　Ⓝ210.48　〔05492〕
◇岩波講座日本通史　第11巻　近世 1　朝尾直弘ほか編　岩波書店　1993.12　345p　22cm　2800円　Ⓘ4-00-010561-2　Ⓝ210.1　〔05493〕
◇英傑の日本史　信長・秀吉・家康編　井沢元彦著　角川書店（発売）　2006.8　287p　20cm　1500円　Ⓘ4-04-621083-4　Ⓝ281.04　〔05494〕
◇NHKその時歴史が動いたコミック版 信長・秀吉・家康編　NHK取材班編　ホーム社, 集英社〔発売〕　2005.7　500p　15cm　（ホーム社漫画文庫）　876円　Ⓘ4-8342-7338-5　〔05495〕
◇織田時代史　田中義成著　明治書院　1924　286p 図版　22cm　Ⓝ210.4　〔05496〕
◇織田豊臣時代史　牧野信之助著　2版　日本文学社　1938　190p　23cm　Ⓝ210.4　〔05497〕
◇一豊と秀吉が駆けた時代―夫人が支えた戦国史　長浜城歴史博物館企画・編集　長浜　長浜城歴史博物館　2005.12　143p　22cm　Ⓝ289.1　〔05498〕
◇近古史談　前編 分冊1　大槻清崇著　観音寺　上坂氏顕彰会史料出版部　2001.2　1冊（ページ付なし）　30cm　（理想日本リプリント 第37巻）　46800円　Ⓝ210.04　〔05499〕
◇近古史談　前編 分冊2　大槻清崇著　観音寺　上坂氏顕彰会史料出版部　2001.2　1冊（ページ付なし）　30cm　（理想日本リプリント 第37巻）　52800円　Ⓝ210.04　〔05500〕
◇近古史談　注釈索引篇　菊池真一編　大阪　和泉書院　2000.3　292p　22cm　（索引叢書 47）　8000円　Ⓘ4-7576-0041-0　Ⓝ210.04　〔05501〕
◇近古史談全注釈　若林力著　大修館書店　2001.11　401p　22cm　5700円　Ⓘ4-469-23217-3　Ⓝ210.48　〔05502〕

◇近史余談―本文と索引　槇島昭武著, 菊池真一編　大阪　和泉書院　1995.3　261p　22cm　（索引叢書 36）　7000円　Ⓘ4-87088-714-2　Ⓝ210.48　〔05503〕
◇近世日本国民史　第1巻　織田氏時代　徳富猪一郎著　近世日本国民史刊行会　1963　19cm　Ⓝ210.5　〔05504〕
◇近世日本国民史　第2巻　織田氏時代　徳富猪一郎著　近世日本国民史刊行会　1963　19cm　Ⓝ210.5　〔05505〕
◇近世日本国民史　第3巻　織田氏時代 後編　徳富猪一郎著　近世日本国民史刊行会　1963　19cm　Ⓝ210.5　〔05506〕
◇近世日本国民史　第4巻　豊臣氏時代 甲篇　徳富猪一郎著　近世日本国民史刊行会　1963　19cm　Ⓝ210.5　〔05507〕
◇近世日本国民史　第5巻　豊臣氏時代乙篇　徳富猪一郎著　近世日本国民史刊行会　1963　19cm　Ⓝ210.5　〔05508〕
◇近世日本国民史　第6巻　豊臣氏時代丙篇　徳富猪一郎著　近世日本国民史刊行会　1963　19cm　Ⓝ210.5　〔05509〕
◇近世日本国民史　第7巻　豊臣氏時代　徳富猪一郎著　近世日本国民史刊行会　1964　19cm　Ⓝ210.5　〔05510〕
◇近世日本国民史　第8巻　豊臣氏時代　徳富猪一郎著　近世日本国民史刊行会　1964　19cm　Ⓝ210.5　〔05511〕
◇近世日本国民史　第9巻　豊臣氏時代己篇　徳富猪一郎著　近世日本国民史刊行会　1964　19巻　Ⓝ210.5　〔05512〕
◇近世日本国民史　第10巻　豊臣氏時代庚篇　徳富猪一郎著　近世日本国民史刊行会　1964　19cm　Ⓝ210.5　〔05513〕
◇国史講座　〔第18巻〕　織田豊臣時代史　牧野信之助著　受験講座刊行会　1930　190p　23cm　Ⓝ210.1　〔05514〕
◇参謀・補佐役・秘書役―強い組織を支える人間集団の研究　小和田哲男著　PHP研究所　1992.6　212p　19cm　1200円　Ⓘ4-569-53662-X　Ⓝ210.48　〔05515〕
◇少年少女日本の歴史　第11巻　天下の統一　児玉幸多監修, あおむら純まんが　増補版　小学館　1998.2　157p　23cm　（小学館版学習まんが）　830円　Ⓘ4-09-298111-2　〔05516〕
◇織豊期の政治構造　三鬼清一郎編　吉川弘文館　2000.6　379p　22cm　8000円　Ⓘ4-642-02795-5　Ⓝ210.48　〔05517〕
◇織豊興亡史―三英傑家系譜考　早瀬晴夫著　今日の話題社　2001.7　439p　21cm　2800円　Ⓘ4-87565-508-8　Ⓝ288.2　〔05518〕
◇織豊政権と江戸幕府　池上裕子著　講談社　2002.1　390p　20cm　（日本の歴史 第15巻）　2200円　Ⓘ4-06-268915-4　Ⓝ210.48　〔05519〕
◇織豊政権と東国大名　粟野俊之著　吉川弘文館　2001.2　230, 13p　22cm　6600円　Ⓘ4-642-02801-3　Ⓝ210.48　〔05520〕
◇織豊禅譲誌―西軍の黒幕　宇佐美浩然著　学習研究社　2006.5　235p　18cm　（歴史群像新書）　900円　Ⓘ4-05-402832-2　Ⓝ913.6　〔05521〕

◇調べ学習に役立つ時代別・テーマ別日本の歴史博物館・史跡 5 戦国・安土桃山時代 佐藤和彦監修 あかね書房 1999.4 47p 31cm 3200円 Ⓘ4-251-07905-1 〔05522〕
◇新講大日本史 第5巻 室町安土桃山時代史 田中久夫著 雄山閣 1943 285p 22cm Ⓝ210 〔05523〕
◇新書 日本の歴史 第3 織豊政権の成立から江戸幕府の滅亡 笠原一男著 評論社 1967 251p 図版 18cm Ⓝ210.1 〔05524〕
◇新日本史のかぎ 第3 織豊政権から徳川幕府崩壊まで 中部日本新聞社編 東京大学出版会 1957-58 19cm Ⓝ210.1 〔05525〕
◇新日本歴史 第4 桃山江戸時代 新日本歴史学会編 福村書店 1953 22cm Ⓝ210.1 〔05526〕
◇人物・日本の歴史 第7 信長と秀吉〔ほか〕 岡田章雄編 読売新聞社 1965 19cm Ⓝ210.1 〔05527〕
◇人物日本歴史館 戦国篇 後期 三笠書房 1996.11 510p 15cm (知的生きかた文庫) 980円 Ⓘ4-8379-0843-8 Ⓝ289.1 〔05528〕
◇新編日本合戦全集 5 天下平定編 桑田忠親著 秋田書店 1990.3 262p 20cm 1700円 Ⓘ4-253-00381-8 Ⓝ210.19 〔05529〕
◇図説日本の歴史 9 天下統一 井上幸治等編 編集責任者:今井林太郎 集英社 1975 267p(図共) 28cm 1800円 Ⓝ210.1 〔05530〕
◇図説日本の歴史 10 キリシタンの世紀 井上幸治等編 編集責任者:岡田章雄 集英社 1975 263p(図共) 28cm 1800円 Ⓝ210.1 〔05531〕
◇戦国史 源城政好編著 ナツメ社 2005.2 287p 19cm (図解雑学) 1400円 Ⓘ4-8163-3810-1 〔05532〕
◇戦国時代の終焉―「北条の夢」と秀吉の天下統一 齋藤慎一著 中央公論新社 2005.8 234p 18cm (中公新書) 760円 Ⓘ4-12-101809-5 Ⓝ210.48 〔05533〕
◇戦国・織豊期の権力と社会 本多隆成編 吉川弘文館 1999.9 393p 22cm 8000円 Ⓘ4-642-02784-X Ⓝ210.47 〔05534〕
◇戦国織豊期の在地支配と村落 深谷幸治著 校倉書房 2003.6 448p 22cm (歴史科学叢書) 10000円 Ⓘ4-7517-3430-X Ⓝ210.48 〔05535〕
◇戦国織豊期の政治と文化―米原正義先生古希記念論集 米原正義先生古希記念論文集刊行会編 続群書類従完成会 1993.3 736p 22cm 18540円 Ⓝ210.46 〔05536〕
◇戦国織豊期の政治と文芸 諏訪勝則著 〔横須賀〕 葵印刷工業(印刷) 1996.10 159p 21cm Ⓝ210.48 〔05537〕
◇戦国大名から将軍権力へ―転換期を歩く 所理喜夫編 吉川弘文館 2000.3 301p 22cm 9000円 Ⓘ4-642-02791-2 Ⓝ210.47 〔05538〕
◇戦略的に観た織豊戦史 中井良太郎著 電通出版部 1943 288p 19cm Ⓝ393 〔05539〕
◇その時歴史が動いた 32 NHK取材班編 KTC中央出版 2005.4 253p 19cm 1600円 Ⓘ4-87758-345-9 〔05540〕
◇大系日本の歴史 8 天下一統 永原慶二ほか編集 朝尾直弘著 小学館 1988.11 350p 21cm 1800円 Ⓘ4-09-622008-6 Ⓝ210.1 〔05541〕
◇大系日本の歴史 8 天下一統 永原慶二ほか編 朝尾直弘著 小学館 1993.2 441p 16cm (小学館ライブラリー) 980円 Ⓘ4-09-461008-1 Ⓝ210.1 〔05542〕
◇天下一統 林屋辰三郎著 改版 中央公論新社 2005.4 585p 16cm (中公文庫—日本の歴史 12) 1238円 Ⓘ4-12-204522-3 Ⓝ210.47 〔05543〕
◇天下統一への道―安土・桃山時代 池上裕子監修, 荘司としお漫画 集英社 1998.3 163p 23cm (集英社版・学習漫画―日本の歴史11) 850円 Ⓘ4-08-239011-1 〔05544〕
◇天下統一への道―戦国・安土桃山時代 古川清行著 小峰書店 1998.4 119p 27cm (人物・遺産でさぐる日本の歴史 調べ学習に役立つ8) 2500円 Ⓘ4-338-15108-0 〔05545〕
◇天下統一と朝鮮侵略―織田・豊臣政権の実像 藤木久志著 講談社 2005.10 467p 15cm (講談社学術文庫) 1350円 Ⓘ4-06-159727-2 Ⓝ210.48 〔05546〕
◇天下統一の闇―秀吉・信長・家康 戦国〈炎の巻〉 小林久三著 青春出版社 1997.9 228p 18cm (プレイブックス) 810円 Ⓘ4-413-01692-0 Ⓝ210.47 〔05547〕
◇天下人の時代 山梨県立考古博物館編 中道町(山梨県) 山梨県立考古博物館 1992 51p 26cm Ⓝ210.2 〔05548〕
◇天下人の時代―16～17世紀の京都 朝尾直弘, 田端泰子編 平凡社 2003.3 297p 20cm 2900円 Ⓘ4-582-47509-4 Ⓝ210.48 〔05549〕
◇天下人の自由時間 荒井魏著 文芸春秋 2003.11 248p 18cm (文春新書) 720円 Ⓘ4-16-660351-5 〔05550〕
◇童門冬二の"出処進退"の研究―男の生き方、闘い方 童門冬二著 経済界 1994.8 237p 18cm (Ryu books) 1000円 Ⓘ4-7667-0259-X Ⓝ210.48 〔05551〕
◇豊臣・徳川の政治権力 朝尾直弘著 岩波書店 2004.6 442, 14p 22cm (朝尾直弘著作集 第4巻) 9400円 Ⓘ4-00-092614-4 Ⓝ210.48 〔05552〕
◇錦絵日本の歴史 2 乱世と秀吉の時代 尾崎秀樹ほか著 日本放送出版協会 1981.10 168, 2p 30cm 3200円 Ⓝ210.1 〔05553〕
◇日本時代史 第8巻 安土桃山時代史 渡辺世祐著 早稲田大学出版部 1926 512p 23cm Ⓝ210.1 〔05554〕
◇日本史探訪 11 キリシタンと鉄砲伝来 角川書店編 角川書店 1984.10 310p 15cm (角川文庫 5361) 420円 Ⓘ4-04-153311-2 Ⓝ210.1 〔05555〕
◇日本史の舞台 7 太閤の夢はるか―安土桃山時代 原田伴彦ほか著 集英社 1982.9 167p 27cm 1800円 Ⓝ210.1 〔05556〕
◇日本の歴史 6(中世から近世へ) 信長と秀吉―天下一統 新訂増補 朝日新聞社 2005.1 320p 30cm (朝日百科) Ⓘ4-02-380017-1 Ⓝ210.1 〔05557〕
◇日本の歴史 第7巻 天下統一 岡田章雄, 豊田武, 和歌森太郎編 読売新聞社 1959 316p 図版 地図 23cm Ⓝ210.1 〔05558〕
◇日本の歴史 第7 天下統一 岡田章雄, 豊田武, 和歌森太郎編 読売新聞社 1963 18cm Ⓝ210.1 〔05559〕

安土桃山時代　中世史

◇日本の歴史　第7　天下統一　岡田章雄, 豊田武, 和歌森太郎編　読売新聞社　1968　19cm　Ⓝ210.1
〔05560〕
◇日本の歴史　7　天下統一　編集委員・執筆者代表:岡田章雄, 豊田武, 和歌森太郎　読売新聞社　1973　288p　図地図　19cm　550円　Ⓝ210.1
〔05561〕
◇日本の歴史―集英社版　11　天下一統　児玉幸多ほか編　熱田公著　集英社　1992.4　358p　22cm　2400円　①4-08-195011-3　Ⓝ210.1
〔05562〕
◇日本の歴史―集英社版　11　天下一統　児玉幸多ほか編　熱田公著　東京ヘレン・ケラー協会点字出版局　1995.10　6冊　27cm　全21000円　Ⓝ210.1
〔05563〕
◇日本の歴史　第12　天下一統　林屋辰三郎　中央公論社　1966　18cm　Ⓝ210.1
〔05564〕
◇日本の歴史　12　天下一統　林屋辰三郎著　中央公論社　1984.3　511, ivp　18cm　（中公バックス）　1200円　①4-12-401152-0　Ⓝ210.1
〔05565〕
◇日本の歴史　15　織田・豊臣政権　藤木久志著　小学館　1975　390p（図共）地図　20cm　790円　Ⓝ210.1
〔05566〕
◇日本の歴史　別巻第3　図録　児玉幸多編　中央公論社　1967　図版288p　18cm　Ⓝ210.1
〔05567〕
◇日本の歴史　別巻3　図録　織豊から幕末　児玉幸多責任編集　中央公論社　1984.12　288, xiiip　18cm　（中公バックス）　1700円　①4-12-401169-5　Ⓝ210.1
〔05568〕
◇日本歴史シリーズ　第10巻　安土・桃山　遠藤元男等編　岡本良一編　世界文化社　1967　27cm　Ⓝ210.1
〔05569〕
◇年表日本歴史　4　安土桃山・江戸前期―1568〜1715　井上光貞ほか編集　原田伴彦編　筑摩書房　1984.4　208, 23p　27cm　3200円　Ⓝ210.032
〔05570〕
◇信長・秀吉・家康　辻善之助著, 国民学術協会編　中央公論社　1943　211p　肖像　19cm　（国民学術選書7）　Ⓝ281
〔05571〕
◇信長・秀吉・家康―天下統一と戦国の三英傑　学習研究社　2006.5　163p　26cm　（歴史群像シリーズ―新・歴史群像シリーズ3）　1500円　①4-05-604248-9　Ⓝ210.48
〔05572〕
◇信長・秀吉・家康の研究―乱世を制した人づくり, 組織づくり　童門冬二著　PHP研究所　2006.11　221p　15cm　（PHP文庫）　495円　①4-569-66721-X　Ⓝ281.04
〔05573〕
◇母の慟哭―信長・秀吉・家康の母　中島道子著　夏目書房　1997.10　228p　19cm　1500円　①4-931391-34-6
〔05574〕
◇百夜一話・日本の歴史　第7　信長・秀吉の覇権　和歌森太郎, 山本藤枝著　集英社　1970　366p　図版　18cm　580円　Ⓝ210.1
〔05575〕
◇まんが人物日本の歴史―小学館版　1　天下統一への道―信長・秀吉・家康　小井土繁漫画, 小和田哲男脚本　小学館　1992.10　383p　18cm　1600円　①4-09-624011-7　Ⓝ726.1
〔05576〕
◇まんが日本の歴史―小学館版　5　天下統一と江戸幕府　あおむら純漫画　小学館　1992.3　295p　20cm　1400円　①4-09-624005-2　Ⓝ726.1
〔05577〕
◇漫画版　日本の歴史　6　安土桃山時代・江戸時代1　池上裕子, 高埜利彦監修, 荘司としお, 阿部高明漫画　集英社　2007.9　302p　15cm　（集英社文庫）　571円　①978-4-08-746180-0
〔05578〕

◇物語日本の歴史―その時代を見た人が語る　第16巻　天下びとの時代　笠原一男編　木耳社　1992.2　205p　20cm　1500円　①4-8393-7568-2　Ⓝ210.1
〔05579〕
◇要約近世日本國民史　第1巻　織田氏時代　徳富猪一郎原著　平泉洸　時事通信社　1967　19cm　Ⓝ210.5
〔05580〕
◇要約近世日本國民史　第2巻　豊臣氏時代　徳富猪一郎原著　荒川久壽男　時事通信社　1967　19cm　Ⓝ210.5
〔05581〕
◇甦る日本史―頼山陽の『日本楽府』を読む　3　戦国・織豊時代篇―応仁の乱から朝鮮出兵まで　渡部昇一著　PHP研究所　1996.9　294p　15cm　（PHP文庫）　600円　①4-569-56936-6　Ⓝ210.1
〔05582〕
◇論集日本歴史　6　織豊政権　藤木久志, 北島万次編　有精堂出版　1974　369p　22cm　2500円　Ⓝ210.1
〔05583〕
◇わたしたちの歴史　日本編　第8巻　新版　国際情報社　1975.10　106p　30cm　Ⓝ210.1
〔05584〕

◆織田信長
◇安土公―元亀天正三傑　川崎紫山著　渉史園　1893.6　162p　22cm　Ⓝ281
〔05585〕
◇安土城・織田信長関連文書調査報告　1　摠見寺文書目録　滋賀県教育委員会事務局文化部文化財保護課編　大津　滋賀県教育委員会　1992.3　40p　26cm　Ⓝ216.1
〔05586〕
◇安土城・織田信長関連文書調査報告　2　橋本左右神社文書目録　滋賀県安土城郭調査研究所編　安土町（滋賀県）　滋賀県安土城郭調査研究所　1993.3　51p　26cm　Ⓝ216.1
〔05587〕
◇安土城・織田信長関連文書調査報告　3　東家文書目録　滋賀県安土城郭調査研究所編　安土町（滋賀県）　滋賀県安土城郭調査研究所　1994.3　66p　30cm　Ⓝ216.1
〔05588〕
◇家康・秀吉・信長の経営戦略　佐々克明著　ダイヤモンド社　1983.2　205p　19cm　1200円　Ⓝ210.48
〔05589〕
◇家康・秀吉・信長の経営戦略　佐々克明著　潮出版社　1987.3　221p　15cm　（潮文庫）　380円　①4-267-01126-5　Ⓝ210.48
〔05590〕
◇家康・秀吉・信長乱世の統率力　童門冬二著　PHP研究所　2000.3　202p　19cm　1200円　①4-569-61016-1　Ⓝ210.48
〔05591〕
◇石山合戦　須藤光暉著　新潮社　1914　334, 16p　22cm　Ⓝ210.4
〔05592〕
◇一向一揆と石山合戦　神田千里著　吉川弘文館　2007.10　272, 4p　20cm　（戦争の日本史14）　2500円　①978-4-642-06324-1　Ⓝ210.47
〔05593〕
◇一冊で読む織田信長のすべて　風巻絃一著　三笠書房　1999.2　253p　15cm　（知的生きかた文庫）　495円　①4-8379-7011-7
〔05594〕
◇NHKにんげん日本史　織田信長　酒寄雅志監修, 小西聖一著　理論社　2003.9　113p　25×19cm　1800円　①4-652-01463-5
〔05595〕
◇NHK歴史への招待　第7巻　風雲児織田信長　日本放送協会編　日本放送出版協会　1988.5　236p　18cm　680円　①4-14-018002-1　Ⓝ210.1
〔05596〕

◇大いなる謎・織田信長　武田鏡村著　PHP研究所　2002.9　397p　15cm　（PHP文庫）　743円　Ⓘ4-569-57807-1　　　　　　　　　　　　　　　　　　　〔05597〕
◇大阪歴史懇談会発足五周年記念講演録　第1輯　織田信長と大坂　大阪歴史懇談会編　小和田哲男述　大阪　大阪歴史懇談会　1992.5　18, 6p　26cm　Ⓝ210.4　　　　　　　　　　　　　　　　　　　〔05598〕
◇桶狭間・姉川の役―日本の戦史　旧参謀本部編纂　徳間書店　1995.5　445p　16cm　（徳間文庫）　640円　Ⓘ4-19-890311-5　Ⓝ210.47　　〔05599〕
◇織田軍・全合戦記―歴史ドキュメント　和巻耿介著　光文社　1992.1　261p　16cm　（光文社文庫）　440円　Ⓘ4-334-71463-3　Ⓝ289.1　　〔05600〕
◇織田時代史　田中義成著　講談社　1980.3　266p　15cm　（講談社学術文庫）　480円　Ⓝ210.48　　　　　　　　　　　　　　　　　　　〔05601〕
◇織田時代史　田中義成著　講談社　1989.11　266p　15cm　（講談社学術文庫476）　660円　Ⓘ4-06-158476-6　Ⓝ210.48　　　　　　　　　　〔05602〕
◇織田政権の基礎構造　脇田修著　東京大学出版会　1975　311, 16p　22cm　（織豊政権の分析 1）　2800円　Ⓝ210.48　　　　　　　　　　　　　〔05603〕
◇織田政権の研究　藤木久志編　吉川弘文館　1985.11　487p　22cm　（戦国大名論集 17）　5900円　Ⓘ4-642-02597-9　Ⓝ210.48　　　　〔05604〕
◇織田・徳川同盟と王権―明智光秀の乱をめぐって　小林正信著　岩田書院　2005.5　373p　22cm　7900円　Ⓘ4-87294-370-8　Ⓝ210.48　　　〔05605〕
◇織田信長　小川多一郎, 村山九皐編　隆文堂　1911.5　228p　図版　23cm　Ⓝ289.1　　　　〔05606〕
◇織田信長　岡成志著　大阪　新正堂　1943　274p　18cm　Ⓝ289.1　　　　　　　　　　　　〔05607〕
◇織田信長　尾崎士郎著　河出書房新社　1960　270p　図版　20cm　（現代人の日本史 第13巻）　Ⓝ210.48　　　　　　　　　　　　　　〔05608〕
◇織田信長―戦国グラフィティ　日本城郭協会編　講談社　1991.10　103p　26cm　1500円　Ⓘ4-06-205553-8　Ⓝ289.1　　　　　　　　　〔05609〕
◇織田信長―その独創と奇行の謎　世界文化社　1991.12　165p　26cm　（ビッグマン・スペシャル―歴史人物シリーズ 1）　1200円　Ⓝ289.1　　〔05610〕
◇織田信長―その求めた世界　岐阜新聞社出版局編　岐阜　岐阜新聞社　1992.1　130p　26cm　2200円　Ⓘ4-905958-02-4　　　　　　〔05611〕
◇織田信長　今川徳三ほか著　教育書籍　1992.2　277p　20cm　（英雄の時代 2）　1700円　Ⓘ4-317-60061-7　Ⓝ289.1　　　　　　　〔05612〕
◇織田信長―「完全保存版」戦国武将伝　戦国の世を駆け抜けた「日本史上最強の男」　泉秀樹著　PHP研究所　2004.9　111p　26cm　952円　Ⓘ4-569-63821-X　Ⓝ289.1　　　　　　　　　　　　〔05613〕
◇織田信長―天下一統にかけた信長の野望　草野巧著　新紀元社　2004.12　283p　21cm　（Truth in history 4）　1900円　Ⓘ4-7753-0328-7　Ⓝ289.1　〔05614〕
◇織田信長―奇想の天才と転換の時代　さいとう・たかを著, 会田雄次, 梅原猛監修　角川書店　2005.11　255p　18cm　（Kadokawa絶品コミック）　400円　Ⓘ4-04-853934-5　Ⓝ726.1　　　　　　　〔05615〕

◇織田信長―戦国武将伝　泉秀樹著　愛蔵版　PHP研究所　2006.2　223p　19cm　476円　Ⓘ4-569-64763-4　Ⓝ289.1　　　　　　　　　　　〔05616〕
◇織田信長―その独創と奇行の謎　改訂新版　世界文化社　2006.10　155p　26cm　（Bigmanスペシャル）　1400円　Ⓘ4-418-06136-3　Ⓝ289.1　〔05617〕
◇織田信長―戦国の覇王　桑田忠親監修, 一橋弘構成, 藤木てるみ漫画　新装版　学習研究社　2007.3　128p　22cm　（学研まんが伝記シリーズ）　700円　Ⓘ978-4-05-202778-9　Ⓝ289.1　　　　　　　　　　〔05618〕
◇織田信長―戦国人物伝　加来耕三企画・構成・監修, すぎたとおる原作, 早川大介作画　ポプラ社　2007.11　118p　22cm　（コミック版日本の歴史 1）　1000円　Ⓘ978-4-591-09790-8　Ⓝ289.1　　　　　〔05619〕
◇織田信長　vol.1　山岡荘八原作, 横山光輝作画　講談社　1995.3　318p　20cm　（愛蔵版歴史コミック）　1200円　Ⓘ4-06-304919-1　Ⓝ726.1　〔05620〕
◇織田信長　vol.2　山岡荘八原作, 横山光輝作画　講談社　1995.4　326p　20cm　（愛蔵版歴史コミック）　1200円　Ⓘ4-06-304920-5　Ⓝ726.1　〔05621〕
◇織田信長　vol.3　山岡荘八原作, 横山光輝作画　講談社　1995.5　313p　20cm　（愛蔵版歴史コミック）　1200円　Ⓘ4-06-304921-3　Ⓝ726.1　〔05622〕
◇織田信長　vol.4　山岡荘八原作, 横山光輝作画　講談社　1995.6　333p　20cm　（愛蔵版歴史コミック）　1200円　Ⓘ4-06-304922-1　Ⓝ726.1　〔05623〕
◇織田信長石山本願寺合戦全史―顕如との十年戦争の真実　武田鏡村著　ベストセラーズ　2003.1　253p　18cm　（ベスト新書）　780円　Ⓘ4-584-12052-8　Ⓝ210.48　　　　　　　　　　　　　　　〔05624〕
◇織田信長合戦全録―桶狭間から本能寺まで　谷口克広著　中央公論新社　2002.1　301p　18cm　（中公新書）　840円　Ⓘ4-12-101625-4　Ⓝ210.47　〔05625〕
◇織田信長斬り捨てる男の決断！―中途半端な妥協を嫌った戦国の近代人　百々由紀男著　日本経済通信社　1991.12　238p　19cm　（NKビジネス）　1350円　Ⓘ4-8187-0116-5　Ⓝ289.1　　　　　　　　〔05626〕
◇織田信長事典―なぜ？なに？日本史雑学　おもしろ不思議な歴史の謎　成美堂出版編　成美堂出版　1991.11　238p　19cm　1000円　Ⓘ4-415-07678-5　Ⓝ210.48　　　　　　　　　　　　　　　　　　　〔05627〕
◇織田信長事典　岡本良一, 奥野高廣, 松田毅一, 小和田哲男編　コンパクト版　新人物往来社　2007.4　414p　20cm　4800円　Ⓘ978-4-404-03460-1　Ⓝ289.1　　　　　　　　　　　　　　　　　　　〔05628〕
◇織田信長　常識のウソ　和田惟一郎著　PHP研究所　1996.10　218p　19cm　1300円　Ⓘ4-569-55361-3　　　　　　　　　　　　　　〔05629〕
◇織田信長全仕事　加来耕三編, 岸祐二著　扶桑社　2004.5　190p　21cm　1400円　Ⓘ4-594-04659-2　Ⓝ289.1　　　　　　　　　　　〔05630〕
◇織田信長総合事典　岡田正人編著　雄山閣出版　1999.9　474p　21cm　4300円　Ⓘ4-639-01632-8　〔05631〕
◇織田信長と明智光秀　加来耕三著　学習研究社　2001.7　453p　15cm　（学研M文庫）　780円　Ⓘ4-05-901065-0　　　　　　　　　　〔05632〕
◇織田信長と安土城　秋田裕毅著　大阪　創元社　1990.9　291p　22cm　3200円　Ⓘ4-422-20104-2　Ⓝ216.1　　　　　　　　　　　　　〔05633〕

◇織田信長と安土城—信長の世界 開館記念特別展 滋賀県立安土城考古博物館編 安土城(滋賀県) 滋賀県立安土城考古博物館 1992.11 71p 26cm Ⓝ289.1
〔05634〕
◇織田信長と越前一向一揆 辻川達雄著 誠文堂新光社 1989.5 267p 20cm 2100円 Ⓘ4-416-88906-2 Ⓝ210.47
〔05635〕
◇織田信長と大坂—大阪歴史懇談会五周年記念講演 〔大阪〕 大阪歴史懇談会 1989 2枚 26×37cm Ⓝ210.47
〔05636〕
◇織田信長と岐阜 岐阜県歴史資料館編 岐阜 岐阜県歴史資料館 1996.3 84p 26cm Ⓝ210.48
〔05637〕
◇織田信長と戦国武将 天下取りの極意 泉秀樹著 講談社 2007.11 315p 15cm (講談社プラスアルファ文庫) 724円 Ⓘ978-4-06-281157-6
〔05638〕
◇織田信長と謎の清水山城—シンポジウム 近江・高嶋郡をめぐる攻防 記録集 新旭町教育委員会編 彦根 サンライズ出版 2002.3 189p 19cm 1600円 Ⓘ4-88325-097-0 Ⓝ216.1
〔05639〕
◇織田信長と秀吉・小六—戦国猿廻し 園田光慶画、やまさき十三, 久保田千太郎作 講談社 1992.3 821p 26cm 2600円 Ⓘ4-06-205777-8 Ⓝ726.1
〔05640〕
◇織田信長と乱世の群像—戦国百人一話 勁文社 1994.1 253p 15cm (勁文社文庫21) 620円 Ⓘ4-7669-1934-3 Ⓝ210.47
〔05641〕
◇織田信長の国盗りものがたり—ナラシノ女子士官学校時空演習レポート おおつやすたか著 横浜 光栄 2007.2 175p 21cm 1600円 Ⓘ978-4-7758-0566-4 Ⓝ289.1
〔05642〕
◇織田信長の経営塾 北見昌朗著 講談社 2004.3 209p 20cm 1500円 Ⓘ4-06-212306-1 Ⓝ289.1
〔05643〕
◇織田信長の経済学 一峰大二作画 勁文社 1992.1 223p 20cm (コミック戦国大名) 1200円 Ⓘ4-7669-1535-6 Ⓝ726.1
〔05644〕
◇織田信長の秘密—神になろうとした男 二木謙一著 ベストセラーズ 1991.11 265p 15cm (ワニ文庫—歴史文庫シリーズ) 500円 Ⓘ4-584-30286-3 Ⓝ289.1
〔05645〕
◇織田信長101の常識—戦国の世を駆け抜けた名将・信長のすべて サンマーク出版 1991.11 237p 19cm 1200円 Ⓘ4-7631-9021-0 Ⓝ289.1
〔05646〕
◇織田信長101の謎—知られざる私生活から、「本能寺の変」の真実まで 川口素生著 PHP研究所 2005.8 317p 15cm (PHP文庫) 533円 Ⓘ4-569-66431-8 Ⓝ289.1
〔05647〕
◇織田信長文書の研究 上巻 奥野高広著 増訂版 吉川弘文館 1994.7 814p 21cm 15450円 Ⓘ4-642-02576-6
〔05648〕
◇織田信長文書の研究 下巻 奥野高広著 増訂版 吉川弘文館 1994.7 858p 21cm 15450円 Ⓘ4-642-02577-4
〔05649〕
◇織田信長文書の研究 補遺・索引 奥野高広著 増訂版 吉川弘文館 1994.7 283, 40p 21cm 7210円 Ⓘ4-642-02578-2
〔05650〕
◇織田信長民姓国家実現への道 濱田昭生著 東洋出版 2006.4 358p 20cm 1619円 Ⓘ4-8096-7513-0 Ⓝ289.1
〔05651〕
◇織田信長文書の研究 奥野高広著 増訂 吉川弘文館 1988.9 3冊 23cm 6000〜10000円 Ⓘ4-642-02576-6 Ⓝ210.48
〔05652〕
◇織田信長文書の研究 上巻 奥野高広著 吉川弘文館 1969 803p 図版 22cm 4000円 Ⓝ210.48
〔05653〕
◇織田信長文書の研究 下巻 奥野高広著 吉川弘文館 1970 890, 28p 図版 22cm 4800円 Ⓝ210.48
〔05654〕
◇『織田信長文書の研究』語彙索引 水上昌美, 中朝子, 大山由美子編 立正大学十六世紀史研究会 2006.7 174p 30cm (16世紀史索引シリーズ 3) Ⓝ210.48
〔05655〕
◇尾張国遺存織田信長史料写真集 名古屋温故会編 名古屋 名古屋温故会 1931 1冊 肖像 20cm Ⓝ210.4
〔05656〕
◇開館記念シンポジウム「織田信長と安土城」報告書 滋賀県立安土城考古博物館編 安土町(滋賀県) 滋賀県立安土城考古博物館 1994.3 63, 8p 26cm Ⓝ289.1
〔05657〕
◇勝頼と信長—後継者のリーダーシップ 童門冬二著 学陽書房 2003.1 270p 19cm 1600円 Ⓘ4-313-15050-1
〔05658〕
◇逆説の日本史 10(戦国覇王編) 天下布武と信長の謎 井沢元彦著 小学館 2002.11 401p 20cm 1550円 Ⓘ4-09-379660-2 Ⓝ210.04
〔05659〕
◇逆説の日本史 10(戦国覇王編) 井沢元彦著 小学館 2006.7 481p 15cm (小学館文庫) 657円 Ⓘ4-09-402010-1 Ⓝ210.04
〔05660〕
◇近世日本国民史織田氏時代 前, 中, 後篇 徳富猪一郎著 民友社 1918-1919 3冊 18cm Ⓝ210.4
〔05661〕
◇近世日本国民史織田信長 1 織田氏時代 前篇 徳富蘇峰著, 平泉澄校訂 講談社 1980.11 414p 15cm (講談社学術文庫) 780円 Ⓝ210.48
〔05662〕
◇近世日本国民史織田信長 2 織田氏時代 中篇 徳富蘇峰著, 平泉澄校訂 講談社 1980.12 410p 15cm (講談社学術文庫) 780円 Ⓝ210.48
〔05663〕
◇近世日本国民史織田信長 3 織田氏時代 後篇 徳富蘇峰著, 平泉澄校訂 講談社 1981.1 433p 15cm (講談社学術文庫) 780円 Ⓝ210.48
〔05664〕
◇近世のあけぼの—信長・秀吉と尾張 特別展 名古屋市博物館編 〔名古屋〕 名古屋市博物館 1986.3 95p 26cm Ⓝ210.48
〔05665〕
◇桑田忠親著作集 第4巻 織田信長 秋田書店 1979.7 350p 20cm 1900円 Ⓝ210.47
〔05666〕
◇劇画織田信長 あしべつひろし劇画, 永島直樹原作 日本文芸社 1991.12 2冊 19cm (ゴラク・コミックス—歴史コミック) 各580円 Ⓘ4-537-03722-9 Ⓝ726.1
〔05667〕
◇劇画若き日の織田信長—戦国の乱世を駆け抜けた男 桜井和生原作, たかださだお劇画 日本文芸社 1993.8 221p 19cm (ゴラク・コミックス—歴史コミック 歴史人物シリーズ) 580円 Ⓘ4-537-03847-0 Ⓝ726.1
〔05668〕
◇激録・日本大戦争 第13巻 信長・秀吉の天下制覇 原康史著 東京スポーツ新聞社 1982.12 310p 19cm 1300円 Ⓘ4-8084-0052-9 Ⓝ210.1
〔05669〕
◇元亀争乱—信長を迎え討った近江 平成8年度秋季特別展 滋賀県立安土城考古博物館編 安土町(滋賀県) 滋賀県立

安土城考古博物館　1996.10　104p　30cm　Ⓝ210.47
〔05670〕

◇元亀信長戦記―織田包囲網撃滅の真相　学習研究社　1998.4　187p　26cm　（歴史群像シリーズ 54号）　1300円　Ⓘ4-05-601815-4　Ⓝ210.47
〔05671〕

◇元亀信長戦記―戦史ドキュメント　学習研究社編集部編　学習研究社　2001.4　318p　15cm　（学研M文庫）　620円　Ⓘ4-05-902040-0　Ⓝ210.47
〔05672〕

◇原本「信長記」の世界　小林千草, 千草子著　新人物往来社　1993.9　237p　19cm　2800円　Ⓘ4-404-02059-7
〔05673〕

◇考証 織田信長事典　西ヶ谷恭弘著　東京堂出版　2000.9　306p　21cm　2800円　Ⓘ4-490-10550-9
〔05674〕

◇国際情報人 信長　小和田哲男著　集英社　1991.11　235p　19cm　1200円　Ⓘ4-08-783050-0
〔05675〕

◇「雑賀衆と織田信長」展示図録　和歌山市立博物館編　和歌山　和歌山市教育委員会　1998.10　76p　30cm　Ⓝ216.6
〔05676〕

◇再現日本史―週刊time travel　織豊1　講談社　2001.9　42p　30cm　533円　Ⓝ210.1
〔05677〕

◇再現日本史―週刊time travel　織豊2　講談社　2001.9　42p　30cm　533円　Ⓝ210.1
〔05678〕

◇残照―本能寺からの織田一族　秋季特別展　滋賀県立安土城考古博物館　安土町（滋賀県）　滋賀県立安土城考古博物館　1994.10　99p　26cm　Ⓝ288.3
〔05679〕

◇史籍集覧　〔12〕　織田軍記―一名・総見記　近藤瓶城校　遠山信春著　近藤瓶城　1882.12　7冊（11冊合本）　19cm　Ⓝ210
〔05680〕

◇週刊ビジュアル日本の歴史　no.1　天下統一への道 1　デアゴスティーニ・ジャパン　2000.2　41p　30cm　276円　Ⓝ210.1
〔05681〕

◇週刊ビジュアル日本の歴史　no.127　戦国武将篇 7　デアゴスティーニ・ジャパン　2002.8　p254-293　30cm　533円　Ⓝ210.1
〔05682〕

◇集中講義織田信長　小和田哲男著　新潮社　2006.6　263p　16cm　（新潮文庫）　438円　Ⓘ4-10-128851-8　Ⓝ289.1
〔05683〕

◇城下町の黎明―信長の城と町　滋賀県立安土城考古博物館編　安土町（滋賀県）　滋賀県立安土城考古博物館　1997.10　107p　30cm　Ⓝ210.48
〔05684〕

◇勝者の戦略―秀吉vs信長―天下統一の相違　バーチャル戦史　井沢元彦ほか著　ベストセラーズ　1996.2　255p　15cm　（ワニ文庫―歴史マガジン文庫）　600円　Ⓘ4-584-37027-3　Ⓝ210.48
〔05685〕

◇将帥学―信長・秀吉・家康に学ぶ人を使う極意　加来耕三著　時事通信社　2001.12　304p　19cm　1700円　Ⓘ4-7887-0174-X
〔05686〕

◇昇龍の影―信長、秀吉、家康と伊勢平野　衣斐賢譲著　鈴鹿　龍光寺微笑会, 中央公論事業出版〔発売〕　2003.7　403p　21cm　2000円　Ⓘ4-89514-207-8
〔05687〕

◇信玄と信長―戦国武将に学ぶリーダーの条件　百瀬明治著　実業之日本社〔発売〕　2007.10　181p　19cm　1400円　Ⓘ978-4-408-59298-5　Ⓝ289.1
〔05688〕

◇信長公記　太田和泉守著　千秋社　1980.11　6冊　23cm　全46000円　Ⓝ210.47
〔05689〕

◇信長公記　太田牛一著, 桑田忠親校注　新人物往来社　1997.5　396p　19cm　3800円　Ⓘ4-404-02493-2
〔05690〕

◇信長公記―現代語訳　上　太田牛一著, 中川太古訳　新訂版　新人物往来社　2006.5　248p　20cm　2800円　Ⓘ4-404-03299-4　Ⓝ289.1
〔05691〕

◇信長公記―現代語訳　下　太田牛一著, 中川太古訳　新訂版　新人物往来社　2006.5　271p　20cm　2800円　Ⓘ4-404-03300-1　Ⓝ289.1
〔05692〕

◇『信長公記』語彙索引　渋谷和宏, 佐藤康太, 大山由美子編　立正大学十六世紀史研究会　2004.5　120p　30cm　（16世紀史索引シリーズ 1）　Ⓝ289.1
〔05693〕

◇図解雑学 織田信長　西ヶ谷恭弘著　ナツメ社　2002.1　245p　19cm　（図解雑学シリーズ）　1300円　Ⓘ4-8163-3147-6
〔05694〕

◇瀬戸内海地域社会と織田権力　橋詰茂著　京都　思文閣出版　2007.1　375, 18p　22cm　（思文閣史学叢書）　7200円　Ⓘ978-4-7842-1333-7　Ⓝ217.4
〔05695〕

◇戦国織田戦記　佐脇翁介著　大陸書房　1973　254p　19cm　750円　Ⓝ210.47
〔05696〕

◇戦国おもしろ意外史―織田信長99の謎　加来耕三著　二見書房　1991.11　289p　15cm　（二見wai wai文庫）　460円　Ⓘ4-576-91137-6　Ⓝ289.1
〔05697〕

◇戦国史料叢書　第2　信長公記　太田牛一著, 桑田忠親校注　人物往来社　1965　389p　20cm　Ⓝ210.47
〔05698〕

◇戦国大名論集　17　織田政権の研究　秋沢繁ほか編　藤木久志編　吉川弘文館　1985.11　487p　22cm　5900円　Ⓘ4-642-02597-9　Ⓝ210.47
〔05699〕

◇戦国百人一話　1　織田信長をめぐる群像―創造性と行動力で勝利する　会田雄次ほか著　青人社　1991.4　203p　21cm　1500円　Ⓘ4-88296-102-4　Ⓝ210.47
〔05700〕

◇戦国夢幻織田信長　戸部新十郎著　経営書院　1993.6　268p　20cm　1600円　Ⓘ4-87913-450-3　Ⓝ289.1
〔05701〕

◇旋風陣信長―変革者の戦略　津本陽著　歴思書院, かんき出版〔発売〕　1997.6　222p　19cm　1400円　Ⓘ4-7612-5645-1
〔05702〕

◇旋風陣信長―変革者の戦略　津本陽著　講談社　2000.12　235p　15cm　（講談社文庫）　552円　Ⓘ4-06-273002-2
〔05703〕

◇戦乱の日本史「合戦と人物」　第9巻　天下布武　福田栄次郎責任編集　第一法規出版　1988.6　158p　31cm　3500円　Ⓘ4-474-10139-1　Ⓝ210.19
〔05704〕

◇創神 織田信長　津本陽著　角川書店　1995.11　223p　15cm　（角川文庫）　520円　Ⓘ4-04-171311-0
〔05705〕

◇第六天魔王信長―織田信長と異形の守護神　藤巻一保著　学習研究社　2001.3　349p　15cm　（学研M文庫）　620円　Ⓘ4-05-901043-X
〔05706〕

◇たかが信長 されど信長　遠藤周作著　文芸春秋　1995.9　233p　15cm　（文春文庫）　420円　Ⓘ4-16-712017-8
〔05707〕

◇地理から見た信長・秀吉・家康の戦略　足利健亮著　大阪　創元社　2000.8　235p　20cm　1600円　Ⓘ4-422-20140-9　Ⓝ210.48
〔05708〕

◇徹底検証 信長殺しの真相　大浦章郎著　新人物往来社　1992.12　228p　19cm　2000円　Ⓘ4-404-01977-7
〔05709〕

◇天下統一への野望―戦国時代の三英傑〈信長・秀吉・家康〉　恩田耕治著　勁文社　2001.5　301p　16cm　（勁文社

安土桃山時代　　　　　　　　　　中世史

「大文字」文庫）　838円　Ⓘ4-7669-3814-3　Ⓝ210.48
〔05710〕
◇天下人―信長・秀吉・家康　デアゴスティーニ・ジャパン　2000.5　112p　30cm　（週刊ビジュアル日本の歴史特別増刊）　943円　Ⓝ210.48　〔05711〕
◇天下布武―通史・織田信長　小山内新著　新紀元社　1991.7　277p　21cm　（Adventure world 2）　1800円　Ⓘ4-88317-203-1　Ⓝ210.47　〔05712〕
◇天下布武へ―信長の近江支配　秋季特別展　滋賀県立安土城考古博物館編　安土町（滋賀県）　滋賀県立安土城考古博物館　1993.10　85p　26cm　Ⓝ216.1　〔05713〕
◇天才信長を探しに、旅に出た　安部龍太郎著　日本経済新聞社　2002.6　216p　19cm　1500円　Ⓘ4-532-16422-2　〔05714〕
◇天魔鬼神 織田信長　山城和人著　近代文芸社　1995.1　313p　19cm　1500円　Ⓘ4-7733-2950-5　〔05715〕
◇日本外史に見る右大臣信長　桃井松籟著　仙台　桃井松籟　1991.11　208p　19cm　900円　Ⓝ289.1
〔05716〕
◇日本史探訪　10　信長と秀吉をめぐる人々　角川書店編　角川書店　1983.10　316p　16cm　（角川文庫 5360）　420円　Ⓘ4-04-153310-4　Ⓝ210.04　〔05717〕
◇日本精神研究　第6　近代日本の創設者織田信長　大川周明著　社会教育研究所　1924　229-264p　22cm　Ⓝ121.1　〔05718〕
◇日本の合戦　第5巻　織田信長 英雄信長〔ほか〕　桑田忠親編　桑田忠親　人物往来社　1965　412p 図版　20cm　Ⓝ210.1　〔05719〕
◇日本の合戦　5　織田信長　桑田忠親編集　新人物往来社　1978.4　414p　20cm　1500円　Ⓝ210.1
〔05720〕
◇日本の歴史―マンガ　25　織田信長の天下布武　石ノ森章太郎著　中央公論社　1991.11　237p　20cm　1000円　Ⓘ4-12-402825-3　Ⓝ726.1　〔05721〕
◇日本の歴史　中世から近世へ　5　信長と秀吉―天下一統　新訂増補　朝日新聞社　2002.11　p130-160　30cm　（週刊朝日百科 25）　476円　Ⓝ210.1　〔05722〕
◇日本の歴史文庫　10　信長と秀吉　井上鋭夫著　講談社　1975　333p 図　15cm　380円　Ⓝ210.1
〔05723〕
◇NOBUNAGA ―信長は誰れか　細川広次著　新人物往来社　1992.4　259p　18cm　1400円　Ⓘ4-404-01902-5　〔05724〕
◇信長　秋山駿著　新潮社　1996.3　473p　19cm　2400円　Ⓘ4-10-375702-7　〔05725〕
◇信長　秋山駿著　新潮社　1999.12　567p　15cm　（新潮文庫）　743円　Ⓘ4-10-148212-8　〔05726〕
◇信長―徹底分析十七章　小和田哲男著　名古屋　KTC中央出版　2003.5　245p　19cm　1400円　Ⓘ4-87758-310-6　〔05727〕
◇信長―「天下一統」の前に「悪」などなし　堺屋太一、山崎正和、石原慎太郎、塩野七生、隆慶一郎ほか著　新版　プレジデント社　2007.11　291p　19cm　（PRESIDENT Classics）　1429円　Ⓘ978-4-8334-1860-7　〔05728〕
◇信長犬山美濃を平定　梅田薫著　美濃加茂　美濃文化財研究会　1996.9　174p　21cm　Ⓝ215.5　〔05729〕
◇「信長」をたっぷり楽しむ法―ユートピアは安土にあり　高野冬彦著　五月書房　1991.12　286p　19cm　1380円　Ⓘ4-7727-0163-X　〔05730〕

◇信長解体新書　歴史ファンワールド編集部編　横浜　光栄　1998.12　189p　21cm　1700円　Ⓘ4-87719-636-6
〔05731〕
◇信長街道　安部龍太郎著　新潮社　2006.10　242p　16cm　（新潮文庫）　400円　Ⓘ4-10-130518-8　Ⓝ289.1
〔05732〕
◇信長権力と朝廷　立花京子著　岩田書院　2000.11　340p　22cm　6900円　Ⓘ4-87294-187-X　Ⓝ210.48
〔05733〕
◇信長権力と朝廷　立花京子著　第2版　岩田書院　2002.1　345, 12p　22cm　7200円　Ⓘ4-87294-228-0　Ⓝ210.48　〔05734〕
◇信長戦記―信長公記の世界　志村有弘著　教育社　1992.1　273p　20cm　1600円　Ⓘ4-315-51245-1　Ⓝ210.47　〔05735〕
◇信長戦記―信長公記の世界　志村有弘著　ニュートンプレス　2003.3　287p　19cm　1800円　Ⓘ4-315-51678-3
〔05736〕
◇信長戦記・越前激闘編―越前町織田文化歴史館平成19年度企画展覧会図録　越前町織田文化歴史館編　越前町（福井県）　越前町織田文化歴史館　2007.9　23p　30cm
〔05737〕
◇信長戦国城盗り物語　外川淳著　大和書房　2007.5　333p　16cm　（だいわ文庫）　743円　Ⓘ978-4-479-30100-4　Ⓝ289.1　〔05738〕
◇「信長伝説」の真実　武田鏡村著　講談社　1995.11　347p　19cm　1800円　Ⓘ4-06-207947-X　〔05739〕
◇信長と石山合戦―中世の信仰と一揆　神田千里著　吉川弘文館　1995.10　246p　20cm　2060円　Ⓘ4-642-07474-0　Ⓝ210.47　〔05740〕
◇信長と伊勢・伊賀―三重戦国物語　横山高治著　大阪　創元社　1992.4　210p　19cm　1600円　Ⓘ4-422-20462-9　Ⓝ210.47　〔05741〕
◇信長と十字架―「天下布武」の真実を追う　立花京子著　集英社　2004.1　269p　18cm　（集英社新書）　740円　Ⓘ4-08-720225-9　〔05742〕
◇信長と信玄　津本陽著　東洋経済新報社　1999.7　261p　19cm　1500円　Ⓘ4-492-06112-6　〔05743〕
◇信長と信玄　津本陽著　角川書店　2001.11　270p　15cm　（角川文庫）　533円　Ⓘ4-04-171321-8
〔05744〕
◇信長と天皇―中世的権威に挑む覇王　今谷明著　講談社　1992.4　219p　18cm　（講談社現代新書）　600円　Ⓘ4-06-149096-6　Ⓝ210.48　〔05745〕
◇信長と天皇―中世的権威に挑む覇王　今谷明著　講談社　2002.9　220p　15cm　（講談社学術文庫）　900円　Ⓘ4-06-159561-X　Ⓝ210.48　〔05746〕
◇信長と日本人―魂の言葉で語れ！　秋山駿著　飛鳥新社　2004.8　211p　19cm　1600円　Ⓘ4-87031-624-2
〔05747〕
◇信長と秀吉　奥野高広著　至文堂　1955　214p 図版　19cm　（日本歴史新書）　Ⓝ210.48　〔05748〕
◇信長と梁山泊の強者たち　桑原恭子著, 平松礼二画　名古屋　風媒社　1992.1　251p　19cm　1700円
〔05749〕
◇信長とは何か　小島道裕著　講談社　2006.3　238p　19cm　（講談社選書メチエ 356）　1500円　Ⓘ4-06-258356-9　Ⓝ289.1　〔05750〕
◇信長の安土維新―世界を見据え、日本を制した風雲児　武田鏡村著　日本文芸社　1991.12　252p　18cm

(Rakuda books) 780円 Ⓘ4-537-02269-8 Ⓝ289.1
〔05751〕
◇信長の実像―時代が求めたもの、時代に求めたもの 50のエピソードで読む 坂本徳一ほか著 PHP研究所 1992.3 212p 19cm 1250円 Ⓘ4-569-53561-5 Ⓝ289.1
〔05752〕
◇信長の親衛隊―戦国覇者の多彩な人材 谷口克広著 中央公論社 1998.12 250p 18cm (中公新書) 740円 Ⓘ4-12-101453-7 Ⓝ210.48
〔05753〕
◇信長の戦国軍事学―戦術家・織田信長の実像 歴史の想像力 藤本正行著 JICC出版局 1993.2 302p 19cm 1400円 Ⓘ4-7966-0555-X Ⓝ289.1
〔05754〕
◇信長の戦国軍事学 藤本正行著 新装版 洋泉社 1997.12 302p 20cm 2000円 Ⓘ4-89691-294-2 Ⓝ210.48
〔05755〕
◇信長の戦争―『信長公記』に見る戦国軍事学 藤本正行著 講談社 2003.1 316p 15cm (講談社学術文庫) 1000円 Ⓘ4-06-159578-4 Ⓝ210.48
〔05756〕
◇信長の戦略―戦国の英雄たち 小学館 1991.12 259p 16cm (小学館ライブラリー 16) 740円 Ⓘ4-09-460016-7 Ⓝ289.1
〔05757〕
◇信長の中濃作戦―可児・加茂の人々 梅田薫著 美濃加茂 美濃文化財研究会 1993.10 354p 21cm 2500円 Ⓝ215.3
〔05758〕
◇信長の中濃作戦―可児、加茂の人々 梅田薫著 3版 美濃加茂 美濃文化財研究会 1995.7 351p 21cm Ⓝ215.3
〔05759〕
◇信長の天下布武への道 谷口克広著 吉川弘文館 2006.12 286,3p 20cm (戦争の日本史 13) 2500円 Ⓘ4-642-06323-4 Ⓝ289.1
〔05760〕
◇信長の洞察力 秀吉の速断力―歴史に学ぶ組織管理 樋口晴彦著 学習研究社 2006.5 247p 15cm (学研M文庫) 590円 Ⓘ4-05-901183-5
〔05761〕
◇信長の謎―徹底検証 加来耕三著 講談社 2000.8 472p 15cm (講談社文庫) 762円 Ⓘ4-06-264917-9
〔05762〕
◇信長の呪い―かくて、近代日本は生まれた 小室直樹著 光文社 1992.1 229p 18cm (カッパ・ブックス) 790円 Ⓘ4-334-00517-9 Ⓝ210.48
〔05763〕
◇信長の美濃攻略史研究 松田亮著 岐阜 新美濃史学会 1976 134p 22cm 1700円 Ⓝ210.48 〔05764〕
◇信長の野望戦国タイムス―戦国時代に新聞やTVがあったら!? シブサワ・コウ編 横浜 光栄 1992.9 145p 19cm (歴史おもしろタイムス 2) 980円 Ⓘ4-906300-58-8 Ⓝ289.1
〔05765〕
◇信長発見 秋山駿、中野孝次、石原慎太郎、津本陽、宮城谷昌光著 小沢書店 1997.1 202p 19cm 1648円 Ⓘ4-7551-0330-4
〔05766〕
◇信長発見 秋山駿著 朝日新聞社 2003.6 272p 15cm (朝日文庫) 600円 Ⓘ4-02-264308-0
〔05767〕
◇信長秀吉家康―勝者の条件敗者の条件 津本陽、江坂彰著 講談社 1996.6 245p 20cm 1500円 Ⓘ4-06-208156-3 Ⓝ210.48
〔05768〕
◇信長秀吉家康 秋山駿著 廣済堂出版 1997.8 217p 20cm 1600円 Ⓘ4-331-50595-2 Ⓝ210.48
〔05769〕
◇信長秀吉家康 秋山駿著 日本障害者リハビリテーション協会 1999.9 CD-ROM1枚 12cm Ⓝ210.48
〔05770〕

◇信長・秀吉・家康 秋山駿著, 岳真也聞き手 学習研究社 2000.11 244p 15cm (学研M文庫) 540円 Ⓘ4-05-901015-4
〔05771〕
◇信長秀吉家康―勝者の条件敗者の条件 津本陽、江坂彰著 講談社 2001.9 235p 15cm (講談社文庫) 495円 Ⓘ4-06-273249-1 Ⓝ210.48
〔05772〕
◇信長・秀吉・家康に学ぶ成功哲学 二木謙一著 三笠書房 1993.12 253p 15cm (知的生きかた文庫) 500円 Ⓘ4-8379-0622-2
〔05773〕
◇信長・秀吉・家康の戦略―乱世を彩る英傑の生きざま! 百瀬明治著 大陸書房 1992.7 255p 16cm (大陸文庫) 480円 Ⓘ4-8033-4145-1 Ⓝ210.48 〔05774〕
◇信長・秀吉・家康の戦略戦術―戦国参謀part2 佐々克明著 産業能率大学出版部 1981.7 222p 19cm 1200円 Ⓝ210.48
〔05775〕
◇信長・秀吉・家康の戦略戦術 佐々克明著 三笠書房 1986.3 259p 15cm (知的生きかた文庫) 400円 Ⓘ4-8379-0094-1 Ⓝ210.48
〔05776〕
◇信長・秀吉・家康の戦略戦術 佐々克明著 三笠書房 1995.4 243p 15cm (知的生きかた文庫) 500円 Ⓘ4-8379-0733-4 Ⓝ210.48
〔05777〕
◇信長・秀吉・家康の戦略戦術 佐々克明著 三笠書房 1998.4 243p 15cm (知的生きかた文庫) 495円 Ⓘ4-8379-0948-5 Ⓝ210.48
〔05778〕
◇信長・秀吉・家康の戦略戦術 佐々克明著 第2版 産能大学出版部 2001.6 240p 19cm 1600円 Ⓘ4-382-05514-8 Ⓝ210.48
〔05779〕
◇信長・秀吉・家康の人間関係学 関峋一, 中西信男著 新人物往来社 1981.11 241p 20cm 2000円 Ⓝ210.48
〔05780〕
◇「信長・秀吉・家康」覇者の人間学―英雄の真価を探る 安藤英男著 PHP研究所 1992.1 350p 20cm 1800円 Ⓘ4-569-53449-X Ⓝ210.48
〔05781〕
◇信長・秀吉と西岡―企画展 向日市文化資料館編 向日 向日市文化資料館 1996.9 16p 30cm Ⓝ216.2
〔05782〕
◇信長・秀吉の紀州攻め史料 松田文夫編 〔和歌山〕〔松田文夫〕 1999.2 145p 23cm 2600円 Ⓝ216.6
〔05783〕
◇信長・秀吉の城と都市―特別展 岐阜市歴史博物館編 岐阜 岐阜市歴史博物館 1991.7 119p 30cm Ⓝ210.47
〔05784〕
◇信長船づくりの誤算―湖上交通史の再検討 用田政晴著 彦根 サンライズ出版 1999.7 180p 19cm (淡海文庫 16) 1200円 Ⓘ4-88325-123-3 Ⓝ684
〔05785〕
◇信長文書の世界―平成12年度秋季特別展 滋賀県立安土城考古博物館編 安土町(滋賀県) 滋賀県立安土城考古博物館 2000.10 116p 30cm Ⓝ210.029
〔05786〕
◇信長歴史を動かした「ただひとり」の男 加来耕三著 大和書房 2007.2 348p 16cm (だいわ文庫) 762円 Ⓘ978-4-479-30081-6 Ⓝ289.1 〔05787〕
◇信長は生きていた―God Kazukiが伝える"本当の歴史" Kazuki著 ジーオー企画出版 2004.10 222p 19cm 1200円 Ⓘ4-921165-21-1 Ⓝ210.48
〔05788〕
◇信長はどんな人物だった?―戦国・安土桃山時代 佐藤和彦監修 ポプラ社 1998.4 47p 29cm (調べ学習にやくだつ日本史の大疑問 5) 3000円 Ⓘ4-591-05699-6, 4-591-99229-2 Ⓝ289.1
〔05789〕

安土桃山時代　　　　　　　　　　　中世史

◇信長は本当に天才だったのか　工藤健策著　草思社　2007.8　251p　20cm　1600円　Ⓘ978-4-7942-1626-7　Ⓝ289.1
〔05790〕
◇爆笑信長の野望―歴史人物笑史　1　シブサワ・コウ, 光栄出版部企画編集　復刻版　横浜　光栄　2006.3　167p　19cm　1000円　Ⓘ4-7758-0439-1　Ⓝ281.04
〔05791〕
◇爆笑信長の野望―歴史人物笑史　2　シブサワ・コウ, 光栄出版部企画編集　復刻版　横浜　光栄　2006.3　171p　19cm　1000円　Ⓘ4-7758-0440-5　Ⓝ281.04
〔05792〕
◇秀吉と信長の出会い　北野憲二著　新人物往来社　1983.3　266p　20cm　1200円　Ⓝ210.48
〔05793〕
◇批評日本史―政治的人間の系譜　4　織田信長　会田雄次, 原田伴彦, 杉山二郎著　思索社　1972　320p　図　20cm　980円　Ⓝ281.08
〔05794〕
◇風雲児信長と悲運の女たち　楠戸義昭著　学習研究社　2002.6　318p　15cm　（学研M文庫）　680円　Ⓘ4-05-901138-X
〔05795〕
◇プレジデント信長　小島鋼平, 清水定吉著　日本ソノサービスセンター　1967　333p　20cm　Ⓝ210.48
〔05796〕
◇町を放火候なり―信長池田城合戦と畿内制圧　開館20周年記念特別展　池田市立歴史民俗資料館編　池田　池田市立歴史民俗資料館　2000.10　39p　30cm　Ⓝ216.3
〔05797〕
◇マンガ日本の歴史　25　織田信長の天下布武　石ノ森章太郎著　中央公論　1998.2　216p　16cm　（中公文庫）　524円　Ⓘ4-12-203075-7　Ⓝ726.1
〔05798〕
◇名城攻防戦―信長の野望合戦事典　福田誠ほか執筆, 光栄出版部企画編集　横浜　光栄　1994.3　189p　21cm　1800円　Ⓘ4-87719-089-9　Ⓝ210.48
〔05799〕
◇物語日本の歴史―その時代を見た人が語る　第17巻　織田信長の悲劇　笠原一男編　木耳社　1992.3　217p　20cm　1500円　Ⓘ4-8393-7569-0　Ⓝ210.1
〔05800〕
◇歴史に学ぶ　津本陽著　講談社　2003.12　298p　15cm　（講談社文庫）　571円　Ⓘ4-06-273915-1　Ⓝ914.6
〔05801〕
◇蓮如と信長　山折哲雄著　PHP研究所　1997.12　277p　19cm　1429円　Ⓘ4-569-55897-6
〔05802〕
◇蓮如と信長　山折哲雄著　PHP研究所　2002.10　289p　15cm　（PHP文庫）　533円　Ⓘ4-569-57815-2
〔05803〕

◆◆織田家の武将

◇荒木村重―命惜しゅうて候　黒部亨著　PHP研究所　1996.6　501p　15cm　（PHP文庫）　820円　Ⓘ4-569-56904-8
〔05804〕
◇荒木村重研究序説―戦国の将村重の軌跡とその時代　瓦田昇著　福岡　海鳥社　1998.6　541p　21cm　8000円　Ⓘ4-87415-222-8
〔05805〕
◇織田軍団―覇業を支えた常勝集団のすべて　世界文化社　1995.10　178p　26cm　（ビッグマンスペシャル―歴史クローズアップ人物）　1400円　Ⓝ210.48
〔05806〕
◇織田軍団ものしり帖―天下を目指した猛者たちの真実　杉田幸三著　広済堂出版　1991.10　279p　18cm　（Kosaido books）　760円　Ⓘ4-331-00538-0　Ⓝ210.48
〔05807〕

◇織田軍団ものしり帖　杉田幸三著　広済堂出版　1993.2　266p　16cm　（広済堂文庫）　480円　Ⓘ4-331-65167-3　Ⓝ210.48
〔05808〕
◇織田大名衆―信長とその部将　飯田忠彦著　新人物往来社　1971　267p　20cm　（大日本野史）　850円　Ⓝ210.48
〔05809〕
◇織田信長家臣人名辞典　谷口克広著　吉川弘文館　1995.1　495, 7p　23cm　7210円　Ⓘ4-642-02743-2　Ⓝ210.46
〔05810〕
◇激闘織田軍団―「天下布武」への新戦略　学習研究社　1990.8　205p　26cm　（歴史群像シリーズ20）　1165円　Ⓘ4-05-105231-1　Ⓝ210.48
〔05811〕
◇佐々成政―悲運の知将　遠藤和子著　学陽書房　1999.2　372p　15cm　（人物文庫）　700円　Ⓘ4-313-75073-8
〔05812〕
◇佐々成政関係文書　浅野清編著　新人物往来社　1994.12　241p　21cm　（佐々成政史料大成　第3輯）　4800円　Ⓘ4-404-02159-3　Ⓝ289.1
〔05813〕
◇佐々成政資料の誤記・疑義―戦国武将研究の盲点　浅野清著　歴研　2005.8　46p　21cm　（歴研「戦国史」ブックレット）　800円　Ⓘ4-947769-50-5　Ⓝ289.1
〔05814〕
◇佐々成政のすべて　花ケ前盛明著　新人物往来社　2002.3　291p　19cm　2800円　Ⓘ4-404-02954-3　Ⓝ289.1
〔05815〕
◇柴田勝家―北庄に掛けた夢とプライド　平成18年春季特別展　福井市立郷土歴史博物館企画・制作・編集　福井　福井市立郷土歴史博物館　2006.3　111p　30cm　Ⓝ289.1
〔05816〕
◇「図解」信長軍団なるほど人物事典―完全保存版　『歴史街道』編集部編　PHP研究所　2005.12　94p　26cm　800円　Ⓘ4-569-64599-2　Ⓝ281.04
〔05817〕
◇戦国佐久間一族　楠戸義昭著　新人物往来社　2004.4　268p　20cm　2800円　Ⓘ4-404-03155-6　Ⓝ288.2
〔05818〕
◇殿様と家臣―信長に仕えた男たちの幸運と不運　谷口克広著　イースト・プレス　1995.12　254p　20cm　1600円　Ⓘ4-87257-067-7　Ⓝ210.48
〔05819〕
◇信長をめぐる七人の武将　桑田忠親著　エルム　1973　260p　20cm　850円　Ⓝ210.47
〔05820〕
◇信長軍団に学ぶ処世の法則　加藤廣著　PHP研究所　2006.6　236p　19cm　1400円　Ⓘ4-569-64983-1
〔05821〕
◇信長軍の司令官―部将たちの出世競争　谷口克広著　中央公論新社　2005.1　268p　18cm　（中公新書）　780円　Ⓘ4-12-101782-X　Ⓝ210.48
〔05822〕
◇信長公功臣三十六名肖像―拝殿額面　石田有年著・画　京都　建勲神社　1895.3　36丁　17cm　Ⓝ281
〔05823〕
◇信長と消えた家臣たち―失脚・粛清・謀反　谷口克広著　中央公論新社　2007.7　270p　18cm　（中公新書）　800円　Ⓘ978-4-12-101907-3　Ⓝ281.04
〔05824〕
◇信長とその武将たち―特別展　岐阜市歴史博物館編　岐阜　岐阜市歴史博物館　1998　120p　30cm　Ⓝ702.148
〔05825〕
◇信長の家臣団―「天下布武」を支えた武将34人の記録　樋口晴彦著　学習研究社　2005.9　362p　15cm　（学研M文庫）　648円　Ⓘ4-05-901174-6
〔05826〕
◇信長の合戦―八つの戦いで読む知謀と戦略　戸部新十郎著　PHP研究所　2001.3　525p　15cm　（PHP文庫）　800円　Ⓘ4-569-57531-5　Ⓝ210.47
〔05827〕

◇信長・秀吉と家臣たち―歴史に学ぶ　谷口克広著　日本放送出版協会　2000.4　229p　21cm　(NHK文化セミナー)　850円　①4-14-910380-1　Ⓝ210.48
〔05828〕
◇幻の埋蔵金―佐々成政の生涯　生駒忠一郎著　名古屋　KTC中央出版　1996.10　255p　19cm　1500円　①4-924814-83-0
〔05829〕
◇森蘭丸の母とその流れ―妙願寺史に沿って　森嵩正著　近代文芸社　1996.10　325p　20cm　2500円　①4-7733-5724-X　Ⓝ288.3
〔05830〕

◆◆桶狭間の戦い
◇桶狭間・姉川の役―日本の戦史　旧参謀本部編纂　徳間書店　1995.5　445p　16cm　(徳間文庫)　640円　①4-19-890311-5　Ⓝ210.47
〔05831〕
◇桶狭間戦記　川住鉎三郎編　豊島鉄太郎　1891.9　154p　地図　19cm　Ⓝ210.5
〔05832〕
◇桶狭間と真珠湾―大難突破必勝之道　石崎幸銀著　士風会本部　1944　120p　19cm　Ⓝ204
〔05833〕
◇桶峡間・長篠・小牧長久手戦史　市川光宣著　豊橋　豊川堂書店　1940　156p　19cm　Ⓝ210.4
〔05834〕
◇桶狭間の合戦　武田八洲満著　成美堂出版　1982.12　206p　19cm　1000円　①4-415-07708-0　Ⓝ210.47
〔05835〕
◇桶狭間の真実　太田満明著　ベストセラーズ　2007.11　198p　18×11cm　(ベスト新書)　686円　①978-4-584-12167-2
〔05836〕
◇桶狭間の戦い　小和田哲男著　学習研究社　1989.8　191p　21cm　(「歴史群像」シリーズ)　1240円　Ⓝ210.47
〔05837〕
◇桶狭間の戦い―戦史ドキュメント　小和田哲男著　学習研究社　2000.9　254p　15cm　(学研M文庫)　540円　①4-05-901001-4　Ⓝ210.47
〔05838〕
◇桶狭間の戦い―景虎の画策と信長の策略　濱田昭生著　東洋出版　2007.6　176p　20cm　1429円　①978-4-8096-7542-3　Ⓝ210.47
〔05839〕
◇再現日本史―週刊time travel　戦国8　講談社　2002.4　44p　30cm　533円　Ⓝ210.1
〔05840〕
◇新説桶狭間の戦いとその後の今川宗家―峠地蔵の一人語り　梅垣牧著　〔出版地不明〕　〔梅垣牧〕　200-　18枚　30cm　Ⓝ210.47
〔05841〕
◇攻める―奇襲桶狭間―織田信長の戦略・戦術　武岡淳彦著　ビジネス社　1982.11　254p　19cm　1200円　Ⓝ210.47
〔05842〕
◇通俗日本戦史桶狭間役　塚原渋柿園編　厚生堂　1910.12　196p　22cm　Ⓝ210.5
〔05843〕
◇日本の戦史　第1　桶狭間・姉川の役　旧参謀本部編纂, 桑田忠親, 山岡荘八監修　徳間書店　1965　20cm　Ⓝ210.13
〔05844〕
◇尾州桶狭間合戦略記　梶野仙次郎編　栄村(愛知県)　梶野仙次郎　1885.7　3丁　25cm　Ⓝ210.5
〔05845〕
◇もう一つの桶狭間―偉大なる従軍記者が語る織田信長の戦略と行動　井上力著　講談社出版サービスセンター　2000.1　242p　19cm　1200円　①4-87601-495-7　Ⓝ210.47
〔05846〕
◇歴史に学ぶ必勝の方程式　関根徳男著　〔田沼町(栃木県)〕　思門出版会　2005.7　123p　20cm　非売品　①4-921168-14-8　Ⓝ210.47
〔05847〕

◆◆美濃攻略
◇岐阜落城軍記と慶長記　鈴木勝忠著　岐阜　中川書房　1981.5　72p　19cm　2500円　Ⓝ210.48
〔05848〕
◇落城私考―織田信長岐阜攻略の時期　郷浩著　岐阜　岐阜城歴史同好会　1964　296p　図版　19cm　Ⓝ210.47
〔05849〕

◆◆長篠の戦い
◇慰霊塔建設事業報告書　長篠役甲軍戦歿将士慰霊塔建設会編　甲府　長篠役甲軍戦歿将士慰霊塔建設会　1938　23p　23cm　Ⓝ215.1
〔05850〕
◇桶峡間・長篠・小牧長久手戦史　市川光宣著　豊橋　豊川堂書店　1940　156p　19cm　Ⓝ210.4
〔05851〕
◇再現日本史―週刊time travel　織豊3　講談社　2001.9　42p　30cm　533円　Ⓝ210.1
〔05852〕
◇三陽長篠合戦日記写　鳳来町(愛知県南設楽郡)　長篠城址史跡保存館　1972.5　50p　22cm　Ⓝ210.1
〔05853〕
◇史跡長篠城跡　3　鳳来町(愛知県)　鳳来町教育委員会　2004.9　32p　図版7p　30cm　(鳳来町埋蔵文化財調査報告書　第3集)　Ⓝ210.0254
〔05854〕
◇史跡長篠城跡　4　鳳来町教育委員会編　鳳来町(愛知県)　鳳来町教育委員会　2005.3　27p　図版5p　30cm　(鳳来町埋蔵文化財調査報告書　第4集)　Ⓝ210.0254
〔05855〕
◇史跡長篠城跡　5　新城市教育委員会編　新城　新城市教育委員会　2006.3　26p　図版7p　30cm　(新城市埋蔵文化財調査報告書)　Ⓝ210.0254
〔05856〕
◇史跡長篠城跡　6　新城市教育委員会編　新城　新城市教育委員会　2007.3　25p　図版7p　30cm　(新城市埋蔵文化財調査報告書)　Ⓝ210.0254
〔05857〕
◇鉄砲隊と騎馬軍団―真説・長篠合戦　鈴木眞哉著　洋泉社　2003.5　246p　18cm　(新書y)　720円　①4-89691-727-8　Ⓝ210.48
〔05858〕
◇なかしの　長篠古戦場顕彰会編　新城町(愛知県)　前沢印刷所　1914　68p　図版　23cm　Ⓝ215.5
〔05859〕
◇長篠合戦戦死者四百年祭　愛知県鳳来町立長篠城趾史跡保存館編　〔鳳来町(愛知県)〕　愛知県鳳来町立長篠城趾史跡保存館　1977.7　172p　21cm　Ⓝ210.48
〔05860〕
◇長篠合戦余話　鳳来町　長篠城趾史跡保存館　1969　117p　地図　22cm　(長篠戦史資料 その5)　200円　Ⓝ210.48
〔05861〕
◇長篠軍記　皆川登一郎編　新城町(愛知県)　皆川博　1913　32p　23cm　Ⓝ210.4
〔05862〕
◇長篠軍記　皆川登一郎編　3版　新城町(愛知県)　皆川博　1916　46p　22cm　Ⓝ210.4
〔05863〕
◇長篠・設楽原合戦の真実―甲斐武田軍団はなぜ壊滅したか　名和弓雄著　雄山閣出版　1998.6　253p　19cm　2200円　①4-639-01540-2　Ⓝ210.48
〔05864〕
◇長篠・設楽原の合戦―歴史を変えた日本の合戦　加来耕三企画・構成, すぎたとおる原作, 中島健志作画, 馬場高夫監修　ポプラ社　2007.11　126p　22cm　(コミック版日本の歴史8)　1000円　①978-4-591-09797-7　Ⓝ210.48
〔05865〕
◇長篠・設楽原の戦い―徹底検証　小和田哲男監修, 小林芳春編　吉川弘文館　2003.8　258p　20cm　2500円　①4-642-07919-X　Ⓝ210.48
〔05866〕
◇長篠実戦記　皆川登一郎著　豊橋　豊文堂出版部　1919　187p　19cm　Ⓝ210.4
〔05867〕

◇長篠城址試掘調査報告書　第1次試掘調査―第4次試掘調査　鳳来町（愛知県）　鳳来町教育委員会　2004.1　281p　30cm　Ⓝ210.0254　〔05868〕
◇長篠城の今昔　柳原明十編　改訂　舟着村（愛知県）　柳原明十　1935　17丁　25cm　Ⓝ210.4　〔05869〕
◇長篠城本末　山田角次郎編　文光堂　1897.2　70p　23cm　Ⓝ210.5　〔05870〕
◇長篠戦記　皆川登一郎著　新城町（愛知県）　豊田書店　1901.11　1冊　23cm　Ⓝ210.5　〔05871〕
◇長篠戦記　皆川登一郎著　目黒書店　1910.3　118p　16cm　Ⓝ210.4　〔05872〕
◇長篠戦記　鈴木準一著　愛知県南設楽郡東郷村　東郷東尋常高等小学校　1937　48p　20cm　Ⓝ210.4　〔05873〕
◇長篠戦跡史　井口木犀著　2版　豊橋　豊川堂書店　1936　104p　19cm　Ⓝ210.4　〔05874〕
◇長篠戦跡史　井口木犀著　4版　豊橋　豊川堂書店　1939　115p　19cm　Ⓝ210.4　〔05875〕
◇長篠戦略記　林重三郎編　長篠村（愛知県）　林重三郎　1910　17p　19cm　Ⓝ210.4　〔05876〕
◇長篠日記―長篠戦記　鳳来町立長篠城趾史跡保存館編　改訂増補　鳳来町（愛知県）　鳳来町立長篠城趾史跡保存館　1980.5　72p　22cm　（長篠戦史資料　その4）　Ⓝ210.48　〔05877〕
◇長篠の合戦―虚像と実像のドキュメント　太向義明著　甲府　山梨日日新聞社出版局　1996.8　197p　18cm　（山日ライブラリー）　1165円　①4-89710-706-7　Ⓝ210.48　〔05878〕
◇長篠の戦　高柳光寿著　春秋社　1978.1　211p　18cm　（新書戦国戦記 6）　600円　Ⓝ210.48　〔05879〕
◇長篠の戦い―新分析現代に生きる戦略・戦術　旺文社編　旺文社　1984.11　176p　26cm　1800円　①4-01-070778-X　Ⓝ210.48　〔05880〕
◇長篠の戦い―織田・徳川鉄砲隊対武田騎馬軍団の死闘　二木謙一著　学習研究社　1989.1　221p　21cm　（「歴史群像」シリーズ）　1200円　Ⓝ210.48　〔05881〕
◇長篠の戦い―戦史ドキュメント　二木謙一著　学習研究社　2000.9　278p　15cm　（学研M文庫）　570円　①4-05-901002-2　Ⓝ210.48　〔05882〕
◇長篠の戦と馬場信房　穂苅勝著　穂苅勝　1988.10　113p　22cm　Ⓝ210.4　〔05883〕
◇長篠戦略記　〔長篠村（愛知県）〕　愛知県南設楽郡長篠村尚武会　1929　22p　23cm　Ⓝ210.4　〔05884〕
◇長篠戦略記　〔長篠村（愛知県）〕　愛知県南設楽郡長篠村銃後奉公会　1941　22p　22cm　Ⓝ210.4　〔05885〕
◇日本の戦史　第2　三方原・長篠の役　旧参謀本部編纂，桑田忠親，山岡荘八監修　徳間書店　1965　20cm　Ⓝ210.13　〔05886〕
◇山家三方衆　愛知県鳳来町立長篠城趾史跡保存館編　〔鳳来町（愛知県）〕　愛知県鳳来町立長篠城趾史跡保存館　1979.5　146p　21cm　（長篠戦史　第2分冊）　Ⓝ215.5　〔05887〕
◇烈士鳥居強右衛門とその子孫　鳳来町（愛知県）　愛知県鳳来町立長篠城趾史跡保存館　1973　197p 図　21cm　（長篠戦史資料　その3）　1000円　Ⓝ210.48　〔05888〕

◆◆明智光秀・本能寺の変
◇明智城（長山城）と明智光秀―市立図書館の資料に見る　可児市，可児市観光協会編　可児　可児市　1999.3　162p　30cm　Ⓝ215.3　〔05889〕
◇明智光秀　小泉策太郎著　裳華書房　1897.5　154p 図版　23cm　（偉人史叢　臨時）　Ⓝ289.1　〔05890〕
◇明智光秀　奥村恒次郎著　1910　175p　20cm　Ⓝ289.1　〔05891〕
◇明智光秀　永井円次郎著　東京閣　1941　175p　19cm　Ⓝ289.1　〔05892〕
◇明智光秀　坂本箕山著　日比谷出版社　1942　1冊 図版　19cm　Ⓝ289.1　〔05893〕
◇明智光秀―鬼退治の深層を読む　永井寛著　三一書房　1999.5　356p　19cm　3800円　①4-380-99202-0　〔05894〕
◇明智光秀冤罪論―信長謀殺、光秀でない　井上慶雪著　叢文社　2005.2　350p　19cm　1500円　①4-7947-0514-X　Ⓝ210.48　〔05895〕
◇明智光秀今昔観―附・福知山繁昌記　中岡未竜著　福知山町（京都府）　丹波史蹟研究会　1919　54, 9p　18cm　Ⓝ289.1　〔05896〕
◇明智光秀周山城物語　城山放談会編　京北町（京都府）　京都ゼミナールハウス　1995.9　53p　26cm　Ⓝ216.2　〔05897〕
◇明智光秀と旅―資料で再現する武人の劇的な人生　信原克哉著　ブックハウス・エイチディ　2005.9　327p　27cm　2500円　①4-938335-20-4　Ⓝ289.1　〔05898〕
◇明智光秀の生涯―歴史随想　二階堂省著　近代文芸社　1996.6　322p　20cm　3000円　①4-7733-4914-X　Ⓝ289.1　〔05899〕
◇明智光秀のすべて　二木謙一編　新人物往来社　1994.12　266p　19cm　（人物シリーズ）　2800円　①4-404-02139-9　〔05900〕
◇明智光秀ゆかりの地を訪ねて　塩見弥一著　日本図書刊行会　1997.2　128p　20cm　1500円　①4-89039-246-7　Ⓝ289.1　〔05901〕
◇絵本本能寺合戦―古今実伝　隅田園梅古編　錦耕堂　1887.8　20p　18cm　Ⓝ913.56　〔05902〕
◇織田信長―戦国最大の謎「本能寺の変」を解明する　ザ・ビッグマン編集部編　世界文化社　1993.9　178p　26cm　（ビッグマンスペシャル―歴史クローズアップ 1）　1400円　Ⓝ210.48　〔05903〕
◇織田信長と明智光秀　加来耕三著　学習研究社　2001.7　453p　15cm　（学研M文庫）　780円　①4-05-901065-0　〔05904〕
◇覚え書きノート―歴史小説家八切止夫氏の「本能寺の変」論をめぐって　古谷裕信著　〔古谷裕信〕　1991.6～1992.5　2冊（別冊とも）　21cm　Ⓝ210.48　〔05905〕
◇覚え書きノート―歴史小説家八切止夫氏の「本能寺の変」論をめぐって　古谷裕信著　〔古谷裕信〕　1993　1冊　22cm　Ⓝ210.48　〔05906〕
◇覚え書きノート―歴史小説家八切止夫氏の「本能寺の変」論をめぐって　訂正・加筆　その2　古谷裕信著　〔古谷裕信〕　1993.3　28p　21cm　Ⓝ210.48　〔05907〕
◇女たちの本能寺　小石房子著　三交社　1992.11　253p　20cm　1600円　①4-87919-539-1　Ⓝ281.04　〔05908〕
◇桔梗の花さく城―光秀はなぜ、本能寺をめざしたのか　斎藤秀夫著　鳥影社　2006.7　184p　19cm　1300円　①4-86265-006-6　Ⓝ291.61　〔05909〕

◇検証本能寺の変　谷口克広著　吉川弘文館　2007.5　263p　19cm　（歴史文化ライブラリー 232）　1800円　⒤978-4-642-05632-8　Ⓝ210.48　〔05910〕
◇週刊ビジュアル日本の歴史　no.2　天下統一への道　2　デアゴスティーニ・ジャパン　2000.2　p44-83　30cm　533円　Ⓝ210.1　〔05911〕
◇週刊ビジュアル日本の歴史　no.129　戦国武将篇　9　デアゴスティーニ・ジャパン　2002.8　p338-377　30cm　533円　Ⓝ210.1　〔05912〕
◇真説本能寺　桐野作人著　学習研究社　2001.3　365p　15cm　（学研M文庫）　690円　⒤4-05-901042-1　Ⓝ210.48　〔05913〕
◇真説本能寺の変　安部龍太郎ほか筆　集英社　2002.6　196p　21cm　1700円　⒤4-08-781260-X　Ⓝ210.48　〔05914〕
◇是非に及ばず―本能寺の変を考える　平成13年度秋季特別展　滋賀県立安土城考古博物館編　安土町（滋賀県）　滋賀県立安土城考古博物館　2001.10　106p　30cm　Ⓝ210.48　〔05915〕
◇だれが信長を殺したのか―本能寺の変・新たな視点　桐野作人著　PHP研究所　2007.3　292p　18cm　（PHP新書）　760円　⒤978-4-569-69073-5　Ⓝ210.48　〔05916〕
◇謎とき本能寺の変　藤田達生著　講談社　2003.10　200p　18cm　（講談社現代新書）　700円　⒤4-06-149685-9　〔05917〕
◇信長殺しの黒幕は秀吉か徳川家康　八切止夫著　日本シェル出版　1982.11　254,254p　19cm　1400円　Ⓝ210.04　〔05918〕
◇信長殺しの犯人は秀吉だった！―"戦国法廷"が究明した「本能寺殺人事件」の真相　杉山光男著　徳間書店　1991.10　227p　18cm　（Tokuma books）　760円　⒤4-19-504675-0　Ⓝ210.48　〔05919〕
◇信長殺しの犯人は秀吉だった！　杉山光男著　ぶんか社　2006.3　278p　15cm　（ぶんか社文庫）　619円　⒤4-8211-5034-4　Ⓝ210.48　〔05920〕
◇信長殺し光秀ではない　八切止夫著　日本シェル出版　1981.6　251p　18cm　780円　⒤4-8194-8125-8　Ⓝ210.48　〔05921〕
◇信長死す―〈歴史裁判〉本能寺殺人事件の黒幕　井沢元彦ほか著　ベストセラーズ　1993.6　263p　15cm　（ワニ文庫―歴史マガジン文庫）　580円　⒤4-584-37005-2　Ⓝ210.48　〔05922〕
◇信長謀殺の謎―織田信長謀殺の朝廷疑惑人脈を追う　桐野作人著　ファラオ企画　1992.12　222p　19cm　1500円　⒤4-89409-048-1　Ⓝ210.48　〔05923〕
◇信長謀殺、光秀でない。―新稿・明智光秀冤罪論　井上慶雪著　龍書房　2006.4　303p　19cm　1429円　⒤4-903418-05-7　Ⓝ210.48　〔05924〕
◇信長は謀略で殺されたのか―本能寺の変・謀略説を嗤う　鈴木眞哉, 藤本正行著　洋泉社　2006.2　229p　18cm　（新書y）　780円　⒤4-89691-995-5　Ⓝ210.48　〔05925〕
◇本能寺殺人事件の真相―信長殺しの犯人は秀吉だった！　杉山光男著　同文書院　1998.11　206p　19cm　1000円　⒤4-8103-7553-6　Ⓝ210.48　〔05926〕
◇本能寺と信長　藤井学著　京都　思文閣出版　2003.1　264p　19cm　2200円　⒤4-7842-1134-9　〔05927〕
◇本能寺の首謀者は秀吉である―光秀謀反は濡れ衣だった　今木健之著　第一企画出版　1995.10　339p　19cm　（シリーズ・歴史の嘘を見抜く）　1800円　⒤4-88719-029-8　Ⓝ210.48　〔05928〕
◇本能寺の変―光秀と信長・秀吉の悲劇　上田滋著　PHP研究所　1993.9　413p　15cm　（PHP文庫）　660円　⒤4-569-56580-8　Ⓝ210.48　〔05929〕
◇本能寺の変―戦史ドキュメント　高柳光壽著　学習研究社　2000.11　199p　15cm　（学研M文庫）　500円　⒤4-05-901003-0　Ⓝ210.48　〔05930〕
◇本能寺の変―時代が一変した戦国最大の事変　学習研究社　2007.8　155p　26cm　（新・歴史群像シリーズ 9）　1500円　⒤978-4-05-604831-5　Ⓝ210.48　〔05931〕
◇本能寺の変捜査報告書―検証・織田信長殺人事件　小林久三著　PHP研究所　1998.10　225p　18cm　（PHP business library History）　857円　⒤4-569-60283-5　Ⓝ210.48　〔05932〕
◇本能寺の変と千利休　宮林幸雄著　文芸社　2001.3　233p　19cm　1300円　⒤4-8355-1214-6　Ⓝ210.049　〔05933〕
◇本能寺の変と武田松姫―上杉屏風が解き明かす戦国史の真相　首藤義之著　大阪　せせらぎ出版　2003.12　344p　19cm　2381円　⒤4-88416-127-0　Ⓝ210.47　〔05934〕
◇本能寺の変の群像―中世と近世の相剋　藤田達生著　雄山閣出版　2001.3　296p　20cm　2500円　⒤4-639-01730-8　Ⓝ210.48　〔05935〕
◇「本能寺の変」はなぜ起こったか―信長暗殺の真実　津本陽著　角川書店, 角川グループパブリッシング〔発売〕　2007.12　209p　18cm　（角川oneテーマ21）　705円　⒤978-4-04-710119-7　〔05936〕
◇「本能寺の変」本当の謎―叛逆者は二人いた　円堂晃著　並木書房　2005.5　367p　19cm　1900円　⒤4-89063-185-2　Ⓝ210.48　〔05937〕
◇本能寺の変・山崎の戦　高柳光寿著　春秋社　1977.10　126p　図　肖像　18cm　（新書戦国戦記 4）　600円　Ⓝ210.48　〔05938〕
◇光秀の誤算―その時、歴史は動くハズだった。　富田源太郎著　府中　三九出版, 扶桑社〔発売〕　2005.7　247p　19cm　1238円　⒤4-594-04971-0　〔05939〕
◇美濃源氏の発祥と土岐氏の研究―古田織部・明智光秀　三浦登子郎著　改訂版　瑞浪　瑞浪市文化協会　1997.11　181p　22cm　Ⓝ288.2　〔05940〕

◆豊臣秀吉
◇亜細亜を睨む時宗と秀吉　加藤咄堂著　潮文閣　1942　258p　19cm　Ⓝ289.1　〔05941〕
◇家康・秀吉・信長の経営戦略　佐々克明著　ダイヤモンド社　1983.2　205p　19cm　1200円　Ⓝ210.48　〔05942〕
◇家康・秀吉・信長の経営戦略　佐々克明著　潮出版社　1987.3　221p　15cm　（潮文庫）　380円　⒤4-267-01126-5　Ⓝ210.48　〔05943〕
◇家康・秀吉・信長乱世の統率力　童門冬二著　PHP研究所　2000.3　202p　19cm　1200円　⒤4-569-61016-1　Ⓝ210.48　〔05944〕
◇生ける豊太閤―豊太閤と天守閣　鳥井信治郎著　大阪　豊公会　1939　123p　22cm　Ⓝ210.4　〔05945〕
◇異人・秀吉　渡辺豊和著　新泉社　1996.3　259p　19cm　1751円　⒤4-7877-9608-9　〔05946〕

◇一冊で読む豊臣秀吉のすべて　小和田哲男著　三笠書房　1999.2　238p　15cm　（知的生きかた文庫）　495円　①4-8379-7010-9　〔05947〕
◇英傑豊臣秀吉伝　小林鶯里著　大洋社出版部　1938　476p　20cm　Ⓝ289.1　〔05948〕
◇英雄太閤と歌聖磯丸　土井城山稿　2版　名古屋　土井礼　1930　81p　19cm　Ⓝ210.4　〔05949〕
◇絵伝太閤物語　原田種純著　雄山閣出版　1972　180p　肖像　19cm　（物語歴史文庫22）　680円　Ⓝ210.49　〔05950〕
◇NHK歴史への招待　第8巻　太閤秀吉天下取り　NHK編　日本放送出版協会　1988.9　229p　18cm　680円　①4-14-018018-8　Ⓝ210.1　〔05951〕
◇NHK歴史への招待　第9巻　太閤秀吉海外への夢　日本放送協会編集　日本放送出版協会　1989.3　237p　18cm　（新コンパクト・シリーズ037）　680円　①4-14-018037-4　Ⓝ210.1　〔05952〕
◇奥羽仕置と豊臣政権　小林清治著　吉川弘文館　2003.9　433,7p　22cm　10000円　①4-642-02828-5　Ⓝ210.48　〔05953〕
◇奥羽仕置の構造—破城・刀狩・検地　小林清治著　吉川弘文館　2003.10　363,11p　21cm　9000円　①4-642-02831-5　〔05954〕
◇黄金太閤—夢を演じた天下びと　山室恭子著　中央公論社　1992.11　188p　18cm　（中公新書1105）　600円　①4-12-101105-8　〔05955〕
◇大坂時代と秀吉　脇田修著　小学館　1999.10　260p　16cm　（小学館ライブラリー127）　830円　①4-09-460127-9　Ⓝ210.48　〔05956〕
◇織田信長と秀吉・小六—戦国猿廻し　園田光慶画,やまさき十三,久保田千太郎作　講談社　1992.3　821p　26cm　2600円　①4-06-205777-8　Ⓝ726.1　〔05957〕
◇尾張国遺存豊臣秀吉史料写真集—豊公誕生四百年記念　名古屋温故会編　名古屋　名古屋温故会　1935　1冊　14×21cm　Ⓝ210.4　〔05958〕
◇仮説太閤への陰謀　pt.1　ハンシャン・コロンブス,リー・コロンブス著　〔鳴沢村（山梨県）〕　DT出版　1997.12　1冊　26cm　Ⓝ289.1　〔05959〕
◇神になった秀吉—秀吉人気の秘密を探る　市立長浜城歴史博物館企画・編集　長浜　市立長浜城歴史博物館　2004.1　159p　22cm　1800円　①4-88325-247-7　Ⓝ289.1　〔05960〕
◇川角太閤記　志村有弘著　勉誠社　1996.1　302p　19cm　（日本合戦騒動叢書9）　2575円　①4-585-05109-0　〔05961〕
◇希代の呪術師　秀吉の正体—戦国・異能者集団の謎　月海黄樹著　徳間書店　1995.12　217p　19cm　（トクマブックス）　880円　①4-19-850285-4　〔05962〕
◇北政所—秀吉歿後の波瀾の半生　津田三郎著　中央公論社　1994.7　259p　18cm　（中公新書1197）　740円　①4-12-101197-X　〔05963〕
◇北政所おね—大坂の事は、ことの葉もなし　田端泰子著　京都　ミネルヴァ書房　2007.8　264,8p　19cm　（ミネルヴァ日本評伝選）　2600円　①978-4-623-04954-7　〔05964〕
◇北政所消息の研究　佐藤暁,工藤智弘編著　日出町（大分県）　日出町史料叢書刊行会　1982.4　272p　26cm　（日出町史料叢書1）　非売品　Ⓝ210.48　〔05965〕

◇逆説の日本史　11（戦国乱世編）　朝鮮出兵と秀吉の謎　井沢元彦著　小学館　2004.3　449p　20cm　1600円　①4-09-379681-5　Ⓝ210.04　〔05966〕
◇逆説の日本史　11（戦国乱世編）　井沢元彦著　小学館　2007.6　535p　15cm　（小学館文庫）　657円　①978-4-09-408174-9　Ⓝ210.04　〔05967〕
◇京と太閤さん—京都観光　桃山時代の歴史と遺構　京美観光出版社編　京都　京美観光出版社　1985.11　168p　21cm　（京の美）　600円　①4-88599-018-1　Ⓝ291.62　〔05968〕
◇京都の寺社と豊臣政権　伊藤真昭著　京都　法藏館　2003.8　248p　20cm　（日本仏教史研究叢書）　2800円　①4-8318-6031-X　Ⓝ185.1　〔05969〕
◇近世日本国民史豊臣氏時代　甲,乙,丙,丁,戊,己,庚篇　徳富猪一郎著　民友社　1920-1922　7冊　19cm　Ⓝ210.4　〔05970〕
◇近世日本国民史豊臣氏時代　甲篇　徳富猪一郎著　30版　民友社　1933　514,72,20p　19cm　Ⓝ210.4　〔05971〕
◇近世日本国民史豊臣秀吉　1　豊臣氏時代　甲篇　徳富蘇峰著,平泉澄校訂　講談社　1981.8　427p　15cm　（講談社学術文庫）　840円　Ⓝ210.48　〔05972〕
◇近世日本国民史豊臣秀吉　2　豊臣氏時代　乙篇　徳富蘇峰著,平泉澄校訂　講談社　1981.9　420p　15cm　（講談社学術文庫）　840円　Ⓝ210.48　〔05973〕
◇近世日本国民史豊臣秀吉　3　豊臣氏時代　丙篇　徳富蘇峰著,平泉澄校訂　講談社　1981.10　435p　15cm　（講談社学術文庫）　840円　Ⓝ210.48　〔05974〕
◇近世日本国民史　豊臣秀吉　4　徳富蘇峰著,平泉澄校訂　講談社　1981.11　488p　15cm　（講談社学術文庫）　880円　①4-06-158554-1　Ⓝ210.48　〔05975〕
◇近世のあけぼの—信長・秀吉と尾張　特別展　名古屋市博物館編　〔名古屋〕　名古屋市博物館　1986.3　95p　26cm　Ⓝ210.48　〔05976〕
◇桑田忠親著作集　第5巻　豊臣秀吉　秋田書店　1979.8　350p　20cm　1900円　Ⓝ210.47　〔05977〕
◇劇画豊臣秀吉—墨俣一夜城の攻防　大崎悌造原作,木村周司劇画　日本文芸社　1994.8　223p　22cm　（Nichibun comics—歴史人物シリーズ）　1300円　①4-537-03916-7　Ⓝ726.1　〔05978〕
◇激録・日本大戦争　第13巻　信長・秀吉の天下制覇　原康史著　東京スポーツ新聞社　1982.12　310p　19cm　1300円　①4-8084-0052-9　Ⓝ210.1　〔05979〕
◇激録・日本大戦争　第14巻　秀吉と家康の戦い　原康史著　東京スポーツ新聞社　1983.5　318p　19cm　1300円　①4-8084-0057-X　Ⓝ210.1　〔05980〕
◇激録・日本大戦争　第15巻　秀吉の日本統一　原康史著　東京スポーツ新聞社　1983.10　318p　19cm　1300円　①4-8084-0062-6　Ⓝ210.1　〔05981〕
◇建築家秀吉—遺構から推理する戦術と建築・都市プラン　宮元健次著　京都　人文書院　2000.11　239p　19cm　2200円　①4-409-52033-4　Ⓝ521.823　〔05982〕
◇稲葉墨俣一夜城—秀吉出世城の虚実と蜂須賀小六　牛田義文著　歴研　2005.8　336p　22cm　3400円　①4-947769-59-9　Ⓝ210.47　〔05983〕
◇再現日本史—週刊time travel　織豊5　講談社　2001.5　42p　30cm　533円　Ⓝ210.1　〔05984〕
◇再現日本史—週刊time travel　織豊7　講談社　2001.10　42p　30cm　533円　Ⓝ210.1　〔05985〕

◇史跡太閤記　藤本光著　新人物往来社　1993.11　482p　22cm　9800円　Ⓘ4-404-02060-0　Ⓝ289.1
〔05986〕

◇週刊ビジュアル日本の歴史　no.3　天下統一への道　3　デアゴスティーニ・ジャパン　2000.3　p86-125　30cm　533円　Ⓝ210.1
〔05987〕

◇週刊ビジュアル日本の歴史　no.4　天下統一への道　4　デアゴスティーニ・ジャパン　2000.3　p128-167　30cm　533円　Ⓝ210.1
〔05988〕

◇週刊ビジュアル日本の歴史　no.130　戦国武将篇　10　デアゴスティーニ・ジャパン　2002.8　p380-419　30cm　533円　Ⓝ210.1
〔05989〕

◇週刊ビジュアル日本の歴史　no.131　戦国武将篇　11　デアゴスティーニ・ジャパン　2002.9　p422-461　30cm　533円　Ⓝ210.1
〔05990〕

◇聚楽第と京都―企画展　京都市歴史資料館編　京都　京都市歴史資料館　2000.9　1冊（ページ付なし）　26cm　Ⓝ210.48
〔05991〕

◇勝者の戦略―秀吉vs信長―天下統一の相違　バーチャル戦史　井沢元彦ほか著　ベストセラーズ　1996.2　255p　15cm　（ワニ文庫―歴史マガジン文庫）　600円　Ⓘ4-584-37027-3　Ⓝ210.48
〔05992〕

◇将帥学―信長・秀吉・家康に学ぶ人を使う極意　加来耕三著　時事通信社　2001.12　304p　19cm　1700円　Ⓘ4-7887-0174-X
〔05993〕

◇少年豊臣太閤　松本浩記著　大同館　1939　472p　19cm　Ⓝ289.1
〔05994〕

◇昇龍の影―信長、秀吉、家康と伊勢平野　衣斐賢譲著　鈴鹿　龍光寺微笑会, 中央公論事業出版〔発売〕　2003.7　403p　21cm　2000円　Ⓘ4-89514-207-8
〔05995〕

◇城と秀吉―戦う城から見せる城へ　小和田哲男著　角川書店　1996.8　206p　20cm　1500円　Ⓘ4-04-821051-3　Ⓝ210.48
〔05996〕

◇真説・豊臣秀吉　池波正太郎、柴田錬三郎、童門冬二、二木謙一、小和田哲男、桑田忠親、熱田公、高橋富雄ほか著　中央公論社　1996.4　322p　15cm　（中公文庫）　680円　Ⓘ4-12-202581-8
〔05997〕

◇人物再検討叢書　第12　豊臣秀吉　渡部英三郎著　白揚社　1938　300p　肖像　18cm　Ⓝ281
〔05998〕

◇新編・絵本太閤記―木版画でみる秀吉の生涯　江戸時代の超ベストセラーを再編集　歴史絵本研究会編　主婦と生活社　1995.11　303p　21cm　1800円　Ⓘ4-391-11828-9　Ⓝ289.1
〔05999〕

◇図解雑学　豊臣秀吉　志村有弘著　ナツメ社　2002.4　220p　19cm　（図解雑学シリーズ）　1300円　Ⓘ4-8163-3214-6
〔06000〕

◇清助草莽夜話―太閤秀吉の実像　森本繁著　学習研究社　1996.6　300p　19cm　1800円　Ⓘ4-05-400690-6
〔06001〕

◇青年の秀吉　伊藤銀月著　厚生堂　1910.9　233p　18cm　Ⓝ289.1
〔06002〕

◇戦国史料叢書　第1　太閤史料集　桑田忠親校注　人物往来社　1965　445p　20cm　Ⓝ210.47
〔06003〕

◇戦国大名論集　18　豊臣政権の研究　秋沢繁ほか編　三鬼清一郎編　吉川弘文館　1984.5　478p　22cm　5900円　Ⓘ4-642-02598-7　Ⓝ210.48
〔06004〕

◇戦国百人一話　2　豊臣秀吉をめぐる群像―出世欲と気くばりで勝利する　尾崎秀樹ほか著　青人社　1991.7　203p　21cm　1500円　Ⓘ4-88296-103-2　Ⓝ210.47
〔06005〕

◇戦乱の日本史「合戦と人物」　第10巻　天下人への道　高木昭作責任編集　第一法規出版　1988.6　158p　31cm　3500円　Ⓘ4-474-10140-5　Ⓝ210.19
〔06006〕

◇太閤記の人々―「秀吉」ワールドのオールスター勢ぞろい　小和田哲男著　同文書院　1995.9　270p　19cm　1300円　Ⓘ4-8103-7287-1
〔06007〕

◇太閤軍記　松好貞夫著　人物往来社　1965　257p　19cm　Ⓝ210.48
〔06008〕

◇大かうさまくんきのうち　太田牛一著, 慶応義塾大学附属研究所斯道文庫編　汲古書院　1975　2冊（翻字篇共）　22cm　（斯道文庫古典叢刊 3）　全4000円　Ⓝ210.48
〔06009〕

◇太閤さんに会えるまち　長浜　豊太閤四百年祭奉賛会　1998.10　77p　21cm　762円　Ⓘ4-88325-054-7　Ⓝ216.1
〔06010〕

◇太閤と外交―秀吉晩年の風貌　松田毅一著　桃源社　1966　281p　20cm　（桃源選書）　Ⓝ210.49
〔06011〕

◇太閤豊臣秀吉　上　桑田忠親著　新座　埼玉福祉会　2004.11　197p　21cm　（大活字本シリーズ）　2700円　Ⓘ4-88419-296-6　Ⓝ289.1
〔06012〕

◇太閤豊臣秀吉　下　桑田忠親著　新座　埼玉福祉会　2004.11　219p　21cm　（大活字本シリーズ）　2700円　Ⓘ4-88419-297-4　Ⓝ289.1
〔06013〕

◇太閤の手紙　桑田忠親著　講談社　2006.8　298p　15cm　（講談社学術文庫）　1000円　Ⓘ4-06-159775-2　Ⓝ289.1
〔06014〕

◇太閤秀吉　中野正剛著　東方同志会出版局　1943　404p　19cm　（日本外史講義）　Ⓝ289.1
〔06015〕

◇太閤秀吉―足軽から天下人へ　世紀の大戦略「大返し」の秘密を解く　世界文化社　1995.5　168p　26cm　（ビッグマン・スペシャル―歴史クローズアップ　事件）　1400円　Ⓝ289.1
〔06016〕

◇太閤秀吉と秀次謀反　小林千草著　筑摩書房　1996.10　254p　15cm　（ちくま学芸文庫）　950円　Ⓘ4-480-08299-9　Ⓝ210.48
〔06017〕

◇太閤秀吉の秘仏伝説―京都・高台寺の謎を解く　津田三郎著　洋泉社　1998.6　222p　19cm　1700円　Ⓘ4-89691-320-5
〔06018〕

◇太閤立志伝黄金タイムス　シブサワ・コウ, 光栄出版部企画編集　横浜　光栄　1992.11　145p　19cm　（歴史おもしろタイムス 3）　980円　Ⓘ4-906300-79-0　Ⓝ210.48
〔06019〕

◇醍醐寺の謎―秀吉「最後の花宴」に隠された歴史の真実　京都の旅　楠戸義昭著　祥伝社　2003.2　316p　16cm　（祥伝社黄金文庫）　619円　Ⓘ4-396-31319-5　Ⓝ210.48
〔06020〕

◇高松城の水攻　高田馬治著　高田馬治先生頌徳会　1965　96p（図版共）　21cm　Ⓝ210.49
〔06021〕

◇誰も知らなかった豊臣秀吉　後藤寿一著　勁文社　1996.1　210p　18cm　（ケイブンシャブックス）　850円　Ⓘ4-7669-2410-X
〔06022〕

◇茶人豊臣秀吉　矢部良明著　角川書店　2002.10　270p　19cm　（角川選書 347）　1600円　Ⓘ4-04-703347-2　Ⓝ791.2
〔06023〕

◇中年の秀吉　伊藤銀月著　厚生堂　1910.11　266p　図版　18cm　Ⓝ289.1
〔06024〕

◇地理から見た信長・秀吉・家康の戦略　足利健亮著　大阪　創元社　2000.8　235p　20cm　1600円　Ⓘ4-422-20140-9　Ⓝ210.48
〔06025〕

◇つくられた「秀吉神話」―逆転の日本史　洋泉社　1997.3　223p　21cm　（洋泉社MOOK）　1600円　Ⓘ4-89691-249-7　〔06026〕
◇徹底大研究　日本の歴史人物シリーズ　11　豊臣秀吉　谷口克広監修　ポプラ社　2004.4　77p　27×19cm　2850円　Ⓘ4-591-07996-1　〔06027〕
◇天下統一への野望―戦国時代の三英傑〈信長・秀吉・家康〉　恩田耕治著　勁文社　2001.5　301p　16cm　（勁文社「大文字」文庫）　838円　Ⓘ4-7669-3814-3　Ⓝ210.48　〔06028〕
◇天下人―信長・秀吉・家康　デアゴスティーニ・ジャパン　2000.5　112p　30cm　（週刊ビジュアル日本の歴史特別増刊）　943円　Ⓝ210.48　〔06029〕
◇東洋之拿破翁豊太閤　巻之1　新智社編輯局漢訳・編　新智社分局　1906.8　246p　22cm　Ⓝ289.1　〔06030〕
◇豊臣家を滅ぼしたのは北政所だった！　武山憲明, 杉山光男著　ぶんか社　2007.1　255p　15cm　（ぶんか社文庫）　657円　Ⓘ978-4-8211-5084-7　〔06031〕
◇豊臣家存続の謎―秀頼父子は九州で生きていた　戦国の秘史　前川和彦著　日本文芸社　1981.12　269p　19cm　（読物日本史シリーズ）　980円　Ⓝ210.48　〔06032〕
◇豊臣家崩壊　新人物往来社　1996.8　323p　21cm　（歴史読本臨時増刊）　1600円　Ⓝ210.48　〔06033〕
◇豊臣三代記　和田定節編　児玉弥吉　1881.6　2冊（前25, 後24丁）　18cm　Ⓝ281　〔06034〕
◇豊臣氏九州蔵入地の研究　森山恒雄著　吉川弘文館　1983.3　372p　22cm　（戊午叢書）　4800円　Ⓝ210.48　〔06035〕
◇豊臣氏存続―豊臣家定とその一族　早瀬晴夫著　今日の話題社　2006.6　368p　19cm　2800円　Ⓘ4-87565-567-3　〔06036〕
◇豊臣時代史　田中義成著　明治書院　1925　290p　22cm　Ⓝ210.4　〔06037〕
◇豊臣時代史　田中義成著　講談社　1980.9　276p　15cm　（講談社学術文庫）　520円　Ⓝ210.48　〔06038〕
◇豊臣時代品陳列目録　〔京都〕　帝国京都博物館　1898　60p　図版　23cm　Ⓝ210.5　〔06039〕
◇豊臣政権の研究　三鬼清一郎編　吉川弘文館　1984.5　478p　22cm　（戦国大名論集 18）　5900円　Ⓘ4-642-02598-7　Ⓝ210.48　〔06040〕
◇豊臣政権の対外侵略と太閤検地　中野等著　校倉書房　1996.3　454p　22cm　（歴史科学叢書）　12360円　Ⓘ4-7517-2580-7　Ⓝ210.48　〔06041〕
◇豊臣政権の対外認識と朝鮮侵略　北島万次著　校倉書房　1990.9　438p　22cm　（歴史科学叢書）　8240円　Ⓘ4-7517-2030-9　Ⓝ210.49　〔06042〕
◇豊臣太閤―青少年のために書かれた史談　森田草平著　大成出版（発売）　1944.6　313p　19cm　Ⓝ289.1　〔06043〕
◇豊臣太閤三百年祭参拝道しるべ　玉置正太郎(天外)編　京都　石田昌栄堂　1898.3　39p　19cm　Ⓝ289.1　〔06044〕
◇豊臣太閤之実伝　善積順蔵編　大阪　太田金三　1880.7　2冊(上22, 下49丁)図版　19cm　Ⓝ289.1　〔06045〕
◇豊臣・徳川の政治権力　朝尾直弘著　岩波書店　2004.6　442, 14p　22cm　（朝尾直弘著作集第4巻）　9400円　Ⓘ4-00-092614-4　Ⓝ210.48　〔06046〕

◇豊臣秀吉　高橋鋤郎著　藍外堂　1894.3　169p　22cm　Ⓝ289.1　〔06047〕
◇豊臣秀吉　小林鶯里著　文芸社　1928　476p　19cm　Ⓝ289.1　〔06048〕
◇豊臣秀吉―木下藤吉郎の巻　尾形月山繪, 矢田挿雲文　大日本雄辯會講談社　1937.5　1冊(ページ付なし)　25cm　（講談社の繪本 19）　Ⓝ289.1　〔06049〕
◇豊臣秀吉　野村愛正著　偕成社　1941　309p　18cm　（偉人物語文庫）　Ⓝ289.1　〔06050〕
◇豊臣秀吉　スメラ民文庫編輯部編　世界創造社　1942　38p　15cm　（スメラ民文庫）　Ⓝ289.1　〔06051〕
◇豊臣秀吉　黒崎義介畫, 大木雄二文　兒童の友社　1944.1　1冊(ページ付なし)　26cm　Ⓝ289.1　〔06052〕
◇豊臣秀吉　桑田忠親著　創元社　1948　426p　19cm　（創元選書 148）　Ⓝ289.1　〔06053〕
◇豊臣秀吉　鈴木良一著　岩波書店　1954　220p　地図　18cm　（岩波新書）　Ⓝ210.49　〔06054〕
◇豊臣秀吉　尾崎士郎著　河出書房新社　1961　248p　図版　19cm　（現代人の日本史 第14）　Ⓝ210.49　〔06055〕
◇豊臣秀吉―南蛮人の記録による　岡本良知著　中央公論社　1963　190(図版共)　18cm　（中公新書）　Ⓝ210.49　〔06056〕
◇豊臣秀吉　河出書房新社　1983.10　268p　21cm　（河出人物読本）　980円　Ⓝ210.48　〔06057〕
◇豊臣秀吉―人心収攬の極意　渡部昇一ほか著　プレジデント社　1991.1　307p　19cm　1500円　Ⓘ4-8334-1402-3　〔06058〕
◇豊臣秀吉―その傑出した奇略の研究　世界文化社　1993.9　166p　26cm　（ビッグマン・スペシャル―歴史人物シリーズ 3）　1300円　Ⓝ289.1　〔06059〕
◇豊臣秀吉―物語と史蹟をたずねて　嶋岡晨著　成美堂出版　1995.2　286p　16cm　（成美文庫）　560円　Ⓘ4-415-06417-5　Ⓝ289.1　〔06060〕
◇豊臣秀吉　新装版　河出書房新社　1995.8　268p　21cm　（河出人物読本）　980円　Ⓘ4-309-22281-1　〔06061〕
◇豊臣秀吉―「太閤記」の人間学　津本陽, 童門冬二ほか著　プレジデント社　1995.9　325p　19cm　1600円　Ⓘ4-8334-1584-4　〔06062〕
◇豊臣秀吉―戦乱が生んだ天下人　NHK大河ドラマ「秀吉」の歴史・文化ガイド　日本放送出版協会　1995.12　158p　24cm　（NHKシリーズ）　1300円　Ⓝ289.1　〔06063〕
◇豊臣秀吉　近畿日本ツーリスト　1998.8　191p　22cm　（歴史の舞台を旅する 1）　1800円　Ⓘ4-87638-658-7　Ⓝ291.09　〔06064〕
◇豊臣秀吉　谷口克広監修　ポプラ社　2004.4　79p　27cm　（徹底大研究日本の歴史人物シリーズ 11）　2850円　Ⓘ4-591-07996-1　Ⓝ289.1　〔06065〕
◇豊臣秀吉―なにわの夢 天下統一　酒寄雅志監修, 小西聖一著　理論社　2004.8　113p　25×19cm　（NHKにんげん日本史）　1800円　Ⓘ4-652-01473-2　〔06066〕
◇豊臣秀吉―その傑出した奇略と研究　改訂新版　世界文化社　2006.11　153p　26cm　（Bigmanスペシャル）　1400円　Ⓘ4-418-06146-0　Ⓝ289.1　〔06067〕
◇豊臣秀吉―天下を統一した風雲児　桑田忠親監修, きりぶち輝構成, 斉藤あきら漫画　新装版　学習研究社　2007.3　144p　22cm　（学研まんが伝記シリーズ）　700円　Ⓘ978-4-05-202779-6　Ⓝ289.1　〔06068〕

◇豊臣秀吉―戦国人物伝　加来耕三企画・構成・監修, すぎたとおる原作, 瀧玲子作画　ポプラ社　2007.11　118p　22cm　(コミック版日本の歴史2)　1000円　Ⓘ978-4-591-09791-5　Ⓝ289.1　〔06069〕

◇豊臣秀吉　前, 後編　碧瑠璃園著　東亞堂書房　1917　2冊　15cm　Ⓝ289.1　〔06070〕

◇豊臣秀吉　第1-2巻　森田草平著　改造社　1941-1942　2冊　図版　肖像　19cm　Ⓝ289.1　〔06071〕

◇豊臣秀吉を再発掘する　渡辺武著　新人物往来社　1996.7　222p　20cm　2600円　Ⓘ4-404-02342-1　Ⓝ210.48　〔06072〕

◇豊臣秀吉99の謎　楠戸義昭著　PHP研究所　1996.1　259p　15cm　(PHP文庫)　560円　Ⓘ4-569-56856-4　〔06073〕

◇豊臣秀吉研究　桑田忠親著　角川書店　1975　682p　22cm　6800円　Ⓝ210.49　〔06074〕

◇豊臣秀吉言行録　井口丑二編　内外出版協会　1910.7　161p　14cm　(偉人研究　第63編)　Ⓝ289.1　〔06075〕

◇豊臣秀吉言行録　長瀬春風著　東亜堂書房　1918　160p　肖像　19cm　(修養史伝　第19編)　Ⓝ289.1　〔06076〕

◇豊臣秀吉言行録　井口丑二編著　第4版　大京堂出版部　1934　3, 3, 161p　19cm　(偉人研究　第62編)　Ⓝ289.1　〔06077〕

◇豊臣秀吉事典　杉山博, 渡辺武, 二木謙一, 小和田哲男編　コンパクト版　新人物往来社　2007.6　435p　20cm　4800円　Ⓘ978-4-404-03468-7　Ⓝ289.1　〔06078〕

◇豊臣秀吉写真集　石田多加幸著　新人物往来社　1995.12　198p　19cm　2800円　Ⓘ4-404-02305-7　〔06079〕

◇豊臣秀吉大事典　新人物往来社　1996.6　227p　21cm　9800円　Ⓘ4-404-02332-4　〔06080〕

◇豊臣秀吉展―天守閣復興60周年記念特別展　大阪城天守閣編　大阪　大阪城天守閣特別事業委員会　1991.10　138p　26cm　Ⓝ210.48　〔06081〕

◇豊臣秀吉 天下人への道　歴史と文学の会編　勉誠社　1996.1　283p　21cm　1800円　Ⓘ4-585-05019-1　〔06082〕

◇豊臣秀吉と阿波・蜂須賀家　徳島市立徳島城博物館編　徳島　徳島市立徳島城博物館　1997.10　66p　30cm　Ⓝ210.48　〔06083〕

◇豊臣秀吉と亀山城主岡本下野守宗憲―発見された岡本家文書から　亀山市歴史博物館編　亀山　亀山市歴史博物館　2001.2　2冊(別冊資料編とも)　30cm　Ⓝ215.6　〔06084〕

◇豊臣秀吉と京都―聚楽第・御土居と伏見城　日本史研究会編　京都　文理閣　2001.12　249p　27cm　5200円　Ⓘ4-89259-391-5　Ⓝ216.2　〔06085〕

◇豊臣秀吉と南蛮人　松田毅一著　朝文社　1992.5　314p　20cm　2700円　Ⓘ4-88695-063-9　Ⓝ210.48　〔06086〕

◇豊臣秀吉と南蛮人　松田毅一著　新装版　朝文社　2001.12　314p　20cm　(松田毅一著作選集)　3142円　Ⓘ4-88695-158-9　Ⓝ210.48　〔06087〕

◇豊臣秀吉の謎と真実―やっと見えてきた英雄の実像　ベストセラーズ　1995.12　237p　15cm　(ワニ文庫)　490円　Ⓘ4-584-30471-8　〔06088〕

◇豊臣秀吉の秘密―日本で一番出世した男　米原正義著　ベストセラーズ　1991.12　271p　15cm　(ワニ文庫―歴史文庫シリーズ)　500円　Ⓘ4-584-30290-1　Ⓝ289.1　〔06089〕

◇豊臣秀吉101の謎　中江克己著　新人物往来社　1995.12　247p　19cm　2800円　Ⓘ4-404-02307-3　〔06090〕

◇豊臣秀頼―自家版　井上安代編著　續群書類從完成會(製作)　1992.4　218p　図版12枚　27cm　Ⓝ289.1　〔06091〕

◇豊臣秀頼―悲劇のヒーロー　森田恭二著　大阪　和泉書院　2005.1　143p　19cm　(Izumi books 10)　1200円　Ⓘ4-7576-0285-5　Ⓝ289.1　〔06092〕

◇豊臣秀頼側室の出自について―船江城異聞・改版　竹島平兵衛著　明和町(三重県)　龍汀荘　1997.3　27, 11p　21cm　Ⓝ210.48　〔06093〕

◇豊臣秀頼側室の出自について　補遺　竹島平兵衛著　明和町(三重県)　龍汀荘　1999.12　1冊　21cm　Ⓝ210.48　〔06094〕

◇豊臣秀頼展―生誕400年記念特別展　大阪城天守閣編　大阪　大阪城天守閣特別事業委員会　1993.3　126p　26cm　Ⓝ210.48　〔06095〕

◇豊臣秀頼年譜追加・修正條項―続補遺　井上安代編著　續群書類從完成會(製作)　2004.4　1冊(ページ付なし)　26cm　Ⓝ289.1　〔06096〕

◇豊臣平和令と戦国社会　藤木久志著　東京大学出版会　1985.5　267, 8p　22cm　3600円　Ⓘ4-13-020073-9　Ⓝ210.48　〔06097〕

◇豊臣物語　3号　源琴著　大阪　源琴　1971　41p　21cm　Ⓝ288.3　〔06098〕

◇長久手合戦物語　柴田義雄著　名古屋　愛知県郷土資料刊行会　1984.7　166p　21cm　1800円　Ⓘ4-87161-022-5　Ⓝ210.48　〔06099〕

◇名護屋城の謎―豊臣秀吉と神屋宗湛　原口泱泰著　光陽出版社　1999.1　334p　21cm　2500円　Ⓘ4-87662-233-7　Ⓝ210.49　〔06100〕

◇浪花の夢―史話　大久保光著　大阪　育英書店　1973　220p　図　19cm　800円　Ⓝ210.48　〔06101〕

◇日本史探訪　10　信長と秀吉をめぐる人々　角川書店編　角川書店　1983.10　316p　16cm　(角川文庫 5360)　420円　Ⓘ4-04-153310-4　Ⓝ210.04　〔06102〕

◇日本史の人物像　第4　豊臣秀吉　高柳光寿編　筑摩書房　1967　278p　図版　20cm　Ⓝ281.08　〔06103〕

◇日本の合戦　第6巻　豊臣秀吉 風雲児秀吉〔ほか〕　桑田忠親編　桑田忠親　人物往来社　1965　446p　図版　20cm　Ⓝ210.1　〔06104〕

◇日本の合戦　6　豊臣秀吉　桑田忠親編集　新人物往来社　1978.5　464p　20cm　1500円　Ⓝ210.1　〔06105〕

◇日本の歴史―マンガ　26　関白秀吉の検地と刀狩　石ノ森章太郎著　中央公論社　1991.12　237p　20cm　1000円　Ⓘ4-12-402826-1　Ⓝ726.1　〔06106〕

◇日本の歴史 中世から近世へ 5　信長と秀吉―天下一統　新訂増補　朝日新聞社　2002.11　p130-160　30cm　(週刊朝日百科 25)　476円　Ⓝ210.1　〔06107〕

◇日本の歴史文庫　10　信長と秀吉　井上鋭夫著　講談社　1975　333p　図　15cm　380円　Ⓝ210.1　〔06108〕

◇人間豊臣秀吉　雄山閣編輯局編　雄山閣　1937　409p　22cm　Ⓝ289.1　〔06109〕

◇ねねと木下家文書　山陽新聞社編　岡山　山陽新聞社　1982.11　165p　24×25cm　2000円　Ⓝ210.48
〔06110〕
◇信長殺しの犯人は秀吉だった!　杉山光男著　ぶんか社　2006.3　278p　15cm　(ぶんか社文庫)　619円　Ⓘ4-8211-5034-4　Ⓝ210.48
〔06111〕
◇信長と秀吉　奥野高広著　至文堂　1955　214p　図版　19cm　(日本歴史新書)　Ⓝ210.48
〔06112〕
◇信長の洞察力 秀吉の速断力―歴史に学ぶ組織管理　樋口晴彦著　学習研究社　2006.5　247p　15cm　(学研M文庫)　590円　Ⓘ4-05-901183-5　Ⓝ210.48
〔06113〕
◇信長秀吉家康―勝者の条件敗者の条件　津本陽、江坂彰著　講談社　1996.6　245p　20cm　1500円　Ⓘ4-06-208156-3　Ⓝ210.48
〔06114〕
◇信長秀吉家康　秋山駿著　廣済堂出版　1997.8　217p　20cm　1600円　Ⓘ4-331-50595-2　Ⓝ210.48
〔06115〕
◇信長秀吉家康　秋山駿著　日本障害者リハビリテーション協会　1999.9　CD-ROM1枚　12cm　Ⓝ210.48
〔06116〕
◇信長・秀吉・家康　秋山駿著, 岳真也聞き手　学習研究社　2000.11　244p　15cm　(学研M文庫)　540円　Ⓘ4-05-901015-4
〔06117〕
◇信長秀吉家康―勝者の条件敗者の条件　津本陽、江坂彰著　講談社　2001.9　235p　15cm　(講談社文庫)　495円　Ⓘ4-06-273249-1　Ⓝ210.48
〔06118〕
◇信長・秀吉・家康に学ぶ成功哲学　二木謙一著　三笠書房　1993.12　253p　15cm　(知的生きかた文庫)　500円　Ⓘ4-8379-0622-2
〔06119〕
◇信長・秀吉・家康の戦略―乱世を彩る英傑の生きざま!　百瀬明治著　大陸書房　1992.7　255p　16cm　(大陸文庫)　480円　Ⓘ4-8033-4145-1　Ⓝ210.48　〔06120〕
◇信長・秀吉・家康の戦略戦術―戦国参謀part2　佐々克明著　産業能率大学出版部　1981.7　222p　19cm　1200円　Ⓝ210.48
〔06121〕
◇信長・秀吉・家康の戦略戦術　佐々克明著　三笠書房　1986.3　259p　15cm　(知的生きかた文庫)　400円　Ⓘ4-8379-0094-1　Ⓝ210.48
〔06122〕
◇信長・秀吉・家康の戦略戦術　佐々克明著　三笠書房　1995.4　243p　15cm　(知的生きかた文庫)　500円　Ⓘ4-8379-0733-4　Ⓝ210.48
〔06123〕
◇信長・秀吉・家康の戦略戦術　佐々克明著　三笠書房　1998.4　243p　15cm　(知的生きかた文庫)　495円　Ⓘ4-8379-0948-5　Ⓝ210.48
〔06124〕
◇信長・秀吉・家康の戦略戦術　佐々克明著　第2版　産能大学出版部　2001.6　240p　19cm　1600円　Ⓘ4-382-05514-8　Ⓝ210.48
〔06125〕
◇信長・秀吉・家康の人間関係学　関崎一, 中西信男著　新人物往来社　1981.11　241p　20cm　2000円　Ⓝ210.48
〔06126〕
◇「信長・秀吉・家康」覇者の人間学―英雄の真価を探る　安藤英男著　PHP研究所　1992.1　350p　20cm　1800円　Ⓘ4-569-53449-X　Ⓝ210.48
〔06127〕
◇信長・秀吉と西岡―企画展　向日市文化資料館編　向日　向日市文化資料館　1996.9　16p　30cm　Ⓝ216.2
〔06128〕
◇信長・秀吉の紀州攻め史料　松田文夫編　〔和歌山〕　〔松田文夫〕　1999.2　145p　23cm　2600円　Ⓝ216.6
〔06129〕

◇信長・秀吉の城と都市―特別展　岐阜市歴史博物館編　岐阜　岐阜市歴史博物館　1991.7　119p　30cm　Ⓝ210.47
〔06130〕
◇晩年の秀吉　伊藤銀月著　厚生堂　1911.5　249p　図版　18cm　Ⓝ289.1
〔06131〕
◇肥前名護屋城の人々―秀吉の朝鮮侵略四百年　佐賀新聞社編集局編, 寺崎宗俊文　3版　佐賀　佐賀新聞社　1998.10　302p　22cm　2000円　Ⓘ4-88298-052-5　Ⓝ210.49
〔06132〕
◇備中高松城水攻の検証　林信男編　〔岡山〕　〔林信男〕　1999.11　237p　22cm　2000円　Ⓝ217.5
〔06133〕
◇秀吉vs家康―信長の野望合戦事典　稲葉義明, 犬童逸軌執筆　横浜　光栄　1993.12　189p　21cm　1800円　Ⓘ4-87719-063-5
〔06134〕
◇秀吉・氏郷・政宗―奥羽仕置400年 企画展　福島県立博物館編　改訂　会津若松　福島県立博物館　1991.3　92p　26cm　Ⓝ210.48
〔06135〕
◇秀吉・英雄伝説の軌跡―知られざる裏面史　津田三郎著　六興出版　1991.6　234p　19cm　(ロッコウブックス)　1400円　Ⓘ4-8453-5070-X　Ⓝ289.1
〔06136〕
◇秀吉英雄伝説の謎―日吉丸から豊太閤へ　津田三郎著　中央公論社　1997.4　367p　15cm　(中公文庫)　800円　Ⓘ4-12-202842-6
〔06137〕
◇秀吉を拒んだ女たち　楠戸義昭著　角川書店　1996.9　281p　19cm　1400円　Ⓘ4-04-883458-4
〔06138〕
◇「秀吉」をたっぷり楽しむ法　高野冬彦著　五月書房　1995.12　206p　19cm　1400円　Ⓘ4-7727-0243-1
〔06139〕
◇秀吉をめぐる女たち　中江克己著　河出書房新社　1996.1　216p　15cm　(河出文庫)　560円　Ⓘ4-309-47290-7
〔06140〕
◇秀吉、奇跡の天下取り―無敵羽柴軍を支えた影のネットワーク　小林久三著　PHP研究所　1995.12　206p　18cm　(PHPビジネスライブラリー)　850円　Ⓘ4-569-54978-0
〔06141〕
◇秀吉権力の形成―書札礼・禁制・城郭政策　小林清治著　東京大学出版会　1994.11　356, 6p　22cm　7004円　Ⓘ4-13-026059-6　Ⓝ210.48
〔06142〕
◇秀吉私記　津本陽著　角川書店　1996.10　202p　19cm　1200円　Ⓘ4-04-883459-2
〔06143〕
◇秀吉私記　津本陽著　講談社　2000.6　185p　15cm　(講談社文庫)　448円　Ⓘ4-06-264835-0
〔06144〕
◇秀吉襲来―近世関東の幕開け　横浜市歴史博物館, 横浜市ふるさと歴史財団編　横浜　横浜市歴史博物館　1999.10　133p　30cm　Ⓝ213
〔06145〕
◇秀吉神話をくつがえす　藤田達生著　講談社　2007.9　276p　18cm　(講談社現代新書)　740円　Ⓘ978-4-06-287907-1　Ⓝ210.47
〔06146〕
◇秀吉戦記―天下取りの軌跡　谷口克広著　集英社　1996.2　251p　19cm　1800円　Ⓘ4-08-781127-1
〔06147〕
◇秀吉戦国城盗り物語　外川淳著　大和書房　2007.6　347p　16cm　(だいわ文庫)　762円　Ⓘ978-4-479-30107-3　Ⓝ210.48
〔06148〕
◇秀吉と家康　伊藤銀月著　千代田書房　1909　2冊(277, 257p)　19cm　Ⓝ289.1
〔06149〕
◇秀吉と家康　横山健堂著　東亜堂書房　1918　328p　18cm　Ⓝ289.1
〔06150〕

◇秀吉と家康―乱世を生きた二つの個性　邑井操著　大和書房　1965　211p　表　18cm　（ペンギンブックス）　Ⓝ210.49
〔06151〕
◇秀吉と家康―関ヶ原と戦国武将の興亡　小和田哲男監修　主婦と生活社　2002.2　237p　21cm　1500円　Ⓘ4-391-12601-X　Ⓝ210.48
〔06152〕
◇秀吉と豪商―特別展　大阪城天守閣編　大阪　大阪城天守閣特別事業委員会　1978.10　60p　26cm　Ⓝ210.49
〔06153〕
◇秀吉と真田―大阪城・上田城友好城郭提携記念特別展　上田市立博物館編　上田　上田市立博物館　2007.10　97p　30cm　Ⓝ210.48
〔06154〕
◇秀吉・利家・家康　石川県立歴史博物館編　金沢　石川県立歴史博物館　1992.4　84p　26cm　Ⓝ210.48
〔06155〕
◇「秀吉と城」展示図録―2005年度特別企画展　佐賀県立名護屋城博物館編　唐津　佐賀県立名護屋城博物館　2005.10　130p　30cm　Ⓝ289.1
〔06156〕
◇秀吉と土木―神話に思いを馳せ、中世・秀吉の偉業を振り返り、そして現在の土木を考える　土木学会関西支部編　大阪　土木学会関西支部　1999.3　75p　26cm　（0918-0826）　Ⓝ510.921
〔06157〕
◇秀吉と日本三大水攻め　和歌山市立博物館編　和歌山　和歌山市立博物館　1999.10　80p　30cm　Ⓝ210.48
〔06158〕
◇秀吉と信長の出会い　北野憲二著　新人物往来社　1983.3　266p　20cm　1200円　Ⓝ210.48
〔06159〕
◇秀吉と博多の豪商―『宗湛日記』にみる茶湯と政治　工藤澕也著　福岡　海鳥社　1997.11　224p　19cm　（海鳥ブックス20）　1800円　Ⓘ4-87415-188-4　Ⓝ210.48
〔06160〕
◇秀吉と肥後国衆一揆　小山龍種著　福岡　海鳥社　2003.1　189p　19cm　1500円　Ⓘ4-87415-395-X　Ⓝ219.4
〔06161〕
◇秀吉と文禄の役―フロイス「日本史」より　フロイス著、松田毅一, 川崎桃太編訳　中央公論社　1974　191p　18cm　（中公新書）　380円　Ⓝ210.497
〔06162〕
◇秀吉の大いなる疑問　高野澄著　毎日新聞社　1995.10　210p　19cm　1300円　Ⓘ4-620-31085-9　〔06163〕
◇秀吉の京をゆく　津田澄文, 創作工房写真編集　京都　淡交社　2001.9　125p　21cm　（新撰京の魅力）　1500円　Ⓘ4-473-01843-1
〔06164〕
◇秀吉の京都　京都市歴史資料館編　京都　京都市歴史資料館　1992.10　1冊（頁付なし）　26cm　Ⓝ216.2
〔06165〕
◇秀吉の経済感覚―経済を武器とした天下人　脇田修著　中央公論社　1991.3　177p　18cm　（中公新書）　560円　Ⓘ4-12-101015-9　Ⓝ210.48
〔06166〕
◇秀吉の城―戦国を制した太閤の城郭その築城と戦略　西ケ谷恭弘責任編集, 日本城郭史学会文・イラストレーション　世界文化社　1996.7　169p　28cm　（ビッグマンスペシャル）　2300円　Ⓘ4-418-96118-6　Ⓝ210.48
〔06167〕
◇秀吉の城と戦略―築城と攻城戦の天才　成美堂出版　1998.4　143p　26cm　（Seibido mook）　1300円　Ⓘ4-415-09302-7　Ⓝ521.823
〔06168〕
◇秀吉のすべてがわかる本―サラリーマン太閤記　知恵と才覚で他を制した、秀吉の生きかたと戦いかた　小和田哲男著　三笠書房　1995.5　232p　19cm　1100円　Ⓘ4-8379-1601-5
〔06169〕

◇秀吉の宣戦布告状―北条氏直あて本書の謎を検証する　北條龍彦著　秦野　夢工房　1997.11　330p　22cm　2000円　Ⓘ4-946513-42-6　Ⓝ210.48
〔06170〕
◇秀吉の戦略―戦国の英雄たち　小学館　1992.2　267p　16cm　（小学館ライブラリー）　760円　Ⓘ4-09-460019-1　Ⓝ289.1
〔06171〕
◇秀吉の朝鮮経略　京口元吉著　白揚社　1939　345p　18cm　（日本歴史文庫）　Ⓝ210.4
〔06172〕
◇秀吉の朝鮮侵略　北島万次著　山川出版社　2002.7　101p　21cm　（日本史リブレット34）　800円　Ⓘ4-634-54340-0　Ⓝ210.49
〔06173〕
◇秀吉の天下統一戦争　小和田哲男著　吉川弘文館　2006.10　273, 3p　19cm　（戦争の日本史15）　2500円　Ⓘ4-642-06325-0
〔06174〕
◇秀吉の謎―新史観で解く「天下人」の正体!!　丸山淳一著　学習研究社　1996.4　222p　18cm　（歴史群像新書）　780円　Ⓘ4-05-400609-4　Ⓝ289.1
〔06175〕
◇秀吉の南蛮外交―サン・フェリーペ号事件　松田毅一著　新人物往来社　1972　295p　20cm　880円　Ⓝ210.49
〔06176〕
◇秀吉の悲劇―抹殺された豊臣家の栄華　津田三郎著　PHP研究所　1989.8　221p　15cm　（PHP文庫）　420円　Ⓘ4-569-56217-5　Ⓝ288.3
〔06177〕
◇秀吉の野望と誤算―文禄・慶長の役と関ケ原合戦　笠谷和比古, 黒田慶一共著　文英堂　2000.6　287p　21cm　1800円　Ⓘ4-578-12961-6
〔06178〕
◇秀吉・耳塚・四百年―豊臣政権の朝鮮侵略と朝鮮人民の闘い　金洪圭編著　雄山閣出版　1998.9　217p　21cm　2700円　Ⓘ4-639-01555-0　Ⓝ210.49
〔06179〕
◇秀吉論　室津鯨太郎著　南人社　1916　319p　20cm　Ⓝ289.1
〔06180〕
◇日吉丸　高橋鋤郎著　尚栄堂　1893.5　169p　22cm　Ⓝ289.1
〔06181〕
◇戸次川合戦　寺石正路著　高知　土佐史談会　1924　98p　19cm　Ⓝ210.4
〔06182〕
◇豊公遺文　豊臣秀吉著, 日下寛編　博文館　1914　640p　22cm　Ⓝ210.4
〔06183〕
◇豊公五三桐　四大庵著　春陽堂　1898.11　110p　23cm　Ⓝ289.1
〔06184〕
◇豊太閤―裏面的の歴史　玉置正太郎著　京都　谷口清之助等　1898.4　26p　19cm　Ⓝ289.1　〔06185〕
◇豊太閤　橘隆友著　右田商店　1898.5　9p　23cm　Ⓝ289.1
〔06186〕
◇豊太閤　山路愛山著　文泉堂〔ほか〕　1908　2冊（上296, 下298p）　23cm　Ⓝ289.1
〔06187〕
◇豊太閤御葬式之図　久保田小太郎編　田中弥三郎　1898.3　1冊　24cm　Ⓝ289.1
〔06188〕
◇豊太閤とその家臣の出自―その真相を追求する　森脇宏之著　神戸　1967　56p　21cm　Ⓝ288.3　〔06189〕
◇豊太閤の私的生活　渡辺世祐著　大阪　創元社　1939　349p　19cm　（日本文化名著選 第11）　Ⓝ210.4
〔06190〕
◇豊太閤の大亜細亜政策―比島戡定記念　吉田貞治著　京都　別格官幣社豊国神社　1942　44p　19cm　Ⓝ210.4
〔06191〕
◇松下加兵衛と豊臣秀吉―戦国・松下氏の系譜　冨永公文著　東京図書出版会　2002.11　231p　21cm　1429円　Ⓘ4-434-02339-X　Ⓝ288.3
〔06192〕

◇耳塚―秀吉の鼻斬り・耳斬りをめぐって　琴秉洞著　二月社　1978.1　240p　18cm　1200円　Ⓝ210.497
〔06193〕
◇木食応其上人と豊臣秀吉―訳注興山上人木食応其史料　松田文夫編　〔和歌山〕　〔松田文夫〕　1998.12　134p　24cm　2500円　Ⓝ188.52
〔06194〕
◇物語日本の歴史―その時代を見た人が語る　第18巻　豊臣秀吉と天下統一　笠原一男編　木耳社　1992.4　230p　20cm　1500円　Ⓘ4-8393-7570-4　Ⓝ210.1
〔06195〕
◇山崎合戦―秀吉、光秀と大山崎　第10回企画展　大山崎町（京都府）　大山崎町歴史資料館　2002.11　48p　30cm　Ⓝ216.2
〔06196〕
◇淀君と太閤　岩井正次郎（松風軒）著　大学館　1901.2　169p　23cm　Ⓝ289.1
〔06197〕
◇淀殿―われ太閤の妻となりて　福田千鶴著　京都　ミネルヴァ書房　2007.1　253,8p　19cm　（ミネルヴァ日本評伝選）　2500円　Ⓘ4-623-04810-1
〔06198〕
◇李舜臣と秀吉―文禄・慶長の海戦　片野次雄著　誠文堂新光社　1983.7　250p　19cm　1500円　Ⓘ4-416-88311-0　Ⓝ210.49
〔06199〕

◆◆豊臣政権の武将

◇明石掃部　森本繁著　学習研究社　2006.12　269p　15cm　（学研M文庫）　650円　Ⓘ4-05-900453-7
〔06200〕
◇明石掃部の謎―神出鬼没のキリシタン武将　小林久三著　PHP研究所　1997.12　220p　18cm　（PHP business library History）　819円　Ⓘ4-569-55938-7　Ⓝ210.48
〔06201〕
◇大阪城の七将星　福本日南著　文会堂書店　1921　397p　22cm　Ⓝ210.4
〔06202〕
◇大谷刑部のすべて　花ヶ前盛明編　新人物往来社　2000.5　304p　19cm　（人物シリーズ）　2800円　Ⓘ4-404-02857-1
〔06203〕
◇木村重成関係資料の調査―附:元徳元年銘兼光短刀の調査　藤野勝弥著　大阪　中央文化研究会　1941　24p　図版　22cm　（依頼調査1）　Ⓝ289.1
〔06204〕
◇切支丹大名小西行長　満江巌著　基督教出版社　1943　217p　図版　19cm　（切支丹人物叢書3）　Ⓝ289.1
〔06205〕
◇五大老―豊臣政権の運命を託された男たち　特別展　大阪城天守閣編　大阪　大阪城天守閣特別事業委員会　2003.10　141p　26cm　Ⓝ210.48
〔06206〕
◇後藤又兵衛基次とその子　小嶋太門著　名古屋　人間社　2007.6　327p　19cm　2400円　Ⓘ978-4-931388-51-2
〔06207〕
◇週刊ビジュアル日本の歴史　no.134　戦国武将編14　デアゴスティーニ・ジャパン　2002.9　p548-587　29cm　533円　Ⓝ210.1
〔06208〕
◇殺生関白秀次―聚楽第秘史　岩堀光著　日本文芸社　1968　238p　図版　18cm　Ⓝ210.1
〔06209〕
◇太閤家臣団　桑田忠親著　新人物往来社　1971　246,10p　20cm　850円　Ⓝ210.49
〔06210〕
◇竹中半兵衛のすべて　池内昭一編　新人物往来社　1996.2　231p　19cm　2800円　Ⓘ4-404-02322-7
〔06211〕
◇豊臣家の人間模様　童門冬二他著　中央公論社　1996.6　261p　16cm　（中公文庫）　560円　Ⓘ4-12-202622-9　Ⓝ281.04
〔06212〕

◇豊臣四将伝　青山延光著　丸家善七　1884.1　32丁　23cm　Ⓝ281
〔06213〕
◇豊臣秀次―「殺生関白」の悲劇　小和田哲男著　PHP研究所　2002.3　249p　18cm　（PHP新書）　680円　Ⓘ4-569-62104-X
〔06214〕
◇豊臣秀次の研究　藤田恒春著　文献出版　2003.7　505p　22cm　13000円　Ⓘ4-8305-1233-4　Ⓝ289.1
〔06215〕
◇豊臣秀長　大和郡山市教育委員会編　大和郡山　大和郡山市教育委員会　1996.3　24p　30cm　（郡山の歴史1）　Ⓝ289.1
〔06216〕
◇豊臣秀長とその時代―城・瓦・やきもの　第2回こおりやま歴史フォーラム資料　大和郡山市教育委員会編　大和郡山　大和郡山市教育委員会　1996.9　42p　30cm　Ⓝ210.48
〔06217〕
◇豊臣秀長のすべて　新人物往来社　1996.7　267p　19cm　2800円　Ⓘ4-404-02334-0
〔06218〕
◇信長・秀吉と家臣たち―歴史に学ぶ　谷口克広著　日本放送出版協会　2000.4　229p　21cm　（NHK文化セミナー）　850円　Ⓘ4-14-910380-1　Ⓝ210.48
〔06219〕
◇秀吉を支えた武将田中吉政―近畿・東海と九州をつなぐ戦国史　市立長浜歴史博物館,岡崎市美術博物館,柳川古文書館企画・編集　長浜　市立長浜歴史博物館　2005.9　198p　22cm　1500円　Ⓘ4-88325-284-1　Ⓝ289.1
〔06220〕
◇秀吉を支えた武将田中吉政―近畿・東海と九州をつなぐ戦国史　市立長浜歴史博物館,岡崎市美術博物館,柳川古文書館企画・編集　柳川　柳川古文書館　2005.12　198p　22cm　Ⓝ289.1
〔06221〕
◇秀吉お伽衆―天下人をとりまく達人たち　特別展　大阪城天守閣編　大阪　大阪城天守閣特別事業委員会　2007.10　164p　26cm　Ⓝ281.04
〔06222〕
◇秀吉家臣団　大阪城天守閣編　大阪　大阪城天守閣特別事業委員会　2000.10　139p　26cm　Ⓝ210.48
〔06223〕
◇秀吉軍団―戦国を駆け抜けた夢の軍兵たち　世界文化社　1996.1　162p　26cm　（ビッグマンスペシャル―歴史クローズアップ　人物）　1400円　Ⓝ289.1
〔06224〕
◇秀吉側近99人の謎―戦国おもしろ意外史　楠木誠一郎著　二見書房　1996.1　253p　15cm　（二見wai wai文庫）　500円　Ⓘ4-576-95206-4　Ⓝ289.1
〔06225〕

◆◆◆石田三成

◇石田三成―及其時代の形勢　天姥學人著　魚住書店　1910　157p　20cm　Ⓝ289.1
〔06226〕
◇石田三成　桃川如燕口演　統文館　1911.11　225p　19cm　（史伝叢書　第1編）　Ⓝ913.7
〔06227〕
◇石田三成―「知の参謀」の実像　小和田哲男著　PHP研究所　1997.1　205p　18cm　（PHP新書）　680円　Ⓘ4-569-55442-3
〔06228〕
◇石田三成を中心に―関ヶ原大戦の真相　尾池義雄著　春秋社　1927　568p　20cm　Ⓝ210.4
〔06229〕
◇石田三成及其時代之形勢―千古之冤魂　水主増吉著　国光社　1902.11　157p　20cm　Ⓝ289.1
〔06230〕
◇石田三成と佐和山城址　彦根　彦根市立図書館　1942　94p　図版　19cm　Ⓝ289.1
〔06231〕
◇石田三成とその一族　白川亨著　新人物往来社　1997.12　324p　21cm　9800円　Ⓘ4-404-02550-5
〔06232〕

◇石田三成とその子孫　白川亨著　新人物往来社　2007.
12　233p　19cm　2800円　Ⓘ978-4-404-03509-7
〔06233〕
◇石田三成と津軽の末裔—「極楽寺系図」の探索から解き明
かされた真実。　佐賀郁朗著　青森　北の街社　1997.12
241p　19cm　2000円　Ⓘ4-87373-076-7　Ⓝ288.2
〔06234〕
◇石田三成の微笑　山崎泰著　新風舎　2004.5　194p
19cm　1400円　Ⓘ4-7974-4142-9　〔06235〕
◇概説石田三成　池崎忠孝著　岡倉書房　1942　188p　図
版　肖像　19cm　Ⓝ289.1　〔06236〕
◇稿本石田三成　渡辺世祐著　渡辺世祐　1907.11　336p
図版　23cm　Ⓝ289.1　〔06237〕
◇稿本石田三成　渡邊世祐著　雄山閣　1929.1　356p　図
版13枚　23cm　Ⓝ289.1　〔06238〕
◇新論石田三成　大野伴睦著　岐阜　藍南社出版部　1936
117p　20cm　Ⓝ289.1　〔06239〕
◇歪められた歴史—石田三成と関ケ原戦　田中巌著　明玄
書房　1967　270p　19cm　Ⓝ210.498　〔06240〕

◆◆◆加藤清正
◇加藤清正　小泉策太郎著　裳華書房　1897.2　177p　図
版　23cm　（偉人史叢　第11巻）　Ⓝ289.1　〔06241〕
◇加藤清正　私立熊本県教育会編　熊本　私立熊本県教育
会　1909.2　98p　23cm　Ⓝ289.1　〔06242〕
◇加藤清正—写真解説　熊本写真会編、林立夫記　熊本　長
崎次郎　1909.2　図版74枚　27cm　Ⓝ289.1
〔06243〕
◇加藤清正　山路愛山著　民友社　1909.3　289p　19cm
Ⓝ289.1　〔06244〕
◇加藤清正—信仰の英雄　小泉要智著　須原屋書店　1909.
3　95p　19cm　Ⓝ289.1　〔06245〕
◇加藤清正—築城と治水　谷川健一編　冨山房インターナ
ショナル　2006.5　262p　19cm　2500円　Ⓘ4-
902385-27-9　Ⓝ219.4　〔06246〕
◇加藤清正　荒木精之著　〔出版地不明〕　荒木いおり
2007.3　171p　19cm　1000円　Ⓘ978-4-9902705-
1-3　Ⓝ289.1　〔06247〕
◇加藤清正—朝鮮侵略の実像　北島万次著　吉川弘文館
2007.4　228p　19cm　（歴史文化ライブラリー 230）
1700円　Ⓘ978-4-642-05630-4　Ⓝ289.1　〔06248〕
◇加藤清正—戦国人物伝　加来耕三企画・構成、すぎたとお
る原作、早川大介作画、島田貴祐監修　ポプラ社　2007.
5　127p　22cm　（コミック版日本の歴史 5）　1000
円　Ⓘ978-4-591-09794-6　Ⓝ289.1　〔06249〕
◇加藤清正　1　治水編　矢野四年生著　清水弘文堂
1991.1　227p　20cm　2000円　Ⓘ4-87950-936-1
Ⓝ289.1　〔06250〕
◇加藤清正　2　築城編・宗教編　矢野四年生著　〔矢野四
年生〕　1992.6　285p　20cm　2000円　Ⓝ289.1
〔06251〕
◇加藤清正木下半介に与ふる書翰　前田侯爵家　1926　10
枚　27×35cm　Ⓝ210.4　〔06252〕
◇加藤清正公　笠田長継著　八代町（熊本県）　笠田長継
1935　243p　Ⓝ289.1　〔06253〕
◇加藤清正公小伝　中野嘉太郎編　花園村（熊本県）　福田
武太郎　1909.3　25p　22cm　Ⓝ289.1　〔06254〕
◇加藤清正公伝—志基農玖賀陀智　矢野玄道著　熊本　清
正公頌徳会　1915　102, 78p　23cm　Ⓝ289.1
〔06255〕

◇加藤清正公霊宝帖　上木日褒編　熊本　肥後本妙寺
1909.3　図版25枚　20cm　Ⓝ289.1　〔06256〕
◇加藤清正「妻子」の研究　水野勝之, 福田正秀著　星雲社
（発売）　2007.10　258p　22cm　3000円　Ⓘ978-4-
434-11086-3　Ⓝ289.1　〔06257〕
◇加藤清正伝　安積艮斎著, 木沢成粛評　阪上半七　1882.
12　20丁　23cm　Ⓝ289.1　〔06258〕
◇加藤清正伝　中野嘉太郎編　隆文館　1909.4　807p　図
版　23cm　Ⓝ289.1　〔06259〕
◇加藤清正と熊本城　熊本城阯保存会編　〔熊本〕　熊本城
阯保存会　1927　94p　19cm　Ⓝ219.4　〔06260〕
◇加藤清正のすべて　安藤英男編　新人物往来社　1993.
4　286p　19cm　（戦国武将すべてシリーズ）　2800
円　Ⓘ4-404-01985-8　〔06261〕
◇加藤清正論　参謀本部第四部編纂　偕行社　1931　124p
19cm　Ⓝ289.1　〔06262〕
◇清正記—続撰　1875　4冊（1-7合本）　26cm　Ⓝ289.1
〔06263〕
◇清正公　鈴木力著　裳華房　1909.3　107p　図版　23cm
Ⓝ289.1　〔06264〕
◇清正公記—法華行者　藤蔭会編　熊本　魚住季義　1909.
2　135p　22cm　Ⓝ289.1　〔06265〕
◇清正公御一代記　安達忠一著　大阪　欽英堂書店　1935
177p　19cm　Ⓝ289.1　〔06266〕
◇清正公御伝—幻画解説　秋田本定作　広島　立正幻画会
1935　118p　18cm　Ⓝ289.1　〔06267〕
◇清正公三百年祭と熊本　熊本　熊本商業会議所　1909.3
158p　図版　19cm　Ⓝ219.4　〔06268〕
◇清正公と本妙寺—清正公三百年祭記念　石倉重継編　旅
行タイムス社　1909.3　21p　23cm　Ⓝ289.1
〔06269〕
◇清正公母堂聖林院殿　有戸光善著　横平村（熊本県）　有
戸光善　1909.3　36p　22cm　Ⓝ289.1　〔06270〕
◇史籍集覧　〔100〕　清正記　近藤瓶城校　古橋又玄著
近藤瓶城　1881.12　23, 33, 26丁　19cm　Ⓝ210
〔06271〕
◇聖雄清正公伝　塩出孝潤著　熊本　本妙寺本院　1935
157p　23cm　Ⓝ289.1　〔06272〕
◇伝記 加藤清正　矢野四年生著　のべる出版企画, コス
モヒルズ〔発売〕　2000.7　502p　21cm　3800円
Ⓘ4-87703-108-1　〔06273〕

◆◆◆蒲生氏郷
◇会津宰相蒲生氏郷・会津中将保科正之　蒲生氏郷まちづく
り四〇〇年・保科正之入部三五〇年祭記念特別企画展実行
委員会編　会津若松　特別展実行委員会　1993.9　163p
26cm　1500円　Ⓝ289.1　〔06274〕
◇氏郷記　中　近藤瓶城校訂　観音寺　上坂氏顕彰会史料
出版部　2002.4　1冊（ページ付なし）　30cm　（理想日
本リプリント 第77巻）　52800円　Ⓝ210.48　〔06275〕
◇氏郷記　上　分冊1　近藤瓶城校訂　観音寺　上坂氏顕彰
会史料出版部　2002.4　1冊（ページ付なし）　30cm
（理想日本リプリント　第77巻）　41800円　Ⓝ210.48
〔06276〕
◇氏郷記　上　分冊2　近藤瓶城校訂　観音寺　上坂氏顕彰
会史料出版部　2002.4　1冊（ページ付なし）　30cm
（理想日本リプリント　第77巻）　46800円　Ⓝ210.48
〔06277〕
◇氏郷記　下　分冊1　近藤瓶城校訂　観音寺　上坂氏顕彰
会史料出版部　2002.4　1冊（ページ付なし）　30cm

安土桃山時代　　　　　　　　　　中世史

（理想日本リプリント　第77巻）　54800円　Ⓝ210.48
〔06278〕
◇氏郷記　下 分冊2　近藤瓶城校訂　観音寺　上坂氏顕彰会史料出版部　2002.4　1冊（ページ付なし）　30cm　（理想日本リプリント　第77巻）　46800円　Ⓝ210.48
〔06279〕
◇「氏郷記を読む会」研究レポート集　氏郷記を読む会研究レポート編集委員会編　日野町（滋賀県）　氏郷記を読む会　2006.6　142p　26cm　Ⓝ289.1
〔06280〕
◇蒲生氏郷—近江・伊勢・会津を駆けぬけた戦国の智将　横山高治著　大阪　創元社　1991.3　193p　19cm　1400円　Ⓘ4-422-20461-0　Ⓝ289.1
〔06281〕
◇蒲生氏郷—戦国を駆け抜けた武将　平成17年度秋季特別展　滋賀県立安土城考古博物館編　安土町（滋賀県）　滋賀県立安土城考古博物館　2005.10　114p　30cm　Ⓝ289.1
〔06282〕
◇蒲生氏郷と家臣団—文武両道、秀吉に次ぐ未完の天下人　横山高治著　歴研　2006.10　151p　19cm　（歴研ブックス）　1200円　Ⓘ4-947769-81-5　Ⓝ289.1
〔06283〕
◇秀吉・氏郷・政宗—奥羽仕置400年 企画展　福島県立博物館編　改訂　会津若松　福島県立博物館　1991.3　92p　26cm　Ⓝ210.48
〔06284〕

◆◆◆黒田孝高

◇エピソードで読む黒田官兵衛—ナンバー2の行動学　寺林峻著　PHP研究所　2003.4　315p　15cm　（PHP文庫）　619円　Ⓘ4-569-57927-2
〔06285〕
◇黒田家譜　貝原益軒編著　歴史図書社　1980.8　615p　22cm　7800円　Ⓝ288.3
〔06286〕
◇黒田家譜　第1巻　川添昭二校訂, 福岡古文書を読む会校訂　新訂〔版〕　文献出版　1983.5　10, 630p　22cm　9000円　Ⓝ288.3
〔06287〕
◇黒田官兵衛—秀吉も一目おいた天下人の器　浜野卓也著　PHP研究所　1996.6　381p　15cm　（PHP文庫）　660円　Ⓘ4-569-56903-X
〔06288〕
◇黒田如水　西日本人物誌編集委員会編, 三浦明彦著　福岡　西日本新聞社　1996.5　229p　19cm　（西日本人物誌 7）　1500円　Ⓘ4-8167-0413-2
〔06289〕
◇黒田如水と二十五騎　本山一城著　村田書店　1984.12　303p　19cm　2000円　Ⓝ210.47
〔06290〕

◆◆◆小西行長

◇アゴスチイノ小西摂津守行長回想帖—十六世紀の自由人　園田信行著　中央公論事業出版　2003.7　446p　21cm　2000円　Ⓘ4-89514-205-1
〔06291〕
◇切支丹大名小西行長　満江巌著　基督教出版社　1943　217p 図版　19cm　（切支丹人物叢書 3）　Ⓝ289.1
〔06292〕
◇小西行長伝　木村紀八郎著　鳥影社　2005.11　584p　19cm　2400円　Ⓘ4-88629-947-4
〔06293〕
◇中世堺を代表する俊傑小西行長　池永晃著　大阪　上田貞次郎　1936　307p 図版　22cm　Ⓝ210.4
〔06294〕

◆◆◆高山右近

◇キリシタン大名高山右近と大和沢城　大門貞夫編著　〔榛原町（奈良県）〕　榛原町　1978.5　51p　21cm　（榛原町郷土ブックス 2）　300円　Ⓝ198.221
〔06295〕
◇ジュスト高山右近—短篇集　和仁三郎著　京都　馬場書店　1950.1　142p　19cm　Ⓝ198.221
〔06296〕

◇高山右近　アントニオ・セルメニオ著　サンパウロ　1997.1　160p　19cm　1236円　Ⓘ4-8056-5625-5　Ⓝ198.221
〔06297〕
◇高山右近史話　H.チースリク著　長崎　聖母の騎士社　1995.5　392p　15cm　（聖母文庫）　800円　Ⓘ4-88216-129-X　Ⓝ198.221
〔06298〕
◇高山右近とその時代—北摂のキリシタン文化　平成10年度特別展　吹田　吹田市立博物館　1998.4　52p　26cm　Ⓝ198.221
〔06299〕
◇高山右近の生涯—日本初期基督教史　ヨハネス・ラウレス著, 松田毅一訳　エンデルレ書店　1948　424p　22cm　Ⓝ198.21
〔06300〕
◇中世堺を代表する俊傑小西行長　池永晃著　大阪　上田貞次郎　1936　307p 図版　22cm　Ⓝ210.4
〔06301〕
◇武将高山右近の信仰と茶の湯　高橋敏夫著　いのちのことば社フォレストブックス　2007.11　164p　18×12cm　1100円　Ⓘ978-4-264-02594-8
〔06302〕

◆◆◆前田利家

◇一冊で読む前田利家—乱世を生き抜いたナンバー2のサバイバル術　川口素生著　成美堂出版　2001.12　251p　15cm　（成美文庫）　505円　Ⓘ4-415-06942-8
〔06303〕
◇おまつと利家—加賀百万石を創った人びと　集英社　2001.9　227p　21cm　1700円　Ⓘ4-08-781231-6　Ⓝ288.3
〔06304〕
◇加賀藩百万石の智恵—歴史よもやま話　中村彰彦著　日本放送出版協会　2001.12　220p　20cm　1300円　Ⓘ4-14-080644-3　Ⓝ288.3
〔06305〕
◇旧藩祖三百年祭記事　佐久間竜太郎著　金沢　佐久間竜太郎　1902.10　44丁 図版　22cm　Ⓝ289.1
〔06306〕
◇図解雑学　前田利家　小和田哲男監修　ナツメ社　2001.10　231p　19cm　（図解雑学シリーズ）　1300円　Ⓘ4-8163-3094-1
〔06307〕
◇図説 前田利家　図説前田利家編纂委員会編著　金沢　尾山神社,（金沢）北国新聞社〔発売〕　1999.4　151p　26cm　2000円　Ⓘ4-8330-1055-0
〔06308〕
◇戦国前田一族—秀吉・家康と前田家　能坂利雄著　新人物往来社　1983.5　317p　20cm　1600円　Ⓝ288.3
〔06309〕
◇「追跡」ふるさとの前田利家　舟橋武志編　名古屋　ブックショップ「マイタウン」　2002.1　152p　26cm　1600円　Ⓝ291.55
〔06310〕
◇利家・利長・利常—前田三代の人と政治　見瀬和雄著　金沢　北國新聞社　2002.3　226p　20cm　1800円　Ⓘ4-8330-1204-9　Ⓝ288.3
〔06311〕
◇利家と成政—史料で辿る両雄の軌跡　富山県公文書館特別企画展　富山　富山県公文書館　2002.8　14p　30cm　Ⓝ288.3
〔06312〕
◇利家とまつをめぐる人々—大河ドラマ放映推進事業　石川県立歴史博物館編　金沢　石川県立歴史博物館　2001.10　125p　30cm　Ⓝ288.3
〔06313〕
◇「利家とまつ」に出逢う旅—歴史散策・食べ歩き　東京ニュース通信社　2002.7　130p　26cm　（Tokyo news mook）　933円　Ⓘ4-924566-16-0　Ⓝ288.3
〔06314〕
◇利家とまつに学ぶ—北国新聞文化センター特別講座「続金沢学」　北国新聞文化センター編　金沢　北国新聞文

◇化センター, (金沢)北国新聞社〔発売〕 2001.11 330p 21cm 1800円 Ⓘ4-8330-1196-4 〔06315〕
◇「利家とまつ」の夫婦学 上之郷利昭著 プレジデント社 2002.9 287p 19cm 1500円 Ⓘ4-8334-1757-X 〔06316〕
◇藩祖盛烈記 西坂衷著 孝友堂 1876.8 3冊(7巻) 22cm Ⓝ289.1 〔06317〕
◇ひげの梶さんと利家とまつを歩こう! 梶本晃司著 広島 南々社 2001.12 166p 26cm (ひげの梶さん歴史文学散歩シリーズ1) 1850円 Ⓘ4-931524-06-0 Ⓝ291.4 〔06318〕
◇秀吉・利家・家康 石川県立歴史博物館編 金沢 石川県立歴史博物館 1992.4 84p 26cm Ⓝ210.48 〔06319〕
◇百万石異聞・前田利家と松 野村昭子著 叢文社 2001.12 205p 19cm 1600円 Ⓘ4-7947-0397-X 〔06320〕
◇前田一族―平成14年NHK大河ドラマを知るために 新人物往来社 2002.1 174p 26cm (別冊歴史読本95) 1800円 Ⓘ4-404-02795-8 Ⓝ288.3 〔06321〕
◇前田家三代の女性たち―國學院大學石川県文化講演会の記録 二木謙一監修, 國學院大學石川県文化講演会実行委員会編 金沢 北國新聞社 2000.6 224p 21cm 1800円 Ⓘ4-8330-1105-0 Ⓝ288.3 〔06322〕
◇前田利家―物語と史蹟をたずねて 井口朝生著 成美堂出版 1995.10 274p 16cm (成美文庫) 560円 Ⓘ4-415-06429-9 Ⓝ289.1 〔06323〕
◇前田利家 栄光の軌跡 青山克弥編 勉誠出版 2001.11 223p 21cm 1800円 Ⓘ4-585-05119-8 〔06324〕
◇前田利家公 和田文次郎著 金沢 宇都宮書店 1899.4 86p 24cm Ⓝ289.1 〔06325〕
◇前田利家公伝 大坪武門著 勢多章康 1921 403p 図版 22cm Ⓝ289.1 〔06326〕
◇前田利家小百科―華麗なる加賀百万石の世界を一望する一冊 鎌倉 かまくら春秋社 2001.10 143p 26cm 952円 Ⓘ4-7740-0185-6 〔06327〕
◇前田利家・利長軍記 青山克彌著 勉誠出版 1999.5 242p 20cm (日本合戦騒動叢書14) 2500円 Ⓘ4-585-05114-7 Ⓝ210.48 〔06328〕
◇前田利家と天下人 山岡荘八原作, 横山光輝作画, 河合敦構成・文 講談社 2001.12 251p 15cm (講談社漫画文庫) 550円 Ⓘ4-06-360108-0 〔06329〕
◇前田利家と能登・七尾―七尾市・前田利家入府420年記念シンポジウム 七尾市教育委員会文化課編 七尾市, (金沢)北國新聞社〔発売〕 2002.8 115p 21cm 1800円 Ⓘ4-8330-1218-9 〔06330〕
◇前田利家とまつ 戸部新十郎編 広済堂出版 2001.12 219p 19cm 1300円 Ⓘ4-331-50856-0 〔06331〕
◇前田利家とまつQ&A ―加賀百万石の秘密 後藤寿一著 双葉社 2001.12 190p 18cm 800円 Ⓘ4-575-15314-1 〔06332〕
◇前田利家とまつの生涯 童門冬二著 三笠書房 2001.7 348p 19cm 1500円 Ⓘ4-8379-1896-4 〔06333〕
◇前田利家のすべて 花ヶ前盛明編 新人物往来社 1999.10 227p 19cm 2800円 Ⓘ4-404-02826-1 〔06334〕
◇前田利家の謎―なぜ生涯ナンバー2を貫いたのか 武田鏡村著 PHP研究所 2001.10 300p 15cm (PHP文庫) 552円 Ⓘ4-569-57618-4 〔06335〕

◇前田利家の謎 菊池紳一著 新人物往来社 2001.12 263p 19cm 1600円 Ⓘ4-404-02948-9 〔06336〕
◇前田利家 不倒の武将―かぶき者から偉大な創業者へ 加来耕三著 ベストセラーズ 2002.1 280p 18cm (ベスト新書) 680円 Ⓘ4-584-12034-X 〔06337〕
◇前田利家 北陸の覇者 西ヶ谷恭弘, 三木範治著 JTB 2002.2 255p 19cm 1600円 Ⓘ4-533-04116-7 〔06338〕
◇槍の又左 前田利家―加賀百万石の胎動 池田公一著 新人物往来社 1999.7 259p 19cm 2800円 Ⓘ4-404-02814-8 〔06339〕
◇勇断―前田家三百年の経営学 童門冬二著 日本放送出版協会 2001.10 318p 19cm 1500円 Ⓘ4-14-080641-9 〔06340〕

◆◆◆山内一豊
◇一豊の妻見性院出自の謎を追う 岩崎義郎著 高知 土佐史談会 2002.11 196p 21cm (土佐史談選書17) 1429円 Ⓘ4-947727-43-8 Ⓝ289.1 〔06341〕
◇賢妻・千代の理由 小和田哲男著 日本放送出版協会 2005.11 237p 20cm 1400円 Ⓘ4-14-081073-4 Ⓝ210.48 〔06342〕
◇検証・山内一豊伝説―「内助の功」と「大出世」の虚実 渡部淳著 講談社 2005.10 227p 18cm (講談社現代新書) 720円 Ⓘ4-06-149812-6 Ⓝ289.1 〔06343〕
◇秀吉と一豊―山内一豊の功名軍記と秀吉軍団の天下獲り大作戦 世界文化社 2006.1 207p 26cm (ビッグマンスペシャル) 1600円 Ⓘ4-418-05148-1 Ⓝ289.1 〔06344〕
◇マンガで読む山内一豊&千代 Arisawa Ken原作, 大塚洋一郎マンガ 学習研究社 2006.1 95p 26cm (歴史群像シリーズ) 500円 Ⓘ4-05-604272-1 Ⓝ289.1 〔06345〕
◇山内一豊 山本大著 新人物往来社 2005.10 326p 20cm 2200円 Ⓘ4-404-03274-9 Ⓝ289.1 〔06346〕
◇山内一豊―負け組からの立身出世学 小和田哲男著 PHP研究所 2005.10 262p 18cm (PHP新書) 760円 Ⓘ4-569-64621-2 Ⓝ289.1 〔06347〕
◇山内一豊―土佐二十万石への道 新人物往来社 2005.10 191p 26cm (別冊歴史読本 第30巻20号) 1800円 Ⓘ4-404-03322-2 Ⓝ289.1 〔06348〕
◇山内一豊の隠れた新事実 山内信著 ディーディーエヌ(発売) 2007.7 116p 19cm 1000円 Ⓘ978-4-86128-220-1 Ⓝ289.1 〔06349〕
◇山内一豊のことがマンガで3時間でわかる本―へぇ〜そうなのか! 津田太愚著 明日香出版社 2005.10 218p 21cm (Asuka business & language books) 1300円 Ⓘ4-7569-0927-2 Ⓝ289.1 〔06350〕
◇山内一豊のすべて 小和田哲男編 新人物往来社 2005.10 277p 20cm 2800円 Ⓘ4-404-03269-2 Ⓝ289.1 〔06351〕
◇山内一族――豊と妻の生涯 新人物往来社 2005.11 175p 26cm (別冊歴史読本 第30巻第22号) 1800円 Ⓘ4-404-03324-9 Ⓝ288.3 〔06352〕
◇山内一豊―功成り名を遂げた一国一城の主 学習研究社 2006.1 155p 26cm (歴史群像シリーズ82号) 1300円 Ⓘ4-05-604242-X Ⓝ289.1 〔06353〕

◇山内一豊公―高知開市由来　安芸喜代香著　小高坂村(高知県)　安芸喜代香　1913　85p　20cm　Ⓝ289.1 〔06354〕

◇山内一豊とその妻―大河ドラマ功名が辻特別展 2005-2006　NHK, NHKプロモーション編　NHK　2005.12　209p　29cm　Ⓝ289.1 〔06355〕

◇山内一豊とその妻111の謎　楠木誠一郎著　成美堂出版　2005.11　271p　16cm　(成美文庫)　524円　Ⓘ4-415-07388-3　Ⓝ289.1 〔06356〕

◇山内一豊と千代―戦国武士の家族像　田端泰子著　岩波書店　2005.10　254, 3p　18cm　(岩波新書)　780円　Ⓘ4-00-430974-3　Ⓝ289.1 〔06357〕

◇山内一豊と千代―歴史・文化ガイド　小和田哲男監修　日本放送出版協会　2005.12　142p　24cm　(NHKシリーズ)　1300円　Ⓘ4-14-910582-0　Ⓝ289.1 〔06358〕

◇山内一豊と妻千代101の謎　川口素生著　PHP研究所　2005.10　327p　15cm　(PHP文庫)　571円　Ⓘ4-569-66465-2　Ⓝ289.1 〔06359〕

◇山内一豊の妻　楠戸義昭著　新人物往来社　2005.11　249p　20cm　1800円　Ⓘ4-404-03275-7　Ⓝ289.1 〔06360〕

◇山内一豊の妻と戦国女性の謎〈徹底検証〉　加来耕三著　講談社　2005.10　572p　15cm　(講談社文庫)　781円　Ⓘ4-06-275203-4　Ⓝ281.04 〔06361〕

◇山内一豊夫人伝記　上田晴著　高知　上田晴　1937　1冊(頁付なし)　16×23cm　Ⓝ289.1 〔06362〕

◇山内一豊夫人伝　青木義正著　2版　高知　沢本駒吉　1906.9　21p　19cm　Ⓝ289.1 〔06363〕

◇山内一豊夫人若宮氏伝　細川潤次郎著　細川潤次郎　1892.8　28丁　23cm　Ⓝ289.1 〔06364〕

◇山内千代と一豊―夫妻で築いた高知城　新人物往来社　2006.2　95p　26cm　(歴史読本臨時増刊)　933円　Ⓝ289.1 〔06365〕

◆◆賤ケ岳合戦

◇賤ケ嶽合戦記　志村有弘著　勉誠出版　1999.5　210p　20cm　(日本合戦騒動叢書 12)　2500円　Ⓘ4-585-05112-0　Ⓝ210.48 〔06366〕

◇賤ケ嶽合戦武勇伝――一名・賤嶽史蹟伝説　笹木久増著　伊香具村(滋賀県)　笹木久増　1917　90p　23cm　Ⓝ210.4 〔06367〕

◇賤ケ岳戦記　西川与三郎著　2版　木之本町(滋賀県)　〔西川与三郎〕　1976　29p(図共)　19cm　Ⓝ210.49 〔06368〕

◇賤ケ岳の戦　高柳光寿著　春秋社　1978.2　182p　18cm　(新書戦国戦記 7)　600円　Ⓝ210.49 〔06369〕

◇賤ケ岳の戦―戦史ドキュメント　高柳光寿著　学習研究社　2001.1　269p　15cm　(学研M文庫)　570円　Ⓘ4-05-901025-1　Ⓝ210.48 〔06370〕

◇日本の戦史　第3　中国・山崎・賤ヶ岳　旧参謀本部編纂, 桑田忠親, 山岡荘八監修　徳間書店　1965　20cm　Ⓝ210.13 〔06371〕

◇余呉の庄と賤ケ岳の合戦―郷土の顔づくり事業　〔余呉町(滋賀県)〕　余呉町教育委員会　1986.3　260p　22cm　Ⓝ216.1 〔06372〕

◆◆小田原合戦

◇小田原合戦　相田二郎著　名著出版　1976　176p 図　19cm　(小田原文庫 1)　780円　Ⓝ210.49 〔06373〕

◇小田原合戦―豊臣秀吉の天下統一　下山治久著　角川書店　1996.12　210p　19cm　(角川選書 279)　1300円　Ⓘ4-04-703279-4　Ⓝ210.48 〔06374〕

◇小田原歴史散歩―後北条氏五代百年の盛衰　島武史著　大阪　創元社　1975　196p　18cm　480円　Ⓝ210.49 〔06375〕

◇日本の戦史　第4　小牧・九州・小田原の役　旧参謀本部編纂, 桑田忠親, 山岡荘八監修　徳間書店　1965　20cm　Ⓝ210.13 〔06376〕

◇房総戦国土豪の終焉―小田原落城と両総の在地勢力　伊藤一男著　流山　崙書房出版　1991.5　213p　20cm　2000円　Ⓝ210.48 〔06377〕

◆徳川家康

◇按針と家康―将軍に仕えたあるイギリス人の生涯　クラウス・モンク・プロム著, 幡井勉日本語版監修, 下宮忠雄訳　出帆新社　2006.2　269, 7p　19cm　2500円　Ⓘ4-86103-036-6　Ⓝ289.3 〔06378〕

◇家康公　中谷無涯著　増上寺文書科　1915　256p　23cm　Ⓝ289.1 〔06379〕

◇家康公物語―英雄伝豪傑譚　中俣白綾編　大学館　1911.7　260p　19cm　Ⓝ289.1 〔06380〕

◇家康政権と伊奈忠次　本間清利著　叢文社　2001.3　213p　19cm　1800円　Ⓘ4-7947-0349-X 〔06381〕

◇家康戦国城盗り物語　外川淳著　大和書房　2007.7　349p　16cm　(だいわ文庫)　762円　Ⓘ978-4-479-30116-5　Ⓝ210.48 〔06382〕

◇家康・その器量―タヌキおやじで天下人になれるのか　深沢渉著　近代文芸社　1999.10　237p　19cm　1600円　Ⓘ4-7733-6597-8 〔06383〕

◇家康、その時代と国境を超えた眼差し―17世紀の世界と大御所・家康　国際歴史フォーラムin静岡報告書　〔静岡〕　国際歴史フォーラム準備室　2001.2　65p　30cm　Ⓝ210.52 〔06384〕

◇家康と伊賀越えの危難　川崎文隆著　伊賀町(三重県)　川崎文隆　1983.4　164p　22cm　2000円　Ⓝ210.48 〔06385〕

◇家康と伊賀越えの危難　川崎記孝著　日本図書刊行会　2002.11　215p　20cm　1800円　Ⓘ4-8231-0819-1　Ⓝ210.48 〔06386〕

◇家康と茶屋四郎次郎　小和田泰経著　静岡　静岡新聞社　2007.11　197p　18×11cm　(静新新書)　933円　Ⓘ978-4-7838-0341-6 〔06387〕

◇家康に訊け！―人情通だからできた「非情の経営」　童門冬二著　祥伝社　1999.12　242p　15cm　(ノン・ポシェット)　543円　Ⓘ4-396-31139-7 〔06388〕

◇家康入国　水江漣子著　角川書店　1976　195p　22cm　(季刊論叢日本文化 6)　1400円　Ⓝ210.49 〔06389〕

◇家康入国　水江漣子著　角川書店　1992.4　246p　19cm　(角川選書 226)　1300円　Ⓘ4-04-703226-3　Ⓝ210.48 〔06390〕

◇家康の戦略―戦国の英雄たち　小学館　1992.4　243p　16cm　(小学館ライブラリー)　720円　Ⓘ4-09-460022-1　Ⓝ289.1 〔06391〕

◇家康の族葉　中村孝也著　国書刊行会　1988.2　681, 25, 6p　22cm　13000円　Ⓝ288.3 〔06392〕

◇家康の父親は武田信玄だった！　武山憲明，杉山光男著　ぶんか社　2006.11　270p　15cm　（ぶんか社文庫）　657円　Ⓘ4-8211-5076-X　Ⓝ210.47〔06393〕
◇家康・秀吉・信長の経営戦略　佐々克明著　ダイヤモンド社　1983.2　205p　19cm　1200円　Ⓝ210.48〔06394〕
◇家康・秀吉・信長の経営戦略　佐々克明著　潮出版社　1987.3　221p　15cm　（潮文庫）　380円　Ⓘ4-267-01126-5　Ⓝ210.48〔06395〕
◇家康・秀吉・信長乱世の統率力　童門冬二著　PHP研究所　2000.3　202p　19cm　1200円　Ⓘ4-569-61016-1　Ⓝ210.48〔06396〕
◇家康、封印された過去―なぜ、長男と正妻を抹殺したのか　典厩五郎著　PHP研究所　1998.12　228p　17cm　（PHPビジネスライブラリー）　857円　Ⓘ4-569-60406-4〔06397〕
◇一冊で読む徳川家康のすべて　風巻紘一著　三笠書房　1999.2　251p　15cm　（知的生きかた文庫）　495円　Ⓘ4-8379-7012-5〔06398〕
◇NHK歴史への招待　第11巻　徳川家康　日本放送協会編集　日本放送出版協会　1989.1　238p　18cm　（新コンパクト・シリーズ　031）　680円　Ⓘ4-14-018031-5　Ⓝ210.1〔06399〕
◇小川水野氏と徳川家康　上　八窓庵歴々居士著　東浦町（愛知県）　東浦町文化財保護委員会　1969　34p（図共）　26cm　Ⓝ288.1〔06400〕
◇織田・徳川同盟と王権―明智光秀の乱をめぐって　小林正信著　岩田書院　2005.5　373p　22cm　7900円　Ⓘ4-87294-370-8　Ⓝ210.48〔06401〕
◇改正三河後風土記　上　宇田川武久校注　秋田書店　1976.10　395p　22cm　3000円　Ⓝ210.48〔06402〕
◇改正三河後風土記　下　宇田川武久校注　秋田書店　1977.2　468p　22cm　3000円　Ⓝ210.48〔06403〕
◇改正三河後風土記　中　第13巻-第28巻　宇田川武久校注　秋田書店　1976　489p　22cm　3000円　Ⓝ210.47〔06404〕
◇合戦徳川家康　八切止夫著　日本シェル出版　1983.3　254,255p　19cm　1380円　Ⓝ210.04〔06405〕
◇木下延俊陣跡・徳川家康別陣跡2発掘調査概要報告書―特別史跡「名護屋城跡並びに陣跡」　鎮西町（佐賀県）　佐賀県立名護屋城博物館　1994.3　24p　30cm　Ⓝ210.0254〔06406〕
◇逆説の日本史　12（近世暁光編）　天下泰平と家康の謎　井沢元彦著　小学館　2005.5　347p　20cm　1600円　Ⓘ4-09-379682-3　Ⓝ210.04〔06407〕
◇近世日本国民史家康時代　上，中，下巻　徳富猪一郎著　民友社　1922-1923　3冊　19cm　Ⓝ210.4〔06408〕
◇桑田忠親著作集　第6巻　徳川家康　秋田書店　1979.9　358p　20cm　1900円　Ⓝ210.47〔06409〕
◇劇画徳川家康―疾りし者の記憶　十川誠志原作，川石てつや劇画　日本文芸社　1993.6　220p　19cm　（ゴラク・コミックス―歴史コミック　歴史人物シリーズ）　580円　Ⓘ4-537-03835-7　Ⓝ726.1〔06410〕
◇激録・日本大戦争　第14巻　秀吉と家康の戦い　原康史著　東京スポーツ新聞社　1983.5　318p　19cm　1300円　Ⓘ4-8084-0057-X　Ⓝ210.1〔06411〕

◇甲州武士を憧憬した家康の炯眼　久木住人著　小学館スクウェア　2002.12　130p　19cm　952円　Ⓘ4-7979-8021-4〔06412〕
◇史疑―幻の家康論　村岡素一郎，礫川全次編著　批評社　1994.5　398p　21cm　3250円　Ⓘ4-8265-0171-4　Ⓝ289.1〔06413〕
◇史疑徳川家康　村岡素一郎原著，榛葉英治著　雄山閣出版　1991.4　234p　20cm　1980円　Ⓘ4-639-01025-7　Ⓝ289.1〔06414〕
◇ジパングの王様徳川家康―葵三代と静岡　黒沢脩著　静岡　静岡新聞社　2000.2　222p　19cm　1500円　Ⓘ4-7838-1070-2　Ⓝ215.4〔06415〕
◇週刊ビジュアル日本の歴史　no.131　戦国武将篇　11　デアゴスティーニ・ジャパン　2002.9　p422-461　30cm　533円　Ⓝ210.1〔06416〕
◇週刊ビジュアル日本の歴史　no.139　戦国武将篇　19　デアゴスティーニ・ジャパン　2002.10　p758-797　30cm　533円　Ⓝ210.1〔06417〕
◇将帥学―信長・秀吉・家康に学ぶ人を使う極意　加来耕三著　時事通信社　2001.12　304p　19cm　1700円　Ⓘ4-7887-0174-X〔06418〕
◇昇龍の影―信長、秀吉、家康と伊勢平野　衣斐賢譲著　鈴鹿　龍光寺微笑会，中央公論事業出版〔発売〕　2003.7　403p　21cm　2000円　Ⓘ4-89514-207-8〔06419〕
◇初期徳川氏の農村支配　本多隆成著　吉川弘文館　2006.2　309,8p　22cm　（静岡大学人文学部研究叢書　9）　8300円　Ⓘ4-642-02849-8　Ⓝ210.47〔06420〕
◇新徳川家康―竹千代の秋　第1巻　久保田千太郎原作，幡地英明作画　集英社　2004.7　220p　19cm　（Jump comics deluxe―時代劇ファンコミックス）　505円　Ⓘ4-08-859427-4　Ⓝ726.1〔06421〕
◇新徳川家康　第2巻　久保田千太郎原作，幡地英明作画　集英社　2005.4　252p　19cm　（Jump comics deluxe―時代劇ファンコミックス）　590円　Ⓘ4-08-859500-9　Ⓝ726.1〔06422〕
◇人物再検討叢書　第3　徳川家康　藤井満喜太著　白揚社　1938　286p　18cm　Ⓝ281〔06423〕
◇図解雑学　徳川家康　中村晃著　ナツメ社　2002.7　231p　19cm　（図解雑学シリーズ）　1300円　Ⓘ4-8163-3266-9〔06424〕
◇図説　徳川家康　河出書房新社編集部編　河出書房新社　1999.10　127p　22×17cm　（ふくろうの本）　1600円　Ⓘ4-309-72622-4〔06425〕
◇駿府の大御所徳川家康　小和田哲男著　静岡　静岡新聞社　2007.4　250p　18cm　（静新新書）　1048円　Ⓘ978-4-7838-0332-4　Ⓝ289.1〔06426〕
◇戦国を制する方程式―家康流戦略の秘密　河野亮著　勁文社　1993.9　221p　15cm　（勁文社文庫21）　560円　Ⓘ4-7669-1859-2　Ⓝ289.1〔06427〕
◇戦国時代の徳川氏　煎本増夫著　新人物往来社　1998.10　315p　22cm　3800円　Ⓘ4-404-02676-5　Ⓝ210.47〔06428〕
◇戦国史料叢書　第6　家康史料集　小野信二校注　人物往来社　1965　514p　20cm　Ⓝ210.47〔06429〕
◇戦国大名論集　12　徳川氏の研究　秋沢繁ほか編　小和田哲男編　吉川弘文館　1983.10　507p　22cm　5900円　Ⓝ210.47〔06430〕
◇戦国の覇者徳川家康展―その重くて遠き道　中日新聞本社編　〔名古屋〕　中日新聞本社　1983　1冊(頁付なし)　30cm　Ⓝ210.47〔06431〕

安土桃山時代　中世史

◇戦国百人一話 3　徳川家康をめぐる群像—待ちの戦略で勝利する　奈良本辰也ほか著　青人社　1991.10　203p　21cm　1500円　Ⓘ4-88296-104-0　Ⓝ210.47
〔06432〕
◇総合的学習に役立つクイズでわかる日本の歴史 8　徳川家康ってどんな人? 江戸時代　竹内誠, 梅沢実監修　学習研究社　2001.2　60p　26cm　2200円　Ⓘ4-05-300841-7
〔06433〕
◇地理から見た信長・秀吉・家康の戦略　足利健亮著　大阪　創元社　2000.8　235p　20cm　1600円　Ⓘ4-422-20140-9　Ⓝ210.48
〔06434〕
◇知略と忍耐徳川政権への道—石田三成と徳川家康　江戸時代黎明期　旺文社編　旺文社　1999.10　223p　19cm　（まんが解説変革の日本史）　900円　Ⓘ4-01-050031-X　Ⓝ210.48
〔06435〕
◇徹底大研究 日本の歴史人物シリーズ 12　徳川家康　谷口克広監修　ポプラ社　2004.4　79p　27×19cm　2850円　Ⓘ4-591-07997-X
〔06436〕
◇天下統一への野望—戦国時代の三英傑〈信長・秀吉・家康〉　恩田耕治著　勁文社　2001.5　301p　16cm　（勁文社「大文字」文庫）　838円　Ⓘ4-7669-3814-3　Ⓝ210.48
〔06437〕
◇天下人—信長・秀吉・家康　デアゴスティーニ・ジャパン　2000.5　112p　30cm　（週刊ビジュアル日本の歴史特別増刊）　943円　Ⓝ210.48
〔06438〕
◇徳川家康　本城正琢著　公愛社　1897.3　191p 図版　20cm　Ⓝ289.1
〔06439〕
◇徳川家康　山路愛山著　再版　渋谷町(府)　独立評論社　1915　725p　22cm　Ⓝ289.1
〔06440〕
◇徳川家康　八切止夫著　日本シェル出版　1983.7　309p　19cm　1180円　Ⓝ210.04
〔06441〕
◇徳川家康　山本七平著　文芸春秋　1997.6　493p　19cm　（山本七平ライブラリー 6）　1905円　Ⓘ4-16-364660-4
〔06442〕
◇徳川家康　河出書房新社編集部編　新装版　河出書房新社　1999.11　275p　21cm　（河出人物読本）　1200円　Ⓘ4-309-22358-3
〔06443〕
◇徳川家康—乱世から太平の世へ　酒寄雅志監修, 小西聖一著　理論社　2004.3　113p　25cm　（NHKにんげん日本史）　1800円　Ⓘ4-652-01469-4　Ⓝ289.1
〔06444〕
◇徳川家康　谷口克広監修　ポプラ社　2004.4　79p　27cm　（徹底大研究日本の歴史人物シリーズ 12）　2850円　Ⓘ4-591-07997-X　Ⓝ289.1
〔06445〕
◇徳川家康—天下人秀吉を圧倒した大戦略　改訂新版　世界文化社　2006.12　152p　26cm　（Bigmanスペシャル）　1400円　Ⓘ4-418-06149-5　Ⓝ289.1
〔06446〕
◇徳川家康—戦国の世を終わらせた天下人　桑田忠親監修, 里丘茂構成, 藤木てるみ漫画　新装版　学習研究社　2007.5　144p　22cm　（学研まんが伝記シリーズ）　700円　Ⓘ978-4-05-202831-1　Ⓝ289.1
〔06447〕
◇徳川家康—戦国人物伝　加来耕三企画・構成・監修, すぎたとおる原作, 丹波鉄心作画　ポプラ社　2007.11　119p　22cm　（コミック版日本の歴史 3）　1000円　Ⓘ978-4-591-09792-2　Ⓝ289.1
〔06448〕
◇徳川家康　上巻　塚越芳太郎(停春)著　服部書店　1909.11　294p　22cm　Ⓝ289.1
〔06449〕
◇徳川家康　上, 下　山路愛山著　改造社　1941　2冊　16cm　（改造文庫 第2部 第486-487）　Ⓝ289.1
〔06450〕
◇徳川家康・伊賀越えの危難　川崎文隆著　鳥影社　1985.2　190p　20cm　1800円　Ⓝ210.48
〔06451〕
◇徳川家康かくれ話—歴史を推理する　大陸書房　1992.4　254p　15cm　（大陸文庫）　460円　Ⓘ4-8033-4003-X
〔06452〕
◇徳川家康金言・警句集—戦国乱世の人間荒野を制覇した非凡な言行録　原麻紀夫著　青年書館　1995.12　223p　19cm　1580円　Ⓘ4-7918-0648-4　Ⓝ289.1
〔06453〕
◇徳川家康金言・警句集—戦国乱世の人間荒野を制覇した非凡な言行録　原麻紀夫著　新装改訂版　青年書館　1996.11　223p　19cm　1534円　Ⓘ4-7918-0685-9　Ⓝ289.1
〔06454〕
◇徳川家康言行録　百目木剣虹著　東亜堂書房　1915　164p 肖像　18cm　（修養史伝 第4編）　Ⓝ289.1
〔06455〕
◇徳川家康公　吐香散人著　日吉堂　1899.5　251p　22cm　Ⓝ289.1
〔06456〕
◇徳川家康史談　桑田忠親　潮出版社　1983.5　229p　20cm　980円　Ⓝ210.48
〔06457〕
◇徳川家康事典　藤野保, 村上直, 所理喜夫, 新行紀一, 小和田哲男編　コンパクト版　新人物往来社　2007.8　352p　20cm　4800円　Ⓘ978-4-404-03479-3　Ⓝ289.1
〔06458〕
◇徳川家康神格化への道—中世天台思想の展開　曽根原理著　吉川弘文館　1996.11　271, 9p　22cm　6180円　Ⓘ4-642-03330-0　Ⓝ171.1
〔06459〕
◇徳川家康ってどんな人?—江戸時代　竹内誠, 梅澤実監修　学習研究社　2001.2　60p　27cm　（クイズでわかる日本の歴史 総合的学習に役立つ 8）　2200円　Ⓘ4-05-300841-7, 4-05-810600-X　Ⓝ171.1
〔06460〕
◇徳川家康伝—その軍略と治政　神谷昌志著　静岡　明文出版社　1995.6　294p　19cm　2700円　Ⓘ4-943976-20-4
〔06461〕
◇徳川家康と駿府城下町　黒沢脩著　静岡　静岡谷島屋　1982.8　275p　20cm　1800円　Ⓝ215.4
〔06462〕
◇徳川家康と駿府城下町　黒沢脩著　改訂増補　静岡　静岡谷島屋　1983.3　285p　20cm　1800円　Ⓝ215.4
〔06463〕
◇徳川家康と戦国武将の女たち　真野恵澂著　名古屋　中日新聞本社　1983.1　254p　19cm　1400円　Ⓘ4-8062-0134-0　Ⓝ210.47
〔06464〕
◇徳川家康と乱世の群像—戦国百人一話 2　勁文社　1994.4　253p　15cm　（勁文社文庫 21）　620円　Ⓘ4-7669-1982-3　Ⓝ210.47
〔06465〕
◇徳川家康の生母から大の歴史と遺跡めぐり　村瀬正章著　名古屋　中日出版社　2007.9　257p　19cm　1500円　Ⓘ978-4-88519-298-2　Ⓝ289.1
〔06466〕
◇徳川家康の初恋—ゆめまほろしのごとくなり　水野津よ著　草輝出版　1995.8　225p　19cm　1000円　Ⓘ4-88273-017-0
〔06467〕
◇徳川家康の秘密—最高の経営・管理者と呼ばれた男　宮本義己著　ベストセラーズ　1992.1　271p　15cm　（ワニ文庫—歴史文庫シリーズ）　500円　Ⓘ4-584-30294-4　Ⓝ289.1
〔06468〕
◇徳川家康秘聞 消された後継者　典匪五郎著　世界文化社　1994.10　226p　19cm　1300円　Ⓘ4-418-94511-3
〔06469〕
◇徳川家康別陣跡発掘調査概報　佐賀　佐賀県教育委員会　1993.3　22p　26cm　（佐賀県文化財調査報告書 第115

◇集―特別史跡「名護屋城跡並びに陣跡」10) Ⓝ210.0254 〔06470〕
◇徳川家康歴史紀行5000キロ 宮脇俊三著 講談社 1998.4 227p 15cm (講談社文庫) 400円 Ⓘ4-06-263753-7 Ⓝ291.5 〔06471〕
◇徳川家康は二度死ぬ 赤司典弘著 ぶんか社 2007.2 207p 15cm (ぶんか社文庫) 600円 Ⓘ978-4-8211-5089-2 Ⓝ289.1 〔06472〕
◇徳川家―家康を中心に 中村孝也著 至文堂 1961 179p 19cm (日本歴史新書) Ⓝ288.3 〔06473〕
◇徳川氏の研究 小和田哲男編 吉川弘文館 1983.10 507p 22cm (戦国大名論集12) 5900円 Ⓝ210.47 〔06474〕
◇日本史の人物像 第5 徳川家康 岡本良一編・解説 筑摩書房 1967 275p 図版 20cm Ⓝ281.08 〔06475〕
◇日本の合戦 第7 徳川家康〔ほか〕 桑田忠親編 中村吉治 人物往来社 1965 390p 図版 20cm Ⓝ210.1 〔06476〕
◇日本の合戦 7 徳川家康 桑田忠親編集 新人物往来社 1978.6 391p 20cm 1500円 Ⓝ210.1 〔06477〕
◇日本の歴史―マンガ 28 徳川家康の天下統一 石ノ森章太郎著 中央公論社 1992.2 235p 20cm 1000円 Ⓘ4-12-402828-8 Ⓝ726.1 〔06478〕
◇信長秀吉家康―勝者の条件敗者の条件 津本陽、江坂彰著 講談社 1996.6 245p 20cm 1500円 Ⓘ4-06-208156-3 Ⓝ210.48 〔06479〕
◇信長秀吉家康 秋山駿著 廣済堂出版 1997.8 217p 20cm 1600円 Ⓘ4-331-50595-2 Ⓝ210.48 〔06480〕
◇信長秀吉家康 秋山駿著 日本障害者リハビリテーション協会 1999.9 CD-ROM1枚 12cm Ⓝ210.48 〔06481〕
◇信長・秀吉・家康 秋山駿著, 岳真也聞き手 学習研究社 2000.11 244p 15cm (学研M文庫) 540円 Ⓘ4-05-901015-4 〔06482〕
◇信長秀吉家康―勝者の条件敗者の条件 津本陽、江坂彰著 講談社 2001.9 235p 15cm (講談社文庫) 495円 Ⓘ4-06-273249-1 Ⓝ210.48 〔06483〕
◇信長・秀吉・家康に学ぶ成功哲学 二木謙一著 三笠書房 1993.12 253p 15cm (知的生きかた文庫) 500円 Ⓘ4-8379-0622-2 〔06484〕
◇信長・秀吉・家康の戦略―乱世を彩る英傑の生きざま! 百瀬明治著 大陸書房 1992.7 255p 16cm (大陸文庫) 480円 Ⓘ4-8033-4145-1 Ⓝ210.48 〔06485〕
◇信長・秀吉・家康の戦略戦術―戦国参謀part2 佐々克明著 産業能率大学出版部 1981.7 222p 19cm 1200円 Ⓝ210.48 〔06486〕
◇信長・秀吉・家康の戦略戦術 佐々克明著 三笠書房 1986.3 259p 15cm (知的生きかた文庫) 400円 Ⓘ4-8379-0094-1 Ⓝ210.48 〔06487〕
◇信長・秀吉・家康の戦略戦術 佐々克明著 三笠書房 1995.4 243p 15cm (知的生きかた文庫) 500円 Ⓘ4-8379-0733-4 Ⓝ210.48 〔06488〕
◇信長・秀吉・家康の戦略戦術 佐々克明著 三笠書房 1998.4 243p 15cm (知的生きかた文庫) 495円 Ⓘ4-8379-0948-5 Ⓝ210.48 〔06489〕

◇信長・秀吉・家康の戦略戦術 佐々克明著 第2版 産能大学出版部 2001.6 240p 19cm 1600円 Ⓘ4-382-05514-8 Ⓝ210.48 〔06490〕
◇信長・秀吉・家康の人間関係学 関崎一, 中西信男著 新人物往来社 1981.11 241p 20cm 2000円 Ⓝ210.48 〔06491〕
◇「信長・秀吉・家康」覇者の人間学―英雄の真価を探る 安藤英男著 PHP研究所 1992.1 350p 20cm 1800円 Ⓘ4-569-53449-X Ⓝ210.48 〔06492〕
◇覇王家康―天下人秀吉を圧倒した大戦略 世界文化社 1996.4 162p 26cm (ビッグマンスペシャル―歴史クローズアップ 人物) 1400円 Ⓝ289.1 〔06493〕
◇披沙揀金―徳川家康公逸話集 全国東照宮連合会編 続群書類従完成会 1997.10 630p 21cm 12000円 Ⓘ4-7971-0264-0 〔06494〕
◇秀吉vs家康―信長の野望合戦事典 稲葉義明, 犬童逸軌執筆 横浜 光栄 1993.12 189p 21cm 1800円 Ⓘ4-87719-063-5 〔06495〕
◇秀吉と家康 伊藤銀月著 千代田書房 1909 2冊(277, 257p) 19cm Ⓝ289.1 〔06496〕
◇秀吉と家康 横山健堂著 東亜堂書房 1918 328p 18cm Ⓝ289.1 〔06497〕
◇秀吉と家康―乱世を生きた二つの個性 邑井操著 大和書房 1965 211p 表 18cm (ペンギンブックス) Ⓝ210.49 〔06498〕
◇秀吉と家康―関ヶ原と戦国武将の興亡 小和田哲男監修 主婦と生活社 2002.2 237p 21cm 1500円 Ⓘ4-391-12601-X Ⓝ210.48 〔06499〕
◇秀吉・利家・家康 石川県立歴史博物館編 金沢 石川県立歴史博物館 1992.4 84p 26cm Ⓝ210.48 〔06500〕
◇武家泰平一覧・落穂集意訳 岡竜雄解読 〔弘前〕 岡竜雄 1986 256p 25cm Ⓝ210.088 〔06501〕
◇兵法 徳川家康―弱者の戦法強者の戦法 大橋武夫著 復刻版 マネジメント伸社 2001.6 268p 19cm 1600円 Ⓘ4-8378-0403-9 〔06502〕
◇凡将家康 天下取りの謎―独創性のない男が, なぜ覇者になれたのか 武光誠著 祥伝社 1999.12 248p 18cm (ノン・ブック) 848円 Ⓘ4-396-10409-X 〔06503〕
◇マンガ 日本の歴史 28 徳川家康の天下統一 石ノ森章太郎著 中央公論社 1998.3 226p 15cm (中公文庫) 524円 Ⓘ4-12-203103-6 〔06504〕

◆◆徳川家臣団
◇家康公と三河武士 八田辰雄著 2版 岡崎 本文書店 1936 58p 19cm Ⓝ289.1 〔06505〕
◇家康の臣僚―武将篇 中村孝也著 国書刊行会 1988.2 646, 13p 22cm 12000円 Ⓝ288.3 〔06506〕
◇家康の臣僚―武将篇 中村孝也著 碩文社 1997.3 646p 22cm 12621円 Ⓘ4-88200-302-3 Ⓝ288.2 〔06507〕
◇家康の臣僚 武将篇 中村孝也著 人物往来社 1968 646p 図版 22cm Ⓝ288.3 〔06508〕
◇家康名臣伝 童門冬二著 東洋経済新報社 2002.10 326p 19cm 1600円 Ⓘ4-492-06131-2 〔06509〕
◇大久保彦左衛門一代 大久保公雄著 新風舎 2007.1 345p 19cm 2100円 Ⓘ4-289-01236-1 〔06510〕
◇鬼作左―組織を育てる"頑固者"の研究 童門冬二著 PHP研究所 2001.11 253p 19cm 1500円 Ⓘ4-569-61929-0 〔06511〕

◇指扇領主山内豊前守一唯　河野正男著　群馬出版センター　2006.4　281p　19cm　2000円　①4-906366-41-4　Ⓝ289.1　〔06512〕
◇駿遠へ移住した徳川家臣団　第3編　前田匡一郎著　静岡　前田匡一郎　1997.10　540p　19cm　2800円　Ⓝ281.54　〔06513〕
◇駿遠へ移住した徳川家臣団　第4編　前田匡一郎著　静岡　前田匡一郎　2000.9　471p　図版10p　19cm　3000円　Ⓝ281.54　〔06514〕
◇駿遠へ移住した徳川家臣団　第5編　前田匡一郎著　静岡　羽衣出版　2007.5　459p　図版8p　19cm　3000円　①978-4-938138-62-2　Ⓝ281.54　〔06515〕
◇徳川家康のブレーンたち　童門冬二著　三笠書房　1986.7　273p　19cm　1100円　①4-8379-1302-4　Ⓝ210.049　〔06516〕
◇徳川家臣団の研究　中嶋次太郎著　国書刊行会　1981.7　479,7p　22cm　6200円　Ⓝ288.3　〔06517〕
◇徳川家臣団の研究　中嶋次太郎著　名古屋　マイタウン　1987.7　479,7p　22cm　7500円　Ⓝ288.3　〔06518〕
◇徳川家臣の生きた道―明治の大失業時代　前田匡一郎文,杉山圭二イラスト　〔静岡〕　〔前田匡一郎〕　2001　1冊（ページ付なし）　27cm　Ⓝ281.54　〔06519〕
◇徳川義臣伝―明治戦記　岡田霞船編　金松堂　1883.11　2冊(50丁)　12cm　Ⓝ281　〔06520〕
◇徳川四天王―精強家康軍団奮闘譜　学習研究社　1991.1　207p　26cm　(歴史群像シリーズ 22)　1165円　①4-05-105367-9　Ⓝ210.48　〔06521〕
◇徳川の三舟　佐倉達山著　康文社　1935　82p　肖像　23cm　Ⓝ281　〔06522〕
◇徳川武士銘々伝　戸川残花編　博文館　1894　188p　19cm　Ⓝ281　〔06523〕
◇野田文化　第8集　野田地方文化研究編　佐藤真解説　野田　1963　74p　図版　21cm　Ⓝ213.5　〔06524〕
◇本多作左衛門―「信念」を貫く男の生き方　童門冬二著　PHP研究所　2005.8　263p　15cm　（PHP文庫）　590円　①4-569-66435-0　〔06525〕
◇水野勝成とその時代―天下統一の流れと水野氏の動向　福山市立福山城博物館編　福山　福山市立福山城博物館　1992　113p　30cm　Ⓝ210.47　〔06526〕

◆◆関が原の戦い

◇家康の天下取り―関ケ原・勝敗の研究　加来耕三著　日本経済新聞社　1993.9　317p　19cm　1600円　①4-532-16109-6　〔06527〕
◇家康の天下取り―関ケ原勝敗の研究　加来耕三著　中央公論社　1997.8　394p　15cm　（中公文庫）　762円　①4-12-202913-9　〔06528〕
◇異色―楊荘雑考―天下分目関ケ原之戦に参加の人々　森真現著　名古屋　1958　143p　22cm　Ⓝ215.5　〔06529〕
◇異聞関ヶ原合戦　古川薫著　文藝春秋　2000.4　246p　20cm　1714円　①4-16-356170-6　Ⓝ210.48　〔06530〕
◇NHK歴史への招待　第10巻　決戦関ケ原　日本放送協会編集　日本放送出版協会　1988.12　241p　18cm　680円　①4-14-018028-5　Ⓝ210.1　〔06531〕
◇大いなる謎関ケ原合戦―家康暗殺計画から小早川裏切りの真相まで　近衛龍春著　PHP研究所　2005.11　395p　15cm　（PHP文庫）　705円　①4-569-66485-7　Ⓝ210.48　〔06532〕
◇大谷刑部少輔吉隆とその一族―関ケ原戦における大谷吉隆を中心に　森脇宏之著　神戸　1965　20p　22cm　Ⓝ210.498　〔06533〕
◇仮説・関ヶ原合戦　村田一司著　文芸社　2000.4　189p　19cm　1200円　①4-88737-959-5　Ⓝ210.48　〔06534〕
◇鎌倉から薩摩へ　くぼひろし著　文藝書房　2001.11　166p　20cm　1200円　①4-89477-100-4　Ⓝ210.48　〔06535〕
◇カラーで読む関ケ原合戦―1600年9月15日を演出した武将たち　会田雄次ほか著　京都　PHP研究所　1983.7　169p　18cm　(21世紀図書館 18)　780円　①4-569-21112-7　Ⓝ210.48　〔06536〕
◇完全制覇関ケ原大合戦―この一冊で歴史に強くなる！　外川淳著　立風書房　2000.8　268p　19cm　1400円　①4-651-75207-1　Ⓝ210.48　〔06537〕
◇九州関が原石垣原の戦い　三角寛市著　〔香々地町（大分県）〕　〔三角寛市〕　1991.5　76p　26cm　800円　Ⓝ210.48　〔06538〕
◇九州に於ける関ヶ原戦考―松井家文書による一考察　宮島保次郎著,宮園昌三編　〔八代〕　〔宮島保次郎〕　1998.4　144p　26cm　(久八叢書 6)　非売品　Ⓝ219　〔06539〕
◇激録・日本大戦争　第16巻　関ヶ原合戦光と影　原康史著　東京スポーツ新聞社　1984.3　317p　19cm　1300円　①4-8084-0064-2　Ⓝ210.1　〔06540〕
◇決戦関ヶ原―戦国のもっとも長い日　学習研究社　2000.1　227p　26cm　（歴史群像シリーズ―「戦国」セレクション）　1600円　①4-05-602209-7　Ⓝ210.48　〔06541〕
◇決戦関ヶ原―武将たちの闘い　徳島城博物館開館10周年記念特別展　徳島市立徳島城博物館編　徳島　徳島市立徳島城博物館　2002.10　81p　30cm　Ⓝ210.48　〔06542〕
◇再現日本史―週刊time travel　織豊10　講談社　2001.5　50p　30cm　276円　Ⓝ210.1　〔06543〕
◇週刊ビジュアル日本の歴史　no.8　天下統一への道　8　デアゴスティーニ・ジャパン　2000.4　p296-335　30cm　533円　Ⓝ210.1　〔06544〕
◇週刊ビジュアル日本の歴史　no.135　戦国武将編　15　デアゴスティーニ・ジャパン　2002.10　p590-629　30cm　533円　Ⓝ210.1　〔06545〕
◇知られざる天下分け目の洲之股川の戦い　米山清一編　墨俣町（岐阜県）　米山清一　2000.1　23p　22cm　Ⓝ215.3　〔06546〕
◇真説関ヶ原合戦　桐野作人著　学習研究社　2000.9　278p　15cm　（学研M文庫）　570円　①4-05-901005-7　Ⓝ210.48　〔06547〕
◇図説関ヶ原の合戦　白水正編　〔岐阜〕　岐阜新聞社　2000.4　125p　26cm　1800円　①4-905958-85-7　Ⓝ210.48　〔06548〕
◇正伝・直江兼続―別篇・関ケ原戦縦横　渡辺三省著　恒文社　1999.6　444p　21cm　5800円　①4-7704-0994-X　〔06549〕
◇関ヶ原　福田喜八著　日高有倫堂　1910.1　274p　22cm　Ⓝ210.5　〔06550〕

◇関ケ原　天下御免丸制作　〔府中（東京都）〕　〔天下御免丸〕　1996.12-199-　3冊　26cm　Ⓝ210.48
〔06551〕

◇関ケ原―誰が大合戦を仕掛けたか　武光誠著　PHP研究所　2007.5　199p　18cm　（PHP新書）　700円　①978-4-569-65938-1　Ⓝ210.48
〔06552〕

◇関ケ原家康と勝ち組の武将たち　加来耕三著　立風書房　2000.5　303p　20cm　1700円　①4-651-75119-9　Ⓝ210.48
〔06553〕

◇関ケ原生き残りの戦略戦術―戦国参謀part4　佐々克明著　産業能率大学出版部　1983.1　227p　19cm　1200円　Ⓝ210.48
〔06554〕

◇関ケ原役―史論　和田恒彦著　神戸　丸一書店　1921　401p　20cm　Ⓝ210.4
〔06555〕

◇関ケ原への道―小田部軍物語　小田部昭典著　熊本　青潮社　1986.5　244p　19cm　2500円　Ⓝ288.3
〔06556〕

◇関ケ原合戦―戦国のいちばん長い日　二木謙一著　中央公論社　1982.2　232p　18cm　（中公新書）　480円　Ⓝ210.48
〔06557〕

◇関ケ原合戦―家康の戦略と幕藩体制　笠谷和比古著　講談社　1994.2　245p　19cm　（講談社選書メチエ 3）　1500円　①4-06-258003-9　Ⓝ210.48
〔06558〕

◇関ケ原合戦・あの人の「その後」―勝った人、負けた人がたどった「意外な運命」　日本博学倶楽部著　PHP研究所　2007.11　257p　15cm　（PHP文庫）　571円　①978-4-569-66938-0　Ⓝ210.48
〔06559〕

◇関ケ原合戦記　西野辰吉著　勉誠社　1994.6　209p　20cm　（日本合戦騒動叢書 7）　2060円　①4-585-05107-4　Ⓝ210.48
〔06560〕

◇関ケ原合戦始末記―実録天下分け目の決戦　酒井忠勝原撰, 坂本徳一訳　〔東村山〕　教育社　1981.10　268p　18cm　（教育社新書）　700円　Ⓝ210.48
〔06561〕

◇関ケ原合戦写真集　安藤英男著　新人物往来社　1988.3　243p　27cm　7800円　①4-404-01481-3　Ⓝ210.48
〔06562〕

◇関ケ原合戦史料集　藤井治左衛門編著　新人物往来社　1979.9　574p　20cm　4800円　Ⓝ210.498
〔06563〕

◇関ケ原合戦前後―封建社会における人間の研究　原田伴彦著　大阪　創元社　1956　205p　18cm　（創元歴史選書）　Ⓝ210.49
〔06564〕

◇関ケ原合戦前後―転換期を生きた人々　原田伴彦著　徳間書店　1967　230p　18cm　（徳間ブックス）　Ⓝ210.49
〔06565〕

◇関ヶ原合戦と大坂の陣　笠谷和比古著　吉川弘文館　2007.11　316, 4p　20cm　（戦争の日本史 17）　2500円　①978-4-642-06327-2　Ⓝ210.48
〔06566〕

◇関ヶ原合戦と大関氏―近世大名への転身　黒羽町芭蕉の館第十回特別企画展図録　黒羽町芭蕉の館第十回特別企画展運営委員会編　黒羽町（栃木県）　黒羽町教育委員会　2000.6　67p　30cm　Ⓝ210.48
〔06567〕

◇関ヶ原合戦と大関氏―近世大名への転身　黒羽町芭蕉の館編　改訂版　黒羽町（栃木県）　黒羽町教育委員会　2004.5　73p　30cm　Ⓝ210.48
〔06568〕

◇関ヶ原合戦と九州の武将たち―平成十年度秋季特別展覧会　八代市立博物館未来の森ミュージアム編　八代　八代市立博物館未来の森ミュージアム　1998.10　181p　26cm　（八代の歴史と文化 8）　Ⓝ210.48
〔06569〕

◇関ヶ原合戦と近世の国制　笠谷和比古著　京都　思文閣出版　2000.12　257, 10p　22cm　5800円　①4-7842-1067-9　Ⓝ210.48
〔06570〕

◇関ヶ原合戦と佐野―400年前の攻防　佐野　佐野市郷土博物館　2000.10　27p　30cm　Ⓝ213.2
〔06571〕

◇関ヶ原合戦のすべて　小和田哲男編　新人物往来社　1984.10　260p　20cm　2000円　①4-404-01231-4　Ⓝ210.48
〔06572〕

◇関ケ原合戦の人間関係学―歴史心理学から見た家康の性格　中西信男著　新人物往来社　1983.8　255p　20cm　2000円　Ⓝ210.48
〔06573〕

◇関ケ原合戦の武将と紋―家紋の手引書　太田三郎著　改訂6版　〔垂井町（岐阜県）〕　家紋研究会　1983.5　170p　19cm　700円　Ⓝ288.6
〔06574〕

◇関ヶ原合戦　秘められた真相　中村彰彦著　中央公論新社　2000.9　265p　15cm　（中公文庫）　629円　①4-12-203719-0
〔06575〕

◇関ヶ原合戦「武将」たちの言い分―天下分け目の行動学　岳真也著　PHP研究所　2007.8　408p　15cm　（PHP文庫）　686円　①978-4-569-66851-2　Ⓝ281.04
〔06576〕

◇関ヶ原合戦四百年の謎　笠谷和比古著　新人物往来社　2000.6　219p　20cm　2200円　①4-404-02867-9　Ⓝ210.48
〔06577〕

◇関ヶ原から大坂の陣へ　小和田哲男著　新人物往来社　1999.12　247p　20cm　2800円　①4-404-02844-X　Ⓝ210.48
〔06578〕

◇関ヶ原軍記　著者不詳　鈴木喜右衛門　1885.12　576p　19cm　Ⓝ210.5
〔06579〕

◇関ヶ原軍記　著者不詳　文事堂　1886.9　558p　19cm　Ⓝ210.5
〔06580〕

◇関ヶ原軍記―絵本　藤谷虎三編　大阪　藤谷虎三　1888.1　76p　18cm　Ⓝ210.5
〔06581〕

◇関ヶ原軍記―訂正挿註　西野古海, 魚住長胤注　稽照館　1891.1　356p　23cm　Ⓝ210.5
〔06582〕

◇関ヶ原軍記　礫川出版社　1893.1　359p　19cm　Ⓝ210.5
〔06583〕

◇関原軍記大成　1-4　宮川尚古著, 黒川真道編　国史研究会　1916　4冊　19cm　（国史叢書）　Ⓝ210.4
〔06584〕

◇関ヶ原軍記備考　松本北深志町（長野県）　吟天社　1886.12　3冊（巻1-5合本）　23cm　Ⓝ210.5
〔06585〕

◇関ヶ原島津血戦記　立石定夫著　新人物往来社　1984.11　233p　20cm　1600円　①4-404-01238-1　Ⓝ210.48
〔06586〕

◇関ヶ原戦役に就て　造機修養会, 結晶修養会著　呉　造機修養会　1928　123p　20cm　Ⓝ210.4
〔06587〕

◇関ヶ原戦記　柴田顕正著　岡崎　岡崎市　1936　192p　23cm　Ⓝ210.4
〔06588〕

◇関ヶ原戦記―岡崎市史別巻　柴田顕正編著, 岡崎市編纂　国書刊行会　1987.12　192p　22cm　Ⓝ210.48
〔06589〕

◇関ヶ原戦記略　竹内正策等編　原定吉　1890.1　24p 地図　22cm　Ⓝ210.5
〔06590〕

◇関ヶ原戦国経済の大転換　楠戸義昭著　毎日新聞社　2000.8　262p　20cm　1600円　①4-620-31460-9　Ⓝ210.48
〔06591〕

◇関原戦史　藤井治左衛門著　岐阜　西濃印刷　1926　157p　23cm　Ⓝ210.4
〔06592〕

◇関ケ原大戦の真相―石田三成を中心に　尾池義雄著　興亜書院　1939　568p　20cm　Ⓝ210.4　〔06593〕

◇関ケ原・智将の決断―戦国大名の生き残り戦術　大神信一郎著　勁文社　1993.5　219p　15cm　（勁文社文庫21）　560円　Ⓘ4-7669-1788-X　Ⓝ210.48　〔06594〕

◇関ケ原と戦国武将の攻防　小和田哲男監修　主婦と生活社　2000.1　237p　21cm　（生活シリーズ）　1500円　Ⓘ4-391-60996-7　Ⓝ210.48　〔06595〕

◇Sekigahara 2000―堺屋太一原作「巨いなる企て」毎日新聞社刊DVDビデオ「Sekigahara」より　ディジタルアーカイブズ株式会社制作,小和田哲男歴史監修　ディジタルアーカイブズ　2000.3　107p　30cm　1200円　Ⓝ210.48　〔06596〕

◇関ケ原に学ぶ勝負の法則―図解 天下を分けた戦国最大の合戦　『歴史街道』編集部編　PHP研究所　2006.4　107p　26cm　800円　Ⓘ4-569-64957-2　Ⓝ210.48　〔06597〕

◇関ケ原の役　藤井治左衛門著　関ケ原町（岐阜縣）公民館　1950.10　52p　22cm　Ⓝ210.49　〔06598〕

◇関ケ原役―合戦とその周辺　松好貞夫著　人物往来社　1964　270p 図版　20cm　Ⓝ210.498　〔06599〕

◇関ケ原の役―日本の戦史　旧参謀本部編纂　徳間書店　1994.1　436p　16cm　（徳間文庫）　600円　Ⓘ4-19-890053-1　Ⓝ210.48　〔06600〕

◇関ケ原の戦い―新分析現代に生きる戦略・戦術　旺文社編　旺文社　1984.4　176p　26cm　1800円　Ⓘ4-01-070771-2　Ⓝ210.48　〔06601〕

◇関ヶ原の戦い―「全国版」史上最大の激突　学習研究社　1987.10　167p　26cm　（歴史群像シリーズ4）　893円　Ⓘ4-05-105141-2　Ⓝ210.48　〔06602〕

◇関ヶ原の戦い―勝者の研究・敗者の研究　小和田哲男著　三笠書房　1993.3　312p　20cm　1300円　Ⓘ4-8379-1500-0　Ⓝ210.48　〔06603〕

◇関ヶ原の戦い　中村晃文, 梶鮎太絵　勉誠社　1996.5　133p　21cm　（親子で楽しむ歴史と古典9）　1236円　Ⓘ4-585-09010-X　〔06604〕

◇関ヶ原の戦い―日本史上最大の大会戦　学習研究社　2006.1　147p　26cm　（歴史群像シリーズ―新・歴史群像シリーズ1）　1500円　Ⓘ4-05-604246-2　Ⓝ210.48　〔06605〕

◇戦況図録関ヶ原大決戦　新人物往来社　2000.9　158p　26cm　（別冊歴史読本52）　2000円　Ⓘ4-404-02752-4　Ⓝ210.48　〔06606〕

◇日本の戦史　第6　関ヶ原の役　旧参謀本部編纂, 桑田忠親, 山岡荘八監修　徳間書店　1965　20cm　Ⓝ210.13　〔06607〕

◇敗者から見た関ヶ原合戦　三池純正著　洋泉社　2007.5　266p　18cm　（新書y）　800円　Ⓘ978-4-86248-146-7　Ⓝ210.48　〔06608〕

◇早わかり歴史クイズ関ヶ原　グループ歴史舎編　角川書店　1999.5　127p　12cm　（角川mini文庫）　200円　Ⓘ4-04-700274-7　Ⓝ210.48　〔06609〕

◇フィールドワーク関ヶ原合戦　藤井尚夫著　朝日新聞社　2000.9　90p　26cm　2000円　Ⓘ4-02-257537-9　Ⓝ210.48　〔06610〕

◇武将たちの関ヶ原　茅原照雄著　大阪　東方出版　1988.12　208p　20cm　（墓碑探訪2）　1600円　Ⓘ4-88591-206-7　Ⓝ210.48　〔06611〕

◇もう一つの関ヶ原―丹後篇・肥後篇　村野孝之, 蓑田正義著　明石　宮園昌之　2000.9　34, 26p　26cm　（久八叢書9）　非売品　Ⓝ210.48　〔06612〕

◇物語日本の歴史―その時代を見た人が語る　第19巻　関ケ原の戦い前夜　笠原一男編　木耳社　1992.5　205p　20cm　1500円　Ⓘ4-8393-7571-2　Ⓝ210.1　〔06613〕

◇物語日本の歴史―その時代を見た人が語る　第20巻　関ケ原の合戦　笠原一男編　木耳社　1992.6　209p　20cm　1500円　Ⓘ4-8393-7572-0　Ⓝ210.1　〔06614〕

◇山口記―聖藩文庫蔵　矢野貫一編　加賀　加賀市立図書館　1988.3　163p　27cm　Ⓝ210.48　〔06615〕

◇歪められた歴史―石田三成と関ケ原戦　田中巌著　明玄書房　1967　270p　19cm　Ⓝ210.498　〔06616〕

◆安土桃山時代史料

◇黒田家文書　第1巻　福岡市博物館編纂　福岡　福岡市博物館　1998.3-1999.3　2冊　27-19×27cm　Ⓝ210.48　〔06617〕

◇慶長見聞集―校訂　上　三浦浄心著, 勝正二校　雄山閣　1939　151p　15cm　（雄山閣文庫 第1部 第36）　Ⓝ210.4　〔06618〕

◇慶長見聞集―校訂　下　三浦浄心著, 勝正二校　雄山閣　1940　164p　15cm　（雄山閣文庫 第1部 第48）　Ⓝ210.4　〔06619〕

◇駒井日記　駒井重勝著, 藤田恒春編校訂　増補　文献出版　1992.10　525, 27p　22cm　15000円　Ⓘ4-8305-1156-7　Ⓝ210.48　〔06620〕

◇古文書の語る日本史　5　戦国・織豊　所理喜夫ほか編　峰岸純夫編　筑摩書房　1989.5　518, 17p　20cm　3300円　Ⓘ4-480-35435-2　Ⓝ210.1　〔06621〕

◇坂井遺芳　酒井利孝編　愛知県西加茂郡三好村　酒井眼科病院　1937　図版24枚　27cm　Ⓝ210.4　〔06622〕

◇史籍集覧　〔129〕　慶長見聞集　近藤瓶城校　三浦浄心著　近藤瓶城　1884.12　5冊　19cm　Ⓝ210　〔06623〕

◇新修坂井遺芳　酒井利彦, 名古屋市博物館編　三好町（愛知県）　三好町酒井家調査団　1999.3　126p　31cm　非売品　Ⓝ210.48　〔06624〕

◇戦国期の権力と文書　矢田俊文編　高志書院　2004.2　366p　22cm　7200円　Ⓘ4-906641-80-6　Ⓝ210.47　〔06625〕

◇千秋文庫所蔵佐竹古文書　千秋文庫編　千秋文庫　1993.7　528p　27cm　20000円　Ⓘ4-88594-211-X　Ⓝ210.48　〔06626〕

◇立入宗継文書・川端道喜文書　国民精神文化研究所　1937　322p 図版　26cm　（国民精神文化文献 第13）　Ⓝ210.4　〔06627〕

◇当代記・駿府記―史籍雑纂　続群書類従完成会　1995.10　319p　21cm　5150円　Ⓘ4-7971-0516-X　Ⓝ210.48　〔06628〕

◇南蛮史料の発見―よみがえる信長時代　松田毅一著　中央公論社　1964　195p　18cm　（中公新書）　Ⓝ210.48　〔06629〕

◇日本関係海外史料　イエズス会日本書翰集 原文之1　自天文十六年十一月至天文二十一年十二月　東京大学史料編纂所編纂　東京大学　1990.3　311p　22cm　6400円　Ⓘ4-13-092741-8　Ⓝ210.088　〔06630〕

◇信長文書の世界―平成12年度秋季特別展　滋賀県立安土城考古博物館編　安土町(滋賀県)　滋賀県立安土城考古博物館　2000.10　116p　30cm　Ⓝ210.029
〔06631〕
◇豊公遺物展覧会出品目録　大阪　日本美術協会大阪支会　1903.8　57p 図版 23cm　Ⓝ289.1　〔06632〕
◇豊太閤書翰備考　前田侯爵家　1926　1枚　26×55cm　Ⓝ210.4
〔06633〕
◇三河後風土記正説大全　中山和子翻刻・校訂　新人物往来社　1992.7　579p　22cm　19800円　Ⓘ4-404-01919-X　Ⓝ210.48
〔06634〕
◇室町殿物語　足利治乱記　異本小田原記　楢村長教著, 黒川真道編, 黒川真道編, 黒川真道編　国史研究会　1914　533p　19cm　(国史叢書)　Ⓝ210.4　〔06635〕
◇綿考輯録　第1巻　藤孝公　石田晴男ほか編　熊本　出水神社　1988.1　405p　22cm　(出水叢書1)　7000円　Ⓝ288.3
〔06636〕
◇綿考輯録　第2巻　忠興公　上　石田晴男ほか編　熊本　出水神社　1988.9　491p　22cm　(出水叢書2)　8000円　Ⓝ288.3
〔06637〕
◇歴朝要紀　11　神道古典研究会会員有志校注　神道大系編纂会　2004.11　522p　23cm　(續神道大系 朝儀祭祀編)　18000円　Ⓝ210.088　〔06638〕
◇鹿苑日録　第4巻　辻善之助編　太洋社　1935　410p　23cm　Ⓝ210.4　〔06639〕
◇鹿苑日録　第4巻　辻善之助編　続群書類従完成会　1961　410p　22cm　Ⓝ210.46　〔06640〕
◇鹿苑日録　第4巻　辻善之助編纂, 辻善之助ほか校訂　続群書類従完成会　1991.10　410p　22cm　Ⓘ4-7971-0506-2　Ⓝ210.1
〔06641〕

◆◆大日本史料(10)
◇大日本史料　第10編之1　正親町天皇　永禄11年8月～同12年2月　東京大学史料編纂所編纂　東京大学出版会　1987.4　964, 28p　22cm　10000円　Ⓘ4-13-090451-5　Ⓝ210.088
〔06642〕
◇大日本史料　第10編之2　正親町天皇　永禄12年3月～同年6月　東京大学史料編纂所編纂　東京大学出版会　1987.5　798, 2, 108p　22cm　10000円　Ⓘ4-13-090452-3　Ⓝ210.088　〔06643〕
◇大日本史料　第10編之3　正親町天皇　永禄12年7月～元亀元年正月　東京大学史料編纂所編纂　東京大学出版会　1987.6　1013p　22cm　10000円　Ⓘ4-13-090453-1　Ⓝ210.088
〔06644〕
◇大日本史料　第10編之4　正親町天皇　元亀元年2月～同年9月　東京大学史料編纂所編纂　東京大学出版会　1987.7　957, 5p　22cm　10000円　Ⓘ4-13-090454-X　Ⓝ210.088
〔06645〕
◇大日本史料　第10編之5　正親町天皇　元亀元年10月～同2年2月　東京大学史料編纂所編纂　東京大学出版会　1987.8　1009p　22cm　10000円　Ⓘ4-13-090455-8　Ⓝ210.088
〔06646〕
◇大日本史料　第10編之6　正親町天皇　元亀2年3月～同年9月　東京大学史料編纂所編纂　東京大学出版会　1987.9　946, 37p　22cm　10000円　Ⓘ4-13-090456-6　Ⓝ210.088
〔06647〕
◇大日本史料　第10編之7　正親町天皇　東京大学史料編纂所編　1944-58　22cm　Ⓝ210.088　〔06648〕
◇大日本史料　第10編之7　正親町天皇　元亀2年10月～同年雑載　東京大学史料編纂所編纂　東京大学出版会　1987.10　728, 15p　22cm　8000円　Ⓘ4-13-090457-4　Ⓝ210.088
〔06649〕
◇大日本史料　第10編之8　正親町天皇　元亀2年雑載～同3年3月　東京大学史料編纂所編纂　東京大学出版会　1987.10　399, 4p　22cm　7000円　Ⓘ4-13-090458-2　Ⓝ210.088
〔06650〕
◇大日本史料　第10編之9　正親町天皇　元亀3年4月～同年7月　東京大学史料編纂所編纂　東京大学出版会　1987.11　490, 32p　22cm　7000円　Ⓘ4-13-090459-0　Ⓝ210.088
〔06651〕
◇大日本史料　第10編之10　正親町天皇　東京大学史料編纂所編　東京大学　1960　403, 3p　22cm　Ⓝ210.088
〔06652〕
◇大日本史料　第10編之10　正親町天皇　元亀3年8月～同年12月　東京大学史料編纂所編纂　東京大学出版会　1987.11　403, 3p　22cm　7000円　Ⓘ4-13-090460-4　Ⓝ210.088
〔06653〕
◇大日本史料　第10編之11　正親町天皇　東京大学史料編纂所編　東京大学　1962　470p　22cm　Ⓝ210.088
〔06654〕
◇大日本史料　第10編之11　正親町天皇　元亀3年12月～同年是歳　東京大学史料編纂所編纂　東京大学出版会　1987.12　470, 18p　22cm　7000円　Ⓘ4-13-090461-2　Ⓝ210.088
〔06655〕
◇大日本史料　第10編之12　正親町天皇　東京大学史料編纂所編　東京大学　1966　455p　22cm　Ⓝ210.088
〔06656〕
◇大日本史料　第10編之12　正親町天皇　元亀3年雑載　東京大学史料編纂所編纂　東京大学出版会　1987.12　455p　22cm　7000円　Ⓘ4-13-090462-0　Ⓝ210.088
〔06657〕
◇大日本史料　第10編之13　正親町天皇　天正元年正月　東京大学史料編纂所編纂　東京大学出版会　1988.1　377p　22cm　7000円　Ⓘ4-13-090463-9　Ⓝ210.088
〔06658〕
◇大日本史料　第10編之14　正親町天皇　天正元年2月-同年3月　東京大学史料編纂所編纂　東京大学 東京大学出版会(発売)　1971　331, 26, 2p　22cm　2800円　Ⓝ210.08
〔06659〕
◇大日本史料　第10編之14　正親町天皇　天正元年2月～同年3月　東京大学史料編纂所編纂　東京大学出版会　1988.1　331, 26p　22cm　7000円　Ⓘ4-13-090464-7　Ⓝ210.088
〔06660〕
◇大日本史料　第10編之15　正親町天皇　天正元年4月　東京大学史料編纂所編纂　東京大学 東京大学出版会(発売)　1975　403, 19p　22cm　4000円　Ⓝ210.08
〔06661〕
◇大日本史料　第10編之15　正親町天皇　天正元年4月　東京大学史料編纂所編纂　東京大学出版会　1988.2　403, 19p　22cm　7000円　Ⓘ4-13-090465-5　Ⓝ210.088
〔06662〕
◇大日本史料　第10編之16　正親町天皇―天正元年4月～同年7月　東京大学史料編纂所編纂　東京大学　1979.3　383, 7p　22cm　4500円　Ⓝ210.08　〔06663〕
◇大日本史料　第10編之16　正親町天皇　天正元年4月～同年7月　東京大学史料編纂所編纂　東京大学出版会　1988.2　383, 7p　22cm　7000円　Ⓘ4-13-090466-3　Ⓝ210.088
〔06664〕

安土桃山時代　　　　　　　　　　　中世史

◇大日本史料　第10編之17　正親町天皇　天正元年8月　東京大学史料編纂所編纂　東京大学　1982.3　351p　22cm　4600円　Ⓝ210.088　〔06665〕
◇大日本史料　第10編之17　正親町天皇　天正元年8月　東京大学史料編纂所編纂　東京大学出版会　2000.2　351p　22cm　12000円　Ⓘ4-13-090467-1　Ⓝ210.088　〔06666〕
◇大日本史料　第10編之18　正親町天皇　天正元年9月〜同年11月　東京大学史料編纂所編纂　東京大学　1985.3　396,9p　22cm　6400円　Ⓝ210.088　〔06667〕
◇大日本史料　第10編之19　正親町天皇　天正元年12月〜同年雑載　東京大学史料編纂所編纂　東京大学　1988.3　406,34p　22cm　6400円　Ⓝ210.088　〔06668〕
◇大日本史料　第10編之19　正親町天皇・自天正元年十二月至同年雑載　東京大学史料編纂所編　覆刻版　東京大学出版会　2000.5　406,34p　21cm　14000円　Ⓘ4-13-090469-8　〔06669〕
◇大日本史料　第10編之20　正親町天皇　天正元年雑載〜同2年正月　東京大学史料編纂所編纂　東京大学　1991.3　606p　22cm　9200円　Ⓝ210.088　〔06670〕
◇大日本史料　第10編之21　正親町天皇　天正2年2月〜同年4月　東京大学史料編纂所編纂　東京大学　1994.3　318,7p　22cm　6200円　Ⓘ4-13-090471-X　Ⓝ210.088　〔06671〕
◇大日本史料　第10編之22　正親町天皇　天正2年4月—同年6月　東京大学史料編纂所編纂　東京大学　1997.3　287p　22cm　6000円　Ⓘ4-13-090472-8　Ⓝ210.088　〔06672〕
◇大日本史料　第10編之23　正親町天皇　天正2年6月—同年7月　東京大学史料編纂所編纂　東京大学史料編纂所　2000.3　299p　22cm　6700円　Ⓘ4-13-090473-6　Ⓝ210.088　〔06673〕
◇大日本史料　第10編之24　正親町天皇　天正2年8月—同年9月　東京大學史料編纂所編纂　東京大学史料編纂所　2003.3　371p　22cm　7300円　Ⓘ4-13-090474-4　Ⓝ210.088　〔06674〕
◇大日本史料　第10編之25　正親町天皇　自天正2年10月至同年是歳　東京大學史料編纂所編纂　東京大学出版会（発売）　2006.3　383p　22cm　9500円　Ⓘ4-13-090475-2　Ⓝ210.088　〔06675〕
◇大日本史料　第10編之1-13　東京大学史料編纂所編　東京大学　1928-1969　13冊　22cm　Ⓝ210.08　〔06676〕

◆◆大日本史料（11）
◇大日本史料　第11編之1　正親町天皇　天正10年6月〜同年7月　東京大学史料編纂所編纂　東京大学出版会　1988.4　981,18p　22cm　10000円　Ⓘ4-13-090501-5　Ⓝ210.088　〔06677〕
◇大日本史料　第11編之2　正親町天皇　天正10年7月〜同年11月　東京大学史料編纂所編纂　東京大学出版会　1988.6　1002,6p　22cm　10000円　Ⓘ4-13-090502-3　Ⓝ210.088　〔06678〕
◇大日本史料　第11編之3　正親町天皇　天正10年12月〜11年4月　東京大学史料編纂所編纂　東京大学出版会　1988.7　970,12p　22cm　10000円　Ⓘ4-13-090503-1　Ⓝ210.088　〔06679〕
◇大日本史料　第11編之4　正親町天皇　天正11年4月〜同年8月　東京大学史料編纂所編纂　東京大学出版会　1988.8　969,21p　22cm　10000円　Ⓘ4-13-090504-X　Ⓝ210.088　〔06680〕
◇大日本史料　第11編之5　正親町天皇—自天正十一年八月至同十二年三月　東京大学史料編纂所編纂　東京大学出版会　1988.9　962,21p　22cm　10000円　Ⓘ4-13-090505-8　Ⓝ210.088　〔06681〕
◇大日本史料　第11編之6　正親町天皇—自天正十二年三月至同年四月　東京大学史料編纂所編纂　東京大学出版会　1988.10　972,26p　22cm　10000円　Ⓘ4-13-090506-6　Ⓝ210.088　〔06682〕
◇大日本史料　第11編之7　正親町天皇—自大正十二年四月至同年七月　東京大学史料編纂所編纂　東京大学出版会　1988.11　879,62p　22cm　10000円　Ⓘ4-13-090507-4　Ⓝ210.088　〔06683〕
◇大日本史料　第11編之8　正親町天皇　東京大学史料編纂所編　1944-58　22cm　Ⓝ210.088　〔06684〕
◇大日本史料　第11編之8　正親町天皇—自天正十二年八月至同年九月　東京大学史料編纂所編纂　東京大学出版会　1988.12　454,2p　22cm　8000円　Ⓘ4-13-090508-2　Ⓝ210.088　〔06685〕
◇大日本史料　第11編之9　正親町天皇—自天正十二年九月至同年十月　東京大学史料編纂所編纂　東京大学出版会　1988.12　455,3p　22cm　8000円　Ⓘ4-13-090509-0　Ⓝ210.088　〔06686〕
◇大日本史料　第11編之10　正親町天皇　天正12年10月〜同年是歳　東京大学史料編纂所編纂　東京大学出版会　1989.1　440,30p　22cm　8000円　Ⓘ4-13-090510-4　Ⓝ210.088　〔06687〕
◇大日本史料　第11編之11　正親町天皇　東京大学史料編纂所編　東京大学　1959　453p　22cm　Ⓝ210.088　〔06688〕
◇大日本史料　第11編之11　正親町天皇　天正12年雑載　東京大学史料編纂所編纂　東京大学出版会　1989.1　453p　22cm　8000円　Ⓘ4-13-090511-2　Ⓝ210.088　〔06689〕
◇大日本史料　第11編之12　正親町天皇　天正12年雑載　東京大学史料編纂所編纂　東京大学出版会　1989.2　397p　22cm　8000円　Ⓘ4-13-090512-0　Ⓝ210.088　〔06690〕
◇大日本史料　第11編之13　正親町天皇　天正13年正月〜同年2月　東京大学史料編纂所編纂　東京大学出版会　1989.2　355p　22cm　8000円　Ⓘ4-13-090513-9　Ⓝ210.088　〔06691〕
◇大日本史料　第11編之15　正親町天皇　天正13年4月-同年5月　東京大学史料編纂所編纂　東京大学　東京大学出版会（発売）　1975　409,7p　22cm　4000円　Ⓝ210.08　〔06692〕
◇大日本史料　第11編之15　正親町天皇　天正13年4月〜同年5月　東京大学史料編纂所編纂　東京大学出版会　1989.1　409,7p　22cm　8000円　Ⓘ4-13-090515-5　Ⓝ210.088　〔06693〕
◇大日本史料　第11編之16　正親町天皇　天正13年5月〜7月　東京大学史料編纂所編纂　東京大学　1978.3　368,20p　22cm　4000円　Ⓝ210.08　〔06694〕
◇大日本史料　第11編之17　正親町天皇　天正13年7月　東京大学史料編纂所編纂　東京大学　1981.11　423,3,21p　22cm　5800円　Ⓝ210.088　〔06695〕
◇大日本史料　第11編18　正親町天皇　天正十三年八月　東京大学史料編纂所編　東京大学出版会　1986.3　422p　21cm　12000円　Ⓘ4-13-090518-X　〔06696〕

◇大日本史料　第11編之19　正親町天皇―天正十三年閏八月　東京大学史料編纂所編　東京大学　1990.3　534p　22cm　7800円　Ⓘ4-13-090519-8　Ⓝ210.088
〔06697〕

◇大日本史料　第11編 19　正親町天皇 天正十三年閏八月　東京大学史料編纂所編　覆刻版　東京大学出版会　2000.8　534p　21cm　14000円　Ⓘ4-13-090519-8
〔06698〕

◇大日本史料　第11編之20　正親町天皇　天正13年9月　東京大学史料編纂所編纂　東京大学　1993.3　430, 1p　22cm　7800円　Ⓝ210.088
〔06699〕

◇大日本史料　第11編之21　正親町天皇　天正13年10月1日～同月13日　東京大学史料編纂所編纂　東京大学　1996.3　377p　22cm　6695円　Ⓘ4-13-090521-X　Ⓝ210.088
〔06700〕

◇大日本史料　第11編之22　正親町天皇　天正13年10月14日―同年11月21日　東京大学史料編纂所編纂　東京大学史料編纂所　1999.3　373p　22cm　7000円　Ⓘ4-13-090522-8　Ⓝ210.088
〔06701〕

◇大日本史料　第11編之23　正親町天皇　天正13年10月21日―同年同月29日　東京大学史料編纂所編纂　東京大学史料編纂所　2002.3　381, 8p　22cm　7000円　Ⓘ4-13-090523-6　Ⓝ210.088
〔06702〕

◇大日本史料　第11編之24　正親町天皇　自天正13年12月至同年雑載　東京大学史料編纂所編纂　東京大学史料編纂所　2005.3　419p　22cm　7800円　Ⓘ4-13-090524-4　Ⓝ210.088
〔06703〕

◇大日本史料　第11編之1-13, 別巻之1-2　東京大学史料編纂所　東京大学　1927-1961　15冊　22cm　Ⓝ210.08
〔06704〕

◆◆史料綜覧（安土桃山時代）

◇史料綜覧　巻10　室町時代之4,安土時代之1　東京大学史料編纂所編　印刷局朝陽会　1923-1957　22cm　Ⓝ210.08
〔06705〕

◇史料綜覧　巻10　室町時代之4 天文6年～永禄11年.安土時代之1 永禄11年～元亀3年　東京大学史料編纂所編纂　東京大学出版会　1982.2　822p　22cm　7000円　Ⓝ210.088
〔06706〕

◇史料綜覧　巻11　東京帝国大学文学部史料編纂所編　印刷局朝陽会　1944　370p　22cm　Ⓝ210
〔06707〕

◇史料綜覧　巻11　安土時代之2,桃山時代之1　東京大学史料編纂所編　印刷局朝陽会　1953-57　22cm　Ⓝ210.08
〔06708〕

◇史料綜覧　巻11　安土時代之2 天正元年～天正10年.桃山時代之1 天正10年～天正11年　東京大学史料編纂所編纂　東京大学出版会　1982.2　451p　22cm　5000円　Ⓝ210.088
〔06709〕

◇史料綜覧　巻12　桃山時代之2　東京大学史料編纂所編　印刷局朝陽会　1953-57　22cm　Ⓝ210.08
〔06710〕

◇史料綜覧　巻12　桃山時代之2 天正12年～文禄元年　東京大学史料編纂所編纂　東京大学出版会　1982.2　376p　22cm　5000円　Ⓝ210.088
〔06711〕

◇史料綜覧　巻13　桃山時代之3　東京大学史料編纂所編　印刷局朝陽会　1953-57　22cm　Ⓝ210.08
〔06712〕

◇史料綜覧　巻13　桃山時代之3 文禄2年～慶長8年　東京大学史料編纂所編纂　東京大学出版会　1982.2　347p　22cm　5000円　Ⓝ210.088
〔06713〕

◇史料綜覧　巻9-10　東京帝国大学文学部史料編纂所編　内閣印刷局朝陽会　1936-1938　2冊　23cm　Ⓝ210
〔06714〕

◆◆ルイス・フロイス「日本史」

◇完訳フロイス日本史 1　織田信長篇 1　ルイス・フロイス著, 松田毅一, 川崎桃太訳　中央公論新社　2000.1　382p　16cm　（中公文庫）　1143円　Ⓘ4-12-203578-3　Ⓝ210.48
〔06715〕

◇完訳フロイス日本史 2　織田信長篇 2　ルイス・フロイス著, 松田毅一, 川崎桃太訳　中央公論新社　2000.2　325p　16cm　（中公文庫）　1143円　Ⓘ4-12-203581-3　Ⓝ210.48
〔06716〕

◇完訳フロイス日本史 3　織田信長篇 3　ルイス・フロイス著, 松田毅一, 川崎桃太訳　中央公論新社　2000.3　321p　16cm　（中公文庫）　1143円　Ⓘ4-12-203582-1　Ⓝ210.48
〔06717〕

◇完訳フロイス日本史 4　豊臣秀吉篇 1　ルイス・フロイス著, 松田毅一, 川崎桃太訳　中央公論新社　2000.4　278p　16cm　（中公文庫）　1048円　Ⓘ4-12-203583-X　Ⓝ210.48
〔06718〕

◇完訳フロイス日本史 5　豊臣秀吉篇 2　ルイス・フロイス著, 松田毅一, 川崎桃太訳　中央公論新社　2000.5　308p　16cm　（中公文庫）　1143円　Ⓘ4-12-203584-8　Ⓝ210.48
〔06719〕

◇完訳フロイス日本史 6　大友宗麟篇 1　ルイス・フロイス著, 松田毅一, 川崎桃太訳　中央公論新社　2000.6　282p　16cm　（中公文庫）　1048円　Ⓘ4-12-203585-6　Ⓝ210.48
〔06720〕

◇完訳フロイス日本史 7　大友宗麟篇 2　ルイス・フロイス著, 松田毅一, 川崎桃太訳　中央公論新社　2000.7　326p　16cm　（中公文庫）　1143円　Ⓘ4-12-203586-4　Ⓝ210.48
〔06721〕

◇完訳フロイス日本史 8　大友宗麟篇 3　ルイス・フロイス著, 松田毅一, 川崎桃太訳　中央公論新社　2000.8　334p　16cm　（中公文庫）　1143円　Ⓘ4-12-203587-2　Ⓝ210.48
〔06722〕

◇完訳フロイス日本史 9　大村純忠・有馬晴信篇 1　ルイス・フロイス著, 松田毅一, 川崎桃太訳　中央公論新社　2000.9　363p　16cm　（中公文庫）　1143円　Ⓘ4-12-203588-0　Ⓝ210.48
〔06723〕

◇完訳フロイス日本史 10　大村純忠・有馬晴信篇 2　ルイス・フロイス著, 松田毅一, 川崎桃太訳　中央公論新社　2000.10　327p　16cm　（中公文庫）　1143円　Ⓘ4-12-203589-9　Ⓝ210.48
〔06724〕

◇完訳フロイス日本史 11　大村純忠・有馬晴信篇 3　ルイス・フロイス著, 松田毅一, 川崎桃太訳　中央公論新社　2000.11　386p　16cm　（中公文庫）　1143円　Ⓘ4-12-203590-2　Ⓝ210.48
〔06725〕

◇完訳フロイス日本史 12　大村純忠・有馬晴信篇 4　ルイス・フロイス著, 松田毅一, 川崎桃太訳　中央公論新社　2000.12　284p　16cm　（中公文庫）　1048円　Ⓘ4-12-203591-0　Ⓝ210.48
〔06726〕

◇日本王国記　日欧文化比較　アビラ・ヒロン, ルイス・フロイス著　岩波書店　1991.11　678p　21cm　（大航海時代叢書 第1期 11）　6600円　Ⓘ4-00-008511-5
〔06727〕

◇日本史　前篇　ルイス・フロイス原著, 高市慶雄訳　日本評論社　1932　523p　22cm　Ⓝ210.1
〔06728〕

◇日本史—キリシタン伝来のころ　第1　ルイス・フロイス著, 柳谷武夫訳　平凡社　1963　315p　18cm　(東洋文庫 4)　Ⓝ210.1　〔06729〕

◇日本史　1　豊臣秀吉篇　1　フロイス著, 松田毅一, 川崎桃太訳　中央公論社　1977.10　397p 図　20cm　1800円　Ⓝ210.48　〔06730〕

◇日本史　1　豊臣秀吉篇　1　フロイス著, 松田毅一, 川崎桃太訳　中央公論社　1981.10　397p　20cm　1200円　Ⓝ210.48　〔06731〕

◇日本史—キリシタン伝来のころ　第2　ルイス・フロイス著, 柳谷武夫訳　平凡社　1965　338p　18cm　(東洋文庫 35)　Ⓝ210.1　〔06732〕

◇日本史　2　豊臣秀吉篇　2　フロイス著, 松田毅一, 川崎桃太訳　中央公論社　1977.12　365p 図　20cm　1700円　Ⓝ210.48　〔06733〕

◇日本史　2　豊臣秀吉篇　2　フロイス著, 松田毅一, 川崎桃太訳　中央公論社　1981.10　365p　20cm　1200円　Ⓝ210.48　〔06734〕

◇日本史—キリシタン伝来のころ　第3　ルイス・フロイス著, 柳谷武夫訳　平凡社　1966　230p 図版　18cm　(東洋文庫 65)　Ⓝ210.1　〔06735〕

◇日本史　3　五畿内篇　1　フロイス著, 松田毅一, 川崎桃太訳　中央公論社　1978.2　339p　20cm　1700円　Ⓝ210.48　〔06736〕

◇日本史　3　五畿内篇　1　フロイス著, 松田毅一, 川崎桃太訳　中央公論社　1981.11　339p　20cm　1200円　Ⓝ210.48　〔06737〕

◇日本史—キリシタン伝来のころ　第4　ルイス・フロイス著, 柳谷武夫訳　平凡社　1970　340p 図版　18cm　(東洋文庫 164)　550円　Ⓝ210.1　〔06738〕

◇日本史　4　五畿内篇　2　フロイス著, 松田毅一, 川崎桃太訳　中央公論社　1978.4　343p　20cm　1700円　Ⓝ210.48　〔06739〕

◇日本史　4　五畿内篇　2　フロイス著, 松田毅一, 川崎桃太訳　中央公論社　1981.11　343p　20cm　1200円　Ⓝ210.48　〔06740〕

◇日本史—キリシタン伝来のころ　5　ルイス・フロイス著, 柳谷武夫訳　平凡社　1978.6　321, 50p　18cm　(東洋文庫 330)　1300円　Ⓝ210.1　〔06741〕

◇日本史　5　五畿内篇　3　フロイス著, 松田毅一, 川崎桃太訳　中央公論社　1981.12　350p　20cm　1200円　Ⓝ210.48　〔06742〕

◇日本史　6　豊後篇　1　フロイス著, 松田毅一, 川崎桃太訳　中央公論社　1978.8　316p　20cm　1600円　Ⓝ210.48　〔06743〕

◇日本史　6　豊後篇　1　フロイス著, 松田毅一, 川崎桃太訳　中央公論社　1981.12　316p　20cm　1200円　Ⓝ210.48　〔06744〕

◇日本史　7　豊後篇　2　フロイス著, 松田毅一, 川崎桃太訳　中央公論社　1978.10　342p　20cm　1700円　Ⓝ210.48　〔06745〕

◇日本史　7　豊後篇　2　フロイス著, 松田毅一, 川崎桃太訳　中央公論社　1982.1　342p　20cm　1200円　Ⓝ210.48　〔06746〕

◇日本史　8　豊後篇　3　フロイス著, 松田毅一, 川崎桃太訳　中央公論社　1978.12　367p　20cm　1700円　Ⓝ210.48　〔06747〕

◇日本史　8　豊後篇　3　フロイス著, 松田毅一, 川崎桃太訳　中央公論社　1982.1　367p　20cm　1200円　Ⓝ210.48　〔06748〕

◇日本史　9　西九州篇　1　フロイス著, 松田毅一, 川崎桃太訳　中央公論社　1979.6　398p　20cm　1800円　Ⓝ210.48　〔06749〕

◇日本史　9　西九州篇　1　フロイス著, 松田毅一, 川崎桃太訳　中央公論社　1982.2　398p　20cm　1200円　Ⓝ210.48　〔06750〕

◇日本史　10　西九州篇　2　フロイス著, 松田毅一, 川崎桃太訳　中央公論社　1979.9　364p　20cm　1700円　Ⓝ210.48　〔06751〕

◇日本史　10　西九州篇　2　フロイス著, 松田毅一, 川崎桃太訳　中央公論社　1982.2　364p　20cm　1200円　Ⓝ210.48　〔06752〕

◇日本史　11　西九州篇　3　フロイス著, 松田毅一, 川崎桃太訳　中央公論社　1979.12　414p　20cm　1900円　Ⓝ210.48　〔06753〕

◇日本史　11　西九州篇　3　フロイス著, 松田毅一, 川崎桃太訳　中央公論社　1982.3　414p　20cm　1200円　Ⓝ210.48　〔06754〕

◇日本史　12　西九州篇　4　フロイス著, 松田毅一, 川崎桃太訳　中央公論社　1980.10　405p　20cm　1900円　Ⓝ210.48　〔06755〕

◇日本史　12　西九州篇　4　フロイス著, 松田毅一, 川崎桃太訳　中央公論社　1982.3　405p　20cm　1200円　Ⓝ210.48　〔06756〕

◇フロイス 日本史　3　五畿内篇　1　ルイス・フロイス著, 松田毅一, 川崎桃太訳　〔普及版〕　中央公論社　1991.12　339p　19cm　1600円　Ⓘ4-12-402363-4　〔06757〕

◇フロイスの見た戦国日本　川崎桃太著　中央公論新社　2003.2　254p　20cm　2000円　Ⓘ4-12-003356-2　Ⓝ210.48　〔06758〕

◇フロイスの見た戦国日本　川崎桃太著　中央公論新社　2006.2　309p　16cm　(中公文庫)　800円　Ⓘ4-12-204655-6　Ⓝ210.48　〔06759〕

◇ルイス・フロイス日本書翰――一五九一至一五九二年　木下杢太郎訳　第一書房　1931　157p　24cm　Ⓝ210.4　〔06760〕

◆◆晴右記

◇晴右記　勧修寺晴右著, 坪井九馬三, 日下寛訂　富山房　1899.7　19, 23, 24丁　23cm　(文科大学史誌叢書)　Ⓝ210.4　〔06761〕

◇続 史料大成　第9　晴右記〔ほか〕　竹内理三編　勧修寺晴右　京都　臨川書店　1967　22cm　Ⓝ210.08　〔06762〕

◇続史料大成　第9巻　晴右記　竹内理三編　勧修寺晴右著　増補　京都　臨川書店　1978.12　380p　22cm　4500円　Ⓝ210.08　〔06763〕

◇続史料大成　第9巻　晴右記　晴豊記　竹内理三編　勧修寺晴右, 勧修寺晴豊著　増補　京都　臨川書店　1994.2　236p　22cm　6180円　Ⓘ4-653-00454-4　Ⓝ210.08　〔06764〕

◆◆兼見卿記

◇史料纂集　〔第4〕第1　兼見卿記　第1　吉田兼見著, 斎木一馬, 染谷光広校訂　続群書類従完成会　1971　272p 図　22cm　3000円　Ⓝ210.08　〔06765〕

◇史料纂集　〔第4〕第2　兼見卿記　第2　吉田兼見著, 斎木一馬, 染谷光広校訂　続群書類従完成会　1976　255p 図　22cm　Ⓝ210.08　〔06766〕

◆◆言経卿記

◇大日本古記録—言經卿記　12　東京大學史料編纂所編　岩波書店　1983.3　304p　22cm　6800円　Ⓝ210.088
〔06767〕

◇大日本古記録　〔11〕6　言経卿記　6　東京大学史料編纂所編　山科言経著　岩波書店　1969　416p　図版　22cm　2600円　Ⓝ210.08
〔06768〕

◇大日本古記録　〔11〕9　言経卿記　9　東京大学史料編纂所編　山科言経著　岩波書店　1975　240p　図　22cm　4000円　Ⓝ210.08
〔06769〕

◇大日本古記録　〔第11〕11　言経卿記　慶長6年正月～慶長7年12月　東京大学史料編纂所編纂　岩波書店　1980.3　364p　22cm　7200円　Ⓝ210.088
〔06770〕

◇大日本古記録　〔第11〕12　言経卿記—慶長8年正月～慶長9年6月　東京大学史料編纂所編纂　岩波書店　1983.3　304p　22cm　6800円　Ⓝ210.088
〔06771〕

◇言經卿記　1　山科言經著　岩波書店　1992.3　315p　21cm　（大日本古記録）　5500円　Ⓘ4-00-009490-4　Ⓝ210.48
〔06772〕

◇言經卿記　2　山科言經著　岩波書店　1960.3（第2刷:1992.3）　369p　22cm　（大日本古記録）　Ⓘ4-00-009491-2　Ⓝ210.48
〔06773〕

◇言經卿記　3　山科言經著　岩波書店　1962.2（第2刷:1992.3）　331p　22cm　（大日本古記録）　Ⓘ4-00-009492-0　Ⓝ210.48
〔06774〕

◇言經卿記　4　山科言經著　岩波書店　1964.3（第2刷:1992.3）　319p　22cm　（大日本古記録）　Ⓘ4-00-009493-9　Ⓝ210.48
〔06775〕

◇言經卿記　5　山科言經著　岩波書店　1967.3（第2刷:1992.3）　453p　22cm　（大日本古記録）　Ⓘ4-00-009494-7　Ⓝ210.48
〔06776〕

◇言經卿記　6　山科言經著　岩波書店　1969.4（第2刷:1992.3）　416p　22cm　（大日本古記録）　Ⓘ4-00-009495-5　Ⓝ210.48
〔06777〕

◇言經卿記　7　山科言經著　岩波書店　1971.3（第2刷:1992.3）　426p　22cm　（大日本古記録）　Ⓘ4-00-009504-8　Ⓝ210.48
〔06778〕

◇言經卿記　8　山科言經著　岩波書店　1973.3（第2刷:1992.3）　277p　22cm　（大日本古記録）　Ⓘ4-00-009505-6　Ⓝ210.48
〔06779〕

◇言經卿記　9　山科言經著　岩波書店　1975.3（第2刷:1992.3）　240p　22cm　（大日本古記録）　Ⓘ4-00-009506-4　Ⓝ210.48
〔06780〕

◇言經卿記　10　山科言經著　岩波書店　1977.3（第2刷:1992.3）　270p　22cm　（大日本古記録）　Ⓘ4-00-009507-2　Ⓝ210.48
〔06781〕

◇言經卿記　11　山科言經著　岩波書店　1980.3（第2刷:1992.3）　364p　22cm　（大日本古記録）　Ⓘ4-00-009515-3　Ⓝ210.48
〔06782〕

◇言經卿記　12　山科言經著　岩波書店　1983.3（第2刷:1992.3）　304p　22cm　（大日本古記録）　Ⓘ4-00-009522-6　Ⓝ210.48
〔06783〕

◇言經卿記　14　山科言經著　岩波書店　1991.3（第2刷:1992.3）　386p　22cm　（大日本古記録）　Ⓘ4-00-009587-0　Ⓝ210.48
〔06784〕

◆◆家忠日記

◇家忠日記　松平家忠著，竹内理三編　京都　臨川書店　1968　2冊　22cm　5500円　Ⓝ210.49
〔06785〕

◇続 史料大成　第19　家忠日記　竹内理三編　松平家忠　京都　臨川書店　1967　22cm　Ⓝ210.08
〔06786〕

◇続史料大成　第19巻　家忠日記—天正5年10月～文禄3年9月　竹内理三編　松平家忠著　増補　京都　臨川書店　1979.2　497p　22cm　5500円　Ⓝ210.08
〔06787〕

◇続 史料大成　第20　家忠日記　竹内理三編　松平家忠　京都　臨川書店　1967　22cm　Ⓝ210.08
〔06788〕

◆◆義演准后日記

◇義演准后日記　第1　京都　醍醐寺　1976　329p　図　22cm　Ⓝ210.49
〔06789〕

◇義演准后日記　第2　京都　醍醐寺　1984.2　355p　22cm　Ⓝ210.49
〔06790〕

◇義演准后日記　第3　京都　醍醐寺　1985.6　274p　22cm　Ⓝ210.49
〔06791〕

◇史料纂集　145　義演准后日記　第4　酒井信彦校訂　続群書類従完成会　2006.4　282p　22cm　10000円　Ⓘ4-7971-1325-1　Ⓝ210.088
〔06792〕

◆◆多聞院日記

◇続史料大成　第38巻　多聞院日記　1　文明10年正月～永禄9年12月　竹内理三編　英俊ほか著　増補　京都　臨川書店　1978.5　478p　22cm　5400円　Ⓝ210.08
〔06793〕

◇続史料大成　第39巻　多聞院日記　2　永禄10年正月～天正5年12月　竹内理三編　英俊ほか著　増補　京都　臨川書店　1978.5　481p　22cm　5400円　Ⓝ210.08
〔06794〕

◇続史料大成　第40巻　多聞院日記　3　天正6年正月～天正13年12月　竹内理三編　英俊ほか著　増補　京都　臨川書店　1978.5　463p　22cm　5400円　Ⓝ210.08
〔06795〕

◇続史料大成　第41巻　多聞院日記　4　天正14年正月～文禄3年12月　竹内理三編　英俊ほか著　増補　京都　臨川書店　1978.5　478p　22cm　5400円　Ⓝ210.08
〔06796〕

◇続史料大成　第42巻　多聞院日記　5　文禄4年正月～元和4年4月　竹内理三編　英俊ほか著　増補　京都　臨川書店　1978.5　372, 5p　22cm　5400円　Ⓝ210.08
〔06797〕

◇多聞院日記　第1巻　英俊著，辻善之助編　角川書店　1967　22cm　Ⓝ210.48
〔06798〕

◇多聞院日記　第2巻　英俊著，辻善之助編　角川書店　1967　22cm　Ⓝ210.48
〔06799〕

◇多聞院日記　第3巻　英俊著，辻善之助編　角川書店　1967　22cm　Ⓝ210.48
〔06800〕

◇多聞院日記　第4巻　英俊著，辻善之助編　角川書店　1967　22cm　Ⓝ210.48
〔06801〕

◇多聞院日記　第5巻　英俊著，辻善之助編　角川書店　1967　22cm　Ⓝ210.48
〔06802〕

◇多聞院日記　第2-5巻（巻12至46）　英俊等著，辻善之助編　三教書院　1935-1939　4冊　23cm　Ⓝ210.4
〔06803〕

◇多聞院日記　補遺・附録　英俊著，辻善之助編　杉山博編　角川書店　1967　22cm　Ⓝ210.48
〔06804〕

◆◆おあん物語
- ◇於安女咄　高知　高知県立図書館　1967　16丁　27cm　和　（土佐文学複刻集成　第2巻）　Ⓝ210.498　〔06805〕
- ◇おあむ物語　横須賀　創作豆本工房　1986.3　127p　4.1×3.2cm　10000円　Ⓝ210.498　〔06806〕
- ◇おあん物語・おきく物語・理慶尼の記―本文と総索引　菊池真一編　大阪　和泉書院　1987.2　270p　22cm　（索引叢書 11）　5500円　Ⓘ4-87088-224-8　Ⓝ210.48　〔06807〕
- ◇おあむ物語用語索引　小林祥次郎編　〔栃木〕　小林祥次郎　1968　40p　26cm　Ⓝ210.498　〔06808〕

政治史

- ◇鎌倉時代政治史研究　上横手雅敬著　吉川弘文館　1991.6　323, 16p　22cm　6500円　Ⓘ4-642-02634-7　Ⓝ210.42　〔06809〕
- ◇川を治め水と戦った武将たち―武田信玄・豊臣秀吉・加藤清正　かこさとし作　瑞雲舎　2004.7　31p　26cm　（土木の歴史絵本　第2巻）　1200円　Ⓘ4-916016-45-9　Ⓝ510.921　〔06810〕
- ◇寺院・検断・徳政―戦国時代の寺院史料を読む　勝俣鎭夫編　山川出版社　2004.9　432, 7p　22cm　5000円　Ⓘ4-634-52190-3　Ⓝ210.47　〔06811〕
- ◇織豊期の政治構造　三鬼清一郎編　吉川弘文館　2000.6　379p　22cm　8000円　Ⓘ4-642-02795-5　Ⓝ210.48　〔06812〕
- ◇戦国期の政治経済構造　永原慶二著　岩波書店　1997.4　410, 10p　22cm　7000円　Ⓘ4-00-023601-6　Ⓝ210.47　〔06813〕
- ◇戦国期発給文書の研究―印判・感状・制札と権力　片桐昭彦著　高志書院　2005.6　302, 10p　22cm　6000円　Ⓘ4-86215-002-0　Ⓝ210.47　〔06814〕
- ◇戦国織豊期の政治と文化―米原正義先生古希記念論集　米原正義先生古希記念論文集刊行会編　続群書類従完成会　1993.3　736p　22cm　18540円　Ⓝ210.46　〔06815〕
- ◇戦国織豊期の政治と文芸　諏訪勝則著　〔横須賀〕　葵印刷工業（印刷）　1996.10　159p　21cm　Ⓝ210.48　〔06816〕
- ◇戦国大名の政治と宗教　横田光雄著　國學院大學大学院　1999.12　251p　26cm　（國學院大學大学院研究叢書　文学研究科 1344-8021）　Ⓝ210.47　〔06817〕
- ◇中世政治経済史の研究　北爪真佐夫著　高科書店　1996.4　450, 3p　22cm　9785円　Ⓝ210.4　〔06818〕
- ◇中世政治史残篇　吉井功兒著　堺　トーキ　2000.10　661p　20cm　9000円　Ⓝ210.4　〔06819〕
- ◇中世東国政治史論　佐藤博信著　塙書房　2006.10　436, 12p　21cm　11000円　Ⓘ4-8273-1207-9　〔06820〕
- ◇中世日本の政治と史料　羽下徳彦著　吉川弘文館　1995.5　371, 3p　22cm　8652円　Ⓘ4-642-02746-7　Ⓝ210.4　〔06821〕
- ◇中世日本の政治と文化　森茂暁著　京都　思文閣出版　2006.10　455, 17p　22cm　（思文閣史学叢書）　9000円　Ⓘ4-7842-1324-4　Ⓝ210.4　〔06822〕
- ◇中世の政治と宗教　羽下徳彦編　吉川弘文館　1994.8　283p　22cm　6180円　Ⓘ4-642-02738-6　Ⓝ210.4　〔06823〕
- ◇中世の人と政治　石井進編　吉川弘文館　1988.7　340p　22cm　5800円　Ⓘ4-642-02626-6　Ⓝ210.4　〔06824〕
- ◇豊田武著作集　第7巻　中世の政治と社会　吉川弘文館　1983.6　582, 17p　22cm　7800円　Ⓝ210.4　〔06825〕
- ◇日本史概説　1　下　石母田正, 松島栄一著　岩波書店　2007.11　289, 37p　19cm　（岩波全書セレクション）　2600円　Ⓘ978-4-00-021884-9　〔06826〕
- ◇日本政治史新稿　第2分冊　今中次麿著　清水書店　1947　p223～524　21cm　Ⓝ210.1　〔06827〕
- ◇日本中世政治史　利光三津夫著　慶応通信（発売）　1989.6　138p　22cm　1854円　Ⓘ4-7664-0422-X　Ⓝ210.4　〔06828〕
- ◇日本中世政治史研究　上横手雅敬著　塙書房　1970　407, 30p　22cm　2900円　Ⓝ210.42　〔06829〕
- ◇日本中世政治社会の研究―小川信先生古稀記念論集　小川信先生の古希記念論集を刊行する会編　続群書類従完成会　1991.3　924p　21cm　23690円　〔06830〕
- ◇日本中世の国政と家政　井原今朝男著　校倉書房　1995.4　598p　22cm　（歴史科学叢書）　14420円　Ⓘ4-7517-2460-6　Ⓝ210.4　〔06831〕
- ◇日本中世の政治権力と仏教　湯之上隆著　京都　思文閣出版　2001.3　348, 9p　22cm　（思文閣史学叢書）　8800円　Ⓘ4-7842-1071-7　Ⓝ210.4　〔06832〕
- ◇日本中世の政治と社会　中野栄夫編　吉川弘文館　2003.10　407p　22cm　12000円　Ⓘ4-642-02829-3　Ⓝ210.4　〔06833〕
- ◇日本中世の政治と史料　飯倉晴武著　吉川弘文館　2003.6　342, 7p　22cm　9000円　Ⓘ4-642-02824-2　Ⓝ210.4　〔06834〕
- ◇日本中世の政治と文化―豊田武博士古稀記念　豊田武先生古稀記念会編　吉川弘文館　1980.6　592p　22cm　7500円　Ⓝ210.4　〔06835〕
- ◇日本中世の朝廷・幕府体制　河内祥輔著　吉川弘文館　2007.6　349, 7p　22cm　9000円　Ⓘ978-4-642-02863-9　Ⓝ210.38　〔06836〕
- ◇日本に於ける武家政治の歴史　新見吉治著　大阪　創元社　1941　270p　19cm　（日本文化名著選 第2輯　第3）　Ⓝ210.4　〔06837〕
- ◇日本の中世国家　佐藤進一著　岩波書店　2007.3　259p　15cm　（岩波現代文庫）　1000円　Ⓘ978-4-00-600173-5　〔06838〕
- ◇武家時代の政治と文化　水野恭一郎著　大阪　創元社　1975　306, 14p　22cm　（創元学術双書）　3000円　Ⓝ210.4　〔06839〕
- ◇武士から王へ―お上の物語　本郷和人著　筑摩書房　2007.10　218p　18×11cm　（ちくま新書）　720円　Ⓘ978-4-480-06388-5　〔06840〕
- ◇室町時代政治史論　今谷明著　塙書房　2000.5　354, 24p　22cm　8000円　Ⓘ4-8273-1167-6　Ⓝ210.46　〔06841〕

法制史

- ◇回船大法考―住田正一博士・「廻船式目の研究」拾遺　窪田宏著　八尾　大阪経済法科大学　1989.4　403p　22cm　12000円　Ⓘ4-87204-008-2　Ⓝ322.14　〔06842〕

◇喧嘩両成敗の誕生　清水克行著　講談社　2006.2　230p　19cm　（講談社選書メチエ 353）　1500円　Ⓘ4-06-258353-4　Ⓝ210.46　〔06843〕
◇前近代日本社会における「和解」の法史的意義に関する基礎的研究—研究報告書　西村安博著〔新潟〕〔西村安博〕　2003.3　132p　30cm　非売品　Ⓝ322.14　〔06844〕
◇戦国時代の武家法制　隈崎渡著　国民社　1944　399p　22cm　Ⓝ322　〔06845〕
◇戦国の犯科帳　井上和夫著　人物往来社　1963　313p　20cm　Ⓝ322.14　〔06846〕
◇中世寺院の知恵　清田義英著　敬文堂　1998.2　158p　22cm　2000円　Ⓘ4-7670-0047-5　Ⓝ322.14　〔06847〕
◇中世寺院法史の研究—寺院の多数決制と寺院方式　清田義英著　敬文堂　1995.11　484, 14p　22cm　11330円　Ⓘ4-7670-0014-9　Ⓝ322.14　〔06848〕
◇中世寺院法と経済思想　山口正太郎著　改造社　1925　224p　20cm　Ⓝ322　〔06849〕
◇中世人との対話　笠松宏至著　東京大学出版会　1997.7　248p　20cm　2600円　Ⓘ4-13-023048-4　Ⓝ322.14　〔06850〕
◇中世成立期の法と国家　棚橋光男著　塙書房　1983.11　386, 20p　22cm　6000円　Ⓝ210.38　〔06851〕
◇中世に生きる律令—言葉と事件をめぐって　早川庄八著　平凡社　1986.10　258p　20cm　（平凡社選書 101）　2000円　Ⓘ4-582-84101-5　Ⓝ210.4　〔06852〕
◇中世の裁判を読み解く　網野善彦, 笠松宏至著　学生社　2000.10　225p　22cm　2400円　Ⓘ4-311-30039-5　Ⓝ322.14　〔06853〕
◇中世の罪と罰　網野善彦ほか著　東京大学出版会　1983.11　239p　20cm　1400円　Ⓘ4-13-023030-1　Ⓝ322.14　〔06854〕
◇中世の変革と徳政—神領興行法の研究　海津一朗著　吉川弘文館　1994.8　263, 13p　22cm　6077円　Ⓘ4-642-02736-X　Ⓝ322.14　〔06855〕
◇中世の法と國家　石母田正, 佐藤進一編　東京大学出版会　1960　511p　22cm　（日本封建制研究 第1）　Ⓝ322.14　〔06856〕
◇中世の法と国家　石母田正編, 佐藤進一編　東京大学出版会　1984.3　511p　22cm　（日本封建制研究 1）　4800円　Ⓘ4-13-020007-0　Ⓝ322.14　〔06857〕
◇中世の法と政治　石井進著　吉川弘文館　1992.7　318p　22cm　5200円　Ⓘ4-642-02642-8　Ⓝ210.4　〔06858〕
◇中世武家の法と支配　岡邦信著　盛岡　信山社　2005.3　342p　22cm　（北九州市立大学法政叢書 19）　7200円　Ⓘ4-434-05354-X　Ⓝ322.14　〔06859〕
◇中世武家不動産訴訟法の研究　石井良助著　弘文堂　1938　647p　23cm　Ⓝ210.4　〔06860〕
◇中世武家法の史的構造—法と正義の発展史論　辻本弘明著　岩田書院　1999.11　357p　22cm　（御影史学研究会歴史学叢書 2）　7900円　Ⓘ4-87294-155-1　Ⓝ322.14　〔06861〕
◇中世法制史料集　第2巻　牧健二監修, 佐藤進一, 池内義資編　岩波書店　1979.1（第7刷）　471p　22cm　Ⓝ322.14　〔06862〕
◇中世法制史料集　第3巻　武家家法 第1　佐藤進一, 池内義資, 百瀬今朝雄編　佐藤進一, 池内義資, 百瀬今朝雄編　岩波書店　1955-65　22cm　Ⓝ322.14　〔06863〕
◇中世法制史料集　第4巻　佐藤進一, 百瀬今朝雄編　岩波書店　1998.5　409p　22cm　6700円　Ⓘ4-00-001328-9　Ⓝ322.14　〔06864〕
◇中世法制史料集　第5巻　佐藤進一, 百瀬今朝雄編　岩波書店　2001.2　416p　22cm　7200円　Ⓘ4-00-001329-7　Ⓝ322.14　〔06865〕
◇中世法制史料集　第6巻　佐藤進一, 百瀬今朝雄, 笠松宏至編　岩波書店　2005.9　640p　22cm　12000円　Ⓘ4-00-001386-6　Ⓝ322.14　〔06866〕
◇点景の中世—武家の法と社会　羽下徳彦著　吉川弘文館　1997.6　196p　20cm　2200円　Ⓘ4-642-07734-0　Ⓝ210.4　〔06867〕
◇当局遺誡　小槻晴富著　京都　貴重図書影本刊行会頒布事務所　1936.7　1冊（頁付なし）　26cm　Ⓝ322.134　〔06868〕
◇日本中世国家史の研究　石井進著　岩波書店　1970　495, 20p　22cm　2000円　Ⓝ322.14　〔06869〕
◇日本中世寺院法総論　細川亀市著　大岡山書店　1933　269p　21cm　Ⓝ322　〔06870〕
◇日本中世寺院法の研究　清田義英著　敬文堂　1987.4　310, 8p　22cm　4800円　Ⓘ4-7670-3462-0　Ⓝ322.14　〔06871〕
◇日本中世社会成立史の研究　泉谷康夫著　高科書店　1992.12　332, 3, 20p　22cm　6000円　Ⓝ322.14　〔06872〕
◇日本中世の社会と法—国制史的変容　新田一郎著　東京大学出版会　1995.10　271, 4p　22cm　5768円　Ⓘ4-13-031156-5　Ⓝ322.14　〔06873〕
◇日本中世の都市と法　佐々木銀弥著　吉川弘文館　1994.11　308p　22cm　7004円　Ⓘ4-642-02740-8　Ⓝ322.14　〔06874〕
◇日本中世の法と経済　下村效著　続群書類従完成会　1998.3　633p　22cm　15000円　Ⓘ4-7971-0659-X　Ⓝ210.4　〔06875〕
◇日本中世の法と権威　田中修実著　高科書店　1993.10　1冊　22cm　7000円　Ⓝ322.14　〔06876〕
◇日本中世法書の研究　長又高夫著　汲古書院　2000.4　290p　22cm　5000円　Ⓘ4-7629-3431-3　Ⓝ322.14　〔06877〕
◇日本中世法史論　笠松宏至著　東京大学出版会　1979.3　328, 3p　22cm　3000円　Ⓝ322.14　〔06878〕
◇日本不動産占有論—中世における知行の研究　石井良助著　創文社　1952　262p　22cm　Ⓝ322.14　〔06879〕
◇日本法史における多数決原理—中世寺院社会の多数決論を中心として　清田義英著　敬文堂　1971　148p　図　22cm　1200円　Ⓝ322.14　〔06880〕
◇法と言葉の中世史　笠松宏至著　平凡社　1984.9　276p　20cm　（平凡社選書 86）　1700円　Ⓝ322.14　〔06881〕
◇法と言葉の中世史　笠松宏至著　平凡社　1993.12　267p　16cm　（平凡社ライブラリー）　1000円　Ⓘ4-582-76032-5　Ⓝ322.14　〔06882〕
◇法の歴史と封建制論争　石尾芳久著　三一書房　1989.2　252p　20cm　1800円　Ⓘ4-380-89209-3　Ⓝ322.14　〔06883〕
◇三重県法制資料集纂　第2巻　中世法-院政,鎌倉,吉野朝時代　武藤和夫著　津　三重大学法政研究会　1954　28cm　Ⓝ322.19　〔06884〕
◇都と鄙の中世史　石井進編　吉川弘文館　1992.3　316p　22cm　5200円　Ⓘ4-642-02641-X　Ⓝ210.4

〔06885〕

◆中世官制

◇大間成文抄　上巻　九条良経著, 吉田早苗校訂　吉川弘文館　1993.2　307p　23cm　10000円　Ⓘ4-642-02263-5　Ⓝ322.13
〔06886〕
◇大間成文抄　下巻　九条良経著, 吉田早苗校訂　吉川弘文館　1994.2　p309～689　23cm　13000円　Ⓘ4-642-02273-2　Ⓝ322.13
〔06887〕
◇中世公家と地下官人　中原俊章著　吉川弘文館　1987.2　257, 15p　20cm　（中世史研究選書）　2500円　Ⓝ210.4
〔06888〕
◇歴名土代　湯川敏治編　続群書類従完成会　1996.9　320, 175, 2p　22cm　15000円　Ⓘ4-7971-0269-1　Ⓝ210.088
〔06889〕

◆鎌倉幕府の法

◇石母田正著作集　第9巻　中世国家成立史の研究　青木和夫ほか編　岩波書店　1989.7　322p　22cm　4400円　Ⓘ4-00-091409-X　Ⓝ210.08
〔06890〕
◇鎌倉幕府裁許状集　瀬野精一郎編　増訂　吉川弘文館　1987.11　2冊　22cm　8000円, 6400円　Ⓘ4-642-02515-4　Ⓝ322.14
〔06891〕
◇鎌倉幕府裁許状集　上　関東裁許状篇　瀬野精一郎編　吉川弘文館　1970　438p　22cm　3500円　Ⓝ322.14
〔06892〕
◇鎌倉幕府裁許状集　下　六波羅・鎮西裁許状篇　瀬野精一郎編　吉川弘文館　1970　319p　22cm　3000円　Ⓝ322.14
〔06893〕
◇鎌倉幕府守護制度の研究―諸国守護沿革考証篇　佐藤進一著　要書房　1948　216p　21cm　（人文科学研究叢書 第1編）　Ⓝ322
〔06894〕
◇鎌倉幕府守護制度の研究　諸国守護沿革考証編　佐藤進一著　増訂　東京大学出版会　1971　274, 18p　21cm　1400円　Ⓝ322.14
〔06895〕
◇鎌倉幕府訴訟制度の研究　佐藤進一著　畝傍書房　1943　353p　22cm　（畝傍史学叢書）　Ⓝ322
〔06896〕
◇鎌倉幕府訴訟制度の研究　佐藤進一著　目黒書店　1946　353p　22cm　（畝傍史学叢書）　Ⓝ322.14
〔06897〕
◇鎌倉幕府訴訟制度の研究　佐藤進一著　岩波書店　1993.2　330, 12p　22cm　6800円　Ⓘ4-00-002806-5　Ⓝ322.14
〔06898〕
◇鎌倉幕府と中世国家　古沢直人著　校倉書房　1991.11　516p　22cm　（歴史科学叢書）　10300円　Ⓘ4-7517-2150-X　Ⓝ322.14
〔06899〕
◇大化改新と鎌倉幕府の成立　石井良助著　創文社　1958　274p　22cm　Ⓝ322.14
〔06900〕
◇大化改新と鎌倉幕府の成立　石井良助著　増補版　創文社　1972　394, 9p　22cm　（法制史論集 第1巻）　2500円　Ⓝ322.14
〔06901〕
◇中世荘園制と鎌倉幕府　高橋一樹著　塙書房　2004.1　433, 31p　22cm　8500円　Ⓘ4-8273-1183-8　Ⓝ210.4
〔06902〕
◇中世朝廷訴訟の研究　本郷和人著　東京大学出版会　1995.4　270p　22cm　4944円　Ⓘ4-13-020107-7　Ⓝ322.14
〔06903〕
◇中世法制史料集　第1巻　鎌倉幕府法　佐藤進一, 池内義資共編　岩波書店　1955-57　22cm　Ⓝ322.14
〔06904〕
◇中世法制史料集　第1巻　鎌倉幕府法　佐藤進一, 池内義資編　補訂版　岩波書店　1969　480p 図版　22cm　1200円　Ⓝ322.14
〔06905〕
◇中世法制史料集　第1巻　鎌倉幕府法　佐藤進一編, 池内義資編　岩波書店　1987.2　489pp　22cm　5200円　Ⓘ4-00-001325-4　Ⓝ322.14
〔06906〕
◇中世法制史料集　第1巻　鎌倉幕府法　佐藤進一, 池内義資編　岩波書店　1993.2　489p　21cm　6200円　Ⓘ4-00-001325-4　Ⓝ322.14
〔06907〕
◇日本古文書学論集　6　中世 II―鎌倉時代の法制関係文書　日本古文書学会編　瀬野精一郎, 村井章介編　吉川弘文館　1987.6　399p　22cm　5800円　Ⓘ4-642-01261-3　Ⓝ210.02
〔06908〕
◇日本中世国家史論考　上横手雅敬著　塙書房　1994.5　446, 28p　22cm　8961円　Ⓘ4-8273-1102-1　Ⓝ210.42
〔06909〕
◇日本中世法体系成立史論　上杉和彦著　校倉書房　1996.5　406p　22cm　（歴史科学叢書）　10300円　Ⓘ4-7517-2590-4　Ⓝ332.13
〔06910〕
◇日本封建制度成立史　牧健二著　3版　弘文堂　1954　526p　22cm　Ⓝ322.14
〔06911〕
◇日本封建制度成立史　牧健二著　改訂版　清水弘文堂書房　1969　526p　22cm　2900円　Ⓝ322.14
〔06912〕
◇法と訴訟　笠松宏至編　吉川弘文館　1992.3　217p　20cm　（中世を考える）　2000円　Ⓘ4-642-02702-5　Ⓝ322.14
〔06913〕
◇役人たちの中世―特別展図録　神奈川県立金沢文庫編　横浜　神奈川県立金沢文庫　1996.10　111p　26cm　Ⓝ322.14
〔06914〕
◇和与の研究―鎌倉幕府司法制度の一節　平山行三著　吉川弘文館　1964　256p　23cm　Ⓝ322.14　〔06915〕

◆◆御成敗式目

◇御成敗式目　古典保存会編　古典保存会　1930　30丁　33cm　Ⓝ322
〔06916〕
◇御成敗式目―尊経閣叢刊　育徳財団編　育徳財団　1931　1冊（頁付なし）　26cm　Ⓝ322
〔06917〕
◇御成敗式目―影印・索引・研究　高橋久子, 古辞書研究会編著　笠間書院　1995.9　291p　22cm　（笠間索引叢刊 108）　6800円　Ⓘ4-305-20108-9　Ⓝ322.14
〔06918〕
◇御成敗式目　大阪青山短期大学国文科編　箕面　大阪青山短期大学　1996.3　119p　21cm　（大阪青山短期大学所蔵本テキストシリーズ 3）　Ⓘ4-8104-2265-8　Ⓝ322.14
〔06919〕
◇御成敗式目研究　植木直一郎著　岩波書店　1930　602, 17p　22cm　Ⓝ322
〔06920〕
◇御成敗式目研究　植木直一郎著　名著刊行会　1966　602p　22cm　Ⓝ322.14
〔06921〕
◇御成敗式目の研究　池内義資著　京都　平楽寺書店　1973　355p　22cm　5800円　Ⓝ322.14
〔06922〕
◇御成敗式目目録―読律書屋所蔵　穂積重遠編　穂積重遠　1930　49p　23cm　Ⓝ322
〔06923〕
◇中世法制史料集　別巻　御成敗式目註釈書集要　池内義資編　岩波書店　1978.10　657p　22cm　9000円　Ⓝ322.14
〔06924〕
◇読律書屋所蔵御成敗式目目録　大正11年7月15日現在　穂積陳重編　穂積陳重　1922　53p　23cm　Ⓝ322
〔06925〕

◆室町幕府の法
◇守護領国支配機構の研究　今谷明著　法政大学出版局　1986.12　482, 28p　22cm　(叢書・歴史学研究)　8900円　Ⓝ210.46　〔06926〕
◇初期室町幕府訴訟制度の研究　岩元修一著　吉川弘文館　2007.9　287, 14p　22cm　9500円　Ⓘ978-4-642-02868-4　Ⓝ322.14　〔06927〕
◇中世法制史料集　第2巻　室町幕府法　佐藤進一, 池内義資共編　岩波書店　1955-57　22cm　Ⓝ322.14　〔06928〕
◇中世法制史料集　第2巻　室町幕府法　佐藤進一, 池内義資編　補訂版　岩波書店　1969　462p 図　22cm　1200円　Ⓝ322.14　〔06929〕
◇中世法制史料集　第2巻　室町幕府法　佐藤進一編, 池内義資編　岩波書店　1987.2　472pp　22cm　4800円　Ⓘ4-00-001326-2　Ⓝ322.14　〔06930〕
◇室町幕府守護制度の研究　上　南北朝期諸国守護沿革証編　佐藤進一著　東京大学出版会　1967　276p　21cm　Ⓝ322.14　〔06931〕
◇室町幕府守護制度の研究—南北朝期諸国守護沿革証編　下　佐藤進一著　東京大学出版会　1988.11　328, 25p　21cm　3800円　Ⓘ4-13-020086-0　Ⓝ322.14　〔06932〕
◇室町幕府文書集成　奉行人奉書篇　上　自暦応三年　至明応九年　今谷明共編, 高橋康夫共編　京都　思文閣出版　1986.9　6, 630, 12p　22cm　7000円　Ⓘ4-7842-0436-9　Ⓝ322.14　〔06933〕
◇室町幕府文書集成　奉行人奉書篇　下　自文亀元年　至永禄十一年　今谷明共編, 高橋康夫共編　京都　思文閣出版　1986.9　558, 88p　22cm　8000円　Ⓘ4-7842-0437-7　Ⓝ322.14　〔06934〕

◆戦国分国法
◇信玄法度の発掘　林貞夫著　百年社　1980.4　365p　22cm　6000円　Ⓝ322.14　〔06935〕
◇戦国法成立史論　勝俣鎮夫著　東京大学出版会　1979.3　279, 11p　22cm　2800円　Ⓝ322.14　〔06936〕
◇伊達家塵芥集の研究　小林宏著　創文社　1970　408p　図版　22cm　3000円　Ⓝ322.14　〔06937〕
◇長宗我部掟書の研究—近世初期法制の研究　井上和夫著　高知　高知市立市民図書館　1955　648p 図版　19cm　(市民叢書　第3)　Ⓝ322.14　〔06938〕

◆職原抄
◇職原抄　上　北畠親房著, 注釈者未詳　写　〔169〕丁　28cm　Ⓝ322.14　〔06939〕
◇職原鈔の基礎的研究　白山芳太郎著　京都　神道史学会　1980.2　284p　22cm　(神道史研究叢書 12)　4000円　Ⓝ322.14　〔06940〕
◇職原鈔の基礎的研究—並びに校本　白山芳太郎著　〔京都〕　神道史学会　1990.3　284p　22cm　(神道史研究叢書)　6901円　Ⓘ4-653-02104-X　Ⓝ322.14　〔06941〕

合戦史

◇いくさ—中世を考える　福田豊彦編　吉川弘文館　1993.8　245p　20cm　2200円　Ⓘ4-642-02704-1　Ⓝ210.4　〔06942〕

◇「絵解き」戦国武士の合戦心得—歴史・時代小説ファン必携　東郷隆著, 上田信絵　講談社　2004.10　217p　15cm　(講談社文庫)　495円　Ⓘ4-06-274900-9　Ⓝ914.6　〔06943〕
◇刀と首取り—戦国合戦異説　鈴木眞哉著　平凡社　2000.3　222p　18cm　(平凡社新書)　660円　Ⓘ4-582-85036-7　Ⓝ210.47　〔06944〕
◇合戦—物語と史跡　松永義弘著　日貿出版社　1974　257p　20cm　1200円　Ⓝ210.48　〔06945〕
◇合戦—歴史の流れを変えた10のドラマ　松永義弘著　PHP研究所　1989.9　235p　15cm　(PHP文庫)　440円　Ⓘ4-569-56218-3　Ⓝ210.47　〔06946〕
◇鎌倉合戦物語　笹間良彦著　雄山閣出版　2001.2　254p　19cm　2200円　Ⓘ4-639-01714-6　Ⓝ210.42　〔06947〕
◇完全制覇戦国合戦史—この一冊で歴史に強くなる!　外川淳著　立風書房　1999.2　254p　19cm　1333円　Ⓘ4-651-75206-3　Ⓝ210.47　〔06948〕
◇関東合戦記　伊礼正雄著　新人物往来社　1974　240p　21cm　980円　Ⓝ210.47　〔06949〕
◇関東古戦録　上巻　槇島昭武著, 久保田順一訳　薮塚本町 (群馬県)　あかぎ出版　2002.5　264p　19cm　1800円　Ⓘ4-901189-08-5　Ⓝ210.47　〔06950〕
◇関東古戦録　下巻　槇島昭武著, 久保田順一訳　薮塚本町 (群馬県)　あかぎ出版　2002.7　261p　19cm　1800円　Ⓘ4-901189-09-3　Ⓝ210.47　〔06951〕
◇関八州古戦録　槇島昭武原著, 霜川遠志訳　〔東村山〕　教育社　1981.2　2冊　18cm　(教育社新書)　各700円　Ⓝ210.47　〔06952〕
◇関八州古戦録　上　槇島昭武, 霜川遠志訳　新装　ニュートンプレス　1997.7　326p　18cm　(原本現代訳 28)　1000円　Ⓘ4-315-40109-9　Ⓝ210.47　〔06953〕
◇関八州古戦録　下　槇島昭武原著, 霜川遠志訳　新装　ニュートンプレス　1997.6　311p　18cm　(原本現代訳 29)　1000円　Ⓘ4-315-40110-2　Ⓝ210.47　〔06954〕
◇北方合戦物語　安藤善市著　〔北方町 (岐阜県)〕　北方町文化財保護協会　1979.12　44p　22cm　Ⓝ215.3　〔06955〕
◇騎兵と歩兵の中世史　近藤好和著　吉川弘文館　2005.1　215p　19cm　(歴史文化ライブラリー 184)　1700円　Ⓘ4-642-05584-3　〔06956〕
◇九州紹運記　伊藤一義著　写　〔84〕丁　27cm　Ⓝ210.48　〔06957〕
◇近世成立期の大規模戦争　藤田達生編　岩田書院　2006.4　400p　22cm　(戦場論下)　7900円　Ⓘ4-87294-423-2　Ⓝ210.48　〔06958〕
◇慶長五年岐阜落城軍記　曽我左々緒著　前渡村 (岐阜県)　長瀬寛二　1886.9　38丁　19cm　Ⓝ210.5　〔06959〕
◇古戦場　第4　戦国篇 上　高柳光寿監修　新版　人物往来社　1967　278p　19cm　Ⓝ210.47　〔06960〕
◇古戦場　〔第5〕　戦国篇　高柳光寿監修　新版　人物往来社　1967　281p　19cm　Ⓝ210.1　〔06961〕
◇史談女城主　小野稔著　講談社　1985.6　252p　20cm　1300円　Ⓘ4-06-201978-7　Ⓝ210.47　〔06962〕
◇城が見た合戦史—天下統一の野望をかけた城をめぐる攻防　二木謙一監修　青春出版社　2002.11　204p　18cm　(プレイブックスインテリジェンス)　667円　Ⓘ4-413-04043-0　Ⓝ210.47　〔06963〕

◇城攻め・落城秘話　土橋治重著　日本城郭資料館出版会　1971　284p（図共）　19cm　（名城シリーズ　第5集）　780円　Ⓝ210.04　〔06964〕
◇城と合戦—城攻め・その戦略戦術　大場弥平著　新人物往来社　1970　723p　19cm　650円　Ⓝ210.04　〔06965〕
◇城と古戦場　上巻　新人物往来社　1969　240p（おもに図版）　19cm　650円　Ⓝ210.04　〔06966〕
◇新釈　備中兵乱記　柏原耕作編著　新版　岡山　山陽新聞社　1994.12　334p　19cm　1800円　Ⓘ4-88197-517-X　〔06967〕
◇新編日本合戦全集　2　鎌倉南北朝編　桑田忠親著　秋田書店　1990.3　262p　20cm　1700円　Ⓘ4-253-00378-8　Ⓝ210.19　〔06968〕
◇図解戦国合戦50　新人物往来社　2003.11　159p　26cm　（別冊歴史読本　第28巻32号）　2200円　Ⓘ4-404-03063-0　Ⓝ210.47　〔06969〕
◇菅谷城の出城—生原善龍寺砦攻防考証記　福田正蔵著, 矢野敬一編集監修　〔群馬町（群馬県）〕　〔福田正蔵〕　2001.10　15p 図版6枚　26cm　Ⓝ210.47　〔06970〕
◇図説・戦国合戦集—決定版　学習研究社　2001.6　191p　26cm　（歴史群像シリーズ）　1900円　Ⓘ4-05-602508-8　Ⓝ210.47　〔06971〕
◇図説戦国合戦総覧　新人物往来社編　新人物往来社　1977.9　206p　22cm　1800円　Ⓝ210.47　〔06972〕
◇図説戦国の合戦—下剋上にかけた武将たちの軌跡　新人物往来社　1998.9　207p　26cm　（別冊歴史読本 85）　2800円　Ⓘ4-404-02653-6　Ⓝ210.47　〔06973〕
◇図説　戦乱日本合戦地図—血湧き肉踊る絢爛歴史図誌!　本郷陽二著　日本文芸社　2006.2　95p　26cm　952円　Ⓘ4-537-25361-4　〔06974〕
◇圖説三木戦記　三木文庫著　松茂町（徳島県）　三木産業　1968　284p（図版, 地図共）　22cm　Ⓝ210.48　〔06975〕
◇青史端紅　高柳光寿著　朝日新聞社　1962　270p 図版　20cm　Ⓝ210.47　〔06976〕
◇青史端紅　高柳光寿著　春秋社　1977.6　200p　18cm　（新書戦国戦記 1）　600円　Ⓝ210.48　〔06977〕
◇戦国暗殺史　森川哲郎著　三一書房　1982.8　229p　18cm　（三一新書）　650円　Ⓝ210.47　〔06978〕
◇「戦国合戦」意外・驚きエピソード—信長・秀吉・家康と、武将たちのちょっと珍しい話　加賀康之著　PHP研究所　2008.1　387p　15cm　（PHP文庫）　648円　Ⓘ978-4-569-66966-3　〔06979〕
◇戦国合戦ガイド　会田康範, 後藤敦著　新紀元社　1993.4　303p　21cm　1850円　Ⓘ4-88317-219-8　Ⓝ210.47　〔06980〕
◇戦国合戦「古記録・古文書」総覧—「応仁の乱」から「大坂の陣」まで　新人物往来社　1999.3　450p　21cm　（別冊歴史読本 10—入門シリーズ）　2400円　Ⓘ4-404-02710-9　Ⓝ210.47　〔06981〕
◇戦国合戦史談　桑田忠親著　潮出版社　1986.1　318p　15cm　（潮文庫）　450円　Ⓘ4-267-01064-1　Ⓝ210.47　〔06982〕
◇戦国合戦事典—応仁の乱から大坂夏の陣まで　小和田哲男編著　三省堂　1984.11　262p　19cm　（Sun lexica 18）　950円　Ⓘ4-385-15554-2　Ⓝ210.47　〔06983〕
◇戦国合戦事典—応仁の乱から大坂夏の陣まで　小和田哲男　PHP研究所　1996.2　443p　15cm　（PHP文庫）　740円　Ⓘ4-569-56862-9　Ⓝ210.47　〔06984〕
◇戦国合戦大事典　第2巻　栃木県・群馬県・埼玉県・千葉県・東京都・神奈川県・山梨県　戦国合戦史研究会編著　新人物往来社　1989.8　356p　22cm　5000円　Ⓘ4-404-01642-5　Ⓝ210.47　〔06985〕
◇戦国合戦大事典　第3巻　静岡県・愛知県・長野県・新潟県・富山県・石川県　戦国合戦史研究会編著　新人物往来社　1989.6　402p　22cm　5000円　Ⓘ4-404-01629-8　Ⓝ210.47　〔06986〕
◇戦国合戦大事典　第4巻　大阪府・奈良県・和歌山県・三重県　戦国合戦史研究会編著　新人物往来社　1989.4　375p　22cm　4800円　Ⓘ4-404-01595-X　Ⓝ210.47　〔06987〕
◇戦国合戦大事典　第5巻　岐阜県 滋賀県 福井県　戦国合戦史研究会編　新人物往来社　1988.12　358p　22cm　4800円　Ⓘ4-404-01566-6　Ⓝ210.47　〔06988〕
◇戦国合戦大事典　第6巻　京都府・兵庫県・岡山県　戦国合戦史研究会編　新人物往来社　1989.2　403p　22cm　4800円　Ⓘ4-404-01588-7　Ⓝ210.47　〔06989〕
◇戦国合戦「超ビジュアル」地図—戦国武将はいかに地の利を活かして戦ったか　宝島社　2007.7　111p　30cm　（別冊宝島 1440号）　1238円　Ⓘ978-4-7966-5860-7　Ⓝ210.47　〔06990〕
◇戦国合戦と武将たち—信長・秀吉・家康　特別展　兵庫県立歴史博物館編　〔姫路〕　兵庫県立歴史博物館　1991.10　108p　26cm　（兵庫県立歴史博物館特別展図録 no.26）　Ⓝ210.47　〔06991〕
◇戦国合戦の虚実—日曜歴史家への誘い　鈴木眞哉著　講談社　1998.11　229p　20cm　（The new fifties—黄金の濡れ落葉講座）　1500円　Ⓘ4-06-268300-8　Ⓝ210.07　〔06992〕
◇戦国合戦の常識が変わる本　藤本正行著　洋泉社　1999.3　190p　21cm　1700円　Ⓘ4-89691-369-8　Ⓝ210.47　〔06993〕
◇戦国合戦100選　川口素生著　リイド社　2006.11　285p　15cm　（リイド文庫）　476円　Ⓘ4-8458-3217-8　Ⓝ210.47　〔06994〕
◇戦国合戦・本当はこうだった—逆転の日本史　藤本正行著　洋泉社　1997.8　191p　21cm　（洋泉社MOOK）　1400円　Ⓘ4-89691-273-X　〔06995〕
◇戦国合戦論　武岡淳彦著　プレジデント社　1981.4　238p　20cm　1200円　Ⓝ210.47　〔06996〕
◇戦国古戦場の旅—静かなる男達の声を聞く　野口冬人著　山海堂　1999.4　191p　21cm　1500円　Ⓘ4-381-10341-6　Ⓝ291.09　〔06997〕
◇戦国15大合戦の真相—武将たちはどう戦ったか　鈴木真哉著　平凡社　2003.8　252p　18cm　（平凡社新書）　760円　Ⓘ4-582-85193-2　〔06998〕
◇戦国10大合戦の謎—作戦・陣立て・用兵—真実はこうだった　小和田哲男著　PHP研究所　1995.3　220p　19cm　（New intellect 19）　1200円　Ⓘ4-569-54678-1　Ⓝ210.47　〔06999〕
◇戦国10大合戦の謎—「桶狭間」から「関ケ原」まで、通説に消された真実　小和田哲男著　PHP研究所　2004.8　251p　15cm　（PHP文庫）　457円　Ⓘ4-569-66252-8　Ⓝ210.47　〔07000〕

◇戦国城と合戦―知れば知るほど　二木謙一監修　実業之日本社　2001.5　269p　19cm　1400円　Ⓘ4-408-39473-4　Ⓝ210.47　〔07001〕
◇戦国戦記　高柳光寿著　春秋社　1958　3冊　図版　19cm　Ⓝ210.48　〔07002〕
◇戦國戦記　高柳光寿著　春秋社　1960　302p　図版　19cm　Ⓝ210.48　〔07003〕
◇戦国対談　高柳光寿著　春秋社　1977.8　207p　肖像　18cm　(新書戦国戦記 10)　600円　Ⓝ210.47　〔07004〕
◇戦国武将・合戦事典　峰岸純夫, 片桐昭彦編　吉川弘文館　2005.3　896, 77p　23cm　8000円　Ⓘ4-642-01343-1　Ⓝ281　〔07005〕
◇戦術―名将たちの戦場　中里融司著　新紀元社　2006.9　287p　21cm　(Truth in history 9)　1900円　Ⓘ4-7753-0503-4　Ⓝ210.47　〔07006〕
◇戦争 1 (中世戦争論の現在)　小林一岳, 則竹雄一編　青木書店　2004.11　228p　22cm　(「もの」から見る日本史)　2800円　Ⓘ4-250-20428-6, 4-250-20145-7　Ⓝ210.19　〔07007〕
◇戦乱の日本史「合戦と人物」第4巻　東国武士の覇権　奥富敬之責任編集　第一法規出版　1988.6　158p　31cm　3500円　Ⓘ4-474-10134-0　Ⓝ210.19　〔07008〕
◇地形で読みとく合戦史　谷口研語著　PHP研究所　2003.12　247p　18cm　(PHP新書)　760円　Ⓘ4-569-63343-9　Ⓝ210.4　〔07009〕
◇中世の城と合戦―復元イラスト　藤井尚夫著　朝日新聞社　1995.7　86p　37cm　3600円　Ⓘ4-02-256876-3　Ⓝ210.4　〔07010〕
◇中世の内乱と社会　佐藤和彦編　東京堂出版　2007.5　600p　22cm　10000円　Ⓘ978-4-490-20610-4　Ⓝ210.4　〔07011〕
◇鉄砲と戦国合戦　宇田川武久著　吉川弘文館　2002.11　211p　19cm　(歴史文化ライブラリー 146)　1700円　Ⓘ4-642-05546-0　Ⓝ559.1　〔07012〕
◇天王山の戦い―新分析現代に生きる戦略・戦術　旺文社編　旺文社　1984.9　176p　26cm　1800円　Ⓘ4-01-070776-3　Ⓝ210.48　〔07013〕
◇東海合戦記　陸奥純一郎, 秋山侃著　新人物往来社　1973　259p　20cm　850円　Ⓝ210.48　〔07014〕
◇東国戦記実録　小菅与四郎編　流山　崙書房　1972　235, 197p　図　22cm　3500円　Ⓝ210.46　〔07015〕
◇名古屋下之一色城主前田与十郎合戦記　後藤邦四郎著　名古屋　〔後藤邦四郎〕　1966　207p　18cm　400円　Ⓝ210.48　〔07016〕
◇仁科五郎盛信―高遠城の合戦　高遠町（長野県）仁科五郎盛信四百年記念祭実行委員会　1980.12　24p　26cm　Ⓝ210.47　〔07017〕
◇日本合戦全集 2　鎌倉南北朝編　桑田忠親著　秋田書店　1973　282p　図　20cm　950円　Ⓝ210.1　〔07018〕
◇日本合戦全集 3　応仁室町編　桑田忠親著　秋田書店　1973　282p　図　20cm　950円　Ⓝ210.1　〔07019〕
◇日本合戦全集 4　戦国乱世編　桑田忠親著　秋田書店　1973　294p　図　20cm　950円　Ⓝ210.1　〔07020〕
◇日本合戦全集 5　天下平定編　桑田忠親著　秋田書店　1973　294p　図　20cm　950円　Ⓝ210.1　〔07021〕
◇日本古戦史　三原敏男記述, 陸軍画報社編纂　陸軍画報社　1938　141p　26cm　Ⓝ210.4　〔07022〕
◇日本戦史　参謀本部編　元真社　1893-1911　22冊 (附図共)　23cm　Ⓝ210　〔07023〕
◇日本戦史　戦国編 2　学習研究社編集部編　学習研究社　2002.1　282p　15cm　(学研M文庫)　580円　Ⓘ4-05-901099-5　Ⓝ210.19　〔07024〕
◇日本戦史　戦国編　河合秀郎著　学習研究社　2001.6　289p　15cm　(学研M文庫)　580円　Ⓘ4-05-901057-X　Ⓝ210.19　〔07025〕
◇日本中世内乱史人名事典　別巻　佐藤和彦, 樋口州男, 錦昭江, 松井吉昭, 櫻井彦, 鈴木彰編　新人物往来社　2007.6　595p　21cm　15000円　Ⓘ978-4-404-03451-9　〔07026〕
◇日本の合戦　第2　南北朝の争乱　桑田忠親編　森克己　人物往来社　1965　414p　図版　20cm　Ⓝ210.1　〔07027〕
◇日本の合戦 2　南北朝の争乱　桑田忠親編集　新人物往来社　1978.10　416p　20cm　1500円　Ⓝ210.1　〔07028〕
◇日本の合戦　第3巻　群雄割拠 上　桑田忠親編　永島福太郎　人物往来社　1965　422p　図版　20cm　Ⓝ210.1　〔07029〕
◇日本の合戦 3　群雄割拠　上　桑田忠親編集　新人物往来社　1978.7　426p　20cm　Ⓝ210.1　〔07030〕
◇日本の合戦　第4　群雄割拠〔ほか〕　桑田忠親編　永島福太郎　人物往来社　1965　398p　図版　20cm　Ⓝ210.1　〔07031〕
◇日本の合戦 4　群雄割拠　下　桑田忠親編集　新人物往来社　1978.8　400p　20cm　1500円　Ⓝ210.1　〔07032〕
◇日本の合戦　第5巻　織田信長　英雄信長〔ほか〕　桑田忠親編　桑田忠親　人物往来社　1965　412p　図版　20cm　Ⓝ210.1　〔07033〕
◇日本の合戦 5　織田信長　桑田忠親編集　新人物往来社　1978.4　414p　20cm　1500円　Ⓝ210.1　〔07034〕
◇日本の合戦　第6巻　豊臣秀吉　風雲児秀吉〔ほか〕　桑田忠親編　桑田忠親　人物往来社　1965　446p　図版　20cm　Ⓝ210.1　〔07035〕
◇日本の合戦 6　豊臣秀吉　桑田忠親編集　新人物往来社　1978.5　464p　20cm　1500円　Ⓝ210.1　〔07036〕
◇日本の合戦　第7　徳川家康〔ほか〕　桑田忠親編　中村吉治　人物往来社　1965　390p　図版　20cm　Ⓝ210.1　〔07037〕
◇日本の合戦 7　徳川家康　桑田忠親編集　新人物往来社　1978.6　391p　20cm　1500円　Ⓝ210.1　〔07038〕
◇日本の歴史・合戦おもしろ話　小和田哲男著　三笠書房　1992.8　269p　15cm　(知的生きかた文庫)　480円　Ⓘ4-8379-0523-4　Ⓝ210.47　〔07039〕
◇覇王たちの戦国合戦の謎　津本陽ほか著　ベストセラーズ　1992.6　255p　15cm　(ワニ文庫―歴史マガジン文庫)　580円　Ⓘ4-584-30318-5　Ⓝ210.47　〔07040〕
◇武辺咄聞書―京都大学附属図書館蔵　菊池真一編　大阪　和泉書院　1990.4　198p　22cm　(和泉古典文庫 5)　2718円　Ⓘ4-87088-400-3　Ⓝ210.47　〔07041〕
◇豊後石垣原軍記大成　安部巌編　別府　安部巌　1970　235p　26cm　(郷土叢書 41)　Ⓝ210.49　〔07042〕

合戦史　　　　　　　　　　　　　　　中世史

◇豊薩軍記　長林樵隠著　歴史図書社　1980.2　312, 136p　20cm　（戦記資料）　4800円　Ⓝ210.47
〔07043〕

◇名城攻防戦―信長の野望合戦事典　福田誠ほか執筆, 光栄出版部企画編集　横浜　光栄　1994.3　189p　21cm　1800円　Ⓘ4-87719-089-9　Ⓝ210.48
〔07044〕

◇名城と合戦の日本史　小和田哲男著　新潮社　2007.5　217p　19cm　（新潮選書）　1100円　Ⓘ978-4-10-603580-7
〔07045〕

◇名将と戦史―名将の名将たる所以は何か!!戦史に見る英雄の謀略と闘魂　岡村誠之著　軍事研究社　1973　237p　21cm　1000円　Ⓝ281.04
〔07046〕

◇矢野城の戦い―古文書に偲ぶ　山田有利著　広島　発喜会　1991.11　35p　26cm　（発喜のしおり 総集第1号）　Ⓝ210.45
〔07047〕

◇歴史を決めた戦い―信長の台頭から家康の覇権まで　徳島県立博物館編　徳島　徳島県立博物館　2003.3　75p　30cm　（徳島県立博物館企画展図録）　Ⓝ210.48
〔07048〕

◇歴史図解戦国合戦マニュアル　東郷隆著, 上田信絵　講談社　2001.10　219p　19cm　1300円　Ⓘ4-06-210960-3　Ⓝ914.6
〔07049〕

外交史

◇アジアのなかの中世日本　村井章介著　校倉書房　1988.11　438p　22cm　（歴史科学叢書）　7500円　Ⓘ4-7517-1880-0　Ⓝ210.4
〔07050〕

◇海を渡る文学―日本と東アジアの物語・詩・絵画・芸能　国際学術シンポジウム　青山学院大学文学部日本文学科編　新典社　2007.8　195p　19cm　（新典社選書 21）　1500円　Ⓘ978-4-7879-6771-8　Ⓝ910.24
〔07051〕

◇海から見た戦国日本―列島史から世界史へ　村井章介著　筑摩書房　1997.10　221p　18cm　（ちくま新書）　660円　Ⓘ4-480-05727-7　Ⓝ210.47
〔07052〕

◇国境を超えて―東アジア海域世界の中世　村井章介著　校倉書房　1997.12　355p　19cm　3800円　Ⓘ4-7517-2780-X
〔07053〕

◇織豊政権と東アジア　張玉祥著　六興出版　1989.12　347, 13p　21cm　（東アジアのなかの日本歴史 3）　3090円　Ⓘ4-8453-8093-5　Ⓝ210.48
〔07054〕

◇前近代の国際交流と外交文書　田中健夫著　吉川弘文館　1996.10　297, 12p　22cm　7004円　Ⓘ4-642-01299-0　Ⓝ210.18
〔07055〕

◇対外関係と文化交流　田中健夫著　京都　思文閣出版　1982.11　657, 15p　22cm　（思文閣史学叢書）　9800円　Ⓝ210.4
〔07056〕

◇大航海時代の東アジア―日欧通交の歴史的前提　伊川健二著　吉川弘文館　2007.12　304, 83p　21cm　14000円　Ⓘ978-4-642-02871-4
〔07057〕

◇大航海時代の冒険者たち　平戸市史編さん委員会編　平戸　平戸市　1997.3　170p　15cm　（平戸歴史文庫 1）　400円　Ⓝ281.93
〔07058〕

◇太閤と外交―秀吉晩年の風貌　松田毅一著　桃源社　1966　281p　20cm　（桃源選書）　Ⓝ210.49
〔07059〕

◇台北帝国大学文政学部史学科研究年報　第3-5輯　台北　台北帝国大学文政学部　1936-1938　3冊　24cm　Ⓝ204
〔07060〕

◇台北帝国大学文政学部史学科研究年報　第6-7輯　台北帝国大学文政学部編　台北　台北帝国大学文政学部　1940-1941　2冊　22cm　Ⓝ204
〔07061〕

◇地球日本史　1　日本とヨーロッパの同時勃興　西尾幹二責任編集　産経新聞ニュースサービス, 扶桑社〔発売〕　1998.9　356p　21cm　1714円　Ⓘ4-594-02570-6
〔07062〕

◇中世海外交渉史の研究　田中健夫著　東京大学出版会　1959　301p 図版 表　22cm　（東大人文科学研究叢書）　Ⓝ210.4
〔07063〕

◇中世対外関係史　田中健夫著　東京大学出版会　1975　411, 13p　22cm　（東大人文科学研究叢書）　4200円　Ⓝ210.4
〔07064〕

◇中世日本の内と外　村井章介著　筑摩書房　1999.4　199p　19cm　（ちくまプリマーブックス 128）　1200円　Ⓘ4-480-04228-8
〔07065〕

◇中世日本の外交と禅宗　伊藤幸司著　吉川弘文館　2002.2　334, 16p　22cm　12000円　Ⓘ4-642-02813-7　Ⓝ210.46
〔07066〕

◇中世日本の国際関係―東アジア通交圏と偽使問題　橋本雄著　吉川弘文館　2005.6　333, 22p　22cm　9000円　Ⓘ4-642-02841-2　Ⓝ210.4
〔07067〕

◇中世の対外交流―場・ひと・技術　小野正敏, 五味文彦, 萩原三雄編　高志書院　2006.7　237p　21cm　（考古学と中世史研究 3）　2500円　Ⓘ4-86215-015-2　Ⓝ210.4
〔07068〕

◇中世倭人伝　村井章介著　岩波書店　1993.3　230p　18cm　（岩波新書）　580円　Ⓘ4-00-430274-9　Ⓝ210.4
〔07069〕

◇日本の歴史　中世 2-4　海―環シナ海と環日本海　新訂増補　朝日新聞社　2002.9　p98-128　30cm　（週刊朝日百科 14）　476円　Ⓝ210.1
〔07070〕

◇東アジア往還―漢詩と外交　村井章介著　朝日新聞社　1995.3　287, 21p　20cm　2600円　Ⓘ4-02-256844-5　Ⓝ210.4
〔07071〕

◇東アジア世界の交流と波動―海と島と倭寇と文化　シンポジウム　鳥取県立図書館編　鳥取　鳥取県立図書館　2006.3　91p　21cm　Ⓝ210.182
〔07072〕

◇豊太閤の大亜細亜政策―比島戡定記念　吉田貞治著　京都　別格官幣社豊国神社　1942　44p　19cm　Ⓝ210.4
〔07073〕

◇A history of Japan during the century of early foreign intercourse, 1542-1651.　By James Murdoch and Isoo Yamagata.　Kobe, Kobe Chronicle, 1903.　734p.　23cm.　Ⓝ210.4
〔07074〕

◆対中国外交

◇海外視点・日本の歴史　7　大明国と倭冦　田中健夫編　ぎょうせい　1986.8　175p　27cm　2800円　Ⓘ4-324-00261-4　Ⓝ210.1
〔07075〕

◇元・日関係史の研究　魏栄吉著　教育出版センター　1985.4　455p　22cm　（史学叢書 5）　5800円　Ⓝ222.057
〔07076〕

◇冊封使録からみた琉球　原田禹雄著　宜野湾　榕樹書林　2000.3　238p　22cm　（琉球弧叢書 7）　4800円　Ⓘ4-947667-66-4　Ⓝ219.9
〔07077〕

◇重編使琉球録　郭汝霖著, 原田禹雄訳注　宜野湾　榕樹書林　2000.4　319, 7p　22cm　13000円　Ⓘ4-947667-67-2　Ⓝ219.9
〔07078〕

◇使琉球録　陳侃著, 原田禹雄訳注　宜野湾　榕樹社　1995.6　283, 5p　22cm　6900円　Ⓘ4-947667-24-9　Ⓝ219.9　〔07079〕

◇使琉球録　夏子陽著, 原田禹雄訳注　宜野湾　榕樹書林　2001.8　423, 4p　22cm　16000円　Ⓘ4-947667-74-5　Ⓝ219.9　〔07080〕

◇使琉球録解題及び研究―研究成果報告書　夫馬進編　〔京都〕　京都大学文学部東洋史研究室　1998.3　177p　26cm　Ⓝ219.9　〔07081〕

◇使琉球録解題及び研究　夫馬進編　増訂　宜野湾　榕樹書林　1999.9　217p　27cm　5800円　Ⓘ4-947667-60-5　Ⓝ219.9　〔07082〕

◇宋元文化と金沢文庫展資料目録　神奈川県立金沢文庫編　横浜　神奈川県立金沢文庫　1977.10　42p 図　21cm　Ⓝ210.4　〔07083〕

◇中国・朝鮮の史籍における日本史料集成　明実録之部 1　日本史料集成編纂会編　図書刊行会　1975　320p　22cm　4500円　Ⓝ210.08　〔07084〕

◇中国・朝鮮の史籍における日本史料集成　明実録之部 2　日本史料集成編纂会編　国書刊行会　1975　321-369p　22cm　4500円　Ⓝ210.08　〔07085〕

◇中世日支交通交貿易史の研究　小葉田淳著　刀江書院　1969　498p　22cm　3200円　Ⓝ678.21　〔07086〕

◇中世の日中交流と禅宗　西尾賢隆著　吉川弘文館　1999.6　293, 14p　22cm　7500円　Ⓘ4-642-02778-5　Ⓝ210.4　〔07087〕

◇日明勘合貿易史料　湯谷稔編　国書刊行会　1983.6　671p　22cm　12000円　Ⓝ678.21022　〔07088〕

◇日支通交史　王輯五著, 今井啓一訳註　京都　立命館出版部　1941　368, 24p　19cm　Ⓝ210.1　〔07089〕

◇日宋文化交流の諸問題　森克己著　刀江書院　1950　323p 図版　22cm　Ⓝ210.42　〔07090〕

◇明興と日本―外交・貿易・文化交流　大阪　大阪市立博物館　1986　76p　26cm　（展覧会目録 第102号）　Ⓝ702.146　〔07091〕

◇『明実録』の琉球史料 1　和田久徳ほか著, 沖縄県文化振興会公文書館管理部史料編集室編　〔南風原町（沖縄県）〕　沖縄県文化振興会公文書館管理部史料編集室　2001.3　107p　26cm　（歴代宝案編集参考資料 5）　Ⓝ219.9　〔07092〕

◇明・日関係史の研究　鄭樑生著　雄山閣出版　1985.1　667p　22cm　18000円　Ⓘ4-639-00430-3　Ⓝ222.058　〔07093〕

◇琉球王国―大交易時代とグスク　沖縄県立博物館編　〔那覇〕　沖縄県立博物館　1992.10　201p　26cm　Ⓝ219.9　〔07094〕

◇倭寇と勘合貿易　田中健夫著　至文堂　1961　237p 図版　19cm　（日本歴史新書）　Ⓝ210.4　〔07095〕

◆◆元寇

◇奄美深山塔碑考―南島の元寇　田畑久守著　田畑敬子　2003.12　276p　21cm　2000円　Ⓝ219.7　〔07096〕

◇或る中国人の墓―謝国明と元寇の頃　〔福岡〕　日中共同声明実行促進福岡懇話会謝国明事蹟調査執筆グループ　1976　190p 図　21cm　1000円　Ⓝ210.43　〔07097〕

◇一冊で読む執権北条時宗と蒙古襲来　谷口研語著　成美堂出版　2000.10　253p　16cm　（成美文庫）　505円　Ⓘ4-415-06894-4　Ⓝ210.43　〔07098〕

◇海から甦る元寇―700年のロマン 目でみる水中考古学　朝日新聞西部本社企画部編　福岡　朝日新聞西部本社企画部　1981.9　80p　19×26cm　Ⓝ210.2　〔07099〕

◇王国の悲哀―元寇のかげに　片野次雄著　誠文堂新光社　1984.6　226p　19cm　1400円　Ⓘ4-416-88407-9　Ⓝ210.43　〔07100〕

◇海外視点・日本の歴史 6　鎌倉幕府と蒙古襲来　田中健夫編　ぎょうせい　1986.3　175p　27cm　2800円　Ⓘ4-324-00260-6　Ⓝ210.1　〔07101〕

◇画報新説日本史　第7巻　鎌倉幕府と蒙古襲来　時事世界新社編　時事世界新社　1963-64　31cm　Ⓝ210.1　〔07102〕

◇神風の武士像―蒙古合戦の真実　関幸彦著　吉川弘文館　2001.6　184p　19cm　（歴史文化ライブラリー 120）　1700円　Ⓘ4-642-05520-7　Ⓝ210.43　〔07103〕

◇逆説の日本史 6（中世神風編）　鎌倉仏教と元寇の謎　井沢元彦著　小学館　1998.7　437p　20cm　1550円　Ⓘ4-09-379417-0　Ⓝ210.04　〔07104〕

◇逆説の日本史 6（中世神風編）　井沢元彦著　小学館　2002.7　510p　15cm　（小学館文庫）　657円　Ⓘ4-09-402006-3　Ⓝ210.04　〔07105〕

◇激録・日本大戦争　第8巻　元寇と鎌倉武士　原康史著　東京スポーツ新聞社　1980.12　316,〔2〕p　19cm　1300円　Ⓘ4-8084-0042-2　Ⓝ210.1　〔07106〕

◇決断―蒙古襲来と北条時宗　童門冬二著　日本放送出版協会　2000.11　301p　20cm　1500円　Ⓘ4-14-080550-1　Ⓝ210.43　〔07107〕

◇元寇―日本と蒙古の対戦　湯地丈雄, 高橋熊太郎著　鵜飼兵太郎　1893.4　111p　19cm　Ⓝ210.4　〔07108〕

◇元寇―本土防衛戦史　陸上自衛隊福岡修親会編　春日町（福岡県）　陸上自衛隊福岡修親会　1964.3　210p　20cm　Ⓝ210.43　〔07109〕

◇元寇演説筆記　松尾群平述, 松浦正一郎記　岡山　栗原書房　1894.8　88p　19cm　Ⓝ210.4　〔07110〕

◇元寇記念史料繪葉書　〔出版地不明〕　元寇弘安役六百五十年記念會　1931　絵はがき5枚　15×9cm　Ⓝ210.4　〔07111〕

◇元寇軍記―蒙古合戦　日置季武（鶴城散士）著　大阪　藤谷暢吾　1891.11　158p　19cm　Ⓝ210.4　〔07112〕

◇元寇弘安役六百五十年記念会紀要　元寇弘安役六百五十年記念会編　元寇弘安役六百五十年記念会　1934　186p　23cm　Ⓝ210.4　〔07113〕

◇元寇皇国之偉傑竹崎季長公伝―忠魂義胆　広田哲堂著　〔熊本〕　従三位竹崎季長公顕彰会　1941　105p　22cm　Ⓝ289.1　〔07114〕

◇元寇史実の梗概―弘安役六百五十年記念　武谷水城著　福岡　大道学館出版部　1931　14p　23cm　Ⓝ210.4　〔07115〕

◇元寇史蹟の新研究　史蹟現地講演会編　丸善　1915　384, 25p　22cm　Ⓝ210.4　〔07116〕

◇元寇史蹟馬渡島と島原乱秘史　馬渡重明著　大盛社　1934　123p　20cm　Ⓝ210.4　〔07117〕

◇元寇史論―元寇六百五十年記念　佐藤善治郎著　横浜　神奈川高等女学校　1931　26p　23cm　（学校時報　第15巻 臨時号）　Ⓝ210.4　〔07118〕

◇元寇史話　田中政喜著　帝国書院　1943　311p　19cm　Ⓝ210.4　〔07119〕

◇元寇新考　筥崎宮編　福岡　筥崎宮　1981.10　80p　21cm　Ⓝ210.43　〔07120〕

◇元寇と博多―写真で読む蒙古襲来　西園禮三写真, 柳田純孝文　福岡　西日本新聞社　2001.12　111p　30cm　2667円　Ⓘ4-8167-0540-6　Ⓝ210.43　〔07121〕
◇元寇と北条時宗　小川弥太郎著　畝傍書房　1941　106p　19cm　Ⓝ210.4　〔07122〕
◇元寇と松浦党　佐藤独嘯編　佐藤独嘯　1931　36p　23cm　Ⓝ210.4　〔07123〕
◇元寇の研究―附・蒙古襲来絵詞　竹内栄喜著　雄山閣　1931　175p　図版38p　27cm　Ⓝ210.4　〔07124〕
◇元寇の梗概　武谷水城述　海軍協会　1931　12p　23cm　Ⓝ210.4　〔07125〕
◇元寇の新研究　池内宏著　東洋文庫　1931　2冊（附録とも）　27cm　（東洋文庫論叢 第15 1,2）Ⓝ210.4　〔07126〕
◇元寇反撃護国美談　紫山居士著, 中洲居士補　4版　護国堂　1893.3　74p　19cm　Ⓝ210.4　〔07127〕
◇元寇秘唱―長篇叙事詩　大林馨著　詩と歌謡の社　1937　88p　23cm　Ⓝ911.5　〔07128〕
◇元寇文永役殉難者六百五十年祭記事　賀茂百樹, 榊原昇造編　元寇文永役殉難者六百五十年祭事務所　1926　54p　22cm　Ⓝ210.4　〔07129〕
◇元寇防塁編年史料―注解異国警固番役史料の研究　川添昭二著　〔福岡〕　福岡市教育委員会　1971　530p　図　22cm　非売　Ⓝ210.43　〔07130〕
◇元寇物語―博多湾頭攻防絵巻　田中政喜著　青雲書房　1970　302p 図版　19cm　580円　Ⓝ210.43　〔07131〕
◇国威宣揚元寇展図録　大阪市編　大阪　大阪市　1938　図版40枚　29×37cm　Ⓝ210.4　〔07132〕
◇国史への抒情　西堀一三著　目黒書店　1944　305p 図版　19cm　Ⓝ210.4　〔07133〕
◇国難と時宗　鷲尾義直著　牧書房　1941　230p　19cm　Ⓝ210.4　〔07134〕
◇国難と北条時宗　関靖著　長谷川書房　1942　215p 図版　19cm　Ⓝ210.4　〔07135〕
◇護国美談―振天動地　北村三郎(紫山)著, 中州居士補　野口竹次郎　1890.5　38p　23cm　Ⓝ210.4　〔07136〕
◇護国美談―元寇反撃　紫山居士著, 中洲居士補　青湖堂　1891.10　74p　19cm　Ⓝ150　〔07137〕
◇週刊ビジュアル日本の歴史　no.65　貴族の没落　5　デアゴスティーニ・ジャパン　2001.5　p170-209　30cm　533円　Ⓝ210.1　〔07138〕
◇週刊ビジュアル日本の歴史　no.66　貴族の没落　6　デアゴスティーニ・ジャパン　2001.5　p212-251　30cm　533円　Ⓝ210.1　〔07139〕
◇青年執権・北条時宗と蒙古襲来　緒形隆司著　光風社出版, 成美堂出版〔発売〕　2000.11　259p　18cm　781円　Ⓘ4-415-08801-5　〔07140〕
◇殱蒙古元寇碑記註釈　肝付兼武編　肝付兼武　1884.10　12p　19cm　Ⓝ281.02　〔07141〕
◇竹崎季長公と元寇の国難　広田哲堂著　海東村（熊本県）　広田弥七　1930　62p　19cm　Ⓝ210.4　〔07142〕
◇鎮西探題史料集　上　正応-正和　川添昭二編　謄写版　粕屋町（福岡県）　1965　212p　21cm　Ⓝ210.43　〔07143〕
◇筑紫のあだ波――一名・元寇始末　池辺義象著　大倉書店　1890.4　121p 図版　19cm　Ⓝ210.4　〔07144〕
◇対馬に於ける文永の役　柳瀬虎猪著　厳原町（長崎県）　興文堂　1917　44p　16cm　Ⓝ210.4　〔07145〕

◇時宗の決断―国難・蒙古襲来にどう対処したか　永井路子他著　中央公論新社　2000.11　268p　16cm　（中公文庫）　648円　Ⓘ4-12-203748-4　Ⓝ210.43　〔07146〕
◇日蓮と元の襲来　森下研文　フレーベル館　2004.1　48p　26cm　（あるいて知ろう! 歴史にんげん物語 4）　2900円　Ⓘ4-577-02788-7　〔07147〕
◇日本の歴史　第8　蒙古襲来　黒田俊雄　中央公論社　1965　18cm　Ⓝ210.1　〔07148〕
◇日本の歴史　8　蒙古襲来　黒田俊雄著　中央公論社　1984.1　518p　18cm　（中公バックス）　1200円　Ⓘ4-12-401148-2　Ⓝ210.1　〔07149〕
◇日本の歴史　10　蒙古襲来　網野善彦著　小学館　1974　454p（図共）地図　20cm　790円　Ⓝ210.1　〔07150〕
◇日本の歴史―マンガ　17　蒙古襲来と海外交流　石ノ森章太郎　中央公論社　1991.3　237p　20cm　1000円　Ⓘ4-12-402817-2　Ⓝ726.1　〔07151〕
◇日本の歴史　中世 1-9　蒙古襲来　新訂増補　朝日新聞社　2002.7　p262-292　30cm　（週刊朝日百科 9）　476円　Ⓝ210.1　〔07152〕
◇八幡大菩薩愚童訓―筑紫本　筑紫頼定編纂, 筑紫豊校訂　福岡　福岡県文化財資料集刊行会　1981.10　1冊　18cm　2000円　Ⓝ210.43　〔07153〕
◇福岡附近の史蹟―殊に元寇の史蹟　中山平次郎著, 曽田共助編　〔千代町（福岡県）〕　九州帝国大学医科大学雑誌部　1913　121p　23cm　Ⓝ219　〔07154〕
◇伏敵編　山田安栄編, 重野安繹閲　吉川半七　1891.11　2冊（附録共）　26cm　Ⓝ210.4　〔07155〕
◇北条時宗と日蓮・蒙古襲来―末世・乱世・大難を生きる　尾崎綱賀著　世界書院　2001.2　251p　20cm　1800円　Ⓘ4-7927-1011-1　Ⓝ210.43　〔07156〕
◇北条時宗と蒙古襲来　安西篤子著　学習研究社　2000.12　309p　15cm　（学研M文庫）　570円　Ⓘ4-05-901019-7　Ⓝ210.43　〔07157〕
◇北条時宗と蒙古襲来がわかるQ&A 100 ―蒙古襲来と鎌倉時代のことが図解ですべてわかります　川口素生著　竹内書店新社　2000.10　237p　21cm　1400円　Ⓘ4-8035-0313-3　Ⓝ210.43　〔07158〕
◇北条時宗と蒙古襲来99の謎　森本繁著　PHP研究所　2000.9　366p　15cm　（PHP文庫）　619円　Ⓘ4-569-57452-1　Ⓝ210.43　〔07159〕
◇北条時宗の決断―「蒙古襲来」を歩く　森本繁著　東京書籍　2000.12　260p　19cm　1500円　Ⓘ4-487-79646-6　〔07160〕
◇松浦党研究　no.5　松浦党研究連合会編　佐世保　芸文堂　1982.6　226p　26cm　4000円　Ⓝ219.3　〔07161〕
◇松浦党研究　no.6　松浦党研究連合会編　佐世保　芸文堂　1983.6　209p　26cm　4000円　Ⓝ219.3　〔07162〕
◇松浦党研究　no.7　松浦党研究連合会編　佐世保　芸文堂　1984.6　187p　26cm　4000円　Ⓝ219.3　〔07163〕
◇マンガ日本の歴史　17　蒙古襲来と海外交流　石ノ森章太郎著　中央公論社　1997.10　216p　16cm　（中公文庫）　524円　Ⓘ4-12-202975-9　Ⓝ726.1　〔07164〕
◇蒙古寇紀　巻上, 下　長村鑒編, 荒川忠元等校　元寇弘安役六百五十年記念会　1931　1冊　24cm　Ⓝ210.4　〔07165〕

◇蒙古襲来　龍粛著　至文堂　1959　208p 図版　19cm（日本歴史新書）　Ⓝ210.43　〔07166〕
◇蒙古襲来―元寇の真実の記録　山口修著　桃源社　1964　254p　20cm　（桃源選書）　Ⓝ210.43　〔07167〕
◇蒙古襲来　山口修著　桃源社　1979.8　254p　20cm　1200円　Ⓝ210.43　〔07168〕
◇蒙古襲来　阿部征寛著　〔東村山〕　教育社　1980.6　268p　18cm　（教育社歴史新書）　600円　Ⓝ210.43　〔07169〕
◇蒙古襲来―元寇の史実の解明　山口修著　光風社出版　1988.6　256p　19cm　（光風社選書）　1200円　Ⓘ4-87519-013-1　Ⓝ210.43　〔07170〕
◇蒙古襲来―対外戦争の社会史　海津一朗著　吉川弘文館　1998.2　182p　19cm　（歴史文化ライブラリー 32）　1700円　Ⓘ4-642-05432-4　Ⓝ210.43　〔07171〕
◇蒙古襲来　網野善彦著　小学館　2001.1　614p　15cm　（小学館文庫）　1000円　Ⓘ4-09-405071-X　Ⓝ210.43　〔07172〕
◇蒙古襲来―海から見た歴史　白石一郎著　講談社　2003.12　327p　15cm　（講談社文庫）　590円　Ⓘ4-06-273914-3　Ⓝ914.6　〔07173〕
◇蒙古襲来　黒田俊雄著　改版　中央公論新社　2004.12　579p　16cm　（中公文庫―日本の歴史 8）　1238円　Ⓘ4-12-204466-9　Ⓝ210.42　〔07174〕
◇蒙古襲来　新井孝重著　吉川弘文館　2007.5　274, 3p　20cm　（戦争の日本史 7）　2500円　Ⓘ978-4-642-06317-3　Ⓝ210.43　〔07175〕
◇蒙古襲来　上　網野善彦著　小学館　1992.6　293p　16cm　（小学館ライブラリー）　920円　Ⓘ4-09-460024-8　Ⓝ210.42　〔07176〕
◇蒙古襲来　下　網野善彦著　小学館　1992.6　315p　16cm　（小学館ライブラリー）　920円　Ⓘ4-09-460025-6　Ⓝ210.42　〔07177〕
◇蒙古襲来から国を護った北条時宗と鎌倉時代　高野澄著　勁文社　2001.5　333p　16cm　（勁文社「大文字」文庫）　895円　Ⓘ4-7669-3761-9　Ⓝ210.42　〔07178〕
◇蒙古襲来研究史論　川添昭二著　雄山閣出版　1977.2　307, 11p　22cm　（中世史選書 1）　2500円　Ⓝ210.43　〔07179〕
◇蒙古襲来と鎌倉幕府　南基鶴著　京都　臨川書店　1996.12　245p　22cm　6180円　Ⓘ4-653-03285-8　Ⓝ210.43　〔07180〕
◇蒙古襲来と鎌倉仏教―特別展　神奈川県立金沢文庫編　横浜　神奈川県立金沢文庫　2001.8　63p　30cm　Ⓝ182.1　〔07181〕
◇蒙古襲来と東北　中津攸子著　龍書房　2002.2　201p　19cm　（みちのく燦々 2）　1429円　Ⓘ4-947734-56-6　Ⓝ212　〔07182〕
◇蒙古襲来と徳政令　筧雅博著　講談社　2001.8　398p　20cm　（日本の歴史 第10巻）　2200円　Ⓘ4-06-268910-3　Ⓝ210.42　〔07183〕
◇蒙古襲来と北条氏の戦略―日本国存亡の危機 激動の鎌倉時代を生きた熱き男たち　成美堂出版　2000.11　144p　26cm　（Seibido mook）　1300円　Ⓘ4-415-09573-9　Ⓝ210.43　〔07184〕
◇蒙古襲来700年―海底に甦る日本侵攻の謎　茂在寅男ほか著　日本テレビ放送網　1981.11　142p　26cm　（日本テレビ・ドキュメントシリーズ 12）　2200円　Ⓝ210.43　〔07185〕

◇蒙古襲来の影響に関する研究―都道府県別アンケートの結果を中心に　片倉穰著　〔茨木〕　〔片倉穰〕　1997.3　34p　30cm　Ⓝ210.43　〔07186〕
◇蒙古襲来の研究　相田二郎著　吉川弘文館　1958　343p 図版　22cm　Ⓝ210.43　〔07187〕
◇蒙古襲来の研究　相田二郎著　増補版　吉川弘文館　1982.9　545, 19p　22cm　5500円　Ⓝ210.43　〔07188〕
◇蒙古の襲来　海音寺潮五郎著　河出書房新社　1959　307p 図版　19cm　（現代人の日本史 第9巻）　Ⓝ210.43　〔07189〕
◇物語元寇史―蒙古襲来　田中政喜著　人物往来社　1967　301p　19cm　Ⓝ210.43　〔07190〕
◇モンゴルが攻めてきた―鎌倉幕府最大の危機　小西聖一著, 高田勲絵　理論社　2006.9　140p　22cm　（ものがたり日本歴史の事件簿 7）　1200円　Ⓘ4-652-01637-9　Ⓝ210.43　〔07191〕
◇モンゴル襲来の衝撃　佐伯弘次著　中央公論新社　2003.1　270p　20cm　（日本の中世 9）　2500円　Ⓘ4-12-490218-2　Ⓝ210.42　〔07192〕
◇モンゴルの襲来　近藤成一編　吉川弘文館　2003.2　293, 12p　22cm　（日本の時代史 9）　3200円　Ⓘ4-642-00809-8　Ⓝ210.42　〔07193〕
◇歴史画光栄録―精神教育・元寇反撃　第1　湯地丈雄編　湯地丈雄　1912.4　22p　19cm　Ⓝ150　〔07194〕
◇Notes on the Mongol invasion of Japan.　By J.E.de Becker.　Yokohama, Japan Gazette, 1908.　20p.　23cm.　Ⓝ210.4　〔07195〕

◆対朝鮮外交
◇応永外寇の前後―中世の日鮮交渉　高木真太郎著　八木書店　1942　191p　19cm　Ⓝ210.4　〔07196〕
◇海東諸国紀　申叔舟著　国書刊行会　1975　305, 60p　22cm　3500円　Ⓝ291　〔07197〕
◇海東諸国紀―朝鮮人の見た中世の日本と琉球　申叔舟著, 田中健夫訳注　岩波書店　1991.12　440, 13p　15cm　（岩波文庫）　770円　Ⓘ4-00-334581-9　Ⓝ210.4　〔07198〕
◇中近世における朝鮮観の創出　金光哲著　校倉書房　1999.6　420p　22cm　（歴史科学叢書）　10000円　Ⓘ4-7517-2950-0　Ⓝ210.4　〔07199〕
◇中国・朝鮮の史籍における日本史料集成　李朝実録之部 2　日本史料集成編纂会編　国書刊行会　1977.5　p337～664　22cm　4500円　Ⓝ210.08　〔07200〕
◇中国・朝鮮の史籍における日本史料集成　李朝実録之部 3　日本史料集成編纂会編　国書刊行会　1978.1　p665～960　22cm　4500円　Ⓝ210.08　〔07201〕
◇中国・朝鮮の史籍における日本史料集成　李朝実録之部 5　日本史料集成編纂会編　国書刊行会　1981.5　p1305～1618　22cm　4500円　Ⓝ210.08　〔07202〕
◇中国・朝鮮の史籍における日本史料集成　李朝実録之部 9　日本史料集成編纂会編　国書刊行会　1992.12　p2511～2838　22cm　7800円　Ⓘ4-336-03468-0　Ⓝ210.08　〔07203〕
◇中国・朝鮮の史籍における日本史料集成　李朝実録之部 10　日本史料集成編纂会編　国書刊行会　1994.5　p2839～3165　22cm　7800円　Ⓘ4-336-03622-5　Ⓝ210.08　〔07204〕
◇中国・朝鮮の史籍における日本史料集成　李朝実録之部 11　日本史料集成編纂会編　国書刊行会　1995.7　p3167～

◇中国・朝鮮の史籍における日本史料集成　三国高麗之部　日本史料集成編纂会編　国書刊行会　1978.9　353p　22cm　4500円　Ⓝ210.08　〔07206〕

◇中国・朝鮮の史籍における日本史料集成　李朝実録之部8　宣祖昭敬大王実録〈巻第1～巻第33〉　日本史料集成編纂会編　国書刊行会　1985.9　2227～2509p　22cm　6000円　Ⓝ210.088　〔07207〕

◇中世国境海域の倭と朝鮮　長節子著　吉川弘文館　2002.2　402, 6p　22cm　9000円　Ⓘ4-642-02802-1　Ⓝ210.4　〔07208〕

◇中世対馬宗氏領国と朝鮮　荒木和憲著　山川出版社　2007.11　296, 33p　21cm　(山川歴史モノグラフ)　5000円　Ⓘ978-4-634-52344-9　〔07209〕

◇中世日朝海域史の研究　関周一著　吉川弘文館　2002.10　296, 15p　22cm　8000円　Ⓘ4-642-02815-3　Ⓝ210.4　〔07210〕

◇中世日朝関係と対馬　長節子著　吉川弘文館　1987.6　313p　22cm　(戊午叢書)　4000円　Ⓘ4-642-02618-5　Ⓝ210.4　〔07211〕

◇中世日朝貿易の研究　田村洋幸著　京都　三和書房　1967　560p　図版　22cm　Ⓝ678.21　〔07212〕

◇朝鮮通交大紀　松浦允任撰, 田中健夫, 田代和生校訂　名著出版　1978.7　374p　22cm　6200円　Ⓝ210.4　〔07213〕

◇朝鮮通信使―善隣と友好のみのり　上田正昭編　明石書店　1995.5　345p　20cm　2880円　Ⓘ4-7503-0694-0　Ⓝ210.46　〔07214〕

◇朝鮮通信使―日韓共通歴史教材　豊臣秀吉の朝鮮侵略から友好へ　日韓共通歴史教材制作チーム編　明石書店　2005.4　116p　21cm　1300円　Ⓘ4-7503-2096-X　Ⓝ210.49　〔07215〕

◇朝鮮通信使史話　朴春日著　POD版　雄山閣　2003.4　194p　21cm　(雄山閣BOOKS)　2100円　Ⓘ4-639-10025-6　〔07216〕

◇老松堂日本行録―朝鮮使節の見た中世日本　宋希璟著, 村井章介校注　岩波書店　1987.3　312, 12p　15cm　(岩波文庫)　550円　Ⓝ210.46　〔07217〕

◇老松堂日本行録―朝鮮使節の見た中世日本　宋希璟著, 村井章介校注　岩波書店　2000.10　312p　15cm　(岩波文庫)　700円　Ⓘ4-00-334541-X　〔07218〕

◇倭寇と日麗関係史　李領著　東京大学出版会　1999.11　283, 13p　22cm　8800円　Ⓘ4-13-026069-3　Ⓝ210.4　〔07219〕

◆◆文禄・慶長の役

◇倭乱―豊臣秀吉の朝鮮侵略から400年　大阪人権歴史資料館編　大阪　大阪人権歴史資料館　1992.7　65p　26cm　Ⓝ210.49　〔07220〕

◇唐入り―秀吉の朝鮮侵略 特別企画展　佐賀県立名護屋城博物館編　鎮西町(佐賀県)　佐賀県立名護屋城博物館　1995.9　47p　30cm　Ⓝ210.49　〔07221〕

◇韓国の倭城と壬辰倭乱　黒田慶一編　岩田書院　2004.11　558, 15p　22cm　9900円　Ⓘ4-87294-366-X　Ⓝ221.05　〔07222〕

◇看羊録―朝鮮儒者の日本抑留記　姜沆著, 朴鐘鳴訳注　平凡社　1984.12　310p　18cm　(東洋文庫 440)　2100円　Ⓝ210.49　〔07223〕

◇錦渓日記―慶長役に於ける被[ロ]人の中国経由脱出生還の記録　魯認著, 若松実訳　日朝協会愛知県連合会　1992.7　6, 211, 38p　22cm　Ⓝ210.49　〔07224〕

◇空虚なる出兵―秀吉の文禄・慶長の役　上垣外憲一著　福武書店　1989.12　228p　19cm　(Fukutake books 15)　1130円　Ⓘ4-8288-3314-5　Ⓝ210.49　〔07225〕

◇月峯海上録―丁酉再乱慶長の役に因る日本抑留生還記　鄭希得著, 若松実訳注　名古屋　日朝協会愛知県連合会　1992.2　320p　21cm　Ⓝ210.49　〔07226〕

◇小西行長と沈惟敬―文禄の役, 伏見地震, そして慶長の役　三木晴男著　日本図書刊行会　1997.6　288p　20cm　1800円　Ⓘ4-89039-316-1　Ⓝ210.49　〔07227〕

◇再現日本史―週刊time travel　織豊9　講談社　2001.10　42p　30cm　533円　Ⓝ210.1　〔07228〕

◇週刊ビジュアル日本の歴史　no.7　天下統一への道　7　デアゴスティーニ・ジャパン　2000.4　p254-293　30cm　533円　Ⓝ210.1　〔07229〕

◇織豊政権と東アジア　張玉祥著　六興出版　1989.12　347, 13p　21cm　(東アジアのなかの日本歴史 3)　3090円　Ⓘ4-8453-8093-5　Ⓝ210.48　〔07230〕

◇壬辰倭乱と秀吉・島津・李舜臣　北島万次著　校倉書房　2002.7　312p　22cm　7000円　Ⓘ4-7517-3330-3　Ⓝ210.49　〔07231〕

◇壬辰倭乱―秀吉の朝鮮侵略―関係史料稿本　北島万次編　八王子　北島万次　2005.3　3冊　26cm　非売品　Ⓝ210.49　〔07232〕

◇聖書武将の生々流転―豊臣秀吉の朝鮮出兵と内藤如安　楠戸義昭著　講談社　2000.1　318p　20cm　1800円　Ⓘ4-06-209882-2　Ⓝ210.49　〔07233〕

◇1945年後の東アジアにおける「記憶の場」としての文禄・慶長の役(壬辰倭乱、壬辰衛国戦争)―北海道大学大学院法学研究科文部科学省「魅力ある大学院教育」イニシアティブ・プロジェクト　池直美編　〔札幌〕　北海道大学法学研究科「魅力ある大学教育」イニシアティヴ研究推進ボード　2007.3　55p　21cm　(研究推進ボード主催公開ワークショップシリーズ 2007 no.2)　Ⓘ978-4-9903519-1-5　Ⓝ319.102　〔07234〕

◇太閤秀吉と名護屋城　鎮西町史編纂委員会編　鎮西町(佐賀県)　鎮西町　1993.10　335p　Ⓝ210.49　〔07235〕

◇朝鮮征伐記　1　大関定祐著, 黒川真道編　国史研究会　1917　455p　20cm　(国史叢書)　Ⓝ210.4　〔07236〕

◇朝鮮征伐記 2　蒲生軍記　大関定祐著, 黒川真道編, 岡西惟中著, 黒川真道編　国史研究会　1917　286p　20cm　(国史叢書)　Ⓝ210.4　〔07237〕

◇朝鮮征伐物語　原田種純著　雄山閣出版　1971　271p　図　19cm　(物語歴史文庫)　880円　Ⓝ210.497　〔07238〕

◇朝鮮通信使と壬辰倭乱―日朝関係史論　仲尾宏著　明石書店　2000.7　362p　22cm　5800円　Ⓘ4-7503-1292-4　Ⓝ210.1821　〔07239〕

◇朝鮮日々記　慶念著, 村井強, 羽柴弘編　謄写版　佐伯　鶴岡郷土史研究会, 佐伯史談会　1964　41p はり込み図版1枚　25cm　Ⓝ210.497　〔07240〕

◇朝鮮日々記を読む―真宗僧が見た秀吉の朝鮮侵略　慶念著, 朝鮮日々記研究会編　京都　法藏館　2000.9　385p　22cm　7500円　Ⓘ4-8318-7526-0　Ⓝ210.49　〔07241〕

◇朝鮮日々記・高麗日記—秀吉の朝鮮侵略とその歴史的告発　北島万次著　そしえて　1982.4　407, 4p　22cm　（日記・記録による日本歴史叢書　近世編 4）　6000円　Ⓘ4-88169-729-3　Ⓝ210.49　〔07242〕

◇朝鮮の役—日本の戦史　旧参謀本部編纂　徳間書店　1995.2　474p　16cm　（徳間文庫）　680円　Ⓘ4-19-890265-8　Ⓝ210.49　〔07243〕

◇朝鮮の役と日朝城郭史の研究—異文化の遭遇・受容・変容　太田秀春著　大阪　清文堂出版　2006.8　408p　22cm　9000円　Ⓘ4-7924-0615-3　Ⓝ210.49　〔07244〕

◇朝鮮の役物語　原田種純著　雄山閣出版　1971　271p　図　19cm　（物語歴史文庫 12）　880円　Ⓝ210.497　〔07245〕

◇懲毖録　柳成龍著, 曽我昌隆訳　新興書房　1966　271p　19cm　Ⓝ210.497　〔07246〕

◇天下統一と朝鮮侵略　池享編　吉川弘文館　2003.6　327, 12p　22cm　（日本の時代史 13）　3200円　Ⓘ4-642-00813-6　Ⓝ210.48　〔07247〕

◇天下統一と朝鮮侵略—織田・豊臣政権の実像　藤木久志著　講談社　2005.10　467p　15cm　（講談社学術文庫）　1350円　Ⓘ4-06-159727-2　Ⓝ210.48　〔07248〕

◇豊臣政権の海外侵略と朝鮮義兵研究　貫井正之著　青木書店　1996.11　356p　22cm　6695円　Ⓘ4-250-96045-5　Ⓝ210.49　〔07249〕

◇豊臣政権の対外侵略と太閤検地　中野等著　校倉書房　1996.3　454p　22cm　（歴史科学叢書）　12360円　Ⓘ4-7517-2580-7　Ⓝ210.48　〔07250〕

◇豊臣政権の対外認識と朝鮮侵略　北島万次著　校倉書房　1990.9　438p　22cm　（歴史科学叢書）　8240円　Ⓘ4-7517-2030-9　Ⓝ210.49　〔07251〕

◇豊臣朝鮮軍記実録　初編　大河内秀元筆記, 古川魁蕾子（精）校, 一応斎国松画　諸芸新報社　1882.11　53p　19cm　Ⓝ210.5　〔07252〕

◇豊臣秀吉の朝鮮侵略　北島万次著　吉川弘文館　1995.9　307, 11p　20cm　（日本歴史叢書　新装版）　2884円　Ⓘ4-642-06651-9　Ⓝ210.49　〔07253〕

◇名護屋城の謎—豊臣秀吉と神屋宗湛　原口泉泰著　光陽出版社　1999.1　334p　21cm　2500円　Ⓘ4-87662-233-7　Ⓝ210.49　〔07254〕

◇日本往還日記—壬辰倭乱・文禄の役に於ける明冊冊封使・朝鮮通信使の和親交渉の記録　黄慎著, 若松実訳　名古屋　日朝協会愛知県連合会　1989.2　114p　21cm　Ⓝ210.49　〔07255〕

◇日本の戦史　第5　朝鮮の役　旧参謀本部編纂, 桑田忠親, 山岡荘八監修　徳間書店　1965　20cm　Ⓝ210.13　〔07256〕

◇日本の歴史—マンガ　27　桃山文化と朝鮮侵略　石ノ森章太郎著　中央公論社　1992.1　235p　20cm　1000円　Ⓘ4-12-402827-X　Ⓝ726.1　〔07257〕

◇肥前名護屋城の人々—秀吉の朝鮮侵略四百年　寺崎宗俊文, 佐賀新聞社編集局編　佐賀　佐賀新聞社　1993.10　277p　22cm　2000円　Ⓘ4-88298-052-5　Ⓝ210.49　〔07258〕

◇肥前名護屋城の人々—秀吉の朝鮮侵略四百年　佐賀新聞社編集局編, 寺崎宗俊文　3版　佐賀　佐賀新聞社　1998.10　302p　22cm　2000円　Ⓘ4-88298-052-5　Ⓝ210.49　〔07259〕

◇秀吉が勝てなかった朝鮮武将　貫井正之著　同時代社　1992.11　191p　19cm　1400円　Ⓘ4-88683-287-3　Ⓝ210.49　〔07260〕

◇秀吉と戦った朝鮮武将　貫井正之著　六興出版　1992.4　191p　19cm　（ロッコウブックス）　1400円　Ⓘ4-8453-5081-5　Ⓝ210.49　〔07261〕

◇秀吉と文禄の役—フロイス「日本史」より　フロイス著, 松田毅一, 川崎桃太訳　中央公論社　1974　191p　18cm　（中公新書）　380円　Ⓝ210.497　〔07262〕

◇秀吉の軍令と大陸侵攻　中野等著　吉川弘文館　2006.12　389, 7p　22cm　9500円　Ⓘ4-642-02859-5　Ⓝ210.49　〔07263〕

◇秀吉の朝鮮侵攻と民衆・文禄の役（壬辰倭乱）—日本民衆の苦悩と朝鮮民衆の抵抗　中里紀元著　文献出版　1993.3　2冊　22cm　全15000円　Ⓘ4-8305-1159-1　Ⓝ210.49　〔07264〕

◇秀吉の朝鮮侵略　北島万次著　山川出版社　2002.7　101p　21cm　（日本史リブレット 34）　800円　Ⓘ4-634-54340-0　Ⓝ210.49　〔07265〕

◇秀吉の朝鮮侵略と義兵闘争　金奉鉉著　彩流社　1995.6　434p　20cm　3500円　Ⓘ4-88202-336-9　Ⓝ210.49　〔07266〕

◇秀吉・耳塚・四百年—豊臣政権の朝鮮侵略と朝鮮人民の闘い　金洪圭編著　雄山閣出版　1998.9　217p　21cm　2700円　Ⓘ4-639-01555-0　Ⓝ210.49　〔07267〕

◇文禄慶長以後日本に於ける朝鮮の感化　徳富猪一郎著　中央朝鮮協会　1930　56p　19cm　Ⓝ210.4　〔07268〕

◇文禄慶長の役　池内宏著　吉川弘文館　1987.11　3冊（別冊とも）　23cm　全25000円　Ⓘ4-642-02620-7　Ⓝ210.49　〔07269〕

◇文禄・慶長の役—空虚なる出兵　上垣外憲一著　講談社　2002.4　221p　15cm　（講談社学術文庫）　920円　Ⓘ4-06-159541-5　Ⓝ210.49　〔07270〕

◇文禄慶長の役　正編　第1　池内宏著　南満洲鉄道　1914　358, 11p　23cm　（歴史調査報告　第3）　Ⓝ210.4　〔07271〕

◇文禄慶長の役　別編　第1　池内宏著　東洋文庫　1936　445, 11, 23p　23cm　（東洋文庫論叢　第25）　Ⓝ210.4　〔07272〕

◇文禄・慶長の役（壬辰・丁酉倭乱）—文学に刻まれた戦争　崔官著　講談社　1994.7　285p　19cm　（講談社選書メチエ 22）　1500円　Ⓘ4-06-258022-5　Ⓝ210.49　〔07273〕

◇文禄・慶長の役と東アジア　李啓煌著　京都　臨川書店　1997.1　301p　22cm　7210円　Ⓘ4-653-03286-6　Ⓝ210.49　〔07274〕

◇文禄・慶長役における被擄人の研究　内藤雋輔著　東京大学出版会　1977.5　780, 13p　22cm　Ⓝ210.49　〔07275〕

◇文禄・慶長の役　石原道博著　塙書房　1963　237p　図版　地図　19cm　（塙選書 31）　Ⓝ210.497　〔07276〕

◇文禄・慶長の役と北陸大名—肥前名護屋陣と熊川倭城を中心に　高岡徹著　（富山）　〔高岡徹〕　2005.3　60p　30cm　Ⓝ210.49　〔07277〕

◇文禄役と平壌　篠田治策著　平壌　平安南道教育会　1919　104, 26　19cm　Ⓝ210.4　〔07278〕

◇碧蹄館大戦記　渡辺村男著　城内村（福岡県）　渡辺村男　1922　270, 3p　図版13枚　19cm　Ⓝ210.4　〔07279〕

◇マンガ　日本の歴史　27　桃山文化と朝鮮侵略　石ノ森章太郎著　中央公論社　1998.3　216p　15cm　（中公文庫）　524円　Ⓘ4-12-203102-8　〔07280〕

◇耳塚―秀吉の鼻斬り・耳斬りをめぐって　琴秉洞著　二月社　1978.1　240p　18cm　1200円　Ⓝ210.497
〔07281〕
◇耳塚―秀吉の鼻斬り・耳斬りをめぐって　琴秉洞著　増補改訂　総和社　1994.8　272p　19cm　2000円　①4-915486-47-8　Ⓝ210.497
〔07282〕
◇陶と剣―秀吉の朝鮮出兵と陶工大渡来　野口赫宙著　講談社　1980.11　230p　20cm　1400円　Ⓝ210.49
〔07283〕
◇李舜臣と秀吉―文禄・慶長の海戦　片野次雄著　誠文堂新光社　1983.7　250p　19cm　1500円　①4-416-88311-0　Ⓝ210.49
〔07284〕
◇歴史展示のメッセージ―歴博国際シンポジウム「歴史展示を考える 民族・戦争・教育」　国立歴史民俗博物館編、小島道裕、長田謙一、藤尾慎一郎、浦川和也、安田常雄ほか著　アム・プロモーション　2004.12　354p　21cm　(UM BOOKS)　3000円　①4-944163-31-2
〔07285〕
◇倭城―文禄慶長の役における日本軍築城遺跡　1　倭城址研究会　1979.6　120p　26cm　Ⓝ521.4　〔07286〕
Hideyoshi's invasion of Korea.　By W.G.Aston, , edited with translation by T.Masuda.　Tokyo, Ryubun-kwan,　1907.　64, 57p.　19cm.　Ⓝ210.4
〔07287〕

◆対南蛮外交

◇岡田章雄著作集　3　日欧交渉と南蛮貿易　加藤栄一編集・解説　京都　思文閣出版　1983.5　334p　20cm　2900円　Ⓝ210.18
〔07288〕
◇外国人の見た信長・秀吉・家康―日本にはいってきた南蛮文化　谷真介著　ポプラ社　1991.4　188p　19cm　（ポプラ社教養文庫 15）　1500円　①4-591-03845-9
〔07289〕
◇キリシタン時代の貿易と外交　高瀬弘一郎著　八木書店　2002.2　449, 40p　22cm　13000円　①4-8406-2020-2　Ⓝ210.48
〔07290〕
◇ザビエルを連れてきた男　梅北道夫著　新潮社　1993.12　233p　19cm　（新潮選書）　1100円　①4-10-600452-6　Ⓝ210.47
〔07291〕
◇ザビエルの見た大分―豊後国際交流史　加藤知弘著　福岡　葦書房　1985.5　236p　20cm　1600円　Ⓝ210.47
〔07292〕
◇ジパングと日本―日欧の遭遇　的場節子著　吉川弘文館　2007.8　225, 12p　22cm　5500円　①978-4-642-02867-7　Ⓝ210.46
〔07293〕
◇十六世紀世界地図上の日本　岡本良知著　弘文荘　1938　221p 図版52枚　27cm　Ⓝ210.4　〔07294〕
◇十六世紀日欧交通史の研究　岡本良知著　訂補再版　六甲書房　1942　898p　22cm　Ⓝ210.4　〔07295〕
◇十六世紀日欧交通史の研究　岡本良知著　改訂増補　原書房　1974　859, 49, 10p 図 地図　22cm　（ユーラシア叢書 3）　6800円　Ⓝ210.48　〔07296〕
◇図説 歴史を変えた大航海の世界地図　歴史の謎研究会編　青春出版社　2007.9　95p　26cm　1000円　①978-4-413-00909-6
〔07297〕
◇スペインと日本　福岡スペイン友好協会監修、川成洋、坂東省次編　丸善　2006.7　197p　19cm　（丸善ブックス 107）　2000円　①4-621-06107-0　Ⓝ210.1836
〔07298〕
◇西洋との出会い―南蛮太閤記　松田毅一著　大阪　大阪書籍　1982.6　2冊　19cm　（朝日カルチャーブックス 5,6）　各1200円　Ⓝ210.48
〔07299〕
◇大航海時代と日本　五野井隆史著　渡辺出版　2003.2　190p　20cm　2000円　①4-902119-00-5　Ⓝ210.46
〔07300〕
◇中世近世日欧交渉史　上　R.ヒルドレス著、北村勇訳　現代思潮社　1981.11　288p　20cm　（古典文庫 61）　1900円　Ⓝ210.18
〔07301〕
◇中世近世日欧交渉史　下　R.ヒルドレス著、北村勇訳　現代思潮社　1981.12　262p　20cm　（古典文庫 63）　1900円　Ⓝ210.18
〔07302〕
◇東西ルネサンスの邂逅―南蛮と襧寝氏の歴史的世界を求めて　根占献一著　東信堂　1998.3　244p　22cm　（ルネサンス叢書3）　3600円　①4-88713-284-0　Ⓝ210.46
〔07303〕
◇豊臣秀吉と南蛮人　松田毅一著　朝文社　1992.5　314p　20cm　2700円　①4-88695-063-9　Ⓝ210.48
〔07304〕
◇豊臣秀吉と南蛮人　松田毅一著　新装版　朝文社　2001.12　314p　20cm　（松田毅一著作選集）　3142円　①4-88695-158-9　Ⓝ210.48
〔07305〕
◇長崎開港以前欧舶来往考　岡本良知著　日東書院　1932　275, 7, 14p　23cm　Ⓝ210.4　〔07306〕
◇南蛮史談　岡田章雄著　人物往来社　1967　267p　19cm　Ⓝ210.48
〔07307〕
◇南蛮史料の発見―よみがえる信長時代　松田毅一著　中央公論社　1964　195p　18cm　（中公新書）　Ⓝ210.48
〔07308〕
◇南蛮人の日本発見　松田毅一著　中央公論社　1982.11　275p　20cm　1350円　Ⓝ210.48
〔07309〕
◇南蛮人のみた日本　佐久間正著　主婦の友社　1978.2　189p　19cm　（Tomo選書）　700円　Ⓝ210.48
〔07310〕
◇南蛮船　岡田章雄著　大化書房　1947　130p　B6　（大化歴史文庫）　30円　Ⓝ210.48　〔07311〕
◇南蛮船　岡田章雄著　再版　京都　大化書房　1949　129p 図版　19cm　（大化歴史文庫）　Ⓝ210.48
〔07312〕
◇南蛮太閤記　松田毅一著　朝日新聞社　1991.6　478p　15cm　（朝日文庫）　700円　①4-02-260651-7　Ⓝ210.48
〔07313〕
◇南蛮の世界　松田毅一著　東海大学出版会　1975　259p 図　19cm　（東海大学文化選書）　1200円　Ⓝ210.48
〔07314〕
◇南蛮遍路　松田毅一著　読売新聞社　1975　359p 図　20cm　1300円　Ⓝ210.48
〔07315〕
◇日欧交渉史考―マルコ・ポーロから平戸商館まで　相原良一著　南雲堂　1986.6　259p　22cm　6000円　Ⓝ210.18
〔07316〕
◇日欧のかけはし―南蛮学の窓から　松田毅一著　京都　思文閣出版　1990.9　341p　20cm　2800円　①4-7842-0618-3　Ⓝ210.48
〔07317〕
◇日葡交通の起原―種子島建碑紀念発行パンフレット　日葡協会編　日葡協会　1927　1冊　19cm　Ⓝ210.4
〔07318〕
◇日葡通交論叢　日葡協会編　協和書房　1943　121p　22cm　（葡萄牙叢書 4）　Ⓝ210.1　〔07319〕

◇日本・スペイン交渉史—16-17世紀　パブロ・パステルス著, 松田毅一訳　大修館書店　1994.3　448p　22cm　5562円　Ⓘ4-469-23096-0　Ⓝ210.48　〔07320〕
◇秀吉の南蛮外交—サン・フェリーペ号事件　松田毅一著　新人物往来社　1972　295p　20cm　880円　Ⓝ210.49　〔07321〕
◇ポルトガルと日本—イエズス会資料を中心に　天理ギャラリー98回展　天理大学附属天理図書館編　天理ギャラリー　1994.5　32p　26cm　Ⓝ210.48　〔07322〕
◇モンスーン文書と日本—十七世紀ポルトガル公文書集　高瀬弘一郎訳註　八木書店　2006.2　569, 60p　21cm　15000円　Ⓘ4-8406-2022-9　〔07323〕

◆その他の諸国との外交
◇中世南島通交貿易史の研究　小葉田淳著　刀江書院　1968　538, 14, 86p　表　22cm　Ⓝ678.21　〔07324〕
◇南洋日本町の研究　岩生成一著　補訂版　岩波書店　1966　383, 32p　地図　22cm　Ⓝ210.18　〔07325〕
◇山田長政—国際化時代における複眼的思考とその評価　磯部博平著　清水　磯部出版　1993.10　46p　26cm　Ⓝ289.1　〔07326〕

経済史

◇鎌倉時代の政治と経済　東京堂出版　1999.4　432p　22cm　（鎌倉遺文研究 1）　9000円　Ⓘ4-490-20374-8　Ⓝ210.42　〔07327〕
◇首都の経済と室町幕府　早島大祐著　吉川弘文館　2006.11　343, 10p　22cm　8000円　Ⓘ4-642-02858-7　Ⓝ210.46　〔07328〕
◇真宗と日本資本主義—寺内町の研究　後藤文利著　同信社　1981.3　249p　22cm　2700円　Ⓘ4-495-97291-X　Ⓝ332.104　〔07329〕
◇関ヶ原戦国経済の大転換　楠戸義昭著　毎日新聞社　2000.8　262p　20cm　1600円　Ⓘ4-620-31460-9　Ⓝ210.48　〔07330〕
◇戦国期の政治経済構造　永原慶二著　岩波書店　1997.4　410, 10p　22cm　7000円　Ⓘ4-00-023601-6　Ⓝ210.47　〔07331〕
◇中世公家の経済と文化　菅原正子著　吉川弘文館　1998.1　378, 17p　22cm　6900円　Ⓘ4-642-02762-9　Ⓝ210.4　〔07332〕
◇中世後期の寺社と経済　鍛代敏雄著　京都　思文閣出版　1999.12　381, 17p　22cm　（思文閣史学叢書）　8000円　Ⓘ4-7842-1020-2　Ⓝ210.4　〔07333〕
◇中世庶民信仰経済の研究　阿諏訪青美著　校倉書房　2004.2　406p　21cm　（歴史科学叢書）　10000円　Ⓘ4-7517-3510-1　〔07334〕
◇中世人の経済感覚—「お買い物」からさぐる　本郷恵子著　日本放送出版協会　2004.1　278p　19cm　（NHKブックス）　1070円　Ⓘ4-14-001987-5　Ⓝ210.4　〔07335〕
◇中世政治経済史の研究　北爪真佐夫著　高科書店　1996.4　450, 3p　22cm　9785円　Ⓝ210.4　〔07336〕
◇中世都市の社会と経済　中部よし子著　日本評論社　1992.3　240p　22cm　（神戸学院大学経済学研究叢書 6）　3500円　Ⓘ4-535-05907-1　Ⓝ332.104　〔07337〕

◇中世日本の売券と徳政　寶月圭吾著　吉川弘文館　1999.3　364p　22cm　8400円　Ⓘ4-642-02772-6　Ⓝ210.4　〔07338〕
◇中世の社会と経済　稲垣泰彦, 永原慶二編　東京大学出版会　1962　624p　22cm　（日本封建制研究 第2）　Ⓝ332.1　〔07339〕
◇中世の長者ものがたり—テーマ展　神奈川県立金沢文庫編　横浜　神奈川県立金沢文庫　1992.6　64p　26cm　Ⓝ210.4　〔07340〕
◇中世量制史の研究　宝月圭吾著　吉川弘文館　1961　497p　図版　22cm　（日本史学研究叢書）　Ⓝ332.1　〔07341〕
◇日本経済史大系　第2　中世　永原慶二編　東京大学出版会　1965　323p　22cm　Ⓝ332.1　〔07342〕
◇日本中世の経済構造　桜井英治著　岩波書店　1996.1　386, 23p　22cm　8300円　Ⓘ4-00-001724-1　Ⓝ332.104　〔07343〕
◇日本中世の所有構造　西谷正浩著　塙書房　2006.11　649, 39p　21cm　17000円　Ⓘ4-8273-1206-0　〔07344〕
◇日本中世の贈与と負担　盛本昌広著　校倉書房　1997.9　380p　22cm　（歴史科学叢書）　10000円　Ⓘ4-7517-2750-8　Ⓝ210.4　〔07345〕
◇日本封建経済史　滝本誠一著　丸善　1930　1冊　22cm　Ⓝ332.1　〔07346〕
◇日本封建主義の再出発—近世初頭の経済政策　宮本又次著　京都　大八洲出版　1948　364p　21cm　Ⓝ332.1　〔07347〕
◇封建社会の統制と闘争　黒正巌著　改造社　1928　510p　23cm　Ⓝ332.1　〔07348〕

◆土地制度
◇壹岐国田帳　永禄十年　〔芦辺町（長崎県）〕　壱岐古文書頒布会　1967序　56p　18cm　Ⓝ611.22　〔07349〕
◇鎌倉時代畿内土地所有の研究　鈴木鋭彦著　吉川弘文館　1978.10　287, 4, 6p　22cm　6800円　Ⓝ611.25　〔07350〕
◇在地領主制　鈴木国弘著　雄山閣出版　1980.2　295p　22cm　（中世選書 2）　2800円　Ⓝ210.4　〔07351〕
◇中世国衙領の支配構造　錦織勤著　吉川弘文館　2005.12　363, 7p　22cm　9000円　Ⓘ4-642-02846-3　Ⓝ210.42　〔07352〕
◇中世の契約　京都府立総合資料館歴史資料課編　〔京都〕京都府立総合資料館　1995.7　52, 14p　26cm　（東寺百合文書展 第12回）　Ⓝ611.22　〔07353〕
◇東国在家の研究　誉田慶恩著　法政大学出版局　1977.11　393, 10p　22cm　（叢書・歴史学研究）　4500円　Ⓝ611.22　〔07354〕
◇名子遺制の構造とその崩壊—農村における封建的労働の構造分析　木下彰著　御茶の水書房　1979.10　364p　22cm　4500円　Ⓝ611.22　〔07355〕
◇名子の顛末　久貝徳三著　那覇　久貝徳三　1985.10　228p　20cm　1500円　Ⓝ611.22　〔07356〕
◇日本中世土地制度史の研究　網野善彦著　塙書房　1991.3　602, 60p　22cm　10300円　Ⓘ4-8273-1080-7　Ⓝ210.4　〔07357〕
◇日本中世の所有構造　西谷正浩著　塙書房　2006.11　649, 39p　22cm　17000円　Ⓘ4-8273-1206-0　Ⓝ611.221　〔07358〕

◇日本中世の領主制と村落　上巻　島田次郎著　吉川弘文館　1985.11　400, 17p　22cm　7800円　Ⓘ4-642-02609-6　Ⓝ210.4
〔07359〕
◇日本中世の領主制と村落　下巻　島田次郎著　吉川弘文館　1986.6　434, 18p　22cm　7800円　Ⓘ4-642-02610-X　Ⓝ210.4
〔07360〕
◇封建的土地所有の成立過程　松本新八郎著　2版　伊藤書店　1949　148p　21cm　（日本學術論叢 第15）　Ⓝ611.22
〔07361〕
◇封建的農地所有の成立過程　松本新八郎著　伊藤書店　1948　148p　22cm　（日本学術論叢 15）　Ⓝ611.22
〔07362〕

◆◆中世荘園制
◇網野善彦著作集　第2巻　中世東寺と東寺領荘園　網野善彦著　岩波書店　2007.9　600p　21cm　4700円　Ⓘ978-4-00-092642-3
〔07363〕
◇石井進著作集　第8巻　荘園を旅する　石井進著, 石井進著作集刊行会編　岩波書店　2005.3　339, 4p　21cm　8400円　Ⓘ4-00-092628-4
〔07364〕
◇描かれた荘園の世界―歴博フォーラム　国立歴史民俗博物館編　新人物往来社　1995.3　271p　22cm　3000円　Ⓘ4-404-02194-1　Ⓝ210.4
〔07365〕
◇絵引荘園絵図　荘園絵図研究会編　東京堂出版　1991.1　200p　26cm　2800円　Ⓘ4-490-20173-7　Ⓝ210.4
〔07366〕
◇岡野友彦提出学位請求論文『中世久我家と久我家領荘園』審査報告書　國學院大學　2004.1　25p　26cm　Ⓝ377.5
〔07367〕
◇甲斐の荘園　秋山敬著　塩山　甲斐新書刊行会　2003.11　211p　17cm　（甲斐新書 5）　1200円　Ⓝ215.1
〔07368〕
◇上桂庄―伝領と相論　京都府立総合資料館歴史資料課編　〔京都〕　京都府立総合資料館　1990.7　52, 12p　26cm　（東寺百合文書展 第7回）　Ⓝ210.4
〔07369〕
◇紀伊国相賀荘地域総合調査―アジア地域文化エンハンシング研究センター研究成果報告書　水稲文化研究所・紀ノ川流域研究会編　21世紀COEプログラムアジア地域文化エンハンシング研究センター水稲文化研究所　2005.3　153p　30cm　Ⓝ216.6
〔07370〕
◇紀伊国名手荘・静川地域調査　和歌山県教育庁生涯学習局文化遺産課紀の川流域荘園詳細分布調査委員会編　和歌山　和歌山県教育委員会　2004.3　169p　30cm　（紀の川流域荘園詳細分布調査概要報告書 3）　Ⓝ216.6
〔07371〕
◇京郊庄園村落の研究　上島有著　塙書房　1970　503, 13p 図版　22cm　3300円　Ⓝ210.4
〔07372〕
◇京都鹿王院と赤塚荘園―中世における旧赤塚村の顔　謹呈　私家版　大井眸著　〔大井眸〕　1996　66p　26cm　Ⓝ213.61
〔07373〕
◇黒田俊雄著作集　第5巻　中世荘園制論　井ケ田良治ほか編　京都　法蔵館　1995.9　412, 19p　22cm　8800円　Ⓘ4-8318-3325-8　Ⓝ210.4
〔07374〕
◇景観にさぐる中世―変貌する村の姿と荘園史研究　服部英雄著　新人物往来社　1995.12　611p 図版28枚　27cm　18000円　Ⓘ4-404-02319-7　Ⓝ210.4
〔07375〕
◇芸備の荘園　沢井常四郎著　三原　三原図書館　1941　125, 20p　19cm　Ⓝ217.6
〔07376〕
◇講座日本荘園史　10 ―付・総索引　四国・九州地方の荘園　網野善彦, 石井進, 稲垣泰彦, 永原慶二編　吉川弘文館　2005.2　476, 69p　21cm　9000円　Ⓘ4-642-02700-9
〔07377〕
◇講座日本荘園史　2　荘園の成立と領有　網野善彦ほか編　吉川弘文館　1991.2　356p　22cm　4300円　Ⓘ4-642-02692-4　Ⓝ210.4
〔07378〕
◇講座日本荘園史　3　荘園の構造　網野善彦ほか編　吉川弘文館　2003.5　345p　22cm　5200円　Ⓘ4-642-02693-2　Ⓝ210.4
〔07379〕
◇講座日本荘園史　4　荘園の解体　網野善彦ほか編　吉川弘文館　1999.11　465p　22cm　6500円　Ⓘ4-642-02694-0　Ⓝ210.4
〔07380〕
◇講座日本荘園史　6　北陸地方の荘園　近畿地方の荘園 1　網野善彦ほか編　吉川弘文館　1993.2　372p　22cm　4600円　Ⓘ4-642-02696-7　Ⓝ210.4
〔07381〕
◇講座日本荘園史　7　近畿地方の荘園 2　網野善彦ほか編　吉川弘文館　1995.3　413p　22cm　5356円　Ⓘ4-642-02697-5　Ⓝ210.4
〔07382〕
◇講座日本荘園史　8　近畿地方の荘園 3　網野善彦ほか編　吉川弘文館　2001.12　459p　22cm　7000円　Ⓘ4-642-02698-3　Ⓝ210.4
〔07383〕
◇講座日本荘園史　9　中国地方の荘園　網野善彦ほか編　吉川弘文館　1999.3　410p　22cm　6000円　Ⓘ4-642-02699-1　Ⓝ210.4
〔07384〕
◇講座日本荘園史　10　四国・九州地方の荘園　網野善彦, 石井進, 稲垣泰彦, 永原慶二編　吉川弘文館　2005.2　476, 69p　22cm　9000円　Ⓘ4-642-02700-9　Ⓝ210.4
〔07385〕
◇高野山寺領史年表―弘仁7年(816)から明治4年(1871)まで　松田文夫編　〔和歌山〕　〔松田文夫〕　2004.2　10, 238p　24cm　2700円　Ⓝ210.4
〔07386〕
◇高野山領荘園の研究―日本荘園の研究第一輯　江頭恒治著　有斐閣　1938　452, 16p　23cm　（日本経済史研究所研究叢書 第10冊）　Ⓝ210.4
〔07387〕
◇高野山領荘園の研究　江頭恒治著　京都　臨川書店　1972　452, 16p 図　22cm　Ⓝ210.4
〔07388〕
◇高野山領庄園の支配と構造　豊田武編　厳南堂書店　1977.5　505p 図　21cm　6800円　Ⓝ210.4
〔07389〕
◇再考 中世荘園制　遠藤ゆり子, 蔵持重裕, 田村憲美編　岩田書院　2007.10　315p　21cm　6900円　Ⓘ978-4-87294-488-4
〔07390〕
◇寺社領庄園制度史　細川亀市著　東学社　1936　596p　23cm　Ⓝ210.4
〔07391〕
◇清水三男著作集　第3巻　中世荘園の基礎構造　校倉書房　1975　258p 肖像　22cm　3800円　Ⓝ210.4
〔07392〕
◇荘園　永原慶二著　評論社　1978.2　246, 8p　18cm　（若い世代と語る日本の歴史 12）　690円　Ⓝ611.22
〔07393〕
◇荘園　安田元久編　東京堂出版　1993.9　283, 12p　20cm　（日本史小百科）　2500円　Ⓘ4-490-20219-9　Ⓝ210.4
〔07394〕
◇荘園　永原慶二著　吉川弘文館　1998.8　331, 15p　20cm　（日本歴史叢書 新装版）　3000円　Ⓘ4-642-06656-X　Ⓝ611.221
〔07395〕
◇荘園絵図研究の視座　奥野中彦編　東京堂出版　2000.5　342p　22cm　6000円　Ⓘ4-490-20406-X　Ⓝ210.4
〔07396〕

◇荘園絵図とその世界―企画展示　国立歴史民俗博物館編　佐倉　国立歴史民俗博物館　1993.3　131p　30cm　Ⓝ210.4
〔07397〕
◇荘園を旅する　石井進著　岩波書店　2005.3　339, 4p　22cm　(石井進著作集　第8巻)　8400円　Ⓘ4-00-092628-4　Ⓝ210.4
〔07398〕
◇荘園を読む・歩く―畿内・近国の荘園　京都大学文学部博物館編　京都　京都大学文学部博物館　1996.10　131p　26cm　(京都大学文学部博物館図録　第7冊)　500円　Ⓘ4-7842-0919-0　Ⓝ210.4
〔07399〕
◇荘園考　栗田寛著　大八洲学会　1888.7　248p　20cm　Ⓝ322
〔07400〕
◇荘園公領制と中世村落　海老澤衷著　校倉書房　2000.2　544p　22cm　(歴史科学叢書)　12000円　Ⓘ4-7517-3030-4　Ⓝ210.4
〔07401〕
◇荘園公領制の成立と内乱　工藤敬一著　京都　思文閣出版　1992.11　403, 21p　22cm　(思文閣史学叢書)　9064円　Ⓘ4-7842-0750-3　Ⓝ210.42
〔07402〕
◇荘園史研究　竹内理三著,黒田日出男編集・解説　角川書店　1998.11　573p　22cm　(竹内理三著作集　第7巻)　14000円　Ⓘ4-04-522707-5　Ⓝ210.4
〔07403〕
◇荘園支配構造の研究　仲村研著　吉川弘文館　1978.7　396p　22cm　5000円　Ⓝ210.4
〔07404〕
◇荘園社会における宗教構造　苅米一志著　校倉書房　2004.4　348p　22cm　(歴史科学叢書)　9000円　Ⓘ4-7517-3530-6　Ⓝ210.4
〔07405〕
◇荘園　荘園制と中世村落　永原慶二著,永原慶二著　吉川弘文館　2007.10　578, 18p　22cm　(永原慶二著作選集　第4巻)　17000円　Ⓘ978-4-642-02683-3　Ⓝ210.4
〔07406〕
◇荘園志料　上,下巻　清水正健編　帝都出版社　1933　2冊　22cm　Ⓝ210.4
〔07407〕
◇荘園制社会と身分構造　竹内理三編　校倉書房　1980.4　445p　22cm　5000円　Ⓝ210.4
〔07408〕
◇荘園制社会の基本構造　工藤敬一著　校倉書房　2002.11　312p　22cm　(歴史科学叢書)　8000円　Ⓘ4-7517-3360-5　Ⓝ210.4
〔07409〕
◇荘園制と中世社会―竹内理三先生喜寿記念論文集下巻　竹内理三先生喜寿記念論文集刊行会編　東京堂出版　1984.9　488p　22cm　7300円　Ⓝ210.4
〔07410〕
◇荘園制と中世村落　島田次郎著　吉川弘文館　2001.8　320, 14p　22cm　9000円　Ⓘ4-642-02806-4　Ⓝ210.4
〔07411〕
◇荘園制と武家社会　竹内理三博士還暦記念会編　吉川弘文館　1969　612p　22cm　3500円　Ⓝ210.4
〔07412〕
◇荘園制と武家社会　続　竹内理三博士古稀記念会編　吉川弘文館　1978.1　529p　22cm　5300円　Ⓝ210.4
〔07413〕
◇荘園制の展開と地域社会　山本隆志著　刀水書房　1994.2　428p　22cm　10000円　Ⓘ4-88708-162-6　Ⓝ210.4
〔07414〕
◇荘園と村を歩く　藤木久志,荒野泰典編著　校倉書房　1997.6　445p　20cm　4800円　Ⓘ4-7517-2710-9　Ⓝ210.4
〔07415〕
◇荘園と村を歩く　2　藤木久志,蔵持重裕編著　校倉書房　2004.11　412p　20cm　4800円　Ⓘ4-7517-3580-2　Ⓝ210.4
〔07416〕
◇荘園の研究　中村直勝著　京都　星野書店　1939　809p　23cm　Ⓝ210.1
〔07417〕

◇庄園の研究　中田薫著　彰考書院　1948　419p　21cm　(法制史叢書　第1冊)　Ⓝ210.4
〔07418〕
◇荘園の在地構造と経営　須磨千頴著　吉川弘文館　2005.3　476, 26p　22cm　14000円　Ⓘ4-642-02840-4　Ⓝ210.4
〔07419〕
◇荘園の商業　佐々木銀弥著　吉川弘文館　1996.1　261, 10p　20cm　(日本歴史叢書　新装版)　2678円　Ⓘ4-642-06629-2　Ⓝ332.104
〔07420〕
◇荘園の歴史地理的世界　中野栄夫著　同成社　2006.12　398p　22cm　(同成社中世史選書 2)　9000円　Ⓘ4-88621-374-X　Ⓝ210.4
〔07421〕
◇荘園目録　八代国治編　八代恒治　1930　146, 2, 6p 肖像　23cm　Ⓝ210
〔07422〕
◇荘園目録　八代国治編　再版　八代恒治　1931　146, 2, 6p 肖像　23cm　Ⓝ210
〔07423〕
◇荘園物語―遠くて身近な中世の豊中　〔豊中〕　豊中市教育委員会　2000.3　18p　21cm　(とよなか文化財ブックレット no.8(通史編8))　Ⓝ210
〔07424〕
◇寺領庄園の研究　細川亀市著　東方書院　1934　26p　23cm　(日本宗教講座)　Ⓝ210.4
〔07425〕
◇寺領荘園の研究　竹内理三著　畝傍書房　1942　555p　22cm　(畝傍史学叢書)　Ⓝ210.4
〔07426〕
◇新説幡生庄　川北孝男著　金沢　北國新聞社出版局　2006.10　110p　20cm　1429円　Ⓘ4-8330-1511-0　Ⓝ214.3
〔07427〕
◇新日本史選書　第7　荘園解体史　中村孝也著　春日書院　1958　22cm　Ⓝ210.08
〔07428〕
◇戦国期公家社会と荘園経済　湯川敏治著　続群書類従完成会　2005.8　454, 20p　22cm　13000円　Ⓘ4-7971-0744-8　Ⓝ210.47
〔07429〕
◇戦国期在地社会の研究　外園豊基著　校倉書房　2003.12　418p　22cm　(歴史科学叢書)　10000円　Ⓘ4-7517-3500-4　Ⓝ210.47
〔07430〕
◇戦国時代の荘園制と村落　稲葉継陽著　校倉書房　1998.10　382p　22cm　(歴史科学叢書)　10000円　Ⓘ4-7517-2870-9　Ⓝ210.47
〔07431〕
◇戦国社会史論―日本中世国家の解体　藤木久志著　東京大学出版会　1974　400, 4p　22cm　3200円　Ⓝ210.46
〔07432〕
◇大宰府領の研究　正木喜三郎著　文献出版　1991.10　688p　22cm　15000円　Ⓘ4-8305-1148-6　Ⓝ210.4
〔07433〕
◇筑前国怡土庄故地現地調査速報　服部英雄編　福岡　花書院　2000.4　177p　30cm　(地域資料叢書 4)　Ⓘ4-938910-31-4　Ⓝ219.1
〔07434〕
◇中世公家領の研究　金井静香著　京都　思文閣出版　1999.2　308, 14p　22cm　(思文閣史学叢書)　6000円　Ⓘ4-7842-0996-4　Ⓝ210.4
〔07435〕
◇中世後期社会と公田体制　田沼睦著　岩田書院　2007.5　483, 9p　22cm　(中世史研究叢書 11)　9500円　Ⓘ978-4-87294-468-6　Ⓝ210.46
〔07436〕
◇中世久我家と久我家領荘園　岡野友彦著　続群書類従完成会　2002.10　524, 12p　22cm　11000円　Ⓘ4-7971-0738-3　Ⓝ210.4
〔07437〕
◇中世寺社と荘園制　小山靖憲著　塙書房　1998.11　339, 23p　22cm　7000円　Ⓘ4-8273-1156-0　Ⓝ185.6
〔07438〕
◇中世荘園絵図の解釈学　黒田日出男著　東京大学出版会　2000.7　423p　22cm　5600円　Ⓘ4-13-020125-5　Ⓝ210.4
〔07439〕

経済史　　　　　　　　　　　　　　　　中世史

◇中世荘園への道―富澤清人の世界　富澤清人著, 富澤清人遺稿集刊行委員会編　富澤清人遺稿集刊行委員会　1997.9　243p　19cm　Ⓝ210.4　〔07440〕
◇中世荘園史研究の歩み―律令制から鎌倉幕府まで　中野栄夫著　新人物往来社　1982.10　302p　20cm　2800円　Ⓝ210.4　〔07441〕
◇中世荘園制と鎌倉幕府　高橋一樹著　塙書房　2004.1　433, 31p　22cm　8500円　Ⓘ4-8273-1183-8　Ⓝ210.4　〔07442〕
◇中世荘園と検注　富沢清人著　吉川弘文館　1996.9　258, 5p　20cm　（中世史研究選書）　3296円　Ⓘ4-642-02670-3　Ⓝ210.4　〔07443〕
◇中世庄園における寺社の研究調査報告書　奈良　元興寺文化財研究所　1996.3　230p　26cm　Ⓝ162.1　〔07444〕
◇中世荘園に於ける本所領家関係の一形態―備中国新見庄の場合　彦由一太, 上原栄子, 大橋京子共著　謄写版　62p　22cm　Ⓝ210.4　〔07445〕
◇中世荘園の基礎構造　清水三男著　京都　高桐書院　1949　338, 21p　21cm　（現代歴史学論叢　第2）　Ⓝ210.4　〔07446〕
◇中世荘園の基礎構造　清水三男著, 日本史研究会会編　京都　史籍刊行会　1956　293p　22cm　Ⓝ210.4　〔07447〕
◇中世荘園の世界―東寺領丹波国大山荘　大山喬平著　京都　思文閣出版　1996.9　324p　27cm　9888円　Ⓘ4-7842-0893-3　Ⓝ216.4　〔07448〕
◇中世荘園の様相　網野善彦著　塙書房　1966　381p　図版　表　地図　19cm　（塙選書）　Ⓝ210.4　〔07449〕
◇中世寺領荘園と動乱期の社会　熱田公著　京都　思文閣出版　2004.12　519, 15p　22cm　（思文閣史学叢書）　9000円　Ⓘ4-7842-1203-5　Ⓝ210.4　〔07450〕
◇中世成立期の荘園と都市　鈴木敏弘著　東京堂出版　2005.5　300p　22cm　7000円　Ⓘ4-490-20551-1　Ⓝ210.4　〔07451〕
◇中世東国の荘園公領と宗教　峰岸純夫著　吉川弘文館　2006.5　350, 21p　22cm　9500円　Ⓘ4-642-02854-4　Ⓝ210.4　〔07452〕
◇中世東寺と東寺領荘園　網野善彦著　東京大学出版会　1978.11　580, 15p　22cm　4800円　Ⓝ210.4　〔07453〕
◇中世東寺領荘園の支配と在地　辰田芳雄著　校倉書房　2003.11　484p　21cm　（歴史科学叢書）　13000円　Ⓘ4-7517-3490-3　〔07454〕
◇中世日本荘園史の研究　阿部猛著　新生社　1966　596p　22cm　Ⓝ210.4　〔07455〕
◇中世の荘園と社会　水上一久著　吉川弘文館　1969　398p　22cm　2800円　Ⓝ210.4　〔07456〕
◇展望日本歴史　8　荘園公領制　木村茂光, 井原今朝男編　東京堂出版　2000.10　417p　23cm　5000円　Ⓘ4-490-30558-3　Ⓝ210.1　〔07457〕
◇東寺とその庄園―秋季特別公開図録　東寺宝物館編　〔京都〕　東寺宝物館　1993.9　258p　30cm　Ⓝ210.4　〔07458〕
◇東寺文書にみる中世社会　東寺文書研究会編　東京堂出版　1999.5　616p　22cm　8500円　Ⓘ4-490-20381-0　Ⓝ210.4　〔07459〕
◇東寺領垂水庄―悪党の時代　平成13年度特別展　吹田市立博物館編　吹田　吹田市立博物館　2001.4　72p　30cm　Ⓝ210.4　〔07460〕

◇西岡虎之助蔵　荘園関係絵図展観目録并解説　早稲田大学大学院文学研究科西岡研究室編　早稲田大学図書館　1960　109p　図版　25cm　Ⓝ210.4　〔07461〕
◇日本寺院経済史論　第1巻　中世寺領の研究　細川亀市著　啓明社　1930　602p　22cm　Ⓝ210.4　〔07462〕
◇日本荘園絵図聚影　2　近畿　1　東京大学史料編纂所編纂　東京大学出版会（発売）　1992.11　図版138枚　41cm　66950円　Ⓘ4-13-092822-8　Ⓝ210.4　〔07463〕
◇日本荘園絵図聚影　3　近畿　2　東京大学史料編纂所編纂　東京大学出版会（発売）　1988.6　図版102枚　41cm　50000円　Ⓘ4-13-092823-6　Ⓝ210.4　〔07464〕
◇日本荘園絵図聚影　4　近畿　3　東京大学史料編纂所編纂　東京大学出版会　1999.2　図版119枚　40-40×60cm　55000円　Ⓘ4-13-092824-4　Ⓝ210.4　〔07465〕
◇日本荘園絵図聚影　1　上　東日本　1　東京大学史料編纂所編纂　東京大学　1995.2　図版114枚　40〜40×60cm　Ⓘ4-13-092820-1　Ⓝ210.4　〔07466〕
◇日本荘園絵図聚影　1　下　東日本　2　東京大学史料編纂所編纂　東京大学出版会　1996.2　図版127枚　40〜40×60cm　56650円　Ⓘ4-13-092821-X　Ⓝ210.4　〔07467〕
◇日本荘園絵図聚影　5　上　西日本　1　東京大学史料編纂所編纂　東京大学出版会　2001.2　図版87枚　40-40×60cm　50000円　Ⓘ4-13-092825-2　Ⓝ210.4　〔07468〕
◇日本荘園絵図聚影　5　下　西日本　2・補遺　東京大学史料編纂所編纂　東京大学出版会　2002.2　図版97枚　40-40×60cm　50000円　Ⓘ4-13-092826-0　Ⓝ210.4　〔07469〕
◇日本荘園絵図集成　西岡虎之助　東京堂出版　1976.4　（3版:1997.9）　2冊　31cm　35000円　Ⓘ4-490-20325-X　Ⓝ210.4　〔07470〕
◇日本荘園絵図集成　上　西岡虎之助編　東京堂出版　1976　250p（おもに図）　31cm　12000円　Ⓝ210.4　〔07471〕
◇日本荘園絵図集成　下　西岡虎之助編　東京堂出版　1977.5　360p（おもに図）　31cm　13000円　Ⓝ210.4　〔07472〕
◇日本荘園経済史論　江頭恒治著　有斐閣　1942　445p　22cm　（日本経済史研究所研究叢書　第16冊）　Ⓝ332.1　〔07473〕
◇日本荘園史　阿部猛著　大原新生社　1972　458p（図共）　22cm　1500円　Ⓝ210.4　〔07474〕
◇日本荘園史概説　安田元久著　吉川弘文館　1957　290, 34p　図版　19cm　Ⓝ210.4　〔07475〕
◇日本荘園史の研究　阿部猛著　同成社　2005.6　324p　22cm　（同成社中世史選書 1）　7500円　Ⓘ4-88621-326-X　Ⓝ210.4　〔07476〕
◇日本荘園資料　国立歴史民俗博物館編　吉川弘文館　1998.7　2冊（別冊とも）　31cm　全28000円　Ⓘ4-642-02758-0, 4-642-02760-2, 4-642-02759-9　Ⓝ210.4　〔07477〕
◇日本荘園成立史の研究　阿部猛著　雄山閣　1960　344p　22cm　Ⓝ210.4　〔07478〕
◇日本荘園制論　今井林太郎著　三笠書房　1939　268p　16cm　（日本歴史全書　第8）　Ⓝ210.4　〔07479〕

◇日本荘園制論　今井林太郎著　京都　臨川書店　1988.1　268p　19cm　3300円　Ⓘ4-653-01679-8　Ⓝ210.4
〔07480〕
◇日本荘園大辞典　阿部猛, 佐藤和彦編　東京堂出版　1997.9　950p　23cm　18000円　Ⓘ4-490-10452-9　Ⓝ210.4
〔07481〕
◇日本寺領荘園経済史　細川亀市著　白揚社　1932　571p　23cm　Ⓝ210.4
〔07482〕
◇日本中世商品流通史論—荘園商業の展開と生産構造　神木哲男著　神戸　神戸大学研究双書刊行会　1980.3　254, 5p　22cm　（神戸経済学双書10）　4200円　Ⓝ672.1
〔07483〕
◇日本中世商品流通史論—荘園商業の展開と生産構造　神木哲男著　有斐閣　1980.6　254, 5p　22cm　（神戸経済学双書10）　4200円　Ⓝ672.1
〔07484〕
◇日本中世の村落と荘園制　水野章二著　校倉書房　2000.7　510p　22cm　（歴史科学叢書）　10000円　Ⓘ4-7517-3090-8　Ⓝ210.4
〔07485〕
◇日本の歴史　中世 1-2　中世の村を歩く—寺院と荘園　新訂増補　朝日新聞社　2002.6　p38-68　30cm　（週刊朝日百科 2）　476円　Ⓝ210.1
〔07486〕
◇畠山聡提出学位請求論文『中世東大寺の寺領経営—周防国における寺領の展開を中心として』審査報告書　國學院大學　2005.2　21p　26cm　Ⓝ377.5
〔07487〕
◇播磨国鵤荘現況調査報告総集編　太子町（兵庫県）　太子町教育委員会　2004.3　415p　30cm　Ⓝ216.4
〔07488〕
◇武士と荘園支配　服部英雄著　山川出版社　2004.9　107p　21cm　（日本史リブレット 24）　800円　Ⓘ4-634-54240-4　Ⓝ210.4
〔07489〕
◇豊後国国東郷—国東半島荘園村落遺跡詳細分布調査概報 1　宇佐　大分県立歴史博物館　2005.3　36p　30cm　Ⓝ219.5
〔07490〕
◇豊後国国東郷—国東半島荘園村落遺跡詳細分布調査概報 2　宇佐　大分県立歴史博物館　2006.3　43p　30cm　Ⓝ219.5
〔07491〕
◇豊後国国東郷—国東半島荘園村落遺跡詳細分布調査概報 3　宇佐　大分県立歴史博物館　2007.3　39p　30cm　Ⓝ219.5
〔07492〕
◇崩壊期荘園史の研究—直務運動と代官請負　安西欣治著　岩田書院　1994.7　240p　22cm　6077円　Ⓘ4-900697-14-1　Ⓝ210.46
〔07493〕
◇法隆寺領播磨国鵤荘—古代から現代まで生き続けるお太子さんの町　記録集　シンポジウム　太子町（兵庫県）　兵庫県揖保郡太子町教育委員会　2006.3　74p　30cm　Ⓝ216.4
〔07494〕
◇骨寺村荘園遺跡確認調査報告書　第7集　一関市教育委員会編　一関　一関市教育委員会　2006.3　53p　30cm　（岩手県一関市埋蔵文化財調査報告書 第1集）　Ⓝ210.0254
〔07495〕
◇骨寺村荘園遺跡確認調査報告書　第8集　一関市教育委員会編　一関　一関市教育委員会　2007.3　49p　30cm　（岩手県一関市埋蔵文化財調査報告書 第2集）　Ⓝ210.0254
〔07496〕
◇わが郷土は荘園の地—志木・旧、広沢ノ庄館ノ郷　矢部勝久著　歴研　2007.1　63p　21cm　（歴研「ルーツ研究」ブックレット）　800円　Ⓘ4-947769-88-2
〔07497〕

◆◆大名領国制
◇守護領国体制の研究—六角氏領国に見る畿内近国的発展の特質　畑井弘著　吉川弘文館　1975　495p　22cm　6000円　Ⓝ210.4
〔07498〕
◇戦国大名領国の基礎構造　平山優著　校倉書房　1999.4　446p　22cm　（歴史科学叢書）　10000円　Ⓝ210.47
〔07499〕
◇戦国大名領国の権力構造　則竹雄一著　吉川弘文館　2005.2　368, 7p　22cm　9000円　Ⓘ4-642-02838-2　Ⓝ210.47
〔07500〕
◇戦国大名領国の支配構造　黒田基樹著　岩田書院　1997.9　423, 19p　22cm　8800円　Ⓘ4-900697-89-3　Ⓝ210.47
〔07501〕
◇大名領国を歩く　永原慶二編　吉川弘文館　1993.4　362p　22cm　6500円　Ⓘ4-642-02732-7　Ⓝ210.47
〔07502〕
◇大名領国形成過程の研究—豊後大友氏の場合　外山幹夫著　雄山閣出版　1983.1　759p　22cm　15000円　Ⓘ4-639-00224-6
〔07503〕
◇大名領国支配の構造　三重野誠著　校倉書房　2003.4　286p　22cm　（歴史科学叢書）　8000円　Ⓘ4-7517-3410-5　Ⓝ210.47
〔07504〕
◇大名領国制　中世後期の社会と経済　永原慶二, 永原慶二著　吉川弘文館　2007.11　556, 16p　22cm　（永原慶二著作選集 第5巻）　16000円　Ⓘ978-4-642-02684-0　Ⓝ210.46
〔07505〕
◇大名領国制の研究　池享著　校倉書房　1995.9　414p　22cm　9270円　Ⓘ4-7517-2500-9　Ⓝ210.47
〔07506〕
◇大名領国の経済構造　岸田裕之著　岩波書店　2001.12　397p　22cm　9600円　Ⓘ4-00-001296-7　Ⓝ332.17
〔07507〕
◇大名領国の構成的展開　岸田裕之著　吉川弘文館　1983.9　532p　22cm　9000円　Ⓝ210.4
〔07508〕
◇中・近世移行期大名領国の研究　光成準治著　校倉書房　2007.5　402p　22cm　（歴史科学叢書）　10000円　Ⓘ978-4-7517-3860-3　Ⓝ210.47
〔07509〕
◇日本歴史大系 7　戦国動乱と大名領国制　井上光貞ほか編　山川出版社　1996.3　229, 21p　22cm　3000円　Ⓘ4-634-33070-9　Ⓝ210.1
〔07510〕

◆◆検地
◇近世村落への移行と兵農分離　平沢清人著　校倉書房　1973　309p　22cm　2500円　Ⓝ210.48　〔07511〕
◇検地—縄と竿の支配　神崎彰利著　〔東村山〕　教育社　1983.4　261p　18cm　（教育社歴史新書）　800円　Ⓝ210.48
〔07512〕
◇週刊ビジュアル日本の歴史　no.5　天下統一への道 5　デアゴスティーニ・ジャパン　2000.3　p170-209　30cm　533円　Ⓝ210.1
〔07513〕
◇織豊期検地と石高の研究　木越隆三著　富山　桂書房　2000.5　511, 12p　22cm　8000円　Ⓘ4-905564-17-4　Ⓝ611.221
〔07514〕
◇太閤検地と石高制　安良城盛昭著　日本放送出版協会　1969　236p　18cm　（NHKブックス）　320円　Ⓝ210.49
〔07515〕
◇太閤検地論　第1部　日本封建制確立史　宮川満著　御茶の水書房　1957, 1959　22cm　Ⓝ611.22　〔07516〕

◇太閤検地論　第1部　日本封建性確立史　宮川満著　御茶の水書房　1977.11　389, 9p　22cm　4200円　Ⓝ611.22　〔07517〕
◇太閤検地論　第2部　太閤検地の基礎的研究　宮川満著　御茶の水書房　1957, 1959　22cm　Ⓝ611.22　〔07518〕
◇太閤検地論　第2部　太閤検地の基礎的研究　宮川満著　御茶の水書房　1977.10　363, 8p　22cm　4000円　Ⓝ611.22　〔07519〕
◇太閤検地論　第3部　基本史料とその解説　宮川満著　御茶の水書房　1963　451p 図版　22cm　Ⓝ611.22　〔07520〕
◇太閤検地論　第3部　基本史料とその解説　宮川満著　御茶の水書房　1977.10　452p 図　22cm　4500円　Ⓝ611.22　〔07521〕
◇長宗我部地検帳の研究　横川末吉著　高知　高知市立市民図書館　1961　330p 図版　19cm　（市民叢書）　Ⓝ611.22　〔07522〕
◇天正十九年江古田村検地帳　東京都中野区教育委員会中野区史料館編　1967　86p 図版　21cm　（中野区史料館資料叢書 第3号）　Ⓝ611.22　〔07523〕
◇天正の太閤検地・人掃と村鑑—米沢領慶長邑鑑綜考　安田初雄著　会津若松　歴史春秋出版　1996.8　389p　21cm　9800円　Ⓘ4-89757-087-5　〔07524〕
◇豊臣政権の対外侵略と太閤検地　中野等著　校倉書房　1996.3　454p　22cm　（歴史科学叢書）　12360円　Ⓘ4-7517-2580-7　Ⓝ210.48　〔07525〕
◇濃州大野郡唐栗村天正拾七巳年検地名寄帳—太閤検　矢野傳十郎書写　〔矢野志津〕　1999　1冊（ページ付なし）　28cm　Ⓝ215.3　〔07526〕
◇封建領主制の確立—太閤検地をめぐる諸問題　社会経済史学会編　有斐閣　1957　320p　22cm　Ⓝ611.22　〔07527〕
◇マンガ日本の歴史　26　関白秀吉の検地と刀狩　石ノ森章太郎著　中央公論社　1998.2　214p　16cm　（中公文庫）　524円　Ⓘ4-12-203076-5　Ⓝ726.1　〔07528〕

◆財政・税制史
◇黄金と落城—戦国の軍資金　松好貞夫著　新人物往来社　1970　239p　19cm　630円　Ⓝ210.48　〔07529〕
◇戦国の軍資金　松好貞夫著　人物往来社　1964　239p　19cm　Ⓝ210.47　〔07530〕
◇中世年貢制成立史の研究　勝山清次著　塙書房　1995.2　452, 21p　22cm　9270円　Ⓘ4-8273-1135-8　Ⓝ210.36　〔07531〕
◇室町時代の田租—玉泉大梁論文集　玉泉大梁著, 玉泉大梁論文集編集委員会編　吉川弘文館　1969　344p　22cm　2000円　Ⓝ332.1　〔07532〕

◆貨幣・金融
◇埋められた渡来銭—中世の出土銭を探る　平成12年度特別展　葛飾区郷土と天文の博物館編　葛飾区郷土と天文の博物館　2000.10　220p　30cm　Ⓝ210.4　〔07533〕
◇貨幣の地域史—中世から近世へ　鈴木公雄編　岩波書店　2007.11　349, 2p　21cm　6200円　Ⓘ978-4-00-022479-6　〔07534〕
◇出土銭貨を探る—県内の中世出土銭貨　平成12年度テーマ展　宇和町（愛媛県）　愛媛県歴史文化博物館　2000.11　11p　30cm　〔07535〕

◇戦国織豊期の貨幣と石高制　本多博之著　吉川弘文館　2006.11　344, 17p　22cm　10000円　Ⓘ4-642-02857-9　Ⓝ337.21　〔07536〕
◇中世出土銭の分類図版　永井久美男著　高志書院　2002.4　214p　26cm　6500円　Ⓘ4-906641-51-2　Ⓝ210.027　〔07537〕
◇中世初期における貨幣鋳造権の所在をめぐって　樋口圀彦著　日本文学館　2004.9　126p　19cm　1200円　Ⓘ4-7765-0264-X　Ⓝ337.21　〔07538〕
◇中世の出土銭—出土銭の調査と分類　永井久美男編　尼崎　兵庫埋蔵銭調査会　1994.10　272p 図版12枚　27cm　Ⓝ210.2　〔07539〕
◇中世の出土銭　補遺1　永井久美男編　尼崎　兵庫埋蔵銭調査会　1996.4　182p 図版5枚　26cm　Ⓝ210.025　〔07540〕
◇中世の出土模鋳銭　高志書院　2001.6　235p　21cm　（東北中世考古学叢書 1）　2500円　Ⓘ4-906641-45-8　Ⓝ210.027　〔07541〕
◇銅銭の考古学—出土した中世の埋蔵銭からわかること　西宮市立郷土資料館第8回特別展　西宮市立郷土資料館編　〔西宮〕　西宮市教育委員会　1993.7　24p　26cm　Ⓝ210.2　〔07542〕
◇渡来銭の社会史—おもしろ室町記　三上隆三著　中央公論社　1987.12　232p　18cm　（中公新書）　560円　Ⓘ4-12-100862-6　Ⓝ332.104　〔07543〕
◇日本貨幣図史　第3巻　安土・桃山時代　小川浩編　日本古銭研究会　1964　84p　26cm　（和）　Ⓝ337.21　〔07544〕
◇函館志海苔古銭—北海道中世備蓄古銭の報告書　函館市立函館博物館　1973　96p 図19枚　26cm　Ⓝ202.7　〔07545〕
◇破産者たちの中世　桜井英治著　山川出版社　2005.7　102p　21cm　（日本史リブレット 27）　800円　Ⓘ4-634-54270-6　Ⓝ338.21　〔07546〕
◇発掘された埋蔵銭—中世の出土銭・銭の力銭への想い　園部文化博物館編　園部町（京都府）　園部文化博物館　2001.2　18p　30cm　Ⓝ210.027　〔07547〕
◇埋蔵銭の物語—出土銭から見た中世の世界　上高津貝塚ふるさと歴史の広場編　土浦　上高津貝塚ふるさと歴史の広場　1997　68p　30cm　Ⓝ210.027　〔07548〕

◆◆徳政令
◇寺院・検断・徳政—戦国時代の寺院史料を読む　勝俣鎮夫編　山川出版社　2004.9　432, 7p　22cm　5000円　Ⓘ4-634-52190-3　Ⓝ210.47　〔07549〕
◇戦国期の徳政と地域社会　阿部浩一著　吉川弘文館　2001.12　356, 11p　22cm　8500円　Ⓘ4-642-02810-2　Ⓝ210.47　〔07550〕
◇戦国・織豊期の徳政　下村信博著　吉川弘文館　1996.8　179, 8p　20cm　（中世史研究選書）　2472円　Ⓘ4-642-02668-1　Ⓝ322.14　〔07551〕
◇徳政令—中世の法と慣習　笠松宏至著　岩波書店　1983.1　213p　18cm　（岩波新書）　430円　Ⓝ322.14　〔07552〕
◇日本の歴史　中世 1-8　徳政令—中世の法と裁判　新訂増補　朝日新聞社　2002.7　p230-260　30cm　（週刊朝日百科 8）　476円　Ⓝ210.1　〔07553〕
◇蒙古襲来と徳政令　筧雅博著　講談社　2001.8　398p　20cm　（日本の歴史 第10巻）　2200円　Ⓘ4-06-268910-3　Ⓝ210.42　〔07554〕

◆農業史

◇関東中世水田の研究―絵図と地図にみる村落の歴史と景観　高島緑雄著　日本経済評論社　1997.3　188p　27cm　(明治大学人文科学研究所叢書)　5800円　Ⓘ4-8188-0900-4　Ⓝ210.4
〔07555〕

◇切支丹農民の経済生活―肥前国彼杵郡浦上村山里の研究　戸谷敏之著　伊藤書店　1943　256p　22cm　(日本学術論叢)　Ⓝ611.9
〔07556〕

◇信玄堤―千二百年の系譜と大陸からの潮流　和田一範著　甲府　山梨日日新聞社　2002.12　307p　20cm　1800円　Ⓘ4-89710-607-9　Ⓝ517.2151
〔07557〕

◇太閤と百姓　松好貞夫著　岩波書店　1957　210p　18cm　(岩波新書)　Ⓝ332.1
〔07558〕

◇中世灌漑史の研究　宝月圭吾著　畝傍書房　1943　366p　22cm　(畝傍史学叢書)　Ⓝ614
〔07559〕

◇中世灌漑史の研究　宝月圭吾著　吉川弘文館　1983.3　366, 2p　22cm　5300円　Ⓝ210.4
〔07560〕

◇中世日本の開発と百姓　鈴木哲雄著　岩田書院　2001.5　397, 23p　22cm　8900円　Ⓘ4-87294-203-5　Ⓝ612.1
〔07561〕

◇中世農業史論　中村吉治著　山川出版社　1976　301p　22cm　3800円　Ⓝ612.1
〔07562〕

◇中世の農業と気候―水田二毛作の展開　磯貝富士男著　吉川弘文館　2002.1　342, 12p　22cm　8000円　Ⓘ4-642-02808-0　Ⓝ612.1
〔07563〕

◇中世の武家と農民―日本の歴史2　北山茂夫著　筑摩書房　1982.11　286p　20cm　(ちくま少年図書館)　1200円　Ⓝ612.1
〔07564〕

◇日本中世開発史の研究　黒田日出男著　校倉書房　1984.7　502p　22cm　(歴史科学叢書)　7800円　Ⓘ4-7517-1590-9　Ⓝ611.02
〔07565〕

◇日本中世の農民問題　鈴木良一著　京都　高桐書院　1948　272p　22cm　(現代歴史学論叢 第5)　Ⓝa611
〔07566〕

◇日本中世の農民問題　鈴木良一著　京都　高桐書院　1948　272p　21cm　(現代歴史学論叢 5)　Ⓝ612
〔07567〕

◇日本中世の農民問題　鈴木良一著　改訂版　校倉書房　1971　270p　22cm　(歴史科学叢書)　2000円　Ⓝ612.1
〔07568〕

◇日本封建農業史　古島敏雄著　四海書房　1941　338p　19cm　(日本経済史全書)　Ⓝ612
〔07569〕

◇日本封建農業史　古島敏雄著　光和書房　1947　283p　19cm　(日本経済史全書)　Ⓝ612
〔07570〕

◇日本封建農業史　古島敏雄著　再版　光和書房　1948　283p　19cm　Ⓝa611
〔07571〕

◆畜産業

◇日本食肉史基礎資料集成　第65輯　古今著聞集　栗田奏二編　橘成季編著, 永積安明, 島田勇雄校注　栗田　1980　1冊　25cm　Ⓝ648.2
〔07572〕

◇日本食肉史基礎資料集成　第82輯　宇治拾遺物語　栗田奏二編　栗田　1981　1冊　26cm　Ⓝ648.2
〔07573〕

◇日本食肉史基礎資料集成　第170輯　吾妻鏡―附日本後紀　栗田奏二編　栗田　1984　1冊　26cm　Ⓝ648.2
〔07574〕

◆製造業・工業技術

◇樫木文書　川内市歴史資料館編　川内　川内市　1991.10　1541p　27cm　非売品　Ⓝ550.21
〔07575〕

◇職人と芸能　網野善彦編　吉川弘文館　1994.12　273p　20cm　(中世を考える)　2266円　Ⓘ4-642-02705-X　Ⓝ210.4
〔07576〕

◇庶民の世紀―中世の技術革命　井塚政義著　六法出版社　1985.3　292p　19cm　1200円　Ⓘ4-89770-141-4　Ⓝ502.1
〔07577〕

◇戦国期江戸湾海上軍事と行徳塩業　千野原靖方著　岩田書院　2001.6　330, 17p　22cm　6900円　Ⓘ4-87294-209-4　Ⓝ210.47
〔07578〕

◇戦国期職人の系譜―杉山博博士追悼論集　永原慶二, 所理喜夫編　角川書店　1989.4　346p　22cm　3900円　Ⓝ210.47
〔07579〕

◇戦国大名と職人　笹本正治著　吉川弘文館　1988.7　284, 10p　20cm　(中世史研究選書)　2600円　Ⓘ4-642-02658-4　Ⓝ210.47
〔07580〕

◇中世瓦の研究　山崎信二編　〔奈良〕　奈良国立文化財研究所　2000.3　413p　30cm　(奈良国立文化財研究所学報 第59号)　Ⓝ573.35
〔07581〕

◇中世房総の船　千野原靖方著　流山　崙書房　1999.3　159p　18cm　(ふるさと文庫)　1200円　Ⓘ4-8455-0172-4　Ⓝ550.2135
〔07582〕

◇中世民衆の生業と技術　網野善彦著　東京大学出版会　2001.2　285, 11p　22cm　4800円　Ⓘ4-13-020130-1　Ⓝ602.1
〔07583〕

◇「日本中世印刷史」展　MARUZEN　1998　98p　26cm　Ⓝ026.3
〔07584〕

◇日本中世の百姓と職能民　網野善彦著　平凡社　1998.2　370p　20cm　(平凡社選書 170)　2300円　Ⓘ4-582-84170-8　Ⓝ210.4
〔07585〕

◆◆鋳物

◇中世鋳物師史料　名古屋大学文学部国史研究室編　法政大学出版局　1982.9　xxix, 332p　22cm　9500円　Ⓝ566.1
〔07586〕

◇中世の梵鐘―物部姓鋳物師の系譜と鋳造　横浜市歴史博物館編　横浜　横浜市歴史博物館　2000.1　72p　30cm　Ⓝ756.4
〔07587〕

◆鉱業

◇戦国金山伝説を掘る―甲斐黒川金山衆の足跡　今村啓爾著　平凡社　1997.2　303p　20cm　(平凡社選書 167)　2472円　Ⓘ4-582-84167-8　Ⓝ562.1
〔07588〕

◇戦国武田の黒川金山―多摩川源流の黄金境　大藪宏著　甲府　山梨日日新聞社出版局　1995.10　224p　18cm　(山日ライブラリー)　1165円　Ⓘ4-89710-702-4　Ⓝ562.1
〔07589〕

◆運輸・交通

◇鎌倉時代の交通　新城常三著　吉川弘文館　1967　381p　図版　20cm　(日本歴史叢書 18 日本歴史学会編)　Ⓝ682.1
〔07590〕

◇鎌倉時代の交通　新城常三著　吉川弘文館　1995.11　381, 10p　20cm　(日本歴史叢書 新装版)　3193円　Ⓘ4-642-06624-1　Ⓝ682.1
〔07591〕

◇交流・物流・越境―中世都市研究　11　五味文彦編　新人物往来社　2005.9　345p　21cm　3600円　Ⓘ4-404-03271-4
〔07592〕

◇戦国時代の交通　新城常三著　畝傍書房　1943　373p　22cm　Ⓝ682　〔07593〕
◇中世西日本の流通と交通―行き交うヒトとモノ　橋本久和, 市村高男編　高志書院　2004.4　224p　21cm　2500円　Ⓘ4-906641-81-4　Ⓝ682.1　〔07594〕
◇中世の関所　相田二郎著　畝傍書房　1943　554, 21p　図版　表　22cm　（畝傍史学叢書）　Ⓝ682　〔07595〕
◇中世の関所　相田二郎著　有峰書店　1972　554, 21p　図　22cm　3800円　Ⓝ682.1　〔07596〕
◇中世の関所　相田二郎著　吉川弘文館　1983.3　554, 21, 12p　22cm　7900円　Ⓝ210.4　〔07597〕
◇中世の宿と町　藤原良章, 飯村均編　高志書院　2007.6　217p　21cm　2500円　Ⓘ978-4-86215-024-0　Ⓝ682.1　〔07598〕
◇豊田武著作集　第3巻　中世の商人と交通　吉川弘文館　1983.1　560, 18p　22cm　7800円　Ⓝ210.4　〔07599〕
◇封建制下の社会と交通　丸山雍成著　吉川弘文館　2001.6　1314p　22cm　13000円　Ⓘ4-642-03368-8　Ⓝ210.4　〔07600〕

◆◆道
◇朝倉街道・鯖街道　福井　福井県教育委員会　2004.3　173p　30cm　（福井県歴史の道調査報告書　第4集）　Ⓝ682.144　〔07601〕
◇改正中山道往来―全　蕨市立歴史民俗資料館編　〔蕨〕蕨市立歴史民俗資料館　2002.5　17p　22cm　（蕨市立歴史民俗資料館史料叢書　第3集）　Ⓝ682.144　〔07602〕
◇鎌倉街道の世界―古道から探る中世の風景　第14回特別展図録　毛呂山町歴史民俗資料館編　〔毛呂山町（埼玉県）〕毛呂山町歴史民俗資料館　2004.10　30p　30cm　Ⓝ682.144　〔07603〕
◇古道を歩く―鎌倉街道歴史探訪　埼玉県立歴史資料館編　〔出版地不明〕奥武蔵古文化研究会　2000.4　55p　19cm　Ⓝ291.3　〔07604〕
◇古東海道夢跡　十選　放生池一弥著　調布　海道史研究会　2005.6　310p　19cm　1900円　〔07605〕
◇戦国時代街道物語　中沢正著　雄山閣出版　1972　332p　図　19cm　（物語歴史文庫 28）　880円　Ⓝ210.47　〔07606〕
◇中世を歩く―東京とその近郊に古道「鎌倉街道」を探る　北倉庄一著　テレコム・トリビューン社　1998.2　280p　19cm　1428円　Ⓘ4-9900165-3-X, 4-9900165-3-1　Ⓝ682.137　〔07607〕
◇中世東国史の中の鎌倉古道　蜂矢敬啓著　高文堂出版社　1997.5　197p　19cm　1900円　Ⓘ4-7707-0558-1　Ⓝ291.3　〔07608〕
◇中世のみちを探る　藤原良章編　高志書院　2004.6　292p　22cm　4200円　Ⓘ4-906641-83-0　Ⓝ682.1　〔07609〕
◇中世の道・鎌倉街道の探索―東京近郊の「鎌倉街道」を尋ねて　北倉庄一著　テレコム・トリビューン社　2000.3　276p　19cm　1800円　Ⓘ4-9900165-4-8　Ⓝ682.134　〔07610〕
◇中世のみちと都市　藤原良章著　山川出版社　2005.9　107p　21cm　（日本史リブレット 25）　800円　Ⓘ4-634-54250-1　Ⓝ682.1　〔07611〕
◇中世のみちと橋　藤原良章編　高志書院　2005.6　250p　21cm　2800円　Ⓘ4-906641-99-7　Ⓝ682.1　〔07612〕
◇中世のみちと物流　藤原良章, 村井章介編　山川出版社　1999.11　285p　22cm　4762円　Ⓘ4-634-52090-7　Ⓝ210.4　〔07613〕
◇日本「古街道」探訪―東北から九州まで、歴史ロマン23選　泉秀樹著　PHP研究所　2007.4　322p　15cm　（PHP文庫）　619円　Ⓘ978-4-569-66815-4　〔07614〕
◇歴史と古道―歩いて学ぶ中世史　戸田芳実著　京都　人文書院　1992.6　346p　20cm　3914円　Ⓘ4-409-52018-0　Ⓝ210.4　〔07615〕

◆◆水運・海運
◇網野善彦著作集　第10巻　海民の社会　網野善彦著, 稲葉伸道, 桜井英治, 盛本昌広, 山本幸司編　網野善彦著　岩波書店　2007.7　539p　22cm　4500円　Ⓘ978-4-00-092650-8　Ⓝ210.4　〔07616〕
◇海と列島の中世　網野善彦著　日本エディタースクール出版部　1992.1　328p　20cm　2400円　Ⓘ4-88888-183-9　Ⓝ210.4　〔07617〕
◇海と列島の中世　網野善彦著　講談社　2003.4　386p　15cm　（講談社学術文庫）　1150円　Ⓘ4-06-159592-X　Ⓝ210.4　〔07618〕
◇海の道から中世をみる　1　中世の港町　広島県立歴史博物館編　福山　広島県立歴史博物館　1996.4　152p　30cm　（広島県立歴史博物館展示図録 第17冊）　Ⓝ683.21　〔07619〕
◇海の道から中世をみる　2　商人たちの瀬戸内　広島県立歴史博物館編　福山　広島県立歴史博物館　1996.10　176p　30cm　（広島県立歴史博物館展示図録 第19冊）　Ⓝ683.2　〔07620〕
◇海の道　日本海を辿る―日本海交易繁栄の跡を訪ねて　棚瀬久雄著　近代文芸社　2007.2　529p　21cm　2400円　Ⓘ978-4-7733-7441-4　〔07621〕
◇鎌倉への海の道―神奈川芸術祭・特別展図録　神奈川県立金沢文庫編　〔横浜〕神奈川県立金沢文庫　1992.10　174p　30cm　Ⓝ702.17　〔07622〕
◇常総内海の中世―地域権力と水運の展開　千野原靖方著　流山　崙書房出版　2007.10　338p　21cm　3800円　Ⓘ978-4-8455-1138-9　〔07623〕
◇中世水運史の研究　新城常三著　塙書房　1994.10　1012, 15p　22cm　20600円　Ⓘ4-8273-1106-4　Ⓝ683.21　〔07624〕
◇中世東国の太平洋海運　綿貫友子著　東京大学出版会　1998.10　333, 19p　22cm　9200円　Ⓘ4-13-026067-7　Ⓝ683.21　〔07625〕
◇中世に於ける水運の発達　徳田釼一著　章華社　1936　337p　図版　22cm　Ⓝ210.4　〔07626〕
◇中世における水運の発達　徳田釼一著, 豊田武増補　増補版　巖南堂書店　1966　337, 37p　22cm　Ⓝ683.21　〔07627〕
◇中世の風景を読む　第4巻　日本海交通の展開　網野善彦, 石井進編　新人物往来社　1995.6　301p　21cm　3000円　Ⓘ4-404-02176-3　Ⓝ210.4　〔07628〕
◇津々浦々をめぐる―中世瀬戸内の流通と交流　兵庫・岡山・広島三県合同企画展　兵庫・岡山・広島三県合同企画展実行委員会編　〔福山〕兵庫・岡山・広島三県合同企画展実行委員会　2004.7　138p　30cm　Ⓝ683.2174　〔07629〕
◇日本海域歴史大系　第3巻（中世篇）　小林昌二監修, 矢田俊文, 工藤清泰編　大阪　清文堂出版　2005.6　336p

22cm 3800円 ①4-7924-0583-1 Ⓝ210.1
〔07630〕
◇日本海交易と一乗谷―海のネットワーク 第9回企画展 福井県立一乗谷朝倉氏遺跡資料館 福井 福井県立一乗谷朝倉氏遺跡資料館 1996.7 51p 26cm Ⓝ210.025
〔07631〕
◇日本社会再考―海民と列島文化 網野善彦著 小学館 1994.5 333p 20cm 2500円 ①4-09-626181-5 Ⓝ210.4
〔07632〕
◇日本社会再考―海からみた列島文化 網野善彦著 新装版 小学館 2004.4 277p 21cm 1900円 ①4-09-626207-2
〔07633〕
◇日本の歴史 中世 2-9 琵琶湖と淀の水系 新訂増補 朝日新聞社 2002.10 p258-288 30cm (週刊朝日百科 19) 476円 Ⓝ210.1
〔07634〕
◇信長船づくりの誤算―湖上交通史の再検討 用田政晴著 彦根 サンライズ出版 1999.7 180p 19cm (淡海文庫 16) 1200円 ①4-88325-123-3 Ⓝ684
〔07635〕
◇東アジア中世海道―海商・港・沈没船 国立歴史民俗博物館編 毎日新聞社 2005.3 199p 30cm Ⓝ683.22
〔07636〕
◇港町と海域世界 歴史学研究会編, 村井章介責任編集 青木書店 2005.12 397p 20cm (シリーズ港町の世界史 1) 3600円 ①4-250-20538-X Ⓝ683.92
〔07637〕
◇港町に生きる 歴史学研究会編, 羽田正責任編集 青木書店 2006.2 347p 20cm (シリーズ港町の世界史 3) 3600円 ①4-250-20604-1 Ⓝ683.92 〔07638〕
◇港町のトポグラフィ 歴史学研究会編, 深沢克己責任編集 青木書店 2006.1 354p 20cm (シリーズ港町の世界史 2) 3600円 ①4-250-20600-9 Ⓝ683.92
〔07639〕
◇若狭湾と中世の海の道―若狭湾の浦々と日本海流通 福井県立若狭歴史民俗資料館編 小浜 福井県立若狭歴史民俗資料館 2005.10 71p 30cm Ⓝ683.2144
〔07640〕

◆商業史
◇「商い」から見た日本史―市場経済の奔流をつかむ 伊藤雅俊, 網野善彦, 斎藤善之著 PHP研究所 2000.10 238p 19cm 1300円 ①4-569-61321-7 Ⓝ672.1
〔07641〕
◇異郷を結ぶ商人と職人 笹本正治著 中央公論新社 2002.4 292p 20cm (日本の中世 3) 2400円 ①4-12-490212-3 Ⓝ672.1
〔07642〕
◇豪商―角倉了以を中心とする戦国大商人の誕生 野村尚吾著 毎日新聞社 1968 222p 19cm Ⓝ672.1
〔07643〕
◇堺と博多―戦国の豪商 泉澄一著 大阪 創元社 1976.12 303p 図 19cm 1300円 Ⓝ210.47 〔07644〕
◇図説呂宋助左衛門 徳間書店編 徳間書店 1978.1 163p(図共) 29cm (Tokuma mook) 1800円 Ⓝ210.49
〔07645〕
◇戦国にみる創造的経営 童門冬二著 時事通信社 1985.6 218p 19cm 1000円 ①4-7887-8514-5 Ⓝ332.104
〔07646〕
◇増訂 中世日本商業史の研究 豊田武著 岩波書店 1952 498p 22cm Ⓝ672.1
〔07647〕

◇中世商人の世界―市をめぐる伝説と実像 歴博フォーラム 国立歴史民俗博物館編 佐倉 国立歴史民俗博物館 1998.3 257p 22cm Ⓝ672.1
〔07648〕
◇中世商人の世界―市をめぐる伝説と実像 歴博フォーラム 国立歴史民俗博物館編 日本エディタースクール出版部 1998.4 257p 22cm 2800円 ①4-88888-272-X Ⓝ672.1
〔07649〕
◇中世商品流通史の研究 佐々木銀弥著 法政大学出版局 1972 434, 15p 22cm (叢書・歴史学研究) 3500円 Ⓝ672.1
〔07650〕
◇中世瀬戸内の流通と交流 柴垣勇夫編 塙書房 2005.12 314p 22cm 7500円 ①4-8273-1200-1
〔07651〕
◇中世日本商業史の研究 豊田武著 岩波書店 1944 390p 21cm Ⓝ672
〔07652〕
◇中世日本商業史の研究 豊田武著 増訂 岩波書店 1952.1(10刷:1995.10) 475, 23p 22cm 5049円 ①4-00-001376-9 Ⓝ332.104
〔07653〕
◇中世の商業 佐々木銀弥著 至文堂 1961 218p 19cm (日本歴史新書) Ⓝ672.1 〔07654〕
◇中世の石材流通 秋池武著 高志書院 2005.2 300p 22cm 6000円 ①4-906641-92-X Ⓝ569 〔07655〕
◇豊田武著作集 第1巻 座の研究 吉川弘文館 1982.3 485, 17p 22cm 6800円 Ⓝ210.4 〔07656〕
◇豊田武著作集 第2巻 中世日本の商業 吉川弘文館 1982.10 578, 21p 22cm 7800円 Ⓝ210.4
〔07657〕
◇豊田武著作集 第2巻 中世日本の商業 豊田武著 吉川弘文館 1991.10 578, 21p 21cm 8050円 ①4-642-02562-6
〔07658〕
◇豊田武著作集 第3巻 中世の商人と交通 吉川弘文館 1983.1 560, 18p 22cm 7800円 Ⓝ210.4
〔07659〕
◇日本商人の源流―中世の商人たち 佐々木銀弥著 〔東村山〕 教育社 1981.1 268p 18cm (教育社歴史新書) 800円 Ⓝ672.1
〔07660〕
◇日本中世社会の流通構造 鈴木敦子著 校倉書房 2000.6 368p 22cm (歴史科学叢書) 9000円 ①4-7517-3080-0 Ⓝ672.1
〔07661〕
◇日本中世商業史の研究 小野晃嗣著 法政大学出版局 1989.5 320p 22cm (叢書・歴史学研究) 7004円 ①4-588-25038-8 Ⓝ672.1
〔07662〕
◇日本中世商業発達史の研究 脇田晴子著 御茶の水書房 1969 598p 表 22cm 2800円 Ⓝ672.1 〔07663〕
◇日本中世商業発達史の研究 脇田晴子著 御茶の水書房 1977.10 598p 22cm 6000円 Ⓝ672.1 〔07664〕
◇日本中世商品流通史論―荘園商業の展開と生産構造 神木哲男著 神戸 神戸大学研究双書刊行会 1980.3 254, 5p 22cm (神戸経済学双書 10) 4200円 Ⓝ672.1
〔07665〕
◇日本中世商品流通史論―荘園商業の展開と生産構造 神木哲男著 有斐閣 1980.6 254, 5p 22cm (神戸経済学双書 10) 4200円 Ⓝ672.1
〔07666〕
◇日本中世の流通と商業 宇佐見隆之著 吉川弘文館 1999.8 300, 6p 22cm 7600円 ①4-642-02780-7 Ⓝ672.1
〔07667〕
◇日本中世の流通と対外関係 佐々木銀弥著 吉川弘文館 1994.12 336p 22cm 7004円 ①4-642-02741-6 Ⓝ672.1
〔07668〕

経済史　中世史

◇南九州の海商人たち—豪商の時代の舞台を訪ねる　三又たかし著　宮崎　鉱脈社　2004.11　243p　19cm　（みやざき文庫）　1600円　Ⓘ4-86061-120-9〔07669〕
◇楽市楽座の誕生　熊田亨著　岩波出版サービスセンター（製作）　2002.4　189p　20cm　Ⓝ672.1〔07670〕

◆◆貿易

◇岡田章雄著作集　3　日欧交渉と南蛮貿易　加藤栄一編集・解説　京都　思文閣出版　1983.5　334p　20cm　2900円　Ⓝ210.18〔07671〕
◇海外貿易から読む戦国時代　武光誠著　PHP研究所　2004.3　204p　18cm　（PHP新書）　720円　Ⓘ4-569-63523-7　Ⓝ210.47〔07672〕
◇海外貿易史—鎌倉時代〜徳川時代鎖国まで　〔荒尾〕〔御朱印船美術展事務局〕　1990　18枚　26cm　Ⓝ210.47〔07673〕
◇キリシタン時代の貿易と外交　高瀬弘一郎著　八木書店　2002.2　449,40p　22cm　13000円　Ⓘ4-8406-2020-2　Ⓝ210.48〔07674〕
◇港湾都市と対外交易　大庭康時ほか編, 中世都市研究会編集協力　新人物往来社　2004.10　332p　21cm　（中世都市研究 10）　3600円　Ⓘ4-404-03219-6　Ⓝ210.4〔07675〕
◇中世南島通交貿易史の研究　小葉田淳著　日本評論社　1939　538,14p　23cm　Ⓝ210.4〔07676〕
◇中世南島通交貿易史の研究　小葉田淳著　刀江書院　1968　538,14,86p 表　22cm　Ⓝ678.21〔07677〕
◇中世日支交通貿易史の研究　小葉田淳著　刀江書院　1941　498,14p　22cm　Ⓝ210.4〔07678〕
◇中世日支通交貿易史の研究　小葉田淳著　刀江書院　1969　498p　22cm　3200円　Ⓝ678.21〔07679〕
◇中世日朝貿易の研究　田村洋幸著　京都　三和書房　1967　560p 図版　22cm　Ⓝ678.21〔07680〕
◇中世の風景を読む　第7巻　東シナ海を囲む中世世界　網野善彦, 石井進編　新人物往来社　1995.2　338p　21cm　3000円　Ⓘ4-404-02158-5　Ⓝ210.4〔07681〕
◇南蛮船貿易史　外山卯三郎著　大空社　1997.9　610,14p　22cm　（アジア学叢書 35）　19000円　Ⓘ4-7568-0575-2　Ⓝ678.210369〔07682〕
◇日明勘合貿易史料　湯谷稔編　国書刊行会　1983.6　671p　22cm　12000円　Ⓝ678.21022〔07683〕
◇博多商人—鴻臚館から現代まで　読売新聞西部本社編　福岡　海鳥社　2004.11　127p　21cm　1700円　Ⓘ4-87415-494-8〔07684〕
◇明国と日本—外交・貿易・文化交流　大阪　大阪市立博物館　1986　76p　26cm　（展覧会目録 第102号）　Ⓝ702.146〔07685〕

社会史

◇網野善彦著作集　第10巻　海民の社会　網野善彦著, 稲葉伸道, 桜井英治, 盛本昌広, 山本幸司編　網野善彦著　岩波書店　2007.7　539p　22cm　4500円　Ⓘ978-4-00-092650-8　Ⓝ210.48〔07686〕
◇石井進の世界　4　知の対話　石井進著, 石井進著作集刊行会編　山川出版社　2006.1　402,15p　19cm　6500円　Ⓘ4-634-59054-9〔07687〕
◇一遍聖絵と中世の光景　一遍研究会編　ありな書房　1993.1　228p　22cm　3399円　Ⓘ4-7566-9229-X　Ⓝ210.4〔07688〕
◇描かれた日本の中世—絵図分析論　下坂守編　京都　法蔵館　2003.11　504,13p　22cm　9600円　Ⓘ4-8318-7478-7　Ⓝ210.4〔07689〕
◇絵巻に中世を読む　藤原良章, 五味文彦編　吉川弘文館　1995.12　330p　20cm　3502円　Ⓘ4-642-07476-7　Ⓝ210.4〔07690〕
◇絵画・木札・石造物に中世を読む　水藤真著　吉川弘文館　1994.8　365p　22cm　6592円　Ⓘ4-642-02737-8　Ⓝ210.4〔07691〕
◇鎌倉時代の社会と文化　東京堂出版　1999.4　428p　22cm　（鎌倉遺文研究 2）　9000円　Ⓘ4-490-20375-6　Ⓝ210.42〔07692〕
◇近世以前における日本の社会と数学—社会変動の視点から　井上文夫著　八千代出版　2002.9　159p　22cm　1800円　Ⓘ4-8429-1250-2　Ⓝ362.1〔07693〕
◇黒田俊雄著作集　第8巻　歴史学の思想と方法　井ケ田良治ほか編　京都　法蔵館　1995.12　458,38p　22cm　8800円　Ⓘ4-8318-3328-2　Ⓝ210.4〔07694〕
◇障害者の中世　河野勝行著　京都　文理閣　1987.8　353p　19cm　2500円　Ⓘ4-89259-115-7　Ⓝ210.4〔07695〕
◇初期中世社会史の研究　戸田芳実著　東京大学出版会　1991.11　329p　22cm　5356円　Ⓘ4-13-020099-2　Ⓝ210.36〔07696〕
◇新日本史大系　第3巻　中世社会　豊田武編　朝倉書店　1952-57　19cm　Ⓝ210.1〔07697〕
◇戦国期権力と地域社会　有光友学編　吉川弘文館　1986.1　618p　22cm　9000円　Ⓘ4-642-02613-4　Ⓝ210.47〔07698〕
◇戦国期東国社会論　戦国史研究会編　吉川弘文館　1990.12　367p　22cm　6602円　Ⓘ4-642-02633-9　Ⓝ210.47〔07699〕
◇戦国期の権力と社会　永原慶二編　東京大学出版会　1976　329p　22cm　3000円　Ⓝ210.47〔07700〕
◇戦国時代社会構造の研究　池上裕子著　校倉書房　1999.12　626p　22cm　（歴史科学叢書）　12000円　Ⓘ4-7517-3010-X　Ⓝ210.47〔07701〕
◇戦国時代の百姓思想　永井隆之著　仙台　東北大学出版会　2007.8　262p　21cm　3000円　Ⓘ978-4-86163-055-2〔07702〕
◇戦国社会史論—日本中世国家の解体　藤木久志著　東京大学出版会　1974　400,4p　22cm　3200円　Ⓝ210.46〔07703〕
◇戦国・織豊期の権力と社会　本多隆成編　吉川弘文館　1999.9　393p　22cm　8000円　Ⓘ4-642-02784-X　Ⓝ210.47〔07704〕
◇戦国・織豊期の社会と文化　下村効著　吉川弘文館　1982.9　440,22p　22cm　7500円　Ⓝ210.47〔07705〕
◇戦国の異能人　戸部新十郎著　PHP研究所　1994.4　221p　15cm　（PHP文庫）　440円　Ⓘ4-569-56625-1　Ⓝ210.48〔07706〕
◇中世・近世の国家と社会　永原慶二ほか編　東京大学出版会　1986.11　415p　22cm　6200円　Ⓘ4-13-020075-5　Ⓝ210.4〔07707〕
◇中世後期の地域と在地領主　湯浅治久著　吉川弘文館　2002.8　365,9p　22cm　9000円　Ⓘ4-642-02677-0　Ⓝ210.46〔07708〕

◇中世再考―列島の地域と社会　網野善彦著　講談社　2000.11　270p　15cm　（講談社学術文庫）　820円　Ⓘ4-06-159448-6　Ⓝ210.4　〔07709〕

◇中世史を考える―社会論・史料論・都市論　石井進著　校倉書房　1991.6　357p　20cm　3090円　Ⓘ4-7517-2110-0　Ⓝ210.4　〔07710〕

◇中世史の理論と方法―日本封建社会・身分制・社会史　高橋昌明著　校倉書房　1997.10　374p　20cm　3800円　Ⓘ4-7517-2760-5　Ⓝ210.4　〔07711〕

◇中世社会思想史の試み―地下の思想と営為　佐藤和彦著　校倉書房　2000.1　367p　20cm　3800円　Ⓘ4-7517-3020-7　Ⓝ210.4　〔07712〕

◇中世社会史料論　五味文彦著　校倉書房　2006.11　426p　22cm　8000円　Ⓘ4-7517-3780-5　Ⓝ210.4　〔07713〕

◇中世社会と現代　五味文彦著　山川出版社　2004.4　103p　21cm　（日本史リブレット 33）　800円　Ⓘ4-634-54330-3　Ⓝ210.4　〔07714〕

◇中世社会の基本構造　日本史研究会(京都大学内)史料研究部会編　御茶の水書房　1958　461p　22cm　Ⓝ210.4　〔07715〕

◇中世社会の研究　中村吉治著　河出書房　1939　448p　22cm　Ⓝ210.4　〔07716〕

◇中世社会の研究　松本新八郎著　東京大学出版会　1956　468p　22cm　Ⓝ210.4　〔07717〕

◇中世社会の構造　歴史学研究会,日本史研究会編　東京大学出版会　2004.9　336p　19cm　（日本史講座　第4巻）　2200円　Ⓘ4-13-025104-X　Ⓝ210.4　〔07718〕

◇中世社会の諸問題　宮川満著　第一書房　1999.3　595,13p　22cm　（宮川満著作集 3）　Ⓘ4-8042-0693-0　Ⓝ210.4　〔07719〕

◇中世社会の成立と展開　大阪歴史学会編　吉川弘文館　1976　540p　22cm　7000円　Ⓝ210.4　〔07720〕

◇中世社会論の地平　石井進著　岩波書店　2005.2　356,11p　22cm　（石井進著作集 第6巻）　8400円　Ⓘ4-00-092626-8　Ⓝ210.4　〔07721〕

◇中世人の生活世界　勝俣鎮夫編　山川出版社　1996.3　401p　22cm　5400円　Ⓘ4-634-61040-X　Ⓝ210.4　〔07722〕

◇中世成立期の社会と思想　永原慶二著　吉川弘文館　1977.4　276p　19cm　1400円　Ⓝ210.42　〔07723〕

◇中世地域社会の歴史像　吉村亨著　京都　阿吽社　1997.5　357,11p　22cm　3800円　Ⓘ4-900590-53-3　Ⓝ210.4　〔07724〕

◇中世的思惟とその社会　藤原良章著　吉川弘文館　1997.5　316,4p　22cm　6600円＋税　Ⓘ4-642-02755-6　Ⓝ210.4　〔07725〕

◇中世的世界から近世的世界へ―場・音・人をめぐって　笹本正治著　岩田書院　1993.6　406p　22cm　8137円　Ⓘ4-900697-02-8　Ⓝ210.4　〔07726〕

◇中世的世界とは何だろうか　網野善彦著　朝日新聞社　1996.6　222p　19cm　（朝日選書 555）　1300円　Ⓘ4-02-259655-4　Ⓝ210.4　〔07727〕

◇中世的世界の形成　石母田正著　伊藤書店　1946　304p　21cm　Ⓝ210.4　〔07728〕

◇中世東国の支配構造　続　佐藤博信著　京都　思文閣出版　1996.10　338,20p　22cm　（思文閣史学叢書）　8034円　Ⓘ4-7842-0916-6　Ⓝ210.4　〔07729〕

◇中世東国の社会構造　佐藤博信編　岩田書院　2007.6　336p　22cm　（中世東国論 下）　6900円　Ⓘ978-4-87294-473-0　Ⓝ213　〔07730〕

◇中世東国の地域権力と社会　千葉歴史学会編　岩田書院　1996.11　403p　22cm　（千葉史学叢書 2）　8200円　Ⓘ4-900697-63-X　Ⓝ210.4　〔07731〕

◇中世東国の地域社会史　湯浅治久著　岩田書院　2005.6　425,16p　22cm　（中世史研究叢書 5）　9500円　Ⓘ4-87294-388-0　Ⓝ210.4　〔07732〕

◇中世東国の内海世界―霞ヶ浦・筑波山・利根川　市村高男監修,茨城県立歴史館編　高志書院　2007.12　291p　21cm　3500円　Ⓘ978-4-86215-033-2　〔07733〕

◇中世内乱期の社会と民衆　永原慶二著　吉川弘文館　1977.4　300p　19cm　1400円　Ⓝ210.458　〔07734〕

◇中世に於ける社寺と社会との関係　平泉澄著　国書刊行会　1982.10　374p　22cm　6000円　Ⓝ210.4　〔07735〕

◇中世日本社会史の研究　阿部猛著　大原新生社　1980.6　258p　22cm　2500円　Ⓝ210.4　〔07736〕

◇中世のいくさ・祭り・外国との交わり―農村生活史の断面　井原今朝男著　校倉書房　1999.9　352p　20cm　3800円　Ⓘ4-7517-2980-2　Ⓝ210.4　〔07737〕

◇中世の空間を読む　五味文彦編　吉川弘文館　1995.7　436p　22cm　7210円　Ⓘ4-642-02748-3　Ⓝ210.4　〔07738〕

◇中世の権力と民衆　日本史研究会史料研究部会編　大阪　創元社　1970　528p　22cm　（創元学術双書）　3500円　Ⓝ210.4　〔07739〕

◇中世の国家と在地社会　村井章介著　校倉書房　2005.12　498p　22cm　（歴史科学叢書）　14000円　Ⓘ4-7517-3670-1　Ⓝ210.4　〔07740〕

◇中世の支配と民衆　阿部猛編　同成社　2007.10　296p　21cm　（同成社中世史選書）　7000円　Ⓘ978-4-88621-408-9　〔07741〕

◇中世の社会と思想　上　松本新八郎著　校倉書房　1983.9　436p　22cm　6800円　Ⓝ210.4　〔07742〕

◇中世の社会と思想　下　松本新八郎著　校倉書房　1985.5　470p　22cm　7800円　Ⓘ4-7517-1690-5　Ⓝ210.4　〔07743〕

◇中世の社会と史料　羽下徳彦著　吉川弘文館　2005.2　296p　21cm　9000円　Ⓘ4-642-02837-4　〔07744〕

◇中世の社会と武力　福田豊彦編　吉川弘文館　1994.8　266p　22cm　6180円　Ⓘ4-642-02735-1　Ⓝ210.4　〔07745〕

◇中世の政治的社会と民衆像　中世民衆史研究会編　三一書房　1976　228p 図　23cm　2800円　Ⓝ210.36　〔07746〕

◇中世の地域社会と交流　羽下徳彦編　吉川弘文館　1994.8　279p　22cm　6180円　Ⓘ4-642-02739-4　Ⓝ210.4　〔07747〕

◇中世の内乱と社会　佐藤和彦編　東京堂出版　2007.5　600p　22cm　10000円　Ⓘ978-4-490-20610-4　Ⓝ210.4　〔07748〕

◇中世のひろがり　石井進著　山川出版社　2006.2　384,14p　20cm　（石井進の世界 5）　6500円　Ⓘ4-634-59055-7　Ⓝ210.4　〔07749〕

◇中世の風景を読む　第1巻　蝦夷の世界と北方交易　網野善彦,石井進編　新人物往来社　1995.12　423p　21cm　3000円　Ⓘ4-404-02174-7　Ⓝ210.4　〔07750〕

◇中世の風景を読む 第2巻 都市鎌倉と坂東の海に暮らす 網野善彦,石井進編 新人物往来社 1994.12 352p 21cm 3000円 Ⓘ4-404-02157-7 Ⓝ210.4
〔07751〕
◇中世の風景を読む 第3巻 境界と鄙に生きる人々 網野善彦,石井進編 新人物往来社 1995.4 310p 21cm 3000円 Ⓘ4-404-02175-5 Ⓝ210.4 〔07752〕
◇中世の風景を読む 第4巻 日本海交通の展開 網野善彦,石井進編 新人物往来社 1995.6 301p 21cm 3000円 Ⓘ4-404-02176-3 Ⓝ210.4 〔07753〕
◇中世の風景を読む 第5巻 信仰と自由に生きる 網野善彦,石井進編 新人物往来社 1995.10 391p 21cm 3000円 Ⓘ4-404-02177-1 Ⓝ210.4 〔07754〕
◇中世の風景を読む 第6巻 内海を躍動する海の民 網野善彦,石井進編 新人物往来社 1995.8 357p 21cm 3000円 Ⓘ4-404-02178-X Ⓝ210.4 〔07755〕
◇中世の民衆―教養の日本史 佐藤和彦編 東京堂出版 1997.4 213p 19cm 2500円+税 Ⓘ4-490-20307-1 Ⓝ210.4 〔07756〕
◇中世・武装農民の記録―薄井嘉夫家所蔵「薄井系図」解読 薄井清著 町田 薄井一族九三五年遠忌法要実行委員会 1993.3 39p 21cm 1000円 Ⓝ288.2
〔07757〕
◇中世辺路への旅―日々の暮らしの視点からの日欧文化比較論への試み 笹屋春彦著 鳥影社 1999.7 297p 19cm 1700円 Ⓘ4-88629-408-1 Ⓝ210.4
〔07758〕
◇中世民衆史の方法―反権力の構想 佐藤和彦著 校倉書房 1985.9 290p 20cm 2500円 Ⓘ4-7517-1700-6 Ⓝ210.4 〔07759〕
◇中世民衆の世界 黒田俊雄編 三省堂 1988.7 308p 20cm 2400円 Ⓘ4-385-35330-1 Ⓝ210.4
〔07760〕
◇天皇・天皇制・百姓・沖縄―社会構成史研究よりみた社会史研究批判 安良城盛昭著 吉川弘文館 2007.6 503p 19cm (歴史文化セレクション) 3800円 Ⓘ978-4-642-06336-4 〔07761〕
◇展望日本歴史 12 戦国社会 池上裕子,稲葉継陽編 東京堂出版 2001.8 431p 23cm 5000円 Ⓘ4-490-30562-1 Ⓝ210.1 〔07762〕
◇東寺文書にみる中世社会 東寺文書研究会編 東京堂出版 1999.5 616p 22cm 8500円 Ⓘ4-490-20381-0 Ⓝ210.4 〔07763〕
◇動乱と民衆の生活―中世芦屋の動向 特別展 芦屋市立美術博物館編 芦屋 芦屋市立美術博物館 1994 24p 26cm Ⓝ210.4 〔07764〕
◇土民嗷々――一四四一年の社会史 今谷明著 東京創元社 2001.2 245p 15cm (創元ライブラリ) 860円 Ⓘ4-488-07040-X Ⓝ210.46 〔07765〕
◇豊田武著作集 第7巻 中世の政治と社会 吉川弘文館 1983.6 582, 17p 22cm 7800円 Ⓝ210.4
〔07766〕
◇永原慶二著作選集 第1巻 日本封建社会論・日本の中世社会 永原慶二著 吉川弘文館 2007.7 508, 12p 21cm 15000円 Ⓘ978-4-642-02680-2 〔07767〕
◇中村直勝著作集 第2巻 社会文化史 京都 淡交社 1978.2 567p 22cm 4500円 Ⓝ210.08 〔07768〕
◇日本史講座 4 中世社会の構造 歴史学研究会,日本史研究会編 東京大学出版会 2004.9 336p 19cm 2200円 Ⓘ4-13-025104-X 〔07769〕

◇日本社会の史的究明 歴史学研究会編 岩波書店 1949 340p 19cm Ⓝ362
〔07770〕
◇日本社会の歴史 下 網野善彦著 岩波書店 1997.12 181p 18cm (岩波新書) 640円 Ⓘ4-00-430502-0 Ⓝ210.1 〔07771〕
◇日本初期中世社会の研究 木村茂光著 校倉書房 2006.5 340p 19cm (歴史科学叢書) 10000円 Ⓘ4-7517-3740-6 〔07772〕
◇日本中世社会構造の研究 永原慶二著 岩波書店 1973 752, 9p 22cm 3000円 Ⓝ210.4 〔07773〕
◇日本中世社会構造の研究 永原慶二著 岩波書店 1988.11 752, 9p 22cm 5800円 Ⓘ4-00-001595-8 Ⓝ210.4 〔07774〕
◇日本中世社会構造の研究 永原慶二著 吉川弘文館 2007.9 540, 7p 22cm (永原慶二著作選集 第3巻) 16000円 Ⓘ978-4-642-02682-6 Ⓝ210.4
〔07775〕
◇日本中世社会史 鎌倉時代の部 高端逸夫著 白揚社 1934 167p 19cm Ⓝ210.4 〔07776〕
◇日本中世社会史 室町時代 笠原修著 白揚社 1934 170p 19cm Ⓝ210.4 〔07777〕
◇日本中世社会史論 稲垣泰彦著 東京大学出版会 1981.7 433, 7p 22cm 4600円 Ⓝ210.4 〔07778〕
◇日本中世政治社会の研究―小川信先生古稀記念論集 小川信先生の古希記念論集を刊行する会編 続群書類従完成会 1991.3 924p 21cm 23690円 〔07779〕
◇日本中世戦国期権力構造の研究 矢田俊文著 塙書房 1998.5 318, 8p 22cm 6300円 Ⓘ4-8273-1152-8 Ⓝ210.47 〔07780〕
◇日本中世地域社会の構造 榎原雅治著 校倉書房 2000.12 492p 22cm (歴史科学叢書) 12000円 Ⓘ4-7517-3150-5 Ⓝ210.4 〔07781〕
◇日本中世に何が起きたか―都市と宗教と「資本主義」 網野善彦著 日本エディタースクール出版部 1997.1 239p 20cm 1957円 Ⓘ4-88888-258-4 Ⓝ210.4
〔07782〕
◇日本中世に何が起きたか―都市と宗教と「資本主義」 網野善彦著 洋泉社 2006.5 269p 18cm (洋泉社MC新書) 1500円 Ⓘ4-86248-030-6 〔07783〕
◇日本中世の権力と地域社会 木村茂光編 吉川弘文館 2007.8 296p 22cm 13000円 Ⓘ978-4-642-02866-0 Ⓝ210.4 〔07784〕
◇日本中世の国政と家政 井原今朝男著 校倉書房 1995.4 598p 22cm (歴史科学叢書) 14420円 Ⓘ4-7517-2460-6 Ⓝ210.4 〔07785〕
◇日本中世の社会と国家 永原慶二著 増補改訂版 青木書店 1991.4 236, 6p 20cm 2266円 Ⓘ4-250-91010-5 Ⓝ210.4 〔07786〕
◇日本中世の社会と宗教 黒田俊雄著 岩波書店 1990.10 378, 12p 22cm 4854円 Ⓘ4-00-001679-2 Ⓝ210.4 〔07787〕
◇日本中世の社会と民衆 稲垣泰彦著 三省堂 1984.5 244p 22cm 3200円 Ⓘ4-385-34899-5 Ⓝ210.4
〔07788〕
◇日本中世の政治と社会 中野栄夫編 吉川弘文館 2003.10 407p 22cm 12000円 Ⓘ4-642-02829-3 Ⓝ210.4 〔07789〕
◇日本中世の地域と社会 三浦圭一著 京都 思文閣出版 1993.1 477, 23p 22cm 9064円 Ⓘ4-7842-0755-4 Ⓝ210.4 〔07790〕

◇日本中世のNATION ―統合の契機とその構造 永井隆之, 片岡耕平, 渡邉俊編 岩田書院 2007.12 170p 21cm 2200円 Ⓘ978-4-87294-490-7 〔07791〕

◇日本中世の百姓と職能民 網野善彦著 平凡社 2003.6 431p 16cm （平凡社ライブラリー） 1400円 Ⓘ4-582-76468-1 Ⓝ210.4 〔07792〕

◇日本中世の民衆像―平民と職人 網野善彦著 岩波書店 1980.10 185p 18cm （岩波新書） 380円 Ⓝ210.4 〔07793〕

◇日本中世の民衆像―平民と職人 網野善彦著 岩波書店 1997.2 185p 18cm （岩波新書） 650円 Ⓘ4-00-420136-5 〔07794〕

◇日本の中世―その社会と文化 奥富敬之ほか著 松戸 梓出版社 1983.4 250p 19cm 1900円 Ⓝ210.4 〔07795〕

◇日本の中世社会 永原慶二著 岩波書店 1968 343p 19cm （日本歴史叢書） Ⓝ210.4 〔07796〕

◇日本の中世社会 永原慶二著 岩波書店 2001.11 343, 9p 20cm （岩波モダンクラシックス） 3200円 Ⓘ4-00-026673-X Ⓝ210.4 〔07797〕

◇日本の歴史 中世から近世へ 6 楽市と駈込寺―アジールの内と外 新訂増補 朝日新聞社 2002.11 p162-192 30cm （週刊朝日百科 26） 476円 Ⓝ210.1 〔07798〕

◇日本の歴史をよみなおす 網野善彦著 筑摩書房 2005.7 409p 15cm （ちくま学芸文庫） 1200円 Ⓘ4-480-08929-2 Ⓝ210.4 〔07799〕

◇日本民衆の歴史 3 天下統一と民衆 佐々木潤之介編 三省堂 1974 355p 19cm 950円 Ⓝ210.1 〔07800〕

◇原田伴彦著作集 1 戦国社会史 京都 思文閣出版 1981.2 397p 20cm 2800円 Ⓝ210.1 〔07801〕

◇的と胞衣―中世人の生と死 横井清著 平凡社 1988.8 247p 20cm 2200円 Ⓘ4-582-47430-6 Ⓝ210.4 〔07802〕

◇的と胞衣―中世人の生と死 横井清著 平凡社 1998.2 310p 16cm （平凡社ライブラリー） 1000円 Ⓘ4-582-76233-6 Ⓝ210.4 〔07803〕

◇無縁・公界・楽―日本中世の自由と平和 網野善彦著 増補 平凡社 1996.6 380p 16cm （平凡社ライブラリー） 1200円 Ⓘ4-582-76150-X Ⓝ210.4 〔07804〕

◇室町時代―その社会と文化 豊田武, ジョン・ホール編 吉川弘文館 1976 429p 図 20cm 1800円 Ⓝ210.46 〔07805〕

◇室町戦国の社会―商業・貨幣・交通 永原慶二著 吉川弘文館 1992.5 313p 20cm 1980円 Ⓘ4-642-07381-7 Ⓝ210.46 〔07806〕

◇室町戦国の社会―商業・貨幣・交通 永原慶二著 吉川弘文館 2006.6 321p 20cm （歴史文化セレクション） 2300円 Ⓘ4-642-06298-X Ⓝ210.46 〔07807〕

◇ゆるやかなカースト社会・中世日本 大山喬平著 校倉書房 2003.4 448p 20cm 4800円 Ⓘ4-7517-3400-8 Ⓝ210.4 〔07808〕

◇歴史学の最前線 史学会編 東京大学出版会 2004.11 279p 22cm 4800円 Ⓘ4-13-020140-9 Ⓝ201 〔07809〕

◇忘れられた霊場―中世心性史の試み 中野豈任著 平凡社 1988.8 254p 20cm （平凡社選書 123） 2400円 Ⓘ4-582-84123-6 Ⓝ210.4 〔07810〕

◆◆封建制度

◇朝河貫一比較封建制論集 朝河貫一著, 矢吹晋編訳 柏書房 2007.2 527, 226p 22cm 9500円 Ⓘ978-4-7601-3038-2 Ⓝ210.4 〔07811〕

◇京大日本史 第4巻 封建社会の成熟〔ほか〕 藤直幹等 大阪 創元社 1951-53 Ⓝ210.1 〔07812〕

◇近世封建制成立史論 脇田修著 東京大学出版会 1977.3 338, 18p 22cm （織豊政権の分析 2） 3200円 Ⓝ210.48 〔07813〕

◇初期封建制の研究 安田元久著 吉川弘文館 1964 351p 22cm Ⓝ210.4 〔07814〕

◇初期封建制の構成―中世初期における地頭・御家人の本質および武士団の構造 安田元久著 国土社 1950 219p 22cm （新日本社会史選書 第2） Ⓝa210 〔07815〕

◇中世武家社会の研究 河合正治著 吉川弘文館 1973 454, 18p 22cm （日本史学研究叢書） 3800円 Ⓝ210.4 〔07816〕

◇中世武家社会の構造 藤直幹著 目黒書店 1944 495p 22cm Ⓝ210.4 〔07817〕

◇中世武家社会の構造 藤直幹著 2版 目黒書店 1945 495p 22cm Ⓝ210.4 〔07818〕

◇中世封建社会の首都と農村 河音能平著 東京大学出版会 1984.3 241, 10p 22cm 2800円 Ⓘ4-13-020071-2 Ⓝ210.4 〔07819〕

◇中世封建制成立史論 河音能平著 東京大学出版会 1971 401, 13p 22cm 2400円 Ⓝ210.4 〔07820〕

◇豊田武著作集 第8巻 日本の封建制 吉川弘文館 1983.12 2冊（別冊とも） 22cm 全7800円 Ⓝ210.4 〔07821〕

◇日本社会における王権と封建 阿部猛編 東京堂出版 1997.7 402p 22cm 7500円 Ⓘ4-490-20316-0 Ⓝ210.4 〔07822〕

◇日本初期封建制の基礎研究 安田元久著 山川出版社 1976 423p 22cm 4500円 Ⓝ210.4 〔07823〕

◇日本中世の王権と権威 伊藤喜良著 京都 思文閣出版 1993.8 381, 18p 22cm （思文閣史学叢書） 7004円 Ⓘ4-7842-0781-3 Ⓝ210.4 〔07824〕

◇日本中世の民衆と領主 戸田芳実著 校倉書房 1994.7 378p 22cm （歴史科学叢書） 8240円 Ⓘ4-7517-2390-1 Ⓝ210.4 〔07825〕

◇日本中世封建制論 黒田俊雄著 東京大学出版会 1974 393p 22cm Ⓝ210.4 〔07826〕

◇日本の封建制社会 豊田武著 吉川弘文館 1980.7 194p 20cm 1600円 Ⓝ210.4 〔07827〕

◇日本封建社会意識論 桜井庄太郎著 刀江書院 1938 244p 23cm Ⓝ362 〔07828〕

◇日本封建社会意識論 桜井庄太郎著 改訂版 日光書院 1949 244p 21cm Ⓝ362 〔07829〕

◇日本封建社会研究史 木村礎編 文雅堂書店 1956 324, 87p 21cm Ⓝ210.4 〔07830〕

◇日本封建社会研究史 続 木村礎等著 文雅堂銀行研究社 1972 305, 79p 22cm 1800円 Ⓝ210.4 〔07831〕

◇日本封建社会史 蔵並省自著 京都 三和書房 1954 214p 22cm Ⓝ210.13 〔07832〕

社会史　　　　　　　　　　　中世史

◇日本封建社会史　庄園の部　細川亀市著　白揚社　1933　170p　19cm　Ⓝ210.4
〔07833〕
◇日本封建社会成立史論　上　安良城盛昭著　岩波書店　1984.2　341p　22cm　3600円　Ⓝ210.4　〔07834〕
◇日本封建社会成立史論　下　安良城盛昭著　岩波書店　1995.5　307,22p　22cm　6800円　Ⓘ4-00-001645-8　Ⓝ210.4　〔07835〕
◇日本封建社会論　永原慶二著　東京大学出版会　1955　318p　18cm　（東大学術叢書）Ⓝ210.4　〔07836〕
◇日本封建社会論　永原慶二著　第2版　東京大学出版会　1974　318p　20cm　900円　Ⓝ210.4　〔07837〕
◇日本封建社会論　永原慶二著　新装版　東京大学出版会　2001.5　332p　20cm　4500円　Ⓘ4-13-026304-8　Ⓝ210.4　〔07838〕
◇日本封建社会論　日本の中世社会　永原慶二著，永原慶二著　吉川弘文館　2007.7　508,12p　22cm　（永原慶二著作選集　第1巻）15000円　Ⓘ978-4-642-02680-2　Ⓝ210.4　〔07839〕
◇日本封建制下の都市と社会　原田伴彦著　京都　三一書房　1960　406p　22cm　Ⓝ210.4　〔07840〕
◇日本封建制下の都市と社会　原田伴彦著　増補　三一書房　1981.7　463p　23cm　4500円　Ⓝ210.4
〔07841〕
◇日本封建制再編成史　中村吉治著　三笠書房　1939　248p　16cm　（日本歴史全書　第10）Ⓝ210.4
〔07842〕
◇日本封建制成立過程の研究　永原慶二著　岩波書店　1961　533p　22cm　Ⓝ210.4　〔07843〕
◇日本封建制成立の研究　竹内理三著　吉川弘文館　1955　348p　22cm　Ⓝ210.4　〔07844〕
◇日本封建制度史　伊東多三郎著　大八洲出版株式会社　1948　338p　18cm　（大八洲史書）Ⓝa210
〔07845〕
◇日本封建制度史　伊東多三郎著　再版　吉川弘文館　1950　338p　19cm　Ⓝ210.4　〔07846〕
◇日本封建制度成立史　牧健二著　弘文堂書房　1935　537p　22cm　Ⓝ322　〔07847〕
◇日本封建制度成立史　牧健二著　3版　弘文堂　1954　526p　22cm　Ⓝ322.14　〔07848〕
◇日本封建制度成立史　牧健二著　改訂版　清水弘文堂書房　1969　526p　22cm　2900円　Ⓝ322.14
〔07849〕
◇日本封建制の源流　中村吉治著　刀水書房　1984.4〜5　2冊　22cm　（人間科学叢書 4）各3800円　Ⓝ210.3
〔07850〕
◇日本封建都市研究　原田伴彦著　東京大学出版会　1957　547p　表　22cm　Ⓝ210.4　〔07851〕
◇日本領主制成立史の研究　戸田芳実著　岩波書店　1967　406p　22cm　Ⓝ210.36　〔07852〕
◇日本領主制成立史の研究　戸田芳実著　岩波書店　1989.11　406,27p　22cm　3592円　Ⓘ4-00-001604-0　Ⓝ210.4　〔07853〕
◇母のための　日本歴史　第3　封建制の確立から崩壊まで　和歌森太郎著　中央公論社　1960　253p　図版　18cm　Ⓝ210.1　〔07854〕
◇武家時代社会の研究　牧野信之助著　刀江書院　1928　630p　22cm　Ⓝ210.4　〔07855〕
◇武家時代社会の研究　牧野信之助著　刀江書院　1943　630p　22cm　Ⓝ210.4　〔07856〕

◇武家時代史論　山路愛山著　有隣閣　1910.10　302p　20cm　Ⓝ210.4　〔07857〕
◇武家時代史論　山路愛山著　2版　東亜堂　1911.6　302p　19cm　Ⓝ210.4　〔07858〕
◇武家時代之研究　第1巻　大森金五郎著　富山房　1923　542p　21cm　Ⓝ210.4　〔07859〕
◇武家時代之研究　第1,2巻　大森金五郎著　富山房　1927-1929　2冊　23cm　Ⓝ210.4　〔07860〕
◇武家時代之研究　第3巻　大森金五郎著　富山房　1937　418,141p　22cm　Ⓝ210.4　〔07861〕
◇武家時代の社会と精神　藤直幹著　大阪　創元社　1967　586p　22cm　Ⓝ210.04　〔07862〕
◇武家社会の歴史像　水野恭一郎著　国書刊行会　1983.2　295,4,19p　22cm　5000円　Ⓝ210.4　〔07863〕
◇武家と社会　中村吉治著　培風館　1948　283,3p　19cm　（黎明叢書）Ⓝ210.4　〔07864〕
◇封建社会　中村吉治著　河出書房　1943　398p　19cm　（社会科学新大系　20）Ⓝ362　〔07865〕
◇封建制成立史序説　世良晃志郎著　彰考院　1948　178p　21cm　（法制史叢書 2）Ⓝ322　〔07866〕
◇封建的主従制成立史研究　大饗亮著　風間書房　1967　623p　22cm　Ⓝ322.14　〔07867〕
◇封建文化　長谷川如是閑著　岩波書店　1947　92p　18cm　（新しき歩みのために 4）Ⓝ362　〔07868〕
◇封建領主制と共同体　矢木明夫著　塙書房　1972　391p　22cm　3000円　Ⓝ210.4　〔07869〕
◇法の歴史と封建制論争　石尾芳久著　三一書房　1989.2　252p　20cm　1800円　Ⓘ4-380-89209-3　Ⓝ322.14
〔07870〕
◇歴史科学大系　第4巻　日本封建制の社会と国家　上　歴史科学協議会編　編集・解説:戸田芳実　校倉書房　1973　299p　22cm　1600円　Ⓝ210.08　〔07871〕
◇歴史科学大系　第5巻　日本封建制の社会と国家　中　歴史科学協議会編　稲垣泰彦編集・解説　校倉書房　1979.1　382p　22cm　3000円　Ⓝ210.08　〔07872〕
◇歴史科学大系　第6巻　日本封建制の社会と国家　下　歴史科学協議会編　佐々木潤之介編集・解説　校倉書房　1975.2　408p　22cm　3000円　Ⓝ210.08　〔07873〕

◆女性史

◇乳母の力―歴史を支えた女たち　田端泰子著　吉川弘文館　2005.8　216p　19cm　（歴史文化ライブラリー）1700円　Ⓘ4-642-05595-9　〔07874〕
◇おんなたちの戦国史　日本史探検の会編　ぶんか社　2006.6　255p　15cm　（ぶんか社文庫）590円　Ⓘ4-8211-5052-2　Ⓝ281.04　〔07875〕
◇女たちの本能寺　小石房子著　三交社　1992.11　253p　20cm　1600円　Ⓘ4-87919-539-1　Ⓝ281.04
〔07876〕
◇女と男の時空―日本女性史再考　3　女と男の乱―中世　岡野治子編　藤原書店　1996.3　542p　22cm　7004円　Ⓘ4-89434-034-8　Ⓝ367.21　〔07877〕
◇女と男の時空―日本女性史再考　5　女と男の乱―中世　上　鶴見和子ほか監修　岡野治子編　藤原書店　2000.10　292,11p　19cm　（藤原セレクション）2000円　Ⓘ4-89434-200-6　Ⓝ367.21　〔07878〕
◇女と男の時空―日本女性史再考　6　女と男の乱―中世　下　鶴見和子ほか監修　岡野治子編　藤原書店　2000.10　p293-539,12p　19cm　（藤原セレクション）2000円　Ⓘ4-89434-201-4　Ⓝ367.21　〔07879〕

◇おんな日本史　第2巻　鎌倉・室町篇　松波治郎著　妙義出版株式会社　1956-57　19cm　Ⓝ367.21〔07880〕
◇女の中世—小野小町・巴・その他　細川涼一著　日本エディタースクール出版部　1989.8　287p　20cm　2500円　Ⓘ4-88888-154-5　Ⓝ210.4〔07881〕
◇一豊と秀吉が駆けた時代—夫人が支えた戦国史　長浜城歴史博物館企画・編集　長浜　長浜城歴史博物館　2005.12　143p　22cm　Ⓝ289.1〔07882〕
◇家族史としての女院論　野村育世著　校倉書房　2006.4　312p　22cm　（歴史科学叢書）　9000円　Ⓘ4-7517-3710-4　Ⓝ210.4〔07883〕
◇家族と女性　峰岸純夫編　吉川弘文館　1992.4　271p　20cm　（中世を考える）　2200円　Ⓘ4-642-02701-7　Ⓝ210.4〔07884〕
◇鎌倉時代の女性—神奈川芸術祭特別展　神奈川県立金沢文庫編　横浜　神奈川県立金沢文庫　1993.10　175p　30cm　Ⓝ210.42〔07885〕
◇桑田忠親著作集　第7巻　戦国の女性　秋田書店　1979.6　350p　20cm　1900円　Ⓝ210.47〔07886〕
◇考証武家女人奇談　稲垣史生著　時事通信社　1982.2　276p　20cm　1300円　Ⓝ210.04〔07887〕
◇女性からみた中世社会と法　黒田弘子著　校倉書房　2002.3　414p　22cm　（歴史科学叢書）　10000円　Ⓘ4-7517-3280-3　Ⓝ210.4〔07888〕
◇戦国女系譜　巻之1　楠戸義昭著　毎日新聞社　1994.9　236p　19cm　1300円　Ⓘ4-620-31009-3　Ⓝ281.04〔07889〕
◇戦国女系譜　巻之2　楠戸義昭著　毎日新聞社　1995.5　248p　19cm　1400円　Ⓘ4-620-31044-1　Ⓝ281.04〔07890〕
◇戦国おんな史談　桑田忠親著　潮出版社　1981.6　230p　20cm　980円　Ⓝ210.47〔07891〕
◇戦国おんな史談　桑田忠親著　潮出版社　1986.10　226p　15cm　（潮文庫）　360円　Ⓘ4-267-01103-6　Ⓝ210.47〔07892〕
◇戦国九州の女たち　吉永正春著　福岡　西日本新聞社　1997.1　286p　19cm　1600円　Ⓘ4-8167-0432-9　Ⓝ289.1〔07893〕
◇戦国女性史—信長・秀吉・家康をめぐる悲劇の女性たち　話のタネ本　村松駿吉著　日本文芸社　1983.9　238p　18cm　（舵輪ブックス）　680円　Ⓘ4-537-00760-5　Ⓝ210.47〔07894〕
◇戦国の女たち—強い生き方ここにあり　米原正義著　講談社　1973　261p　19cm　480円　Ⓝ367.21〔07895〕
◇戦国の女たち—それぞれの人生　大阪城天守閣編　大阪　大阪城天守閣特別事業委員会　1999.10　139p　26cm　Ⓝ210.48〔07896〕
◇戦国の妻たち　山村竜也著　リイド社　2005.12　239p　15cm　（リイド文庫）　476円　Ⓘ4-8458-2638-0　Ⓝ281.04〔07897〕
◇戦国の女たち—乱世に咲いた名花23人　森実与子著　学習研究社　2006.2　311p　15cm　（学研M文庫）　667円　Ⓘ4-05-901180-0　Ⓝ281.04〔07898〕
◇戦国の女たちを歩く　田端泰子著　山と渓谷社　2004.7　143p　21cm　（歩く旅シリーズ　歴史・文学）　1500円　Ⓘ4-635-60064-5〔07899〕
◇戦国の女性たち—特別展　福井県立若狭歴史民俗資料館編　小浜　福井県立若狭歴史民俗資料館　1997.10　32p　30cm　Ⓝ281.04〔07900〕
◇戦国の女性たち—16人の波乱の人生　小和田哲男編著　河出書房新社　2005.9　253p　20cm　1500円　Ⓘ4-309-22435-0　Ⓝ281.04〔07901〕
◇戦国の妻たち—歴史を陰で支えた女たちの物語　鈴木亨著　河出書房新社　2005.12　223p　15cm　（Kawade夢文庫）　514円　Ⓘ4-309-49598-2　Ⓝ281.04〔07902〕
◇戦国武将の女たち—愛と野望が織りなす、もう一つの戦国絵巻　寺林峻著　日本文芸社　1994.11　237p　15cm　（にちぶん文庫）　480円　Ⓘ4-537-06261-4　Ⓝ281.04〔07903〕
◇戦国武将の妻たち　百瀬明治著　PHP研究所　1993.11　235p　19cm　1350円　Ⓘ4-569-54165-8　Ⓝ281.04〔07904〕
◇戦い・くらし・女たち—利家とまつの生きた時代　石川県立歴史博物館編　金沢　石川県立歴史博物館　2002.4　154p　30cm　Ⓝ210.47〔07905〕
◇中世公家の家と女性　後藤みち子著　吉川弘文館　2002.1　264, 8p　22cm　7000円　Ⓘ4-642-02811-0　Ⓝ367.21〔07906〕
◇中世に生きる女たち　脇田晴子著　岩波書店　1995.2　244p　18cm　（岩波新書）　620円　Ⓘ4-00-430377-X　Ⓝ210.4〔07907〕
◇中世日本の仏教とジェンダー—真宗教団・肉食夫帯の坊守史論　遠藤一著　明石書店　2007.4　326p　22cm　5800円　Ⓘ978-4-7503-2527-9　Ⓝ188.72〔07908〕
◇中世の女の一生　保立道久著　洋泉社　1999.10　183p　22cm　2800円　Ⓘ4-89691-419-8　Ⓝ210.4〔07909〕
◇中世の女性と仏教　西口順子著　京都　法藏館　2006.3　231p　19cm　2300円　Ⓘ4-8318-7469-8〔07910〕
◇中世の非人と遊女　網野善彦著　明石書店　1994.6　264p　20cm　2300円　Ⓘ4-7503-0602-9　Ⓝ210.4〔07911〕
◇中世の非人と遊女　網野善彦著　講談社　2005.2　290p　15cm　（講談社学術文庫）　960円　Ⓘ4-06-159694-2　Ⓝ210.4〔07912〕
◇南北朝　乱世を生きた女たち　豊浜紀代子著　名古屋　中日出版社　2007.5　191p　19cm　1429円　Ⓘ978-4-88519-289-0〔07913〕
◇日本女性史　第2巻　中世　女性史総合研究会編　東京大学出版会　1982.2　306p　20cm　1800円　Ⓝ367.21〔07914〕
◇日本女性史　3　彼岸に生きる中世の女　笠原一男編　評論社　1973　312p　図　20cm　890円　Ⓝ367.21〔07915〕
◇日本女性生活史　第2巻　中世　女性史総合研究会編　東京大学出版会　1990.6　301p　20cm　2472円　Ⓘ4-13-024162-1　Ⓝ367.21〔07916〕
◇日本史・乱世に生きた悲運の女たち—苦難に彩られた戦国の女系図　村松駿吉著　日本文芸社　1994.2　237p　15cm　（にちぶん文庫）　480円　Ⓘ4-537-06245-2　Ⓝ210.47〔07917〕
◇日本中世女性史の研究—性別役割分担と母性・家政・性愛　脇田晴子著　東京大学出版会　1992.5　295, 11p　22cm　4944円　Ⓘ4-13-020101-8　Ⓝ210.4〔07918〕
◇日本中世女性史論　田端泰子著　塙書房　1994.2　293, 19p　22cm　4738円　Ⓘ4-8273-1104-8　Ⓝ210.4〔07919〕

◇日本中世の社会と女性　田端泰子著　吉川弘文館　1998.12　366, 10p　22cm　7800円　①4-642-02673-8　Ⓝ210.4〔07920〕
◇日本中世の女性　田端泰子著　吉川弘文館　1987.10　292, 11p　20cm　（中世史研究選書）　2600円　Ⓝ210.4〔07921〕
◇日本の女性史　第2　中世　和歌森太郎, 山本藤枝共著　集英社　1965　394p　図版　18cm　Ⓝ367.21〔07922〕
◇日本の女性史　2　戦乱の嵐に生きる　和歌森太郎, 山本藤枝著　集英社　1982.5　332p　16cm　（集英社文庫）　360円　Ⓝ367.21〔07923〕
◇日本の女性史　第3巻　武家を動かす女性　和歌森太郎, 山本藤枝著　集英社　1974　316p　図　20cm　290円　Ⓝ367.21〔07924〕
◇日本の女性史　第4巻　封建女性の生きがい　和歌森太郎, 山本藤枝著　集英社　1974　316p　図　20cm　890円　Ⓝ367.21〔07925〕
◇日本の城と戦国の女性たち　井上宗和著　グリーンアロー出版社　1980.12　239p　19cm　（グリーンアロー・ブックス）　980円　Ⓝ210.47〔07926〕
◇女人鎌倉—歴史を再発見する15の物語　安西篤子著, 西村陽一郎写真　祥伝社　1998.4　258p　15cm　（ノン・ポシェット）　590円　①4-396-31095-1〔07927〕
◇女人政治の中世—北条政子と日野富子　田端泰子著　講談社　1996.3　229p　18cm　（講談社現代新書）　650円　①4-06-149294-2　Ⓝ210.4〔07928〕
◇女人、老人、子ども　田端泰子, 細川涼一著　中央公論新社　2002.6　310p　20cm　（日本の中世 4）　2400円　①4-12-490213-1　Ⓝ210.4〔07929〕
◇波上の舟—京極竜子の生涯　野村昭子著　叢文社　2005.5　189p　19cm　1500円　①4-7947-0521-2〔07930〕
◇波瀾万丈中世・戦国を生きた女たち　石丸晶子著　清流出版　2005.1　231p　20cm　1500円　①4-86029-110-7　Ⓝ281.04〔07931〕
◇風林火山の女たち—信玄をとりまく二十四人　中津攸子著　歴研　2007.6　191p　19cm　（歴研ブックス）　1500円　①978-4-947769-95-4　Ⓝ281.04〔07932〕
◇武家の女性　山川菊栄著　岩波書店　1983.4　201p　15cm　（岩波文庫）　300円　Ⓝ367.21〔07933〕
◇仏教と女の精神史　野村育世著　吉川弘文館　2004.9　215p　20cm　2000円　①4-642-07935-1　Ⓝ182.1〔07934〕
◇芳桂院—戦国期東国の一女性とその周辺　高橋健一著　酒々井町（千葉県）　高橋健一　1991.11　53p　19cm　非売品　Ⓝ210.47〔07935〕
◇仏と女　西口順子編　吉川弘文館　1997.11　256p　20cm　（中世を考える）　2400円　①4-642-02706-8　Ⓝ182.1〔07936〕
◇室町を歩いた女たち　千草子著　小学館　1996.2　221p　20cm　1600円　①4-09-387165-5　Ⓝ382.1〔07937〕
◇桃山時代の女性　桑田忠親著　吉川弘文館　1972　214, 24p　図　20cm　（日本歴史叢書 30　日本歴史学会編集）　Ⓝ367.21〔07938〕
◇桃山時代の女性　桑田忠親著　吉川弘文館　1996.8　214, 24p　20cm　（日本歴史叢書　新装版）　2472円　①4-642-06642-X　Ⓝ210.48〔07939〕

◇山内一豊の妻と戦国女性の謎〈徹底検証〉　加来耕三著　講談社　2005.10　572p　15cm　（講談社文庫）　781円　①4-06-275203-4　Ⓝ281.04〔07940〕
◇乱世に生きた女たち　桑田忠親著　旺文社　1985.2　226p　16cm　（旺文社文庫）　350円　①4-01-064320-X　Ⓝ367.21〔07941〕
◇わわしいおんな—狂言・御伽草子にみる女性像　もろさわようこ著　未来社　1975　298p　19cm　1200円　Ⓝ367.21〔07942〕
◇わわしい女たち—狂言・御伽草子にみる庶民像　もろさわようこ著　三省堂　1972　300p　19cm　（三省堂ブックス）　700円　Ⓝ367.21〔07943〕
◇Women in medieval Japan —motherhood, household management and sexuality　by Wakita Haruko, translated by Alison Tokita　Tokyo University of Tokyo Press　2006.2　230 p.　22 cm.　8200 yen　①4-13-027033-8　Ⓝ367.21〔07944〕
◇WOMEN IN MEDIEVAL JAPAN —MOTHERHOOD, HOUSEHOLD MANAGEMENT AND SEXUALITY　脇田晴子著, アリソン・時田訳　東京大学出版会　2006.5　230p　21cm　8200円　①4-13-027033-8〔07945〕

◆一揆史
◇一揆　勝俣鎮夫著　岩波書店　1992.9　200p　18cm　（岩波新書 194）　550円　①4-00-420194-2〔07946〕
◇一揆と戦国大名　久留島典子著　講談社　2001.11　362p　20cm　（日本の歴史 第13巻）　2200円　①4-06-268913-8　Ⓝ210.47〔07947〕
◇一揆の時代　榎原雅治編　吉川弘文館　2003.4　319, 15p　22cm　（日本の時代史 11）　3200円　①4-642-00811-X　Ⓝ210.46〔07948〕
◇北山征伐・慶長一揆　前千雄著, 編集:藤井重夫　四条畷　堀口貞雄　1972　44p　図　22cm　Ⓝ210.48〔07949〕
◇少年少女日本の歴史　第9巻　立ちあがる民衆　児玉幸多監修, あおむら純まんが　増補版　小学館　1998.2　157p　23cm　（小学館版学習まんが）　830円　①4-09-298109-0〔07950〕
◇戦乱と一揆　上島有著　講談社　1976　220p　18cm　（講談社現代新書）　390円　Ⓝ210.46〔07951〕
◇中世の一揆と民衆世界　佐藤和彦著　東京堂出版　2005.5　368p　22cm　12000円　①4-490-20543-0　Ⓝ210.4〔07952〕
◇中世の農民一揆　中村吉治著　中央公論社　1948　320p　19cm　Ⓝ210.4〔07953〕
◇中世の農民一揆　中村吉治著　中央公論社　1973　338p　20cm　950円　Ⓝ210.4〔07954〕
◇土一揆研究　中村吉治著　校倉書房　1974　694p　22cm　7000円　Ⓝ210.4〔07955〕
◇土一揆と尼子一族　岡崎英雄著　松江　島根県教科図書販売　1982.7　276p　18cm　2500円　Ⓝ217.3〔07956〕
◇土一揆と城の戦国を行く　藤木久志著　朝日新聞社　2006.10　292p　19cm　（朝日選書 808）　1300円　①4-02-259908-1　Ⓝ210.4〔07957〕
◇土一揆の時代　神田千里著　吉川弘文館　2004.10　222p　19cm　（歴史文化ライブラリー 181）　1700円　①4-642-05581-9　Ⓝ210.1〔07958〕

◇天文法華の乱―武装する町衆　今谷明著　平凡社　1989.
1　261p　21cm　2400円　Ⓘ4-582-47432-2
Ⓝ210.47　　　　　　　　　　　　　　　〔07959〕
◇徳政と土一揆　中村吉治著　至文堂　1959　236p 図版
19cm　（日本歴史新書）Ⓝ210.46　　　　〔07960〕
◇土民嘸々――四四一年の社会史　今谷明著　新人物往来社
1988.7　215p　20cm　2000円　Ⓘ4-404-01516-X
Ⓝ210.46　　　　　　　　　　　　　　　〔07961〕
◇中村吉治収集土一揆史料集成　上巻　中村吉治, 海津一
朗ほか校訂　校倉書房　1995.5　353p　22cm　18540
円　Ⓘ4-7517-2470-3　Ⓝ210.4　　　　　　〔07962〕
◇中村吉治収集土一揆史料集成　下巻　中村吉治編, 久留島
典子校訂　校倉書房　1998.8　350p　22cm　18000
円　Ⓘ4-7517-2850-4　Ⓝ210.4　　　　　　〔07963〕
◇西付城跡―肥後国衆一揆の舞台を探る　山鹿市立博物館
編　山鹿　山鹿市教育委員会　1993.3　42p 図版21p
26cm　（山鹿市立博物館調査報告書§山鹿市文化財調査
報告書 第13集§第13集）Ⓝ210.0254　　　〔07964〕
◇日本中世の一揆と戦争　小林一岳著　校倉書房　2001.6
384p　22cm　（歴史科学叢書）　10000円　Ⓘ4-7517-
3210-2　Ⓝ210.4　　　　　　　　　　　　〔07965〕
◇日本中世の内乱と民衆運動　佐藤和彦著　校倉書房
1996.7　394p　22cm　（歴史科学叢書）　10300
円　Ⓘ4-7517-2620-X　Ⓝ210.4　　　　　　〔07966〕
◇日本の歴史―マンガ　21　土民、幕府をゆるがす　石
ノ森章太郎著　中央公論社　1991.7　237p　20cm
1000円　Ⓘ4-12-402821-0　Ⓝ726.1　　　　〔07967〕
◇日本民衆の歴史　2　土一揆と内乱　稲垣泰彦, 戸田芳実
編　三省堂　1975　429p　19cm　1200円　Ⓝ210.1
　　　　　　　　　　　　　　　　　　　　〔07968〕
◇秀吉と肥後国衆一揆　小山龍種著　福岡　海鳥社　2003.1
189p　19cm　1500円　Ⓘ4-87415-395-X　Ⓝ219.4
　　　　　　　　　　　　　　　　　　　　〔07969〕
◇百姓申状と起請文の世界―中世民衆の自立と連帯　入間
田宣夫著　東京大学出版会　1986.5　316, 5p　22cm
4500円　Ⓘ4-13-020074-7　Ⓝ210.4　　　　〔07970〕
◇封建制下の農民一揆　田村栄太郎著　叢文閣　1933
333p　22cm　Ⓝ612　　　　　　　　　　　〔07971〕
◇暴力の地平を超えて―歴史学からの挑戦　須田努, 趙景達,
中嶋久人編　青木書店　2004.5　317p　20cm　3000
円　Ⓘ4-250-20412-X　Ⓝ209.04　　　　　　〔07972〕
◇マンガ日本の歴史　21　土民、幕府をゆるがす　石ノ
森章太郎著　中央公論社　1997.12　218p　16cm
（中公文庫）　524円　Ⓘ4-12-203026-9　Ⓝ726.1
　　　　　　　　　　　　　　　　　　　　〔07973〕
◇マンガ日本の歴史　23　弥陀の光明をかかげて　石ノ
森章太郎著　中央公論社　1998.1　214p　16cm
（中公文庫）　524円　Ⓘ4-12-203050-1　Ⓝ726.1
　　　　　　　　　　　　　　　　　　　　〔07974〕
◇ミミヲキリハナヲソギ―片仮名書百姓申状論　黒田弘子
著　吉川弘文館　1995.3　342, 6p　20cm　（中世
史研究選書）　3502円　Ⓘ4-642-02667-3　Ⓝ210.4
　　　　　　　　　　　　　　　　　　　　〔07975〕
◇室町幕府と一揆の世―室町時代2　池上裕子監修, 荘司と
しお漫画　集英社　1998.3　163p　23cm　（集英社版・
学習漫画―日本の歴史9）　850円　Ⓘ4-08-239009-X
　　　　　　　　　　　　　　　　　　　　〔07976〕
◇室町幕府と国人一揆　福田豊彦著　吉川弘文館　1995.
1　317, 8p　22cm　7416円　Ⓘ4-642-02742-4
Ⓝ210.46　　　　　　　　　　　　　　　　〔07977〕

◇山城国一揆―資料集　〔宇治〕　宇治市文化財愛護協会
1985.8　55枚　26×38cm　Ⓝ216.2　　　　〔07978〕
◇山城国一揆―自治と平和を求めて　日本史研究会編, 歴史
学研究会編　東京大学出版会　1986.9　249p　19cm
1800円　Ⓘ4-13-023036-0　Ⓝ210.46　　　〔07979〕
◇山城国一揆―絵がたり　東義久作, 無以虚風画, 中津川敬
朗監修　京都　文理閣　1998.3　95p　27cm　2300
円　Ⓘ4-89259-288-9　Ⓝ216.2　　　　　　〔07980〕

◆◆一向一揆
◇石山合戦　須藤光暉著　新潮社　1914　334, 16p
22cm　Ⓝ210.4　　　　　　　　　　　　　〔07981〕
◇石山合戦と下間仲之―本願寺坊官下間少進家資料展　大阪
城天守閣編　大阪　大阪城天守閣特別事業委員会　1995.
3　22p　26cm　Ⓝ188.72　　　　　　　　〔07982〕
◇石山戦争裏面史の研究　今田法雄著　京都　永田文昌堂
1989.5　186, 17p　19cm　1545円　Ⓝ218.48
　　　　　　　　　　　　　　　　　　　　〔07983〕
◇石山本願寺を支えた山の女達と絹の歴史―アフガニスタ
ンから越中城端へ　山本幸子著編　改訂増補第2版　福岡
町（富山県）　オフィスさち　2002.6　46p　21cm
（加賀一向一揆を越中国礪波郡から考える no.7）　700円
Ⓝ210.47　　　　　　　　　　　　　　　　〔07984〕
◇石山本願寺戦争―続念仏の叛乱　寺内大吉著　大東出版
社　1998.9　220p　20cm　1500円　Ⓘ4-500-00643-
5　Ⓝ210.48　　　　　　　　　　　　　　〔07985〕
◇一向一揆―封建社会の形成と真宗の関係　笠原一男著　至
文堂　1955　198p　19cm　（日本歴史新書）Ⓝ210.47
　　　　　　　　　　　　　　　　　　　　〔07986〕
◇一向一揆―その行動と思想　笠原一男著　評論社　1970
290p　19cm　（日本人の行動と思想 5）　690円
Ⓝ210.47　　　　　　　　　　　　　　　　〔07987〕
◇一向一揆　石川県立歴史博物館編　金沢　石川県立歴史
博物館　1988.7　75p　26cm　Ⓝ210.47　〔07988〕
◇一向一揆と石山合戦　神田千里著　吉川弘文館　2007.
10　272, 4p　20cm　（戦争の日本史 14）　2500円
Ⓘ978-4-642-06324-1　Ⓝ210.47　　　　　〔07989〕
◇一向一揆と真宗信仰　神田千里著　吉川弘文館　1991.
8　335, 8p　20cm　（中世史研究選書）　2900円
Ⓘ4-642-02664-9　Ⓝ210.47　　　　　　　〔07990〕
◇一向一揆と戦国社会　神田千里著　吉川弘文館　1998.
10　342, 11p　22cm　7600円　Ⓘ4-642-02765-3
Ⓝ210.47　　　　　　　　　　　　　　　　〔07991〕
◇一向一揆と富樫氏　日置謙校　金沢　石川県図書館協会
1934　214p　23cm　Ⓝ210.4　　　　　　〔07992〕
◇一向一揆と部落　石尾芳久著　三一書房　1983.5　236p
18cm　（三一新書）　650円　Ⓝ361.86　　〔07993〕
◇一向一揆の基礎構造―三河一揆と松平氏　新行紀一著　吉
川弘文館　1975　343, 7p　22cm　（日本宗教史研究
叢書 笠原一男監修）　2900円　Ⓝ210.47　〔07994〕
◇一向一揆の基礎構造―三河一揆と松平氏　新行紀一著　吉
川弘文館　1989.11　346, 7p　22cm　（日本宗教史
研究叢書）　4466円　Ⓘ4-642-06704-3　Ⓝ210.46
　　　　　　　　　　　　　　　　　　　　〔07995〕
◇一向一揆の研究　岩佐巧著　正文舎出版部　1930　260p
19cm　Ⓝ210.4　　　　　　　　　　　　　〔07996〕
◇一向一揆の研究　笠原一男著　山川出版社　1962　866,
28p　22cm　Ⓝ210.47　　　　　　　　　　〔07997〕
◇一向一揆の研究　井上鋭夫著　吉川弘文館　1968　844p
図版　22cm　Ⓝ210.47　　　　　　　　　　〔07998〕

社会史　　　　　　　　　　　中世史

◇一向一揆の研究　北西弘著　春秋社　1981.2　822, 43p　22cm　13000円　Ⓝ210.47　〔07999〕
◇一向一揆の研究　笠原一男著　山川出版社　1987.2　866, 28p　22cm　9000円　Ⓘ4-634-61130-9　Ⓝ210.46　〔08000〕
◇一向一揆の研究　井上鋭夫著　吉川弘文館　1988.11（第6刷）　856, 20p　22cm　Ⓘ4-642-02507-3　Ⓝ210.47　〔08001〕
◇一向一揆の時代に村と城を支えたものは―戦国北陸の百姓女も絹の小袖を"タンス貯金"していたか？　越中礪波郡五位荘の場合　山本幸子著編　改訂増補第2版　福岡町（富山県）　オフィスさち　1999.5　30p　30cm　（加賀一向一揆を越中国礪波郡五位荘小野から考える no.6）　Ⓝ210.47　〔08002〕
◇一向一揆百年史―「百姓ノ持チタル国」五百年記念　浅井茂人著　金沢　白山書店　1988.2　190p　19cm　1200円　Ⓝ210.47　〔08003〕
◇一向一揆余話　出口治男著　京都　方丈堂出版　2002.9　203p　20cm　（方丈叢書 2）　1905円　Ⓘ4-89480-002-0　Ⓝ188.72　〔08004〕
◇一向一揆論　金龍静著　吉川弘文館　2004.12　430, 9p　22cm　8500円　Ⓘ4-642-02835-8　Ⓝ188.72　〔08005〕
◇越前一向衆の研究　小泉義博著　京都　法藏館　1999.1　512p　22cm　10000円　Ⓘ4-8318-7486-8　Ⓝ210.47　〔08006〕
◇越中の一向一揆―平成8年度特別企画展　富山　富山県公文書館　1996.10　13p　26cm　Ⓝ210.46　〔08007〕
◇奥越史料　別冊　坂田玉子著　大野　大野市教育委員会　1972.6　191p　21cm　Ⓝ210.46　〔08008〕
◇織田信長石山本願寺合戦全史―顕如との十年戦争の真実　武田鏡村著　ベストセラーズ　2003.1　253p　18cm　（ベスト新書）　780円　Ⓘ4-584-12052-8　Ⓝ210.48　〔08009〕
◇革命の宗教――一向一揆と創価学会　笠原一男著　人物往来社　1964　375p　19cm　Ⓝ180.21　〔08010〕
◇克ちぬいた加賀一向一揆　面甚左ヱ門著　〔辰口町（石川県）〕　面甚左ヱ門　1981.11　217p　21cm　3000円　Ⓝ210.47　〔08011〕
◇北国の一向宗一揆集　小田吉之丈著　〔高階村（石川県）〕　〔小田吉之丈〕　1931　252, 17p　23cm　Ⓝ210.4　〔08012〕
◇参州一向宗乱記―註釈　中嶋次太郎編　国書刊行会　1981.7　181p　22cm　2800円　Ⓝ215.5　〔08013〕
◇参州一向宗乱記　註釈　中嶋次太郎著　松本　中嶋尚誠堂　1951　181p　地図　23cm　Ⓝ215.5　〔08014〕
◇週刊ビジュアル日本の歴史　no.77　戦乱の世　7　デアゴスティーニ・ジャパン　2001.8　p254-293　30cm　533円　Ⓝ210.1　〔08015〕
◇正光寺と石山合戦　吉岡五郎男著　油木町（広島県）　正光寺　1981.5　294p　22cm　非売品　Ⓝ188.75　〔08016〕
◇勝興寺と越中一向一揆　久保尚文著　富山　桂書房　1983.10　180p　18cm　（桂新書1）　800円　Ⓝ214.2　〔08017〕
◇勝興寺と越中一向一揆　久保尚文著　富山　桂書房　1986.9　180p　18cm　（桂新書）　800円　Ⓝ214.2　〔08018〕

◇真宗の風景―北陸一揆から石山合戦へ　北国新聞社編　京都　同朋舎出版　1990.10　230p　21cm　2427円　Ⓘ4-8104-0912-0　Ⓝ210.46　〔08019〕
◇水軍天正記―石山合戦と芸備門徒　今田法雄著　広島　西日本文化出版　1988.10　168p　図版11枚　19cm　2000円　Ⓘ4-931227-20-1　Ⓝ210.48　〔08020〕
◇戦国大名論集　13　本願寺・一向一揆の研究　秋沢繁ほか編　峰岸純夫編　吉川弘文館　1984.7　466p　22cm　5900円　Ⓘ4-642-02593-6　Ⓝ210.47　〔08021〕
◇中世社会と一向一揆　北西弘先生還暦記念会編　吉川弘文館　1985.12　523p　22cm　8800円　Ⓘ4-642-02612-6　Ⓝ210.46　〔08022〕
◇日本における農民戦争―中世村落における真宗の発展と一向一揆の勃興・展開及びその構造　笠原一男著　国土社　1949　257p　図版　22cm　（新日本社会史選書）　Ⓝa210　〔08023〕
◇日本の歴史―マンガ　23　弥陀の光明をかかげて　石ノ森章太郎著　中央公論社　1991.9　235p　20cm　1000円　Ⓘ4-12-402823-7　Ⓝ726.1　〔08024〕
◇日本の歴史　中世から近世へ　4　一向一揆と石山合戦　新訂増補　朝日新聞社　2002.11　p98-128　30cm　（週刊朝日百科 24）　476円　Ⓝ210.1　〔08025〕
◇信長と石山合戦―中世の信仰と一揆　神田千里著　吉川弘文館　1995.10　246p　20cm　2060円　Ⓘ4-642-07474-0　Ⓝ210.47　〔08026〕
◇稗誌白山麓と一向一揆―鳥越城と鈴木出羽守　山内美義著　金沢　北国出版社　1983.3　159p　19cm　1200円　Ⓝ214.3　〔08027〕
◇本願寺・一向一揆の研究　峰岸純夫編　吉川弘文館　1984.7　466p　22cm　（戦国大名論集 13）　5900円　Ⓘ4-642-02593-6　Ⓝ210.47　〔08028〕
◇本願寺と一向一揆　辻川達雄著　誠文堂新光社　1986.2　253p　20cm　1800円　Ⓘ4-416-88601-2　Ⓝ210.46　〔08029〕
◇本願寺百年戦争　重松明久著　京都　法藏館　1986.9　290p　20cm　2400円　Ⓘ4-8318-8554-1　Ⓝ210.46　〔08030〕
◇松任城と一向一揆――揆の雄城主鏑木氏を探る　鏑木悠紀夫著　金沢　北国新聞社　1988.11　203p　19cm　1600円　Ⓘ4-8330-0649-9　Ⓝ210.47　〔08031〕
◇南加賀地区・小松市域の一向一揆城址研究　1　山本幸子編著　福岡町（富山県）　山本幸子　1996.3　24p　30cm　Ⓝ210.47　〔08032〕
◇蓮如上人と一向一揆並富樫氏に関する展観目録　石川県図書館協会編　金沢　石川県図書館協会　1934　90, 4p　図版　20cm　Ⓝ210.4　〔08033〕
◇蓮如の炎（ほむら）　松村茂平著　叢文社　1983.11　306p　20cm　1500円　Ⓘ4-7947-0099-7　Ⓝ210.47　〔08034〕

◆風俗・生活史
◇市―中世民衆生活の中の　第3回特別展　新市町（広島県）　新市町立歴史民俗資料館　1989.10　7p　26cm　Ⓝ210.47　〔08035〕
◇風と流れと―暮らしの中世と現代　林屋辰三郎等編　朝日新聞社　1974　310p　20cm　1000円　Ⓝ210.04　〔08036〕
◇鎌倉時代の庶民生活　村山修一著　京都　臼井書房　1949　200p　19cm　Ⓝa210　〔08037〕

◇鎌倉・湘南新歳時記—『吾妻鏡』の世界 末広昌雄著 岳書房 1992.2 216p 19cm 2060円　〔08038〕
◇講座 日本風俗史 第3巻 安土桃山時代の風俗〔ほか〕 雄山閣出版株式会社講座日本風俗史編集部編 桑田忠親 雄山閣出版 1958 22cm Ⓝ382.1 〔08039〕
◇講座 日本風俗史 第6巻 鎌倉時代の風俗〔ほか〕 雄山閣出版株式会社講座日本風俗史編集部編 松本新八郎 雄山閣出版 1959 336p 図版共 22cm Ⓝ382.1 〔08040〕
◇講座 日本風俗史 第7巻 室町時代の風俗〔ほか〕 雄山閣出版株式会社講座日本風俗史編集部編 林屋辰三郎, 村井康彦 雄山閣出版 1959 334p 図版 22cm Ⓝ382.1 〔08041〕
◇子どもの中世史 斉藤研一著 吉川弘文館 2003.3 261p 20cm 2800円 Ⓘ4-642-07796-0 Ⓝ384.5 〔08042〕
◇図説 日本庶民生活史 第2巻 平安-鎌倉 奈良本辰也等編 赤井達郎他 河出書房新社 1961 252p 図版 27cm Ⓝ210.1 〔08043〕
◇図説 日本庶民生活史 第3巻 南北期-室町 奈良本辰也等編 赤井達郎他 河出書房新社 1961 248p 原色図版 27cm Ⓝ210.1 〔08044〕
◇図説 日本庶民生活史 第4巻 安土桃山-江戸前期 奈良本辰也等編 門脇禎二他 河出書房新社 1962 253p 図版 27cm Ⓝ210.1 〔08045〕
◇戦国時代の道具図鑑—各地を訪ねて描いた 調べ学習のヒントがいっぱい! 本山賢司絵・文 PHP研究所 2003.12 79p 29cm 2800円 Ⓘ4-569-68444-0 Ⓝ383.88 〔08046〕
◇戦国の風俗と美術 高柳光寿著 春秋社 1978.5 213p 18cm (新書戦国戦記 9) 600円 Ⓝ210.48 〔08047〕
◇戦国乱世の民俗誌 赤松啓介著 明石書店 1989.8 261p 19cm 2060円 Ⓝ210.48 〔08048〕
◇戦乱の時代を生きた人びと 西ヶ谷恭弘監修 あすなろ書房 2002.3 47p 31cm (衣食住にみる日本人の歴史 3(鎌倉時代〜戦国時代)) 3200円 Ⓘ4-7515-2163-2 〔08049〕
◇中世の生活空間 戸田芳実編 有斐閣 1993.8 241p 20cm 2400円 Ⓘ4-641-07566-2 Ⓝ210.4 〔08050〕
◇中世の風光—庶民生活の形成 兵庫県立歴史博物館編 〔姫路〕 兵庫県立歴史博物館 1993.10 141p 26cm (兵庫県立歴史博物館特別展図録 no.31) Ⓝ382.1 〔08051〕
◇中世の風爐と風呂 宝子丸明著 〔三原〕〔宝子丸明〕 1989.3 19p 26cm Ⓝ382.1 〔08052〕
◇中世の民衆生活史 木村茂光著 青木書店 2000.5 273p 20cm 2800円 Ⓘ4-250-20023-X Ⓝ210.4 〔08053〕
◇中世の民衆と文化 永島福太郎著 大阪 創元社 1956 200p 図版 18cm (創元歴史選書) Ⓝ210.4 〔08054〕
◇中世びとのくらしと喜怒哀楽—秋季特別展 橿原 奈良県立橿原考古学研究所附属博物館 1994.10 76p 30cm (特別展図録 第44冊) Ⓝ210.4 〔08055〕
◇中世まじなひの考古学—大阪歴史懇談会五周年記念講演会 〔大阪〕 大阪歴史懇談会 1989 16p 26×37cm Ⓝ210.4 〔08056〕
◇中世民衆生活史の研究 三浦圭一著 京都 思文閣出版 1981.12 432p 22cm (思文閣史学叢書) 6800円 Ⓝ210.4 〔08057〕
◇中世民衆生活と文字—木簡が語る文化史 平成12(2000)年度春の展示 広島県立歴史博物館編 福山 広島県立歴史博物館 2000.4 78p 30cm (広島県立歴史博物館展示図録 第25冊) Ⓝ210.4 〔08058〕
◇中世民衆の生活文化 横井清著 東京大学出版会 1975 364, 12p 22cm 2800円 Ⓝ210.4 〔08059〕
◇中世民衆の生活文化 上 横井清著 講談社 2007.11 176p 15cm (講談社学術文庫) 700円 Ⓘ978-4-06-159848-5 Ⓝ210.4 〔08060〕
◇中世民衆の生活文化 中 横井清著 講談社 2007.12 192p 15cm (講談社学術文庫) 760円 Ⓘ978-4-06-159849-2 Ⓝ210.4 〔08061〕
◇鍋について考える—土なべの生産・地域性・民俗からさぐる室町・戦国という時代 展示解説図録 群馬町(群馬県) かみつけの里博物館 2000.2 35p 30cm Ⓝ383.93 〔08062〕
◇日本考古学講座 第7巻 歴史時代〔ほか〕 後藤守一, 石母田正編 河出書房 1955 21cm Ⓝ210.02 〔08063〕
◇日本生活文化史 4 庶民生活の上昇 編集委員:門脇禎二等 松本新八郎等著 河出書房新社 1975 257p 図 26cm 3800円 Ⓝ210.1 〔08064〕
◇日本生活文化史 第4巻 庶民生活の上昇—鎌倉-室町 門脇禎二ほか編 松本新八郎ほか編 新版 河出書房新社 1987.2 257p 図版11枚 26cm Ⓝ210.1 〔08065〕
◇日本生活文化史 第5巻 動乱から秩序化へ—戦国 門脇禎二ほか編 原田伴彦ほか編 新版 河出書房新社 1987.2 254p 図版11枚 26cm Ⓝ210.1 〔08066〕
◇日本中世への視座—風流・ばさら・かぶき 守屋毅著 日本放送出版協会 1984.6 250p 19cm (NHKブックス 459) 750円 Ⓘ4-14-001459-8 Ⓝ382.1 〔08067〕
◇日本の歴史 中世 2-2 河原と落書・鬼と妖怪 新訂増補 朝日新聞社 2002.8 p34-63 30cm (週刊朝日百科 12) 476円 Ⓝ210.1 〔08068〕
◇復原戦国の風景—戦国時代の衣・食・住 西ヶ谷恭弘著 PHP研究所 1996.4 334p 19cm 1800円 Ⓘ4-569-55002-9 Ⓝ382.1 〔08069〕
◇山の民・川の民—日本中世の生活と信仰 井上鋭夫著 筑摩書房 2007.5 298p 15cm (ちくま学芸文庫) 1200円 Ⓘ978-4-480-09057-7 Ⓝ210.4 〔08070〕
◇忘れられた霊場—中世心性史の試み 中野豈任著 平凡社 1988.8 254p 20cm (平凡社選書 123) 2400円 Ⓘ4-582-84123-6 Ⓝ210.4 〔08071〕

◆◆儀礼
◇儀礼を読みとく 松尾恒一編 佐倉 総研大日本歴史研究専攻 2006.10 143p 21cm (歴史研究の最前線 v.7) Ⓝ210.09 〔08072〕
◇儀礼国家の解体—中世文化史論集 桜井好朗著 吉川弘文館 1996.6 295p 20cm 3502円 Ⓘ4-642-07490-2 Ⓝ210.4 〔08073〕
◇建武年中行事註解 和田英松著 明治書院 1903 288p 23cm Ⓝ210.09 〔08074〕
◇建武年中行事註解 和田英松著 修訂 明治書院 1930 319p 23cm Ⓝ210.09 〔08075〕

社会史　　　　　　　　　　　中世史

◇建武年中行事註解　和田英松註解, 所功校訂　新訂　講談社　1989.9　460p　15cm　(講談社学術文庫)　1100円　Ⓘ4-06-158895-8　Ⓝ210.09　〔08076〕
◇建武年中行事註解　後醍醐天皇撰, 和田英松註解, 所功校訂　講談社　1989.9　460p　15cm　(講談社学術文庫 895)　1068円　Ⓘ4-06-958895-8　Ⓝ210.09　〔08077〕
◇故実叢書　第2, 6, 11回　故実叢書編輯部編　増訂　吉川弘文館〔ほか〕　1928　3冊　肖像　22cm　Ⓝ210.09　〔08078〕
◇集古十種―縮刷　上, 下　松平定信編　京都　芸艸堂　1915　2冊　23cm　Ⓝ210.09　〔08079〕
◇戦国織豊期の社会と儀礼　二木謙一編　吉川弘文館　2006.4　534p　22cm　17000円　Ⓘ4-642-02850-1　Ⓝ210.47　〔08080〕
◇戦国武士事典―武家戦陣作法集成　笹間良彦著　雄山閣　1969　560p　22cm　3500円　Ⓝ210.09　〔08081〕
◇中世宮廷儀式書成立史の研究　細谷勘資著, 細谷勘資氏遺稿集刊行会編　勉誠出版　2007.2　520p　22cm　12000円　Ⓘ978-4-585-03158-1　Ⓝ210.09　〔08082〕
◇中世の国家儀式―『建武年中行事』の世界　佐藤厚子著　岩田書院　2003.10　284p　22cm　(中世史研究叢書 4)　5900円　Ⓘ4-87294-294-9　Ⓝ210.09　〔08083〕
◇中世武家儀礼の研究　二木謙一著　吉川弘文館　1985.5　483, 17p　22cm　8000円　Ⓘ4-642-02532-4　Ⓝ210.09　〔08084〕

◆◆葬儀
◇九州のキリシタン墓碑―十字架に祈りて　荒木英市著　長崎　出島文庫　2002.10　295p　22cm　3143円　Ⓘ4-931472-28-1　Ⓝ198.2219　〔08085〕
◇近畿における中世葬送墓制の研究調査概報　奈良　元興寺文化財研究所　1984.3　31p　図版32枚　26cm　Ⓝ385.6　〔08086〕
◇近畿における中世葬送墓制の研究調査概報　昭和59年度　奈良　元興寺文化財研究所　1985.3　32p　図版43枚　26cm　Ⓝ385.6　〔08087〕
◇三昧聖の研究　細川涼一編　碩文社　2001.3　543p　22cm　11000円　Ⓘ4-900901-16-4　Ⓝ385.6　〔08088〕
◇死者たちの中世　勝田至著　吉川弘文館　2003.7　266, 10p　20cm　2800円　Ⓘ4-642-07920-3　Ⓝ385.6　〔08089〕
◇死と境界の中世史　細川涼一著　洋泉社　1997.6　222p　20cm　2300円　Ⓘ4-89691-264-0　Ⓝ210.4　〔08090〕
◇中世社会と墳墓―考古学と中世史研究3　石井進, 萩原三雄編　名著出版　1993.7　290p　22cm　(帝京大学山梨文化財研究所シンポジウム報告集)　3000円　Ⓘ4-626-01483-6　Ⓝ210.2　〔08091〕
◇中世都市鎌倉と死の世界　五味文彦, 齋木秀雄編　高志書院　2002.9　249p　21cm　2700円　Ⓘ4-906641-57-1　Ⓝ385.6　〔08092〕
◇中世の葬送・墓制―石塔を造立すること　水藤真著　吉川弘文館　1991.10　232p　20cm　(中世史研究選書)　2600円　Ⓘ4-642-02665-7　Ⓝ385.6　〔08093〕
◇中世の墓葬―遠江国一の谷と下野国祇園城跡を中心に　小山　小山市立博物館　1994.10　67p　26cm　Ⓝ210.2　〔08094〕

◇日本中世の墓と葬送　勝田至著　吉川弘文館　2006.4　341, 16p　22cm　8000円　Ⓘ4-642-02851-X　Ⓝ385.6　〔08095〕
◇墓と葬送の中世　狭川真一編　高志書院　2007.5　298p　22cm　6000円　Ⓘ978-4-86215-023-3　Ⓝ385.6　〔08096〕
◇三重県の中世墓　三重県埋蔵文化財センター編　明和町(三重県)　三重県埋蔵文化財センター　1992.6　171p　26cm　Ⓝ210.2　〔08097〕

◆◆祭礼・民間信仰
◇伊那の中世伝説・山岳信仰―伊那市歴史シンポジウム〔伊那〕　伊那市　2002.10　391p　20cm　Ⓝ388.152　〔08098〕
◇大阪歴史懇談会発足五周年記念講演録　第2輯　中世まじなひの考古学　大阪歴史懇談会編　水野正好述　茨木　大阪歴史懇談会　1993.7　20, 18p　26cm　Ⓝ210.4　〔08099〕
◇祇園祭と戦国京都　河内将芳著　角川学芸出版, 角川グループパブリッシング〔発売〕　2007.6　214p　19cm　(角川叢書)　2800円　Ⓘ978-4-04-702136-5　〔08100〕
◇木の語る中世　瀬田勝哉著　朝日新聞社　2000.11　254p　19cm　(朝日選書 664)　1300円　Ⓘ4-02-259764-X　Ⓝ210.4　〔08101〕
◇祝儀・吉書・呪符―中世村落の祈りと呪術　中野豈任著　吉川弘文館　1988.4　261, 6p　20cm　(中世史研究選書)　2500円　Ⓘ4-642-02656-8　Ⓝ210.4　〔08102〕
◇呪術と占星の戦国史　小和田哲男著　新潮社　1998.2　213p　20cm　(新潮選書)　1000円　Ⓘ4-10-600532-8　Ⓝ210.46　〔08103〕
◇大系日本歴史と芸能―音と映像と文字による　第4巻　中世の祭礼―中央から地方へ　網野善彦ほか編　平凡社　1991.5　203p　22cm　12000円　Ⓘ4-582-41514-8　Ⓝ386　〔08104〕
◇中世京都と祇園祭―疫神と都市の生活　脇田晴子著　中央公論新社　1999.6　234p　18cm　(中公新書)　780円　Ⓘ4-12-101481-2　Ⓝ386.162　〔08105〕
◇中世祭祀組織の研究　萩原竜夫著　吉川弘文館　1962　767, 22p　22cm　Ⓝ384.1　〔08106〕
◇中世の民衆とまじない―春の企画展　広島県立歴史博物館編　福山　広島県立歴史博物館　1990.4　72p　26cm　Ⓝ162.1　〔08107〕
◇長宗我部地検帳の神々　広江清著　高知　土佐民俗学会　1972　232, 7p　図　22cm　(土佐民俗叢書 7)　1500円　Ⓝ385.1　〔08108〕

◆◆年中行事
◇中世鎌倉人の年中行事―テーマ展図録　神奈川県立金沢文庫編　横浜　神奈川県立金沢文庫　1993.11　63p　26cm　Ⓝ386.137　〔08109〕

◆服飾史
◇戦国時代における武士の美意識を陣羽織の意匠に見る　Indigenous tourism destination development—a case of the sami peoples in Sweden　山本マサ子著, 山本理愛著　大阪　山本マサ子　2007.3　125p　30cm　Ⓝ753.2　〔08110〕
◇標準　日本史掛図　別集　第5　室町時代の建築と服装　児玉幸多著　吉川弘文館　1957　1軸　158cm　Ⓝ210.038　〔08111〕

中世史　社会史

◆◆鎧・武具

◇赤備え—武田と井伊と真田と　井伊達夫著　京都　宮帯出版社　2007.6　257p 図版16枚　22cm　2800円　Ⓘ978-4-900833-37-1　Ⓝ210.48　〔08112〕

◇海峡を越えてきた武具—中世の蝦夷地　留萌市海のふるさと館第17回特別展図録　留萌市海のふるさと館編　留萌　留萌市海のふるさと館　2005.8　38p　30cm　Ⓝ756.7　〔08113〕

◇刀と首取り—戦国合戦異説　鈴木眞哉著　平凡社　2000.3　222p　18cm　（平凡社新書）　660円　Ⓘ4-582-85036-7　Ⓝ210.47　〔08114〕

◇変わり兜—戦国の奇想天外　特別展　神奈川県立歴史博物館編　横浜　神奈川県立歴史博物館　2002.10　127p　30cm　Ⓝ756.7　〔08115〕

◇「鉄攻めと護り・武士の美」展示図録—特別展　名古屋市博物館編　名古屋　名古屋市博物館　2004.2　215p　30cm　Ⓝ756.6　〔08116〕

◇図説・戦国甲冑集—決定版　伊澤昭二監修・文　学習研究社　2003.1　181p　26cm　2100円　Ⓘ4-05-602892-3　Ⓝ756.7　〔08117〕

◇図説・戦国甲冑集—決定版 2　伊澤昭二監修・文　学習研究社　2005.3　171p　26cm　2100円　Ⓘ4-05-603642-X　Ⓝ756.7　〔08118〕

◇戦国時代の合戦と武具—彩色して完成させる合戦絵巻 歴史画の第一人者中西立太が描く戦国の世界　中西立太画　新人物往来社　2006.10　1冊　30cm　（塗る＋わかる歴史絵シリーズ）　933円　Ⓘ4-404-03426-1　〔08119〕

◇戦国時代の当世具足—伊澤昭二甲冑コレクション　小山市立博物館編　小山　小山市立博物館　2003.7　46p　30cm　Ⓝ756.7　〔08120〕

◇戦国武将のよそおい—異形兜から祐乗目貫まで　特別展　三島　佐野美術館　2006.1　119p　30cm　Ⓘ4-915857-62-X　Ⓝ756.6　〔08121〕

◇伊達政宗と刀—仙台刀工史話　庄司恭人著　仙台　宮城地域史学協議会　1993.9　250p　21cm　（宮城地域史学文庫 第3巻）　2500円　Ⓝ756.6　〔08122〕

◇中世的武具の成立と武士　近藤好和著　吉川弘文館　2000.3　283, 79, 11p　22cm　12000円　Ⓘ4-642-02788-2　Ⓝ210.4　〔08123〕

◇日本の甲冑—岩崎城の時代　岩崎城歴史記念館編　日進　岩崎城歴史記念館　1997.3　20p　30cm　Ⓝ756.7　〔08124〕

◇旗指物　高橋賢一著　増補版　新人物往来社　1996.1　348p　22cm　8500円　Ⓘ4-404-02324-3　Ⓝ288.9　〔08125〕

◇室町期美濃刀工の研究　鈴木卓夫, 杉浦良幸著　里文出版　2006.5　377p　31cm　4000円　Ⓘ4-89806-250-4　Ⓝ756.6　〔08126〕

◇鎧をまとう人びと—合戦・甲冑・絵画の手びき　藤本正行著　吉川弘文館　2000.3　281, 8p　20cm　3300円　Ⓘ4-642-07762-6　Ⓝ210.4　〔08127〕

◆食物史

◇現代に生きる中世の食文化—美味誕生 「色部氏年中行事」本文訳注　田中一郎編著　新潟　新潟日報事業社　2002.7　229p　20cm　1600円　Ⓘ4-88862-920-X　Ⓝ383.8141　〔08128〕

◇戦国武将の食生活—勝ち残るための秘伝　永山久夫著　ジャパンポスト出版部　1987.9　238p　19cm　（ポスト・ブック）　1200円　Ⓘ4-915230-04-X　Ⓝ383.8　〔08129〕

◇戦国武将の食生活—勝ち残るための秘伝　永山久夫著　河出書房新社　1990.3　268p　15cm　（河出文庫）　500円　Ⓘ4-309-47189-7　Ⓝ383.8　〔08130〕

◇たべもの戦国史　永山久夫著　新人物往来社　1977.6　230p　20cm　1200円　Ⓝ383.8　〔08131〕

◇たべもの戦国史　永山久夫著　旺文社　1985.7　249p　16cm　（旺文社文庫）　370円　Ⓘ4-01-064334-X　Ⓝ383.8　〔08132〕

◇たべもの戦国史　永山久夫著　河出書房新社　1996.4　262p　15cm　（河出文庫）　600円　Ⓘ4-309-47294-X　Ⓝ383.8　〔08133〕

◇中世台所事情—中世の街・鎌倉　神奈川県立金沢文庫編　横浜　神奈川県立金沢文庫　1991.6　59p　26cm　（神奈川県立金沢文庫テーマ展図録）　Ⓝ383.8　〔08134〕

◇南蛮酒伝来史　間庭辰蔵著　柴田書店　1976　309p　22cm　1800円　Ⓝ588.583　〔08135〕

◇日本の食と酒—中世末の発酵技術を中心に　吉田元著　京都　人文書院　1991.9　258p　22cm　2266円　Ⓘ4-409-54036-X　Ⓝ383.8　〔08136〕

◇信長のおもてなし—中世食べもの百科　江後迪子著　吉川弘文館　2007.10　193p　19cm　（歴史文化ライブラリー 240）　1700円　Ⓘ978-4-642-05640-3　Ⓝ383.81　〔08137〕

◆差別史

◇一向一揆と部落　石尾芳久著　三一書房　1983.5　236p　18cm　（三一新書）　650円　Ⓝ361.86　〔08138〕

◇河田光夫著作集　第2巻　中世被差別民の装い　明石書店　1995.6　359p　20cm　4000円　Ⓘ4-7503-0714-9　Ⓝ188.72　〔08139〕

◇近世部落の中世起源　落合重信著　明石書店　1992.6　131p　20cm　1500円　Ⓝ210.4　〔08140〕

◇黒田俊雄著作集　第6巻　中世共同体論・身分制論　井ケ田良治ほか編　京都　法藏館　1995.4　392, 18p　22cm　8800円　Ⓘ4-8318-3326-6　Ⓝ210.4　〔08141〕

◇下人論—中世の異人と境界　安野真幸著　日本エディタースクール出版部　1987.9　239p　20cm　2200円　Ⓘ4-88888-127-8　Ⓝ210.4　〔08142〕

◇戦国大名と賤民—信長・秀吉・家康と部落形成　本田豊著　現代館　2005.12　206p　20cm　2000円　Ⓘ4-7684-6917-5　Ⓝ361.86　〔08143〕

◇中世賤民と雑芸能の研究　盛田嘉徳著　雄山閣出版　1994.2　396p　22cm　5200円　Ⓘ4-639-00436-2　Ⓝ772.1　〔08144〕

◇中世の都市と非人　松尾剛次著　京都　法藏館　1998.12　237, 13p　22cm　3600円　Ⓘ4-8318-7243-1　Ⓝ210.4　〔08145〕

◇中世の非人と遊女　網野善彦著　明石書店　1994.6　264p　20cm　2300円　Ⓘ4-7503-0602-9　Ⓝ210.4　〔08146〕

◇中世の非人と遊女　網野善彦著　講談社　2005.2　290p　15cm　（講談社学術文庫）　960円　Ⓘ4-06-159694-2　〔08147〕

◇中世の身分制と非人　細川涼一著　日本エディタースクール出版部　1994.10　294p　22cm　3400円　Ⓘ4-88888-223-1　Ⓝ210.4　〔08148〕

社会史　　　　　　　　　　　　　中世史

◇中世の身分制と非人　細川涼一著　日本エディタースクール出版部　2004.2　294p　21cm　3800円　Ⓘ4-88888-805-1　Ⓝ210.4
〔08149〕
◇中世の癩者と差別　金井清光著　岩田書院　2003.4　96p　19cm　1000円　Ⓘ4-87294-282-5　Ⓝ210.4
〔08150〕
◇日本中世賤民史の研究　三浦圭一著　京都　部落問題研究所出版部　1990.1　389p　22cm　5800円　Ⓘ4-8298-2035-7　Ⓝ210.4
〔08151〕
◇日本中世奴隷制論　磯貝富士男著　校倉書房　2007.1　674p　21cm　(歴史科学叢書)　12000円　Ⓘ978-4-7517-3810-8
〔08152〕
◇日本中世の身分と社会　丹生谷哲一著　塙書房　1993.2　654p　22cm　9785円　Ⓘ4-8273-1098-X　Ⓝ210.4
〔08153〕
◇日本中世被差別民の研究　脇田晴子著　岩波書店　2002.10　396, 12p　22cm　12500円　Ⓘ4-00-024213-X　Ⓝ361.86
〔08154〕
◇日本の聖と賤　中世篇　野間宏著, 沖浦和光著　京都　人文書院　1985.7　274p　20cm　1600円　Ⓘ4-409-24019-6　Ⓝ121.04
〔08155〕
◇部落史を読みなおす—部落の紀源と中世被差別民の系譜　上杉聡, 寺木伸明, 中尾健次, 解放新聞社編　大阪　解放出版社　1992.10　310p　19cm　2060円
〔08156〕
◇編年差別史資料集成　第3巻　中世編 1 1186年～1340年　原田伴彦ほか編　三一書房　1983.11　668p　27cm　30000円　Ⓝ361.86
〔08157〕
◇編年差別史資料集成　第4巻　中世編 2 1341年～1525年　原田伴彦ほか編　三一書房　1984.3　757p　27cm　35000円　Ⓝ361.86
〔08158〕
◇編年差別史資料集成　第5巻　中世編 3 1526年～1600年　原田伴彦ほか編　三一書房　1984.9　720p　27cm　35000円　Ⓝ361.86
〔08159〕
◇身分・差別と中世社会　丹生谷哲一著　塙書房　2005.6　438, 38p　22cm　11000円　Ⓘ4-8273-1195-1　Ⓝ210.4
〔08160〕
◇民衆運動からみた中世の非人　石尾芳久著　三一書房　1981.7　220p　20cm　1600円　Ⓝ210.4　〔08161〕
◇大和国中世被差別民関係史料　奈良県立同和問題関係史料センター編　〔奈良〕　奈良県教育委員会　2005.3　278p　21cm　(奈良県同和問題関係史料　第10集)　Ⓝ361.86
〔08162〕

◆住居史

◇近世の遺構を通して見る中世の居住に関する研究　東京大学稲垣研究室編　新住宅普及会住宅建築研究所　1985.10　75p　30cm　(研究 no.8201)　非売品　Ⓝ521.86
〔08163〕
◇中世住居史—封建住居の成立　伊藤ていじ著　東京大学出版会　1958　276p　18cm　(東大学術叢書第14)　Ⓝ521.4
〔08164〕
◇中世住居史—封建住居の成立　伊藤鄭爾著　東京大学出版会　1973　276, 19p　20cm　900円　Ⓝ521.4
〔08165〕
◇日本中世住宅史研究—とくに東求堂を中心として　野地修左著　日本学術振興会　1955　620, 19p 図版　22cm　Ⓝ521.4
〔08166〕
◇日本中世住宅史研究—とくに東求堂を中心として　野地脩左著　京都　臨川書店　1981.7　620, 19p　22cm　9700円　Ⓘ4-653-00714-4　Ⓝ521.4　〔08167〕

◇日本中世住宅の研究　川上貢著　墨水書房　1967　368p　27cm　Ⓝ521.4
〔08168〕

◆集落・都市

◇寺内町の歴史地理学的研究　金井年著　大阪　和泉書院　2004.8　255p　22cm　(日本史研究叢刊 15)　7000円　Ⓘ4-7576-0270-7　Ⓝ210.4　〔08169〕
◇戦国・織豊期の都市と地域　小島道裕著　青史出版　2005.11　355, 6p　22cm　8500円　Ⓘ4-921145-29-6　Ⓝ210.47
〔08170〕
◇戦国の寺・城・まち—山科本願寺と寺内町　山科本願寺・寺内町研究会編　京都　法藏館　1998.8　284p　21cm　2800円　Ⓘ4-8318-7524-4　Ⓝ210.4　〔08171〕
◇中世協同体の研究　和歌森太郎著　弘文堂　1950　289p　22cm　Ⓝ210.4
〔08172〕
◇中世協同体の研究　和歌森太郎著　清水弘文堂書房　1967　289p　22cm　Ⓝ210.4　〔08173〕
◇中世集落における消費活動の研究　鈴木康之著　京都　真陽社　2006.10　196p　26cm　3000円　Ⓘ4-921129-05-3　Ⓝ217.6
〔08174〕
◇中世集落の空間構造—惣的結合と住居集合の歴史的展開　伊藤裕久著　生活史研究所　1992.2　203p　26cm　Ⓝ291.017
〔08175〕
◇中世の都市と農村　泉南　泉南市　1991.11　96p　26cm　Ⓝ210.4
〔08176〕
◇中世の村を歩く　石井進著　朝日新聞社　2000.3　293p　19cm　(朝日選書 648)　1500円　Ⓘ4-02-259748-8　Ⓝ210.4
〔08177〕
◇津・泊・宿　中世都市研究会編　新人物往来社　1996.9　310p　21cm　(中世都市研究 3)　3500円　Ⓘ4-404-02410-X　Ⓝ210.4
〔08178〕
◇土地及び聚落史上の諸問題　牧野信之助著　長岡京　日本資料刊行会　1976.8　476p 図　22cm　7500円　Ⓝ611.22
〔08179〕
◇日本中世戦国期の地域と民衆　矢田俊文著　大阪　清文堂出版　2002.4　337, 7p　22cm　8800円　Ⓘ4-7924-0517-3　Ⓝ210.47
〔08180〕
◇封建領主制と共同体　矢木明夫著　塙書房　1972　391p　22cm　3000円　Ⓝ210.4
〔08181〕

◆◆村落

◇近世村落への移行と兵農分離　平沢清人著　校倉書房　1973　309p　22cm　2500円　Ⓝ210.48　〔08182〕
◇耕地と集落の歴史—香取社領村落の中世と近世　木村礎, 高島緑雄編　文雅堂銀行研究社　1969　458p　22cm　2000円　Ⓝ611.2
〔08183〕
◇在地論の射程—中世の日本・地域・在地　田村憲美著　校倉書房　2001.9　275p　20cm　3800円　Ⓘ4-7517-3220-X　Ⓝ210.4
〔08184〕
◇清水三男著作集　第2巻　日本中世の村落　校倉書房　1974　354p 肖像　22cm　4200円　Ⓝ210.8
〔08185〕
◇荘園公領制と中世村落　海老澤衷著　校倉書房　2000.2　544p　22cm　(歴史科学叢書)　12000円　Ⓘ4-7517-3030-4　Ⓝ210.4
〔08186〕
◇荘園　荘園制と中世村落　永原慶二著, 永原慶二著　吉川弘文館　2007.10　578, 18p　22cm　(永原慶二著選集 第4巻)　17000円　Ⓘ978-4-642-02683-3　Ⓝ210.4
〔08187〕

◇荘園制と中世村落　島田次郎著　吉川弘文館　2001.8　320, 14p　22cm　9000円　Ⓘ4-642-02806-4　Ⓝ210.4　〔08188〕

◇荘園と村を歩く 2　藤木久志, 蔵持重裕編著　校倉書房　2004.11　412p　20cm　4800円　Ⓘ4-7517-3580-2　Ⓝ210.4　〔08189〕

◇戦国期在地社会の研究　外園豊基著　校倉書房　2003.12　418p　19cm　（歴史科学叢書）　10000円　Ⓘ4-7517-3500-4　〔08190〕

◇戦国時代の荘園制と村落　稲葉継陽著　校倉書房　1998.10　382p　22cm　（歴史科学叢書）　10000円　Ⓘ4-7517-2870-9　Ⓝ210.47　〔08191〕

◇戦国時代の村の生活―和泉国いりやまだ村の一年　勝俣鎮夫文, 宮下実絵　岩波書店　1988.8　55p　30cm　（歴史を旅する絵本）　1600円　Ⓘ4-00-110644-2　Ⓝ210.47　〔08192〕

◇戦国織豊期の在地支配と村落　深谷幸治著　校倉書房　2003.6　448p　21cm　（歴史科学叢書）　10000円　Ⓘ4-7517-3430-X　〔08193〕

◇戦国の作法―村の紛争解決　藤木久志著　平凡社　1987.1　268p　20cm　（平凡社選書 103）　2000円　Ⓘ4-582-84103-1　Ⓝ210.4　〔08194〕

◇戦国の作法―村の紛争解決　藤木久志著　平凡社　1998.6　307p　16cm　（平凡社ライブラリー）　1000円　Ⓘ4-582-76251-4　Ⓝ210.4　〔08195〕

◇戦国の村を行く　藤木久志著　朝日新聞社　1997.6　259p　19cm　（朝日選書 579）　1300円　Ⓘ4-02-259679-1　Ⓝ210.47　〔08196〕

◇戦国の村の日々　水藤真著　東京堂出版　1999.12　230p　19cm　（教養の日本史）　2200円　Ⓘ4-490-20393-4　Ⓝ210.47　〔08197〕

◇村落内身分と村落神話　薗部寿樹著　校倉書房　2005.7　360p　22cm　（歴史科学叢書）　9000円　Ⓘ4-7517-3650-7　Ⓝ210.4　〔08198〕

◇中近世移行期の大名権力と村落　黒田基樹著　校倉書房　2003.1　392p　22cm　（歴史科学叢書）　10000円　Ⓘ4-7517-3390-7　Ⓝ210.47　〔08199〕

◇中世景観の復原と民衆像―史料としての地名論　服部英雄編　福岡　花書院　2004.6　296p　30cm　（地域資料叢書 8）　3334円　Ⓘ4-938910-68-3　Ⓝ210.4　〔08200〕

◇中世後期の村落―紀伊国賀太荘の場合　伊藤正敏著　吉川弘文館　1991.3　197, 7p　19cm　（中世史研究選書）　2000円　Ⓘ4-642-02662-7　〔08201〕

◇中世惣村史の研究―近江国得珍保今堀郷　仲村研著　法政大学出版局　1984.3　x, 536, 24p　22cm　（叢書・歴史学研究）　6800円　Ⓝ210.4　〔08202〕

◇中世惣村史の構造　黒田弘子著　吉川弘文館　1985.3　348p　22cm　（戊午叢書）　4000円　Ⓘ4-642-02547-2　Ⓝ210.4　〔08203〕

◇中世惣村の諸問題　黒川正宏著　国書刊行会　1982.10　397p　22cm　7500円　Ⓝ210.4　〔08204〕

◇中世村落構造の研究　段木一行著　吉川弘文館　1986.11　477, 17p　22cm　7500円　Ⓘ4-642-02205-8　Ⓝ210.4　〔08205〕

◇中世村落と荘園絵図　小山靖憲著　東京大学出版会　1987.11　298, 9p　22cm　4500円　Ⓘ4-13-020078-X　Ⓝ210.4　〔08206〕

◇中世村落と地域性の考古学的研究　鋤柄俊夫著　大巧社　1999.2　657, 10p　22cm　13000円　Ⓘ4-924899-34-8　Ⓝ210.4　〔08207〕

◇中世村落と武士団―豊後国日田郡 郷土史研究　長順一郎著　〔日田〕　〔長順一郎〕　1992　33p　26cm　Ⓝ219.5　〔08208〕

◇中世村落と仏教　石田善人著　京都　思文閣出版　1996.12　430, 36p　22cm　（思文閣史学叢書）　9064円　Ⓘ4-7842-0920-4　Ⓝ182.1　〔08209〕

◇中世村落の景観と環境―山門領近江国木津荘　水野章二編　京都　思文閣出版　2004.10　392p　22cm　6800円　Ⓘ4-7842-1198-5　Ⓝ216.1　〔08210〕

◇中世村落の景観と生活―関東平野東部を中心として　原田信男著　京都　思文閣出版　1999.12　601, 23p　22cm　（思文閣史学叢書）　10800円　Ⓘ4-7842-1022-9　Ⓝ210.4　〔08211〕

◇中世村落の形成と村社会　蔵持重裕著　吉川弘文館　2007.4　308, 2p　22cm　8600円　Ⓘ978-4-642-02862-2　Ⓝ210.4　〔08212〕

◇中世村落の構造と領主制　田端泰子著　法政大学出版局　1986.11　309, 24p　22cm　（叢書・歴史学研究）　6500円　Ⓝ210.4　〔08213〕

◇中世農民の生活　京都府立総合資料館歴史資料課編　〔京都〕　京都府立総合資料館　1992.7　52, 28p　26cm　（東寺百合文書展 第9回）　Ⓝ210.4　〔08214〕

◇中世の惣村と文書　田中克行著　山川出版社　1998.11　377, 31p　22cm　7800円　Ⓘ4-634-52040-0　Ⓝ210.4　〔08215〕

◇中世の村落と現代　石井進著　吉川弘文館　1991.9　370p　22cm　6800円　Ⓘ4-642-02637-1　Ⓝ210.4　〔08216〕

◇中世のムラ―景観は語りかける　石井進編　東京大学出版会　1995.3　248p　26cm　3708円　Ⓘ4-13-020106-9　Ⓝ210.4　〔08217〕

◇中世の村と流通　石井進編　吉川弘文館　1992.12　338p　22cm　6800円　Ⓘ4-642-02643-6　Ⓝ210.4　〔08218〕

◇中世の村人たちの祈り―平成10年度企画展　彦根　滋賀大学経済学部附属史料館　1998.10　6p　30cm　Ⓝ210.4　〔08219〕

◇中世末に於ける村落の形成とその展開―三信国境の村落群について　竹内利美著　伊藤書店　1944　208p　21cm　Ⓝ362　〔08220〕

◇中世村の歴史語り―湖国「共和国」の形成史　蔵持重裕著　吉川弘文館　2002.9　239p　20cm　2600円　Ⓘ4-642-07790-1　Ⓝ210.4　〔08221〕

◇特別展「惣村の自立と生活」図録　彦根　滋賀大学経済学部附属史料館　1995.11　24p　30cm　Ⓝ210.4　〔08222〕

◇刀禰と中世村落　錦昭江著　校倉書房　2002.6　420p　22cm　（歴史科学叢書）　10000円　Ⓘ4-7517-3310-9　Ⓝ210.4　〔08223〕

◇日本中世村落形成史の研究　田村憲美著　校倉書房　1994.6　426p　22cm　（歴史科学叢書）　9270円　Ⓘ4-7517-2370-7　Ⓝ210.4　〔08224〕

◇日本中世村落史の研究―摂津国豊島郡榎坂郷地域における　島田次郎編　吉川弘文館　1966　547p 図版10枚　表地図　22cm　Ⓝ210.4　〔08225〕

社会史　　　　　　　　　　　　　中世史

◇日本中世村落社会史の研究　蔵持重裕著　校倉書房　1996.11　428p　22cm　（歴史科学叢書）　10300円　Ⓘ4-7517-2650-1　Ⓝ210.4　〔08226〕
◇日本中世村落内身分の研究　薗部寿樹著　校倉書房　2002.2　356p　22cm　（歴史科学叢書）　8000円　Ⓘ4-7517-3270-6　Ⓝ210.4　〔08227〕
◇日本中世農村史の研究　大山喬平著　岩波書店　1978.12　482, 18p　22cm　4500円　Ⓝ210.4　〔08228〕
◇日本中世の在地社会　酒井紀美著　吉川弘文館　1999.9　390, 9p　22cm　8000円　Ⓘ4-642-02782-3　Ⓝ210.4　〔08229〕
◇日本中世の村落　清水三男著　日本評論社　1942　406, 41p 表　22cm　（日本歴史学大系）　Ⓝ362　〔08230〕
◇日本中世の村落　清水三男著, 大山喬平, 馬田綾子校注　岩波書店　1996.11　369p　15cm　（岩波文庫）　670円　Ⓘ4-00-334701-3　Ⓝ210.47　〔08231〕
◇日本中世の村落と荘園制　水野章二著　校倉書房　2000.7　510p　22cm　（歴史科学叢書）　10000円　Ⓘ4-7517-3090-8　Ⓝ210.4　〔08232〕
◇日本中世の領主制と村落　上巻　島田次郎著　吉川弘文館　1985.11　400, 17p　22cm　7800円　Ⓘ4-642-02609-6　Ⓝ210.4　〔08233〕
◇日本中世の領主制と村落　下巻　島田次郎著　吉川弘文館　1986.6　434, 18p　22cm　7800円　Ⓘ4-642-02610-X　Ⓝ210.4　〔08234〕
◇微地形と中世村落　金田章裕著　吉川弘文館　1993.8　256, 11p　20cm　（中世史研究選書）　2700円　Ⓘ4-642-02666-5　Ⓝ291.018　〔08235〕
◇村と領主の戦国世界　藤木久志著　東京大学出版会　1997.5　328, 5p　22cm　5600円　Ⓘ4-13-020112-3　Ⓝ210.4　〔08236〕
◇村の戦争と平和　坂田聡, 榎原雅治, 稲葉継陽著　中央公論新社　2002.12　342p　20cm　（日本の中世 12）　2600円　Ⓘ4-12-490221-2　Ⓝ210.4　〔08237〕

◆◆都市

◇網野善彦著作集　第13巻　中世都市論　網野善彦著, 稲葉伸道, 桜井英治, 盛本昌広, 山本幸司編　網野善彦著　岩波書店　2007.5　464p　22cm　4200円　Ⓘ978-4-00-092653-9, 4-00-092653-5　Ⓝ210.4　〔08238〕
◇大坂と周辺諸都市の研究　中部よし子編　大阪　清文堂出版　1994.1　469p　22cm　8755円　Ⓘ4-7924-0397-9　Ⓝ210.48　〔08239〕
◇御土居堀ものがたり　中村武生著　京都　京都新聞出版センター　2005.10　297p　19cm　1400円　Ⓘ4-7638-0566-5　〔08240〕
◇海路　第5号　特集 九州の城郭と城下町 中世編　福岡「海路」編集委員会,（福岡）海鳥社〔発売〕　2007.11　180p　21cm　1200円　Ⓘ978-4-87415-659-9　〔08241〕
◇京都中世都市史研究　髙橋康夫著　京都　思文閣出版　2003.9　495, 26p　21cm　（思文閣史学叢書）　8800円　Ⓘ4-7842-0318-4　〔08242〕
◇交流・物流・越境　五味文彦編　新人物往来社　2005.9　345p　21cm　（中世都市研究 11）　3600円　Ⓘ4-404-03271-4　Ⓝ210.4　〔08243〕
◇港湾都市と対外交易　大庭康時ほか編, 中世都市研究会編集協力　新人物往来社　2004.10　332p　21cm　（中世都市研究 10）　3600円　Ⓘ4-404-03219-6　Ⓝ210.4　〔08244〕

◇守護城下町の研究　松山宏著　京都　大学堂書店　1982.6　318, 27p　22cm　7000円　Ⓝ210.4　〔08245〕
◇守護所から戦国城下へ―地方政治都市論の試み　日本考古学協会1993年度新潟大会 シンポジウム3　日本考古学協会新潟大会実行委員会編　新潟　日本考古学協会新潟大会実行委員会　1993.10　127p　30cm　Ⓝ210.2　〔08246〕
◇守護所から戦国城下へ―地方政治都市論の試み 1993年度日本考古学協会シンポジウム報告集　金子拓男, 前川要編　名著出版　1994.10　309p　22cm　3200円　Ⓘ4-626-01498-4　Ⓝ210.2　〔08247〕
◇守護所・戦国城下町を考える　第1分冊　シンポジウム資料集　守護所シンポジウム@岐阜研究会世話人編　〔岐阜〕〔守護所シンポジウム@岐阜研究会〕　2004.8　202, 17p　30cm　（東海考古学フォーラム 第12回（岐阜大会））　Ⓝ210.47　〔08248〕
◇守護所・戦国城下町を考える　第2分冊　守護所・戦国城下町集成　守護所シンポジウム@岐阜研究会世話人編　〔岐阜〕〔守護所シンポジウム@岐阜研究会〕　2004.8　584p　30cm　（東海考古学フォーラム 第12回（岐阜大会））　Ⓝ210.47　〔08249〕
◇守護所と戦国城下町　内堀信雄, 鈴木正貴, 仁木宏, 三宅唯美編　高志書院　2006.6　498p　22cm　9000円　Ⓘ4-86215-011-X　Ⓝ210.47　〔08250〕
◇城下町の原景　都市史研究会編　山川出版社　1993.9　160p　26cm　3800円　Ⓘ4-634-61910-5　〔08251〕
◇政権都市　中世都市研究会編　新人物往来社　2004.9　332p　21cm　（中世都市研究 9）　3600円　Ⓘ4-404-03218-8　Ⓝ210.4　〔08252〕
◇戦国城下町の研究　小和田哲男著　大阪　清文堂出版　2002.8　418p　22cm　（小和田哲男著作集 第7巻）　9200円　Ⓘ4-7924-0514-9　Ⓝ210.47　〔08253〕
◇戦国城下町の考古学――一乗谷からのメッセージ　小野正敏著　講談社　1997.7　242p　19cm　（講談社選書メチエ 108）　1456円　Ⓘ4-06-258108-6　Ⓝ210.4　〔08254〕
◇戦国大名の外交と都市・流通―豊後大友氏と東アジア世界　鹿毛敏夫著　京都　思文閣出版　2006.2　296, 7p　22cm　（思文閣史学叢書）　5500円　Ⓘ4-7842-1286-8　Ⓝ219.5　〔08255〕
◇戦国の城と城下町　鳥栖市教育委員会編　鳥栖　鳥栖市教育委員会　1997.3　77p　26cm　（鳥栖の町づくりと歴史・文化講座）　Ⓝ219.2　〔08256〕
◇戦国の城と城下町 2　鳥栖市教育委員会編　鳥栖　鳥栖市教育委員会　1998.3　132p　26cm　（鳥栖の町づくりと歴史・文化講座）　Ⓝ219.2　〔08257〕
◇戦国の城と城下町 3　鳥栖市教育委員会編　鳥栖　鳥栖市教育委員会　1999.3　67p　26cm　（鳥栖の町づくりと歴史・文化講座）　Ⓝ219.2　〔08258〕
◇戦国の城と城下町 4　鳥栖市教育委員会編　鳥栖　鳥栖市教育委員会　2000.3　40p　26cm　（鳥栖の町づくりと歴史・文化講座）　Ⓝ219.2　〔08259〕
◇中近世都市の歴史地理―町・筋・辻子をめぐって　足利健亮著　京都　地人書房　1984.6　246p　22cm　3700円　Ⓘ4-88501-050-0　Ⓝ291.0173　〔08260〕
◇中世畿内における都市の発達　永島福太郎著　京都　思文閣出版　2004.10　294, 14p　21cm　6500円　Ⓘ4-7842-1206-X　〔08261〕

◇中世京都の都市と宗教 河内将芳著 京都 思文閣出版 2006.5 397,12p 21cm 6800円 Ⓘ4-7842-1303-1 〔08262〕

◇中世城下町の研究 松山宏著 近代文芸社 1991.6 363,18p 20cm 2800円 Ⓘ4-7733-1052-9 Ⓝ210.4 〔08263〕

◇中世成立期の荘園と都市 鈴木敏弘著 東京堂出版 2005.5 300p 22cm 7000円 Ⓘ4-490-20551-1 Ⓝ210.4 〔08264〕

◇中世東国の「都市的な場」と武士 落合義明著 山川出版社 2005.11 222,10p 21cm (山川歴史モノグラフ 7) 5000円 Ⓘ4-634-52341-8 〔08265〕

◇中世東国の物流と都市 峰岸純夫,村井章介編 山川出版社 1995.11 282,12p 22cm 4900円 Ⓘ4-634-61670-X Ⓝ210.4 〔08266〕

◇中世都市を語る 石井進著 岩波書店 2005.5 373,6p 22cm (石井進著作集 第9巻) 8400円 Ⓘ4-00-092629-2 Ⓝ210.4 〔08267〕

◇中世都市鎌倉の「はずれ」の風景—西のはずれ「竜の口」の原風景 清田義英著 藤沢 江ノ電沿線新聞社 1997.8 153p 19cm 1300円 〔08268〕

◇中世都市共同体の研究 小西瑞恵著 京都 思文閣出版 2000.2 315,30p 22cm (思文閣史学叢書) 6400円 Ⓘ4-7842-1026-1 Ⓝ210.4 〔08269〕

◇中世都市研究会2006三重大会「都市をつなぐ」資料集 中世都市研究会2006三重大会実行委員会編 〔出版地不明〕 中世都市研究会2006三重大会実行委員会 2006.9 105p 30cm Ⓝ210.4 〔08270〕

◇中世都市と商人職人—考古学と中世史研究2 網野善彦,石井進編 名著出版 1992.10 281p 22cm (帝京大学山梨文化財研究所シンポジウム報告集) 3000円 Ⓘ4-626-01450-X Ⓝ210.2 〔08271〕

◇中世都市「府中」の展開 小川信著 京都 思文閣出版 2001.5 540,20p 22cm (思文閣史学叢書) 11000円 Ⓘ4-7842-1058-X Ⓝ210.4 〔08272〕

◇中世に於ける都市の研究 原田伴彦著 講談社 1942 284p 図版 22cm Ⓝ362 〔08273〕

◇中世における都市の研究 原田伴彦著 三一書房 1972 284p 図 22cm 2000円 Ⓝ210.4 〔08274〕

◇中世の鎌倉—鶴岡八幡宮の研究 湯山学著 〔藤沢〕〔湯山学〕 1993.3 189p 21cm (南関東中世史論集 3) Ⓝ210.4 〔08275〕

◇中世の京都 京都府立総合資料館歴史資料課編 〔京都〕京都府立総合資料館 1985.7 54,8p 26cm (東寺百合文書展 第1回) Ⓝ210.4 〔08276〕

◇中世の寺院と都市・権力 五味文彦,菊地大樹編 山川出版社 2007.4 415p 21cm 5000円 Ⓘ978-4-634-52012-7 Ⓝ185.021 〔08277〕

◇中世の寺社勢力と境内都市 伊藤正敏著 吉川弘文館 1999.5 304,7p 22cm 6400円 Ⓘ4-642-02776-9 Ⓝ210.4 〔08278〕

◇中世の都市と寺院 吉井敏幸,百瀬正恒編 高志書院 2005.4 234p 21cm 2500円 Ⓘ4-906641-96-2 Ⓝ210.4 〔08279〕

◇中世の都市と武士 高橋慎一朗著 吉川弘文館 1996.8 255p 22cm 5459円 Ⓘ4-642-02752-1 Ⓝ210.4 〔08280〕

◇中世の都市と民衆 林屋辰三郎ほか著 新人物往来社 1986.7 216p 20cm 1800円 Ⓘ4-404-01366-3 Ⓝ210.4 〔08281〕

◇中世のみちと都市 藤原良章著 山川出版社 2005.9 107p 21cm (日本史リブレット 25) 800円 Ⓘ4-634-54250-1 Ⓝ682.1 〔08282〕

◇中世の宿と町 藤原良章,飯村均編 高志書院 2007.6 217p 21cm 2500円 Ⓘ978-4-86215-024-0 Ⓝ682.1 〔08283〕

◇東西都市の歴史的諸相—青山学院大学総合研究所人文科学研究部研究成果報告論集 青山学院大学総合研究所領域別研究部門人文科学研究部 2006.3 128p 26cm Ⓝ361.78 〔08284〕

◇都市をつくる 中世都市研究会編 新人物往来社 1998.9 315p 21cm (中世都市研究 5) 3600円 Ⓘ4-404-02657-9 〔08285〕

◇都市をつなぐ 伊藤裕偉,藤田達生編,中世都市研究会編集協力 新人物往来社 2007.9 403p 21cm (中世都市研究 13) 3600円 Ⓘ978-4-404-03499-1 Ⓝ210.4 〔08286〕

◇都市空間 中世都市研究会編 新人物往来社 1994.9 320p 21cm (中世都市研究 1) 2800円 Ⓘ4-404-02128-3 Ⓝ210.4 〔08287〕

◇都市研究の方法 中世都市研究会編 新人物往来社 1999.9 275p 21cm (中世都市研究 6) 3600円 Ⓘ4-404-02824-5 Ⓝ210.4 〔08288〕

◇都市考古学の研究—中世から近世への展開 前川要著 柏書房 1991.12 263,30p 21cm 3800円 Ⓘ4-7601-0782-7 Ⓝ210.2 〔08289〕

◇都市と宗教 中世都市研究会編 新人物往来社 1997.9 321p 21cm (中世都市研究 4) 3600円 Ⓘ4-404-02526-2 Ⓝ210.4 〔08290〕

◇都市と職能民 中世都市研究会編 新人物往来社 2001.9 337p 22cm (中世都市研究 8) 3600円 Ⓘ4-404-02937-3 Ⓝ210.4 〔08291〕

◇都市と職能民の活動 網野善彦,横井清著 中央公論新社 2003.2 358p 20cm (日本の中世 6) 2700円 Ⓘ4-12-490215-8 Ⓝ210.4 〔08292〕

◇都市の求心力—城・館・寺 中世都市研究会編 新人物往来社 2000.9 379p 21cm (中世都市研究 7) 3600円 Ⓘ4-404-02880-6 Ⓝ210.4 〔08293〕

◇都市の中世 五味文彦編 吉川弘文館 1992.11 276p 20cm (中世を考える) 2200円 Ⓘ4-642-02703-3 Ⓝ210.4 〔08294〕

◇豊田武著作集 第4巻 封建都市 吉川弘文館 1983.4 539,19p 22cm 7600円 Ⓝ210.4 〔08295〕

◇日本近世都市史の研究 脇田修著 東京大学出版会 1994.3 276,9p 22cm 4944円 Ⓘ4-13-020105-0 Ⓝ210.48 〔08296〕

◇日本中世都市の研究 松山宏著 京都 大学堂書店 1973 400p 22cm 4500円 Ⓝ210.4 〔08297〕

◇日本中世都市の世界 網野善彦著 筑摩書房 1996.1 333,37p 22cm 4800円 Ⓘ4-480-85696-X Ⓝ210.4 〔08298〕

◇日本中世都市の世界 網野善彦著 筑摩書房 2001.1 457,63p 15cm (ちくま学芸文庫) 1500円 Ⓘ4-480-08611-0 Ⓝ210.4 〔08299〕

◇日本中世都市論 脇田晴子著 東京大学出版会 1981.6 391,21p 22cm 4500円 Ⓝ210.4 〔08300〕

◇日本中世の都市と法 佐々木銀弥著 吉川弘文館 1994.11 308p 22cm 7004円 Ⓘ4-642-02740-8 Ⓝ322.14 〔08301〕

社会史　　　　　　　　　　　　　　　中世史

◇日本の町　第2　封建都市の諸問題　地方史研究協議会編　雄山閣出版　1959　393p　図版　表　地図　19cm　Ⓝ210.04　〔08302〕
◇年報　都市史研究　12　伝統都市の分節構造　都市史研究会編　山川出版社　2004.10　154p　26cm　3695円　Ⓘ4-634-52740-5　〔08303〕
◇町衆から町人へ　森谷尅久編著　日本放送出版協会　1978.12　215p　19cm　（放送ライブラリー 25）　900円　Ⓝ210.46　〔08304〕

◆◆町衆
◇町衆—京都における「市民」形成史　林屋辰三郎著　中央公論社　1964　234p　図版　18cm　（中公新書）Ⓝ216.2　〔08305〕
◇町衆のまち　京　川嶋将生著　京都　柳原書店　1976.12　288p　図　20cm　（記録・都市生活史 3）　1700円　Ⓝ216.2　〔08306〕

◆家族
◇「絵巻」子どもの登場—中世社会の子ども像　黒田日出男著　河出書房新社　1989.7　126p　27cm　（歴史博物館シリーズ）　1900円　Ⓘ4-309-61151-6　Ⓝ210.4　〔08307〕
◇家族史としての女院論　野村育世著　校倉書房　2006.4　312p　22cm　（歴史科学叢書）　9000円　Ⓘ4-7517-3710-4　Ⓝ210.4　〔08308〕
◇家族と女性　峰岸純夫編　吉川弘文館　1992.4　271p　20cm　（中世を考える）　2200円　Ⓘ4-642-02701-7　Ⓝ210.4　〔08309〕
◇戦国期の権力と婚姻　西尾和美著　大阪　清文堂出版　2005.11　332p　22cm　7600円　Ⓘ4-7924-0599-8　Ⓝ210.47　〔08310〕
◇惣領制　羽下徳彦著　至文堂　1966　229p　19cm　（日本歴史新書）　Ⓝ322.14　〔08311〕
◇中世公家の家と女性　後藤みち子著　吉川弘文館　2002.1　264,8p　22cm　7000円　Ⓘ4-642-02811-0　Ⓝ367.21　〔08312〕
◇中世の家と性　髙橋秀樹著　山川出版社　2004.4　91p　21cm　（日本史リブレット 20）　800円　Ⓘ4-634-54200-5　Ⓝ361.63　〔08313〕
◇中世の武家と公家の「家」　菅原正子著　吉川弘文館　2007.12　306,15p　21cm　11500円　Ⓘ978-4-642-02872-1　〔08314〕
◇日本中世家族の研究　平山敏治郎著　法政大学出版局　1980.4　422,9p　22cm　（叢書・歴史学研究）　5800円　Ⓝ362.1　〔08315〕
◇日本中世の家と親族　髙橋秀樹著　吉川弘文館　1996.7　313,8p　22cm　6489円　Ⓘ4-642-02751-3　Ⓝ210.4　〔08316〕
◇日本中世の氏・家・村　坂田聡著　校倉書房　1997.1　428p　22cm　10300円　Ⓘ4-7517-2660-9　Ⓝ210.4　〔08317〕
◇女人、老人、子ども　田端泰子,細川涼一著　中央公論新社　2002.6　310p　20cm　（日本の中世 4）　2400円　Ⓘ4-12-490213-1　Ⓝ210.4　〔08318〕
◇封建社会と家族　辻ミチ子述,亀岡市,亀岡市教育委員会編　亀岡　亀岡市　1995.11　44p　19cm　（亀岡生涯学習市民大学 平成6年度—丹波学叢書 2）　Ⓝ361.63　〔08319〕

◆性風俗
◇性愛の日本中世　田中貴子著　筑摩書房　2004.11　264p　15cm　（ちくま学芸文庫）　1000円　Ⓘ4-480-08884-9　〔08320〕
◇中世の愛と従属—絵巻の中の肉体　保立道久著　平凡社　1986.12　265p　21cm　（イメージ・リーディング叢書）　2100円　Ⓘ4-582-28456-6　Ⓝ384.7　〔08321〕
◇日本の歴史　中世 1-3　遊女・傀儡・白拍子　新訂増補　朝日新聞社　2002.6　p70-100　30cm　（週刊朝日百科 3）　476円　Ⓝ210.1　〔08322〕

◆遊戯
◇遊・戯・宴—中世生活文化のひとこま　広島県立歴史博物館編　福山　広島県立歴史博物館　1993.4　101p　30cm　（広島県立歴史博物館展示図録 第8冊）　Ⓝ382.1　〔08323〕
◇日本の歴史　中世 1-10　悪党と飛礫・童と遊び　新訂増補　朝日新聞社　2002.8　p294-324　30cm　（週刊朝日百科 10）　476円　Ⓝ210.1　〔08324〕

◆民話・民間伝承
◇中世のうわさ—情報伝達のしくみ　酒井紀美著　吉川弘文館　1997.3　226p　20cm　2678円　Ⓘ4-642-07500-3　Ⓝ210.4　〔08325〕
◇中世の史実と伝承　樋口州男著　東京堂出版　1991.9　232p　21cm　3800円　Ⓘ4-490-20181-8　〔08326〕
◇日本中世の伝承世界　樋口州男著　校倉書房　2005.10　350p　21cm　（歴史科学叢書）　9000円　Ⓘ4-7517-3660-4　〔08327〕
◇北方伝説の誕生—歴史と民俗の接点　佐々木馨著　吉川弘文館　2007.10　226p　19cm　2800円　Ⓘ978-4-642-07982-2　〔08328〕

◆◆埋蔵金伝説
◇赤城黄金追跡—水野家3代、執念の埋蔵金発掘110年　水野智之著　マガジンハウス　1994.6　206p　19cm　1300円　Ⓘ4-8387-0517-4　Ⓝ210.4　〔08329〕
◇豊臣秀吉の埋蔵金を掘る　鈴木盛司著　新人物往来社　1998.8　212p　20cm　2400円　Ⓘ4-404-02643-9　Ⓝ210.04　〔08330〕
◇200兆埋蔵金の謎を解く—信長・秀吉・家康の軍資金の行方　小林久三著　コスモの本　1992.7　252p　20cm　1600円　Ⓘ4-906380-31-X　Ⓝ210.04　〔08331〕

◆歴史地理
◇愛知川町荘園故地水利地名調査報告書—愛智荘・大国荘域を想定して　愛知川町教育委員会町史編さん室編　愛知川町（滋賀県）　愛知川町教育委員会町史編さん室　2004.3　112p　30cm　Ⓝ614.3161　〔08332〕
◇大知波道と長彦峠—豊橋市嵩山町における「大知波道（豊川道・長彦自然歩道）」及び「長彦峠（大知波峠）」の名称等に関する歴史地理学的考察　鎌倉街道、源頼朝及び三河南朝玉川御所と関連付けて　藤原裕一著　第2版　豊橋月ケ谷歴史民俗博物館　2005.9　1冊（ページ付なし）　30cm　Ⓝ614.3161　〔08333〕
◇景観に歴史を読む　史料編　海老澤衷著　早稲田大学文学部　2005.3　118p　26cm　（早稲田大学オンデマンド出版シリーズ）　1600円　Ⓘ4-88752-283-5　Ⓝ210.4　〔08334〕

◇寺内町の歴史地理学的研究　金井年著　大阪　和泉書院　2004.8　255p　22cm　（日本史研究叢刊 15）　7000円　①4-7576-0270-7　Ⓝ210.4〔08335〕
◇十六世紀における日本地図の発達　岡本良知著　八木書店　1973　306p 図　31cm　15000円　Ⓝ291.038〔08336〕
◇荘園の歴史地理的世界　中野栄夫著　同成社　2006.12　398p　22cm　（同成社中世選書2）　9000円　①4-88621-374-X　Ⓝ210.4〔08337〕
◇城下町の歴史地理学的研究　松本豊寿著　吉川弘文館　1967　385p 図版　22cm　Ⓝ291.017〔08338〕
◇東洋地理学史研究―日本篇　海野一隆著　大阪　清文堂出版　2005.7　625, 38p　26cm　18000円　①4-7924-0578-5〔08339〕
◇豊臣秀吉伏見桃山古図幷伏見町市街図　日下伊兵衛　1912　1枚　Ⓝ291.62〔08340〕
◇南蛮紅毛日本地図集成　松本賢一編　鹿島出版会　1975　地図72枚　52cm　100000円　Ⓝ291.038〔08341〕
◇日本の歴史パノラマ絵地図　4　―時代のようすが一目でわかる　戦国～安土桃山時代　田代脩監修　学習研究社　2005.4　48p　31×22cm　3000円　①4-05-202141-X〔08342〕
◇日本歴史地理総説　〔3〕　中世編　藤岡謙二郎編　吉川弘文館　1975　272p　23cm　3200円　Ⓝ210.022〔08343〕

◆災害史

◇極楽寺忍性　秋月水虎著　叢文社　1999.1　302p　19cm　2300円　①4-7947-0302-3〔08344〕
◇1108―浅間山噴火―中世への胎動―かみつけの里博物館第12回特別展　展示解説図録　高崎市等広域市町村圏振興整備組合立かみつけの里博物館編　〔群馬町（群馬県）〕　高崎市等広域市町村圏振興整備組合立かみつけの里博物館　2004.10　76p　30cm　Ⓝ213.3〔08345〕
◇中世災害・戦乱の社会史　峰岸純夫著　吉川弘文館　2001.6　256p　20cm　2400円　①4-642-07775-8　Ⓝ210.4〔08346〕
◇中世の災害予兆―あの世からのメッセージ　笹本正治著　吉川弘文館　1996.11　194p　19cm　（歴史文化ライブラリー 3）　1751円　①4-642-05403-0　Ⓝ210.7〔08347〕
◇天正大地震誌　飯田汲事著　名古屋　名古屋大学出版会　1987.3　552, 8p　22cm　6500円　①4-930689-59-7　Ⓝ453.21〔08348〕

◆世相・事件史

◇新国史観　巻8　中世世相史　中村孝也著　雄山閣　1948-50　19cm　Ⓝa210〔08349〕
◇新日本史選書　第8　中世世相史　中村孝也著　春日書院　1958　22cm　Ⓝ210.08〔08350〕
◇曽我の仇討―工藤伊東家の内紛　伊東秀郎著　近代文芸社　1983.1　229p　20cm　1500円　Ⓝ210.42〔08351〕

思想史

◇王朝より中世日本思想史の研究　望月兼次郎著　文化書房博文社　1986.9　13, 278p　19cm　2500円　①4-8301-0437-6　Ⓝ150.21〔08352〕
◇鎌倉時代の思想と文化　多賀宗隼著　目黒書店　1946　428p　22cm　（畝傍史学叢書）　Ⓝ210.42〔08353〕
◇神・仏・王権の中世　佐藤弘夫著　京都　法藏館　1998.2　468, 10p　22cm　6800円　①4-8318-7143-5　Ⓝ162.1〔08354〕
◇黒田俊雄著作集　第4巻　神国思想と専修念仏　井ケ田良治ほか編　京都　法藏館　1995.6　445, 9p　22cm　8800円　①4-8318-3324-X　Ⓝ210.4〔08355〕
◇国民精神文化類輯　第13輯　中世日本の国民思想　国民精神文化研究所編　松本彦次郎著　国民精神文化研究所　1936　66p　19cm　Ⓝ041〔08356〕
◇相良亨著作集　6　超越・自然　佐藤正英ほか編　ぺりかん社　1995.5　509, 22p　22cm　12000円　①4-8315-0681-8　Ⓝ121〔08357〕
◇中世思想　上　中村元著　春秋社　1981.2（第2刷）　332p　20cm　（中村元選集 第20巻―世界思想史 4）　Ⓝ102〔08358〕
◇中世思想　下　中村元著　春秋社　1981.4（第2刷）　p311-593, 34p　20cm　（中村元選集 第21巻―世界思想史 5）　Ⓝ102〔08359〕
◇中世思想史への構想―歴史・文学・宗教　大隅和雄著　名著刊行会　1984.10　247p　20cm　（さみっと双書）　1800円　①4-8390-0219-3　Ⓝ121.4〔08360〕
◇中世思想の諸相　宮井義雄著　ふたら書房　1941　221p　19cm　（日本思想史研究）　Ⓝ121〔08361〕
◇中世社会思想史の試み―地下の思想と営為　佐藤和彦著　校倉書房　2000.1　367p　20cm　3800円　①4-7517-3020-7　Ⓝ210.4〔08362〕
◇中世政治社会思想　上　石井進ほか校注　岩波書店　1994.2　646p　22cm　（日本思想大系新装版）　5000円　①4-00-003753-6　Ⓝ311.21〔08363〕
◇中世政治社会思想　下　笠松宏至ほか校注　岩波書店　1994.3　436p　22cm　（日本思想体系新装版）　4000円　①4-00-003754-4　Ⓝ311.21〔08364〕
◇中世成立期の社会と思想　永原慶二著　吉川弘文館　1977.4　276p　19cm　1400円　Ⓝ210.42〔08365〕
◇中世に於ける精神生活　平泉澄著　至文堂　1926　517p　22cm　（国史研究叢書 第1編）　Ⓝ210.4〔08366〕
◇中世に於ける精神生活　平泉澄著　錦正社　2006.2　430p　21cm　3000円　①4-7646-0269-5　Ⓝ121.4〔08367〕
◇中世日本の精神史的景観　桜井好朗著　塙書房　1974　380p　22cm　3800円　Ⓝ121.02〔08368〕
◇中世のこころ―日本精神史の先覚者たち　西田正好著　現代文化社　1975　271p　19cm　1300円　Ⓝ121.02〔08369〕
◇中世の思想―風狂と漂泊の系譜　吉田究著　〔東村山〕　教育社　1981.11　224p　18cm　（教育社歴史新書）　800円　Ⓝ121.4〔08370〕
◇中世の社会と思想　上　松本新八郎著　校倉書房　1983.9　436p　22cm　6800円　Ⓝ210.4〔08371〕
◇中世の社会と思想　下　松本新八郎著　校倉書房　1985.5　470p　22cm　7800円　①4-7517-1690-5　Ⓝ210.4〔08372〕
◇中世の生死と宗教観―日本人の精神史研究　亀井勝一郎著　文芸春秋新社　1964　252p　20cm　Ⓝ910.1〔08373〕
◇永田広志日本思想史研究　第2巻　日本封建制イデオロギー　永田広志著　法政大学出版局　1968　320p　22cm　Ⓝ121.02〔08374〕

思想史　中世史

◇日記の思考―日本中世思考史への序章　竜福義友著　平凡社　1995.11　307p　20cm　（平凡社選書 162）2678円　Ⓘ4-582-84162-7　Ⓝ121.4　〔08375〕
◇日本思想史講座　第2巻　中世の思想 1　古川哲史, 石田一良編集　雄山閣出版　1976　267p　19cm　1600円　Ⓝ121.08　〔08376〕
◇日本思想史講座　第3巻　中世の思想 2　古川哲史, 石田一良編集　雄山閣出版　1976　212p　19cm　1800円　Ⓝ121.08　〔08377〕
◇日本思想大系　22　中世政治社會思想　下　笠松宏至ほか校注　岩波書店　1981.2　436p　22cm　3200円　Ⓝ121.08　〔08378〕
◇日本人の精神史　第2巻　中世の生死と宗教観, 室町芸術と民衆の心, 日本人の精神史研究 第5部（遺稿）　亀井勝一郎著　文芸春秋　1967　559p 図版　20cm　Ⓝ914.6　〔08379〕
◇日本人の精神史　第4巻　親鸞, 亡霊の対話, 中世における四人の古典芸術家, 無常観, 観音経覚書, 捨身飼虎, 愛の無上について　亀井勝一郎著　文芸春秋　1967　501p 図版　20cm　Ⓝ914.6　〔08380〕
◇日本精神研究　第4輯　武士道精神　日本文化研究会編　東洋書院　1935　312p　23cm　Ⓝ121.1　〔08381〕
◇日本精神文化大系　第4巻　日本図書センター　2001.2　60, 472p　22cm　Ⓘ4-8205-6722-5, 4-8205-6718-7　Ⓝ121.08　〔08382〕
◇日本精神文化大系　第5巻　日本図書センター　2001.2　43, 520p　22cm　Ⓘ4-8205-6723-3, 4-8205-6718-7　Ⓝ121.08　〔08383〕
◇日本中世思想史研究　玉懸博之著　ぺりかん社　1998.10　335, 7p　22cm　5800円　Ⓘ4-8315-0857-8　Ⓝ121.4　〔08384〕
◇日本中世思想の基調　佐々木馨著　吉川弘文館　2006.1　356, 7p　22cm　11000円　Ⓘ4-642-02845-5　Ⓝ121.4　〔08385〕
◇日本中世の光と影―「内なる三国」の思想　市川浩史著　ぺりかん社　1999.10　313, 9p　22cm　4200円　Ⓘ4-8315-0905-1　Ⓝ121.4　〔08386〕
◇日本中世の歴史意識―三国・末法・日本　市川浩史著　京都　法藏館　2005.1　221p　22cm　3600円　Ⓘ4-8318-7464-7　Ⓝ121.4　〔08387〕
◇日本的革命の哲学―日本人を動かす原理　山本七平著　PHP研究所　1992.4　362p　15cm　（PHP文庫）640円　Ⓘ4-569-56463-1　Ⓝ121.4　〔08388〕
◇日本の中世思想　宮井義雄著　成甲書房　1981.12　525p　22cm　6800円　Ⓘ4-88086-029-8　Ⓝ121.4　〔08389〕
◇日本封建制イデオロギー　永田広志著　白揚社　1947　436p　21cm　130円　Ⓝ121.02　〔08390〕
◇文学に現はれたる 国民思想の研究　第2巻　武士文学の時代　津田左右吉著　岩波書店　1951-55　22cm　Ⓝ121.02　〔08391〕
◇室町芸術と民衆の心―日本人の精神史研究　亀井勝一郎著　文芸春秋　1966　277p　20cm　Ⓝ121.02　〔08392〕
◇名誉と恥辱―日本の封建社会意識　桜井庄太郎著　法政大学出版局　1971　353p　19cm　（教養選書 2）　750円　Ⓝ121.02　〔08393〕
◇龍の棲む日本　黒田日出男著　岩波書店　2003.3　232p　18cm　（岩波新書）　780円　Ⓘ4-00-430831-3　Ⓝ210.4　〔08394〕

◆儒学
◇鎌倉室町時代之儒教　足利衍述著　日本古典全集刊行会　1932　875, 2, 42p 肖像　23cm　Ⓝ121　〔08395〕
◇北畠親房の儒学　下川玲子著　ぺりかん社　2001.2　363, 7p　21cm　5800円　Ⓘ4-8315-0954-X　〔08396〕
◇中世の儒学　和島芳男著　吉川弘文館　1965　292p 図版　20cm　（日本歴史叢書 11）　Ⓝ121.3　〔08397〕
◇中世の儒学　和島芳男著　吉川弘文館　1996.7　292, 7p　20cm　（日本歴史叢書 新装版）　2781円　Ⓘ4-642-06640-3　Ⓝ121.4　〔08398〕
◇日本中世禅林の儒学　久須本文雄著　山喜房仏書林　1992.6　287, 9p　22cm　7500円　Ⓝ121.4　〔08399〕

◆倫理・道徳
◇敵討の歴史　大隈三好著　雄山閣　1972　242p　22cm　（雄山閣歴史選書 10）　Ⓝ156　〔08400〕
◇諸家評定―戦国武士の「武士道」　小笠原昨雲著, 古川哲史監修, 魚住孝至編集・解説, 羽賀久人校注　新人物往来社　2007.7　606p　22cm　8800円　Ⓘ978-4-404-03481-6　Ⓝ156　〔08401〕
◇切腹の歴史　大隈三好著　雄山閣出版　1973　279p　22cm　（雄山閣歴史選書 13）　Ⓝ156　〔08402〕
◇戦国武士　坂田吉雄著　福村出版　1969　218p　18cm　550円　Ⓝ121.02　〔08403〕
◇戦場の精神史―武士道という幻影　佐伯真一著　日本放送出版協会　2004.5　289p　19cm　（NHKブックス）　1120円　Ⓘ4-14-001998-0　Ⓝ156　〔08404〕
◇太平記と武士道　高木武著　内閣印刷局　1940　95p　15cm　（日本精神叢書 38）　Ⓝ156　〔08405〕
◇地の士魂―日本の誇るサムライ達　郡順史著　展転社　1995.12　271p　19cm　1800円　Ⓘ4-88656-120-9　〔08406〕
◇中世の教訓　籠谷真智子著　角川書店　1979.5　173p　21cm　（季刊論叢日本文化 12）　1700円　Ⓝ150.21　〔08407〕
◇日本の武士道　藤直幹著　大阪　創元社　1956　174p 図版　18cm　（創元歴史選書）　Ⓝ156　〔08408〕
◇日本倫理思想史研究　第1　王朝憧憬の思想とその伝統　古川哲史著　福村書店　1957　22cm　Ⓝ150.8　〔08409〕
◇日本倫理思想史研究　第2　武士道の思想とその周辺　古川哲史著　福村書店　1957　22cm　Ⓝ150.8　〔08410〕
◇復讎の倫理―歴史の教え　堀川豊弘著　明玄書房　1974　200p　22cm　950円　Ⓝ156　〔08411〕
◇武士道　新渡戸稲造著, 名和一男訳　日本ソノサービスセンター　1969　206p　19cm　（歴史文庫）　480円　Ⓝ156　〔08412〕
◇武士道―戦闘者の精神　葦津珍彦著　徳間書店　1969　237p　20cm　690円　Ⓝ121.02　〔08413〕
◇武士道の歴史　1巻　高橋富雄著　新人物往来社　1986.3　294p　20cm　2500円　Ⓘ4-404-01310-8　Ⓝ156　〔08414〕
◇武士道の歴史　2巻　高橋富雄著　新人物往来社　1986.4　280p　20cm　2500円　Ⓘ4-404-01311-6　Ⓝ156　〔08415〕

◇武士道の歴史　3巻　高橋富雄著　新人物往来社　1986.5　285p　20cm　2500円　Ⓘ4-404-01312-4　Ⓝ156
〔08416〕

宗教史

◇アマテラスの変貌―中世神仏交渉史の視座　佐藤弘夫著　京都　法藏館　2000.8　227p　20cm　2400円　Ⓘ4-8318-7129-X　Ⓝ162.1
〔08417〕
◇異神―中世日本の秘教的世界　山本ひろ子著　平凡社　1998.3　673p　図版16p　22cm　7000円　Ⓘ4-582-47506-X　Ⓝ162.1
〔08418〕
◇異神　上　山本ひろ子著　筑摩書房　2003.6　441p　15cm　（ちくま学芸文庫）　1400円　Ⓘ4-480-08768-0　Ⓝ162.1
〔08419〕
◇異神　下　山本ひろ子著　筑摩書房　2003.7　448p　15cm　（ちくま学芸文庫）　1400円　Ⓘ4-480-08769-9　Ⓝ162.1
〔08420〕
◇神・仏・王権の中世　佐藤弘夫著　京都　法藏館　1998.2　468,10p　22cm　6800円　Ⓘ4-8318-7143-5　Ⓝ162.1
〔08421〕
◇起請文の精神史―中世世界の神と仏　佐藤弘夫著　講談社　2006.4　210p　19cm　（講談社選書メチエ　360）　1500円　Ⓘ4-06-258360-7　Ⓝ162.1　〔08422〕
◇偽書の精神史―神仏・異界と交感する中世　佐藤弘夫著　講談社　2002.6　246p　19cm　（講談社選書メチエ　242）　1600円　Ⓘ4-06-258242-2　Ⓝ162.1　〔08423〕
◇荘園社会における宗教構造　苅米一志著　校倉書房　2004.4　348p　22cm　（歴史科学叢書）　9000円　Ⓘ4-7517-3530-6　Ⓝ210.4
〔08424〕
◇戦国大名の政治と宗教　横田光雄著　國學院大學大學院　1999.12　251p　26cm　（國學院大學大學院研究叢書　文学研究科　1344-8021）　Ⓝ210.47
〔08425〕
◇戦国武将を支えた信仰―生死を超越した不退転の決意　風巻絃一著　日本文芸社　1987.10　241p　19cm　980円　Ⓘ4-537-02076-8　Ⓝ210.47
〔08426〕
◇中世関東の武士団と信仰　阿部征寛著　〔横浜〕　阿部征寛著作集刊行会　1990.4　269p　22cm　Ⓝ210.4
〔08427〕
◇中世京都の都市と宗教　河内将芳著　京都　思文閣出版　2006.5　397,12p　21cm　6800円　Ⓘ4-7842-1303-1
〔08428〕
◇中世庶民信仰経済の研究　阿諏訪青美著　校倉書房　2004.2　406p　21cm　（歴史科学叢書）　10000円　Ⓘ4-7517-3510-1
〔08429〕
◇中世庶民信仰の研究　柴田実著　角川書店　1966　299p　図版　22cm　Ⓝ160.21
〔08430〕
◇中世人の生活と信仰展示図録―越後・佐渡の神と仏　新潟県立歴史博物館平成十八年度秋季企画展　新潟県立歴史博物館編　長岡　新潟県立歴史博物館　2006.9　111p　30cm　Ⓝ214.1
〔08431〕
◇中世日本人の宗教と生活　村山修一著　目黒書店　1948　151p　図版　19cm　（目黒学徒叢書　史学之部）　Ⓝa180
〔08432〕
◇中世日本人の信仰―近藤昭一遺稿集　上野国の仏教遺物・遺跡を中心に　近藤昭一著　高崎　近藤義雄　2007.1　385p　21cm　Ⓝ213.3
〔08433〕

◇中世・願いと信仰―企画展　石巻文化センター編　石巻　石巻文化センター　1995.7　32p　28cm　Ⓝ162.1
〔08434〕
◇中世の神と仏　末木文美士著　山川出版社　2003.5　94p　21cm　（日本史リブレット　32）　800円　Ⓘ4-634-54320-6　Ⓝ172
〔08435〕
◇中世の神仏と古道　戸田芳実著　吉川弘文館　1995.8　308p　20cm　2987円　Ⓘ4-642-07468-6　Ⓝ210.4
〔08436〕
◇中世の政治と宗教　羽下徳彦編　吉川弘文館　1994.8　283p　22cm　6180円　Ⓘ4-642-02738-6　Ⓝ210.4
〔08437〕
◇中世の地域と宗教　羽下徳彦編　吉川弘文館　2005.1　360p　22cm　9000円　Ⓘ4-642-02836-6　Ⓝ210.4
〔08438〕
◇中世の民衆とまじない―春の企画展　広島県立歴史博物館編　福山　広島県立歴史博物館　1990.4　72p　26cm　Ⓝ162.1
〔08439〕
◇中世の村人たちの祈り―平成10年度企画展　彦根　滋賀大学経済学部附属史料館　1998.10　6p　30cm　Ⓝ162.1
〔08440〕
◇中世備後の宗教・在地武士　堤勝義著　広島　溪水社　1992.5　258p　20cm　2300円　Ⓘ4-87440-263-1　Ⓝ162.1
〔08441〕
◇中世武士団と信仰　奥田真啓著　柏書房　1980.5　473p　22cm　7800円　Ⓝ210.4
〔08442〕
◇都市と宗教　中世都市研究会編　新人物往来社　1997.9　321p　21cm　（中世都市研究　4）　3600円　Ⓘ4-404-02526-2　Ⓝ210.4
〔08443〕
◇豊田武著作集　第5巻　宗教制度史　吉川弘文館　1982.11　578,8p　22cm　7800円　Ⓝ210.4
〔08444〕
◇日本宗教史の中の中世的世界　宮井義雄著　春秋社　1993.12　372,14p　22cm　7210円　Ⓘ4-393-20102-7　Ⓝ162.1
〔08445〕
◇日本宗教制度史　中世篇　梅田義彦著　改訂増補　東宣出版　1972　545,20p　22cm　8000円　Ⓝ165.9
〔08446〕
◇日本中世の国家と宗教　黒田俊雄著　岩波書店　1975　559p　22cm　3500円　Ⓝ210.4
〔08447〕
◇日本中世の社会と宗教　黒田俊雄著　岩波書店　1990.10　378,12p　22cm　4854円　Ⓘ4-00-001679-2　Ⓝ210.4
〔08448〕
◇日本における信仰―ヴァリニャーノの「日本カテキズモ」と倫理神学的見解　ヨゼフ・B.ムイベルガー著　サンパウロ　2004.5　589p　21cm　5700円　Ⓘ4-8056-6529-7　Ⓝ162.1
〔08449〕
◇日本の宗教文化　下　逵日出典編　高文堂出版社　2002.2　222p　21cm　（宗教文化全書　3）　2552円　Ⓘ4-7707-0678-2　Ⓝ162.1
〔08450〕
◇日本秘教全書　藤巻一保著　増補改訂版　学習研究社　2007.9　646,17p　19cm　4200円　Ⓘ978-4-05-403578-2
〔08451〕
◇備後の中世宗教―他　堤勝義著　〔福山〕　〔堤勝義〕　1991.9　53p　26cm　Ⓝ162.1
〔08452〕
◇武士と信仰―特別展　千葉県立総南博物館編　〔千葉〕　千葉県社会教育施設管理財団　1991.10　42p　26cm　Ⓝ210.4
〔08453〕
◇武将が信じた神々と仏　八幡和郎監修　青春出版社　2007.5　188p　18cm　（青春新書INTELLIGENCE）　730円　Ⓘ978-4-413-04173-7
〔08454〕

◇変成譜―中世神仏習合の世界　山本ひろ子著　春秋社　1993.7　396, 8p　20cm　3399円　①4-393-29108-5　Ⓝ162.1〔08455〕
◇山の民・川の民―日本中世の生活と信仰　井上鋭夫著, 石井進解説, 田中圭一編・解題　平凡社　1981.2　252p　20cm　(平凡社選書69)　1600円　Ⓝ210.4〔08456〕
◇霊山と信仰の世界―奥羽の民衆と信仰　伊藤清郎著　吉川弘文館　1997.3　189, 12p　20cm　(中世史研究選書)　2678円　①4-642-02671-1　Ⓝ387〔08457〕

◆神話
◇祭儀と注釈―中世における古代神話　桜井好朗著　吉川弘文館　1993.9　319p　20cm　2900円　①4-642-07402-3　Ⓝ210.09〔08458〕
◇神話の中世　福田晃著　三弥井書店　1997.1　298p　20cm　(三弥井選書23)　2500円　①4-8382-9035-7　Ⓝ388.1〔08459〕
◇中世神話　山本ひろ子著　岩波書店　1998.12　216p　18cm　(岩波新書)　640円　①4-00-430593-4　Ⓝ172〔08460〕
◇中世神話の煉丹術―大江匡房とその時代　深沢徹著　京都　人文書院　1994.8　280p　20cm　2472円　①4-409-52022-9　Ⓝ289.1〔08461〕
◇中世日本の神話と歴史叙述　桜井好朗著　岩田書院　2006.10　411p　22cm　8900円　①4-87294-436-4　Ⓝ210.4〔08462〕

◆神道史
◇イエズス会宣教師が見た日本の神々　ゲオルク・シュールハンマー著, 安田一郎訳　青土社　2007.7　241, 4p　19cm　2200円　①978-4-7917-6353-5〔08463〕
◇王権と神祇　今谷明編　京都　思文閣出版　2002.6　343p　22cm　6500円　①4-7842-1110-1　Ⓝ210.4〔08464〕
◇金沢文庫の中世神道資料　神奈川県立金沢文庫編　横浜　神奈川県立金沢文庫　1996.8　72p　26cm　Ⓝ172〔08465〕
◇熊野古道　小山靖憲著　岩波書店　2000.4　207p　18cm　(岩波新書)　700円　①4-00-430665-5　Ⓝ172〔08466〕
◇講座神道　第2巻　神道の展開　下出積与, 圭室文雄編　桜楓社　1991.4　252p　22cm　4900円　①4-273-02426-8　Ⓝ172〔08467〕
◇神祇歌―中世歌人の神々への祈り　豊岡繁著　戎光祥出版　2007.4　250p　20cm　2500円　①978-4-900901-77-3　Ⓝ911.14〔08468〕
◇神祇信仰の展開と仏教　今堀太逸著　吉川弘文館　1990.10　279, 10p　20cm　(中世史研究選書)　2800円　①4-642-02661-4　Ⓝ182.1〔08469〕
◇続神道大系　論説編〔3〕国史実録　3　神道大系編纂会編　林鷲峯, 林鳳岡著, 真壁俊信, 小口雅史校注　神道大系編纂会　1998.3　353p　23cm　18000円　Ⓝ170.8〔08470〕
◇中世伊勢神道の研究　鎌田純一著　続群書類従完成会　1998.9　367p　22cm　8000円　①4-7971-0676-X　Ⓝ171.2〔08471〕
◇中世神道説形成論考　车禮仁著　伊勢　皇學館大學出版部　2000.4　469p　22cm　3200円　①4-87644-099-9　Ⓝ171〔08472〕

◇中世神道の研究　久保田収著　京都　神道史学会　1959　467p　22cm　(神道史研究叢書 第1)　Ⓝ170.2〔08473〕
◇中世神道の研究　久保田収著　〔京都〕神道史学会　1989.12　495p　22cm　(神道史研究叢書)　8446円　①4-653-01927-4　Ⓝ172〔08474〕
◇中世日本紀集　京都　臨川書店　1999.9　533, 19p　23cm　(真福寺善本叢刊 第7巻(神祇部2))　13000円　①4-653-03473-7, 4-653-03466-4　Ⓝ173〔08475〕
◇中世の神道観　神社本庁教学研究室編　神社本庁　1976　55p 図　21cm　(神道教学叢書 第6輯)　非売品　Ⓝ171〔08476〕
◇道者と地下人―中世末期の伊勢　西山克著　吉川弘文館　1987.5　247, 11p　20cm　(中世史研究選書)　2500円　①4-642-02651-7　Ⓝ171.2〔08477〕
◇南北朝時代に於ける神宮祠官の勤王　阪本広太郎, 大西源一編　〔宇治山田〕神宮皇學館　1926　104p　19cm　Ⓝ175〔08478〕
◇日本神道史研究　第4巻　中世編　上　西田長男著　講談社　1978.9　502p　20cm　5800円　Ⓝ170.2〔08479〕
◇日本神道史研究　第5巻　中世編　下　西田長男著　講談社　1979.5　666p　20cm　5800円　Ⓝ170.2〔08480〕
◇八幡信仰　中野幡能編　POD版　雄山閣　2003.4　292p　21cm　(民衆宗教史叢書)　4800円　①4-639-10004-3〔08481〕
◇常陸国の熊野信仰―中世史を中心に　上　石塚真著　土浦　筑波書林　1986.1　101p　18cm　(ふるさと文庫)　600円　Ⓝ172.1〔08482〕
◇常陸国の熊野信仰―中世史を中心に　中　石塚真著　土浦　筑波書林　1986.3　204p　18cm　(ふるさと文庫)　600円　Ⓝ172.1〔08483〕
◇常陸国の熊野信仰―中世史を中心に　下　石塚真著　土浦　筑波書林　1986.5　280p　18cm　(ふるさと文庫)　600円　Ⓝ172.1〔08484〕
◇武士団と神道　奥田真啓著　白揚社　1939　299p　18cm　(日本歴史文庫)　Ⓝ210.4〔08485〕
◇吉田神道の基礎的研究　出村勝明著　京都　神道史學會　1997.5　604, 36p　22cm　(神道史研究叢書 17)　13000円　①4-653-03303-X　Ⓝ171.3〔08486〕
◇麗気記―校注解説現代語訳　1　大正大学綜合佛教研究所神仏習合研究会編著　京都　法藏館　2001.8　557p　22cm　(大正大学綜合佛教研究所叢書 第6巻)　16000円　①4-8318-5675-4　Ⓝ171.1〔08487〕

◆◆神社
◇宇佐神宮史　史料篇　巻4　鎌倉時代　1 文治元年(1185)～承元5年(1211)　中野幡能編纂　宇佐　宇佐神宮庁　1987.3　524p　22cm　Ⓝ175.995〔08488〕
◇宇佐神宮史　史料篇　巻5　鎌倉時代　2 建暦元年(1211)～建治3年(1277)　中野幡能編纂　宇佐　宇佐神宮庁　1988.5　736p　22cm　Ⓝ175.995〔08489〕
◇宇佐神宮史　史料篇　巻6　鎌倉時代　3 弘安元年(1278)～応長元年(1311)　中野幡能編纂　宇佐　宇佐神宮庁　1989.11　565p　22cm　10000円　Ⓝ175.995〔08490〕
◇宇佐神宮史　史料篇　巻8　南北朝時代　建武元年(1334)～明徳5年(1394)　中野幡能編纂　宇佐　宇佐顕彰会　1991.2　938p　22cm　Ⓝ175.995〔08491〕

◇宇佐神宮史　史料篇　巻9　室町時代　1　明徳5年（1394）〜文安6年（1449）　中野幡能編纂　宇佐　宇佐神宮庁　1992.7　707p　22cm　Ⓝ175.995　〔08492〕
◇宇佐神宮史　史料篇　巻10　室町時代　2　宝徳元年（1449）〜長享3年（1489）　中野幡能編纂　宇佐　宇佐神宮庁　1993.7　665p　22cm　Ⓝ175.995　〔08493〕
◇宇佐神宮史　史料篇　巻11　室町時代　3　延徳元年（1489）〜大永8年（1528）　中野幡能編纂　宇佐　宇佐神宮庁　1994.4　869p　22cm　Ⓝ175.995　〔08494〕
◇宇佐神宮史　史料篇　巻12　室町時代　4　享禄元年（1528）〜弘治4年（1558）　中野幡能編纂　宇佐　宇佐神宮庁　1995.7　686p　22cm　Ⓝ175.995　〔08495〕
◇宇佐神宮史・史料篇　巻13　室町時代・安土桃山時代　竹内理三監修，中野幡能編　宇佐　宇佐神宮庁，吉川弘文館〔発売〕　1998.7　801p　21cm　16000円　Ⓘ4-642-01208-7　〔08496〕
◇陰陽道叢書　2　中世　村山修一ほか編　名著出版　1993.6　387p　22cm　6800円　Ⓘ4-626-01455-0　Ⓝ148.4　〔08497〕
◇猿投神社中世史料　豊田　豊田市教育委員会　1991.11　373p　22cm　（豊田史料叢書）　Ⓝ175.955　〔08498〕
◇選集道教と日本　第3巻　中世・近世文化と道教　野口鉄郎，窪徳忠編　雄山閣出版　1997.6　263p　21cm　4800円　Ⓘ4-639-01414-7　〔08499〕
◇中世熱田社の構造と展開　藤本元啓著　続群書類従完成会　2003.2　668p　22cm　15000円　Ⓘ4-7971-0739-1　Ⓝ175.955　〔08500〕
◇中世伊勢神宮史の研究　平泉隆房著　吉川弘文館　2006.5　344, 6p　22cm　9500円　Ⓘ4-642-02853-6　Ⓝ175.8　〔08501〕
◇中世一宮制の歴史的展開　上（個別研究編）　一宮研究会編　岩田書院　2004.12　435p　22cm　9900円　Ⓘ4-87294-348-1　Ⓝ175.1　〔08502〕
◇中世一宮制の歴史的展開　下（総合研究編）　一宮研究会編　岩田書院　2004.12　436p　22cm　9900円　Ⓘ4-87294-354-6　Ⓝ175.1　〔08503〕
◇中世後期の寺社と経済　鍛代敏雄著　京都　思文閣出版　1999.12　381, 17p　22cm　（思文閣史学叢書）　8000円　Ⓘ4-7842-1020-2　Ⓝ210.4　〔08504〕
◇中世諸国一宮制の基礎的研究　中世諸国一宮制研究会編　岩田書院　2000.2　779p　27cm　9900円　Ⓘ4-87294-170-5　Ⓝ175.1　〔08505〕
◇中世神宮関係資料─補遺　三重県編　津　三重県　2000.3　114p　21cm　（三重県史資料叢書 1）　Ⓝ175.8　〔08506〕
◇中世村落寺社の研究調査概報　奈良　元興寺文化財研究所　1987.3　36p　図版4p　26cm　Ⓝ162.1　〔08507〕
◇中世村落寺社の研究調査概報　昭和62年度　奈良　元興寺文化財研究所　1988.3　32p　図版5p　26cm　Ⓝ162.1　〔08508〕
◇中世村落寺社の研究調査報告書　奈良　元興寺文化財研究所　1989.3　206, 133p　図版22, 6p　26cm　Ⓝ162.1　〔08509〕
◇中世と神社─北畠親房と神社との関係を中心に　白山芳太郎著　伊勢　皇學館大學出版部　1998.12　30p　19cm　（皇學館大學講演叢書　第96輯）　Ⓝ172　〔08510〕
◇中世に於ける社寺と社会との関係　平泉澄著　至文堂　1926　374p　22cm　（国史研究叢書　第2編）　Ⓝ210.4　〔08511〕

◇中世の寺社と信仰　上横手雅敬編　吉川弘文館　2001.8　267p　22cm　7500円　Ⓘ4-642-02804-8　Ⓝ182.1　〔08512〕
◇鶴岡八幡宮の中世的世界─別当・新宮・舞楽・大工　湯山学著〔藤沢〕〔湯山学〕　1995.7　110p　21cm　（南関東中世史論集 4）　1200円　Ⓝ175.937　〔08513〕
◇遠くと近くの熊野─中世熊野と北区展図録　平成十八年度秋季企画展　北区飛鳥山博物館編　東京都北区教育委員会　2006.10　100p　29cm　Ⓝ172　〔08514〕
◇水無瀬神宮と承久役論　水無瀬神宮社務所編　〔京都〕京都内外出版印刷（印刷）　1939　85p　19cm　Ⓝ210.4　〔08515〕

◆修験道
◇越後・佐渡の山岳修験　鈴木昭英著　京都　法藏館　2004.9　429p　22cm　（修験道歴史民俗論集 3）　12000円　Ⓘ4-8318-7539-2　Ⓝ188.59　〔08516〕
◇北畠氏と修験道─伊勢山上のミステリー　田畑美穂語り手　松阪　伊勢の國・松阪十樂　2002.10　40p　21cm　（十楽選よむゼミ no.6）　400円　Ⓝ188.59　〔08517〕
◇修験道の考古学的研究　時枝務著　雄山閣　2005.4　256p　21cm　5700円　Ⓘ4-639-01877-0　〔08518〕
◇修験と念仏─中世信仰世界の実像　上田さち子著　平凡社　2005.9　317p　20cm　（平凡社選書 223）　2800円　Ⓘ4-582-84223-2　Ⓝ182.1　〔08519〕
◇出羽三山と東北修験の研究　戸川安章編　名著出版　2000.11（第6刷）　444p　21cm　（山岳宗教史研究叢書 5）　4800円　Ⓘ4-626-01589-1　Ⓝ188.59　〔08520〕
◇日光山と関東の修験道　宮田登，宮本袈裟雄編　名著出版　2000.11（第4刷）　588p　21cm　（山岳宗教史研究叢書 8）　5800円　Ⓘ4-626-01592-1　Ⓝ188.59　〔08521〕
◇吉野・熊野信仰の研究　五来重編　名著出版　2000.11（第7刷）　446p　21cm　（山岳宗教史研究叢書 4）　4800円　Ⓘ4-626-01588-3　Ⓝ188.59　〔08522〕

◆仏教史
◇越中における中世信仰史の展開　久保尚文著　富山　桂書房　1984.10　193p　22cm　1900円　Ⓝ182.142　〔08523〕
◇越中における中世信仰史の展開　久保尚文著　増補　富山　桂書房　1991.5　244p　22cm　2884円　Ⓝ182.142　〔08524〕
◇唐沢富太郎著作集　第10巻　中世初期仏教教育思想の研究─とくに一乗思想とその伝統において　ぎょうせい　1992.1　589, 27p　22cm　7000円　Ⓘ4-324-01631-3　Ⓝ372.1　〔08525〕
◇勧進と破戒の中世史─中世仏教の実相　松尾剛次著　吉川弘文館　1995.8　408, 8p　22cm　7828円　Ⓘ4-642-02750-5　Ⓝ182.1　〔08526〕
◇黒田俊雄著作集　第2巻　顕密体制論　井ケ田良治ほか編　京都　法藏館　1994.12　415, 12p　22cm　8800円　Ⓘ4-8318-3322-3　Ⓝ210.4　〔08527〕
◇黒田俊雄著作集　第4巻　神国思想と専修念仏　井ケ田良治ほか編　京都　法藏館　1995.6　445, 9p　22cm　8800円　Ⓘ4-8318-3324-X　Ⓝ210.4　〔08528〕
◇古代仏教の中世的展開　村山修一著　京都　法藏館　1976　372p　図　22cm　5800円　Ⓝ180.21　〔08529〕

◇修験と念仏—中世信仰世界の実像　上田さち子著　平凡社　2005.9　317p　20cm　(平凡社選書 223)　2800円　①4-582-84223-2　Ⓝ182.1　〔08530〕
◇神祇信仰の展開と仏教　今堀太逸著　吉川弘文館　1990.10　279, 10p　20cm　(中世史研究選書)　2800円　①4-642-02661-4　Ⓝ182.1　〔08531〕
◇信心の世界、遁世者の心　大隅和雄著　中央公論新社　2002.3　294p　20cm　(日本の中世 2)　2400円　①4-12-490211-5　Ⓝ182.1　〔08532〕
◇生と死の日本思想—現代の死生観と中世仏教の思想　佐々木馨著　トランスビュー　2002.3　240p　20cm　2600円　①4-901510-04-5　Ⓝ162.1　〔08533〕
◇大仏再建—中世民衆の熱狂　五味文彦著　講談社　1995.9　270p　19cm　(講談社選書メチエ 56)　1500円　①4-06-258056-X　Ⓝ182.1　〔08534〕
◇丹波・丹後の大般若経—中世の村むらと祈り　秋季特別展　京都府立丹後郷土資料館編　宮津　京都府立丹後郷土資料館　1997.10　59p　30cm　(特別展図録 28)　Ⓝ183.2　〔08535〕
◇中世高野山縁起集　京都　臨川書店　1999.3　388, 12p　23cm　(真福寺善本叢刊 第9巻(記録部2))　10600円　①4-653-03470-2, 4-653-03466-4　Ⓝ188.55　〔08536〕
◇中世国家の宗教構造—体制仏教と体制外仏教の相剋　佐々木馨著　吉川弘文館　1988.6　332, 8p　20cm　(中世史研究選書)　2800円　①4-642-02657-6　Ⓝ182.1　〔08537〕
◇中世人の祈り—「東国の図像板碑」拓本展図録　村田和義編　奈良　村田和義　2006.1　56p　26cm　(石造美術探訪記 別冊)　Ⓝ185.5　〔08538〕
◇中世人の祈り—「東国の図像板碑」拓本展図録　村田和義編　奈良　東国板碑研究会同人　2006.9　84p　26cm　Ⓝ185.5　〔08539〕
◇中世瀬戸内の仏教諸宗派—広島県備後地方　堤勝義著　京都　探究社　2000.2　194p　22cm　2000円　①4-88483-583-2　Ⓝ182.176　〔08540〕
◇中世村落と仏教　石田善人著　京都　思文閣出版　1996.12　430, 36p　22cm　(思文閣史学叢書)　9064円　①4-7842-0920-4　Ⓝ182.1　〔08541〕
◇中世東国の荘園公領と宗教　峰岸純夫著　吉川弘文館　2006.5　350, 21p　22cm　9500円　①4-642-02854-4　Ⓝ210.4　〔08542〕
◇中世日本の仏教とジェンダー—真宗教団・肉食妻帯の坊守史論　遠藤一著　明石書店　2007.4　326p　22cm　5800円　①978-4-7503-2527-9　Ⓝ188.72　〔08543〕
◇中世の女性と仏教　西口順子著　京都　法藏館　2006.3　231p　19cm　2300円　①4-8318-7469-8　〔08544〕
◇中世の精神世界—死と救済　池見澄隆著　京都　人文書院　1985.2　299p　22cm　2400円　①4-409-41028-8　Ⓝ182.1　〔08545〕
◇中世の精神世界—死と救済　池見澄隆著　増補改訂版　人文書院　1997.6　299p　22cm　3200円　①4-409-41067-9　Ⓝ182.1　〔08546〕
◇中世の仏教—頼瑜僧正を中心として　智山勧学会編　青史出版　2005.5　241, 169p　22cm　9500円　①4-921145-26-1　Ⓝ188.52　〔08547〕
◇中世の仏教と社会　大隅和雄編　吉川弘文館　2000.7　210p　22cm　6500円　①4-642-02796-3　Ⓝ182.1　〔08548〕

◇中世仏教思想史研究　家永三郎著　法藏館　1947　180p　22cm　90円　Ⓝ180.21　〔08549〕
◇中世仏教思想史研究　改訂増補版　家永三郎著　2版　京都　法藏館　1955　249p　22cm　Ⓝ180.21　〔08550〕
◇中世仏教と庶民生活　宮崎円遵著　京都　平楽寺書店　1951　272p　22cm　Ⓝ180.21　〔08551〕
◇中世仏教の基礎知識　大橋俊雄著　東京美術　1984.2　232p　19cm　(東京美術選書 37)　1200円　①4-8087-0202-9　Ⓝ182.1　〔08552〕
◇中世仏教の原形と展開　菊地大樹著　吉川弘文館　2007.6　312, 25p　21cm　8000円　①978-4-642-02864-6　〔08553〕
◇中世仏教の思想と社会　大隅和雄著　名著刊行会　2005.7　321p　20cm　(歴史学叢書)　3000円　①4-8390-0326-2　Ⓝ182.1　〔08554〕
◇中世仏教の展開とその基盤　今井雅晴編　大蔵出版　2002.7　352p　22cm　10000円　①4-8043-1055-X　Ⓝ182.1　〔08555〕
◇中世文学の展開と仏教　山田昭全編　おうふう　2000.10　535p　22cm　16000円　①4-273-03152-3　Ⓝ910.24　〔08556〕
◇筑波山麓の仏教—その中世的世界　開館十五周年企画展　真壁町歴史民俗資料館編　真壁町(茨城県)　真壁町歴史民俗資料館　1993.10　114p　25cm　Ⓝ182.131　〔08557〕
◇日本中世の経典と勧進　稲城信子著　塙書房　2005.9　584p　21cm　14000円　①4-8273-1194-3　〔08558〕
◇日本中世の国家と仏教　佐藤弘夫著　吉川弘文館　1987.3　13, 273, 11p　20cm　(中世史研究選書)　2600円　①4-642-02648-7　Ⓝ182.1　〔08559〕
◇日本中世の政治権力と仏教　湯之上隆著　京都　思文閣出版　2001.3　348, 9p　22cm　(思文閣史学叢書)　8800円　①4-7842-1071-7　Ⓝ210.4　〔08560〕
◇日本中世の唯識思想　北畠典生編著　京都　龍谷大学仏教文化研究所　1997.6　670p　27cm　(龍谷大学仏教文化研究叢書 7)　非売品　Ⓝ188.211　〔08561〕
◇日本中世仏教形成史論　上川通夫著　校倉書房　2007.10　474p　21cm　(歴史科学叢書)　12000円　①978-4-7517-3900-6　〔08562〕
◇日本中世仏教史料論　上川通夫著　吉川弘文館　2008.2　319, 9p　21cm　9500円　①978-4-642-02873-8　〔08563〕
◇日本中世唯識仏教史　富貴原章信著　大東出版社　1975.2　429p　22cm　Ⓝ188.21　〔08564〕
◇日本佛教史　第2巻　中世之1　辻善之助著　岩波書店　1960　455p　22cm　Ⓝ180.21　〔08565〕
◇日本佛教史　第2　中世篇　赤松俊秀監修　京都　法藏館　1967　526, 30p　22cm　Ⓝ180.21　〔08566〕
◇日本仏教史　第2巻　中世篇之1　辻善之助著　岩波書店　1969　455p　22cm　1800円　Ⓝ180.21　〔08567〕
◇日本仏教史　中世　大隅和雄, 中尾堯編　吉川弘文館　1998.7　309, 15p　20cm　2400円　①4-642-06752-3　Ⓝ182.1　〔08568〕
◇日本佛教史　第3巻　中世編之2　辻善之助著　岩波書店　1960　443p　22cm　Ⓝ180.21　〔08569〕

◇日本仏教史　第3巻　中世篇之2　辻善之助著　岩波書店　1970　443p　22cm　1800円　Ⓝ180.21
〔08570〕
◇日本佛教史　第4巻　中世篇之3　辻善之助著　岩波書店　1960　466p　22cm　Ⓝ180.21
〔08571〕
◇日本仏教史　第4巻　中世篇之3　辻善之助著　岩波書店　1970　466p　22cm　1800円　Ⓝ180.21
〔08572〕
◇日本佛教史　第4巻　中世篇之三　辻善之助著　岩波書店　1983.2　17, 466p　22cm　4600円　Ⓝ182.1
〔08573〕
◇日本佛教史　第5巻　中世篇之4　辻善之助著　岩波書店　1960　458p　22cm　Ⓝ180.21
〔08574〕
◇日本仏教史　第5巻　中世篇之4　辻善之助著　岩波書店　1970　458p　22cm　1800円　Ⓝ180.21
〔08575〕
◇日本佛教史　第6巻　中世篇之5　辻善之助著　岩波書店　1960-61　372, 72p　22cm　Ⓝ180.21
〔08576〕
◇日本仏教史　第6巻　中世篇之5　辻善之助著　岩波書店　1970　372, 72p　22cm　1800円　Ⓝ180.21
〔08577〕
◇仏教教育思想　第3巻　新装版　日本図書センター　2001.11　980p　22cm　（日本近世教育思想シリーズ）　Ⓘ4-8205-5990-7, 4-8205-5987-7　Ⓝ184
〔08578〕
◇仏教的人間像の探究―中世仏教教育思想の研究　唐沢富太郎著　東洋館出版社　1973　445p　23cm　4500円　Ⓝ180.21
〔08579〕
◇仏教と女の精神史　野村育世著　吉川弘文館　2004.9　215p　20cm　2000円　Ⓘ4-642-07935-1　Ⓝ182.1
〔08580〕
◇仏教にみる中世と現代　笠原一男著　評論社　1974　306p　19cm　（日本人の行動と思想 25）　1500円　Ⓝ180.21
〔08581〕
◇仏教の歴史　9　ただ一筋の教え―禅と法華仏教　ひろさちや著　新装版　春秋社　2000.8　251p　20cm　1500円　Ⓘ4-393-10829-9　Ⓝ182
〔08582〕
◇仏教福祉への視座　高石史人著　京都　永田文昌堂　2005.6　328p　20cm　2500円　Ⓘ4-8162-7213-5　Ⓝ187.6
〔08583〕
◇仏と女　西口順子編　吉川弘文館　1997.11　256p　20cm　（中世を考える）　2400円　Ⓘ4-642-02706-8　Ⓝ182.1
〔08584〕
◇宮崎円遵著作集　第3巻　中世仏教と庶民生活　宮崎円遵著作集編集委員会編　日野昭編集・解説　京都　思文閣出版　1987.2　443p　22cm　6500円　Ⓘ4-7842-0461-X　Ⓝ188.7
〔08585〕
◇乱世の精神史―中世日本の思想と文化　西田正好著　桜楓社　1970　337p　19cm　880円　Ⓝ180.21
〔08586〕
◇乱世の精神史―中世日本の思想と文化　西田正好著　現代文化社　1975　336p　19cm　1500円　Ⓝ180.21
〔08587〕

◆◆鎌倉時代の仏教
◇鎌倉　三山進著　学生社　1971　230p　図　19cm　680円　Ⓝ180.21
〔08588〕
◇鎌倉旧仏教　鎌田茂雄, 田中久夫校注　岩波書店　1995.8　576p　22cm　（日本思想大系新装版―続・日本仏教の思想 3）　4800円　Ⓘ4-00-009063-1　Ⓝ182.1
〔08589〕
◇鎌倉時代文化伝播の研究　大隅和雄編　吉川弘文館　1993.6　435p　22cm　8800円　Ⓘ4-642-02645-2　Ⓝ182.1
〔08590〕
◇鎌倉新仏教　辺見陽一著　日本文学館　2004.3　210p　19cm　1200円　Ⓘ4-7765-0214-3
〔08591〕
◇鎌倉新仏教思想の研究　田村芳朗著　京都　平楽寺書店　1965　655p　22cm　Ⓝ180.21
〔08592〕
◇鎌倉新仏教成立論　大野達之助著　吉川弘文館　1982.10　210, 14p　20cm　2000円　Ⓝ182.1
〔08593〕
◇鎌倉新仏教の研究　今井雅晴著　吉川弘文館　1991.12　266, 11p　22cm　5300円　Ⓘ4-642-02639-8　Ⓝ182.1
〔08594〕
◇鎌倉新仏教の成立―入門儀礼と祖師神話　松尾剛次著　吉川弘文館　1988.7　303, 13p　20cm　（中世史研究選書）　2700円　Ⓘ4-642-02659-2　Ⓝ182.1
〔08595〕
◇鎌倉新仏教の成立―入門儀礼と祖師神話　松尾剛次著　新版　吉川弘文館　1998.10　345, 7p　20cm　（中世史研究選書）　3200円　Ⓘ4-642-02672-X　Ⓝ182.1
〔08596〕
◇鎌倉新仏教の誕生―勧進・穢れ・破戒の中世　松尾剛次著　講談社　1995.10　201p　18cm　（講談社現代新書）　650円　Ⓘ4-06-149273-X　Ⓝ182.1
〔08597〕
◇鎌倉の仏教　納富常天著　鎌倉　かまくら春秋社　1987.10　301p　19cm　（鎌倉叢書 第21巻）　Ⓝ182.137
〔08598〕
◇鎌倉の仏教―中世都市の実像　貫達人, 石井進編　横浜　有隣堂　1992.11　233p　18cm　（有隣新書）　980円　Ⓘ4-89660-108-4　Ⓝ182.1
〔08599〕
◇鎌倉の仏教とその先駆者たち　清田義英著　藤沢　江ノ電沿線新聞社　2001.12　144p　19cm　1300円　Ⓘ4-900247-02-2
〔08600〕
◇鎌倉佛教―親鸞と道元と日蓮　戸頃重基著　中央公論社　1967　191p　18cm　（中公新書）　Ⓝ180.21
〔08601〕
◇鎌倉仏教　田中久夫著　〔東村山〕　教育社　1980.3　235p　18cm　（教育社歴史新書）　600円　Ⓝ182.1
〔08602〕
◇鎌倉仏教　佐藤弘夫著　第三文明社　1994.11　246p　18cm　（レグルス文庫 218）　800円　Ⓘ4-476-01218-3　Ⓝ182.1
〔08603〕
◇鎌倉佛教―親鸞・道元・日蓮　戸頃重基著　中央公論新社　2002.11　203p　16cm　（中公文庫）　781円　Ⓘ4-12-204126-0　Ⓝ182.1
〔08604〕
◇鎌倉佛教―親鸞・道元・日蓮　戸頃重基著　中央公論新社　2004.2　203p　21cm　（中公文庫ワイド版）　3300円　Ⓘ4-12-551494-1　Ⓝ182.1
〔08605〕
◇鎌倉仏教形成の問題点　日本仏教学会編　京都　平楽寺書店　1969　262p　22cm　2000円　Ⓝ180.21
〔08606〕
◇鎌倉仏教形成論―思想史の立場から　末木文美士著　京都　法藏館　1998.5　418, 7p　22cm　5800円　Ⓘ4-8318-7372-1　Ⓝ182.1
〔08607〕
◇鎌倉仏教雑考　田中久夫著　京都　思文閣出版　1982.2　656p　20cm　9800円　Ⓝ182.1
〔08608〕
◇鎌倉仏教史研究　高木豊著　岩波書店　1982.7　343, 16p　22cm　3800円　Ⓝ182.1
〔08609〕
◇鎌倉仏教と魂―日蓮・道元　時間数と周期波動で説く　田上晃彩著　たま出版　2002.2　239p　19cm　1400円　Ⓘ4-8127-0149-X　Ⓝ148
〔08610〕

宗教史　　　　　　　　　　中世史

◇鎌倉仏教の研究　赤松俊秀著　京都　平楽寺書店　1957　355.15p　図版　22cm　Ⓝ180.21　〔08611〕
◇鎌倉仏教の思想と文化　中尾堯編　吉川弘文館　2002.12　358p　22cm　8500円　Ⓘ4-642-02816-1　Ⓝ182.1　〔08612〕
◇鎌倉仏教の様相　高木豊,小松邦彰編　吉川弘文館　1999.3　463p　22cm　12000円　Ⓘ4-642-02774-2　Ⓝ182.1　〔08613〕
◇逆説の日本史　6（中世神風編）　鎌倉仏教と元寇の謎　井沢元彦著　小学館　1998.7　437p　20cm　1550円　Ⓘ4-09-379417-0　Ⓝ210.04　〔08614〕
◇逆説の日本史　6（中世神風編）　井沢元彦著　小学館　2002.7　510p　15cm　（小学館文庫）657円　Ⓘ4-09-402006-3　Ⓝ210.04　〔08615〕
◇図説日本の仏教　第4巻　鎌倉仏教　三山進責任編集　新潮社　1988.11　381p　29cm　10000円　Ⓘ4-10-602604-X　Ⓝ182.1　〔08616〕
◇図説日本仏教の歴史　鎌倉時代　高木豊編　佼成出版社　1996.10　158p　21cm　2000円　Ⓘ4-333-01751-3　Ⓝ182.1　〔08617〕
◇続　鎌倉仏教の研究　赤松俊秀著　京都　平楽寺書店　1966　498.22p　図版　22cm　Ⓝ180.21　〔08618〕
◇大河は花を浮かべて　津田さち子著　永平寺町（福井県）　大本山永平寺祖山傘松会　1995.3　308p　20cm　2500円　Ⓝ182.1　〔08619〕
◇中世初期　仏教教育思想の研究—特に一乗思想とその伝統に於いて　唐沢富太郎著　東洋館出版社　1954　607p　図版　22cm　Ⓝ180.21　〔08620〕
◇中世の勧進聖と舎利信仰　中尾堯著　吉川弘文館　2001.3　283,5p　22cm　7500円　Ⓘ4-642-02800-5　Ⓝ182.1　〔08621〕
◇中世仏教と鎌倉幕府　佐々木馨著　吉川弘文館　1997.6　429,11p　22cm　8500円　Ⓘ4-642-02756-4　Ⓝ182.1　〔08622〕
◇日本中世の社会と仏教　平雅行著　塙書房　1992.11　517,15p　22cm　10300円　Ⓘ4-8273-1092-0　Ⓝ182.1　〔08623〕
◇日本の歴史　中世1-7　鎌倉仏教　新訂増補　朝日新聞社　2002.7　p198-228　30cm　（週刊朝日百科7）476円　Ⓝ210.1　〔08624〕
◇日本仏教史　第2巻　中世篇之一　辻善之助著　岩波書店　1991.7　455p　22cm　6200円　Ⓘ4-00-008692-8　Ⓝ182.1　〔08625〕
◇日本仏教史　3　鎌倉時代　田村円澄著　京都　法藏館　1983.3　403p　22cm　6800円　Ⓝ182.1　〔08626〕
◇日本仏教史　第3巻　中世篇之二　辻善之助著　岩波書店　1991.8　443p　22cm　6200円　Ⓘ4-00-008693-6　Ⓝ182.1　〔08627〕
◇日本仏教思想史の諸問題—鎌倉・江戸時代　古田紹欽著　春秋社　1964　288p　22cm　Ⓝ180.21　〔08628〕
◇仏教の歴史　9　ただ一筋の教え—禅と法華仏教　ひろさちや著　春秋社　1997.9　255p　21cm　1800円　Ⓘ4-393-10819-1　Ⓝ182　〔08629〕
◇封建・近代における　鎌倉佛教の展開　笠原一男著　京都　法藏館　1967　450p　22cm　Ⓝ180.21　〔08630〕
◇蒙古襲来と鎌倉仏教—特別展　神奈川県立金沢文庫編　横浜　神奈川県立金沢文庫　2001.8　63p　30cm　Ⓝ182.1　〔08631〕

◇論集日本仏教史　4　鎌倉時代　高木豊編　雄山閣出版　1988.12　328p　22cm　4800円　Ⓘ4-639-00785-X　Ⓝ182.1　〔08632〕

◆◆室町時代の仏教
◇図説日本仏教の歴史　室町時代　竹貫元勝編　佼成出版社　1996.10　157p　21cm　2000円　Ⓘ4-333-01752-1　Ⓝ182.1　〔08633〕
◇日本仏教史　第4巻　中世篇之三　辻善之助著　岩波書店　1991.9　466p　22cm　6200円　Ⓘ4-00-008694-4　Ⓝ182.1　〔08634〕
◇日本仏教史　第5巻　中世篇之四　辻善之助著　岩波書店　1991.10　458p　22cm　6200円　Ⓘ4-00-008695-2　Ⓝ182.1　〔08635〕
◇日本仏教史　第6巻　中世篇之五　辻善之助著　岩波書店　1991.11　372,72p　22cm　6200円　Ⓘ4-00-008696-0　Ⓝ182.1　〔08636〕
◇論集日本仏教史　5　室町時代　山本世紀編　雄山閣出版　1986.8　298p　22cm　4800円　Ⓘ4-639-00583-0　Ⓝ182.1　〔08637〕
◇論集日本仏教史　6　戦国時代　中尾堯編　雄山閣出版　1988.9　346p　22cm　4800円　Ⓘ4-639-00768-X　Ⓝ182.1　〔08638〕

◆◆浄土教
◇往生極楽のはなし　小堀光詮,ひろさちや著　佼成出版社　2006.9　217p　19cm　1600円　Ⓘ4-333-02231-2　〔08639〕
◇往生の書—来世に魅せられた人たち　寺林峻著　日本放送出版協会　2005.12　237p　19cm　（NHKブックス）920円　Ⓘ4-14-091048-8　〔08640〕
◇呼応の教学—七高僧と親鸞　花井性寛著　京都　白馬社　2006.8　293p　20cm　2400円　Ⓘ4-938651-60-2　Ⓝ188.72　〔08641〕
◇浄土教の思想と歴史—丸山博正教授古稀記念論集　大正大学浄土学研究会編　山喜房佛書林　2005.6　616p　22cm　20000円　Ⓘ4-7963-0165-8　Ⓝ188.6　〔08642〕
◇親鸞と浄土教　信楽峻麿著　京都　法藏館　2004.6　416p　22cm　10000円　Ⓘ4-8318-4140-4　Ⓝ188.71　〔08643〕
◇中世浄土教の胚胎—院政期の思想・風俗・文芸　渡邊昭五著　岩田書院　2004.4　226p　19cm　2800円　Ⓘ4-87294-312-0　Ⓝ188.62　〔08644〕
◇中世民衆思想と法然浄土教—〈歴史に埋め込まれた親鸞〉像への視座　亀山純生著　大月書店　2003.2　399p　22cm　9000円　Ⓘ4-272-43060-2　Ⓝ188.61　〔08645〕
◇日本浄土教史の研究　藤島達朗,宮崎円遵編　京都　平楽寺書店　1969　673p　22cm　4500円　Ⓝ188.6　〔08646〕
◇日本浄土教の形成と展開　浅井成海編　京都　法藏館　2004.1　594p　21cm　8000円　Ⓘ4-8318-7563-5　〔08647〕

◆各宗派

◆◆旧宗派
◇中世初期南都戒律復興の研究　蓑輪顕量著　京都　法藏館　1999.6　727,30p　22cm　16000円　Ⓘ4-8318-

7530-9　Ⓝ188　　　　　　　　〔08648〕
◇中世の南都仏教　追塩千尋著　吉川弘文館　1995.2　333, 10p　22cm　7004円　①4-642-02744-0　Ⓝ182.1　〔08649〕
◇南都仏教史の研究　遺芳篇　堀池春峰著, 東大寺監修　京都　法藏館　2004.3　752, 54p　22cm　9800円　①4-8318-7540-6　Ⓝ182.1　〔08650〕
◇日本中世の唯識思想　北畠典生編著　京都　龍谷大学仏教文化研究所　1997.6　670p　27cm　(龍谷大学仏教文化研究叢書 7)　18000円　①4-8162-1005-9　Ⓝ188.211　〔08651〕
◇日本仏教宗史論集　第2巻　南都六宗　平岡定海編, 山崎慶輝編　吉川弘文館　1985.1　449p　22cm　5800円　①4-642-06742-6　Ⓝ188.08　〔08652〕

◆◆天台宗
◇止観的美意識の展開―中世芸道と本覚思想との関連　三崎義泉著　ぺりかん社　1999.2　927p　22cm　19000円　①4-8315-0870-5　Ⓝ910.24　〔08653〕
◇中世先徳著作集　京都　臨川書店　2006.11　625, 11p　23cm　(真福寺善本叢刊 第2期 第3巻(仏法部 6))　13000円　①4-653-03883-X, 4-653-03880-5　Ⓝ188.51　〔08654〕
◇中世常陸国天台宗の高僧の足跡　岩瀬町(茨城県)　茨城県郷土文化顕彰会　1996.7　113p　21cm　Ⓝ188.42　〔08655〕
◇徳川家康神格化への道―中世天台思想の展開　曽根原理著　吉川弘文館　1996.11　271, 9p　22cm　6180円　①4-642-03330-0　Ⓝ171.1　〔08656〕
◇渡宋した天台僧達―日中文化交流史一斑　小田切文洋著　翰林書房　1998.3　125p　19cm　1800円　①4-87737-033-1　Ⓝ188.42　〔08657〕

◆◆真言宗
◇覚園寺と鎌倉律宗の研究　大森順雄著　横浜　有隣堂　1991.11　305p　22cm　6500円　①4-89660-103-3　Ⓝ188.55　〔08658〕
◇高野山と密教文化　山陰加春夫編　小学館スクウェア　2006.9　159p　27cm　(高野山大学選書 第1巻)　2857円　①4-7979-8678-6　Ⓝ188.55　〔08659〕
◇醍醐寺の密教と社会　稲垣栄三編　山喜房仏書林　1991.2　499p　22cm　9950円　Ⓝ188.55　〔08660〕
◇中世高野山史の研究　山陰加春夫著　大阪　清文堂出版　1997.1　321p　22cm　①4-7924-0428-2　Ⓝ188.52　〔08661〕
◇中世先徳著作集　京都　臨川書店　2006.11　625, 11p　23cm　(真福寺善本叢刊 第2期 第3巻(仏法部 6))　13000円　①4-653-03883-X, 4-653-03880-5　Ⓝ188.51　〔08662〕
◇中世東寺と弘法大師信仰　橋本初子著　京都　思文閣出版　1990.11　533, 21 図版15枚　22cm　(思文閣史学叢書)　9800円　①4-7842-0621-3　Ⓝ188.55　〔08663〕
◇中世の霞ケ浦と律宗―よみがえる仏教文化の聖地　土浦市立博物館編　土浦　土浦市立博物館　1997.2　95p　30cm　(土浦市立博物館特別展図録 第18回)　Ⓝ188.12　〔08664〕
◇中世の聖教と紙背―写経は神仏をかけめぐる。財団法人藤井永観文庫展　真言密教を中心とした聖教世界の研究プロジェクト編　京都　立命館大学21世紀COEプログラム京都アート・エンタテインメント創成研究　2004.11　70p　30cm　Ⓝ728.214　〔08665〕
◇中世の密教世界―財団法人藤井永観文庫展　真言密教を中心とした聖教世界の研究プロジェクト編　京都　立命館大学21世紀COEプログラム京都アート・エンタテインメント創成研究　2003.11　24p　30cm　Ⓝ728.214　〔08666〕
◇日本仏教宗史論集　第4巻　弘法大師と真言宗　和多秀乗編, 高木訷元編　吉川弘文館　1984.12　424p　22cm　5800円　①4-642-06744-2　Ⓝ188.08　〔08667〕

◆◆浄土宗
◇概説浄土宗史　恵谷隆戒著　京都　仏教専門学校出版部　1936　320p 肖像　22cm　Ⓝ188.6　〔08668〕
◇源空教団成立史の研究　吉田清著　名著出版　1992.5　457, 17p　22cm　9900円　①4-626-01440-2　Ⓝ188.62　〔08669〕
◇浄土教典籍の研究　佛教大学総合研究所編　京都　佛教大学総合研究所　2006.12　156, 121p　26cm　(佛教大学総合研究所紀要別冊)　Ⓝ188.63　〔08670〕
◇浄土宗開創期の研究―思想と歴史　香月乗光編　京都　平楽寺書店　1970　346, 11p　22cm　3500円　Ⓝ188.62　〔08671〕
◇浄土宗史　恵谷隆戒著　京都　平楽寺書店　1948　248p　19cm　Ⓝ188.6　〔08672〕
◇浄土宗史　全　恵谷隆戒著　京都　平楽寺書店　1948　248p　19cm　Ⓝa188　〔08673〕
◇浄土宗全書　第11-20巻　浄土宗宗典刊行会　1907-1914　10冊　23cm　Ⓝ188.6　〔08674〕
◇浄土宗大年表　藤本了泰著, 玉山成元編　山喜房仏書林　1994.3　917, 55p　27cm　25750円　Ⓝ188.62　〔08675〕
◇中世浄土宗教団史の研究　玉山成元著　山喜房仏書林　1980.11　479, 35p　22cm　9000円　Ⓝ188.62　〔08676〕
◇日本仏教宗史論集　第5巻　法然上人と浄土宗　伊藤唯真編, 玉山成元編　吉川弘文館　1985.2　431p　22cm　5800円　①4-642-06745-0　Ⓝ188.08　〔08677〕
◇法然上人伝の成立史的研究　法然上人伝研究会編　京都　臨川書店　1991.12　3冊　31cm　全56650円　①4-653-02248-8　Ⓝ188.62　〔08678〕
◇法然伝と浄土宗史の研究　中井真孝著　京都　思文閣出版　1994.12　401, 24p　22cm　(思文閣史学叢書)　9064円　①4-7842-0861-5　Ⓝ188.62　〔08679〕
◇略述浄土宗史　恵谷隆戒著　金尾文淵堂　1934　245, 15p　23cm　Ⓝ188.6　〔08680〕

◆◆浄土真宗
◇石山合戦と下間仲之―本願寺坊官下間少進家資料展　大阪城天守閣編　大阪　大阪城天守閣特別事業委員会　1995.3　22p　26cm　Ⓝ188.72　〔08681〕
◇石山戦争裏面史の研究　今田法雄著　京都　永田文昌堂　1989.5　186, 17p　19cm　1545円　Ⓝ218.44　〔08682〕
◇石山本願寺を支えた山の女達と絹の歴史―アフガニスタンから越中城端へ　山本幸子著編　改訂増補第2版　福岡町(富山県)　オフィスさち　2002.6　46p　21cm　(加賀一向一揆を越中国礪波郡から考える no.7)　700円　Ⓝ210.47　〔08683〕

宗教史　　　　　　　　　中世史

◇石山本願寺戦争―続念仏の叛乱　寺内大吉著　大東出版社　1998.9　220p　20cm　1500円　Ⓘ4-500-00643-5　Ⓝ210.48　〔08684〕
◇一向一揆と石山合戦　神田千里著　吉川弘文館　2007.10　272, 4p　20cm　（戦争の日本史 14）　2500円　Ⓘ978-4-642-06324-1　Ⓝ210.47　〔08685〕
◇うちのお寺は浄土真宗本願寺派お西　早島大英監修　双葉社　2005.7　238p　21cm　（わが家の宗教を知るシリーズ）　1500円　Ⓘ4-575-29812-3　〔08686〕
◇うちのお寺は真宗大谷派お東　坂東浩監修　双葉社　2005.7　238p　21cm　（わが家の宗教を知るシリーズ）　1500円　Ⓘ4-575-29813-1　〔08687〕
◇越中真宗史―中世を中心としたノート　寺野宗孝著，浄土真宗本願寺派高岡教区教化推進協議会編　富山　桂書房　1985.10　188, 5p　22cm　2500円　Ⓝ188.72　〔08688〕
◇近江・湖南の風土記―親鸞・蓮如の伝承　安井澄心著　彦根　サンライズ印刷出版部（印刷）　2003.2　175p　19cm　Ⓝ188.77　〔08689〕
◇織田信長石山本願寺合戦全史―顕如との十年戦争の真実　武田鏡村著　ベストセラーズ　2003.1　253p　18cm　（ベスト新書）　780円　Ⓘ4-584-12052-8　Ⓝ210.48　〔08690〕
◇光華会宗教研究論集―親鸞と人間　第3巻　光華会編　京都　永田文昌堂　2002.4　248, 159, 2p　22cm　7800円　Ⓘ4-8162-3003-3　Ⓝ188.7　〔08691〕
◇寺内町の研究　第1巻　峰岸純夫，脇田修監修，大澤研一，仁木宏編　京都　法藏館　1998.10　534p　22cm　8800円　Ⓘ4-8318-7518-X　Ⓝ210.4　〔08692〕
◇寺内町の研究　第2巻　峰岸純夫，脇田修監修，大澤研一，仁木宏編　京都　法藏館　1998.10　515p　22cm　8800円　Ⓘ4-8318-7519-8　Ⓝ210.4　〔08693〕
◇寺内町の研究　第3巻　峰岸純夫，脇田修監修，大澤研一，仁木宏編　京都　法藏館　1998.10　487p　22cm　8800円　Ⓘ4-8318-7520-1　Ⓝ210.4　〔08694〕
◇浄土真宗　千葉乗隆著　ナツメ社　2005.3　255p　19cm　（図解雑学）　1400円　Ⓘ4-8163-3822-5　〔08695〕
◇浄土真宗の常識　西原祐治著　大阪　朱鷺書房　2006.4　253p　19cm　1500円　Ⓘ4-88602-196-4　〔08696〕
◇初期真宗の研究　宮崎円遵著　京都　永田文昌堂　1971　465, 65p　図　22cm　4500円　Ⓝ188.72　〔08697〕
◇真宗教学史研究　第7巻　親鸞聖人とその宗教―蓮如上人とその宗教・ハワイにおける法話　大原性実著　京都　永田文昌堂　1985.4　293p　22cm　4000円　Ⓝ188.71　〔08698〕
◇真宗史研究―親鸞及び其教団　藤原猶雪著　大東出版社　1939　550p　22cm　Ⓝ188.7　〔08699〕
◇真宗思想史の研究―親鸞思想展開と初期教団史　中根和浩著　明福寺　1994.12　445p　21cm　Ⓝ188.72　〔08700〕
◇真宗史仏教史の研究　1（親鸞・中世篇）　柏原祐泉著　京都　平楽寺書店　1995.4　458, 9p　22cm　10300円　Ⓘ4-8313-1019-0　Ⓝ188.72　〔08701〕
◇真宗史料集成　第1巻　親鸞と初期教団　柏原祐泉ほか編　石田充之，千葉乗隆編　再版　京都　同朋舎メディアプラン　2003.3　1136p　23cm　Ⓘ4-901339-76-1　Ⓝ188.72　〔08702〕
◇真宗史料集成　第3巻　一向一揆　柏原祐泉ほか編　北西弘編　再版　京都　同朋舎メディアプラン　2003.3　81, 1258p　23cm　Ⓘ4-901339-76-1　Ⓝ188.72　〔08703〕
◇真宗史料集成　第7巻　伝記・系図　柏原祐泉ほか編　千葉乗隆編　再版　京都　同朋舎メディアプラン　2003.3　835p　23cm　Ⓘ4-901339-76-1　Ⓝ188.72　〔08704〕
◇真宗史料集成　第8巻　寺誌・遺跡　柏原祐泉ほか編　細川行信編　再版　京都　同朋舎メディアプラン　2003.3　994p　23cm　Ⓘ4-901339-76-1　Ⓝ188.72　〔08705〕
◇真宗全書　第32-38巻　妻木直良編　京都　蔵経書院　1913-1914　7冊　23cm　Ⓝ188.72　〔08706〕
◇真宗大系　続　第1-19巻　真宗典籍刊行会　1936-1940　19冊　22-23cm　Ⓝ188.7　〔08707〕
◇真宗と日本資本主義―寺内町の研究　後藤文利著　同信社　1981.3　249p　22cm　2700円　Ⓘ4-495-97291-X　Ⓝ332.104　〔08708〕
◇真宗と民俗信仰　蒲池勢至著　吉川弘文館　1993.11　267, 9p　22cm　（日本歴史民俗叢書）　5850円　Ⓘ4-642-07355-8　Ⓝ188.7　〔08709〕
◇新説真宗史―法然から蓮如まで　真宗史の通念を見なおす　佐々木英彰著　心泉社　2000.1　258p　20cm　2380円　Ⓘ4-916109-17-1　Ⓝ188.72　〔08710〕
◇親鸞教学の思想史的研究　加茂仰順著　京都　永田文昌堂　1987.8　434, 5p　22cm　8000円　Ⓝ188.71　〔08711〕
◇親鸞教団弾圧史　福永勝美著　雄山閣　1972　262p　図　22cm　（雄山閣歴史選書 8）　Ⓝ188.72　〔08712〕
◇親鸞教団弾圧史　福永勝美著　雄山閣出版　1995.1　262p　22cm　（雄山閣books 28）　2800円　Ⓘ4-639-01271-3　Ⓝ188.72　〔08713〕
◇親鸞教の歴史ドラマ―忘れえぬ著者たち　島田克美著　ライフリサーチプレス　2006.3　230p　19cm　2000円　Ⓘ4-906472-84-2　Ⓝ188.72　〔08714〕
◇親鸞聖人之浄土真宗心得　土江重雄著　日本図書刊行会　1993.12　26p　20cm　1000円　Ⓘ4-7733-2460-0　Ⓝ188.7　〔08715〕
◇戦国期真宗の歴史像　遠藤一著　京都　永田文昌堂　1991.12　460p　22cm　9800円　Ⓝ188.72　〔08716〕
◇戦国期本願寺教団史の研究　草野顕之著　京都　法藏館　2004.3　484p　22cm　9800円　Ⓘ4-8318-7460-4　Ⓝ188.72　〔08717〕
◇中世真宗教学の展開　普賢晃寿著　京都　永田文昌堂　1994.3　486, 18p　22cm　9800円　Ⓝ188.71　〔08718〕
◇中世真宗思想の研究　重松明久著　吉川弘文館　1973　617p　図　地図　22cm　4000円　Ⓝ188.72　〔08719〕
◇中世における真宗教団の形成　笠原一男著　新人物往来社　1971　342, 22p　22cm　（日本宗教史名著叢書）　2500円　Ⓝ188.72　〔08720〕
◇中世仏教と真宗　北西弘先生還暦記念会編　吉川弘文館　1985.12　526p　22cm　8800円　Ⓘ4-642-02611-8　Ⓝ182.1　〔08721〕
◇21世紀を救う宗教―親鸞・蓮如で心を癒し生まれ変ろう　紅楳三男丸著　日本図書刊行会　1998.5　147p　20cm　1000円　Ⓘ4-8231-0148-0　Ⓝ188.77　〔08722〕
◇日本の歴史　中世から近世へ　4　一向一揆と石山合戦　新訂増補　朝日新聞社　2002.11　p98-128　30cm　（週刊朝日百科 24）　476円　Ⓝ210.1　〔08723〕

◇日本仏教宗史論集　第6巻　親鸞聖人と真宗　千葉乗隆編，幡谷明編　吉川弘文館　1985.4　457p　22cm　5800円　Ⓘ4-642-06746-9　Ⓝ188.08　〔08724〕

◇信長と石山合戦―中世の信仰と一揆　神田千里著　吉川弘文館　1995.10　246p　20cm　2060円　Ⓘ4-642-07474-0　Ⓝ210.47　〔08725〕

◇本願寺教団の展開　千葉乗隆編　京都　永田文昌堂　1995.9　508p　22cm　9500円　Ⓘ4-8162-4029-2　Ⓝ188.72　〔08726〕

◇本願寺教団の展開―戦国期から近世へ　青木忠夫著　京都　法藏館　2003.8　488p　21cm　10000円　Ⓘ4-8318-7479-5　〔08727〕

◇本願寺と一向一揆　辻川達雄著　誠文堂新光社　1986.2　253p　20cm　1800円　Ⓘ4-416-88601-2　Ⓝ210.46　〔08728〕

◇本願寺百年戦争　重松明久著　京都　法藏館　1986.9　290p　20cm　2400円　Ⓘ4-8318-8554-1　Ⓝ210.46　〔08729〕

◇吉崎御坊の歴史　朝倉喜祐著　国書刊行会　1995.9　378p　21cm　2800円　Ⓘ4-336-03774-4　Ⓝ188.72　〔08730〕

◆◆禅宗

◇男の禅―信長を支えた心の指針とは　童門冬二著　青春出版社　2007.4　269p　15cm　（青春文庫）　600円　Ⓘ978-4-413-09363-7　Ⓝ281.04　〔08731〕

◇鎌倉武士と禅　鷲尾順敬著　日本学術普及会　1916　280p　18cm　（歴史講座）　Ⓝ188.8　〔08732〕

◇鎌倉武士と禅　鷲尾順敬著　日本学術普及会　1935　321p　20cm　Ⓝ188.8　〔08733〕

◇鎌倉武士と禅　鷲尾順敬著　大東出版社　1942　236p　19cm　（大東名著選 31）　Ⓝ188.8　〔08734〕

◇九州中世禅宗史の研究　上田純一著　文献出版　2000.10　458p　22cm　12000円　Ⓘ4-8305-1220-2　Ⓝ188.82　〔08735〕

◇京都発見　8　禅と室町文化　梅原猛著，井上隆雄写真　新潮社　2004.11　222p　21cm　2500円　Ⓘ4-10-303020-8　〔08736〕

◇五山禅林宗派図　玉村竹二著　京都　思文閣出版　1985.12　1冊　27cm　15000円　Ⓘ4-7842-0403-2　Ⓝ188.82　〔08737〕

◇五山と中世の社会　竹田和夫著　同成社　2007.7　270p　22cm　（同成社中世史選書 3）　6000円　Ⓘ978-4-88621-400-3　Ⓝ188.82　〔08738〕

◇30ポイントで読み解く「禅の思想」―なぜ座るのか、どんな世界が開けるのか　長尾剛著　PHP研究所　2005.9　251p　15cm　（PHP文庫）　514円　Ⓘ4-569-66444-X　〔08739〕

◇生死透脱禅と武士道　横尾賢宗著　丙午出版社　1916　238p　20cm　（禅門叢書第8編）　Ⓝ188.8　〔08740〕

◇禅と武士道　秋山悟庵著　光融館　1907.9　294p　19cm　Ⓝ188.8　〔08741〕

◇禅と武士道・碧巌録提唱偈―随処禅師遺稿　三浦随処著，尾関七之助編　〔山形〕　尾関七之助　1942　108, 17p　19cm　〔08742〕

◇禪と文化　井上哲次郎, 宇井伯壽, 鈴木大拙監修　春陽堂書店　2004.3　285p　19cm　（禅の講座 第6巻）　4500円　Ⓘ4-394-90306-8　Ⓝ188.8　〔08743〕

◇禅の真理と実践―東隆眞博士古稀記念論集　東隆眞博士古稀記念論文集刊行会編　春秋社　2005.11　642p　23cm　28000円　Ⓘ4-393-11236-9　Ⓝ188.81　〔08744〕

◇太平寺滅亡―鎌倉尼五山秘話　三山進著　横浜　有隣堂　1979.11　185p　18cm　（有隣新書）　680円　Ⓝ188.82　〔08745〕

◇対訳 禅と日本文化　鈴木大拙著, 北川桃雄訳　講談社インターナショナル　2005.12　238p　21cm　1800円　Ⓘ4-7700-4026-1　〔08746〕

◇中世禅思想の研究　1　星清著　八千代出版　1988.3　181p　22cm　2200円　Ⓝ188.82　〔08747〕

◇中世禅思想の研究　2　星清著　八千代出版　1988.3　218p　22cm　2200円　Ⓝ188.82　〔08748〕

◇中世禅宗史の研究　今枝愛真著　東京大学出版会　1970　516, 32p 図版　22cm　（東大人文科学研究叢書）　2400円　Ⓝ188.8　〔08749〕

◇中世禅宗史の研究　今枝愛真著　東京大学出版会　2001.1　516p　21cm　（東大人文科学研究叢書）　6400円　Ⓘ4-13-020024-0　〔08750〕

◇中世禅宗文献の研究　安藤嘉則著　国書刊行会　2000.2　783p　22cm　20200円　Ⓘ4-336-04235-7　Ⓝ188.82　〔08751〕

◇中世禅林成立史の研究　葉貫磨哉著　吉川弘文館　1993.2　399, 7p　22cm　9800円　Ⓘ4-642-02644-4　Ⓝ188.82　〔08752〕

◇中世日本の外交と禅宗　伊藤幸司著　吉川弘文館　2002.2　334, 16p　22cm　12000円　Ⓘ4-642-02813-7　Ⓝ210.46　〔08753〕

◇中世日本の禅とその文化―主として臨済禅をめぐって　鹿野山研修所論叢編纂委員会編　富津　鹿野山禅青少年研修所　1987.12　363p　22cm　（鹿野山研修所論叢 第1集）　非売品　Ⓝ188.82　〔08754〕

◇中世の禅宗と相国寺―平成16年度教化活動委員会研修会講義録　原田正俊編, 相国寺教化活動委員会編　京都　相国寺教化活動委員会　2007.3　139p 図版12p　21cm　（相国寺研究 2）　Ⓝ188.82　〔08755〕

◇中世の日中交流と禅宗　西尾賢隆著　吉川弘文館　1999.6　293, 14p　22cm　7500円　Ⓘ4-642-02778-5　Ⓝ210.4　〔08756〕

◇中世漂泊　柳田聖山著　京都　法藏館　1981.12　222p　20cm　（法藏選書 8）　1600円　Ⓝ188.82　〔08757〕

◇日本禅宗の成立　船岡誠著　吉川弘文館　1987.3　259, 11p　20cm　（中世史研究選書）　2500円　Ⓘ4-642-02649-5　Ⓝ188.82　〔08758〕

◇日本禅宗の伝説と歴史　中尾良信著　吉川弘文館　2005.5　207p　19cm　（歴史文化ライブラリー）　1700円　Ⓘ4-642-05589-4　〔08759〕

◇日本中世禅宗史　荻須純道著　木耳社　1965　432p 図版　22cm　Ⓝ188.8　〔08760〕

◇日本中世禅籍の研究　今泉淑夫著　吉川弘文館　2004.4　365, 8p　22cm　11000円　Ⓘ4-642-02832-3　Ⓝ188.84　〔08761〕

◇日本中世の禅宗と社会　原田正俊著　吉川弘文館　1998.12　380, 10p　22cm　8000円　Ⓘ4-642-02768-8　Ⓝ188.82　〔08762〕

◇日本中世の禅と律　松尾剛次著　吉川弘文館　2003.10　252, 28p　21cm　7000円　Ⓘ4-642-02830-7　〔08763〕

宗教史　　　　　　　　　　　　　　中世史

◇日本仏教宗史論集　第7巻　栄西禅師と臨済宗　平野宗浄編, 加藤正俊編　吉川弘文館　1985.3　453p　22cm　5800円　Ⓘ4-642-06747-7　Ⓝ188.08　　〔08764〕
◇武家政権と禅宗—夢窓疎石を中心に　西山美香著　笠間書院　2004.4　363, 9p　21cm　8500円　Ⓘ4-305-70266-5　　〔08765〕
◇武将を支えた禅の教え　童門冬二著　青春出版社　2004.10　270p　20cm　1500円　Ⓘ4-413-02170-3　Ⓝ281.04　　〔08766〕

◆◆日蓮宗
◇安土法難　田中智学著　天業民報社出版部　1922　105, 8p　22cm　Ⓝ188.9　　〔08767〕
◇安土問答の考究　安田恢憲編　金尾文淵堂　1933　48p　23cm　Ⓝ188.6　　〔08768〕
◇上総七里法華新門徒の研究　中村孝也著　京都　平楽寺書店　2005.10　365, 17p　22cm　7000円　Ⓘ4-8313-1080-8　Ⓝ188.92　　〔08769〕
◇弘安二年大曼荼羅と日興師　松本佐蔵著　覆刻版　鎌倉興門資料刊行会　2001.1　73, 7p　22cm　3500円　Ⓘ4-901305-02-6　Ⓝ188.92　　〔08770〕
◇中世における日蓮宗奥州布教と登米氏の究明　姉歯量平著〔仙台〕　宮城地域史学協議会　1993.7　120p　22cm　3500円　Ⓘ4-8323-0060-1　Ⓝ188.97　　〔08771〕
◇中世における日蓮宗奥州布教と登米氏の究明　姉歯量平著〔仙台〕　宮城地域史学協議会　2005.7　120p　22cm　4000円　Ⓘ4-8323-0060-1　Ⓝ188.97　　〔08772〕
◇中世法華仏教の展開　影山堯雄編　京都　平楽寺書店　1974　577, 13p　23cm　（法華経研究 5）　8000円　Ⓝ188.92　　〔08773〕
◇日蓮宗教理史　柴田一能著　仏教芸術社　1929.6　222p　23cm　Ⓝ188.91　　〔08774〕
◇日蓮宗上代教学の研究—金綱集の研究　中条暁秀著　京都　平楽寺書店　1996.11　339, 16p　22cm　8240円　Ⓘ4-8313-1031-X　Ⓝ188.92　　〔08775〕
◇日蓮宗の歴史—日蓮とその教団　中尾堯著〔東村山〕教育社　1980.10　214p　18cm　（教育社歴史新書）　800円　Ⓝ188.92　　〔08776〕
◇日興上人身延離山史　富士学林研究科著　第2版　富士宮　日蓮正宗布教会　1962.5　157p　19cm　Ⓝ188.92　　〔08777〕
◇日本仏教宗史論集　第9巻　日蓮聖人と日蓮宗　中尾堯編, 渡辺宝陽編　吉川弘文館　1984.10　428p　22cm　5800円　Ⓘ4-642-06749-3　Ⓝ188.08　　〔08778〕
◇不受不施的思想の史的展開　相葉伸著　講談社　1961　665p　図版　22cm　Ⓝ180.21　　〔08779〕
◇本能寺史料　中世篇　藤井学, 上田純一, 波多野郁夫, 安国良一編著　京都　思文閣出版　2006.6　403p　22cm　15000円　Ⓘ4-7842-1305-8　Ⓝ188.95　　〔08780〕

◆◆時宗
◇一遍教学と時衆史の研究　河野憲善著　東洋文化出版　1981.9　347p　22cm　5400円　Ⓝ188.692　　〔08781〕
◇一遍と時衆　浅山円祥著　松山　一遍会　1980.6　204p　19cm　1500円　Ⓝ188.692　　〔08782〕
◇一遍と時衆教団　金井清光著　角川書店　1975　557p　図　22cm　9800円　Ⓝ188.692　　〔08783〕
◇一遍と時宗教団　大橋俊雄著〔東村山〕　教育社　1978.10　272p　18cm　（教育社歴史新書）　600円　Ⓝ188.692　　〔08784〕
◇岩手県時宗略史——一遍上人と代々遊行上人の軌跡　司東真雄著　石鳥谷町（岩手県）　時宗岩手第一教区　1983　71p　19cm　500円　Ⓝ188.692　　〔08785〕
◇踊り念仏　大橋俊雄著　大蔵出版　1974　293p　図　20cm　（大蔵選書）　1500円　Ⓝ180.21　　〔08786〕
◇時衆過去帳　大橋俊雄編著　藤沢　教学研究所　1964　228p　図版　19cm　（時衆史料 第1）　Ⓝ188.69　　〔08787〕
◇時宗史論考　橘俊道著　京都　法蔵館　1975　366p　22cm　4500円　Ⓝ188.692　　〔08788〕
◇時宗成立史の研究　今井雅晴著　吉川弘文館　1981.8　287, 15p　22cm　4800円　Ⓝ188.692　　〔08789〕
◇時衆年表　望月華山編　角川書店　1970　210p　22cm　2800円　Ⓝ188.69　　〔08790〕
◇時宗の成立と展開　大橋俊雄著　吉川弘文館　1973　313, 6p　図　22cm　（日本宗教史研究叢書　笠原一男監修）　Ⓝ188.692　　〔08791〕
◇庶民信仰の源流—時宗と遊行聖　橘俊道, 圭室文雄編　名著出版　1982.6　269, 65, 3p　22cm　4200円　Ⓝ188.692　　〔08792〕
◇全国時宗史料所在目録　圭室文雄編　大学教育社　1982.2　249p　27cm　6800円　Ⓝ188.692　　〔08793〕
◇中世芸能と仏教　金井清光　新典社　1991.9　357p　22cm　（新典社研究叢書 42）　11100円　Ⓘ4-7879-4042-2　Ⓝ773.2　　〔08794〕
◇中世社会と時宗の研究　今井雅晴著　吉川弘文館　1985.11　425, 12p　22cm　7800円　Ⓘ4-642-02608-8　Ⓝ188.692　　〔08795〕
◇中世出羽国における時宗と念仏信仰　竹田賢正著　〔山形〕　光明山遍照寺　1996.4　291p　22cm　Ⓝ188.692　　〔08796〕
◇成生庄と一向上人—中世の念仏信仰　成生庄と一向上人編集委員会編　天童　天童市立旧東山郡役所資料館　1997.9　136p　21cm　Ⓝ188.692　　〔08797〕
◇日本仏教宗史論集　第10巻　一遍上人と時宗　橘俊道編, 今井雅晴編　吉川弘文館　1984.12　401p　22cm　5800円　Ⓘ4-642-06750-7　Ⓝ188.08　　〔08798〕
◇番場時衆のあゆみ　大橋俊雄著　浄土宗史研究会　1963　241p　図版　19cm　（浄土宗研究 第4輯）　Ⓝ188.69　　〔08799〕
◇融通念仏宗年表　融通念仏宗教学研究所編　大阪　大念仏寺　1982.3　378p　22cm　Ⓝ188.692　〔08800〕
◇遊行日鑑　第1巻　圭室文雄編　角川書店　1977.3　694p　図　22cm　14000円　Ⓝ188.692　〔08801〕
◇遊行日鑑　第3巻　圭室文雄編　角川書店　1979.2　663p　22cm　14000円　Ⓝ188.692　〔08802〕

◆寺院
◇足利地方における中世寺院の諸問題　柳田貞夫著　足利　柳田貞夫　1991.12　66p　26cm　（足利地方史研究 第1号）　Ⓝ185.9132　　〔08803〕
◇網野善彦著作集　第2巻　中世東寺と東寺領荘園　網野善彦著　岩波書店　2007.9　600p　21cm　4700円　Ⓘ978-4-00-092642-3　　〔08804〕
◇岩瀧山往生院六萬寺史　上巻 南北朝編　寺史編纂委員会編　東大阪　往生院六萬寺　2000.5　296p　31cm　Ⓝ188.65　　〔08805〕

中世史　　　　　　　　　　　　　　　　　　宗教史

◇延暦寺と中世社会　河音能平,福田榮次郎編　京都　法藏館　2004.6　499p　22cm　9500円　ⓘ4-8318-7462-0　Ⓝ188.45
〔08806〕

◇覚園寺と鎌倉律宗の研究　大森順雄著　横浜　有隣堂　1991.11　305p　22cm　6500円　ⓘ4-89660-103-3　Ⓝ188.55
〔08807〕

◇金沢北条氏と称名寺　福島金治著　吉川弘文館　1997.9　312,8p　22cm　6900円　ⓘ4-642-02761-0　Ⓝ185.9137
〔08808〕

◇鎌倉円覚寺の名宝―七百二十年の歴史を語る禅の文化　特別展「鎌倉円覚寺の名宝―七百二十年の歴史を語る禅の文化」図録　五島美術館　2006.10　188p　30cm　(五島美術館展覧会図録 130)　Ⓝ702.17
〔08809〕

◇鎌倉 古寺を歩く―宗教都市の風景　松尾剛次著　吉川弘文館　2005.11　205p　19cm　(歴史文化ライブラリー)　1700円　ⓘ4-642-05602-5
〔08810〕

◇鎌倉廃寺事典　貫達人,川副武胤著　横浜　有隣堂　1980.12　273,9p　22cm　3800円　Ⓝ185.9137
〔08811〕

◇京都・戦国武将の寺をゆく　津田三郎著　彦根　サンライズ出版　2007.3　237p　21cm　1600円　ⓘ978-4-88325-320-3　Ⓝ291.62
〔08812〕

◇京都の寺社と豊臣政権　伊藤真昭著　京都　法藏館　2003.8　248p　19cm　(日本仏教史研究叢書)　2800円　ⓘ4-8318-6031-X
〔08813〕

◇高野山寺領史年表―弘仁7年(816)から明治4年(1871)まで　松田文夫編　〔和歌山〕〔松田文夫〕　2004.2　10,238p　24cm　2700円　Ⓝ210.4
〔08814〕

◇高野山領荘園の研究―日本荘園の研究第一輯　江頭恒治著　有斐閣　1938　452,16p　23cm　(日本経済史研究所研究叢書 第10冊)　Ⓝ210.4
〔08815〕

◇国分寺の中世的展開　追塩千尋著　吉川弘文館　1996.11　266,6p　22cm　6180円　ⓘ4-642-02753-X　Ⓝ185
〔08816〕

◇古社寺の研究　魚澄惣五郎著　京都　星野書店　1931　570,4 図版30枚　21cm　Ⓝ210.4
〔08817〕

◇古社寺の研究　魚澄惣五郎著　国書刊行会　1972　570,4p 図30枚　22cm　4500円　Ⓝ210.12
〔08818〕

◇古代中世寺院組織の研究　牛山佳幸著　吉川弘文館　1990.11　314p　22cm　(戊午叢書)　4757円　ⓘ4-642-01296-6　Ⓝ185
〔08819〕

◇寺院・検断・徳政―戦国時代の寺院史料を読む　勝俣鎮夫編　山川出版社　2004.9　432,7p　22cm　5000円　ⓘ4-634-52190-3　Ⓝ210.47
〔08820〕

◇寺社領荘園制度史　細川亀市著　東学社　1936　596p　23cm　Ⓝ210.4
〔08821〕

◇浄光明寺敷地絵図の研究　大三輪龍彦編　新人物往来社　2005.7　177p　22cm　4800円　ⓘ4-404-03260-9　Ⓝ188.55
〔08822〕

◇寺領荘園の研究　細川亀市著　東方書院　1934　26p　23cm　(日本宗教講座)　Ⓝ210.4
〔08823〕

◇寺領荘園の研究　竹内理三著　畝傍書房　1942　555p　22cm　(畝傍史学叢書)　Ⓝ210.4
〔08824〕

◇泉竜寺―伊勢崎の中世寺院史料　伊勢崎市編　伊勢崎　伊勢崎市　1988.3　214p　21cm　Ⓝ188.85
〔08825〕

◇禅林寺事蹟と大曼荼羅について　鹿ケ谷法然院略史　柴田隆明述,水谷徹成述　京都　細辻商店　1936　48p　16cm　(講演 49)　Ⓝ184
〔08826〕

◇大樹寺歴史資料目録　名古屋　愛知県教育委員会　1982.3　83p 図版11枚　26cm　Ⓝ188.65
〔08827〕

◇中世を歩く―京都の古寺　饗庭孝男著　小沢書店　1994.3　199p　20cm　(小沢コレクション 42)　1648円　Ⓝ185.9162
〔08828〕

◇中世を歩く―京都の古寺　饗庭孝男著　京都　淡交社　2006.4　183p　19cm　1800円　ⓘ4-473-03313-9
〔08829〕

◇中世を歩く―京都の古寺　饗庭孝男著　京都　淡交社　2006.4　183p　20cm　1800円　ⓘ4-473-03313-9　Ⓝ185.9162
〔08830〕

◇中世後期の寺社と経済　鍛代敏雄著　京都　思文閣出版　1999.12　381,17p　22cm　(思文閣史学叢書)　8000円　ⓘ4-7842-1020-2　Ⓝ210.4
〔08831〕

◇中世興福寺維摩会の研究　高山有紀著　勉誠社　1997.2　388p　22cm　11330円　ⓘ4-585-10014-8　Ⓝ188.216
〔08832〕

◇中世寺院史の研究　上　中世寺院史研究会編　京都　法藏館　1988.3　369p　22cm　(寺院史論叢 1)　8000円　ⓘ4-8318-7551-1　Ⓝ185
〔08833〕

◇中世寺院史の研究　下　中世寺院史研究会編　京都　法藏館　1988.3　474p　22cm　(寺院史論叢 1)　9000円　ⓘ4-8318-7552-X　Ⓝ185
〔08834〕

◇中世寺院社会の研究　下坂守著　京都　思文閣出版　2001.12　583,15p　22cm　(思文閣史学叢書)　9800円　ⓘ4-7842-1091-1　Ⓝ210.4
〔08835〕

◇中世寺院史料論　永村眞著　吉川弘文館　2000.12　397,8p　22cm　9500円　ⓘ4-642-02798-X　Ⓝ185
〔08836〕

◇中世寺院勢力論―悪僧と大衆の時代　衣川仁著　吉川弘文館　2007.11　317,9p　22cm　9000円　ⓘ978-4-642-02869-1　Ⓝ185.021
〔08837〕

◇中世寺院と「悪党」　山陰加春夫著　大阪　清文堂出版　2006.6　326p　22cm　7800円　ⓘ4-7924-0608-0　Ⓝ185.021
〔08838〕

◇中世寺院と関東武士　小此木輝之著　青史出版　2002.3　694p　22cm　12000円　ⓘ4-921145-14-8　Ⓝ185.913
〔08839〕

◇中世寺院と法会　佐藤道子編　京都　法藏館　1994.5　504p　22cm　13905円　ⓘ4-8318-7553-8　Ⓝ182.1
〔08840〕

◇中世寺院と民衆　井原今朝男著　京都　臨川書店　2004.1　309p　20cm　2800円　ⓘ4-653-03934-8　Ⓝ185.91
〔08841〕

◇中世寺院の権力構造　稲葉伸道著　岩波書店　1997.5　498,15p　22cm　9400円　ⓘ4-00-001380-7　Ⓝ182.1
〔08842〕

◇中世寺院の社会と芸能　土谷恵著　吉川弘文館　2001.1　361,9p　22cm　10000円　ⓘ4-642-02799-8　Ⓝ185
〔08843〕

◇中世寺院の姿とくらし―密教・禅僧・湯屋　国立歴史民俗博物館編　佐倉　国立歴史民俗博物館　2002.10　142p　30cm　Ⓝ185
〔08844〕

◇中世寺院の姿とくらし―密教・禅僧・湯屋　国立歴史民俗博物館編　山川出版社　2004.2　237p　19cm　(歴博フォーラム)　2500円　ⓘ4-634-59020-4
〔08845〕

◇中世寺院の僧団・法会・文書　山岸常人著　東京大学出版会　2004.2　429,7p　22cm　8200円　ⓘ4-13-026205-X　Ⓝ185.91
〔08846〕

◇中世寺院の知恵　清田義英著　敬文堂　1998.2　158p　22cm　2000円　ⓘ4-7670-0047-5　Ⓝ322.14
〔08847〕

◇中世寺院の風景―中世民衆の生活と心性　細川涼一著　新曜社　1997.4　275p　20cm　2500円+税　Ⓘ4-7885-0595-9　Ⓝ185　〔08848〕
◇中世寺院法史の研究―寺院の多数決制と寺院方式　清田義英著　敬文堂　1995.11　484,14p　22cm　11330円　Ⓘ4-7670-0014-9　Ⓝ322.14　〔08849〕
◇中世寺院暴力と景観　小野正敏,五味文彦,萩原三雄編　高志書院　2007.7　294p　21cm　（考古学と中世史研究　4）　2500円　Ⓘ978-4-86215-026-4　Ⓝ185.021　〔08850〕
◇中世寺社と荘園制　小山靖憲著　塙書房　1998.11　339,23p　22cm　7000円　Ⓘ4-8273-1156-0　Ⓝ185.6　〔08851〕
◇中世庶民信仰経済の研究　阿諏訪青美著　校倉書房　2004.2　406p　22cm　（歴史科学叢書）　10000円　Ⓘ4-7517-3510-1　Ⓝ185.6　〔08852〕
◇中世村落寺社の研究調査概報　奈良　元興寺文化財研究所　1987.3　36p　図版4p　26cm　Ⓝ162.1　〔08853〕
◇中世村落寺社の研究調査概報　昭和62年度　奈良　元興寺文化財研究所　1988.3　32p　図版5p　26cm　Ⓝ162.1　〔08854〕
◇中世村落寺社の研究調査報告書　奈良　元興寺文化財研究所　1989.3　206,133p　図版22,6p　26cm　Ⓝ162.1　〔08855〕
◇中世東国日蓮宗寺院の研究　佐藤博信著　東京大学出版会　2003.11　523,46p　22cm　12000円　Ⓘ4-13-026204-1　Ⓝ188.95　〔08856〕
◇中世東寺と弘法大師信仰　橋本初子著　京都　思文閣出版　1990.11　533,21　図版15枚　22cm　（思文閣史学叢書）　9800円　Ⓘ4-7842-0621-3　Ⓝ188.55　〔08857〕
◇中世東寺の年中行事―御影堂　京都府立総合資料館歴史資料課編　〔京都〕　京都府立総合資料館　2005.11　84p　26cm　（東寺百合文書展　第20回）　Ⓝ210.46　〔08858〕
◇中世東寺領荘園の支配と在地　辰田芳雄著　校倉書房　2003.11　484p　22cm　（歴史科学叢書）　13000円　Ⓘ4-7517-3490-3　Ⓝ210.4　〔08859〕
◇中世南都の僧侶と寺院　追塩千尋著　吉川弘文館　2006.6　335,13p　22cm　9000円　Ⓘ4-642-02856-0　Ⓝ182.1　〔08860〕
◇中世に於ける社寺と社会との関係　平泉澄著　至文堂　1926　374p　22cm　（国史研究叢書　第2編）　Ⓝ210.4　〔08861〕
◇中世日本の国家と寺社　伊藤清郎著　高志書院　2000.6　432,8p　22cm　9000円　Ⓘ4-906641-38-5　Ⓝ185.1　〔08862〕
◇中世根来の実像を探る―根来寺文化講演会&シンポジウム　根来寺文化講演会シンポジウム企画実行委員会編　岩出町（和歌山県）　新義真言宗総本山根来寺根来寺文化研究所　2004.11　45p　30cm　（根来寺再発見シリーズ　1）　1000円　Ⓝ188.55　〔08863〕
◇中世の興福寺と大和　安田次郎著　山川出版社　2001.6　300,15p　22cm　5200円　Ⓘ4-634-52150-4　Ⓝ210.4　〔08864〕
◇中世の寺院　京都府立総合資料館歴史資料課編　京都　京都府立総合資料館　1985.7　58,15p　26cm　（東寺百合文書展　第2回）　Ⓝ210.4　〔08865〕

◇中世の寺院体制と社会　中尾堯編　吉川弘文館　2002.12　321p　22cm　8000円　Ⓘ4-642-02817-X　Ⓝ182.1　〔08866〕
◇中世の寺院と都市・権力　五味文彦,菊地大樹編　山川出版社　2007.4　415p　21cm　5000円　Ⓘ978-4-634-52012-7　Ⓝ185.021　〔08867〕
◇中世の寺社と信仰　上横手雅敬編　吉川弘文館　2001.8　267p　22cm　7500円　Ⓘ4-642-02804-8　Ⓝ182.1　〔08868〕
◇中世の聖地・霊場―在地霊場論の課題　東北中世考古学会編　高志書院　2006.10　300p　21cm　（東北中世考古学叢書5）　3000円　Ⓘ4-86215-017-9　Ⓝ185.021　〔08869〕
◇中世の禅宗と相国寺―平成16年度教化活動委員会研修会講義録　原田正俊著,相国寺教化活動委員会編　京都　相国寺教化活動委員会　2007.3　139p　図版12p　21cm　（相国寺研究　2）　Ⓝ188.82　〔08870〕
◇中世の都市と寺院　吉井敏幸,百瀬正恒編　高志書院　2005.4　234p　21cm　2500円　Ⓘ4-906641-96-2　Ⓝ210.4　〔08871〕
◇中世の律宗寺院と民衆　細川涼一著　吉川弘文館　1987.12　234,11p　20cm　（中世史研究選書）　2500円　Ⓘ4-642-02655-X　Ⓝ188.15　〔08872〕
◇中世民衆寺院の研究調査報告書　2（平成2年度）　奈良　元興寺文化財研究所　1991.3　200p　図版16枚　26cm　Ⓝ185　〔08873〕
◇中世大和国寺院に関する調査研究　奈良　元興寺文化財研究所　2001.3　206p　図版17p　26cm　Ⓝ185.9165　〔08874〕
◇東寺とその庄園―秋季特別公開図録　東寺宝物館編　〔京都〕　東寺宝物館　1993.9　258p　30cm　Ⓝ210.4　〔08875〕
◇謎の敏満寺を再現する―中世の寺・町・城　財団法人滋賀県文化財保護協会調査成果展　滋賀県立安土城考古博物館第29回企画展　滋賀県文化財保護協会,滋賀県立安土城考古博物館編　〔大津〕　滋賀県文化財保護協会　2005.1　25p　30cm　Ⓝ210.4　〔08876〕
◇日本寺院経済史論　第1巻　中世寺領の研究　細川亀市著　啓明社　1930　602p　22cm　Ⓝ210.4　〔08877〕
◇日本寺院史の研究　中世・近世編　平岡定海著　吉川弘文館　1988.11　827,10p　22cm　12000円　Ⓘ4-642-01063-7　Ⓝ185.91　〔08878〕
◇日本寺領庄園経済史　細川亀市著　白揚社　1932　571p　23cm　Ⓝ210.4　〔08879〕
◇日本中世社会と寺院　大石雅章著　大阪　清文堂出版　2004.2　395p　22cm　9715円　Ⓘ4-7924-0548-3　Ⓝ185.021　〔08880〕
◇日本中世の寺院と社会　久野修義著　塙書房　1999.2　412,18p　22cm　8500円　Ⓘ4-8273-1159-5　Ⓝ210.4　〔08881〕
◇日本の中世寺院―忘れられた自由都市　伊藤正敏著　吉川弘文館　2000.2　205p　19cm　（歴史文化ライブラリー　86）　1700円　Ⓘ4-642-05486-3　Ⓝ210.4　〔08882〕
◇武家政権鎮護の寺があった―北条時頼が造った平塩山　中倉茂,鈴木幹男著　日本図書刊行会　1997.1　219p　20cm　1800円　Ⓘ4-89039-081-2　Ⓝ185.9151　〔08883〕

◇忘れられた霊場をさぐる―講演・報告会 報告集 2　栗東市文化体育振興事業団編　栗東　栗東市文化体育振興事業団　2007.3　118p　30cm　Ⓝ216.1　〔08884〕
◇忘れられた霊場をさぐる―栗東・湖南の山寺復元の試み―報告集―講演・報告会 栗東・湖南の山寺をさぐる～忘れられた霊場の復元を通して　栗東市文化体育振興事業団編　栗東　栗東市文化体育振興事業団　2005.3　117p　30cm　Ⓝ216.1　〔08885〕

◆◆寺社勢力
◇黒田俊雄著作集　第3巻　顕密仏教と寺社勢力　井ケ田良治ほか編　京都　法藏館　1995.2　425, 18p　22cm　8800円　Ⓘ4-8318-3323-1　Ⓝ210.4　〔08886〕
◇寺社勢力―もう一つの中世社会　黒田俊雄著　岩波書店　1980.4　227p　18cm　(岩波新書)　320円　Ⓝ210.4　〔08887〕
◇僧兵　勝野隆信著　至文堂　1955　199p 図版　19cm　(日本歴史新書)　Ⓝ210.12　〔08888〕
◇僧兵盛衰記　渡辺守順著　三省堂　1984.8　229p　19cm　(三省堂選書 108)　1200円　Ⓘ4-385-43108-6　Ⓝ210.4　〔08889〕
◇中世に於ける社寺と社会との関係　平泉澄著　国書刊行会　1982.10　374p　22cm　6000円　Ⓝ210.4　〔08890〕
◇中世の寺社勢力と境内都市　伊藤正敏著　吉川弘文館　1999.5　304, 7p　22cm　6400円　Ⓘ4-642-02776-9　Ⓝ210.4　〔08891〕
◇マンガ日本の歴史 13　院政と武士と僧兵　石ノ森章太郎著　中央公論社　1990.11　237p　20cm　971円　Ⓘ4-12-402813-X　Ⓝ210.1　〔08892〕

◆◆知恩院
◇知恩院史料集　日鑑・書翰篇 1　京都　総本山知恩院史料編纂所　1974　540p　22cm　非売品　Ⓝ188.65　〔08893〕
◇知恩院史料集　日鑑・書翰篇 2　京都　総本山知恩院史料編纂所　1975　496p　22cm　Ⓝ188.65　〔08894〕
◇知恩院史料集　日鑑・書翰篇 3　総本山知恩院史料編纂所編　京都　総本山知恩院史料編纂所　1978.2　516p　22cm　Ⓝ188.65　〔08895〕
◇知恩院史料集　日鑑・書翰篇 4　総本山知恩院史料編纂所編　京都　総本山知恩院史料編纂所　1985.3　488p　22cm　Ⓝ188.65　〔08896〕
◇知恩院史料集　日鑑・書翰篇 5　総本山知恩院史料編纂所編　京都　総本山知恩院史料編纂所　1986.3　624p　22cm　Ⓝ188.65　〔08897〕
◇知恩院史料集　日鑑・書翰篇 6　総本山知恩院史料編纂所編　京都　総本山知恩院史料編纂所　1987.7　435p　22cm　Ⓝ188.65　〔08898〕
◇知恩院史料集　日鑑・書翰篇 7　総本山知恩院史料編纂所編　京都　総本山知恩院史料編纂所　1988.11　470p　22cm　Ⓝ188.65　〔08899〕
◇知恩院史料集　日鑑・書翰篇 8　総本山知恩院史料編纂所編　京都　総本山知恩院史料編纂所　1989.12　497p　22cm　Ⓝ188.65　〔08900〕

◆◆本願寺
◇石山合戦　須藤光暉著　新潮社　1914　334, 16p　22cm　Ⓝ210.4　〔08901〕
◇石山合戦と下間仲之―本願寺坊官下間少進家資料展　大阪城天守閣編　大阪　大阪城天守閣特別事業委員会　1995.3　22p　26cm　Ⓝ188.72　〔08902〕
◇石山戦争裏面史の研究　今田法雄著　京都　永田文昌堂　1989.5　186, 17p　19cm　1545円　Ⓝ218.48　〔08903〕
◇石山本願寺を支えた山の女達と絹の歴史―アフガニスタンから越中城端へ　山本幸子著編　改訂増補第2版　福岡町(富山県)　オフィスさち　2002.6　46p　21cm　(加賀一向一揆を越中国礪波郡から考える no.7)　700円　Ⓝ210.47　〔08904〕
◇石山本願寺戦争―続念仏の叛乱　寺内大吉著　大東出版社　1998.9　220p　20cm　1500円　Ⓘ4-500-00643-5　Ⓝ210.48　〔08905〕
◇石山本願寺日記　上松寅三編纂校訂　大阪　清文堂出版　1966　2冊　22cm　Ⓝ188.7　〔08906〕
◇一向一揆と石山合戦　神田千里著　吉川弘文館　2007.10　272, 4p　20cm　(戦争の日本史 14)　2500円　Ⓘ978-4-642-06324-1　Ⓝ210.47　〔08907〕
◇大阪の町と本願寺―特別展　大阪市立博物館編　〔大阪〕　毎日新聞社大阪本社　1996.10　160p　30cm　Ⓝ216.3　〔08908〕
◇織田信長石山本願寺合戦全史―顕如との十年戦争の真実　武田鏡村著　ベストセラーズ　2003.1　253p　18cm　(ベスト新書)　780円　Ⓘ4-584-12052-8　Ⓝ210.48　〔08909〕
◇慶長日記　首藤善樹編　京都　同朋舎出版　1980.5　416p　23cm　(本願寺史料集成)　10000円　Ⓝ188.75　〔08910〕
◇正光寺と石山合戦　吉岡五郎男著　油木町(広島県)　正光寺　1981.5　294p　22cm　非売品　Ⓝ188.75　〔08911〕
◇初期本願寺の研究　小串侍著　京都　法藏館　1979.11　302p　22cm　5200円　Ⓝ188.72　〔08912〕
◇親鸞聖人と本願寺の歩み　福間光超著　京都　永田文昌堂　1998.7　308p　20cm　2500円　Ⓘ4-8162-4130-2　Ⓝ188.72　〔08913〕
◇戦国期本願寺教団史の研究　草野顕之著　京都　法藏館　2004.3　484p　22cm　9800円　Ⓘ4-8318-7460-4　Ⓝ188.72　〔08914〕
◇戦国時代本願寺　中村徳五郎著　哲学院　1898.10　163p　22cm　Ⓝ188.6　〔08915〕
◇日本の歴史　中世から近世へ 4　一向一揆と石山合戦　新訂増補　朝日新聞社　2002.11　p98-128　30cm　(週刊朝日百科 24)　476円　Ⓝ210.1　〔08916〕
◇信長と石山合戦―中世の信仰と一揆　神田千里著　吉川弘文館　1995.10　246p　20cm　2060円　Ⓘ4-642-07474-0　Ⓝ210.47　〔08917〕
◇本願寺・一向一揆の研究　峰岸純夫編　吉川弘文館　1984.7　466p　22cm　(戦国大名論集 13)　5900円　Ⓘ4-642-02593-6　Ⓝ210.47　〔08918〕
◇本願寺教団の展開　千葉乗隆編　京都　永田文昌堂　1995.9　508p　22cm　9500円　Ⓘ4-8162-4029-2　Ⓝ188.72　〔08919〕
◇本願寺教団の展開―戦国期から近世へ　青木忠夫著　京都　法藏館　2003.8　488p　21cm　10000円　Ⓘ4-8318-7479-5　〔08920〕
◇本願寺と一向一揆　辻川達雄著　誠文堂新光社　1986.2　253p　20cm　1800円　Ⓘ4-416-88601-2　Ⓝ210.46　〔08921〕

宗教史　　　　　　　　　　　　　中世史

◇本願寺百年戦争　重松明久著　京都　法蔵館　1986.9　290p　20cm　2400円　①4-8318-8554-1　Ⓝ210.46　〔08922〕

◇蓮如と本願寺―その歴史と美術　蓮如上人500回忌記念東西合同特別展覧会　京都国立博物館編　毎日新聞社　1998.3　286p　30cm　Ⓝ188.72　〔08923〕

◆僧侶

◇石鎚山略史―石鎚山にて修行したる四高僧 寂仙・上仙菩薩・弘法・光定大師　秋山英一著　四条　石鎚山略史刊行会　1963　32p　21cm　Ⓝ188.59　〔08924〕

◇叡尊・忍性　和島芳男著　吉川弘文館　1959　215p 図版　18cm　（人物叢書 日本歴史学会編）Ⓝ188.12　〔08925〕

◇源空とその門下　菊地勇次郎著　京都　法蔵館　1985.2　427p　22cm　8500円　Ⓝ188.62　〔08926〕

◇元朝・中国渡航記―留学僧・雪村友梅の数奇な運命 歴史の想像力　今谷明著　宝島社　1994.8　285p　19cm　1750円　①4-7966-0821-4　Ⓝ188.82　〔08927〕

◇五十音引僧綱補任僧歴綜覧―推古32年-元暦2年　平林盛得, 小池一行編　笠間書院　1976　333p　22cm　（笠間索引叢刊）Ⓝ180.28　〔08928〕

◇西大寺叡尊伝記集成　奈良国立文化財研究所編　京都　大谷出版社　1956　474p 図版22枚　22cm　（奈良国立文化財研究所史料 第2冊）Ⓝ188.12　〔08929〕

◇慈円　多賀宗隼著　吉川弘文館　1959　230p 図版　18cm　（人物叢書 日本歴史学会編）Ⓝ188.42　〔08930〕

◇時代を変えた祖師たち―親鸞、道元から蓮如まで　百瀬明治著　清流出版　1995.11　212p　20cm　1800円　①4-916028-18-X　Ⓝ182.1　〔08931〕

◇CDブック花ものがたり―民衆とともに歩んだ袋中上人　牧達雄, 喜納昌吉, 信ヶ原良文, 前田正樹著・監修　京都　紫翠会出版　1998.6　120p　21cm　2500円　①4-916007-28-X　〔08932〕

◇俊乗房重源史料集成　小林剛編　奈良　奈良国立文化財研究所　1965　511p 図版　22cm　（奈良国立文化財研究所史料 第4冊）Ⓝ188.62　〔08933〕

◇俊乗房重源史料集成索引　奈良国立文化財研究所編　〔奈良〕　1967　52p　26cm　Ⓝ188.62　〔08934〕

◇雪村友梅と画僧愚中　小野勝年著　〔奈良〕　〔小野勝年〕　1982.12　64p　22cm　非売品　Ⓝ182.1　〔08935〕

◇戦国武将を育てた禅僧たち　小和田哲男著　新潮社　2007.12　221p　19cm　（新潮選書）1100円　①978-4-10-603594-4　〔08936〕

◇中世信濃の名僧―知られざる禅僧たちの営みと造形　飯田市美術博物館編　〔飯田〕　飯田市美術博物館　2005.10　122p　28cm　Ⓝ702.17　〔08937〕

◇中世南都の僧侶と寺院　追塩千尋著　吉川弘文館　2006.6　335, 13p　22cm　9000円　①4-642-02856-0　Ⓝ182.1　〔08938〕

◇中世よこはまの学僧印融―戦国に生きた真言密教僧の足跡　印融著, 横浜市歴史博物館編　横浜　横浜市歴史博物館　1997.10　310p　26cm　Ⓝ188.52　〔08939〕

◇徳一と「磐梯山恵日寺」消長略史　司東真雄編　〔北上〕　〔司東真雄〕　1987.1　58p　21cm　Ⓝ188.55　〔08940〕

◇日持上人―劇画宗門史　藤井寛清作・画, 日蓮宗新聞社編　日蓮宗新聞社　1993.3　216p　21cm　930円　①4-89045-304-0　Ⓝ726.1　〔08941〕

◇日光開山勝道上人　星野理一郎著　日光　勝道上人発行事務所　1954　178p 図　22cm　Ⓝ180.21　〔08942〕

◇入宋僧奝然の研究―主としてその随身品と将来品　木宮之彦著　〔静岡〕　〔木宮之彦〕　1983.6　217p　20cm　2500円　Ⓝ182.1　〔08943〕

◇日本高僧伝　高神覚昇編　大日本雄弁会講談社　1939　401p　19cm　Ⓝ180　〔08944〕

◇日本僧兵研究　日置昌一著　平凡社　1934　343, 35p　23cm　Ⓝ210.4　〔08945〕

◇日本仏教の創建者　森竜吉編　京都　大雅堂　1949　268p　19cm　Ⓝ180.21　〔08946〕

◇武将と名僧　百瀬明治著　清流出版　1996.3　222p　19cm　1600円　①4-916028-17-1　〔08947〕

◇堀一郎著作集　第3巻　学僧と学僧教育　未来社　1978.10　707, 15p　22cm　9500円　Ⓝ160.8　〔08948〕

◇本願寺教如の研究　上　小泉義博著　京都　法蔵館　2004.12　438p　21cm　9000円　①4-8318-7476-0　〔08949〕

◇満済―天下の義者、公方ことに御周章　森茂暁著　京都　ミネルヴァ書房　2004.12　269, 9p　19cm　（ミネルヴァ日本評伝選）2500円　①4-623-04248-0　〔08950〕

◇夢窓疎石日本庭園を極めた禅僧　枡野俊明著　日本放送出版協会　2005.4　265p　19cm　（NHKブックス 1029）1020円　①4-14-091029-1　Ⓝ629.21　〔08951〕

◇名将の陰に名僧あり―戦国時代を生き抜いた知恵と戦略　百瀬明治著　祥伝社　2006.2　243p　16cm　（祥伝社黄金文庫）571円　①4-396-31398-5　Ⓝ281.04　〔08952〕

◇文覚上人一代記　相原精次著　青蛙房　2005.5　272p　19cm　（On demand books）3200円　①4-7905-0731-9　Ⓝ188.52　〔08953〕

◇文覚上人史実と伝承　浪谷英一著　第2版　京都　浪谷英一　2000.7　327p 図版22枚　26cm　Ⓝ188.52　〔08954〕

◇文覚上人の軌跡―碌山美術館の「文覚」像をめぐって　相原精次著　彩流社　1993.9　226p　20cm　2200円　①4-88202-271-0　Ⓝ188.52　〔08955〕

◆◆法然

◇今の世を生きるために―法然仏教入門　梶村昇著　京都　知恩院　1984.4　195p　18cm　350円　Ⓝ188.62　〔08956〕

◇京都発見　5　法然と障壁画　梅原猛著, 井上隆雄写真　新潮社　2003.3　187p　21cm　2300円　①4-10-303017-8　〔08957〕

◇原典日本仏教の思想　5　法然・一遍　大橋俊雄校注　岩波書店　1991.1　487p　22cm　4400円　①4-00-009025-9　Ⓝ182.1　〔08958〕

◇再現日本史―週刊time travel　鎌倉・室町 2　講談社　2002.10　42p　30cm　533円　Ⓝ210.1　〔08959〕

◇成立史的 法然上人諸傳の研究　三田全信著　京都　光念寺出版部　1966　576p 図版 表　22cm　Ⓝ188.62　〔08960〕

◇津戸三郎為守―法然上人をめぐる関東武者 3　梶村昇著　大阪　東方出版　2000.11　223p　19cm　2000円　①4-88591-689-5　〔08961〕

◇転形期 法然と頼朝 坂爪逸子著 青弓社 1993.7 209p 19cm 2060円 Ⓘ4-7872-2005-5 〔08962〕
◇日本仏教史 別巻 法然上人伝 田村円澄著 京都 法蔵館 1983.11 305, 38p 22cm 6800円 Ⓝ182.1 〔08963〕
◇日本仏教宗史論集 第5巻 法然上人と淨土宗 伊藤唯真編, 玉山成元編 吉川弘文館 1985.2 431p 22cm 5800円 Ⓘ4-642-06745-0 Ⓝ188.08 〔08964〕
◇ひとすじの白い道 物語 法然さま 知恩院, 山本正広著 京都 浄土宗総本山知恩院, 四季社〔発売〕 2005.8 231p 18cm 590円 Ⓘ4-88405-328-1 〔08965〕
◇法然 伊藤唯真監修, 山本博子著 ナツメ社 2005.5 287p 19cm (図解雑学) 1500円 Ⓘ4-8163-3900-0 〔08966〕
◇法然配流とその背景 よねもとひとし著 近代文芸社 2004.6 153p 19cm 1500円 Ⓘ4-7733-7162-5 〔08967〕
◇法然 田村円澄著 吉川弘文館 1959 270p 図版 18cm (人物叢書 日本歴史学会編) Ⓝ188.62 〔08968〕
◇法然―世紀末の革命者 町田宗鳳著 京都 法藏館 1997.3 239p 20cm 2300円 Ⓘ4-8318-7140-0 Ⓝ188.61 〔08969〕
◇法然―念仏の聖者 中井真孝著 吉川弘文館 2004.10 253p 20cm (日本の名僧 7) 2600円 Ⓘ4-642-07851-7 Ⓝ188.62 〔08970〕
◇法然さまと選択本願念仏集―時代が求めたもの 大橋俊雄著 京都 浄土宗 1998.12 76p 19cm (なむブックス 11) Ⓘ4-88363-811-1 Ⓝ188.63 〔08971〕
◇法然浄土教成立史の研究 吉田清著 岩田書院 2001.3 205p 21cm 2800円 Ⓘ4-87294-200-0 Ⓝ188.62 〔08972〕
◇法然浄土教の思想と伝歴―阿川文正教授古稀記念論集 大正大学浄土学研究会編 山喜房佛書林 2001.2 645, 71p 22cm 22000円 Ⓘ4-7963-0031-7 Ⓝ188.6 〔08973〕
◇法然浄土教の思想と歴史 香月乗光著 山喜房仏書林 1974 491, 2, 9p 肖像 22cm 7000円 Ⓝ188.62 〔08974〕
◇法然聖人歌集 小笠原覚雄編 京都 法蔵館 1911.3 81, 8p 16cm Ⓝ911.1 〔08975〕
◇法然上人御事蹟謡曲 漆間徳定著 稲岡南村(岡山県) 法然上人御事蹟謡曲普及会 1931 2冊(解説とも) 24cm Ⓝ911.6 〔08976〕
◇法然上人伝の成立史的研究 法然上人伝研究会編 京都 臨川書店 1991.12 3冊 31cm 全56650円 Ⓘ4-653-02248-8 Ⓝ188.62 〔08977〕
◇法然上人傳の成立史的研究―知恩院本法然上人行状繪圖を中心として 第1巻 對照篇上 法然上人伝研究会編 京都 知恩院 1961 134p 図版 40枚 41cm Ⓝ188.62 〔08978〕
◇法然上人傳の成立史的研究―知恩院本法然上人行状繪圖を中心として 第2巻 對照篇 法然上人伝研究会編 京都 知恩院 1962 31cm Ⓝ188.62 〔08979〕
◇法然上人傳の成立史的研究―知恩院本法然上人行状繪圖を中心として 第3巻 對照篇 法然上人伝研究会編 京都 知恩院 1962 31cm Ⓝ188.62 〔08980〕
◇法然上人傳の成立史的研究―知恩院本法然上人行状繪圖を中心として 第4巻 研究篇 法然上人伝研究会編 京都 知恩院 1965 203p 31cm Ⓝ188.62 〔08981〕

◇法然上人と浄土宗 宮林昭彦著 柏 みち書房 1998 118p 19cm 1334円 Ⓘ4-944191-00-6 Ⓝ188.6 〔08982〕
◇法然上人のご一生 仏教読本編纂委員会編 第2版 京都 浄土宗 2005.3(第21刷) 51p 21cm (仏教読本 v.3) Ⓝ182.8 〔08983〕
◇法然対明恵―鎌倉仏教の宗教対決 町田宗鳳著 講談社 1998.10 232p 19cm (講談社選書メチエ 141) 1500円 Ⓘ4-06-258141-8 Ⓝ188.62 〔08984〕
◇法然伝と浄土宗史の研究 中井真孝著 京都 思文閣出版 1994.12 401, 24p 22cm (思文閣史学叢書) 9064円 Ⓘ4-7842-0861-5 Ⓝ188.6 〔08985〕
◇法然と浄土宗教団 大橋俊雄著 〔東村山〕 教育社 1978.3 240p 18cm (教育社歴史新書) 600円 Ⓝ188.62 〔08986〕
◇法然と親鸞―その教義の継承と展開 浅井成海編 京都 永田文昌堂 2003.7 484, 124p 22cm (六角会館研究シリーズ 2) 6000円 Ⓘ4-8162-3035-1 Ⓝ188.61 〔08987〕
◇法然と明恵―日本仏教思想史序説 袴谷憲昭著 大蔵出版 1998.7 405p 20cm 4800円 Ⓘ4-8043-0538-6 Ⓝ182.1 〔08988〕
◇法然の哀しみ 上 梅原猛著 小学館 2004.7 443p 15cm (小学館文庫) 733円 Ⓘ4-09-405621-1 〔08989〕
◇法然の衝撃―日本仏教のラディカル 阿満利麿著 筑摩書房 2005.11 250p 15cm (ちくま学芸文庫) 1000円 Ⓘ4-480-08949-7 〔08990〕

◆◆親鸞
◇梅原猛の『歎異抄』入門 梅原猛著 PHP研究所 2004.6 219p 18cm (PHP新書) 740円 Ⓘ4-569-63267-X 〔08991〕
◇恵信尼の書簡―仏教に生きた中世の女性 ジェームズ・C.ドビンズ述 京都 国際日本文化研究センター 1989.4 30p 21cm (日文研フォーラム 第8回) 非売品 Ⓝ188.72 〔08992〕
◇越後の親鸞―史跡と伝説の旅 大場厚順著 新潟 新潟日報事業社 1994.6 116p 21cm 1500円 Ⓘ4-88862-500-X Ⓝ188.72 〔08993〕
◇往生浄土の自覚道 寺川俊昭著 京都 法藏館 2004.10 324p 22cm 8500円 Ⓘ4-8318-4147-1 Ⓝ188.7 〔08994〕
◇『教行信証』に問う 岡亮二編 京都 永田文昌堂 2001.4 357p 22cm (六角会館研究シリーズ 1) Ⓘ4-8162-3033-5 Ⓝ188.71 〔08995〕
◇教祖誕生―親鸞と中山みきにみる 笠原一男著 日本経済新聞社 1968 201p 18cm (日経新書) Ⓝ160.21 〔08996〕
◇愚禿釈の鸞―『教行信証』化身土巻本論讃 西山邦彦著 京都 法蔵館 2005.2 287p 19cm 3800円 Ⓘ4-8318-7698-4 〔08997〕
◇愚禿譜―親鸞聖人とその歴史的背景 川上清吉著 福岡 惇信堂 1944 433p 図版 22cm Ⓝ188.7 〔08998〕
◇愚禿譜―親鸞とその歴史的背景 川上清吉著 惇信堂 1948 554p 図版 19cm Ⓝ188.7 〔08999〕
◇愚禿譜 親鸞とその歴史的背景 川上清吉著 惇信堂 1948 554p 図版 19cm Ⓝa188 〔09000〕

宗教史　　　　　　　　　　中世史

◇光華会宗教研究論集―親鸞と人間　第2巻　光華会編　京都　永田文昌堂　1992.4　328, 83p　22cm　9000円　Ⓝ188.7　〔09001〕
◇史上の親鸞　中沢見明著　文献書院　1922　246p　22cm　Ⓝ188.7　〔09002〕
◇史上之親鸞　中沢見明著　京都　法藏館　1983.9　246, 29p　22cm　4500円　Ⓝ188.72　〔09003〕
◇私訳　歎異抄　五木寛之著　東京書籍　2007.9　145p　19cm　1200円　Ⓘ978-4-487-80205-0　〔09004〕
◇新時代の親鸞教　柘植信秀著　京文社　1926　353p　19cm　Ⓝ188.7　〔09005〕
◇真宗教学史研究　第7巻　親鸞聖人とその宗教―蓮如上人とその宗教・ハワイにおける法話　大原性実著　京都　永田文昌堂　1985.4　293p　22cm　4000円　Ⓝ188.71　〔09006〕
◇信の念仏者　親鸞　草野顕之編　吉川弘文館　2004.2　207p　19cm　（日本の名僧 8）　2600円　Ⓘ4-642-07852-5　〔09007〕
◇新編歴史のなかの親鸞　二葉憲香, 松尾博仁共著　福嶋寛隆編　京都　永田文昌堂　2006.9　372p　20cm　2800円　Ⓘ4-8162-4133-7　Ⓝ188.72　〔09008〕
◇親鸞―その思想史　森竜吉著　京都　三一書房　1961　247p　18cm　（三一新書）　Ⓝ188.72　〔09009〕
◇親鸞―物語と史蹟をたずねて　童門冬二著　成美堂出版　1973　220p　19cm　600円　Ⓝ188.72　〔09010〕
◇親鸞―その思想史　森竜吉著　三一書房　1973　247p　18cm　（三一新書）　Ⓝ188.72　〔09011〕
◇親鸞―物語と史蹟をたずねて　童門冬二著　成美堂出版　1996.5　301p　16cm　（成美文庫）　560円　Ⓘ4-415-06440-X　Ⓝ188.72　〔09012〕
◇親鸞―絶望を希望に変えた思想　今井雅晴著　日本実業出版社　1997.7　235p　19cm　1300円　Ⓘ4-534-02647-1　Ⓝ188.72　〔09013〕
◇親鸞　平松令三著　吉川弘文館　1998.4　229p　19cm　（歴史文化ライブラリー 37）　1700円　Ⓘ4-642-05437-5　Ⓝ188.72　〔09014〕
◇親鸞―宗教言語の革命者　デニス・ヒロタ著　京都　法藏館　1998.8　266p　20cm　3000円　Ⓘ4-8318-8135-X　Ⓝ188.71　〔09015〕
◇親鸞―日本思想史上空前の平等思想の意味を解く　石井恭二著　河出書房新社　2003.3　267p　19cm　2000円　Ⓘ4-309-24282-0　〔09016〕
◇親鸞　2　善く信ぜよ　山折哲雄原案, バロン吉元画　ホーム社, 集英社〔発売〕　2005.5　379p　15cm　（ホーム社漫画文庫）　762円　Ⓘ4-8342-7335-0　〔09017〕
◇親鸞をよむ　山折哲雄著　岩波書店　2007.10　215p　18cm　（岩波新書）　700円　Ⓘ978-4-00-431096-9　〔09018〕
◇親鸞紀行　丹羽文雄著　平凡社　1972　205p（図共）　20cm　（歴史と文学の旅）　750円　Ⓝ915.6　〔09019〕
◇親鸞教学の思想史的研究　加茂仰順著　京都　永田文昌堂　1987.8　434, 5p　22cm　8000円　Ⓝ188.71　〔09020〕
◇親鸞教団弾圧史　福永勝美著　雄山閣　1972　262p　図　22cm　（雄山閣歴史選書 8）　Ⓝ188.72　〔09021〕
◇親鸞・群崩の救い―その時代と思想　富沢久雄著　鎌ヶ谷　白石書店　1997.6　254p　19cm　1800円　Ⓘ4-7866-0286-8　Ⓝ188.72　〔09022〕

◇親鸞「ことば」の思想　出雲路修著　岩波書店　2004.11　180p　19cm　2800円　Ⓘ4-00-023405-6　〔09023〕
◇親鸞差別解放の思想と足跡―中世民衆と親鸞の旅　武田鏡村著　三一書房　1992.11　244p　20cm　2100円　Ⓘ4-380-92251-0　Ⓝ188.72　〔09024〕
◇親鸞思想―その史料批判　古田武彦著　富山房　1975　723p　図　22cm　4800円　Ⓝ188.72　〔09025〕
◇親鸞思想―その史料批判　古田武彦著　明石書店　1996.6　723p　22cm　9785円　Ⓘ4-7503-0817-X　Ⓝ188.72　〔09026〕
◇親鸞・思想史研究編―人と思想　1　親鸞　古田武彦著　明石書店　2002.7　519p　19cm　（古田武彦著作集）　7500円　Ⓘ4-7503-1588-5　〔09027〕
◇親鸞・思想史研究編　2　親鸞思想　古田武彦著　明石書店　2003.9　1068p　19cm　（古田武彦著作集）　9800円　Ⓘ4-7503-1780-2　〔09028〕
◇親鸞・思想史研究編　3　わたしひとりの親鸞　古田武彦著　明石書店　2002.1　465p　19cm　（古田武彦著作集）　6800円　Ⓘ4-7503-1530-3　〔09029〕
◇親鸞思想と七高僧　石田瑞麿著　大蔵出版　1976　267p　20cm　（大蔵選書 18）　1600円　Ⓝ188.72　〔09030〕
◇親鸞思想と七高僧　石田瑞麿著　新装版　再版　大蔵出版　2001.12　267p　19cm　3200円　Ⓘ4-8043-3057-7　Ⓝ188.72　〔09031〕
◇親鸞思想の歴史的展開　高橋事久著　京都　永田文昌堂　1985.10　246p　22cm　3800円　Ⓝ188.72　〔09032〕
◇親鸞・自然法爾―やわらかな心　佐藤親夫著　日本図書刊行会　1998.9　237p　20cm　1700円　Ⓘ4-8231-0153-7　Ⓝ160.4　〔09033〕
◇親鸞聖人言行録　武藤鏡浦著　東亜堂書房　1919　150p　肖像　19cm　（修養史伝 第21編）　Ⓝ188.7　〔09034〕
◇親鸞聖人と本願寺の歩み　福間光超著　京都　永田文昌堂　1998.7　308p　20cm　2500円　Ⓘ4-8162-4130-2　Ⓝ188.72　〔09035〕
◇親鸞聖人と三河の真宗展　〔岡崎〕　真宗大谷派三河別院　1988　1冊（頁付なし）　24×25cm　Ⓝ702.17　〔09036〕
◇親鸞聖人の太子信仰の研究　武田賢寿著　名古屋　文光堂書店　1992.1　316p　22cm　Ⓝ182.1　〔09037〕
◇親鸞聖人「和讃」入門―その詩にみる人間と教え　山崎龍明著　大法輪閣　2004.12　342p　19cm　2100円　Ⓘ4-8046-1214-9　〔09038〕
◇親鸞真伝―史的批評　村田勤著　敬文館　1896.4　140p　23cm　Ⓝ188.6　〔09039〕
◇親鸞大系　歴史篇　第1巻　真宗成立の歴史的背景　柏原祐泉, 黒田俊雄, 平松令三監修　京都　法藏館　1989.7　505p　22cm　Ⓘ4-8318-4600-7　Ⓝ188.7　〔09040〕
◇親鸞大系　歴史篇　第5巻　教団の成立　柏原祐泉, 黒田俊雄, 平松令三監修　京都　法藏館　1989.1　486p　22cm　Ⓘ4-8318-4600-7　Ⓝ188.7　〔09041〕
◇親鸞大系　歴史篇　第6巻　教団の展開　柏原祐泉, 黒田俊雄, 平松令三監修　京都　法藏館　1989.4　468p　22cm　Ⓘ4-8318-4600-7　Ⓝ188.7　〔09042〕
◇親鸞大系　歴史篇　第8巻　戦国期の真宗教団　柏原祐泉, 黒田俊雄, 平松令三監修　京都　法藏館　1989.7　506p　22cm　Ⓘ4-8318-4600-7　Ⓝ188.7　〔09043〕

◇親鸞大系　歴史篇　第9巻　近世の真宗　柏原祐泉, 黒田俊雄, 平松令三監修　京都　法藏館　1989.7　613p　22cm　ⓘ4-8318-4600-7　Ⓝ188.7　〔09044〕
◇親鸞大系　歴史篇　第10巻　近代の真宗　柏原祐泉, 黒田俊雄, 平松令三監修　京都　法藏館　1989.1　470p　22cm　ⓘ4-8318-4600-7　Ⓝ188.7　〔09045〕
◇親鸞大系　歴史篇　第11巻　教団の課題　柏原祐泉, 黒田俊雄, 平松令三監修　京都　法藏館　1989.7　664p　22cm　ⓘ4-8318-4600-7　Ⓝ188.7　〔09046〕
◇親鸞と青砥藤綱―東京下町の歴史伝説を探る　平成十七年度特別展　葛飾区郷土と天文の博物館編　葛飾区郷土と天文の博物館　2005.11　161p　30cm　Ⓝ188.72　〔09047〕
◇親鸞・道元・日蓮　増谷文雄著　至文堂　1956　182p　図版　19cm　（日本歴史新書）　Ⓝ180.28　〔09048〕
◇親鸞・道元・日蓮―末世の開祖たち　新人物往来社　2000.4　231p　26cm　（別冊歴史読本）　1800円　ⓘ4-404-02742-7　Ⓝ188.72　〔09049〕
◇親鸞と恵信尼　今井雅晴著　京都　自照社出版　2004.8　199p　19cm　1600円　ⓘ4-921029-62-8　〔09050〕
◇親鸞と九条武子　梅本貞雄著　忠誠堂　1942　400p　肖像　19cm　Ⓝ289.1　〔09051〕
◇親鸞と浄土教　信楽峻麿著　京都　法藏館　2004.6　416p　22cm　10000円　ⓘ4-8318-4140-4　Ⓝ188.71　〔09052〕
◇親鸞とその時代　菊村紀彦著　東京堂出版　1992.11　276p　19cm　2200円　ⓘ4-490-20202-4　Ⓝ188.72　〔09053〕
◇親鸞とその時代　平雅行著　京都　法藏館　2001.5　220p　20cm　1800円　ⓘ4-8318-7484-1　Ⓝ188.72　〔09054〕
◇親鸞とその弟子　石田瑞麿著　京都　法藏館　1981.10　262p　20cm　（法藏選書 7）　1600円　Ⓝ188.72　〔09055〕
◇親鸞と東国門徒　今井雅晴著　吉川弘文館　1999.3　249, 16p　22cm　5500円　ⓘ4-642-02773-4　Ⓝ188.72　〔09056〕
◇親鸞における時の問題―歴史　安田理深著　彌生書房　1998.6　214p　20cm　（安田理深講義集 6）　2300円　ⓘ4-8415-0754-X　Ⓝ188.71　〔09057〕
◇親鸞の教行信証を読み解く　1　教・行巻―浄土教の成立根拠と歴史的展開　藤場俊基著　明石書店　1998.5　317p　20cm　3600円　ⓘ4-7503-1043-3　Ⓝ188.71　〔09058〕
◇親鸞の告白　梅原猛著　小学館　2006.1　333p　15cm　（小学館文庫）　619円　ⓘ4-09-405624-6　〔09059〕
◇親鸞の史跡と傳説　細川行信著　京都　あそか書林　1960　105p　図版　19cm　Ⓝ188.72　〔09060〕
◇親鸞の思想構造序説　市川浩史著　吉川弘文館　1987.2　287, 8p　20cm　（中世史研究選書）　2600円　ⓘ4-642-02646-0　Ⓝ188.72　〔09061〕
◇親鸞の思想と歴史　武内義範著, 石田慶和編　京都　法藏館　1999.11　374p　22cm　（武内義範著作集 第2巻）　ⓘ4-8318-3581-1　Ⓝ188.72　〔09062〕
◇親鸞の生涯と思想　平松令三著　吉川弘文館　2005.8　319, 5p　21cm　7500円　ⓘ4-642-02842-0　〔09063〕
◇親鸞の生涯とその体験―宗教史の具現相としての真宗素描　鈴木宗忠著　明治書院　1949　318p　19cm　Ⓝa188　〔09064〕
◇親鸞の生と死―デス・エデュケーションの立場から　田代俊孝著　増補新版　京都　法藏館　2004.6　424p　21cm　4300円　ⓘ4-8318-8000-0　〔09065〕
◇親鸞の仏教史観　曽我量深著　京都　文栄堂書店　1935　204p　20cm　Ⓝ188.7　〔09066〕
◇親鸞の佛教史觀　曾我量深著　京都　丁子屋書店　1949　176p　19cm　Ⓝ188.72　〔09067〕
◇親鸞の仏教史観―曽我量深先生還暦記念講演　曽我量深述, 真宗大谷派宗務所出版部編　京都　真宗大谷派宗務所出版部　1983.11　150p　19cm　Ⓝ188.72　〔09068〕
◇親鸞の仏教史観―曽我量深先生還暦記念講演　曽我量深述, 真宗大谷派宗務所出版部編　京都　真宗大谷派宗務所出版部　1995.7　150p　19cm　ⓘ4-8341-0088-X　Ⓝ188.72　〔09069〕
◇親鸞のふるさと―二十四輩と茨城の遺跡　水戸　新いばらきタイムス社　1973　120p（おもに図）　31cm　2000円　Ⓝ188.72　〔09070〕
◇親鸞・普遍への道―中世の真実　阿満利麿著　筑摩書房　2007.4　342p　15cm　（ちくま学芸文庫）　1200円　ⓘ978-4-480-09053-9　Ⓝ188.72　〔09071〕
◇親鸞面授の人びと―如信・性信を中心として　坂東性純ほか著　京都　自照社出版　1999.11　269p　20cm　2500円　ⓘ4-921029-13-X　Ⓝ188.72　〔09072〕
◇親鸞読み解き事典　林智康, 相馬一意, 嵩満也, 岡村喜史, 安藤章仁, 山本浩信編著　柏書房　2006.5　384, 13p　20cm　3200円　ⓘ4-7601-2902-2　Ⓝ188.72　〔09073〕
◇絶望と歓喜〈親鸞〉　増谷文雄, 梅原猛著　角川書店　1996.10　404p　15cm　（角川文庫―仏教の思想 10）　800円　ⓘ4-04-198510-2　Ⓝ188.72　〔09074〕
◇歎異抄を語る　上　山崎龍明著　日本放送出版協会　2006.4　160p　21cm　（NHKシリーズ―NHKこころの時代）　850円　ⓘ4-14-910590-1　Ⓝ188.74　〔09075〕
◇歎異抄を語る　下　山崎龍明著　日本放送出版協会　2006.10　158p　21cm　（NHKシリーズ―NHKこころの時代）　850円　ⓘ4-14-910591-X　Ⓝ188.74　〔09076〕
◇歎異抄に学ぶ人生の知恵　藤本義一著　PHP研究所　2008.1　221p　15cm　（PHP文庫）　476円　ⓘ978-4-569-66984-7　〔09077〕
◇歎異抄の深淵―師訓篇　武田定光著　雲母書房　2006.3　285p　19cm　1800円　ⓘ4-87672-195-5　〔09078〕
◇定本 歎異抄　佐藤正英校註・訳　青土社　2007.1　171p　19cm　1600円　ⓘ4-7917-6311-4　〔09079〕
◇日蓮と親鸞　中本征利著　京都　人文書院　2004.9　383p　21cm　2800円　ⓘ4-409-41077-6　〔09080〕
◇日本人と宗教―親鸞-その栄光と挫折　笠原一男著　実業之日本社　1966　237p　18cm　（実日新書カルチュア 12）　Ⓝ180.21　〔09081〕
◇日本精神史の一断面―親鸞聖人の本願思想　館煕道著　永田文昌堂　1942　404p　19cm　Ⓝ188.7　〔09082〕
◇日本の古典をよむ　14　方丈記・徒然草・歎異抄　神田秀夫, 永積安明, 安良岡康作校訂・訳　小学館　2007.10　317p　19cm　1800円　ⓘ978-4-09-362184-7　〔09083〕
◇日本仏教宗史論集　第6巻　親鸞聖人と真宗　千葉乗隆編, 幡谷明編　吉川弘文館　1985.4　457p　22cm　5800円　ⓘ4-642-06746-9　Ⓝ188.08　〔09084〕

宗教史　　　　　　　　　　　中世史

◇服部之総全集　13　親鸞　福村出版　1973　397p　20cm　1400円　Ⓝ210.6　〔09085〕
◇悲喜の涙　第21巻（卒寿篇E）　田中覚秀著　富山　田中覚秀　2004　261p　26cm　Ⓝ289.1　〔09086〕
◇二葉憲香著作集　第10巻　二葉憲香著　京都　永田文昌堂　2004.9　613p　22cm　11000円　Ⓘ4-8162-4460-3　Ⓝ180.8　〔09087〕
◇仏教と芸能―親鸞聖人伝・妙好人伝・文楽　土井順一著、林智康、西野由紀編　京都　永田文昌堂　2003.1　375p　22cm　7500円　Ⓘ4-8162-1134-9　Ⓝ188.72　〔09088〕
◇法然と親鸞―その教義の継承と展開　浅井成海　京都　永田文昌堂　2003.7　484,124p　22cm　（六角会館研究シリーズ2）　6000円　Ⓘ4-8162-3035-1　Ⓝ188.61　〔09089〕
◇よくわかる！親鸞　今井雅晴監修、内海準二著　PHP研究所　2006.8　223p　19cm　（雑学3分間ビジュアル図解シリーズ）　1200円　Ⓘ4-569-64790-1　〔09090〕
◇歴史のなかの親鸞　西本願寺教学振興委員会編　筑摩書房　1973　233p　図　20cm　Ⓝ188.72　〔09091〕
◇歴史のなかの親鸞　二葉憲香, 松尾博仁, 福嶋寛隆共著　京都　永田文昌堂　1998.10　285p　20cm　2400円　Ⓘ4-8162-4131-0　Ⓝ188.72　〔09092〕

◆◆栄西
◇栄西　多賀宗隼著　吉川弘文館　1965　339p　図版　18cm　（人物叢書　日本歴史学会編）　Ⓝ188.82　〔09093〕
◇栄西　喫茶養生記　古田紹欽全訳注　講談社　2000.9　186p　15cm　（講談社学術文庫）　620円　Ⓘ4-06-159445-1　〔09094〕
◇郷土教育史料　第1輯　僧栄西　岡山県教育会編　岡山　岡山県教育会　1933　69p　肖像　23cm　Ⓝ217.5　〔09095〕
◇日本仏教宗史論集　第7巻　栄西禅師と臨済宗　平野宗浄編, 加藤正俊編　吉川弘文館　1985.3　453p　22cm　5800円　Ⓘ4-642-06747-7　Ⓝ188.08　〔09096〕
◇仏教を歩く　no.8　栄西　朝日新聞社　2003.12　32p　30cm　（週刊朝日百科）　533円　Ⓝ182.1　〔09097〕

◆◆道元
◇愛蔵版『正法眼蔵』読解　2　森本和夫著　筑摩書房　2004.1　434p　21cm　4500円　Ⓘ4-480-75182-3　〔09098〕
◇原典日本仏教の思想　8　道元　寺田透, 水野弥穂子校注　岩波書店　1991.1　632p　22cm　4800円　Ⓘ4-00-009028-3　Ⓝ182.1　〔09099〕
◇古仏のまねび〈道元〉　高崎直道, 梅原猛著　角川書店　1997.2　382p　15cm　（角川文庫―仏教の思想 11）　824円　Ⓘ4-04-198511-0　〔09100〕
◇正法眼蔵開版史余録―長野県定津院本について　永峰文男著　野辺地町（青森県）　永峰文男　1975　48p　21cm　非売品　Ⓝ188.81　〔09101〕
◇正法眼蔵述史の研究　永久岳水著　仏教書林中山書房　1972.1　579p　22cm　Ⓝ188.81　〔09102〕
◇正法眼蔵伝承史料略年譜　永峰文男編　野辺地町（青森県）　永峰文男　1971　144p　25cm　非売　Ⓝ188.81　〔09103〕
◇正法眼蔵伝承史料略年譜　永峰文男編　改訂版　野辺地町（青森県）　永峰文洋　2003.12　182p　27cm　Ⓝ188.81　〔09104〕
◇正法眼蔵伝承史料略年譜　永峰文男編　第3版　野辺地町（青森県）　永峰文洋　2007.6　207p　26cm　Ⓝ188.81　〔09105〕
◇正法眼蔵伝承史料略年譜索引　正法眼蔵伝承史料略年譜正誤表　〔野辺地町（青森県）〕　〔永峰文男〕　200-18,3p　21cm　Ⓝ188.81　〔09106〕
◇正法眼蔵とは何か　吉田寿一著　日本図書刊行会　1993.11　266p　20cm　2000円　Ⓘ4-7733-2422-8　Ⓝ188.81　〔09107〕
◇正法眼蔵の成立史的研究　河村孝道著　春秋社　1987.2　831,43p　23cm　21000円　Ⓘ4-393-11141-9　Ⓝ188.81　〔09108〕
◇親鸞・道元・日蓮　増谷文雄著　至文堂　1956　182p　図版　19cm　（日本歴史新書）　Ⓝ180.28　〔09109〕
◇図解雑学　道元　中野東禅著　ナツメ社　2004.9　255p　19cm　（図解雑学シリーズ）　1400円　Ⓘ4-8163-3740-6　〔09110〕
◇道元　竹内道雄著　吉川弘文館　1962　360p　図版　18cm　（人物叢書　日本歴史学会編）　Ⓝ188.82　〔09111〕
◇道元　竹内道雄著　新稿版　吉川弘文館　1992.2　331p　19cm　（人物叢書　新装版）　1980円　Ⓘ4-642-05195-3　Ⓝ188.82　〔09112〕
◇道元思想のあゆみ　1　鎌倉時代　曹洞宗宗学研究所編　吉川弘文館　1993.7　478p　22cm　Ⓘ4-642-01317-2　Ⓝ188.82　〔09113〕
◇道元思想のあゆみ　2　南北朝・室町時代　曹洞宗宗学研究所編　吉川弘文館　1993.7　521p　22cm　Ⓘ4-642-01318-0　Ⓝ188.82　〔09114〕
◇道元『正法眼蔵』の新地平　城之崎宣著　新風舎　2006.7　175p　19cm　（SINGPOO BOOKS）　1100円　Ⓘ4-7974-8712-7　〔09115〕
◇道元禅師　正法眼蔵行持に学ぶ　石井修道著　京都　禅文化研究所　2007.2　620p　19cm　2300円　Ⓘ978-4-88182-219-7　〔09116〕
◇道元禅師における仏性の問題　山内舜雄著　慶友社　2007.3　512p　21cm　18000円　Ⓘ978-4-87449-060-0　〔09117〕
◇道元禅師に学ぶ人生―典座教訓をよむ　青山俊董著　日本放送出版協会　2005.3　253p　16cm　（NHKライブラリー）　870円　Ⓘ4-14-084193-1　〔09118〕
◇道元禅の成立史的研究　石井修道著　大蔵出版　1991.8　810p　22cm　15450円　Ⓘ4-8043-1022-3　Ⓝ188.82　〔09119〕
◇道元と世阿弥―中世的なものの源流を求めて　西尾実著　岩波書店　1965　310p　19cm　Ⓝ910.245　〔09120〕
◇道元とゆかりの高僧―その肖像と書　大野市歴史民俗資料館編　大野　大野市歴史民俗資料館　1991.8　36p　23×26cm　Ⓝ188.82　〔09121〕
◇道元のコスモロジー―『正法眼蔵』の核心　岡野守也著　大法輪閣　2004.3　342p　19cm　2500円　Ⓘ4-8046-1204-1　〔09122〕
◇道元　明明百草の夢―現代人のための正法眼蔵入門　花岡光男著　東京図書出版会, リフレ出版〔発売〕　2007.4　215p　19cm　1200円　Ⓘ978-4-86223-134-5　〔09123〕

◇日本の仏典 7 道元—正法眼蔵 上 水野弥穂子著 筑摩書房 1988.10 362p 20cm 2600円 ⓝ182.1
〔09124〕
◇仏教を歩く no.3 道元 朝日新聞社 2003.11 32p 30cm （週刊朝日百科） 533円 ⓝ182.1 〔09125〕
◇ブッダから道元へ—仏教討論集 東京書籍 1992.5 426p 22cm 3200円 ⓘ4-487-75307-4 ⓝ188.8
〔09126〕

◆◆日蓮

◇熱原法難史 堀慈琳著 上野村(静岡県) 雪山書房 1923 242p 18cm （日蓮正宗教学叢書 第2編） ⓝ188.9
〔09127〕
◇鎌倉と日蓮大聖人 鎌倉遺跡研究会編 新人物往来社 1976 391p 図 20cm 2500円 ⓝ210.42
〔09128〕
◇現代文 日蓮聖人の手紙 5 苦難をこえて 石川教張訳著 国書刊行会 2006.11 158p 19cm 1600円 ⓘ4-336-04824-X 〔09129〕
◇原典日本仏教の思想 9 日蓮 戸頃重基, 高木豊校注 岩波書店 1991.2 622p 22cm 4800円 ⓘ4-00-009029-1 ⓝ182.1 〔09130〕
◇史料からみた日蓮の正体 田村栄太郎著 雄山閣出版 1966 228p 22cm ⓝ188.92 〔09131〕
◇信の人生観と日蓮聖人の史実 志村智鑑著 天業民報社 1922 102p 19cm （日蓮主義民衆宣伝 第2輯） ⓝ188.9 〔09132〕
◇人物再検討叢書 第2 日蓮 佐木秋夫著 白揚社 1938 350p 肖像 18cm ⓝ281 〔09133〕
◇親鸞・道元・日蓮 増谷文雄著 至文堂 1956 182p 図版 19cm （日本歴史新書） ⓝ180.28 〔09134〕
◇聖史劇日蓮上人一代記 北尾日大著 名古屋 信友月報社 1936 168p 23cm ⓝ188.9 〔09135〕
◇正統天皇と日蓮—ついに明かされる王仏冥合の真実 小野寺直著 いしずえ 2001.7 238p 22cm 1905円 ⓘ4-900747-34-3 ⓝ288.41 〔09136〕
◇祖国を護る日蓮 光永史朗著 洪業社 1936 455p 20cm ⓝ188.9 〔09137〕
◇大聖日蓮正伝 日蓮宗史書編纂会編 昭文堂 1917 644p 22cm ⓝ188.9 〔09138〕
◇統合大講習会講演集 統合事務所編 統合事務所 1915 1084p 22cm ⓝ188.9 〔09139〕
◇遠州史叢 第7編 波木井公対日蓮上人の史的関係 伊能嘉矩著 盛岡 伊能先生記念郷土学会仮事務所 1928 59p 23cm ⓝ212.2 〔09140〕
◇日蓮 大野達之助著 吉川弘文館 1958 241p 図版 18cm （人物叢書 日本歴史学会編） ⓝ188.92
〔09141〕
◇日蓮—物語と史蹟をたずねて 田下豪著 成美堂出版 1981.11 224p 19cm 900円 ⓘ4-415-06545-7 ⓝ188.92 〔09142〕
◇日蓮—物語と史蹟をたずねて 田下豪著 成美堂出版 1997.3 318p 16cm （成美文庫） 560円 ⓘ4-415-06465-5 ⓝ188.92 〔09143〕
◇日蓮 中尾堯著 吉川弘文館 2001.11 221p 19cm （歴史文化ライブラリー 130） 1700円 ⓘ4-642-05530-4 ⓝ188.92 〔09144〕
◇日蓮 藤井寛清著 ナツメ社 2005.7 236p 19cm （図解雑学） 1400円 ⓘ4-8163-3945-0 〔09145〕

◇日蓮 三田誠広著 作品社 2007.9 288p 19cm 1800円 ⓘ978-4-86182-152-3 〔09146〕
◇日蓮・心の旅—不安の時代、彼はどんな未来を見たのかいまの時代に生きる「生の哲学」を求めて 熊谷一乗著 祥伝社 2001.2 216p 18cm （ノン・ブック） 838円 ⓘ4-396-10417-0 ⓝ188.92 〔09147〕
◇日蓮主義新講座 第1-5 師子王文庫編 アトリエ社 1936 5冊 22cm ⓝ188.9 〔09148〕
◇日蓮上人—史的評論 足立栗園著 益友社 1897.4 118p 19cm ⓝ188.9 〔09149〕
◇日蓮上人 通俗教育普及会編 通俗教育普及会出版局 1918 280p 19cm （通俗史談叢書） ⓝ188.9
〔09150〕
◇日蓮聖人教団略史 影山堯雄編 中山町(千葉県) 浄心閣 1932 116p 23cm ⓝ188.9 〔09151〕
◇日蓮聖人五大部提要 第1-5 中川日史著 研文館 1932-1933 ⓝ188.9 〔09152〕
◇日蓮聖人正伝 本多日生著 統一団 1993.8 453p 20cm 2500円 ⓝ188.92 〔09153〕
◇日蓮聖人とお弟子たちの歴史を訪ねて—日蓮宗本山めぐり 日蓮宗全国本山会企画・監修 日蓮宗新聞社 2003.4 265p 21cm 3000円 ⓘ4-89045-158-7 ⓝ188.95
〔09154〕
◇日蓮聖人と鎌倉 村野宣忠著 水書坊 1979.12 227p 19cm 1800円 ⓝ188.92 〔09155〕
◇日蓮聖人と鎌倉時代 蛍沢藍川著 佐藤出版部 1920 300p 19cm ⓝ188.9 〔09156〕
◇日蓮聖人と法華仏教—上田本昌博士喜寿記念論文集 上田本昌博士喜寿記念論文集刊行会編 大東出版社 2007.2 611p 22cm 19000円 ⓘ978-4-500-00719-6 ⓝ188.9 〔09157〕
◇日蓮聖人の教義 田中智学著 復刻版 真世界社 2004.11 745p 21cm 8000円 ⓘ4-89302-149-4
〔09158〕
◇日蓮聖人の生涯—歴史と伝説 堀内天嶺画集 堀内天嶺原画, 尾谷卓一解説 水曜社 2001.3 80p 24×26cm 2000円 ⓘ4-88065-019-6 ⓝ188.92 〔09159〕
◇日蓮聖人の足跡巡拝 石井潤一編 〔石井潤一〕 1995.7～1996.1 2冊 26×26×37cm ⓝ188.92
〔09160〕
◇日蓮聖人の法華経色読史 蛍沢藍川著 佐藤出版部 1919 654p 23cm ⓝ188.9 〔09161〕
◇日蓮聖人の法華経色読史 蛍沢藍川著 再版 奉天 奉天大阪屋号書店 1940 653p 20cm ⓝ188.9
〔09162〕
◇日蓮大士言行録 足立栗園著 東亜堂書房 1915 188p 肖像 19cm （修養史伝 第1編） ⓝ188.9 〔09163〕
◇日蓮大聖人正附法日興聖人・正伝燈日代聖人—関連詳細年表 安藤宰編 アピカル・プランズ（製作） 2001.4 88p 15×21cm 2000円 ⓝ188.92 〔09164〕
◇日蓮大聖人ゆかりの地を歩く—鎌倉・伊豆・竜の口・依智・佐渡 鎌倉遺跡研究会著 第三文明社 1994.10 246p 19cm 1500円 ⓘ4-476-06092-7 ⓝ188.92
〔09165〕
◇日蓮伝再考 1 伝説の長夜を照らす 山中講一郎著 報恩社, 平安出版〔発売〕 2004.10 406p 19cm 2800円 ⓘ4-902059-04-5 〔09166〕
◇日蓮と鎌倉文化 川添昭二著 京都 平楽寺書店 2002.4 361p 22cm 4500円 ⓘ4-8313-1062-X ⓝ188.93
〔09167〕

◇日蓮と元の襲来　森下研文　フレーベル館　2004.1　48p　26cm　（あるいて知ろう! 歴史にんげん物語 4）　2900円　①4-577-02788-7　〔09168〕
◇日蓮と佐渡　田中圭一著　新版　平安出版　2004.3　322p　19cm　2800円　①4-902059-02-9　〔09169〕
◇日蓮と神祇　佐々木馨著　京都　法藏館　2006.12　152p　19cm　1600円　①4-8318-7471-X　〔09170〕
◇日蓮と親鸞　中本征利著　京都　人文書院　2004.9　383p　21cm　2800円　①4-409-41077-6　〔09171〕
◇日蓮とその時代　川添昭二著　山喜房佛書林　1999.3　430p　22cm　12000円　①4-7963-0676-5　Ⓝ188.92　〔09172〕
◇日蓮とその弟子　宮崎英修著　京都　平楽寺書店　1997.11　344, 16p　20cm　2800円　①4-8313-1038-7　Ⓝ188.92　〔09173〕
◇日蓮とその門弟―宗教社会史的研究　高木豊著　弘文堂　1965　312p　22cm　Ⓝ188.92　〔09174〕
◇日蓮と本尊伝承―大石寺戒壇板本尊の真実　金原明彦著　水声社　2007.8　217p　21cm　3000円　①978-4-89176-648-1　〔09175〕
◇日蓮と蒙古大襲来　小和田哲男監修　主婦と生活社　2001.1　237p　21cm　（生活シリーズ）　1500円　①4-391-61172-4　Ⓝ188.92　〔09176〕
◇日蓮と『立正安国論』―その思想史的アプローチ　佐々木馨著　評論社　1979.4　264p　19cm　（日本人の行動と思想 44）　1600円　Ⓝ188.92　〔09177〕
◇日蓮の説いた故事・説話　若江賢三, 小林正博共著　第三文明社　2004.3　279p　19cm　1400円　①4-476-06194-X　〔09178〕
◇日蓮の「遺言」は破られていた―今、日持が甦る　渡辺恵著　〔渡辺恵〕　2000　1冊　26cm　Ⓝ188.92　〔09179〕
◇日蓮仏教の社会思想的展開―近代日本の宗教的イデオロギー　松岡幹夫著　東京大学出版会　2005.3　347, 9p　22cm　6200円　①4-13-016024-9　Ⓝ188.92　〔09180〕
◇日本仏教宗史論集　第9巻　日蓮聖人と日蓮宗　中尾堯編, 渡辺宝陽編　吉川弘文館　1984.10　428p　22cm　5800円　①4-642-06749-3　Ⓝ188.08　〔09181〕
◇ひろさちやの「日蓮」を読む　ひろさちや著　佼成出版社　2004.7　188p　19cm　1400円　①4-333-02075-1　〔09182〕
◇仏教を歩く　no.4　日蓮　朝日新聞社　2003.11　32p　30cm　（週刊朝日百科）　533円　Ⓝ182.1　〔09183〕
◇房州誕生寺石造三層塔と九州千葉氏―伝日蓮聖人供養塔とその周辺　早川正司著　青娥書房　2007.6　134p　21cm　1500円　①978-4-7906-0252-1　〔09184〕
◇北条時宗と日蓮　沢田謙著　再版　地路社　1932　418, 8p　肖像　20cm　Ⓝ210.4　〔09185〕
◇北条時宗と日蓮・蒙古襲来―末世・乱世・大難を生きる　尾崎綱賀著　世界書院　2001.2　251p　20cm　1800円　①4-7927-1011-1　Ⓝ210.43　〔09186〕
◇法華経と日蓮聖人　中川日史著　晋文館　1943　115p　21cm　（立正文化叢書 2）　Ⓝ188.9　〔09187〕
◇法華思想史上の日蓮聖人　山川智応著　新潮社　1934　662p　23cm　Ⓝ188.9　〔09188〕
◇読んで書いて心が安らぐ日蓮の言葉　安中尚史監修, 饗庭栖鶴書　ワニブックス　2007.1　127p　26cm　（あなたの人生を変える偉人の言葉シリーズ）　1300円　①4-8470-1698-X　〔09189〕
◇立正安国論提要　中川日史著　訂5版　京都　平楽寺書店　1937　185p　19cm　（日蓮聖人御書）　Ⓝ188.9　〔09190〕

◆◆一遍
◇一遍―放浪する時衆の祖　今井雅晴著　三省堂　1997.11　204p　20cm　（歴史と個性）　1900円　①4-385-35783-8　Ⓝ188.692　〔09191〕
◇一遍と時衆　浅山円祥著　松山　一遍会　1980.6　204p　19cm　1500円　Ⓝ188.692　〔09192〕
◇一遍と時衆教団　金井清光著　角川書店　1975　557p　図　22cm　9800円　Ⓝ188.692　〔09193〕
◇一遍と時宗教団　大橋俊雄著　〔東村山〕　教育社　1978.10　272p　18cm　（教育社歴史新書）　600円　Ⓝ188.692　〔09194〕
◇一遍と中世の時衆　今井雅晴著　大蔵出版　2000.3　302p　22cm　7000円　①4-8043-1049-5　Ⓝ188.692　〔09195〕
◇一遍の語録をよむ　梅谷繁樹著　日本放送出版協会　2005.9　349p　16cm　（NHKライブラリー）　1020円　①4-14-084198-2　〔09196〕
◇一遍の宗教とその変容　金井清光著　岩田書院　2000.12　431p　22cm　9900円　①4-87294-189-6　Ⓝ188.692　〔09197〕
◇一遍聖絵新考　金井清光著　岩田書院　2005.9　355p　22cm　9500円　①4-87294-393-7　Ⓝ188.692　〔09198〕
◇一遍聖絵・遊行日鑑　伊予史談会編　松山　伊予史談会　1986.11　304p　19cm　（伊予史談会双書 第14集）　2300円　Ⓝ188.692　〔09199〕
◇岩手県時宗略史――一遍上人と代々遊行上人の軌跡　司東真雄著　石鳥谷町（岩手県）　時宗岩手第一教区　1983　71p　19cm　500円　Ⓝ188.692　〔09200〕
◇原典日本仏教の思想 5　法然・一遍　大橋俊雄校注　岩波書店　1991.1　487p　22cm　4400円　①4-00-009025-9　Ⓝ182.1　〔09201〕
◇日本先覚者列伝　村山修一著　塙書房　2005.4　296p　19cm　（塙選書）　2900円　①4-8273-3102-2　〔09202〕
◇日本仏教宗史論集　第10巻　一遍上人と時宗　橘俊道編, 今井雅晴編　吉川弘文館　1984.12　401p　22cm　5800円　①4-642-06750-7　Ⓝ188.08　〔09203〕
◇仏教を歩く　no.12　一遍　朝日新聞社　2004.1　32p　30cm　（週刊朝日百科）　533円　Ⓝ182.1　〔09204〕
◇歴史シンポジウム 5　遊行ひじり一遍　栗田勇ほか述　松山　愛媛県文化振興財団　1984.3　252p　19cm　（財団図書 10）　900円　Ⓝ218.3　〔09205〕

◆◆一休宗純
◇一休　鈴木史楼著　紅絲文庫　2002.7　145p　20cm　（本朝書人論 14）　1400円　Ⓝ728.2146　〔09206〕
◇一休―その破戒と風狂　栗田勇著　祥伝社　2005.11　479p　19cm　2000円　①4-396-61256-7　〔09207〕
◇一休をめぐって何が起こったか―肖像画における「破格」の問題　大西廣著　＜リキエスタ＞の会　2001.4　79p　21cm　1000円　①4-88752-144-8　Ⓝ721.02　〔09208〕
◇一休さんの般若心経　西村惠信監修, 佐藤健三写真　小学館　2007.12　158p　15cm　（小学館文庫）　571円　①978-4-09-418720-5　〔09209〕

◇一休とは何か　今泉淑夫著　吉川弘文館　2007.12　229p　19cm　（歴史文化ライブラリー 244）　1700円　Ⓘ978-4-642-05644-1　Ⓝ188.82　〔09210〕
◇大徳寺と一休　山田宗敏著　京都　禅文化研究所　2006.1　490p　21cm　3800円　Ⓘ4-88182-209-8　〔09211〕
◇仏教を歩く　no.20　一休　朝日新聞社　2004.3　32p　30cm　（週刊朝日百科）　533円　Ⓝ182.1　〔09212〕

◆◆蓮如
◇〈語る〉蓮如と〈語られた〉蓮如―戦国期真宗の信仰世界　稲城正己著　京都　人文書院　2001.4　348p　22cm　3200円　Ⓘ4-409-41070-9　Ⓝ188.72　〔09213〕
◇再現日本史―週刊time travel　戦国 3　講談社　2002.3　42p　30cm　533円　Ⓝ210.1　〔09214〕
◇実像の蓮如さん―蓮如さんと二人三脚の了西　三好智朗著　近代文芸社　1995.8　209p　19cm　2000円　Ⓘ4-7733-4249-8　〔09215〕
◇ジャンヌ・ダルクと蓮如　大谷暢順著　岩波書店　1996.3　229p　18cm　（岩波新書）　631円　Ⓘ4-00-430439-3　〔09216〕
◇新撰妙好人伝　第6編　蓮如上人　富士川遊家, 正信協会編　厚徳書院　1937　60p　肖像　23cm　Ⓝ281　〔09217〕
◇図録蓮如上人余芳　本願寺史料研究所編纂　〔京都〕　浄土真宗本願寺派　1998.3　263p　31cm　Ⓘ4-89416-615-1　Ⓝ188.72　〔09218〕
◇鉄人蓮如―混沌の時代を革新したイノベーター　世界文化社　1998.5　162p　26cm　（ビッグマンスペシャル―図説神秘の世界）　1600円　Ⓘ4-418-98187-7　Ⓝ188.72　〔09219〕
◇服部之総全集　14　蓮如　福村出版　1974　259p　20cm　1800円　Ⓝ210.6　〔09220〕
◇福光町と蓮如の関係調査報告書　〔福光町（富山県）〕　福光町文化財保護委員会　1999　57p　30cm　Ⓝ214.2　〔09221〕
◇仏教を歩く　no.10　蓮如　朝日新聞社　2003.12　32p　30cm　（週刊朝日百科）　533円　Ⓝ182.1　〔09222〕
◇蓮如　笠原一男著　吉川弘文館　1963　322p　図版　18cm　（人物叢書　日本歴史学会編）　Ⓝ188.72　〔09223〕
◇蓮如　金龍静著　吉川弘文館　1997.8　207p　19cm　（歴史文化ライブラリー 21）　1700円　Ⓘ4-642-05421-9　Ⓝ188.72　〔09224〕
◇蓮如―まんが戦国乱世を生きる　笠原一男, 原田満子監修, 荘司としおまんが　講談社　1998.3　223p　20cm　（おもしろ日本史）　1500円　Ⓘ4-06-267303-7　〔09225〕
◇蓮如―戦略の宗教家　百瀬明治著　学習研究社　2002.6　229p　15cm　（学研M文庫）　620円　Ⓘ4-05-901139-8　〔09226〕
◇蓮如―民衆の導師　神田千里編　吉川弘文館　2004.5　228p　20cm　（日本の名僧 13）　2600円　Ⓘ4-642-07857-6　Ⓝ188.72　〔09227〕
◇蓮如教学の思想史　満井秀城著　京都　法蔵館　1996.6　239, 3p　22cm　5500円　Ⓘ4-8318-7421-3　Ⓝ188.72　〔09228〕
◇蓮如上人一期記・附・拾塵記　実悟編, 仏教史学会編　京都　仏教史学会　1919　1冊　24cm　（戊午叢書　第3編）　Ⓝ188.7　〔09229〕

◇蓮如上人・空善聞書　空善著, 大谷暢順全訳注　講談社　2005.3　354p　15cm　（講談社学術文庫）　1100円　Ⓘ4-06-159702-7　Ⓝ188.72　〔09230〕
◇蓮如上人研究　教義編 1　浄土真宗教学研究所編　永田文昌堂　1998.2　583p　22cm　9500円　Ⓘ4-8162-3029-7　Ⓝ188.72　〔09231〕
◇蓮如上人実伝―史的評論梃事説明　春日祐宝著　京都　湖北館　1898.4　133p　23cm　Ⓝ188.6　〔09232〕
◇蓮如上人と一向一揆並富樫氏に関する展観目録　石川県図書館協会編　金沢　石川県図書館協会　1934　90, 4p　図版　20cm　Ⓝ210.4　〔09233〕
◇蓮如上人と尾張　名古屋　真宗大谷派名古屋教区教化センター　2000.4　199p　30cm　（真宗大谷派名古屋教区教化センター研究報告 第4集）　Ⓝ702.17　〔09234〕
◇蓮如上人の教学と歴史　木村武夫編　大阪　東方出版　1984.11　433p　21cm　3800円　Ⓝ188.72　〔09235〕
◇蓮如上人法語集　竜谷大学史学会編　京都　竜谷大学出版部　1924　138p　23cm　（仏教史籍叢書）　Ⓝ188.7　〔09236〕
◇蓮如上人論―もう一つの大坂戦国記　木村武夫編　京都　PHP研究所　1983.10　205p　19cm　980円　Ⓘ4-569-21172-0　Ⓝ216.3　〔09237〕
◇蓮如信仰の研究―越前を中心として　阿部法夫著　大阪　清文堂出版　2003.5　221p　22cm　3500円　Ⓘ4-7924-0539-4　Ⓝ188.72　〔09238〕
◇蓮如大系　第3巻　蓮如と本願寺教団　上　金竜静編　京都　法蔵館　1996.11　406p　22cm　Ⓘ4-8318-4651-1　Ⓝ188.72　〔09239〕
◇蓮如大系　第4巻　蓮如と本願寺教団　下　草野顕之編　京都　法蔵館　1996.11　454p　22cm　Ⓘ4-8318-4651-1　Ⓝ188.72　〔09240〕
◇蓮如伝説を歩く―史跡ガイド　和田重厚編　戎光祥出版　2003.4　135p　19cm　800円　Ⓘ4-900901-33-4　Ⓝ188.72　〔09241〕
◇蓮如と七人の息子　辻川達雄著　誠文堂新光社　1996.9　391p　19cm　2800円　Ⓘ4-416-89620-4　〔09242〕
◇蓮如と真宗行事―能登の宗教民俗　西山郷史著　木耳社　1998.3　299p　19cm　1800円　Ⓘ4-8393-7700-6　Ⓝ382.143　〔09243〕
◇蓮如と信長　山折哲雄著　PHP研究所　1997.12　277p　19cm　1429円　Ⓘ4-569-55897-6　〔09244〕
◇蓮如と信長　山折哲雄著　PHP研究所　2002.10　289p　15cm　（PHP文庫）　533円　Ⓘ4-569-57815-2　〔09245〕
◇蓮如と本願寺―その歴史と美術　蓮如上人500回忌記念東西合同特別展覧会　京都国立博物館編　毎日新聞社　1998.3　286p　30cm　Ⓝ188.72　〔09246〕
◇蓮如の「御文」　大谷暢順著　京都　人文書院　2005.3　238p　19cm　2300円　Ⓘ4-409-41078-4　〔09247〕
◇蓮如の里小山田　山田千鶴子著　小松　山田千鶴子　1990.4　16p　26cm　Ⓝ188.72　〔09248〕
◇蓮如の炎（ほむら）　松村茂平著　叢文社　1983.11　306p　20cm　1500円　Ⓘ4-7947-0099-7　Ⓝ210.47　〔09249〕

◆キリスト教史
◇秋月のキリシタン　H.チースリク著, 高祖敏明監修　教文館　2000.9　375, 31p　22cm　（キリシタン研究

◇天草学林―論考と資料集　鶴田文史編　本渡　天草文化出版社　1977.10　206p　21cm　Ⓝ198.21　〔09251〕
◇天草学林とその時代　今村義孝著　本渡　天草文化出版社　1990.3　307p　22cm　3000円　Ⓝ198.21　〔09252〕
◇奥羽切支丹史　菅野義之助著　補訂版　及川大渓補訂　佼成出版社　1974　478, 25p　図　肖像　22cm　6000円　Ⓝ198.212　〔09253〕
◇大村キリシタン史料―アフォンソ・デ・ルセナの回想録　アフォンソ・デ・ルセナ著, ヨゼフ・フランツ・シュッテ編, 佐久間正, 出崎澄男訳　キリシタン文化研究会　1975.11　231, 8p　21cm　(キリシタン文化研究シリーズ 12)　Ⓝ198.22　〔09254〕
◇九州キリシタン史研究　ディエゴ・パチェコ著　キリシタン文化研究会　1977.7　245p　21cm　(キリシタン文化研究シリーズ 16)　Ⓝ198.2219　〔09255〕
◇九州のキリシタン墓碑―十字架に祈りて　荒木英市著　長崎　出島文庫　2002.10　295p　22cm　3143円　①4-931472-28-1　Ⓝ198.2219　〔09256〕
◇京極家とキリシタン信仰―「新修丸亀市史」の記述に関連して　近藤瞎平著　〔丸亀〕〔近藤瞎平〕1986　46p　26cm　Ⓝ198.221　〔09257〕
◇京極家とキリシタン信仰―「新修丸亀市史」の記述に関連して　近藤瞎平著　改訂版　〔丸亀〕〔近藤瞎平〕1987　52p　26cm　Ⓝ198.221　〔09258〕
◇京極家とキリシタン信仰　追補　近藤瞎平著　〔丸亀〕〔近藤瞎平〕1988.7　34p　26cm　Ⓝ198.221　〔09259〕
◇京のキリシタン史跡を巡る―風は都から　もう一つの京都　杉野榮著　大津　三学出版　2007.5　127p　19cm　1200円　①978-4-903520-15-5　Ⓝ198.22162　〔09260〕
◇キリシタン街道・府内　大分の文化と自然探険隊・Bahan事業部編　大分　極東印刷紙工　1993.8　47p　30cm　(Bahan no.18)　550円　Ⓝ198.221　〔09261〕
◇キリシタン寺院跡　八代　八代市教育委員会　2006.3　144p　図版28p　30cm　(八代市文化財調査報告書　第32集―九州新幹線建設工事に伴う埋蔵文化財発掘調査 3)　Ⓝ210.0254　〔09262〕
◇キリシタン史考―キリシタン史の問題に答える　H.チースリク著　長崎　聖母の騎士社　1995.2　405p　15cm　(聖母文庫)　1000円　①4-88216-124-9　Ⓝ198.221　〔09263〕
◇キリシタン思想史研究序説―日本人のキリスト教受容　井手勝美著　ぺりかん社　1995.2　581, 14p　22cm　8240円　①4-8315-0669-9　Ⓝ198.221　〔09264〕
◇キリシタン時代の典礼　ロペス・ガイ著, 井手勝美訳　キリシタン文化研究会　1983.3　450, 17p　21cm　(キリシタン文化研究シリーズ 24)　4800円　Ⓝ196　〔09265〕
◇キリシタン史の謎を歩く　森禮子著　教文館　2005.11　265p　20cm　1800円　①4-7642-6589-3　Ⓝ914.6　〔09266〕
◇キリシタンと茶道　西村貞著　京都　全国書房　1948　377p　図版20枚　21cm　Ⓝ791　〔09267〕
◇切支丹農民の経済生活―肥前国彼杵郡浦上村山里の研究　戸谷敏之著　伊藤書店　1943　256p　22cm　(日本学術論叢)　Ⓝ611.9　〔09268〕

◇キリシタンの記憶　木越邦子著　富山　桂書房　2006.10　227p　21cm　2000円　①4-903351-21-1　Ⓝ198.221　〔09269〕
◇京畿切支丹史話―日本人伊留満ロレンソの足跡を辿りつつ　海老沢有道著　東京堂　1942　312p　地図　19cm　Ⓝ198.2　〔09270〕
◇Compendium catholicae veritatis　1　Compendia compiled by Pedro Gomez, Jesuit college of Japan　上智大学キリシタン文庫監修・編集　大空社　1997.12　432枚　27cm　①4-7568-0674-0　Ⓝ198.221　〔09271〕
◇Compendium catholicae veritatis　3　解説　上智大学キリシタン文庫監修・編集　大空社　1997.12　126p　27cm　①4-7568-0674-0　Ⓝ198.221　〔09272〕
◇週刊ビジュアル日本の歴史　no.78　戦乱の世　8　デアゴスティーニ・ジャパン　2001.8　p296-335　30cm　533円　Ⓝ210.1　〔09273〕
◇十六～十七世紀の日本におけるフランシスコ会士たち　トマス・オイテンブルク著, 石井健吾訳　中央出版社　1980.11　381, 12p　19cm　2500円　①4-8056-3802-8　Ⓝ198.221　〔09274〕
◇十六世紀キリシタン史上の洗礼志願期―キリスト教と日本文明との最初の出合い　ロペス・ガイ著, 井手勝美訳　キリシタン文化研究会　1973　382, 11p　21cm　(キリシタン文化研究シリーズ 8)　3500円　Ⓝ198.21　〔09275〕
◇初期キリシタン時代における準備布教　ロペス・ガイ著, 井手勝美訳　キリシタン文化研究会　1968　103p　図　21cm　(キリシタン文化研究シリーズ 1)　500円　Ⓝ198.21　〔09276〕
◇織豊政権とキリシタン―日欧交渉の起源と展開　清水紘一著　岩田書院　2001.3　428, 2p　22cm　(近世史研究叢書 5)　8900円　①4-87294-198-5　Ⓝ210.48　〔09277〕
◇千提寺・下音羽のキリシタン遺跡　茨木市教育委員会編　茨木　茨木市教育委員会　2000.3　40p　30cm　Ⓝ198.22163　〔09278〕
◇走馬燈―その人たちの人生　遠藤周作著　毎日新聞社　1977.5　269p　22cm　1400円　Ⓝ198.21　〔09279〕
◇走馬燈―その人たちの人生　遠藤周作著　新潮社　1980.7　286p　15cm　(新潮文庫)　320円　Ⓝ198.221　〔09280〕
◇旅する長崎学―長崎県企画「ながさき歴史発見・発信プロジェクト」　第1シリーズキリシタン文化1～5　名場面セレクション　〔長崎〕　長崎県文化・スポーツ振興部文化振興課　2007　19p　30cm　Ⓝ198.221　〔09281〕
◇旅する長崎学　1(キリシタン文化 1)　長崎県企画, 五野井隆史, デ・ルカ・レンゾ, 片岡瑠美子監修, 長崎文献社編　長崎　長崎文献社　2006.5　63p　21cm　572円　①4-88851-110-1　Ⓝ291.93　〔09282〕
◇土佐とキリシタン　石川潤郎著　増補版　〔佐川町(高知県)〕〔石川潤郎〕2002.11　367p　21cm　Ⓝ198.22184　〔09283〕
◇長崎のキリシタン遺跡　長崎純心大学博物館編　長崎　長崎純心大学　2004.1　63p　21cm　(長崎純心大学博物館研究　第12輯)　Ⓝ198.22193　〔09284〕
◇長崎のキリシタン学校―セミナリヨ、コレジヨの跡を訪ねて　長崎県教育委員会編　長崎　長崎県教育委員会　1987.3　164p　21cm　Ⓝ198.221　〔09285〕

中世史　宗教史

◇長崎のコレジヨ　純心女子短期大学長崎地方文化史研究所編　長崎　純心女子短期大学　1985.3　270p　21cm　Ⓝ198.221
〔09286〕
◇南蛮のバテレン　松田毅一著　新装版　朝文社　2001.9　285p　20cm　（松田毅一著作選集）　2952円　Ⓘ4-88695-157-0　Ⓝ210.48
〔09287〕
◇日本キリシタン史　海老沢有道著　塙書房　1966.2（9刷:2004.9）　338, 21p　19cm　（塙選書 52）　3300円　Ⓘ4-8273-3552-4　Ⓝ198.221
〔09288〕
◇日本キリシタン史の研究　五野井隆史著　吉川弘文館　2002.11　377, 21p　22cm　9000円　Ⓘ4-642-03376-9　Ⓝ198.221
〔09289〕
◇日本吉利支丹文化史　新村出著　地人書館　1941　268p　19cm　（大観日本文化史叢書）　Ⓝ210.5
〔09290〕
◇日本のカテキズモ　ヴァリニャーノ著, 家入敏光訳編　天理　天理図書館　1969.11　330p　22cm　（天理図書館参考資料 第7）　Ⓝ198.221
〔09291〕
◇八良尾のセミナリヨ　片岡千鶴子著　キリシタン文化研究会　1970　126p 図　21cm　（キリシタン文化研究シリーズ 3）　500円　Ⓝ198.21
〔09292〕
◇バテレン追放令―16世紀の日欧対決　安野真幸著　日本エディタースクール出版部　1989.2　247p　20cm　2500円　Ⓘ4-88888-146-4　Ⓝ198.221
〔09293〕
◇宮地年神遺跡・キリシタン寺院跡・宮地池尻遺跡　八代　八代市教育委員会　2003.3　372p 図版29, 29, 32p　30cm　（八代市文化財調査報告書 第20集―九州新幹線建設工事に伴う埋蔵文化財発掘調査 1）　Ⓝ210.0254
〔09294〕
◇耶蘇宗門根尾記　京篤二郎編著　名古屋　名古屋キリシタン文化研究会　1994.11　104p　26cm　非売品　Ⓝ198.221
〔09295〕
◇山形付近の古切支丹記録　吉田慶二編　［山形］　〔吉田慶二〕　1998.9　7p　21cm　Ⓝ198.22125
〔09296〕
◇洋楽渡来考―キリシタン音楽の栄光と挫折　皆川達夫著　日本キリスト教団出版局　2004.11　640p　22cm　18000円　Ⓘ4-8184-0531-0　Ⓝ762.1
〔09297〕
◇ロレンソ修道士　千利休の切腹―見落とされたもう一つの理由　天正十九年（1591）の京―千利休の死　山嵜泰正著　宇治　山嵜泰正　1997.4　112p　26cm　Ⓝ198.221
〔09298〕

◆◆ザビエル・イエズス会
◇イエズス会士日本通信　上　耶蘇会士日本通信　豊後・下篇 上巻　村上直次郎訳, 柳谷武夫編　雄松堂書店　1968　426p 図版　23cm　（新異国叢書 1）　2600円　Ⓝ198.21
〔09299〕
◇イエズス会士日本通信―耶蘇会士日本通信　豊後・下篇　イエズス会編, 村上直次郎訳, 柳谷武夫編輯　雄松堂書店　1978.10　2冊　23cm　（新異国叢書 1～2）　各3500円　Ⓝ198.21
〔09300〕
◇イエズス会と日本　1　岩波書店　1993.4　656, 10p　21cm　（大航海時代叢書 2-6）　6800円　Ⓘ4-00-008526-3
〔09301〕
◇イエズス会日本コレジヨの講義要綱　1　尾原悟編著　教文館　1997.11　467, 8p　21cm　（キリシタン文学双書―キリシタン研究 第34輯）　8500円　Ⓘ4-7642-2445-3　Ⓝ198.221
〔09302〕
◇イエズス会日本コレジヨの講義要綱　2　尾原悟編著　教文館　1998.11　456, 36p　22cm　（キリシタン文学双書―キリシタン研究 第35輯）　8500円　Ⓘ4-7642-2446-1　Ⓝ198.221
〔09303〕
◇イエズス会日本コレジヨの講義要綱　3　尾原悟編著　教文館　1999.11　340, 27p　22cm　（キリシタン文学双書―キリシタン研究 第36輯）　5500円　Ⓘ4-7642-2447-X　Ⓝ198.221
〔09304〕
◇イエズス会日本年報　イエズス会編, 村上直次郎訳, 柳谷武夫編輯　雄松堂書店　1979.5　2冊　23cm　（新異国叢書 3～4）　各3500円　Ⓝ198.21
〔09305〕
◇イエズス会日本年報　上　村上直次郎訳, 柳谷武夫編　雄松堂書店　1969　361p 図　23cm　（新異国叢書 3）　2600円　Ⓝ198.21
〔09306〕
◇イエズス会の世界戦略　高橋裕史著　講談社　2006.10　284p　19cm　（講談社選書メチエ）　1650円　Ⓘ4-06-258372-0
〔09307〕
◇ヴァリニャーノとキリシタン宗門　松田毅一著　朝文社　1992.5　258p　20cm　2500円　Ⓘ4-88695-059-0　Ⓝ198.221
〔09308〕
◇ヴァリニャーノとキリシタン宗門　松田毅一著　新装版　朝文社　2003.3　258p　20cm　（松田毅一著作選集）　4285円　Ⓘ4-88695-166-X　Ⓝ198.221
〔09309〕
◇大分県史料　第14 第3部　切支丹史料 第1　大分県史料刊行会編　大分　大分県立教育研究所　1952-62　22cm　Ⓝ219.5
〔09310〕
◇大分県史料　第15 第3部　切支丹史料 第2　大分県史料刊行会編　大分　大分県立教育研究所　1963　297p　22cm　Ⓝ219.5
〔09311〕
◇Compendium catholicae veritatis　2　イエズス会日本コレジヨの講義要綱　上智大学キリシタン文庫監修・編集　大空社　1997.12　365枚　27cm　Ⓘ4-7568-0674-0　Ⓝ198.221
〔09312〕
◇再現日本史―週刊time travel　戦国 7　講談社　2002.4　42p　30cm　533円　Ⓝ210.1
〔09313〕
◇ザヴィエル　吉田小五郎著　吉川弘文館　1959　163p 図版　18cm　（人物叢書日本歴史学会編）　Ⓝ198.2
〔09314〕
◇薩摩と西欧文明―ザビエルそして洋学、留学生　ザビエル渡来450周年記念シンポジウム委員会編　川内　鹿児島純心女子大学　2000.8　193p　22cm　2500円　Ⓘ4-931376-33-9　Ⓝ219.7
〔09315〕
◇ザビエル　結城了悟著　長崎　聖母の騎士社　1993.2　252p　15cm　（聖母文庫）　500円　Ⓘ4-88216-096-X　Ⓝ198.22
〔09316〕
◇ザビエルを連れてきた男　梅北道夫著　新潮社　1993.12　233p　19cm　（新潮選書）　1100円　Ⓘ4-10-600452-6　Ⓝ210.47
〔09317〕
◇ザビエルと日本―キリシタン開教期の研究　岸野久著　吉川弘文館　1998.11　340, 13, 16p　22cm　7600円　Ⓘ4-642-02766-1　Ⓝ198.221
〔09318〕
◇ザビエルとヤジロウの旅　大住広人著　福岡　葦書房　1999.8　292p　21cm　2400円　Ⓘ4-7512-0746-6　Ⓝ198.221
〔09319〕
◇ザビエルの海―ポルトガル「海の帝国」と日本　宮崎正勝著　原書房　2007.3　284p　20cm　2000円　Ⓘ978-4-562-04057-5　Ⓝ319.36902
〔09320〕
◇ザビエルの旅　菅井日人著　グラフィック社　1991.10　130p　27cm　（ヨーロッパ新紀行）　2990円　Ⓘ4-7661-0652-0　Ⓝ198.22
〔09321〕
◇ザビエルの同伴者アンジロー―戦国時代の国際人　岸野久著　吉川弘文館　2001.9　232p　19cm　（歴

◇ザビエルの謎　古川薫著　文芸春秋　1994.2　259p　20cm　1500円　Ⓘ4-16-348800-6　Ⓝ198.22
〔09323〕
◇ザビエルの謎　古川薫著　文芸春秋　1997.2　270p　16cm　(文春文庫)　480円　Ⓘ4-16-735713-5　Ⓝ198.22
〔09324〕
◇ザビエルの見た大分―豊後国際交流史　加藤知弘著　福岡　葦書房　1985.5　xi, 236p　20cm　1600円　Ⓝ198.221
〔09325〕
◇ザビエルの見た日本　ピーター・ミルワード著, 松本たま訳　講談社　1998.11　181p　15cm　(講談社学術文庫)　620円　Ⓘ4-06-159354-4
〔09326〕
◇十六・七世紀イエズス会日本報告集　第1期 第1巻　松田毅一監訳　京都　同朋社出版　1987.7　319p　22cm　4800円　Ⓘ4-8104-0591-5　Ⓝ198.221
〔09327〕
◇十六・七世紀イエズス会日本報告集　第1期 第2巻　1594年-1596年　松田毅一監訳　家入敏光訳　京都　同朋社出版　1987.9　326p　22cm　4800円　Ⓘ4-8104-0597-4　Ⓝ198.221
〔09328〕
◇十六・七世紀イエズス会日本報告集　第1期 第3巻　1597年-1601年　松田毅一監訳　家入敏光ほか訳　京都　同朋社出版　1988.2　357p　22cm　4800円　Ⓘ4-8104-0633-4　Ⓝ198.221
〔09329〕
◇十六・七世紀イエズス会日本報告集　第1期 第4巻　1601年-1604年　松田毅一監訳　家入敏光, 岡村多希子訳　京都　同朋社出版　1988.6　305p　22cm　4800円　Ⓘ4-8104-0703-9　Ⓝ198.221
〔09330〕
◇十六・七世紀イエズス会日本報告集　第2期 第2巻　1613年―1618年　松田毅一監訳　京都　同朋舎出版　1996.9　430p　22cm　12000円　Ⓘ4-8104-2303-4　Ⓝ198.221
〔09331〕
◇十六・七世紀イエズス会日本報告集　第2期 第3巻　1619年―1625年　松田毅一監訳　京都　同朋舎出版　1997.1　313p　22cm　12000円　Ⓘ4-8104-2365-4　Ⓝ198.221
〔09332〕
◇十六・七世紀イエズス会日本報告集　第3期 第1巻　松田毅一監訳　京都　同朋舎　1997.11　406p　22cm　13000円　Ⓘ4-8104-2053-1　Ⓝ198.221
〔09333〕
◇十六・七世紀イエズス会日本報告集　第3期 第2巻　松田毅一監訳　同朋舎　1998.1　365p　22cm　12000円　Ⓘ4-8104-2456-1　Ⓝ198.221
〔09334〕
◇十六・七世紀イエズス会日本報告集　第3期 第3巻　松田毅一監訳　同朋舎　1998.4　398p　22cm　13000円　Ⓘ4-8104-2457-X　Ⓝ198.221
〔09335〕
◇十六・七世紀イエズス会日本報告集　第3期 第4巻　松田毅一監訳　同朋舎　1998.5　425p　22cm　13000円　Ⓘ4-8104-2458-8　Ⓝ198.221
〔09336〕
◇十六・七世紀イエズス会日本報告集　第3期 第5巻　1577年―1581年　松田毅一監訳　東光博英訳　京都　同朋舎出版　1992.12　340p　22cm　9500円　Ⓘ4-8104-1123-0　Ⓝ198.221
〔09337〕
◇十六・七世紀イエズス会日本報告集　第3期 第6巻　1581年―1585年　松田毅一監訳　東光博英訳　京都　同朋舎出版　1991.12　313p　22cm　9500円　Ⓘ4-8104-0998-8　Ⓝ198.221
〔09338〕
◇十六・七世紀イエズス会日本報告集　第3期 第7巻　1585年―1587年　松田毅一監訳　京都　同朋舎出版　1994.3　268p　22cm　9500円　Ⓘ4-8104-1199-0　Ⓝ198.221
〔09339〕
◇聖フランシスコ・ザビエルの日傘　平湯晃著　河出書房新社　1993.1　247p　20cm　2200円　Ⓘ4-309-22238-2　Ⓝ198.221
〔09340〕
◇種子島の鉄砲とザビエル―日本史を塗り変えた"二つの衝撃"　石原結実著　PHP研究所　2005.9　186p　15cm　(PHP文庫)　495円　Ⓘ4-569-66476-8　〔09341〕
◇天文十八年―鹿児島でのザビエルとヤジロー　新村洋著　鹿児島　高城書房　2005.12　195p　19cm　1200円　Ⓘ4-88777-076-6　Ⓝ198.221
〔09342〕
◇長崎を開いた人―コスメ・デ・トーレスの生涯　パチェコ・ディエゴ著, 佐久間正訳　中央出版社　1969　303p 図版 表　19cm　630円　Ⓝ198.21
〔09343〕
◇南蛮遍路―フロイス研究回顧録　松田毅一著　朝文社　1991.7　374p　20cm　2500円　Ⓘ4-88695-041-8　Ⓝ210.48
〔09344〕
◇日本イエズス会士礼法指針　A.ヴァリニャーノ著, 矢沢利彦, 筒井砂訳　キリシタン文化研究会　1970　127p 肖像　21cm　(キリシタン文化研究シリーズ 5)　600円　Ⓝ198.21
〔09345〕
◇日本を変えた! 種子島の鉄砲とザビエルの十字架―大航海時代の日本人の才智　石原結實著　青萠堂　2000.9　186p　19cm　857円　Ⓘ4-921192-01-4　Ⓝ219.7
〔09346〕
◇日本をヨーロッパに紹介した戦国期の宣教師たち―フランシスコ・ザビエル生誕500年記念稀覯書展示会 展示目録　京都外国語大学付属図書館編　京都　京都外国語大学付属図書館　2006.11　80p　26cm　非売品　Ⓝ198.221
〔09347〕
◇日本関係海外史料　イエズス会日本書翰集 原文編之1　自天文十六年十一月至天文二十一年十二月　東京大学史料編纂所編纂　東京大学　1990.3　311p　22cm　6400円　Ⓘ4-13-092741-8　Ⓝ210.088　〔09348〕
◇日本関係海外史料　〔6〕2　イエズス会日本書翰集　原文編之2(天文21年12月～弘治元年11月)　東京大学史料編纂所編纂　東京大学　1996.3　17, 330, 20p　22cm　9682円　Ⓘ4-13-092742-6　Ⓝ210.088　〔09349〕
◇日本関係海外史料　〔7〕1　イエズス会日本書翰集　訳文編之1 上　東京大学史料編纂所編纂　東京大学　1991.12　259p　22cm　6000円　Ⓝ210.088　〔09350〕
◇日本関係海外史料　〔7〕1 下　イエズス会日本書翰集　訳文編之1 下(天文19年12月～天文21年11月)　東京大学史料編纂所編纂　東京大学　1994.3　239, 30p　22cm　6000円　Ⓘ4-13-092772-8　Ⓝ210.088　〔09351〕
◇日本關係海外史料　〔7〕2 上　イエズス会日本書翰集　譯文編之2 上(天文21年12月―天文23年11月)　東京大学史料編纂所編纂　東京大学史料編纂所　1998.3　270p　22cm　6600円　Ⓘ4-13-092773-6　Ⓝ210.088
〔09352〕
◇日本關係海外史料　〔7〕2 下　イエズス会日本書翰集　譯文編之2 下(天文23年12月―弘治元年11月)　東京大学史料編纂所編纂　東京大学史料編纂所　2000.3　208, 30p　22cm　5100円　Ⓘ4-13-092774-4　Ⓝ210.088
〔09353〕
◇日本巡察記　ヴァリニャーノ著, 松田毅一他訳　平凡社　1973　365p 図 肖像　18cm　(東洋文庫 229)　Ⓝ198.21
〔09354〕

◇フランシスコ・ザビエル 岸野久監修 ポプラ社 2004.4 79p 27cm （徹底大研究日本の歴史人物シリーズ 10) 2850円 ⓘ4-591-07995-3 Ⓝ198.22 〔09355〕
◇毛利秀包時代のイエズス会年報・書簡 Hubert Cieslik 翻訳・解説, 国武喆生編集・註解 〔久留米〕 久留米郷土研究会 1980.7 43p 22cm Ⓝ198.221 〔09356〕
◇耶蘇会士日本通信 上巻 耶蘇会編, 村上直次郎訳, 渡邊世祐註 雄松堂出版 2005.5 461, 32, 5p 23cm （異国叢書 第12巻） 13000円 ⓘ4-8419-3023-X Ⓝ198.221 〔09357〕
◇耶蘇会士日本通信 下巻 耶蘇会編, 村上直次郎訳, 渡邊世祐註 雄松堂出版 2005.5 523, 31p 23cm （異国叢書 第13巻） 13000円 ⓘ4-8419-3024-8 Ⓝ198.221 〔09358〕

◆◆キリシタン大名・キリシタン武士
◇明石掃部 森本繁著 学習研究社 2006.12 269p 15cm （学研M文庫） 650円 ⓘ4-05-900453-7 〔09359〕
◇明石掃部の謎―神出鬼没のキリシタン武将 小林久三著 PHP研究所 1997.12 220p 18cm （PHP business library History） 819円 ⓘ4-569-55938-7 Ⓝ210.48 〔09360〕
◇アゴスチィノ小西摂津守行長回想帖―十六世紀の自由人 園田信行著 中央公論事業出版 2003.7 446p 21cm 2000円 ⓘ4-89514-205-1 〔09361〕
◇エピソードで読む黒田官兵衛―ナンバー2の行動学 寺林峻著 PHP研究所 2003.4 315p 15cm （PHP文庫） 619円 ⓘ4-569-57927-2 〔09362〕
◇大友宗麟―道を求め続けた男 風早恵介著 PHP研究所 1994.12 298p 15cm （PHP文庫） 600円 ⓘ4-569-56719-3 〔09363〕
◇大友宗麟―戦国乱世の英傑 芦刈政治文, 仲築間英人絵, 大分県立先哲史料館編 〔大分〕 大分県教育委員会 1996.3 218p 19cm （大分県先哲叢書） Ⓝ289.1 〔09364〕
◇大友宗麟公 久多羅木儀一郎著 〔臼杵町(大分県)〕 大分県北海部郡教育会 1936 56p 22cm Ⓝ289.1 〔09365〕
◇大友宗麟とその時代―覇権をめざした英雄たち 開館5周年記念特別展 大分市歴史資料館編 〔大分〕 大分市歴史資料館 1992 113p 26cm Ⓝ289.1 〔09366〕
◇九州のキリシタン大名 吉永正春著 福岡 海鳥社 2004.12 222p 22cm 2000円 ⓘ4-87415-507-3 Ⓝ198.2219 〔09367〕
◇キリシタン大名 吉田小五郎著 至文堂 1954 200p 図版 19cm （日本歴史新書） Ⓝ198.21 〔09368〕
◇キリシタン大名 吉田小五郎著 増補版 至文堂 1973 220p 肖像 19cm （日本歴史新書） 950円 Ⓝ198.21 〔09369〕
◇キリシタン大名 岡田章雄著 〔東村山〕 教育社 1977.12 233p 図 18cm （教育社歴史新書 日本史 86） 600円 Ⓝ198.21 〔09370〕
◇切支丹大名小西行長 満江巌著 基督教出版社 1943 217p 図版 19cm （切支丹人物叢書 3） Ⓝ289.1 〔09371〕
◇切支丹大名史 スタイシエン著, ビリヨン訳 三才社 1929 393p 20cm Ⓝ198 〔09372〕

◇キリシタン大名高山右近と大和沢城 大門貞夫編著 〔榛原町(奈良県)〕 榛原町 1978.5 51p 21cm （榛原町郷土ブックス 2） 300円 Ⓝ198.221 〔09373〕
◇キリシタンになった大名 結城了悟著 キリシタン文化研究会 1986.7 271, 8p 21cm （キリシタン文化研究シリーズ 27） Ⓝ198.221 〔09374〕
◇熊谷豊前守元直―あるキリシタン武士の生涯と殉教 H.チースリク著, 出崎澄男訳 キリシタン文化研究会 1979.7 165p 21cm （キリシタン文化研究シリーズ 17） Ⓝ289.1 〔09375〕
◇黒田官兵衛―秀吉も一目おいた天下人の器 浜野卓也著 PHP研究所 1996.6 381p 15cm （PHP文庫） 660円 ⓘ4-569-56903-X 〔09376〕
◇黒田如水 西日本人物誌編集委員会編, 三浦明彦著 福岡 西日本新聞社 1996.5 229p 19cm （西日本人物誌 7） 1500円 ⓘ4-8167-0413-2 〔09377〕
◇黒田如水と二十五騎 本山一城著 村田書店 1984.12 303p 19cm 2000円 Ⓝ210.47 〔09378〕
◇小西行長伝 木村紀八郎著 鳥影社 2005.11 584p 19cm 2400円 ⓘ4-88629-947-4 〔09379〕
◇週刊ビジュアル日本の歴史 no.132 戦国武将篇 12 デアゴスティーニ・ジャパン 2002.9 p464-503 30cm 533円 Ⓝ210.1 〔09380〕
◇ジュスト高山右近―短篇集 和仁三郎著 京都 馬場書店 1950.1 142p 19cm Ⓝ198.221 〔09381〕
◇聖書武将の生々流転―豊臣秀吉の朝鮮出兵と内藤如安 楠戸義昭著 講談社 2000.1 318p 20cm 1800円 ⓘ4-06-209882-2 Ⓝ210.49 〔09382〕
◇高山右近 アントニオ・セルメニオ著 サンパウロ 1997.1 160p 19cm 1236円 ⓘ4-8056-5625-5 Ⓝ198.221 〔09383〕
◇高山右近史話 H.チースリク著 長崎 聖母の騎士社 1995.5 392p 15cm （聖母文庫） 800円 ⓘ4-88216-129-X Ⓝ198.221 〔09384〕
◇高山右近とその時代―北摂のキリシタン文化 平成10年度特別展 吹田 吹田市立博物館 1998.4 52p 26cm Ⓝ198.221 〔09385〕
◇高山右近の生涯―日本初期基督教史 ヨハネス・ラウレス著, 松田毅一訳 エンデルレ書店 1948 424p 22cm Ⓝ198.21 〔09386〕
◇中世堺を代表する俊傑小西行長 池永晃著 大阪 上田貞次郎 1936 307p 図版 22cm Ⓝ210.4 〔09387〕
◇武将高山右近の信仰と茶の湯 高橋敏夫著 いのちのことば社フォレストブックス 2007.11 164p 18×12cm 1100円 ⓘ978-4-264-02594-8 〔09388〕

◆◆天正遣欧使節
◇加津佐物語 望月洋子著 大阪 湯川書房 1976.12 257p 19cm 2000円 Ⓝ210.49 〔09389〕
◇キリシタン研究 第29輯 天正少年使節―新史料1590年-1990年 キリシタン文化研究会編 結城了悟著 南窓社 1990.7 268p 22cm 5340円 ⓘ4-8165-0039-1 Ⓝ198.221 〔09390〕
◇クアトロ・ラガッツィ―天正少年使節と世界帝国 若桑みどり著 集英社 2003.10 550p 21cm 3800円 ⓘ4-08-775326-3 〔09391〕
◇再現日本史―週刊time travel 織豊 6 講談社 2001.10 42p 30cm 533円 Ⓝ210.1 〔09392〕
◇史譚天正遣欧使節 松田毅一著 講談社 1977.7 332p 20cm 1400円 Ⓝ210.49 〔09393〕

宗教史　　　　　　　　　　中世史

◇世界と日本—天正・慶長の使節　仙台市博物館編　〔仙台〕　「世界と日本」展実行委員会　1995.10　175p　30cm　Ⓝ210.48
〔09394〕
◇旅する長崎学　2（キリシタン文化 2）　長崎県企画, 五野井隆史, デ・ルカ・レンゾ, 片岡瑠美子監修, 長崎文献社編　長崎　長崎文献社　2006.5　64p　21cm　572円　①4-88851-111-X　Ⓝ291.93
〔09395〕
◇千々石ミゲルの墓石発見—天正遣欧使節　大石一久著　長崎　長崎文献社　2005.4　203p　21cm　（長崎文献社の歴史叢書）　1600円　①4-88851-087-3　Ⓝ198.221
〔09396〕
◇天正遣欧使節　松田毅一著　新版　京都　臨川書店　1990.4　332p　20cm　2300円　①4-653-02124-4　Ⓝ210.48
〔09397〕
◇天正遣欧使節　松田毅一著　朝文社　1991.12　358p　20cm　2500円　①4-88695-051-5　Ⓝ210.48
〔09398〕
◇天正遣欧使節　松田毅一著　講談社　1999.1　433p　15cm　（講談社学術文庫）　1150円　①4-06-159362-5　Ⓝ210.48
〔09399〕
◇天正遣欧使節　松田毅一著　新装版　朝文社　2001.9　358p　20cm　（松田毅一著作選集）　3142円　①4-88695-156-2　Ⓝ210.48
〔09400〕
◇天正遣欧使節　松田毅一著　新装版　朝文社　2008.1　358p　19cm　（松田毅一著作選集）　4762円　①978-4-88695-206-6
〔09401〕
◇天正遣欧使節記　浜田青陵著　岩波書店　1931　464, 2p　19cm　Ⓝ210.4
〔09402〕
◇天正遣欧使節記　デ・サンデ編, 泉井久之助等訳　雄松堂書店　1969　725p 図版　23cm　（新異国叢書 5）　2600円　Ⓝ290.9
〔09403〕
◇天正遣欧使節記　デ・サンデ著, 泉井久之助ほか共訳　雄松堂書店　1979.5　725, 15p　23cm　（新異国叢書 5）　3500円　Ⓝ290.9
〔09404〕
◇天正少年使節　松田毅一著　角川書店　1965　232p 地図　18cm　（角川新書）　Ⓝ190.21
〔09405〕
◇天正少年使節—史料と研究　結城了悟著　長崎　純心女子短期大学長崎地方文化史研究所　1993.2　265p　21cm　Ⓝ210.48
〔09406〕
◇天正少年使節記　広田孝一著　東洋堂　1942　144p 肖像　19cm　Ⓝ210.4
〔09407〕
◇天正少年使節と『原マルチノの演説』—ベッソン・コレクション 特別展　筑波大学附属図書館新館増築記念特別展ワーキング・グループ編　つくば　筑波大学附属図書館　1995.6　90p　22cm　Ⓝ210.48
〔09408〕
◇天正年間遣欧使節見聞対話録　エドウアルド・サンデ編, 泉井久之助等訳　東洋文庫　1942　734, 33p　22cm　（東洋文庫叢刊 第6 附篇1）　Ⓝ290
〔09409〕
◇天正の虹　松永伍一著　講談社　1978.6　265p　20cm　1200円　Ⓝ210.49
〔09410〕
◇天正の虹　松永伍一著　ファラオ企画　1991.6　302p　19cm　（原点叢書 6）　3100円　①4-89409-106-2
〔09411〕
◇天正美少年記　八切止夫著　日本シェル出版　1979.3　237p　19cm　840円　Ⓝ210.48
〔09412〕
◇ローマに行った4人の少年—安土・桃山—江戸　歴史教育者協議会編　ほるぷ出版　1999.4　47p　28cm　（世界と出会う日本の歴史 3）　2800円　①4-593-50842-8
〔09413〕

◆◆弾圧と殉教

◇きりしたんの殉教と潜伏　尾原悟編　教文館　2006.12　290, 18p　22cm　（キリシタン文学双書—キリシタン研究 第43輯）　5800円　①4-7642-2454-2　Ⓝ198.221
〔09414〕
◇キリシタンの宣教と迫害　続橋和弘編　留萌　カトリック留萌教会　1997.3　102p　26cm　Ⓝ198.221
〔09415〕
◇切支丹迫害史中の人物事蹟　姉崎正治著　同文館　1930　584p　23cm　Ⓝ198
〔09416〕
◇キリスト教における殉教研究　佐藤吉昭著　創文社　2004.9　436, 21p　22cm　8500円　①4-423-30122-9　Ⓝ192
〔09417〕
◇殉教—天国の希望と喜び 日本二十六聖人と浦上キリシタンの歴史　イザヤ木原真著　み声新聞社　2006.7　207p　19cm　1143円　①4-902000-01-6　Ⓝ198.221
〔09418〕
◇旅する長崎学　3（キリシタン文化 3）　長崎県企画, 長崎文献社編　長崎　長崎文献社　2006.8　63p　21cm　571円　①4-88851-112-8　Ⓝ291.93
〔09419〕
◇長崎への道—日本二十六聖人　結城了悟著　改訂5版　長崎　二十六聖人記念館　1987.4　190p　18cm　Ⓝ198.221
〔09420〕
◇廿六聖人殉教史話　山本秀煌著　不二屋書房　1935　148p　19cm　Ⓝ198
〔09421〕
◇二十六聖人と長崎物語　結城了悟著　長崎　聖母の騎士社　2002.11　243p　15cm　（聖母文庫）　500円　①4-88216-233-4　Ⓝ198.221
〔09422〕
◇日本殉教録　ペドゥロ・モレホン著, 佐久間正訳　キリシタン文化研究会　1974　205, 9p 図　21cm　（キリシタン文化研究シリーズ 10）　1700円　Ⓝ198.21
〔09423〕
◇日本二十六聖殉教者—歴史的背景と略伝　トマス・オイテンブルク, シーグフリド・シュナイダー共著, 小沢謙一訳　中央出版社　1961　82p 図版　19cm　Ⓝ198.221
〔09424〕
◇日本二十六聖人記念館　長崎　日本二十六聖人記念館　1987.1　103p　26cm　Ⓝ198.221
〔09425〕
◇日本二十六聖人殉教記　永富映次郎著　サンパウロ　1997.1　150p　19cm　1236円　①4-8056-6521-1　Ⓝ198.221
〔09426〕
◇日本二十六聖人殉教記　ルイス・フロイス著, 結城了悟訳　長崎　聖母の騎士社　1997.8　357p　15cm　（聖母文庫）　①4-88216-154-0　Ⓝ198.221
〔09427〕
◇日本二十六聖人殉教記—1597 聖ペトロ・バプチスタ書簡—1596-97　ルイス・フロイス著, 結城了悟訳・解説, 純心女子短期大学長崎地方文化史研究所編　長崎　純心女子短期大学　1995.2　264p　21cm　Ⓝ198.221
〔09428〕
◇日本二十六聖人殉教記—1597 聖ペトロ・バプチスタ書簡—1596-97　ルイス・フロイス著, 結城了悟訳・解説, 純心女子短期大学長崎地方文化史研究所編, 結城了悟訳・解説, 純心女子短期大学長崎地方文化史研究所編　日本障害者リハビリテーション協会　1999.3　CD-ROM1枚　12cm　Ⓝ198.221
〔09429〕
◇日本26聖人物語　ゲルハルト・フーバー著, アンジェルス・アショフ訳　長崎　聖母の騎士社　1993.7　190p　15cm　（聖母文庫）　500円　①4-88216-101-X　Ⓝ198.221
〔09430〕

◇もうひとつの四百年―備前宇喜多領と二十六聖人殉教事件　児島みつゑ著　岡山　手帖舎　2000.8　237p　19cm　1429円　Ⓘ4-88743-268-2　Ⓝ198.221
〔09431〕

学術・教育史

◇鎌倉時代の本のすがた　神奈川県立金沢文庫編　横浜　神奈川県立金沢文庫　1985.10　61p　26cm　Ⓝ020.21
〔09432〕
◇近世以前における日本の社会と数学―社会変動の視点から　井上文夫著　八千代出版　2002.9　159p　22cm　1800円　Ⓘ4-8429-1250-2　Ⓝ362.1
〔09433〕
◇書物の中世史　五味文彦著　みすず書房　2003.12　515, 33p　22cm　6400円　Ⓘ4-622-07077-4　Ⓝ020.21
〔09434〕
◇真福寺とその文庫　浅井峯治編　名古屋　浅井峯治　1943　47p　23cm　（古事記研究叢書　第2編）　Ⓝ010
〔09435〕
◇中世学問史の基底と展開　山崎誠著　大阪　和泉書院　1993.2　948p　22cm　（研究叢書 131）　26780円　Ⓘ4-87088-591-3　Ⓝ919.3
〔09436〕
◇中世禅林の学問および文学に関する研究　芳賀幸四郎著　日本学術振興会　1956　438p　22cm　Ⓝ210.4
〔09437〕
◇中世の文学と学問　大取一馬編　京都　思文閣出版　2005.11　494p　22cm　（龍谷大学仏教文化研究叢書 15）　8400円　Ⓘ4-7842-1271-X　Ⓝ910.24
〔09438〕
◇日本文庫史研究　上巻　上代中世篇　小野則秋著　京都　大雅堂　1944　714p　21cm　Ⓝ010　〔09439〕
◇乱世の知識人―孤悲と佇立の世界　森秀人著　現代思潮社　1972　315p　19cm　Ⓝ210.04　〔09440〕

◆◆金沢文庫

◇金沢文庫古文書　〔横浜〕　〔金沢文庫古典保存会〕　1943　図版281枚　39cm　Ⓝ210.4　〔09441〕
◇金沢文庫古文書　第1輯　関靖編　幽学社　1937　548p　23cm　Ⓝ210.4
〔09442〕
◇金沢文庫古文書　第1輯　武将書状篇　金沢文庫編　横浜　1952-58　26cm　Ⓝ210.4
〔09443〕
◇金沢文庫古文書　第2輯　関靖著　巌松堂　1943　477p　23cm　Ⓝ210.4
〔09444〕
◇金沢文庫古文書　第2輯　僧侶書状篇　金沢文庫編　横浜　1952-58　26cm　Ⓝ210.4
〔09445〕
◇金沢文庫古文書　第3輯　僧侶書状篇　金沢文庫編　横浜　1952-58　26cm　Ⓝ210.4
〔09446〕
◇金沢文庫古文書　第4輯　鈔名書状篇　金沢文庫編　横浜　1952-58　26cm　Ⓝ210.4
〔09447〕
◇金沢文庫古文書　第7輯　所務文書篇　金沢文庫編　横浜　1952-58　26cm　Ⓝ210.4
〔09448〕
◇金澤文庫古文書　第15輯　永島家文書　金沢文庫編　横浜　1960　26cm　Ⓝ210.4
〔09449〕
◇金澤文庫古文書　第16輯　永島家文書　金沢文庫編　横浜　1960　26cm　Ⓝ210.4
〔09450〕
◇金澤文庫古文書　第17輯　依田家文書　金沢文庫編　横浜　1961　323p　26cm　Ⓝ210.4
〔09451〕
◇金沢文庫古文書　第5-6輯　鈔名書状篇　金沢文庫編　横浜　1952-58　26cm　Ⓝ210.4
〔09452〕
◇金沢文庫古文書　第8-9輯　仏事篇　金沢文庫編　横浜　1952-58　26cm　Ⓝ210.4
〔09453〕
◇金沢文庫古文書　第10-12輯　識語篇　金沢文庫編　横浜　1952-58　26cm　Ⓝ210.4
〔09454〕
◇金澤文庫古文書　附録 第1　金沢文庫編　横浜　1959　262p　26cm　Ⓝ210.4
〔09455〕
◇金澤文庫古文書　索引（第1-12輯）　金沢文庫編　横浜　1964　354p　26cm　Ⓝ210.4
〔09456〕
◇金沢文庫資料図録　書状編 1　横浜　神奈川県立金沢文庫　1992.3　359p　37cm　Ⓝ210.4
〔09457〕
◇金沢文庫資料全書　仏典 第1巻　禅籍篇　横浜　神奈川県立金沢文庫　1974　290p 図　27cm　Ⓝ210.4
〔09458〕
◇金沢文庫資料全書　仏典 第2巻　華厳篇　横浜　神奈川県立金沢文庫　1975　299p 図　27cm　Ⓝ210.4
〔09459〕
◇金沢文庫資料全書　仏典 第3巻　天台篇 1　横浜　神奈川県立金沢文庫　1979.3　230p　27cm　Ⓝ210.4
〔09460〕
◇金沢文庫資料全書　仏典 第4巻　浄土篇 1　横浜　神奈川県立金沢文庫　1980.3　266p　27cm　Ⓝ210.4
〔09461〕
◇金沢文庫資料全書　仏典 第5巻　戒律篇 1　横浜　神奈川県立金沢文庫　1981.3　238p　27cm　Ⓝ210.4
〔09462〕
◇金沢文庫資料全書　仏典 第6巻　真言篇 1　横浜　神奈川県立金沢文庫　1982.3　295p　27cm　Ⓝ210.4
〔09463〕
◇金沢文庫資料全書　第7巻　歌謡・声明篇　横浜　神奈川県立金沢文庫　1984.3　347p　27cm　Ⓝ210.4
〔09464〕
◇金沢文庫資料全書　第8巻　歌謡・声明篇 続　横浜　神奈川県立金沢文庫　1986.3　357p　27cm　Ⓝ210.4
〔09465〕
◇金沢文庫資料全書　第9巻　寺院指図篇　横浜　神奈川県立金沢文庫　1988.3　355p　27cm　Ⓝ210.4
〔09466〕
◇金沢文庫資料全書　第10巻　戒律篇 2　横浜　神奈川県立金沢文庫　1991.3　527p　27cm　Ⓝ210.4
〔09467〕
◇金沢文庫資料の研究　納富常天著　京都　法藏館　1982.6　612, 85p　22cm　14000円　Ⓝ182.1　〔09468〕
◇金沢文庫資料の研究　稀覯資料篇　納富常天著　京都　法藏館　1995.7　738p　22cm　32000円　Ⓘ4-8318-7600-3　Ⓝ182.1
〔09469〕
◇金沢文庫と『吾妻鏡』の世界　末廣昌雄著　岳書房　1999.5　301p　20cm　2500円　Ⓘ4-89006-001-4　Ⓝ210.42
〔09470〕
◇金沢文庫の位置に就いて　関靖著　横浜　関靖　1941　84p 図版　19cm　Ⓝ010　〔09471〕
◇金沢文庫の名品50選　神奈川県立金沢文庫編　横浜　神奈川県立金沢文庫　1999.4　48p　30cm　（金沢文庫テーマ展図録）　Ⓝ702.142
〔09472〕
◇金沢文庫の名宝―金沢北条氏の遺宝 特別展　神奈川県立金沢文庫編　横浜　神奈川県立金沢文庫　2002.4　47p　30cm　Ⓝ702.17
〔09473〕
◇紙背文書の世界―テーマ展図録　神奈川県立金沢文庫編　横浜　神奈川県立金沢文庫　1994.6　63p　26cm　Ⓝ210.02
〔09474〕

学術・教育史　　　　　　　　中世史

◇日本教育史基本文献・史料叢書 17　金沢文庫の研究　関靖著　大空社　1992.2　738, 20, 6p　22cm　18000円　Ⓘ4-87236-617-4　Ⓝ372.1　〔09475〕
◇武家の興学―北条実時一門と金沢文庫　関靖著　関靖　1945　270, 42, 10p 図版 肖像　19cm　Ⓝ289.1　〔09476〕
◇北条実時と金沢文庫　関靖著　金沢町（神奈川県）　金沢文庫　1935　21p　19cm　Ⓝ210.4　〔09477〕

◆史学史
◇百錬抄人名総索引　伊藤葉子等編　横浜　政治経済史学会　1969　151p　22cm　2500円　Ⓝ210.37　〔09478〕
◇新訂増補 國史大系　第12巻　扶桑略記,帝王編年記　黒板勝美, 國史大系編修會編　吉川弘文館　1965　456p　28cm　Ⓝ210.08　〔09479〕

◆◆吾妻鏡
◇吾妻鏡　高桑駒吉等校・補　校訂増補　大日本図書　1896.12　10冊　23cm　Ⓝ210.4　〔09480〕
◇吾妻鑑　国書刊行会編　校訂増補　大観堂　1943　2冊　22cm　Ⓝ210.4　〔09481〕
◇吾妻鏡―吉川本　第1-3　国書刊行会編　名著刊行会　1968　3冊　22cm　全4500円　Ⓝ210.42　〔09482〕
◇吾妻鏡　前田育德会尊経閣文庫　1981.11　2軸　30cm　（原装影印古典籍覆製叢刊）　全115000円　Ⓝ210.42　〔09483〕
◇吾妻鏡―吉川本　上, 中, 下巻　国書刊行会編　国書刊行会　1923　3冊　23cm　Ⓝ210　〔09484〕
◇吾妻鏡　第1　与謝野寛ほか編纂・校訂　長崎町（府）　日本古典全集刊行会　1927　240p　15cm　（日本古典全集 第1回）　Ⓝ210.4　〔09485〕
◇吾妻鏡　第1　正宗敦夫編　長崎町（府）　日本古典全集刊行会　1930　240p　16cm　Ⓝ210.4　〔09486〕
◇吾妻鏡―校訂　第1, 2冊　橋本実校　雄山閣　1937　2冊　16cm　（雄山閣文庫 第1部 第4）　Ⓝ210.4　〔09487〕
◇吾妻鏡　上巻　國書刊行會編纂　校訂増補　大觀堂　1943.4　11, 662p　22cm　Ⓝ210.42　〔09488〕
◇吾妻鏡　前篇　黒板勝美編輯　新装版　吉川弘文館　2000.3　800p　23cm　（國史大系 新訂増補 第32巻）　10000円　Ⓘ4-642-00335-5　Ⓝ210.42　〔09489〕
◇吾妻鏡　第2　与謝野寛ほか編纂・校訂　長崎町（府）　日本古典全集刊行会　1927　241p　16cm　（日本古典全集 第1回）　Ⓝ210.4　〔09490〕
◇吾妻鏡　第2　正宗敦夫編　長崎町（府）　日本古典全集刊行会　1930　241p　16cm　Ⓝ210.4　〔09491〕
◇吾妻鏡　第3　正宗敦夫編　長崎町（府）　日本古典全集刊行会　1930　246p　16cm　Ⓝ210.4　〔09492〕
◇吾妻鏡　下巻　國書刊行會編纂　校訂増補　大觀堂　1943.4　735p　22cm　Ⓝ210.42　〔09493〕
◇吾妻鏡　後篇　黒板勝美編　新装版　吉川弘文館　2000.6　875, 15p　23cm　（國史大系 新訂増補 第33巻）　10000円　Ⓘ4-642-00336-3　Ⓝ210.42　〔09494〕
◇吾妻鏡　第4　与謝野寛ほか編纂・校訂　長崎町（府）　日本古典全集刊行会　1927　251p　16cm　（日本古典全集 第1回）　Ⓝ210.4　〔09495〕
◇吾妻鏡　第4　正宗敦夫編　長崎町（府）　日本古典全集刊行会　1930　251p　16cm　Ⓝ210.4　〔09496〕
◇吾妻鏡　第5　与謝野寛ほか編纂・校訂　長崎町（府）　日本古典全集刊行会　1927　278p　16cm　（日本古典全集 第1回）　Ⓝ210.4　〔09497〕
◇吾妻鏡　第5　正宗敦夫編　長崎町（府）　日本古典全集刊行会　1930　278p　16cm　Ⓝ210.4　〔09498〕
◇吾妻鏡　第5　竜粛訳注　岩波書店　1944　386p　15cm　（岩波文庫 2057-2060）　Ⓝ210.4　〔09499〕
◇吾妻鏡　第6　与謝野寛ほか編纂校訂　長崎町（府）　日本古典全集刊行会　1927　268p　16cm　（日本古典全集 第1回）　Ⓝ210.4　〔09500〕
◇吾妻鏡　第6　正宗敦夫編　長崎町（府）　日本古典全集刊行会　1930　268p　16cm　Ⓝ210.4　〔09501〕
◇吾妻鏡　第7　正宗敦夫編　長崎町（府）　日本古典全集刊行会　1930　256p　16cm　Ⓝ210.4　〔09502〕
◇吾妻鏡　第8　正宗敦夫編　長崎町（府）　日本古典全集刊行会　1930　236, 2p　16cm　Ⓝ210.4　〔09503〕
◇吾妻鏡―吉川本　第1-3　国書刊行会編　国書刊行会　1915　3冊　22cm　（国書刊行会本）　Ⓝ210.4　〔09504〕
◇吾妻鏡―校訂　第1-4冊　橋本実校　雄山閣　1936-1938　4冊　16cm　（雄山閣文庫 第1部 第4）　Ⓝ210.4　〔09505〕
◇吾妻鏡　第1-4　竜粛訳註　岩波書店　1939-1941　4冊　16cm　（岩波文庫 2047-2056）　Ⓝ210.4　〔09506〕
◇吾妻鏡―校訂　第5-6冊　橋本実校　雄山閣　1938-1939　2冊　15-16cm　（雄山閣文庫 第1部 第31,42）　Ⓝ210.4　〔09507〕
◇『吾妻鏡』を歩く―鎌倉の中世史探訪　末広昌雄著　岳書房　1988.3　231p　20cm　1700円　Ⓝ210.42　〔09508〕
◇吾妻鏡を歩く　伊豆編 その1　石田開一著　川崎　石田開一　1984.4印刷　92p　26cm　非売品　Ⓝ210.42　〔09509〕
◇吾妻鏡を耕す　小泉輝三朗著　新人物往来社　1980.2　191p　20cm　1300円　Ⓝ210.42　〔09510〕
◇吾妻鏡（寛永版本）CD-ROM　中村康夫, 安道百合子監修　岩波書店　2001.2　CD-ROM1枚　12cm　（国文学研究資料館データベース古典コレクション）　12500円　Ⓘ4-00-130095-8　Ⓝ210.42　〔09511〕
◇吾妻鏡事典　佐藤和彦, 谷口榮編　東京堂出版　2007.8　336p　21cm　5000円　Ⓘ978-4-490-10723-4　〔09512〕
◇吾妻鏡集解　高桑駒吉等編　大日本図書　1896.12　2冊　（113, 89丁）　23cm　Ⓝ210.4　〔09513〕
◇吾妻鏡人名索引　御家人制研究会編　吉川弘文館　1971　565p　23cm　4800円　Ⓝ210.42　〔09514〕
◇吾妻鏡人名索引　御家人制研究会編　吉川弘文館　1992.3　565p　23cm　8600円　Ⓘ4-642-00175-1　Ⓝ210.42　〔09515〕
◇吾妻鏡人名索引　第1　治承4年-建久6年　国学院大学日本史研究会編　限定版　1968　222p　24cm　Ⓝ210.42　〔09516〕
◇吾妻鏡人名索引　2　正治元年-宝治2年　国学院大学日本史研究会　1969　320p　25cm　Ⓝ210.42　〔09517〕
◇吾妻鏡人名索引　3　建長2年-文永3年　国学院大学日本史研究会　1970　204p　25cm　Ⓝ210.42　〔09518〕
◇吾妻鏡人名総覧―注釈と考証　安田元久編　吉川弘文館　1998.2　623p　23cm　22000円　Ⓘ4-642-00177-8　Ⓝ210.42　〔09519〕
◇吾妻鏡総索引　及川大渓著　日本学術振興会　1975.3　1537p　22cm　12000円　Ⓝ210.42　〔09520〕

◇吾妻鏡総索引　上巻　及川大溪著　東洋書林　1999.9　769p　22cm　28000円　Ⓘ4-88721-374-3　Ⓝ210.42
〔09521〕
◇吾妻鏡総索引　下巻　及川大溪著　東洋書林　1999.9　p770-1537　22cm　28000円　Ⓘ4-88721-375-1　Ⓝ210.42
〔09522〕
◇吾妻鏡地名索引　国学院大学日本史研究会編　村田書店　1977.4　175, 44p　22cm　4300円　Ⓝ210.42
〔09523〕
◇『吾妻鏡』と中世物語　亀田帛子著　双文社出版　1994.3　262p　22cm　3800円　Ⓘ4-88164-501-3　Ⓝ210.42
〔09524〕
◇吾妻鏡に見る武蔵野開発　恩田政行著　青山第一出版　1998.12　55p　21cm　Ⓝ213.4
〔09525〕
◇『吾妻鏡』に見る武蔵武士　金沢正明編　創栄出版(製作)　1994.8　260p　22cm　Ⓘ4-88250-433-2　Ⓝ210.42
〔09526〕
◇吾妻鏡の研究　八代国治著　吉川弘文館　1913　182, 9p　22cm　Ⓝ210.4
〔09527〕
◇吾妻鏡の研究　八代国治著　修正再版　明世堂　1941　194p　22cm　Ⓝ210.4
〔09528〕
◇吾妻鏡の思想史―北条時頼を読む　市川浩史著　吉川弘文館　2002.4　191, 6p　22cm　5500円　Ⓘ4-642-02674-6　Ⓝ210.42
〔09529〕
◇吾妻鏡の人びと―鎌倉武士の興亡　岡部周三著　新人物往来社　1978.2　249p　20cm　1500円　Ⓝ210.42
〔09530〕
◇吾妻鏡の風景　三浦澄子著　文芸社　2004.2　227p　20cm　1500円　Ⓘ4-8355-6933-4　Ⓝ210.42
〔09531〕
◇吾妻鏡の方法―事実と神話にみる中世　五味文彦著　吉川弘文館　1990.1　242, 12p　20cm　1500円　Ⓘ4-642-07283-7　Ⓝ210.42
〔09532〕
◇吾妻鏡の方法―事実と神話にみる中世　五味文彦著　増補　吉川弘文館　2000.11　321, 16p　20cm　2000円　Ⓘ4-642-07771-5　Ⓝ210.42
〔09533〕
◇吾妻鏡備考　高桑駒吉等編　大日本図書　1899.2　3冊(59, 96, 130丁)　23cm　Ⓝ210.4
〔09534〕
◇吾妻鏡標註―訳文　第1-2冊　堀田璋左右著　東洋堂　1943-1945　2冊　22cm　Ⓝ210.4
〔09535〕
◇吾妻鏡物語　芝野六助著　啓成社　1913　410, 26, 10p　23cm　Ⓝ210.4
〔09536〕
◇『吾妻鏡』謡曲拾い読み―石橋山の合戦から北条政子の死まで　佐々木達司著, 福田陽士監修　刀水書房　2006.2　293p　20cm　1900円　Ⓘ4-88708-351-3　Ⓝ210.42
〔09537〕
◇仮字吾妻鏡―校註　佐藤仁之助著　明治書院　1937　133p　20cm　Ⓝ210.4
〔09538〕
◇金沢文庫と『吾妻鏡』の世界　末廣昌雄著　岳書房　1999.5　301p　20cm　2500円　Ⓘ4-89006-001-4　Ⓝ210.42
〔09539〕
◇鎌倉・湘南新歳時記―『吾妻鏡』の世界　末広昌雄著　岳書房　1992.2　216p　19cm　2060円
〔09540〕
◇桐生六郎の周辺―『吾妻鏡』における或る逆臣の正当性について　大瀬祐太著　〔桐生〕〔大瀬祐太〕　2005.11　166p　21cm　Ⓝ213.3
〔09541〕
◇写真でみる「吾妻鏡」の相模・伊豆・武蔵・甲斐の史跡　吉永昌弘著　〔市原〕〔吉永昌弘〕　1992.3　368p　27cm　非売品　Ⓝ210.42
〔09542〕
◇新刊吾妻鏡　巻第5　観音寺　上坂氏顕彰会史料出版部　2002.11　1冊(ページ付なし)　30cm　(理想日本リプリント　第88巻)　52800円　Ⓝ210.42
〔09543〕
◇新刊吾妻鏡　巻第12　観音寺　上坂氏顕彰会史料出版部　2002.11　1冊(ページ付なし)　30cm　(理想日本リプリント　第88巻)　52800円　Ⓝ210.42
〔09544〕
◇新刊吾妻鏡　巻第13　観音寺　上坂氏顕彰会史料出版部　2002.11　1冊(ページ付なし)　30cm　(理想日本リプリント　第88巻)　52800円　Ⓝ210.42
〔09545〕
◇新刊吾妻鏡　巻第14　観音寺　上坂氏顕彰会史料出版部　2002.11　1冊(ページ付なし)　30cm　(理想日本リプリント　第88巻)　52800円　Ⓝ210.42
〔09546〕
◇新刊吾妻鏡　巻第20　観音寺　上坂氏顕彰会史料出版部　2002.11　1冊(ページ付なし)　30cm　(理想日本リプリント　第88巻)　36800円　Ⓝ210.42
〔09547〕
◇新刊吾妻鏡　巻第22　観音寺　上坂氏顕彰会史料出版部　2002.11　1冊(ページ付なし)　30cm　(理想日本リプリント　第88巻)　46800円　Ⓝ210.42
〔09548〕
◇新刊吾妻鏡　巻第23　観音寺　上坂氏顕彰会史料出版部　2002.11　1冊(ページ付なし)　30cm　(理想日本リプリント　第88巻)　46800円　Ⓝ210.42
〔09549〕
◇新刊吾妻鏡　巻第24　観音寺　上坂氏顕彰会史料出版部　2002.10　1冊(ページ付なし)　30cm　(理想日本リプリント　第88巻)　41800円　Ⓝ210.42
〔09550〕
◇新刊吾妻鏡　巻第26　観音寺　上坂氏顕彰会史料出版部　2002.10　1冊(ページ付なし)　30cm　(理想日本リプリント　第88巻)　46800円　Ⓝ210.42
〔09551〕
◇新刊吾妻鏡　巻第27　観音寺　上坂氏顕彰会史料出版部　2002.10　1冊(ページ付なし)　30cm　(理想日本リプリント　第88巻)　52800円　Ⓝ210.42
〔09552〕
◇新刊吾妻鏡　巻第28　観音寺　上坂氏顕彰会史料出版部　2002.10　1冊(ページ付なし)　30cm　(理想日本リプリント　第88巻)　46800円　Ⓝ210.42
〔09553〕
◇新刊吾妻鏡　巻第29　観音寺　上坂氏顕彰会史料出版部　2002.10　1冊(ページ付なし)　30cm　(理想日本リプリント　第88巻)　41800円　Ⓝ210.42
〔09554〕
◇新刊吾妻鏡　巻第30　観音寺　上坂氏顕彰会史料出版部　2002.10　1冊(ページ付なし)　30cm　(理想日本リプリント　第88巻)　52800円　Ⓝ210.42
〔09555〕
◇新刊吾妻鏡　巻第33　観音寺　上坂氏顕彰会史料出版部　2002.10　1冊(ページ付なし)　30cm　(理想日本リプリント　第88巻)　52800円　Ⓝ210.42
〔09556〕
◇新刊吾妻鏡　巻第34　観音寺　上坂氏顕彰会史料出版部　2002.10　1冊(ページ付なし)　30cm　(理想日本リプリント　第88巻)　52800円　Ⓝ210.42
〔09557〕
◇新刊吾妻鏡　巻第37　観音寺　上坂氏顕彰会史料出版部　2002.10　1冊(ページ付なし)　30cm　(理想日本リプリント　第88巻)　41800円　Ⓝ210.42
〔09558〕
◇新刊吾妻鏡　巻第39　観音寺　上坂氏顕彰会史料出版部　2002.10　1冊(ページ付なし)　30cm　(理想日本リプリント　第88巻)　41800円　Ⓝ210.42
〔09559〕
◇新刊吾妻鏡　巻第43　観音寺　上坂氏顕彰会史料出版部　2002.10　1冊(ページ付なし)　30cm　(理想日本リプリント　第88巻)　46800円　Ⓝ210.42
〔09560〕
◇新刊吾妻鏡　巻第44　観音寺　上坂氏顕彰会史料出版部　2002.10　1冊(ページ付なし)　30cm　(理想日本リプリント　第88巻)　46800円　Ⓝ210.42
〔09561〕
◇新刊吾妻鏡　巻第52　観音寺　上坂氏顕彰会史料出版部　2002.10　1冊(ページ付なし)　30cm　(理想日本リプリント　第88巻)　52800円　Ⓝ210.42
〔09562〕

学術・教育史　　　　　　　　　　　　　　　中世史

◇新刊吾妻鏡　巻第4 分冊1　観音寺　上坂氏顕彰会史料出版部　2002.11　1冊(ページ付なし)　30cm（理想日本リプリント　第88巻）　52800円　Ⓝ210.42
〔09563〕

◇新刊吾妻鏡　巻第4 分冊2　観音寺　上坂氏顕彰会史料出版部　2002.11　1冊(ページ付なし)　30cm（理想日本リプリント　第88巻）　46800円　Ⓝ210.42
〔09564〕

◇新刊吾妻鏡　巻第6 分冊1　観音寺　上坂氏顕彰会史料出版部　2002.11　1冊(ページ付なし)　30cm（理想日本リプリント　第88巻）　52800円　Ⓝ210.42
〔09565〕

◇新刊吾妻鏡　巻第6 分冊2　観音寺　上坂氏顕彰会史料出版部　2002.11　1冊(ページ付なし)　30cm（理想日本リプリント　第88巻）　46800円　Ⓝ210.42
〔09566〕

◇新刊吾妻鏡　巻第6 分冊3　観音寺　上坂氏顕彰会史料出版部　2002.11　1冊(ページ付なし)　30cm（理想日本リプリント　第88巻）　46800円　Ⓝ210.42
〔09567〕

◇新刊吾妻鏡　巻第7 分冊1　観音寺　上坂氏顕彰会史料出版部　2002.11　1冊(ページ付なし)　30cm（理想日本リプリント　第88巻）　46800円　Ⓝ210.42
〔09568〕

◇新刊吾妻鏡　巻第7 分冊2　観音寺　上坂氏顕彰会史料出版部　2002.11　1冊(ページ付なし)　30cm（理想日本リプリント　第88巻）　46800円　Ⓝ210.42
〔09569〕

◇新刊吾妻鏡　巻第10 分冊1　観音寺　上坂氏顕彰会史料出版部　2002.11　1冊(ページ付なし)　30cm（理想日本リプリント　第88巻）　46800円　Ⓝ210.42
〔09570〕

◇新刊吾妻鏡　巻第10 分冊2　観音寺　上坂氏顕彰会史料出版部　2002.11　1冊(ページ付なし)　30cm（理想日本リプリント　第88巻）　46800円　Ⓝ210.42
〔09571〕

◇新刊吾妻鏡　巻第10 分冊3　観音寺　上坂氏顕彰会史料出版部　2002.11　1冊(ページ付なし)　30cm（理想日本リプリント　第88巻）　52800円　Ⓝ210.42
〔09572〕

◇新刊吾妻鏡　巻第11 分冊1　観音寺　上坂氏顕彰会史料出版部　2002.11　1冊(ページ付なし)　30cm（理想日本リプリント　第88巻）　46800円　Ⓝ210.42
〔09573〕

◇新刊吾妻鏡　巻第11 分冊2　観音寺　上坂氏顕彰会史料出版部　2002.11　1冊(ページ付なし)　30cm（理想日本リプリント　第88巻）　41800円　Ⓝ210.42
〔09574〕

◇新刊吾妻鏡　巻第15 分冊1　観音寺　上坂氏顕彰会史料出版部　2002.11　1冊(ページ付なし)　30cm（理想日本リプリント　第88巻）　41800円　Ⓝ210.42
〔09575〕

◇新刊吾妻鏡　巻第15 分冊2　観音寺　上坂氏顕彰会史料出版部　2002.11　1冊(ページ付なし)　30cm（理想日本リプリント　第88巻）　41800円　Ⓝ210.42
〔09576〕

◇新刊吾妻鏡　巻第16 分冊1　観音寺　上坂氏顕彰会史料出版部　2002.11　1冊(ページ付なし)　30cm（理想日本リプリント　第88巻）　46800円　Ⓝ210.42
〔09577〕

◇新刊吾妻鏡　巻第16 分冊2　観音寺　上坂氏顕彰会史料出版部　2002.11　1冊(ページ付なし)　30cm（理想日本リプリント　第88巻）　41800円　Ⓝ210.42
〔09578〕

◇新刊吾妻鏡　巻第17 分冊1　観音寺　上坂氏顕彰会史料出版部　2002.11　1冊(ページ付なし)　30cm（理想日本リプリント　第88巻）　41800円　Ⓝ210.42
〔09579〕

◇新刊吾妻鏡　巻第17 分冊2　観音寺　上坂氏顕彰会史料出版部　2002.11　1冊(ページ付なし)　30cm（理想日本リプリント　第88巻）　41800円　Ⓝ210.42
〔09580〕

◇新刊吾妻鏡　巻第18 分冊1　観音寺　上坂氏顕彰会史料出版部　2002.11　1冊(ページ付なし)　30cm（理想日本リプリント　第88巻）　46800円　Ⓝ210.42
〔09581〕

◇新刊吾妻鏡　巻第18 分冊2　観音寺　上坂氏顕彰会史料出版部　2002.11　1冊(ページ付なし)　30cm（理想日本リプリント　第88巻）　46800円　Ⓝ210.42
〔09582〕

◇新刊吾妻鏡　巻第19 分冊1　観音寺　上坂氏顕彰会史料出版部　2002.11　1冊(ページ付なし)　30cm（理想日本リプリント　第88巻）　46800円　Ⓝ210.42
〔09583〕

◇新刊吾妻鏡　巻第19 分冊2　観音寺　上坂氏顕彰会史料出版部　2002.11　1冊(ページ付なし)　30cm（理想日本リプリント　第88巻）　41800円　Ⓝ210.42
〔09584〕

◇新刊吾妻鏡　巻第21 分冊1　観音寺　上坂氏顕彰会史料出版部　2002.11　1冊(ページ付なし)　30cm（理想日本リプリント　第88巻）　46800円　Ⓝ210.42
〔09585〕

◇新刊吾妻鏡　巻第21 分冊2　観音寺　上坂氏顕彰会史料出版部　2002.11　1冊(ページ付なし)　30cm（理想日本リプリント　第88巻）　41800円　Ⓝ210.42
〔09586〕

◇新刊吾妻鏡　巻第25 分冊1　観音寺　上坂氏顕彰会史料出版部　2002.10　1冊(ページ付なし)　30cm（理想日本リプリント　第88巻）　41800円　Ⓝ210.42
〔09587〕

◇新刊吾妻鏡　巻第25 分冊2　観音寺　上坂氏顕彰会史料出版部　2002.10　1冊(ページ付なし)　30cm（理想日本リプリント　第88巻）　41800円　Ⓝ210.42
〔09588〕

◇新刊吾妻鏡　巻第31 分冊1　観音寺　上坂氏顕彰会史料出版部　2002.10　1冊(ページ付なし)　30cm（理想日本リプリント　第88巻）　41800円　Ⓝ210.42
〔09589〕

◇新刊吾妻鏡　巻第31 分冊2　観音寺　上坂氏顕彰会史料出版部　2002.10　1冊(ページ付なし)　30cm（理想日本リプリント　第88巻）　41800円　Ⓝ210.42
〔09590〕

◇新刊吾妻鏡　巻第32 分冊1　観音寺　上坂氏顕彰会史料出版部　2002.10　1冊(ページ付なし)　30cm（理想日本リプリント　第88巻）　41800円　Ⓝ210.42
〔09591〕

◇新刊吾妻鏡　巻第32 分冊2　観音寺　上坂氏顕彰会史料出版部　2002.10　1冊(ページ付なし)　30cm（理想日本リプリント　第88巻）　41800円　Ⓝ210.42
〔09592〕

◇新刊吾妻鏡　巻第35 分冊1　観音寺　上坂氏顕彰会史料出版部　2002.10　1冊(ページ付なし)　30cm　(理想日本リプリント　第88巻)　41800円　Ⓝ210.42
〔09593〕
◇新刊吾妻鏡　巻第35 分冊2　観音寺　上坂氏顕彰会史料出版部　2002.10　1冊(ページ付なし)　30cm　(理想日本リプリント　第88巻)　41800円　Ⓝ210.42
〔09594〕
◇新刊吾妻鏡　巻第36 分冊1　観音寺　上坂氏顕彰会史料出版部　2002.10　1冊(ページ付なし)　30cm　(理想日本リプリント　第88巻)　41800円　Ⓝ210.42
〔09595〕
◇新刊吾妻鏡　巻第36 分冊2　観音寺　上坂氏顕彰会史料出版部　2002.10　1冊(ページ付なし)　30cm　(理想日本リプリント　第88巻)　41800円　Ⓝ210.42
〔09596〕
◇新刊吾妻鏡　巻第38 分冊1　観音寺　上坂氏顕彰会史料出版部　2002.10　1冊(ページ付なし)　30cm　(理想日本リプリント　第88巻)　41800円　Ⓝ210.42
〔09597〕
◇新刊吾妻鏡　巻第38 分冊2　観音寺　上坂氏顕彰会史料出版部　2002.10　1冊(ページ付なし)　30cm　(理想日本リプリント　第88巻)　41800円　Ⓝ210.42
〔09598〕
◇新刊吾妻鏡　巻第40 分冊1　観音寺　上坂氏顕彰会史料出版部　2002.10　1冊(ページ付なし)　30cm　(理想日本リプリント　第88巻)　46800円　Ⓝ210.42
〔09599〕
◇新刊吾妻鏡　巻第40 分冊2　観音寺　上坂氏顕彰会史料出版部　2002.10　1冊(ページ付なし)　30cm　(理想日本リプリント　第88巻)　41800円　Ⓝ210.42
〔09600〕
◇新刊吾妻鏡　巻第41 分冊1　観音寺　上坂氏顕彰会史料出版部　2002.10　1冊(ページ付なし)　30cm　(理想日本リプリント　第88巻)　41800円　Ⓝ210.42
〔09601〕
◇新刊吾妻鏡　巻第41 分冊2　観音寺　上坂氏顕彰会史料出版部　2002.10　1冊(ページ付なし)　30cm　(理想日本リプリント　第88巻)　41800円　Ⓝ210.42
〔09602〕
◇新刊吾妻鏡　巻第42 分冊1　観音寺　上坂氏顕彰会史料出版部　2002.10　1冊(ページ付なし)　30cm　(理想日本リプリント　第88巻)　52800円　Ⓝ210.42
〔09603〕
◇新刊吾妻鏡　巻第42 分冊2　観音寺　上坂氏顕彰会史料出版部　2002.10　1冊(ページ付なし)　30cm　(理想日本リプリント　第88巻)　46800円　Ⓝ210.42
〔09604〕
◇新刊吾妻鏡　巻第46 分冊1　観音寺　上坂氏顕彰会史料出版部　2002.10　1冊(ページ付なし)　30cm　(理想日本リプリント　第88巻)　41800円　Ⓝ210.42
〔09605〕
◇新刊吾妻鏡　巻第46 分冊2　観音寺　上坂氏顕彰会史料出版部　2002.10　1冊(ページ付なし)　30cm　(理想日本リプリント　第88巻)　41800円　Ⓝ210.42
〔09606〕
◇新刊吾妻鏡　巻第47 分冊1　観音寺　上坂氏顕彰会史料出版部　2002.10　1冊(ページ付なし)　30cm　(理想日本リプリント　第88巻)　41800円　Ⓝ210.42
〔09607〕
◇新刊吾妻鏡　巻第47 分冊2　観音寺　上坂氏顕彰会史料出版部　2002.10　1冊(ページ付なし)　30cm　(理想日本リプリント　第88巻)　41800円　Ⓝ210.42
〔09608〕
◇新刊吾妻鏡　巻第48 分冊1　観音寺　上坂氏顕彰会史料出版部　2002.10　1冊(ページ付なし)　30cm　(理想日本リプリント　第88巻)　46800円　Ⓝ210.42
〔09609〕
◇新刊吾妻鏡　巻第48 分冊2　観音寺　上坂氏顕彰会史料出版部　2002.10　1冊(ページ付なし)　30cm　(理想日本リプリント　第88巻)　46800円　Ⓝ210.42
〔09610〕
◇新刊吾妻鏡　巻第49 分冊1　観音寺　上坂氏顕彰会史料出版部　2002.10　1冊(ページ付なし)　30cm　(理想日本リプリント　第88巻)　46800円　Ⓝ210.42
〔09611〕
◇新刊吾妻鏡　巻第49 分冊2　観音寺　上坂氏顕彰会史料出版部　2002.10　1冊(ページ付なし)　30cm　(理想日本リプリント　第88巻)　46800円　Ⓝ210.42
〔09612〕
◇新刊吾妻鏡　巻第50 分冊1　観音寺　上坂氏顕彰会史料出版部　2002.10　1冊(ページ付なし)　30cm　(理想日本リプリント　第88巻)　52800円　Ⓝ210.42
〔09613〕
◇新刊吾妻鏡　巻第50 分冊2　観音寺　上坂氏顕彰会史料出版部　2002.10　1冊(ページ付なし)　30cm　(理想日本リプリント　第88巻)　46800円　Ⓝ210.42
〔09614〕
◇新刊吾妻鏡　巻第51 分冊1　観音寺　上坂氏顕彰会史料出版部　2002.10　1冊(ページ付なし)　30cm　(理想日本リプリント　第88巻)　46800円　Ⓝ210.42
〔09615〕
◇新刊吾妻鏡　巻第51 分冊2　観音寺　上坂氏顕彰会史料出版部　2002.10　1冊(ページ付なし)　30cm　(理想日本リプリント　第88巻)　46800円　Ⓝ210.42
〔09616〕
◇新釈吾妻鏡　小沢彰著　千秋社　1985.1　2冊　22cm　各5200円　Ⓝ210.42
〔09617〕
◇新訂増補　國史大系　第32巻　吾妻鏡　黒板勝美, 國史大系編修會編　完成記念版　吉川弘文館　1964　800p　28cm　Ⓝ210.08
〔09618〕
◇新訂増補　國史大系　第32巻　吾妻鏡　前篇　黒板勝美編　オンデマンド版　吉川弘文館　2007.6　800p　26cm　15500円　①978-4-642-04034-1
〔09619〕
◇新訂増補　國史大系　第33巻　吾妻鏡　黒板勝美, 國史大系編修會編　完成記念版　吉川弘文館　1965　375, 15p　28cm　Ⓝ210.08
〔09620〕
◇新訂増補　國史大系　第33巻　吾妻鏡　後篇　黒板勝美編　オンデマンド版　吉川弘文館　2007.6　875, 15p　26cm　17000円　①978-4-642-04035-8
〔09621〕
◇全訳吾妻鏡　1　巻第1-巻第7(治承4年-文治3年)　貴志正造訳注　新人物往来社　1976　373p　22cm　4800円　Ⓝ210.42
〔09622〕
◇全訳吾妻鏡　2　巻第8-巻第16(文治4年-正治2年)　貴志正造訳注　新人物往来社　1976　400p　22cm　4800円　Ⓝ210.42
〔09623〕
◇全訳吾妻鏡　3　貴志正造訳注　新人物往来社　1977.2　458p　22cm　4800円　Ⓝ210.42
〔09624〕
◇全訳吾妻鏡　4　貴志正造訳注　新人物往来社　1977.4　488p　22cm　4800円　Ⓝ210.42
〔09625〕

学術・教育史　　　　　　　　　　　中世史

◇全訳吾妻鏡　5　貴志正造訳注　新人物往来社　1977.6　543p　22cm　4800円　Ⓝ210.42　〔09626〕
◇全訳吾妻鏡　別巻　貴志正造編著　新人物往来社　1979.4　422p　22cm　5800円　Ⓝ210.42　〔09627〕
◇もう一つの鎌倉時代―藤原定家・太田牛一の系譜　井上力著　講談社出版サービスセンター　2002.11　901p　19cm　2400円　Ⓘ4-87601-632-1　Ⓝ210.42　〔09628〕
◇もう一つの鎌倉物語―平塚雷鳥は間違っていた　井上力著　講談社出版サービスセンター　2003.4　763p　19cm　2200円　Ⓘ4-87601-644-5　Ⓝ210.42　〔09629〕
◇訳文吾妻鏡標註　第1冊　堀田璋左右著　名著出版　1973　574p　22cm　5000円　Ⓝ210.42　〔09630〕
◇訳文/吾妻鏡標註　第2冊　堀田璋左右著　東洋堂　1945　1冊　22cm　Ⓝ210.42　〔09631〕
◇訳文吾妻鏡標註　第2冊　堀田璋左右著　名著出版　1973　608p　22cm　5000円　Ⓝ210.42　〔09632〕
◇和歌が語る吾妻鏡の世界　大谷雅子著　新人物往来社　1996.1　275p　20cm　（歴研ブックス）　2800円　Ⓘ4-404-02329-4　Ⓝ210.42　〔09633〕

◆◆愚管抄
◇愚管抄　慈円著, 三教書院編輯部編　三教書院　1935　300p　20cm　（いてふ本）　Ⓝ210.1　〔09634〕
◇愚管抄　慈鎮著, 丸山二郎校註　岩波書店　1949　331p　15cm　（岩波文庫）　Ⓝa210　〔09635〕
◇愚管抄　慈圓著, 竹下直之解題　いてふ本刊行会　1953　300p　19cm　Ⓝ210.12　〔09636〕
◇愚管抄　慈円著, 丸山二郎校注　岩波書店　1988.4　331p　16cm　（岩波文庫 30-111-1）　550円　Ⓘ4-00-301111-2　Ⓝ210.3　〔09637〕
◇愚管抄　慈円著, 岡見正雄, 赤松俊秀校注　岩波書店　1992.11　547p　22cm　（日本古典文学大系新装版―歴史文学シリーズ）　4800円　Ⓘ4-00-004494-X　Ⓝ210.3　〔09638〕
◇愚管抄を読む―中世日本の歴史観　大隅和雄著　平凡社　1986.5　287p　20cm　（平凡社選書）　2000円　Ⓘ4-582-82293-2　Ⓝ210.01　〔09639〕
◇愚管抄を読む―中世日本の歴史観　大隅和雄著　講談社　1999.6　305p　15cm　（講談社学術文庫）　920円　Ⓘ4-06-159381-1　Ⓝ210.01　〔09640〕
◇愚管抄全註解　中島悦次著　新訂版　有精堂出版　1969　694p　22cm　4800円　Ⓝ210.12　〔09641〕
◇愚管抄とその前後　尾崎勇著　大阪　和泉書院　1993.3　437p　22cm　（研究叢書 127）　13390円　Ⓘ4-87088-578-6　Ⓝ913.42　〔09642〕
◇『愚管抄』の"ウソ"と"マコト"―歴史語りの自己言及性を超え出て　深沢徹著　森話社　2006.11　371p　21cm　5600円　Ⓘ4-916087-69-0　〔09643〕
◇愚管抄の研究―その成立と思想　石田一良著　ぺりかん社　2000.11　297p　22cm　5800円　Ⓘ4-8315-0899-3　Ⓝ210.01　〔09644〕
◇愚管抄評釈　中島悦次著　国文研究会　1931　610p　23cm　Ⓝ210.1　〔09645〕
◇古今著聞集　愚管抄　橘成季著, 黒板勝美編輯, 慈鎮著, 黒板勝美編輯　新装版　吉川弘文館　2000.7　422, 236p　23cm　（國史大系 新訂増補 第19巻）　8600円　Ⓘ4-642-00320-7　Ⓝ913.47　〔09646〕
◇慈円　多賀宗隼著　吉川弘文館　1959　230p　図版　18cm　（人物叢書 日本歴史学会編）　Ⓝ188.42

◇新訂増補　國史大系　第19巻　古今著聞集,愚管抄　黒板勝美, 國史大系編修会編　吉川弘文館　1964　422, 236p　23cm　Ⓝ210.08　〔09648〕
◇新訂増補　國史大系　第19巻　古今著聞集・愚管抄　黒板勝美編　オンデマンド版　吉川弘文館　2007.6　422, 236p　26cm　14000円　Ⓘ978-4-642-04019-8　〔09649〕
◇日本の歴史　中世 1-5　平家物語と愚管抄　新訂増補　朝日新聞社　2002.6　p134-163　30cm　（週刊朝日百科 5）　476円　Ⓝ210.1　〔09650〕

◆◆神皇正統記
◇阿刀本神皇正統記　北畠親房著　吉野町（奈良県）　阪本千代　1968　18丁　26cm　（阪本竜門文庫覆製叢刊 第8）　Ⓝ210.12　〔09651〕
◇新註神皇正統記　源親房撰, 佐藤仁之助校訂新註　増訂　青山堂書房　1927　189, 18p　20cm　Ⓝ210.1　〔09652〕
◇新註神皇正統記　北畠親房著, 御巫清勇註　教育研究会　1928　192p　23cm　Ⓝ210.1　〔09653〕
◇神皇正統記　萩野由之述　大日本中学会　137p　21cm　（大日本中学会29年度第3学級講義録国語科講義第1）　Ⓝ210　〔09654〕
◇神皇正統記　萩野由之述　大日本中学会　137p　21cm　（大日本中学会30年度第3学級講義録国語科講義第1）　Ⓝ210　〔09655〕
◇神皇正統記　萩野由之述　大日本中学会　137p　21cm　（大日本中学会31年度第3学級講義録国語科講義第1）　Ⓝ210　〔09656〕
◇神皇正統記―国語講義　芳賀矢一述　大日本師範学会　146p　21cm　（大日本師範学会講義録）　Ⓝ210　〔09657〕
◇神皇正統記―評註校訂　北畠親房著, 芳賀矢一校　大阪　伊藤猪次郎　1883.5　6冊　23cm　Ⓝ210　〔09658〕
◇神皇正統記―校正標註　北畠親房著, 佐伯有義, 三木五百枝校註, 内藤耻叟閲　青山幸次郎　1891　87丁　24cm　Ⓝ210.1　〔09659〕
◇神皇正統記　北畠親房著, 飯田武郷, 久米幹文校, 服部元彦補　国語伝習所　1891.5　256, 18p　20cm　Ⓝ210　〔09660〕
◇神皇正統記―校正標註　源親房著, 佐伯有義, 三木五百枝注, 内藤耻叟閲　青山幸次郎　1891.7　87丁　23cm　Ⓝ210　〔09661〕
◇神皇正統記　北畠親房著, 大宮宗司注, 内藤耻叟閲　博文館　1892.8　231p　23cm　Ⓝ210　〔09662〕
◇神皇正統記　北畠親房著　百華書房　1911.4　177p　19cm　（十銭文庫 第4編）　Ⓝ210　〔09663〕
◇神皇正統記　北畠親房著, 境野正編　学海指針社　1911.10　115p　22cm　Ⓝ210　〔09664〕
◇神皇正統記　北畠親房著, 芳賀矢一校　富山房　1911.10　251p　15cm　（袖珍名著文庫 45巻）　Ⓝ210　〔09665〕
◇神皇正統記―頭註　北畠親房著, 村上寛註釈　大阪　宝文館　1912.6　249, 19p　16cm　（国漢叢書）　Ⓝ210　〔09666〕
◇神皇正統記　北畠親房著　集栄館　1921　177p　19cm　（日本名著文庫 1）　Ⓝ210.1　〔09667〕
◇神皇正統記―新註　北畠親房著, 佐藤仁之助註　青山堂書房　1925　189p　19cm　Ⓝ210.1　〔09668〕

中世史　　　　　　　　　　　　　　　　　　　　　　　　　　　　　　学術・教育史

◇神皇正統記　北畠親房著, 宮地直一校　改造社　1929　16cm　（改造文庫 第2部 第16篇）　Ⓝ210.1　〔09669〕
◇神皇正統記　北畠親房著, 久沢泰穏校註　広文堂　1930　260p　21cm　Ⓝ210.1　〔09670〕
◇神皇正統記―校註　堀江秀雄著　明治書院　1932　176p　20cm　Ⓝ210.1　〔09671〕
◇神皇正統記―講本　北畠親房著, 佐藤仁之助校註　立命館出版部　1932　235p　20cm　Ⓝ210.1　〔09672〕
◇神皇正統記　北畠親房著, 山田孝雄校　岩波書店　1934　246p　16cm　（岩波文庫 1062-1063）　Ⓝ210.1　〔09673〕
◇神皇正統記―附・吉野拾遺　北畠親房著　三教書院　1935　237p　Ⓝ210.1　〔09674〕
◇神皇正統記　北畠親房著, 石村吉甫校　雄山閣　1937　149p　15cm　（雄山閣文庫 第1部 第17）　Ⓝ210.1　〔09675〕
◇神皇正統記　北畠親房著, 小林健三校　補再版　石川県石川郡河内村　白山比咩神社　1940　230p　21cm　Ⓝ210.1　〔09676〕
◇神皇正統記　斎藤一寛編　電通出版部　1945　207p　A5　4.00円　Ⓝ210.1　〔09677〕
◇神皇正統記　北畠親房著, 岩佐正校注　岩波書店　1975　293p　15cm　（岩波文庫）　300円　Ⓝ210.12　〔09678〕
◇神皇正統記―神代から後村上帝にいたる天皇の歴史　北畠親房原著, 松村武夫訳　〔東村山〕　教育社　1980.6　302p　18cm　（教育社新書）　700円　Ⓝ210.1　〔09679〕
◇神皇正統記―六地蔵寺本　北畠親房著, 大隅和雄解題　汲古書院　1997.7　264p　27cm　6500円　Ⓘ4-7629-4160-3　Ⓝ210.1　〔09680〕
◇神皇正統記　第1至4　北畠親房著, 平泉澄編　三秀舎　1933　4冊　28cm　Ⓝ210.1　〔09681〕
◇神皇正統記・元元集　北畠親房, 正宗敦夫編纂校訂　日本古典全集刊行会　1934　99, 165, 310p　18cm　（日本古典全集）　Ⓝ210.1　〔09682〕
◇神皇正統記・元々集　北畠親房著, 正宗敦夫編纂校訂　現代思潮社　1983.3　310p　16cm　（覆刻日本古典全集）　Ⓝ210.1　〔09683〕
◇神皇正統記　元元集　北畠親房著, 北畠親房著　現代思潮新社　2007.3　99, 165, 310p　16cm　（覆刻日本古典全集）　6800円　Ⓘ978-4-329-02674-3　Ⓝ210.1　〔09684〕
◇神皇正統記校本　源親房著, 斎藤普春纂註・校訂　同志会　1891.11　371p　19cm　Ⓝ210　〔09685〕
◇神皇正統記述義　山田孝雄著　民友社　1932　809p　23cm　Ⓝ210.1　〔09686〕
◇神皇正統記抄―対訳　上　大阪府警察練習所編　〔大阪〕　大阪府警察練習所　1936　56p　24cm　Ⓝ210.1　〔09687〕
◇神皇正統記新講　大塚竜夫著　修文館　1933　646p　19cm　Ⓝ210.1　〔09688〕
◇神皇正統記新釈　森山右一著　大同館　1926　Ⓝ210.1　〔09689〕
◇神皇正統記新釈　森山右一著　大同館書店　1937　318p　20cm　Ⓝ210.1　〔09690〕
◇神皇正統記・新葉和歌集　正宗敦夫編・校　日本古典全集刊行会　1937　528p　18cm　（日本古典全集 基本版 第17）　Ⓝ210.1　〔09691〕
◇神皇正統記選―校註　佐藤仁之助著　三成社書店　1935　177p　20cm　Ⓝ210.1　〔09692〕
◇神皇正統記　読史余論　山陽史論　北畠親房著, 武笠三校, 塚本哲三編, 新井白石著, 武笠三校, 塚本哲三編, 武笠三校, 塚本哲三編　有朋堂書店　1922　790p　18cm　Ⓝ210.1　〔09693〕
◇神皇正統記　読史余論　山陽史論　北畠親房著, 白石新井君美著, 頼山陽著, 武笠三校　有朋堂書店　1927　790p　18cm　（有朋堂文庫）　Ⓝ210.1　〔09694〕
◇神皇正統記読本　加藤咢敬著　田沼書店　1897.3　53丁　22cm　Ⓝ210　〔09695〕
◇神皇正統記読本　北畠親房著, 金子元臣訂, 畠山健関　明治書院　1897.3　185p　23cm　（中等教育国文読本 第5編）　Ⓝ210　〔09696〕
◇神皇正統記読本義解　加藤咢敬著　田沼書店　1897.4　54丁　22cm　Ⓝ210　〔09697〕
◇神皇正統記の基礎的研究　平田俊春著　雄山閣出版　1979.2　2冊（別冊とも）　22cm　全20000円　Ⓝ210.12　〔09698〕
◇神皇正統記の講義　宮下幸平著　芳文堂　1939　456p　19cm　Ⓝ210.1　〔09699〕
◇神皇正統記評釈　大町芳衛著　明治書院　1925　303p　19cm　Ⓝ210.1　〔09700〕
◇神皇正統記　増鏡　岩佐正, 時枝誠記, 木藤才蔵校注　岩波書店　1993.3　542p　22cm　（日本古典文学大系 新装版―歴史文学シリーズ）　4600円　Ⓘ4-00-004496-6　Ⓝ210.1　〔09701〕
◇神皇正統記論考　我妻建治著　吉川弘文館　1981.10　368, 4p　22cm　5000円　Ⓝ210.1　〔09702〕
◇日本国粋全書　第6輯　神皇正統記　陽復記　神風記　北畠親房著, 度会延佳著, 匹田以正著　巣鴨村（府）　日本国粋全書刊行会　1915　1冊　19cm　Ⓝ121　〔09703〕
◇日本思想叢書　第10編　神皇正統記　文部省社会教育局編　平泉澄校　文部省社会教育局　1932　181p　19cm　Ⓝ121　〔09704〕
◇標註神皇正統記―校正　源親房撰, 佐伯有義, 三木五百枝校訂標註, 内藤耻叟閲　17版　青山堂書店　1898.9　87丁　23cm　Ⓝ210　〔09705〕
◇御橋悳言著作集　5〔1〕　神皇正統記注解　上　御橋悳言著　続群書類従完成会　2001.3　450p　22cm　20000円　Ⓘ4-7971-0540-2　Ⓝ913.43　〔09706〕
◇御橋悳言著作集　5〔2〕　神皇正統記注解　下　御橋悳言著　続群書類従完成会　2001.5　530p　22cm　22000円　Ⓘ4-7971-0541-0　Ⓝ913.43　〔09707〕
◇御橋悳言著作集　5〔3〕　神皇正統記注解　索引　御橋悳言著　続群書類従完成会　2001.9　305p　22cm　15000円　Ⓘ4-7971-0542-9　Ⓝ913.43　〔09708〕

◆◆後鑑

◇新訂増補 國史大系　第34巻　後鑑　黒板勝美, 國史大系編修会編　完成記念版　吉川弘文館　1964　748p　23cm　Ⓝ210.08　〔09709〕
◇新訂増補 國史大系　第34巻　後鑑 第1篇　黒板勝美編　オンデマンド版　吉川弘文館　2007.6　748p　26cm　15000円　Ⓘ978-4-642-04036-5　〔09710〕
◇新訂増補 國史大系　第35巻　後鑑　黒板勝美, 國史大系編修會編　完成記念版　吉川弘文館　1965　1146p　28cm　Ⓝ210.08　〔09711〕

学術・教育史　　　　　　　　　　中世史

◇新訂増補　國史大系　第35巻　後鑑 第2篇　黒板勝美編　オンデマンド版　吉川弘文館　2007.6　1146p　26cm　19500円　Ⓘ978-4-642-04037-2　〔09712〕

◇新訂増補　國史大系　第36巻　後鑑 第3篇　黒板勝美、國史大系編修會編　吉川弘文館　1965　1010p　28cm　Ⓝ210.08　〔09713〕

◇新訂増補　國史大系　第36巻　後鑑 第3篇　黒板勝美編　オンデマンド版　吉川弘文館　2007.6　1010p　26cm　18000円　Ⓘ978-4-642-04038-9　〔09714〕

◇新訂増補　國史大系　第37巻　後鑑　黒板勝美、國史大系編修會編　完成記念版　吉川弘文館　1966　1146p　24cm　Ⓝ210.08　〔09715〕

◇新訂増補　國史大系　第37巻　後鑑 第4篇　黒板勝美編　オンデマンド版　吉川弘文館　2007.6　1146p　26cm　19500円　Ⓘ978-4-642-04039-6　〔09716〕

◇後鑑　第1篇　黒板勝美編輯　新装版　吉川弘文館　1998.9　748p　23cm　(國史大系 新訂増補 第34巻)　10000円　Ⓘ4-642-00337-1　Ⓝ210.46　〔09717〕

◇後鑑　第2篇　黒板勝美編輯　新装版　吉川弘文館　1998.11　1146p　23cm　(國史大系 新訂増補 第35巻)　13300円　Ⓘ4-642-00338-X　Ⓝ210.46　〔09718〕

◇後鑑　第3篇　黒板勝美編輯　新装版　吉川弘文館　1999.1　1010p　23cm　(國史大系 新訂増補 第36巻)　11800円　Ⓘ4-642-00339-8　Ⓝ210.46　〔09719〕

◇後鑑　第4篇　黒板勝美編輯　新装版　吉川弘文館　1999.3　1146p　23cm　(國史大系 新訂増補 第37巻)　13300円　Ⓘ4-642-00340-1　Ⓝ210.46　〔09720〕

◇後鑑　第1-5　尊氏将軍記　巻之1-22　江戸幕府史局編　修文堂　1889.9　5冊　23cm　Ⓝ210.4　〔09721〕

◆科学史

◇古記録による15世紀の天候記録　水越允治編　東京堂出版　2006.5　748p　31cm　38000円　Ⓘ4-490-20580-5　Ⓝ451.916　〔09722〕

◇中世における科学の基礎づけ―その宗教的,制度的,知的背景　E.グラント著、小林剛訳　知泉書館　2007.1　327, 39p　22cm　6000円　Ⓘ978-4-86285-002-7　Ⓝ402.3　〔09723〕

◆◆暦学

◇足利学校所蔵天球儀修復報告書　〔足利〕　足利市教育委員会　1993.3　42p　26cm　(史跡足利学校報告書 第2号)　Ⓝ443.8　〔09724〕

◇和洋暦換算事典　第5巻(南北朝編)　釣洋一著　新人物往来社　1995.11　373p　27cm　12000円　Ⓘ4-404-02309-X　Ⓝ449.3　〔09725〕

◇和洋暦換算事典　第6巻　室町・戦国編　釣洋一著　新人物往来社　1995.9　380p　27cm　12000円　Ⓘ4-404-02261-1　Ⓝ449.3　〔09726〕

◆医学史

◇鎌倉時代医学史の研究　服部敏良著　吉川弘文館　1964　400p 図版　22cm　Ⓝ490.9　〔09727〕

◇鎌倉時代医学史の研究　服部敏良著　吉川弘文館　1988.5　400, 20p　22cm　8000円　Ⓘ4-642-01287-7　Ⓝ490.21　〔09728〕

◇鎌倉時代医学史の研究　服部敏良著　吉川弘文館　1994.12　400, 20p　22cm　9270円　Ⓘ4-642-01287-7　Ⓝ490.21　〔09729〕

◇史伝健康長寿の知恵　2　戦乱を生き抜いた勝者の活力　宮本義己編纂, 吉田豊編纂　第一法規出版　1988.10　325p　21cm　2200円　Ⓘ4-474-17042-3　Ⓝ498.3　〔09730〕

◇戦国時代のハラノムシ―『針聞書』のゆかいな病魔たち　長野仁、東昇編　国書刊行会　2007.4　105p　22cm　1000円　Ⓘ978-4-336-04846-2　Ⓝ490.9　〔09731〕

◇戦国武将の養生訓　山崎光夫著　新潮社　2004.12　218p　18cm　(新潮新書)　700円　Ⓘ4-10-610098-3　Ⓝ490.9　〔09732〕

◇天下とり健康法―史実と医学があかす徳川家康の養生訓　宮本義己著　講談社　1982.11　213p　18cm　630円　Ⓘ4-06-200181-0　Ⓝ498.3　〔09733〕

◇室町安土桃山時代医学史の研究　服部敏良著　吉川弘文館　1971　580, 22p 図　22cm　5500円　Ⓝ490.21　〔09734〕

◇室町安土桃山時代医学史の研究　服部敏良著　吉川弘文館　1988.5　580, 22p　22cm　9000円　Ⓘ4-642-01288-5　Ⓝ490.21　〔09735〕

◇室町安土桃山時代医学史の研究　服部敏良著　吉川弘文館　1994.12　580, 22p　22cm　10300円　Ⓘ4-642-01288-5　Ⓝ490.21　〔09736〕

◇臨床鍼灸古典全書　第27巻　解説5・鎌倉1・室町1・江戸初期4・江戸前期6　大阪　オリエント出版社　1991.12　34, 616p　27cm　Ⓝ492.7　〔09737〕

◇臨床鍼灸古典全書　第52巻　解説9・鎌倉2・室町2　大阪　オリエント出版社　1994.4　488p　27cm　Ⓝ492.7　〔09738〕

◇臨床鍼灸古典全書　第58巻　解説10・室町3・安土桃山3・江戸前期10・江戸中期16　大阪　オリエント出版社　1994.12　419p　27cm　Ⓝ492.7　〔09739〕

◇臨床鍼灸古典全書　第64巻　室町4・安土桃山5・江戸初期6　大阪　オリエント出版社　1995.12　870p　27cm　Ⓝ492.7　〔09740〕

◆教育史

◇足利学校―その起源と変遷　前澤輝政著　毎日新聞社　2003.1　319p　22cm　3333円　Ⓘ4-620-90632-8　Ⓝ372.1　〔09741〕

◇足利学校―日本最古の学校学びの心とその流れ 展覧会図録　史跡足利学校事務所, 足利市立美術館編　〔足利〕　足利市教育委員会　2004.9　213p　28cm　Ⓝ372.105　〔09742〕

◇足利学校に関する文献の研究　第1編　足利　岩下書店　1937　28p　23cm　Ⓝ210.4　〔09743〕

◇足利学校年譜　須永弘編　足利　足利学校遺蹟図書館　1938　46p　23cm　Ⓝ210.4　〔09744〕

◇足利学校の教育史的研究　結城陸郎著　第一法規出版　1987.4　700, 25p　22cm　8000円　Ⓝ372.1　〔09745〕

◇足利学校の研究　川瀬一馬著　増補新訂　講談社　1974　図58p 295p 肖像　27cm　18000円　Ⓝ372.1　〔09746〕

◇家と教育　井ヶ田良治、田端泰子、布川清司編　新装版　早稲田大学出版部　2006.7　269p　21cm　(シリーズ比較家族 第1期 4)　3700円　Ⓘ4-657-06614-5　Ⓝ379.9　〔09747〕

◇金沢文庫の教育史的研究　結城陸郎著　吉川弘文館　1962　1091p 図版　22cm　Ⓝ372.1　〔09748〕

◇国子監と琉球人留学生―中国最高学府に学んだ琉球の若人　首里城公園企画展　海洋博覧会記念公園管理財団編　〔那覇〕　海洋博覧会記念公園管理財団　1997.3　20p　30cm　Ⓝ372.199　〔09749〕

◇日本中世教育史の研究―遊歴傾向の展開　大戸安弘著　松戸　梓出版社　1998.2　443, 30p　22cm　6000円　Ⓘ4-87262-103-4　Ⓝ372.104　〔09750〕

◆兵法史

◇一刀流兵法史考　森田栄著　大阪　NGS　2001.2　508p　22cm　13000円　Ⓘ4-915112-48-9　Ⓝ399.1　〔09751〕

◇越後流兵法―謙信流兵法　石岡久夫編　新人物往来社　1969　444p　図版　20cm　1600円　Ⓝ399.1　〔09752〕

◇オール図解　30分でわかる武田信玄の兵法―風林火山　戦国最強の名将・信玄の生涯と戦い　武光誠監修　日本文芸社　2006.10　95p　26cm　952円　Ⓘ4-537-25429-7　〔09753〕

◇合武三島流船戦要法―村上水軍船戦秘伝　森重都由原著, 伊井春樹訳　〔東村山〕　教育社　1979.9　2冊　18cm　（教育社新書）　各700円　Ⓝ399.1　〔09754〕

◇城攻め　その戦略戦術　大場弥平著　人物往来社　1965　273p　19cm　Ⓝ399.1　〔09755〕

◇図説　戦国兵法のすべて―孫子を超えた最強の策略「山鹿流兵法」　武田鏡村著　PHP研究所　2003.11　287p　15cm　（PHP文庫）　667円　Ⓘ4-569-66055-X　〔09756〕

◇図説日本戦陣作法事典　笹間良彦著　柏書房　2000.4　397p　22cm　3600円　Ⓘ4-7601-1892-6　Ⓝ399.1　〔09757〕

◇戦国の兵法者―剣豪たちの源流とその系譜　牧秀彦著　学習研究社　2007.7　261p　18cm　（学研新書）　780円　Ⓘ978-4-05-403463-1　Ⓝ789.3　〔09758〕

◇戦国武士の心得―『軍法侍用集』の研究　古川哲史監修, 魚住孝至, 羽賀久人校注　ぺりかん社　2001.2　451p　22cm　7600円　Ⓘ4-8315-0971-X　Ⓝ399.1　〔09759〕

◇楠公兵法と防長の心　楠孝雄著　ぎょうせい　1982.11　287p　22cm　3000円　Ⓝ399.1　〔09760〕

◇日本兵法全集　第1　甲州流兵法　石岡久夫編　人物往来社　1967　449p　図版　20cm　Ⓝ399.1　〔09761〕

◇日本兵法全集　第2　越後流兵法　石岡久夫編　人物往来社　1967　444p　図版　20cm　Ⓝ399.1　〔09762〕

◇日本兵法全集　第3　北条流兵法　石岡久夫編　人物往来社　1967　471p　図版　20cm　Ⓝ399.1　〔09763〕

◇山本勘助「兵法秘伝書」　慧文社史料室編　慧文社　2007.6　123p　21cm　5000円　Ⓘ978-4-905849-75-9　〔09764〕

◇歴史に学ぶ心学の武道―平法学小太刀　鉄屋昭著　展転社　1994.1　566p　19cm　6000円　Ⓘ4-88656-096-2　Ⓝ399.1　〔09765〕

◆◆軍師

◇青の月―土佐から来た山本勘介　富士秋平著　木耳社　1995.5　324p　19cm　2000円　Ⓘ4-8393-9640-X　〔09766〕

◇軍師・参謀―戦国時代の演出者たち　小和田哲男著　中央公論社　1990.6　242p　18cm　（中公新書）　620円　Ⓘ4-12-100977-0　Ⓝ210.47　〔09767〕

◇軍師の時代―戦国乱世を演出した名将烈伝　堀和久著　日本文芸社　1983.8　254p　18cm　680円　Ⓘ4-537-00789-3　Ⓝ210.47　〔09768〕

◇軍師山本勘助―語られた英雄像　笹本正治著　新人物往来社　2006.12　319p　20cm　2000円　Ⓘ4-404-03440-7　Ⓝ289.1　〔09769〕

◇実録・山本勘助　今川徳三著　河出書房新社　2006.10　183p　15cm　（河出文庫）　550円　Ⓘ4-309-40816-8　〔09770〕

◇新・軍師録―信長の野望　稲葉義明著　光栄　1994.8　173p　21cm　1800円　Ⓘ4-87719-112-7　Ⓝ281.04　〔09771〕

◇「図解」これは使える！　名軍師の戦略がよくわかる本　ビジネス兵法研究会著　PHP研究所　2007.3　95p　26cm　952円　Ⓘ978-4-569-65973-2　Ⓝ281.04　〔09772〕

◇図解　武田信玄と山本勘助のことが面白いほどわかる本―2時間でわかる　中見利男著　中経出版　2006.11　255p　21cm　1400円　Ⓘ4-8061-2563-6　〔09773〕

◇「図解」山本勘助と武田一族の興亡―常勝軍団と謎の名参謀の実像に迫る　童門冬二監修　PHP研究所　2006.12　95p　26cm　952円　Ⓘ4-569-65862-8　Ⓝ210.47　〔09774〕

◇戦国軍師伝―勝機を掴む武略と叡智　学習研究社　2007.1　171p　26cm　（歴史群像シリーズ―新・歴史群像シリーズ 6）　1500円　Ⓘ4-05-604398-1　Ⓝ281.04　〔09775〕

◇戦国軍師入門　榎本秋著　幻冬舎　2007.3　203p　18cm　（幻冬舎新書）　720円　Ⓘ978-4-344-98026-6　〔09776〕

◇戦国軍師の合戦術　小和田哲男著　新潮社　2007.10　286p　16cm　（新潮文庫）　438円　Ⓘ978-4-10-128852-9　Ⓝ210.46　〔09777〕

◇戦国参謀―その戦略眼　佐々克明著　産業能率大学出版部　1980.8　235p　19cm　1200円　Ⓝ210.48　〔09778〕

◇戦国参謀　佐々克明著　三笠書房　1984.11　277p　15cm　（知的生きかた文庫）　420円　Ⓘ4-8379-0015-1　Ⓝ210.48　〔09779〕

◇戦国参謀―その戦略眼　佐々克明著　第2版　産能大学出版部　2001.6　243p　19cm　1600円　Ⓘ4-382-05513-X　Ⓝ210.48　〔09780〕

◇戦国参謀頭の使い方―日本の歴史を変えた軍師列伝　小和田哲男著　三笠書房　1996.9　278p　15cm　（知的生きかた文庫）　500円　Ⓘ4-8379-0830-6　Ⓝ281.04　〔09781〕

◇戦国13人の名軍師―合戦を操った陰の実力者たち　新人物往来社　2002.3　161p　26cm　（別冊歴史読本　第27巻 7号）　2000円　Ⓘ4-404-03002-9　Ⓝ210.47　〔09782〕

◇戦国の参謀たち―信長・秀吉・家康を支えた「副」の生き方　小和田哲男著　実業之日本社　1992.5　252p　20cm　1500円　Ⓘ4-408-34029-4　Ⓝ210.48　〔09783〕

◇戦国名軍師列伝　川口素生著　PHP研究所　2006.5　301p　15cm　（PHP文庫）　571円　Ⓘ4-569-66625-6　Ⓝ210.47　〔09784〕

◇戦国名将の条件・参謀の条件　百瀬明治著　PHP研究所　1992.2　251p　15cm　（PHP文庫）　480円　Ⓘ4-569-56442-9　Ⓝ210.47　〔09785〕

◇武将・軍師から学ぶリーダー学事典—名場面が教えるリーダーの条件の数々　渡辺誠他著　ナツメ社　1994.2　222p　19cm　1200円　Ⓘ4-8163-1629-9　Ⓝ210.49
〔09786〕
◇謀将山本勘助と武田軍団　新人物往来社　2006.10　191p　26cm　（別冊歴史読本 第31巻21号）　1800円　Ⓘ4-404-03347-8　Ⓝ210.47
〔09787〕
◇山本勘助　上野晴朗著　新装版　新人物往来社　2006.7　244p　19cm　2300円　Ⓘ4-404-03295-1
〔09788〕
◇山本勘助　平山優著　講談社　2006.12　221p　18cm　（講談社現代新書）　720円　Ⓘ4-06-149872-X
〔09789〕
◇山本勘助　山梨日日新聞社編　甲府　山梨日日新聞社　2006.12　222p　21cm　1333円　Ⓘ4-89710-551-X
〔09790〕
◇山本勘助と戦国24人の名軍師—主家存亡を賭けて戦った智謀の将たち　新人物往来社　2006.11　205p　26cm　（別冊歴史読本 第31巻23号）　1800円　Ⓘ4-404-03349-4　Ⓝ210.47
〔09791〕
◇山本勘助とは何者か—信玄に重用された理由　江宮隆之著　祥伝社　2006.11　256p　18cm　（祥伝社新書）　780円　Ⓘ4-396-11054-5
〔09792〕
◇山本勘助のすべて　上野晴朗, 萩原三雄編　新人物往来社　2006.12　265p　20cm　2800円　Ⓘ4-404-03432-6　Ⓝ289.1
〔09793〕
◇山本勘介の謎を解く　渡辺勝正著　大正出版　2007.2　257p　20cm　2000円　Ⓘ4-8117-0401-0　Ⓝ289.1
〔09794〕
◇山本勘助101の謎—その実像から「川中島の戦い」の内幕まで　川口素生著　PHP研究所　2006.10　314p　15cm　（PHP文庫）　571円　Ⓘ4-569-66705-8　Ⓝ289.1
〔09795〕
◇山本勘助「兵法秘伝書」　慧文社史料室編　慧文社　2007.6　123p　21cm　5000円　Ⓘ978-4-905849-75-9
〔09796〕
◇山本勘助はいなかった—「風林火山」の真実　山本七平著　ビジネス社　2006.11　226p　20cm　1500円　Ⓘ4-8284-1316-2　Ⓝ289.1
〔09797〕
◇乱世を勝ち抜く参謀学—秀吉を天下人にした半兵衛と官兵衛　加来耕三著　二見書房　1999.2　364p　20cm　1700円　Ⓘ4-576-98182-X　Ⓝ210.48
〔09798〕

◆◆甲陽軍鑑
◇甲陽軍鑑　吉田豊編・訳　徳間書店　1971　302p　図　20cm　980円　Ⓝ399.1
〔09799〕
◇甲陽軍鑑　腰原哲朗訳　〔東村山〕　教育社　1979.9　3冊　18cm　（教育社新書）　各700円　Ⓝ399.1
〔09800〕
◇甲陽軍鑑—原本現代訳　腰原哲朗訳　〔東村山〕　教育社　1980.11　640p　27cm　18000円　Ⓝ399.1
〔09801〕
◇甲陽軍鑑　吉田豊編・訳　徳間書店　1987.7　302p　20cm　2000円　Ⓘ4-19-242565-3　Ⓝ399.1
〔09802〕
◇甲陽軍鑑　高坂昌信筆録, 小幡景憲補訂・編纂, 佐藤正英校訂・訳　筑摩書房　2006.12　401p　15cm　（ちくま学芸文庫）　1200円　Ⓘ4-480-09040-1　Ⓝ399.1
〔09803〕
◇甲陽軍鑑　上　磯貝正義校注, 服部治則校注　改訂　新人物往来社　1987.10　445p　20cm　（史料叢書）　3500円　Ⓘ4-404-00711-6　Ⓝ399.1
〔09804〕
◇甲陽軍鑑　中　磯貝正義校注, 服部治則校注　改訂　新人物往来社　1987.10　414p　20cm　（史料叢書）　3500円　Ⓘ4-404-00719-1　Ⓝ399.1
〔09805〕
◇甲陽軍鑑　下　磯貝正義校注, 服部治則校注　改訂　新人物往来社　1987.10　478p　20cm　（史料叢書）　3500円　Ⓘ4-404-00726-4　Ⓝ399.1
〔09806〕
◇『甲陽軍鑑』を読む　土橋治重著　三笠書房　1987.7　253p　15cm　（知的生きかた文庫）　420円　Ⓘ4-8379-0177-8　Ⓝ399.1
〔09807〕
◇甲陽軍鑑を読む—武田信玄はどんな経営者だったのか?　鈴村進著　オーエス出版　1988.1　245p　19cm　1200円　Ⓘ4-87190-176-9　Ⓝ399.1
〔09808〕
◇甲陽軍鑑大成　第1巻（本文篇上）　酒井憲二編著　汲古書院　1994.4　587p　22cm　15000円　Ⓘ4-7629-3298-1　Ⓝ399.1
〔09809〕
◇甲陽軍鑑大成　第2巻（本文篇下）　酒井憲二編著　汲古書院　1994.8　570p　22cm　15000円　Ⓘ4-7629-3299-X　Ⓝ399.1
〔09810〕
◇甲陽軍鑑大成　第3巻（索引篇）　酒井憲二編著　汲古書院　1994.12　1050p　22cm　19000円　Ⓘ4-7629-3328-7　Ⓝ399.1
〔09811〕
◇甲陽軍鑑大成　第4巻（研究篇）　酒井憲二編著　汲古書院　1995.1　420, 18p　22cm　11000円　Ⓘ4-7629-3329-5　Ⓝ399.1
〔09812〕
◇甲陽軍鑑大成　第5巻（影印篇 上）　酒井憲二著　汲古書院　1997.10　447p　22cm　12000円　Ⓘ4-7629-3392-9　Ⓝ399.1
〔09813〕
◇甲陽軍鑑大成　第6巻（影印篇 中）　酒井憲二著　汲古書院　1997.12　399p　22cm　12000円　Ⓘ4-7629-3393-7　Ⓝ399.1
〔09814〕
◇甲陽軍鑑大成　第7巻（影印篇 下）　酒井憲二編　汲古書院　1998.1　332p　22cm　10000円　Ⓘ4-7629-3394-5　Ⓝ399.1
〔09815〕
◇甲陽軍鑑入門—武田軍団強さの秘密　小和田哲男著　角川学芸出版, 角川書店〔発売〕　2006.11　286p　15cm　（角川文庫）　629円　Ⓘ4-04-406601-9
〔09816〕
◇指揮　腰原哲朗現代語新訳・解説　ニュートンプレス　2003.4　315p 図版8p　20cm　（甲陽軍鑑 原本現代語新訳 2）　1800円　Ⓘ4-315-51681-3　Ⓝ399.1
〔09817〕
◇戦国史料叢書　第3　甲陽軍鑑　上　磯貝正義, 服部治則校注　人物往来社　1965　445p　20cm　Ⓝ210.47
〔09818〕
◇戦国史料叢書　第4　甲陽軍鑑　中　磯貝正義, 服部治則校注　人物往来社　1965　414p　20cm　Ⓝ210.47
〔09819〕
◇戦国史料叢書　第5　甲陽軍鑑　下　磯貝正義, 服部治則校注　人物往来社　1966　478p　20cm　Ⓝ210.47
〔09820〕
◇武田流軍学 甲陽軍鑑抄　神子侃, 吉田豊編　徳間書店　1965　261p 図版　20cm　Ⓝ399.1
〔09821〕
◇ビジネス風林火山—赤塚流・武田信玄に学ぶ甲陽軍鑑より　赤塚不二夫著　講談社　1987.11　215p　20cm　980円　Ⓘ4-06-176907-3　Ⓝ399.1
〔09822〕
◇無敵・武田軍法の研究—『甲陽軍鑑』を読む　土橋治重著　京都　PHP研究所　1983.7　215p　19cm　980円　Ⓘ4-569-21104-6　Ⓝ399.1
〔09823〕

◇名将　腰原哲朗現代語新訳・解説　ニュートンプレス　2003.4　333p　図版8p　20cm　（甲陽軍鑑　原本現代語新訳 1）　1800円　Ⓘ4-315-51680-5　Ⓝ399.1
〔09824〕

文化史

◇癒しの日本文化誌　藤原成一著　京都　法藏館　1997.11　319p　20cm　3400円　Ⓘ4-8318-7232-6　Ⓝ210.4
〔09825〕
◇馬の文化叢書　第3巻　中世―馬と日本史2　網野善彦編　横浜　馬事文化財団　1995.9　533p　22cm　Ⓝ210.1
〔09826〕
◇仮面・神話・物語―ふたたび中世への旅　篠田浩一郎著　朝日新聞社　1983.12　241p　19cm　（朝日選書 244）　880円　Ⓝ210.1
〔09827〕
◇唐木順三全集　第6巻　増補版　筑摩書房　1981.11　499p　22cm　4000円　Ⓝ918.68
〔09828〕
◇下剋上の文化　横井清著　東京大学出版会　1980.5　216p　20cm　1500円　Ⓝ210.4
〔09829〕
◇図説 日本歴史　第4巻　貴族文化から武家文化へ　桑田忠親編　中央公論社　1960　203p　図版　27cm　Ⓝ210.1
〔09830〕
◇ZEAMI ―中世の芸術と文化　02　特集・立ちあがる場と風景　小林康夫編　森話社　2003.6　196p　21cm　2200円　Ⓘ4-916087-37-2
〔09831〕
◇中世―心と形　村井康彦, 守屋毅編　講談社　1979.9　366p　20cm　1400円　Ⓝ210.4
〔09832〕
◇中世京都文化の周縁　川嶋将生著　京都　思文閣出版　1992.6　410, 17p　22cm　（思文閣史学叢書）　8034円　Ⓘ4-7842-0717-1　Ⓝ210.4
〔09833〕
◇中世公家の経済と文化　菅原正子著　吉川弘文館　1998.1　378, 17p　22cm　6900円　Ⓘ4-642-02762-9　Ⓝ210.4
〔09834〕
◇中世成立期の政治文化　十世紀研究会編　東京堂出版　1999.5　389p　22cm　8500円　Ⓘ4-490-20380-2　Ⓝ210.37
〔09835〕
◇中世日本の政治と文化　森茂暁著　京都　思文閣出版　2006.10　455, 17p　22cm　（思文閣史学叢書）　9000円　Ⓘ4-7842-1324-4　Ⓝ210.4
〔09836〕
◇中世日本文化史論考　横井清著　平凡社　2001.6　302p　22cm　4000円　Ⓘ4-582-74701-9　Ⓝ210.4
〔09837〕
◇中世日本文化の形成―神話と歴史叙述　桜井好朗著　東京大学出版会　1981.4　323p　22cm　3200円　Ⓝ210.4
〔09838〕
◇中世の身体　五味文彦著　角川書店（発売）　2006.5　302p　20cm　（角川叢書 32）　2800円　Ⓘ4-04-702132-6　Ⓝ210.4
〔09839〕
◇中世の摺経展―出版文化のあゆみ企画展　神戸市立博物館編　神戸　神戸市立博物館　1992.9　24p　26cm　Ⓝ026.3
〔09840〕
◇中世の民衆と文化　永島福太郎著　大阪　創元社　1956　200p　図版　18cm　（創元歴史選書）　Ⓝ210.4
〔09841〕
◇中世文化研究　藤直幹著　京都　河原書店　1949　254p　22cm　Ⓝa210
〔09842〕
◇中世文化の基調　林屋辰三郎著　東京大学出版会　1953　390p　22cm　Ⓝ210.4
〔09843〕
◇中世文化の基調　林屋辰三郎著　5刷　東京大学出版会　1963　359, 31p　22cm　Ⓝ210.4
〔09844〕
◇中世文化の美と力　五味文彦, 佐野みどり, 松岡心平著　中央公論新社　2002.9　334p　20cm　（日本の中世 7）　2600円　Ⓘ4-12-490216-6　Ⓝ210.4
〔09845〕
◇中世民衆の生活文化　横井清著　東京大学出版会　1975　364, 12p　22cm　2800円　Ⓝ210.4
〔09846〕
◇日本中世における夢概念の系譜と継承　カラム・ハリール著　雄山閣出版　1990.9　328p　22cm　7800円　Ⓘ4-639-00979-8　Ⓝ210.1
〔09847〕
◇日本中世の政治と文化―豊田武博士古稀記念　豊田武先生古稀記念会編　吉川弘文館　1980.6　592p　22cm　7500円　Ⓝ210.4
〔09848〕
◇日本の中世―その社会と文化　奥富敬之ほか著　松戸　梓出版社　1983.4　250p　19cm　1900円　Ⓝ210.4
〔09849〕
◇日本の文化をよみなおす―仏教・年中行事・文学の中世　大隅和雄著　吉川弘文館　1998.3　308p　20cm　3000円　Ⓘ4-642-07746-4　Ⓝ182.1
〔09850〕
◇日本文化史　別録　第2巻　辻善之助著　春秋社　1970　255p　図版　22cm　1000円　Ⓝ210.1
〔09851〕
◇日本論の視座―列島の社会と国家　網野善彦著　小学館　1993.12　424p　16cm　（小学館ライブラリー）　1000円　Ⓘ4-09-460053-1　Ⓝ210.4
〔09852〕
◇芳賀幸四郎歴史論集　京都　思文閣出版　1981.10　5冊　22cm　8000～12000円　Ⓝ210.4
〔09853〕
◇漂泊の日本中世　細川涼一著　筑摩書房　2002.1　269p　15cm　（ちくま学芸文庫）　1100円　Ⓘ4-480-08663-3　Ⓝ210.4
〔09854〕
◇武家時代の政治と文化　水野恭一郎著　大阪　創元社　1975　306, 14p　22cm　（創元学術双書）　3000円　Ⓝ210.4
〔09855〕
◇文化史の諸相　大隅和雄編　吉川弘文館　2003.2　314p　22cm　8000円　Ⓘ4-642-02820-X　Ⓝ210.4
〔09856〕
◇文化大年表　第2　鎌倉中期-室町時代　日置昌一著　大蔵出版株式会社　1955　22cm　Ⓝ210.032　〔09857〕
◇変革期の芸術と思想　河野秀男著　岡山　就実女子大学文学部河野研究室　1993.7　127p　20cm　1500円　Ⓝ210.4
〔09858〕
◇的と胞衣―中世人の生と死　横井清著　平凡社　1998.2　310p　16cm　（平凡社ライブラリー）　1000円　Ⓘ4-582-76233-6　Ⓝ210.4
〔09859〕
◇夢語り・夢解きの中世　酒井紀美著　朝日新聞社　2001.9　195p　19cm　（朝日選書）　1100円　Ⓘ4-02-259783-6　Ⓝ210.4
〔09860〕
◇夢から探る中世　酒井紀美著　角川書店　2005.3　222p　19cm　（角川選書 376）　1400円　Ⓘ4-04-703376-6　Ⓝ210.4
〔09861〕
◇論集中世文化史　多賀宗隼著　京都　法藏館　1985.9　2冊　22cm　12000, 8500円　Ⓝ210.42　〔09862〕

◆鎌倉文化

◇鎌倉時代の思想と文化　多賀宗隼著　目黒書店　1946　428p　22cm　（畝傍史学叢書）　Ⓝ210.42　〔09863〕
◇鎌倉時代の思想と文化　多賀宗隼著　目黒書店　1946　428p　22cm　（畝傍史学叢書）　Ⓝ210.4　〔09864〕
◇鎌倉文化　呉文炳著　生活社　1946　31p　19cm　（日本叢書　第27）　1.5円　Ⓝ210.42
〔09865〕

◇鎌倉文化　呉文炳著　生活社　1946　31p　19cm　（日本叢書 第27）　Ⓝ210.4　〔09866〕
◇鎌倉文化　川添昭二著　〔東村山〕　教育社　1978.7　240p　18cm　（教育社歴史新書）　600円　Ⓝ210.42　〔09867〕
◇鎌倉文明史論　日本歴史地理学会編　三省堂　1909.1　480p　図版　22cm　Ⓝ210.4　〔09868〕
◇講座日本文化史　第3巻　保元・平治-応仁　日本史研究会編　黒田俊雄等著　三一書房　1962　318p　図版　20cm　Ⓝ210.1　〔09869〕
◇図説 日本文化史大系　第6巻　鎌倉時代　図説日本文化史大系編集事務局編　宝月圭吾等　小学館　1956-58　27cm　Ⓝ210.1　〔09870〕
◇図説 日本文化史大系　第6　鎌倉時代　図説日本史大系編集事務局編　赤松俊秀等著, 宝月圭吾, 笠原一男編　改訂新版　小学館　1966　451p（おもに図版）　27cm　Ⓝ210.1　〔09871〕
◇日蓮と鎌倉文化　川添昭二著　京都　平楽寺書店　2002.4　361p　22cm　4500円　①4-8313-1062-X　Ⓝ188.93　〔09872〕
◇日本文化史　第3巻　鎌倉時代　辻善之助著　春秋社　1950-52　22cm　Ⓝ210.1　〔09873〕
◇日本文化史　第3巻　鎌倉時代　辻善之助著　新装保存版　春秋社　1959　276, 53p　図版　22cm　Ⓝ210.1　〔09874〕
◇日本文化史　第3　鎌倉時代　川崎庸之編　筑摩書房　1966　256p（おもに図版）はり込　36cm　Ⓝ708　〔09875〕
◇日本文化史　第3巻　鎌倉時代　辻善之助著　春秋社　1969　276, 53p　図版　22cm　1000円　Ⓝ210.1　〔09876〕
◇日本文化史　第6巻　鎌倉時代　竜粛著　大鐙閣　1922　368p　19cm　Ⓝ210.1　〔09877〕
◇藤原定家の時代―中世文化の空間　五味文彦著　岩波書店　1991.7　226, 2p　18cm　（岩波新書）　580円　①4-00-430178-5　Ⓝ210.42　〔09878〕
◇文化より見たる鎌倉時代―日本国民性の研究　醍醐恵端著　明誠館　1918　274p　19cm　Ⓝ210.4　〔09879〕

◆室町文化
◇画報新説日本史　第9巻　室町文化と応仁の戦火　時事世界新社編　時事世界新社　1963-64　31cm　Ⓝ210.1　〔09880〕
◇京都発見　8　禅と室町文化　梅原猛著, 井上隆雄写真　新潮社　2004.11　222p　21cm　2500円　①4-10-303020-8　〔09881〕
◇黒田俊雄著作集　第7巻　変革期の思想と文化　井ヶ田良治ほか編　京都　法蔵館　1995.10　456, 14p　22cm　8800円　①4-8318-3327-4　Ⓝ210.4　〔09882〕
◇講座日本文化史　第3巻　保元・平治-応仁　日本史研究会編　黒田俊雄等著　三一書房　1962　318p　図版　20cm　Ⓝ210.1　〔09883〕
◇茶道・香道・華道と水墨画―室町時代　中村修也監修　京都　淡交社　2006.11　111p　21cm　（よくわかる伝統文化の歴史 2）　1600円　①4-473-03344-9　Ⓝ210.46　〔09884〕
◇図説 日本文化史大系　第7巻　室町時代　図説日本文化史大系編集事務局編　森末義彰等　小学館　1956-58　27cm　Ⓝ210.1　〔09885〕

◇図説 日本文化史大系　第7　室町時代　図説日本文化史大系編集事務局編　赤松俊秀等著, 森末義彰, 菊地勇次郎編　改訂新版　小学館　1966　451p（おもに図版）　27cm　Ⓝ210.1　〔09886〕
◇戦国織豊期の政治と文化―米原正義先生古希記念論集　米原正義先生古希記念論文集刊行会編　続群書類従完成会　1993.3　736p　22cm　18540円　Ⓝ210.46　〔09887〕
◇東語西話―室町文化寸描　今泉淑夫著　吉川弘文館　1994.10　280p　20cm　3399円　①4-642-07428-7　Ⓝ210.46　〔09888〕
◇中村直勝著作集　第2巻　社会文化史　京都　淡交社　1978.2　567p　22cm　4500円　Ⓝ210.08　〔09889〕
◇日本の歴史　中世 2-5　金閣と銀閣―室町文化　新訂増補　朝日新聞社　2002.9　p130-160　30cm　（週刊朝日百科 15）　476円　Ⓝ210.1　〔09890〕
◇日本文化史　第4巻　吉野室町時代・安土桃山時代　辻善之助著　春秋社　1950-52　22cm　Ⓝ210.1　〔09891〕
◇日本文化史　第4巻　吉野室町時代　辻善之助著　新装保存版　春秋社　1960　356, 69p　図版　22cm　Ⓝ210.1　〔09892〕
◇日本文化史　第4　室町時代　林屋辰三郎編　筑摩書房　1966　252p（おもに図版）はり込　36cm　Ⓝ708　〔09893〕
◇日本文化史　第8巻　室町時代　魚澄惣五郎著　大鐙閣　1922　298p　19cm　Ⓝ210.1　〔09894〕
◇武家文化と同朋衆―生活文化史論　村井康彦著　三一書房　1991.1　354p　20cm　2800円　①4-380-91203-5　Ⓝ210.4　〔09895〕
◇室町時代―その社会と文化　豊田武, ジョン・ホール編　吉川弘文館　1976　429p　図　20cm　1800円　Ⓝ210.46　〔09896〕
◇室町文化夜話　森末義彰著　京都　大化書房　1947　262p　図版　19cm　（大化歴史文庫）　48円　Ⓝ210.46　〔09897〕

◆◆東山文化
◇東山御物―「雑華室印」に関する新史料を中心に　根津美術館, 徳川美術館編　根津美術館　1976.10　213p　21×22cm　Ⓝ210.46　〔09898〕
◇東山時代とその文化　森末義彰著　秋津書房　1942　338p　図版　肖像　19cm　Ⓝ210.4　〔09899〕
◇東山時代に於ける一縉紳の生活　原勝郎著　講談社　1978.4　126p　15cm　（講談社学術文庫）　220円　Ⓝ210.46　〔09900〕
◇東山時代の文化　笹川種郎著　博文館　1928　178p　23cm　Ⓝ210.4　〔09901〕
◇東山時代の文化　笹川種郎著　大阪　創元社　1943　308p　19cm　（日本文化名著選 第2輯 第18）　Ⓝ210.4　〔09902〕
◇東山時代に於ける-縉神の生活　原勝郎著　筑摩書房　1967　228p　19cm　（筑摩叢書 92）　Ⓝ210.46　〔09903〕
◇東山文化　芳賀幸四郎著　塙書房　1962　275p　図版　19cm　（塙選書）　Ⓝ210.46　〔09904〕
◇東山文化―その背景と基層　横井清著　〔東村山〕　教育社　1979.5　192p　18cm　（教育社歴史新書）　600円　Ⓝ210.46　〔09905〕

◇東山文化―その背景と基層　横井清著　平凡社　1994.11　236p　16cm　（平凡社ライブラリー）　1000円　Ⓘ4-582-76078-3　Ⓝ210.46　〔09906〕
◇東山文化と民衆　おおのいさお著　評論社　1970　262p　図版　18cm　（若い世代と語る日本の歴史 16）　290円　Ⓝ210.46　〔09907〕
◇東山文化の研究　芳賀幸四郎著　河出書房　1945　907p　図版　22cm　18.00円　Ⓝ210.46　〔09908〕

◆安土・桃山文化
◇安土桃山時代の文化　芳賀幸四郎著　至文堂　1964　226p　図版　19cm　（日本歴史新書）　Ⓝ210.48　〔09909〕
◇安土桃山文化　今泉淑夫著　〔東村山〕　教育社　1979.12　285p　18cm　（教育社歴史新書）　600円　Ⓝ210.48　〔09910〕
◇黄金文化と茶の湯―安土桃山時代　中村修也監修　京都　淡交社　2006.11　111p　21cm　（よくわかる伝統文化の歴史 3）　1600円　Ⓘ4-473-03345-7　〔09911〕
◇講座日本文化史　第4巻　応仁-元禄　日本史研究会編　林屋辰三郎等著　三一書房　1962　308p　図版　20cm　Ⓝ210.1　〔09912〕
◇講座日本文化史　第4巻　応仁-元禄　日本史研究会編　三一書房　1971　308p　図　20cm　850円　Ⓝ210.1　〔09913〕
◇国史資料集　第3巻　戦国安土桃山時代の文化　上　国民精神文化研究所編　竜吟社　1943　480p　図版　22cm　（国民精神文化文献 11）　Ⓝ210.1　〔09914〕
◇図説 日本文化史大系　第8巻　安土桃山時代　図説日本文化史大系編集事務局編　豊田武等　小学館　1956-58　27cm　Ⓝ210.1　〔09915〕
◇図説 日本文化史大系　第8　安土桃山時代　図説日本文化史大系編集事務局編　伊木卓治等著, 豊田武, 村井益男編　改訂新版　小学館　1966　435p（おもに図版）　27cm　Ⓝ210.1　〔09916〕
◇図説 日本歴史　第5巻　封建文化の形成〔ほか〕　桑田忠親編　中央公論社　1960　199p　図版　27cm　Ⓝ210.1　〔09917〕
◇戦国・織豊期の社会と文化　下村效著　吉川弘文館　1982.9　440, 22p　22cm　7500円　Ⓝ210.47　〔09918〕
◇日本のルネサンス　上　桃山の宴　草月文化フォーラム編　柏書房　1990.8　263p　20cm　1800円　Ⓘ4-7601-0593-X　Ⓝ210.48　〔09919〕
◇日本のルネサンス　下　桃山の美　草月文化フォーラム編　柏書房　1990.8　310p　20cm　1800円　Ⓘ4-7601-0594-8　Ⓝ210.48　〔09920〕
◇日本の歴史―マンガ　27　桃山文化と朝鮮侵略　石ノ森章太郎著　中央公論社　1992.1　235p　20cm　100円　Ⓘ4-12-402827-X　Ⓝ726.1　〔09921〕
◇日本文化史　第4巻　吉野室町時代・安土桃山時代　辻善之助著　春秋社　1950-52　22cm　Ⓝ210.1　〔09922〕
◇日本文化史　第5　桃山時代　林屋辰三郎編　筑摩書房　1965　259p（おもに図版）はり込　36cm　Ⓝ708　〔09923〕
◇日本文化史　第9巻　安土桃山時代　花見朔巳著　大鐙閣　1922　368p　19cm　Ⓝ210.1　〔09924〕
◇日本文化史　別録 第3巻　辻善之助著　春秋社　1970　323p　図版　22cm　1000円　Ⓝ210.1　〔09925〕
◇伏見桃山の文化史　加藤次郎著　京都　1953　476p　地図　22cm　Ⓝ216.2　〔09926〕

◇マンガ 日本の歴史　27　桃山文化と朝鮮侵略　石ノ森章太郎著　中央公論社　1998.3　216p　15cm　（中公文庫）　524円　Ⓘ4-12-203102-8　〔09927〕
◇桃山の春　大類伸著　富山房　1969　189p　図版24枚　22cm　980円　Ⓝ210.49　〔09928〕
◇桃山の人びと―激動を生きぬいた美意識　吉村貞司著　思索社　1978.8　294p　20cm　1200円　Ⓝ210.49　〔09929〕
◇桃山文化太閤記　岡本吉二郎著　京都　桃山観光開発株式会社出版部　1965　263p　図版　19cm　Ⓝ210.49　〔09930〕

◆◆南蛮文化
◇南蛮幻想―ユリシーズ伝説と安土城　井上章一著　文芸春秋　1998.9　451p　19cm　2286円　Ⓘ4-16-354340-6　〔09931〕
◇南蛮文化―日欧文化交渉　海老沢有道著　至文堂　1958　192p　図版　19cm　（日本歴史新書）　Ⓝ198.21　〔09932〕
◇南蛮文化フェスティバル講演／シンポジウム記録集―南蛮文化出会いと交流そして未来へ　第13回国民文化祭・おおいた98　〔大分〕　〔第13回国民文化祭大分県実行委員会〕　1999　32p　30cm　Ⓝ210.48　〔09933〕
◇日本の南蛮文化　東光博英文　京都　淡交社　1993.5　103p　26cm　2200円　Ⓘ4-473-01292-1　Ⓝ210.48　〔09934〕
◇日本の歴史　中世から近世へ 3　キリシタンと南蛮文化　新訂増補　朝日新聞社　2002.11　p66-96　30cm　（週刊朝日百科 23）　476円　Ⓝ210.1　〔09935〕
◇豊後府内南蛮の彩り―南蛮の貿易陶磁器　平成15年度秋季（第22回）特別展　大分市歴史資料館編　大分　大分市歴史資料館　2003.10　113p　30cm　Ⓝ219.5　〔09936〕
◇桃山時代の キリスト教文化　岡本良知著　東洋堂　1948　206p　19cm　Ⓝa210　〔09937〕
◇ヨーロッパ文化と日本文化　ルイス・フロイス著, 岡田章雄訳注　岩波書店　1991.6　199p　15cm　（岩波文庫）　410円　Ⓘ4-00-334591-6　Ⓝ210.48　〔09938〕
◇ローマの支倉常長と南蛮文化―日欧の交流・16～17世紀　仙台市博物館編　仙台　「ローマの支倉展」実行委員会　1989.9　140p　30cm　Ⓝ708.7　〔09939〕

美術史

◇岩波日本美術の流れ　4　14-16世紀の美術―清浄世界への憧憬　中島純司著　岩波書店　1991.5　130p　26cm　1900円　Ⓘ4-00-008454-2　Ⓝ702.1　〔09940〕
◇京都・激動の中世―帝と将軍と町衆と　京都文化博物館学芸第2課編　京都　京都文化博物館　1996.11　179p　30cm　Ⓝ702.14　〔09941〕
◇趣向と自然―中世美術論　秦恒平著　古川書房　1975　240p　19cm　（古川叢書）　850円　Ⓝ702.14　〔09942〕
◇陶と毛利の遺産―徳山毛利家資料展　徳山市美術博物館編　徳山　徳山市美術博物館　1997.8　39p　30cm　Ⓝ702.1　〔09943〕
◇中世から近世へ　唐木順三著　筑摩書房　1973　318p　20cm　（唐木順三文庫 7）　Ⓝ702.14　〔09944〕

美術史　　　　　　　　　中世史

◇中世から近世へ　唐木順三著　筑摩書房　1961　346p　20cm　Ⓝ702.14〔09945〕
◇中世考古美術と社会　難波田徹著　京都　思文閣出版　1991.7　497, 10p 図版12枚　22cm　（思文閣史学叢書）　10094円　①4-7842-0649-3　Ⓝ702.14〔09946〕
◇中世の社寺と芸術　森末義彰著　吉川弘文館　1983.3　517, 7p　22cm　6600円　Ⓝ702.14〔09947〕
◇日本中世思潮芸術　渡辺保著　三笠書房　1939　233p　17cm　（日本歴史全書 第17）　Ⓝ702.1〔09948〕
◇日本のルネッサンス―その美と芸術　西田正好著　塙書房　1977.1　356p　19cm　2000円　Ⓝ702.14〔09949〕
◇日本美術史〔第2〕中世・近世・現代篇 鎌倉時代〔ほか〕　久野健編　白畑よし　座右宝刊行会　1949-50　19cm　Ⓝa702〔09950〕
◇美術・記憶・生　白川昌生著　水声社　2007.10　260p　19cm　2500円　①978-4-89176-647-4〔09951〕

◆◆鎌倉時代の美術
◇金沢文庫の名品50選　神奈川県立金沢文庫編　横浜　神奈川県立金沢文庫　1999.4　48p　30cm　（金沢文庫テーマ展図録）　Ⓝ702.142〔09952〕
◇金沢文庫の名宝―特別展図録　神奈川県立金沢文庫編　横浜　神奈川県金沢文庫　1992.4　175p　30cm　Ⓝ702.142〔09953〕
◇金沢文庫の名宝―特別展図録　神奈川県立金沢文庫編　横浜　神奈川県立金沢文庫　1994.4　103p　30cm　Ⓝ702.142〔09954〕
◇金沢文庫の名宝―金沢北条氏の遺宝 特別展　神奈川県立金沢文庫編　横浜　神奈川県立金沢文庫　2002.4　47p　30cm　Ⓝ702.17〔09955〕
◇鎌倉　三山進著　中央公論美術出版　1963　42p 図版　19cm　Ⓝ702.14〔09956〕
◇鎌倉時代の美術―彫刻と工芸〔京都〕　京都国立博物館　1961　21p（図版共）　26cm　（特展目録 第15）　Ⓝ702.14〔09957〕
◇鎌倉―禅の源流―建長寺創建750年記念特別展　東京国立博物館, 日本経済新聞社編　日本経済新聞社　2003.6　261, 26p　29cm　Ⓝ702.14〔09958〕
◇日本美術史図版　第4輯　鎌倉・室町時代　文化史学会編　奈良　美術史資料刊行会　1951　22cm　Ⓝ702.1〔09959〕
◇日本美術全史　第3　鎌倉・室町時代　今泉篤男等編　美術出版社　1969　262p（図版共）　21cm　950円　Ⓝ702.1〔09960〕
◇日本美術全集 第9巻　縁起絵と似絵―鎌倉の絵画・工芸　大河直躬ほか編　中野政樹ほか編著　講談社　1993.8　251p　37cm　7500円　①4-06-196409-7　Ⓝ702.1〔09961〕
◇人間の美術　6　末世の絵模様―鎌倉時代　清水真澄, 有賀祥隆著　学習研究社　1990.4　184p　31cm　3500円　①4-05-102349-4　Ⓝ708.7〔09962〕
◇頼朝と鎌倉文化―特別展　佐野美術館編　三島　佐野美術館　1991　119p　30cm　Ⓝ702.142〔09963〕

◆◆室町時代の美術
◇大内文化の遺宝展―室町文化のなかにみる　山口県立美術館編　〔山口〕　山口県立美術館　1989.8　184p　30cm　Ⓝ702.146〔09964〕
◇北山・東山文化の華―相国寺・金閣・銀閣名宝展　根津美術館編　根津美術館　1995.9　154, 5p　30cm　①4-930817-12-9　Ⓝ702.146〔09965〕
◇週刊日本の美をめぐる　no.50（室町 4）　足利将軍と舶来趣味　小学館　2003.4　40p　30cm　（小学館ウイークリーブック）　533円　Ⓝ702.1〔09966〕
◇日本美術史図版　第4輯　鎌倉・室町時代　文化史学会編　奈良　美術史資料刊行会　1951　22cm　Ⓝ702.1〔09967〕
◇日本美術史論究　5　室町　源豊宗著　京都　思文閣出版　1979.4　537p　23cm　（源豊宗著作集）　6500円　Ⓝ702.1〔09968〕
◇日本美術全史　第3　鎌倉・室町時代　今泉篤男等編　美術出版社　1969　262p（図版共）　21cm　950円　Ⓝ702.1〔09969〕
◇人間の美術　7　バサラと幽玄―室町時代　梅原猛著　学習研究社　1991.3　184p　31cm　3500円　①4-05-102350-8　Ⓝ708.7〔09970〕
◇バサラと幽玄　梅原猛著　新装版　学習研究社　2004.2　183p　31cm　（人間の美術 7（室町時代））　3400円　①4-05-102350-8　Ⓝ702.146〔09971〕
◇婆娑羅の時代―王朝世界の残照・近世のいぶき 秋季特別展　徳川美術館編　名古屋　徳川美術館　1991.10　143, 8p　30cm　Ⓝ702.142〔09972〕
◇東山御物―「雑華室印」に関する新史料を中心に　根津美術館, 徳川美術館編　根津美術館　1976.10　213p　21×22cm　Ⓝ702.142〔09973〕
◇表象としての美術、言説としての美術史―室町将軍足利義晴と土佐光茂の絵画　亀井若菜著　国立　ブリュッケ　2003.12　307p　22cm　5000円　①4-434-03644-0　Ⓝ721.2〔09974〕
◇明国と日本―外交・貿易・文化交流　大阪　大阪市立博物館　1986　76p　26cm　（展覧会目録 第102号）　Ⓝ702.146〔09975〕
◇室町時代の美術―特別展　東京国立博物館編　東京国立博物館　1989.10　382p　26cm　Ⓝ702.146〔09976〕
◇室町時代の美術―特別展図録　東京国立博物館編　東京国立博物館　1992.3　461, 21p　37cm　Ⓝ702.146〔09977〕
◇室町時代の美術―特別展図録　東京国立博物館編　大蔵省印刷局　1992.6　461, 21p　37cm　28000円　①4-17-420000-9　Ⓝ702.146〔09978〕
◇室町時代美術史論　谷信一著　東京堂　1942　591p　22cm　Ⓝ702.1〔09979〕
◇室町時代美術展図録〔京都〕　京都国立博物館　1968　図版60枚 解説76p　26cm　2000円　Ⓝ708〔09980〕
◇毛利氏の歴史遺産―記録にみる戦国・毛利氏の伝世品を探る　吉田町歴史民俗資料館編　吉田町（広島県）　吉田町歴史民俗資料館　1999.10　46p　30cm　（吉田町歴史民俗資料館特別展図録 14）　Ⓝ702.146〔09981〕
◇毛利元就展―その時代と至宝　毛利元就企画委員会, NHK編　NHK　1997　257p　28cm　Ⓝ702.146〔09982〕

◆◆◆北山文化の美術
◇足利義満　吉村貞司著　三彩社　1977.6　63p 図17枚　22cm　（東洋美術選書）　980円　Ⓝ702.146〔09983〕
◇日本美術全集　15　北山・東山の美術―金閣と銀閣　田中一松ほか編集　金沢弘編集　学習研究社　1988.11

218p　38cm　4600円　①4-05-002927-8　Ⓝ708
〔09984〕

◆◆◆東山文化の美術
◇日本美術全集　15　北山・東山の美術―金閣と銀閣　田中一松ほか編集　金沢弘編集　学習研究社　1988.11　218p　38cm　4600円　①4-05-002927-8　Ⓝ708
〔09985〕
◇東山御物―『雑華室印』に関する新史料を中心に　根津美術館, 徳川美術館編　根津美術館　1976.10　213p（図共）　21×22cm　Ⓝ702.146
〔09986〕
◇東山文化―動乱を生きる美意識　吉村貞司著　美術出版社　1966　220p 図版16枚　21cm　（美術選書）　Ⓝ702.146
〔09987〕

◆◆桃山時代の美術
◇英雄の時代―伊達政宗と秀吉・家康　仙台市博物館編　仙台　仙台市博物館　1986.4　106p　26cm　Ⓝ702.148
〔09988〕
◇黄金とクルス　坂本満著　新装版　学習研究社　2004.2　175p　31cm　（人間の美術 8（安土・桃山時代））　3400円　①4-05-102351-6　Ⓝ702.148　〔09989〕
◇館蔵桃山の美―数奇のかたちと意匠　出光美術館編　出光美術館　1998.11　129p　30cm　Ⓝ702.148
〔09990〕
◇近世日本の名匠　水尾比呂志著　講談社　2006.4　377p　15cm　（講談社学術文庫）　1200円　①4-06-159757-4　Ⓝ702.15　〔09991〕
◇戦国の風俗と美術　高柳光寿著　春秋社　1978.5　213p　18cm　（新書戦国戦記 9）　600円　Ⓝ210.48
〔09992〕
◇対極桃山の美　倉沢行洋著　京都　淡交社　1983.4　234p　22cm　2200円　①4-473-00836-3　Ⓝ702.148
〔09993〕
◇対極桃山の美　倉沢行洋著　増補　京都　淡交社　1992.4　247p　22cm　2500円　①4-473-01244-1　Ⓝ702.148
〔09994〕
◇大かう　桑田忠親ほか著　大阪　豊国神社　1964.10　55p 図版64枚　37cm　Ⓝ702.148　〔09995〕
◇智積院　山根有三著　中央公論美術出版　1964　40p 図版　19cm　Ⓝ702.148　〔09996〕
◇利家が生きた桃山時代の美術―前田利家没後400年　石川県立美術館編　金沢　石川県立美術館　1999　196p　30cm　Ⓝ702.148　〔09997〕
◇豊臣家の名宝―平成の大改修竣工・秀吉四百回忌記念　大阪城天守閣編　大阪　大阪城天守閣特別事業委員会　1997.10　111p　26cm　Ⓝ702.148　〔09998〕
◇日本美術史論究　6　桃山・元禄　源豊宗著　京都　思文閣出版　1990.9　469p　23cm　（源豊宗著作集）　9000円　①4-7842-0615-9　Ⓝ702.1　〔09999〕
◇日本美術全史　下巻　安土桃山―現代　今泉篤男等編　美術出版社　1960　610p（図版解説共）　29cm　Ⓝ702.1
〔10000〕
◇日本美術全史　第4　安土桃山・江戸時代　第1　今泉篤男等編　美術出版社　1969　227p（図版共）　21cm　950円　Ⓝ702.1　〔10001〕
◇人間の美術　8　黄金とクルス―安土・桃山時代　坂本満著　学習研究社　1990.7　175p　31cm　3500円　①4-05-102351-6　Ⓝ708.7　〔10002〕

◇信長とその武将たち―特別展　岐阜市歴史博物館編　岐阜　岐阜市歴史博物館　1998　120p　30cm　Ⓝ702.148
〔10003〕
◇秀吉展―黄金と侘び　大阪市立博物館ほか編　〔大阪〕NHK大阪放送局　1996　242p　30cm　Ⓝ702.148
〔10004〕
◇秀吉と桃山文化―大阪城天守閣名品展　〔大阪〕毎日新聞大阪本社文化事業部　1996　2冊（別冊とも）　28cm　Ⓝ702.148　〔10005〕
◇毛利輝元とその時代展―吉田郡山・広島・萩、中世から近世への激動の時代を追う　吉田町歴史民俗資料館編　吉田町（広島県）　吉田町歴史民俗資料館　1992.4　1冊（ページ付なし）　26cm　（吉田町歴史民俗資料館特別展図録 4）　Ⓝ702.148　〔10006〕
◇桃山―華麗なる黄金の世紀　特別展　滋賀県立琵琶湖文化館編　大津　滋賀県立琵琶湖文化館　2006.10　100p　30cm　Ⓝ702.148　〔10007〕
◇桃山芸術と日本文化　桜井成広著　彰国社　1947　142p 図版　18cm　（彰国社芸術文庫 4）　45円　Ⓝ702.14
〔10008〕
◇桃山時代装飾美術集　後藤博山編　京都　平安精華社　1921　図版27枚　20×27cm　Ⓝ521　〔10009〕
◇「桃山―日本美の前衛」図録―開館3周年記念特別展　岡山県立美術館編　岡山　岡山県立美術館　1991.2　135p　30cm　Ⓝ702.148　〔10010〕
◇桃山の春・光悦展―町衆の信仰と芸術　京都文化博物館編　京都　京都文化博物館　1995.10　174p　30cm　Ⓝ702.148　〔10011〕
◇桃山の美術　武田恒夫編, 武田恒夫ほか著　岩波書店　1992.9　247p　35cm　15000円　①4-00-008054-7　Ⓝ702.148　〔10012〕
◇桃山の文様　大淵武美編　毎日新聞社　1976　323, 9p（図116枚共）　37cm　50000円　Ⓝ708　〔10013〕
◇桃山の遊楽―吉野懐紙とその時代　特別展図録　仙台市博物館編　仙台　仙台市博物館　1990　110p　26cm　Ⓝ702.148　〔10014〕

◆◆◆南蛮美術
◇描かれた近世都市　杉森哲也著　山川出版社　2003.11　106p　21cm　（日本史リブレット 44）　800円　①4-634-54440-7　Ⓝ721.024　〔10015〕
◇黄金とクルス　坂本満著　新装版　学習研究社　2004.2　175p　31cm　（人間の美術 8（安土・桃山時代））　3400円　①4-05-102351-6　Ⓝ702.148　〔10016〕
◇ザビエル画像の謎について　早川義郎著　〔早川義郎〕　2007.3　181p　19cm　Ⓝ702.1　〔10017〕
◇新資料に基づくキリシタン美術の研究　第2輯　久我五千男著　大阪　久我五千男　1975　55p 図23枚　38cm　20000円　Ⓝ702.1　〔10018〕
◇西域南蛮美術東漸史　関衛著　建設社　1933　380p　23cm　Ⓝ702　〔10019〕
◇西域南蛮美術東漸史　關衛著　大空社　2007.9　380p, p69-85　22cm　（アジア学叢書 165）　13000円　①978-4-283-00518-1, 978-4-283-00527-3　Ⓝ702.2　〔10020〕
◇長崎の美術史　永見徳太郎著　京都　臨川書店　1974　36, 239p 図77枚 肖像　22cm　12000円　Ⓝ702.148　〔10021〕
◇南蛮―ヨーロッパ世界との交流『南蛮屏風』重要文化財指定記念テーマ展　大阪城天守閣編　大阪　大阪城天守閣

美術史　　　　　　　　　　　中世史

特別事業委員会　2002.10　75p　26cm　Ⓝ702.15
〔10022〕
◇南蛮―信長・秀吉・家康のみた東西交流　特別展　岐阜市歴史博物館編　〔岐阜〕　南蛮実行委員会　2003　128p　30cm　Ⓝ702.148
〔10023〕
◇南蛮―東西交流の精華　特別展　堺市博物館編　堺市博物館　2003.5　120p　30cm　Ⓝ702.148
〔10024〕
◇南蛮見聞録―桃山絵画にみる西洋との出会い　特別展　神戸市立博物館編　〔神戸〕　神戸市スポーツ教育公社　1992.2　113p　24×25cm　Ⓝ721.087　〔10025〕
◇南蛮美術セレクション―神戸市立博物館　神戸市立博物館編　神戸　神戸市体育協会　1998.10　114p　30cm　Ⓝ702.148
〔10026〕
◇南蛮美術展―異国へのタイム・スリップ　東京都板橋区立美術館編　板橋区立美術館　1987.6　1冊（頁付なし）　24×25cm　Ⓝ702.148　〔10027〕
◇南蛮美術と室町・桃山文化―新春特別展　熱田神宮文化課編　〔名古屋〕　熱田神宮宮庁　2002　87p　26cm　Ⓝ702.148　〔10028〕
◇南蛮文化―特別展　たばこと塩の博物館編　専売弘済会　1981　48p　26cm　Ⓝ702.148　〔10029〕
◇日本の曙　木村東介編集責任、檜山翠、木村品子、小宮一容編　忍野村（山梨県）　ファナック　1991.5　255p　31cm　非売品　Ⓝ702.15　〔10030〕
◇日本の伝統美とヨーロッパ―南蛮美術の謎を解く　宮元健次著　京都　世界思想社　2001.3　232p　19cm　2000円　①4-7907-0861-6　Ⓝ521.48　〔10031〕
◇美術・建築　神田健次責任編集　日本キリスト教団出版局　2006.9　328p　19cm　（講座日本のキリスト教芸術 2）　3000円　①4-8184-0610-4　Ⓝ702.099
〔10032〕

◆宗教美術
◇国宝阿須賀神社伝来古神宝―京都国立博物館蔵　〔京都〕　京都国立博物館　1972　図69p 58, 3p　37cm　4000円　Ⓝ702.146　〔10033〕
◇寺社絵の世界―中世人のこころを読む　大分県立宇佐風土記の丘歴史民俗資料館編　宇佐　大分県立宇佐風土記の丘歴史民俗資料館　1995.10　99p　30cm　Ⓝ186.7
〔10034〕
◇宗教美術におけるイメージとテクスト―「統合テクスト科学の構築」第5回国際研究集会報告書　木俣元一編　〔名古屋〕　名古屋大学大学院文学研究科　2005.10　141p　30cm　（21st century COE program international conference series no.5）　Ⓝ702.09　〔10035〕
◇中世の社寺と芸術　森末義彰著　畝傍書房　1941　517p　22cm　（畝傍史学叢書）　〔10036〕
◇中世吉田の信仰画―鏡像・懸仏をめぐる宮崎神社の文化財　吉田町歴史民俗資料館編　吉田町（広島県）　吉田町歴史民俗資料館　1993.4　48p　26cm　（吉田町歴民俗資料館特別展図録 5）　Ⓝ702.17　〔10037〕
◇仏と神の美術―中世いなみ野の文化財　加古川総合文化センター博物館特別展　加古川総合文化センター編　加古川　加古川総合文化センター　2002.10　55p　30cm　（加古川総合文化センター博物館図録 no.16）　Ⓝ702.17
〔10038〕
◇源頼朝とゆかりの寺社の名宝　神奈川県立歴史博物館編　横浜　神奈川県立歴史博物館　1999.10　127p　30cm　Ⓝ702.142　〔10039〕

◆◆仏教美術
◇『生身天満宮宝物展』展示図録―平成14年度秋季特別展　園部文化博物館編　園部町（京都府）　園部文化博物館　2002.10　48p　30cm　Ⓝ702.17　〔10040〕
◇祈りの造形―中世霞ヶ浦の金工品　第23回特別展　霞ヶ浦町郷土資料館編　霞ヶ浦町（茨城県）　霞ヶ浦町郷土資料館　2000.10　95p　30cm　Ⓝ702.17　〔10041〕
◇隠元渡来―興聖寺と万福寺　宇治市歴史資料館編　宇治　宇治市歴史資料館　1996.10　56p　30cm　Ⓝ702.17
〔10042〕
◇近江の真宗文化―湖南・湖東を中心に　栗東歴史民俗博物館編　栗東町（滋賀県）　栗東歴史民俗博物館　1997　111p　30cm　Ⓝ702.098　〔10043〕
◇甲斐中世史と仏教美術　植松又次先生頌寿記念論文集刊行会編　名著出版　1994.10　394p　22cm　8500円　①4-626-01499-2　Ⓝ215.1　〔10044〕
◇鎌倉への海の道―神奈川芸術祭・特別展図録　神奈川県立金沢文庫編　〔横浜〕　神奈川県立金沢文庫　1992.10　174p　30cm　Ⓝ702.17　〔10045〕
◇鎌倉大仏の中世史　馬淵和雄著　新人物往来社　1998.11　306p　20cm　2400円　①4-404-02682-X　Ⓝ210.42
〔10046〕
◇鎌倉仏教―高僧とその美術　特別展　奈良国立博物館編　奈良　奈良国立博物館　1993.4　262p　26cm　Ⓝ702.098　〔10047〕
◇恐怖と救済―中世人の生と死　岡山県立博物館編　岡山　岡山県立博物館　1991.10　80p　26cm　Ⓝ702.098
〔10048〕
◇高宮寺と時宗の美術　彦根城博物館編　〔彦根〕　彦根市教育委員会　1999.5　25p　21cm　Ⓝ702.17
〔10049〕
◇国宝と歴史の旅　7　鎌倉大仏と宋風の仏像　朝日新聞社　2000.8　64p　30cm　（朝日百科―日本の国宝別冊）　933円　①4-02-330907-9　Ⓝ709.1　〔10050〕
◇真宗の名号と影像　今立町（福井県）　今立町歴史民俗資料館　1992.9　61p　26cm　Ⓝ702.17　〔10051〕
◇瑞巌寺―陸奥の禅刹と伊達政宗　特別展図録　仙台市博物館編　仙台　仙台市博物館　1992.10　98p　25×27cm　Ⓝ702.17　〔10052〕
◇中世の無常と救済　神奈川県立金沢文庫編　横浜　神奈川県立金沢文庫　1993.7　64p　26cm　Ⓝ702.17
〔10053〕
◇中世びとの祈り―第14回企画展　仏像・金工品にみる祈りのかたち　川越市立博物館編　川越　川越市立博物館　1999.3　59p　30cm　Ⓝ718.087　〔10054〕
◇中世吉田の仏教美術―仏教資料にみる美と技　吉田町歴史民俗資料館編　吉田町（広島県）　吉田町歴史民俗資料館　1994.4　1冊（ページ付なし）　26cm　（吉田町歴史民俗資料館特別展図録 7）　Ⓝ702.1976　〔10055〕
◇長楽寺の宝蔵を開く―五感で味わう中世美術　第74回企画展　群馬県立歴史博物館編　高崎　群馬県立歴史博物館　2003.4　74p　30cm　Ⓝ702.17　〔10056〕
◇道元禅師と永平寺の宝物展　大本山永平寺編　永平寺町（福井県）　大本山永平寺　1994.3　148p　26cm　Ⓝ702.17　〔10057〕
◇日本仏教美術史研究　続　中野玄三著　京都　思文閣出版　2006.2　484, 36p　図版9p　22cm　11000円　①4-7842-1269-8　Ⓝ702.098　〔10058〕

◇武家と禅―伊達氏とみちのくの禅宗寺院 特別展図録　仙台市博物館編　仙台　仙台市博物館　2003.9　127p　30cm　Ⓝ702.192　〔10059〕

◇蓮如上人と尾張　名古屋　真宗大谷派名古屋教区教化センター　2000.4　199p　30cm　(真宗大谷派名古屋教区教化センター研究報告 第4集)　Ⓝ702.17　〔10060〕

◆彫刻

◇越前町の神仏―越前町織田文化歴史館平成17年度企画展覧会図録　越前町織田文化歴史館編　越前町(福井県)　越前町織田文化歴史館　2005.11　48p　30cm　Ⓝ718.02144　〔10061〕

◇静岡県の仏像めぐり―ほとけ道 里あるき　大塚幹也, 松浦澄江, 山本直著　静岡　静岡新聞社　2005.5　127p　21cm　1800円　Ⓘ4-7838-1840-1　〔10062〕

◇宿院仏師―戦国時代の奈良仏師 奈良県中世彫刻調査報告　奈良県教育委員会文化財保存課編　奈良　奈良県教育委員会　1998.3　265p　31cm　Ⓝ718.3　〔10063〕

◇戦国・安土桃山の造像　2(神像彫刻編)　安土町(滋賀県)　滋賀県立安土城考古博物館　2007.10　103p　30cm　Ⓝ712.1　〔10064〕

◇戦国・安土桃山の造像　仏像彫刻・懸仏編　安土町(滋賀県)　滋賀県立安土城考古博物館　2004.10　99p　30cm　Ⓝ712.1　〔10065〕

◇中世彫刻史の研究　清水眞澄著　横浜　有隣堂　1988.3　299, 10p　22cm　Ⓘ4-89660-083-5　Ⓝ712.1　〔10066〕

◇中世びとの祈り　2　川越市立博物館編　川越　川越市立博物館　2002.3　71p　30cm　Ⓝ711.7　〔10067〕

◇日本中世の仏師と社会―運慶と慶派・七条仏師を中心に　根立研介著　塙書房　2006.5　417, 30p 図版8p　27cm　16000円　Ⓘ4-8273-1204-4　Ⓝ718.021　〔10068〕

◇室町時代仏像彫刻―在銘作品による　〔奈良〕　奈良国立博物館　1970　図66枚 121, 6p　31cm　12000円　Ⓝ718　〔10069〕

◆◆石彫

◇あいかわの中世石造物　愛川町郷土博物館展示基礎調査会編　愛川町(神奈川県)　愛川町教育委員会　1996.3　45p　26cm　(愛川町郷土博物館展示基礎調査会報告書 第1集)　Ⓝ714　〔10070〕

◇朝倉の石ほとけ―特別史跡・越前一乗谷写真集　飛田邦夫著　福井　福井豆本の会　1977.1　46p　12cm　(福井豆本 第2号)　Ⓝ718.4　〔10071〕

◇石への祈り―中世の石造美術　亀岡　亀岡市文化資料館　1986.7　1冊　26cm　Ⓝ718.4　〔10072〕

◇石が語る中世の社会―長崎県の中世・石造美術　大石一久著　〔長崎〕　長崎労金サービス(発売)　1999.11　96p　21cm　(ろうきんブックレット 9)　Ⓘ4-900895-31-8　Ⓝ714.02193　〔10073〕

◇板碑の総合研究 総論　坂詰秀一編　増補改訂版　柏書房　1991.1　359p　21cm　3800円　Ⓘ4-7601-0659-6　〔10074〕

◇甲斐の中世石幢　山梨県編　甲府　山梨県　2004.3　165p 図版16枚　26cm　(山梨県史 資料編7(中世4 考古資料) 別冊)　Ⓝ714.02151　〔10075〕

◇かまがやの板碑―中世に生きた人々のいのり 平成13年度鎌ケ谷市郷土資料館企画展　鎌ケ谷市郷土資料館編　鎌ケ谷　鎌ケ谷市郷土資料館　2002.3　80p　30cm　Ⓝ185.5　〔10076〕

◇上ノ山市の中世石造美術―五輪塔・宝篋印塔・墓石を中心に　加藤和徳著　〔山形〕　村山民俗学会　2007.6　62p　30cm　(蓬莱波形山叢書 第2集)　1000円　Ⓝ714.02125　〔10077〕

◇上福岡の板碑―中世の石の文化　上福岡　上福岡市教育委員会　2000.3　150p　30cm　(市史調査報告書 第18集)　Ⓝ185.5　〔10078〕

◇児玉町の中世石造物―宝篋印塔・五輪塔・石幢・無縫塔・石殿・石仏　児玉町史編さん委員会編　児玉町(埼玉県)　児玉町教育委員会　1998.3　273p　27cm　(児玉町史史料調査報告 中世 第3集)　Ⓝ714　〔10079〕

◇埼玉県中世石造遺物調査報告書　埼玉県立歴史資料館編　〔浦和〕　埼玉県教育委員会　1998.3　2冊　30cm　Ⓝ714　〔10080〕

◇新宮町の石造遺物　中世編　新宮町教育委員会編　新宮町(兵庫県)　新宮町教育委員会　1995.3　84p　26cm　(新宮町文化財調査報告 23)　Ⓝ714　〔10081〕

◇石造供養塔論攷　池上悟著　ニューサイエンス社　2007.12　285p　21cm　3000円　Ⓘ978-4-8216-0512-5　〔10082〕

◇石造物が語る中世職能集団　山川均著　山川出版社　2006.8　110p　21cm　(日本史リブレット 29)　800円　Ⓘ4-634-54290-0　〔10083〕

◇石造文化財　1　雄山閣出版(発売)　2001.9　49p　26cm　2000円　Ⓘ4-639-01749-9　Ⓝ714　〔10084〕

◇石造文化財　2　佛教石造文化財研究所編　雄山閣(発売)　2006.8　194p　26cm　3000円　Ⓘ4-639-01933-5　Ⓝ714　〔10085〕

◇中世奥羽と板碑の世界　大石直正, 川崎利夫編　高志書院　2001.6　320p　22cm　(奥羽史研究叢書 1)　3400円　Ⓘ4-906641-44-X　Ⓝ185.5　〔10086〕

◇中世石造遺物調査概報　1　埼玉県立歴史資料館編　〔浦和〕　埼玉県教育委員会　1993.3　11p 図版2枚　30cm　Ⓝ714　〔10087〕

◇中世石造遺物調査概報　2(平成5年度)　埼玉県立歴史資料館編　〔浦和〕　埼玉県教育委員会　1994.3　16p　30cm　Ⓝ714　〔10088〕

◇中世石造遺物調査概報　3(平成6年度)　埼玉県立歴史資料館編　浦和　埼玉県教育委員会　1995.3　20p　30cm　Ⓝ714　〔10089〕

◇中世石造遺物調査概報　4(平成7年度)　埼玉県立歴史資料館編　浦和　埼玉県教育委員会　1996.3　18p　30cm　Ⓝ714　〔10090〕

◇中世町石卒都婆の研究　愛甲昇寛著　ビジネス教育出版社　1994.11　478p　22cm　8000円　Ⓘ4-8283-0811-3　Ⓝ185.5　〔10091〕

◇中世の石造物　綾瀬市編　綾瀬　綾瀬市　1996.3　63p　26cm　(綾瀬市史調査報告書 1)　Ⓝ714　〔10092〕

◇日根荘中世石造物調査報告書　荘園研究会編　泉佐野　泉佐野市教育委員会　2001.3　74p　30cm　Ⓝ714.02163　〔10093〕

◇武蔵野の板碑　第3巻　今淳治郎著　日和　1994.11　385p　26cm　20000円　Ⓘ4-931339-13-1　〔10094〕

◆◆鎌倉彫刻

◇運慶　田中萬宗著　京都　芸艸堂出版部　1948　206p　21cm　Ⓝ712.1　〔10095〕

◇運慶―転形期の芸術家　林文雄著　新日本出版社　1980.11　321p　図版12枚　20cm　2500円　Ⓝ712.1
〔10096〕
◇運慶―その人と芸術　副島弘道著　吉川弘文館　2000.9　212p　19cm　（歴史文化ライブラリー 101）　1700円　Ⓘ4-642-05501-0　Ⓝ712.1
〔10097〕
◇運慶とバロックの巨匠たち―『仁王』像は運慶作にあらず　田中英道著　弓立社　1998.6　254p　22cm　（叢書日本再考）　3800円　Ⓘ4-89667-861-3　Ⓝ718
〔10098〕
◇運慶仏像彫刻の革命　西村公朝, 熊田由美子著　新潮社　1997.1　119p　22cm　（とんぼの本）　1545円　Ⓘ4-10-602054-8　Ⓝ718
〔10099〕
◇運慶論　岡本謙次郎著　眞善美社　1948　205p　図版　22cm　Ⓝ712.1
〔10100〕
◇運慶論　岡本謙次郎著　冬樹社　1972　215p　図　20cm　Ⓝ712.1
〔10101〕
◇快慶―運慶を超えた男　大湊文夫著　郁朋社　2007.10　295p　19cm　1500円　Ⓘ978-4-87302-396-0
〔10102〕
◇鎌倉時代の彫刻―特別展図録　東京国立博物館　1976　354p（おもに図）　35cm　Ⓝ710.8　〔10103〕
◇鎌倉彫刻史の研究　渋江二郎著　横浜　有隣堂　1974　271, 9p　図　27cm　4800円　Ⓝ712.1　〔10104〕
◇鎌倉彫刻史論考　三山進著　横浜　有隣堂　1981.5　342, 7p　22cm　5200円　Ⓘ4-89660-041-X　Ⓝ712.1
〔10105〕
◇鎌倉彫刻圖録　〔奈良〕　奈良帝室博物館　1933.11　61p　図版100枚　40cm　Ⓝ712.1　〔10106〕
◇鎌倉と運慶　三山進著　横浜　有隣堂　1976　221p　18cm　（有隣新書）　680円　Ⓝ712.1　〔10107〕
◇鎌倉の彫刻　三山進文, 矢萩和巳写真　東京中日新聞出版局　1966　218p（図版共）　27cm　Ⓝ712.1
〔10108〕
◇鎌倉の仏像文化　清水真澄著　岩波書店　1985.2　80p　22cm　（岩波グラフィックス 29）　1200円　Ⓘ4-00-008429-1　Ⓝ718
〔10109〕
◇鎌倉吉野　太田古朴著　京都　綜芸社　1975.10　154p　図版14枚　19cm　（仏像観賞シリーズ 3）　750円　Ⓝ718
〔10110〕
◇巧匠安阿弥陀仏快慶―日本彫刻作家研究の一節　小林剛著　天理　養徳社　1962　93p　図版17枚　27cm　（奈良国立文化財研究所学報 第12冊）　Ⓝ712.1　〔10111〕
◇週刊日本の美をめぐる　no.19（鎌倉 2）　運慶と快慶肉体を彫る　運慶ほか作　小学館　2002.9　42p　30cm　（小学館ウイークリーブック）　533円　Ⓝ702.1
〔10112〕
◇笙ノ窟の銅造不動明王立像　奈良県教育委員会文化財保存課編　上北山村（奈良県）　上北山村教育委員会　1997.3　33p　図版19p　30cm　（上北山村文化財調査報告 2）　Ⓝ718.5
〔10113〕
◇日本彫刻史基礎資料集成　鎌倉時代　造像銘記篇 第1巻　図版　水野敬三郎ほか編纂　中央公論美術出版　2003.4　178p　31cm　Ⓘ4-8055-1021-8　Ⓝ712.1
〔10114〕
◇日本彫刻史基礎資料集成　鎌倉時代　造像銘記篇 第2巻　解説　水野敬三郎ほか編纂　中央公論美術出版　2004.2　380p　31cm　Ⓘ4-8055-1022-6　Ⓝ712.1
〔10115〕
◇日本彫刻史基礎資料集成　鎌倉時代　造像銘記篇 第3巻　図版　水野敬三郎編纂代表　中央公論美術出版　2005.3　237p　31cm　Ⓘ4-8055-1023-4　Ⓝ712.1
〔10116〕
◇日本彫刻史基礎資料集成　鎌倉時代　造像銘記篇 第4巻　解説　水野敬三郎編纂代表　中央公論美術出版　2006.2　238p　31cm　Ⓘ4-8055-1024-2　Ⓝ712.1
〔10117〕
◇日本彫刻史基礎史料集成―鎌倉時代　造像銘記篇 第5巻　水野敬三郎編纂代表　中央公論美術出版　2007.2　2冊（セット）　31×22cm　33000円　Ⓘ978-4-8055-1025-4
〔10118〕
◇日本彫刻史基礎資料集成　鎌倉時代　造像銘記篇　第1巻　水野敬三郎ほか編　中央公論美術出版　2003.4　2冊（セット）　30cm　33000円　Ⓘ4-8055-1021-8
〔10119〕
◇日本彫刻史基礎資料集成　鎌倉時代・造像銘記篇　第2巻　水野敬三郎編　中央公論美術出版　2004.2　2冊（セット）　31×22cm　33000円　Ⓘ4-8055-1022-6　〔10120〕
◇日本彫刻史基礎資料集成　鎌倉時代　造像銘記篇　第3巻　水野敬三郎ほか編　中央公論美術出版　2005.3　2冊（セット）　31×22cm　33000円　Ⓘ4-8055-1023-4
〔10121〕
◇日本彫刻史基礎資料集成 鎌倉時代造像銘記篇　第4巻　水野敬三郎編纂者代表　中央公論美術出版　2006.2　2冊（セット）　31×22cm　33000円　Ⓘ4-8055-1024-2
〔10122〕
◇日本の美術　12　運慶と鎌倉彫刻　水野敬三郎著　小学館　1972　213p（おもに図）　20cm　（ブック・オブ・ブックス）　Ⓝ708
〔10123〕
◇日本美術全集　第10巻　運慶と快慶―鎌倉の建築・彫刻　大河直躬ほか編　水野敬三郎ほか編著　講談社　1991.8　241p　37cm　7500円　Ⓘ4-06-196410-0　Ⓝ702.1
〔10124〕
◇仏師快慶論　毛利久著　吉川弘文館　1961　278p　図版30枚　27cm　Ⓝ712.1
〔10125〕
◇仏師快慶論　毛利久著　増補版　吉川弘文館　1987.11　329p　図版43枚　27cm　18000円　Ⓘ4-642-07247-0　Ⓝ712.1
〔10126〕
◇文化財講座日本の美術　7　彫刻（鎌倉）　岡田譲等編集　第一法規出版　1977.2　246p　図　22cm　1900円　Ⓝ702.1
〔10127〕

◆絵画

◇描かれた城郭―絵巻・絵図に見る城 平成16年度広島城企画展　広島市文化財団広島城編　広島　広島市文化財団広島城　2004.9　29p　30cm　Ⓝ210.4　〔10128〕
◇描かれた日本の中世―絵図分析論　下坂守編　京都　法藏館　2003.11　504, 13p　22cm　9600円　Ⓘ4-8318-7478-7　Ⓝ210.4
〔10129〕
◇絵画・木札・石造物に中世を読む　水藤真著　吉川弘文館　1994.8　365p　22cm　6592円　Ⓘ4-642-02737-8　Ⓝ210.4
〔10130〕
◇国宝 日本の名画　第2　中世　野間清六, 河北倫明, 中村渓男編　解説　集英社　1966　58cm　Ⓝ721.08
〔10131〕
◇荘園絵図とその世界―企画展示　国立歴史民俗博物館編　佐倉　国立歴史民俗博物館　1993.3　131p　30cm　Ⓝ210.4
〔10132〕

◇浄光明寺敷地絵図の研究　大三輪龍彦編　新人物往来社　2005.7　177p　22cm　4800円　Ⓘ4-404-03260-9　Ⓝ188.55　〔10133〕

◇書画美術　特別篇　芸術書院, 星雲社〔発売〕　2005.11　297p　31×24cm　20000円　Ⓘ4-434-06924-1　〔10134〕

◇前近代地図の空間と知　青山宏夫著　校倉書房　2007.3　426p　21cm　（歴史科学叢書）　10000円　Ⓘ978-4-7517-3850-4　〔10135〕

◇中古諸名家美人競　青木恒三郎編　大阪　青木恒三郎　1893.3　12枚　27cm　Ⓝ720　〔10136〕

◇中古名家画帖　北斎遺画之部　葛飾為一画, 葛西嘉久二編　弘文社　1885.11　1帖　21×27cm　Ⓝ720　〔10137〕

◇中世仏教文化の形成と受容の諸相―「絵画」の問題を中心として　2004-2006年度　池田忍編　〔千葉〕　千葉大学大学院人文社会科学研究科　2007.2　75p　30cm　（人文社会科学研究科研究プロジェクト成果報告書　第134集）　Ⓝ721.024　〔10138〕

◇日本中世絵画史　春山武松著　朝日新聞社　1953　258p　図版43枚　27cm　Ⓝ721.2　〔10139〕

◇日本中世絵画の新資料とその研究　赤沢英二著　中央公論美術出版　1995.2　454p　31cm　53560円　Ⓘ4-8055-0294-0　Ⓝ721.024　〔10140〕

◇遙かなる御後絵―甦る琉球絵画　佐藤文彦著　作品社　2003.9　237p　27cm　2800円　Ⓘ4-87893-497-2　Ⓝ721.0246　〔10141〕

◇光をまとう中世絵画―やまと絵屏風の美　泉万里著　角川学芸出版, 角川グループパブリッシング〔発売〕　2007.11　206p　19cm　（角川叢書）　2500円　Ⓘ978-4-04-702137-2　〔10142〕

◇美術の遊びとこころ『旅』―美術のなかに旅を見る　三井文庫三井記念美術館編　三井文庫三井記念美術館　2007.7　71p　21×30cm　Ⓝ721.02　〔10143〕

◆◆◆仏教画

◇鎌倉・南北朝時代における詫磨派絵仏師の絵画制作について―特に長賀・栄賀を中心に　本文編　藤元裕二執筆　松戸　藤元裕二　2001.4　68p　30cm　Ⓘ4-9900887-0-0　Ⓝ721.1　〔10144〕

◇中世庶民信仰の絵画―参詣曼荼羅・地獄絵・お伽草子　特別展　東京都渋谷区立松濤美術館編　〔東京都〕渋谷区立松濤美術館　1993　91p　24×25cm　Ⓝ721.1　〔10145〕

◇中世の地獄―絵画と説話にみる地獄の風景　テーマ展　神奈川県立金沢文庫編　横浜　神奈川県立金沢文庫　1997.12　47p　30cm　Ⓝ181.4　〔10146〕

◇大和路の仏教版画―中世・勧進・結縁・供養　町田市立国際版画美術館編　町田　町田市立国際版画美術館　1994.2　160p　22cm　1500円　Ⓘ4-8087-0608-3　Ⓝ186.7　〔10147〕

◆◆◆絵巻物

◇足利将軍若宮八幡宮参詣絵巻　村井康彦編著　京都　国際日本文化研究センター　1995.3　90p　26cm　（日文研叢書 7）　Ⓝ721.2　〔10148〕

◇異形の王権　網野善彦著　平凡社　1986.9　217p　21cm　（イメージ・リーディング叢書）　1800円　Ⓘ4-582-28454-X　Ⓝ210.4　〔10149〕

◇異形の王権　網野善彦著　平凡社　1993.7　273p　16cm　（平凡社ライブラリー）　980円　Ⓘ4-582-76010-4　Ⓝ210.4　〔10150〕

◇絵巻―プレパラートにのせた中世　武者小路穣著　美術出版社　1963　319p　図版　21cm　（美術選書）　Ⓝ721.2　〔10151〕

◇「絵巻」子どもの登場―中世社会の子ども像　黒田日出男著　河出書房新社　1989.7　126p　27cm　（歴史博物館シリーズ）　1900円　Ⓘ4-309-61151-6　Ⓝ210.4　〔10152〕

◇絵巻で読む中世　五味文彦著　筑摩書房　2005.8　260p　15cm　（ちくま学芸文庫）　950円　Ⓘ4-480-08933-0　Ⓝ210.4　〔10153〕

◇絵巻に中世を読む　藤原良章, 五味文彦編　吉川弘文館　1995.12　330p　20cm　3502円　Ⓘ4-642-07476-7　Ⓝ210.4　〔10154〕

◇絵巻名品選―日本古典絵巻館 3　貴重本刊行会　2002.4　4冊　26cm　全67200円　Ⓘ4-88915-117-6, 4-88915-118-4, 4-88915-119-2, 4-88915-120-6, 4-88915-116-8　Ⓝ721.2　〔10155〕

◇姿としぐさの中世史―絵図と絵巻の風景から　黒田日出男著　平凡社　1986.5　243p　21cm　（イメージ・リーディング叢書）　2000円　Ⓘ4-582-28452-3　Ⓝ210.4　〔10156〕

◇姿としぐさの中世史―絵図と絵巻の風景から　黒田日出男著　増補　平凡社　2002.10　374p　16cm　（平凡社ライブラリー）　1500円　Ⓘ4-582-76445-2　Ⓝ210.4　〔10157〕

◇続々日本絵巻大成―伝記・縁起篇 3　西行法師行状絵巻　小松茂美編　小松茂美, 秋場薫執筆　中央公論社　1995.8　121p　36cm　45000円　Ⓘ4-12-403213-7　Ⓝ721.2　〔10158〕

◇続々日本絵巻大成―伝記・縁起篇 4　頬焼阿弥陀縁起・不動利益縁起　小松茂美編　小松茂美ほか執筆　中央公論社　1995.5　159p　36cm　47500円　Ⓘ4-12-403214-5　Ⓝ721.2　〔10159〕

◇続々日本絵巻大成―伝記・縁起篇 5　清水寺縁起　真如堂縁起　小松茂美編　後柏原天皇ほか詞書, 掃部助久国画, 小松茂美ほか執筆　中央公論社　1994.5　191p　36cm　47500円　Ⓘ4-12-403215-3　Ⓝ721.2　〔10160〕

◇続々日本絵巻大成―伝記・縁起篇 6　東大寺大仏縁起　二月堂縁起　小松茂美編　芝琳賢, 亮順№, 後奈良天皇ほか書写, 三条西公条ほか著, 小松茂美, 武井実執筆　中央公論社　1994.8　189p　36cm　50000円　Ⓘ4-12-403216-1　Ⓝ721.2　〔10161〕

◇続々日本絵巻大成―伝記・縁起篇 7　箱根権現縁起　誉田宗廟縁起　小松茂美編　小松茂美執筆　中央公論社　1995.2　117p　36cm　45000円　Ⓘ4-12-403217-X　Ⓝ721.2　〔10162〕

◇中世日本の物語と絵画　佐野みどり, 並木誠士編著　放送大学教育振興会　2004.3　244p　21cm　（放送大学教材 2004）　3400円　Ⓘ4-595-23763-4　Ⓝ721.2　〔10163〕

◇中世の愛と従属―絵巻の中の肉体　保立道久著　平凡社　1986.12　265p　21cm　（イメージ・リーディング叢書）　2100円　Ⓘ4-582-28456-6　Ⓝ210.4　〔10164〕

◇中世のことばと絵―絵巻は訴える　五味文彦著　中央公論社　1990.11　192p　18cm　（中公新書 995）　563円　Ⓘ4-12-100995-9　Ⓝ721.2　〔10165〕

◇日本の絵巻 続16 住吉物語絵巻・小野雪見御幸絵巻 小松茂美編 中央公論社 1991.10 111p 35cm 3800円 ①4-12-402896-2 Ⓝ721.2 〔10166〕
◇日本の絵巻 続19 彦火々出見尊絵巻・浦島明神縁起 小松茂美編 中央公論社 1992.6 106p 35cm 3800円 ①4-12-402899-7 Ⓝ721.2 〔10167〕
◇日本の絵巻 続21 融通念仏縁起 小松茂美編 中央公論社 1992.9 112p 35cm 3800円 ①4-12-402901-2 Ⓝ721.2 〔10168〕
◇日本の絵巻 続22 松崎天神縁起 小松茂美編 中央公論社 1992.10 92p 35cm 3800円 ①4-12-402902-0 Ⓝ721.2 〔10169〕
◇日本の絵巻 続23 山王霊験記・地蔵菩薩霊験記 小松茂美編 中央公論社 1992.11 104p 35cm 3800円 ①4-12-402903-9 Ⓝ721.2 〔10170〕
◇日本の絵巻 続24 桑実寺縁起・道成寺縁起 小松茂美編 中央公論社 1992.12 140p 35cm 4500円 ①4-12-402904-7 Ⓝ721.2 〔10171〕
◇日本の絵巻 続25 芦引絵 小松茂美編 中央公論社 1993.1 101p 35cm 3800円 ①4-12-402905-5 Ⓝ721.2 〔10172〕
◇日本の絵巻 続26 土蜘蛛草紙・天狗草紙・大江山絵詞 小松茂美編 中央公論社 1993.3 146p 35cm 4500円 ①4-12-402906-3 Ⓝ721.2 〔10173〕
◇日本の絵巻 続27 能恵法師絵詞・福富草紙・百鬼夜行絵巻 小松茂美編 中央公論社 1993.4 124p 35cm 3800円 ①4-12-402907-1 Ⓝ721.2 〔10174〕
◇三宅山御鹿狩絵巻 朝尾直弘ほか編 京都 京都大学学術出版会 1994.6 263p 22×31cm 18000円 ①4-87698-012-8 Ⓝ721.2 〔10175〕
◇鎧をまとう人びと—合戦・甲冑・絵画の手びき 藤本正行著 吉川弘文館 2000.3 281, 8p 20cm 3300円 ①4-642-07762-6 Ⓝ210.4 〔10176〕

◆◆◆障屏画
◇中世障屏画 〔京都〕 京都国立博物館 1970 図44枚 49, 5p 37cm 3500円 Ⓝ721 〔10177〕
◇中世の障屏画—特別展覧会 昭和44年 京都 京都国立博物館 1969.11 21p 26cm (特展目録 no.24) Ⓝ721 〔10178〕
◇中世屏風絵 大阪市立美術館編 京都 京都書院 1979.10 317p 27×37cm 48000円 Ⓝ721 〔10179〕

◆◆◆似絵
◇織田一族の肖像画展—織田町歴史資料館平成16年度企画展覧会図録 織田町歴史資料館編 織田町(福井県) 織田町歴史資料館 2004.9 24p 30cm Ⓝ721 〔10180〕
◇肖像画を読む 黒田日出男編 角川書店 1998.7 270p 21cm 3600円 ①4-04-821057-2 Ⓝ721.02 〔10181〕
◇戦国武将の絵 サントリー美術館 サントリー美術館編 1967 1冊(頁付なし) 26cm Ⓝ721.02 〔10182〕
◇中世肖像の文化史 黒田智著 ぺりかん社 2007.2 478p 21cm 8200円 ①978-4-8315-1158-4 〔10183〕
◇土佐家の肖像粉本—像と影 榊原吉郎, 松尾芳樹編著 京都 京都書院 1998.4 353p 15cm (京都書院アーツコレクション 88 絵画 8) 1000円 ①4-7636-1588-2 Ⓝ721.2 〔10184〕

◇日本の美と文化—art japanesque 8 武家と肖像—無情とリアリズム 高橋秀元編 講談社 1983.7 167p 31cm 2400円 ①4-06-127738-3 Ⓝ081 〔10185〕

◆◆鎌倉時代絵画史
◇金沢文庫図録 絵画篇 横浜 神奈川県立金沢文庫 1971 192p(おもに図) 35cm Ⓝ702.14 〔10186〕
◇人間の美術 6 —鎌倉時代 末世の絵模様 清水真澄, 有賀祥隆著 新装版 学習研究社 2004.1 183p 31×23cm 3400円 ①4-05-102349-4 〔10187〕
◇風俗画大成 2 目で見る鎌倉時代 松岡映丘編 国書刊行会 1986.1 151p 27×37cm 9800円 Ⓝ721.8 〔10188〕
◇文化財講座日本の美術 2 絵画(鎌倉-室町) 岡田譲等編集 源豊宗等執筆 第一法規出版 1977.6 251p 図 22cm 1900円 Ⓝ702.1 〔10189〕

◆◆鎌倉時代仏教画
◇絵仏師の作品 平田寛著 中央公論美術出版 1997.1 424p 26cm 25750円 ①4-8055-0309-2 Ⓝ721.1 〔10190〕
◇絵仏師の時代 平田寛著 中央公論美術出版 1994.2 2冊 26cm 全28840円 ①4-8055-0269-X Ⓝ721.1 〔10191〕
◇法然と浄土教 津山郷土博物館編 津山 津山郷土博物館 1988.10 39p 26cm (津山郷土博物館特別展図録 第1冊) Ⓝ721.1 〔10192〕

◆◆鎌倉時代絵巻物
◇和泉市久保惣記念美術館駒競行幸絵巻研究 和泉市久保惣記念美術館編 和泉 和泉市久保惣記念美術館 2001.3 107p 31cm Ⓝ721.2 〔10193〕
◇鎌倉時代絵巻三種 国立国会図書館支部静嘉堂文庫編 国立国会図書館総務部経理課 1960 はり込み原色図版3枚(袋入) 31×54cm Ⓝ721.2 〔10194〕
◇続日本絵巻大成 12 山王霊験記・地蔵菩薩霊験記 小松茂美編 小松茂美, 尾下多美子執筆 中央公論社 1984.7 159p 36cm 28000円 ①4-12-402302-2 Ⓝ721.2 〔10195〕
◇続日本絵巻大成 18 随身庭騎絵巻・中殿御会図・公家列影図・天子摂関御影 小松茂美編 小松茂美, 久保木彰一執筆 中央公論社 1983.6 151p 36cm 22000円 Ⓝ721.2 〔10196〕
◇日本絵巻大成 19 住吉物語絵巻・小野雪見御幸絵巻 小松茂美編 小松茂美, 友久武文執筆 中央公論社 1978.2 139p 35cm 9800円 Ⓝ721.2 〔10197〕
◇日本繪巻物全集 第12巻 紫式部日記繪巻,枕草子絵巻 角川書店編集部編 角川書店 1961 原色はり込図版7枚 図版68p 解説79, 16p 38cm Ⓝ721.2 〔10198〕
◇日本の絵巻 続12 随身庭騎絵巻・中殿御会図・公家列影図.天子摂関御影 小松茂美編 中央公論社 1991.2 112p 35cm 3800円 ①4-12-402892-X Ⓝ721.2 〔10199〕

◆◆◆伊勢物語絵巻
◇伊勢物語絵 伊藤敏子著 角川書店 1984.3 1冊 31cm 28000円 Ⓝ721.2 〔10200〕
◇伊勢物語絵巻絵本大成 羽衣国際大学日本文化研究所編 角川学芸出版, 角川グループパブリッシング〔発売〕

2007.9　2冊(セット)　31×22cm　32000円　ⓘ978-4-04-621118-7
〔10201〕
◇伊勢物語絵巻研究―和泉市久保惣記念美術館　和泉　和泉市久保惣記念美術館　1986.3　58p　31cm
〔10202〕
◇伊勢物語絵巻の探究―和泉市久保惣記念美術館本の分析　相原充子著　山川出版社　2002.3　217p　22cm　(美の光景 1)　3800円　ⓘ4-634-52180-6　Ⓝ721.2
〔10203〕
◇伊勢物語色紙歌留多帖　編集・解説:吉田光邦　京都　芸艸堂　1973　はり込み図68枚　14p　45cm　Ⓝ721.2
〔10204〕
◇日本の絵巻　18　伊勢物語絵巻　小松茂美編集・解説　中央公論社　1988.9　139p　35cm　3200円　ⓘ4-12-402668-4　Ⓝ721.2
〔10205〕

◆◆◆紫式部日記絵詞

◇日本絵巻大成　9　紫式部日記絵詞　小松茂美編集　小松茂美ほか執筆　中央公論社　1978.3　131p　35cm　9800円　Ⓝ721.2
〔10206〕
◇日本繪巻物全集　第12巻　紫式部日記繪巻, 枕草子絵巻　角川書店編集部編　角川書店　1961　原色はり込図版7枚　図版68p　解説79, 16p　38cm　Ⓝ721.2
〔10207〕
◇日本の絵巻　9　紫式部日記絵詞　小松茂美編　中央公論社　1987.12　109p　35cm　3200円　ⓘ4-12-402659-5　Ⓝ721.2
〔10208〕
◇日本の絵巻―コンパクト版　9　紫式部日記絵詞　小松茂美編　中央公論社　1994.5　94p　17cm　1100円　ⓘ4-12-403189-0　Ⓝ721.2
〔10209〕
◇紫式部日記絵巻―日野原家本1巻　伝藤原信実画, 伝藤原良経詞書　日本古典文学会　東京連合印刷(製作)ほるぷ(発売)　1975　1軸　22cm(箱:28cm)　Ⓝ721.2
〔10210〕
◇紫式部日記絵巻―蜂須賀家旧蔵本　重要文化財　柳澤孝監修　ほるぷ出版　1985.8　1軸　22cm　(複刻日本古典文学館　第2期)　Ⓝ721.2
〔10211〕
◇紫式部日記絵巻　第1段(詞書・絵)　伝藤原信実画, 後京極良経筆　日本古典文学刊行会　ほるぷ出版(製作)図書月販(発売)　1972　はり込み図2枚　28×56cm　(複刻日本古典文学館　第1期)　Ⓝ721.2
〔10212〕
◇紫式部日記絵巻　第2段(詞書・絵)　伝藤原信実画, 後京極良経筆　日本古典文学刊行会　ほるぷ出版(製作)図書月販(発売)　1973　はり込み図2枚　28×56cm　(複刻日本古典文学館　第1期)　Ⓝ721.2
〔10213〕
◇紫式部日記絵巻　第3段(詞書・絵)　伝藤原信実画, 後京極良経筆　日本古典文学刊行会　ほるぷ出版(製作)図書月販(発売)　1973　はり込み図2枚　28×56cm　(複刻日本古典文学館　第1期)　Ⓝ721.2
〔10214〕
◇紫式部日記絵巻の世界―近世大名の憧れ　徳島市立徳島城博物館編　徳島　徳島市立徳島城博物館　1993.10　46p　26cm　Ⓝ721.2
〔10215〕

◆◆◆隆房卿艶詞絵巻

◇隆房卿艶詞絵巻―重要文化財　藤原隆房著, 日本古典文学会編　ほるぷ出版　1978.11　1軸　26cm　270000円　Ⓝ721.2
〔10216〕
◇日本の絵巻―コンパクト版　10　葉月物語絵巻・隆房卿艶詞絵巻　小松茂美編　中央公論社　1994.6　66p　17cm　1100円　ⓘ4-12-403190-4　Ⓝ721.2
〔10217〕

◆◆◆長谷雄草子

◇鬼のいる光景―絵巻『長谷雄草紙』を読む　楊暁捷述, 国際日本文化研究センター編　京都　国際日本文化研究センター　2000.3　67p　21cm　(日文研フォーラム 第124回)　Ⓝ721.2
〔10218〕
◇鬼のいる光景―『長谷雄草紙』に見る中世　楊暁捷著　角川書店　2002.2　254p　20cm　(角川叢書20)　2700円　ⓘ4-04-702120-2　Ⓝ721.2
〔10219〕
◇日本絵巻大成　11　長谷雄草紙・絵師草紙　小松茂美編集　小松茂美, 村松寧執筆　中央公論社　1977.10　123p(図共)　35cm　8800円　Ⓝ721.2
〔10220〕
◇日本の絵巻　11　長谷雄草紙.絵師草紙　小松茂美編　中央公論社　1988.2　95p　35cm　3200円　ⓘ4-12-402661-7　Ⓝ721.2
〔10221〕
◇日本の絵巻―コンパクト版　11　長谷雄草紙・絵師草紙　小松茂美編　中央公論社　1994.7　86p　17cm　1100円　ⓘ4-12-403191-2　Ⓝ721.2
〔10222〕

◆◆◆男衾三郎絵巻

◇日本絵巻大成　12　男衾三郎絵詞・伊勢新名所絵歌合　小松茂美編　小松茂美, 源豊宗執筆　中央公論社　1978.5　131p　35cm　9800円　Ⓝ721.2
〔10223〕
◇日本繪巻物全集　第18巻　男衾三郎繪巻〔ほか〕　角川書店編集部編　角川書店　1968　はり込み原色図版7枚　図版94p　解説97p　38cm　Ⓝ721.2
〔10224〕
◇日本の絵巻　続18　男衾三郎絵詞・伊勢新名所絵歌合　小松茂美編　中央公論社　1992.4　123p　35cm　3800円　ⓘ4-12-402898-9　Ⓝ721.2
〔10225〕

◆◆◆平治物語絵巻

◇続日本絵巻大成　17　前九年合戦絵詞・平治物語絵巻・結城合戦絵詞　小松茂美編　小松茂美ほか執筆　中央公論社　1983.9　174p　36cm　28000円　Ⓝ721.2
〔10226〕
◇日本絵巻大成　13　平治物語絵詞　小松茂美編集　小松茂美, 松原茂, 日下力執筆　中央公論社　1977.9　135p(図共)　35cm　8800円　Ⓝ721.2
〔10227〕
◇日本繪巻物全集　第9巻　平治物語絵巻, 蒙古襲来絵詞　角川書店編集部編　角川書店　1964　図版48p　解説98p　38cm　Ⓝ721.2
〔10228〕
◇日本の絵巻　12　平治物語絵詞　小松茂美編　中央公論社　1988.3　103p　35cm　3200円　ⓘ4-12-402662-5　Ⓝ721.2
〔10229〕
◇日本の絵巻―コンパクト版　12　平治物語絵詞　小松茂美編　中央公論社　1994.8　100p　17cm　1400円　ⓘ4-12-403192-0　Ⓝ721.2
〔10230〕
◇日本の絵巻　続17　前九年合戦絵詞・平治物語絵巻・結城合戦絵詞　小松茂美編　中央公論社　1992.2　142p　35cm　4500円　ⓘ4-12-402897-0　Ⓝ721.2
〔10231〕

◆◆◆平家物語絵巻

◇絵画にみる平家物語―馬の博物館1991年秋期特別展示　根岸競馬記念公苑(馬の博物館)　横浜　馬事文化財団　1991.9　60p　26cm　Ⓝ721.087
〔10232〕
◇平家物語絵巻―林原美術館所蔵　〔岡山〕　林原美術館　1992　111p　21×30cm　Ⓝ721.2
〔10233〕
◇平家物語絵巻　林原美術館編著　クレオ　1994.5　111p　21×31cm　3500円　ⓘ4-906371-44-2　Ⓝ721.2
〔10234〕

美術史　　　　　　　　　　　　　　　中世史

◇平家物語絵巻　巻第1　小松茂美編　中央公論社　1990.5　254p　36cm　35000円　Ⓘ4-12-402911-X　Ⓝ721.2
〔10235〕

◇平家物語絵巻　巻第1　小松茂美編・解説　中央公論社　1994.9　254p　35cm　7000円　Ⓘ4-12-403241-2　Ⓝ721.2
〔10236〕

◇平家物語絵巻　巻第2　小松茂美編集・解説　中央公論社　1990.7　208p　36cm　33010円　Ⓘ4-12-402912-8　Ⓝ721.2
〔10237〕

◇平家物語絵巻　巻第2　小松茂美編・解説　中央公論社　1994.10　208p　35cm　6000円　Ⓘ4-12-403242-0　Ⓝ721.2
〔10238〕

◇平家物語絵巻　巻第3　小松茂美編集・解説　中央公論社　1990.9　235p　36cm　33010円　Ⓘ4-12-402913-6　Ⓝ721.2
〔10239〕

◇平家物語絵巻　巻第3　小松茂美編　中央公論社　1994.11　235p　35cm　6000円　Ⓘ4-12-403243-9　Ⓝ721.2
〔10240〕

◇平家物語絵巻　巻第4　小松茂美編集・解説　中央公論社　1990.11　234p　36cm　33010円　Ⓘ4-12-402914-4　Ⓝ721.2
〔10241〕

◇平家物語絵巻　巻第4　小松茂美編　中央公論社　1994.12　234p　35cm　6000円　Ⓘ4-12-403244-7　Ⓝ721.2
〔10242〕

◇平家物語絵巻　巻第5　小松茂美編　中央公論社　1991.1　209p　36cm　34000円　Ⓘ4-12-402915-2　Ⓝ721.2
〔10243〕

◇平家物語絵巻　巻第5　小松茂美編　中央公論社　1995.1　209p　35cm　6000円　Ⓘ4-12-403245-5　Ⓝ721.2
〔10244〕

◇平家物語絵巻　巻第6　小松茂美編　中央公論社　1991.3　178p　36cm　Ⓘ4-12-402916-0　Ⓝ721.2
〔10245〕

◇平家物語絵巻　巻第6　小松茂美編・解説　中央公論社　1995.2　178p　35cm　5500円　Ⓘ4-12-403246-3　Ⓝ721.2
〔10246〕

◇平家物語絵巻　巻第7　小松茂美編　中央公論社　1991.5　202p　36cm　34000円　Ⓘ4-12-402917-9　Ⓝ721.2
〔10247〕

◇平家物語絵巻　巻第7　小松茂美編　中央公論社　1995.3　202p　35cm　6000円　Ⓘ4-12-403247-1　Ⓝ721.2
〔10248〕

◇平家物語絵巻　巻第8　小松茂美編　中央公論社　1991.7　224p　36cm　34000円　Ⓘ4-12-402918-7　Ⓝ721.2
〔10249〕

◇平家物語絵巻　巻第8　小松茂美編・解説　中央公論社　1995.4　224p　35cm　6000円　Ⓘ4-12-403248-X　Ⓝ721.2
〔10250〕

◇平家物語絵巻　巻第9　小松茂美編　中央公論社　1991.9　287p　36cm　38000円　Ⓘ4-12-402919-5　Ⓝ721.2
〔10251〕

◇平家物語絵巻　巻第9　小松茂美編・解説　中央公論社　1995.5　287p　35cm　7000円　Ⓘ4-12-403249-8　Ⓝ721.2
〔10252〕

◇平家物語絵巻　巻第10　小松茂美編　中央公論社　1991.11　195p　36cm　28000円　Ⓘ4-12-402920-9　Ⓝ721.2
〔10253〕

◇平家物語絵巻　巻第10　小松茂美編・解説　中央公論社　1995.6　195p　35cm　5500円　Ⓘ4-12-403250-1　Ⓝ721.2
〔10254〕

◇平家物語絵巻　巻第11　小松茂美編　中央公論社　1992.1　268p　36cm　38000円　Ⓘ4-12-402921-7　Ⓝ721.2
〔10255〕

◇平家物語絵巻　巻第11　小松茂美編・解説　中央公論社　1995.7　268p　35cm　7000円　Ⓘ4-12-403251-X　Ⓝ721.2
〔10256〕

◇平家物語絵巻　巻第12　小松茂美編　中央公論社　1992.3　258p　36cm　34000円　Ⓘ4-12-402922-5　Ⓝ721.2
〔10257〕

◇平家物語絵巻　巻第12　小松茂美編・解説　中央公論社　1995.8　258p　35cm　6000円　Ⓘ4-12-403252-8　Ⓝ721.2
〔10258〕

◇平家物語・美への旅　カタログ編集委員会編　NHK　1992　131p　30cm　Ⓝ721.087
〔10259〕

◆◆◆華厳宗祖師絵伝

◇続日本の絵巻　8　華厳宗祖師絵伝（華厳縁起）　小松茂美編集・解説　中央公論社　1990.8　104p　35cm　3689円　Ⓘ4-12-402888-1　Ⓝ721.2
〔10260〕

◇日本絵巻大成　17　華厳宗祖師絵伝（華厳縁起）　小松茂美編　小松茂美ほか執筆　中央公論社　1978.4　119p　35cm　8800円　Ⓝ721.2
〔10261〕

◆◆◆東征伝絵巻

◇日本絵巻大成　16　東征伝絵巻　小松茂美　小松茂美ほか執筆　中央公論社　1978.6　123p　35cm　8800円　Ⓝ721.2
〔10262〕

◇日本繪巻物全集　第21巻　東征傳絵巻　角川書店編集部編　角川書店　1964　はり込み原色図版8枚　図版64p　解説68, 18p　38cm　Ⓝ721.2
〔10263〕

◇日本の絵巻　15　東征伝絵巻　小松茂美編　中央公論社　1988.6　89p　35cm　3200円　Ⓘ4-12-402665-X　Ⓝ721.2
〔10264〕

◆◆◆玄奘三蔵絵

◇続日本絵巻大成　7　玄奘三蔵絵　上　小松茂美編　小松茂美, 島谷弘幸執筆　中央公論社　1981.11　209p　36cm　25000円　Ⓝ721.2
〔10265〕

◇続日本絵巻大成　8　玄奘三蔵絵　中　小松茂美編　小松茂美, 島谷弘幸執筆　中央公論社　1982.1　226p　36cm　25000円　Ⓝ721.2
〔10266〕

◇続日本絵巻大成　9　玄奘三蔵絵　下　小松茂美編　小松茂美ほか執筆　中央公論社　1982.3　190p　36cm　20000円　Ⓝ721.2
〔10267〕

◇日本繪巻物全集　第14巻　玄奘三藏繪, 法相宗秘事繪詞　角川書店編集部編　角川書店　1962　原色はり込図版8枚　図版74p　解説77p　38cm　Ⓝ721.2　〔10268〕

◇日本の絵巻　続4　玄奘三蔵絵　上　小松茂美編　中央公論社　1990.4　194p　35cm　5000円　Ⓘ4-12-402884-9　Ⓝ721.2
〔10269〕

◇日本の絵巻　続5　玄奘三蔵絵　中　小松茂美編　中央公論社　1990.5　209p　35cm　5000円　Ⓘ4-12-402885-7　Ⓝ721.2
〔10270〕

◇日本の絵巻　続6　玄奘三蔵絵　下　小松茂美編　中央公論社　1990.6　146p　35cm　4500円　Ⓘ4-12-402886-5　Ⓝ721.2
〔10271〕

◆◆◆法然上人絵伝

◇続日本絵巻大成　1　法然上人絵伝　上　小松茂美編, 神崎充晴編　中央公論社　1981.5　219p　36cm　25000

円　Ⓝ721.2
　　　　　　　　　　　　　　　〔10272〕
◇続日本絵巻大成　2　法然上人絵伝　中　小松茂美編、神崎充晴編　中央公論社　1981.7　246p　36cm　25000円　Ⓝ721.2
　　　　　　　　　　　　　　　〔10273〕
◇続日本絵巻大成　3　法然上人絵伝　下　小松茂美編、神崎充晴編　中央公論社　1981.9　212p　36cm　25000円　Ⓝ721.2
　　　　　　　　　　　　　　　〔10274〕
◇日本繪巻物全集　第13巻　法然上人絵伝　角川書店編集部編　角川書店　1961　原色はり込図版7枚　図版132p　図説168p　38cm　Ⓝ721.2
　　　　　　　　　　　　　　　〔10275〕
◇日本の絵巻　続1　法然上人絵伝　上　小松茂美編　中央公論社　1990.1　196p　35cm　5000円　Ⓘ4-12-402881-4　Ⓝ721.2
　　　　　　　　　　　　　　　〔10276〕
◇日本の絵巻　続2　法然上人絵伝　中　小松茂美編　中央公論社　1990.2　214p　35cm　5000円　Ⓘ4-12-402882-2　Ⓝ721.2
　　　　　　　　　　　　　　　〔10277〕
◇日本の絵巻　続3　法然上人絵伝　下　小松茂美編　中央公論社　1990.3　161p　35cm　4500円　Ⓘ4-12-402883-0　Ⓝ721.2
　　　　　　　　　　　　　　　〔10278〕
◇法然上人伝の成立史的研究　法然上人伝研究会編　京都　臨川書店　1991.12　3冊　31cm　全56650円　Ⓘ4-653-02248-8　Ⓝ188.62
　　　　　　　　　　　　　　　〔10279〕

◆◆◆一遍上人絵伝

◇一遍聖絵―絵巻をあじわう　奈良国立博物館編　〔奈良〕奈良国立博物館　2002.11　48p　30cm　（親と子のギャラリー）　Ⓝ721.2
　　　　　　　　　　　　　　　〔10280〕
◇一遍聖絵を読み解く―動きだす静止画像　武田佐知子編　吉川弘文館　1999.1　325p　22cm　7500円　Ⓘ4-642-02771-8　Ⓝ210.4
　　　　　　　　　　　　　　　〔10281〕
◇一遍聖絵と中世の光景　一遍研究会編　ありな書房　1993.1　228p　22cm　3399円　Ⓘ4-7566-9229-X　Ⓝ210.4
　　　　　　　　　　　　　　　〔10282〕
◇中世遊行聖の図像学　砂川博著　岩田書院　1999.5　492, 20p　22cm　11800円　Ⓘ4-87294-147-0　Ⓝ188.692
　　　　　　　　　　　　　　　〔10283〕
◇日本絵巻大成　別巻　一遍上人絵伝　小松茂美編　小松茂美ほか執筆　中央公論社　1978.11　395p　35cm　25000円　Ⓝ721.2
　　　　　　　　　　　　　　　〔10284〕
◇日本繪巻物全集　第10　一遍聖繪　角川書店編集部編　角川書店　1960　図版112p　解説92, 17p　38cm　Ⓝ721.2
　　　　　　　　　　　　　　　〔10285〕
◇日本絵巻物全集　第23巻　遊行上人縁起繪　角川書店編集部編　角川書店　1968　はり込原色図版8枚　図版39枚　解説95, 15p　38cm　Ⓝ721.2
　　　　　　　　　　　　　　　〔10286〕
◇日本の絵巻　20　一遍上人絵伝　小松茂美編　中央公論社　1988.8　373p　35cm　6800円　Ⓘ4-12-402670-6　Ⓝ721.2
　　　　　　　　　　　　　　　〔10287〕
◇日本の絵巻　20　一遍上人絵伝　小松茂美編集・解説　中央公論社　1988.11　373p　35cm　6800円　Ⓘ4-12-402670-6　Ⓝ721.2
　　　　　　　　　　　　　　　〔10288〕
◇遊行寺蔵一遍上人絵伝の世界　神奈川県立歴史博物館編　横浜　神奈川県立歴史博物館　1997.9　24p　24×25cm　Ⓝ721.2
　　　　　　　　　　　　　　　〔10289〕
◇流転/独――一遍上人絵伝攷　溝口章著　土曜美術社出版販売　2007.7　157p　22cm　2500円　Ⓘ978-4-8120-1622-0　Ⓝ911.56
　　　　　　　　　　　　　　　〔10290〕

◆◆◆石山寺縁起

◇日本絵巻大成　18　石山寺縁起　小松茂美編　小松茂美ほか執筆　中央公論社　1978.7　147p　35cm　9800円　Ⓝ721.2
　　　　　　　　　　　　　　　〔10291〕
◇日本繪巻物全集　第22　石山寺縁起繪　角川書店編集部編　角川書店　1966　はり込原色図版8枚　図版37枚、解説47, 9p　38cm　Ⓝ721.2
　　　　　　　　　　　　　　　〔10292〕
◇日本の絵巻　16　石山寺縁起　小松茂美編　中央公論社　1988.7　127p　35cm　3600円　Ⓘ4-12-402666-8　Ⓝ721.2
　　　　　　　　　　　　　　　〔10293〕

◆◆◆北野天神縁起

◇絵巻―蒙古襲来絵詞、絵師草紙、北野天神縁起　宮内庁三の丸尚蔵館編　宮内庁　1994.10　77, 3p　29cm　（三の丸尚蔵館展覧会図録 no.5）　Ⓝ721.2　〔10294〕
◇北野聖廟絵の研究　真保亨著　中央公論美術出版　1994.2　533p　26cm　28840円　Ⓘ4-8055-0270-3　Ⓝ721.2
　　　　　　　　　　　　　　　〔10295〕
◇北野天神縁起絵巻―杉井本　生杉朝子訳　名張　生杉朝子　1994.5　191p　22cm　Ⓝ913.4　〔10296〕
◇天神縁起の歴史　笠井昌昭著　雄山閣出版　1973　216p図　21cm　（風俗文化史選書 10　日本風俗史学会編集）1500円　Ⓝ721.2
　　　　　　　　　　　　　　　〔10297〕
◇日本絵巻大成　21　北野天神縁起　小松茂美編　小松茂美ほか執筆　中央公論社　1978.10　145p　35cm　9800円　Ⓝ721.2
　　　　　　　　　　　　　　　〔10298〕
◇日本繪巻物全集　第8巻　北野天神縁起　角川書店編集部編　角川書店　1959　図版72p　解説79p　38cm　Ⓝ721.2
　　　　　　　　　　　　　　　〔10299〕
◇日本の絵巻　続15　北野天神縁起　小松茂美編　中央公論社　1991.8　117p　35cm　3800円　Ⓘ4-12-402895-4　Ⓝ721.2
　　　　　　　　　　　　　　　〔10300〕

◆◆◆春日権現験記絵

◇『春日験記絵』と中世―絵巻を読む/歩く　五味文彦著　京都　淡交社　1998.11　271p　22cm　3400円　Ⓘ4-473-01628-5　Ⓝ210.4
　　　　　　　　　　　　　　　〔10301〕
◇春日権現験記絵注解　神戸説話研究会編　大阪　和泉書院　2005.2　366p　26cm　20000円　Ⓘ4-7576-0299-5
　　　　　　　　　　　　　　　〔10302〕
◇続日本絵巻大成　14　春日権現験記絵　上　小松茂美編, 久保木彰一編　中央公論社　1982.5　113p　36cm　18000円　Ⓝ721.2
　　　　　　　　　　　　　　　〔10303〕
◇続日本絵巻大成　15　春日権現験記絵　下　小松茂美編　小松茂美ほか執筆　中央公論社　1982.7　109p　36cm　18000円　Ⓝ721.2
　　　　　　　　　　　　　　　〔10304〕
◇日本繪巻物全集　第15巻　春日権現験記繪　角川書店編集部編　角川書店　1963　原色はり込図版10枚　図版10p　解説70, 20p　38cm　Ⓝ721.2　〔10305〕
◇日本の絵巻　続13　春日権現験記絵　上　小松茂美編　中央公論社　1991.4　103p　35cm　3800円　Ⓘ4-12-402893-8　Ⓝ721.2
　　　　　　　　　　　　　　　〔10306〕
◇日本の絵巻　続14　春日権現験記絵　下　小松茂美編　中央公論社　1991.6　79p　35cm　3800円　Ⓘ4-12-402894-6　Ⓝ721.2
　　　　　　　　　　　　　　　〔10307〕

◆◆◆蒙古襲来絵詞

◇絵巻―蒙古襲来絵詞、絵師草紙、北野天神縁起　宮内庁三の丸尚蔵館編　宮内庁　1994.10　77, 3p　29cm　（三の丸尚蔵館展覧会図録 no.5）　Ⓝ721.2　〔10308〕

◇元寇と季長絵詞　桜井清香著　限定版　名古屋　徳川美術館　1957　207p　図版　22cm　Ⓝ721.2　〔10309〕
◇週刊日本の美をめぐる　no.47（鎌倉5）　蒙古襲来と戦いの絵巻　小学館　2003.4　42p　30cm　（小学館ウイークリーブック）　533円　Ⓝ702.1　〔10310〕
◇日本絵巻大成　14　蒙古襲来絵詞　小松茂美編　小松茂美ほか執筆　中央公論社　1978.10　163p　35cm　9800円　Ⓝ721.2　〔10311〕
◇日本繪巻物全集　第9巻　平治物語繪巻,蒙古襲来絵詞　角川書店編集部編　角川書店　1964　図版48p　解説98p　38cm　Ⓝ721.2　〔10312〕
◇日本の絵巻　13　蒙古襲来絵詞　小松茂美編　中央公論社　1988.4　146p　35cm　3600円　①4-12-402663-3　Ⓝ721.2　〔10313〕
◇蒙古襲来絵詞―御物本　〔福岡〕　福岡市教育委員会　1975　2軸　32cm　非売品　Ⓝ721.2　〔10314〕
◇蒙古襲来絵詞―旧御物本　貴重本刊行会　1996.4　4冊（別冊とも）　26cm　全95000円　①4-88915-098-6　Ⓝ721.2　〔10315〕
◇蒙古襲来絵詞詞書本文並びに総索引　田島毓堂編　名古屋　田島毓堂　1975　63p　22cm　（東海学園国文叢書 6）　Ⓝ721.2　〔10316〕
◇蒙古襲来絵詞展　熊本県立美術館編　熊本　熊本県立美術館　2001.3　187p　30cm　Ⓝ210.43　〔10317〕
◇蒙古襲来絵詞と竹崎季長の研究　佐藤鉄太郎著　錦正社　2005.3　470p　22cm　（錦正社史学叢書）　9500円　①4-7646-0317-9　Ⓝ721.2　〔10318〕

◆◆◆三十六歌仙絵巻
◇絵巻切断―佐竹本三十六歌仙の流転　高島光雪, 井上隆史著　美術公論社　1984.7　345p　20cm　1300円　①4-89330-041-5　Ⓝ721.2　〔10319〕
◇歌仙―三十六歌仙絵　東京美術青年会　大塚巧芸社（製作）　1972　155p（はり込み図41枚共）　36cm　Ⓝ721.2　〔10320〕
◇歌仙絵の世界―花のいろはうつりにけりな…　特別展図録　大宮　埼玉県立博物館　1992.10　62p　26cm　Ⓝ721.087　〔10321〕
◇歌仙絵・百人一首絵　森暢著　角川書店　1981.12　210p　24cm　6800円　Ⓝ721.2　〔10322〕
◇佐竹本三十六歌仙絵巻　木下雄策編　美術公論社　1984.6　1冊　31cm　9500円　①4-89330-040-7　Ⓝ721.2　〔10323〕
◇三十六歌仙絵―佐竹本を中心に　サントリー美術館開館25周年記念展　サントリー美術館　1986　96p　28cm　Ⓝ721.2　〔10324〕
◇日本繪巻物全集　第19巻　三十六歌仙繪　角川書店編集部編　角川書店　1967　はり込み原色図版9枚　図版82p　解説83p　38cm　Ⓝ721.2　〔10325〕
◇秘宝三十六歌仙の流転―絵巻切断　馬場あき子, NHK取材班著　日本放送出版協会　1984.4　149p　26cm　1800円　Ⓝ721.2　〔10326〕

◆◆鎌倉時代似絵
◇鎌倉時代の肖像画　森暢著　みすず書房　1971　287p（図共）　22cm　3000円　Ⓝ721.02　〔10327〕
◇週刊日本の美をめぐる　no.44(鎌倉3)　源頼朝―肖像の誕生　小学館　2003.3　41p　30cm　（小学館ウイークリーブック）　533円　Ⓝ702.1　〔10328〕
◇源頼朝像―沈黙の肖像画　米倉迪夫著　平凡社　1995.3　105p　25cm　（絵は語る 4）　3500円　①4-582-29514-2　Ⓝ721.0242　〔10329〕
◇源頼朝像―沈黙の肖像画　米倉迪夫著　平凡社　2006.6　227p　16cm　（平凡社ライブラリー 577）　1200円　①4-582-76577-7　Ⓝ721.0242　〔10330〕

◆◆室町時代絵画史
◇週刊日本の美をめぐる　no.43(室町3)　日月山水のやまと絵　小学館　2003.3　41p　30cm　（小学館ウイークリーブック）　533円　Ⓝ702.1　〔10331〕
◇資料と図録による日本絵画史―室町・桃山・江戸篇　山口桂三郎編　大学教育社　1981.9　207p　22cm　3500円　Ⓝ721.02　〔10332〕
◇資料と図録による日本絵画史―室町・桃山・江戸篇　山口桂三郎編　ブレーン出版　1989.5　206p　22cm　3914円　①4-89242-495-1　Ⓝ721.02　〔10333〕
◇土岐の鷹　岐阜　岐阜市教育委員会　1973　54p（おもに図）　24cm　Ⓝ721.3　〔10334〕
◇日本美術全集　第12巻　水墨画と中世絵巻―南北朝・室町の絵画1　大河直躬ほか編　戸田禎佑ほか編著　講談社　1992.12　247p　37cm　7500円　①4-06-196412-7　Ⓝ702.1　〔10335〕
◇東山画集　第7　遊戯　京都　東山書房　1923　図50枚　31cm　Ⓝ721.4　〔10336〕
◇風俗画大成　3　目でみる足利時代　安田靫彦編　国書刊行会　1986.1　135p　27×37cm　9800円　Ⓝ721.8　〔10337〕
◇文化財講座日本の美術　2　絵画（鎌倉-室町）　岡田譲等編集　源豊宗等執筆　第一法規出版　1977.6　251p　図　22cm　1900円　Ⓝ702.1　〔10338〕
◇室町王権と絵画―初期土佐派研究　高岸輝著　京都　京都大学学術出版会　2004.2　474p　23×16cm　7400円　①4-87698-628-2　〔10339〕
◇室町絵画の残像　山下裕二著　中央公論美術出版　2000.3　447p　21cm　6800円　①4-8055-0384-X　Ⓝ721.0246　〔10340〕
◇室町時代の狩野派―画壇制覇への道　京都国立博物館編　中央公論美術出版　1999.4　328p　38cm　28000円　①4-8055-0362-9　Ⓝ721.4　〔10341〕
◇室町の絵画展―詩画軸・屏風・障壁画　美術館開館5周年記念　静嘉堂文庫美術館編　静嘉堂文庫美術館　1996.9　115p　22cm　Ⓝ721.0246　〔10342〕

◆◆室町時代絵巻物
◇絵巻物集　羽曳野市史編纂委員会編　羽曳野　羽曳野市　1991.3　160p　23×31cm　Ⓝ721.2　〔10343〕
◇酒伝童子絵巻展―特別展　小田原市郷土文化館編　小田原　小田原市郷土文化館　1998.11　29p　21×30cm　Ⓝ721.2　〔10344〕
◇新修日本絵巻物全集　別巻 1　島田修二郎編　角川書店　1980.11　60, 13p　37cm　20000円　Ⓝ721.2　〔10345〕
◇新修日本絵巻物全集　別巻 2　島田修二郎編　角川書店　1981.2　64, 89, 20p　37cm　20000円　Ⓝ721.2　〔10346〕
◇新修日本絵巻物全集　月報―5,別巻1　角川書店　1976.3　1冊　21cm　Ⓝ721.2　〔10347〕
◇図説百鬼夜行絵巻をよむ　田中貴子ほか著　河出書房新社　1999.6　111p　22cm　（ふくろうの本）　1800

円　Ⓘ4-309-72608-9　Ⓝ721.2
〔10348〕
◇西山国師絵伝―浄橋寺本　仁空著, 浄土宗西山三派遠忌記念事業委員会編　長岡京　西山浄土宗宗務所　1994.4　245p　22×31cm　Ⓝ721.2
〔10349〕
◇続々日本絵巻大成―伝記・縁起篇　1　善信聖人親鸞伝絵　小松茂美編　覚如画, 小松茂美ほか執筆　中央公論社　1994.2　165p　36cm　47500円　Ⓘ4-12-403211-0　Ⓝ721.2
〔10350〕
◇続々日本絵巻大成―伝記・縁起篇　2　日蓮聖人註画讃　小松茂美編　日澄撰, 窪田統泰画, 小松茂美ほか執筆　中央公論社　1993.11　141p　36cm　45000円　Ⓘ4-12-403212-9　Ⓝ721.2
〔10351〕
◇続日本絵巻大成　11　融通念仏縁起　小松茂美編, 神崎充晴編　中央公論社　1983.7　147p　36cm　25000円　Ⓝ721.2
〔10352〕
◇続日本絵巻大成　13　桑実寺縁起・道成寺縁起　小松茂美編　小松茂美ほか執筆　中央公論社　1982.9　196p　36cm　22000円　Ⓝ721.2
〔10353〕
◇続日本絵巻大成　16　松崎天神縁起　小松茂美編　小松茂美ほか執筆　中央公論社　1983.3　123p　36cm　22000円　Ⓝ721.2
〔10354〕
◇続日本絵巻大成　19　土蜘蛛草子　小松茂美編　中央公論社　1984.4　182p　36cm　28000円　Ⓘ4-12-402309-X　Ⓝ721.2
〔10355〕
◇続日本絵巻大成　20　芦引絵　小松茂美ほか編　中央公論社　1983.11　137p　36cm　25000円　Ⓘ4-12-402310-3　Ⓝ721.2
〔10356〕
◇武田信玄の世界―錦絵にみる戦国絵巻　〔甲府〕　山梨県立美術館　1988　56p　26cm　Ⓝ721.8　〔10357〕
◇日本絵巻大成　25　能恵法師絵詞・福富草紙・百鬼夜行絵巻　小松茂美編　小松茂美ほか執筆　中央公論社　1979.3　154p　35cm　9800円　Ⓝ721.2
〔10358〕
◇人間の美術　7―室町時代　バサラと幽幻　梅原猛監修　新装版　学習研究社　2004.2　183p　30cm　3400円　Ⓘ4-05-102350-8
〔10359〕
◇能絵鑑　解説:中村保雄, 武田恒夫　京都　フジアート出版　1973　はり込図50枚　解説72p　34×43cm（解説:36cm）　45000円　Ⓝ721.2
〔10360〕
◇室町絵巻―残照の美　サントリー美術館　1988　95p　28cm　Ⓝ721.2
〔10361〕

◆◆◆弘法大師行状絵詞

◇弘法大師行状絵巻の世界―永遠への飛翔　東寺（教王護国寺）宝物館編　京都　東寺（教王護国寺）宝物館　2000.3　183p　21×30cm　Ⓝ721.2
〔10362〕
◇弘法大師伝絵巻　梅津次郎編集　角川書店　1983.6　151, 61, 6p　35cm　35000円　Ⓝ721.2　〔10363〕
◇高野大師行状図画―地蔵院蔵（重要文化財）　山本智教監修・執筆, 真鍋俊照監修・執筆　大法輪閣　1990.9　189p　34cm　34951円　Ⓘ4-8046-9012-3　Ⓝ721.2
〔10364〕
◇続日本絵巻大成　5　弘法大師行状絵詞　上　真鍋俊照編, 尾下多美子編　中央公論社　1982.11　127p　36cm　22000円　Ⓝ721.2
〔10365〕
◇続日本絵巻大成　6　弘法大師行状絵詞　下　真鍋俊照著, 尾下多美子著　中央公論社　1983.1　131p　36cm　22000円　Ⓝ721.2
〔10366〕
◇続日本の絵巻　10　弘法大師行状絵詞　上　小松茂美編集・解説　中央公論社　1990.10　119p　35cm　3689円　Ⓘ4-12-402890-3　Ⓝ721.2
〔10367〕

◇続日本の絵巻　11　弘法大師行状絵詞　下　小松茂美編集・解説　中央公論社　1990.12　107p　35cm　3689円　Ⓘ4-12-402891-1　Ⓝ721.2
〔10368〕

◆◆◆当麻曼荼羅縁起

◇日本絵巻大成　24　当麻曼荼羅縁起・稚児観音縁起　小松茂美編　小松茂美ほか執筆　中央公論社　1979.2　161p　35cm　9800円　Ⓝ721.2
〔10369〕
◇日本の絵巻　続20　当麻曼荼羅縁起・稚児観音縁起　小松茂美編　中央公論社　1992.8　94p　35cm　3800円　Ⓘ4-12-402900-4　Ⓝ721.2
〔10370〕

◆◆◆なよ竹物語絵巻

◇日本絵巻大成　20　なよ竹物語絵巻・直幹申文絵詞　小松茂美編　小松茂美, 久保田淳執筆　中央公論社　1978.8　141p　35cm　9800円　Ⓝ721.2
〔10371〕
◇日本の絵巻　17　奈与竹物語絵巻・直幹申文絵詞　小松茂美編　中央公論社　1988.8　111p　35cm　3200円　Ⓘ4-12-402667-6　Ⓝ721.2
〔10372〕

◆◆◆後三年の役絵詞

◇日本絵巻大成　15　後三年合戦絵詞　小松茂美編集　小松茂美, 宮次男, 古谷稔執筆　中央公論社　1977.11　171p（図共）　35cm　9800円　Ⓝ721.2
〔10373〕
◇日本の絵巻　14　後三年合戦絵詞　小松茂美編　中央公論社　1988.5　145p　35cm　3600円　Ⓘ4-12-402664-1　Ⓝ721.2
〔10374〕

◆◆◆慕帰絵詞

◇続日本絵巻大成　4　慕帰絵詞　小松茂美編　中央公論社　1985.7　159p　36cm　28000円　Ⓘ4-12-402294-8　Ⓝ721.2
〔10375〕
◇続日本の絵巻　9　慕帰絵詞　小松茂美編集・解説　中央公論社　1990.9　127p　35cm　4369円　Ⓘ4-12-402889-X　Ⓝ721.2
〔10376〕
◇日本繪巻物全集　第20巻　善信聖人繪・慕歸繪　角川書店編集部編　角川書店　1966　はり込原色図版7枚　図版104p　解説96, 11p　38cm　Ⓝ721.2　〔10377〕

◆◆◆御伽草子絵巻

◇お伽草子絵―昭和62年度特別展示図録　和泉市久保惣記念美術館編　和泉　和泉市久保惣記念美術館　1987.10　95p　26cm　Ⓝ721.2
〔10378〕
◇御伽草子絵巻　奥平英雄編　角川書店　1982.5　200, 4p　図版20枚, 162p　31cm　24000円　Ⓝ721.2
〔10379〕
◇おとぎ草子・奈良絵本―特別展示・海外所蔵本　サントリー美術館　1979　1冊（頁付なし）　26cm　Ⓝ721.02
〔10380〕
◇七夕のさうし　専修大学出版局　1988.2　1軸　34cm（専修大学図書館蔵古典籍影印叢刊）　80000円　Ⓝ721.2
〔10381〕

◆◆◆奈良絵本

◇おとぎ草子・奈良絵本―特別展示・海外所蔵本　サントリー美術館　1979　1冊（頁付なし）　26cm　Ⓝ721.02
〔10382〕
◇在外奈良絵本　奈良絵本国際研究会議編　角川書店　1981.5　298, 235, 5p　図版12枚　31cm　24000円　Ⓝ721.2
〔10383〕

◇奈良絵本―企画展　栗東歴史民俗博物館編　〔栗東町（滋賀県）〕　栗東歴史民俗博物館　1993　39p　26cm　Ⓝ721.2　〔10384〕
◇奈良絵本　龍谷大学仏教文化研究所編, 糸井通浩責任編集　京都　思文閣出版　2002.3　2冊（セット）　21cm　（龍谷大学善本叢書）　36000円　Ⓘ4-7842-1100-4　〔10385〕
◇奈良絵本―井田架蔵書　上　工藤早弓著　京都　京都書院　1997.12　255p　15cm　（京都書院アーツコレクション 71 絵画5）　1200円　Ⓘ4-7636-1571-8　Ⓝ721.2　〔10386〕
◇奈良絵本―井田架蔵書　下　工藤早弓著　京都　京都書院　1998.1　255p　15cm　（京都書院アーツコレクション 72 絵画6）　1200円　Ⓘ4-7636-1572-6　Ⓝ721.2　〔10387〕
◇奈良絵本絵巻集　6　文正の草子　中野幸一編　早稲田大学出版部　1988.4　344, 7p　22cm　12000円　Ⓘ4-657-88404-2　Ⓝ721.2　〔10388〕
◇奈良絵本絵巻集　7　釈迦一代記　中野幸一編　早稲田大学出版部　1988.5　332, 8p　22cm　12000円　Ⓘ4-657-88505-7　Ⓝ721.2　〔10389〕
◇奈良絵本絵巻集　別巻1　本朝孝子伝　中野幸一編　早稲田大学出版部　1988.11　456, 6p　22cm　12000円　Ⓘ4-657-88029-2　Ⓝ721.2　〔10390〕
◇奈良絵本・絵巻の生成　石川透著　三弥井書店　2003.8　532p　21cm　9800円　Ⓘ4-8382-3123-7　〔10391〕
◇奈良絵本・絵巻～室町・江戸期挿絵入り物語展示解説　石川透編　慶應義塾大学DARC　2006.12　53p　21cm　Ⓝ026　〔10392〕
◇奈良絵本阿国歌舞伎　第1-4輯　稀書複製会編　稀書複製会　1921-1922　4冊　24×33cm　Ⓝ774　〔10393〕
◇奈良絵本私考　反町茂雄著　弘文荘　1979.8　27p　30cm　Ⓝ721.2　〔10394〕
◇奈良絵本集―パリ本　小杉恵子, ジャクリーヌ・ピジョー編　古典文庫　1995.5　330p 図版91p　17cm　（古典文庫 第582冊）　非売品　Ⓝ913.49　〔10395〕
◇日本絵本大成　19　住吉物語絵巻・小野雪見御幸絵巻　小松茂美編　小松茂美, 友久武文執筆　中央公論社　1978.2　139p　35cm　9800円　Ⓝ721.2　〔10396〕
◇魅力の奈良絵本・絵巻　石川透著　三弥井書店　2006.6　258p　21cm　2800円　Ⓘ4-8382-3142-3　〔10397〕

◆◆室町時代水墨画
◇一休の禅画―風狂と破壊の美　宗純画, 日貿出版社編纂　日貿出版社　1985.10　134p　31cm　8500円　Ⓘ4-8170-3504-8　Ⓝ721.3　〔10398〕
◇花鳥　忠岡町（大阪府）　正木美術館　1986　20p　26cm　Ⓝ721.3　〔10399〕
◇関東水墨画―型とイメージの系譜　相澤正彦, 橋本慎司編著　国書刊行会　2007.5　534p　30×23cm　23000円　Ⓘ978-4-336-04347-4　〔10400〕
◇関東水墨画の200年―中世にみる型とイメージの系譜　栃木県立博物館, 神奈川県立歴史博物館企画・編集　宇都宮　栃木県立博物館　1998.9　223p　30cm　Ⓘ4-88758-001-0　Ⓝ721.3　〔10401〕
◇小林コレクション展―室町水墨画を中心として　根津美術館編　根津美術館　1981　80, 5p　26cm　Ⓝ721.3　〔10402〕
◇重要文化財　第10巻　絵画　4 水墨画―室町水墨画・宋元画他　編集:毎日新聞社「重要文化財」委員会事務局　毎日新聞社　1974　132, 5p（おもに図）　36cm　4300円　Ⓝ709.2　〔10403〕
◇特別陳列　室町時代書画　京都国立博物館編　〔京都〕　1961　〔24p〕　26cm　Ⓝ721.3　〔10404〕
◇日本水墨名品図譜　第1巻　水墨画の成立　海老根聡郎ほか編　毎日新聞社　1993.10　215p　36cm　28000円　Ⓘ4-620-80301-4　Ⓝ721.3　〔10405〕
◇日本水墨名品図譜　第2巻　水墨画の展開　海老根聡郎ほか編　毎日新聞社　1992.9　201p　36cm　28000円　Ⓘ4-620-80302-2　Ⓝ721.3　〔10406〕
◇東山水墨画の研究　渡辺一著　座右宝刊行会　1948　356p 図版　22cm　Ⓝ721　〔10407〕
◇東山水墨画の研究　渡辺一著　増補版　中央公論美術出版　1985.6　363p　31cm　14000円　Ⓝ721.02　〔10408〕
◇室町時代の水墨画　衛藤駿著　改訂　根津美術館　1996.4　1冊（ページ付なし）　19cm　（根津美術館蔵品シリーズ 9）　Ⓝ721.02　〔10409〕
◇室町水墨画・近世絵画―県内所蔵品を中心に 特別展　〔水戸〕　茨城県立歴史館　1983.10　1冊（頁付なし）　26cm　Ⓝ721.3　〔10410〕

◆◆室町時代障屏画
◇扇のなかの中世都市―光円寺所蔵「月次風俗図扇面流し屏風」　泉万里著　吹田　大阪大学出版会　2006.3　94p　30cm　（大阪大学総合学術博物館叢書1）　2000円　Ⓘ4-87259-211-5　Ⓝ721.4　〔10411〕
◇決定版 図説・戦国合戦図屏風　高橋修監修・文　学習研究社　2004.9　190p　26cm　（歴史群像シリーズ特別編集）　2000円　Ⓘ4-05-402579-X　〔10412〕
◇新発見川中島合戦図屏風の世界　和歌山県立博物館編　和歌山　和歌山県立博物館　1993.2　18p　26cm　Ⓝ721.4　〔10413〕
◇図説・戦国合戦図屏風―決定版　高橋修監修・文　学習研究社　2002.9　190p　26cm　2000円　Ⓘ4-05-602861-3　Ⓝ210.47　〔10414〕
◇図説・戦国合戦図屏風―決定版　高橋修監修・文　学習研究社　2004.9　190p　26cm　（歴史群像シリーズ特別編集）　2000円　Ⓘ4-05-402579-X　Ⓝ210.47　〔10415〕
◇戦国合戦絵屏風集成　第5巻　島原の乱図・戦国合戦図　桑田忠親ほか編集　桑田忠親ほか執筆　中央公論社　1981.2　115p　36cm　15000円　Ⓝ721.087　〔10416〕
◇戦国合戦絵屏風集成　第5巻　島原の乱図・戦国合戦図　桑田忠親ほか編　桑田忠親ほか執筆　中央公論社　1988.7　115p　35cm　3500円　Ⓘ4-12-402725-7　Ⓝ721.087　〔10417〕
◇戦国合戦絵屏風集成　別巻　戦国武家風俗図　桑田忠親ほか編集　武田恒夫ほか執筆　中央公論社　1981.3　123p　36cm　15000円　Ⓝ721.087　〔10418〕
◇戦国合戦絵屏風集成　別巻　戦国武家風俗図　桑田忠親ほか編　武田恒夫ほか執筆　中央公論社　1988.8　123p　35cm　3500円　Ⓘ4-12-402726-5　Ⓝ721.087　〔10419〕
◇日本の障壁画　室町-桃山編　真保亨編　毎日新聞社　1979.8　265p　36cm　28000円　Ⓝ721.08　〔10420〕
◇日本美術全集　第13巻　雪舟とやまと絵屏風―南北朝・室町の絵画2　大河直躬ほか編　辻惟雄ほか編著　講談社

1993.10　251p　37cm　7500円　Ⓘ4-06-196413-5　Ⓝ702.1
〔10421〕
◇表象としての美術、言説としての美術史―室町将軍足利義晴と土佐光茂の絵画　亀井若菜著　国立　ブリュッケ　2003.12　307p　22cm　5000円　Ⓘ4-434-03644-0　Ⓝ721.2
〔10422〕
◇室町時代の屏風絵―「国華」創刊100年記念特別展　東京国立博物館ほか編　朝日新聞社　1989　261p　24×25cm　Ⓝ721.087
〔10423〕

◆◆桃山時代絵画史
◇黄金のとき桃山絵画　京都国立博物館編　京都　思文閣出版　1999.3　385p,7p　38cm　40000円　Ⓘ4-7842-1044-X　Ⓝ721.0248
〔10424〕
◇花鳥画の世界　3　絢爛たる大画―桃山前期の花鳥Ⅰ　武田恒夫ほか編　学習研究社　1982.1　177p　37cm　14800円　Ⓝ721.08
〔10425〕
◇三十六歌仙絵額―狩野松栄筆　大生郷天満宮蔵　内藤磐、内藤典子、内藤美奈、内藤亮著、静学堂編　静学堂　2006.12　164p　31cm　8800円　Ⓝ721.4
〔10426〕
◇資料と図録による日本絵画史―室町・桃山・江戸篇　山口桂三郎編　大学教育社　1981.9　207p　22cm　3500円　Ⓝ721.02
〔10427〕
◇資料と図録による日本絵画史―室町・桃山・江戸篇　山口桂三郎編　ブレーン出版　1989.5　206p　22cm　3914円　Ⓘ4-89242-495-1　Ⓝ721.02
〔10428〕
◇茶の湯絵画資料集成　赤井達郎ほか編　平凡社　1992.4　343p　31cm　42000円　Ⓘ4-582-20641-7　Ⓝ721.02
〔10429〕
◇西本願寺桃山天井絵図集　金剛巖編　京都　田中平安堂　1934　図版90枚　47cm　Ⓝ721
〔10430〕
◇秀吉の貌―変遷するイメージ　テーマ展　大阪城天守閣編　大阪　大阪城天守閣特別事業委員会　2005.3　47p　26cm　Ⓝ721.02
〔10431〕
◇文化財講座日本の美術　3　絵画（桃山・江戸）　岡田譲等編集　吉沢忠執筆　第一法規出版　1977.11　275p　図　22cm　1900円　Ⓝ702.1
〔10432〕
◇桃山絵画研究　山根有三著　中央公論美術出版　1998.6　530p　22cm　（山根有三著作集 6）　9500円　Ⓘ4-8055-1452-3　Ⓝ721.0248
〔10433〕
◇桃山絵画讃歌―黄金のときゆめの時代　京都国立博物館編　〔京都〕　京都国立博物館　1997.10　352p　30cm　Ⓝ721.4
〔10434〕
◇桃山草花画集　後藤博山編　京都　平安精華社　1927　図版22枚　27×37cm　Ⓝ721
〔10435〕
◇桃山前後名画集　平安精華社編　京都　平安精華社　1927　図版20枚　28×39cm　Ⓝ721
〔10436〕
◇桃山名画花鳥集　後藤博山編　京都　平安精華社　1927　Ⓝ721
〔10437〕

◆◆桃山時代障屏画
◇花下遊楽図考―夢のなごり　中原定人著　横浜　舷窓工房　2001.9　127p　21cm　2300円　Ⓝ721.4
〔10438〕
◇花下遊楽図考―夢のなごり　中原定人著　改訂版　横浜　舷窓工房　2001.11　127p　21cm　2300円　Ⓝ721.4
〔10439〕
◇狩野永徳の青春時代・洛外名所遊楽図屏風　狩野博幸著　小学館　2007.11　127p　25cm　（アートセレクション）　1900円　Ⓘ978-4-09-607024-6　Ⓝ721.4
〔10440〕
◇狩野秀頼筆高雄観楓図屏風―記憶のかたち　鈴木広之著　平凡社　1994.2　105p　25cm　（絵は語る 8）　3200円　Ⓘ4-582-29518-5　Ⓝ721.4
〔10441〕
◇京都・一五四七年―上杉本洛中洛外図の謎を解く　今谷明著　平凡社　2003.10　298p　16cm　（平凡社ライブラリー）　1300円　Ⓘ4-582-76480-0　〔10442〕
◇国宝上杉本洛中洛外図屏風　米沢　米沢市上杉博物館　2001.9　31p　37cm　Ⓝ721.4
〔10443〕
◇週刊日本の美をめぐる　no.21（桃山 2）　洛中洛外図―都のにぎわい　小学館　2002.9　42p　30cm　（小学館ウイークリーブック）　533円　Ⓝ702.1
〔10444〕
◇週刊日本の美をめぐる　no.46（桃山 4）　遊びと祭りの屏風絵　小学館　2003.3　42p　30cm　（小学館ウイークリーブック）　533円　Ⓝ702.1
〔10445〕
◇重要文化財洛中洛外図　狩野永徳筆　内外タイムス　1981.3　1冊(頁付なし)　38cm　30000円　Ⓝ721.4
〔10446〕
◇障屏画名作展―桃山時代を中心とした　金沢　石川県立美術館　1984.10　1冊　26cm　Ⓝ721.087
〔10447〕
◇新発見・洛中洛外図屏風　狩野博幸著,金井杜道撮影,花林舎編　京都　青幻舎　2007.3　111p　26cm　（大江戸カルチャーブックス）　1800円　Ⓘ978-4-86152-102-7　Ⓝ721.2
〔10448〕
◇図説上杉本洛中洛外図屏風を見る　小沢弘,川嶋将生著　河出書房新社　1994.10　132p　22cm　1800円　Ⓘ4-309-72492-2　Ⓝ721.4
〔10449〕
◇戦国合戦絵屏風集成　第1巻　川中島合戦図・長篠合戦図　桑田忠親ほか編集　桑田忠親ほか執筆　中央公論社　1980.12　123p　36cm　15000円　Ⓝ721.087
〔10450〕
◇戦国合戦絵屏風集成　第1巻　川中島合戦図・長篠合戦図　桑田忠親ほか編　桑田忠親ほか執筆　中央公論社　1988.3　123p　35cm　3500円　Ⓘ4-12-402721-4　Ⓝ721.087
〔10451〕
◇戦国合戦絵屏風集成　第2巻　賎ケ岳合戦図・小牧長久手合戦図　桑田忠親ほか編集委員　桑田忠親ほか執筆　中央公論社　1981.1　115p　36cm　15000円　Ⓝ721.087
〔10452〕
◇戦国合戦絵屏風集成　第2巻　賎ヶ岳合戦図　桑田忠親ほか編　中央公論社　1988.4　115p　35cm　3500円　Ⓘ4-12-402722-2　Ⓝ721.08
〔10453〕
◇戦国合戦絵屏風集成　第3巻　関ケ原合戦図　桑田忠親ほか編集　桑田忠親ほか執筆　中央公論社　1980.11　111p　36cm　15000円　Ⓝ721.087
〔10454〕
◇戦国合戦絵屏風集成　第3巻　関ケ原合戦図　桑田忠親ほか編　桑田忠親ほか執筆　中央公論社　1988.5　111p　35cm　3500円　Ⓘ4-12-402723-0　Ⓝ721.087
〔10455〕
◇戦国合戦図　水上勉,日幷貞夫共著　大阪　保育社　1983.10　151p　15cm　（カラーブックス 621）　500円　Ⓘ4-586-50621-0　Ⓝ721
〔10456〕
◇戦国合戦図屏風の世界　和歌山県立博物館編　和歌山　和歌山県立博物館　1997.10　155p　21×30cm　Ⓝ721.087
〔10457〕
◇謎解き洛中洛外図　黒田日出男著　岩波書店　1996.2　218p　18cm　（岩波新書）　680円　Ⓘ4-00-430435-0　Ⓝ721.4
〔10458〕

◇日本の障壁画　室町-桃山編　真保亨編　毎日新聞社　1979.8　265p　36cm　28000円　Ⓝ721.08
〔10459〕

◇日本美術全集　第15巻　永徳と障屏画―桃山の絵画・工芸2　大河直躬ほか編　辻惟雄ほか編著　講談社　1991.2　239p　37cm　7500円　Ⓘ4-06-196415-1　Ⓝ702.1
〔10460〕

◇日本名宝桃山屏風大観　国民新聞社　1936　50p　33×50cm　Ⓝ758
〔10461〕

◇標注洛中洛外屏風―上杉本　岡見正雄,佐竹昭広著　岩波書店　1983.3　171p　38cm　26000円　Ⓝ721.4
〔10462〕

◇都の形象―洛中・洛外の世界　特別展覧会　京都国立博物館編　京都　京都国立博物館　1994.10　182p　26cm　Ⓝ721.4
〔10463〕

◇桃山時代障屏画集　恩賜京都博物館編　京都　芸艸堂　1936　図版83枚　42cm　Ⓝ721
〔10464〕

◇桃山障屏画名作展　日本経済新聞社文化事業部編　日本経済新聞社文化事業部　1969　1冊（頁付なし）　26cm　Ⓝ721
〔10465〕

◇桃山障壁画の鑑賞　土居次義著　宝雲舎　1943　141p　図版87枚　19cm　Ⓝ721
〔10466〕

◇桃山の花鳥と風俗―障屏画の世界　武田恒夫著　日本放送出版協会　1971　215p　図　19cm　（NHKブックス）　420円　Ⓝ721
〔10467〕

◇桃山の華―屏風・襖絵　サントリー美術館　1989　114p　28cm　Ⓝ721.4
〔10468〕

◇桃山百双　京都　フジアート出版　1974-1976　はり込図240枚（24帙入　各帙10枚）　38×55cm　各帙10000円　Ⓝ721.08
〔10469〕

◇桃山百双―近世屏風絵の世界　サントリー美術館編　サントリー美術館　1997　99p　28cm　Ⓝ721.087
〔10470〕

◇洛中洛外図―重要文化財　狩野永徳筆　第2版　海外文化振興協会　1996.1　1冊（頁付なし）　38cm　25000円　Ⓝ721.4
〔10471〕

◇洛中洛外図―都の形象　洛中洛外の世界　京都国立博物館編　京都　淡交社　1997.9　407p　38cm　58200円　Ⓘ4-473-01547-5　Ⓝ721.4
〔10472〕

◇洛中洛外図大観―国宝上杉家本　石田尚豊,内藤昌,森谷尅久監修　新装新訂版　小学館　2001.7　190p　43cm　60000円　Ⓘ4-09-699292-5　Ⓝ721.4
〔10473〕

◇洛中洛外図舟木本―町のにぎわいが聞こえる　奥平俊六著　小学館　2001.4　127p　25cm　（アートセレクション）　1900円　Ⓘ4-09-607009-2　Ⓝ721.4
〔10474〕

◇歴博甲本洛中洛外図屏風を読む　水藤真著　佐倉　歴史民俗博物館振興会　1999.7　85p　21cm　（歴博ブックレット 11）　667円　Ⓘ4-916202-20-1　Ⓝ721.4
〔10475〕

◆◆桃山時代風俗画

◇京都・一五四七年―描かれた中世都市　今谷明著　平凡社　1988.3　250p　22cm　（イメージ・リーディング叢書）　2200円　Ⓘ4-582-28461-2　Ⓝ721.4
〔10476〕

◇風俗画大成　4　目でみる豊臣時代　前田青邨編　国書刊行会　1986.1　115p　27×37cm　9800円　Ⓝ721.8
〔10477〕

◇桃山時代の祭礼と遊楽　神戸市立博物館編　〔神戸〕　神戸市スポーツ教育公社　1986.1　105p　24×25cm　Ⓝ721.0248
〔10478〕

◆◆画家

◇雲谷派の系譜―雪舟の後継者たち　山口県立美術館編　〔山口〕　山口県立美術館　1986.10　221p　30cm　Ⓝ721.3
〔10479〕

◇画壇統一に賭ける夢―雪舟から永徳へ　戦国武将を取り巻く絵師たちの野心　今谷明,宮島新一共著　文英堂　2001.5　255p　21cm　（歴史ドラマランド）　1800円　Ⓘ4-578-12982-9
〔10480〕

◇水墨美術大系　第5巻　可翁・黙庵・明兆　田中一松著　講談社　1974　203p（図共）　43cm　17000円　Ⓝ721.3
〔10481〕

◇戦国時代狩野派の研究―狩野元信を中心として　辻惟雄著　吉川弘文館　1994.2　356,12p　図版36p　31cm　33000円　Ⓘ4-642-07316-7　Ⓝ721.4
〔10482〕

◇日本美術絵画全集　第1巻　可翁・明兆　金沢弘著　集英社　1977.12　147p（図共）　40cm　4600円　Ⓝ721.08
〔10483〕

◇日本美術絵画全集　第1巻　可翁明兆　可翁，明兆著，金沢弘著　集英社　1981.6　147p　28cm　1800円　Ⓝ721.08
〔10484〕

◇室町時代の狩野派―画壇制覇への道　特別展覧会　京都国立博物館編　〔京都〕　京都国立博物館　1996.10　263p　30cm　Ⓝ721.4
〔10485〕

◇もっと知りたい狩野派―探幽と江戸狩野派　安村敏信著　東京美術　2006.12　103p　26cm　（アート・ビギナーズ・コレクション）　1800円　Ⓘ4-8087-0815-9
〔10486〕

◇文観房弘真と美術　内田啓一著　京都　法藏館　2006.2　359,11p　21cm　8000円　Ⓘ4-8318-7639-9
〔10487〕

◆◆◆吉山明兆

◇水墨美術大系　第5巻　可翁・黙庵・明兆　田中一松著　講談社　1974　203p（図共）　43cm　17000円　Ⓝ721.3
〔10488〕

◇日本美術絵画全集　第1巻　可翁・明兆　金沢弘著　集英社　1977.12　147p（図共）　40cm　4600円　Ⓝ721.08
〔10489〕

◇日本美術絵画全集　第1巻　可翁明兆　可翁，明兆著，金沢弘著　集英社　1981.6　147p　28cm　1800円　Ⓝ721.08
〔10490〕

◆◆◆大巧如拙

◇如拙筆瓢鮎図―ひょうたんなまずのイコノロジー　島尾新著　平凡社　1995.6　117p　25cm　（絵は語る 5）　3500円　Ⓘ4-582-29515-0　Ⓝ721.0246
〔10491〕

◇水墨美術大系　第6巻　如拙・周文・三阿弥　松下隆章,玉村竹二著　講談社　1974　211p（図共）　43cm　14000円　Ⓝ721.3
〔10492〕

◇日本美術絵画全集　第2巻　如拙・周文　松下隆章著　集英社　1979.11　147p　40cm　4600円　Ⓝ721.08
〔10493〕

◇日本美術絵画全集　第2巻　如拙周文　如拙著,周文著，松下隆章著　集英社　1981.7　147p　28cm　1800円　Ⓝ721.08
〔10494〕

◆◆◆天草周文

◇水墨美術大系 第6巻 如拙・周文・三阿弥 松下隆章, 玉村竹二著 講談社 1974 211p(図共) 43cm 14000円 Ⓝ721.3 〔10495〕
◇日本美術絵画全集 第2巻 如拙・周文 松下隆章著 集英社 1979.11 147p 40cm 4600円 Ⓝ721.08 〔10496〕
◇日本美術絵画全集 第2巻 如拙周文 如拙著, 周文著, 松下隆章著 集英社 1981.7 147p 28cm 1800円 Ⓝ721.08 〔10497〕

◆◆◆雪舟等楊

◇画聖 雪舟 日本美術新報社編 1956 47p 図版27枚 26cm Ⓝ721.3 〔10498〕
◇画聖雪舟 沼田頼輔著 論創社 2002.3 147p 20cm (論創叢書 1) 2000円 Ⓘ4-8460-0241-1 Ⓝ721.3 〔10499〕
◇国宝雪舟筆山水長巻 講談社 1969.11 1軸 40cm 188000円 Ⓝ721.3 〔10500〕
◇国宝と歴史の旅 11 「天橋立図」を旅する—雪舟の記憶 朝日新聞社 2001.4 64p 30cm (朝日百科—日本の国宝別冊) 933円 Ⓘ4-02-330911-7 Ⓝ709.1 〔10501〕
◇極楽雪舟展見学ツアー—掲示板セッション 黒い犬, めざ著 横浜 電脳出版リヴァームーンJ社 2003.4 127p 21cm 1200円 Ⓘ4-901891-04-9 Ⓝ721.3 〔10502〕
◇水墨画の巨匠 第1巻 雪舟 梅原猛ほか監修 雪舟画, 吉野光, 中島純司著 講談社 1994.3 109p 31cm Ⓘ4-06-253921-7 Ⓝ721.3 〔10503〕
◇水墨美術大系 第7巻 雪舟・雪村 田中一松, 中村渓男著 講談社 1973 211p(図共) 43cm 14000円 Ⓝ721.3 〔10504〕
◇雪舟 雪舟著, 角川書店編 角川書店 1956 68p(図版, 解説共) 19cm (岩波写真文庫 200) Ⓝ721.3 〔10505〕
◇雪舟 蓮実重康著 弘文堂 1958 256p 図版 19cm Ⓝ721.3 〔10506〕
◇雪舟—来山五百年記念特別展 雪舟著 〔山口〕 山口県教育委員会 1973 1冊(頁付なし) 26cm Ⓝ721.3 〔10507〕
◇雪舟 斎藤孝著 岡山 岡山ユネスコ協会 1975 62p 図・肖像11枚 22cm (日本人の国際理解シリーズ 5) 非売品 Ⓝ721.3 〔10508〕
◇雪舟 吉村貞司著 講談社 1975 269p(図共) 20cm 1300円 Ⓝ721.3 〔10509〕
◇雪舟 矢富厳夫編著 益田 雪舟顕彰会 1980.11 79p 26cm 非売品 Ⓝ721.3 〔10510〕
◇雪舟 雪舟画, 日本アート・センター編 新潮社 1996.12 93p 20cm (新潮日本美術文庫 1) 1100円 Ⓘ4-10-601521-8 Ⓝ721.3 〔10511〕
◇雪舟—旅逸の画家 宮島新一著 青史出版 2000.4 191p 22cm 3500円 Ⓘ4-921145-05-9 Ⓝ721.3 〔10512〕
◇雪舟—没後五〇〇年特別展 雪舟画, 東京国立博物館, 京都国立博物館編 毎日新聞社 2002.3 325, 15p 30cm Ⓝ721.3 〔10513〕
◇雪舟—戦乱の時代、水墨画の世界 酒寄雅志監修, 小西聖一著 理論社 2004.9 108p 25cm (NHKにんげん日本史) 1800円 Ⓘ4-652-01474-0 Ⓝ721.3 〔10514〕
◇雪舟印譜 清水澄編 美術倶楽部出版部 1960.8 47p 21cm Ⓝ721.3 〔10515〕
◇雪舟応援団 赤瀬川原平, 山下裕二著 中央公論新社 2002.3 127p 21cm 1800円 Ⓘ4-12-003249-3 Ⓝ721.3 〔10516〕
◇雪舟さんが歩いた道 岡田憲佳写真, 矢富厳夫文 益田 益田市観光協会 1992.7 179p 図版56p 19cm 1500円 Ⓝ721.3 〔10517〕
◇雪舟等楊 熊谷宣夫著 東京大学出版会 1958 298p 図版 19cm (日本美術史叢書) Ⓝ721.3 〔10518〕
◇雪舟等楊新論—その人間像と作品 蓮実重康著 朝日出版社 1977.3 272, 13p, 図48p 22cm 3000円 Ⓝ721.3 〔10519〕
◇雪舟等楊論—その人間像と作品 蓮実重康著 筑摩書房 1961 263, 13p 図版19枚 22cm Ⓝ721.3 〔10520〕
◇雪舟と応仁の乱 三田村信行文 フレーベル館 2004.2 48p 27cm (あるいて知ろう! 歴史にんげん物語 5) 2900円 Ⓘ4-577-02789-5 Ⓝ721.3 〔10521〕
◇雪舟の芸術・水墨画論集 金澤弘著 秀作社出版 2002.3 390p 22cm 2800円 Ⓘ4-88265-308-7 Ⓝ721.3 〔10522〕
◇雪舟の「山水長巻」—風景絵巻の世界で遊ぼう 雪舟画, 島尾新著 小学館 2001.10 127p 25cm (アートセレクション) 1900円 Ⓘ4-09-607008-4 Ⓝ721.3 〔10523〕
◇雪舟の旅—日本の美を訪ねて 越前屋正著 山口 県新印刷所出版局 1985.9 131p 19cm 700円 Ⓝ721.3 〔10524〕
◇雪舟の旅路 岡田喜秋著 秀作社出版 2002.3 316p 22cm 1800円 Ⓘ4-88265-307-9 Ⓝ721.3 〔10525〕
◇雪舟はどう語られてきたか 山下裕二編・監修 平凡社 2002.2 429p 16cm (平凡社ライブラリー) 1400円 Ⓘ4-582-76424-X Ⓝ721.3 〔10526〕
◇日本水墨名品図譜 第3巻 雪舟と友松 海老根聡郎ほか編 河合正朝編 毎日新聞社 1992.12 211p 36cm 28000円 Ⓘ4-620-80303-0 Ⓝ721.3 〔10527〕
◇日本美術絵画全集 第4巻 雪舟 中村渓男著 集英社 1976 147p(図共) 40cm 4600円 Ⓝ721.08 〔10528〕
◇日本美術全集 第13巻 雪舟とやまと絵屏風—南北朝・室町の絵画2 大河直躬ほか編 辻惟雄ほか編著 講談社 1993.10 251p 37cm 7500円 Ⓘ4-06-196413-5 Ⓝ702.1 〔10529〕
◇仏教を歩く no.26 雪舟利休 朝日新聞社 2004.4 32p 30cm (週刊朝日百科) 533円 Ⓝ182.1 〔10530〕

◆◆◆土佐光信

◇土佐光信 土佐光信画, 日本アート・センター編 新潮社 1998.5 93p 20cm (新潮日本美術文庫 2) 1068円 Ⓘ4-10-601522-6 Ⓝ721.2 〔10531〕
◇日本美術絵画全集 第5巻 土佐光信 吉田友之著 集英社 1979.8 147p 40cm 4600円 Ⓝ721.08 〔10532〕
◇日本美術絵画全集 第5巻 土佐光信著, 吉田友之著 集英社 1981.11 147p 28cm 1800円 Ⓝ721.08

◆◆◆相阿弥（真相）

◇日本美術絵画全集　第6巻　相阿弥・祥啓　衛藤駿著　集英社　1979.4　147p　40cm　4600円　Ⓝ721.08
〔10534〕
◇日本美術絵画全集　第6巻　相阿弥〔賢江〕祥啓　相阿弥著,賢江祥啓著,衛藤駿著　アイゾウフキュウバン　集英社　1981.12　147p　28cm　1800円　Ⓝ721.08
〔10535〕

◆◆◆賢江祥啓

◇鎌倉の水墨画―祥啓と玉隠　三浦勝男編集　鎌倉　鎌倉市教育委員会鎌倉国宝館　1990.3　35 図版22枚　27cm　（鎌倉国宝館図録 第31集）　1200円　Ⓝ721.3　〔10536〕
◇祥啓　中村渓男著　三彩社　1970　59p 図版17枚　22cm　（東洋美術選書）　580円　Ⓝ721.3　〔10537〕
◇祥啓　中村渓男著　三彩社　1977.8　59p 図17枚　22cm　（東洋美術選書）　980円　Ⓝ721.3　〔10538〕
◇日本美術絵画全集　第6巻　相阿弥・祥啓　衛藤駿著　集英社　1979.4　147p　40cm　4600円　Ⓝ721.08
〔10539〕
◇日本美術絵画全集　第6巻　相阿弥〔賢江〕祥啓　相阿弥著,賢江祥啓著,衛藤駿著　アイゾウフキュウバン　集英社　1981.12　147p　28cm　1800円　Ⓝ721.08
〔10540〕

◆◆◆狩野正信

◇日本美術絵画全集　第7巻　狩野正信・元信　山岡泰造著　集英社　1978.8　147p　40cm　4600円　Ⓝ721.08
〔10541〕

◆◆◆狩野元信

◇交差する視線―美術とジェンダー　2　鈴木杜幾子, 馬渕明子, 池田忍, 金恵信編著　国立　ブリュッケ, 星雲社〔発売〕　2005.11　413p　21cm　4000円　Ⓘ4-434-07049-5
〔10542〕
◇水墨美術大系　第8巻　元信・永徳　土居次義著　講談社　1974　195p（図共）　43cm　14000円　Ⓝ721.3
〔10543〕
◇日本美術絵画全集　第7巻　狩野正信・元信　山岡泰造著　集英社　1978.8　147p　40cm　4600円　Ⓝ721.08
〔10544〕

◆◆◆雪村周継

◇水墨画の巨匠　第2巻　雪村　雪村周継画, 瀬戸内寂聴, 林進著　講談社　1995.5　109p　31cm　3400円　Ⓘ4-06-253922-5　Ⓝ721.3
〔10545〕
◇水墨美術大系　第7巻　雪舟・雪村　田中一松, 中村渓男著　講談社　1973　211p（図共）　43cm　14000円　Ⓝ721.3
〔10546〕
◇雪村―戦国乱世を生きた大画人　特別展　大和文華館編　奈良　大和文華館　1981.10　95p　26cm　1300円　Ⓝ721.3
〔10547〕
◇雪村―三春・会津　大江孝著　三春町（福島県）　カネサン書店　1983.12　88p 図版12枚　26cm　1800円　Ⓘ4-87601-043-9　Ⓝ721.3
〔10548〕
◇雪村―常陸からの出発　新規開館記念特別展〔水戸〕茨城県立歴史館　1992.10　150p　　Ⓝ721.3
〔10549〕

◇雪村研究　雪村画, 赤澤英二著　中央公論美術出版　2003.1　292p　27cm　25000円　Ⓘ4-8055-0426-9　Ⓝ721.3
〔10550〕
◇雪村展―戦国時代のスーパー・エキセントリック　雪村画, 山下裕二監修, 浅野秀剛ほか編　浅野研究所　2002　211p　32cm　Ⓝ721.3
〔10551〕
◇日本美術絵画全集　第8巻　雪村　座右宝刊行会編　雪村周継著, 亀田孜著　集英社　1980.12　147p　40cm　4600円　Ⓝ721.08
〔10552〕
◇日本美術絵画全集　第8巻　雪村〔周継〕　雪村周継著, 亀田孜著　集英社　1982.1　147p　28cm　1800円　Ⓝ721.08
〔10553〕
◇常陸時代の雪村　小川知二著　中央公論美術出版　2004.9　259p 図版18枚　26cm　20000円　Ⓘ4-8055-0478-1　Ⓝ721.3
〔10554〕
◇もっと知りたい雪村―生涯と作品　小川知二著　東京美術　2007.8　79p　26cm　（アート・ビギナーズ・コレクション）　1600円　Ⓘ978-4-8087-0825-2　〔10555〕

◆◆◆狩野永徳

◇永徳と山楽―桃山絵画の精華　土居次義著　清水書院　1972　180p 図　20cm　（センチュリーブックス）　430円　Ⓝ721.4
〔10556〕
◇狩野永徳　狩野永徳画, 日本アート・センター編　新潮社　1997.4　93p　20cm　（新潮日本美術文庫）　1068円＋税　Ⓘ4-10-601523-4　Ⓝ721.4　〔10557〕
◇水墨美術大系　第8巻　元信・永徳　土居次義著　講談社　1974　195p（図共）　43cm　14000円　Ⓝ721.3
〔10558〕
◇日本美術絵画全集　第9巻　狩野永徳・光信　土居次義著　集英社　1978.12　147p　40cm　4600円　Ⓝ721.08
〔10559〕
◇日本美術絵画全集　第9巻　狩野永徳〔狩野〕光信　狩野永徳, 狩野光信著, 土居次義著　集英社　1981.4　147p　28cm　1800円　Ⓝ721.08
〔10560〕
◇日本美術全集　第15巻　永徳と障屏画―桃山の絵画・工芸　2　大河直躬ほか編　辻惟雄ほか編著　講談社　1991.2　239p　37cm　7500円　Ⓘ4-06-196415-1　Ⓝ702.1
〔10561〕
◇桃山美術への誘い　永徳と山楽　土居次義著　清水書院　1984.9　180p　18cm　（清水新書 019）　480円　Ⓘ4-389-44019-5　Ⓝ721.4
〔10562〕

◆◆◆狩野光信

◇日本美術絵画全集　第9巻　狩野永徳・光信　土居次義著　集英社　1978.12　147p　40cm　4600円　Ⓝ721.08
〔10563〕
◇日本美術絵画全集　第9巻　狩野永徳〔狩野〕光信　狩野永徳, 狩野光信著, 土居次義著　集英社　1981.4　147p　28cm　1800円　Ⓝ721.08
〔10564〕

◆◆◆長谷川等伯

◇水墨画の巨匠　第3巻　等伯　長谷川等伯画, 池田満寿夫, 橋本綾子著　講談社　1994.5　109p　31cm　3400円　Ⓘ4-06-253923-3　Ⓝ721.3
〔10565〕
◇水墨美術大系　第9巻　等伯・友松　武田恒夫著　講談社　1973　207p（図共）　43cm　14000円　Ⓝ721.3
〔10566〕
◇等伯　脇坂淳著　三彩社　1970　77p 図版17枚　22cm　（東洋美術選書）　580円　Ⓝ721.3　〔10567〕

◇等伯　脇坂淳著　三彩社　1977.8　77p　図版17枚　22cm　（東洋美術選書）　980円　Ⓝ721.3　〔10568〕
◇等伯畫説　日通上人撰, 源豊宗考註　和光出版社　76p　図版40p　22cm　Ⓝ721.3　〔10569〕
◇日本美術絵画全集　第10巻　長谷川等伯　中島純司著　集英社　1979.6　147p　40cm　4600円　Ⓝ721.08　〔10570〕
◇日本美術絵画全集　第10巻　長谷川等伯　中島純司著　集英社　1980.9　147p　28cm　1800円　Ⓝ721.08　〔10571〕
◇長谷川等伯　長谷川等伯画, 土居次義編　講談社　1977.6　2冊（別冊共）　45cm　全78000円　Ⓝ721.3　〔10572〕
◇長谷川等伯　長谷川等伯画, 日本アート・センター編　新潮社　1997.9　93p　20cm　（新潮日本美術文庫 4）　1068円　①4-10-601524-2　Ⓝ721.3　〔10573〕
◇長谷川等伯—真にそれぞれの様を写すべし　宮島新一著　京都　ミネルヴァ書房　2003.11　248, 13p　20cm　（ミネルヴァ日本評伝選）　2400円　①4-623-03927-7　Ⓝ721.3　〔10574〕
◇長谷川等伯の生涯—郷土が生んだ偉大な画聖　七尾商業高等学校図書委員会編　〔七尾〕　等伯会　1991.11　24p　21cm　Ⓝ721.3　〔10575〕
◇長谷川等伯・信春同人説　土居次義著　京都　文華堂書店　1964　162p　図版　22cm　700円　Ⓝ721.3　〔10576〕

◆◆◆海北友松
◇近江の巨匠—海北友松　海北友松画, 大津市歴史博物館編　大津　大津市歴史博物館　1997.3　125p　21×30cm　Ⓝ721.3　〔10577〕
◇海北顕英遺稿集　石田肇編　浅井町（滋賀県）　海北昂　1982.3　70p　22cm　Ⓝ721.3　〔10578〕
◇水墨画の巨匠　第4巻　友松　海北友松画, 杉本苑子, 河合正朝著　講談社　1994.7　109p　31cm　3400円　①4-06-253924-1　Ⓝ721.3　〔10579〕
◇水墨美術大系　第9巻　等伯・友松　武田恒夫著　講談社　1973　207p（図共）　43cm　14000円　Ⓝ721.3　〔10580〕
◇日本水墨名品図譜　第3巻　雪舟と友松　海老根聰郎ほか編　河合正朝編　毎日新聞社　1992.12　211p　36cm　28000円　①4-620-80303-0　Ⓝ721.3　〔10581〕
◇日本美術絵画全集　第11巻　友松・等伯　河合正朝著　集英社　1978.2　147p　40cm　4600円　Ⓝ721.08　〔10582〕
◇日本美術絵画全集　11　〔海北〕友松〔雲谷〕等顔　海北友松, 雲谷等顔著, 河合正朝著　集英社　1981.5　147p　28cm　1800円　Ⓝ721.08　〔10583〕

◆◆◆雲谷等顔
◇日本美術絵画全集　第11巻　友松・等顔　河合正朝著　集英社　1978.2　147p　40cm　4600円　Ⓝ721.08　〔10584〕
◇日本美術絵画全集　11　〔海北〕友松〔雲谷〕等顔　海北友松, 雲谷等顔著, 河合正朝著　集英社　1981.5　147p　28cm　1800円　Ⓝ721.08　〔10585〕

◆◆◆狩野山楽
◇永徳と山楽—桃山絵画の精華　土居次義著　清水書院　1972　180p　図　20cm　（センチュリーブックス）　430円　Ⓝ721.4　〔10586〕
◇日本美術絵画全集　第12巻　狩野山楽・山雪　土居次義著　集英社　1976　147p（図共）　40cm　4600円　Ⓝ721.08　〔10587〕
◇日本美術絵画全集　第12巻　狩野山楽〔狩野〕山雪　狩野山楽著, 狩野山雪著, 土居次義著　集英社　1981.1　147p　28cm　1800円　Ⓝ721.08　〔10588〕
◇桃山美術への誘い　永徳と山楽　土居次義著　清水書院　1984.9　180p　18cm　（清水新書 019）　480円　①4-389-44019-5　Ⓝ721.4　〔10589〕

◆◆◆狩野山雪
◇日本美術絵画全集　第12巻　狩野山楽・山雪　土居次義著　集英社　1976　147p（図共）　40cm　4600円　Ⓝ721.08　〔10590〕
◇日本美術絵画全集　第12巻　狩野山楽〔狩野〕山雪　狩野山楽著, 狩野山雪著, 土居次義著　集英社　1981.1　147p　28cm　1800円　Ⓝ721.08　〔10591〕

◆陶芸
◇愛知の古陶—本多コレクション　企画展　瀬戸　愛知県陶磁資料館　1992　40p　26cm　Ⓝ751.1　〔10592〕
◇愛知の中世陶器—渥美・常滑・瀬戸　安城市歴史博物館編　安城　安城市歴史博物館　1996.4　79p　30cm　Ⓝ751.1　〔10593〕
◇うつわ桃山の美—特別展　土岐市美濃陶磁歴史館編　土岐　土岐市美濃陶磁歴史館　1992.2　54p　30cm　Ⓝ751.1　〔10594〕
◇永仁の壷—偽作の顛末　松本覚進著　講談社　1995.2　301p　15cm　（講談社文庫）　660円　①4-06-185892-0　Ⓝ751.1　〔10595〕
◇加賀古陶　上野与一, 小村茂著　ニュー・サイエンス社　1984.4　66p　21cm　（考古学ライブラリー 22）　1000円　Ⓝ210.2　〔10596〕
◇九州古陶磁の精華—田中丸コレクションのすべて　福岡市美術館編　鹿児島　鹿児島県歴史資料センター黎明館　1991　231p　27cm　Ⓝ751.1　〔10597〕
◇九州の古陶磁—田中丸コレクション　特別展　MOA美術館編　熱海　MOA美術館　1991.4　133p　23×24cm　Ⓝ751.1　〔10598〕
◇古陶見どころ勘どころ—日本・高麗・李朝　岡田宗叡著　光芸出版　1994.6　432p　22cm　3800円　①4-7694-0104-3　Ⓝ751.1　〔10599〕
◇堺衆のやきもの—堺環濠都市遺跡出土の桃山陶磁　特別展　土岐市美濃陶磁歴史館編　土岐　土岐市美濃陶磁歴史館　1996.2　72p　30cm　Ⓝ210.2　〔10600〕
◇椎山の中世陶器part2 —平成17年度企画展　鈴鹿市考古博物館編　鈴鹿　鈴鹿市考古博物館　2006.1　26p　30cm　Ⓝ210.2　〔10601〕
◇世界陶磁全集　第3　桃山篇　座右宝刊行会編　満岡忠成編　河出書房新社　1958　31cm　Ⓝ751.3　〔10602〕
◇世界陶磁全集　3　日本中世　座右宝刊行会編集　楢崎彰一責任編集　小学館　1977.12　359, 6p（おもに図）　31cm　7800円　Ⓝ751.3　〔10603〕
◇世界陶磁全集　4　桃山 1　座右宝刊行会編集　満岡忠成, 奥田直栄責任編集　小学館　1977.4　306, 12p（おもに図）　31cm　7800円　Ⓝ751.3　〔10604〕
◇世界陶磁全集　5　桃山 2　編集:座右宝刊行会　責任編集:林屋晴三　小学館　1976　315, 10p（おもに図）

美術史　　　　　　　　　　　　　　　中世史

　31cm　7800円　Ⓝ751.3　　　〔10605〕
◇茶陶の創成　赤沼多佳構成　京都　淡交社　2004.8　166p　31×22cm　（茶陶の美 第1巻）　3800円　①4-473-03131-4　　　〔10606〕
◇茶の湯の名碗―桃山の数寄 企画展　赤沼多佳責任編集　〔瀬戸〕　愛知県陶磁資料館　1996.6　121p　30cm　Ⓝ751.087　　　〔10607〕
◇茶の湯名碗―茶碗に花開く桃山時代の美　徳川美術館，五島美術館編　名古屋　徳川美術館　2002.10　176, 8p　26cm　Ⓝ791.5　　　〔10608〕
◇中世須恵器の研究　吉岡康暢著　吉川弘文館　1994.2　856, 139p　27cm　39000円　①4-642-07570-4　Ⓝ210.2　　　〔10609〕
◇中世陶磁への招待―地中からのメッセージ 第26回企画展　川越市立博物館編　川越　川越市立博物館　2005.10　79p　30cm　Ⓝ751.1　　　〔10610〕
◇中世の施釉陶器―瀬戸・美濃　愛知県陶磁資料館学芸課編　〔瀬戸〕　愛知県陶磁資料館　2002　173p　21×21cm　（館蔵中世陶磁展 3）　Ⓝ751.1　　〔10611〕
◇中世の陶器―特別展　〔瀬戸〕　愛知県陶磁資料館　1980　75p　26cm　Ⓝ751.1　　　〔10612〕
◇中世房総やきもの市場　千葉県立房総のむら編　〔栄町（千葉県）〕　千葉県立房総のむら　2004.10　28p　30cm　Ⓝ751.1　　　〔10613〕
◇つぼ・かめ・すりばち―中世のやきものと暮らし 特別展　大宮　埼玉県立博物館　1993.3　63p　26cm　Ⓝ210.2　　〔10614〕
◇天下人とやきもの―第18回土岐市織部の日特別展　土岐市美濃陶磁歴史館編　土岐　土岐市美濃陶磁歴史館　2006.2　91p　30cm　Ⓝ751.1　　〔10615〕
◇陶器全集　第6巻　長次郎・光悦　平凡社編　磯野信威　平凡社　1958　25cm　Ⓝ751.3　　〔10616〕
◇陶器全集　第20巻　信楽・伊賀・備前・丹波　平凡社編　満岡忠成　平凡社　1961　原色図版8枚 図版64p 解説21p　25cm　Ⓝ751.3　　〔10617〕
◇陶磁大系　18　光悦・道入　赤沼多佳著　平凡社　1977.11　114p（おもに図）　27cm　1700円　Ⓝ751.3　　〔10618〕
◇東北の中世陶器　東北歴史資料館編　多賀城市　東北歴史資料館　1983.9　53p　26cm　Ⓝ210.2　　〔10619〕
◇日本海域の土器・陶磁　中世編　吉岡康暢著　六興出版　1989.10　377p　20cm　（人類史叢書 10）　3500円　①4-8453-3032-6　Ⓝ210.2　　〔10620〕
◇日本の古窯―わび・さびの源流 中世古窯の全容とその美　岡山県立博物館編　岡山　岡山県立博物館　1986.10　80p　26cm　Ⓝ751.1　　〔10621〕
◇日本の陶磁　第2巻　備前・丹波・伊賀・信楽　責任編集：林屋晴三　中央公論社　1972　322p（はり込み図85枚共）　36cm　38000円　Ⓝ751.3　　〔10622〕
◇日本の六古窯―草戸千軒町と中世陶磁 昭和49年秋季特別展　〔出版地不明〕　福山城博物館　1974　30p　26cm　Ⓝ751.3　　〔10623〕
◇日本やきもの旅行　1　信楽・伊賀・備前・丹波　安東次男著　平凡社　1975　193p（図共）　20cm　（歴史と文学の旅）　900円　Ⓝ751.3　　〔10624〕
◇日本やきもの旅行　3　瀬戸・美濃・常滑・越前・九谷　水尾比呂志著　平凡社　1976　216p（図共）　20cm　（歴史と文学の旅）　900円　Ⓝ751.3　　〔10625〕
◇信長と芸術　平木清光著　東京光悦刊行会　1971　150p 図39枚　22cm　2500円　Ⓝ751.3　　〔10626〕

◇桃山時代美術工芸展観図録　大阪市編　大阪　大阪市　1935　図版28枚　41cm　Ⓝ750　　〔10627〕
◇桃山陶の華麗な世界―愛知万博記念特別企画展　愛知県陶磁資料館学芸部学芸課編　瀬戸　愛知県陶磁資料館　2005　371p　30cm　Ⓝ791.5　　〔10628〕
◇桃山の茶陶―洛中の新発掘品と伝世の名品　根津美術館編　根津美術館　1989.3　158p　30cm　Ⓝ751.1　　〔10629〕
◇桃山の茶陶―破格の造形と意匠　赤沼多佳構成　京都　淡交社　2005.4　158p　31cm　（茶陶の美 茶の湯のやきもの 第2巻）　3800円　①4-473-03132-2　Ⓝ751.1　　〔10630〕
◇桃山の華―大坂出土の桃山陶磁 特別展　土岐市美濃陶磁歴史館編　〔土岐〕　織部の日実行委員会　1993.2　69p　30cm　Ⓝ751.1　　〔10631〕
◇桃山の華―大坂出土の桃山陶磁 特別展 続　土岐市美濃陶磁歴史館編　土岐　土岐市美濃陶磁歴史館　1994.2　71p　30cm　Ⓝ210.2　　〔10632〕
◇洛中出土の桃山陶器―特別展　土岐市美濃陶磁歴史館編　土岐　土岐市美濃陶磁歴史館　1991.2　53p　30cm　Ⓝ210.2　　〔10633〕
◇洛中桃山のやきもの―新兵衛宅跡出土資料ほか 特別展　土岐市美濃陶磁歴史館編　土岐　土岐市美濃陶磁歴史館　1997.2　53p　30cm　Ⓝ210.025　　〔10634〕

◆◆伊賀焼

◇伊賀及信楽　川崎克著, 伊賀文化産業協会編　上野　伊賀文化産業協会　1988.10　82p 図版53枚　27cm　非売品　Ⓝ751.1　　〔10635〕
◇伊賀焼―歴史と名品　谷本光生著　主婦の友社　1991.7　138p　31cm　10000円　①4-07-937340-6　Ⓝ751.1　　〔10636〕
◇カラー日本のやきもの　10　信楽伊賀　文:八木一夫, 平野敏三, 写真:今駒清則　京都　淡交社　1975　244p（図共）　22cm　2000円　Ⓝ751.3　　〔10637〕
◇古伊賀と桃山の陶芸展　三重県立美術館編　〔津〕　三重県立美術館　1989.9　1冊（頁付なし）　25cm　Ⓝ751.1　　〔10638〕
◇信楽伊賀　平野敏三著　大阪　保育社　1977.3　152p（図共）　15cm　（カラーブックス）　430円　Ⓝ751.3　　〔10639〕
◇時代別古伊賀名品図録　桂又三郎編著　光美術工芸　1975　452, 7p（おもに図 はり込み図22枚共）　36cm　48000円　Ⓝ751.3　　〔10640〕
◇陶磁大系　8　信楽・伊賀　満岡忠成著　平凡社　1976　119p（おもに図）　27cm　1700円　Ⓝ751.3　〔10641〕
◇陶磁大系　8　信楽伊賀　満岡忠成著　平凡社　1981.2　119p　27cm　1900円　Ⓝ751.08　〔10642〕
◇日本陶磁全集　13　伊賀　佐藤雅彦等編集委員　林屋晴三編集・解説　中央公論社　1977.9　71, 4p（図共）　34cm　2400円　Ⓝ751.3　　〔10643〕
◇日本陶磁全集　13　伊賀　林屋晴三編　新訂版　中央公論社　1981.1　71p　34cm　2400円　Ⓝ751.1　　〔10644〕
◇日本陶磁大系　第8巻　信楽・伊賀　満岡忠成著　平凡社　1989.7　121p　27cm　3300円　①4-582-23508-5　Ⓝ751.1　　〔10645〕
◇日本の陶磁　7　伊賀・信楽・丹波　責任編集:林屋晴三　中央公論社　1974　173p（おもに図）　36cm　9800円　Ⓝ751.3　　〔10646〕

◇日本の陶磁　7　伊賀・信楽・丹波　林屋晴三責任編集　中央公論社　1988.12　141p　35cm　4200円　①4-12-402757-5　Ⓝ751.1　〔10647〕
◇日本のやきもの　3　伊賀・信楽・長次郎　満岡忠成ほか著　講談社　1991.8　143p　21cm　（講談社カルチャーブックス 22）　1500円　①4-06-198029-7　Ⓝ751.1
〔10648〕
◇日本のやきもの　第7　信楽　伊賀　白洲正子, 八木一夫文, 藤川清, 写真　京都　淡交新社　1964　231p（図版共）　22cm　Ⓝ751.3　〔10649〕
◇日本のやきもの　7　信楽・伊賀　平野敏三文, 今駒清則写真　京都　淡交社　1986.4　214,〔2〕p　21cm　1500円　①4-473-00929-7　Ⓝ751.1　〔10650〕

◆◆越前焼
◇越前　杉本寿著　大阪　保育社　1978.10　151p　15cm　（カラーブックス）　430円　Ⓝ751.3　〔10651〕
◇越前名陶展―開館15周年記念　宮崎村（福井県）　福井県陶芸館　1986.4　90p　26cm　Ⓝ751.1　〔10652〕
◇越前焼―北陸の古陶　〔大阪〕　〔大阪市立博物館〕　1978　32p　26cm　（展覧会目録 第78号）　Ⓝ751.3
〔10653〕
◇時代別古越前名品図録　水野九右衛門編著　光美術工芸　1975　460, 8p（はり込み図34枚共）　35cm　48000円　Ⓝ751.3　〔10654〕
◇陶磁大系　7　常滑・越前　沢田由治著　平凡社　1973　141p（おもに図）　27cm　1300円　Ⓝ751.3　〔10655〕
◇日本陶磁全集　7　越前・珠洲　編集委員:佐藤雅彦等　編集・解説:水野九右衛門, 吉岡康暢　中央公論社　1976　79, 4p（図共）　34cm　2400円　Ⓝ751.3　〔10656〕
◇日本陶磁大系　第7巻　常滑・渥美・越前・珠洲　沢田由治著　平凡社　1989.7　143p　27cm　3300円　①4-582-23507-7　Ⓝ751.1　〔10657〕
◇日本の陶磁　古代中世編第5巻　越前・珠洲　責任編集:楢崎彰一　中央公論社　1976　1冊（頁付なし）　36cm　9800円　Ⓝ751.3　〔10658〕
◇日本の陶磁　古代・中世 5　越前・珠洲　楢崎彰一責任編集　中央公論社　1990.3　115p　35cm　4800円　①4-12-402875-X　Ⓝ751.1　〔10659〕
◇日本のやきもの　1　越前・丹波・備前　水野九右衛門ほか著　講談社　1991.3　143p　21cm　（講談社カルチャーブックス 3）　1500円　①4-06-198015-7　Ⓝ751.1
〔10660〕
◇北陸の古陶―加賀・越前・珠洲古窯を探る　小松　小松市立博物館　1976　1冊（おもに図）　26cm　Ⓝ751.3
〔10661〕

◆◆信楽焼
◇伊賀及信楽　川崎克著, 伊賀文化産業協会編　上野　伊賀文化産業協会　1988.10　82p 図版53枚　27cm　非売品　Ⓝ751.1　〔10662〕
◇カラー日本のやきもの　10　信楽伊賀　文:八木一夫, 平野敏三, 写真:今駒清則　京都　淡交社　1975　244p（図共）　22cm　2000円　Ⓝ751.3　〔10663〕
◇近畿の古陶―信楽・丹波　五島美術館　1969　1冊（おもに図）　26cm　（続日本陶磁名宝展シリーズ 4）　Ⓝ751.3
〔10664〕
◇信楽　平野敏三著　技報堂出版　1982.12　231p　19cm　（陶芸の歴史と技法）　1700円　Ⓝ751.3　〔10665〕
◇信楽　MOA美術館編　〔熱海〕　エムオーエー商事　1987.6　1冊（頁付なし）　23×24cm　（中世陶器シリーズ）　Ⓝ751.1　〔10666〕
◇信楽伊賀　平野敏三著　大阪　保育社　1977.3　152p（図共）　15cm　（カラーブックス）　430円　Ⓝ751.3
〔10667〕
◇信楽大壺　土門拳写真, 小山冨士夫解説　東京中日新聞出版局　1965　166p（おもに図版）　37cm　Ⓝ751.3
〔10668〕
◇信楽焼古窯跡群分布調査報告書　平成14年度　信楽町教育委員会編　信楽町（滋賀県）　信楽町教育委員会　2003.3　274p　30cm　（信楽町文化財報告書 第11集）　Ⓝ210.0254　〔10669〕
◇時代別古信楽名品図録　桂又三郎編著　光美術工芸　1974　466p（はり込図41枚共）　36cm　42000円　Ⓝ751.3　〔10670〕
◇中世の信楽―その実像と編年を探る　安土町（滋賀県）　滋賀県立近江風土記の丘資料館　1989.10　65p　19×26cm　Ⓝ210.2　〔10671〕
◇陶磁大系　8　信楽・伊賀　満岡忠成著　平凡社　1976　119p（おもに図）　27cm　1700円　Ⓝ751.3　〔10672〕
◇陶磁大系　8　信楽伊賀　満岡忠成著　平凡社　1981.2　119p　27cm　1900円　Ⓝ751.08　〔10673〕
◇日本陶磁全集　12　信楽　佐藤雅彦等編集委員　河原正彦編集・解説　中央公論社　1977.7　79, 4p（図共）　34cm　2400円　Ⓝ751.3　〔10674〕
◇日本陶磁全集　12　信楽　河原正彦編　新訂版　中央公論社　1981.4　79p　34cm　2400円　Ⓝ751.1
〔10675〕
◇日本陶磁大系　第8巻　信楽・伊賀　満岡忠成著　平凡社　1989.7　121p　27cm　3300円　①4-582-23508-5　Ⓝ751.1　〔10676〕
◇日本の陶磁　7　伊賀・信楽・丹波　責任編集:林屋晴三　中央公論社　1974　173p（おもに図）　36cm　9800円　Ⓝ751.3　〔10677〕
◇日本の陶磁　7　伊賀・信楽・丹波　林屋晴三責任編集　中央公論社　1988.12　141p　35cm　4200円　①4-12-402757-5　Ⓝ751.1　〔10678〕
◇日本の陶磁　古代中世編第6巻　信楽・備前・丹波　責任編集:楢崎彰一　中央公論社　1976　175p（図共）　35cm　9800円　Ⓝ751.3　〔10679〕
◇日本の陶磁　古代・中世篇 6　信楽・備前・丹波　楢崎彰一責任編集　中央公論社　1990.1　149p　35cm　4800円　①4-12-402876-8　Ⓝ751.1　〔10680〕
◇日本のやきもの　3　伊賀・信楽・長次郎　満岡忠成ほか著　講談社　1991.8　143p　21cm　（講談社カルチャーブックス 22）　1500円　①4-06-198029-7　Ⓝ751.1
〔10681〕
◇日本のやきもの　第4集　備前・丹波・信楽　読売新聞社　1979.8　158p　29cm　1800円　Ⓝ751.3
〔10682〕
◇日本のやきもの　第7　信楽　伊賀　白洲正子, 八木一夫文, 藤川清, 写真　京都　淡交新社　1964　231p（図版共）　22cm　Ⓝ751.3　〔10683〕
◇日本のやきもの　7　信楽・伊賀　平野敏三文, 今駒清則写真　京都　淡交社　1986.4　214,〔2〕p　21cm　1500円　①4-473-00929-7　Ⓝ751.1　〔10684〕

◆◆瀬戸焼

◇尾張瀬戸焼図会　桂又三郎編　陶磁文献刊行会　1971　89p（図共）　22cm　（陶磁文献叢書4）　Ⓝ751.2
〔10685〕

◇カラー日本のやきもの　11　瀬戸　文:加藤唐九郎, 写真:藤川清　京都　淡交社　1974　226p（図共）　22cm　2000円　Ⓝ751.3
〔10686〕

◇古瀬戸をめぐる中世陶器の世界―(財)瀬戸市埋蔵文化財センター設立5周年記念企画展図録　瀬戸市埋蔵文化財センター編　瀬戸　瀬戸市埋蔵文化財センター　1996.11　71p　26cm　Ⓝ210.025
〔10687〕

◇時代別・古瀬戸名品図録　宮石宗弘編著, 菊地正撮影　光美術工芸　1979.12　418, 11p　35cm　55000円　Ⓝ751.1
〔10688〕

◇新編名宝日本の美術　第16巻　古瀬戸と古備前　井上喜久男執筆　小学館　1991.8　151p　31cm　（小学館ギャラリー）　1800円　①4-09-375116-1　Ⓝ708.7
〔10689〕

◇瀬戸の古陶　五島美術館　1976　95p（おもに図）　26cm　（五島美術館展覧会図録 no.95）　Ⓝ751.3
〔10690〕

◇瀬戸の古陶磁　菊田清年著, 監修・編集:瀬戸青年会議所　京都　光琳社出版　1973　208p（おもに図）　29cm　Ⓝ751.3
〔10691〕

◇瀬戸のやきもの　戸田紋平著, 戸田紋平遺稿集刊行会編　名古屋　風媒社　1966　353p　表　20cm　Ⓝ751.3
〔10692〕

◇瀬戸・美濃の古染付と石皿　宮下耕三編　里文　1979.11　302p　27cm　6800円　Ⓝ751.3
〔10693〕

◇陶器全集　第19巻　古瀬戸　平凡社編　赤塚幹也　平凡社　1961　原色図版8枚　図版64p　解説　25cm　Ⓝ751.3
〔10694〕

◇陶磁大系　6　古瀬戸　奥田直栄著　平凡社　1972　127p（おもに図）　27cm　1300円　Ⓝ751.3
〔10695〕

◇日本陶磁全集　9　瀬戸・美濃　編集委員:佐藤雅彦等　編集・解説:楢崎彰一　中央公論社　1976　79, 4p（図共）　34cm　2400円　Ⓝ751.3
〔10696〕

◇日本陶磁大系　第6巻　古瀬戸　奥田直栄著　平凡社　1989.8　130p　27cm　3300円　①4-582-23506-9　Ⓝ751.1
〔10697〕

◇日本の陶磁　古代中世篇 第2巻　瀬戸・常滑・渥美　責任編集:楢崎彰一　中央公論社　1975　311p（はり込図62枚）　36cm　68000円　Ⓝ751.3
〔10698〕

◇日本の陶磁　古代中世編 第3巻　瀬戸・美濃　責任編集:楢崎彰一　中央公論社　1976　171p（図共）　35cm　9800円　Ⓝ751.3
〔10699〕

◇日本の陶磁　古代・中世篇 3　瀬戸・美濃　楢崎彰一責任編集　中央公論社　1989.12　135p　35cm　4800円　①4-12-402873-3　Ⓝ751.1
〔10700〕

◇日本のやきもの　第5集　瀬戸・美濃・常滑　読売新聞社　1980.7　158p　29cm　1800円　Ⓝ751.1
〔10701〕

◇日本のやきもの　8　瀬戸　加藤唐九郎文, 藤川清写真　京都　淡交社　1985.12　187p　21cm　1500円　①4-473-00930-0　Ⓝ751.1
〔10702〕

◇日本のやきもの　第9　瀬戸　常滑　奈良本辰也, 加藤唐九郎文, 藤川清写真　京都　淡交新社　1964　226p（図版共）　22cm　Ⓝ751.3
〔10703〕

◇日本焼物考―瀬戸焼を通して, 陶磁器の起源とその変遷についての研究　原田好雄著　亀山　原田好雄　1971　82p　26cm　Ⓝ751.3
〔10704〕

◇日本やきもの集成　3　瀬戸　美濃　飛騨　満岡忠成ほか編集　楢崎彰一ほか著　平凡社　1980.10　151p　31cm　3200円　Ⓝ751.1
〔10705〕

◆◆丹波焼

◇カラー日本のやきもの　8　丹波　文:桂又三郎, 写真:今駒清則　京都　淡交社　1974　228p（図共）　22cm　2000円　Ⓝ751.3
〔10706〕

◇近畿の古陶―信楽・丹波　五島美術館　1969　1冊（おもに図）　26cm　（続日本陶磁名宝展シリーズ4）　Ⓝ751.3
〔10707〕

◇古丹波　中西通著　芸艸堂　1978.12　191p　38cm　28000円　Ⓝ751.3
〔10708〕

◇丹波　桑門俊成著　大阪　保育社　1978.12　151p　15cm　（カラーブックス）　430円　Ⓝ751.3
〔10709〕

◇丹波　MOA美術館編　〔熱海〕　エムオーエー商事　1988.9　1冊（頁付なし）　23×24cm　（中世陶器シリーズ）　Ⓝ751.3
〔10710〕

◇丹波古陶館　篠山町（兵庫県）　丹波古陶館　1981.5　1冊（頁付なし）　25×26cm　Ⓝ751.1
〔10711〕

◇丹波の古陶　柳宗悦著　限定版　日本民芸館　1956　108p 図版　22cm　Ⓝ751.3
〔10712〕

◇丹波の古窯　杉本捷雄著　限定版　神戸　神戸新聞社　1957　263p 図版40p　22cm　Ⓝ751.3
〔10713〕

◇陶磁大系　9　丹波　河原正彦著　平凡社　1975　135p（おもに図）　27cm　1700円　Ⓝ751.3
〔10714〕

◇日本陶磁全集　11　丹波　佐藤雅彦等編集委員　楢崎彰一編集・解説　中央公論社　1977.11　79, 4p（図共）　34cm　2400円　Ⓝ751.3
〔10715〕

◇日本陶磁全集　11　丹波　楢崎彰一編　新訂版　中央公論社　1981.1　79p　34cm　2400円　Ⓝ751.1
〔10716〕

◇日本陶磁大系　第9巻　丹波　河原正彦著　平凡社　1990.5　137p　27cm　3300円　①4-582-23509-3　Ⓝ751.1
〔10717〕

◇日本の陶磁　7　伊賀・信楽・丹波　責任編集:林屋晴三　中央公論社　1974　173p（おもに図）　36cm　9800円　Ⓝ751.3
〔10718〕

◇日本の陶磁　7　伊賀・信楽・丹波　林屋晴三責任編集　中央公論社　1988.12　141p　35cm　4200円　①4-12-402757-5　Ⓝ751.1
〔10719〕

◇日本の陶磁　古代中世編 第6巻　信楽・備前・丹波　責任編集:楢崎彰一　中央公論社　1976　175p（図共）　35cm　9800円　Ⓝ751.3
〔10720〕

◇日本の陶磁　古代・中世篇 6　信楽・備前・丹波　楢崎彰一責任編集　中央公論社　1990.1　149p　35cm　4800円　①4-12-402876-8　Ⓝ751.1
〔10721〕

◇日本のやきもの　1　越前・丹波・備前　水野九右衛門ほか著　講談社　1991.3　143p　21cm　（講談社カルチャーブックス 3）　1500円　①4-06-198015-7　Ⓝ751.1
〔10722〕

◇日本のやきもの　第4集　備前・丹波・信楽　読売新聞社　1979.8　158p　29cm　1800円　Ⓝ751.3
〔10723〕

◆◆常滑焼

◇カラー日本のやきもの　13　常滑　文:沢田由治, 写真:山本建三　京都　淡交社　1974　260p（図共）　22cm　2000円　Ⓝ751.3　〔10724〕

◇陶磁大系　7　常滑・越前　沢田由治著　平凡社　1973　141p（おもに図）　27cm　1300円　Ⓝ751.3　〔10725〕

◇常滑—陶芸の歴史と技法　赤羽一郎著　技報堂出版　1983.9　241p　19cm　1700円　Ⓘ4-7655-0123-X　Ⓝ751.1　〔10726〕

◇常滑焼と中世社会—Symposium　永原慶二編　小学館　1995.12　253p　20cm　2300円　Ⓘ4-09-626188-2　Ⓝ573.2　〔10727〕

◇日本陶磁全集　8　常滑・渥美　佐藤雅彦等編集委員　赤羽一郎, 小野田勝一編集・解説　中央公論社　1977.1　79, 4p（図共）　34cm　2400円　Ⓝ751.3　〔10728〕

◇日本陶磁大系　第7巻　常滑・渥美・越前・珠洲　沢田由治著　平凡社　1989.7　143p　27cm　3300円　Ⓘ4-582-23507-7　Ⓝ751.1　〔10729〕

◇日本の陶磁　古代中世篇 第2巻　瀬戸・常滑・渥美　責任編集:楢崎彰一　中央公論社　1975　311p（はり込図62枚）　36cm　68000円　Ⓝ751.3　〔10730〕

◇日本のやきもの　第5集　瀬戸・美濃・常滑　読売新聞社　1980.7　158p　29cm　1800円　Ⓝ751.1　〔10731〕

◇日本のやきもの　第9　瀬戸 常滑　奈良本辰也, 加藤唐九郎文, 藤川清写真　京都　淡交新社　1964　226p（図版共）　22cm　Ⓝ751.3　〔10732〕

◆◆備前焼

◇絵備前図譜　桂又三郎著　波多野書店　1967　70p（図共）　18cm　600円　Ⓝ751.2　〔10733〕

◇カラー日本のやきもの　7　備前　文:藤原啓, 写真:小畑正紀　京都　淡交社　1974　231p（図共）　22cm　2000円　Ⓝ751.3　〔10734〕

◇木村コレクション古備前図録　岡山市教育委員会社会教育部文化課編　〔岡山〕　岡山市教育委員会　1984.3　112, 24p　26cm　Ⓝ751.3　〔10735〕

◇古備前雑記帳　桂又三郎　河出書房新社　1971　263p 図　19cm　2000円　Ⓝ751.3　〔10736〕

◇古備前珍品集　続々　桂又三郎著　備前　古備前研究所　1979.8　454p　27cm　12000円　Ⓝ751.3　〔10737〕

◇古備前名品図譜　桂又三郎, 津下臣太郎, 大倉由雄編　河出書房新社　1961　図版60枚 はり込原色図版55　31cm　Ⓝ751.3　〔10738〕

◇古備前名品物語　桂又三郎著　岡山　陶磁文化研究所　1954　122p 図版14p　21cm　Ⓝ751.3　〔10739〕

◇再現・古備前大窯—森陶岳作品集　森陶岳作, 講談社編　講談社　1980.5　95p　26cm　1900円　Ⓝ751.1　〔10740〕

◇彩色備前三十六歌仙　桂又三郎編著　備前　古備前研究所　1983.6　93p　27cm　7000円　Ⓝ751.1　〔10741〕

◇寒風古窯址群—須恵器から備前焼の誕生へ　山本悦世著　岡山　吉備人出版　2002.7　169p　21cm　（吉備考古ライブラリィ7）　1600円　Ⓘ4-86069-003-6　Ⓝ217.5　〔10742〕

◇時代別古備前名品図録　桂又三郎編著　光美術工芸　1973　493, 5, 7p（おもに図 はり込み図56枚共）　36cm　28000円　Ⓝ751.3　〔10743〕

◇時代別古備前名品図録　続　桂又三郎編著　光美術工芸　1976　473, 9p（おもに図 はり込図22枚共）　36cm　48000円　Ⓝ751.3　〔10744〕

◇新編名宝日本の美術　第16巻　古瀬戸と古備前　井上喜久男執筆　小学館　1991.8　151p　31cm　（小学館ギャラリー）　1800円　Ⓘ4-09-375116-1　Ⓝ708.7　〔10745〕

◇中国地方の古陶—古備前・亀山焼　五島美術館　1973　94p（おもに図）　26cm　（続日本陶磁展シリーズ 5）　Ⓝ751.3　〔10746〕

◇陶磁大系　10　備前　桂又三郎著　平凡社　1973　127p（おもに図）　27cm　1300円　Ⓝ751.3　〔10747〕

◇日本陶磁全集　10　備前　佐藤雅彦等編集委員 伊藤晃, 上西節雄編集・解説　中央公論社　1977.6　79, 4p（図共）　34cm　2400円　Ⓝ751.3　〔10748〕

◇日本陶磁全集　10　備前　伊藤晃編, 上西節雄編　新訂版　中央公論社　1981.4　79p　34cm　2400円　Ⓝ751.1　〔10749〕

◇日本陶磁大系　第10巻　備前　桂又三郎著　平凡社　1989.6　129p　27cm　3300円　Ⓘ4-582-23510-7　Ⓝ751.1　〔10750〕

◇日本の陶磁　6　備前　責任編集:林屋晴三　中央公論社　1974　153p（おもに図）　36cm　8800円　Ⓝ751.3　〔10751〕

◇日本の陶磁　6　備前　林屋晴三責任編集　中央公論社　1989.2　117p　35cm　3800円　Ⓘ4-12-402756-7　Ⓝ751.1　〔10752〕

◇日本の陶磁　古代中世編 第6巻　信楽・備前・丹波　責任編集:楢崎彰一　中央公論社　1976　175p（図共）　35cm　9800円　Ⓝ751.3　〔10753〕

◇日本の陶磁　古代・中世篇 6　信楽・備前・丹波　楢崎彰一責任編集　中央公論社　1990.1　149p　35cm　4800円　Ⓘ4-12-402876-8　Ⓝ751.1　〔10754〕

◇日本のやきもの　1　越前・丹波・備前　水野九右衛門ほか著　講談社　1991.3　143p　21cm　（講談社カルチャーブックス 3）　1500円　Ⓘ4-06-198015-7　Ⓝ751.1　〔10755〕

◇日本のやきもの　第4集　備前・丹波・信楽　読売新聞社　1979.8　158p　29cm　1800円　Ⓝ751.3　〔10756〕

◇日本のやきもの　第5　備前　井伏鱒二, 金重陶陽文, 葛西宗誠写真　京都　淡交新社　1964　209p（図版共）　22cm　Ⓝ751.3　〔10757〕

◇日本のやきもの　5　備前　藤原啓文, 藤原雄文, 小畑正紀写真　京都　淡交社　1985.11　200p　21cm　1500円　Ⓘ4-473-00927-0　Ⓝ751.1　〔10758〕

◇備前　藤原啓作　研光社　1969　157p（おもに図版）　36cm　12000円　Ⓝ751.3　〔10759〕

◇備前　藤原雄, 竹内淳子共著　大阪　保育社　1975　152p（図共）　15cm　（カラーブックス）　380円　Ⓝ751.3　〔10760〕

◇備前　藤原雄著　研光社　1975　166p（おもに図）　36cm　20000円　Ⓝ751.3　〔10761〕

◇備前閑谷焼とお庭焼　桂又三郎著　横浜　大雅洞　1969　158p 図　22cm　2200円　Ⓝ751.2　〔10762〕

◇備前陶史　目賀道明著　備前町（岡山県）　備前町教育委員会　1961　203p 図版　22cm　Ⓝ751.3　〔10763〕

◇備前と茶陶—16・17世紀の変革 備前歴史フォーラム資料集　備前市歴史民俗資料館, 備前市教育委員会生涯学習課編　備前　備前市歴史民俗資料館　2007.10　173p

◇30cm （備前市歴史民俗資料館紀要 9） Ⓝ751.1 〔10764〕

◇備前虫明焼 桂又三郎著 木耳社 1966 215p 図版 22cm Ⓝ751.3 〔10765〕

◇備前焼 小山冨士夫編,中村昭夫写真 岡山 日本文教出版 1970 198p(おもに図) 15cm （岡山文庫 32） 350円 Ⓝ751.3 〔10766〕

◇備前焼・海の道・夢フォーラム2006 ─備前焼の歴史と未来像をもとめて 備前歴史フォーラム資料集 備前市歴史民俗資料館,備前市教育委員会生涯学習課編 備前 備前市歴史民俗資料館 2006.9 141p 30cm （備前市歴史民俗資料館紀要 8） Ⓝ751.1 〔10767〕

◇備前焼窯印 桂又三郎著 備前 古備前研究所 1979.5 334p 26cm 10000円 Ⓝ751.3 〔10768〕

◇備前焼の鑑定 桂又三郎著 グラフィック社 1982.8 279p 27cm 9800円 Ⓘ4-7661-0256-8 Ⓝ751.1 〔10769〕

◇備前焼の系譜 目賀道明著 れんが書房新社 2004.1 321p 22×17cm 2400円 Ⓘ4-8462-0278-X 〔10770〕

◇備前焼の伝統と歴史─守り伝える心と技 備前 岡山県備前焼陶友会 1995.3 271p 22cm Ⓝ751.1 〔10771〕

◇備前焼泡瓶名品図録 桂又三郎編 笠岡 豊池美術店 1982.11 182p 27cm 8500円 Ⓝ751.1 〔10772〕

◇侘びの古陶信楽─伊賀丹波備前桃山茶陶を中心に 朝日新聞名古屋本社企画部編 〔名古屋〕 朝日新聞名古屋本社企画部 1982 147p 24×25cm Ⓝ751.1 〔10773〕

◆◆美濃焼

◇藍織部とその周辺 奥磯栄麓,宮下耕三著 大阪 リーチ出版 1985.11 191p 26cm 3500円 Ⓝ751.1 〔10774〕

◇織部─陶芸指導者・大茶人・戦国武将としての古田織部のすべて 日本陶磁協会,日本経済新聞社編 〔出版地不明〕 日本陶磁協会 1967 1冊(頁付なし) 21cm Ⓝ751.1 〔10775〕

◇織部の文様 加藤卓男編著,兼本延夫撮影 京都 光村推古書院 1985.4 207p 38cm 35000円 Ⓘ4-8381-0071-X Ⓝ751.1 〔10776〕

◇織部の文様 河原正彦編著,兼本延男写真 大阪 東方出版 2004.10 191p 30cm 12000円 Ⓘ4-88591-909-6 〔10777〕

◇織部焼 NHK「美の壺」制作班編 日本放送出版協会 2007.10 70p 21cm （NHK美の壺） 950円 Ⓘ978-4-14-081209-9 〔10778〕

◇カラー日本のやきもの 12 美濃 文:古川庄作,写真:藤川清 京都 淡交社 1974 236p(図共) 22cm 2000円 Ⓝ751.3 〔10779〕

◇黄瀬戸 加藤唐九郎著,第一出版センター編 講談社 1984.10 100p 23cm （茶わん叢書 第2篇） 2900円 Ⓘ4-06-201472-6 Ⓝ751.1 〔10780〕

◇黄瀬戸・志野・織部─桃山の茶陶 大阪美術倶楽部青年会編 大阪 大阪美術倶楽部青年会 1988.5 1冊(頁付なし) 25cm Ⓝ751.1 〔10781〕

◇志野 荒川豊蔵著 限定版 朝日新聞社 1967 図版101枚 解説65p 40cm Ⓝ751.3 〔10782〕

◇志野・織部・黄瀬戸─桃山と現代 田部美術館編 松江 田部美術館 1988 61p 26cm Ⓝ751.1 〔10783〕

◇志野・黄瀬戸・織部─桃山と唐九郎 日本経済新聞社,中日新聞社編 日本経済新聞社 1984 1冊(頁付なし) 26cm Ⓝ751.1 〔10784〕

◇瀬戸・美濃の古染付と石皿 宮下耕三 里文 1979.11 302p 27cm 6800円 Ⓝ751.3 〔10785〕

◇陶器全集 第4巻 志野 平凡社編 荒川豊蔵 平凡社 1959 原色図版8枚 図版64p 解説 25cm Ⓝ751.3 〔10786〕

◇陶器全集 第5巻 織部 平凡社編 加藤土師萌 平凡社 1959 原色図版8枚 図版64p 解説 25cm Ⓝ751.3 〔10787〕

◇陶磁大系 11 志野・黄瀬戸・瀬戸黒 荒川豊蔵著 平凡社 1972 127p(おもに図) 27cm 1300円 Ⓝ751.3 〔10788〕

◇陶磁大系 12 織部 藤岡了一著 平凡社 1978.1 127p 27cm 1700円 Ⓝ751.3 〔10789〕

◇日本陶磁全集 9 瀬戸・美濃 編集委員:佐藤雅彦等 編集・解説:楢崎彰一 中央公論社 1976 79,4p(図共) 34cm 2400円 Ⓝ751.3 〔10790〕

◇日本陶磁全集 14 黄瀬戸・瀬戸黒 佐藤雅彦等編集委員 竹内順一編集・解説 中央公論社 1977.2 79,4p(図共) 34cm 2400円 Ⓝ751.3 〔10791〕

◇日本陶磁全集 14 黄瀬戸瀬戸黒 竹内順一編 新訂版 中央公論社 1980.12 79p 34cm 2400円 Ⓝ751.1 〔10792〕

◇日本陶磁全集 16 織部 編集委員:佐藤雅彦等 編集・解説:竹内順一 中央公論社 1976 79,4p(図共) 34cm 2400円 Ⓝ751.3 〔10793〕

◇日本陶磁大系 第11巻 志野・黄瀬戸・瀬戸黒 荒川豊蔵,竹内順一著 平凡社 1989.6 122p 27cm 3300円 Ⓘ4-582-23511-5 Ⓝ751.1 〔10794〕

◇日本陶磁大系 第12巻 織部 藤岡了一著 平凡社 1989.8 128p 27cm 3300円 Ⓘ4-582-23512-3 Ⓝ751.1 〔10795〕

◇日本の陶磁 2 志野 責任編集:林屋晴三 中央公論社 1974 199p(おもに図) 36cm 9800円 Ⓝ751.3 〔10796〕

◇日本の陶磁 第3巻 志野・黄瀬戸・瀬戸黒 責任編集:林屋晴三 中央公論社 1971 302p(おもに図)はり込み図131枚 地図 36cm 38000円 Ⓝ751.3 〔10797〕

◇日本の陶磁 3 黄瀬戸・瀬戸黒 責任編集:林屋晴三 中央公論社 1974 109p(おもに図) 36cm 7800円 Ⓝ751.3 〔10798〕

◇日本の陶磁 3 黄瀬戸・瀬戸黒 林屋晴三責任編集 中央公論社 1989.5 89p 35cm 3910円 Ⓘ4-12-402753-2 Ⓝ751.1 〔10799〕

◇日本の陶磁 第4巻 唐津・織部 責任編集:林屋晴三 中央公論社 1972 309p(おもに図)はり込み図121枚 地図 36cm 38000円 Ⓝ751.3 〔10800〕

◇日本の陶磁 4 織部 責任編集:林屋晴三 中央公論社 1974 128p(おもに図) 36cm 7800円 Ⓝ751.3 〔10801〕

◇日本の陶磁 4 織部 林屋晴三責任編集 中央公論社 1988.11 101p 35cm 3800円 Ⓘ4-12-402754-0 Ⓝ751.1 〔10802〕

◇日本の陶磁 古代中世編 第3巻 瀬戸・美濃 責任編集:楢崎彰一 中央公論社 1976 171p(図共) 35cm 9800円 Ⓝ751.3 〔10803〕

◇日本の陶磁　古代・中世篇 3　瀬戸・美濃　楢崎彰一責任編集　中央公論社　1989.12　135p　35cm　4800円　①4-12-402873-3　Ⓝ751.1　〔10804〕
◇日本のやきもの　2　美濃―志野・織部・黄瀬戸・瀬戸黒　黒田和哉ほか著　講談社　1991.5　144p　21cm　（講談社カルチャーブックス 9）　1500円　①4-06-198018-1　Ⓝ751.1　〔10805〕
◇日本のやきもの　第5集　瀬戸・美濃・常滑　読売新聞社　1980.7　158p　29cm　1800円　Ⓝ751.1　〔10806〕
◇日本のやきもの　第8　美濃　小山冨士夫, 荒川豊蔵文, 葛西宗誠写真　京都　淡交新社　1963　219p（図版共）　22cm　Ⓝ751.3　〔10807〕
◇日本のやきもの　9　美濃　荒川豊蔵文, 熊沢輝雄文, 藤川清写真　京都　淡交社　1986.7　187p　21cm　1500円　①4-473-00931-9　Ⓝ751.1　〔10808〕
◇日本やきもの集成　3　瀬戸 美濃 飛騨　満岡忠成ほか編集　楢崎彰一ほか著　平凡社　1980.10　151p　31cm　3200円　Ⓝ751.1　〔10809〕
◇美濃　加藤卓男著　大阪　保育社　1975　151p（図共）　15cm　（カラーブックス）　380円　Ⓝ751.3　〔10810〕
◇美濃古陶　大阪市立美術館, 徳川美術館, 根津美術館編　〔大阪〕　大阪市立美術館　1971　159p（おもに図）　21×22cm　1000円　Ⓝ751.3　〔10811〕
◇美濃の古陶　編集:美濃古窯研究会　京都　光琳社出版　1976　図160枚 222p　37cm　23000円　Ⓝ751.3　〔10812〕
◇美濃の古陶―南館開館1周年記念展　瀬戸　愛知県陶磁資料館　1979　36p　26cm　Ⓝ751.3　〔10813〕
◇美濃の陶片―甦える志野 黄瀬戸 織部　加納陽治編著　徳間書店　1973　268, 7p（図共）　22cm　3300円　Ⓝ751.3　〔10814〕
◇美濃の輸出陶磁器―特別展　瑞浪　東濃西部歴史民俗資料館瑞浪陶磁資料館　1983　52p　26cm　Ⓝ751.1　〔10815〕
◇美濃桃山陶展―黄瀬戸・志野・織部・美濃青磁開館1周年記念　土岐市美濃陶磁歴史館編　土岐　土岐市美濃陶磁歴史館　1981　63p　25cm　Ⓝ751.1　〔10816〕
◇美濃桃山陶の系譜―特別展　土岐市美濃陶磁歴史館編　土岐　土岐市美濃陶磁歴史館　1995.2　85p　30cm　Ⓝ751.1　〔10817〕
◇美濃焼　奥磯栄麓著　京都　光琳社出版　1971　117p 図33枚　22cm　1800円　Ⓝ751.3　〔10818〕
◇美濃焼　田口昭二著　ニュー・サイエンス社　1983.11　109p　21cm　（考古学ライブラリー 17）　1300円　Ⓝ751.1　〔10819〕
◇美濃焼の歴史　一瀬武著　多治見　郷土文化研究会　1966　366p 図版　22cm　Ⓝ751.3　〔10820〕
◇桃山陶―伝統の華 志野・黄瀬戸・瀬戸黒・織部　岐阜県陶磁資料館編　多治見　岐阜県陶磁資料館　1988.9　16p　26cm　Ⓝ751.1　〔10821〕
◇桃山の茶陶　松田千晴著　〔出版地不明〕　〔松田千晴〕　1989.12　24p　26cm　（美濃の歴史シリーズ 6）　Ⓝ751.1　〔10822〕
◇洛中出土の美濃桃山陶―特別展　土岐市美濃陶磁歴史館編　土岐　土岐市美濃陶磁歴史館　1990.2　67p　30cm　Ⓝ210.2　〔10823〕

◆工芸
◇戦国騎馬残照―特別展　根岸競馬記念公苑編　〔横浜〕　馬事文化財団　1988.4　62p　26cm　Ⓝ702.146　〔10824〕
◇桃山時代の工芸　京都国立博物館編　京都　淡交社　1977.5　248, 12p（図共）　37cm　35000円　Ⓝ750.21　〔10825〕

◆◆染織工芸
◇時代帛紗　上, 下　野村正治郎編　京都　芸艸堂　1939　2冊　32×41cm　Ⓝ753　〔10826〕
◇染織宝典　足利銘仙会編　足利　足利銘仙会　1938　図版168p　26×45cm　Ⓝ753　〔10827〕
◇誰か袖百種　野村正治郎編　芸艸堂支店　1919　Ⓝ753　〔10828〕
◇誰が袖百種　〔正〕　第1〜10輯, 続 第1〜20輯　野村正治郎著　京都　芸艸堂　1930-1942　図版140枚　38cm　Ⓝ753　〔10829〕
◇伊達比　恒成如鳳著　京都　森浅太郎　1924　1冊（図版）　27cm　Ⓝ753　〔10830〕
◇日本の美術　264　染織 中世編　小笠原小枝編　至文堂　1988.5　92p　23cm　1300円　Ⓝ702.1　〔10831〕
◇福印御手富貴之栞　小田徳治郎著　小田開運堂　1912　図版83p　19×26cm　Ⓝ753　〔10832〕
◇洛風林　堀江武編　京都　芸艸堂　1940　図版30枚　37cm　Ⓝ753　〔10833〕

◆◆金工
◇「鉄攻めと護り・武士の美」展示図録―特別展　名古屋市博物館編　名古屋　名古屋市博物館　2004.2　215p　30cm　Ⓝ756.6　〔10834〕
◇慶長以前鍔口・雲版年表稿　愛甲昇寛著　改訂増補　稲沢　真言史学会　2007.3　291p　30cm　Ⓝ756.4　〔10835〕
◇ささげられた祈り―中世の金属工芸 比企歴史の丘 第2回特別企画展　〔嵐山町（埼玉県）〕　埼玉県立歴史資料館　1993.10　40p　26cm　Ⓝ756.21　〔10836〕
◇拓本聚英―京都附近 安土桃山時代　第1集　粟野秀穂編　京都　京都温古会　1932　図版10枚　36cm　非売品　Ⓝ756　〔10837〕

建築史

◇絵巻物の建築を読む　小泉和子ほか編　東京大学出版会　1996.11　283, 5p　26cm　4326円　①4-13-020109-3　Ⓝ521.4　〔10838〕
◇鎌倉の古建築　関口欣也著　横浜　有隣堂　1997.7　210, 7p　18cm　（有隣新書）　1000円　①4-89660-140-8　Ⓝ521　〔10839〕
◇近世の遺構を通して見る中世の居住に関する研究　東京大学稲垣研究室編　新住宅普及会住宅建築研究所　1985.10　75p　30cm　（研究 no.8201）　非売品　Ⓝ521.86　〔10840〕
◇埼玉の中世石塔　嵐山町（埼玉県）　埼玉県立歴史資料館　2003.3　13p　30cm　（資料館ガイドブック no.14）　Ⓝ521.86　〔10841〕
◇書院　第1　藤岡通夫, 恒成一訓著　大阪　創元社　1969　228p（おもに図版）　31cm　6000円　Ⓝ521.4

建築史　　　　　　　　　　　　　　　中世史

〔10842〕
◇書院　第2　藤岡通夫,恒成一訓著　大阪　創元社　1969　261p（おもに図版）　31cm　6000円　Ⓝ521.4
〔10843〕
◇書院建築詳細図譜　北尾春道著　彰国社　1956　図版192p 解説共　30cm　Ⓝ521.4
〔10844〕
◇書院造　太田博太郎著　東京大学出版会　1966　261p 図版　19cm　（日本美術史叢書5）　Ⓝ521.4
〔10845〕
◇称名寺の石塔―中世律宗と石塔　企画展　神奈川県立金沢文庫編　横浜　神奈川県立金沢文庫　2002.12　32p　30cm　Ⓝ714
〔10846〕
◇地下式坑を考える―地下式坑の全国集成とその検討　資料集　房総中近世考古学研究会事務局編　市原　房総中近世考古学研究会事務局　2007.2　103p　30cm　（東国中世考古学研究会大会　第3回）　Ⓝ210.025
〔10847〕
◇中世住居史―封建住居の成立　伊藤ていじ著　東京大学出版会　1958　276p　18cm　（東大学術叢書 第14）　Ⓝ521.4
〔10848〕
◇中世住居史―封建住居の成立　伊藤鄭爾著　東京大学出版会　1973　276, 19p　20cm　900円　Ⓝ521.4
〔10849〕
◇中世日本建築工匠史　浜島一成著　相模書房　2006.9　256p　22cm　3200円　Ⓘ4-7824-0606-1　Ⓝ521.81
〔10850〕
◇中世の建築　太田博太郎著　彰国社　1957　357, 21p 図版15p共　22cm　Ⓝ521.4
〔10851〕
◇中世の城館と集散地―中世考古学と文献研究　矢田俊文, 竹内靖長, 水澤幸一編　高志書院　2005.8　312p　22cm　6000円　Ⓘ4-86215-004-7　Ⓝ210.4
〔10852〕
◇中世和様建築の研究　伊藤延男著　彰国社　1961　371p 図版　22cm　Ⓝ521.4
〔10853〕
◇重源とその時代の開発―平成14年度特別展・重源狭山池改修800年記念　大阪府立狭山池博物館編　大阪狭山　大阪府立狭山池博物館　2002.10　76p　30cm　（大阪府立狭山池博物館図録 4）　Ⓝ510.921
〔10854〕
◇日本建築史図録　鎌倉 上　天沼俊一著　東京堂出版　1996.6　460p　27cm　Ⓘ4-490-30433-1　Ⓝ521.087
〔10855〕
◇日本建築史図録　鎌倉 下　天沼俊一著　東京堂出版　1996.6　406p　27cm　Ⓘ4-490-30433-1　Ⓝ521.087
〔10856〕
◇日本建築史図録　室町　天沼俊一著　東京堂出版　1996.6　478p　27cm　Ⓘ4-490-30433-1　Ⓝ521.087
〔10857〕
◇日本建築史図録　桃山・江戸　天沼俊一著　東京堂出版　1996.6　504p　27cm　Ⓘ4-490-30433-1　Ⓝ521.087
〔10858〕
◇日本中世住宅の研究　川上貢著　墨水書房　1967　368p　27cm　Ⓝ521.4
〔10859〕
◇日本中世住宅の研究　川上貢著　新訂　中央公論美術出版　2002.5　608p　26cm　33000円　Ⓘ4-8055-0418-8　Ⓝ521.4
〔10860〕
◇日本美術全集　第14巻　城と茶室―桃山の建築・工芸 1　大河直躬ほか編　辻惟雄ほか編著　講談社　1992.2　245p　37cm　7500円　Ⓘ4-06-196414-3　Ⓝ702.1
〔10861〕
◇番匠　大河直躬著　法政大学出版局　1971　244, 18p 図　20cm　（ものと人間の文化史）　850円　Ⓝ521.4
〔10862〕

〔10842〕
◇比較建築論―利休とアルベルティの作意　相川浩著　中央公論美術出版　2003.8　422p　22cm　6800円　Ⓘ4-8055-0438-2　Ⓝ521.48
〔10863〕
◇標準 日本史掛図　別集 第5　室町時代の建築と服装　児玉幸多著　吉川弘文館　1957　1軸　158cm　Ⓝ210.038
〔10864〕
◇掘立と竪穴―中世遺構論の課題　高志書院　2001.11　230p　21cm　（東北中世考古学叢書 2）　2500円　Ⓘ4-906641-47-4　Ⓝ210.4
〔10865〕

◆◆数寄屋造
◇京の数寄屋―上野工務店施工作品集　上野富三著　京都　京都書院　1992.9　280p　38cm　40000円　Ⓘ4-7636-3209-4　Ⓝ521.86
〔10866〕
◇書院造りと数寄屋造りの研究　堀口捨己著　鹿島出版会　1978.12　611p　22cm　13000円　Ⓝ521.4
〔10867〕
◇数寄屋聚成 1　数寄屋建築史図聚　東山・桃山時代　編修:北尾春道　増補覆刻版　叢文社　1971　1冊（頁付なし）　26cm　4300円　Ⓝ521
〔10868〕
◇数寄屋聚成　第3-5, 7-8, 12-13, 15-20　北尾春道編　洪洋社　1936-1937　13冊　27cm　Ⓝ521
〔10869〕
◇数寄屋の美学―待庵から金属の茶室へ　出江寛著　鹿島出版会　1996.11　202p　20cm　2884円　Ⓘ4-306-04346-0　Ⓝ521.04
〔10870〕
◇茶室・数寄屋建築研究　稲垣栄三著, 福田晴虔編　中央公論美術出版　2006.10　396p　22cm　（稲垣栄三著作集 4）　12000円　Ⓘ4-8055-1486-8　Ⓝ521.863
〔10871〕
◇花数寄―伝統的建築美の再考　黒川紀章著　彰国社　1991.7　204p　22cm　2930円　Ⓘ4-395-00327-3　Ⓝ521.86
〔10872〕

◆寺社建築
◇浅川西条諏訪社―解説と挿絵で甦る室町文化の粋　長野市最古の建物　浅川西条諏訪社保存会編　長野　浅川西条諏訪社保存会　1992.8　146p　26cm　1800円　Ⓝ521.81
〔10873〕
◇永平寺　八木源二郎撮影, 平野順治編　永平寺町（福井県）　大本山永平寺　1968　図版102枚 解説37, 21p　30cm　Ⓝ702.14
〔10874〕
◇高台寺の名宝―秀吉とねねの寺　サントリー美術館ほか編　〔京都〕　鷲峰山高台寺　1995　198p　30cm　Ⓝ702.17
〔10875〕
◇国宝と歴史の旅 12　中世瀬戸内の寺と社会　朝日新聞社　2001.6　64p　30cm　（朝日百科―日本の国宝別冊）　933円　Ⓘ4-02-330912-5　Ⓝ709.1
〔10876〕
◇社寺建築の技術―中世を主とした歴史・技法・意匠　大森健二著　理工学社　1998.8　261p　27cm　5400円　Ⓘ4-8445-3314-2　Ⓝ521.81
〔10877〕
◇週刊日本の美をめぐる　no.34（室町 2）　竜安寺石庭と禅の文化　小学館　2002.12　42p　30cm　（小学館ウイークリーブック）　533円　Ⓝ702.1
〔10878〕
◇中世寺院跡調査概報 3　埼玉県立歴史資料館編　〔浦和〕　埼玉県教育委員会　1991.3　13p　30cm　Ⓝ210.2
〔10879〕
◇中世寺院社会と仏堂　山岸常人著　塙書房　1990.2　413, 18p　22cm　8240円　Ⓝ521.81
〔10880〕
◇中世寺社信仰の場　黒田龍二著　京都　思文閣出版　1999.8　329, 16p　22cm　（思文閣史学叢書）　7800

円　①4-7842-1011-3　Ⓝ521.81
〔10881〕
◇中世の棟札―神と仏と人々の信仰 企画展　横浜市歴史博物館編　横浜　横浜市歴史博物館　2002.1　128p　30cm　Ⓝ521.81
〔10882〕
◇日本の寺　第12　建長寺・円覚寺　藤本四八撮影, 大仏次郎, 福山敏男文　美術出版社　1958-61　36cm　Ⓝ702.1
〔10883〕
◇日本美術全集　第11巻　禅宗寺院と庭園―南北朝・室町の建築・彫刻・工芸　大河直躬ほか編　戸田禎佑ほか編著　講談社　1993.6　249p　37cm　7500円　①4-06-196411-9　Ⓝ702.1
〔10884〕
◇よみがえる平泉寺―中世宗教都市の発掘　勝山市編　勝山　勝山市　1994.8　48p　30cm　Ⓝ210.2　〔10885〕

◆◆大徳寺
◇大徳寺　源豊宗著, 坂本万七写真　朝日新聞社　1958　205p 図版136p 原色図　31cm　Ⓝ702.14　〔10886〕
◇大徳寺塔頭 聚光院　聚光院編　京都　淡交社　2005.3　222p　30cm　20000円　①4-473-03223-X
〔10887〕
◇日本の寺　第11　大徳寺　二川幸夫撮影, 石川淳, 福山敏男文　美術出版社　1958-61　36cm　Ⓝ702.1
〔10888〕
◇日本名建築写真選集　第12巻　大徳寺　伊藤ていじほか編　宮本隆司撮影, 川上貢解説, 水上勉エッセイ　新潮社　1992.12　126p　31cm　5000円　①4-10-602631-7　Ⓝ521.087
〔10889〕

◆◆金閣
◇金閣小史　伊藤敬宗編　京都　金閣寺　1923　26, 5p　24cm　Ⓝ188.8
〔10890〕
◇金閣寺は何のために作ったの？―室町時代　竹内誠, 梅澤実監修　学習研究社　2001.2　60p　27cm　（クイズでわかる日本の歴史 総合的学習に役立つ 6）　2200円　①4-05-300839-5, 4-05-810600-X　Ⓝ188.8
〔10891〕
◇金閣と銀閣　赤松俊秀, 川上貢本文, 入江泰吉写真　淡交新社　1964　115p 図版106p　22cm　Ⓝ521.4
〔10892〕
◇相国寺・金閣寺・銀閣寺の名宝―足利家と室町文化 特別展　三島　佐野美術館　1993　94p　30cm　①4-915857-28-X　Ⓝ702.17
〔10893〕
◇調べ学習日本の歴史　4　金閣・銀閣の研究　玉井哲雄監修　ポプラ社　2000.3　47p　30cm　3000円　①4-591-06379-8
〔10894〕
◇総合的学習に役立つクイズでわかる日本の歴史　6　金閣寺は何のために作ったの？ 室町時代　竹内誠, 梅沢実監修　学習研究社　2001.2　60p　26cm　2200円　①4-05-300839-5
〔10895〕
◇特別史跡・特別名勝鹿苑寺（金閣寺）庭園　京都市埋蔵文化財研究所編　京都　京都市埋蔵文化財研究所　2003.1　12p 図版3p　30cm　（京都市埋蔵文化財研究所発掘調査概報 2001-9）　Ⓝ210.0254
〔10896〕
◇特別史跡・特別名勝鹿苑寺（金閣寺）庭園　京都市埋蔵文化財研究所編　京都　京都市埋蔵文化財研究所　2003.12　20p 図版8p　30cm　（京都市埋蔵文化財研究所発掘調査概報 2003-6）　Ⓝ210.0254
〔10897〕
◇日本の寺　第5　金閣寺・銀閣寺　渡辺義雄撮影, 阿部知二, 福山敏男文　美術出版社　1958-61　36cm　Ⓝ702.1
〔10898〕

◇日本名建築写真選集　第11巻　金閣寺・銀閣寺　伊藤ていじほか編　柴田秋介撮影, 宮上茂隆解説, 杉本苑子エッセイ　新潮社　1992.11　134p　31cm　5000円　①4-10-602630-9　Ⓝ521.087
〔10899〕

◆◆銀閣
◇銀閣―史劇　織笠繁蔵著　一星社　1913　52p　20cm　Ⓝ912
〔10900〕
◇金閣と銀閣　赤松俊秀, 川上貢本文, 入江泰吉写真　淡交新社　1964　115p 図版106p　22cm　Ⓝ521.4
〔10901〕
◇史跡慈照寺（銀閣寺）旧境内　京都市埋蔵文化財研究所編　京都　京都市埋蔵文化財研究所　2003.7　22p 図版8p　30cm　（京都市埋蔵文化財研究所発掘調査概報 2003-1）　Ⓝ210.0254
〔10902〕
◇相国寺・金閣寺・銀閣寺の名宝―足利家と室町文化 特別展　三島　佐野美術館　1993　94p　30cm　①4-915857-28-X　Ⓝ702.17
〔10903〕
◇調べ学習日本の歴史　4　金閣・銀閣の研究　玉井哲雄監修　ポプラ社　2000.3　47p　30cm　3000円　①4-591-06379-8
〔10904〕
◇日本の寺　第5　金閣寺・銀閣寺　渡辺義雄撮影, 阿部知二, 福山敏男文　美術出版社　1958-61　36cm　Ⓝ702.1
〔10905〕
◇日本名建築写真選集　第11巻　金閣寺・銀閣寺　伊藤ていじほか編　柴田秋介撮影, 宮上茂隆解説, 杉本苑子エッセイ　新潮社　1992.11　134p　31cm　5000円　①4-10-602630-9　Ⓝ521.087
〔10906〕
◇不滅の建築　8　銀閣寺―京都・慈照寺　鈴木嘉吉, 工藤圭章責任編集　岡本茂男撮影　毎日新聞社　1989.1　63p　31cm　1800円　①4-620-60278-7　Ⓝ521.8
〔10907〕

◆◆城郭建築
◇秋元城から考える戦国の城―歴史講演会 講演記録　千田嘉博講演　〔君津〕　千葉県君津市教育委員会生涯学習課　2005.11　52p　30cm　Ⓝ213.5　〔10908〕
◇足助の中世城館　鱸鎣著　足助町（愛知県）　足助町教育委員会　2001.3　79p　30cm　Ⓝ215.5　〔10909〕
◇石川県中世城館跡調査報告書　1　石川県教育委員会編　〔金沢〕　石川県教育委員会　2002.3　198p　30cm　Ⓝ214.3
〔10910〕
◇石川県中世城館跡調査報告書　2　石川県教育委員会編　〔金沢〕　石川県教育委員会　2004.3　190p　30cm　Ⓝ214.3
〔10911〕
◇石川県中世城館跡調査報告書　3　石川県教育委員会編　〔金沢〕　石川県教育委員会　2006.3　251p　30cm　Ⓝ214.3
〔10912〕
◇上野城郭図集　福井健二著　〔上野〕　日本古城友の会城郭文庫　1974　51p（おもに図）　21×30cm　非売品　Ⓝ521.4
〔10913〕
◇描かれた城郭―絵巻・絵図に見る城 平成16年度広島城企画展　広島市文化財団広島城編　広島　広島市文化財団広島城　2004.9　29p　30cm　Ⓝ210.4　〔10914〕
◇越後北条毛利氏山城と隆盛のあと　平原順二著　柏崎　柏崎市北条地区コミュニティ振興協議会　2007.6　40p　26cm　Ⓝ214.1
〔10915〕
◇近江佐和山城・彦根城　城郭談話会編　彦根　サンライズ出版（発売）　2007.8　259p　26cm　2500円　①978-4-88325-282-4　Ⓝ521.823
〔10916〕

建築史　　　　　　　　　　　　　　　　中世史

◇大分の中世城館　第1集　大分　大分県教育委員会　2002.3　170p　30cm　(大分県文化財調査報告書 第148輯)　Ⓝ219.5　〔10917〕
◇大分の中世城館　第2集　大分　大分県教育委員会　2003.3　87p　30cm　(大分県文化財調査報告書 第160輯)　Ⓝ219.5　〔10918〕
◇大分の中世城館　第3集　大分　大分県教育委員会　2003.3　88p　30cm　(大分県文化財調査報告書 第161輯)　Ⓝ219.5　〔10919〕
◇大分の中世城館　別冊(総合索引)　大分　大分県教育委員会　2004.3　22p　30cm　Ⓝ219.5　〔10920〕
◇大坂・近畿の城と町　懐徳堂記念会編　大阪　和泉書院　2007.5　165p　20cm　(懐徳堂ライブラリー 7)　2500円　①978-4-7576-0415-5　Ⓝ216　〔10921〕
◇織田信長と謎の清水山城―シンポジウム 近江・高嶋郡をめぐる攻防 記録集　新旭町教育委員会編　彦根　サンライズ出版　2002.3　189p　19cm　1600円　①4-88325-097-0　Ⓝ216.1　〔10922〕
◇小田原城　河合安貞編　小田原町(神奈川県)　河合安貞　1912　131p　Ⓝ213.7　〔10923〕
◇笠木城址史的考察―郷土史研究 伝説口碑笠木軍記　細川徳正著　幸袋町(福岡県)　細川徳正　1936　147p　25cm　Ⓝ219.1　〔10924〕
◇加藤清正と熊本城　熊本城阯保存会編　〔熊本〕　熊本城阯保存会　1927　94p　19cm　Ⓝ219.4　〔10925〕
◇加悦町の中世城館跡　加悦町(京都府)　加悦町教育委員会　1994.3　58p　26cm　(加悦町文化財調査報告 第21集)　Ⓝ210.2　〔10926〕
◇韓国の倭城と大坂城資料集―国際シンポジウム　倭城・大坂城国際シンポ実行委員会編　神戸　倭城・大坂城国際シンポ実行委員会　2005.9　250p　30cm　Ⓝ521.823　〔10927〕
◇岐阜県中世城館跡総合調査報告書　第1集　岐阜県教育委員会編　〔岐阜〕　岐阜県教育委員会　2002.3　268p　30cm　Ⓝ215.3　〔10928〕
◇岐阜県中世城館跡総合調査報告書　第2集　岐阜県教育委員会編　〔岐阜〕　岐阜県教育委員会　2003.3　290p　30cm　Ⓝ215.3　〔10929〕
◇岐阜県中世城館跡総合調査報告書　第3集　岐阜県教育委員会編　〔岐阜〕　岐阜県教育委員会　2004.3　280p　30cm　Ⓝ215.3　〔10930〕
◇岐阜県中世城館跡総合調査報告書　第4集　岐阜県教育委員会編　〔岐阜〕　岐阜県教育委員会　2005.3　285p　30cm　Ⓝ215.3　〔10931〕
◇九州地方の中世城館　1(熊本・宮崎)　東洋書林　2002.7　1冊　23cm　(都道府県別日本の中世城館調査報告書集成 第20巻)　30000円　①4-88721-451-0　Ⓝ219　〔10932〕
◇九州地方の中世城館　2(鹿児島・沖縄)　東洋書林　2002.8　1冊　23cm　(都道府県別日本の中世城館調査報告書集成 第21巻)　30000円　①4-88721-452-9　Ⓝ219　〔10933〕
◇京都乙訓・西岡の戦国時代と物集女城　中井均, 仁木宏編著　京都　文理閣　2005.9　198p　21cm　2200円　①4-89259-492-X　Ⓝ216.2　〔10934〕
◇京都市内およびその近辺の中世城郭―復元図と関連資料　山下正男著　京都　京都大学人文科学研究所　1986.3　228p　26cm　(京都大学人文科学研究所調査報告 第35号)　非売品　Ⓝ210.2　〔10935〕

◇近畿地方の中世城館　1(滋賀1)　東洋書林　2002.8　1冊　23cm　(都道府県別日本の中世城館調査報告書集成 第12巻)　30000円　①4-88721-443-X　Ⓝ216　〔10936〕
◇近畿地方の中世城館　2(滋賀2)　東洋書林　2002.9　251, 347, 365p　23cm　(都道府県別日本の中世城館調査報告書集成 第13巻)　30000円　①4-88721-444-8　Ⓝ216　〔10937〕
◇近畿地方の中世城館　3(滋賀3)　東洋書林　2002.9　440, 287, 191p　23cm　(都道府県別日本の中世城館調査報告書集成 第14巻)　30000円　①4-88721-445-6　Ⓝ216　〔10938〕
◇近畿地方の中世城館　4(兵庫・和歌山)　東洋書林　2003.4　1冊　23cm　(都道府県別日本の中世城館調査報告書集成 第15巻)　30000円　①4-88721-446-4　Ⓝ216　〔10939〕
◇金箔瓦の城　上田市立博物館編　上田　上田市立博物館　1996.10　76p　24cm　Ⓝ521.823　〔10940〕
◇国別戦国大名城郭事典　西ヶ谷恭弘編　東京堂出版　1999.12　361p　23cm　3800円　①4-490-10533-9　Ⓝ210.47　〔10941〕
◇検証比企の城―シンポジウム埼玉の戦国時代　史跡を活用した体験と学習の拠点形成事業実行委員会編　〔嵐山町(埼玉県)〕　史跡を活用した体験と学習の拠点形成事業実行委員会　2005.2　266p　30cm　Ⓝ213.4　〔10942〕
◇検証・吉田城―吉田城シンポジウム報告　豊橋市美術博物館編　豊橋　豊橋市教育委員会　2006.3　238p 図版16p　21cm　Ⓝ521.823　〔10943〕
◇建築家秀吉―遺構から推理する戦術と建築・都市プラン　宮元健次著　京都　人文書院　2000.11　239p　19cm　2200円　①4-409-52033-4　Ⓝ521.823　〔10944〕
◇古城址物語　上　黒瀬川成穂著　歴研　2003.6　193p　21cm　(歴史研究会叢書)　2000円　①4-947769-17-3　Ⓝ210.4　〔10945〕
◇古城測量図集　下巻　伊賀中世城館調査会著　大阪　日本古城友の会・城郭文庫　1983.11　66p　26cm　Ⓝ521.82　〔10946〕
◇古城測量図集　別巻　伊賀中世城館調査会著　大阪　日本古城友の会・城郭文庫　1985.8　65p　26cm　Ⓝ521.82　〔10947〕
◇古城の風景　1　菅沼の城 奥平の城　宮城谷昌光著　新潮社　2004.10　174p　20cm　1300円　①4-10-400412-X　〔10948〕
◇古城の風景　2　松平の城　宮城谷昌光著　新潮社　2005.9　174p　20cm　1300円　①4-10-400413-8　〔10949〕
◇小谷城阯考　柴田実著　滋賀県東浅井郡小谷村　小谷城阯保勝会　1938　36p 図版　23cm　Ⓝ216.1　〔10950〕
◇再現播磨の中世城郭―描かれた中世山城の世界 特別展　たつの市立埋蔵文化財センター編　たつの　たつの市立埋蔵文化財センター　2007.6　79p　30cm　(たつの市立埋蔵文化財センター図録 3)　Ⓝ216.4　〔10951〕
◇四国地方の中世城館―愛媛・高知　東洋書林　2002.7　260, 376p　23cm　(都道府県別日本の中世城館調査報告書集成 第19巻)　28000円　①4-88721-450-2　Ⓝ218　〔10952〕
◇七戸城跡―北奥の南部氏中世城館跡(国史跡)北館曲輪発掘調査総まとめ報告書　七戸町教育委員会文化財保護課編

◇七戸町（青森県）　七戸町教育委員会文化財保護課　2006.3　232p　図版3枚　30cm　Ⓝ210.0254　〔10953〕
◇紙本著色小谷城跡絵図―戦国大名浅井氏　湖北町（滋賀県）　近江の城友の会　1991　地図1枚:色刷　49×78cm（折りたたみ25cm）　Ⓝ291.61　〔10954〕
◇石神井城跡発掘調査の記録―甦る中世城郭　練馬区教育委員会生涯学習課　2004.3　15p　30cm　Ⓝ291.61　〔10955〕
◇聚楽城　田中緑紅著　京都　京を語る会　1960　55p（図共）　19cm　（緑紅叢書 第36輯）　300円　Ⓝ521.4　〔10956〕
◇上越の城　上越市史専門委員会中世史部会編　上越　上越市　2004.1　202p　26cm　（上越市史叢書 9）　Ⓝ214.1　〔10957〕
◇城郭史研究　22号　日本城郭史学会, 東京堂出版〔発売〕　2002.8　116p　26cm　2700円　Ⓘ4-490-30393-9　〔10958〕
◇城郭史研究　26号　日本城郭史学会, 東京堂出版〔発売〕　2007.1　131p　26cm　2700円　Ⓘ978-4-490-30397-1　〔10959〕
◇城郭と中世の東国　千葉城郭研究会編　高志書院　2005.11　362p　22cm　5200円　Ⓘ4-86215-006-3　Ⓝ213.5　〔10960〕
◇織豊系城郭の形成　千田嘉博著　東京大学出版会　2000.2　314p　22cm　6400円　Ⓘ4-13-020123-9　Ⓝ210.48　〔10961〕
◇白土城跡―戦国大名岩城氏本城の調査　いわき市教育文化事業団編　いわき　いわき市教育委員会　2006.3　109p　図版4枚, 44p　30cm　（いわき市埋蔵文化財調査報告第116冊）　Ⓝ210.0254　〔10962〕
◇史料が語る中世城館と北畠氏の動向　下村登良男語り手　松阪　伊勢の國・松坂十樂　2004.3　63p　21cm　（十楽選よむゼミ no.10）　400円　Ⓝ215.6　〔10963〕
◇城と合戦―城攻め・その戦略戦術　大場弥平著　新人物往来社　1970　723p　19cm　650円　Ⓝ210.04　〔10964〕
◇城と古戦場　上巻　新人物往来社　1969　240p（おもに図版）　19cm　650円　Ⓝ210.04　〔10965〕
◇城と国家―戦国時代の探索　上山春平著　小学館　1981.5　221p　19cm　（小学館創造選書 36）　880円　Ⓝ210.47　〔10966〕
◇城と秀吉―戦う城から見せる城へ　小和田哲男著　角川書店　1996.8　206p　20cm　1500円　Ⓘ4-04-821051-3　Ⓝ210.48　〔10967〕
◇城の中世―縄張図説・西部四国を中心にして　薬師寺孝男著　〔三間町（愛媛県）〕　〔薬師寺孝男〕　2004.5印刷　107p　26cm　950円　Ⓝ218.3　〔10968〕
◇城のひみつ おもしろ大事典　斎藤政秋著　小学館　1991.1　288p　19cm　（小学館ビッグ・コロタンシリーズ 22）　780円　Ⓘ4-09-259022-9　〔10969〕
◇城破りの考古学　藤木久志, 伊藤正義編　吉川弘文館　2001.9　346p　20cm　3800円　Ⓘ4-642-07777-4　Ⓝ210.4　〔10970〕
◇新視点中世城郭研究論集　村田修三編　新人物往来社　2002.8　450p　22cm　9800円　Ⓘ4-404-02979-9　Ⓝ210.1　〔10971〕
◇新府城と武田勝頼　網野善彦監修, 山梨県韮崎市教育委員会編　新人物往来社　2001.3　307p　20cm　2400円　Ⓘ4-404-02912-8　Ⓝ215.1　〔10972〕
◇シンポジウム「戦国時代の小田原城を考える」―八幡山古郭の保存と活用 発表要旨　小田原市教育委員会編　小田原　小田原市教育委員会　2006.11　28p　30cm　Ⓝ521.823　〔10973〕
◇シンポジウム「戦国時代の小田原城を考える」―八幡山古郭の保存と活用 記録集　小田原市教育委員会編　小田原　小田原市教育委員会　2007.3　28p　30cm　Ⓝ521.823　〔10974〕
◇図説近畿中世城郭事典　高田徹編　島本町（大阪府）　城郭談話会事務局　2004.12　342p　30cm　非売品　Ⓝ216　〔10975〕
◇図説中世城郭事典　第1巻　北海道 東北 関東　村田修三編　新人物往来社　1987.4　343p　27cm　9800円　Ⓘ4-404-01425-2　Ⓝ521.82　〔10976〕
◇図説中世城郭事典　第2巻　中部 近畿1　村田修三編　新人物往来社　1987.6　347pp　27cm　9800円　Ⓘ4-404-01426-0　Ⓝ521.82　〔10977〕
◇図説中世城郭事典　第3巻　近畿2 中国 四国 九州　村田修三編集　新人物往来社　1987.7　335pp　27cm　9800円　Ⓘ4-404-01427-9　Ⓝ521.82　〔10978〕
◇瀬戸の古城―中世城館址研究　笹山忠著　〔瀬戸〕　〔笹山忠〕　2003.5　73p　26cm　Ⓝ215.5　〔10979〕
◇戦国期城館群の景観　松岡進著　校倉書房　2002.4　388p　22cm　7000円　Ⓘ4-7517-3290-0　Ⓝ210.47　〔10980〕
◇戦国古城―武将激闘の要害　新人物往来社　1999.2　190p　26cm　（別冊歴史読本 6）　2100円　Ⓘ4-404-02706-0　Ⓝ210.47　〔10981〕
◇戦国古城と里―武将のふるさとを歩く　新人物往来社　2001.7　208p　26cm　（別冊歴史読本）　2000円　Ⓘ4-404-02779-6　Ⓝ281.04　〔10982〕
◇戦国古城の旅　鈴木亨著　青樹社　1973　278p　図　19cm　650円　Ⓝ291.02　〔10983〕
◇戦国時代の城郭と館―'79秋季特別展　安土町（滋賀県）　近江風土記の丘資料館　1979　16p　26cm　Ⓝ291.02　〔10984〕
◇戦国城郭の考古学　鈴木重治, 西川寿勝編著　京都　ミネルヴァ書房　2006.5　252, 14p 図版2p　20cm　（21世紀を拓く考古学 3）　2800円　Ⓘ4-623-04622-2　Ⓝ210.47　〔10985〕
◇戦国城塞傳―十二の城の物語　津本陽著　PHP研究所　2003.5　284p　20cm　1500円　Ⓘ4-569-62756-0　Ⓝ210.47　〔10986〕
◇戦国城塞伝―十二の城の物語　津本陽著　PHP研究所　2005.4　297p　15cm　（PHP文庫）　552円　Ⓘ4-569-66372-9　〔10987〕
◇戦国・織豊期城郭論―丹波国八上城遺跡群に関する総合研究　八上城研究会編　大阪　和泉書院　2000.6　323p　27cm　（日本史研究叢刊 12）　9500円　Ⓘ4-87088-996-X　Ⓝ210.47　〔10988〕
◇全国城跡等石垣整備調査研究会記録集　第4回　第4回全国城跡等石垣整備調査研究会実行委員会事務局編　金沢　第4回全国城跡等石垣整備調査研究会実行委員会事務局　2007.3　133p　30cm　Ⓝ521.823　〔10989〕
◇戦国城と合戦―知れば知るほど　二木謙一監修　実業之日本社　2001.5　269p　19cm　1400円　Ⓘ4-408-39473-4　Ⓝ210.47　〔10990〕
◇戦国武田の城―武田戦略と城塞群の全貌　中田正光著　有峰書店新社　1988.4　415p　20cm　1800円　Ⓘ4-87045-174-3　Ⓝ210.47　〔10991〕

◇戦国の堅城—築城から読み解く戦略と戦術　学習研究社　2004.9　204p　26cm　（歴史群像シリーズ）　1900円　Ⓘ4-05-603597-0　Ⓝ521.823
〔10992〕
◇戦国の堅城　v.2　学習研究社　2006.1　203p　26cm　（歴史群像シリーズ）　1900円　Ⓘ4-05-604180-6　Ⓝ521.823
〔10993〕
◇戦国の城砦　楠戸義昭著　新紀元社　1994.10　255p　21cm　2000円　Ⓘ4-88317-243-0　Ⓝ521.82
〔10994〕
◇戦国の城　邦光史郎著　大阪　保育社　1972　152p（図共）　15cm　（カラーブックス）　280円　Ⓝ291.02
〔10995〕
◇戦国の城　藤木久志監修, 埼玉県立歴史資料館編　高志書院　2005.12　241p　21cm　2500円　Ⓘ4-86215-008-X　Ⓝ213.4
〔10996〕
◇戦国の城　小和田哲男著　学習研究社　2007.6　261p　18cm　（学研新書）　780円　Ⓘ978-4-05-403462-4　Ⓝ210.47
〔10997〕
◇戦国の城—目で見る築城と戦略の全貌　上 関東編　西ケ谷恭弘著, 香川元太郎イラストレーション　学習研究社　1991.8　145p　30cm　（歴史群像シリーズ—デラックス版 1）　1800円　Ⓘ4-05-105602-3　Ⓝ210.47
〔10998〕
◇戦国の城を歩く　千田嘉博著　筑摩書房　2003.4　199p　19cm　（ちくまプリマーブックス）　1200円　Ⓘ4-480-04252-0　Ⓝ521.823
〔10999〕
◇戦国の城をさぐる—松戸市根木内歴史公園開園記念企画展　松戸市立博物館編　松戸　松戸市立博物館　2006.10　79p　30cm　Ⓝ213.5
〔11000〕
◇戦国の城と城下町　鳥栖市教育委員会編　鳥栖　鳥栖市教育委員会　1997.3　77p　26cm　（鳥栖の町づくりと歴史・文化講座）　Ⓝ219.2
〔11001〕
◇戦国の城と城下町　2　鳥栖市教育委員会編　鳥栖　鳥栖市教育委員会　1998.3　132p　26cm　（鳥栖の町づくりと歴史・文化講座）　Ⓝ219.2
〔11002〕
◇戦国の城と城下町　3　鳥栖市教育委員会編　鳥栖　鳥栖市教育委員会　1999.3　67p　26cm　（鳥栖の町づくりと歴史・文化講座）　Ⓝ219.2
〔11003〕
◇戦国の城と城下町　4　鳥栖市教育委員会編　鳥栖　鳥栖市教育委員会　2000.3　40p　26cm　（鳥栖の町づくりと歴史・文化講座）　Ⓝ219.2
〔11004〕
◇戦国の武将と城　井上宗和著　角川書店　1984.6　404p　15cm　（角川文庫）　490円　Ⓘ4-04-156002-0　Ⓝ210.47
〔11005〕
◇戦国の武将と城　井上宗和著　朝日新聞社　1973　250, 9p 肖像　22cm　1200円　Ⓝ210.47
〔11006〕
◇戦国の名城と武将たち　井上宗和著　グリーンアロー出版社　1977.11　278p（図共）　19cm　（グリーンアロー・ブックス）　760円　Ⓝ210.47
〔11007〕
◇戦国の山城—山城の歴史と縄張を徹底ガイド　全国山城サミット連絡協議会編　学習研究社　2007.11　159p　26cm　（歴史群像シリーズ）　1500円　Ⓘ978-4-05-604899-5　Ⓝ521.823
〔11008〕
◇戦国の山城・近江鎌刃城　米原市教育委員会編　彦根　サンライズ出版　2006.2　116p　21cm　1300円　Ⓘ4-88325-292-2　Ⓝ216.1
〔11009〕
◇戦国の山城をゆく—信長や秀吉に滅ぼされた世界　安部龍太郎著　集英社　2004.4　234p　18cm　（集英社新書）　680円　Ⓘ4-08-720237-2
〔11010〕
◇戦国名将の居城—その構造と歴史を考える　桜井成広著　新人物往来社　1981.8　240p 図版10枚　22cm　3800円　Ⓝ210.47
〔11011〕
◇戦乱の中の岸和田城—石山合戦から大坂の陣まで 岸和田城天守閣再建五十周年記念特別展　岸和田市立郷土資料館編　岸和田　岸和田市立郷土資料館　2004.9　62p　30cm　Ⓝ216.3
〔11012〕
◇高島の山城と北陸道—城下の景観 第12回全国山城サミット記録集　高島市教育委員会編　彦根　サンライズ出版　2006.3　158p　19cm　1600円　Ⓘ4-88325-299-X　Ⓝ216.1
〔11013〕
◇武田信玄・城と兵法　上野晴朗著　新人物往来社　1986.11　248p　20cm　2000円　Ⓘ4-404-01359-0　Ⓝ210.47
〔11014〕
◇立野城跡—生駒郡三郷町立野所在中世城郭跡の調査概報　橿原　橿原考古学研究所（奈良県立）　1975.3　1冊　26cm　Ⓝ210.47
〔11015〕
◇多摩丘陵の古城址　田中祥彦著　新装版　有峰書店新社　2001.7　317p　19cm　2500円　Ⓘ4-87045-224-3
〔11016〕
◇探訪戦国名古屋の城　梅村俊之著　名古屋　梅村俊之　2007.5　145p　21cm　非売品　Ⓝ215.5
〔11017〕
◇築城—覇者と天下普請　松本諒士著　理工学社　1996.1　212p　27cm　3708円　Ⓘ4-8445-9105-3　Ⓝ210.48
〔11018〕
◇築城秘話　土橋治重著　日本城郭資料館出版会　1970　277p 図版　19cm　（名城シリーズ 第4集）　680円　Ⓝ210.04
〔11019〕
◇築城秘話　土橋治重著　PHP研究所　1989.1　233p　15cm　（PHP文庫）　450円　Ⓘ4-569-26185-X　Ⓝ210.04
〔11020〕
◇中国地方の中世城館　1（島根）　東洋書林　2003.5　328p　23cm　（都道府県別日本の中世城館調査報告書集成 第16巻）　28000円　Ⓘ4-88721-447-2　Ⓝ217
〔11021〕
◇中世城郭研究論集　村田修三編　新人物往来社　1990.5　430p　22cm　7800円　Ⓘ4-404-01723-5　Ⓝ210.1
〔11022〕
◇中世城郭史の研究　小和田哲男著　大阪　清文堂出版　2002.5　537p　22cm　（小和田哲男著作集 第6巻）　11800円　Ⓘ4-7924-0497-5　Ⓝ210.4
〔11023〕
◇中世城郭の研究—関東地方に於ける築城遺構の実測とその諸問題　小室栄一著　人物往来社　1965　2冊 別冊共　22cm　Ⓝ521.4
〔11024〕
◇中世城館跡の考古学的研究　小都隆著　広島　溪水社　2005.12　334p 図版3p　27cm　6500円　Ⓘ4-87440-905-9　Ⓝ210.4
〔11025〕
◇中世東国の領主と城館　齋藤慎一著　吉川弘文館　2002.5　305, 21p　22cm　9000円　Ⓘ4-642-02676-2　Ⓝ210.4
〔11026〕
◇中世の城飯羽間城のあらまし　樹神弘著　岩村町（岐阜県）　岩村町教育委員会　1989　4p　27cm　（岩村町歴史シリーズ その6）　Ⓝ210.4
〔11027〕
◇中世の城と祈り—出羽南部を中心に　伊藤清郎著　岩田書院　1998.3　149p　21cm　2000円　Ⓘ4-87294-102-0　Ⓝ210.4
〔11028〕
◇中世の城と合戦—復元イラスト　藤井尚夫著　朝日新聞社　1995.7　86p　37cm　3600円　Ⓘ4-02-256876-3　Ⓝ210.4
〔11029〕

◇中世の城と考古学　石井進,萩原三雄編　新人物往来社　1991.12　601p　22cm　9800円　①4-404-01886-X　Ⓝ210.1
〔11030〕

◇中世の武力と城郭　中澤克昭著　吉川弘文館　1999.9　287,4p　22cm　6500円　①4-642-02783-1　Ⓝ210.4
〔11031〕

◇中世の山城―四五迫城跡発掘調査の成果　解説パンフレット　新市町(広島県)　新市町立歴史民俗資料館　1991.1　7p　26cm　Ⓝ210.4
〔11032〕

◇中世武士の城　齋藤慎一著　吉川弘文館　2006.10　211p　19cm　(歴史文化ライブラリー 218)　1700円　①4-642-05618-1　Ⓝ210.4
〔11033〕

◇中部地方の中世城館　1　新潟・福井　東洋書林　2001.4　8,293,174p　23cm　(都道府県別日本の中世城館調査報告書集成 第7巻)　25000円　①4-88721-438-3　Ⓝ215
〔11034〕

◇中部地方の中世城館　2　山梨・長野　東洋書林　2001.5　8,297,401p　23cm　(都道府県別日本の中世城館調査報告書集成 第8巻)　28000円　①4-88721-439-1　Ⓝ215
〔11035〕

◇中部地方の中世城館　3　静岡　東洋書林　2001.11　551,15p　23cm　(都道府県別日本の中世城館調査報告書集成 第9巻)　28000円　①4-88721-440-5　Ⓝ215
〔11036〕

◇中部地方の中世城館　4　愛知 1　東洋書林　2001.7　353,391p　23cm　(都道府県別日本の中世城館調査報告書集成 第10巻)　28000円　①4-88721-441-3　Ⓝ215
〔11037〕

◇中部地方の中世城館　5　愛知2・三重　東洋書林　2001.8　182,327p　23cm　(都道府県別日本の中世城館調査報告書集成 第11巻)　25000円　①4-88721-442-1　Ⓝ215
〔11038〕

◇朝鮮の役と日朝城郭史の研究―異文化の遭遇・受容・変容　太田秀春著　大阪　清文堂出版　2006.8　408p　22cm　9000円　①4-7924-0615-3　Ⓝ210.49
〔11039〕

◇天下統一と城　国立歴史民俗博物館編　読売新聞社　2000.10　215p　30cm　Ⓝ210.46
〔11040〕

◇天下統一と城―歴博フォーラム　千田嘉博,小島道裕編　塙書房　2002.3　314p　20cm　2800円　①4-8273-1175-7　Ⓝ210.48
〔11041〕

◇天下取り73城―保存版 信長・秀吉・家康の野望と夢のあと　泉秀樹文・写真　学習研究社　2005.7　159p　26cm　(歴史群像シリーズ 特別編集)　1700円　①4-05-604030-3　Ⓝ521.823
〔11042〕

◇東葛の中世城郭―千葉県北西部の城・館・城跡　千野原靖方著　流山　崙書房出版　2004.2　301p　22cm　3800円　①4-8455-1101-0　Ⓝ213.5
〔11043〕

◇栂牟礼城跡―角木中世集落跡　大分県教育委員会文化課編　大分　大分県教育委員会　2004　24p 図版8p　30cm　(大分県文化財調査報告書 第167輯)　Ⓝ210.0254
〔11044〕

◇ドキュメント戦国の城　藤井尚夫著　河出書房新社　2005.11　111p　26cm　2500円　①4-309-22436-9　Ⓝ210.47
〔11045〕

◇栃木の城―史跡めぐり　下野新聞社編著　増補改訂　宇都宮　下野新聞社　1995.7　565p　22cm　2000円　①4-88286-062-7　Ⓝ291.32
〔11046〕

◇鳥取県中世城館分布調査報告書　第1集(因幡編)　鳥取県教育委員会編　〔鳥取〕　鳥取県教育委員会　2002.3　272p　30cm　Ⓝ217.2
〔11047〕

◇鳥取県中世城館分布調査報告書　第2集(伯耆編)　鳥取県教育委員会事務局文化課編　〔鳥取〕　鳥取県教育委員会　2004.3　274p　30cm　Ⓝ217.2
〔11048〕

◇富山県中世城館遺跡総合調査報告書　富山県埋蔵文化財センター編　富山　富山県埋蔵文化財センター　2006.3　358p 図版12枚,36p　30cm　Ⓝ214.2
〔11049〕

◇富山県福岡町中世城館調査報告書　福岡町教育委員会編　福岡町(富山県)　福岡町教育委員会　2001.3　76p　30cm　Ⓝ214.2
〔11050〕

◇豊臣秀吉の居城　聚楽第/伏見城編　桜井成広著　日本城郭資料館出版会　1971　421p(図共)　22cm　3000円　Ⓝ210.49
〔11051〕

◇日本の城の秘密―戦国武将の知略と攻防のドラマ　井上宗和著　祥伝社　1980.5　214p　18cm　(ノンブック)　680円　Ⓝ210.47
〔11052〕

◇日本の歴史　中世 2-10　城―山城から平城へ　新訂増補　朝日新聞社　2002.10　p290-320　30cm　(週刊朝日百科 20)　476円　Ⓝ210.1
〔11053〕

◇根城―史跡根城の広場環境整備事業報告書　八戸市教育委員会編　八戸　八戸市教育委員会　1997.3　218p　30cm　Ⓝ709.121
〔11054〕

◇野田城―福島区ふるさと史跡めぐり(野田村篇)　渡辺武著　大阪　大阪福島ライオンズクラブ　1977.8　8p　21cm　非売品　Ⓝ291.63
〔11055〕

◇能登七尾城・加賀金沢城―中世の城・まち・むら　千田嘉博,矢田俊文編　新人物往来社　2006.6　181p　26cm　2500円　①4-404-03280-3　Ⓝ214.3
〔11056〕

◇信長の城・秀吉の城―織豊系城郭の成立と展開　平成18年度秋季特別展　滋賀県立安土城考古博物館編　安土町(滋賀県)　滋賀県立安土城考古博物館　2006.10　119p　30cm　Ⓝ521.823
〔11057〕

◇信長の城・秀吉の城　滋賀県立安土城考古博物館編　彦根　サンライズ出版(製作・発売)　2007.3　249p　19cm　1500円　①978-4-88325-322-7　Ⓝ521.823
〔11058〕

◇信長・秀吉・家康の城―権力の象徴である城郭は、いかにその姿を変えたのか　新人物往来社　2007.3　159p　26cm　(別冊歴史読本 第32巻9号)　1800円　①978-4-404-03361-1　Ⓝ521.823
〔11059〕

◇八王子城跡御主殿―戦国大名北条氏照のくらし　平成16年度特別展　八王子市郷土資料館編　〔八王子〕　八王子市郷土資料館　2004.7　57p　21cm　Ⓝ210.0254
〔11060〕

◇鉢形城開城―北条氏邦とその時代　寄居町教育委員会鉢形城歴史館編　寄居町(埼玉県)　寄居町教育委員会鉢形城歴史館　2004.10　78p　30cm　Ⓝ213.4
〔11061〕

◇発掘された八王子城　八王子市郷土資料館編　八王子　八王子市教育委員会　1996.10　69p　30cm　Ⓝ210.025
〔11062〕

◇「秀吉と城」展示図録―2005年度特別企画展　佐賀県立名護屋城博物館編　唐津　佐賀県立名護屋城博物館　2005.10　130p　30cm　Ⓝ289.1
〔11063〕

◇秀吉の城―戦国を制した太閤の城郭その築城と戦略　西ケ谷恭弘責任編集,日本城郭史学会文・イラストレーション　世界文化社　1996.7　169p　28cm　(ビッグマンスペシャル)　2300円　①4-418-96118-6　Ⓝ210.48
〔11064〕

建築史　　　　　　　　　　　　　　　中世史

◇秀吉の城と戦略―築城と攻城戦の天才　成美堂出版　1998.4　143p　26cm　(Seibido mook)　1300円　Ⓘ4-415-09302-7　Ⓝ521.823　〔11065〕
◇封印された戦国名城史―知られざる城盗り物語　井沢元彦著　ベストセラーズ　2007.2　300p　15cm　(ワニ文庫)　676円　Ⓘ978-4-584-39240-9　〔11066〕
◇福岡城天守と金箔鯱瓦・南三階櫓　荻野忠行著　福岡　梓書院　2005.7　245p　21cm　1619円　Ⓘ4-87035-249-4　〔11067〕
◇復元模型で見る日本の城　6―復元するシリーズ　織豊期城郭研究会編　学習研究社　2004.2　120p　24×19cm　(GAKKEN GRAPHIC BOOKS DELUXE 38)　1800円　Ⓘ4-05-402111-5　〔11068〕
◇復元模型で見る日本の城　下　織豊期城郭研究会編　学習研究社　2004.3　119p　24×19cm　(GAKKEN GRAPHIC BOOKS DELUXE 39―復元するシリーズ 7)　1800円　Ⓘ4-05-402112-3　〔11069〕
◇伏見　伏見城研究会編　〔京都〕　日本古城友の会　1978.1　48p　21cm　Ⓝ521.4　〔11070〕
◇伏見桃山古城図　文淵堂　1904　1冊　41cm　Ⓝ216.2　〔11071〕
◇文化財保存全国協議会松山大会―報告・講演要旨　第22回　古代・中世の館と城の保存と活用　文化財保存全国協議会　1991.6　24p　26cm　Ⓝ216.2　〔11072〕
◇御嶽城跡調査研究会報告書―御嶽城と周辺の文化財　御嶽城跡調査研究会編　神川町(埼玉県)　御嶽城跡調査研究会　1995.3　48p　26cm　Ⓝ213.4　〔11073〕
◇名城を歩く　15　和歌山城―南海に偉容を誇る紀州徳川の牙城　PHP研究所　2004.3　49p　29cm　(歴史街道スペシャル)　514円　Ⓝ291.09　〔11074〕
◇名城を歩く　18　小田原城―北条五代が拠った戦国最大の城郭都市　PHP研究所　2004.6　49p　29cm　(歴史街道スペシャル)　514円　Ⓝ291.09　〔11075〕
◇名城を歩く　20　二条城―桃山の美に彩られた徳川家盛衰の舞台　PHP研究所　2004.8　50p　29cm　(歴史街道スペシャル)　514円　Ⓝ291.09　〔11076〕
◇名城を歩く　24　江戸城―徳川将軍家が君臨した日本一の大城郭　PHP研究所　2004.12　50p　29cm　(歴史街道スペシャル)　514円　Ⓝ291.09　〔11077〕
◇名城攻防戦―信長の野望合戦事典　福田誠ほか執筆, 光栄出版部企画編集　横浜　光栄　1994.3　189p　21cm　1800円　Ⓘ4-87719-089-9　Ⓝ210.48　〔11078〕
◇名城と合戦の日本史　小和田哲男著　新潮社　2007.5　217p　19cm　(新潮選書)　1100円　Ⓘ978-4-10-603580-7　〔11079〕
◇名城の由来―そこで何が起きたのか　宮元健次著　光文社　2006.12　236p　18cm　(光文社新書)　720円　Ⓘ4-334-03384-9　〔11080〕
◇名城発見―戦国武将たちの知られざる城盗り物語　井沢元彦著　ベストセラーズ　2005.12　302p　21cm　1700円　Ⓘ4-584-18912-9　Ⓝ521.823　〔11081〕
◇名将名城伝　津本陽著　PHP研究所　2005.6　280p　20cm　1500円　Ⓘ4-569-64187-3　Ⓝ210.47　〔11082〕
◇山崎城史料調査報告書　国府町教育文化事業団編　〔国府町(鳥取県)〕　国府町教育文化事業団　2003.3　203p　19cm　Ⓝ217.2　〔11083〕
◇山城探訪―福山周辺の山城三〇選　福山　備陽史探訪の会　1995.5　159p　21cm　Ⓝ210.2　〔11084〕

◇湯築城と伊予の中世　川岡勉, 島津豊幸編　松山　創風社出版　2004.4　261p　19cm　1800円　Ⓘ4-86037-039-2　Ⓝ218.3　〔11085〕
◇よみがえる茨木城　中村博司編　大阪　清文堂出版　2007.1　251p　20cm　2600円　Ⓘ978-4-7924-0619-6　Ⓝ216.3　〔11086〕
◇よみがえる戦国―埋もれていた城と館 特別展　名古屋市博物館編　名古屋　名古屋市博物館　1980.4　104p　26cm　Ⓝ210.47　〔11087〕
◇よみがえる滝山城―戦国の風雲をかけぬけた天下の名城　中田正光著, 滝山城跡群・自然と歴史を守る会編　八王子　揺籃社(発売)　2007.11　80p　21cm　700円　Ⓘ978-4-89708-251-6　Ⓝ210.47　〔11088〕
◇よみがえる日本の城　22　安土城・彦根城　学習研究社　2005.10　64p　30cm　(歴史群像シリーズ)　780円　Ⓘ4-05-604099-0　Ⓝ210.47　〔11089〕
◇歴史史料としての戦国期城郭―北部九州における城郭遺構と地域権力　中西義昌編, 中西義昌, 岡寺良著　福岡　服部英雄研究室　2001.3　187p　30cm　(地域資料叢書 1343-473X)　Ⓝ210.47　〔11090〕
◇若狭の中世城館　小浜市教育委員会文化課編　〔小浜〕　小浜市教育委員会　1979.2　1冊　26cm　Ⓝ521.4　〔11091〕
◇若林城跡と養種園遺跡―発掘された中世・近世の遺跡　仙台　仙台市教育委員会文化財課　2001.12　10p　30cm　(仙台市文化財パンフレット 第48集)　Ⓝ521.4　〔11092〕
◇倭城―文禄慶長の役における日本軍築城遺跡　1　倭城址研究会　1979.6　120p　26cm　Ⓝ521.4　〔11093〕
◇倭城と大坂城―国際シンポジウム「韓国の倭城と大坂城」速記録など　倭城・大坂城国際シンポ実行委員会編　岩田書院(発売)　2006.3　92p　30cm　1000円　Ⓝ521.823　〔11094〕

◆◆安土城
◇安土城　〔大津〕　〔滋賀県文化財保護協会〕　1988　1冊　26cm　(文化財教室シリーズ)　Ⓝ521.823　〔11095〕
◇安土城・織田信長関連文書調査報告　1　摠見寺文書目録　滋賀県教育委員会事務局文化部文化財保護課編　大津　滋賀県教育委員会　1992.3　40p　26cm　Ⓝ216.1　〔11096〕
◇安土城・織田信長関連文書調査報告　2　橋本左右神社文書目録　滋賀県安土城郭調査研究所編　安土町(滋賀県)　滋賀県安土城郭調査研究所　1993.3　51p　26cm　Ⓝ216.1　〔11097〕
◇安土城・織田信長関連文書調査報告　3　東家文書目録　滋賀県安土城郭調査研究所編　安土町(滋賀県)　滋賀県安土城郭調査研究所　1994.3　66p　30cm　Ⓝ216.1　〔11098〕
◇安土城再見―天守閣の復原考証　兵頭与一郎著　西田書店　1991.2　218p　22cm　2300円　Ⓘ4-88866-130-8　Ⓝ521.82　〔11099〕
◇安土城資料集　1　安土町(滋賀県)　滋賀県教育委員会　2003.3　46p　30cm　(滋賀県中近世城郭関係資料集 1)　Ⓝ216.1　〔11100〕
◇安土城・信長の夢―安土城発掘調査の成果　滋賀県安土城郭調査研究所編著　彦根　サンライズ出版　2004.11　268p　20cm　1800円　Ⓘ4-88325-262-0　Ⓝ216.1　〔11101〕

◇安土之遺跡　杉本善郎(江陽釣史)著　能登川村(滋賀県)　加藤角左衛門　1895.5　4p　20cm　Ⓝ216.1
〔11102〕
◇岩倉共有文書目録—旧近江国蒲生郡岩倉村　滋賀県安土城郭調査研究所編　安土町(滋賀県)　滋賀県安土城郭調査研究所　2004.8　64p　30cm　(安土城・織田信長関連文書調査報告 14)　Ⓝ216.1
〔11103〕
◇織田信長と安土城　秋田裕毅著　大阪　創元社　1990.9　291p　22cm　3200円　Ⓘ4-422-20104-2　Ⓝ216.1
〔11104〕
◇織田信長と安土城—信長の世界　開館記念特別展　滋賀県立安土城考古博物館編　安土(滋賀県)　滋賀県立安土城考古博物館　1992.11　71p　26cm　Ⓝ289.1
〔11105〕
◇再現日本史—週刊time travel　織豊 4　講談社　2001.5　42p　30cm　533円　Ⓝ210.1
〔11106〕
◇週刊名城をゆく　11　安土城　小学館　2004.4　35p　30cm　(小学館ウイークリーブック)　533円　Ⓝ210.1
〔11107〕
◇常設展示案内　滋賀県立安土城考古博物館編　安土町(滋賀県)　滋賀県立安土城考古博物館　2003.3　86p　30cm　Ⓝ210.2
〔11108〕
◇少年日本歴史讀本　第17編　安土城　萩野由之編　博文館　1914.9　3, 114p　23cm　Ⓝ210.1
〔11109〕
◇常楽寺区有文書目録—旧近江国蒲生郡常楽寺村　安土町(滋賀県)　滋賀県安土城郭調査研究所　2006.9　127p　30cm　(安土城・織田信長関連文書調査報告 16)　Ⓝ216.1
〔11110〕
◇城と城下町—彦根藩と膳所藩を中心に　開館15周年記念　第34回企画展・(財)滋賀県文化財保護協会調査成果展　滋賀県立安土城考古博物館編　安土町(滋賀県)　滋賀県立安土城考古博物館　2007.7　59p　30cm　Ⓝ216.1
〔11111〕
◇図説安土城を掘る—発掘調査15年の軌跡　滋賀県安土城郭調査研究所編著　彦根　サンライズ出版　2004.10　94p　30cm　2400円　Ⓘ4-88325-266-3　Ⓝ709.161
〔11112〕
◇戦国から近世の城下町—石寺・安土・八幡　滋賀県安土城郭調査研究所編　彦根　サンライズ出版　2006.10　139p　21cm　(近江旅の本)　1800円　Ⓘ4-88325-312-0　Ⓝ291.61
〔11113〕
◇築城の時代—加藤清正の石垣普請—特別陳列展示解説目録　名古屋市秀吉清正記念館編　名古屋　名古屋市秀吉清正記念館　2002.10　20p　30cm　Ⓝ291.61
〔11114〕
◇天下布武の城—安土城　木戸雅寿著　新泉社　2004.2　93p　21cm　(シリーズ「遺跡を学ぶ」2)　1500円　Ⓘ4-7877-0432-X　Ⓝ216.1
〔11115〕
◇特別史跡安土城跡環境整備事業概要報告書　9　滋賀県教育委員会事務局, 安土城郭調査研究所編　安土町(滋賀県)　滋賀県教育委員会　2002.3　54p 図版11枚　30cm　Ⓝ709.161
〔11116〕
◇特別史跡安土城跡環境整備事業概要報告書　11　滋賀県教育委員会事務局, 安土城郭調査研究所編　〔安土町(滋賀県)〕　滋賀県教育委員会　2004.3　84p 図版22枚　30cm　Ⓝ709.161
〔11117〕
◇特別史跡安土城跡環境整備事業概要報告書　14　滋賀県教育委員会事務局, 安土城郭調査研究所編　〔大津〕　滋賀県教育委員会　2007.3　114p 図版24, 4p　30cm　Ⓝ709.161
〔11118〕

◇特別史跡安土城跡の調査から　1(上)　〔大津〕　滋賀県文化財保護協会　1991.9　1枚　26cm　(文化財教室シリーズ 123)　Ⓝ709.161
〔11119〕
◇特別史跡安土城跡の調査から　2(下)　〔大津〕　滋賀県文化財保護協会　1991.9　1枚　26cm　(文化財教室シリーズ 124)　Ⓝ709.161
〔11120〕
◇特別史跡安土城跡発掘調査報告　14　滋賀県教育委員会事務局, 滋賀県安土城郭調査研究所編　〔大津〕　滋賀県教育委員会　2005.3　97p 図版3, 72p　30cm　Ⓝ210.0254
〔11121〕
◇特別史跡安土城跡発掘調査報告　16　滋賀県安土城郭調査研究所編　〔大津〕　滋賀県教育委員会　2007.3　29p 図版8枚, 23p　30cm　Ⓝ210.0254
〔11122〕
◇信長の夢「安土城」発掘　NHKスペシャル「安土城」プロジェクト著　日本放送出版協会　2001.7　253p　20cm　(NHKスペシャルセレクション)　1500円　Ⓘ4-14-080618-4　Ⓝ521.823
〔11123〕
◇復元安土城—信長の理想と黄金の天主　内藤昌著　講談社　1994.5　318p　19cm　(講談社選書メチエ 17)　1700円　Ⓘ4-06-258017-9　Ⓝ521.82
〔11124〕
◇復元安土城　内藤昌著　講談社　2006.12　342p　15cm　(講談社学術文庫)　1200円　Ⓘ4-06-159795-7
〔11125〕
◇復元模型安土城　宮上茂隆作　草思社　1995.12　37p 図版48枚　26cm　3900円　Ⓘ4-7942-0634-8　Ⓝ521.82
〔11126〕
◇幻の安土城天守復元—信長天下統一の象徴　日本経済新聞社　1992.7　117p 図版32p　30cm　2800円　Ⓘ4-532-12214-7　Ⓝ521.82
〔11127〕
◇名城を歩く　13　安土城—信長が夢を託した天下布武の覇城　PHP研究所　2004.1　49p　29cm　(歴史街道スペシャル)　514円　Ⓝ291.09
〔11128〕
◇よみがえる安土城　木戸雅寿著　吉川弘文館　2003.12　201p　19cm　(歴史文化ライブラリー 167)　1700円　Ⓘ4-642-05567-3　Ⓝ521.823
〔11129〕
◇よみがえる真説安土城—徹底復元・覇王信長の幻の城　三浦正幸監修　学習研究社　2006.3　143p　30cm　(歴史群像シリーズ・デラックス 2)　2200円　Ⓘ4-05-604084-2　Ⓝ521.823
〔11130〕

◆◆姫路城
◇究極の美姫路城　北村泰生著　世界文化社　1994.4　151p　30cm　5800円　Ⓘ4-418-94901-1　Ⓝ521.82
〔11131〕
◇検証姫路城—匠たちの遺産　神戸新聞姫路支社編　神戸　神戸新聞総合出版センター　1995.12　275p　19cm　1300円　Ⓘ4-87521-487-1　Ⓝ521.82
〔11132〕
◇白鷺のうた—姫路の城と町と人と…　神戸新聞姫路支社編　神戸　神戸新聞出版センター　1983.4　302p　19cm　1200円　Ⓘ4-87521-622-X　Ⓝ216.4
〔11133〕
◇新訂姫路城史　橋本政次著　京都　臨川書店　1994.10　3冊(セット)　21cm　38110円　Ⓘ4-653-02795-1
〔11134〕
◇新編名宝日本の美術　第19巻　姫路城と二条城　西和夫執筆　小学館　1991.7　143p　31cm　(小学館ギャラリー)　1800円　Ⓘ4-09-375119-6　Ⓝ708.7
〔11135〕
◇特別史跡姫路城跡　3　姫路市教育委員会文化課編　姫路　姫路市教育委員会文化課　2004.3　53p 図版8, 26,

建築史　　　　　　　　　　　　　　　中世史

32p　30cm　（国立姫路病院更新整備工事に伴う発掘調査報告 3）　Ⓝ210.0254　〔11136〕

◇特別史跡姫路城跡石垣修理工事報告書　7　姫路市教育委員会生涯学習部城郭研究室編　姫路　姫路市教育委員会生涯学習部城郭研究室　2005.3　68p 図版4枚, 18p　30cm　Ⓝ521.823　〔11137〕

◇特別史跡姫路城跡石垣修理工事報告書　8　姫路市教育委員会生涯学習部城郭研究室編　姫路　姫路市教育委員会生涯学習部城郭研究室　2007.3　69p 図版4枚, 16p　30cm　Ⓝ521.823　〔11138〕

◇特別展「城郭のデザイン」図録―国宝姫路城原図展 世界文化遺産指定記念　兵庫県立歴史博物館編　〔姫路〕　兵庫県立歴史博物館　1994.3　150p　30cm　（兵庫県立歴史博物館特別展図録 no.32）　Ⓝ521.82　〔11139〕

◇日本名建築写真選集　第6巻　姫路城　伊藤ていじほか編　西川孟撮影, 内藤昌解説, 海野弘エッセイ　新潮社　1992.6　134p　31cm　5000円　Ⓘ4-10-602625-2　Ⓝ521.087　〔11140〕

◇姫路市史　第14巻　別編 姫路城　姫路市史編集専門委員会編　〔姫路〕　姫路市　1988.7　913, 11p　22cm　Ⓝ216.4　〔11141〕

◇姫路城　写真:中村昭夫, 文:城戸久　朝日新聞社　1972　図144p 52, 4p　27cm　2800円　Ⓝ521.4　〔11142〕

◇姫路城―世界の遺産　播磨学研究所編　神戸　神戸新聞総合出版センター　1994.8　254p　20cm　1700円　Ⓘ4-87521-072-8　Ⓝ216.4　〔11143〕

◇姫路城誌　大浦濤花著　城北村（兵庫県）　大浦濤花　1911.7　12p　18cm　Ⓝ216.4　〔11144〕

◇姫路城史　橋本政次著　名著出版　1973　3冊　22cm　19500円　Ⓝ216.4　〔11145〕

◇姫路城史　上巻　橋本政次著　新訂　京都　臨川書店　1994.10　124, 750p　22cm　Ⓘ4-653-02796-X, 4-653-02795-1　Ⓝ216.4　〔11146〕

◇姫路城史　中巻　橋本政次著　新訂　京都　臨川書店　1994.10　902p　22cm　Ⓘ4-653-02797-8, 4-653-02795-1　Ⓝ216.4　〔11147〕

◇姫路城史　下巻　橋本政次著　新訂　京都　臨川書店　1994.10　1冊　22cm　Ⓘ4-653-02798-6, 4-653-02795-1　Ⓝ216.4　〔11148〕

◇姫路城史　上中下巻　橋本政次著　姫路　姫路城史刊行会　1952　3冊 図版　22cm　Ⓝ216.4　〔11149〕

◇姫路城とお菊皿屋敷　清瀬永治著　姫路　清瀬黙堂書房　1928　104p　19cm　Ⓝ216.4　〔11150〕

◇姫路城とその時代―官兵衛・秀吉・輝政 特別展　兵庫県立歴史博物館編　〔姫路〕　兵庫県立歴史博物館　1987.10　105p　26cm　（兵庫県立歴史博物館特別展図録 no.15）　Ⓝ210.48　〔11151〕

◇姫路城物語―名城にくり広げられた人間ドラマ・女人哀史　酒井美意子著　主婦と生活社　1991.4　227p　20cm　1400円　Ⓘ4-391-11341-4　Ⓝ210.04　〔11152〕

◇よみがえる日本の城　4　姫路城　学習研究社　2004.9　64p　30cm　（歴史群像シリーズ）　680円　Ⓘ4-05-603442-7　Ⓝ210.04　〔11153〕

◆◆大坂城

◇大阪城　岡本良一著　岩波書店　1970　202p 図版　18cm　（岩波新書）　150円　Ⓝ210.49　〔11154〕

◇大阪城　岡本良一編, 今駒清則写真　大阪　清文堂出版　1983.5　107p　27cm　2900円　Ⓝ521.82　〔11155〕

◇大阪城　岡本良一著　岩波書店　1983.10　80p　22cm　（岩波グラフィックス 18）　1200円　Ⓝ521.82　〔11156〕

◇大坂城　岡本良一責任編集　小学館　1985.4　215p　38cm　（日本名城集成）　28000円　Ⓘ4-09-576002-8　Ⓝ521.82　〔11157〕

◇大坂城　岡本良一著　岩波書店　1993.7　202p　20cm　（岩波新書の江戸時代）　1500円　Ⓘ4-00-009133-6　Ⓝ210.48　〔11158〕

◇大坂城―物語・日本の名城　江崎誠致著　成美堂出版　1995.12　275p　16cm　（成美文庫）　560円　Ⓘ4-415-06433-7　Ⓝ210.52　〔11159〕

◇大坂城―秀吉の大坂城縄張りをさぐる シンポジウム「難波宮」,「大坂城」-上町台地に築かれた二大遺跡の最新発掘情報 発表要旨　大阪府文化財センター編　〔堺〕　大阪府文化財センター　2004.6　27p　30cm　Ⓝ216.3　〔11160〕

◇大阪城跡　8　大阪市文化財協会編　大阪　大阪市文化財協会　2007.5　48p　30cm　Ⓘ978-4-86305-001-3　Ⓝ210.0254　〔11161〕

◇大阪城ガイド　渡辺武ほか共著　大阪　保育社　1983.9　151p　15cm　（カラーブックス 618）　500円　Ⓘ4-586-50618-0　Ⓝ521.82　〔11162〕

◇大坂城古絵図展図録―特別陳列 大阪城天守閣編　〔大阪〕　日本古城友の会　1978.4　24p　26cm　Ⓝ210.49　〔11163〕

◇大坂城誌―一名・浪華誌　小野清著　小野清　1899.11　4冊（上・中・下, 附）図版　23cm　Ⓝ216.3　〔11164〕

◇大坂城誌―付「日本城郭誌」　小野清編著　名著出版　1973　1冊　23cm　6500円　Ⓝ216.3　〔11165〕

◇大阪城展―天守閣復興五十周年記念　大阪城天守閣（大阪市経済局）編　大阪　大阪城天守閣特別事業委員会　1981.10　99p　26cm　Ⓝ210.48　〔11166〕

◇大阪城天守閣所蔵資料目録　大阪城天守閣編　大阪　1967　78p（図版共）　22cm　Ⓝ210.48　〔11167〕

◇大阪城天守閣所蔵資料目録　続（昭和42.4.1-昭和48.3.31）　大阪　大阪城天守閣　1973　56p（図共）　21cm　Ⓝ210.48　〔11168〕

◇大阪城と大阪のまち―イラストと写真でつづるカラーガイド　大阪　ナンバー出版　1983.11　79p　21cm　（ナンバーガイド）　500円　Ⓝ521.82　〔11169〕

◇大阪城と城下町　渡辺武館長退職記念論集刊行会編　京都　思文閣出版　2000.12　433p　22cm　8800円　Ⓘ4-7842-1062-8　Ⓝ216.3　〔11170〕

◇大阪城の研究　大阪市立大学大阪城址研究会編　大阪　1953　90p 図版　21cm　（研究予察報告 第1-2）　Ⓝ210.3　〔11171〕

◇大阪城の謎　村川行弘著　学生社　1970　216p 図版　19cm　580円　Ⓝ210.49　〔11172〕

◇大阪城の魅力―歴史の宝庫　登野城弘, 渡辺武著　京都　淡交社　1994.6　127p　26cm　2500円　Ⓘ4-473-01337-5　Ⓝ521.82　〔11173〕

◇大坂城の歴史と構造　松岡利郎著　名著出版　1988.7　236p　22cm　3800円　Ⓘ4-626-01313-9　Ⓝ521.82　〔11174〕

◇大坂城秘ストリー　渡辺武著　大阪　東方出版　1996.4　189p　19cm　1360円　Ⓘ4-88591-479-5　〔11175〕

◇大坂城物語　牧村史陽著　大阪　創元社　1959　340p 図版　19cm　Ⓝ210.49　〔11176〕

◇大阪城400年　岡本良一ほか著　大阪　大阪書籍　1982.10　361p　19cm　（朝日カルチャーブックス 11）　1400円　Ⓘ4-7548-1011-2　Ⓝ216.3　〔11177〕
◇大阪城四〇〇年の歴史展―大大阪築城四〇〇年記念　大阪城天守閣編　大阪　大阪城天守閣特別事業委員会　1983.10　89,8p　26cm　Ⓝ210.48　〔11178〕
◇大阪城歴史散策　渡辺武著　大阪　保育社　1992.6　151p　15cm　（カラーブックス 831）　620円　Ⓘ4-586-50831-0　Ⓝ521.82　〔11179〕
◇大坂落城―浅井三代と豊臣家　松好貞夫著　新人物往来社　1975　227p　20cm　1300円　Ⓝ210.498　〔11180〕
◇図説再見大阪城　渡辺武著　大阪　大阪都市協会　1983.9　217p　27cm　2000円　Ⓝ521.82　〔11181〕
◇摂津大坂城 13　「御天守」の朱書き符号石　藤井重夫著　日本古城友の会　1997.3　25p　22cm　（城と陣屋シリーズ 217号）　Ⓝ521.823　〔11182〕
◇豊臣秀吉の居城　大阪城編　桜井成広著　日本城郭資料館出版会　1970　336p 図版　22cm　2500円　Ⓝ210.49　〔11183〕
◇難波宮―宮城北辺をさぐる　シンポジウム「難波宮」,「大坂城」―上町台地に築かれた二大遺跡の最新発掘情報 発表要旨　大阪府文化財センター編　〔堺〕　大阪府文化財センター　2004.6　38p　30cm　Ⓝ216.3　〔11184〕
◇秀吉の侵略と大阪城―ちょっと待て!「大阪築城400年まつり」　辛基秀編, 柏井宏之編　第三書館　1983.11　204p　21cm　1200円　Ⓝ216.3　〔11185〕

◆民家
◇兼好法師すまいを語る―中世文学の建築散歩　西和夫著　TOTO出版　1989.11　241p　20cm　1800円　Ⓘ4-88706-002-5　Ⓝ521.4　〔11186〕
◇中世京都の町屋　野口徹著　東京大学出版会　1988.5　139p　27cm　3800円　Ⓘ4-13-020080-1　Ⓝ521.86　〔11187〕
◇富田林の町並と町家―中世寺内町の現状と保護対策　観光資源保護財団編　観光資源保護財団　1976.2　51p(図共)　26cm　Ⓝ521　〔11188〕

◆御所・邸宅
◇史跡北条氏邸跡発掘調査報告　1　韮山町教育委員会編　韮山町（静岡県）　韮山町教育委員会　2002.3　225p 図版8枚, 19p　30cm　（韮山町文化財調査報告 no.42）　Ⓝ210.0254　〔11189〕
◇中世豪族彦部家屋敷―群馬県指定史跡　桑原稔著, 上毛歴史建築研究所編　前橋　上毛歴史建築研究所　1984.11　18p　25cm　非売品　Ⓝ521.86　〔11190〕

◆茶屋
◇日本中世住宅史研究―とくに東求堂を中心として　野地修左著　日本学術振興会　1955　620, 19p 図版　22cm　Ⓝ521.4　〔11191〕
◇日本中世住宅史研究―とくに東求堂を中心として　野地脩左著　京都　臨川書店　1981.7　620, 19p　22cm　9700円　Ⓘ4-653-00714-4　Ⓝ521.4　〔11192〕
◇日本美術全集　第14巻　城と茶室―桃山の建築・工芸 1　大河直躬ほか編　辻惟雄ほか編著　講談社　1992.2　245p　37cm　7500円　Ⓘ4-06-196414-3　Ⓝ702.1　〔11193〕

◇不滅の建築　9　妙喜庵茶室（待庵）―京都・妙喜庵　鈴木嘉吉, 工藤圭章責任編集　岡本茂男撮影　毎日新聞社　1989.2　63p　31cm　1800円　Ⓘ4-620-60279-5　Ⓝ521.8　〔11194〕

◆庭園
◇庭園の中世史―足利義政と東山山荘　飛田範夫著　吉川弘文館　2006.3　209p　19cm　（歴史文化ライブラリー 209）　1700円　Ⓘ4-642-05609-2　Ⓝ629.21　〔11195〕
◇日本庭園史大系　4　鎌倉の庭　2　重森三玲, 重森完途著, 大橋治三撮影　社会思想社　1974　230p 図52枚　31cm　6800円　Ⓝ629.21　〔11196〕
◇日本庭園史大系　5　室町の庭　1　重森三玲, 重森完途著, 大橋治三撮影　社会思想社　1973　164p 図51枚　31cm　Ⓝ629.21　〔11197〕
◇日本庭園史大系　7　室町の庭　3　重森三玲, 重森完途著, 大橋治三撮影　社会思想社　1971　151p 図55枚　31cm　Ⓝ629.21　〔11198〕
◇日本庭園史大系　13　桃山の庭　6　重森三玲, 重森完途著, 大橋治三撮影　社会思想社　1974　112p 図48枚　31cm　6800円　Ⓝ629.21　〔11199〕
◇日本の歴史　中世 2-8　庭―マクロコスモスとミクロコスモス　新訂増補　朝日新聞社　2002.9　p226-256　30cm　（週刊朝日百科 18）　476円　Ⓝ210.1　〔11200〕
◇日本美術全集　第11巻　禅宗寺院と庭園―南北朝・室町の建築・彫刻・工芸　大河直躬ほか編　戸田禎佑ほか編著　講談社　1993.6　249p　37cm　7500円　Ⓘ4-06-196411-9　Ⓝ702.1　〔11201〕
◇夢窓疎石日本庭園を極めた禅僧　枡野俊明著　日本放送出版協会　2005.4　265p　19cm　（NHKブックス 1029）　1020円　Ⓘ4-14-091029-1　Ⓝ629.21　〔11202〕
◇室町時代庭園史　外山英策著　岩波書店　1934　757p 図版16枚　26cm　Ⓝ629　〔11203〕
◇室町時代庭園史　外山英策著　京都　思文閣　1973　757p 図　27cm　12000円　Ⓝ629.21　〔11204〕

芸能史

◇逸脱の日本中世―狂気・倒錯・魔の世界　細川涼一著　JICC出版局　1993.3　252p　20cm　2200円　Ⓘ4-7966-0560-6　Ⓝ210.4　〔11205〕
◇逸脱の日本中世―狂気・倒錯・魔の世界　細川涼一著　洋泉社　1996.8　252p　20cm　2400円　Ⓘ4-89691-204-7　Ⓝ210.4　〔11206〕
◇逸脱の日本中世　細川涼一著　筑摩書房　2000.6　293p　15cm　（ちくま学芸文庫）　1100円　Ⓘ4-480-08555-6　Ⓝ210.4　〔11207〕
◇宴の身体―バサラから世阿弥へ　松岡心平著　岩波書店　1991.9　240, 2p　19cm　2600円　Ⓘ4-00-000169-8　Ⓝ772.1　〔11208〕
◇宴の身体―バサラから世阿弥へ　松岡心平著　岩波書店　2004.9　268p　15cm　（岩波現代文庫 学術）　1000円　Ⓘ4-00-600129-0　Ⓝ772.1　〔11209〕
◇翁の座―芸能民たちの中世　山路興造著　平凡社　1990.3　349p　22cm　3900円　Ⓘ4-582-24604-4　Ⓝ773.21　〔11210〕

◇語り物文学の表現構造―軍記物語・幸若舞・古浄瑠璃を通じて　村上學著　風間書房　2000.12　566p　22cm　17000円　Ⓘ4-7599-1237-1　Ⓝ913.43　〔11211〕

◇軍記語りと芸能　山下宏明編　汲古書院　2000.11　289p　22cm　（軍記文学研究叢書12）　8000円　Ⓘ4-7629-3391-0　Ⓝ913.43　〔11212〕

◇芸能史のなかの本願寺―能・狂言・茶の湯・花の文化史　籠谷眞智子著　京都　自照社出版　2005.6　353p　22cm　7000円　Ⓘ4-921029-71-7　Ⓝ772.1　〔11213〕

◇芸能双書　no.17　〔金沢〕石川県立能楽堂　1991.3　47p　21cm　Ⓝ772.1　〔11214〕

◇芸能文化史辞典　中世篇　渡辺昭五編　名著出版　1991.1　402p　22cm　9800円　Ⓘ4-626-01393-7　Ⓝ770.33　〔11215〕

◇島津忠夫著作集　第11巻　芸能史　島津忠夫著　大阪　和泉書院　2007.3　734p　22cm　15000円　Ⓘ978-4-7576-0401-8　Ⓝ910.8　〔11216〕

◇職人と芸能　網野善彦編　吉川弘文館　1994.12　273p　20cm　（中世を考える）　2266円　Ⓘ4-642-02705-X　Ⓝ210.4　〔11217〕

◇大系日本歴史と芸能―音と映像と文字による　第4巻　中世の祭礼―中央から地方へ　網野善彦ほか編　平凡社　1991.5　203p　22cm　12000円　Ⓘ4-582-41514-8　Ⓝ386　〔11218〕

◇大系日本歴史と芸能―音と映像と文字による　第6巻　中世遍歴民の世界　網野善彦ほか編集　平凡社　1990.10　192p　22cm　11650円　Ⓘ4-582-41516-4　Ⓝ772.1　〔11219〕

◇茶・花・香―中世にうまれた生活文化　広島県立歴史博物館編　福山　広島県立歴史博物館　1995.10　138p　30cm　（広島県立歴史博物館展示図録　第15冊）　Ⓝ791　〔11220〕

◇中世公家社会の空間と芸能　秋山喜代子著　山川出版社　2003.11　197,9p　22cm　（山川歴史モノグラフ3）　4800円　Ⓘ4-634-52300-0　Ⓝ210.4　〔11221〕

◇中世芸道論の思想―兼好・世阿弥・心敬　石黒吉次郎著　国書刊行会　1993.4　260p　19cm　2500円　Ⓘ4-336-03479-6　Ⓝ702.14　〔11222〕

◇中世芸能史年表　小高恭編　名著出版　1987.12　475p　22cm　9800円　Ⓘ4-626-01305-8　Ⓝ772.1　〔11223〕

◇中世藝能史の研究―古代からの継承と創造　林屋辰三郎著　岩波書店　1960　556,26p　22cm　Ⓝ772.1　〔11224〕

◇中世芸能資料集　後藤淑ほか編著　錦正社　1979.6　206p　21cm　1800円　Ⓝ772.1　〔11225〕

◇中世芸能史論考―猿楽の能の発展と中世社会　森末義彰著　東京堂出版　1971　336p　22cm　4500円　Ⓝ773.02　〔11226〕

◇中世芸能人の思想―世阿弥あとさき　堂本正樹著　角川書店　1992.2　345,14p　20cm　3800円　Ⓘ4-04-865044-0　Ⓝ772.1　〔11227〕

◇中世芸能題目立詳解　金井清光著　明治書院　1986.11　676p　22cm　18000円　Ⓝ772.1　〔11228〕

◇中世芸能の幻像　守屋毅著　京都　淡交社　1985.7　238p　22cm　2500円　Ⓘ4-473-00914-9　Ⓝ772.1　〔11229〕

◇中世芸能文化史論　尾形亀吉著　京都　三和書房　1957　548,29p　図版　22cm　Ⓝ773.1　〔11230〕

◇中世寺院の社会と芸能　土谷恵著　吉川弘文館　2001.1　361,9p　22cm　10000円　Ⓘ4-642-02799-8　Ⓝ185　〔11231〕

◇中世賤民と雑芸能の研究　盛田嘉徳著　雄山閣出版　1974　397p　22cm　4000円　Ⓝ772.1　〔11232〕

◇中世賤民と雑芸能の研究　盛田嘉徳著　新装版　雄山閣　2004.7　396p　22cm　5095円　Ⓘ4-639-01849-5　Ⓝ772.1　〔11233〕

◇中世賤民と雑芸能の研究　盛田嘉徳著　雄山閣出版　1994.2　396p　22cm　5200円　Ⓘ4-639-00436-2　Ⓝ772.1　〔11234〕

◇中世的藝能の展開　後藤淑著　明善堂書店　1959　292p　21cm　Ⓝ385.7　〔11235〕

◇中世の演劇と文芸　石黒吉次郎著　新典社　2007.4　318p　22cm　（新典社研究叢書184）　9000円　Ⓘ978-4-7879-4184-8　Ⓝ772.1　〔11236〕

◇中世の芸能　神奈川県立金沢文庫編　横浜　神奈川県立金沢文庫　1992.1　65p　26cm　（金沢文庫テーマ展図録）　Ⓝ772.1　〔11237〕

◇中世の民衆と芸能　京都部落史研究所編　京都　阿吽社　1986.6　242p　22cm　2000円　Ⓝ772.1　〔11238〕

◇日本芸能史―中世歌舞の研究　岩橋小弥太著　芸苑社　1951　214p　図版　22cm　Ⓝ768.2　〔11239〕

◇日本芸能史　第3巻　中世　芸能史研究会編　法政大学出版局　1983.6　361p　20cm　1800円　Ⓝ772.1　〔11240〕

◇日本の古典芸能　5　茶・花・香―寄合の芸能　芸能史研究会編　平凡社　1970　339p　図版　22cm　1200円　Ⓝ772.1　〔11241〕

◇仏教と芸能―親鸞聖人伝・妙好人伝・文楽　土井順一著,林智康,西野由紀編　京都　永田文昌堂　2003.1　375p　22cm　7500円　Ⓘ4-8162-1134-9　Ⓝ188.72　〔11242〕

◇室町芸能史論攷　徳江元正著　三弥井書店　1984.10　698p　22cm　12000円　Ⓘ4-8382-3015-X　Ⓝ773.2　〔11243〕

◇遊戯から芸道へ―日本中世における芸能の変容　村戸弥生著　町田　玉川大学出版部　2002.2　336p　22cm　6500円　Ⓘ4-472-40265-3　Ⓝ772.1　〔11244〕

◆◆舞曲

◇景清　土田衛編　松山　青葉図書　1975　131p　図16枚　18cm　（愛媛大学古典叢刊19）　Ⓝ912.2　〔11245〕

◇幸若小八郎正本幸若舞曲―三十六種　上巻　古典研究会　汲古書院（発売）　1973　482p　22cm　（古典研究会叢書　第2期　国文学）　5000円　Ⓝ912.2　〔11246〕

◇幸若舞曲研究　第1巻　吾郷寅之進編　三弥井書店　1979.2　502p　22cm　6500円　Ⓝ912.2　〔11247〕

◇幸若舞曲研究　第2巻　吾郷寅之進編　三弥井書店　1981.2　622p　22cm　6800円　Ⓝ912.2　〔11248〕

◇幸若舞曲研究　第3巻　吾郷寅之進編　三弥井書店　1983.11　474p　22cm　8800円　Ⓝ912.2　〔11249〕

◇幸若舞曲研究　第4巻　吾郷寅之進,福田晃編　三弥井書店　1986.2　557p　22cm　9000円　Ⓝ912.2　〔11250〕

◇幸若舞曲研究　第5巻　吾郷寅之進,福田晃編　三弥井書店　1987.12　524p　22cm　9000円　Ⓘ4-8382-3021-4　Ⓝ912.2　〔11251〕

◇幸若舞曲研究　第7巻　吾郷寅之進, 福田晃編　三弥井書店　1992.1　497p　22cm　9270円　Ⓘ4-8382-3031-1　Ⓝ912.2　〔11252〕
◇幸若舞曲研究　第8巻　福田晃, 真鍋昌弘編　三弥井書店　1994.2　515p　22cm　9800円　Ⓘ4-8382-3037-0　Ⓝ912.2　〔11253〕
◇幸若舞曲研究　第10巻　福田晃, 真鍋昌弘編　三弥井書店　1998.2　662p　22cm　10485円　Ⓘ4-8382-3054-0　Ⓝ912.2　〔11254〕
◇幸若舞曲考　麻原美子著　新典社　1980.9　685p　22cm　（新典社研究叢書 3）　15000円　Ⓝ912.2　〔11255〕
◇幸若舞曲集　笹野堅編　京都　臨川書店　1974　2冊　22cm　全18000円　Ⓝ912.2　〔11256〕
◇幸若舞曲集　1　広島女子大学国語国文学研究室編　広島　溪水社　1976　87p 図 19cm　（国語国文学資料集 1）　Ⓝ912.2　〔11257〕
◇幸若舞曲集　2　広島女子大学国語国文学研究室編　広島　溪水社　1978.3　106p　19cm　（国語国文学資料集 2）　1500円　Ⓝ912.2　〔11258〕
◇幸若舞　1　百合若大臣―他　荒木繁ほか編注　平凡社　1979.6　380p　18cm　（東洋文庫 355）　1300円　Ⓝ912.2　〔11259〕
◇幸若舞　2　景清・高館―他　荒木繁ほか編注　平凡社　1983.1　372p　18cm　（東洋文庫 417）　1800円　Ⓝ912.2　〔11260〕
◇幸若舞　3　敦盛・夜討曽我―他　荒木繁ほか編注　平凡社　1983.10　284p　18cm　（東洋文庫 426）　1600円　Ⓝ912.2　〔11261〕
◇幸若舞・歌舞伎・村芝居　庵逧巌著　勉誠出版　2000.6　329p　22cm　9800円　Ⓘ4-585-03066-2　Ⓝ912.2　〔11262〕
◇たかたち　山本唯一, 服部宏昭編　京都　文栄堂書店　1979.9　165p　14×19cm　（国文学叢書）　Ⓝ912.2　〔11263〕
◇田楽考―田楽舞の源流　飯田道夫著　京都　臨川書店　1999.3　223p　19cm　（臨川選書）　2300円　Ⓘ4-653-03633-0　Ⓝ773.21　〔11264〕
◇田楽展―王子田楽の世界　北区飛鳥山博物館編　東京都北区教育委員会　2001.10　200p　29cm　Ⓝ773.21　〔11265〕
◇舞の本―毛利家本　横山重, 村上学著　角川書店　1980.2　678p　27cm　22000円　Ⓝ912.2　〔11266〕
◇舞の本　内閣文庫本　上　松沢智里編　古典文庫　1978.8　271p　17cm　（古典文庫 第383冊）　1200円　Ⓝ912.2　〔11267〕
◇舞の本―大頭本　1　大頭左兵衛写本, 天理図書館善本叢書和書之部編集委員会編　天理　天理大学出版部　1985.9　460p　22cm　（天理図書館善本叢書　和書之部 73）　12000円　Ⓝ912.2　〔11268〕
◇舞の本　大頭本　2　大頭左兵衛写本, 天理図書館善本叢書和書之部編集委員会編　天理　天理大学出版部　1985.11　516p　22cm　（天理図書館善本叢書　和書之部 74）　12000円　Ⓝ912.2　〔11269〕
◇舞の本―内閣文庫本　下　松沢智里編　古典文庫　1979.7　271p　17cm　（古典文庫 第389冊）　非売品　Ⓝ912.2　〔11270〕
◇舞の本　大頭本　3　大頭左兵衛写本, 天理図書館善本叢書和書之部編集委員会編　天理　天理大学出版部　1986.1　424, 40p　22cm　（天理図書館善本叢書　和書之部 75）　12000円　Ⓝ912.2　〔11271〕
◇舞の本烏帽子折　室木弥太郎編　大阪　和泉書院　1982.11　123p　21cm　（和泉書院影印叢刊 35）　1300円　Ⓘ4-900137-70-7　Ⓝ912.2　〔11272〕
◇満仲・八島―舞の本　室木弥太郎編　大阪　和泉書院　1983.9　179p　21cm　（和泉書院影印叢刊 35）　1700円　Ⓘ4-900137-85-5　Ⓝ912.2　〔11273〕
◇和田酒盛・夜討曽我―舞の本　室木弥太郎編　大阪　和泉書院　1983.4　182p　21cm　（和泉書院影印叢刊 36）　1900円　Ⓘ4-900137-90-1　Ⓝ912.2　〔11274〕

◆◆説教浄瑠璃
◇芦屋道満大内鑑葛葉姫―説経浄瑠璃　狭山古文書勉強会編　狭山　狭山古文書勉強会　1993.10　94p　26cm　（狭山古文書叢書 第10集）　Ⓝ912.4　〔11275〕
◇小野お通　真田淑子著　長野　風景社　1990.5　182, 6p 図版16枚　22cm　2500円　Ⓝ912.4　〔11276〕
◇小野お通―歴史の闇から甦る桃山の華　小椋一葉著　河出書房新社　1994.5　233p　20cm　1900円　Ⓘ4-309-22261-7　Ⓝ912.4　〔11277〕
◇語り物の宇宙　川村二郎著　講談社　1991.3　261p　16cm　（講談社文芸文庫）　900円　Ⓘ4-06-196119-5　Ⓝ912.4　〔11278〕
◇桜草語浅倉当吾―説経浄瑠璃　狭山古文書勉強会編　〔所沢〕　狭山古文書勉強会　1992.10　72p　26cm　（狭山古文書叢書 第9集）　Ⓝ912.4　〔11279〕
◇さんせう太夫考―中世の説経語り　岩崎武夫著　平凡社　1973　274p　20cm　Ⓝ912.4　〔11280〕
◇さんせう太夫考―中世の説経語り　岩崎武夫著　平凡社　1994.1　335p　16cm　（平凡社ライブラリー）　1200円　Ⓘ4-582-76035-X　Ⓝ912.4　〔11281〕
◇山椒太夫伝説の研究―安寿・厨子王伝承から説経節・森鷗外まで　酒向伸行著　名著出版　1992.1　385p　22cm　（御影史学研究会民俗学叢書 5）　8800円　Ⓘ4-626-01429-1　Ⓝ388.1　〔11282〕
◇生涯という物語世界―説経節　西田耕三著　京都　世界思想社　1993.10　240p　20cm　（Sekaishiso seminar）　2300円　Ⓘ4-7907-0483-1　Ⓝ911.64　〔11283〕
◇贖罪の中世―伝承藝文の精神史　鳥居明雄著　ぺりかん社　1999.5　262p　22cm　3600円　Ⓘ4-8315-0872-1　Ⓝ773.2　〔11284〕
◇説教節を読む　水上勉著　新潮社　1999.7　242p　22cm　2700円　Ⓘ4-10-321122-9　Ⓝ911.64　〔11285〕
◇説経節の世界―千秋万ぜいのエレジー　藤掛和美著　ぺりかん社　1993.4　235p　20cm　2390円　Ⓘ4-8315-0590-0　Ⓝ911.64　〔11286〕
◇能・浄瑠璃・歌舞伎　山本二郎, 徳江元正編　増補改訂版　桜楓社　1976　225p　22cm　1200円　Ⓝ912.07　〔11287〕
◇漂泊の中世―説経語り物の精神史　鳥居明雄著　ぺりかん社　1994.5　281p　20cm　2560円　Ⓘ4-8315-0632-X　Ⓝ911.64　〔11288〕

◆◆能楽・謡曲
◇上野観世流謡曲史　〔上野〕　上野謳楽会　1995.1　120p　21cm　非売品　Ⓝ768.4　〔11289〕
◇善知鳥物語考　斉藤泰助著　富山　桂書房　1994.7　269p　21cm　2575円　Ⓝ912.3　〔11290〕

◇景清と蝉丸―古典芸能の人間像　田代慶一郎著　国書刊行会　1979.1　271p　20cm　（比較思想・文化叢書）　2200円　Ⓝ912.3　〔11291〕

◇観世文庫蔵室町時代謡本集　表章編　観世文庫　1997.3　2冊　27cm　Ⓝ768.4　〔11292〕

◇国語国文学研究史大成　第8　謡曲,狂言　全国大学国語国文学会研究史大成編纂委員会編　西尾実等編著　三省堂　1961　845p　図版　22cm　Ⓝ910.8　〔11293〕

◇古典芸能てんこ盛り　中村雅之文,安西水丸絵　京都　淡交社　2007.4　191p　19cm　1500円　Ⓘ978-4-473-03408-3　〔11294〕

◇贖罪の中世―伝承藝文の精神史　鳥居明雄著　ぺりかん社　1999.5　262p　22cm　3600円　Ⓘ4-8315-0872-1　Ⓝ773.2　〔11295〕

◇ZEAMI―中世の芸術と文化　03　特集 生誕六百年記念金春禅竹の世界　松岡心平編　森話社　2005.10　205p　21cm　2500円　Ⓘ4-916087-57-7　〔11296〕

◇世子・猿楽能の研究　松田存著　新読書社　1991.5　491p　22cm　9800円　Ⓘ4-7880-6103-1　Ⓝ773.2　〔11297〕

◇戦国武将と能　曽我孝司著　雄山閣　2006.7　177p　19cm　2600円　Ⓘ4-639-01939-4　Ⓝ773.2　〔11298〕

◇丹後細川能番組　西野春雄復刻監修　久美浜町（京都府）常喜山宗雲寺　2001.7　85p　26cm　（久八叢書 10）非売品　Ⓝ773.2　〔11299〕

◇中世演劇の諸相　石黒吉次郎著　桜楓社　1983.9　224p　22cm　3900円　Ⓝ772.1　〔11300〕

◇中世仮面の歴史的・民俗学的研究―能楽史に関連して　後藤淑著　多賀出版　1987.2　1026p　22cm　22000円　Ⓘ4-8115-7161-4　Ⓝ711.9　〔11301〕

◇中世芸能考説―観世三代とその周辺　木内一夫著　〔御宿町（千葉県）〕〔木内一夫〕　1979.5　286p　19cm　2000円　Ⓝ773.2　〔11302〕

◇中世芸能と仏教　金井清光著　新典社　1991.9　357p　22cm　（新典社研究叢書 42）　11100円　Ⓘ4-7879-4042-2　Ⓝ773.2　〔11303〕

◇中世能楽論における「道」の概念―能役者が歩むべき「道」　ノエル・ジョン・ピニングトン述　京都　国際日本文化研究センター　2005.9　28p　21cm　（日文研フォーラム 第179回）　Ⓝ773.2　〔11304〕

◇鎮魂の中世―能伝承文学の精神史　鳥居明雄著　ぺりかん社　1989.1　284,4p　20cm　2400円　Ⓝ773.2　〔11305〕

◇天河と能楽―中世の能楽から現代の前衛音楽へ　中村保雄著　駸々堂出版　1989.7　109p　26cm　2500円　Ⓘ4-397-50285-4　Ⓝ773.2　〔11306〕

◇読謡集　第17巻　自然居士・俊寛　坂元英夫著　神戸　「尚謡」発行所　1991.10　23p　26cm　Ⓝ912.3　〔11307〕

◇日本の古典芸能　3　能―中世芸能の開花　芸能史研究会編　平凡社　1970　365p　図版12枚　22cm　1200円　Ⓝ772.1　〔11308〕

◇日本の歴史　中世 2-6　能と狂言　新訂増補　朝日新聞社　2002.9　p162-192　30cm　（週刊朝日百科 16）　476円　Ⓝ210.1　〔11309〕

◇沼名前神社能舞台（国重文）をめぐって―能に夢中の秀吉から　福山市鞆の浦歴史民俗資料館編　福山　福山市鞆の浦歴史民俗資料館活動推進協議会　1999.10　56p　30cm　Ⓝ773.2　〔11310〕

◇能―中世からの響き　松岡心平著　角川書店　1998.12　270p　20cm　（角川叢書 2）　2800円　Ⓘ4-04-702102-4　Ⓝ773　〔11311〕

◇能楽源流考　能勢朝次著　岩波書店　1938　1555p　22cm　Ⓝ773　〔11312〕

◇能楽史研究　小林静雄著　雄山閣　1945　246p　12cm　Ⓝ773　〔11313〕

◇能楽史年表　古代・中世編　鈴木正人編　東京堂出版　2007.3　406p　22cm　15000円　Ⓘ978-4-490-20589-3　Ⓝ773.2　〔11314〕

◇能楽と中国の古芸能・信仰　葉漢鰲著　勉誠出版　2000.2　299,6p　22cm　13300円　Ⓘ4-585-10062-8　Ⓝ773.2　〔11315〕

◇能楽の起源　後藤淑著　木耳社　1975　586p（図共）　22cm　7500円　Ⓝ773.2　〔11316〕

◇能楽の起源　続　後藤淑著　木耳社　1981.9　470p　22cm　7500円　Ⓝ773.2　〔11317〕

◇能楽のなかの女たち―女舞の風姿　脇田晴子著　岩波書店　2005.5　247p　19cm　2900円　Ⓘ4-00-001816-7　〔11318〕

◇能・狂言研究―中世文芸論考　田口和夫著　三弥井書店　1997.5　1081,45p　22cm　28000円　Ⓘ4-8382-3050-8　Ⓝ773　〔11319〕

◇能・狂言の生成と展開に関する研究　林和利著　京都　世界思想社　2003.2　535p　22cm　8500円　Ⓘ4-7907-0983-3　Ⓝ773.2　〔11320〕

◇能・狂言のふるさと近江―古面が伝える中世の民衆文化　大津市歴史博物館編　大津　大津市歴史博物館　1997.9　96p　30cm　Ⓝ773.4　〔11321〕

◇能と縁起絵―道成寺縁起を中心に　国立能楽堂'98特別展示　国立能楽堂調査養成課調査資料係編　日本芸術文化振興会　1998.11　42p　26cm　Ⓝ721.02　〔11322〕

◇能と狂言　5　特集 狂言による中世口語の復元　能楽学会,ぺりかん社〔発売〕　2007.5　144p　21cm　2000円　Ⓘ978-4-8315-1168-3　〔11323〕

◇能に憑かれた権力者―秀吉能楽愛好記　天野文雄著　講談社　1997.10　286p　19cm　（講談社選書メチエ 116）　1553円　Ⓘ4-06-258116-7　Ⓝ773.2　〔11324〕

◇能の演出―その形成と変容　山中玲子著　若草書房　1998.8　398p　22cm　（中世文学研究叢書 6）　12000円　Ⓘ4-948755-32-X　Ⓝ773.2　〔11325〕

◇能文学と比較文体論　長命俊子著　リーベル出版　1995.4　86p　19cm　1030円　Ⓘ4-89798-500-5　Ⓝ912.3　〔11326〕

◇能「紅葉狩」と戸隠紅葉伝説　西謙一著　西謙一　1998.11　72p　21cm　800円　Ⓝ912.3　〔11327〕

◇能「紅葉狩」と紅葉伝説など　西謙一著　西謙一　1995.9　65p　21cm　800円　Ⓝ912.3　〔11328〕

◇能・謡曲選　松田存,西一祥編　翰林書房　1993.5　157p　21cm　2000円　Ⓘ4-906424-06-6　Ⓝ912.3　〔11329〕

◇能謡新考―世阿弥に照らす　香西精著　桧書店　1972　426p　図　22cm　2800円　Ⓝ912.3　〔11330〕

◇能勢朝次著作集　第4巻　能楽研究 1　能勢朝次著作集編集委員会編　京都　思文閣出版　1982.3　438p　22cm　6400円　Ⓝ910.8　〔11331〕

◇能勢朝次著作集　第5巻　能楽研究 2　能勢朝次著作集編集委員会編　京都　思文閣出版　1984.9　554p　22cm　6400円　Ⓝ910.8　〔11332〕

◇能勢朝次著作集　第6巻　能楽研究 3　能勢朝次著作集編集委員会編　京都　思文閣出版　1982.11　519p　22cm　6400円　Ⓝ910.8
〔11333〕
◇琵琶法師の『平家物語』と能　山下宏明著　塙書房　2006.2　428, 12p　21cm　8800円　Ⓘ4-8273-0099-2
〔11334〕
◇風流能の時代―金春禅鳳とその周辺　石井倫子著　東京大学出版会　1998.9　222, 6p　22cm　5400円　Ⓘ4-13-086027-5　Ⓝ773.2
〔11335〕
◇未刊謡曲集　続 8　田中允編　古典文庫　1991.5　524p　17cm　（古典文庫　第534冊）　非売品　Ⓝ912.3
〔11336〕
◇未刊謡曲集　続 9　田中允編　古典文庫　1992.2　475p　17cm　（古典文庫　第543冊）　非売品　Ⓝ912.3
〔11337〕
◇未刊謡曲集　続 10　田中允編　古典文庫　1992.7　518p　17cm　（古典文庫　第548冊）　非売品　Ⓝ912.3
〔11338〕
◇未刊謡曲集　続 11　田中允編　古典文庫　1993.2　516p　17cm　（古典文庫　第555冊）　非売品　Ⓝ912.3
〔11339〕
◇未刊謡曲集　続 12　田中允編　古典文庫　1993.10　482p　17cm　（古典文庫　第563冊）　非売品　Ⓝ912.3
〔11340〕
◇未刊謡曲集　続 13　田中允編　古典文庫　1994.2　426p　17cm　（古典文庫　第567冊）　非売品　Ⓝ912.3
〔11341〕
◇未刊謡曲集　続 14　田中允編　古典文庫　1994.6　464p　17cm　（古典文庫　第571冊）　非売品　Ⓝ912.3
〔11342〕
◇未刊謡曲集　続 15　田中允編　古典文庫　1995.2　441p　17cm　（古典文庫　第579冊）　非売品　Ⓝ912.3
〔11343〕
◇未刊謡曲集　続 16　田中允編　古典文庫　1995.7　466p　17cm　（古典文庫　第584冊）　非売品　Ⓝ912.3
〔11344〕
◇未刊謡曲集　続 17　田中允編　古典文庫　1995.12　440p　17cm　（古典文庫　第589冊）　非売品　Ⓝ912.3
〔11345〕
◇未刊謡曲集　続 18　田中允編　古典文庫　1996.4　474p　17cm　（古典文庫　第593冊）　非売品　Ⓝ912.3
〔11346〕
◇未刊謡曲集　続 19　田中允編　古典文庫　1996.9　411p　17cm　（古典文庫　第598冊）　非売品　Ⓝ912.3
〔11347〕
◇未刊謡曲集　続 20　田中允編　古典文庫　1997.4　542p　17cm　（古典文庫　第605冊）　非売品　Ⓝ912.3
〔11348〕
◇未刊謡曲集　続 21　田中允編　古典文庫　1997.12　485p　17cm　（古典文庫）　非売品　Ⓝ912.3
〔11349〕
◇未刊謡曲集　続 22　田中允編　古典文庫　1998.4　383p　17cm　（古典文庫）　非売品　Ⓝ912.3
〔11350〕
◇夢幻能の方法と系譜　飯塚恵理人著　雄山閣　2002.3　454p　22cm　16800円　Ⓘ4-639-01750-2　Ⓝ773.2
〔11351〕
◇夢幻の境・能―まほろば唐松　中世の館「唐松城」能楽殿　まほろば唐松運営協議会, 協和町企画・編集　秋田　秋田魁新報社　1996.6　100p　31cm　7000円　Ⓘ4-87020-164-X　Ⓝ773
〔11352〕
◇室町芸能史論攷　徳江元正著　三弥井書店　1984.10　698p　22cm　12000円　Ⓘ4-8382-3015-X　Ⓝ773.2
〔11353〕
◇室町時代後期の能―企画展　国立能楽堂　1987　1冊　26cm　Ⓝ773.2
〔11354〕
◇室町能楽記　小林静雄著　桧書店　1935　147p　23cm　Ⓝ773
〔11355〕
◇室町能楽論考　中村格著　わんや書店　1994.4　672p　22cm　Ⓝ773.2
〔11356〕
◇物語・謡曲の研究　岡崎正著　小林印刷（印刷）　1992.7　478p　22cm　Ⓝ913
〔11357〕
◇桃山時代と能楽―国立能楽堂'88春の特別展示　国立劇場能楽堂調査養成課編　国立劇場　1988.5　32p　26cm　Ⓝ773.2
〔11358〕
◇謡曲紀行　1　小倉正久著　横浜　白竜社　2003.5　490p　23cm　Ⓘ4-939134-13-X　Ⓝ912.3
〔11359〕
◇謡曲紀行　2　小倉正久著　横浜　白竜社　2003.5　498p　23cm　Ⓘ4-939134-13-X　Ⓝ912.3
〔11360〕
◇謡曲・狂言　日本文学研究資料刊行会編　有精堂出版　1981.2　329p　22cm　（日本文学研究資料叢書）　2800円　Ⓝ912.3
〔11361〕
◇謡曲・狂言　古川久, 小林責校注　新装版　明治書院　2001.3　378p　19cm　（校注古典叢書）　2400円　Ⓘ4-625-71309-9　Ⓝ912.3
〔11362〕
◇謡曲狂言新選　古川久編　改訂　武蔵野書院　1951.1　147p　19cm　650円　Ⓘ4-8386-0585-4　Ⓝ912.3
〔11363〕
◇謡曲史跡駒札写真百番集　中村京三著　京都　謡曲史跡保存会　1993.5　100p　22cm　非売品　Ⓝ912.3
〔11364〕
◇謡曲集　1　小山弘志, 佐藤喜久雄, 佐藤健一郎校注・訳　小学館　1973.5　517p 図版11p　23cm　（日本古典文学全集 33）　Ⓘ4-09-657033-8　Ⓝ912.3
〔11365〕
◇謡曲集　2　小山弘志, 佐藤喜久雄, 佐藤健一郎校注・訳　小学館　1975.3　577p 図版12p　23cm　（日本古典文学全集 34）　Ⓘ4-09-657034-6　Ⓝ912.3
〔11366〕
◇謡曲選　松田存ほか編　翰林書房　1997.6　214p　21cm　（日本文学コレクション）　2000円　Ⓘ4-87737-017-X　Ⓝ912.3
〔11367〕
◇謡曲の和漢朗詠集受容　芹川靹生, 飯塚恵理人著　奇呆虎洞　1993.3　203, 60p　22cm　15000円　Ⓘ4-640-31039-0　Ⓝ912.3
〔11368〕
◇謡曲基歌集　門脇達祐編　改版　〔横浜〕　門脇達祐　2002.11　209p　24cm　Ⓝ912.3
〔11369〕
◇謠曲物語　和田萬吉編　横浜　白竜社　2000.6　1026, 7p　16cm　9800円　Ⓘ4-939134-01-6　Ⓝ912.3
〔11370〕
◇謠蹟探訪記　清松高義著　〔清松高義〕　1994　2冊　21cm　Ⓝ912.3
〔11371〕

◆◆◆世阿弥
◇演劇人世阿弥―伝書から読む　堂本正樹著　日本放送出版協会　1990.2　235p　19cm　（NHKブックス 590）　757円　Ⓘ4-14-001590-X　Ⓝ773.2
〔11372〕

芸能史　　　　　　　　　　　　中世史

◇観阿弥・世阿弥時代の能―大東急記念文庫公開講座講演録　竹本幹夫著　大東急記念文庫　1992.3　40p　22cm　Ⓝ773.2　〔11373〕
◇観阿弥・世阿弥時代の能楽　竹本幹夫著　明治書院　1999.2　656p　22cm　14000円　Ⓘ4-625-41116-5　Ⓝ773.2　〔11374〕
◇観阿弥と世阿弥　戸井田道三著　岩波書店　1994.11　206p　16cm　（同時代ライブラリー 206）　900円　Ⓘ4-00-260206-0　Ⓝ773.2　〔11375〕
◇佐渡の世阿弥配処　田中圭一編　金井町（新潟県）金井町教育委員会　1985　26p　26cm　非売品　Ⓝ773.2　〔11376〕
◇処世術は世阿弥に学べ!　土屋恵一郎著　岩波書店　2002.2　159p　18cm　（岩波アクティブ新書）　700円　Ⓘ4-00-700013-1　Ⓝ773.2　〔11377〕
◇世阿弥　阪口玄章著　青梧堂　1942　256p　19cm　（日本文学者評伝全書）　Ⓝ773　〔11378〕
◇世阿弥―金剛流新曲　金剛巌著　桧書店　1942　13丁　21cm　Ⓝ773　〔11379〕
◇世阿弥　竹腰健造著　神戸　竹腰健造　1942　14丁　19cm　Ⓝ773　〔11380〕
◇世阿弥　小林静雄著　桧書店　1943　252p 図版　19cm　Ⓝ773　〔11381〕
◇世阿弥―その生涯と業績　国立劇場能楽堂調査養成課編　国立劇場　1984.9　24p　26cm　Ⓝ773.2　〔11382〕
◇世阿弥―人と芸術　西一祥著　桜楓社　1985.4　222p　22cm　3800円　Ⓘ4-273-02004-1　Ⓝ773.2　〔11383〕
◇世阿弥―〈まなざし〉の超克　高野敏夫著　河出書房新社　1986.1　272p　20cm　2800円　Ⓘ4-309-00414-8　Ⓝ773.2　〔11384〕
◇世阿弥　堂本正樹著　劇書房　1986.4　764, 40p　20cm　5800円　Ⓝ773.2　〔11385〕
◇世阿弥―花と幽玄の世界　白洲正子著　講談社　1996.11　232p　16cm　（講談社文芸文庫―現代日本のエッセイ）　880円　Ⓘ4-06-196394-5　Ⓝ773.2　〔11386〕
◇世阿弥―人と文学　石黒吉次郎著　勉誠出版　2003.8　223p　20cm　（日本の作家100人）　1800円　Ⓘ4-585-05165-1　Ⓝ773.2　〔11387〕
◇世阿弥―ヒューマニズムの開眼から断絶まで　太田光一著　郁朋社　2005.8　278p　20cm　1800円　Ⓘ4-87302-319-X　Ⓝ773.2　〔11388〕
◇ZEAMI ―中世の芸術と文化　01　特集・世阿弥とその時代　松岡心平編　森話社　2002.1　213p　21cm　2400円　Ⓘ4-916087-24-0　〔11389〕
◇世阿弥アクティング・メソード―風姿花伝・至花道・花鏡　世阿弥著, 堂本正樹訳　劇書房　1987.3　190p　19cm　1400円　Ⓝ773.2　〔11390〕
◇世阿弥を語れば　松岡心平編　岩波書店　2003.12　306p　19cm　2300円　Ⓘ4-00-023639-3　Ⓝ773.2　〔11391〕
◇世阿弥がいた場所―能大成期の能と能役者をめぐる環境　天野文雄著　ぺりかん社　2007.2　650p　22cm　8600円　Ⓘ978-4-8315-1160-7　Ⓝ773.2　〔11392〕
◇世阿弥芸術と作品　北村勇蔵著　近代文芸社　1999.4　284p　20cm　1500円　Ⓘ4-7733-6452-1　Ⓝ773.2　〔11393〕
◇世阿弥自筆伝書集　川瀬一馬校　わんや書店　1943　265p 図版　22cm　Ⓝ773　〔11394〕

◇世阿弥十六部集―能楽古典　吉田東伍校注　能楽会　1909.2　315p　23cm　Ⓝ773　〔11395〕
◇世阿弥十六部集―校註 附・観阿弥世阿弥事蹟考　野々村戒三編　春陽堂　1926　344, 24p　19cm　Ⓝ773　〔11396〕
◇世阿弥十六部集評釈　能勢朝次著　岩波書店　1940-1944　2冊　22cm　Ⓝ773　〔11397〕
◇世阿弥随筆―世阿弥生誕六百年に寄せる諸家随筆集　桧書店編集部編　桧書店　1987.2　242p　19cm　1500円　Ⓝ773.2　〔11398〕
◇世阿弥二十三部集―頭註　川瀬一馬校注及解題　能楽社　1945　397p　22cm　Ⓝ773　〔11399〕
◇世阿弥能楽論集　世阿弥著, 小西甚一訳　たちばな出版　2004.8　407p　22cm　3048円　Ⓘ4-8133-1819-3　Ⓝ773　〔11400〕
◇世阿弥の後姿　高野敏夫著　河出書房新社　1987.1　186p　20cm　2000円　Ⓘ4-309-00462-8　Ⓝ773.2　〔11401〕
◇世阿弥の宇宙　相良亨著　ぺりかん社　1990.5　283p　22cm　2750円　Ⓝ912.3　〔11402〕
◇世阿弥の生活と芸能　奥野純一著　伊勢　皇學館大學出版部　1997.6　50p　19cm　（皇學館大學講演叢書 第91輯）　300円　Ⓝ773.2　〔11403〕
◇世阿弥の中世　大谷節子　岩波書店　2007.3　348, 13p　22cm　8000円　Ⓘ978-4-00-023668-3　Ⓝ773.2　〔11404〕
◇世阿弥の能　堂本正樹著　新潮社　1997.7　206p　20cm　（新潮選書）　1000円　Ⓘ4-10-600520-4　Ⓝ773.2　〔11405〕
◇世阿弥の能と芸論　八嶌正治著　三弥井書店　1985.11　920p　22cm　18000円　Ⓘ4-8382-3016-8　Ⓝ773.2　〔11406〕
◇世阿弥の眼―三宅文子句集　三宅文子著　調布　ふらんす堂　2005.10　178p　20cm　（春燈叢書 第164輯）　2571円　Ⓘ4-89402-733-X　Ⓝ911.368　〔11407〕
◇世阿弥の夢―美の自立の条件　倉橋健一著　京都　白地社　1989.11　202p　20cm　2060円　Ⓝ773.2　〔11408〕
◇世阿弥配流　磯部欣三著　恒文社　1992.9　286p 図版14枚　20cm　3800円　Ⓘ4-7704-0747-5　Ⓝ773.2　〔11409〕
◇世阿弥・芭蕉・馬琴　古川久著　福村出版　1967　233p　20cm　Ⓝ910.4　〔11410〕
◇世阿弥舞踊読本　藤蔭桂樹著　河出書房　1938　236p　20cm　Ⓝ773　〔11411〕
◇世阿弥元清　野上豊一郎著　大阪　創元社　1938　249p　18cm　Ⓝ773　〔11412〕
◇世阿弥元清　高橋俊乗著　文教書院　1943　220p 図版　19cm　（日本教育先哲叢書 4）　Ⓝ773　〔11413〕
◇世阿弥元清　野上豊一郎著　7版　創元社　1946　249p　18cm　（創元選書 第2）　Ⓝ773　〔11414〕
◇世阿弥は天才である―能と出会うための一種の手引書　三宅晶子著　草思社　1995.9　254p　20cm　2500円　Ⓘ4-7942-0647-X　Ⓝ773.2　〔11415〕
◇世阿弥の中世　大谷節子著　岩波書店　2007.3　348, 13p　21cm　8000円　Ⓘ978-4-00-023668-3　〔11416〕
◇禅における世阿弥と良寛　前田伴一著　錦正社　1993.10　185p　19cm　2060円　Ⓘ4-7646-0107-9　Ⓝ773.2　〔11417〕

◇中世芸能考説—観世三代とその周辺　木内一夫著　〔御宿町(千葉県)〕　〔木内一夫〕　1979.5　286p　19cm　2000円　Ⓝ773.2　〔11418〕
◇道元と世阿弥—中世的なものの源流を求めて　西尾実著　岩波書店　1965　310p　19cm　Ⓝ910.245　〔11419〕
◇能と謡の根原—世阿弥十六部集意訳　池内信嘉著　能楽会　1926　214p　20cm　Ⓝ773　〔11420〕
◇能の形成と世阿弥　後藤淑著　木耳社　1989.5　300p　19cm　(オリエントブックス)　1200円　Ⓘ4-8393-7492-9　Ⓝ773.2　〔11421〕
◇能謡新考—世阿弥に照らす　香西精著　桧書店　1972　426p図　22cm　2800円　Ⓝ912.3　〔11422〕
◇秘すれば花　渡辺淳一著　講談社　2004.7　275p　15cm　(講談社文庫)　552円　Ⓘ4-06-274821-5　Ⓝ773　〔11423〕

◆◆狂言
◇狂言古本二種—天正狂言本・虎清狂言本　古川久編　わんや書店　1964　77p　21cm　Ⓝ912.3　〔11424〕
◇狂言の国語史的研究—流動の諸相　蜂谷清人著　明治書院　1998.12　525p　22cm　18000円　Ⓘ4-625-42110-1　Ⓝ810.24　〔11425〕
◇国語国文学研究史大成　第8　謡曲,狂言　全国大学国語国文学会研究史大成編纂委員会編　西尾実等編著　三省堂　1961　845p図版　22cm　Ⓝ910.8　〔11426〕
◇千本えんま堂大念仏狂言台本集　森康尚編　森康尚　1974　107p図10枚　22cm　(千本えんま堂資料1)　Ⓝ912.3　〔11427〕
◇中世史劇としての狂言　橋本朝生著　若草書房　1997.5　436p　22cm　(中世文学研究叢書5)　13000円　Ⓘ4-948755-16-8　Ⓝ773.9　〔11428〕
◇天正狂言本全釈　金井清光著　風間書房　1989.9　706p　22cm　28840円　Ⓘ4-7599-0740-8　Ⓝ912.3　〔11429〕
◇天正狂言本復元試案集　山本芳生編　神戸　山本芳生　1985　1冊　26cm　Ⓝ912.3　〔11430〕
◇天理本狂言六義　上巻　北川忠彦ほか校注　三弥井書店　1994.5　404p　22cm　(中世の文学)　7800円　Ⓘ4-8382-1020-5　Ⓝ912.3　〔11431〕
◇天理本狂言六義　下巻　北川忠彦ほか校注　三弥井書店　1995.5　408p　22cm　(中世の文学)　7900円　Ⓘ4-8382-1023-X　Ⓝ912.3　〔11432〕
◇日本の古典芸能　4　狂言—「をかし」の系譜　芸能史研究会編　平凡社　1970　365p図版　22cm　1200円　Ⓝ772.1　〔11433〕
◇能・狂言研究—中世文芸論考　田口和夫著　三弥井書店　1997.5　1081,45p　22cm　28000円　Ⓘ4-8382-3050-8　Ⓝ773　〔11434〕
◇能・狂言の生成と展開に関する研究　林和利著　京都　世界思想社　2003.2　535p　22cm　8500円　Ⓘ4-7907-0983-3　Ⓝ773.2　〔11435〕
◇能・狂言のふるさと近江—古面が伝える中世の民衆文化　大津市歴史博物館編　大津　大津市歴史博物館　1997.9　96p　30cm　Ⓝ773.4　〔11436〕
◇能と狂言　5　特集 狂言による中世口語の復元　能楽学会,ぺりかん社〔発売〕　2007.5　144p　21cm　2000円　Ⓘ978-4-8315-1168-3　〔11437〕
◇古狂言台本の発達に関しての書誌的研究　池田広司著　風間書房　1967　873　22cm　Ⓝ912.3　〔11438〕

◇謡曲・狂言　日本文学研究資料刊行会編　有精堂出版　1981.2　329p　22cm　(日本文学研究資料叢書)　2800円　Ⓝ912.3　〔11439〕
◇謡曲・狂言集　古川久,小林責校注　新装版　明治書院　2001.3　378p　19cm　(校注古典叢書)　2400円　Ⓘ4-625-71309-9　Ⓝ912.3　〔11440〕
◇謡曲狂言新選　古川久編　改訂　武蔵野書院　1951.1　147p　19cm　650円　Ⓘ4-8386-0585-4　Ⓝ912.3　〔11441〕

◆音楽史
◇紀州徳川家伝来楽器コレクション　佐倉　国立歴史民俗博物館　2004.3　414p　31cm　(国立歴史民俗博物館資料図録v.3)　非売品　Ⓝ768.1　〔11442〕
◇中世音楽史論叢　福島和夫編　大阪　和泉書院　2001.11　425p　22cm　(日本史研究叢刊13)　8000円　Ⓘ4-7576-0128-X　Ⓝ768.02　〔11443〕
◇中世の天皇と音楽　豊永聡美著　吉川弘文館　2006.12　309,14p　21cm　7500円　Ⓘ4-642-02860-9　〔11444〕
◇日本音楽史料集成　1　古版声明譜　上野学園日本音楽資料室編纂　福島和夫校訂　東京美術　1995.11　142p　31cm　25750円　Ⓘ4-8087-0614-8　Ⓝ762.1　〔11445〕
◇洋楽渡来考—キリシタン音楽の栄光と挫折　皆川達夫著　日本キリスト教団出版局　2004.11　640p　22cm　18000円　Ⓘ4-8184-0531-0　Ⓝ762.1　〔11446〕

◆茶道
◇今井宗久茶湯書抜—静嘉堂文庫蔵本　竹浪菴休叟編　渡辺書店　1974　187,93p　27cm　10000円　Ⓝ791.2　〔11447〕
◇上田宗箇の茶　上田宗嗣監修　講談社　1999.4　165p　31cm　12000円　Ⓘ4-06-267551-X　Ⓝ791.2　〔11448〕
◇上田武家と町人の茶　田中友道著　〔長野〕信毎書籍出版センター　1998.6　2冊(別冊とも)　22cm　4000円　Ⓝ791.2　〔11449〕
◇黄金文化と茶の湯—安土桃山時代　中村修也監修　京都　淡交社　2006.11　111p　21cm　(よくわかる伝統文化の歴史3)　1600円　Ⓘ4-473-03345-7　〔11450〕
◇男たちの数寄の魂　井尻千男著　清流出版　2007.5　275p　20cm　2000円　Ⓘ978-4-86029-206-5　Ⓝ791.2　〔11451〕
◇織部—陶芸指導者・大茶人・戦国武将としての古田織部のすべて　日本陶磁協会,日本経済新聞社編　〔出版地不明〕日本陶磁協会　1967　1冊(頁付なし)　21cm　Ⓝ791.2　〔11452〕
◇鎌倉時代の茶—テーマ展図録　神奈川県立金沢文庫編　横浜　神奈川県立金沢文庫　1998.2　47p　30cm　Ⓝ791.2　〔11453〕
◇キリシタンと茶道　西村貞著　京都　全国書房　1948　377p図版20枚　21cm　Ⓝ791　〔11454〕
◇桑田忠親著作集　第8巻　茶道と茶人1　秋田書店　1980.1　350p　20cm　1900円　Ⓝ210.47　〔11455〕
◇桑田忠親著作集　第9巻　茶道と茶人2　秋田書店　1980.2　356p　20cm　1900円　Ⓝ210.47　〔11456〕

芸能史　　　　　　　　　　　　　　　　中世史

◇桑田忠親著作集　第10巻　茶道と茶人　3　秋田書店　1980.3　350p　20cm　1900円　Ⓝ210.47
〔11457〕
◇小堀遠州茶友録　熊倉功夫著　中央公論新社　2007.12　345p　15cm　（中公文庫）　1000円　Ⓘ978-4-12-204953-6
〔11458〕
◇堺衆―茶の湯を創った人びと　堺市博物館編　堺市博物館　1989.9　192p　30cm　Ⓝ791.2〔11459〕
◇島津義弘公と茶の湯―惟新様より利休え御尋之条書　島津修久編　鹿児島　島津顕彰会　1986.10　90p　21cm　1200円　Ⓝ791.2〔11460〕
◇珠光―茶道形成期の精神　倉澤行洋著　京都　淡交社　2002.5　273p　22cm　3200円　Ⓘ4-473-01904-7　Ⓝ791.2
〔11461〕
◇織豊期の茶会と政治　竹本千鶴著　京都　思文閣出版　2006.9　444,16p　22cm　7500円　Ⓘ4-7842-1318-X　Ⓝ791.2
〔11462〕
◇新編名宝日本の美術　第17巻　利休・織部・遠州　熊倉功夫執筆　小学館　1991.8　155p　31cm　（小学館ギャラリー）　1800円　Ⓘ4-09-375117-X　Ⓝ708.7
〔11463〕
◇数奇と呼ぶ日本の文化革命―利休、織部の死の裏にひそむ意外な史実　児島孝著　宇治　宇治市文化観光課　1995.11　133p　26cm　Ⓝ791.2〔11464〕
◇数奇の革命―利休と織部の死　児島孝著　京都　思文閣出版　2006.1　247p　20cm　2000円　Ⓘ4-7842-1283-3　Ⓝ791.2
〔11465〕
◇戦国茶闘伝―天下を制したのは、名物茶道具だった　三宅孝太郎著　洋泉社　2004.5　215p　18cm　（新書y）　720円　Ⓘ4-89691-817-7
〔11466〕
◇戦国武将と茶道　桑田忠親著　実業之日本社　1978.3　235p　20cm　（有楽選書　19）　1500円　Ⓝ791.2
〔11467〕
◇戦国武将と茶の湯　米原正義著　京都　淡交社　1986.2　231p　22cm　（茶道文化選書）　2500円　Ⓘ4-473-00939-4　Ⓝ791.2
〔11468〕
◇宗湛日記―神谷宗湛の茶生活　桑田忠親著　高桐書院　1947　199p 図版　21cm　（国民生活記録叢書）　95円　Ⓝ791
〔11469〕
◇大徳寺と茶道　芳賀幸四郎等著　京都　淡交社　1972　294p（図共）　31cm　Ⓝ791.2　〔11470〕
◇茶人織田有楽斎の生涯　坂口筑母君著　文献出版　1982.1　416p　19cm　1900円　Ⓝ791.2　〔11471〕
◇茶人花押抄　木下桂風著　京都　河原書店　1940　201p　19cm　（茶道文庫 11）　Ⓝ791　〔11472〕
◇茶人系譜　末宗広編　京都　河原書店　1941　397p　19cm　（茶道文庫　第12）　Ⓝ791　〔11473〕
◇茶人随想―利久とその統　浜本宗俊著　京都　淡交社　1987.3　342p　22cm　3500円　Ⓘ4-473-00992-0　Ⓝ791.2
〔11474〕
◇茶人の系譜―利休から天心まで　村井康彦著　大阪　大阪書籍　1983.8　239p　19cm　（朝日カルチャーブックス 25）　1200円　Ⓘ4-7548-1025-2　Ⓝ791.2
〔11475〕
◇茶道史　西堀一三著　京都　晃文社　1948　269p　19cm　（茶道全集　第1巻）　Ⓝ791　〔11476〕
◇茶道全集　巻の1-8, 10-15, 附録　創元社編　大阪　創元社　1936-1937　15冊　19-20cm　Ⓝ791　〔11477〕
◇茶道全集　初編　奥村環著　主税町（長野県）　木下活版所　1925　24, 18, 22p　23cm　Ⓝ791　〔11478〕

◇茶道叢書　第1編　千家歴代茶会―覚々斎・如心斎　吉田尭文編　京都　河原書店　1935　114p　23cm　Ⓝ791
〔11479〕
◇茶道叢書　第2編　茶人徒然草　吉田尭文編　京都　河原書店　1936　35p　24cm　Ⓝ791　〔11480〕
◇茶道叢書　第3編　遠州蔵帳―校註　吉田尭文編　京都　河原書店　1936　75p　23cm　Ⓝ791　〔11481〕
◇茶道叢書　第4編　和泉草　吉田尭文編　藤林宗源著　京都　河原書店　1936　186p　23cm　Ⓝ791
〔11482〕
◇茶道四祖伝書―註解　松山米太郎校註　秋豊園　1933　246p　27cm　Ⓝ791　〔11483〕
◇茶と金沢貞顕―特別展　神奈川県立金沢文庫編　横浜　神奈川県立金沢文庫　2005.10　80p　30cm　Ⓝ791.2
〔11484〕
◇茶と禅　伊藤古鑑著　新装　春秋社　2004.6　256, 8p　20cm　2000円　Ⓘ4-393-14411-2　Ⓝ791
〔11485〕
◇茶の湯絵画資料集成　赤井達郎ほか編　平凡社　1992.4　343p　31cm　42000円　Ⓘ4-582-20641-7　Ⓝ721.02
〔11486〕
◇茶の湯事始―初期茶道史論攷　筒井紘一著　講談社　1986.9　286p　20cm　1800円　Ⓘ4-06-202695-3　Ⓝ791.2
〔11487〕
◇茶の湯事始―初期茶道史論考　筒井紘一著　講談社　1992.1　281p　15cm　（講談社学術文庫）　800円　Ⓘ4-06-159009-X　Ⓝ791.2　〔11488〕
◇茶の湯の祖、珠光　矢部良明著　角川書店　2004.4　254p　22cm　3600円　Ⓘ4-04-883876-8　Ⓝ791.2
〔11489〕
◇茶の湯の人々　利休とその師 他6編　細谷喜一著　明徳出版社　1955　130p　18cm　（師友選書）　Ⓝ791.2
〔11490〕
◇茶の湯の歴史―千利休まで　熊倉功夫　朝日新聞社　1990.6　261p　19cm　（朝日選書 404）　1050円　Ⓘ4-02-259504-3　Ⓝ791.2　〔11491〕
◇中世文化人の記録―茶会記の世界　永島福太郎著　淡交社　1972　229, 6p　22cm　（淡交選書）　850円　Ⓝ791.2
〔11492〕
◇天正・昭和北野大茶湯―古今茶道の対照　高橋義雄著　秋豊園出版部　1936　200p　19cm　Ⓝ791　〔11493〕
◇名古屋の茶人大成　6　日比野猛著　碧天舎　2004.4　196p　20cm　1000円　Ⓘ4-88346-606-X　Ⓝ791.2
〔11494〕
◇日本茶道史　重森三玲著　京都　河原書店　1934　445p　23cm　Ⓝ791　〔11495〕
◇日本茶道史　西堀一三著　大阪　創元社　1940　255p　18cm　Ⓝ791　〔11496〕
◇日本茶道史序説　西堀一三著　2版　京都　大八洲出版　1946　280p　18cm　Ⓝ791　〔11497〕
◇武将高山右近の信仰と茶の湯　高橋敏夫著　いのちのことば社フォレストブックス　2007.11　164p　18×12cm　1100円　Ⓘ978-4-264-02594-8
〔11498〕
◇武将茶人、上田宗箇―桃山茶の湯の逸材　矢部良明著　角川書店（発売）　2006.12　281p　22cm　3000円　Ⓘ4-04-621069-9　Ⓝ791.2
〔11499〕
◇武将茶人上田宗箇と桃山文化―徳島城表御殿庭園作庭者の素顔　徳島市立徳島城博物館編　徳島　徳島市立徳島城博物館　2000.10　70p　30cm　Ⓝ791.2　〔11500〕

◇武将と茶道　桑田忠親著　京都　一条書房　1943　342p　図版　22cm　Ⓝ791　〔11501〕
◇細川三斎公三百五十年祭記念誌　〔熊本〕　三斎公三百五十年祭記念事業実行委員会　1995.2　16p　26cm　Ⓝ791.2　〔11502〕
◇幽斎・三斎と有楽―茶道特別展　五島美術館　1973　40p（おもに図）　26cm　Ⓝ791.2　〔11503〕
◇よくわかる茶道の歴史　谷端昭夫著　京都　淡交社　2007.3　255p　26cm　2200円　Ⓘ978-4-473-03399-4　〔11504〕
◇利久七哲・宗旦四天王　村井康彦著　京都　淡交社　1969　264p（図版共）　21cm　800円　Ⓝ791.2　〔11505〕
◇流祖古田織部正と其茶道　秋元瑞阿弥著　学芸書院　1938　212p　23cm　Ⓝ791　〔11506〕

◆◆武野紹鴎
◇武野紹鷗―茶・禅の心　岡本茂延著　酒井書店　1988.1　210p　22cm　2000円　Ⓘ4-7822-0169-9　Ⓝ791.2　〔11507〕
◇武野紹鷗―茶の湯と生涯　矢部良明著　京都　淡交社　2002.11　279p　22cm　3800円　Ⓘ4-473-01943-8　Ⓝ791.2　〔11508〕
◇武野紹鷗―茶と文藝　戸田勝久著　中央公論美術出版　2006.11　395p　21cm　6800円　Ⓘ4-8055-0533-8　Ⓝ791.2　〔11509〕
◇武野紹鷗研究　戸田勝久著　中央公論美術出版　1969　488p　図版　21cm　3000円　Ⓝ791.2　〔11510〕
◇武野紹鷗研究　戸田勝久著　第2版　〔中央公論美術出版〕　1981.4　487p　21cm　4000円　Ⓝ791.2　〔11511〕
◇武野紹鷗研究　戸田勝久著　3版　中央公論美術出版　2001.7　488p　21cm　6000円　Ⓘ4-8055-0401-3　Ⓝ791.2　〔11512〕

◆◆千利休
◇キリシタン千利休―賜死事件の謎を解く　山田無庵著　河出書房新社　1995.1　251p　20cm　1800円　Ⓘ4-309-22269-2　Ⓝ791.2　〔11513〕
◇小松茂美著作集　第26巻　千利休書状基礎研究　小松茂美著　旺文社　1999.7　642p　22cm　17143円　Ⓘ4-01-071186-8　Ⓝ702.1　〔11514〕
◇再現日本史―週刊time travel　織豊8　講談社　2001.10　42p　30cm　533円　Ⓝ210.1　〔11515〕
◇週刊日本の美をめぐる　no.18（桃山3）　利休・織部と茶のしつらえ　小学館　2002.9　42p　30cm　（小学館ウイークリーブック）　533円　Ⓝ702.1　〔11516〕
◇週刊ビジュアル日本の歴史　no.6　天下統一への道　6　デアゴスティーニ・ジャパン　2000.3　p212-251　30cm　533円　Ⓝ210.1　〔11517〕
◇新版　千利休　桑田忠親著　創元社　1952　216p　図版　19cm　（創元選書）　Ⓝ791.2　〔11518〕
◇新版　千利休　桑田忠親著　角川書店　1955　218p　15cm　（角川文庫）　Ⓝ791.2　〔11519〕
◇数奇の革命―利休と織部の死　児島孝著　京都　思文閣出版　2006.1　247p　20cm　2000円　Ⓘ4-7842-1283-3　Ⓝ791.2　〔11520〕
◇図説千利休―その人と芸術　村井康彦著　河出書房新社　1989.12　127p　22cm　1600円　Ⓘ4-309-72473-6　Ⓝ791.2　〔11521〕
◇図説千利休―その人と芸術　村井康彦著　新装版　河出書房新社　1999.3　127p　22cm　（ふくろうの本）　1800円　Ⓘ4-309-72600-3　Ⓝ791.2　〔11522〕
◇図録茶道史―利久の道統　林屋辰三郎著, 村井康彦図版解説　京都　淡交新社　1964　271p　はり込み原色図版1枚　27cm　Ⓝ791.2　〔11523〕
◇図録茶道史―風流の成立利休の道統　林屋辰三郎著, 村井康彦解説　京都　淡交社　1980.3　609p　27cm　12000円　Ⓝ791.2　〔11524〕
◇千家茶道展　利休・少庵・宗旦・仙叟　茶道資料館編　京都　茶道資料館　1979.11　125p　24×25cm　Ⓝ791.2　〔11525〕
◇禅人利休の生涯　武田大著　正受庵　1993.12　205p　22cm　2500円　Ⓝ791.2　〔11526〕
◇千利休　竹内尉著　創元社　1939　213p　肖像　18cm　Ⓝ791　〔11527〕
◇千利休　西堀一三著　京都　河原書店　1940　321p　肖像　20cm　Ⓝ791　〔11528〕
◇千利休　桑田忠親著　札幌　青磁社　1942　360p　肖像　図版　19cm　Ⓝ791　〔11529〕
◇千利休　唐木順三著　筑摩書房　1958　230p　図版　表　20cm　Ⓝ791.2　〔11530〕
◇千利休　唐木順三著　筑摩書房　1963　230p　図版　表　19cm　（筑摩叢書）　Ⓝ791.2　〔11531〕
◇千利休　芳賀幸四郎著　吉川弘文館　1986.11　350p　19cm　（人物叢書 新装版）　1900円　Ⓘ4-642-05057-4　Ⓝ791.2　〔11532〕
◇千利休―天下一名人　米原正義著　京都　淡交社　1993.3　327p　22cm　3200円　Ⓘ4-473-01284-0　Ⓝ791.2　〔11533〕
◇千利休―ヒト・モノ・カネ　戸上一著　刀水書房　1998.6　212p　20cm　（刀水歴史全書 46）　2000円　Ⓘ4-88708-210-X　Ⓝ791.2　〔11534〕
◇千利休　村井康彦著　講談社　2004.2　348p　15cm　（講談社学術文庫）　1150円　Ⓘ4-06-159639-X　〔11535〕
◇千利休　村井康彦著　講談社　2004.2　348p　15cm　（講談社学術文庫）　1150円　Ⓘ4-06-159639-X　Ⓝ791.2　〔11536〕
◇千利休―戦国時代の天才茶人　熊倉功夫編　京都　淡交社　2004.12　111p　26cm　（よくわかる茶の湯人物シリーズ 1）　1800円　Ⓘ4-473-03203-5　Ⓝ791.2　〔11537〕
◇千利休・その生と死―「茶聖」と呼ばれた男の心の軌跡　加来耕三著　PHP研究所　1989.11　219p　20cm　1300円　Ⓘ4-569-52620-9　Ⓝ791.2　〔11538〕
◇千利休追跡　村井康彦著　角川書店　1990.5　220p　19cm　（角川選書 195）　1100円　Ⓘ4-04-703195-X　Ⓝ791.2　〔11539〕
◇千利休展―特別展　小田原市郷土文化館編　小田原　小田原市郷土文化館　1990.5　1冊（頁付なし）　26cm　Ⓝ791.2　〔11540〕
◇千利休と日本人―いま甦る「ばさら」の精神　栗田勇著　祥伝社　1990.11　285p　20cm　1456円　Ⓘ4-396-61031-9　Ⓝ791.2　〔11541〕
◇千利休とやきもの革命―桃山文化の大爆発　竹内順一, 渡辺節夫著　河出書房新社　1998.3　254p　20cm　2500円　Ⓘ4-309-26325-9　Ⓝ751.1　〔11542〕

◇千利休のすべて　米原正義編　新人物往来社　1995.12　316p　20cm　3000円　Ⓘ4-404-02312-X　Ⓝ791.2
〔11543〕

◇千利休の創意―冷・凍・寂・枯からの飛躍　矢部良明著　角川書店　1995.12　325p　21cm　4000円　Ⓘ4-04-851110-6　Ⓝ791.2
〔11544〕

◇千利休の美学―黒は古きこゝろ　戸田勝久著　平凡社　1994.1　175p　26cm　3300円　Ⓘ4-582-62305-0　Ⓝ791.2
〔11545〕

◇千利休の文―茶の湯の道　千利休筆, 小田榮一編著　求龍堂　2001.7　188p　37cm　25000円　Ⓘ4-7630-0101-9　Ⓝ791.2
〔11546〕

◇千利休の「わび」とはなにか　神津朝夫著　角川学芸出版, 角川書店〔発売〕　2005.2　238p　19cm　（角川選書）　1500円　Ⓘ4-04-703378-2
〔11547〕

◇千利休無言の前衛　赤瀬川原平著　岩波書店　1990.1　246p　18cm　（岩波新書）　550円　Ⓘ4-00-930104-1　Ⓝ791.2
〔11548〕

◇千利休より古田織部へ　久野治著　鳥影社　2006.7　291p　20cm　2200円　Ⓘ4-86265-001-5　Ⓝ791.2
〔11549〕

◇千利休―茶聖　中村直勝著　大阪　浪速社　1969　186p　19cm　450円　Ⓝ791.2
〔11550〕

◇千利休　唐木順三著　筑摩書房　1973　231p　肖像　20cm　（唐木順三文庫 5）　Ⓝ791.2
〔11551〕

◇千利休　村井康彦著　日本放送出版協会　1977.4　291, 10p　肖像　19cm　（NHKブックス）　650円　Ⓝ791.2
〔11552〕

◇千利休―その生涯と芸術的業績　桑田忠親著　中央公論社　1981.4　205p　18cm　（中公新書）　460円　Ⓝ791.2
〔11553〕

◇千利休研究　桑田忠親著　東京堂出版　1977.11　496p　22cm　8800円　Ⓝ791.2
〔11554〕

◇千利休居士名宝図録　京都　京都美術青年会　1973　317p（おもに図）　37cm　非売品　Ⓝ791.2　〔11555〕

◇千利休茶の美学　成川武夫著　町田　玉川大学出版部　1983.5　216p　19cm　1800円　Ⓝ791.2
〔11556〕

◇千利休と戦国武将　藤森陽子文　フレーベル館　2004.2　48p　27cm　（あるいて知ろう！歴史にんげん物語 6）　2900円　Ⓘ4-577-02790-9　Ⓝ791.2　〔11557〕

◇千利休とその周辺　杉本捷雄著　改訂2版　京都　淡交社　1987.8　331, 8p　22cm　2500円　Ⓘ4-473-01012-0　Ⓝ791.2
〔11558〕

◇千利休と村田珠光　王丸勇著　近代文藝社　1986.11　163p　20cm　1500円　Ⓘ4-89607-950-7　Ⓝ791.2
〔11559〕

◇茶道聚錦 3　千利休　中村昌生ほか編集　村井康彦責任編集　小学館　1983.2　351p　31cm　12000円　Ⓝ791.2
〔11560〕

◇茶と利休　茶と利休 他4編　小宮豊隆著　角川書店　1956　194p　18cm　（角川新書）　Ⓝ791.2　〔11561〕

◇定本千利休―その栄光と挫折　桑田忠親著　角川書店　1985.11　235p　15cm　（角川文庫）　380円　Ⓘ4-04-309701-8　Ⓝ791.2
〔11562〕

◇定本千利休―その栄光と挫折　桑田忠親著　新座　埼玉福祉会　2001.6　2冊　22cm　（大活字本シリーズ）　3200円;3200円　Ⓘ4-88419-079-3, 4-88419-080-7　Ⓝ791.2
〔11563〕

◇定本千利休の書簡　桑田忠親著　東京堂出版　1971　632p　22cm　5500円　Ⓝ791.2
〔11564〕

◇獨楽庵物語―利休ゆかりの茶室　樫崎櫻舟著　講談社　2007.4　247p　22cm　2381円　Ⓘ978-4-06-213259-6　Ⓝ791.6
〔11565〕

◇中村直勝著作集　第12巻　歴史の発見 下　京都　淡交社　1979.1　579p　22cm　4500円　Ⓝ210.08
〔11566〕

◇南方録―影印本　南坊宗啓聞書, 立花実山編　京都　淡交社　1986.3　8冊（別冊とも）　26cm　80000円　Ⓘ4-473-00968-8　Ⓝ791.2
〔11567〕

◇南方録　立花実山原編, 西山松之助校注　岩波書店　1986.5　378p　15cm　（岩波文庫）　600円　Ⓝ791.2
〔11568〕

◇南方録―千利休点茶奥旨 1-6　宗啓禅師著　京都　智淵堂書店　1917　6冊　27cm　Ⓝ791　〔11569〕

◇南方録の展開―千利休秘伝書　戸田勝久著　平凡社　1988.6　181p　26cm　2200円　Ⓘ4-582-62304-2　Ⓝ791.2
〔11570〕

◇「必携」千利休事典　小田榮一監修　世界文化社　2000.7　159p　18cm　（お茶人の友 19）　1429円　Ⓘ4-418-00302-9　Ⓝ791.2
〔11571〕

◇仏教を歩く　no.26　雪舟利休　朝日新聞社　2004.4　32p　30cm　（週刊朝日百科）　533円　Ⓝ182.1
〔11572〕

◇本能寺の変と千利休　宮林幸雄著　文芸社　2001.3　233p　19cm　1300円　Ⓘ4-8355-1214-6　Ⓝ210.049
〔11573〕

◇みどりの一碗から―利休の知恵　千宗室著, 井上隆雄写真　講談社　1989.3　184p　21cm　1800円　Ⓘ4-06-202525-6　Ⓝ791.2
〔11574〕

◇利休―詩集　斎藤潔著　赤門書房　1943　120p　22cm　Ⓝ911.5
〔11575〕

◇利休―破調の悲劇　杉本苑子著, 大西成明写真　講談社　1990.4　189p　22cm　1980円　Ⓘ4-06-203924-9　Ⓝ791.2
〔11576〕

◇利休遠州台子飾伝書　松山米太郎校註　秋豊園　1934　28p　18×21cm　Ⓝ791　〔11577〕

◇利休を歩く　京都新聞社編　京都　京都新聞社　1990.10　159p　30cm　1553円　Ⓘ4-7638-0263-1　Ⓝ791.2
〔11578〕

◇利休九つの謎　関口多景士著　近代文芸社　1996.11　258p　20cm　1500円　Ⓘ4-7733-5955-2　Ⓝ791.2
〔11579〕

◇利休居士三百五十年忌余香録　利休居士三百五十年忌法要協賛会編　京都　利休居士三百五十年忌法要協賛会出版部　1940　357p　23cm　Ⓝ791　〔11580〕

◇利休居士の茶道　千宗守著　芸文書院　1943　238p　図版　22cm　Ⓝ791　〔11581〕

◇利休居士の茶道　千宗守著, 千宗屋解説　講談社　1987.2　165p　20cm　1200円　Ⓘ4-06-203100-0　Ⓝ791.2
〔11582〕

◇利休そして織部―ゆかりの茶道具に思う　池田瓢阿著　主婦の友社　1989.2　229p　20cm　1500円　Ⓘ4-07-929718-1　Ⓝ791.2
〔11583〕

◇利休その後三千家のルーツをたずねて　井ノ部康之著　ベストセラーズ　2002.1　268p　18cm　（ベスト新書）　680円　Ⓘ4-584-12033-1　Ⓝ791.2　〔11584〕

◇利休大事典　熊倉功夫ほか編　京都　淡交社　1989.10　831p　27cm　18000円　Ⓘ4-473-01110-0　Ⓝ791.2
〔11585〕

◇利休茶箱五種点前法　古橋花村著　足利　嫩葉会　1940　19丁　27cm　Ⓝ791
〔11586〕
◇利休茶話　筒井紘一著　学習研究社　1989.5　332p　20cm　1500円　Ⓘ4-05-103269-8　Ⓝ791.2
〔11587〕
◇利休茶話　筒井紘一著　新版　学習研究社　1999.3　174p　18cm　1000円　Ⓘ4-473-01654-4　Ⓝ791.2
〔11588〕
◇利休直流茶酒会図式―付・会席料理法　中根一竹著、久田宗園, 福島良三編　魁真楼　1895.3　1冊　19cm　Ⓝ791
〔11589〕
◇利休伝　秋山巳之流著　文學の森　2005.6　317p　21cm　3429円　Ⓘ4-86173-244-1
〔11590〕
◇利休とその一族　村井康彦著　平凡社　1987.2　253p　20cm　1800円　Ⓘ4-582-62303-4　Ⓝ791.2
〔11591〕
◇利休とその一族　村井康彦著　平凡社　1995.5　302p　16cm　（平凡社ライブラリー）　1200円　Ⓘ4-582-76098-8　Ⓝ791.2
〔11592〕
◇利休とその道統　千宗守編　大阪　創元社　1974　201, 11p 図　22cm　1600円　Ⓝ791.2
〔11593〕
◇利休と芭蕉―「わび」と「さび」の源流　西田正好著　桜楓社　1975　143p　19cm　1000円　Ⓝ791.2
〔11594〕
◇利休と芭蕉―人生を自在に生きる知恵　境野勝悟著　致知出版社　1995.11　366p　20cm　2500円　Ⓘ4-88474-370-9　Ⓝ791.2
〔11595〕
◇利休の逸話と徒然草　生形貴重著　京都　河原書店　2001.11　386, 16p　20cm　2000円　Ⓘ4-7611-0132-6　Ⓝ791.2
〔11596〕
◇利休の死　小松茂美著　中央公論社　1988.9　319p　20cm　1600円　Ⓘ4-12-001730-3　Ⓝ791.2
〔11597〕
◇利休の死　小松茂美著　中央公論社　1991.5　355p　16cm　（中公文庫）　620円　Ⓘ4-12-201809-9　Ⓝ791.2
〔11598〕
◇利休の書簡　桑田忠親著　京都　河原書店　1961　420p 図版　22cm　Ⓝ791.2
〔11599〕
◇利休の茶　堀口捨己著　岩波書店　1951　586p 図版8枚　22cm　Ⓝ791.2
〔11600〕
◇利休の茶　堀口捨己著　鹿島研究所出版会　1970　779p（図版共）　22cm　6400円　Ⓝ791.2
〔11601〕
◇利休の茶　堀口捨己著　鹿島研究所出版会　1978.6　779p　22cm　15000円　Ⓝ791.2
〔11602〕
◇利休の茶　堀口捨己著　岩波書店　1995.9　586p　22cm　7200円　Ⓘ4-00-002446-9　Ⓝ791.2
〔11603〕
◇利休の茶室　堀口捨己著　岩波書店　1949　680p 図版31枚　21cm　Ⓝ791
〔11604〕
◇利休の茶湯大成―続茶道文化論集　永島福太郎著　京都　淡交社　1993.4　284, 16p　22cm　5000円　Ⓘ4-473-01287-5　Ⓝ791.2
〔11605〕
◇利休の手紙　小松茂美著　小学館　1985.6　469p　31cm　18000円　Ⓘ4-09-699241-0　Ⓝ791.2
〔11606〕
◇利休の泪　平湯晃著　石岡　かはせみ　1988.2　100p　19cm　800円　Ⓝ791.2
〔11607〕
◇利休の年譜　千原弘臣著　京都　淡交社　1982.11　403p　22cm　（茶道文化選書）　3200円　Ⓘ4-473-00814-2　Ⓝ791.2
〔11608〕

◇利休破調の悲劇　杉本苑子著　講談社　1996.11　181p　15cm　（講談社文庫）　360円　Ⓘ4-06-263381-7　Ⓝ791.2
〔11609〕
◇利休百首私解　金沢宗為著　京都　茶道月報社　1927　131, 53p　20cm　Ⓝ791
〔11610〕
◇利休わび茶の世界　久田宗也著　日本放送出版協会　1990.3　141p　24cm　1800円　Ⓘ4-14-032023-0　Ⓝ791.2
〔11611〕
◇若き日の利休　西堀一三著　京都　河原書店　1948　250p　19cm　（茶道新書）　Ⓝ791
〔11612〕

◆◆山上宗二
◇宗二傳説　武田大著　正受庵　1997.5　195p　21cm　2000円　Ⓝ791.2
〔11613〕
◇山上宗二記―付・茶話指月集　熊倉功夫校注　岩波書店　2006.6　379p　15cm　（岩波文庫）　860円　Ⓘ4-00-330511-6
〔11614〕
◇山上宗二記研究　1　茶の湯懇話会編　三徳庵　1993.3　181p　26cm　Ⓝ791.2
〔11615〕
◇山上宗二記研究　2　茶の湯懇話会編　三徳庵　1994.3　169p　26cm　Ⓝ791.2
〔11616〕
◇山上宗二記研究　3　茶の湯懇話会編　三徳庵　1997.3　251p　26cm　Ⓝ791.2
〔11617〕
◇山上宗二記入門―茶の湯秘伝書と茶人宗二　神津朝夫著　角川グループパブリッシング（発売）　2007.9　303p　20cm　2700円　Ⓘ978-4-04-621120-0　Ⓝ791
〔11618〕
◇山上宗二記―天正十四年の眼　五島美術館　1995.11　215p　25×26cm　（五島美術館展覧会図録 no.116）　Ⓝ791.2
〔11619〕

◆書道
◇一休　鈴木史楼著　紅絲文庫　2002.7　145p　20cm　（本朝書人論 14）　1400円　Ⓝ728.2146
〔11620〕
◇熊野懐紙　霞会館公家と武家文化調査委員会編　霞会館　2006.2　35枚　52×38cm　非売品　Ⓝ728.2142
〔11621〕
◇書の宇宙　16　知識の書―鎌倉仏教者　石川九楊編　二玄社　1998.10　95p　31×24cm　2400円　Ⓘ4-544-02216-9
〔11622〕
◇書の日本史　第3巻　鎌倉・南北朝　今井庄次等編　平凡社　1975　293p（図共）　30cm　3800円　Ⓝ728.1
〔11623〕
◇書の日本史　第4巻　室町・戦国　今井庄次等編　平凡社　1975　287p（図共）　30cm　3800円　Ⓝ728.1
〔11624〕
◇書の日本史　第5巻　安土桃山・江戸初期　今井庄次等編　平凡社　1975　275p　30cm　3800円　Ⓝ728.1
〔11625〕
◇新修日本書道史　奥山錦洞著　啓文社　1935　481p 図版34枚　23cm　Ⓝ728
〔11626〕
◇新修日本書道史　奥山錦洞著　啓文社　1938　481p　23cm　Ⓝ728
〔11627〕
◇図説日本書道史　小野寺啓治著　京都　同朋舎出版　1989.1　164p　26cm　（日本書学大系 研究篇 第1巻）　Ⓝ728.21
〔11628〕
◇定家様―特別展　五島美術館　1987　256p　26cm　（五島美術館展覧会図録 no.107）　Ⓝ728.21
〔11629〕
◇日本書道史　奥山錦洞著　啓文社書店　1927　465p 図版22枚　23cm　Ⓝ728
〔11630〕

◇日本書道と日本精神　尾上八郎著　教學局　1940.2　63p　21cm　（日本精神叢書 52）　Ⓝ728.21　〔11631〕
◇日本中国・朝鮮書道史年表　書学書道史学会編　萱原書房　1999.7　1冊（ページ付なし）　17cm　1300円　Ⓘ4-938244-95-0　Ⓝ728.2　〔11632〕
◇日本・中国・朝鮮/書道史年表事典　書学書道史学会編　萱原書房　2005.10　505p　18cm　1800円　Ⓘ4-86012-011-6　Ⓝ728.2　〔11633〕
◇豊太閤真蹟集　上，下　豊臣秀吉筆，東京帝国大学史料編纂所編　東京帝国大学史料編纂所　1938　3冊（解説共）　41cm　Ⓝ728　〔11634〕
◇蓮如名号の研究　同朋大学仏教文化研究所編　京都　法藏館　1998.4　174, 19p　31cm　（同朋大学仏教文化研究所研究叢書 1）　12500円　Ⓘ4-8318-7842-1　Ⓝ728.2146　〔11635〕
◇和漢書道史―文検用　石川鉄洲著　広里村（山梨県）　石川芳蔵　1930　209p　20cm　Ⓝ374.38　〔11636〕
◇和漢書道史及書論　橋本広一著　革新書道会　1925　254p　19cm　Ⓝ728　〔11637〕
◇和様書道史　尾上八郎著　下中彌三郎　1934　110p　23cm　Ⓝ728　〔11638〕

◆武道
◇戦国剣豪100選　清水昇著　リイド社　2007.5　281p　15cm　（リイド文庫）　524円　Ⓘ978-4-8458-3223-1　Ⓝ789.3　〔11639〕
◇戦国大名と鷹狩の研究　山名隆弘著　いわき　纂修堂　2006.7　319p　23cm　2190円　Ⓘ4-924912-28-X　Ⓝ787.6　〔11640〕
◇武道における身体と心　前林清和著　日本武道館，ベースボール・マガジン社〔発売〕　2007.11　367p　19cm　2400円　Ⓘ978-4-583-10056-2　〔11641〕
◇武道の誕生　井上俊著　吉川弘文館　2004.8　195p　19cm　（歴史文化ライブラリー）　1700円　Ⓘ4-642-05579-7　〔11642〕

◆◆忍術
◇概説忍者・忍術　山北篤著　新紀元社　2004.12　269p　21cm　1900円　Ⓘ4-7753-0318-X　Ⓝ210.04　〔11643〕
◇影の戦士たち―甲賀忍者の実像に迫る　第28回企画展　滋賀県立安土城考古博物館編　安土町（滋賀県）　滋賀県立安土城考古博物館　2004.7　16p　30cm　（親子で楽しむ考古学 4）　Ⓝ210.04　〔11644〕
◇忍者―戦国影の軍団―隠密と奇襲に暗躍した特殊部隊　戸部新十郎著　PHP研究所　1995.10　222p　18cm　（PHP business library―History）　850円　Ⓘ4-569-54908-X　Ⓝ210.04　〔11645〕

言語史

◇天草本金句集の研究　山内洋一郎編著　汲古書院　2007.7　409p　22cm　12000円　Ⓘ978-4-7629-3561-9　Ⓝ810.24　〔11646〕
◇天草本平家物語―現代語で読む 1592年天草コレジョ版　ハビアン編，亀井高孝翻字，堀田善久現代語訳　本渡　堀田善久　2005.4　491p　19cm　2000円　Ⓝ810.24　〔11647〕
◇『お湯殿の上の日記』ほかの言葉をめぐって　小高恭著　岩田書院　2002.8　185p　21cm　1800円　Ⓘ4-87294-255-8　Ⓝ210.09　〔11648〕
◇外国資料と中世国語　安田章著　三省堂　1990.3　370p　22cm　10000円　Ⓘ4-385-30628-1　Ⓝ810.24　〔11649〕
◇「仮名書き法華経」研究序説　野沢勝夫著　勉誠出版　2006.3　401p　22cm　13000円　Ⓘ4-585-03150-2　Ⓝ810.24　〔11650〕
◇仮名表記論攷　今野真二著　大阪　清文堂出版　2001.1　666p　22cm　15500円　Ⓘ4-7924-1349-4　Ⓝ811.56　〔11651〕
◇「鎌倉遺文」にみる中世のことば辞典　ことばの中世史研究会編　東京堂出版　2007.9　278p　22cm　5000円　Ⓘ978-4-490-10729-6　Ⓝ810.24　〔11652〕
◇狂言台本を主資料とする中世語彙語法の研究　小林賢次著　勉誠出版　2000.7　457, 12p　22cm　16000円　Ⓘ4-585-10074-1　Ⓝ810.24　〔11653〕
◇狂言の国語史的研究―流動の諸相　蜂谷清人著　明治書院　1998.12　525p　22cm　18000円　Ⓘ4-625-42110-1　Ⓝ810.24　〔11654〕
◇キリシタン資料を視点とする中世国語の研究　菅原範夫著　武蔵野書院　2000.6　464p　22cm　15000円　Ⓘ4-8386-0192-1　Ⓝ810.24　〔11655〕
◇呉文炳氏蔵本自行三時礼功德義総索引　三保忠夫編　広島　三保忠夫　1975　194p　26cm　非売品　Ⓝ810.24　〔11656〕
◇語意の解釈がゆれる中古語と中世語の考察　江口正弘著　笠間書院　2003.3　258p　22cm　（笠間叢書 347）　7800円　Ⓘ4-305-10347-8　Ⓝ814.6　〔11657〕
◇高国代抄　英峻著，駒沢大学文学部国文学研究室編　汲古書院　1974　461p　25cm　（禅門抄物叢刊 第4）　5000円　Ⓝ810.24　〔11658〕
◇声と顔の中世史―戦さと訴訟の場景より　蔵持重裕著　吉川弘文館　2007.5　223p　19cm　（歴史文化ライブラリー）　1700円　Ⓘ978-4-642-05631-1　〔11659〕
◇巨海代抄　駒沢大学文学部国文学研究室編　汲古書院　1973　195p　25cm　（禅門抄物叢刊 第1）　2500円　Ⓝ810.24　〔11660〕
◇国語史の中世　安田章著　三省堂　1996.3　426p　22cm　12000円　Ⓘ4-385-35702-1　Ⓝ810.24　〔11661〕
◇国語史の中世論攷　坂詰力治著　笠間書院　1999.1　748p　22cm　（笠間叢書 322）　19000円　Ⓘ4-305-10322-2　Ⓝ810.24　〔11662〕
◇国語論究　第5集　中世語の研究　佐藤喜代治編　明治書院　1994.12　528p　22cm　15000円　Ⓘ4-625-52065-7　Ⓝ810.4　〔11663〕
◇ことばの文化史―中世 1　網野善彦ほか編　平凡社　1988.11　222p　19cm　1700円　Ⓘ4-582-40311-5　Ⓝ210.4　〔11664〕
◇ことばの文化史　中世 2　網野善彦ほか編　平凡社　1989.1　238p　19cm　1700円　Ⓘ4-582-40312-3　Ⓝ210.4　〔11665〕
◇ことばの文化史　中世 3　網野善彦ほか編　平凡社　1989.4　252p　19cm　1800円　Ⓘ4-582-40313-1　Ⓝ210.4　〔11666〕
◇ことばの文化史　中世 4　網野善彦ほか編　平凡社　1989.8　238p　19cm　1850円　Ⓘ4-582-40314-X　Ⓝ210.4　〔11667〕

◇古文書の国語学的研究　三保忠夫著　吉川弘文館　2004.6　303,6p　21cm　11000円　Ⓝ4-642-08522-X
〔11668〕
◇周易抄の国語学的研究　鈴木博著　大阪　清文堂出版　1972　2冊　22cm　全9800円　Ⓝ810.24　〔11669〕
◇出版された抄物　柳田征司著　〔奈良〕　〔柳田征司〕　2005.2　9枚　30cm　Ⓝ810.24　〔11670〕
◇ジョアン・ロドリゲスの「エレガント」―イエズス会士の日本語教育における日本語観　馬場良二著　風間書房　1999.3　212p　22cm　8000円　Ⓝ4-7599-1149-9　Ⓝ810.24　〔11671〕
◇浄土真宗伝承唱読音概説―その歴史と現状　福永静哉著　京都　永田文昌堂　1997.5　387p　22cm　7200円　Ⓝ4-8162-7007-8　Ⓝ811.1　〔11672〕
◇大般若経音義の研究　本文篇　築島裕著　勉誠社　1977.8　33,957p　22cm　Ⓝ810.24　〔11673〕
◇高橋良久提出学位請求論文『中古・中世慣用連語に関する研究』審査報告書　國學院大學　2004.2　22p　26cm　Ⓝ377.5　〔11674〕
◇中外抄　藤原忠実述,中原師元筆録　勉誠社　1980.10　212p　21cm　(勉誠社文庫 76)　2200円　Ⓝ810.24　〔11675〕
◇中古文鑑―附・参考書　中村秋香編　青山堂　1894　2冊(上53,下44,30丁)　23cm　Ⓝ817　〔11676〕
◇中古文選―教科適用　関根正直編　目黒書房〔ほか〕　1901.5　2冊(上・下212p)　23cm　Ⓝ817　〔11677〕
◇中世京都アクセントの史的研究　桜井茂治著　桜楓社　1984.2　1346p　22cm　54000円　Ⓝ811.14　〔11678〕
◇中世後期語論考　出雲朝子著　翰林書房　2003.5　530p　22cm　12000円　Ⓝ4-87737-174-5　Ⓝ810.24
〔11679〕
◇中世国語アクセント史論考　桜井茂治著　桜楓社　1976　426p　22cm　1400円　Ⓝ811.14　〔11680〕
◇中世国語資料　陽明文庫編　京都　思文閣出版　1976.12　732,24p 図　23cm　(陽明叢書 国書篇 第14輯)　13800円　Ⓝ810.24　〔11681〕
◇中世国語における文語の研究　山口明穂著　明治書院　1976　247p　22cm　3800円　Ⓝ810.24　〔11682〕
◇中世国語論考　近藤政美著　大阪　和泉書院　1989.6　384,27p　22cm　(研究叢書 70)　11845円　Ⓝ4-87088-354-6　Ⓝ810.24　〔11683〕
◇中世辞書の基礎的研究　木村晟著　汲古書院　2002.5　592,26p　22cm　(駒澤大学国語研究資料 別巻 1)　12000円　Ⓝ4-7629-9735-8　Ⓝ813　〔11684〕
◇中世辞書論考　安田章著　大阪　清文堂出版　1983.9　416p　22cm　9600円　Ⓝ813　〔11685〕
◇中世日本語論考　藏野嗣久著　広島　渓水社　1993.9　245p　22cm　Ⓝ810.24　〔11686〕
◇中世のことばと資料　小林千草著　武蔵野書院　1994.11　492p　22cm　13500円　Ⓝ4-8386-0151-4　Ⓝ810.24
〔11687〕
◇中世文献の表現論的研究　小林千草著　武蔵野書院　2001.10　689p　22cm　18000円　Ⓝ4-8386-0198-0　Ⓝ810.24　〔11688〕
◇中世文語の研究　根来司著　笠間書院　1976　221,5p　22cm　(笠間叢書 60)　3800円　Ⓝ810.24
〔11689〕

◇朝鮮資料と中世国語　安田章著　笠間書院　1980.7　435,8p　22cm　(笠間叢書 147)　10000円　Ⓝ810.24
〔11690〕
◇中山法華経寺蔵本三教指帰注総索引及び研究　築島裕,小林芳規編　武蔵野書院　1980.8　743p　22cm　18000円　Ⓝ810.24　〔11691〕
◇日本語辞書研究―山内潤三先生喜寿記念輯　第1輯　近思文庫編輯　鎌倉　港の人　2003.6　382p　22cm　9400円　Ⓝ4-89629-116-6　Ⓝ813.04　〔11692〕
◇日本語辞書研究―山内潤三先生喜寿記念輯　第2輯　近思文庫編輯　鎌倉　港の人　2003.11　459p　22cm　13000円　Ⓝ4-89629-119-0　Ⓝ813.04　〔11693〕
◇日本書紀神代巻諸本―声点付語彙索引　鈴木豊編　アクセント史資料研究会　1988.3　171p　21cm　(アクセント史資料索引 7)　Ⓝ811.14　〔11694〕
◇日本戦国史国語辞典　村石利夫編著　村田書店　1991.3　422,119p　22cm　Ⓝ813.6　〔11695〕
◇日本の古辞書―序文・跋文を読む　高橋忠彦,高橋久子共著　大修館書店　2006.1　154p　21cm　2800円　Ⓝ4-469-22177-5　〔11696〕
◇比喩表現論　多門靖容著　風間書房　2006.2　987p　21cm　28000円　Ⓝ4-7599-1532-X　〔11697〕
◇文章・文体から入る日本語学―やさしく,深く,体験する試み　小林千草編著　武蔵野書院　2005.5　262p　21cm　1800円　Ⓝ4-8386-0412-2　〔11698〕
◇南芳公提出学位請求論文『中古接尾語論考』審査報告書　國學院大學　2003.3　35p　26cm　Ⓝ377.5
〔11699〕
◇ラホ日辞典の日本語　索引篇　金沢大学法文学部国文学研究室編　勉誠出版　2005.6　3,609p　22cm　Ⓝ4-585-03137-5　Ⓝ810.24　〔11700〕
◇ラホ日辞典の日本語　本文篇　金沢大学法文学部国文学研究室編　勉誠出版　2005.6　10,1033p　22cm　Ⓝ4-585-03137-5　Ⓝ810.24　〔11701〕
◇類聚名義抄の研究―手沢訂正本　岡田希雄著,神鷹徳治編　勉誠出版　2004.10　558p　23cm　15000円　Ⓝ4-585-03122-7　Ⓝ813.2　〔11702〕
◇蓮如上人「御文」の敬語表現　藤原徳悠著　大阪　和泉書院　2001.7　247p　22cm　8000円　Ⓝ4-7576-0121-2　Ⓝ815.8　〔11703〕

◆◆鎌倉時代の日本語
◇足利本仮名書き法華経　索引編　中田祝夫編　勉誠社　1977.3　607p　27cm　20000円　Ⓝ810.24
〔11704〕
◇足利本仮名書法華経　影印篇　中田祝夫編　勉誠社　1974　677p 図　27cm　16000円　Ⓝ810.24
〔11705〕
◇足利本仮名書法華経　翻字篇　中田祝夫編　勉誠社　1976.9　286p 図　27cm　9000円　Ⓝ810.24
〔11706〕
◇足利本論語抄　玉崗筆,中田祝夫編・解説　勉誠社　1972　430p(おもに図)　22cm　(抄物大系)　5000円　Ⓝ810.24　〔11707〕
◇院政期言語の研究　山田巌著　桜楓社　1982.6　216p　22cm　6800円　Ⓝ810.24　〔11708〕
◇院政貴族語と文化の南展　奥里将建著　大阪　三協社　1954　346p　22cm　Ⓝ810.24　〔11709〕
◇海外奇談国語解―吾妻鏡補所載　本文と索引　大友信一,木村晟編輯　小林印刷出版部　汲古書院(発売)　1972

言語史　　　　　　　　中世史

◇473p　図　22cm　（国語資料『本文と索引』叢刊 3）5500円　Ⓝ810.2　〔11710〕
◇客家語と日本漢音、鎌倉宋音の比較対照研究—［ビン］南語文語音、浙江呉語との関わりをめぐって　羅濟立著　台北　致良出版社　2005　357p　27cm　Ⓘ957-786-280-2　Ⓝ810.29　〔11711〕
◇仮名文書の国語学的研究　辛島美絵著　大阪　清文堂出版　2003.10　485p　22cm　12000円　Ⓘ4-7924-1379-6　Ⓝ810.24　〔11712〕
◇鎌倉時代語研究—第5輯　鎌倉時代語研究会編　武蔵野書院　1982.5　423p　22cm　9000円　Ⓝ810.24　〔11713〕
◇鎌倉時代語研究　第1輯　鎌倉時代語研究会編　広島　広島大学文学部国語学研究室　1978.3　324p　25cm　Ⓝ810.24　〔11714〕
◇鎌倉時代語研究　第1輯　鎌倉時代語研究会編　復刻　武蔵野書院　1991.3　324p　22cm　Ⓘ4-8386-0118-2　Ⓝ810.24　〔11715〕
◇鎌倉時代語研究　第2輯　鎌倉時代語研究会編　広島　広島大学文学部国語学研究室　1979.3　437p　25cm　Ⓝ810.24　〔11716〕
◇鎌倉時代語研究　第2輯　鎌倉時代語研究会編　復刻　武蔵野書院　1991.3　437p　22cm　Ⓘ4-8386-0119-0　Ⓝ810.24　〔11717〕
◇鎌倉時代語研究　第3輯　鎌倉時代語研究会編　広島　広島大学文学部国語学研究室　1980.3　512p　25cm　Ⓝ810.24　〔11718〕
◇鎌倉時代語研究　第3輯　鎌倉時代語研究会編　復刻　武蔵野書院　1991.3　512p　22cm　Ⓘ4-8386-0120-4　Ⓝ810.24　〔11719〕
◇鎌倉時代語研究　第4輯　鎌倉時代語研究会編　武蔵野書院　1981.5　356p　22cm　8000円　Ⓝ810.24　〔11720〕
◇鎌倉時代語研究　第6輯　鎌倉時代語研究会編　武蔵野書院　1983.5　415p　22cm　9000円　Ⓝ810.24　〔11721〕
◇鎌倉時代語研究　第7輯　鎌倉時代語研究会編　武蔵野書院　1984.5　425p　22cm　12000円　Ⓝ810.24　〔11722〕
◇鎌倉時代語研究　第8輯　鎌倉時代語研究会編　武蔵野書院　1985.5　456p　22cm　14000円　Ⓝ810.24　〔11723〕
◇鎌倉時代語研究　第9輯　鎌倉時代語研究会編　武蔵野書院　1986.5　367p　22cm　10000円　Ⓝ810.24　〔11724〕
◇鎌倉時代語研究　第10輯　鎌倉時代語研究会編　武蔵野書院　1987.5　429p　22cm　10000円　Ⓘ4-8386-0096-8　Ⓝ810.24　〔11725〕
◇鎌倉時代語研究　第11輯　鎌倉時代語研究会編　武蔵野書院　1988.8　445p　22cm　12000円　Ⓘ4-8386-0100-X　Ⓝ810.24　〔11726〕
◇鎌倉時代語研究　第12輯　鎌倉時代語研究会編　武蔵野書院　1989.7　537p　22cm　14000円　Ⓘ4-8386-0105-0　Ⓝ810.24　〔11727〕
◇鎌倉時代語研究　第13輯　鎌倉時代語研究会編　武蔵野書院　1990.10　427p　22cm　12136円　Ⓘ4-8386-0114-X　Ⓝ810.24　〔11728〕
◇鎌倉時代語研究　第14輯　鎌倉時代語研究会編　武蔵野書院　1991.10　376p　22cm　11500円　Ⓘ4-8386-0122-0　Ⓝ810.24　〔11729〕
◇鎌倉時代語研究　第15輯　鎌倉時代語研究会編　武蔵野書院　1992.5　329p　22cm　11000円　Ⓘ4-8386-0128-X　Ⓝ810.24　〔11730〕
◇鎌倉時代語研究　第16輯　鎌倉時代語研究会編　武蔵野書院　1993.5　507p　22cm　15000円　Ⓘ4-8386-0136-0　Ⓝ810.24　〔11731〕
◇鎌倉時代語研究　第17輯　鎌倉時代語研究会編　武蔵野書院　1994.5　329p　22cm　11000円　Ⓘ4-8386-0148-4　Ⓝ810.24　〔11732〕
◇鎌倉時代語研究　第18輯　鎌倉時代語研究会編　武蔵野書院　1995.8　589p　22cm　20000円　Ⓘ4-8386-0155-7　Ⓝ810.24　〔11733〕
◇鎌倉時代語研究　第19輯　鎌倉時代語研究会編　武蔵野書院　1996.8　352p　22cm　11000円　Ⓘ4-8386-0162-X　Ⓝ810.24　〔11734〕
◇鎌倉時代語研究　第20輯　鎌倉時代語研究会編　武蔵野書院　1997.5　313p　22cm　10000円　Ⓘ4-8386-0169-7　Ⓝ810.24　〔11735〕
◇鎌倉時代語研究　第21輯　鎌倉時代語研究会編　武蔵野書院　1998.5　467p　22cm　13000円　Ⓘ4-8386-0178-6　Ⓝ810.24　〔11736〕
◇鎌倉時代語研究　第22輯　鎌倉時代語研究会編　武蔵野書院　1999.5　531p　22cm　14000円　Ⓘ4-8386-0183-2　Ⓝ810.24　〔11737〕
◇鎌倉時代語研究　第23輯　鎌倉時代語研究会編　武蔵野書院　2000.10　925p　22cm　28000円　Ⓘ4-8386-0194-8　Ⓝ810.24　〔11738〕
◇鎌倉幕府法漢字索引　第1部　校本御成敗式目　三保忠夫編　〔京都〕　〔三保忠夫〕　1985.11　117p　21cm　非売品　Ⓝ810.24　〔11739〕
◇鎌倉・室町ことば百話　森野宗明著　東京美術　1988.9　199p　19cm　（東京美術選書 68）　1200円　Ⓘ4-8087-0512-5　Ⓝ810.24　〔11740〕
◇沙石集総索引—慶長十年古活字本　深井一郎編　勉誠社　1980.3　2冊　27cm　全68000円　Ⓝ810.24　〔11741〕
◇正法眼蔵の国語学的研究　田島毓堂著　笠間書院　1977.3　1380p　図　22cm　（笠間叢書 73）　25000円　Ⓝ810.24　〔11742〕
◇正法眼蔵の国語学的研究　資料篇　田島毓堂編　笠間書院　1978.7　710p　22cm　（笠間叢書 95）　15000円　Ⓝ810.24　〔11743〕
◇大東急記念文庫蔵光明真言土沙勧信記総索引　本文篇　三保忠夫編　広島　三保忠夫　1975　163p　25cm　（国語史研究資料稿 第2巻 第1分冊）　非売品　Ⓝ810.24　〔11744〕
◇中世国語史資料としての「日蓮遺文」の研究　古瀬順一著　国書刊行会　1991.10　667p　22cm　20000円　Ⓘ4-336-03280-7　Ⓝ810.24　〔11745〕
◇日本語法史　鎌倉時代編　岩井良雄著　笠間書院　1971　421p　22cm　（笠間叢書 25）　4500円　Ⓝ815　〔11746〕
◇倭点法華経　中田祝夫編　勉誠社　1977.11　481p　22cm　9000円　Ⓝ810.24　〔11747〕
◇倭点法華経　正宗敦夫編纂校訂　現代思潮社　1978.11　2冊　16cm　（覆刻日本古典全集）　Ⓝ810.24　〔11748〕

◆◆室町時代の日本語

◇壒囊鈔　行誉著　現代思潮新社　2006.10　4, 553p　16cm　（覆刻日本古典全集）　6600円　Ⓘ4-329-02515-9　Ⓝ031.2　〔11749〕

◇姉小路式・歌道秘蔵録・春樹顕秘抄・春樹顕秘増抄　有賀長伯著　勉誠社　1977.12　272p　21cm　（勉誠社文庫 24）　2000円　Ⓝ810.24　〔11750〕

◇雲州往来―享禄本 本文　三保忠夫, 三保サト子編著　大阪　和泉書院　1997.7　441p　22cm　15000円　Ⓘ4-87088-864-5　Ⓝ810.24　〔11751〕

◇雲州往来―享禄本 研究と総索引　索引篇　三保忠夫, 三保サト子編著　大阪　和泉書院　1997.2　492p　27cm　（和泉書院索引叢書 41）　22660円　Ⓘ4-87088-844-0　Ⓝ810.24　〔11752〕

◇応永二十七年本論語抄―東山文庫蔵称光天皇宸翰　中田祝夫編　勉誠社　1976　726p 図　22cm　（抄物大系）　15000円　Ⓝ810.24　〔11753〕

◇鎌倉・室町ことば百話　森野宗明著　東京美術　1988.9　199p　19cm　（東京美術選書 68）　1200円　Ⓘ4-8087-0512-5　Ⓝ810.24　〔11754〕

◇狂言台本の国語学的研究　蜂谷清人著　笠間書院　1977.12　377p　22cm　（笠間叢書 86）　8000円　Ⓝ810.24　〔11755〕

◇玉塵抄　1　妙安著, 中田祝夫編　勉誠社　1970　710p　22cm　（抄物大系 別巻）　9500円　Ⓝ814　〔11756〕

◇玉塵抄　2　妙安著, 中田祝夫編　勉誠社　1970　729p　22cm　（抄物大系 別巻）　9500円　Ⓝ814　〔11757〕

◇玉塵抄　3　妙安著, 中田祝夫編　勉誠社　1971　840p　22cm　（抄物大系 別巻）　9500円　Ⓝ814　〔11758〕

◇玉塵抄　4　妙安著, 中田祝夫編　勉誠社　1971　724p　22cm　（抄物大系 別巻）　9500円　Ⓝ814　〔11759〕

◇玉塵抄　5　妙安著, 中田祝夫編　勉誠社　1971　782p　22cm　（抄物大系 別巻）　9500円　Ⓝ814　〔11760〕

◇玉塵抄　6　妙安著, 中田祝夫編　勉誠社　1971　829p　22cm　（抄物大系 別巻）　9500円　Ⓝ814　〔11761〕

◇玉塵抄　7　妙安著, 中田祝夫編　勉誠社　1971　704p　22cm　（抄物大系 別巻）　9500円　Ⓝ814　〔11762〕

◇玉塵抄　8　妙安著, 中田祝夫編　勉誠社　1971　700p　22cm　（抄物大系 別巻）　9500円　Ⓝ814　〔11763〕

◇玉塵抄　9　妙安著, 中田祝夫編　勉誠社　1971　692p　22cm　（抄物大系 別巻）　9500円　Ⓝ814　〔11764〕

◇玉塵抄を中心とした室町時代語の研究　出雲朝子著　桜楓社　1982.10　620p　22cm　28000円　Ⓝ814.6　〔11765〕

◇玉塵抄の語法　山田潔著　大阪　清文堂出版　2001.9　401p　22cm　11500円　Ⓘ4-7924-1370-2　Ⓝ810.24　〔11766〕

◇江湖風月集抄　駿河御譲本 逢左文庫蔵　中田祝夫編　勉誠社　1977.10　476p　22cm　（抄物大系）　9000円　Ⓝ810.24　〔11767〕

◇向日庵抄物集　寿岳章子編　大阪　清文堂出版　1987.2　2冊　22cm　全24000円　Ⓘ4-7924-1301-X　Ⓝ810.24　〔11768〕

◇行誉編『壒囊鈔』の研究　小助川元太著　三弥井書店　2006.9　310, 11p　22cm　6800円　Ⓘ4-8382-3147-4　Ⓝ031.2　〔11769〕

◇語学資料としての中華若木詩抄（校本）　亀井孝編　大阪　清文堂出版　1977.3　529p　22cm　9800円　Ⓝ810.24　〔11770〕

◇古辞書研究資料叢刊　第3巻　色葉字平它　天正十六年本色葉集―翻字本文・索引　伊露范字　木村晟編　大空社　1995.11　482p　22cm　13000円　Ⓘ4-7568-0100-5　Ⓝ813　〔11771〕

◇三体詩幻雲抄　幻雲編　勉誠社　1977.6　648p　22cm　（抄物大系）　12000円　Ⓝ810.24　〔11772〕

◇三体詩素隠抄　中田祝夫編　勉誠社　1977.9　2冊　22cm　（抄物大系）　全20000円　Ⓝ810.24　〔11773〕

◇詩学大成抄の国語学的研究　柳田征司著　大阪　清文堂出版　1975　3冊（影印篇上、下2冊共）　22cm　全24000円　Ⓝ810.24　〔11774〕

◇時代別国語大辞典　室町時代編 3　さ～ち　室町時代語辞典編修委員会編　三省堂　1994.3　1218p　27cm　45000円　Ⓘ4-385-13600-9　Ⓝ813.1　〔11775〕

◇時代別国語大辞典　室町時代編 4　室町時代辞典編修委員会編　三省堂　2000.3　1052p　27cm　45000円　Ⓘ4-385-13603-3　Ⓝ813.1　〔11776〕

◇時代別国語大辞典　室町時代編 5　室町時代辞典編修委員会編　三省堂　2001.1　891p　27cm　40000円　Ⓘ4-385-13606-8　Ⓝ813.1　〔11777〕

◇抄物資料集成　第1巻　史記抄　岡見正雄, 大塚光信編　桃源瑞仙著　大阪　清文堂出版　1971　646p　27cm　Ⓝ810.24　〔11778〕

◇抄物資料集成　第2巻　四河入海　1 巻1の1-巻6の4　岡見正雄, 大塚光信編　笑雲清三述　大阪　清文堂出版　1971　740p　27cm　Ⓝ810.24　〔11779〕

◇抄物資料集成　第3巻　四河入海　2 巻7の1-巻13の4　岡見正雄, 大塚光信編　笑雲清三述　大阪　清文堂出版　1971　803p　27cm　Ⓝ810.24　〔11780〕

◇抄物資料集成　第4巻　四河入海　3 巻14の1-巻19の4　岡見正雄, 大塚光信編　笑雲清三述　大阪　清文堂出版　1972　749p　27cm　Ⓝ810.24　〔11781〕

◇抄物資料集成　第5巻　四河入海　4 巻20の1-巻25の4　岡見正雄, 大塚光信編　笑雲清三述　大阪　清文堂出版　1971　747p　27cm　Ⓝ810.24　〔11782〕

◇抄物資料集成　第6巻　毛詩抄―底本:宮内庁書陵部蔵本　岡見正雄, 大塚光信編　船橋宣賢著　大阪　清文堂出版　1971　655p　27cm　Ⓝ810.24　〔11783〕

◇抄物資料集成　第7巻　解説索引篇　岡見正雄, 大塚光信編　大阪　清文堂出版　1976.12　546p　27cm　Ⓝ810.24　〔11784〕

◇抄物資料集成　別巻　索引篇　岡見正雄, 大塚光信編　大阪　清文堂出版　1976.12　542p　27cm　Ⓝ810.24　〔11785〕

◇抄物による室町時代語の研究　来田隆著　大阪　清文堂出版　2001.11　496p　22cm　14000円　Ⓘ4-7924-1372-9　Ⓝ810.24　〔11786〕

◇続抄物資料集成　第1巻　杜詩続翠抄　1　大塚光信編　大阪　清文堂出版　1980.6　536p　22cm　12000円　Ⓝ810.24　〔11787〕

◇続抄物資料集成　第2巻　杜詩続翠抄　2　大塚光信編　大阪　清文堂出版　1980.10　616p　22cm　12000円　Ⓝ810.24　〔11788〕

◇続抄物資料集成　第3巻　杜詩続翠抄　3　大塚光信編　大阪　清文堂出版　1981.4　486p　22cm　12000円　Ⓝ810.24　〔11789〕

◇続抄物資料集成　第4巻　漢書抄　大塚光信編　大阪　清文堂出版　1980.5　572p　22cm　12000円　Ⓝ810.24　〔11790〕

◇続抄物資料集成　第5巻　古文真宝桂林抄.古文真宝彦龍抄　大塚光信編　大阪　清文堂出版　1980.8　556p　22cm　12000円　Ⓝ810.24　〔11791〕
◇続抄物資料集成　第6巻　山谷抄　大塚光信編　大阪　清文堂出版　1980.4　832p　22cm　12000円　Ⓝ810.24　〔11792〕
◇続抄物資料集成　第7巻　荘子抄　大塚光信編　大阪　清文堂出版　1981.2　716p　22cm　12000円　Ⓝ810.24　〔11793〕
◇続抄物資料集成　第8巻　百丈清規抄　大塚光信編　大阪　清文堂出版　1980.1　661p　22cm　12000円　Ⓝ810.24　〔11794〕
◇続抄物資料集成　第9巻　日本書紀兼倶抄.日本書紀桃源抄　大塚光信編　大阪　清文堂出版　1981.7　636p　22cm　12000円　Ⓝ810.24　〔11795〕
◇中華若木詩抄　如月寿印著，中田祝夫編・解説　勉誠社　1977.7　314, 57p　21cm　（勉誠社文庫 20）　2500円　Ⓝ810.24　〔11796〕
◇鉄外和尚代抄・鉄外和尚再吟　呑鷟著，駒沢大学文学部国文学研究室編　汲古書院　1976　384p　25cm　（禅門抄物叢刊 第14,15）　5500円　Ⓝ810.24　〔11797〕
◇燈前夜話　徳昌著，中田祝夫編　勉誠社　1971　1冊　22cm　（抄物大系）　8000円　Ⓝ810.24　〔11798〕
◇洞門抄物と国語研究　金田弘著　桜楓社　1976　7冊　（資料篇6冊共）　22-27cm　全50000円　Ⓝ810.24　〔11799〕
◇日本語法史　室町時代編　岩井良雄著　笠間書院　1973　316p　22cm　（笠間叢書 36）　3500円　Ⓝ815　〔11800〕
◇日本戦国史漢和辞典　村石利夫編著　村田書店　1987.10　694, 24p　22cm　5200円　Ⓝ210.02　〔11801〕
◇人天眼目抄　宗煕著，中田祝夫，外山映次編著　勉誠社　1975　720, 172, 88p　22cm　（抄物大系）　13000円　Ⓝ810.24　〔11802〕
◇扶桑再吟　大暾著，駒沢大学文学部国文学研究室編　汲古書院　1976　341p　25cm　（禅門抄物叢刊 第13）　5000円　Ⓝ810.24　〔11803〕
◇報恩録　駒沢大学文学部国文学研究室編　汲古書院　1976.12　213p　25cm　（禅門抄物叢刊 第17）　3000円　Ⓝ810.24　〔11804〕
◇室町時代言語の研究―抄物の語法　湯沢幸吉郎著　風間書房　1955　387p 図版　22cm　Ⓝ810.24　〔11805〕
◇室町時代言語の研究―抄物の語法　湯沢幸吉郎著　風間書房　1981.2　387p　22cm　6000円　①4-7599-0104-3　Ⓝ810.24　〔11806〕
◇室町時代語を通して見た日本語音韻史　柳田征司著　武蔵野書院　1993.6　1145p　22cm　37000円　①4-8386-0138-7　Ⓝ811.1　〔11807〕
◇室町時代語資料としての抄物の研究　柳田征司著　武蔵野書院　1998.10　2冊　22cm　47000円　①4-8386-0179-4　Ⓝ810.24　〔11808〕
◇室町時代語資料による基本語詞の研究　柳田征司編　武蔵野書院　1991.7　404p　22cm　14000円　①4-8386-0121-2　Ⓝ814　〔11809〕
◇室町時代語の研究　鈴木博著　大阪　清文堂出版　1988.11　392p　22cm　10000円　①4-7924-1306-0　Ⓝ810.24　〔11810〕
◇室町時代語の表現　寿岳章子著　大阪　清文堂出版　1983.10　318p　22cm　7500円　Ⓝ810.24　〔11811〕
◇室町時代語論考　鈴木博著　大阪　清文堂出版　1984.11　398p　22cm　9800円　Ⓝ810.24　〔11812〕
◇室町時代語論攷　森田武著　三省堂　1985.5　425p　22cm　10000円　①4-385-34329-2　Ⓝ810.24　〔11813〕
◇室町時代の言語研究―抄物の語法　湯沢幸吉郎著　大岡山書店　1929　375p　23cm　Ⓝ810.2　〔11814〕
◇室町時代の国語　柳田征司著　東京堂出版　1985.9　258p　20cm　（国語学叢書 5）　2200円　Ⓝ810.24　〔11815〕
◇室町末期馬医書『秘伝集』の国語学的研究　蔵野嗣久著　広島　渓水社　1993.10　154p　22cm　①4-87440-319-0　Ⓝ810.24　〔11816〕
◇蒙求抄　中田祝夫編　勉誠社　1971　1034, 9p　22cm　（抄物大系）　6500円　Ⓝ810.24　〔11817〕
◇毛詩抄　清原宣賢講述，中田祝夫編　勉誠社　1971-1972　2冊　22cm　（抄物大系）　各5600円　Ⓝ810.24　〔11818〕
◇論語聞書　清原業忠講述，天隠竜沢記　武蔵野書院　1972　78p　21cm　Ⓝ810.24　〔11819〕

◆◆キリシタン語
◇天草本金句集　金田弘編　桜楓社　1977.2　1冊　21cm　800円　Ⓝ810.24　〔11820〕
◇ぎゃ・ど・ぺかどる　2巻　Fray Luis de Granada著，福島邦道編・解説　勉誠社　1981.7　434, 18p　22cm　12000円　Ⓝ810.24　〔11821〕
◇ぎゃどぺかどる字集　高羽五郎編・刻　〔金沢〕　〔高羽五郎〕　1950印刷―1951印刷　2冊（合本1冊）　25cm　（國語学資料 第6輯）　非売品　Ⓝ814　〔11822〕
◇ぎゃどぺかどる筆写本の国語学的研究　小島幸枝著　風間書房　1997.3　455p　22cm　29870円　①4-7599-1033-6　Ⓝ810.25　〔11823〕
◇キリシタン語学―16世紀における　松岡洸司著　ゆまに書房　1991.11　477, 5p　22cm　（国語学研究 1）　8000円　①4-89668-517-2　Ⓝ810.24　〔11824〕
◇キリシタン資料と国語研究　続々　聖人伝抄　福島邦道著　笠間書院　1995.10　240p　22cm　（笠間叢書 287）　7500円　①4-305-10287-0　Ⓝ810.25　〔11825〕
◇キリシタン文献の国語学的研究　小島幸枝著　武蔵野書院　1994.1　518p　22cm　15000円　①4-8386-0144-1　Ⓝ810.25　〔11826〕
◇吉利支丹論攷　土井忠生著　三省堂　1982.4　483p　22cm　9000円　Ⓝ810.24　〔11827〕
◇こんてむつすむん地―本文と註解　松岡洸司著　ゆまに書房　1996.4　218p　21cm　（国語学研究 4）　3600円　①4-89668-519-9　Ⓝ810.24　〔11828〕
◇コンテムツス・ムンヂ研究―翻訳における語彙の考察　松岡洸司著　ゆまに書房　1993.7　481, 8p　22cm　（国語学研究 2）　9800円　①4-89668-518-0　Ⓝ810.24　〔11829〕
◇抄物きりしたん資料私注　大塚光信著　大阪　清文堂出版　1996.4　736p　22cm　18540円　①4-7924-1331-1　Ⓝ810.24　〔11830〕
◇ドチリイナ・キリシタン―キリシタンの教え 一五九一年版 現代語訳　宮脇白夜訳　長崎　聖母の騎士社　2007.4　173p　15cm　（聖母文庫）　500円　①978-4-88216-278-0　Ⓝ198.221　〔11831〕
◇長崎本・南蛮紅毛事典　寺本界雄著　形象社　1974　284, 16p 図　22cm　2400円　Ⓝ219.3　〔11832〕

◇日本洋学史―葡・羅・蘭・英・独・仏・露語の受容　宮永孝著　三修社　2004.6　453p　21cm　4800円　Ⓘ4-384-04011-3　〔11833〕

文学史

◇あやかし考―不思議の中世へ　田中貴子著　平凡社　2004.3　255p　20cm　2000円　Ⓘ4-582-83214-8　Ⓝ910.24　〔11834〕
◇井原西鶴と中世文学　人間文化研究機構国文学研究資料館招聘外国人共同研究「井原西鶴と中世文学」編　人間文化研究機構国文学研究資料館　2007.3　101p　30cm　（研究成果報告　平成18年度）　Ⓘ978-4-87592-120-2　Ⓝ913.52　〔11835〕
◇岩波講座 日本文学史　第4巻　中世〔ほか〕　岩波書店編　斎藤清衛, 菊地良一　1958　21cm　Ⓝ910.2　〔11836〕
◇岩波講座 日本文学史　第4巻　変革期の文学　久保田淳, 栗坪良樹, 野山嘉正, 日野龍夫, 藤井貞和編　第2刷　岩波書店　2000.2　343p　21cm　3400円　Ⓘ4-00-010674-0　〔11837〕
◇岩波講座 日本文学史　第5巻　中世〔ほか〕　岩波書店編　林屋辰三郎　1958　21cm　Ⓝ910.2　〔11838〕
◇岩波講座日本文学史　第5巻　13・14世紀の文学　久保田淳ほか編　岩波書店　1995.11　327p　22cm　3000円　Ⓘ4-00-010675-9　Ⓝ910.2　〔11839〕
◇岩波講座 日本文学史　第5巻　13・14世紀の文学　久保田淳, 栗坪良樹, 野山嘉正, 日野龍夫, 藤井貞和編　第2刷　岩波書店　2000.3　327p　21cm　3400円　Ⓘ4-00-010675-9　〔11840〕
◇岩波講座 日本文学史　第6巻　中世〔第3〕　永積安明　岩波書店　1958-59　21cm　Ⓝ910.2　〔11841〕
◇岩波講座日本文学史　第6巻　一五・一六世紀の文学　久保田淳ほか編　岩波書店　1996.11　343p　22cm　3090円　Ⓘ4-00-010676-7　Ⓝ910.2　〔11842〕
◇海を渡る文学―日本と東アジアの物語・詩・絵画・芸能 国際学術シンポジウム　青山学院大学文学部日本文学科編　新典社　2007.8　195p　19cm　（新典社選書 21）　1500円　Ⓘ978-4-7879-6771-8　Ⓝ910.24　〔11843〕
◇越中の中世文学　綿抜豊昭著　富山　桂書房　1991.9　137p　19cm　1236円　Ⓝ910.24　〔11844〕
◇餓鬼の思想―中世文学私論　高田衛著　新読書社　1969　204p　19cm　600円　Ⓝ910.24　〔11845〕
◇風巻景次郎全集　第8巻　中世圏の人間　桜楓社　1971　678p　肖像　22cm　3500円　Ⓝ910.2　〔11846〕
◇語りの中世文芸―牙を磨く象のように　小林美和著　大阪　和泉書院　1994.6　225p　20cm　（和泉選書 88）　3090円　Ⓘ4-87088-675-8　Ⓝ910.24　〔11847〕
◇鎌倉室町文學論纂―徳江元正退職記念　石川透, 岡見弘道, 西村聡編　三弥井書店　2002.5　719p　22cm　18000円　Ⓘ4-8382-3093-1　Ⓝ910.24　〔11848〕
◇唐木順三全集　第5巻　増補版　筑摩書房　1981.5　467p　22cm　3800円　Ⓝ918.68　〔11849〕
◇唐木順三全集　第15巻　〔増補版〕　筑摩書房　1982.8　453p　22cm　4200円　Ⓝ918.68　〔11850〕
◇「偽書」の生成―中世的思考と表現　錦仁, 小川豊生, 伊藤聡編　森話社　2003.11　363p　22cm　6800円　Ⓘ4-916087-39-9　Ⓝ910.24　〔11851〕

◇近古文学史論　野村八良著　明治書院　1952　257p　22cm　Ⓝ910.24　〔11852〕
◇久保田淳著作選集　第3巻　中世の文化　久保田淳著　岩波書店　2004.6　352, 31p　22cm　9800円　Ⓘ4-00-026050-2　Ⓝ910.24　〔11853〕
◇外法と愛法の中世　田中貴子著　砂子屋書房　1993.6　285p　20cm　（ディヴィニタス叢書 4）　2427円　Ⓘ4-7904-0405-6　Ⓝ910.24　〔11854〕
◇外法と愛法の中世　田中貴子著　平凡社　2006.3　317p　16cm　（平凡社ライブラリー 571）　1400円　Ⓘ4-582-76571-8　Ⓝ910.24　〔11855〕
◇講座日本文学　第5　中世編　第1　三省堂　1969　281p　22cm　580円　Ⓝ910.2　〔11856〕
◇講座日本文学　第6　中世編　第2　三省堂　1969　268p　22cm　580円　Ⓝ910.2　〔11857〕
◇国文学年次別論文集中世　昭和55(1980)年 1　学術文献普及会編集　東久留米　朋文出版　1982.3　858p　18×25cm　9500円　Ⓝ910.24　〔11858〕
◇国文学年次別論文集中世　昭和55(1980)年 2　学術文献普及会編集　東久留米　朋文出版　1982.3　804p　18×25cm　9800円　Ⓝ910.24　〔11859〕
◇国文学年次別論文集中世　昭和56(1981)年 1　学術文献刊行会編　東久留米　朋文出版　1983.1　797p　18×25cm　9500円　Ⓝ910.24　〔11860〕
◇国文学年次別論文集中世　昭和56(1981)年 2　学術文献刊行会編　東久留米　朋文出版　1983.2　901p　18×25cm　9800円　Ⓝ910.24　〔11861〕
◇国文学年次別論文集中世　昭和57(1982)年 1　学術文献刊行会編　東久留米　朋文出版　1984.1　848p　18×25cm　9800円　Ⓝ910.24　〔11862〕
◇国文学年次別論文集中世　昭和57(1982)年 2　学術文献刊行会編　東久留米　朋文出版　1984.2　858p　18×25cm　9800円　Ⓝ910.24　〔11863〕
◇国文学年次別論文集中世　昭和58(1983)年 1　学術文献刊行会編　東久留米　朋文出版　1985.1　697p　18×25cm　9500円　Ⓝ910.24　〔11864〕
◇国文学年次別論文集中世　昭和58(1983)年 2　学術文献刊行会編　東久留米　朋文出版　1985.2　767p　18×25cm　9800円　Ⓝ910.24　〔11865〕
◇国文学年次別論文集中世　昭和59(1984)年 1　学術文献刊行会編　東久留米　朋文出版　1986.1　732p　18×25cm　9500円　Ⓝ910.24　〔11866〕
◇国文学年次別論文集中世　昭和59(1984)年 2　学術文献刊行会編　東久留米　朋文出版　1986.2　756p　18×25cm　9800円　Ⓝ910.24　〔11867〕
◇国文学年次別論文集中世　昭和60(1985)年 1　学術文献刊行会編　東久留米　朋文出版　1987.1　750p　18×25cm　9500円　Ⓝ910.24　〔11868〕
◇国文学年次別論文集中世　昭和60(1985)年 2　学術文献刊行会編　東久留米　朋文出版　1987.2　754p　18×25cm　9800円　Ⓝ910.24　〔11869〕
◇国文学年次別論文集中世　昭和61(1986)年 1　学術文献刊行会編　東久留米　朋文出版　1988.1　768p　18×25cm　9500円　Ⓝ910.24　〔11870〕
◇国文学年次別論文集中世　昭和61(1986)年 2　学術文献刊行会編　東久留米　朋文出版　1988.2　800p　18×25cm　9800円　Ⓝ910.24　〔11871〕
◇国文学年次別論文集中世　昭和62(1987)年 1　学術文献刊行会編　東久留米　朋文出版　1989.1　765p　18×25cm　9500円　Ⓝ910.24　〔11872〕

◇国文学年次別論文集中世　昭和62(1987)年 2　学術文献刊行会編　東久留米　朋文出版　1989.2　797p　18×25cm　9800円　Ⓝ910.24　〔11873〕
◇古文学の流域　水原一編　新典社　1996.4　515p　22cm　(新典社研究叢書 91)　16000円　Ⓘ4-7879-4091-0　Ⓝ910.24　〔11874〕
◇止観的美意識の展開―中世芸道と本覚思想との関連　三崎義泉著　ぺりかん社　1999.2　927p　22cm　19000円　Ⓘ4-8315-0870-5　Ⓝ910.24　〔11875〕
◇思想を中心としたる中世国文学の研究　阪口玄章著　六文館　1931　312,3p　22cm　Ⓝ910.24　〔11876〕
◇思想を中心としたる中世国文学の研究　阪口玄章著　再版　荻原星文館　1934　323,3p　23cm　Ⓝ910.24　〔11877〕
◇時代別日本文学史事典　中世編　有精堂編集部編　有精堂出版　1989.8　515p　22cm　7800円　Ⓘ4-640-30745-4　Ⓝ910.2　〔11878〕
◇書物の中世史　五味文彦著　みすず書房　2003.12　515,33p　21cm　6400円　Ⓘ4-622-07077-4　〔11879〕
◇資料日本文学史　中世篇　半田公平ほか著　改訂版　桜楓社　1983.4　206p　22cm　1200円　Ⓝ910.24　〔11880〕
◇新古今世界と中世文学　石田吉貞著　北沢図書出版　1972　2冊　22cm　各4500円　Ⓝ910.24　〔11881〕
◇新古今世界と中世文学　石田吉貞著　復刻　パルトス社　1998.12　504,517p　22cm　32000円　Ⓝ910.24　〔11882〕
◇数奇と無常　目崎徳衛著　吉川弘文館　1988.12　262p　20cm　1800円　Ⓘ4-642-07278-0　Ⓝ910.24　〔11883〕
◇性愛の日本中世　田中貴子著　洋泉社　1997.12　222p　20cm　2000円　Ⓘ4-89691-288-8　Ⓝ910.24　〔11884〕
◇性愛の日本中世　田中貴子著　筑摩書房　2004.11　264p　15cm　(ちくま学芸文庫)　1000円　Ⓘ4-480-08884-9　Ⓝ910.24　〔11885〕
◇磯馴帖―古典研究資料集　村雨篇　伊藤正義監修, 磯馴帖刊行会編輯　大阪　和泉書院　2002.7　488p　22cm　Ⓘ4-7576-0164-6　Ⓝ918.4　〔11886〕
◇谷山茂著作集　1　幽玄　角川書店　1982.4　407p　22cm　5400円　Ⓝ910.24　〔11887〕
◇血筋はそこからはじまった　西田知己著　研成社　2002.10　228p　19cm　1700円　Ⓘ4-87639-625-6　Ⓝ910.24　〔11888〕
◇中古文学選　新町徳之編　京都　内外出版　1925　632p　19cm　Ⓝ918　〔11889〕
◇中古文学選　川出麻須美, 井手淳二郎共編　大阪　立川文明堂　1927　255p　19cm　Ⓝ375.8　〔11890〕
◇中古文学選　慶応義塾大学編　慶応義塾出版局　1942　209p　19cm　Ⓝ375.8　〔11891〕
◇中古文学選　和歌・日記・随筆編　藤平春男, 秋山虔編　有精堂出版　1968.2　138p　22cm　(新集日本文学叢刊)　Ⓝ375.8　〔11892〕
◇中古文学選集　久松潜一編　明治書院　1940　219p　20cm　Ⓝ375.8　〔11893〕
◇中古文学選集　久松潜一著　改修版　明治書院　1941　209p　20cm　Ⓝ375.8　〔11894〕
◇中世を生きる　中野孝次著　講談社　1983.6　186p　20cm　1300円　Ⓘ4-06-200144-6　Ⓝ910.24　〔11895〕

◇中世鎌倉室町文学事典　荒木良雄著　春秋社　1961　376, 62p　22cm　(日本文学事典)　Ⓝ910.24　〔11896〕
◇中世鎌倉室町文学辞典　荒木良雄著　増訂版　春秋社　1966　408, 62p　22cm　(日本文学事典)　Ⓝ910.24　〔11897〕
◇中世藝文の研究　筑土鈴寛著　有精堂出版　1966　555p　図版　22cm　Ⓝ910.24　〔11898〕
◇中世国文学研究　後藤丹治著　磯部甲陽堂　1943　550p　22cm　Ⓝ910.24　〔11899〕
◇中世国文学の研究　阪口玄章著　楽園書房　1934　323, 3p　23cm　Ⓝ910.24　〔11900〕
◇中世国文学の研究　阪口玄章著　テンセン社　1939　323p　21cm　Ⓝ910.24　〔11901〕
◇中世国文学論　荒木良雄著　生活社　1944　324p　19cm　Ⓝ910.23　〔11902〕
◇中世古典学の書誌学的研究　武井和人著　勉誠出版　1999.1　790p　22cm　19600円　Ⓘ4-585-10036-9　Ⓝ910.24　〔11903〕
◇中世古文学像の探求　水原一著　新典社　1995.5　551p　22cm　(新典社研究叢書 81)　17000円　Ⓘ4-7879-4081-3　Ⓝ910.24　〔11904〕
◇中世寺院における文芸生成の研究　加賀元子著　汲古書院　2003.1　445, 18p　22cm　13000円　Ⓘ4-7629-3445-3　Ⓝ910.24　〔11905〕
◇中世史の民衆唱導文芸　渡辺昭五著　岩田書院　1995.8　309p　22cm　7107円　Ⓘ4-900697-31-1　Ⓝ913.4　〔11906〕
◇中世その詩的側面―坂本くにを詩論集　坂本くにを著　〔横浜〕　〔坂本くにを〕　2007.5　110p　21cm　Ⓝ911.5　〔11907〕
◇中世的文学の探究　安良岡康作著　有精堂出版　1970　327p　19cm　(有精堂選書)　1500円　Ⓝ910.24　〔11908〕
◇中世的文芸の理念　安良岡康作著　笠間書院　1981.6　397p　22cm　(笠間叢書 159)　9500円　Ⓝ910.24　〔11909〕
◇中世伝承文学とその周辺―友久武文先生古稀記念論文集　友久武文先生古稀記念論文集刊行会編　広島　溪水社　1997.3　356p　22cm　Ⓘ4-87440-452-9　Ⓝ910.24　〔11910〕
◇中世伝承文学の諸相　美濃部重克著　大阪　和泉書院　1988.8　336p　22cm　(研究叢書 59)　8500円　Ⓘ4-87088-286-8　Ⓝ913.4　〔11911〕
◇中世日本人の思惟と表現　桜井好朗著　未来社　1970　367p　20cm　1400円　Ⓝ910.24　〔11912〕
◇中世日本の思想と文芸　井手恒雄著　世界書院　1964　319p　19cm　Ⓝ910.24　〔11913〕
◇中世日本の庶民文学　荒木良雄著　大阪　新日本図書　1947　296p　19cm　60円　Ⓝ910.24　〔11914〕
◇中世日本文学　斎藤清衛著　文学社　1935　356p　23cm　(日本文学体系 第3部 第2)　Ⓝ910.24　〔11915〕
◇中世日本文学　斎藤清衛著　有朋堂　1966　322p　22cm　Ⓝ910.23　〔11916〕
◇中世日本文学　斎藤清衛著　筑摩書房　1969　333p　19cm　(筑摩叢書)　680円　Ⓝ910.23　〔11917〕
◇中世日本文学　久保田淳編著　放送大学教育振興会　1991.3　223p　21cm　(放送大学教材 1991)　1960円　Ⓘ4-595-55679-9　Ⓝ910.24　〔11918〕

◇中世日本文学史　有吉保編　有斐閣　1978.5　255, 7p　19cm　（有斐閣双書）　1200円　Ⓝ910.24　〔11919〕
◇中世日本文学序説　簗瀬一雄著　荻原星文館　1943　364p　22cm　Ⓝ910.24　〔11920〕
◇中世日本文学と時間意識　永藤靖著　未来社　1984.11　250p　20cm　1800円　Ⓝ910.24　〔11921〕
◇中世日本文学と時間意識　永藤靖著　未来社　1984.11　250p　20cm　1800円　Ⓝ910.23　〔11922〕
◇中世日本文学の書誌学的研究　堀部正二著　京都　全国書房　1948　252p　22cm　Ⓝ910.24　〔11923〕
◇中世日本文学の書誌学的研究　堀部正二著　京都　臨川書店　1988.6　252p　22cm　4200円　④4-653-01752-2　Ⓝ910.24　〔11924〕
◇中世日本文学の風景　久保田淳, 島内裕子編著　放送大学教育振興会　2000.3　206p　21cm　（放送大学教材 2000）　2200円　④4-595-87113-9　Ⓝ910.24　〔11925〕
◇中世のこころ　桶谷秀昭著　小沢書店　1985.12　192p　20cm　（小沢コレクション 11）　1600円　Ⓝ910.24　〔11926〕
◇中世の残照　西田正好著　桜楓社　1971　291p　19cm　950円　Ⓝ910.25　〔11927〕
◇中世の唱導文芸　菊地良一著　塙書房　1968　304p　19cm　（塙選書）　Ⓝ910.24　〔11928〕
◇中世の知と学―〈注釈〉を読む　三谷邦明, 小峯和明編　森話社　1997.12　301p　20cm　3600円　④4-7952-9067-9　Ⓝ910.24　〔11929〕
◇中世の日本文学―作家と作品　久保田淳, 島内裕子著　放送大学教育振興会　1995.3　196p　21cm　（放送大学教材 1995）　2060円　④4-595-85396-3　Ⓝ910.24　〔11930〕
◇中世の美学　笠原伸夫著　桜楓社　1967　254p　19cm　Ⓝ910.24　〔11931〕
◇中世の美学　笠原伸夫著　増補改訂版　桜楓社　1976　274p　20cm　1200円　Ⓝ910.24　〔11932〕
◇中世の文学　唐木順三著　筑摩書房　1955　315p　19cm　Ⓝ910.24　〔11933〕
◇中世の文學　唐木順三著　新版　筑摩書房　1965　318p　19cm　（筑摩叢書）　Ⓝ910.24　〔11934〕
◇中世の文学　市古貞次著　至文堂　1966　288p（図版共）　20cm　（日本の文学 3）　Ⓝ910.24　〔11935〕
◇中世の文学　唐木順三著　新版　筑摩書房　1973　318p　20cm　（唐木順三文庫 4）　900円　Ⓝ910.24　〔11936〕
◇中世の文学　久保田淳, 北川忠彦編　有斐閣　1976　366, 8p　19cm　（有斐閣選書）　1300円　Ⓝ910.24　〔11937〕
◇中世の文学伝統―日本文学論　風巻景次郎著　角川書店　1948　241p　19cm　（飛鳥新書 20）　Ⓝ911.14　〔11938〕
◇中世の文学と学問　大取一馬編　京都　思文閣出版　2005.11　494p　22cm　（龍谷大学仏教文化研究叢書 15）　8400円　④4-7842-1271-X　〔11939〕
◇中世の文学と芸道　石津純道著　至文堂　1961　267p　22cm　Ⓝ910.24　〔11940〕
◇中世の文学　附録―1-5　三弥井書店　1971.3-1974.12　1冊　21cm　Ⓝ918.4　〔11941〕
◇中世の文学　附録―6-16,18-26　〔2〕　三弥井書店　1976.12-2000.6　1冊　21cm　Ⓝ918.4　〔11942〕

◇中世の文藝―「道」という理念　小西甚一著　講談社　1997.12　235p　15cm　（講談社学術文庫）　740円　④4-06-159307-2　Ⓝ910.24　〔11943〕
◇中世の文芸・非文芸　井手恒雄著　桜楓社　1973　228p　22cm　3800円　Ⓝ910.24　〔11944〕
◇中世仏伝集―仏法部 4　国文学研究資料館編　京都　臨川書店　2000.11　517p　21cm　（真福寺善本叢刊 5）　14800円　④4-653-03477-X　〔11945〕
◇中世文学―研究と資料　慶応義塾大学国文学研究会編　至文堂　1958　208p　22cm　（国文学論叢 第2輯）　Ⓝ910.24　〔11946〕
◇中世文学―資料と論考　伊地知鉄男編　笠間書院　1978.11　663p　22cm　（笠間叢書 109）　13000円　Ⓝ910.24　〔11947〕
◇中世文学　今成元昭ほか編著　おうふう　1995.9　246p　21cm　1900円　④4-273-00909-9　Ⓝ910.24　〔11948〕
◇中世文学研究―論攷と資料　中四国中世文学研究会編　大阪　和泉書院　1995.6　458p　22cm　（研究叢書 170）　15450円　④4-87088-736-3　Ⓝ910.24　〔11949〕
◇中世文学研究　武石彰夫ほか著　双文社出版　1997.3　216p　21cm　2472円　Ⓝ910.24　〔11950〕
◇中世文学研究入門　東京大学中世文学研究会編　至文堂　1965　447p　19cm　Ⓝ910.24　〔11951〕
◇中世文学研究の三十年　中世文学会編　中世文学会　1985.10　200p　22cm　Ⓝ910.24　〔11952〕
◇中世文学研究は日本文化を解明できるか―「中世文学会創設50周年」記念シンポジウム「中世文学研究の過去・現在・未来」の記録　中世文学会編　笠間書院　2006.10　405p　21cm　3200円　④4-305-70331-9　Ⓝ910.24　〔11953〕
◇中世文学思潮　佐々木克衛ほか編　双文社出版　1984.3　209p　21cm　1800円　Ⓝ910.24　〔11954〕
◇中世文学思潮　佐々木克衛ほか編　双文社出版　1988.4　209p　21cm　1800円　④4-88164-029-1　Ⓝ910.24　〔11955〕
◇中世文学写本解題図録　石川透編　古典資料研究会　2005.5　100p　21cm　Ⓝ026.2　〔11956〕
◇中世文学序考　関口忠男著　武蔵野書院　1992.3　423p　22cm　15000円　④4-8386-0126-3　Ⓝ910.24　〔11957〕
◇中世文学史論　島津忠夫著　大阪　和泉書院　1979.11　187p　19cm　（和泉選書）　1800円　Ⓝ910.24　〔11958〕
◇中世文学試論　木藤才蔵著　明治書院　1984.3　365p　22cm　5400円　Ⓝ910.24　〔11959〕
◇中世文学新選　斎藤清衛編　東京武蔵野書院　1941　151p　20cm　Ⓝ375.8　〔11960〕
◇中世文学選　島津久基編　中興館　1928　176p　19cm　Ⓝ375.8　〔11961〕
◇中世文学選　小林智昭, 新間進一編　有精堂出版　1968.2　138p　22cm　（新集日本文学叢刊）　Ⓝ375.8　〔11962〕
◇中世文学選　島津忠夫ほか編　大阪　和泉書院　1982.3　226p　21cm　1300円　④4-900137-48-0　Ⓝ910.24　〔11963〕
◇中世文学叢考　荒木尚著　大阪　和泉書院　2001.3　303p　22cm　（研究叢書 269）　10000円　④4-7576-0098-4　Ⓝ910.24　〔11964〕

文学史　　　　　　　　　　　　　　　　中世史

◇中世文学展—中世文学と鎌倉 鎌倉古都展参加特別展　鎌倉　鎌倉市教育委員会　1989.10　28p　26cm　Ⓝ910.24　〔11965〕
◇中世文学点描　市古貞次著　桜楓社　1985.4　214p　19cm　1800円　①4-273-02007-6　Ⓝ910.24　〔11966〕
◇中世文学と漢文学　1　和漢比較文学会編　汲古書院　1987.7　243, 90p　22cm　(和漢比較文学叢書 第5巻)　5500円　Ⓝ910.24　〔11967〕
◇中世文学と漢文学　2　和漢比較文学会編　汲古書院　1987.10　327p　22cm　(和漢比較文学叢書 第6巻)　5500円　Ⓝ910.24　〔11968〕
◇中世文学に現れた女性　阪口玄章著　文松堂出版　1944　249p　18cm　Ⓝ910.24　〔11969〕
◇中世文学年表—小説・軍記・幸若舞　市古貞次著　東京大学出版会　1998.12　286p　23cm　6800円　①4-13-080059-0　Ⓝ910.24　〔11970〕
◇中世文学の可能性　永積安明著　岩波書店　1977.6　425p　19cm　2100円　Ⓝ910.24　〔11971〕
◇中世文学の形象と精神　荒木良雄著　昭森社　1942　308p　21cm　Ⓝ910.24　〔11972〕
◇中世文学の形成と展開　友久武文, 湯之上早苗編　大阪　和泉書院　1996.6　242p　22cm　(研究叢書 179—継承と展開 6)　8755円　①4-87088-776-2　Ⓝ910.24　〔11973〕
◇中世文学の形成と発展　荒木良雄著　京都　ミネルヴァ書房　1957　440p 図版　22cm　Ⓝ910.24　〔11974〕
◇中世文学の研究—現代文学との関連を中心として　東京大学中世文学研究会編　明治書院　1968　285p　22cm　Ⓝ910.24　〔11975〕
◇中世文学の研究　秋山虔編　東京大学出版会　1972　568p　22cm　Ⓝ910.24　〔11976〕
◇中世文学の構想　佐々木八郎著　明治書院　1981.10　368p　22cm　5800円　Ⓝ910.24　〔11977〕
◇中世文学の時空　久保田淳著　若草書房　1998.9　398p　22cm　(中世文学研究叢書 7)　9300円　①4-948755-34-6　Ⓝ910.24　〔11978〕
◇中世文学の思想　小林智昭著　至文堂　1964　334p　22cm　Ⓝ910.24　〔11979〕
◇中世文学の思想　続　小林智昭著　笠間書院　1974　390p　22cm　(笠間叢書 48)　5000円　Ⓝ910.24　〔11980〕
◇中世文学の主体的精神　藤井和義著　創元社　1944　430p　21cm　Ⓝ910.24　〔11981〕
◇中世文学の諸相とその時代　村上美登志著　大阪　和泉書院　1996.12　716p　22cm　(研究叢書 195)　22660円　①4-87088-834-3　Ⓝ913.4　〔11982〕
◇中世文学の諸相とその時代　2　村上美登志著　大阪　和泉書院　2006.3　438p　21cm　(研究叢書)　13000円　①4-7576-0347-9　〔11983〕
◇中世文学の諸問題　松本寧至編　新典社　2000.5　237p　22cm　(新典社研究叢書 128)　6000円　①4-7879-4128-3　Ⓝ910.24　〔11984〕
◇中世文学の成立　永積安明著　岩波書店　1963　283p　22cm　Ⓝ910.24　〔11985〕
◇中世文学の世界—西尾実先生古希記念論文集　西尾実先生古希祝賀会編　岩波書店　1960　386p　Ⓝ910.24　〔11986〕

◇中世文学の世界　稲田利徳ほか編　京都　世界思想社　1984.5　266p　19cm　(Sekaishiso seminar)　1900円　①4-7907-0266-9　Ⓝ910.24　〔11987〕
◇中世文学の世界—テーマ展図録　神奈川県立金沢文庫編　横浜　神奈川県立金沢文庫　1992.12　63p　26cm　Ⓝ910.24　〔11988〕
◇中世文学の達成　谷宏著　三一書房　1962　274p　22cm　Ⓝ910.24　〔11989〕
◇中世文学の達成　谷宏著　三一書房　1971　274p　22cm　1800円　Ⓝ910.24　〔11990〕
◇中世文学の展開と仏教　山田昭全編　おうふう　2000.10　535p　22cm　16000円　①4-273-03152-3　Ⓝ910.24　〔11991〕
◇中世文学の展望　永積安明著　東京大学出版会　1956　309p　22cm　Ⓝ910.24　〔11992〕
◇中世文学未刊資料の研究　佐藤高明著　ひたく書房　1982.2　728p　22cm　15000円　①4-89328-011-2　Ⓝ910.24　〔11993〕
◇中世文学論研究　田中裕著　塙書房　1969　500p 図版　22cm　2900円　Ⓝ910.24　〔11994〕
◇中世文学論考　福田秀一著　明治書院　1975　554p　22cm　6800円　Ⓝ910.24　〔11995〕
◇中世文学論考　長野甞一著　笠間書院　1980.7　438p　22cm　(笠間叢書 148)　9500円　Ⓝ910.24　〔11996〕
◇中世文芸—五十号記念論集　広島　広島中世文芸研究会(広島大学文学部国文研究室内)　1973　437p　19cm　(中世文芸叢書 別巻 3)　Ⓝ910.24　〔11997〕
◇中世文芸と仏教　村田昇著　一橋書房　1956　354p　22cm　Ⓝ910.24　〔11998〕
◇中世文芸の源流　永島福太郎著　京都　河原書店　1948　256p　19cm　Ⓝ910.24　〔11999〕
◇中世文芸の地方史　川添昭二著　平凡社　1982.1　381p　20cm　(平凡社選書 71)　1800円　Ⓝ910.24　〔12000〕
◇中世文芸の表現機構　鈴木則郎編著　おうふう　1998.10　263p　22cm　9500円　①4-273-03040-3　Ⓝ910.24　〔12001〕
◇中世文藝比較文学論考　増田欣著　汲古書院　2002.2　1102, 53p　22cm　26000円　①4-7629-3443-7　Ⓝ910.24　〔12002〕
◇中世歴史と文学のあいだ　大隅和雄著　吉川弘文館　1993.2　290p　20cm　2200円　①4-642-07392-2　Ⓝ910.24　〔12003〕
◇伝承文学論〈ジャンルをこえて〉—東京都立大学大学院国文学専攻中世文学ゼミ報告　東京都立大学大学院人文科学研究科国文学専攻中世文学ゼミ編　八王子　東京都立大学大学院人文科学研究科国文学専攻中世文学ゼミ　1992.3　119p　21cm　Ⓝ910.4　〔12004〕
◇日本人の美意識　久保田淳著　講談社　1978.10　322p　20cm　1400円　Ⓝ910.24　〔12005〕
◇日本中世の伝承世界　樋口州男著　校倉書房　2005.10　350p　22cm　(歴史科学叢書)　9000円　①4-7517-3660-4　Ⓝ210.4　〔12006〕
◇日本伝統文化研究報告　平成3・4年度版　つくば　筑波大学文芸・言語学系　1993.1　59p　26cm　Ⓝ910.4　〔12007〕
◇日本の古典—散文編　三角洋一, 松尾葦江, 島内裕子著　放送大学教育振興会　2006.3　216p　21cm　(放送大学教材 2006)　2300円　①4-595-30650-4　Ⓝ910.24　〔12008〕

◇日本の散文―古典編　三角洋一, 松尾葦江, 島内裕子著　放送大学教育振興会　2003.3　219p　21cm　(放送大学教材 2003)　2200円　①4-595-23659-X　Ⓝ910.24
〔12009〕
◇日本の中世文学　伊藤博之ほか編　新日本出版社　1983.8　283, 17p　19cm　1500円　Ⓝ910.24　〔12010〕
◇日本文学講座　第3巻　中世の文学〔ほか〕　斎藤清衛　河出書房　1950-51　22cm　Ⓝ910.8
〔12011〕
◇日本文学講座　第3巻　中世の文学〔ほか〕　斎藤清衛　河出書房　1955-56　17cm　Ⓝ910.8　〔12012〕
◇日本文学史　第3巻　中世　久松潜一等編　至文堂　1955-57　22cm　Ⓝ910.2
〔12013〕
◇日本文学史　〔第3〕　中世　久松潜一等編　改訂新版　至文堂　1964　23cm　Ⓝ910.2
〔12014〕
◇日本文学史を読む　3　中世　有精堂編集部編　有精堂出版　1992.3　262p　21cm　3500円　①4-640-30715-2　Ⓝ910.2
〔12015〕
◇日本文学色彩用語集成　中世　伊原昭著　笠間書院　1975　420p　22cm　10000円　Ⓝ910.24〔12016〕
◇日本文学色彩用語集成　中古　伊原昭著　笠間書院　1977.4　707p　22cm　16500円　Ⓝ910.23
〔12017〕
◇日本文学新史　中世　小山弘志編　至文堂　1985.12　360p　23cm　1500円　Ⓝ910.2　〔12018〕
◇日本文学新史　中世　小山弘志編　〔改訂版〕　至文堂　1990.7　502p　22cm　①4-7843-0060-0　Ⓝ910.2
〔12019〕
◇日本文学全史　3　中世　市古貞次責任編集　久保田淳編集　学燈社　1978.7　622p　23cm　7000円　Ⓝ910.2
〔12020〕
◇日本文学全史　3　中世　市古貞次責任編集　久保田淳編集　増訂版　学灯社　1990.3　638p　23cm　8000円　Ⓝ910.2
〔12021〕
◇日本文芸史―表現の流れ　第3巻　中世　松村雄二ほか編　河出書房新社　1987.6　377, 11pp　22cm　4800円　①4-309-60923-6　Ⓝ910.2
〔12022〕
◇日本文芸史素描　古代・中世編　内野吾郎著　白帝社　1972　573, 29p　22cm　3900円　Ⓝ910.2
〔12023〕
◇日本文芸史における　中世的なもの　西尾実著　東京大学出版会　1954　281p　22cm　Ⓝ910.24　〔12024〕
◇日本文芸史における　中世的なものとその展開　西尾実著　岩波書店　1961　476p　22cm　Ⓝ910.24
〔12025〕
◇年表資料中世文学史　藤平春男, 井上宗雄, 山田昭全編　笠間書院　1973　198p　21cm　600円　Ⓝ910.24
〔12026〕
◇能勢朝次著作集　第2巻　中世文学研究　能勢朝次著作集編集委員会編　京都　思文閣出版　1981.6　426p　22cm　4000円　Ⓝ910.8
〔12027〕
◇発想中世文学史　石上堅著　一歩社書店　1957　240p　19cm　(民俗文芸叢書)　Ⓝ910.24　〔12028〕
◇藤岡作太郎博士著作集　第2冊　鎌倉室町時代文学史　藤岡作太郎著　岩波書店　1949-55　22cm　Ⓝ910.8
〔12029〕
◇碧冲洞叢書　第3巻（第11輯～第20輯）　簗瀬一雄編著　京都　臨川書店　1995.12　626p　22cm　①4-653-03177-0, 4-653-03173-8　Ⓝ910.2　〔12030〕
◇封建制下の文学　永積安明著　丹波書林　1946　86p　18cm　(学芸新書 3)　6円　Ⓝ910.24　〔12031〕

◇発心を妨げるもの―中世日本文芸論考　井手恒雄著　桜楓社　1982.3　221p　22cm　4800円　Ⓝ910.24
〔12032〕
◇「道」―中世の理念　小西甚一著　講談社　1975　208p　18cm　(講談社現代新書)　370円　Ⓝ910.24
〔12033〕
◇物語りのまち直江の津―中世物語りと紀行文に直江の津・越後府中を見る　佐藤和夫著　〔上越〕　直江の津同好会　1999.10　15p　21cm　Ⓝ910.24　〔12034〕
◇湯屋の皇后―中世の性と聖なるもの　阿部泰郎著　名古屋　名古屋大学出版会　1998.7　394, 2p　20cm　3800円　①4-8158-0346-3　Ⓝ910.24
〔12035〕
◇乱世の知識人と文学　藤原正義著　大阪　和泉書院　2000.11　234p　22cm　(研究叢書 253)　6000円　①4-7576-0077-1　Ⓝ910.24　〔12036〕
◇論集中世の文学　韻文篇　久保田淳編　明治書院　1994.7　406p　22cm　8800円　①4-625-41110-6　Ⓝ910.24
〔12037〕
◇論集中世の文学　散文篇　久保田淳編　明治書院　1994.7　320p　22cm　7800円　①4-625-41109-2　Ⓝ910.24
〔12038〕
◇わが中世　寺田透著　現代思潮社　1967　300p　20cm　Ⓝ910.24
〔12039〕
◇和歌と中世文学―峰村文人先生退官記念論集　東京教育大学中世文学談話会編　東京教育大学中世文学談話会　1977.3　468p　肖像　22cm　6000円　Ⓝ910.24
〔12040〕
◇我等が生けるけふの日　中野孝次著　小沢書店　1978.1　205p　20cm　1500円　Ⓝ910.24　〔12041〕
◇我等が生けるけふの日　中野孝次著　小沢書店　1986.9　205p　20cm　(小沢コレクション 14)　1600円　Ⓝ910.24
〔12042〕

◆◆草庵文学
◇隠者の文学―苦悶する美　石田吉貞著　塙書房　1968　253p　18cm　(塙新書)　Ⓝ910.24　〔12043〕
◇隠者の文学―苦悶する美　石田吉貞著　講談社　2001.11　285p　15cm　(講談社学術文庫)　920円　①4-06-159521-0　Ⓝ910.24
〔12044〕
◇隠遁の文学―妄念と覚醒　伊藤博之著　笠間書院　1975　272p　18cm　(笠間選書 37)　1000円　Ⓝ910.24
〔12045〕
◇閑居と乱世―中世文学点描　佐竹昭広著　平凡社　2005.11　259p　20cm　(平凡社選書 224)　2800円　①4-582-84224-0　Ⓝ910.24
〔12046〕
◇中世穏者文芸の系譜　広畑譲著　桜楓社　1978.4　186p　22cm　2800円　Ⓝ910.24
〔12047〕
◇中世草庵の文学　石田吉貞著　河出書房　1941　183p　18cm　Ⓝ910.24
〔12048〕
◇中世草庵の文学　石田吉貞著　改訂版　北沢図書出版　1970　270p　19cm　800円　Ⓝ910.24　〔12049〕

◆◆宗教文学
◇時衆と中世文学　金井清光著　東京美術　1975　568p　22cm　9600円　Ⓝ910.24
〔12050〕
◇時衆文芸研究　金井清光著　風間書房　1967　619p　図版　22cm　Ⓝ910.24
〔12051〕
◇時衆文芸と一遍法語―中世民衆の信仰と文化　金井清光著　東京美術　1987.2　548p　22cm　18000円　①4-8087-0358-0　Ⓝ910.24
〔12052〕

文学史　　　　　　　　　　　中世史

◇浄土教と中世文学　渡辺昭五著　みずうみ書房　1990.4　215p　19cm　1456円　Ⓘ4-8380-6103-X　Ⓝ910.24
〔12053〕
◇中世宗教文学の構造と表現―佛と神の文学　村上學著　三弥井書店　2006.4　411, 12p　22cm　9800円　Ⓘ4-8382-3143-1　Ⓝ910.24
〔12054〕
◇中世唱導文学の研究　小島瓔礼著　泰流社　1987.7　392p　22cm　15000円　Ⓘ4-88470-596-3　Ⓝ913.4
〔12055〕
◇中世仏教文学研究―今様と随筆　鈴木佐内著　おうふう　2003.10　225p　22cm　10000円　Ⓘ4-273-03303-8　Ⓝ911.63
〔12056〕
◇中世仏教文学の研究　廣田哲通著　大阪　和泉書院　2000.9　385p　22cm　（研究叢書 255）　10000円　Ⓘ4-7576-0066-6　Ⓝ913.47
〔12057〕
◇中世仏伝集　京都　臨川書店　2000.11　517, 18p　23cm　（真福寺善本叢刊　第5巻（仏法部 4））　14800円　Ⓘ4-653-03477-X, 4-653-03466-4　Ⓝ182.8
〔12058〕
◇中世文学と仏教の交渉　石田瑞麿著　春秋社　1975　284p　19cm　1500円　Ⓝ184.9
〔12059〕
◇筑土鈴寛著作集　第1巻　宗教文学・復古と叙事詩　せりか書房　1976　453p　22cm　5800円　Ⓝ910.24
〔12060〕
◇仏教と文学―中世日本の思想と古典　西田正好著　桜楓社　1967　321p　19cm　Ⓝ910.24
〔12061〕
◇仏教文学講座　第8巻　唱導の文学　伊藤博之, 今成元昭, 山田昭全編　勉誠社　1995.3　414p　22cm　Ⓘ4-585-02066-7　Ⓝ910.2
〔12062〕
◇仏教文学の周辺　武石彰夫著　大東文化大学附属東洋研究所　1977.9　312p　22cm　Ⓝ910.24
〔12063〕
◇仏教文学の世界　今成元昭著　日本放送出版協会　1978.1　200p　19cm　（NHKブックス）　600円　Ⓝ910.24
〔12064〕

◆◆鎌倉時代の文学

◇鎌倉時代の仏教文学　野村八良著　東方書院　1934　60p　23cm　（日本宗教講座）　Ⓝ910.24　〔12065〕
◇鎌倉時代文学新論　野村八良著　明治書院　1922　444p　20cm　Ⓝ910.24
〔12066〕
◇鎌倉時代文学新論　野村八良著　補3版　明治書院　1926　396p　22cm　Ⓝ910.24
〔12067〕
◇鎌倉時代文学選　新町徳之, 飯田正一共編　中興館　1932　344p　23cm　Ⓝ918
〔12068〕
◇鎌倉文学史　吉沢義則著　東京堂　1940　477, 20p　23cm　（日本文学全史　巻5）　Ⓝ910.24　〔12069〕
◇鎌倉文化の研究―早歌創造をめぐって　外村久江著　三弥井書店　1996.1　524p　21cm　13800円　Ⓘ4-8382-3039-7
〔12070〕
◇新訂 鎌倉文学史　吉沢義則著　東京堂　1952　340p　図版　22cm　（日本文学全史　巻5）　Ⓝ910.24　〔12071〕
◇中世・鎌倉の文学　佐藤智広, 小井土守敏者　翰林書房　2002.3　126p　21cm　（日本文学コレクション）　1600円　Ⓘ4-87737-147-8　Ⓝ910.24　〔12072〕
◇中世文学論―鎌倉時代篇　永積安明著　2刷　日本評論社　1946　272p　図版　21cm　Ⓝ910.24
〔12073〕
◇中世文学論　鎌倉時代篇　永積安明著　日本評論社　1944　242p　21cm　Ⓝ910.24
〔12074〕
◇中世文学論　鎌倉時代篇　永積安明著　日本評論社　昭和21 2刷　272p　図版　21cm　Ⓝ910.24　〔12075〕

◆◆南北朝時代の文学

◇新北朝の人と文学　伊藤敬著　三弥井書店　1979.11　364p　19cm　（三弥井選書 6）　2000円　Ⓝ910.24
〔12076〕
◇南北朝時代文学新史　斎藤清衛著　春陽堂　1933　467p　23cm　Ⓝ910.24
〔12077〕
◇南北朝時代文学通史　斎藤清衛著　古川書房　1972　229p 図　19cm　（古川叢書）　650円　Ⓝ910.24
〔12078〕

◆◆室町時代・安土桃山時代の文学

◇安土桃山時代文学史　荒木良雄著　角川書店　1969　543p 図版　22cm　3000円　Ⓝ910.245　〔12079〕
◇近古時代文芸思潮史　応永・永享篇　斎藤清衛著　明治書院　1936　875p 図版　23cm　Ⓝ910.24　〔12080〕
◇下剋上の文学　佐竹昭広著　筑摩書房　1967　263p 図版　20cm　Ⓝ910.245
〔12081〕
◇下剋上の文学　佐竹昭広著　筑摩書房　1982.12　264p　20cm　1400円　Ⓝ910.24
〔12082〕
◇下剋上の文学　佐竹昭広著　筑摩書房　1993.2　318p　15cm　（ちくま学芸文庫）　990円　Ⓘ4-480-08039-2　Ⓝ910.24
〔12083〕
◇新訂 室町文学史　吉沢義則著　東京堂　1952　346p 図版　22cm　（日本文学全史 巻6）　Ⓝ910.245　〔12084〕
◇戦国織豊期の政治と文芸　諏訪勝則著　〔横須賀〕　葵印刷工業（印刷）　1996.10　159p　21cm　Ⓝ210.48
〔12085〕
◇戦国の権力と寄合の文芸　鶴崎裕雄著　大阪　和泉書院　1988.10　442p　22cm　10000円　Ⓘ4-87088-279-5　Ⓝ910.24
〔12086〕
◇戦国武士と文芸の研究　米原正義著　桜楓社　1976　1012p 図　22cm　18000円　Ⓝ910.245　〔12087〕
◇戦国武士と文芸の研究　米原正義著　おうふう　1994.10　1012p　23cm　28000円　Ⓘ4-273-00246-9　Ⓝ910.24
〔12088〕
◇戦国乱世の文学　杉浦明平著　岩波書店　1965　232p　18cm　（岩波新書）　Ⓝ910.245
〔12089〕
◇室町芸文論攷　徳江元正編　三弥井書店　1991.12　843p　21cm　23000円　Ⓘ4-8382-3032-X
〔12090〕
◇室町時代小説集　横山重編　昭南書房　1943　499p 図版　22cm　Ⓝ913.4
〔12091〕
◇室町時代小説論　野村八良著　巌松堂書店　1938　545p　22cm　Ⓝ913.4
〔12092〕
◇室町時代短篇集　笹野堅編　栗田書店　1935　472p　22cm　Ⓝ913.4
〔12093〕
◇室町時代文学史　上巻　荒木良雄著　京都　人文書院　1944　578p　21cm　Ⓝ910.24
〔12094〕
◇室町時代文学類選　岩城準太郎著　東洋図書　1931　294p　21cm　Ⓝ375.8
〔12095〕
◇室町時代物語集　第1至4　横山重, 太田武夫校　大岡山書店　1937-1940　4冊　23cm　Ⓝ913.4　〔12096〕
◇室町文学襍記　白井忠功著　新典社　1998.6　318p　22cm　（新典社研究叢書 115）　9500円　Ⓘ4-7879-4115-1　Ⓝ910.24
〔12097〕
◇室町文学史　吉沢義則著　東京堂　1936　500, 19p　23cm　（日本文学全史　巻6）　Ⓝ910.24
〔12098〕
◇室町文学史　吉沢義則著　改訂　東京堂　1943　512, 19p　22cm　Ⓝ910.24
〔12099〕

◇室町文学の世界―面白の花の都や 岡見正雄著 岩波書店 1996.2 365,5p 22cm 7900円 ⓘ4-00-002220-2 Ⓝ910.24 〔12100〕

◆◆キリシタン文学
◇ぎやどぺかどる 上巻 ルイス・デ・グラナダ原著 雄松堂出版 2006.6 107,12丁 26cm （キリシタン版精選） 35000円 ⓘ4-8419-0417-4, 4-8419-0424-7 Ⓝ198.221 〔12101〕
◇ぎやどぺかどる 下巻 ルイス・デ・グラナダ原著 雄松堂出版 2006.6 78丁 27cm （キリシタン版精選） 35000円 ⓘ4-8419-0418-2, 4-8419-0424-7 Ⓝ198.221 〔12102〕
◇キリシタン研究 第30輯 キリシタン教理書 海老沢有道ほか著 教文館 1993.11 516p 22cm （キリシタン文学双書） 9270円 ⓘ4-7642-2441-0 Ⓝ198.221 〔12103〕
◇キリシタン研究 第31輯 スピリツアル修行 海老沢有道編著 教文館 1994.11 511p 22cm （キリシタン文学双書） 9270円 ⓘ4-7642-2442-9 Ⓝ198.221 〔12104〕
◇キリシタン研究 第32輯 ヒイデスの導師 ルイス・デ・グラナダ著、ペドロ・ラモン編訳、尾原悟編著 教文館 1995.11 438,25p 22cm （キリシタン文学双書） 8549円 ⓘ4-7642-2443-7 Ⓝ198.221 〔12105〕
◇キリシタン研究 第33輯 サントスのご作業 尾原悟編著 教文館 1996.11 411,46p 22cm （キリシタン文学双書） 8549円 ⓘ4-7642-2444-5 Ⓝ198.221 〔12106〕
◇キリシタン南蛮文学入門 海老沢有道著 教文館 1991.12 276,9p 20cm 3500円 ⓘ4-7642-0911-X Ⓝ910.24 〔12107〕
◇吉利支丹文学集 1 新村出, 柊源一校註 平凡社 1993.8 389p 18cm （東洋文庫 567） 3090円 ⓘ4-582-80567-1 Ⓝ918.4 〔12108〕
◇吉利支丹文学集 2 新村出, 柊源一校註 平凡社 1993.10 373p 18cm （東洋文庫 570） 3090円 ⓘ4-582-80570-1 Ⓝ918.4 〔12109〕
◇こんてむつすむん地総索引 近藤政美編 笠間書院 1977.10 270p 22cm （笠間索引叢刊 60） 6000円 Ⓝ810.24 〔12110〕
◇ばうちずもの授けやう・おらしよの飜訳―本文及び総索引 林重雄編 笠間書院 1981.6 216p 22cm （笠間索引叢刊 77） 5500円 Ⓝ810.24 〔12111〕
◇ローマ字本コンテムツス・ムンヂ総索引 近藤政美編集 勉誠社 1980.5 643p 22cm 10000円 Ⓝ810.24 〔12112〕

◆和歌
◇雲玉和歌抄 衲叟馴窓編著, 島津忠夫, 井上宗雄編 古典文庫 1968 218p 17cm （古典文庫 第248冊） 非売 Ⓝ911.149 〔12113〕
◇遠聞郭公―中世和歌私注 田中裕著 大阪 和泉書院 2003.11 182p 19cm （和泉選書） 2500円 ⓘ4-7576-0233-2 〔12114〕
◇『扇の草子』の研究―遊びの芸文 安原眞琴著 ぺりかん社 2003.2 542p 22cm 7500円 ⓘ4-8315-1034-3 Ⓝ911.14 〔12115〕
◇鎌倉室町秀歌 土岐善麿著 春秋社 1957 244p 19cm （日本秀歌 第5巻） Ⓝ911.109 〔12116〕
◇京極派和歌の研究 岩佐美代子著 笠間書院 1987.10 613p 22cm （笠間叢書 212） 18000円 Ⓝ911.14 〔12117〕
◇最勝四天王院障子和歌全釈 渡邉裕美子著 風間書房 2007.10 548p 22cm （歌合・定数歌全釈叢書 10） 16000円 ⓘ978-4-7599-1646-1 Ⓝ911.14 〔12118〕
◇神祇歌―中世歌人の神々への祈り 豊岡繁著 戎光祥出版 2007.4 250p 20cm 2500円 ⓘ978-4-900901-77-3 Ⓝ911.14 〔12119〕
◇新日本古典文学大系 46 中世和歌集 鎌倉篇 佐竹昭広ほか編 樋口芳麻呂ほか校注 岩波書店 1991.9 461,47p 22cm 3800円 ⓘ4-00-240046-8 Ⓝ918 〔12120〕
◇新編日本古典文学全集 49 中世和歌集 3 井上宗雄校注・訳 小学館 2000.11 582p 23cm 4657円 ⓘ4-09-658049-X Ⓝ918 〔12121〕
◇水郷春望―新古今私抄 田中裕著 大阪 和泉書院 1996.2 192p 20cm （和泉選書 104） 3090円 ⓘ4-87088-817-3 Ⓝ911.14 〔12122〕
◇戦国時代和歌集 川田順著 京都 甲鳥書林 1943 340p 22cm Ⓝ911.14 〔12123〕
◇中古歌選―教科適用 三輪義方著 目黒書房〔ほか〕 1901.5 143p 23cm Ⓝ911.1 〔12124〕
◇中世歌壇史の研究―室町前期 井上宗雄著 風間書房 1961 450p 図版 22cm Ⓝ911.149 〔12125〕
◇中世歌壇史の研究―南北朝期 井上宗雄著 明治書院 1965 896p 22cm Ⓝ911.14 〔12126〕
◇中世歌壇史の研究 室町前期 井上宗雄著 改訂新版 風間書房 1984.6 637p 22cm 12000円 ⓘ4-7599-0606-1 Ⓝ911.14 〔12127〕
◇中世歌壇史の研究 室町後期 井上宗雄著 明治書院 1972 813p 図 22cm 7800円 Ⓝ911.149 〔12128〕
◇中世歌壇史の研究 室町後期 井上宗雄著 改訂新版 明治書院 1987.12 925p 22cm 9800円 ⓘ4-625-41080-0 Ⓝ911.14 〔12129〕
◇中世歌壇史の研究 南北朝期 井上宗雄著 改訂新版 明治書院 1987.5 978p 22cm 9800円 Ⓝ911.14 〔12130〕
◇中世歌壇と歌人伝の研究 井上宗雄著 笠間書院 2007.7 478,24p 21cm 13500円 ⓘ978-4-305-70350-7 〔12131〕
◇中世抒情の系譜 糸賀きみ江著 笠間書院 1995.3 288p 22cm （笠間叢書 282） 10000円 ⓘ4-305-10282-X Ⓝ911.14 〔12132〕
◇中世定数歌 国立歴史民俗博物館蔵史料編集会編 京都 臨川書店 2000.1 398p 21cm （国立歴史民俗博物館蔵貴重典籍叢書 文学篇 第11巻） 10000円 ⓘ4-653-03575-X 〔12133〕
◇中世の抒情 糸賀きみ江著 笠間書院 1979.3 429p 22cm （笠間叢書 99） 8500円 Ⓝ911.14 〔12134〕
◇中世の文学伝統―和歌文学論 風巻景次郎著 日本放送出版協会 1940 248p 18cm （ラヂオ新書 第9） Ⓝ911.14 〔12135〕
◇中世の文学伝統 風巻景次郎著 岩波書店 1985.7 248p 15cm （岩波文庫） 400円 Ⓝ911.14 〔12136〕

文学史　　　　　　　　　　　　　中世史

◇中世文学論の考究―中国詩・詩論の投影を中心として　石原清志著　京都　臨川書店　1988.3　359p　22cm　6800円　Ⓘ4-653-01721-2　Ⓝ911.14　〔12137〕
◇中世未刊和歌文学資料集成　佐藤高明著　勉誠社　1998.1　667p　22cm　18000円　Ⓘ4-585-10021-0　Ⓝ911.14　〔12138〕
◇中世類題集の研究　三村晃功著　大阪　和泉書院　1994.1　769p　22cm　（研究叢書139）　21630円　Ⓘ4-87088-622-7　Ⓝ911.14　〔12139〕
◇中世和歌―資料と論考　井上宗雄編著　明治書院　1992.10　452p　22cm　10300円　Ⓘ4-625-41102-5　Ⓝ911.14　〔12140〕
◇中世和歌研究　窪田空穂著　砂子屋書房　1943　441p　19cm　Ⓝ911.14　〔12141〕
◇中世和歌研究　簗瀬一雄著　加藤中道館　1981.6　511p　23cm　（簗瀬一雄著作集4）　11000円　Ⓝ911.14　〔12142〕
◇中世和歌研究　安田徳子著　大阪　和泉書院　1998.3　879p　22cm　（研究叢書222）　22000円　Ⓘ4-87088-915-3　Ⓝ911.14　〔12143〕
◇中世和歌史の研究　福田秀一著　角川書店　1972　872p　図　22cm　9800円　Ⓝ911.14　〔12144〕
◇中世和歌史の研究　久保田淳著　明治書院　1993.6　888p　22cm　18000円　Ⓘ4-625-41105-X　Ⓝ911.14　〔12145〕
◇中世和歌史の研究　続篇　福田秀一著　岩波出版サービスセンター（製作）　2007.2　348p　22cm　10000円　Ⓘ978-4-9903416-0-2　Ⓝ911.14　〔12146〕
◇中世和歌集　陽明文庫編　京都　思文閣出版　1978.3　488, 30, 19p　23cm　（陽明叢書）　11800円　Ⓝ911.14　〔12147〕
◇中世和歌抄―校註　山本正秀編　東京武蔵野書院　1942　172p　19cm　Ⓝ911.14　〔12148〕
◇中世和歌史論　久松潜一著　塙書房　1959　230p　図版　19cm　（塙選書 第1）　Ⓝ911.14　〔12149〕
◇中世和歌史論　久松潜一著　増補版　塙書房　1975　280p　図　19cm　（塙選書1）　1300円　Ⓝ911.14　〔12150〕
◇中世和歌選集　片寄正義編　大阪　湯川弘文社　1943　149p　19cm　Ⓝ911.14　〔12151〕
◇中世和歌つれづれ―谷山茂短篇集　谷山茂著　京都　思文閣出版　1993.8　374p　20cm　3000円　Ⓘ4-7842-0787-2　Ⓝ911.14　〔12152〕
◇中世和歌とその時代　谷知子著　笠間書院　2004.10　459, 27p　22cm　13000円　Ⓘ4-305-70275-4　Ⓝ911.14　〔12153〕
◇中世和歌とその周辺　山崎敏夫編　笠間書院　1980.4　451p　22cm　（笠間叢書142）　9000円　Ⓝ911.14　〔12154〕
◇中世和歌の研究―資料と考証　浜口博章著　新典社　1990.3　558p　22cm　（新典社研究叢書32）　17510円　Ⓘ4-7879-4032-5　Ⓝ911.14　〔12155〕
◇中世和歌の研究　錦仁著　桜楓社　1991.10　629p　22cm　18000円　Ⓘ4-273-02450-0　Ⓝ911.14　〔12156〕
◇中世和歌の生成　渡部泰明著　若草書房　1999.1　423, 5p　22cm　（中世文学研究叢書8）　12000円　Ⓘ4-948755-38-9　Ⓝ911.14　〔12157〕

◇中世和歌の想念と表現　谷山茂著　京都　思文閣出版　1993.8　446p　22cm　9888円　Ⓘ4-7842-0786-4　Ⓝ911.14　〔12158〕
◇中世和歌の文献学的研究　武井和人著　笠間書院　1989.7　768p　22cm　（笠間叢書221）　21630円　Ⓝ911.14　〔12159〕
◇中世和歌文学諸相　上条彰次著　大阪　和泉書院　2003.11　544p　21cm　（研究叢書）　13000円　Ⓘ4-7576-0231-6　Ⓝ911.14　〔12160〕
◇中世和歌文学論叢　上条彰次著　大阪　和泉書院　1993.8　584p　22cm　（研究叢書132）　18540円　Ⓘ4-87088-599-9　Ⓝ911.14　〔12161〕
◇中世和歌連歌の研究　伊藤伸江著　笠間書院　2002.1　349, 16p　22cm　7800円　Ⓘ4-305-70236-3　Ⓝ911.14　〔12162〕
◇中世和歌論　川平ひとし著　笠間書院　2003.3　902, 25p　22cm　18000円　Ⓘ4-305-70258-4　Ⓝ911.14　〔12163〕
◇中世和歌論攷―和歌と説話と　黒田彰子著　大阪　和泉書院　1997.5　466p　22cm　（研究叢書206）　15000円　Ⓘ4-87088-861-0　Ⓝ911.14　〔12164〕
◇定本吉野朝の悲歌　川田順著　第一書房　1939　600p　図版　23cm　Ⓝ911.14　〔12165〕
◇遠聞郭公―中世和歌私注　田中裕著　大阪　和泉書院　2003.11　182p　20cm　（和泉選書141）　2500円　Ⓘ4-7576-0233-2　Ⓝ911.14　〔12166〕
◇豊臣太閤芳野花樹会懐紙　仙台叢書刊行会編　仙台　仙台叢書刊行会　1930　1帖　30×45cm　Ⓝ911.14　〔12167〕
◇二十八品并九品詩歌・現存三十六人詩歌屏風詩哥　岡山大学池田家文庫等刊行会編　岡山　福武書店　1975　145p　図　22cm　（岡山大学国文学資料叢書3）　2500円　Ⓝ911.14　〔12168〕
◇日本秀歌　第5巻　鎌倉室町秀歌　土岐善麿　春秋社　1956-59　19cm　Ⓝ911.109　〔12169〕
◇日本秀歌　第12　戦国武将歌　川田順　春秋社　1956-58　19cm　Ⓝ911.109　〔12170〕
◇日本和歌史論―中世篇　太田水穂著　岩波書店　1949　559p　22cm　Ⓝ911.102　〔12171〕
◇日本和歌史論　〔第2〕　中世篇　太田水穂著　岩波書店　1949　559p　22cm　Ⓝa911　〔12172〕
◇秘儀としての和歌―行為と場　渡部泰明編　有精堂出版　1995.11　332p　22cm　（日本文学を読みかえる4）　5356円　Ⓘ4-640-30983-X　Ⓝ911.14　〔12173〕
◇百首歌―祈りと象徴　浅田徹著　京都　臨川書店　1999.7　206p　19cm　（原典講読セミナー3）　2400円　Ⓘ4-653-03589-X　Ⓝ911.14　〔12174〕
◇宝積経要品―尊経閣叢刊　育徳財団編　育徳財団　1929　1帖　32cm　Ⓝ911.14　〔12175〕
◇未刊和歌資料集　第1冊　歌合〔ほか〕　簗瀬一雄編　頓阿謄写版　限定版　大府町（愛知県）　1964　48p　22cm　（碧冲洞叢書 第51輯）　Ⓝ911.108　〔12176〕
◇未刊和歌資料集　第2冊　蘆庵本歌合集,中世法楽歌集　簗瀬一雄, 井上宗雄, 小内一明共編　謄写版　限定版　大府町（愛知県）　1965　99p　22cm　（碧冲洞叢書 第58輯）　Ⓝ911.108　〔12177〕
◇室町時代小歌集　浅野建二校註　大日本雄弁会講談社　1951　248p　図版　11cm　（新註国文学叢書）　Ⓝ911.149　〔12178〕

◇室町時代和歌史論　伊藤敬著　新典社　2005.11　703p　22cm　（新典社研究叢書 175）　20000円　Ⓘ4-7879-4175-5　Ⓝ911.14
〔12179〕
◇室町和歌への招待　林達也,廣木一人,鈴木健一著　笠間書院　2007.6　311p　19cm　2200円　Ⓘ978-4-305-70336-1
〔12180〕
◇文集百首全釈　文集百首研究会著　風間書房　2007.2　591p　22cm　（歌合・定数歌全釈叢書 8）　16000円　Ⓘ978-4-7599-1624-9　Ⓝ911.14
〔12181〕
◇吉野朝の悲歌　川田順著　第一書房　〔昭和―〕　2冊（続篇共）　Ⓝ911.14
〔12182〕
◇吉野朝の悲歌　川田順著　第一書房　1938-1939　2冊（続篇共）　20cm　Ⓝ911.14
〔12183〕
◇吉野朝の悲歌―定本　川田順著　丹波　養徳社　1945.10　570p　19cm　Ⓝ911.14
〔12184〕
◇類題鈔（明題抄）―影印と翻刻　「類題抄」研究会編　笠間書院　1994.1　393p　22cm　（笠間叢書 261）　8000円　Ⓘ4-305-10261-7　Ⓝ911.14
〔12185〕
◇冷泉家の歴史と文化　石川県立歴史博物館編　金沢　石川県立歴史博物館　1987.4　1冊（頁付なし）　26cm　Ⓝ911.102
〔12186〕
◇和歌　4　井上宗雄編　大東急記念文庫,汲古書院〔発売〕2005.12　672, 38p　21cm　（大東急記念文庫善本叢刊 中古中世篇 第7巻）　20000円　Ⓘ4-7629-3466-6
〔12187〕
◇和歌史　第3巻　中世和歌史　久松潜一著　東京堂　1961　328p　22cm　Ⓝ911.102
〔12188〕
◇和歌と中世文学―峰村文人先生退官記念論集　東京教育大学中世文学談話会編　東京教育大学中世文学談話会　1977.3　468p　肖像　22cm　6000円　Ⓝ910.24
〔12189〕
◇和歌文学講座　第7巻　中世の和歌　有吉保ほか編　有吉保責任編集　勉誠社　1994.1　357p　20cm　4800円　Ⓘ4-585-02028-4　Ⓝ911.108
〔12190〕

◆◆◆歌学・歌論書
◇今川了俊歌学書と研究　今川了俊著,伊地知鉄男編　豊橋　未刊国文資料刊行会　1956　115p　図版　19cm　（未刊国文資料）　Ⓝ911.104
〔12191〕
◇歌学秘伝の研究　三輪正胤著　風間書房　1994.3　518p　22cm　20600円　Ⓘ4-7599-0869-2　Ⓝ911.14
〔12192〕
◇歌論歌学集成　第12巻　深津睦夫,安達敬子校注　三弥井書店　2003.3　229p　22cm　7200円　Ⓘ4-8382-3105-9　Ⓝ911.101
〔12193〕
◇歌論集　1　三弥井書店　1971　455p　図　22cm　（中世の文学）　2300円　Ⓝ911.14
〔12194〕
◇校本後鳥羽院御口伝　和歌文学輪読会編　〔和歌文学輪読会〕　1982.8　152p　26cm　Ⓝ911.104
〔12195〕
◇校本八雲御抄とその研究　久曽神昇著　厚生閣　1939　422p　23cm　Ⓝ911.14
〔12196〕
◇五代簡要定家歌学　冷泉家時雨亭文庫編　朝日新聞社　1996.4　682, 105p　22cm　（冷泉家時雨亭叢書 第37巻）　30000円　Ⓘ4-02-240337-3　Ⓝ911.14
〔12197〕
◇古典文芸論考　石原清志著　新典社　1996.10　382p　22cm　（新典社研究叢書 101）　12000円　Ⓘ4-7879-4101-1　Ⓝ911.14
〔12198〕
◇言塵集　今川了俊著,正宗敦夫編纂校訂　現代思潮社　1978.7　262, 5, 40p　16cm　（覆刻日本古典全集）　Ⓝ911.101
〔12199〕
◇詞源略注　清原宣賢著,大取一馬編　古典文庫　1984.7　395p　17cm　（古典文庫 第454冊）　非売品　Ⓝ911.101
〔12200〕
◇四条局口伝―夜の鶴　阿仏尼著　新典社　1981.4　46p　21cm　500円　Ⓘ4-7879-0417-5　Ⓝ911.104
〔12201〕
◇袖中抄の校本と研究　橋本不美男,後藤祥子著　笠間書院　1985.2　608p　22cm　14000円　Ⓝ911.13
〔12202〕
◇井蛙抄―雑談篇 本文と校異　野中和孝編著　大阪　和泉書院　1996.4　159p　21cm　2060円　Ⓘ4-87088-805-X　Ⓝ911.14
〔12203〕
◇井蛙抄―雑談篇 注釈と考察　野中和孝著　大阪　和泉書院　2006.3　256p　22cm　（研究叢書 349）　8000円　Ⓘ4-7576-0364-9　Ⓝ911.14
〔12204〕
◇宗長秘歌抄　京都　臨川書店　1983.11　298p　20cm　（京都大学国語国文資料叢書 42）　4800円　Ⓘ4-653-00897-3　Ⓝ911.104
〔12205〕
◇中世歌学集・書目集　朝日新聞社　1995.4　2冊　16×22〜22cm　（冷泉家時雨亭叢書 第40巻）　全30000円　Ⓘ4-02-240340-3　Ⓝ911.14
〔12206〕
◇中世歌書集　井上宗雄編・解説　古典文庫　1981.6　284p　17cm　（古典文庫 417）　非売品　Ⓝ911.147
〔12207〕
◇中世歌書集　藤平春男編　早稲田大学出版部　1987.6　678, 33p　22cm　（早稲田大学蔵資料影印叢書）　15000円　Ⓝ911.14
〔12208〕
◇中世歌書集　2　井上宗雄編　早稲田大学出版部　1989.12　644, 31p　22cm　（早稲田大学蔵資料影印叢書）　15450円　Ⓝ911.14
〔12209〕
◇中世歌書集　3　井上宗雄編　早稲田大学出版部　1993.12　548, 35p　22cm　（早稲田大学蔵資料影印叢書―国書篇 第34巻）　18000円　Ⓘ4-657-93004-4　Ⓝ911.14
〔12210〕
◇中世歌書翻刻　第1冊　慕風愚吟集　稲田浩子編　堯孝著,稲田浩子翻刻　広島　稲田浩子　1970　51p　25cm　非売　Ⓝ911.14
〔12211〕
◇中世歌書翻刻　第2冊　蒲生智閑和歌集　稲田浩子編　蒲生智閑著,稲田浩子翻刻　岡山　稲田浩子　1971　66p　25cm　Ⓝ911.14
〔12212〕
◇中世歌書翻刻　第3冊　今川為和集　上　稲田浩子編　岡山　稲田浩子　1972　55p　25cm　Ⓝ911.14
〔12213〕
◇中世歌書翻刻　第4冊　今川為和集　中　稲田浩子編　岡山　稲田浩子　1973　66p　25cm　非売　Ⓝ911.14
〔12214〕
◇中世歌論　実方清著　弘文堂　1941　174p　19cm　（教養文庫）　Ⓝ911.14
〔12215〕
◇中世歌論をめぐる研究　武田元治著　桜楓社　1978.1　257p　22cm　4800円　Ⓝ911.104
〔12216〕
◇中世歌論集　久松潜一編　岩波書店　1934　446p　16cm　（岩波文庫 968-970）　Ⓝ911.14
〔12217〕
◇中世歌論とその周辺　佐々木忠慧著　桜楓社　1984.10　375p　22cm　18000円　Ⓝ911.14
〔12218〕
◇中世歌論の研究　細谷直樹著　笠間書院　1976　432p　22cm　9400円　Ⓝ911.104
〔12219〕
◇中世歌論の性格　釘本久春著　古今書院　1944　302p　22cm　Ⓝ911.14
〔12220〕

◇中世歌論の性格　釘本久春著　増補版　国語を愛する会　1969　257p　22cm　2500円　Ⓝ911.104
〔12221〕
◇中世歌論の世界　佐々木克衛著　双文社出版　1992.10　369p　22cm　14600円　Ⓘ4-88164-345-2　Ⓝ911.14
〔12222〕
◇定家歌論とその周辺　福田雄作著　笠間書院　1974　299p　22cm　（笠間叢書）　5000円　Ⓝ911.14
〔12223〕
◇日本歌学大系　第2巻　袋草紙2巻〔ほか〕　佐佐木信綱編　藤原清輔　風間書房　1956-58　22cm　Ⓝ911.108
〔12224〕
◇日本歌学大系　第3巻　後鳥羽天皇御口伝〔ほか〕　佐佐木信綱編　後鳥羽天皇　風間書房　1956-58　22cm　Ⓝ911.108
〔12225〕
◇日本歌学大系　第4巻　和歌口伝〔ほか〕　佐佐木信綱編　源承　風間書房　1956　22cm　Ⓝ911.108
〔12226〕
◇日本歌学大系　第5巻　解題〔ほか〕　佐佐木信綱編　久曾神昇　風間書房　1956　22cm　Ⓝ911.108
〔12227〕
◇日本歌学大系　第6巻　初学一葉〔ほか〕　佐佐木信綱編　三条西実枝　風間書房　1956　22cm　Ⓝ911.108
〔12228〕
◇日本歌学大系　別巻第2　袖中抄〔ほか〕　佐佐木信綱編　久曾神昇編　風間書房　1958　615p 図版　22cm　Ⓝ911.108
〔12229〕
◇日本歌学大系　別巻第3　万物部類倭歌抄〔ほか〕　久曽神昇編　久曾神昇編　風間書房　1964　477p 図版　22cm　Ⓝ911.108
〔12230〕
◇日本歌学大系　別巻第4　久曽神昇編　風間書房　1980.4　542p　22cm　9500円　Ⓝ911.108　〔12231〕
◇細川家永青文庫叢刊　第9巻　歌論集　永青文庫編　汲古書院　1984.1　452p　27cm　7500円　Ⓝ910.23
〔12232〕
◇松平文庫影印叢書　第5巻　歌学・歌論書編　松平黎明会編　新典社　1993.11　467p　22cm　15000円　Ⓘ4-7879-2011-1　Ⓝ918
〔12233〕
◇室町の歌学と連歌　鈴木元著　新典社　1997.5　397p　22cm　（新典社研究叢書 107）　12000円　Ⓘ4-7879-4107-0　Ⓝ911.104
〔12234〕
◇八雲御抄の研究　枝葉部・言語部 本文編・索引編　片桐洋一編　大阪　和泉書院　1992.2（2刷:2006.10）　282p　27cm　（研究叢書 110）　Ⓘ4-87088-522-0　Ⓝ911.104
〔12235〕
◇八雲御抄の研究　枝葉部・言語部 研究編　片桐洋一編　大阪　和泉書院　1992.2（2刷:2006.10）　632p　27cm　（研究叢書 110）　Ⓘ4-87088-522-0　Ⓝ911.104
〔12236〕
◇「幽玄」―用例の注釈と考察　武田元治著　風間書房　1994.11　290p　22cm　9270円　Ⓘ4-7599-0901-X　Ⓝ911.14
〔12237〕
◇良恕聞録―曼殊院蔵　良恕法親王記　京都　臨川書店　1984.4　2冊　20cm　（京都大学国語国文資料叢書 45,46）　5600円,4700円　Ⓘ4-653-00960-0　Ⓝ911.14
〔12238〕
◇冷泉家歌書紙背文書　下　朝日新聞社　2007.8　498,124p　19×27cm　（冷泉家時雨亭叢書 第82巻）　30000円　Ⓘ978-4-02-240382-7　Ⓝ911.1
〔12239〕

◆◆◆無名抄
◇鴨長明の歌ごころ　高橋和彦著　双文社出版　2000.10　154p　20cm　2200円　Ⓘ4-88164-532-3　Ⓝ911.14
〔12240〕
◇久迩宮家旧蔵本俊頼無名抄の研究　日比野浩信編著　豊橋　未刊国文資料刊行会　1995.12　270p　19cm　（未刊国文資料 第4期第16冊）　Ⓝ911.14　〔12241〕
◇方丈記・無名抄　鴨長明著,菊地良一ほか編　双文社出版　1985.3　155p　21cm　1800円　Ⓘ4-88164-034-8　Ⓝ914.42
〔12242〕
◇無名抄新講　高橋和彦著　長崎　あすなろ社　1983.9　222p　21cm　1700円　Ⓝ911.14　〔12243〕
◇無名抄　鴨長明著　日本古典文学刊行会　1974.10　1冊　25cm　（複刻日本古典文学館 第1期）　Ⓝ911.14
〔12244〕
◇無名抄―付瑩玉集　鴨長明著,高橋和彦編　桜楓社　1975　160p　22cm　1500円　Ⓝ911.14　〔12245〕
◇無名抄―無刊記本　鴨長明著　大阪　和泉書院　1985.10　168p　21cm　（和泉書院影印叢刊 48）　1500円　Ⓘ4-87088-167-5　Ⓝ911.14
〔12246〕
◇無名抄　鴨長明著, 山本一彦編著　ブレイク・アート社　1990.8　80p　18×19cm　（古典への旅）　3786円　Ⓘ4-7952-7812-1　Ⓝ911.14
〔12247〕
◇無名抄　鴨長明著, 川村晃生, 小林一彦校注　第2版　三弥井書店　1998.3　85p　21cm　971円　Ⓘ4-8382-7007-0　Ⓝ911.14
〔12248〕
◇無名抄全解　高橋和彦著　双文社出版　1987.2　280p　22cm　2500円　Ⓘ4-88164-323-1　Ⓝ911.14
〔12249〕
◇無名抄全講　簗瀬一雄著　加藤中道館　1980.5　494p　23cm　10000円　Ⓝ911.14
〔12250〕
◇無名抄総索引　鈴木一彦, 鈴木雅子, 村上もと編著　風間書房　2005.1　522p　22cm　17000円　Ⓘ4-7599-1467-6　Ⓝ911.14
〔12251〕

◆◆勅撰和歌集
◇内裏名所百首―曼殊院蔵　順徳天皇ほか著　京都　臨川書店　1983.4　173p　20cm　（京都大学国語国文資料叢書 39）　3600円　Ⓘ4-653-00833-7　Ⓝ911.145
〔12252〕
◇内裏名所百首　順徳天皇ほか著, 森本元子, 田村柳壱編　古典文庫　1988.2～3　2冊（別冊とも）　17cm　（古典文庫 第496冊）　非売品　Ⓝ911.145　〔12253〕
◇註校/新葉集　日本電報通信社編　日本電報通信社出版部　1945　234p　20cm　Ⓝ911.145　〔12254〕
◇中世勅撰和歌集史の構想　深津睦夫著　笠間書院　2005.3　435,15p　22cm　11000円　Ⓘ4-305-70291-6　Ⓝ911.145
〔12255〕
◇二十一代集　第5　新勅撰和歌集　続後撰和歌集　続古今和歌集　太洋社編　藤原定家奉勅撰,藤原為家奉勅撰,藤原為家等奉勅撰　西巣鴨町(府)　太洋社　1925　610p　20cm　Ⓝ911.1
〔12256〕
◇二十一代集　第7　玉葉和歌集　続千載和歌集　太洋社編　藤原為兼奉勅撰, 二条為世奉勅撰　西巣鴨町(府)　太洋社　1925　636p　20cm　Ⓝ911.1
〔12257〕

◆◆◆新古今和歌集
◇あけほのの花―新古今集桜歌私抄　中村雪香著　新風舎　2007.10　191p　15cm　（新風舎文庫）　700円　Ⓘ978-4-7974-9344-3　Ⓝ911.1358
〔12258〕

◇隠岐本新古今和歌集　三矢重松, 折口信夫, 武田祐吉校　岡書院　1927　431p　19cm　Ⓝ911.14　〔12259〕

◇隠岐本新古今和歌集　朝日新聞社　1997.4　524, 50p　22cm　（冷泉家時雨亭叢書 第12巻）　28000円+税　Ⓘ4-02-240312-8　Ⓝ911.1358　〔12260〕

◇隠岐本新古今和歌集と研究　後藤重郎編著　豊橋　未刊国文資料刊行会　1972　287p　19cm　（未刊国文資料 第3期 第18冊）　Ⓝ911.145　〔12261〕

◇折口信夫全集　13　新古今前後・世々の歌びと―和歌史1　折口信夫全集刊行会編纂　中央公論社　1996.4　496p　20cm　5500円　Ⓘ4-12-403360-5　Ⓝ081.6　〔12262〕

◇折口信夫全集　ノート編 追補 第5巻　新古今和歌集　折口信夫著, 折口博士記念古代研究所編纂　中央公論社　1988.2　403p　20cm　3500円　Ⓘ4-12-402699-4　Ⓝ910.8　〔12263〕

◇花月五百年―新古今天才論　塚本邦雄著　角川書店　1983.11　250p　20cm　2400円　Ⓝ911.1358　〔12264〕

◇風巻景次郎全集　第6巻　新古今時代　桜楓社　1970　587p　肖像　22cm　3500円　Ⓝ910.2　〔12265〕

◇完本 新古今和歌集評釈　上巻　窪田空穂著　東京堂　1964　573p　22cm　Ⓝ911.145　〔12266〕

◇完本 新古今和歌集評釈　下巻　窪田空穂著　東京堂　1965　527p　22cm　Ⓝ911.145　〔12267〕

◇声で読む万葉・古今・新古今　保坂弘司著　學燈社　2007.1　287p　19cm　1700円　Ⓘ978-4-312-70002-5　Ⓝ911.124　〔12268〕

◇国語国文学研究史大成　第7　古今集 新古今集　全国大学国語国文学会研究史大成編纂委員会編　西下経一, 實方清編著　三省堂　1960　574p 図版　22cm　Ⓝ910.8　〔12269〕

◇作者別年代順新古今和歌集　藤平春男著　笠間書院　1993.3　547p　22cm　（笠間叢書 257）　9800円　Ⓘ4-305-10257-9　Ⓝ911.1358　〔12270〕

◇新古今歌人の研究　久保田淳著　東京大学出版会　1973　1021p　22cm　Ⓝ911.145　〔12271〕

◇新古今歌風とその周辺　岩崎礼太郎著　笠間書院　1978.8　252p　22cm　（笠間叢書 102）　5500円　Ⓝ911.145　〔12272〕

◇新古今歌風の形成　藤平春男著　明治書院　1969　388p　22cm　2900円　Ⓝ911.145　〔12273〕

◇新古今歌風の形成　藤平春男著　笠間書院　1997.5　377p　22cm　（藤平春男著作集 第1巻）　9500円　Ⓘ4-305-60100-1　Ⓝ911.1358　〔12274〕

◇新古今私説　山崎敏夫著　桜楓社　1976　191p　19cm　（国語国文学研究叢書 第2巻）　2400円　Ⓝ911.145　〔12275〕

◇新古今時代　風巻景次郎著　京都　人文書院　1936　678p　23cm　Ⓝ911.14　〔12276〕

◇新古今時代詳説　横尾豊著　言海書房　1935　260p　19cm　Ⓝ911.14　〔12277〕

◇新古今七十二首秘歌口訣　平間長雅著, 築瀬一雄編並びに解説　大府町（愛知県）　築瀬一雄　1961　58p　21cm　（碧沖洞叢書 第13輯）　Ⓝ911.145　〔12278〕

◇新古今集　短歌雑誌社編輯部校訂　紅玉堂書店　1926　372p　15cm　Ⓝ911.14　〔12279〕

◇新古今集　久松潜一著　弘文堂　1955　79p　15cm　（アテネ文庫）　Ⓝ911.145　〔12280〕

◇新古今秀歌　菅原真静著　笠間書院　1974　297p　18cm　（笠間選書 12）　1000円　Ⓝ911.145　〔12281〕

◇新古今集歌人論　安田章生著　桜楓社出版　1960　246p　図版　19cm　（研究叢書 第7）　Ⓝ911.145　〔12282〕

◇新古今 秀歌250首　田中裕選釈・著　画文堂　2005.12　166p　19cm　（新々書ワイド判 3）　1000円　Ⓘ4-87364-062-8　Ⓝ911.1358　〔12283〕

◇新古今集聞書―幽斎本 本文と校異　東常縁原著, 細川幽斎補, 荒木尚編著　福岡　九州大学出版会　1986.2　451p　22cm　6500円　Ⓝ911.1358　〔12284〕

◇新古今集聞書―牧野文庫本　片山享, 近藤美奈子編　古典文庫　1987.3　253p　17cm　（古典文庫 第485冊）　非売品　Ⓝ911.1358　〔12285〕

◇新古今集講話　小島吉雄著　大阪　出来島書店　1943　237, 14p 図版　19cm　Ⓝ911.14　〔12286〕

◇新古今集古注集成　中世古注編 1　新古今集古注集成の会編　笠間書院　1997.2　646p　22cm　16000円　Ⓘ4-305-60149-4　Ⓝ911.1358　〔12287〕

◇新古今集古注集成　近世旧注編 1　新古今集古注集成の会編　笠間書院　1998.2　514p　22cm　16000円　Ⓘ4-305-60152-4　Ⓝ911.1358　〔12288〕

◇新古今集古注集成　近世新注編 1　新古今集古注集成の会編　笠間書院　2004.6　487p　22cm　15000円　Ⓘ4-305-60156-7　Ⓝ911.1358　〔12289〕

◇新古今集古注集成　近世旧注編 2　新古今集古注集成の会編　笠間書院　1999.2　709p　22cm　17000円　Ⓘ4-305-60153-2　Ⓝ911.1358　〔12290〕

◇新古今集古注集成　近世旧注編 3　新古今集古注集成の会編　笠間書院　2000.2　541p　22cm　15000円　Ⓘ4-305-60154-0　Ⓝ911.1358　〔12291〕

◇新古今集古注集成　近世旧注編 4　新古今集古注集成の会編　笠間書院　2001.2　513p　22cm　14000円　Ⓘ4-305-60155-9　Ⓝ911.1358　〔12292〕

◇新古今集詞書論　武井和人著　新典社　1993.6　183p　19cm　（新典社選書 6）　2000円　Ⓘ4-7879-6756-8　Ⓝ911.1358　〔12293〕

◇新古今集作者考　奥田久輝著　大阪　和泉書院　1996.10　570p　22cm　（研究叢書 194）　18540円　Ⓘ4-87088-831-9　Ⓝ911.1358　〔12294〕

◇新古今集新論―二十一世紀に生きる詩歌　塚本邦雄著　岩波書店　1995.11　189p　19cm　（岩波セミナーブックス 57）　2100円　Ⓘ4-00-004227-0　Ⓝ911.1358　〔12295〕

◇新古今集選釈　佐佐木信綱著　明治書院　1923　Ⓝ911.14　〔12296〕

◇新古今集総索引　滝沢貞夫編　明治書院　1970　339p　22cm　2500円　Ⓝ911.145　〔12297〕

◇新古今集断簡―巻11〜16　源通具ほか撰　福武書店　1981.10　8p 44丁　22cm　（ノートルダム清心女子大学古典叢書 第3期 1）　Ⓝ911.1358　〔12298〕

◇新古今集と漢文学　和漢比較文学会編　汲古書院　1992.11　276p　22cm　（和漢比較文学叢書 第13巻）　6500円　Ⓘ4-7629-3237-X　Ⓝ911.14　〔12299〕

◇新古今集の新しい解釈　久松潜一著　至文堂　1954　274p　19cm　（国文注釈新書）　Ⓝ911.145　〔12300〕

◇新古今集の鑑賞　川田順著　立命館出版部　1932　391p　18cm　Ⓝ911.14　〔12301〕

◇新古今諸注一覧　愛知県立女子大学国文学研究室編　名古屋　愛知県立女子大学国文学会　1961　115p 図版　19cm　Ⓝ911.145　〔12302〕

◇新古今新考―断崖の美学　塚本邦雄著　花曜社　1981.10　198p　20cm　2300円　①4-87346-029-8　Ⓝ911.1358〔12303〕
◇新古今世界と中世文学　石田吉貞著　北沢図書出版　1972　2冊　22cm　各4500円　Ⓝ910.24〔12304〕
◇新古今増抄　加藤磐斎編, 有吉保編　新典社　1985.1　2冊　22cm　（加藤磐斎古注釈集成 4,5）　全50000円　Ⓝ911.1358〔12305〕
◇新古今増抄　1　加藤磐斎著, 大坪利絹校注　三弥井書店　1997.4　345p　22cm　（中世の文学）　7200円　①4-8382-1024-8　Ⓝ911.1358〔12306〕
◇新古今増抄　2　加藤磐斎著, 大坪利絹校注　三弥井書店　1999.9　380p　22cm　（中世の文学）　7800円　①4-8382-1025-6　Ⓝ911.1358〔12307〕
◇新古今増抄　3　加藤磐斎著, 大坪利絹校注　三弥井書店　2001.12　374p　22cm　（中世の文学）　7800円　①4-8382-1028-0　Ⓝ911.1358〔12308〕
◇新古今増抄　4　加藤磐斎著, 大坪利絹校注　三弥井書店　2005.7　311p　22cm　（中世の文学）　7800円　①4-8382-1030-2　Ⓝ911.1358〔12309〕
◇新古今注　黒川昌享編　広島　広島中世文芸研究会　1966　264p　19cm　（中世文芸叢書 5）　Ⓝ911.145〔12310〕
◇新古今的世界　石川常彦著,『新古今的世界』刊行会編　大阪　和泉書院　1986.6　433p　22cm　（研究叢書 28）　11000円　①4-87088-200-0　Ⓝ911.14〔12311〕
◇新古今の発想論　奥田久輝著　桜楓社　1981.1　358p　22cm　7800円　Ⓝ911.1358〔12312〕
◇新古今とその前後　藤平春男著　笠間書院　1983.1　462p　22cm　9500円　Ⓝ911.1358〔12313〕
◇新古今とその前後　藤平春男著　笠間書院　1997.10　490p　22cm　（藤平春男著作集 第2巻）　12000円　①4-305-60101-X　Ⓝ911.1358〔12314〕
◇新古今女人秀歌　清水乙女著　愛育出版　1975　236p　18cm　（愛育新書）　480円　Ⓝ911.145〔12315〕
◇新古今抜書　簗瀬一雄, 藤平春男共編　大府町（愛知県）　1962　61p　21cm　（碧冲洞叢書 第29輯）　Ⓝ911.145〔12316〕
◇新古今の歌人―感傷の底に意欲するスフインクスの一群　谷山茂著　大阪　堀書店　1947　288p　19cm　（教養叢書 10）　80円　Ⓝ911.142〔12317〕
◇新古今略注　細川幽斎筆, 荒木尚編　笠間書院　1979.10　144p　25cm　2000円　Ⓝ911.145〔12318〕
◇新古今論抄　川田順著　大阪　全国書房　1942　297p　19cm　（家言叢書 4）　Ⓝ911.14〔12319〕
◇新古今和歌集　藤原通具等撰　白楽圃　1891.9　2冊　（上・下各66丁）　12cm　Ⓝ911.1〔12320〕
◇新古今和歌集―標註参考　飯田永夫注　六合館　1906.1　370p　22cm　Ⓝ911.1〔12321〕
◇新古今和歌集　藤原通具等撰, 中川恭次郎編　歌書刊行会　1910.5　4冊　23cm　Ⓝ911.1〔12322〕
◇新古今和歌集―校註　尾上八郎著　明治書院　1927　398p　20cm　Ⓝ911.14〔12323〕
◇新古今和歌集　藤村作編　至文堂　1928　398, 7p　22cm　Ⓝ911.14〔12324〕
◇新古今和歌集　佐伯常麿校註　国民図書　1929　279p　23cm　Ⓝ911.14〔12325〕
◇新古今和歌集　源通具ほか撰, 佐佐木信綱校　岩波書店　1929　320p　16cm　（岩波文庫 526-528）　Ⓝ911.14〔12326〕
◇新古今和歌集―尊経閣叢刊　育徳財団編　育徳財団　1930　4冊　23cm　Ⓝ911.14〔12327〕
◇新古今和歌集　正宗敦夫編纂校訂　長崎町（府）　日本古典全集刊行会　1931　8, 286p　16cm　（日本古典全集 第3期〔23〕）　Ⓝ911.14〔12328〕
◇新古今和歌集　佐佐木信綱校訂　岩波書店　1932　320p　19cm　（岩波文庫・教科書版 16）　Ⓝ911.14〔12329〕
◇新古今和歌集　吉沢義則校　改造社　1933　335p　16cm　（改造文庫 第2部 第5篇）　Ⓝ911.14〔12330〕
◇新古今和歌集―作者別時代順　窪田空穂　中文館書店　1933　336, 48p　23cm　Ⓝ911.14〔12331〕
◇新古今和歌集―校註　藤原通具ほか選, 窪田空穂　東京武蔵野書院　1937　438p　20cm　Ⓝ911.14〔12332〕
◇新古今和歌集　阿部喜三男解釈　研究社　1940　258p　16cm　（研究社学生文庫 338）　Ⓝ911.14〔12333〕
◇新古今和歌集　正宗敦夫編纂校訂　日本古典全集刊行会　1945　286p　19cm　Ⓝ911.145〔12334〕
◇新古今和歌集　佐佐木信綱校訂　岩波書店　1948　320p　15cm　（岩波文庫 526-528）　Ⓝ911.14〔12335〕
◇新古今和歌集　小島吉雄校註　朝日新聞社　1959　416p　19cm　（日本古典全書）　Ⓝ911.145〔12336〕
◇新古今和歌集　小島吉雄校註　朝日新聞社　1969　436p　19cm　（日本古典全書）　580円　Ⓝ911.145〔12337〕
◇新古今和歌集　源通具ほか撰, 峯村文人校注・訳　小学館　1974.3（第20版:1992.10）　639p 図版12p　23cm　（日本古典文学全集 26）　①4-09-657026-5　Ⓝ911.1358〔12338〕
◇新古今和歌集　久保田淳編　桜楓社　1976　384p　22cm　1400円　Ⓝ911.145〔12339〕
◇新古今和歌集　日本文学研究資料刊行会編　有精堂出版　1980.4　317p　22cm　（日本文学研究資料叢書）　2800円　Ⓝ911.1358〔12340〕
◇新古今和歌集　有吉保著　尚学図書　1980.10　536p　20cm　（鑑賞日本の古典 9）　1800円　Ⓝ911.1358〔12341〕
◇新古今和歌集　滝沢貞夫編　勉誠社　1984.3　569p　19cm　（文芸文庫）　1600円　Ⓝ911.1358〔12342〕
◇新古今和歌集　源通具ほか撰, 佐藤恒雄校注・訳　ほるぷ出版　1986.9　327p　20cm　（日本の文学）　Ⓝ911.1358〔12343〕
◇新古今和歌集―カラー版　藤平春男編　桜楓社　1989.6　55p　22cm　800円　①4-273-02328-8　Ⓝ911.1358〔12344〕
◇新古今和歌集　佐佐木信綱校訂　新訂　岩波書店　1993.10　355p　19cm　（ワイド版岩波文庫）　1200円　①4-00-007115-7　Ⓝ911.1358〔12345〕
◇新古今和歌集　源通具ほか撰　専修大学出版局　1993.11　3冊　25cm　（専修大学図書館蔵古典籍影印叢刊）　①4-88125-063-9　Ⓝ911.1358〔12346〕
◇新古今和歌集―文永本　朝日新聞社　2000.4　440, 37p　22cm　（冷泉家時雨亭叢書 第5巻）　27000円　①4-02-240305-5　Ⓝ911.1358〔12347〕
◇新古今和歌集　小林大輔編　角川グループパブリッシング（発売）　2007.10　217p　15cm　（角川文庫―角川ソフィア文庫 ビギナーズ・クラシックス）　629円　①978-4-04-357421-6　Ⓝ911.1358〔12348〕

◇新古今和歌集　上　笠間書院　1971　385p　17cm　(笠間影印叢刊)　2000円　Ⓝ911.145　〔12349〕
◇新古今和歌集　上　久保田淳校注　新潮社　1979.3　385p　20cm　(新潮日本古典集成)　1800円　Ⓝ911.145　〔12350〕
◇新古今和歌集　上　久保田淳訳注　角川グループパブリッシング(発売)　2007.3　488p　15cm　(角川文庫―角川ソフィア文庫)　933円　Ⓘ978-4-04-400102-5　Ⓝ911.1358　〔12351〕
◇新古今和歌集　下　久保田淳校注　新潮社　1979.9　423p　20cm　(新潮日本古典集成)　1800円　Ⓝ911.145　〔12352〕
◇新古今和歌集―伝亀山院・青蓮院道円親王筆　3　中小路駿逸編　松山　青葉図書　1982.10　p545〜793　19cm　(愛媛大学古典叢刊 27)　Ⓝ911.145　〔12353〕
◇新古今和歌集　下　久保田淳訳注　角川グループパブリッシング(発売)　2007.3　474p　15cm　(角川文庫―角川ソフィア文庫)　933円　Ⓘ978-4-04-400103-2　Ⓝ911.1358　〔12354〕
◇新古今和歌集―隠岐本　上下　大久保正校訂　古典文庫　1949　2冊　17×11cm　(古典文庫)　Ⓝ911.145　〔12355〕
◇新古今和歌集を学ぶ人のために　島津忠夫編　京都　世界思想社　1996.3　332p　19cm　2300円　Ⓘ4-7907-0585-4　Ⓝ911.1358　〔12356〕
◇新古今和歌集聞書　東常縁著, 山崎敏夫校　名古屋　水甕社　1935　105p　20cm　Ⓝ911.14　〔12357〕
◇新古今和歌集研究　後藤重郎著　風間書房　2004.2　888p　22cm　27000円　Ⓘ4-7599-1425-0　Ⓝ911.1358　〔12358〕
◇新古今和歌集講義　佐成謙太郎著　2版　日本文学社〔ほか〕　1938　122, 97p　22cm　Ⓝ911.14　〔12359〕
◇新古今和歌集抄　源元公子著　雄山閣　1943　1帖　25cm　Ⓝ911.14　〔12360〕
◇新古今和歌集詳解　塩井雨江著　明治書院　1908　203, 38p　23cm　Ⓝ911.1　〔12361〕
◇新古今和歌集詳解　塩井正男著, 大町桂月補　明治書院　1925　1442p　22cm　Ⓝ911.14　〔12362〕
◇新古今和歌集詳解　長連恒註解　小さい文学社　1929　108p　20cm　Ⓝ911.14　〔12363〕
◇新古今和歌集新釈　山崎敏夫著　名古屋　正文館書店　1947　138p　18cm　Ⓝ911.145　〔12364〕
◇新古今和歌集新鈔　尾上八郎校　富山房　1927　43, 274, 24p　17cm　(新型袖珍名著文庫 第12)　Ⓝ911.145　〔12365〕
◇新古今和歌集新抄　尾上八郎編　明治書院　1941　86p　19cm　Ⓝ911.14　〔12366〕
◇新古今和歌集・新葉和歌集　石川梭校　有朋堂書店　1926　788p　18cm　(有朋堂文庫)　Ⓝ911.14　〔12367〕
◇新古今和歌集選　立命館大学出版部　1930　214p　20cm　Ⓝ911.14　〔12368〕
◇新古今和歌集選―諸抄集成　能勢朝次編　明治書院　1934　148p　21cm　Ⓝ911.14　〔12369〕
◇新古今和歌集選―諸注集成　小泉弘編著　有精堂出版　1975　184p　22cm　1300円　Ⓝ911.145　〔12370〕
◇新古今和歌集選　大阪　エフ・シイ・ジェイ(製作)　1980.3　21枚　23×30cm　Ⓝ911.135　〔12371〕
◇新古今和歌集全註解　石田吉貞著　有精堂出版　1960　958p　22cm　Ⓝ911.145　〔12372〕

◇新古今和歌集全評釈　第1巻　久保田淳著　講談社　1976　448p　20cm　3400円　Ⓝ911.145　〔12373〕
◇新古今和歌集全評釈　第4巻　賀歌, 哀傷歌, 離別歌, 羇旅歌　久保田淳著　講談社　1977.2　667p　20cm　3800円　Ⓝ911.145　〔12374〕
◇新古今和歌集全評釈　第5巻　恋歌一, 恋歌二, 恋歌三　久保田淳著　講談社　1977.4　515p　20cm　3600円　Ⓝ911.145　〔12375〕
◇新古今和歌集全評釈　第6巻　恋歌4, 恋歌5　久保田淳著　講談社　1977.6　395p　20cm　3400円　Ⓝ911.145　〔12376〕
◇新古今和歌集全評釈　第9巻　研究史序説　書目解題　索引　年表　久保田淳著　講談社　1977.12　364p　20cm　3400円　Ⓝ911.145　〔12377〕
◇新古今和歌集註―高松宮本　片山享編　古典文庫　1987.2　323p　17cm　(古典文庫 第484冊)　非売品　Ⓝ911.1358　〔12378〕
◇新古今和歌集註解　鶴田常吉著　大阪　立川文明堂　1925　Ⓝ911.14　〔12379〕
◇新古今和歌集註釈　上, 下巻　石田吉貞著　大同館書店　1932-1934　2冊　23cm　Ⓝ911.14　〔12380〕
◇新古今和歌集遠鏡　鴻巣盛広著, 佐佐木信綱閲　博文館　1910.2　626p　19cm　Ⓝ911.1　〔12381〕
◇新古今和歌集入門　上条彰次ほか著　有斐閣　1978.1　276p　18cm　(有斐閣新書)　580円　Ⓝ911.145　〔12382〕
◇新古今和歌集の研究　小島吉雄著　京都　星野書店　1944　386p　図版11枚　22cm　Ⓝ911.14　〔12383〕
◇新古今和歌集の研究―基盤と構成　有吉保著　三省堂　1968　576p　図版　22cm　Ⓝ911.145　〔12384〕
◇新古今和歌集の研究　小島吉雄著　増補　大阪　和泉書院　1993.10　2冊　22cm　(研究叢書 134)　全18540円　Ⓘ4-87088-613-8　Ⓝ911.1358　〔12385〕
◇新古今和歌集の研究　続篇　有吉保著　笠間書院　1996.3　674p　22cm　13500円　Ⓘ4-305-70160-X　Ⓝ911.1358　〔12386〕
◇新古今和歌集一夕話　百目鬼恭三郎著　新潮社　1982.6　249p　20cm　1150円　Ⓝ911.1358　〔12387〕
◇新古今和歌集評釈　窪田空穂著　東京堂　1942　2冊　21cm　Ⓝ911.14　〔12388〕
◇新古今和歌集評釈　上, 下巻　窪田空穂著　東京堂　1932-1933　2冊　23cm　Ⓝ911.14　〔12389〕
◇新古今釈教之部注　簗瀬一雄編　大府町(愛知県)　簗瀬一雄　1964　19p　21cm　(碧冲洞叢書 第47輯)　Ⓝ911.145　〔12390〕
◇新古今秀歌　安田章生著　大阪　創元社　1953　328p　19cm　Ⓝ911.145　〔12391〕
◇新釈注　新古今集　山崎敏夫著　桜井書店　1953　151p　19cm　(新釈註国文叢書)　Ⓝ911.145　〔12392〕
◇新訂　新古今和歌集　佐佐木信綱校訂　改版6刷　岩波書店　1959　355p　15cm　(岩波文庫)　Ⓝ911.145　〔12393〕
◇全釈　新古今和歌集　上巻　釘本久春著　福音館書店　1958　537p　図版　13cm　Ⓝ911.145　〔12394〕
◇谷山茂著作集　5　新古今集とその歌人　角川書店　1983.12　460p　22cm　5800円　Ⓝ910.24　〔12395〕
◇勅撰集　4　新古今和歌集　国立歴史民俗博物館館蔵史料編集会編　京都　臨川書店　2000.11　594p　24×

◇二十一代集　第4　新古今和歌集　太洋社編　源通具等奉勅撰　西巣鴨町(府)　太洋社　1926　441p　20cm　Ⓝ911.1　〔12397〕
◇日本の古典―現代語訳　3　古今集新古今集　大岡信著　学習研究社　1981.3　180p　30cm　2400円　Ⓝ910.8　〔12398〕
◇花にもの思う春―白洲正子の新古今集　白洲正子著　平凡社　1985.9　278p　20cm　1700円　Ⓘ4-582-37122-1　Ⓝ911.1358　〔12399〕
◇花にもの思う春―白洲正子の新古今集　白洲正子著　平凡社　1997.7　285p　16cm　(平凡社ライブラリー)　840円　Ⓘ4-582-76207-7　Ⓝ911.1358　〔12400〕
◇評釈　新古今和歌集　上　新古今和歌集　尾上八郎著　明治書院　1952　19cm　Ⓝ911.145　〔12401〕
◇万葉集古今集新古今和歌集選釈　石川誠著　大同館書店　1924　502, 14p　19cm　Ⓝ911.1　〔12402〕
◇みやび―新古今集の時　坊城俊民著　桜楓社　1984.8　180p　19cm　1800円　Ⓝ911.1358　〔12403〕
◇和歌文学講座　第6巻　新古今集　有吉保ほか編　有吉保責任編集　勉誠社　1994.1　413p　20cm　4800円　Ⓘ4-585-02027-6　Ⓝ911.108　〔12404〕
◇和歌文学論集　8　新古今集とその時代　『和歌文学論集』編集委員会編　風間書房　1991.5　392p　22cm　4944円　Ⓘ4-7599-0791-2　Ⓝ911.102　〔12405〕

◆◆◆十三代集

◇和泉式部和歌抄稿―十三代集撰入　森重敏著　大阪　和泉書院　1993.11　768p　22cm　(研究叢書 140)　20600円　Ⓘ4-87088-624-3　Ⓝ911.145　〔12406〕
◇木々の心花の心―玉葉和歌集抄訓　岩佐美代子著　笠間書院　1994.1　353p　20cm　(古典ライブラリー 3)　3600円　Ⓘ4-305-60033-1　Ⓝ911.145　〔12407〕
◇京都女子大学図書館蔵風雅和歌集　光厳院撰, 千古利恵子編　大阪　和泉書院　2002.10　355p　22cm　(和泉古典文庫 9)　4000円　Ⓘ4-7576-0176-X　Ⓝ911.145　〔12408〕
◇京都府立総合資料館蔵風雅和歌集　國枝利久, 千古利恵子編　大阪　和泉書院　1997.5　706p　22cm　(和泉書院影印叢書 15)　16000円　Ⓘ4-87088-869-6　Ⓝ911.145　〔12409〕
◇玉葉集総索引　滝沢貞夫編　明治書院　1988.3　509p　22cm　9800円　Ⓘ4-625-40056-2　Ⓝ911.145　〔12410〕
◇玉葉集風雅集攷　次田香澄著, 岩佐美代子責任編集　笠間書院　2004.10　307, 7p 図版4p　22cm　(笠間叢書 352)　Ⓘ4-305-10352-4　Ⓝ911.145　〔12411〕
◇玉葉と風雅　井上豊著　弘文堂　1955　76p　15cm　(アテネ文庫)　Ⓝ911.145　〔12412〕
◇玉葉和歌集　藤原為兼撰, 次田香澄校訂　岩波書店　1989.3　537p　15cm　(岩波文庫 30-137-1)　700円　Ⓘ4-00-301371-9　Ⓝ911.145　〔12413〕
◇玉葉和歌集―太山寺本　京極為兼撰, 浜口博章解題　汲古書院　1993.11　2冊　27cm　全22000円　Ⓘ4-7629-3292-2　Ⓝ911.145　〔12414〕
◇玉葉和歌集　京極為兼撰, 久保田淳編　笠間書院　1995.9　864p　23cm　(吉田兼右筆十三代集)　18000円　Ⓘ4-305-60140-0　Ⓝ911.145　〔12415〕

◇玉葉和歌集全注釈　上巻　岩佐美代子著　笠間書院　1996.3　653p　22cm　(笠間注釈叢刊 20)　18000円　Ⓘ4-305-30020-6　Ⓝ911.145　〔12416〕
◇玉葉和歌集全注釈　中巻　岩佐美代子著　笠間書院　1996.6　514p　22cm　(笠間注釈叢刊 21)　14000円　Ⓘ4-305-30021-4　Ⓝ911.145　〔12417〕
◇玉葉和歌集全注釈　下巻　岩佐美代子著　笠間書院　1996.9　659p　22cm　(笠間注釈叢刊 22)　18000円　Ⓘ4-305-30022-2　Ⓝ911.145　〔12418〕
◇玉葉和歌集全注釈　別巻　岩佐美代子著　笠間書院　1996.12　366p　22cm　(笠間注釈叢刊 23)　9000円　Ⓘ4-305-30023-0　Ⓝ911.145　〔12419〕
◇玉葉和歌集の研究―玉葉集作者部類並びに副文献資料　早川徳子著　東海　早川徳子　1973　98p　25cm　非売品　Ⓝ911.145　〔12420〕
◇校註国歌大系　第5巻　十三代集 1　国民図書株式会社編　講談社　1976.10　38, 866p 図　19cm　Ⓝ911.108　〔12421〕
◇校註国歌大系　第6巻　十三代集 2　国民図書株式会社編　講談社　1976.10　35, 914p 図　19cm　Ⓝ911.108　〔12422〕
◇校註国歌大系　第7巻　十三代集 3　国民図書株式会社編　講談社　1976.10　40, 833p 図　19cm　Ⓝ911.108　〔12423〕
◇校註国歌大系　第8巻　十三代集 4　国民図書株式会社編　講談社　1976.10　55, 797p 図　19cm　Ⓝ911.108　〔12424〕
◇続古今集総索引　滝沢貞夫編　明治書院　1984.11　483p　22cm　8800円　Ⓝ911.145　〔12425〕
◇続後拾遺集総索引　滝沢貞夫編　明治書院　1991.1　328p　22cm　9200円　Ⓘ4-625-40059-7　Ⓝ911.145　〔12426〕
◇続後拾遺和歌集　深津睦夫著　明治書院　1997.9　380p　22cm　(和歌文学大系 9)　5200円　Ⓘ4-625-51309-X　Ⓝ911.145　〔12427〕
◇続後撰集総索引　滝沢貞夫編　明治書院　1983.11　351p　22cm　6800円　Ⓝ911.145　〔12428〕
◇続後撰和歌集　藤原為家撰, 國枝利久, 千古利恵子編　大阪　和泉書院　1999.10　407p　22cm　(和泉書院影印叢書 16)　12000円　Ⓘ4-7576-0013-5　Ⓝ911.145　〔12429〕
◇続後撰和歌集・為家歌学　藤原為家著　朝日新聞社　1994.2　532, 44p　22cm　(冷泉家時雨亭叢書 第6巻)　29000円　Ⓘ4-02-240306-3　Ⓝ911.1352　〔12430〕
◇続拾遺集総索引　滝沢貞夫編　明治書院　1985.11　368p　22cm　7800円　Ⓝ911.145　〔12431〕
◇続拾遺和歌集　小林一彦著　明治書院　2002.7　389p　22cm　(和歌文学大系 7)　7000円　Ⓘ4-625-41313-3　Ⓝ911.145　〔12432〕
◇続千載集総索引　滝沢貞夫編　明治書院　1990.3　359p　22cm　9200円　Ⓘ4-625-40058-9　Ⓝ911.145　〔12433〕
◇続千載和歌集　二条為世撰, 久保田淳編　笠間書院　1997.4　606p　23cm　(吉田兼右筆十三代集)　15000円　Ⓘ4-305-60141-9　Ⓝ911.145　〔12434〕
◇新後拾遺集総索引　滝沢貞夫編　明治書院　2001.2　264p　22cm　12000円　Ⓘ4-625-43307-X　Ⓝ911.145　〔12435〕
◇新後撰集総索引　滝沢貞夫編　明治書院　1986.10　368p　22cm　7800円　Ⓝ911.145　〔12436〕

◇新後撰和歌集　二条為世撰，久保田淳編　笠間書院　1996.6　480p　23cm　（吉田兼右筆十三代集）　12000円　Ⓘ4-305-60139-7　Ⓝ911.145　〔12437〕
◇新拾遺集総索引　滝沢貞夫編　明治書院　1999.10　329p　22cm　19000円　Ⓘ4-625-43300-2　Ⓝ911.145　〔12438〕
◇新続古今集総索引　滝沢貞夫編　明治書院　2002.2　398p　22cm　15200円　Ⓘ4-625-43313-4　Ⓝ911.145　〔12439〕
◇新続古今和歌集　飛鳥井雅世撰，村尾誠一著　明治書院　2001.12　516p　22cm　（和歌文学大系12）　7500円　Ⓘ4-625-41312-5　Ⓝ911.145　〔12440〕
◇新千載集総索引　滝沢貞夫編　明治書院　1993.6　441p　22cm　12000円　Ⓘ4-625-40062-7　Ⓝ911.145　〔12441〕
◇新勅撰集公古抄とその研究　大取一馬編著　京都　竜谷学会　1995.6　353p　22cm　（竜谷叢書2）　Ⓝ911.145　〔12442〕
◇新勅撰集総索引　滝沢貞夫編　明治書院　1982.10　359p　22cm　6800円　Ⓝ911.145　〔12443〕
◇新勅撰和歌集　久曾神昇，樋口芳麻呂校訂　岩波書店　1961　274p　15cm　（岩波文庫）　Ⓝ911.145　〔12444〕
◇新勅撰和歌集　久曽神昇校訂，樋口芳麻呂校訂　岩波書店　1988.4　274p　16cm　（岩波文庫 30-134-1）　500円　Ⓘ4-00-901341-7　Ⓝ911.145　〔12445〕
◇新勅撰和歌集　中川博夫著　明治書院　2005.6　511p　22cm　（和歌文学大系6）　7500円　Ⓘ4-625-41324-9　Ⓝ911.145　〔12446〕
◇新勅撰和歌集古注釈とその研究　大取一馬編著　京都　思文閣出版　1986.3　2冊　22cm　全45000円　Ⓘ4-7842-0416-4　Ⓝ911.145　〔12447〕
◇新勅撰和歌集全釈　1　神作光一，長谷川哲夫著　風間書房　1994.10　341p　22cm　15450円　Ⓘ4-7599-0896-X　Ⓝ911.145　〔12448〕
◇新勅撰和歌集全釈　2　神作光一，長谷川哲夫著　風間書房　1998.3　336p　22cm　15000円　Ⓘ4-7599-1093-X　Ⓝ911.145　〔12449〕
◇新勅撰和歌集全釈　3　神作光一，長谷川哲夫著　風間書房　2000.4　299p　22cm　15000円　Ⓘ4-7599-1204-5　Ⓝ911.145　〔12450〕
◇新勅撰和歌集全釈　4　神作光一，長谷川哲夫著　風間書房　2003.9　376p　22cm　15000円　Ⓘ4-7599-1382-3　Ⓝ911.145　〔12451〕
◇新勅撰和歌集全釈　5　神作光一，長谷川哲夫著　風間書房　2004.11　269p　22cm　13000円　Ⓘ4-7599-1458-7　Ⓝ911.145　〔12452〕
◇新勅撰和歌集全釈　6　神作光一，長谷川哲夫著　風間書房　2006.3　319p　22cm　15000円　Ⓘ4-7599-1570-2　Ⓝ911.145　〔12453〕
◇新勅撰和歌集全釈　7　神作光一，長谷川哲夫著　風間書房　2007.5　336p　22cm　15000円　Ⓘ978-4-7599-1633-1　Ⓝ911.145　〔12454〕
◇新勅撰和歌集注解—雑四の部　岡田直美著　徳島　教育出版センター　1999.8　815p　22cm　非売品　Ⓝ911.145　〔12455〕
◇続後拾遺和歌集　久保田淳編　笠間書院　1999.4　422p　23cm　（吉田兼右筆十三代集）　13500円　Ⓘ4-305-60142-7　Ⓝ911.145　〔12456〕
◇為兼為相等書状並案　京極為兼，冷泉為相筆　宮内庁書陵部　1988.2　1軸　35cm　Ⓝ911.145　〔12457〕
◇為兼為相等書状並案　宮内庁書陵部編　吉川弘文館　1988.3　1軸p　35cm　28000円　Ⓘ4-642-02213-9　Ⓝ911.145　〔12458〕
◇中世勅撰集　朝日新聞社　2002.2　2冊　16×22-22cm　（冷泉家時雨亭叢書 第13巻）　全30000円　Ⓘ4-02-240313-6　Ⓝ911.145　〔12459〕
◇勅撰和歌十三代集研究文献目録　後藤重郎編　大阪　和泉書院　1980.12　258p　22cm　5500円　Ⓘ4-900137-07-4　Ⓝ911.145　〔12460〕
◇風雅集総索引　滝沢貞夫編　明治書院　1991.7　383p　22cm　9800円　Ⓘ4-625-40060-0　Ⓝ911.145　〔12461〕
◇風雅和歌集　次田香澄，岩佐美代子校注　三弥井書店　1974　500p　図　22cm　（中世の文学）　4000円　Ⓝ911.145　〔12462〕
◇風雅和歌集全注釈　上巻　岩佐美代子著　笠間書院　2002.12　620p　22cm　（笠間注釈叢刊34）　18000円　Ⓘ4-305-30034-6　Ⓝ911.145　〔12463〕
◇風雅和歌集全注釈　中巻　岩佐美代子著　笠間書院　2003.9　468p　22cm　（笠間注釈叢刊35）　14000円　Ⓘ4-305-30035-4　Ⓝ911.145　〔12464〕
◇風雅和歌集全注釈　下巻　岩佐美代子著　笠間書院　2004.3　704p　22cm　（笠間注釈叢刊36）　19000円　Ⓘ4-305-30036-2　Ⓝ911.145　〔12465〕
◇風雅和歌集の基礎的研究　鹿目俊彦著　笠間書院　1986.3　562p　22cm　12000円　Ⓝ911.145　〔12466〕
◇佛教大学附属図書館蔵続千載和歌集　國枝利久，千古利恵子編　大阪　和泉書院　2000.6　413p　22cm　（和泉書院影印叢書17）　12000円　Ⓘ4-7576-0014-3　Ⓝ911.145　〔12467〕
◇和歌と政治—中世勅撰和歌集の世界　深津睦夫著　伊勢　皇學館大学出版部　2001.1　52p　19cm　（皇學館大学講演叢書 第101輯）　286円　Ⓝ911.145　〔12468〕

◆◆私撰集

隠岐高田明神至徳百首和歌注釈　小原幹雄著　松江　小原幹雄　1992.8　165p　19cm　Ⓝ911.147　〔12469〕
校本 洞院摂政家百首とその研究　片野達郎，安井久善著　桜風社　1967　355p　図版　22cm　Ⓝ911.137　〔12470〕
◇後葉和歌集　宮内庁書陵部編　宮内庁書陵部　1976.2　452p　図　22cm　（図書寮叢刊）　Ⓝ911.149　〔12471〕
◇自讃歌古注総覧　王淑英編著　東海大学出版会　1995.9　524p　22cm　10300円　Ⓘ4-486-01223-2　Ⓝ911.147　〔12472〕
◇拾遺現藻和歌集—本文と研究　小川剛生編　三弥井書店　1996.5　205p　21cm　3500円　Ⓘ4-8382-3046-X　Ⓝ911.147　〔12473〕
◇続五明題和歌集　三村晃功編著　大阪　和泉書院　1992.10　441p　22cm　（研究叢書124）　15450円　Ⓘ4-87088-570-0　Ⓝ911.147　〔12474〕
◇続撰吟集諸本の研究　國枝利久著　京都　思文閣出版　1999.12　592p　22cm　13000円　Ⓘ4-7842-1027-X　Ⓝ911.147　〔12475〕
◇続撰吟抄　上　徳大寺実通編，千艘秋男編　古典文庫　1995.3　374p　17cm　（古典文庫 第580冊）　非売品　Ⓝ911.147　〔12476〕

◇続撰吟抄　下　徳大寺実通編，千艘秋男編　古典文庫　1995.8　388p　17cm　（古典文庫 第585冊）　非売品　Ⓝ911.147　〔12477〕

◇資賢集・遺塵和歌集　宮内庁書陵部編　宮内庁書陵部　1977.3　390p 図　22cm　（図書寮叢刊）　Ⓝ911.149　〔12478〕

◇資賢集・遺塵和歌集　宮内庁書陵部編　明治書院　1977.3　390p 図　22cm　（図書寮叢刊）　8300円　Ⓝ911.149　〔12479〕

◇草根集　第1　春　正徹著　岡山　ノートルダム清心女子大学国文学研究室古典叢書刊行会　1967　238p 図版　19cm　（ノートルダム清心女子大学古典叢書）　Ⓝ911.149　〔12480〕

◇草根集　第2　秋　正徹著　岡山　ノートルダム清心女子大学国文学研究室古典叢書刊行会　1967　247p　19cm　（ノートルダム清心女子大学古典叢書）　Ⓝ911.149　〔12481〕

◇草根集　第3　恋　正徹著　岡山　ノートルダム清心女子大学国文学研究室古典叢書刊行会　1968　172p　19cm　（ノートルダム清心女子大学古典叢書）　非売　Ⓝ911.149　〔12482〕

◇草根集　第4　雑・その他　正徹著　岡山　ノートルダム清心女子大学国文学研究室古典叢書刊行会　1973　272p（図共）　19cm　（ノートルダム清心女子大学古典叢書）　非売品　Ⓝ911.149　〔12483〕

◇続 中世私撰和歌集攷　安井久善著　1958　110p　18cm　Ⓝ911.147　〔12484〕

◇中世散佚歌集の研究　第1冊　簗瀬一雄著　安城　1958　114p　21cm　（碧冲洞叢書 第1輯）　Ⓝ911.147　〔12485〕

◇中世散佚歌集の研究　第2冊　簗瀬一雄著　大府町（愛知県）　1965　100p　21cm　（碧冲洞叢書 第62輯）　Ⓝ911.147　〔12486〕

◇中世私撰集の研究　三村晃功著　大阪　和泉書院　1985.5　442p　22cm　（研究叢書 21）　12500円　Ⓓ4-87088-158-6　Ⓝ911.147　〔12487〕

◇中世私撰和歌集攷　安井久善著　武蔵野　1951　148p　18cm　Ⓝ911.147　〔12488〕

◇中世私撰和歌集攷　安井久善著　改訂版　三崎堂書店　1961　152p　18cm　Ⓝ911.147　〔12489〕

◇中世百首歌　1　井上宗雄，大岡賢典編　古典文庫　1982.5　325p　17cm　（古典文庫 第428冊）　非売品　Ⓝ911.147　〔12490〕

◇中世百首歌　2　井上宗雄，田村柳壱編　古典文庫　1983.9　285p　17cm　（古典文庫 第444冊）　非売品　Ⓝ911.147　〔12491〕

◇中世百首歌　3　井上宗雄，三村晃功編　古典文庫　1984.11　370p　17cm　（古典文庫 第458冊）　非売品　Ⓝ911.147　〔12492〕

◇中世百首歌　4　井上宗雄，大取一馬編　古典文庫　1985.7　308p　17cm　（古典文庫 第465冊）　非売品　Ⓝ911.147　〔12493〕

◇中世百首歌　5　井上宗雄，小池一行編　古典文庫　1986.10　318p　17cm　（古典文庫 第480冊）　非売品　Ⓝ911.147　〔12494〕

◇中世百首歌　6　井上宗雄，田村柳壱編　古典文庫　1987.7　371p　17cm　（古典文庫 第489冊）　非売品　Ⓝ911.147　〔12495〕

◇中世百首歌　7　井上宗雄，山田洋嗣編　古典文庫　1988.10　221p　17cm　（古典文庫 第504冊）　非売品　Ⓝ911.147　〔12496〕

◇中世百首歌　8　井上宗雄，中村文編　古典文庫　1990.5　318p　17cm　（古典文庫 第522冊）　非売品　Ⓝ911.147　〔12497〕

◇中世百首歌　9　井上宗雄，中村文編　古典文庫　1994.10　369p　17cm　（古典文庫 第575冊）　非売品　Ⓝ911.147　〔12498〕

◇中世百首歌　10　井上宗雄，中村文編　古典文庫　2001.1　375p　17cm　（古典文庫）　非売品　Ⓝ911.147　〔12499〕

◇中世百首歌・七夕御会和歌懐紙・中世私撰集　朝日新聞社　1996.6　2冊　16×22～22cm　（冷泉家時雨亭叢書 第34巻）　全30000円　Ⓘ4-02-240334-9　Ⓝ911.145　〔12500〕

◇中世百首歌集　兼築信行編　早稲田大学文学部，トランスアート〔発売〕　2002.11　64p　21×30cm　1500円　Ⓘ4-924956-95-3　〔12501〕

◇月詣集流布の本に脱たる歌ども　写　18丁　22cm　Ⓝ911.137　〔12502〕

◇摘題和歌集　下　三村晃功編　古典文庫　1991.1　332p　17cm　（古典文庫 第529冊）　非売品　Ⓝ911.147　〔12503〕

◇藤葉和謌集―6巻　写　1冊　24cm　Ⓝ911.147　〔12504〕

◇二八明題和歌集　上巻　四季・恋　今川了俊編　宮内庁書陵部　1979.2　410p　22cm　（図書寮叢刊）　Ⓝ911.149　〔12505〕

◇野坂本 草根集　正徹著，片山享編　広島　広島中世文芸研究会　1965　243p　19cm　（中世文芸叢書 3）　Ⓝ911.149　〔12506〕

◇万代和歌集　上　安田徳子著　明治書院　1998.6　367p　22cm　（和歌文学大系 13）　5200円　Ⓘ4-625-51313-8　Ⓝ911.147　〔12507〕

◇万代和歌集　下　安田徳子著　明治書院　2000.10　485p　22cm　（和歌文学大系 14）　7000円　Ⓘ4-625-41302-8　Ⓝ911.147　〔12508〕

◇明題和歌全集　三村晃功編　岡山　福武書店　1976　551p 図　27cm　14000円　Ⓝ911.149　〔12509〕

◇輪読『文集百首』―私家版　3　宝塚　文集百首研究会　2003.6　68p　26cm　Ⓝ911.14　〔12510〕

◇六家抄　片山享，久保田淳編校　三弥井書店　1980.1　353p　22cm　（中世の文学 第1期）　3500円　Ⓝ911.147　〔12511〕

◇和漢兼作集　〔珍書同好会〕　1916　106丁　24cm　Ⓝ911.14　〔12512〕

◆◆◆小倉百人一首

◇愛のうた恋のうた―新子が読む百人一首　時実新子著　広済堂出版　1991.8　202p　20cm　1300円　Ⓘ4-331-50335-6　Ⓝ911.147　〔12513〕

◇跡見学園女子大学短期大学部図書館所蔵百人一首関係資料目録　2　跡見学園女子大学短期大学部図書館編　跡見学園女子大学短期大学部図書館　1998.3　156, 17p　27cm　Ⓝ911.147　〔12514〕

◇跡見学園短期大学図書館蔵百人一首関係資料目録　跡見学園短期大学図書館編　跡見学園短期大学図書館　1995.3　521, 47p　27cm　Ⓝ911.147　〔12515〕

◇一冊でわかる百人一首　吉海直人監修　成美堂出版　2006.12　191p　22cm　1300円　①4-415-04234-1　Ⓝ911.147
〔12516〕

◇イラスト明解小倉百人一首　山田繁雄著, 渡辺福男画　三省堂　1987.10　202pp　19cm　780円　①4-385-22900-7　Ⓝ911.147
〔12517〕

◇歌がるた小倉百人一首　田辺聖子著　角川書店　2004.11　318p　15cm　（角川文庫）　552円　①4-04-131432-1
〔12518〕

◇歌ごころ百人一首―かるた取りがだんぜんおもしろくなる！　青野澄子著　仙台　丸善仙台出版サービスセンター（製作）　2006.12　361p　18cm　900円　①4-86080-076-1　Ⓝ911.147
〔12519〕

◇歌と絵でつづる「超早おぼえ」百人一首―超早おぼえ秘密のチャート付き　佐藤天彦著　大阪　天紋館　2007.3　171p　21cm　1400円　①978-4-903728-00-1　Ⓝ911.147
〔12520〕

◇影印本　百人一首　藤原定家撰, 有吉保ほか編　新典社　1984.4　78p　21cm　（影印本シリーズ）　600円　①4-7879-0401-9　Ⓝ911.147
〔12521〕

◇英訳歌加留多―Poem Card（The Hyakunin-isshu in English）by Ken Yasuda　安田健著　鎌倉文庫　1948　50p　22×17cm　Ⓝ911.14
〔12522〕

◇英訳小倉百人一首　本多平八郎著　京都　関書院　1947　100p　19cm　Ⓝ911.14
〔12523〕

◇画入尊円百人一首　簗瀬一雄ほか編　大阪　和泉書院　1986.3　107p　21cm　（和泉書院影印叢刊 33）　1000円　①4-900137-67-7　Ⓝ911.147
〔12524〕

◇絵入り百人一首入門　佐藤安志著　土屋書店　2003.12　215p　21cm　1200円　①4-8069-0668-9　Ⓝ911.147
〔12525〕

◇絵解き百人一首―江戸かるたと風景写真で味わう　講談社　1991.12　143p　21cm　（講談社カルチャーブックス 35）　1500円　①4-06-198001-7　Ⓝ911.147
〔12526〕

◇絵本小倉錦　奥村政信画, 吉田幸一編　古典文庫　2000.10　314p　17cm　（古典文庫）　非売品　Ⓝ911.147
〔12527〕

◇小倉山庄色紙和歌―百人一首古注　有吉保, 神作光一校注　新典社　1975　167p　21cm　（影印校注古典叢書）　1300円　Ⓝ911.147
〔12528〕

◇小倉百首七絶―附録:蕉翁句五絶　三宅光華著　大阪　十光社出版部　1936　22丁　19cm　Ⓝ911.14
〔12529〕

◇小倉百首大意―内山逸峰講釈・深沢常逢聞書　菊地明範, 綿抜豊昭編　富山　桂書房　1993.3　117p　21cm　2060円　Ⓝ911.147
〔12530〕

◇小倉百首批釈　百人一首鈔聞書　大菅白圭著, 上条彰次編　大阪　和泉書院　1996.5　24, 184p　22cm　（百人一首注釈書叢刊 13）　6180円　①4-87088-800-9　Ⓝ911.147
〔12531〕

◇小倉百人一首　坂田善吉編　坂田善吉　1881.8　49丁　13cm　Ⓝ911.1
〔12532〕

◇小倉百人一首　佐野乙吉編　甲府　佐野乙吉　1883.4　15丁　19cm　Ⓝ911.1
〔12533〕

◇小倉百人一首　梅寿国利画　岡本懐徳　1883.12　50丁　12cm　Ⓝ911.1
〔12534〕

◇小倉百人一首　井上勝五郎編　井上勝五郎　1884.2　26丁　9×13cm　Ⓝ911.1
〔12535〕

◇小倉百人一首　小宮山五郎編　明治新刻　錦盛堂　1885.8　50丁　17cm　Ⓝ911.1
〔12536〕

◇小倉百人一首―反刻　甲府　徴古堂　1885.10　50丁　13cm　Ⓝ911.1
〔12537〕

◇小倉百人一首　綱島亀吉　1885.10　50丁　18cm　Ⓝ911.1
〔12538〕

◇小倉百人一首　尾関トヨ編　豊栄堂　1885.12　12丁　12cm　Ⓝ911.1
〔12539〕

◇小倉百人一首　辻岡文助編　明治新刻　金松堂　1886.1　50丁　18cm　Ⓝ911.1
〔12540〕

◇小倉百人一首　近八郎右衛門編　明治新刻　金沢　近八郎右衛門　1886.3　13丁　18cm　Ⓝ911.1
〔12541〕

◇小倉百人一首　開文堂　1888.12　27丁　23cm　Ⓝ911.1
〔12542〕

◇小倉百人一首　牧金之助編　金寿堂　1889.11　13丁　18cm　Ⓝ911.1
〔12543〕

◇小倉百人一首　山口亀吉編　千松堂　1890.1　13丁　18cm　Ⓝ911.1
〔12544〕

◇小倉百人一首　内藤彦一編　明治新刻　京都　奎運堂　1891.2　50丁　19cm　Ⓝ911.1
〔12545〕

◇小倉百人一首　香川一秀編　明治新刻　大阪　積善館　1891.3　50丁　18cm　Ⓝ911.1
〔12546〕

◇小倉百人一首　中村芳松編　大阪　鍾美堂　1902.2　125p　18cm　Ⓝ911.1
〔12547〕

◇小倉百人一首―今様源氏　山口屋　1902.10　53丁　19cm　Ⓝ911.1
〔12548〕

◇小倉百人一首　多田令子書　大阪　崇文館〔ほか〕　1908.5　58丁　23cm　Ⓝ911.1
〔12549〕

◇小倉百人一首―頭書図解　池田東籬亭書, 森川保之画　京都　風祥堂　1908.11　50丁　18cm　Ⓝ911.1
〔12550〕

◇小倉百人一首　綱島書店編　綱島書店　1911.9　50丁　19cm　Ⓝ911.1
〔12551〕

◇小倉百人一首　湯浅春江堂　1914　100p　15cm　Ⓝ911.14
〔12552〕

◇小倉百人一首　平井勲著　虹有社　1950　128p　19cm　Ⓝ911.147
〔12553〕

◇小倉百人一首―解釈と鑑賞　鈴木知太郎, 藤田朝枝共著　東宝書房　1954　312p 図版　19cm　Ⓝ911.147
〔12554〕

◇小倉百人一首　鈴木知太郎著　桜楓社　1970　279p 図　18cm　（現代の教養 36）　480円　Ⓝ911.147
〔12555〕

◇小倉百人一首　鈴木知太郎著　桜楓社　1973　279p 図　19cm　480円　Ⓝ911.147
〔12556〕

◇小倉百人一首―全釈 付かるた競技法　藤縄敬五, 桜井典彦共著　新訂版　有朋堂　1979.11　132p　15cm　380円　Ⓝ911.147
〔12557〕

◇小倉百人一首　大岡信著　世界文化社　1980.11　212p　16cm　（Culture books）　1480円　Ⓝ911.147
〔12558〕

◇小倉百人一首　犬養廉訳・注　創英社　1985.11　238p　19cm　（全対訳日本古典新書）　700円　①4-88142-304-5　Ⓝ911.147
〔12559〕

◇小倉百人一首　高塚竹堂書, 野ばら社編　改訂〔版〕　野ばら社　1986.1　350p　18cm　600円　Ⓝ911.147
〔12560〕

◇小倉百人一首―解釈付習字読本　青木幽渓書　静岡　フジ教育出版社　1987.6　1冊　25cm　2500円　①4-938584-01-8　Ⓝ911.147
〔12561〕

◇小倉百人一首—古典の心　橋本吉弘著　京都　中央図書　1991.10　120p　26cm　380円　ⓘ4-482-00096-5　Ⓝ911.147
〔12562〕
◇小倉百人一首　藤縄敬五, 桜井典彦著　有朋堂　1992.11　127p　18cm　700円　ⓘ4-8422-0130-4　Ⓝ911.147
〔12563〕
◇小倉百人一首—日本のこころ　島津忠夫, 櫟原聡編著　京都　京都書房　1992.12　118p　22cm　1700円　ⓘ4-7637-8801-9　Ⓝ911.147
〔12564〕
◇小倉百人一首　猪股静弥文, 高代貴洋写真　偕成社　1993.12　232p　19cm　2000円　ⓘ4-03-529270-2　Ⓝ911.147
〔12565〕
◇小倉百人一首—みやびとあそび　平田澄子, 新川雅朋編著　新典社　2005.12　350p　21cm　2500円　ⓘ4-7879-0625-9　Ⓝ911.147
〔12566〕
◇小倉百人一首・味わい方と取り方　田中初夫ほか共著　改訂　梧桐書院　1978.11　189p　18cm　580円　Ⓝ911.147
〔12567〕
◇小倉百人一首異見抄　野木可山著　近代文芸社　1995.11　113p　20cm　1000円　ⓘ4-7733-4769-4　Ⓝ911.147
〔12568〕
◇小倉百人一首を復元する　永井桂子著　仙台　秋葉工房　1994.7　72p　21cm　Ⓝ911.147
〔12569〕
◇小倉百人一首を学ぶ人のために　糸井通浩編　京都　世界思想社　1998.10　303, 14p　19cm　2500円　ⓘ4-7907-0728-8　Ⓝ911.147
〔12570〕
◇小倉百人一首詳講　金子武雄著　石崎書店　1966　261p　20cm　Ⓝ911.147
〔12571〕
◇小倉百人一首叙説—百首全解　中島悦次著　新書法出版　1978.11　274p　22cm　1500円　Ⓝ911.147
〔12572〕
◇小倉百人一首新漢詩訳　華山全海建著　神戸　中外書房　1979.12　113p　19cm　800円　Ⓝ911.147
〔12573〕
◇小倉百人一首新釈　船越尚友著　大阪　岡田文祥堂　1909.10　275p　19cm　Ⓝ911.1
〔12574〕
◇小倉百人一首新注釈—全歌精解と鑑賞・主要先行書比見　新里博著　渋谷書言大学運営委員会　1994.4　366p　22cm　4300円　Ⓝ911.147
〔12575〕
◇小倉百人一首総索引　長江稔編　本の出版社　1985.11　103p　15cm　（わんずおうん文庫）　520円　Ⓝ911.147
〔12576〕
◇小倉百人一首俗解　大阪毎日新聞社学芸部編　大阪　毎日新聞社〔ほか〕　1909.12　124p　22cm　Ⓝ911.1
〔12577〕
◇小倉百人一首通解　平野頼吉著　富山　清明堂　1892.3　2冊（巻之上102, 下74p）　19cm　Ⓝ911.1　〔12578〕
◇小倉百人一首通解　渡辺又次郎等著　北隆館　1897.12　173p　20cm　Ⓝ911.1
〔12579〕
◇小倉百人一首の言語空間—和歌表現史論の構想　糸井通浩, 吉田究編　京都　世界思想社　1989.11　285, 3p　19cm　1950円　ⓘ4-7907-0360-6　Ⓝ911.147
〔12580〕
◇小倉百人一首の世界　新井正彦, 新井章著　三弥井書店　1983.4　253p　20cm　1400円　Ⓝ911.147
〔12581〕
◇小倉百人一首評釈　中島悦次著　春秋社　1925　455, 22p　15cm　Ⓝ911.14
〔12582〕
◇小倉百人一首 六歌聖—光琳歌かるたの典雅な折り紙　渡辺とみ枝著, 日本折紙協会協力　清泉図書　2005.2　79p　23×19cm　（雅の技と演出の達人 4）　1500円　ⓘ4-901446-11-8
〔12583〕
◇小倉百歌伝註　百人一首伝心録　尾崎雅嘉, 興隆和尚著, 管宗次, 吉海直人編　大阪　和泉書院　1997.6　196p　22cm　（百人一首注釈書叢刊 20）　7000円　ⓘ4-87088-859-9　Ⓝ911.147
〔12584〕
◇小倉山仮庵抄　小野高潔著, 簗瀬一雄編および翻刻　大府町（愛知県）　簗瀬一雄　1968　89p　22cm　（碧冲洞叢書 第84輯）　非売　Ⓝ911.147
〔12585〕
◇小倉和歌百首註尺　臼田葉山講釈, 内山逸峰聞書, 菊地明範編, 綿抜豊昭編　富山　桂書房　1990.8　156p　21cm　2300円　Ⓝ911.147
〔12586〕
◇おもしろイラスト百人一首　青木一男著　評論社　1989.11　238p　22cm　1165円　ⓘ4-566-05255-9　Ⓝ911.147
〔12587〕
◇解説 小倉百人一首　長尾盛之助著　池田書店　1953　219p　19cm　（今日の教養書選）　Ⓝ911.147
〔12588〕
◇解説 小倉百人一首　長尾盛之助著　藤沢　池田書店　1957　219p　19cm　Ⓝ911.147
〔12589〕
◇鶴寿百人一首姫鑑　京都　芸艸堂　明治年間　85丁　27cm　Ⓝ911.147
〔12590〕
◇片想い百人一首　安野光雅著　筑摩書房　2000.12　237p　20cm　1800円　ⓘ4-480-81431-0　Ⓝ911.147
〔12591〕
◇漢詩で愉しむ小倉百人一首　花木忠水著　新風舎　2004.5　241p　19cm　1500円　ⓘ4-7974-3826-6　Ⓝ911.147
〔12592〕
◇鑑賞 小倉百人一首　新村出編　2版　京都　洛文社　1964　129p　19cm　Ⓝ911.147
〔12593〕
◇鑑賞 小倉百人一首　田中順二著　京都　洛文社　1965　136p　19cm　Ⓝ911.147
〔12594〕
◇鑑賞小倉百人一首—小倉山荘色紙和歌　飯島総葉筆, 中島悦次著　新書法出版　1983.8　411p　31cm　Ⓝ911.147
〔12595〕
◇鑑賞小倉百人一首　水田潤著　大阪　教学研究社　1987　124p　22cm　430円　Ⓝ911.147
〔12596〕
◇鑑賞百人一首　石田吉貞　京都　淡交社　1971　243p　（図共）　22cm　1000円　Ⓝ911.147
〔12597〕
◇鑑賞百人一首—〔録音資料〕　吉原幸子著, 吉原幸子朗読, 幸田弘子朗読　平凡社　1988.11　録音カセット4巻 モノラル　15cm　（平凡社カセットライブラリー）　6000円　ⓘ4-582-64000-1　Ⓝ911.147
〔12598〕
◇鑑賞百人一首　宗左近著　深夜叢書社　2000.12　215p　16×22cm　3200円　ⓘ4-88032-242-3　Ⓝ911.147
〔12599〕
◇漢訳小倉百首　佐伯仙之助著　佐伯仙之助著作刊行会　1955.4　213p　22cm　非売品　Ⓝ911.147
〔12600〕
◇義趣討究小倉百人一首釈賞—文学文法探究の証跡として　桑田明著　風間書房　1979.2　689, 4p　22cm　14000円　Ⓝ911.147
〔12601〕
◇杏子の色恋がるた　杏子著　シンコー・ミュージック　1989.12　159p　19cm　1200円　ⓘ4-401-61290-6　Ⓝ911.147
〔12602〕
◇金英小倉百人一首　小宮山五郎編　明治新刻　金英堂　1885.4　24丁　12cm　Ⓝ911.1
〔12603〕
◇金松百人一首　〔出版地不明〕　〔出版者不明〕　明治年間　50丁　18cm　Ⓝ911.147
〔12604〕

◇近世出版百人一首書目集成　湯沢賢之助編　新典社　1994.5　348p　22cm　（新典社叢書 18）　11500円　①4-7879-3018-4　Ⓝ911.147　〔12605〕

◇原色小倉百人一首―朗詠CDつき　鈴木日出男, 山口慎一, 依田泰著　文英堂　2005.11　143p　21cm　（シグマベスト）　850円　①4-578-10082-0　〔12606〕

◇絢爛たる暗号―百人一首の謎をとく　織田正吉著　集英社　1978.3　293p　20cm　980円　Ⓝ911.147　〔12607〕

◇絢爛たる暗号―百人一首の謎を解く　織田正吉著　集英社　1986.12　349p　16cm　（集英社文庫）　520円　①4-08-749175-7　Ⓝ911.147　〔12608〕

◇恋歌ノート　時実新子著　角川書店　1994.1　211p　15cm　（角川文庫）　430円　①4-04-192601-7　Ⓝ911.147　〔12609〕

◇恋の百人一首―新釈・平成イラスト版　松村よし子著　文化出版局　1993.11　110p　15×21cm　1900円　Ⓝ911.147　〔12610〕

◇口語訳詩で味わう百人一首　佐佐木幸綱編著　さ・え・ら書房　2003.12　221p　20cm　1600円　①4-378-02264-8　Ⓝ911.147　〔12611〕

◇古典百景―新版・百人一首一夕話　藤居信雄著　古川書房　1972　230p　19cm　（古川叢書）　750円　Ⓝ911.147　〔12612〕

◇後水尾天皇百人一首抄　島津忠夫, 田中隆裕編　大阪　和泉書院　1994.10　286p　22cm　（百人一首注釈書叢刊 6）　9270円　①4-87088-672-3　Ⓝ911.147　〔12613〕

◇杉庵志道遺稿　山口志道著, 柳園安川文時編　吉尾村（千葉県）　勝俣書店　1912　1冊　23cm　Ⓝ911.14　〔12614〕

◇色紙百人一首　植村和堂著　二玄社　1996.10　105p　30cm　1957円　①4-544-01461-1　Ⓝ911.147　〔12615〕

◇敷島随想―百人一首世界の散策　巻1　錦生如雪著　高槻　敷島工藝社　2001.5　227p　21cm　1000円　Ⓝ911.147　〔12616〕

◇敷島随想―百人一首世界の散策　巻2　錦生如雪著　高槻　敷島工藝社　2001.11　222p　21cm　1000円　Ⓝ911.147　〔12617〕

◇敷島随想―百人一首世界の散策　巻3　錦生如雪著　高槻　敷島工藝社　2002.5　212p　21cm　1000円　Ⓝ911.147　〔12618〕

◇敷島随想―百人一首世界の散策　巻4　錦生如雪著　高槻　敷島工藝社　2002.8　209p　21cm　1000円　Ⓝ911.147　〔12619〕

◇敷島随想―百人一首世界の散策　巻5　錦生如雪著　高槻　敷島工藝社　2002.12　261p　21cm　1000円　Ⓝ911.147　〔12620〕

◇敷島随想―百人一首世界の散策　巻6　錦生如雪著　高槻　敷島工藝社　2003.4　216p　21cm　1000円　Ⓝ911.147　〔12621〕

◇敷島随想―百人一首世界の散策　巻7　錦生如雪著　高槻　敷島工藝社　2003.9　218p　21cm　1000円　Ⓝ911.147　〔12622〕

◇敷島随想―百人一首世界の散策　巻8　錦生如雪著　高槻　敷島工藝社　2004.2　242p　21cm　1000円　Ⓝ911.147　〔12623〕

◇敷島随想―百人一首歌人世界の散策　巻9　錦生如雪著　高槻　敷島工藝社　2004.6　218p　21cm　1000円　Ⓝ911.147　〔12624〕

◇敷島随想―百人一首歌人世界の散策　巻10　錦生如雪著　高槻　敷島工藝社　2004.9　262p　21cm　1000円　Ⓝ911.147　〔12625〕

◇敷島随想―百人一首歌人世界の散策　巻11　錦生如雪著　高槻　敷島工藝社　2005.1　356p　21cm　1000円　Ⓝ911.147　〔12626〕

◇敷島随想―百人一首歌人世界の散策　巻12　錦生如雪著　高槻　敷島工藝社　2005.6　300p　21cm　1000円　Ⓝ911.147　〔12627〕

◇敷島随想―百人一首歌人世界の散策　巻13　錦生如雪著　高槻　敷島工藝社　2005.12　259p　22cm　1000円　Ⓝ911.147　〔12628〕

◇敷島随想―百人一首歌人世界の散策　巻14　錦生如雪著　高槻　敷島工藝社　2006.11　370p　21cm　1000円　Ⓝ911.147　〔12629〕

◇篠原ともえの「ウキウキ! 百人一首」　日本放送協会, 日本放送出版協会編　日本放送出版協会　2002.12　111p　26cm　（NHK趣味悠々）　1000円　①4-14-188351-4　Ⓝ911.147　〔12630〕

◇袖珍小倉百人一首　近八郎右衛門編　金沢　近八郎右衛門　1886.3　50丁　12cm　Ⓝ911.1　〔12631〕

◇小学生のまんが百人一首辞典　神作光一監修　学習研究社　2005.12　255p　21cm　1000円　①4-05-302119-7　Ⓝ911.147　〔12632〕

◇掌中 小倉百人一首の講義　金子武雄著　大修館書店　1954　261p 図版　15cm　Ⓝ911.147　〔12633〕

◇書道小倉百人一首　小野鵞堂著　マール社　1985.12　211p　19cm　980円　Ⓝ911.147　〔12634〕

◇新案百人一首通解　佐藤仁之助著　東亜堂書房　1905　100p　13cm　Ⓝ911.14　〔12635〕

◇新撰小倉百人一首　塚本邦雄著　文芸春秋　1980.11　324p　23cm　3200円　Ⓝ911.104　〔12636〕

◇新註百人一首―付歌人説品　深津睦夫編著, 西沢正二編著　勉誠社　1986.10　243p　22cm　（大学古典叢書 3）　1600円　Ⓝ911.147　〔12637〕

◇新編小倉百人一首―日本古典のこころ　宗政五十緒著　京都　中央図書　1987.3　111p　22cm　250円　①4-482-00030-2　Ⓝ911.147　〔12638〕

◇新訳 百人一首精解　鴻巣盛広著　改訂30版　精文館書店　1952　190p　17cm　Ⓝ911.147　〔12639〕

◇図説百人一首　石井正己著　河出書房新社　2006.10　115p　22cm　（ふくろうの本）　1800円　①4-309-76086-4　Ⓝ911.147　〔12640〕

◇全釈 小倉百人一首　曽沢太吉著　福音館書店　1958　252p　13cm　（福音館古典全釈文庫 第18）　Ⓝ911.147　〔12641〕

◇対訳・百人一首　石原敏子, リンダ・ラインフェルド共訳　吹田　関西大学出版部　1997.4　131p　19cm　1200円　①4-87354-219-7　Ⓝ911.147　〔12642〕

◇田辺聖子全集　14　田辺聖子の小倉百人一首、田辺聖子の古事記　田辺聖子著　集英社　2004.12　596p　21cm　4300円　①4-08-155014-X　〔12643〕

◇田辺聖子の小倉百人一首　続　田辺聖子著, 岡田嘉夫絵　角川書店　1987.5　166pp　26cm　1900円　①4-04-883215-8　Ⓝ911.147　〔12644〕

文学史　　　　　　　　　　　　中世史

◇田辺聖子の小倉百人一首　田辺聖子著, 岡田嘉夫絵　角川書店　1986.10　159p　26cm　1900円　Ⓘ4-04-883204-2　Ⓝ911.147　〔12645〕
◇だれも知らなかった「百人一首」　吉海直人著　春秋社　2008.1　236p　21cm　2000円　Ⓘ978-4-393-44162-6　〔12646〕
◇知識ゼロからの百人一首入門　有吉保監修　幻冬舎　2005.11　239p　21cm　1300円　Ⓘ4-344-90076-6　Ⓝ911.147　〔12647〕
◇ちびまる子ちゃんの暗誦百人一首―暗誦新聞入り　さくらももこキャラクター原作, 米川千嘉子著　集英社　2003.12　207p　19cm　（満点ゲットシリーズ）　850円　Ⓘ4-08-314021-6　Ⓝ911.147　〔12648〕
◇註解百人一首―附・歌かるた早取法　大阪　駸々堂書店　1913　241p　11cm　Ⓝ911.14　〔12649〕
◇超現代語訳百人一首　藪小路雅彦著　PHP研究所　2001.12　224p　15cm　（PHP文庫）　476円　Ⓘ4-569-57669-9　Ⓝ911.147　〔12650〕
◇定家式「百人一句」と「百人一首」全解　小林耕著　新風舎　2007.6　344p　19cm　2100円　Ⓘ978-4-289-02080-5　Ⓝ911.147　〔12651〕
◇定家復原百人一首　石田吉貞著　桜楓社　1984.11　227p　19cm　980円　Ⓝ911.147　〔12652〕
◇伝承百人一首大観　平野実著　〔桶川〕　現象哲学研究所　1989.10　430p　27cm　Ⓝ911.147　〔12653〕
◇東洋大学図書館所蔵百人一首並びに類書目録　特定コレクション目録編集委員会編　東洋大学附属図書館　1998.3　199p　27cm　Ⓘ4-88753-002-1　Ⓝ911.147　〔12654〕
◇中西進と歩く百人一首の京都　中西進著, 京都新聞社編　京都　京都新聞出版センター　2007.11　164p　19cm　1400円　Ⓘ978-4-7638-0594-2　Ⓝ911.147　〔12655〕
◇謎の歌集/百人一首―その構造と成立　織田正吉著　筑摩書房　1989.1　299p　20cm　2200円　Ⓘ4-480-82254-2　Ⓝ911.147　〔12656〕
◇21人のお姫さま―百人一首　恋塚稔著　郁朋社　1992.10　301p　20cm　1800円　Ⓘ4-900417-47-5　Ⓝ911.147　〔12657〕
◇入門小倉百人一首　石川雅章著　大陸書房　1979.12　193p　19cm　980円　Ⓝ911.147　〔12658〕
◇秦恒平の百人一首　秦恒平著　平凡社　1987.11　196p　20cm　1400円　Ⓘ4-582-82833-7　Ⓝ911.147　〔12659〕
◇人に話したくなる百人一首　あんの秀子著　ポプラ社　2004.12　333p　19cm　1450円　Ⓘ4-591-08387-X　Ⓝ911.147　〔12660〕
◇百首異見　香川景樹著, 吉田幸一, 神作光一編　古典文庫　1976　333p　17cm　（古典文庫　第353冊）　非売品　Ⓝ911.147　〔12661〕
◇百首異見　上　香川景樹著, 秋本守英ほか編著　新典社　1981.4　260p　22cm　（新典社叢書6）　2000円　Ⓘ4-7879-3006-0　Ⓝ911.147　〔12662〕
◇百首異見　下　香川景樹著, 秋本守英ほか編著　新典社　1982.7　324p　22cm　（新典社叢書7）　2500円　Ⓘ4-7879-3007-9　Ⓝ911.147　〔12663〕
◇百首異見　百首要解　香川景樹著, 大坪利絹編, 岡本保孝著, 大坪利絹編　大阪　和泉書院　1999.10　294p　22cm　（百人一首注釈書叢刊19）　9000円　Ⓘ4-7576-0004-6　Ⓝ911.147　〔12664〕
◇百首有情―百人一首の暗号を解く　西川芳治著　未来社　1993.7　221p　20cm　1854円　Ⓘ4-624-60091-6　Ⓝ911.147　〔12665〕
◇百首集註―百人一首酔月抄　森嘉基著, 築瀬一雄翻刻　大府町（愛知県）　築瀬一雄　1968　57p　22cm　（碧冲洞叢書　第83輯）　非売　Ⓝ911.147　〔12666〕
◇百首贅々　百人一首夷曇　福島理子, 徳原茂実編　大阪　和泉書院　1997.3　28, 184p　22cm　（百人一首注釈書叢刊18）　6180円　Ⓘ4-87088-838-6　Ⓝ911.147　〔12667〕
◇百首通見―小倉百人一首全評釈　安東次男著　集英社　1973　245p　図　20cm　Ⓝ911.147　〔12668〕
◇百首通見―小倉百人一首全評釈　安東次男著　集英社　1974　245p　24cm　8000円　Ⓝ911.147　〔12669〕
◇百首通見　安東次男著　筑摩書房　2002.12　325p　15cm　（ちくま学芸文庫）　1200円　Ⓘ4-480-08732-X　Ⓝ911.147　〔12670〕
◇〔百人一首〕　江戸　須原屋伊八　1835　50丁　26cm　Ⓝ911.147　〔12671〕
◇百人一首―正しい解釈とかるた早取法　金子武雄, 伊藤秀吉共著　石崎書店　1956　160p　18cm　Ⓝ911.147　〔12672〕
◇百人一首―古典アルバム　久保田正文, 司代隆三, 浅原勝著　明治書院　1969　154p　図版　27cm　1800円　Ⓝ911.147　〔12673〕
◇百人一首　馬場あき子著　平凡社　1977.12　143p（図共）　18cm　（平凡社カラー新書）　550円　Ⓝ911.147　〔12674〕
◇百人一首　丸谷才一編集　河出書房新社　1979.10　230p　21cm　780円　Ⓝ911.147　〔12675〕
◇百人一首　峰村文人著　筑摩書房　1979.12　259p　19cm　1200円　Ⓝ911.147　〔12676〕
◇百人一首　大岡信著　講談社　1980.11　300, 10p　15cm　（講談社文庫）　380円　Ⓝ911.147　〔12677〕
◇百人一首　田中直日著　大阪　保育社　1980.12　151p　15cm　（カラーブックス518）　500円　Ⓝ911.147　〔12678〕
◇百人一首―陽明文庫旧蔵　有吉保著　桜楓社　1981.12　113p　20cm　1600円　Ⓝ911.147　〔12679〕
◇百人一首　吉原幸子著　平凡社　1982.11　212p　22cm　2200円　Ⓝ911.147　〔12680〕
◇百人一首　有吉保全訳注　講談社　1983.11　478p　15cm　（講談社学術文庫）　1100円　Ⓘ4-06-158614-9　Ⓝ911.147　〔12681〕
◇百人一首　丸谷才一編集　河出書房新社　1983.11　230p　21cm　880円　Ⓝ911.147　〔12682〕
◇百人一首　世界文化社　1986.1　167p　23cm　（特選日本の古典　グラフィック版　別巻1）　2300円　Ⓝ911.147　〔12683〕
◇百人一首　野ばら社編集部編　野ばら社　1986.1　222p　19cm　550円　Ⓝ911.147　〔12684〕
◇百人一首―新註　深津睦夫, 西沢正二編著　勉誠社　1986.10　243p　22cm　（大学古典叢書3）　1600円　Ⓝ911.147　〔12685〕
◇百人一首―暗記用きまり字一覧付　野ばら社編集部編　改訂〔版〕　野ばら社　1987.1　222p　19cm　550円　Ⓝ911.147　〔12686〕
◇百人一首　野ばら社編集部編　改訂　野ばら社　1988.1　222p　19cm　550円　Ⓝ911.147　〔12687〕

◇百人一首　橋幸一著　改訂新版　西北出版　1988.11　136p　19cm　(西北ブックス 1)　480円　Ⓘ4-7925-3010-5　Ⓝ911.147　〔12688〕

◇百人一首　野ばら社編集部編集　改訂　野ばら社　1989.11　222p　19cm　550円　Ⓝ911.147　〔12689〕

◇百人一首　竹西寛子著　講談社　1990.8　224p　20cm　(古典の旅 8)　1200円　Ⓘ4-06-192078-2　Ⓝ911.147　〔12690〕

◇百人一首―恋のうた　荻野文子構成・文　学習研究社　1990.12　151p　18cm　(ワインブックス)　1262円　Ⓘ4-05-105221-4　Ⓝ911.147　〔12691〕

◇百人一首　井上宗雄編集・執筆、村松友視エッセイ　新潮社　1990.12　111p　20cm　(新潮古典文学アルバム 11)　1262円　Ⓘ4-10-620711-7　Ⓝ911.147　〔12692〕

◇百人一首　鈴木日出男著　筑摩書房　1990.12　263p　15cm　(ちくま文庫 に-1-1)　680円　Ⓘ4-480-02510-3　Ⓝ911.147　〔12693〕

◇百人一首　マール社編集部編　マール社　1994.12　143p　15cm　(マールカラー文庫)　300円　Ⓘ4-8373-2002-3　Ⓝ911.147　〔12694〕

◇百人一首―定家とカルタの文学史　松村雄二著　平凡社　1995.9　222p　19cm　(セミナー「原典を読む」6)　2000円　Ⓘ4-582-36426-8　Ⓝ911.147　〔12695〕

◇百人一首　丸谷才一編　河出書房新社　1995.12　230p　21cm　880円　Ⓘ4-309-70149-3　Ⓝ911.147　〔12696〕

◇百人一首―見ながら読む歌の宝典　学習研究社　1996.11　264p　26cm　2000円　Ⓘ4-05-400685-X　Ⓝ911.147　〔12697〕

◇百人一首―かるた暗唱・早取りの手びき　中村幸弘編　角川書店　1997.11　127p　12cm　(角川mini文庫)　200円　Ⓘ4-04-700204-6　Ⓝ911.147　〔12698〕

◇百人一首―為家本・尊円親王本考　吉田幸一編著　笠間書院　1999.5　713p　27cm　(古典聚英 8)　35000円　Ⓘ4-305-70200-2　Ⓝ911.147　〔12699〕

◇百人一首　島津忠夫訳注　新版　角川書店　1999.11　317p　15cm　(角川文庫)　571円　Ⓘ4-04-404001-X　Ⓝ911.147　〔12700〕

◇百人一首―恋する宮廷　高橋睦郎著　中央公論新社　2003.12　229p　18cm　(中公新書)　740円　Ⓘ4-12-101725-0　Ⓝ911.147　〔12701〕

◇百人一首―古典で遊ぶ日本　カラー総覧　田辺聖子監修　学習研究社　2004.2　167p　26cm　(Memoriesシリーズ)　1400円　Ⓘ4-05-402378-9　Ⓝ911.147　〔12702〕

◇百人一首―王朝和歌から中世和歌へ　井上宗雄著　笠間書院　2004.11　292p　19cm　(古典ルネッサンス)　2200円　Ⓘ4-305-00272-8　〔12703〕

◇百人一首―王朝人たちの名歌百選　大岡信著　世界文化社　2005.12　199p　24cm　(日本の古典に親しむ ビジュアル版 2)　2400円　Ⓘ4-418-05223-2　Ⓝ911.147　〔12704〕

◇百人一首一夕話　下　尾崎雅嘉著、古川久校訂　岩波書店　1989.4　358p　15cm　(岩波文庫 30-235-2)　553円　Ⓘ4-00-302352-8　Ⓝ911.147　〔12705〕

◇百人一首一夕話　尾崎雅嘉著、塚本哲三編輯校訂　有朋堂書店　1922　772p　18cm　(有朋堂文庫)　Ⓝ911.14　〔12706〕

◇百人一首一夕話　尾崎雅嘉著、塚本哲三校　有朋堂書店　1927　772p　18cm　(有朋堂文庫)　Ⓝ911.14　〔12707〕

◇百人一首うひまなび　賀茂真淵著、大坪利絹編　大阪　和泉書院　1998.2　302p　22cm　(百人一首注釈書叢刊 16)　9000円　Ⓘ4-87088-904-8　Ⓝ911.147　〔12708〕

◇百人一首への招待　吉海直人著　筑摩書房　1998.12　216p　18cm　(ちくま新書)　660円　Ⓘ4-480-05782-X　Ⓝ911.147　〔12709〕

◇百人一首を歩く　嶋岡晨著　光風社出版　1995.12　254p　21cm　1500円　Ⓘ4-87519-919-8　Ⓝ911.147　〔12710〕

◇百人一首を楽しくよむ　井上宗雄著　笠間書院　2003.1　249,6p　23cm　1300円　Ⓘ4-305-70252-5　Ⓝ911.147　〔12711〕

◇「百人一首」を旅しよう　竹西寛子著　講談社　1997.12　231p　15cm　(講談社文庫―古典を歩く 8)　543円　Ⓘ4-06-263676-X　Ⓝ911.147　〔12712〕

◇百人一首を詠んで旅して　八尾　ききの会　2001.5　225p　19cm　Ⓝ911.147　〔12713〕

◇百人一首改観抄　契沖著、鈴木淳編　桜楓社　1990.5　319p　21cm　2800円　Ⓘ4-273-02151-X　Ⓝ911.147　〔12714〕

◇百人一首解　百敷のかがみ　太田白雪著、鈴木太吉編、太田白雪著、鈴木太吉編　大阪　和泉書院　1999.1　224p　22cm　(百人一首注釈書叢刊 12)　Ⓘ4-87088-956-0　Ⓝ911.147　〔12715〕

◇百人一首が面白いほどわかる本　望月光著　中経出版　2004.12　447p　21cm　1600円　Ⓘ4-8061-2145-2　Ⓝ911.147　〔12716〕

◇百人一首歌占鈔　花淵松濤著、野中春水校注　大阪　和泉書院　1997.6　160p　20cm　(和泉選書 110)　3000円　Ⓘ4-87088-866-1　Ⓝ911.147　〔12717〕

◇百人一首関係文献目録―大阪市立中央図書館蔵　大阪　大阪市立中央図書館　1976　18p　26cm　Ⓝ911.147　〔12718〕

◇百人一首鑑賞　窪田章一郎著　東京堂出版　1973　231p　19cm　980円　Ⓝ911.147　〔12719〕

◇百人一首基箭抄　井上秋扇著　勉誠社　1978.9　190p　21cm　(勉誠社文庫 44)　1800円　Ⓝ911.147　〔12720〕

◇百人一首諺解　百人一首師説秘伝　頓阿、今西祐一郎、福田智子、菊地仁編　大阪　和泉書院　1995.10　225p　22cm　(百人一首注釈書叢刊 14)　8240円　Ⓘ4-87088-746-0　Ⓝ911.147　〔12721〕

◇百人一首研究集成　大坪利絹ほか編　大阪　和泉書院　2003.2　713p　22cm　(百人一首注釈書叢刊 別巻 1)　15000円　Ⓘ4-7576-0192-1　Ⓝ911.147　〔12722〕

◇百人一首研究資料集　第1巻　資料・目録　吉海直人編・解説　クレス出版　2004.3　392,4p　22cm　Ⓘ4-87733-205-7　Ⓝ911.147　〔12723〕

◇百人一首研究資料集　第2巻　注釈 1　吉海直人編・解説　クレス出版　2004.3　1冊　22cm　Ⓘ4-87733-205-7　Ⓝ911.147　〔12724〕

◇百人一首研究資料集　第3巻　注釈 2　吉海直人編・解説　クレス出版　2004.3　681,7p　22cm　Ⓘ4-87733-205-7　Ⓝ911.147　〔12725〕

文学史　　　　　　　　　　　　　　　中世史

◇百人一首研究資料集　第4巻　かるたの本　吉海直人編・解説　クレス出版　2004.3　268, 4p　22cm　Ⓘ4-87733-205-7　Ⓝ911.147　〔12726〕
◇百人一首研究資料集　第5巻　英訳百人一首　吉海直人編・解説　クレス出版　2004.3　223, 3p　22cm　Ⓘ4-87733-205-7　Ⓝ911.147　〔12727〕
◇百人一首研究資料集　第6巻　論文集　吉海直人編・解説　クレス出版　2004.3　331, 4p　22cm　Ⓘ4-87733-205-7　Ⓝ911.147　〔12728〕
◇百人一首研究ハンドブック　吉海直人編　おうふう　1996.4　162p　21cm　2200円　Ⓘ4-273-02907-3　Ⓝ911.147　〔12729〕
◇百人一首故事物語　池田弥三郎著　河出書房新社　1974　229p　図　20cm　850円　Ⓝ911.147　〔12730〕
◇百人一首故事物語　池田弥三郎著　河出書房新社　1980.10　229p　19cm　950円　Ⓝ911.147　〔12731〕
◇百人一首故事物語　池田弥三郎著　河出書房新社　1984.12　224p　15cm　（河出文庫）　380円　Ⓘ4-309-47068-8　Ⓝ911.147　〔12732〕
◇百人一首故事物語　池田弥三郎著　河出書房新社　2002.12　332p　15cm　（河出大活字文庫）　600円　Ⓘ4-309-40679-3　Ⓝ911.147　〔12733〕
◇百人一首故事物語―大きな活字で読みやすい本　1　池田弥三郎著　河出書房新社　1998.2　177p　22cm　（生きる心の糧12）　Ⓘ4-309-61362-4, 4-309-61350-0　Ⓝ911.147　〔12734〕
◇百人一首故事物語―大きな活字で読みやすい本　2　池田弥三郎著　河出書房新社　1998.2　157p　22cm　（生きる心の糧13）　Ⓘ4-309-61363-2, 4-309-61350-0　Ⓝ911.147　〔12735〕
◇百人一首古注　吉田幸一編　古典文庫　1971　図136p　174p　17cm　（古典文庫　第291冊）　非売　Ⓝ911.147　〔12736〕
◇百人一首古注釈『色紙和歌』本文と研究　上条彰次編著　新典社　1981.2　223p　22cm　（新典社叢書3）　4000円　Ⓘ4-7879-3003-6　Ⓝ911.147　〔12737〕
◇百人一首古注釈の研究　田中宗作著　桜楓社　1966　398p　図版　22cm　2800円　Ⓝ911.147　〔12738〕
◇百人一首古注抄　島津忠夫, 上条彰次編　大阪　和泉書院　1982.2　231p　21cm　1700円　Ⓘ4-900137-41-3　Ⓝ911.147　〔12739〕
◇百人一首桜の若葉　道家大門著, 福田景門編　津山　道家大門記念会　2007.2　126p　21cm　Ⓝ911.147　〔12740〕
◇百人一首さねかづら　寺島樵一編　大阪　和泉書院　1996.2　209p　22cm　（百人一首注釈書叢刊8）　7210円　Ⓘ4-87088-770-3　Ⓝ911.147　〔12741〕
◇百人一首三奥抄　百人一首改観抄　下河辺長流, 契沖著, 鈴木健一, 鈴木淳編　大阪　和泉書院　1995.8　182p　22cm　（百人一首注釈書叢刊10）　6180円　Ⓘ4-87088-742-8　Ⓝ911.147　〔12742〕
◇百人一首師説抄　泉紀子, 乾安代編　大阪　和泉書院　1993.2　132p　22cm　（百人一首注釈書叢刊5）　5665円　Ⓘ4-87088-585-9　Ⓝ911.147　〔12743〕
◇百人一首集　綿抜豊昭編　富山　桂書房　1995.3　1冊（頁付なし）　19×26cm　1500円　Ⓝ911.147　〔12744〕
◇百人一首集　2　綿抜豊昭編　富山　桂書房　2003.2　103p　26cm　1500円　Ⓘ4-905564-52-2　Ⓝ911.147　〔12745〕

◇百人一首・秀歌選　久保田淳校注・訳　ほるぷ出版　1987.7　422p　20cm　（日本の文学）　Ⓝ911.147　〔12746〕
◇百人一首拾穂抄　大坪利絹編　大阪　和泉書院　1995.10　203p　22cm　（百人一首注釈書叢刊9）　7210円　Ⓘ4-87088-737-1　Ⓝ911.147　〔12747〕
◇百人一首新解　今井福治郎著　東京大盛堂　1952　168p　19cm　Ⓝ911.147　〔12748〕
◇百人一首新釈―詳伝精註　新井誠夫著　磯部甲陽堂　1921　302, 12p　18cm　Ⓝ911.14　〔12749〕
◇百人一首新釈　松田好夫著　正文館書店　1937　190p　19cm　Ⓝ911.14　〔12750〕
◇百人一首図考小倉のにしき　第1, 3-5　飯田始晃著　京都　芸艸堂　1935-1937　4帖　34cm　Ⓝ911.14　〔12751〕
◇百人一首切臨抄　切臨著, 田尻嘉信編　大阪　和泉書院　1999.3　202p　22cm　（百人一首注釈書叢刊4）　8000円　Ⓘ4-87088-960-9　Ⓝ911.147　〔12752〕
◇百人一首総索引　吉海直人編　〔吉海直人〕　1982.9　p62～72　25cm　非売品　Ⓝ911.147　〔12753〕
◇百人一首像讚抄　菱川師宣画, 片桐洋一解題・翻刻　国書刊行会　1975　4冊（別冊共）　27cm　（版本文庫9）　全7000円　Ⓝ911.147　〔12754〕
◇百人一首倉山抄　錦仁編　大阪　和泉書院　1995.3　156p　22cm　（百人一首注釈書叢刊7）　6695円　Ⓘ4-87088-718-5　Ⓝ911.147　〔12755〕
◇百人一首増註　加藤磐斎著, 青木賢豪解説　八坂書房　1985.7　344p　23cm　6800円　Ⓝ911.147　〔12756〕
◇百人一首・その隠された主題―テキストとしての内的構造　家郷隆文著　桜楓社　1989.11　184p　19cm　1854円　Ⓘ4-273-02346-6　Ⓝ911.147　〔12757〕
◇百人一首大事典―完全絵図解説　吉海直人監修　あかね書房　2006.12　143p　31cm　5000円　Ⓘ4-251-07801-2　Ⓝ911.147　〔12758〕
◇百人一首大成―影印本　有吉保　新典社　1994.10　158p　26cm　（影印本シリーズ）　2000円　Ⓘ4-7879-0429-9　Ⓝ911.147　〔12759〕
◇百人一首・耽美の空間　上坂信男著　右文書院　1979.12　239p　19cm　（右文選書）　1400円　Ⓝ911.147　〔12760〕
◇百人一首註解　島津忠夫, 乾安代編　大阪　和泉書院　1998.2　139p　22cm　（百人一首注釈書叢刊15）　5500円　Ⓘ4-87088-903-X　Ⓝ911.147　〔12761〕
◇百人一首註釈書目略解題　吉海直人編著　大阪　和泉書院　1999.11　218p　22cm　（百人一首注釈書叢刊1）　6000円　Ⓘ4-7576-0015-1　Ⓝ911.147　〔12762〕
◇百人一首注・百人一首（幽斎抄）　細川幽斎著, 荒木尚編　大阪　和泉書院　1991.10　240p　22cm　（百人一首注釈書叢刊3）　7725円　Ⓘ4-87088-492-5　Ⓝ911.147　〔12763〕
◇百人一首灯　鈴木徳男, 山本和明編　大阪　和泉書院　1996.2　20, 142p　22cm　（百人一首注釈書叢刊17）　5665円　Ⓘ4-87088-761-4　Ⓝ911.147　〔12764〕
◇百人一首年表　吉海直人編　武蔵村山　青裳堂書店　1997.10　23, 9, 422p　22cm　（日本書誌学大系75）　25000円　Ⓝ911.147　〔12765〕
◇百人一首の解釈と鑑賞　秋葉環著　訂正版3版　明治書院　1956　253p　図版　19cm　Ⓝ911.147　〔12766〕

◇百人一首の鑑賞　窪田章一郎著　新版　赤坂書院　1987.5　231p　18cm　2500円　Ⓘ4-7952-3506-6　Ⓝ911.147
〔12767〕

◇百人一首の講義　生田蝶介著　京都　立命館大学出版部　1930　20cm　（生田蝶介作歌参考叢書　第6巻）Ⓝ911.14
〔12768〕

◇百人一首のこころ　大塚寛子著　東京白川書院　1980.12　222p　20cm　900円　Ⓝ911.147
〔12769〕

◇百人一首の作者たち―王朝文化論への試み　目崎徳衛著　角川書店　1983.11　263p　19cm　（角川選書142）960円　Ⓝ911.147
〔12770〕

◇百人一首の散歩　江口孝夫著　日中出版　1988.10　251p　19cm　2060円　Ⓘ4-8175-1173-7　Ⓝ911.147
〔12771〕

◇百人一首の新研究―定家の再解釈論　吉海直人著　大阪　和泉書院　2001.3　282p　22cm　（研究叢書267）8500円　Ⓘ4-7576-0089-5　Ⓝ911.147
〔12772〕

◇百人一首の新考察―定家の撰歌意識を探る　吉海直人著　京都　世界思想社　1993.9　306p　20cm（Sekaishiso seminar）　2500円　Ⓘ4-7907-0474-2　Ⓝ911.147
〔12773〕

◇百人一首の世界　久保田正文著　文芸春秋新社　1965　281p　19cm　Ⓝ911.147
〔12774〕

◇百人一首の世界　東京電力お客さま相談室　1979.12　110p　15cm　Ⓝ911.147
〔12775〕

◇百人一首の世界　林直道著　青木書店　1986.5　214p　20cm　1500円　Ⓘ4-250-86005-1　Ⓝ911.147
〔12776〕

◇百人一首の世界　千葉千鶴子著　大阪　和泉書院　1992.10　220p　20cm　（和泉選書73）　2884円　Ⓘ4-87088-568-9　Ⓝ911.147
〔12777〕

◇百人一首の世界　千葉千鶴子著　大阪　和泉書院　1995.7　220p　19cm　1600円　Ⓘ4-87088-739-8　Ⓝ911.147
〔12778〕

◇『百人一首』の世界―私家版　藤岡俊子著　水戸　ポエムズナウ詩話会　1997.12　109p　21cm　Ⓝ911.147
〔12779〕

◇百人一首の世界―付漢訳・英訳　千葉千鶴子著　大阪　和泉書院　1998.5　219p　19cm　（Izumi books 2）　1500円　Ⓘ4-87088-926-9　Ⓝ911.147
〔12780〕

◇『百人一首』の世界―私家版　藤岡俊子著　再版　水戸　水戸評論出版局　2000.12　109p　21cm　Ⓝ911.147
〔12781〕

◇百人一首の世界　林直道著　新装版　青木書店　2003.12　217p　20cm　2300円　Ⓘ4-250-20337-9　Ⓝ911.147
〔12782〕

◇百人一首の世界―天皇と歌人たちが語る王朝の謎　開館十五周年記念特別展　斎宮歴史博物館編　明和町（三重県）　斎宮歴史博物館　2004.10　84p　30cm　Ⓝ911.147
〔12783〕

◇百人一首の大常識　栗栖良紀監修，内海準二文　ポプラ社　2004.3　143p　22cm　（これだけは知っておきたい！　8）　880円　Ⓘ4-591-08055-2　Ⓝ911.147
〔12784〕

◇百人一首の旅　中山幹雄編　町田　さすらい文庫　1979.7　1冊（頁付なし）　21cm　非売品　Ⓝ911.147
〔12785〕

◇百人一首の手帖―光琳歌留多で読む小倉百人一首　尚学図書・言語研究所編　小学館　1989.12　208p　22cm　2010円　Ⓘ4-09-504071-8　Ⓝ911.147
〔12786〕

◇百人一首の手帖―光琳歌留多で読む小倉百人一首　尚学図書・言語研究所編　小学館　1989.12　208p　21cm　（小学館CDブック）　3800円　Ⓘ4-09-480001-8　Ⓝ911.147
〔12787〕

◇百人一首の謎　織田正吉著　講談社　1989.12　196p　18cm　（講談社現代新書）　540円　Ⓘ4-06-148975-5　Ⓝ911.147
〔12788〕

◇百人一首の謎解き―小倉山荘色紙和歌　いしだよしこ著　恒文社　1996.4　333p　21cm　2500円　Ⓘ4-7704-0870-6　Ⓝ911.147
〔12789〕

◇百人一首の秘密―驚異の歌織物　林直道著　青木書店　1981.6　222, 5p　20cm　1400円　Ⓘ4-250-81012-7　Ⓝ911.147
〔12790〕

◇百人一首の秘密―驚異の歌織物　林直道著　新装版　青木書店　2003.12　225, 5p　20cm　2300円　Ⓘ4-250-20336-0　Ⓝ911.147
〔12791〕

◇百人一首の文化史　東洋大学井上円了記念学術センター編　すずさわ書店　1998.12　204p　19cm　（えっせんてぃあ選書7）　1800円　Ⓘ4-7954-0136-5　Ⓝ911.147
〔12792〕

◇百人一首の平平点描―千年の言霊への誘い　錦生如雪著　高槻　敷島工藝社　1999.5　585, 66p　22cm　2000円　Ⓝ911.147
〔12793〕

◇百人一首の魔方陣―藤原定家が仕組んだ「古今伝授」の謎をとく　太田明著　徳間書店　1997.12　366p　20cm　1800円　Ⓘ4-19-860787-7　Ⓝ911.147
〔12794〕

◇百人一首の万葉歌人―百人一首歌人世界の散策　錦生如雪著　高槻　敷島工藝社　2004.9　436p　21cm　1500円　Ⓝ911.147
〔12795〕

◇百人一首必携―百人一首関係文献目録　吉海直人編　吉海直人　1979.2　38p　24cm　非売品　Ⓝ911.147
〔12796〕

◇百人一首必携―百人一首関係文献目録　吉海直人編　増補改訂版　吉海直人　1980.4　59p　24cm　Ⓝ911.147
〔12797〕

◇百人一首必携―百人一首関係文献目録　吉海直人編　増補改訂3版　吉海直人　1982.7　72p　25cm　非売品　Ⓝ911.147
〔12798〕

◇百人一首必携　久保田淳編　学灯社　1989.4　222p　22cm　1750円　Ⓘ4-312-00525-7　Ⓝ911.147
〔12799〕

◇百人一首一夕話　尾崎雅嘉著，古川久校訂　岩波書店　1982.11　2冊　20cm　（岩波クラシックス　16,17）　1600円，1400円　Ⓝ911.147
〔12800〕

◇百人一首一夕話　上　尾崎雅嘉著，古川久校訂　岩波書店　1972　427p　15cm　（岩波文庫）　2000円　Ⓝ911.147
〔12801〕

◇百人一首一夕話―尾崎雅嘉自筆稿本　上巻　尾崎雅嘉著　京都　臨川書店　1993.11　538p　22cm　Ⓘ4-653-02589-4, 4-653-02588-6　Ⓝ911.147
〔12802〕

◇百人一首一夕話　下　尾崎雅嘉著，古川久校訂　岩波書店　1973　358p　15cm　（岩波文庫）　200円　Ⓝ911.147
〔12803〕

◇百人一首一夕話―尾崎雅嘉自筆稿本　下巻　尾崎雅嘉著　京都　臨川書店　1993.11　445p　22cm　Ⓘ4-653-02590-8, 4-653-02588-6　Ⓝ911.147
〔12804〕

◇百人一首秘密の歌集―藤原定家が塗り込めた「たくらみ」とは　小林耕著　イースト・プレス　1990.12　317p　20cm　1553円　Ⓘ4-900568-17-1　Ⓝ911.147
〔12805〕

◇百人一首百科全書　山上い、泉著, 山上三千生編　ピタカ　1978.11　2冊　22cm　全12000円　Ⓝ911.147
〔12806〕

◇百人一首評解　石田吉貞著　有精堂出版株式会社　1956　293p　19cm　Ⓝ911.147
〔12807〕

◇百人一首評解　石田吉貞著　有精堂出版　1988.11　293p　19cm　2200円　Ⓘ4-640-00103-7　Ⓝ911.147
〔12808〕

◇百人一首水無月抄　簗瀬一雄翻刻　大府町（愛知県）　簗瀬一雄　1968　42p　22cm　（碧冲洞叢書　第82輯）　非売　Ⓝ911.147
〔12809〕

◇百人一首峯梯　衣川長秋著, 髙橋伸幸編　大阪　和泉書院　1981.10　160p　21cm　（和泉書院影印叢刊 29）　1600円　Ⓘ4-900137-35-9　Ⓝ911.147
〔12810〕

◇百人一首美濃抄　簗瀬一雄編　大府町（愛知県）　簗瀬一雄　1962　35p　22cm　（碧冲洞叢書　第26輯）　Ⓝ911.147
〔12811〕

◇百人一首訳詩―紀伝註解　及川梅堂著　烏山町（栃木県）　田口商店　1921　Ⓝ911.14
〔12812〕

◇百人一首山彦抄　物集高見著　嵩山房　1925　201p　19cm　Ⓝ911.14
〔12813〕

◇百人一首夜話―新釈　吉井勇著　交蘭社　1926　Ⓝ911.14
〔12814〕

◇百人一首頼常聞書　有吉保編　大阪　和泉書院　1995.10　84p　21cm　（和泉書院影印叢刊 87）　1030円　Ⓘ4-87088-757-6　Ⓝ911.147
〔12815〕

◇百人一首頼常聞書・百人一首経厚抄・百人一首聞書（天理本・京大本）　有吉保ほか編　大阪　和泉書院　1995.3　241p　22cm　（百人一首注釈書叢刊 2）　9064円　Ⓘ4-87088-706-1　Ⓝ911.147
〔12816〕

◇百人一首略解　文芸社編輯部著　文芸社　1929　102p　16cm　（世界文芸叢書〔第10〕）　Ⓝ911.14
〔12817〕

◇百人秀歌ノート　第1部　柿下好登著　〔能美町（広島県）〕〔柿下好登〕　1981　154p　18×26cm　Ⓝ911.147
〔12818〕

◇百人秀歌ノート　第2部　柿下好登著　〔能美町（広島県）〕〔柿下好登〕　1986.4印刷　260p　18×26cm　Ⓝ911.147
〔12819〕

◇100人で鑑賞する百人一首　武田元治編著　教育出版センター　1973　221p　図　19cm　1200円　Ⓝ911.147
〔12820〕

◇一〇〇人で鑑賞する百人一首　武田元治編著　教育出版センター　1980.12　221p　20cm　1200円　Ⓝ911.147
〔12821〕

◇評釈　小倉百人一首　木俣修著　大日本雄弁会講談社　1952　257p　19cm　（実用家庭百科）　Ⓝ911.147
〔12822〕

◇評釈伝記/小倉百人一首　清水正光著　大日本雄弁会講談社　1947　255p　19cm　Ⓝ911.147
〔12823〕

◇プレイ・ザ・百人一首―図解ハンドブック　橋本達雄指導　日本交通公社出版事業局　1986.12　118p　19cm　（Do-life guide）　790円　Ⓘ4-533-00757-0　Ⓝ911.147
〔12824〕

◇文ちゃんの百人一首―親子で学ぶ「雅」の世界　保泉孟史著　街と暮らし社　2006.9　231p　21cm　1400円　Ⓘ4-901317-36-9　Ⓝ911.147
〔12825〕

◇まんがで学ぶ百人一首　小尾真著, 杉山真理絵　国土社　2006.3　126p　22cm　1500円　Ⓘ4-337-21502-6　Ⓝ911.147
〔12826〕

◇マンガ百人一首　吉原幸子詩, 中田由見子画　平凡社　1986.12　413, 〔1〕p　19cm　980円　Ⓘ4-582-28706-9　Ⓝ911.147
〔12827〕

◇まんが百人一首事典　山田繁雄監修, 竹本みつる漫画　学習研究社　1983.12　248p　23cm　（学研まんがひみつシリーズ）　Ⓘ4-05-100561-5　Ⓝ911.147
〔12828〕

◇まんが百人一首と競技かるた　浅野拓原作, 夏目けいじ, 本庄敬画　小学館　2002.12　321p　19cm　1100円　Ⓘ4-09-253351-9　Ⓝ911.147
〔12829〕

◇3日で丸覚え！　マンガ百人一首　高信太郎著　講談社　2006.11　261p　16cm　（講談社＋α文庫）　686円　Ⓘ4-06-281066-2　Ⓝ911.147
〔12830〕

◇見つけた！『百人一首』の主題歌　家郷隆文著　文芸社　2006.12　227p　19cm　1500円　Ⓘ4-286-01415-0　Ⓝ911.147
〔12831〕

◇みもこがれつつ―物語百人一首　矢崎藍著　筑摩書房　1989.12　370p　21cm　2580円　Ⓘ4-480-82276-3　Ⓝ911.147
〔12832〕

◇みもこがれつつ―物語百人一首　矢崎藍著　筑摩書房　1994.12　521p　15cm　（ちくま文庫）　980円　Ⓘ4-480-02917-6　Ⓝ911.147
〔12833〕

◇明瞭『百人一首』―ある物語　自哲庵書　石澤久夫著　下仁田町（群馬県）　Art-museum　2000　1冊（ページ付なし）　26cm　Ⓝ911.147
〔12834〕

◇もっと知りたい京都・小倉百人一首　冷泉貴実子監修, 京都新聞出版センター編　京都　京都新聞出版センター　2006.3　141p　21cm　1200円　Ⓘ4-7638-0573-8　Ⓝ911.147
〔12835〕

◇桃尻語訳百人一首　橋本治著　海竜社　2003.11　151p　30cm　2500円　Ⓘ4-7593-0789-3　Ⓝ911.147
〔12836〕

◇やさしい小倉百人一首の鑑賞　伊藤晃著　帰徳書房　1982.12　219p　19cm　1000円　Ⓘ4-7952-3001-3　Ⓝ911.147
〔12837〕

◇やさしい小倉百人一首の鑑賞　伊藤晃著　帰徳書房　1990.12　219p　19cm　1000円　Ⓘ4-7952-3001-3　Ⓝ911.147
〔12838〕

◇やまとごころに遊ぶ―百人一首と関西―市民・識者1,100人の意識と意見を中心に　大阪　明治生命保険相互会社大阪総務部創業111年感謝"関西を考える"会　1992.6　72p　26cm　非売品　Ⓝ911.147
〔12839〕

◇よくわかる百人一首―見て、読んで、楽しむ歌の世界　中村菊一郎監修　日東書院　1997.8　235p　21cm　980円　Ⓘ4-528-01365-7　Ⓝ911.147
〔12840〕

◇よくわかる百人一首　山口仲美監修, 笠原秀文, 岩井渓漫画　集英社　2002.12　159p　22cm　（集英社版・学習漫画）　1200円　Ⓘ4-08-288085-2　Ⓝ911.147
〔12841〕

◇米沢本百人一首抄―解読と注釈　米沢古文書研究会編　米沢　米沢古文書研究会　1976　2冊（別冊共）　23cm　非売品　Ⓝ911.147
〔12842〕

◇竜吟明訣抄　多田義俊講述, 谷沢而立輯録, 島津忠夫, 田島智子編　大阪　和泉書院　1996.10　219p　22cm　（百人一首注釈書叢刊 11）　8034円　Ⓘ4-87088-794-0　Ⓝ911.147
〔12843〕

◇麗玉百人一首吾妻錦　〔出版地不明〕　〔出版者不明〕〔享和・文化頃〕　50丁　23cm　Ⓝ911.147
〔12844〕

◇和歌文学論集　9　百人一首と秀歌撰　『和歌文学論集』編集委員会編　風間書房　1994.1　386p　22cm　5974円　Ⓘ4-7599-0870-6　Ⓝ911.102
〔12845〕

◇和紙がたり百人一首　町田誠之著　京都　ミネルヴァ書房　1995.12　304,10p　20cm　(Minerva21世紀ライブラリー 19)　2800円　①4-623-02598-5　Ⓝ911.147
〔12846〕
◇私の百人一首　白洲正子著　新潮社　1976　239p 図　20cm　(新潮選書)　800円　Ⓝ911.147　〔12847〕
◇私の百人一首　白洲正子著　新潮社　2005.1　299p　16cm　(新潮文庫)　476円　①4-10-137909-2　Ⓝ911.147
〔12848〕
◇私の百人一首　白洲正子著　愛蔵版　新潮社　2005.11　228p 図版15枚　22cm　2600円　①4-10-310716-2　Ⓝ911.147
〔12849〕

◆◆◆夫木和歌抄
◇校註国歌大系　第21巻　夫木和歌抄　上　国民図書株式会社編　講談社　1976.10　18,648p 図　19cm　Ⓝ911.108
〔12850〕
◇校註国歌大系　第22巻　夫木和歌抄　下　国民図書株式会社編　講談社　1976.10　655p　19cm　Ⓝ911.108
〔12851〕
◇作者分類 夫木和歌抄―本文篇　山田清市,小鹿野茂次著　風間書房　1967　968p　22cm　Ⓝ911.147
〔12852〕
◇夫木和歌抄―作者分類　山田清市著　改訂版　風間書房　1981.10　2冊　22cm　全17000円　①4-7599-0338-0　Ⓝ911.147
〔12853〕
◇夫木和歌抄　索引　上　和歌上下句索引　宮内庁書陵部　1992.3　371p　22cm　(図書寮叢刊)　Ⓝ911.147
〔12854〕
◇夫木和歌抄　索引 下　作者索引・歌題索引・事項索引・左注索引・解題　宮内庁書陵部　1993.3　306p　22cm　(図書寮叢刊)　Ⓝ911.147
〔12855〕
◇夫木和歌抄―作者分類　研究索引篇　山田清市著　風間書房　1970　918p　22cm　8000円　Ⓝ911.147
〔12856〕
◇夫木和歌抄―作者分類　本文篇　山田清市,小鹿野茂次著　改訂版　風間書房　1981.9　968p　22cm　18000円　①4-7599-0279-1　Ⓝ911.147
〔12857〕
◇夫木和歌抄考―中世豪族の社会形成と文化　増田清著　若芝俳句社　1967　220p(図版共)　20cm　Ⓝ911.147
〔12858〕
◇夫木和歌抄データベース　人間文化研究機構国文学研究資料館文学形成研究系「本文共有化の研究」プロジェクト編　人間文化研究機構国文学研究資料館　2006.3　235p　21cm　(研究成果報告 平成17年度)　①4-87592-111-X　Ⓝ911.147
〔12859〕
◇夫木和歌抄と勝間田氏　増田清著　〔静岡〕　黒船印刷(印刷)　1996.7　40p　26cm　Ⓝ911.147　〔12860〕

◆◆◆風葉和歌集
◇王朝物語秀歌選　下　風葉和歌集　下　樋口芳麻呂校注　岩波書店　1989.2　455p　15cm　(岩波文庫)　700円　①4-00-300372-1　Ⓝ911.137
〔12861〕
◇校註国歌大系　第23巻　風葉和歌集,新修作者部類,和歌史年表　国民図書株式会社編　講談社　1976.10　35,792p 図　19cm　Ⓝ911.108　〔12862〕
◇校本風葉和歌集　中野荘次著　京都　賛精社　1933　613p　23cm　Ⓝ911.14　〔12863〕
◇校本風葉和歌集　中野荘次,藤井隆著　増訂版　京都　友山文庫　1970　654p 図版　22cm　Ⓝ911.147

◇「風葉和歌集」の構造に関する研究　米田明美著　笠間書院　1996.2　547p　22cm　(笠間叢書 290)　17000円　①4-305-10290-0　Ⓝ911.147
〔12865〕

◆◆◆新葉和歌集
◇新古今和歌集・新葉和歌集　石川桜校　有朋堂書店　1926　788p　18cm　(有朋堂文庫)　Ⓝ911.14　〔12866〕
◇神皇正統記・新葉和歌集　正宗敦夫編・校　日本古典全集刊行会　1937　528p　18cm　(日本古典全集 基本版 第17)　Ⓝ210.1
〔12867〕
◇新葉集―校註　宗良親王編　日本電報通信社出版部　1945　234p　20cm　Ⓝ911.14　〔12868〕
◇新葉和歌集―頭註　村上忠順注,村上忠浄校　稽照館　1892.2　304p　20cm　Ⓝ911.1　〔12869〕
◇新葉和歌集―頭註　村上忠順註,品田太吉補註　改造社　1936　322p　23cm　Ⓝ911.14　〔12870〕
◇新葉和歌集―校訂　宗良親王編,石村雍子校　雄山閣　1937　238p　16cm　(雄山閣文庫 第1部 第14)　Ⓝ911.14
〔12871〕
◇新葉和歌集―校註富岡本　立命館大学文学部研究室編　京都　立命館出版部　1938　350p　23cm　Ⓝ911.14
〔12872〕
◇新葉和歌集　宗良親王撰,岩佐正校訂　岩波書店　1940.11　302p　16cm　(岩波文庫)　Ⓝ911.147
〔12873〕
◇新葉和歌集　宗良親王撰,臼田甚五郎編　東京図書出版　1944　318,24p　19cm　Ⓝ911.14　〔12874〕
◇新葉和歌集詞書の研究　其の1-2　中谷政一,藤野勝弥共著　大阪　中央文化研究会　1941-1942　2冊　22cm　Ⓝ911.14
〔12875〕
◇新葉和歌集抄　大石隆子著　雄山閣　1943　1帖　25cm　Ⓝ911.14　〔12876〕
◇物語新葉集　山口正著　教育出版センター　1991.8　233p　20cm　(古典選書 11)　2400円　①4-7632-7118-0　Ⓝ911.147
〔12877〕

◆◆家集
◇永福門院百番自歌合全釈　岩佐美代子著　風間書房　2003.1　218p　22cm　(歌合・定数歌全釈叢書 1)　6000円　①4-7599-1349-1　Ⓝ911.148　〔12878〕
◇嘉喜門院集詞書の研究　藤野勝弥,石室守一共著　大阪　中央文化研究会　1942　9p　23cm　Ⓝ911.14
〔12879〕
◇嘉喜門院の御伝に就て　藤野勝弥著　大阪　中央文化研究会　1942　2冊　23cm　Ⓝ911.14　〔12880〕
◇北畠親房卿和歌拾遺　横井金男編　大日本百科全書刊行会　1942　202p　19cm　Ⓝ911.14　〔12881〕
◇北畠親房公歌集　大阪　北畠親房公顕彰会　1984.4　125p　22cm　3000円　Ⓝ911.148　〔12882〕
◇挙白集―校註　木下勝俊著,藤井乙男編　文献書院　1930　472p　20cm　Ⓝ911.14　〔12883〕
◇兼好自選家集―尊経閣叢刊　吉田兼好著,育徳財団編　育徳財団　1930　2冊(解説とも)　22cm　Ⓝ911.14
〔12884〕
◇兼好法師家集　西尾実校訂　岩波書店　1937　108p　16cm　(岩波文庫 1404)　Ⓝ911.14　〔12885〕
◇兼好法師家集　吉田兼好作,西尾実校訂　岩波書店　1989.3　108p　15cm　(岩波文庫 30-112-2)　250円　①4-00-301122-8　Ⓝ911.148　〔12886〕

◇兼好法師全歌集総索引　稲田利徳,稲田浩子編　大阪　和泉書院　1983.5　194p　22cm　5500円　ⓘ4-900137-79-0　Ⓝ911.148　〔12887〕
◇顕昭・寂蓮　久曽神昇著　三省堂　1942　416p　19cm　Ⓝ911.14　〔12888〕
◇見真慧灯両大師歌集　小笠原覚雄編　再版　京都　法蔵館　1915　138,13p　16cm　Ⓝ911.14　〔12889〕
◇源信集　源経信著,関根慶子校　古典文庫　1951　151p　17cm　（古典文庫）　Ⓝ911.138　〔12890〕
◇光厳院御集全釈　岩佐美代子著　風間書房　2000.11　209p　22cm　（私家集全釈叢書 27）　6800円　ⓘ4-7599-1227-4　Ⓝ911.148　〔12891〕
◇光厳天皇遺芳　光厳天皇著,赤松俊秀,上横手雅敬,国枝利久編　京北町（京都府）　常照皇寺　1964　179p 図版　26p　22cm　Ⓝ911.14　〔12892〕
◇校註　西行法師全歌集　西行著,尾山篤二郎編　創元社　1952　384p 図版　15cm　（創元文庫）　Ⓝ911.148　〔12893〕
◇後鳥羽天皇式年七百年祭水無瀬神宮御法楽和歌集　水無瀬神宮編　大阪府島本町　水無瀬神宮　1940　84p　24cm　Ⓝ911.16　〔12894〕
◇後鳥羽天皇百首御製　進藤泰世編　倉吉町（鳥取県）　進藤与八郎　1894.1　7丁　23cm　Ⓝ911.1　〔12895〕
◇後陽成院御添削羽倉荷田信次百首詠草　羽倉延次著,羽倉敬尚編　羽倉敬尚　1943　36p　25cm　Ⓝ911.15　〔12896〕
◇西行歌集　上,下　三好英二校註　講談社　1948　2冊 図版　19cm　（新註国文学叢書）　Ⓝ911.14　〔12897〕
◇西行歌集　上下　西行著,三好英二校註　講談社　1948　2冊 図版　19cm　（新註国文学叢書）　Ⓝ911.148　〔12898〕
◇西行集の校本と研究　寺澤行忠編著　笠間書院　2005.2　1063p　22cm　（笠間叢書 359）　23000円　ⓘ4-305-10359-1　Ⓝ911.142　〔12899〕
◇西行全集　野口米次郎編　富士書房　1930　365p　19cm　Ⓝ911.14　〔12900〕
◇西行全集　佐佐木信綱等編　文明社　1941　533p 図版　22cm　Ⓝ911.14　〔12901〕
◇西行百首　山崎斌編　草木屋出版部　1938　54p　19cm　（清寥抄 第2編）　Ⓝ911.14　〔12902〕
◇西行法師全歌集　尾山篤二郎校　富山房　1938　318,5,46p　18cm　（富山房百科文庫 第17）　Ⓝ911.14　〔12903〕
◇西行法師全集　尾山篤二郎編　再版　春陽堂　1922　368,290p 図版　19cm　Ⓝ911.14　〔12904〕
◇前長門守時朝入京田舎打聞集全釈　長崎健ほか共著　風間書房　1996.10　314p　22cm　（私家集全釈叢書 18）　9785円　ⓘ4-7599-0995-8　Ⓝ911.148　〔12905〕
◇定家歌集　佐佐木信綱編　博文館　1910.1　202p　16cm　Ⓝ911.1　〔12906〕
◇定家歌集評釈　谷鼎著　目白書院　1930　445,34p　19cm　（国民文学叢書 第13編）　Ⓝ911.14　〔12907〕
◇実朝百首　源実朝著,山崎城編　草木屋出版　1942　55p　19cm　Ⓝ911.14　〔12908〕
◇山家集研究　金槐集研究　拾遺愚草研究　斎藤清衛著,斎藤茂吉著,風巻景次郎著　新潮社　1936　139p　18cm　（新潮文庫 第173編）　〔12909〕
◇山家和歌集　拾遺愚草　金槐和歌集　西行著,塚本哲三校,藤原定家著,塚本哲三校,源実朝著,塚本哲三校　有朋堂書店　1926　638p　18cm　（有朋堂文庫）　Ⓝ911.14　〔12910〕
◇三十六人家集写真帖—後奈良天皇恩賜　本願寺室内部編　京都　本願寺　1909.3　2冊　28×41cm　Ⓝ728　〔12911〕
◇纂訂西行法師全歌集　伊藤嘉夫編　大岡山書店　1935　425p　23cm　Ⓝ911.14　〔12912〕
◇慈円全集　慈円著,多賀宗隼編　七丈書院　1946　1005p 図版　22cm　Ⓝ911.148　〔12913〕
◇私家集研究　第1輯　伊勢大輔集〔ほか〕　私家集研究会編　保坂都　1954-55　22cm　Ⓝ911.138　〔12914〕
◇私家集研究　第2輯　伊勢集〔ほか〕　私家集研究会編　島田良二　1954-55　22cm　Ⓝ911.138　〔12915〕
◇私家集大成　第3巻　中世 1　和歌史研究会編　明治書院　1974　1059p　27cm　26000円　Ⓝ911.108　〔12916〕
◇私家集大成　第5巻　中世 3　和歌史研究会編　明治書院　1974　1216p　27cm　30000円　Ⓝ911.108　〔12917〕
◇私家集大成　第6巻　中世 4　和歌史研究会編　明治書院　1976　1347p　27cm　36000円　Ⓝ911.108　〔12918〕
◇私家集大成　第7巻〔上〕　中世 5 上　和歌史研究会編　明治書院　1976　1096p　27cm　Ⓝ911.108　〔12919〕
◇式子内親王全歌集　式子内親王著,築瀬一雄編　謄写版　大府町（愛知県知多郡）　築瀬一雄　1961　89p　22cm　（碧冲洞叢書 第4輯）　Ⓝ911.138　〔12920〕
◇沙弥蓮瑜集全釈　長崎健ほか共著　風間書房　1999.5　570p　22cm　（私家集全釈叢書 23）　17000円　ⓘ4-7599-1129-4　Ⓝ911.148　〔12921〕
◇拾玉集本文整定稿　石川一著　勉誠出版　1999.2　250p　22cm　8600円　ⓘ4-585-10039-3　Ⓝ911.148　〔12922〕
◇拾塵和歌集　大内政弘著,荒木尚校訂　福岡　西日本国語国文学会翻刻双書刊行会　1964　185p(図版共)　19cm　（西日本国語国文学会翻刻双書 第2期 第4冊）　Ⓝ911.149　〔12923〕
◇衆妙集　玄旨著,土田将雄編および翻刻　古典文庫　1969　239p 図　17cm　（古典文庫 第270冊）　Ⓝ911.149　〔12924〕
◇春霞集　毛利元就著　稲垣常三郎　1891.12　27丁　23cm　（長周叢書 16）　Ⓝ911.1　〔12925〕
◇俊恵法師全歌集　俊恵法師著,築瀬一雄編　安城　築瀬一雄　1959　226p　21cm　（碧冲洞叢書 第2輯）　Ⓝ911.148　〔12926〕
◇俊成卿女全歌集　藤原俊成女著,森本元子編　武蔵野書院　1966　336p 図版　22cm　Ⓝ911.148　〔12927〕
◇小侍従集・二條院讃岐集　森本元子校　古典文庫　1958　251p　17cm　（古典文庫 第133冊）　Ⓝ911.138　〔12928〕
◇信生法師集新訳註　今関敏子著　風間書房　2002.6　115p　22cm　4500円　ⓘ4-7599-1320-3　Ⓝ911.148　〔12929〕
◇草庵集　兼好法師集　浄弁集　慶運集　頓阿原著,酒井茂幸著,兼好原著,齋藤彰著,浄弁原著,小林大輔著,慶運原著,小林大輔著　明治書院　2004.7　496p　22cm　（和歌文学大系 65）　7500円　ⓘ4-625-41320-6　Ⓝ911.148　〔12930〕

◇草根集　権大僧都心敬集　再昌　正徹原著, 伊藤伸江著, 心敬原著, 伊藤伸江著, 三条西実隆原著, 伊藤敬著　明治書院　2005.4　411p　22cm　（和歌文学大系 66）　7500円　①4-625-41323-0　Ⓝ911.148　〔12931〕

◇尊圓法親王―法花経百首　法花経和歌　尊円法親王著, 築瀬一雄編　大府町（愛知県）　1961　26p　21cm　（碧沖洞叢書　第14輯）　Ⓝ911.148　〔12932〕

◇隆信集全釈　樋口芳麻呂著　風間書房　2001.12　528p　22cm　（私家集全釈叢書 29）　15000円　①4-7599-1286-X　Ⓝ911.148　〔12933〕

◇滝のしら玉―長慶院御歌　谷森善臣編　青山堂　1903.12　60p　24cm　Ⓝ911.1　〔12934〕

◇為広詠草集　冷泉為広著　朝日新聞社　1994.4　498, 39p　22cm　（冷泉家時雨亭叢書　第11巻）　28000円　①4-02-240311-X　Ⓝ911.148　〔12935〕

◇中古三女歌人集　佐佐木信綱編　朝日新聞社　1948　209p　図版　19cm　（日本古典全書）　Ⓝ911.14　〔12936〕

◇中世私家集　1　冷泉家時雨亭文庫編　朝日新聞社　1994.8　598, 43p　22cm　（冷泉家時雨亭叢書　第25巻）　29000円　①4-02-240325-X　Ⓝ911.148　〔12937〕

◇中世私家集　2　冷泉家時雨亭文庫編　朝日新聞社　1995.12　600, 44p　22cm　（冷泉家時雨亭叢書　第26巻）　29000円　①4-02-240326-8　Ⓝ911.148　〔12938〕

◇中世私家集　3　朝日新聞社　1998.12　622, 40p　22cm　（冷泉家時雨亭叢書　第27巻）　29000円　①4-02-240327-6　Ⓝ911.148　〔12939〕

◇中世私家集　4　朝日新聞社　2000.2　652, 37p　22cm　（冷泉家時雨亭叢書　第28巻）　29000円　①4-02-240328-4　Ⓝ911.148　〔12940〕

◇中世私家集　5　朝日新聞社　2001.4　618, 37p　22cm　（冷泉家時雨亭叢書　第29巻）　29000円　①4-02-240329-2　Ⓝ911.148　〔12941〕

◇中世私家集　6　朝日新聞社　2002.6　502, 41p　22cm　（冷泉家時雨亭叢書　第30巻）　30000円　①4-02-240330-6　Ⓝ911.148　〔12942〕

◇中世私家集　7　朝日新聞社　2003.8　714, 46p　22cm　（冷泉家時雨亭叢書　第31巻）　30000円　①4-02-240331-4　Ⓝ911.148　〔12943〕

◇中世私家集　8　朝日新聞社　2004.12　632, 34p　22cm　（冷泉家時雨亭叢書　第32巻）　30000円　①4-02-240332-2　Ⓝ911.148　〔12944〕

◇中世私家集　9　朝日新聞社　2006.2　724, 42p　22cm　（冷泉家時雨亭叢書　第33巻）　30000円　①4-02-240333-0　Ⓝ911.148　〔12945〕

◇中世私家集　10　朝日新聞社　2007.4　590, 50p　22cm　（冷泉家時雨亭叢書　第74巻）　30000円　①978-4-02-240374-2　Ⓝ911.148　〔12946〕

◇定家百首・雪月花（抄）　塚本邦雄著　講談社　2006.10　287p　16cm　（講談社文芸文庫）　1300円　①4-06-198457-8　Ⓝ911.142　〔12947〕

◇道命阿闍梨集　三保サト子編　大阪　和泉書院　1980.10　46p　21cm　500円　①4-900137-04-9　Ⓝ911.138　〔12948〕

◇智仁親王詠草類　1　智仁親王著　宮内庁書陵部　1999.3　4, 305p　22cm　（図書寮叢刊）　Ⓝ911.148　〔12949〕

◇智仁親王詠草類　2　智仁親王著　宮内庁書陵部　2000.3　4, 375p　22cm　（図書寮叢刊）　Ⓝ911.148　〔12950〕

◇智仁親王詠草類　3　智仁親王著　宮内庁書陵部　2001.3　4, 360p　22cm　（図書寮叢刊）　Ⓝ911.148　〔12951〕

◇中院通勝歌集歌論　日下幸男編　大阪　日下幸男　1993.12　185p　26cm　非売品　Ⓝ911.148　〔12952〕

◇七巻本『拾玉集』（架蔵本）翻刻　石川一, 五条小枝子編著　〔広島〕　広島女子大学　1993.2　234p　16×22cm　（広島女子大学地域研究叢書 14）　①4-87440-287-9　Ⓝ911.148　〔12953〕

◇伏見天皇御製集　国民精神文化研究所編　目黒書店　1943　388p 図版　22cm　Ⓝ911.14　〔12954〕

◇藤原定家卿七百年祭手向和歌集　藤原定家卿七百年鑽仰会編　京都　藤原定家卿七百年鑽仰会　1941　96p　23cm　Ⓝ911.16　〔12955〕

◇藤原定家全歌集　冷泉為臣編　文明社　1940　609p　23cm　Ⓝ911.14　〔12956〕

◇藤原為家全歌集　佐藤恒雄編著　風間書房　2002.3　942p　22cm　28000円　①4-7599-1317-3　Ⓝ911.148　〔12957〕

◇藤原家隆集とその研究　藤原家隆著, 久保田淳編著　三弥井書店　1968　602p 図版　22cm　Ⓝ911.148　〔12958〕

◇藤原定家歌集―附・年譜　佐佐木信綱校　岩波書店　1931　357p　16cm　（岩波文庫 756-758）　Ⓝ911.14　〔12959〕

◇藤原為家全歌集　藤原為家著, 安井久善編著　武蔵野書院　1962　652, 148p 図版　22cm　Ⓝ911.14　〔12960〕

◇曼殊院宮覚恕准三宮御歌集　北小路三郎等編　小林正直　1942　232p　28cm　Ⓝ911.14　〔12961〕

◇未刊 中古私家集　第1　平経盛集, 中納言親宗集, 風情集（公重集）　谷山茂, 樋口芳麻呂編　古典文庫　1961　260p　17cm　（古典文庫　第170冊）　Ⓝ911.138　〔12962〕

◇未刊 中古私家集　第2　谷山茂, 樋口芳麻呂編　古典文庫　1963　269p　17cm　（古典文庫　第188冊）　Ⓝ911.138　〔12963〕

◇源実朝歌集―新釈　尾山篤二郎著　紅玉堂書店　1924　135p　19cm　（新釈和歌叢書 第3編）　Ⓝ911.14　〔12964〕

◇明恵上人歌集　岩崎文庫編　石田幹之助　1919　1軸　18cm　Ⓝ911.14　〔12965〕

◇明恵上人歌集に就きて　和田維四郎編　岩崎文庫　1919　68p　19cm　Ⓝ911.14　〔12966〕

◇明恵上人和歌集　奥田正造編　奥田正造　1932　43p　23cm　Ⓝ911.14　〔12967〕

◇宗良親王全集　黒河内谷右衛門編著　甲陽書房　1988.5　1022p　20cm　20000円　①4-87531-215-6　Ⓝ911.142　〔12968〕

◇訳注 爲兼卿和哥抄　京極為兼作, 土岐善麿著　京都　初音書房　1963　90p 図版　21cm　Ⓝ911.148　〔12969〕

◇李花集―宗良親王御集　宗良親王著, 短歌雑誌社編輯部校訂　紅玉堂書店　1927　209p　16cm　Ⓝ911.14　〔12970〕

◇李花集　宗良親王著, 松田武夫校訂　岩波書店　1941　182p　16cm　（岩波文庫 2712-2713）　Ⓝ911.14　〔12971〕

◇李花集詞書の研究　中谷政一,藤野勝弥共著　大阪　中央文化研究会　1942　2冊　23cm　Ⓝ911.14　〔12972〕
◇李花集標注　宗良親王著,米山宗臣著　古川出版部　1935　214p　23cm　Ⓝ911.14　〔12973〕
◇蓮生法師和歌集註釈　河住玄註　〔宇都宮〕欣求庵　1993.11　90p　25cm　Ⓝ911.148　〔12974〕
◇鹿苑院殿義満公集　足利義満著,簗瀬一雄編　大府町（愛知県）　1967　122p　22cm　（碧沖洞叢書　第71輯）Ⓝ911.149　〔12975〕

◆◆◆建礼門院右京大夫集
◇建礼門院右京大夫集　佐佐木信綱校註　富山房　1939　125p　17cm　（富山房百科文庫　第78）　Ⓝ911.14　〔12976〕
◇中世日記紀行文学全評釈集成　第1巻　建礼門院右京大夫集　辻勝美,野沢拓夫著　勉誠出版　2004.12　222,4p　22cm　10000円　Ⓘ4-585-04048-X　Ⓝ915.4　〔12977〕

◆◆◆金槐和歌集
◇鎌倉右大臣家集—本文及び総索引　源実朝著,久保田淳,山口明穂編　笠間書院　1972　179p　22cm　（笠間索引叢刊 8）　2700円　Ⓝ911.148　〔12978〕
◇金槐集私鈔　斎藤茂吉著　春陽堂　1926　408p　19cm　（アララギ叢書　第26編）　Ⓝ911.14　〔12979〕
◇金槐集評釈　小林好日著　厚生閣書店　1927　522,20,31p　19cm　Ⓝ911.14　〔12980〕
◇金槐和歌集　源実朝著,森与重編　森与重　1899.6　64丁　24cm　Ⓝ911.1　〔12981〕
◇金槐和歌集　源実朝著,賀茂真淵評,佐佐木信綱校　覆刻堂　1903.5　191,12p　15cm　（覆刻叢書　第1巻）　Ⓝ911.1　〔12982〕
◇金槐和歌集　源実朝著,賀茂真淵評註,佐佐木信綱校訂　すみや書店　1907.9　272p　図版　15cm　Ⓝ911.1　〔12983〕
◇金槐和歌集　源実朝著,源実朝公七百年祭協賛会編　源実朝公七百年祭協賛会　1919　5,82,5p　13×18cm　Ⓝ911.14　〔12984〕
◇金槐和歌集—校注　佐佐木信綱著　明治書院　1927　148p　20cm　Ⓝ911.14　〔12985〕
◇金槐和歌集　源実朝著,斎藤茂吉校　新訂　岩波書店　1929　240p　16cm　（岩波文庫 492-493）　Ⓝ911.14　〔12986〕
◇金槐和歌集　源実朝著,佐佐木信綱編　岩波書店　1930　2冊（解説とも）　23cm　Ⓝ911.14　〔12987〕
◇金槐和歌集—校註　佐佐木信綱著　改訂5版　明治書院　1931　159p　20cm　Ⓝ911.14　〔12988〕
◇金槐和歌集　源実朝著,半田良平校訂　改造社　1937　229p　16cm　（改造文庫第2部第30篇）　Ⓝ911.14　〔12989〕
◇金槐和歌集—全註　源実朝著,川田順校註　富山房　1938　268p　18cm　（富山房百科文庫　第8）　Ⓝ911.14　〔12990〕
◇金槐和歌集—全註　源実朝著,川田順校　2版　富山房　1944　268p　15cm　（富山房百科文庫　第8）　Ⓝ911.14　〔12991〕
◇金槐和歌集　源実朝著,賀茂真淵評,斎藤茂吉校訂改版　岩波書店　1963　311p　15cm　（岩波文庫）　Ⓝ911.148　〔12992〕
◇金槐和歌集　源実朝撰,樋口芳麻呂校注　新潮社　1981.6　327p　20cm　（新潮日本古典集成）　1700円　Ⓝ911.148　〔12993〕
◇金槐和歌集各句索引　宮川康雄,西村真一編　松本　1967　44p　21cm　（岩波書店刊　日本古典文学大系 29）　Ⓝ911.148　〔12994〕
◇金槐和歌集詳解—鎌倉右大臣　上,下巻　飯塚朝子著　六合館　1920　2冊　19cm　Ⓝ911.14　〔12995〕
◇金槐和歌集選釈　森敬三著　書肆積文館　1933　255p　20cm　Ⓝ911.14　〔12996〕
◇金槐和歌集全評釈　鎌田五郎著　風間書房　1983.1　1090p　22cm　32000円　Ⓘ4-7599-0577-4　Ⓝ911.148　〔12997〕
◇金槐和歌集註釈　源実朝原著,田中常憲著,大和田建樹閲　亀井支店書籍部　1907.5　159p　20cm　Ⓝ911.1　〔12998〕
◇金槐和歌集通釈　松野又五郎著　文祥堂書店　1925　498p　15cm　Ⓝ911.14　〔12999〕
◇金槐和歌集とその周辺—東国文芸成立の基盤　志村士郎著　桜楓社　1980.6　246p　22cm　6800円　Ⓝ911.148　〔13000〕
◇『金槐和歌集』の時空—定家所伝本の配列構成　今関敏子著　大阪　和泉書院　2000.8　252p　22cm　（研究叢書 251）　8000円　Ⓘ4-7576-0059-3　Ⓝ911.148　〔13001〕
◇新訂　金槐和歌集—賀茂真淵評　源実朝著,斎藤茂吉校訂　増補版　岩波書店　1955　18刷267p　15cm　（岩波文庫）　Ⓝ911.148　〔13002〕
◇定本金槐和歌集　短歌雑誌社編輯部校訂　紅玉堂書店　1927　218p　15cm　Ⓝ911.14　〔13003〕

◆◆◆山家集
◇山家集　西行者,短歌雑誌社編輯部校　紅玉堂書店　1926　214p　15cm　Ⓝ911.14　〔13004〕
◇山家集　西行著,短歌雑誌社編輯部編　紅玉堂書店　1929　214p　15cm　Ⓝ911.14　〔13005〕
◇山家集　西行著,三教書院編輯部編　三教院　1936　194p　19cm　Ⓝ911.14　〔13006〕
◇山家集　西行著,伊藤嘉夫校註　朝日新聞社　1947　315p　図版　19cm　（日本古典全書）　Ⓝ911.148　〔13007〕
◇山家集　西行著,伊藤嘉夫校註　朝日新聞社　1947　315p　図版　19cm　（日本古典全書）　Ⓝ911.14　〔13008〕
◇山家集　西行著,竹下直之校訂　いてふ本刊行会　1953　194p　19cm　Ⓝ911.148　〔13009〕
◇山家集　西行著,佐佐木信綱校訂　新訂版　岩波書店　1957　16刷320p　15cm　（岩波文庫）　Ⓝ911.148　〔13010〕
◇山家心中集　西行著,貴重図書影本刊行会編　〔京都〕貴重図書影本刊行会　1931　2冊（解説共）　17×17cm　Ⓝ911.14　〔13011〕
◇山家心中集—妙法院本　西行編　京都　妙法院問跡　2004.10　177p　31cm　15000円　Ⓘ4-88915-128-1　Ⓝ911.14　〔13012〕
◇新撰山家集　西行著,佐佐木信綱校　岩波書店　1928　226p　16cm　（岩波文庫 362-363）　Ⓝ911.14　〔13013〕

◇新撰山家集　西行著, 佐佐木信綱校訂　岩波書店　1939　251p　16cm　（岩波文庫　362～363）　Ⓝ911.14
〔13014〕

◆◆◆拾遺愚草

◇拾遺愚草　上・中　藤原定家著　朝日新聞社　1993.10　588, 36p　22cm　（冷泉家時雨亭叢書　第8巻）　29000円　Ⓘ4-02-240308-X　Ⓝ911.148
〔13015〕

◇拾遺愚草　3巻員外雑歌1巻　藤原定家著, 赤羽淑編著　笠間書院　1982.2　338p　22cm　（笠間叢書　168）　8000円　Ⓝ911.148
〔13016〕

◇拾遺愚草古注　上　石川常彦校注　三弥井書店　1983.3　372p　22cm　（中世の文学）　6500円　Ⓝ911.138
〔13017〕

◇拾遺愚草古注　中　石川常彦校注　三弥井書店　1986.12　351p　22cm　（中世の文学）　6500円　Ⓘ4-8382-1013-2　Ⓝ911.138
〔13018〕

◇拾遺愚草古注　下　石川常彦校注　三弥井書店　1989.6　502p　22cm　（中世の文学）　9000円　Ⓘ4-8382-1014-0　Ⓝ911.138
〔13019〕

◇拾遺愚草　下　拾遺愚草員外　俊成定家詠草　古筆断簡　藤原俊成, 藤原定家著　朝日新聞社　1995.2　494, 43p　22cm　（冷泉家時雨亭叢書　第9巻）　28000円　Ⓘ4-02-240309-8　Ⓝ911.148
〔13020〕

◆◆歌合

◇建長八年百首歌合と研究　下　橋本不美男, 福田秀一, 久保田淳編著　豊橋　未刊国文資料刊行会　1971　179p　図　19cm　（未刊国文資料　第3期　第17冊）　Ⓝ911.18
〔13021〕

◇建長八年百首歌合と研究　上　橋本不美男, 福田秀一, 久保田淳編著　限定版　豊橋　未刊国文資料刊行会　1964　225p　図版　19cm　（未刊国文資料　第3期第1冊）　Ⓝ911.18
〔13022〕

◇後崇光院歌合詠草類　宮内庁書陵部　1978.2　478p　22cm　（図書寮刊）　Ⓝ911.149
〔13023〕

◇後崇光院歌合詠草類　宮内庁書陵部編　明治書院　1978.3　478p　22cm　（図書寮叢刊）　9800円　Ⓝ911.149
〔13024〕

◇定家家隆両卿五十番歌合　宇都宮栄太郎　1892.9　16丁　20cm　Ⓝ911.1
〔13025〕

◇時代不同歌合為家本考　吉田幸一著　古典文庫　1996.11　684p　28cm　（古典聚英　7）　35000円　Ⓝ911.145
〔13026〕

◇職人歌合—中世の職人群像　岩崎佳枝著　平凡社　1987.12　299p　20cm　（平凡社選書　114）　2300円　Ⓘ4-582-84114-7　Ⓝ911.14
〔13027〕

◇職人歌合絵の研究—『三十二番職人歌合絵』の成立と背景　岩崎佳枝著　京都　歌合絵研究会　1981.3　122p　22cm　Ⓝ911.14
〔13028〕

◇職人歌合総合索引　岩崎佳枝ほか編著　京都　赤尾照文堂　1982.11　414p　22cm　（解題・索引双刊　7）　12000円　Ⓝ911.18
〔13029〕

◇住吉歌合—国宝伝西行筆　貴重図書複製会編　貴重図書複製会　1944　1軸　25cm　Ⓝ911.14
〔13030〕

◇谷山茂著作集　4　新古今時代の歌合と歌壇　角川書店　1983.9　467p　22cm　5400円　Ⓝ910.24
〔13031〕

◇為広・為和歌合集　冷泉家時雨亭文庫編　朝日新聞社　2006.8　652, 74p　22cm　（冷泉家時雨亭叢書　第50巻）　30000円　Ⓘ4-02-240350-0　Ⓝ911.18
〔13032〕

◇中世歌合集と研究　中　福田秀一, 国枝利久, 井上宗雄編著　限定版　豊橋　未刊国文資料刊行会　1965　194p　図版　19cm　（未刊国文資料　第3期　第5冊）　Ⓝ911.18
〔13033〕

◇中世歌合伝本書目　中世歌合研究会編著　明治書院　1991.6　423p　22cm　9800円　Ⓘ4-625-41098-3　Ⓝ911.14
〔13034〕

◇定家自筆本　物語二百番歌合と研究　竹本元晛著, 久曾神昇共編著　豊橋　未刊国文資料刊行会　1955　200p　図版　19cm　（未刊国文資料　第1期　第1冊）　Ⓝ911.18
〔13035〕

◇伝宗尊親王筆歌合巻の研究　久曾神昇著　尚古会　1937　131p　26cm　Ⓝ911.14
〔13036〕

◇女房三十六人歌合の研究　大伏春美著　新典社　1997.10　317p　22cm　（新典社研究叢書　109）　9600円　Ⓘ4-7879-4109-7　Ⓝ911.18
〔13037〕

◇未刊　中世歌合集　上　治氷三十六人歌合, 建仁元年三月十六日土御門内大臣家影供歌合, 建仁元年四月三十日鳥羽殿影供歌合, 建仁元年九月十三夜和歌所影供歌合, 建仁元年十二月廿八日石清水社歌合　谷山茂, 樋口芳麻呂編　古典文庫　1959　212p　17cm　（古典文庫　第140冊）　Ⓝ911.18
〔13038〕

◇未刊和歌資料集　第1冊　歌合〔ほか〕　簗瀬一雄　頓阿謄写版　限定版　大府町（愛知県）　1964　48p　22cm　（碧冲洞叢書　第51輯）　Ⓝ911.108
〔13039〕

◇六百番歌合—歌評の精髄　顕昭陳状　能勢朝次編著　文学社　1935　462, 12, 18p　23cm　Ⓝ911.14
〔13040〕

◇六百番歌合・六百番陳状　峯岸義秋校訂　岩波書店　1936　500p　16cm　（岩波文庫　1292-1294）　Ⓝ911.14
〔13041〕

◆◆連歌

◇熱田神宮の連歌と俳諧　〔名古屋〕　熱田神宮宮庁　1968　78p　図版　21cm　（熱田神宮文化叢書　第2）　Ⓝ911.2
〔13042〕

◇荒木田守武集　荒木田守武著　宇治山田　神宮司庁　1951　234p　図版5枚　22cm　Ⓝ911.31
〔13043〕

◇池坊専順連歌集—連歌五百句・法眼専順連歌　専順著　松本　石村雍子　1967　39p　22cm　Ⓝ911.2
〔13044〕

◇伊地知鉄男文庫目録　早稲田大学図書館編　早稲田大学図書館　1992.3　97p　26cm　（早稲田大学図書館文庫目録　第15輯）　Ⓝ911.2
〔13045〕

◇越中の連歌　綿抜豊昭編　富山　桂書房　1992.2　128p　19cm　1545円　Ⓝ911.2
〔13046〕

◇大方家所蔵連歌資料集　小林健二編　大阪　清文堂出版　1991.3　531p　22cm　Ⓘ4-7924-1311-7　Ⓝ911.2
〔13047〕

◇可能性としての連歌　高城修三著　大阪　澪標　2004.11　210p　20cm　1600円　Ⓘ4-86078-043-4　Ⓝ911.302
〔13048〕

◇北野社関係連歌懐紙目録—筑波大学附属図書館蔵　つくば　筑波大学附属図書館　1988.3　124p　21cm　Ⓝ911.2
〔13049〕

◇饗宴の文学　清崎敏郎著　実業之日本社　1977.4　238p　20cm　（有楽選書　11）　1200円　Ⓝ911.2
〔13050〕

◇京都大学蔵貴重連歌資料集　第2巻　京都大学文学部国語学国文学研究室編，日野龍夫ほか監修　京都　臨川書店　2003.3　577p　22cm　13000円　Ⓘ4-653-03852-X，4-653-03850-3　Ⓝ911.2　〔13051〕
◇京都大学蔵貴重連歌資料集　3　京都大学文学部国語学国文学研究室編　京都　臨川書店　2004.2　658p　16×22cm　14400円　Ⓘ4-653-03853-8　〔13052〕
◇京都大学蔵貴重連歌資料集　第4巻　上　京都大学文学部国語学国文学研究室編，日野龍夫ほか監修　京都　臨川書店　2003.9　493p　22cm　12000円　Ⓘ4-653-03857-0，4-653-03850-3　Ⓝ911.2　〔13053〕
◇京都大学蔵貴重連歌資料集　第4巻　下　京都大学文学部国語学国文学研究室編，日野龍夫ほか監修　京都　臨川書店　2003.9　507p　22cm　12000円　Ⓘ4-653-03858-9，4-653-03850-3　Ⓝ911.2　〔13054〕
◇研究資料日本古典文学　第7巻　連歌・俳諧・狂歌　大曽根章介ほか編集　明治書院　1984.6　378p　22cm　3900円　Ⓝ910.2　〔13055〕
◇高野山連歌資料　第1集　石川真弘編　謄写版　高野町（和歌山県）　森の会叢書出版部　1958　97p　25cm（森の会叢書）　Ⓝ911.2　〔13056〕
◇苔莚　心敬著　ほるぷ出版　1976.4　2冊　24cm　（複刻日本古典文学館 第2期）　Ⓝ911.2　〔13057〕
◇古人鑽仰　村松紅花著　永田書房　1982.12　324p　20cm　3200円　Ⓝ911.2　〔13058〕
◇桜井基佐句集　重松裕巳編　古典文庫　1995.9　419p　17cm　（古典文庫　第586冊）　非売品　Ⓝ911.2　〔13059〕
◇佐渡羽茂の連歌　羽茂町史編さん委員会編　羽茂町（新潟県）　羽茂町教育委員会　1994.3　204p　21cm　（羽茂郷土叢書第3集）　Ⓝ911.2　〔13060〕
◇七賢時代連歌句集　金子金治郎，太田武夫編　角川書店　1975　461p　図　22cm　（貴重古典籍叢刊 11）　Ⓝ911.2　〔13061〕
◇島津忠夫著作集　第3巻　連歌史　島津忠夫著　大坂　和泉書院　2003.11　354p　22cm　9000円　Ⓘ4-7576-0238-3　Ⓝ910.8　〔13062〕
◇島津忠夫著作集　第6巻　天満宮連歌史　島津忠夫著　大阪　和泉書院　2005.1　289p　22cm　9000円　Ⓘ4-7576-0294-4　Ⓝ910.8　〔13063〕
◇匠材集　岡山大学池田家文庫等刊行会編　岡山　福武書店　1984.7　198p　22cm　（岡山大学国文学資料叢書 6-2）　4500円　Ⓘ4-8288-2602-5　Ⓝ911.2　〔13064〕
◇白山万句―資料と研究　棚町知弥ほか編　鶴来版（石川県）　白山比咩神社　1985.5　545p　22cm　Ⓝ911.2　〔13065〕
◇心敬　荒木良雄著　創元社　1948　388p　19cm　Ⓝ911.14　〔13066〕
◇心敬集〔第1〕　論集 芳艸〔ほか〕　心敬著，横山重，野口英一共編　吉昌社　1948　347p　22cm　Ⓝ911.2　〔13067〕
◇戦国の権力と寄合の文芸　鶴崎裕雄著　大阪　和泉書院　1988.10　442p　22cm　（研究叢書 63）　10000円　Ⓘ4-87088-279-5　Ⓝ911.2　〔13068〕
◇川柳平安人物史　原桐斎著　京都　白地社　1990.11　478p　20cm　2500円　Ⓝ911.45　〔13069〕
◇宗祇句集　金子金治郎，伊地知鉄男編　角川書店　1977.3　520p　図　22cm　（貴重古典籍叢刊 12）　12000円　Ⓝ911.2　〔13070〕

◇宗祇旅の記私注　金子金治郎著　桜楓社　1970　153, 11p　19cm　680円　Ⓝ911.2　〔13071〕
◇宗祇名作百韻注釈　金子金治郎著　桜楓社　1985.9　478p　22cm　（金子金治郎連歌考叢 4）　12000円　Ⓘ4-273-02009-2　Ⓝ911.2　〔13072〕
◇宗祇連歌古注　金子金治郎編　限定版　広島　広島中世文芸研究会　1965　251p　19cm　（中世文芸叢書 1）　Ⓝ911.2　〔13073〕
◇宗祇連歌の研究　両角倉一著　勉誠社　1985.7　399p　22cm　10000円　Ⓝ911.2　〔13074〕
◇宗碩と地方連歌―資料と研究　余語敏男著　笠間書院　1993.2　608p　22cm　16480円　Ⓘ4-305-40054-5　Ⓝ911.2　〔13075〕
◇太宰府天満宮連歌史―資料と研究　川添昭二ほか編著　太宰府町（福岡県）　太宰府天満宮文化研究所　1980.3～1981.3　2冊　22cm　Ⓝ911.2　〔13076〕
◇太宰府天満宮連歌史―資料と研究　3　川添昭二ほか編著　太宰府　太宰府天満宮顕彰会　1986.3　525p　22cm　Ⓝ911.2　〔13077〕
◇太宰府天満宮連歌史―資料と研究　4　川添昭二ほか編著　太宰府　太宰府天満宮文化研究所　1987.3　507p　22cm　9400円　Ⓘ4-642-01254-0　Ⓝ911.2　〔13078〕
◇竹馬狂吟集　木村三四吾, 井口寿校注　新潮社　1988.1　419p　20cm　（新潮日本古典集成）　2200円　Ⓘ4-10-620377-4　Ⓝ911.2　〔13079〕
◇竹馬集　木藤才蔵編　古典文庫　1993.8　502p　17cm　（古典文庫　第561冊）　非売品　Ⓝ911.2　〔13080〕
◇中世歌論と連歌　水上甲子三著　全通企画出版　1977.8　254p　22cm　非売品　Ⓝ911.2　〔13081〕
◇中世の笑い　鈴木棠三著　武蔵野　秋山書店　1991.12　298p　20cm　2500円　Ⓘ4-87023-540-4　Ⓝ911.2　〔13082〕
◇中世連歌の研究　斎藤義光著　有精堂出版　1979.9　296p　22cm　4800円　Ⓝ911.2　〔13083〕
◇中世和歌連歌の研究　伊藤伸江著　笠間書院　2002.1　349, 16p　22cm　7800円　Ⓘ4-305-70236-3　Ⓝ911.14　〔13084〕
◇付合文藝史の研究　宮田正信著　大阪　和泉書院　1997.10　723p　22cm　（研究叢書 208）　25000円　Ⓘ4-87088-871-8　Ⓝ911.302　〔13085〕
◇流木集広注―和歌連歌用語辞書　浜千代清編　京都　臨川書店　1992.11　524, 14p　22cm　15450円　Ⓘ4-653-02514-2　Ⓝ911.2　〔13086〕
◇能楽と連歌　樋口功著　謡曲大講座刊行会　1934　15丁　25cm　（謡曲大講座）　Ⓝ773　〔13087〕
◇能勢朝次著作集　第7巻　連歌研究　能勢朝次著作集編集委員会編　京都　思文閣出版　1982.7　583p　22cm　6600円　Ⓝ910.8　〔13088〕
◇能勢朝次著作集　第8巻　連歌・俳諧研究　能勢朝次著作集編集委員会編　京都　思文閣出版　1982.5　478p　22cm　5400円　Ⓝ910.8　〔13089〕
◇平野法楽連歌―過去と現在　杭全神社編　大阪　和泉書院　1993.10　268p　22cm　3605円　Ⓘ4-87088-618-9　Ⓝ911.2　〔13090〕
◇発句帳―資料と研究　湯之上早苗著　桜楓社　1985.6　540p　22cm　22000円　Ⓘ4-273-02021-1　Ⓝ911.2　〔13091〕

◇水無瀬三吟百韻・湯山三吟百韻—本文と索引　木村晟編　笠間書院　1990.3　158p　22cm　4120円　Ⓝ911.2
〔13092〕
◇水無瀬三吟評釈　福井久蔵著　風間書房　1954　115p（附共）　19cm　Ⓝ911.2
〔13093〕
◇最上義光連歌集　第3集　最上義光ほか著　山形　山形市文化振興事業団最上義光歴史館　2004.3　87p　26cm（翻刻資料4）　Ⓝ911.2
〔13094〕
◇守武千句注　飯田正一編　古川書房　1977.8　334p　22cm　3500円　Ⓝ911.31
〔13095〕
◇連歌—蔦丸とその門下　1　村江蔦丸等作　若桜町（鳥取県）　村江正民　1977.3　178p　25cm　Ⓝ911.2
〔13096〕
◇連歌　1　島津忠夫編　大東急記念文庫, 汲古書院〔発売〕　2003.7　612, 30p　22×16cm　（大東急記念文庫善本叢刊 中古中世篇 第8巻）　19000円　Ⓘ4-7629-3467-4
〔13097〕
◇連歌概説　山田孝雄著　岩波書店　1980.6　295p　22cm　2500円　Ⓝ911.2
〔13098〕
◇連歌-研究と資料　浜千代清著　桜楓社　1988.2　548p　22cm　28000円　Ⓘ4-273-02208-7　Ⓝ911.2
〔13099〕
◇連歌研究の展開—連歌貴重文献集成記念論集　金子金治郎編　勉誠社　1985.8　824p　22cm　20000円　Ⓝ911.2
〔13100〕
◇連歌語彙の研究—論考及び千句連歌七種総索引　山内洋一郎著　大阪　和泉書院　1995.2　629p　22cm　（研究叢書163）　16480円　Ⓘ4-87088-709-6　Ⓝ911.2
〔13101〕
◇連歌古注釈集　金子金治郎編　角川書店　1979.2　712p　22cm　11000円　Ⓝ911.2
〔13102〕
◇連歌古注釈の研究　金子金治郎著　角川書店　1974　626p　図　22cm　7800円　Ⓝ911.2
〔13103〕
◇連歌索引—千句連歌八種の一句索引　矢島玄亮編　仙台　東北大学附属図書館　1966　224p　25cm　（参考資料 第71号）　Ⓝ911.2
〔13104〕
◇連歌索引稿　矢島玄亮編　限定版　仙台　明倫社　1965　37p　25cm　Ⓝ911.2
〔13105〕
◇連歌索引続稿　矢島玄亮編　限定版　仙台　東北大学付属図書館　1967　288p　25cm　（参考資料 第74号）　Ⓝ911.2
〔13106〕
◇連歌作品集—影印本　広木一人編　新典社　1993.4　127p　21cm　（影印本シリーズ）　1339円　Ⓘ4-7879-0425-6　Ⓝ911.2
〔13107〕
◇連歌史試論　廣木一人著　新典社　2004.10　524p　22cm　（新典社研究叢書162）　13500円　Ⓘ4-7879-4162-3　Ⓝ911.2
〔13108〕
◇連歌師禅高　禅高等著, 古川哲男編　村岡町（兵庫県）　村岡町歴史研究会　2004.7　152p　21cm　1500円　Ⓝ911.2
〔13109〕
◇連歌史の研究　島津忠夫著　角川書店　1969　331p　図版　22cm　2700円　Ⓝ911.2
〔13110〕
◇連歌史の諸相　岩下紀之著　汲古書院　1997.12　422, 41p　22cm　11000円　Ⓘ4-7629-3410-0　Ⓝ911.2
〔13111〕
◇連歌集　島津忠夫校注　新潮社　1979.12　398p　20cm　（新潮日本古典集成）　1800円　Ⓝ911.2
〔13112〕
◇連歌集　1　伊地知鉄男編　早稲田大学出版部　1992.12　422, 7p　22cm　（早稲田大学蔵資料影印叢書—国書篇 第35巻）　18000円　Ⓘ4-657-92020-0　Ⓝ911.2
〔13113〕
◇連歌集　2　伊地知鉄男編　早稲田大学出版部　1993.6　526, 14p　22cm　（早稲田大学蔵資料影印叢書—国書篇 第36巻）　18000円　Ⓘ4-657-93602-6　Ⓝ911.2
〔13114〕
◇連歌資料のコンピュータ処理の研究　国文学研究資料館編　明治書院　1985.3　614p　27cm　（国文学研究資料館共同研究報告3）　8500円　Ⓝ911.2
〔13115〕
◇連歌資料のコンピュータ処理の研究　国文学研究資料館編　明治書院　1985.5　614p　27cm　（国文学研究資料館共同研究報告3）　8500円　Ⓝ911.2
〔13116〕
◇連歌史論考　上　木藤才蔵著　明治書院　1971　493p　22cm　3800円　Ⓝ911.2
〔13117〕
◇連歌史論考　上　木藤才蔵著　増補改訂版　明治書院　1993.5　620p　22cm　15000円　Ⓘ4-625-41103-3　Ⓝ911.2
〔13118〕
◇連歌史論考　下　木藤才蔵著　明治書院　1973　1117p　22cm　4800円　Ⓝ911.2
〔13119〕
◇連歌史論考　下　木藤才蔵著　増補改訂版　明治書院　1993.5　p621〜1257　22cm　15000円　Ⓘ4-625-41104-1　Ⓝ911.2
〔13120〕
◇連歌総目録　連歌総目録編纂会編著　明治書院　1997.4　1813p　27cm　18000円+税　Ⓘ4-625-40072-4　Ⓝ911.2
〔13121〕
◇連歌総論　金子金治郎著　桜楓社　1987.9　449p　22cm　（金子金治郎連歌考叢5）　16000円　Ⓘ4-273-02153-6　Ⓝ911.2
〔13122〕
◇連歌とその周辺—金子金治郎博士還暦記念論文集　広島　広島中世文芸研究会　1967　455p　図版　19cm　（中世文芸叢書 別巻1）　非売　Ⓝ911.2
〔13123〕
◇連歌と中世文芸　金子金治郎博士古稀記念論集編集委員会編　角川書店　1977.2　453p　図　22cm　8600円　Ⓝ911.2
〔13124〕
◇連歌とは何か　綿抜豊昭著　講談社　2006.10　218p　19cm　（講談社選書メチエ）　1500円　Ⓘ4-06-258373-9　Ⓝ911.2
〔13125〕
◇連歌の研究　島津忠夫著　角川書店　1973　489p　図　22cm　4800円　Ⓝ911.2
〔13126〕
◇連歌の史的研究　福井久蔵著　有精堂出版　1969　715p　図版12枚　22cm　5500円　Ⓝ911.2
〔13127〕
◇連歌乃史的研究　前後編　福井久蔵著　成美堂書店　1930-1931　2冊　22cm　Ⓝ911.2
〔13128〕
◇連歌の新研究—論考編　勢田勝郭著　桜楓社　1992.2　544p　27cm　39000円　Ⓝ911.2
〔13129〕
◇連歌の新研究　索引編 七賢の部　勢田勝郭編　桜楓社　1993.2　1469p　27cm　120000円　Ⓘ4-273-02620-1　Ⓝ911.2
〔13130〕
◇連歌の新研究　索引編 宗祇の部　勢田勝郭編　桜楓社　1994.2　1304p　27cm　120000円　Ⓘ4-273-02756-9　Ⓝ911.2
〔13131〕
◇連歌の新研究　索引編 肖柏・宗長の部　勢田勝郭編　おうふう　1995.2　1482p　27cm　120000円　Ⓘ4-273-02820-4　Ⓝ911.2
〔13132〕
◇連歌の世界　伊地知鉄男著　吉川弘文館　1967　444p　図版　20cm　（日本歴史叢書15）　Ⓝ911.2〔13133〕
◇連歌の世界　伊地知鉄男著　吉川弘文館　1995.9　444, 9p　20cm　（日本歴史叢書 新装版）　3296円　Ⓘ4-642-06621-7　Ⓝ911.2
〔13134〕

◇連歌の本　鶴見大学図書館編　横浜　鶴見大学図書館　1996.12　40p　21cm　(特定テーマ別蔵書目録集成9)　①4-924874-13-2　Ⓝ911.3　〔13135〕
◇連歌の道　福井久蔵著　国書刊行会　1981.2　267p　22cm　(福井久蔵著作選集)　4000円　Ⓝ911.2　〔13136〕
◇連歌俳諧集　島津忠夫,重松裕巳校訂　限定版　福岡　西日本国語国文学会翻刻双書刊行会　1965　102p　図版　19cm　(西日本国語国文学会翻刻双書)　Ⓝ911.2　〔13137〕
◇連歌俳諧てには論抄　山本唯一,北村朋典共編　大垣　正安書院　1986.3　316p　22cm　Ⓝ911.2　〔13138〕
◇連歌俳諧ところどころ　今井文男著　犬山　竜二山房　1966　175p　21cm　Ⓝ911.2　〔13139〕
◇連歌文學の研究　福井久蔵著　喜久屋書店　1952　507p　19cm　Ⓝ911.2　〔13140〕
◇連歌寄合集と研究　上　木藤才蔵,重松裕巳編著　豊橋　未刊国文資料刊行会　1978.6　316p　19cm　(未刊国文資料　第4期　第8冊)　Ⓝ911.2　〔13141〕
◇連歌寄合集と研究　下　木藤才蔵,重松裕巳編著　豊橋　未刊国文資料刊行会　1979.8　250p　19cm　(未刊国文資料　第4期　第9冊)　Ⓝ911.2　〔13142〕
◇連句の世界　佐藤勝明ほか編　新典社　1997.4　126p　21cm　1300円　①4-7879-0618-6　Ⓝ911.2　〔13143〕
◇和語と漢語のあいだ—宗祇畳字百韻会読　尾崎雄二郎ほか著　筑摩書房　1985.6　294p　20cm　2900円　Ⓝ911.2　〔13144〕

◆◆菟玖波集
◇校本菟玖波集新釈　二条良基撰,福井久蔵著　国書刊行会　1981.2　2冊　22cm　(福井久蔵著作選集)　全13500円　Ⓝ911.2　〔13145〕
◇菟玖波集　二条良基,救済共撰,福井久蔵校註　朝日新聞社　1948　271p　図版　19cm　(日本古典全書)　Ⓝ911.2　〔13146〕
◇菟玖波集　上　二條良基,救済法師共編,福井久藏校註　朝日新聞社　1948　270p　図版　19cm　(日本古典全書)　Ⓝ911.2　〔13147〕
◇菟玖波集　上下　二条良基,救済法師共編,福井久蔵校註　朝日新聞社　1951-52　2冊　図版　19cm　(日本古典全書)　Ⓝ911.2　〔13148〕
◇菟玖波集総索引　山根清隆編　風間書房　1983.5　277p　22cm　7000円　①4-7599-0586-3　Ⓝ911.2　〔13149〕
◇菟玖波集の研究　金子金治郎著　風間書房　1965　939p　図版　22cm　Ⓝ911.2　〔13150〕

◆◆犬筑波集
◇犬つくば集　山崎宗鑑編,鈴木棠三校注　角川書店　1965　316p　15cm　(角川文庫)　Ⓝ911.31　〔13151〕
◇犬筑波集—研究と諸本　福井久蔵著　国書刊行会　1981.2　500p　22cm　(福井久蔵著作選集)　7300円　Ⓝ911.31　〔13152〕
◇後撰犬筑波集と研究—私家版　阿部倬也編著　可児　阿部倬也　1999.12　203,13p　21cm　非売品　Ⓝ911.31　〔13153〕

◆◆新撰菟玖波集
◇新撰菟玖波集自立語索引　山根清隆編　広島　広島中世文芸研究会(広島大学文学部国文研究室内)　1970　242p　19cm　(中世文芸叢書　別巻2)　非売　Ⓝ911.2　〔13154〕
◇新撰菟玖波集全釈　第1巻　奥田勲ほか編　三弥井書店　1999.5　324p　22cm　8500円　①4-8382-3069-9　Ⓝ911.2　〔13155〕
◇新撰菟玖波集全釈　第2巻　奥田勲ほか編　三弥井書店　2000.3　287p　22cm　8500円　①4-8382-3070-2　Ⓝ911.2　〔13156〕
◇新撰菟玖波集全釈　第3巻　奥田勲ほか編　三弥井書店　2001.3　307p　22cm　8500円　①4-8382-3071-0　Ⓝ911.2　〔13157〕
◇新撰菟玖波集全釈　第4巻　奥田勲ほか編　三弥井書店　2002.3　301p　22cm　8500円　①4-8382-3072-9　Ⓝ911.2　〔13158〕
◇新撰菟玖波集全釈　第5巻　奥田勲ほか編　三弥井書店　2003.11　355p　22cm　8500円　①4-8382-3073-7　Ⓝ911.2　〔13159〕
◇新撰菟玖波集全釈　第6巻　奥田勲,岸田依子,廣木一人,宮脇真彦編　三弥井書店　2005.1　231p　22cm　8500円　①4-8382-3074-5　Ⓝ911.2　〔13160〕
◇新撰菟玖波集全釈　第7巻　奥田勲,岸田依子,廣木一人,宮脇真彦編　三弥井書店　2006.2　355p　22cm　8500円　①4-8382-3075-3　Ⓝ911.2　〔13161〕
◇新撰菟玖波集全釈　第8巻　奥田勲,岸田依子,廣木一人,宮脇真彦編　三弥井書店　2007.2　271p　22cm　8500円　①978-4-8382-3076-1　Ⓝ911.2　〔13162〕
◇新撰菟玖波集総索引　山根清隆編　大阪　和泉書院　1991.5　231p　22cm　(索引叢書25)　8240円　①4-87088-476-3　Ⓝ911.2　〔13163〕
◇新撰菟玖波集の研究　金子金治郎著　風間書房　1969　892p　図版　22cm　8200円　Ⓝ911.2　〔13164〕

◆◆連歌論
◇鎌倉末期連歌学書　金子金治郎,山内洋一郎編　限定版　広島　広島中世文芸研究会　1965　253p(図版共)　19cm　(中世文芸叢書4)　Ⓝ911.2　〔13165〕
◇さゝめごと—校註　研究と解説　木藤才蔵著　六三書院　1952　328,21p　22cm　Ⓝ911.2　〔13166〕
◇さゝめごとの研究　木藤才蔵著　京都　臨川書店　1990.9　443,21p　22cm　8700円　①4-653-02165-1　Ⓝ911.2　〔13167〕
◇無言抄　岡山大学池田家文庫等刊行会編　岡山　福武書店　1984.7　210p　22cm　(岡山大学国文学資料叢書6-1)　4500円　①4-8288-2601-7　Ⓝ911.2　〔13168〕
◇藻塩草　索引篇　大阪俳文学研究会編　大阪　和泉書院　1983.2　813p　22cm　30000円　①4-900137-71-5　Ⓝ911.107　〔13169〕
◇良基連歌論集　〔第1〕　連歌新式,連歌初学抄,僻連抄,連理秘抄,僻連秘抄,千金莫伝中「連歌新式目」　二条良基著,岡見正雄校　古典文庫　1952-55　17cm　(古典文庫)　Ⓝ911.2　〔13170〕
◇良基連歌論集　第2　撃蒙抄〔ほか〕　二条良基著,岡見正雄校　貞治五年本　古典文庫　1952-55　17cm　(古典文庫)　Ⓝ911.2　〔13171〕

◇連歌論集 1 連珠合璧集 木藤才蔵,重松裕巳校注 三弥井書店 1972 291p 図 22cm （中世の文学） 1900円 Ⓝ911.2 〔13172〕
◇連歌論集 2 木藤才蔵校注 三弥井書店 1982.11 540p 22cm （中世の文学） 8500円 Ⓝ911.2 〔13173〕
◇連歌論集 3 木藤才蔵校注 三弥井書店 1985.7 414p 22cm （中世の文学） 6800円 Ⓘ4-8382-1012-4 Ⓝ911.2 〔13174〕
◇連歌論集 4 木藤才蔵校注 三弥井書店 1990.4 432p 22cm （中世の文学） 7800円 Ⓘ4-8382-1015-9 Ⓝ911.2 〔13175〕
◇連歌論集 上下 伊地知鉄男編 岩波書店 1953-56 2冊 図版 15cm （岩波文庫） Ⓝ911.2 〔13176〕
◇連歌論集 能楽論集 俳論集 伊地知鐵男,表章,栗山理一校注・訳 小学館 1973.7（第17版:1992.10） 629p 図版12p 23cm （日本古典文学全集 51） Ⓘ4-09-657051-6 Ⓝ911.201 〔13177〕
◇連歌論新集 〔第1〕 一紙品定〔ほか〕（底本は小西甚一蔵本） 伊地知鐵男編校および解説 古典文庫 1956 268p 17cm （古典文庫） Ⓝ911.2 〔13178〕
◇連歌論新集 第2 筑波問答〔ほか〕 伊地知鐵男編校および解説 二条良基 古典文庫 1960 230p 17cm （古典文庫 第156冊） Ⓝ911.2 〔13179〕
◇連歌論新集 第2 花能万賀喜〔ほか〕 伊地知鉄男編および校 宗砌 古典文庫 1963 233p 17cm （古典文庫 第191冊） Ⓝ911.2 〔13180〕
◇連歌論の研究 寺島樵一著 大阪 和泉書院 1996.2 318p 22cm （研究叢書 182） 10300円 Ⓘ4-87088-791-6 Ⓝ911.2 〔13181〕

◆狂歌
◇一休狂歌譚 魁竜玉（阪田玉助）著 大阪 梅原忠蔵 1894 2冊（前61, 後篇124p） 19cm Ⓝ911.1 〔13182〕
◇一休狂歌問答―絵入 昭和新版 京都 藤井文政堂 1938 24丁 13cm Ⓝ911.1 〔13183〕
◇一休蜷川狂歌問答 嵯峨野増太郎編 日月堂 1886.1 28丁 13cm Ⓝ911.1 〔13184〕
◇一休蜷川狂歌問答 嵯峨野彦太郎 1886.10 46p 13cm Ⓝ911.1 〔13185〕
◇一休蜷川狂歌問答 初編 木村文造編 木村文三郎 1883.12 28丁 13cm Ⓝ911.1 〔13186〕
◇一休蜷川狂歌両問答 樺井達之輔 京都 須磨勘兵衛 1887.4 30丁 12cm Ⓝ911.1 〔13187〕
◇一休蜷川狂歌両問答 樺井達之輔 京都 遠藤平左衛門 1887.5 30丁 13cm Ⓝ911.1 〔13188〕

◆歌謡
◇伊波普猷全集 第6巻 服部四郎ほか編 平凡社 1993.6 683p 22cm Ⓘ4-582-44500-4 Ⓝ219.5 〔13189〕
◇今様の時代―変容する宮廷芸能 沖本幸子著 東京大学出版会 2006.2 311, 6p 21cm 7600円 Ⓘ4-13-086035-6 〔13190〕
◇影印田植草紙 広島女子大学国語国文学研究室編 広島 渓水社 1978.3 111p 19cm （国語国文学資料集 3） 1500円 Ⓝ911.6 〔13191〕
◇宴曲 上 朝日新聞社 1996.8 650, 46p 22cm （冷泉家時雨亭叢書 第44巻） 29000円 Ⓘ4-02-240344-6 Ⓝ911.64 〔13192〕
◇宴曲 下 朝日新聞社 1997.6 720, 51p 22cm （冷泉家時雨亭叢書 第45巻） 29000円 Ⓘ4-02-240345-4 Ⓝ911.64 〔13193〕
◇くつわの音がざざめいて―語りの文芸考 山本吉左右著 平凡社 1988.8 236p 20cm （平凡社選書 122） 1800円 Ⓘ4-582-84122-8 Ⓝ911.64 〔13194〕
◇早歌全詞集 外村久江, 外村南都子校注 三弥井書店 1993.4 360p 22cm （中世の文学） 7300円 Ⓘ4-8382-1018-3 Ⓝ911.64 〔13195〕
◇早歌の心情と表現―中世を開拓する歌謡 外村南都子著 三弥井書店 2005.6 591p 22cm 15000円 Ⓘ4-8382-3125-3 Ⓝ911.64 〔13196〕
◇早歌の創造と展開 外村南都子著 明治書院 1987.2 574p 22cm 9800円 Ⓝ911.64 〔13197〕
◇続日本歌謡集成 巻2 中世編 志田延義編 東京堂出版部 1961 410p 図版 22cm Ⓝ911.608 〔13198〕
◇続日本歌謡集成 巻2 中世編 志田延義編 3版 東京堂出版 1989.3 410p 22cm Ⓝ911.6 〔13199〕
◇中古歌謡宴曲全集 吉田東伍編 早稲田大学出版部 1917 348, 76p 22cm Ⓝ912 〔13200〕
◇中世語り物文芸―その系譜と展開 福田晃著 三弥井書店 1981.5 350p 19cm （三弥井選書 8） 2000円 Ⓝ913.4 〔13201〕
◇中世歌謡 浅野建二著 塙書房 1964 342p 図版 19cm （塙選書） Ⓝ911.6 〔13202〕
◇中世歌謡集 浅野建二編・校註 朝日新聞社 1951 312p 図版 20cm （日本古典全書） Ⓝ911.6 〔13203〕
◇中世歌謡集 浅野建二校註 新訂 朝日新聞社 1973 345p 19cm （日本古典全書） 820円 Ⓝ911.6 〔13204〕
◇中世歌謡資料集 人間文化研究機構国文学研究資料館編 汲古書院 2005.3 484p 27cm （国文学研究資料館影印叢書 第3巻） 15000円 Ⓘ4-7629-3367-8 Ⓝ911.64 〔13205〕
◇中世歌謡の研究 吾郷寅之進著 風間書房 1971 710p 22cm 7400円 Ⓝ911.6 〔13206〕
◇中世歌謡の史的研究―室町小歌の時代 井出幸男著 三弥井書店 1995.1 466p 22cm 12000円 Ⓘ4-8382-3038-9 Ⓝ911.64 〔13207〕
◇中世歌謡の世界 乾克己著 近代文芸社 1992.1 257p 20cm 2000円 Ⓘ4-7733-1082-0 Ⓝ911.64 〔13208〕
◇中世歌謡の文学的研究 小野恭靖著 笠間書院 1996.2 595p 22cm （笠間叢書 292） 15000円 Ⓘ4-305-10292-7 Ⓝ911.64 〔13209〕
◇中世劇文学の研究―能と幸若舞曲 小林健二著 三弥井書店 2001.2 690, 24p 22cm 15000円 Ⓘ4-8382-3084-2 Ⓝ912.3 〔13210〕
◇中世小歌愛の諸相―『宗安小歌集』を読む 植木朝子著 森話社 2004.3 347p 22cm 6500円 Ⓘ4-916087-41-0 Ⓝ911.64 〔13211〕
◇中世仏教歌謡集 新間進一, 武石彰夫編 古典文庫 1969 2冊 17cm （古典文庫 第269,280冊） Ⓝ911.6 〔13212〕
◇日本歌謡集成 巻5 近古編 高野辰之編 改訂版 東京堂出版部 1960 509p 図版 22cm Ⓝ911.608 〔13213〕

◇日本歌謡集成　巻5　近古編　〔2〕　高野辰之編　改訂版　東京堂出版　1979.10　509p　22cm　5500円　Ⓝ911.6
〔13214〕
◇日本歌謡の研究―『閑吟集』以後　真鍋昌弘著　桜楓社　1992.6　274p　22cm　12000円　Ⓘ4-273-02587-6　Ⓝ911.6
〔13215〕
◇走る女―歌謡の中世から　馬場光子著　筑摩書房　1992.2　306p　22cm　3800円　Ⓘ4-480-82294-1　Ⓝ911.64
〔13216〕
◇「はんや舞」の研究―筑後星野風流　国武久義著　福岡葦書房　1988.1　268p　19cm　2300円　Ⓝ911.64
〔13217〕
◇漂泊の物語　広末保著　平凡社　1988.7　244p　21cm　2800円　Ⓘ4-582-33304-4　Ⓝ911.64
〔13218〕
◇室町時代小歌集　笹野堅編　万葉閣　1931　173, 15p　22cm　Ⓝ911.6
〔13219〕
◇琉球の歴史と文化―『おもろさうし』の世界　波照間永吉編　角川グループパブリッシング（発売）　2007.11　269p　19cm　（角川選書 412）　1600円　Ⓘ978-4-04-703412-9　Ⓝ388.9199
〔13220〕
◇梁塵秘抄にみる中世の黎明　渡邊昭五著　岩田書院　2004.10　289p　19cm　3400円　Ⓘ4-87294-336-8　Ⓝ911.63
〔13221〕
◇和讃―仏教のポエジー　武石彰夫著　京都　法蔵館　1986.11　225p　20cm　（法蔵選書 39）　1800円　Ⓘ4-8318-1039-8　Ⓝ911.64
〔13222〕
◇和讃史概説　多屋頼俊著　京都　法蔵館　1992.3　338p　22cm　（多屋頼俊著作集 第1巻）　7000円　Ⓘ4-8318-3721-0　Ⓝ911.64
〔13223〕
◇和讃の研究　多屋頼俊著　京都　法蔵館　1992.1　422p　22cm　（多屋頼俊著作集 第2巻）　12000円　Ⓘ4-8318-3722-9　Ⓝ911.64
〔13224〕
◇和讃文学史稿　資料編　潟岡孝昭著　京都　啓文社　1994.12　186p　21cm　2678円　Ⓘ4-7729-1493-5　Ⓝ911.64
〔13225〕

◆◆閑吟集
◇閑吟集―校註　藤田徳太郎校註　岩波書店　1932　118p　16cm　（岩波文庫 778）　Ⓝ911.6
〔13226〕
◇閑吟集―孤心と恋愛の歌謡　秦恒平著　日本放送出版協会　1982.11　254p　19cm　（NHKブックス 425）　750円　Ⓘ4-14-001425-3　Ⓝ911.64
〔13227〕
◇閑吟集を読む　馬場あき子著　弥生書房　1996.3　189p　20cm　2000円　Ⓘ4-8415-0709-4　Ⓝ911.64
〔13228〕
◇閑吟集歌句索引　武石彰夫編　川越　1962序　36p　25cm　Ⓝ911.6
〔13229〕
◇閑吟集歌句総索引　山崎賢三著　若杉研究所　1966　106p　25cm　（若杉研究叢書 1）　Ⓝ911.6
〔13230〕
◇閑吟集研究大成　浅野建二著　明治書院　1968　902p　図版　22cm　Ⓝ911.6
〔13231〕
◇閑吟集・宗安小歌集　北川忠彦校注　新潮社　1982.9　297p　20cm　（新潮日本古典集成）　1700円　Ⓝ911.64
〔13232〕
◇閑吟集総索引　高梨敏子, 津藤千鶴子, 耳塚紀久代共編　武蔵野書院　1969　150p　22cm　1000円　Ⓝ911.6
〔13233〕
◇閑吟集定本の基礎的研究　中哲裕著　新典社　1997.10　302p　22cm　（新典社研究叢書 112）　9000円　Ⓘ4-7879-4112-7　Ⓝ911.64
〔13234〕
◇『閑吟集』に遊ぶ　佳爐庵冬扇述, 吉田陶泉編　〔吉田陶泉〕　2001印刷　96p　21cm　Ⓝ911.64　〔13235〕
◇閑吟集は唄う―小唄や民謡の源　谷戸貞彦著　松江　大元出版　2002.8　200p　21cm　2300円　Ⓘ4-901596-00-4　Ⓝ911.64
〔13236〕
◇新訂閑吟集　浅野建二校注　岩波書店　1989.10　268p　15cm　（岩波文庫）　460円　Ⓘ4-00-301281-X　Ⓝ911.64
〔13237〕
◇新訂閑吟集　浅野建二校注　岩波書店　1991.6　268p　19cm　（ワイド版岩波文庫）　900円　Ⓘ4-00-007051-7　Ⓝ911.64
〔13238〕
◇中世の歌謡―『閑吟集』の世界　真鍋昌弘著　翰林書房　1999.9　191p　20cm　2400円　Ⓘ4-87737-079-X　Ⓝ911.64
〔13239〕

◆物語文学
◇秋の夜長物語　〔出版地不明〕　〔出版者不明〕　元和年間頃　29丁　28cm　Ⓝ913.4
〔13240〕
◇梅原猛著作集　20　小説集　梅原猛　小学館　2002.8　790p　20cm　4800円　Ⓘ4-09-677120-1　Ⓝ081.6
〔13241〕
◇おぢ君の愚痴　山崎剛嗣著　サークル　1996.4　175p　19cm　2000円　Ⓝ913.4
〔13242〕
◇風に紅葉―依拠物語・本文・総索引　関恒延著　教育出版　1999.1　336p　22cm　7000円　Ⓘ4-89659-818-0　Ⓝ913.41
〔13243〕
◇語り物文芸の発生　角川源義著　東京堂出版　1975　623p　22cm　4800円　Ⓝ913.4
〔13244〕
◇鎌倉時代物語集成　第1巻　市古貞次, 三角洋一編　笠間書院　1988.9　449p　22cm　11500円　Ⓝ913.41
〔13245〕
◇鎌倉時代物語集成　第2巻　市古貞次, 三角洋一編　笠間書院　1989.7　509p　22cm　13390円　Ⓝ913.41
〔13246〕
◇鎌倉時代物語集成　第3巻　市古貞次, 三角洋一編　笠間書院　1990.5　466p　22cm　12875円　Ⓝ913.41
〔13247〕
◇鎌倉時代物語集成　第4巻　市古貞次, 三角洋一編　笠間書院　1991.4　509p　22cm　13390円　Ⓝ913.41
〔13248〕
◇鎌倉時代物語集成　第5巻　市古貞次, 三角洋一編　笠間書院　1992.4　454p　22cm　13390円　Ⓝ913.41
〔13249〕
◇鎌倉時代物語集成　第6巻　市古貞次, 三角洋一編　笠間書院　1993.5　558p　22cm　14500円　Ⓘ4-305-60006-4　Ⓝ913.41
〔13250〕
◇鎌倉時代物語集成　第7巻　市古貞次, 三角洋一編　笠間書院　1994.9　345p　22cm　10000円　Ⓘ4-305-60007-2　Ⓝ913.41
〔13251〕
◇鎌倉時代物語集成　別巻　市古貞次, 三角洋一編　笠間書院　2001.11　554p　22cm　12500円　Ⓘ4-305-60008-0　Ⓝ913.41
〔13252〕
◇鎌倉時代物語の研究　小木喬著　有精堂出版　1984.6　412p　22cm　13000円　Ⓘ4-640-30567-2　Ⓝ913.41
〔13253〕
◇近古小説解題　平出鏗二郎著, 藤岡作太郎補　名著刊行会　1974　473p　22cm　7000円　Ⓝ913.4
〔13254〕
◇近古小説解題　平出鏗二郎著　東出版　1997.2　473p　22cm　（辞典叢書 20）　9000円＋税　Ⓘ4-87036-036-5　Ⓝ913.4
〔13255〕

◇近古小説新纂　島津久基編著　有精堂出版　1983.10　14, 698p　23cm　18000円　Ⓘ4-640-30561-3　Ⓝ913.4　〔13256〕
◇国文学研究叢書　8　古典文学篇　札幌　北海道教育大学札幌校国文学第二研究室　1995.3　80p　26cm　Ⓝ910.4　〔13257〕
◇雑々集　吉田幸一編　古典文庫　1971　172, 148p　17cm　(古典文庫 第288冊)　非売　Ⓝ913.4　〔13258〕
◇雑談鈔　簗瀬一雄編　大府町(愛知県)　簗瀬一雄　1963　32p　22cm　(碧冲洞叢書 第41輯)　Ⓝ913.4　〔13259〕
◇体系物語文学史　第4巻　物語文学の系譜　2　鎌倉物語　1　三谷栄一編　有精堂出版　1989.1　373p　22cm　9800円　Ⓘ4-640-30453-6　Ⓝ913　〔13260〕
◇体系物語文学史　第5巻　物語文学の系譜　3　鎌倉物語　2　三谷栄一編　有精堂出版　1991.7　509p　22cm　15000円　Ⓘ4-640-30454-4, 4-640-32524-X　Ⓝ913　〔13261〕
◇中古文学選　物語編　増淵恒吉, 三谷栄一, 秋山虔編　有精堂出版　1968.9　130p　22cm　(新集日本文学叢刊)　Ⓝ913　〔13262〕
◇中世小説　市古貞次　2版　至文堂　1952　244p　19cm　(日本文學教養講座 第7巻)　Ⓝ913.4　〔13263〕
◇中世小説とその周辺　市古貞次著　東京大学出版会　1981.11　321p　22cm　4000円　Ⓝ913.4　〔13264〕
◇中世小説の研究　市古貞次著　東京大学出版会　1955　498p(附共)　表　22cm　Ⓝ913.4　〔13265〕
◇中世小説の世界　西沢正二著　三弥井書店　1982.10　240p　19cm　(三弥井選書 11)　1700円　Ⓝ913.4　〔13266〕
◇中世物語の基礎的研究―資料と史的考察　桑原博史著　風間書房　1969　554p　図版　22cm　4400円　Ⓝ913.4　〔13267〕
◇中世物語の基礎的研究―資料と史的考察　桑原博史著　風間書房　1980.9　554p　22cm　6500円　Ⓝ913.4　〔13268〕
◇はつしぐれ　白田甚五郎校　古典文庫　1967　152, 137p　17cm　(古典文庫 第236冊)　Ⓝ913.41　〔13269〕
◇藤の衣物語絵巻(遊女物語絵巻)―影印・翻刻・研究　伊東祐子著　笠間書院　1996.7　457p　22cm　(笠間叢書 296)　16000円　Ⓘ4-305-10296-X　Ⓝ913.41　〔13270〕
◇古巣物語　簗瀬一雄編　大府町(愛知県)　1961　9p　22cm　(碧冲洞叢書 第6輯)　Ⓝ913.4　〔13271〕
◇松平文庫影印叢書　第6巻　中世物語編　松平黎明会編　新典社　1993.6　524p　22cm　16500円　Ⓘ4-7879-2012-X　Ⓝ918　〔13272〕
◇昔物語治聞集―7巻　〔出版地不明〕　川嶌平兵衛, 八尾清兵衛　1684　8冊　25cm　Ⓝ913.41　〔13273〕
◇室町期物語の近世的展開―御伽草子・仮名草子論考　藤掛和美著　大阪　和泉書院　1987.11　288p　20cm　(和泉選書 34)　3000円　Ⓘ4-87088-265-5　Ⓝ913.49　〔13274〕
◇室町時代小説論　野村八良著　クレス出版　1999.9　545p　22cm　(物語文学研究叢書 第26巻)　Ⓘ4-87733-067-4　Ⓝ913.4　〔13275〕
◇物語・説話研究　簗瀬一雄著　加藤中道館　1984.5　269p　23cm　(簗瀬一雄著作集 7)　9000円　Ⓝ913.4　〔13276〕
◇物語の中世―神話・説話・民話の歴史学　保立道久著　東京大学出版会　1998.11　345, 4p　22cm　5600円　Ⓘ4-13-020119-0　Ⓝ913　〔13277〕
◇物語の変貌　三角洋一著　若草書房　1996.2　374p　22cm　(中世文学研究叢書 1)　7500円　Ⓘ4-948755-02-8　Ⓝ913.41　〔13278〕
◇世捨て奇譚―発心往生論　馬場あき子著　角川書店　1979.2　252p　19cm　(角川選書 98)　760円　Ⓝ913.4　〔13279〕

◆◆中世王朝物語
◇あさぢが露の研究　大槻脩著　桜楓社　1974　524p　22cm　18000円　Ⓝ913.38　〔13280〕
◇『恋路ゆかしき大将』の話型論的研究　島内景二著　調布　電気通信大学文学研究室　1992.6　109p　26cm　(電気通信大学文学研究室報告書 1)　Ⓝ913.41　〔13281〕
◇恋路ゆかしき大将, 山路の露　宮田光, 稲賀敬二校訂・訳　笠間書院　2004.6　354p　21cm　(中世王朝物語全集 8)　4700円　Ⓘ4-305-40088-X　〔13282〕
◇中世王朝物語・御伽草子事典　神田龍身, 西沢正史編　勉誠出版　2002.5　989p　23cm　25000円　Ⓘ4-585-06038-3　Ⓝ913.41　〔13283〕
◇中世王朝物語を学ぶ人のために　大槻修, 神野藤昭夫編　京都　世界思想社　1997.9　338p　19cm　2600円　Ⓘ4-7907-0669-9　Ⓝ913.41　〔13284〕
◇中世王朝物語『白露』詳注　中島正二, 田村俊介著　笠間書院　2006.1　233, 43p　22cm　(笠間叢書 361)　8500円　Ⓘ4-305-10361-3　Ⓝ913.41　〔13285〕
◇中世王朝物語史論　上巻　辛島正雄著　笠間書院　2001.5　357p　22cm　8000円　Ⓘ4-305-70225-8　Ⓝ913.41　〔13286〕
◇中世王朝物語史論　下巻　辛島正雄著　笠間書院　2001.9　401p　22cm　8800円　Ⓘ4-305-70226-6　Ⓝ913.41　〔13287〕
◇中世王朝物語全集　1　あきぎり　浅茅が露　福田百合子校訂・訳註, 鈴木一雄, 伊藤博, 石埜敬子校訂・訳註　笠間書院　1999.10　322p　22cm　4600円　Ⓘ4-305-40081-2　Ⓝ913.41　〔13288〕
◇中世王朝物語全集　6　木幡の時雨　風につれなき　大槻修, 田渕福子, 森下純昭校訂・訳注　笠間書院　1997.6　226p　22cm　4000円　Ⓘ4-305-40086-3　Ⓝ913.41　〔13289〕
◇中世王朝物語全集　7　苔の衣　市古貞次ほか編　今井源衛校訂・訳注　笠間書院　1996.12　331p　22cm　4800円　Ⓘ4-305-40087-1　Ⓝ913.41　〔13290〕
◇中世王朝物語全集　8　恋路ゆかしき大将　山路の露　市古貞次ほか編　宮田光校訂・訳注, 稲賀敬二校訂・訳注　笠間書院　2004.6　354p　22cm　4700円　Ⓘ4-305-40088-X　Ⓝ913.41　〔13291〕
◇中世王朝物語全集　11　雫ににごる　住吉物語　市古貞次ほか編　室城秀之, 桑原博史校訂・訳注　笠間書院　1995.10　188p　22cm　3700円　Ⓘ4-305-40091-X　Ⓝ913.41　〔13292〕
◇中世王朝物語全集　12　とりかへばや　友久武文, 西本寮子校訂・訳注　笠間書院　1998.6　368p　22cm　4900円　Ⓘ4-305-40092-8　Ⓝ913.41　〔13293〕
◇中世王朝物語全集　15　風に紅葉　むぐら　市古貞次ほか編　中西健治校訂・訳註, 常磐井和子校訂・訳註　笠間書院　2001.4　236p　22cm　4000円　Ⓘ4-305-40095-2　Ⓝ913.41　〔13294〕

◇中世王朝物語全集 月報—第〔1〕-5号　笠間書院　1997.6-1999.10　1冊　19cm　Ⓝ913.41　〔13295〕
◇中世王朝物語の研究　大槻修著　京都　世界思想社　1993.8　510p　22cm　12000円　Ⓘ4-7907-0466-1　Ⓝ913.41　〔13296〕
◇中世王朝物語の新研究—物語の変容を考える　辛島正雄, 妹尾好信編　新典社　2007.10　440p　22cm　12800円　Ⓘ978-4-7879-2717-0　Ⓝ913.41　〔13297〕
◇中世王朝物語の表現　田淵福子著　京都　世界思想社　1999.3　338p　22cm　7600円　Ⓘ4-7907-0744-X　Ⓝ913.41　〔13298〕
◇兵部卿物語—校本・影印篇　高橋正治編　東京美術　1984.4　223p　19cm　3000円　Ⓘ4-8087-0211-8　Ⓝ913.41　〔13299〕
◇堀川中納言物語—奈良絵本 金刀比羅宮図書館蔵　異本住吉物語—多和文庫蔵　住吉物語—奈良絵本 架蔵　松原一義編, 松原一義編, 松原一義編　〔鳴門〕　阿讃伊土影印叢書刊行会　1999.9　434p　26cm　（阿讃伊土影印叢書 1）　Ⓝ913.41　〔13300〕
◇松陰中納言物語　朝倉治彦, 吉田幸一共校　古典文庫　1952.5　218p　16cm　（古典文庫）　非売品　Ⓝ913.41　〔13301〕
◇松陰中納言物語　大橋千代子校　古典文庫　1971　3冊　17cm　（古典文庫 第284,287,289冊）　Ⓝ913.41　〔13302〕
◇むぐら—二巻本　常磐井和子編　笠間書院　1984.11　136, 12p　27cm　4500円　Ⓝ913.39　〔13303〕
◇やへむぐら　今井源衛編　古典文庫　1961　224p 図版　17cm　（古典文庫 第173冊）　Ⓝ913.48　〔13304〕
◇山路の露—源氏物語外篇 本文と総索引　山内洋一郎編　笠間書院　1996.10　167p　22cm　（笠間索引叢刊 113）　5800円　Ⓘ4-305-20113-5　Ⓝ913.41　〔13305〕

◆◆◆有明の別
◇有明けの別れ—ある男装の姫君の物語　大槻修訳・注　創英社　1979.3　528p　19cm　（全対訳日本古典新書）　Ⓝ913.38　〔13306〕
◇在明の別の研究　大槻脩著　桜楓社　1969　623p 図　22cm　9800円　Ⓝ913.38　〔13307〕

◆◆◆あまのかるも
◇中世王朝物語全集 2　海人の刈藻　市古貞次ほか編　妹尾好信校訂・訳注　笠間書院　1995.5　233p　22cm　3800円　Ⓘ4-305-40082-0　Ⓝ913.41　〔13308〕
◇海人刈藻—校註　宮田和一郎著　丹波市町（奈良県）　養徳社　1948　212p　18cm　Ⓝ913.48　〔13309〕

◆◆◆住吉物語
◇広本 住吉物語集　友久武文編　広島　広島中世文芸研究会　1967　260p　18cm　（中世文芸叢書 11）　Ⓝ913.41　〔13310〕
◇再訂住吉物語　簗瀬一雄編　大府町（愛知県）　1964　79p　21cm　（碧冲洞叢書 第50輯）　Ⓝ913.41　〔13311〕
◇真銅本「住吉物語」の研究　小林健二ほか著　笠間書院　1996.2　553p　22cm　（笠間叢書 289）　18000円　Ⓘ4-305-10289-7　Ⓝ913.41　〔13312〕
◇住吉物語　高橋貞一編　勉誠社　1984.3　256p　19cm　（文芸文庫）　1200円　Ⓝ913.41　〔13313〕
◇住吉物語　板垣直樹ほか編　桜楓社　1986.1　99p　21cm　1600円　Ⓘ4-273-02054-8　Ⓝ913.41　〔13314〕
◇住吉物語　武山隆昭校注　有精堂出版　1987.1　182p　19cm　（有精堂校注叢書）　2000円　Ⓘ4-640-30475-7　Ⓝ913.41　〔13315〕
◇住吉物語　吉海直人編著　大阪　和泉書院　1998.11　167p　21cm　1700円　Ⓘ4-87088-949-8　Ⓝ913.41　〔13316〕
◇住吉物語（契沖本）校本と文節索引　武山隆昭編　名古屋　椙山女学園大学文学部国文学科共同研究室　1995.9　202p　26cm　Ⓝ913.41　〔13317〕
◇住吉物語集とその研究　桑原博史編著　豊橋　未刊国文資料刊行会　1964　208p　19cm　（未刊国文資料 第3期第3冊）　Ⓝ913.41　〔13318〕
◇住吉物語詳解　浅井峯治著　有精堂出版　1988.8　221p　20cm　2800円　Ⓘ4-640-30591-5　Ⓝ913.41　〔13319〕
◇住吉物語通釈 注解新訳住吉物語　笛崎博道著, 藤井乙男, 有川武彦著　クレス出版　1999.4　1冊　22cm　（物語文学研究叢書 第10巻）　Ⓘ4-87733-066-6　Ⓝ913.41　〔13320〕
◇住吉物語の基礎的研究　武山隆昭著　勉誠社　1997.2　434, 408, 6p　22cm　23690円　Ⓘ4-585-10016-4　Ⓝ913.41　〔13321〕
◇中世物語研究—住吉物語論考　桑原博史著　二玄社　1967　391p 図版16枚　27cm　Ⓝ913.41　〔13322〕
◇奈良絵本絵巻集 2　住吉物語　中野幸一編　早稲田大学出版部　1987.12　324, 6p　29cm　12000円　Ⓘ4-657-87020-3　Ⓝ913.3　〔13323〕
◇尾州徳川家本住吉物語とその研究　礒部貞子著　笠間書院　1975　207p 図　22cm　（笠間叢書 49）　4000円　Ⓝ913.41　〔13324〕

◆◆◆松浦宮物語
◇松浦宮全注釈　萩谷朴著　若草書房　1997.3　363p　22cm　12360円　Ⓘ4-948755-13-3　Ⓝ913.41　〔13325〕
◇松浦宮物語　萩谷朴訳注　角川書店　1970　336p　15cm　（角川文庫）　Ⓝ913.41　〔13326〕
◇松浦宮物語　蜂須賀笛子校訂　岩波書店　1989.3　138p　15cm　（岩波文庫 30-041-1）　300円　Ⓘ4-00-300411-6　Ⓝ913.41　〔13327〕
◇松浦宮物語　藤原定家著, 久保田孝夫ほか編　翰林書房　1996.3　143p　21cm　1800円　Ⓘ4-906424-89-9　Ⓝ913.41　〔13328〕
◇松浦宮物語総索引　菅根順之編　笠間書院　1974　137p　22cm　（笠間索引叢刊 46）　3000円　Ⓝ913.41　〔13329〕
◇松浦宮物語伏見本考　吉田幸一著　古典文庫　1992.11　709p　27cm　（古典聚英 6）　55000円　Ⓝ913.41　〔13330〕

◆◆◆いはでしのぶ
◇いはでしのぶ物語—本文と研究　小木喬著　笠間書院　1977.4　761p 図　22cm　17500円　Ⓝ913.41　〔13331〕
◇源家長日記・いはでしのぶ・撰集抄　朝日新聞社　1997.12　660, 48p　22cm　（冷泉家時雨亭叢書 第43巻）　29000円　Ⓘ4-02-240343-8　Ⓝ910.23　〔13332〕

◆◆◆しのびね物語
◇校本しのびね物語　大槻脩, 槻の木の会編　大阪　和泉書院　1989.3　413p　27cm　（研究叢書 68）　Ⓘ4-87088-335-X　Ⓝ913.41　〔13333〕
◇対校「しのびね物語」　小久保崇明, 山田裕次編　大阪　和泉書院　1985.5　158p　22cm　（研究叢書 20）　4500円　Ⓘ4-87088-156-X　Ⓝ913.41　〔13334〕
◇中世王朝物語全集　10　しのびね　しら露　大槻修, 田淵福子校訂・訳註, 片岡利博校訂・訳註　笠間書院　1999.6　277p　22cm　4400円　Ⓘ4-305-40090-1　Ⓝ913.41　〔13335〕

◆◆◆我身にたどる姫君
◇我が身にたとる姫君　橋本不美男, 桑原博史編　古典研究会（出版）汲古書院（発行）　1975　491p　22cm　（古典研究会叢書 第2期 国文学）　5000円　Ⓝ913.41　〔13336〕
◇我身にたどる姫君　1　今井源衛, 春秋会訳著　桜楓社　1983.4　191p　19cm　980円　Ⓝ913.41　〔13337〕
◇我身にたどる姫君　2　今井源衛, 春秋会訳著　桜楓社　1983.5　226p　19cm　1200円　Ⓝ913.41　〔13338〕
◇我身にたどる姫君　3　今井源衛, 春秋会訳著　桜楓社　1983.6　157p　19cm　1200円　Ⓝ913.41　〔13339〕
◇我身にたどる姫君　4　今井源衛, 春秋会訳著　桜楓社　1983.7　145p　19cm　1200円　Ⓝ913.41　〔13340〕
◇我身にたどる姫君　5　今井源衛, 春秋会訳著　桜楓社　1983.8　153p　19cm　1200円　Ⓝ913.41　〔13341〕
◇我身にたどる姫君　6　今井源衛, 春秋会訳著　桜楓社　1983.9　223p　19cm　1200円　Ⓝ913.41　〔13342〕
◇我身にたどる姫君　7　今井源衛, 春秋会訳著　桜楓社　1983.10　274p　19cm　1200円　Ⓝ913.41　〔13343〕
◇我身にたどる姫君　8巻　金子武雄校　古典文庫　1956　2冊　17cm　（古典文庫 第106-107）　Ⓝ913.48　〔13344〕
◇我身にたどる姫君物語全註解　德満澄雄著　有精堂出版　1980.7　596p　22cm　12000円　Ⓝ913.41　〔13345〕

◆◆◆小夜衣
◇校註小夜衣―異本堤中納言物語　清水泰著　有精堂出版　1989.8　184p　20cm　3500円　Ⓘ4-640-31000-5　Ⓝ913.41　〔13346〕
◇小夜衣　辛島正雄校訂・訳注　笠間書院　1997.12　243p　21cm　（中世王朝物語全集 9）　4000円　Ⓘ4-305-40089-8　〔13347〕
◇小夜衣全釈　名古屋国文学研究会著　風間書房　1999.3　441p　23cm　14000円　Ⓘ4-7599-1127-8　Ⓝ913.41　〔13348〕
◇小夜衣全釈　研究・資料篇　名古屋国文学研究会著　風間書房　2001.1　282p　23cm　9800円　Ⓘ4-7599-1241-X　Ⓝ913.41　〔13349〕

◇中世王朝物語全集　9　小夜衣　辛島正雄校訂・訳注　笠間書院　1997.12　243p　22cm　4000円　Ⓘ4-305-40089-8　Ⓝ913.41　〔13350〕

◆◆御伽草子
◇秋月物語文節索引　武山隆昭編　名古屋　椙山女学園大学文学部国文学科共同研究室　1993.2　504, 27p　26cm　Ⓝ913.49　〔13351〕
◇いさよひ―校本・注解・索引　宮田光編著　名古屋　東海学園大学日本文化学会　2002.9　86p　21cm　（東海学園国文叢書 11）　2000円　Ⓝ913.49　〔13352〕
◇一寸法師のメッセージ　藤掛和美著　笠間書院　1996.1　169p　20cm　（古典ライブラリー 7）　1800円　Ⓘ4-305-60037-4　Ⓝ913.49　〔13353〕
◇お伽草子　島津久基訳編　至文堂　1954　222p　19cm　（物語日本文学）　Ⓝ913.49　〔13354〕
◇お伽草子　島津久基編校　6刷　岩波書店　1955　343p　15cm　（岩波文庫）　Ⓝ913.49　〔13355〕
◇おとぎ草子　桑原博史全訳注　講談社　1982.8　307p　15cm　（講談社学術文庫）　740円　Ⓘ4-06-158576-2　Ⓝ913.49　〔13356〕
◇御伽草子　富士正晴　岩波書店　1983.3　276p　20cm　（古典を読む 1）　1700円　Ⓝ913.49　〔13357〕
◇お伽草子　日本文学研究資料刊行会編　有精堂出版　1985.6　330p　22cm　（日本文学研究資料叢書）　3200円　Ⓘ4-640-30031-X　Ⓝ913.49　〔13358〕
◇お伽草子　世界文化社　1986.1　167p　23cm　（特選日本の古典 グラフィック版 別巻2）　2200円　Ⓝ913.49　〔13359〕
◇お伽草子　沢井耐三校注・訳　ほるぷ出版　1986.9　321p　20cm　（日本の文学）　Ⓝ913.49　〔13360〕
◇御伽草子―物語 思想 絵画　黒田日出男ほか編　ぺりかん社　1990.11　309 図版21p　21cm　3107円　Ⓘ4-8315-0499-8　Ⓝ913.49　〔13361〕
◇お伽草子　福永武彦ほか訳　筑摩書房　1991.9　333p　15cm　（ちくま文庫）　680円　Ⓘ4-480-02561-8　Ⓝ913.49　〔13362〕
◇御伽草子　市古貞次校注　岩波書店　1991.12　490p　22cm　3800円　Ⓘ4-00-004481-8　Ⓝ913.49　〔13363〕
◇お伽草子　徳田和夫著　岩波書店　1993.1　191p　19cm　（岩波セミナーブックス 108―古典講読シリーズ）　1600円　Ⓘ4-00-004257-2　Ⓝ913.49　〔13364〕
◇お伽草子―物語の玉手箱 京都大学附属図書館創立百周年記念公開展示会　京都大学附属図書館編　京都　京都大学附属図書館　1999.11　64p　30cm　Ⓝ721.2　〔13365〕
◇お伽草子　沢井耐三著　貴重本刊行会　2000.11　366p　19cm　（古典名作リーディング 2）　3000円　Ⓘ4-88915-112-5　Ⓝ913.49　〔13366〕
◇お伽草子　1　およのの尼・玉もの前　西沢正二, 石黒吉次郎校注　新典社　1977.3　111p　21cm　（影印校注古典叢書 16）　900円　Ⓝ913.49　〔13367〕
◇御伽草子　上　市古貞次校注　岩波書店　1985.10　270p　15cm　（岩波文庫）　500円　Ⓝ913.49　〔13368〕
◇御伽草子　2　はちかづき　利根出版　1980.4　113p　15×21cm　800円　Ⓝ913.49　〔13369〕

◇御伽草子 下 市古貞次校注 岩波書店 1986.3 277p 15cm （岩波文庫） 500円 Ⓝ913.49 〔13370〕
◇御伽草子 9 ものくさ太郎 利根出版 1980.4 80p 15×21cm 700円 Ⓝ913.49 〔13371〕
◇御伽草子 19 一寸法師 利根出版 1980.3 29p 15×21cm 400円 Ⓝ913.49 〔13372〕
◇御伽草子 21 浦嶋太郎 利根出版 1980.3 39p 15×21cm 400円 Ⓝ913.49 〔13373〕
◇お伽草子・伊曽保物語 徳田和夫, 矢代静一著 新潮社 1991.9 111p 20cm （新潮古典文学アルバム 16） 1300円 Ⓘ4-10-620716-8 Ⓝ913.49 〔13374〕
◇お伽草子絵巻集と研究―西ベルリン本 エヴァ・クラフトほか編著 豊橋 未刊国文資料刊行会 1981.5 240p 14×19cm （未刊国文資料 第4期 第10冊） Ⓝ913.49 〔13375〕
◇お伽草子研究 徳田和夫著 三弥井書店 1988.12 812p 22cm 18540円 Ⓘ4-8382-3023-0 Ⓝ913.49 〔13376〕
◇御伽草子研究叢書 第1巻 古註釈と文学史書集 藤井隆編・解説 クレス出版 2003.11 1冊 22cm Ⓘ4-87733-197-2 Ⓝ913.49 〔13377〕
◇御伽草子研究叢書 第2巻 研究書集成 1 藤井隆編・解説 クレス出版 2003.11 545, 3p 22cm Ⓘ4-87733-197-2 Ⓝ913.49 〔13378〕
◇御伽草子研究叢書 第4巻 研究書集成 3 藤井隆編・解説 クレス出版 2003.11 1冊 22cm Ⓘ4-87733-197-2 Ⓝ913.49 〔13379〕
◇御伽草子研究叢書 第5巻 研究書集成 4 藤井隆編・解説 クレス出版 2003.11 379, 4p 22cm Ⓘ4-87733-197-2 Ⓝ913.49 〔13380〕
◇御伽草子研究叢書 第7巻 解題書集成 2 藤井隆編・解説 クレス出版 2003.11 317, 2p 22cm Ⓘ4-87733-197-2 Ⓝ913.49 〔13381〕
◇御伽草子研究叢書 第8巻 解題書集成 3 藤井隆編・解説 クレス出版 2003.11 1冊 22cm Ⓘ4-87733-197-2 Ⓝ913.49 〔13382〕
◇御伽草子研究叢書 第9巻 解題書集成 4 藤井隆編・解説 クレス出版 2003.11 546, 4p 22cm Ⓘ4-87733-197-2 Ⓝ913.49 〔13383〕
◇お伽草子事典 徳田和夫編 東京堂出版 2002.9 529, 32p 23cm 6800円 Ⓘ4-490-10609-2 Ⓝ913.49 〔13384〕
◇御伽草子集 大島建彦校注・訳 小学館 1974.9（第18版:1992.10） 534p 図版12p 23cm （日本古典文学全集 36） Ⓘ4-09-657036-2 Ⓝ913.49 〔13385〕
◇御伽草子集 松本隆信校注 新潮社 1980.1 410p 20cm （新潮日本古典集成） 1800円 Ⓝ913.49 〔13386〕
◇御伽草子集―擬人物の世界 大阪青山短期大学国文科編 箕面 大阪青山短期大学 1996.3 179p 15×21cm （大阪青山短期大学所蔵本テキストシリーズ 1） Ⓘ4-8104-2263-1 Ⓝ913.49 〔13387〕
◇御伽草子集語彙索引 佐藤武義, 斎藤美知編 明治書院 2002.11 382p 22cm 15000円 Ⓘ4-625-43317-7 Ⓝ913.49 〔13388〕
◇御伽草子新集 藤井隆編 大阪 和泉書院 1988.1 147p 21cm 1200円 Ⓘ4-87088-288-4 Ⓝ913.49 〔13389〕
◇御伽草子総索引 榊原邦彦ほか編 笠間書院 1988.7 408p 22cm （笠間索引叢刊 91） 13000円 Ⓝ913.49 〔13390〕
◇御伽草子 その世界 石川透著 勉誠出版 2004.6 190p 19cm （智慧の海叢書） 1400円 Ⓘ4-585-07106-7 〔13391〕
◇お伽草子と民間文芸 大島建彦著 岩崎美術社 1983.4 207p 19cm （民俗民芸双書 12） 1500円 Ⓝ913.49 〔13392〕
◇「お伽草子」謎解き紀行―伝説に秘められた古代史の真実 神一行著 学習研究社 2001.6 259p 15cm （学研M文庫） 560円 Ⓘ4-05-901059-6 〔13393〕
◇お伽草子の言語 今西浩子著 大阪 和泉書院 1992.5 291p 22cm （研究叢書 118） 10300円 Ⓘ4-87088-543-3 Ⓝ913.49 〔13394〕
◇御伽草子の精神史 島内景二著 ぺりかん社 1988.5 276p 20cm 2400円 Ⓝ913.49 〔13395〕
◇御伽草子の精神史 島内景二著 ぺりかん社 1991.1 276p 20cm 2500円 Ⓘ4-8315-0427-0 Ⓝ913.49 〔13396〕
◇御伽草子の世界 奈良絵本国際研究会議編 三省堂 1982.8 269, 4p 22cm 7000円 Ⓝ913.49 〔13397〕
◇近古小説新纂 島津久基編著 有精堂出版 1983.8 698p 23cm 18000円 Ⓘ4-640-30561-3 Ⓝ913.49 〔13398〕
◇軍記と室町物語 池田敬子著 大阪 清文堂出版 2001.10 454p 22cm 10000円 Ⓘ4-7924-1371-0 Ⓝ913.43 〔13399〕
◇慶應義塾図書館蔵「御伽草子」展 石川透編・執筆 慶應義塾図書館 2000.1 156p 26cm 〔13400〕
◇古本物くさ太郎 信多純一編著 神戸 松蔭国文資料叢刊刊行会 1976 149p（図共） 22cm （松蔭国文資料叢刊 4） Ⓝ913.49 〔13401〕
◇清水冠者物語集 〔第1冊〕 簗瀬一雄, 水原一共編 大府町（愛知県） 簗瀬一雄 1968 120p 22cm （碧冲洞叢書 第80輯） Ⓝ913.49 〔13402〕
◇しみづのくわんじゃ・清水物語 簗瀬一雄, 水原一共編 大府町（愛知県） 1962 41p 21cm （碧冲洞叢書 第20輯） Ⓝ913.49 〔13403〕
◇清水冠者物語集 第2冊 簗瀬一雄, 水原一, 藤井隆共編 大府町（愛知県） 簗瀬一雄 1970 103p 22cm （碧冲洞叢書 第92輯） Ⓝ913.49 〔13404〕
◇週刊日本の古典を見る 30 お伽草子 円地文子訳 世界文化社 2002.11 34p 30cm 533円 Ⓝ910.2 〔13405〕
◇酒呑童子―お伽草子 野坂昭如文 集英社 1982.12 1冊（頁付なし） 22×29cm 1380円 Ⓝ913.49 〔13406〕
◇酒呑童子異聞 佐竹昭広著 平凡社 1977.10 254p 20cm （平凡社選書） 950円 Ⓝ913.49 〔13407〕
◇酒呑童子異聞 佐竹昭広著 岩波書店 1992.3 240p 16cm （同時代ライブラリー 102） 900円 Ⓘ4-00-260102-1 Ⓝ913.49 〔13408〕
◇酒呑童子の誕生―もうひとつの日本文化 高橋昌明著 中央公論社 1992.6 234p 18cm （中公新書） 680円 Ⓘ4-12-101081-7 Ⓝ913.47 〔13409〕

◇酒呑童子の誕生―もうひとつの日本文化　高橋昌明著　中央公論新社　2005.12　291p　16cm　（中公文庫）　952円　Ⓘ4-12-204631-9　Ⓝ913.47　〔13410〕
◇松濤文庫本熊野の本地　九州大学国語学国文学研究室編　勉誠社　1997.3　150p　32cm　15450円　Ⓘ4-585-00310-X　Ⓝ913.49　〔13411〕
◇浄瑠璃物語研究―資料と研究　森武之助著　井上書房　1962　476p　図版　22cm　Ⓝ913.49　〔13412〕
◇図解・御伽草子―慶應義塾図書館蔵　石川透著　慶應義塾大学出版会　2003.4　126p　19cm　2400円　Ⓘ4-7664-0987-6　Ⓝ913.49　〔13413〕
◇図説日本の古典　13　御伽草子　市古貞次ほか著　集英社　1989.3　218p　28cm　2800円　Ⓘ4-08-167113-3　Ⓝ910.2　〔13414〕
◇続　お伽草子　島津久基編，市古貞次校訂　岩波書店　1956　192p　15cm　（岩波文庫）　Ⓝ913.49　〔13415〕
◇七夕・鶴のさうし　松浪久子，岩瀬博編　大阪　和泉書院　1986.4　294p　21cm　（和泉書院影印叢刊 54）　2000円　Ⓘ4-87088-192-6　Ⓝ913.49　〔13416〕
◇たなばた物語―お伽草子　田辺聖子文　集英社　1982.12　1冊（頁付なし）　22×29cm　1380円　Ⓝ913.49　〔13417〕
◇たむらのさうし　宮尾与男編　自榜文庫　1976　2冊　13×19cm　（台湾大学国書資料集 1）　Ⓝ913.49　〔13418〕
◇ちくぶしまのほんじ　日本古典文学刊行会　ほるぷ出版（製作）図書月版（発売）　1973　〔16丁〕　24cm　（複刻日本古典文学館　第1期）　Ⓝ913.49　〔13419〕
◇中世王朝物語・御伽草子事典　神田龍身，西沢正史編　勉誠出版　2002.5　989p　23cm　25000円　Ⓘ4-585-06038-3　Ⓝ913.41　〔13420〕
◇中世古典の書誌学的研究　御伽草子編　藤井隆著　大阪　和泉書院　1996.5　406p　22cm　（研究叢書 185）　12360円　Ⓘ4-87088-795-9　Ⓝ913.4　〔13421〕
◇中世庶民文学―物語草子のゆくへ　松本隆信著　汲古書院　1989.5　461p　22cm　8500円　Ⓝ913.49　〔13422〕
◇中世物語解題図録　石川透編　古典資料研究会　2002.5　100p　21cm　Ⓝ913.49　〔13423〕
◇二本対照伏屋物語文節索引　武山隆昭編　名古屋　椙山女学園大学文学部国文学共同研究室　1994.11　358p　26cm　Ⓝ913.49　〔13424〕
◇日本の継子話の深層―御伽草子と昔話　黄地百合子著　三弥井書店　2005.10　244p　21cm　3800円　Ⓘ4-8382-3140-7　Ⓝ388.1　〔13425〕
◇鼠の草子―お伽草子　吉行淳之介文　集英社　1982.12　1冊（頁付なし）　22×29cm　1380円　Ⓝ913.49　〔13426〕
◇鉢かづき研究　岡田啓助著　おうふう　2002.10　354p　22cm　1600円　Ⓘ4-273-03244-9　Ⓝ913.49　〔13427〕
◇福富草紙・俵藤太物語―御伽草子絵巻　岩瀬博編　大阪　和泉書院　1984.4　141p　15×21cm　（和泉書院影印叢刊 41）　1500円　Ⓘ4-87088-114-4　Ⓝ913.49　〔13428〕
◇富士の人穴草子―研究と資料　小山一成著　文化書房博文社　1983.9　185p　22cm　2500円　Ⓝ913.49　〔13429〕

◇文正草子の研究　岡田啓助著　桜楓社　1983.3　338p　22cm　18000円　Ⓝ913.49　〔13430〕
◇ぶんしやうのさうし　勉誠社　1982.6　128,6p　21cm　（勉誠社文庫 108）　1500円　Ⓝ913.49　〔13431〕
◇別本ふんせう―ハーバード大学フオッグ美術館寄託　京都　臨川書店　1984.1　195p　22cm　（京都大学国語国文資料叢書　別巻 3）　6000円　Ⓘ4-653-00944-9　Ⓝ913.49　〔13432〕
◇弁慶物語―京都大学蔵　京都　臨川書店　1979.4　186p　20cm　（京都大学国語国文資料叢書 14）　3600円　Ⓝ913.49　〔13433〕
◇本文研究―考証・情報・資料　第6集　伊井春樹編　大阪　和泉書院　2004.5　150,85p　21cm　3500円　Ⓘ4-7576-0265-0　Ⓝ910.2　〔13434〕
◇未刊御伽草子集と研究　第3　藤井隆編著　豊橋　未刊国文資料刊行会　1960　186p　図版　19cm　（未刊国文資料　第2期　第6冊）　Ⓝ913.49　〔13435〕
◇未刊御伽草子集と研究　第4　藤井隆編著　豊橋　未刊国文資料刊行会　1967　170p　図版　19cm　（未刊国文資料　第3期　第11冊）　Ⓝ913.49　〔13436〕
◇未刊　御伽草子集と研究　第1-2　藤井隆著　豊橋　未刊国文資料刊行会　1956-57　2冊　限定版　図版　19cm　（未刊国文資料　第1期　第2,5冊）　Ⓝ913.49　〔13437〕
◇未刊中世小説　第1　市古貞次校訂　古典文庫　1947　194p　18cm　（古典文庫 3）　23円　Ⓝ913.49　〔13438〕
◇未刊中世小説　第3　はにふの物語,さくらの中将,為世の草子,地蔵堂草紙,火おけのさうし,瓜姫物語　市古貞次校　古典文庫　1951　17cm　（古典文庫　第53,110冊）　Ⓝ913.49　〔13439〕
◇未刊中世小説　第4　十二人ひめ〔ほか〕（底本は上野図書館蔵）　市古貞次校　古典文庫　1951　17cm　（古典文庫　第53,110冊）　Ⓝ913.49　〔13440〕
◇魅力の御伽草子　石川透編　三弥井書店　2000.3　210p　22cm　2800円　Ⓘ4-8382-3079-6　Ⓝ913.49　〔13441〕
◇室町時代物語　第1　むらまつの物かたり〔ほか〕（底本は上野図書館蔵,近世初期写本）　横山重，太田武夫共編校および解説　古典文庫　1954-55　17cm　（古典文庫　第86,30冊）　Ⓝ913.49　〔13442〕
◇室町時代物語　第2　しくれ〔ほか〕（底本は古梓堂文庫旧蔵）　横山重，太田武夫共編校および解説　古典文庫　1954-55　17cm　（古典文庫　第86,30冊）　Ⓝ913.49　〔13443〕
◇室町時代物語　第3　藤ふくろ〔ほか〕（底本は麻生太賀吉蔵絵巻）　横山重，太田武夫共編校および解説　古典文庫　1954-55　17cm　（古典文庫　第86,30冊）　Ⓝ913.49　〔13444〕
◇室町時代物語　第4　しゅてん童子〔ほか〕（上佐絵本三帖底本は大東急記念文庫蔵）　横山重，太田武夫編校および解説　古典文庫　1960　211p　図版　17cm　（古典文庫　第158冊）　Ⓝ913.49　〔13445〕
◇室町時代物語　第5　横山重，松本隆信編校および解説　古典文庫　1961　223p　図版　17cm　（古典文庫　第172冊）　Ⓝ913.49　〔13446〕
◇室町時代物語　第6　横山重編校および解説　古典文庫　1964　262p　図版　17cm　（古典文庫　第202冊）　Ⓝ913.49　〔13447〕

◇室町時代物語　第7　慶長二年写本〔ほか〕　横山重編　慶応義塾図書館蔵　古典文庫　1966　212p 図版　17cm（古典文庫　第233冊）　Ⓝ913.49　〔13448〕
◇室町時代物語集　第1　八幡宮御縁起〔ほか〕　横山重, 太田武夫校訂　校訂者藏寫本　井上書房　1962　531p（図版）　22cm　Ⓝ913.49　〔13449〕
◇室町時代物語集　第2　諏訪縁起〔ほか〕　横山重, 太田武夫校訂　天正十三年寫本　井上書房　1962　22cm　Ⓝ913.49　〔13450〕
◇室町時代物語集　第3　筥根權現繪巻〔ほか〕　横山重, 太田武夫校訂　箱根神社藏国寶繪巻　井上書房　1962　22cm　Ⓝ913.49　〔13451〕
◇室町時代物語集　第4　釈迦出世本懷傳記〔ほか〕　横山重, 太田武夫校訂　天正九年寫本　井上書房　1962　22cm　Ⓝ913.49　〔13452〕
◇室町時代物語集　第5　すみよしえんき〔ほか〕　横山重, 太田武夫校訂　校訂者藏寫本　井上書房　1962　22cm　Ⓝ913.49　〔13453〕
◇室町時代物語大成　第1　あ-あみ　横山重, 松本隆信編　角川書店　1973　621p 図　22cm　9500円　Ⓝ913.49　〔13454〕
◇室町時代物語大成　補遺1　あい〜しく　松本隆信編　角川書店　1987.2　632p　22cm　13000円　①4-04-561014-6　Ⓝ913.49　〔13455〕
◇室町時代物語大成　第2　あめ-うり　横山重, 松本隆信編　角川書店　1974　617p 図　22cm　11000円　Ⓝ913.49　〔13456〕
◇室町時代物語大成　補遺2　しそ〜りあ　松本隆信編　角川書店　1988.2　635p　22cm　13000円　①4-04-561015-4　Ⓝ913.49　〔13457〕
◇室町時代物語大成　第3　えし-きさ　横山重, 松本隆信編　角川書店　1975　626p 図　22cm　11000円　Ⓝ913.49　〔13458〕
◇室町時代物語大成　第4　きそ-こお　横山重, 松本隆信編　角川書店　1976　609p 図　22cm　11000円　Ⓝ913.49　〔13459〕
◇室町時代物語大成　第5　こお〜さく　横山重, 松本隆信編　角川書店　1977.3　622p 図　22cm　11000円　Ⓝ913.49　〔13460〕
◇室町時代物語大成　第6　さけ〜しみ　横山重, 松本隆信編　角川書店　1978.3　617p　22cm　11000円　Ⓝ913.49　〔13461〕
◇室町時代物語大成　第7　しみ〜すす　横山重, 松本隆信編　角川書店　1979.2　680p　22cm　11000円　Ⓝ913.49　〔13462〕
◇室町時代物語大成　第8　すみ〜たま　横山重, 松本隆信編　角川書店　1980.2　604p　22cm　11000円　Ⓝ913.49　〔13463〕
◇室町時代物語大成　第9　たま〜てん　横山重, 松本隆信編　角川書店　1981.2　662p　22cm　13000円　Ⓝ913.49　〔13464〕
◇室町時代物語大成　第10　てん〜はも　横山重, 松本隆信編　角川書店　1982.2　680p　22cm　13000円　Ⓝ913.49　〔13465〕
◇室町時代物語大成　第11　ひお-ふん　横山重, 松本隆信編　角川書店　1983.2　660p　22cm　13000円　Ⓝ913.49　〔13466〕
◇室町時代物語大成　第12　ふん〜みし　横山重, 松本隆信編　角川書店　1984.2　713p　22cm　13000円　Ⓝ913.49　〔13467〕
◇室町時代物語大成　第13　みな〜わか　横山重, 松本隆信編　角川書店　1985.2　660p　22cm　13000円　①4-04-561013-8　Ⓝ913.49　〔13468〕
◇室町時代物語類現存本簡明目録　松本隆信著　井上書房　1962　67p　21cm　（慶應義塾大學斯道文庫書誌叢刊2）　Ⓝ913.49　〔13469〕
◇むろまちものがたり—京都大学蔵　第1巻　京都大学文学部国語学国文学研究室編, 日野龍夫, 木田章義, 大谷雅夫監修　京都　臨川書店　2000.10　491p　22cm　11000円　①4-653-03741-8, 4-653-03740-X　Ⓝ913.49　〔13470〕
◇むろまちものがたり—京都大学蔵　第2巻　京都大学文学部国語学国文学研究室編, 日野龍夫, 木田章義, 大谷雅夫監修　京都　臨川書店　2001.6　473p　22cm　11000円　①4-653-03742-6, 4-653-03740-X　Ⓝ913.49　〔13471〕
◇むろまちものがたり—京都大学蔵　第3巻　京都大学文学部国語学国文学研究室編, 日野龍夫, 木田章義, 大谷雅夫監修　京都　臨川書店　2002.3　466p　22cm　11000円　①4-653-03743-4, 4-653-03740-X　Ⓝ913.49　〔13472〕
◇むろまちものがたり—京都大学蔵　第4巻　京都大学文学部国語学国文学研究室編, 日野龍夫, 木田章義, 大谷雅夫監修　京都　臨川書店　2002.9　488p　22cm　11000円　①4-653-03744-2, 4-653-03740-X　Ⓝ913.49　〔13473〕
◇むろまちものがたり—京都大学蔵　第5巻　京都大学文学部国語学国文学研究室編, 日野龍夫, 木田章義, 大谷雅夫監修　京都　臨川書店　2002.12　417p　22cm　9800円　①4-653-03745-0, 4-653-03740-X　Ⓝ913.49　〔13474〕
◇むろまちものがたり—京都大学蔵　第6巻　京都大学文学部国語学国文学研究室編, 日野龍夫, 木田章義, 大谷雅夫監修　京都　臨川書店　2000.12　562p　22cm　13000円　①4-653-03746-9, 4-653-03740-X　Ⓝ913.49　〔13475〕
◇むろまちものがたり—京都大学蔵　第7巻　京都大学文学部国語学国文学研究室編, 日野龍夫, 木田章義, 大谷雅夫監修　京都　臨川書店　2002.6　518p　22cm　12000円　①4-653-03747-7, 4-653-03740-X　Ⓝ913.49　〔13476〕
◇むろまちものがたり—京都大学蔵　第8巻　京都大学文学部国語学国文学研究室編, 日野龍夫, 木田章義, 大谷雅夫監修　京都　臨川書店　2001.9　517p　22cm　12500円　①4-653-03748-5, 4-653-03740-X　Ⓝ913.49　〔13477〕
◇むろまちものがたり—京都大学蔵　第9巻　京都大学文学部国語学国文学研究室編, 日野龍夫ほか監修　京都　臨川書店　2003.3　475p　22cm　11000円　①4-653-03749-3, 4-653-03740-X　Ⓝ913.49　〔13478〕
◇むろまちものがたり—京都大学蔵　第10巻　京都大学文学部国語学国文学研究室編, 日野龍夫, 木田章義, 大谷雅夫監修　京都　臨川書店　2001.3　400p　16×22cm　9800円　①4-653-03750-7, 4-653-03740-X　Ⓝ913.49　〔13479〕
◇むろまちものがたり—京都大学蔵　第11巻　京都大学文学部国語学国文学研究室編, 日野龍夫, 木田章義, 大谷雅夫監修　京都　臨川書店　2001.12　423p　16×22cm　11000円　①4-653-03751-5, 4-653-03740-X　Ⓝ913.49　〔13480〕

◇室町物語集—新註　浜中修編著　勉誠社　1989.3　165p　22cm　（大学古典叢書 8）　1500円　Ⓝ913.49
〔13481〕
◇室町物語集　日本古典文学会編集　日本古典文学会　1990.5　648p　22cm　（日本古典文学影印叢刊 27）　15000円　Ⓘ4-89009-064-9　Ⓝ913.4
〔13482〕
◇室町物語集 2　中野幸一編　早稲田大学出版部　1991.3　499,23p　22cm　（早稲田大学蔵資料影印叢書—国書篇 第19巻）　15450円　Ⓘ4-657-91301-8　Ⓝ913.4
〔13483〕
◇室町物語と古注釈　石川透著　三弥井書店　2002.10　510p　22cm　9800円　Ⓘ4-8382-3097-4　Ⓝ913.49
〔13484〕
◇室町物語論攷　浜中修著　新典社　1996.4　349p　22cm　（新典社研究叢書 95）　11000円　Ⓘ4-7879-4095-3　Ⓝ913.49
〔13485〕
◇名篇御伽草子　西沢正二著　笠間書院　1978.4　201p　19cm　（笠間選書 92）　1000円　Ⓝ913.49
〔13486〕
◇もう一つの中世像—比丘尼・御伽草子・来世　バーバラ・ルーシュ著　京都　思文閣出版　1991.6　272,11p　22cm　3914円　Ⓘ4-7842-0663-9　Ⓝ913.4
〔13487〕
◇山銀百科シリーズ 第12　三年寝太郎　山口銀行編　〔山口〕　21cm　Ⓝ210.08
〔13488〕
◇要註御伽草子名作選　斎藤清衛編　武蔵野書院　1953.6（27版:1997.3）　134p　19cm　602円　Ⓘ4-8386-0586-2　Ⓝ913.49
〔13489〕
◇吉行淳之介の鼠の草子—お伽草子　吉行淳之介著　集英社　1982.12　1冊　22×29cm　1380円　Ⓝ913.49
〔13490〕
◇歴史としての御伽草子　黒田日出男　ぺりかん社　1996.10　295,21p　22cm　3296円　Ⓘ4-8315-0725-3　Ⓝ913.49
〔13491〕

◆説話文学
◇今物語　藤原信実著　三弥井書店　1979.5　321p　22cm　（中世の文学 第1期）　3200円　Ⓝ913.41
〔13492〕
◇今物語　藤原信実著,三木紀人全訳注　講談社　1998.10　371p　15cm　（講談社学術文庫）　1050円　Ⓘ4-06-159348-X　Ⓝ913.47
〔13493〕
◇縁起・本地物解題図録　石川透編　古典資料研究会　2001.5　100p　21cm　Ⓝ913.47
〔13494〕
◇岡田希雄集　岡田希雄著　クレス出版　2004.10　707,3p　22cm　（説話文学研究叢書 第7巻）　Ⓝ913.37
〔13495〕
◇小栗判官伝承の形成と展開—研究報告　文教大学小栗判官共同研究チーム編　文教大学小栗判官共同研究チーム　2007.3　77p　26cm　Ⓝ388.1
〔13496〕
◇怨霊と修験の説話　南里みち子著　ぺりかん社　1996.11　270p　20cm　2760円　Ⓘ4-8315-0750-4　Ⓝ913.47
〔13497〕
◇鍛冶屋の母　谷川健一著　講談社　1985.5　251p　15cm　（講談社学術文庫）　680円　Ⓘ4-06-158686-6　Ⓝ913.47
〔13498〕
◇金澤文庫本佛教説話集の研究　山内洋一郎編著　汲古書院　1997.11　486p　22cm　10000円　Ⓘ4-7629-3408-9　Ⓝ913.47
〔13499〕

◇孝子説話集の研究—二十四孝を中心に　〔第1〕中世篇　徳田進著　井上書房　1963-64　22cm　Ⓝ913
〔13500〕
◇国文学研究叢書 8　古典文学篇　札幌　北海道教育大学札幌校国文学第二研究室　1995.3　80p　26cm　Ⓝ910.4
〔13501〕
◇古本説話集 上　高橋貢全訳注　講談社　2001.6　293p　15cm　（講談社学術文庫）　1200円　Ⓘ4-06-159489-3　Ⓝ913.37
〔13502〕
◇古本説話集 下　高橋貢全訳注　講談社　2001.7　297p　15cm　（講談社学術文庫）　1200円　Ⓘ4-06-159490-7　Ⓝ913.37
〔13503〕
◇私聚百因縁集の研究　本朝篇 上　北海道説話文学研究会編　大阪　和泉書院　1990.8　314p　22cm　（研究叢書 89）　11845円　Ⓘ4-87088-420-8　Ⓝ913.47
〔13504〕
◇修験の道—『三国伝記』の世界　池上洵一著　以文社　1999.3　328p　20cm　（以文叢書 1）　2800円　Ⓘ4-7531-0201-7　Ⓝ913.47
〔13505〕
◇説話と音楽伝承　磯水絵著　大阪　和泉書院　2000.12　713p　22cm　（研究叢書 259）　15000円　Ⓘ4-7576-0081-X　Ⓝ913.47
〔13506〕
◇説話と伝承の中世圏　浅見和彦著　若草書房　1997.4　404p　22cm　（中世文学研究叢書 4）　11000円　Ⓘ4-948755-12-5　Ⓝ913.47
〔13507〕
◇説話と俳諧の研究　安藤直太朗著　笠間書院　1979.3　433p　22cm　（笠間叢書 114）　9500円　Ⓝ913.4
〔13508〕
◇説話の語る日本の中世　関幸彦著　そしえて　1992.9　271p　20cm　（そしえて文庫）　2500円　Ⓘ4-88169-214-3　Ⓝ210.4
〔13509〕
◇説話の語る日本の中世　関幸彦著　新装版　新人物往来社　2005.4　284p　19cm　2500円　Ⓘ4-404-03244-7
〔13510〕
◇説話の言説—中世の表現と歴史叙述　小峯和明著　森話社　2002.6　395p　22cm　5800円　Ⓘ4-916087-27-5　Ⓝ913.47
〔13511〕
◇説話の講座 第5巻　説話集の世界 2 中世　本田義憲ほか編　勉誠社　1993.4　477,7p　20cm　4700円　Ⓘ4-585-02005-5　Ⓝ913.37
〔13512〕
◇説話の声—中世世界の語り・うた・笑い　小峯和明著　新曜社　2000.6　267p　20cm　（「叢書」物語の冒険）　2400円　Ⓘ4-7885-0722-6　Ⓝ913.47
〔13513〕
◇説話の森—天狗・盗賊・異形の道化　小峯和明著　大修館書店　1991.5　320p　20cm　2200円　Ⓘ4-469-22079-5　Ⓝ913.47
〔13514〕
◇説話の森—中世の天狗からイソップまで　小峯和明著　岩波書店　2001.9　338,17p　15cm　（岩波現代文庫 文芸）　1100円　Ⓘ4-00-602041-4　Ⓝ913.47
〔13515〕
◇説話の森を歩く　大倉精神文化研究所編　横浜　大倉精神文化研究所　2003.3　166p　18cm　（月例講和集 第22集）　Ⓝ913.47
〔13516〕
◇説話文学研究　簗瀬一雄著　三弥井書店　1974　317p　22cm　2800円　Ⓝ913.4
〔13517〕
◇説話文学小考　西尾光一著　教育出版　1985.10　411p　20cm　7500円　Ⓘ4-316-35430-2　Ⓝ913.47
〔13518〕
◇説話文学の研究—撰集抄・唐物語・沙石集　安田孝子著　大阪　和泉書院　1997.2　474p　22cm　（研究叢

文学史　　　　　　　　　　　中世史

書 198）　14420円　①4-87088-842-4　Ⓝ913.47
〔13519〕
◇説話論集　第7集　中世説話文学の世界　説話と説話文学の会編　大阪　清文堂出版　1997.10　470p　22cm　9500円　①4-7924-1320-6　Ⓝ913.37　〔13520〕
◇説話論集　第8集　絵巻・室町物語と説話　説話と説話文学の会編　大阪　清文堂出版　1998.8　417p　22cm　8700円　①4-7924-1321-4　Ⓝ913.37　〔13521〕
◇中古・中世説話文学選　土屋博映, 佐佐木隆編　おうふう　1995.2　75p　21cm　1000円　①4-273-02322-9　Ⓝ913.47　〔13522〕
◇中世史の民衆唱導文芸　渡邊昭五著　第2版　岩田書院　1999.4　330p　22cm　7200円　①4-87294-142-X　Ⓝ913.4　〔13523〕
◇中世唱導資料集　京都　臨川書店　2000.2　621, 16p　23cm　（真福寺善本叢刊　第4巻（仏法部3））　14600円　①4-653-03475-3, 4-653-03466-4　Ⓝ913.47
〔13524〕
◇中世神仏説話　続　山王絵詞〔ほか〕　近藤喜博校　妙法院本　古典文庫　1955　236p　17cm　（古典文庫　第99冊）　Ⓝ913.4　〔13525〕
◇中世神仏説話　続々　近藤喜博, 宮地崇邦編　古典文庫　1971　251p　17cm　（古典文庫　第293冊）　非売　Ⓝ913.4　〔13526〕
◇中世説話　1　藤本徳明編　国書刊行会　1992.4　349p　22cm　（日本文学研究大成）　3900円　①4-336-03083-9　Ⓝ913.47　〔13527〕
◇中世説話集とその基盤　小林直樹著　大阪　和泉書院　2004.10　356p　21cm　（研究叢書）　9000円　①4-7576-0277-4　〔13528〕
◇中世説話集の形成　小島孝之著　若草書房　1999.3　405, 9p　22cm　（中世文学研究叢書 9）　9500円　①4-948755-40-0　Ⓝ913.47　〔13529〕
◇中世説話とその周辺　国東文麿編　明治書院　1987.12　501p　22cm　8800円　①4-625-41086-X　Ⓝ913.47
〔13530〕
◇中世説話の〈意味〉　馬淵和夫責任編集　笠間書院　1998.2　270p　22cm　（叢書日本語の文化史 1）　6000円　①4-305-70176-6　Ⓝ913.47　〔13531〕
◇中世説話の研究　菊地良一著　桜楓社　1972　270p　22cm　3800円　Ⓝ910.24　〔13532〕
◇中世説話の世界　北海道説話文学研究会編　笠間書院　1979.4　565p　22cm　（笠間叢書 120）　13000円　Ⓝ913.4　〔13533〕
◇中世説話の世界を読む　小峯和明著　岩波書店　1998.1　184p　19cm　（岩波セミナーブックス 69）　2000円　①4-00-004239-4　Ⓝ913.47　〔13534〕
◇中世説話の人間学　小林保治, 藤本徳明著　勉誠出版　2007.5　262p　19cm　1900円　①978-4-585-05371-2　〔13535〕
◇中世説話の文学史的環境　黒田彰著　大阪　和泉書院　1987.10　462p　22cm　（研究叢書 52）　12500円　①4-87088-261-2　Ⓝ913.47　〔13536〕
◇中世説話の文学史的環境　続　黒田彰著　大阪　和泉書院　1995.4　597p　22cm　（研究叢書 160）　18540円　①4-87088-704-5　Ⓝ913.47　〔13537〕
◇中世説話文学研究序説　志村有弘著　桜楓社　1974　308p　22cm　6800円　Ⓝ913.4　〔13538〕
◇中世説話文学の研究　上　原田行造著　桜楓社　1982.10　431p　22cm　18000円　Ⓝ913.47　〔13539〕

◇中世説話文学の研究　下　原田行造著　桜楓社　1982.11　461p　22cm　18000円　Ⓝ913.47　〔13540〕
◇中世説話文学論　西尾光一著　塙書房　1963　301p　19cm　（塙選書 28）　Ⓝ913.4　〔13541〕
◇中世説話文学論考　春田宣著　おうふう　1996.9　312p　22cm　12000円　①4-273-02929-4　Ⓝ913.434
〔13542〕
◇中世説話文学論序説　春田宣著　桜楓社　1975　425p　22cm　6800円　Ⓝ913.4　〔13543〕
◇中世説話文学論序説　春田宣著　2版　おうふう　1996.9　425p　22cm　18000円　①4-273-01071-2　Ⓝ913.47
〔13544〕
◇中世における本地物の研究　松本隆信著　汲古書院　1996.1　662p　22cm　17000円　①4-7629-3378-3　Ⓝ913.47　〔13545〕
◇中世の地獄―絵画と説話にみる地獄の風景　テーマ展　神奈川県立金沢文庫編　横浜　神奈川県立金沢文庫　1997.12　47p　30cm　Ⓝ181.4　〔13546〕
◇中世の説話と学問　牧野和夫著　大阪　和泉書院　1991.11　493p　22cm　（研究叢書 104）　15450円　①4-87088-493-3　Ⓝ910.24　〔13547〕
◇中世仏教説話論　藤本徳明著　笠間書院　1977.3　294p　22cm　（笠間叢書 77）　6000円　Ⓝ184.9　〔13548〕
◇中世仏教説話論考　野村卓美著　大阪　和泉書院　2005.2　410p　22cm　（研究叢書 323）　10000円　①4-7576-0295-2　Ⓝ913.47　〔13549〕
◇中世文学と仏教の交渉　石田瑞麿著　春秋社　1975　284p　19cm　1500円　Ⓝ184.9　〔13550〕
◇天文雑説　吉田幸一編　古典文庫　1999.3　454p　17cm　（古典文庫）　非売品　Ⓝ913.47　〔13551〕
◇日中比較文学の基礎研究―翻訳説話とその典拠　池田利夫著　笠間書院　1974　449p（図共）　22cm　（笠間叢書 39）　6500円　Ⓝ910.24　〔13552〕
◇日本中世の説話と仏教　追塩千尋著　大阪　和泉書院　1999.12　390p　22cm　（日本史研究叢刊 11）　9000円　①4-7576-0019-4　Ⓝ913.47　〔13553〕
◇日本仏教説話研究　永井義憲著　大阪　和泉書院　2004.5　304p　22cm　（研究叢書 314）　11000円　①4-7576-0267-7　Ⓝ913.37　〔13554〕
◇日本仏教説話集の源流　研究篇　李銘敬著　勉誠出版　2007.2　334p　27cm　①978-4-585-10433-9　Ⓝ913.37　〔13555〕
◇八幡宮巡拝記―京都大学蔵　京都大学文学部国語学国文学研究室編　京都　臨川書店　1980.10　189p　20cm　（京都大学国語国文資料叢書 23）　3900円　Ⓝ913.47
〔13556〕
◇比叡山仏教説話研究―序説　松田宣史編著　三弥井書店　2003.11　537, 6p　22cm　12000円　①4-8382-3127-X　Ⓝ913.37　〔13557〕
◇本地物語の比較研究―日本と韓国の伝承から　金賛會著　三弥井書店　2001.1　452p　22cm　9800円　①4-8382-3083-4　Ⓝ913.47　〔13558〕
◇益田勝実の仕事　1　益田勝実著, 鈴木日出男, 天野紀代子編　筑摩書房　2006.5　591p　15cm　（ちくま学芸文庫）　1500円　①4-480-08971-3　Ⓝ910.8
〔13559〕
◇松平文庫影印叢書　第7巻　中世説話集　松平黎明会編　新典社　1993.8　530p　22cm　16700円　①4-7879-2013-8　Ⓝ918　〔13560〕

◇もてようがない男だまされやすい女―凡人でも非凡に生きられる知恵　田中貴子著　講談社　2003.10　212p　18cm　（講談社＋α新書）　800円　Ⓘ4-06-272220-8　Ⓝ913.47
〔13561〕

◆◆選集抄
◇撰集抄　西行自記，西尾光一校注　岩波書店　1970　378p　15cm　（岩波文庫）　200円　Ⓝ913.41
〔13562〕
◇撰集抄　小島孝之,浅見和彦編　桜楓社　1985.4　330p　22cm　2400円　Ⓘ4-273-02011-4　Ⓝ913.47
〔13563〕
◇撰集抄　小島孝之編，浅見和彦編　桜楓社　1988.4　346p　22cm　2600円　Ⓘ4-273-02011-4　Ⓝ913.47
〔13564〕
◇撰集抄　西尾光一校注　岩波書店　1995.1　378p　15cm　（岩波文庫）　670円　Ⓘ4-00-300241-5　Ⓝ913.47
〔13565〕
◇撰集抄　校本篇　安田孝子ほか共著　笠間書院　1979.12　559p　22cm　（笠間叢書 139）　12500円　Ⓝ913.47
〔13566〕
◇撰集抄自立語索引　安田孝子ほか共編　笠間書院　2001.2　659p　27cm　（笠間索引叢刊 122）　14000円　Ⓘ4-305-20122-4　Ⓝ913.47
〔13567〕
◇撰集抄全注釈　上巻　撰集抄研究会編著　笠間書院　2003.3　587p　22cm　（笠間注釈叢刊 37）　15000円　Ⓘ4-305-30037-0　Ⓝ913.47
〔13568〕
◇撰集抄注釈　その1　安田孝子ほか著　名古屋　撰集抄研究会　1982.3　55p　21cm　Ⓝ913.47
〔13569〕
◇撰集抄注釈　その2　安田孝子ほか著　名古屋　撰集抄研究会　1983.3　52p　21cm　Ⓝ913.47
〔13570〕
◇撰集抄注釈　その4　安田孝子ほか著　名古屋　撰集抄研究会　1986.3　45p　21cm　Ⓝ913.47
〔13571〕
◇撰集抄注釈　その5　安田孝子ほか著　名古屋　撰集抄研究会　1987.3　45p　21cm　Ⓝ913.47
〔13572〕
◇撰集抄注釈　その6　安田孝子ほか著　名古屋　撰集抄研究会　1988.3　55p　21cm　Ⓝ913.47
〔13573〕
◇撰集抄注釈　その7　安田孝子ほか著　名古屋　撰集抄研究会　1989.3　48p　21cm　Ⓝ913.47
〔13574〕
◇撰集抄注釈　その9　安田孝子ほか著　名古屋　撰集抄研究会　1992.3　5,89p　21cm　Ⓝ913.47
〔13575〕
◇撰集抄注釈　その10　安田孝子ほか著　名古屋　撰集抄研究会　1993.3　5,78p　21cm　Ⓝ913.47
〔13576〕
◇撰集抄注釈　その11　安田孝子ほか著　名古屋　撰集抄研究会　1994.3　5,128p　21cm　Ⓝ913.47
〔13577〕
◇撰集抄注釈　その12　安田孝子ほか著　名古屋　撰集抄研究会　1995.3　5,116p　21cm　Ⓝ913.47
〔13578〕
◇撰集抄注釈　その13　安田孝子ほか著　名古屋　撰集抄研究会　1996.3　5,156p　21cm　Ⓝ913.47
〔13579〕
◇撰集抄注釈　その14　安田孝子ほか著　名古屋　撰集抄研究会　1998.3　105p　21cm　Ⓝ913.47
〔13580〕
◇撰集抄注釈　その15　名古屋　撰集抄研究会　1997.3　114p　21cm　Ⓝ913.47
〔13581〕
◇撰集抄注釈　その17　名古屋　撰集抄研究会　2000.3　152p　21cm　Ⓝ913.47
〔13582〕
◇撰集抄注釈　その19　名古屋　撰集抄研究会　2000.3　93p　21cm　Ⓝ913.47
〔13583〕
◇撰集抄注釈　その20　名古屋　撰集抄研究会　2001.3　74p　21cm　Ⓝ913.47
〔13584〕

◆◆宇治拾遺物語
◇宇治拾遺物語　野村八良校註　朝日新聞社　1949-1950　2冊　図版　19cm　（日本古典全書）　Ⓝ913.41
〔13585〕
◇宇治拾遺物語　三木紀人,小林保治,原田行造編　桜楓社　1976　347p　22cm　1300円　Ⓝ913.41
〔13586〕
◇宇治拾遺物語　説話と文学研究会編　笠間書院　1979.5　293p　19cm　（笠間選書 120）　1500円　Ⓝ913.41
〔13587〕
◇宇治拾遺物語　大島建彦校注　新潮社　1985.9　578p　20cm　（新潮日本古典集成）　2800円　Ⓘ4-10-620371-5　Ⓝ913.47
〔13588〕
◇宇治拾遺物語―三本対照　桜井光昭編　武蔵野書院　1989.6　308p　21cm　1800円　Ⓘ4-8386-0631-1　Ⓝ913.47
〔13589〕
◇宇治拾遺物語　三木紀人ほか編　新訂版　桜楓社　1990.2　358p　22cm　2200円　Ⓘ4-273-00231-0　Ⓝ913.47
〔13590〕
◇宇治拾遺物語　上　野村八良校註　朝日新聞社　1970　230p　19cm　（日本古典全書　監修:高木市之助〔等〕）　400円　Ⓝ913.41
〔13591〕
◇宇治拾遺物語　上　長野甞一校注　5版　明治書院　1985.3　330p　19cm　（校注古典叢書）　1300円　Ⓝ913.47
〔13592〕
◇宇治拾遺物語　2　小林智昭ほか校注・訳　小学館　1986.2　398p　20cm　（完訳日本の古典 41）　1700円　Ⓘ4-09-556041-X　Ⓝ913.47
〔13593〕
◇宇治拾遺物語　下　野村八良校註　朝日新聞社　1976　202p　19cm　（日本古典全書）　380円　Ⓝ913.41
〔13594〕
◇宇治拾遺物語　下　長野甞一校注　2版　明治書院　1985.2　269p　19cm　（校注古典叢書）　1300円　Ⓝ913.47
〔13595〕
◇宇治拾遺物語　上下巻　渡辺綱也校訂　岩波書店　1951-52　2冊　15cm　（岩波文庫）　Ⓝ913.41　〔13596〕
◇宇治拾遺物語・打聞集全註解　中島悦次著　有精堂出版　1970　684p　22cm　6500円　Ⓝ913.41　〔13597〕
◇宇治拾遺物語総索引　編集代表:増田繁夫,長野照子　大阪　清文堂出版　1975　389p　22cm　5600円　Ⓝ913.41
〔13598〕
◇宇治大納言物語―伊達本　吉田幸一編著　古典文庫　1985.3　2冊　31cm　（私家版「古典聚英」3）　全46000円　Ⓝ913.47
〔13599〕
◇艶筆 宇治拾遺物語　市橋一宏著　文芸評論社　1957　241p　18cm　（艶筆文庫）　Ⓝ913.41　〔13600〕
◇視覚法による古典の梗概分析の実際―宇治拾遺物語の場合　桜井光昭著　武蔵野書院　1990.6　166p　22cm　4500円　Ⓘ4-8386-0111-5　Ⓝ913.47　〔13601〕
◇新訂増補 國史大系　第18巻　宇治拾遺物語,古事談,十訓抄　黒板勝美,國史大系編修會編　吉川弘文館　1965　23cm　Ⓝ210.08
〔13602〕

◆◆古事談・続古事談
◇古事談―中世説話の源流　源顕兼著, 志村有弘訳　〔東村山〕　教育社　1980.8　256p　18cm　（教育社新書）　700円　Ⓝ913.47
〔13603〕
◇古事談　上　源顕兼撰, 小林保治校注　現代思潮社　1981.11　322p　20cm　（古典文庫）　2400円　Ⓝ913.47
〔13604〕
◇古事談　下　源顕兼撰, 小林保治校注　現代思潮社　1981.12　269, 24p　20cm　（古典文庫）　2400円　Ⓝ913.47
〔13605〕
◇古事談私記・続古事談私記・十訓抄私記　矢野玄道著　松山　青葉図書　1975　182p　19cm　（愛媛大学古典叢刊 22）　Ⓝ913.41
〔13606〕
◇史籍集覧　〔49〕　校本古事談　近藤瓶城校　近藤瓶城　1881-1882　1冊（3冊合本）　19cm　Ⓝ210
〔13607〕
◇島原松平文庫蔵古事談抜書の研究　池上洵一編著　大阪　和泉書院　1988.12　510p　22cm　（研究叢書 64）　13500円　①4-87088-309-0　Ⓝ913.47
〔13608〕
◇新訂増補　國史大系　第18巻　宇治拾遺物語, 古事談, 十訓抄　黒板勝美, 國史大系編修會編　吉川弘文館　1965　23cm　Ⓝ210.08
〔13609〕
◇續古事談　播摩光寿ほか編　おうふう　2002.9　212p　22cm　2500円　①4-273-03167-1　Ⓝ913.47
〔13610〕
◇続古事談注解　神戸説話研究会編　大阪　和泉書院　1994.6　835, 29p　22cm　（研究叢書 150）　30900円　①4-87088-666-9　Ⓝ913.47
〔13611〕
◇豊陽古事談　郷土史蹟伝説研究会編　大分　郷土史蹟伝説研究会　1931　1冊　24cm　Ⓝ219.5
〔13612〕

◆◆発心集
◇詳註　方丈紀・発心集　次田潤著　明治書院　1952　168p　図版　19cm　Ⓝ914.42
〔13613〕
◇方丈記―付発心集（抄）現代語訳対照　鴨長明著, 今成元昭訳注　旺文社　1981.2　191p　16cm　（旺文社文庫）　280円　Ⓝ914.2
〔13614〕
◇方丈記―付発心集（抄）　鴨長明著, 今成元昭訳注　旺文社　1988.5　191p　16cm　（対訳古典シリーズ）　380円　①4-01-067215-3　Ⓝ914.2
〔13615〕
◇方丈記・発心集　鴨長明著, 三木紀人校注　新潮社　1976　437p　20cm　（新潮日本古典集成）　1800円　Ⓝ914.42
〔13616〕
◇方丈記・発心集　鴨長明著, 井手恒雄校注　7版　明治書院　1986.3　350p　19cm　（校注古典叢書）　1300円　Ⓝ914.42
〔13617〕
◇方丈記・発心集　鴨長明著, 三木紀人訳　学燈社　1982.8　264p　15cm　（現代語訳学燈文庫）　500円　①4-312-23003-X　Ⓝ914.42
〔13618〕
◇発心集―本文・自立語索引　鴨長明著, 高尾稔, 長嶋正久編　大阪　清文堂出版　1985.3　508p　22cm　13000円　Ⓝ913.47
〔13619〕
◇発心集研究　簗瀬一雄著　加藤中道館　1975　286p　23cm　（簗瀬一雄著作集 3）　5000円　Ⓝ913.41
〔13620〕

◆◆十訓抄
◇校本十訓抄　泉基博編著　右文書院　1996.3　1219p　19×27cm　38000円　①4-8421-9601-7　Ⓝ913.47
〔13621〕

◇古事談私記・続古事談私記・十訓抄私記　矢野玄道著　松山　青葉図書　1975　182p　19cm　（愛媛大学古典叢刊 22）　Ⓝ913.41
〔13622〕
◇十訓抄　安積安明校訂　2刷　岩波書店　1957　339p　15cm　（岩波文庫）　Ⓝ913.41
〔13623〕
◇十訓抄―片仮名本　泉基博編　古典文庫　1976　2冊　17cm　（古典文庫　第352, 359冊）　非売品　Ⓝ913.41
〔13624〕
◇十訓抄―本文と索引　泉基博編　笠間書院　1982.12　761p　22cm　（笠間索引叢刊 78）　14500円　Ⓝ913.47
〔13625〕
◇十訓抄―第三類本　彰考館蔵　泉基博編　大阪　和泉書院　1984.1　259p　22cm　2500円　①4-900137-00-6　Ⓝ913.47
〔13626〕
◇十訓抄―第三類本彰考館蔵　泉基博編　大阪　和泉書院　1989.3　259p　22cm　2500円　①4-900137-00-6　Ⓝ913.47
〔13627〕
◇十訓抄詳解　上中下巻, 附録　石橋尚宝著　明治書院　1959-60　4冊（附録共）図版　23cm　Ⓝ914.49
〔13628〕
◇十訓抄人名人物総索引―平安鎌倉時代政治社会教育思想史資料　石井清文, 福田広子編　横浜　政治経済史学会　1977.12　105p　22cm　3000円　Ⓝ913.41
〔13629〕
◇十訓抄全注釈　河村全二注釈　新典社　1994.5　878p　22cm　（新典社注釈叢書 6）　32000円　①4-7879-1506-1　Ⓝ913.47
〔13630〕
◇十訓抄と道徳思想　藤岡継平著　内閣印刷局　1940　71p　15cm　（日本精神叢書 5）　Ⓝ150
〔13631〕
◇十訓抄の敬語表現についての研究　泉基博著　笠間書院　1998.7　291p　22cm　（笠間叢書 309）　7500円　①4-305-10309-5　Ⓝ913.47
〔13632〕
◇新訂増補　國史大系　第18巻　宇治拾遺物語, 古事談, 十訓抄　黒板勝美, 國史大系編修會編　吉川弘文館　1965　23cm　Ⓝ210.08
〔13633〕

◆◆沙石集
◇校注沙石集　無住著, 坂詰力治, 寺島利尚編　武蔵野書院　1991.3　141p　21cm　①4-8386-0632-X　Ⓝ913.47
〔13634〕
◇沙石集総索引―慶長十年古活字本　深井一郎編　勉誠社　1980.3　2冊　27cm　全68000円　Ⓝ810.24
〔13635〕
◇沙石集の構造　片岡了著　京都　法藏館　2001.2　474p　22cm　10000円　①4-8318-7662-3　Ⓝ913.47
〔13636〕
◇沙石集の語法論攷　斉藤由美子著　おうふう　1999.2　231p　22cm　15000円　①4-273-03056-X　Ⓝ913.47
〔13637〕

◆◆古今著聞集
◇古今著聞集　橘成季著, 正宗敦夫編纂・校訂　現代思潮社　1983.2　2冊　16cm　（覆刻日本古典全集）　Ⓝ913.47
〔13638〕
◇古今著聞集　上巻　橘成季著, 正宗敦夫編纂校訂　日本古典全集刊行会　1946　266p　19cm　Ⓝ913.41
〔13639〕
◇古今著聞集　上巻　橘成季著, 中島悦次校注　角川書店　1975　390p　15cm　（角川文庫）　490円　Ⓝ913.41
〔13640〕

◇古今著聞集 上 橘成季著, 西尾光一, 小林保治校注 新潮社 1983.6 533p 20cm （新潮日本古典集成） 2500円 ⓘ4-10-620359-6 Ⓝ913.41 〔13641〕
◇古今著聞集 下巻 橘成季著, 中島悦次校注 角川書店 1978.4 352p 15cm （角川文庫） 460円 Ⓝ913.41 〔13642〕
◇古今著聞集 下 橘成季著, 西尾光一, 小林保治校注 新潮社 1986.12 487p 20cm （新潮日本古典集成） 2200円 ⓘ4-10-620376-6 Ⓝ913.41 〔13643〕
◇古今著聞集私記 矢野玄道著, 小泉道編 松山 愛媛大学古典叢刊刊行会 1974 288p 19cm （愛媛大学古典叢刊 21） Ⓝ913.41 〔13644〕
◇古今著聞集総索引 峰岸明監修, 有賀嘉寿子編 笠間書院 2002.7 520p 22cm （笠間索引叢刊 123） 13000円 ⓘ4-305-20123-2 Ⓝ913.47 〔13645〕
◇抄訳古今著聞集・作家論 横山青娥著 塔影書房 1978.7 168p 19cm 2500円 Ⓝ913.41 〔13646〕
◇新訂増補 國史大系 第19巻 古今著聞集, 愚管抄 黒板勝美, 國史大系編修会編 吉川弘文館 1964 422, 236p 23cm Ⓝ210.08 〔13647〕
◇新訂増補 國史大系 第19巻 古今著聞集・愚管抄 黒板勝美編 オンデマンド版 吉川弘文館 2007.6 422, 236p 26cm 14000円 ⓘ978-4-642-04019-8 〔13648〕

◆歴史物語
◇松平文庫本 唐鏡 藤原茂範著, 増田欣編 広島 広島中世文芸研究会 1966 213p 18cm （中世文芸叢書 8） Ⓝ913.41 〔13649〕
◇歴史物語の研究 松本治久著 新典社 2000.5 350p 22cm （新典社研究叢書 129） 9000円 ⓘ4-7879-4129-1 Ⓝ913.42 〔13650〕

◆◆水鏡
◇史籍集覧 〔85〕 水鏡 近藤瓶城校 藤原忠親著 近藤瓶城 1881.7 2冊(34, 58丁) 19cm Ⓝ210 〔13651〕
◇新訂増補 國史大系 第21巻 上 水鏡, 大鏡 黒板勝美, 國史大系編修會編 吉川弘文館 1966 108, 94, 190p 23cm Ⓝ210.08 〔13652〕
◇水鏡 和田英松校訂 岩波書店 1987.11 110p 15cm （岩波文庫 30-115-1） 250円 ⓘ4-00-301151-1 Ⓝ913.425 〔13653〕
◇水鏡―本文及び総索引 榊原邦彦編 笠間書院 1990.6 366p 22cm （笠間索引叢刊 94） 11330円 Ⓝ913.425 〔13654〕
◇水鏡全注釈 金子大麓ほか注釈 新典社 1998.12 484p 22cm （新典社注釈叢書 9） 14000円 ⓘ4-7879-1509-6 Ⓝ913.425 〔13655〕
◇歴史物語講座 第5巻 水鏡 歴史物語講座刊行委員会編 風間書房 1997.8 265p 22cm 9000円 ⓘ4-7599-1041-7 Ⓝ913.39 〔13656〕

◆◆増鏡
◇片仮名本増鏡の研究 本文・資料篇 佐藤高明著 風間書房 1976 499p 図 27cm 16800円 Ⓝ913.426 〔13657〕
◇声で読む大鏡・今鏡・増鏡 金子武雄著 學燈社 2007.5 289p 19cm 1900円 ⓘ978-4-312-70009-4 〔13658〕

◇史籍集覧 〔81〕 増鏡 近藤瓶城校 近藤瓶城 1881.9 4冊 19cm Ⓝ210 〔13659〕
◇新訂増補 國史大系 第21巻 下 今鏡, 増鏡 黒板勝美, 國史大系編修會編 吉川弘文館 1965 236p 23cm Ⓝ210.08 〔13660〕
◇神皇正統記 増鏡 岩佐正, 時枝誠記, 木藤才蔵校注 岩波書店 1993.3 542p 22cm （日本古典文学大系 新装版―歴史文学シリーズ） 4600円 ⓘ4-00-004496-6 Ⓝ210.1 〔13661〕
◇全訳増鏡 青山直治著 京都 初音書房 1970 296p 図 19cm 800円 Ⓝ913.423 〔13662〕
◇通解増鏡 塚本哲三著 有朋堂 1951 204p 19cm Ⓝ913.423 〔13663〕
◇増鏡 岡一男校註 朝日新聞社 1948 362p 図版 19cm （日本古典全書） Ⓝ913.423 〔13664〕
◇増鏡 竹下直之等校訂 いてふ本刊行会 1953 282p 19cm Ⓝ913.423 〔13665〕
◇増鏡 久松潜一訳 至文堂 1954 220p 19cm （物語日本文学） Ⓝ913.423 〔13666〕
◇増鏡 中村直勝著 弘文堂 1955 77p 15cm （アテネ文庫） Ⓝ913.423 〔13667〕
◇増鏡 岡一男校註 朝日新聞社 1970 362p 19cm （日本古典全書 監修:高木市之助等） 500円 Ⓝ913.423 〔13668〕
◇増鏡 木藤才蔵校注 6版 明治書院 1986.3 347p 19cm （校注古典叢書） 1300円 Ⓝ913.426 〔13669〕
◇増鏡 木藤才蔵校注 新装版 明治書院 2002.2 347p 19cm （校注古典叢書） 2300円 ⓘ4-625-71318-8 Ⓝ913.426 〔13670〕
◇増鏡―全訳注 上 井上宗雄訳注 講談社 1979.11 341p 15cm （講談社学術文庫） 640円 Ⓝ913.423 〔13671〕
◇増鏡―全訳注 中 井上宗雄訳注 講談社 1983.9 475p 15cm （講談社学術文庫） 1100円 ⓘ4-06-158449-9 Ⓝ913.426 〔13672〕
◇増鏡―全訳注 下 井上宗雄訳注 講談社 1983.10 406p 15cm （講談社学術文庫） 1000円 ⓘ4-06-158450-2 Ⓝ913.426 〔13673〕
◇ますかがみ 17巻 佐藤敏彦編 桜楓社 1983.3 204p 22cm 2000円 Ⓝ913.426 〔13674〕
◇「増鏡」研究序説 西沢正二著 桜楓社 1982.9 358p 22cm 22600円 Ⓝ913.426 〔13675〕
◇増鏡考説―流布本考 伊藤敬著 新典社 1992.4 478p 22cm （新典社研究叢書 49） 15000円 ⓘ4-7879-4049-X Ⓝ913.426 〔13676〕
◇増鏡総索引 門屋和雄編 明治書院 1978.8 249p 22cm 5200円 Ⓝ913.423 〔13677〕
◇増鏡通解 和田英松, 石川佐久太郎共著 改修版 明治書院 1953 463p 19cm Ⓝ913.423 〔13678〕
◇増鏡の解釈 児玉尊臣著 有精堂出版株式会社 1952 101p 18cm Ⓝ913.423 〔13679〕
◇増鏡評解 石田吉貞著 有精堂 1953 280p 19cm Ⓝ913.423 〔13680〕
◇歴史物語講座 第6巻 増鏡 歴史物語講座刊行委員会編 風間書房 1997.11 277p 22cm 9000円 ⓘ4-7599-1047-6 Ⓝ913.39 〔13681〕

文学史　　　　　　　　　　　　　　　中世史

◆◆六代勝事記
◇六代勝事記　弓削繁編著　大阪　和泉書院　1984.4　136p　21cm　（和泉書院影印刊叢刊 40）　2000円　Ⓘ4-87088-113-6　Ⓝ210.42　〔13682〕
◇六代勝事記・五代帝王物語　弓削繁校注　三弥井書店　2000.6　333p　22cm　（中世の文学）　6800円　Ⓘ4-8382-1026-4　Ⓝ913.42　〔13683〕
◇六代勝事記の成立と展開　弓削繁著　風間書房　2003.1　500p　22cm　16000円　Ⓘ4-7599-1359-9　Ⓝ913.42　〔13684〕

◆軍記物語
◇明智物語─内閣文庫蔵本　関西大学中世文学研究会編　大阪　和泉書院　1996.7　154p　22cm　（和泉古典文庫 7）　3296円　Ⓘ4-87088-812-2　Ⓝ913.438　〔13685〕
◇いくさ物語と源氏将軍　山下宏明著　三弥井書店　2003.5　328, 15p　22cm　9800円　Ⓘ4-8382-3096-6　Ⓝ913.43　〔13686〕
◇いくさ物語の語りと批評　山下宏明著　京都　世界思想社　1997.3　316p　20cm　（Sekaishiso seminar）　2900円　Ⓘ4-7907-0639-7　Ⓝ913.43　〔13687〕
◇石田軍記・仙道軍記　黒川真道編　国史研究会　1914　448p　20cm　（国史叢書）　Ⓝ210.4　〔13688〕
◇越後軍記・昔日北花録・浅井物語・浅井日記　黒川真道編　国史研究会　1915　488p　20cm　（国史叢書）　Ⓝ210.4　〔13689〕
◇奥羽永慶軍記　戸部一憨斎正直著, 今村義孝校注　復刻版　秋田　無明舎出版　2005.2　1014p　20cm　9400円　Ⓘ4-89544-388-4　Ⓝ210.47　〔13690〕
◇王権と物語　兵藤裕己著　青弓社　1989.9　205p　20cm　2060円　Ⓝ910.24　〔13691〕
◇語り物文学の表現構造─軍記物語・幸若舞・古浄瑠璃を通じて　村上學著　風間書房　2000.12　566p　22cm　17000円　Ⓘ4-7599-1237-1　Ⓝ913.43　〔13692〕
◇畿内戦国軍記集　青木晃ほか編　大阪　和泉書院　1989.1　238p　20cm　（和泉選書 39）　3800円　Ⓘ4-87088-329-5　Ⓝ913.43　〔13693〕
◇桐生老談記　桐生市立図書館編　桐生　桐生市立図書館　1994.3　184p　26cm　1000円　Ⓝ913.43　〔13694〕
◇軍記語りと芸能　山下宏明編　汲古書院　2000.11　289p　22cm　（軍記文学研究叢書 12）　8000円　Ⓘ4-7629-3391-0　Ⓝ913.43　〔13695〕
◇軍記と漢文学　和漢比較文学会編　汲古書院　1993.4　309p　22cm　（和漢比較文学叢書 第15巻）　6500円　Ⓘ4-7629-3239-6　Ⓝ913.43　〔13696〕
◇軍記と武士の世界　栃木孝惟著　吉川弘文館　2001.3　320p　20cm　3000円　Ⓘ4-642-07773-1　Ⓝ913.43　〔13697〕
◇軍記と室町物語　池田敬子著　大阪　清文堂出版　2001.10　454p　22cm　10000円　Ⓘ4-7924-1371-0　Ⓝ913.43　〔13698〕
◇軍記文学とその周縁　梶原正昭編　汲古書院　2000.4　295p　22cm　（軍記文学研究叢書 1）　8000円　Ⓘ4-7629-3380-5　Ⓝ913.43　〔13699〕
◇軍記物語─古態本　今成元昭ほか編　双文社出版　1993.3　207p　21cm　1850円　Ⓘ4-88164-010-0　Ⓝ913.43　〔13700〕
◇軍記物語形成史序説─転換期の歴史意識と文学　栃木孝惟著　岩波書店　2002.4　451p　22cm　11000円　Ⓘ4-00-022606-1　Ⓝ913.43　〔13701〕
◇軍記物語とその劇化─『平家物語』から『太閤記』まで　国文学研究資料館編　京都　臨川書店　2000.10　226p　19cm　（古典講演シリーズ 6）　2300円　Ⓘ4-653-03729-9　Ⓝ913.43　〔13702〕
◇軍記物語の生成と表現　山下宏明編　大阪　和泉書院　1995.3　345p　22cm　（研究叢書 166）　11330円　Ⓘ4-87088-720-7　Ⓝ913.43　〔13703〕
◇軍記物語の世界　永積安明著　岩波書店　2002.2　297p　15cm　（岩波現代文庫 学術）　1100円　Ⓘ4-00-600077-4　Ⓝ913.43　〔13704〕
◇軍記物語の窓　第1集　関西軍記物語研究会編　大阪　和泉書院　1997.12　549p　22cm　（研究叢書 217）　17000円　Ⓘ4-87088-895-5　Ⓝ913.43　〔13705〕
◇軍記物語の窓　第2集　関西軍記物語研究会編　大阪　和泉書院　2002.12　420p　22cm　（研究叢書 286）　12000円　Ⓘ4-7576-0182-4　Ⓝ913.43　〔13706〕
◇軍記物語論究　松尾葦江著　若草書房　1996.6　535p　22cm　（中世文学研究叢書 2）　13000円　Ⓘ4-948755-06-0　Ⓝ913.43　〔13707〕
◇芸侯三家誌　1（巻1至4）　矢野太郎編　国史研究会　1918　408p　20cm　（国史叢書）　Ⓝ210.4　〔13708〕
◇源威集　加地宏江校注　平凡社　1996.11　355p　18cm　（東洋文庫 607）　2987円　Ⓘ4-582-80607-4　Ⓝ913.438　〔13709〕
◇源平の時代展図録─歴史浪漫　茨城県近代美術館編　水戸　茨城県近代美術館　2006　135p　31cm　Ⓝ721.9　〔13710〕
◇史籍集覧　〔11〕　校本鎌倉大草紙　近藤瓶城校　近藤瓶城　1883.4　23, 11, 30丁（上・中・下合本）　19cm　Ⓝ210　〔13711〕
◇承久兵乱記　村上光徳校　おうふう　2001.10　152p　21cm　2000円　Ⓘ4-273-03202-3　Ⓝ913.43　〔13712〕
◇戦国軍記事典　群雄割拠篇　古典遺産の会編　大阪　和泉書院　1997.2　553p　22cm　（和泉事典シリーズ 8）　15450円　Ⓘ4-87088-845-9　Ⓝ913.43　〔13713〕
◇戦国軍記の研究　笹川祥生著　大阪　和泉書院　1999.11　305p　22cm　（研究叢書 244）　10000円　Ⓘ4-7576-0007-0　Ⓝ913.43　〔13714〕
◇戦国武将のこころ─近江浅井氏と軍書の世界　笹川祥生著　吉川弘文館　2004.8　210p　20cm　2400円　Ⓘ4-642-07931-9　Ⓝ913.438　〔13715〕
◇中世語り物文芸─その系譜と展開　福田晃著　三弥井書店　1981.5　350p　19cm　（三弥井選書 8）　2000円　Ⓝ913.4　〔13716〕
◇中世軍記の展望台　武久堅監修, 池田敬子, 岡田三津子, 佐伯真一, 源健一郎編集委員　大阪　和泉書院　2006.7　612p　22cm　（研究叢書 354）　18000円　Ⓘ4-7576-0378-9　Ⓝ913.43　〔13717〕
◇中世軍記文学選　村上美登志編　大阪　和泉書院　1999.10　276p　21cm　2200円　Ⓘ4-7576-0021-6　Ⓝ913.43　〔13718〕
◇中世軍記物の研究　小松茂人著　桜楓社出版　1962　257p　22cm　Ⓝ913.43　〔13719〕
◇中世軍記物の研究　続　小松茂人著　桜楓社　1971　258p　22cm　2800円　Ⓝ913.43　〔13720〕

◇中世軍記物の研究 続々 小松茂人著 桜楓社 1991.5 230p 22cm 15000円 ⓘ4-273-02441-1 ⓃN913.43 〔13721〕
◇中世戦記文学―古典鑑賞 佐々木八郎著 鶴書房 1943 291p 19cm ⓃN913.4 〔13722〕
◇中世歴史叙述と展開―『職原鈔』と後期軍記 加地宏江著 吉川弘文館 1999.7 274p 22cm 7500円 ⓘ4-642-02779-3 ⓃN210.45 〔13723〕
◇浪合記・桜雲記 安井久善編 古典文庫 1986.12 415p 17cm （古典文庫 第482冊） 非売品 ⓃN913.43 〔13724〕
◇南北朝軍記とその周辺 安井久善著 笠間書院 1985.3 241p 22cm （笠間叢書187） 6500円 ⓃN913.43 〔13725〕
◇梅松論・源威集 矢代和夫, 加美宏校注 現代思潮社 1975 380p 22cm （新選日本古典文庫3） 5200円 ⓃN913.48 〔13726〕
◇別所記―研究と資料 松林靖明, 山上登志美編著 大阪 和泉書院 1996.3 374p 22cm （研究叢書178） ⓘ4-87088-775-4 ⓃN913.438 〔13727〕
◇前田氏戦記集 日置謙校 金沢 石川県図書館協会 1935 174p 23cm ⓃN210.4 〔13728〕
◇未刊軍記物語資料集 6 聖藩文庫本軍記物語集 2 黒田彰, 岡田美穂編・解説 クレス出版 2005.9 408, 9p 22cm （軍記物語研究叢書 第6巻） 8000円 ⓘ4-87733-287-1 ⓃN913.43 〔13729〕
◇未刊軍記物語資料集 7 聖藩文庫本軍記物語集 3 黒田彰, 岡田美穂編・解説 クレス出版 2005.9 482, 7p 22cm （軍記物語研究叢書 第7巻） 10000円 ⓘ4-87733-288-X ⓃN913.43 〔13730〕
◇未刊軍記物語資料集 8 聖藩文庫本軍記物語集 4 黒田彰, 岡田美穂編・解説 クレス出版 2005.9 519, 8p 22cm （軍記物語研究叢書 第8巻） 10000円 ⓘ4-87733-289-8 ⓃN913.43 〔13731〕
◇室町軍記赤松盛衰記―研究と資料 矢代和夫ほか編 国書刊行会 1995.9 491p 20cm 6800円 ⓘ4-336-03743-4 ⓃN913.43 〔13732〕
◇室町軍記総覧 古典遺産の会編 明治書院 1985.12 332p 19cm 3200円 ⓃN913.43 〔13733〕
◇室町軍記の研究 松林靖明著 大阪 和泉書院 1995.3 377p 22cm （研究叢書167） 11330円 ⓘ4-87088-724-X ⓃN913.43 〔13734〕
◇室町・戦国軍記の展望 梶原正昭著 大阪 和泉書院 1999.12 437p 22cm （研究叢書246） 13000円 ⓘ4-7576-0025-9 ⓃN913.43 〔13735〕
◇吉川英治 ものがたりの時代―『新・平家物語』『私本太平記』の世界 中島誠著 論創社 2004.5 260p 19cm 2000円 ⓘ4-8460-0420-1 〔13736〕
◇義経東下り物語―本文翻刻・用語索引 大谷大学国文学研究室編 京都 大谷大学国文学研究室 文華堂（発売） 1976 図91枚 201p 27cm ⓃN913.48 〔13737〕
◇竜谷大学図書館蔵石山退去録 関西大学中世文学研究会編 大阪 和泉書院 1986.11 218p 19cm （上方文庫 4） 2800円 ⓘ4-87088-218-3 ⓃN913.43 〔13738〕

◆◆保元物語
◇金刀比羅宮蔵保元平治物語とその流伝 高橋貞一著 大阪 和泉書院 1995.3 231p 20cm （和泉選書91） 3914円 ⓘ4-87088-711-8 ⓃN913.432 〔13739〕

◇崇徳院怨霊の研究 山田雄司著 京都 思文閣出版 2001.2 293, 11p 22cm 6000円 ⓘ4-7842-1060-1 ⓃN210.38 〔13740〕
◇戦記文学―保元物語・平治物語・太平記 日本文学研究資料刊行会編 有精堂 1974 321p 22cm （日本文学研究資料叢書） 2300円 ⓃN913.43 〔13741〕
◇東京大学文学部国文学研究室蔵保元物語―翻刻と研究 私家版 早稲田大学大学院文学研究科日本文学専攻中世散文研究室編 早稲田大学大学院文学研究科日本文学専攻中世散文研究室 1997.10 85p 26cm ⓃN913.432 〔13742〕
◇半井本 保元物語と研究 山岸徳平, 高橋貞一編著 豊橋 未刊国文資料刊行会 1959 147p 19cm （未刊国文資料 第2期第2冊） ⓃN913.43 〔13743〕
◇保元・平治物語 巻1-3 保元物語平治物語 竹下直之校訂 いてふ刊行会 1953 210p 19cm ⓃN913.44 〔13744〕
◇『保元・平治物語』の形成―人物論を中心にして 大島龍彦著 新典社 2001.5 397p 22cm （新典社研究叢書134） 8300円 ⓘ4-7879-4134-8 ⓃN913.432 〔13745〕
◇保元・平治物語の世界 水原一著 日本放送出版協会 1979.3 311p 19cm （放送ライブラリー26） 980円 ⓃN913.44 〔13746〕
◇保元物語 高橋貞一校註 大日本雄弁会講談社 1952 293p 図版 19cm （新註国文学叢書 第58） ⓃN913.44 〔13747〕
◇保元物語 武田昌憲訳 勉誠出版 2005.1 231p 20cm （現代語で読む歴史文学） 2500円 ⓘ4-585-07068-0 ⓃN913.432 〔13748〕
◇保元物語総索引 坂詰力治, 見野久幸編 武蔵野書院 1981.6 340p 22cm 8000円 ⓃN913.432 〔13749〕
◇保元物語の形成 栃木孝惟編 汲古書院 1997.7 379p 22cm （軍記文学研究叢書3） 8000円 ⓘ4-7629-3382-1 ⓃN913.432 〔13750〕
◇保元物語・平治物語 日下力校注・訳 ほるぷ出版 1986.9 457p 20cm （日本の文学） ⓃN913.432 〔13751〕
◇御田愿言著作集 1 保元物語注解 続群書類従完成会 1980.12 416p 22cm 12000円 ⓃN913.43 〔13752〕

◆◆平治物語
◇金刀比羅宮蔵保元平治物語とその流伝 高橋貞一著 大阪 和泉書院 1995.3 231p 20cm （和泉選書91） 3914円 ⓘ4-87088-711-8 ⓃN913.432 〔13753〕
◇週刊ビジュアル日本の歴史 no.60 武士の登場 10 デアゴスティーニ・ジャパン 2001.4 p380-417 30cm 533円 ⓃN210.1 〔13754〕
◇戦記文学―保元物語・平治物語・太平記 日本文学研究資料刊行会編 有精堂 1974 321p 22cm （日本文学研究資料叢書） 2300円 ⓃN913.43 〔13755〕
◇半井本平治物語本文および語彙索引 坂詰力治, 見野久幸編 武蔵野書院 1997.10 333p 22cm 18000円 ⓘ4-8386-0172-7 ⓃN913.433 〔13756〕
◇Feiqe monogatari ―翻刻版 溝口博幸編著 第2版 大東文化大学大学院文学研究科日本文学専攻 2002.3 408p 26cm ⓃN913.434 〔13757〕

◇平治物語　高橋貞一校訂　大日本雄弁会講談社　1952　284p 図版　19cm　(新註国文学叢書 第59)　Ⓝ913.442
〔13758〕
◇平治物語　陽明文庫編　京都　思文閣出版　1977.6　624, 34p　23cm　(陽明叢書)　12000円　Ⓝ913.433
〔13759〕
◇平治物語　日下力著　岩波書店 1992.12　214p　19cm　(岩波セミナーブックス 107—古典講読シリーズ)　1600円　Ⓘ4-00-004256-4　Ⓝ913.433　〔13760〕
◇平治物語　中村晃訳　勉誠出版　2004.6　211p　20cm　(現代語で読む歴史文学)　2500円　Ⓘ4-585-07067-2　Ⓝ913.433
〔13761〕
◇平治物語(九条家本)と研究　山岸徳平, 高橋貞一編著　豊橋　未刊国文資料刊行会　1960　174p　19cm　(未刊国文資料 第2期 第5冊)　Ⓝ913.442　〔13762〕
◇平治物語研究　校本篇　笠栄治編　桜楓社　1981.6　1402p　22cm　80000円　Ⓝ913.433
〔13763〕
◇平治物語総索引　坂詰力治, 見野久幸編　武蔵野書院　1979.10　251p　22cm　6000円　Ⓝ913.442
〔13764〕
◇平治物語の成立　栃木孝惟編　汲古書院　1998.12　374p　22cm　(軍記文学研究叢書 4)　8000円　Ⓘ4-7629-3383-X　Ⓝ913.433　〔13765〕
◇平治物語の成立と展開　日下力著　汲古書院　1997.6　648p　22cm　15000円　Ⓘ4-7629-3404-6　Ⓝ913.433
〔13766〕
◇保元・平治物語　巻1-3　保元物語平治物語　竹下直之校訂　いてふ刊行会　1953　210p　19cm　Ⓝ913.44
〔13767〕
◇『保元・平治物語』の形成―人物論を中心にして　大島龍彦著　新典社　2001.5　397p　22cm　(新典社研究叢書 134)　8300円　Ⓘ4-7879-4134-8　Ⓝ913.432
〔13768〕
◇保元・平治物語の世界　水原一著　日本放送出版協会　1979.3　311p　19cm　(放送ライブラリー 26)　980円　Ⓝ913.44
〔13769〕
◇保元物語・平治物語　日下力校注・訳　ほるぷ出版　1986.9　457p　20cm　(日本の文学)　Ⓝ913.432　〔13770〕
◇御橋悳言著作集 2　平治物語注解　続群書類従完成会　1981.5　378p　22cm　12000円　Ⓝ913.43
〔13771〕

◆◆平家物語

◇天草版平家物語伊曽保物語言葉の和らげ　高羽五郎編　〔京都〕　〔高羽五郎〕　1950印刷　42, 10p　24cm　(國語学資料 第7輯)　非売品　Ⓝ913.434　〔13772〕
◇天草版平家物語彙用例総索引　1 影印・翻字篇　近藤政美, 池村奈代美, 濱千代いづみ共編　勉誠出版 1999.2　855, 18p　22cm　Ⓘ4-585-10043-1　Ⓝ913.434
〔13773〕
◇天草版平家物語語彙用例総索引　2 索引篇 上　近藤政美, 池村奈代美, 濱千代いづみ共編　勉誠出版 1999.2　820p　22cm　Ⓘ4-585-10043-1　Ⓝ913.434
〔13774〕
◇天草版平家物語語彙用例総索引　3 索引篇 中　近藤政美, 池村奈代美, 濱千代いづみ共編　勉誠出版 1999.2　p823-1275, 10, 292p　22cm　Ⓘ4-585-10043-1　Ⓝ913.434
〔13775〕
◇天草版平家物語語彙用例総索引　4 索引篇 下　近藤政美, 池村奈代美, 濱千代いづみ共編　勉誠出版 1999.2　820, 103p　22cm　Ⓘ4-585-10043-1　Ⓝ913.434
〔13776〕
◇天草版平家物語私考　市井外喜子著　新典社　2000.12　206p　22cm　(新典社研究叢書 131)　6000円　Ⓘ4-7879-4131-3　Ⓝ913.434
〔13777〕
◇天草版平家物語総索引　近藤政美ほか編集　勉誠社　1982.2　869p　22cm　14000円　Ⓝ913.434
〔13778〕
◇天草版平家物語叢録　福島邦道著　笠間書院　2003.1　457p　22cm　(笠間叢書 346)　13500円　Ⓘ4-305-10346-X　Ⓝ913.434
〔13779〕
◇天草版平家物語対照本文及び総索引　江口正弘著　明治書院　1986.11　2冊　22cm　全19000円　Ⓝ913.434
〔13780〕
◇天草版平家物語難語句解の研究　森田武著　大阪　清文堂出版　1976　495p　22cm　7700円　Ⓝ913.45
〔13781〕
◇天草版平家物語の基礎的研究　清瀬良一著　広島　渓水社　1982.12　264p　22cm　4800円　Ⓝ913.434
〔13782〕
◇天草版平家物語の語彙と語法　江口正弘著　笠間書院　1994.5　351p　22cm　(笠間叢書 267)　12000円　Ⓘ4-305-10267-6　Ⓝ913.434
〔13783〕
◇天草版平家物語の書入れ難語句解　森田武編　広島　1959　141p　25cm　Ⓝ913.45　〔13784〕
◇「天草本ヘイケモノガタリ」検案　島正三編　桜楓社　1967　2冊　22×31cm　Ⓝ913.45　〔13785〕
◇天草本平家物語の語法の研究　鎌田廣夫著　おうふう　1998.7　310p　22cm　18000円　Ⓘ4-273-03039-X　Ⓝ913.434
〔13786〕
◇歩いて楽しむ「平家物語」　いのぐち泰子著　名古屋　風媒社　2007.3　216p　21cm　1700円　Ⓘ978-4-8331-0129-5
〔13787〕
◇異形の平家物語―竜と天狗と清盛と　松尾美恵子著　大阪　和泉書院　1999.6　239p　20cm　2200円　Ⓘ4-87088-978-1　Ⓝ913.434　〔13788〕
◇詠う平家殺す源氏―日本人があわせ持つ心の原点を探す　谷沢永一, 渡部昇一著　ビジネス社　2002.12　226p　20cm　1500円　Ⓘ4-8284-1021-X　Ⓝ913.434
〔13789〕
◇絵本平家物語　浅野進平著, 箕面自由学園監修　盛岡　熊谷印刷出版部　2000.10　184p　19×27cm　1905円　Ⓘ4-87720-246-3　Ⓝ913.434　〔13790〕
◇延慶本平家物語―校訂 1　栃木孝惟, 谷口耕一編　汲古書院　2000.3　184p　21cm　2000円　Ⓘ4-7629-3501-8　Ⓝ913.434
〔13791〕
◇延慶本平家物語―校訂 2　高山利弘編　汲古書院　2001.10　163p　21cm　2000円　Ⓘ4-7629-3502-6　Ⓝ913.434
〔13792〕
◇延慶本平家物語―校訂 3　谷口耕一編　汲古書院　2001.1　194p　21cm　2000円　Ⓘ4-7629-3503-4　Ⓝ913.434
〔13793〕
◇延慶本平家物語―校訂 4　櫻井陽子編　汲古書院　2002.4　198p　21cm　2000円　Ⓘ4-7629-3504-2　Ⓝ913.434
〔13794〕
◇延慶本平家物語―校訂 9　谷口耕一編　汲古書院　2003.5　175p　21cm　2000円　Ⓘ4-7629-3509-3　Ⓝ913.434
〔13795〕

◇延慶本平家物語　索引篇　北原保雄, 小川栄一編　勉誠社　1996.2　2冊　22cm　全51500円　①4-585-10002-4　Ⓝ913.434　〔13796〕

◇延慶本平家物語考証　1　水原一編　新典社　1992.5　286p　22cm　8900円　①4-7879-2702-7　Ⓝ913.434　〔13797〕

◇延慶本平家物語考証　2　水原一編　新典社　1993.6　194p　22cm　6100円　①4-7879-2703-5　Ⓝ913.434　〔13798〕

◇延慶本平家物語考証　3　水原一編　新典社　1994.5　221p　22cm　7000円　①4-7879-2704-3　Ⓝ913.434　〔13799〕

◇延慶本平家物語考証　4　水原一編　新典社　1997.6　242p　22cm　7200円　①4-7879-2705-1　Ⓝ913.434　〔13800〕

◇延慶本『平家物語』の説話と学問　牧野和夫著　京都　思文閣出版　2005.10　386, 18p　22cm　12000円　①4-7842-1258-2　Ⓝ913.434　〔13801〕

◇延慶本平家物語人物索引　早川厚一編　笠間書院　1978.3　221p　22cm　（笠間索引叢刊 66）　4500円　Ⓝ913.45　〔13802〕

◇延慶本平家物語論考　水原一著　加藤中道館　1979.6　696p　23cm　15000円　Ⓝ913.45　〔13803〕

◇應永書寫延慶本　平家物語　吉澤義則校註　白帝社　1961　1092p　図版　22cm　Ⓝ913.45　〔13804〕

◇往生の物語―死の万華鏡『平家物語』　林望著　集英社　2000.6　262p　18cm　（集英社新書）　720円　①4-08-720039-6　Ⓝ913.434　〔13805〕

◇大前神社本平家物語　おうふう　1994.12　1282p　37cm　80000円　①4-273-02804-2　Ⓝ913.434　〔13806〕

◇男は美人の嘘が好き―ひかりと影の平家物語　大塚ひかり著　清流出版　1999.3　254p　20cm　1600円　①4-916028-54-6　Ⓝ913.434　〔13807〕

◇海王宮―壇之浦と平家物語　安徳天皇追福八百二十年赤間神宮創建百三十年記念論集　松尾葦江編　三弥井書店　2005.10　459p　22cm　8900円　①4-8382-3141-5　Ⓝ913.434　〔13808〕

◇覚一本平家物語―高良大社蔵　第1分冊　山中耕作, 工藤博子編　久留米　竹間宗麿　1997.3　279p　30cm　3000円　Ⓝ913.434　〔13809〕

◇覚一本平家物語―高良大社蔵　第2分冊　山中耕作, 工藤博子編　久留米　竹間宗麿　1999.5　251p　30cm　2000円　Ⓝ913.434　〔13810〕

◇覚一本平家物語―高良大社蔵　第3分冊　山中耕作, 工藤博子編　久留米　竹間宗麿　2001.4　267p　30cm　2000円　Ⓝ913.434　〔13811〕

◇覚一本平家物語―高良大社蔵　第4分冊　山中耕作ほか編　久留米　竹間宗麿　2003.4　321p　30cm　2000円　Ⓝ913.434　〔13812〕

◇語り物序説―「平家」語りの発生と表現　兵藤裕己著　有精堂出版　1985.10　169p　20cm　（新鋭研究叢書8）　2000円　①4-640-30807-8　Ⓝ913.434　〔13813〕

◇語り物文学叢説―聞く語り・読む語り　服部幸造著　三弥井書店　2001.5　332, 5p　22cm　9800円　①4-8382-3087-7　Ⓝ913.434　〔13814〕

◇カメラ紀行　平家物語　杉本苑子文, 浅野喜市写真　京都　淡交新社　1964　188p（図版共）　22cm　Ⓝ913.45　〔13815〕

◇カメラ散歩　平家物語　朝日新聞社編　1966　233p　図版　22cm　Ⓝ913.45　〔13816〕

◇熊谷送状　大阪　神門政繁　1995.6　6丁　29cm　①4-9900403-2-5　Ⓝ913.434　〔13817〕

◇訓読四部合戦状本平家物語　高山利弘編著　有精堂出版　1995.3　541p　22cm　17510円　①4-640-31053-6　Ⓝ913.434　〔13818〕

◇言語学からみた「平家物語・巻一」の成立過程　カレル・フィアラ述, 国際日本文化研究センター編　京都　国際日本文化研究センター　1991.10　48p　21cm　非売品　Ⓝ913.434　〔13819〕

◇源氏から平家へ　横井孝著　新典社　1998.11　190p　19cm　（新典社選書 9）　1800円　①4-7879-6759-2　Ⓝ913.434　〔13820〕

◇現代語訳 平家物語　山口明穂訳　學燈社　2006.9　279p　19cm　1600円　①4-312-60007-4　〔13821〕

◇現代語訳 平家物語　上　中山義秀訳　河出書房新社　2004.10　380p　15cm　（河出文庫）　980円　①4-309-40724-2　〔13822〕

◇現代語訳 平家物語　中　中山義秀訳　河出書房新社　2004.11　414p　15cm　（河出文庫）　980円　①4-309-40726-9　〔13823〕

◇現代語訳 平家物語　下　中山義秀訳　河出書房新社　2004.12　352p　15cm　（河出文庫）　980円　①4-309-40728-5　〔13824〕

◇現代人のための平家物語　長野甞一著　新人物往来社　1971　325p　20cm　850円　Ⓝ913.45　〔13825〕

◇源平闘諍録―板東で生まれた平家物語　上　福田豊彦, 服部幸造注釈　講談社　1999.9　492p　15cm　（講談社学術文庫）　1400円　①4-06-159397-8　Ⓝ913.434　〔13826〕

◇源平闘諍録―板東で生まれた平家物語　下　福田豊彦, 服部幸造注釈　講談社　2000.3　553p　15cm　（講談社学術文庫）　1500円　①4-06-159398-6　Ⓝ913.434　〔13827〕

◇源平闘諍録と研究　山下宏明編著　豊橋　未刊国文資料刊行会　1963　297p　図版　19cm　（未刊国文資料 第2期 第14冊）　Ⓝ913.45　〔13828〕

◇校注 平家物語選　近藤政美, 濱千代いづみ編著　大阪　和泉書院　2007.3　125p　21cm　1500円　①978-4-7576-0411-7　〔13829〕

◇国語国文学研究史大成　第9　平家物語　全国大学国語国文学会研究史大成編纂委員会編　高木市之助等編著　三省堂　1960　549p　図版　22cm　Ⓝ910.8　〔13830〕

◇語法詳解　平家物語の新解釈　浅尾芳之助著　有精堂　1953　329p　19cm　Ⓝ913.45　〔13831〕

◇鹿の谷事件―平家物語鑑賞　梶原正昭著　武蔵野書院　1997.7　316p　22cm　2400円　①4-8386-0387-8　Ⓝ913.434　〔13832〕

◇CD・BOOK 声で楽しむ「平家物語」名場面　鈴木まどか著　講談社　2004.7　229p　21cm　1800円　①4-06-212419-X　〔13833〕

◇四部合戦状本平家物語全釈　巻6　早川厚一, 佐伯真一, 生形貴重校注　大阪　和泉書院　2000.8　232p　22cm　①4-7576-0054-2　Ⓝ913.434　〔13834〕

◇四部合戦状本平家物語全釈　巻7　早川厚一, 佐伯真一, 生形貴重校注　大阪　和泉書院　2003.6　360p　22cm　11000円　①4-7576-0216-2　Ⓝ913.434　〔13835〕

◇四部合戦状本平家物語全釈　巻9　早川厚一, 佐伯真一, 生形貴重校注　大阪　和泉書院　2006.9　472p　21cm　15000円　Ⓘ4-7576-0385-1　〔13836〕
◇四部合戦状本平家物語評釈　1　早川厚一ほか著　瀬戸　名古屋学院大学産業科学研究所　1984　51p　21cm　Ⓝ913.434　〔13837〕
◇四部合戦状本平家物語評釈　2　早川厚一ほか著　瀬戸　名古屋学院大学産業科学研究所　1984　54p　21cm　Ⓝ913.434　〔13838〕
◇四部合戦状本平家物語評釈　3　早川厚一ほか著　瀬戸　名古屋学院大学産業科学研究所　1985　p59〜112　21cm　Ⓝ913.434　〔13839〕
◇四部合戦状本平家物語評釈　4　早川厚一ほか著　瀬戸　名古屋学院大学産業科学研究所　1985　107p　21cm　Ⓝ913.434　〔13840〕
◇四部合戦状本平家物語評釈　5　巻三式部大夫章経の事〜太政入道朝家を恨み奉らるる由の事　早川厚一ほか著　〔名古屋〕　早川厚一　1985.12　70p　21cm　Ⓝ913.434　〔13841〕
◇四部合戦状本平家物語評釈　7　巻四 法皇鳥羽殿にて月日を送り御在す事〜木の下の事　早川厚一ほか著　〔名古屋〕　〔早川厚一〕　1987.12　265p　21cm　Ⓝ913.434　〔13842〕
◇四部合戦状本平家物語評釈　8　巻五前半 都遷〜福原院宣　早川厚一ほか著　〔名古屋〕　〔早川厚一〕　1991.9　271p　21cm　Ⓝ913.434　〔13843〕
◇四部合戦状本平家物語評釈　9　巻五後半 頼朝、安房国落ち〜南都炎上　早川厚一ほか著　〔名古屋〕　〔早川厚一〕　1996.12　209p　21cm　Ⓝ913.434　〔13844〕
◇写真紀行平家絵巻　奈良本辰也著, 駒敏郎著, 中村昭夫写真　徳間書店　1985.5　186p　16cm　（徳間文庫 450・3）　480円　Ⓘ4-19-597857-2　Ⓝ913.434　〔13845〕
◇週刊日本の古典を見る　9　平家物語 巻1　小島孝之訳　世界文化社　2002.6　34p　30cm　533円　Ⓝ910.2　〔13846〕
◇週刊日本の古典を見る　10　平家物語 巻2　小島孝之訳　世界文化社　2002.6　34p　30cm　533円　Ⓝ910.2　〔13847〕
◇俊寛—平家・謡曲・浄瑠璃　景山正隆, 松崎仁編　新典社　1985.4　157p　21cm　1200円　Ⓘ4-7879-0609-7　Ⓝ913.434　〔13848〕
◇詳註新撰平家物語—流布本　武蔵野文学会編　訂正86版　武蔵野書院　1997.3　168p　21cm　680円　Ⓘ4-8386-0577-3　Ⓝ913.434　〔13849〕
◇昭和校訂平家物語—流布本　野村宗朔校註　武蔵野書院　1948.10（39版:1995.3）　638, 29p　19cm　1456円　Ⓘ4-8336-0576-5　Ⓝ913.434　〔13850〕
◇神祇文学として読む「平家物語」　上　佐藤太美著　MBC21, 東京経済〔発売〕　2004.11　388p　19cm　1600円　Ⓘ4-8064-0742-9　〔13851〕
◇神祇文学として読む「平家物語」　下　佐藤太美著　MBC21, 東京経済〔発売〕　2005.6　433p　19cm　1600円　Ⓘ4-8064-0748-8　〔13852〕
◇新釈平家物語　上　松本章男著　集英社　2002.4　347p　20cm　2300円　Ⓘ4-08-781254-5　Ⓝ913.434　〔13853〕
◇新釈平家物語　下　松本章男著　集英社　2002.4　337p　20cm　2300円　Ⓘ4-08-781255-3　Ⓝ913.434　〔13854〕
◇シンポジウム日本文学　5　平家物語　司会:山下宏明　学生社　1976　286p　22cm　Ⓝ910.8　〔13855〕
◇図説日本の古典　9　平家物語　永積安明ほか編集　集英社　1988.10　218p　28cm　2800円　Ⓘ4-08-167109-5　Ⓝ910.8　〔13856〕
◇すらすら読める「平家物語」　高野澄著　PHP研究所　2002.12　521p　15cm　（PHP文庫）　800円　Ⓘ4-569-57852-7　Ⓝ913.434　〔13857〕
◇双調 平家物語　12　治承の巻　橋本治著　中央公論新社　2004.10　339p　21cm　2200円　Ⓘ4-12-490132-1　〔13858〕
◇双調 平家物語　13　治承の巻2　橋本治著　中央公論新社　2006.1　354p　21×14cm　2300円　Ⓘ4-12-490133-X　〔13859〕
◇高木市之助全集　第5巻　平家物語の論・中世の窓　講談社　1976　502p 肖像　20cm　3800円　Ⓝ910.8　〔13860〕
◇長門本 平家物語　3　麻原美子, 小井土守敏, 佐藤智広編　勉誠出版　2005.6　303p　21cm　2500円　Ⓘ4-585-03115-4　〔13861〕
◇長門本 平家物語　4　麻原美子, 小井土守敏, 佐藤智広編　勉誠出版　2006.6　328p　21cm　2500円　Ⓘ4-585-03116-2　〔13862〕
◇長門本平家物語の総合研究　第1巻　校注篇　上　麻原美子, 名波弘彰編　勉誠社　1998.2　906p　22cm　29000円　Ⓘ4-585-10033-4　Ⓝ913.434　〔13863〕
◇長門本平家物語の総合研究　第2巻　校注篇　下　麻原美子編　勉誠出版　1999.2　1729p　22cm　27000円　Ⓘ4-585-10034-2　Ⓝ913.434　〔13864〕
◇長門本平家物語の総合研究　第3巻　論究篇　麻原美子, 犬井善壽編　勉誠出版　2000.2　748p　22cm　30000円　Ⓘ4-585-10061-X　Ⓝ913.434　〔13865〕
◇なぞり書き平家物語抄—窓のむこうの響きが聞こえる　市古貞次校訂・訳　小学館　2007.1　175p　26cm　1400円　Ⓘ4-09-837763-2　〔13866〕
◇爆笑平家物語　シブサワ・コウ＋光栄出版部企画編集　横浜　光栄　1994.11　169p　19cm　（歴史人物笑史）　1000円　Ⓘ4-87719-138-0　Ⓝ913.434　〔13867〕
◇花平家物語　平岩弓枝, 相馬大著, 浅野喜市写真　京都　光村推古書院　1981.11　221p　31cm　8500円　Ⓘ4-8381-0058-2　Ⓝ913.434　〔13868〕
◇平松家本平家物語の研究—翻刻・校異・解題　山内潤三著　大阪　清文堂出版　1975　569p 図　22cm　12000円　Ⓝ913.45　〔13869〕
◇琵琶法師の『平家物語』と能　山下宏明著　塙書房　2006.2　428, 12p　21cm　8800円　Ⓘ4-8273-0099-2　〔13870〕
◇諷詠平家物語　松本岳舟著　日本図書刊行会　1998.1　440p　20cm　1800円　Ⓘ4-89039-860-0　Ⓝ913.434　〔13871〕
◇平曲と平家物語　鈴木孝庸著　知泉書館　2007.3　272, 8p　21cm　（新潟大学人文学部研究叢書）　5500円　Ⓘ978-4-86285-006-5　〔13872〕
◇平家語り伝統と形態　梶原正昭編　有精堂出版　1994.9　216p　21cm　（あなたが読む平家物語 5）　3000円　Ⓘ4-640-30290-8　Ⓝ913.434　〔13873〕
◇平家・義経記・太平記—カラー版　加美宏ほか編　おうふう　1995.6　103p　21cm　1500円　Ⓘ4-273-02833-6　Ⓝ913.435　〔13874〕

◇平家鎮魂の旅―東山道・近江の巻き　足立遥著　〔和知町（京都府）〕　〔足立遥〕　2003.10　14, 163p　21cm　Ⓝ291.61
〔13875〕
◇平家鎮魂の旅―南海道／淡路・阿波の巻き　足立遥著　〔和知町（京都府）〕　〔足立遥〕　2004.11　15, 231p　21cm　Ⓝ291.64
〔13876〕
◇平家鎮魂の旅―南海道／讃岐の巻き　足立遥著　〔和知町（京都府）〕　〔足立遥〕　2005.6　201p　21cm　Ⓝ291.82
〔13877〕
◇平家鎮魂の旅―南海道／土佐・伊予の巻き　足立遥著　〔京丹波町（京都府）〕　〔足立遥〕　2006.4　239p　21cm　Ⓝ291.84
〔13878〕
◇平家鎮魂の旅―畿内／摂津西部の巻き　足立遥著　〔京丹波町（京都府）〕　〔足立遥〕　2006.12　206p　21cm　Ⓝ291.63
〔13879〕
◇平家鎮魂の旅―山陽道／周防・長門の巻き　足立遥著　〔京丹波町（京都府）〕　〔足立遥〕　2007.5　216p　21cm　Ⓝ291.77
〔13880〕
◇平家物語　佐々木八郎著　学燈社　1952　248p　16cm　（学燈文庫）　Ⓝ913.45
〔13881〕
◇平家物語　冨倉徳次郎校註　朝日新聞社　1954　2冊　22cm　Ⓝ913.45
〔13882〕
◇平家物語　石母田正著　2刷　岩波書店　1957　227p　図版　18cm　（岩波新書）　Ⓝ913.45
〔13883〕
◇平家物語―古典カメラ紀行　門脇禎二, 横井清共著　大阪　保育社　1966　153p（おもに図版）　15cm　（カラーブックス）　Ⓝ913.45
〔13884〕
◇平家物語　梶原正昭著　講談社　1967　245p　18cm　（講談社現代新書）　Ⓝ913.45
〔13885〕
◇平家物語―四部合戦状本　慶応義塾大学附属研究所斯道文庫編, 松本隆信解題校訂　汲古書院　1967.3（第3刷:1997.3）　3冊　16×22-22cm　（斯道文庫古典叢刊 1）　全20600円　Ⓘ4-7629-3005-9　Ⓝ913.434
〔13886〕
◇平家物語　日本文学研究資料刊行会編　有精堂出版　1969　304p　22cm　（日本文学研究資料叢書）　1300円　Ⓝ913.45
〔13887〕
◇平家物語　山田孝雄校注　宝文館出版　1970　526, 289p 図版　22cm　5000円　Ⓝ913.45
〔13888〕
◇平家物語―諸説一覧　市古貞次編　明治書院　1970　389p　19cm　800円　Ⓝ913.45
〔13889〕
◇平家物語―歴史対談　中村直勝, 村上元三著　講談社　1971　261p　20cm　500円　Ⓝ913.45
〔13890〕
◇平家物語　市古貞次, 栃木孝惟著　明治書院　1971　158p（図共）　27cm　（古典アルバム）　1800円　Ⓝ913.45
〔13891〕
◇平家物語―変革期の人間群像　富倉徳次郎著　日本放送出版協会　1972　227p　19cm　（NHKブックス）　380円　Ⓝ913.45
〔13892〕
◇平家物語―百二十句本　高橋貞一校訂　京都　思文閣　1973　664p 図　22cm　4000円　Ⓝ913.45
〔13893〕
◇平家物語　梶原正昭校注　桜楓社　1977.3　825p　22cm　1800円　Ⓝ913.45
〔13894〕
◇平家物語―伊藤家蔵長門本　石田拓也編　汲古書院　1977.5　722, 28p　27cm　12000円　Ⓝ913.45
〔13895〕
◇平家物語　久保田淳編集　至文堂　1978.3　2冊　23cm　（講座日本文学）　各880円　Ⓝ913.45
〔13896〕
◇平家物語―歴史と文学の交点　片野彰定著　せんだん書房　1980.12　221p　20cm　1200円　Ⓝ913.434
〔13897〕
◇平家物語―八坂本　山下宏明編　京都　大学堂書店　1981.6　466, 15p　27cm　20000円　Ⓝ913.434
〔13898〕
◇平家物語　梶原正昭著　尚学図書　1982.6　533, 11p　20cm　（鑑賞日本の古典 11）　1800円　Ⓝ913.434
〔13899〕
◇平家物語―NHK古典講読　水原一講読　NHKサービスセンター　1983.10　録音カセット65巻　全120000円　Ⓝ913.434
〔13900〕
◇平家物語　木下順二著　岩波書店　1985.1　237p　20cm　（古典を読む 18）　1700円　Ⓘ4-00-004468-0　Ⓝ913.434
〔13901〕
◇平家物語―佐賀県立図書館蔵　鎌田広夫編　二松学舎大学出版部　1985.3　446, 64p　27cm　（二松学舎大学東洋学研究所別刊 第2）　15000円　Ⓝ913.434
〔13902〕
◇平家物語　鈴木徳男編著　和歌山　ゆのき書房　1985.4　〔1〕, 128p　22cm　1800円　Ⓝ913.434
〔13903〕
◇平家物語―人と時代　福島忠利著　古川書房　1985.5　241p　19cm　（古川叢書）　1500円　Ⓘ4-89236-033-3　Ⓝ913.434
〔13904〕
◇平家物語　世界文化社　1986.1　167p　23cm　（特選日本の古典　グラフィック版 6）　2200円　Ⓝ913.434
〔13905〕
◇平家物語―太山寺本　汲古書院　1986.1　438p　23cm　9000円　Ⓝ913.434
〔13906〕
◇平家物語―流転の道　鈴木徳男著　大阪　東方出版　1987.3　173p　19cm　1600円　Ⓝ913.434
〔13907〕
◇平家物語―語りと原態　兵藤裕己編　有精堂出版　1987.5　262p　22cm　（日本文学研究資料新集 7）　3500円　Ⓘ4-640-30956-2　Ⓝ913.434
〔13908〕
◇平家物語　栃木孝惟校注・訳　ほるぷ出版　1987.7　2冊　20cm　（日本の文学）　Ⓝ913.434
〔13909〕
◇平家物語―見ながら読む無常の世界　学習研究社　1988.1　233p　26cm　（実用特選シリーズ）　1950円　Ⓝ913.434
〔13910〕
◇平家物語　牧野和夫, 小川国夫著　新潮社　1990.5　111p　20cm　（新潮古典文学アルバム 13）　1300円　Ⓘ4-10-620713-3　Ⓝ913.434
〔13911〕
◇平家物語　梶原正昭著　岩波書店　1992.6　210p　19cm　（岩波セミナーブックス 101―古典講読シリーズ）　1500円　Ⓘ4-00-004250-5　Ⓝ913.434
〔13912〕
◇平家物語　木下順二著　岩波書店　1996.1　239p　16cm　（同時代ライブラリー 253―古典を読む）　1000円　Ⓘ4-00-260253-2　Ⓝ913.434
〔13913〕
◇平家物語　杉本秀太郎著　講談社　1996.2　474p　20cm　2800円　Ⓘ4-06-207834-1　Ⓝ913.434
〔13914〕
◇「平家物語」―内から外から　正木信一著　新日本出版社　1996.12　190p　18cm　（新日本新書）　932円　Ⓘ4-406-02481-6　Ⓝ913.434
〔13915〕
◇平家物語―栄華と滅亡の歴史ドラマ　水上勉現代語訳, 梶原正昭構成・文, 川本桂子美術解説　新装　学習研究社

1998.5　220p　26cm　（絵で読む古典シリーズ）　2000円　Ⓘ4-05-400950-6　Ⓝ913.434　〔13916〕
◇平家物語―〈語り〉のテクスト　兵藤裕己著　筑摩書房　1998.9　222p　18cm　（ちくま新書）　660円　Ⓘ4-480-05773-0　Ⓝ913.434　〔13917〕
◇平家物語―主題・構想・表現　梶原正昭編　汲古書院　1998.10　344p　22cm　（軍記文学研究叢書6）　8000円　Ⓘ4-7629-3385-6　Ⓝ913.434　〔13918〕
◇平家物語―批評と文化史　山下宏明編　汲古書院　1998.11　318p　22cm　（軍記文学研究叢書7）　8000円　Ⓘ4-7629-3386-4　Ⓝ913.434　〔13919〕
◇平家物語　角川書店編　角川書店　1999.10　255p　12cm　（角川mini文庫―ミニ・クラシックス8）　400円　Ⓘ4-04-700286-0　Ⓝ913.434　〔13920〕
◇平家物語　水上勉著　学習研究社　2000.12　221p　15cm　（学研M文庫）　500円　Ⓘ4-05-902012-5　Ⓝ913.434　〔13921〕
◇平家物語　角川書店編　角川書店　2001.9　318p　15cm　（角川文庫―ビギナーズ・クラシックス）　629円　Ⓘ4-04-357404-5　Ⓝ913.434　〔13922〕
◇平家物語―無常を聴く　杉本秀太郎著　講談社　2002.8　429p　15cm　（講談社学術文庫）　1300円　Ⓘ4-06-159560-1　Ⓝ913.434　〔13923〕
◇平家物語　木下順二著　岩波書店　2003.10　238p　15cm　（岩波現代文庫 文芸―古典を読む）　900円　Ⓘ4-00-602077-5　Ⓝ913.434　〔13924〕
◇平家物語　石母田正著　岩波書店　2004.12　227p　18cm　（岩波新書）　740円　Ⓘ4-00-414028-5　〔13925〕
◇平家物語　佐伯真一著　山川出版社　2005.2　171p　18cm　（物語の舞台を歩く）　1800円　Ⓘ4-634-22450-X　〔13926〕
◇平家物語―あらすじで楽しむ源平の戦い　板坂耀子著　中央公論新社　2005.3　242p　18cm　（中公新書）　760円　Ⓘ4-12-101787-0　Ⓝ913.434　〔13927〕
◇平家物語―古典への旅　生形貴重著　五月書房　2005.4　416p　19cm　4000円　Ⓘ4-7727-0426-4　〔13928〕
◇平家物語　上巻　佐藤謙三校註　角川書店　1959　362p　15cm　（角川文庫）　Ⓝ913.45　〔13929〕
◇平家物語　上　富倉徳次郎校註　朝日新聞社　1969　366p　19cm　（日本古典全書　監修:高木市之助〔等〕）　500円　Ⓝ913.45　〔13930〕
◇平家物語　1　市古貞次校注・訳　小学館　1973.9（第23版:1992.10）　500p 図版12p　23cm　（日本古典文学全集 29）　Ⓘ4-09-657029-X　Ⓝ913.434　〔13931〕
◇平家物語　巻第1　杉本圭三郎全訳注　講談社　1979.3　248p　15cm　（講談社学術文庫）　320円　Ⓝ913.45　〔13932〕
◇平家物語　上　水原一校注　新潮社　1979.4　409p　20cm　（新潮日本古典集成）　1800円　Ⓝ913.45　〔13933〕
◇平家物語　上　山下宏明校注　9版　明治書院　1984.10　372p　19cm　（校注古典叢書）　1400円　Ⓝ913.434　〔13934〕
◇平家物語―屋代本・高野本対照　1　麻原美子ほか編　新典社　1990.5　397p　21cm　3090円　Ⓘ4-7879-0613-5　Ⓝ913.434　〔13935〕
◇平家物語　1　武久堅編　国書刊行会　1990.7　433p　22cm　（日本文学研究大成）　4200円　Ⓘ4-336-03078-2　Ⓝ913.434　〔13936〕

◇平家物語　上　福田晃ほか校注　三弥井書店　1993.3　391p　20cm　（三弥井古典文庫）　2500円　Ⓘ4-8382-7008-9　Ⓝ913.434　〔13937〕
◇平家物語　上　弓削繁編　古典文庫　1997.6　431p　17cm　（古典文庫）　非売品　Ⓝ913.434　〔13938〕
◇平家物語　1　梶原正昭,山下宏明校注　岩波書店　1999.7　398p　15cm　（岩波文庫）　800円　Ⓘ4-00-301131-7　Ⓝ913.434　〔13939〕
◇平家物語　1　西沢正史訳　勉誠出版　2005.1　327p　20cm　（現代語で読む歴史文学）　2900円　Ⓘ4-585-07069-9　Ⓝ913.434　〔13940〕
◇平家物語　中　富倉徳次郎校註　新訂　朝日新聞社　1972　307p　19cm　（日本古典全書　監修:高木市之助〔等〕）　680円　Ⓝ913.45　〔13941〕
◇平家物語　2　市古貞次校注・訳　小学館　1975.6（第21版:1992.10）　536p 図版12p　23cm　（日本古典文学全集 30）　Ⓘ4-09-657030-3　Ⓝ913.434　〔13942〕
◇平家物語　巻第2　杉本圭三郎全訳注　講談社　1979.10　280p　15cm　（講談社学術文庫）　360円　Ⓝ913.45　〔13943〕
◇平家物語　中　水原一校注　新潮社　1980.4　357p　20cm　（新潮日本古典集成）　1700円　Ⓝ913.434　〔13944〕
◇平家物語―流布本　2　犬井善寿編著　加藤中道館　1982.4　261p　21cm　1800円　Ⓝ913.434　〔13945〕
◇平家物語―新版絵入　巻2　信太周編　大阪　和泉書院　1990.10　143p　21cm　1300円　Ⓘ4-87088-445-3　Ⓝ913.434　〔13946〕
◇平家物語―屋代本・高野本対照　2　麻原美子ほか編　新典社　1991.9　399p　21cm　3090円　Ⓘ4-7879-0614-3　Ⓝ913.434　〔13947〕
◇平家物語　中　弓削繁編　古典文庫　1997.11　353p　17cm　（古典文庫）　非売品　Ⓝ913.434　〔13948〕
◇平家物語　2　梶原正昭,山下宏明校注　岩波書店　1999.8　335p　15cm　（岩波文庫）　800円　Ⓘ4-00-301132-5　Ⓝ913.434　〔13949〕
◇平家物語　下　富倉徳次郎校註　新訂　朝日新聞社　1972　270p　19cm　（日本古典全書　監修:高木市之助〔等〕）　620円　Ⓝ913.45　〔13950〕
◇平家物語　下　水原一校注　新潮社　1981.12　452p　20cm　（新潮日本古典集成）　2200円　Ⓝ913.434　〔13951〕
◇平家物語　巻第3　杉本圭三郎全訳注　講談社　1982.5　261p　15cm　（講談社学術文庫）　460円　Ⓘ4-06-158353-0　Ⓝ913.434　〔13952〕
◇平家物語―流布本　3　犬井善寿編著　加藤中道館　1983.7　284p　21cm　2000円　Ⓝ913.434　〔13953〕
◇平家物語　下　山下宏明校注　5版　明治書院　1985.2　372p　19cm　（校注古典叢書）　1400円　Ⓝ913.434　〔13954〕
◇平家物語　3　市古貞次校注・訳　小学館　1985.5　364p　20cm　（完訳日本の古典44）　1700円　Ⓘ4-09-556044-4　Ⓝ913.434　〔13955〕
◇平家物語―屋代本・高野本対照　3　麻原美子ほか編　新典社　1993.6　551p　21cm　6180円　Ⓘ4-7879-0615-1　Ⓝ913.434　〔13956〕
◇平家物語　下　弓削繁編　古典文庫　1998.9　431p　17cm　（古典文庫）　非売品　Ⓝ913.434　〔13957〕

◇平家物語 3　梶原正昭,山下宏明校注　岩波書店　1999.9　367p　15cm　（岩波文庫）　800円　Ⓘ4-00-301133-3　Ⓝ913.434　〔13958〕

◇平家物語　下　佐伯真一校注　三弥井書店　2000.4　422p　20cm　（三弥井古典文庫）　2800円　Ⓘ4-8382-7022-4　Ⓝ913.434　〔13959〕

◇平家物語　巻第4　杉本圭三郎全訳注　講談社　1982.6　284p　15cm　（講談社学術文庫）　460円　Ⓘ4-06-158354-9　Ⓝ913.45　〔13960〕

◇平家物語—流布本　4　犬井善寿編著　加藤中道館　1984.7　302p　21cm　2000円　Ⓝ913.434　〔13961〕

◇平家物語　4　市古貞次校注・訳　小学館　1987.3　450p　20cm　（完訳日本の古典 45）　1900円　Ⓘ4-09-556045-2　Ⓝ913.434　〔13962〕

◇平家物語—新版絵入　巻4　大阪　和泉書院　1992.10　123p　21cm　1545円　Ⓘ4-87088-577-8　Ⓝ913.434　〔13963〕

◇平家物語　4　梶原正昭,山下宏明校注　岩波書店　1999.10　419,18p　15cm　（岩波文庫）　800円　Ⓘ4-00-301134-1　Ⓝ913.434　〔13964〕

◇平家物語　巻第5　杉本圭三郎全訳注　講談社　1982.7　279p　15cm　（講談社学術文庫）　460円　Ⓘ4-06-158355-7　Ⓝ913.434　〔13965〕

◇平家物語—新版絵入　巻5　大阪　和泉書院　1987.5　117p　21cm　1300円　Ⓘ4-87088-242-6　Ⓝ913.434　〔13966〕

◇平家物語　巻第6　杉本圭三郎全訳注　講談社　1984.8　230p　15cm　（講談社学術文庫）　680円　Ⓘ4-06-158356-5　Ⓝ913.434　〔13967〕

◇平家物語　巻第7　杉本圭三郎全訳注　講談社　1985.1　263p　15cm　（講談社学術文庫）　680円　Ⓘ4-06-158357-3　Ⓝ913.434　〔13968〕

◇平家物語　巻第8　杉本圭三郎全訳注　講談社　1987.12　238p　15cm　（講談社学術文庫）　680円　Ⓘ4-06-158358-1　Ⓝ913.434　〔13969〕

◇平家物語—新版絵入　巻9　大阪　和泉書院　1987.3　143p　21cm　1300円　Ⓘ4-900137-38-3　Ⓝ913.434　〔13970〕

◇平家物語　巻第9　杉本圭三郎全訳注　講談社　1988.1　303p　15cm　（講談社学術文庫）　680円　Ⓘ4-06-158359-X　Ⓝ913.434　〔13971〕

◇平家物語　巻第10　杉本圭三郎全訳注　講談社　1988.2　258p　15cm　（講談社学術文庫）　680円　Ⓘ4-06-158360-3　Ⓝ913.434　〔13972〕

◇平家物語　巻第11　杉本圭三郎全訳注　講談社　1988.4　314p　15cm　（講談社学術文庫）　680円　Ⓘ4-06-158361-1　Ⓝ913.434　〔13973〕

◇平家物語　巻第12　杉本圭三郎全訳注　講談社　1991.7　336p　15cm　（講談社学術文庫）　920円　Ⓘ4-06-158361-1　Ⓝ913.434　〔13974〕

◇平家物語　中下　高橋貞一校註　大日本雄弁会講談社　1950-51　2冊　図版　19cm　（新註国文学叢書）　Ⓝ913.434　〔13975〕

◇平家物語　応永書写延慶本　吉沢義則校註　勉誠社　1977.12　1092p　22cm　10000円　Ⓝ913.434　〔13976〕

◇平家物語への旅　西田直敏著　京都　人文書院　2001.10　211p　19cm　1800円　Ⓘ4-409-16081-8　Ⓝ913.434　〔13977〕

◇平家物語を歩く　杉本苑子著　講談社　1985.3　222p　15cm　（講談社文庫）　340円　Ⓘ4-06-183476-2　Ⓝ913.434　〔13978〕

◇平家物語を歩く—古典文学に出会う旅　日下力監修　講談社　1999.2　119p　21cm　（講談社カルチャーブックス 131）　1800円　Ⓘ4-06-198134-X　Ⓝ913.434　〔13979〕

◇平家物語を歩く—源平のつわもの、よりそう女人、末裔の落人たちの足跡を訪ねる　林望著, 松尾葦江監修　JTBパブリッシング　2004.12　152p　21cm　（JTBキャンブックス）　1600円　Ⓘ4-533-05660-1　〔13980〕

◇平家物語を歩く—清盛、義仲、義経、建礼門院…源平ゆかりの地　見延典子著　山と溪谷社　2005.1　167p　21cm　（歩く旅シリーズ 歴史・文学）　1500円　Ⓘ4-635-60067-X　〔13981〕

◇『平家物語』を生きた人々　西岡常博著　近代文芸社　1995.11　287p　20cm　2500円　Ⓘ4-7733-4676-0　Ⓝ913.434　〔13982〕

◇平家物語を知る事典　日下力, 鈴木彰, 出口久徳著　東京堂出版　2005.6　319p　19cm　2800円　Ⓘ4-490-10664-5　〔13983〕

◇「平家物語」を旅しよう　永井路子著　講談社　1998.1　255p　15cm　（講談社文庫—古典を歩く 7）　571円　Ⓘ4-06-263695-6　Ⓝ913.434　〔13984〕

◇平家物語を読む—古典文学の世界　永積安明著　大阪　日本ライトハウス　1994.11　3冊　27cm　全3750円　Ⓝ913.434　〔13985〕

◇平家物語を読む—成立の謎をさぐる　早川厚一著　大阪　和泉書院　2000.3　217p　20cm　（和泉選書 120）　1900円　Ⓘ4-7576-0038-0　Ⓝ913.434　〔13986〕

◇平家物語覚一本新考—八坂流本の成立流伝　高橋貞一著　京都　思文閣出版　1993.7　408p　22cm　9888円　Ⓘ4-7842-0785-6　Ⓝ913.434　〔13987〕

◇平家物語から浄瑠璃へ—敦盛説話の変容　佐谷眞木人著　慶應義塾大学出版会　2002.10　289, 16p　22cm　4000円　Ⓘ4-7664-0936-1　Ⓝ913.434　〔13988〕

◇「平家物語」がわかる。　朝日新聞社　1997.11　176p　26cm　（Aera mook no.31）　1050円　Ⓘ4-02-274080-9　Ⓝ913.434　〔13989〕

◇平家物語紀行　本宿絆保著　文芸社　2002.6　339p　19cm　1200円　Ⓘ4-8355-3928-1　Ⓝ913.434　〔13990〕

◇平家物語・京を歩く—義経にまつわる28人の群像　佐藤弘弥著　道出版　2005.7　127p　21cm　1500円　Ⓘ4-86086-022-5　Ⓝ289.1　〔13991〕

◇平家物語研究　冨倉徳次郎著　角川書店　1964　520p　図版　22cm　Ⓝ913.45　〔13992〕

◇平家物語研究事典　市古貞次編　明治書院　1978.3　1070p　22cm　12000円　Ⓝ913.45　〔13993〕

◇平家物語研究序説　山下宏明著　明治書院　1972　552p　22cm　5800円　Ⓝ913.45　〔13994〕

◇平家物語研究と批評　山下宏明編　有精堂出版　1996.6　333p　21cm　5974円　Ⓘ4-640-31076-5　Ⓝ913.434　〔13995〕

◇平家物語考　山田孝雄著　勉誠社　1968　706p　22cm　4000円　Ⓝ913.45　〔13996〕

◇平家物語講座　第1巻　本質と様相〔ほか〕　高木市之助, 佐々木八郎, 冨倉徳次郎監修　高木市之助　創元社　1954　19cm　Ⓝ913.45　〔13997〕

文学史　　　　　　　　　　　　　　　中世史

◇平家物語講座　第2巻　伝承と研究〔ほか〕　高木市之助, 佐々木八郎, 冨倉徳次郎監修　岩橋小弥太　創元社　1954　19cm　Ⓝ913.45　〔13998〕
◇平家物語考察　清水賢一著　近代文芸社　1994.2　339p　20cm　3000円　Ⓘ4-7733-2518-6　Ⓝ913.434　〔13999〕
◇平家物語考察　続　清水賢一著　近代文芸社　2001.3　237p　20cm　2000円　Ⓘ4-7733-6779-2　Ⓝ913.434　〔14000〕
◇平家物語講説　佐々木八郎著　早稲田大学出版部　1950　550p　図版　22cm　Ⓝ913.45　〔14001〕
◇平家物語「小督」の形成と発展　菊池幸義著　〔南牧村(長野県)〕〔菊池幸義〕　1983.12　56p　21cm　非売品　Ⓝ913.434　〔14002〕
◇平家物語残照―『平家物語』に登場する埼玉県ゆかりの人々の遺跡を訪ねて　瀬戸山定著　〔大宮〕〔瀬戸山定〕　1995.11　91p　26cm　Ⓝ913.434　〔14003〕
◇平家物語辞典　市古貞次編　明治書院　1973　370p　22cm　3800円　Ⓝ913.45　〔14004〕
◇平家物語、史と説話　五味文彦著　平凡社　1987.11　284p　20cm　(平凡社選書 112)　2200円　Ⓘ4-582-84112-0　Ⓝ913.434　〔14005〕
◇平家物語受容と変容　山下宏明編　有精堂出版　1993.10　230p　21cm　(あなたが読む平家物語 4)　3000円　Ⓘ4-640-30289-4　Ⓝ913.434　〔14006〕
◇平家物語抄　早川甚三校注　笠間書院　1970　235p　図版　22cm　500円　Ⓝ913.45　〔14007〕
◇平家物語抄　水原一, 村上光徳, 信太周編著　桜楓社　1976　227p　図　21cm　880円　Ⓝ913.45　〔14008〕
◇平家物語詳解　田村信道著　学修社　1952　291p　19cm　Ⓝ913.45　〔14009〕
◇平家物語試論　島津忠夫著　汲古書院　1997.7　312, 17p　22cm　8500円　Ⓘ4-7629-3405-4　Ⓝ913.434　〔14010〕
◇平家物語新考　砂川博著　東京美術　1982.12　390, 40p　22cm　8600円　Ⓘ4-8087-0103-0　Ⓝ913.434　〔14011〕
◇平家物語新釈　沢田総清著　大盛堂　1952　195p　19cm　Ⓝ913.45　〔14012〕
◇平家物語新抄　今成元昭ほか編　双文社出版　1984.3　167, 11p　21cm　1600円　Ⓝ913.434　〔14013〕
◇平家物語新抄　今成元昭ほか編　双文社出版　1987.3　167, 25p　21cm　1600円　Ⓘ4-88164-028-3　Ⓝ913.434　〔14014〕
◇平家物語図絵　河出書房編　河出書房　1956　図版79p(解説共)　18cm　(河出新書 写真編)　Ⓝ913.45　〔14015〕
◇平家物語生成論　小林美和著　三弥井書店　1986.5　336p　22cm　6800円　Ⓘ4-8382-3018-4　Ⓝ913.434　〔14016〕
◇平家物語成立過程考　武久堅著　桜楓社　1986.10　518p　22cm　18000円　Ⓘ4-273-02120-X　Ⓝ913.434　〔14017〕
◇平家物語説話と語り　水原一編　有精堂出版　1994.1　241p　21cm　(あなたが読む平家物語 2)　3000円　Ⓘ4-640-30287-8　Ⓝ913.434　〔14018〕
◇平家物語全注釈　上巻　冨倉徳次郎著　角川書店　1966　659p　図版　地図　22cm　(日本古典評釈・全注釈叢書)　Ⓝ913.45　〔14019〕
◇平家物語全注釈　中巻　冨倉徳次郎著　角川書店　1967　590p　図版　22cm　(日本古典評釈・全注釈叢書)　Ⓝ913.45　〔14020〕
◇平家物語全注釈　下巻　第1　冨倉徳次郎著　角川書店　1967　628p　図版　22cm　(日本古典評釈・全注釈叢書)　Ⓝ913.45　〔14021〕
◇平家物語全注釈　下巻　第2　冨倉徳次郎著　角川書店　1968　593p　図版　22cm　(日本古典評釈・全注釈叢書)　Ⓝ913.45　〔14022〕
◇平家物語総索引　金田一春彦, 清水功, 近藤政美編　学習研究社　1973　500p　22cm　6500円　Ⓝ913.45　〔14023〕
◇平家物語総索引　笠栄治編　福岡　福岡コロニー(福岡教育大学内)(印刷)　1973　573p　26cm　非売品　Ⓝ913.45　〔14024〕
◇平家物語総索引　笠榮治編著　復刻版　牧野出版　1998.12　573p　27cm　28000円　Ⓘ4-89500-054-0　Ⓝ913.434　〔14025〕
◇平家物語・想像する語り　高木信著　森話社　2001.4　301p　22cm　6600円　Ⓘ4-916087-19-4　Ⓝ913.434　〔14026〕
◇平家物語遡源　佐伯真一著　若草書房　1996.9　422p　22cm　(中世文学研究叢書 3)　10300円　Ⓘ4-948755-08-7　Ⓝ913.434　〔14027〕
◇平家物語・太平記　佐伯真一, 小秋元段編　若草書房　1999.7　295p　22cm　(日本文学研究論文集成 14)　3800円　Ⓘ4-948755-45-1　Ⓝ913.434　〔14028〕
◇平家物語太平記の語り手　渡邊昭五著　藤沢　みづき書房　1997.4　321p　22cm　7600円　Ⓘ4-87449-027-1　Ⓝ913.434　〔14029〕
◇平家物語〈高野本〉語彙用例総索引　自立語篇　上　近藤政美ほか共編　勉誠社　1996.2　993p　22cm　Ⓘ4-585-10004-0　Ⓝ913.434　〔14030〕
◇平家物語〈高野本〉語彙用例総索引　自立語篇　中　近藤政美ほか共編　勉誠社　1996.2　p994～1848　22cm　Ⓘ4-585-10004-0　Ⓝ913.434　〔14031〕
◇平家物語〈高野本〉語彙用例総索引　自立語篇　下　近藤政美ほか共編　勉誠社　1996.2　p1849～2840　22cm　Ⓘ4-585-10004-0　Ⓝ913.434　〔14032〕
◇平家物語〈高野本〉語彙用例総索引　付属語篇　上　近藤政美ほか共編　勉誠社　1998.2　549, 12p　22cm　Ⓘ4-585-10026-1　Ⓝ913.434　〔14033〕
◇平家物語〈高野本〉語彙用例総索引　付属語篇　中　近藤政美ほか共編　勉誠社　1998.2　969p　22cm　Ⓘ4-585-10026-1　Ⓝ913.434　〔14034〕
◇平家物語〈高野本〉語彙用例総索引　付属語篇　下　近藤政美ほか共編　勉誠社　1998.2　1141, 27p　22cm　Ⓘ4-585-10026-1　Ⓝ913.434　〔14035〕
◇『平家物語』誕生の時代　日下力著　川崎　川崎市生涯学習振興事業団かわさき市民アカデミー出版部, シーエーピー出版〔発売〕　2003.9　81p　21cm　(かわさき市民アカデミー講座ブックレット NO.18)　650円　Ⓘ4-916092-63-5　〔14036〕
◇平家物語と語り　村上学編　三弥井書店　1992.10　252p　20cm　(三弥井選書 21)　2800円　Ⓘ4-8382-8024-6　Ⓝ913.434　〔14037〕
◇平家物語と俳句　暁萌吾著　新典社　1997.9　334p　19cm　(新典社文庫 6)　1800円　Ⓘ4-7879-6506-9　Ⓝ913.434　〔14038〕

◇平家物語と琵琶法師　むしゃこうじ・みのる著　淡路書房新社　1957　254p 図版　19cm　Ⓝ210.39　〔14039〕

◇平家物語と法師たち―中世の仏教文学的展開　山下正治著　笠間書院　2007.3　419, 39p　22cm　11000円　①978-4-305-70348-4　Ⓝ910.24　〔14040〕

◇平家物語と源光行　第1巻　庭山積著　庭山積　1982.7　244p　27cm　Ⓝ913.434　〔14041〕

◇平家物語と歴史　杉本圭三郎編　有精堂出版　1994.9　212p　21cm　（あなたが読む平家物語 3）　3000円　①4-640-30288-6　Ⓝ913.434　〔14042〕

◇平家物語長門本延慶本新考　高橋貞一著　大阪　和泉書院　1993.11　219p　20cm　（和泉選書 81）　3914円　①4-87088-620-0　Ⓝ913.434　〔14043〕

◇平家物語（中院本）と研究　第1　高橋貞一編著　豊橋　未刊国文資料刊行会　1961　205p　19cm　（未刊国文資料 第2期 第8冊）　Ⓝ913.45　〔14044〕

◇平家物語（中院本）と研究　第2　高橋貞一編著　豊橋　未刊国文資料刊行会　1961　166p　19cm　（未刊国文資料 第2期 第9冊）　Ⓝ913.45　〔14045〕

◇平家物語（中院本）と研究　第3　高橋貞一編著　豊橋　未刊国文資料刊行会　1962　182p　19cm　（未刊国文資料 第2期 第11冊）　Ⓝ913.45　〔14046〕

◇平家物語（中院本）と研究　第4　高橋貞一編著　豊橋　未刊国文資料刊行会　1962　215p　19cm　（未刊国文資料 第2期 第12冊）　Ⓝ913.45　〔14047〕

◇平家物語における死と運命　大野順一著　創文社　1966　355p　22cm　Ⓝ913.45　〔14048〕

◇平家物語における「生」　深沢邦弘著　新典社　2005.8　286p　21cm　（新典社研究叢書）　7500円　①4-7879-4170-4　〔14049〕

◇平家物語につきての研究―国語史料鎌倉時代之部　国語調査委員会編　国定教科書共同販売所　1911-1914　3冊　27cm　Ⓝ913　〔14050〕

◇平家物語の味わい方　長野甞一著　明治書院　1973　309p　20cm　（味わい方叢書）　880円　Ⓝ913.45　〔14051〕

◇平家物語の女たち―大力・尼・白拍子　細川涼一著　講談社　1998.10　207p　18cm　（講談社現代新書）　640円　①4-06-149424-4　Ⓝ913.434　〔14052〕

◇平家物語の鑑賞と批評　長野甞一著　明治書院　1975　484p　22cm　4200円　Ⓝ913.45　〔14053〕

◇「平家物語」の基層と構造―水の神と物語　生形貴重著　近代文芸社　1984.12　298p　20cm　2500円　①4-89607-436-X　Ⓝ913.434　〔14054〕

◇平家物語の基礎的研究　渥美かをる著　三省堂　1962　427p 図版　27cm　Ⓝ913.45　〔14055〕

◇平家物語の基礎的研究　渥美かをる著　笠間書院　1978.7　427, 7, 11p　22cm　（笠間叢書 95）　9000円　Ⓝ913.45　〔14056〕

◇平家物語の京都を歩く　蔵田敏明著　京都　淡交社　2004.10　127p　21cm　（新撰 京の魅力）　1500円　①4-473-03193-4　〔14057〕

◇平家物語の虚構と真実　上横手雅敬著　講談社　1973　397p　19cm　690円　Ⓝ913.45　〔14058〕

◇平家物語の虚構と真実　上横手雅敬著　塙書房　1985.11　2冊　18cm　（塙新書）　各750円　Ⓝ913.434　〔14059〕

◇平家物語の虚構と真実　上　上横手雅敬著　4刷　塙書房　1999.5　229p　18cm　（塙新書）　900円　①4-8273-4061-7　〔14060〕

◇平家物語の虚構と真実　下　上横手雅敬著　4刷　塙書房　2000.2　208, 7p　18cm　（塙新書）　900円　①4-8273-4062-5　〔14061〕

◇平家物語の形成　水原一著　加藤中道館　1971　419p　22cm　2800円　Ⓝ913.45　〔14062〕

◇平家物語の形成と受容　櫻井陽子著　汲古書院　2001.2　515, 15p　22cm　13000円　①4-7629-3438-0　Ⓝ913.434　〔14063〕

◇平家物語の形成と琵琶法師　砂川博著　おうふう　2001.10　465p　22cm　15000円　①4-273-03208-2　Ⓝ913.434　〔14064〕

◇平家物語の研究　佐々木八郎著　増補版　早稲田大学出版部　1967　499, 732, 33p　22cm　Ⓝ913.45　〔14065〕

◇平家物語の研究　赤松俊秀著　京都　法蔵館　1980.1　494, 10p　22cm　6500円　Ⓝ913.434　〔14066〕

◇『平家物語』の構想　永積安明著　岩波書店　1989.5　327p　19cm　3000円　①4-00-002040-4　Ⓝ913.434　〔14067〕

◇平家物語の国語学的研究　西田直敏著　大阪　和泉書院　1990.3　453p　22cm　（研究叢書 88）　13905円　①4-87088-419-4　Ⓝ913.434　〔14068〕

◇平家物語の思想　渡辺貞麿著　京都　法蔵館　1989.3　572, 25p　22cm　12000円　①4-8318-7656-9　Ⓝ913.434　〔14069〕

◇平家物語の生成　山下宏明著　明治書院　1984.1　540p　22cm　7800円　Ⓝ913.434　〔14070〕

◇平家物語の生成　山下宏明著　汲古書院　1997.6　354p　22cm　（軍記文学研究叢書 5）　8000円　①4-7629-3384-8　Ⓝ913.434　〔14071〕

◇平家物語の成立　山下宏明著　名古屋　名古屋大学出版会　1993.6　355, 5p　22cm　6695円　①4-8158-0205-X　Ⓝ913.434　〔14072〕

◇平家物語の成立　栃木孝惟編　有精堂出版　1993.11　264p　21cm　（あなたが読む平家物語 1）　3000円　①4-640-30286-X, 4-640-32542-8　Ⓝ913.434　〔14073〕

◇平家物語の成立　栃木孝惟編　〔千葉〕　千葉大学大学院社会文化科学研究科　1997.3　90p　30cm　（千葉大学大学院社会文化科学研究科研究プロジェクト報告書 第1集）　Ⓝ913.434　〔14074〕

◇平家物語の成立　小林美和著　大阪　和泉書院　2000.3　363p　22cm　（研究叢書 249）　10000円　①4-7576-0042-9　Ⓝ913.434　〔14075〕

◇平家物語の世界　村松定孝著　秋田書店　1970　222p 図　20cm　580円　Ⓝ913.45　〔14076〕

◇平家物語の世界　村井康彦著　徳間書店　1973　454p　20cm　1600円　Ⓝ913.45　〔14077〕

◇平家物語の世界　山下宏明編　大阪　大阪書籍　1985.6　220p　19cm　（朝日カルチャーVブックス）　1200円　①4-7548-1823-7　Ⓝ913.434　〔14078〕

◇平家物語の世界―王朝文化の美 特別展　斎宮歴史博物館編　明和町（三重県）　斎宮歴史博物館　1992.1　64p　26cm　Ⓝ913.434　〔14079〕

◇平家物語の世界　上　水原一著　日本放送出版協会　1976　253p 図　19cm　（放送ライブラリー 1）　900円　Ⓝ913.45　〔14080〕

◇平家物語の世界　下　水原一著　日本放送出版協会　1976　269p 図　19cm　（放送ライブラリー 4）　980円　Ⓝ913.45　〔14081〕

◇平家物語の全体像　武久堅著　大阪　和泉書院　1996.8　431p　20cm　(和泉選書103)　3605円　Ⓘ4-87088-815-7　Ⓝ913.434　〔14082〕
◇平家物語の雑歌屋でぇござい　山田観風讃著　勝どき書房, 星雲社〔発売〕　2005.9　203p　19cm　2000円　Ⓘ4-434-06751-6　〔14083〕
◇平家物語の達成　佐々木八郎著　明治書院　1974　242p　22cm　3200円　Ⓝ913.45　〔14084〕
◇平家物語の旅　村松定孝著　人物往来社　1963　326p (図版共)　20cm　Ⓝ913.45　〔14085〕
◇平家物語の旅　上原まり著　六興出版　1985.4　190p　19cm　1000円　Ⓝ913.434　〔14086〕
◇平家物語の旅—源平時代を歩く　志村有弘著　勉誠出版　2003.10　275p　21cm　2200円　Ⓘ4-585-04094-3　〔14087〕
◇平家物語の誕生　日下力著　岩波書店　2001.4　407, 19p　22cm　9000円　Ⓘ4-00-002055-2　Ⓝ913.43　〔14088〕
◇平家物語の展開と中世社会　鈴木彰著　汲古書院　2006.2　707, 29p　22cm　18000円　Ⓘ4-7629-3545-X　Ⓝ913.434　〔14089〕
◇『平家物語』の転生と再生　小峯和明編　笠間書院　2003.3　550, 35p　22cm　12500円　Ⓘ4-305-70253-3　Ⓝ913.434　〔14090〕
◇平家物語の人びと　山田昭全著　新人物往来社　1972　258p　20cm　780円　Ⓝ913.45　〔14091〕
◇平家物語の人々と無常—近畿・中国・阿波・讃岐ほか　上嵯峨山善祐著　〔徳島〕〔嵯峨山善祐〕　1988.12　277p　19cm　500円　Ⓝ913.434　〔14092〕
◇平家物語の批判的研究　平田俊春著　国書刊行会　1990.6　3冊　27cm　全8800円　Ⓘ4-336-03151-7　Ⓝ913.434　〔14093〕
◇平家物語の舞台　邦光史郎, 百瀬明治著　京都　駸々堂出版　1971　217p (図共)　19cm　(京都文庫)　750円　Ⓝ913.45　〔14094〕
◇平家物語の舞台　邦光史郎著, 百瀬明治著　徳間書店　1988.12　221p　16cm　(徳間文庫 114 - 41)　380円　Ⓘ4-19-568649-0　Ⓝ913.434　〔14095〕
◇平家物語の文体論的研究　西田直敏著　明治書院　1978.11　494p　22cm　6800円　Ⓝ913.45　〔14096〕
◇平家物語の名所と史跡図　赤間関書房編　下関　赤間関書房　1972.3　地図1枚:色刷　59×43cm (折りたたみ22cm) p211　〔14097〕
◇平家物語の歴史と芸能　兵藤裕己著　吉川弘文館　2000.1　318, 8p　22cm　8000円　Ⓘ4-642-08517-3　Ⓝ913.434　〔14098〕
◇平家物語の論　高木市之助著　講談社　1977.1　185p　15cm　(講談社学術文庫)　260円　Ⓝ913.45　〔14099〕
◇平家物語発生考　武久堅著　おうふう　1999.5　381p　22cm　12000円　Ⓘ4-273-03064-0　Ⓝ913.434　〔14100〕
◇平家物語必携　市古貞次編　学燈社　1967　366p　図版　19cm　(日本文学必携シリーズ)　Ⓝ913.45　〔14101〕
◇平家物語必携　梶原正昭編　学灯社　1985.11　226p　22cm　1500円　Ⓝ913.45　〔14102〕
◇平家物語・人と時代　福島忠利著　古川書房　1981.4　241p　19cm　1500円　Ⓘ4-89236-225-5　Ⓝ913.434　〔14103〕
◇平家物語評講　上巻　第1-6　佐々木八郎著　明治書院　1963　100, 797p　22cm　Ⓝ913.45　〔14104〕
◇平家物語標註　平道樹著　日本図書センター　1978.12　1冊　22cm　(日本文学古註釈大成)　8000円　Ⓝ913.45　〔14105〕
◇平家物語八坂系諸本の研究　山下宏明編　三弥井書店　1997.10　429p　22cm　8641円　Ⓘ4-8382-3053-2　Ⓝ913.434　〔14106〕
◇平家物語八坂流乙類本の研究　高橋貞一著　大阪　和泉書院　1999.10　208p　20cm　(和泉選書118)　3800円　Ⓘ4-7576-0018-6　Ⓝ913.434　〔14107〕
◇平家物語・杜めぐり　春木一夫著　下関　平家物語史跡をめぐる会　赤間関書房 (製作)　1972　80p　19cm　130円　Ⓝ913.45　〔14108〕
◇平家物語略解　御橋悳言著　鎌倉　芸716舎　1973　1027, 50p (索引共) 図　22cm　8000円　Ⓝ913.45　〔14109〕
◇平家物語流伝考　今成元昭著　風間書房　1971　363p　22cm　3500円　Ⓝ913.45　〔14110〕
◇平家物語流伝考　今成元昭著　2版　風間書房　1980.8　363p　22cm　4800円　Ⓝ913.434　〔14111〕
◇平家物語論　井手恒雄著　世界書院　1962　232p　図版　19cm　Ⓝ913.45　〔14112〕
◇平家物語論究　松尾葦江著　明治書院　1985.3　396p　22cm　7000円　Ⓝ913.434　〔14113〕
◇平家物語論集　貴志正造　1972　84p　21cm　300円　Ⓝ913.45　〔14114〕
◇平家物語論序説　堀竹忠晃著　桜楓社　1985.10　226p　22cm　6800円　Ⓘ4-273-02040-8　Ⓝ913.434　〔14115〕
◇幻の平家物語　加藤賢三著　あずさ書房　1981.11　219p　20cm　1200円　Ⓝ913.434　〔14116〕
◇水の底の都—「平家物語」わたしの旅　真砂早苗著　西田書店　1988.6　261p　20cm　1800円　Ⓘ4-88866-076-X　Ⓝ913.434　〔14117〕
◇御橋悳言著作集　4〔1〕　平家物語證注　上　御橋悳言著　続群書類従完成会　1999.10　681p　22cm　22000円　Ⓘ4-7971-0536-4　Ⓝ913.43　〔14118〕
◇御橋悳言著作集　4〔2〕　平家物語證注　中　御橋悳言著　続群書類従完成会　2000.2　711p　22cm　22000円　Ⓘ4-7971-0537-2　Ⓝ913.43　〔14119〕
◇御橋悳言著作集　4〔3〕　平家物語證注　下　御橋悳言著　続群書類従完成会　2000.6　632p　22cm　20000円　Ⓘ4-7971-0540-2　Ⓝ913.43　〔14120〕
◇御橋悳言著作集　4〔4〕　平家物語證注　索引　続群書類従完成会編輯部編　続群書類従完成会　2000.12　372p　22cm　12000円　Ⓘ4-7971-0539-9　Ⓝ913.43　〔14121〕
◇宮尾本 平家物語　2　白虎之巻　宮尾登美子著　朝日新聞社　2006.5　637p　15cm　(朝日文庫)　800円　Ⓘ4-02-264362-5　〔14122〕
◇宮尾本 平家物語　3　朱雀之巻　宮尾登美子著　朝日新聞社　2006.6　605p　15cm　(朝日文庫)　800円　Ⓘ4-02-264363-3　〔14123〕
◇牟礼町歴史散歩—平家物語と史跡めぐり　安川満俊フィルムライブラリー編　牟礼町 (香川県)　牟礼町教育委員会　1992.3　32p　15cm　〔14124〕
◇屋代本平家物語　上巻　佐藤謙三, 春田宣編　桜楓社　1973　192p　22cm　780円　Ⓝ913.45　〔14125〕

◇屋代本平家物語　上巻　佐藤謙三編, 春田宣編　桜楓社　1987.4　192p　21cm　1200円　Ⓘ4-273-00239-6　Ⓝ913.434　〔14126〕

◇屋代本平家物語　中巻　佐藤謙三編, 春田宣編　桜楓社　1989.5　362p　21cm　1200円　Ⓘ4-273-00240-X　Ⓝ913.434　〔14127〕

◇屋代本平家物語　下巻　佐藤謙三, 春田宣編　桜楓社　1991.5　p364～616　22cm　2300円　Ⓘ4-273-00241-8　Ⓝ913.434　〔14128〕

◇吉川英治ものがたりの時代―『新・平家物語』『私本太平記』の世界　中島誠著　論創社　2004.5　260p　20cm　2000円　Ⓘ4-8460-0420-1　Ⓝ910.268　〔14129〕

◇読む。平家物語　文学と表現研究会編　武蔵野書院　2003.7　139p　21cm　1800円　Ⓘ4-8386-0640-0　Ⓝ913.434　〔14130〕

◇頼政挙兵―平家物語鑑賞　梶原正昭著　武蔵野書院　1998.12　373p　22cm　2600円　Ⓘ4-8386-0391-6　Ⓝ913.434　〔14131〕

◇らくらく読める平家物語　島崎晋著　廣済堂出版　2004.8　269p　21cm　1500円　Ⓘ4-331-51056-5　〔14132〕

◇両足院本平家物語　伊ington東慎ほか共編　京都　臨川書店　1985.4　3冊　22cm　29000円　Ⓘ4-653-01174-5　Ⓝ913.434　〔14133〕

◇流布本平家物語　犬井善寿編著　加藤中道館　1980.10　284p　21cm　1800円　Ⓝ913.434　〔14134〕

◆◆承久記
◇鎌倉北条九代記　下　承久記　集文館　1913　434p　15cm　（日本歴史文庫）　Ⓝ210.4　〔14135〕

◇承久記　矢野太郎編　国史研究会　1917　1冊　20cm　（国史叢書）　Ⓝ210.4　〔14136〕

◇承久記　松林靖明校註　現代思潮社　1974　234, 24p　22cm　（新撰日本古典文庫 1）　2800円　Ⓝ913.48　〔14137〕

◇承久記　松林靖明校注　新訂　現代思潮社　1982.8　234, 24p　20cm　（古典文庫 68）　2100円　Ⓝ913.43　〔14138〕

◇承久記・後期軍記の世界　長谷川端編　汲古書院　1999.7　306p　22cm　（軍記文学研究叢書 10）　8000円　Ⓘ4-7629-3389-9　Ⓝ913.438　〔14139〕

◆◆源平盛衰記
◇宇治川大合戦―源平盛衰記　玉田玉秀斎講演, 樋口南洋速記　大阪　岡本増進堂　1910.6　201p　22cm　Ⓝ913.7　〔14140〕

◇完訳源平盛衰記　1（巻1-巻5）　岸睦子訳　勉誠出版　2005.9　236p　20cm　（現代語で読む歴史文学）　2700円　Ⓘ4-585-07053-2　Ⓝ913.434　〔14141〕

◇完訳源平盛衰記　2（巻6-巻11）　中村晃訳　勉誠出版　2005.9　270p　20cm　（現代語で読む歴史文学）　2700円　Ⓘ4-585-07054-0　Ⓝ913.434　〔14142〕

◇完訳源平盛衰記　3（巻12-巻17）　三野恵訳　勉誠出版　2005.10　230p　20cm　（現代語で読む歴史文学）　2700円　Ⓘ4-585-07055-9　Ⓝ913.434　〔14143〕

◇完訳源平盛衰記　4（巻18-巻24）　田中幸江, 緑川新訳　勉誠出版　2005.10　275p　20cm　（現代語で読む歴史文学）　2700円　Ⓘ4-585-07056-7　Ⓝ913.434　〔14144〕

◇完訳源平盛衰記　5（巻25-巻30）　酒井一字訳　勉誠出版　2005.10　226p　20cm　（現代語で読む歴史文学）　2700円　Ⓘ4-585-07057-5　Ⓝ913.434　〔14145〕

◇完訳源平盛衰記　6（巻31-巻36）　中村晃訳　勉誠出版　2005.10　282p　20cm　（現代語で読む歴史文学）　2700円　Ⓘ4-585-07058-3　Ⓝ913.434　〔14146〕

◇完訳源平盛衰記　7（巻37-巻42）　西津弘美訳　勉誠出版　2005.10　261p　20cm　（現代語で読む歴史文学）　2700円　Ⓘ4-585-07059-1　Ⓝ913.434　〔14147〕

◇完訳源平盛衰記　8（巻43-巻48）　石黒吉次郎訳　勉誠出版　2005.10　252p　20cm　（現代語で読む歴史文学）　2700円　Ⓘ4-585-07060-5　Ⓝ913.434　〔14148〕

◇源平盛衰記　菊池寛著　勉誠出版　2004.9　240p　19cm　1600円　Ⓘ4-585-05311-5　〔14149〕

◇源平盛衰記―校訂　巻第1-48　博文館編輯局校訂　博文館　1902　1281p　20cm　（帝国文庫 第5編）　Ⓝ913.452　〔14150〕

◇源平盛衰記　1　市古貞次ほか校注　三弥井書店　1991.4　268p　22cm　（中世の文学）　3900円　Ⓘ4-8382-1015-9　Ⓝ913.434　〔14151〕

◇源平盛衰記　2　松尾葦江校注　三弥井書店　1993.5　288p　22cm　（中世の文学）　4300円　Ⓘ4-8382-1019-1　Ⓝ913.434　〔14152〕

◇源平盛衰記　3　黒田彰, 松尾葦江校注　三弥井書店　1994.5　337p　22cm　（中世の文学）　6000円　Ⓘ4-8382-1021-3　Ⓝ913.434　〔14153〕

◇源平盛衰記　巻の3　滅びゆくもの　三田村信行文, 若菜等, Ki絵　ポプラ社　2005.2　283p　21cm　1300円　Ⓘ4-591-08411-6　〔14154〕

◇源平盛衰記　4　美濃部重克, 松尾葦江校注　三弥井書店　1994.10　246p　22cm　（中世の文学）　3900円　Ⓘ4-8382-1022-1　Ⓝ913.434　〔14155〕

◇源平盛衰記　6　美濃部重克, 榊原千鶴校注　三弥井書店　2001.8　367p　22cm　（中世の文学）　6300円　Ⓘ4-8382-1027-2　Ⓝ913.434　〔14156〕

◇参考源平盛衰記―改定史籍集覧本　今井弘済考訂, 内藤貞顕ほか重校　京都　臨川書店　1982.7　3冊　22cm　全26000円　Ⓘ4-653-00775-6　Ⓝ913.434　〔14157〕

◇史籍集覧〔48〕参考源平盛衰記　近藤瓶城校　近藤瓶城　1882-1884　33冊（46冊合本）　19cm　Ⓝ210　〔14158〕

◇新説・源平盛衰記　八切止夫著　作品社　2004.9　222p　20cm　2400円　Ⓘ4-87893-696-7　Ⓝ210.38　〔14159〕

◇新定源平盛衰記　第1巻　自第一巻至第八巻　水原一考定　新人物往来社　1988.8　491p　22cm　8800円　Ⓘ4-404-01526-7　Ⓝ913.434　〔14160〕

◇新定源平盛衰記　第2巻　自第九巻至第十八巻　水原一考定　新人物往来社　1988.12　569p　22cm　8800円　Ⓘ4-404-01564-X　Ⓝ913.434　〔14161〕

◇新定源平盛衰記　第3巻　水原一考定　新人物往来社　1989.6　462p　22cm　11000円　Ⓘ4-404-01613-1　Ⓝ913.434　〔14162〕

◇新定源平盛衰記　第4巻　自第二十八巻至第三十五巻　水原一考定　新人物往来社　1990.2　508p　22cm　10680円　Ⓘ4-404-01677-8　Ⓝ913.434　〔14163〕

◇新定源平盛衰記　第5巻　水原一考定　新人物往来社　1991.2　472p　22cm　11000円　Ⓘ4-404-01798-7　Ⓝ913.434　〔14164〕

文学史　　　　　　　　　　　　　　　　　中世史

◇新定源平盛衰記　第6巻　水原一考定　新人物往来社　1991.10　436p　22cm　11000円　①4-404-01858-4　Ⓝ913.434　〔14165〕
◇新定源平盛衰記　月報—1-6　新人物往来社　1988.7-1991.10　1冊　19cm　Ⓝ913.434　〔14166〕
◇太平記・義経記・源平盛衰記古註釈大成　日本図書センター　1979.8　573, 242p　22cm　(日本文学古註釈大成)　12000円　Ⓝ913.43　〔14167〕
◇物語日本史大系　第3巻　源平盛衰記　上　早稲田大学出版部　1928　506, 22p　20cm　Ⓝ210.1　〔14168〕
◇物語日本史大系　第4巻　源平盛衰記　下　北条九代記　浅井了意著　早稲田大学出版部　1928　1冊　20cm　Ⓝ210.1　〔14169〕

◆◆太平記
◇完訳太平記　1(巻1-巻10)　上原作和, 小番達監修, 鈴木邑訳　勉誠出版　2007.3　11, 423p　20cm　(現代語で読む歴史文学)　3000円　①978-4-585-07073-3　Ⓝ913.435　〔14170〕
◇完訳太平記　2(巻11-巻20)　上原作和, 小番達監修・訳, 鈴木邑訳　勉誠出版　2007.3　14, 535p　20cm　(現代語で読む歴史文学)　3000円　①978-4-585-07074-0　Ⓝ913.435　〔14171〕
◇完訳太平記　3(巻21-巻30)　上原作和, 小番達監修・訳　勉誠出版　2007.3　12, 401p　20cm　(現代語で読む歴史文学)　3000円　①978-4-585-07075-7　Ⓝ913.435　〔14172〕
◇完訳太平記　4(巻31-巻40)　上原作和, 小番達監修・訳　勉誠出版　2007.3　13, 445p　20cm　(現代語で読む歴史文学)　3000円　①978-4-585-07076-4　Ⓝ913.435　〔14173〕
◇現代語で読む太平記　山本藤枝著　集英社　1990.12　259p　16cm　(集英社文庫　や12・1)　369円　①4-08-749664-3　Ⓝ913.435　〔14174〕
◇源平太平記—読切日本外史　生方敏郎著　文松堂　1942　363p　19cm　Ⓝ913.6　〔14175〕
◇古態本太平記抄　長谷川端ほか編　大阪　和泉書院　1998.4　210p　21cm　1800円　①4-87088-923-4　Ⓝ913.435　〔14176〕
◇山河太平記　陳舜臣著　平凡社　1979.7　289p　21cm　1300円　Ⓝ913.46　〔14177〕
◇山河太平記　陳舜臣著　筑摩書房　2007.4　365p　15cm　(ちくま文庫)　740円　①978-4-480-42319-1　〔14178〕
◇週刊日本の古典を見る　12　太平記　巻1　山崎正和訳　世界文化社　2002.7　34p　30cm　533円　Ⓝ910.2　〔14179〕
◇週刊日本の古典を見る　13　太平記　巻2　山崎正和訳　世界文化社　2002.7　34p　30cm　533円　Ⓝ910.2　〔14180〕
◇新校太平記　上　高橋貞一校訂　京都　思文閣　1976　643p　23cm　9500円　Ⓝ913.46　〔14181〕
◇新釈太平記　村松定孝著　ぎょうせい　1991.2　329p　20cm　1600円　①4-324-02507-X　Ⓝ913.435　〔14182〕
◇図説日本の古典　11　太平記　梶原正昭ほか著　集英社　1989.6　218p　28cm　2880円　①4-08-167111-7　Ⓝ910.2　〔14183〕

◇戦記文学—保元物語・平治物語・太平記　日本文学研究資料刊行会編　有精堂　1974　321p　22cm　(日本文学研究資料叢書)　2300円　Ⓝ913.43　〔14184〕
◇大塔宮の太平記と甲州青木家の家譜　青木カズノ監修, 山地悠一郎著　〔相模原〕　アトム出版(発行)　2005.8　163p図版15枚　20cm　1300円　①4-434-06172-0　Ⓝ288.44　〔14185〕
◇太平記—巻1-40　博文館編輯局校訂　11版　博文館　1906　1174p　20cm　(続帝国文庫　第11編)　Ⓝ913.46　〔14186〕
◇太平記　永積安明著　日本評論社　1948　323p　18cm　(続日本古典読本 5)　Ⓝ913.46　〔14187〕
◇太平記　鈴木登美恵, 長谷川端著　尚学図書　1980.6　434p　20cm　(鑑賞日本の古典 13)　1800円　Ⓝ913.435　〔14188〕
◇太平記　永積安明著　岩波書店　1984.6　296p　20cm　(古典を読む 15)　1900円　Ⓝ913.435　〔14189〕
◇太平記　大曽根章介, 松尾葦江校注・訳　ほるぷ出版　1986.9　2冊　20cm　(日本の文学)　Ⓝ913.435　〔14190〕
◇太平記—古典を読む　永井路子著　文芸春秋　1990.10　276p　16cm　(文春文庫)　400円　①4-16-720023-6　Ⓝ913.435　〔14191〕
◇太平記　大森北義, 島田雅彦著　新潮社　1990.10　111p　20cm　(新潮古典文学アルバム 14)　1300円　①4-10-620714-1　Ⓝ913.435　〔14192〕
◇太平記—一冊で読む古典　山下宏明校注　新潮社　1990.10　253p　20cm　1553円　①4-10-377701-X　Ⓝ913.435　〔14193〕
◇太平記—写真紀行　長野重一著　アイピーシー　1991.1　144p　25cm　3600円　①4-87198-834-1　Ⓝ748　〔14194〕
◇太平記　武田昌憲編著　有精堂出版　1992.3　215p　19cm　(長編ダイジェスト 2)　1200円　①4-640-30641-5　Ⓝ913.435　〔14195〕
◇太平記—神宮徴古館本　長谷川端ほか編　大阪　和泉書院　1994.2　1223p　22cm　35020円　①4-87088-647-2　Ⓝ913.435　〔14196〕
◇太平記　永積安明著　岩波書店　1998.6　296p　16cm　(同時代ライブラリー—古典を読む)　1200円　①4-00-260346-6　Ⓝ913.435　〔14197〕
◇太平記—鎮魂と救済の史書　松尾剛次著　中央公論新社　2001.10　181p　18cm　(中公新書)　680円　①4-12-101608-4　Ⓝ913.435　〔14198〕
◇太平記—創造と成長　長谷川端著　三弥井書店　2003.3　441, 4p　22cm　12000円　①4-8382-3092-3　Ⓝ913.435　〔14199〕
◇太平記　山崎正和著　世界文化社　2006.4　199p　24×19cm　(ビジュアル版 日本の古典に親しむ 6)　2400円　①4-418-06203-3　〔14200〕
◇太平記　第1　後藤丹治校註　朝日新聞社　1961　290p　18cm　(日本古典全書)　Ⓝ913.46　〔14201〕
◇太平記　1　山下宏明校注　新潮社　1977.11　445p　20cm　(新潮日本古典集成)　1900円　Ⓝ913.46　〔14202〕
◇太平記　1　後藤丹治, 釜田喜三郎校注　岩波書店　1993.4　450p　22cm　(日本古典文学大系新装版—歴史文学シリーズ)　4000円　①4-00-004497-4　Ⓝ913.435　〔14203〕

◇太平記　中巻　博文館編輯局編　博文館　1939.7　385p　15cm　（博文館文庫 4）　Ⓝ913.435　〔14204〕

◇太平記　2　山下宏明校注　新潮社　1980.5　494p　20cm　（新潮日本古典集成）　2200円　Ⓝ913.435　〔14205〕

◇太平記　2　岡見正雄校注　角川書店　1982.4　548p　15cm　（角川文庫）　780円　Ⓝ913.435　〔14206〕

◇太平記　2　後藤丹治, 釜田喜三郎校注　岩波書店　1993.5　506p　22cm　（日本古典文学大系新装版―歴史文学シリーズ）　4200円　Ⓘ4-00-004498-2　Ⓝ913.435　〔14207〕

◇太平記　3　山下宏明校注　新潮社　1983.4　509p　20cm　（新潮日本古典集成）　2300円　Ⓘ4-10-620358-8　Ⓝ913.435　〔14208〕

◇太平記　3　後藤丹治, 岡見正雄校注　岩波書店　1993.6　532p　22cm　（日本古典文学大系新装版―歴史文学シリーズ）　4300円　Ⓘ4-00-004499-0　Ⓝ913.435　〔14209〕

◇太平記　4　山下宏明校注　新潮社　1985.12　525p　20cm　（新潮日本古典集成）　2600円　Ⓘ4-10-620372-3　Ⓝ913.435　〔14210〕

◇太平記　5　山下宏明校注　新潮社　1988.4　541p　20cm　（新潮日本古典集成）　2700円　Ⓘ4-10-620378-2　Ⓝ913.435　〔14211〕

◇太平記　第1-2　竹下直之等校訂　いてふ本刊行会　1953　2冊　19cm　Ⓝ913.46　〔14212〕

◇太平記を読む―新訳　第1巻　安井久善訳　おうふう　2001.1　204p　21cm　2800円　Ⓘ4-273-03181-7　Ⓝ913.435　〔14213〕

◇太平記を読む―新訳　第2巻　安井久善訳　おうふう　2001.3　246p　21cm　2800円　Ⓘ4-273-03182-5　Ⓝ913.435　〔14214〕

◇太平記を読む―新訳　第3巻　安井久善訳　おうふう　2001.6　165p　21cm　2800円　Ⓘ4-273-03183-3　Ⓝ913.435　〔14215〕

◇太平記・義経記・源平盛衰記古註釈大成　日本図書センター　1979.8　573, 242p　22cm　（日本文学古註釈大成）　12000円　Ⓝ913.43　〔14216〕

◇太平記紀行―鎌倉・吉野・笠置・河内　永井路子著　平凡社　1974　208p（図共）　20cm　（歴史と文学の旅）　900円　Ⓝ913.46　〔14217〕

◇太平記紀行―鎌倉・吉野・笠置・河内　永井路子著　中央公論社　1990.12　205p　16cm　（中公文庫 な-12-8）　408円　Ⓘ4-12-201770-X　Ⓝ913.435　〔14218〕

◇太平記享受史論考　加美宏著　桜楓社　1985.5　435p　22cm　16000円　Ⓘ4-273-02015-7　Ⓝ913.435　〔14219〕

◇太平記研究―民族文芸の論　釜田喜三郎著　新典社　1992.10　426p　22cm　（新典社研究叢書 53）　13500円　Ⓘ4-7879-4053-8　Ⓝ913.435　〔14220〕

◇太平記考―時と場と意識　石田洵著　双文社出版　2007.4　233p　22cm　3800円　Ⓘ978-4-88164-575-8　Ⓝ913.435　〔14221〕

◇太平記諸本の研究　高橋貞一著　京都　思文閣出版　1980.4　860p　23cm　15000円　Ⓝ913.435　〔14222〕

◇『太平記』諸本頁数対照表稿　太平記読書会編　太平記読書会　1984.5　42p　26cm　非売品　Ⓝ913.435　〔14223〕

◇太平記人名索引　大隅和雄編　札幌　北海道大学図書刊行会　1974　279p　22cm　3800円　Ⓝ913.46　〔14224〕

◇太平記的世界の研究　八木聖弥著　京都　思文閣出版　1999.11　278, 10p　22cm　6800円　Ⓘ4-7842-1021-0　Ⓝ913.435　〔14225〕

◇太平記と古活字版の時代　小秋元段著　新典社　2006.10　348p　22cm　（新典社研究叢書 178）　10800円　Ⓘ4-7879-4178-X　Ⓝ913.435　〔14226〕

◇太平記とその周辺　長谷川端編　新典社　1994.4　641p　22cm　（新典社研究叢書 71）　20000円　Ⓘ4-7879-4071-6　Ⓝ913.435　〔14227〕

◇太平記と武士道　高木武著　内閣印刷局　1940　95p　15cm　（日本精神叢書 38）　Ⓝ156　〔14228〕

◇太平記の群像―軍記物語の虚構と真実　森茂暁著　角川書店　1991.10　311p　19cm　（角川選書 221）　1300円　Ⓘ4-04-703221-2　Ⓝ210.45　〔14229〕

◇太平記の研究　後藤丹治著　京都　大学堂書店　1973　530, 18p　23cm　6000円　Ⓝ913.46　〔14230〕

◇太平記の研究　長谷川端著　汲古書院　1982.3　402p　22cm　6000円　Ⓝ913.435　〔14231〕

◇『太平記』の構想と方法　大森北義著　明治書院　1988.3　424p　22cm　8200円　Ⓘ4-625-41087-8　Ⓝ913.435　〔14232〕

◇太平記の時代―論集　長谷川端編著　新典社　2004.4　710p　22cm　（新典社研究叢書 158）　21000円　Ⓘ4-7879-4158-5　Ⓝ913.435　〔14233〕

◇太平記の受容と変容　加美宏著　翰林書房　1997.2　486p　22cm　14563円　Ⓘ4-87737-012-9　Ⓝ913.435　〔14234〕

◇太平記の成立　長谷川端編　汲古書院　1998.3　363p　22cm　（軍記文学研究叢書 8）　8000円　Ⓘ4-7629-3387-2　Ⓝ913.435　〔14235〕

◇太平記の世界―変革の時代を読む　永積安明ほか著　日本放送出版協会　1987.12　386p　20cm　2300円　Ⓘ4-14-008561-4　Ⓝ913.435　〔14236〕

◇太平記の世界　長谷川端編　汲古書院　2000.9　360p　22cm　（軍記文学研究叢書 9）　8000円　Ⓘ4-7629-3388-0　Ⓝ913.435　〔14237〕

◇太平記の説話文学的研究　谷垣伊太雄著　大阪　和泉書院　1989.1　270p　22cm　（研究叢書 66）　7500円　Ⓘ4-87088-330-9　Ⓝ913.435　〔14238〕

◇太平記の旅　村松定孝著　人物往来社　1968　221p 図版12枚　19cm　Ⓝ913.46　〔14239〕

◇『太平記』の比較文学的研究　増田欣著　角川書店　1976　654p　22cm　9800円　Ⓝ913.46　〔14240〕

◇太平記の論　中西達治著　おうふう　1997.10　325p　22cm　16000円　Ⓘ4-273-02998-7　Ⓝ913.435　〔14241〕

◇太平記の論―拾遺　中西達治著　名古屋　ユニテ　2007.3　221p　20cm　2200円　Ⓘ978-4-8432-3070-1　Ⓝ913.435　〔14242〕

◇太平記・梅松論の研究　小秋元段著　汲古書院　2005.12　414, 12p　22cm　12000円　Ⓘ4-7629-3544-1　Ⓝ913.43　〔14243〕

◇太平記秘伝理尽鈔　1　今井正之助, 加美宏, 長坂成行校注　平凡社　2002.12　408p　18cm　（東洋文庫）　3000円　Ⓘ4-582-80709-7　Ⓝ913.435　〔14244〕

◇太平記秘伝理尽鈔 3　今井正之助, 加美宏, 長坂成行校注　平凡社　2004.11　445p　18cm　(東洋文庫)　3100円　Ⓘ4-582-80732-1　〔14245〕
◇太平記秘伝理尽鈔 4　今井正之助, 加美宏, 長坂成行校注　平凡社　2007.6　486p　18×12cm　(東洋文庫)　3300円　Ⓘ978-4-582-80763-9　〔14246〕
◇太平記物語—物語と史蹟をたずねて　德永真一郎著　成美堂出版　1977.4　224p(図共)　19cm　700円　Ⓝ913.46　〔14247〕
◇太平記要覧　安井久善著　おうふう　1997.1　223p　21cm　2800円　Ⓘ4-273-02939-1　Ⓝ913.435　〔14248〕
◇太平記〈よみ〉の可能性—歴史という物語　兵藤裕己著　講談社　1995.11　278p　19cm　(講談社選書メチエ 61)　1500円　Ⓘ4-06-258061-6　Ⓝ913.435　〔14249〕
◇太平記"よみ"の可能性—歴史という物語　兵藤裕己著　講談社　2005.9　306p　15cm　(講談社学術文庫)　1000円　Ⓘ4-06-159726-4　〔14250〕
◇太平記論序説　中西達治著　桜楓社　1985.3　280p　22cm　9800円　Ⓘ4-273-02002-5　Ⓝ913.435　〔14251〕
◇土井本太平記—本文及び語彙索引　西端幸雄, 志甫由紀恵共編　勉誠社　1997.2　5冊　22cm　全94760円　Ⓘ4-585-10017-2　Ⓝ913.435　〔14252〕
◇日本異譚太平記　戸部新十郎著　毎日新聞社　1997.11　268p　20cm　1700円　Ⓘ4-620-10578-3　Ⓝ913.435　〔14253〕
◇日本の古典—現代語訳 13　太平記　永井路子著　学習研究社　1981.1　180p　30cm　2400円　Ⓝ910.8　〔14254〕
◇平家・義経記・太平記—カラー版　加美宏ほか編　おうふう　1995.6　103p　21cm　1500円　Ⓘ4-273-02833-6　Ⓝ913.435　〔14255〕
◇穂久邇文庫蔵太平記(竹中本)と研究　上　藤井隆, 藤井里子編著　豊橋　未刊国文資料刊行会　1989.4　163p　19cm　(未刊国文資料)　Ⓝ913.435　〔14256〕
◇穂久邇文庫蔵太平記(竹中本)と研究　中　藤井隆, 藤井里子編著　豊橋　未刊国文資料刊行会　1993.9　165p　19cm　(未刊国文資料 第4期 第15冊)　Ⓝ913.435　〔14257〕
◇マンガ太平記　上巻　甲斐謙二画　河出書房新社　1990.12　316p　19cm　1262円　Ⓘ4-309-00652-3　Ⓝ913.435　〔14258〕
◇物語日本史大系　第5巻　太平記　上　早稲田大学出版部　1928　542p　20cm　Ⓝ210.1　〔14259〕

◆◆義経記
◇赤木文庫本義経物語　角川源義, 村上学編　角川書店　1974　473p 図　22cm　(貴重古典籍叢刊 10)　6500円　Ⓝ913.47　〔14260〕
◇艶筆 義経記　稲垣史生著　文芸評論社　1956　235p　18cm　(艶筆文庫)　Ⓝ913.47　〔14261〕
◇義経記　竹下直之校訂　いてふ刊行会　1953　302p　19cm　Ⓝ913.47　〔14262〕
◇義経記　亀田正雄訳　再建社　1961　2冊　18cm　Ⓝ913.47　〔14263〕
◇義経記　村上学校注・訳　ほるぷ出版　1986.9　362p　20cm　(日本の文学)　Ⓝ913.436　〔14264〕
◇義経記　岡見正雄校注　岩波書店　1992.10　461p　22cm　(日本古典文学大系新装版—歴史文学シリーズ)　3800円　Ⓘ4-00-004500-8　Ⓝ913.436　〔14265〕
◇義経記　西津弘美訳　勉誠出版　2004.6　447p　20cm　(現代語で読む歴史文学)　3500円　Ⓘ4-585-07066-4　Ⓝ913.436　〔14266〕
◇義経記　第1　佐藤謙三, 小林弘邦訳　平凡社　1968　292p 表 地図　22cm　Ⓝ913.47　〔14267〕
◇義経記　第2　佐藤謙三, 小林弘邦訳　平凡社　1968　314p　18cm　(東洋文庫)　Ⓝ913.47　〔14268〕
◇義経記・曽我物語　村上学編　国書刊行会　1993.5　423p　22cm　(日本文学研究大成)　4100円　Ⓘ4-336-03084-7　Ⓝ913.436　〔14269〕
◇義経記と後期軍記　佐藤陸著　双文社出版　1999.12　268p　22cm　6800円　Ⓘ4-88164-530-7　Ⓝ913.436　〔14270〕
◇曽我・義経記の世界　梶原正昭編　汲古書院　1997.12　349p　22cm　(軍記文学研究叢書 11)　8000円　Ⓘ4-7629-3390-2　Ⓝ913.437　〔14271〕
◇太平記・義経記・源平盛衰記古註釈大成　日本図書センター　1979.8　573, 242p　22cm　(日本文学古註釈大成)　12000円　Ⓝ913.43　〔14272〕
◇田中本 義経記と研究　上　高橋貞一著　豊橋　未刊国文資料刊行会　1965　223p　19cm　(未刊国文資料 第3期 第4冊)　Ⓝ913.47　〔14273〕
◇平家・義経記・太平記—カラー版　加美宏ほか編　おうふう　1995.6　103p　21cm　1500円　Ⓘ4-273-02833-6　Ⓝ913.435　〔14274〕
◇義経双紙　今西実編著　三弥井書店　1988.9　302p　22cm　(伝承文学資料集成 第7輯)　6500円　Ⓘ4-8382-4013-9　Ⓝ913.436　〔14275〕

◆◆曾我物語
◇艶筆 曾我物語　竹森一男著　文芸評論社　1957　255p　18cm　(艶筆文庫)　Ⓝ913.472　〔14276〕
◇義経記・曽我物語　村上学編　国書刊行会　1993.5　423p　22cm　(日本文学研究大成)　4100円　Ⓘ4-336-03084-7　Ⓝ913.436　〔14277〕
◇新曽我兄弟物語　浜田進著　新人物往来社　1992.7　207p　20cm　1800円　Ⓘ4-404-01930-0　Ⓝ913.437　〔14278〕
◇曽我・義経記の世界　梶原正昭編　汲古書院　1997.12　349p　22cm　(軍記文学研究叢書 11)　8000円　Ⓘ4-7629-3390-2　Ⓝ913.437　〔14279〕
◇曽我兄弟物語—城前寺本　立木望隆著　小田原　城前寺内曽我兄弟遺跡保存会　1979.8　234p　19cm　1000円　Ⓝ913.437　〔14280〕
◇曽我物語　奥田忠兵衛　1886.11　8丁　12cm　Ⓝ913.437　〔14281〕
◇曾我物語　藤村作訳　至文堂　1954　203p　19cm　(物語日本文学)　Ⓝ913.472　〔14282〕
◇曽我物語—真名本　解題:山岸徳平, 中田祝夫　勉誠社　1974　685p 図　30cm　2500円　Ⓝ913.472　〔14283〕
◇曽我物語—太山寺本　浜口博章解題　汲古書院　1988.6　624p　27cm　17000円　Ⓝ913.437　〔14284〕
◇曽我物語　市古貞次, 大島建彦校注　岩波書店　1992.12　464p　22cm　(日本古典文学大系新装版—歴史文学シリーズ)　4000円　Ⓘ4-00-004495-8　Ⓝ913.437　〔14285〕

◇曽我物語―太山寺本　村上美登志校註　大阪　和泉書院　1999.3　350p　22cm　(和泉古典叢書 10)　3000円　Ⓘ4-87088-966-8　Ⓝ913.437　〔14286〕
◇曽我物語―真名本　1　青木晃他編　平凡社　1987.4　314p　18cm　(東洋文庫 468)　2200円　Ⓘ4-582-80468-3　〔14287〕
◇曽我物語―万法寺本　中,下　清水泰編校および解説　古典文庫　1960　2冊　17cm　(古典文庫 第157,161冊)　Ⓝ913.472　〔14288〕
◇曾我物語　上下巻　竹下直之等校訂　いてふ本刊行会　1953　2冊　19cm　Ⓝ913.472　〔14289〕
◇曽我物語総索引　大野晋,武藤宏子編　至文堂　1979.9　482p　22cm　15000円　Ⓝ913.472　〔14290〕
◇曽我物語并ニ曽我物の研究　塚崎進著　笠間書院　1980.10　367p　22cm　(笠間叢書 153)　9000円　Ⓝ913.437　〔14291〕
◇曽我物語の基礎的研究―本文研究を中心として　村上学著　風間書房　1984.2　1307p　22cm　32000円　Ⓘ4-7599-0602-9　Ⓝ913.437　〔14292〕
◇曽我物語の作品宇宙　村上美登志編　至文堂　2003.1　320p　21cm　(「国文学解釈と鑑賞」別冊)　2400円　Ⓝ913.437　〔14293〕
◇曽我物語の史実と虚構　坂井孝一著　吉川弘文館　2000.12　208p　19cm　(歴史文化ライブラリー 107)　1700円　Ⓘ4-642-05507-X　Ⓝ210.42　〔14294〕
◇曽我物語の成立　福田晃著　三弥井書店　2002.12　592p　22cm　16000円　Ⓘ4-8382-3119-9　Ⓝ913.437　〔14295〕
◇太山寺本曽我物語　汲古書院　1988.6　624p　27cm　17000円　Ⓝ913.437　〔14296〕
◇大山寺本曽我物語　荒木良雄校註　白帝社　1961　274p　図版　19cm　Ⓝ913.472　〔14297〕
◇東大本曾我物語と研究　鈴木進編著　豊橋　未刊国文資料刊行会　1964-66　2冊　19cm　(未刊国文資料　第3期　第2,8冊)　Ⓝ913.472　〔14298〕
◇南葵文庫本曽我物語と研究　上　鈴木進編著　豊橋　未刊国文資料刊行会　1973.10　221p　19cm　(未刊国文資料　第4期　第2冊)　4000円　Ⓝ913.437　〔14299〕
◇南葵文庫本曽我物語と研究　下　鈴木進編著　豊橋　未刊国文資料刊行会　1975　243p　19cm　(未刊国文資料　第4期　第5冊)　Ⓝ913.472　〔14300〕
◇真名本曽我物語　2　笹川祥生ほか編,福田晃解説　平凡社　1988.6　355p　18cm　(東洋文庫 486)　2700円　Ⓘ4-582-80486-1　Ⓝ913.437　〔14301〕
◇御橋悳言著作集　3　曽我物語注解　続群書類従完成会　1986.3　1冊　22cm　18000円　Ⓝ913.43　〔14302〕

◆◆明徳記
◇平治物語・明徳記　陽明文庫編　京都　思文閣出版　1977.6　624,34p　23cm　(陽明叢書 国書篇 第12輯)　12000円　Ⓝ913.442　〔14303〕
◇明徳記　冨倉徳次郎校訂　岩波書店　1989.10　189p　15cm　(岩波文庫 30-138-1)　350円　Ⓘ4-00-301381-6　Ⓝ913.43　〔14304〕
◇明徳記―校本と基礎的研究　和田英道著　笠間書院　1990.3　351p　22cm　(笠間叢書 234)　10300円　Ⓝ913.43　〔14305〕

◆随筆・評論
◇月菴酔醒記　3巻　月菴著　古典文庫　1981.4　367p　17cm　(古典文庫 415)　非売品　Ⓝ914.4　〔14306〕
◇『塵荊抄』の研究　松原一義著　おうふう　2002.2　859p　22cm　Ⓘ4-273-03212-0　Ⓝ914.4　〔14307〕
◇中世自照文芸研究序説　祐野隆三著　大阪　和泉書院　1994.3　391p　22cm　(研究叢書 145)　10300円　Ⓘ4-87088-636-7　Ⓝ914.4　〔14308〕
◇塵塚物語　鈴木昭一訳　〔東村山〕　教育社　1980.12　298p　18cm　(教育社新書)　700円　Ⓝ914.4　〔14309〕
◇方丈記　徒然草　正法眼蔵随聞記　歎異抄　鴨長明,吉田兼好,道元,懐奘,唯円著,神田秀夫,永積安明,安良岡康作校注・訳　小学館　1971.8(第24版:1992.10)　564p　図版12p　23cm　(日本古典文学全集 27)　Ⓘ4-09-657027-3　Ⓝ914.4　〔14310〕

◆◆無名草子
◇昭和校註 無名草子　冨倉徳次郎校註　武蔵野書院　1951　106p　22cm　Ⓝ914.4　〔14311〕
◇無名草子―昭和校註　冨倉徳次郎校註　武蔵野書院　1951　106p　22cm　Ⓝ914.4　〔14312〕
◇無名草子―校註　鈴木弘道校註　笠間書院　1970　148p　22cm　450円　Ⓝ913.3　〔14313〕
◇無名草子―付 現代語訳　山岸徳平訳注　角川書店　1973　273p　15cm　(角川文庫)　220円　Ⓝ913.3　〔14314〕
◇無名草子　桑原博史校注　新潮社　1976　165p　20cm　(新潮日本古典集成)　1100円　Ⓝ913.3　〔14315〕
◇無名草子―新註　川島絹江,西沢正二編著　勉誠社　1986.3　196p　22cm　(大学古典叢書 4)　1200円　Ⓝ913.3　〔14316〕
◇無名草子　冨倉徳次郎校訂　岩波書店　1989.3　182p　15cm　(岩波文庫 30-107-1)　350円　Ⓘ4-00-301071-X　Ⓝ914.4　〔14317〕
◇無名草子総索引　坂詰力治　笠間書院　1975　138p　22cm　(笠間索引叢刊 47)　3500円　Ⓝ913.3　〔14318〕
◇無名草子評解　冨倉徳次郎著　有精堂出版株式会社　1954　367p 図版　19cm　Ⓝ913.3　〔14319〕
◇無名草子評解　富倉徳次郎著　有精堂出版　1988.8　366p　19cm　3500円　Ⓘ4-640-00099-5　Ⓝ913.3　〔14320〕
◇無名草子論―「女性論」を中心として　鈴木弘道著　京都　大学堂書店　1981.11　287p　20cm　5000円　Ⓝ913.3　〔14321〕

◆◆方丈記
◇校注方丈記―新注版　鴨長明著,永積安明編　武蔵野書院　1978.2(8版:1996.3)　61p　21cm　583円　Ⓘ4-8386-0574-9　Ⓝ914.42　〔14322〕
◇校注方丈記　鴨長明著,長崎健編　新典社　1984.5　221p　19cm　(新典社校注叢書 1)　1500円　Ⓘ4-7879-0801-4　Ⓝ914.42　〔14323〕
◇広本略本 方丈記総索引　青木伶子編　武蔵野書院　1965　415p　22cm　Ⓝ914.42　〔14324〕
◇語法詳解 方丈記の新解釈　浅尾芳之助著　有精堂出版株式会社　1956　236p　19cm　Ⓝ914.42　〔14325〕

文学史　　　　　　　　　　　　　中世史

◇週刊日本の古典を見る　24　方丈記　巻1　鴨長明著, 堀田善衞訳　世界文化社　2002.10　34p　30cm　533円　Ⓝ910.2
〔14326〕
◇週刊日本の古典を見る　25　方丈記　巻2　鴨長明著, 堀田善衞訳　世界文化社　2002.10　34p　30cm　533円　Ⓝ910.2
〔14327〕
◇詳註 方丈記・発心集　次田潤著　明治書院　1952　168p 図版　19cm　Ⓝ914.42
〔14328〕
◇眞字本 方丈記 保寂本 方丈記　鴨長明著, 簗瀬一雄編　大府町(愛知県)　1964　53p　22cm　(碧冲洞叢書 第42輯)　Ⓝ914.42
〔14329〕
◇新注校訂方丈記　鴨長明著, 鈴木知太郎編　武蔵野書院　1973.6(6版:1994.3)　127p　22cm　971円　Ⓝ914.42
〔14330〕
◇新訂 通解方丈記　塚本哲三著　10版　有朋堂　1952　206p　19cm　Ⓝ914.42
〔14331〕
◇図説日本の古典　10　方丈記　鴨長明著, 三木紀人ほか編集　集英社　1988.7　218p　28cm　2800円　Ⓘ4-08-167110-9　Ⓝ910.8
〔14332〕
◇すらすら読める方丈記　中野孝次著　講談社　2003.2　206p　19cm　1500円　Ⓘ4-06-211472-0　Ⓝ914.42
〔14333〕
◇対校 古本方丈記　鴨長明著, 草部了円校　京都　初音書房　1959　85p 図版　22cm　Ⓝ914.42
〔14334〕
◇長明方丈記抄・徒然草抄　加藤磐斎著, 有吉保編　新典社　1985.1　1069p　22cm　(加藤磐斎古注釈集成 3)　27000円　Ⓝ914.42
〔14335〕
◇徒然草 方丈記　山崎正和他, 山崎正和著　学習研究社　2001.11　217p　15cm　(学研M文庫)　520円　Ⓘ4-05-902051-6　Ⓝ914.45
〔14336〕
◇徒然草・方丈記―日本古典は面白い　大伴茫人編　筑摩書房　2007.7　365p　15cm　(ちくま文庫)　680円　Ⓘ978-4-480-42348-1
〔14337〕
◇中原本 方丈記　鴨長明著, 簗瀬一雄編　大府町(愛知県)　1963　9p　22cm　(碧冲洞叢書 第34輯)　Ⓝ914.42
〔14338〕
◇名古屋本 方丈記　鴨長明著, 簗瀬一雄編　大府町(愛知県)　簗瀬一雄　1963　20p　22cm　(碧冲洞叢書 第35輯)　Ⓝ914.42
〔14339〕
◇日本の古典をよむ　14　方丈記・徒然草・歎異抄　神田秀夫, 永積安明, 安良岡康作校訂・訳　小学館　2007.10　317p　19cm　1800円　Ⓘ978-4-09-362184-7
〔14340〕
◇方丈記　鴨ノ長明著, 川瀬一馬校註　講談社　1948　274p 図版　19cm　(新註国文学而喜)　Ⓝ914.42
〔14341〕
◇方丈記　鴨長明著, 山田孝雄校訂　岩波書店　1950　74p　15cm　Ⓝ914.42
〔14342〕
◇方丈記　鴨長明著, ソーヴール・カンドウ仏抄訳, 川本茂雄註解　東京日仏学院　1957　35p 図版　21cm　(Les manuels dc l'institut franco‐ja s de Tokyo)　Ⓝ914.42
〔14343〕
◇方丈記―大福光寺本　鴨長明著, 鈴木知太郎校異　武蔵野書院　1959.4(26版:1998.3)　63p　30cm　1165円　Ⓘ4-8386-0513-7　Ⓝ914.42
〔14344〕
◇方丈記　鴨長明著, 簗瀬一雄訳注　角川書店　1967　194p　15cm　Ⓝ914.42
〔14345〕
◇方丈記　鴨長明著, 細野哲雄校註　朝日新聞社　1970　241p　19cm　(日本古典全書)　600円　Ⓝ914.42
〔14346〕

◇方丈記―肥前島原松平文庫本　鴨長明著, 瓜生等勝編著　教育出版センター　1971　136p　22cm　2000円　Ⓝ914.42
〔14347〕
◇方丈記―大福光寺本　鴨長明著, 小内一明校注　新典社　1976　111p　21cm　(影印校注古典叢書 11)　1000円　Ⓝ914.42
〔14348〕
◇方丈記　鴨長明著, 安良岡康作全訳注　講談社　1980.2　313p　15cm　(講談社学術文庫)　640円　Ⓝ914.42
〔14349〕
◇方丈記―付発心集(抄)現代語訳対照　鴨長明著, 今成元昭訳注　旺文社　1981.2　191p　16cm　(旺文社文庫)　280円　Ⓝ914.2
〔14350〕
◇方丈記　鴨長明著, 三木紀人校注　新潮社　1981.2　437p　20cm　(新潮日本古典集成)　2100円　Ⓘ4-10-620305-7　Ⓝ914.42
〔14351〕
◇方丈記―古典を読む　簗瀬一雄著　大修館書店　1981.6　169p　20cm　1300円　Ⓝ914.42
〔14352〕
◇方丈記　鴨長明著, 高橋貞一編　勉誠社　1982.10　78p　19cm　(文芸文庫)　400円　Ⓝ914.42
〔14353〕
◇方丈記　鴨長明著, 神田秀夫校注・訳　小学館　1986.3　398p　20cm　(完訳日本の古典 37)　1700円　Ⓘ4-09-556037-1　Ⓝ914.42
〔14354〕
◇方丈記　鴨長明著, 三木紀人訳・注　創英社　1986.6　118p　19cm　(全対訳日本古典新書)　530円　Ⓘ4-88142-305-3　Ⓝ914.42
〔14355〕
◇方丈記　鴨長明著, 浅見和彦校注・訳　ほるぷ出版　1987.7　330p　20cm　(日本の文学)　Ⓝ914.42
〔14356〕
◇方丈記―付発心集(抄)　鴨長明著, 今成元昭訳注　旺文社　1988.5　191p　16cm　(対訳古典シリーズ)　380円　Ⓘ4-01-067215-3　Ⓝ914.2
〔14357〕
◇方丈記　鴨長明著, 山本一彦編著　ブレイク・アート社　1988.12　1冊(頁付なし)　18×19cm　(古典への旅)　3000円　Ⓘ4-7952-7808-3　Ⓝ914.42
〔14358〕
◇方丈記　鴨長明著, 市古貞次校注　新訂　岩波書店　1989.5　151p　15cm　(岩波文庫)　260円　Ⓘ4-00-301001-9　Ⓝ914.42
〔14359〕
◇方丈記　鴨長明原著, 菊地良一ほか編　双文社出版　1990.3　155p　21cm　1800円　Ⓘ4-88164-034-8　Ⓝ914.42
〔14360〕
◇方丈記　鴨長明著, 市古貞次校注　新訂　岩波書店　1991.6　151p　19cm　(ワイド版岩波文庫)　700円　Ⓘ4-00-007050-9　Ⓝ914.42
〔14361〕
◇方丈記　武田友宏編　角川学芸出版, 角川グループパブリッシング〔発売〕　2007.6　189p　15cm　(角川ソフィア文庫―ビギナーズ・クラシックス)　590円　Ⓘ978-4-04-357419-3
〔14362〕
◇方丈記・伊勢記―カラー版　浅見和彦編　おうふう　2001.5　63p　21cm　1000円　Ⓘ4-273-03159-0　Ⓝ914.42
〔14363〕
◇方丈記をめぐっての論考　堀川善正著　大阪　和泉書院　1997.2　317p　22cm　(研究叢書 196)　12360円　Ⓘ4-87088-837-8　Ⓝ914.42
〔14364〕
◇「方丈記」を読む　馬場あき子, 松田修著　講談社　1980.6　248p　20cm　1100円　Ⓝ914.42
〔14365〕
◇方丈記を読む　馬場あき子, 松田修著　講談社　1987.10　224p　15cm　(講談社学術文庫)　640円　Ⓘ4-06-158759-5　Ⓝ914.42
〔14366〕
◇方丈記解釈大成　簗瀬一雄著　大修館書店　1972　363p 図24p　23cm　3300円　Ⓝ914.42
〔14367〕

◇方丈記宜春抄　仁木宜春抄, 築瀬一雄編　大府町(愛知県)　築瀬一雄　1962　93p　21cm　(碧冲洞叢書 第19輯)　Ⓝ914.42　〔14368〕
◇方丈記私記　堀田善衛著　筑摩書房　1988.9　265p　15cm　(ちくま文庫)　460円　Ⓘ4-480-02263-5　Ⓝ914.42　〔14369〕
◇方丈記諸注集成　築瀬一雄編および翻刻　豊島書房　1969　406p 図版　22cm　4500円　Ⓝ914.42　〔14370〕
◇方丈記諸本の本文校定に関する研究　草部了円著　京都　初音書房　1966　558p 図版　22cm　Ⓝ914.42　〔14371〕
◇方丈記新講　吉池浩著　増訂版　大阪　和泉書院　1982.4　20, 180p　21cm　1600円　Ⓘ4-900137-56-1　Ⓝ914.42　〔14372〕
◇方丈記精解　宮地幸一著　国元書房　1953　246p 図版　19cm　Ⓝ914.42　〔14373〕
◇方丈記全釈　水原一著　加藤中道館　1975　222p 図　19cm　1000円　Ⓝ914.42　〔14374〕
◇方丈記全釈　武田孝著　笠間書院　1995.9　531p　22cm　(笠間注釈叢刊 17)　16000円　Ⓘ4-305-30017-6　Ⓝ914.42　〔14375〕
◇方丈記全注釈　鴨長明著, 築瀬一雄注釈　角川書店　1971　404p 図　22cm　(日本古典評釈全注釈叢書)　Ⓝ914.42　〔14376〕
◇方丈記・徒然草　日本文学研究資料刊行会編　有精堂出版　1971　321p　22cm　(日本文学研究資料叢書)　1500円　Ⓝ914.42　〔14377〕
◇方丈記・徒然草　三木紀人著　尚学図書　1980.2　560p　20cm　(鑑賞日本の古典 10)　1800円　Ⓝ914.42　〔14378〕
◇方丈記・徒然草　稲田利徳, 山崎正和著　新潮社　1990.7　111p　20cm　(新潮古典文学アルバム 12)　1300円　Ⓘ4-10-620712-5　Ⓝ914.42　〔14379〕
◇方丈記・徒然草論　細谷直樹著　笠間書院　1994.10　363p　22cm　(笠間叢書 278)　8000円　Ⓘ4-305-10278-1　Ⓝ910.24　〔14380〕
◇『方丈記』と仏教思想―付『更級日記』と『法華経』　今成元昭著　笠間書院　2005.11　354p　21cm　11000円　Ⓘ4-305-70317-3　〔14381〕
◇方丈記に人と栖の無常を読む　大隅和雄著　吉川弘文館　2004.2　282, 7p　19cm　3000円　Ⓘ4-642-07925-4　〔14382〕
◇方丈記・発心集　鴨長明著, 三木紀人校注　新潮社　1976　437p　20cm　(新潮日本古典集成)　1800円　Ⓝ914.42　〔14383〕
◇方丈記・発心集　鴨長明著, 井手恒雄校注　7版　明治書院　1986.3　350p　19cm　(校注古典叢書)　1300円　Ⓝ914.42　〔14384〕
◇方丈記・発心集(抄)　鴨長明著, 今成元昭訳注　旺文社　1994.7　191p　19cm　(全訳古典撰集)　920円　Ⓘ4-01-067249-8　Ⓝ914.42　〔14385〕
◇方丈記・発心集　鴨長明著, 三木紀人訳　学燈社　1982.8　264p　15cm　(現代語訳学燈文庫)　500円　Ⓘ4-312-23003-X　Ⓝ914.42　〔14386〕
◇方丈記・無名抄　鴨長明著, 菊地良一ほか編　双文社出版　1985.3　155p　21cm　1800円　Ⓘ4-88164-034-8　Ⓝ914.42　〔14387〕
◇方丈記論　手崎政男著　笠間書院　1994.2　1104p　22cm　(笠間叢書 268)　32000円　Ⓘ4-305-10268-4　Ⓝ914.42　〔14388〕
◇松田修著作集　第5巻　松田修著　右文書院　2002.11　553p　22cm　7000円　Ⓘ4-8421-0022-2　Ⓝ910.8　〔14389〕
◇真字本方丈記―影印・注釈・研究　加賀元子, 田野村千寿子著　大阪　和泉書院　1994.10　266p　22cm　(研究叢書 155)　10300円　Ⓘ4-87088-687-1　Ⓝ914.42　〔14390〕
◇築瀬本 方丈記　(A)　鴨長明著, 築瀬一雄編　大府町(愛知県)　築瀬一雄　1963　18p　22cm　(碧冲洞叢書 第36輯)　Ⓝ914.42　〔14391〕
◇吉沢本 方丈記　鴨長明著, 築瀬一雄編　謄写版 限定版　大府町(愛知県)　1963　10p　22cm　(碧冲洞叢書 第33輯)　Ⓝ914.42　〔14392〕

◆◇徒然草

◇今に生きる徒然草―兼好法師と与謝蕪村　田島伸夫著　一光社　2007.8　221p　21cm　1800円　Ⓘ978-4-7528-1938-7　〔14393〕
◇絵本徒然草　橋本治文, 田中靖夫絵　河出書房新社　1990.8　293p　26cm　2200円　Ⓘ4-309-00632-9　Ⓝ914.45　〔14394〕
◇絵本徒然草　橋本治文　日本点字図書館(製作)　1992.9　5冊　27cm　各1700円　Ⓝ914.45　〔14395〕
◇絵本徒然草―テーマ展　神奈川県立金沢文庫編　横浜　神奈川県立金沢文庫　1999.6　72p　26cm　Ⓝ914.45　〔14396〕
◇絵本徒然草　上　橋本治文, 田中靖夫絵　河出書房新社　1993.6　253p　20cm　1300円　Ⓘ4-309-00835-6　Ⓝ914.45　〔14397〕
◇絵本 徒然草　上　橋本治文, 田中靖夫絵　河出書房新社　2005.6　271p　15cm　(河出文庫)　720円　Ⓘ4-309-40747-1　〔14398〕
◇絵本徒然草　下　橋本治文, 田中靖夫絵　河出書房新社　1993.6　263p　20cm　1300円　Ⓘ4-309-00836-4　Ⓝ914.45　〔14399〕
◇改稿 徒然草詳解　内海弘蔵, 橘宗利共著　明治書院　1954　537p　19cm　Ⓝ914.43　〔14400〕
◇完修 徒然草解釈　塚本哲三著　有朋堂　1952　493p　19cm　Ⓝ914.43　〔14401〕
◇軌範徒然草全解　龍沢良芳著　広文館　1953　334p　19cm　Ⓝ914.43　〔14402〕
◇クルーズ徒然草―南半球(100日)を経て、翌年、北半球(100日)地球一周の旅　村井了編著　栄光出版社　2006.8　237p　20cm　1600円　Ⓘ4-7541-0082-4　Ⓝ290.9　〔14403〕
◇兼好と徒然草―特別展図録　神奈川県立金沢文庫編　横浜　神奈川県立金沢文庫　1994.9　153p　30cm　Ⓝ914.45　〔14404〕
◇校註徒然草　吉田兼好著, 松尾聰校註　笠間書院　1968.4(25版:1999.4)　173p　21cm　700円　Ⓘ4-305-00112-8　Ⓝ914.45　〔14405〕
◇校定 徒然草新評釈　永井一孝著　早稲田大学出版部　1950　502p　22cm　Ⓝ914.43　〔14406〕
◇声で読む徒然草　保坂弘司著　學燈社　2007.4　298p　19cm　1900円　Ⓘ978-4-312-70007-0　〔14407〕
◇国語国文学研究史大成　第6　枕草子 徒然草　全国大学国語国文学会研究史大成編纂委員会編　斎藤清衛, 岸上慎

◇二，冨倉徳次郎編著　三省堂　1960　527p 図版　22cm　Ⓝ910.8　〔14408〕
◇古典鑑賞徒然草の世界　安良岡康作著　教育出版　1983.11　2冊　19cm　各2200円　①4-316-35300-4　Ⓝ914.45　〔14409〕
◇古典評釈 徒然草—文法追究　守随憲治著　研文社　1954　488p 19cm　Ⓝ914.43　〔14410〕
◇しごとが面白くなる徒然草の知恵—乱世を生きぬくダンディズム　嵐山光三郎著　ダイヤモンド社　1986.12　195p 20cm　1300円　①4-478-76031-4　Ⓝ914.45　〔14411〕
◇週刊日本の古典を見る　22　徒然草　巻1　兼好法師著，島尾敏雄訳　世界文化社　2002.9　34p　30cm　533円　Ⓝ910.2　〔14412〕
◇週刊日本の古典を見る　23　徒然草　巻2　兼好法師著，島尾敏雄訳　世界文化社　2002.10　34p　30cm　533円　Ⓝ910.2　〔14413〕
◇詳解 対訳徒然草　塚本哲三著　有朋堂　1951　380p 19cm　Ⓝ914.43　〔14414〕
◇詳解 徒然草辞典　松尾聡，岡田正太郎共編　明治書院　1957　805p 16cm　Ⓝ914.43　〔14415〕
◇常緑本 徒然草—解釈と研究　村井順著　桜楓社　1967　472p 22cm　Ⓝ914.43　〔14416〕
◇常緑本 徒然草　吉田兼好著，福田秀一，桑原博史編　大修館書店　1968　186p 22cm　Ⓝ914.43　〔14417〕
◇昭和校註徒然草　吉田兼好著，橘純一編　改訂増補版(84版)　武蔵野書院　1985.3　234p 19cm　①4-8386-0579-X　Ⓝ914.45　〔14418〕
◇新纂 徒然草全釈　上下巻　松尾聡著　清水書院　1953　2冊　18cm　(古典評釈叢書)　Ⓝ914.43　〔14419〕
◇人生の達人になる! 徒然草—幸運と成功を引き寄せる65のヒント　手束仁著　さいたま　メディア・ポート　2005.7　239p 19cm　1400円　①4-901611-14-3　〔14420〕
◇新註 徒然草　吉田兼好著，上田年夫校註　京都　河原書店　1950　371p 19cm　(新註日本短篇文学叢書第15)　Ⓝ914.43　〔14421〕
◇"生の実現と徒然草"序説　松林竹雄著　鎌倉　松林竹雄　1989.9　110p 19cm　800円　Ⓝ914.45　〔14422〕
◇全釈 徒然草　中西清著　昇竜堂書店　1952　440p 図版　19cm　Ⓝ914.43　〔14423〕
◇全訳 徒然草詳解　前嶋成著　改訂版　大修館書店　1955　536p 図版　19cm　Ⓝ914.43　〔14424〕
◇俗と無常—徒然草の世界　上田三四二著　講談社　1976　214p 20cm　890円　Ⓝ914.43　〔14425〕
◇対訳 徒然草　守屋新助著　開文社　1952　240p 19cm　Ⓝ914.43　〔14426〕
◇対訳 徒然草新解　佐成謙太郎著　明治書院　1951　466p 19cm　Ⓝ914.43　〔14427〕
◇注解 つれづれ草　山田俊夫著　千城出版　1967　250p 22cm　Ⓝ914.43　〔14428〕
◇長明方丈記抄・徒然草抄　加藤磐斎著，有吉保編　新典社　1985.1　1069p 22cm　(加藤磐斎古注釈集成 3)　27000円　Ⓝ914.42　〔14429〕
◇通解 対照 徒然草新釈　佐伯梅友著　金子書房　1953　356p 19cm　Ⓝ914.43　〔14430〕
◇徒然草　吉田兼好著，橘純一校註　朝日新聞社　1947　259p 図版　19cm　(日本古典全書)　Ⓝ914.45　〔14431〕

◇徒然草　吉田兼好著，冨倉徳次郎校訂　大阪　新日本図書　1948　230p 19cm　(新日本文庫 第1部5)　Ⓝ914.45　〔14432〕
◇徒然草　吉田兼好著，西尾実校訂　訂　岩波書店　1950　153p 15cm　(岩波文庫)　Ⓝ914.43　〔14433〕
◇徒然草　吉田兼好著，橘純一校註　朝日新聞社　1951　265p 図版　19cm　(日本古典全書)　Ⓝ914.43　〔14434〕
◇徒然草　吉田兼好著，大久保正校訂　いてふ本刊行会　1953　249p 19cm　Ⓝ914.43　〔14435〕
◇徒然草　斎藤清衛著　弘文堂　1954　79p 10cm　(アテネ文庫)　Ⓝ914.43　〔14436〕
◇徒然草—附 現代語釈　吉田兼好著，今泉忠義訳註　改訂版　角川書店　1957　308p 15cm　(角川文庫)　Ⓝ914.43　〔14437〕
◇徒然草　吉田兼好著，西尾実校註　改版　岩波書店　1965　187p 15cm　(岩波文庫)　Ⓝ914.43　〔14438〕
◇徒然草　吉田兼好著，橘純一校註　朝日新聞社　1968　265p 19cm　(日本古典全書 監修:高木市之助等)　420円　Ⓝ914.43　〔14439〕
◇徒然草—評解・研究　菅原真静，玉置忠敬著　世界書院　1969　305p 19cm　550円　Ⓝ914.43　〔14440〕
◇徒然草　市古貞次，三木紀人著　明治書院　1970　160p (図版共)　27cm　(古典アルバム)　1800円　Ⓝ914.43　〔14441〕
◇徒然草—諸説一覧　市古貞次編　明治書院　1970　360p 19cm　800円　Ⓝ914.43　〔14442〕
◇徒然草—問題研究　桑原博史著　三省堂　1976.3　171p 21cm　(大学入試必修古典)　Ⓝ914.43　〔14443〕
◇徒然草　吉田兼好著，木藤才蔵校注　新潮社　1977.3　333p 20cm　(新潮日本古典集成)　1500円　Ⓝ914.43　〔14444〕
◇徒然草—つれづれ草寿命院抄　秦宗巴居，吉沢貞人編　名古屋　中部日本教育文化会　1982.3　293p 22cm　2700円　Ⓝ914.45　〔14445〕
◇徒然草　吉田兼好著，高橋貞一編　勉誠社　1982.10　254p 19cm　(文芸文庫)　1000円　Ⓝ914.45　〔14446〕
◇徒然草　吉田兼好著，西尾実，安良岡康作校注　新訂　岩波書店　1985.1　438p 15cm　(岩波文庫)　400円　Ⓝ914.45　〔14447〕
◇徒然草　吉田兼好著，市古貞次校注　12版　明治書院　1985.2　270p 19cm　(校注古典叢書)　1200円　Ⓝ914.45　〔14448〕
◇徒然草　吉田兼好著，佐伯梅友訳・注　創英社　1986.6　350p 19cm　(全対訳日本古典新書)　850円　①4-88142-301-0　Ⓝ914.45　〔14449〕
◇徒然草　吉田兼好著，稲田利徳校注・訳　ほるぷ出版　1986.9　2冊　20cm　(日本の文学)　Ⓝ914.45　〔14450〕
◇徒然草—カラー版　卜部兼好著，桑原博史編　桜楓社　1987.4　55p 21cm　(桜楓社新テキストシリーズ)　800円　①4-273-02167-6　Ⓝ914.45　〔14451〕
◇徒然草　杉本秀太郎著　岩波書店　1987.11　191p 20cm　(古典を読む 25)　1700円　①4-00-004475-3　Ⓝ914.43　〔14452〕
◇徒然草—カラー版　桑原博史編　桜楓社　1988.4　55p 21cm　(桜楓社新テキストシリーズ)　800円　①4-273-02167-6　Ⓝ914.45　〔14453〕

◇徒然草　吉田兼好著, 安良岡康作訳注　旺文社　1988.5　493p　16cm　(対訳古典シリーズ)　650円　Ⓘ4-01-067217-X　Ⓝ914.45
〔14454〕
◇徒然草―マンガ　渡辺福男画　三省堂　1989.6　203p　19cm　880円　Ⓘ4-385-37000-1　Ⓝ914.42
〔14455〕
◇徒然草　田辺爵著　増補新版　右文書院　1989.8　424, 13p　19cm　(古典評釈1)　1262円　Ⓘ4-8421-8982-7　Ⓝ914.45
〔14456〕
◇徒然草　吉田兼好原著, 西尾実校注, 安良岡康作校注　新訂　岩波書店　1989.9　438p　15cm　(岩波文庫 30-112-1)　398円　Ⓘ4-00-301121-X　Ⓝ914.45
〔14457〕
◇徒然草―〔録音資料〕　吉田兼好著, 白坂道子朗読, 水上勉解説　新潮社　1989.12　録音カセット1巻 モノラル　15cm　(新潮カセットブック X-1-4)　1748円　Ⓘ4-10-820184-1　Ⓝ914.45
〔14458〕
◇徒然草　吉田兼好原著, 橋本武著, 永井文明イラスト　日栄社　1989.12　231p　19cm　(イラスト古典全訳)　660円　Ⓝ914.45
〔14459〕
◇徒然草　吉田兼好著, 西尾実, 安良岡康作校注　新訂　岩波書店　1991.1　438p　19cm　(ワイド版岩波文庫)　1200円　Ⓘ4-00-007016-9　Ⓝ914.45
〔14460〕
◇徒然草　久保田淳著　岩波書店　1992.10　208p　19cm　(岩波セミナーブックス105―古典講読シリーズ)　1600円　Ⓘ4-00-004254-8　Ⓝ914.45
〔14461〕
◇徒然草―研究と講説　佐々木清著　桜楓社　1992.11　228p　22cm　3800円　Ⓘ4-273-02612-0　Ⓝ914.45
〔14462〕
◇つれづれ草　吉田兼好著　専修大学出版局　1993.1　3冊　24cm　(専修大学図書館蔵古典籍影印叢刊)　全144200円　Ⓝ914.45
〔14463〕
◇徒然草　吉田兼好著, 安良岡康作訳注　旺文社　1994.7　493p　19cm　(全訳古典撰集)　1400円　Ⓘ4-01-067246-3　Ⓝ914.45
〔14464〕
◇徒然草―カラー版　卜部兼好著, 桑原博史編　おうふう　1995.3　55p　21cm　900円　Ⓘ4-273-02167-6　Ⓝ914.45
〔14465〕
◇徒然草　杉本秀太郎著　岩波書店　1996.1　191p　16cm　(同時代ライブラリー250―古典を読む)　900円　Ⓘ4-00-260250-8　Ⓝ914.45
〔14466〕
◇徒然草　吉田兼好著, 角川書店編　角川書店　1998.5　255p　12cm　(角川mini文庫―ミニ・クラシックス9)　400円　Ⓘ4-04-700239-9　Ⓝ914.45
〔14467〕
◇徒然草　稲田利徳著　貴重本刊行会　2001.7　629p　19cm　(古典名作リーディング4)　5800円　Ⓘ4-88915-114-1　Ⓝ914.45
〔14468〕
◇徒然草　吉田兼好著, 角川書店編　角川書店　2002.1　293p　15cm　(角川文庫―ビギナーズ・クラシックス)　629円　Ⓘ4-04-357408-8　Ⓝ914.45
〔14469〕
◇徒然草―全訳注 1　吉田兼好著, 三木紀人訳注　講談社　1979.9　311p　15cm　(講談社学術文庫)　380円　Ⓝ914.43
〔14470〕
◇徒然草 1　吉田兼好著, 東海大学桃園文庫影印刊行委員会編　東海大学出版会　1991.12　514p　31cm　(東海大学蔵桃園文庫影印叢書 第8巻)　25750円　Ⓘ4-486-01118-X　Ⓝ914.45
〔14471〕
◇徒然草―全訳注 2　吉田兼好著, 三木紀人訳注　講談社　1982.4　306p　15cm　(講談社学術文庫)　480円　Ⓘ4-06-158429-4　Ⓝ914.45
〔14472〕

◇徒然草 2　吉田兼好著, 東海大学桃園文庫影印刊行委員会編　東海大学出版会　1996.12　420p　31cm　(東海大学蔵桃園文庫影印叢書 第13巻)　25750円　Ⓘ4-486-01123-6　Ⓝ914.45
〔14473〕
◇徒然草―全訳注 3　吉田兼好著, 三木紀人訳注　講談社　1982.5　332p　15cm　(講談社学術文庫)　520円　Ⓘ4-06-158430-8　Ⓝ914.45
〔14474〕
◇徒然草―全訳注 4　吉田兼好著, 三木紀人訳注　講談社　1982.6　306p　15cm　(講談社学術文庫)　480円　Ⓘ4-06-158431-6　Ⓝ914.45
〔14475〕
◇徒然草を解く　山極圭司著　吉川弘文館　1992.11　208p　20cm　1980円　Ⓘ4-642-07388-4　Ⓝ914.45
〔14476〕
◇徒然草を読む　永積安明著　岩波書店　1982.3　218p　18cm　(岩波新書)　380円　Ⓝ914.45　〔14477〕
◇徒然草を読む　上田三四二著　講談社　1986.1　233p　15cm　(講談社学術文庫)　680円　Ⓘ4-06-158719-6　Ⓝ914.45
〔14478〕
◇徒然草解釈大成　三谷栄一, 峯村文人編　岩崎書店　1966　1冊　27cm　Ⓝ914.45　〔14479〕
◇徒然草解釈大成　三谷栄一, 峯村文人編　増補版　有精堂出版　1986.5　1冊　27cm　80000円　Ⓘ4-640-30581-8　Ⓝ914.45
〔14480〕
◇徒然草研究序説　桑原博史著　明治書院　1976　478p　22cm　10000円　Ⓝ914.45
〔14481〕
◇徒然草講義　上下　佐野保太郎著　福村書店　1953　2冊　22cm　Ⓝ914.43
〔14482〕
◇徒然草古注釈集成　吉沢貞人著　勉誠社　1996.2　1172p　22cm　32000円　Ⓘ4-585-10008-3　Ⓝ914.45
〔14483〕
◇徒然草私感　武者小路実篤著　新潮社　1954　137p　19cm　(一時間文庫)　Ⓝ914.43　〔14484〕
◇徒然草私感　武者小路実篤著　社会思想社　1967　181p　15cm　(現代教養文庫)　Ⓝ914.43　〔14485〕
◇徒然草辞典　平尾美都子編　紀元社出版株式会社　1957　71, 474p　19cm　Ⓝ914.43
〔14486〕
◇徒然草事典　三谷栄一編　有精堂出版　1977.7　282p　19cm　2500円　Ⓝ914.43　〔14487〕
◇徒然草事典　三谷栄一編　有精堂出版　1990.10　282p　19cm　(徒然草講座 別巻)　2718円　Ⓘ4-640-30275-4　Ⓝ914.45
〔14488〕
◇徒然草拾遺抄　黒川由純著　日本図書センター　1978.11　420, 234p　22cm　(日本文学古註釈大成)　8000円　Ⓝ914.43
〔14489〕
◇徒然草寿命院抄―伝中院通勝筆本・下　寿命院宗巴著, 藤井隆編　古典文庫　1987.8　285p　17cm　(古典文庫 第490冊)　非売品　Ⓝ914.45
〔14490〕
◇徒然草諸抄大成　浅香山井編　日本図書センター　1978.11　760p　22cm　(日本文学古註釈大成)　9000円　Ⓝ914.43
〔14491〕
◇徒然草諸注集成　田辺爵著　右文書院　1962　792p 図版　22cm　Ⓝ914.43
〔14492〕
◇徒然草新講　佐野保太郎著　10版　福村書店　1951　679p　22cm　Ⓝ914.43
〔14493〕
◇徒然草新釈　三浦圭三著　要書房　1953　373p　19cm　Ⓝ914.43
〔14494〕
◇徒然草新抄―予習語釈篇附　橘純一編　改訂版(32版)　武蔵野書院　1996.3　188p　19cm　466円　Ⓘ4-8386-0582-X　Ⓝ914.45
〔14495〕

◇徒然草全解　佐野保太郎著　訂　有精堂出版株式会社　1952　412p　19cm　Ⓝ914.43　〔14496〕
◇徒然草全講　佐成謙太郎著　明治書院　1957　715p　図版　19cm　Ⓝ914.43　〔14497〕
◇徒然草全講義—仏教者の視点から　江部鴨村著　風待書房　1997.6　412p　22cm　3200円　Ⓘ4-89522-214-4　Ⓝ914.45　〔14498〕
◇徒然草全釈　天野大介著　榊原書店　1953　381p　19cm　Ⓝ914.43　〔14499〕
◇徒然草全注釈　上巻　安良岡康作著　角川書店　1967　581p　図版　22cm　（日本古典評釈・全注釈叢書）　Ⓝ914.43　〔14500〕
◇徒然草全注釈　下巻　安良岡康作著　角川書店　1968　713p　図版　22cm　（日本古典評釈・全注釈叢書）　Ⓝ914.43　〔14501〕
◇徒然草総索引　時枝誠記編　至文堂　1955　541p　22cm　Ⓝ914.43　〔14502〕
◇徒然草総索引　時枝誠記編　改訂版　至文堂　1967　541p　23cm　Ⓝ914.43　〔14503〕
◇徒然草総索引　時枝誠記編　改訂版　至文堂　1979.12　541p　22cm　11000円　Ⓝ914.43　〔14504〕
◇徒然草注釈・論考　吉田兼好著, 小林智昭, 菊地良一, 武石彰夫編　双文社出版　1975　196p　21cm　880円　Ⓝ914.43　〔14505〕
◇徒然草通説批判　井手恒雄著　世界書院　1969　217p　22cm　860円　Ⓝ914.43　〔14506〕
◇徒然草読本　古谷義徳著　講談社　1987.6　526p　15cm　（講談社学術文庫）　1200円　Ⓘ4-06-158793-5　Ⓝ914.45　〔14507〕
◇徒然草と兼好　白石大二著　帝国地方行政学会　1973　908, 38p　22cm　5000円　Ⓝ914.43　〔14508〕
◇徒然草とその周縁　藤原正義著　風間書房　1991.11　318p　22cm　3914円　Ⓘ4-7599-0796-3　Ⓝ914.45　〔14509〕
◇徒然草入門　本多顕彰著　光文社　1967　241p　図版　18cm　（カッパ・ビブリア　日本人の知恵1）　Ⓝ914.43　〔14510〕
◇徒然草入門—新しい随筆文学の鑑賞　野本秀雄著　文研出版　1975　235p　18cm　（Bunken sinsyo）　580円　Ⓝ914.43　〔14511〕
◇徒然草入門　伊藤博之著　有斐閣　1978.9　200p　18cm　（有斐閣新書）　480円　Ⓝ914.43　〔14512〕
◇徒然草抜書—解釈の原点　小松英雄著　三省堂　1983.6　354p　19cm　1800円　Ⓝ914.45　〔14513〕
◇徒然草抜書—表現解析の方法　小松英雄著　講談社　1990.11　403p　15cm　（講談社学術文庫 947）　971円　Ⓘ4-06-158947-4　Ⓝ914.45　〔14514〕
◇徒然草の味わい方　佐々木八郎著　明治書院　1973　302p　19cm　（味わい方叢書）　880円　Ⓝ914.43　〔14515〕
◇徒然草の新しい解釈　斎藤清衛著　至文堂　1952　264p　19cm　Ⓝ914.43　〔14516〕
◇徒然草の新しい解釈　斎藤清衛著　増訂版　至文堂　1954　384p　19cm　（国文注釈新書）　Ⓝ914.43　〔14517〕
◇徒然草の遠景—文学の領域とその系脈　島内裕子著　放送大学教育振興会　1998.3　262p　21cm　（放送大学教材 1998）　2600円　Ⓘ4-595-55426-5　Ⓝ914.45　〔14518〕

◇徒然草の鑑賞と批評　桑原博史著　明治書院　1977.9　411p　22cm　3800円　Ⓝ914.43　〔14519〕
◇つれづれ草の完成　柄松香著　〔廿日市町（広島県）〕〔柄松香〕　1987　90p　26cm　（Study and work book）　Ⓝ914.45　〔14520〕
◇徒然草の研究　高乗勲著　自治日報社　1968　1048p　図版　27cm　Ⓝ914.43　〔14521〕
◇徒然草の研究　齋藤彰著　風間書房　1998.2　853p　22cm　27000円　Ⓘ4-7599-1078-6　Ⓝ914.45　〔14522〕
◇徒然草の研究　〔第1〕　校本編　高乗勲著　1965　25cm　Ⓝ914.43　〔14523〕
◇徒然草の語法と文脈　白石大二著　明治書院　1970　487, 23p　19cm　680円　Ⓝ914.43　〔14524〕
◇徒然草の成立に関する研究—兼好の伝記考証を中心として　中新敬著　京都　1959　1冊　26cm　Ⓝ914.43　〔14525〕
◇徒然草の探求　北川浩著　長野　信濃教育会出版部　1971　236p　19cm　700円　Ⓝ914.43　〔14526〕
◇徒然草の知恵　嵐山光三郎著　講談社　1990.4　211p　15cm　（講談社文庫）　340円　Ⓘ4-06-184651-5　Ⓝ914.45　〔14527〕
◇徒然草の道漂—第3部　松林竹雄著　鎌倉　松林荘　1991.6　112p　18cm　Ⓝ914.45　〔14528〕
◇徒然草の内景—若さと成熟の精神形成　島内裕子著　放送大学教育振興会　1994.3　270p　21cm　（放送大学教材 1994）　2370円　Ⓘ4-595-55277-7　Ⓝ914.45　〔14529〕
◇徒然草の仏教圏　武石彰夫著　桜楓社　1971　257p　図　19cm　（国語国文学研究叢書 21）　1200円　Ⓝ914.43　〔14530〕
◇徒然草の変貌　島内裕子著　ぺりかん社　1992.1　261p　20cm　2800円　Ⓘ4-8315-0536-6　Ⓝ914.45　〔14531〕
◇『徒然草』の歴史学　五味文彦著　朝日新聞社　1997.5　299, 13p　19cm　（朝日選書 577）　1400円＋税　Ⓘ4-02-259677-5　Ⓝ914.45　〔14532〕
◇徒然草発掘—太平記の時代一側面　石黒吉次郎ほか編　叢文社　1991.7　272p　19cm　2000円　Ⓘ4-7947-0183-7　Ⓝ914.45　〔14533〕
◇徒然草必携　久保田淳編　学灯社　1987.4　230p　22cm　1500円　Ⓘ4-312-00513-3　Ⓝ914.45　〔14534〕
◇つれづれ草文学の世界　西尾実著　法政大学出版局　1964　300p　22cm　（叢書日本文学史研究）　Ⓝ914.43　〔14535〕
◇つれづれ草文学の世界　西尾実著　法政大学出版局　1972　300p　20cm　（叢書・日本文学史研究）　1300円　Ⓝ914.43　〔14536〕
◇徒然草　方丈記　山崎正和著, 山崎正和著　学習研究社　2001.11　217p　15cm　（学研M文庫）　520円　Ⓘ4-05-902051-6　Ⓝ914.45　〔14537〕
◇徒然草・方丈記—日本古典は面白い　大伴茫人編　筑摩書房　2007.7　365p　15cm　（ちくま文庫）　680円　Ⓘ978-4-480-42348-1　〔14538〕
◇徒然草嫌評判　2巻　吉田幸一編・解説　古典文庫　1981.7　176, 193p　17cm　（古典文庫 418）　非売品　Ⓝ914.45　〔14539〕

◇徒然草文段抄　北村季吟著,小田清雄校正補註　日本図書センター　1978.11　380, 13, 506p　22cm　(日本文学古註釈大成)　10000円　Ⓝ914.43
〔14540〕
◇つれづれ人生訓—「徒然草」が教えてくれる　三木紀人著　集英社　1995.8　237p　19cm　1800円　Ⓘ4-08-781118-2　Ⓝ914.45
〔14541〕
◇なぐさみ草　上　松永貞徳著,日本古典文学会編　貴重本刊行会　1984.8　520p　22cm　(日本古典文学影印叢刊 28)　9700円　Ⓝ914.45
〔14542〕
◇なぐさみ草　下　松永貞徳著,日本古典文学会編　貴重本刊行会　1984.11　424p　22cm　(日本古典文学影印叢刊 29)　9700円　Ⓝ914.45
〔14543〕
◇日本の古典をよむ　14　方丈記・徒然草・歎異抄　神田秀夫,永積安明,安良岡康作校訂・訳　小学館　2007.10　317p　19cm　1800円　Ⓘ978-4-09-362184-7
〔14544〕
◇評註　徒然草新講　橘純一著　武蔵野書院　1951　588p　19cm　Ⓝ914.43
〔14545〕
◇広小路家伝来徒然草私註　松田豊子編　大阪　和泉書院　1981.11　208p　21cm　(和泉書院影印叢刊 30)　1800円　Ⓘ4-900137-37-5　Ⓝ914.45
〔14546〕
◇平成徒然草　粕谷真理著　新風舎　2004.4　52p　21cm　900円　Ⓘ4-7974-3398-1
〔14547〕
◇ヘタな人生論より徒然草　荻野文子著　河出書房新社　2003.5　225p　20cm　1500円　Ⓘ4-309-01473-9　Ⓝ914.45
〔14548〕
◇方丈記・徒然草　日本文学研究資料刊行会編　有精堂出版　1971　321p　22cm　(日本文学研究資料叢書)　1500円　Ⓝ914.42
〔14549〕
◇方丈記・徒然草　三木紀人著　尚学図書　1980.2　560p　20cm　(鑑賞日本の古典 10)　1800円　Ⓝ914.42
〔14550〕
◇方丈記・徒然草　稲田利徳,山崎正和著　新潮社　1990.7　111p　20cm　(新潮古典文学アルバム 12)　1300円　Ⓘ4-10-620712-5　Ⓝ914.42
〔14551〕
◇方丈記・徒然草論　細谷直樹著　笠間書院　1994.10　363p　22cm　(笠間叢書 278)　8000円　Ⓘ4-305-10278-1　Ⓝ910.24
〔14552〕
◇明解　対訳　徒然草　増淵恒吉,竹松宏章共著　池田書店　1952　248p　図版　19cm　Ⓝ914.43　〔14553〕
◇訳註徒然草　沼波瓊音著　改訂版　東京修文館　1951　420p　19cm　Ⓝ914.43
〔14554〕
◇要注新校つれづれ草　吉田兼好著,橘純一,慶野正次共編　武蔵野書院　1966.3(46刷:1997.3)　194p　21cm　602円　Ⓘ4-8386-0580-3　Ⓝ914.45　〔14555〕
◇要註新抄徒然草　吉田兼好著,市古貞次編　武蔵野書院　1951.8(26版:1988.2)　74p　19cm　Ⓘ4-8386-0583-8　Ⓝ914.45
〔14556〕
◇よりぬき徒然草　兼好著,ドナルド・キーン訳　講談社インターナショナル　1999.11　260p　19cm　(Bilingual books)　1190円　Ⓘ4-7700-2590-4　Ⓝ914.45
〔14557〕
◇龍谷大学本徒然草　索引篇　秋本守英,木村雅則共著　勉誠出版　1999.1　347p　22cm　15000円　Ⓘ4-585-10037-7　Ⓝ914.45
〔14558〕
◇龍谷大学本徒然草　本文篇　秋本守英,木村雅則共著　勉誠社　1997.9　420p　22cm　13000円　Ⓘ4-585-03051-4　Ⓝ914.45
〔14559〕
◇類纂　評釈　徒然草　冨倉徳次郎著　開文社　1956　546p　図版　22cm　Ⓝ914.43
〔14560〕

◇悪読み「徒然草」—仕事も人生もとたんにスーッとラクになる　高垣尚平著　泉書房　2007.4　198p　21cm　1200円　Ⓘ978-4-86287-002-5
〔14561〕

◆日記・紀行文
◇一条兼良藤河の記全釈　外村展子著　風間書房　1983.5　376p　22cm　13000円　Ⓘ4-7599-0587-1　Ⓝ915.4
〔14562〕
◇宇都宮朝業日記　信生著　勉誠社　1978.7　142p　21cm　(勉誠社文庫 40)　1500円　Ⓝ915.4　〔14563〕
◇小島のすさみ全釈　福田秀一,大久保甚一著　笠間書院　2000.2　226p　22cm　(笠間注釈叢刊 30)　5800円　Ⓘ4-305-30030-3　Ⓝ915.4
〔14564〕
◇校注中世女流日記　福田秀一,塚本康彦編　武蔵野書院　1975.4　119p　21cm　Ⓘ4-8386-0584-6　Ⓝ915.4
〔14565〕
◇実隆公記書名索引　土井哲治著　続群書類従完成会　2000.6　349p　22cm　12000円　Ⓘ4-7971-0730-8　Ⓝ210.46
〔14566〕
◇彰考館本弁内侍日記総索引　田村忠士著　大島町(山口県)　田村忠士　2003.4　129p　30cm　Ⓝ915.49
〔14567〕
◇紹巴富士見道記の世界　内藤佐登子著　続群書類従完成会　2002.5　411, 71, 30p　22cm　16000円　Ⓘ4-7971-0737-5　Ⓝ915.4
〔14568〕
◇新編日本古典文学全集　48　中世日記紀行集　小学館　1994.7　654p　23cm　4800円　Ⓘ4-09-658048-1　Ⓝ918
〔14569〕
◇旅する日本人—日本の中世紀行文学を探る　H.E.プルチョウ著　武蔵野書院　1983.5　284p　20cm　(武蔵野文庫 3)　1500円　Ⓝ915.4
〔14570〕
◇為広下向記　冷泉為広著　朝日新聞社　2001.12　2冊　16×22-22cm　(冷泉家時雨亭叢書 第62巻)　全30000円　Ⓘ4-02-240362-4　Ⓝ915.4
〔14571〕
◇中世紀行文学選　蔵中スミ,小早川健編　翰林書房　1995.4　181p　22cm　1800円　Ⓘ4-906424-71-6　Ⓝ915.4
〔14572〕
◇中世紀行文学論攷　白井忠功著　文化書房博文社　1994.9　257p　22cm　7000円　Ⓘ4-8301-0687-5　Ⓝ915.4
〔14573〕
◇中世女流日記—校注　福田秀一,塚本康彦編　武蔵野書院　1973　119p　22cm　450円　Ⓝ915.4　〔14574〕
◇中世女流日記文学の研究　松本寧至著　明治書院　1983.2　386p　22cm　6800円　Ⓝ915.4
〔14575〕
◇中世女流日記文学論考　今関敏子著　大阪　和泉書院　1987.3　286p　22cm　(研究叢書 43)　7500円　Ⓘ4-87088-234-5　Ⓝ915.4
〔14576〕
◇中世日記紀行文学全評釈集成　第2巻　たまきはる　うたたね　十六夜日記　信生法師集　大倉比呂志著,村田紀子著,祐野隆三著,祐野隆三著　勉誠出版　2004.12　333p　22cm　13000円　Ⓘ4-585-04049-8　Ⓝ915.4
〔14577〕
◇中世日記紀行文学全評釈集成　第3巻　源家長日記　飛鳥井雅有卿記事　春のみやまぢ　藤田一尊著,渡辺静子,芝波田好弘著,渡辺静子,青木経雄著　勉誠出版　2004.12　359p　22cm　13000円　Ⓘ4-585-04050-1　Ⓝ915.4
〔14578〕
◇中世日記紀行文学全評釈集成　第6巻　勉誠出版　2004.12　336p　22cm　13000円　Ⓘ4-585-05133-3　Ⓝ915.4
〔14579〕

◇中世日記紀行文学全評釈集成　第7巻　勉誠出版　2004.12　427p　22cm　13000円　Ⓘ4-585-05134-1　Ⓝ915.4　〔14580〕
◇中世日記・随筆　今関敏子編　若草書房　1999.12　273p　22cm　（日本文学研究論文集成 13）　3800円　Ⓘ4-948755-54-0　Ⓝ915.4　〔14581〕
◇中世日記文学論序説　渡辺静子著　新典社　1989.5　654p　22cm　（新典社研究叢書 24）　20600円　Ⓘ4-7879-4024-4　Ⓝ915.4　〔14582〕
◇中世の紀行文学　白井忠功著　文化書房博文社　1976　255p　22cm　2500円　Ⓝ915.4　〔14583〕
◇中世の日記の世界　尾上陽介著　山川出版社　2003.5　104p　21cm　（日本史リブレット 30）　800円　Ⓘ4-634-54300-1　Ⓝ210.4　〔14584〕
◇日記に中世を読む　五味文彦編　吉川弘文館　1998.11　309p　22cm　6000円　Ⓘ4-642-02767-X　Ⓝ210.4　〔14585〕
◇日記の家―中世国家の記録組織　松薗斉著　吉川弘文館　1997.8　345,10p　22cm　7300円　Ⓘ4-642-02757-2　Ⓝ210.4　〔14586〕
◇日本紀行文学便覧―紀行文学から見た日本人の旅の足跡　福田秀一，プルチョウ・ヘルベルト編　武蔵野書院　1975　271p（図共）図　22cm　4500円　Ⓝ915.037　〔14587〕
◇前田慶次道中日記　前田慶次著，市立米沢図書館編　〔米沢〕　米沢市教育委員会　2001.9　2冊（資料編とも）　23cm　2100円　Ⓝ291.09　〔14588〕
◇源家長日記―校本・研究・総索引　源家長日記研究会著　風間書房　1985.2　458p　27cm　15000円　Ⓘ4-7599-0621-5　Ⓝ915.4　〔14589〕
◇源家長日記　源家長著，石田吉貞校　古典文庫　1959　203p　17cm　（古典文庫 第141）　Ⓝ911.14　〔14590〕
◇源家長日記・いはでしのぶ・撰集抄　朝日新聞社　1997.12　660,48p　22cm　（冷泉家時雨亭叢書 第43巻）　29000円　Ⓘ4-02-240343-8　Ⓝ910.23　〔14591〕
◇源家長日記全註解　石田吉貞，佐津川修二著　有精堂出版　1968　357p　22cm　Ⓝ911.14　〔14592〕
◇都のつと　奥羽道記　はなひ草大全　釈宗久，丸山可澄，楳条軒著，村松友次編　古典文庫　1995.6　422p　17cm　（古典文庫 第583冊）　非売品　Ⓝ915.4　〔14593〕

◆◆建春門院中納言日記
◇健寿御前日記　健寿御前著，玉井幸助校註　朝日新聞社　1954　223p　19cm　（日本古典全書）　Ⓝ915.4　〔14594〕
◇健寿御前日記撰釈　本位田重美著，古典と民俗の会編　大阪　和泉書院　1986.1　225p　19cm　（和泉選書 25）　3800円　Ⓘ4-87088-174-8　Ⓝ915.4　〔14595〕
◇たまきはる　建春門院中納言著，津本信博編　早稲田大学出版部　1993.6　1冊（頁付なし）　25cm　48000円　Ⓘ4-657-93312-4　Ⓝ915.4　〔14596〕
◇たまきはる（健御前の記）総索引　鈴木一彦，鈴木雅子共編　明治書院　1979.11　282p　22cm　5800円　Ⓝ915.4　〔14597〕
◇たまきはる全注釈　小原幹雄ほか共著　笠間書院　1983.2　336p　22cm　（笠間注釈叢刊 8）　10000円　Ⓝ915.3　〔14598〕

◆◆海道記
◇海道記　玉井幸助校註　2版　朝日新聞社　1954　310p　19cm　（日本古典全書）　Ⓝ915.45　〔14599〕
◇海道記―語彙及び漢字索引　江口正弘編　笠間書院　1979.3　509p　22cm　（笠間索引叢刊 71）　11000円　Ⓝ915.45　〔14600〕
◇海道記全釈　武田孝著　笠間書院　1990.3　588p　22cm　（笠間注釈叢刊 14）　18540円　Ⓝ915.45　〔14601〕
◇海道記総索引　鈴木一彦，猿田知之，中山緑朗共編　明治書院　1976　300p　22cm　5500円　Ⓝ915.45　〔14602〕
◇海道記の研究―本文篇　研究篇　江口正弘著　笠間書院　1979.12　382p　22cm　（笠間叢書 140）　8500円　Ⓝ915.45　〔14603〕

◆◆東関紀行
◇東関紀行　高橋貞一校註　大日本雄弁会講談社　1952　157p 図版　19cm　（新註国文学叢書 第54）　Ⓝ915.46　〔14604〕
◇東関紀行―本文及び総索引　熊本女子大学国語学研究室編　笠間書院　1977.10　231p　22cm　（笠間索引叢刊 61）　5000円　Ⓝ915.46　〔14605〕
◇東関紀行　玉井幸助校訂　岩波書店　1988.11　150p　15cm　（岩波文庫 30-136-1）　300円　Ⓘ4-00-301361-1　Ⓝ915　〔14606〕
◇東関紀行全釈　武田孝著　笠間書院　1993.1　393p　22cm　（笠間注釈叢刊 16）　12000円　Ⓘ4-305-30016-8　Ⓝ915.46　〔14607〕

◆◆弁内侍日記
◇弁内侍日記―新注　玉井幸助著　大修館書店　1958　407p 図版　22cm　Ⓝ915.4　〔14608〕
◇弁内侍日記―彰考館蔵　後深草院弁内侍著，岩佐美代子編　大阪　和泉書院　1986.3　219p　21cm　（和泉書院影印叢刊 50）　2000円　Ⓘ4-87088-181-0　Ⓝ915.4　〔14609〕
◇弁内侍日記―校注　今関敏子編　大阪　和泉書院　1989.5　205p　22cm　2060円　Ⓘ4-87088-357-0　Ⓝ915.4　〔14610〕

◆◆十六夜日記
◇十六夜日記　阿仏尼著,比留間喬介校註　大日本雄弁会講談社　1951　289p 図版　19cm　（新註国文学叢書）　Ⓝ915.44　〔14611〕
◇十六夜日記　阿仏尼著，玉井幸助校訂　改版14刷　岩波書店　1957　152p　15cm　（岩波文庫）　Ⓝ915.44　〔14612〕
◇十六夜日記―校本及び総索引　阿仏尼著，江口正弘編　笠間書院　1972　301p 図　22cm　（笠間索引叢刊 7）　4500円　Ⓝ915.44　〔14613〕
◇十六夜日記―吉備少将光卿写本　阿仏尼著，一瀬幸子，江口正弘，長崎健校注　新典社　1975　95p　22cm　（影印校注古典叢書）　800円　Ⓝ915.44　〔14614〕
◇十六夜日記　田渕句美子著　山川出版社　2005.4　157p　19cm　（物語の舞台を歩く）　1800円　Ⓘ4-634-22470-4　〔14615〕
◇十六夜日記詳講　武田孝著　明治書院　1985.9　632p　22cm　12000円　Ⓝ915.44　〔14616〕

◇十六夜日記・夜の鶴　阿仏尼著, 森本元子全訳注　講談社　1979.3　241p　15cm　（講談社学術文庫）　340円　Ⓝ915.44　〔14617〕
◇十六夜日記・夜の鶴注釈　簗瀬一雄, 武井和人著　大阪　和泉書院　1986.8　483p　22cm　（研究叢書 30）　13000円　Ⓘ4-87088-203-5　Ⓝ915.44　〔14618〕
◇不知夜記　阿仏尼著, 松原一義編　〔鳴門〕　阿讃伊土影印叢書刊行会　2000.7　150p　25cm　（阿讃伊土影印叢書 3の1）　Ⓝ915.44　〔14619〕
◇いさよひの日記―永青文庫蔵本　阿仏尼著, 江口正弘解説　再版　勉誠社　1996.4　20p　21cm　1400円　Ⓘ4-585-00106-9　Ⓝ915.44　〔14620〕

◆◆うたたね

◇阿仏尼とその時代―『うたたね』が語る中世　田渕句美子著　京都　臨川書店　2000.8　248p　19cm　（原典講読セミナー 6）　2500円　Ⓘ4-653-03723-X　Ⓝ915.4　〔14621〕
◇うた、ね　阿仏尼著　笠間書院　1975　231p　図　22cm　1000円　Ⓝ915.4　〔14622〕
◇うた、ね―本文および索引　次田香澄, 酒井憲二著　笠間書院　1976　273p　図　22cm　（笠間索引叢刊 51）　4800円　Ⓝ915.4　〔14623〕
◇うたたね　阿仏尼著, 次田香澄全訳注　講談社　1978.11　156p　15cm　（講談社学術文庫）　240円　Ⓝ915.4　〔14624〕
◇うたゝね　阿仏尼著, 永井義憲校注　新典社　1980.4　85p　21cm　（影印校注古典叢書 23）　650円　Ⓝ915.4　〔14625〕
◇うたゝね　竹むきが記―鎌倉時代後期、南北朝時代の女流日記文学2作品　阿仏尼著, 次田香澄校注, 日野名子著, 渡辺静子校注　6版　笠間書院　2007.1　231p　21cm　1700円　Ⓘ978-4-305-70341-5　Ⓝ915.4　〔14626〕
◇うたたねの記―通解　広川幸蔵著　〔出版地不明〕　〔出版者不明〕　1968　66p　22cm　（阿仏尼文学 第1輯）　非売　Ⓝ915.4　〔14627〕

◆◆飛鳥井雅有日記

◇飛鳥井雅有日記　水川喜夫編　勉誠社　1986.8　236p　21cm　（勉誠社文庫 136）　2400円　Ⓝ915.4　〔14628〕
◇飛鳥井雅有日記全釈　水川喜夫著　風間書房　1985.6　712p　22cm　27000円　Ⓘ4-7599-0628-2　Ⓝ915.4　〔14629〕
◇飛鳥井雅有日記総索引　下関　梅光女学院大学森田兼吉研究室　1984.12　136p　26cm　Ⓝ915.4　〔14630〕
◇飛鳥井雅有日記注釈　浜口博章著　桜楓社　1990.10　190p　19cm　（国語国文学研究叢書 第40巻）　4800円　Ⓘ4-273-02402-0　Ⓝ915.4　〔14631〕
◇飛鳥井雅有『春のみやまぢ』注釈　浜口博章著　桜楓社　1993.3　255p　22cm　16000円　Ⓘ4-273-02631-7　Ⓝ915.4　〔14632〕
◇飛鳥井雅有日記　飛鳥井雅有著, 佐佐木信綱校註　古典文庫　1949　108p　17cm　（古典文庫 第25冊）　Ⓝ915.4　〔14633〕
◇春のみやまぢ　飛鳥井雅有著, 渡辺静子校注　新典社　1984.4　213p　21cm　（影印校注古典叢書 31）　1800円　Ⓘ4-7879-0231-8　Ⓝ915.4　〔14634〕

◆◆中務内侍日記

◇彰考館本『中務内侍日記』総索引　小久保崇明, 若林俊英編　新典社　1988.6　254p　22cm　（新典社索引叢書 4）　8000円　Ⓝ915.4　〔14635〕
◇中世日記紀行文学全評釈集成　第5巻　中務内侍日記　竹むきが記　青木経雄, 渡辺静子著, 渡辺静子著　勉誠出版　2004.12　301p　22cm　12000円　Ⓘ4-585-05132-5　Ⓝ915.4　〔14636〕
◇中務内侍日記　本文篇　藤原経子著, 小久保崇明編　新典社　1982.12　245p　22cm　（新典社叢書 11）　2000円　Ⓘ4-7879-3011-7　Ⓝ915.4　〔14637〕
◇中務内侍日記―新注　玉井幸助著　大修館書店　1958　299p　図版　22cm　Ⓝ915.4　〔14638〕

◆◆とはずがたり

◇女西行―とはずがたりの世界　松本寧至著　勉誠出版　2001.3　272p　18cm　（勉誠新書）　800円　Ⓘ4-585-00266-9　Ⓝ915.49　〔14639〕
◇女西行の歩んだ道―『とはずがたり』より　嵯峨山善祐著　〔徳島〕　〔嵯峨山善祐〕　1987.11　308p　19cm　500円　Ⓝ915.4　〔14640〕
◇現代語訳とわずがたり　後深草院二条著, 瀬戸内晴美訳　新潮社　1988.3　269p　15cm　（新潮文庫 せ-2-23）　320円　Ⓘ4-10-114423-0　Ⓝ915.4　〔14641〕
◇校注とはずがたり　松村雄二編　新典社　1990.6　270p　19cm　（新典社校注叢書 6）　2060円　Ⓘ4-7879-0806-5　Ⓝ915.4　〔14642〕
◇女流日記文学講座　第5巻　とはずがたり・中世女流日記文学の世界―たまきはる　十六夜日記　中務内侍日記　弁内侍日記　石原昭平ほか編　勉誠社　1990.5　375p　20cm　3107円　Ⓘ4-585-01015-7　Ⓝ915　〔14643〕
◇中世宮廷女性の日記―『とはずがたり』の世界　松本寧至著　中央公論社　1986.7　232p　18cm　（中公新書）　560円　Ⓘ4-12-100809-X　Ⓝ915.4　〔14644〕
◇中世日記紀行文学評釈集成　第4巻　勉誠出版　2000.10　512p　22cm　20000円　Ⓘ4-585-04044-7　Ⓝ915.4　〔14645〕
◇とはずがたり　後深草院二条著, 冨倉徳次郎訳　筑摩書房　1966　480p　図版　19cm　Ⓝ915.4　〔14646〕
◇問はず語り　中院雅忠女著, 玉井幸助校訂　岩波書店　1968　330p　図版　15cm　（岩波文庫）　Ⓝ915.4　〔14647〕
◇とはずがたり　後深草院二条著, 富倉徳次郎訳　筑摩書房　1969　480p　図版　19cm　（筑摩叢書）　800円　Ⓝ915.4　〔14648〕
◇とはずがたり　中院雅忠女著, 福田秀一校注　新潮社　1978.9　424p　20cm　（新潮日本古典集成）　1800円　Ⓝ915.4　〔14649〕
◇とはずがたり　中院雅忠女著, 井上宗雄, 和田英道訳・注　創英社　1984.3　586p　19cm　（全対訳日本古典新書）　1800円　Ⓝ915.4　〔14650〕
◇とはずがたり　中院久我雅忠女著, 次田香澄校注　10版　明治書院　1985.3　319p　19cm　（校注古典叢書）　1300円　Ⓝ915.4　〔14651〕
◇とはずがたり　後深草院二条著　勉誠社　1985.10　2冊　21cm　（勉誠社文庫 134,135）　1600円, 2000円　Ⓝ915.4　〔14652〕
◇とはずがたり　大納言雅忠の女著, 伊地知鉄男ほか編　改訂版　新典社　1986.4　217p　21cm　800円　Ⓘ4-7879-0602-X　Ⓝ915.4　〔14653〕

文学史　　　　　　　　　　　　　　　　中世史

◇とわずがたり―現代語訳　後深草院二条著, 瀬戸内晴美訳　新潮社　1988.3　269p　15cm　（新潮文庫）　320円　①4-10-114423-0　Ⓝ915.4　〔14654〕
◇とはずがたり　後深草院二条著, 岸田依子校注, 西沢正二校注　三弥井書店　1988.4　252p　22cm　2300円　①4-8382-7003-8　Ⓝ915.4　〔14655〕
◇とはずがたり　三角洋一著　岩波書店　1992.9　208p　19cm　（岩波セミナーブックス 104―古典講読シリーズ）　1600円　①4-00-004253-X　Ⓝ915.4　〔14656〕
◇とはずがたり　上巻　中院雅忠女著, 松本寧至訳注　角川書店　1968　344p　15cm　（角川文庫）　Ⓝ915.4　〔14657〕
◇とはずがたり　1　久保田淳校注・訳　小学館　1985.4　350p　20cm　（完訳日本の古典 第38巻）　1500円　①4-09-556038-X　Ⓝ915.4　〔14658〕
◇とはずがたり　上　後深草院二条作　勉誠社　1985.10　212,〔8〕p　21cm　（勉誠社文庫 134）　1600円　Ⓝ915.4　〔14659〕
◇とはずがたり　上　巻一・巻二　久我雅忠女著, 次田香澄訳注　講談社　1987.7　434p　15cm　（講談社学術文庫）　1200円　①4-06-158795-1　Ⓝ915.4　〔14660〕
◇とはずがたり　2　久保田淳校注・訳　小学館　1985.6　302p　20cm　（完訳日本の古典 第39巻）　1500円　①4-09-556039-8　Ⓝ915.4　〔14661〕
◇とはずがたり　下　巻三・巻四・巻五　久我雅忠女著, 次田香澄訳注　講談社　1987.8　525p　15cm　（講談社学術文庫）　1400円　①4-06-158796-X　Ⓝ915.4　〔14662〕
◇問はず語り研究大成　玉井幸助著　明治書院　1971　687p 図　22cm　6800円　Ⓝ915.4　〔14663〕
◇とはずがたり語法考　岩井良雄著　笠間書院　1983.3　305p　22cm　（笠間叢書 174）　7500円　Ⓝ914.4　〔14664〕
◇とはずがたり全釈　呉竹同文会著　2版　風間書房　1978.11　918p　22cm　18000円　Ⓝ915.4　〔14665〕
◇とはずがたり総索引　付属語篇　辻村敏樹編　笠間書院　1992.5　272p　27cm　（笠間索引叢刊 100）　22660円　Ⓝ915.4　〔14666〕
◇とはずがたり総索引　自立語篇　辻村敏樹編　笠間書院　1992.5　397p　27cm　（笠間索引叢刊 99）　33990円　Ⓝ915.4　〔14667〕
◇とはずがたり・徒然草・増鏡新見　宮内三二郎著　明治書院　1977.8　794p　22cm　12000円　Ⓝ915.4　〔14668〕
◇とはずがたりの研究　松本寧至著　桜楓社　1971　513p 図　22cm　4800円　Ⓝ915.4　〔14669〕
◇『とはずがたり』の諸問題　島津忠夫ほか編　大阪　和泉書院　1996.5　237p　22cm　（研究叢書 188）　8240円　①4-87088-804-1　Ⓝ915.49　〔14670〕
◇『とはずがたり』のなかの中世―ある尼僧の自叙伝　松村雄二著　京都　臨川書店　1999.6　224p　19cm　（原典講読セミナー 2）　2400円　①4-653-03588-1　Ⓝ915.49　〔14671〕

◆◆竹むきが記
◇うた・ね　竹むきが記―鎌倉時代後期、南北朝時代の女流日記文学2作品　阿仏尼著, 次田香澄校注, 日野名子著, 渡辺静子校注　6版　笠間書院　2007.1　231p　21cm　1700円　①978-4-305-70341-5　Ⓝ915.4　〔14672〕
◇竹むきが記　日野名子著, 祐野隆三編　白帝社　1972　173, 8p　15×21cm　800円　Ⓝ915.4　〔14673〕
◇竹むきが記　日野名子著, 祐野隆三編　桜楓社　1977.2　182p　15×21cm　800, 680円　Ⓝ915.4　〔14674〕
◇竹むきが記　日野名子著　勉誠社　1978.1　110p　21cm　（勉誠社文庫 28）　1200円　Ⓝ915.4　〔14675〕
◇竹むきが記全釈　水川喜夫著　風間書房　1972　462p　22cm　6800円　Ⓝ915.4　〔14676〕
◇竹むきが記総索引　渡辺静子, 市井外喜子編　笠間書院　1978.10　273p　22cm　（笠間索引叢刊 67）　6500円　Ⓝ915.4　〔14677〕
◇中世日記紀行文学全評釈集成　第5巻　中務内侍日記　竹むきが記　青木経雄, 渡辺静子著, 渡辺静子著　勉誠出版　2004.12　301p　22cm　12000円　①4-585-05132-5　Ⓝ915.4　〔14678〕

◆◆廻国雑記
◇廻国雑記の研究　高橋良雄著　武蔵野書院　1987.5　224p　22cm　7000円　①4-8386-0095-X　Ⓝ915.4　〔14679〕
◇廻国雑記標註　道興著, 関岡野洲良標註　勉誠社　1985.5　246, 11p　21cm　（勉誠社文庫 130）　2500円　Ⓝ915.4　〔14680〕

◆◆宗長日記
◇宗長作品集―日記・紀行　重松裕巳編　古典文庫　1983.8　339p　17cm　（古典文庫 第443冊）　非売品　Ⓝ915.4　〔14681〕
◇宗長日記　島津忠夫校注　岩波書店　1975　204p　15cm　（岩波文庫）　140円　Ⓝ915.4　〔14682〕

◆漢詩文
◇寒松稿―詳解　草稿3　竜派禅珠著, 沼口信一編　川口　沼口信一　1991.1　116p　22cm　非売品　Ⓝ919.4　〔14683〕
◇寒松稿―註解　草稿4・5　竜派禅珠著, 沼口信一編　川口　沼口信一　1991.4　208p　22cm　非売品　Ⓝ919.4　〔14684〕
◇寒松稿―註解　草稿6・7　竜派禅珠著, 沼口信一編　川口　沼口信一　1991.7　215p　22cm　非売品　Ⓝ919.4　〔14685〕
◇寒松稿―註解　草稿8・9　竜派禅珠著, 沼口信一編　川口　沼口信一　1991.10　208p　22cm　非売品　Ⓝ919.4　〔14686〕
◇寒松稿―註解　草稿10・11・拾遺　竜派禅珠著, 沼口信一編　川口　沼口信一　1992.1　212p　22cm　非売品　Ⓝ919.4　〔14687〕
◇寒松稿・寒松日歴人名事典　沼口信一著　川口　沼口信一　1993.1　37p　22cm　非売品　Ⓝ919.4　〔14688〕
◇寒松稿辞典　沼口信一編　川口　沼口信一　1988.7　103p　22cm　非売品　Ⓝ919.4　〔14689〕
◇寒松稿辞典　沼口信一編　改訂　川口　沼口信一　1991.12　108p　22cm　非売品　Ⓝ919.4　〔14690〕
◇寒松稿入門　沼口信一編著　川口　沼口信一　1987.1　270p　22cm　非売品　Ⓝ919.4　〔14691〕
◇機山武田信玄公の漢詩―解説　荻原留則著　甲府　荻原留則　1998.4　18p　21cm　Ⓝ919.4　〔14692〕
◇句双紙抄　雄松堂書店（発売）　1979.5　1冊（丁付なし）　18cm　（原装影印古典籍覆製叢刊）　Ⓝ919.4

◇句双紙抄総索引　来田隆編　大阪　清文堂出版　1991.10　402p　22cm　11500円　Ⓝ919.4　〔14694〕
◇訓注空華日用工夫略集―中世禅僧の生活と文学　蔭木英雄著　京都　思文閣出版　1982.5　498p　22cm　12000円　Ⓝ919.4　〔14695〕
◇蕉堅藁全注　蔭木英雄著　大阪　清文堂出版　1998.4　280p　22cm　8400円　Ⓘ4-7924-1339-7　Ⓝ919.4　〔14696〕
◇蕉堅藁・年譜　中津著, 梶谷宗忍訳注　京都　相国寺　1975　628, 22p　図　22cm　Ⓝ919.4　〔14697〕
◇瀟湘八景―詩歌と絵画に見る日本化の様相　堀川貴司著　京都　臨川書店　2002.5　218p　19cm　（原典講読セミナー 8）　2300円　Ⓘ4-653-03725-6　Ⓝ919.4　〔14698〕
◇新古今集と漢文学　和漢比較文学会編　汲古書院　1992.11　276p　22cm　（和漢比較文学叢書 第13巻）　6500円　Ⓘ4-7629-3237-X　Ⓝ911.14　〔14699〕
◇中巌圓月東海一漚詩集　増田知子著　白帝社　2002.6　348p　22cm　6800円　Ⓝ919.4　〔14700〕
◇中世日本の予言書―"未来記"を読む　小峯和明著　岩波書店　2007.1　225p　18cm　（岩波新書）　740円　Ⓘ978-4-00-431061-7　〔14701〕
◇中世文学と漢文学　1　和漢比較文学会編　汲古書院　1987.7　243, 90p　22cm　（和漢比較文学叢書 第5巻）　5500円　Ⓝ910.24　〔14702〕
◇中世文学と漢文学　2　和漢比較文学会編　汲古書院　1987.10　327p　22cm　（和漢比較文学叢書 第6巻）　5500円　Ⓝ910.24　〔14703〕
◇湯山聯句抄本文と総索引　来田隆編　大阪　清文堂出版　1997.2　851p　22cm　18500円　Ⓘ4-7924-1336-2　Ⓝ919.4　〔14704〕
◇梅花無尽蔵注釈　第1巻　市木武雄著　続群書類従完成会　1993.3　679p　22cm　25750円　Ⓝ919.4　〔14705〕
◇梅花無尽蔵注釈　第2巻　市木武雄著　続群書類従完成会　1993.7　668p　22cm　25750円　Ⓝ919.4　〔14706〕
◇梅花無尽蔵注釈　第3巻　市木武雄著　続群書類従完成会　1993.11　506p　22cm　25750円　Ⓝ919.4　〔14707〕
◇梅花無尽蔵注釈　第4巻　市木武雄著　続群書類従完成会　1994.4　594p　22cm　25750円　Ⓘ4-7971-0454-6　Ⓝ919.4　〔14708〕
◇梅花無尽蔵注釈　索引　市木武雄著　続群書類従完成会　1995.7　539p　22cm　25750円　Ⓘ4-7971-0455-4　Ⓝ919.4　〔14709〕
◇梅花無尽蔵注釈　別巻　萬里集九詩文拾遺　市木武雄著　続群書類従完成会　1998.10　296p　22cm　14000円　Ⓘ4-7971-0456-2　Ⓝ919.4　〔14710〕
◇万里集九　中川徳之助著, 日本歴史学会編　吉川弘文館　1997.11　247p　19cm　（人物叢書 新装版）　1800円　Ⓘ4-642-05208-9　Ⓝ919.4　〔14711〕
◇藤原通憲資料集―二松学舎大学21世紀COEプログラム「日本漢文学研究の世界的拠点の構築」中世部会事業推進資料　文人研究会編纂　二松學舍大學二十一世紀COEプログラム　2005.3　248p　30cm　非売品　Ⓝ289.1　〔14712〕

◇放光頌古　上峡　放光窟敬宗著, 梶谷宗忍訳注　京都　相国寺僧堂　1980.10　5冊　24cm　Ⓝ919.4　〔14713〕
◇放光頌古　下峡　放光窟敬宗著, 梶谷宗忍訳注　京都　相国寺僧堂　1982.2　5冊　24cm　Ⓝ919.4　〔14714〕

◆◇五山文学
◇義堂周信　蔭木英雄著　研文出版　1999.9　265p　20cm　（日本漢詩人選集 3）　3300円　Ⓘ4-87636-173-8　Ⓝ919.4　〔14715〕
◇義堂周信・絶海中津　寺田透著　筑摩書房　1977.7　313p　図　19cm　（日本詩人選 24）　1400円　Ⓝ919.4　〔14716〕
◇五山詩史の研究　蔭木英雄著　笠間書院　1977.2　519p　22cm　12000円　Ⓝ919.4　〔14717〕
◇五山の学芸―大東急記念文庫公開講座講演録　玉村竹二ほか講述　大東急記念文庫　1985.3　189p　22cm　3000円　Ⓝ919.4　〔14718〕
◇五山文学―大陸文化紹介者としての五山禅僧の活動　玉村竹二著　至文堂　1955　290p　図版　19cm　（日本歴史新書）　Ⓝ919.4　〔14719〕
◇五山文学新集　第1巻　横山景三集　玉川竹二編　横山景三　東京大学出版会　1967　1052p　図版　23cm　Ⓝ919.4　〔14720〕
◇五山文学新集　第2巻　友山士偲　希世霊彦　惟肖得厳集　玉村竹二編　友山士偲, 希世霊彦, 惟肖得厳　東京大学出版会　1968　1313p　図版　23cm　Ⓝ919.4　〔14721〕
◇五山文学新集　第3巻　玉村竹二編　東京大学出版会　1969　1028p　図版　23cm　7500円　Ⓝ919.4　〔14722〕
◇五山文学新集　第4巻　玉村竹二編　東京大学出版会　1970　1322p　図版　23cm　9500円　Ⓝ919.4　〔14723〕
◇五山文学新集　第5巻　玉村竹二編　東京大学出版会　1971　1354p　図　23cm　8800円　Ⓝ919.4　〔14724〕
◇五山文学新集　第6巻　玉村竹二編　東京大学出版会　1972　1315p　図　23cm　Ⓝ919.4　〔14725〕
◇五山文学新集　別巻 1　玉村竹二編　東京大学出版会　1977.3　1235p　図　23cm　18000円　Ⓝ919.4　〔14726〕
◇五山文学新集　別巻 2　玉村竹二編　東京大学出版会　1981.2　739p　23cm　15000円　Ⓝ919.4　〔14727〕
◇五山文学全集　上村観光編　京都　思文閣　1973　5冊　22cm　全45000円　Ⓝ919.4　〔14728〕
◇五山文学全集　上村観光編纂　2版　京都　思文閣出版　1992.11　5冊　23cm　全66950円　Ⓘ4-7842-0748-1　Ⓝ919.4　〔14729〕
◇五山文学の世界―虎関師錬と中巌円月を中心に　千坂嵃峰著　白帝社　2002.10　337p　22cm　6800円　Ⓘ4-89174-610-6　Ⓝ919.4　〔14730〕
◇五山文学用語辞典　市木武雄編　続群書類従完成会　2002.6　269p　22cm　12000円　Ⓘ4-7971-0457-　〔14731〕
◇抄物の世界と禅林の文学―中華若木詩抄・湯山聯句鈔の基礎的研究　朝倉尚著　大阪　清文堂出版　1996.12　589p　22cm　16480円　Ⓘ4-7924-1332-X　Ⓝ919.4　〔14732〕

文学史　　　　　　　　　　　中世史

◇禅林の文学—中国文学受容の様相　朝倉尚著　大阪　清文堂出版　1985.5　550p　22cm　17000円　Ⓝ919.4
〔14733〕
◇禅林文学—林下水辺の系譜　滝沢精一郎著　大学教育社　1984.4　356p　20cm　5400円　Ⓝ919.4　〔14734〕
◇中世禅林詩史　蔭木英雄著　笠間書院　1994.10　523p　22cm　15000円　Ⓘ4-305-70145-6　Ⓝ919.4
〔14735〕
◇日本中世禅林文学論攷　中川徳之助著　大阪　清文堂出版　1999.9　662p　22cm　18000円　Ⓘ4-7924-1347-8　Ⓝ919.4
〔14736〕

◆◆中華若木詩抄
◇中華若木詩抄巻之下文節索引　深野浩史編　笠間書院　1989.3　532p　22cm　（笠間索引叢刊 83）　8000円　Ⓝ919.4
〔14737〕
◇中華若木詩抄巻之上文節索引　深野浩史編　笠間書院　1983.10　517p　22cm　（笠間索引叢刊 81）　8000円　Ⓝ919.4
〔14738〕
◇中華若木詩抄巻之中文節索引　深野浩史編　笠間書院　1986.7　557p　22cm　（笠間索引叢刊 82）　8000円　Ⓝ919.4
〔14739〕

◆◆狂雲集
◇狂雲集—純蔵主のうた　一休宗純原著, 柳田聖山著　講談社　1982.9　239p　18cm　（現代語訳禅の古典 5）　780円　Ⓘ4-06-180085-X　Ⓝ919.4　〔14740〕
◇狂雲集—夢閨のうた　一休宗純原著, 柳田聖山著　講談社　1982.10　202p　18cm　（現代語訳禅の古典 6）　680円　Ⓘ4-06-180086-8　Ⓝ919.4　〔14741〕
◇中世風狂の詩——一休『狂雲集』精読抄　蔭木英雄著　京都　思文閣出版　1991.10　374p　20cm　4944円　Ⓘ4-7842-0676-0　Ⓝ188.84
〔14742〕

◆作家論
◇足利義見遺稿　足利義包編　京都　同朋舎　1941　100, 10p　18cm　Ⓝ911.16　〔14743〕
◇ある連歌師の生涯—里村紹巴の知られざる生活　小高敏郎著　至文堂　1967　241p　19cm　Ⓝ911.2
〔14744〕
◇阿波の院土御門天皇のお歌とその背景　嵯峨山善祐著　〔徳島〕　〔嵯峨山善祐〕　1983.8　222p　19cm　非売品　Ⓝ911.142　〔14745〕
◇石田右近朝成血染之短冊　平田鼎著　一宮　平田鼎　1943　71p　19cm　Ⓝ911.14　〔14746〕
◇一条兼良の書誌的研究　武井和人著　桜楓社　1987.4　706p　22cm　28000円　Ⓘ4-273-02166-8　Ⓝ910.24
〔14747〕
◇小倉百人一首二十一人の女流歌人　相馬大著　京都　同朋舎出版　1994.10　216p　19cm　2300円　Ⓘ4-8104-2115-5　Ⓝ911.142　〔14748〕
◇歌人塩谷朝業—初代川崎城主　〔矢板〕　矢板市教育委員会　199-　25p　30cm　Ⓝ911.142　〔14749〕
◇歌人叢攷—正徹以後　三浦三夫著　右文書院　1992.8　373p　22cm　5000円　Ⓘ4-8421-9207-0　Ⓝ911.14
〔14750〕
◇歌人徹書記　浅尾儀一郎編　小田町（岡山県）　浅尾儀一郎　1936　122p　19cm　（浅尾叢書 第2編）Ⓝ911.14
〔14751〕

◇歌人の風月—西行の桜定家の風の色　有吉保著　翰林書房　1997.7　201p　20cm　2000円　Ⓘ4-87737-024-2　Ⓝ911.102
〔14752〕
◇鎌倉時代歌人伝の研究　井上宗雄著　風間書房　1997.3　584p　22cm　18540円　Ⓘ4-7599-1036-0　Ⓝ911.142
〔14753〕
◇鎌倉の歌人　外村展子著　鎌倉　かまくら春秋社　1986.1　315p　19cm　（鎌倉叢書 5）　1800円　Ⓝ911.142
〔14754〕
◇京極派歌人の研究　岩佐美代子著　笠間書院　1974　509p 図　22cm　8000円　Ⓝ911.142　〔14755〕
◇京極派歌人の研究　岩佐美代子著　2版　笠間書院　1984.10　509p　22cm　11000円　Ⓝ911.142　〔14756〕
◇京極派歌人の研究　岩佐美代子著　改訂新装版　笠間書院　2007.12　513p　21cm　12000円　Ⓘ978-4-305-70364-4　〔14757〕
◇京極派和歌の研究　岩佐美代子著　改訂増補新装版　笠間書院　2007.12　625p　21cm　14000円　Ⓘ978-4-305-70365-1
〔14758〕
◇桂園派歌人群の形成　兼清正徳著　〔山口〕　史書刊行会　1972　280p　22cm　1000円　Ⓝ911.142
〔14759〕
◇光厳院—『風雅和歌集』親撰と動乱の世の真白の生涯　西野妙子著　国文社　1988.9　280p　20cm　2500円　Ⓝ911.142
〔14760〕
◇式子内親王・永福門院　竹西寛子著　講談社　1993.11　248, 5p　16cm　（講談社文芸文庫—現代日本のエッセイ）　940円　Ⓘ4-06-196249-3　Ⓝ911.142　〔14761〕
◇慈鎮和尚及び拾玉集の研究　間中富士子著　川崎　ミツル文庫　1974　566p 図 肖像　22cm　5000円　Ⓝ911.142
〔14762〕
◇慈鎮和尚乃研究　間中富士子著　森北書店　1943　436p 肖像 図版　22cm　Ⓝ911.14　〔14763〕
◇実信房蓮生法師　蓮生著, 河住玄編　宇都宮　欣求庵　1993.11　2冊　25cm　Ⓝ911.142　〔14764〕
◇抒情の系譜—南北朝時代の女流歌人像　村尾美恵著　大阪　澪標　2005.3　141p　19cm　1500円　Ⓘ4-86078-056-6　Ⓝ911.142　〔14765〕
◇戦国を往く連歌師宗長　鶴崎裕雄著　角川書店　2000.6　254p　20cm　（角川叢書 11）　2700円　Ⓘ4-04-702112-1　Ⓝ911.2
〔14766〕
◇中世遁歌人の文学研究—和歌と随筆の世界　三村晃功著　大阪　和泉書院　2004.9　473p　22cm　（研究叢書 317）　11000円　Ⓘ4-7576-0274-X　Ⓝ911.142
〔14767〕
◇中世歌人の心—転換期の和歌観　山本一編　京都　世界思想社　1992.9　234p　20cm　（Sekaishiso seminar）　2300円　Ⓘ4-7907-0436-X　Ⓝ911.142　〔14768〕
◇中世歌壇と歌人伝の研究　井上宗雄著　笠間書院　2007.7　478, 24p　22cm　13500円　Ⓘ978-4-305-70350-7　Ⓝ911.14
〔14769〕
◇中世作家の思想と方法　藤原正義著　風間書房　1981.4　230p　22cm　2700円　Ⓘ4-7599-0551-0　Ⓝ910.24
〔14770〕
◇中世初期歌人の研究　田渕句美子著　笠間書院　2001.2　419, 29p　22cm　（笠間叢書 337）　9500円　Ⓘ4-305-10337-0　Ⓝ911.142　〔14771〕
◇中世の歌人—俊成より幽斎まで　三浦三夫著　右文書院　1996.3　294p　19cm　3800円　Ⓘ4-8421-9513-4　Ⓝ911.102
〔14772〕

◇中世の歌人たち　佐佐木幸綱著　日本放送出版協会　1976　229p　19cm　（NHKブックス）　600円　Ⓝ911.142　〔14773〕
◇中世文学を歩く　岡田隆著　吹田　岡田隆　1993.8　224p　19cm　Ⓝ911.142　〔14774〕
◇道元の和歌—春は花夏ほととぎす　松本章男著　中央公論新社　2005.7　175p　18cm　（中公新書）　700円　Ⓘ4-12-101807-9　Ⓝ911.142　〔14775〕
◇俊成・定家・西行　川田順著　京都　人文書院　1936　330p　19cm　Ⓝ911.14　〔14776〕
◇頓阿・慶運　石田吉貞著　三省堂　1943　285p　19cm　Ⓝ911.14　〔14777〕
◇頓阿法師詠と研究　頓阿, 井上宗雄等編著　豊橋　未刊国文資料刊行会　1966　303p　図版　19cm　（未刊国文資料　第3期　第9冊）　Ⓝ911.142　〔14778〕
◇二条院讃岐とその周辺　森本元子著　笠間書院　1984.3　189p　22cm　（笠間叢書182）　5500円　Ⓝ911.13　〔14779〕
◇二条良基の研究　木藤才蔵著　桜楓社　1987.4　367p　22cm　18000円　Ⓘ4-273-02177-3　Ⓝ911.2　〔14780〕
◇日本歌人講座　第3　中世の歌人　第1〔ほか〕　久松潜一, 実方清編　弘文堂　1960　334p　図版　22cm　Ⓝ911.108　〔14781〕
◇日本歌人講座　第3　中世の歌人　第1〔ほか〕　久松潜一, 實方清編　弘文堂新社　1968　444p　22cm　Ⓝ911.108　〔14782〕
◇日本歌人講座　第4　中世の歌人　第2〔ほか〕　久松潜一, 実方清編　弘文堂　1961　383p　図版　22cm　Ⓝ911.108　〔14783〕
◇伏見宮貞成の文学　位藤邦生著　大阪　清文堂出版　1991.2　370p　22cm　Ⓘ4-7924-1312-5　Ⓝ915.4　〔14784〕
◇藤原顕氏全歌注釈と研究　中川博夫著　笠間書院　1999.6　347p　22cm　（笠間注釈叢刊 29）　11000円　Ⓘ4-305-30029-X　Ⓝ911.142　〔14785〕
◇藤原光俊の研究　安井久善著　笠間書院　1973　517p　図　22cm　7500円　Ⓝ911.142　〔14786〕
◇藤原良経全歌集とその研究　青木賢豪著　笠間書院　1976　351p　22cm　（笠間叢書 65）　7000円　Ⓝ911.142　〔14787〕
◇明恵上人歌集の研究　吉原シケコ著　桜楓社　1976　221p　図　22cm　4800円　Ⓝ911.142　〔14788〕
◇山崎宗鑑伝　吉川一郎著　天理　養徳社　1955　174p　（図版共）図版　22cm　Ⓝ911.31　〔14789〕
◇冷泉家歌の家の人々　冷泉為人監修　書肆フローラ　2004.11　283p　20cm　2600円　Ⓘ4-901314-06-8　Ⓝ288.3　〔14790〕
◇連歌師—その行動と文学　奥田勲著　評論社　1976　326p　19cm　（日本人の行動と思想 41　笠原一男監修）　1600円　Ⓝ911.2　〔14791〕
◇連歌師と紀行　金子金治郎著　桜楓社　1990.6　219p　19cm　1648円　Ⓘ4-273-02389-X　Ⓝ911.2　〔14792〕
◇蓮如上人の和歌評釋　松岡秀隆著　神戸　交友プランニングセンター（製作）　2006.9　136p　19cm　1200円　Ⓘ4-87787-312-0　Ⓝ911.142　〔14793〕
◇和歌四天王の研究—頓阿・兼好・浄弁・慶運　稲田利徳著　笠間書院　1999.2　1150, 15p　22cm　（笠間叢書 329）　28000円　Ⓘ4-305-10329-X　Ⓝ911.142　〔14794〕
◇和歌文学講座　第7巻　中世・近世の歌人　和歌文学会編　桜楓社　1970　349p　22cm　1200円　Ⓝ911.108　〔14795〕

◆◆阿仏尼
◇阿仏尼—行動する女性　長崎健, 浜中修著　新典社　1996.2　269p　19cm　（日本の作家 22）　2000円　Ⓘ4-7879-7022-4　Ⓝ915.4　〔14796〕
◇阿仏尼と大通寺　小川寿一述　京都　大通寺　1935　44p　19cm　Ⓝ911.14　〔14797〕

◆◆飛鳥井雅経
◇雅経明日香井和歌集全釈　飛鳥井雅経原著, 中川英子著　府中（東京都）　渓声出版　2000.4　507p　22cm　9000円　Ⓘ4-905847-48-6　Ⓝ911.142　〔14798〕
◇雅経明日香井和歌集の翻刻とその研究—高松宮家旧蔵本　飛鳥井雅経原著, 中川英子著　府中（東京都）　渓声出版　1998.4　440p　22cm　7000円　Ⓘ4-905847-89-3　Ⓝ911.142　〔14799〕
◇雅経の古典摂取ならびに周辺歌人からの享受について—中川英子論文集　中川英子著　オオウラ企画　1996.8　169p　26cm　Ⓝ911.142　〔14800〕
◇雅経和歌の受容と形成　飛鳥井雅経原著, 中川英子著　府中（東京都）　渓声出版　1998.4　660p　22cm　9000円　Ⓘ4-905847-90-7　Ⓝ911.142　〔14801〕

◆◆荒木田守武
◇荒木田守武　俳祖守武翁顕彰会編　〔伊勢〕　俳祖荒木田守武没後四五〇年記念事業実行委員会　1999.8　56p　21cm　Ⓝ911.31　〔14802〕
◇荒木田守武集　荒木田守武　増補改訂　伊勢　神宮司廳　1999.8　481p　22cm　Ⓝ911.31　〔14803〕
◇荒木田守武とその時代　伊勢　神宮徴古館農業館　1999　15p　30cm　Ⓝ911.31　〔14804〕
◇真蹟世の中百首　荒木田守武, 志賀留吉編　名古屋　志賀留吉　1943　14p　図版　22cm　Ⓝ911.14　〔14805〕
◇守武千句考証　沢井耐三著　汲古書院　1998.2　751p　22cm　（愛知大學文學會叢書 3）　18000円　Ⓘ4-7629-3411-9　Ⓝ911.31　〔14806〕

◆◆一休宗純
◇一休—その破戒と風狂　栗田勇著　祥伝社　2005.11　479p　19cm　2000円　Ⓘ4-396-61256-7　〔14807〕
◇一休と良寛をよむ　柳田聖山述　大阪　朝日カルチャーセンター　1984.12　録音カセット4巻　（朝日カルチャーセンター講座カセット）　全12500円　Ⓝ919.4　〔14808〕
◇一休文芸私抄　水上勉著　朝日出版社　1987.9　233pp　20cm　1400円　Ⓘ4-255-87004-7　Ⓝ919.4　〔14809〕
◇一休文芸私抄　水上勉著　中央公論社　1994.1　225p　16cm　（中公文庫）　520円　Ⓘ4-12-202067-0　Ⓝ911.142　〔14810〕
◇狂雲　一休—仮面師の素顔　西村惠信著　四季社　2006.2　219p　19cm　（チッタ叢書）　1380円　Ⓘ4-88405-356-7　〔14811〕
◇大徳寺と一休　山田宗敏著　京都　禅文化研究所　2006.1　490p　21cm　3800円　Ⓘ4-88182-209-8　〔14812〕

◇中世禅林の異端者——一休宗純とその文学　高文漢述, 国際日本文化研究センター編　京都　国際日本文化研究センター　1998.9　108p　21cm　（日文研フォーラム 第104回）　Ⓝ188.82　〔14813〕

◆◆猪苗代兼載
◇猪苗代兼載—兼載故郷へ帰る　上野白浜子著　謄写版　会津若松　1960　58p 図版　26cm　Ⓝ911.2　〔14814〕
◇猪苗代兼載年譜　上野白浜子, 林毅編　会津若松　猪苗代兼載四百五十年祭　1959　23p 図版　22cm　Ⓝ911.2　〔14815〕
◇連歌師兼載伝考　金子金治郎著　南雲堂桜楓社　1962　225p 図版　19cm　（国語国文学研究叢書 12）　Ⓝ911.2　〔14816〕
◇連歌師兼載伝考　金子金治郎著　新版　桜楓社　1977.1　232p　19cm　（国語国文学研究叢書 9）　2400円　Ⓝ911.2　〔14817〕

◆◆今川了俊
◇今川了俊　川添昭二著　吉川弘文館　1988.7　298p　19cm　（人物叢書 新装版）　1800円　Ⓘ4-642-05124-4　Ⓝ911.142　〔14818〕
◇今川了俊歌学書と研究　今川了俊著, 伊地知鉄男編　豊橋　未刊国文資料刊行会　1956　115p 図版　19cm　（未刊国文資料）　Ⓝ911.104　〔14819〕
◇今川了俊・その武士道と文学　児山敬一著　三省堂　1944　389p　19cm　Ⓝ911.14　〔14820〕
◇今川了俊の研究　荒木尚著　笠間書院　1977.3　577p 図　22cm　11000円　Ⓝ911.142　〔14821〕

◆◆永福門院
◇永福門院　佐佐木治綱著　生活社　1943　324p　19cm　Ⓝ911.14　〔14822〕
◇永福門院—その生と歌　岩佐美代子著　笠間書院　1976　299p　19cm　（笠間選書 54）　1300円　Ⓝ911.142　〔14823〕
◇永福門院—飛翔する南北朝女性歌人　岩佐美代子著　笠間書院　2000.10　327p　20cm　（古典ライブラリー 9）　2400円　Ⓘ4-305-60039-0　Ⓝ911.142　〔14824〕
◇式子内親王・永福門院　竹西寛子著　講談社　1993.11　248, 5p　16cm　（講談社文芸文庫—現代日本のエッセイ）　940円　Ⓘ4-06-196249-3　Ⓝ911.142　〔14825〕
◇白洲の月—『竹むきが記』作者名子・永福門院の歌と生涯　西野妙子著　国文社　1984.5　262p　20cm　2500円　Ⓝ915.4　〔14826〕

◆◆鴨長明
◇鴨長明—閑居の人　三木紀人著　新典社　1984.10　246p　19cm　（日本の作家 17）　1500円　Ⓘ4-7879-7017-8　Ⓝ914.42　〔14827〕
◇鴨長明研究　簗瀬一雄著　加藤中道館　1980.10　659p　22cm　（簗瀬一雄著作集 2）　14000円　Ⓝ910.24　〔14828〕
◇鴨長明全集—校注　簗瀬一雄編　風間書房　1971　1冊　19cm　2800円　Ⓝ914.4　〔14829〕
◇鴨長明全集—校註　簗瀬一雄編　風間書房　1980.8　1冊　19cm　3800円　Ⓝ914.42　〔14830〕
◇鴨長明伝の周辺・方丈記　細野哲雄著　笠間書院　1978.9　213p　22cm　（笠間叢書 93）　4000円　Ⓝ914.42　〔14831〕
◇鴨長明に関する研究　草部了円著　京都　初音書房　1971　130p　19cm　700円　Ⓝ914.42　〔14832〕
◇鴨長明の説話世界　青山克弥著　桜楓社　1984.10　277p　22cm　4800円　Ⓝ913.47　〔14833〕
◇鴨長明　三木紀人著　講談社　1995.2　260p　15cm　（講談社学術文庫）　780円　Ⓘ4-06-159164-9　Ⓝ914.42　〔14834〕
◇鴨長明の新研究　簗瀬一雄著　風間書房　1962　496p 図版　22cm　Ⓝ910.24　〔14835〕
◇西行長明受容と生成　下西善三郎著　勉誠出版　2005.12　505, 8p　22cm　15000円　Ⓘ4-585-03146-4　Ⓝ910.24　〔14836〕
◇人間・鴨長明—その思想面に関して　松城絵美加著　碧天舎　2003.7　100p　19cm　1000円　Ⓘ4-88346-305-2　Ⓝ914.42　〔14837〕

◆◆京極為兼
◇京極為兼　土岐善麿著　西郊書房　1947　263p　19cm　Ⓝ911.142　〔14838〕
◇京極為兼　土岐善麿著　西郊書房　1947　263p　19cm　Ⓝ911.14　〔14839〕
◇京極為兼　土岐善麿著　筑摩書房　1971　264, 2p 図　19cm　（日本詩人選 15）　Ⓝ911.142　〔14840〕
◇京極為兼—忘られぬべき雲の上かは　今谷明著　京都　ミネルヴァ書房　2003.9　286, 12p　20cm　（ミネルヴァ日本評伝選）　2200円　Ⓘ4-623-03809-2　Ⓝ911.142　〔14841〕
◇京極為兼　井上宗雄著　新装版　吉川弘文館　2006.5　284p　19cm　（人物叢書）　1900円　Ⓘ4-642-05236-4　〔14842〕
◇新修 京極為兼　土岐善麿著　角川書店　1968　294p 図版　19cm　Ⓝ911.142　〔14843〕
◇爲兼卿和哥抄　京極爲兼著　宮内廳書陵部　1949.7　2冊（別冊とも）　15cm　Ⓝ911.14　〔14844〕

◆◆後鳥羽院
◇御歌人としての後鳥羽上皇　村崎凡人著　鶴書房　1943　201p　19cm　Ⓝ911.14　〔14845〕
◇隠岐の後鳥羽院抄　田邑二枝著　4版　海士町（島根県）　海士町　1987.10　68p　16cm　Ⓝ911.142　〔14846〕
◇後鳥羽院　丸谷才一著　筑摩書房　1973　329, 5p 図 肖像　19cm　（日本詩人選 10）　Ⓝ911.142　〔14847〕
◇後鳥羽院—光臨流水　西野妙子著　国文社　1979.10　253p　20cm　2500円　Ⓝ911.142　〔14848〕
◇後鳥羽院—我こそは、にい島守よ　樋口芳麻呂著　集英社　1985.1　256p　20cm　（王朝の歌人 10）　1400円　Ⓘ4-08-164010-6　Ⓝ911.135　〔14849〕
◇後鳥羽院　保田與重郎著　増補新版　京都　新学社　2000.1　292p　16cm　（保田與重郎文庫 4）　950円　Ⓘ4-7868-0025-2　Ⓝ911.02　〔14850〕
◇後鳥羽院御集　後鳥羽院著, 寺島恒世著　明治書院　1997.6　388p　22cm　（和歌文学大系 24）　5200円　Ⓘ4-625-51324-3　Ⓝ911.147　〔14851〕
◇後鳥羽院御集・遠島百首全釈—私家版　木船重昭著　〔鎌倉〕　木船重昭　2002.11　2冊　26cm　非売品　Ⓝ911.148　〔14852〕
◇後鳥羽院と定家研究　田中裕著　大阪　和泉書院　1995.1　370p　22cm　12360円　Ⓘ4-87088-698-7　Ⓝ911.14

◇後鳥羽院とその周辺　田村柳壹著　笠間書院　1998.11　568p　22cm　(笠間叢書 317)　18000円　①4-305-10317-6　Ⓝ911.14
〔14854〕
◇後鳥羽上皇隠岐御百首　小滝空明校合・注　吉田村(島根県)　松籟山房　1939　30,9p　23cm　(松籟山房叢書 第2篇)　Ⓝ911.14
〔14855〕
◇後鳥羽上皇の熊野懐紙と後奈良天皇の勅筆諸国心経　猪熊信男著, 名古屋史談会編　名古屋　名古屋史談会　1933　26p　23cm　Ⓝ288.4
〔14856〕
◇後鳥羽天皇を偲び奉る　平泉澄著　大阪府三島郡島本村　水無瀬神宮社務所　1939　49p　23cm　Ⓝ288.4
〔14857〕
◇後鳥羽天皇式年七百年祭水無瀬神宮御法楽和歌集　水無瀬神宮編　大阪府島本町　水無瀬神宮　1940　84p　24cm　Ⓝ911.16
〔14858〕
◇後鳥羽天皇七百年式年御祭記念展観図録　金丸二郎編　大阪　金丸二郎　1940　図版40枚　29×43cm　Ⓝ288.4
〔14859〕
◇後鳥羽天皇七百年式年御祭記念特別展観目録　大阪市編　大阪　大阪市　1939　30p　19cm　Ⓝ288.4
〔14860〕
◇後鳥羽天皇七百年式年祭水無瀬神宮隠岐神社奉納刀匠昭和の御番鍛冶作刀展　高島屋編　高島屋　1941　図版24枚　28cm　Ⓝ756
〔14861〕
◇後鳥羽天皇百首御製　進藤泰世編　倉吉町(鳥取県)　進藤与八郎　1894.1　7丁　23cm　Ⓝ911.1
〔14862〕
◇後鳥羽院　丸谷才一著　第二版　筑摩書房　2004.9　412, 13p　19cm　3300円　①4-480-82346-8
〔14863〕
◇史伝後鳥羽院　目崎徳衛著　吉川弘文館　2001.11　259p　20cm　2600円　①4-642-07781-2　Ⓝ911.142
〔14864〕

◆◆後深草院二条
◇後深草院二条―『とはずがたり』の作者　西沢正史, 藤田一尊著　勉誠出版　2005.1　177p　19cm　(日本の作家100人)　1800円　①4-585-05177-5
〔14865〕
◇後深草院の二条―愛と狂気の間を生きて　中畑八寿子著　勁草出版サービスセンター　1979.11　144p　19cm　1700円　Ⓝ915.4
〔14866〕

◆◆西行
◇隠遁の思想　佐藤正英著　筑摩書房　2001.11　297p　15cm　(ちくま学芸文庫)　1300円　①4-480-08673-0　Ⓝ911.142
〔14867〕
◇歌人西行　高根政次郎著　神戸　高根政次郎　1933　1冊　20cm　Ⓝ911.14
〔14868〕
◇西行　木村善之著　第一書房　1935　361p　20cm　Ⓝ911.14
〔14869〕
◇西行　川田順著　創元社　1939　276p　19cm　Ⓝ911.14
〔14870〕
◇西行　木村善之著　第一書房　1940　361p　19cm　Ⓝ911.14
〔14871〕
◇西行　川田順著　8版　創元社　1946　276p　19cm　(創元選書 第27)　Ⓝ911.14
〔14872〕
◇西行研究　窪田章一郎著　八雲書林　1943　279p　18cm　Ⓝ911.14
〔14873〕
◇西行研究録―西行 第2　川田順著　大阪　創元社　1940　214p　18cm　Ⓝ911.14
〔14874〕
◇西行さま　相馬御風著　実業之日本社　1934　220p　図版　20cm　Ⓝ911.14
〔14875〕
◇西行長明受容と生成　下西善三郎著　勉誠出版　2005.12　505, 8p　22cm　15000円　①4-585-03146-4　Ⓝ910.24
〔14876〕
◇西行と実朝―その折々の二十首　牧野博行著　短歌新聞社　2007.10　155p　20cm　2381円　①978-4-8039-1375-0　Ⓝ911.142
〔14877〕
◇西行の思想―自意識と絶対知　毛利豊史著　専修大学出版局　2007.11　214p　21cm　3200円　①978-4-88125-197-3
〔14878〕
◇西行の旅路　岡田喜秋著　秀作社出版　2005.6　381p　22cm　2800円　①4-88265-369-9　Ⓝ911.142
〔14879〕
◇西行の伝と歌―西行 3　川田順著　創元社　1944　332p　19cm　Ⓝ911.14
〔14880〕
◇西行の花　十鳥敏夫著　雁書館　2007.2　274p　20cm　(ヤママユ叢書 第74篇)　3000円　Ⓝ911.142
〔14881〕
◇西行の連作歌をよむ　高橋庄次著　春秋社　2006.4　306p　20cm　2600円　①4-393-43433-1　Ⓝ911.142
〔14882〕
◇西行の和歌の世界　稲田利徳著　笠間書院　2004.2　854, 9p　22cm　(笠間叢書 354)　20000円　①4-305-10354-0　Ⓝ911.142
〔14883〕
◇西行法師　宍戸儀一著　道統社　1942　259p　19cm　Ⓝ911.14
〔14884〕
◇西行法師評伝　尾山篤二郎著　改造社　1934　343p　19cm　Ⓝ911.14
〔14885〕
◇西行法師文献目録　大阪史談会編　大阪　大阪史談会　1940　106p　19cm　Ⓝ910.24
〔14886〕
◇西行物語―絵入平仮名　巻上, 中, 下　尚古堂辻本九兵衛　〔明治―〕　3冊　23cm　Ⓝ911.14
〔14887〕
◇西行論　野口米次郎著　京都　富書店　1946　93p　図版　19cm　(ブックレット 第1編)　8円　Ⓝ911.142
〔14888〕
◇西行和歌と仏教思想　金任仲著　笠間書院　2007.9　300, 16p　22cm　9500円　①978-4-305-70359-0　Ⓝ911.142
〔14889〕
◇人間西行　大坪草二郎著　時代社　1940　263p　19cm　Ⓝ911.14
〔14890〕
◇放たれた西行　野口米次郎著　春秋社　1928　322p　20cm　Ⓝ911.14
〔14891〕
◇放たれた西行　野口米次郎著　7版　春秋社　1933　322p　18cm　(春秋文庫 第2部 第8)　Ⓝ911.14
〔14892〕
◇漂泊の人西行　上野松峯著　春秋社　1929　(春秋文庫 第19)　Ⓝ911.14
〔14893〕
◇旅情歌人西行の生涯　横山青娥著　文学書房　1940　294p　18cm　Ⓝ911.14
〔14894〕

◆◆慈円
◇慈円―国家と歴史及文学　筑土鈴寛著　三省堂　1942　115p　19cm　Ⓝ188.4
〔14895〕
◇慈円四季歌抄　鈴木正道著　おうふう　1994.5　253p　22cm　28000円　①4-273-02776-3　Ⓝ911.148
〔14896〕
◇慈円の和歌と思想　山本一著　大阪　和泉書院　1999.1　456p　22cm　(研究叢書 232)　13000円　①4-87088-954-4　Ⓝ911.142
〔14897〕

◇慈円和歌論考　石川一著　笠間書院　1998.2　711p 22cm　（笠間叢書308）　16505円　①4-305-10308-7 Ⓝ911.142　〔14898〕

◆◆寂蓮
◇寂蓮―人と文学　半田公平著　勉誠出版　2003.8　239p 20cm　（日本の作家100人）　2000円　①4-585-05164-3 Ⓝ911.142　〔14899〕
◇寂蓮研究―家集と私撰和歌集　半田公平著　新典社 2006.10　572p　22cm　（新典社研究叢書179） 16000円　①4-7879-4179-8　Ⓝ911.142　〔14900〕
◇寂連の研究　半田公平著　勉誠社　1996.3　1063, 34p 22cm　30900円　①4-585-03037-9　Ⓝ911.142 〔14901〕
◇寂蓮法師全歌集とその研究　半田公平著　笠間書院 1975　708p 図　22cm　13500円　Ⓝ911.142 〔14902〕

◆◆正徹
◇歌人正徹研究序説　白井忠功著　勉誠社　1994.3　324p 22cm　①4-585-03022-0　Ⓝ911.142　〔14903〕
◇正徹―残照の中の巨樹　村尾誠一著　新典社　2006.6 269p　19cm　（日本の作家23）　2200円　①4-7879-7023-2　Ⓝ911.142　〔14904〕
◇正徹の研究―中世歌人研究　稲田利徳著　笠間書院 1978.3　1332p　22cm　30000円　Ⓝ911.149 〔14905〕
◇正徹論　児山敬一著　三省堂　1942　293p　19cm Ⓝ911.14　〔14906〕

◆◆心敬
◇心敬　篠田一士著　筑摩書房　1987.8　248p　19cm （日本詩人選28）　2000円　①4-480-13228-7　Ⓝ911.2 〔14907〕
◇心敬の研究　湯浅清著　風間書房　1977.4　711, 3p 図 22cm　14200円　Ⓝ911.2　〔14908〕
◇心敬の研究　索引篇　湯浅清著　風間書房　1989.2 542p　22cm　22000円　①4-7599-0725-4　Ⓝ911.2 〔14909〕
◇心敬の研究　校文篇　湯浅清著　風間書房　1986.3 740p　22cm　19000円　①4-7599-0649-5　Ⓝ911.2 〔14910〕
◇心敬の生活と作品　金子金治郎著　桜楓社　1982.1 414p　22cm　（金子金治郎連歌考叢1）　9800円 Ⓝ911.2　〔14911〕
◇心敬の世界　岡本彦一著　桜楓社　1973　294p　22cm 6800円　Ⓝ911.2　〔14912〕
◇心敬の表現論　山根清隆著　桜楓社　1983.5　310p 22cm　12000円　Ⓝ911.2　〔14913〕

◆◆宗祇
◇伊地知鉄男著作集　1　宗祇　汲古書院　1996.5　621p 22cm　16480円　①4-7629-3400-3　Ⓝ911.2 〔14914〕
◇吉備町宗祇法師五百年祭記念誌―今に生きる宗祇　宗祇 法師五百年祭実行委員会編　吉備町（和歌山県）　吉備町 宗祇法師五百年祭実行委員会　2002.3　86p　26cm Ⓝ911.2　〔14915〕
◇宗祇　荒木良雄著　創元社　1941　446p 肖像　19cm （創元選書）　Ⓝ911.2　〔14916〕

◇宗祇　伊地知鉄男著　青梧堂　1943　352p　19cm （日本文学者評伝全集）　Ⓝ911.2　〔14917〕
◇宗祇　小西甚一著　筑摩書房　1971　264p　19cm （日本詩人選16）　Ⓝ911.2　〔14918〕
◇宗祇　奥田勲著　吉川弘文館　1998.12　356p 19cm　（人物叢書 新装版）　2100円　①4-642-05211-9 Ⓝ911.2　〔14919〕
◇宗祇序説　藤原正義著　風間書房　1984.11　268p 22cm　3400円　①4-7599-0612-6　Ⓝ911.2 〔14920〕
◇宗祇の研究　江藤保定著　風間書房　1967　429p 27cm　Ⓝ911.2　〔14921〕
◇宗祇の生活と作品　金子金治郎著　桜楓社　1983.2 328p　22cm　（金子金治郎連歌考叢2）　9800円 Ⓝ911.2　〔14922〕
◇宗祇論　井本農一著　三省堂　1944　312p　19cm Ⓝ911.2　〔14923〕
◇旅の詩人宗祇と箱根―宗祇終焉記注釈　金子金治郎著　横 浜　神奈川新聞社　1993.1　301p　18cm　（箱根叢書 22）　950円　①4-87645-152-4　Ⓝ911.2　〔14924〕
◇だれも知らなかった「百人一首」　吉海直人著　春秋社 2008.1　236p　21cm　2000円　①978-4-393-44162-6　〔14925〕
◇連歌師宗祇　島津忠夫著　岩波書店　1991.8　306, 4p　20cm　4400円　①4-00-002516-3　Ⓝ911.2 〔14926〕

◆◆東常縁
◇東常縁　河村定芳著　八幡町（岐阜県上郡）　東常縁顕彰 会　1957　201p　18cm　Ⓝ911.149　〔14927〕
◇東常縁　井上宗雄, 島津忠夫編　大阪　和泉書院　1994. 11　185p　22cm　3605円　①4-87088-696-0 Ⓝ911.142　〔14928〕

◆◆藤原家隆
◇藤原家隆卿　大阪　大阪府青年塾堂　1938　64p　19cm Ⓝ911.13　〔14929〕
◇藤原家隆の研究　松井律子著　大阪　和泉書院　1997. 3　497p　22cm　（研究叢書200）　12360円　①4-87088-847-5　Ⓝ911.142　〔14930〕
◇歴代歌人研究　第7巻　藤原定家　藤原家隆　森直太郎 著, 尾山篤二郎著　厚生閣　1938　172, 137p　20cm Ⓝ911.1　〔14931〕

◆◆藤原定家
◇有心と幽玄　手崎政男著　笠間書院　1985.10　286p 22cm　（笠間叢書190）　8000円　Ⓝ911.142 〔14932〕
◇歌びと定家　浅野春江著　笠間書院　1987.9　230p 20cm　2000円　Ⓝ911.142　〔14933〕
◇映ろひと戯れ―定家を読む　浅沼圭司著　小沢書店 1978.5　148p　20cm　（叢書エパーブ）　1200円 Ⓝ911.142　〔14934〕
◇映ろひと戯れ―定家を読む　浅沼圭司著　水声社　2000. 10　204p　20cm　2500円　①4-89176-426-0 Ⓝ911.142　〔14935〕
◇久保田淳著作選集　第2巻　定家　久保田淳著　岩波書店 2004.5　333, 22p　22cm　9800円　①4-00-026049-9 Ⓝ910.24　〔14936〕

◇後鳥羽院と定家研究　田中裕著　大阪　和泉書院　1995.1　370p　22cm　12360円　Ⓘ4-87088-698-7　Ⓝ911.14　〔14937〕
◇定家と白氏文集　浅野春江著　教育出版センター　1993.12　274p　20cm　2800円　Ⓘ4-7632-1931-6　Ⓝ911.142　〔14938〕
◇写生論ノート　2　角谷道仁著　碧南　原生社　2002.10　344p　21cm　1905円　Ⓝ911.104　〔14939〕
◇定家式「百人一句」と「百人一首」全解　小林耕著　新風舎　2007.6　344p　19cm　2100円　Ⓘ978-4-289-02080-5　〔14940〕
◇定家十体の研究　武田元治著　明治書院　1990.5　324p　22cm　9800円　Ⓘ4-625-41096-7　Ⓝ911.142　〔14941〕
◇定家珠芳　藤原定家著,呉文炳編　限定版　理想社　1967　図版208p　解題220p　30cm　Ⓝ911.142　〔14942〕
◇定家伝　栗山理一著　古川書房　1974　188p　19cm　（古川叢書）　880円　Ⓝ911.142　〔14943〕
◇定家の歌一首　赤羽淑著　桜楓社　1976　272p　19cm　1200円　Ⓝ911.142　〔14944〕
◇定家百首―良夜爛漫　塚本邦雄著　河出書房新社　1973　257p　20cm　1000円　Ⓝ911.142　〔14945〕
◇定家百首―良夜爛漫　塚本邦雄著　河出書房新社　1977.5　257p　20cm　（河出文芸選書）　680円　Ⓝ911.142　〔14946〕
◇定家百首―良夜爛漫　塚本邦雄著　河出書房新社　1984.4　261p　15cm　（河出文庫）　400円　Ⓝ911.142　〔14947〕
◇藤原定家　川田順著　大阪　創元社　1941　216p　19cm　Ⓝ911.14　〔14948〕
◇藤原定家―古典書写と本歌取　依田泰著　笠間書院　2005.12　231p　19cm　5800円　Ⓘ4-305-70309-2　Ⓝ911.142　〔14949〕
◇藤原定家をめぐる歌人たち―奥行きと拡がりの展開　碓氷浩子著　講談社出版サービスセンター　2002.4　326p　19cm　1600円　Ⓘ4-87601-607-0　Ⓝ911.142　〔14950〕
◇藤原定家研究　佐藤恒雄編　風間書房　2001.5　726p　22cm　21000円　Ⓘ4-7599-1266-5　Ⓝ911.142　〔14951〕
◇藤原定家「文集百首」の比較文學的研究　雋雪艶著　汲古書院　2002.2　396,12p　22cm　9000円　Ⓘ4-7629-3442-9　Ⓝ911.142　〔14952〕
◇藤原定家の熊野御幸　神坂次郎著　角川学芸出版,角川書店〔発売〕　2006.8　205p　15cm　（角川ソフィア文庫）　629円　Ⓘ4-04-406101-7　〔14953〕
◇藤原定家―拾遺愚草抄出義解　安東次男著　講談社　1992.2　251p　15cm　（講談社学術文庫）　780円　Ⓘ4-06-159011-1　Ⓝ911.142　〔14954〕
◇藤原定家　久保田淳著　筑摩書房　1994.12　299p　15cm　（ちくま学芸文庫）　1000円　Ⓘ4-480-08170-4　Ⓝ911.142　〔14955〕
◇藤原定家とその時代　久保田淳著　岩波書店　1994.1　333,20p　22cm　6200円　Ⓘ4-00-002856-1　Ⓝ910.23　〔14956〕
◇藤原定家の研究―有心論　吉田知行著　創栄出版（製作）　1994.4　190p　19cm　Ⓘ4-88250-408-1　Ⓝ911.142　〔14957〕

◇藤原定家の時代―中世文化の空間　五味文彦著　岩波書店　1991.7　226,2p　18cm　（岩波新書）　580円　Ⓘ4-00-430178-5　Ⓝ210.42　〔14958〕
◇藤原定家　村山修一著　京都　関書院　1956　327p　図版　地図　22cm　Ⓝ911.142　〔14959〕
◇藤原定家　村山修一著　吉川弘文館　1962　402p　図版　18cm　（人物叢書　日本歴史学会編）　Ⓝ911.142　〔14960〕
◇藤原定家―火宅玲瓏　塚本邦雄著　京都　人文書院　1973　236p　22cm　Ⓝ911.142　〔14961〕
◇藤原定家　安東次男著　筑摩書房　1977.11　276,6p　図　19cm　（日本詩人選11）　1400円　Ⓝ911.142　〔14962〕
◇藤原定家―乱世に華あり　久保田淳著　集英社　1984.10　256p　20cm　（王朝の歌人9）　1400円　Ⓘ4-08-164009-2　Ⓝ911.142　〔14963〕
◇藤原定家―美の構造　吉田一著　法政大学出版局　1986.12　183p　20cm　（教養学校叢書2）　1300円　Ⓝ911.142　〔14964〕
◇藤原定家　村山修一著　吉川弘文館　1989.10　402p　19cm　（人物叢書 新装版）　1960円　Ⓘ4-642-05172-4　Ⓝ911.142　〔14965〕
◇藤原定家研究　安田章生著　至文堂　1967　617p　23cm　Ⓝ911.142　〔14966〕
◇藤原定家研究　安田章生著　増補版　至文堂　1975　630p　22cm　8000円　Ⓝ911.142　〔14967〕
◇藤原定家研究　安田章生著　増補版　京都　臨川書店　1988.6　630p　22cm　9200円　Ⓘ4-653-01750-6　Ⓝ911.142　〔14968〕
◇藤原定家と家隆　黒岩一郎著　長谷川書房　1952　240p　19cm　Ⓝ911.142　〔14969〕
◇藤原定家の歌風　赤羽淑著　桜楓社　1985.4　482p　22cm　12000円　Ⓘ4-273-02006-8　Ⓝ911.132　〔14970〕
◇藤原定家の研究　石田吉貞著　文雅堂書店　1957　737p　22cm　Ⓝ911.142　〔14971〕
◇もう一つの鎌倉時代―藤原定家・太田牛一の系譜　井上力著　講談社出版サービスセンター　2002.11　901p　19cm　2400円　Ⓘ4-87601-632-1　Ⓝ210.42　〔14972〕
◇妖艶定家の美　石田吉貞著　塙書房　1979.11　291p　19cm　（塙選書84）　1900円　Ⓝ911.142　〔14973〕
◇歴代歌人研究　第7巻　藤原定家　藤原家隆　森直太郎著,尾山篤二郎著　厚生閣　1938　172,137p　20cm　Ⓝ911.1　〔14974〕

◆◆藤原俊成女
◇鑑賞俊成卿女の歌　柄松香編著　〔廿日市〕　〔柄松香〕　1993.6　98p　26cm　Ⓝ911.142　〔14975〕
◇俊成卿女　青木和泉著　日本図書刊行会　1999.9　144p　20cm　1500円　Ⓘ4-8231-0437-4　Ⓝ911.142　〔14976〕
◇俊成卿女全歌索引　森本元子編　武蔵野書院　1977.8　141p　22cm　4300円　Ⓝ911.142　〔14977〕
◇俊成卿女の研究　森本元子著　桜楓社　1976　445p　22cm　8800円　Ⓝ911.142　〔14978〕
◇藤原俊成女―誇り高く歌に生きた　神尾暢子著　新典社　2005.5　254p　19cm　（日本の作家19）　2000円　Ⓘ4-7879-7019-4　Ⓝ911.142　〔14979〕

◆◆源実朝

◇右大臣源実朝の生涯　藤谷益雄著　白鳳社　1994.6　222p　19cm　1700円　④4-8262-0078-1　Ⓝ911.142
〔14980〕

◇歌人としての源実朝　真田幸雄著　2版　真田幸雄　1930　61p　19cm　Ⓝ911.14
〔14981〕

◇鑑賞短歌大系　第18　実朝・良経読本　折口信夫, 北原白秋編　穂積忠編　学芸社　1937　237p　17cm　Ⓝ911.1
〔14982〕

◇西行と実朝―その折々の二十首　牧野博行著　短歌新聞社　2007.10　155p　20cm　2381円　④978-4-8039-1375-0　Ⓝ911.142
〔14983〕

◇実朝考―ホモ・レリギオーズスの文学　中野孝次著　河出書房新社　1972　214p　20cm　680円　Ⓝ911.142
〔14984〕

◇実朝考―ホモ・レリギオーズスの文学　中野孝次著　河出書房新社　1977.10　214p　肖像　19cm　(河出文芸選書)　750円　Ⓝ911.142
〔14985〕

◇実朝考―ホモ・レリギオーズスの文学　中野孝次著　講談社　2000.12　236p　16cm　(講談社文芸文庫)　1200円　④4-06-198240-0　Ⓝ911.142
〔14986〕

◇實朝秀歌　伊丹末雄著　謄写版　1957 序　142p　22cm　Ⓝ911.142
〔14987〕

◇実朝・仙覚―鎌倉歌壇の研究　志村士郎著　新典社　1999.9　302p　22cm　(新典社研究叢書 121)　8000円　④4-7879-4121-6　Ⓝ911.14
〔14988〕

◇実朝の風景―源実朝生誕八百年にちなんで　鎌倉　鎌倉市教育委員会　1994.3　95p　21cm　(鎌倉近代史資料 第11集)　Ⓝ911.142
〔14989〕

◇実朝游魂　松永伍一著　中央公論社　1985.6　298p　20cm　1800円　④4-12-001404-5　Ⓝ911.142
〔14990〕

◇写生論ノート　2　角谷道仁著　碧南　原生社　2002.10　344p　21cm　1905円　Ⓝ911.104
〔14991〕

◇将軍源実朝の人間像―謎と秀歌　藤谷益雄著　白鳳社　1999.3　180p　19cm　1500円　④4-8262-0088-9　Ⓝ911.142
〔14992〕

◇源実朝　斎藤茂吉著　岩波書店　1943　765p　図版　22cm　Ⓝ911.14
〔14993〕

◇源実朝　吉本隆明著　筑摩書房　1971　275, 2p　図　19cm　(日本詩人選 12)　Ⓝ911.142
〔14994〕

◇源実朝―物語と史蹟をたずねて　八尋舜右著　成美堂出版　1979.5　224p　19cm　800円　Ⓝ911.142
〔14995〕

◇源実朝　吉本隆明著　筑摩書房　1990.1　324p　15cm　(ちくま文庫)　640円　④4-480-02376-3　Ⓝ911.142
〔14996〕

◇源実朝―悲境に生きる　志村士郎著　新典社　1990.12　238p　19cm　(日本の作家 21)　1800円　④4-7879-7021-6　Ⓝ911.142
〔14997〕

◇源実朝　三浦勝男編　鎌倉　鎌倉市教育委員会　1992.10　115p　27cm　1500円　Ⓝ911.142
〔14998〕

◇源実朝の作家論的研究　鎌田五郎著　風間書房　1974　1014, 3, 19p　22cm　13800円　Ⓝ911.142
〔14999〕

◇源実朝の周辺　〔鎌倉〕　鎌倉国宝館　1992　48p　26cm　Ⓝ911.142
〔15000〕

◇歴代歌人研究　第8巻　源実朝　川田順著　厚生閣　1938　350p　19cm　Ⓝ911.1
〔15001〕

◇和歌評釈選集　〔第5巻〕　源実朝名歌評釈　松村英一著　非凡閣　1934　290p　20cm　Ⓝ911.1
〔15002〕

◇われて砕けて―源実朝に寄せて　石川逸子著　文藝書房　2005.3　211p　19cm　1300円　④4-89477-185-3　Ⓝ911.142
〔15003〕

◆◆宗良親王

◇歌聖として宗良親王　高柳秀雅著　宗良威徳宣揚会　1932　245p　23cm　Ⓝ911.14
〔15004〕

◇信濃宮御詠と史伝　伊藤伝編　飯田　山村書院　1939　156p　24cm　Ⓝ911.14
〔15005〕

◇宗良流転―『新葉和歌集』撰者の生涯　倉本初夫著　童牛社　1989.4　236p　20cm　2575円　Ⓝ911.142
〔15006〕

◆◆吉田兼好

◇卜部兼好　冨倉徳次郎著　吉川弘文館　1964　173p　図版　18cm　(人物叢書)　Ⓝ910.24
〔15007〕

◇卜部兼好　冨倉徳次郎著　吉川弘文館　1987.12　173p　19cm　(人物叢書　新装版)　1300円　④4-642-05100-7　Ⓝ910.24
〔15008〕

◇近世兼好伝集成　川平敏文編注　平凡社　2003.9　414p　18cm　(東洋文庫)　3000円　④4-582-80719-4　Ⓝ910.24
〔15009〕

◇兼好とその周辺　藤原正義著　桜楓社　1970　300p　22cm　1200円　Ⓝ910.24
〔15010〕

◇兼好と徒然草―特別展図録　神奈川県立金沢文庫編　横浜　神奈川県立金沢文庫　1994.9　153p　30cm　Ⓝ914.45
〔15011〕

◇兼好の人と思想　中川徳之助著　古川書房　1975　439p　20cm　3000円　Ⓝ910.24
〔15012〕

◇兼好発掘　林瑞栄著　筑摩書房　1983.2　375p　22cm　2900円　Ⓝ910.24
〔15013〕

◇兼好法師―人生の達人　桑原博史著　新典社　1983.7　246p　19cm　(日本の作家 24)　1500円　④4-7879-7024-0　Ⓝ914.45
〔15014〕

◇兼好法師研究　冨倉徳次郎著　京都　丁子屋書店　1947　320p　19cm　(日本学芸叢書)　70円　Ⓝ910.24
〔15015〕

◇兼好法師の虚像―偽伝の近世史　川平敏文著　平凡社　2006.9　316p　20cm　(平凡社選書 226)　2800円　④4-582-84226-7　Ⓝ910.24
〔15016〕

◇兼好法師の美学―中世的自由人のこころ　中沢志津男著　長野　銀河書房　1984.7　306p　19cm　1800円　Ⓝ914.45
〔15017〕

◇兼好法師論―人・時代・伝統　白石大二著　三省堂　1942　375p　19cm　Ⓝ910.24
〔15018〕

地方史

◇郷土史研究講座　第3　中世郷土史研究法　古島敏雄, 和歌森太郎, 木村礎編集　朝倉書店　1970　389, 8p　22cm　1700円　Ⓝ210.07
〔15019〕

◇中世日本の地域的諸相　岡田清一ほか共編　南窓社　1992.4　193p　22cm　2800円　④4-8165-0088-X　Ⓝ210.4
〔15020〕

◇中世日本列島の地域性―考古学と中世史研究6　網野善彦ほか編　名著出版　1997.1　315p　22cm　(帝

京大学山梨文化財研究所シンポジウム報告集) 4120円 ①4-626-01546-8 Ⓝ210.4 〔15021〕

◆北海道
◇アイヌの反乱―武田信広 白山友正著 人物往来社 1967 309p 図版 19cm (日本の武将 71) Ⓝ211 〔15022〕
◇アイヌ文化と北海道の中世社会 氏家等編 札幌 北海道出版企画センター 2006.3(2刷) 296p 22cm 3800円 ①4-8328-0604-1 Ⓝ211 〔15023〕
◇蝦夷切支丹史 ゲルハルド・フーベル著 札幌 光明社 1939 79p 19cm Ⓝ198 〔15024〕
◇海峡を越えてきた武具―中世の蝦夷地 留萌市海のふるさと館第17回特別展図録 留萌市海のふるさと館編 留萌 留萌市海のふるさと館 2005.8 38p 30cm Ⓝ756.7 〔15025〕
◇北から見直す日本史―上之国勝山館跡と夷王山墳墓群からみえるもの 網野善彦, 石井進編 大和書房 2001.6 408p 20cm 3000円 ①4-479-84056-7 Ⓝ211.8 〔15026〕
◇知られざる中世の北海道―チャシと館の謎にせまる 北海道開拓記念館編 札幌 北海道開拓記念館 2001.9 65p 30cm Ⓝ211 〔15027〕
◇中世蝦夷史料 海保嶺夫編 三一書房 1983.5 325p 23cm 7000円 Ⓝ211 〔15028〕
◇中世の蝦夷地 海保嶺夫著 吉川弘文館 1987.4 311, 10p 20cm (中世史研究選書) 2800円 Ⓝ211 〔15029〕
◇中世の風景を読む 第1巻 蝦夷の世界と北方交易 網野善彦, 石井進編 新人物往来社 1995.12 423p 21cm 3000円 ①4-404-02174-7 Ⓝ210.4 〔15030〕
◇日本海―空白の中世蝦夷世界をさぐる 北海道開拓記念館編 札幌 北海道開拓記念館 1987.3 42p 26cm Ⓝ211 〔15031〕
◇函館志海苔古銭―北海道中世備蓄古銭の報告書 函館 市立函館博物館 1973 96p 図19枚 26cm Ⓝ202.7 〔15032〕
◇北海道・東北地方の中世城館 1(北海道・青森・秋田) 東洋書林 2002.4 129, 194, 368p 23cm (都道府県別日本の中世城館調査報告書集成 第1巻) 28000円 ①4-88721-432-4 Ⓝ211 〔15033〕
◇北方世界の交流と変容―中世の北東アジアと日本列島 天野哲也, 白杵勲, 菊池俊彦編 山川出版社 2006.8 216p 19cm 1900円 ①4-634-59061-1 Ⓝ211.04 〔15034〕
◇よみがえる中世 4 北の中世津軽・北海道 菊池徹夫, 福田豊彦編 平凡社 1989.8 222p 27cm 3300円 ①4-582-47554-X Ⓝ210.4 〔15035〕

◆東北地方
◇遺跡と景観 高志書院 2003.5 237p 21cm (東北中世考古学叢書 3) 2500円 ①4-906641-69-5 Ⓝ212 〔15036〕
◇海と城の中世―小鹿嶋、脇本城 東北中世考古学会第10回研究大会(男鹿大会)資料集 東北中世考古学会男鹿大会実行委員会編 高畠町(山形県) 東北中世考古学会 2004.9 175p 30cm Ⓝ212 〔15037〕
◇奥羽仕置の構造―破城・刀狩・検地 小林清治著 吉川弘文館 2003.10 363, 11p 21cm 9000円 ①4-642-02831-5 〔15038〕

◇奥州太平記―みちのくの武士の歴史をたずねて 塩竈神社博物館編 塩釜 塩竈神社博物館 1991.1 20p 26cm Ⓝ212 〔15039〕
◇解説中世留守家文書 水沢市立図書館編 〔水沢〕 水沢市教育委員会 1979.3 340p 21cm Ⓝ212 〔15040〕
◇葛西一族 河北新報社編集局編 仙台 河北新報社 1991.5 217p 19cm 1300円 ①4-87341-027-4 Ⓝ212 〔15041〕
◇葛西史試論―南北朝期より没落まで 阿部清己著 気仙沼 耕風社 1992.5 402p 21cm (葛西史研究叢書) 4500円 Ⓝ212 〔15042〕
◇鎌倉・室町時代の奥州 柳原敏昭, 飯村均編 高志書院 2002.6 295p 22cm (奥羽史研究叢書 4) 3800円 ①4-906641-53-9 Ⓝ212.04 〔15043〕
◇北日本中世社会史論 入間田宣夫著 吉川弘文館 2005.8 341, 7p 22cm 8500円 ①4-642-02843-9 Ⓝ212 〔15044〕
◇出土陶磁器からみた和賀氏の時代―平成12年度特別展 北上市立博物館編 北上 北上市立博物館 2000.9 28p 26cm Ⓝ212 〔15045〕
◇史料解読奥羽南北朝史 大友幸男著 三一書房 1996.10 536p 22cm 9800円 ①4-380-96274-1 Ⓝ210.45 〔15046〕
◇中世奥羽と板碑の世界 大石直正, 川崎利夫編 高志書院 2001.6 320p 22cm (奥羽史研究叢書 1) 3400円 ①4-906641-44-X Ⓝ185.5 〔15047〕
◇中世奥羽の世界 大石直正ほか執筆, 小林清治, 大石直正編 東京大学出版会 1978.4 239, 34p 19cm (Up選書 185) 900円 Ⓝ212 〔15048〕
◇中世奥羽の土器・陶磁器 東北中世考古学会編 高志書院 2003.7 322p 26cm 6800円 ①4-906641-71-7 Ⓝ212 〔15049〕
◇中世奥羽の民衆と宗教 誉田慶信著 吉川弘文館 2000.7 323, 8p 22cm 7000円 ①4-642-02794-7 Ⓝ212 〔15050〕
◇中世東北の武士団 佐々木慶市著 名著出版 1989.10 276p 22cm 4757円 ①4-626-01360-0 Ⓝ212 〔15051〕
◇中世における日蓮宗奥州布教と登米氏の究明 姉歯量平著 〔仙台〕 宮城地域史学協議会 1993.7 120p 22cm 3500円 ①4-8323-0060-1 Ⓝ188.97 〔15052〕
◇中世における日蓮宗奥州布教と登米氏の究明 姉歯量平著 〔仙台〕 宮城地域史学協議会 2005.7 120p 22cm 4000円 ①4-8323-0060-1 Ⓝ188.97 〔15053〕
◇中世の風景を読む 第1巻 蝦夷の世界と北方交易 網野善彦, 石井進編 新人物往来社 1995.12 423p 21cm 3000円 ①4-404-02174-7 Ⓝ210.4 〔15054〕
◇出羽三山と東北修験の研究 戸川安章編 名著出版 2000.11(第6刷) 444p 21cm (山岳宗教史研究叢書 5) 4800円 ①4-626-01589-1 Ⓝ188.59 〔15055〕
◇東北太平記 1 福士長後著 〔遠野町(岩手県)〕 遠野郷土研究会 1936 51丁 24cm Ⓝ212.2 〔15056〕
◇東北大名の研究 小林清治編 吉川弘文館 1984.4 464p 22cm (戦国大名論集 2) 5900円 ①4-642-02582-0 Ⓝ210.47 〔15057〕
◇東北中世史の研究 上巻 入間田宣夫編 高志書院 2005.6 381p 22cm 7300円 ①4-86215-000-4 Ⓝ212.04 〔15058〕

地方史　　　　　　　　　　中世史

◇東北中世史の研究　下巻　入間田宣夫編　高志書院　2005.6　386p　22cm　7300円　①4-86215-001-2　Ⓝ212.04　〔15059〕
◇東北中世史の旅立ち　大島正隆著　そしえて　1987.6　316p　22cm　4800円　①4-88169-902-4　Ⓝ212　〔15060〕
◇東北の戦国時代―伊達氏、仙台への道　仙台市博物館編　仙台　仙台市博物館　1999.4　144p　30cm　（仙台開府四百年記念特別展 1）　Ⓝ210.48　〔15061〕
◇北辺の中世史―戸のまちの起源を探る　青森県六戸町編　名著出版　1997.3　245p　22cm　3570円　①4-626-01549-2　Ⓝ212　〔15062〕
◇みちのく太平記―あらえびす征京始末　七宮涬三著　弘前　津軽書房　1981.1　222p　20cm　1000円　Ⓝ212　〔15063〕
◇みちのく中世豪族　及川大渓著　国書刊行会　1976　2冊　19cm　（みちのく研究双書 2）　全4400円　Ⓝ212　〔15064〕
◇陸奥国の戦国社会　大石直正、小林清治編　高志書院　2004.8　263p　22cm　（奥羽史研究叢書 6）　4000円　①4-906641-85-7　Ⓝ212.04　〔15065〕
◇蒙古襲来と東北　中津攸子著　龍書房　2002.2　201p　19cm　（みちのく燦々 2）　1429円　①4-947734-56-6　Ⓝ212　〔15066〕
◇物語南部の歴史―原始・古代・上代編　横ール俊三著　八戸　伊吉書院　1982.5　374p　21cm　1500円　Ⓝ212　〔15067〕
◇吉野時代東北勤皇史　大島延次郎著　春秋社松柏館　1945　313p　図版　地図　22cm　Ⓝ210.4　〔15068〕
◇留守家文書―岩手縣水澤町公民舘所藏　解説、本文、系圖　〔仙台〕　宮城縣史編纂委員會　1952.2　99p　25cm　（古文献目録 別冊2）　Ⓝ212　〔15069〕
◇霊山と信仰の世界―奥羽の民衆と信仰　伊藤清郎著　吉川弘文館　1997.3　189, 12p　20cm　（中世史研究選書）　2678円　①4-642-02671-1　Ⓝ387　〔15070〕
◇狼火消ゆ―三陸地方戦国悲史　小松宗夫著　気仙沼　光文堂印刷出版部　1977.12　288p　22cm　2500円　Ⓝ212.3　〔15071〕

◆◆青森県
◇青森県史　資料編 中世 1　青森県史編さん中世部会編　青森　青森県　2004.3　760p　図版22p　31cm　Ⓝ212.1　〔15072〕
◇青森県史　資料編 中世 2　青森県史編さん中世部会編　青森　青森県　2005.3　761, 4p　図版30p　31cm　Ⓝ212.1　〔15073〕
◇青森県史談　山内元八編　訂2版　普及舎　1896.5　38p　23cm　Ⓝ212.1　〔15074〕
◇飯詰城をめぐる諸問題―五所川原市史ミニシンポジウム　小口雅史編　〔五所川原〕　五所川原市教育委員会　1996.3　72p　26cm　Ⓝ212.1　〔15075〕
◇北の環日本海世界―書きかえられる津軽安藤氏　村井章介、斉藤利男、小口雅史編　山川出版社　2002.5　215p　19cm　1800円　①4-634-60530-9　Ⓝ212.1　〔15076〕
◇北の中世―史跡整備と歴史研究　中世の里シンポジウム実行委員会編　日本エディタースクール出版部　1992.1　274p　20cm　2500円　①4-88888-184-7　Ⓝ212.1　〔15077〕

◇七戸城跡―北奥の南部氏中世城館跡（国史跡）北館曲輪発掘調査総まとめ報告書　七戸町教育委員会文化財保護課編　七戸町（青森県）　七戸町教育委員会文化財保護課　2006.3　232p　図版3枚　30cm　Ⓝ210.0254　〔15078〕
◇七戸城主と家臣団系譜―海老名氏多く七戸にあり　中岫正雄著　青森　北の街社　1991.9　249p　19cm　2000円　①4-87373-011-2　Ⓝ288.2　〔15079〕
◇下北の中世関係史年表―地域史の視点からとらえた歴史像を求めて　奈良仁著　むつ　下北中世史研究会　1997.4　143p　31cm　2800円　Ⓝ212.1　〔15080〕
◇中世国際港湾都市十三湊と安藤氏―青森県文化観光立県宣言記念特別展　青森県立郷土館編　青森　青森県立郷土館　1998.7　148p　30cm　Ⓝ212.1　〔15081〕
◇中世十三湊の世界―よみがえる北の港湾都市　青森県市浦村編　新人物往来社　2004.9　345p　20cm　2400円　①4-404-03221-8　Ⓝ212.1　〔15082〕
◇中世都市十三湊と安藤氏―歴博フォーラム　国立歴史民俗博物館編　新人物往来社　1994.12　276p　20cm　2200円　①4-404-02151-8　Ⓝ212.1　〔15083〕
◇中世糠部の世界と南部氏　七戸町教育委員会編　高志書院　2003.3　217p　21cm　2500円　①4-906641-67-9　Ⓝ212.1　〔15084〕
◇津軽安藤氏と北方世界―藤崎シンポジウム「北の中世を考える」　小口雅史編　河出書房新社　1995.3　368p　20cm　3400円　①4-309-22270-6　Ⓝ212.1　〔15085〕
◇津軽十三湊遺跡―中世前期港湾施設の調査第157次調査報告書ほか　中央大学文学部日本史学研究室編　八王子　中央大学文学部日本史学研究室　2007.2　310p　図版2p　30cm　（中央大学文学部日本史学研究室埋蔵文化財調査報告書 第1集）　Ⓝ210.0254　〔15086〕
◇根城―史跡根城の広場環境整備事業報告書　八戸市教育委員会編　八戸　八戸市教育委員会　1997.3　218p　30cm　Ⓝ709.121　〔15087〕
◇根城跡―陸奥の戦国大名南部氏の本拠地　佐々木浩一著　同成社　2007.2　178p　19cm　（日本の遺跡 19）　1800円　①978-4-88621-381-5　〔15088〕
◇北海道・東北地方の中世城館 1（北海道・青森・秋田）　東洋書林　2002.4　129, 194, 368p　23cm　（都道府県別日本の中世城館調査報告書集成 第1巻）　28000円　①4-88721-432-4　Ⓝ211　〔15089〕
◇幻の中世都市十三湊―海から見た北の中世　企画展示　国立歴史民俗博物館編　佐倉　国立歴史民俗博物館　1998.9　151p　30cm　Ⓝ212.1　〔15090〕
◇よみがえる中世 4　北の中世津軽・北海道　菊池徹夫、福田豊彦編　平凡社　1989.8　222p　27cm　3300円　①4-582-47554-X　Ⓝ210.4　〔15091〕

◆◆岩手県
◇岩手県史　第2巻　中世篇 上　岩手県編　盛岡　杜陵印刷　1961　1128p　図版　22cm　Ⓝ212.2　〔15092〕
◇岩手県史　第3巻　中世篇 下　岩手県編　盛岡　杜陵印刷　1961　1100p　図版　22cm　Ⓝ212.2　〔15093〕
◇岩手県中世文書　岩手県教育委員会編　国書刊行会　1983.10　3冊　22cm　全12000円　Ⓝ212.2　〔15094〕
◇岩手の歴史論集 2　中世文化　司東真雄著　北上　司東真雄岩手の歴史論集刊行会　1979.11　610p　22cm　Ⓝ212.2　〔15095〕

◇江刺の古文書　11　佐島直三郎編　江刺　江刺市立岩谷堂公民館　1997.9　189p　26cm　Ⓝ212.2
〔15096〕
◇九戸の戦関係―軍記、記録集　二戸市歴史民俗資料館編　二戸　二戸市教育委員会　1991.8　156p　26cm　Ⓝ212.2
〔15097〕
◇九戸の戦関係―文書集　二戸市歴史民俗資料館編　二戸　二戸市教育委員会　1991.8　99p　26cm　Ⓝ212.2
〔15098〕
◇気仙三十六騎―気仙史誌　西田耕三著　〔気仙沼〕　耕風社　1993.3　147p　21cm　1500円　Ⓝ212.2
〔15099〕
◇古城物語―宮古地方の中世史　田村忠博著　宮古　文化印刷　1983.6　313p　19cm　1200円　Ⓝ212.2
〔15100〕
◇種市町史　第1巻　史料編1　種市町史編さん委員会編著　種市町（岩手県）　種市町　1996.3　732p　22cm　Ⓝ212.2
〔15101〕
◇野田1遺跡―野田宝篋印塔と中世墳墓　一戸町（岩手県）　一戸町教育委員会　2007.3　35p　30cm　（一戸町文化財調査報告書　第58集）　Ⓝ210.0254
〔15102〕
◇北海道・東北地方の中世城館　4（岩手・福島）　東洋書林　2002.6　291,454p　23cm　（都道府県別日本の中世城館調査報告書集成　第4巻）　30000円　①4-88721-435-9　Ⓝ211
〔15103〕
◇骨寺村荘園遺跡確認調査報告書　第7集　一関市教育委員会編　一関　一関市教育委員会　2006.3　53p　30cm　（岩手県一関市埋蔵文化財調査報告書　第1集）　Ⓝ210.0254
〔15104〕
◇骨寺村荘園遺跡確認調査報告書　第8集　一関市教育委員会編　一関　一関市教育委員会　2007.3　49p　30cm　（岩手県一関市埋蔵文化財調査報告書　第2集）　Ⓝ210.0254
〔15105〕
◇水沢市史　2　中世　水沢市史編纂委員会編　水沢　水沢市史刊行会　1976.11　1冊　22cm　Ⓝ212.2
〔15106〕
◇盛岡市史　第2分冊　中世期　盛岡市史編纂委員会編　田中喜多美　盛岡　盛岡市役所　1950-57　21cm　Ⓝ212.2
〔15107〕
◇山吹城と大原千葉氏―葛西史シンポジウム記録　〔大東町（岩手県）〕　葛西史シンポジウム実行委員会　1997.8　197p　21cm　2300円　Ⓝ212.2
〔15108〕
◇「乱世を駆けぬけた武将たち―城館からみた馬淵川・北上川流域の中世史」図録―盛岡市遺跡の学び館第2回企画展　盛岡市遺跡の学び館編　盛岡　盛岡市遺跡の学び館　2005.7　33p　30cm　Ⓝ212.2
〔15109〕

◆◆宮城県
◇岩出山北村家十二代の歴史考―京都冷泉家と岩出山伊達家の縁から　北村明著　仙台　笹氣出版　2004.4　125p　22cm　非売品　①4-915948-38-2　Ⓝ288.3
〔15110〕
◇岩出山伊達家文書　古文書美地の邦の旅実行委員会編　〔岩出山町（宮城県）〕　古文書美地の邦の旅実行委員会　1992.11　100p　26cm　Ⓝ212.2
〔15111〕
◇覚満寺遺跡―宮城県北部における中世墓域の調査　古川　覚満寺遺跡調査会　2004.3　28p　図版4p　30cm　Ⓝ210.0254
〔15112〕

◇葛西一揆戦の実相と前谷地に来た葛西浪人達　横山重朗著　〔河南町（宮城県）〕　〔横山重朗〕　1986.8　189p　19cm　非売品　Ⓝ212.3
〔15113〕
◇葛西一揆戦の実相と前谷地に来た葛西浪人達　横山重朗著　改訂版　仙台　宝文堂　1989.5　362p　19cm　2000円　①4-8323-0018-0　Ⓝ212.3
〔15114〕
◇葛西氏と山内首藤一族―伊達政宗の深謀　北上川下流の郷土誌　紫桃正隆著　仙台　宝文堂出版販売　1981.7　257p　19cm　1200円　Ⓝ212.3
〔15115〕
◇葛西没落―奥州仕置・葛西大崎一揆とその前後　佐藤正助著　気仙沼　耕風社　1998.6　354p　21cm　3600円　Ⓝ212.3
〔15116〕
◇合戦と群雄―みやぎの戦国時代　紫桃正隆著　仙台　宝文堂　1993.11　335p　20cm　2200円　①4-8323-0062-8　Ⓝ212.3
〔15117〕
◇朽木文書と一迫狩野氏―栗原郡中世史の見直し　姉歯量平著　仙台　宝文堂　1992.7　77p　22cm　2800円　①4-8323-0054-7　Ⓝ212.3
〔15118〕
◇朽木文書と一迫狩野氏―栗原郡の中世史の見直し　姉歯量平著　仙台　宝文堂　2005.8　77p　22cm　3619円　①4-8323-0054-7　Ⓝ212.3
〔15119〕
◇栗原郡太平記―栗原郡の中世史拾遺　姉歯量平著　仙台　宝文堂　1991.9　264p　22cm　3800円　①4-8323-0044-X　Ⓝ212.3
〔15120〕
◇気仙の戦国誌　上　西田耕三著　気仙沼　NSK地方出版社　1978.9　203p　19cm　1600円　Ⓝ212.3
〔15121〕
◇史跡岩切城跡と周辺の遺跡―よみがえる中世　〔仙台〕　仙台市教育委員会　2004.3　10p　30cm　（仙台市文化財パンフレット　第53集）　Ⓝ212.3
〔15122〕
◇史跡岩切城跡と周辺の遺跡―よみがえる中世　改訂版　〔仙台〕　仙台市教育委員会文化財課　2006.3　10p　30cm　（仙台市文化財パンフレット　第53集）　Ⓝ212.3
〔15123〕
◇知られざる中世の仙台地方　飯沼勇義著　仙台　宝文堂出版販売　1986.11　300p　22cm　3400円　①4-8323-0185-3　Ⓝ212.3
〔15124〕
◇新編葛西四百年史　佐藤正助著　気仙沼　耕風社　1992.8　420p　21cm　（葛西史研究叢書）　3500円　Ⓝ212.3
〔15125〕
◇新豊饒平野・戦国時代の大崎家臣団　上　伊藤卓二著　気仙沼　耕風社　1995.3　226p　21cm　2500円　Ⓝ212.3
〔15126〕
◇新豊饒平野・戦国時代の大崎家臣団　下　伊藤卓二著　気仙沼　耕風社　1995.4　208p　21cm　2500円　Ⓝ212.3
〔15127〕
◇瑞巌寺―陸奥の禅刹と伊達政宗　特別展図録　仙台市博物館編　仙台　仙台市博物館　1992.10　98p　25×27cm　Ⓝ702.17
〔15128〕
◇水軍福地左馬之助一族―北上川下流に輝いた戦国の星たち　紫桃正隆著　仙台　宝文堂　2004.7　372p　20cm　2762円　①4-8323-0129-2　Ⓝ212.3
〔15129〕
◇戦国から近世へ城・館・町　仙台　仙台市教育委員会文化財課　2000.9　1枚　30cm　（仙台市文化財パンフレット　第44集）　Ⓝ212.3
〔15130〕
◇仙台市史　資料編11　仙台市史編さん委員会編　〔仙台〕　仙台市　2003.2　553p　22cm　Ⓝ212.3
〔15131〕

◇仙台市史　資料編 12　仙台市史編さん委員会編　〔仙台〕　仙台市　2005.3　567p　22cm　Ⓝ212.3
〔15132〕
◇仙台市史　資料編 13　仙台市史編さん委員会編　〔仙台〕　仙台市　2007.3　554p　22cm　Ⓝ212.3
〔15133〕
◇仙台市史　資料編 11 別冊　仙台市史編さん委員会編　〔仙台〕　仙台市　2003.2　199p　22cm　Ⓝ212.3
〔15134〕
◇仙台市史　資料編 12 別冊　仙台市史編さん委員会編　〔仙台〕　仙台市　2005.3　165p　22cm　Ⓝ212.3
〔15135〕
◇仙台市史　資料編 13 別冊　仙台市史編さん委員会編　〔仙台〕　仙台市　2007.3　図版269p　22cm　Ⓝ212.3
〔15136〕
◇仙台市博物館収蔵資料目録　12　仙台　仙台市博物館　2003.3　216p　26cm　Ⓝ703.8
〔15137〕
◇仙台叢書　第15巻　伊達秘鑑　上巻　仙台叢書刊行会編　半田道時著　仙台　仙台叢書刊行会　1929　507p　23cm　Ⓝ212.3
〔15138〕
◇仙台の中世―いくさ・いのり・くらし　〔仙台〕　仙台市教育委員会　1988.12　10p　26cm　（仙台市文化財パンフレット　第13集）　Ⓝ212.3
〔15139〕
◇仙台の中世―遺跡からみる人々のくらし　仙台　仙台市教育委員会文化財課　1998.10　6p　30cm　（仙台市文化財パンフレット　第41集）　Ⓝ212.3
〔15140〕
◇仙台領戦国こぼれ話　柴桃正隆著　仙台　宝文堂出版販売　1977.5　268p（図共）　19cm　890円　Ⓝ212.3
〔15141〕
◇仙台領の戦国誌―葛西大崎一揆を中心とした　紫桃正隆著　復刻・改訂版　仙台　宝文堂　2003.9　480p　19cm　2800円　①4-8323-0122-5　Ⓝ212.3
〔15142〕
◇伊達軍団の弓取りたち　飯田勝彦著　仙台　あづま書房　1985.2　314p　19cm　1300円　Ⓝ212.3
〔15143〕
◇謎の登米氏に迫る―シンポジウム記録　西田耕三編　仙台　宮城地域史学協議会　1994.5　247p　21cm　（宮城地域史学文庫　第6集）　2500円　Ⓝ212.3　〔15144〕
◇西の和賀氏―みちのくの無名戦国武士探訪　小原藤次著　盛岡　熊谷印刷出版部　2005.10　214p　19cm　1429円　①4-87720-293-5　Ⓝ288.2
〔15145〕
◇白達記―登米伊達伝承録　野村紘一郎編　日野廣生　2004.11　567p　21cm　（登米藩史料　第2集）　5000円　Ⓝ288.3
〔15146〕
◇ふるさと小斎の歴史　上　戦国時代末期より佐藤家五代易信まで　窪田文夫著　角田　窪田文夫　1988.9　410p　27cm　3000円　Ⓝ212.3
〔15147〕
◇みちのく伊達政宗歴史館ガイドブック　松島町（宮城県）みちのく伊達政宗歴史館　1988.5　31p　20×21cm　Ⓝ212.3
〔15148〕
◇桃生・山内首藤氏と板碑　桃生町教育委員会生涯学習課編　桃生町（宮城県）　桃生町教育委員会　1999.3　254p　26cm　Ⓝ212.3
〔15149〕
◇梁川伊達氏四百五十年史―伊達秘話 仙台藩を支えた梁川伊達氏　梁川幸子著　梁川幸子　2006.4　258, 104p　26cm　Ⓝ288.2
〔15150〕
◇よみがえる中世　7　みちのくの都多賀城・松島　入間田宣夫, 大石直正編　平凡社　1992.10　240p　27cm　3500円　①4-582-47557-4　Ⓝ210.4
〔15151〕

◇六軒丁中世史―大石直正先生還暦記念　〔仙台〕　大石直正先生還暦祝賀実行委員会　1991.11　61p　21cm　Ⓝ210.4
〔15152〕
◇若林城跡と養種園遺跡―発掘された中世・近世の遺跡　仙台　仙台市教育委員会文化財課　2001.12　10p　30cm　（仙台市文化財パンフレット　第48集）　Ⓝ210.4
〔15153〕
◇吾が家に残る南朝落日の影―護良親王石巻下向の謎　平塚久雄著　〔石巻〕　〔平塚久雄〕　1989.8　128p　19cm　800円　Ⓝ212.3
〔15154〕

◆◆秋田県
◇秋田市史　第2巻　秋田市編　秋田　秋田市　1999.3　551p　27cm　Ⓝ212.4
〔15155〕
◇秋田市史　第8巻　中世―史料編　秋田市編　秋田市　1996.3　749p　27cm　Ⓝ212.4
〔15156〕
◇秋田の古文書研究　2　中世の抗争―北奥羽の三豪族安部・安東（秋田）氏と浅利氏・南部氏の争い　長岐喜代次編著　鷹巣町（秋田県）　小猿部古文書解読研究会　1993.8　112p　26cm　2000円　Ⓝ212.4
〔15157〕
◇秋田の中世・浅利氏　鷲谷豊著　秋田　無明舎出版　1994.3　287p　19cm　2500円　Ⓝ288.2
〔15158〕
◇海と城の中世　東北中世考古学会編　高志書院　2005.10　276p　21cm　（東北中世考古叢書 4）　2800円　①4-86215-005-5　Ⓝ212.4
〔15159〕
◇古戦場―秋田の合戦史　秋田魁新報社地方部編　秋田　秋田魁新報社　1981.7　308p　19cm　1500円　①4-87020-006-6　Ⓝ212.4
〔15160〕
◇中世出羽国における時宗と念仏信仰　竹田賢正著　〔山形〕　光明山遍照寺　1996.4　291p　22cm　Ⓝ188.692
〔15161〕
◇中世の秋田　塩谷順耳ほか編著　秋田　秋田魁新報社　1982.10　226p　18cm　（さきがけ新書 2）　900円　①4-87020-017-1　Ⓝ212.4
〔15162〕
◇能代市史　資料編 中世2　能代市史編さん委員会編　能代　能代市　1998.7　1209p　22cm　Ⓝ212.4
〔15163〕
◇藤原時代とその頃の比内―東北大教授高橋富雄氏の講演から　比内町史編纂室編　比内町（秋田県）　比内町教育委員会　1982.3　19p　22cm　（町史編纂資料　第1集）　Ⓝ212.4
〔15164〕
◇北海道・東北地方の中世城館　1（北海道・青森・秋田）　東洋書林　2002.4　129, 194, 368p　23cm　（都道府県別日本の中世城館調査報告書集成　第1巻）　28000円　①4-88721-432-4　Ⓝ211
〔15165〕
◇由利地方中世史拾遺　吉川徹著　浦和　吉川徹　1986.3　207p　21cm　Ⓝ212.4
〔15166〕

◆◆山形県
◇余目町の中世城館址　余目町（山形県）　余目町教育委員会　1994.1　76p　26cm　Ⓝ212.5
〔15167〕
◇羽陽史叢　第1　渡辺弥太郎等編　山形　渡辺弥太郎等　1901　244p　22cm　Ⓝ212.5
〔15168〕
◇河北町史資料　第1号　河北町誌編纂委員会編纂　〔河北町（山形県）〕　河北町　2000.3　257p　21cm　Ⓝ212.5
〔15169〕
◇河北町史資料　第2号　河北町誌編纂委員会編纂　〔河北町（山形県）〕　河北町　2001.1　252p　21cm　Ⓝ212.5
〔15170〕

◇河北町史資料　第3号　河北町誌編纂委員会編纂　〔河北町(山形県)〕　河北町　2001.3　247p　21cm　Ⓝ212.5
〔15171〕
◇上ノ山市の中世石造美術—五輪塔・宝篋印塔・墓石を中心に　加藤和徳著　〔山形〕　村山民俗学会　2007.6　62p　30cm　(蓬莱波形山叢書 第2集)　1000円　Ⓝ714.02125
〔15172〕
◇郷土研究叢書　第6輯　上杉藩の郷土聚落の研究　山形県郷土研究会編　長井政太郎著　山形　山形県郷土研究会　1936　116p　23cm　Ⓝ291.25
〔15173〕
◇工藤泰正文庫目録　1　近世以前・一件史料—山形県教育関係史料　山形　山形大学教育学部教育学教室　1982.7　30p　26cm　Ⓝ291.25
〔15174〕
◇慶長五年長谷堂附近戦史　高橋涙声著　金井村(山形県)　鈴木籌一　1925　42p　図版　19cm　Ⓝ212.5
〔15175〕
◇慶長五年長谷堂附近戦史　高橋涙声編　金井村(山形県)　高橋雄一　1933　73,12p　19cm　Ⓝ212.5
〔15176〕
◇国宝上杉家文書図説—古文書が語りはじめた　米沢　米沢市上杉博物館　2003.1　159p　36cm　Ⓝ212.5
〔15177〕
◇寒河江市史　〔史料編〕　慈恩寺中世史料　寒河江市史編さん委員会編　〔寒河江〕　寒河江市　1997.3　2冊　22cm　Ⓝ212.5
〔15178〕
◇寒河江市史　〔史料編2〕　大江氏ならびに関係史料　寒河江市史編さん委員会編　〔寒河江〕　寒河江市　2001.3　741,3,8p　22cm　Ⓝ212.5
〔15179〕
◇伊達氏と米沢　小野栄著　米沢　鈴木デザイン事務所　1987.4　189p　19cm　980円　Ⓝ212.5　〔15180〕
◇中世出羽の宗教と民衆　伊藤清郎,誉田慶信編　高志書院　2002.12　291p　22cm　(奥羽史研究叢書 5)　3800円　Ⓘ4-906641-62-8　Ⓝ212.5
〔15181〕
◇中世出羽の領主と城館　伊藤清郎,山口博之編　高志書院　2002.2　318p　22cm　(奥羽史研究叢書 2)　3800円　Ⓘ4-906641-49-0　Ⓝ212.5
〔15182〕
◇中世の城郭高楯城—高楯城調査報告書　高楯城跡調査会編　上山　上山市教育委員会　1994.1　7,222p　27cm　Ⓝ212.5
〔15183〕
◇中世の山形と大江氏—米沢女子短期大学日本史学科15周年記念事業フォーラム・講演記録　山形県立米沢女子短期大学附属生活文化研究所編　米沢　山形県立米沢女子短期大学　2000.3　287p　21cm　Ⓝ288.2　〔15184〕
◇「天正二年最上の乱」の基礎的研究—新発見史料を含めた検討　大澤慶尋著　第2版　仙台　青葉城資料展示館　2001.11　274p　26cm　(青葉城資料展示館研究報告 特別号)　Ⓝ212.5
〔15185〕
◇「天正二年最上の乱」の基礎的研究—新発見史料を含めた検討　大澤慶尋著　改訂版　仙台　青葉城資料展示館　2002.2　273p　26cm　(青葉城資料展示館研究報告 特別号)　Ⓝ212.5
〔15186〕
◇天童の城と館—城館が物語る郷土の歴史　川崎利夫ほか著,天童市中世城館址編集委員会編　〔天童〕　天童市旧東村山郡役所資料館　1993.11　138p　27cm　Ⓝ212.5
〔15187〕
◇南陽市史編集資料　第25号　南陽市内の石造文化財—中世の南陽　南陽市史編さん委員会編　南陽　南陽市教育委員会　1995.3　128p　21cm　Ⓝ212.5　〔15188〕
◇北海道・東北地方の中世城館　2(山形 1)　東洋書林　2002.5　487p　23cm　(都道府県別日本の中世城館調査報告書集成 第2巻)　25000円　Ⓘ4-88721-433-2　Ⓝ211
〔15189〕
◇北海道・東北地方の中世城館　3(山形 2)　東洋書林　2002.6　314,344p　23cm　(都道府県別日本の中世城館調査報告書集成 第3巻)　30000円　Ⓘ4-88721-434-0　Ⓝ211
〔15190〕
◇最上時代山形城下絵図　高橋信敬著　山形　誌趣会　1974　207p 図　19cm　Ⓝ212.5　〔15191〕
◇最上義光合戦記　片桐繁雄ほか著,星亮一監修　郡山　ヨークベニマル　1998.9　228p　20cm　非売品　Ⓝ212.5
〔15192〕
◇最上義光と出羽合戦記—関ケ原余波戦　早坂忠雄著　鶴岡　高橋金次郎　1942　100p　19cm　Ⓝ212.5
〔15193〕
◇山形付近の古切支丹記録　吉田慶二編　〔山形〕　〔吉田慶二〕　1998.9　7p　21cm　Ⓝ198.22125
〔15194〕
◇義光と政宗—その時代と文化　山形県立博物館編　山形　山形県立博物館　1987.6　48p　26cm　Ⓝ212.5
〔15195〕

◆◆福島県
◇会津芦名一族　林哲著　会津若松　歴史春秋社　1979.3　388p　20cm　1300円　Ⓝ212.6　〔15196〕
◇会津葦名時代人物事典　小島一男著　会津若松　歴史春秋出版　1991.11　307p　27cm　10000円　Ⓘ4-89757-267-3　Ⓝ281.26
〔15197〕
◇会津芦名四代　林哲著　会津若松　歴史春秋社　1982.9　289p　20cm　1600円　Ⓝ212.6　〔15198〕
◇会津キリシタン研究　1　たおやかな時の流れの中で　小堀千明著　会津若松　歴史春秋出版　2004.6　316p　22cm　9524円　Ⓘ4-89757-504-4　Ⓝ198.22126
〔15199〕
◇会津キリシタン研究　2　消えたキリシタンの謎　小堀千明著　会津若松　歴史春秋出版　2007.9　314p　22cm　8000円　Ⓘ978-4-89757-694-7　Ⓝ198.22126
〔15200〕
◇会津陣物語　松田稔著　勉誠出版　1999.5　233p　20cm　(日本合戦騒動叢書 16)　2500円　Ⓘ4-585-05116-3　Ⓝ212.6
〔15201〕
◇会津只見の中世城館跡　只見町(福島県)　只見町教育委員会　1995.3　68p　26cm　(只見町文化財調査報告書 第6集)　Ⓝ212.6
〔15202〕
◇企画展「発掘された武士と庶民の時代展」—第12回市内遺跡発掘調査成果展　郡山市文化・学び振興公社文化財調査研究センター編　郡山　郡山市教育委員会　2006.7　1枚　30cm　Ⓝ212.6
〔15203〕
◇白河市史料集　第2集　白河市史編さん委員会編　〔白河〕　白河市史編さん委員会　1963-67　21-25cm　Ⓝ212.6
〔15204〕
◇白河市史料集　第3集　白河市史編さん委員会編　〔白河〕　白河市史編さん委員会　1963-67　21-25cm　Ⓝ212.6
〔15205〕
◇白土城跡—戦国大名岩城氏本城の調査　いわき市教育文化事業団　いわき　いわき市教育委員会　2006.3　109p 図版4枚,44p　30cm　(いわき市埋蔵文化財調査報告 第116冊)　Ⓝ210.0254
〔15206〕
◇須賀川市史　第2巻　中世　2 二階堂領時代　須賀川　須賀川市教育委員会　1973　2冊(付録共)　27cm　Ⓝ212.6
〔15207〕

◇須賀川城主二階堂氏の事跡　須賀川市教育委員会編　須賀川　須賀川市教育委員会　1989.11　77p　21cm　Ⓝ212.6　〔15208〕
◇戦国時代の相馬　野馬追の里原町市立博物館編　原町　野馬追の里原町市立博物館　2005.1　60p　30cm　(野馬追の里原町市立博物館企画展図録 第23集)　Ⓝ212.6　〔15209〕
◇戦国の城―天守閣への道　福島県立博物館編　会津若松　福島県立博物館　1998.3　16, 64p　30cm　Ⓝ212.6　〔15210〕
◇戦国の南奥州　小林清治著　会津若松　歴史春秋出版　2003.2　183p　19cm　(歴春ふくしま文庫 55)　1200円　①4-89757-650-4　Ⓝ212.6　〔15211〕
◇戦国の山城・水久保城の遺構―戦国時代終焉への舞台となった山城の全容　只見町(福島県)　只見町教育委員会　2002.3　18p　26cm　(只見町文化財調査報告書 第7集)　Ⓝ212.6　〔15212〕
◇松明あかし―須賀川・二階堂家の悲劇と女城主大乗院の物語　国分ヒサ著　会津若松　歴史春秋出版　2000.9　165p　21cm　1200円　①4-89757-413-7　Ⓝ212.6　〔15213〕
◇伊達磐城高貫合戦記　佐藤美夫著　〔日立〕　〔佐藤美夫〕　1980.6　67p　21cm　1500円　Ⓝ212.6　〔15214〕
◇伊達氏誕生　松浦丹次郎著　梁川町(福島県)　寂静社　1983.1　202p　19cm　Ⓝ212.6　〔15215〕
◇中世会津の風景　柳原敏昭, 飯村均編　高志書院　2007.12　188, 4p　21cm　3000円　①978-4-86215-034-9　〔15216〕
◇中世南奥の地域権力と社会　小林清治編　岩田書院　2001.12　379p　22cm　7900円　①4-87294-226-4　Ⓝ212.6　〔15217〕
◇萩姫伝説とその時代―磐梯熱海温泉の周辺歴史散歩　今泉正顕著　会津若松　歴史春秋出版　1996.8　239p　18cm　1500円　①4-89757-339-4　Ⓝ212.6　〔15218〕
◇八郎窯跡群―梁川町における中世窯の調査　梁川町(福島県)　梁川町教育委員会　1987.3　76p 図版13枚　26cm　(梁川町文化財調査報告書 第12集)　Ⓝ210.0254　〔15219〕
◇鄙の武将たち―歴史ドキュメント　長谷川城太郎著　会津若松　歴史春秋出版　2003.12　221p　20cm　1143円　①4-89757-522-2　Ⓝ281.26　〔15220〕
◇福島市の中世城館　1　福島　福島市教育委員会　1994.3　80p　30cm　(福島市文化財調査報告書 第35集)　Ⓝ212.6　〔15221〕
◇福島市の中世城館　2　福島　福島市教育委員会　1995.3　90p　30cm　(福島市文化財調査報告書 第36集)　Ⓝ212.6　〔15222〕
◇福島市の中世城館　3　福島　福島市教育委員会　1996.3　91p　30cm　(福島市文化財調査報告書 第37集)　Ⓝ212.6　〔15223〕
◇福島人物の歴史　第2巻　蒲生氏郷　高橋富雄著　会津若松　歴史春秋社　1976.12　194p　20cm　Ⓝ281.26　〔15224〕
◇北海道・東北地方の中世城館　4(岩手・福島)　東洋書林　2002.6　291, 454p　23cm　(都道府県別日本の中世城館調査報告書集成 第4巻)　30000円　①4-88721-435-9　Ⓝ211　〔15225〕

◇三浦・会津 蘆名一族　七宮涬三著　新人物往来社　2007.7　268p　19cm　2800円　①978-4-404-03466-3　〔15226〕
◇水品遺跡―古代から中世沢跡の調査　いわき市教育文化事業団編　いわき　いわき市教育委員会　2007.3　100p 図版2枚, 22p　30cm　(いわき市埋蔵文化財調査報告 第120冊―水品・長友線改良工事に伴う埋蔵文化財発掘調査報告 1)　Ⓝ210.0254　〔15227〕
◇向羽黒山城跡ガイドブック―向羽黒山城は畝状竪堀・搦手など戦いに創意された名城であった　佐藤金一郎著　会津若松　歴史春秋出版　2003.6　70p　19cm　(歴春ブックレット no.28)　505円　①4-89757-476-5　Ⓝ212.6　〔15228〕
◇室町期南奥の政治秩序と抗争　垣内和孝著　岩田書院　2006.9　324p　22cm　(中世史研究叢書 8)　6900円　①4-87294-442-9　Ⓝ212.6　〔15229〕
◇物見山遺跡・大舘館跡―梁川町における中世遺跡の調査　梁川町(福島県)　梁川町教育委員会　1985.3　29p 図版8枚　26cm　(梁川町文化財調査報告書 第10集)　Ⓝ210.0254　〔15230〕
◇結城宗広公と中世の白河展―特別企画展　白河市歴史民俗資料館編　白河　白河市歴史民俗資料館　1987.10　104p　26cm　Ⓝ212.6　〔15231〕

◆関東地方
◇今よみがえる中世の東国―平成18年度春季企画展　栃木県立博物館編　宇都宮　栃木県立博物館　2006.4　88p　30cm　①4-88758-035-5　Ⓝ213　〔15232〕
◇江戸氏の研究　萩原龍夫編　名著出版　1977.7　354p 図　22cm　(関東武士研究叢書 第1巻)　4000円　Ⓝ213　〔15233〕
◇江戸氏の研究　萩原竜夫編　名著出版　1996.3　354p　22cm　(関東武士研究叢書 第1巻)　6800円　①4-626-01520-4　Ⓝ213　〔15234〕
◇江戸湾をめぐる中世　佐藤博信著　京都　思文閣出版　2000.7　249, 17p　22cm　5600円　①4-7842-1045-8　Ⓝ213　〔15235〕
◇大石氏の研究　杉山博, 栗原仲道編著　名著出版　1996.4　301p　22cm　(関東武士研究叢書 第2巻)　6000円　①4-626-01521-2　Ⓝ213　〔15236〕
◇小田原の歴史　戦国時代篇　坂本恵子作　名著出版　1987.4　168p　23cm　(ジュニアコミックシリーズ 1)　1200円　①4-626-01294-9　ⓃK213　〔15237〕
◇葛西氏の研究　入間田宣夫編　名著出版　1998.6　468p　22cm　(第二期関東武士研究叢書 第3巻)　9000円　①4-626-01564-6　Ⓝ213　〔15238〕
◇合戦伝説―新田義貞と分倍河原合戦―府中市郷土の森博物館特別展　府中市郷土の森博物館編　府中(東京都)　府中市郷土の森博物館　1994.3　35p　26cm　Ⓝ213　〔15239〕
◇河越氏の研究　峰岸純夫監修, 岡田清一編　名著出版　2003.1　454p　22cm　(関東武士研究叢書 第2期 第4巻)　9000円　①4-626-01667-7　Ⓝ213　〔15240〕
◇関東戦国史　千野原靖方著　流山　崙書房出版　2006.2　328p　22cm　3800円　①4-8455-1119-3　Ⓝ213　〔15241〕
◇関東戦乱―戦国を駆け抜けた葛西城　平成19年度特別展　葛飾区郷土と天文の博物館編　葛飾区郷土と天文の博物館　2007.10　192p　30cm　Ⓝ213　〔15242〕

◇関東百城　大多和晃紀著　〔改訂増補〕　有峰書店　1977.7　485p　19cm　3800円　Ⓝ213　〔15243〕
◇関八州古戦録　槇島昭武著,中丸和伯校注　改訂　新人物往来社　1976　545p　20cm　(史料叢書)　3500円　Ⓝ213　〔15244〕
◇関八州の亡霊たち　石川道彦著　流山　崙書房　1977.4　349p　肖像　19cm　1200円　Ⓝ213　〔15245〕
◇後北条氏と河越城—第三十回・企画展　川越市立博物館編　川越　川越市立博物館　2007.9　103p　30cm　Ⓝ213　〔15246〕
◇常総内海の中世—地域権力と水運の展開　千野原靖方著　流山　崙書房出版　2007.10　338p　21cm　3800円　①978-4-8455-1138-9　〔15247〕
◇戦国関東名将列伝　島遼伍著　宇都宮　随想舎　1999.12　335p　21cm　2000円　①4-88748-032-6　Ⓝ281.3　〔15248〕
◇戦国期関東公方の研究　阿部能久著　京都　思文閣出版　2006.2　293,15p　22cm　(思文閣史学叢書)　5700円　①4-7842-1285-X　Ⓝ213　〔15249〕
◇戦国期東国社会論　戦国史研究会編　吉川弘文館　1990.12　367p　22cm　6602円　①4-642-02633-9　Ⓝ210.47　〔15250〕
◇戦国史論集—関東中心　東国戦国史研究会編　名著出版　1980.6　246p　22cm　3500円　Ⓝ210.47　〔15251〕
◇地域の歴史を求めて—葛西城とその周辺　〔東京都〕葛飾区郷土と天文の博物館　1996.12　61p　30cm　(葛飾区郷土と天文の博物館公開講座 5)　Ⓝ213.04　〔15252〕
◇中世関東の内海世界　鈴木哲雄著　岩田書院　2005.10　251p　21cm　(岩田選書「地域の中世」2)　3000円　①4-87294-408-9　Ⓝ213　〔15253〕
◇中世東国足利・北条氏の研究　佐藤博信編　岩田書院　2006.5　321,11p　22cm　(中世史研究叢書 7)　6900円　①4-87294-426-7　Ⓝ210.4　〔15254〕
◇中世東国政治史論　佐藤博信著　塙書房　2006.10　436,12p　21cm　11000円　①4-8273-1207-9　〔15255〕
◇中世東国の社会構造　佐藤博信著　岩田書院　2007.6　336p　22cm　(中世東国論 下)　6900円　①978-4-87294-473-0　Ⓝ213　〔15256〕
◇中世東国の政治構造　佐藤博信編　岩田書院　2007.6　305p　22cm　(中世東国論 上)　6900円　①978-4-87294-472-3　Ⓝ213　〔15257〕
◇中世東国の世界　1(北関東)　浅野晴樹,齋藤慎一編　高志書院　2003.12　298p　22cm　4000円　①4-906641-75-X　Ⓝ210.4　〔15258〕
◇中世東国の世界　2(南関東)　浅野晴樹,齋藤慎一編　高志書院　2004.6　330p　22cm　4200円　①4-906641-82-2　Ⓝ210.4　〔15259〕
◇中世東国の地域社会史　湯浅治久著　岩田書院　2005.6　425,16p　22cm　(中世史研究叢書 5)　9500円　①4-87294-388-0　Ⓝ210.4　〔15260〕
◇中世東国の「都市的な場」と武士　落合義明著　山川出版社　2005.11　222,10p　21cm　(山川歴史モノグラフ 7)　5000円　①4-634-52341-8　〔15261〕
◇中世東国武士団と宗教文化　萩原龍夫著　岩田書院　2007.1　421,22p　22cm　(中世史研究叢書 9)　9500円　①978-4-87294-448-8　Ⓝ213　〔15262〕
◇中世の東国—地域と権力　峰岸純夫著　東京大学出版会　1989.4　323,5p　22cm　4635円　①4-13-020091-7　Ⓝ210.4　〔15263〕

◇東国中世考古学研究会研究集会「関東の地下式坑を考える」(2006,11,11)レジュメ集　東国中世考古学研究会編　〔出版地不明〕　東国中世考古学研究会　2007.2　78p　30cm　Ⓝ213　〔15264〕
◇東国闘戦見聞私記　皆川廣照著,吉原格斎校注　茨城町(茨城県)　常野文献社　1997.11　385p　22cm　10000円　①4-916026-05-5　Ⓝ213　〔15265〕
◇豊嶋氏の研究　杉山博編　名著出版　1996.5　310p　22cm　(関東武士研究叢書 第5巻)　6000円　①4-626-01524-7　Ⓝ213　〔15266〕
◇長尾氏の研究　勝守すみ編著　名著出版　1996.2　377,13p　22cm　(関東武士研究叢書 第6巻)　7500円　①4-626-01525-5　Ⓝ213　〔15267〕
◇日光山と関東の修験道　宮田登,宮本袈裟雄編　名著出版　2000.11(第4刷)　588p　21cm　(山岳宗教史研究叢書 8)　5800円　①4-626-01592-1　Ⓝ188.59　〔15268〕
◇八王子城主北条氏照文書展　埼玉県立文書館編　浦和　埼玉県立文書館　1986.10　56p　26cm　Ⓝ213　〔15269〕
◇発掘品から見る関東の戦国文化—後北条氏関連新出土資料を中心として　神奈川県立歴史博物館編　横浜　神奈川県立歴史博物館　1998.9　32p　30cm　Ⓝ210.47　〔15270〕
◇武蔵戦記　第1号　足利時代関東の形勢,鶴ケ峯の合戦　栗原勇編　尊皇尚武赤誠会本部　1935　42p　19cm　Ⓝ213　〔15271〕
◇よみがえる中世　5　浅間火山灰と中世の東国　能登健,峰岸純夫編　平凡社　1989.12　205p　27cm　3300円　①4-582-47555-8　Ⓝ210.4　〔15272〕

◆◆茨城県

◇祈りの造形—中世霞ヶ浦の金工品　第23回特別展　霞ヶ浦町郷土資料館編　霞ヶ浦町(茨城県)　霞ヶ浦町郷土資料館　2000.10　95p　30cm　Ⓝ702.17　〔15273〕
◇茨城県史　中世編　水戸　茨城県　1986.3　606p　22cm　3000円　Ⓝ213.1　〔15274〕
◇茨城県史料　中世編 2　茨城県史編さん中世部会編　水戸　茨城県　1974　499p　図　27cm　3500円　Ⓝ213.1　〔15275〕
◇茨城県史料　中世編 3　茨城県立歴史館編　水戸　茨城県　1990.3　497p　27cm　5000円　Ⓝ213.1　〔15276〕
◇茨城県史料　中世編 4　茨城県立歴史館編　水戸　茨城県　1991.3　469p　27cm　5500円　Ⓝ213.1　〔15277〕
◇茨城県史料　中世編 5　茨城県立歴史館編　水戸　茨城県　1994.3　519p　27cm　6000円　Ⓝ213.1　〔15278〕
◇茨城県史料　中世編 6　茨城県立歴史館編　水戸　茨城県　1996.3　417p　27cm　6500円　Ⓝ213.1　〔15279〕
◇岩井市史　別編　平将門資料集　岩井市史編さん委員会編　岩井　岩井市　1996.3　262p　30cm　Ⓝ213.1　〔15280〕
◇牛久市史料　中世 1(古文書編)　牛久市史編さん委員会編　牛久　牛久市　2002.6　518p　22cm　Ⓝ213.1　〔15281〕

地方史　　　　　　　　　　中世史

◇牛久市史料　中世2（記録編）　牛久市史編さん委員会編　牛久　牛久市　2000.9　569p　22cm　Ⓝ213.1
〔15282〕

◇扇紋飛翔―佐竹夜話　史伝　土居輝雄著　秋田　松原印刷社出版部　2004.7　559p　20cm　1905円　①4-9901620-1-3　Ⓝ288.2
〔15283〕

◇小田氏十五代―豪族四百年の興亡　小丸俊雄著　土浦　崙書房　1979.3　2冊　18cm　（ふるさと文庫）　各580円　Ⓝ213.1
〔15284〕

◇鹿島中世回廊―古文書にたどる頼朝から家康への時代　鹿島町文化スポーツ振興事業団編　鹿島町（茨城県）　鹿島町文化スポーツ振興事業団　1992.3　105p　30cm　Ⓝ213.1
〔15285〕

◇関東公方と佐竹一族の興亡　石川豊著　緒川村（茨城県）　石川豊　1985.11　177p　22cm　Ⓝ213.1　〔15286〕

◇建武前後の常総　荒井庸夫編著　水戸　茨城県教育会　1934　58p　19cm　Ⓝ210.4　〔15287〕

◇古河市史―資料　中世編　古河市史編さん委員会編　古河　古河市　1981.3　823p　22cm　Ⓝ213.1
〔15288〕

◇佐竹氏の歴史―中世常陸大名　野澤汎著　水戸　ぷらざ茨城　2007.3　274p　22cm　1575円　Ⓝ288.2
〔15289〕

◇佐竹秘史―反逆者の系譜　大内政之介著　土浦　筑波書林　1987.2　2冊　18cm　（ふるさと文庫）　各600円　Ⓝ213.1
〔15290〕

◇里の国の中世―常陸・北下総の歴史世界　網野善彦著　平凡社　2004.9　262p　16cm　（平凡社ライブラリー）　1100円　①4-582-76512-2　Ⓝ213.1　〔15291〕

◇私本常陸太平記　本堂清著　土浦　筑波書林　1992.8　131p　26cm　1600円　Ⓝ210.45　〔15292〕

◇常総戦国誌―守谷城主相馬治胤　川嶋建著　流山　崙書房出版　2002.11　273p　19cm　2000円　①4-8455-1090-1　Ⓝ213.1　〔15293〕

◇新編金砂戦国史　大内政之介著　土浦　筑波書林　1993.9　216p　19cm　1600円　Ⓝ213.1　〔15294〕

◇関城町史　史料編3　中世関係史料　関城町（茨城県）　関城町　1985.3　786p　22cm　Ⓝ213.1　〔15295〕

◇大子町史料　第4集　中世史料編　大子町（茨城県）　大子町史編さん委員会　1980.3　17p　21cm　Ⓝ213.1
〔15296〕

◇中世常総名家譜　上巻　石川豊著　暁印書館　1991.6　393p　22cm　4800円　Ⓝ281.31　〔15297〕

◇中世常総名家譜　下巻　石川豊著　暁印書館　1992.2　398p　22cm　4800円　①4-87015-094-8　Ⓝ281.31
〔15298〕

◇中世の霞ケ浦と律宗―よみがえる仏教文化の聖地　土浦市立博物館編　土浦　土浦市立博物館　1997.2　95p　30cm　（土浦市立博物館特別展図録 第18回）　Ⓝ188.12
〔15299〕

◇中世常陸の農村社会―多珂郡赤浜妙法寺過去帳を読む　志田諄一著　土浦　筑波書林　1984.5　94p　18cm　（ふるさと文庫）　600円　Ⓝ213.1　〔15300〕

◇筑波山麓の仏教―その中世的世界　開館十五周年企画展　真壁町歴史民俗資料館編　真壁町（茨城県）　真壁町歴史民俗資料館　1993.10　114p　25cm　Ⓝ182.131
〔15301〕

◇東国戦記実録　小菅与四郎編　足高村（茨城県）　小菅与四郎　1908.9　181, 234, 197p　23cm　Ⓝ210.4
〔15302〕

◇取手市史資料目録　第5集　中世関係史料　取手市史編さん委員会編　取手　取手市庶務課　1983.3　40p　26cm　Ⓝ213.1
〔15303〕

◇那珂通辰と常陸の豪族―南朝秘録　石川豊著　〔緒川村（茨城県那珂郡）〕　石川豊　1968　143p　22cm　Ⓝ210.458
〔15304〕

◇常陸太田市史編さん史料　9　佐竹系譜　常陸太田市史編さん委員会編　常陸太田　常陸太田市　1978.3　187p　26cm　Ⓝ213.1
〔15305〕

◇常陸太田市史編さん史料　19　佐竹家臣系譜　常陸太田市史編さん委員会編　常陸太田　常陸太田市　1982.3　426p　26cm　Ⓝ213.1
〔15306〕

◇常陸小田氏の盛衰　野村亨著　土浦　筑波書林　2004.2　164p　21cm　1238円　①4-86004-042-2　Ⓝ213.1
〔15307〕

◇常陸佐竹新太平記―その時代・事件・人物を語る　関谷亀寿著　〔土浦〕　筑波書林　1993.2　263p　19cm　1700円　Ⓝ213.1
〔15308〕

◇常陸時代の雪村　小川知二著　中央公論美術出版　2004.9　259p 図版18枚　26cm　20000円　①4-8055-0478-1　Ⓝ721.3
〔15309〕

◇常陸戦国記―出土遺物にみる十六世紀の城と村　上高津貝塚ふるさと歴史の広場編　土浦　上高津貝塚ふるさと歴史の広場　2002　61p　30cm　Ⓝ213.1　〔15310〕

◇常陸国の熊野信仰―中世史を中心に　上　石塚真著　土浦　筑波書林　1986.1　101p　18cm　（ふるさと文庫）　600円　Ⓝ172.1
〔15311〕

◇常陸国の熊野信仰―中世史を中心に　中　石塚真著　土浦　筑波書林　1986.3　204p　18cm　（ふるさと文庫）　600円　Ⓝ172.1
〔15312〕

◇常陸国の熊野信仰―中世史を中心に　下　石塚真著　土浦　筑波書林　1986.5　280p　18cm　（ふるさと文庫）　600円　Ⓝ172.1
〔15313〕

◇常陸の親房　辻正義著　水戸　月居会　1945　224p 図版　22cm　Ⓝ210.45
〔15314〕

◇文学の中の茨城　2　中世　今瀬文也著　秀英書房　1976　274p　図　18cm　980円　Ⓝ910.2　〔15315〕

◇鉾田町史　中世史料編　烟田氏史料　鉾田町史編さん委員会編　鉾田町（茨城県）　鉾田町　1999.3　326p　21cm　Ⓝ213.1
〔15316〕

◇真壁氏と真壁城―中世武家の拠点　真壁城跡国指定記念特別展　真壁町歴史民俗資料館編　真壁町（茨城県）　真壁町教育委員会　1994.10　65p　26cm　Ⓝ288.2
〔15317〕

◇真壁氏と真壁城―中世武家の拠点　真壁町編　河出書房新社　1996.6　331p　20cm　3000円　①4-309-22295-1　Ⓝ213.1
〔15318〕

◇真壁町史料　中世編 1　真壁町史編さん委員会編　真壁町（茨城県）　真壁町　1983.3　219p　27cm　Ⓝ213.1
〔15319〕

◇真壁町史料　中世編 2　真壁町史編さん委員会編　真壁町（茨城県）　真壁町　1986.3　230p　27cm　Ⓝ213.1
〔15320〕

◇真壁町史料　中世編 3　真壁町史編さん委員会編　真壁町（茨城県）　真壁町　1994.3　409p　27cm　Ⓝ213.1
〔15321〕

◇山入一揆と佐竹氏　大内政之介著　土浦　筑波書林　1991.6　111p　18cm　（ふるさと文庫）　618円　Ⓝ213.1
〔15322〕

◇結城氏十八代　石島吉次著　土浦　筑波書林　1984.5　89p　18cm　（ふるさと文庫）　600円　Ⓝ213.1
〔15323〕
◇竜ケ崎市史　中世史料編　竜ケ崎市史編さん委員会編　竜ケ崎　竜ケ崎市教育委員会　1993.3　532p　27cm　Ⓝ213.1
〔15324〕
◇竜ケ崎市史　中世史料編　別冊　竜ケ崎市史編さん委員会編　竜ケ崎　竜ケ崎市教育委員会　1994.3　100p　27cm　Ⓝ213.1
〔15325〕

◆◆栃木県
◇足利氏の世界―足利地方の古代末期史　柳田貞夫著　〔足利〕　柳田貞夫　1980.12　273p　21cm　Ⓝ213.2
〔15326〕
◇足利市文化財・史跡めぐりノート　足利　足利市民文化財団　1988　22p　20cm　Ⓝ213.2　〔15327〕
◇足利史料集成　第2集　小佐野氏所蔵古記録と藤氏足利氏家系　須永弘編　足利　足利文献協会　1933　23丁　24cm　Ⓝ213.2
〔15328〕
◇足利地方における中世寺院の諸問題　柳田貞夫著　足利　柳田貞夫　1991.12　66p　26cm　（足利地方史研究　第1号）　Ⓝ185.9132
〔15329〕
◇宇都宮市史　第2巻　中世史料編　宇都宮市史編さん委員会編　〔宇都宮〕　宇都宮市　1980.3　501p　22cm　Ⓝ213.2
〔15330〕
◇宇都宮市史　第3巻　中世通史編　宇都宮市史編さん委員会編　〔宇都宮〕　宇都宮市　1981.3　657p　22cm　Ⓝ213.2
〔15331〕
◇小山市史　史料編　中世　小山市史編さん委員会編　小山　小山市　1980.3　958p　22cm　Ⓝ213.2
〔15332〕
◇樺崎寺跡―史跡　長太三著　〔足利〕　〔長太三〕　2006.6　127p　21cm　Ⓝ213.2　〔15333〕
◇唐沢城発端之事　佐野　安蘇史談会　1995.3　77p　26cm　（別冊史談　第1集）　1500円　Ⓝ213.2
〔15334〕
◇関東地方の中世城館　1　栃木・群馬　東洋書林　2000.9　267, 407p　23cm　（都道府県別日本の中世城館調査報告書集成　第5巻）　28000円　Ⓘ4-88721-436-7　Ⓝ213
〔15335〕
◇在地土豪と南北朝の動乱―足利西部地区の中世前期史　柳田貞夫著　足利　柳田貞夫　1975.7　158p　21cm　Ⓝ213.2
〔15336〕
◇佐野市史中世資料編解説集　佐野　佐野市史編さん委員会　1975.3　60p　26cm　（佐野市史資料　第12集）　Ⓝ213.2
〔15337〕
◇下野・宇都宮一族　七宮涬三著　新人物往来社　2006.9　281p　19cm　2800円　Ⓘ4-404-03403-2　〔15338〕
◇下野　小山・結城一族　七宮涬三著　新人物往来社　2005.11　275p　19cm　2800円　Ⓘ4-404-03270-6
〔15339〕
◇下野の武将たち　続　毎日新聞宇都宮支局編　宇都宮　落合書店　1980.4　332p　19cm　Ⓘ4-87129-161-8　Ⓝ281.32
〔15340〕
◇知られざる下野の中世　橋本澄朗, 千田孝明編　宇都宮　随想舎　2005.5　237p　21cm　1800円　Ⓘ4-88748-105-5　Ⓝ213.2
〔15341〕
◇関ヶ原合戦と佐野―400年前の攻防　佐野　佐野市郷土博物館　2000.10　27p　30cm　Ⓝ213.2　〔15342〕

◇戦国期東国の権力構造　荒川善夫著　岩田書院　2002.3　405p　22cm　8900円　Ⓘ4-87294-241-8　Ⓝ213.2
〔15343〕
◇戦国時代の佐野―乱世に生きた武将たち　第12回企画展　佐野　佐野市郷土博物館　1989.5　36p　26cm　Ⓝ213.2
〔15344〕
◇中世を生きた佐野の人々―板碑にみる信仰　佐野　佐野市郷土博物館　1997.10　40p　26cm　Ⓝ185.5
〔15345〕
◇中世小山への招待―人物と遺跡でみる　市制五十周年シンポジウム記念誌　小山の偉人・名所旧跡発掘調査委員会編　〔小山〕　小山市　2006.3　134p　30cm　（小山市文化財調査報告　第66集）　Ⓝ288.2　〔15346〕
◇中世の佐野―鎌倉・室町時代の人々　第19回企画展　佐野　佐野市郷土博物館　1992.10　32p　26cm　Ⓝ213.2
〔15347〕
◇栃木県史　通史編　3　中世　栃木県史編さん委員会編　〔宇都宮〕　栃木県　1984.3　868, 22p　22cm　Ⓝ213.2
〔15348〕
◇栃木県史　史料編　中世　1　編集:栃木県史編さん委員会　〔宇都宮〕　栃木県　1973　687p　図　22cm　Ⓝ213.2
〔15349〕
◇栃木県史　史料編　中世　2　編集:栃木県史編さん委員会　〔宇都宮〕　栃木県　1975　526p　図　22cm　Ⓝ213.2
〔15350〕
◇栃木県史　史料編　中世　3　栃木県史編さん委員会編　〔宇都宮〕　栃木県　1978.3　542p　22cm　Ⓝ213.2
〔15351〕
◇栃木県史　史料編　中世　4　栃木県史編さん委員会編　〔宇都宮〕　栃木県　1979.3　772p　22cm　Ⓝ213.2
〔15352〕
◇栃木県史　史料編　中世　5　栃木県史編さん委員会編　〔宇都宮〕　栃木県　1976　970p　図　22cm　Ⓝ213.2
〔15353〕
◇栃木県中世史年表（稿）　宇都宮　栃木県教育委員会事務局史編さん室　1970　88p　21cm　Ⓝ213.2
〔15354〕
◇栃木の城―史跡めぐり　下野新聞社編著　増補改訂　宇都宮　下野新聞社　1995.7　565p　22cm　2000円　Ⓘ4-88286-062-7　Ⓝ291.32　〔15355〕
◇中久喜城跡　小山市教育委員会編　〔小山〕　小山市教育委員会　1994.3　28p　26cm　（小山市文化財調査報告書　第32集）　Ⓝ213.2
〔15356〕
◇那須の戦国時代　北那須郷土史研究会編　宇都宮　下野新聞社　1989.5　207p　26cm　Ⓝ213.2　〔15357〕
◇馬頭町中世文書集　馬頭町中世文書集編さん委員会編　馬頭町（栃木県）　馬頭町　1995.3　78p　27cm　Ⓝ213.2
〔15358〕
◇松田城と松田―足利地方の戦国時代　柳田貞夫著　足利　柳田貞夫　1976.10　72p　22cm　Ⓝ213.2
〔15359〕
◇源頼朝の那須野巻狩　磯忍編　黒磯　磯忍　1991.12　16p　26cm　（那須野ケ原の歴史シリーズ1）　Ⓝ213.2
〔15360〕
◇鷲城・祇園城・中久喜城―小山の中世城郭　鷲城・祇園城跡の保存を考える会編著　宇都宮　随想舎　1995.11　142p　18cm　（ずいそうしゃ新書　2）　1030円　Ⓘ4-938640-75-9　Ⓝ213.2
〔15361〕

地方史　　　　　　　　　　　　　　　中世史

◆◆群馬県

◇吾妻地方の中世仏教美術―平成17年度第2回企画展図録　中之条町歴史民俗資料館編　中之条町(群馬県)　中之条町歴史民俗資料館　2005.10　31p　26cm　(企画展図録 第4集)　Ⓝ213.2　　　　　　　〔15362〕

◇岩櫃城風雲録―戦国史話　関怒濤著　吾妻書館　1982.11　202p　19cm　(ぐんま歴史新書2)　1500円　Ⓝ213.3
　　　　　　　　　　　　　　　　　　　〔15363〕

◇太田市史　史料編 中世　太田市編　太田　太田市　1986.3　1152p　23cm　Ⓝ213.3　〔15364〕

◇太田市史　通史編 中世　太田市編　太田　太田市　1997.8　916p　23cm　Ⓝ213.3　〔15365〕

◇大間々町誌　別巻1 中世資料編　大間々町の中世資料　大間々町誌編さん室編　大間々町(群馬県)　大間々町誌刊行委員会　1994.2　290p 図版40p　22cm　Ⓝ291.33
　　　　　　　　　　　　　　　　　　　〔15366〕

◇鎌倉時代の太田地方―新田氏と新田庄　太田　太田市文化財保護調査会　1963.6　27p　26cm　Ⓝ291.33
　　　　　　　　　　　　　　　　　　　〔15367〕

◇上三原田中坪遺跡(中坪古墓)―縄文時代前期集落・中世墓の調査　赤城村(群馬県)　赤城村教育委員会　2004.3　31p 図版8p　30cm　(赤城村埋蔵文化財発掘調査報告書 第23集―横野地区遺跡群 5)　Ⓝ210.0254
　　　　　　　　　　　　　　　　　　　〔15368〕

◇関東地方の中世城館　1　栃木・群馬　東洋書林　2000.9　267, 407p　23cm　(都道府県別日本の中世城館調査報告書集成 第5巻)　28000円　①4-88721-436-7　Ⓝ213
　　　　　　　　　　　　　　　　　　　〔15369〕

◇桐生佐野氏と戦国社会　桐生文化史談会編　岩田書院　2007.3　167p　21cm　2200円　①978-4-87294-458-7　Ⓝ213.3　〔15370〕

◇桐生六郎の周辺―『吾妻鏡』における或る逆臣の正当性について　大瀬祐太著　〔桐生〕　〔大瀬祐太〕　2005.11　166p　21cm　Ⓝ213.3　〔15371〕

◇久々戸遺跡・中棚2遺跡・下原遺跡・横壁中村遺跡―天明三年浅間災害に埋もれた畑地景観と中世遺構の発掘調査　群馬県埋蔵文化財調査事業団編　北橘村(群馬県)　群馬県埋蔵文化財調査事業団　2003.8　2冊(別刷付図とも)　30cm　(財団法人群馬県埋蔵文化財調査事業団調査報告書 第319集―八ッ場ダム建設工事に伴う埋蔵文化財発掘調査報告書 第3集)　Ⓝ210.0254　〔15372〕

◇黒川衆の戦い―渡良瀬戦国史話　松嶋俊光著　群馬出版センター　1998.9　423p　21cm　2857円　①4-906366-33-3　Ⓝ213.3　〔15373〕

◇群馬県史　通史編3　中世　群馬県史編さん委員会編　前橋　群馬県　1989.12　1121p　22cm　Ⓝ213.3
　　　　　　　　　　　　　　　　　　　〔15374〕

◇群馬県史　資料編5　中世　1 古文書・記録　群馬県史編さん委員会編　前橋　群馬県　1978.12　1075p　22cm　Ⓝ213.3　〔15375〕

◇群馬県史　資料編6　中世　2 編年史料1　群馬県史編さん委員会編　前橋　群馬県　1984.3　957p　22cm　Ⓝ213.3　〔15376〕

◇群馬県史　資料編7　中世　3 編年史料2　群馬県史編さん委員会編　前橋　群馬県　1986.3　1110p　22cm　Ⓝ213.3　〔15377〕

◇群馬県史　資料編8　中世　4 金石文　群馬県史編さん委員会編　前橋　群馬県　1988.3　894p 図版52枚　22cm　Ⓝ213.3　〔15378〕

◇群馬県史　資料編 中世1・2・3資料別目録　群馬県史編さん委員会編　前橋　群馬県　1986.3　113p　22cm　Ⓝ213.3　〔15379〕

◇群馬県中世史年表　群馬県史編さん委員会編　〔前橋〕　群馬県　1976.9　70p　21cm　Ⓝ213.3　〔15380〕

◇群馬の古城　中・東毛　山崎一著　藪塚本町(群馬県)　あかぎ出版　2001.9　4, 198p　19cm　1600円　①4-901189-03-4　Ⓝ213.3　〔15381〕

◇群馬の古城　西・南毛　山崎一著　藪塚本町(群馬県)　あかぎ出版　2001.10　4, 202p　19cm　1600円　①4-901189-04-2　Ⓝ213.3　〔15382〕

◇群馬の古城　北毛　山崎一著　藪塚本町(群馬県)　あかぎ出版　2001.12　4, 174p　19cm　1600円　①4-901189-02-6　Ⓝ213.3　〔15383〕

◇上野国群馬郡箕輪城主長野氏興廃史　群馬町(群馬県)　長野業盛公墓碣保存会　1987　63, 18p　23cm　Ⓝ213.3
　　　　　　　　　　　　　　　　　　　〔15384〕

◇上野武士団の中世史　久保田順一著　前橋　みやま文庫　1996.9　212p　19cm　(みやま文庫 143)　1500円　Ⓝ213.3　〔15385〕

◇真田氏と上州　唐沢定市ほか編　前橋　みやま文庫　1985.3　222p　19cm　(みやま文庫 97)　Ⓝ288.2
　　　　　　　　　　　　　　　　　　　〔15386〕

◇佐貫荘と戦国の館林　館林市史編さん委員会編　〔館林〕　館林市　2007.3　580p　27cm　(館林市史 資料編2 中世)　Ⓝ213.3　〔15387〕

◇下野戦国史―皆川広照の生涯　大森隆司著　宇都宮　下野新聞社　1992.1　237p　18cm　1200円　①4-88286-017-1　Ⓝ289.1　〔15388〕

◇出土資料から見た東毛の戦国時代―第41回企画展　笠懸野岩宿文化資料館編　〔笠懸町(群馬県)〕　笠懸野岩宿文化資料館　2006.1　29p　30cm　Ⓝ213.3
　　　　　　　　　　　　　　　　　　　〔15389〕

◇上州治乱記　黒川真道編　国史研究会　1915　481p　19cm　(国史叢書)　Ⓝ210.4　〔15390〕

◇上州治乱記―戦記資料　黒川真道編　歴史図書社　1977.10　481p　20cm　6300円　Ⓝ210.47　〔15391〕

◇上毛古戦記　山崎一著　藪塚本町(群馬県)　あかぎ出版　1995.7　335p　22cm　4100円　Ⓝ213.3
　　　　　　　　　　　　　　　　　　　〔15392〕

◇新編高崎市史　資料編3　中世1　高崎市市史編さん委員会編　高崎　高崎市　1996.3　628, 14p 図版24枚　27cm　Ⓝ213.3　〔15393〕

◇新編高崎市史　資料編4　中世2　高崎市市史編さん委員会編　高崎　高崎市　1994.3　838, 29p　22cm　Ⓝ213.3　〔15394〕

◇菅谷城の出城―生原善龍寺砦攻防考証記　福田正蔵著, 矢野敬一編集監修　〔群馬町(群馬県)〕　〔福田正蔵〕　2001.10　15p 図版6枚　26cm　Ⓝ210.47　〔15395〕

◇戦国大名真田氏の成立―平成18年度第2回企画展図録　中之条町歴史民俗資料館編　中之条町(群馬県)　中之条町歴史民俗資料館　2006.10　40p　26cm　(企画展図録 第5集)　Ⓝ210.47　〔15396〕

◇戦国の上州武将　高崎　群馬県立歴史博物館　1985　91p　26cm　Ⓝ213.3　〔15397〕

◇1108-浅間山噴火―中世への胎動―かみつけの里博物館第12回特別展 展示解説図録　高崎市等広域市町村圏振興整備組合立かみつけの里博物館編　〔群馬町(群馬県)〕　高崎市等広域市町村圏振興整備組合立かみつけの里博物館　2004.10　76p　30cm　Ⓝ213.3　〔15398〕

◇泉竜寺―伊勢崎の中世寺院史料　伊勢崎市編　伊勢崎　伊勢崎市　1988.3　214p　21cm　Ⓝ188.85　〔15399〕
◇中世・世良田の遺宝展―長楽寺の文化財を中心に　尾島町（群馬県）　東毛歴史資料館　1988　5p　21cm　Ⓝ188.85　〔15400〕
◇中世館林城関係資料集―赤井氏・長尾氏・後北条氏を中心として　文化財総合調査　館林　館林市教育委員会文化振興課　1999.3　7, 85p　26cm　（館林城調査報告書第2集）　Ⓝ213.3　〔15401〕
◇中世館林城と戦国武将―長尾氏・北条氏の攻防　館林市立資料館特別展　館林　館林市教育委員会文化振興課　1993.10　24p　26cm　Ⓝ213.3　〔15402〕
◇中世日本人の信仰―近藤昭一遺稿集　上野国の仏教遺物・遺跡を中心に　近藤昭一著　高崎　近藤義雄　2007.1　385p　21cm　〔15403〕
◇中世の邑楽町　細谷清吉著　大泉町（群馬県）　中世の邑楽町刊行会　1977.9　301p　22cm　Ⓝ213.3　〔15404〕
◇中世の大泉町　細谷清吉著　〔大泉町（群馬県）〕　中世の大泉町刊行会　1986.3　457p　22cm　3500円　Ⓝ213.3　〔15405〕
◇中世の館林城―赤井・長尾・後北条氏の各時期をめぐって　峰岸純夫述　館林　館林市教育委員会文化振興課　1994.7　27p　26cm　（文化財講演会記録報告書）　Ⓝ213.3　〔15406〕
◇津久田華蔵寺遺跡―中世墓等の調査　赤城村（群馬県）　赤城村教育委員会　2004.3　48p 図版14p　30cm　（赤城村埋蔵文化財発掘調査報告書 第27集）　Ⓝ210.0254　〔15407〕
◇南雲辻久保遺跡―高秀寺古墓　南雲谷の中世墳墓調査　赤城村（群馬県）　赤城村教育委員会　2005.10　13p 図版8p　30cm　（赤城村埋蔵文化財発掘調査報告書 第32集）　Ⓝ210.0254　〔15408〕
◇新田一族の戦国史　久保田順一著　太田　あかぎ出版　2005.4　224p　19cm　1800円　①4-901189-22-0　Ⓝ288.3　〔15409〕
◇平井城興亡記―山内上杉一〇〇余年の光と陰　蓮舎勇夫著　藤岡　蓮舎勇夫　1996.11　287p　21cm　2719円　Ⓝ213.3　〔15410〕
◇平井城の管領たち―東国の動乱　利根川靖幸著　群馬出版センター　1993.7　191, 8p　19cm　2000円　①4-906366-18-X　Ⓝ213.3　〔15411〕
◇藤岡市史　資料編 別巻〔1〕　藤岡地方の中世史料　藤岡市史編さん委員会編　藤岡　藤岡市　1989　313p　22cm　Ⓝ213.3　〔15412〕
◇炎と屍の歴史―新田一族の開拓と流離　永岡利一著　高崎　あさを社　1981.5　118p　19cm　（上州路文庫第5集）　1000円　Ⓝ213.3　〔15413〕
◇箕輪城と長野氏　近藤義雄著　前橋　上毛新聞社　1985.12　210p　19cm　（上毛文庫 4）　1250円　Ⓝ213.3　〔15414〕
◇室町時代の太田地方―岩松氏と由良氏　太田　太田市文化財保護調査会　1964.6　14p　26cm　Ⓝ213.3　〔15415〕
◇室町・戦国期上野の地域社会　久保田順一著　岩田書院　2006.1　401, 19p　22cm　（中世史研究叢書6）　9500円　①4-87294-415-1　Ⓝ213.3　〔15416〕

◆◆埼玉県
◇吾妻鏡に見る武蔵野開発　恩田政行著　青山第一出版　1998.12　55p　21cm　Ⓝ213.4　〔15417〕
◇入間市史　中世史料・金石文編　入間　入間市　1983.3　744p　27cm　Ⓝ213.4　〔15418〕
◇入間市農村調査 その4　鎌倉期の採鉄製錬の遺跡調査概報　黒田善治著　入間　黒田善治　1968　22p　25cm　Ⓝ213.4　〔15419〕
◇岩槻市史料 第16巻　中世史料 2　岩槻　岩槻市教育委員会市史編さん室　1983.2　146p　26cm　Ⓝ213.4　〔15420〕
◇岩付城主太田氏文書展―昭和62年度特別展解説　埼玉県立文書館編　浦和　埼玉県立文書館　1987.10　56p　26cm　Ⓝ213.4　〔15421〕
◇大井町の中世文書　大井町史編さん委員会編　大井町（埼玉県）　大井町教育委員会　1978.3　8p　21cm　（大井町史料 第1集）　Ⓝ213.4　〔15422〕
◇改正中山道往来―全　蕨市立歴史民俗資料館編　〔蕨〕　蕨市立歴史民俗資料館　2002.5　17p　22cm　（蕨市立歴史民俗資料館史料叢書 第3集）　Ⓝ213.4　〔15423〕
◇鎌倉街道の世界―古道から探る中世の風景 第14回特別展図録　毛呂山町歴史民俗資料館編　〔毛呂山町（埼玉県）〕　毛呂山町歴史民俗資料館　2004.10　30p　30cm　Ⓝ213.4　〔15424〕
◇鎌倉公園遺跡（第2次調査）・松野氏館跡　さいたま市遺跡調査会編　さいたま　さいたま市遺跡調査会　2003.8　37p 図版6p　30cm　（さいたま市遺跡調査会報告書 第20集）　Ⓝ210.0254　〔15425〕
◇上福岡の板碑―中世の石の文化　上福岡　上福岡市教育委員会　2000.3　150p　30cm　（市史調査報告書 第18集）　Ⓝ185.5　〔15426〕
◇川越市史　史料編 中世　川越市総務部市史編纂室編　〔川越〕　川越市　1975　2冊　22cm　各4000円　Ⓝ213.4　〔15427〕
◇川越市史 第2巻　中世編　川越市総務部庶務課市史編纂室編　〔川越〕　川越市　1985.3　629p　22cm　4600円　Ⓝ213.4　〔15428〕
◇川越市史 第2巻 別巻　中世編 板碑　川越市総務部庶務課市史編纂室編　〔川越〕　川越市　1985.3　502p　22cm　3800円　Ⓝ213.4　〔15429〕
◇河越氏と河肥庄―郷土の鎌倉時代史　内山留吉著　川越　川越叢書刊行会　1956　126p 図版 地図　19cm　（川越叢書 第8巻）　Ⓝ213.4　〔15430〕
◇河越氏と河越庄―郷土の鎌倉時代史　内山留吉著　川越　川越中世史研究会　1975　128p 図　19cm　600円　Ⓝ213.4　〔15431〕
◇河越氏とその館跡　小泉功著　聚海書林　1986.10　202p　19cm　1600円　①4-915521-30-3　Ⓝ213.4　〔15432〕
◇関東地方の中世城館 2　埼玉・千葉　東洋書林　2000.9　1冊　23cm　（都道府県別日本の中世城館調査報告書集成 第6巻）　30000円　①4-88721-437-5　Ⓝ213　〔15433〕
◇神流の落日―中世後期児玉地方史に関する試論　伊藤正文著　仙台　北の杜編集工房　2007.9　137p　21cm　1429円　①978-4-907726-46-1　Ⓝ213.4　〔15434〕
◇北武蔵を駆け抜けた武将たち　戸島鐵雄著　星雲社（発売）　2006.3　223p　26cm　2286円　①4-434-07619-1　Ⓝ213.4　〔15435〕

地方史　　　　　　　　　　　　　　　中世史

◇北武蔵の戦国武将文書展―平成元年度特別展解説　埼玉県立文書館編　浦和　埼玉県立文書館　1989.10　64p　26cm　Ⓝ213.4　〔15436〕
◇検証比企の城―シンポジウム埼玉の戦国時代　史跡を活用した体験と学習の拠点形成事業実行委員会編　〔嵐山町(埼玉県)〕　史跡を活用した体験と学習の拠点形成事業実行委員会　2005.2　266p　30cm　Ⓝ213.4　〔15437〕
◇児玉町史　中世資料編　児玉町教育委員会, 児玉町史編さん委員会編　児玉町(埼玉県)　児玉町　1992.3　648p　27cm　Ⓝ213.4　〔15438〕
◇児玉町史史料調査報告　中世 第2集　武蔵七党児玉党関係史料集 1　児玉町史編さん委員会編　児玉町(埼玉県)　児玉町教育委員会　1988.3　64p　26cm　Ⓝ213.4　〔15439〕
◇児玉党阿佐美氏館について　〔児玉町(埼玉県)〕　児玉町教育委員会　1981.10　19p　26cm　(児玉町史料調査報告 中世 1)　Ⓝ213.4　〔15440〕
◇児玉町の中世石造物―宝篋印塔・五輪塔・石幢・無縫塔・石殿・石仏　児玉町史編さん委員会編　児玉町(埼玉県)　児玉町教育委員会　1998.3　273p　27cm　(児玉町史史料調査報告 中世 第3集)　Ⓝ714　〔15441〕
◇埼玉県中世石造遺物調査報告書　埼玉県立歴史資料館編　〔浦和〕　埼玉県教育委員会　1998.3　2冊　30cm　Ⓝ714　〔15442〕
◇埼玉の古城址　中田正光著　有峰書店新社　1983.12　323p　19cm　1700円　Ⓝ213.4　〔15443〕
◇埼玉の古城址　中田正光著　新装版　有峰書店新社　2001.4　323p　19cm　2500円　①4-87045-222-7　Ⓝ213.4　〔15444〕
◇埼玉の中世寺院跡　埼玉県立歴史資料館編　〔浦和〕　埼玉県教育委員会　1992.3　318p　30cm　Ⓝ213.4　〔15445〕
◇埼玉の中世石塔　嵐山町(埼玉県)　埼玉県立歴史資料館　2003.3　13p　30cm　(資料館ガイドブック no.14)　Ⓝ213.4　〔15446〕
◇埼玉の中世文書　埼玉県立図書館編　〔浦和〕　1965　510p　22cm　Ⓝ213.4　〔15447〕
◇さいたまの文書―中世―収蔵中世文書ガイド　平成5年度第2回収蔵文書展　埼玉県立文書館編　浦和　埼玉県立文書館　1993.11　24p　26cm　Ⓝ210.02　〔15448〕
◇坂戸市史　中世資料編 1　坂戸市教育委員会編　〔坂戸〕　坂戸市　1986.3　1211p　23cm　Ⓝ213.4　〔15449〕
◇坂戸市史　中世史料編 2　坂戸市教育委員会編　〔坂戸〕　坂戸市　1980.4　688p　23cm　Ⓝ213.4　〔15450〕
◇狭山市史　中世資料編　狭山　狭山市　1982.3　500p　22cm　Ⓝ213.4　〔15451〕
◇重修木戸伊豆守忠朝小伝　富田勝治著　〔羽生〕　富田勝治　1988　72p　26cm　Ⓝ213.4　〔15452〕
◇城山と富永善左ヱ門　井田実著　上福岡　上福岡市教育委員会　1995.3　42p　26cm　(市史調査報告書 第7集)　Ⓝ213.4　〔15453〕
◇新編埼玉県史　通史編2　中世　〔浦和〕　埼玉県　1988.3　1190p　22cm　Ⓝ213.4　〔15454〕
◇新編埼玉県史　資料編 5　中世 1 古文書 1　埼玉県編　〔浦和〕　埼玉県　1982.3　2冊(別冊とも)　22cm　Ⓝ213.4　〔15455〕

◇新編埼玉県史　資料編 6　中世 2 古文書 2　埼玉県編　〔浦和〕　埼玉県　1980.3　886, 28p 図版24枚　22cm　Ⓝ213.4　〔15456〕
◇新編埼玉県史　資料編 7　中世 3 記録 1　埼玉県編　〔浦和〕　埼玉県　1985.3　1077, 28p　22cm　Ⓝ213.4　〔15457〕
◇新編埼玉県史　資料編 8　中世 4 記録 2　埼玉県編　〔浦和〕　埼玉県　1986.3　2冊(付録とも)　22cm　Ⓝ213.4　〔15458〕
◇新編埼玉県史　資料編 9　中世 5 金石文・奥書　〔浦和〕　埼玉県　1989.3　2冊(別冊とも)　22cm　Ⓝ213.4　〔15459〕
◇菅谷館跡―国指定史跡　嵐山町(埼玉県)　埼玉県立歴史資料館　1984.2　13p　26cm　(資料館ガイドブック 1)　Ⓝ213.4　〔15460〕
◇菅谷館跡―国指定史跡　嵐山町(埼玉県)　埼玉県立歴史資料館　1984.2　13p　26cm　(資料館ガイドブック 1)　Ⓝ213.4　〔15461〕
◇「諏訪の八重姫」登場―「風林火山」はもう古い　松本憲和著　A・S・Nニルの学舎出版部　2007.10　228p　19cm　1800円　Ⓝ289.1　〔15462〕
◇戦国時代のさいたま―城と館からさぐる　特別展　さいたま市立博物館, さいたま市立浦和博物館編　〔さいたま〕　さいたま市立博物館　2005.10　52p　30cm　Ⓝ213.4　〔15463〕
◇戦国の城　藤木久志監修, 埼玉県立歴史資料館編　高志書院　2005.12　241p　21cm　2500円　①4-86215-008-X　Ⓝ213.4　〔15464〕
◇戦い・祈り・人々の暮らし―嵐山町の中世　長島喜平監修　嵐山町(埼玉県)　嵐山町　1997.10　242p　31cm　(嵐山町博物誌 第5巻(中世編))　Ⓝ213.4　〔15465〕
◇秩父路の古城址　中田正光著　有峰書店新社　1982.3　336p　19cm　1500円　Ⓝ213.4　〔15466〕
◇秩父路の古城址　中田正光著　新装版　有峰書店新社　2001.4　336p　19cm　2500円　①4-87045-223-5　Ⓝ213.4　〔15467〕
◇中世北武蔵の城―城郭資料集成　梅沢太久夫著　岩田書院　2003.5　248p　31cm　11800円　①4-87294-288-4　Ⓝ213.4　〔15468〕
◇中世資料集成 1(板碑編)　朝霞　朝霞市博物館　2003.3　28p　30cm　(朝霞市博物館調査報告書 第3集)　Ⓝ213.4　〔15469〕
◇中世資料集成 2(遺跡・石塔編)　朝霞　朝霞市博物館　2004.3　45p　30cm　(朝霞市博物館調査報告書 第4集)　Ⓝ213.4　〔15470〕
◇中世陶磁への招待―地中からのメッセージ　第26回企画展　川越市立博物館編　川越　川越市立博物館　2005.10　79p　30cm　Ⓝ751.1　〔15471〕
◇中世の熊谷の武士たち　熊谷市立図書館編　熊谷　熊谷市立図書館　1998.8　4, 347p　30cm　(市内の文化財をめぐる 14)　Ⓝ213.4　〔15472〕
◇中世のさかど　坂戸市教育委員会編　坂戸　坂戸市教育委員会　1996.3　74p　26cm　Ⓝ213.4　〔15473〕
◇中世の秩父―資料集　秩父地区文化財担当者会編　〔秩父〕　秩父地区文化財保護協会　2001.3　254p　30cm　Ⓝ213.4　〔15474〕
◇中世の武士春日部氏～春日部氏と浜川戸遺跡～展―夏季展示(第三十五回)　春日部市郷土資料館編　春日部　春日部市郷土資料館　2007　16p　30cm　Ⓝ213.4　〔15475〕

◇中世武蔵人物列伝―時代を動かした武士とその周辺　埼玉県立歴史資料館編　さいたま　さきたま出版会　2006.3　253p　22cm　2000円　①4-87891-129-8　Ⓝ281.34
〔15476〕

◇中世武蔵武士館跡の研究　1　児玉党四方田氏館について　埼玉県立浦和第一女子高等学校郷土研究部編　浦和　埼玉県立浦和第一女子高等学校郷土研究部　1980.9　19cm　26cm　Ⓝ213.4
〔15477〕

◇中世武蔵武士館跡の研究　5　丹党中山氏・丹党青木氏・村山党金子氏について　埼玉県立浦和第一女子高等学校歴史研究部編　浦和　埼玉県立浦和第一女子高等学校歴史研究部　1984.9　20p　26cm　Ⓝ213.4
〔15478〕

◇中世武蔵武士館跡の研究　6　吉田町秩父氏館・竜ヶ谷城　埼玉県立浦和第一女子高等学校歴史研究部編　浦和　埼玉県立浦和第一女子高等学校歴史研究部　1985.9　18p　図版3枚　26cm　Ⓝ213.4
〔15479〕

◇中世武蔵武士館跡の研究　7　北条氏邦武州鉢形城址　埼玉県立浦和第一女子高等学校歴史研究部編　浦和　埼玉県立浦和第一女子高等学校歴史研究部　1986.9　22p　図版3枚　26cm　Ⓝ213.4
〔15480〕

◇中世武蔵武士館跡の研究　8　花園城と少林寺について　埼玉県立浦和第一女子高等学校歴史研究部編　浦和　埼玉県立浦和第一女子高等学校歴史研究部　1987.9　23p　図版3枚　26cm　Ⓝ213.4
〔15481〕

◇道灌と岩付太田氏の動静―関東武将の一―その関連資料　岩井茂著　埼玉県東部地方史解明調査会　1969-1970　2冊　25cm　（東武史料編 4,4-2）　各250円　Ⓝ213.4
〔15482〕

◇所沢市史　中世史料　所沢市史編さん委員会編　所沢　所沢市　1981.3　811p　27cm　Ⓝ213.4　〔15483〕

◇所沢市史調査資料　7　中世史料編　1 山口城跡　所沢市史編集委員会編　所沢　所沢市史編さん室　1977.3　31p　26cm　Ⓝ213.4
〔15484〕

◇所沢市史調査資料　10　中世資料編　2 板碑所在目録　所沢市史編集委員編　所沢　所沢市史編さん室　1977.8　42p　26cm　Ⓝ213.4
〔15485〕

◇所沢市史調査資料　16　中世資料編　3　所沢市史編集委員編　所沢　所沢市史編さん室　1979.3　50p　26cm　Ⓝ213.4
〔15486〕

◇中山氏と飯能・高萩―時と街を結んだ武士の系譜　特別展　飯能　飯能市郷土館　2003.10　39p　30cm　Ⓝ213.4
〔15487〕

◇畠山重忠と菅谷館址　東松山　比企の自然と文化財を守る会　1972　54p　図　19cm　（比企の自然と文化財シリーズ）　100円　Ⓝ213.4
〔15488〕

◇鉢形城開城―北条氏邦とその時代　寄居町教育委員会鉢形城歴史館編　寄居町（埼玉県）　寄居町教育委員会鉢形城歴史館　2004.10　78p　30cm　Ⓝ213.4
〔15489〕

◇鉢形落城哀史　四方田美男著　寄居町　埼玉民論社　1957　398p　図版　表　地図　19cm　Ⓝ213.4
〔15490〕

◇鳩山の中世　鳩山町史編集委員会編　鳩山町（埼玉県）　鳩山町　2004.3　152p　30cm　（鳩山町史編さん調査報告書 第7集）　Ⓝ213.4
〔15491〕

◇羽生城―上杉謙信の属城　富田勝治著　〔羽生〕〔富田勝治〕　1992.3　163p　22cm　Ⓝ213.4　〔15492〕

◇日高市史　中世資料編　日高市史編集委員会, 日高市教育委員会編　日高　日高市　1995.3　648p　22cm　Ⓝ213.4
〔15493〕

◇武州松山城―松山城をめぐる関東の諸情勢　長沢士朗著　改訂版　吉見町（埼玉県）　吉見町　1994.3　177p　22cm　Ⓝ213.4
〔15494〕

◇北条氏邦文書展―鉢形城主　埼玉県立文書館編　浦和　埼玉県立文書館　1985.10　56p　26cm　Ⓝ213.4
〔15495〕

◇御嶽城跡調査研究会報告書―御嶽城と周辺の文化財　御嶽城跡調査研究会編　神川町（埼玉県）　御嶽城跡調査研究会　1995.3　48p　26cm　Ⓝ213.4　〔15496〕

◇武蔵武士　渡辺世祐, 八代国治著　博文館　1913　384p　22cm　Ⓝ281.34
〔15497〕

◇武蔵武士―郷土の英雄 事跡と地頭の赴任地を訪ねて　上　成迫政則著　東松山　まつやま書房　2002.7　324p　21cm　1700円　①4-89623-021-3　Ⓝ213.4
〔15498〕

◇武蔵武士―郷土の英雄　続　成迫政則著　東松山　まつやま書房　2007.2　336p　21cm　1700円　①978-4-89623-036-9　Ⓝ213.4
〔15499〕

◇武蔵武士―郷土の英雄　下巻　成迫政則著　東松山　まつやま書房　2005.5（第2刷）　326p　21cm　1700円　①4-89623-028-0　Ⓝ213.4
〔15500〕

◇武蔵松山城主上田氏―戦国動乱二五〇年の軌跡　梅沢太久夫著　さいたま　さきたま出版会　2006.2　295p　22cm　3000円　①4-87891-128-X　Ⓝ288.2
〔15501〕

◇毛呂李光―源頼朝の重臣 在地領主毛呂氏の活躍　毛呂山町文化財保護審議委員会編　毛呂山町（埼玉県）　毛呂山町教育委員会　1993.3　135p　26cm　（毛呂山町史料集 第3集）　Ⓝ213.4
〔15502〕

◇八潮市古代中世史年表　八潮　八潮市　1984.7　328p　21cm　（八潮市史調査報告書 9）　Ⓝ213.4　〔15503〕

◇わが郷土は荘園の地―志木・旧、広沢ノ庄館ノ郷　歴研「ルーツ研究」ブックレット　矢部勝久著　歴研　2007.1　63p　21cm　800円　①4-947769-88-2　Ⓝ213.4
〔15504〕

◇鷲宮町史　史料 3 中世　鷲宮町（埼玉県）　鷲宮町　1982.7　609p　22cm　Ⓝ213.4　〔15505〕

◇鷲宮町史　史料 4 中世　鷲宮町（埼玉県）　鷲宮町　1983.3　751p　22cm　Ⓝ213.4　〔15506〕

◆◆千葉県

◇秋元城から考える戦国の城―歴史講演会 講演記録　千田嘉博講演　〔君津〕　千葉県君津市教育委員会生涯学習課　2005.11　52p　30cm　Ⓝ213.5　〔15507〕

◇安房白浜　中世前期編　奥富敬之著　〔白浜町（千葉県）〕　白浜町　1977.5　161p　図　19cm　1500円　Ⓝ213.5
〔15508〕

◇安房白浜　中世後期編　奥富敬之著　〔白浜町（千葉県）〕　白浜町　1979.11　189p　19cm　1500円　Ⓝ213.5
〔15509〕

◇市原市史　資料集 中世編　市原市教育委員会編　市原　市原市　1980.10　290p　27cm　Ⓝ213.5
〔15510〕

◇かまがやの板碑―中世に生きた人々のいのり 平成13年度鎌ケ谷市郷土資料館企画展　鎌ケ谷市郷土資料館編　鎌ケ谷　鎌ケ谷市郷土資料館　2002.3　80p　30cm　Ⓝ185.5
〔15511〕

地方史　　　　　　　　　　　　　中世史

◇関東地方の中世城館　2　埼玉・千葉　東洋書林　2000.9　1冊　23cm　（都道府県別日本の中世城館調査報告書集成 第6巻）　30000円　Ⓘ4-88721-437-5　Ⓝ213
〔15512〕

◇国府台合戦を点検する　千野原靖方著　流山　崙書房　1999.7　147p　18cm　1500円　Ⓘ4-8455-1060-X　Ⓝ213.5
〔15513〕

◇国府台の合戦—関東制覇をかけて　千野原靖方著　流山　崙書房　1977.8　86p　18cm　（ふるさと文庫 千葉）　480円　Ⓝ213.5
〔15514〕

◇古文書に見る戦国期の房総—千葉氏・里見氏の栄古盛衰　企画展　千葉県文書館編　千葉　千葉県文書館　1998　録音カセット1巻　Ⓝ213.5
〔15515〕

◇古文書に見る戦国期の房総—千葉氏・里見氏の栄枯盛衰　企画展　千葉県文書館編　千葉　千葉県文書館　1998.6　54p　26cm　Ⓝ213.5
〔15516〕

◇里見氏の城と歴史—特別展　館山　館山市立博物館　1993.10　54p　26cm　（展示図録 no.10）　Ⓝ213.5
〔15517〕

◇芝山町史　資料集 2　芝山町教育委員会編　〔芝山町(千葉県)〕　芝山町　1994.3　380p　22cm　Ⓝ213.5
〔15518〕

◇芝山町史　資料集 2 補遺・資料集 別編 補遺 中世編—補遺　山室譜伝記—補遺　芝山町史編さん委員会編　〔芝山町(千葉県)〕　芝山町　2004.3　52p　21cm　Ⓝ213.5
〔15519〕

◇下総町史　通史 中世編　下総町史編さん委員会編　下総町(千葉県)　下総町　1993.3　234p　24cm　Ⓝ213.5
〔15520〕

◇城郭と中世の東国　千葉城郭研究会編　高志書院　2005.11　362p　22cm　5200円　Ⓘ4-86215-006-3　Ⓝ213.5
〔15521〕

◇新編戦国房総の名族　大衆文学研究会千葉支部編　昭和図書出版　1982.8　274p　19cm　1500円　Ⓘ4-87986-035-2　Ⓝ213.5
〔15522〕

◇新編房総戦国史　千野原靖方著　流山　崙書房出版　2000.8　338p　22cm　3800円　Ⓘ4-8455-1070-7　Ⓝ213.5
〔15523〕

◇戦国の城をさぐる—松戸市根木内歴史公園開園記念企画展　松戸市立博物館編　松戸　松戸市立博物館　2006.10　79p　30cm　Ⓝ213.5
〔15524〕

◇戦国の争乱と関宿—関宿城主簗田氏の栄枯盛衰　千葉県立関宿城博物館編　関宿町(千葉県)　千葉県立関宿城博物館　2001.9　55p　30cm　Ⓝ213.5　〔15525〕

◇戦国の房総　府馬清著　歴史図書社　1981.9　317p　19cm　1500円　Ⓝ213.5
〔15526〕

◇戦国の房総を語る　房総歴史文学会編　曉印書館　1985.1　263p　19cm　1500円　Ⓝ213.5　〔15527〕

◇戦国房総の武将たち　府馬清著　昭和図書出版　1979.11　172p　20cm　1300円　Ⓝ281.35　〔15528〕

◇戦国房総の名族　大衆文学研究会千葉支部編　昭和図書出版　1979.8　197p　20cm　1300円　Ⓝ213.5　〔15529〕

◇袖ケ浦市史　資料編 1 付　袖ケ浦市史編さん委員会編　袖ケ浦　袖ケ浦市　2000.3　74p　30cm　Ⓝ213.5
〔15530〕

◇袖ケ浦の中世城館跡　袖ケ浦　袖ケ浦市教育委員会　1997.3　83p　26cm　（袖ケ浦市史基礎資料調査報告書 7）　Ⓝ213.5
〔15531〕

◇大栄町史　通史編 中世補遺　大栄町史編さん委員会編　大栄町(千葉県)　大栄町　2003.3　278p　22cm　Ⓝ213.5
〔15532〕

◇大栄町史　史料編 2 中世　大栄町史編さん委員会編　大栄町(千葉県)　大栄町　1995.3　374p　27cm　Ⓝ213.5
〔15533〕

◇館山城趾　千葉燿胤著　日本城郭協会　1963　96, 21p　22cm　Ⓝ213.5
〔15534〕

◇館山城趾後記　千葉燿胤著　日本城郭協会　1964　54p　図版 地図　22cm　Ⓝ213.5
〔15535〕

◇千葉県市原市能満釈蔵院所蔵古文書調査報告書　千葉歴史学会中世史部会, 千葉大学文学部佐藤ゼミ編　〔千葉〕　千葉歴史学会中世史部会　2005.5　79p　30cm　Ⓝ213.5
〔15536〕

◇千葉県史料　中世篇　香取文書　千葉県史編纂審議会編　〔千葉〕　千葉県　1954-58　22cm　Ⓝ213.5
〔15537〕

◇千葉県史料　中世篇　香取文書　千葉県史編纂審議会編　〔千葉〕　千葉県　1957　705p 図　22cm　Ⓝ213.5
〔15538〕

◇千葉県史料　中世篇　諸家文書　千葉県史編纂審議会編　〔千葉〕　千葉県　1962　443p 図　22cm　Ⓝ213.5
〔15539〕

◇千葉県史料　中世篇　県外文書　千葉県史編纂審議会編　〔千葉〕　千葉県　1966　641p 図　22cm　Ⓝ213.5
〔15540〕

◇千葉県史料　中世編　本土寺過去帳　千葉県企画部広報県民課編　〔千葉〕　千葉県　1982.3　127, 364p　22cm　Ⓝ213.5
〔15541〕

◇千葉県史料　中世篇　諸家文書 補遺　千葉県文書館編　千葉　千葉県文書館　1991.3　2冊(別冊とも)　27cm　Ⓝ213.5
〔15542〕

◇千葉県の歴史　資料編 中世 1　考古資料　千葉県史料研究財団編　千葉　千葉県　1998.3　754p　31cm　（県史シリーズ 14）　Ⓝ213.5
〔15543〕

◇千葉県の歴史　資料編 中世 2　県内文書 1　千葉県史料研究財団編　千葉　千葉県　1997.3　1197p　22cm　（県史シリーズ 15）　Ⓝ213.5
〔15544〕

◇千葉県の歴史　資料編 中世 3　県内文書 2　千葉県史料研究財団編　千葉　千葉県　2001.3　1164p　22cm　（県史シリーズ 16）　Ⓝ213.5
〔15545〕

◇千葉氏　室町・戦国編　千野原靖方著　流山　たけしま出版　1997.10　470p　22cm　8800円　Ⓘ4-925111-02-7　Ⓝ288.3
〔15546〕

◇千葉氏探訪—房総を駆け抜けた武士たち　鈴木佐編著, 千葉氏顕彰会監修　千葉　千葉日報社出版局　2002.3　435p　22cm　2300円　Ⓘ4-924418-53-6　Ⓝ288.2
〔15547〕

◇千葉氏の衰亡期をめぐる二人—地方文化の一つの原点　勝又清和ほか共著　成田　勝又坦治　1978.12　163p　19cm　Ⓝ213.5
〔15548〕

◇中世城館跡調査報告書　天津小湊町(千葉県)　天津小湊町　1999.3　26p　26cm　（ふるさと資料）　Ⓝ213.5
〔15549〕

◇中世の一宮　一宮町教育委員会編　〔一宮町(千葉県)〕　一宮町教育委員会　2004.3　54p　30cm　Ⓝ213.5
〔15550〕

◇中世の佐倉—ふるさと歴史読本　佐倉市総務部総務課市史編さん室編　〔佐倉〕　佐倉市　2000.3　72p　21cm　Ⓝ213.5
〔15551〕

◇中世の東葛飾―いのり・くらし・まつりごと 企画展　松戸市立博物館編　松戸　松戸市立博物館　2001.10　74p　30cm　Ⓝ213.5　　〔15552〕
◇中世の船橋―掘る・読む・たずねる 平成13年度企画展　船橋市郷土資料館編　船橋　船橋市郷土資料館　2002.3　66p　30cm　Ⓝ213.5　　〔15553〕
◇中世房総の権力と社会　中世房総史研究会編　高科書店　1991.5　430, 2p　22cm　9500円　Ⓝ213.5　　〔15554〕
◇中世房総の政治と文化　小笠原長和著　吉川弘文館　1985.11　458, 17p　22cm　7500円　Ⓘ4-642-02606-1　Ⓝ213.5　　〔15555〕
◇中世房総の船　千野原靖方著　流山　崙書房　1999.3　159p　18cm　（ふるさと文庫）　1200円　Ⓘ4-8455-0172-4　Ⓝ550.2135　　〔15556〕
◇中世房総やきもの市場　千葉県立房総のむら編　〔栄町（千葉県）〕　千葉県立房総のむら　2004.10　28p　30cm　Ⓝ751.1　　〔15557〕
◇手賀沼が海だった頃―松ヶ崎城と中世の柏北域　手賀沼と松ヶ崎城の歴史を考える会編　流山　たけしま出版　2000.7　150p　21cm　1500円　Ⓘ4-925111-08-6　Ⓝ213.5　　〔15558〕
◇東葛の中世城郭―千葉県北西部の城・館・城跡　千野原靖方著　流山　崙書房出版　2004.2　301p　22cm　3800円　Ⓘ4-8455-1101-0　Ⓝ213.5　　〔15559〕
◇野田市史　資料編 中世 2　野田市史編さん委員会編　野田　野田市　2002.3　413, 25p　27cm　Ⓝ213.5　　〔15560〕
◇野田文化　第8集　野田地方文化研究会　佐藤真解説　野田　1963　74p 図版　21cm　Ⓝ213.5　　〔15561〕
◇発掘された考古資料―最近の調査成果から 千葉県文化財センター10周年記念展　千葉　千葉県文化財センター　1985.3　8p　26cm　Ⓝ213.502　　〔15562〕
◇房総里見水軍の研究　千野原靖方著　流山　崙書房　1981.3　224, 5p　21cm　2800円　Ⓝ213.5　　〔15563〕
◇房総里見水軍の研究　千野原靖方著　流山　崙書房出版　1997.3　224, 8p　22cm　3800円　Ⓘ4-8455-1035-9　Ⓝ213.5　　〔15564〕
◇房総里見・正木氏文書の研究　史料篇 1　日本古文書学研究所編著　流山　崙書房出版　1991.9　63p 図版13枚　30cm　7000円　Ⓝ213.5　　〔15565〕
◇房総里見・正木氏文書の研究　史料篇 2　日本古文書学研究所編著　流山　崙書房出版　1992.12　112p 図版12枚　30cm　7000円　Ⓝ213.5　　〔15566〕
◇房総里見・正木氏文書の研究　史料篇 3　日本古文書学研究所編著　流山　崙書房出版　1997.3　166p 図版22枚　30cm　15000円　Ⓝ213.5　　〔15567〕
◇房総戦国土豪の終焉―小田原落城と両総の在地勢力　伊藤一男著　流山　崙書房出版　1991.5　213p　20cm　2000円　Ⓝ210.48　　〔15568〕
◇房総における戦国武将の系譜　千野原靖方著　流山　崙書房　1976　156p　19cm　1500円　Ⓝ210.47　　〔15569〕
◇本多忠朝の時代―関ケ原から大坂の陣 平成十八年度企画展図録　千葉県立中央博物館編　千葉　千葉県立中央博物館　2006.10　28p　30cm　Ⓝ210.47　　〔15570〕
◇源頼朝と房州　白鳥健著, 頼朝会安房支部編纂　〔市川町（千葉県）〕　頼朝会安房支部　1931　32p　23cm　Ⓝ213.5　　〔15571〕

◇結城家法度　関東地方史研究会編　1951　35p　21cm　（関東地方研究会研究資料 第3集）　Ⓝ213.5　　〔15572〕
◇八日市場城と城主　八日市場　八日市場歴史研究会　1986.1　101p　26cm　Ⓝ213.5　　〔15573〕
◇よみがえる篠本城跡―戦国動乱期城郭の謎にせまる 篠本城に見る房総の中世 シンポジウム　東総文化財センター編　光町（千葉県）　東総文化財センター　1995.10　84p　30cm　Ⓝ213.5　　〔15574〕

◆◆東京都
◇足立区小台宮城の歴史　高梨輝憲著　高梨輝憲　1969　84p　21cm　400円　Ⓝ213.6　　〔15575〕
◇五日市町史料　第7号　上田家文書目録　五日市町（東京都）　五日市町郷土館　1991.11　183p　26cm　Ⓝ213.6　　〔15576〕
◇今川氏と杉並の観泉寺―観泉寺所蔵文書を中心として 企画展　東京都杉並区立郷土博物館編　杉並区立郷土博物館　1994.3　20p　26cm　200円　Ⓝ213.6　　〔15577〕
◇牛込氏と牛込城―十周年記念号　新宿区郷土研究会　1987.11　20p　26cm　Ⓝ213.6　　〔15578〕
◇太田安房守資武状　太田資武著, 練馬郷土史研究会編　練馬郷土史研究会　1958　42p　25cm　（郷土研究史料）　Ⓝ213.6　　〔15579〕
◇奥多摩の中世史展―小河内衆杉田氏を中心として　〔奥多摩町（東京都）〕　奥多摩郷土資料館　1986.3　43p　26cm　Ⓝ213.6　　〔15580〕
◇母さんお城が燃えてるね―おはなし八王子城落城物語　前川実著　八王子　かたくら書店　1989.7　246p　18cm　（かたくら書店新書 31）　971円　Ⓘ4-906237-31-2　Ⓝ213.6　　〔15581〕
◇川口川流域の歴史と文化―中世に至るまで　八王子市郷土資料館編　八王子　八王子市教育委員会　1988.10　16p　26cm　Ⓝ213.6　　〔15582〕
◇北区史　通史編 中世　北区史編纂調査会編　東京都北区　1996.3　294p　27cm　Ⓝ213.61　　〔15583〕
◇京都鹿王院と赤塚荘園―中世における旧赤塚村の顔 謹呈私家版　大井睟著　〔大井睟〕　1996　66p　26cm　Ⓝ213.61　　〔15584〕
◇下町・中世再発見―平成5年度特別展　〔東京都〕葛飾区郷土と天文の博物館　1993.10　136p　26cm　Ⓝ213.6　　〔15585〕
◇品川区史料 10　品川御殿山出土の中世石造物　東京都品川区教育委員会　品川区教育委員会　1997.3　181p　21cm　Ⓝ213.6　　〔15586〕
◇品川の歴史シリーズ　第2編〔中世編〕第1部　中世の品川　東京都品川区教育委員会編　1964　110p 図版　22cm　Ⓝ213.6　　〔15587〕
◇品川の歴史シリーズ　第2編〔中世編〕第2部　中世の品川　東京都品川区教育委員会編　1965　36p 図版　22cm　Ⓝ213.6　　〔15588〕
◇石神井城跡発掘調査の記録―甦る中世城郭　練馬区教育委員会生涯学習課　2004.3　15p　30cm　Ⓝ213.6　　〔15589〕
◇史料と遺跡が語る中世の東京　峰岸純夫, 木村茂光編　新日本出版社　1996.5　210p　19cm　1900円　Ⓘ4-406-02439-5　Ⓝ213.6　　〔15590〕
◇関戸合戦―パルテノン多摩歴史ミュージアム特別展　多摩市関戸に残る中世の伝承とその背景　パルテノン多摩編　多摩　パルテノン多摩　2007.3　79p　30cm　Ⓝ213.65　　〔15591〕

地方史　　　　　　　　　　　中世史

◇世田谷城　名残常盤記—世田谷風土記　鈴木堅次郎校著　鈴木達　1961　22, 845p 図版　22cm　Ⓝ213.6
〔15592〕
◇世田谷の中世城塞　東京都世田谷区教育委員会編　東京都世田谷区教育委員会　1979.3　95p　26cm　Ⓝ213.6
〔15593〕
◇戦国の終わりを告げた城—八王子城を探る　椚国男著　六興出版　1991.7　265p　19cm　(ロッコウブックス)　1400円　ⓘ4-8453-5072-6　Ⓝ291.36　〔15594〕
◇続江戸以前—蘇った中世の東京　永峯光一共編,坂詰秀一共編　東京新聞出版局　1982.4　201p　19cm　1300円　ⓘ4-8083-0115-6　Ⓝ213.6　〔15595〕
◇柚保の板碑展—多摩川上流の中世を求めて　〔出版地不明〕　青梅市郷土博物館　1979.5　33p　26cm　Ⓝ213.6
〔15596〕
◇多摩丘陵の古城址　田中祥彦著　有峰書店新社　1993.6　317p　19cm　2500円　ⓘ4-87045-201-4　Ⓝ213.6
〔15597〕
◇多摩丘陵の古城址　田中祥彦著　新装版　有峰書店新社　2001.7　317p　19cm　2500円　ⓘ4-87045-224-3　〔15598〕
◇多摩の古城址—城址・砦址・館址　小幡晋著　第2版　武蔵野　武蔵野郷土史刊行会　1978.5　280p　19cm　1000円　Ⓝ291.36　〔15599〕
◇伝説と史実のはざま—郷土史と考古学　比田井克仁著　雄山閣　2006.11　170p　21cm　2800円　ⓘ4-639-01955-6
〔15600〕
◇東京低地の中世を考える—葛飾区郷土と天文の博物館シンポジウム報告集　葛飾区郷土と天文の博物館編　名著出版　1995.3　316p　21cm　2800円　ⓘ4-626-01508-5　Ⓝ213.6　〔15601〕
◇東京都古代中世古文書金石文集成　第2巻　古文書編 2　南北朝〜室町　角川文化振興財団編　角川書店　1994.10　457p　21cm　21000円　ⓘ4-04-522302-9　Ⓝ213.6
〔15602〕
◇東京都古代中世古文書金石文集成　第3巻　古文書編 3　戦国　角川文化振興財団編　角川書店　1995.5　529p　22cm　23000円　ⓘ4-04-522303-7　Ⓝ213.6
〔15603〕
◇東京都古代中世古文書金石文集成　第4巻　金石文編　角川文化振興財団編,平野邦雄,杉山博監修　角川書店　1997.5　429p　22cm　ⓘ4-04-522304-5　Ⓝ213.6
〔15604〕
◇東京都古代中世古文書金石文集成　別冊　索引編　角川文化振興財団編,平野邦雄,杉山博監修　角川書店　1997.5　175p　21cm　ⓘ4-04-522304-5　Ⓝ213.6
〔15605〕
◇東京都中世古文書所在調査目録　東京都中世古文書調査団　1978.3　96p　26cm　Ⓝ213.6　〔15606〕
◇豊島氏と清光寺　平野実著　練馬郷土史研究会　1959　46p　22cm　(郷土史研究ノート 第4)　Ⓝ213.6
〔15607〕
◇豊島氏とその時代—中世の板橋と豊島郡　東京都板橋区立郷土資料館編　板橋区立郷土資料館　1997.10　93p　30cm　Ⓝ288.2　〔15608〕
◇豊島氏とその時代—東京の中世を考える　峰岸純夫,小林一岳,黒田基樹編　新人物往来社　1998.6　354p　19cm　2800円　ⓘ4-404-02617-X　〔15609〕

◇新田義貞の鎌倉攻めと徳蔵寺元弘の板碑　東村山　東村山市教育委員会　1983.12　246p　21cm　700円　Ⓝ213.6
〔15610〕
◇八王子城跡御主殿—戦国大名北条氏照のくらし　平成16年度特別展　八王子市郷土資料館編　〔八王子〕　八王子市郷土資料館　2004.7　57p　21cm　Ⓝ210.0254
〔15611〕
◇八王子城主・北条氏照—氏照文書からみた関東の戦国　下山治久著　国立　たましん地域文化財団　1994.12　348p　21cm　(多摩歴史叢書 3)　2000円　ⓘ4-924972-06-1　Ⓝ289.1　〔15612〕
◇八王子千人同心史料—河野家文書　村上直編　雄山閣　1975　373p 図　22cm　5500円　Ⓝ213.6　〔15613〕
◇発掘された八王子城　八王子市郷土資料館編　八王子　八王子市教育委員会　1996.10　69p　30cm　Ⓝ210.025
〔15614〕
◇日野市史　通史編 2 上　中世編　日野　日野市史さん委員会　1994.3　322p　22cm　Ⓝ213.6　〔15615〕
◇福生市史資料編　中世寺社　福生市史さん委員会編　福生　福生市　1987.3　572p　21cm　Ⓝ213.6
〔15616〕
◇幻の八王子城—埋れる大城郭都市　前川実著　八王子　かたくら書店　1988.5　244p　18cm　(かたくら書店新書 27)　1000円　ⓘ4-906237-27-4　Ⓝ213.6
〔15617〕
◇武蔵野歴史散歩—東国武士の盛衰　加藤蕙著　大阪　創元社　1975　206p　18cm　480円　Ⓝ213.6
〔15618〕
◇むらやまの中世—市内に残る板碑と中世陶器　特別展解説書　武蔵村山市教育委員会(武蔵村山市立歴史民俗資料館)編　武蔵村山　武蔵村山市教育委員会　2006.10　31p　30cm　Ⓝ185.5　〔15619〕
◇よみがえる滝山城—戦国の風雲をかけぬけた天下の名城　中田正光著,滝山城跡群・自然と歴史を守る会編　八王子　揺籃社(発売)　2007.11　80p　21cm　700円　ⓘ978-4-89708-251-6　Ⓝ210.47　〔15620〕
◇六郷殿—その謎を追う　中世史の地域的研究　第1部　原亀男著・編　原亀男　1992.11　22枚　19×22cm　非売品　Ⓝ210.4　〔15621〕
◇六郷殿—その謎を追う　中世史の地域的研究　第2部　原亀男著・編　原亀男　1993.2　30枚　19×26cm　非売品　Ⓝ210.4　〔15622〕
◇六郷殿—その謎を追う　中世史の地域的研究　第3部　原亀男著・編　原亀男　1993.4　24枚　19×26cm　非売品　Ⓝ210.4　〔15623〕
◇六郷殿—その謎を追う　中世史の地域的研究　第4部　原亀男著・編　原亀男　1993.5　13枚　18×26cm　非売品　Ⓝ210.4　〔15624〕
◇六郷殿—その謎を追う　中世史の地域的研究　第5部　原亀男著・編　原亀男　1993.8　25枚　19×26cm　非売品　Ⓝ210.4　〔15625〕

◆◆神奈川県
◇厚木市史　中世資料編　厚木市秘書部市史編さん室編　厚木　厚木市　1989.3　1011p　22cm　Ⓝ213.7
〔15626〕
◇厚木市史　中世通史編　厚木市秘書部市史編さん室編　厚木　厚木市　1999.3　1122p　22cm　Ⓝ213.7
〔15627〕

◇暗黒時代の神奈川県―自建武中興挫折至家康江戸入城　佐藤善治郎著　横浜　神奈川高等女学校学友会　1939　98p　22cm　Ⓝ213.7
〔15628〕
◇会下山西やぐら群　横浜　かながわ考古学財団　2006.3　56p　図版2枚, 30p　30cm　（かながわ考古学財団調査報告 196）　Ⓝ210.0254
〔15629〕
◇会下山西やぐら群　2　横浜　かながわ考古学財団　2006.12　20p　図版8p　30cm　（かながわ考古学財団調査報告 204）　Ⓝ210.0254　Ⓝ288.2
〔15630〕
◇海老名市史　2　資料編　中世　海老名市編　海老名　海老名市　1998.3　679p　22cm　Ⓝ213.7
〔15631〕
◇扇谷上杉氏と太田道灌　黒田基樹著　岩田書院　2004.6　220p　21cm　（岩田選書「地域の中世」1）　2800円　Ⓘ4-87294-326-0　Ⓝ288.2
〔15632〕
◇大倉幕府北やぐら群　横浜　かながわ考古学財団　2004.2　46p　図版28p　30cm　（かながわ考古学財団調査報告 162）　Ⓝ210.0254
〔15633〕
◇小田原市史　史料編　中世 2　小田原北条　1　小田原　小田原市　1991.3　1038p　22cm　Ⓝ213.7
〔15634〕
◇小田原市史　史料編　中世 3　小田原北条　2　小田原　小田原市　1993.3　1134p　22cm　Ⓝ213.7
〔15635〕
◇小田原城　河合安貞編　小田原町（神奈川県）　河合安貞　1912　131p　19cm　Ⓝ213.7
〔15636〕
◇小田原北条氏城郭顕正―早雲・氏綱が用いた軍配流兵法による　神奈川古城研究会著　小田原　神奈川古城研究会　1991.6　38p　19cm　非売品　Ⓝ213.7
〔15637〕
◇月輪寺やぐら群　横浜　かながわ考古学財団　2007.3　14p　図版4p　30cm　（かながわ考古学財団調査報告 212）　Ⓝ210.0254
〔15638〕
◇神奈河戦国史稿　前田右勝編著　〔横浜〕　前田右勝　2006.8　533p　27cm　Ⓝ213.7
〔15639〕
◇金沢八景―歴史・景観・美術　金沢文庫特別展図録　神奈川県立金沢文庫編　横浜　神奈川県立金沢文庫　1993.4　175p　30cm　Ⓝ213.7
〔15640〕
◇金沢北条氏と称名寺　福島金治著　吉川弘文館　1997.9　312, 8p　22cm　6900円　Ⓘ4-642-02761-0　Ⓝ185.9137
〔15641〕
◇金沢北条氏の研究　永井晋著　八木書店　2006.12　508, 26p　21cm　12000円　Ⓘ4-8406-2025-3
〔15642〕
◇鎌倉―中世史の風景　永井路子文, 松尾順造写真　岩波書店　1984.8　79p　22cm　（岩波グラフィックス 25）　1200円　Ⓘ4-00-008425-9　Ⓝ291.37
〔15643〕
◇鎌倉―古戦場を歩く　奥富敬之, 奥富雅子著　新人物往来社　1985.7　246p　20cm　2000円　Ⓝ291.37
〔15644〕
◇鎌倉・伊豆―武家の盛衰　千賀四郎編集　小学館　1973　182p（図共）　20cm　（歴史の旅 5）　750円　Ⓝ291.37
〔15645〕
◇かまくら切通しストーリー　堤治郎著　鎌倉　かまくら春秋社　2008.1　247p　19cm　1300円　Ⓘ978-4-7740-0383-2
〔15646〕
◇鎌倉 古寺を歩く―宗教都市の風景　松尾剛次著　吉川弘文館　2005.11　205p　19cm　（歴史文化ライブラリー）　1700円　Ⓘ4-642-05602-5
〔15647〕
◇鎌倉古戦場を歩く　奥富敬之, 奥富雅子著　新装版　新人物往来社　2000.12　246p　20cm　2200円　Ⓘ4-404-02896-2　Ⓝ291.37
〔15648〕

◇鎌倉史跡事典　奥富敬之著　新人物往来社　1997.3　331p　22cm　12360円　Ⓘ4-404-02452-5　Ⓝ213.7
〔15649〕
◇鎌倉史跡事典―コンパクト版　奥富敬之著　新人物往来社　1999.4　331p　20cm　4800円　Ⓘ4-404-02808-3　Ⓝ213.7
〔15650〕
◇鎌倉事典　白井永二編　東京堂出版　1992.1　366p　21cm　2800円　Ⓘ4-490-10303-4　Ⓝ213.7
〔15651〕
◇鎌倉市埋蔵文化財緊急調査報告書　20　第1分冊　鎌倉市教育委員会編　鎌倉　鎌倉市教育委員会　2004.3　316p　30cm　Ⓝ210.0254
〔15652〕
◇鎌倉市埋蔵文化財緊急調査報告書　20　第2分冊　鎌倉市教育委員会編　鎌倉　鎌倉市教育委員会　2004.3　276p　30cm　Ⓝ210.0254
〔15653〕
◇鎌倉市埋蔵文化財緊急調査報告書　21　第1分冊　鎌倉市教育委員会編　鎌倉　鎌倉市教育委員会　2005.3　402p　30cm　Ⓝ210.0254
〔15654〕
◇鎌倉市埋蔵文化財緊急調査報告書　21　第2分冊　鎌倉市教育委員会編　鎌倉　鎌倉市教育委員会　2005.3　420p　30cm　Ⓝ210.0254
〔15655〕
◇鎌倉市埋蔵文化財緊急調査報告書　22　第1分冊　鎌倉市教育委員会編　鎌倉　鎌倉市教育委員会　2006.3　340p　30cm　Ⓝ210.0254
〔15656〕
◇鎌倉市埋蔵文化財緊急調査報告書　22　第2分冊　鎌倉市教育委員会編　鎌倉　鎌倉市教育委員会　2006.3　397p　30cm　Ⓝ210.0254
〔15657〕
◇鎌倉市埋蔵文化財緊急調査報告書　23　第1分冊　鎌倉市教育委員会編　〔鎌倉〕　鎌倉市教育委員会　2007.3　14, 331p　30cm　Ⓝ210.0254
〔15658〕
◇鎌倉市埋蔵文化財緊急調査報告書　23　第2分冊　鎌倉市教育委員会編　〔鎌倉〕　鎌倉市教育委員会　2007.3　338p　30cm　Ⓝ210.0254
〔15659〕
◇鎌倉城（浄明寺五丁目地内）　横浜　かながわ考古学財団　2005.9　24p　図版12p　30cm　（かながわ考古学財団調査報告 190）　Ⓝ210.0254
〔15660〕
◇鎌倉・湘南新歳時記―『吾妻鏡』の世界　末広昌雄著　岳書房　1992.2　216p　19cm　2060円
〔15661〕
◇鎌倉・湘南新風土記―続・『吾妻鏡』を歩く　末広昌雄著　岳書房　1990.1　222p　19cm　1648円　Ⓝ213.7
〔15662〕
◇鎌倉城（no.87）発掘調査報告書―御成町39番36地点　斉藤建設編　〔鎌倉〕　斉藤建設　2006.3　73p　図版2枚　30cm　Ⓝ210.0254
〔15663〕
◇鎌倉城（no.87）発掘調査報告書―御成町39番36地点　第2次調査　斉藤建設編　〔鎌倉〕　斉藤建設　2007.9　34p　図版1枚　30cm　Ⓝ210.0254
〔15664〕
◇鎌倉史話紀行　今野信雄著　青蛙房　1982.5　239p　20cm　1800円　Ⓝ213.7
〔15665〕
◇鎌倉草創期―あの日あの時　めくるめく季節を彩る　関弘文・写真　中央公論事業出版　2005.2　120p　21cm　1700円　Ⓘ4-89514-240-X
〔15666〕
◇鎌倉大日記　頼朝会編　頼朝会　1937　37p　27cm　Ⓝ210.4
〔15667〕
◇鎌倉でお寺や神社をめぐり、史跡と仏像に会いましょう。　福岡秀樹著　メイツ出版　2004.12　144p　21cm　1500円　Ⓘ4-89577-827-4
〔15668〕
◇鎌倉と幕府時代　杉本寛一著　京浜急行電鉄株式会社三浦古文化研究所　1955　42p　24cm　Ⓝ213.7
〔15669〕

◇「鎌倉」とはなにか―中世、そして武家を問う　関幸彦著　山川出版社　2003.5　188p　20cm　2000円　①4-634-59340-8　Ⓝ213.7　〔15670〕
◇鎌倉謎とき散歩―古寺伝説と史都のロマンを訪ねて　湯本和夫著　改訂新版　広済堂出版　1996.11　365p　19cm　1456円　①4-331-50558-8　Ⓝ213.7　〔15671〕
◇鎌倉謎とき散歩　古寺伝説編　湯本和夫著　広済堂出版　1993.10　247p　15cm　（広済堂文庫―ヒューマン・セレクト）　500円　①4-331-65186-X　〔15672〕
◇鎌倉謎とき散歩　史都のロマン編　湯本和夫著　広済堂出版　1993.9　252p　16cm　（広済堂文庫）　500円　①4-331-65185-1　Ⓝ213.7　〔15673〕
◇鎌倉の歩き方味わい方―北条時宗ゆかりの古寺と史跡を訪ねて　湯本和夫著　ベストセラーズ　2001.7　222p　18cm　（ベスト新書）　680円　①4-584-12006-4　Ⓝ213.7　〔15674〕
◇鎌倉の古建築　関口欣也著　増補版　横浜　有隣堂　2005.11　235, 7p　18cm　（有隣新書）　1200円　①4-89660-192-0　〔15675〕
◇鎌倉の史跡　三浦勝男著　鎌倉　かまくら春秋社　1983.8　298p　19cm　（鎌倉叢書 第7巻）　1800円　Ⓝ213.7　〔15676〕
◇鎌倉の史蹟概要　松本勘太郎著　鎮西学友会　1930　182p　22cm　Ⓝ291.37　〔15677〕
◇鎌倉の地名由来辞典　三浦勝男編　東京堂出版　2005.9　205p　19cm　2200円　①4-490-10674-2　〔15678〕
◇鎌倉のやぐら―もののふの浄土　大三輪竜彦著　鎌倉　かまくら春秋社　1977.4　152p（図共）　19cm　850円　Ⓝ213.7　〔15679〕
◇鎌倉廃寺事典　貫達人, 川副武胤著　横浜　有隣堂　1980.12　273, 9p　22cm　3800円　Ⓝ185.9137　〔15680〕
◇鎌倉幕府と和賀江島築港　島崎武雄著　地域開発研究所　1993.3　42p　30cm　1000円　Ⓝ210.42　〔15681〕
◇鎌倉もののふと伝説の道を歩く　大貫昭彦著, 高橋健司写真　有楽出版社, 実業之日本社〔発売〕　2005.7　175p　21cm　1600円　①4-408-59242-0　〔15682〕
◇極楽寺地蔵堂脇やぐら　横浜　かながわ考古学財団　2007.3　12p 図版4p　30cm　（かながわ考古学財団調査報告 209）　Ⓝ210.0254　〔15683〕
◇後北条氏の覇業とその当時の小田原　小田原町（神奈川県）　小田原振興会　1938　30p　23cm　Ⓝ213.7　〔15684〕
◇相模国の中世史　上　湯山学著　〔藤沢〕〔湯山学〕　1988.7　129p　21cm　（南関東中世史論集 1）　Ⓝ213.7　〔15685〕
◇相模国の中世史　下　湯山学著　〔藤沢〕〔湯山学〕　1991.4　201p　21cm　（南関東中世史論集 2）　Ⓝ213.7　〔15686〕
◇相模のもののふたち―中世史を歩く　永井路子著　横浜　有隣堂　1978.8　268p　18cm　（有隣新書）　Ⓝ210.4　〔15687〕
◇相模のもののふたち―中世史を歩く　永井路子著　文芸春秋　1986.6　254p　16cm　（文春文庫）　360円　①4-16-720016-3　Ⓝ210.4　〔15688〕
◇実朝と波多野―中世の秦野を知るために　秦野郷土文化会編　秦野　夢工房　1988.12　143p　19cm　700円　Ⓝ213.7　〔15689〕

◇山王堂東谷やぐら群　3　横浜　かながわ考古学財団　2005.2　36p 図版20p　30cm　（かながわ考古学財団調査報告 182）　Ⓝ210.0254　〔15690〕
◇山王堂東谷やぐら群　4　横浜　かながわ考古学財団　2005.3　10p 図版6p　30cm　（かながわ考古学財団調査報告 184）　Ⓝ210.0254　〔15691〕
◇山王堂東谷やぐら群　5　横浜　かながわ考古学財団　2005.3　12p 図版6p　30cm　（かながわ考古学財団調査報告 186）　Ⓝ210.0254　〔15692〕
◇浄光明寺敷地絵図の研究　大三輪龍彦編　新人物往来社　2005.7　177p　22cm　4800円　①4-404-03260-9　Ⓝ188.55　〔15693〕
◇称名寺の石塔―中世律宗と石塔　企画展　神奈川県立金沢文庫編　横浜　神奈川県立金沢文庫　2002.12　32p　30cm　Ⓝ714　〔15694〕
◇真言院北やぐら群　横浜　かながわ考古資料刊行会　2003.10　25p 図版1, 12p　30cm　（かながわ考古学財団調査報告 156）　Ⓝ210.0254　〔15695〕
◇真言院北やぐら群　2　横浜　かながわ考古学財団　2006.3　24p 図版12p　30cm　（かながわ考古学財団調査報告 194）　Ⓝ210.0254　〔15696〕
◇新編鎌倉史蹟　石川七之助著　鎌倉町（神奈川県）　新村堂　1914　227p　19cm　Ⓝ291.37　〔15697〕
◇図説「鎌倉史」発見―史跡・伝説探訪の小さな旅　相原精次著　彩流社　2006.4　126p　21cm　1900円　①4-7791-1155-2　〔15698〕
◇駿河相模の武家社会　福田以久生著　大阪　清文堂出版　1976.11　526, 12p 図　22cm　5800円　Ⓝ210.4　〔15699〕
◇駿河相模の武家社会　福田以久生著　修訂再版　大阪　清文堂出版　2007.4　512, 14p　22cm　9400円　①978-4-7924-0627-1　Ⓝ210.4　〔15700〕
◇戦国時代の藤沢　伊藤一美著　名著出版　1983.12　230p　19cm　（藤沢文庫 8）　980円　Ⓝ213.7　〔15701〕
◇相州玉縄城主玉縄北条氏文書集　佐藤博信編著　茅ケ崎　後北条氏研究会　1973　63p 図　21cm　（研究資料 第3輯）　700円　Ⓝ213.7　〔15702〕
◇宅間谷東やぐら群　横浜　かながわ考古学財団　2007.3　212p 図版4, 128p　30cm　（かながわ考古学財団調査報告 207）　Ⓝ210.0254　〔15703〕
◇たっぷり鎌倉歴史ウォーキング―義経・頼朝伝説を訪ねて　清水克悦著　水曜社　2005.1　126p　21cm　1500円　①4-88065-134-6　Ⓝ291.37　〔15704〕
◇たっぷり鎌倉歴史ウォーキング―義経・頼朝伝説を訪ねて　清水克悦著　改訂新版　水曜社　2007.7　126p　21cm　1500円　①978-4-88065-197-2　Ⓝ291.37　〔15705〕
◇中世伊勢原をめぐる武士たち　湯山学著, 伊勢原市教育委員会社会教育課編　伊勢原　伊勢原市教育委員会　1991.3　118p　19cm　Ⓝ213.7　〔15706〕
◇中世鎌倉の発掘　大三輪龍彦編, 永井路子ほか著　横浜　有隣堂　1983.9　170,〔1〕p　26cm　2200円　①4-89660-058-4　Ⓝ210.2　〔15707〕
◇中世都市鎌倉―遺跡が語る武士の都　河野真知郎著　講談社　1995.5　284p　19cm　（講談社選書メチエ 49）　1500円　①4-06-258049-7　Ⓝ213.7　〔15708〕
◇中世都市鎌倉―遺跡が語る武士の都　河野眞知郎著　講談社　2005.6　328p　15cm　（講談社学術文庫）　1050円　①4-06-159713-2　Ⓝ213.7　〔15709〕

◇中世都市鎌倉を歩く―源頼朝から上杉謙信まで　松尾剛次著　中央公論社　1997.11　184p　18cm　（中公新書）　660円　Ⓘ4-12-101392-1　Ⓝ213.7　〔15710〕

◇中世都市鎌倉を掘る　鎌倉考古学研究所編　日本エディタースクール出版部　1994.5　298p　23cm　3400円　Ⓘ4-88888-211-8　Ⓝ213.7　〔15711〕

◇中世都市鎌倉の実像と境界　五味文彦, 馬淵和雄編　高志書院　2004.9　182p　21cm　2200円　Ⓘ4-906641-86-5　Ⓝ213.7　〔15712〕

◇中世都市鎌倉の「はずれ」の風景―西のはずれ「竜の口」の原風景　清田義英著　藤沢　江ノ電沿線新聞社　1997.8　153p　19cm　1300円　〔15713〕

◇中世都市鎌倉の風景　松尾剛次著　吉川弘文館　1993.12　219p　20cm　2000円　Ⓘ4-642-07415-5　Ⓝ213.7　〔15714〕

◇中世の鎌倉―鶴岡八幡宮の研究　湯山学著　〔藤沢〕〔湯山学〕　1993.3　189p　21cm　（南関東中世史論集 3）　Ⓝ210.4　〔15715〕

◇中世の鎌倉を語る　安西篤子監修　平凡社　2004.7　393p　20cm　2200円　Ⓘ4-582-46905-1　Ⓝ213.7　〔15716〕

◇中世の箱根山　岩崎宗純著　〔横浜〕　神奈川新聞社　1998.3　161p　18cm　（かなしんブックス 45―箱根叢書 28）　930円　Ⓘ4-87645-228-8　Ⓝ213.7　〔15717〕

◇中世の風景を読む　第2巻　都市鎌倉と坂東の海に暮らす　網野善彦, 石井進編　新人物往来社　1994.12　352p　21cm　3000円　Ⓘ4-404-02157-7　Ⓝ210.4　〔15718〕

◇中世平塚の城と館　平塚市教育委員会編　〔平塚〕　平塚市観光協会　1982.1　74p　26cm　Ⓝ213.7　〔15719〕

◇長勝寺跡内やぐら群　2　横浜　かながわ考古学財団　2004.3　40p 図版18p　30cm　（かながわ考古学財団調査報告 174）　Ⓝ210.0254　〔15720〕

◇築井古城記―城と共に消えた相州津久井城主の謎を追って　小川良一著　横浜　丸井図書出版　1981.12　334p　19cm　1500円　Ⓝ213.7　〔15721〕

◇鶴見川歴史散歩と中世流域のつわものたち　瀬田秀人著　横浜　横浜230club新聞社　1993.3　128p　21cm　1500円　Ⓝ213.7　〔15722〕

◇永井路子の私のかまくら道―鎌倉の歴史と陰　永井路子著　改訂版　鎌倉　かまくら春秋社　2001.4　175p　19cm　850円　Ⓘ4-7740-0164-3　Ⓝ915.6　〔15723〕

◇西御門東やぐら群　横浜　かながわ考古学財団　2005.1　100p 図版2, 60p　30cm　（かながわ考古学財団調査報告 181）　Ⓝ210.0254　〔15724〕

◇西御門東やぐら群　2　横浜　かながわ考古学財団　2005.3　28p 図版12p　30cm　（かながわ考古学財団調査報告 187）　Ⓝ210.0254　〔15725〕

◇女人鎌倉―歴史を再発見する15の物語　安西篤子著, 西村陽一郎写真　祥伝社　1998.4　258p　15cm　（ノン・ポシェット）　590円　Ⓘ4-396-31095-1　〔15726〕

◇波多野氏と波多野庄―興亡の歴史をたどる　湯山学著, 秦野郷土文化会企画・編集　秦野　夢工房　1996.2　225p　19cm　900円　Ⓘ4-946513-27-2　Ⓝ213.7　〔15727〕

◇深く歩く鎌倉史跡散策　上　神谷道倫著　鎌倉　かまくら春秋社出版事業部　2006.7　269p　19cm　1429円　Ⓘ4-7740-0340-9　Ⓝ291.37　〔15728〕

◇深く歩く鎌倉史跡散策　下　神谷道倫著　鎌倉　かまくら春秋社出版事業部　2006.7　279p　19cm　1429円　Ⓘ4-7740-0341-7　Ⓝ291.37　〔15729〕

◇武家の古都、鎌倉　高橋慎一朗著　山川出版社　2005.8　102p　22×14cm　（日本史リブレット 21）　800円　Ⓘ4-634-54210-2　〔15730〕

◇藤沢の武士と城―扇谷上杉氏と大庭城　湯山学著　名著出版　1979.12　239p　19cm　（藤沢文庫 3）　980円　Ⓝ213.7　〔15731〕

◇北条義時法華堂跡確認調査報告書　鎌倉市教育委員会編　〔鎌倉〕　鎌倉市教育委員会　2005.11　64p　30cm　Ⓝ210.0254　〔15732〕

◇政子・頼朝の鎌倉歴史散歩　二橋進著　現代史出版会　1978.12　217p　19cm　890円　Ⓝ291.37　〔15733〕

◇三浦・会津 蘆名一族　七宮涬三著　新人物往来社　2007.7　268p　19cm　2800円　Ⓘ978-4-404-03466-3　〔15734〕

◇三浦一族―その興亡の歴史　上杉孝良著, 三浦一族研究会編　改訂　横須賀　横須賀市　2007.3　151p　21cm　1000円　Ⓝ288.2　〔15735〕

◇武者の府　鎌倉　松山宏著　京都　柳原書店　1976.11　316p 図　20cm　（記録・都市生活史 2）　1700円　Ⓝ213.7　〔15736〕

◇六浦瀬戸橋―中世鎌倉のベイブリッジ　神奈川県立金沢文庫編　横浜　神奈川県立金沢文庫　1995.12　63p　26cm　（金沢文庫テーマ展図録）　Ⓝ213.7　〔15737〕

◇森戸やぐら　横浜　かながわ考古学財団　2006.12　16p 図版6p　30cm　（かながわ考古学財団調査報告 200）　Ⓝ210.0254　〔15738〕

◇由比ヶ浜中世集団墓地遺跡　玉川文化財研究所編著　〔横浜〕　玉川文化財研究所　2005.9　218p 図版68p　30cm　Ⓝ210.0254　〔15739〕

◇由比ガ浜南遺跡　横浜　かながわ考古学財団　2004.3　118p 図版30p　30cm　（かながわ考古学財団調査報告 164）　Ⓝ210.0254　〔15740〕

◇横須賀市小舞岡遺跡の調査　〔逗子〕　横須賀考古学会　1977.3　18p　26cm　Ⓝ213.7　〔15741〕

◇よみがえる中世　3　武士の都鎌倉　石井進, 大三輪竜彦編　平凡社　1989.4　238p　27cm　2990円　Ⓘ4-582-47553-1　Ⓝ210.4　〔15742〕

◇若宮大路周辺遺跡群（no.242）発掘調査報告書―小町二丁目4番1地点　斉藤建設編　〔鎌倉〕　斉藤建設　2006.8　70p 図版2枚　30cm　Ⓝ210.0254　〔15743〕

◆北越地方

◇加賀・越前と美濃街道　隼田嘉彦, 松浦義則編　吉川弘文館　2004.5　270, 30p　19cm　（街道の日本史 28）　2500円　Ⓘ4-642-06228-9　〔15744〕

◇戦国のロマン―北陸路・古戦場めぐり　塩照夫著　富山　北日本新聞社出版部　1973　201p 図　18cm　880円　Ⓝ291.4　〔15745〕

◇中世北陸の社会と信仰―北陸の古代と中世3　浅香年木著　法政大学出版局　1988.4　391, 26p　22cm　（叢書・歴史学研究）　7500円　Ⓘ4-588-25017-5　Ⓝ214　〔15746〕

◇ひげの梶さんと利家とまつを歩こう！　梶本晃司著　広島　南々社　2001.12　166p　26cm　（ひげの梶さん歴史文学散歩シリーズ 1）　1850円　Ⓘ4-931524-06-0　Ⓝ291.4　〔15747〕

地方史　　　　　　　　　　　　　　中世史

◆◆新潟県

◇上杉謙信と春日山城　花ケ前盛明著　新人物往来社　1984.8　247p　20cm　1800円　Ⓝ214.1　〔15748〕
◇上杉謙信と春日山城　花ケ前盛明著　第7版　新人物往来社　1991.4　252p　20cm　1800円　Ⓘ4-404-01217-9　Ⓝ214.1　〔15749〕
◇影印北越中世文書　佐藤進一等編　柏書房　1975　321,11p 図　22cm　8500円　Ⓝ214.1　〔15750〕
◇越後上杉氏の研究　赤澤計眞著　高志書院　1999.5　369p　22cm　（環日本海歴史民俗学叢書 6）　7400円　Ⓘ4-906641-28-8　Ⓝ214.1　〔15751〕
◇越後加地氏　新発田氏の系譜　飯田素州著　新潟　新潟日報事業社　2005.6　582p　21cm　4800円　Ⓘ4-86132-125-5　〔15752〕
◇越後・佐渡の山岳修験　鈴木昭英著　京都　法藏館　2004.9　429p　22cm　（修験道歴史民俗論集 3）　12000円　Ⓘ4-8318-7539-2　Ⓝ188.59　〔15753〕
◇越後史集　天,地巻　黒川真道編　国史研究会　1916　2冊　19cm　Ⓝ214.1　〔15754〕
◇越後史料叢書　第1編　北越太平記　越後史料叢書編輯部編　新潟　文港堂〔ほか〕　1914　293p　22cm　Ⓝ214.1　〔15755〕
◇越後中世史の世界　佐藤博信著　岩田書院　2006.4　173p　21cm　（岩田選書「地域の中世」3）　2200円　Ⓘ4-87294-425-9　Ⓝ214.1　〔15756〕
◇越後新田氏の研究　赤澤計眞著　高志書院　2000.3　372p　22cm　（環日本海歴史民俗学叢書 8）　5300円　Ⓘ4-906641-34-2　Ⓝ214.1　〔15757〕
◇越後の国雪の伝説　鈴木直著　4版　長岡　長岡目黒書店　1949　232p　18cm　Ⓝ913.4　〔15758〕
◇越後の親鸞─史跡と伝説の旅　大場厚順著　新潟　新潟日報事業社　1994.6　116p　21cm　1500円　Ⓘ4-88862-500-X　Ⓝ188.72　〔15759〕
◇越後北条毛利氏山城と隆盛のあと　平原順二著　柏崎　柏崎市北条地区コミュニティ振興協議会　2007.6　40p　26cm　Ⓝ214.1　〔15760〕
◇越後文書宝翰集毛利安田氏文書　矢田俊文,新潟県立歴史博物館編　新潟　新潟大学「大域的文化システムの再構成に関する資料学的研究」プロジェクト　2007.3　64p　30cm　（新潟大学大域プロジェクト研究資料叢刊 9）　Ⓝ214.1　〔15761〕
◇越佐史料　巻6　自正親町天皇天正九年至同天正十二年　高橋義彦編　名著出版　1971　520, 222p　22cm　5000円　Ⓝ214.1　〔15762〕
◇奥山荘城館遺跡─中世越後の荘園と館群　水澤幸一著　同成社　2006.10　186p　19cm　（日本の遺跡 15）　1800円　Ⓘ4-88621-370-7　〔15763〕
◇柏崎刈羽の古城址　第1集　小国篇　山崎正治編　〔柏崎〕　山崎正治　1976　78p　26cm　非売品　Ⓝ214.1　〔15764〕
◇柏崎・刈羽の古城址　第2集　高柳・石黒・鯖石篇　山崎正治編　〔小国町（新潟県）〕　山崎正治　1984.10　111p　26cm　非売品　Ⓝ214.1　〔15765〕
◇柏崎地方における中世の山城　〔柏崎〕　柏崎市教育委員会 柿崎町（新潟県）県立柏崎高校歴史クラブ　1971　38p　21cm　（調査報告 第1号）　Ⓝ214.1　〔15766〕
◇柏崎地方における中世の山城　二田城　柿崎町（新潟県）新潟県立柏崎高校歴史クラブ 西山町（新潟県）新潟県刈羽郡西山町教育委員会　1973　44p 図　21cm　（調査報告 第3号）　Ⓝ214.1　〔15767〕

◇春日山城下町の研究　花ケ前盛明著　上越　花ケ前盛明　1981.11　1冊（頁付なし）　26cm　Ⓝ214.1　〔15768〕
◇春日山城と上杉謙信　花ケ前盛明著　上越　越後城郭研究会　1980.5　60p　21cm　（越後城郭研究 第4号）　Ⓝ214.1　〔15769〕
◇春日山城と上杉謙信　花ケ前盛明著　上越　花ケ前盛明　1981　〔4〕p　26cm　Ⓝ214.1　〔15770〕
◇春日山城とその城下町の研究　花ケ前盛明著　上越　花ケ前盛明　1982.5　1冊（頁付なし）　26cm　Ⓝ214.1　〔15771〕
◇検地帳に中世を読む　長岡市史編集委員会中世部会編　長岡　長岡市　1992.3　256p　26cm　（長岡市史双書 no.18）　Ⓝ214.1　〔15772〕
◇蔵王権現領安禅寺御用記　2　皇神御用記・御用記條箇（宝徳2年〜安永元年）・御用記（宝徳2年〜正徳4年）　長岡市立中央図書館文書資料室編　長岡　長岡市立中央図書館文書資料室　2007.3　267p　26cm　（長岡市史双書 no.46）　Ⓝ214.1　〔15773〕
◇佐渡歴史文化シリーズ　2　日蓮と佐渡　田中圭一編　中村書店　1971　352p 図　19cm　1200円　Ⓝ214.1　〔15774〕
◇写真でみる弥彦の中世史料　岡真須徳編　弥彦村（新潟県）弥彦村教育委員会　1994.3　67p　21cm　Ⓝ214.1　〔15775〕
◇写真に見る羽茂城のすべて─遺跡地・文化財・伝承地　羽茂町郷土史研究会編　羽茂町（新潟県）羽茂町教育委員会　1993.11　39p　26cm　（羽茂の郷土叢書 第2集）　Ⓝ214.1　〔15776〕
◇順徳天皇　佐渡の御遺跡　山本修之助編　真野町（新潟県）順徳天皇奉讃会　1956　97p 図版　19cm　Ⓝ288.41　〔15777〕
◇上越市史　通史編 2　上越市史編さん委員会編　上越　上越市　2004.12　646, 15p　22cm　Ⓝ214.1　〔15778〕
◇上越の城　上越市史専門委員会中世史部会編　上越　上越市　2004.1　202p　26cm　（上越市史叢書 9）　Ⓝ214.1　〔15779〕
◇図説中世の越後─春日山城と上杉番城　大家健著　三条　野島出版　1998.3（第2刷）　301p　27cm　6000円　Ⓘ4-8221-0159-2　Ⓝ214.1　〔15780〕
◇中世越後の旅─永禄六年北国下リノ遺足　大家健著　三条　野島出版　2003.7　213p　21cm　2000円　Ⓘ4-8221-0193-2　〔15781〕
◇中世越後の歴史─武将と古城をさぐる　花ケ前盛明著　新人物往来社　1986.10　406p　20cm　2000円　Ⓘ4-404-01388-4　Ⓝ214.1　〔15782〕
◇中世人の生活と信仰展示図録─越後・佐渡の神と仏　新潟県立歴史博物館平成十八年度秋季企画展　新潟県立歴史博物館編　長岡　新潟県立歴史博物館　2006.9　111p　30cm　Ⓝ214.1　〔15783〕
◇中世の越後と佐渡─遺物と文書が語る中世的世界　田村裕, 坂井秀弥編　高志書院　1999.6　183p　22cm　（環日本海歴史民俗学叢書 7）　3000円　Ⓘ4-906641-29-6　Ⓝ214.1　〔15784〕
◇「中世」横越の風景─阿賀の舟旅をよむ　神田勝郎編著　〔横越町（新潟県）〕　神田勝郎　1997.3　223p 図版11枚　26cm　Ⓝ214.1　〔15785〕
◇直峰城の歴史　花ケ前盛明著　高田　小川紙店　1966　2p 地図　25cm　Ⓝ214.1　〔15786〕

◇夏戸城のロマン―現代へのメッセージ 上杉謙信のつわものたちの城と歴史 吉原賢二, 花ヶ前盛明著 真菜書房 1999.10 297p 20cm 2400円 ①4-916074-36-X Ⓝ288.3 〔15787〕
◇新潟県史―上杉時代篇 上巻 斎藤秀平著 三条 野島出版 1961 412p 図版 22cm Ⓝ214.1 〔15788〕
◇新潟県史 通史編2 中世 新潟 新潟県 1987.3 802, 51p 22cm Ⓝ214.1 〔15789〕
◇新潟県史―上杉時代篇 下巻 斎藤秀平著 三条 野島出版 1962 557p 図版 22cm Ⓝ214.1 〔15790〕
◇新潟県史 資料3 中世1 文書編1 新潟県編 新潟 新潟県 1982.3 2冊(別冊とも) 22cm Ⓝ214.1 〔15791〕
◇新潟県史 資料編4 中世2 文書編2 新潟 新潟県 1983.3 801, 43p 22cm Ⓝ214.1 〔15792〕
◇新潟県史 資料編5 中世3 文書編3 新潟 新潟県 1984.3 982, 61p 22cm Ⓝ214.1 〔15793〕
◇日蓮と佐渡 田中圭一著 新版 平安出版 2004.3 322p 19cm 2800円 ①4-902059-02-9 〔15794〕
◇鉢ケ峯城―春日山調査研究 山田正男著 〔上越〕〔山田正男〕 1979.2 110p 21cm Ⓝ214.1 〔15795〕
◇鉢ケ峯城―春日山調査研究 2 山田正男著 〔上越〕〔山田正男〕 1983.6 33p 21cm Ⓝ214.1 〔15796〕
◇細越城―中世の山城 西須章著, 高橋克英編 柏崎 西須テル子 1995.9 239p 22cm 非売品 Ⓝ214.1 〔15797〕
◇物語りのまち直江の津―中世物語りと紀行文に直江の津・越後府中を見る 佐藤和夫著 〔上越〕 直江の津同好会 1999.10 15p 21cm Ⓝ910.24 〔15798〕
◇藪神衆の苦悩と誇り―魚沼の戦国事情 長谷川勝義著 新潟 新潟日報事業社 2007.4 470p 22cm 3400円 ①978-4-86132-213-6 Ⓝ214.1 〔15799〕
◇吉川町の山城 町田версed・六角城 上越 新潟県立直江津高等学校社会部 1991.11 1冊(頁付なし) 26cm (山城調査報告 第13号) Ⓝ214.1 〔15800〕

◆◆富山県
◇越中真宗史―中世を中心としたノート 寺野宗孝著, 浄土真宗本願寺派高岡教区教化推進協議会編 富山 桂書房 1985.10 188, 5p 22cm 2500円 Ⓝ188.72 〔15801〕
◇越中戦国紀行 高岡徹著 富山 北日本新聞社出版部 1988.11 239p 21cm 1800円 Ⓝ214.2 〔15802〕
◇越中中世史の研究―室町・戦国時代 久保尚文著 富山 桂書房 1983.4 499p 22cm 7000円 Ⓝ214.2 〔15803〕
◇越中中世史の研究―室町・戦国時代 久保尚文著 第2版 富山 桂書房 1987.3 503, 7p 22cm 7000円 Ⓝ214.2 〔15804〕
◇越中における中世城郭の攻防―城郭をめぐる戦国史 高岡徹著 〔富山〕 高岡徹 1985 p61~81 22cm Ⓝ214.205 〔15805〕
◇越中における中世信仰史の展開 久保尚文著 富山 桂書房 1984.10 193p 22cm 1900円 Ⓝ182.142 〔15806〕
◇越中における中世信仰史の展開 久保尚文著 増補 富山 桂書房 1991.5 244p 22cm 2884円 Ⓝ182.142 〔15807〕
◇越中の古戦場を歩く 塩照夫文, 大志摩洋一写真 富山 北日本新聞社 1991.8 119p 21cm 1800円 Ⓝ291.42 〔15808〕
◇越中の中世文学 綿抜豊昭著 富山 桂書房 1991.9 137p 19cm 1236円 Ⓝ910.24 〔15809〕
◇越中の武将たち 北日本新聞社編集局編 富山 北日本新聞社 1969 166p(図共) 19cm 280円 Ⓝ214.2 〔15810〕
◇越中の連歌 綿抜豊昭編 富山 桂書房 1992.2 128p 19cm 1545円 Ⓝ911.2 〔15811〕
◇高嶽山雲龍寺と赤松政則―室町時代の舞台(現)福岡町西山山麓加茂の存在した 岩崎照栄著, 島倉英彦編 福岡町(富山県) 岩崎照栄 2000.7 226p 22cm Ⓝ214.2 〔15812〕
◇斉藤家の遺物と祖先―冨樫氏の滅亡と斉藤家 永森規一著 富山 斉藤守三 1996.12 187p 19cm Ⓝ288.3 〔15813〕
◇勝興寺と越中一向一揆 久保尚文著 富山 桂書房 1983.10 180p 18cm (桂新書1) 800円 Ⓝ214.2 〔15814〕
◇勝興寺と越中一向一揆 久保尚文著 富山 桂書房 1986.9 180p 18cm (桂新書) 800円 Ⓝ214.2 〔15815〕
◇銭甕山遺跡の調査―井波町清玄寺所在中世墳墓発掘調査概報 〔出版地不明〕 富山県教育委員会 1979.3 12p 26cm Ⓝ214.2 〔15816〕
◇戦国越中を行く 北日本新聞社編 富山 北日本新聞社 2003.7 253p 19cm 1714円 ①4-906678-72-6 Ⓝ214.2 〔15817〕
◇戦国を生きた春日村の歴史 真岩幸作著 入善町(富山県) 真岩幸作 2007.7 104p 22cm Ⓝ214.2 〔15818〕
◇戦国の終焉―よみがえる天正の世のいくさびと 木舟城シンポジウム開催記録 千田嘉博監修, 木舟城シンポジウム実行委員会編 六一書房 2004.2 197p 21cm (考古学リーダー 2) 2500円 ①4-947743-20-4 Ⓝ214.2 〔15819〕
◇戦国の動乱と越中―富山県公文書館特別企画展 富山 富山県公文書館 1999.10 14p 26cm Ⓝ214.2 〔15820〕
◇戦国・氷見―国人たちの足跡 氷見市立博物館編 氷見 氷見市立博物館 1999.10 54p 30cm Ⓝ214.2 〔15821〕
◇立山山麓のむかしむかし―郷土の中世展 立山町(富山県) 立山町教育委員会 2000.10 47p 30cm Ⓝ214.2 〔15822〕
◇小さな町の戦国ロマン―木舟城下いま昔 初瀬部乗侯著 富山 桂書房 1993.8 98p 22cm 1500円 Ⓝ214.2 〔15823〕
◇中世城館調査報告書 上市町教育委員会編 〔上市町(富山県)〕 上市町教育委員会 1994.3 48p 26cm Ⓝ214.2 〔15824〕
◇富山県史 史料編2 中世 富山 富山県 1975 1210, 158, 12p 図 22cm Ⓝ214.2 〔15825〕
◇富山県史 通史編2 中世 〔富山〕 富山県 1984.3 1226, 6p 22cm Ⓝ214.2 〔15826〕
◇富山県中世城館遺跡総合調査報告書 富山県埋蔵文化財センター編 富山 富山県埋蔵文化財センター 2006.3 358p 図版12枚, 36p 30cm Ⓝ214.2 〔15827〕

◇富山県福岡町中世城館調査報告書　福岡町教育委員会編　福岡町(富山県)　福岡町教育委員会　2001.3　76p　30cm　Ⓝ214.2　〔15828〕
◇福光町と蓮如の関係調査報告書　〔福光町(富山県)〕　福光町文化財保護委員会　1999　57p　30cm　Ⓝ214.2　〔15829〕
◇増山城跡調査報告書―富山県指定史跡　よみがえる戦国の山城と城下町　砺波　砺波市教育委員会　1991.3　138p　26cm　Ⓝ291.42　〔15830〕

◆◆石川県
◇石川県中世城館跡調査報告書　1　石川県教育委員会編　〔金沢〕　石川県教育委員会　2002.3　198p　30cm　Ⓝ214.3　〔15831〕
◇石川県中世城館跡調査報告書　2　石川県教育委員会編　〔金沢〕　石川県教育委員会　2004.3　190p　30cm　Ⓝ214.3　〔15832〕
◇石川県中世城館跡調査報告書　3　石川県教育委員会編　〔金沢〕　石川県教育委員会　2006.3　251p　30cm　Ⓝ214.3　〔15833〕
◇石川県銘文集成　〔第1巻〕　中世金石文編　桜井甚一編著　金沢　北国出版社　1971　271p(図共)　22cm　1500円　Ⓝ214.3　〔15834〕
◇石川県銘文集成　第6巻(研究編)　能登加賀の中世文化　桜井甚一著　金沢　北国新聞社　1990.1　380,15p　22cm　5800円　ⓘ4-8330-0688-X　Ⓝ214.3　〔15835〕
◇小牧白山社中世墓群―七尾市指定史跡　七尾　七尾市教育委員会　2005.3　32p　30cm　(七尾市埋蔵文化財調査報告書　第27輯)　Ⓝ210.0254　〔15836〕
◇加賀古陶　上野与一,小村茂著　ニュー・サイエンス社　1984.4　66p　21cm　(考古学ライブラリー　22)　1000円　Ⓝ210.2　〔15837〕
◇加賀能登の合戦　上巻　石林文吉著　金沢　北国出版社　1981.5　208p　21cm　1600円　Ⓝ214.3　〔15838〕
◇加賀能登の合戦　下巻　石林文吉著　金沢　北国出版社　1981.8　180,32p　21cm　1600円　Ⓝ214.3　〔15839〕
◇金沢市史　資料編2(中世2)　金沢市史編さん委員会編　金沢　金沢市　2001.3　776,13p　22cm　Ⓝ214.3　〔15840〕
◇加能史料　鎌倉1　加能史料編纂委員会編　〔金沢〕　石川県　1992.3　536,16p　図版12枚　22cm　非売品　Ⓝ214.3　〔15841〕
◇加能史料　南北朝1　加能史料編纂委員会編　〔金沢〕　石川県　1993.3　548,21p　図版12枚　22cm　非売品　Ⓝ214.3　〔15842〕
◇加能史料　戦国1　加能史料編纂委員会編　〔金沢〕　石川県　1998.3　446,14p　22cm　非売品　Ⓝ214.3　〔15843〕
◇加能史料　室町1　加能史料編纂委員会編　〔金沢〕　石川県　1999.3　458,18p　22cm　非売品　Ⓝ214.3　〔15844〕
◇加能史料　鎌倉2　加能史料編纂委員会編　〔金沢〕　石川県　1994.3　655,33p　22cm　非売品　Ⓝ214.3　〔15845〕
◇加能史料　南北朝2　加能史料編纂委員会編　〔金沢〕　石川県　1995.3　490,23p　図版12枚　22cm　非売品　Ⓝ214.3　〔15846〕
◇加能史料　戦国2　加能史料編纂委員会編　〔金沢〕　石川県　2000.3　448,14p　22cm　非売品　Ⓝ214.3　〔15847〕
◇加能史料　室町2　加能史料編纂委員会編　〔金沢〕　石川県　2002.3　554,17p　22cm　非売品　Ⓝ214.3　〔15848〕
◇加能史料　南北朝3　加能史料編纂委員会編　〔金沢〕　石川県　1997.3　488,24p　22cm　非売品　Ⓝ214.3　〔15849〕
◇加能史料　戦国3　加能史料編纂委員会編　〔金沢〕　石川県　2003.3　476,20p　22cm　非売品　Ⓝ214.3　〔15850〕
◇旧十村役亀田家調査報告書　金沢市教育委員会文化課,金沢市立図書館編　金沢　金沢市教育委員会　1984.3　99p　26cm　(金沢市文化財紀要　49)　Ⓝ214.3　〔15851〕
◇源平墨俣川の戦　〔墨俣町(岐阜県)〕　墨俣町郷土史研究会　1981.3　1冊(頁付なし)　26cm　Ⓝ214.3　〔15852〕
◇新説幡生庄　川北孝男著　金沢　北國新聞社出版局　2006.10　110p　20cm　1429円　ⓘ4-8330-1511-0　Ⓝ214.3　〔15853〕
◇珠洲市史　第2巻　資料編　中世・寺院・歴史考古　珠洲市史編さん専門委員会編　珠洲　珠洲市　1978.3　730p　22cm　Ⓝ214.3　〔15854〕
◇富樫物語―盛衰六百年の加賀国司　富樫卿奉讚会編　金沢　金沢工業大学旦月会　1977.1　185p　図　19cm　1000円　Ⓝ214.3　〔15855〕
◇富樫物語―落穂集　続　野々市町(石川県)　富樫卿奉賛会　1996.8　239p　19cm　Ⓝ214.3　〔15856〕
◇七尾市史　資料編　第5巻　七尾市史編纂専門委員会編　〔七尾〕　七尾市　1972　496p(図共)　22cm　Ⓝ214.3　〔15857〕
◇七尾城―能登の古城　笠師昇著　金沢　北国出版社　1970　117p(図版共)　18cm　360円　Ⓝ214.3　〔15858〕
◇七尾城の歴史　片岡樹裏人著　七尾　七尾城の歴史刊行会　1968　315p　図版　22cm　Ⓝ214.3　〔15859〕
◇能登奥郡の山城　高井勝己編　金沢　高井勝己　1997.1　175p　21cm　(図説・石川県の城1)　Ⓝ214.3　〔15860〕
◇能登七尾城・加賀金沢城―中世の城・まち・むら　千田嘉博,矢田俊文編　新人物往来社　2006.6　181p　26cm　2500円　ⓘ4-404-03280-3　Ⓝ214.3　〔15861〕
◇袖誌白山麓と一向一揆―鳥越城と鈴木出羽守　山内美義著　金沢　北国出版社　1983.3　159p　19cm　1200円　Ⓝ214.3　〔15862〕
◇羽咋市史　中世・社寺編　編集:羽咋市史編さん委員会　〔羽咋〕　羽咋市　1975　975p　図　22cm　Ⓝ291.43　〔15863〕
◇半島国の中世史―能登の政治・社会・文化　東四柳史明著　金沢　北国新聞社　1992.1　317p　21cm　2800円　ⓘ4-8330-0756-8　Ⓝ214.3　〔15864〕
◇前田利家と能登・七尾―七尾市・前田利家入府420年記念シンポジウム　七尾市教育委員会文化課編　七尾市,(金沢)北国新聞社〔発売〕　2002.8　115p　21cm　1800円　ⓘ4-8330-1218-9　〔15865〕
◇若山荘を歩く―能登最大の中世荘園　石川県立歴史博物館編　金沢　石川県立歴史博物館　2000.10　170p　30cm　Ⓝ214.3　〔15866〕

◆◆福井県

◇朝倉氏と戦国村一乗谷　松原信之著　福井　福井県郷土誌懇談会　1978.7　236p　17cm　(福井県郷土新書4)　900円　Ⓝ214.4
〔15867〕
◇朝倉の石ほとけ―特別史跡・越前一乗谷写真集　飛田邦夫著　福井　福井豆本の会　1977.1　46p　12cm　(福井豆本 第2号)　Ⓝ718.4
〔15868〕
◇一乗谷　朝倉氏遺跡調査研究所編　〔福井〕　朝倉氏遺跡資料館　1982.4　83p　26cm　Ⓝ214.4　〔15869〕
◇一乗谷　福井新聞社会部編　福井　福井新聞社　1984.12　360p　19cm　1600円　Ⓝ214.4
〔15870〕
◇一乗谷朝倉史跡・伝説　青山作太郎著　福井　柿原俊一　1972　149p　図　17cm　Ⓝ288.1　〔15871〕
◇海の国の中世　網野善彦著　平凡社　1997.11　440p　16cm　(平凡社ライブラリー)　1200円　Ⓘ4-582-76224-7　Ⓝ210.4
〔15872〕
◇越前朝倉氏・一乗谷―眠りからさめた戦国の城下町　一乗谷朝倉氏遺跡発掘調査開始30周年・一乗谷朝倉氏遺跡特別史跡指定25周年記念巡回展　福井県立一乗谷朝倉氏遺跡資料館編　福井　福井県立一乗谷朝倉氏遺跡資料館　1998.7　110p　30cm　Ⓝ214.4
〔15873〕
◇越前朝倉氏と心月寺　松原信之著　福井　心月寺　1972　191p(図共)　22cm　非売　Ⓝ288.1
〔15874〕
◇越前朝倉氏と心月寺　松原信之著　福井　安田書店出版部　ひまわり書店(発売)　1973　184p(図共)　22cm　1600円　Ⓝ288.3
〔15875〕
◇越前戦国紀行　水上勉著　平凡社　1973　206p(図共)　20cm　(歴史と文学の旅)　750円　Ⓝ915.6
〔15876〕
◇越前の文字の世界―越前町織田文化歴史館平成18年度企画展覧会図録　越前町織田文化歴史館編　越前町(福井県)　越前町織田文化歴史館　2006.10　24p　30cm　(シリーズ・越前を知ろう 1)　Ⓝ915.6　〔15877〕
◇越前町織田史　古代・中世編　越前町教育委員会編　越前町(福井県)　越前町　2006.12　388, 12p　22cm　Ⓝ214.4
〔15878〕
◇越前町の神仏―越前町織田文化歴史館平成17年度企画展覧会図録　越前町織田文化歴史館編　越前町(福井県)　越前町織田文化歴史館　2005.11　48p　30cm　Ⓝ718.02144
〔15879〕
◇越前・若狭一向一揆関係資料集成　越前・若狭一向一揆関係文書資料調査団編　京都　同朋舎出版　1980.3　841p　23cm　15000円　Ⓝ214.4
〔15880〕
◇奥越史料　別編　坂田玉子著　大野　大野市教育委員会　1972.6　191p　21cm　Ⓝ214.4
〔15881〕
◇若州三潟郡佐柿国吉籠城記―校註　編者:須田悦生　〔美浜町(福井県)〕　福井県美浜町文化財保護委員会, 福井県美浜町教育委員会　1970　117, 9p　図　22cm　非売　Ⓝ214.4
〔15882〕
◇戦国城下町一乗谷に関する概説・論集　藤原武二編著　〔福井〕　藤原武二　2004.5　251p　27cm　Ⓝ214.4
〔15883〕
◇戦国大名朝倉氏と一乗谷　水野和雄, 佐藤圭編　高志書院　2002.11　273p　22cm　(環日本海歴史民俗学叢書 11)　3800円　Ⓘ4-906641-61-X　Ⓝ214.4
〔15884〕
◇中世大阪の都市機能と構造に関する調査研究―越前吉崎「寺内」の調査研究　大阪　大阪市立博物館　1999.3　50p　30cm　(大阪学調査研究報告書 2)　Ⓝ214.4
〔15885〕

◇中世若狭を駆ける―若狭武田氏とその文化　特別展　福井県立若狭歴史民俗資料館編　小浜　福井県立若狭歴史民俗資料館　1992.10　79p　26cm　Ⓝ214.4
〔15886〕
◇特別史跡一乗谷朝倉氏遺跡　33　福井県立一乗谷朝倉氏遺跡資料館編　〔福井〕　福井県立一乗谷朝倉氏遺跡資料館　2002.3　23p 図版11p　30cm　Ⓝ210.0254
〔15887〕
◇特別史跡一乗谷朝倉氏遺跡　34　福井県立一乗谷朝倉氏遺跡資料館編　〔福井〕　福井県立一乗谷朝倉氏遺跡資料館　2003.3　23p 図版14p　30cm　Ⓝ210.0254
〔15888〕
◇特別史跡一乗谷朝倉氏遺跡　35　福井県立一乗谷朝倉氏遺跡資料館編　〔福井〕　福井県立一乗谷朝倉氏遺跡資料館　2004.3　22p 図版15p　30cm　Ⓝ210.0254
〔15889〕
◇特別史跡一乗谷朝倉氏遺跡　36　福井県立一乗谷朝倉氏遺跡資料館編　〔福井〕　福井県立一乗谷朝倉氏遺跡資料館　2006.3　34p 図版17p　30cm　Ⓝ210.0254
〔15890〕
◇特別史跡一乗谷朝倉氏遺跡発掘調査報告　8　福井県立一乗谷朝倉氏遺跡資料館執筆・編集　福井　福井県立一乗谷朝倉氏遺跡資料館　2001.3　1冊　30cm　Ⓝ210.0254
〔15891〕
◇特別史跡一乗谷朝倉氏遺跡発掘調査報告　2005　福井県立一乗谷朝倉氏遺跡資料館執筆・編集　福井　福井県立一乗谷朝倉氏遺跡資料館　2006.3　1冊　30cm　Ⓝ210.0254
〔15892〕
◇日本海交易と一乗谷―海のネットワーク　第9回企画展　福井県立一乗谷朝倉氏遺跡資料館編　福井　福井県立一乗谷朝倉氏遺跡資料館　1996.7　51p　26cm　Ⓝ210.025
〔15893〕
◇信長戦記・越前激闘編―越前町織田文化歴史館平成19年度企画展覧会図録　越前町織田文化歴史館編　越前町(福井県)　越前町織田文化歴史館　2007.9　23p　30cm　Ⓝ210.025
〔15894〕
◇福井県史　資料編2　中世　〔福井〕　福井県　1986.3　998p　22cm　Ⓝ214.4
〔15895〕
◇福井県史　通史編2　中世　福井県編　福井　福井県　1994.3　1083, 20p　22cm　Ⓘ4-938772-03-5　Ⓝ214.4
〔15896〕
◇甦る戦国城下町―一乗谷朝倉氏遺跡　天野幸弘著　朝日新聞社　1993.4　318p　20cm　1800円　Ⓘ4-02-256529-2　Ⓝ210.2
〔15897〕
◇よみがえる中世　6　実像の戦国城下町越前一乗谷　小野正敏, 水藤真編　平凡社　1990.6　222p　27cm　3300円　Ⓘ4-582-47556-6　Ⓝ210.4
〔15898〕
◇若狭守護代記　猪俣安定著　小浜町(福井県)　水野清亀　1938　54丁　24cm　Ⓝ214.4
〔15899〕
◇若狭湾と中世の海の道―若狭湾の浦々と日本海流通　福井県立若狭歴史民俗資料館編　小浜　福井県立若狭歴史民俗資料館　2005.10　71p　30cm　Ⓝ683.2144
〔15900〕

◆中部・東海地方

◇源流 中世 大井氏ものがたり　大井信ясь　杉並けやき出版, 星雲社〔発売〕　2005.4　338p　19cm　1400円　Ⓘ4-434-05936-X
〔15901〕
◇戦国の山城　馬場広幸著　長野　銀河書房　1991.10　104p　19cm　1600円　Ⓝ215
〔15902〕

地方史　　　　　　　　　　　　中世史

◇たっぷり風林火山歴史ウォーキング―信玄ゆかりの甲斐・信濃を行く　池上真由美, 清水克悦, 津波克明著・写真　水曜社　2006.12　126p　21cm　1500円　Ⓘ4-88065-181-8　Ⓝ291.51
〔15903〕
◇中世の風景を読む　第3巻　境界と鄙に生きる人々　網野善彦, 石井進編　新人物往来社　1995.4　310p　21cm　3000円　Ⓘ4-404-02175-5　Ⓝ210.4
〔15904〕
◇中部地方の中世城館　1　新潟・福井　東洋書林　2001.4　8, 293, 174p　23cm　（都道府県別日本の中世城館調査報告書集成 第7巻）　25000円　Ⓘ4-88721-438-3　Ⓝ215
〔15905〕
◇中部地方の中世城館　2　山梨・長野　東洋書林　2001.5　8, 297, 401p　23cm　（都道府県別日本の中世城館調査報告書集成 第8巻）　28000円　Ⓘ4-88721-439-1　Ⓝ215
〔15906〕
◇中部地方の中世城館　3　静岡　東洋書林　2001.11　551, 15p　23cm　（都道府県別日本の中世城館調査報告書集成 第9巻）　28000円　Ⓘ4-88721-440-5　Ⓝ215
〔15907〕
◇中部地方の中世城館　4　愛知 1　東洋書林　2001.7　353, 391p　23cm　（都道府県別日本の中世城館調査報告書集成 第10巻）　28000円　Ⓘ4-88721-441-3　Ⓝ215
〔15908〕
◇中部地方の中世城館　5　愛知 2　三重　東洋書林　2001.8　182, 327p　23cm　（都道府県別日本の中世城館調査報告書集成 第11巻）　25000円　Ⓘ4-88721-442-1　Ⓝ215
〔15909〕
◇東海の城物語―戦国時代を中心に　酒井安正ほか著　名古屋　中日新聞社　1979.9　197p　19cm　980円　Ⓝ215
〔15910〕

◆◆山梨県

◇甲斐中世史と仏教美術　植松又次先生頌寿記念論文集刊行会編　名著出版　1994.10　394p　22cm　8500円　Ⓘ4-626-01499-2　Ⓝ215.1
〔15911〕
◇甲斐の荘園　秋山敬著　塩山　甲斐新書刊行会　2003.11　211p　17cm　（甲斐新書 5）　1200円　Ⓝ215.1
〔15912〕
◇甲斐の中世石幢　山梨県編　甲府　山梨県　2004.3　165p 図版16枚　26cm　（山梨県史 資料編7（中世4 考古資料） 別冊）　Ⓝ714.02151
〔15913〕
◇甲州の名将馬場美濃守信房公とその子孫　鳳来町（愛知県）　愛知県鳳来町立長篠城趾史跡保存館　1971　305p　22cm　（長篠戦史資料 その2）　1500円　Ⓝ288.21
〔15914〕
◇甲州歴史散歩―武田三代の興亡　鈴木亨著　大阪　創元社　1978.2　193p　18cm　530円　Ⓝ215.1
〔15915〕
◇甲府市史史料目録　甲斐武田氏文書目録　甲府市市史編さん委員会編　甲府　甲府市　1986.3　137p　26cm　（甲府市史調査報告書 2）　Ⓝ215.1
〔15916〕
◇甲府城物語・武田氏天目山に滅びず　斎藤芳弘著　甲府　テレビ山梨　1973　271p 図　19cm　650円　Ⓝ215.1
〔15917〕
◇新甲斐国史　1　曽根丘陵の神々　斎藤芳弘著　甲府　テレビ山梨　1988.6　373p　19cm　Ⓝ215.1
〔15918〕
◇新甲斐国志　2　都から来た甲斐守　斎藤芳弘著　甲府　テレビ山梨　1988.10　319p　19cm　1600円　Ⓝ215.1
〔15919〕
◇新甲斐国志　3　甲斐源氏・武田氏興る　斎藤芳弘著　甲府　テレビ山梨　1988.1　403p　19cm　1600円　Ⓝ215.1
〔15920〕
◇新甲斐国志　4　武田氏の栄光と滅亡　斎藤芳弘著　甲府　テレビ山梨　1988.3　315p　19cm　1600円　Ⓝ215.1
〔15921〕
◇信玄の黄金遺跡と埋蔵金　甲駿の巻　泉昌彦著　ボナンザ　1975　356p　19cm　1200円　Ⓝ215.1
〔15922〕
◇新府城と武田勝頼　網野善彦監修, 山梨県韮崎市教育委員会編　新人物往来社　2001.3　307p　20cm　2400円　Ⓘ4-404-02912-8　Ⓝ215.1
〔15923〕
◇戦国金山伝説を掘る―甲斐黒川金山衆の足跡　今村啓爾著　平凡社　1997.2　303p　20cm　（平凡社選書 167）　2472円　Ⓘ4-582-84167-8　Ⓝ562.1
〔15924〕
◇大塔宮の太平記と甲州青木家の家譜　青木カズノ監修, 山地悠一郎著　相模原　アトム出版, 星雲社〔発売〕　2005.8　163p　19cm　1300円　Ⓘ4-434-06172-0
〔15925〕
◇武田軍団を支えた甲州金・湯之奥金山　谷口一夫著　新泉社　2007.9　93p　21cm　（シリーズ「遺跡を学ぶ」39）　1500円　Ⓘ978-4-7877-0739-0　Ⓝ562.1
〔15926〕
◇武田三代秘話―恵林寺史料を中心として　加藤会元述　甲府　山梨県民会館倶楽部五日会　1965　100p 図版　18cm　Ⓝ215.1
〔15927〕
◇武田史跡めぐり　山梨日日新聞社企画局出版部編　甲府　山梨日日新聞社　1980.4　340p　19cm　1300円　Ⓝ291.51
〔15928〕
◇武田氏と御岳の鐘　笹本正治著　甲府　山梨日日新聞社出版局　1996.10　167p　18cm　（山日ライブラリー）　Ⓘ4-89710-707-5　Ⓝ215.1
〔15929〕
◇都留郡勝山城と小山田・秋元両氏について　都留市教育委員会編　都留　都留市文化財審議会　1978.3　106p　26cm　Ⓝ215.1
〔15930〕
◇深山田遺跡と中世修験道　山本義孝著　〔明野村（山梨県）〕　明野村教育委員会　2003　19p　30cm　（明野村文化財調査報告 12 付録）　Ⓝ215.1
〔15931〕
◇妙法寺記の研究―富士山麓をめぐる戦国時代の古記録　萱沼英雄著　富士吉田　富士高原開発研究所　1962　312p 図版　22cm　Ⓝ215.1
〔15932〕
◇山梨県史　通史編2　山梨県編　甲府　山梨県　2007.3　906p　22cm　Ⓝ215.1
〔15933〕
◇山梨県史　資料編4　山梨県編　甲府　山梨県　1999.3　1152p　22cm　Ⓝ215.1
〔15934〕
◇山梨県史　資料編6　山梨県編　甲府　山梨県　2001.5　1050p　22cm　Ⓝ215.1
〔15935〕
◇山梨県史　資料編6　山梨県編　甲府　山梨県　2002.12　1014p　22cm　Ⓝ215.1
〔15936〕
◇山梨県史　資料編7　山梨県編　甲府　山梨県　2004.3　1136p　22cm　Ⓝ215.1
〔15937〕
◇山梨県史　資料編5 [上]　山梨県編　甲府　山梨県　2005.3　948p　22cm　Ⓝ215.1
〔15938〕
◇山梨県史　資料編5 [下]　山梨県編　甲府　山梨県　2005.3　578p　22cm　Ⓝ215.1
〔15939〕
◇山梨県史　資料編4 別冊写真集　山梨県編　甲府　山梨県　1999.3　296p　22cm　Ⓝ215.1
〔15940〕
◇山梨県史　資料編5 [別冊]　山梨県編　甲府　山梨県　2005.3　283p　22cm　Ⓝ215.1
〔15941〕

◇山梨県の武田氏伝説　笹本正治編・著　〔甲府〕　山梨日日新聞出版局（製作）　1996.12　494p　20cm　Ⓘ4-89710-681-8　Ⓝ215.1　〔15942〕

◇依田長安一代記　国立史料館編　東京大学出版会　1985.3　298, 33p　22cm　（史料館叢書 7）　8000円　Ⓘ4-13-092807-4　Ⓝ215.1　〔15943〕

◆◆長野県

◇飯綱町の戦国乱世─特別展　平成19年度長野県博物館協議会同時開催展　飯綱町（長野県）　いいづな歴史ふれあい館　2007.7　40p　30cm　Ⓝ215.1　〔15944〕

◇伊豆木城跡・小笠原氏館跡　市村咸人著　〔藤井寺〕　日本古城友の会　1978.3　55p　26cm　Ⓝ215.2　〔15945〕

◇上田城―郷土の歴史　上田　上田市立博物館　1974　60p　21cm　Ⓝ215.2　〔15946〕

◇絵図が明かす平賀玄信の佐久支配　山崎哲人著　松本　郷土出版社　1993.8　333p　20cm　2400円　Ⓘ4-87663-231-6　Ⓝ215.2　〔15947〕

◇川中島の戦―甲信越戦国史　小林計一郎著　長野　長野郷土史研究会　1959　198p（図版共）地図　22cm　Ⓝ215.2　〔15948〕

◇弓箭の国　4　臥龍　矢島勝著　飯田　矢島勝　1978.2　505p　21cm　2300円　Ⓝ215.2　〔15949〕

◇弓箭の国　5　信濃戦国記　矢島勝著　〔飯田〕　矢島勝　1977.7　334p　21cm　Ⓝ215.2　〔15950〕

◇京極高知公伝―飯田市建設の祖　山本慈昭著　阿智村（長野県下伊那郡）　山本文庫　1970　124p　図　19cm　（山本文庫 2）　350円　Ⓝ288.3　〔15951〕

◇郷土の歴史上田城　上田市立博物館編　上田　上田市立博物館　1988.3　168p　21cm　Ⓝ215.2　〔15952〕

◇県宝守矢文書を読む―中世の史実と歴史が見える　細田貴助著　長野　ほおずき書籍　2003.9　464p　22cm　5000円　Ⓘ4-434-03552-5　Ⓝ215.2　〔15953〕

◇県宝守矢文書を読む―中世の史実と歴史が見える　2　細田貴助著　星雲社（発売）　2006.3　392p　22cm　5000円　Ⓘ4-434-07546-2　Ⓝ215.2　〔15954〕

◇建武中興を中心としたる信濃勤王史攷　信濃教育会編　長野　信濃毎日新聞　1939　1806p　22cm　Ⓝ210.4　〔15955〕

◇建武中興を中心としたる信濃勤王史攷　上巻　信濃教育会著　復刊　松本　信濃史学会　1977.12　1037p　23cm　Ⓝ215.2　〔15956〕

◇建武中興を中心としたる信濃勤王史攷　下巻　信濃教育会著　復刊　松本　信濃史学会　1978.7　1冊　23cm　Ⓝ215.2　〔15957〕

◇後家山遺跡・東久保遺跡・宮田遺跡1・3 ―後家山・東久保の丘陵上に営まれた弥生時代中期から後期の集落址と宮田の谷地に展開する中世村落と生産址遺跡の調査　佐久市教育委員会編　佐久　佐久市教育委員会　2004.10　578p　図版2p　30cm　（佐久市埋蔵文化財調査報告書第121集）　Ⓝ210.0254　〔15958〕

◇国宝松本城物語　山田良春著　長野　信毎書籍出版センター　1981.4　159p　19cm　800円　Ⓝ215.2　〔15959〕

◇子供たちと学ぶ妻籠城―戦乱の中の妻籠　笹本正治著　南木曽町（長野県）　南木曽町博物館　1997.6　141p　21cm　952円　Ⓝ215.2　〔15960〕

◇古文書にみる善光寺町の歴史―今井家文書を中心に　郷土を知る会編　〔長野〕　郷土を知る会　2003.9　216, 5p　26cm　Ⓝ215.2　〔15961〕

◇佐久の武士と古戦場　菊池清人著　佐久　櫟　1983.4　194p　18cm　（千曲川文庫 3）　1500円　Ⓘ4-900408-02-6　Ⓝ215.2　〔15962〕

◇真田一族の史実とロマン　東信史学会編　〔上田〕　東信史学会　1985　198p　21cm　1800円　Ⓝ215.2　〔15963〕

◇真田氏給人知行地検地帳　真田町誌編纂室編　真田町（長野県）　真田町教育委員会　1998.3　124p　26cm　（真田町誌調査報告書 第2集）　Ⓝ215.2　〔15964〕

◇真田氏と上田城　上田市誌編さん委員会編　上田　上田市　2002.10　198p　26cm　（上田市誌 歴史編 6）　Ⓝ215.2　〔15965〕

◇真田史料展―上田築城400年　上田市立博物館編　上田　上田市立博物館　1983.10　151p　27cm　Ⓝ215.2　〔15966〕

◇疾風六文銭真田三代と信州上田―上田市観光ガイド付　週刊上田新聞社編　上田　週刊上田新聞社　2007.7　127p　21cm　800円　Ⓘ978-4-915770-16-6　Ⓝ291.52　〔15967〕

◇信濃葛尾城　志村平治著　大阪　日本古城友の会　1997.7　17p　22cm　（城と陣屋シリーズ 219号）　Ⓝ215.2　〔15968〕

◇信濃史料　第4巻　安貞1―文保1年　信濃史料刊行会編　長野　信濃史料刊行会　1956-58　22cm　Ⓝ215.2　〔15969〕

◇信濃史料　第5巻　文保2年3月15日―南朝正平2年 北朝貞和3年正月11日　信濃史料刊行会編　長野　信濃史料刊行会　1956-58　22cm　Ⓝ215.2　〔15970〕

◇信濃史料　第6巻　正平2貞和3年5月―文中3慶安7年是冬　信濃史料刊行会編　長野　信濃史料刊行会　1956-58　22cm　Ⓝ215.2　〔15971〕

◇信濃史料　第7巻　天授元年永和元年正月―慶永卅四年十月　信濃史料刊行会編　長野　信濃史料刊行会　1956-58　22cm　Ⓝ215.2　〔15972〕

◇信濃史料　第8巻　正長元年三月―応仁元年是歳　信濃史料刊行会編　長野　信濃史料刊行会　1956-58　22cm　Ⓝ215.2　〔15973〕

◇信濃史料　第9巻　応仁2年正月―明応2年11月　信濃史料刊行会編　長野　信濃史料刊行会　1956-58　22cm　Ⓝ215.2　〔15974〕

◇信濃史料　第10巻　明応3年正月―享禄4年11月　信濃史料刊行会編　長野　信濃史料刊行会　1956-58　22cm　Ⓝ215.2　〔15975〕

◇信濃史料　第11巻　天文元年正月―同22年12月　信濃史料刊行会編　長野　信濃史料刊行会　1956-58　22cm　Ⓝ215.2　〔15976〕

◇信濃史料　第12巻　天文23年正月-永禄8年是歳　信濃史料刊行会編　長野　信濃史料刊行会　1958　669p　図版　22cm　Ⓝ215.2　〔15977〕

◇信濃史料　第13巻　永禄9年2月-天正元年12月　信濃史料刊行会編　長野　信濃史料刊行会　1959　617p　図版　22cm　Ⓝ215.2　〔15978〕

◇信濃史料　第14巻　天正2年正月-天正8年是歳　信濃史料刊行会編　長野　信濃史料刊行会　1959　553p　図版　22cm　Ⓝ215.2　〔15979〕

地方史　　　　　　　　　　　　　　　中世史

◇信濃史料　第15巻　天正9年正月-天正11年2月　信濃史料刊行会編　長野　信濃史料刊行会　1960　597p 図版　22cm　Ⓝ215.2
〔15980〕
◇信濃史料　第16巻　天正11年3月-天正17年8月　信濃史料刊行会編　長野　信濃史料刊行会　1961　584p 図版　22cm　Ⓝ215.2
〔15981〕
◇信濃史料　第17巻　天正17年9月-文禄3年6月　信濃史料刊行会編　長野　信濃史料刊行会　1961　563p 図版　22cm　Ⓝ215.2
〔15982〕
◇信濃史料　第18巻　文禄3年7月-慶長5年12月　信濃史料刊行会編　長野　信濃史料刊行会　1962　587p 図版　22cm　Ⓝ215.2
〔15983〕
◇信濃史料　第19巻　慶長6年正月-9年7月　信濃史料刊行会編　長野　信濃史料刊行会　1962　589p 図版　22cm　Ⓝ215.2
〔15984〕
◇信濃中世史考　小林計一郎著　吉川弘文館　1982.5　295,4p　22cm　4000円　Ⓝ215.2
〔15985〕
◇信濃中世の館跡―開発と支配の拠点　信濃史学会編　長野　信毎書籍出版センター　2000.10　240p　21cm　（信濃史学会研究叢書 5）　2500円　①4-88411-003-X　Ⓝ215.2
〔15986〕
◇信濃における戦国争乱の世界―1995年秋季企画展図録　長野県立歴史館編　更埴　長野県立歴史館　1995.10　55p　30cm　Ⓝ215.2
〔15987〕
◇信濃の山城　小穴芳実編　松本　郷土出版社　1988.10　342p　21cm　（信濃史学会研究叢書 2）　1800円　①4-87663-118-2　Ⓝ215.2
〔15988〕
◇下伊那史　第5巻　鎌倉時代　下伊那教育会編　飯田　下伊那誌編纂会　1955-67　22cm　Ⓝ215.2　〔15989〕
◇下伊那史　第6巻　室町時代　下伊那教育会編　飯田　下伊那誌編纂会　1970　928p(図共)　22cm　Ⓝ215.2
〔15990〕
◇下高井の城館跡　1　中野地方　下高井教育会地域調査（社会）委員会編　〔中野〕　下高井教育会　1994.3　42p　26cm　Ⓝ215.2
〔15991〕
◇信玄武将の起請文―重要文化財・生島足島神社文書　生島足島神社ほか編　長野　信毎書籍出版センター　1988.4　24,206p　37cm　15000円　Ⓝ215.2　〔15992〕
◇信州の山城　信濃史学会編　長野　信毎書籍出版センター　1993.5　269p　21cm　2500円　Ⓝ215.2
〔15993〕
◇新編信濃史料叢書　第12巻　長野　信濃史料刊行会　1975　372,6p　22cm　Ⓝ215.2　〔15994〕
◇水利開発にみる中世諏訪の信仰と治水　藤森明著　駒ケ根　建設省中部地方建設局天竜川上流工事事務所　1996.3　48p　21cm　（語りつぐ天竜川）　Ⓝ215.2
〔15995〕
◇戦国時代諸英雄―武将達の興亡誌　村上博優篇著　東御　グリーン美術出版　2007.8　389p　18cm　1800円　①978-4-9901505-4-9, 978-4-9901505-9　Ⓝ215.2
〔15996〕
◇戦国時代の天竜川　笹本正治著　駒ケ根　建設省中部地方建設局天竜川上流工事事務所　1991.7　42p　21cm　（語りつぐ天竜川）　Ⓝ215.2　〔15997〕
◇戦国大名武田氏の信濃支配　笹本正治著　名著出版　1990.11　260p　22cm　4660円　①4-626-01392-9　Ⓝ215.2
〔15998〕
◇戦国大名と信濃の合戦―信州史ノート　笹本正治著　長野　一草舎　2005.3　242p　19cm　1600円　①4-902842-07-6　Ⓝ210.47
〔15999〕

◇大塔物語―異本対照　信濃郷土研究会編　長野　信濃郷土研究会　1932　54p　23cm　Ⓝ210.4　〔16000〕
◇高島屋城主内村鶴寿丸の死闘　下村繁雄著　丸子町（長野県）　下村繁雄　1993.11　109p　21cm　Ⓝ215.2
〔16001〕
◇武田氏三代と信濃―信仰と統治の狭間で　笹本正治著　松本　郷土出版社　1988.4　211p　19cm　（信濃史学会研究叢書 1）　1600円　①4-87663-106-9　Ⓝ215.2
〔16002〕
◇探訪・奈良井宿―奈良井氏がいた　笹本正治著　楢川村（長野県）　楢川村教育委員会　1993.1　79p　21cm　（楢川ブックレット 1）　Ⓝ215.2
〔16003〕
◇中世信濃の武将後庁大内蔵大輔並びに後町氏の遠祖とその子孫の系譜　後町力著　〔諏訪〕　〔後町力〕　1996　29p　25cm　Ⓝ288.2
〔16004〕
◇中世信濃の名僧―知られざる禅僧たちの営みと造形　飯田市美術博物館編　〔飯田〕　飯田市美術博物館　2005.10　122p　28cm　Ⓝ702.17
〔16005〕
◇中世信濃武士意外伝―義仲から幸村まで 二〇〇四年度長野県立歴史館開館十周年記念秋季展　長野県立歴史館編　千曲　長野県立歴史館　2004　78p　30cm　Ⓝ210.4
〔16006〕
◇中世信濃武士意外伝―義仲から幸村まで　長野県立歴史館編著　松本　郷土出版社　2005.3　295p　20cm　1600円　①4-87663-758-X　Ⓝ210.4
〔16007〕
◇定本・伊那谷の城　松本　郷土出版社　1996.3　250p　31cm　11000円　①4-87663-327-4　Ⓝ215.2
〔16008〕
◇定本・北信濃の城　浅野井坦ほか編　松本　郷土出版社　1996.3　207p　31cm　11000円　①4-87663-326-6　Ⓝ215.2
〔16009〕
◇定本佐久の城　井出正義ほか編　松本　郷土出版社　1997.7　209p　31cm　11000円　①4-87663-373-8　Ⓝ215.2
〔16010〕
◇定本・信州上田城　東信史学会編　松本　郷土出版社　1986.4　230p　38cm　18000円　Ⓝ215.2
〔16011〕
◇長野県史　通史編　第2巻　中世　1　長野県編　長野　長野県史刊行会　1986.3　1冊　22cm　Ⓝ215.2
〔16012〕
◇長野県の武田信玄伝説　笹本正治編　岩田書院　1996.8　322p　22cm　8137円　①4-900697-56-7　Ⓝ215.2
〔16013〕
◇風林火山伊那をゆく―伊那と武田氏　一ノ瀬義法著　伊那　伊那毎日新聞社　1988.4　202p　22cm　1300円　Ⓝ215.2
〔16014〕
◇武士の興起より戦国末期に至る南信濃―小笠原氏中心　市村咸人著　〔伊那町（長野県）〕　上伊那郡第三部教員会　1934　88p　19cm　Ⓝ215.2
〔16015〕
◇堀の内中世居館跡をめぐって　辰野町教育委員会編　辰野町（長野県）　辰野町教育委員会　1995.3　84p　26cm　Ⓝ215.2
〔16016〕
◇むかし戦場になった村―有線放送川中島平を往く　岡沢由往著　長野　銀河書房　1991.6　226p　22cm　1800円　Ⓝ215.2
〔16017〕
◇村上義清と信濃村上氏―坂城町信濃村上氏フォーラム記念誌　笹本正治監修, 坂城町編　長野　信毎書籍出版センター　2006.3　281p　19cm　1429円　①4-88411-048-X　Ⓝ289.1
〔16018〕

◇室町・戦国時代の争乱　上田市誌編さん委員会編　上田　上田市　2001.10　211p　26cm　(上田市誌 歴史編5)　Ⓝ215.2
〔16019〕
◇物語・真田十勇士─真田町─英雄たちの夢の里　真田町(長野県)　真田町　1993.10　127p　26cm　2000円　Ⓝ215.2
〔16020〕
◇勇将楯六郎親忠と矢田判官代義清　鳥川録四郎著　佐久町(長野県)　鳥川録四郎　1989.4　80p　21cm　Ⓝ215.2
〔16021〕
◇歴史紀行─老将奥信濃の地に果つ　五井野貞雄著　国分寺　新風舎　1995.12　183p　19cm　1200円　Ⓘ4-88306-622-3　Ⓝ215.2
〔16022〕

◆◆岐阜県

◇稲葉城・落城年代考─正統派史家と郷土史家の対決　郷浩著　岐阜　岐阜城歴史同好会　1969　107p 図　21cm　300円　Ⓝ215.3
〔16023〕
◇稲葉落城両説論争─逆転の発想法 否定の否定は肯定である　郷浩著　〔岐阜〕　岐阜城歴史同好会　1980.6　47p　22cm　400円　Ⓝ215.3
〔16024〕
◇織田信長と岐阜　岐阜県歴史資料館編　岐阜　岐阜県歴史資料館　1996.3　84p　26cm　Ⓝ210.48
〔16025〕
◇帰雲城─世界遺産 白川郷物語　上　森省三著　青樹社　1997.6　278p　19cm　1600円　Ⓘ4-7913-1038-1
〔16026〕
◇帰雲城─世界遺産 白川郷物語　下　森省三著　青樹社　1997.6　412p　19cm　1600円　Ⓘ4-7913-1039-X
〔16027〕
◇可児の武将と城館　可児市教育委員会編　可児　可児市教育委員会　1985.8　26p　26cm　Ⓝ215.3
〔16028〕
◇北方合戦物語　安藤善市著　〔北方町(岐阜県)〕　北方町文化財保護協会　1979.12　44p　22cm　Ⓝ215.3
〔16029〕
◇岐阜県史 通史編 中世　〔岐阜〕　岐阜県　1969　967p 図版　22cm　Ⓝ215.3
〔16030〕
◇岐阜県中世城館跡総合調査報告書　第1集　岐阜県教育委員会編　〔岐阜〕　岐阜県教育委員会　2002.3　268p　30cm　Ⓝ215.3
〔16031〕
◇岐阜県中世城館跡総合調査報告書　第2集　岐阜県教育委員会編　〔岐阜〕　岐阜県教育委員会　2003.3　290p　30cm　Ⓝ215.3
〔16032〕
◇岐阜県中世城館跡総合調査報告書　第3集　岐阜県教育委員会編　〔岐阜〕　岐阜県教育委員会　2004.3　280p　30cm　Ⓝ215.3
〔16033〕
◇岐阜県中世城館跡総合調査報告書　第4集　岐阜県教育委員会編　〔岐阜〕　岐阜県教育委員会　2005.3　285p　30cm　Ⓝ215.3
〔16034〕
◇岐阜城いまむかし　中日新聞岐阜総局編　名古屋　中日新聞本社　1982.4　231p　19cm　980円　Ⓘ4-8062-0120-0　Ⓝ215.3
〔16035〕
◇岐阜城物語　郷浩著　改訂版　岐阜　郷浩　1972　254p 図　19cm　480円　Ⓝ210.47
〔16036〕
◇岐阜城(稲葉山城)落城・永禄十年説の矛盾を衝き、永禄七年落城説の正当を論ず　石川良宜著　〔南濃町(岐阜県)〕　〔石川良宜〕　1981.12　14p　26cm　Ⓝ215.3
〔16037〕
◇金華山の戦争─附・長良川の鵜飼　石樽敬一編　岐阜　西濃印刷　1927　33,14p　19cm　Ⓝ210.4
〔16038〕

◇米野の戦い資料集　米野の戦い資料集編纂委員会編　笠松町(岐阜県)　米野の戦い史跡保存会　1988.10　43p　22cm　非売品　Ⓘ4-9900072-4-7　Ⓝ215.3
〔16039〕
◇知られざる天下分け目の洲之股川の戦い　米山清一編　墨俣町(岐阜県)　米山清一　2000.1　23p　22cm　Ⓝ215.3
〔16040〕
◇図説・美濃の城　林春樹責任編集　岐阜　郷土出版社　1992.7　268p　38cm　16000円　Ⓝ215.3
〔16041〕
◇戦国城下町・岐阜─織田信長と天下布武の町　松田千晴著　〔岐阜〕　〔松田千晴〕　2007.2　8,209p　26cm　Ⓝ291.53
〔16042〕
◇戦国の岐阜　岐阜　岐阜市教育委員会　1972　36p(おもに図)　22cm　Ⓝ215.3
〔16043〕
◇戦国美濃の群像─濃姫・蘭丸・光秀…その生涯　里中満智子構成, 影丸穣也, 三浦みつる, 花小路小町作画　岐阜　岐阜県　2001.3　213p　22cm　(マンガで見る日本まん真ん中おもしろ人物史シリーズ 4)　Ⓝ281.53
〔16044〕
◇太平記の時代─中世の垂井　タルイピアセンター歴史民俗資料館第三〇回企画展示図録　タルイピアセンター歴史民俗資料館編　垂井町(岐阜県)　タルイピアセンター歴史民俗資料館　2003.10　28p　30cm　Ⓝ281.53
〔16045〕
◇中世東濃、城跡、砦跡、館跡抜粋　鈴木一夫著　瑞浪　鈴木一夫　2006.6　84p　30cm　Ⓝ215.3
〔16046〕
◇中世の城飯羽間城のあらまし　樹神弘著　岩村町(岐阜県)　岩村町教育委員会　1989　4p　27cm　(岩村町歴史シリーズ その6)　Ⓝ215.3
〔16047〕
◇土岐氏の時代─風月歌舞の世界 特別展　岐阜市歴史博物館編　岐阜　岐阜市歴史博物館　1994　112p　30cm　Ⓝ215.3
〔16048〕
◇苗木霞ケ城　新田瑞気著　3版　中津川　新田瑞気　1978.10　64p　19cm　Ⓝ215.3
〔16049〕
◇苗木城　岸上耿久著　〔中津川〕　苗木ふるさとシリーズ刊行委員会　1987.3　460p　22cm　Ⓝ215.3
〔16050〕
◇信長の中濃作戦─可児・加茂の人々　梅田薫著　美濃加茂　美濃文化財研究会　1993.10　354p　21cm　2500円　Ⓝ215.3
〔16051〕
◇信長の中濃作戦─可児、加茂の人々　梅田薫著　3版　美濃加茂　美濃文化財研究会　1995.7　351p　21cm　Ⓝ215.3
〔16052〕
◇飛騨史考 中世編　岡村守彦著　岡村守彦　1979.7　359p　21cm　Ⓝ215.3
〔16053〕
◇飛騨史考 中世編　岡村守彦著　富山　桂書房　1988.9　374p　22cm　6000円　Ⓝ215.3
〔16054〕
◇飛騨・三木一族　谷口研語著　新人物往来社　2007.3　236p　19cm　2800円　Ⓘ978-4-404-03448-9
〔16055〕
◇船木城古事記─高校教科書の織田信長で出る所の　高橋正昭著　〔巣南町(岐阜県)〕　〔高橋正昭〕　1984.9　1冊(頁付なし)　27cm　Ⓝ215.3
〔16056〕
◇美濃源氏土岐氏主流の史考　渡辺俊典著　瑞浪　土岐氏歴史研究会　1967.8　177p　22cm　非売品　Ⓝ215.3
〔16057〕
◇美濃源氏土岐氏主流累代史─美濃国中世合戦史・美濃守護十一代記　渡辺俊典著　瑞浪　岐阜県瑞浪市土岐氏主流

地方史　　　　　　　　　　　　　　　中世史

累代史全発行会　1988.11　407p　22cm　Ⓝ288.2
〔16058〕
◇美濃国春日谷の合戦史　大久保甚一著　〔春日村（岐阜県）〕　〔大久保甚一〕　1982.10　362p　22cm　1700円　Ⓝ215.3
〔16059〕
◇美濃国土岐郷「高山城」の考察—老人物語「東濃天正記」をもとに　大杉緑郎著　〔土岐〕　〔大杉緑郎〕　1991.5　76p　26cm　Ⓝ215.3
〔16060〕

◆◆静岡県
◇家康在城時代の駿府城下絵図　〔静岡〕　静岡郷土出版社　1989　地図1枚:色刷　78×82cm（折りたたみ26cm）　Ⓝ291.54
〔16061〕
◇伊豆武将物語　小野真一著　静岡　明文出版社　1986.11　264p　19cm　（駿遠豆・ブックス4）　1500円　①4-943976-02-6　Ⓝ215.4
〔16062〕
◇犬居城主天野氏と戦国史　小沢舜次著　春野町（静岡県）　犬居城址顕彰会　1980.6　269p　22cm　3000円　Ⓝ215.4
〔16063〕
◇犬居城主天野氏と戦国史　小沢舜次著　追補3版　春野町（静岡県）　犬居城址顕彰会　1985.4　273p　22cm　3000円　Ⓝ215.4
〔16064〕
◇今川氏と東光寺　鈴木正一著　〔島田〕　〔鈴木正一〕　1979.6　290p　22cm　1700円　Ⓝ215.4
〔16065〕
◇遠州小山城史考　桐田幸昭著　吉田町（静岡県）　桐田栄　1988.3　67p　21cm　500円　Ⓝ215.4
〔16066〕
◇遠州高天神城実戦記—原本現代訳　本間清定原著，鵜藤満夫訳著　菊川町（静岡県）　「遠州高天神城実戦記」刊行会　1993.10　130p　21cm　1200円　Ⓝ215.4
〔16067〕
◇検証・引間城主飯尾豊前守と凧揚げの起源　小楠和正著　浜松　小楠和正　2003.3　62p　21cm　Ⓝ215.4
〔16068〕
◇薩埵山陣場跡—その現況遺構確認等分布調査報告書　〔清水〕　清水市教育委員会　2002.12　87p　30cm　Ⓝ215.4
〔16069〕
◇静岡県史　通史編2　中世　静岡県編　静岡　静岡県　1997.3　1185，50p　22cm　Ⓝ215.4
〔16070〕
◇静岡県史　資料編5　中世1　静岡県　1989.3　1107，31p　22cm　Ⓝ215.4
〔16071〕
◇静岡県史　資料編6　中世2　静岡県　1992.3　1327，43p　22cm　Ⓝ215.4
〔16072〕
◇静岡県史　資料編7　中世3　静岡県　1994.3　1489，67p　22cm　Ⓝ215.4
〔16073〕
◇静岡県史　資料編8　中世4　静岡県編　静岡　静岡県　1996.3　3冊（別冊とも）　22cm　Ⓝ215.4
〔16074〕
◇静岡県の仏像めぐり—ほとけ道　里あるき　大塚幹也，松浦澄江，山本直著　静岡　静岡新聞社　2005.5　127p　21cm　1800円　①4-7838-1840-1　Ⓝ215.4
〔16075〕
◇史跡北条氏邸跡発掘調査報告　1　韮山町教育委員会編　韮山町（静岡県）　韮山町教育委員会　2002.3　225p　図版8枚，19p　30cm　（韮山町文化財調査報告 no.42）　Ⓝ210.0254
〔16076〕
◇駿河相模の武家社会　福田以久生著　大阪　清文堂出版　1976.11　526，12p　図　22cm　5800円　Ⓝ210.4
〔16077〕
◇駿河相模の武家社会　福田以久生著　修訂再版　大阪　清文堂出版　2007.4　512，14p　22cm　9400円　①978-4-7924-0627-1　Ⓝ210.4
〔16078〕

◇駿河の戦国時代　黒沢脩著　静岡　明文出版社　1987.6　249p　19cm　（駿遠豆ブックス5）　1500円　①4-943976-03-4　Ⓝ215.4
〔16079〕
◇駿河の武田氏　藤枝市郷土博物館編　藤枝　藤枝市郷土博物館　2000.11　69p　30cm　Ⓝ215.4〔16080〕
◇駿府城　前篇　市川喜代平著　静岡　市川喜代平　1986　100p　26cm　Ⓝ215.4
〔16081〕
◇駿府の城下町　若尾俊平ほか著　静岡　静岡新聞社　1983.12　381p　20cm　1600円　①4-7838-1024-9　Ⓝ215.4
〔16082〕
◇高天神城戦史　増田又右衛門，増田実編　土方村（静岡県）　更生舎　1935　228p　23cm　Ⓝ210.4
〔16083〕
◇高天神城戦史　増田又右衛門，増田実共編　城東村（静岡県小笠郡）　高天神城戦史研究会　1969　219p　図版　22cm　2000円　Ⓝ215.4
〔16084〕
◇高天神城の総合的研究　小和田哲男著　大東町（静岡県）　大東町教育委員会　1993.9　124p　27cm　Ⓝ215.4
〔16085〕
◇中世佐夜中山考—牧ノ原地帯の史的研究　桐田幸昭著　榛原町（静岡県）　桐田栄　1971　336p（図共）　21cm　880円　Ⓝ215.4
〔16086〕
◇中世都市と一の谷中世墳墓群　網野善彦ほか編　名著出版　1997.10　428p　22cm　8500円　①4-626-01557-3　Ⓝ215.4
〔16087〕
◇中世の伊豆・駿河・遠江—出土遺物が語る社会　小野正敏，藤澤良祐編　高志書院　2005.11　357p　22cm　4500円　①4-86215-007-1　Ⓝ215.4
〔16088〕
◇中世の伊豆国　小和田哲男著　大阪　清文堂出版　2002.1　420p　22cm　（小和田哲男著作集 第5巻）　9200円　①4-7924-0496-7　Ⓝ215.4
〔16089〕
◇中世の都市と墳墓—一の谷遺跡をめぐって　網野善彦，石井進編　日本エディタースクール出版部　1988.8　266p　20cm　2000円　①4-88888-139-1　Ⓝ215.4
〔16090〕
◇中世埋蔵銭と古墳時代の横穴・古墳調査報告書　浜岡町史編さん委員会編　御前崎　御前崎市　2006.3　142p　図版3，31p　30cm　（浜岡町史 資料編 別冊5）　Ⓝ215.4
〔16091〕
◇中世末駿東郡域の領主と在地社会—法政大学大学院柴辻演習・駿東郡域調査報告書　柴辻俊六編　柴辻俊六　2004.12　83p　図版10p　21cm　Ⓝ215.4
〔16092〕
◇東西交流の地域史—列島の境目・静岡　地方史研究協議会編　雄山閣　2007.10　252p　21cm　6000円　①978-4-639-01999-2
〔16093〕
◇遠江武将物語　神谷昌志著　静岡　明文出版社　1986.2　251p　19cm　（駿遠豆ブックス2）　1500円　①4-943976-30-1　Ⓝ215.4
〔16094〕
◇徳川家康と駿府城下町　黒沢脩著　静岡　静岡谷島屋　1982.8　275p　20cm　1800円　Ⓝ215.4
〔16095〕
◇徳川家康と駿府城下町　黒沢脩著　改訂増補　静岡　静岡谷島屋　1983.3　285p　20cm　1800円　Ⓝ215.4
〔16096〕
◇深沢城　御殿場市文化財審議会編　〔御殿場〕　御殿場市教育委員会　1985.1　84p　26cm　Ⓝ215.4
〔16097〕
◇武者の中世—鎌倉時代南北朝時代室町時代　松本芳徳著　〔菊川町（静岡県）〕　菊川資料センター　1994.4　146p　26cm　（〈東遠江〉事件年日記(抄)2）　2000円　Ⓝ215.4
〔16098〕

◇薬史から見たふるさと伊豆　杉山茂著　近代文芸社　2004.3　130p　18cm　（近代文芸社新書）　1000円　Ⓘ4-7733-7127-7　〔16099〕
◇わかりやすい伊東の歴史物語　続　中世編　森山俊英著　伊東　サガミヤ　1987.4　147p　19cm　880円　Ⓝ215.4　〔16100〕

◆◆愛知県
◇愛知県史　資料編8（中世1）　愛知県史編さん委員会編　名古屋　愛知県　2001.3　973,28p　23cm　Ⓝ215.5　〔16101〕
◇愛知県史　資料編11（織豊1）　愛知県史編さん委員会編　名古屋　愛知県　2003.3　885,90p　23cm　Ⓝ215.5　〔16102〕
◇愛知県史　別編（窯業2）　愛知県史編さん委員会編　名古屋　愛知県　2007.3　844p　31cm　Ⓝ215.5　〔16103〕
◇愛知県中世城館跡調査報告　1（尾張地区）　愛知県教育委員会編　〔名古屋〕　愛知県教育委員会　1991.3　293p　30cm　Ⓝ215.5　〔16104〕
◇愛知県中世城館跡調査報告　2（西三河）　愛知県教育委員会編　〔名古屋〕　愛知県教育委員会　1994.3　353p　30cm　Ⓝ215.5　〔16105〕
◇愛知県中世城館跡調査報告　3（東三河地区）　愛知県教育委員会編　〔名古屋〕　愛知県教育委員会　1997.3　391p　30cm　Ⓝ215.5　〔16106〕
◇愛知県の歴史散歩　上　尾張　愛知県高等学校郷土史研究会編　山川出版社　2005.3　304p　19cm　（歴史散歩23）　1200円　Ⓘ4-634-24623-6　〔16107〕
◇愛知県の歴史散歩　下　三河　愛知県高等学校郷土史研究会編　山川出版社　2005.3　315p　19cm　（歴史散歩23）　1200円　Ⓘ4-634-24823-9　〔16108〕
◇愛知の古陶—本多コレクション　企画展　瀬戸　愛知県陶磁資料館　1992　40p　26cm　Ⓝ751.1　〔16109〕
◇愛知の中世陶器—渥美・常滑・瀬戸　安城市歴史博物館編　安城　安城市歴史博物館　1996.4　79p　30cm　Ⓝ751.1　〔16110〕
◇葵のふるさと松平郷—伝承—氏祖松平親氏　豊田　松平郷文化財保存会　1993.5　77p　30cm　Ⓝ215.5　〔16111〕
◇足助の中世城館　鱸鑿著　足助町（愛知県）　足助町教育委員会　2001.3　79p　30cm　Ⓝ215.5　〔16112〕
◇熱田と中世　熱田神宮, 中日新聞編　〔名古屋〕　熱田神宮宮庁　1972　48p　26cm　（熱田神宮文化史展　第3回）　Ⓝ215.5　〔16113〕
◇熱田と信長・秀吉　熱田神宮, 中日新聞編　〔名古屋〕　熱田神宮宮庁　1973　48p　26cm　（熱田神宮文化史展　第4回）　Ⓝ215.5　〔16114〕
◇安城の中世—中川覚郷土史論稿　中川覚著, 安城市教育委員会編　安城　安城市教育委員会　1991.3　906p　22cm　Ⓝ215.5　〔16115〕
◇家康道を歩く—歴史道探索紀行　加藤浩著　名古屋　風媒社　2006.6　152p　21cm　1700円　Ⓘ4-8331-5157-X　Ⓝ291.55　〔16116〕
◇異色一楊荘雑考—天下分目関ケ原之戦に参加の人々　森真現著　名古屋　1958　143p　22cm　Ⓝ215.5　〔16117〕
◇犬山市資料　第3集　犬山市教育委員会, 犬山市史編さん委員会編　〔犬山〕　犬山市　1987.9　373p　22cm　Ⓝ215.5　〔16118〕
◇大草城跡地形測量等調査報告書　長久手町史編さん委員会編　長久手町（愛知県）　長久手町　1987.4　71p　26cm　（長久手町史編さん委員会文化財調査報告 no.1）　Ⓝ215.5　〔16119〕
◇織田氏と尾張—企画展　図録　名古屋市博物館編　名古屋　名古屋市博物館　1992.2　64p　30cm　Ⓝ215.5　〔16120〕
◇江南史料散歩　巻中　蜂須賀小六素生記　滝喜義著　〔江南〕　〔滝喜義〕　1982.1　172p　26cm　Ⓝ215.5　〔16121〕
◇高隆寺内発見の中世墓跡　岡崎　岡崎市教育委員会　1978.2　5p　22cm　Ⓝ215.5　〔16122〕
◇古城の風景　1　菅沼の城　奥平の城　宮城谷昌光著　新潮社　2004.10　174p　20cm　1300円　Ⓘ4-10-400412-X　〔16123〕
◇古城の風景　2　松平の城　宮城谷昌光著　新潮社　2005.9　174p　20cm　1300円　Ⓘ4-10-400413-8　〔16124〕
◇小牧山城—散策コースと小牧・長久手の合戦の砦跡　小牧市文化財資料研究員会編　小牧　小牧市教育委員会　1998.3　116p　22cm　（小牧叢書 16）　Ⓝ215.5　〔16125〕
◇参州一向宗乱記—註釈　中嶋次太郎編　国書刊行会　1981.7　181p　22cm　2800円　Ⓝ215.5　〔16126〕
◇参州一向宗乱記　註釈　中嶋次太郎著　松本　中嶋尚誠堂　1951　181p　地図　23cm　Ⓝ215.5　〔16127〕
◇三州上郷城物語　小林林之助著　蒲郡　ランル社　1997.11　197p　19cm　1300円　Ⓝ210.47　〔16128〕
◇三陽長篠合戦日記写　鳳来町（愛知県南設楽郡）　長篠城址史跡保存館　1972.5　50p　22cm　Ⓝ210.47　〔16129〕
◇史跡長篠城跡　3　鳳来町（愛知県）　鳳来町教育委員会　2004.9　32p 図版7p　30cm　（鳳来町埋蔵文化財調査報告書 第3集）　Ⓝ210.0254　〔16130〕
◇史跡長篠城跡　4　鳳来町教育委員会編　鳳来町（愛知県）　鳳来町教育委員会　2005.3　27p 図版5p　30cm　（鳳来町埋蔵文化財調査報告書 第4集）　Ⓝ210.0254　〔16131〕
◇史跡長篠城跡　5　新城市教育委員会編　新城　新城市教育委員会　2006.3　26p 図版7p　30cm　（新城市埋蔵文化財調査報告書）　Ⓝ210.0254　〔16132〕
◇史跡長篠城跡　6　新城市教育委員会編　新城　新城市教育委員会　2007.3　25p 図版7p　30cm　（新城市埋蔵文化財調査報告書）　Ⓝ210.0254　〔16133〕
◇設楽原戦場考　設楽原をまもる会編　〔新城〕　設楽原をまもる会　1999.3　184p　21cm　Ⓝ215.5　〔16134〕
◇設楽原の戦い物語　設楽原をまもる会編　新城　設楽原をまもる会　1988.7　144p　21cm　Ⓝ215.5　〔16135〕
◇史料が語る鎌倉・室町時代の三好—'94特別展　三好町立歴史民俗資料館編　三好町（愛知県）　三好町立歴史民俗資料館　1994.10　31p　30cm　Ⓝ215.5　〔16136〕
◇城からのぞむ尾張の戦国時代—名古屋市博物館企画展　名古屋市博物館編　名古屋　名古屋市博物館　2007.6　63p　30cm　Ⓝ215.5　〔16137〕
◇新城市誌資料　2　川路萩平（下の段）遺跡試掘報告書　澄田正一, 岩野見司, 早川正一著　〔新城〕　新城市教育委員会　1962　17p 図　26cm　Ⓝ215.5　〔16138〕

地方史　　　　　　　　　　　　　　　中世史

◇瀬戸の古城―中世城館址研究　笹山忠著　〔瀬戸〕　〔笹山忠〕　2003.5　73p　26cm　Ⓝ215.5　〔16139〕
◇戦国落穂ひろい―歴史は生きている　丸山彰編　鳳来町（愛知県）　鳳来町立長篠城址史跡保存館　1985.12　153p　22cm　（長篠戦史資料編 その8）　Ⓝ215.5　〔16140〕
◇戦国大名と賤民―信長・秀吉・家康と部落形成　本田豊著　現代書館　2005.12　206p　20cm　2000円　Ⓘ4-7684-6917-5　Ⓝ361.86　〔16141〕
◇泉福寺中世墳墓　渥美町（愛知県）　渥美町教育委員会　2004.3　104p　30cm　（渥美町埋蔵文化財調査報告書8）　Ⓝ210.0254　〔16142〕
◇探訪戦国名古屋の城　梅村俊之著　名古屋　梅村俊之　2007.5　145p　21cm　非売品　Ⓝ215.5　〔16143〕
◇中世の施釉陶器―瀬戸・美濃　愛知県陶磁資料館学芸課編　〔瀬戸〕　愛知県陶磁資料館　2002　173p　21×21cm　（館蔵中世陶器展 3）　Ⓝ751.1　〔16144〕
◇長慶天皇御聖蹟と東三河の吉野朝臣　家田富貴男著　御油町（愛知県）　三河吉野朝聖蹟研究所　1940　105p　22cm　Ⓝ210.4　〔16145〕
◇長慶天皇聖蹟と東三河の吉野朝臣　中西久次郎著　御油町（愛知県）　中西久次郎　1940　194p　25cm　Ⓝ210.4　〔16146〕
◇鶴城記・西尾城由来書　西尾　西尾市教育委員会　2001.3　52p　30cm　（西尾市岩瀬文庫叢書 3）　Ⓝ215.5　〔16147〕
◇定本・西三河の城　『定本・西三河の城』刊行会編　名古屋　郷土出版社　1991.7　259p　38cm　16000円　Ⓘ4-87670-020-6　Ⓝ215.5　〔16148〕
◇徳川氏関係史蹟名勝遊覧案内　岡崎　岡崎観光協会　1936　130p　20cm　Ⓝ291.55　〔16149〕
◇常滑の城　吉田弘著　常滑　常滑の史跡を守る会　1997.4　250p　21cm　Ⓝ215.5　〔16150〕
◇豊明市史　資料編補 2　豊明市史編集委員会編　〔豊明〕　豊明市　2002.3　623p　22cm　Ⓝ215.5　〔16151〕
◇豊明市史　資料編補 2 付録　豊明市史編集委員会編　〔豊明〕　豊明市　2002.3　199p　21cm　Ⓝ215.5　〔16152〕
◇豊田市史―金谷城中条氏の研究　豊田　豊田市立図書館郷土史研究室　1966　102p　26cm　Ⓝ215.5　〔16153〕
◇長久手町史　資料編 6　中世 長久手合戦史料集　長久手町史編さん委員会編　長久手町（愛知県）　長久手町　1992.10　1186, 13p　27cm　Ⓝ215.5　〔16154〕
◇長久手の中世―その城館跡を中心に　特別展　長久手町教育委員会　長久手町（愛知県）　長久手町教育委員会　1989.1　51p　26cm　Ⓝ215.5　〔16155〕
◇なかしの　長篠古戦場顕彰会編　新城町（愛知県）　前沢印刷所　1914　68p 図版　23cm　Ⓝ215.5　〔16156〕
◇長篠城址試掘調査報告書　第1次試掘調査―第4次試掘調査　鳳来町（愛知県）　鳳来町教育委員会　2004.1　281p　30cm　Ⓝ210.0254　〔16157〕
◇長篠城の今昔　柳原明十編　改訂　舟着村（愛知県）　柳原明十　1935　17丁　25cm　Ⓝ210.4　〔16158〕
◇名古屋市博物館常設展尾張の歴史―展示解説 3　中世　〔名古屋〕　名古屋市博物館　1981.3　88p　25cm　Ⓝ215.5　〔16159〕
◇名古屋城―石垣刻印が明かす築城秘話　名古屋市教育委員会著　〔名古屋〕　名古屋市教育委員会　2001.3　125p　21cm　（文化財叢書 第95号）　Ⓝ215.5　〔16160〕
◇名古屋謎とき散歩―戦国の三英傑を育んだ歴史街を訪ねて　恩田耕治著　廣済堂出版　1998.10　275p　19cm　1600円　Ⓘ4-331-50655-X　Ⓝ215.5　〔16161〕
◇名古屋の茶人大成　6　日比野猛著　碧天舎　2004.4　196p　20cm　1000円　Ⓘ4-88346-606-X　Ⓝ791.2　〔16162〕
◇西浦山無量寺と懽子内親王―三河に伝えられる南朝の秘史　藤原石山著, 南朝史学会, 三遠文化協会編　豊橋　南朝史学会　1981.7　38p　22cm　Ⓝ215.5　〔16163〕
◇野田戦記―附・菅沼勲功記　皆川登一郎著　新城町（愛知県）　皆川博　1916　50p　23cm　Ⓝ210.4　〔16164〕
◇東三河の戦国時代　横尾義貫著　豊橋　「東三河の戦国時代」刊行会　1985.2　187p　22cm　1900円　Ⓝ215.5　〔16165〕
◇東三河の武将とその城　高橋敬二著　豊橋　中村出版（印刷）　1998.4　122p　22cm　Ⓝ215.5　〔16166〕
◇宝飯地方史資料　第15　三河文献集成 中世編　愛知県宝飯地方史編纂委員会編　久曾神昇編　豊橋　1966　22cm　Ⓝ215.5　〔16167〕
◇鳳来寺山の歴史―寺と戦国武将　愛知県鳳来町立長篠城趾史跡保存館編　〔鳳来町（愛知県）〕　鳳来町立長篠城趾史跡保存館　1983.7　198p　22cm　（長篠戦史資料編 その7）　Ⓝ215.5　〔16168〕
◇三河玉川御所と広福寺―南朝の秘史を伝える　松井勉著　豊橋　中尾山広福寺　1979.1　134p　22cm　Ⓝ215.5　〔16169〕
◇三河寺部陣屋　藤林明芳著　大阪　日本古城友の会　2000.11　20p　22cm　（城と陣屋シリーズ 235号）　Ⓝ215.5　〔16170〕
◇「三河と足利氏」図録―尊氏をささえたもうひとつの三河武士　企画展　安城市歴史博物館編　安城　安城市歴史博物館　1991.8　40p　26cm　Ⓝ215.5　〔16171〕
◇三河に於ける長慶天皇伝説考―民族学の視点から南朝の史蹟と伝説を探る　藤原石山著, 南朝史学会編　豊橋　三遠文化協会　1979.1　2冊（別冊とも）　26cm　Ⓝ215.5　〔16172〕
◇三河文献集成　中世編　久曽神昇編　国書刊行会　1980.9　646p　22cm　8500円　Ⓝ215.5　〔16173〕
◇三河吉野朝の研究　山口保吉著　愛知県御津町　山口究宗堂　1940　146p 図版　23cm　Ⓝ210.4　〔16174〕
◇山家三方衆　愛知県鳳来町立長篠城趾史跡保存館編　〔鳳来町（愛知県）〕　愛知県鳳来町立長篠城趾史跡保存館　1979.5　146p　21cm　（長篠戦史 第2分冊）　Ⓝ215.5　〔16175〕
◇横根城と追分城について―愛知県大府市の古城址　富田日出雄著　浜松　富田日出雄　1988.7　1冊（頁付なし）　21cm　Ⓝ215.5　〔16176〕
◇蓮如上人と尾張　名古屋　真宗大谷派名古屋教区教化センター　2000.4　199p　30cm　（真宗大谷派名古屋教区教化センター研究報告 第4集）　Ⓝ702.17　〔16177〕

◆◆三重県
◇安養寺跡・豆石山中世墓群・豆石山経塚群・五峰山2号墳　二見町教育委員会編　〔二見町（三重県）〕　二見町教育委員会　2004.5　120p　30cm　（二見町文化財調査報告 2）　Ⓝ210.0254　〔16178〕

◇伊賀の中世城館　伊賀中世城館調査会編　上野　伊賀中世城館調査会　1997.3　216p　30cm　Ⓝ215.6
〔16179〕
◇伊勢国司北畠氏の研究　藤田達生編　吉川弘文館　2004.8　288p　22cm　9000円　Ⓘ4-642-02833-1　Ⓝ210.4
〔16180〕
◇上野市南部都市開発区域埋蔵文化財第一次調査報告　〔上野〕　上野市　1978.3　107p　26cm　Ⓝ215.6
〔16181〕
◇上野城郭図集　福井健二著　〔上野〕　日本古城友の会城郭文庫　1974　51p（おもに図）　21×30cm　非売品　Ⓝ521.4
〔16182〕
◇郷土史観阿弥と名張　石井義信著　〔青山町（三重県）〕　青山文化書房　1989.2　108p　21cm　非売品　Ⓝ215.6
〔16183〕
◇九鬼水軍と志摩海賊　中谷一正著　大阪　中谷一正　1984.2　76,4p　21cm　1800円　Ⓝ215.6
〔16184〕
◇建武中興と伊勢　鎌田純一著　伊勢　皇学館大学出版部　1985.7　37p　19cm　（皇学館大学講演叢書 第53輯）　280円　Ⓝ210.45
〔16185〕
◇木造城戦国記―木造軍記から　近藤幸彦編　久居　近藤印刷所　1992.7　110p　19cm　Ⓝ215.6
〔16186〕
◇椎山の中世陶器part2―平成17年度企画展　鈴鹿市考古博物館編　鈴鹿　鈴鹿市考古博物館　2006.1　26p　30cm　Ⓝ215.6
〔16187〕
◇昇龍の影―信長、秀吉、家康と伊勢平野　衣斐賢譲著　鈴鹿　龍光寺微笑会, 中央公論事業出版〔発売〕　2003.7　403p　21cm　2000円　Ⓘ4-89514-207-8
〔16188〕
◇史料が語る中世城館と北畠氏の動向　下村登良男語り手　松阪　伊勢の國・松坂十樂　2004.3　63p　21cm　（十楽選よむゼミ no.10）　400円　Ⓝ215.6
〔16189〕
◇勢州軍記　上　神戸良政著, 三ツ村健吉註訳　津　三重県郷土資料刊行会　1984.8　243p　22cm　（三重県郷土資料叢書 第39集）　3500円　Ⓝ215.6
〔16190〕
◇勢州軍記　下　神戸良政著, 三ツ村健吉註訳　津　三重県郷土資料刊行会　1987.2　300p　22cm　（三重県郷土資料叢書 第97集）　3800円　Ⓝ215.6
〔16191〕
◇中世伊勢湾岸の湊津と地域構造　伊藤裕偉著　岩田書院　2007.5　306p　22cm　（中世史研究叢書 10）　6900円　Ⓘ978-4-87294-466-2　Ⓝ215.6
〔16192〕
◇定本・三重県の城　『定本・三重県の城』刊行会編　名古屋　郷土出版社　1991.11　257p　37cm　16000円　Ⓘ4-87670-022-2　Ⓝ215.6
〔16193〕
◇天正伊賀乱四百年記念略誌　沖森直三郎, 北出楯夫編　〔上野〕　伊賀郷土史研究会　1981.11　92p　21cm　Ⓝ215.6
〔16194〕
◇信長と伊勢・伊賀―三重戦国物語　横山高治著　大阪　創元社　1992.4　210p　19cm　1600円　Ⓘ4-422-20462-9　Ⓝ210.47
〔16195〕
◇発掘された中世の三重　〔津〕　三重県教育委員会　1982　1冊　26cm　Ⓝ210.47
〔16196〕
◇三重・国盛り物語―伊勢戦国兵乱私記　服部哲雄, 芝田憲一著　津　伊勢新聞社　1973　277p　図　22cm　Ⓝ215.6
〔16197〕
◇三重県史　資料編 中世 1 上　三重県編　津　三重県　1997.5　2冊（別冊とも）　22cm　Ⓝ215.6
〔16198〕
◇三重県史　資料編 中世 1 下　三重県編　津　三重県　1999.8　3冊（別冊とも）　22cm　Ⓝ215.6
〔16199〕

◇三重県の中世墓　三重県埋蔵文化財センター編　明和町（三重県）　三重県埋蔵文化財センター　1992.6　171p　26cm　Ⓝ210.2
〔16200〕
◇三重の中世城館　三重県教育委員会編　津　三重県良書出版会　1977.1　327〔6〕p　31cm　Ⓝ215.6
〔16201〕
◇吉野・熊野信仰の研究　五来重編　名著出版　2000.11（第7刷）　446p　21cm　（山岳宗教史研究叢書 4）　4800円　Ⓘ4-626-01588-3　Ⓝ188.59
〔16202〕

◆近畿地方
◇近畿大名の研究　村田修三編　吉川弘文館　1986.9　479p　22cm　（戦国大名論集 5）　5900円　Ⓘ4-642-02585-5　Ⓝ210.47
〔16203〕
◇近畿地方の中世城館　1（滋賀 1）　東洋書林　2002.8　1冊　23cm　（都道府県別日本の中世城館調査報告書集成 第12巻）　30000円　Ⓘ4-88721-443-X　Ⓝ216
〔16204〕
◇近畿地方の中世城館　2（滋賀 2）　東洋書林　2002.9　251, 347, 365p　23cm　（都道府県別日本の中世城館調査報告書集成 第13巻）　30000円　Ⓘ4-88721-444-8　Ⓝ216
〔16205〕
◇近畿地方の中世城館　3（滋賀 3）　東洋書林　2002.9　440, 287, 191p　23cm　（都道府県別日本の中世城館調査報告書集成 第14巻）　30000円　Ⓘ4-88721-445-6　Ⓝ216
〔16206〕
◇近畿地方の中世城館　4（兵庫・和歌山）　東洋書林　2003.4　1冊　23cm　（都道府県別日本の中世城館調査報告書集成 第15巻）　30000円　Ⓘ4-88721-446-4　Ⓝ216
〔16207〕
◇図説近畿中世城郭事典　高田徹編　島本町（大阪府）　城郭談話会事務局　2004.12　342p　30cm　非売品　Ⓝ216
〔16208〕
◇戦国期畿内の政治社会構造　小山靖憲編　大阪　和泉書院　2006.5　398p　22cm　（日本史研究叢刊 16）　8000円　Ⓘ4-7576-0374-6　Ⓝ216.3
〔16209〕
◇中世畿内における都市の発達　永島福太郎著　京都　思文閣出版　2004.10　294, 14p　21cm　6500円　Ⓘ4-7842-1206-X
〔16210〕
◇中世後期畿内近国守護の研究　弓倉弘年著　大阪　清文堂出版　2006.12　416p　22cm　8600円　Ⓘ4-7924-0616-1　Ⓝ216
〔16211〕
◇吉野・熊野信仰の研究　五来重編　名著出版　2000.11（第7刷）　446p　21cm　（山岳宗教史研究叢書 4）　4800円　Ⓘ4-626-01588-3　Ⓝ188.59
〔16212〕
◇「歴史街道」を駆けぬけた武将たち―三重・奈良・滋賀・京都・大阪・兵庫　横山高治著　大阪　新風書房　1996.8　195p　19cm　1456円　Ⓘ4-88269-339-9　Ⓝ281.6
〔16213〕

◆◆滋賀県
◇浅井三代　〔大津〕　滋賀県文化財保護協会　1985.9　〔4〕p　26cm　（文化財教室シリーズ 81）　Ⓝ216.1
〔16214〕
◇浅井氏三代文書集―江州小谷城主　小和田哲男編著　長浜　浅井家顕彰会　1972　105p　21cm　非売
〔16215〕
◇安土城・信長の夢―安土城発掘調査の成果　滋賀県安土城郭調査研究所編著　彦根　サンライズ出版　2004.11

地方史　　　　　　　　　　　　　　中世史

268p　20cm　1800円　①4-88325-262-0　Ⓝ216.1
〔16216〕

◇安土之遺跡　杉本善郎(江陽釣史)著　能登川村(滋賀県)　加藤角左衛門　1895.5　4p　20cm　Ⓝ216.1
〔16217〕

◇活津彦根神社文書目録・新宮神社文書目録・石部神社文書目録—旧近江国蒲生郡下豊浦村　安土町(滋賀県)　滋賀県安土城郭調査研究所　2003.7　44p　30cm　(安土城・織田信長関連文書調査報告 13)　Ⓝ216.1
〔16218〕

◇岩倉共有文書目録—旧近江国蒲生郡岩倉村　滋賀県安土城郭調査研究所編　安土町(滋賀県)　滋賀県安土城郭調査研究所　2004.8　64p　30cm　(安土城・織田信長関連文書調査報告 14)　Ⓝ216.1
〔16219〕

◇愛知川町荘園故地水利地名調査報告書—愛智荘・大国荘域を想定して　愛知川町教育委員会町史編さん室編　愛知川町(滋賀県)　愛知川町教育委員会町史編さん室　2004.3　112p　30cm　Ⓝ614.3161
〔16220〕

◇近江浅井氏　小和田哲男著　新人物往来社　1973　353p　22cm　(戦国史叢書 6)　3200円　Ⓝ288.3
〔16221〕

◇近江・湖南の風土記—親鸞・蓮如の伝承　安井澄心著　彦根　サンライズ印刷出版部(印刷)　2003.2　175p　19cm　Ⓝ188.77
〔16222〕

◇近江佐和山城—佐和山城の歴史と構造　中井均著　大阪　日本古城友の会　1992.12　16p　22cm　(城と陣屋シリーズ 200号)　Ⓝ216.1
〔16223〕

◇近江佐和山城・彦根城　城郭談話会編　彦根　サンライズ出版(発売)　2007.8　259p　26cm　2500円　①978-4-88325-282-4　Ⓝ521.823
〔16224〕

◇近江戦国の道—近江歴史回廊　木村至宏ほか著, 淡海文化を育てる会編　彦根　淡海文化を育てる会　1995.3　237p　21cm　1500円　①4-88325-012-1　Ⓝ216.1
〔16225〕

◇近江の城—城が語る湖国の戦国史　中井均著　彦根　サンライズ印刷出版部　1997.10　200p　19cm　(淡海文庫 9)　1200円　①4-88325-114-4　Ⓝ216.1
〔16226〕

◇近江の真宗文化—湖南・湖東を中心に　栗東歴史民俗博物館編　栗東町(滋賀県)　栗東歴史民俗博物館　1997　111p　30cm　Ⓝ702.098
〔16227〕

◇近江の武将—架空対談　徳永真一郎著　京都　サンブライト出版　1983.6　237p　19cm　(近江文化叢書 16)　1500円　Ⓝ281.61
〔16228〕

◇近江歴史散歩—信長・秀吉・家康　徳永真一郎著　大阪　創元社　1966　194p(図版共)　18cm　Ⓝ216.1
〔16229〕

◇小谷城物語　馬場秋星著　長浜　イメーディアリンク　1993.10　171p　21cm　980円　Ⓝ216.1　〔16230〕

◇織田信長と安土城　秋田裕毅著　大阪　創元社　1990.9　291p　22cm　3200円　①4-422-20104-2　Ⓝ216.1
〔16231〕

◇織田信長と謎の清水山城—シンポジウム 近江・高嶋郡をめぐる攻防 記録集　新旭町教育委員会編　彦根　サンライズ出版　2002.3　189p　19cm　1600円　①4-88325-097-0　Ⓝ216.1
〔16232〕

◇上豊浦区有文書目録　滋賀県安土城郭調査研究所編　安土町(滋賀県)　滋賀県安土城郭調査研究所　1999.3　111p　30cm　(安土城・織田信長関連文書調査報告 8)　Ⓝ216.1
〔16233〕

◇観音寺城と佐々木六角—平成7年度秋季特別展　滋賀県立安土城考古博物館編　安土町(滋賀県)　滋賀県立安土城考古博物館　1995.10　93p　30cm　Ⓝ288.2
〔16234〕

◇環琵琶湖地域論　西川幸治, 村井康彦編　京都　思文閣出版　2003.12　356p　21cm　7000円　①4-7842-1175-6
〔16235〕

◇桔梗の花さく城—光秀はなぜ, 本能寺をめざしたのか　斎藤秀夫著　鳥影社　2006.7　184p　19cm　1300円　①4-86265-006-6　Ⓝ291.61
〔16236〕

◇北近江戦国物語—北近江一豊・千代博覧会公式ガイドブック　一豊公・千代様キャンペーンイベント実行委員会企画・編集　長浜　一豊公・千代様キャンペーンイベント実行委員会　2005.12　88p　21cm　476円　①4-88325-288-4　Ⓝ291.61
〔16237〕

◇京極氏の城・まち・寺—北近江戦国史　伊吹町教育委員会編　彦根　サンライズ出版　2003.10　132p　21cm　1300円　①4-88325-240-X　Ⓝ216.1
〔16238〕

◇国友鉄砲鍛冶—その世界 特別展　市立長浜城歴史博物館編　改訂版　長浜　市立長浜城歴史博物館　1991.3　82p　21×23cm　Ⓝ559.1
〔16239〕

◇元亀争乱—信長を迎え討った近江 平成8年度秋季特別展　滋賀県立安土城考古博物館編　安土町(滋賀県)　滋賀県立安土城考古博物館　1996.10　104p　30cm　Ⓝ210.47
〔16240〕

◇甲賀武士と甲賀・知多大野の佐治一族　長坂益雄著　名古屋　ブイツーソリューション　2005.4　290p　19cm　1905円　①4-434-06074-0　Ⓝ288.2
〔16241〕

◇湖賊の中世都市近江国堅田　横倉譲治著　誠文堂新光社　1988.10　264p　20cm　1800円　①4-416-88832-5　Ⓝ216.1
〔16242〕

◇小谷城阯考　柴田実著　滋賀県東浅井郡小谷村　小谷城阯保勝会　1938　36p 図版　23cm　Ⓝ216.1
〔16243〕

◇沙沙貴神社文書目録—旧近江国蒲生郡常楽寺村　安土町(滋賀県)　滋賀県安土城郭調査研究所　2002.9　54p　30cm　(安土城・織田信長関連文書調査報告 12)　Ⓝ216.1
〔16244〕

◇佐和山城とその時代　彦根城博物館編　彦根　彦根市教育委員会　1992.10　97p　26cm　Ⓝ216.1　〔16245〕

◇佐和山城物語—佐和山城を基点として姉川合戦・賤ケ岳合戦・関ケ原合戦の三大合戦を描く　馬場秋星著　長浜　イメーディアリンク　1992.11　83p　19cm　980円　Ⓝ216.1
〔16246〕

◇滋賀県中世城郭分布調査　1　〔大津〕　滋賀県教育委員会　1983.3　241p　30cm　Ⓝ216.1　〔16247〕

◇滋賀県中世城郭分布調査　2　甲賀の城　〔大津〕　滋賀県教育委員会　1984.3　261p　30cm　Ⓝ216.1
〔16248〕

◇滋賀県中世城郭分布調査　3　旧野洲・栗太郡の城　〔大津〕　滋賀県教育委員会　1985.3　222p　30cm　Ⓝ216.1
〔16249〕

◇滋賀県中世城郭分布調査　4　旧蒲生・神崎郡の城　〔大津〕　滋賀県教育委員会　1986.3　295p　30cm　Ⓝ216.1
〔16250〕

◇滋賀県中世城郭分布調査　5　旧愛知・犬上郡の城　〔大津〕　滋賀県教育委員会　1987.3　251p　30cm　Ⓝ216.1
〔16251〕

◇滋賀県中世城郭分布調査 6 旧坂田郡の城 滋賀県教育委員会編 大津 滋賀県教育委員会 1989.3 347p 30cm Ⓝ216.1 〔16252〕
◇滋賀県中世城郭分布調査 7 伊香郡・東浅井郡の城 滋賀県教育委員会編 大津 滋賀県教育委員会 1990.3 365p 30cm Ⓝ216.1 〔16253〕
◇滋賀県中世城郭分布調査 8 高島郡の城 滋賀県教育委員会編 大津 滋賀県教育委員会 1991.3 440p 30cm Ⓝ216.1 〔16254〕
◇滋賀県中世城郭分布調査報告 9 旧滋賀郡の城 滋賀県教育委員会編 〔大津〕 滋賀県教育委員会 1992.3 287p 30cm Ⓝ216.1 〔16255〕
◇滋賀県中世城郭分布調査報告 10（別冊） 全県地名表・分布図・索引 滋賀県教育委員会編 〔大津〕 滋賀県教育委員会 1992.3 191p 30cm Ⓝ216.1 〔16256〕
◇信楽焼古窯跡群分布調査報告書 平成14年度 信楽町教育委員会編 信楽町（滋賀県） 信楽町教育委員会 2003.3 274p 30cm （信楽町文化財報告書 第11集） Ⓝ210.0254 〔16257〕
◇地蔵堂遺跡—中世寺院跡の発掘調査報告書 長浜市教育委員会編 長浜 長浜市教育委員会 2000.3 23p 図版5p 30cm （長浜市埋蔵文化財調査資料 第39集） Ⓝ210.0254 〔16258〕
◇紙本著色小谷城跡絵図—戦国大名浅井氏 湖北町（滋賀県） 近江の城友の会 1991 地図1枚:色刷 49×78cm（折りたたみ25cm） Ⓝ291.61 〔16259〕
◇常設展示解説 滋賀県立安土城考古博物館編 安土町（滋賀県） 滋賀県立安土城考古博物館 1992.11 123p 26cm Ⓝ210.2 〔16260〕
◇常楽寺区有文書目録—旧近江国蒲生郡常楽寺村 安土町（滋賀県） 滋賀県安土城郭調査研究所 2006.9 127p 30cm （安土城・織田信長関連文書調査報告 16） Ⓝ216.1 〔16261〕
◇市立長浜城歴史博物館常設展示—湖北・長浜のあゆみ 市立長浜城歴史博物館編 長浜 市立長浜城歴史博物館 1983.4 70p 26cm Ⓝ216.1 〔16262〕
◇城と城下—近江戦国誌 小島道裕著 新人物往来社 1997.5 246p 20cm 3000円 ①4-404-02489-4 Ⓝ216.1 〔16263〕
◇城と城下町—彦根藩と膳所藩を中心に 開館15周年記念 第34回企画展・（財）滋賀県文化財保護協会調査成果展 滋賀県立安土城考古博物館編 安土町（滋賀県） 滋賀県立安土城考古博物館 2007.7 59p 30cm Ⓝ216.1 〔16264〕
◇新修大津市史 第2巻 中世 大津 大津市 1979.10 525, 31p 22cm Ⓝ216.1 〔16265〕
◇図説安土城を掘る—発掘調査15年の軌跡 滋賀県安土城郭調査研究所編著 彦根 サンライズ出版 2004.10 94p 30cm 2400円 ①4-88325-266-3 Ⓝ709.161 〔16266〕
◇戦国時代の城郭と館—'79秋季特別展 安土町（滋賀県） 近江風土記の丘資料館 1979 16p 26cm Ⓝ709.161 〔16267〕
◇戦国大名浅井氏と小谷城—中村一郎先生遺稿集 中村一郎著, 小谷城址保勝会編 湖北町（滋賀県） 小谷城址保勝会 1988.3 54p 26cm Ⓝ216.1 〔16268〕
◇戦国の近江 徳永真一郎著 歴史図書社 1981.9 386p 19cm 1800円 Ⓝ210.47 〔16269〕

◇戦国の近江と水戸—浅井長政の異母兄とその娘たち 久保田暁一著 彦根 サンライズ印刷出版部 1996.5 178p 19cm （別冊淡海文庫 4） 1500円 ①4-88325-110-1 Ⓝ216.1 〔16270〕
◇戦国の山城・近江鎌刃城 米原市教育委員会編 彦根 サンライズ出版 2006.2 116p 21cm 1300円 ①4-88325-292-2 Ⓝ216.1 〔16271〕
◇高島の山城と北陸道—城下の景観 第12回全国山城サミット記録集 高島市教育委員会編 彦根 サンライズ出版 2006.3 158p 19cm 1600円 ①4-88325-299-X Ⓝ216.1 〔16272〕
◇中世惣村史の研究—近江国得珍保今堀郷 仲村研著 法政大学出版局 1984.3 x, 536, 24p 22cm （叢書・歴史学研究） 6800円 Ⓝ210.4 〔16273〕
◇中世村落の景観と環境—山門領近江国木津荘 水野章二編 京都 思文閣出版 2004.10 392p 22cm 6800円 ①4-7842-1198-5 Ⓝ216.1 〔16274〕
◇中世のむら探検—近江の暮らしのルーツを求めて 展示解説書 草津 滋賀県立琵琶湖博物館 2002.7 36p 30cm Ⓝ216.1 〔16275〕
◇天下布武へ—信長の近江支配 秋季特別展 滋賀県立安土城考古博物館編 安土町（滋賀県） 滋賀県立安土城考古博物館 1993.10 85p 26cm Ⓝ216.1 〔16276〕
◇天下布武の城—安土城 木戸雅寿著 新泉社 2004.2 93p 21cm （シリーズ「遺跡を学ぶ」2） 1500円 ①4-7877-0432-X Ⓝ216.1 〔16277〕
◇特別史跡安土城跡環境整備事業概要報告書 9 滋賀県教育委員会事務局, 安土城郭調査研究所 安土町（滋賀県） 滋賀県教育委員会 2002.3 54p 図版11枚 30cm Ⓝ709.161 〔16278〕
◇特別史跡安土城跡環境整備事業概要報告書 11 滋賀県教育委員会事務局, 安土城郭調査研究所 〔安土町（滋賀県）〕 滋賀県教育委員会 2004.3 84p 図版22枚 30cm Ⓝ709.161 〔16279〕
◇特別史跡安土城跡環境整備事業概要報告書 14 滋賀県教育委員会事務局, 安土城郭調査研究所 〔大津〕 滋賀県教育委員会 2007.3 114p 図版24, 4p 30cm Ⓝ709.161 〔16280〕
◇特別史跡安土城跡発掘調査報告 14 滋賀県教育委員会事務局, 滋賀県安土城郭調査研究所編 〔大津〕 滋賀県教育委員会 2005.3 97p 図版3, 72p 30cm Ⓝ210.0254 〔16281〕
◇特別史跡安土城跡発掘調査報告 16 滋賀県安土城郭調査研究所編 〔大津〕 滋賀県教育委員会 2007.3 29p 図版8枚, 23p 30cm Ⓝ210.0254 〔16282〕
◇「渡来文化と近江」私考 山中靖城著 近江八幡 O・B・M・WP・Cpt・S. 1996 57p 26cm 484円 Ⓝ216.1 〔16283〕
◇長浜市史 第2巻 秀吉の登場 長浜市史編さん委員会編 長浜 長浜市 1998.3 491, 25p 27cm Ⓝ216.1 〔16284〕
◇謎の敏満寺を再現する—中世の寺・町・城 財団法人滋賀県文化財保護協会調査成果展 滋賀県立安土城考古博物館第29回企画展 滋賀県文化財保護協会, 滋賀県立安土城考古博物館編 〔大津〕 滋賀県文化財保護協会 2005.1 25p 30cm Ⓝ216.1 〔16285〕
◇南北朝内乱と大津—企画展 大津市歴史博物館編 大津 大津市歴史博物館 2002.2 40p 30cm Ⓝ216.1 〔16286〕

地方史　　　　　　　　　　　　　中世史

◇信長船づくりの誤算―湖上交通史の再検討　用田政晴著　彦根　サンライズ出版　1999.7　180p　19cm　（淡海文庫 16）　1200円　Ⓘ4-88325-123-3　Ⓝ684
〔16287〕

◇百済寺城塞記　川上敏雄編　愛東町（滋賀県）　川上敏雄　1987.6　69p　19cm　Ⓝ216.1
〔16288〕

◇琵琶湖と中世の人々―信長以前・信長以後　平成10年度秋季特別展　滋賀県立安土城考古博物館編　安土町（滋賀県）　滋賀県立安土城考古博物館　1998.10　104p　30cm　Ⓝ210.4
〔16289〕

◇敏満寺は中世都市か？―戦国近江における寺と墓　多賀町教育委員会編　彦根　サンライズ出版　2006.8　172p　図版8p　21cm　2200円　Ⓘ4-88325-302-3　Ⓝ216.1
〔16290〕

◇復元安土城　内藤昌著　講談社　2006.12　342p　15cm　（講談社学術文庫）　1200円　Ⓘ4-06-159795-7
〔16291〕

◇米原町内中世城館跡分布調査報告書　米原　米原市教育委員会　2006.3　76, 11p 図版6枚, 24p　30cm　（米原市埋蔵文化財調査報告書 第1集）　Ⓝ210.0254
〔16292〕

◇湖の国の中世史　高橋昌明著　平凡社　1987.7　254p　21cm　2300円　Ⓘ4-582-47424-1　Ⓝ216.1
〔16293〕

◇村田家文書目録　滋賀県安土城郭調査研究所編　安土町（滋賀県）　滋賀県安土城郭調査研究所　2000.6　85p　30cm　（安土城・織田信長関連文書調査報告 9）　Ⓝ216.1
〔16294〕

◇むらのうつりかわり―栗太郡の中世集落を中心に　2001～2004年度栗東市発掘調査成果展　栗東歴史民俗博物館, 栗東市文化体育振興事業団企画・編集　栗東　栗東歴史民俗博物館　2005.11　18p　30cm　Ⓝ216.1
〔16295〕

◇野洲町内遺跡分布調査報告書　野洲町教育委員会編　〔野洲町（滋賀県）〕　野洲町教育委員会　1983.3　51p 図版15枚　30cm　（野洲町文化財資料集 1982-3）　Ⓝ216.1
〔16296〕

◇山本家文書目録―旧近江国高島郡南船木村　滋賀県安土城郭調査研究所編　安土町（滋賀県）　滋賀県安土城郭調査研究所　2001.8　72p　30cm　（安土城・織田信長関連文書調査報告 11）　Ⓝ216.1
〔16297〕

◇八日市市史　第2巻　中世　八日市　八日市市　1983.12　671, 31p　22cm　Ⓝ216.1
〔16298〕

◇余呉の庄と賤ケ岳の合戦―郷土の顔づくり事業　〔余呉町（滋賀県）〕　余呉町教育委員会　1986.3　260p　22cm　Ⓝ216.1
〔16299〕

◇忘れられた霊場をさぐる―講演・報告会 報告集 2　栗東市文化体育振興事業団編　栗東　栗東市文化体育振興事業団　2007.3　118p　30cm　Ⓝ216.1
〔16300〕

◇忘れられた霊場をさぐる―栗東・湖南の山寺復元の試み―報告集―講演・報告会　栗東・湖南の山寺をさぐる～忘れられた霊場の復元を通して　栗東市文化体育振興事業団編　栗東　栗東市文化体育振興事業団　2005.3　117p　30cm　Ⓝ216.1
〔16301〕

◆◆京都府

◇明智光秀周山城物語　城山放談会編　京北町（京都府）　京都ゼミナールハウス　1995.9　53p　26cm　Ⓝ216.2
〔16302〕

◇朝日百科歴史を読みなおす　3　朝日新聞社　1996.11　1冊　31cm　Ⓘ4-02-257056-3　Ⓝ210.1
〔16303〕

◇石への祈り―中世の石造美術　亀岡　亀岡市文化資料館　1986.7　1冊　26cm　Ⓝ210.1
〔16304〕

◇宇治市史　2　中世の歴史と景観　宇治　宇治市　1974　724, 45p 図 地図　22cm　Ⓝ216.2
〔16305〕

◇えごまを求めて―中世大山崎の商人たち　第9回企画展　大山崎町（京都府）　大山崎町歴史資料館　2001.10　32p　30cm　Ⓝ216.2
〔16306〕

◇御土居堀ものがたり　中村武生著　京都　京都新聞出版センター　2005.10　297p　19cm　1400円　Ⓘ4-7638-0566-5
〔16307〕

◇学生会館・寒梅館地点発掘調査報告書―室町殿と近世西立売町の調査　同志社大学歴史資料館編　京田辺　同志社大学歴史資料館　2005.3　342p　26cm　（同志社大学歴史資料館調査研究報告 第4集）　Ⓝ216.2
〔16308〕

◇風と火と時と―中世丹後の考古資料　秋季特別展　京都府立丹後郷土資料館編　宮津　京都府立丹後郷土資料館　2002.10　53p　30cm　（特別展図録 33）　Ⓝ216.2
〔16309〕

◇鎌倉時代の丹波・丹後　京都府立丹後郷土資料館編　宮津　京都府立丹後郷土資料館　1986.7　24p　26cm　（特別陳列図録 19）　Ⓝ216.2
〔16310〕

◇加悦町の中世城館跡　加悦町（京都府）　加悦町教育委員会　1994.3　58p　26cm　（加悦町文化財調査報告 第21集）　Ⓝ210.2
〔16311〕

◇祇園祭と戦国京都　河内将芳著　角川学芸出版, 角川グループパブリッシング〔発売〕　2007.6　214p　19cm　（角川叢書）　2800円　Ⓘ978-4-04-702136-5
〔16312〕

◇京都乙訓・西岡の戦国時代と物集女城　中井均, 仁木宏編著　京都　文理閣　2005.9　198p　21cm　2200円　Ⓘ4-89259-492-X　Ⓝ216.2
〔16313〕

◇京都時代MAP 安土桃山編　新創社編　京都　光村推古書院　2006.6　83p　26×21cm　（Time Trip Map）　1800円　Ⓘ4-8381-0369-7
〔16314〕

◇京都石碑探偵　伊東宗裕著　京都　光村推古書院　2004.12　221p　19cm　1600円　Ⓘ4-8381-0344-1
〔16315〕

◇京都・戦国武将の寺をゆく　津田三郎著　彦根　サンライズ出版　2007.3　237p　21cm　1600円　Ⓘ978-4-88325-320-3　Ⓝ291.62
〔16316〕

◇京都・一五四七年―上杉本洛中洛外図の謎を解く　今谷明著　平凡社　2003.10　298p　16cm　（平凡社ライブラリー）　1300円　Ⓘ4-582-76480-0　Ⓝ721.4
〔16317〕

◇京と太閤さん―京都観光 桃山時代の歴史と遺構　京美観光出版社編　京都　京美観光出版社　1985.11　168p　21cm　（京の美）　600円　Ⓘ4-88599-018-1　Ⓝ291.62
〔16318〕

◇京都中世都市史研究　高橋康夫著　京都　思文閣出版　1983.12　495, 26p　22cm　（思文閣史学叢書）　7800円　Ⓝ216.2
〔16319〕

◇京都中世都市史研究　高橋康夫著　京都　思文閣出版　2003.9　495, 26p　21cm　（思文閣史学叢書）　8800円　Ⓘ4-7842-0318-4
〔16320〕

◇京都の謎　戦国編　高野澄著　祥伝社　1991.10　299p　16cm　（ノン・ポシェット―日本史の旅）　480円　Ⓘ4-396-31040-4　Ⓝ216.2
〔16321〕

中世史　　　　　　　　　　　　　　　　　　　　　　　　地方史

◇京都の歴史 2　中世の明暗　京都市編　学芸書林　1971　577, 37p　図　地図　23cm　2800円　Ⓝ216.2
〔16322〕
◇京都の歴史 2　中世の展開　仏教大学編　京都　京都新聞社　1994.2　273p　20cm　1900円　Ⓘ4-7638-0343-3　Ⓝ216.2
〔16323〕
◇京都の歴史 3　町衆の躍動　仏教大学編　京都　京都新聞社　1994.10　229p　20cm　1900円　Ⓘ4-7638-0357-3　Ⓝ216.2
〔16324〕
◇京都の歴史 4　桃山の開花　京都市編　学芸書林　1969　741, 31p　図版　地図　23cm　2800円　Ⓝ216.2
〔16325〕
◇京のキリシタン史跡を巡る―風は都から もう一つの京都　杉野榮著　大津　三学出版　2007.5　127p　19cm　1200円　Ⓘ978-4-903520-15-5　Ⓝ198.22162
〔16326〕
◇京の歴史と文化 2（院政・鎌倉時代）武―貴族と鎌倉　村井康彦編　講談社　1994.4　297p　22cm　2600円　Ⓘ4-06-251952-6　Ⓝ216.2
〔16327〕
◇京の歴史と文化 3（南北朝・室町時代）乱―伸びゆく町衆　村井康彦編　講談社　1994.5　297p　22cm　2600円　Ⓘ4-06-251953-4　Ⓝ216.2
〔16328〕
◇京の歴史と文化 4（戦国・安土桃山時代）絢―天下人の登場　村井康彦編　講談社　1994.6　293p　22cm　2600円　Ⓘ4-06-251954-2　Ⓝ216.2
〔16329〕
◇建武中興と丹波　須藤政夫著　上川口村（京都府）藤田瀬一（印刷）　1936　24p　23cm　Ⓝ216.2
〔16330〕
◇古文書は語る―中世丹後の歴史　特別陳列　京都府立丹後郷土資料館編　宮津　京都府立丹後郷土資料館　1993.7　41p　26cm　Ⓝ216.2
〔16331〕
◇勝竜寺城今昔物語　五十棲辰男著　京都　京都新聞社　1992.5　306p　19cm　2000円　Ⓘ4-7638-0292-5　Ⓝ216.2
〔16332〕
◇尊氏と丹波の土豪―第11回企画展図録　亀岡市文化資料館編　亀岡　亀岡市文化資料館　1991.5　28p　26cm　Ⓝ216.2
〔16333〕
◇丹後の山城　城譜篇 旧加佐郡の部　岡野允著　舞鶴　長谷山房　1979.11　221p　26cm　（舞鶴地方資料集 第13輯）　Ⓝ216.2
〔16334〕
◇丹波戦国史―黒井城を中心として　芦田確次等著　歴史図書社　1973　681p　図　22cm　8000円　Ⓝ216.2
〔16335〕
◇丹波戦史―波多野盛衰記　高田紅濤著　篠山町（兵庫県）丹波戦史復刻刊行会　1980.3　1冊　19cm　Ⓝ216.2
〔16336〕
◇丹波・丹後の大般若経―中世の村むらと祈り　秋季特別展　京都府立丹後郷土資料館編　宮津　京都府立丹後郷土資料館　1997.10　59p　30cm　（特別展図録 28）　Ⓝ183.2
〔16337〕
◇丹波内藤氏諸記録　第1集　丹波内藤会編　〔日吉町（京都府）〕〔丹波内藤会〕　1980.12　100p　26cm　非売品　Ⓝ216.2
〔16338〕
◇丹波内藤氏諸記録　第2集　丹波内藤会編　〔日吉町（京都府）〕〔丹波内藤会〕　1981.6　173p　26cm　非売品　Ⓝ216.2
〔16339〕
◇丹波内藤氏諸記録　第3集　丹波内藤会編　〔日吉町（京都府）〕〔丹波内藤会〕　1982.7　216p　26cm　非売品　Ⓝ216.2
〔16340〕
◇丹波内藤氏諸記録　第4集　丹波内藤会編　〔日吉町（京都府）〕〔丹波内藤会〕　1983.7　245p　26cm　非売品　Ⓝ216.2
〔16341〕
◇丹波内藤氏諸記録　第5集　丹波内藤会編　〔日吉町（京都府）〕〔丹波内藤会〕　1984.7　278p　26cm　Ⓝ216.2
〔16342〕
◇地名の記された文化財―中世を中心に　〔京丹後〕　京丹後市教育委員会　2004.10　12p　30cm　Ⓝ216.2
〔16343〕
◇中世を歩く―京都の古寺　饗庭孝男著　京都　淡交社　2006.4　183p　19cm　1800円　Ⓘ4-473-03313-9
〔16344〕
◇中世を歩く―京都の古寺　饗庭孝男著　京都　淡交社　2006.4　183p　20cm　1800円　Ⓘ4-473-03313-9　Ⓝ185.9162
〔16345〕
◇中世・京都―ゼミナール　林屋辰三郎等著　朝日新聞社　1977.7　270p　19cm　1200円　Ⓝ210.4
〔16346〕
◇中世京都首都論　大村拓生著　吉川弘文館　2006.1　332, 11p　22cm　8500円　Ⓘ4-642-02848-X　Ⓝ216.2
〔16347〕
◇中世京都の都市と宗教　河内将芳著　京都　思文閣出版　2006.5　397, 12p　21cm　6800円　Ⓘ4-7842-1303-1
〔16348〕
◇中世京都の町　京都府立総合資料館歴史資料課編　〔京都〕　京都府立総合資料館　1996.7　52, 24p　26cm（東寺百合文書展 第13回）　Ⓝ216.2
〔16349〕
◇中世京都の民衆と社会　河内将芳著　京都　思文閣出版　2000.12　388, 14p　22cm　（思文閣史学叢書）8800円　Ⓘ4-7842-1057-1　Ⓝ216.2
〔16350〕
◇中世京都文化の周縁　川嶋将生著　京都　思文閣出版　1992.6　410, 17p　22cm　（思文閣史学叢書）8034円　Ⓘ4-7842-0717-1　Ⓝ210.4
〔16351〕
◇中世地域社会の歴史像　吉村亨著　京都　阿吽社　1997.5　357, 11p　22cm　3800円　Ⓘ4-900590-53-3　Ⓝ210.4
〔16352〕
◇中世都市京都の研究　黒田紘一郎著　校倉書房　1996.9　428p　22cm　10300円　Ⓘ4-7517-2640-4　Ⓝ216.2
〔16353〕
◇中世のなかの「京都」　高橋康夫編, 中世都市研究会編集協力　新人物往来社　2006.9　496p　21cm　（中世都市研究 12）　3800円　Ⓘ4-404-03425-3　Ⓝ216.2
〔16354〕
◇豊臣秀吉伏見桃山古図并伏見町市街図　日下伊兵衛　1912　1枚　Ⓝ291.62
〔16355〕
◇南北朝時代の丹波・亀岡―第九回特別展図録　亀岡市文化資料館編　亀岡　亀岡市文化資料館　1993.11　52p　26cm　Ⓝ216.2
〔16356〕
◇南北朝時代の丹波・丹後　京都府立丹後郷土資料館編　宮津　京都府立丹後郷土資料館　1978.10　60p　26cm　Ⓝ216.2
〔16357〕
◇信長・秀吉と西岡―企画展　向日市文化資料館編　向日　向日市文化資料館　1996.9　16p　30cm　Ⓝ216.2
〔16358〕
◇秀吉の京をゆく　津田三郎文, 創作工房写真編集　京都　淡交社　2001.9　125p　21cm　（新撰 京の魅力）1500円　Ⓘ4-473-01843-1
〔16359〕
◇秀吉の京　京都市歴史資料館編　京都　京都市歴史資料館　1992.10　1冊（頁付なし）　26cm　Ⓝ216.2
〔16360〕

◇福知山市史　第2巻　福知山市史編さん委員会編　福知山　福知山市　1982.3　950, 74p　22cm　Ⓝ216.2
〔16361〕
◇伏見城　伏見城研究会編　〔京都〕　日本古城友の会　1978.1　48p　21cm　Ⓝ521.4
〔16362〕
◇伏見桃山古城図　文淵堂　1904　1冊　41cm　Ⓝ216.2
〔16363〕
◇細川時代の宮津―宮津の歴史散歩 中嶋利雄・講演集　中嶋利雄著,「中嶋利雄・講演集」刊行委員会編集・構成　宮津　あまのはしだて出版　1992.3　107p　21cm　1300円　Ⓝ216.2
〔16364〕
◇町衆―京都における「市民」形成史　林屋辰三郎著　中央公論社　1964　234p 図版　18cm　（中公新書）　Ⓝ216.2
〔16365〕
◇町衆のまち 京　川嶋将生著　京都　柳原書店　1976.12　288p 図　20cm　（記録・都市生活史 3）　1700円　Ⓝ216.2
〔16366〕
◇桃山　林屋辰三郎編　京都　京都桃山ライオンズクラブ　1976.10　266p（図共）　31cm　12000円　Ⓝ216.2
〔16367〕
◇山崎合戦―秀吉、光秀と大山崎 第10回企画展　大山崎町（京都府）　大山崎町歴史資料館　2002.11　48p　30cm　Ⓝ216.2
〔16368〕
◇山城国一揆―資料集　〔宇治〕　宇治市文化財愛護協会　1985.8　55枚　26×38cm　Ⓝ216.2
〔16369〕
◇山城国一揆―自治と平和を求めて　日本史研究会, 歴史学研究会編　東京大学出版会　1986.9　249p　19cm　1800円　Ⓘ4-13-023036-0　Ⓝ216.2
〔16370〕
◇山城国上桂庄史料　中巻　上島有編　東京堂出版　2000.2　565p　22cm　14000円　Ⓘ4-490-20398-5　Ⓝ216.2
〔16371〕
◇山城国上桂庄史料　下巻　上島有編　東京堂出版　2003.2　579p　22cm　14000円　Ⓘ4-490-20490-6　Ⓝ216.2
〔16372〕
◇洛中出土の桃山陶器―特別展　土岐市美濃陶磁歴史館編　土岐　土岐市美濃陶磁歴史館　1991.2　53p　30cm　Ⓝ210.2
〔16373〕
◇洛中桃山のやきもの―新兵衛宅跡出土資料ほか 特別展　土岐市美濃陶磁歴史館編　土岐　土岐市美濃陶磁歴史館　1997.2　53p　30cm　Ⓝ210.025
〔16374〕
◇洛中洛外―環境文化の中世史　高橋康夫著　平凡社　1988.3　213p　22cm　（イメージ・リーディング叢書）　2200円　Ⓘ4-582-28462-0　Ⓝ216.2
〔16375〕
◇洛中洛外の群像―失われた中世京都へ　瀬田勝哉著　平凡社　1994.8　345p　22cm　4200円　Ⓘ4-582-47505-1　Ⓝ210.46
〔16376〕
◇「洛中洛外」の社会史　川嶋將生著　京都　思文閣出版　1999.6　318, 20p　22cm　6500円　Ⓘ4-7842-1003-2　Ⓝ210.4
〔16377〕
◇乱世京都　上　明田鉄男著　京都　白川書院　1969　390p 図版　19cm　（京都市民史シリーズ）　500円　Ⓝ216.2
〔16378〕
◇乱世京都　下　明田鉄男著　京都　白川書院　1969　370p 図版　19cm　（京都市民史シリーズ）　550円　Ⓝ216.2
〔16379〕
◇乱世の実力者たち―京都盛衰のドラマ　京都新聞社編　京都　京都新聞社　1973　286, 6p　19cm　880円　Ⓝ210.4
〔16380〕

◇歴史探訪丹後の中世社会を探る　1　加悦町（京都府）　加悦町教育委員会　1997.3　108p　26cm　（加悦町歴史文化シリーズ 第1集）　Ⓝ216.2
〔16381〕
◇歴史の京都　〔第1〕　日本放送協会編　小林行雄　京都　桑名文星堂　1954-55　2冊　15cm　Ⓝ216.2
〔16382〕
◇歴史の京都　〔第2〕　日本放送協会編　赤松俊秀　京都　桑名文星堂　1954-55　2冊　15cm　Ⓝ216.2
〔16383〕

◆◆大阪府
◇泉佐野の遺跡　中世編　泉佐野市教育委員会編　泉佐野　泉佐野市教育委員会　1995.3　77p　21cm　（泉佐野の歴史と文化財 第3集）　Ⓝ216.3
〔16384〕
◇岩瀧山往生院六萬寺史　上巻 南北朝編　寺史編纂委員会編　東大阪　往生院六萬寺　2000.5　296p　31cm　Ⓝ188.65
〔16385〕
◇大阪―天下の台所　千賀四郎編　小学館　1974　182p（図共）　20cm　（歴史の旅 7）　750円　Ⓝ216.3
〔16386〕
◇大坂・近畿の城と町　懐徳堂記念会編　大阪　和泉書院　2007.5　165p　20cm　（懐徳堂ライブラリー 7）　2500円　Ⓘ978-4-7576-0415-5　Ⓝ216
〔16387〕
◇大坂城―秀吉の大坂城縄張りをさぐる シンポジウム「難波宮」,「大坂城」-上町台地に築かれた二大遺跡の最新発掘情報 発表要旨　大阪府文化財センター編　〔堺〕　大阪府文化財センター　2004.6　27p　30cm　Ⓝ216.3
〔16388〕
◇大坂城跡　8　大阪市文化財協会編　大阪　大阪市文化財協会　2007.5　48p　30cm　Ⓘ978-4-86305-001-3　Ⓝ210.0254
〔16389〕
◇大坂城下町跡　2　大阪市文化財協会編　大阪　大阪市文化財協会　2004.9　486, 8, 7p 図版4枚, 58p　30cm　Ⓘ4-900687-84-7　Ⓝ210.0254
〔16390〕
◇大坂城誌――名・浪華誌　小野清著　小野清　1899.11　4冊（上・中・下, 附）図版　23cm　Ⓝ216.3　〔16391〕
◇大坂城誌―付「日本城郭誌」　小野清編著　名著出版　1973　1冊　23cm　6500円　Ⓝ216.3
〔16392〕
◇大阪城400年　岡本良一ほか著　大阪　大阪書籍　1982.10　361p　19cm　（朝日カルチャーブックス 11）　1400円　Ⓘ4-7548-1011-2　Ⓝ216.3
〔16393〕
◇大坂と周辺諸都市の研究　中部よし子編　大阪　清文堂出版　1994.1　469p　22cm　8755円　Ⓘ4-7924-0397-9　Ⓝ210.48
〔16394〕
◇大阪の古城と武将―特別展　大阪城天守閣編　大阪　大阪城天守閣特別事業委員会　1984.10　55p　26cm　Ⓝ216.3
〔16395〕
◇大阪の戦乱と城　棚橋利光著　京都　松籟社　1993.6　246p　20cm　2400円　Ⓘ4-87984-132-3　Ⓝ216.3
〔16396〕
◇大阪の中世前期　河音能平著　大阪　清文堂出版　2002.4　267p　20cm　2800円　Ⓘ4-7924-0512-2　Ⓝ216.3
〔16397〕
◇大阪の町と本願寺―特別展　大阪市立博物館編　〔大阪〕　毎日新聞社大阪本社　1996.10　160p　30cm　Ⓝ216.3
〔16398〕
◇大阪府史　第3巻　中世編　1　大阪府史編集専門委員会編　〔大阪〕　大阪府　1979.11　873, 27p　22cm　Ⓝ216.3
〔16399〕

◇大阪府史　第4巻　中世編　2　大阪府史編集専門委員会編　〔大阪〕　大阪府　1981.5　891, 21p　22cm　Ⓝ216.3　〔16400〕

◇大阪歴史懇談会発足五周年記念講演録　第1輯　織田信長と大坂　大阪歴史懇談会編　小和田哲男述　大阪　大阪歴史懇談会　1992.5　18, 6p　26cm　Ⓝ210.4　〔16401〕

◇織田信長と大坂―大阪歴史懇談会五周年記念講演　〔大阪〕　大阪歴史懇談会　1989　2枚　26×37cm　Ⓝ210.4　〔16402〕

◇貝塚寺内の武士と町人―願泉寺卜半家の家来衆と貝塚寺内の商家　平成15年度貝塚市郷土資料展示室特別展図録　貝塚市教育委員会編　貝塚　貝塚市教育委員会　2004.1　26p　30cm　Ⓝ210.4　〔16403〕

◇岸和田城の研究　岸和田高等学校地歴クラブ編　岸和田　1960　56p 図版　25cm　Ⓝ216.3　〔16404〕

◇畿内戦国期守護と地域社会　小谷利明著　大阪　清文堂出版　2003.4　372, 13p　22cm　8800円　Ⓘ4-7924-0534-3　Ⓝ216　〔16405〕

◇久宝寺寺内町と戦国社会―平成13年度特別展　八尾市立歴史民俗資料館編　八尾　八尾市教育委員会　2001.10　72p　Ⓝ216.3　〔16406〕

◇堺―中世自由都市　泉澄一著　〔東村山〕　教育社　1981.8　244p　18cm　（教育社歴史新書）　800円　Ⓝ216.3　〔16407〕

◇堺衆のやきもの―堺環濠都市遺跡出土の桃山陶磁　特別展　土岐市美濃陶磁歴史館編　土岐　土岐市美濃陶磁歴史館　1996.2　72p　30cm　Ⓝ210.2　〔16408〕

◇堺・南大阪地域学の可能性―堺・南大阪地域学フォーラム設立大会報告書　堺　大阪府立大学　2007.2　57p　30cm　Ⓝ216.3　〔16409〕

◇荘園に生きる人々―『政基公旅引付』の世界　小山靖憲, 平雅行編　大阪　和泉書院　1995.7　221p　20cm　（和泉選書 96―日根野と泉佐野の歴史 2）　2500円　Ⓘ4-87088-741-X　Ⓝ216.3　〔16410〕

◇新修泉佐野市史　第5巻　泉佐野市史編さん委員会編　泉佐野　泉佐野市　2001.3　806, 11p　22cm　Ⓝ216.3　〔16411〕

◇戦国時代の高槻　2版　高槻　高槻市教育委員会　1981.5　21枚　21cm　Ⓝ216.3　〔16412〕

◇千提寺・下音羽のキリシタン遺跡　茨木市教育委員会編　茨木　茨木市教育委員会　2000.3　40p　30cm　Ⓝ198.22163　〔16413〕

◇戦乱の中の岸和田城―石山合戦から大坂の陣まで　岸和田城天守閣再建五十周年記念特別展　岸和田市立郷土資料館編　岸和田　岸和田市立郷土資料館　2004.9　62p　30cm　Ⓝ216.3　〔16414〕

◇高屋城とその周辺―羽曳野市の中世を考える　羽曳野市陵南の森歴史資料室編　〔羽曳野〕　羽曳野市教育委員会生涯教育部文化財保護課　1995.11　18p　26cm　Ⓝ216.3　〔16415〕

◇高山右近の北摂キリシタン遺跡案内―高槻城主・キリシタン大名高山右近の北摂巡礼　奥田康雄著　高槻　高槻高山右近研究会　1971　1冊（頁付なし）　26cm　Ⓝ216.3　〔16416〕

◇中古に於ける郷土の土地制度研究　大阪府中等学校教育研究会歴史部編　京都　星野書店　1935　6, 28, 12p　23cm　Ⓝ216.3　〔16417〕

◇中世大阪の都市機能と構造に関する調査研究―越前吉崎「寺内」の調査研究　大阪　大阪市立博物館　1999.3　50p　30cm　（大阪学調査研究報告書 2）　Ⓝ214.4　〔16418〕

◇中世の大阪―水の里の兵たち　加地宏江, 中原俊章著　京都　松籟社　1984.12　198p　18cm　（大阪文庫 9）　880円　Ⓝ216.3　〔16419〕

◇中世八尾城の所在について―八尾城西郷説批判　辻村輝彦著　八尾　八尾市教育委員会八尾市史編さん室　1980.9　43p　21cm　（八尾市史紀要 第7号）　Ⓝ216.3　〔16420〕

◇豊能ふるさと談議―山と中世の城跡を尋ねての感慨　史実と現実の課題　西川隆夫著　豊能町（大阪府）　北摂振興　1995.1　168p　22cm　3000円　Ⓝ291.63　〔16421〕

◇富田林市廿山村五軒家の歴史―中世山村とその後　岡本寅一著　堺　岡本寅一　1986.4　218p　26cm　Ⓝ216.3　〔16422〕

◇難波宮―宮城北辺をさぐる　シンポジウム「難波宮」,「大坂城」-上町台地に築かれた二大遺跡の最新発掘情報　発表要旨　大阪府文化財センター編　〔堺〕　大阪府文化財センター　2004.6　38p　30cm　Ⓝ216.3　〔16423〕

◇南蛮船は入港しなかった―堺意外史　中井正弘著　大阪　澪標　2001.6　246p　20cm　1600円　Ⓘ4-944164-69-6　Ⓝ216.3　〔16424〕

◇南北朝と和泉　相沢正彦編　岸和田　相沢正彦　1939　152p　23cm　Ⓝ216.3　〔16425〕

◇野田城―福島区ふるさと史跡めぐり（野田村篇）　渡辺武著　大阪　大阪福島ライオンズクラブ　1977.8　8p　21cm　非売品　Ⓝ291.63　〔16426〕

◇羽曳野中世軍記等史料集　黒田俊雄, 川岡勉編　羽曳野　羽曳野市　1990.3　458p　21cm　（羽曳野資料叢書 2）　Ⓝ216.3　〔16427〕

◇秀吉の侵略と大阪城―ちょっと待て！　「大阪築城400年まつり」　辛基秀編, 柏井宏之編　第三書館　1983.11　204p　21cm　1200円　Ⓝ216.3　〔16428〕

◇日根荘総合調査が語るもの―中世荘園世界の解明をめざして　シンポジウム　大阪府埋蔵文化財協会編　大阪　大阪府埋蔵文化財協会　1991.12　68p　26cm　Ⓝ216.3　〔16429〕

◇日根荘遺跡―和泉に残る中世荘園の景観　鈴木陽一著　同成社　2007.4　180p　19cm　（日本の遺跡 20）　1800円　Ⓘ978-4-88621-386-0　〔16430〕

◇日根荘中世石造物調査報告書　荘園研究会編　泉佐野　泉佐野市教育委員会　2001.3　74p　30cm　Ⓝ714.02163　〔16431〕

◇武士の風景―能勢氏千年　保存版　池田政隆著　船橋　大翔出版部　2006.2　191p　22cm　3619円　Ⓘ4-9902982-0-9　Ⓝ288.2　〔16432〕

◇『政基公旅引付』とその時代―平成13年度特別展　歴史館いずみさの編　泉佐野　歴史館いずみさの　2001.10　44p　30cm　Ⓝ216.3　〔16433〕

◇町を放火候なり―信長池田城合戦と畿内制圧　開館20周年記念特別展　池田市立歴史民俗資料館編　池田　池田市立歴史民俗資料館　2000.10　39p　30cm　Ⓝ216.3　〔16434〕

◇水無瀬神宮と承久役論　水無瀬神宮社務所編　〔京都〕　京都内外出版印刷（印刷）　1939　85p　19cm　Ⓝ210.4　〔16435〕

◇美原町史　第3巻　史料編　2　中世　美原町史編纂委員会編　美原町（大阪府）　美原町　1991.9　766p　22cm　Ⓝ216.3　〔16436〕

◇三好長慶の時代―「織田信長芥川入城」の以前以後 高槻市立しろあと歴史館秋季特別展 高槻市立しろあと歴史館編 高槻 高槻市立しろあと歴史館 2007.9 79p 30cm Ⓝ216.3 〔16437〕
◇桃山の華―大坂出土の桃山陶磁 特別展 土岐市美濃陶磁歴史館編 〔土岐〕 織部の日実行委員会 1993.2 69p 30cm Ⓝ210.2 〔16438〕
◇桃山の華―大坂出土の桃山陶磁 特別展 続 土岐市美濃陶磁歴史館編 土岐 土岐市美濃陶磁歴史館 1994.2 71p 30cm Ⓝ210.2 〔16439〕
◇八尾の条里制 棚橋利光著 八尾 八尾市教育委員会八尾市史編さん室 1976.3 47p 21cm (八尾市史紀要 第6号) Ⓝ210.2 〔16440〕
◇よみがえる茨木城 中村博司編 大阪 清文堂出版 2007.1 251p 20cm 2600円 ①978-4-7924-0619-6 Ⓝ216.3 〔16441〕
◇よみがえる中世 2 本願寺から天下一へ大坂 佐久間貴士編 平凡社 1989.2 225p 27cm 2900円 ①4-582-47552-3 Ⓝ210.4 〔16442〕
◇蓮如上人論―もう一つの大坂戦国記 木村武夫編 京都 PHP研究所 1983.10 205p 19cm 980円 ①4-569-21172-0 Ⓝ216.3 〔16443〕

◆◆兵庫県
◇英賀城史 資料編 西木馨編著 姫路 英賀保史蹟保存会 1977.11 86p 21cm Ⓝ216.4 〔16444〕
◇英賀城主三木氏の研究と昭和初期の地字と遺蹟 西木馨著 〔姫路〕 英賀保史蹟保存会 1982.7 37p 21cm Ⓝ216.4 〔16445〕
◇赤松一族の盛衰 熱田公監修, 播磨学研究所編 神戸 神戸新聞総合出版センター 2001.1 318p 20cm 1800円 ①4-343-00069-9 Ⓝ216.4 〔16446〕
◇赤松円心則村とその一族 井戸誠一著 姫路 中央出版 1981.3～1982.1 2冊 19cm 各2500円 Ⓝ216.4 〔16447〕
◇赤松氏の史料と研究 2 藤本哲著 〔上郡町(兵庫県)〕〔藤本哲〕 1980.1 469p 20cm 4000円 Ⓝ216.4 〔16448〕
◇赤松氏の史料と研究 3 藤本哲著 〔上郡町(兵庫県)〕〔藤本哲〕 1986.5 322p 20cm 4800円 ①4-87601-096-X Ⓝ216.4 〔16449〕
◇赤松・三木氏の文献と研究 神栄宣郷著, 神栄越郷編 姫路 神栄越郷 神戸 のじぎく文庫(製作) 1974 492p 地図 22cm 3500円 Ⓝ216.4 〔16450〕
◇赤松・三木氏の文献と研究 神栄宣郷著, 神栄越郷編 姫路 郷土志社 1985.11 572p 22cm 5600円 Ⓝ216.4 〔16451〕
◇伊丹中世史料 黒田俊雄編 伊丹 伊丹市 1974 168p 26cm (伊丹資料叢書 2 伊丹市行政資料室編) Ⓝ216.4 〔16452〕
◇小野・加東中世史研究 坂田大爾著 小野 小野の歴史を知る会 1983.10 1冊(頁付なし) 21cm Ⓝ216.4 〔16453〕
◇片隅の中世・播磨国鵤荘の日々 水藤真著 吉川弘文館 2000.5 203p 20cm 2500円 ①4-642-07764-2 Ⓝ216.4 〔16454〕
◇切り抜き日本史・兵庫県編 中世・近世 有政一昭編 相生 有政一昭 1983.10 150p 26cm Ⓝ216.4 〔16455〕

◇国指定史跡感状山城跡―講演記録集 相生市教育委員会生涯学習課編 相生 相生市教育委員会 2000.3 122p 21cm Ⓝ216.4 〔16456〕
◇群雄たちの興亡―播磨戦国史 熱田公監修, 播磨学研究所編 神戸 神戸新聞総合出版センター 2002.12 257p 20cm 1800円 ①4-343-00149-0 Ⓝ216.4 〔16457〕
◇鶏籠山城主ものがたり―けいろう山の城主たち 生駒義夫著 龍野 生駒義夫 1998.11 114p 21cm 非売品 Ⓝ216.4 〔16458〕
◇上月城物語 竹本春一著 佐用町(兵庫県) 佐用郡歴史研究会 1981.11 372p 19cm 2000円 Ⓝ216.4 〔16459〕
◇光領寺山城―在田氏の居城 西脇 北播磨城郭研究会 1992.8 22p 26cm (調査報告書 第1集) Ⓝ216.4 〔16460〕
◇小茅野後山遺跡―中世製鉄遺構の調査 兵庫県教育委員会埋蔵文化財調査事務所編 神戸 兵庫県教育委員会 2007.3 91p 図版19p 30cm (兵庫県文化財調査報告 第313冊) Ⓝ210.0254 〔16461〕
◇古文書が語る播磨の中世―特別展 兵庫県立歴史博物館編 〔姫路〕 兵庫県立歴史博物館 1994.10 184p 26cm (兵庫県立歴史博物館特別展図録 no.33) Ⓝ216.4 〔16462〕
◇再現播磨の中世城郭―描かれた中世山城の世界 特別展 たつの市立埋蔵文化財センター編 たつの たつの市立埋蔵文化財センター 2007.6 79p 30cm (たつの市立埋蔵文化財センター図録 3) Ⓝ216.4 〔16463〕
◇史跡洲本城 洲本 洲本市立淡路文化史館 1999.10 51p 22×22cm Ⓝ216.4 〔16464〕
◇史跡・竹田城跡―但馬・和田山 和田山町教育委員会編 和田山町(兵庫県) 和田山町教育委員会 1994.9 72p 30cm Ⓝ216.4 〔16465〕
◇史跡八木城跡―国指定文化財記念 八鹿町教育委員会編 八鹿町(兵庫県) 八鹿町教育委員会 1994.2 239p 26cm (八鹿町ふるさとシリーズ 第6集) Ⓝ216.4 〔16466〕
◇十四世紀播磨の政治と社会 都民カレッジ『中世古文書を読む会』編 八王子 都民カレッジ 2001.9 132p 26cm Ⓝ216.4 〔16467〕
◇白鷺のうた―姫路の城と町と人と… 神戸新聞姫路支社編 神戸 神戸新聞出版センター 1983.4 302p 19cm 1200円 ①4-87521-622-X Ⓝ216.4 〔16468〕
◇史料明石の戦国史 木村英昭著 神戸 木村英昭 1985.7 231p 22cm 2500円 Ⓝ216.4 〔16469〕
◇新説三木合戦 岡田秀雄著 加古川 ハリマ産業新聞社 1984.3 152p 22cm 3800円 Ⓝ216.4 〔16470〕
◇シンポジウム・現在に生きる中世の景観―播磨国東大寺領大部荘 記録集 小野 小野市教育委員会 1999.3 67p 30cm (伝えたい小野からのメッセージ 4) Ⓝ216.4 〔16471〕
◇シンポジウム『城はなぜ築かれたか』記録集 小野 小野市教育委員会 1996.3 64p 30cm (伝えたい小野からのメッセージ 2) Ⓝ216.4 〔16472〕
◇戦乱に揺れた明石―講座明石の中世史 明石中世史編纂委員会編 〔明石〕 明石市教育委員会 2005.3 380p 21cm 2000円 Ⓝ216.4 〔16473〕
◇但馬史 2 石田松蔵著 神戸 のじぎく文庫 1973 363p 19cm Ⓝ216.4 〔16474〕

◇但馬豊岡城―豊岡城とその城下　豊岡市教育委員会, 豊岡市立郷土資料館編　豊岡　豊岡市立郷土資料館　1993.3　106p　26cm　Ⓝ216.4　〔16475〕
◇但馬の城と城下町―地図をみて歩いて探す城下町　出石城/豊岡城/八木城/竹田城/村岡陣屋を探る　谷本進著, 山田宗之編　豊岡　但馬考古学研究会　1994.4　171p　26cm　1500円　Ⓝ216.4　〔16476〕
◇但馬の中世史―城跡と史料で語る　宿南保著, のじぎく文庫編　神戸　神戸新聞総合出版センター　2002.5　363p　20cm　2500円　Ⓘ4-343-00165-2　Ⓝ216.4　〔16477〕
◇但馬・八木城　八鹿町教育委員会編　八鹿町（兵庫県）　八鹿町教育委員会　1989.3　139p 図版10枚　26cm　（兵庫県八鹿町ふるさとシリーズ 第1集）　Ⓝ521.82　〔16478〕
◇段の城　西脇　北播磨城郭研究会　1993.9　32p　26cm　（調査報告書 第3集）　Ⓝ216.4　〔16479〕
◇丹波篠山の城と城下町　嵐瑞澂著　篠山町（兵庫県）　1960　77p 図版11枚 表　21cm　Ⓝ216.4　〔16480〕
◇丹波の城　神戸新聞丹波総局編　柏原町（兵庫県）　丹波文庫出版会　1988.6　206p　19cm　（丹波文庫 3）　1200円　Ⓝ216.4　〔16481〕
◇中世・近世前期の東神吉―播磨神吉城主神吉氏の興亡　久保一人著　〔加古川〕　〔久保一人〕　1999.7　161p　30cm　Ⓝ216.4　〔16482〕
◇中世荘園の世界―東寺領丹波国大山荘　大山喬平編　京都　思文閣出版　1996.9　324p　27cm　9888円　Ⓘ4-7842-0893-3　Ⓝ216.4　〔16483〕
◇中世の家島―苦瓜助五郎本道と覚円・高島四郎秀景の伝説をめぐって　奥山芳夫著, 真浦地区自治会編　家島町（兵庫県）　真浦地区自治会　1991.7　122p　27cm　Ⓝ216.4　〔16484〕
◇中世播磨と赤松氏―高坂好遺稿集　高坂好著, 宇那木隆司, 寿松博編　京都　臨川書店　1991.11　375p　23cm　6180円　Ⓘ4-653-02232-1　Ⓝ216.4　〔16485〕
◇特別史跡姫路城跡　3　姫路市教育委員会文化課編　姫路　姫路市教育委員会文化課　2004.3　53p 図版8, 26, 32p　30cm　（国立姫路病院更新整備工事に伴う発掘調査報告 3）　Ⓝ210.0254　〔16486〕
◇特別史跡姫路城跡石垣修理工事報告書　7　姫路市教育委員会生涯学習部城郭研究室編　姫路　姫路市教育委員会生涯学習部城郭研究室　2005.3　68p 図版4枚, 18p　30cm　Ⓝ521.823　〔16487〕
◇特別史跡姫路城跡石垣修理工事報告書　8　姫路市教育委員会生涯学習部城郭研究室編　姫路　姫路市教育委員会生涯学習部城郭研究室　2007.3　69p 図版4枚, 16p　30cm　Ⓝ521.823　〔16488〕
◇南光町史　中世編　南光町史編集委員会編　〔南光町（兵庫県）〕　南光町　1998.8　116p　21cm　Ⓝ216.4　〔16489〕
◇西脇市の考古学―出土品で探る原始・古代・中世　西脇市郷土資料館第65回特別展 展示図録　西脇市郷土資料館編　西脇　西脇市教育委員会　2007.3　28p　30cm　Ⓝ216.4　〔16490〕
◇播磨学講座　2 中世　風は悪党の背に　姫路独協大学播磨学研究会編　神戸　神戸新聞総合出版センター　1991.8　246p　20cm　1500円　Ⓘ4-87521-027-2　Ⓝ216.4　〔16491〕
◇播磨国鵤荘現況調査報告総集編　太子町（兵庫県）　太子町教育委員会　2004.3　415p　30cm　Ⓝ216.4　〔16492〕
◇播磨国大部荘現況調査報告書　1　大部荘調査委員会編　〔小野〕　小野市教育委員会　1991.3　127p　26cm　（小野市文化財調査報告 第9集）　Ⓝ216.4　〔16493〕
◇播磨国大部荘現況調査報告書　2　大部荘調査委員会編　〔小野〕　小野市教育委員会　1992.3　111, 11p　26cm　（小野市文化財調査報告 第10集）　Ⓝ216.4　〔16494〕
◇播磨国大部荘現況調査報告書　3　大部荘調査委員会編　〔小野〕　小野市教育委員会　1993.3　123, 4p　26cm　（小野市文化財調査報告 第14集）　Ⓝ216.4　〔16495〕
◇播磨国大部荘現況調査報告書　4　大部荘調査委員会編　〔小野〕　小野市教育委員会　1994.3　114p　26cm　（小野市文化財調査報告 第16集）　Ⓝ216.4　〔16496〕
◇播磨国大部荘現況調査報告書　5　大部荘調査委員会編　〔小野〕　小野市教育委員会　1995.3　101, 3p　26cm　（小野市文化財調査報告 第17集）　Ⓝ216.4　〔16497〕
◇播磨国大部荘現況調査報告書　6　大部荘調査委員会編　〔小野〕　小野市教育委員会　1996.3　153, 8p　26cm　（小野市文化財調査報告 第20集）　Ⓝ216.4　〔16498〕
◇播磨国大部荘現況調査報告書　7　大部荘調査委員会編　〔小野〕　小野市教育委員会　1998.3　54p　26cm　（小野市文化財調査報告 第22集）　Ⓝ216.4　〔16499〕
◇播磨国の古城―内山城と内山大夫　山本豊子著　〔龍野〕〔山本豊子〕　2000.1　13p　21cm　Ⓝ216.4　〔16500〕
◇播磨波賀城　西脇　北播磨城郭研究会　1994.9　20p　26cm　（調査報告書 第5集）　Ⓝ216.4　〔16501〕
◇播磨燃える―赤松物語　藤本哲著　〔上郡町（兵庫県）〕〔藤本哲〕　1978.1　369p　20cm　3000円　Ⓝ216.4　〔16502〕
◇播磨利神城　角田誠ほか編　伊丹　城郭談話会　1993.8　236p 図版16枚　26cm　Ⓝ216.4　〔16503〕
◇東播磨の歴史　2（中世）　東播磨の歴史を考える実行委員会編　神戸　神戸新聞総合出版センター　2003.6　275p　21cm　2000円　Ⓘ4-343-00206-3　Ⓝ216.4　〔16504〕
◇姫路市史　第14巻　別編 姫路城　姫路市史編集専門委員会編　〔姫路〕　姫路市　1988.7　913, 11p　22cm　Ⓝ216.4　〔16505〕
◇姫路城誌　大浦濤花著　城北村（兵庫県）　大浦濤花　1911.7　12p　18cm　Ⓝ216.4　〔16506〕
◇姫路城史　橋本政次著　名著出版　1973　3冊　22cm　19500円　Ⓝ216.4　〔16507〕
◇姫路城史　上中下巻　橋本政次著　姫路　姫路城史刊行会　1952　3冊 図版　22cm　Ⓝ216.4　〔16508〕
◇姫路城とお菊皿屋敷　清瀬永治著　姫路　清瀬黙堂書房　1928　104p　19cm　Ⓝ216.4　〔16509〕
◇姫路風土記の里―播磨国分寺周辺の史跡めぐり　姫路　姫路市教育委員会文化課　1982.3　72p　15cm　Ⓝ216.4　〔16510〕
◇ひょうご合戦記戦国の武将たち　黒部亨著　神戸　神戸新聞総合出版センター　1998.7　302p　20cm　1800円　Ⓘ4-343-00012-5　Ⓝ216.4　〔16511〕

地方史　　　　　　　　　　　　　中世史

◇兵庫県史　第2巻　中世編 1　兵庫県史編集専門委員会編　〔神戸〕　兵庫県　1975　885,16p 図　22cm　Ⓝ216.4　〔16512〕
◇兵庫県史　第3巻　兵庫県史編集専門委員会編　〔神戸〕　兵庫県　1978.3　874,15p　22cm　Ⓝ216.4　〔16513〕
◇兵庫県史　史料編 中世 1　兵庫県史編集専門委員会編　〔神戸〕　兵庫県　1983.11　607p　22cm　Ⓝ216.4　〔16514〕
◇兵庫県史　史料編 中世 2　兵庫県史編集専門委員会編　〔神戸〕　兵庫県　1987.3　775p　22cm　Ⓝ216.4　〔16515〕
◇兵庫県史　史料編 中世 3　兵庫県史編集専門委員会編　〔神戸〕　兵庫県　1988.3　914p　22cm　Ⓝ216.4　〔16516〕
◇兵庫県史　史料編 中世 4　兵庫県史編集専門委員会編　〔神戸〕　兵庫県　1989.3　744,13p　22cm　Ⓝ216.4　〔16517〕
◇兵庫県史　史料編 中世 6　兵庫県史編集専門委員会編　〔神戸〕　兵庫県　1991.3　823p　22cm　Ⓝ216.4　〔16518〕
◇兵庫県史　史料編 中世 7　兵庫県史編集専門委員会編　〔神戸〕　兵庫県　1993.2　833p　22cm　Ⓝ216.4　〔16519〕
◇兵庫県史　史料編 中世 8　兵庫県史編集専門委員会編　〔神戸〕　兵庫県　1994.3　876p　22cm　Ⓝ216.4　〔16520〕
◇兵庫県史　史料編 中世 9・古代補遺　兵庫県史編集専門委員会編　〔神戸〕　兵庫県　1997.3　896p　22cm　Ⓝ216.4　〔16521〕
◇別所一族の興亡―「播州太平記」と三木合戦　橘川真一著,西川卓男校訂　神戸　神戸新聞総合出版センター　2004.12　220p　19cm　1500円　①4-343-00303-5　〔16522〕
◇別符氏と城館　西脇　北播磨城郭研究会　1993.3　20p　26cm　（調査報告書 第2集）　Ⓝ216.4　〔16523〕
◇法隆寺領播磨国鵤荘―古代から現代まで生き続けるお太子さんの町 記録集 シンポジウム　太子町（兵庫県）　兵庫県揖保郡太子町教育委員会　2006.3　74p　30cm　Ⓝ216.4　〔16524〕
◇仏と神の美術―中世いなみ野の文化財　加古川総合文化センター博物館特別展　加古川総合文化センター編　加古川　加古川総合文化センター　2002.10　55p　30cm　（加古川総合文化センター博物館図録 no.16）　Ⓝ702.17　〔16525〕
◇幻の三田城を探る　〔三田〕　三田市　1993.6　53p　26cm　Ⓝ216.4　〔16526〕
◇三木合戦は語る―戦国時代からのメッセージ―記録集―三木市制50周年記念歴史シンポジウム　三木　三木市教育委員会　2006.3　88p　30cm　（三木市文化研究資料 第18集）　Ⓝ216.4　〔16527〕
◇三木戦史　小阪恒三郎著　第7版　三木町（兵庫県）　三木町　1952.10　73p　22cm　Ⓝ216.4　〔16528〕
◇養父の城　養父町教育委員会編　養父町（兵庫県）　養父町教育委員会　1991.3　74p　21cm　（養父町文化財シリーズ no.18）　Ⓝ216.4　〔16529〕
◇よみがえる日本の城 4　姫路城　学習研究社　2004.9　64p　30cm　（歴史群像シリーズ）　680円　①4-05-603442-7　Ⓝ216.4　〔16530〕

◇よみがえる八木城跡―但馬八木城跡国指定事業　八鹿町教育委員会編　八鹿町（兵庫県）　八鹿町教育委員会　1999.1　303p　26cm　（八鹿町ふるさとシリーズ 第12集）　Ⓝ216.4　〔16531〕

◆◆奈良県

◇菟田郷土資料　第1輯　織田盛衰記　菟田郷土史研究会編　奈良県松山町　菟田郷土史研究会　1938　36p　20cm　Ⓝ291.65　〔16532〕
◇立野城跡―生駒郡三郷町立野所在中世城郭跡の調査概報　橿原　橿原考古学研究所（奈良県立）　1975.3　1冊　26cm　Ⓝ291.65　〔16533〕
◇中世南都の僧侶と寺院　追塩千尋著　吉川弘文館　2006.6　335,13p　22cm　9000円　①4-642-02856-0　Ⓝ182.1　〔16534〕
◇中世の興福寺と大和　安田次郎著　山川出版社　2001.6　300,15p　22cm　5200円　①4-634-52150-4　Ⓝ210.4　〔16535〕
◇中世の奈良―都市民と寺院の支配　安田次郎著　吉川弘文館　1998.10　200p　19cm　（歴史文化ライブラリー 50）　1700円　①4-642-05450-2　Ⓝ210.4　〔16536〕
◇中世大和国寺院に関する調査研究　奈良　元興寺文化財研究所　2001.3　206p 図版17p　26cm　Ⓝ185.9165　〔16537〕
◇大和郡山豊臣秀長公菩提寺春岳院文書輯成　瀬尾敏夫編　大和郡山　春岳院　2000.4　181p　26cm　Ⓝ216.5　〔16538〕
◇大和高取城　多賀左門著　〔大阪〕　日本古城友の会　2001.10　42p　26cm　（研究紀要）　Ⓝ216.5　〔16539〕
◇大和高取城　髙田徹,谷本進編　大阪　城郭談話会　2001.11　417p　26cm　Ⓝ216.5　〔16540〕
◇大和国中世被差別民関係史料　奈良県立同和問題関係史料センター編　〔奈良〕　奈良県教育委員会　2005.3　278p　21cm　（奈良県同和問題関係史料 第10集）　Ⓝ361.86　〔16541〕
◇吉野山と太平記　NHKサービスセンター編　吉野町（奈良県）　吉野町経済観光課　1991.3　59p　26cm　700円　Ⓝ291.65　〔16542〕

◆◆和歌山県

◇太田弥左衛門太田源太夫覚書　〔和歌山〕　〔結城進〕　1998製作　30p　21cm　Ⓝ216.6　〔16543〕
◇紀伊貴志城―和歌山城を守備する外城　藤林明芳著　大阪　日本古城友の会　2000.3　24p　22cm　（城と陣屋シリーズ 232号）　Ⓝ216.6　〔16544〕
◇紀伊国天野郷現地調査報告―かつらぎ町天野盆地の圃場整備事業による緊急調査　和歌山大学中世荘園調査会編　和歌山　和歌山大学中世荘園調査会　1999.5　67p　26cm　（和歌山中世荘園調査会現地調査報告書 1）　Ⓝ216.6　〔16545〕
◇紀伊国荒川荘現地調査報告　〔1〕　東京学芸大学日本中世史研究会編　小金井　東京学芸大学日本中世史研究会　1991.5　117p　26cm　（東京学芸大学日本中世史研究会現地調査報告 第3集）　Ⓝ216.6　〔16546〕
◇紀伊国荒川荘現地調査報告　2　東京学芸大学日本中世史研究会編　小金井　東京学芸大学日本中世史研究会　1993.3　89p　26cm　（東京学芸大学日本中世史研究会現地調査報告 第3集）　Ⓝ216.6　〔16547〕

◇紀伊国荒川荘現地調査報告　3　小金井　東京学芸大学日本中世史研究会　1999.12　51p　26cm　（東京学芸大学日本中世史研究会現地調査報告　第5集）　Ⓝ216.6
〔16548〕
◇紀伊国相賀荘地域総合調査―アジア地域文化エンハンシング研究センター研究成果報告書　水稲文化研究所・紀ノ川流域研究会編　21世紀COEプログラムアジア地域文化エンハンシング研究センター水稲文化研究所　2005.3　153p　30cm　Ⓝ216.6
〔16549〕
◇紀伊国守護史料―訳注　松田文夫編　〔和歌山〕〔松田文夫〕　1999.5　283p　23cm　3700円　Ⓝ216.6
〔16550〕
◇紀伊国隅田荘現況調査　和歌山県教育庁文化財課紀の川流域荘園詳細分布調査委員会編　和歌山　和歌山県教育委員会　2000.3　139p　30cm　（紀の川流域荘園詳細分布調査概要報告書　1）　Ⓝ216.6　〔16551〕
◇紀伊国名手荘・静川荘地域調査　和歌山県教育庁生涯学習局文化遺産課紀の川流域荘園詳細分布調査委員会編　和歌山　和歌山県教育委員会　2004.3　169p　30cm（紀の川流域荘園詳細分布調査概要報告書 3）　Ⓝ216.6
〔16552〕
◇紀州荒川庄の悪党―訳註・荒川悪党史料　松田文夫編〔和歌山〕　〔松田文夫〕　1998.10　104p　24cm　2000円　Ⓝ216.6　〔16553〕
◇紀州・鎌倉時代―鎌倉時代の紀州史　松田文夫著　〔和歌山〕　〔松田文夫〕　1995.2　478p　24cm　4500円　Ⓝ216.6　〔16554〕
◇紀州雑賀衆鈴木一族　鈴木真哉著　新人物往来社　1984.7　269p　20cm　2000円　Ⓝ216.6　〔16555〕
◇紀州史の畠山氏―紀州国守護・畠山氏と家臣　松田文夫編　〔和歌山〕　〔松田文夫〕　2005.11　244p　23cm　3200円　Ⓝ216.6　〔16556〕
◇紀州・戦国時代―戦国時代の紀州史　松田文夫著　〔和歌山〕　〔松田文夫〕　1995.7　176p　24cm　2800円　Ⓝ216.6　〔16557〕
◇紀州・南北朝時代―南北朝時代の紀州史　松田文夫著〔和歌山〕　〔松田文夫〕　1995.3　186p　23cm　2800円　Ⓝ216.6　〔16558〕
◇紀州・室町時代―室町時代の紀州史　松田文夫著　〔和歌山〕　〔松田文夫〕　1995.5　302p　23cm　3300円　Ⓝ216.6　〔16559〕
◇熊野水軍シンポジウム　第2回　〔日置川町（和歌山県）〕〔日置川町教育委員会〕　2003　62p　30cm　Ⓝ216.6
〔16560〕
◇熊野水軍シンポジウム報告書　第1回　日置川町教育委員会編　日置川町（和歌山県）　日置川町教育委員会　2002.3　88p　30cm　Ⓝ216.6　〔16561〕
◇熊野水軍シンポジウム報告書　第2回　日置川町教育委員会編　日置川町（和歌山県）　日置川町教育委員会　2003.3　83p　30cm　Ⓝ216.6　〔16562〕
◇熊野水軍シンポジウム報告書　第3回　熊野水軍の里未来へ　日置川町（和歌山県）　日置川町　2004　78p　30cm　Ⓝ216.6　〔16563〕
◇皇室と紀州　和歌山県編　和歌山　和歌山県　1939　42p　27cm　Ⓝ216.6　〔16564〕
◇雑賀党物語　貴志康親著　国書刊行会　1976　191p　19cm　950円　Ⓝ216.6　〔16565〕
◇新紀伊新宮城　栢木隆、藤林明芳共著　〔大阪〕　日本古城友の会　1999.12　10, 21p　22cm　（城と陣屋シリーズ 231号）　Ⓝ216.6　〔16566〕

◇新宮城跡の歴史と発掘調査―その保存整備と活用のために　〔新宮〕　新宮市教育委員会　2001.3　90p　図版21p　30cm　Ⓝ216.6　〔16567〕
◇戦国時代の紀州雑賀―'88秋季特別展　和歌山市立博物館編　和歌山　和歌山市教育委員会　1988.10　78p　26cm　Ⓝ216.6　〔16568〕
◇戦国鉄砲・傭兵隊―天下人に逆らった紀州雑賀衆　鈴木眞哉著　平凡社　2004.8　231p　18cm　（平凡社新書）760円　①4-582-85236-X　〔16569〕
◇戦乱の紀州史―南北朝・戦国時代の紀伊国　松田文夫著〔和歌山〕　〔松田文夫〕　1991.6　170p　23cm　2600円　Ⓝ216.6　〔16570〕
◇中世根来の実像を探る―根来寺文化講演会&シンポジウム　根来寺文化講演会シンポジウム企画実行委員会編　岩出町（和歌山県）　新義真言宗総本山根来寺根来寺文化研究所　2004.11　45p　30cm　（根来寺再発見シリーズ　1）　1000円　Ⓝ188.55　〔16571〕
◇定本・和歌山県の城　『定本・和歌山県の城』刊行会編　名古屋　郷土出版社　1995.7　255p　31cm　11000円　①4-87670-075-3　Ⓝ216.6　〔16572〕
◇鉄砲伝来と紀州―ヨーロッパとの出会い　和歌山市立博物館編　和歌山　和歌山市立博物館　1993.7　77p　26cm　Ⓝ216.6　〔16573〕
◇天正兵乱のこと―『湯川記』を中心に　森本正男著　田辺　森本正男　2006.5　94p　19cm　Ⓝ216.6
〔16574〕
◇遠くと近くの熊野―中世熊野と北区展図録　平成十八年度秋季企画展　北区飛鳥山博物館編　東京都北区教育委員会　2006.10　100p　29cm　Ⓝ172　〔16575〕
◇信長・秀吉の紀州攻め史料　松田文夫編　〔和歌山〕　〔松田文夫〕　1999.2　145p　23cm　2600円　Ⓝ216.6
〔16576〕
◇政所一族と隅田一族―高野口町の中世遺跡と関連付けて　岩倉哲夫執筆、橋本市郷土資料館編　橋本　橋本市郷土資料館　2006.3　28p　30cm　（橋本市郷土資料館報　第20号）　Ⓝ216.6　〔16577〕
◇和歌山県史　中世史料 1　和歌山県史編さん委員会編　和歌山　和歌山県　1975　856p　図　22cm　非売品　Ⓝ216.6　〔16578〕

◆中国地方
◇尼子ロマンの里歴史フォーラム報告書　第2回　月山尼子ロマンの里づくり委員会編　〔広瀬町（島根県）〕　月山尼子ロマンの里づくり委員会　1989.3　47p　26cm　Ⓝ210.04　〔16579〕
◇尼子ロマンの里歴史フォーラム報告書　第3回　〔広瀬町（島根県）〕　月山尼子ロマンの里づくり委員会　1990　22p　26cm　Ⓝ210.04　〔16580〕
◇尼子ロマンの里歴史フォーラム報告書　第4回　月山尼子ロマンの里づくり委員会編　〔広瀬町（島根県）〕　月山尼子ロマンの里づくり委員会　1991.3　24p　26cm　Ⓝ210.04　〔16581〕
◇尼子ロマンの里歴史フォーラム報告書　第5回　月山尼子ロマンの里づくり委員会編　〔広瀬町（島根県）〕　月山尼子ロマンの里づくり委員会　1992.3　33p　26cm　Ⓝ210.04　〔16582〕
◇九州西瀬戸中世論攷　森猛著　福岡　海鳥社　2004.8　308, 23p　21cm　4000円　①4-87415-483-2
〔16583〕

◇芸備の荘園　沢井常四郎著　三原　三原図書館　1941　125, 20p　19cm　Ⓝ217.6　〔16584〕
◇戦国民衆と中国地方　広島県立歴史博物館編　福山　広島県立歴史博物館　1997.10　59p　30cm　（広島県立歴史博物館展示図録 第21冊）　Ⓝ217　〔16585〕
◇中国大名の研究　岸田裕之編　吉川弘文館　1984.6　496p　22cm　（戦国大名論集 6）　5900円　①4-642-02586-3　Ⓝ210.47　〔16586〕
◇中国地方の中世城館　1（島根）　東洋書林　2003.5　328p　23cm　（都道府県別日本の中世城館調査報告書集成 第16巻）　28000円　①4-88721-447-2　Ⓝ217　〔16587〕
◇毛利元就と地域社会　岸田裕之編　広島　中国新聞社　2007.5　276p　19cm　1600円　①978-4-88517-346-2　Ⓝ217　〔16588〕
◇毛利元就と墓標ハリイブキ　篠原起昌著　広島　ヒラモト印刷（印刷）　1997.5　64p 図版12枚　21cm　1000円　Ⓝ217　〔16589〕

◆◆山陰地方

◇後醍醐天皇と山陰の伝説　楪範之企画編集　米子　立花書院　1989.10　207p　19cm　1800円　Ⓝ217.1　〔16590〕
◇山陰の武将　藤岡大拙, 藤沢秀晴著　松江　山陰中央新報社　1974　372p　20cm　1800円　Ⓝ217.1　〔16591〕
◇山陰の武将　続　藤岡大拙, 藤沢秀晴, 日置粂左衛門著　松江　山陰中央新報社　1975　394p　20cm　1800円　Ⓝ217.1　〔16592〕
◇第十師管内史蹟古戦史集録　第3集　山陰に於ける戦国時代の面影　第十師団司令部編　小野哲二郎編　姫路　第十師団司令部　1939　251p　23cm　Ⓝ217.1　〔16593〕

◆◆鳥取県

◇遺蹟の旅―ほうきいなば太平記 名和長年諸将の活躍と遺蹟　河本英明編著　鳥取　中小企業育成協会鳥取県本部　1991　47p　21cm　900円　Ⓝ291.72　〔16594〕
◇因伯大名の戦国時代　池田範一・中村編　中村忠文著　〔鳥取〕　〔中村忠文〕　1987　257p　19cm　1000円　Ⓝ217.2　〔16595〕
◇織田vs毛利―鳥取をめぐる攻防　鳥取県総務部総務課県史編さん室編　鳥取　鳥取県　2007.6　85p　21cm　（鳥取県史ブックレット 1）　500円　Ⓝ217.2　〔16596〕
◇郷土史蹟めぐり案内　第23回　因幡国庁跡と池田家墓地をたずねて　〔米子〕　鳥取県立米子図書館　1977.10　13p　13×18cm　Ⓝ217.2　〔16597〕
◇戦国城砦久松山鳥取城跡之圖　吉田浅雄著　鳥取　吉田浅雄　1983.9　地図3枚　39×55-54×74cm(折りたたみ27cm)　Ⓝ211.72　〔16598〕
◇鳥取県史　第2巻　中世　鳥取　鳥取県　1973　820, 107p 図　22cm　Ⓝ217.2　〔16599〕
◇鳥取県中世城館分布調査報告書　第1集（因幡編）　鳥取県教育委員会編　〔鳥取〕　鳥取県教育委員会　2002.3　272p　30cm　Ⓝ217.2　〔16600〕
◇鳥取県中世城館分布調査報告書　第2集（伯耆編）　鳥取県教育委員会事務局文化課編　〔鳥取〕　鳥取県教育委員会　2004.3　274p　30cm　Ⓝ217.2　〔16601〕
◇名和一族山陰史話―南朝の山河抄　能登路定男著　米子　名和遺蹟保存会　稲葉書房（発売）　1973　157p　21cm　800円　Ⓝ217.2　〔16602〕
◇伯州刺史南条公　神波勝衛著　倉吉　定光寺　1981.5　243p　22cm　非売品　Ⓝ217.2　〔16603〕
◇羽柴秀吉の天正鳥取陣営跡之圖　吉田浅雄著　鳥取　吉田浅雄　1985.11　地図2枚　30×42-52×75cm(折りたたみ21, 26cm)　Ⓝ211.72　〔16604〕
◇伯耆の古城跡―他史跡　1　尾原隆男著　大阪　日本古城友の会　1995.5　18p　22cm　（城と陣屋シリーズ 209号）　Ⓝ291.72　〔16605〕
◇伯耆の古城跡―他史跡　2　尾原隆男著　大阪　日本古城友の会　1995.7　12, 22p　22cm　（城と陣屋シリーズ 210号）　Ⓝ291.72　〔16606〕
◇山崎城史料調査報告書　国府町教育文化事業団編　〔国府町（鳥取県）〕　国府町教育文化事業団　2003.3　203p　19cm　Ⓝ217.2　〔16607〕

◆◆島根県

◇尼子とその城下町　妹尾豊三郎編著　広瀬町（島根県）　広瀬町　1972　68p 図　18cm　（広瀬町シリーズ 5）　非売品　Ⓝ217.3　〔16608〕
◇尼子物語　妹尾豊三郎編著　広瀬町（島根県）　広瀬町　1968　185p　19cm　（広瀬町シリーズ 3）　非売品　Ⓝ217.3　〔16609〕
◇尼子物語　妹尾豊三郎編著　復刻版　〔広瀬町（島根県）〕　広瀬町　1996.11　201p　19cm　（戦国ロマン広瀬町シリーズ 3）　①4-938184-06-0　Ⓝ217.3　〔16610〕
◇尼子裏面史―能義郡土一揆と中井対馬守　岡崎英雄著　松江　島根県教科図書販売　1978.5　213p　18cm　Ⓝ217.3　〔16611〕
◇尼子裏面史　続　岡崎英雄著　松江　島根県教科図書販売　1979.10　181p　18cm　2000円　Ⓝ217.3　〔16612〕
◇出雲富田城史　妹尾豊三郎著　〔広瀬町（島根県）〕　山中鹿介幸盛公顕彰会　1978.6　430p　22cm　非売品　Ⓝ217.3　〔16613〕
◇出雲富田城　妹尾豊三郎著　〔大阪〕　日本古城友の会　1977.6　41p　22cm　Ⓝ217.3　〔16614〕
◇石見浜田亀山城　1　田村紘一著　大阪　日本古城友の会　2003.4　66p　22cm　（城と陣屋シリーズ 241号）　Ⓝ217.3　〔16615〕
◇岡垣家文書―立正大学蔵　中世編　立正大学文学部史学研究室　1996　35p　26cm　Ⓝ217.3　〔16616〕
◇乙女峠とキリシタン　沖本常吉著　津和野町（島根県）　津和野歴史シリーズ刊行会　1971.7　177p　18cm　（津和野ものがたり 第7巻）　Ⓝ217.3　〔16617〕
◇月山史談　妹尾豊三郎編著　広瀬町（島根県）　広瀬町観光協会　1977.7　219p　19cm　（広瀬シリーズ 10）　非売品　Ⓝ217.3　〔16618〕
◇月山富田城跡考　妹尾豊三郎編著　復刻版　松江　ハーベスト出版　1996.12　135p　19cm　（戦国ロマン広瀬町シリーズ 2）　800円　①4-938184-08-7　Ⓝ217.3　〔16619〕
◇建武中興と隠岐　内山天壇著　皇都城北新聞社　1934　39p　19cm　Ⓝ217.3　〔16620〕
◇詩文に表れた月山と幸盛　妹尾豊三郎編　広瀬町（島根県）　広瀬町観光協会　1976　159p　19cm　（広瀬町シリーズ 9）　非売品　Ⓝ217.3　〔16621〕
◇しまねの中世山城―歴史探訪ハイキングガイド　大田　国立三瓶青年の家　1994.3　72p　30cm　Ⓝ217.3　〔16622〕

◇史料集・益田兼堯とその時代—益田家文書の語る中世の益田 2 井上寛司, 岡崎三郎編集・執筆 益田 益田市教育委員会 1996.2 199p 26cm Ⓝ217.3 〔16623〕

◇史料集・益田兼見とその時代 井上寛司, 岡崎三郎編集・執筆 益田 益田市教育委員会 1994.3 191p 26cm （益田家文書の語る中世の益田 1） Ⓝ217.3 〔16624〕

◇宍道町の山城 山根正明著 宍道町（島根県） 宍道町教育委員会 1991.3 70p 21cm （宍道ふるさと文庫 5） Ⓝ217.3 〔16625〕

◇宍道町歴史史料集 中世編 井上寛司編著 宍道町（島根県） 宍道町教育委員会 1992.3 269p 22cm Ⓝ217.3 〔16626〕

◇戦国時代に於ける尼子毛利両氏の関係 松江市教育会編 松江 松陽新報社印刷部 1913 95p 19cm Ⓝ217.3 〔16627〕

◇戦国大名尼子氏の伝えた古文書—佐々木文書 島根県の歴史を語る古文書 島根県古代文化センター編 松江 島根県古代文化センター 1999.3 160, 図版142p 27cm Ⓝ217.3 〔16628〕

◇戦国武将宍道氏とその居城—乱世を生きる 井上寛司, 山根正明, 西尾克己, 稲田信編著 宍道町（島根県） 宍道町21世紀プラン実行委員会 2005.3 65p 21cm （宍道町ふるさと文庫 21） Ⓝ288.2 〔16629〕

◇中世の港町・浜田—港湾都市浜田の成立と日本海水運に果たした役割 浜田市教育委員会編著 浜田 浜田市教育委員会 2001.3 61p 21cm （石見学ブックレット 2） Ⓝ217.3 〔16630〕

◇中世益田氏の遺跡 広田八穂著 益田 益田市史談会 1979.10 407p 22cm Ⓝ288.1 〔16631〕

◇土一揆と尼子一族 岡崎英雄著 松江 島根県教科図書販売 1982.7 276p 18cm 2500円 Ⓝ217.3 〔16632〕

◇富田城年表 妹尾豊三郎編著 〔広瀬町（島根県）〕 広瀬町 1974 114p 18cm （広瀬町シリーズ 7） 非売品 Ⓝ217.3 〔16633〕

◇なみのあら磯—後醍醐天皇隠岐行在所論文集 2版 西ノ島町（島根県） 黒木御所顕彰会 1980.4 104p 21cm Ⓝ217.3 〔16634〕

◇楠氏と石州益田—南朝悲史 楠孝雄著 〔益田〕 〔楠孝雄〕 1980.10 286p 19cm Ⓝ210.45 〔16635〕

◇益田七尾城史 矢富熊一郎著 益田 石見史談会 1961 165p 図版 19cm （矢富文化シリーズ） Ⓝ217.3 〔16636〕

◇益田藤兼・元祥とその時代—史料集 井上寛司, 岡崎三郎編・執筆 益田 益田市教育委員会 1999.3 216p 26cm （益田家文書の語る中世の益田 3） Ⓝ217.3 〔16637〕

◇松江城 河井忠親著 新装版 松江 松江今井書店 1998.6 134p 19cm 1700円 ①4-89593-027-0 Ⓝ217.3 〔16638〕

◆◆山陽地方

◇海賊と海城—瀬戸内の戦国史 山内譲著 平凡社 1997.6 221p 20cm （平凡社選書 168） 2000円 ①4-582-84168-6 Ⓝ217.4 〔16639〕

◇国宝と歴史の旅 12 中世瀬戸内の寺と社会 朝日新聞社 2001.6 64p 30cm （朝日百科—日本の国宝別冊） 933円 ①4-02-330912-5 Ⓝ709.1 〔16640〕

◇シンポジウム中世の瀬戸内 上 山陽新聞社編 岡山 山陽新聞社 1981.7 340p 19cm 1700円 Ⓝ217.4 〔16641〕

◇シンポジウム中世の瀬戸内 下 山陽新聞社編 岡山 山陽新聞社 1982.1 371p 19cm 1800円 Ⓝ217.4 〔16642〕

◇瀬戸内の海賊—村上武吉の戦い 山内譲著 講談社 2005.2 214p 19cm （講談社選書メチエ 322） 1500円 ①4-06-258322-4 Ⓝ217.4 〔16643〕

◇瀬戸内海—水軍の興亡 千賀四郎編集 小学館 1974 182p（図共） 20cm （歴史の旅 6） 750円 Ⓝ291.79 〔16644〕

◇瀬戸内海海賊城塞古図 三好源十郎著 道後湯之町（愛媛県） 三好源十郎 1936 図1枚 55×76cm Ⓝ217.4 〔16645〕

◇瀬戸内海地域社会と織田権力 橋詰茂著 京都 思文閣出版 2007.1 375, 18p 22cm （思文閣史学叢書） 7200円 ①978-4-7842-1333-7 Ⓝ217.4 〔16646〕

◇戦国水軍と村上一族—日本最強の瀬戸内水軍を率いた海賊大将「村上武吉」と海のサムライたち 新人物往来社 2005.8 157p 26cm （別冊歴史読本 第30巻第15号） 2000円 ①4-404-03317-6 Ⓝ217.4 〔16647〕

◇中世瀬戸内をゆく 山陽新聞社編 岡山 山陽新聞社 1981.6 251p 19cm 1500円 Ⓝ217.4 〔16648〕

◇中世瀬戸内の仏教諸宗派—広島県備後地方 堤勝義著 京都 探究社 2000.2 194p 22cm 2000円 ①4-88483-583-2 Ⓝ182.176 〔16649〕

◇中世瀬戸内の流通と交流 柴垣勇夫編 塙書房 2005.12 314p 22cm 7500円 ①4-8273-1200-1 Ⓝ675.4 〔16650〕

◇中世瀬戸内海地域史の研究 山内譲著 法政大学出版局 1998.2 374, 17p 22cm （叢書・歴史学研究） 7100円 ①4-588-25046-9 Ⓝ217.4 〔16651〕

◇中世瀬戸内海の旅人たち 山内譲著 吉川弘文館 2004.1 189p 19cm （歴史文化ライブラリー 169） 1700円 ①4-642-05569-X Ⓝ217.4 〔16652〕

◇中世の風景を読む 第6巻 内海を躍動する海の民 網野善彦, 石井進編 新人物往来社 1995.8 357p 21cm 3000円 ①4-404-02178-X Ⓝ210.4 〔16653〕

◇津々浦々をめぐる—中世瀬戸内の流通と交流 兵庫・岡山・広島三県合同企画展 兵庫・岡山・広島三県合同企画展実行委員会編 〔福山〕 兵庫・岡山・広島三県合同企画展実行委員会 2004.7 138p 30cm Ⓝ683.2174 〔16654〕

◆◆岡山県

◇井原史料 第2集 備中伊勢氏と北条早雲 文献編 岸加四郎編注 井原 井原市教育委員会 1971 111p 26cm Ⓝ217.5 〔16655〕

◇植月御所の真相—三種の神器八咫の鏡と美作「後南朝」秘史 田中千秋著 復刻版 岡山 流王農 2000.6(2刷) 189p 21cm 1200円 ①4-900907-23-5 Ⓝ210.45 〔16656〕

◇岡山県史 第4巻 中世 1 岡山県史編纂委員会編纂 〔岡山〕 岡山県 1989.3 764, 9p 22cm Ⓝ217.5 〔16657〕

◇岡山県史 第5巻 中世 2 岡山県史編纂委員会編纂 〔岡山〕 岡山県 1991.3 632, 7p 22cm Ⓝ217.5 〔16658〕

地方史　　　　　　　　　　中世史

◇岡山県重要文化財図録　考古学資料篇　巌津政右衛門、鎌木義昌編　岡山　富士出版社　1957　93p（図版　解説共）　31cm　Ⓝ217.5　〔16659〕
◇岡山県の古文書―中世文書を中心とした昭和48年度特別展　岡山県立博物館編　岡山　岡山県立博物館　1973.10　1冊（頁付なし）　26cm　Ⓝ217.5　〔16660〕
◇岡山戦国合戦史　谷淵陽一著　岡山　平和納庫　2000.2　196p　19cm　1429円　Ⓘ4-906577-41-5　Ⓝ217.5　〔16661〕
◇岡山の戦国時代　松本幸子著　岡山　日本文教出版　1992.3　197p　15cm　（岡山文庫 155）　750円　Ⓘ4-8212-5155-8　Ⓝ217.5　〔16662〕
◇興亡史跡笠岡城物語　陶山義興著　〔陶山義興〕　1980.10　153p　21cm　1500円　Ⓝ217.5　〔16663〕
◇正保弐年（1645）学館院記録所文書調査報告書―田井一族の系譜　鎌倉時代末詫間へ配流　学館院記録平安時代～明治十年　岡山　沢田山恩徳寺史編纂室　2007.6　248p　30cm　Ⓝ288.2　〔16664〕
◇城と城主と戦　美濃源三郎著　岡山　西日本古城研究会　日本文教出版（製作）　1972　285p（図共）　19cm　2000円　Ⓝ217.5　〔16665〕
◇新釈備前軍記　柴田一編著　新版　岡山　山陽新聞社　1996.8　374p　20cm　1800円　Ⓘ4-88197-598-6　Ⓝ217.5　〔16666〕
◇戦国武将森忠政―津山城主への道　津山城築城四〇〇年記念特別展　津山　津山郷土博物館　2004.10　131p　30cm　Ⓝ217.5　〔16667〕
◇地域の一隅に生きる―余滴中世の吉備　田中修實著　岡山　吉備人出版（製作）　2001.11　276p　19cm　Ⓝ217.5　〔16668〕
◇津山市史　第2巻　津山市史編さん委員会編　津山　津山市　1977.1　283, 21p 図　22cm　Ⓝ217.5　〔16669〕
◇天神山城跡と浦上宗景　康広浩,浦上良隆著　佐伯町（岡山県）　天神山保勝会　1985.9　26,43p　26cm　Ⓝ217.5　〔16670〕
◇新見庄―生きている中世　備北民報株式会社編集　新見　備北民報　1983.4　330p　21cm　2000円　Ⓝ217.5　〔16671〕
◇備前児島と常山城―戦国両雄の狭間で　北村章著　岡山　山陽新聞社　1994.4　310p　21cm　2200円　Ⓘ4-88197-494-7　Ⓝ217.5　〔16672〕
◇備前と茶陶―16・17世紀の変革　備前歴史フォーラム資料集　備前市歴史民俗資料館, 備前市教育委員会生涯学習課編　備前　備前市歴史民俗資料館　2007.10　173p　30cm　（備前市歴史民俗資料館紀要 9）　Ⓝ751.1　〔16673〕
◇備中高松城の水攻め　市川俊介著　岡山　日本文教出版　1996.11　165p　15cm　（岡山文庫 184）　750円　Ⓘ4-8212-5184-1　Ⓝ217.5　〔16674〕
◇備中高松城水攻の検証　林信男編　〔岡山〕　〔林信男〕　1999.11　237p　22cm　2000円　Ⓝ217.5　〔16675〕
◇備中兵乱常山合戦　角田直一著　岡山　山陽新聞社　1984.5　361p　20cm　1800円　Ⓝ217.5　〔16676〕
◇備中松山城主庄氏の歴史　田井章夫著　〔高梁〕　〔田井章夫〕　1988.8　105p　26cm　非売品　Ⓝ217.5　〔16677〕

◇美作地侍戦国史考―岡山県・美作・真庭郡牧一族の史料に拠りつつ　牧祥三著　京都　牧祥三　1987.7　444p　22cm　Ⓝ217.5　〔16678〕
◇美作垪和郷戦乱記―竹内・杉山一族の戦国史　小川博毅著　岡山　吉備人出版（発売）　2002.7　165p　19cm　1400円　Ⓘ4-86069-011-7　Ⓝ217.5　〔16679〕
◇余滴中世の吉備　田中修實著　岡山　吉備人出版　2001.11　210p　19cm　1524円　Ⓘ4-906577-85-7　Ⓝ217.5　〔16680〕

◆◆広島県
◇安芸吉川氏―歴史紀行　中国新聞社編著　新人物往来社　1988.6　222p　20cm　2000円　Ⓘ4-404-01517-8　Ⓝ288.3　〔16681〕
◇安芸郡山城と吉田―毛利氏本拠城・安芸郡山城と城下吉田を再考する　吉田町歴史民俗資料館編　吉田町（広島県）　吉田町歴史民俗資料館　1996.10　91p　30cm　（吉田町歴史民俗資料館特別展図録 12）　Ⓝ217.6　〔16682〕
◇安芸吉川氏とその文化―今よみがえる戦国時代の新たな歴史像　平成15年度秋の企画展　広島県立歴史博物館編　福山　広島県立歴史博物館　2003.10　110p　30cm　（広島県立歴史博物館展示図録 第30冊）　Ⓝ217.6　〔16683〕
◇市―中世民衆生活の中の　第3回特別展　新市町（広島県）　新市町立歴史民俗資料館　1989.10　7p　26cm　Ⓝ217.6　〔16684〕
◇描かれた郡山城展―絵図にみる戦国の城と城下町　吉田町歴史民俗資料館編　吉田町（広島県）　吉田町歴史民俗資料館　1993.10　1冊（ページ付なし）　26cm　（吉田町歴史民俗資料館秋の特別展図録 6）　Ⓝ217.6　〔16685〕
◇大内文化―歴史随想　山本一成著　山口　大内文化研究会　1996.9　240p　21cm　1262円　Ⓝ217.7　〔16686〕
◇大内文化研究要覧―資料1　山口　大内文化探訪会　1996.3　79p　30cm　Ⓝ217.7　〔16687〕
◇尾道と足利尊氏―歴史を探る　朝井柾善著　尾道　歴史研書房　1987.9　131p　19cm　1000円　Ⓝ217.6　〔16688〕
◇吉川元春館跡の研究　広島県教育委員会事務局生涯学習部文化課中世遺跡調査研究室　千代田町（広島県）　広島県教育委員会　2001.3　82, 24p　30cm　（中世遺跡調査研究報告 1345-2991）　Ⓝ217.6　〔16689〕
◇近世資料にみる戦国吉田と毛利元就―萩藩を中心に作られた戦国毛利氏の見聞記録　吉田町歴史民俗資料館編　吉田町（広島県）　吉田町歴史民俗資料館　1998.10　37p　30cm　（吉田町歴史民俗資料館特別展図録 13）　Ⓝ217.6　〔16690〕
◇草戸千軒―河底に埋れた中世の町　広島県草戸千軒町遺跡調査研究所編　福山　広島県草戸千軒町遺跡調査研究所　1979.5　71p　24cm　Ⓝ217.6　〔16691〕
◇草戸千軒町―まぼろしの中世集落　村上正名著　国書刊行会　1980.2　165p　22cm　3000円　Ⓝ217.6　〔16692〕
◇佐々部若狭守―戦国の武将　菊山肇著　〔高宮町（広島県）〕　〔菊山肇〕　1987.6　72p　21cm　Ⓝ281.76　〔16693〕
◇史跡吉川氏城館跡に係る中世文書目録　広島県教育委員会事務局生涯学習部文化課中世遺跡調査研究室編　〔広

島〕 広島県教育委員会 2002.2 97, 14p 30cm （中世遺跡調査研究報告 第4集） Ⓝ217.6 〔16694〕
◇中国地方の中世城館 2（広島1） 東洋書林 2003.9 8, 299, 291p 23cm （都道府県別日本の中世城館調査報告書集成 第17巻） 28000円 Ⓘ4-88721-448-0 Ⓝ217 〔16695〕
◇中国地方の中世城館 3（広島2） 東洋書林 2003.9 8, 287, 390p 23cm （都道府県別日本の中世城館調査報告書集成 第18巻） 30000円 Ⓘ4-88721-449-9 Ⓝ217 〔16696〕
◇中世安芸国「竹原殿」―「源義経」の近臣「後藤兵衛尉実基」から第十八代「小早川隆景」まで続いた 岩國玉太郎著 竹原 竹原温知会 2006.1 98p 21cm Ⓝ217.6 〔16697〕
◇中世からのメッセージ―遺跡が語るひろしまの歴史 平成19年度春の企画展 広島県立歴史博物館編 福山 広島県立歴史博物館 2007.4 81p 30cm （広島県立歴史博物館展示図録 第37冊） Ⓝ217.6 〔16698〕
◇中世集落における消費活動の研究 鈴木康之著 京都 真陽社 2006.10 196p 26cm 3000円 Ⓘ4-921129-05-3 Ⓝ217.6 〔16699〕
◇中世瀬戸内の港町・草戸千軒町遺跡 鈴木康之著 新泉社 2007.10 93p 21cm （シリーズ「遺跡を学ぶ」） 1500円 Ⓘ978-4-7877-0740-6 〔16700〕
◇中世の山城―四五迫城跡発掘調査の成果 解説パンフレット 新市町（広島県） 新市町立歴史民俗資料館 1991.1 7p 26cm 〔16701〕
◇中世備後の宗教・在地武士 堤勝義著 広島 渓水社 1992.5 258p 20cm 2300円 Ⓘ4-87440-263-1 Ⓝ162.1 〔16702〕
◇中世吉田の信仰展―鏡像・懸仏をめぐる宮崎神社の文化財 吉田町歴史民俗資料館編 吉田町（広島県） 吉田町歴史民俗資料館 1993.4 48p 26cm （吉田町歴史民俗資料館特別展図録 5） Ⓝ702.17 〔16703〕
◇鞆幕府―戦国史をななめに斬る 川西利衛著 福山 福山商工会議所 1983.7 134p 19cm 600円 Ⓝ217.6 〔16704〕
◇南北朝時代の郷土と熊谷直行公 折田春雄著 広島 安芸郷土調査会 1937 17p 19cm Ⓝ289.1 〔16705〕
◇日本の六古窯―草戸千軒町と中世陶磁 昭和49年秋季特別展 〔出版地不明〕 福山城博物館 1974 30p 26cm Ⓝ289.1 〔16706〕
◇廿日市の歴史探訪 4 石田米孝著 広島 渓水社 2001.8 150p 21×15cm 1500円 Ⓘ4-87440-657-2 〔16707〕
◇広島県史 中世 広島県編 〔広島〕 広島県 1984.3 1004, 12p 23cm Ⓝ217.6 〔16708〕
◇ひろしま城と古戦場 村上正名著 広島 広学図書 1985.5 143p 15cm （ひろしま文庫 6） 700円 Ⓝ217.6 〔16709〕
◇備後の中世宗教―他 堤勝義著 〔福山〕 〔堤勝義〕 1991.9 53p 26cm Ⓝ162.1 〔16710〕
◇備後の山城と戦国武士 田口義之著 福山 葦陽文庫 1997.12 167p 21cm （葦陽文庫 1） Ⓝ217.6 〔16711〕
◇掘り出された中世の安芸・備後―港町・城館・市・集落 1997（平成9）年度考古企画展 広島県立歴史民俗資料館編 三次 広島県立歴史民俗資料館 1997.4 41p 30cm Ⓝ210.025 〔16712〕

◇万徳院跡―史跡吉川氏城館跡 よみがえる中世の知恵と技 千代田町（広島県） 千代田町教育委員会 1999.10 8p 30cm Ⓝ210.025 〔16713〕
◇山城―山県郡千代田町一帯の中世山城の調査 広島県立千代田高等学校地理歴史部編 〔千代田町（広島県）〕 広島県立千代田高等学校地理歴史部 1976.9 109p 26cm Ⓝ217.6 〔16714〕
◇山城―広島県西北部における中世城郭の調査 〔千代田町（広島県）〕 広島県立千代田高等学校地理歴史部 1979.1 128p 26cm Ⓝ217.6 〔16715〕
◇山城探訪―福山周辺の山城三〇選 福山 備陽史探訪の会 1995.5 159p 21cm Ⓝ210.2 〔16716〕
◇吉川興経 金谷俊則著 中央公論事業出版 2004.8 240p 19cm 1800円 Ⓘ4-89514-229-9 〔16717〕
◇よみがえる中世 8 埋もれた港町草戸千軒・鞆・尾道 松下正司編 平凡社 1994.12 246p 27cm 3500円 Ⓘ4-582-47558-2 Ⓝ210.4 〔16718〕
◇よみがえる中世の町草戸千軒―解説パンフレット 新市町（広島県） 新市町立歴史民俗資料館 1987.4 8p 26cm Ⓝ210.4 〔16719〕

◆◆山口県

◇栄光と挫折の賦―守護大名大内氏 中国新聞連載 山本一成著 山口 大内文化探訪会 2006.4 105p 25cm Ⓝ217.7 〔16720〕
◇大内時代とその文化 〔山口〕 山口県知事公室 1950.10 40p 21cm Ⓝ217.7 〔16721〕
◇大内文化探訪―中世文化の里 ガイドブック no.1 大内文化探訪会編 2005改訂増補 山口 大内文化探訪会 2005.8 36p 21cm Ⓝ709.177 〔16722〕
◇大内文化探訪―中世文化の里 ガイド no.2 大内文化探訪会編 2002改訂 山口 大内文化探訪会 2002.7 22p 21cm Ⓝ709.177 〔16723〕
◇大内防長戦略誌 秦大道編 下関 防長史料出版社 1979.9 68丁 19cm 3500円 Ⓝ217.7 〔16724〕
◇建武中興と敷山籠城の意義 渡辺世祐述 〔防府町（山口県）〕 防府町 1935 17p 19cm Ⓝ217.7 〔16725〕
◇興隆寺文書を読む その1 岩崎俊彦著 山口 大内氏壁書（法令）研究会 2004.3 182p 26cm Ⓝ217.7 〔16726〕
◇興隆寺文書を読む―氏寺の文書から大内氏歴史を探る その2 岩崎俊彦著 山口 大内氏壁書（法令）研究会 2005.3 224p 26cm Ⓝ217.7 〔16727〕
◇諸事小々控総目次 2 山口県文書館編 〔山口〕 山口県文書館 2006.2 136p 26cm （毛利家文庫目録別冊 4） Ⓝ217.7 〔16728〕
◇諸事小々控総目次 3 山口県文書館編 〔山口〕 山口県文書館 2007.3 140p 26cm （毛利家文庫目録別冊 5） Ⓝ217.7 〔16729〕
◇中世の柳井について 柳井市立柳井図書館編 柳井 柳井市立柳井図書館 2004.3 99p 21cm （柳井図書館叢書 第19集） Ⓝ217.7 〔16730〕
◇長門真木渋木太平記―追憶の故郷異聞 吉津彦士著 下関 クォリティ出版 1999.7 93p 19cm Ⓘ4-906240-23-2 Ⓝ217.7 〔16731〕
◇防長路―Yamgin Graph 第2 大内文化の跡をたずねて 山口銀行編 〔山口〕 1960-64 21cm Ⓝ217.7 〔16732〕

地方史　　　　　　　　　中世史

◇目で見る大内文化　山本一成著　山口　大内文化研究会　1980.5　97p　19cm　600円　Ⓝ217.7　〔16733〕
◇目で見る大内文化　山本一成著　山口　大内文化研究会　1995.6　152p　18cm　777円　Ⓝ217.7　〔16734〕
◇毛利氏水軍と三田尻船廠　御薗生翁甫著　山口町(山口県)　御薗生防長史研究所　1929　48p　22cm　Ⓝ217.7　〔16735〕
◇山口県史　史料編 中世 1　山口県編　山口　山口県　1996.5　1124, 46p　22cm　Ⓝ217.7　〔16736〕
◇山口県史　史料編 中世 2　山口県編　山口　山口県　2001.2　2冊(別冊とも)　22cm　Ⓝ217.7　〔16737〕
◇山口県史料　中世編 上　山口県文書館編　山口　山口県文書館　1979.3　807, 14p　22cm　Ⓝ217.7　〔16738〕
◇山口県立図書館所蔵「大内氏」関係資料目録　〔山口〕大内文化探訪会　1996.3　15枚　30cm　Ⓝ217.7　〔16739〕

◆四国地方
◇石川氏及び天正期東予・西讃の諸将についての研究　朝倉慶景著　西条　石川征治　1988.10　223p　22cm　1800円　Ⓝ218　〔16740〕
◇海賊と海城―瀬戸内の戦国史　山内譲著　平凡社　1997.6　221p　20cm　(平凡社選書 168)　2000円　Ⓘ4-582-84168-6　Ⓝ217.4　〔16741〕
◇海賊の島―しまなみ海道ロマン紀行・宮窪　宮窪町(愛媛県)　宮窪町観光協会　2002.4　95p　26cm　1429円　Ⓘ4-901108-21-2　Ⓝ218.3　〔16742〕
◇国宝と歴史の旅　12　中世瀬戸内の寺と社会　朝日新聞社　2001.6　64p　30cm　(朝日百科―日本の国宝別冊)　933円　Ⓘ4-02-330912-5　Ⓝ709.1　〔16743〕
◇四国地方の中世城館―愛媛・高知　東洋書林　2002.7　260, 376p　23cm　(都道府県別日本の中世城館調査報告書集成 第19巻)　28000円　Ⓘ4-88721-450-2　Ⓝ218　〔16744〕
◇四国の城と城下町―歴史発見の旅　井上宗和著　松山　愛媛新聞社　1994.7　187p　30cm　3800円　Ⓘ4-900248-20-7　Ⓝ291.8　〔16745〕
◇シンポジウム中世の瀬戸内　上　山陽新聞社編　岡山　山陽新聞社　1981.7　340p　19cm　1700円　Ⓝ217.4　〔16746〕
◇シンポジウム中世の瀬戸内　下　山陽新聞社編　岡山　山陽新聞社　1982.1　371p　19cm　1800円　Ⓝ217.4　〔16747〕
◇瀬戸内の海賊―村上武吉の戦い　山内譲著　講談社　2005.2　214p　19cm　(講談社選書メチエ 322)　1500円　Ⓘ4-06-258322-4　Ⓝ217.4　〔16748〕
◇瀬戸内海―水軍の興亡　千賀四郎編集　小学館　1974　182p(図共)　20cm　(歴史の旅 6)　750円　Ⓝ291.79　〔16749〕
◇瀬戸内海海賊城塞古図　三好源十郎編　道後湯之町(愛媛県)　三好源十郎　1936　図1枚　55×76cm　Ⓝ217.4　〔16750〕
◇瀬戸内海地域社会と織田権力　橋詰茂著　京都　思文閣出版　2007.1　375, 18p　22cm　(思文閣史学叢書)　7200円　Ⓘ978-4-7842-1333-7　Ⓝ217.4　〔16751〕
◇戦国水軍と村上一族―日本最強の瀬戸内水軍を率いた海賊大将「村上武吉」と海のサムライたち　新人物往来社　2005.8　157p　26cm　(別冊歴史読本 第30巻第15号)　2000円　Ⓘ4-404-03317-6　Ⓝ217.4　〔16752〕

◇中世瀬戸内をゆく　山陽新聞社編　岡山　山陽新聞社　1981.6　251p　19cm　1500円　Ⓝ217.4　〔16753〕
◇中世瀬戸内の仏教諸宗派―広島県備後地方　堤勝義著　京都　探究社　2000.2　194p　22cm　2000円　Ⓘ4-88483-583-2　Ⓝ182.176　〔16754〕
◇中世瀬戸内の流通と交流　柴垣勇夫編　塙書房　2005.12　314p　22cm　7500円　Ⓘ4-8273-1200-1　Ⓝ675.4　〔16755〕
◇中世瀬戸内海地域史の研究　山内譲著　法政大学出版局　1998.2　374, 17p　22cm　(叢書・歴史学研究)　7100円　Ⓘ4-588-25046-9　Ⓝ217.4　〔16756〕
◇中世瀬戸内海の旅人たち　山内譲著　吉川弘文館　2004.1　189p　19cm　(歴史文化ライブラリー 169)　1700円　Ⓘ4-642-05569-X　Ⓝ217.4　〔16757〕
◇中世の風景を読む　第6巻　内海を躍動する海の民　網野善彦, 石井進編　新人物往来社　1995.8　357p　21cm　3000円　Ⓘ4-404-02178-X　Ⓝ210.4　〔16758〕

◆◆徳島県
◇阿波一宮城　「阿波一宮城」編集委員会編　徳島　徳島市立図書館　1993.3　325p　19cm　(徳島市民双書 27)　1500円　Ⓝ218.1　〔16759〕
◇阿波一宮城史料集　阿波一宮城史料集編集委員会編　徳島　一宮町文化おこし委員会　1991.3　311p　26cm　2500円　Ⓝ218.1　〔16760〕
◇阿波公方　田所市太著　徳島　阿波郷土会　1937　50p　22cm　(粟種袋 4巻)　Ⓝ218.1　〔16761〕
◇阿波公方―阿波の足利　のなかみのる著, 高橋美由紀原作　那賀川町(徳島県)　マンガ「阿波公方」制作委員会　1990.10　201p　21cm　1000円　Ⓝ218.1　〔16762〕
◇阿波古戦場物語　鎌谷嘉喜著　改訂　徳島　教育出版センター　1998.10　204p　19cm　2000円　Ⓝ218.1　〔16763〕
◇阿波中古の豪族飯尾氏の事蹟　石田真二編　八万村(徳島県)　石田真二　1916　44丁　24cm　Ⓝ218.1　〔16764〕
◇郷土史談　第11編　後藤捷一編　大阪　大阪史談会　1959　73p 図版12枚　22cm 和　Ⓝ218.1　〔16765〕
◇勝瑞城ものがたり　多田巧著　徳島　教育出版センター　1983.12　79p　19cm　500円　Ⓝ218.1　〔16766〕
◇土御門上皇と阿波　藤井喬著　土成町(徳島県)　土成町観光協会　1975　74p 図　19cm　500円　Ⓝ288.41　〔16767〕
◇秀吉の町・家康の町―川と人の織りなす歴史・文化 特別展 水の都徳島再発見　吉野川文化探訪フェスティバル(吉野川下流域)企画委員会, 徳島城博物館編　徳島　第二十二回国民文化祭徳島市実行委員会　2007.10　88p　30cm　Ⓝ218.1　〔16768〕
◇平島公方物語―阿波の足利　中島源著　小松島　南海歌人の会　1987.5　206p　19cm　(南海歌人叢書 第26編)　1200円　Ⓝ218.1　〔16769〕

◆◆香川県
◇天霧城跡―香川県善通寺市・多度津町・三野町にまたがる中世山城跡　秋山忠執筆・編集　多度津町(香川県)　一市二町天霧城跡保存会　1983.12　14p　26cm　Ⓝ218.2　〔16770〕
◇綾歌郡ニ於ケル建武中興関係史蹟　香川県綾歌郡神職会編　〔坂出町(香川県)〕　綾歌郡神職会　1935　34p

23cm Ⓝ218.2 〔16771〕
◇香川県史　第2巻　通史編　中世　〔高松〕　香川県　1989.3　702,6p　22cm　Ⓝ218.2 〔16772〕
◇香川県中世城館跡詳細分布調査概報　平成10年度　香川県教育委員会編　高松　香川県教育委員会　1999.3　22p　30cm　Ⓝ218.2 〔16773〕
◇香川県中世城館跡詳細分布調査概報　平成12年度　香川県教育委員会編　高松　香川県教育委員会　2001.3　19p　30cm　Ⓝ218.2 〔16774〕
◇香川県中世城館跡詳細分布調査概報　平成13年度　高松　香川県教育委員会　2002.3　21p　30cm　Ⓝ218.2 〔16775〕
◇香川県中世城館跡詳細分布調査報告　香川県教育委員会編　高松　香川県教育委員会　2003.3　501p　30cm　Ⓝ218.2 〔16776〕
◇讃岐人物風景　2　戦国の武将たち　四国新聞社編　大和学芸図書　1980.11　263p　20cm　1500円　Ⓝ218.2 〔16777〕
◇讃州香川氏の歴史を読む　香川安清著　〔香川安清〕　1981.4　243p　19cm　Ⓝ218.2 〔16778〕
◇新田本村遺跡　高松市教育委員会編　高松　高松市教育委員会　2006.3　184p　図版25p　30cm　（高松市埋蔵文化財調査報告　第95集＝都市計画道路室町新田線埋蔵文化財発掘調査報告書　第3冊）　Ⓝ210.0254 〔16779〕
◇中世讃岐国人香西氏の歴史　佐藤篤著　高松　佐藤篤　2006.6　178p　22cm　Ⓝ288.2 〔16780〕
◇中世讃岐国人伝承世界の香西氏　佐藤篤著　高松　佐藤篤　2004.6　154p　22cm　Ⓝ288.2 〔16781〕
◇中世の讃岐　唐木裕志,橋詰茂編　高松　美巧社　2005.7　326p　21cm　2096円　①4-938236-93-1　Ⓝ218.2 〔16782〕
◇中世の高瀬を読む　高瀬町教育委員会事務局教育課町史編纂室編　〔高瀬町（香川県）〕　高瀬町　2000.3　96p　30cm　（高瀬文化史 1）　Ⓝ218.2 〔16783〕
◇藤目城―幻の激戦地　秋山吾者著　〔丸亀〕　〔秋山吾者〕　1996.6　53p　19cm　非売品　Ⓝ218.2 〔16784〕
◇三野町の中世文書　三野町教育委員会編　三野町（香川県）　三野町　2005.3　133p　30cm　（三野町文化史 3）　Ⓝ218.2 〔16785〕

◆◆愛媛県
◇伊予海賊史話　景浦勉著　松山　三好文成堂　1936　92p　19cm　Ⓝ218.3 〔16786〕
◇伊予河野氏と中世瀬戸内世界―戦国時代の西国守護　川岡勉,西尾和美著　松山　愛媛新聞社　2004.8　228p　19cm　1800円　①4-86087-025-5　Ⓝ288.2 〔16787〕
◇伊予水軍関係資料調査報告書　昭和50年度　松山　愛媛県教育委員会　1976　97p(図共)　26cm　Ⓝ218.3 〔16788〕
◇伊予水軍物語　森光繁著　2刷　〔今治〕　今治商工会議所　1958　153p　図版　19cm　Ⓝ218.3 〔16789〕
◇伊予水軍物語　森光繁著　〔改訂版〕　今治　今治商工会議所　1968　180p　19cm　Ⓝ218.3 〔16790〕
◇伊予の水軍―平成七年度企画展　愛媛県歴史文化博物館編　宇和町（愛媛県）　愛媛県歴史文化博物館　1996.2　59p　30cm　Ⓝ210.1 〔16791〕

◇伊予歴史散歩―水軍のふるさと　小田武雄著　大阪　創元社　1976　205p　18cm　530円　Ⓝ291.83 〔16792〕
◇宇和旧記における鳶ヶ巣城について　宇都宮長三郎著　〔明浜町（愛媛県）〕　〔宇都宮長三郎〕　1995.2　55p　21cm　Ⓝ218.3 〔16793〕
◇愛媛県中世城郭研究集録　愛媛県中世城郭研究会編　重信町（愛媛県）　愛媛県中世城郭研究会　1988.7　120p　26cm　Ⓝ218.3 〔16794〕
◇海賊たちの中世　金谷匡人著　吉川弘文館　1998.12　205p　19cm　（歴史文化ライブラリー 56）　1700円　①4-642-05456-1　Ⓝ210.4 〔16795〕
◇海賊の島―しまなみ海道ロマン紀行・宮窪　宮窪町（愛媛県）　宮窪町観光協会　2002.4　95p　26cm　1429円　①4-901108-21-2　Ⓝ218.3 〔16796〕
◇河後森城の発掘と歴史　矢野和泉著　松野町（愛媛県）　八重垣書房　1997.6　360p　20cm　2095円　Ⓝ218.3 〔16797〕
◇河後森城の発掘と歴史　矢野和泉著　改訂版　松野町（愛媛県）　八重垣書房　1998.3　360p　20cm　2095円　Ⓝ218.3 〔16798〕
◇川之江の城と武将　信藤英敏著　〔伊予〕　信藤英敏　1970　102p　21cm　Ⓝ218.3 〔16799〕
◇久礼城跡―私家版　前田和男著　〔高知〕　前田和男　1997.8　37p　図版31枚　26cm　Ⓝ218.4 〔16800〕
◇建武中興伊予勤王読本　第2版　〔松山〕　愛媛県教育会　1938　88p　23cm　Ⓝ210.4 〔16801〕
◇河野氏の歴史と道後湯築城　川岡勉著　松山　青葉図書　1992.6　207p　19cm　1000円　①4-900024-07-4　Ⓝ218.3 〔16802〕
◇河野氏滅亡と周辺の武将たち―伊予の戦国時代哀史　別府頼雄著　〔重信町（愛媛県）〕　別府頼雄　1997.8　185p　20cm　Ⓝ210.47 〔16803〕
◇古城をゆく―伊予の中世史より　松久敬著　松山　愛媛新聞社　1972　322p　22cm　1300円　Ⓝ218.3 〔16804〕
◇山村秘史―キリシタン大名一条兼定他　堀井順次著　日本図書刊行会　1989.6　253p　20cm　1800円　①4-89607-095-X　Ⓝ218.3 〔16805〕
◇城の中世―縄張図説・西部四国を中心にして　薬師寺孝男著　〔三間町（愛媛県）〕　〔薬師寺孝男〕　2004.5印刷　107p　26cm　950円　Ⓝ218.3 〔16806〕
◇中世伊予の領主と城郭　山内譲著　松山　青葉図書　1989.11　266p　19cm　Ⓝ218.3 〔16807〕
◇中世における伊予の領主　須田武男著　松野町（愛媛県）　須田一臣　1978.7　204p　19cm　Ⓝ218.3 〔16808〕
◇中世における伊予の領主　須田武男著　松山　愛媛文化双書刊行会　1978.8　204p　18cm　（愛媛文化双書 31）　1200円　Ⓝ218.3 〔16809〕
◇中世の地域権力と西国社会　川岡勉著　大阪　清文堂出版　2006.3　375p　22cm　8400円　①4-7924-0603-X　Ⓝ218.3 〔16810〕
◇天正の陣と松木氏　越智孝三郎編　〔新居浜〕　〔越智孝三郎〕　1986.7　287p　21cm　2000円　Ⓝ218.3 〔16811〕
◇豊臣時代の伊予領主の史料研究　須田武男著　松山　愛媛県教育公務員弘済会　1975　224p　図　19cm　非売品　Ⓝ218.3 〔16812〕

地方史　　　　　　　　　　　　　中世史

◇南北朝動乱と伊予の武将　別府頼雄著　〔重信町(愛媛県)〕〔別府頼雄〕　1995.7　198p　20cm　Ⓝ210.45
〔16813〕
◇湯築城と伊予の中世　川岡勉, 島津豊幸編　松山　創風社出版　2004.4　261p　19cm　1800円　Ⓘ4-86037-039-2　Ⓝ218.3
〔16814〕
◇歴史シンポジウム　4　村上水軍考　奈良本辰也ほか述　松山　愛媛県文化振興財団　1983.11　246p　19cm　(財団図書 8)　Ⓝ218.3
〔16815〕
◇歴史シンポジウム　12　河野氏と伊予の中世　網野善彦ほか述　松山　愛媛県文化振興財団　1987.12　221p　19cm　(財団図書 119)　900円　Ⓝ218.3
〔16816〕

◆◆高知県
◇吉良物語　真西堂如淵著, 秋月山人補, 南学会編　高知　青楓会　1934　162p　23cm　Ⓝ210.4
〔16817〕
◇長宗我部時代年表　高知県編　〔高知〕　高知県　1914　62p　19cm　Ⓝ218.4
〔16818〕
◇土佐戦国武将の盛衰の原因と末裔達―旧家の研究 1　横山良吉著　柏　モラロジー研究所研究部　1974　704p　25cm　(研究ノート no.52)　Ⓝ218.4
〔16819〕
◇土佐太平記―土佐南北朝史　明神健太郎著　改訂2版　高知　明神健太郎　1973　156, 4p 図　22cm　1200円　Ⓝ218.4
〔16820〕
◇土佐太平記　明神健太郎著　改訂3版　佐川町(高知県)　明神健太郎　1978.3　273p　19cm　1200円　Ⓝ218.4
〔16821〕
◇土佐中世史の研究　山本大著　高知　高知市立市民図書館　1967　303p 図版　19cm　(市民叢書)　Ⓝ218.4
〔16822〕
◇土佐とキリシタン　石川潤郎著　増補版　〔佐川町(高知県)〕〔石川潤郎〕　2002.11　367p　21cm　Ⓝ198.22184
〔16823〕

◆九州地方
◇解題・序跋集　川添昭二著　福岡　櫂歌書房　1997.3　410p　22cm　非売品　Ⓘ4-924527-80-7　Ⓝ219
〔16824〕
◇海路　第5号　特集 九州の城郭と城下町 中世編　福岡「海路」編集委員会, (福岡)海鳥社〔発売〕　2007.11　180p　21cm　1200円　Ⓘ978-4-87415-659-9
〔16825〕
◇九州キリシタン史研究　ディエゴ・パチェコ著　キリシタン文化研究会　1977.7　245p　21cm　(キリシタン文化研究シリーズ 16)　Ⓝ198.2219
〔16826〕
◇九州古陶磁の精華―田中丸コレクションのすべて　福岡市美術館編　鹿児島　鹿児島県歴史資料センター黎明館　1991　231p　27cm　Ⓝ751.1
〔16827〕
◇九州諸家盛衰記　馬場信意著　歴史図書社　1979.10　307p　20cm　(戦記資料)　4500円　Ⓝ219
〔16828〕
◇九州史料叢書　第9 天草古切支丹資料 第3　天草古切支丹資料 第3　九州史料刊行会編　福岡　九州史料刊行会　1961　192p　22cm　Ⓝ219
〔16829〕
◇九州史料叢書　第9 天草古切支丹資料 第1-2　天草古切支丹資料 第1-2　九州史料刊行会編　福岡　九州史料刊行会　1959　2冊　21-22cm　Ⓝ219
〔16830〕
◇九州戦国合戦記　吉永正春著　福岡　海鳥社　1994.11　312p　19cm　1700円　Ⓘ4-87415-094-2　Ⓝ210.47
〔16831〕

◇九州戦国合戦記　吉永正春著　増補改訂版　福岡　海鳥社　2006.7　278p　22cm　2200円　Ⓘ4-87415-586-3　Ⓝ210.47
〔16832〕
◇九州戦国史　吉永正春著　福岡　葦書房　1981.5　302p　22cm　2600円　Ⓝ219
〔16833〕
◇九州戦国の武将たち　吉永正春著　福岡　海鳥社　2000.11　292p　22cm　2300円　Ⓘ4-87415-321-6　Ⓝ281.9
〔16834〕
◇九州太平記　荒木栄司著　熊本　熊本出版文化会館, 亜紀書房〔発売〕　1991.4　214, 32p　19cm　1600円
〔16835〕
◇九州太平記―資料による　多々良川大合戦　田中政喜著　福岡　あきつ出版　1996.8　130p　21cm　1500円　Ⓘ4-7952-7898-9　Ⓝ210.45
〔16836〕
◇九州大名の研究　木村忠夫編　吉川弘文館　1983.12　488p　22cm　(戦国大名論集 7)　5900円　Ⓘ4-642-02587-1　Ⓝ210.47
〔16837〕
◇九州地方中世編年文書目録　南北朝時代篇　瀬野精一郎編　吉川弘文館　1974　276p　21cm　2800円　Ⓝ210.4
〔16838〕
◇九州地方の中世城館　1(熊本・宮崎)　東洋書林　2002.7　1冊　23cm　(都道府県別日本の中世城館調査報告書集成 第20巻)　30000円　Ⓘ4-88721-451-0　Ⓝ219
〔16839〕
◇九州地方の中世城館　2(鹿児島・沖縄)　東洋書林　2002.8　1冊　23cm　(都道府県別日本の中世城館調査報告書集成 第21巻)　30000円　Ⓘ4-88721-452-9　Ⓝ219
〔16840〕
◇九州中世史研究　第1輯　川添昭二編　文献出版　1978.11　453p　22cm　8500円　Ⓝ219
〔16841〕
◇九州中世史研究　第2輯　川添昭二編　文献出版　1980.12　527p　21cm　5300円　Ⓝ219
〔16842〕
◇九州中世史研究　第3輯　川添昭二編　文献出版　1982.6　530p　21cm　5700円　Ⓝ219
〔16843〕
◇九州中世史の研究　川添昭二著　吉川弘文館　1983.3　344, 14p　22cm　7200円　Ⓝ219
〔16844〕
◇九州中世社会の基礎的研究　森本正憲著　文献出版　1984.5　343p　22cm　5500円　Ⓝ219
〔16845〕
◇九州中世社会の研究　渡辺澄夫先生古稀記念事業会編　大分　渡辺澄夫先生古稀記念事業会　1981.11　534p　22cm　非売品　Ⓝ219
〔16846〕
◇九州中世・戦国の旅　岩崎光著　筑後　岩崎光　1993.5　511p　19cm　2700円　Ⓝ291.9
〔16847〕
◇九州中世禅宗史の研究　上田純一著　文献出版　2000.10　458p　22cm　12000円　Ⓘ4-8305-1220-2　Ⓝ188.82
〔16848〕
◇九州と都市・農村　藤野保編　国書刊行会　1984.8　641p　22cm　(九州近世史研究叢書 第7巻)　9000円　Ⓝ219
〔16849〕
◇九州と豊臣政権　藤野保編　国書刊行会　1984.4　517p　22cm　(九州近世史研究叢書 1)　8000円　Ⓝ219
〔16850〕
◇九州と藩政　2　藤野保編　国書刊行会　1984.10　505p　22cm　(九州近世史研究叢書 3)　8000円　Ⓝ219
〔16851〕
◇九州南北朝戦乱　天本孝志著　福岡　葦書房　1982.3　340p　20cm　2000円　Ⓝ210.45
〔16852〕
◇九州に於ける関ケ原戦考―松井家文書による一考察　宮島保次郎著, 宮園昌三編　〔八代〕〔宮島保次郎〕　1998.

4 144p 26cm （久八叢書6） 非売品 Ⓝ219
〔16853〕
◇九州に於ける関ヶ原戦考―松井家文書による一考察 宮島保次郎著 復刻 明石 宮園昌之 1998.4 146p 26cm （久八叢書6） 非売品 Ⓝ219
〔16854〕
◇九州西瀬戸中世史論攷 森猛著 福岡 海鳥社 2004.8 308, 23p 21cm 4000円 Ⓘ4-87415-483-2
〔16855〕
◇九州のキリシタン大名 吉永正春著 福岡 海鳥社 2004.12 222p 22cm 2000円 Ⓘ4-87415-507-3 Ⓝ198.2219
〔16856〕
◇九州のキリシタン墓碑―十字架に祈りて 荒木英市著 長崎 出島文庫 2002.10 295p 22cm 3143円 Ⓘ4-931472-28-1 Ⓝ198.2219
〔16857〕
◇九州の古戦場を歩く 吉永正春著 福岡 葦書房 1986.7 285p 19cm 1500円 Ⓝ219
〔16858〕
◇九州の古戦場を歩く 吉永正春著 2版 福岡 葦書房 1998.9 282p 19cm 2200円 Ⓘ4-7512-0720-2 Ⓝ219
〔16859〕
◇九州の古陶磁―田中丸コレクション 特別展 MOA美術館編 熱海 MOA美術館 1991.4 133p 23×24cm Ⓝ751.1
〔16860〕
◇九州の中世世界 川添昭二著 福岡 海鳥社 1994.4 254, 10p 22cm 3914円 Ⓘ4-87415-075-6 Ⓝ219
〔16861〕
◇九州文化論集 2 外来文化と九州 福岡ユネスコ協会編 監修:箭内健次 平凡社 1973 446p 図 22cm 2700円 Ⓝ219
〔16862〕
◇キリシタン史の謎を歩く 森禮子著 教文館 2005.11 265p 20cm 1800円 Ⓘ4-7642-6589-3 Ⓝ914.6
〔16863〕
◇古郷物語 国史研究会 1916 458p 19cm （国史叢書） Ⓝ219
〔16864〕
◇西国武士団関係史料集 1 財津氏系譜 芥川竜男, 福川一徳編校訂 財津永澄撰 文献出版 1991.5 230p 26cm 4500円 Ⓘ4-8305-5606-4 Ⓝ219 〔16865〕
◇西国武士団関係史料集 2 岐部文書 芥川竜男, 福川一徳編校訂 文献出版 1992.4 118p 26cm 4000円 Ⓘ4-8305-5607-2 Ⓝ219
〔16866〕
◇西国武士団関係史料集 3 森文書 芥川竜男, 福川一徳編校訂 文献出版 1992.3 95p 26cm 4000円 Ⓘ4-8305-5608-0 Ⓝ219
〔16867〕
◇西国武士団関係史料集 4 富来文書 芥川竜男, 福川一徳編校訂 文献出版 1992.4 87p 26cm 4000円 Ⓘ4-8305-5609-9 Ⓝ219
〔16868〕
◇西国武士団関係史料集 5 戸次文書 芥川竜男, 福川一徳編校訂 文献出版 1992.6 88p 26cm 4000円 Ⓘ4-8305-5610-2 Ⓝ219
〔16869〕
◇西国武士団関係史料集 6 臼杵宝岸寺過去帳 芥川竜男, 福川一徳編校訂 文献出版 1992.7 106p 26cm 4300円 Ⓘ4-8305-5611-0 Ⓝ219
〔16870〕
◇西国武士団関係史料集 7 豊田文書 芥川竜男, 福川一徳編校訂 文献出版 1992.9 80p 26cm 4000円 Ⓘ4-8305-5612-9 Ⓝ219
〔16871〕
◇西国武士団関係史料集 8 財津文書・野上文書 芥川竜男, 福川一徳編校訂 文献出版 1992.10 76p 26cm 4000円 Ⓘ4-8305-5613-7 Ⓝ219
〔16872〕
◇西国武士団関係史料集 9 田北文書 芥川竜男, 福川一徳編校訂 文献出版 1993.2 117p 26cm 4300円 Ⓘ4-8305-5614-5 Ⓝ219
〔16873〕

◇西国武士団関係史料集 10 足立文書 芥川竜男, 福川一徳編校訂 文献出版 1993.10 81p 26cm 4000円 Ⓘ4-8305-5615-3 Ⓝ219
〔16874〕
◇西国武士団関係史料集 11 田原文書 芥川竜男, 福川一徳編校訂 文献出版 1994.2 104p 26cm 4300円 Ⓘ4-8305-5616-1 Ⓝ219
〔16875〕
◇西国武士団関係史料集 12 萱島文書 芥川竜男, 福川一徳編校訂 文献出版 1994.4 80p 26cm 4000円 Ⓘ4-8305-5617-X Ⓝ219
〔16876〕
◇西国武士団関係史料集 13 小田・魚返文書 芥川竜男, 福川一徳編校訂 文献出版 1994.7 80p 26cm 4000円 Ⓘ4-8305-5618-8 Ⓝ219
〔16877〕
◇西国武士団関係史料集 14 由比文書 芥川竜男, 福川一徳編校訂 文献出版 1994.8 86p 26cm 4120円 Ⓘ4-8305-5619-6 Ⓝ219
〔16878〕
◇西国武士団関係史料集 15 渡辺文書 芥川竜男, 福川一徳編校訂 文献出版 1994.10 94p 26cm 4120円 Ⓘ4-8305-5620-X Ⓝ219
〔16879〕
◇西国武士団関係史料集 16 渡辺文書・河内文書 芥川竜男, 福川一徳編校訂 文献出版 1994.12 98p 26cm 4120円 Ⓘ4-8305-5621-8 Ⓝ219
〔16880〕
◇西国武士団関係史料集 17 鶴原文書・田口文書 芥川竜男, 福川一徳編校訂 文献出版 1995.1 81p 26cm 4120円 Ⓘ4-8305-5622-6 Ⓝ219
〔16881〕
◇西国武士団関係史料集 18 後藤文書 芥川竜男, 福川一徳編校訂 文献出版 1995.4 79p 26cm 4120円 Ⓘ4-8305-5623-4 Ⓝ219
〔16882〕
◇西国武士団関係史料集 19 米多比文書 1 芥川竜男, 福川一徳編校訂 文献出版 1995.6 84p 26cm 4120円 Ⓘ4-8305-5624-2 Ⓝ219
〔16883〕
◇西国武士団関係史料集 20 米多比文書 2 芥川竜男, 福川一徳編校訂 文献出版 1995.7 98p 26cm 4120円 Ⓘ4-8305-5625-0 Ⓝ219
〔16884〕
◇西国武士団関係史料集 21 米多比文書 3 芥川竜男, 福川一徳編校訂 文献出版 1995.9 86p 26cm 4120円 Ⓘ4-8305-5626-9 Ⓝ219
〔16885〕
◇西国武士団関係史料集 22 横岳文書 1 芥川竜男, 福川一徳編校訂 文献出版 1996.2 94p 26cm 4120円 Ⓘ4-8305-5627-7 Ⓝ219
〔16886〕
◇西国武士団関係史料集 23 横岳文書 2 芥川竜男, 福川一徳編校訂 文献出版 1996.4 93p 26cm 4120円 Ⓘ4-8305-5628-5 Ⓝ219
〔16887〕
◇西国武士団関係史料集 24 横岳文書 3 小深田文書 芥川竜男, 福川一徳編校訂 文献出版 1996.5 89p 26cm 4120円 Ⓘ4-8305-5629-3 Ⓝ219
〔16888〕
◇西国武士団関係史料集 25 堀文書・本田文書 芥川竜男, 福川一徳編校訂 文献出版 1996.7 97p 26cm 4120円 Ⓘ4-8305-5630-7 Ⓝ219
〔16889〕
◇西国武士団関係史料集 26 戸次文書・清田文書 芥川竜男, 福川一徳編校訂 文献出版 1996.9 102p 26cm 4326円 Ⓘ4-8305-5631-5 Ⓝ219
〔16890〕
◇西国武士団関係史料集 27 佐田文書 芥川龍男, 福川一徳編校訂 文献出版 1996.12 103p 26cm 4200円 Ⓘ4-8305-5632-3 Ⓝ219
〔16891〕
◇西国武士団関係史料集 28 古後文書 芥川龍男, 福川一徳編校訂 文献出版 1997.11 99p 26cm 4200円 Ⓘ4-8305-5633-1 Ⓝ219
〔16892〕

地方史　　　　　　　　　　中世史

◇西国武士団関係史料集　29　平林文書 1　芥川龍男, 福川一徳編校訂　文献出版　1998.1　93p　26cm　4200円　④4-8305-5634-X　Ⓝ219　〔16893〕
◇西国武士団関係史料集　30　平林文書 2　芥川龍男, 福川一徳編校訂　文献出版　1998.1　100p　26cm　4200円　④4-8305-5635-8　Ⓝ219　〔16894〕
◇西国武士団関係史料集　32　問注所文書 1　芥川龍男, 福川一徳編校訂　文献出版　1998.6　100p　26cm　4200円　④4-8305-5637-4　Ⓝ219　〔16895〕
◇西国武士団関係史料集　33　問注所文書 2　芥川龍男, 福川一徳編校訂　文献出版　1998.6　92p　26cm　4200円　④4-8305-5638-2　Ⓝ219　〔16896〕
◇西国武士団関係史料集　34　徳丸文書 1　芥川龍男, 福川一徳編校訂　文献出版　1999.6　95p　26cm　4300円　④4-8305-5639-0　Ⓝ219　〔16897〕
◇西国武士団関係史料集　35　徳丸文書 2　芥川龍男, 福川一徳編校訂　文献出版　1999.6　90p　26cm　4300円　④4-8305-5640-4　Ⓝ219　〔16898〕
◇西国武士団関係史料集　36　田原文書・吉弘文書　芥川龍男, 福川一徳編校訂　文献出版　1999.10　87p　26cm　4300円　④4-8305-5641-2　Ⓝ219　〔16899〕
◇西国武士団関係史料集　37　竹田津文書・岐部文書　芥川龍男, 福川一徳編校訂　文献出版　2000.4　84p　26cm　4300円　④4-8305-5642-0　Ⓝ219　〔16900〕
◇征西将軍宮　藤田明編著　文献出版　1976　752p 図 肖像　22cm　11000円　Ⓝ219　〔16901〕
◇関ヶ原合戦と九州の武将たち―平成十年度秋季特別展覧会　八代市立博物館未来の森ミュージアム編　八代　八代市立博物館未来の森ミュージアム　1998.10　181p　26cm　（八代の歴史と文化 8）　Ⓝ210.48　〔16902〕
◇戦国九州軍記―群雄苛烈なる生き残り血戦　学習研究社　1989.6　177p　26cm　（歴史群像シリーズ 12）　971円　Ⓝ219　〔16903〕
◇戦国九州の女たち　吉永正春著　福岡　西日本新聞社　1997.1　286p　19cm　1600円　④4-8167-0432-9　Ⓝ289.1　〔16904〕
◇太閤道伝説を歩く　牛嶋英俊著　福岡　弦書房　2006.3　281p　21cm　2400円　④4-902116-50-2　Ⓝ219　〔16905〕
◇中世九州相良氏関係文書集　池田公一編著　文献出版　1987.7　470, 43p　22cm　11000円　Ⓝ219　〔16906〕
◇中世九州社会史の研究　外山幹夫著　吉川弘文館　1986.4　445, 12p　22cm　7800円　④4-642-02614-2　Ⓝ219　〔16907〕
◇中世九州地域史料の研究　川添昭二著　法政大学出版局　1996.5　302, 15p　22cm　（叢書・歴史学研究）　7519円　④4-588-25045-0　Ⓝ219　〔16908〕
◇中世九州の政治社会構造　山口隼正著　吉川弘文館　1983.5　295p　22cm　（戊午叢書）　3800円　Ⓝ219　〔16909〕
◇中世九州の政治と文化　川添昭二著　文献出版　1981.6　289p　22cm　3800円　Ⓝ219　〔16910〕
◇中世九州の政治・文化史　川添昭二著　福岡　海鳥社　2003.7　382, 30p　22cm　5000円　④4-87415-448-4　Ⓝ219　〔16911〕
◇中世成立史の基礎的研究―九州の視座から　森本正憲著　文献出版　2003.9　281p　21cm　7500円　④4-8305-1234-2　〔16912〕

◇中世の海人と東アジア―宗像シンポジウム 2　川添昭二, 網野善彦編　福岡　海鳥社　1994.2　221p　19cm　（海鳥ブックス 16）　1700円　④4-87415-064-0　Ⓝ219　〔16913〕
◇中世の九州　外山幹夫著　〔東村山〕　教育社　1979.1　244p　18cm　（教育社歴史新書）　600円　Ⓝ219　〔16914〕
◇南北朝期九州守護の研究　山口隼正著　文献出版　1989.3　627p　22cm　12000円　Ⓝ219　〔16915〕
◇桧垣文庫目録　中世編（除・肥前国関係）近世豊前国・筑後国編　九州大学附属図書館六本松分館編　福岡　九州大学附属図書館六本松分館　1996.3　193, 3p　30cm　Ⓝ219.031　〔16916〕
◇房州誕生寺石造三層塔と九州千葉氏―伝日蓮聖人供養塔とその周辺　早川正司著　青娥書房　2007.6　134p　21cm　1500円　④978-4-7906-0252-1　〔16917〕
◇松浦党関係史料集　第3　瀬野精一郎編　続群書類従完成会　2004.3　274p　21cm　9000円　④4-7971-0634-4　〔16918〕
◇南九州の海商人たち―豪商の時代の舞台を訪ねる　三又たかし著　宮崎　鉱脈社　2004.11　243p　19cm　（みやざき文庫）　1600円　④4-86061-120-9　〔16919〕

◆◆福岡県
◇秋月のキリシタン　H.チースリク著, 高祖敏明監修　教文館　2000.9　375, 31p　22cm　（キリシタン研究第37輯）　4800円　④4-7642-2448-8　Ⓝ198.22191　〔16920〕
◇宇都宮落城記　玉江彦太郎著　行橋　美夜古文化編集部　1955　47p　22cm　（美夜古郷土叢書）　Ⓝ219.1　〔16921〕
◇笠木城址史的考察―郷土史研究 伝説口碑笠木軍記　細川徳正著　幸袋町（福岡県）　細川徳正　1936　147p　25cm　Ⓝ219.1　〔16922〕
◇懐良親王と三井郡　三井郡史蹟調査委員編　〔北野町（福岡県）〕　福岡県三井郡　1923　261, 53p　23cm　Ⓝ210.4　〔16923〕
◇城井・宇都宮氏の滅亡―黒田藩外史　松山譲著　北九州　ライオンズマガジン社　1983.11　370p　18cm　1200円　Ⓝ219.1　〔16924〕
◇岸岳城盛衰記―波多氏の栄光と哀歌　上　山崎猛夫著　第一法規出版　1980.10　226p　19cm　1400円　Ⓝ219.1　〔16925〕
◇岸岳城盛衰記―波多氏の栄光と哀歌　下　山崎猛夫著　第一法規出版　1981.3　261p　19cm　1500円　Ⓝ219.1　〔16926〕
◇元寇と博多―写真で読む蒙古襲来　西園禮三写真, 柳田純孝文　福岡　西日本新聞社　2001.12　111p　30cm　2667円　④4-8167-0540-6　Ⓝ210.43　〔16927〕
◇征西将軍宮御遺跡星野氏の勤王と星野村　星野村（福岡県）　星野村　1934　27丁　24cm　Ⓝ291.91　〔16928〕
◇征西将軍宮千光寺ご陵墓の研究　上野無一著　「征西将軍宮千光寺ご陵墓の研究」刊行会　1969　109p 図版　21cm　非売　Ⓝ219.1　〔16929〕
◇戦国時代の柳川―蒲池因幡守鑑憲と田尻親種　木下浩良著　〔河内長野〕　木下浩良　2006.5　39p　26cm　Ⓝ219.1　〔16930〕
◇戦国の群雄と筑後　菊竹武著　〔福岡〕　〔菊竹武〕　1998.11　415p　20cm　Ⓝ219.1　〔16931〕

◇戦国武将と博多　古永正春ほか述　福岡　福岡相互銀行　1982.3　1冊(頁付なし)　26cm　Ⓝ219.1　〔16932〕
◇高橋紹運岩屋城史談　江島茂逸編　富山房　1907.7　76丁　23cm　Ⓝ210.4　〔16933〕
◇筑後戦国史　吉永正春著　福岡　葦書房　1983.12　245p　19cm　1500円　Ⓝ219.1　〔16934〕
◇筑後戦国史　吉永正春著　2版　福岡　葦書房　1997.9　246p　19cm　1900円　Ⓘ4-7512-0685-0　Ⓝ219.1　〔16935〕
◇筑後争乱記—蒲池一族の興亡　河村哲夫著　福岡　海鳥社　2003.3　247p　22cm　2200円　Ⓘ4-87415-428-X　Ⓝ219.1　〔16936〕
◇筑後に於ける両征西大将軍宮　宮陣神社社務所著　〔宮陣村(福岡県)〕〔宮陣神社社務所〕　1931　60p　19cm　Ⓝ219.1　〔16937〕
◇筑後に於ける両征西大将軍宮　宮陣神社社務所著　宮陣村(福岡県)　宮陣神社社務所　1933　61p　19cm　Ⓝ219.1　〔16938〕
◇筑前戦国史　吉永正春著　福岡　葦書房　1977.12　399p　19cm　1900円　Ⓝ219.1　〔16939〕
◇筑前戦国史　吉永正春著　2版　福岡　葦書房　1997.6　403p　19cm　2500円　Ⓘ4-7512-0680-X　Ⓝ219.1　〔16940〕
◇筑前戦国争乱　吉永正春著　福岡　海鳥社　2002.10　278p　22cm　2300円　Ⓘ4-87415-337-2　Ⓝ219.1　〔16941〕
◇筑前立花城興亡史　吉永正春著　福岡　西日本新聞社　1998.12　269p　19cm　1600円　Ⓘ4-8167-0474-4　Ⓝ219.1　〔16942〕
◇筑前国怡土庄故地現地調査速報　服部英雄編　福岡　花書院　2000.4　177p　30cm　(地域資料叢書 4)　Ⓘ4-938910-31-4　Ⓝ219.1　〔16943〕
◇中世北九州落日の譜—門司氏史話　門司宜里著　北九州〔門司宜里〕　1975　387p(図共)　19cm　2000円　Ⓝ219.1　〔16944〕
◇中世史筑後シンポジウム　v.1　久留米　久留米市ふるさと文化創生市民協会地域づくり事業　2001.3　60p　21cm　Ⓝ219.1　〔16945〕
◇中世筑前国宗像氏と宗像社　桑田和明著　岩田書院　2003.5　497, 22p　22cm　(中世史研究叢書 3)　11800円　Ⓘ4-87294-264-7　Ⓝ219.1　〔16946〕
◇鎮西宇都宮氏の歴史　則松弘明著　〔豊能町(大阪府)〕〔則松弘明〕　1985　421p　21cm　Ⓝ219.1　〔16947〕
◇築城町の史跡と伝説　第2集　築城通史・続宇都宮史　築城町史跡調査委員会編　〔築城町(福岡県)〕　築城町教育委員会　1976.4　245p　19cm　Ⓝ219.1　〔16948〕
◇天正十五年博多津町割間杖識文考　大熊浅次郎著　大熊浅次郎　1933　4p　26cm　Ⓝ219.1　〔16949〕
◇天正十五年博多津町割間杖識文考追記　大熊浅次郎著　福岡　大熊浅次郎　1933　4p　27cm　Ⓝ219.1　〔16950〕
◇時代を超えて—ある歴史の謎解きより　平野真知子著　文芸社　2005.2　185p　19cm　1400円　Ⓘ4-8355-8637-9　〔16951〕
◇博多商人—鴻臚館から現代まで　読売新聞西部本社編　福岡　海鳥社　2004.11　127p　21cm　1700円　Ⓘ4-87415-494-8　〔16952〕

◇博多・筑前史料豊前覚書　城戸清種著, 川添昭二, 福岡古文書を読む会校訂　文献出版　1980.9　253, 3p　22cm　4300円　Ⓝ219.1　〔16953〕
◇秀吉と博多の豪商—『宗湛日記』にみる茶湯と政治　工藤瀞也著　福岡　海鳥社　1997.11　224p　19cm　(海鳥ブックス 20)　1800円　Ⓘ4-87415-188-4　Ⓝ210.48　〔16954〕
◇福岡県地方史研究協議大会報告　第17回(昭和58年度)　福岡　福岡県立図書館　1983.11　8p　26cm　(中世の城館)　Ⓝ210.48　〔16955〕
◇福岡古城探訪　廣崎篤夫著　福岡　海鳥社　1997.4　236p　19cm　1800円　Ⓘ4-87415-179-5　Ⓝ219.1　〔16956〕
◇福岡附近の史蹟—殊に元寇の史蹟　中山平次郎著, 曽田共助編　〔千代町(福岡県)〕　九州帝国大学医科大学雑誌部　1913　121p　23cm　Ⓝ210.4　〔16957〕
◇豊前宇都宮興亡史　小川武志著　福岡　海鳥社　1988.2　282p　20cm　2200円　Ⓘ4-906234-26-7　Ⓝ219.1　〔16958〕
◇豊前・宇都宮氏—黒田藩戦国史　松山譲著　直方　ライオンズマガジン社　1986.4　284p　19cm　1200円　Ⓝ219.1　〔16959〕
◇豊前に於ける宇都宮一族の興亡　神崎教孝著　〔宇佐〕〔神崎教孝〕　1996.3　330p　22cm　非売品　Ⓝ219.1　〔16960〕
◇宗像市史　史料編　第2巻 中世 2　宗像市史編纂委員会編　宗像　宗像市　1996.3　983, 119p　22cm　Ⓝ219.1　〔16961〕
◇門司城史　八木田謙著　〔北九州〕〔八木田謙〕　1992.6　138, 40, 10p　22cm　Ⓝ219.1　〔16962〕
◇よみがえる中世　1　東アジアの国際都市博多　川添昭二編　平凡社　1988.8　205p　27cm　2900円　Ⓘ4-582-47551-5　Ⓝ210.4　〔16963〕

◆◆◆大宰府
◇太宰府市史　中世資料編　太宰府市史編集委員会編　太宰府　太宰府市　2002.10　1058, 83p　22cm　Ⓝ219.1　〔16964〕
◇大宰府戦国史　吉永正春著　太宰府　太宰府天満宮　1988.12　298p　19cm　1500円　Ⓘ4-906234-38-0　Ⓝ219.1　〔16965〕
◇大宰府戦国史　吉永正春著　福岡　海鳥社　1993.6　297p　19cm　1600円　Ⓘ4-87415-049-7　Ⓝ219.1　〔16966〕
◇大宰府大宰府天満宮 史料—中世編　第1分冊　文治-仁治　九州文化綜合研究所大宰府調査文献班編　〔福岡〕　1957-58　序　26cm　Ⓝ210.4　〔16967〕
◇大宰府大宰府天満宮 史料—中世編　第2分冊　寛元-建治　九州文化綜合研究所大宰府調査文献班編　〔福岡〕　1957-58　序　26cm　Ⓝ210.4　〔16968〕
◇大宰府大宰府天満宮 史料—中世編　第3分冊　弘安-永仁　九州文化綜合研究所大宰府調査文献班編　〔福岡〕　1957-58　序　26cm　Ⓝ210.4　〔16969〕
◇大宰府大宰府天満宮 史料—中世編　第4分冊　正安-正和　九州文化綜合研究所大宰府調査文献班編　〔福岡〕　1957-58　序　26cm　Ⓝ210.4　〔16970〕
◇大宰府大宰府天満宮 史料—中世編　第5分冊　文保-元徳　九州文化綜合研究所大宰府調査文献班編　〔福岡〕　1957-58　序　26cm　Ⓝ210.4　〔16971〕

地方史　　　　　　　　　　　　　中世史

◇大宰府大宰府天満宮 史料―中世編　第6分冊　元弘-延元・暦応　九州文化綜合研究所大宰府調査文献班編　〔福岡〕　1957-58 序　26cm　Ⓝ210.4
〔16972〕
◇大宰府大宰府天満宮 史料―中世編　第7分冊　興国暦応-正平観応　九州文化綜合研究所大宰府調査文献班編　〔福岡〕　1957-58 序　26cm　Ⓝ210.4
〔16973〕
◇太宰府太宰府天満宮博多 史料―続中世編　第1分冊　応永2年-永享12年　九州文化綜合研究所太宰府調査文献班編　謄写版　〔福岡〕　1958 序　172p　25cm　Ⓝ210.4
〔16974〕
◇太宰府太宰府天満宮博多 史料―続中世編　第2分冊　嘉吉元年-文明18年　九州文化綜合研究所太宰府調査文献班編　謄写版　〔福岡〕　1958 序　191p　25cm　Ⓝ210.4
〔16975〕
◇太宰府太宰府天満宮博多 史料―続中世編　第3分冊　長享元年-享禄4年　九州文化綜合研究所太宰府調査文献班編　謄写版　〔福岡〕　1958 序　142p　25cm　Ⓝ210.4
〔16976〕
◇太宰府太宰府天満宮博多 史料―続中世編　第4分冊　天文　九州文化綜合研究所太宰府調査文献班編　謄写版　〔福岡〕　1958 序　202p　26cm　Ⓝ210.4
〔16977〕
◇太宰府太宰府天満宮博多 史料―続中世編　第5分冊　自弘治　九州文化綜合研究所太宰府調査文献班編　謄写版　〔福岡〕　1958 序　90p　26cm　Ⓝ210.4
〔16978〕
◇太宰府太宰府天満宮博多 史料―続中世編　第6分冊　天正　九州文化綜合研究所太宰府調査文献班編　〔福岡〕　1958 序　185p　26cm　Ⓝ210.4
〔16979〕
◇太宰府太宰府天満宮博多 史料―続中世編　第7分冊　天正　九州文化綜合研究所太宰府調査文献班編　謄写版　〔福岡〕　1958 序　174p　26cm　Ⓝ210.4
〔16980〕
◇太宰府太宰府天満宮博多 史料―続中世編　第8分冊　自天正　九州文化綜合研究所太宰府調査文献班編　謄写版　〔福岡〕　1958 序　260p　26cm　Ⓝ210.4
〔16981〕
◇大宰府領の研究　正木喜三郎著　文献出版　1991.10　688p　22cm　15000円　Ⓘ4-8305-1148-6　Ⓝ210.4
〔16982〕

◆◆佐賀県

◇木下延俊陣跡・徳川家康別陣跡2発掘調査概要報告書―特別史跡「名護屋城跡並びに陣跡」　鎮西町(佐賀県)　佐賀県立名護屋城博物館　1994.3　24p　30cm　Ⓝ210.0254
〔16983〕
◇佐賀県史料集成　古文書編　第25巻　佐賀県立図書館編　佐賀　佐賀県立図書館　1984.12　407p　22cm　Ⓝ219.2
〔16984〕
◇佐賀の戦国人名志　川上茂治著　増補改訂版　佐賀　佐賀新聞社　2002.11　343p　21cm　3048円　Ⓘ4-88298-127-0　Ⓝ281.92
〔16985〕
◇戦国の城と城下町　鳥栖市教育委員会編　鳥栖　鳥栖市教育委員会　1997.3　77p　26cm　(鳥栖の町づくりと歴史・文化講座)　Ⓝ219.2
〔16986〕
◇戦国の城と城下町　2　鳥栖市教育委員会編　鳥栖　鳥栖市教育委員会　1998.3　132p　26cm　(鳥栖の町づくりと歴史・文化講座)　Ⓝ219.2
〔16987〕
◇戦国の城と城下町　3　鳥栖市教育委員会編　鳥栖　鳥栖市教育委員会　1999.3　67p　26cm　(鳥栖の町づくりと歴史・文化講座)　Ⓝ219.2
〔16988〕
◇戦国の城と城下町　4　鳥栖市教育委員会編　鳥栖　鳥栖市教育委員会　2000.3　40p　26cm　(鳥栖の町づくりと歴史・文化講座)　Ⓝ219.2
〔16989〕

◇地域別・肥前戦国合戦記―私家版　轟龍造著　高来町(長崎県)　轟龍造　1996.11　3冊　23cm　非売品　Ⓝ219.2
〔16990〕
◇地域別・肥前戦国合戦記―佐賀・長崎県　上　轟龍造編著　高来町(長崎県)　未成年社　2000.12　233p　21cm　1700円　Ⓝ219.2
〔16991〕
◇地域別・肥前戦国合戦記―佐賀・長崎県　中　轟龍造編著　高来町(長崎県)　未成年社　2000.12　p242-455　21cm　1500円　Ⓝ219.2
〔16992〕
◇地域別・肥前戦国合戦記―佐賀・長崎県　下　轟龍造編著　高来町(長崎県)　未成年社　2000.12　p466-757　21cm　1800円　Ⓝ219.2
〔16993〕
◇筑紫氏と勝尾城　鳥栖市教育委員会編　鳥栖　鳥栖市教育委員会　1993　77p　26cm　(鳥栖の町づくりと歴史・文化講座報告書 第4集―企画展記念講演)　Ⓝ219.2
〔16994〕
◇徳川家康別陣跡発掘調査概報　佐賀　佐賀県教育委員会　1993.3　22p　26cm　(佐賀県文化財調査報告書 第115集―特別史跡「名護屋城跡並びに陣跡」10)　Ⓝ210.0254
〔16995〕
◇鳥栖の中世―鳥栖の町づくりと歴史・文化講座　鳥栖市教育委員会編　〔鳥栖〕　鳥栖市教育委員会　1992.3　25p　26cm　Ⓝ219.2
〔16996〕
◇鳥栖の中世　2　鳥栖市教育委員会編　鳥栖　鳥栖市教育委員会　2001.3　48p　30cm　(鳥栖の町づくりと歴史・文化講座)　Ⓝ219.2
〔16997〕
◇鳥栖の中世　3　鳥栖市教育委員会編　鳥栖　鳥栖市教育委員会　2002.3　30p　30cm　(鳥栖の町づくりと歴史・文化講座)　Ⓝ219.2
〔16998〕
◇鳥栖の中世　4　鳥栖市教育委員会編　鳥栖　鳥栖市教育委員会　2003.3　57p　30cm　(鳥栖の町づくりと歴史・文化講座)　Ⓝ219.2
〔16999〕
◇鳥栖の中世　5　鳥栖市教育委員会編　鳥栖　鳥栖市教育委員会　2004.3　34p　30cm　(鳥栖の町づくりと歴史・文化講座報告書)　Ⓝ219.2
〔17000〕
◇鳥栖の中世　6　鳥栖市教育委員会編　鳥栖　鳥栖市教育委員会　2005.3　45p　30cm　(鳥栖の町づくりと歴史・文化講座報告書)　Ⓝ219.2
〔17001〕
◇鳥栖の中世　7　鳥栖市教育委員会編　鳥栖　鳥栖市教育委員会　2006.3　43p　30cm　(鳥栖の町づくりと歴史・文化講座報告書)　Ⓝ219.2
〔17002〕
◇肥前戦国合戦記年表―私家版　轟龍造著　高来町(長崎県)　轟龍造　1996.10　81p　26cm　非売品　Ⓝ219.2
〔17003〕
◇肥前千葉氏と小京都小城―歴史資産を活かしたまちづくり 講演録 肥前千葉氏シンポジウム小京都小城のルーツをさぐる　宮島敬一監修, 小城町, 小城町教育委員会編　小城町(佐賀県)　小城町　2003.9　83, 7p　30cm　Ⓝ219.2
〔17004〕

◆◆長崎県

◇壱岐・対馬と松浦半島　佐伯弘次編　吉川弘文館　2006.4　218, 24p　15cm　(街道の日本史 49)　2600円　Ⓘ4-642-06249-1　Ⓝ
〔17005〕
◇石が語る中世の社会―長崎県の中世・石造美術　大石一久著　〔長崎〕　長崎労金サービス(発売)　1999.11　96p　21cm　(ろうきんブックレット 9)　Ⓘ4-900895-31-8　Ⓝ714.02193
〔17006〕
◇海のクロスロード対馬―21世紀COEプログラム研究集成　早稲田大学水稲文化研究所編　雄山閣　2007.3　323p

◇大村キリシタン史料―アフォンソ・デ・ルセナの回想録　アフォンソ・デ・ルセナ著, ヨゼフ・フランツ・シュッテ編, 佐久間正, 出崎澄男訳　キリシタン文化研究会　1975.11　231, 8p　21cm　（キリシタン文化研究シリーズ 12）　Ⓝ198.22　〔17008〕

◇海賊松浦党　呼子重義著　人物往来社　1965　283p　19cm　Ⓝ210.4　〔17009〕

◇最後の松浦党　富岡行昌著　佐世保　芸文堂　1996.6　174p　15cm　（芸文堂文庫）　850円　Ⓘ4-905897-79-3　〔17010〕

◇佐世保戦国史の研究　平川定美著　佐世保　芸文堂（製作）　2006.12　415p　22cm　3000円　Ⓘ4-902863-06-5　Ⓝ219.3　〔17011〕

◇島原半島戦国史　大江三千司著　歴史図書社　1980.11　471p　20cm　5800円　Ⓝ219.3　〔17012〕

◇大航海時代の長崎県―南蛮船来航の地を訪ねて　長崎県教育委員会編　長崎　長崎県教育委員会　1988.3　198p　21cm　Ⓝ219.3　〔17013〕

◇大航海時代の冒険者たち　平戸市史編さん委員会編　平戸　平戸市　1997.3　170p　15cm　（平戸歴史文庫 1）　400円　Ⓝ281.93　〔17014〕

◇旅する長崎学―長崎県企画「ながさき歴史発見・発信プロジェクト」第1シリーズキリシタン文化1～5 名場面セレクション　〔長崎〕　長崎県文化・スポーツ振興部文化振興課　2007　19p　30cm　Ⓝ281.93　〔17015〕

◇旅する長崎学　1（キリシタン文化 1）　長崎県企画, 五野井隆史, デ・ルカ・レンゾ, 片岡瑠美子監修, 長崎文献社編　長崎　長崎文献社　2006.5　63p　21cm　572円　Ⓘ4-88851-110-1　Ⓝ291.93　〔17016〕

◇旅する長崎学　2（キリシタン文化 2）　長崎県企画, 五野井隆史, デ・ルカ・レンゾ, 片岡瑠美子監修, 長崎文献社編　長崎　長崎文献社　2006.5　64p　21cm　572円　Ⓘ4-88851-111-X　Ⓝ291.93　〔17017〕

◇中世対馬宗氏領国と朝鮮　荒木和憲著　山川出版社　2007.11　296, 33p　21cm　（山川歴史モノグラフ）　5000円　Ⓘ978-4-634-52344-9　〔17018〕

◇中世の針尾島―謎とロマンに満ちた中世豪族の栄光と挫折の跡を追って　古峨正巳著　佐世保　芸文堂　1995.1　635p　19cm　（肥前歴史叢書 11）　4800円　Ⓘ4-905897-70-X　Ⓝ219.3　〔17019〕

◇豊玉町の古文書　中世文書　豊玉町教育委員会編　豊玉町（長崎県）　豊玉町教育委員会　1995.3　152p　22cm　Ⓝ219.3　〔17020〕

◇長崎を開いた人―コスメ・デ・トーレスの生涯　パチェコ・ディエゴ著, 佐久間正訳　中央出版社　1969　303p　図版表　19cm　630円　Ⓝ198.21　〔17021〕

◇長崎のキリシタン遺跡　長崎純心大学博物館編　長崎　長崎純心大学　2004.1　63p　21cm　（長崎純心大学博物館研究　第12輯）　Ⓝ198.22193　〔17022〕

◇長崎のキリシタン学校―セミナリヨ, コレジヨの跡を訪ねて　長崎県教育委員会編　長崎　長崎県教育委員会　1987.3　164p　21cm　Ⓝ198.221　〔17023〕

◇長崎のコレジヨ　純心女子短期大学長崎地方文化史研究所編　長崎　純心女子短期大学　1985.3　270p　21cm　Ⓝ198.221　〔17024〕

◇長崎本 南蛮おるごおる　寺本界雄著　佐世保　親和銀行済美会　1960　204p　18cm　（親和文庫）　Ⓝ219.3　〔17025〕

◇長崎本・南蛮紅毛事典　寺本界雄著　形象社　1974　284, 16p 図　22cm　2400円　Ⓝ219.3　〔17026〕

◇肥前松浦党有浦文書　福田以久生, 村井章介編　大阪　清文堂出版　1982.2　303p　22cm　（清文堂史料叢書 第15刊）　6800円　Ⓝ210.4　〔17027〕

◇松浦党関係史料集　第1　瀬野精一郎編　続群書類従完成会　1996.8　269p　22cm　9000円　Ⓘ4-7971-0632-8　Ⓝ219.3　〔17028〕

◇松浦党研究　no.1　松浦党研究連合会編　佐世保　芸文堂　1980.5　203p　26cm　4200円　Ⓝ219.3　〔17029〕

◇松浦党研究　no.2　松浦党研究連合会編　佐世保　芸文堂　1981.6　164p　26cm　3300円　Ⓝ219.3　〔17030〕

◇松浦党研究　no.3　松浦党研究連合会編　佐世保　芸文堂　1981.6　140p　26cm　3800円　Ⓝ219.3　〔17031〕

◇松浦党研究　no.4　松浦党研究連合会編　佐世保　芸文堂　1982.6　117p　26cm　2800円　Ⓝ219.3　〔17032〕

◇松浦党研究　no.5　松浦党研究連合会編　佐世保　芸文堂　1982.6　226p　26cm　4000円　Ⓝ219.3　〔17033〕

◇松浦党研究　no.6　松浦党研究連合会編　佐世保　芸文堂　1983.6　209p　26cm　4000円　Ⓝ219.3　〔17034〕

◇松浦党研究　no.7　松浦党研究連合会編　佐世保　芸文堂　1984.6　187p　26cm　4000円　Ⓝ219.3　〔17035〕

◇松浦党研究　no.8　松浦党研究連合会編　佐世保　芸文堂　1985.6　184p　26cm　4000円　Ⓝ219.3　〔17036〕

◇松浦党戦旗　神尾正武著　新人物往来社　1998.9　306p　19cm　1600円　Ⓘ4-404-02659-5　〔17037〕

◇松浦党武士団一揆の成立―古文書による松浦党通史　古賀稔康著　佐世保　芸文堂　1987.7　517p　19cm　（肥前歴史叢書 9）　Ⓝ219.3　〔17038〕

◆◆熊本県

◇阿蘇社と大宮司―中世の阿蘇　阿蘇品保夫著　一の宮町（熊本県）　一の宮町　1999.3　250p　18cm　（一の宮町史―自然と文化阿蘇選書 2）　952円　Ⓘ4-87755-046-1　Ⓝ219.4　〔17039〕

◇五和町史資料編　その2　下内野城跡―熊本県天草郡五和町大字下内野字城山所在の中世城跡　五和町（熊本県）　五和町教育委員会　1995.3　70p　26cm　Ⓝ219.4　〔17040〕

◇五和町史資料編　その5　三川城跡―熊本県天草郡五和町大字上野原字下野原所在の中世城跡　五和町（熊本県）　五和町教育委員会　1996.3　61p　26cm　Ⓝ219.4　〔17041〕

◇甲斐党戦記　荒木栄司著　熊本　熊本出版文化会館　1988.10　189, 9p　19cm　（肥後戦国史双書）　1500円　Ⓝ219.4　〔17042〕

◇加藤清正―築城と治水　谷川健一編　冨山房インターナショナル　2006.5　262p　19cm　2500円　Ⓘ4-902385-27-9　Ⓝ219.4　〔17043〕

◇加藤清正と熊本城　熊本城址保存会編　〔熊本〕　熊本城址保存会　1927　94p　19cm　Ⓝ219.4　〔17044〕

◇鎌倉―室町時代における球磨の地頭一覧　宮元尚著　多良木町(熊本県)　多良木町文化財保護委員会　1963.3　20p　26cm　Ⓝ219.4
〔17045〕
◇河内町史　資料編 第1　中世文書・宗教美術　阿蘇品保夫校訂　河内町(熊本県)　河内町　1991.1　118p　26cm　Ⓝ219.4
〔17046〕
◇菊池氏史要略　上米良純臣編　増補改訂　菊池　菊池神社社務所　1988.6　186p　22cm　1000円　Ⓝ219.4
〔17047〕
◇菊池伝記　井沢長秀著　下関　防長史料出版社　1978.10　1冊　19cm　3000円　Ⓝ219.4
〔17048〕
◇清正公三百年祭と熊本　熊本　熊本商業会議所　1909.3　158p 図版　19cm　Ⓝ219.4
〔17049〕
◇キリシタン寺院跡　八代　八代市教育委員会　2006.3　144p 図版28p　30cm　(八代市文化財調査報告書 第32集―九州新幹線建設工事に伴う埋蔵文化財発掘調査 3)　Ⓝ210.0254
〔17050〕
◇熊本関係古文書目録　中世編　熊本県企画開発部文化企画課編　熊本　熊本県　1995.3　227p　30cm　Ⓝ025.8194
〔17051〕
◇熊本県史料―中世篇　第1　熊本県編　玉名市, 荒尾市　熊本　1961　761p 図版　22cm　Ⓝ219.4
〔17052〕
◇熊本県史料―中世篇　第2　熊本県編　熊本　1962　769p 図版　22cm　Ⓝ219.4
〔17053〕
◇熊本県史料―中世篇　第3　熊本県編　熊本　1963　707p 図版　22cm　Ⓝ219.4
〔17054〕
◇熊本県史料―中世篇　第5　県外史料　熊本県編　熊本　1966　837p　22cm　Ⓝ219.4
〔17055〕
◇新熊本市史　通史編 第2巻　中世　新熊本市史編纂委員会編　熊本　熊本市　1998.3　916, 16p　22cm　Ⓝ219.4
〔17056〕
◇新・熊本の歴史　3　中世　「新・熊本の歴史」編集委員会編　〔熊本〕　熊本日日新聞社　1979.6　328p　21cm　1600円　Ⓝ219.4
〔17057〕
◇征西大将軍と八代―懐良親王・良成親王　江上敏勝著　八代　八代史談会　1991.4　290p　21cm　Ⓝ219.4
〔17058〕
◇天正時代と和仁一族―肥後国衆一揆　国武慶旭著　熊本　熊本日日新聞情報文化センター(製作)　1993.2　215p　21cm　Ⓝ219.4
〔17059〕
◇西付城跡―肥後国衆一揆の舞台を探る　山鹿市立博物館編　山鹿　山鹿市教育委員会　1993.3　42p 図版21p　26cm　(山鹿市立博物館調査報告書§山鹿市文化財調査報告書 第13集§第13集)　Ⓝ210.0254
〔17060〕
◇肥後加藤侯分限帳　山田康弘, 高野和人編纂　熊本　青潮社　1987.3　154, 133p　22cm　(青潮社歴史選書 4)　5800円　Ⓝ219.4
〔17061〕
◇肥後国衆一揆―肥後戦国武将たちの最後の戦い　荒木栄司著　熊本　フリーウェイ　1987.9　197p　19cm　(肥後戦国双書)　1500円　Ⓝ219.4
〔17062〕
◇肥後古城物語　荒木栄司著　〔熊本〕　熊本日日新聞社　1982.5　233p　19cm　(熊日選書 10)　1500円　Ⓝ219.4
〔17063〕
◇肥後 相良一族　池田こういち著　新人物往来社　2005.7　247p　19cm　2800円　ⓘ4-404-03253-6　Ⓝ219.4
〔17064〕
◇肥後武将の源流―阿蘇家のすべて 真説相良家　高田泰史著　熊本　もぐら書房　1992.12　276p　21cm　2000円　Ⓝ219.4
〔17065〕
◇秀吉と肥後国衆一揆　小山龍種著　福岡　海鳥社　2003.1　189p　19cm　1500円　ⓘ4-87415-395-X　Ⓝ219.4
〔17066〕
◇宮地年神遺跡・キリシタン寺院跡・宮地池尻遺跡　八代　八代市教育委員会　2003.3　372p 図版29, 29, 32p　30cm　(八代市文化財調査報告書 第20集―九州新幹線建設工事に伴う埋蔵文化財発掘調査 1)　Ⓝ210.0254
〔17067〕
◇乱世を駆けた武士たち　阿蘇品保夫ほか著　〔熊本〕　熊本日日新聞社　2003.12　327p　19cm　(熊本歴史叢書 3 中世編)　1800円　ⓘ4-87755-160-3　Ⓝ219.4
〔17068〕

◆◆大分県
◇戦場の風景―大友氏の合戦を読む 平成十二年度秋季企画展　大分県立先哲史料館編　大分　大分県立先哲史料館　2000.10　33p　30cm　Ⓝ219.5
〔17069〕
◇石垣原合戦　久米忠臣著　杵築　杵築藩研究会　2001　74p　26cm　Ⓝ219.5
〔17070〕
◇宇佐神宮史　史料篇 巻4　鎌倉時代 1 文治元年(1185)〜承元5年(1211)　中野幡能編纂　宇佐　宇佐神宮庁　1987.3　524p　22cm　Ⓝ175.995
〔17071〕
◇宇佐神宮史　史料篇 巻5　鎌倉時代 2 建暦元年(1211)〜建治3年(1277)　中野幡能編纂　宇佐　宇佐神宮庁　1988.5　736p　22cm　Ⓝ175.995
〔17072〕
◇宇佐神宮史　史料篇 巻6　鎌倉時代 3 弘安元年(1278)〜応長元年(1311)　中野幡能編纂　宇佐　宇佐神宮庁　1989.11　565p　22cm　10000円　Ⓝ175.995
〔17073〕
◇大分県史料　第27　第3部 続キリシタン史料 1　大分県教育委員会編　〔大分〕　大分県教育委員会　1974　479p 図　22cm　Ⓝ219.5
〔17074〕
◇大分県史料　第28　第3部 続キリシタン史料 2　大分県教育委員会編　〔大分〕　大分県教育委員会　1975　679, 4p 図　22cm　Ⓝ219.5
〔17075〕
◇大分県史料　31　第2部 補遺 3 大友家文書録 1　大分県教育委員会編　〔大分〕　大分県教育委員会　1979.3　354p　22cm　Ⓝ219.5
〔17076〕
◇大分県史料　32　第2部 補遺 4 大友家文書録 2　大分県教育委員会編　〔大分〕　大分県教育委員会　1980.2　382p　22cm　Ⓝ219.5
〔17077〕
◇大分県史料　33　第2部 補遺 5 大友家文書録 3　大分県教育委員会編　〔大分〕　大分県教育委員会　1980.7　348p　22cm　Ⓝ219.5
〔17078〕
◇大分県史料　34　第2部 補遺 6 大友家文書録 4　大分県教育委員会編　〔大分〕　大分県教育委員会　1981.10　268p　22cm　Ⓝ219.5
〔17079〕
◇大分県史料　第14 第3部　切支丹史料 第1　大分県史料刊行会編　大分　大分県立教育研究所　1952-62　22cm　Ⓝ219.5
〔17080〕
◇大分県史料　第15 第3部　切支丹史料 第2　大分県史料刊行会編　大分　大分県立教育研究所　1963　297p　22cm　Ⓝ219.5
〔17081〕
◇大分県史料　第16 第3部　切支丹史料 第3　大分県史料刊行会編　大分　大分県立教育研究所　1960-64　297p　Ⓝ219.5
〔17082〕
◇大分の中世城館 第1集　大分　大分県教育委員会　2002.3　170p　30cm　(大分県文化財調査報告書 第148輯)　Ⓝ219.5
〔17083〕

◇大分の中世城館　第2集　大分　大分県教育委員会　2003.3　87p　30cm　（大分県文化財調査報告書　第160輯）　Ⓝ219.5　〔17084〕
◇大分の中世城館　第3集　大分　大分県教育委員会　2003.3　88p　30cm　（大分県文化財調査報告書　第161輯）　Ⓝ219.5　〔17085〕
◇大分の中世城館　第4集（総論編）　大分　大分県教育委員会　2004.3　258p　30cm　（大分県文化財調査報告書　第170輯）　Ⓝ219.5　〔17086〕
◇大分の中世城館　別冊（総合索引）　大分　大分県教育委員会　2004.3　22p　30cm　Ⓝ219.5　〔17087〕
◇大友水軍—海からみた中世豊後　大分　大分県立先哲史料館　2003.10　68p　30cm　Ⓝ219.5　〔17088〕
◇大友・立花文書—昭和六一・六二年度 古文書調査報告書　福岡県立図書館編　福岡　福岡県立図書館　1988.3　244p　26cm　Ⓝ219.5　〔17089〕
◇大友府内—よみがえる中世国際都市　大分　大分県立先哲史料館　2001.8　28p　30cm　Ⓝ219.5　〔17090〕
◇大友府内　5　大分　大分市教育委員会　2003.3　115p　図版22p　30cm　（大分駅周辺総合整備事業に伴う埋蔵文化財発掘調査報告書 1）　Ⓝ210.0254　〔17091〕
◇大友府内　6　大分　大分市教育委員会　2003.3　104p　30cm　Ⓝ210.0254　〔17092〕
◇大友府内　7　大分　大分市教育委員会　2004.3　91p　図版16p　30cm　（大分市文化財調査報告書 第49集—大分駅周辺総合整備事業に伴う埋蔵文化財発掘調査報告書 2）　Ⓝ210.0254　〔17093〕
◇大友府内　8　大分　大分市教育委員会　2006.3　213p　30cm　（大分市埋蔵文化財発掘調査報告書 第65集）　Ⓝ210.0254　〔17094〕
◇九州関が原石垣原の戦い　三角寛市著　〔香々地町（大分県）〕　〔三角寛市〕　1991.5　76p　26cm　800円　Ⓝ210.48　〔17095〕
◇キリシタン街道・府内　大分の文化と自然探険隊・Bahan事業部編　大分　極光印刷紙工　1993.8　47p　30cm　（Bahan no.18）　550円　Ⓝ198.221　〔17096〕
◇国東武将物語　上　伊勢久信著　国東町（大分県）　伊勢久信　1982　162p　23cm　1000円　Ⓝ219.5　〔17097〕
◇国東武将物語　下　伊勢久信著　国東町（大分県）　伊勢久信　1986.10　200p　23cm　1300円　Ⓝ219.5　〔17098〕
◇佐伯氏一族の興亡—中世の秋に拾う　佐伯市教育委員会編　佐伯　佐伯市教育委員会　1989.3　437p　22cm　非売品　Ⓝ219.5　〔17099〕
◇ザビエルの見た大分—豊後国際交流史　加藤知弘著　福岡　葦書房　1985.5　236p　20cm　1600円　Ⓝ210.47　〔17100〕
◇勢場原合戦記　久米忠臣著　〔杵築〕　〔久米忠臣〕　2004　50p　26cm　Ⓝ219.5　〔17101〕
◇戦国大名の外交と都市・流通—豊後大友氏と東アジア世界　鹿毛敏夫著　京都　思文閣出版　2006.2　296, 7p　22cm　（思文閣史学叢書）　5500円　①4-7842-1286-8　Ⓝ219.5　〔17102〕
◇續大友史料—家わけ　第1　田北學編　別府　別府大学会　1955　273p　27cm　Ⓝ219.5　〔17103〕
◇續大友史料—家わけ　第2　田北學編　別府　別府大学会　1955　220p 図版共　27cm　Ⓝ219.5　〔17104〕
◇續大友史料—家わけ　第5　田北學編　別府　別府大学会　1956　204p　27cm　Ⓝ219.5　〔17105〕
◇續大友史料—家わけ　第6　田北學編　大分　二豊文化ブースティング・センター　1957　178p　27cm　Ⓝ219.5　〔17106〕
◇續大友史料—家わけ　第3-4　田北學編　別府　別府大学会　1955　2冊　27cm　Ⓝ219.5　〔17107〕
◇續編年大友史料—併大分縣古文書全集　巻1　田北學編　大分　二豊文化ブースティング・センター　1956　219p　27cm　Ⓝ219.5　〔17108〕
◇續編年大友史料—併大分縣古文書全集　巻2　田北學編　大分　二豊文化ブースティング・センター　1956　240p　27cm　Ⓝ219.5　〔17109〕
◇續編年大友史料—併大分縣古文書全集　巻3　田北學編　大分　二豊文化ブースティング・センター　1957　223p　27cm　Ⓝ219.5　〔17110〕
◇續編年大友史料—併大分縣古文書全集　巻4　田北學編　大分　二豊文化ブースティング・センター　1957　225p　27cm　Ⓝ219.5　〔17111〕
◇續編年大友史料—併大分縣古文書全集　巻5　田北學編　大分　二豊文化ブースティング・センター　1957　238p　27cm　Ⓝ219.5　〔17112〕
◇續編年大友史料—併大分縣古文書全集　巻8　田北學編　大分　二豊文化ブースティング・センター　1958　215p　27cm　Ⓝ219.5　〔17113〕
◇續編年大友史料—併大分縣古文書全集　巻9　田北學編　大分　二豊文化ブースティング・センター　1958　236p　27cm　Ⓝ219.5　〔17114〕
◇續編年大友史料—併大分縣古文書全集　巻10　田北學編　大分　二豊文化ブースティング・センター　1959　328p　27cm　Ⓝ219.5　〔17115〕
◇續編年大友史料—併大分縣古文書全集　巻6-7　田北學編　大分　二豊文化ブースティング・センター　1957　2冊　27cm　Ⓝ219.5　〔17116〕
◇中世村落と武士団—豊後国日田郡 郷土史研究　長順一郎著　〔日田〕　〔長順一郎〕　1992　33p　26cm　Ⓝ219.5　〔17117〕
◇中世の国東と雄渡牟礼城—公開シンポジウム　森猛編　〔国東町（大分県）〕　雄渡牟礼研究会　1996.8　45p　26cm　Ⓝ219.5　〔17118〕
◇中世の町並みと臼杵の美風を遺す—稲葉氏臼杵入城400年　臼杵　臼杵市立臼杵図書館　2000.10　34p　30cm　Ⓝ219.5　〔17119〕
◇鶴賀城戦史　佐藤蔵太郎編　大分　得丸悦治　1926　232p　19cm　Ⓝ210.4　〔17120〕
◇栂牟礼城跡—角木中世集落跡　大分県教育委員会文化課編　大分　大分県教育委員会　2004　24p 図版8p　30cm　（大分県文化財調査報告書 第167輯）　Ⓝ210.0254　〔17121〕
◇南蛮都市・豊後府内—都市と交易 中世大友再発見フォーラム　〔大分〕　大分市教育委員会　2001.9　166p　30cm　Ⓝ219.5　〔17122〕
◇豊前一戸城誌　溝淵芳正著　〔耶馬渓町（大分県）〕　〔溝淵芳正〕　1992.7　260p　22cm　Ⓝ219.5　〔17123〕
◇豊前一戸城物語—戦国中間史　溝淵芳正編著　〔耶馬渓町（大分県）〕　耶馬渓町郷土史研究会　1985.5　261p　22cm　Ⓝ219.5　〔17124〕
◇府内と臼杵から戦国の世界が見える—都市・貿易・民衆　大分　大分県立先哲史料館　1999.10　32p　30cm　Ⓝ219.5　〔17125〕
◇ふるさと歴史考　第2巻 大神一族と佐伯氏—海部氏より佐伯九代惟世まで　吉良稔編著　佐伯　南海新報　1981.3

地方史　　　　　　　　　　中世史

251p　22cm　（南海新報叢書2）　3000円　Ⓝ219.5
〔17126〕

◇ふるさと歴史考　第3巻　栂牟礼城風雲録─佐伯惟治一代記　吉良稔編著　佐伯　南海新報　1981.4　250p　22cm　（南海新報叢書3）　3000円　Ⓝ219.5
〔17127〕

◇ふるさと歴史考　第4巻　名門佐伯氏滅ぶ─大友・佐伯氏の亡ぶまで　吉良稔編著　佐伯　南海新報　1981.10　262p　22cm　（南海新報叢書4）　3000円　Ⓝ219.5
〔17128〕

◇ふるさと歴史考　第5巻　大友宗麟城盗物語　上巻　吉良稔編著　佐伯　南海新報　1982.2　206p　22cm　（南海新報叢書5）　2500円　Ⓝ219.5
〔17129〕

◇豊後大友一族　芥川竜男著　新人物往来社　1990.3　211p　20cm　2500円　①4-404-01509-7　Ⓝ219.5
〔17130〕

◇豊後大友氏の研究　渡辺澄夫著　第一法規出版　1981.11　355p　22cm　3500円　Ⓝ219.5
〔17131〕

◇豊後大友氏の研究　渡辺澄夫著　増訂　第一法規出版　1982.12　363p　22cm　3800円　Ⓝ219.5
〔17132〕

◇豊後大友物語　狭間久著　大分　大分合同新聞社　1973　517p　22cm　3000円　Ⓝ219.5
〔17133〕

◇豊後清原一族帆足氏の盛衰と末裔たち─中世・戦国ドラマを訪ねて　角井仁紀著　〔玖珠町（大分県）〕　〔角井仁紀〕　2005.2　198p　21cm　1900円　Ⓝ288.2
〔17134〕

◇豊後史蹟考─附・大友二十二代史　佐藤蔵太郎著　大分町（大分県）　甲斐書店　1905.5　419p　図版　23cm　Ⓝ219.5
〔17135〕

◇豊後国国東郡雄度牟礼城の研究　森猛,宮園幸義著　国東町（大分県）　古文書古記録研究会　1998.2　275p　26cm　（古文書・古記録研究叢書3）　Ⓝ219.5
〔17136〕

◇豊後国東郷─国東半島荘園村落遺跡詳細分布調査概報　1　宇佐　大分県立歴史博物館　2005.3　36p　30cm　Ⓝ219.5
〔17137〕

◇豊後国東郷─国東半島荘園村落遺跡詳細分布調査概報　2　宇佐　大分県立歴史博物館　2006.3　43p　30cm　Ⓝ219.5
〔17138〕

◇豊後国東郷─国東半島荘園村落遺跡詳細分布調査概報　3　宇佐　大分県立歴史博物館　2007.3　39p　30cm　Ⓝ219.5
〔17139〕

◇豊後国山香郷に於ける大友田北氏史料考　大友田北氏史料刊行会編　別府　大友田北氏史料刊行会（麻生書店内）　1968　183p　図版　26cm　Ⓝ288.1　〔17140〕

◇豊後の武将と合戦　渡辺克己著　大分　大分合同新聞社　2000.2　305p　21cm　①4-901120-09-3　Ⓝ219.5
〔17141〕

◇豊後府内南蛮の彩り─南蛮の貿易陶磁器　平成15年度秋季（第22回）特別展　大分市歴史資料館編　大分　大分市歴史資料館　2003.10　113p　30cm　Ⓝ219.5
〔17142〕

◇戸次川合戦　寺石正路著　高知　土佐史談会　1924　98p　19cm　Ⓝ210.4
〔17143〕

◇戸次川合戦400年記念事業始末記─長曽我部哀史　細川博敏著　高知　リーブル出版　2005.1　108p　21cm　1143円　①4-947727-62-4　Ⓝ219.5
〔17144〕

◇編年大友史料─併大分県古文書全集　第2　田北学編　増補訂正版　大分　田北学　1963　289p　26cm　Ⓝ219.5
〔17145〕

◇編年大友史料─併大分県古文書全集　第3　田北学編　増補訂正版　大分　田北学　1963　293p　26cm　Ⓝ219.5
〔17146〕

◇編年大友史料─併大分県古文書全集　第4　田北学編　増補訂正版　大分　田北学　1963　20, 344p　26cm　Ⓝ219.5
〔17147〕

◇編年大友史料─併大分県古文書全集　第5　田北学編　増補訂正版　大分　田北学　1962　236p　26cm　Ⓝ219.5
〔17148〕

◇編年大友史料─併大分県古文書全集　第6　田北学編　増補訂正版　大分　田北学　1963　284p　図版共　26cm　Ⓝ219.5
〔17149〕

◇編年大友史料─併大分県古文書全集　第7　田北学編　増補訂正版　大分　田北学　1963　266p　26cm　Ⓝ219.5
〔17150〕

◇編年大友史料─併大分県古文書全集　第8　田北学編　増補訂正版　大分　田北学　1963　324p　26cm　Ⓝ219.5
〔17151〕

◇編年大友史料─併大分県古文書全集　第9　田北学編　増補訂正版　大分　田北学　1964　369p　26cm　Ⓝ219.5
〔17152〕

◇編年大友史料─併大分県古文書全集　第10　田北学編　増補訂正版　大分　田北学　1964　267p　26cm　Ⓝ219.5
〔17153〕

◇編年大友史料─併大分県古文書全集　第11　田北学編　増補訂正版　大分　田北学　1964　286p　26cm　Ⓝ219.5
〔17154〕

◇編年大友史料─併大分県古文書全集　第12　田北学編　増補訂正版　大分　田北学　1964　277p　26cm　Ⓝ219.5
〔17155〕

◇編年大友史料─併大分県古文書全集　第15　田北学編　増補訂正版　大分　田北学　1965　265p　26cm　Ⓝ219.5
〔17156〕

◇編年大友史料─併大分県古文書全集　第16　田北学編　増補訂正版　大分　田北学　1965　230p　26cm　Ⓝ219.5
〔17157〕

◇編年大友史料─併大分県古文書全集　第17　田北学編　増補訂正版　大分　田北学　1965　204p　26cm　Ⓝ219.5
〔17158〕

◇編年大友史料─併大分県古文書全集　第18　田北学編　増補訂正版　大分　田北学　1965　251p（図版共）　26cm　Ⓝ219.5
〔17159〕

◇編年大友史料─併大分県古文書全集　第19　田北学編　増補訂正版　大分　田北学　1965　298p（図版共）　26cm　Ⓝ219.5
〔17160〕

◇編年大友史料─併大分県古文書全集　第20　田北学編　増補訂正版　大分　田北学　1966　246p　26cm　Ⓝ219.5
〔17161〕

◇編年大友史料─併大分県古文書全集　第21　田北学編　増補訂正版　大分　田北学　196　226p　26cm　Ⓝ219.5
〔17162〕

◇編年大友史料─併大分県古文書全集　第22　田北学編　増補訂正版　大分　田北学　1966　248p　26cm　Ⓝ219.5
〔17163〕

◇編年大友史料─併大分県古文書全集　第23　田北学編　増補訂正版　大分　田北学　1966　297p　26cm　Ⓝ219.5
〔17164〕

◇編年大友史料―併大分県古文書全集　第24　田北学編　増補訂正版　大分　田北ユキ　1966　257p　26cm　Ⓝ219.5
〔17165〕
◇編年大友史料―併大分県古文書全集　第25　田北学編　増補訂正版　大分　田北ユキ　1967　234p　26cm　Ⓝ219.5
〔17166〕
◇編年大友史料―併大分県古文書全集　第26　田北学編　増補訂正版　大分　田北ユキ　1967　283p　26cm　Ⓝ219.5
〔17167〕
◇編年大友史料―併大分県古文書全集　第27　田北学編　増補訂正版　大分　田北ユキ　1968　386p　26cm　Ⓝ219.5
〔17168〕
◇編年大友史料―併大分県古文書全集　正和以前　田北学編　富山房　1942　676p　地図　22cm　Ⓝ288
〔17169〕
◇編年大友史料―併大分県古文書全集　第13-14　田北学編　増補訂正版　大分　田北学　1964　2冊　26cm　Ⓝ219.5
〔17170〕
◇都へのあこがれ―戦国・織豊期の大友氏と豊後　第24回特別展　大分市歴史資料館編　〔大分〕　大分市歴史資料館　2005.10　48p　30cm　Ⓝ219.5　〔17171〕
◇よみがえる角牟礼城　大分県玖珠町編　新人物往来社　1997.3　277p　20cm　2300円　①4-404-02477-0　Ⓝ219.5
〔17172〕
◇六郷山と田染荘遺跡―九州国東の寺院と荘園遺跡　櫻井成昭著　同成社　2005.11　179p　19cm　（日本の遺跡　4）　1800円　①4-88621-335-9
〔17173〕

◆◆宮崎県
◇都城島津家領の唐人町周辺の遺跡　宮崎県都城市教育委員会編　都城　宮崎県都城市教育委員会　2004.3　46p　30cm　（都城市文化財調査報告書　第65集）　Ⓝ210.0254
〔17174〕
◇菊池氏を中心とせる米良史　中武安正著　西米良村（宮崎県）　中武雅雨　1981.9　310p　22cm　非売品　Ⓝ219.6
〔17175〕
◇日向戦国史―土持一族の光芒　荒木栄司著　熊本　熊本出版文化会館　1989.10　183, 14p　19cm　1500円　Ⓝ219.6
〔17176〕
◇宮崎県史　通史編　中世　宮崎県編　〔宮崎〕　宮崎県　1998.3　4, 1201, 65p　22cm　Ⓝ219.6　〔17177〕
◇宮崎県史　史料編　中世1　〔宮崎〕　宮崎県　1990.3　880p　22cm　Ⓝ219.6
〔17178〕
◇宮崎県史　史料編　中世2　宮崎県編　〔宮崎〕　宮崎県　1994.3　924p　22cm　Ⓝ219.6
〔17179〕
◇宮崎県の歴史散歩　宮崎県高等学校社会科研究会歴史部会編　山川出版社　2006.2　249p　19cm　（歴史散歩　45）　1200円　①4-634-24645-7
〔17180〕

◆◆鹿児島県
◇始良町中世城館跡　始良町（鹿児島県）　始良町教育委員会　1994.3　96p　30cm　（始良町文化財調査報告書　1）　Ⓝ219.7
〔17181〕
◇奄美深山塔碑考―南島の元寇　田畑久守著　田畑敬子　2003.12　276p　21cm　2000円　Ⓝ219.7　〔17182〕
◇越前（重富）島津家の歴史―平成十六年度特別展図録　始良町（鹿児島県）　始良町歴史民俗資料館　2004.10　72p　30cm　Ⓝ288.2
〔17183〕
◇鹿児島県史料　旧記雑録前編1　鹿児島県維新史料編さん所編　〔鹿児島〕　鹿児島県　1979.1　944p　22cm　非売品　Ⓝ219.7
〔17184〕
◇鹿児島県史料　旧記雑録前編2　鹿児島県維新史料編さん所編　〔鹿児島〕　鹿児島県　1980.1　989p　22cm　非売品　Ⓝ219.7
〔17185〕
◇鹿児島県史料　旧記雑録後編1　鹿児島県維新史料編さん所編　〔鹿児島〕　鹿児島県　1981.1　1001p　22cm　非売品　Ⓝ219.7
〔17186〕
◇鹿児島県史料　旧記雑録後編2　鹿児島県維新史料編さん所編　〔鹿児島〕　鹿児島県　1982.1　972p　22cm　非売品　Ⓝ219.7
〔17187〕
◇鹿児島県史料　旧記雑録後編3　鹿児島県維新史料編さん所編　〔鹿児島〕　鹿児島県　1983.1　1006p　22cm　非売品　Ⓝ219.7
〔17188〕
◇鹿児島県中世史料考証　江平望著　〔鹿児島〕　鹿児島中世史研究会　1976.10　76p　21cm　Ⓝ219.7
〔17189〕
◇鹿児島県の中世城館跡―中世館跡調査報告書　鹿児島県教育委員会編　鹿児島　鹿児島県教育委員会　1987.3　217p　30cm　（鹿児島県埋蔵文化財調査報告書　43）　Ⓝ219.7
〔17190〕
◇加治木を中心とする中世史　丸岡順一郎著　〔鹿児島〕　〔丸岡順一郎〕　1987.10　57p　26cm　Ⓝ217.7
〔17191〕
◇薩摩と西欧文明―ザビエルそして洋学、留学生　ザビエル渡来450周年記念シンポジウム委員会編　川内　鹿児島純心女子大学　2000.8　193p　22cm　2500円　①4-931376-33-9　Ⓝ219.7
〔17192〕
◇島津金吾歳久の自害　島津修久編　鹿児島　平松神社社務所　1982.8　139p　19cm　Ⓝ219.7　〔17193〕
◇島津忠久とその周辺―中世史料散策　江平望著　鹿児島　高城書房出版　1996.5　238p　20cm　2500円　①4-924752-61-4　Ⓝ219.7
〔17194〕
◇種子島の鉄砲とザビエル―日本史を塗り変えた"二つの衝撃"　石原結實著　PHP研究所　2005.9　186p　15cm　（PHP文庫）　495円　①4-569-66476-8　Ⓝ219.7
〔17195〕
◇種子島の歴史考　大石虎之助著　ぶどうの木出版　2003.8　128p　26cm　1446円　①4-901866-02-8　Ⓝ219.7
〔17196〕
◇南九州の中世社会　小園公雄著　福岡　海鳥社　1998.1　258p　22cm　3000円　①4-87415-202-3　Ⓝ219.7
〔17197〕

◆◆沖縄県
◇異説・沖縄史―陰の王国「那覇朱明府」　太田良博著　那覇　月刊沖縄社　1980.1　254p　21cm　980円　Ⓝ219.9
〔17198〕
◇伊波普猷全集　第1巻　編集:服部四郎, 仲宗根政善, 外間守善　平凡社　1974　552p　肖像　22cm　3400円　Ⓝ219.9
〔17199〕
◇伊波普猷全集　第1巻　服部四郎ほか編　平凡社　1993.6　552p　22cm　①4-582-44500-4　Ⓝ219.9
〔17200〕
◇伊波普猷全集　第7巻　服部四郎ほか編　平凡社　1993.6　540p　22cm　①4-582-44500-4　Ⓝ219.9
〔17201〕
◇沖縄戦国時代の謎―南山中山北山 久米島宮古八重山　比嘉朝進著　南風原町（沖縄県）　那覇出版社　2006.4　255p　19cm　1400円　①4-89095-164-4　Ⓝ219.9
〔17202〕

◇沖縄のグスクめぐり―グスク人の夢のあと　当真嗣一監修，むぎ社編集部編著　中城村(沖縄県)　むぎ社　1996.6　254p　26cm　2816円　①4-944116-07-1　Ⓝ219.9
〔17203〕
◇沖縄の夜明け―第一尚氏王統の興亡　宮野賢吉著　南風原町(沖縄県)　那覇出版社　1986.7　213p　20cm　1300円　Ⓝ219.9
〔17204〕
◇オヤケアカハチ・ホンカワラの乱と山陽姓一門の人々　大濱永亘著，先島文化研究所編　石垣　南山舎　2006.1　548p　27cm　11429円　①4-901427-14-8　Ⓝ219.9
〔17205〕
◇木の国日本の世界遺産―琉球王国のグスク　財務省印刷局編　財務省印刷局　2001.11　63p　26cm　15200円　①4-17-160014-6　Ⓝ219.9
〔17206〕
◇木の国日本の世界遺産―琉球王国のグスク　財務省印刷局編　財務省印刷局　2001.11　63p　26cm　880円　①4-17-160013-8　Ⓝ219.9
〔17207〕
◇グスク(城)の姿　名嘉正八郎著　鹿児島　鹿児島短期大学付属南日本文化研究所　1995.3　117p　26cm　(南日本文化研究所叢書20)　Ⓝ219.9
〔17208〕
◇国子監と琉球人留学生―中国最高学府に学んだ琉球の若人　首里城公園企画展　海洋博覧会記念公園管理財団編　〔那覇〕　海洋博覧会記念公園管理財団　1997.3　20p　30cm　Ⓝ372.199
〔17209〕
◇古琉球三山由来記集　東江長太郎著，金城善，東江哲雄編　南風原町(沖縄県)　那覇出版社　1989.3　542p　31cm　9800円　Ⓝ219.9
〔17210〕
◇古琉球の思想　比嘉実著　那覇　沖縄タイムス社　1991.5　261p　19cm　(タイムス選書Ⅱ・5)　1900円　Ⓝ219.9
〔17211〕
◇蔡鐸本中山世譜　宜野湾　榕樹書林　1998.7　217,9p　21cm　3800円　①4-947667-50-8
〔17212〕
◇冊封使録からみた琉球　原田禹雄著　宜野湾　榕樹書林　2000.3　238p　22cm　(琉球弧叢書7)　4800円　①4-947667-66-4　Ⓝ219.9
〔17213〕
◇重編使琉球録　郭汝霖著，原田禹雄訳注　宜野湾　榕樹書林　2000.4　319,7p　22cm　13000円　①4-947667-67-2　Ⓝ219.9
〔17214〕
◇首里城京の内展―貿易陶磁からみた大交易時代　特別企画展　沖縄県立埋蔵文化財センター編　西原町(沖縄県)　沖縄県立埋蔵文化財センター　2001.3　99p　30cm　Ⓝ219.9
〔17215〕
◇首里城の起源を探る―エッセイで楽しむ沖縄の歴史再発見　宮野賢吉著　南風原町(沖縄県)　那覇出版社(製作)　1998.3　164p　20cm　1500円　①4-89095-095-8　Ⓝ219.9
〔17216〕
◇尚家関係資料総合調査報告書―平成十四年度　1(古文書編)　那覇市市民文化部歴史資料室編　那覇　那覇市　2003.3　16,104p　30cm　Ⓝ219.9
〔17217〕
◇使琉球録　陳侃著，原田禹雄訳注　宜野湾　榕樹社　1995.6　283,5p　22cm　6900円　①4-947667-24-9　Ⓝ219.9
〔17218〕
◇使琉球録　夏子陽著，原田禹雄訳注　宜野湾　榕樹書林　2001.8　423,4p　22cm　16000円　①4-947667-74-5　Ⓝ219.9
〔17219〕
◇使琉球録解題及び研究―研究成果報告書　夫馬進編　〔京都〕　京都大学文学部東洋史研究室　1998.3　177p　26cm　Ⓝ219.9
〔17220〕
◇使琉球録解題及び研究　夫馬進編　増訂　宜野湾　榕樹書林　1999.9　217p　27cm　5800円　①4-947667-60-5　Ⓝ219.9
〔17221〕
◇新琉球史　古琉球編　琉球新報社編　那覇　琉球新報社　1991.9　346p　22cm　2500円　Ⓝ219.9
〔17222〕
◇図説沖縄の城―よみがえる中世の琉球　名嘉正八郎著　南風原町(沖縄)　那覇出版社　1996.10　290p　31cm　12000円　①4-89095-076-1　Ⓝ219.9
〔17223〕
◇「世界遺産」グスク紀行―古琉球の光と影　岡田輝雄文，国吉和夫写真　那覇　琉球新報社　2000.12　222p　26cm　1800円　①4-89742-035-0　Ⓝ219.9
〔17224〕
◇世界遺産琉球王国のグスク及び関連遺産群　沖縄県教育庁文化課編　那覇　「琉球王国のグスク及び関連遺産群」世界遺産登録記念事業実行委員会　2001.2　199p　31cm　Ⓝ219.9
〔17225〕
◇「世界遺産」琉球グスク群　琉球新報社編　那覇　琉球新報社　2000.12　103p　28cm　2500円　①4-89742-034-2　Ⓝ219.9
〔17226〕
◇中世南島通交貿易史の研究　小葉田淳著　日本評論社　1939　538,14p　23cm　Ⓝ210.4
〔17227〕
◇『明実録』の琉球史料　1　和田久徳ほか著，沖縄県文化振興会公文書館管理部史料編集室編　〔南風原町(沖縄県)〕　沖縄県文化振興会公文書管理部史料編集室　2001.3　107p　26cm　(歴代宝案編集参考資料5)　Ⓝ219.9
〔17228〕
◇訳注『汪楫冊封琉球使録三篇』　汪楫原著，原田禹雄訳注　宜野湾　榕樹書林　1997.9　432,14p　22cm　14000円　①4-947667-39-7　Ⓝ219.9
〔17229〕
◇琉球王国―大交易時代とグスク　沖縄県立博物館編　〔那覇〕　沖縄県立博物館　1992.10　201p　26cm　Ⓝ219.9
〔17230〕
◇琉球王国誕生―奄美諸島史から　吉成直樹，福寛美著　森話社　2007.12　357p　19cm　(叢書・文化学の越境)　3300円　①978-4-916087-80-5
〔17231〕
◇琉球王国と倭寇―おもろの語る歴史　吉成直樹，福寛美著　森話社　2006.1　317p　20cm　(叢書・文化学の越境12)　3300円　①4-916087-61-5　Ⓝ219.9
〔17232〕
◇琉球王国の構造　高良倉吉著　吉川弘文館　1987.10　267,6p　20cm　(中世史研究選書)　2600円　①4-642-02653-3　Ⓝ219.9
〔17233〕
◇琉球諸島における倭寇史跡の研究　稲村賢敷著　吉川弘文館　1957　361p　図版　地図　22cm　Ⓝ219.9
〔17234〕
◇琉球の城　名嘉正八郎著　那覇　アドバイザー　1993.11　240p　27cm　3800円　Ⓝ219.9
〔17235〕
◇炉辺叢書〔25〕　古琉球の政治　伊波普猷著　名著出版　1977.1　127p　図　16cm　Ⓝ388.1
〔17236〕

中世・近世史

中世・近世一般

◇安土桃山・江戸(前期)時代　小和田哲男監修　岩崎書店　2000.4　47p　29cm　(人物・資料でよくわかる日本の歴史 7)　3000円　①4-265-04847-1, 4-265-10223-9　Ⓝ388.1　〔17237〕

◇新しい日本史の研究　近世・近代篇　日本史教育研究会編　教育資料社　1949.12　156p　19cm　Ⓝ210.1　〔17238〕

◇岩波講座日本歴史　第6　近世 1　国史研究会編　岩波書店　1933-1935　22cm　Ⓝ210　〔17239〕

◇うめぼし博士の逆・日本史 2　武士の時代―江戸→戦国→鎌倉　樋口清之著　祥伝社　1987.2　328p　18cm　(ノン・ブック)　980円　①4-396-50008-4　Ⓝ210.1　〔17240〕

◇うめぼし博士の逆・日本史　江戸→戦国→鎌倉(武士の時代編)　樋口清之著　祥伝社　1995.1　355p　16cm　(ノン・ポシェット)　600円　①4-396-31059-5　Ⓝ210.1　〔17241〕

◇絵と写真で学ぶ日本の歴史 3　鎌倉・室町・戦国・安土桃山・江戸(前期)時代編　古川清行著　東洋館出版社　1999.3　155p　26cm　2900円　①4-491-01493-0　〔17242〕

◇教科書の絵と写真で見る日本の歴史資料集 4　安土桃山時代～江戸時代　宮原武夫監修, 古舘明広, 加藤剛編著　岩崎書店　2002.4　46p　30cm　3000円　①4-265-04854-4　〔17243〕

◇教養人の日本史　第3　戦国時代から江戸中期まで　脇田修　社会思想社　1966-67　15cm　(現代教養文庫)　Ⓝ210.1　〔17244〕

◇近世とはなにか　朝尾直弘著　岩波書店　2004.7　405, 16p　22cm　(朝尾直弘著作集 第8巻)　9400円　①4-00-092618-7　Ⓝ210.5　〔17245〕

◇近世日本の歴史　高木昭作, 杉森哲也編著　放送大学教育振興会　2003.3　243p　21cm　(放送大学教材 2003)　2500円　①4-595-23661-1　Ⓝ210.5　〔17246〕

◇近世の形成　歴史学研究会, 日本史研究会編　東京大学出版会　2004.10　313p　19cm　(日本史講座 第5巻)　2200円　①4-13-025105-8　Ⓝ210.48　〔17247〕

◇クレヨンしんちゃんのまんが日本の歴史おもしろブック 2　鎌倉時代後期～江戸時代　造事務所編・構成　双葉社　2006.11　206p　19cm　(クレヨンしんちゃんのなんでも百科シリーズ)　800円　①4-575-29928-6　〔17248〕

◇古人往来　森銑三著, 小出昌洋編　中央公論新社　2007.9　307p　16cm　(中公文庫)　857円　①978-4-12-204914-7　Ⓝ281.04　〔17249〕

◇サイコロジー人物日本史―小田晋の精神歴史学　中巻　鎌倉時代から江戸時代　小田晋著　ベストセラーズ　1992.6　231p　19cm　1100円　①4-584-15803-7　Ⓝ210.049　〔17250〕

◇時代考証おもしろ事典―TV時代劇を100倍楽しく観る方法　山田順子著　実業之日本社　2006.12　253p　19cm　1300円　①4-408-32327-6　〔17251〕

◇「時代小説」を読むキーワード事典―戦国、剣豪ものから捕物帖まで、「あの言葉」の意味がよくわかる!　平川陽一著　PHP研究所　2003.11　304, 4p　15cm　(PHP文庫)　600円　①4-569-66005-3　Ⓝ210.5　〔17252〕

◇城下町にねむる群像の野望　戸部新十郎ほか著　ぎょうせい　1991.5　223p　20cm　(ふるさと歴史舞台 2)　2000円　①4-324-02510-X　Ⓝ210.48　〔17253〕

◇織豊政権と江戸幕府　池上裕子著　講談社　2002.1　390p　20cm　(日本の歴史 第15巻)　2200円　①4-06-268915-4　Ⓝ210.48　〔17254〕

◇調べ学習日本の歴史―武士の誕生から没落まで900年の歩み 13　武士の研究　田代脩監修　ポプラ社　2001.4　47p　30cm　3000円　①4-591-06740-8　〔17255〕

◇人物・資料でよくわかる日本の歴史 7　安土桃山・江戸時代　小和田哲男監修　岩崎書店　2000.4　47p　30cm　3000円　①4-265-04847-1　〔17256〕

◇新まんが 日本史 中　鎌倉時代～江戸時代　鳥海靖監修, 巴里夫漫画, 柳川創造シナリオ　増補新版　学校図書　1997.11　151p　21cm　838円　①4-7625-0825-X　〔17257〕

◇戦国から泰平の世へ―井伊直政から直孝の時代 百花繚乱―彦根歴史絵巻　国宝・彦根城築城400年記念特別企画展　彦根城博物館編　彦根　彦根城博物館　2007.10　88p　21cm　Ⓝ210.48　〔17258〕

◇その時歴史が動いた 32　NHK取材班編　KTC中央出版　2005.4　253p　20cm　1600円　①4-87758-345-9　Ⓝ210　〔17259〕

◇中世・近世の国家と社会　永原慶二ほか編　東京大学出版会　1986.11　415p　22cm　6200円　①4-13-020075-5　Ⓝ210.4　〔17260〕

◇ちょっとまじめな日本史Q&A　下(近世・近代)　五味文彦, 野呂肖生編著　山川出版社　2006.4　190, 18p　20cm　1500円　①4-634-59043-3　Ⓝ210.1　〔17261〕

◇通説日本中世近代史　中村直勝著　京都　一条書房　1943　354p 図版　22cm　Ⓝ210.1　〔17262〕

◇徹底検証「新しい歴史教科書」　第3巻上―東アジア・境界域・天皇制・女性史・社会史の視点から　近世編1　川瀬健一著　同時代社　2007.7　526p　21cm　(シリーズ 歴史教科書の常識をくつがえす)　3900円　①978-4-88683-611-3　〔17263〕

◇天命を知る―乱世に輝いた男たち　白石一郎著　PHP研究所　1995.3　252p　15cm　(PHP文庫)　460円　①4-569-56748-7　〔17264〕

◇堂々日本史　第1巻　NHK取材班編　名古屋　KTC中央出版　1996.11　254p　20cm　1600円　①4-924814-86-5　Ⓝ210　〔17265〕

中世・近世一般　　　　　　　　　中世・近世史

◇堂々日本史　第22巻　NHK取材班編　名古屋　KTC中央出版　1999.5　247p　20cm　1600円　①4-87758-115-4　Ⓝ210　〔17266〕
◇日本近世史　第1巻　社会分裂の時代　中村孝也著　育英書院　1916　378p　22cm　Ⓝ210.4　〔17267〕
◇日本近世史　第2巻　国民統一の時代　中村孝也著　育英書院　1917　347p　22cm　Ⓝ210.4　〔17268〕
◇日本近世史　第3巻　国家結成の時代　中村孝也著　育英書院　1918　384, 8, 10p　22cm　Ⓝ210.4　〔17269〕
◇日本近世の起源―戦国乱世から徳川の平和へ　渡辺京二著　弓立社　2004.2　226p　22cm　(叢書日本再考)　2800円　①4-89667-401-4　Ⓝ210.47　〔17270〕
◇日本史概説　2　北島正元著　岩波書店　2007.11　290p　19cm　(岩波全書セレクション)　2800円　①978-4-00-021885-6　〔17271〕
◇日本史攷究と歴史教育の視座―村田安穂先生古稀記念論集　日本史攷究会編　早稲田大学メディアミックス　2004.11　325p　22cm　Ⓝ210.04　〔17272〕
◇日本史1000人―ビジュアル版　下巻　世界文化社　2007.10　223p　26cm　2400円　①978-4-418-07231-6　Ⓝ281.04　〔17273〕
◇日本史1000人―ビジュアル版　下巻　[改訂]　世界文化社　2007.12　223p　26cm　2400円　①978-4-418-07241-5　Ⓝ281.04　〔17274〕
◇日本史の迷宮―いまだ解けざるミステリー　戦国～近世(消された真相編)　三浦竜著　青春出版社　1996.11　253p　15cm　(青春best文庫)　480円　①4-413-08313-X　Ⓝ210.04　〔17275〕
◇日本の近世　2007　杉森哲也著　放送大学教育振興会　2007.4　284p　21cm　(放送大学教材 2007)　2900円　①978-4-595-30714-0　Ⓝ210.5　〔17276〕
◇日本の歴史　3　封建社会の確立.封建社会の動揺　家永三郎編　ほるぷ出版　1977.12　213p　28cm　(ほるぷ教育大系)　Ⓝ210.1　〔17277〕
◇日本の歴史　6(中世から近世へ)　信長と秀吉―天下一統　新訂増補　朝日新聞社　2005.1　320p　30cm　(朝日百科)　①4-02-380017-1　Ⓝ210.1　〔17278〕
◇日本の歴史がわかる本　「室町・戦国―江戸時代」篇　小和田哲男著　新装版　三笠書房　2004.8　270p　15cm　(知的生きかた文庫)　533円　①4-8379-7421-X　Ⓝ210.1　〔17279〕
◇日本の歴史がわかる本―マンガ　「室町・戦国～江戸時代」篇　小杉あきら画　三笠書房　1995.8　264p　19cm　1000円　①4-8379-1596-5　Ⓝ726.1　〔17280〕
◇日本の歴史がわかる本―人物篇　南北朝時代～戦国・江戸時代　小和田哲男著　三笠書房　1993.11　269p　15cm　(知的生きかた文庫)　500円　①4-8379-0614-1　Ⓝ210.1　〔17281〕
◇日本の歴史資料集―教科書の絵と写真で見る　第4巻　安土桃山時代～江戸時代　宮原武夫監修, 古舘明廣, 加藤剛編著　岩崎書店　2002.4　46p　31cm　3000円　①4-265-04854-4, 4-265-10265-4　Ⓝ210.1　〔17282〕
◇日本歴史講座　第3巻　中世近世　序論〔ほか〕　歴史学研究会, 日本史研究会共編　林屋辰三郎　東京大学出版会　1956-1957　18cm　Ⓝ210.1　〔17283〕
◇日本歴史大系　8　幕藩体制の成立と構造　上　井上光貞ほか編　山川出版社　1996.5　370, 32p　22cm　3500円　①4-634-33080-6　Ⓝ210.1　〔17284〕

◇100問100答・日本の歴史　4(近世)　歴史教育者協議会編　河出書房新社　1998.8　284p　20cm　2600円　①4-309-22328-1　Ⓝ210　〔17285〕
◇武将の運命　津本陽著　朝日新聞社　1997.7　267p　20×14cm　1500円　①4-02-257162-4　〔17286〕
◇誇るべき日本中世～近代史の遺産―惣から明治維新期まで　征矢実編著　〔調布〕　〔征矢実〕　2004.4　455p　21cm　Ⓝ210.04　〔17287〕
◇誇るべき日本中世～近代史の遺産―惣から明治維新期まで　征矢実編著　〔出版地不明〕　〔征矢実〕　2005.6　456p　21cm　Ⓝ210.04　〔17288〕
◇まんが人物・日本の歴史　5　安土・桃山―江戸時代　つばいこう著　朝日新聞社　1998.9　254p　19cm　800円　①4-02-222025-2　Ⓝ210.04　〔17289〕
◇「マンガ」日本の歴史がわかる本　「室町・戦国―江戸時代」篇　小和田哲男監修, 小杉あきら画　三笠書房　1999.12　267p　15cm　(知的生きかた文庫)　533円　①4-8379-7076-1　Ⓝ210.04　〔17290〕
◇マンガ・日本の歴史がわかる本　室町・戦国～江戸時代篇　小和田哲男責任監修, 小杉あきら画　三笠書房　1999.10　264p　19cm　981円　①4-8379-1596-5　〔17291〕
◇モノ語り日本史　続・歴史のかたち　読売新聞大阪本社編　京都　淡交社　2005.12　214p　21cm　1800円　①4-473-03298-1　〔17292〕
◇よみがえる東国史譚―「太平記」から幕末動乱まで　坂本裕久著　講談社出版サービスセンター　2000.6　200p　18cm　1000円　①4-87601-516-3　Ⓝ210.1　〔17293〕
◇歴史を語る手紙たち　杉本苑子著　文芸春秋　1998.6　263p　15cm　(文春文庫)　438円　①4-16-722424-0　〔17294〕
◇歴史を読み解く―さまざまな史料と視角　服部英雄著　青史出版　2003.11　216p　20cm　2381円　①4-921145-19-9　Ⓝ210.4　〔17295〕
◇歴史家の心眼　会田雄次著　PHP研究所　1998.3　300p　20cm　1524円　①4-569-60011-5　Ⓝ210.04　〔17296〕
◇歴史人物・意外な「その後」―あの有名人の「第二の人生」「晩年」はこうだった　泉秀樹著　PHP研究所　2006.3　279p　15cm　(PHP文庫)　571円　①4-569-66606-X　〔17297〕
◇歴史人物ウラの素顔　歴史の謎プロジェクト編　ベストセラーズ　2007.12　239p　15cm　(ワニ文庫)　619円　①978-4-584-39253-9　〔17298〕
◇歴史にもしは有り得るか?　大野渉著　鳥影社　2007.11　154p　19cm　1800円　①978-4-86265-099-3　〔17299〕

◆中世・近世史料・古文書
◇入来文書　朝河貫一著, 矢吹晋訳　柏書房　2005.8　720p　22cm　9500円　①4-7601-2764-X　Ⓝ210.088　〔17300〕
◇香取神宮史料調査報告書　中世文書・近世文書編　千葉県佐原市教育委員会編　佐原　佐原市教育委員会　1999.3　336p　30cm　Ⓝ175.935　〔17301〕
◇京都大学文学部日本史研究室関係日記目録　藤井讓治, 有坂道子編　〔京都〕　〔京都大学大学院文学研究科〕　2001.3　121p　26cm　Ⓝ210.4　〔17302〕

◇慶長日件録　舟橋秀賢著，正宗敦夫編纂校訂　日本古典全集刊行会　1939　384p　18cm　（日本古典全集）　Ⓝ210.5
〔17303〕
◇慶長年中卜斎記　板坂卜斎著　甫喜山景雄　1882.6　39p　23cm　（我自刊我本）　Ⓝ210.5
〔17304〕
◇佐治古文書―中世―寛政期　佐治奎介編　〔佐治奎介〕　1995.1　1冊（頁付なし）　19×26cm　Ⓝ288.2
〔17305〕
◇相国寺蔵西笑和尚文案―自慶長二年至慶長十二年　西笑筆，伊藤真昭，上田純一，原田正俊，秋宗康子共編　京都　思文閣出版　2007.3　351, 25p　22cm　7000円　Ⓘ978-4-7842-1343-6　Ⓝ210.48
〔17306〕
◇相国寺蔵西笑和尚文案―自慶長二年至慶長十二年　伊藤真昭，上田純一，原田正俊，秋宗康子編　京都　相国寺　2007.4　351, 25p　22cm　非売品　Ⓝ210.48
〔17307〕
◇中近世の史料と方法―論集　滝沢武雄編　東京堂出版　1991.10　702p　22cm　16480円　Ⓘ4-490-20185-0　Ⓝ210.4
〔17308〕
◇中世近世の禁裏の蔵書と古典学の研究―高松宮家伝来禁裏本を中心として　研究調査報告　人間文化研究機構連携研究「文化資源の高度活用」1（平成18年度）「中世近世の禁裏の蔵書と古典学の研究―高松宮家伝来禁裏本を中心として―」研究プロジェクト編　「中世近世の禁裏の蔵書と古典学の研究―高松宮家伝来禁裏本を中心として―」研究プロジェクト　2007.3　236p　30cm　Ⓝ210.029
〔17309〕
◇中世近世版本解題図録　石川透編　慶應義塾大学DARC　2007.6　100p　21cm　Ⓝ026.3
〔17310〕
◇武家事紀　上，中，下巻　素行子山鹿高興著　山鹿素行先生全集刊行会　1915-1918　3冊　肖像　22cm　（山鹿素行先生全集）　Ⓝ210.4
〔17311〕
◇籾井家日記　野々口政太郎等校　篠山町（兵庫県）　篠山毎日新聞社　1931　418, 8p　20cm　Ⓝ210.4
〔17312〕
◇歴史を読み解く―さまざまな史料と視角　服部英雄著　青史出版　2003.11　216p　20cm　2381円　Ⓘ4-921145-19-9　Ⓝ210.4
〔17313〕

◆◆花押・印章
◇花押を読む　佐藤進一著　増補　平凡社　2000.10　266p　16cm　（平凡社ライブラリー）　1200円　Ⓘ4-582-76367-7　Ⓝ210.029
〔17314〕

政治史

◇江戸の殿さま全600家―創業も生き残りもたいへんだ　八幡和郎著　講談社　2004.8　363p　16cm　（講談社＋α文庫）　743円　Ⓘ4-06-256869-1　Ⓝ210.48
〔17315〕
◇近世国家の形成と戦争体制　曽根勇二著　校倉書房　2004.9　414p　22cm　（歴史科学叢書）　10000円　Ⓘ4-7517-3560-8　Ⓝ210.48
〔17316〕
◇近世の検地と地域社会　中野達哉著　吉川弘文館　2005.2　401p　22cm　13000円　Ⓘ4-642-03397-1　Ⓝ210.48
〔17317〕
◇新日本史叢書　第9, 16巻　内外書籍　1936　2冊　20cm　Ⓝ210
〔17318〕

合戦史

◇古戦場　敗者の道を歩く　下川裕治著・編，『週刊ビジュアル日本の合戦』編集部編　講談社　2007.4　199p　18cm　（講談社プラスアルファ新書）　800円　Ⓘ978-4-06-272434-0
〔17319〕
◇私説・日本合戦譚　松本清張著　文芸春秋　1966　271p　20cm　Ⓝ210.04
〔17320〕
◇私説・日本合戦譚　松本清張著　文芸春秋　1977.11　350p　15cm　（文春文庫）　360円　Ⓝ210.04
〔17321〕
◇日本合戦史　下　高柳光寿，鈴木亨著　河出書房新社　1991.6　205p　15cm　（河出文庫）　490円　Ⓘ4-309-47223-0　Ⓝ210.19
〔17322〕
◇日本合戦譚　菊池寛著　文藝春秋　1987.2　286p　16cm　（文春文庫 410‐2）　360円　Ⓘ4-16-741002-8　Ⓝ210.19
〔17323〕
◇日本の合戦―こうすれば勝てた　戦場シミュレーション　柘植久慶著　原書房　1994.3　257, 6p　19cm　1600円　Ⓘ4-562-02514-X　Ⓝ210.19
〔17324〕
◇日本の合戦―こうすれば勝てた　柘植久慶著　中央公論社　1997.7　362, 6p　15cm　（中公文庫）　838円　Ⓘ4-12-202896-5　Ⓝ210.19
〔17325〕
◇日本の古戦場―こう戦えば勝てた　柘植久慶著　中央公論社　1996.9　217, 5p　20cm　1600円　Ⓘ4-12-002608-6　Ⓝ210.19
〔17326〕

外交史

◇青い目に映った日本人―戦国・江戸期の日仏文化情報史　山内昶著　京都　人文書院　1998.10　269p　20cm　2600円　Ⓘ4-409-54054-8　Ⓝ210.48
〔17327〕
◇按針と家康―将軍に仕えたあるイギリス人の生涯　クラウス・モンク・プロム著，幡井勉日本語版監修，下宮忠雄訳　出帆新社　2006.2　269, 7p　19cm　2500円　Ⓘ4-86103-036-6　Ⓝ289.3
〔17328〕
◇異国往復書翰集　増訂異国日記抄　村上直次郎註，崇伝著，村上直次郎訳註　雄松堂出版　2005.5　153, 335, 15p　図版12枚　23cm　（異国叢書 第1巻）　15000円　Ⓘ4-8419-3011-6　Ⓝ210.48
〔17329〕
◇海を越えた日本人名事典　富田仁編　新訂増補版　日外アソシエーツ　2005.7　918p　21cm　15000円　Ⓘ4-8169-1933-3
〔17330〕
◇キリシタン時代対外関係の研究　高瀬弘一郎著　吉川弘文館　1994.10　657, 23p　22cm　15450円　Ⓘ4-642-03321-1　Ⓝ198.21
〔17331〕
◇さむらいウィリアム―三浦按針の生きた時代　ジャイルズ・ミルトン著，築地誠子訳　原書房　2005.10　396p　19cm　2800円　Ⓘ4-562-03864-0
〔17332〕
◇前近代東アジアのなかの韓日関係　閔徳基著　早稲田大学出版部　1994.7　377p　22cm　9800円　Ⓘ4-657-94625-0　Ⓝ210.46
〔17333〕
◇中国・琉球交流史　徐恭生著，西里喜行，上里賢一共訳　那覇　ひるぎ社　1991.3　262p　18cm　（おきなわ文庫 56）　980円　Ⓝ219.9
〔17334〕
◇対馬からみた日朝関係　鶴田啓著　山川出版社　2006.8　105p　21cm　（日本史リブレット 41）　800円　Ⓘ4-634-54410-5
〔17335〕

◇南海の王国琉球の世紀―東アジアの中の琉球　陳舜臣ほか著　角川書店　1993.4　208p　19cm　（角川選書239）　1400円　Ⓘ4-04-703239-5　Ⓝ219.9　〔17336〕
◇日韓歴史共同研究報告書　第2分科篇　日韓歴史共同研究委員会編　日韓歴史共同研究委員会　2005.11　611p　30cm　Ⓝ210.1821　〔17337〕
◇日本人の朝鮮観―その光と影　琴秉洞著　明石書店　2006.10　303p　19cm　3600円　Ⓘ4-7503-2415-9　〔17338〕
◇日本の歴史　14　鎖国　岩生成一著　改版　中央公論新社　2005.9　533p　15cm　（中公文庫）　1238円　Ⓘ4-12-204589-4　〔17339〕
◇東アジア海域における交流の諸相―海賊・漂流・密貿易　九州大学21世紀COEプログラム（人文科学）「東アジアと日本:交流と変容」, 九州国立博物館設立準備室共編　福岡　九州大学21世紀COEプログラム（人文科学）「東アジアと日本:交流と変容」　2005.3　119p　30cm　Ⓝ210.182　〔17340〕
◇琉球紀行　高野澄著　徳間書店　1993.2　252p　16cm　（徳間文庫）　460円　Ⓘ4-19-597474-7　Ⓝ219.9　〔17341〕
◇琉球・中国交渉史に関するシンポジウム論文集　第1回　沖縄県立図書館史料編集室編　那覇　沖縄県立図書館　1993.3　5, 306, 9p　21cm　Ⓝ219.9　〔17342〕
◇琉球・中国交渉史に関するシンポジウム論文集　第2回　沖縄県立図書館史料編集室編　那覇　沖縄県立図書館　1995.3　1冊　21cm　1800円　Ⓝ219.9　〔17343〕
◇琉球・中国交渉史に関するシンポジウム論文集　第3回　沖縄県文化振興会公文書館管理部史料編集室編　〔那覇〕　沖縄県教育委員会　1996.9　6, 265, 11p　21cm　Ⓝ219.9　〔17344〕
◇琉球と中国―忘れられた冊封使　原田禹雄著　吉川弘文館　2003.5　189p　19cm　（歴史文化ライブラリー153）　1700円　Ⓘ4-642-05553-3　Ⓝ219.9　〔17345〕
◇琉球の朝貢貿易　辺土名朝有著　校倉書房　1998.7　458p　21cm　（歴史科学叢書）　15000円　Ⓘ4-7517-2840-7　〔17346〕
◇琉明・琉清交渉史の研究　宮田俊彦著　文献出版　1996.6　445p　22cm　12360円　Ⓘ4-8305-1190-7　Ⓝ219.9　〔17347〕
◇歴代寳案―校訂本　第1冊　沖縄県立図書館史料編集室編, 和田久徳校訂　〔那覇〕　沖縄県教育委員会　1992.1　766p　27cm　7500円　Ⓝ219.9　〔17348〕
◇歴代宝案　訳注本第1冊　沖縄県立図書館史料編集室編, 和田久徳訳注　〔那覇〕　沖縄県教育委員会　1994.3　691p　27cm　7400円　Ⓝ219.9　〔17349〕
◇歴代寳案―校訂本　第2冊　沖縄県立図書館史料編集室編, 和田久徳校訂　〔那覇〕　沖縄県教育委員会　1992.3　713p　27cm　7500円　Ⓝ219.9　〔17350〕
◇歴代宝案―訳注本　第2冊　沖縄県文化振興会, 沖縄県公文書館管理部史料編集室編, 和田久徳訳注　〔那覇〕　沖縄県教育委員会　1997.3　592p　27cm　6300円　Ⓝ219.9　〔17351〕
◇歴代寳案―校訂本　第3冊　沖縄県立図書館史料編集室編, 神田信夫校訂　〔那覇〕　沖縄県教育委員会　1993.1　585p　27cm　6300円　Ⓝ219.9　〔17352〕
◇歴代宝案―訳注本　第3冊　沖縄県文化振興会公文書館管理部史料編集室編, 神田信夫訳注　〔那覇〕　沖縄県教育委員会　1998.3　495p　27cm　Ⓝ219.9　〔17353〕
◇歴代寳案―校訂本　第4冊　沖縄県立図書館史料編集室編, 神田信夫校訂　〔那覇〕　沖縄県教育委員会　1993.3　599p　27cm　6300円　Ⓝ219.9　〔17354〕
◇歴代寳案―校訂本　第5冊　沖縄県立図書館史料編集室編, 生田滋校訂　〔那覇〕　沖縄県教育委員会　1996.3　615p　27cm　Ⓝ219.9　〔17355〕
◇歴代寳案―校訂本　第7冊　沖縄県立図書館史料編集室編, 浜下武志校訂　〔那覇〕　沖縄県教育委員会　1994.2　561p　27cm　6200円　Ⓝ219.9　〔17356〕
◇歴代寳案―校訂本　第8冊　沖縄県文化振興会編, 沖縄県公文書館管理部史料編集室編, 濱下武志校訂　〔那覇〕　沖縄県教育委員会　1999.3　664p　27cm　5700円　Ⓝ219.9　〔17357〕
◇歴代寳案―校訂本　第11冊　沖縄県立図書館史料編集室編, 小島晋治校訂　〔那覇〕　沖縄県教育委員会　1995.3　3, 604p　27cm　Ⓝ219.9　〔17358〕
◇歴代寳案―校訂本　第12冊　沖縄県文化振興会公文書館管理部史料編集室編, 小島晋治校訂　〔那覇〕　沖縄県教育委員会　2000.7　606p　27cm　Ⓝ219.9　〔17359〕
◇歴代寳案―校訂本　第13冊　沖縄県立図書館史料編集室編, 西里喜行校訂　〔那覇〕　沖縄県教育委員会　1996.3　4, 555p　27cm　Ⓝ219.9　〔17360〕
◇歴代宝案―訳注本　第13冊　沖縄県文化振興会公文書館管理部史料編集室編, 西里喜行訳注　〔那覇〕　沖縄県教育委員会　2002.3　484p　27cm　Ⓝ219.9　〔17361〕
◇『歴代宝案』の基礎的研究　辺土名朝有著　校倉書房　1992.9　518p　27cm　20600円　Ⓘ4-7517-2190-9　Ⓝ219.9　〔17362〕
◇『歴代宝案』訳注本第13冊語注一覧表　〔南風原町（沖縄県）〕　沖縄県文化振興会公文書管理部史料編集室　2002　200p　21×30cm　（歴代宝案編集参考資料6）　Ⓝ219.9　〔17363〕

経済史

◇近世の土地制度と在地社会　牧原成征著　東京大学出版会　2004.12　305, 10p　22cm　6500円　Ⓘ4-13-026604-7　Ⓝ611.221　〔17364〕
◇中世・近世土地所有史の再構築　渡辺尚志, 長谷川裕子編　青木書店　2004.10　314p　22cm　6200円　Ⓘ4-250-20427-8　Ⓝ611.221　〔17365〕

◆貨幣・金融
◇石崎悠文提出学位請求論文『銭貨の祭祀・呪術性』中世から近世の土壙と出土銭貨―越後・信濃地域を中心として―審査報告書　國學院大學　2006.2　16p　26cm　Ⓝ377.5　〔17366〕
◇中近世日本貨幣流通史―取引手段の変化と要因　浦長瀬隆著　勁草書房　2001.6　284p　22cm　（神戸大学経済学叢書　第9輯）　4200円　Ⓘ4-326-50134-0　Ⓝ337.21　〔17367〕
◇日本貨幣図史　第4巻　慶長・元和時代　小川浩編　日本古銭研究会　1964　99p　26cm　Ⓝ337.21　〔17368〕

中世・近世史　　　　　　　　　　　　　　　　　　　　　　　　社会史

◆製造業・工業技術
◇中・近世瓦の研究　元興寺篇1982　奈良　元興寺文化財研究所　1983.3　9p 図版21, 30枚　30cm　Ⓝ210.2
〔17369〕
◇中・近世瓦の研究　元興寺篇　奈良　元興寺文化財研究所　1981.3　24p　26cm　Ⓝ210.2
〔17370〕

◆◆製鉄・鍛冶
◇中国山地のたたら製鉄―平成4年度特別企画展　広島県立歴史民俗資料館編　三次　広島県立歴史民俗資料館　1992.10　37p　26cm　Ⓝ564.021
〔17371〕
◇播州宍粟・千草鉄山史年表　宇野正碩編　〔山崎町(兵庫県)〕〔宇野正碩〕1992.9　76p　21cm　Ⓝ564.09
〔17372〕

◆運輸・交通
◇交流の地域史―群馬の山・川・道 地方史研究協議会第55回(高崎)大会成果論集　地方史研究協議会編　雄山閣　2005.10　252p　22cm　6000円　Ⓘ4-639-01902-5　Ⓝ213.3
〔17373〕
◇東海道と伊勢湾　本多隆成, 酒井一編　吉川弘文館　2004.1　270, 29p　19cm　(街道の日本史 30)　2500円　Ⓘ4-642-06230-0
〔17374〕
◇徳島・淡路と鳴門海峡　石躍胤央編　吉川弘文館　2006.9　242, 27p　19cm　(街道の日本史 44)　2600円　Ⓘ4-642-06244-0
〔17375〕
◇土佐と南海道　秋澤繁, 荻慎一郎編　吉川弘文館　2006.12　246, 22p　19cm　(街道の日本史 47)　2600円　Ⓘ4-642-06247-5
〔17376〕
◇長崎街道―肥前長崎路と浜道・多良海道　図書出版のぶ工房編　図書出版のぶ工房　2002.11　143p　30cm　(九州文化図録撰書 3)　2380円　Ⓘ4-901346-03-2
〔17377〕
◇火の国と不知火海　松本寿三郎, 吉村豊雄編　吉川弘文館　2005.6　250, 23p　19cm　(街道の日本史 51)　2600円　Ⓘ4-642-06251-3
〔17378〕

◆◆道
◇御代参街道・杣街道　大津　滋賀県教育委員会　2002.3　152p 図版10枚　30cm　(中近世古道調査報告 5)　Ⓝ682.161
〔17379〕
◇仙台・松島と陸前諸街道　難波信雄, 大石直正編　吉川弘文館　2004.11　250, 23p　19cm　(街道の日本史 8)　2600円　Ⓘ4-642-06208-4
〔17380〕
◇朝鮮人街道　大津　滋賀県教育委員会　1994.3　149p　30cm　(中近世古道調査報告書 1)　Ⓝ682.161
〔17381〕
◇「朝鮮人街道」をゆく―彦根東高校新聞部による消えた道探し　門脇正人著　彦根　サンライズ印刷出版部　1995.12　193p　19cm　(淡海文庫 6)　1000円　Ⓘ4-88325-108-X　Ⓝ682.161
〔17382〕
◇東海道 1　大津　滋賀県教育委員会　2000.3　152p 図版19枚　30cm　(中近世古道調査報告 3)　Ⓝ682.161
〔17383〕
◇東海道 2　大津　滋賀県教育委員会　1999.3　99p 図版64枚　30cm　(中近世古道調査報告 3)　Ⓝ682.161
〔17384〕
◇鳥取・米子と隠岐―但馬・因幡・伯耆　錦織勤, 池内敏編　吉川弘文館　2005.8　242, 26p　19cm　(街道の日本史 37)　2600円　Ⓘ4-642-06237-8
〔17385〕

◇名古屋・岐阜と中山道　松田之利編　吉川弘文館　2004.4　266, 21p　19cm　(街道の日本史 29)　2500円　Ⓘ4-642-06229-7
〔17386〕
◇八風街道　大津　滋賀県教育委員会　2001.3　94p 図版16枚　30cm　(中近世古道調査報告 4)　Ⓝ682.161
〔17387〕
◇広島・福山と山陽道　頼祺一編　吉川弘文館　2006.8　244, 16p　19cm　(街道の日本史 41)　2600円　Ⓘ4-642-06241-6
〔17388〕

◆◆水運・海運
◇海の東海道 4　若林淳之著　静岡　静岡新聞社　1998.7　221p　19cm　1600円　Ⓘ4-7838-1063-X
〔17389〕
◇江戸川の社会史　松戸市立博物館編　同成社　2005.1　257p　20cm　1900円　Ⓘ4-88621-311-1　Ⓝ213
〔17390〕
◇日本海域歴史大系　第4巻(近世篇 1)　小林昌二監修, 長谷川成一, 千田嘉博編　大阪　清文堂出版　2005.9　465p　22cm　3800円　Ⓘ4-7924-0584-X　Ⓝ210.1
〔17391〕
◇富士川舟運遺聞―養珠院お万の方をめぐる人びと　望月誠一著　文芸社　2007.2　214p　19cm　1238円　Ⓘ978-4-286-02580-3
〔17392〕

◆商業史
◇世界航路へ誘う港市―長崎・平戸　川口洋平著　新泉社　2007.7　93p　21cm　(シリーズ「遺跡を学ぶ」038)　1500円　Ⓘ978-4-7877-0738-3
〔17393〕
◇都市と商人・芸能民―中世から近世へ　五味文彦, 吉田伸之編　山川出版社　1993.11　289p　22cm　5800円　Ⓘ4-634-61480-4　Ⓝ210.4
〔17394〕

社会史

◇裏社会の日本史　フィリップ・ポンス著, 安永愛訳　筑摩書房　2006.3　403p　21cm　4300円　Ⓘ4-480-85782-6
〔17395〕
◇京都文化の伝播と地域社会　源城政好著　京都　思文閣出版　2006.10　380, 14p　22cm　(思文閣史学叢書)　7800円　Ⓘ4-7842-1325-2　Ⓝ210.4
〔17396〕
◇近世初期社会の基礎構造―東海地域における検証　本多隆成著　吉川弘文館　1989.3　448, 8p　22cm　6800円　Ⓘ4-642-03293-2　Ⓝ210.48
〔17397〕
◇結衆・結社の日本史　福田アジオ編, 綾部恒雄監修　山川出版社　2006.7　347, 20p　19cm　(結社の世界史 1)　3200円　Ⓘ4-634-44410-0
〔17398〕
◇周縁文化と身分制　脇田晴子, マーチン・コルカット, 平雅行共編　京都　思文閣出版　2005.3　345p　22cm　5500円　Ⓘ4-7842-1231-0　Ⓝ210.4
〔17399〕
◇中世の音・近世の音―鐘の音の結ぶ世界　笹本正治著　名著出版　2003.3(第2刷)　256p　21cm　3600円　Ⓘ4-626-01669-3　Ⓝ210.4
〔17400〕
◇日本中・近世移行期の地域構造　藤田達生著　校倉書房　2000.8　420p　22cm　(歴史科学叢書)　10000円　Ⓘ4-7517-3100-9　Ⓝ210.4
〔17401〕

◆天皇制
◇講座・前近代の天皇　第2巻　天皇権力の構造と展開　その2　永原慶二ほか編　青木書店　1993.4　248p　22cm　3090円　Ⓘ4-250-93001-7　Ⓝ288.41
〔17402〕
◇講座・前近代の天皇　第3巻　天皇と社会諸集団　永原慶二ほか編　青木書店　1993.6　246p　22cm　3090円　Ⓘ4-250-93012-2, 4-250-92034-8　Ⓝ288.41
〔17403〕
◇講座・前近代の天皇　第4巻　統治的諸機能と天皇観　永原慶二ほか編　青木書店　1995.6　294p　22cm　3605円　Ⓘ4-250-95027-1, 4-250-92034-8　Ⓝ288.41
〔17404〕
◇講座・前近代の天皇　第5巻　世界史のなかの天皇　永原慶二ほか編　青木書店　1995.11　291p　22cm　3605円　Ⓘ4-250-95033-6, 4-250-92034-8　Ⓝ288.41
〔17405〕
◇天皇とキリシタン禁制―「キリシタンの世紀」における権力闘争の構図　村井早苗著　雄山閣出版　2000.4　194,6p　20cm　2300円　Ⓘ4-639-01676-X　Ⓝ198.221
〔17406〕
◇武家と天皇―王権をめぐる相剋　今谷明著　岩波書店　1993.6　249p　18cm　（岩波新書）　580円　Ⓘ4-00-430286-2　Ⓝ288.41
〔17407〕

◆女性史
◇女たちの備前岡山城　松本幸子著　岡山　山陽新聞社　1997.6　254p　19cm　1524円　Ⓘ4-88197-627-3　Ⓝ281.75
〔17408〕
◇おんな日本史　第3巻　戦国　松波治郎著　妙義出版株式会社　1956-57　19cm　Ⓝ367.21
〔17409〕
◇公家の女性と武家の女性　大井田源太郎著　金鶏学院　1936　32p　23cm　Ⓝ210.1
〔17410〕
◇戦国・江戸男を育成した女の才覚―いい夫婦には理由がある　童門冬二著　光文社　1997.10　235p　18cm　1143円　Ⓘ4-334-05240-1　Ⓝ281.04
〔17411〕
◇超歴史ミステリーロマン　vol.1　女たちの戦国　超歴史ミステリーロマン取材班編・著、宮本義己監修　マイクロマガジン社　2007.12　142p　26cm　1300円　Ⓘ978-4-89637-275-5
〔17412〕
◇百花繚乱　江戸を生きた女たち　石丸晶子著　清流出版　2004.12　220p　19cm　1500円　Ⓘ4-86029-095-X
〔17413〕

◆一揆史
◇一揆　勝俣鎮夫著　岩波書店　1982.6　200p　18cm　（岩波新書）　380円　Ⓝ210.1
〔17414〕
◇一揆　1　一揆史入門　青木美智男ほか編　東京大学出版会　1981.1　306p　19cm　1800円　Ⓝ210.1
〔17415〕
◇一揆　2　一揆の歴史　青木美智男ほか編　東京大学出版会　1981.2　387p　19cm　1800円　Ⓝ210.1
〔17416〕
◇一揆　3　一揆の構造　青木美智男ほか編　東京大学出版会　1981.5　327p　19cm　1800円　Ⓝ210.1
〔17417〕
◇一揆　4　生活・文化・思想　青木美智男ほか編　東京大学出版会　1981.8　372p　19cm　1800円　Ⓝ210.1
〔17418〕
◇一揆　5　一揆と国家　青木美智男ほか編　東京大学出版会　1981.10　419p　19cm　1800円　Ⓝ210.1
〔17419〕
◇一揆論―情念の叛乱と回路　松永伍一著　大和書房　1971　242p　20cm　（大和選書）　Ⓝ210.04
〔17420〕
◇一揆論　松永伍一著　大和書房　1984.11　243p　20cm　（大和選書）　1500円　Ⓘ4-479-80003-4　Ⓝ210.4
〔17421〕
◇百姓一揆史談　黒正巌著　日本評論社　1929　319p　19cm　Ⓝ210.5
〔17422〕
◇百姓一揆事典　深谷克己監修　民衆社　2004.11　667p　27cm　25000円　Ⓘ4-8383-0912-0　Ⓝ210.5
〔17423〕
◇百姓一揆と義民の研究　保坂智著　吉川弘文館　2006.7　382, 25p　22cm　9000円　Ⓘ4-642-03414-5　Ⓝ210.5
〔17424〕
◇百姓一揆の研究　黒正巌著　岩波書店　1928　474p　23cm　Ⓝ210.5
〔17425〕
◇百姓一揆の伝統　林基著　第2版　新評論　2002.12　382p　19cm　（Shinhyoron selection 23）　4800円　Ⓘ4-7948-9977-7　Ⓝ210.5
〔17426〕
◇百姓一揆の伝統　続　林基著　新評論　2002.12　379p　19cm　（Shinhyoron selection 24）　4800円　Ⓘ4-7948-9976-9　Ⓝ210.5
〔17427〕

◆風俗・生活史
◇画報風俗史　2　日本近代史研究会編　日本図書センター　2006.3　p283-560　31cm　Ⓘ4-284-50010-4, 4-284-50008-2　Ⓝ382.1
〔17428〕
◇日本史偉人「健康長寿法」　森村宗冬著　講談社　2007.5　201p　18cm　（講談社プラスアルファ新書）　800円　Ⓘ978-4-06-272436-4
〔17429〕

◆服飾史
◇慶長風俗展覧会図録　高畠勝多編　松屋呉服店　1926　55p　27cm　Ⓝ753
〔17430〕
◇光華―慶長式新時代模様　松屋呉服店意匠部編　京都　本田市次郎　1926　図版64枚　37cm　Ⓝ753
〔17431〕
◇御所とき江戸とき　第1, 3-5輯　野村正治郎編　京都　芸艸堂　1931-1932　4冊　38cm　Ⓝ753
〔17432〕
◇小袖と振袖　第1至4輯　野村正治郎編　京都　芸艸堂　1927-1928　4冊（合本1冊）　39cm　Ⓝ753
〔17433〕
◇小袖と振袖　続 第1-2, 4-10輯　野村正治郎編　京都　芸艸堂　1932　図版90枚　39cm　Ⓝ753
〔17434〕
◇時代小袖雛形屏風　第4-10輯　野村正治郎編　京都　芸艸堂　1938-1939　7冊　44cm　Ⓝ753
〔17435〕
◇桃山・江戸のファッションリーダー――描かれた流行の変遷　森理恵著　塙書房　2007.10　206p　19cm　（塙選書）　2300円　Ⓘ978-4-8273-3105-9
〔17436〕

◆差別史
◇映画で学ぶ被差別の歴史　中尾健次著　大阪　解放出版社　2006.6　190p　21cm　1600円　Ⓘ4-7592-4044-6
〔17437〕
◇近江国蒲生郡中山川田村関連文書　滋賀県同和問題研究所「近江国蒲生郡中山川田村関連文書」編集委員会編　大津　滋賀県同和問題研究所　1997.3　197p　26cm　3000円　Ⓘ4-914922-11-8
〔17438〕

◇近世九州の差別と周縁民衆　松下志朗著　福岡　海鳥社　2004.4　273, 5p　19cm　2500円　Ⓘ4-87415-473-5
〔17439〕
◇被差別民たちの大阪 近世前期編　のびしょうじ著　大阪部落解放・人権研究所,（大阪）解放出版社〔発売〕　2007.6　254p　21cm　2500円　Ⓘ978-4-7592-4221-8
〔17440〕

◆住居史
◇埋もれた中近世の住まい―奈良国立文化研究所シンポジウム報告　浅川滋男, 箱崎和久編　同成社　2001.5　442p　27cm　13000円　Ⓘ4-88621-222-0　Ⓝ210.4
〔17441〕

◆集落・都市
◇近世の村落と地域社会　渡辺尚志著　塙書房　2007.10　429, 4p　21cm　9500円　Ⓘ978-4-8273-1215-7
〔17442〕
◇近世の土地制度と在地社会　牧原成征著　東京大学出版会　2004.12　305, 10p　22cm　6500円　Ⓘ4-13-026604-7　Ⓝ611.221
〔17443〕
◇耕地と集落の歴史―香取社領村落の中世と近世　木村礎, 高島緑雄編　文雅堂銀行研究社　1969　458p　22cm　2000円　Ⓝ611.2
〔17444〕
◇城下町探訪　1　藤島亥治郎著　千人社　1978.12　222p　20cm　（歴史選書 1）　980円　Ⓝ291.017
〔17445〕
◇城下町探訪　1　藤島亥治郎著　千人社　1982.4　222p　20cm　（歴史選書 1）　1300円　Ⓘ4-87574-301-7　Ⓝ291.017
〔17446〕
◇城下町探訪　2　藤島亥治郎著　千人社　1979.4　222p　20cm　（歴史選書 6）　980円　Ⓝ291.017
〔17447〕
◇城下町の地域構造　矢守一彦編　名著出版　1987.1　492p　22cm　（日本城郭史研究叢書 第12巻）　6500円　Ⓘ4-626-01290-6　Ⓝ291.017
〔17448〕
◇城下町の歴史地理学的研究　松本豊寿著　吉川弘文館　1967　385p 図版　22cm　Ⓝ291.017
〔17449〕
◇城と城下町　藤岡通夫著　創元社　1952　169p 図版52p共　19cm　Ⓝ521.02
〔17450〕
◇城と城下町　藤岡通夫著　中央公論美術出版　1988.5　241p　20cm　3500円　Ⓘ4-8055-0172-3　Ⓝ521.82
〔17451〕
◇城とその町　伊藤ていじ著, 吉田靖写真　京都　淡交新社　1963　103p 図版73枚　22cm　Ⓝ521
〔17452〕
◇中近世移行期の土豪と村落　池上裕子編　岩田書院　2005.12　351p　22cm　6900円　Ⓘ4-87294-410-0　Ⓝ210.47
〔17453〕
◇中・近世山村の景観と構造　米家泰作著　校倉書房　2002.10　366p　22cm　7000円　Ⓘ4-7517-3350-8　Ⓝ291.0176
〔17454〕
◇中近世都市形態史論　土本俊和著　中央公論美術出版　2003.2　533, 26p　29cm　Ⓘ4-8055-0428-5　Ⓝ518.8
〔17455〕
◇「中世」から「近世」へ―考古学と中世史研究5　網野善彦ほか編　名著出版　1996.2　302p　22cm　（帝京大学山梨文化財研究所シンポジウム報告集）　3800円　Ⓘ4-626-01518-2　Ⓝ210.4
〔17456〕
◇中世・近世の村と地域社会　西村幸信著　京都　思文閣出版　2007.6　385, 11p　22cm　6200円　Ⓘ978-4-7842-1353-5　Ⓝ210.4
〔17457〕
◇都市空間の近世史研究　宮本雅明著　中央公論美術出版　2005.2　718p　21cm　12000円　Ⓘ4-8055-0482-X
〔17458〕

◆歴史地理
◇西洋人の描いた日本地図―ジパングからシーボルトまで　ドイツ東洋文化研究協会編　ドイツ東洋文化研究協会　1993　221p　30cm　Ⓝ291.038
〔17459〕
◇日本の歴史パノラマ絵地図　5―時代のようすが一目でわかる　江戸時代前期　田代脩監修　学習研究社　2005.4　48p　31×22cm　3000円　Ⓘ4-05-202142-8
〔17460〕

◆災害史
◇新収日本地震史料　第2巻　自慶長元年至元禄十六年　東京大学地震研究所編　東京大学地震研究所　1982.3　2冊（別巻とも）　22cm　全5200円　Ⓝ453.21　〔17461〕
◇中・近世の日向国災害史　三好利奄著　佐土原町（宮崎県）　〔三好利奄〕　1996.3　100p　21cm　1500円　Ⓝ219.6
〔17462〕

思想史

◇岩波講座東洋思潮　第9巻　東洋思想の諸問題　第1　岩波書店　1934-1936　11冊（合本1冊）　21cm　Ⓝ120
〔17463〕
◇男たちの数寄の魂　井尻千男著　清流出版　2007.5　275p　19cm　2000円　Ⓘ978-4-86029-206-5
〔17464〕
◇近世日本武芸思想の研究　前林清和著　京都　人文書院　2006.12　412p　21cm　3800円　Ⓘ4-409-04081-2
〔17465〕
◇剣と禅のこころ　佐江衆一著　新潮社　2006.10　193p　18cm　（新潮新書）　680円　Ⓘ4-10-610185-8
〔17466〕
◇「日本人の名著」を読む　岬龍一郎著　致知出版社　2004.12　282p　21cm　1500円　Ⓘ4-88474-698-8
〔17467〕
◇日本に於ける理性の傳統　小堀桂一郎著　中央公論新社　2007.8　534p　19cm　（中公叢書）　2500円　Ⓘ978-4-12-003862-4
〔17468〕
◇複数性の日本思想　黒住真著　ぺりかん社　2006.2　543, 25, 6p　22cm　5800円　Ⓘ4-8315-1049-1　Ⓝ121.04
〔17469〕
◇武士道―いかに生き、いかに死ぬか　津本陽著　三笠書房　2007.6　222p　20cm　1400円　Ⓘ978-4-8379-2224-7　Ⓝ156
〔17470〕
◇武士道サムライ精神の言葉　笠谷和比古監修　青春出版社　2004.4　184p　18cm　（プレイブックスインテリジェンス）　700円　Ⓘ4-413-04090-2　Ⓝ156
〔17471〕
◇武士の思想　相良亨著　新装版　ぺりかん社　2004.5　215p　20cm　2200円　Ⓘ4-8315-1085-8　Ⓝ156
〔17472〕
◇歴史としての武士道　小澤富夫著　ぺりかん社　2005.8　262p　20cm　2400円　Ⓘ4-8315-1115-3　Ⓝ156
〔17473〕

宗教史

◇神仏習合思想の研究　菅原信海著　〔京都〕　妙法院門跡　2005.9　329p　22cm　7000円　Ⓘ4-393-19106-4　Ⓝ162.1
〔17474〕
◇中近世の宗教と国家　今谷明, 高埜利彦編　岩田書院　1998.6　563p　22cm　9900円　Ⓘ4-87294-120-9　Ⓝ210.4
〔17475〕
◇日本宗教史研究　第2輯　寺院経済史研究　日本宗教史研究会編　三教書院　1935　334p　23cm　Ⓝ160
〔17476〕

◆神道史

◇宇佐神宮史　史料篇　巻14　安土桃山時代2・江戸時代1　竹内理三監修, 中野幡能編　宇佐　宇佐神宮庁, 吉川弘文館〔発売〕　2001.11　834p　21cm　16000円　Ⓘ4-642-01209-5
〔17477〕
◇伊勢御師と旦那―伊勢信仰の開拓者たち　久田松和則著　弘文堂　2004.8　353, 6p　22cm　4800円　Ⓘ4-335-10081-7　Ⓝ175.8
〔17478〕

◆仏教史

◇上総七里法華新門徒の研究　中村孝也著　京都　平楽寺書店　2005.10　365, 17p　22cm　7000円　Ⓘ4-8313-1080-8　Ⓝ188.92
〔17479〕
◇近世真宗と地域社会　児玉識著　京都　法藏館　2005.6　354, 8p　22cm　7500円　Ⓘ4-8318-7466-3　Ⓝ188.72
〔17480〕
◇真宗教団における家の構造　森岡清美著　増補版　御茶の水書房　2005.12　321, 18p　19cm　3400円　Ⓘ4-275-00410-8
〔17481〕
◇真宗寺院由緒書と親鸞伝　塩谷菊美著　京都　法藏館　2004.1　284p　21cm　7600円　Ⓘ4-8318-7477-9
〔17482〕
◇日蓮教学教団史論叢―渡邊寶陽先生古稀記念論文集　渡邊寶陽先生古稀記念論文集刊行会編　京都　平楽寺書店　2003.3　749p　23cm　15000円　Ⓘ4-8313-1077-8　Ⓝ188.92
〔17483〕
◇日蓮宗教理史　柴田一能著　仏教芸術社　1929.6　222p　23cm　Ⓝ188.91
〔17484〕
◇仏教の歴史　10　来世と現世の願い―室町から江戸へ　ひろさちや著　新装版　春秋社　2000.9　257p　20cm　1500円　Ⓘ4-393-10830-2　Ⓝ182
〔17485〕
◇法華信仰のかたち―その祈りの文化史　望月真澄著　大法輪閣　2007.8　271p　19cm　2000円　Ⓘ978-4-8046-1255-3
〔17486〕

◆◆僧侶

◇天海・崇伝―政界の導者　圭室文雄編　吉川弘文館　2004.7　241p　20cm　（日本の名僧 15）　2600円　Ⓘ4-642-07859-2　Ⓝ188.42
〔17487〕

◆◆寺院

◇芸能史のなかの本願寺―能・狂言・茶の湯・花の文化史　籠谷眞智子著　京都　自照社出版　2005.6　353p　22cm　7000円　Ⓘ4-921029-71-7　Ⓝ772.1
〔17488〕
◇下野山川長林寺乃研究　石井進監修, 大三輪龍彦, 関幸彦編　新人物往来社　2006.2　618p 図版16p　22cm　5600円　Ⓘ4-404-03266-8　Ⓝ188.85
〔17489〕

◆キリスト教史

◇会津キリシタン研究　1　たおやかな時の流れの中で　小堀千明著　会津若松　歴史春秋出版　2004.6　316p　22cm　9524円　Ⓘ4-89757-504-4　Ⓝ198.22126
〔17490〕
◇会津キリシタン研究　2　消えたキリシタンの謎　小堀千明著　会津若松　歴史春秋出版　2007.9　314p　22cm　8000円　Ⓘ978-4-89757-694-7　Ⓝ198.22126
〔17491〕
◇秋田のキリシタン　今村義孝著　秋田　秋田大学史学会　2003.4　98p　21cm　1000円　Ⓝ198.22124
〔17492〕
◇浦上切支丹史　浦川和三郎著　大阪　全国書房　1943　639p　22cm　Ⓝ198.2
〔17493〕
◇蝦夷切支丹史　ゲルハルド・フーベル著　札幌　光明社　1939　79p　19cm　Ⓝ198
〔17494〕
◇乙女峠とキリシタン　沖本常吉著　津和野町（島根県）　津和野歴史シリーズ刊行会　1971.7　177p　18cm　（津和野ものがたり 第7巻）　Ⓝ217.3
〔17495〕
◇キリシタン遺物と豊島石　川瀬潔著　倉敷　岡山キリシタン研究会　1995.7　191p　26cm　2500円　Ⓝ198.221
〔17496〕
◇切支丹陰謀史　三原方丈著　名瀬町（鹿児島県）　岩元書店　1935　61p　23cm　Ⓝ198
〔17497〕
◇キリシタン街道―長崎・島原・天草・五島…　堀江克彦写真, 松倉康之文　PHP研究所　1986.10　95p　25cm　（PHPグラフィックス 2）　1200円　Ⓘ4-569-21852-0　Ⓝ291.93
〔17498〕
◇キリシタン研究　第19輯　キリシタン文化研究会編　吉川弘文館　1979.8　361p　22cm　6000円　Ⓝ198.221
〔17499〕
◇キリシタン研究　第20輯　キリシタン文化研究会編　吉川弘文館　1980.9　410p　22cm　6800円　Ⓝ198.221
〔17500〕
◇キリシタン研究　第21輯　キリシタン文化研究会編　吉川弘文館　1981.10　331p　22cm　6500円　Ⓝ198.221
〔17501〕
◇キリシタン研究　第22輯　キリシタン文化研究会編　吉川弘文館　1982.6　343p　22cm　7000円　Ⓝ198.221
〔17502〕
◇キリシタン研究　第25輯　キリシタン文化研究会編　吉川弘文館　1985.7　224p　22cm　5500円　Ⓘ4-642-03225-8　Ⓝ198.221
〔17503〕
◇キリシタン研究　第27輯　キリシタン文化研究会編　吉川弘文館　1987.9　207p 図版10枚　22cm　6000円　Ⓘ4-642-03227-4　Ⓝ198.221
〔17504〕
◇キリシタン研究　第28輯　キリシタン文化研究会編　吉川弘文館　1988.12　443p　22cm　8500円　Ⓘ4-642-03228-2　Ⓝ198.221
〔17505〕
◇きりしたん史再考―信仰受容の宗教学　東馬場郁生著　天理　天理大学附属おやさと研究所　2006.3　214p　17cm　（グローカル新書 6）　800円　Ⓘ4-903058-07-7　Ⓝ192.1
〔17506〕
◇キリシタン時代を歩く　松田毅一著　中央公論社　1981.7　267p　20cm　1300円　Ⓝ198.221
〔17507〕
◇キリシタン時代対外関係の研究　高瀬弘一郎著　吉川弘文館　1994.10　657, 23p　22cm　15450円　Ⓘ4-642-03321-1　Ⓝ198.21
〔17508〕
◇キリシタン時代の研究　高瀬弘一郎著　岩波書店　1977.9　678, 20p　22cm　5000円　Ⓝ198.21
〔17509〕

中世・近世史　　　　　　　　　　　　　　　　宗教史

◇キリシタン時代の女子修道会—みやこの比丘尼たち　片岡瑠美子著　キリシタン文化研究会　1976.9　229p　21cm　（キリシタン文化研究シリーズ 14）　Ⓝ198.221
〔17510〕
◇キリシタン時代の日本人司祭　H.チースリク著，高祖敏明監修　教文館　2004.12　483, 19p　22cm　（キリシタン研究 第41輯）　8000円　Ⓘ4-7642-2452-6　Ⓝ198.221
〔17511〕
◇キリシタン時代の邦人司祭　H.チースリク著　キリシタン文化研究会　1981.10　461p　21cm　（キリシタン文化研究シリーズ 22）　Ⓝ198.221
〔17512〕
◇切支丹史の研究　海老沢有道著　畝傍書房　1942　372p　22cm　（畝傍史学叢書）　Ⓝ198.2
〔17513〕
◇切支丹史の研究　海老沢有道　増訂　新人物往来社　1971　365, 9p　22cm　（日本宗教史名著叢書）　2500円　Ⓝ198.2
〔17514〕
◇キリシタン史の新発見　岸野久，村井早苗編　雄山閣出版　1996.1　237p　22cm　3914円　Ⓘ4-639-01337-X　Ⓝ198.221
〔17515〕
◇吉利支丹史料　東方書院編　東方書院　1935　1冊　23cm　（日本宗教講座）　Ⓝ198
〔17516〕
◇切支丹史話　大庭耀著　郷土研究社　1928　271p　20cm　（郷土研究社第2叢書 7）　Ⓝ198
〔17517〕
◇キリシタン信徒組織の誕生と変容—「コンフラリヤ」から「こんふらりや」へ　川村信三著　教文館　2003.9　477, 11p　22cm　（キリシタン研究 第40輯）　7500円　Ⓘ4-7642-2451-8　Ⓝ198.221
〔17518〕
◇切支丹たちの劇　武田友寿著　講談社　1986.6　264p　19cm　（もんじゅ選書 24）　1100円　Ⓘ4-06-192268-8　Ⓝ198.221
〔17519〕
◇キリシタン伝説百話　谷真介著　筑摩書房　1996.4　334p　15cm　（ちくま学芸文庫）　980円　Ⓘ4-480-08257-3　Ⓝ198.221
〔17520〕
◇キリシタンの英雄たち　マレガ著　ドン・ボスコ社　1968　348p　18cm　580円　Ⓝ198.21
〔17521〕
◇キリシタンの心　フーベルト・チースリク著　長崎聖母の騎士社　1996.8　487p　15cm　（聖母文庫）　Ⓘ4-88216-142-7　Ⓝ198.221
〔17522〕
◇キリシタンの時代—その文化と貿易　岡本良知著，高瀬弘一郎編　八木書店　1987.5　651, 38p　22cm　16000円　Ⓘ4-8406-2011-3　Ⓝ198.221
〔17523〕
◇キリシタンの世紀—ザビエル渡日から「鎖国」まで　高瀬弘一郎著　岩波書店　1993.6　244p　19cm　2500円　Ⓘ4-00-002738-7　Ⓝ198.221
〔17524〕
◇切支丹秘史　藤井伯民著　三光出版社　1929　186p　19cm　Ⓝ198
〔17525〕
◇吉利支丹文学抄　村岡典嗣編　改造社　1926　102, 268, 82p　22cm　Ⓝ910.2
〔17526〕
◇キリシタン民衆史の研究　大橋幸泰著　東京堂出版　2001.12　342p　22cm　8000円　Ⓘ4-490-20450-7　Ⓝ198.221
〔17527〕
◇切支丹物語　ドン・多志成著　〔別府〕　〔別府カトリック教会〕　2004.1　1冊　30cm　Ⓝ198.221
〔17528〕
◇キリスト教伝来四百年記念　キリシタン文化研究会編　白鯨社　1949.5〜6　7冊（合本1冊）　18cm　Ⓝ198.221
〔17529〕
◇キリスト者の時代精神，その虚と実—キリシタン・新渡戸稲造・矢内原忠雄・柏木義円　渡辺信夫，岩崎孝志，山口陽一著，信州夏期宣教講座編　いのちのことば社　2005.

8　143p　21cm　（21世紀ブックレット 28）　1000円　Ⓘ4-264-02392-0　Ⓝ192.1
〔17530〕
◇現代語訳・切支丹鮮血遺書　松崎實著，入江浩現代語訳　燦葉出版社　1996.12　297p　20cm　3000円　Ⓘ4-87925-033-3　Ⓝ198.221
〔17531〕
◇神と近代日本—キリスト教の受容と変容　塩野和夫，今井尚生編　福岡　九州大学出版会　2005.3　242p　19cm　2400円　Ⓘ4-87378-861-7　Ⓝ192.1
〔17532〕
◇薩道先生景仰録—吉利支丹研究史回顧　新村出著　ぐろりあそさえて　1929　57p　20cm　（ぐろりあ叢書 第1編）　Ⓝ198
〔17533〕
◇図説日本の歴史　10　キリシタンの世紀　井上幸治等編　編集責任：岡田章雄　集英社　1975　263p（図共）　28cm　1800円　Ⓝ210.1
〔17534〕
◇対外史料宝鑑　第1輯　切支丹史料集　永山時英編　訂再版　長崎　対外史料宝鑑刊行会　1927　1冊　37cm　Ⓝ210
〔17535〕
◇長防切支丹誌　アウグスチノ岩崎太郎編　改訂版　山口　アウグスチノ岩崎太郎　2005.3　309p　30cm　非売品　Ⓝ198.22177
〔17536〕
◇南蛮のバテレン　松田毅一著　朝文社　1991.7　285p　20cm　2000円　Ⓘ4-88695-040-X　Ⓝ210.48
〔17537〕
◇南蛮のバテレン　松田毅一著　朝文社　1993.8　285p　19cm　1800円　Ⓘ4-88695-099-X　Ⓝ210.48
〔17538〕
◇日本吉利支丹史鈔　太田正雄著　中央公論社　1943　382p　19cm　（国民学術選書 8）　Ⓝ198.2　〔17539〕
◇日本切支丹宗門史　上，中，下巻　レオン・パジェス著，吉田小五郎訳　岩波書店　1938-1940　3冊　16cm　（岩波文庫 1637-1646a）　Ⓝ198
〔17540〕
◇日本切支丹宗門史　上，中巻　レオン・パジエス著，吉田小五郎訳　岩波書店　1948　2冊　15cm　（岩波文庫 1637-1642）　Ⓝ198.2
〔17541〕
◇日本切支丹の歴史的役割　榊原悠二著　伊藤書店　1948　170p　23cm　（日本学術論叢）　Ⓝ198.2　〔17542〕
◇日本の教会の宣教の光と影—キリシタン時代からの宣教の歴史を振り返る　森一弘企画監修　サンパウロ　2003.9　262p　19cm　（真生会館シリーズ）　1280円　Ⓘ4-8056-6528-9　Ⓝ198.27
〔17543〕
◇日本のキリシタン　村田佳代子著　美研インターナショナル，星雲社〔発売〕　2006.3　47p　16×22cm　（アルカディアシリーズ—フローラブックス）　1300円　Ⓘ4-434-07626-4
〔17544〕
◇日本の歴史　14　鎖国　岩生成一著　改版　中央公論新社　2005.9　533p　15cm　（中公文庫）　1238円　Ⓘ4-12-204589-4
〔17545〕
◇複数性の日本思想　黒住真著　ぺりかん社　2006.2　543, 25, 6p　22cm　5800円　Ⓘ4-8315-1049-1　Ⓝ121.04
〔17546〕
◇豊後切支丹史料　マリオ・マレガ著　別府　サレジオ会　1942　170p 図版　26cm　Ⓝ198.2　〔17547〕
◇南日本切支丹史　茂野幽考著　国書刊行会　1976　264p 図　19cm　1600円　Ⓝ198.21　〔17548〕

◆◆弾圧と殉教
◇関西のキリシタン殉教地をゆく　高木一雄著　長崎　聖母の騎士社　2005.12　483p　15cm　（聖母文庫）　1000円　Ⓘ4-88216-262-8　Ⓝ192.1
〔17549〕

日本中世史図書総覧 明治〜平成　451

宗教史　　　　　　　　　　　　　中世・近世史

◇キリシタン禁教と鎖国　塩田嵩著　京都　大化書院　1947　160p　19cm　（大化歴史文庫）　Ⓝ198.2
〔17550〕
◇キリシタン禁制の地域的展開　村井早苗著　岩田書院　2007.2　305,11p　21cm　（近世史研究叢書）　6900円　Ⓘ978-4-87294-440-2
〔17551〕
◇キリシタン拷問史―鎖国への道　津山千恵著　三一書房　1994.5　262p　18cm　（三一新書）　850円　Ⓘ4-380-94012-8　Ⓝ198.221
〔17552〕
◇キリシタン地図を歩く―殉教者の横顔　日本一八八殉教者列福調査歴史委員会著　ドン・ボスコ社　1991.1　232p　19cm　980円　Ⓘ4-88626-062-4　Ⓝ198.221
〔17553〕
◇キリシタン地図を歩く―殉教者の横顔　日本一八八殉教者列福調査歴史委員会著　第2版　ドン・ボスコ社　1995.4　226p　19cm　980円　Ⓘ4-88626-062-4　Ⓝ198.221
〔17554〕
◇天皇とキリシタン禁制―「キリシタンの世紀」における権力闘争の構図　村井早苗著　雄山閣出版　2000.4　194,6p　20cm　2300円　Ⓘ4-639-01676-X　Ⓝ198.221
〔17555〕
◇ペトロ岐部カスイ―資料集　大分県立先哲史料館編　〔大分〕　大分県教育委員会　1995.3　1冊　22cm　（大分県先哲叢書）　非売品　Ⓝ198.221
〔17556〕
◇ペトロ岐部カスイ　五野井隆史著,大分県立先哲史料館編,H.チースリク監修　〔大分〕　大分県教育委員会　1997.3　299,17p　19cm　（大分県先哲叢書）　Ⓝ198.221
〔17557〕
◇ペトロ岐部と一八七殉教者　日本カトリック司教協議会列聖列福特別委員会編　カトリック中央協議会　2007.9　66p　21cm　350円　Ⓘ978-4-87750-133-4　Ⓝ198.221
〔17558〕
◇みちのく殉教秘史―「隠し念仏」と「隠れ切支丹」をめぐって　及川吉四郎著　仙台　本の森　2005.1　265p　19cm　1800円　Ⓘ4-938965-68-2　Ⓝ387.02122
〔17559〕

◆◆かくれキリシタン
◇生月史稿―カクレキリシタンの島生月史　近藤儀左ヱ門著　改定復刻　佐世保　芸文堂　1998.6　375p　19cm　（肥前歴史叢書2）　Ⓝ198.22193
〔17560〕
◇生きるとは何か―講演・寄稿論文集　かくれキリシタン研究最前線2007　全国かくれキリシタン研究会下関大会実行委員会編　〔山口〕　モルフプランニング　2007.10　169p　30cm　1429円　Ⓘ4-9902392-4-5　Ⓝ192.1
〔17561〕
◇キリシタン紀行　森本季子著　長崎　聖母の騎士社　1994.7　484p　15cm　（聖母文庫）　1000円　Ⓘ4-88216-116-8　Ⓝ198.221
〔17562〕
◇旅する長崎学　4（キリシタン文化4）　長崎県企画,五野井隆史,デ・ルカ・レンゾ,片岡瑠美子監修,長崎文献社編　長崎　長崎文献社　2006.10　63p　21cm　571円　Ⓘ4-88851-113-6　Ⓝ291.93
〔17563〕
◇みちのく殉教秘史―「隠し念仏」と「隠れ切支丹」をめぐって　及川吉四郎著　仙台　本の森　2005.1　265p　19cm　1800円　Ⓘ4-938965-68-2　Ⓝ387.02122
〔17564〕

学術・教育史

◇文読む姿の西東―描かれた読書と書物史　田村俊作編　慶應義塾大学出版会　2007.12　218,12p　19cm　2800円　Ⓘ978-4-7664-1442-4
〔17565〕

◆教育史
◇足利学校記録　倉澤昭壽編著　足利　倉澤昭壽　2003.11　2冊　26cm　全15000円　Ⓝ372.105
〔17566〕
◇中世後期と近世初頭における足利学校の歴史的検討へのアプローチ　柳田貞夫著　足利　柳田貞夫　2007.3　87p　図版3p　30cm　（足利地方史研究　第2号）　Ⓝ372.104
〔17567〕

◆◆古往来
◇往来物大系　第1巻　古往来　大空社　1992.11　1冊　22cm　Ⓘ4-87236-259-4　Ⓝ375.9
〔17568〕
◇往来物大系　第3巻　古往来　大空社　1992.11　1冊　22cm　Ⓘ4-87236-259-4　Ⓝ375.9
〔17569〕
◇往来物大系　第4巻　古往来　大空社　1992.11　1冊　22cm　Ⓘ4-87236-259-4　Ⓝ375.9
〔17570〕
◇往来物大系　第5巻　古往来　大空社　1992.11　1冊　22cm　Ⓘ4-87236-259-4　Ⓝ375.9
〔17571〕
◇往来物大系　第6巻　古往来　大空社　1992.11　1冊　22cm　Ⓘ4-87236-259-4　Ⓝ375.9
〔17572〕
◇往来物大系　第7巻　古往来　大空社　1992.11　1冊　22cm　Ⓘ4-87236-259-4　Ⓝ375.9
〔17573〕
◇往来物大系　第9巻　古往来　大空社　1992.11　1冊　22cm　Ⓘ4-87236-259-4　Ⓝ375.9
〔17574〕
◇往来物大系　第11巻　古往来　大空社　1992.11　1冊　22cm　Ⓘ4-87236-259-4　Ⓝ375.9
〔17575〕

文化史

◇エピソードで語る日本文化史　下　松井秀明著　地歴社　2006.10　254p　21cm　2000円　Ⓘ4-88527-176-2
〔17576〕
◇京都文化の伝播と地域社会　源城政好著　京都　思文閣出版　2006.10　380,14p　22cm　（思文閣史学叢書）　7800円　Ⓘ4-7842-1325-2　Ⓝ210.4
〔17577〕
◇周縁文化と身分制　脇田晴子,マーチン・コルカット,平雅行共編　京都　思文閣出版　2005.3　345p　22cm　5500円　Ⓘ4-7842-1231-0　Ⓝ210.4
〔17578〕

美術史

◇輝ける慶長時代の美術―桃山から江戸へ　徳川幕府開府四〇〇年記念秋季特別展　徳川美術館編　名古屋　徳川美術館　2003.10　143,9p　25×26cm　Ⓝ702.148
〔17579〕
◇旧桂宮家伝来の美術―雅と華麗　宮内庁三の丸尚蔵館編　宮内庁　1996.9　83,4p　29cm　（三の丸尚蔵館展覧会図録 no.13）　Ⓝ702.148
〔17580〕
◇光悦と寛永文化　源豊宗,有馬頼底編集解説　〔京都〕　大本山相國寺承天閣美術館　1986.11　1冊（ページ付なし）　26cm　Ⓝ702.148
〔17581〕

◇サントリー美術館名品展―日本美術の精華　サントリー美術館編　サントリー美術館　2005.7　123p　30cm　Ⓝ702.146
〔17582〕
◇首里城公園特別展―琉球王朝の華　〔本部町(沖縄県)〕〔海洋博覧会記念公園管理財団〕　1998　46p　30cm　Ⓝ702.1999
〔17583〕
◇尚王家と琉球の美展―特別展　熱海　MOA美術館　2001.10　142p　30cm　Ⓝ702.1999
〔17584〕
◇世界遺産 高野山の歴史と秘宝　井筒信隆著　山川出版社　2007.4　177p　26cm　2000円　Ⓘ978-4-634-59062-5
〔17585〕
◇日本書画落款大事典　日本書画落款大事典刊行会編　遊子館　2007.5　2冊(セット)　26cm　38000円　Ⓘ978-4-946525-82-7
〔17586〕
◇日本の四季―春・夏の風物 近世の絵画・工芸品を中心に　石川県立美術館編　金沢　石川県立美術館　2004.4　85p　21×30cm　Ⓝ702.148
〔17587〕
◇日本の図像―花鳥の意匠　ピエ・ブックス　2007.9　399p　21cm　3800円　Ⓘ978-4-89444-624-3
〔17588〕
◇日本美術のなかの西洋―安土桃山・江戸のニューアート ユニバーシアード福岡大会開催記念特別展　福岡市美術館編　福岡　福岡市美術館　1995.8　247p　27cm　Ⓝ702.148
〔17589〕
◇「華」―大阪城天守閣名品集　大阪城天守閣編著　大阪　大阪観光協会　1991.1　216p　28cm　10000円　Ⓝ702.148
〔17590〕
◇尾陽―徳川美術館論集　第2号　徳川美術館編　徳川黎明会,(京都)思文閣出版〔発売〕　2005.4　200p　26cm　3000円　Ⓘ4-7842-1240-X
〔17591〕
◇まんが日本美術史　第2巻 鎌倉→江戸時代の美術　美術出版社　1996.3　227p　23cm　(アートコミック)　1800円　Ⓘ4-568-26005-1　Ⓝ702.1
〔17592〕
◇「桃山から江戸―京都・雅び出光美術館名品展」図録　矢部良明監修,郡山市立美術館編　〔郡山〕　郡山市立美術館　2004.9　95p　30cm　Ⓝ721.4
〔17593〕
◇琉球王朝の華―美・技・芸 首里城公園開園10周年記念企画展　首里城公園管理センター編　〔本部町(沖縄県)〕　海洋博覧会記念公園管理財団　2002.10　97p　30cm　Ⓝ702.1999
〔17594〕

◆彫刻
◇再発見! 高遠石工　笹本正治監修,長野県高遠町教育委員会編　長野　ほおずき書籍,星雲社〔発売〕　2005.3　235p　19cm　1500円　Ⓘ4-434-05720-0　〔17595〕

◆絵画
◇岡山ゆかりの画人たち―桃山から幕末まで 特別展　岡山県立博物館編　岡山　岡山県立博物館　1983.10　71p　26cm　Ⓝ721.087
〔17596〕
◇花鳥山水の美―桃山江戸美術の系譜　土居次義著　京都　京都新聞社　1992.11　462p　20cm　2000円　Ⓘ4-7638-0304-2　Ⓝ721.025
〔17597〕
◇奇想の系譜―又兵衛・国芳　辻惟雄著　筑摩書房　2004.9　275p　15cm　(ちくま学芸文庫)　1300円　Ⓘ4-480-08877-6
〔17598〕
◇すぐわかる画家別近世日本絵画の見かた　安村敏信著　東京美術　2005.9　143p　21cm　2000円　Ⓘ4-8087-0791-8　Ⓝ721.025
〔17599〕
◇西のみやこ東のみやこ―描かれた中・近世都市　人間文化研究機構国立歴史民俗博物館編　佐倉　人間文化研究機構国立歴史民俗博物館　2007.3　127p　30cm　Ⓝ721.02
〔17600〕
◇日本絵画の表情　第1巻 雪舟から幕末まで　細野正信著　山種総合研究所　1996.3　275p　21cm　2300円　Ⓝ721.02
〔17601〕
◇日本の馬の絵―中・近世 特別展　根岸競馬記念公苑学芸部編　〔横浜〕　根岸競馬記念公苑　1984.10　1冊(頁付なし)　26cm　Ⓝ721
〔17602〕
◇日本美の心―絵画にみる装飾性と抒情性、16・17世紀を中心に 開館10周年記念特別展　石川県立美術館編　金沢　石川県立美術館　1993　139p　26cm　Ⓝ721.087
〔17603〕
◇細川コレクション・日本画の精華―大観・春草・古径らの代表作と桃山・江戸時代の名品　静岡県立美術館編　〔静岡〕　細川コレクション・日本画の精華展実行委員会　1992　197,5p　28cm　Ⓝ721.087
〔17604〕
◇牡丹を描く日本画展―安土桃山から現代まで　読売新聞社編　読売新聞社　1983　1冊(頁付なし)　25×26cm　Ⓝ721.087
〔17605〕
◇やさしく読み解く日本画―雪舟から広重まで　前田恭二著　新潮社　2003.8　159p　21cm　(とんぼの本)　1400円　Ⓘ4-10-602106-4　Ⓝ721.02
〔17606〕
◇やまと絵の軌跡―中・近世の美の世界　大阪市立美術館編　〔大阪〕　大阪市立美術館　1994.10　191p　30cm　Ⓝ721.2
〔17607〕

◆◆肖像画
◇王の身体王の肖像　黒田日出男著　平凡社　1993.3　306p　21cm　(イメージ・リーディング叢書)　2700円　Ⓘ4-582-28470-1　Ⓝ210.4
〔17608〕
◇肖像画の視線―源頼朝像から浮世絵まで　宮島新一著　吉川弘文館　1996.7　218p　22cm　3605円　Ⓘ4-642-07456-2　Ⓝ721.02
〔17609〕

◆◆障屏画
◇近江の大画―16・17世紀 華麗なる障屏画の世界　滋賀県立近代美術館,京都新聞社編　〔大津〕　滋賀県立近代美術館　1991.9　145p　25×25cm　Ⓝ721.087
〔17610〕
◇京都発見　5 法然と障壁画　梅原猛著,井上隆雄写真　新潮社　2003.3　187p　21cm　2300円　Ⓘ4-10-303017-8
〔17611〕

◆陶芸
◇織部御深井古染付―桃山から江戸のやきものへ　土岐市美濃陶磁歴史館編　土岐　土岐市美濃陶磁歴史館　1999.2　76p　30cm　Ⓝ751.1
〔17612〕
◇古唐津の流れ―桃山から江戸 野趣の美　林屋晴三,十三代中里太郎右衛門監修,矢澤一之撮影　〔北九州〕　読売新聞西部本社　1993　175p　24×25cm　Ⓝ751.1
〔17613〕
◇達磨窯―瓦匠のわざ400年 平成9年度特別展　吹田市立博物館編　吹田　吹田市立博物館　1997.4　60p　26cm　Ⓝ573.35
〔17614〕
◇茶の湯名碗―新たなる江戸の美意識　徳川美術館,五島美術館編　名古屋　徳川美術館　2005.5　198,8p　26cm　Ⓝ791.5
〔17615〕
◇塚本一族の四百年　〔土岐〕　塚本先祖奉賛会　1991.5　76p　27cm　Ⓝ573.2
〔17616〕

◇特別企画「大名茶陶―高取焼」展図録　福岡　福岡市美術館　2005.9　304p　31cm　Ⓝ791.5　〔17617〕
◇日本の陶磁―中世の古窯の美から近世の発展へ　MOA美術館編　〔熱海〕　エムオーエー商事　1988.8　113p　23×24cm　Ⓝ751.1　〔17618〕
◇用と美のやきもの展―中世古窯の美から明治のやきものまで　企画展　静岡　駿府博物館　1988　1冊　26cm　Ⓝ751.1　〔17619〕

◆工芸
◇近世出土漆器の研究　北野信彦著　吉川弘文館　2005.9　394, 10p　22cm　10000円　Ⓘ4-642-03404-8　Ⓝ210.48　〔17620〕
◇茶の芸大大名茶の名宝―細川家代々・永青文庫コレクション　ふくやま美術館編　福山　ふくやま美術館　2005.4　143p　26cm　1800円　Ⓝ791.5　〔17621〕
◇茶の湯道具　徳川美術館編　名古屋　徳川美術館　2000.4　186, 9p　27cm　(新版・徳川美術館蔵品抄 4)　Ⓘ4-88604-024-1　Ⓝ791.5　〔17622〕

◆◆染織工芸
◇染と織の文様　京都　青幻舎　2006.4　287p　15cm　1200円　Ⓘ4-86152-060-6　〔17623〕
◇桃山・江戸の能衣装―鐘紡コレクションより　カネボウファッションセンター編　〔出版地不明〕　鐘紡　1980.12　1冊（頁付なし）　24×25cm　〔17624〕

◆◆金工
◇中世・近世の鋳鉄品―鉄仏・仏塔・灯ろう・湯釜・天水桶・大砲・建造物　(社)日本鋳造工学会「鋳造工学」論文集　中野俊雄著　さいたま　中野俊雄　2007.4　139p　31cm　非売品　Ⓝ566.1　〔17625〕
◇鐔・刀装具100選―鑑定と鑑賞の手引き　飯田一雄, 蛭田道子著　京都　淡交社　2004.8　159p　26cm　3500円　Ⓘ4-473-03186-1　〔17626〕

建築史

◇近世日本建築の意匠―庭園・建築・都市計画、茶道にみる西欧文化　宮元健次著　雄山閣　2005.11　431p　21cm　7000円　Ⓘ4-639-01901-7　〔17627〕
◇建築史論聚　中村昌生先生喜寿記念刊行会編　京都　思文閣出版　2004.8　559p　22cm　9000円　Ⓘ4-7842-1202-7　Ⓝ521.04　〔17628〕
◇設計図が語る古建築の世界―もうひとつの「建築史」　浜島正士著　彰国社　1992.1　221p　19cm　2390円　Ⓘ4-395-00335-4　Ⓝ521　〔17629〕
◇茶屋　麟閣―茶室の歴史と構成　中村昌生著　会津若松　歴史春秋出版　1994.12　148p　26cm　7000円　Ⓘ4-89757-322-X　〔17630〕
◇中部地方の近世社寺建築　3　岐阜・静岡・愛知　岐阜県教育委員会, 静岡県教育委員会, 愛知県教育委員会編　東洋書林　2004.7　1冊　23×16cm　(近世社寺建築調査報告書集成 第8巻)　33000円　Ⓘ4-88721-547-9　〔17631〕
◇日本建築図録　下　藤原義一著　京都　星野書店　1948　1冊　21cm　Ⓝ521　〔17632〕

◆城郭建築
◇絵図でみる上山城　上山城管公社編　上山　上山城管理公社　1989.3　34p　30cm　Ⓝ521.82　〔17633〕
◇岡山城―その歴史と物語　巌津政右衛門著　岡山　日本文教出版　1966　98p　図版共　18cm　Ⓝ521.4　〔17634〕
◇尾張の名城　犬山城と名古屋城　城戸久著　名古屋　名古屋鉄道株式会社　1949　79p　図版　19cm　Ⓝ521.4　〔17635〕
◇掛川城―平成の築城　歴史の町掛川に天守閣が今甦る。　東海道掛川宿まちおこしの会　掛川　東海道掛川宿まちおこしの会　1994.4　60p　20×21cm　Ⓝ521.82　〔17636〕
◇金澤城―その自然と歴史　「金沢城」編集委員会編　金沢　金沢大学生活協同組合出版部　1968　68p　図版　19cm　Ⓝ521.4　〔17637〕
◇金沢城　森栄松著　金沢　北国出版社　1970　125p　図　18cm　360円　Ⓝ521.4　〔17638〕
◇金沢城と前田氏領内の諸城　喜内敏編　名著出版　1985.3　398p　22cm　(日本城郭史研究叢書 第5巻)　5800円　Ⓘ4-626-01163-2　Ⓝ521.82　〔17639〕
◇関東の城　小学館　1981.8　327p　16cm　(探訪ブックス〈城〉2)　950円　Ⓝ521.82　〔17640〕
◇関東の名城　西ケ谷恭弘著　秋田書店　1973　270p　図　19cm　980円　Ⓝ210.04　〔17641〕
◇九州の城　小学館　1981.6　327p　16cm　(探訪ブックス〈城〉9)　950円　Ⓝ521.82　〔17642〕
◇清洲城と名古屋城―織田・豊臣から徳川へ　中村栄孝著　吉川弘文館　1971　293, 3p　図　20cm　Ⓝ210.48　〔17643〕
◇近畿城門　近藤薫著　春日井　近藤薫　1985.7　174p　26cm　非売品　Ⓝ521.82　〔17644〕
◇近畿の城　小学館　1981.3　327p　16cm　(探訪ブックス〈城〉5)　950円　Ⓝ521.82　〔17645〕
◇熊本城　藤岡通夫著　中央公論美術出版　1976　38p　図　19cm　(美術文化シリーズ)　400円　Ⓝ521.4　〔17646〕
◇熊本城　北野隆編　至文堂　1993.4　304p　37cm　(城郭・侍屋敷古図集成)　52000円　Ⓘ4-7843-0123-2　Ⓝ521.82　〔17647〕
◇国宝犬山城―その解体と復元のあゆみ　犬山　犬山市　1964.12　51p　26cm　Ⓝ521.4　〔17648〕
◇国宝 犬山城　城戸久著　名古屋　名古屋鉄道　1965　102p　図版　19cm　(東海叢書 第15巻)　Ⓝ521.4　〔17649〕
◇国宝犬山城図録　横山住雄著　岐阜　教育出版文化協会　1987.4　71p　26cm　1000円　Ⓝ521.82　〔17650〕
◇国宝と歴史の旅　5　城と城下町　朝日新聞社　2000.4　64p　30cm　(朝日百科―日本の国宝別冊)　933円　Ⓘ4-02-330905-2　Ⓝ709.1　〔17651〕
◇国宝日本建築 城　彰国社編　1962　図版240p　解説共　37cm　Ⓝ521.08　〔17652〕
◇国宝 松本城　松本市教育委員会編　松本　1966　211p　図版共　30cm　Ⓝ521.4　〔17653〕
◇国宝松本城―解体と復元　竹内力編　〔豊科町（長野県）〕〔竹内力〕　1979.4　475p　27cm　3000円　Ⓝ521.4　〔17654〕

◇国宝松本城―解体と復元　竹内力編　改訂版　〔豊科町（長野県）〕〔竹内力〕　1980.3　482p　27cm　4000円　Ⓝ521.82　〔17655〕
◇国宝松本城を調べた話　赤津栄一著　武蔵野　光技術開発センター　1992.12　77p　20cm　800円　Ⓝ521.82　〔17656〕
◇古写真大図鑑 日本の名城　森山英一編著　講談社　1998.11　435p　15cm　（講談社プラスアルファ文庫）　1300円　Ⓘ4-06-256303-7　〔17657〕
◇古城をめぐる　文化財調査会編　人物往来社　1961　Ⓝ210.04　〔17658〕
◇古城物語　美濃源三郎著　岡山　郷土史研究会　1966　218p　18cm　（郷土史文庫 第4巻）　200円　Ⓝ210.04　〔17659〕
◇西国の城　岩井護等著　講談社　1975　2冊　20cm　各840円　Ⓝ210.04　〔17660〕
◇山陰の城　小学館　1981.4　327p　16cm　（探訪ブックス〈城〉6）　950円　Ⓝ521.82　〔17661〕
◇三州吉田城の石垣と刻斫　高橋延年,柳史朗共著　豊橋　高橋延年　1972　89p 図　21cm　Ⓝ521.4　〔17662〕
◇山陽の城　小学館　1980.12　327p　16cm　（探訪ブックス〈城〉7）　950円　Ⓝ521.82　〔17663〕
◇四国の城　小学館　1981.7　327p　16cm　（探訪ブックス〈城〉8）　950円　Ⓝ521.82　〔17664〕
◇静岡県古城めぐり　小和田哲男ほか著　静岡　静岡新聞社　1984.7　254p　19cm　1300円　Ⓘ4-7838-1026-5　Ⓝ521.82　〔17665〕
◇首里城―写真集　首里城復元期成会,那覇出版社編集部編　西風原町(沖縄県)　那覇出版社　1987.3　199p　32cm　9500円　Ⓝ521.82　〔17666〕
◇首里城―琉球王府　ぎょうせい　1993.5　251p　38cm　30000円　Ⓘ4-324-03665-9　Ⓝ521.82　〔17667〕
◇首里城　毎日新聞社　1993.7　206p　35cm　29000円　Ⓘ4-620-80309-X　Ⓝ521.82　〔17668〕
◇首里城入門―その建築と歴史　首里城研究グループ著　那覇　ひるぎ社　1989.9　191p　18cm　（おきなわ文庫 47）　880円　Ⓝ521.82　〔17669〕
◇城郭―その総てを解体・復元　日本城郭資料館出版会　1969　358p(図版共)　19cm　780円　Ⓝ521　〔17670〕
◇城郭　西ヶ谷恭弘著　近藤出版社　1988.3　382, 15p　20cm　（日本史小百科 24）　2300円　Ⓘ4-7725-0074-X　Ⓝ521.82　〔17671〕
◇城郭及城坏　大類伸,鳥羽正雄共著　雄山閣　464p　22cm　（考古学講座）　Ⓝ521.02　〔17672〕
◇城郭関係図書所在一覧　姫路市教育委員会,日本城郭研究センター城郭研究室編　姫路　姫路市教育委員会　1991.4　244p　30cm　Ⓝ521.82　〔17673〕
◇城郭古写真資料集成　西国編　西ヶ谷恭弘編著　理工学社　1995.4　221p　30cm　8961円　Ⓘ4-8445-9104-5　Ⓝ521.82　〔17674〕
◇城郭古写真資料集成　東国編　西ヶ谷恭弘編著　理工学社　1995.2　222p　30cm　8961円　Ⓘ4-8445-9102-9　Ⓝ521.82　〔17675〕
◇城郭史研究　21号　日本城郭史学会,東京堂出版〔発売〕　2001.6　120p　26cm　2700円　Ⓘ4-490-30392-0　〔17676〕
◇城郭史研究　第23号　日本城郭史学会,東京堂出版〔発売〕　2003.8　140p　26cm　2700円　Ⓘ4-490-30394-7　〔17677〕
◇城郭事典　小学館　1981.9　323p　16cm　（探訪ブックス〈城〉10）　950円　Ⓝ521.82　〔17678〕
◇城郭探検倶楽部―お城の新しい見方・歩き方ガイド　中井均,加藤理文著　新人物往来社　2003.1　269p　21cm　1800円　Ⓘ4-404-03101-7　〔17679〕
◇城郭の歴史　鳥羽正雄著　雄山閣　1959　223p 図版　19cm　Ⓝ521　〔17680〕
◇城郭物語　兵庫県立歴史博物館編　〔姫路〕　兵庫県立歴史博物館　1992.10　167p　26cm　（特別展図録 no.29）　Ⓝ210.1　〔17681〕
◇城―井上宗和城郭写真集　井上宗和著　日本城郭協会　1958　72, 7p 図版解説共　26×27cm　Ⓝ521　〔17682〕
◇城―その美と構成　藤岡通夫著　大阪　保育社　1964　153p 図版共　15cm　（カラーブックス）　Ⓝ521　〔17683〕
◇城―知恵と工夫の足跡　伊藤ていじ著　読売新聞社　1965　262p 図版　19cm　Ⓝ521.4　〔17684〕
◇城―その伝説と秘話　江崎俊平著　日貿出版社　1973　349p 図　20cm　880円　Ⓝ210.04　〔17685〕
◇城―築城の技法と歴史　伊藤ていじ著　読売新聞社　1973　316p 図　20cm　（読売選書）　850円　Ⓝ521　〔17686〕
◇城―戦略と築城　佐々木信四郎著　原書房　1990.7　264p　21cm　2800円　Ⓘ4-562-02132-2　Ⓝ521.82　〔17687〕
◇城―その美と構成　藤岡通夫著　第2版　大阪　保育社　1992.2　153p　15cm　（カラーブックス 820）　620円　Ⓘ4-586-50820-5　Ⓝ521.82　〔17688〕
◇城　1（北海道・東北）　吹雪舞うみちのくの堅塁　毎日新聞社　1997.3　167p　31cm　2800円　Ⓘ4-620-60511-5　Ⓝ521.823　〔17689〕
◇城―その伝説と秘話　続　江崎俊平著　日貿出版社　1973　331p 図　20cm　980円　Ⓝ210.04　〔17690〕
◇城　2（関東）　もののふ集う東国の城　毎日新聞社　1997.2　167p　31cm　2800円　Ⓘ4-620-60512-3　Ⓝ521.823　〔17691〕
◇城　3（甲信越・北陸）　銀嶺を望む風雪の城　毎日新聞社　1997.3　159p　31cm　2800円　Ⓘ4-620-60513-1　Ⓝ521.823　〔17692〕
◇城　4（東海）　天下人への夢馳せる群雄の城　毎日新聞社　1996.12　159p　31cm　2800円　Ⓘ4-620-60514-X　Ⓝ521.823　〔17693〕
◇城　5（近畿）　華と競う王者の城　毎日新聞社　1996.9　159p　31cm　2800円　Ⓘ4-620-60515-8　Ⓝ521.823　〔17694〕
◇城　6（中国）　甍きらめく西国の城塞　毎日新聞社　1996.11　159p　31cm　2800円　Ⓘ4-620-60516-6　Ⓝ521.823　〔17695〕
◇城　7（四国）　黒潮寄せる南海の城　毎日新聞社　1997.1　159p　31cm　2800円　Ⓘ4-620-60517-4　Ⓝ521.823　〔17696〕
◇城　8（九州・沖縄）　火燃ゆる強者どもの城　毎日新聞社　1996.10　159p　31cm　2800円　Ⓘ4-620-60518-2　Ⓝ521.823　〔17697〕
◇城　日本編　西ケ谷恭弘編著　小学館　1982.4　295p　20cm　（万有ガイド・シリーズ 16）　1850円　Ⓝ520.2　〔17698〕

建築史　　　　　　　　　　　　　中世・近世史

◇城を歩く―その調べ方・楽しみ方　新人物往来社　2003.3　198p　26cm　（別冊歴史読本38）　2200円　ⓘ4-404-03038-X　Ⓝ521.823　〔17699〕
◇城と古戦場　上巻　新人物往来社　1969　240p（おもに図版）　19cm　650円　Ⓝ210.04　〔17700〕
◇城と城下町　藤岡通夫著　創元社　1952　169p　図版52p共　19cm　Ⓝ521.02　〔17701〕
◇城と城下町　藤岡通夫著　中央公論美術出版　1988.5　241p　20cm　3500円　ⓘ4-8055-0172-3　Ⓝ521.82　〔17702〕
◇城と城下町　日本通信教育連盟　1993　2冊　34cm　Ⓝ521.823　〔17703〕
◇城と城下町と大名たち　池内邦夫著　日本図書刊行会　1997.11　184p　20cm　1500円　ⓘ4-89039-785-X　Ⓝ210.1　〔17704〕
◇城と城下町の旅情―城下町を訪ねるガイドブック　井上宗和執筆・カメラ　日地出版　1996.1　176p　26cm　（日本の旅）　2200円　ⓘ4-527-00579-0　Ⓝ521.82　〔17705〕
◇城と城下町100選―地図で歩く　平凡社　2001.7　159p　22cm　2000円　ⓘ4-582-82963-5　Ⓝ521.82　〔17706〕
◇城と陣屋　121～134　〔大阪〕　日本古城友の会　1978.9～1980.11　14冊　21cm　Ⓝ210.1　〔17707〕
◇城と陣屋　136～139　〔大阪〕　日本古城友の会　1981.3～12　4冊　21cm　Ⓝ210.1　〔17708〕
◇城と陣屋　153～160　〔大阪〕　日本古城友の会　1983.10～1984.10　8冊　21cm　Ⓝ210.1　〔17709〕
◇城と陣屋　161～167　〔大阪〕　日本古城友の会　1984.12～1985.11　7冊　21cm　Ⓝ210.1　〔17710〕
◇城と陣屋・30周年記念特集号　尾原隆男ほか編　大阪　日本古城友の会　1993.11　159p　26cm　Ⓝ210.1　〔17711〕
◇城とその町　伊藤ていじ著,吉田靖写真　京都　淡交新社　1963　103p　図版73枚　22cm　Ⓝ521　〔17712〕
◇城と民家　城戸久著　毎日新聞社　1972　483p　図　22cm　2500円　Ⓝ521　〔17713〕
◇城と館　内藤昌責任編集　世界文化社　1988.4　150p　38cm　（復元日本大観1）　18000円　ⓘ4-418-88901-9　Ⓝ521.82　〔17714〕
◇城のしおり　全国城郭管理者協議会編　大阪　全国城郭管理者協議会　1995.12　62p　19cm　Ⓝ521.823　〔17715〕
◇城の日本史　内藤昌著　日本放送出版協会　1979.11　190p　図版17枚　19cm　（NHKブックス カラー版C7）　850円　Ⓝ210.1　〔17716〕
◇城の日本史―ビジュアル版　内藤昌編著　角川書店　1995.6　219p　26cm　2800円　ⓘ4-04-821047-5　Ⓝ210.1　〔17717〕
◇城の話　野尻収著　西宮　野尻収　のじぎく文庫（製作）　1972　242p　19cm　550円　Ⓝ521.4　〔17718〕
◇城の秘密―イラスト事典　井上宗和著　講談社　1977.12　262p　18cm　（Big backs）　600円　Ⓝ521　〔17719〕
◇城の見方―歴史がわかる、腑に落ちる　佐藤俊一,『サライ』編集部編　小学館　2003.4　143p　19cm　（ポケットサライ）　1200円　ⓘ4-09-343507-3　Ⓝ521.82　〔17720〕
◇城の歴史　鳥羽正雄著　雄山閣　1962　206p　図版19cm　Ⓝ521　〔17721〕

◇城の歴史　鳥羽正雄著　雄山閣出版　1977.10　193p　図19cm　（カルチャーブックス26）　800円　Ⓝ521　〔17722〕
◇信州の城と古戦場　南原公平著　令文社　1969　310p　図版　18cm　380円　Ⓝ291.52　〔17723〕
◇信州の城と古戦場　南原公平著　令文社　1987.5　310p　18cm　800円　Ⓝ291.52　〔17724〕
◇新・日本名城100選　西ケ谷恭弘編著　秋田書店　1991.4　262p　20cm　（新100選シリーズ）　1700円　ⓘ4-253-00408-3　Ⓝ521.82　〔17725〕
◇「図解」城のすべて　PHP研究所編　PHP研究所　1995.3　143p　21cm　1400円　ⓘ4-569-54658-7　Ⓝ521.82　〔17726〕
◇図説日本城郭史　日本城郭協会編　新人物往来社　1984.7　253p　31cm　17000円　Ⓝ521.82　〔17727〕
◇図説日本の名城　平井聖,小室栄一,斎藤政秋写真　河出書房新社　1994.3　127p　22cm　1800円　ⓘ4-309-72490-6　Ⓝ521.82　〔17728〕
◇洲本城案内　岡本稔,山本幸夫著　洲本　Books成錦堂　1982.4　143p　19cm　980円　Ⓝ521.82　〔17729〕
◇図録掛川城概説　関七郎著　掛川　関七郎　1977.1　94p（図共）　30cm　Ⓝ521.4　〔17730〕
◇駿府城―平成の天守よ甦れ。　文化環境計画研究所編　静岡　駿府城再建準備委員会　1996.3　107p　30cm　2000円　Ⓝ521.823　〔17731〕
◇戦史にみる城展　城郭　読売新聞社編　71p　図版　19cm　Ⓝ210.02　〔17732〕
◇続 古城をめぐる　文化財調査会編　2版　人物往来社　1961　236p　19cm　Ⓝ210.04　〔17733〕
◇続 日本の名城　文化財調査会編　人物往来社　1960　267p　地図　22cm　Ⓝ521　〔17734〕
◇丹波の城―開館1周年記念特別展　亀岡市文化資料館編　〔亀岡〕　亀岡市文化資料館　1986.11　20p　26cm　Ⓝ521.82　〔17735〕
◇築城伝説　露木寛著　新人物往来社　1974　200p　20cm　950円　Ⓝ210.04　〔17736〕
◇中国・四国城門　近藤薫著　春日井　近藤薫　1991.8　147p　26cm　非売品　Ⓝ521.82　〔17737〕
◇中世・戦国・江戸の城―城の見どころはここだ　新人物往来社　2004.10　173p　26cm　（別冊歴史読本 第29巻 第29号）　2200円　ⓘ4-404-03097-5　Ⓝ521.823　〔17738〕
◇中部の城　小学館　1980.12　327p　16cm　（探訪ブックス〈城〉3）　950円　Ⓝ521.82　〔17739〕
◇鳥瞰図でみる日本の城―君も「城」博士になれる！　PHP研究所編　PHP研究所　2006.9　79p　30cm　2800円　ⓘ4-569-68625-7　〔17740〕
◇津山城　近田陽子写真,三好基之文,山陽新聞社出版局編　岡山　山陽新聞社　1997.11　95p　26cm　（山陽新聞サンブックス）　1714円　ⓘ4-88197-639-7　〔17741〕
◇定本・国宝松本城　住田正ほか解説　松本　郷土出版社　1988.3　259p　38cm　14000円　ⓘ4-87663-105-0　Ⓝ521.82　〔17742〕
◇定本 日本の城　井上宗和著　朝日新聞社　1966　図版208p　61p　27cm　Ⓝ521　〔17743〕
◇定本飛騨の城　森本一雄著　岐阜　郷土出版社　1987.9　200p　27cm　4500円　Ⓝ210.2　〔17744〕
◇東海の城　小学館　1981.5　327p　16cm　（探訪ブックス〈城〉4）　950円　Ⓝ521.82　〔17745〕

◇東北の城　小学館　1981.2　327p　16cm　（探訪ブックス〈城〉1）　950円　Ⓝ521.82　〔17746〕

◇徳島城　「徳島城」編集委員会編　徳島　徳島市立図書館　1994.3　353p　19cm　（徳島市民双書28）　1700円　Ⓝ521.823　〔17747〕

◇鳥取城―その歴史と構造　山根幸恵編著　渓水社　1983.10　269p　21cm　3500円　Ⓝ521.82　〔17748〕

◇豊臣の城・徳川の城―戦争・政治と城郭　白峰旬著　校倉書房　2003.8　346p　22cm　7000円　①4-7517-3460-1　Ⓝ210.5　〔17749〕

◇日本近世城郭史の研究　白峰旬著　校倉書房　1998.5　354p　22cm　（歴史科学叢書）　10000円　①4-7517-2810-5　Ⓝ210.5　〔17750〕

◇日本古城史―近畿地方　第1集　森口忠著　神戸　森口忠　1965　58p　図版　21cm　非売　Ⓝ521　〔17751〕

◇日本古城物語　井上宗和著　グラフィック社　1987.10　142p　30cm　2900円　①4-7661-0432-3　Ⓝ521.82　〔17752〕

◇日本史・名城の謎―城をめぐる攻防と構造の謎　櫻井成廣著　日本文芸社　1983.8　249,2p　19cm　（読物日本史シリーズ）　980円　①4-537-00787-7　Ⓝ521.82　〔17753〕

◇日本城郭絵図集成　井上宗和編集撮影,鳥羽正雄監修　日本城郭協会　1968　図版100枚　39×51cm　33000円　Ⓝ521.4　〔17754〕

◇日本城郭建築図集　日本城郭協会　1969　図版100枚　53cm　22000円　Ⓝ521.08　〔17755〕

◇日本城郭考　古川重春著　名著出版　1974　図96p　607p　22cm　6500円　Ⓝ521　〔17756〕

◇日本城郭古写真集成　西ケ谷恭弘編　小学館　1983.12　287p　31cm　15000円　①4-09-563021-3　Ⓝ521.82　〔17757〕

◇日本城郭史　大類伸,鳥羽正雄共著　増補 重版　雄山閣　1960　746p　図版　表　22cm　Ⓝ521.02　〔17758〕

◇日本城郭史　大類伸,鳥羽正雄共著　雄山閣　1977.8　746,10p　図　22cm　8000円　Ⓝ520.2　〔17759〕

◇日本城郭事典　秋田書店　1970　534p　図　19cm　1800円　Ⓝ521.02　〔17760〕

◇日本城郭辞典　鳥羽正雄著　東京堂出版　1971　365p　図　22cm　2500円　Ⓝ521.03　〔17761〕

◇日本城郭事典　秋田書店　1989.10　534p　19cm　1950円　①4-253-00369-9　Ⓝ521.82　〔17762〕

◇日本城郭辞典　鳥羽正雄著　東京堂出版　1995.9　365p　21cm　2900円　①4-490-10397-2　Ⓝ521.82　〔17763〕

◇日本城郭史論叢　鳥羽正雄博士古稀記念論文集編纂委員会編　雄山閣出版　1969　384p　図版　22cm　2800円　Ⓝ521　〔17764〕

◇日本城郭図集成　佐藤佐画,佐藤博編　日進町（愛知県）　佐藤博　大阪　清文堂出版（発売）　1972　図197枚　38cm　22000円　Ⓝ521.08　〔17765〕

◇日本城郭全集　第1　北海道・青森・岩手・秋田編　鳥羽正雄等編　人物往来社　1967　Ⓝ521.4　〔17766〕

◇日本城郭全集　第2　山形・宮城・福島・栃木編　鳥羽正雄等編　後藤嘉一等編　人物往来社　1967　302p　図版　22cm　Ⓝ521.4　〔17767〕

◇日本城郭全集　第3巻　九州編　井上宗和著　鳥羽正雄,藤岡通夫編　日本城郭協会出版部　1960　78p　図版共　35cm　Ⓝ521.08　〔17768〕

◇日本城郭全集　第3　千葉・群馬・茨城編　鳥羽正雄等編　人物往来社　1967　301p　図版　22cm　Ⓝ521.4　〔17769〕

◇日本城郭全集　第4巻　四国編　井上宗和著　鳥羽正雄編　日本城郭協会出版部　1960　78p　図版共　35cm　Ⓝ521.08　〔17770〕

◇日本城郭全集　第4　東京・神奈川・埼玉編　鳥羽正雄等編　人物往来社　1967　313p　図版　22cm　Ⓝ521.4　〔17771〕

◇日本城郭全集　第5巻　中国編　井上宗和著　鳥羽正雄,藤岡通夫,田辺泰編　日本城郭協会出版部　1960　78p　図版共　35cm　Ⓝ521.08　〔17772〕

◇日本城郭全集　第5　静岡・山梨・長野編　鳥羽正雄等編　人物往来社　1967　316p　図版　22cm　Ⓝ521.4　〔17773〕

◇日本城郭全集　第6巻　近畿編　井上宗和著　日本城郭協会　1960　78p　図版共　35cm　Ⓝ521.08　〔17774〕

◇日本城郭全集　第6　新潟・富山・石川・福井編　鳥羽正雄等編　人物往来社　1968　354p　図版　22cm　Ⓝ521.4　〔17775〕

◇日本城郭全集　第7巻　中部　井上宗和著　鳥羽正雄,城戸久,喜内敏編　日本城郭協会　1960　78p　図版共　36cm　Ⓝ521.08　〔17776〕

◇日本城郭全集　第7　愛知・岐阜編　鳥羽正雄等編　人物往来社　1966　387p　図版　22cm　Ⓝ521.4　〔17777〕

◇日本城郭全集　第8巻　関東・甲信越編　井上宗和著　日本城郭協会　1960　78p　図版共　36cm　Ⓝ521.08　〔17778〕

◇日本城郭全集　第8　三重・滋賀・京都編　鳥羽正雄等編　人物往来社　1967　320p　図版　22cm　Ⓝ521.4　〔17779〕

◇日本城郭全集　第9巻　東北・北海道編　井上宗和著　日本城郭協会　1960　78p　図版共　36cm　Ⓝ521.08　〔17780〕

◇日本城郭全集　第9　大阪・和歌山・奈良編　鳥羽正雄等編　人物往来社　1967　309p　図版　22cm　Ⓝ521.4　〔17781〕

◇日本城郭全集　第10巻　古写真・資料　井上宗和著　鳥羽正雄,桜井成広,山岸素夫編　日本城郭協会　1960　86p　図版共　36cm　Ⓝ521.08　〔17782〕

◇日本城郭全集　第10　岡山・兵庫編　鳥羽正雄等編　相賀庚,朽木史郎　人物往来社　1967　361p　図版　22cm　Ⓝ521.4　〔17783〕

◇日本城郭全集　第11　鳥取・島根・山口編　鳥羽正雄等編　山根幸恵,矢富敏夫,臼杵華臣　人物往来社　1967　264p　図版　22cm　Ⓝ521.4　〔17784〕

◇日本城郭全集　第12　広島・香川・徳島編　鳥羽正雄等編　妹尾啓司等　人物往来社　1967　314p　図版　22cm　Ⓝ521.4　〔17785〕

◇日本城郭全集　第13　愛媛・高知・大分編　鳥羽正雄等編　小野英治等　人物往来社　1967　297p　図版　22cm　Ⓝ521.4　〔17786〕

◇日本城郭全集　第14　佐賀・長崎・福岡・宮崎編　鳥羽正雄等編　鍋島直共等　人物往来社　1967　314p　図版　22cm　Ⓝ521.4　〔17787〕

◇日本城郭全集　第15　熊本・鹿児島・沖縄・補遺編　鳥羽正雄等編　西ヶ谷恭弘等　人物往来社　1968　311p　図版　地図　22cm　Ⓝ521.4　〔17788〕

◇日本城郭全集　別巻　写真・資料集　鳥羽正雄等編　人物往来社　1968　286p 図版共　22cm　Ⓝ521.4
〔17789〕

◇日本城郭大系　第1巻　北海道・沖縄　平井聖ほか編集　藤本英志, 名嘉正八郎編　新人物往来社　1980.5　345p　27cm　5800円　Ⓝ210.1
〔17790〕

◇日本城郭大系　第2巻　青森・岩手・秋田　平井聖ほか編集　盛田稔ほか編集　新人物往来社　1980.7　473p 図版12枚　27cm　6800円　Ⓝ210.1
〔17791〕

◇日本城郭大系　3　川崎利夫ほか編　新人物往来社　1981.2　623p　27cm　6800円　Ⓝ521.82
〔17792〕

◇日本城郭大系　第4巻　茨城・栃木・群馬　平井聖ほか編集　阿久津久ほか編　新人物往来社　1979.11　481p　27cm　5800円　Ⓝ210.1
〔17793〕

◇日本城郭大系　第5巻　埼玉・東京　平井聖ほか編集　柳田敏司, 段木一行編　新人物往来社　1979.8　361p　27cm　5800円　Ⓝ210.1
〔17794〕

◇日本城郭大系　第6巻　千葉・神奈川　平井聖ほか編修　大木衛ほか編集　新人物往来社　1980.2　511p　27cm　5800円　Ⓝ210.1
〔17795〕

◇日本城郭大系　7　新潟・富山・石川　金子拓男ほか編　新人物往来社　1980.12　519p　27cm　6800円　Ⓝ521.82
〔17796〕

◇日本城郭大系　8　湯本軍一編, 磯貝正義編　新人物往来社　1980.10　481p　27cm　6800円　Ⓝ521.82
〔17797〕

◇日本城郭大系　第9巻　静岡・愛知・岐阜　平井聖ほか編修　小和田哲男ほか編　新人物往来社　1979.6　437p　27cm　5200円　Ⓝ210.1
〔17798〕

◇日本城郭大系　第10巻　三重・奈良・和歌山　平井聖ほか編集　小玉道明ほか編集　新人物往来社　1980.8　581p　27cm　6800円　Ⓝ210.1
〔17799〕

◇日本城郭大系　11　京都・滋賀・福井　竹岡林ほか編　新人物往来社　1980.9　485p　27cm　6800円　Ⓝ521.82
〔17800〕

◇日本城郭大系　12　田代克己ほか編　新人物往来社　1981.3　579p　27cm　6800円　Ⓝ521.82
〔17801〕

◇日本城郭大系　第13巻　広島・岡山　平井聖ほか編集　西本省三, 葛原克人編　新人物往来社　1980.1　511p　27cm　5800円　Ⓝ210.1
〔17802〕

◇日本城郭大系　第14巻　鳥取・島根・山口　平井聖ほか編集　山根幸恵ほか編　新人物往来社　1980.4　389p　27cm　5800円　Ⓝ210.1
〔17803〕

◇日本城郭大系　第15巻　香川・徳島・高知　平井聖ほか編集　松本豊胤ほか編集　新人物往来社　1979.12　389p　27cm　5800円　Ⓝ210.1
〔17804〕

◇日本城郭大系　第16巻　大分・宮崎・愛媛　平井聖ほか編集　三重野元ほか編集　新人物往来社　1980.3　429p　27cm　5800円　Ⓝ210.1
〔17805〕

◇日本城郭大系　17　長崎・佐賀　外山幹夫編, 髙島忠平編　新人物往来社　1980.11　355p　27cm　6800円　Ⓝ521.82
〔17806〕

◇日本城郭大系　第18巻　福岡・熊本・鹿児島　平井聖ほか編集　磯村幸男ほか編集　新人物往来社　1979.10　539p　27cm　5800円　Ⓝ210.1
〔17807〕

◇日本城郭大系　別巻1　城郭研究入門　坪井清足ほか編　新人物往来社　1981.4　409p　27cm　6800円　Ⓝ521.82
〔17808〕

◇日本城郭大系　別巻2　城郭研究便覧　平井聖ほか編修　新人物往来社　1981.5　339p　27cm　6800円　Ⓝ210.1
〔17809〕

◇日本城郭鳥瞰図集　原画:荻原信一　日本城郭資料保存会　1973　図80枚　52cm　37000円　Ⓝ521.08
〔17810〕

◇日本城郭要覧　日本城郭協会編　1961　130p 地図共　23cm　Ⓝ521
〔17811〕

◇日本の古城　1　中部・近畿編　藤崎定久著　新人物往来社　1970　309p 図版　22cm　1800円　Ⓝ521
〔17812〕

◇日本の古城　1　北海道・東北・関東・甲信越編　藤崎定久著　新人物往来社　1977.8　327p 図　22cm　2900円　Ⓝ521
〔17813〕

◇日本の古城　2　中国・四国・九州編　藤崎定久著　新人物往来社　1971　321p 図　22cm　1800円　Ⓝ521
〔17814〕

◇日本の古城　2　中部・近畿編　藤崎定久著　新人物往来社　1977.7　309p 図　22cm　2900円　Ⓝ521
〔17815〕

◇日本の古城　3　北海道・東北・関東・甲信越編　藤崎定久著　新人物往来社　1971　329p 図　22cm　1800円　Ⓝ521
〔17816〕

◇日本の古城　3　中国・四国・九州編　藤崎定久著　新人物往来社　1977.9　321p 図　22cm　2900円　Ⓝ521
〔17817〕

◇日本の古城　4　補遺〈東日本編〉　藤崎定久著　新人物往来社　1977.11　249p 図　22cm　2900円　Ⓝ521
〔17818〕

◇日本の古城　5　補遺　西日本編　藤崎定久著　新人物往来社　1977.12　263p 図　22cm　2900円　Ⓝ521
〔17819〕

◇日本の古城・名城100話　鈴木亨著　立風書房　1987.3　280p　20cm　1300円　①4-651-75012-5　Ⓝ210.1
〔17820〕

◇日本の五名城　井上宗和著　社会思想社　1966　245p 図版共　15cm　（現代教養文庫）　Ⓝ521
〔17821〕

◇日本の城　井上宗和著　隆文館　1955　112p 図版, 解説共　21×19cm　Ⓝ521
〔17822〕

◇日本の城　井上宗和編　日本城郭協会　1959　93p　25×13cm　Ⓝ521
〔17823〕

◇日本の城　藤岡通夫著　至文堂　1960　208p 図版　19cm　（日本歴史新書）　Ⓝ521.02
〔17824〕

◇日本の城　井上宗和著　社会思想研究会出版部　1961　242p 図版共 図版　16cm　（現代教養文庫）　Ⓝ521
〔17825〕

◇日本の城　井上宗和著　社会思想社　1968　151p 図版共　18cm　（教養カラー）　Ⓝ521
〔17826〕

◇日本の城　井上宗和撮影　河出書房新社　1970　200p（おもに図）　31cm　6200円　Ⓝ521.08
〔17827〕

◇日本の城―写真集　毎日新聞社　1970　図版94p（解説共）　37cm　1800円　Ⓝ521.08
〔17828〕

◇日本の城　井上宗和著　東京インターナショナル出版　1971　130p（図共）　16cm　（ビスタブックス）　350円　Ⓝ521.02
〔17829〕

◇日本の城　井上宗和著　新版　社会思想社　1976　238p（図共）　15cm　（現代教養文庫）　400円　Ⓝ521
〔17830〕

◇日本の城―秘められた歴史と謎! 井上宗和著 グリーンアロー出版社 1977.2 262p(図共) 19cm (グリーンアロー・ブックス) 680円 Ⓝ210.04 〔17831〕
◇日本の城 日𢈘貞夫写真, 江崎俊平文 朝日ソノラマ 1978.8 158p 21cm (カラーフォト・シリーズ) 1500円 Ⓝ521 〔17832〕
◇日本の城―復原図譜 西ケ谷恭弘著, 香川元太郎イラスト 理工学社 1992.1 191p 27cm 2987円 Ⓘ4-8445-3015-1 Ⓝ521.82 〔17833〕
◇日本の城―写真紀行 1 東山道 第二アートセンター編 集英社 1988.9 155p 38cm 4800円 Ⓘ4-08-596001-6 Ⓝ521.82 〔17834〕
◇日本の城―写真紀行 2 東海道・北陸道 第二アートセンター編 集英社 1988.7 155p 38cm 4800円 Ⓘ4-08-596002-4 Ⓝ521.82 〔17835〕
◇日本の城―写真紀行 3 山陽道・山陰道 第二アートセンター編 集英社 1988.5 155p 38cm 4800円 Ⓘ4-08-596003-2 Ⓝ521.82 〔17836〕
◇日本の城―写真紀行 4 南海道・西海道 第二アートセンター編 集英社 1988.11 155p 38cm 4800円 Ⓘ4-08-596004-0 Ⓝ521.82 〔17837〕
◇日本の城 戦国―江戸編 西ケ谷恭弘監修・文, 香川元太郎イラストレーション・文 世界文化社 1997.7 210p 28cm (ビッグマンスペシャル) 2430円 Ⓘ4-418-97117-3 Ⓝ521.823 〔17838〕
◇日本の城と城下町 新谷洋二著 同成社 1991.10 210p 22cm 4500円 Ⓘ4-88621-092-9 Ⓝ521.82 〔17839〕
◇日本の城と歴史 藤澤衛彦編 母子愛育会 1959 139p 図版132p 36cm Ⓝ521 〔17840〕
◇日本の城の基礎知識 井上宗和著 雄山閣出版 1978.6 212p 図版28枚 27cm 3500円 Ⓝ521 〔17841〕
◇日本の城の基礎知識 井上宗和著 雄山閣出版 1990.1 27, 212p 図版28枚 26cm 5800円 Ⓘ4-639-00936-4 Ⓝ521.82 〔17842〕
◇日本の城の謎 井上宗和著 祥伝社 1975 224p 図 18cm (ノン・ブック) 600円 Ⓝ210.04 〔17843〕
◇日本の城の謎 上 築城編 井上宗和著 祥伝社 1986.11 245p 16cm (ノン・ポシェット い2-1) 400円 Ⓘ4-396-31010-2 Ⓝ521.82 〔17844〕
◇日本の城の謎 下 攻防編 井上宗和著 祥伝社 1986.12 217p 16cm (ノン・ポシェット い2-2) 380円 Ⓘ4-396-31011-0 Ⓝ521.82 〔17845〕
◇日本の城の謎 番外 伝説編 井上宗和著 祥伝社 1990.5 267p 16cm (ノン・ポシェット) 450円 Ⓘ4-396-31030-7 Ⓝ210.04 〔17846〕
◇日本の城ポケット図鑑―天守現存の城から土塁・石垣の城址まで全国165城の歴史, 遺構, 見どころのすべて 西ケ谷恭弘著 オリジン社 1995.4 432p 15cm (主婦の友生活シリーズ) 1400円 Ⓝ521.823 〔17847〕
◇日本の百名城―失われた景観と旅の楽しみ 八幡和郎著 ベストセラーズ 2006.4 301p 18cm (ベスト新書) 930円 Ⓘ4-584-12108-7 〔17848〕
◇日本の名城―その歴史と美を求めて 中村安孝, 池上浩之著 大和書房 1971 214p(図共) 22cm Ⓝ210.04 〔17849〕
◇日本の名城 斎藤政秋写真 新人物往来社 1977.5 210p(おもに図) 27cm 3800円 Ⓝ521 〔17850〕
◇日本の名城―知識と鑑賞の旅 井上宗和著 雄山閣出版 1992.8 442, 7p 21cm 5800円 Ⓘ4-639-01107-5 Ⓝ521.82 〔17851〕
◇日本の名城―復元イラストと古絵図で見る 碧水社 1995.4 103p 26cm 1500円 Ⓝ521.82 〔17852〕
◇日本の名城・古城 井上宗和著 角川書店 1985.2 397p 15cm (角川文庫 5938) 540円 Ⓘ4-04-156003-9 Ⓝ521.82 〔17853〕
◇日本の名城と城下町 鳥羽正雄, 桜井成広編 日本城郭資料館出版会 1970 332p(図版共) 19cm (麒麟選書1) 860円 Ⓝ210.04 〔17854〕
◇日本の名城と城址 日本城郭協会編 社会思想社 1963 325p(図版共) 16cm (現代教養文庫) Ⓝ210.04 〔17855〕
◇日本百名城―歴史と伝統を歩くガイドブック 中山良昭著 朝日新聞社 2004.10 318p 15cm (朝日文庫) 640円 Ⓘ4-02-261455-2 〔17856〕
◇日本名城古写真集 日本城郭協会編 新人物往来社 1980.2 194p 27cm 7000円 Ⓝ521.82 〔17857〕
◇日本名城図鑑―同一縮尺で見る城郭規模の比較 日本城郭史学会, 城の会著 理工学社 1993.12 266p 27cm 3914円 Ⓘ4-8445-3017-8 Ⓝ521.82 〔17858〕
◇日本名城伝 海音寺潮五郎著 文芸春秋 1977.3 269p 16cm (文春文庫) 280円 Ⓝ210.04 〔17859〕
◇日本名城の旅 上巻 井上宗和著 日地出版 1994.5 160p 21cm (旅の本) 1500円 Ⓘ4-527-00556-1 Ⓝ521.82 〔17860〕
◇日本名城の旅 下巻 井上宗和著 日地出版 1994.10 160p 21cm (旅の本) 1500円 Ⓘ4-527-00557-X Ⓝ521.82 〔17861〕
◇日本名城100選 日本城郭資料館編 秋田書店 1969 318p(図版共) 19cm 680円 Ⓝ521 〔17862〕
◇日本名城一〇〇選 日本城郭資料館著 22版 秋田書店 1987.9 318p 19cm 1400円 Ⓘ4-253-00302-8 Ⓝ291.018 〔17863〕
◇日本名城秘話 二反長半著 家の光協会 1963 235p 図版 18cm (レインボウブックス) Ⓝ210.04 〔17864〕
◇日本名城秘話 百瀬明治著 徳間書店 1995.1 275p 16cm (徳間文庫) 520円 Ⓘ4-19-890256-9 Ⓝ210.1 〔17865〕
◇日本列島名城の謎 平川陽一編 トラベルジャーナル 1995.6 260p 19cm (TRAJAL books) 1600円 Ⓘ4-89559-341-X Ⓝ210.1 〔17866〕
◇彦根城の修築とその歴史 彦根城博物館編 彦根 彦根市教育委員会 1995.7 24p 30cm Ⓝ521.82 〔17867〕
◇兵庫県城郭史 森口忠編 神戸 1965 158, 64p 図版 22cm Ⓝ521 〔17868〕
◇福井城・金沢城 平井聖監修, 吉田純一著 至文道 1997.9 305p 38cm (城郭・侍屋敷古図集成) 49000円 Ⓘ4-7843-0125-9 Ⓝ521.823 〔17869〕
◇福井の城―福井・丸岡・大野・小浜・鯖江城 吉田純一著 福井 フェニックス出版 1994.2 184p 21cm 1800円 Ⓘ4-89220-602-4 Ⓝ521.82 〔17870〕
◇復元大系日本の城 1 北海道・東北 北野隆ほか編 秋保良ほか執筆 ぎょうせい 1993.2 179p 37cm 25000円 Ⓘ4-324-03189-4 Ⓝ521.82 〔17871〕

◇復元大系日本の城 2 関東 北野隆ほか編 青木信一ほか執筆 ぎょうせい 1993.3 175p 37cm 25000円 Ⓘ4-324-03190-8 Ⓝ521.82 〔17872〕
◇復元大系日本の城 3 北信越 北野隆ほか編 浅川清栄ほか執筆 ぎょうせい 1992.11 175p 37cm 25000円 Ⓘ4-324-03191-6 Ⓝ521.82 〔17873〕
◇復元大系日本の城 4 東海 北野隆ほか編 奥出賢治ほか執筆 ぎょうせい 1992.7 175p 37cm 25000円 Ⓘ4-324-03192-4 Ⓝ521.82 〔17874〕
◇復元大系日本の城 5 近畿 北野隆ほか編 青山賢信ほか執筆 ぎょうせい 1992.5 175p 37cm 25000円 Ⓘ4-324-03193-2 Ⓝ521.82 〔17875〕
◇復元大系日本の城 6 中国 北野隆ほか編 青山賢信ほか執筆 ぎょうせい 1992.3 174p 37cm 25000円 Ⓘ4-324-03194-0 Ⓝ521.82 〔17876〕
◇復元大系日本の城 7 南紀・四国 北野隆ほか編 岡本和之ほか執筆 ぎょうせい 1993.5 176p 37cm 25000円 Ⓘ4-324-03195-9 Ⓝ521.82 〔17877〕
◇復元大系日本の城 8 九州・沖縄 北野隆ほか編 北野隆ほか執筆 ぎょうせい 1992.9 175p 37cm 25000円 Ⓘ4-324-03196-7 Ⓝ521.82 〔17878〕
◇復元大系日本の城 9 城郭の歴史と構成 北野隆ほか編 稲葉信子ほか執筆 ぎょうせい 1993.8 175p 37cm 25000円 Ⓘ4-324-03197-5 Ⓝ521.82 〔17879〕
◇復原名城天守―目で見る天守の構成と実像 学習研究社 1996.2 207p 31cm (歴史群像デラックス版) 3800円 Ⓘ4-05-500160-6 Ⓝ521.823 〔17880〕
◇ふるさとの名城 斎藤政秋写真 新人物往来社 1979.6 199p 27cm 4800円 Ⓝ521.08 〔17881〕
◇豊後府内城―第14回特別展「城のある風景」図録 大分市歴史資料館編 大分 大分市歴史資料館 1995.10 46p 30cm Ⓝ521.82 〔17882〕
◇平成城代家老日誌―上野城秘録 前出絢嗣著 上野 伊賀文化産業協会 1996.11 306p 22cm Ⓝ521.823 〔17883〕
◇北海道・東北城門 近藤薫著 春日井 近藤薫 1995.8 159p 26cm 非売品 Ⓝ521.82 〔17884〕
◇名城―その歴史と構成 西ケ谷恭弘著 新人物往来社 1971 253p(図共) 22cm 2300円 Ⓝ521 〔17885〕
◇名城をたずねて 井上宗和編 日本城郭協会 1960 158p 図版共 26cm Ⓝ521 〔17886〕
◇名城伝説 江崎俊平著 社会思想社 1983.10 283p 15cm (現代教養文庫 1093) 520円 Ⓝ210.049 〔17887〕
◇名城名鑑 上 大類伸監修 人物往来社 1965 278p 図版 19cm Ⓝ210.04 〔17888〕
◇もう一度学びたい日本の城 中山良昭編著 西東社 2007.7 255p 21cm 1400円 Ⓘ978-4-7916-1421-9 〔17889〕
◇甦る首里城―歴史と復元 首里城復元記念誌 甦える首里城と復元編集委員会編 那覇 首里城復元期成会 1993.3 770p 27cm 6000円 Ⓝ521.82 〔17890〕
◇よみがえる福井城 吉田純一述 福井 福井市立郷土歴史博物館 1995.3 36p 21cm (文化講演録 第3輯) Ⓝ521.82 〔17891〕

芸能史

◇韻文文学と芸能の往還 小野恭靖著 大阪 和泉書院 2007.2 672p 21cm (研究叢書) 16000円 Ⓘ978-4-7576-0399-8 〔17892〕
◇芸能史年表―応永8年―元禄8年 小高恭編 名著出版 1992.5 732, 72p 22cm 14800円 Ⓘ4-626-01441-0 Ⓝ772.1 〔17893〕
◇中世近世日本芸能史の研究 室木弥太郎著 風間書房 1992.12 287p 22cm 4635円 Ⓘ4-7599-0829-3 Ⓝ772.1 〔17894〕
◇都市と劇場―中近世の鎮魂・遊楽・権力 小笠原恭子著 平凡社 1992.4 285p 20cm (平凡社選書 141) 2575円 Ⓘ4-582-84141-4 Ⓝ772.1 〔17895〕
◇都市と商人・芸能民―中世から近世へ 五味文彦, 吉田伸之編 山川出版社 1993.11 289p 22cm 5800円 Ⓘ4-634-61480-4 Ⓝ210.4 〔17896〕
◇日本芸能史 第4巻 中世-近世 芸能史研究会編 法政大学出版局 1985.3 344p 20cm 2200円 Ⓝ772.1 〔17897〕

◆茶道・華道
◇花道全集 第2, 9巻 京都 河原書店 1948 2冊 図版 19cm Ⓝ793 〔17898〕
◇金森宗和―優麗の美 匠のこころ 公家社会をはじめとして清純優麗な茶風を極めた飛騨高山出身の茶匠「かなもりそうわ」 飛騨木工連合会編 高山 飛騨木工連合会 2005.3 127p 30cm Ⓝ791.2 〔17899〕
◇公家茶道の研究 谷端昭夫著 京都 思文閣出版 2005.9 377, 16p 22cm 6500円 Ⓘ4-7842-1265-5 Ⓝ791.2 〔17900〕
◇茶人と茶の湯の研究 熊倉功夫編 京都 思文閣出版 2003.12 474, 2p 22cm 8200円 Ⓘ4-7842-1174-8 Ⓝ791.2 〔17901〕
◇茶の湯連翹抄 戸田勝久著 京都 思文閣出版 2005.12 578p 22cm 7600円 Ⓘ4-7842-1267-1 Ⓝ791.2 〔17902〕
◇日本茶の湯文化史の新研究 矢部誠一郎著 雄山閣 2005.11 439p 22cm 8200円 Ⓘ4-639-01907-6 Ⓝ791.2 〔17903〕

◆武道
◇剣豪列伝 加来耕三監修, 岸祐二著 ナツメ社 2004.10 247p 19cm (図解雑学シリーズ) 1400円 Ⓘ4-8163-3774-1 〔17904〕

◆◆忍術
◇伊賀・甲賀忍びのすべて―闇に生きた戦闘軍団 新人物往来社 2002.10 173p 26cm (別冊歴史読本 no.619) 2000円 Ⓘ4-404-03025-8 Ⓝ210.04 〔17905〕
◇忍びと忍術 山口正之著 雄山閣 2003.7 255p 19cm (江戸時代選書 2) 2000円 Ⓘ4-639-01801-0 〔17906〕
◇忍びの者132人データファイル 新人物往来社 2001.5 228p 21cm (別冊歴史読本 72号) 1600円 Ⓘ4-404-02772-9 Ⓝ210.04 〔17907〕
◇図説・忍者と忍術―忍器・奥義・秘伝集 伊賀・甲賀・風魔・くの一・真田十勇士…異能衆の全貌と秘術を一挙総覧!! 決定版 学習研究社 2007.8 167p 26cm (歴史群

像シリーズ 特別編集) 1900円 ①978-4-05-604814-8 Ⓝ210.04 〔17908〕

◇日本史の影で動いた男たち—戦国忍者列伝 武山憲明著 ぶんか社 2007.5 237p 15cm (ぶんか社文庫) 638円 ①978-4-8211-5096-0 Ⓝ210.1 〔17909〕

◇忍者と盗賊 戸部新十郎著 廣済堂出版 1998.6 255p 16cm (廣済堂文庫) 495円 ①4-331-65262-9 Ⓝ210.04 〔17910〕

◇忍者と忍術 戸部新十郎著 中央公論新社 2001.5 347p 16cm (中公文庫) 686円 ①4-12-203825-1 Ⓝ210.04 〔17911〕

◇忍者と忍術—闇に潜んだ異能者の虚と実 学習研究社 2003.10 195p 26cm (歴史群像シリーズ 71号) 1500円 ①4-05-603208-4 Ⓝ210.04 〔17912〕

◇忍者の謎—戦国影の軍団の真実 戸部新十郎著 PHP研究所 2000.1 238p 15cm (PHP文庫) 514円 ①4-569-57359-2 Ⓝ210.04 〔17913〕

◇忍術の歴史—伊賀流忍術のすべて 奥瀬平七郎著 〔上野〕 上野市観光協会 1992.6 173p 19cm Ⓝ789.8 〔17914〕

言語史

◇雲州往来—享禄本 研究と総索引 本文・研究篇 三保忠夫,三保サト子編著 大阪 和泉書院 1982.3 734p 22cm 25000円 ①4-900137-39-1 Ⓝ810.24 〔17915〕

◇雲州往来二種 藤原明衡撰 勉誠社 1981.3 282,15p 21cm (勉誠社文庫 84) 3000円 Ⓝ810.24 〔17916〕

◇近世前期のてにをは書研究 根上剛士著 風間書房 2004.3 594, 10p 21cm 18000円 ①4-7599-1429-3 〔17917〕

◇国語意識史研究 佐田智明著 おうふう 2004.12 389p 21cm 18000円 ①4-273-03348-8 〔17918〕

◇接続助詞「ば」の歴史的研究—室町時代より江戸時代における口語資料を中心に 金三順著 〔ソウル〕 〔J&C〕 2004.11 179p 23cm (語學研究叢書 no.33) ①89-5668-130-9 Ⓝ815.7 〔17919〕

◇中近世声調史の研究 坂本清恵著 笠間書院 2000.2 478p 22cm (笠間叢書 332) 16000円 ①4-305-10332-X Ⓝ811.14 〔17920〕

◇中世近世辞書論攷—洋学・往来・歌語辞典 関場武著 慶応義塾大学言語文化研究所 1996.3 314p 22cm Ⓝ813 〔17921〕

◇中世・近世辞書論考 菊田紀郎著 鎌倉 港の人 2007.5 353p 22cm 8000円 ①978-4-89629-173-5 Ⓝ813 〔17922〕

◇日本語辞書学の構築 倉島節尚編 おうふう 2006.5 534p 22cm 15000円 ①4-273-03431-X Ⓝ813.04 〔17923〕

◇日本語の歴史 5 近代語の流れ 亀井孝,大藤時彦,山田俊雄編 平凡社 2007.7 454p 16×11cm (平凡社ライブラリー) 1300円 ①978-4-582-76616-5 〔17924〕

◇日本語歴史文典試論 第2編 近代日本語—南北朝動乱-明治期 杉本つとむ著 早稲田大学出版部 1970 197-370p 図版 26cm 1500円 Ⓝ815 〔17925〕

◇日本洋学史—葡・羅・蘭・英・独・仏・露語の受容 宮永孝著 三修社 2004.6 453p 21cm 4800円 ①4-384-04011-3 〔17926〕

◇文献から読み解く日本語の歴史—鳥瞰虫瞰 今野真二著 笠間書院 2005.11 208p 21cm 3800円 ①4-305-70307-6 〔17927〕

文学史

◇語り物と近世の劇文学 荒木繁著 桜楓社 1993.3 377p 22cm 12000円 ①4-273-02628-7 Ⓝ910.24 〔17928〕

◇中世近世 日本文学史 市村宏著 東洋大学出版部 1959 234p 図版 22cm Ⓝ910.24 〔17929〕

◇中世・近世の文芸 慶応義塾大学国文学研究会編 桜楓社 1982.7 221p 22cm (国文学論叢 新集 4) 3500円 Ⓝ910.24 〔17930〕

◇中世と近世の原像 森山重雄著 新読書社 1965 334p 19cm Ⓝ910.24 〔17931〕

◇筑紫古典文学の世界 中世・近世 林田正男編 おうふう 1997.10 260p 19cm 2800円 ①4-273-02993-6 Ⓝ910.2 〔17932〕

◇日本女流文学評論 中世篇・近世篇 今井邦子編 長野 明日香書房 1948 193p 19cm Ⓝ910.2 〔17933〕

◇日本文学における中世と近世—共同研究 共立女子大学文学芸術研究所 1994.3 161p 21cm (研究叢書 第13冊) Ⓝ910.2 〔17934〕

◇碧冲洞叢書 第7巻(第37輯〜第50輯) 簗瀬一雄著 京都 臨川書店 1995.12 680p 22cm ①4-653-03181-9, 4-653-03173-8 Ⓝ910.2 〔17935〕

◇碧冲洞叢書 第10巻(第65輯〜第71輯) 簗瀬一雄編著 京都 臨川書店 1996.2 625p 22cm ①4-653-03184-3, 4-653-03174-6 Ⓝ910.2 〔17936〕

◇碧冲洞叢書 第12巻(第78輯〜第83輯) 簗瀬一雄編著 京都 臨川書店 1996.2 580p 22cm ①4-653-03186-X, 4-653-03174-6 Ⓝ910.2 〔17937〕

◇要注新校中世・近世文芸新抄 市古貞次編 武蔵野書院 1966.4(23版:1995.3) 223p 21cm 680円 ①4-8386-0599-4 Ⓝ910.24 〔17938〕

◆和歌

◇芸術論集 久曽神昇著 大阪 湯川弘文社 1943 2冊 19cm Ⓝ911.1 〔17939〕

◇少年愛の連歌俳諧史—菅原道真から松尾芭蕉まで 喜多唯志著 沖積舎 1997.11 457p 19cm 4800円 ①4-8060-4623-X 〔17940〕

◇職人歌合 網野善彦著 岩波書店 1992.11 191p 19cm (岩波セミナーブックス 106—古典講読シリーズ) 1600円 ①4-00-004255-6 Ⓝ911.18 〔17941〕

◇和歌史の「近世」—道理と余情 大谷俊太著 ぺりかん社 2007.10 298p 19cm 4000円 ①978-4-8315-1174-4 〔17942〕

◇和歌文学論集 10 和歌の伝統と享受 『和歌文学論集』編集委員会編 風間書房 1996.3 456p 22cm 5974円 ①4-7599-0985-0 Ⓝ911.102 〔17943〕

文学史　　　　　　　　　　　　　中世・近世史

◆◆歌学・歌論書
◇校註和歌叢書　第7冊　和歌作法集　佐佐木信綱, 芳賀矢一校註　博文館　1915　682p　23cm　Ⓝ911.1
〔17944〕

◆俳諧
◇少年愛の連歌俳諧史─菅原道真から松尾芭蕉まで　喜多唯志著　沖積舎　1997.11　457p　19cm　4800円　①4-8060-4623-X　〔17945〕
◇武将誹諧師徳元新攷　安藤武彦著　大阪　和泉書院　2007.11　279p　21cm　（研究叢書）　10000円　①978-4-7576-0434-6　〔17946〕

◆歌謡
◇中世近世歌謡の研究　真鍋昌弘著　桜楓社　1982.10　614p　22cm　30000円　Ⓝ911.64　〔17947〕
◇日本歌謡の研究─特に中世・近世を主としたる　浅野建二著　東京堂　1961　421p 図版　22cm　Ⓝ911.6　〔17948〕

◆説話文学
◇梅若縁起の研究と資料　慶応義塾大学国文学研究会編　桜楓社　1988.1　239p　22cm　（国文学論叢　新集 8）　3800円　①4-273-02217-6　Ⓝ913.4　〔17949〕

◆漢詩文
◇近古史談─新訳　大槻磐渓著, 西村玖訳　集栄館　1921　207p　19cm　（日本名著文庫）　Ⓝ210.4　〔17950〕
◇近古史談　大槻磐渓著, 吉田辰次解釈　研究社　1940　238p　16cm　（研究社学生文庫 358）　Ⓝ210.4　〔17951〕
◇近古史談釈義　信濃教育会編纂　長野　信濃教育会　1937　249p　23cm　Ⓝ210.4　〔17952〕
◇近古史談新講　梁田忠山著　三省堂　1933　161p　20cm　（新撰漢文叢書）　Ⓝ210.4　〔17953〕
◇抄本近古史談　大槻磐渓著, 深井鑑一郎編　東京宝文館　1926　94p　23cm　Ⓝ210.4　〔17954〕
◇新鈔近古史談　宇野哲人編　三学社　1925　56p　23cm　Ⓝ210.4　〔17955〕
◇訳註近古史談　大槻磐渓著, 山田愚木訳註　改訂　岡村書店　1925　339p　18cm　Ⓝ210.4　〔17956〕

地方史

◆北海道
◇史料と語る北海道の歴史　中世・近世篇　海保嶺夫著　札幌　北海道出版企画センター　1985.3　247p　19cm　（北海道ライブラリー 23）　1300円　Ⓝ211　〔17957〕
◇城　1（北海道・東北）　吹雪舞うみちのくの堅城　毎日新聞社　1997.3　167p　31cm　2800円　①4-620-60511-5　Ⓝ521.823　〔17958〕
◇日本城郭大系　第1巻　北海道・沖縄　平井聖ほか編集　藤本英夫, 名嘉正八郎編　新人物往来社　1980.5　345p　27cm　5800円　Ⓝ210.4　〔17959〕
◇復元大系日本の城　1　北海道・東北　北野隆ほか編　秋保良ほか執筆　ぎょうせい　1993.2　179p　37cm　25000円　①4-324-03189-4　Ⓝ521.82　〔17960〕
◇北海道・東北城門　近藤薫著　春日井　近藤薫　1995.8　159p　26cm　非売品　Ⓝ521.82　〔17961〕
◇よみがえる北の中・近世─掘り出されたアイヌ文化　アイヌ文化振興・研究推進機構編　札幌　アイヌ文化振興・研究推進機構　2001.6　196p　30cm　Ⓝ211　〔17962〕

◆東北地方
◇城　1（北海道・東北）　吹雪舞うみちのくの堅城　毎日新聞社　1997.3　167p　31cm　2800円　①4-620-60511-5　Ⓝ521.823　〔17963〕
◇とうほく藩主の墓標　加藤貞仁著　秋田　無明舎出版　2006.4　153p　21cm　（んだんだブックス）　1800円　①4-89544-421-X　Ⓝ212　〔17964〕
◇日本城郭大系　第2巻　青森・岩手・秋田　平井聖ほか編集　盛田稔ほか編集　新人物往来社　1980.7　473p 図版12枚　27cm　6800円　Ⓝ210.1　〔17965〕
◇復元大系日本の城　1　北海道・東北　北野隆ほか編　秋保良ほか執筆　ぎょうせい　1993.2　179p　37cm　25000円　①4-324-03189-4　Ⓝ521.82　〔17966〕
◇北海道・東北城門　近藤薫著　春日井　近藤薫　1995.8　159p　26cm　非売品　Ⓝ521.82　〔17967〕
◇陸奥史略─平泉崩壊から明治維新に至る陸奥諸藩興亡史　家版　下　上野昭夫著　盛岡　ツーワンライフ　1998.1　533, 22p　21cm　2500円　①4-924981-07-9　Ⓝ212　〔17968〕

◆◆青森県
◇青森県史　資料編　考古 4　青森県史編さん考古部会編　青森　青森県　2003.3　710p　31cm　Ⓝ212.1　〔17969〕
◇歴史と風土─南部の地域形成　地方史研究協議会第54回（八戸）大会成果論集　地方史研究協議会編　雄山閣　2004.10　349p　22cm　6000円　①4-639-01858-4　Ⓝ212.1　〔17970〕

◆◆岩手県
◇黄金の影─藤原氏滅亡後の平泉400年　千葉貞雄著　平泉町（岩手県）　千葉文子　1985　84p　19cm　800円　Ⓝ212.2　〔17971〕
◇十一屋物語─南部盛岡の一商家の四百年　高橋政祺著　盛岡　盛岡タイムス社　2005.1　178, 87p　21cm　952円　①4-944053-38-X　〔17972〕
◇城下町盛岡─盛岡城と城下町のすがた　吉田義昭著　〔盛岡〕　盛岡市教育委員会　1994.2　62p　19cm　（盛岡市文化財シリーズ　第23集）　Ⓝ212.2　〔17973〕
◇大東町の城館　大東町文化財調査委員会編　増補　〔大東町（岩手県）〕　大東町教育委員会　1994.3　128p　26cm　（大東町文化財報告書　第15集）　Ⓝ212.2　〔17974〕
◇和賀一族の興亡　後編　乱世と一族の流転─室町・安土桃山・江戸時代　北上　北上市立博物館　1996.3　33p　21×22cm　（北上川流域の自然と文化シリーズ 17）　Ⓝ212.2　〔17975〕

◆◆宮城県
◇岩出山伊達家文書　1　〔岩出町（宮城県）〕　岩出山町　2002.3　198p　21cm　（岩出山町史文書資料　第4集）　Ⓝ212.3　〔17976〕

◇仙台伊達氏家臣団事典—史料　本田勇編著　仙台　丸善仙台出版サービスセンター(製作)　2003.2　658p　27cm　9500円　①4-86080-013-3　Ⓝ212.3　〔17977〕
◇仙台・松島と陸前諸街道　難波信雄, 大石直正編　吉川弘文館　2004.11　250, 23p　19cm　(街道の日本史 8)　2600円　①4-642-06208-4　〔17978〕
◇登米伊達家家臣録を掘る　高橋多吉編著　迫町(宮城県)　佐沼印刷センター(印刷)　1997.9　82p　21cm　Ⓝ212.3　〔17979〕
◇宮城の研究　第3巻　中世篇 2.近世篇 1　渡辺信夫編　大阪　清文堂出版　1983.5　437p　22cm　4500円　Ⓝ291.23　〔17980〕

◆◆秋田県
◇秋田のキリシタン　今村義孝著　秋田　秋田大学史学会　2003.4　98p　21cm　1000円　Ⓝ198.22124　〔17981〕
◇図説・角館城下町の歴史　林正崇著　秋田　無明舎出版　1982.12　206p　27cm　2800円　Ⓝ212.4　〔17982〕

◆◆山形県
◇絵図でみる上山城　上山城管理公社編　上山　上山城管理公社　1989.3　34p　30cm　Ⓝ521.82　〔17983〕
◇絵図でみる城下町よねざわ　米沢上杉文化振興財団編　米沢　米沢市立上杉博物館　1992.10　60p　30cm　Ⓝ212.5　〔17984〕
◇山形藩—羽州の雄、最上義光。のち幾度も大名家交替。商都は栄え、地場産業の伝統は今に伝わる。　横山昭男著　現代書館　2007.9　206p　21cm　(シリーズ藩物語)　1600円　①978-4-7684-7110-4　Ⓝ212.5　〔17985〕
◇米沢藩—伊達から上杉。大削封の中で艱難辛苦。矜持を保ち、鷹山の改革思想は脈々と続く。　小野榮著　現代書館　2006.2　206p　21cm　(シリーズ藩物語)　1600円　①4-7684-7104-8　Ⓝ212.5　〔17986〕

◆◆福島県
◇岩代町資料所在目録　中世・近世　岩代町教育委員会編　〔岩代町(福島県)〕　岩代町教育委員会　1986.3　143p　21cm　Ⓝ212.6　〔17987〕
◇相馬義胤と伊達政宗　古代の行方地方　二宮尊徳の仕法と相馬中村藩　小林清治, 鈴木啓, 佐々井典比古述　原町　野馬追の里歴史民俗資料館　1996.10　57p　30cm　(野馬追の里歴史民俗資料館講演　第2集)　Ⓝ212.6　〔17988〕
◇鶴ケ城を歩く—みちのくに聳え立つ天下の名城　佐藤恒雄著　会津若松　歴史春秋出版　1998.9　71p　19cm　(歴春ブックレット no.19)　500円　①4-89757-372-6　Ⓝ212.6　〔17989〕
◇福島県立図書館叢書　第2, 4-10輯　福島　福島県立図書館　1933-1939　8冊　19cm　Ⓝ212.6　〔17990〕

◆関東地方
◇江戸川の社会史　松戸市立博物館編　同成社　2005.1　257p　20cm　1900円　①4-88621-311-1　Ⓝ213　〔17991〕
◇城　2(関東)　もののふ集う東国の城　毎日新聞社　1997.2　167p　31cm　2800円　①4-620-60512-3　Ⓝ521.823　〔17992〕

◇日本城郭大系　第4巻　茨城・栃木・群馬　平井聖ほか編集　阿久津久ほか編　新人物往来社　1979.11　481p　27cm　5800円　Ⓝ210.1　〔17993〕
◇日本城郭大系　第5巻　埼玉・東京　平井聖ほか編集　柳田敏司, 段木一行編　新人物往来社　1979.8　361p　27cm　5800円　Ⓝ210.1　〔17994〕
◇日本城郭大系　第6巻　千葉・神奈川　平井聖ほか編修　大木衛ほか編集　新人物往来社　1980.2　511p　27cm　5800円　Ⓝ210.1　〔17995〕
◇復元大系日本の城　2　関東　北野隆ほか編　青木信一ほか執筆　ぎょうせい　1993.3　175p　37cm　25000円　①4-324-03190-8　Ⓝ521.82　〔17996〕

◆◆茨城県
◇伊奈町史文書目録　第10集　伊奈町史編纂専門委員会編　伊奈町(茨城県)　伊奈町教育委員会　2006.3　212p　26cm　Ⓝ213.1　〔17997〕
◇勝田市史　中世編・近世編　勝田市史編さん委員会編　勝田　勝田市　1978.3　1118p　22cm　4500円　Ⓝ213.1　〔17998〕
◇那珂町史　中世・近世編　那珂町史編さん委員会編　那珂町(茨城県)　那珂町　1990.8　791p　22cm　Ⓝ213.1　〔17999〕
◇常陸の社会と文化　吉成英文編　ぺりかん社　2007.12　361p　21cm　6000円　①978-4-8315-1191-1　〔18000〕

◆◆栃木県
◇下野山川長林寺乃研究　石井進監修, 大三輪龍彦, 関幸彦編　新人物往来社　2006.2　618p 図版16p　22cm　5600円　①4-404-03266-8　Ⓝ188.85　〔18001〕
◇壬生城—悠久のロマンが今よみがえる。第7回企画展　壬生町立歴史民俗資料館編　〔壬生町(栃木県)〕　壬生町教育委員会　1993.10　55p　30cm　Ⓝ213.2　〔18002〕
◇壬生城郭・城下町解説書　壬生町立歴史民俗資料館編　〔壬生町(栃木県)〕　壬生町教育委員会　1995.3　74p　30cm　Ⓝ213.2　〔18003〕

◆◆群馬県
◇群馬県史収集複製資料目録　第1集　中世史部会収集資料　近世史部会収集資料　その1　群馬県立文書館編　前橋　群馬県立文書館　1994.3　530p　30cm　Ⓝ213.3　〔18004〕
◇交流の地域史—群馬の山・川・道 地方史研究協議会第55回(高崎)大会成果論集　地方史研究協議会編　雄山閣　2005.10　252p　22cm　6000円　①4-639-01902-5　Ⓝ213.3　〔18005〕
◇城郭図とその変遷—文化財総合調査　館林　館林市教育委員会文化振興課　1994.3　115p　26cm　(館林城調査報告書　第1集)　Ⓝ213.3　〔18006〕
◇上州の名城と伝説—上州の城ものがたり30話・上州の夜語り33話・決定版　高崎　あさを社　1992.2　112p　26cm　(上州路別冊)　680円　Ⓝ213.3　〔18007〕

◆◆埼玉県
◇綾瀬市史　6　通史編　中世・近世　綾瀬市編　綾瀬　綾瀬市　1999.3　950p　22cm　Ⓝ213.7　〔18008〕
◇岩槻の中近世遺跡—岩槻城とその時代 企画展　岩槻市立郷土資料館編　岩槻　岩槻市立郷土資料館　2002　8p

30cm Ⓝ213.7 〔18009〕
◇描かれた世喜宿城―城絵図の世界 平成8年度企画展 千葉県立関宿城博物館編 関宿町(千葉県) 千葉県立関宿城博物館 1997.1 33p 26cm Ⓝ213.5 〔18010〕
◇鎌ケ谷市史 資料編3 上 中世・近世1 鎌ケ谷市教育委員会編 鎌ケ谷 鎌ケ谷市 1991.3 500p 22cm Ⓝ213.5 〔18011〕
◇川越城―失われた遺構を探る 第5回企画展 川越市立博物館編 川越 川越市立博物館 1992.3 90p 26cm Ⓝ213.4 〔18012〕
◇越谷市史 第3巻 史料 1 越谷 越谷市 1973 1009p 図 22cm Ⓝ213.4 〔18013〕
◇新編埼玉県史 資料編18 中世・近世 宗教 埼玉県編 〔浦和〕 埼玉県 1987.3 1106p 図版16枚 27cm Ⓝ213.4 〔18014〕
◇与野市史 中・近世史料編 与野市企画部市史編さん室編 〔与野〕 与野市 1982.4 972p 22cm Ⓝ213.4 〔18015〕
◇両神村史 史料編1 中世・近世出浦家文書 両神村村史編さん委員会編 両神村(埼玉県) 両神村 1985.3 820p 22cm Ⓝ213.4 〔18016〕

◆◆千葉県
◇旭市史 第3巻 近世南部史料編,中世史料編 旭市史編さん委員会編 旭 旭市 1975 1094,6p 図 22cm Ⓝ213.5 〔18017〕
◇酒々井町史―史料集 1 中・近世編 酒々井町史編さん委員会編 酒々井町(千葉県) 酒々井町 流山 崙書房(制作) 1976 441p 24cm Ⓝ213.5 〔18018〕
◇千葉県所在中近世城館跡詳細分布調査報告書 1 千葉県教育委員会編 千葉 千葉県教育委員会 1995.3 261p 30cm Ⓝ213.5 〔18019〕
◇千葉県所在中近世城館跡詳細分布調査報告書 2 千葉県教育委員会編 千葉 千葉県教育委員会 1996.3 263p 30cm Ⓝ213.5 〔18020〕
◇千葉県中近世遺跡調査目録 1970 千葉県中近世遺跡調査団編 〔千葉〕 千葉県教育委員会 1971 42p 26cm (昭和45中近世調査抄報) Ⓝ213.5 〔18021〕
◇千葉県中近世遺跡調査目録 1971 千葉県中近世遺跡調査団編 〔千葉〕 千葉県教育委員会 1972 2冊(付図共) 26cm (昭46中近世調査抄報) Ⓝ213.5 〔18022〕
◇千葉県中近世城跡研究調査報告書 第8集(昭和62年度) 飯野陣屋跡・山崎城発掘調査報告 千葉県文化財センター編 千葉 千葉県教育委員会 1988.3 61p 図版7枚 26cm Ⓝ210.2 〔18023〕
◇房総中近世考古 第1号 〔市原〕 房総中近世考古学研究会 2003.10 104p 30cm Ⓝ213.5 〔18024〕
◇房総中近世考古 第2号 〔市原〕 房総中近世考古学研究会 2006.5 108p 30cm Ⓝ213.5 〔18025〕

◆◆東京都
◇江戸と城下町―天正から明歴まで 鈴木理生著 新人物往来社 1976 277p 20cm 1500円 Ⓝ213.6 〔18026〕
◇江戸はこうして造られた―幻の百年を復原する 鈴木理生著 筑摩書房 2000.1 349p 15cm (ちくま学芸文庫) 1100円 ①4-480-08539-4 〔18027〕
◇国立療養所(中野)生い立ちの真相―江古田村の百姓一揆?幻の江古田城? 研究レポート 山崎清司著 中野区江古田史談会 1982.6 134p 21cm Ⓝ213.6 〔18028〕
◇田無市史 第1巻 中世・近世史料編 田無市史編さん委員会編 田無 田無市 1991.3 946,12p 22cm Ⓝ213.6 〔18029〕
◇中近世史研究と考古学―葛西城発掘30周年記念論文集 葛西城発掘30周年記念論文集刊行会編 岩田書院 2002.8 325p 22cm 7200円 ①4-87294-258-2 Ⓝ213.61 〔18030〕
◇東京百年史 第1巻 江戸の生誕と発展(東京前史) 編集:東京百年史編集委員会 北島正元等著 東京都 1973 1663p 図12枚 22cm Ⓝ213.6 〔18031〕
◇豊島区史 資料編1 中世・近世編 豊島区史編纂委員会編 東京都豊島区 1975 615,10p 図 22cm Ⓝ213.6 〔18032〕
◇東大和市史資料編 6 中世〜近世からの伝言 東大和市史編さん委員会編 東大和 東大和市 1997.3 234p 26cm Ⓝ213.65 〔18033〕

◆◆神奈川県
◇江戸湾の歴史―中世・近世の湊と人びと 横浜開港資料館編 横浜 横浜開港資料普及協会 1990.4 97p 26cm Ⓝ213.7 〔18034〕
◇かながわの城 三津木国輝著 横浜 神奈川新聞社 1993.3 144p 15cm (かもめ文庫 44) 700円 ①4-87645-162-1 Ⓝ213.7 〔18035〕
◇神奈川の歴史をよむ 神奈川県高等学校教科研究会社会科部会歴史分科会編 山川出版社 2007.3 411p 19cm 2300円 ①978-4-634-59371-8 〔18036〕
◇近世神奈川の地域的展開 村上直,神崎彰利編 横浜 有隣堂 1986.4 399p 22cm ①4-89660-072-X Ⓝ213.7 〔18037〕
◇相模原市史 第5巻 相模原市市史編さん委員会編 相模原 1965 766p 図版 表 22cm Ⓝ213.7 〔18038〕
◇堀江文書 第2巻 中・近世 1 神崎彰利編 伊勢原 新田堀江家 1995.8 699p 22cm 非売品 Ⓝ213.7 〔18039〕

◆北越地方
◇城 3(甲信越・北陸) 銀嶺を望む風雪の城 毎日新聞社 1997.3 159p 31cm 2800円 ①4-620-60513-1 Ⓝ521.823 〔18040〕
◇中・近世の北陸―考古学が語る社会史 北陸中世土器研究会編 富山 桂書房 1997.10 600p 31cm 10000円 Ⓝ214 〔18041〕
◇北陸を彩った武将たち―中近世の北陸 塩照夫著 〔富山〕 〔塩照夫〕 1986.8 361p 19cm 1700円 Ⓝ214 〔18042〕
◇北国街道の城 塩照夫著 金沢 北国新聞社 1994.4 236p 20cm 2200円 ①4-8330-0841-6 Ⓝ214 〔18043〕

◆◆新潟県
◇考古―中・近世資料 上越市史専門委員会考古部会編 上越 上越市 2003.3 389p 27cm (上越市史叢書 8) Ⓝ214.1 〔18044〕
◇天領・太田の里―濁沢村を探る 川上卓蔵著 新風舎 2007.11 123p 21cm 1300円 ①978-4-289-03295-2 〔18045〕

◆◆富山県
◇福岡町の中世・近世の文化　岩崎照栄著, 岩崎貞子編　福岡町（富山県）　岩崎照栄　2002.12　273p　27cm　Ⓝ214.2
〔18046〕

◆◆石川県
◇加賀藩史料　大阪　清文堂出版　1970　16冊　23cm　Ⓝ214.3
〔18047〕
◇金澤城—その自然と歴史　「金沢城」編集委員編　金沢　金沢大学生活協同組合出版部　1968　68p 図版　19cm　Ⓝ521.4
〔18048〕
◇金沢城　森栄松著　金沢　北国出版社　1970　125p 図　18cm　360円　Ⓝ521.4
〔18049〕
◇金沢城　石川県立歴史博物館編　金沢　石川県立歴史博物館　1994.10　96p　21×30cm　Ⓝ214.3
〔18050〕
◇金沢城跡—金沢城跡遺構実態調査概要報告書　金沢御堂・金沢城調査委員会編　〔金沢〕石川県教育委員会　1993.3　68p　26cm　Ⓝ214.3
〔18051〕
◇金沢城と前田氏領内の諸城　喜内敏編　名著出版　1985.3　398p　22cm　（日本城郭史研究叢書 第5巻）　5800円　Ⓘ4-626-01163-2　Ⓝ521.82
〔18052〕
◇金沢城物語　森栄松著　金沢　石川県図書館協会　1993.3　197p　19cm　（郷土シリーズ 第3期 3）　Ⓝ214.3
〔18053〕
◇金沢城四〇〇年のロマン　山嶋哲盛著　金沢　北国新聞社（製作）　1993.8　157p　19cm　2000円　Ⓘ4-8330-0801-7　Ⓝ214.3
〔18054〕
◇金沢御堂・金沢城調査報告書　1　石川県教育委員会文化課金沢御堂金沢城調査委員会編　〔金沢〕　石川県教育委員会　1991.3　2冊　26cm　Ⓝ214.3
〔18055〕
◇福井城・金沢城　平井聖監修, 吉田純一著　至文道　1997.9　305p　38cm　（城郭・侍屋敷古図集成）　49000円　Ⓘ4-7843-0125-9　Ⓝ521.823
〔18056〕

◆◆福井県
◇越前勝山城—柴田勝安の築城と小笠原氏悲願の再建　増田公輔著　勝山　増田公輔　1999.6　154p　21cm　Ⓝ214.4
〔18057〕
◇福井県史　資料編3　中・近世 1　福井市　〔福井〕　福井県　1982.3　938p　22cm　Ⓝ214.4
〔18058〕
◇福井県史　資料編4　中・近世 2　吉田郡・坂井郡　〔福井〕　福井県　1984.1　1007p　22cm　Ⓝ214.4
〔18059〕
◇福井県史　資料編5　中・近世 3　鯖江市・丹生郡　〔福井〕　福井県　1985.3　971p　22cm　Ⓝ214.4
〔18060〕
◇福井県史　資料編6　中・近世 4　武生市・今立郡・南条郡　〔福井〕　福井県　1987.3　989p　26cm　Ⓝ214.4
〔18061〕
◇福井県史　資料編7　中・近世 5　大野市・勝山市・足羽郡・大野郡　福井県編　〔福井〕　福井県　1992.3　1074p　22cm　Ⓝ214.4
〔18062〕
◇福井県史　資料編8　中・近世 6　敦賀市・三方郡　〔福井〕　福井県　1989.3　1047p　26cm　Ⓝ214.4
〔18063〕
◇福井県史　資料編9　中・近世 7　小浜市・遠敷郡・大飯郡　〔福井〕　福井県　1990.9　1125p　22cm　Ⓝ214.4
〔18064〕

◇福井城・金沢城　平井聖監修, 吉田純一著　至文道　1997.9　305p　38cm　（城郭・侍屋敷古図集成）　49000円　Ⓘ4-7843-0125-9　Ⓝ521.823
〔18065〕
◇福井の城—福井・丸岡・大野・小浜・鯖江城　吉田純一著　福井　フェニックス出版　1994.2　184p　21cm　1800円　Ⓘ4-89220-602-4　Ⓝ521.82
〔18066〕
◇丸岡城略史　丸岡町（福井県）　丸岡城下を考える会　1991.10　13, 232p　26cm　Ⓝ214.4
〔18067〕
◇三峯の城と村　北中山をよくする会『三峯の城と村』編纂委員会編纂　鯖江　三峯城跡保存会　1992.11　174p　22cm　Ⓝ214.4
〔18068〕
◇よみがえる福井城　吉田純一述　福井　福井市立郷土歴史博物館　1995.3　36p　21cm　（文化講演録 第3輯）　Ⓝ521.82
〔18069〕

◆中部・東海地方
◇城　3（甲信越・北陸）　銀嶺を望む風雪の城　毎日新聞社　1997.3　159p　31cm　2800円　Ⓘ4-620-60513-1　Ⓝ521.823
〔18070〕
◇城　4（東海）　天下人への夢馳せる群雄の城　毎日新聞社　1996.12　159p　31cm　2800円　Ⓘ4-620-60514-X　Ⓝ521.823
〔18071〕
◇東海地域文化研究—その歴史と文化　名古屋学芸大学短期大学部東海地域文化研究所編　京都　思文閣出版　2006.3　389p　21cm　（研究叢書）　3500円　Ⓘ4-7842-1298-1
〔18072〕
◇東海道と伊勢湾　本多隆成, 酒井一編　吉川弘文館　2004.1　270, 29p　19cm　（街道の日本史 30）　2500円　Ⓘ4-642-06230-0
〔18073〕
◇名古屋・岐阜と中山道　松田之利編　吉川弘文館　2004.4　266, 21p　19cm　（街道の日本史 29）　2500円　Ⓘ4-642-06229-7
〔18074〕
◇日本城郭大系　第9巻　静岡・愛知・岐阜　平井聖ほか編修　小和田哲男ほか編　新人物往来社　1979.6　437p　27cm　5200円　Ⓝ210.1
〔18075〕
◇復元大系日本の城　3　北信越　北野隆ほか編　浅川清栄ほか執筆　ぎょうせい　1992.11　175p　37cm　25000円　Ⓘ4-324-03191-6　Ⓝ521.82
〔18076〕
◇復元大系日本の城　4　東海　北野隆ほか編　奥出賢治ほか執筆　ぎょうせい　1992.7　175p　37cm　25000円　Ⓘ4-324-03192-4　Ⓝ521.82
〔18077〕

◆◆山梨県
◇中近世甲斐の社会と文化　飯田文彌編　岩田書院　2005.9　491p　22cm　14800円　Ⓘ4-87294-387-2　Ⓝ215.1
〔18078〕
◇定本・山梨県の城　萩原三雄責任編集,『定本・山梨県の城』刊行会編　松本　郷土出版社　1991.11　254p　37cm　18000円　Ⓘ4-87663-171-9　Ⓝ215.1
〔18079〕

◆◆長野県
◇伊那周辺の城館跡と村落—中・近世史研究への考古学的試論　飯塚政美著　ぎょうせい（印刷）　2002.5　197p　21cm　Ⓝ215.2
〔18080〕
◇お城がすき まつもとがすき—松本城をめぐる文化財　松本市教育委員会社会教育課編　松本　松本市教育委員会　1993.10　133p　30cm　（文化財の知識シリーズ 第3集）　Ⓝ215.2
〔18081〕
◇国宝 松本城　松本市教育委員会　松本　1966　211p 図版共　30cm　Ⓝ521.4
〔18082〕

地方史　　　　　　　　　　　　　　中世・近世史

◇国宝松本城―解体と復元　竹内力編　〔豊科町(長野県)〕〔竹内力〕　1979.4　475p　27cm　3000円　Ⓝ521.4
〔18083〕
◇国宝松本城―解体と復元　竹内力編　改訂版　〔豊科町(長野県)〕〔竹内力〕　1980.3　482p　27cm　4000円　Ⓝ521.82
〔18084〕
◇国宝松本城を調べた話　赤津栄一著　武蔵野　光技術開発センター　1992.12　77p　20cm　800円　Ⓝ521.82
〔18085〕
◇小諸藩　塩川友衛著　現代書館　2007.8　206p　21cm　(シリーズ藩物語)　1600円　①978-4-7684-7109-8
〔18086〕
◇下伊那史　第7巻　安土・桃山・江戸初期　下伊那教育会編　飯田　下伊那誌編纂会　1980.11　1163p　22cm　Ⓝ215.2
〔18087〕
◇城下町まつもと・昔がたり　中川治雄著　松本　郷土出版社　2007.3　223p　19cm　1600円　①978-4-87663-888-8
〔18088〕
◇信州の城と古戦場　南原公平著　令文社　1969　310p　図版　18cm　380円　Ⓝ291.52
〔18089〕
◇信州の城と古戦場　南原公平著　令文社　1987.5　310p　18cm　800円　Ⓝ291.52
〔18090〕
◇図説・高島城と諏訪の城　浅川清栄責任編集　松本　郷土出版社　1995.3　206p　31cm　11000円　①4-87663-278-2　Ⓝ215.2
〔18091〕
◇茅野市史　中巻　中世・近世　茅野　茅野市　1987.11　1175, 12p　22cm　Ⓝ215.2
〔18092〕
◇定本・国宝松本城　住田正ほか解説　松本　郷土出版社　1988.3　259p　38cm　14000円　①4-87663-105-0　Ⓝ521.82
〔18093〕
◇松本城―その歴史と見どころ　金井円編著　名著出版　1984.8　158p　19cm　1200円　①4-626-01128-4　Ⓝ215.2
〔18094〕
◇松本城とその周辺　日本城郭協会編　日本城郭協会出版部　1961　96p(はり込み原色図版, 図版16枚共)　22cm　Ⓝ215.2
〔18095〕
◇松本城とその城下町　中嶋次太郎著　歴史図書社　1969　221p　図版　19cm　600円　Ⓝ215.2
〔18096〕

◆◆岐阜県
◇郷土研究岐阜―創立30周年記念論集　岐阜県郷土資料研究協議会編　岐阜　岐阜県郷土資料研究協議会　2003.9　175p　26cm　①4-905687-47-0　Ⓝ215.3
〔18097〕
◇定本飛騨の城　森本一雄著　岐阜　郷土出版社　1987.9　200p　27cm　4500円　Ⓝ210.2
〔18098〕

◆◆静岡県
◇掛川城―平成の築城　歴史の町掛川に天守閣が今甦る。東海道掛川宿まちおこしの会著　掛川　東海道掛川宿まちおこしの会　1994.4　60p　20×21cm　Ⓝ521.82
〔18099〕
◇掛川城の挑戦　榛村純一, 若林淳之編・著　静岡　静岡新聞社　1994.3　239p　19cm　1300円　①4-7838-1048-6　Ⓝ215.4
〔18100〕
◇北遠中・近世史年表　坪井俊三編　〔天竜〕坪井俊三　1979　26p　22cm　Ⓝ215.4
〔18101〕
◇久野城物語り　袋井　久野城址保存会　1995.3　248p　22cm　Ⓝ215.4
〔18102〕

◇静岡県古城めぐり　小和田哲男ほか著　静岡　静岡新聞社　1984.7　254p　19cm　1300円　①4-7838-1026-5　Ⓝ521.82
〔18103〕
◇静岡市史　中世近世史料2　静岡市編　静岡　静岡市　1981.4　1128p　22cm　Ⓝ215.4
〔18104〕
◇図説・駿河・伊豆の城　静岡　郷土出版社　1992.10　246p　38cm　16000円　①4-87665-037-3　Ⓝ215.4
〔18105〕
◇図説・遠江の城　静岡　郷土出版社　1994.9　207p　37cm　14000円　①4-87665-057-8　Ⓝ215.4
〔18106〕
◇駿河国田中城絵図　藤枝　藤枝市郷土博物館　1987.11　図版1枚　80×98cm　Ⓝ215.4
〔18107〕
◇図録掛川城概説　関七郎著　掛川　関七郎　1977.1　94p　(図共)　30cm　Ⓝ521.4
〔18108〕
◇駿州田中城趾　小花藤平著　藤枝　小花けん　1980.10　181p　図版　22cm　2000円　Ⓝ215.4
〔18109〕
◇駿府城―平成の天守よ甦れ。文化環境計画研究所編　静岡　駿府城再建準備委員会　1996.3　107p　30cm　2000円　Ⓝ521.823
〔18110〕
◇発掘された駿府城跡―新出土品にみる城のようすとくらし　特別展　静岡市立登呂博物館編　〔静岡〕静岡市立登呂博物館　1994.3　40p　26cm　Ⓝ215.4
〔18111〕
◇浜松城のイメージ―特別展　〔浜松〕浜松市博物館　1995.9　52p　26cm　Ⓝ215.4
〔18112〕
◇三島宿之古記録―自永正至享保　解読書　木村醒泉解読・筆耕　復刻　三島　土屋壽山　2005.10　423p　26cm　Ⓝ215.4
〔18113〕

◆◆愛知県
◇熱田と名古屋―中世から近世への歩み　企画展　名古屋市博物館編　〔名古屋〕名古屋市博物館　1997.1　64p　30cm　Ⓝ215.5
〔18114〕
◇犬山城史―新編　横山住雄著　各務原　横山住雄　1968　150p　図版　21cm　Ⓝ215.5
〔18115〕
◇尾張の名城　犬山城と名古屋城　城戸久著　名古屋　名古屋鉄道株式会社　1949　79p　図版　19cm　Ⓝ521.4
〔18116〕
◇吉良町史　中世後期・近世　吉良町史編さん委員会編　吉良町(愛知県)　吉良町　1999.3　1249p　22cm　Ⓝ215.5
〔18117〕
◇幸田町史　資料編1　幸田町教育委員会編　幸田町(愛知県)　幸田町　1994.8　723p　22cm　Ⓝ215.5
〔18118〕
◇国宝犬山城―その解体と復元のあゆみ　犬山　犬山市　1964.12　51p　26cm　Ⓝ521.4
〔18119〕
◇国宝　犬山城　城戸久著　名古屋　名古屋鉄道　1965　102p　図版　19cm　(東海叢書　第15巻)　Ⓝ521.4
〔18120〕
◇国宝犬山城図録　横山住雄著　岐阜　教育出版文化協会　1987.4　71p　26cm　1000円　Ⓝ521.82
〔18121〕
◇三州吉田城の石垣と刻印　高橋延年, 柳生朗共著　豊橋　高橋延年　1972　89p　図　21cm　Ⓝ521.4
〔18122〕
◇戦国・江戸時代のかりや展　刈谷市教育委員会編　刈谷　刈谷市教育委員会　2000.4　75p　30cm　Ⓝ215.5
〔18123〕
◇知多半島の歴史と現在　NO.13　日本福祉大学知多半島総合研究所編　校倉書房　2005.9　241p　21cm　3000

円　①4-7517-9013-7, ISSN0915-4833
〔18124〕
◇豊川市史　中世・近世史料編　豊川市史編集委員会編　〔豊川〕　豊川市　1975　796p　図　21cm　Ⓝ215.5
〔18125〕
◇豊田市の城下町展―中世～江戸期の豊田　豊田市郷土資料館編　〔豊田〕　豊田市教育委員会　2001.2　129p　30cm　Ⓝ215.5
〔18126〕
◇長篠戦後四百年史　新城市郷土研究会編　新城　新城市教育委員会　1975　240p　図　地図　22cm　Ⓝ215.5
〔18127〕
◇三河刈谷城　藤林明芳著　大阪　日本古城友の会　1995.9　29p　22cm　（城と陣屋シリーズ 211号）　Ⓝ215.5
〔18128〕

◆◆三重県
◇伊賀上野城　山本茂貴編集・文　〔上野〕　伊賀文化産業協会　1976.3　〔44〕p（おもに図）　20cm　Ⓝ215.6
〔18129〕
◇伊賀上野城 3　最後の伊賀城代　藤林明芳著　大阪　日本古城友の会　1997.5　20p　22cm　（城と陣屋シリーズ 218号）　Ⓝ215.6
〔18130〕
◇伊賀上野城史　上野　伊賀文化産業協会　1971　459p　図　22cm　非売　Ⓝ215.6
〔18131〕
◇上野城史　福井健二著　〔上野〕　上野城址研究会　1968　115p（図版共）　19cm　500円　Ⓝ215.6
〔18132〕
◇新伊勢亀山城　藤林明芳,栢木隆共著　大阪　日本古城友の会　1999.6　10, 18p　22cm　（城と陣屋シリーズ 229号）　Ⓝ215.6
〔18133〕
◇新伊勢津城　藤林明芳著　大阪　日本古城友の会　1996.11　22p　図版8p　22cm　（城と陣屋シリーズ 215号）　Ⓝ215.6
〔18134〕
◇平成城代家老日誌―上野城秘録　前出絢嗣著　上野　伊賀文化産業協会　1996.11　306p　22cm　Ⓝ521.823
〔18135〕

◆近畿地方
◇城　5（近畿）　華と競う王者の城　毎日新聞社　1996.9　159p　31cm　2800円　①4-620-60515-8　Ⓝ521.823
〔18136〕
◇復元大系日本の城　5　近畿　北野隆ほか編　青山賢信ほか執筆　ぎょうせい　1992.5　175p　37cm　25000円　①4-324-03193-2　Ⓝ521.82
〔18137〕

◆◆滋賀県
◇館蔵史料にみる近江の社会―中世から近代へ　史料館新営10周年記念特別展　滋賀大学経済学部附属史料館編　彦根　滋賀大学経済学部附属史料館　2005.10　25p　30cm　Ⓝ521.82
〔18138〕
◇戦国から近世の城下町―石寺・安土・八幡　滋賀県安土城郭調査研究所編　彦根　サンライズ出版　2006.10　139p　21cm　（近江旅の本）　1800円　①4-88325-312-0　Ⓝ291.61
〔18139〕
◇彦根城の修築とその歴史　彦根城博物館編　彦根　彦根市教育委員会　1995.7　24p　30cm　Ⓝ521.82
〔18140〕

◆◆京都府
◇京都発見　5　法然と障壁画　梅原猛著, 井上隆雄写真　新潮社　2003.3　187p　21cm　2300円　①4-10-303017-8
〔18141〕

◇丹波―中・近世の考古学　第14回企画展展示図録　亀岡市文化資料館編　亀岡　亀岡市文化資料館　1992.7　36p　26cm　Ⓝ210.2
〔18142〕
◇丹波・亀山城物語―第13回企画展　亀岡市文化資料館編　亀岡　亀岡市文化資料館　1992.5　28p　26cm　Ⓝ216.2
〔18143〕
◇丹波の城―開館1周年記念特別展　亀岡市文化資料館編　〔亀岡〕　亀岡市文化資料館　1986.11　20p　26cm　Ⓝ521.82
〔18144〕

◆◆大阪府
◇大阪城の歴史―大阪城天守閣復興70周年記念/テーマ展　大阪城天守閣編　大阪　大阪城天守閣特別事業委員会　2001.10　71p　26cm　Ⓝ216.3
〔18145〕

◆◆兵庫県
◇淡路洲本城　角田誠, 谷本進編　伊丹　城郭談話会　1995.12　288p　図版25p　26cm　Ⓝ216.4
〔18146〕
◇洲本城案内　岡本稔, 山本幸夫著　洲本　Books成錦堂　1982.4　143p　19cm　980円　Ⓝ521.82
〔18147〕
◇徳島・淡路と鳴門海峡　石躍胤央編　吉川弘文館　2006.9　242, 27p　19cm　（街道の日本史 44）　2600円　①4-642-06244-0
〔18148〕
◇播州宍粟・千草鉄山史年表　宇野正磯編　〔山崎町（兵庫県）〕　〔宇野正磯〕　1992.9　76p　21cm　Ⓝ564.09
〔18149〕
◇姫路城―永遠の天守閣　中元孝迪著　神戸　神戸新聞総合出版センター　2001.5　334p　20cm　1800円　①4-343-00065-6　Ⓝ216.4
〔18150〕
◇姫路城を彩る人たち　播磨学研究所編　神戸　神戸新聞総合出版センター　2000.12　249p　19cm　（姫路文庫 7）　1300円　①4-343-00081-8
〔18151〕
◇兵庫県城郭史　森口忠編　神戸　1965　158, 64p　図版　22cm　Ⓝ521
〔18152〕
◇ひょうご全史―ふるさと7万年の旅　下　神戸新聞「兵庫学」取材班編　神戸　神戸新聞総合出版センター　2006.4　285, 46p　19cm　（のじぎく文庫）　2000円　①4-343-00356-6
〔18153〕
◇ひょうごの城紀行　上　朽木史郎, 橘川真一編　神戸　神戸新聞総合出版センター　1998.4　302p　19cm　1500円　①4-87521-495-2　Ⓝ216.4
〔18154〕
◇ひょうごの城紀行　下　朽木史郎, 橘川真一編著　神戸　神戸新聞総合出版センター　1998.12　290p　19cm　（のじぎく文庫）　1500円　①4-343-00033-8
〔18155〕
◇村岡の武家社会　古川哲男著　〔村岡町（兵庫県）〕　村岡町歴史研究会　2000.11　79p　21cm　1000円　Ⓝ216.4
〔18156〕

◆◆和歌山県
◇紀州田辺町大帳　第1巻　和歌山県田辺市教育委員会編　大阪　清文堂出版　1987.10　338p　22cm　（清文堂史料叢書 第16刊）　①4-7924-0301-4　Ⓝ216.6
〔18157〕
◇城―和歌山城郭調査研究会10周年記念誌　和歌山城郭調査研究会編　和歌山　和歌山城郭調査研究会　1998.8　123p　26cm　Ⓝ216.6
〔18158〕
◇南紀と熊野古道　小山靖憲, 笠原正夫編　吉川弘文館　2003.10　234, 18p　19cm　（街道の日本史 36）　2500円　①4-642-06236-X
〔18159〕

◇復元大系日本の城　7　南紀・四国　北野隆ほか編　岡本和之ほか執筆　ぎょうせい　1993.5　176p　37cm　25000円　Ⓘ4-324-03195-9　Ⓝ521.82　〔18160〕

◆中国地方
◇城　6(中国)　甍きらめく西国の城塞　毎日新聞社　1996.11　159p　31cm　2800円　Ⓘ4-620-60516-6　Ⓝ521.823　〔18161〕
◇日本城郭大系　第13巻　広島・岡山　平井聖ほか編集　西本省三, 葛原克人編　新人物往来社　1980.1　511p　27cm　5800円　Ⓝ210.1　〔18162〕
◇日本城郭大系　第14巻　鳥取・島根・山口　平井聖ほか編集　山根幸恵ほか編　新人物往来社　1980.4　389p　27cm　5800円　Ⓝ210.1　〔18163〕
◇復元大系日本の城　6　中国　北野隆ほか編　青山賢信ほか執筆　ぎょうせい　1992.3　174p　37cm　25000円　Ⓘ4-324-03194-0　Ⓝ521.82　〔18164〕

◆◆鳥取県
◇城下町鳥取誕生四百年　〔鳥取〕　鳥取市教育委員会　1974　167p　図　19cm　600円　Ⓝ217.2　〔18165〕
◇新編倉吉市史　第2巻(中・近世編)　新編倉吉市史編集委員会編　倉吉　倉吉市　1995.3　515, 3p　22cm　Ⓝ217.2　〔18166〕
◇鳥取城―その歴史と構造　山根幸恵編著　渓水社　1983.10　269p　21cm　3500円　Ⓝ521.82　〔18167〕
◇鳥取・米子と隠岐―但馬・因幡・伯耆　錦織勤, 池内敏編　吉川弘文館　2005.8　242, 26p　19cm　(街道の日本史 37)　2600円　Ⓘ4-642-06237-8　〔18168〕

◆◆島根県
◇石見の城館跡　島根県教育委員会編　松江　島根県教育委員会　1997.3　245p　30cm　(島根県中近世城館跡分布調査報告書 第1集)　Ⓝ217.3　〔18169〕

◆◆岡山県
◇あいらぶ城下町―岡山城築城400年　山陽新聞社編集局編著　岡山　山陽新聞社　1996.4　211p　19cm　1500円　Ⓘ4-88197-580-3　Ⓝ217.5　〔18170〕
◇岡山城―その歴史と物語　巌津政右衛門著　岡山　日本文教出版　1966　98p　図版共　18cm　Ⓝ521.4　〔18171〕
◇岡山城―写真集　渡辺泰多著　岡山　渡辺泰多　1993.10　120p　31cm　4000円　Ⓘ4-943947-98-0　Ⓝ217.5　〔18172〕
◇岡山城　光岡てつま写真, 加原耕作文　岡山　山陽新聞社　1994.11　95p　26cm　(山陽新聞サンブックス)　1500円　Ⓘ4-88197-513-7　Ⓝ217.5　〔18173〕
◇岡山城築城400年公式ガイドブック―烏城　ジェイコム企画・編集　岡山　岡山城築城400年関連事業推進協議会　1996.12　54p　30cm　826円　Ⓘ4-916169-01-8　Ⓝ217.5　〔18174〕
◇岡山城物語　上　市川俊介著　岡山　岡山リビング新聞社　1991.6　172p　19cm　1100円　Ⓝ217.5　〔18175〕
◇岡山の城―歴史散歩　富阪晃著　岡山　山陽新聞社　1995.8　237p　19cm　1600円　Ⓘ4-88197-545-5　Ⓝ217.5　〔18176〕
◇女たちの備前岡山城　松本幸子著　岡山　山陽新聞社　1997.6　254p　19cm　1524円　Ⓘ4-88197-627-3　Ⓝ281.75　〔18177〕
◇新あいらぶ城下町―岡山城築城400年　山陽新聞社編集局編著　岡山　山陽新聞社　1997.4　253p　19cm　1524円　Ⓘ4-88197-621-4　Ⓝ217.5　〔18178〕
◇津山城　近田陽子写真, 三好基之文, 山陽新聞社出版局編　岡山　山陽新聞社　1997.11　95p　26cm　(山陽新聞サンブックス)　1714円　Ⓘ4-88197-639-7　〔18179〕
◇津山城物語　日高一著　岡山　山陽新聞社　1987.7　157p　20cm　1500円　Ⓘ4-88197-239-1　Ⓝ217.5　〔18180〕
◇備中松山城及其城下　信野友春著　〔高梁〕　高梁市郷土資料刊行会　1991.3　174p　22cm　非売品　Ⓝ217.5　〔18181〕

◆◆広島県
◇上下町史　史料編 1(中世・近世)　上下町史編纂委員会, 上下町教育委員会編　上下町(広島県)　上下町　1998.3　1250p　22cm　Ⓝ217.6　〔18182〕
◇広島・福山と山陽道　頼祺一編　吉川弘文館　2006.8　244, 16p　19cm　(街道の日本史 41)　2600円　Ⓘ4-642-06241-6　〔18183〕

◆◆山口県
◇史跡萩城城下町　田中助一著　萩　萩郷土文化研究会　1975　42p(図共)　19cm　Ⓝ291.77　〔18184〕
◇長門地頭秘史　大嶋敦子, 伊藤太文著　叢文社　2002.10　382p　20cm　2000円　Ⓘ4-7947-0419-4　Ⓝ288.3　〔18185〕

◆四国地方
◇城　7(四国)　黒潮寄せる南海の城　毎日新聞社　1997.1　159p　31cm　2800円　Ⓘ4-620-60517-4　Ⓝ521.823　〔18186〕
◇日本城郭大系　第15巻　香川・徳島・高知　平井聖ほか編集　松本豊胤ほか編集　新人物往来社　1979.12　389p　27cm　5800円　Ⓝ210.1　〔18187〕
◇復元大系日本の城　7　南紀・四国　北野隆ほか編　岡本和之ほか執筆　ぎょうせい　1993.5　176p　37cm　25000円　Ⓘ4-324-03195-9　Ⓝ521.82　〔18188〕

◆◆徳島県
◇徳島・淡路と鳴門海峡　石躍胤央編　吉川弘文館　2006.9　242, 27p　19cm　(街道の日本史 44)　2600円　Ⓘ4-642-06244-0　〔18189〕
◇徳島城　「徳島城」編集委員会編　徳島　徳島市立図書館　1994.3　353p　19cm　(徳島市民双書 28)　1700円　Ⓝ521.823　〔18190〕

◆◆愛媛県
◇日本城郭大系　第16巻　大分・宮崎・愛媛　平井聖ほか編集　三重野元ほか編集　新人物往来社　1980.3　429p　27cm　5800円　Ⓝ210.1　〔18191〕

◆◆高知県
◇土佐と南海道　秋澤繁, 荻慎一郎編　吉川弘文館　2006.12　246, 22p　19cm　(街道の日本史 47)　2600円　Ⓘ4-642-06247-5　〔18192〕

◆九州地方
◇近世九州の差別と周縁民衆　松下志朗著　福岡　海鳥社　2004.4　273, 5p　19cm　2500円　Ⓘ4-87415-473-5
〔18193〕
◇城　8（九州・沖縄）　火燃ゆる強者どもの城　毎日新聞社　1996.10　159p　31cm　2800円　Ⓘ4-620-60518-2　Ⓝ521.823
〔18194〕
◇地域史研究と歴史教育―森山恒雄教授退官記念論文集　森山恒雄教授退官記念論文集刊行会編纂　熊本　熊本出版文化会館　1998.3　910p　22cm　18000円　Ⓘ4-7505-9811-9　Ⓝ219.04
〔18195〕
◇筑紫古典文学の世界　中世・近世　林田正男編　おうふう　1997.10　260p　19cm　2800円　Ⓘ4-273-02993-6　Ⓝ910.2
〔18196〕
◇日本城郭大系　第16巻　大分・宮崎・愛媛　平井聖ほか編集　三重野元ほか編集　新人物往来社　1980.3　429p　27cm　5800円　Ⓝ210.1
〔18197〕
◇日本城郭大系　第18巻　福岡・熊本・鹿児島　平井聖ほか編集　磯村幸男ほか編集　新人物往来社　1979.10　539p　27cm　5800円　Ⓝ210.1
〔18198〕
◇復元大系日本の城　8　九州・沖縄　北野隆ほか編　北野隆ほか執筆　ぎょうせい　1992.9　175p　37cm　25000円　Ⓘ4-324-03196-7　Ⓝ521.82
〔18199〕

◆◆福岡県
◇城と人と　出原博人著　福岡　葦書房　1993.1　267p　19cm　1200円　Ⓘ4-7512-0475-0　Ⓝ219.1
〔18200〕
◇福岡県の城　広崎篤夫著　福岡　海鳥社　1995.4　406, 51p　21cm　3200円　Ⓘ4-87415-100-0　Ⓝ219.1
〔18201〕
◇福岡城物語　朝日新聞福岡本部編　福岡　葦書房　1996.5　165p　19cm　（はかた学 7）　1442円　Ⓘ4-7512-0640-0　Ⓝ219.1
〔18202〕
◇福岡地方史研究　第42号　特集＝福岡城四〇〇年　福岡地方史研究会編　須恵町　福岡地方史研究会, （福岡）海鳥社〔発売〕　2004.7　176p　21cm　1300円　Ⓘ4-87415-490-5, ISSN0916-7765
〔18203〕
◇福岡地方史研究　第43号　特集 福岡人物誌　福岡地方史研究会編　須恵町　福岡地方史研究会, （福岡）海鳥社〔発売〕　2005.7　176p　21cm　1300円　Ⓘ4-87415-538-3, ISSN0916-7765
〔18204〕

◆◆長崎県
◇生月史稿―カクレキリシタンの島生月史　近藤儀左ヱ門著　改定復刻　佐世保　芸文堂　1998.6　375p　19cm　（肥前歴史叢書 2）　Ⓝ198.22193
〔18205〕
◇カラー版　長崎―南蛮文化のまちを歩こう　原田博二著　岩波書店　2006.11　200p　18cm　（岩波ジュニア新書）　980円　Ⓘ4-00-500548-9
〔18206〕
◇キリシタン街道―長崎・島原・天草・五島…　堀江克彦写真, 松倉康之文　PHP研究所　1986.10　95p　25cm　（PHPグラフィックス 2）　1200円　Ⓘ4-569-21852-0　Ⓝ291.93
〔18207〕
◇世界航路へ誘う港市―長崎・平戸　川口洋平著　新泉社　2007.7　93p　21cm　（シリーズ「遺跡を学ぶ」038）　1500円　Ⓘ978-4-7877-0738-3
〔18208〕
◇対馬からみた日朝関係　鶴田啓著　山川出版社　2006.8　105p　21cm　（日本史リブレット 41）　800円　Ⓘ4-634-54410-5
〔18209〕

◇長崎街道―肥前長崎路と浜道・多良海道　図書出版のぶ工房編　図書出版のぶ工房　2002.11　143p　30cm　（九州文化図録撰書 3）　2380円　Ⓘ4-901346-03-2
〔18210〕
◇火の国と不知火海　松本寿三郎, 吉村豊雄編　吉川弘文館　2005.6　250, 23p　19cm　（街道の日本史 51）　2600円　Ⓘ4-642-06251-3
〔18211〕

◆◆熊本県
◇熊本城　藤岡通夫著　中央公論美術出版　1976　38p　図　19cm　（美術文化シリーズ）　400円　Ⓝ521.4
〔18212〕
◇熊本城　北野隆編　至文堂　1993.4　304p　37cm　（城郭・侍屋敷古図集成）　52000円　Ⓘ4-7843-0123-2　Ⓝ521.82
〔18213〕
◇新宇土市史　通史編　第2巻　宇土市史編纂委員会編　宇土　宇土市　2007.6　816p　27cm　Ⓝ219.4
〔18214〕
◇新熊本市史　別編　第1巻　上　絵図・地図　中世・近世　新熊本市史編纂委員会編　熊本　熊本市　1993.3　246p　37cm　Ⓝ219.4
〔18215〕

◆◆大分県
◇前岡城物語　大塚主著, 大分合同新聞文化センター編　大分　大分合同新聞文化センター　1992.4　216p　19cm　2500円　Ⓝ219.5
〔18216〕
◇豊後府内城―第14回特別展「城のある風景」図録　大分市歴史資料館編　大分　大分市歴史資料館　1995.10　46p　30cm　Ⓝ521.82
〔18217〕

◆◆宮崎県
◇椎葉山根元記―歴史伝承資料による中世～近世の椎葉　椎葉高男著　宮崎　鉱脈社　1996.10　127p　19cm　1200円　Ⓝ219.6
〔18218〕
◇中・近世の日向国災害史　三好利奄著　佐土原町（宮崎県）　〔三好利奄〕　1996.3　100p　21cm　1500円　Ⓝ219.6
〔18219〕
◇宮崎県中近世城館跡緊急分布調査報告書　2（詳説編）　宮崎県教育庁文化課編　〔宮崎〕　宮崎県教育委員会　1999.3　263p　30cm　Ⓝ219.6
〔18220〕

◆◆沖縄県
◇王国浪漫―琉球王国の栄華を訪ねて　沖縄の歴史ガイドブック　〔那覇〕　「琉球の風」観光キャンペーン推進協議会　1994.3　44p　26cm　Ⓝ219.7
〔18221〕
◇劇画琉球王朝　十川誠志原作, 木村周司劇画　日本文芸社　1993.1　215p　19cm　（ゴラク・コミックス―歴史コミック）　580円　Ⓘ4-537-03803-9　Ⓝ726.1
〔18222〕
◇首里城―写真集　首里城復元期成会, 那覇出版社編集部編　西風原町（沖縄県）　那覇出版社　1987.3　199p　32cm　9500円　Ⓝ521.82
〔18223〕
◇首里城―琉球王府　ぎょうせい　1993.5　251p　38cm　30000円　Ⓘ4-324-03665-9　Ⓝ521.82
〔18224〕
◇首里城　毎日新聞社　1993.7　206p　35cm　29000円　Ⓘ4-620-80309-X　Ⓝ521.82
〔18225〕
◇首里城王朝紀　比嘉朝進編著　那覇　風土記社　1989.11　224p　18cm　1000円　Ⓝ219.9
〔18226〕
◇首里城公園特別展―琉球王朝の華　〔本部町（沖縄県）〕　〔海洋博覧会記念公園管理財団〕　1998　46p　30cm

◇Ⓝ702.1999　〔18227〕
◇首里城正殿の鐘と墨絵「光と影の世界」―南海梵鐘の世紀　小島瓔礼, 金城美智子著　浦添　沖縄総合図書　1991.12　114p　26cm　3200円　Ⓝ219.9　〔18228〕
◇首里城入門―その建築と歴史　首里城研究グループ著　那覇　ひるぎ社　1989.9　191p　18cm　(おきなわ文庫 47)　880円　Ⓝ521.82　〔18229〕
◇首里城物語　真栄平房敬著　那覇　ひるぎ社　1989.11　169p　18cm　780円　Ⓝ219.9　〔18230〕
◇尚王家と琉球の美展―特別展　熱海　MOA美術館　2001.10　142p　30cm　Ⓝ702.1999　〔18231〕
◇新編風土記―首里城(周辺)　新垣恒篤著　那覇　花城清用　1972　391p　19cm　Ⓝ291.99　〔18232〕
◇新編風土記　後編　首里城茶湯崎碑文　新垣恒篤著　那覇　富名腰秀夫　1975　307p　図　22cm　2400円　Ⓝ291.99　〔18233〕
◇図説・琉球王国　高良倉吉, 田名真之編　河出書房新社　1993.2　127p　22cm　1600円　①4-309-72482-5　Ⓝ219.9　〔18234〕
◇中国・琉球交流史　徐恭生著, 西里喜行, 上里賢一共訳　那覇　ひるぎ社　1991.3　262p　18cm　(おきなわ文庫 56)　980円　Ⓝ219.9　〔18235〕
◇中山王府相卿伝職年譜・位階定　法政大学沖縄文化研究所　1986.3　76p　26cm　(沖縄研究資料 6)　Ⓝ219.9　〔18236〕
◇中山世鑑―重新校正　向象賢編述　那覇　沖縄県教育委員会　1982.10～1983.9　6冊　31cm　Ⓝ219.9　〔18237〕
◇中山伝信録―6巻　徐葆光著　台北　台湾銀行　1972　2冊　19cm　(台湾文献叢刊 第306種)　Ⓝ219.9　〔18238〕
◇中山伝信録　上　巻第1-巻第3　徐葆光著　那覇　沖縄県立図書館　1976　309p　26cm　(郷土史講座テキスト冊封使録集 10)　Ⓝ219.9　〔18239〕
◇中山伝信録　下　巻第4-巻第6　徐葆光著, 沖縄県立図書館編　那覇　沖縄県立図書館　1977.3　257p　26cm　(郷土史講座テキスト冊封使録集 11)　Ⓝ219.9　〔18240〕
◇定本琉球国由来記　外間守善, 波照間永吉編著　角川書店　1997.4　599, 91p　22cm　30000円　①4-04-821052-1　Ⓝ219.9　〔18241〕
◇那覇市史　資料篇第1巻の3　冊封使録関係資料　企画部市史編集室編　那覇　那覇市　1977.3　2冊(原文編, 読み下し編)　29cm　Ⓝ219.9　〔18242〕
◇南海の王国琉球の世紀―東アジアの中の琉球　陳舜臣ほか著　角川書店　1993.4　208p　19cm　(角川選書 239)　1400円　①4-04-703239-5　Ⓝ219.9　〔18243〕
◇日本城郭大系　第1巻　北海道・沖縄　平井聖ほか編集　藤本英夫, 名嘉正八郎編　新人物往来社　1980.5　345p　27cm　5800円　Ⓝ210.1　〔18244〕
◇波瀾の琉球王朝―南洋王国に迫る嵐　三谷茉沙夫著　広済堂出版　1992.10　241p　18cm　(Kosaido books)　780円　①4-331-00584-4　Ⓝ219.9　〔18245〕
◇南の王国琉球―1993年NHK大河ドラマの歴史・文化ガイド　日本放送出版協会　1992.6　158p　24cm　1200円　Ⓝ219.9　〔18246〕
◇甦る首里城―歴史と復元　首里城復元記念誌　甦える首里城と復元編集委員会編　那覇　首里城復元期成会　1993.3　770p　27cm　6000円　Ⓝ521.82　〔18247〕

◇甦える琉球王国―南海に生きる大琉球浪漫　武光誠著　ベストセラーズ　1992.11　237p　15cm　(ワニ文庫―歴史文庫)　500円　①4-584-30350-9　Ⓝ219.9　〔18248〕
◇李朝実録琉球史料　第1集　嘉手納宗徳編　〔那覇〕　球陽研究会　1971　61p　25cm　非売　Ⓝ219.9　〔18249〕
◇李朝実録琉球史料　第2集　嘉手納宗徳編　〔那覇〕　球陽研究会　1972　106p　25cm　Ⓝ219.9　〔18250〕
◇李朝実録琉球史料　第3集　嘉手納宗徳編　〔那覇〕　球陽研究会　1972　107-196p　26cm　Ⓝ219.9　〔18251〕
◇琉球王国　高良倉吉著　岩波書店　1993.1　194, 13p　18cm　(岩波新書)　580円　①4-00-430261-7　Ⓝ219.9　〔18252〕
◇琉球王国―東アジアのコーナーストーン　赤嶺守著　講談社　2004.4　228p　19cm　(講談社選書メチエ)　1500円　①4-06-258297-X　Ⓝ219.9　〔18253〕
◇琉球王国の時代　宜野湾　沖縄大学公開講座委員会　1996.12　298p　19cm　(沖縄国際大学公開講座 1)　1456円　①4-938923-92-0　Ⓝ219.9　〔18254〕
◇琉球王国評定所文書　第6巻　琉球王国評定所文書編集委員会編　〔浦添〕　浦添市教育委員会　1991.3　34, 548p　22cm　4120円　Ⓝ219.9　〔18255〕
◇琉球王国評定所文書　第7巻　琉球王国評定所文書編集委員会編　〔浦添〕　浦添市教育委員会　1991.3　30, 632p　22cm　Ⓝ219.9　〔18256〕
◇琉球王国評定所文書　第8巻　琉球王国評定所文書編集委員会編　〔浦添〕　浦添市教育委員会　1992.3　33, 509p　22cm　4120円　Ⓝ219.9　〔18257〕
◇琉球王国評定所文書　第9巻　琉球王国評定所文書編集委員会編　〔浦添〕　浦添市教育委員会　1993.3　27, 690p　22cm　Ⓝ219.9　〔18258〕
◇琉球王国評定所文書　第10巻　琉球王国評定所文書編集委員会編　〔浦添〕　浦添市教育委員会　1994.3　43, 653p　22cm　Ⓝ219.9　〔18259〕
◇琉球王国評定所文書　第11巻　琉球王国評定所文書編集委員会編　〔浦添〕　浦添市教育委員会　1995.3　86, 518p　22cm　Ⓝ219.9　〔18260〕
◇琉球王国評定所文書　第12巻　琉球王国評定所文書編集委員会編　〔浦添〕　浦添市教育委員会　1996.3　21, 470p　22cm　Ⓝ219.9　〔18261〕
◇琉球王国評定所文書　第13巻　琉球王国評定所文書編集委員会編　〔浦添〕　浦添市教育委員会　1997.3　34, 502p　22cm　Ⓝ219.9　〔18262〕
◇琉球王国49の謎―知られざる沖縄の歴史、文化　中江克己著　広済堂出版　1993.1　241p　18cm　(Kosaido books)　780円　①4-331-00593-3　Ⓝ219.9　〔18263〕
◇琉球王朝―物語と史蹟をたずねて　嶋岡晨著　成美堂出版　1992.11　207p　19cm　1000円　①4-415-06574-0　Ⓝ219.9　〔18264〕
◇琉球王朝記　童門冬二著　三笠書房　1992.10　261p　19cm　1100円　①4-8379-1488-8　Ⓝ219.9　〔18265〕
◇琉球王朝史　新里金福著　朝文社　1993.1　336p　20cm　2500円　①4-88695-080-9　Ⓝ219.9　〔18266〕
◇琉球王朝の謎99―知られざる沖縄の歴史・文化・風俗がまるごと1冊になった　坂元宇一郎著　実業之日本社　1992.

11　238p　18cm　(Just books)　780円　Ⓘ4-408-30145-0　Ⓝ219.9　〔18267〕

◇琉球王朝の華―美・技・芸 首里城公園開園10周年記念企画展　首里城公園管理センター編　〔本部町（沖縄県）〕海洋博覧会記念公園管理財団　2002.10　97p　30cm　Ⓝ702.1999　〔18268〕

◇琉球王朝の光と陰　緒形隆司著　光風社出版　1993.2　244p　18cm　800円　Ⓘ4-87519-609-1　Ⓝ219.9　〔18269〕

◇琉球紀行　高野澄著　徳間書店　1993.2　252p　16cm　（徳間文庫）　460円　Ⓘ4-19-597474-7　Ⓝ219.9　〔18270〕

◇琉球・尚氏のすべて　喜舎場一隆編　新人物往来社　2000.8　234p　20cm　2800円　Ⓘ4-404-02868-7　Ⓝ288.2　〔18271〕

◇琉球・中国交渉史に関するシンポジウム論文集　第1回　沖縄県立図書館史料編集室編　那覇　沖縄県立図書館　1993.3　5, 306, 9p　21cm　Ⓝ219.9　〔18272〕

◇琉球・中国交渉史に関するシンポジウム論文集　第2回　沖縄県立図書館史料編集室編　那覇　沖縄県立図書館　1995.3　1冊　21cm　1800円　Ⓝ219.9　〔18273〕

◇琉球・中国交渉史に関するシンポジウム論文集　第3回　沖縄県文化振興会公文書館管理部史料編集室編　〔那覇〕　沖縄県教育委員会　1996.9　6, 265, 11p　21cm　Ⓝ219.9　〔18274〕

◇琉球と中国―忘れられた冊封使　原田禹雄著　吉川弘文館　2003.5　189p　19cm　（歴史文化ライブラリー153）　1700円　Ⓘ4-642-05553-3　Ⓝ219.9　〔18275〕

◇琉球の朝貢貿易　辺土名朝有著　校倉書房　1998.7　458p　21cm　（歴史科学叢書）　15000円　Ⓘ4-7517-2840-7　〔18276〕

◇琉明・琉清交渉史の研究　宮田俊彦著　文献出版　1996.6　445p　22cm　12360円　Ⓘ4-8305-1190-7　Ⓝ219.9　〔18277〕

◇歴代寶案―校訂本　第1冊　沖縄県立図書館史料編集室編, 和田久徳校訂　〔那覇〕　沖縄県教育委員会　1992.1　766p　27cm　7500円　Ⓝ219.9　〔18278〕

◇歴代宝案　訳注本 第1冊　沖縄県立図書館史料編集室編, 和田久徳訳注　〔那覇〕　沖縄県教育委員会　1994.3　691p　27cm　7400円　Ⓝ219.9　〔18279〕

◇歴代寶案―校訂本　第2冊　沖縄県立図書館史料編集室編, 和田久徳校訂　〔那覇〕　沖縄県教育委員会　1992.3　713p　27cm　7500円　Ⓝ219.9　〔18280〕

◇歴代宝案―訳注本　第2冊　沖縄県文化振興会, 沖縄県公文書館管理部史料編集室編, 和田久徳訳注　〔那覇〕　沖縄県教育委員会　1997.3　592p　27cm　6300円　Ⓝ219.9　〔18281〕

◇歴代寶案―校訂本　第3冊　沖縄県立図書館史料編集室編, 神田信夫校訂　〔那覇〕　沖縄県教育委員会　1993.1　585p　27cm　6300円　Ⓝ219.9　〔18282〕

◇歴代宝案―訳注本　第3冊　沖縄県文化振興会公文書館管理部史料編集室編, 神田信夫訳注　〔那覇〕　沖縄県教育委員会　1998.3　495p　27cm　Ⓝ219.9　〔18283〕

◇歴代寶案―校訂本　第4冊　沖縄県立図書館史料編集室編, 神田信夫校訂　〔那覇〕　沖縄県教育委員会　1993.3　599p　27cm　6300円　Ⓝ219.9　〔18284〕

◇歴代寶案―校訂本　第5冊　沖縄県立図書館史料編集室編, 生田滋校訂　〔那覇〕　沖縄県教育委員会　1996.3　615p　27cm　Ⓝ219.9　〔18285〕

◇歴代寶案―校訂本　第7冊　沖縄県立図書館史料編集室編, 浜下武志校訂　〔那覇〕　沖縄県教育委員会　1994.2　561p　27cm　6200円　Ⓝ219.9　〔18286〕

◇歴代寶案―校訂本　第8冊　沖縄県文化振興会編, 沖縄県公文書館管理部史料編集室編, 濱下武志校訂　〔那覇〕　沖縄県教育委員会　1999.3　664p　27cm　5700円　Ⓝ219.9　〔18287〕

◇歴代寶案―校訂本　第11冊　沖縄県立図書館史料編集室編, 小島晋治校訂　〔那覇〕　沖縄県教育委員会　1995.3　3, 604p　27cm　Ⓝ219.9　〔18288〕

◇歴代寶案―校訂本　第12冊　沖縄県文化振興会公文書館管理部史料編集室編, 小島晋治校訂　〔那覇〕　沖縄県教育委員会　2000.7　606p　27cm　Ⓝ219.9　〔18289〕

◇歴代寶案―校訂本　第13冊　沖縄県立図書館史料編集室編, 西里喜行校訂　〔那覇〕　沖縄県教育委員会　1996.3　4, 555p　27cm　Ⓝ219.9　〔18290〕

◇歴代宝案―訳注本　第13冊　沖縄県文化振興会公文書館管理部史料編集室編, 西里喜行訳注　〔那覇〕　沖縄県教育委員会　2002.3　484p　27cm　Ⓝ219.9　〔18291〕

◇『歴代宝案』の基礎的研究　辺土名朝有著　校倉書房　1992.9　518p　27cm　20600円　Ⓘ4-7517-2190-9　Ⓝ219.9　〔18292〕

◇『歴代宝案』訳注本第13冊語注一覧表　〔南風原町（沖縄県）〕　沖縄県文化振興会公文書館管理部史料編集室　2002　200p　21×30cm　（歴代宝案編集参考資料6）　Ⓝ219.9　〔18293〕

著者名索引

【あ】

相生市教育委員会生涯学習課 …… 16456
相賀 庚 …… 17783
相川 高徳 …… 01458, 01459
相川 司 …… 04559, 04712, 05039
相川 浩 …… 10863
愛川町郷土博物館展示基礎調査会 …… 10070
愛甲 昇寛 …… 10091, 10835
相沢 正彦 …… 03045, 10400, 16425
相沢 林蔵 …… 04619
会津高田町史編纂委員会 …… 00804
会津若松市史研究会 …… 04585
相田 二郎 …… 01757, 06373, 07187, 07188, 07595〜07597
会田 康範 …… 06980
会田 雄次 …… 03202, 03221, 04076, 04303, 04487, 04488, 04490, 05615, 05700, 05794, 06536, 17296
愛知県教育委員会 …… 16104〜16106, 17631
愛知県高等学校郷土史研究会 …… 16107, 16108
愛知県史編さん委員会 …… 16101〜16103
愛知県陶磁資料館学芸部学芸課 …… 10611, 10628, 16144
愛知県宝飯地方史編纂委員会 …… 16167
愛知県立女子大学国文学研究室 …… 12302
アイヌ文化振興・研究推進機構 …… 17962
相葉 伸 …… 08779
饗庭 栖鶴 …… 09189
相原 精次 …… 08953, 08955, 15698
相原 鐵也 …… 02260
相原 文哉 …… 00476
相原 充子 …… 10203
相原 良一 …… 07316
アウグスチノ岩崎太郎 …… 17536
饗庭 孝男 …… 08828〜08830, 16344, 16345
青木 晃 …… 13693, 14287
青木 和泉 …… 14976
青木 一平 …… 04273
青木 和夫 …… 00001, 00661, 01388, 06890
青木 一男 …… 12587
青木 カズノ …… 03076, 14185, 15925
青木 賢豪 …… 12756, 14787
青木 重数 …… 03444
青木 信一 …… 17872, 17996

青木 忠夫 …… 08727, 08920
青木 経雄 …… 14578, 14636, 14678
青木 恒三郎 …… 10136
青木 美智男 …… 17415〜17419
青木 幽渓 …… 12561
青木 義正 …… 05287, 06363
青木 伶子 …… 14324
青野 澄子 …… 12519
あおむら 純 …… 01572, 02204, 02783, 04210, 05516, 05577, 07950
青森県史編さん考古部会 …… 17969
青森県史編さん中世部会 …… 15072, 15073
青森県埋蔵文化財調査センター …… 00745
青森県立郷土館 …… 15081
青柳 正美 …… 00277
青山 克弥 …… 06324, 06328, 14833
青山 作太郎 …… 05117, 15871
青山 弁 …… 02785
青山 俊董 …… 09118
青山 直治 …… 13662
青山 延光 …… 06213
青山 佩弦斎 …… 04521
青山 宏夫 …… 10135
青山 幸男 …… 04357
青山 賢信 …… 17875, 17876, 18137, 18164
青山学院大学文学部日本文学科 …… 07051, 11843
赤井 達郎 …… 00229, 08043, 08044, 10429, 11486
赤木 義雄 …… 04925, 04926
赤坂 憲雄 …… 00674
赤沢 英二 …… 10140, 10550
赤澤 計眞 …… 03144, 04735, 15751, 15757
明石 一紀 …… 00219, 00253
赤司 典弘 …… 06472
明石中世史編纂委員会 …… 16473
赤瀬川 原平 …… 10516, 11548
赤津 栄一 …… 17656, 18085
赤塚 不二夫 …… 09822
赤塚 幹也 …… 10694
暁 太郎 …… 02365
暁 萌吾 …… 14038
我妻 建治 …… 09702
赤沼 多佳 …… 10606, 10607, 10618, 10630
赤羽 一郎 …… 10726, 10728
赤羽 淑 …… 13016, 14944, 14970
赤間関書房 …… 14097
赤松 啓介 …… 08048
赤松 俊秀 …… 00181, 01672, 08566, 08611, 08618, 09638, 09871, 09886, 10892, 10901, 12892, 14066, 16383
赤嶺 守 …… 18253

東江 長太郎 …… 17210
東江 哲雄 …… 17210
安芸 喜代香 …… 06354
秋池 武 …… 07655
秋沢 繁 …… 04276〜04282, 04659, 04760, 04870, 05101, 05234, 05284, 05407, 05699, 06004, 06430, 08021, 17376, 18192
秋月 水虎 …… 08344
秋月山人 …… 16817
秋田 殖康 …… 03234, 03235
秋田 裕毅 …… 05633, 11104, 16231
秋田 本定 …… 06267
秋田県 …… 00781
秋田魁新報社地方部 …… 15160
秋田市 …… 15155, 15156
秋庭 道博 …… 04197, 04333
秋場 薫 …… 10158
秋葉 環 …… 12766
秋保 良 …… 17871, 17960, 17966
秋宗 康子 …… 17306, 17307
秋元 瑞阿弥 …… 11506
秋本 守英 …… 12662, 12663, 14558, 14559
秋山 角弥 …… 03110
秋山 喜代子 …… 01882, 11221
秋山 虔 …… 11892, 11976, 13262
秋山 悟庵 …… 08741
秋山 黄 …… 03419
あきやま 耕輝 …… 03115
秋山 駿 …… 05725, 05726, 05747, 05766, 05767, 05769〜05771, 06115〜06117, 06480〜06482
秋山 敬 …… 04825, 04873, 07368, 15912
秋山 侃 …… 07014
秋山 忠 …… 16770
秋山 哲雄 …… 02419
秋山 光和 …… 00425, 00426, 00457
秋山 伸隆 …… 05233
秋山 英一 …… 02993, 03156, 08924
秋山 巳之流 …… 11590
秋山 吾者 …… 16784
芥川 竜男 …… 01544, 02006〜02041, 05349, 05350, 16865〜16900, 17130
阿久津 久 …… 17793, 17993
悪党研究会 …… 01996, 01999
明田 鉄男 …… 16378, 16379
吾郷 寅之進 …… 11247〜11252, 13206
浅井 喜作 …… 01135
浅井 茂人 …… 08003
浅井 伸一 …… 00600
浅井 成海 …… 08647, 08987, 09089
朝井 柾善 …… 03209, 16688
浅井 峯治 …… 09435, 13319
浅井 了意 …… 14169

浅尾 儀一郎 ………… 14751	芦刈 政治 ………… 05310, 09364	阿部 征寛 …… 02049, 07169, 08427
朝尾 直弘 … 01389～01391, 02760, 03888, 05493, 05541, 05542, 05549, 05552, 06046, 10175, 17245	葦津 珍彦 ………………… 08413	阿部 洋輔 ……………………… 04731, 04760, 05455, 05456
	芦田 確次 ………………… 16335	
	あしべつ ひろし ………… 05667	阿部 能久 ………… 03493, 15249
浅尾 芳之助 ……… 13831, 14325	芦屋市立美術博物館 ……… 07764	安部 龍太郎 …………… 04518, 04939, 05714, 05732, 05914, 11010
安積 艮斎 ………………… 06258	アショフ, アンゲルス …… 09430	
浅香 山井 ………………… 14491	飛鳥井 雅有 ……… 14633, 14634	阿満 利麿 ………… 08990, 09071
浅香 年木 ………………… 15746	飛鳥井 雅経 … 14798, 14799, 14801	雨海 博洋 ………………… 00513
浅香 寛 …………………… 01820	飛鳥井 雅世 ……………… 12440	尼崎市史編集事務局 ……… 01230
安積 安明 ………………… 13623	東 牧堂 …………………… 03012	尼子 偉三郎 ……… 01900, 05173
朝河 貫一 ………………………… 02347, 05400, 07811, 17300	東 義久 …………………… 07980	天竹 薫信 ………………… 03131
	東隆眞博士古稀記念論文集刊行会 ……………………… 08744	天沼 俊一 … 00448, 10855～10858
浅川 清栄 …… 17873, 18076, 18091		天野 紀代子 ……………… 13559
浅川 滋男 ………………… 17441	阿諏訪 青美 … 07334, 08429, 08852	天野 大介 ………………… 14499
浅川西条諏訪社保存会 …… 10873	麻生 はじめ ……………… 00055	天野 隆義 ………………… 01861
朝倉 喜祐 ………………… 08730	阿蘇品 保夫 ……………… 02341, 03176, 03177, 17039, 17046, 17068	天野 タマキ ……………… 00013
浅倉 直美 ………………… 04640		天野 千春 ………………… 03170
朝倉 治彦 ………………… 13301	足立 勇 …………………… 00247	天野 哲也 ………………… 15034
朝倉 尚 …………… 14732, 14733	安達 敬子 ………………… 12193	天野 文雄 ………… 11324, 11392
朝倉 弘 …………………… 01246	足立 康 …………………… 00454	天野 幸弘 ………… 05134, 15897
朝倉 慶景 ………………… 16740	安達 忠一 ………………… 06266	天本 孝志 ………… 02770, 16852
朝倉氏遺跡調査研究所 …… 15869	足立 遼 …………… 13875～13880	網野 善彦 … 01384～01387, 01390, 01391, 01414, 01429, 01465, 01501, 01527, 01531, 01560, 01563, 01574, 01575, 01589, 01664, 01679, 01801, 01994, 02087, 02088, 02116, 02469, 04851, 06853, 06854, 07150, 07172, 07176, 07177, 07357, 07363, 07377～07385, 07449, 07453, 07576, 07583, 07585, 07616～07618, 07628, 07632, 07633, 07641, 07681, 07686, 07709, 07727, 07750～07755, 07771, 07782, 07783, 07792～07794, 07799, 07804, 07911, 07912, 08104, 08146, 08147, 08238, 08271, 08292, 08298, 08299, 08804, 09826, 09852, 10149, 10150, 10972, 11217～11219, 11664～11667, 15021, 15026, 15030, 15054, 15291, 15718, 15872, 15904, 15923, 16087, 16090, 16653, 16758, 16816, 16913, 17456, 17941
浅田 晃彦 ………………… 02990	足立 栗園 ………… 09149, 09163	
浅田 徹 …………………… 12174	厚木市秘書部市史編さん室 ……………………… 15626, 15627	
浅沼 圭司 ………… 14934, 14935		
浅野 喜市 ………… 13815, 13868	熱田 公 …………………… 01674, 03392, 03534, 04180, 05562, 05563, 05997, 07450, 16446, 16457	
浅野 清 …… 00463, 05813, 05814		
浅野 建二 ………… 12178, 13202～13204, 13231, 13237, 13238, 17948	熱田神宮 ………… 16113, 16114	
	熱田神宮文化課 …………… 10028	
浅野 秀剛 ………………… 10551	渥美 かをる ……… 14055, 14056	
浅野 進平 ………………… 13790	跡見学園女子大学短期大学部図書館 ……………………… 12514	
浅野 拓 …………………… 12829		
浅野 春江 ………… 14933, 14938	跡見学園短期大学図書館 … 12515	
浅野 晴樹 ………… 15258, 15259	阿南市史編さん委員会 …… 01316	
朝野 雅文 ………………… 01917	姉崎 正治 ………… 02872, 09416	
浅野 井坦 ………………… 16009	姉歯 量平 ………… 08771, 08772, 15052, 15053, 15118～15120	
浅羽町史編さん委員会 …… 01116		
浅原 勝 …………………… 12673	我孫子市教育委員会市史さん室委員会 ……………… 00942	
麻原 美子 … 11255, 13861～13865, 13935, 13947, 13956		
	我孫子市史編集委員会原始・古代・中世部会 ………… 00941	
旭市史編さん委員会 ……… 18017		
朝日新聞学芸部 …………… 01494	阿仏尼 …… 12201, 14611～14614, 14617, 14619, 14620, 14622, 14624～14626, 14672	
朝日新聞社 ………… 00470, 13816		
朝日新聞西部本社企画部 … 07099		
朝日新聞名古屋本社企画部 ‥ 10773	安部 巌 …………………… 07042	
朝日新聞福岡総局 ………… 01341	阿部 喜三男 ……………… 12333	アメリカ・カナダ11大学連合日本研究センター ………… 02156
朝日新聞福岡本部 ………… 18202	阿部 清己 ………………… 15042	
朝日新聞横浜支局 ………… 00998	阿部 浩一 ………………… 07550	天羽 利夫 ………………… 01319
浅見 和彦 ……………………… 13507, 13563, 13564, 14356, 14363	阿部 高明 ………………… 05578	綾瀬市 …………… 10092, 18008
	阿部 倬也 ………………… 13153	綾部 恒雄 ………………… 17398
浅山 円祥 ………… 08782, 09192	阿部 猛 …………………………… 00077, 02339, 04004, 04005, 04110, 07455, 07474, 07476, 07478, 07481, 07736, 07741, 07822	あゆみ書房編集部 ………… 00173
足利 衍述 ………………… 08395		新井 章 …………………… 12581
足利 健亮 ……………………… 05708, 06025, 06434, 08260		新井 栄蔵 ………………… 00584
		新井 喜美夫 ……………… 04511
足利 義包 ………………… 14743	阿部 知二 ………… 10898, 10905	荒井 魏 …………………… 05550
足利 義満 ………………… 12975	阿部 法夫 ………………… 09238	新井 孝重 ……………………… 01998, 02003, 02048, 07175
足利市立美術館 …………… 09742	阿部 泰郎 ………………… 12035	
足利銘仙会 ………………… 10827		

荒井 庸夫 ･････････････ 02917, 15287
荒井 留五郎 ････････････････････ 00472
新井 白石 ･･････････････ 09693, 09694
新井 英生 ･･･････････････････････ 03360
新井 誠夫 ･･･････････････････････ 12749
新井 正彦 ･･･････････････････････ 12581
新居町史編さん委員会 ･･････････ 01117
荒尾市 ･･････････････････････････ 17052
新垣 恒篤 ･･･････････････ 18232, 18233
荒川 衛次郎 ･････････････････････ 05446
荒川 久壽男 ･････････････････････ 05581
荒川 忠元 ･･･････････････････････ 07165
荒川 法勝 ･･･････････････････････ 05289
荒川 豊蔵 ･･････････････････ 10782,
　　10786, 10788, 10794, 10807, 10808
荒川 善夫 ･････････････････ 03940, 15343
荒川 玲子 ･･････････････････････ 00147
荒木 英市 ･････ 08085, 09256, 16857
荒木 栄司 ･････････････････････
　　01364, 02001, 02768, 03178,
　　16835, 17042, 17062, 17063, 17176
荒木 和夫 ･･･････････････････････ 02997
荒木 和憲 ･････････････････ 07209, 17018
荒木 繁 ･････ 11259～11261, 17928
荒木 伸介 ･･･････････････････････ 00754
荒木 精之 ･･･････････････････････ 06247
荒木 尚 ････････････････････ 11964,
　　12284, 12318, 12763, 12923, 14821
安良城 盛昭 ･･････････････････････
　　01798, 07515, 07761, 07834, 07835
荒木 良雄 ･･････････････････ 11896, 11897,
　　11902, 11914, 11972, 11974,
　　12079, 12094, 13066, 14297, 14916
荒木田 守武 ･･ 13043, 14803, 14805
新里 金福 ･･･････････････････････ 18266
新里 博 ･･･････････････････････ 12575
嵐 瑞澂 ････････････････････････ 16480
嵐山 光三郎 ･････････････ 14411, 14527
荒野 泰典 ･･･････････････････････ 07415
荒巻 義雄 ･･･････････････････････ 03908
有賀 嘉寿子 ･････････････････････ 13645
有賀 長伯 ･･･････････････････････ 11750
有賀 祥隆 ･････････････････ 09962, 10187
有川 武彦 ･･･････････････････････ 13320
有坂 道子 ･･･････････････････････ 17302
有戸 光善 ･･･････････････････････ 06270
有馬 頼底 ･･･････････････････････ 17581
有政 一昭 ･･･････････････････････ 16455
有光 友学 ･･･････････ 01756, 03941,
　　04023, 05076, 05098, 05101, 07698
有吉 保 ･･････････････ 00650, 11919,
　　12190, 12305, 12341, 12384,
　　12386, 12404, 12521, 12528,
　　12647, 12679, 12681, 12759,
　　12815, 12816, 14335, 14429, 14752
阿波一宮城史料集編集委員会 ････
　　　　　　　　　　　　16759, 16760
粟野 俊之 ･･･････････････････････ 05520

粟野 秀穂 ･･･････････････････････ 10837
安西 篤子 ･･････････････････････
　　02434, 07157, 07927, 15716, 15726
安斉 吉太郎 ･････････････････････ 04579
安西 欣治 ･･･････････････････････ 07493
安西 水丸 ･･･････････････････････ 11294
安斎 実 ･････････････････････････ 04152
庵逧 巌 ･････････････････････････ 11262
安城市教育委員会 ･････････････ 16115
安城市歴史博物館 ･･･････････
　　　　　　03222, 10593, 16110, 16171
安藤 章仁 ･･･････････････････････ 09073
安藤 善市 ･･･････････････ 06955, 16029
安藤 武彦 ･･･････････････････････ 17946
安藤 宰 ･････････････････････････ 09164
安東 次男 ･･･････････････････････ 10624,
　　12668～12670, 14954, 14962
安藤 直太朗 ･････････････････････ 13508
安藤 英男 ･････ 02815, 02861, 04535,
　　05781, 06127, 06261, 06492, 06562
安道 百合子 ･････････････････････ 09511
安藤 良雄 ･･･････････････････････ 00212
安藤 嘉則 ･･･････････････････････ 08751
安中 尚史 ･･･････････････････････ 09189
安中市市史刊行委員会 ･･････････ 00890
あんの 秀子 ･････････････････････ 12660
安野 真幸 ･･･････････････ 08142, 09293
安野 光雅 ･･･････････････････････ 12591

【い】

李 啓煌 ･････････････････････････ 07274
李 領 ･･･････････････････････ 02151, 07219
井伊 達夫 ･･･････････････････････ 08112
伊井 春樹 ･･･････････････････ 00522～
　　00524, 00677, 05295, 09754, 13434
飯尾 宗勝 ･･･････････････ 03543, 03804
飯倉 晴武 ･･･････････････････ 00078,
　　00084, 01680, 01873, 03833～
　　03835, 03871, 03872, 05449, 06834
飯島 総葉 ･･･････････････････････ 12595
飯塚 朝子 ･･･････････････････････ 12995
飯塚 恵理人 ･････････････ 11351, 11368
飯塚 政美 ･･･････････････････････ 18080
飯田 一雄 ･･･････････････････････ 17626
飯田 勝彦 ･･･････････････････････ 15143
飯田 汲事 ･･･････････････････････ 08348
飯田 始晃 ･･･････････････････････ 12751
飯田 武郷 ･･･････････････････････ 09660
飯田 忠彦 ･･･････････････ 04292, 05809
飯田 永夫 ･･･････････････････････ 12321
飯田 文彌 ･･･････････････････････ 18078
飯田 正一 ･･･････････････ 12068, 13095
飯田 道夫 ･･･････････････････････ 11264
飯田 素州 ･･･････････････････････ 15752

飯田市美術博物館 ････ 08937, 16005
飯沼 勇義 ･･･････････････････････ 15124
飯村 均 ･････････････････････････
　　07598, 08283, 15043, 15216
飯山市 ･･････････････････････････ 04993
家入 敏光 ･･･ 09291, 09328～09330
イエズス会 ･･･････････････ 09300, 09305
家田 富貴男 ･･･････････････ 01853, 16145
家永 三郎 ･･････････････････････
　　00380, 00406, 01393, 01394,
　　03359, 03889, 08549, 08550, 17277
家永 遵嗣 ･･･････････････････････ 03449
伊賀中世城館調査会 ･･･････････
　　　　　　　　　10946, 10947, 16179
伊賀文化産業協会 ･････ 10635, 10662
伊川 健二 ･･･････････････････････ 07057
井草 薫 ･････････････････････････ 05019
生島足島神社 ･･･････････････････ 15992
生田 滋 ･･･････････････････ 17355, 18285
生田 蝶介 ･･･････････････････････ 12768
井口 朝生 ･･･････････････････････ 06323
井口 寿 ･････････････････････････ 13079
井口 木犀 ･････ 04988, 05874, 05875
育徳財団 ･･････････････････････
　　　　　　06917, 12175, 12327, 12884
池 享 ･･････････････････ 01789, 01915,
　　04270, 04729, 04730, 07247, 07506
池 直美 ･････････････････････････ 07234
池内 邦夫 ･･･････････････････････ 17704
池内 敏 ･････････････････ 17385, 18168
池内 昭一 ･･･････････････････････ 06211
池内 信嘉 ･･･････････････････････ 11420
池内 宏 ･････････････････････
　　　　07126, 07269, 07271, 07272
池内 義資 ･･････････････････････
　　06862, 06863, 06904～06907,
　　06922, 06924, 06928～06930
池上 幸次郎 ･････････････････････ 03122
池上 悟 ･････････････････････････ 10082
池上 洵一 ･･･････････････････････
　　00689, 00690, 00697, 13505, 13608
池上 裕子 ･････････････････････
　　01432, 03404, 03450, 03902,
　　03973, 04069, 04070, 04085,
　　04274, 05519, 05544, 05578,
　　07701, 07762, 07976, 17254, 17453
池上 浩之 ･･･････････････････････ 17849
池上 真由美 ･････････････････････ 15903
池崎 忠孝 ･･･････････････････････ 06236
生杉 朝子 ･･･････････････････････ 10296
池田 亀鑑 ･･･････････････････････ 00722
池田 敬子 ･････ 13399, 13698, 13717
池田 公一 ････ 06339, 16906, 17064
池田 忍 ･････････････････ 10138, 10542
池田 東籬亭 ･････････････････････ 12550
池田 利夫 ････ 00577, 00578, 13552
池田 瓢阿 ･･･････････････････････ 11583
池田 広司 ･･･････････････････････ 11438

池田 政隆 ………………… 16432
池田 満寿夫 ……………… 10565
池田 弥三郎 ……… 12730〜12735
井ケ田 良治 ……………… 01411,
　07374, 07694, 08141, 08355,
　08527, 08528, 08886, 09747, 09882
池田市史編纂委員会 ……… 01213
池田市立歴史民俗資料館
　…………………… 05797, 16434
池永 晃 …… 06294, 06301, 09387
池永 二郎 ………………… 01530
池波 正太郎 ……………… 05997
池原 しげと ……………… 00013
池辺 義象 ………… 05154, 07144
池見 澄隆 ………… 08545, 08546
池村 奈代美 ……… 13773〜13776
生駒 忠一郎 ……………… 05829
生駒 陸彦 ………………… 05409
生駒 義夫 ………………… 16458
猪坂 直一 ………………… 05047
イザヤ木原真 …………… 09418
伊澤 昭二 ………… 08117, 08118
井沢 長秀 ………………… 17048
井沢 元彦 ………… 00021, 01395,
　01406, 01407, 02264, 02766,
　02767, 03364〜03367, 03465,
　03466, 03898, 03899, 04177,
　04185, 04294, 05494, 05659,
　05660, 05685, 05922, 05966,
　05967, 05992, 06407, 07104,
　07105, 08614, 08615, 11066, 11081
石井 一幸 ………………… 03007
石井 恭二 ………………… 09016
石井 清文 ………………… 13629
石井 健吾 ………………… 09274
石井 修道 ………… 09116, 09119
石井 潤一 ………………… 09160
石井 進 …… 01390, 01391, 01416,
　01450, 01466, 01469, 01491,
　01644, 01653, 01654, 01663,
　01669, 02052, 02056, 02057,
　02191, 02221, 02237, 02238,
　02249, 02250, 02262, 02266,
　02267, 02335〜02337, 02388,
　02389, 06824, 06858, 06869,
　06885, 07364, 07377, 07385,
　07398, 07628, 07681, 07687,
　07710, 07721, 07749〜07755,
　08091, 08177, 08216〜08218,
　08267, 08271, 08363, 08456,
　08599, 11030, 15026, 15030,
　15054, 15718, 15742, 15904,
　16090, 16653, 16758, 17489, 18001
石井進著作集刊行会 ………
　…………………… 02238, 07364, 07687
石井 晴一 ………………… 01431
石井 倫子 ………………… 11335
石井 正己 ………… 00662, 12640

石井 義信 ………………… 16183
石井 良助 …………………
　00119, 06860, 06879, 06900, 06901
石尾 芳久 …………………
　06883, 07870, 07993, 08138, 08161
石岡 久夫 …… 09752, 09761〜09763
石岡ライオンズクラブ
　…………………… 00321, 00841
石躍 胤央 …… 17375, 18148, 18189
石上 堅 …………………… 12028
石川 逸子 ………………… 15003
石川 核 …………… 12367, 12866
石川 和朋 ………… 05262, 05263
石川 九楊 ………………… 11622
石川 教張 ………………… 09129
石川 鴻斎 ………………… 00737
石川 佐久太郎 …………… 13678
石川 七之助 ……………… 15697
石川 淳 …………………… 10888
石川 真弘 ………………… 13056
石川 常彦 …… 12311, 13017〜13019
石川 鉄洲 ………………… 11636
石川 透 ……………………
　10391, 10392, 10397, 11848,
　11956, 13391, 13400, 13413,
　13423, 13441, 13484, 13494, 17310
石川 一 …… 12922, 12953, 14898
石川 誠 …………………… 12402
石川 雅章 ………………… 12658
石川 潤郎 ………… 09283, 16823
石川 道彦 ………………… 15245
石川 豊 ……………………
　03003, 15286, 15297, 15298, 15304
石川 良宣 ………………… 16037
石川県教育委員会 …………
　…………… 10910〜10912, 15831〜15833
石川県教育委員会文化課金沢
　御堂金沢城調査委員会
　…………………… 18051, 18055
石川県図書館協会 …… 08033, 09233
石川県立図書館 …………… 01058
石川県立美術館 ……………
　…………… 09997, 17587, 17603
石川県立埋蔵文化財センター
　…………………………… 01048
石川県立歴史博物館 ‥ 00179, 04168,
　06155, 06313, 06319, 06500,
　07905, 07988, 12186, 15866, 18050
石川町町史編纂委員会
　…………………… 00805, 00806
石倉 重継 ………………… 06269
石樽 敬一 ………………… 16038
石黒 吉次郎 …… 05198, 11222, 11236,
　11300, 11387, 13367, 14148, 14533
石崎 幸銀 ………………… 05833
石澤 久夫 ………………… 12834
石島 吉次 ………………… 15323
石津 純道 ………………… 11940

石田 一良 …… 08376, 08377, 09644
石田 開一 ………………… 09509
石田 実洋 ………… 00274〜00276
石田 洵 …………………… 14221
石田 真二 ………………… 16764
石田 多加幸 ……………… 06079
石田 拓也 ………………… 13895
石田 肇 …………………… 10578
石田 晴男 ………… 06636, 06637
石田 尚豊 ………………… 10473
石田 松蔵 ………………… 16474
石田 瑞麿 ………… 00300, 00301,
　09030, 09031, 09055, 12059, 13550
石田 充之 ………………… 08702
石田 茂作 ………………… 00308〜
　00313, 00324, 00348, 00446, 00459
石田 有年 ………………… 05823
石田 慶和 ………………… 09062
いしだ よしこ …………… 12789
石田 吉貞 ………… 11881, 11882,
　12043, 12044, 12048, 12049,
　12304, 12372, 12380, 12597,
　12652, 12807, 12808, 13680,
　14590, 14592, 14777, 14971, 14973
石田 善人 ………… 08209, 08541
石田 米孝 ………………… 16707
伊地知 重幸 ……………… 01895
伊地知 鉄男 ……………… 11947,
　12191, 13070, 13113, 13114,
　13133, 13134, 13176〜13180,
　14653, 14819, 14917
石塚 真 ……………………
　08482〜08484, 15311〜15313
石野 瑛 …………… 01010〜01012
石埜 敬子 ………………… 13288
石巻市史編さん委員会 …… 00770
石巻文化センター ………… 08434
石ノ森 章太郎 …… 02228, 02456,
　02891, 02901, 02951, 02953,
　03397, 03403, 03467, 03470,
　03536, 03538, 04483, 04509,
　05721, 05798, 06106, 06478,
　06504, 07151, 07164, 07257,
　07280, 07528, 07967, 07973,
　07974, 08024, 08892, 09921, 09927
石破 洋 …………… 00364, 00585
石橋 尚宝 ………………… 13628
石林 文吉 ………… 15838, 15839
石原 清志 ………… 12137, 12198
石原 昭平 ………… 00718, 14643
石原 慎太郎 ……… 05728, 05766
石原 敏子 ………………… 12642
石原 道博 …… 02140, 02142, 07276
石原 結実 …………………
　04135, 04148, 09341, 09346, 17195
石丸 晶子 ………… 07931, 17413
石丸 煕 …………… 02310, 02354

石村 雍子	12871	
石村 吉甫	09675	
石室 守一	12879	
石母田 正	00002, 01388, 01446, 01475～01478, 06826, 06856, 06857, 07728, 08063, 13883, 13925	
惟肖 得巖	14721	
井尻 千男	11451, 17464	
泉井 久之助	09403, 09404, 09409	
出江 寛	10870	
井塚 政義	07577	
井筒 信隆	17585	
出原 博人	18200	
泉 淳	05296	
泉 武夫	00361	
泉 澄一	07644, 16407	
泉 俊秀	02858	
泉 紀子	12743	
泉 秀樹	03937, 04011, 04012, 04284, 04444, 05613, 05616, 05638, 07614, 11042, 17297	
泉 昌彦	15922	
泉 万里	10142, 10411	
泉 基博	13621, 13624～13627, 13632	
出水 康生	03358	
泉佐野市教育委員会	16384	
泉佐野市史編さん委員会	16411	
和泉市久保惣記念美術館	10193, 10378	
泉谷 康夫	06872	
出雲 朝子	11679, 11765	
出雲 隆	02192, 02330, 02331	
出雲路 修	00688, 09023	
伊勢 久信	17097, 17098	
伊勢崎市	00891, 08825, 15399	
伊勢原市教育委員会社会教育課	15706	
伊勢原市史編集委員会	00987, 00988	
磯 忍	02293, 15360	
磯 水絵	13506	
磯貝 富士男	07563, 08152	
磯貝 正義	04779, 05429～05431, 09804～09806, 09818～09820, 17797	
磯貝正義先生喜寿記念論文集刊行会	01066	
五十棲 辰男	16332	
磯野 信威	10616	
磯部 欣三	11409	
礒部 貞子	13324	
磯部 博平	07326	
磯村 幸男	17807, 18198	
井田 実	15453	
板垣 十三時	01765	
板垣 直樹	13314	
板坂 卜斎	17304	
板坂 耀子	13927	
板橋 源	00763	
伊丹 末雄	14987	
市井 外喜子	13777, 14677	
一応斎 国松	07252	
市貝町史編さん委員会	00859	
市川 喜代平	16081	
市川 俊介	16674, 18175	
市川 武治	05072	
市川 浩史	08386, 08387, 09061, 09529	
市川 光宣	05834, 05851	
市川 元雅	03228, 03233	
市川市史編纂委員会	00944	
市川市立市川歴史博物館	02819	
市木 武雄	14705～14710, 14731	
市古 貞次	11935, 11966, 11970, 12020, 12021, 13245～13252, 13263～13265, 13290～13292, 13294, 13308, 13363, 13368, 13370, 13414, 13415, 13438～13440, 13866, 13889, 13891, 13931, 13942, 13955, 13962, 13993, 14004, 14101, 14151, 14285, 14359, 14361, 14441, 14442, 14448, 14556, 17938	
一条 兼良	01610, 03253, 03349	
一条 経通	03350	
一瀬 幸子	14614	
一瀬 武	10820	
一ノ瀬 義法	04961, 05007～05009, 16014	
一関市教育委員会	07495, 07496, 15104, 15105	
一宮研究会	08502, 08503	
一宮町教育委員会	15550	
市橋 一宏	13600	
一橋 弘	05618	
櫟原 聡	12564	
市原市教育委員会	15510	
市村 高男	03942, 07594, 07733	
市村 宏	17929	
市村 咸人	03057, 15945, 16015	
一龍斎 貞花	04354	
五木 寛之	09004	
一休 宗純	10398, 14740, 14741	
一色 史彦	00467, 00845	
一遍研究会	07688, 10282	
逸話研究会	03931	
井手 勝美	09264, 09265, 09275, 09276	
井手 淳二郎	11890	
井手 恒雄	00552, 11913, 11944, 12032, 13617, 14112, 14384, 14506	
井出 正義	16010	
井出 幸男	13207	
出光美術館	00373, 09990	
井戸 誠一	16447	
糸井 秀夫	03905	
糸井 通浩	10385, 12570, 12580	
伊藤 一蓑	06957	
伊藤 一男	06377, 15568	
伊東 和彦	03305	
伊藤 一美	02080, 02476, 15701	
伊藤 清郎	08457, 08862, 11028, 15070, 15181, 15182	
伊藤 喜良	01464, 02211, 02828, 02852, 02886, 02887, 02947, 02966, 07824	
伊藤 銀月	02833, 06002, 06024, 06131, 06149, 06496	
位藤 邦生	00564, 14784	
伊藤 敬	12076, 12179, 12931, 13676	
伊藤 敬宗	10890	
伊藤 幸司	07066, 08753	
伊藤 古鑑	11485	
伊藤 聡	11851	
伊藤 治一	01821	
伊東 潤	04623, 05103	
伊東 俊太郎	00327	
伊藤 真昭	05969, 08813, 17306, 17307	
伊藤 卓二	01984	
伊東 卓治	09916	
伊藤 卓二	15126, 15127	
伊東 多三郎	07845, 07846	
伊藤 太文	18185	
伊藤 ていじ（鄭爾）	08164, 08165, 10848, 10849, 10889, 10899, 10906, 11140, 17452, 17684, 17686, 17712	
伊藤 伝	15005	
伊藤 道海	02963	
伊藤 東慎	14133	
伊藤 独	03240	
伊藤 俊一	03571, 03572	
伊藤 敏子	10200	
伊藤 伸江	12162, 12931, 13084	
伊藤 延男	00453, 00479, 10853	
伊藤 晃	10748, 10749, 12837, 12838	
伊東 秀郎	08351	
伊藤 秀吉	12672	
伊藤 博	13288	
伊藤 裕久	08175	
伊藤 裕偉	08286, 16192	
伊藤 博之	12010, 12045, 12062, 14512	
伊藤 二三郎	00103	
伊藤 雅俊	07641	
伊藤 正敏	08201, 08278, 08882, 08891	
伊藤 正文	15434	
伊藤 正義	10970, 11886	

伊東 まで ・・・・・・・・・・・・・・・・・・ 02235	井上 章一 ・・・・・・・・・・・・・・・・・・ 09931	伊吹町教育委員会 ・・・・・・・・・・ 16238
伊東 宗裕 ・・・・・・・・・・・・・・・・・・ 16315	井上 隆雄 ・・・・・・・・・・・・・・・ 08736,	井伏 鱒二 ・・・・・・・・・・・・・・・・・・ 10757
伊藤 唯真 ・・・・ 08677, 08964, 08966	08957, 09881, 11574, 17611, 18141	今井 清彦 ・・・・・・・・・・・・・・・・・・ 03152
伊藤 祐子 ・・・・・・・・・・・・・・・・・・ 13270	井上 隆史 ・・・・・・・・・・・・・・・・・・ 10319	今井 清見 ・・・・・・・・・・・・・・・・・・ 04766
伊藤 幸治 ・・・・・・・・・・・・・・・・・・ 02830	井上 力 ・・・・・・・・・・・・・・・・・ 04095,	今井 邦子 ・・・・・・・・・・・・・・・・・・ 17933
伊藤 葉子 ・・・・・・・・・・・・・・・・・・ 09478	04096, 05846, 09628, 09629, 14972	今井 啓一 ・・・・・・・・・・・・・・・・・・ 07089
伊藤 嘉夫 ・・・・ 12912, 13007, 13008	井上 哲次郎 ・・・・・・・・・・・・・・・・ 08743	今井 源衛 ・・・・・・・・・・・・・・・・・・
伊東市教育委員会 ・・・・・・・・・・ 01118	井上 鋭夫 ・・・・・・・・・・・・・・・ 04707,	13290, 13304, 13337～13343
伊東市史編集委員会 ・・・・・・・・ 01118	04732, 04746, 04758, 04759,	今井 弘済 ・・・・・・・・・・・・・・・・・・ 14157
糸賀 きみ江 ・・・・・・・・・・ 12132, 12134	04831, 05440, 05442, 05723,	今井 庄次 ・・・・・・・・・・ 11623～11625
稲賀 敬二 ・・・・・・・・・・・・ 13282, 13291	06108, 07998, 08001, 08070, 08456	今井 正之助 ・・・・・・・・・・ 14244～14246
稲垣 栄三 ・・・・・・・・・・・・ 08660, 10871	井上 寛司 ・・・・・・・・・・・・・・・・・・	今井 堯 ・・・・・・・・・・・・ 01511, 01512
稲垣 史生 ・・・・ 03906, 03933, 03934,	16623, 16624, 16626, 16629, 16637	今井 尚生 ・・・・・・・・・・・・・・・・・・ 17532
04029, 04032, 04035, 04188,	井上 文夫 ・・・・・・・・・・・・ 07693, 09433	今井 福治郎 ・・・・・・・・・・・・・・・・ 12748
04307, 04308, 04318, 07887, 14261	井上 光貞 ・・・・・・・・・・・・・・・・・・	今井 文男 ・・・・・・・・・・・・・・・・・・ 13139
稲垣 泰彦 ・・・・・・・・・・・・ 07339, 07377,	01557, 02229, 02895, 03399,	今井 雅晴 ・・・・・・・・・・・・・・・・・・
07385, 07778, 07788, 07872, 07968	03443, 04074, 05570, 07510, 17284	01453, 08555, 08594, 08789,
猪名川町史編集専門委員会 ・・・ 01233	井上 豊 ・・・・・・・・・・・・・・・・・・ 12412	08795, 08798, 09013, 09050,
稲城 信子 ・・・・・・・・・・・・・・・・・・ 08558	井上 宗雄 ・・・・・・・・・・・・・・・ 00590,	09056, 09090, 09191, 09195, 09203
稲城 正己 ・・・・・・・・・・・・・・・・・・ 09213	00591, 00606, 01621, 12026,	今井 隆助 ・・・・・・・・・・・・・・・・・・ 00846
稲田 篤信 ・・・・・・・・・・・・・・・・・・ 04608	12113, 12121, 12125～12131,	今井 林太郎 ・・・・・・・・・・・・・・・・
稲田 信 ・・・・・・・・・・・・・・・・・・ 16629	12140, 12177, 12187, 12207,	04073, 05530, 07479, 07480
稲田 利徳 ・・・・・・・・・・・・・・・・・・	12209, 12210, 12490～12499,	今泉 篤男 ・・・・・・・・・・・・・・・・・・
11987, 12887, 14379, 14450,	12692, 12703, 12711, 13033,	00342, 09960, 09969, 10000, 10001
14468, 14551, 14794, 14883, 14905	13671～13673, 14650, 14753,	今泉 忠義 ・・・・・・・・・・・・・・・・・・ 14437
稲田 浩子 ・・・・ 12211～12214, 12887	14769, 14778, 14842, 14928	今泉 正顕 ・・・・・・・・・・・・・・・・・・ 15218
伊奈町史編纂委員会 ・・ 00842, 17997	井上 宗和 ・・・・・・・・・・・・・・・ 00486,	今泉 淑夫 ・・・・・・・・・・・・・・・・・・
稲葉 継陽 ・・・・・・・・・・・・・・・・・・	00489, 02319, 04297, 04298,	08761, 09210, 09888, 09910
07431, 07762, 08191, 08237	04300, 07926, 11005～11007,	今市市史編さん専門委員会 ・・ 00860
稲葉 信子 ・・・・・・・・・・・・・・・・・・ 17879	11052, 16745, 17682, 17705,	今江 廣道 ・・・・・・・・・・・・ 01666, 03256
稲葉 伸道 ・・・・・・・・・・・・・・・ 01384,	17719, 17743, 17752, 17754,	今枝 愛真 ・・・・・・・・・・・・ 08749, 08750
01385, 07616, 07686, 08238, 08842	17768, 17770, 17772, 17774,	今川 德三 ・・・・ 04838, 05612, 09770
稲葉 義明 ・・・・・・・・・・・・ 04106, 04183,	17776, 17778, 17780, 17782,	今川 文雄 ・・・・・・・・・・・・ 02473, 02474,
04217, 05019, 06134, 06495, 09771	17821～17823, 17825～17827,	02638～02643, 02669～02671
稲村 榮一 ・・・・・・・・・・・・ 02636, 02637	17829～17831, 17841～17846,	今川 了俊 ・・・・・・・・・・・・・・・・・・
稲村 賢敷 ・・・・・・・・・・・・ 02138, 17234	17851, 17853, 17860, 17861, 17886	12191, 12199, 12505, 14819
稲村 坦元 ・・・・・・・・・・・・・・・・・・ 03044	井上 安代 ・・・・・・・・・・・・ 06091, 06096	今川氏研究会 ・・・・・・・ 05085～05094
乾 克己 ・・・・・・・・・・・・・・・・・・ 13208	井上 良信 ・・・・・・・・・・・・ 02866, 02867	今木 健之 ・・・・・・・・・・・・・・・・・・ 05928
堯孝 ・・・・・・・・・・・・・・・・・・ 12211	井口 丑二 ・・・・・・・・・・・・ 06075, 06077	今津町史編集委員会 ・・・・・・・・ 01189
乾 安代 ・・・・・・・・・・・・ 12743, 12761	いのぐち 泰子 ・・・・・・・・・・・・・・ 13787	今瀬 文也 ・・・・ 00565, 00856, 15315
犬井 善寿 ・・・・・・・・・・・・・・・・・・	猪熊 信男 ・・・ 01806, 01874, 14856	今関 敏子 ・・・・・・・・・・・・・・・・・・
13865, 13945, 13953, 13961, 14134	井ノ部 康之 ・・・・・・・・・・・・・・・・ 11584	12929, 13001, 14576, 14581, 14610
犬養 廉 ・・・・・・・・・・・・・・・・・・ 12559	猪股 静弥 ・・・・・・・・・・・・・・・・・・ 12565	今田 法雄 ・・・・・・・・・・・・・・・・・・
犬山市教育委員会 ・・・・ 01159, 16118	猪俣 安定 ・・・・・・・・・・・・・・・・・・ 15899	07983, 08020, 08682, 08903
犬山市史編さん委員会	井之元 春義 ・・・・・・・・・・・・・・・・ 03094	今谷 明 ・・・・・・・・・・・・・・・・・・
・・・・・・・・・・・・・・・・・・ 01159, 16118	伊波 普猷 ・・・・・・・・・・・・・・・・・・ 17236	01460, 01508, 01784, 01790,
伊能 嘉矩 ・・・・・・・・・・・・・・・・・・ 09140	伊原 昭 ・・・・・・・・・・・・ 12016, 12017	01791, 01797, 01800, 01802,
井上 一次 ・・・・・・・・・・・・ 04706, 04906	井原 今朝男 ・・・・・・・・・・・・・・・・	01803, 01881, 03386, 03394,
井上 和夫 ・・・・・・・・・・・・ 06846, 06938	06831, 07457, 07737, 07785, 08841	03395, 03416, 03433, 03438,
井上 勝五郎 ・・・・・・・・・・・・・・・・ 12535	茨城県教育庁文化課 ・・・・・・・・ 00851	03439, 03448, 03457, 03471,
井上 要 ・・・・・・・・・・・・ 00925, 02047	茨城県近代美術館 ・・・・・・・・・・ 13710	03504～03506, 03516, 03585,
井上 喜久男 ・・・・・・・・・・ 10689, 10745	茨城県史編さん中世史部会 ・・ 15275	03980, 04028, 04264, 04265,
井上 恵一 ・・・・・・・・・・・・・・・・・・ 04607	茨城県立歴史館 ・・・・・・・・・・・・・・	04430, 04431, 05472, 05745,
井上 慶雪 ・・・・・・・・・・・・ 05895, 05924	07733, 15276～15279	05746, 06841, 06926, 06933,
井上 幸治 ・・・・・・・・・・・・・・・ 02265,	茨木市教育委員会 ・・・・ 09278, 16413	06934, 07765, 07959, 07961,
02795, 03930, 05530, 05531, 17534	茨木市史編さん委員会 ・・・・・・・・ 01219	08464, 08927, 10442, 10476,
井上 秋扇 ・・・・・・・・・・・・・・・・・・ 12720	衣斐 賢譲 ・・・・・・・・・・・・・・・・・・	10480, 14841, 16317, 17407, 17475
井上 俊 ・・・・・・・・・・・・・・・・・・ 11642	05687, 05995, 06419, 16188	

今中 次麿	06827	
今成 元昭	11948, 12062, 12064, 13614, 13615, 13700, 14013, 14014, 14110, 14111, 14350, 14357, 14381, 14385	
今西 浩子	13394	
今西 実	14275	
今西 祐一郎	12721	
今治郷土史編さん委員会	01327	
今福 匡	04506	
今堀 太逸	00319, 08469, 08531	
今村 啓爾	07588, 15924	
今村 義孝	05435, 05436, 09252, 13690, 17492, 17981	
井本 農一	14923	
伊予史談会	09199	
入江 泰吉	10892, 10901	
入江 浩	17531	
入交 省斎	03372	
煎本 増夫	06428	
入間田 宣夫	01573, 01778, 01779, 01935, 01936, 02055, 02226, 02227, 02258, 02856, 07970, 15044, 15058, 15059, 15151, 15238	
伊礼 正雄	06949	
岩井 渓	12841	
岩井 茂	04604, 15482	
岩井 正次郎	06197	
岩井 護	17660	
岩井 良雄	11746, 11800, 14664	
岩井市史編さん委員会	15280	
岩生 成一	07325, 17339, 17545	
岩垣 松苗	00006, 00007	
岩垣 雄一	01201	
岩上 方外	00122	
岩城 準太郎	12095	
岩城 隆利	00298	
磐城市教育委員会	00809	
いわき市教育文化事業団	00837, 10962, 15206, 15227	
いわき市史編さん委員会	00807, 00808	
岩國 玉太	16697	
岩国市史編纂委員会	01306	
岩倉 哲夫	16577	
岩佐 巧	07996	
岩佐 正	09678, 09701, 12873, 13661	
岩佐 美代子	12117, 12407, 12411, 12416〜12419, 12462〜12465, 12878, 12891, 14609, 14755〜14758, 14823, 14824	
岩崎 光	16847	
岩崎 佳枝	13027〜13029	
岩崎 貞子	18046	
岩崎 照栄	15812, 18046	
岩崎 正吾	04945	
岩崎 宗純	15717	
岩崎 孝志	17530
岩崎 武夫	11280, 11281
岩崎 允胤	00262
岩崎 俊彦	01635, 01636, 05189, 05190, 16726, 16727
岩崎 義郎	06341
岩崎 礼太郎	12272
岩崎城歴史記念館	08124
岩崎文庫	12965
岩下 紀之	13111
岩代町教育委員会	17987
岩瀬 博	13416, 13428
磐田市史編さん委員会	01119, 01120
岩谷 白嶺	03069
巌津 政右衛門	00447, 01283, 16659, 17634, 18171
岩津 資雄	00643
岩槻市立郷土資料館	18009
岩手県	15092, 15093
岩手県教育委員会	15094
岩手県教育会	01845
岩手県高等学校教育研究会地歴・公民部会歴史部会日本史部会	00752
岩手県立博物館	00360
岩手日報社出版部	00762
岩波書店	11836, 11838
岩野 見司	01181, 16138
岩橋 小弥太	01838, 01839, 03319〜03323, 11239, 13998
岩原 信守	01972, 01977, 04497
岩部 忠夫	04130
岩堀 光	06209
岩間 尹	02043, 02044, 02778
岩間 冨文	00968
岩松 清四郎	02812
岩元 修一	06927
犬童 逸軌	06134, 06495
印旛郡市文化財センター図書刊行部会	00943
印融	08939

【う】

ヴァリニャーノ, A.	09291, 09345, 09354
宇井 縫蔵	01264
宇井 伯壽	08743
植木 朝子	13211
植木 直一郎	02453, 06920, 06921
上木 日褒	06256
上坂 信男	12760
上里 賢一	17334, 18235
上島 享	01605

上島 有	01695, 01701, 01759, 03206, 03243, 03255, 03573, 07372, 07951, 16371, 16372
上杉 和彦	02269, 02289, 02311, 06910
上杉 聡	08156
上杉 茂憲	04719
上杉 孝良	15735
上田 さち子	08519, 08530
上田 滋	02776, 05929
上田 純一	01627, 01628, 08735, 08780, 16848, 17306, 17307
上田 信	04119, 06943, 07049
上田 晴	06362
上田 宗嗣	11448
上田 年夫	14421
上田 正昭	07214
上田 三四二	14425, 14478
上田 本昌博士喜寿記念論文集刊行会	09157
上田市誌編さん委員会	05049, 15965, 16019
上田史談会	04764, 04765
上田市立信濃国分寺資料館	01080
上田市立博物館	05071, 06154, 10940, 15952, 15966
植西 聰	04355
上西 節雄	10748, 10749
上野 松峯	14893
上野 霄里	00759
上野 昭夫	17968
上野 富三	10866
上野 直昭	00398
上野 白浜子	14814, 14815
上野 晴朗	04781, 04919, 04928, 04975, 04979, 09788, 09793, 11014
上野 無一	03086, 16929
上野 与一	10596, 15837
上野学園日本音楽資料室	11445
上原 栄子	07445
上原 作和	14170〜14173
上原 まり	14086
上松 寅三	08906
植松又次先生頌寿記念論文集刊行会	10044, 15911
植松 安	02286
植村 清二	03104
植村 佐	04226
植村 和堂	12615
上山 春平	10966
魚住 長胤	06582
魚澄 惣五郎	01215, 01534, 01592, 02774, 02870, 03369, 03388, 08817, 08818, 09894
魚住 孝至	08401, 09759
羽阜隠史	04973
宇佐美 浩然	05521
宇佐見 隆之	07667

菟道 春千代 03031
氏家 等 15023
牛久市史編さん委員会
.... 00843, 15281, 15282
氏郷記を読む会研究レポート
　編集委員会 06280
牛嶋 英俊 16905
宇治市歴史資料館 10042
牛田 義文 05983
牛山 佳幸 08819
薄井 清 07757
碓井 静照 05265
臼杵 勲 15034
臼杵 華臣 17784
臼田 亜浪 05045
薄田 斬雲 03062, 03408
臼田 甚五郎 12874
臼田 葉山 12586
碓氷 浩子 14950
宇田川 武久 02113,
　02120, 04133, 04140, 04143,
　04144, 06402〜06404, 07012
菟田郷土史研究会 16532
内田 啓一 10487
内田 周平 02849
内野 吾郎 12023
内堀 信雄 08250
内山 逸峰 12586
内山 天壇 02924, 16620
内山 留吉 15430, 15431
宇都宮 長三郎 16793
宇都宮市史編さん委員会
.... 15330, 15331
内海 弘蔵 14400
内海 準二 09090, 12784
鵜藤 満夫 16067
宇土市史編纂委員会 18214
海上 知明 04849
宇那 木隆司 16485
宇野 正碤 17372, 18149
宇野 哲人 17955
生形 貴重 11596,
　13834〜13836, 13928, 14054
生方 敏郎 14175
馬田 綾子 08231
梅垣 牧 05084, 05841
梅北 道夫 07291, 09317
梅沢 太久夫 15468, 15501
梅沢 実 02275, 02296,
　04449, 06433, 06460, 10891, 10895
梅津 次郎 ...... 00400〜00402, 10363
梅田 薫
　05729, 05758, 05759, 16051, 16052
梅田 晋一 01113
梅田 義彦 08446
梅谷 繁樹 09196
梅原 猛 05615, 08736, 08957,
　08989, 08991, 09059, 09074,

　09100, 09881, 09970, 09971,
　10359, 10503, 13241, 17611, 18141
梅村 俊之 11017, 16143
梅本 貞雄 09051
浦上 良隆 16670
浦川 和也 07285
浦川 和三郎 17493
浦長瀬 隆 17367
浦和市総務部市史編さん室
.... 00903〜00905
瓜生 等勝 14347
瓜生 中 00462
漆原 徹 02826
漆間 徳定 08976
嬉野 米一郎 03114
上横手 雅敬 ....
　01513, 01514, 01887, 01922,
　02160, 02172, 02173, 02220,
　06809, 06829, 06909, 08512,
　08868, 12892, 14058〜14061
運慶 10112
雲谷 等顔 10583, 10585
海野 一隆 08339
海野 弘 11140

【え】

英俊 .... 06793〜06804
英峻 11658
永青文庫 12232
永平寺 10057
江頭 恒治 ....
　07387, 07388, 07473, 08815
江頭 法祐 03055
江上 敏勝 03088, 17058
江口 航三 01857, 01865
江口 孝夫 12771
江口 正弘 11657, 13780, 13783,
　14600, 14603, 14613, 14614, 14620
江後 迪子 08137
江坂 彰 05768,
　05772, 06114, 06118, 06479, 06483
江崎 俊平 ....
　17685, 17690, 17832, 17887
江崎 竜男 01344, 01345
江崎 誠致 11159
江島 茂逸 16933
懐奘 14310
恵谷 隆戒 ....
　08668, 08672, 08673, 08680
愛知川町史編集委員会
.... 01190, 08332, 16220
越後史料叢書編輯部 .. 04736, 15755
越前町織田文化歴史館 ......
　05737, 10061, 15877, 15879, 15894

越前町教育委員会 15878
越前屋 正 10524
越前・若狭一向一揆関係文書資
　料調査団 15880
衛藤 駿 ....
　10409, 10534, 10535, 10539, 10540
江藤 保定 14921
江戸幕府史局 09721
恵那市史編纂委員会 01099
NHKスペシャル「安土城」プ
　ロジェクト 11123
NHKサービスセンター
.... 02911, 16542
NHK取材班 .. 00013, 00024, 01447,
　01507, 02829, 03890, 03907,
　04043, 04047〜04050, 05495,
　05540, 10326, 17259, 17265, 17266
NHK「美の壺」制作班 10778
NHKプロモーション ....
.... 02431, 05024, 06355
榎 克朗 00586
榎本 秋 04044, 09776
江原 忠昭 04591
榎原 雅治 ....
　03385, 07781, 07948, 08237
海老沢 有道 .. 09270, 09288, 09932,
　12103, 12104, 12107, 17513, 17514
海老澤 衷 07401, 08186, 08334
海老沢 美基 03562
海老名市 00989, 15631
海老根 聡郎 ....
　10405, 10406, 10527, 10581
愛媛県中世城郭研究会 16794
愛媛県歴史文化博物館
.... 01331, 02085, 16791
愛媛大学法文学部考古学研究
　室 02083
江平 望 05399, 17189, 17194
江部 鴨村 14498
江宮 隆之 04978, 09792
MOA美術館 ....
　10598, 10666, 10710, 16860, 17618
江本 裕 00686
円地 文子 13405
円堂 晃 05937
遠藤 和子 05812
遠藤 周作 ....
　04034, 05707, 09279, 09280
遠藤 一 07908, 08543, 08716
遠藤 元男 00200, 00202,
　00231, 02359, 02894, 04073, 05569
遠藤 ゆり子 07390
塩谷 菊美 17482

【お】

小穴 喜一 ………………… 01085
小穴 芳実 ………………… 15988
及川 儀右衛門 …………… 05252
及川 吉四郎 ……… 17559, 17564
及川 大渓 …… 09520～09522, 15064
及川 梅堂 ………………… 12812
尾池 義雄 ………… 06229, 06593
追塩 千尋 ………………… 08649,
　08816, 08860, 08938, 13553, 16534
奥磯 栄龕 ………… 10774, 10818
笈田 敏野 ………………… 02427
オイテンブルク, トマス
　………………… 09274, 09424
汪 楫 ……………………… 17229
王 輯五 …………………… 07089
黄 慎 ……………………… 07255
王 勇 ……………… 00176, 00335
往生院六萬寺寺史編纂委員会
　………………… 08805, 16385
黄地 百合子 ……………… 13425
旺文社 ……………………… 01550,
　05002, 05880, 06435, 06601, 07013
王丸 勇 …………………… 11559
淡海文化を育てる会 ……… 16225
青梅市教育委員会 ………… 00962
大饗 亮 …………… 02607, 07867
大井 眸 …………… 07373, 15584
大井 信 …………… 01909, 15901
大家 健 …………… 15780, 15781
大石 一久 …… 09396, 10073, 17006
大石 慎三郎 ……… 03895, 04448
大石 隆子 ………………… 12876
大石 虎之助 ……… 04136, 17196
大石 直正 ………………………
　01430, 02213, 10086, 15047,
　15048, 15065, 15151, 17380, 17978
大石 雅章 ………………… 08880
大井田 源太郎 …………… 17410
大分県教育委員会 ………………
　05301～05304, 17074～17079
大分県教育委員会文化課
　………………… 11044, 17121
大分県教育庁文化課 ……… 01365
大分県史料刊行会 …………………
　09310, 09311, 17080～17082
大分県立宇佐風土記の丘歴史
　民俗資料館 ……………… 10034
大分県立先哲史料館 ……… 05299,
　05310, 09364, 17069, 17556, 17557
大分合同新聞文化センター … 18216
大分市歴史資料館 … 05312, 09366,
　09936, 17142, 17171, 17882, 18217

大分の文化と自然探険隊・
　Bahan事業部 …… 09261, 17096
大井町史編さん委員会
　………………… 00907, 15422
大内 政之介 … 15290, 15294, 15322
大内 政弘 ………………… 12923
大内文化探訪会 …… 16722, 16723
大浦 章郎 ………………… 05709
大浦 濤花 ………… 11144, 16506
大江 隻舟 ………… 02312, 02316
大江 孝 …………………… 10548
大江 匡房 ………… 00235, 00236
大江 三千司 ……………… 17012
大岡 信 …………………… 00511,
　00582, 12398, 12558, 12677, 12704
大岡 実 …………………… 00478
大岡 賢典 ………………… 12490
大頭 左兵衛 … 11268, 11269, 11271
大鎌 淳正 ………………… 00196
大神 信一郎 ……………… 06594
大川 周明 ………………… 05718
大河 直躬 …… 09961, 10124, 10335,
　10421, 10460, 10529, 10561,
　10861, 10862, 10884, 11193, 11201
大木 衛 …………… 17795, 17995
大木 雄二 ………………… 06052
大口 勇次郎 ……………… 00037
大久保 公雄 ……………… 06510
大久保 甚一 ……… 14564, 16059
大久保 正 …… 00556, 12355, 14435
大久保 利謙 ……………… 00005
大久保 利美 ……………… 05218
大久保 光 ………………… 06101
大久保 竜 ………………… 03126
大熊 浅次郎 ……… 16949, 16950
大隈 和雄 ………………… 03221
大隈 三好 ………… 08400, 08402
大熊町史編纂委員会 ……… 00810
大倉 比呂志 ……………… 14577
大倉 由雄 ………………… 10738
大倉精神文化研究所 ……… 13516
大河内 秀元 ……………… 07252
大阪青山短期大学国文科
　………………… 06919, 13387
大阪狭山市史編さん委員会 … 01216
大阪狭山市立郷土資料館 … 01216
大阪市 ……………………………
　01809, 03051, 07132, 10627, 14860
大阪史談会 ………………… 14886
大阪市文化財協会 ………………
　………………… 11161, 16389, 16390
大阪城天守閣 ……………………
　04293, 06081, 06095, 06153,
　06206, 06222, 06223, 07896,
　07982, 08681, 08902, 09998,
　10022, 10431, 11163, 11166,
　11167, 11178, 16395, 17590, 18145

大阪市立大学大阪城址研究会
　………………………… 11171
大阪市立博物館 …………………
　………… 08908, 10004, 16398
大阪市立美術館 …………………
　………… 10179, 10811, 17607
大阪人権歴史資料館 ……… 07220
大阪俳文学研究会 ………… 13169
大阪美術倶楽部青年会 …… 10781
大阪府警察練習所 ………… 09687
大阪府史編集専門委員会
　………………… 16399, 16400
大阪府中等学校教育研究会歴
　史部 …………………… 16417
大阪府文化財センター …………
　11160, 11184, 16388, 16423
大阪府埋蔵文化財協会 …… 16429
大阪府立狭山池博物館 …… 10854
大阪毎日新聞社学芸部 …… 12577
大阪読売新聞社 …………… 02912
大阪歴史学会 ……………… 07720
大阪歴史懇談会 …………………
　05598, 08099, 16401
大崎 悌造 …… 03434, 04830, 05978
大崎シンポジウム実行委員会
　………………………… 03481
大澤 研一 ………… 08692～08694
大沢 成四郎 ……………… 04769
大澤 慶尋 ………………………
　04576, 04577, 15185, 15186
大嶋 敦子 ………………… 18185
大島 龍彦 ………… 13745, 13768
大島 建彦 ………………………
　13385, 13392, 13588, 14285
大島 延次郎 ……… 03063, 15068
大島 正隆 ………………… 15060
大志摩 洋一 ……………… 15808
大菅 白圭 ………………… 12531
大杉 緑郎 ………………… 16060
大隅 和雄 ………… 00317, 08360,
　08532, 08548, 08554, 08568,
　08590, 09639, 09640, 09680,
　09850, 09856, 12003, 14224, 14382
大住 広人 ………………… 09319
大瀬 祐太 ………… 09541, 15371
大関 定祐 ………… 07236, 07237
大曽根 章介 ……………………
　00663, 00683, 00684, 13055, 14190
太田 明 …………………… 12794
太田 和子 ………… 05166, 05196
太田 牛一（和泉守）…… 05428,
　05689～05692, 05698, 06009
太田 光一 ………………… 11388
太田 弘毅 ………… 02143, 02144
太田 古朴 ………………… 10110
太田 三郎 ………………… 06574
太田 資武 ………………… 15579

太田 武夫 ……… 12096, 13061, 13442〜13445, 13449〜13453	大西 成明 ……………… 11576	大山祇神社 ……………… 00242
太田 藤四郎 ……………… 05483	大西 廣 ………………… 09208	大類 伸 ……………… 00489, 09928, 17672, 17758, 17759, 17888
太田 時連 ……………… 01609	大西 文紀 ……………… 04381	大和田 建樹 …… 03133, 12998
太田 白雪 ……………… 12715	大貫 昭彦 ……………… 15682	岡 一男 …………… 13664, 13668
太田 秀春 ………… 07244, 11039	おおの いさお ………… 09907	岡 邦信 ……………… 06859
太田 百祥 ……………… 04942	大野 七三 ……………… 00924	岡 彩雲 …………… 01866, 03132
太田 博太郎 ……… 00453, 00454, 00460, 10845, 10851	大野 順一 ……………… 14048	岡 成志 ……………… 05607
	大野 晋 ……………… 14290	岡 竜雄 ……………… 06501
太田 正雄 ……………… 17539	大野 達之助 …… 08593, 09141	岡 照誠 ……………… 01870
太田 正弘 …… 00278, 01168, 01602	大野 太平 ……………… 04622	岡 真須徳 ……………… 15775
太田 水穂 ………… 12171, 12172	大野 伴睦 ……………… 06239	岡 亮二 ……………… 08995
太田 満明 ……………… 05836	大野 渉 ……………… 17299	岡崎 三郎 …… 16623, 16624, 16637
太田 良博 ……………… 17198	大野市歴史民俗資料館 … 09121	岡崎 正 ………… 00678, 11357
太田市 ………… 15364, 15365	大場 厚順 ………… 08993, 15759	岡崎 久司 ……………… 01621
大館 常興 …… 03810, 03813, 03816	大庭 康時 ………… 07675, 08244	岡崎 英雄 ……… 05170, 05171, 05180, 07956, 16611, 16612, 16632
大谷 俊太 ……………… 17942	大場 弥平 ……… 01989, 06965, 09755, 10964	
大谷 節子 ………… 11404, 11416		岡崎市 ……………… 06589
大谷 暢順 …… 09216, 09230, 09247	大庭 耀 ……………… 17517	岡崎市美術博物館 … 06220, 06221
大谷 雅夫 …… 13470〜13477, 13479, 13480	大橋 京子 ……………… 07445	岡崎の歴史物語編集委員会 … 01161
	大橋 俊雄 ……… 08552, 08784, 08786, 08787, 08791, 08799, 08958, 08971, 08986, 09194, 09201	岡沢 由往 …… 04996, 05010, 16017
大谷 雅子 ……………… 09633		小笠原 覚雄 ……… 08975, 12889
大谷大学 ……………… 00116		小笠原 恭子 ……………… 17895
大谷大学国文学研究室 … 13737	大橋 二郎 ……………… 03020	小笠原 小枝 ……………… 10831
大多和 晃紀 ……………… 15243	大橋 武夫 …… 03915, 04207, 04373, 06502	小笠原 昨雲 ……………… 08401
おおつ やすたか ………… 05642		小笠原 長和 ……………… 15555
大津 雄一 ……………… 04671	大橋 千代子 ……………… 13302	小笠原 長生 ……………… 02105
大塚 竜夫 ……………… 09688	大橋 治三 ………… 11196〜11199	小笠原 秀煕 ……… 03228, 03233
大塚 圭 ……………… 18216	大橋 幸泰 ……………… 17527	岡田 章雄 ……… 01949, 02225, 02355〜02357, 02881〜02884, 04062〜04065, 05527, 05531, 05558〜05561, 07307, 07311, 07312, 09370, 09938, 17534
大塚 統子 ………… 00274〜00276	大濱 永亘 ……………… 17205	
大塚 ひかり ……………… 13807	大林 馨 ……………… 07128	
大塚 寛子 ……………… 12769	大林 清 ……………… 04708	
大塚 幹也 ………… 10062, 16075	大林組プロジェクトチーム … 00468	
大塚 光信 …… 11778〜11785, 11787〜11795, 11830	大原 性実 ………… 08698, 09006	岡田 霞船 ……………… 06520
	大伏 春美 ……………… 13037	尾形 亀吉 ……………… 11230
大塚 洋一郎 ……………… 06345	大淵 武美 ……………… 10013	岡田 喜秋 ………… 10525, 14879
大槻 修 …… 13280, 13284, 13289, 13296, 13306, 13307, 13333, 13335	大部荘調査委員会 … 16493〜16499	岡田 啓助 ………… 13427, 13430
	大町 桂月 …… 02332, 03023, 12362	尾形 月山 ……………… 06049
大槻 清崇 ………… 05499, 05500	大町 芳衛 ……………… 09700	岡田 正太郎 ……………… 14415
大槻 磐渓 …… 17950, 17951, 17954, 17956	大町市史編纂委員会 ……… 01076	岡田 清一 …… 02255, 02318, 02443, 15020, 15240
	大間々町誌編さん室 ……… 15366	
大月 博志 ……………… 02414	大湊 文夫 ……………… 10102	岡田 宗叡 ……………… 10599
大津市歴史博物館 ……… 10577, 11321, 11436, 16286	大宮 宗司 ……………… 09662	緒形 隆司 …… 02406, 02964, 03213, 05256, 07140
	大宮市史編さん委員会 …… 00908	
大坪 草二郎 ……………… 14890	大三輪 龍彦 … 08822, 10133, 15679, 15693, 15707, 15742, 17489, 18001	岡田 隆 ……………… 14774
大坪 武門 ……………… 06326		緒形 隆司 ……………… 18269
大坪 利絹 ……………… 12306〜12309, 12664, 12708, 12722, 12747	大村 拓生 ……………… 16347	岡田 輝雄 ……………… 17224
	大森 北義 ………… 14192, 14232	岡田 直美 ……………… 12455
大戸 安弘 ……………… 09750	大森 金五郎 …… 01537, 02174, 07859〜07861	岡田 憲佳 ……………… 10517
大藤 時彦 ……………… 17924		岡田 英男 …… 00450, 00451, 00458
大友 信一 ……………… 11710	大森 健二 ……………… 10877	岡田 秀雄 ……………… 16470
大友 幸男 ………… 02787, 15046	大森 順雄 ………… 08658, 08807	岡田 政男 ……………… 02135
大友田北氏史料刊行会 …… 01982, 17140	大森 隆司 …… 02824, 02825, 15388	岡田 正人 ……………… 05631
	大藪 宏 ………… 04871, 07589	岡田 正之 ……………… 00726
大伴 茫人 ………… 14337, 14538	大山 喬平 …… 00070, 01701, 02268, 07448, 07808, 08228, 08231, 16483	岡田 希雄 ………… 11702, 13495
大取 一馬 …… 00598, 09438, 11939, 12200, 12442, 12447, 12493		岡田 三津子 ……………… 13717
	大山喬平教授退官記念会 …… 00032, 00213	岡田 稔 ……………… 04288
大西 源一 ………… 03038, 08478	大山 由美子 … 05162, 05655, 05693	

著者名	番号
岡田 美穂	13729～13731
岡田 譲	10127, 10189, 10338, 10432
岡田 嘉夫	12644, 12645
岡田 良平	01588
岡寺 良	11090
岡戸 栄吉	01179
岡西 惟中	07237
岡野 錦弥	02980
岡野 恵二	00937
小鹿野 茂次	12852, 12857
岡野 友彦	00144, 07437
岡野 治子	07877～07879
岡野 允	16334
岡野 守也	09122
岡橋 隼夫	02978
岡部 栄信	03168
岡部 周三	02860, 09530
岡部 長章	02442
岡部 福蔵	03167, 03169, 03171
岡見 弘道	11848
岡見 正雄	09638, 10462, 11778～11785, 12100, 13170, 13171, 14206, 14209, 14265
岡村 多希子	09330
岡村 誠之	01988, 07046
岡村 守彦	16053, 16054
岡村 喜史	09073
岡本 和之	17877, 18160, 18188
岡本 謙次郎	10100, 10101
岡本 茂男	10907, 11194
岡本 茂延	11507
岡本 寅一	16422
岡本 彦一	14912
岡本 稔	17729, 18147
岡本 保孝	12664
岡本 吉二郎	09930
岡本 良知	06056, 07294～07296, 07306, 08336, 09937, 17523
岡本 良一	04353, 05569, 05628, 06475, 11154～11158, 11177, 16393
岡谷 繁実	01987, 04460～04466
岡山 真知子	01319
岡山県教育会	09095
岡山県史編纂委員会	01282, 16657, 16658
岡山県立博物館	01293, 01633, 10048, 10621, 16660, 17596
岡山県立美術館	10010
岡山市教育委員会社会教育部文化課	10735
岡山大学池田家文庫等刊行会	12168, 13064, 13168
小川 栄一	13796
小川 国夫	13911
小川 光三	00483
小川 寿一	14797
小川 多一郎	05606
小川 剛生	02859, 03194, 03464, 12473
小川 武志	16958
小川 知二	10554, 10555, 15309
小川 豊生	11851
尾河 直太郎	00969
小川 博毅	16679
小川 浩	07544, 17368
小川 信	01658, 03430, 03495, 03540, 03541, 08272
小川信先生の古希記念論集を刊行する会	06830, 07779
小川 弥太郎	07122
小川 喜数	02988, 02989
小川 良一	15721
小川町	00909, 00910
荻 慎一郎	17376, 18192
小木 喬	13253, 13331
荻 美津夫	00497
沖浦 和光	08155
沖塩 穆	00594
荻須 純道	08760
沖縄県教育庁文化課	17225
沖縄県文化振興会	17351, 17357, 18281, 18287
沖縄県文化振興会公文書館管理部史料編集室	07092, 17228, 17344, 17351, 17353, 17357, 17359, 17361, 18274, 18281, 18283, 18287, 18289, 18291
沖縄県立図書館	18240
沖縄県立図書館史編集室	17342, 17343, 17348～17350, 17352, 17354～17356, 17358, 17360, 18272, 18273, 18278～18280, 18282, 18284～18286, 18288, 18290
沖縄県立博物館	07094, 17230
沖縄県立埋蔵文化財センター	17215
荻野 文子	12691, 14548
荻野 忠行	11067
荻野 三七彦	00118, 01673, 01678
荻原 信一	17810
荻原 留則	14692
小城町	17004
小城町教育委員会	17004
沖本 常吉	16617, 17495
沖本 幸子	13190
沖森 直三郎	03372, 16194
奥里 将建	11709
小串 侍	08912
小楠 和正	05027, 16068
奥瀬 平七郎	17914
奥田 勲	13155～13162, 14791, 14919
奥田 正造	12967
奥田 直栄	10604, 10695, 10697
奥田 久輝	12294, 12312
奥田 真啓	02053, 02063, 08442, 08485
奥田 康雄	16416
奥平 俊六	10474
奥平 英雄	00382, 00392, 00399, 00410, 00411, 00437, 10379
奥谷 高史	00114, 01206
小口 雅史	00034, 00274～00276, 00280, 08470, 15075, 15076, 15085
奥出 賢治	17874, 18077
奥富 敬之	00143, 00149～00153, 02158, 02273, 02292, 02334, 02346, 02390, 02391, 02394, 02395, 02411, 02424, 02438, 03147, 03148, 07008, 07795, 09849, 15508, 15509, 15644, 15648～15650
奥富 雅子	02158, 15644, 15648
小国 浩寿	03484
奥野 純一	11403
奥野 高広	01788, 03557, 03964, 03981, 04251, 04351, 05628, 05648～05650, 05652～05654, 05748, 06112
奥野 中彦	00337, 01463, 07396
奥村 環	11478
奥村 恒次郎	05891
奥村 恒哉	00622
奥村 政信	12527
奥山 錦洞	11626, 11627, 11630
奥山 芳夫	01234, 16484
小椋 一葉	11277
小倉 慈司	00274～00276
小倉 正久	11359, 11360
桶谷 秀昭	11926
生越 重章	01940
越生町研究会	00913
越生町教育委員会	00912
小此木 輝之	01924, 08839
長 節子	07208, 07211
尾崎 勇	00710, 09642
尾崎 士郎	05608, 06055
尾崎 綱賀	02433, 07156, 09186
尾崎 秀樹	02277, 02762, 03361, 04304, 05553, 06005
尾崎 雅嘉	12584, 12705～12707, 12800～12804
尾崎 雄二郎	13144
小山内 新	03944, 04325, 05712
長船町史編纂委員会	01285
大仏 次郎	10883
小沢 彰	09617
小沢 謙一	09424
小沢 舜次	16063, 16064
小沢 富夫	01953, 01954, 17473

小沢 弘 …………… 10449	小野寺 啓治 …………… 11628	06078, 06152, 06169, 06174,
尾下 多美子 ‥ 10195, 10365, 10366	小野寺 直 …………… 01787, 09136	06214, 06228, 06307, 06342,
小都 隆 …………… 11025	小野寺 彦次郎 …………… 01928	06347, 06351, 06358, 06426,
小都 勇二 …………… 05194, 05251	小野寺 宏 …………… 01928	06430, 06458, 06474, 06499,
小槻 長興 …………… 05449	小幡 景憲 …………… 09803	06572, 06578, 06595, 06596,
尾関 七之助 …………… 08742	小幡 晋 …………… 15599	06603, 06983, 06984, 06999,
尾関 トヨ …………… 12539	小畑 正紀 …………… 10734, 10758	07000, 07039, 07045, 07901,
小田 栄一 … 01758, 11546, 11571	小花 藤平 …………… 18109	08103, 08253, 08936, 09176,
織田 完之 …………… 03139	小浜市教育委員会文化課 …… 11091	09767, 09777, 09781, 09783,
小田 吉之丈 …………… 08012	尾原 悟 …………… 09302~09304,	09816, 10967, 10997, 11023,
織田 正吉 ……………	09414, 12105, 12106	11079, 16085, 16089, 16215,
12607, 12608, 12656, 12788	尾原 隆男 ……………	16221, 16401, 17237, 17256,
小田 清雄 …………… 14540	01249, 16605, 16606, 17711	17279, 17281, 17290, 17291,
小田 晋 …………… 17250	小原 藤次 …………… 00765, 15145	17665, 17798, 18075, 18103
小田 武雄 …………… 02086, 16792	小尾 真 …………… 12826	小和田 泰経 …………… 06387
小田 徳治郎 …………… 10832	オフィス新大陸 …………… 04306	恩賜京都博物館 …………… 10464
小高 敏郎 …………… 14744	小保内 東泉 …………… 00421	恩田 耕治 ……………
小田切 文洋 …………… 08657	表 章 …………… 11292, 13177	05710, 06028, 06437, 16161
御建 龍一 …………… 03511, 05192	面 甚左ヱ門 …………… 08011	恩田 政行 …………… 09525, 15417
尾谷 卓一 …………… 09159	小矢部市高齢者指導者養成グループ …………… 01043	
小谷城址保勝会 …… 05142, 16268	尾山 篤二郎 …… 12893, 12903,	【か】
織田町歴史資料館 … 05104, 10180	12904, 12964, 14885, 14931, 14974	
小田原市 …………… 00990, 00991	小山 龍種 … 06161, 07969, 17066	夏 子陽 …………… 07080, 17219
小田原市教育委員会 …… 10973, 10974	小山市教育委員会 …………… 15356	甲斐 謙二 …………… 14258
小田原市郷土文化館 ……………	小山市史編さん委員会 …… 00861, 15332	魁 竜玉 …………… 13182
05410, 10344, 11540	小山市立博物館 …………… 08120	海音寺 潮五郎 …………… 01381,
越智 孝三郎 …………… 16811	小山田 和夫 …………… 00095	02791, 04036, 04037, 07189, 17859
落合 重信 …………… 08140	小山町史編さん専門委員会 …… 01121, 01122	海津 一朗 ……………
落合 義明 … 01927, 08265, 15261	小山の偉人・名所旧跡発掘調査委員会 …………… 15346	02765, 03112, 06855, 07171, 07962
小槻 晴富 …………… 06868	織笠 繁蔵 …………… 10900	貝塚市教育委員会 …………… 16403
音代 節雄 …………… 01862	折口 信夫 …… 12259, 12263, 14982	懐徳堂記念会 …………… 10921, 16387
小野 英治 …………… 17786	折口信夫全集刊行会 …………… 12262	貝原 益軒 …………… 06286
小野 一之 …………… 00020	折口博士記念古代研究所 …… 12263	海保 嶺夫 ……………
小野 勝年 …………… 08935	折田 春雄 …………… 03048, 16705	00736, 15028, 15029, 17957
小野 鵞堂 …………… 12634	小和田 哲男 ……………	海北 友松 ……………
小野 清 ……………	00044, 00045, 00047, 00048,	10577, 10579, 10583, 10585
11164, 11165, 16391, 16392	00055, 00057, 00058, 01571,	解放新聞社 …………… 08156
小野 晃嗣 …………… 07662	01650, 01767~01771, 02159,	海洋博覧会記念公園管理財団 …………… 09749, 17209
小野 栄 …… 04551, 15180, 17986	02207, 02790, 02853, 02871,	花淵 松濤 …………… 12717
小野 真一 …………… 02384, 16062	03378, 03387, 03389, 03904,	可翁 …………… 10484, 10490
小野 信二 …………… 05432, 06429	03914, 03923, 03969~03972,	加賀 淳子 …………… 02835
小野 高潔 …………… 12585	03993, 04021, 04040, 04052,	加賀 元子 …………… 11905, 14390
小野 哲二郎 …………… 16593	04053, 04072, 04103, 04167,	加賀 康之 …………… 06979
小野 利教 …………… 03000, 03035	04174, 04177, 04191, 04192,	各務原市教育委員会 ‥ 01100, 01101
小野 則秋 …………… 09439	04252, 04254, 04256~04260,	香川 景樹 …………… 12661~12664
小野 正敏 …………… 01441,	04273, 04310, 04313, 04334,	香川 一秀 …………… 12546
01492, 01685, 02179, 03982,	04343, 04368, 04421, 04423,	香川 元太郎 ……………
07068, 08254, 08850, 15898, 16088	04454, 04632, 04676, 04969,	00491, 04022, 10998, 17833, 17838
小野 恭靖 …………… 13209, 17892	05033, 05034, 05077, 05079,	香川 宣阿 …… 05204, 05206~05212
小野 稔 …………… 06962	05096, 05099, 05136~05138,	香川 正矩 ……………
小野 淑夫 …………… 02323, 02324	05141, 05267, 05515, 05576,	05201~05203, 05205, 05213
尾上 八郎 …………… 11631,	05598, 05628, 05675, 05683,	香川 安清 …………… 16778
11638, 12323, 12365, 12366, 12401	05727, 05837, 05838, 05866,	香川県綾歌郡神職会 ‥ 02913, 16771
尾上 陽介 ……………	05947, 05996, 05997, 06007,	
02653, 02655, 02657, 02659,		
02661~02664, 05471, 14584		
小野市立好古館 …………… 00246		
小野田 勝一 …………… 10728		

香川県教育委員会 ……… 16773, 16774, 16776	03223, 03382, 03446, 03458, 03539, 03930, 04099, 04107, 05524, 05579, 05800, 06195, 06613, 06614, 07915, 07986, 07987, 07997, 08000, 08010, 08023, 08581, 08630, 08720, 08996, 09081, 09223, 09225, 09871	霞会館公家と武家文化調査委員会 ………… 00232, 11621
香川県県史編さん室 ‥ 01321, 01322		霞ケ浦町郷土資料館 ‥ 10041, 15273
垣内 和孝 ……………… 15229		一峰 大二 ……………… 05644
柿下 好登 ………… 12818, 12819		加須屋 誠 ……………… 00361
加来 耕三 ……………… 00038, 00222, 02417, 04100, 04187, 04243, 04332, 04370, 04962, 05463, 05464, 05619, 05630, 05632, 05686, 05697, 05762, 05787, 05865, 05904, 05993, 06069, 06249, 06337, 06361, 06418, 06448, 06527, 06528, 06553, 07940, 09798, 11538, 17904		粕谷 真理 ……………… 14547
	笠原 喜一郎 …………… 03070	片岡 了 ………………… 13636
	笠原 秀 ………………… 12841	片岡 耕平 ……………… 07791
	笠原 伸夫 ………… 11931, 11932	片岡 樹裏人 …………… 15859
	笠原 正夫 ……………… 18159	潟岡 孝昭 ……………… 13225
	風間 吉也 ……………… 01925	片岡 千鶴子 …………… 09292
	風間 宜揚 ……………… 03362	片岡 利博 ……………… 13335
	風巻 景次郎 …………… 11938, 12135, 12136, 12276, 12909	片岡 瑠美子 …………… 09282, 09395, 17016, 17017, 17510, 17563
郭 汝霖 …………… 07078, 17214		
岳 真也 ……………… 05771, 06117, 06482, 06576	風巻 紘一 ‥‥ 04154, 04321, 04327, 04439, 04440, 05594, 06398, 08426	片桐 昭彦 …… 04328, 06814, 07005
		片桐 繁雄 ………… 04581, 15192
角井 仁紀 ……………… 17134	笠松 宏至 ……………… 01527, 03776, 03777, 06850, 06853, 06866, 06878, 06881, 06882, 06913, 07552, 08364, 08378	片桐 洋一 …… 12235, 12236, 12754
学習研究社編集部 ……… 02188, 05672, 07024		片倉 穰 ………………… 07186
		片島 深淵 ………… 04892～04895
学術文献刊行会 …… 11860～11873		片野 彰定 ……………… 13897
学術文献普及会 …… 11858, 11859	笠谷 和比古 …………… 06178, 06558, 06566, 06570, 06577, 17471	片野 達郎 ……………… 12470
角地 幸男 ……………… 03472		片野 次雄 …… 06199, 07100, 07284
覚如 …………………… 10350	加沢 平次左衛門 ……… 03548	片山 才一郎 …………… 03156
鹿毛 敏夫 …… 05320, 08255, 17102	華山全海建 …………… 12573	片山 享 ………………… 12285, 12378, 12506, 12511
景浦 勉 …………… 02084, 16786	梶 鮎太 ………………… 06604	
掛川市史編纂委員会 …… 01124	加地 宏江 ……………… 03184, 13709, 13723, 16419	片山 勝 ………………… 03557
蔭木 英雄 ………… 03797, 14695, 14696, 14715, 14717, 14735, 14742		片寄 正義 ……………… 12151
	柏井 宏之 ………… 11185, 16428	勝 正二 …………… 06618, 06619
筧 雅博 ………… 07183, 07554	樫崎 櫻舟 ……………… 11565	勝浦 令子 ………… 00221, 00296
影丸 穣也 ……………… 16044	梶谷 宗忍 …… 14697, 14713, 14714	香月 乘光 ………… 08671, 08974
影山 堯雄 ………… 08773, 09151	梶野 仙次郎 …………… 05845	月山尼子ロマンの里づくり委員会 …… 16579, 16581, 16582
景山 春樹 ……………… 00314	梶原 正昭 ……………… 00548, 02802, 13699, 13735, 13832, 13873, 13885, 13894, 13899, 13912, 13916, 13918, 13939, 13949, 13958, 13964, 14102, 14131, 14183, 14271, 14279	
景山 正隆 ……………… 13848		葛飾 為一 ……………… 10137
かこ さとし …………… 06810		勝田 至 …………… 08089, 08095
家郷 隆文 ………… 12757, 12831		勝田 勝年 ………… 05167, 05197
加古川総合文化センター ……………… 10038, 16525		勝田市史編さん委員会 ……………… 00844, 17998
	鹿島町史編纂委員会 …… 00811	勝野 隆信 ……………… 08888
鹿児島県維新史料編さん所 …………… 17184～17188	鹿島町文化スポーツ振興事業団 ……………… 15285	勝原 範夫 ……………… 02190
		勝又 清和 ……………… 15548
鹿児島県教育委員会 …… 17190	梶村 昇 …… 02350, 08956, 08961	勝俣 鎮夫 …… 03992, 04279, 04458, 06811, 06936, 07549, 07722, 07946, 08192, 08820, 17414
籠谷 真智子 ‥ 08407, 11213, 17488	梶本 晃司 ………… 06318, 15747	
葛西 嘉久二 …………… 10137	勧修寺 晴右 ……… 06761～06764	
香西 成資 ……………… 05295	勧修寺 晴豊 …………… 06764	勝守 すみ ………… 04603, 15267
笠井 昌昭 ……………… 10297	柏市教育委員会 ………… 00947	勝山 清次 ………… 01670, 07531
葛西 宗誠 ………… 10757, 10807	柏市史編さん委員会 …… 00946	勝山市 ………………… 10885
笠井 藍水 ……………… 01815	柏原 祐泉 ……… 08701～08705, 09040～09046	桂又 三郎 ……………… 10640, 10670, 10685, 10706, 10733, 10736～10739, 10741, 10743, 10744, 10747, 10750, 10762, 10765, 10768, 10769, 10772
葛西城発掘30周年記念論文集刊行会 ……………… 18030		
	梶原 等 ………………… 02313	
笠懸野岩宿文化資料館 … 15389	春日 祐宝 ……………… 09232	
笠師 昇 ………………… 15858	春日部市教育委員会 …… 00915	
笠田 長継 ……………… 06253	春日部市教育委員会社会教育課 ……………… 00914	嘉手納 宗徳 ……… 18249～18251
笠田 和城 ……………… 02463		加藤 栄一 ………… 07288, 07671
風早 恵介 ………… 05309, 09363	春日部市郷土資料館 …… 15475	加藤 会元 ……………… 15927
笠原 修 ………………… 07777	上総 英郎 ……………… 02813	加藤 和徳 ………… 10077, 15172
笠原 一男 ……………… 00022, 00023, 00036, 00268, 01433, 01578, 02234, 02907, 02977,	一豊公・千代様キャンペーンイベント実行委員会 ……… 16237	加藤 尭敬 ………… 09695, 09697
		加藤 蕙 ………………… 15618

加藤 賢三 …………… 14116	神奈川大学大学院歴史民俗資料学研究科 ……… 03447	兼本 延夫 …………… 10776
加藤 剛 01409, 01551, 17243, 17282	神奈川大学日本常民文化研究所 ……… 03244	兼本 延男 …………… 10777
加藤 正俊 ……… 08764, 09096	金沢 宗為 …………… 11610	狩野 博幸 …… 10440, 10448
加藤 次郎 …………… 09926	金沢 弘 ……… 09984, 09985, 10483, 10484, 10489, 10490, 10522	鹿野 政直 …… 01390, 01391
加藤 卓男 …… 10776, 10810	金沢 正明 …………… 09526	狩野 永徳 10446, 10471, 10557, 10560, 10564
加藤 貞仁 …………… 17964	金沢市教育委員会文化課 …… 15851	狩野 亨吉 …………… 00122
加藤 唐九郎 10686, 10702, 10703, 10732, 10780	金沢市史編さん委員会 ……… 01051, 01052, 15840	狩野 山雪 …… 10588, 10591
加藤 咄堂 …… 02381, 05941	「金沢城」編集委員 …… 17637, 18048	狩野 山楽 …… 10588, 10591
加藤 知弘 05348, 07292, 09325, 17100	金沢市立図書館 ……… 15851	狩野 久 …………… 01442
加藤 伴之 …………… 03019	金沢大学法文学部国文学研究室 ……… 11700, 11701	狩野 光信 …… 10560, 10564
加藤 仁平 …………… 00260	金沢文庫 ……… 00365, 01604, 02261, 02409, 02470, 02484, 06914, 07083, 07181, 07340, 07622, 07885, 08109, 08134, 08465, 08631, 09432, 09443, 09445～09456, 09472～09474, 09952～09955, 10045, 10053, 10146, 10846, 11237, 11453, 11484, 11988, 13546, 14396, 14404, 15011, 15640, 15694, 15737	加納 陽治 …………… 10814
加藤 土師萌 …………… 10787		鹿野山研修所論叢編纂委員会 ……… 08754
加藤 磐斎 …… 12305～12309, 12756, 14335, 14429		加能史料編纂委員会 15841～15850
加藤 廣 …………… 05821		鹿目 俊彦 …………… 12466
加藤 浩 …………… 16116		樺井 達之輔 …… 13187, 13188
加藤 理文 …………… 17679		加原 耕作 …… 06967, 18173
加藤 三男 …………… 05102		鏑木 清春 …………… 00154
角川 源義 …… 13244, 14260		鏑木 悠紀夫 …………… 08031
角川書店 …… 02219, 02877, 03391, 04478, 05555, 05717, 06102, 10505, 13920, 13922, 14467, 14469	金丸 二郎 …… 01808, 14859	河北新報社編集局 …………… 15041
	金森 誠也 …………… 04848	河北町誌編纂委員会 15169～15171
	金谷 俊一郎 …………… 03927	
角川書店編集部 …… 10198, 10207, 10224, 10228, 10263, 10268, 10275, 10285, 10286, 10292, 10299, 10305, 10312, 10325, 10377	金谷 俊則 …… 04525, 05247, 16717	蒲池 勢至 …………… 08709
	金谷 匡人 …… 02093, 16795	鎌ケ谷市教育委員会 …………… 18011
	金谷 豊 …………… 03174	鎌ケ谷市郷土資料館 …… 10076, 15511
	金谷町史編さん委員会 ……… 01126	鎌木 義昌 …… 01283, 16659
角川文化振興財団 ……… 00976, 15602～15605	可児市 …………… 05889	鎌倉遺跡研究会 …… 09128, 09165
	可児市観光協会 …………… 05889	鎌倉遺文研究会 …… 02589～02598
角田 直一 …………… 16676	可児市教育委員会 …………… 16028	鎌倉考古学研究所 …………… 15711
門屋 和雄 …………… 13677	鹿沼市史編さん委員会 ……… 00862～00865	鎌倉市教育委員会 02448, 15652～15659, 15732
香取 秀真 …………… 00104		
門脇 達祐 …………… 11369	兼清 正徳 …………… 14759	鎌倉市史編纂委員会 …… 00999, 01000
門脇 禎二 08045, 08064～08066, 13884	金子 金治郎 …… 13061, 13070～13073, 13100, 13102, 13103, 13122, 13150, 13164, 13165, 14792, 14816, 14817, 14911, 14922, 14924	鎌倉時代語研究会 …… 11713～11738
		蒲郡市史編さん事業実行委員会 …………… 01163
門脇 正人 …………… 17382		
金井 清光 …… 08150, 08783, 08794, 09193, 09197, 09198, 11228, 11303, 11429, 12050～12052	金子金治郎博士古稀記念論集編集委員会 …………… 13124	釜田 喜三郎 …… 14203, 14207, 14220
		鎌田 五郎 …… 12997, 14999
	金子 桂三 …… 00362, 00367	鎌田 茂雄 …………… 08589
金井 静香 …………… 07435	金子 達 …… 05455, 05456	鎌田 純一 …… 02943, 08471, 16185
金井 年 …… 08169, 08335	金子 大麓 …………… 13655	鎌田 広夫 …… 13786, 13902
金井 円 …………… 18094	金子 拓男 …… 08247, 17796	鎌谷 嘉喜 …………… 16763
金井 杜道 …… 00361, 10448	金子 武雄 12571, 12633, 12672, 13344, 13658	加美 宏 13726, 13874, 14219, 14234, 14244～14246, 14255, 14274
神奈川県企画調査部県史編集室 …… 00992, 00994, 00995		
	金子 智彦 …………… 04940	
神奈川県県民部県史編集室 ………… 00993, 00996, 00997	金子 拓 …………… 01937	上市町教育委員会 …………… 15824
	金子 元臣 …………… 09696	神尾 暢子 …………… 14979
神奈川県高等学校教科研究会社会科部会歴史分科会 …… 18036	金重 陶陽 …………… 10757	神尾 正武 …… 02075, 17037
	金田 弘 …… 11799, 11820	上垣 外憲一 …… 07225, 07270
神奈川県立博物館 …… 01656, 01668	兼築 信行 …………… 12501	上川 通夫 …… 08562, 08563
神奈川県立文化資料館 ……… 03576	カネボウファッションセンター …………… 17624	神木 哲男 07483, 07484, 07665, 07666
神奈川県立歴史博物館 …… 04668, 08115, 10039, 10289, 10401, 15270		神子 侃 …………… 09821
神奈川古城研究会 …… 04630, 15637		上条 彰次 …… 12160, 12161, 12382, 12531, 12737, 12739
神奈川新聞横須賀総局 ……… 02363		神鷹 德治 …………… 11702

上高津貝塚ふるさと歴史の広場 ……………… 07548, 15310	辛島 美絵 …………… 11712	川島 絹江 …………… 14316
神谷 真 ……………… 05019	柄松 香 ………… 14520, 14975	川嶋 建 ……………… 15293
上三川町史編さん委員会 …… 00866	苅米 一志 ……… 07405, 08424	川島 長次郎 ………… 00148
上之郷 利昭 …………… 06316	狩那 匠 ………… 00013, 04830	川嶋 将生 …………… 08306,
上山城管理公社 …… 17633, 17983	狩谷 棭斎 ……… 00203, 00204	09833, 10449, 16351, 16366, 16377
上村 観光 ……… 14728, 14729	狩谷 望之 …………… 00104	河住 玄 ………… 12974, 14764
上米良 純臣 …… 03181, 17047	刈谷市教育委員会 …… 18123	川住 銓三郎 ………… 05832
神谷 昌志 ……… 06461, 16094	刈谷市史編さん編集委員会 … 01164	川瀬 一馬 ……………
神谷 道倫 ……… 15728, 15729	花林舎 ……………… 10448	09746, 11394, 11399, 14341
亀井 勝一郎 ……………	佳爐庵 冬扇 ………… 13235	川瀬 潔 ……………… 17496
08373, 08379, 08380, 08392	河合 敦 ……………… 02231,	川瀬 健一 …………… 17263
亀井 孝 ………… 11770, 17924	03401, 03892, 03896, 04219, 06329	川添 昭二 …… 01338, 01343, 02426,
亀井 高孝 …………… 11647	河井 忠親 …………… 16638	03182, 03496, 03497, 06287,
亀井 若菜 ……… 09974, 10422	河合 一 ………………	07130, 07143, 07179, 09167,
亀尾 肇 ………… 03121, 03134	02198, 02199, 02477～02480	09172, 09867, 09872, 12000,
亀岡市 ……………… 08319	河合 秀郎 …………… 07025	13076～13078, 14818, 16824,
亀岡市教育委員会 …… 08319	河合 正朝 ……………	16841～16844, 16861, 16908,
亀岡市文化資料館 … 03216, 16333,	10527, 10579, 10581～10585	16910, 16911, 16913, 16953, 16963
16356, 17735, 18142～18144	河合 正治 … 05195, 05272, 07816	川添昭二先生還暦記念会 …… 01538
亀島 靖 ……………… 01380	河合 安貞 ……… 10923, 15636	川副 武胤 ……… 08811, 15680
亀田 帛子 …………… 09524	川合 康 ……………… 02251	川副 博 ………… 01947, 05298
亀田 次郎 …………… 02991	川石 てつや ………… 06410	川副 義敦 …………… 05298
亀田 孜 …… 00433, 10552, 10553	河内 将芳 …………… 08100,	川田 順 ……………… 03056,
亀田 正雄 …………… 14263	08262, 08428, 16312, 16348, 16350	05155, 12123, 12165, 12170,
亀山 純生 …………… 08645	川岡 勉 ……… 03507, 11085,	12182～12184, 12301, 12319,
亀山市歴史博物館 …… 06084	16427, 16787, 16802, 16810, 16814	12990, 12991, 14776, 14870,
加茂 仰順 ……… 08711, 09020	川上 茂治 …………… 16985	14872, 14874, 14880, 14948, 15001
鴨 長明 …… 12242, 12244～12248,	川上 清吉 ……… 08998～09000	河内長野市史編修委員会 …… 01217
13614～13619, 14310, 14322,	川上 卓蔵 …………… 18045	川出 麻須美 ………… 11890
14323, 14326, 14327, 14329,	川上 敏雄 …………… 16288	河出書房 …………… 14015
14330, 14332, 14334, 14338,	川上 貢 ……………… 08168,	河出書房新社編集部 ‥ 06425, 06443
14339, 14341～14351,	10859, 10860, 10889, 10892, 10901	川名 登 ……………… 04616
14353～14361, 14376,	川北 孝男 ……… 07427, 15853	川成 洋 ……………… 07298
14383～14387, 14391, 14392	河北 騰 ……………… 03204	川西 利衛 …………… 16704
賀茂 真淵 ……………	河北 倫明 …………… 10131	川西市 ……………… 01232
12708, 12982, 12983, 12992	川口 素生 …… 02435, 03979, 04014,	川西市教育委員会 …… 01232
賀茂 百樹 …………… 07129	04317, 04981, 05647, 06303,	河音 能平 …………… 01651,
かも よしひさ ……… 04123	06359, 06994, 07158, 09784, 09795	01667, 07819, 07820, 08806, 16397
蒲生 智閑 …………… 12212	川口 洋平 ……… 17393, 18208	河野 真知郎 …… 15708, 15709
蒲生氏郷まちづくり四〇〇年・保科正之入部三五〇年祭記念特別企画展実行委員会 ……………… 06274	川口市 ……………… 00916	河野 正男 …………… 06512
	川越市総務部市史編纂室 …………… 15427～15429	河原 純之 …………… 01428
	川越市立博物館 …… 04633, 10054,	河原 正彦 ……………
蒲生町史編纂委員会 …… 01191	10067, 10610, 15246, 15471, 18012	10674, 10675, 10714, 10717, 10777
鴨川 達夫 …………… 04935	川崎 克 ………… 10635, 10662	川平 敏文 ……… 15009, 15016
加茂市史編集委員会 …… 01021	川崎 紫山 …………… 05585	川平 ひとし ………… 12163
加茂町史編さん委員会 … 01202	川崎 庸之 …………… 09875	川又 辰次 …………… 02004
栢木 隆 ………… 16566, 18133	川崎 利夫 ……………	河村 孝道 …………… 09108
萱沼 英雄 …………… 15932	10086, 15047, 15187, 17792	河村 定芳 …………… 14927
茅原 照雄 …………… 06611	川崎 智之 …………… 05162	川村 二郎 …………… 11278
唐木 順三 …… 09944, 09945, 11530,	川崎 文隆 …………… 06385	川村 信三 …………… 17518
11531, 11551, 11933, 11934, 11936	川崎 記孝 …………… 06386	河村 全二 …………… 13630
唐木 裕志 …………… 16782	川崎 文隆 …………… 06451	河村 哲夫 …………… 16936
唐沢 定市 ……… 05050, 15386	川崎 桃太 …… 06162, 06715～06726,	川村 晃生 …………… 12248
唐沢 富太郎 …… 08579, 08620	06730, 06731, 06733, 06734,	川本 桂子 …………… 13916
辛島 正雄 ……………	06736, 06737, 06739,	川本 茂雄 …………… 14343
13286, 13287, 13297, 13347, 13350	06740, 06742～06759, 07262	河本 勢一 …………… 02123
	川崎市 ……………… 01001	河本 静楽軒 ‥ 05167, 05197, 05215

河本 英明 ･･････････････････ 16594
川原崎 次郎 ････････････････ 01136
瓦田 昇 ･････････････････････ 05805
姜 沆 ････････････････････････ 07223
観光資源保護財団 ･･････････ 11188
関西軍記物語研究会 ･･ 13705, 13706
関西大学国文学会 ･･････････ 00547
関西大学中世文学研究会
　　　　　　　　･･･････ 13685, 13738
神崎 彰利 ････ 07512, 18037, 18039
神崎 教孝 ････････････････････ 16960
神崎 充晴 ･･ 10272〜10274, 10352
神作 光一 ･･･ 00624, 00626, 00627,
　　　　00629〜00633, 12448〜12454,
　　　　　　　　　　　12528, 12632, 12661
神沢 繁 ･･････････････････････ 04592
神田 勝郎 ･･･････････････････ 15785
神田 健次 ･･･････････････････ 10032
神田 龍身 ･･････････････ 13283, 13420
神田 千里 ････ 04038, 05593, 05740,
　　　　07958, 07989〜07991, 08026,
　　　　08685, 08725, 08907, 08917, 09227
神田 信夫 ･･････････････････
　　　　　　17352〜17354, 18282〜18284
神田 秀夫 ････････････････
　　　　09083, 14310, 14340, 14354, 14544
カンドウ, ソーヴァル ･･･････ 14343
関東地方史研究会 ･･････････ 15572
神波 勝衛 ･･･････････････････ 16603
菅野 義之助 ････････････････ 09253
神野 藤昭夫 ････････････････ 13284
蒲原 拓三 ･･･････････････････ 03075
鎌原 正巳 ･･･････････････････ 00437
神戸 良政 ････････････ 16190, 16191
甘露寺 親長 ･･ 03829, 03833〜03835
甘露寺 元長 ････････････････ 03559

【き】

魏 栄吉 ････････････････････ 07076
紀伊風土記の丘管理事務所 ･･ 01251
木内 一夫 ････････････ 11302, 11418
樹神 弘 ･･･････････････ 11027, 16047
菊岡 行宣 ･･･････････････････ 03372
菊田 清年 ･･･････････････････ 10691
菊田 紀郎 ･･･････････････････ 17922
菊竹 武 ･･･････････････････････ 16931
菊地 明範 ････････････ 12530, 12586
菊地 家達 ･･･････････････････ 00049
菊池 勇夫 ･･･････････････････ 00731
菊池 寛 ･･･････････････ 14149, 17323
菊池 清人 ･･･････････････････ 15962
菊池 真一 ････････････ 05501, 05503
菊池 紳一 ･･･････････････････ 06336
菊池 真一 ････････････ 06807, 07041

菊地 正 ････････････････････ 10688
菊池 徹夫 ････････････ 15035, 15091
菊池 俊彦 ･･･････････････････ 15034
菊池 秀之 ･･･････････････････ 03175
菊地 仁 ･･････････････････････ 12721
菊地 大樹 ････ 08277, 08553, 08867
菊地 正憲 ･･･････････････････ 04094
菊地 道人 ･･･････････････････ 04420
菊地 康明 ･･･････････････････ 02486
菊池 勇次郎 ･･･････････ 08926, 09886
菊池 幸義 ･･･････････････････ 14002
菊地 良一 ････････････ 11836, 11928,
　　　　12242, 13532, 14360, 14387, 14505
菊村 紀彦 ･･･････････････････ 09053
菊山 肇 ･･･････････････ 04196, 16693
季瓊 真蘂 ･･････････････ 03798〜03801
木越 邦子 ･･･････････････････ 09269
木越 隆三 ･･･････････････････ 07514
木崎 愛吉 ･･･ 00107〜00111, 01220
木沢 成粛 ･･･････････････････ 06258
岸 加四郎 ･･･････････････････ 16655
貴志 正造 ･･･････････････ 09622〜09627
岸 俊男 ･･････････････････････ 01060
岸 正尚 ･･･････････････ 04626〜04629
岸 睦子 ･･････････････････････ 14141
貴志 康親 ･･･････････････････ 16565
岸 祐二 ･･･････････････ 05630, 17904
岸上 耿久 ･･･････････････････ 16050
岸上 慎二 ･･･････････････････ 14408
岸田 裕之 ････ 04281, 04456,
　　　　05269, 07507, 07508, 16586, 16588
岸田 政蔵 ･･･････････････････ 03006
岸田 依子 ･･･ 13160〜13162, 14655
岸野 久 ･･････････････････････
　　　　　09318, 09322, 09355, 17515
喜舎場 一隆 ････････････････ 18271
稀書複製会 ･････････････････ 10393
岸和田高等学校地歴クラブ ･･ 16404
岸和田市史編さん委員会 ･････ 01218
岸和田市立郷土資料館
　　　　　　　　････ 04320, 11012, 16414
希世 霊彦 ･･･････････････････ 14721
機節小史 ････････････ 03099, 03158
木田 章義 ･･････････････････
　　　　13470〜13477, 13479, 13480
来田 隆 ･･････ 11786, 14694, 14704
喜多 唯志 ･･･････････････ 17940, 17945
鍛代 敏雄 ････ 07333, 08504, 08831
北尾 日大 ･･･････････････････ 09135
北尾 春道 ････ 10844, 10868, 10869
北尾 嘉弘 ･･･････････････････ 00473
北垣 恭次郎 ･･ 02203, 02782, 03374
北影 雄幸 ･･･････････････････ 04837
喜多方市史編纂委員会
　　　　　　　　　･････････ 00813, 00814
北上市立博物館 ････････････ 15045
北川 忠彦 ････････････････
　　　　　11431, 11432, 11937, 13232

北川 鉄三 ････････････ 05405, 05438
北川 浩 ･･････････････････････ 14526
北川 桃雄 ････････････ 00471, 08746
北九州市史編さん委員会 ･････ 01339
北九州市立歴史博物館 ･･････ 01616
北倉 庄一 ････････････ 07607, 07610
北小路 三郎 ････････････････ 12961
北設楽郡史編纂委員会 ･･････ 01165
北島 正元 ････････････ 17271, 18031
北島 万次 ･･････････････････ 05583,
　　　　06042, 06173, 06248, 07231,
　　　　07232, 07242, 07251, 07253, 07265
北爪 真佐夫 ･･ 02362, 06818, 07336
北出 楢夫 ･･･････････････････ 16194
北中山をよくする会「三峯の城
　と村」編纂委員会 ････････ 18068
北那須郷土史研究会 ･･･････ 15357
北西 弘 ･･･････････････ 07999, 08703
北西弘先生還暦記念会
　　　　　　　　････････ 08022, 08721
北日本新聞社 ･･････････････ 15817
北日本新聞社編集局 ････････ 15810
北野 憲二 ････････････ 05793, 06159
北野 隆 ･･････････････････････ 17647,
　　　　17871〜17879, 17960, 17966,
　　　　17996, 18076, 18077, 18137,
　　　　18160, 18164, 18188, 18199, 18213
北野 信彦 ･･･････････････････ 17620
北畠 親房 ･･････････････････
　　　　03023, 06939, 09651, 09653,
　　　　09658〜09660, 09662〜09670,
　　　　09672〜09676, 09678〜
　　　　09684, 09693, 09694, 09696, 09703
北畠 典生 ････････････ 08561, 08651
北畠顕家卿奉賛会 ･･････････ 01591
北畠卿奉讃会 ･･･････････････ 03186
北原 白秋 ･･･････････････････ 14982
北原 保雄 ･･･････････････････ 13796
北見 昌朗 ････ 04726, 04890, 05643
北村 明 ･･････････････････････ 15110
北村 章 ･･････････････････････ 16672
北村 勇 ･･･････････････ 07301, 07302
北村 季吟 ･･･････････････････ 14540
北村 建信 ･･･････････････････ 05011
北村 三郎 ･･･････････････････ 07136
北村 泰生 ･･･････････････････ 11131
北村 朋典 ･･･････････････････ 13138
北村 勇蔵 ･･･････････････････ 11393
北山 清江 ･･･････････････････ 01856
北山 茂夫 ････････････ 01932, 07564
貴重図書影本刊行会 ･･･････ 13011
貴重図書複製会 ････････････ 13030
橘川 真一 ････ 16522, 18154, 18155
吉川家 ･･････････････････････ 04521
喜連川町史編さん委員会 ････ 00867
城戸 清種 ･･･････････････････ 16953
城戸 久 ･･･････････････ 11142, 17635,
　　　　17649, 17713, 17776, 18116, 18120

著者名索引　くうせん

木戸 雅寿 …… 11115, 11129, 16277
木藤 才蔵 …… 09701, 11959, 13080,
　　13117〜13120, 13141, 13142,
　　13166, 13167, 13172〜13175,
　　13661, 13669, 13670, 14444, 14780
喜納 昌吉 ………………………… 08932
喜内 敏 …… 17639, 17776, 18052
衣川 仁 …………………………… 08837
衣川 長秋 ………………………… 12810
城之崎 宣 ………………………… 09115
木下 彰 …………………………… 07355
木下 勝俊 ………………………… 12883
木下 桂風 ………………………… 11472
木下 順二 …… 13901, 13913, 13924
木下 浩良 ………………………… 16930
木下 杢太郎 ……………………… 06760
木下 雄策 ………………………… 10323
紀平 正美 ………………………… 00263
岐阜県 …………………………… 01102
岐阜県教育委員会 …… 10928〜10931,
　　　　　　16031〜16034, 17631
岐阜県郷土資料研究協議会 …… 18097
岐阜県陶磁資料館 ……………… 10821
岐阜県歴史資料館 …… 05637, 16025
岐阜市 …………………………… 01109
岐阜市歴史博物館 …… 05448, 05784,
　　05825, 06130, 10003, 10023, 16048
岐阜新聞社出版局 ……………… 05611
木船 重昭 ………………………… 14852
木舟城シンポジウム実行委員
　会 ……………………………… 15819
木俣 修 …………………………… 12822
木俣 元一 ………………………… 10035
木宮 之彦 ………………………… 08943
金 任仲 …………………………… 14889
金 光哲 …………………………… 07199
金 賛會 …………………………… 13558
金 惠信 …………………………… 10542
金 洪圭 …………………… 06179, 07267
金 奉鉉 …………………………… 07266
木村 晟 …………………………………
　05450, 11684, 11710, 11771, 13092
木村 紀八郎 ……………… 06293, 09379
木村 茂光 ………………………… 00199,
　02187, 02764, 03424, 04090,
　07457, 07772, 07784, 08053, 15590
木村 品子 ………………………… 10030
木村 周司 ………………… 05978, 18222
木村 重道 ………………………… 04582
木村 醍泉 ………………………… 18113
木村 武夫 …………………………………
　01847, 09235, 09237, 16443
木村 忠夫 …… 04171, 04282, 16837
木村 晃明 ………………………… 01859
木村 東介 ………………………… 10030
木村 信行 ………………… 03041, 03042
木村 英昭 ………………………… 16469
木村 文造 ………………………… 13186

木村 雅則 ………………… 14558, 14559
木村 三四吾 ……………………… 13079
木村 礎 ……………………………………
　07830, 07831, 08183, 15019, 17444
木村 芳一 ………………… 01244, 01245
木村 至宏 ………………………… 16225
木村 善之 ………………… 14869, 14871
肝付 兼武 ………………………… 07141
九州国立博物館設立準備室 …… 17340
九州史料刊行会 ……………………
　　　　　01336, 16829, 16830
九州大学国語学国文学研究室
　………………………………… 13411
九州大学国史学研究室 ………… 00009
九州大学21世紀COEプログラ
　ム（人文科学）「東アジアと
　日本:交流と変容」 …………… 17340
九州大学附属図書館六本松分
　館 ……………………………… 16916
九州文化綜合研究所大宰府調
　査文献班 ………… 16967〜16981
久曽神 昇 ………………………… 00615,
　00618, 00619, 00652, 01617,
　12196, 12227, 12229〜12231,
　12444, 12445, 12888, 13035,
　13036, 16167, 16173, 17939
京 篤二郎 ………………………… 09295
京口 元吉 ………………………… 06172
杏子 ……………………………… 12602
京極 為兼 ………………………………
　12414, 12415, 12457, 12969, 14844
郷土を知る会 …………………… 15961
京都外国語大学付属図書館 …… 09347
京都国立博物館 …… 00341, 00385,
　00431, 00432, 08923, 09246,
　10341, 10404, 10424, 10434,
　10463, 10472, 10485, 10513, 10825
京都市 …………… 01205, 16322, 16325
郷土史蹟伝説研究会 …………… 13612
京都市埋蔵文化財研究所
　………………… 10896, 10897, 10902
京都市歴史資料館 ………………………
　　　　02475, 05991, 06165, 16360
京都新聞社 ………………………………
　00717, 11578, 12655, 16380, 17610
京都新聞出版センター ………… 12835
京都大学日本史学研究会 ……… 00035
京都大学附属図書館 …………… 13365
京都大学文学部国語学国文学
　研究室 …… 03579, 13051〜13054,
　　　　　　13470〜13480, 13556
京都大学文学部博物館
　………………………… 00234, 07399
京都地区歴史部門研究連絡協
　議会 …………………………… 01568
京都部落史研究所 ……………… 11238
京都府立総合資料館 ……………………
　　　　　01696〜01700, 01703

京都府立総合資料館歴史資料
　課 ……………………………… 00121,
　01686, 01687, 01694, 01702,
　01705〜01707, 02855, 03461,
　03473, 03524, 03542, 03570,
　03578, 05426, 07353, 07369,
　08214, 08276, 08858, 08865, 16349
京都府立丹後郷土資料館 …… 08535,
　　16309, 16310, 16331, 16337, 16357
京都府立桃山高等学校郷土史
　研究部 ………………………… 01209
京都文化博物館 ………………… 10011
京都文化博物館学芸第2課 …… 09941
慶念 ……………………… 07240, 07241
京美観光出版社 …………………………
　　　　　　01203, 05968, 16318
行譽 ……………………………… 11749
協和町 …………………………… 11352
玉崗 ……………………………… 11707
清崎 敏郎 ………………………… 13050
清瀬 永治 ………………… 11150, 16509
清瀬 良一 ………………………… 13782
清原 業忠 ………………………… 11819
清原 宣賢 ………………… 11818, 12200
清松 高義 ………………………… 11371
吉良 稔 …………………… 17126〜17129
吉良町史編さん委員会
　………………………… 01166, 18117
キリシタン文化研究会 …………………
　　　09390, 17499〜17505, 17529
桐田 幸昭 ………………… 16066, 16086
桐田 栄 …………………………… 01125
切田 未良 ………………………… 04586
桐谷 忠夫 ………………………… 04494
桐野 作人 ………………………… 04512,
　04964, 05913, 05916, 05923, 06547
桐原 光明 ………………………… 02857
きりぶち 輝 ……………………… 06068
桐生市立図書館 ………………… 13694
桐生文化史談会 ………………… 15370
キーン，ドナルド ………………………
　　00558〜00562, 03472, 14557
金 三順 …………………………… 17919
近思文庫 ………………… 11692, 11693
金城 善 …………………………… 17210
金城 美智子 ……………………… 18228
金城 陽介 ………………………… 02115
金田 章裕 ………………………… 08235
金田一 春彦 ……………………… 14023
金原 明彦 ………………………… 09175
金龍 静 …… 08005, 09224, 09239

【く】

空善 ……………………………… 09230

久我 五千男 ……………… 10018
久貝 徳三 ………………… 07356
久喜市史編さん室 …… 00917, 00918
釘本 久春 …… 12220, 12221, 12394
救済 ……………… 13146～13148
日下 力 ……………………
　　　10227, 13751, 13760, 13766,
　13770, 13979, 13983, 14036, 14088
日下 利春 ………………… 03119
日下 寛 …………… 01600, 01619,
　　02166, 03253, 03329, 03543,
　　03806, 03808, 03824, 06183, 06761
日下 幸男 ………………… 12952
草部 了円 …… 14334, 14371, 14832
草野 渓風 ………………… 02459
草野 顕之 …………………
　　　08717, 08914, 09007, 09240
草野 巧 …………………… 05614
草野 善彦 ………………… 00215
久沢 泰穏 ………………… 09670
久慈市史編纂委員会 ……… 00760
九条 兼実 ……………… 02609～02630
九条 政基 ………………… 03577
九条 道家 …………… 02473, 02474
九条 良経 …………………
　　　06886, 06887, 10212～10214
葛谷 鮎彦 ………………… 01920
楠戸 義昭 ………………… 04419,
　　05795, 05818, 06020, 06073,
　　06138, 06360, 06591, 07233,
　　07330, 07889, 07890, 09382, 10994
楠木 誠一郎 ………………
　　　04776, 04842, 06225, 06356
楠 孝雄 …… 03140, 09760, 16635
楠木 正成 ………………… 03136
葛原 克人 ………… 17802, 18162
玖珠町 …………………… 17172
久須本 文雄 ……………… 08399
久田松 和則 ……………… 17478
久多羅木 儀一郎 …… 05311, 09365
朽木 史郎 …… 17783, 18154, 18155
工藤 清泰 ………………… 07630
工藤 敬一 …………………
　　　01655, 02794, 07402, 07409
工藤 健策 ………………… 05790
工藤 早弓 …………… 10386, 10387
工藤 章興 ………………… 04990
工藤 瀞也 …………… 06160, 16954
工藤 智弘 ………………… 05965
工藤 張雄 ………………… 00033
工藤 博子 ……………… 13809～13811
工藤 雅樹 ………………… 00811
工藤 圭章 …………… 10907, 11194
宮内庁三の丸尚蔵館 ………
　　　10294, 10308, 17580
宮内庁書陵部 ……………… 00727,
　　02489, 02609, 02610, 02612,
　　02613, 02616～02618, 02620,

　　02622, 02749, 03575, 03577,
　　03782, 03783, 03785, 03787,
　　12458, 12471, 12478, 12479, 13024
国枝 利久 ………………… 12409,
　　12429, 12467, 12475, 12892, 13033
国香 よう子 ……………… 00421
国東 文麿 ………………… 13530
国武 喆生 ………………… 09356
国武 久義 ………………… 13217
国武 慶旭 ………………… 17059
國見 薫 …………………… 05162
邦光 史郎 …… 01456, 01583, 02353,
　　02807, 02822, 10995, 14094, 14095
国吉 和夫 ………………… 17224
椚 国男 …………… 04660, 15594
久野 治 …………………… 11549
九野 啓祐 ………………… 02230
久野 健 …… 00356, 01510, 09950
九戸村史編集委員会 ……… 00761
九戸政実公没後四百年記念事
　業実行委員会 ……………… 04330
久保 一人 ………………… 16482
久保 健一郎 ……………… 04262
久保 常晴 ………………… 00307
久保 天随 ………………… 04569
久保 尚文 ………………… 08017,
　　08018, 08523, 08524, 15803,
　　15804, 15806, 15807, 15814, 15815
窪 徳忠 …………………… 08499
くぼ ひろし ……………… 06535
久保木 彰一 …………… 10196, 10303
窪田 空穂 ………… 12141, 12266,
　　12267, 12331, 12332, 12388, 12389
久保田 収 ………………… 02919,
　　02941, 03189, 03210, 08473, 08474
久保田 暁一 …………… 05143, 16270
久保田 小太郎 …………… 06188
久保田 淳 ………… 00512, 10371,
　　11837, 11839, 11840, 11842,
　　11853, 11918, 11925, 11930,
　　11937, 11978, 12005, 12020,
　　12021, 12037, 12038, 12145,
　　12271, 12339, 12350～12352,
　　12354, 12373～12377,
　　12415, 12434, 12437, 12456,
　　12511, 12746, 12799, 12958,
　　12978, 13021, 13022, 13896,
　　14461, 14534, 14658, 14661,
　　14936, 14955, 14956, 14963
久保田 順一 ……… 02005, 03149,
　　06950, 06951, 15385, 15409, 15416
窪田 章一郎 …… 12719, 12767, 14873
久保田 千太郎 ……………
　　　05640, 05957, 06421, 06422
久保田 孝夫 ……………… 13328
窪田 宏 …………………… 06842
窪田 文夫 ………………… 15147
久保田 昌希 …………… 03928, 05097

久保田 正文 …………… 12673, 12774
窪田 統泰 ………………… 10351
熊谷 一乗 ………………… 09147
熊谷 宣夫 ………………… 10518
熊谷 幸男 ………………… 00665
熊谷市立図書館 …………… 15472
熊倉 功夫 ………… 11458, 11463,
　　11491, 11537, 11585, 11614, 17901
隈崎 渡 …………………… 06845
熊沢 淡庵 ………………… 01976
熊沢 輝雄 ………………… 10808
熊沢 寛道 …………… 03036, 03218
熊田 亨 …………………… 07670
熊田 由美子 ……………… 10099
杭全神社 ………………… 13090
熊本県 ……………… 17052～17055
熊本県企画開発部文化企画課
　……………………………… 17051
熊本県立美術館 …………… 10317
熊本写真会 ………………… 06243
熊本城阯保存会 ……………
　　　06260, 10925, 17044
熊本女子大学国語学研究室 … 14605
琴 秉洞 ……………………
　　06193, 07281, 07282, 17338
久米 邦武 …………… 02842, 02876
久米 忠臣 …………………
　　05300, 05318, 17070, 17101
久米 幹文 ………………… 09660
倉澤 昭壽 ………………… 17566
倉沢 行洋 …… 09993, 09994, 11461
倉敷市史研究会 …… 01287, 01288
倉島 節尚 ………………… 17923
蔵田 敏明 ………………… 14057
倉田 正邦 ………………… 01182
蔵中 スミ ………………… 14572
蔵並 省自 ………………… 07832
蔵野 嗣久 …………… 11686, 11816
倉橋 健一 ………………… 11408
クラフト, エヴァ ………… 13375
蔵持 重裕 …… 01424, 07390, 07416,
　　08189, 08212, 08221, 08226, 11659
倉本 初夫 ………………… 15006
グラント, E. ……………… 09723
栗岩 英治 …………… 04761, 04768
栗岡 清高 ………………… 01241
栗栖 良紀 ………………… 12784
栗田 勇 ……………………
　　09205, 09207, 11541, 14807
栗田 奏二 ……………… 07572～07574
栗田 寛 …………………… 07400
栗坪 良樹 …………… 11837, 11840
栗原 勇 …………………… 15271
栗原 仲道 ………………… 15236
栗原 弘 …………………… 00255
栗山 泰音 ………………… 02959
栗山 理一 …………… 13177, 14943

久留島 典子 ……………… 01626,
　01645, 03385, 04155, 07947, 07963
グループ歴史舎 ………… 06609
榑沢 竜吉 ………… 01782, 04493
久留米市史編さん委員会 … 01340
呉 文炳 ………………………
　　　00515, 09865, 09866, 14942
呉竹同文会 ……………… 14665
黒い犬 …………………… 10502
黒板 勝美 ………………… 00027,
　00123, 00124, 00126～00134,
　01434, 01746～01748, 09479,
　09489, 09494, 09618～09621,
　09646, 09648, 09649,
　09709～09720, 13602, 13609,
　13633, 13647, 13648, 13652, 13660
黒岩 一郎 ………………… 14969
黒川 紀章 ………………… 10872
黒川 高明 ………… 02494, 03326
黒川 直則 ………………… 01701
黒川 春村 ………… 01708～01740
黒川 昌享 ………………… 12310
黒川 正宏 ………………… 08204
黒川 真道 ………………………
　　03482, 03483, 03582, 04618,
　　04895, 05221, 05250, 05412,
　　06584, 06635, 07236, 07237,
　13688, 13689, 15390, 15391, 15754
黒川 由純 ………………… 14489
黒河内 谷右衛門 ………… 12968
黒崎 義介 ………………… 06052
黒埼町町史編さん民俗部会 … 01022
黒沢 脩 ………… 05095, 06415,
　　06462, 06463, 16079, 16095, 16096
黒澤 啓一 ………………… 01908
黒澤 公夫 ………………… 01908
黒住 真 ………… 17469, 17546
黒瀬 巌 …………………… 03901
黒瀬川 成穂 ……………… 10945
黒田 彰子 …… 00636, 00637, 12164
黒田 彰 …………… 03518, 13536,
　　13537, 13729～13731, 14153
黒田 和哉 ………………… 10805
黒田 慶一 ………… 06178, 07222
黒田 紘一郎 ……………… 16353
黒田 智 …………………… 10183
黒田 善治 ………………… 15419
黒田 俊雄 ………… 01396, 01397,
　　01586, 03574, 07148, 07149,
　　07174, 07760, 07787, 07826,
　　08447, 08448, 08887, 09040～
　09046, 09869, 09883, 16427, 16452
黒田 昇義 ………………… 00458
黒田 日出男 ……… 01408, 01412,
　　07403, 07439, 07565, 08307,
　　08394, 10152, 10156, 10157,
　10181, 10458, 13361, 13491, 17608

黒田 日出男先生退官記念誌刊
　行会 …………………… 01412
黒田 弘子 …… 07888, 07975, 08203
黒田 基樹 ……………………
　01944, 04234, 04266, 04268,
　04492, 04651, 04656, 04658,
　04662, 04665, 04675, 04855～
　04861, 07501, 08199, 15609, 15632
黒田 龍二 ………………… 10881
黒羽 清隆 ………………… 04124
黒羽 兵治郎 ……………… 00189
黒羽町芭蕉の館 ………… 06568
黒羽町芭蕉の館第十回特別企
　画展運営委員会 ……… 06567
黒部 亨 …………… 05804, 16511
黒部 通善 ………………… 00691
桑門 俊成 ………………… 10709
桑田 明 …………………… 12601
桑田 和明 ………………… 16946
桑田 忠親 ………………… 01970,
　02879, 02880, 03380, 03432,
　03919, 03921, 03925, 03935,
　03936, 03951, 03952, 03987,
　03996, 03997, 04027, 04036,
　04037, 04039, 04058～04061,
　04082, 04158, 04159, 04248,
　04285, 04286, 04296, 04345,
　04369, 04382～04386,
　04396, 04397, 04401, 04452,
　04480, 04499～04501,
　04520, 04528, 04995, 05029,
　05156, 05157, 05273, 05427,
　05428, 05529, 05618, 05690,
　05698, 05719, 05720, 05820,
　05844, 05886, 05997, 06003,
　06012～06014, 06053,
　06068, 06074, 06104, 06105,
　06210, 06371, 06376, 06447,
　06457, 06476, 06477, 06607,
　06968, 06982, 07018～07021,
　07027～07038, 07256, 07891,
　07892, 07938, 07939, 07941,
　08039, 09830, 09917, 09995,
　10416～10419, 10450～10455,
　11467, 11469, 11501,
　11518, 11519, 11529, 11553,
　11554, 11562～11564, 11599
桑原 恭子 ………………… 05749
桑原 博史 ………… 13267, 13268, 13292,
　　13318, 13322, 13336, 13356,
　　14315, 14417, 14443, 14451,
　14453, 14465, 14481, 14519, 15014
桑原 稔 …………………… 11190
桑山 浩然 …………………………
　　03454～03456, 03583, 03584
軍事史学会 ……………… 00164
群馬県教育委員会 ……… 00892

群馬県史編さん委員会
　…………………… 15374～15380
群馬県埋蔵文化財調査事業団
　………………………… 15372
群馬県立文書館 ………… 18004
群馬県立歴史博物館 …… 10056

【け】

慶運 ……………………… 12930
慶応義塾大学 …………… 11891
慶応義塾大学国文学研究会
　………… 11946, 17930, 17949
慶応義塾大学附属研究所斯道
　文庫 …………… 06009, 13886
珪琺技研 ………………… 03944
契沖 ……………… 12714, 12742
慶野 正次 ………………… 14555
芸能史研究会 …………… 00494,
　11240, 11241, 11308, 11433, 17897
慧文社史料室 … 04982, 09764, 09796
芸林会 …………… 01825, 01832
気仙沼市史編さん委員会 … 00772
月菴 ……………………… 14306
毛束 昇 …………………… 03231
月海 黄樹 ………………… 05962
結晶修養会 ……………… 06587
幻雲 ……………………… 11772
賢江 祥啓 ………… 10535, 10540
元寇弘安役六百五十年記念会
　………………………… 07113
玄旨 ……………………… 12924
健寿御前 ………………… 14594
建春門院中納言 ………… 14596
源承 ……………………… 12226
源城 政好 ……………………
　03926, 03949, 05532, 17396, 17577
見野 久幸 …… 13749, 13756, 13764
建武義会 ………………… 02972
建武中興六百年記念会
　………………… 02918, 02936
建武中興六百年記念会神奈川
　県支部 ………………… 02938

【こ】

小秋元 段 …… 14028, 14226, 14243
小足 武司 ………………… 01992
小井川 百合子 …………… 04561
小池 一行 ………… 08928, 12494
小石 房子 ………… 05908, 07876
礫川 全次 ………………… 06413
恋塚 稔 …………………… 12657

小泉 功	04606, 15432	
小泉 道	00680, 13644	
小泉 和子	10838	
小泉 策太郎	05890, 06241	
小泉 輝三朗	09510	
小泉 俊夫	01244	
小泉 憲貞	02462	
小泉 弘	12370	
小泉 要智	06245	
小泉 宜右	01993, 03561, 03562	
小泉 義博	08006, 08949	
小出 昌洋	17249	
小井土 繁	05576	
小井土 守敏	12072, 13861, 13862	
五井野 貞雄	16022	
高 信太郎	12830	
郷 浩	05849, 16023, 16024, 16036	
高 文漢	14813	
光栄出版部	04083, 04193, 04194, 05791, 05792, 05799, 06019, 07044, 11078, 13867	
公宴続歌研究会	00590, 00591	
光華会	08691, 09001	
皇學館大学考古学研究会	01184	
光厳天皇	12408, 12892	
香西 精	11330, 11422	
高坂 好	16485	
神坂 次郎	14953	
高坂 昌信	09803	
甲山町編さん委員会	01295	
高乗 勲	14521, 14523	
更埴市史編纂委員会	01078	
神津 朝夫	11547, 11618	
江西 逸志子	04626～04629	
高祖 敏明	09250, 16920, 17511	
幸田 弘子	12598	
合田 昌文	01921	
幸田町教育委員会	18118	
講談社	10740	
講談社出版研究所	00369	
小内 一明	12177, 14348	
河内 祥輔	01794, 02302, 06836	
高知県	05286, 16818	
高知県立歴史民俗資料館	05292	
江南町史編さん委員会	00919	
河野 勝行	07695	
河野 憲善	08781	
河野 秀男	09858	
河野 亮	02805, 06427	
河野 林治郎	02949	
鴻巣 盛広	12381, 12639	
鴻巣市史編さん調査会	00920, 00921	
神辺 四郎	04080	
紅楳 三男丸	08722	
甲府市市史編さん委員会	01068, 01069, 15916	
興文社編輯所	02240	
神戸市教育委員会文化財課	01238	
神戸市立博物館	09840, 10025, 10026, 10478	
神戸新聞丹波総局	16481	
神戸新聞姫路支社	11132, 11133, 16468	
神戸新聞「兵庫学」取材班	18153	
神戸説話研究会	10302, 13611	
高野 尚好	01439	
興隆和尚	12584	
郡 順史	08406	
郡山市	00816	
郡山市文化・学び振興公社文化財調査研究センター	15203	
郡山市立美術館	17593	
古賀 稔康	02076, 17038	
古峨 正巳	17019	
古河市史編さん委員会	15288	
五個荘町史編さん委員会	01194	
後柏原天皇	10160	
国学院大学石川県文化講演会実行委員会	06322	
国学院大学久我家文書特別展示開催実行委員会	01889	
国学院大学日本史研究会	09516, 09523	
国語調査委員会	14050	
国際日本文化研究センター	10218, 13819, 14813	
国史研究会	01392, 03357, 03368, 17239	
国史大系編修会	00126～00134, 01746～01748, 09479, 09618, 09620, 09648, 09709, 09711, 09713, 09715, 13602, 13609, 13633, 13647, 13652, 13660	
黒正 巌	07348, 17422, 17425	
国書刊行会	09481, 09482, 09484, 09488, 09493, 09504	
国府町教育文化事業団	11083, 16607	
国分 ヒサ	15213	
国文学研究資料館	00419, 00420, 01652, 02859, 11945, 13115, 13116, 13702	
小久保 崇明	13334, 14635, 14637	
国民学術協会	05571	
国民精神文化研究所	03885, 08356, 09914, 12954	
国民図書株式会社	00646, 00655, 12421～12424, 12850, 12851, 12862	
国立国会図書館支部静嘉堂文庫	10194	
国立史料館	15943	
国立能楽堂調査養成課	11358, 11382	
国立能楽堂調査養成課調査資料係	11322	
国立歴史民俗博物館	00060, 00499, 01451, 01452, 04153, 07285, 07365, 07397, 07477, 07636, 07648, 07649, 08844, 08845, 10132, 11040, 15083, 15090, 17600	
国立歴史民俗博物館館蔵史料編集会	12133, 12396	
御家人制研究会	02343, 09514, 09515	
小坂 浅吉	05474, 05475, 05477, 05481, 05482	
小阪 恒三郎	16528	
越路町	01023	
古辞書研究会	06918	
故実叢書編輯部	08078	
腰原 哲朗	09800, 09801, 09817, 09824	
小島 一男	15197	
小島 健三	02407	
小島 幸延	05030	
小島 鋼平	05796	
小島 晋治	17358, 17359, 18288, 18289	
児島 孝	11464, 11465, 11520	
小島 孝之	13529, 13563, 13564, 13846, 13847	
小嶋 太門	06207	
小島 毅	01579	
小島 道裕	05750, 07285, 08170, 11041, 16263	
児島 みつゑ	09431	
小島 幸枝	11823, 11826	
小島 吉雄	12286, 12336, 12337, 12383, 12385	
小島 瓔礼	12055, 18228	
五条 小枝子	12953	
御所見 直好	02182, 02183	
小杉 あきら	00046, 00057, 00058, 17280, 17290, 17291	
小杉 恵子	10395	
小杉 榲邨	00723	
小菅 与四郎	07015, 15302	
小助川 元太	11769	
後崇光天皇	03252	
古瀬 順一	11745	
五泉市史編集委員会	01024	
小園 公雄	17197	
後醍醐天皇	08077	
古代中世文学論考刊行会	00525～00543	
小高 恭	01634, 11223, 11648, 17893	
小滝 空明	14855	
小谷 利明	03500, 16405	
小田部 昭典	06556	

児玉 幸多 ....
　　00022, 00023, 00036, 01440,
　　01510, 01648, 02204, 02226,
　　02227, 02783, 02886, 02887,
　　03394, 03395, 04069, 04070,
　　04210, 05516, 05562, 05563,
　05567, 05568, 07950, 08111, 10864
児玉 識 17480
児玉 尊臣 13679
児玉 正幸 01981
小玉 道明 17799
児玉町史編さん委員会 ......
　　10079, 15438, 15439, 15441
児玉町教育委員会 15438
後町 力 16004
小番 達 .... 14170〜14173
古典遺産の会 13713, 13733
古典研究会 00516
古典と民俗の会 14595
御殿場市史編さん委員会 01128
御殿場市文化財審議会 16097
古典保存会 06916
後藤 敦 04002, 06980
後藤 嘉一 17767
後藤 邦四郎 07016
後藤 重郎 ... 12261, 12358, 12460
後藤 寿一 ....
　　02430, 05235, 06022, 06332
後藤 守一 08063
後藤 捷一 16765
後藤 祥子 12202
後藤 丹治 11899,
　14201, 14203, 14207, 14209, 14230
後藤 博山 10009, 10435, 10437
後藤 淑 11225,
　11235, 11301, 11316, 11317, 11421
後藤 文利 07329, 08708
後藤 みち子 ... 01885, 07906, 08312
五島美術館 10608, 17615
五島美術館学芸部 02634
後鳥羽天皇 ... 00617, 12225, 14851
ことばの中世史研究会 11652
琴平町史編集委員会 01326
後奈良天皇 ....
　　01610, 03586, 03885, 10161
後南朝史編纂会 03229, 03242
小西 甚一 ....
　　00649, 11400, 11943, 12033, 14918
小西 聖一 02285, 03460, 05021,
　　05595, 06066, 06444, 07191, 10514
小西 瑞恵 08269
五野井 隆史 ... 07300, 09282, 09289,
　　09395, 17016, 17017, 17557, 17563
近衛 兼経 02703
近衛 龍春 04880, 06532
近衛 尚通 .... 05413〜05418
近衛 政家 .... 03836〜03855

近衛 道嗣 ....
　　02706〜02711, 03329〜03340
小葉田 淳 01060, 07086,
　　07324, 07676〜07679, 17227
小畑 友季 05283
小早川 隆 04418
小早川 健 14572
小林 英一 01094
小林 鶯里 02215,
　02950, 03442, 03535, 05948, 06048
小林 一岳 ....
　01944, 02827, 07007, 07965, 15609
小林 一彦 12248, 12432
小林 久三 ... 03998, 05275, 05547,
　05932, 06141, 06201, 08331, 09360
小林 恭二 00651
小林 計一郎 ....
　　04762, 04878, 04883, 04884,
　　04886, 05000, 05001, 05003,
　　05038, 05046, 05051, 05054,
　　05057, 05067, 05434, 15948, 15985
小林 賢次 11653
小林 健二 13047, 13210, 13312
小林 源重 00355
小林 健三 02925, 09676
小林 剛 08933, 09723, 10111
小林 耕 12651, 12805, 14940
小林 静雄 11313, 11355, 11381
小林 昌二 07630, 17391
小林 祥次郎 06808
小林 清治 00803,
　　04277, 04447, 04473, 05953,
　　05954, 06142, 15038, 15048,
　15057, 15065, 15211, 15217, 17988
小林 貢 11362, 11440
小林 大輔 12348, 12930
小林 太市郎 00377
小林 千草 03527,
　05673, 06017, 11687, 11688, 11698
小林 智昭 ....
　11962, 11979, 11980, 13593, 14505
小林 直樹 13528
小林 花子 ... 03560, 03792〜03796
小林 弘邦 14267, 14268
小林 宏 06937
小林 寔 01910
小林 正信 05605, 06401
小林 正博 ... 02198, 02199, 09178
小林 康夫 09831
小林 保治 00705, 13535,
　13586, 13604, 13605, 13641, 13643
小林 行雄 16382
小林 豊 00692
小林 美和 ... 11847, 14016, 14075
小林 芳規 00067
小林 義徳 01110
小林 芳規 11691
小林 芳春 05866

小林 好日 12980
小林 林之助 16128
小林 林平 02279
小原 幹雄 12469, 14598
古筆学研究所 00412
後深草院二条 14641, 14646,
　14648, 14652, 14654, 14655, 14659
後深草院弁内侍 14609
小堀 栄三 00484
小堀 桂一郎 17468
小堀 光詮 08639
小堀 千明 ....
　　15199, 15200, 17490, 17491
駒 敏郎 04400, 13845
駒井 重勝 06620
小牧市文化財資料研究員会
　　......... 00105, 01167, 16125
駒沢大学文学部国文学研究室
　　...............
　11658, 11660, 11797, 11803, 11804
小松 邦彰 08613
小松 茂人 .... 13719〜13721
小松 茂美 ....
　　00413〜00417, 00422, 00423,
　　10158〜10162, 10166〜10174,
　　10195〜10197, 10199, 10205,
　　10206, 10208, 10209, 10217,
　　10220〜10223, 10225〜10227,
　　10229〜10231, 10235〜10258,
　　10260〜10262, 10264〜10267,
　　10269〜10274, 10276〜10278,
　　10284, 10287, 10288, 10291,
　　10293, 10298, 10300, 10303,
　　10304, 10306, 10307, 10311,
　　10313, 10350〜10356,
　　10358, 10367〜10376, 10396,
　　11514, 11597, 11598, 11606
小松 英雄 14513, 14514
小松 宗夫 15071
小松 泰 04475
小丸 俊雄 15284
五味 文彦 ....
　　00025, 00037, 00487, 01489,
　　01492, 01523, 01545, 01546,
　　01567, 01645, 01659, 01685,
　　01914, 01969, 01971, 02194,
　　02209, 02210, 02653, 02655,
　　02657, 02659, 02661〜02664,
　　02673, 07068, 07592, 07690,
　　07713, 07714, 07738, 08092,
　　08243, 08277, 08294, 08534,
　　08850, 08867, 09434, 09532,
　　09533, 09839, 09845, 09878,
　　10153, 10154, 10165, 10301,
　　11879, 14005, 14532, 14585,
　14958, 15712, 17261, 17394, 17896
小峯 和明 ....
　　11929, 13511, 13513〜13515,

```
小峰 ........................ 13534, 14090, 14701
小峰 正志 ................ 02256, 02329
小宮 一容 ........................ 10030
小宮 豊隆 ........................ 11561
小宮 山五郎 ............ 12536, 12603
小宮山 綏介 ...................... 05447
小村 茂 .................... 10596, 15837
小室 栄一 ................ 11024, 17728
小室 直樹 ........................ 05763
米家 泰作 ........................ 17454
米野の戦い資料集編纂委員会
    ............................................. 16039
小森 桂子 ........................ 05283
小森 正明 ........................ 02486
古文書美地の邦の旅実行委員
    会 ..................... 04538, 15111
小山 一成 ........................ 13429
児山 敬一 ........ 03498, 14820, 14906
小山 弘志 ..............................
        11365, 11366, 12018, 12019
小山 冨士夫 ..... 10668, 10766, 10807
小山 靖憲 ........... 07438, 08206,
        08466, 08851, 16209, 16410, 18159
小山 竜太郎 ..... 02814, 03141, 04672
五来 重 ..................................
        00404, 00493, 08522, 16202, 16212
コルカット, マーチン
    ............................ 17399, 17578
コロンブス, ハンシャン ...... 05959
コロンブス, リー ................ 05959
今 淳治郎 ........................ 10094
今 春聴 ........................ 01822
近 八郎右衛門 ........ 12541, 12631
金剛 巌 .................... 10430, 11379
金剛峯寺 ........................ 01601
近田 陽子 ................ 17741, 18179
近藤 厚喜 ........................ 02954
近藤 薫 ..................................
        17644, 17737, 17884, 17961, 17967
近藤 儀左ヱ門 ........ 17560, 18205
近藤 清石 ........................ 05185
近藤 成一 ........................ 07193
近藤 勝平 ................ 09257～09259
近藤 昭一 ................ 08433, 15403
近藤 俊彦 ........................ 03571
近藤 瓶城 ..............................
        00064～00066, 02400, 02451,
        02482, 02483, 03247, 03531,
        03552～03555, 04614, 04615,
        04642, 04747, 05015, 05081,
        05139, 05148, 05222, 05393,
        05394, 05420, 05422, 05680,
        06271, 06275～06279, 06623,
        13607, 13651, 13659, 13711, 14158
近藤 正輝 ........................ 00316
近藤 政美 ................ 11683, 12110,
        12112, 13773～13776, 13778,
        13829, 14023, 14030～14035

近藤 美奈子 ...................... 12285
近藤 守重 ........................ 04747
近藤 安太郎 ............ 00142, 01763
近藤 幸彦 ........................ 16186
近藤 豊 ........................ 00464
近藤 義雄 ........................ 15414
近藤 好和 ...... 01926, 06956, 08123
近藤 喜博 ................ 13525, 13526
今野 真二 ................ 11651, 17927
今野 達 ........................ 00583
今野 信雄 ...... 02181, 02340, 15665
今駒 清則 ........................ 10637,
        10650, 10663, 10684, 10706, 11155

【さ】

西園寺 由利 ...................... 00498
斎木 一馬 ............ 03319～03322,
        03324～03326, 05474, 05475,
        05477, 05481, 05482, 06765, 06766
齋木 秀雄 ........................ 08092
佐伯市教育委員会 ................ 17099
西行 ........................ 12893, 12898,
        12910, 13004～13014, 13562
斎宮歴史博物館 ........ 12783, 14079
西笑 ........................ 17306
西須 章 ........................ 15797
埼玉県 .............. 15455～15458, 18014
埼玉県立浦和第一女子高等学
    校郷土研究部 .............. 15477
埼玉県立浦和第一女子高等学
    校歴史研究部 ..... 15478～15481
埼玉県立図書館 ................ 15447
埼玉県立博物館 ................ 04349
埼玉県立文書館 ......................
        01643, 03490, 03549, 15269,
        15421, 15436, 15448, 15495
埼玉県立歴史資料館 ........ 07604,
        10080, 10087～10090, 10879,
        10996, 15442, 15445, 15464, 15476
さいたま市遺跡調査会 ........ 15425
さいたま市立浦和博物館 ...... 15463
さいたま市立博物館 ............ 15463
埼玉新聞社 ........................ 00926
財津 永澄 ................ 02006, 16865
斉藤 あきら ...................... 06068
齋藤 彰 ................ 12930, 14522
斎藤 栄三郎 ............ 02644, 02645
斎藤 一寛 ........................ 09677
斎藤 清衛 ........ 11836, 11915～11917,
        11960, 12011, 12012, 12077,
        12078, 12080, 12909, 13489,
        14408, 14436, 14516, 14517
斎藤 潔 ........................ 11575
斉藤 国治 ........................ 00326

斉藤 研一 ........................ 08042
斎藤 笹舟 ........................ 03190
斎藤 秀平 ................ 15788, 15790
斎藤 荘次郎 ............ 04562～04564
齋藤 慎一 ................ 03983, 04653,
        05533, 11026, 11033, 15258, 15259
斉藤 泰助 ........................ 11290
さいとう・たかを ......................
        04477, 04753, 04846, 05615
斎藤 孝 ........................ 10508
斎藤 忠 ................ 01496, 01510
斎藤 親基 ........................ 01609
斎藤 德蔵 ........................ 01180
斉藤 利男 ........................ 15076
斎藤 秀夫 ................ 05909, 16236
斎藤 普春 ........................ 09685
斎藤 政秋 ..............................
        10969, 17728, 17850, 17881
斎藤 美知 ........................ 13388
斎藤 茂吉 ........................ 12909,
        12979, 12986, 12992, 13002, 14993
斎藤 基恒 ........................ 01609
斉藤 由美子 ...................... 13637
斎藤 芳弘 ................ 15917～15921
斎藤 義光 ........................ 13083
斎藤 善之 ........................ 07641
斉藤建設 ........ 15663, 15664, 15743
さいとう・プロダクション ... 04936
財務省印刷局 ............ 17206, 17207
座右宝刊行会 ..............................
        00439, 10552, 10602～10605
佐江 衆一 ........................ 17466
佐伯 有清 ...... 00029, 00160, 00267
佐伯 有義 ...... 09659, 09661, 09705
佐伯 梅友 ................ 14430, 14449
佐伯 弘次 ................ 07192, 17005
佐伯 真一 ..............................
        02196, 08404, 13717, 13834～
        13836, 13926, 13959, 14027, 14028
佐伯 仙之助 ...................... 12600
佐伯 常麿 ........................ 12325
佐伯 元吉 ................ 01274, 02464
早乙女 貢 ................ 04046, 04195,
        04290, 04295, 04410, 04534, 04578
佐賀 郁朗 ........................ 06234
坂井 昭 ...... 04249, 04375, 04376
酒井 一字 ........................ 14145
酒井 紀美 ..............................
        03428, 08229, 08325, 09860, 09861
酒井 憲二 ...... 09809～09815, 14623
坂井 孝一 ........................ 14294
酒井 茂幸 ........................ 12930
酒井 忠勝 ........................ 06561
酒井 利孝 ........................ 06622
酒井 利彦 ........................ 06624
酒井 信彦 ........................ 06792
酒井 一 ................ 17374, 18073
坂井 秀弥 ........................ 15784
```

酒井 美意子 …………… 11152	坂本 万七 ……………… 10886	佐佐木 忠慧 …………… 12218
酒井 安正 ……………… 15910	坂本 満 …… 09989, 10002, 10016	佐々木 達司 …………… 09537
堺市博物館 … 04129, 10024, 11459	嵯峨山 善祐 … 14092, 14640, 14745	佐々木 哲 ……………… 05145
境野 勝悟 ……………… 11595	酒寄 雅志 ……………… 02285,	佐々木 信四郎 ………… 17687
境野 正 ………………… 09664	03460, 05595, 06066, 06444, 10514	佐佐木 信綱 …… 00615〜00619,
堺屋 太一 ………………	相良 亨 ………… 11402, 17472	12224〜12229, 12296, 12326,
04104, 04919, 05259, 05728	相良町 ………………… 01129	12329, 12335, 12345, 12381,
坂入 三喜男 …………… 03039	狭川 真一 ……………… 08096	12393, 12901, 12906, 12936,
寒河江市史編さん委員会	佐木 秋夫 ……………… 09133	12959, 12976, 12982, 12983,
…………… 00788, 15178, 15179	先島文化研究所 ………… 17205	12985, 12987, 12988, 13010,
栄原 永遠男 …………… 01222	佐久市教育委員会 ……… 15958	13013, 13014, 14633, 17944
榊原 邦彦 ………… 13390, 13654	佐久間 貴士 …………… 16442	佐々木 八郎 …………… 11977,
榊原 悟 ………………… 00418	佐久間 正 ……………… 07310,	13722, 13881, 13997, 13998,
榊原 昇造 ……………… 07129	09254, 09343, 09423, 17008, 17021	14001, 14065, 14084, 14104, 14515
榊原 千鶴 ……………… 14156	佐久間 竜太郎 ………… 06306	佐佐木 治綱 …………… 14822
榊原 悠二 ……………… 17542	佐倉 達山 ……………… 06522	佐々木 英彰 …………… 08710
榊原 吉郎 ……………… 10184	さくら ももこ ………… 12648	佐々木 稔 ………… 00206, 04151
坂城町 ……………… 04510, 16018	桜井 英治 ……… 01384, 01385, 03426,	佐々木 幸綱 ……… 12611, 14773
榊山 潤 ………………… 01912, 03521,	07343, 07546, 07616, 07686, 08238	笹野 堅 ……… 11256, 12093, 13219
04215, 04216, 04291, 04991, 05237	桜井 和生 ………… 03211, 05668	笹原 助 ………………… 01851
阪口 玄章 ……………… 11378,	桜井 茂治 ………… 11678, 11680	笹原 佗介 ……………… 02458
11876, 11877, 11900, 11901, 11969	桜井 秀 ………………… 00247	笹間 良彦 ……………… 00168,
坂口 筑母 ……………… 11471	桜井 庄太郎 … 07828, 07829, 08393	00243, 00244, 01962, 02157,
阪倉 篤太郎 …………… 03046	桜井 甚一 ………… 15834, 15835	04118, 04120, 06947, 08081, 09757
佐賀県史編委員会 ……… 01355	桜井 清香 ………… 00378, 10309	笹目 広史 ……………… 03227
佐賀県立図書館 ………… 16984	櫻井 成昭 ……………… 17173	笹本 正治 ………………
佐賀県立名護屋城博物館	桜井 成広 ……… 10008, 11011,	01081, 01577, 03912, 04263,
…………… 06156, 07221, 11063	11051, 11183, 17753, 17782, 17854	04510, 04829, 04865, 04866,
佐賀市史編さん委員会 … 01356	桜井 典彦 ………… 12557, 12563	04868, 04897, 04902, 04910,
佐賀新聞社編集局 ………	桜井 光昭 ………… 13589, 13601	04912, 04955, 04974, 04993,
06132, 07258, 07259	櫻井 陽子 ………… 13794, 14063	04994, 07580, 07642, 07726,
坂爪 逸子 ………… 02276, 08962	櫻井 彦 …………………	08347, 09769, 15929, 15942,
坂詰 秀一 ………………	01541〜01543, 01995, 07026	15960, 15997〜15999, 16002,
00961, 01462, 10074, 15595	桜井 好朗 …… 01448, 01484, 08073,	16003, 16013, 16018, 17400, 17595
坂詰 力治 ……………… 11662,	08368, 08458, 08462, 09838, 11912	笹屋 春彦 ……………… 07758
13634, 13749, 13756, 13764, 14318	佐倉市総務部総務課市史編さ	笹山 忠 …………… 10979, 16139
阪田 数年 ……………… 00145	ん室 …………………… 15551	佐治 奎介 ……………… 17305
坂田 聡 …………… 08237, 08317	酒向 伸行 ……………… 11282	佐島 直三郎 ……… 00753, 15096
坂田 善吉 ……………… 12532	佐々井 典比古 ………… 17988	流石 奉 ………………… 01067
坂田 大爾 ……………… 16453	笹神村 ………………… 01025	佐田 智明 ……………… 17918
坂田 玉子 ………… 08008, 15881	笹川 祥生 ……………… 03579〜	佐竹 昭広 ……………… 00724,
坂田 吉雄 ………… 04309, 08403	03581, 05204, 13714, 13715, 14301	10462, 12046, 12081〜12083,
坂戸市教育委員会 ………	笹川 種郎 ………… 02724, 02725,	12120, 13407, 13408
15449, 15450, 15473	03829〜03832, 09901, 09902	ざつがく倶楽部 ………… 02845
嵯峨野 増太郎 ………… 13184	笹川 臨風 ………… 03022, 03028	佐津川 修二 …………… 14592
酒巻 鷗公 ……………… 03080	佐々木 馨 …… 02402, 08328, 08385,	佐々 克明 ……………… 04391,
相模原市史編さん委員会 … 18038	08533, 08537, 08622, 09170, 09177	05589, 05590, 05775〜05779,
坂本 彰 ………………… 01007	佐々木 克衛 … 11954, 11955, 12222	05942, 05943, 06121〜06125,
坂元 宇一郎 …………… 18267	笹木 久増 ……………… 06367	06394, 06395, 06486〜06490,
坂本 箕山 ……………… 05893	佐々木 清 ……………… 14462	06554, 09778〜09780
坂本 清恵 ……………… 17920	佐々木 銀弥 ……………	幸手市教育委員会生涯学習課
坂本 くにを …………… 11907	03396, 04485, 06874, 07420,	市史編さん室 ………… 00922
坂本 恵子 ……………… 15237	07650, 07654, 07660, 07668, 08301	佐藤 厚子 ……………… 08083
阪本 広太郎 …………… 08478	佐々木 慶市 …………… 15051	佐藤 篤 ………………… 01923
坂本 徳一 ……………… 01774,	佐々木 浩一 …………… 15088	佐藤 陸 ………………… 14270
04922, 04930, 04946, 05752, 06561	佐々木 潤之介 …………	佐藤 篤 …………… 16780, 16781
坂元 英夫 ……………… 11307	01529, 07800, 07873	佐藤 和夫 ………………
坂本 裕久 ……………… 17293	佐佐木 隆 ……………… 13522	02117, 02118, 12034, 15798

佐藤 和彦 ……………………
　　00014, 01471, 01482, 01528,
　　01541～01543, 02046, 02205,
　　02270, 02405, 02421, 02440,
　　02777, 02786, 02794, 02798,
　　02806, 02820, 02827, 02854,
　　02878, 02890, 02971, 03195,
　　03217, 03305, 03373, 03375,
　　03526, 03917, 04114, 04198,
　　05522, 05789, 07011, 07026,
　　07481, 07712, 07748, 07756,
　07759, 07952, 07966, 08362, 09512
佐藤和彦先生退官記念論文集
　　刊行委員会 ……………… 01444
佐藤 勝明 …………………… 13143
佐藤 喜久雄 ………… 11365, 11366
佐藤 清志 …………………… 04580
佐藤 喜代治 ………………… 11663
佐藤 金一郎 ………………… 15228
佐藤 蔵太郎 ‥ 05354, 17120, 17135
佐藤 圭 ……………… 05125, 15884
佐藤 健一郎 ………… 11365, 11366
佐藤 健三 …………………… 09209
佐藤 謙三 …………………… 13929,
　　14125～14128, 14267, 14268
佐藤 康太 …………………… 05693
佐藤 孝太郎 ‥ 00974, 00975, 00978
佐藤 高明 …… 11993, 12138, 13657
佐藤 暁 ……………………… 05965
佐藤 紫仙 …………………… 03100
佐藤 正助 ……………………
　　01904, 02784, 15116, 15125
佐藤 進一 …… 01518, 01526, 01527,
　　01540, 02222～02224, 02371,
　　02863, 02888, 02889, 03359,
　　03459, 03776, 03777, 06838,
　　06856, 06857, 06862～06866,
　　06894～06898, 06904～06907,
　　06928～06932, 15750, 17314
佐藤 仁之助 ………………… 09538,
　09652, 09668, 09672, 09692, 12635
佐藤 善治郎 ………… 07118, 15628
佐藤 孝 ……………………… 01349
佐藤 天彦 …………………… 12520
佐藤 武義 …………………… 13388
佐藤 佐 ……………………… 17765
佐藤 太美 …………… 13851, 13852
佐藤 恒雄 ……………………
　　12343, 12957, 14951, 17989
佐藤 鉄太郎 ………………… 10318
佐藤 独嘯 …………………… 07123
佐藤 俊一 …………………… 17720
佐藤 敏彦 …………………… 13674
佐藤 智広 …… 12072, 13861, 13862
佐藤 憲一 …………………… 04566
佐藤八郎先生頌寿記念論文集
　　刊行会 ………………… 04864
佐藤 春夫 …………………… 00165

佐藤 弘夫 ………… 08354, 08417,
　　08421～08423, 08559, 08603
佐藤 博 ……………………… 17765
佐藤 博信 …………………… 01480,
　　03476, 03477, 03489, 03491,
　　03492, 03494, 03550, 03563,
　　04278, 04470, 04664, 06820,
　　07729, 07730, 08856, 15235,
　　15254～15257, 15702, 15756
佐藤 弘弥 …………………… 13991
佐藤 文彦 …………………… 10141
佐藤 信 ……………………… 00487
佐藤 真 ……………… 06524, 15561
佐藤 雅彦 …………………… 10643,
　　10656, 10674, 10696, 10715,
　　10728, 10748, 10790, 10791, 10793
佐藤 正英 ……………………
　　08357, 09079, 09803, 14867
佐藤 道子 …………………… 08840
佐藤 覩夫 …………………… 09033
佐藤 安志 …………………… 12525
佐藤 吉昭 …………………… 09417
佐藤 美夫 …………………… 15214
里丘 茂 ……………………… 06447
佐渡回遊案内社 …………… 01827
里中 満智子 ………………… 16044
真田 幸雄 …………………… 14981
真田 淑子 …………………… 11276
真田町誌編纂室 …………… 15964
佐成 謙太郎 ‥ 12359, 14427, 14497
実方 清 ………………………
　　12215, 12269, 14781～14783
佐野 乙吉 …………………… 12533
佐野 学 ……………………… 03198
佐野 みどり ………… 09845, 10163
佐野 保太郎 ‥ 14482, 14493, 14496
佐野市史編さん委員会 …… 00868
佐野美術館 ………………… 09963
佐原 真 ……………………… 00488
ザビエル渡来450周年記念シン
　　ポジウム委員会 … 09315, 17192
ザ・ビッグマン編集部 …… 05903
座間市 ……………………… 01002
佐谷 眞木人 ………………… 13988
狭山古文書勉強会 … 11275, 11279
「サライ」編集部 ………… 17720
猿田 知之 …………………… 14602
沢 史生 ……………………… 02761
沢井 常四郎 ‥ 02121, 07376, 16584
沢井 耐三 …… 13360, 13366, 14806
佐脇 栄智 ……………………
　　03544, 04634～04636, 04659
佐脇 翁介 …………………… 05696
沢田 章 ……………………… 02154
沢田 謙 ……………… 02432, 09185
沢田 総清 …………………… 14012
沢田 由治 ……………………
　　10655, 10657, 10724, 10725, 10729

澤地 英 ……………………… 02369
佐和山 邁 …………………… 05019
佐原市教育委員会 ………… 17301
三遠文化協会 ………………
　　01868, 02992, 03002, 16163
三教書院編輯部 …… 09634, 13006
三条 公忠 ………… 03345～03348
三条 実冬 …………………… 03348
三条市史編修委員会 ……… 01027
三条西 公条 ………………… 10161
三条西 公正 ………… 03856, 03862
三条西 実枝 ………………… 12228
三条西 実隆 ‥ 03856～03870, 12931
三田 全信 …………………… 08960
三田 武繁 …………………… 02252
サンデ, エドウアルド
　　……………… 09403, 09404, 09409
サントリー美術館 …………
　　00388, 10182, 10470, 10875, 17582
三野 恵 ……………………… 14143
参謀本部 …… 05029, 05599, 05831,
　　05844, 05886, 06371, 06376,
　　06600, 06607, 07023, 07243, 07256
参謀本部第四部 …………… 06262
三友社出版株式会社 ……… 02092
山陽新聞社 ………… 06110, 16641,
　　16642, 16648, 16746, 16747, 16753
山陽新聞社出版局 … 17741, 18179
山陽新聞社編集局 …………
　　01284, 18170, 18178
三和町史編さん委員会
　　……………………… 00847, 00848
三和町立資料館 …………… 01929

【し】

椎葉 高男 …………………… 18218
市浦村 ……………………… 15082
ジェイコム ………………… 18174
慈円 ‥ 09634, 09636～09638, 12913
塩 照夫 ………………………
　　15745, 15808, 18042, 18043
塩井 雨江 …………………… 12361
塩井 正男 …………………… 12362
塩竈神社博物館 …………… 15039
塩川 友衛 …………………… 18086
塩田 嵩 ……………………… 17550
塩出 孝潤 …………………… 06272
塩野 和夫 …………………… 17532
塩野 七生 …………………… 05728
塩谷 順耳 …………………… 15162
塩谷 宕陰 …………………… 04521
塩見 弥一 …………………… 05901
塩山市史編さん委員会 …… 01065
志賀 留吉 …………………… 14805

史学協会 ………………… 02850	史正会創立十周年記念論文集	柴辻 俊六 ………………
史学研究会 ……………… 02102	刊行委員会 …………… 00030	04780, 04850, 04855～04863,
史学地理学同攷会 …… 02176, 03417	史跡足利学校事務所 …… 09742	04867, 04869, 04870, 04881,
滋賀県安土城郭調査研究所	史跡を活用した体験と学習の	04882, 04903, 04923, 04932,
………………… 05587, 05588,	拠点形成事業実行委員会	04950, 05053, 05443, 16092
11097, 11098, 11101, 11103,	………………… 10942, 15437	芝野 六助 ……………… 09536
11112, 11113, 11116～11118,	史蹟現地講演会 ………… 07116	柴桃 正隆 ……………… 15141
11121, 11122, 16216, 16219,	思想問題研究所 ………… 01837	芝山町史編さん委員会 …… 15519
16233, 16266, 16278～16282,	信太 周 ………… 13946, 14008	芝山町教育委員会 ……… 15518
16294, 16297, 18139	志田 延義 ……… 13198, 13199	渋江 二郎 ……………… 10104
滋賀県教育委員会 … 16252～16256	志田 諄一 ……………… 15300	シブサワ・コウ
滋賀県教育委員会事務局	司代 隆三 ……………… 12673	05765, 05791, 05792, 06019, 13867
………………… 11116～11118,	四大庵 …………………… 06184	渋谷 和宏 ……… 05162, 05693
11121, 16278～16281	時代劇雑学研究会 ……… 04523	渋谷 虎雄 ……… 00634, 00635
滋賀県教育委員会事務局文化	設楽原をまもる会 …… 16134, 16135	志甫 由紀恵 …………… 14252
部文化財保護課 … 05586, 11096	設楽原歴史資料館資料研究委	島 武史 ………………… 06375
滋賀県同和問題研究所「近江国	員会 …………………… 04131	志摩 不二雄 …………… 02996
蒲生郡中山川田村関連文書」	七戸町教育委員会 ……… 15084	島 正三 ………………… 13785
編集委員会 ………… 17438	七戸町教育委員会文化財保護	島 遼伍 ………… 04233, 15248
滋賀県文化財保護協会	課 ………………… 10953, 15078	島内 景二 … 13281, 13395, 13396
………………… 08876, 16285	七宮 涬三 ………………	島内 裕子 ………… 11925, 11930,
滋賀県立安土城考古博物館 … 05144,	03486, 04593, 04594, 04740,	12008, 12009, 14518, 14529, 14531
05411, 05634, 05657, 05670,	15063, 15226, 15338, 15339, 15734	島尾 新 ………… 10491, 10523
05679, 05684, 05713, 05786,	慈鎮 …………………… 09635, 09646	島尾 敏雄 ……… 14412, 14413
05915, 06282, 06631, 08876,	実業之日本社 …………… 03052	嶋岡 晨 ………………
11057, 11058, 11105, 11108,	実悟 …………………… 09229	04116, 06060, 12710, 18264
11111, 11644, 16234, 16240,	十世紀研究会 …………… 09835	島倉 英彦 ……………… 15812
16260, 16264, 16276, 16285, 16289	司東 真雄 ………………	島崎 晋 ………………… 14132
滋賀県立近代美術館 ……… 17610	08785, 08940, 09200, 15095	島崎 武雄 ……… 02257, 15681
滋賀県立琵琶湖文化館 …… 10007	紫桃 正隆 ………………	島津 忠夫 ………………
私家集研究会 ……… 12914, 12915	15115, 15117, 15129, 15142	00595, 00669, 11216, 11958,
滋賀大学経済学部史料館	品田 太吉 ……………… 12870	11963, 12113, 12356, 12564,
………………… 01608, 18138	信野 友春 ……………… 18181	12613, 12700, 12739, 12761,
史学会 …… 01553, 01554, 07809	信濃教育会 ……… 02921～02923,	12843, 13062, 13063, 13097,
信ケ原 良文 …………… 08932	15955～15957, 17952	13110, 13112, 13126, 13137,
信楽 峻麿 ……… 08643, 09052	信濃郷土研究会 … 05069, 16000	14010, 14670, 14682, 14926, 14928
信楽町教育委員会 … 10669, 16257	信濃史学会 ……… 15986, 15993	島津 豊幸 ……… 11085, 16814
式子内親王 ……………… 12920	信濃史料刊行会 …… 15969～15984	島津 修久 … 05395, 11460, 17193
重野 安繹 ……………… 07155	信濃毎日新聞社 ………… 04839	島津 久基 ……………… 11961,
茂野 幽考 ……………… 17548	篠田 浩一郎 …………… 09827	13256, 13354, 13355, 13398, 13415
重松 明久 ………………	篠田 治策 ……………… 07278	島田 勇雄 ……………… 07572
08030, 08719, 08729, 08922	信多 純一 ……………… 13401	島田 克美 ……………… 08714
重松 裕巳 ……………… 13059,	篠田 一士 ……………… 14907	島田 修二郎 …… 10345, 10346
13137, 13141, 13142, 13172, 14681	篠原 起昌 ……… 05270, 16589	島田 正藏 ……………… 02294
重森 完途 ………… 11196～11199	芝 葛盛 ………………… 01850	島田 次郎 ……… 07359, 07360,
重森 三玲 … 11196～11199, 11495	芝 琳賢 ………………… 10161	07411, 08188, 08225, 08233, 08234
四国新聞社 ……… 01323, 16777	柴垣 勇夫 … 07651, 16650, 16755	島田 真祐 ……………… 06249
紫山居士 ………… 07127, 07137	柴田 秋介 ……… 10899, 10906	島田 泉山 ……………… 01860
師子王文庫 ……………… 09148	柴田 一能 ……… 08774, 17484	島田 雅彦 ……………… 14192
時事世界新社 …………… 02241,	柴田 賢一 ……………… 02132	島田 良二 ……………… 12915
02763, 03528, 04166, 07102, 09880	芝田 憲一 ……………… 16197	島谷 弘幸 ……… 10265, 10266
宍戸 儀一 ……………… 14884	柴田 顕正 ……… 06588, 06589	島根県 …………………… 01279
酒々井町史編さん委員会 …… 18018	柴田 隆明 ……………… 08826	島根県教育委員会 ……… 18169
静岡県 …………… 16070, 16074	柴田 一 ………………… 16666	島根県古代文化センター
静岡県教育委員会 ……… 17631	柴田 実 …… 08430, 10950, 16243	………………… 05179, 16628
静岡県立美術館 ………… 17604	柴田 義雄 ……………… 06099	島根県立博物館 ………… 00322
静岡市 …… 01130, 01131, 18104	芝波 田好弘 …………… 14578	島村 喬 ………………… 00302
静岡市立登呂博物館 ……… 18111	柴田 錬三郎 …………… 05997	

著者名	番号
清水 彰	00504～00507
清水 功	14023
清水 乙女	12315
清水 克行	03420, 06843
清水 克悦	15704, 15705, 15903
清水 澄	10515
清水 邦夫	01896
清水 賢一	13999, 14000
清水 定吉	05796
清水 茂	00724
清水 善三	00352
清水 利浩	00936
清水 昇	11639
清水 憲雄	05048
清水 彦介	04714
清水 紘一	09277
清水 正健	07407
清水 正光	12823
清水 真澄	09962, 10066, 10109, 10187
清水 三男	07446, 07447, 08230, 08231
清水 泰	13346, 14288
清水 亮	02326
清水町史編さん委員会	01132
志村 有弘	00679, 00695, 00702, 03519, 05735, 05736, 05961, 06000, 06366, 13538, 13603, 14087
志村 士郎	00638, 13000, 14988, 14997
志村 智鑑	09132
志村 平治	15968
下伊那教育会	15989, 15990, 18087
下総町史編さん委員会	15520
霜川 遠志	06952～06954
下川 裕治	17319
下川 玲子	08396
下河辺 長流	12742
下坂 守	07689, 08835, 10129
志茂田 景樹	04567
下高井教育会地域調査（社会）委員会	15991
下野新聞社	03205, 11046, 15355
下妻市教育委員会	00850
下妻市史編さん委員会	00849
下出 積与	08467
下西 善三郎	14836, 14876
下関市市史編修委員会	01308
下房 俊一	05205
下店 静市	00371, 00375, 00376
下店静市著作集編集委員会	00369
下宮 忠雄	06378, 17328
下村 效	01966, 06875, 07705, 09918
下村 繁雄	16001
下村 登良男	10963, 16189
下村 信博	07551
下山 照夫	04624
下山 治久	04639, 04645～04651, 04666, 04674, 06374, 15612
社会教育会	03102
社会経済史学会	07527
釈 宗久	14593
じゃげな会	05282
週刊上田新聞社	05061, 15967
「週刊ビジュアル日本の合戦」編集部	17319
聚光院	10887
周東町史編纂委員会	01309
十鳥 敏夫	14881
周文	10494, 10497
寿岳 章子	11768, 11811
宿南 保	16477
守護所シンポジウム＠岐阜研究会世話人	08248, 08249
守随 憲治	14410
シュッテ, ヨゼフ・フランツ	09254, 17008
首藤 善樹	08910
シュナイダー, シーグフリド	09424
主婦と生活社	04424
寿命院宗巴	14490
首里城研究グループ	17669, 18229
首里城公園管理センター	17594, 18268
首里城復元期成会	17666, 18223
シュールハンマー, ゲオルク	08463
俊恵	12926
春秋 蕪城	04750, 04843
春秋会	13337～13343
純心女子短期大学長崎地方文化史研究所	09286, 09428, 09429, 17024
順徳天皇	12252, 12253
順徳天皇御霊蹟参拝会	01828
順徳天皇七百五十年祭奉賛会	01825
徐 恭生	17334, 18235
徐 葆光	18238～18240
葉 漢鰲	11315
向 象賢	18237
笑雲 清三	11779～11782
上越市史専門委員会考古部会	18044
上越市史専門委員会中世史部会	10957, 15779
上越市史編さん委員会	01028, 15778
上越城郭研究会	04727
荘園絵図研究会	07366
荘園研究会	10093, 16431
性海	02471
正墻 薫	02464
城郭談話会	10916, 16224
尚学図書・言語研究所	12786, 12787
上下町史編纂委員会	18182
上下町教育委員会	18182
相国寺教化活動委員会	08755, 08870
彰国社	17652
尚古集成館	05396
庄司 忠	00101, 00102, 01307
荘司 としお	03404, 03450, 04085, 04274, 05544, 05578, 07976, 09225
庄司 恭	08122
正信協会	09217
上智大学キリシタン文庫	09271, 09272, 09312
正徹	12480～12483, 12506, 12931
浄土宗西山三派遠忌記念事業委員会	10349
浄土真宗教学研究所	09231
浄土真宗本願寺派高岡教区教化推進協議会	08688, 15801
庄原市教育委員会	01296
浄弁	12930
上毛歴史建築研究所	11190
書学書道史学会	11632, 11633
織豊期城郭研究会	11068, 11069
ジョージ小川	00042
女性史総合研究会	07914, 07916
如拙	10494, 10497
白井 永二	15651
白井 忠功	12097, 14573, 14583, 14903
白石 一郎	04350, 07173, 17264
白石 大二	14508, 14524, 15018
白川 亨	06232, 06233
白川 業顕	02485
白川 昌生	09951
白河市史編さん委員会	15204, 15205
白河集古苑	01618
白河市歴史民俗資料館	01618, 15231
白坂 道子	14458
白洲 正子	10649, 10683, 11386, 12399, 12400, 12847～12849
白鳥 健	02298, 15571
白根 靖大	01778, 01779, 01888, 01935, 01936
白畑 よし	00372, 09950
白峰 旬	17749, 17750
白山 友正	00743, 04771, 15022
白山 芳太郎	06940, 06941, 08510
私立熊本県教育会	06242
史料研究の会	03778, 03779
白田 甚五郎	13269
城の会	17858
白水 正	06548

城山放談会 ········ 05897, 16302	「新編弘前市史」編纂委員会	杉本 苑子 ···· 10579, 10899, 10906,
城山町 ············· 01003, 01004	················ 00747, 00748	11576, 11609, 13815, 13978, 17294
神 一行 ················ 13393	真保 亨 ············· 00358, 00362,	杉本 つとむ ············· 17925
辛 基秀 ·········· 11185, 16428	00366, 00367, 10295, 10420, 10459	杉本 捷雄 ········ 10713, 11558
申 叔舟 ····· 03545, 07197, 07198	新間 進一 ········ 11962, 13212	杉本 尚雄 ········ 03179, 03180
新旭町教育委員会 ···········	新町 徳之 ········ 11889, 12068	杉本 寿 ················· 10651
05639, 10922, 16232	新見 吉治 ·············· 06837	杉本 秀太郎 ················
新旭町教育委員会事務局郷土	新村 出 ·················	13914, 13923, 14452, 14466
資料室 ········ 01195, 01196	09290, 12108, 12109, 12593, 17533	杉本 善郎 ········ 11102, 16217
神栄 赳郷 ········ 16450, 16451	榛村 純一 ·············· 18100	杉森 哲也 ··· 10015, 17246, 17276
神栄 宣郷 ········ 16450, 16451	新村 洋 ··············· 09342	杉山 圭二 ·············· 06519
宸翰英華別篇編修会 ·· 01786, 03193	陣山 綏 ················ 03508	杉山 重行 ·············· 00628
新紀元社編集部 ············ 03944		杉山 茂 ················ 16099
新行 紀一 ··· 06458, 07994, 07995		杉山 二郎 ·············· 05794
新宮 正春 ·············· 04413		杉山 博 ········· 01946,
神宮皇学館 ········ 02937, 03008	【す】	03955, 04253, 04481, 04482,
神宮祠官勤王顕彰会 · 02944, 02945		04646～04650, 04655, 06078,
新宮町教育委員会 ········ 10081	瑞渓 周鳳 ········ 00177, 03565	06804, 15236, 15266, 15604, 15605
新熊本市史編纂委員会	水主 増吉 ·············· 06230	杉山 真理 ············· 12826
············ 01361, 17056, 18215	吹田市立博物館 ····· 07460, 17614	杉山 光男 ····· 04773, 05919,
「新・熊本の歴史」編集委員会	水藤 真 ·················	05920, 05926, 06031, 06111, 06393
·················· 17057	01684, 03807, 07691, 08093,	祐野 隆三 ················
心敬 ······· 12931, 13057, 13067	08197, 10130, 10475, 15898, 16454	14308, 14577, 14673, 14674
新古今集古注集成の会	崇伝 ·················· 17329	須崎 完彦 ············· 04669
············· 12287～12292	末 宗広 ··············· 11473	鈴鹿市考古博物館 ···· 10601, 16187
「新古今的世界」刊行会 ···· 12311	末柄 豊 ········ 01605, 05471	鈴木 昭英 ········ 08516, 15753
真言密教を中心とした聖教世	末木 文美士 ······ 08435, 08607	鈴木 彰 ····· 00020, 01541～01543
界の研究プロジェクト	末広 昌雄 ········ 08038, 09470,	07026, 13983, 14089
·········· 08665, 08666	09508, 09539, 09540, 15661, 15662	鈴木 旭 ········ 03886, 03893
神社本庁教学研究室 ········ 08476	管 宗次 ················ 12584	鱸 鑒 ············ 10909, 16112
真宗大谷派宗務所出版部	菅井 日人 ·············· 09321	鈴木 敦子 ············· 07661
·········· 09068, 09069	須賀川市教育委員会 ········ 15208	鈴木 市太郎 ············ 04592
信州夏期宣教講座 ········ 17530	菅根 順之 ·············· 13329	鈴木 江津子 ············ 03447
新修小松市史編集委員会 ··· 01055	菅原 信海 ·············· 17474	鈴木 嘉吉 ········ 10907, 11194
信生 ·················· 14563	菅原 範夫 ·············· 11655	鈴木 一雄 ············· 13288
新城 常三 ················	菅谷 秋水 ············· 02422	鈴木 一夫 ············· 16046
07590, 07591, 07593, 07624	須川 薫雄 ············· 04149	鈴木 一彦 ···· 12251, 14597, 14602
新城市教育委員会 ···········	菅原 正子 ················	鈴木 勝忠 ············· 05848
05856, 05857, 16132, 16133	01886, 07332, 08314, 09834	鈴木 輝一郎 ············ 04363
新城市郷土研究会 ········ 18127	菅原 真静 ········ 12281, 14440	鈴木 公雄 ············· 07534
新人物往来社 ·············	菅原 美穂子 ············ 03108	鈴木 国弘 ········ 01950, 07351
04468, 05219, 05469, 06972	菅原 道真 ·············· 00602	鈴木 啓 ··············· 17988
真西堂 如淵 ············· 16817	杉浦 明平 ·············· 12089	鈴木 敬三 ············· 00161
新創社 ················· 16314	杉浦 良幸 ·············· 08126	鈴木 健一 ········ 12180, 12742
尋尊 ··· 03733～03743, 03776, 03777	杉岡 就房 ········ 05279, 05280	鈴木 堅次郎 ············ 15592
新谷 博司 ············· 04227	鋤柄 俊夫 ·············· 08207	鈴木 鉀三 ············· 01038
新智社編輯局 ············ 06030	杉田 幸三 ········ 05807, 05808	鈴木 佐内 ········ 00660, 12056
信藤 英敏 ·············· 16799	すぎた とおる ········ 04936,	鈴木 茂夫 ············· 02980
進藤 泰世 ········ 12895, 14862	05619, 05865, 06069, 06249, 06448	鈴木 重治 ············· 10985
神道攷究会 ·············· 00279	杉田 万 ················ 04944	鈴木 淳 ·········· 12714, 12742
神道古典研究会会員有志	杉野 榮 ········· 09260, 16326	鈴木 準一 ············· 05873
········· 03587～03590, 06638	杉原 親雄 ···· 02965, 03117, 03214	鈴木 正一 ············· 05075
神道大系編纂会 ····· 00280, 08470	杉村 佳晃 ············· 05080	鈴木 昭一 ············· 14309
新日本歴史学会 ············	杉本 寛一 ············· 15669	鈴木 正一 ············· 16065
01436, 01437, 05526	杉本 圭三郎 ·· 13932, 13943, 13952,	鈴木 史楼 ········ 09206, 11620
榛葉 英治 ·············· 06414	13960, 13965, 13967～13969,	
新編倉吉市史編集委員会 ··· 18166	13971～13974, 14042	
新編豊川市史編纂委員会 ···· 01169		

鈴木 眞哉 ………… 03984, 04146,
　　　　　04147, 04507, 05457, 05858,
　　　05925, 06944, 06992, 08114, 16569
鈴木 進 ………………… 14298〜14300
鈴木 大拙 ……………… 08743, 08746
鈴木 隆 ……………………………… 02186
鈴木 孝庸 …………………………… 13872
鈴木 太吉 …………………………… 12715
鈴木 卓夫 …………………………… 08126
鈴木 佐 ……………………………… 15547
鈴木 力 ……………………………… 06264
鈴木 哲雄 ……………… 07561, 15253
鈴木 棠三 ……………… 13082, 13151
鈴木 亨 …………………………… 00171,
　　　　00172, 00490, 02263, 03916,
　　　　03985, 04024, 04283, 04415,
　　　07902, 10983, 15915, 17322, 17820
鈴木 杜幾子 ………………………… 10542
鈴木 鋭彦 …………………………… 07350
鈴木 敏弘 ……………… 07451, 08264
鈴木 登美恵 ………………………… 14188
鈴木 友吉 ……… 00163, 03060, 03061
鈴木 知太郎 ………………………
　　　　　12554〜12556, 14330, 14344
鈴木 直 ……………………………… 15758
鈴木 則郎 …………………………… 12001
鈴木 徳男 ……… 12764, 13903, 13907
鈴木 元 ……………………………… 12234
鈴木 日出男 …… 12606, 12693, 13559
鈴木 博 ………… 11669, 11810, 11812
鈴木 弘道 ……………… 14313, 14321
鈴木 広之 …………………………… 10441
鈴木 理生 ……………… 18026, 18027
鈴木 雅子 ……………… 12251, 14597
鈴木 正貴 …………………………… 08250
鈴木 正人 ……………… 00496, 11314
鈴木 正道 …………………………… 14896
鈴木 真哉 ……… 01941, 06998, 16555
鈴木 まどか ………………………… 13833
鈴木 幹男 …………………………… 08883
鈴木 宗忠 …………………………… 09064
鈴木 盛司 …………………………… 08330
鈴木 康之 ……… 08174, 16699, 16700
鈴木 邑 ………………… 14170, 14171
鈴木 豊 ……………………………… 11694
鈴木 陽一 …………………………… 16430
鈴木 良一 ………………………… 01468,
　　　　03523, 03756, 03889, 04109,
　　　　04631, 06054, 07566〜07568
珠洲市史編さん専門委員会 ‥ 15854
鈴村 進 ………………… 05240, 09808
図説日本文化史大系編集事務
　　局 …………………………… 09870,
　　　09871, 09885, 09886, 09915, 09916
図説前田家編纂委員会 ……… 06308
裾野市史専門委員会 ………… 01133
須田 悦生 …………………………… 15882
須田 京介 …………………………… 05293

須田 武男 …… 16808, 16809, 16812
須田 努 ……………………………… 07972
スタイシエン ……………………… 09372
スタジオジブリ・カンパニー
　　……………………………………… 00397
須玉町史編さん委員会 ……… 01070
須藤 儀門 …………………………… 01986
須藤 豊彦 …………………………… 00659
須藤 政夫 ……………… 02928, 16330
須藤 光暉 ……… 05592, 07981, 08901
首藤 義之 ……………… 04971, 05934
須永 弘 ………………… 09744, 15328
砂川 博 ………… 10283, 14011, 14064
須磨 千穎 …………………………… 07419
澄田 正一 …………………………… 16138
住田 正 ………………… 17742, 18093
隅田園 梅古 ………………………… 05902
角谷 道仁 ……………… 14939, 14991
スメラ民文庫編輯部 ………… 06051
陶山 義興 …………………………… 16663
諏訪 勝則 ………………………
　　　　04000, 05537, 06816, 12085
諏訪市史編纂委員会 ………… 01082

【せ】

世阿弥 ………………… 11390, 11400
静学堂 ……………………………… 10426
静嘉堂文庫美術館 …………… 10342
清田 義英 ………………………
　　　06847, 06848, 06871, 06880,
　　08268, 08600, 08847, 08849, 15713
成美堂出版 …………………… 05627
瀬尾 敏夫 …………………………… 16538
瀬川 秀雄 ……………… 05253, 05266
関 恒延 ……………………………… 13243
関 七郎 ………………… 17730, 18108
関 周一 ……………………………… 07210
関 崎一 ………… 05780, 06126, 06491
関 怒濤 ……………………………… 15363
関 弘 …………………… 02185, 15666
関 衛 …………………… 10019, 10020
関 靖 ……………… 02398, 02404, 02413,
　　　　02418, 02471, 07135, 09442,
　　　　09444, 09471, 09475〜09477
関 保之助 …………………………… 03129
関 裕二 ……………………………… 00157
関 幸彦 ………………………
　　　01580, 01906, 02061, 02062,
　　　02374, 02375, 02446, 07103,
　　13509, 13510, 15670, 17489, 18001
関 義城 ……………………………… 00205
関岡 野洲良 ………………………… 14680
関川 千代丸 ………………………… 04998
関口 欣也 ……………… 10839, 15675

関口 多景士 ………………………… 11579
関口 忠男 …………………………… 11957
堰沢 清竜 …………………………… 02979
関根 賢司 …………………………… 00673
関根 徳男 …………………………… 05847
関根 正直 …………………………… 11677
関根 慶子 ……………… 00614, 12890
関野 克 ……………………………… 00453
関場 武 ……………………………… 17921
関藤 通煕 …………………………… 02408
関谷 亀寿 …………………………… 15308
勢田 勝郭 ……………… 13129〜13132
瀬田 勝哉 ……… 03429, 08101, 16376
瀬田 秀人 …………………………… 15722
雪舟 ……………………………… 10503,
　　　10505, 10507, 10511, 10513, 10523
雪村 ………… 10545, 10550〜10553
切臨 ………………………………… 12752
説話研究会 …………… 00707〜00709
説話と説話文学の会 ………
　　　　00699, 00700, 13520, 13521
説話と文学研究会 …………… 13587
瀬戸内 寂聴（晴美）
　　……………… 10545, 14641, 14654
瀬戸内水軍散歩編集委員会 ‥ 02107
瀬戸市史編纂委員会 ………… 01172
瀬戸市埋蔵文化財センター ‥ 10687
瀬戸青年会議所 ……………… 10691
瀬戸山 定 …………………………… 14003
瀬野 精一郎 ‥ 00031, 02065, 02067,
　　　　02349, 02472, 02490, 02491,
　　　　02599, 02896, 03207, 03245,
　　　　03304, 03306〜03310, 06891〜
　　　06893, 06908, 16838, 16918, 17028
妹尾 啓司 …………………………… 17785
妹尾 豊三郎 …………… 05164, 05165,
　　　　05168, 05169, 05174, 05175,
　　　　05227, 16608〜16610, 16613,
　　　16614, 16618, 16619, 16621, 16633
妹尾 好信 ……………… 13297, 13308
世良 晃志郎 ………………………… 07866
芹川 靱生 …………………………… 11368
セルメニオ，アントニオ
　　……………………… 06297, 09383
雋 雪艶 ……………………………… 14952
千 宗屋 ……………………………… 11582
千 草子 ………… 03427, 05673, 07937
千 宗室 ……………………………… 11574
千 宗守 ………… 11581, 11582, 11593
千 利休 ……………………………… 11546
千賀 四郎 ………………………
　　　02109, 15645, 16386, 16644, 16749
前近代女性史研究会 ‥ 00217, 00218
千古 利恵子 …………………
　　　　　12408, 12409, 12429, 12467
禅高 ………………………………… 13109
全国かくれキリシタン研究会
　　下関大会実行委員会 ……… 17561

戦国合戦史研究会 ･･･ 06985～06989
戦国検定委員会 ･････････ 03947
戦国史研究会 ･････ 03953～03960,
　　　　　04244, 07699, 15250
戦国史新聞編纂委員会
　　　　　03922, 03961, 03962
全国城郭管理者協議会 ････････ 17715
戦国人名辞典編集委員会 ････ 04006
全国大学国語国文学会研究史
　大成編纂委員会 ･････････
　11293, 11426, 12269, 13830, 14408
全国東照宮連合会 ･････････ 06494
戦国武将雑学研究所 ･･････ 04339
戦国文書研究会 ･････････
　　04663, 04876, 05285, 05444
全国山城サミット連絡協議会
　･･･････････････････ 11008
撰集抄研究会 ･････････････ 13568
千秋文庫 ･････････ 04589, 06626
専順 ･････････････････････ 13044
千艘 秋男 ････ 00628, 12476, 12477
千田 嘉博 ･････････････
　10908, 10961, 10999, 11041,
　11056, 15507, 15819, 15861, 17391
仙台市教育委員会 ･････････ 00775
仙台市史編さん委員会
　　　　　　　　00773, 00774,
　　04543～04546, 15131～15136
仙台市博物館 ･････ 04540～04542,
　　　04568, 09394, 09939, 09988,
　10014, 10052, 10059, 15061, 15128
川内市歴史資料館 ･････････ 07575
仙台市歴史民俗資料館 ･････ 00775
仙台叢書刊行会 ･････････
　　　　04547, 12167, 15138
善通寺市企画課 ･････････ 01325
千野原 靖方 ･･･････････
　02348, 02865, 03939, 04505,
　04609, 04617, 07578, 07582,
　07623, 11043, 15241, 15247,
　15513, 15514, 15523, 15546,
　15556, 15559, 15563, 15564, 15569

【そ】

宋 希璟 ･････ 03591, 07217, 07218
宗 左近 ････････････････ 12599
相阿弥 ･････････････ 10535, 10540
宗熙 ･････････････････ 11802
造機修養会 ･････････････ 06587
宗祇法師五百年祭実行委員会
　･････････････････････ 14915
宗啓禅師 ･･･････････････ 11569
草月文化フォーラム ･･ 09919, 09920
創元社 ･････････････････ 11477

創作工房 ･･････････ 06164, 16359
造事務所 ･････････････ 17248
総社市史編さん委員会
　･････････････････ 01289, 01290
贈従四位肝付兼重顕彰会 ････ 03032
宗砌 ･･････････････････ 13180
曹洞宗宗学研究所 ････ 09113, 09114
増補史料大成刊行会
　　02600～02602, 02632, 02633
相馬 一意 ･･･････････ 09073
相馬 御風 ･･･････････ 14875
相馬 大 ･･････ 13868, 14748
総和町史編さん委員会
　･････････････････ 00852, 00853
副島 弘道 ･････････････ 10097
曽我 左々緒 ･･･････････ 06959
曽我 孝司 ･････････････ 11298
曽我 昌隆 ･････････････ 07246
曽我 量深 ･･････ 09066～09069
続群書類従完成会 ･････････ 00719
続群書類従完成会編輯部 ････ 14121
十川 誠志 ･･ 03115, 06410, 18222
曽沢 太吉 ･････････････ 12641
曽田 共助 ･･････ 07154, 16957
祖田 浩一 ･････････････ 04165
袖ケ浦市史編さん委員会
　･････････････ 00949, 00950, 15530
磯馴帖刊行会 ･･･････････ 11886
曽根 勇二 ･････････････ 17316
曽根 原理 ･･････ 06459, 08656
薗田 香融 ･････････････ 00303
園田 信行 ･･････ 06291, 09361
園田 光慶 ･･････ 05640, 05957
薗部 寿樹 ･･････ 08198, 08227
園部文化博物館 ･･･ 07547, 10040
染谷 光広 ･･････ 06765, 06766
征矢 実 ･･････ 17287, 17288
反町 茂雄 ･････････････ 10394
尊円法親王 ･･･････････ 12932

【た】

田井 章夫 ･･･････････ 16677
第一出版センター ･･････ 10780
大栄町史編さん委員会
　･････････････ 00951, 15532, 15533
太極 ･････････････････ 03564
醍醐 恵端 ･･････････ 09879
大護 八郎 ･･･････････ 00906
太向 義明 ･･･････････ 05878
大社町史編集委員会 ･･････ 01280
第十師団司令部 ･･････････ 16593
大衆文学研究会 ･･････････ 05271
大衆文学研究会千葉支部
　･････････････････ 15522, 15529

大乗院寺社雑事記研究会
　･････････････ 03773～03775
大乗寺 良一 ･･･････････ 04743
大正大学浄土学研究会
　･････････････ 08642, 08973
大正大学綜合佛教研究所神仏
　習合研究会 ･････････ 08487
大東町文化財調査委員会 ････ 17974
大暾 ･･･････････････････ 11803
第二アートセンター
　･････････････ 17834～17837
大日本楠公会 ･･････ 03127, 03128
太平記読書会 ･･･････････ 14223
「太平記の世界展」カタログ編
　集委員会 ･･････ 02821, 10259
台北帝国大学文政学部 ･････ 07061
大門 貞夫 ･･････ 06295, 09373
ダイヤモンド社 ･････････ 04086
太洋社 ･････ 12256, 12257, 12397
第4回全国城跡等石垣整備調査
　研究会実行委員会事務局
　･････････････････････ 10989
平 道樹 ･･･････････････ 14105
平 雅行 ･････････････
　08623, 09054, 16410, 17399, 17578
多賀 左門 ･･･････････ 16539
多賀 宗隼 ･･･････････ 02605,
　　02606, 08353, 08930, 09093,
　　09647, 09862～09864, 12913
高井 勝己 ･･･････････ 15860
高石 史人 ･･･････････ 08583
高市 慶雄 ･･･････････ 06728
高尾 稔 ･････････････ 13619
高岡 徹 ･････ 07277, 15802, 15805
高垣 尚平 ･･･････････ 14561
高神 覚昇 ･･･････････ 08944
高木 市之助
　　　13830, 13997, 13998, 14099
高木 一雄 ･･･････････ 17549
高木 健次 ･･･････････ 04356
高木 昭作 ･･････ 06006, 17246
高木 神元 ･･･････････ 08667
高木 真太郎 ･････････ 07196
高木 武 ･･･････ 08405, 14228
高木 浩明 ･･･････････ 02196
高木 信 ･････････････ 14026
高木 豊 ･････････････ 08609,
　　08613, 08617, 08632, 09130, 09174
高岸 輝 ･････････････ 10339
高桑 敬親 ･･････ 01044, 02773
高桑 駒吉 ･･ 09480, 09513, 09534
高崎 直道 ･･･････････ 09100
高崎市市史編さん委員会
　･････････････････ 15393, 15394
高崎市等広域市町村圏振興整
　備組合立かみつけの里博物
　館 ･････････ 08345, 15398
高砂市史編さん専門委員会 ･･ 01236

高島 光雪 …………… 10319	高橋 熊太郎 …………… 07108	高畠 勝多 …………… 17430
高島 忠平 …………… 17806	高橋 敬二 …………… 16166	多賀町教育委員会 …… 16290
高島 緑雄 …… 07555, 08183, 17444	高橋 健一 …………… 07935	高松市教育委員会 …… 16779
高島市教育委員会 …… 11013, 16272	高橋 賢一 …………… 08125	田上 晃彩 …………… 08610
高島屋 ………… 01810, 14861	高橋 健司 …………… 15682	髙村 左文郎 ………… 04212
多賀城市史編纂委員会 …… 00776	高橋 事久 …………… 09032	高村 象平 …………… 00180
高代 貴洋 …………… 12565	高橋 貞一 …………… 00555,	高群 逸枝 …………… 00255
高須 梅渓 …………… 02163	02623〜02630, 13313, 13739,	たかや 健二 …………… 00013
高須 芳次郎 … 00520, 00521, 03071	13743, 13747, 13753, 13758,	高柳 秀雅 …………… 15004
高瀬 弘一郎 … 07290, 07323, 07674,	13762, 13893, 13975, 13987,	高柳 光寿 …………… 00171,
17331, 17508, 17509, 17523, 17524	14043〜14047, 14107, 14181,	00172, 01952, 03199〜03201,
高瀬町教育委員会事務局教育	14222, 14273, 14353, 14446, 14604	03994, 03995, 04003, 04007,
課町史編纂室 ………… 16783	高橋 紫燕 …………… 04569	04025, 04026, 05028, 05032,
高田 勲 ……… 05021, 07191	高橋 正治 …………… 13299	05879, 05930, 05938, 06103,
高田 馬治 …………… 06021	高橋 庄次 …………… 14882	06369, 06370, 06960, 06961,
高田 紅濤 …………… 16336	高橋 碩一 …………… 01582	06976, 06977, 07002〜07004,
たかだ さだお …… 03211, 05668	高橋 慎一朗 … 01931, 08280, 15730	08047, 09992, 17322
高田 徹 …… 10975, 16208, 16540	高橋 鋤郎 ………… 06047, 06181	高柳光寿博士頌寿記念会 …… 00170
高田 直次 ………… 02278, 02447	高橋 宗二 …………… 03050	高山 精一 …………… 01054
高田昇教授古稀記念国文学論	高橋 崇 …………… 00158	高山 利弘 ……… 13792, 13818
集刊行会 …………… 00519	高橋 多吉 …………… 17979	高山 昇 …………… 03055
高田 衛 …………… 11845	高橋 忠彦 …………… 11696	高山 有紀 …………… 08832
高田 泰史 …………… 17065	高橋 鉄牛 …………… 03077	高良 倉吉 ……………
高田 義男 …………… 03129	高橋 輝雄 …………… 01562	01430, 17233, 18234, 18252
高楯城跡調査会 ……… 15183	高橋 敏夫 … 06302, 09388, 11498	多岐 一雄 …………… 04530
高塚 竹堂 …………… 12560	高橋 俊乗 …………… 11413	滝 喜義 ……………
高槻市立しろあと歴史館 … 16437	高橋 富雄 ……………	05108, 05468, 05470, 16121
高遠町教育委員会 …… 17595	00749, 00764, 04267, 04574,	髙城 修三 …………… 13048
高梨 輝憲 …………… 15575	05997, 08414〜08416, 15224	瀧 玲子 …………… 06069
高梨 敏子 …………… 13233	高橋 信敬 …………… 15191	滝沢 貞夫 ……… 12297, 12342,
高根 政次郎 ………… 14868	高橋 伸幸 …………… 12810	12410, 12425, 12426, 12428,
高根沢町史編さん委員会 … 00871	高橋 久子 ……… 06918, 11696	12431, 12433, 12435, 12436,
高野 和人 …………… 17061	高橋 秀樹 ……………	12438, 12439, 12441, 12443, 12461
高野 澄 ……………	00073, 01637, 08313, 08316	滝沢 精一郎 ………… 14734
02114, 02449, 04098, 06163,	高橋 秀元 …………… 10185	滝沢 武雄 … 00080, 00081, 17308
07178, 13857, 16321, 17341, 18270	高橋 裕史 …………… 09307	田北 学 …………… 01374, 05307,
高野 辰之 ……… 13213, 13214	高橋 文二 …………… 00600	05321〜05344, 05355〜05390,
高野 敏夫 ……… 11384, 11401	高橋 昌明 ……………	17103〜17116, 17145〜17170
高埜 利彦 ……… 05578, 17475	01973, 07711, 13409, 13410	滝本 誠一 …………… 07346
高野 冬彦 ……………	高橋 正昭 …………… 16056	滝山城跡群・自然と歴史を守る
02803, 03400, 05730, 06139	高橋 昌明 …………… 16293	会 ………… 11088, 15620
高野 盛義 …………… 04749	高橋 正彦 … 00083, 01642, 01646	多久市史編さん委員会 …… 01357
高野 賢彦 ……………	高橋 政祺 …………… 17972	田口 和夫 ……… 11319, 11434
04772, 04832, 04931, 04943	高橋 貢 ……… 13502, 13503	田口 昭二 …………… 10819
高羽 五郎 ……… 11822, 13772	高橋 美由紀 ………… 16762	田口 義之 …………… 16711
高橋 越山 …………… 02874	高橋 睦郎 …………… 12701	嵩 満也 …………… 09073
高橋 延年 ……… 17662, 18122	高橋 康夫 ……………	武井 和人 ……………
高橋 修 ……………	03457, 03585, 06933, 06934,	11903, 12159, 12293, 14618, 14747
02054, 04987, 10412, 10414, 10415	08242, 16319, 16320, 16354, 16375	武井 実 …………… 10161
高橋 一樹 … 01649, 06902, 07442	高橋 義夫 …………… 04964	武石 彰夫 ……… 11950, 12063,
高橋 和彦 ……………	高橋 義雄 …………… 11493	13212, 13222, 13229, 14505, 14530
12240, 12243, 12245, 12249	高橋 良雄 …………… 14679	武石 繁次 ……… 00117, 01366
高橋 克英 …………… 15797	高橋 義彦 ……… 01020, 15762	竹内 栄喜 …………… 07124
高橋 喜藤治 ……… 03091, 03143	高橋 隆三 … 03561, 03857〜03861,	竹内 啓 …………… 00010
高橋 公明 …………… 01430	03863, 03865〜03870, 05474,	武内 護文 …………… 03009
高橋 恭一 …………… 02364	05475, 05477, 05481, 05482	竹内 順一 … 10791〜10794, 11542
高橋 国治 …………… 05031	高橋 涙声 ……… 15175, 15176	竹内 淳子 …………… 10760
高橋 邦彦 …………… 01323	高端 逸夫 …………… 07776	

竹内 尉 …………………… 11527	武田 友宏 …………………… 14362	橘 隆友 …………………… 06186
竹内 正策 …………………… 06590	竹田 日恵 …………………… 02957	橘 成季 ……………………………
竹内 力 ……………………………	武田 久義 …………………… 00191	07572, 09646, 13638～13643
17654, 17655, 18083, 18084	武田 昌憲 …………… 13748, 14195	橘 宗利 …………………… 14400
竹内 利美 …………………… 08220	武田 元治 ……………………………	橘 りつ …………………… 00624,
竹内 久夫 …………………… 01525	12216, 12237, 12820, 12821, 14941	00626, 00627, 00629～00633
竹内 誠 …… 02187, 02275, 02296,	武田 八洲満 ………………… 05835	龍沢 良芳 …………………… 14402
02764, 03424, 04090, 04449,	武田 祐吉 …………………… 12259	辰田 芳雄 ………… 07454, 08859
05486, 06433, 06460, 10891, 10895	武谷 水城 ………… 07115, 07125	たつの市立埋蔵文化財センタ
竹内 道雄 …………… 09111, 09112	武田流軍学全書刊行会 …… 04953	ー …………… 10951, 16463
竹内 靖長 …………………… 10852	竹中 一峰 …………………… 01053	辰野町教育委員会 ………… 16016
武内 義範 …………………… 09062	竹西 寛子 ……………………………	伊達 真知男 ………………… 02996
竹内 理三 …………………… 00008,	12690, 12712, 14761, 14825	伊達 宗弘 …………………… 04553
00010, 00080, 00081, 01335,	竹貫 元勝 …………………… 08633	伊達 泰宗 ……………………………
01549, 01609～01611, 01744,	武久 堅 ……………………………	01776, 01777, 04549, 04550, 04565
01745, 02487, 02538～02587,	13717, 13936, 14017, 14082, 14100	立石 定夫 ……… 01766, 04228, 06586
02714, 02715, 03330～03340,	竹松 宏章 …………………… 14553	舘鼻 誠 ………………… 04008, 04009
03349, 03350, 03564,	武光 誠 …………… 00258, 04086,	館林市史編さん委員会 …… 15387
03733～03743, 03798～03805,	04301, 04453, 04777, 04948,	館盛 英夫 …………………… 04289
03809～03823, 03825～03828,	06503, 06552, 07672, 09753, 18248	館山市立博物館 …… 04612, 04613
03841～03855, 03882～03884,	竹村 紘一 …………………… 04161	田所 市太 ………… 01814, 16761
06762～06764, 06785～06788,	竹本 春一 …………………… 16459	多度町教育委員会 ………… 01183
06793～06797, 07403, 07408,	竹本 千鶴 …………………… 11462	田名 真之 …………………… 18234
07426, 07844, 08496, 08824, 17477	竹本 幹夫 ………… 11373, 11374	田中 覚秀 …………………… 09086
竹内理三先生喜寿記念論文集	竹本 みつる ………………… 12828	田中 一松 ………… 00396, 09984,
刊行会 ………………… 07410	竹本 元晥 ………… 00652, 13035	09985, 10481, 10488, 10504, 10546
竹内理三博士還暦記念会 … 07412	竹森 一男 …………………… 14276	田中 一郎 …………………… 08128
竹内理三博士古稀記念会 … 07413	武山 隆昭 ……………………………	田中 巖 …………… 06240, 06616
岳尾 来尚 …………………… 02961	13315, 13317, 13321, 13351, 13424	田中 修実 ……… 06876, 16668, 16680
武岡 淳彦 ……… 05259, 05842, 06996	武山 憲明 …………………… 04728,	田中 克行 …………………… 08215
竹岡 林 ……………………… 17800	04773, 05066, 06031, 06393, 17909	田中 喜多美 ………………… 15107
竹腰 健造 …………………… 11380	太宰府市史編集委員会 …… 16964	田中 圭一 ……………………………
竹越 与三郎 ……… 02145, 02146	田下 豪 …………… 09142, 09143	08456, 09169, 11376, 15774, 15794
竹治 貞夫 …………………………	田島 毓堂 ……… 10316, 11742, 11743	田中 作太郎 ………………… 00439
00097, 00098, 01317, 01318	田嶋 喜三郎 ………………… 00159	田中 祥彦 …… 11016, 15597, 15598
竹下 直之 …… 09636, 13009, 13665,	田島 大機 …………………… 05347	田中 順二 …………………… 12594
13744, 13767, 14212, 14262, 14289	田島 智子 …………………… 12843	田中 春泥 …………………… 04322
竹島 平兵衛 ……… 06093, 06094	田島 伸夫 …………………… 14393	田中 助一 …………………… 18184
武石村教育委員会 ………… 01084	田島町史編纂委員会 ……… 00818	田中 澄江 ………… 00223, 00224
竹田 和夫 …………………… 08738	田尻 嘉信 …………………… 12752	田中 宗作 …………………… 12738
武田 和子 …………………… 04841	田代 脩 ……………………………	田中 貴子 …… 08320, 10348, 11834,
武田 勝蔵 …………………… 01818	01552, 04918, 08342, 17255, 17460	11854, 11855, 11884, 11885, 13561
武田 鏡村 …………………………	田代 和生 …………………… 07213	田中 隆裕 …………………… 12613
04018, 04409, 04515, 05597,	田代 克己 …………………… 17801	田中 健夫 …………………… 00177,
05624, 05739, 05751, 06335,	田代 慶一郎 ………………… 11291	02130, 02141, 02150, 02239,
08009, 08690, 08909, 09024, 09756	田代 俊孝 …………………… 09065	07055, 07056, 07063, 07064,
武田 賢寿 …………………… 09037	多田 巧 ……………………… 16766	07075, 07095, 07101, 07198, 07213
竹田 賢正 ………… 08796, 15161	多田 義俊 …………………… 12843	田中 千秋 …… 03226, 03232, 16656
武田 孝 ……………………………	多田 令子 …………………… 12549	田中 智学 ………… 08767, 09158
14375, 14601, 14607, 14616	多々良 一龍 ………………… 05214	田中 常憲 …………………… 12998
武田 定光 …………………… 09078	館 熙道 ……………………… 09082	田中 友道 …………………… 11449
武田 佐知子 ………………… 10281	立花 京子 …… 05733, 05734, 05742	田中 直日 …………………… 12678
武田 信一 …………………… 01231	立花 実山 ………… 11567, 11568	田中 初夫 …………………… 12567
武田 大 …………… 11526, 11613	橘 純一 ……………… 14418, 14431,	田中 萬宗 …………………… 10095
竹田 聴洲 …………………… 00269	14434, 14439, 14495, 14545, 14555	田中 久夫 …………………… 01610,
武田 恒夫 …… 10012, 10360, 10418,	橘 俊道 ……………………………	03377, 05523, 08589, 08602, 08608
10419, 10425, 10467, 10566, 10580	08788, 08792, 08798, 09203	田中 英道 …………………… 10098
武田 友寿 …………………… 17519	橘 生斎 ……………………… 05221	

田中 天 …………… 00207	谷森 善臣 …………… 12934	短歌雑誌社編輯部 ………
田中 允 …… 11336～11350	谷山 茂 ………… 00608, 12152,	12279, 12970, 13003～13005
田中 政喜 …………………	12158, 12317, 12962, 12963, 13038	段木 一行 …… 08205, 17794, 17994
02769, 07119, 07131, 07190, 16836	田沼 睦 ……… 01594, 02486, 07436	談山神社文化財調査会 ……… 01615
田中 政三 ………… 01897～01899	種市町史編さん委員会 …… 15101	淡野 史良 …………… 03911
田中 正仁 ……………… 03434	田野村 千寿子 …………… 14390	丹波 鉄心 …………… 06448
田中 稔 ………… 01662, 02325	たばこと塩の博物館 ……… 10029	丹波内藤会 ………… 16338～16342
田中 靖夫 …… 14394, 14397～14399	田畑 久守 ………… 07096, 17182	
田中 幸江 ……………… 14144	田端 泰子 …………………	
田中 裕 ………… 11994, 12114,	02445, 05549, 05964, 06357,	【ち】
12122, 12166, 12283, 14853, 14937	07874, 07899, 07919～07921,	
田中 義成 ……………… 01951,	07928, 07929, 08213, 08318, 09747	崔 官 ………………… 07273
02843, 02844, 03351～03354,	田畑 美穂 ………… 03187, 08517	チェスター・ビーティー・ライ
05496, 05601, 05602, 06037, 06038	田原 八郎 …………… 02000	ブラリィ ………… 00419, 00420
田中 緑紅 …………… 10956	田渕 句美子 … 14615, 14621, 14771	知恩院 ……………… 08965
棚倉町町史編さん室 ……… 00819	田淵 福子 …… 13289, 13298, 13335	知恩院史料編纂所 … 08895～08900
田無市史編さん委員会 …… 18029	田部井 昌子 ………… 04186	千種 宣夫 ……………… 03183
棚瀬 久雄 ……………… 07621	玉井 幸助 …… 14594, 14599, 14606,	筑紫 頼定 ………… 02488, 07153
棚橋 利光 … 01226, 16396, 16440	14608, 14612, 14638, 14647, 14663	筑紫野市史編さん委員会 …… 01346
棚橋 光男 ……………… 06851	玉井 哲雄 ………… 10894, 10904	築瀬 一雄 ……………… 14368
田辺 聖子 …………… 12518,	玉泉 大梁 …………… 07532	竹浪菴 休叟 …………… 11447
12643～12645, 12702, 13417	玉泉大梁論文集編集委員会 … 07532	千坂 嵃峰 …………… 14730
田辺 爵 …… 14456, 14492	玉江 彦太郎 …………… 16921	智山勧学会 …………… 08547
田辺 久子 ………… 03487, 04733	玉懸 博之 …………… 08384	千々和 実 ………… 03154, 03155
田辺 泰 ……………… 17772	玉川 竹二 …………… 14720	チースリク, H. …… 06298, 09250,
田辺市教育委員会 ……… 18157	玉川文化財研究所 ……… 15739	09263, 09356, 09375, 09384,
田部美術館 …………… 10783	玉木 重輝 …………… 04358	16920, 17511, 17512, 17522, 17557
棚町 知弥 …………… 13065	玉置 正太郎 ……… 06044, 06185	千田 孝明 …………… 15341
谷 鼎 …………… 12907	玉置 忠敬 …………… 14440	秩父地区文化財担当者会 …… 15474
谷 信一 …………… 09979	多摩市史編集委員会 ……… 00973	千葉 燿胤 ………… 15534, 15535
谷 真介 ………… 07289, 17520	玉田 玉秀斎 …………… 14140	千葉 貞雄 ……………… 17971
谷 知子 …………… 12153	玉名市 ……………… 17052	千葉 乗隆 ………… 08695, 08702,
谷 宏 ………… 11989, 11990	玉村 竹二 …… 08737, 10492, 10495,	08704, 08724, 08726, 08919, 09084
谷岡 理恵 …………… 05162	14718, 14719, 14721～14727	千葉 琢穂 …………………
谷垣 伊太雄 …………… 14238	圭室 文雄 ………… 08467,	00135～00139, 00155, 00156
谷川 健一 …………………	08792, 08793, 08801, 08802, 17487	千葉 千鶴子 … 12777, 12778, 12780
00588, 00589, 06246, 13498, 17043	玉山 成元 …… 08675～08677, 08964	千葉県企画部広報県民課 …… 15541
谷川 道雄 …………… 01414	田村 栄太郎 ……… 07971, 09131	千葉県教育委員会 … 18019, 18020
谷口 一夫 ………… 04887, 15926	田村 円澄 …… 08626, 08963, 08968	千葉県史編纂審議会 …………
谷口 克広 …………………	田村 紘一 …………… 16615	…………… 15537～15540
04092, 04093, 05625, 05753,	田村 俊作 …………… 17565	千葉県史料研究財団 …………
05760, 05810, 05819, 05822,	田村 俊介 …………… 13285	…………… 15543～15545
05824, 05828, 05910, 06027,	田村 忠士 …………… 14567	千葉県中近世遺跡調査団 ……
06065, 06147, 06219, 06436, 06445	田村 忠博 …………… 15100	…………… 18021, 18022
谷口 撃電 …………… 03044	田邑 二枝 …………… 14846	千葉県博物館協会 ……… 01918
谷口 研語 …………………	田村 哲夫 …………… 05228	千葉県文化財センター …… 18023
01892, 02383, 07009, 07098, 16055	田村 信道 …………… 14009	千葉県文書館 … 15515, 15516, 15542
谷口 耕一 …… 13791, 13793, 13795	田村 憲美 …… 07390, 08184, 08224	千葉県立関宿城博物館 ………
谷口 栄 ………… 00020, 09512	田村 洋幸 ………… 07212, 07680	…………… 15525, 18010
谷口 為次 …………… 05181	田村 裕 ……………… 15784	千葉県立総南博物館 ………
谷口 義介 …………… 01192	田村 芳朗 …………… 08592	…………… 01968, 04139, 08453
谷口 流鸎 ………… 01461, 03120	田村 柳壱 …………………	千葉県立中央博物館 ……… 15570
谷沢 永一 …… 04514, 04529, 13789	12253, 12491, 12495, 14854	千葉県立房総のむら … 10613, 15557
谷沢 而立 …………… 12843	多門 靖容 …………… 11697	千葉氏顕彰会 …………… 15547
谷端 昭夫 ………… 11504, 17900	多屋 頼俊 ………… 13223, 13224	千葉市史編纂委員会 ……… 00953
谷淵 陽一 …………… 16661	タルイピアセンター歴史民俗	千葉市美術館 …………… 00397
谷本 光生 …………… 10636	資料館 ……………… 16045	
谷本 進 …… 16476, 16540, 18146		

| 千葉城郭研究会 …… 10960, 15521
千葉市立郷土博物館 ‥ 02290, 02366
千葉大学文学部佐藤ゼミ …… 15536
千原 弘臣 …………… 11608
千葉歴史学会 ………… 07731
千葉歴史学会中世史部会 …… 15536
地方史研究協議会 …………
　08302, 16093, 17373, 17970, 18005
千本 英史 …………… 00682
茶道資料館 …………… 11525
茶の湯懇話会 …… 11615〜11617
中央大学文学部日本史学研究
　室 …………………… 15086
中国新聞社 …………………
　01271, 01272, 01894, 16681
中四国中世文学研究会 …… 11949
中洲居士 …… 07127, 07136, 07137
中津 ………………… 14697
中世歌合研究会 ……… 13034
中世海事史料研究会 …… 02469
「中世近世の禁裏の蔵書と古典
　学の研究—高松宮家伝来禁
　裏本を中心として—」研究プロジェ
　クト ………………… 17309
中世公家日記研究会 …………
　01880, 05451, 05452
中世後期研究会 …… 03421, 04087
中世寺院史研究会 …… 08833, 08834
中世諸国一宮制研究会 …… 08505
中世東国史研究会 ……… 01479
中世都市研究会 …………
　00250, 07675, 08178, 08244,
　08252, 08285〜08288, 08290,
　08291, 08293, 08443, 16354
中世都市研究会2006三重大会
　実行委員会 ………… 08270
中世の里シンポジュウム実行
　委員会 ……………… 15077
中世文学会 …… 11952, 11953
中世房総史研究会 …… 15554
中世民衆史研究会 …… 07746
中日新聞岐阜総局 …… 16035
中日新聞社 ‥ 10784, 16113, 16114
中日新聞本社 ……… 06431
中部日本新聞社 …… 00019, 05525
趙 景達 ……………… 07972
張 玉祥 ……… 07054, 07230
長 順一郎 …… 02051, 08208, 17117
長 太三 ……………… 15333
長 連恒 ……………… 12363
長 連寛 ……………… 00723
朝鮮日々記研究会 ……… 07241
長命 俊子 …………… 11326
超歴史ミステリーロマン取材
　班 ………………… 17412
千代女 ……………… 05462
陳 侃 …………… 07079, 17218
| 陳 舜臣 …………… 02823,
　03113, 14177, 14178, 17336, 18243
陳 懸恒 …………… 02136
椿山荘 ……………… 02175
鎮西町史編纂委員会 …… 07235

【つ】

立木 望隆 …………… 14280
築城町史跡調査委員会 …… 16948
通俗教育普及会 ……… 09150
塚越 芳太郎 ………… 06449
司 史生 ……………… 04097
塚崎 進 ………… 00676, 14291
塚田 清策 …………… 01378
塚原 渋柿園 ………… 05843
塚本 邦雄 …… 00596, 00597,
　12264, 12295, 12303, 12636,
　12947, 14945〜14947, 14961
塚本 哲三 …… 09693, 12706, 12707,
　12910, 13663, 14331, 14401, 14414
塚本学先生退官記念論文集刊
　行会 ………………… 01079
塚本 康彦 ……… 14565, 14574
築地 誠子 …………… 17332
築島 裕 …… 01630, 11673, 11691
次田 潤 …… 00518, 13613, 14328
次田 香澄 …………… 12411,
　12413, 12462, 14623, 14624,
　14626, 14651, 14660, 14662, 14672
槻の木の会 ………… 13333
筑紫 豊 ……………… 07153
筑土 鈴寛 ……… 11898, 14895
筑波大学附属図書館新館増築
　記念特別展ワーキング・グ
　ループ ……………… 09408
柘植 信秀 …………… 09005
柘植 久慶 …… 17324〜17326
津坂 東陽 …………… 01182
辻 英子 ……………… 00424
辻 勝美 ……………… 12977
辻 善之助 …… 00299, 03744〜03755,
　03757, 03765, 03770, 03772,
　03873〜03877, 05571,
　06639〜06641, 06798〜06804,
　08565, 08567, 08569〜08577,
　08625, 08627, 08634〜08636,
　09851, 09873, 09874, 09876,
　09891, 09892, 09922, 09925
辻 惟雄 ………………
　00407, 10421, 10460, 10482,
　10529, 10561, 10861, 11193, 17598
辻 彦三郎 …… 02646〜02648
辻 日出典 …………… 08450
辻 正義 ……… 03191, 15314
| 辻 ミチ子 …………… 08319
辻岡 文助 …………… 12540
辻川 季三郎 …… 00291, 01214
辻川 達雄 ………………
　05635, 08029, 08728, 08921, 09242
津下 臣太郎 ………… 10738
辻村 輝彦 …………… 16420
辻村 敏樹 …… 14666, 14667
辻村 弥太郎 ………… 01761
辻本 弘明 …………… 06861
続橋 和弘 …………… 09415
津田 さち子 ………… 08619
津田 三郎 …………………
　05963, 06018, 06136, 06137,
　06164, 06177, 08812, 16316, 16359
津田 左右吉 ………… 08391
津田 太愚 …… 04965, 06350
土浦市立博物館 …… 08664, 15299
土江 重雄 …………… 08715
土田 将雄 …………… 12924
土田 衛 ……………… 11245
土橋 真吉 …………… 03123
土本 俊和 …………… 17455
土屋 恵一郎 ………… 11377
土屋 重朗 …………… 05078
土谷 壽一 …………… 00461
土屋 節堂 ………………
　04835, 04879, 04899, 04900
土屋 博映 …………… 13522
土屋 政雄 …… 00558〜00562
土屋 操 ……………… 04898
土谷 恵 ………… 08843, 11231
筒井 砂 ……………… 09345
筒井 紘一 …………………
　11487, 11488, 11587, 11588
堤 勝義 ……… 08441, 08452,
　08540, 16649, 16702, 16710, 16754
堤 治郎 ……………… 15646
津藤 千鶴子 ………… 13233
綱島書店 …………… 12551
津波 克明 …………… 15903
常石 英明 …………… 00120
恒成 一訓 …… 10842, 10843
恒成 如鳳 …………… 10830
角田 誠 ……… 16503, 18146
角田 朋彦 …………… 03305
椿 章謙 ……………… 05278
坪井 清足 …… 01248, 17808
坪井 九馬三 ………………
　01600, 01619, 03253, 03329,
　03543, 03806, 03808, 03824, 06761
つぼい こう ‥ 01570, 04084, 17289
坪井 俊三 …………… 18101
妻木 直良 …………… 08706
津本 信博 …………… 14596
津本 陽 ……… 04184, 04360,
　04361, 04489, 04503, 04519,
　04958, 04959, 05702, 05703,

	05705, 05743, 05744, 05766,	
	05768, 05772, 05801, 05936,	
	06062, 06114, 06118, 06143,	
	06144, 06479, 06483, 07040,	
	10986, 10987, 11082, 17286, 17470	
津山 千恵	17552
津山郷土博物館	10192
津山市史編さん委員会	16669
露木 國寛	05241
露木 寛	17736
釣 洋一	09725, 09726
鶴岡 静夫	00264, 00294, 00323
鶴岡市史編纂会	00787
鶴ケ島町史編さん室	00927
鶴来町史編纂室	01057
鶴久 二郎	01762
鶴崎 裕雄	12086, 13068, 14766
都留市教育委員会	15930
鶴田 啓	17335, 18209
鶴田 常吉	12379
鶴田 文史	09251
鶴見 和子	07878, 07879
鶴見大学図書館	13135

【て】

鄭 希得	07226
鄭 舜功	05450
鄭 樑生	07093
ディエゴ, パチェコ	09255, 09343, 16826, 17021
帝京大学山梨文化財研究所	01415, 01417〜01421
ディジタルアーカイブズ株式会社	06596
帝室博物館	02914
「定本・西三河の城」刊行会	16148
「定本・三重県の城」刊行会	16193
「定本・山梨県の城」刊行会	18079
「定本・和歌山県の城」刊行会	16572
手賀沼と松ケ崎城の歴史を考える会	15558
出口 治男	08004
出口 久徳	13983
出崎 澄男	09254, 09375, 17008
手崎 政男	14388, 14932
手束 仁	14420
鉄屋 昭	09765
出村 勝明	08486
寺石 正路	05037, 05291, 06182, 17143
寺内 大吉	07985, 08684, 08905
寺川 俊昭	08994
寺木 伸明	08156

寺阪 五夫	01291
寺崎 宗俊	06132, 07258, 07259
寺澤 行忠	12899
寺島 樵一	12741, 13181
寺島 恒世	14851
寺島 利尚	13634
寺田 純子	00611
寺田 透	09099, 12039, 14716
寺野 宗孝	08688, 15801
寺林 峻	04486, 04533, 06285, 07903, 08640, 09362
寺本 界雄	11832, 17025, 17026
天隠 竜沢	11819
天下御免丸	06551
典厩 五郎	06397, 06469
天童市史編さん委員会	00790
天童市中世城館址編集委員会	15187
天理大学附属天理図書館	00501, 07322
天理大学附属天理図書館善本叢書和書之部編集委員会	11268, 11269, 11271
天姥學人	06226

【と】

土井 順一	09088, 11242
土井 城山	05949
土井 忠生	11827
土居 次義	10466, 10543, 10556, 10558〜10560, 10562〜10564, 10572, 10576, 10586〜10591, 17597
土井 哲治	14566
土居 輝雄	04588, 04590, 15283
戸井田 道三	11375
ドイツ東洋文化研究協会	17459
東 常縁	12284, 12357
洞院 公賢	03319〜03323, 03326
洞院 公定	03253, 03855
藤蔭会	06265
東海大学桃園文庫影印刊行委員会	14471, 14473
東海道掛川宿まちおこしの会	17636, 18099
東京学芸大学日本中世史研究会	16546, 16547
東京教育大学昭史会	00018
東京教育大学中世文学談話会	12040, 12189
東京国立博物館	00194, 00350, 00374, 09958, 09976〜09978, 10423, 10513
東京市史編纂室	04644

東京大学稲垣研究室	08163, 10840
東京大学地震研究所	00259, 17461
東京大学史料編纂所	00085〜00091, 01612〜01614, 01688〜01693, 01750〜01755, 02495〜02507, 02509〜02537, 02674〜02702, 02704, 02705, 02712, 02713, 02716〜02720, 03249, 03250, 03258〜03297, 03299〜03303, 03341〜03348, 03565〜03569, 03592〜03715, 03717〜03732, 03878〜03881, 05397, 06630, 06642〜06706, 06708〜06713, 06767〜06771, 07463〜07469, 09348〜09353
東京大学中世文学研究会	11951, 11975
東京大学文学部	01243, 04742
東京帝国大学史料編纂所	11634
東京帝国大学文学部史料編纂所	02508, 03298, 03716, 06707, 06714
東京都足立区立郷土博物館	00958
東京都板橋区史編さん調査会	00960
東京都板橋区立郷土資料館	01943, 15608
東京都板橋区立美術館	10027
東京都大田区教育委員会社会教育部社会教育課	00963
東京都大田区史編さん委員会	00964
東京都葛飾区郷土と天文の博物館	02254, 02288, 02328, 07533, 09047, 15242, 15601
東京都北区飛鳥山博物館	08514, 11265, 16575
東京都北区古文書調査会	00967
東京都北区史編纂調査会	00965, 00966, 15583
東京都品川区教育委員会	15586〜15588
東京都渋谷区立松濤美術館	10145
東京都杉並区立郷土博物館	05074, 15577
東京都世田谷区教育委員会	15593
東京都豊島区史編纂委員会	18032
東京都豊島区立郷土資料館	01622〜01625
東京都中野区教育委員会中野区史料館	07523
東京都目黒区守屋教育会館郷土資料室	00985
東京都立大学大学院人文科学研究科国文学専攻中世文学ゼミ	12004
東京百年史編集委員会	18031
道家 大門	12740

道元 ・・・・・・・・・・・・・・・・・・・・ 14310
桃源瑞仙 ・・・・・・・・・・・・・・・ 11778
道興 ・・・・・・・・・・・・・・・・・・・・ 14680
東光 博英 ・・・・ 09337, 09338, 09934
東郷 隆 ・・・・・ 04119, 06943, 07049
統合事務所 ・・・・・・・・・・・・・ 09139
東国戦国史研究会 ・・・・・・・・ 15251
東国中世考古学研究会 ・・・・・ 15264
同志社大学歴史資料館 ・・・・・ 16308
東寺宝物館 ・・・・・・・・・・・・・・・
　　　 00477, 07458, 08875, 10362
東寺文書研究会 ・・・・・・・・・・・
　　　　　　　01704, 07459, 07763
東信史学会 ・・・・・・ 15963, 16011
東総文化財センター ・・・・・・ 15574
東大寺 ・・・・・・・・・・・・・・・・・ 08650
百目木 剣虹 ・・・・・・・・・・・・・ 06455
東方書院 ・・・・・・・・・・・・・・・ 17516
同朋大学仏教文化研究所 ・・・ 11635
東北大学東北文化研究会 ・・・ 00755
東北中世考古学会 ・・・・・・・・・
　　　　　　　08869, 15049, 15159
東北中世考古学会男鹿大会実
　行委員会 ・・・・・・・・・・・・・ 15037
東北歴史資料館 ・・・・・・・・・・ 10619
東北歴史博物館 ・・・・・・・・・・・
　　　 00096, 00343, 00509, 00744
当真 嗣一 ・・・・・・・・・・・・・・・ 17203
道満 三郎 ・・・・・・・・・・・・・・・ 04326
百目鬼 恭三郎 ・・・・・・・・・・・ 12387
堂本 正樹 ・・・・・・・・・・・・・・・・
　　 11227, 11372, 11385, 11390, 11405
童門 冬二 ・・・・・・・・・・・・・・・・
　　 01974, 02396, 02439, 02832,
　　 03105, 03106, 03219, 03920,
　　 04111, 04162, 04213, 04230,
　　 04287, 04362, 04364, 04372,
　　 04389, 04390, 04402, 04403,
　　 04432, 04433, 04459, 04476,
　　 04516, 04828, 04853, 05161,
　　 05551, 05573, 05591, 05658,
　　 05944, 05997, 06062, 06212,
　　 06333, 06340, 06388, 06396,
　　 06509, 06511, 06516, 06525,
　　 07107, 07646, 08731, 08766,
　　 09010, 09012, 09774, 17411, 18265
東洋大学井上円了記念学術セ
　ンター ・・・・・・・・・・・・・・・ 12792
十日町市史編さん委員会 ・・・・
　　　　　　　　　　01030, 01031
遠山 信春 ・・・・・・・・・・・・・・・ 05680
富樫卿奉讃会 ・・・・・・・・・・・・ 15855
戸上 一 ・・・・・・・・・・・・・・・・ 11534
戸川 安章 ・・・・・・・・ 08520, 15055
戸川 残花 ・・・・・・・・・・・・・・・ 06523
外川 淳 ・・・・・・・・・・・・・・・・・
　　 03991, 04077, 04101, 04202,
　　 05738, 06148, 06382, 06537, 06948

土岐 琴川 ・・・・・・・・・・・・・・・ 05106
土岐 善麿 ・・・・・・・・ 12116, 12169,
　　 12969, 14838〜14840, 14843
時枝 務 ・・・・・・・・・・・・・・・・ 08518
時枝 誠記 ・・・・・・・・・・・・・・・・
　　　 09701, 13661, 14502〜14504
都幾川村史編さん委員会 ・・・ 00928
時実 新子 ・・・・・・・・ 12513, 12609
土岐市史編纂委員会 ・・・・・・ 01112
土岐市美濃陶磁歴史館 ・・・・ 10594,
　　 10600, 10615, 10631〜10634,
　　 10816, 10817, 10823, 16373,
　　 16374, 16408, 16438, 16439, 17612
時田 アリソン ・・・・・ 07944, 07945
常磐井 和子 ・・・・・・ 13294, 13303
徳江 元正 ・・・・・・・・・・・・・・・・
　　 11243, 11287, 11353, 12090
徳川美術館 ・・・・・・ 00386, 09898,
　　 09972, 09973, 09986, 10608,
　　 10811, 17579, 17591, 17615, 17622
徳島県立博物館 ・・・・・・・・・ 07048
「徳島城」編集委員会
　　　　　　　　・・・ 17747, 18190
徳島市立徳島城博物館
　　　 ・・・・・・・・・ 01980, 04556,
　　 06083, 06542, 10215, 11500, 16768
徳昌 ・・・・・・・・・・・・・・・・・・ 11798
徳田 和夫 ・・・・・・・・・・・・・・・・
　　 13364, 13374, 13376, 13384
徳田 釵一 ・・・・・・・・ 07626, 07627
徳田 進 ・・・・・・・・・・・・・・・・ 13500
徳大寺 実通 ・・・・・・ 12476, 12477
特定コレクション目録編集委
　員会 ・・・・・・・・・・・・・・・・ 12654
徳富 蘇峰（猪一郎） ・・・・・・・
　　 04571, 05504〜05513, 05580,
　　 05581, 05661〜05664,
　　 05970〜05975, 06408, 07268
徳永 真一郎 ・・・・・・・・・・・・・・
　　 04160, 14247, 16228, 16229, 16269
得能 文 ・・・・・・・・・・・・・・・・ 04704
徳原 茂実 ・・・・・・・・・・・・・・・ 12667
徳間書店 ・・・・・・・・・ 00397, 07645
徳満 澄雄 ・・・・・・・・・・・・・・・ 13345
徳山市美術博物館 ・・・・・・・・ 09943
吐香散人 ・・・・・・・・・・・・・・・ 06456
所 功 ・・・・・・・・・・・・・・・・・・・
　　 00068, 00233, 00338, 08076, 08077
所 京子 ・・・・・・・・・・・・・・・・ 00593
戸頃 重基 ・・・・・・・・・・・・・・・・
　　 08601, 08604, 08605, 09130
所 荘吉 ・・・・・・・・・・・・・・・・ 04134
所 理喜夫 ・・・・・・・・・・・・・・・・
　　 02481, 03246, 03551, 04255,
　　 05419, 05538, 06458, 06621, 07579
所沢市史編さん委員会 ・・・・・ 15483
所沢市史編集委員 ・・・ 15484〜15486
土佐 光信 ・・・・・・・・ 10531, 10533

利重 忠 ・・・・・・・・・・ 05193, 05277
都市史研究会 ・・・・・ 08251, 08303
智仁親王 ・・・・・・・・ 12949〜12951
戸島 鐵雄 ・・・・・・・・・・・・・・・ 15435
図書出版のぶ工房 ・・・ 17377, 18210
鳥栖市教育委員会 ・・ 08256〜08259,
　　 11001〜11004, 16986〜16989,
　　　　　　 16994, 16996〜17002
TOSS社会 ・・・・・・・・・・・・・ 01569
戸田 勝久 ・・・・・・・・ 11509〜11512,
　　　　　　 11545, 11570, 17902
戸田 七郎 ・・・・・・・・ 04619, 04620
戸田 禎佑 ・・・・・ 10335, 10884, 11201
戸田 敏夫 ・・・・・・・・・・・・・・・ 05150
戸田 紋平 ・・・・・・・・・・・・・・・ 10692
戸田 芳実 ・・・・・・・・・・・・・・・・
　　 07615, 07696, 07825, 07852,
　　 07853, 07871, 07968, 08050, 08436
戸田紋平遺稿集刊行会 ・・・・・ 10692
栃尾町教育会 ・・・・・・・・・・・ 04717
栃木 孝惟 ・・・・・・・・・・・・・・・・
　　 13697, 13701, 13750, 13765,
　　 13791, 13891, 13909, 14073, 14074
栃木県教育委員会 ・・・・・・・・ 00875
栃木県教育委員会事務局文化
　課 ・・・・・・・・・・・・・・・・・・ 00874
栃木県史編さん委員会
　　　　　・・・・・・ 00876, 15348〜15353
栃木県立博物館 ・・・・ 10401, 15232
栃木県立博物館人文課 ・・・・ 01599
栃木市史編さん委員会 ・・・・ 00877
栃窪 浩 ・・・・・・・・・・・・・・・・ 00830
祝曳馴窓 ・・・・・・・・・・・・・・・ 12113
鳥取県教育委員会 ・・ 11047, 16600
鳥取県教育委員会事務局文化
　課 ・・・・・・・・・・・・・ 11048, 16601
鳥取県総務部総務課県史編さ
　ん室 ・・・・・・ 05107, 05216, 16596
鳥取県立図書館 ・・・・・・・・・・ 07072
百々 由紀男 ・・・・・・・・・・・・・ 05626
轟 龍造 ・・・・・・ 16990〜16993, 17003
利根川 靖幸 ・・・・・・・・・・・・・ 15411
利根町史編さん委員会 ・・・・ 00854
利根町教育委員会 ・・・・・・・・ 00854
登野城 弘 ・・・・・・・・・・・・・・・ 11173
外村 直彦 ・・・・・・・・・・・・・・・ 01796
外村 南都子 ・・・・・・ 13195〜13197
外村 展子 ・・・・・・・・ 14562, 14754
外村 久江 ・・・・・・・・ 12070, 13195
鳥羽 正雄 ・・・・・・・・・・・・ 17672,
　　 17680, 17721, 17722, 17754,
　　 17758, 17759, 17761, 17763,
　　 17766〜17773, 17775〜17777,
　　 17779, 17781〜17789, 17854
鳥羽正雄博士古稀記念論文集
　編纂委員会 ・・・・・・・・・・・ 17764

土橋 治重 ・・・・・・・・・・・・・・・・・ *01775,*
　　02444, 04231, 04335, 04407,
　　04833, 04907, 04909, 04913,
　　04920, 04951, 04972, 05109,
　　06964, 09807, 09823, 11019, 11020
ドビンズ、ジェームズ・C. ・・・ *08992*
戸部 一憨斎正直 ・・・・・・・・・・・ *13690*
戸部 新十郎 ・・・・・・・・・・・・・・・
　　04015, 04163, 04241, 04242,
　　04408, 04531, 05259, 05701,
　　05827, 06331, 07706, 11645,
　　14253, 17253, 17910, 17911, 17913
土木学会関西支部 ・・・・・・・・・ *06157*
登丸 福寿 ・・・・・・・・・・・・・・・・・ *02147*
富岡 行昌 ・・・・・・・・・ *02042, 17010*
富岡市市史編さん委員会 ・・・ *00894*
冨倉 徳次郎 ・・ *13882, 13892, 13930,*
　　13941, 13950, 13992, 13997,
　　13998, 14019～14022, 14304,
　　14311, 14312, 14317, 14319,
　　14320, 14408, 14432, 14560,
　　14646, 14648, 15007, 15008, 15015
富阪 晃 ・・・・・・・・・・・・・・・・・・・ *18176*
富澤 清人 ・・・・・・・・・・ *07440, 07443*
富沢 久雄 ・・・・・・・・・・・・・・・・・ *09022*
富澤清人遺稿集刊行委員会 ・・ *07440*
富田 勝治 ・・・・ *04206, 15452, 15492*
富田 源太郎 ・・・・・・・・・・・・・・・ *05939*
富田 日出雄 ・・・・・・・・・・・・・・・ *16176*
富田 仁 ・・・・・・・・・・・・・・・・・・・ *17330*
富田 正弘 ・・・・・・・・・・ *03571, 03572*
富長 源十郎 ・・・・・・・・・・・・・・・ *02994*
冨永 公文 ・・・・・・・・・・・・・・・・・ *06192*
冨永 滋人 ・・・・・・・・・・・・・・・・・ *04238*
富谷 至 ・・・・・・・・・・・・ *00203, 00204*
都民カレッジ「中世古文書を読
　　む会」 ・・・・・・・・・・・・・・・ *16467*
巴里 夫 ・・・・・・・・・・・・・・・・・・・ *17257*
友久 武文 ・・・・・・・・・・・・・・・・・
　　10197, 10396, 11973, 13293, 13310
友久武文先生古稀記念論文集
　　刊行会 ・・・・・・・・・・・・・・・ *11910*
土門 拳 ・・・・・・・・・・・・・・・・・・・ *10668*
土門 周平 ・・・・・・・・・・・・・・・・・ *04208*
戸谷 敏之 ・・・・・・・・・・ *07556, 09268*
外山 卯三郎 ・・・・・・・・・・・・・・・ *07682*
外山 英策 ・・・・・・・・・・ *11203, 11204*
外山 映次 ・・・・・・・・・・・・・・・・・ *11802*
外山 幹夫 ・・・・・・・・・・・・・・・・・
　　05345, 07503, 16907, 16914, 17806
富山県埋蔵文化財センター
　　・・・・・・・・・・・・・・・・ *11049, 15827*
豊明市史編集委員会 ・・・・・・・・・
　　・・・・・・・・・・・・・・ *01173, 16151, 16152*
豊岡 茂夫 ・・・・・・・・・・・・・・・・・ *03130*
豊岡 繁 ・・・・・・・・・・・・ *08468, 12119*
豊岡市教育委員会 ・・・・・・・・・ *16475*
豊岡市立郷土資料館 ・・・・・・・ *16475*

豊川市史編集委員会 ・・・・・・・ *18125*
豊田 武 ・・・・・・・・・・・・・・・・・ *00003,*
　　02064, 02225, 02355～02357,
　　02792, 02795, 02881～02884,
　　03379, 03409, 03924,
　　04062～04065, 05558～05561,
　　07389, 07627, 07647, 07652,
　　07653, 07658, 07697, 07805,
　　07827, 09896, 09915, 09916
豊田武教授還暦記念会 ・・・・・・ *00728*
豊田武先生古稀記念会
　　・・・・・・・・・・・・・・・・ *06835, 09848*
豊田 穣 ・・・・・・・・・・・・・・・・・・・ *00166*
豊田市教育委員会 ・・・・・・・・・ *01177*
豊田市教育委員会豊田市史編
　　さん専門委員会 ・・・ *01176, 01177*
豊田市郷土資料館 ・・・・・・・・・・・
　　・・・・・・・・・・・ *01174, 01175, 18126*
豊玉町教育委員会 ・・・・・・・・・ *17020*
豊臣 秀吉 ・・・・・・・・・・ *06183, 11634*
豊永 聡美 ・・・・・・・・・・ *01795, 11444*
豊橋市史編集委員会 ・・・・・・・ *01178*
豊橋市美術博物館 ・・・・・・・・・ *10943*
豊浜 紀代子 ・・・・・・・・・ *02873, 07913*
扉尾 俊哉 ・・・・・・・・・・・・・・・・・ *00748*
鳥居 明雄 ・・・・・・・・・・・・・・・・・
　　11284, 11288, 11295, 11305
鳥井 信治郎 ・・・・・・・・・・・・・・・ *05945*
鳥海 靖 ・・・・・・・・・・・・・・・・・・・ *17257*
鳥川 録四郎 ・・・・・・・・・・・・・・・ *16021*
取手市史編さん委員会
　　・・・・・・・・・・・・・・・・ *00855, 15303*
頓阿 ・・・・・・・・・・・・・・・・・・・・・
　　12176, 12721, 12930, 13039, 14778
呑鷺 ・・・・・・・・・・・・・・・・・・・・・ *11797*
ドン・多志成 ・・・・・・・・・・・・・ *17528*

【な】

内藤 昌 ・・・・・・ *10473, 11124, 11125,*
　　11140, 16291, 17714, 17716, 17717
内藤 磐 ・・・・・・・・・・・・・・・・・・・ *10426*
内藤 慶助 ・・・・・・・・・・・・・・・・・ *04927*
内藤 貞顕 ・・・・・・・・・・・・・・・・・ *14157*
内藤 佐登子 ・・・・・・・・・・・・・・・ *14568*
内藤 雋輔 ・・・・・・・・・・・・・・・・・ *07275*
内藤 耻叟 ・・・・・・・・・・・・・・・・・
　　09659, 09661, 09662, 09705
内藤 典子 ・・・・・・・・・・・・・・・・・ *10426*
内藤 彦一 ・・・・・・・・・・・・・・・・・ *12545*
内藤 亮 ・・・・・・・・・・・・・・・・・・・ *10426*
内藤 美奈 ・・・・・・・・・・・・・・・・・ *10426*
内藤 柳雨 ・・・・・・・・・・・・・・・・・ *04715*
中 朝子 ・・・・・・・・・・・・・・・・・・・ *05655*

名嘉 正八郎 ・・・・・・・・・・・・ *17208,*
　　17223, 17235, 17790, 17959, 18244
那珂 通世 ・・・・・・・・・・・・・・・・・ *00174*
永井 円次郎 ・・・・・・・・・・・・・・・ *05892*
永井 桂子 ・・・・・・・・・・・・・・・・・ *12569*
永井 久美男 ・・ *07537, 07539, 07540*
永井 源六郎 ・・・・・・・・・ *01772, 04299*
中井 真孝 ・・・ *08679, 08970, 08985*
永井 晋 ・・・・・ *02259, 02386, 15642*
永井 彦熊 ・・・・・・・・・・・・・・・・・ *01990*
永井 一孝 ・・・・・・・・・・・・・・・・・ *14406*
中井 均 ・・・・・・・・・・・・・・・・・・・
　　10934, 16223, 16226, 16313, 17679
永井 寛 ・・・・・・・・・・・・・・・・・・・ *05894*
永井 文明 ・・・・・・・・・・・・・・・・・ *14459*
長井 政太郎 ・・・・・・・・・・・・・・・ *15173*
中井 正弘 ・・・・・・・・・・・・・・・・・ *16424*
永井 路子 ・・ *02184, 02195, 02299,*
　　02300, 02344, 02345, 02351,
　　02352, 02410, 07146, 13984,
　　14191, 14217, 14218, 14254,
　　15643, 15687, 15688, 15707, 15723
永井 義憲 ・・・・・・・・・・・ *13554, 14625*
中井 履軒 ・・・・・・・・・・ *01502～01506*
永井 隆之 ・・・ *03988, 07702, 07791*
中井 良太郎 ・・・・・・・・・・・・・・・ *05539*
中江 克己 ・・・・・・・・・・・・・・ *03445,*
　　03910, 04033, 04315, 04316,
　　05274, 05276, 06090, 06140, 18263
長江 稔 ・・・・・・・・・・・・・・・・・・・ *12576*
中尾 健次 ・・・・・・・・・・・ *08156, 17437*
仲尾 俊博 ・・・・・・・・・・・・・・・・・ *00297*
中尾 堯 ・・・・・・・・・・・・・・・・・ *01675,*
　　08568, 08612, 08621, 08638,
　　08776, 08778, 08866, 09144, 09181
長尾 剛 ・・・・・・・・・・・・・・・・・・・ *08739*
仲尾 宏 ・・・・・・・・・・・・・・・・・・・ *07239*
長尾 盛之助 ・・・・・・・・・ *12588, 12589*
中尾 良信 ・・・・・・・・・・・・・・・・・ *08759*
永岡 慶之助 ・・・・・・・・・ *04041, 04555*
長岡 悟 ・・・・・・・・・・・・・・・・・・・ *02900*
中岡 清一 ・・・・・・・・・・ *03072～03074*
中岡 未竜 ・・・・・・・・・・・・・・・・・ *05896*
永岡 利一 ・・・・・・・・・・・ *03172, 15413*
長岡市史編集委員会中世史部
　　会 ・・・・・・・・・・・・・・・・・・・ *15772*
長岡市立中央図書館文書資料
　　室 ・・・・・・・・・・・・・・・・・・・ *15773*
中沖 弘 ・・・・・・・・・・・・・・・・・・・ *00485*
中川 英子 ・・・・・・・・・・ *14798～14801*
中川 覚 ・・・・・・・・・・・・・・・・・・・ *16115*
中川 恭次郎 ・・・・・・・・・・・・・・・ *12322*
中川 太古 ・・・・・・・・・・・ *05691, 05692*
中川 徳之助 ・・ *14711, 14736, 15012*
中川 日史 ・・・・ *09152, 09187, 09190*
中川 治雄 ・・・・・・・・・・・・・・・・・ *18088*
中川 博夫 ・・・・・・・・・・・ *12446, 14785*
長岐 喜代次 ・・・・・・・・・ *00782, 15157*

中岫 正雄 ……………… 15079
長久手町史編さん委員会
　　　…………………… 16119, 16154
長久手町教育委員会 ……… 16155
中倉 茂 ………………… 08883
長倉 智恵雄 ……… 01134, 05100
中小路 駿逸 ……………… 12353
長坂 成行 ……… 14244～14246
長坂 益雄 ………………… 16241
長崎 健 …………………
　12905, 12921, 14323, 14614, 14796
長崎県 …………………… 09282,
　09395, 09419, 17016, 17017, 17563
長崎県教育委員会 ………
　　　　　　09285, 17013, 17023
長崎県史編集委員会 ……… 01360
長崎純心大学博物館 … 09284, 17022
長崎文献社 ……………… 09282,
　09395, 09419, 17016, 17017, 17563
中里 右吉郎 ……………… 01598
中里 太郎右衛門（十三代） … 17613
中里 紀元 ………………… 07264
中里 融司 ………………… 07006
中澤 克昭 ………………… 11031
中沢 見明 ……………… 09002, 09003
中沢 志津男 ……………… 15017
長沢 士朗 ………………… 15494
なかざわ しんきち … 04782～04824
中沢 正 ……………… 04952, 07606
長澤 美津 ………………… 00653
長篠古戦場顕彰会 …… 05859, 16156
長篠役甲軍戦歿将士慰霊塔建
　設会 …………………… 05850
中島 悦次 ……… 09641, 09645, 12572,
　12582, 12595, 13597, 13640, 13642
長島 喜平 ………………… 15465
中島 圭一 ………………… 01546
中島 源 …………………… 16769
中島 孤島 ………………… 02161
中島 鹿吉 ……………… 05288, 05290
中嶋 繁雄 …… 01443, 04302, 04418
中島 純司 ………………
　　　09940, 10503, 10570, 10571
中島 正二 ………………… 13285
中島 健志 ………………… 05865
中嶋 次太郎 ……… 06517, 06518,
　08013, 08014, 16126, 16127, 18096
中嶋 利雄 ………………… 16364
「中嶋利雄・講演集」刊行委員
　会 ……………………… 16364
永島 直樹 ………………… 05667
中嶋 久人 ………………… 07972
永島 福太郎 ……………… 02467,
　03323, 03522, 04058, 04060,
　07029, 07031, 08054, 08261,
　09841, 11492, 11605, 11999, 16210
仲島 北海 ……………… 03192, 03501
中島 誠 ……………… 13736, 14129

長嶋 正久 ………………… 13619
中島 道子 ………………… 05574
中島 亮一 ………………… 00272
中条 暁秀 ………………… 08775
永積 安明 ………………… 07572,
　09083, 11841, 11971, 11985,
　11992, 12031, 12073～12075,
　13704, 13856, 13985, 14067,
　14187, 14189, 14197, 14236,
　14310, 14322, 14340, 14477, 14544
長瀬 春風 ………………… 06076
仲宗根 政善 ……………… 17199
中田 薫 …………………… 07418
長田 謙一 ………………… 07285
長田 権次郎 ……… 03101, 04246
中田 武司 ………………… 00238
中田 祝夫 ……… 11704～11707,
　11747, 11753, 11756～11764,
　11767, 11773, 11796, 11798,
　11802, 11817, 11818, 14283
中田 憲信 ………………… 03041
永田 広志 ……………… 08374, 08390
中田 正光 …… 04872, 10991, 11088,
　15443, 15444, 15466, 15467, 15620
中田 由見子 ……………… 12827
中武 安正 ………………… 17175
中谷 一正 ……………… 00704, 16184
長谷 克久 ………………… 02082
中谷 順一 ……………… 03236, 03239
中谷 政一 ……………… 12875, 12972
那珂町史編さん委員会 …… 17999
中津 攸子 ………………… 01773,
　04904, 04963, 07182, 07932, 15066
中津川 敬朗 ……………… 07980
仲築間 英人 …………… 05310, 09364
長門町教育委員会 ………… 01088
永富 映郎 ………………… 09426
中新 敬 …………………… 14525
中西 久次郎 …………… 01863, 16146
中西 清 …………………… 14423
中西 健治 ………………… 13294
中西 尉一 ………………… 03040
中西 進 …………………… 12655
中西 達治 ……… 14241, 14242, 14251
中西 通 …………………… 10708
中西 信男 ………………
　　　05780, 06126, 06491, 06573
中西 義昌 ………………… 11090
中西 立太 ………………… 08119
中根 一竹 ………………… 11589
中根 和浩 ………………… 08700
中野 栄治 ………………… 01256
中野 栄三 ………………… 00409
中野 嘉太郎 ……… 06254, 06259
中野 敬次郎 ……………… 02465
中野 玄三 ……………… 00368, 10058
中野 幸一 ………………
　10388～10390, 13323, 13483

中野 孝次 …… 05766, 11895, 12041,
　12042, 14333, 14984～14986
長野 重一 ………………… 14194
長野 嘗一 ……… 00696, 00698, 11996,
　13592, 13595, 13825, 14051, 14053
中野 正剛 ………………… 06015
中野 荘次 ……………… 12863, 12864
中野 隆行 ………………… 00318
中野 達哉 ………………… 17317
長野 照子 ………………… 13598
中野 東禅 ………………… 09110
中野 俊雄 ………………… 17625
中野 幡能 ………… 00285～00287,
　08481, 08488～08496,
　17071～17073, 17477
中野 栄夫 ………………… 01532,
　06833, 07421, 07441, 07789, 08337
中野 等 …………………
　06041, 07250, 07263, 07525
長野 仁 …………………… 09731
中野 政樹 ………………… 09961
中野 豈任 …… 07810, 08071, 08102
中院 雅忠女 ……… 14647, 14649～
　14651, 14653, 14657, 14660, 14662
中院 通秀 ………………… 03557
長野県 …………… 01089～01091, 16012
長野県立歴史館 …………
　　　　　　15987, 16006, 16007
長野市教育会 ……………… 04997
中之条町歴史民俗資料館
　　　………… 05068, 15362, 15396
長野市立博物館 ……… 04752, 04845
中 哲裕 …………………… 13234
中畑 八寿子 ……………… 14866
長浜市教育委員会 ………… 16258
長浜市史編さん委員会 …… 16284
長浜市立長浜城歴史博物館 ‥
　04125, 04126, 05498, 05960,
　06220, 06221, 07882, 16239, 16262
長林 樵隠 ………………… 07043
永原 慶二 ………………… 00182, 00214,
　01470, 01486, 01499, 01509,
　01529, 01549, 02208～02210,
　02281～02283, 02799, 02800,
　03246, 03381, 03384, 03425,
　03551, 03943, 03965～03967,
　04051, 04067, 04068, 04071,
　04091, 04108, 04115, 04269,
　04276, 04450, 04451, 05541,
　05542, 06813, 07331, 07339,
　07342, 07377, 07385, 07393,
　07395, 07406, 07502, 07505,
　07579, 07700, 07707, 07723,
　07734, 07767, 07773～07775,
　07786, 07796, 07797, 07806,
　07807, 07836～07839,
　07843, 08187, 08365,
　10727, 17260, 17402～17405

中原 定人 10438, 10439
中原 俊章 ....
　　01792, 01884, 06888, 16419
中原 師郷 03560
中原 師元 11675
永久 岳水 09102
永藤 靖 11921, 11922
中部 よし子 .. 07337, 08239, 16394
長又 高夫 06877
中俣 白綾 06380
中丸 和伯 15244
中丸 祐昌 02839
永見 徳太郎 10021
中見 利男 04852, 09773
永峰 文男 .... 09101, 09103～09105
永峯 光一 00961, 15595
中村 昭夫 10766, 11142, 13845
中村 秋香 11676
中村 彰彦 ....
　　04156, 04513, 06305, 06575
中村 晃 04583,
　06424, 06604, 13761, 14142, 14146
中村 文 .... 12497～12499
中村 格 11356
中村 一郎 05142, 16268
中村 勝三 02477, 02478
中村 勝実 04836
長村 鑒 07165
中村 菊一郎 12840
中村 吉治 ....
　　00212, 01435, 01626, 01965,
　　03975, 03976, 06476, 07037,
　　07562, 07716, 07842, 07850,
　　07864, 07865, 07953～07955,
　　07960, 07962, 07963
中村 京三 11364
仲村 研 ....
　01474, 01593, 07404, 08202, 16273
中村 孝也 00230,
　　02931, 02942, 03153, 03168,
　　06392, 06473, 06506～06508,
　　07428, 08349, 08350,
　　08769, 17267～17269, 17479
中村 吾郎 04001
中村 修也 09884, 09911, 11450
中村 雪香 12258
中村 武生 08240, 16307
中村 忠文 16595
中村 渓男 10131,
　10504, 10528, 10537, 10538, 10546
中村 禎里 00256
中村 徳五郎 02987, 08915
中村 直勝 ....
　　00351, 01871, 02893, 02958,
　　03037, 03067, 03093, 03208,
　　07417, 11550, 13667, 13890, 17262
中村 元 08358, 08359
中村 栄孝 01394, 17643

中村 博司 11086, 16441
永村 眞 03776, 03777, 08836
中村 昌生 11560, 17630
中村昌生先生喜寿記念刊行会
　　.......... 17628
中村 雅之 11294
中村 康夫 09511
中村 保雄 10360, 11306
中村 安孝 17849
中村 幸弘 12698
中村 豊 05243
中村 芳松 12547
中元 孝迪 18150
中本 征利 09080, 09171
永森 規一 15813
中谷 無涯 06379
永山 勇 00508
中山 和子 06634
中山 義秀 .... 02245, 13822～13824
中山 定親 .... 03789～03791
中山 忠親 .... 02600～02602
永山 時英 17535
永山 久夫 .... 08129～08133
中山 平次郎 07154, 16957
中山 幹雄 12785
長山 源雄 01328, 01329
中山 良昭 17856, 17889
中山 緑朗 14602
半井 保房 01600, 01610
名古屋温故会 05656, 05958
名古屋学芸大学短期大学東
　海地域文化研究所 18072
名古屋国文学研究会 .. 13348, 13349
名古屋市教育委員会 16160
名古屋史談会 .. 01806, 01874, 14856
名古屋市博物館 00440, 05105,
　　05665, 05976, 06624, 08116,
　　10834, 11087, 16120, 16137, 18114
名古屋市秀吉清正記念館 11114
名古屋大学文学部国史研究室
　　.......... 07586
夏目 けいじ 12829
七尾市教育委員会文化課
　　.......... 06330, 15865
七尾市史編纂専門委員会
　　.......... 01056, 15857
七尾商業高等学校図書委員会
　　.......... 10575
名波 弘彰 13863
七海 雅人 02327
難波田 徹 09946
那覇市企画部市史編集室 18242
那覇市市民文化部歴史資料室
　　.......... 17217
那覇出版社編集部 17666, 18223
名張市教育委員会 01186
鍋島 直共 17787
生田目 旭東 04247

生田目 経徳 03096
涛川 栄太 00004
並木 誠士 10163
浪谷 英一 08954
奈良 仁 15080
奈良絵本国際研究会議
　　.......... 10383, 13397
楢川村誌編纂委員会 01077
奈良県教育委員会文化財保存
　　課 10063, 10113
奈良県史編集委員会 .. 01244, 01246
奈良県立同和問題関係史料セ
　　ンター 08162, 16541
奈良国立博物館 00363,
　　00390, 00434, 01243, 10047, 10280
奈良国立文化財研究所 ....
　　00345, 00481, 08929, 08934
楢崎 彰一 .... 00441～00445,
　　10603, 10658, 10659, 10679,
　　10680, 10696, 10698～10700,
　　10705, 10715, 10716, 10720,
　　10721, 10730, 10753, 10754,
　　10790, 10803, 10804, 10809
奈良市史編集審議会 01247
奈良文化財研究所 00346
楢村 長教 .... 03579～03582, 06635
奈良本 辰也 ....
　　00229, 02114, 02129, 02277,
　　04080, 04221, 04223, 04305,
　　04424, 04490, 04432, 08043～
　　08045, 10703, 10732, 13845, 16815
成生庄と一向上人編集委員会
　　.......... 08797
成川 武夫 11556
成迫 政則 .... 15498～15500
成島 譲 03010, 03011
鳴瀬 速夫 04406
名和 一男 08412
名和 弓雄 05864
南 基鶴 07180
南学会 16817
南光町史編集委員会 16489
南條 範夫 .... 01959～
　01961, 04013, 04078, 04164, 04471
南朝史学会 01868, 01869,
　　02992, 03002, 03026, 16163, 16172
難波 信雄 17380, 17978
南原 公平 ....
　　17723, 17724, 18089, 18090
南原 幹雄 04595
南坊宗啓 11567
南摩 羽峰 05181
南陽市史編さん委員会 ....
　　00793, 00794, 15188
南里 みち子 13497

【に】

新岡 武彦 ･････････････････ 00738
新潟県 ･･････････････････････ 15791
新潟県教育委員会 ････････････ 01595
新潟県教育会 ･･････････････ 01819
新潟県立歴史博物館 ･･･････
　01632, 08431, 15761, 15783
新潟市史編さん原始古代中世
　史部会 ･･･････････････････ 01033
新川 雅朋 ･･･････････････････ 12566
新座市教育委員会市史編さん
　室 ･････････････････････ 00930
新谷 洋二 ･･････････････････ 17839
新津市史編さん委員会 ･･････ 01034
二階堂 省 ････････････････････ 05899
仁木 功 ･･････････････････････ 00623
仁木 宏 ･･･････
　00069, 01222, 03990, 08250,
　08692〜08694, 10934, 16313
西 和夫 ･･･････････ 11135, 11186
西 一祥 ･･･････････ 11329, 11383
西 謙一 ･･･････････ 11327, 11328
西有田町史編さん委員会 ････ 01358
西尾 和美 ･･･････････ 08310, 16787
西尾 克己 ･･･････････････････ 16629
西尾 幹二 ･･･････････････････ 07062
西尾 賢隆 ･･･････････ 07087, 08756
西尾 光一 ･･･････････････････ 13518,
　13541, 13562, 13565, 13641, 13643
西尾 実 ･･･････････ 09120, 11293,
　11419, 11426, 12024, 12025,
　12885, 12886, 14433, 14438,
　14447, 14457, 14460, 14535, 14536
西尾実先生古希祝賀会 ･････ 11986
西岡 常博 ･･･････････････････ 13982
西岡 虎之助 ･･ 01558, 07470〜07472
西垣 隆雄 ･･･････････････････ 00957
西ケ谷 恭弘 ･･ 00998, 03502, 04022,
　05674, 05694, 06167, 06338,
　08049, 08069, 10941, 10998,
　11064, 17641, 17671, 17674,
　17675, 17698, 17725, 17757,
　17788, 17833, 17838, 17847, 17885
西川 杏太郎 ････････････････ 00354
西川 清治 ･････････････････ 02320
西川 幸治 ･････････････････ 16235
西川 隆夫 ･････････････････ 16421
西川 卓男 ･････････････････ 16522
西川 孟 ･････････････････････ 11140
西川 寿勝 ･････････････････ 10985
西川 与三郎 ･･･････････････ 06368
西川 芳治 ･････････････････ 12665
錦 昭江 ･･･････････ 01541〜01543,
　02405, 07026, 08223

西木 馨 ･･････････ 16444, 16445
錦 仁 ･････････ 11851, 12156, 12755
錦生 如雪 ･････････････････
　12616〜12629, 12793, 12795
西口 順子 ･･･････
　07910, 07936, 08544, 08584
錦織 勤 ････････ 07352, 17385, 18168
西坂 寅 ･･･････････････････ 06317
西里 喜行 ･･････････････････ 17334,
　17360, 17361, 18235, 18290, 18291
西沢 正二 ･･･ 12637, 12685, 13266
西沢 正史 ･･･････････････････ 13283
西沢 正二 ･･･････････････････ 13367
西沢 正史 ･･･････････････････ 13420
西沢 正二 ･･･････････ 13486, 13675
西沢 正史 ･･･････････････････ 13940
西沢 正二 ･･･････････ 14316, 14655
西沢 正史 ･･･････････････････ 14865
西下 経一 ･･･････････････････ 12269
西島 太郎 ･･･････････ 01606, 03440
西津 弘美 ･･･････････ 14147, 14266
西園 禮三 ･･･････････ 07121, 16927
西田 圓我 ･････････････････ 00295
西田 耕三 ･････････････････ 01901〜
　01903, 11283, 15099, 15121, 15144
西田 知己 ･･･････････ 00712, 11888
西田 直敏 ･･･ 13977, 14068, 14096
西田 長男 ･･･････････ 08479, 08480
西田 正好 ･･･････････ 08369, 08586,
　08587, 09949, 11594, 11927, 12061
西谷 正浩 ･･･････････ 07344, 07358
西日本人物誌編集委員会
　･････････････････ 06289, 09377
西野 古海 ･････････････････ 06582
西野 妙子 ･･･ 14760, 14826, 14848
西野 辰吉 ･･･････････ 04992, 06560
西野 春雄 ･････････････････ 11299
西野 由紀 ･･･････････ 09088, 11242
西宮市立郷土資料館 ････････ 07542
西端 幸雄 ･････････････････ 14252
西原 祐治 ･････････････････ 08696
西堀 一三 ･･･････････････････ 07133,
　11476, 11496, 11497, 11528, 11612
西本願寺教学振興委員会 ････ 09091
西村 惠信 ･･･････････ 09209, 14811
西村 玖 ･････････････････････ 17950
西村 圭子 ･･･････････ 04004, 04005
西村 公朝 ･････････････････ 10099
西村 聡 ･････････････････････ 11848
西村 真一 ･････････････････ 12994
西村 真次 ･････････････････ 05487
西村 貞 ･･･････････ 09267, 11454
西村 汎子 ･･･････････ 00220, 00254
西村 安博 ･････････････････ 06844
西村 幸信 ･････････････････ 17457
西村 陽一郎 ･･･････ 07927, 15726
西本 鶏介 ･････････････････ 04915
西本 省三 ･･･････････ 17802, 18162

西本 寮子 ･････････････････ 13293
西山 清 ･････････････････････ 00469
西山 邦彦 ･････････････････ 08997
西山 郷史 ･････････････････ 09243
西山 克 ･･･････････ 00071, 08477
西山 松之助 ･･･････････････ 11568
西山 美香 ･････････････････ 08765
二条 為世 ･･･ 12257, 12434, 12437
二条 良基 ･･･････････ 13145〜13148,
　13170, 13171, 13179
西脇市郷土資料館 ････････････ 16490
二反 長半 ･････････････････ 17864
日外アソシエーツ株式会社
　･････････････････ 00028, 00328
日貿出版社 ･･･････････････ 10398
日蓮宗史書編纂会 ････････････ 09138
日蓮宗新聞社 ･････････････ 08941
日蓮宗全国本山会 ････････････ 09154
日韓共通歴史教材制作チーム
　･････････････････････････ 07215
日韓歴史共同研究委員会 ･････ 17337
仁木 宜春 ･････････････････ 14368
新田 一郎 ･･･････
　01483, 02818, 03383, 06873
新田 次郎 ･･･････
　04504, 04891, 04919, 04921
新田 瑞気 ･････････････････ 16049
新田 明江 ･･･････ 02808〜02811
日澄 ･･･････････････････････ 10351
日通上人 ･･･････････････････ 10569
日葡協会 ･･･････････ 07318, 07319
仁藤 敦史 ･････････････････ 00579
新渡戸 稲造 ･････････････････ 08412
蜷川 親孝 ･･･ 03802, 03882, 03883
蜷川 親俊 ･･･ 03802〜03806, 03883
蜷川 親元 ･･･････
　01609, 03818〜03822, 03824
二戸市史編さん委員会 ･･････ 00764
二戸市歴史民俗資料館
　････････････････ 15097, 15098
二宮 成 ･････････････････････ 03024
二宮考古館資料整理委員会 ･･ 00981
二橋 進 ･････････････････････ 15733
日本アート・センター ･･････
　10511, 10531, 10557, 10573
日本折紙協会 ･････････････ 12583
日本カトリック司教協議会列
　聖列福特別委員会 ･･･････ 17558
日本歌謡学会 ･････････････ 00657
日本銀行調査局 ･････････････ 00197
日本近代史研究会 ･･ 00015〜00017,
　00225, 01399〜01401, 17428
日本経済新聞社 ･････････････
　09958, 10775, 10784, 11452
日本経済新聞社文化事業部 ･･ 10465
日本考古学協会新潟大会実行
　委員会 ･･･････････････････ 08246

日本古典文学会 …………
　　10216, 13482, 14542, 14543
日本古文書学研究所 ………
　　01681〜01683, 15565〜15567
日本古文書学会 ………… 00076,
　01639〜01641, 01674, 01675,
　02490, 02491, 03255, 03573, 06908
日本史教育研究会 ………… 17238
日本史研究会 …………
　00050, 00347, 01422, 01423,
　06085, 07447, 07718, 07769,
　07979, 09869, 09883, 09912,
　09913, 16370, 17247, 17283
日本史研究会史料研究部会 ‥
　　01490, 01493, 07715, 07739
日本史攷究会 ………… 17272
日本史探検の会 …… 03894, 07875
日本宗教史研究会 …………
　　00269, 00270, 17476
日本城郭協会 ………… 05609,
　17727, 17811, 17855, 17857, 18095
日本城郭研究センター城郭研
　究室 ……………………… 17673
日本城郭史学会 …………
　　06167, 11064, 17858
日本城郭資料館 …… 17862, 17863
日本書画落款大事典刊行会 ‥ 17586
日本史料集成編纂会 …………
　　07084, 07085, 07200〜07207
日本村落史講座編集委員会 ‥ 00252
日本電報通信社 ………… 12254
日本陶磁協会 ………… 10775, 11452
日本博学倶楽部 ………… 04224,
　04314, 04347, 04348, 04367, 06559
日本美術新報社 ………… 10498
日本一八八殉教者列福調査歴
　史委員会 ……… 17553, 17554
日本福祉大学知多半島総合研
　究所 ……………………… 18124
日本仏教学会 ………… 08606
日本文学研究資料刊行会
　………………………… 00693, 11361,
　11439, 12340, 13358, 13741,
　13755, 13887, 14184, 14377, 14549
日本文化研究会 ………… 08381
日本放送協会（NHK）…… 02431,
　04737, 04775, 05024, 05596,
　05951, 05952, 06355, 06399,
　06531, 09982, 12630, 16382, 16383
日本放送出版協会 ………… 12630
二本松市 ………………… 00820
日本歴史学会 …… 00061〜00063,
　02426, 04733, 14711
日本歴史地理学会 …………
　02170, 02171, 02412, 03157,
　03974, 03977, 05491, 05492, 09868
丹生谷 哲一 ……… 08153, 08160
如月 寿印 ……………… 11796

韮崎市教育委員会 …………
　　04851, 10972, 15923
韮山町史刊行委員会 ……… 01138
韮山町史編纂委員会 …………
　　01137, 01139, 01140
韮山町教育委員会 …………
　　02401, 11189, 16076
丹羽 文雄 ……………… 09019
庭田 暁山 ……… 01848, 02995
庭山 積 ………………… 14041
仁空 …………………… 10349
人間文化研究機構国文学研究
　資料館 ………………… 13205
人間文化研究機構国文学研究
　資料館招聘外国人共同研究
　「井原西鶴と中世文学」…… 11835
人間文化研究機構国文学研究
　資料館文学形成研究系「古
　典形成の基盤としての中世資料の研
　究」プロジェクト ……… 01638
人間文化研究機構国文学研究
　資料館文学形成研究系「本
　文共有化の研究」プロジェクト
　……………………………… 12859

【ぬ】

貫 達人 …………………
　01596, 02265, 08599, 08811, 15680
貫井 正之 …… 07249, 07260, 07261
沼波 瓊音 ……………… 14554
沼口 信一 …………… 14683〜14691
沼津市教育委員会 …… 01141, 01142
沼津市教育委員会社会教育課
　……………………………… 03547
沼津市史編さん委員会
　………………………… 01141, 01142
沼津市歴史民俗資料館 …… 01144
沼田 頼輔 ……… 03053, 10499
沼田市 …………………… 00895
沼田市史編さん委員会 …… 00896

【ね】

根上 剛士 ……………… 17917
根岸競馬記念公苑（馬の博物
　館）……………………
　　02321, 02322, 10232, 10824
根岸競馬記念公苑学芸部 …… 17602
根来 司 ………………… 11689
根来寺文化講演会シンポジウ
　ム企画実行委員会 …… 08863, 16571
根占 献一 ……………… 07303

根津美術館 ……… 09898, 09965,
　09973, 09986, 10402, 10629, 10811
根立 研介 ……………… 10068
練馬郷土史研究会 …………
　　04596〜04599, 15579

【の】

能坂 利雄 ……………… 06309
納富 常天 …… 08598, 09468, 09469
野上 豊一郎 …… 11412, 11414
野木 可山 ……………… 12568
野口 英一 ……………… 13067
野口 赫宙 ……………… 07283
野口 二郎 ……………… 00146
野口 鉄郎 ……………… 08499
野口 徹 ………………… 11187
野口 冬人 ……………… 06997
野口 実 …… 01963, 01964, 02317
野口 米次郎 …………
　　12900, 14888, 14891, 14892
野坂 昭如 ……………… 13406
野沢 勝夫 ……………… 11650
野沢 拓夫 ……………… 12977
野沢 藤吉 ……………… 03126
野澤 汎 ……… 04587, 15289
野地 修左 ………………
　　08166, 08167, 11191, 11192
のじぎく文庫 …………… 16477
野尻 収 ………………… 17718
能代市史編纂委員会 ‥ 00783, 15163
能勢 朝次 ………………
　11312, 11397, 12369, 13040
能勢朝次著作集編集委員会
　……………………… 11331〜11333,
　12027, 13088, 13089
野田市史編さん委員会
　……………………… 00948, 15560
野田地方文化研究 …… 06524, 15561
能登 健 ………………… 15272
能登 路定男 ……………… 16602
野中 和孝 ……… 12203, 12204
野中 春水 ……………… 12717
のなか みのる ………… 16762
野長瀬 盛孝 …………… 02797
野々市町史編纂専門委員会 ‥ 01059
野々口 政太郎 ………… 17312
野々村 戒三 …………… 11396
野ばら社編集部 …………
　12560, 12684, 12686, 12687, 12689
のび しょうじ ………… 17440
信原 克哉 ……………… 05898
野間 清六 ……………… 10131
野間 宏 ………………… 08155
野馬追の里原町市立博物館 ‥ 15209

野村 愛正	06050
野村 昭子	06320, 07930
野村 育世	07883, 07934, 08308, 08580
野村 兼太郎	00183
野村 紘一郎	15146
野村 純一	00703, 00706
野村 尚吾	07643
野村 正治郎	10826, 10828, 10829, 17432~17435
野村 宗朔	13850
野村 卓美	13549
野村 常重	03877
野村 亨	15307
野村 八良	11852, 12065~12067, 12092, 13275, 13585, 13591, 13594
野本 秀雄	14511
野山 嘉正	11837, 11840
則竹 雄一	07007, 07500
則松 弘明	16947
野呂 肖生	00025, 00053, 17261

【は】

梅寿 国利	12534
楳条軒	14593
俳祖守武翁顕彰会	14802
芳賀 幸四郎	01485, 03559, 09437, 09904, 09908, 09909, 11470, 11532
羽下 徳彦	01405, 01498, 01665, 05453~05456, 06821, 06823, 06867, 07744, 07747, 08311, 08437, 08438
羽賀 久人	08401, 09759
芳賀 矢一	09657, 09658, 09665, 17944
芳賀町史編さん委員会	00878, 00879
袴谷 憲昭	08988
萩谷 朴	13325, 13326
萩野 由之	09654~09656, 11109
萩原 三雄	01492, 01685, 02179, 03982, 04873, 04979, 07068, 08091, 08850, 09793, 11030, 18079
萩原 進	03548
萩原 龍夫	00290, 04654, 05433, 08106, 15233, 15234, 15262
萩原 頼平	02454
羽咋市史編さん委員会	15863
博文館編輯局	14150, 14186, 14204
羽倉 敬尚	12896
羽倉 延次	12896
箱崎 和久	17441
筥崎 博道	13320
筥崎宮	07120

羽衣国際大学日本文化研究所	10201
硲 慈弘	00304
狭間 久	05353, 17133
橘 幸一	12688
パジェス, レオン	17540, 17541
橘詰 茂	05695, 16646, 16751, 16782
橘詰 照江	03009
橘場 日月	04042, 05058
羽柴 弘	07240
橋本 朝生	11428
橋本 綾子	10565
橋本 治	00546, 12836, 13858, 13859, 14394, 14395, 14397~14399
橋本 広一	11637
橋本 五郎平	03098
橋本 慎司	10400
橋本 澄夫	01049
橋本 澄朗	15341
橋本 武	14459
橋本 達雄	12824
橋本 徳太郎	03079, 03085
橋本 初子	08663, 08857
橋本 久和	07594
橋本 不美男	12202, 13021, 13022, 13336
橋本 政次	11134, 11145~11149, 16507, 16508
橋本 政宣	05471
橋本 実	09487, 09505, 09507
橋本 雄	07067
橋本 義夫	00729
橋本 義彦	00093, 01891
橋本 吉弘	12562
橋本市郷土資料館	16577
蓮田市教育委員会社会教育課	00931
パステルス, パブロ	07320
蓮実 重康	10506, 10519, 10520
蓮舎 勇夫	15410
長谷川 勝義	15799
長谷川 城太郎	15220
長谷川 成一	17391
長谷川 正気	02139
長谷川 端	14139, 14176, 14188, 14196, 14199, 14227, 14231, 14233, 14235, 14237
長谷川 つとむ	04558
長谷川 哲夫	12448~12454
長谷川 等伯	10565, 10572, 10573
長谷川 如是閑	07868
長谷川 博史	05178
長谷川 周	00482
長谷川 裕子	17365
初瀬部 乗侯	15823

秦 恒平	01481, 09942, 12659, 13227
秦 宗巴	14445
秦 大道	05188, 16724
畑井 弘	07498
幡井 勉	06378, 17328
幡多郡幡東教育会	02998
畠山 清行	04956, 04957
畠山 健	09696
幡地 英明	06421, 06422
秦荘町史編集委員会	01199
畑時能公顕彰会大聖寺支部	02985, 02986
波多野 郁夫	01627, 01628, 08780
秦野郷土文化会	15689, 15727
幡谷 明	08724, 09084
バチェラー, ジョン	00732, 00733
八王子市郷土資料館	11060, 11062, 15582, 15611, 15614
蜂須賀 笛子	13327
八戸市教育委員会	11054, 15087
蜂谷 清人	11425, 11654, 11755
蜂矢 敬啓	00838, 02153, 07608
八窓庵歴々居士	06400
八田 達男	00325
八田 辰雄	06505
服部 勝吉	00452
服部 幸造	00664, 13814, 13826, 13827
服部 四郎	13189, 17199~17201
服部 哲雄	16197
服部 敏良	09727~09729, 09734~09736
服部 治則	04896, 05429~05431, 09804~09806, 09818~09820
服部 英雄	01347, 01967, 07375, 07434, 07489, 08200, 16943, 17295, 17313
服部 宏昭	11263
服部 元彦	09660
服部 夕紀	02152, 03887
波照間 永吉	13220, 18241
馬頭町中世文書集編さん委員会	15358
波戸岡 旭	00725
鳩山町史編集委員会	15491
花井 性寛	08641
花岡 光男	09123
花ケ前 盛明	04678, 04709, 04713, 04720, 04721, 04724, 04725, 04734, 04738, 04739, 04756, 04767, 05815, 06203, 06334, 15748, 15749, 15768~15771, 15782, 15786, 15787
花木 忠水	12592
花小路 小町	16044
花園天皇	02721, 02722, 02726~02749

花部 英雄	00607	
花見 朔巳	02165, 09924	
埴科教育会	04999	
葉貫 磨哉	08752	
羽田 清次	01833	
羽田 正	07638	
馬場 あき子	10326, 12674, 13228, 13279, 14365, 14366	
馬場 秋星	16230, 16246	
馬場 高夫	05865	
馬場 千枝	00222	
馬場 信意	16828	
馬場 範明	04754	
馬場 広幸	15902	
馬場 政常	05060	
馬場 光子	13216	
馬場 良二	11671	
ハビアン	11647	
羽曳野市史編纂委員会	10343	
羽曳野市陵南の森歴史資料室	16415	
土生 慶子	00872, 04552	
浜岡町史編さん委員会	16091	
浜口 博章	12155, 12414, 14284, 14631, 14632	
浜下 武志	17356, 17357, 18286, 18287	
浜島 一成	10850	
浜島 正士	17629	
濱田 昭生	05651, 05839	
浜田 進	14278	
浜田 青陵	09402	
浜田市教育委員会	16630	
濱千代 いづみ	13773〜13776, 13829	
浜千代 清	13086, 13099	
浜中 修	13481, 13485, 14796	
浜野 卓也	02423, 04673, 05026, 06288, 09376	
浜本 宗俊	11474	
葉室 定嗣	02486	
羽茂町史編さん委員会	01035, 13060	
羽茂町郷土史研究会	15776	
早川 厚一	13802, 13834〜13844, 13986	
早川 庄八	01390, 01391, 06852	
早川 甚三	14007	
早川 純夫	03948	
早川 大介	05619, 06249	
早川 徳子	12420	
早川 正一	16138	
早川 正司	09184, 16917	
早川 義郎	10017	
早坂 忠雄	15193	
林 泉	04472	
林 大	00612, 00613	
林 嘉三郎	03014〜03016, 03066	

林 和利	11320, 11435	
林 鵞峯	00216, 00280, 08470	
林 貞夫	06935	
林 重雄	12111	
林 重三郎	05876	
林 水月	03017	
林 進	10545	
林 毅	14815	
林 立夫	06243	
林 達也	12180	
林 哲	15196, 15198	
林 智康	09073, 09088, 11242	
林 直道	12776, 12782, 12790, 12791	
林 望	13805, 13980	
林 信男	06133, 16675	
林 春樹	16041	
林 文雄	10096	
林 鳳岡	00280, 08470	
林 正崇	17982	
林 雅彦	00681, 00713	
林 瑞栄	15013	
林 道春	02244	
林 基	01556, 17426, 17427	
林 弥三吉	03124	
林 義勝	05260	
林田 正男	17932, 18196	
林原美術館	10234	
早島 大英	08686	
早島 大祐	03437, 07328	
林屋 晴三	10605, 10622, 10643, 10644, 10646, 10647, 10677, 10678, 10718, 10719, 10751, 10752, 10796〜10802, 17613	
林屋 辰三郎	00211, 00292, 00333, 00334, 01393, 01410, 01517, 02212, 02836〜02838, 03225, 03327, 03328, 04056, 05543, 05564, 05565, 08036, 08041, 08281, 08305, 09843, 09844, 09893, 09912, 09923, 11224, 11523, 11524, 11838, 16346, 16365, 16367, 17283	
早瀬 晴夫	03237, 05518, 06036	
隼田 嘉彦	15744	
速見 春暁斉	05012	
原 勝郎	01520〜01522, 01524, 01533, 03402, 09900, 09903	
原 亀男	15621〜15625	
原 桐斎	13069	
原 麻紀夫	06453, 06454	
原 正男	00284	
原 康史	02342, 02772, 03116, 03212, 04181, 04182, 05669, 05979〜05981, 06411, 06540, 07106	
原口 泱泰	06100, 07254	
原田 久仁信	05257	

原田 行造	13539, 13540, 13586	
原田 種純	01942, 05950, 07238, 07245	
原田 種真	05297	
原田 伴彦	05556, 05570, 05794, 06564, 06565, 07840, 07841, 07851, 08066, 08157〜08159, 08273, 08274	
原田 禹雄	07077〜07080	
原田 信男	08211	
原田 禹雄	17213, 17214, 17218, 17219, 17229, 17345, 18275	
原田 博二	18206	
原田 正俊	08755, 08762, 08870, 17306, 17307	
原田 満子	09225	
原田 好雄	10704	
原町市教育委員会文化財課	00822	
播摩 光寿	13610	
播磨学研究所	04180, 11143, 16446, 16457, 18151	
ハリール, カラム	09847	
春木 一夫	14108	
春口 祥一	00056	
春田 宣	13542〜13544, 14125〜14128	
パルテノン多摩	15591	
春野町史編さん委員会	01146	
春山 武松	10139	
バロン吉元	09017	
藩祖伊達政宗公顕彰会	04548	
藩祖伊達政宗公三百年祭協賛会	04560	
半田 公平	11880, 14899〜14902	
半田 道時	04547, 15138	
半田 良平	12989	
半藤 一利	05022, 05023	
坂東 省次	07298	
坂東 性純	09072	
坂東 浩	08687	

【ひ】

PHP研究所	01402, 01587, 04010, 04417, 05260, 17726, 17740	
日置 粂左衛門	16592	
日置 昌一	08945, 09857	
日置 季武	07112	
比嘉 加津夫	00502	
比嘉 朝進	17202, 18226	
比嘉 実	17211	
東 昇	09731	
東アジア怪異学会	00237	
東町史編纂委員会	00839	
東根市史編さん委員会	00795	

東根市史編集委員会 ……… 00795	飛騨木工連合会 …………… 17899	平岡 定海 ………… 08652, 08878
東馬場 郁生 ………………… 17506	比内町史編纂室 …………… 15164	平川 定美 …………………… 17011
東播磨の歴史を考える実行委	ピニングトン，ノエル・ジョン	平川 陽一 ………… 17252, 17866
員会 ………………………… 16504	……………………………… 11304	柊源 一 …………… 12108, 12109
東松山市教育委員会事務局市	日野 昭 ……………………… 08585	平木 清光 …………………… 10626
史編さん課 ……… 00932, 00933	日野 龍夫 … 11837, 11840, 13051,	平佐 就言 …………………… 05239
東村山市史編さん委員会 … 00979	13053, 13054, 13470〜13480	平沢 清人 ………… 07511, 08182
東大和市史編さん委員会 … 18033	日野 名子 ……… 14626, 14672〜14675	平田 鼎 ……………………… 14746
東四柳 史明 ………………… 15864	桧書店編集部 ……………… 11398	平田 澄子 …………………… 12566
日置川町教育委員会 ………	日幷 貞夫 ………… 10456, 17832	平田 俊春 ………… 02939, 02948,
01265, 02099, 02100, 16561, 16562	日比野 猛 ………… 11494, 16162	02970, 03025, 03064, 09698, 14093
匹田 以正 …………………… 09703	日比野 浩信 ………………… 12241	平田 寛 ………………………
樋口 功 ……………………… 13087	備北民報株式会社 ………… 16671	00340, 01337, 10190, 10191
樋口 清之 ………… 17240, 17241	飛見 丈繁 …………………… 01046	平塚 久雄 …………………… 15154
樋口 州男 …………………	氷見市立博物館 …………… 15821	平塚市 ……………………… 01009
00020, 01541〜01543, 02440,	姫路市教育委員会 ………… 17673	平塚市教育委員会 ………… 15719
02971, 07026, 08326, 08327, 12006	姫路市教育委員会生涯学習部	平戸市史編さん委員会 ……
樋口 園彦 …………………… 07538	城郭研究室 ………………	……………………… 07058, 17014
樋口 敬七郎 ………………… 04371	11137, 11138, 16487, 16488	平野 黄金 …………………… 01858
樋口 隆康 …………………… 01204	姫路市教育委員会文化課	平野 邦雄 … 00031, 15604, 15605
樋口 南洋 …………………… 14140	……………………… 11136, 16486	平野 順治 …………………… 10874
樋口 晴彦 … 05761, 05826, 06113	姫路市史編集専門委員会	平野 宗浄 ………… 08764, 09096
樋口 秀雄 …………………… 00437	……… 01240, 11141, 16505	平野 敏三 ………… 10637, 10639,
樋口 峰夫 ……… 04764, 04765	姫路独協大学播磨学研究会 … 16491	10650, 10663, 10665, 10667, 10684
樋口 芳麻呂 ・・ 00599, 00672, 12120,	檜山 翠 ……………………… 10030	平野 真知子 ………………… 16951
12444, 12445, 12861, 12933,	桧山 良夫 ………… 01781, 02058	平野 実 …… 01945, 12653, 15607
12962, 12963, 12993, 13038, 14849	兵庫・岡山・広島三県合同企画	平野 頼吉 …………………… 12578
彦根市史編集委員会 … 01197, 01198	展実行委員会 …… 07629, 16654	平林 盛得 …………………… 08928
彦根城博物館 ………………	兵庫県教育委員会 ………… 01239	平原 順二 ………… 10915, 15760
10049, 16245, 17258, 17867, 18140	兵庫県教育委員会埋蔵文化財	平間 長雅 …………………… 12278
彦由 一太 …………………… 07445	調査事務所 ……………… 16461	平松 礼二 …………………… 05749
火坂 雅志 …………………… 04341	兵庫県史編集専門委員会	平松 令三 ……………………
久木 住人 …………………… 06412	……………………… 16512〜16521	09014, 09040〜09046, 09063
久田 宗園 …………………… 11589	兵庫県立歴史博物館 ・・ 04232, 06991,	平山 行三 …………………… 06915
久田 宗也 …………………… 11611	08051, 11139, 11151, 16462, 17681	平山 武章 …………………… 04142
久野 修義 …………………… 08881	兵藤 裕己 ………… 13691, 13813,	平山 敏治郎 ………………… 08315
久野 満男 …………………… 02169	13908, 13917, 14098, 14249, 14250	平山 優 …… 04882, 04914, 04916,
久松 潜一 …… 00514, 00687, 11893,	兵頭 与一郎 ………………… 11099	04976, 05005, 05006, 07499, 09789
11894, 12013, 12014, 12149,	平井 勲 ……………………… 12553	平湯 晃 …… 05160, 09340, 11607
12150, 12188, 12217, 12280,	平井 聖 ……………………… 17728,	ビリヨン ……………………… 09372
12300, 13666, 14781〜14783	17790, 17791, 17793〜17795,	蛭田 道子 …………………… 17626
寿松 博 ……………………… 16485	17798, 17799, 17802〜17805,	ヒルドレス，R. ……… 07301, 07302
菱川 師宣 …………………… 12754	17807, 17809, 17869, 17959,	比留間 喬介 ………………… 14611
ビジネス兵法研究会 ……… 09772	17965, 17993〜17995, 18056,	ひろ さちや ………………
ビジョー，ジャクリーヌ …… 10395	18065, 18075, 18162, 18163,	08582, 08629, 08639, 09182, 17485
備前市教育委員会生涯学習課	18187, 18191, 18197, 18198, 18244	広江 清 ……………………… 08108
……………… 10764, 10767, 16673	平泉 澄 …… 01576, 01807, 01823,	広川 勝美 …………………… 00551
備前市歴史民俗資料館	01824, 02933〜02935, 03005,	広川 幸蔵 …………………… 14627
……………… 10764, 10767, 16673	03164, 03836, 03841, 03845,	廣木 一人 …………………… 12180,
飛田 邦夫 ………… 10071, 15868	03849, 03853, 05662〜05664,	13107, 13108, 13160〜13162
飛田 範夫 …………………… 11195	05972〜05975, 07735,	広崎 篤夫 ………… 16956, 18201
比田井 克仁 ………………… 15600	08366, 08367, 08511, 08861,	広島郷土史研究会 ………… 05199
日高 重孝 …………………… 01890	08890, 09681, 09704, 14857	広島県 …………… 01302〜01304, 16708
日高 一 ……………………… 18180	平泉 隆房 …………………… 08501	広島県教育委員会事務局生涯
日高市教育委員会 ………… 15493	平泉 洸 ……………………… 05580	学習部文化課中世遺跡調査
日高市史編集委員会 ……… 15493	平出 鏗二郎 ……… 13254, 13255	研究室 …………… 16689, 16694
常陸太田市史編さん委員会	平岩 弓枝 …………………… 13868	広島県草戸千軒町遺跡調査研
……………………… 15305, 15306	平尾 美都子 ………………… 14486	究所 ……………………… 16691

広島県立千代田高等学校地理
　歴史部 ･････････････････････ 16714
広島県立歴史博物館 ‥00500, 07619,
　　　07620, 08058, 08107, 08323,
　　　08439, 11220, 16585, 16683, 16698
広島県立歴史民俗資料館
　････････････････ 01273, 16712, 17371
広島市文化財団広島城
　･･･････････････････････ 10128, 10914
広島女子大学国語国文学研究
　室 ･･･････････ 11257, 11258, 13191
弘末 新一 ･････････････････････ 03469
広末 保 ･････････････････････ 13218
広瀬 広一 ･････････････････････ 04933
広瀬 瑛 ･････････････････････ 03916
ヒロタ，デニス ･････････････････ 09015
広田 孝一 ･････････････････････ 09407
廣田 哲通 ･･･････ 00714, 00715, 12057
広田 哲堂 ･････････････ 07114, 07142
広田 八穂 ･････････････ 01281, 16631
広橋 兼宣 ･････････････････････ 03558
広畑 譲 ･････････････････････ 12047
ヒロン，アビラ ･････････････････ 06727

【ふ】

フィアラ，カレル ････････････ 13819
深井 一郎 ･････････････ 11741, 13635
深井 鑑一郎 ･･･････････････････ 17954
深川 俊男 ･････････････････････ 01352
深沢 克己 ･････････････････････ 07639
深沢 邦弘 ･････････････････････ 14049
深沢 徹 ･･･････････････ 08461, 09643
深沢 渉 ･････････････････････ 06383
深津 睦夫 ･････････････････ 12193,
　　　12255, 12427, 12468, 12637, 12685
深野 浩史 ･･････････････ 14737～14739
深谷 克己 ･････････････････････ 17423
深谷 幸治 ･････････････ 05535, 08193
布川 清司 ･････････････････････ 09747
吹上郷土誌編纂委員会 ･･････ 01377
富貴原 章信 ･･･････････････････ 08564
福 寛美 ･･････ 02137, 17231, 17232
福井 久蔵 ･････････････････････
　　　13093, 13127, 13128, 13136,
　　　13140, 13145～13148, 13152
福井 健二 ････････ 10913, 16182, 18132
福井 利吉郎 ･･････････････････ 00344
福井県 ･････････ 01062, 15896, 18062
福井県立一乗谷朝倉氏遺跡資
　料館 ･･･････････････ 03968, 05113,
　　　05114, 05120, 05126～05133,
　　　07631, 15873, 15887～15893
福井県立若狭歴史民俗資料館
　･･････････ 07640, 07900, 15886, 15900

福井市 ･･･････････････････････ 01063
福井市立郷土歴史博物館
　････････････････････ 04774, 05816
福井新聞社会部 ････････････ 15870
福尾教授退官記念事業会 ････ 01539
福尾 猛市郎 ･･･････････････････ 02193
福岡 秀樹 ･････････････････････ 15668
福岡県 ･･･････････････････････ 01350
福岡県教育会 ･･･････････････ 03087
福岡県立図書館 ････････ 05313, 17089
福岡古文書を読む会 ････ 06287, 16953
福岡市博物館 ･･･････････････ 06617
福岡市美術館 ･･ 10597, 16827, 17589
福岡市埋蔵文化財センター ‥ 01351
福岡スペイン友好協会 ･････ 07298
福岡地方史研究会 ･･････ 18203, 18204
福岡町教育委員会 ･････････････
　　　　04020, 11050, 15828
福岡ユネスコ協会 ･････････ 16862
福川 一徳 ･･･････････････････････
　　　02006～02041, 16865～16900
福士 長俊 ･････････････････････ 15056
福島 和夫 ･･･････････ 11443, 11445
福島 金治 ･･･ 02236, 02309, 02385,
　　　05398, 05406, 05407, 08808, 15641
福嶋 寛隆 ･･･････････ 09008, 09092
福島 邦道 ･･･ 11821, 11825, 13779
福島 崇行 ･････････････････････ 04157
福島 忠利 ･･････ 02801, 13904, 14103
福島 正義 ･････････････････････ 02079
福島 理子 ･････････････････････ 12667
福島 良三 ･････････････････････ 11589
福島県 ･･･････････････ 00824～00826
福島県立博物館 ････････････････
　　　00821, 04572, 06135, 06284, 15210
福島市史編纂委員会 ･･ 00828, 00829
福田 晃 ･････････････････････
　　　00664, 00685, 00686, 00714,
　　　00715, 08459, 11250～11254,
　　　13201, 13716, 13937, 14295, 14301
福田 アジオ ･･･････････････ 17398
福田 以久生 ‥ 01913, 02059, 02233,
　　　15699, 15700, 16077, 16078, 17027
福田 栄次郎 ･･･････････････････
　　　01660, 01661, 05704, 08806
福田 喜八 ･････････････････････ 06550
福田 景門 ･････････････････････ 12740
福田 正蔵 ･････････････ 06970, 15395
福田 晴虔 ･････････････････････ 10871
福田 千鶴 ･････････････････････ 06198
福田 智子 ･････････････････････ 12721
福田 豊彦 ･････････････････････
　　　01930, 03451, 06942, 07745,
　　　07977, 13826, 13827, 15035, 15091
福田 陽士 ･････････････････････ 09537
福田 秀一 ･････････････････････ 00625,
　　　00628, 11995, 12144, 12146,

　　　13021, 13022, 13033, 14417,
　　　14564, 14565, 14574, 14587, 14649
福田 広子 ･････････････････････ 13629
福田 誠 ･･･････････････････････
　　　05019, 05799, 07044, 11078
福田 正秀 ･････････････････････ 06257
福田 雄作 ･････････････････････ 12223
福田 百合子 ･･･････････････････ 13288
福武 一郎 ･････････････････････ 01292
福知山市史編さん委員会 ････ 16361
福永 勝美 ･･････ 08712, 08713, 09021
福永 静哉 ･････････････････････ 11672
福永 武彦 ･････････････････････ 13362
福間 光超 ･･･････････ 08913, 09035
福間 健 ･･･････････････････････ 05223
福本 錦嶺 ･････････････････････ 01983
福本 日南 ･････････････････････ 06202
福本 上 ･･･････････････････････ 02897
福山 敏男 ････ 00289, 00453, 00455～
　　　00458, 10883, 10888, 10898, 10905
福山市鞆の浦歴史民俗資料館
　････････････････････････････ 11310
福山市立福山城博物館 ････ 06526
ふくやま美術館 ･･･････････ 17621
普賢 晃寿 ･････････････････････ 08718
藤 公房 ･･･････････････････････ 04340,
　　　04359, 04374, 04377～04379,
　　　04387, 04388, 04392～04394,
　　　04399, 04404, 04405, 04434～
　　　04438, 04536, 04874, 04875, 04941
富士 秋平 ･････････････････････ 09766
藤 直幹 ･････････････････････ 07812,
　　　07817, 07818, 07862, 08408, 09842
富士 正晴 ･････････････････････ 13357
藤井 乙男 ･･･････････ 12883, 13320
藤井 和義 ･････････････････････ 11981
藤井 寛清 ･･･････････ 08941, 09145
藤井 貞和 ･･･････････････････････
　　　00671, 00675, 11837, 11840
藤井 貞文 ･･･ 03560, 03792～03796
藤井 里子 ･･･････････ 14256, 14257
藤井 重夫 ･･･････････ 07949, 11182
藤井 治左衛門 ･････････････････
　　　06563, 06592, 06598
藤井 讓治 ･･･ 01875～01878, 17302
藤井 喬 ･････････････････････ 01817
藤井 隆 ･･･････････････････････
　　　12864, 13377～13383, 13389,
　　　13404, 13421, 13435～13437,
　　　14256, 14257, 14490
藤井 喬 ･･･････････････････････ 16767
藤居 信雄 ･････････････････････ 12612
藤井 伯民 ･････････････････････ 17525
藤井 尚夫 ･････････････････････
　　　06610, 07010, 11029, 11045
藤井 満喜太 ･･･････････････････ 06423
藤居 正規 ･････････････････････ 05115

藤井 学 ……… 01627, 01628, 05927, 08780	藤田 勝也 …………… 00249	藤原 成一 …………… 09825
藤井寺市史編さん委員会 …… 01223	藤谷 虎三 …………… 06581	藤原 茂範 …………… 13649
藤枝 文忠 ………… 03504〜03506	藤谷 益雄 …… 14980, 14992	藤原 石山 … 01868, 01869, 02992,
藤枝市郷土博物館 …… 04854, 16080	藤縄 敬五 …… 12557, 12563	03002, 03027, 03049, 16163, 16172
藤枝市史編さん委員会 …… 01148	藤野 勝弥	藤原 隆房 …………… 10216
藤尾 慎二郎 ………… 07285	06204, 12875, 12879, 12880, 12972	藤原 武二 …… 05124, 15883
藤岡 謙二郎 ………… 08343	藤野 保 …… 06458, 16849〜16851	藤原 忠実 …………… 11675
藤岡 作太郎 …… 12029, 13254	藤場 俊基 …………… 09058	藤原 忠親 …………… 13651
藤岡 周三 …………… 04508	藤林 明芳 …… 16170, 16544,	藤原 為家
藤岡 大拙 …… 16591, 16592	16566, 18128, 18130, 18133, 18134	12256, 12429, 12430, 12960
藤岡忠美先生喜寿記念論文集	藤林 宗源 …………… 11482	藤原 為兼 …… 12257, 12413
刊行会 …………… 00592	藤原 徳悠 …………… 11703	藤原 為久 …………… 00601
藤岡 継平 …………… 13631	藤平 春男 …………… 11892,	藤原 経子 …………… 14637
藤岡 俊子 …… 12779, 12781	12026, 12208, 12270, 12273,	藤原 経房 …… 02632, 02633
藤岡 通夫	12274, 12313, 12314, 12316, 12344	藤原 経光 …… 02694〜02702
10842, 10843, 17450, 17451,	藤巻 一保 …… 05706, 08451	藤原 俊成 …………… 13020
17646, 17683, 17688, 17701,	富士見市総務部市史編さん室	藤原 俊成女 ………… 12927
17702, 17768, 17772, 17824, 18212	…………… 00934	藤原 信実 …… 13492, 13493
藤岡 了一 …… 10789, 10795	伏見城研究会 …… 11070, 16362	藤原 久国 …………… 10160
藤岡市教育委員会 …… 00898	伏見宮貞成親王 …… 03782〜03785	藤原 正義
藤岡市史編さん委員会	藤村 耕市 …………… 05243	12036, 14509, 14770, 14920, 15010
…………… 00897, 15412	藤村 作 …… 12324, 14282	藤原 通俊 …………… 01610
藤岡町史編さん委員会 …… 00880	藤目 正雄 …… 00474, 00475	藤原 通具 …… 12320, 12322, 12332
富士学林研究科 …… 08777	藤本 義一 …………… 09077	藤原 基平 …………… 02712
藤掛 和美 …… 11286, 13274, 13353	藤本 哲 …… 16448, 16449, 16502	藤原 雄 …… 10758, 10760, 10761
藤薮 桂樹 …………… 11411	藤本 四八 …………… 10883	藤原 裕一 …………… 08333
藤川 清 …… 10649, 10683, 10686,	藤本 強 …………… 00740	藤原 猶雪 …………… 08699
10702, 10703, 10732, 10779, 10808	藤本 徳明	藤原 良章
富士川 遊 …………… 09217	00697, 13527, 13535, 13548	07598, 07609, 07611〜07613,
藤木 てるみ …… 05618, 06447	藤本 光 …………… 05986	07690, 07725, 08282, 08283, 10154
藤木 久志 …… 03897, 03950,	藤本 英夫 …… 17790, 17959, 18244	藤原 芳樹 …………… 00281
04121, 04122, 04271, 04665,	藤本 正行	布施 秀治
05234, 05245, 05546, 05566,	04929, 05457, 05754〜05756,	04718, 04722, 04723, 04744, 04745
05583, 05604, 05699, 06097,	05925, 06993, 06995, 08127, 10176	布施 庄太郎 …………… 03136
07248, 07415, 07416, 07432,	藤本 元啓 …………… 08500	二川 幸夫 …………… 10888
07703, 07957, 08189, 08194〜	藤元 裕二 …………… 10144	二木 謙一 …… 00162, 01938,
08196, 08236, 10970, 10996, 15464	藤本 了泰 …………… 08675	04075, 04398, 04445, 04446,
藤崎 定久 …… 00492, 17812〜17819	藤森 明 …………… 15995	04474, 05645, 05773, 05881,
藤沢 直枝 …… 05055, 05056	藤森 裕治 …………… 00257	05882, 05900, 05997, 06078,
藤沢 秀晴 …… 16591, 16592	藤森 陽子 …………… 11557	06119, 06322, 06484, 06557,
藤澤 衛彦 …………… 17840	富士吉田市史編さん委員会	06963, 07001, 08080, 08084, 10990
藤澤 良祐 …………… 16088	…………… 01072, 01073	二葉 憲香
藤沢・網野さんを囲む会 …… 01589	藤原 明衡 …………… 17916	00270, 00320, 09008, 09087, 09092
藤島 亥治郎 … 00465, 17445〜17447	藤原 家実	双葉町史編さん委員会 …… 00831
藤島 達朗 …………… 08646	02680〜02683, 02685〜02691	二見町教育委員会 …… 16178
藤田 明 …… 03082, 03083, 16901	藤原 家隆 …………… 12958	府中市郷土の森博物館
藤田 朝枝 …………… 12554	藤原 兼実 …… 02603, 02604	…………… 03145, 15239
藤田 一尊 …… 14578, 14865	藤原 兼経 …………… 02705	府中町教育委員会 …… 01297, 01298
藤田 精一 …………… 02999	藤原 義一 …… 00449, 17632	仏教史学会 …………… 09229
藤田 達生 …… 01606, 05917, 05935,	藤原 儀助 …………… 01867	佛教石造文化財研究所 …… 10085
06146, 06958, 08286, 16180, 17401	藤原 清輔 …… 00609, 00616, 12224	仏教大学 …… 16323, 16324
藤田 恒春 …… 06215, 06620	藤原 啓 …… 10734, 10758, 10759	仏教大学総合研究所 …… 08670
藤田 徳太郎	藤原 定家 …… 02638〜02643,	仏教伝道協会 …………… 00315
02164, 02788, 03376, 13226	02646, 02651〜02664, 02669,	仏教読本編纂委員会 …… 08983
藤田 寿雄 …………… 02868	12256, 12521, 12910, 13015,	福生市史編さん委員会
藤田 公道 …………… 05236	13016, 13020, 13328, 14942	…………… 00982, 15616
藤田 正弘 …………… 01939	藤原定家卿七百年鑽仰会 …… 12955	船岡 誠 …………… 08758
	藤原 実躬 …… 02716〜02719	

ふなこし　著者名索引

船越 尚友 12574
舟橋 武志 05465, 06310
船橋 宣賢 11783
舟橋 秀賢 17303
船橋市郷土資料館 15553
船橋市史編さん委員会 00955
フーバー, ゲルハルト
　.............. 09430, 15024, 17494
府馬 清 02301,
　04429, 04524, 04621, 15526, 15528
夫馬 進 ....
　07081, 07082, 17220, 17221
フランク, ベルナール 01431
古川 魁蕾子 07252
古川 薫 ....
　03509, 04522, 05238, 05242,
　05268, 05281, 06530, 09323, 09324
古川 清行 ....
　03453, 04045, 05545, 17242
古川 重春 17756
古川 庄作 10779
古川 哲男 13109, 18156
古川 哲史 08376,
　08377, 08401, 08409, 08410, 09759
古川 久 11362,
　11363, 11410, 11424, 11440,
　11441, 12705, 12800, 12801, 12803
古川市図書館 00771
古沢 直人 06899
古島 敏雄 ...... 07569～07571, 15019
古田 紹欽 08628, 09094
古田 武彦 .... 09025～09029
古舘 明広 ....
　01409, 01551, 17243, 17282
古谷 稔 10373
プルチョウ, H.E. 14570, 14587
古永 正春 16932
古橋 花村 11586
古橋 信孝 00266, 00549
古橋 又玄 06271
古屋 兼雄 04877
古谷 裕信 .... 05905～05907
古谷 義徳 14507
フロイス, ルイス ....
　06162, 06715～06757,
　07262, 09427～09429, 09938
フロッシュ 04193, 04194
プロム, クラウス・モンク
　.................. 06378, 17328
文化環境計画研究所 .. 17731, 18110
文学と表現研究会 14130
文化財調査会 .. 17658, 17733, 17734
文化史学会 09959, 09967
文化庁 00339
文教大学小栗判官共同研究チーム 13496
文芸社編集部 12817
文人研究会 14712

分水町 01036

【へ】

裴 昭 01457
平安精華社 10436
平凡社 ....
　10616, 10617, 10694, 10786, 10787
日置 謙 07992, 13728
碧瑠璃園 06070
部坂 高男 01310
別格官幣社藤島神社奉賛会 .. 03153
別冊宝島編集部 04311, 04337
別府 頼雄 ....
　02851, 04189, 16803, 16813
辺土名 朝有 ....
　17346, 17362, 18276, 18292
辺見 陽一 08591

【ほ】

保泉 孟史 12825
宝月 圭吾 07338,
　07341, 07559, 07560, 09870, 09871
宝月圭吾先生還暦記念会 00192
放光窟 敬宗 14713, 14714
宝子丸 明 08052
北條 龍彦 04537, 06170
北条時宗公奉仰会 02428
坊城 俊民 12403
北条氏研究会 02415, 02441
放生池 一弥 .. 02200, 02201, 07605
房総中近世考古学研究会事務
　局 10847
房総歴史文学会 15527
蓬草盧主人 02834
法然上人伝研究会 ....
　08678, 08977～08981, 10279
防府市史編纂委員会 01314
鳳来町立長篠城趾史跡保存館
　05860, 05877, 05887, 16168, 16175
鳳来町教育委員会 .. 05855, 16131
外園 豊基 01657, 07430, 08190
外間 守善 00503, 17199, 18241
穂苅 勝 05883
朴 春日 07216
朴 鐘鳴 07223
北陸中世土器研究会 18041
鉾田町史編さん委員会 15316
保坂 智 17424
保坂 弘司 12268, 14407
保坂 都 12914

保坂 嘉郷 04968
保坂 義照 04947, 04949
星 清 08747, 08748
星 亮一 04581, 15192
星野 理一郎 08942
穂積 忠 14982
穂積 重遠 06923
穂積 陳重 06925
細川 亀市 02253, 06870,
　07391, 07425, 07462, 07482,
　07833, 08821, 08823, 08877, 08879
細川 行信 08705, 09060
細川 重男 02387
細川 潤次郎 03196, 06364
細川 徳正 10924, 16922
細川 広次 05724
細川 博敏 17144
細川 幽斎 12284, 12318, 12763
細川 涼一 07881,
　07929, 08088, 08090, 08148,
　08149, 08318, 08848, 08872,
　09854, 11205～11207, 14052
細田 貴助 15953, 15954
細田 安治 00148
細谷 勘資 08082
細谷勘資氏遺稿集刊行会 08082
細野 哲雄 14346, 14831
細野 正信 17601
細谷 喜一 11490
細谷 清吉 15404, 15405
細谷 直樹 12219, 14380, 14552
保立 道久 ....
　07909, 08321, 10164, 13277
蛍沢 藍川 ....
　02214, 09156, 09161, 09162
北海道開拓記念館 15027, 15031
北海道説話文学研究会
　.................. 13504, 13533
北海道埋蔵文化財センター .. 00730
北国新聞社 08019
北国新聞文化センター 06315
堀田 璋左右 .. 09535, 09630～09632
堀田 善衛 14326, 14327, 14369
堀田 善久 11647
北方風土社 00784
洞 富雄 04137, 04138, 04141
堀 和久 09768
堀 慈琳 09127
堀井 純二 02940
堀井 順次 16805
堀池 春峰 08650
堀内 天嶺 09159
堀内 泰 05063
堀江 克彦 17498, 18207
堀江 武 10833
堀江 秀雄 09671
堀尾 義根 01852
堀川 貴司 14698

著者名	番号
堀川 豊弘	08411
堀川 善正	14364
堀切 康司	00959
堀口 捨己	10867, 11600〜11604
堀竹 忠晁	14115
堀部 正二	00647, 00648, 11923, 11924
ホール，ジョン	03409, 07805, 09896
本位田 重美	14595
本川根町史編さん委員会	01150, 01151
本願寺室内部	12911
本願寺史料研究所	09218
本宮町史編さん委員会	01266
本郷 和人	01438, 01489, 01546, 01804, 02206, 06840, 06903
本郷 恵子	01883, 07335
本郷 陽二	06974
本庄 栄治郎	00184〜00188
本庄 敬	12829
本城 正琢	06439
ポンス，フィリップ	17395
本多 顕彰	14510
本田 勇	17977
本田 一二	02368
本田 義憲	13512
誉田 慶恩	07354
本多 隆成	05534, 06420, 07704, 17374, 17397, 18073
本多 俊彦	03572
本多 日生	09153
本多 博之	07536
本多 平八郎	12523
本田 豊	08143, 16141
誉田 慶信	15050, 15181
本堂 清	02779, 15292
本間 清定	16067
本間 清利	06381
本間 久	04178

【ま】

著者名	番号
毎日新聞宇都宮支局	15340
毎日新聞社	00354, 04414
毎日新聞社「重要文化財」委員会事務局	10403
米原市教育委員会	11009, 16271
真岩 幸作	15818
真浦地区自治会	16484
前 千雄	07949
前川 和彦	06032
前川 要	01472, 01473, 08247, 08289
前川 実	15581, 15617
前川 祐一郎	01605
前澤 輝政	09741
前嶋 成	14424
前島 康彦	04602
前田 和男	16800
前田 匡一郎	06513〜06515, 06519
前田 恭二	17606
前田 慶次	14588
前田 右勝	15639
前田 青邨	10477
前田 伴一	11417
前田 正樹	08932
前田育徳会尊経閣文庫	01741〜01743
前出 絢嗣	17883, 18135
前林 清和	11641, 17465
真栄平 房敬	18230
マガジントップ	04498
真壁 俊信	00280, 00283, 08470
真壁町史編さん委員会	15319〜15321
真壁町	15318
真壁町歴史民俗資料館	01933, 08557, 15301, 15317
牧 金之助	12543
牧 健二	06862, 06911, 06912, 07847〜07849
牧 祥三	16678
牧 達雄	08932
牧 秀彦	09758
槇島 昭武	05503, 06950〜06954, 15244
牧野 和夫	13547, 13801, 13911
牧野 重正	03021
牧野 純一	04638, 04639
牧野 信之助	05497, 05514, 07855, 07856, 08179
牧野 博行	14877, 14983
牧原 成征	17364, 17443
牧村 史陽	11176
正木 喜三郎	01342, 07433, 16982
正木 信一	13915
真砂 早苗	14117
正宗 敦夫	09486, 09491, 09492, 09496, 09498, 09501〜09503, 09682, 09683, 09691, 11748, 12199, 12328, 12334, 12867, 13638, 13639, 17303
益田 勝実	00430, 00694, 13559
増田 清	12858, 12860
増田 公輔	18057
増田 繁夫	13598
増田 武夫	02306
増田 知子	14700
増田 又右衛門	16083, 16084
増田 実	16083, 16084
増田 欣	12002, 13649, 14240
増谷 文雄	09048, 09074, 09109, 09134
枡野 俊明	08951, 11202
増淵 勝一	02416
増淵 恒吉	13262, 14553
町田 源太郎	04905
町田 誠之	12846
町田 宗鳳	08969, 08984
町田市立国際版画美術館	10147
松井 覚進	10595
松井 庫之助	04605
松井 広吉	03963, 04705
松井 勉	16169
松井 秀明	00332, 17576
松井 吉昭	01541〜01543, 07026
松井 律子	14930
松浦 正一郎	07110
松浦 澄江	10062, 16075
松浦 武	05409, 05466, 05467
松浦 武四郎	00735
松浦 丹次郎	15215
松浦 允任	07213
松浦 靖	03418
松浦 由起	05466
松浦 義則	15744
松浦党研究連合会	02066, 02068〜02074, 07161〜07163, 17029〜17036
松江市教育会	05177, 05231, 16627
松尾 葦江	12008, 12009, 13707, 13808, 13980, 14113, 14152, 14153, 14155, 14190
松尾 群平	07110
松尾 剛次	08145, 08526, 08595〜08597, 08763, 08810, 14198, 15647, 15710, 15714
松尾 恒一	08072
松尾 聡	14405, 14415, 14419
松尾 順造	15643
松尾 四郎	03058
松尾 博仁	09008, 09092
松尾 美恵子	02420, 13788
松尾 芳樹	10184
松岡 映丘	10188
松岡 洸司	11824, 11828, 11829
松岡 貞信	02967
松岡 心平	01457, 03464, 09845, 11208, 11209, 11296, 11311, 11389, 11391
松岡 進	10980
松岡 利郎	11174
松岡 久人	03311〜03316, 03510
松岡 秀隆	14793
松岡 幹夫	09180
松倉 康之	17498, 18207
松阪市史編さん委員会	01185
松崎 覚本	02946
松崎 寿和	01305

松崎 仁	13848
松崎 實	17531
松沢 智里	11267, 11270
松下 邦夫	04245
松下 志朗	17439, 18193
松下 隆章	10492〜10497
松下 正司	16718
松下 三鷹	02134, 03137
松島 栄一	06826
松嶋 俊光	15373
松城 絵美加	14837
松薗 斉	01671, 14586
松田 修	05204, 05205, 14365, 14366, 14389
松田 毅一	05628, 06011, 06086, 06087, 06162, 06176, 06300, 06629, 06715〜06726, 06730, 06731, 06733, 06734, 06736, 06737, 06739, 06740, 06742〜06757, 07059, 07262, 07299, 07304, 07305, 07308, 07309, 07313〜07315, 07317, 07320, 07321, 09287, 09308, 09309, 09327〜09339, 09344, 09354, 09386, 09393, 09397〜09401, 09405, 17507, 17537, 17538
松田 清	01376
松田 武夫	12971
松田 存	11297, 11329, 11367
松田 千晴	10822, 16042
松田 豊子	14546
松田 宣史	13557
松田 文夫	01253〜01255, 01257〜01260, 01267, 01268, 01294, 02002, 05783, 06129, 06194, 07386, 08814, 16550, 16553, 16554, 16556〜16559, 16570, 16576
松田 稔	15201
松田 之利	17386, 18074
松田 好夫	12750
松田 亮	05111, 05764
松平 家忠	06785〜06788
松平 定信	08079
松平 年一	04003
松平黎明会	12233, 13272, 13560
松戸市立博物館	11000, 15524, 15552, 17390, 17991
松永 伍一	09410, 09411, 14990, 17420, 17421
松永 貞徳	14542, 14543
松永 義弘	06945, 06946
松波 治郎	02106, 07880, 17409
松浪 久子	13416
松野 又五郎	12999
松林 竹雄	14422, 14528
松林 靖明	13727, 13734, 14137, 14138

松原 一義	13300, 14307, 14619
松原 茂	10227
松原 武志	03173
松原 信之	05116, 05118, 05119, 05121, 05122, 15867, 15874, 15875
松原市史編さん室	01224, 01225
松久 敬	16804
松村 英一	15002
松村 武夫	09679
松村 茂平	08034, 09249
松村 雄二	12022, 12695, 14642, 14671
松村 よし子	12610
松本 章男	13853, 13854, 14775
松本 郁代	01793
松本 岳舟	13871
松本 一夫	03503
松本 勘太郎	15677
松本 賢一	08341
松本 浩記	02294, 05994
松本 佐蔵	08770
松本 幸子	16662, 17408, 18177
松本 秀業	03135
松本 新八郎	00050, 01555, 02789, 02894, 07361, 07362, 07717, 07742, 07743, 08040, 08064, 08065, 08371, 08372
松本 寿三郎	17378, 18211
松本 清張	17320, 17321
松本 多喜雄	01780
松本 たま	09326
松元 十丸	05404
松本 豊胤	17804, 18187
松本 豊寿	08338, 17449
松本 憲和	15462
松本 治久	13650
松本 彦次郎	02168, 02197, 08356
松本 寧至	00716, 11984, 14575, 14639, 14644, 14657, 14669
松本 幸夫	04502
松本 芳徳	01985, 16098
松本 隆信	13386, 13422, 13446, 13454〜13469, 13545, 13886
松本 諒士	11018
松本市	01095
松本市教育委員会	17653, 18082
松本市教育委員会社会教育課	18081
松屋呉服店意匠部	17431
松山 宏	08245, 08263, 08297, 15736
松山 讓	16924, 16959
松山 米太郎	11483, 11577
松山市教育委員会	01332
松山市史編集委員会	01333
松好 貞夫	06008, 06599, 07529, 07530, 07558, 11180
万里小路 時房	03726〜03732

的場 節子	07293
間中 富士子	14762, 14763
真鍋 俊照	10364〜10366
真鍋 昌弘	00654, 00658, 11253, 11254, 13215, 13239, 17947
真鍋 元之	01976
間庭 辰蔵	08135
真野 恵澂	06464
馬渕 明子	10542
馬淵 和雄	10046, 15712
馬淵 和夫	13531
馬淵和夫博士退官記念説話文学論集刊行会	00711
まほろば唐松運営協議会	11352
間宮 士信	04625
丸井 敬司	01905
丸岡 順一郎	17191
丸亀市史編さん委員会	01324
丸島 和洋	04860
マール社編集部	12694
丸田 淳一	06175
丸茂 武重	01497
丸森郷土研究会	00115, 00777
丸谷 才一	01811, 12675, 12682, 12696, 14847, 14863
丸山 可澄	14593
丸山 二郎	09635, 09637
丸山 彭	16140
丸山 雍成	07600
マレガ, マリオ	17521, 17547
馬渡 重明	07117

【み】

三井郡史蹟調査委員	03078, 16923
三池 純正	04826, 05020, 05064, 06608
三浦 明彦	06289, 09377
三浦 一郎	04985
三浦 勝男	01596, 10536, 14998, 15676, 15678
三浦 圭一	00201, 07790, 08057, 08151
三浦 圭三	14494
三浦 浄心	04642, 06618, 06619, 06623
三浦 随処	08742
三浦 澄子	09531
三浦 登子郎	05940
三浦 周行	02167, 02218
三浦 正幸	11130
三浦 美知子	01760
三浦 三夫	14750, 14772
三浦 みつる	16044

三浦 竜 …… 00041, 04426, 17275	水野 弥穂子 ……… 09099, 09124	源 顕兼 ………… 13603〜13605
三浦一族研究会 ………… 15735	水原 一 ……… 00551, 11874,	源 家長 …………………… 14590
三重県 ………… 08506, 16198, 16199	11904, 13402〜13404, 13746,	源家長日記研究会 ………… 14589
三重県教育委員会 ………… 16201	13769, 13797〜13800, 13803,	源元 公子 ………………… 12360
三重県埋蔵文化財センター	13900, 13933, 13944, 13951,	源 健一郎 ………………… 13717
……………… 08097, 16200	14008, 14018, 14062, 14080,	源 琴 ……………………… 06098
三重県立美術館 …………… 10638	14081, 14160〜14165, 14374	源 実朝 ……… 12908, 12910, 12978,
三重野 元 … 17805, 18191, 18197	三角 寛市 …………… 06538, 17095	12981〜12984, 12986, 12987,
三重野 誠 ………… 05346, 07504	三角 洋一 ………… 12008, 12009,	12989〜12993, 12998, 13002
御巫 清勇 ………………… 09653	13245〜13252, 13278, 14656	源実朝公七百年祭協賛会 …… 12984
三上 参次 ………………… 02771	見瀬 和雄 ………………… 06311	源 親房 ……………………
三上 義徹 ………………… 03356	溝口 章 …………………… 10290	09652, 09661, 09685, 09705
三上 隆三 ………………… 07543	溝口 貞彦 ………………… 00580	源 経信 …………… 00614, 12890
未刊史料を読む会 ………… 02485	溝口 博幸 ………………… 13757	源 豊宗 ……………………
三木 五百枝 ‥ 09659, 09661, 09705	御薗生 翁甫 ………………	00379, 09968, 09999, 10189,
三木 紀人 … 13493, 13586, 13590,	01311, 05183, 05184, 05244, 16735	10223, 10338, 10569, 10886, 17581
13616, 13618, 14332, 14351,	溝淵 芳正 …………… 17123, 17124	源 通具 …………………… 12298,
14355, 14378, 14383, 14386,	三田 誠広 ………………… 09146	12326, 12338, 12343, 12346, 12397
14441, 14470, 14472, 14474,	御嶽城跡調査研究会 ‥ 11073, 15496	源 師房 …………………… 01610
14475, 14541, 14550, 14827, 14834	三田市史編さん専門委員 …… 01235	峰 隆一郎 ………………… 04517
三鬼 清一郎 ………………	三谷 栄一 ………… 13260〜	峰岸 明 …………………… 13645
04145, 05517, 06004, 06040, 06812	13262, 14479, 14480, 14487, 14488	峰岸 純夫 …… 01432, 01445, 01536,
三木 範治 ………………… 06338	三谷 邦明 ………………… 11929	01642, 01778, 01779, 01935,
三木 晴男 ………………… 07227	三谷 茉沙夫 ………… 04366, 18245	01936, 01944, 03160, 04055,
三木 靖 …………………… 05392	三田村 信行 ………… 10521, 14154	04328, 05419, 06621, 07005,
三木文庫 …………………… 06975	満井 秀城 ………………… 09228	07452, 07884, 08021, 08028,
三坂 圭治 …………………	三井文庫三井記念美術館 … 10143	08266, 08309, 08346, 08542,
02932, 05185, 05229, 05232, 05441	満江 巌 ……………………	08692〜08694, 08918, 15240,
三崎 義泉 …………… 08653, 11875	05151, 05152, 06205, 06292, 09371	15263, 15272, 15406, 15590, 15609
岬 龍一郎 ………………… 17467	満岡 忠成 …………………	峯岸 義秋 ………… 00640〜00642,
三島 霜川 ………………… 03159	10602, 10604, 10617, 10641,	00644, 00645, 13041
三島 安精 ………………… 02091	10642, 10645, 10648, 10672,	峯村 文人 …………………
三島市郷土館 ……………… 01153	10673, 10676, 10681, 10705, 10809	12338, 12676, 14479, 14480
三島市郷土資料館 ………… 01152	光岡 てつま ……………… 18173	美濃 源三郎 ………… 16665, 17659
水江 漣子 …………… 06389, 06390	三津木 国輝 ……………… 18035	箕面自由学園 ……………… 13790
水尾 比呂志 ………… 09991, 10625	光永 史朗 ………………… 09137	美濃加茂市民ミュージアム ‥ 00510
水上 一久 ………………… 07456	光成 準治 ………………… 07509	美濃古窯研究会 …………… 10812
水上 甲子三 ……………… 13081	三ツ星 健吉 ………… 16190, 16191	蓑田 田鶴男 ……………… 01363
水上 昌美 ………………… 05655	三矢 重松 ………………… 12259	蓑田 正義 ………………… 06612
水川 喜夫 … 14628, 14629, 14676	水戸部 正男 ……………… 02955	美濃部 重克 ………………
水越 允治 ………………… 09722	緑川 新 …………………… 14144	00664, 11911, 14155, 14156
水澤 幸一 …………… 10852, 15763	水上 勉 ……………………	見延 典子 ………………… 13981
水沢市史編纂委員会 ……… 15106	10456, 10889, 11285, 13916,	三野町教育委員会 …… 01629, 16785
水沢市立図書館 …………… 15040	13921, 14458, 14809, 14810, 15876	箕輪 顕量 ………………… 08648
水田 潤 …………………… 12596	皆川 完一 …………… 00074, 00075	御橋 悳言 ………… 09706〜09708,
水谷 徹成 ………………… 08826	皆川 達夫 …………… 09297, 11446	14109, 14118〜14120
水野 和雄 …………… 05125, 15884	皆川 登一郎 ……………… 05862,	三原 敏男 ………………… 07022
水野 勝之 ………………… 06257	05863, 05867, 05871, 05872, 16164	三原 方丈 ………………… 17497
水野 恭一郎 ‥ 06839, 07863, 09855	皆川 廣照 ………………… 15265	美原町史編纂委員会 ……… 16436
水野 九右衛門 ……………	水無瀬神宮 …………… 12894, 14858	三春町 …………… 00832, 00833
10654, 10656, 10660, 10722, 10755	水無瀬神宮社務所 …………	壬生 晴富 ………………… 03575
水野 敬三郎 ……… 10114〜10124	02457, 08515, 16435	壬生町史編さん委員会 ……… 00884
水野 茂 ……………… 05082, 05096	湊川神社 …………………… 03065	壬生町立歴史民俗資料館
水野 章二 …………………	三鍋 昭吉 …………… 00193, 01042	……………… 18002, 18003
07485, 08210, 08232, 16274	南 益郎 …………………… 03097	三保 サト子 ………………
水野 津よ ………………… 06467	南河内町史編さん委員会	11751, 11752, 12948, 17915
水野 智之 …………… 03411, 08329	………………… 00881〜00883	三保 忠夫 ………… 11656, 11668,
水野 正好 ………………… 08099	南牧村遺跡詳細分布調査団 ‥ 01096	11739, 11744, 11751, 11752, 17915

三又 たかし ………… 07669, 16919	宮陣神社社務所 ……………	武者小路 穣 ……………………
耳野 紀久代 ………………… 13233	03089, 03090, 16937, 16938	00394, 00395, 10151, 14039
三村 晃功 …… 00554, 12139, 12474,	宮林 幸雄 ………… 05933, 11573	無住 …………………………… 13634
12487, 12492, 12503, 12509, 14767	宮林 昭彦 ………………… 08982	陸奥 純一郎 ………………… 07014
宮 次男 …… 00408, 00436, 10373	宮原 武夫 ……………………	武藤 和夫 …………………… 06884
宮井 義雄 ……………………	01409, 01551, 17243, 17282	武藤 鏡浦 …………………… 09034
02926, 08361, 08389, 08445	三山 進 ………… 08588, 08616,	武藤 井蛙 …………………… 05018
宮石 宗弘 …………………… 10688	08745, 09956, 10105, 10107, 10108	武藤 宏子 …………………… 14290
宮内 三二郎 ………………… 14668	宮本 裂裟雄 ………… 08521, 15268	武藤 誠 ……………………… 04532
宮尾 登美子 …………… 14122, 14123	宮元 健次 ……………………	宗像市史編纂委員会 …… 01353, 16961
宮尾 与男 …………………… 13418	05982, 10031, 10944, 11080, 17627	宗良親王 ………… 12868, 12871,
宮上 茂隆 …… 10899, 10906, 11126	宮元 尚 ……………………… 17045	12873, 12874, 12970, 12971, 12973
宮川 尚古 …………………… 06584	宮本 雅明 …………………… 17458	宗政 五十緒 ………………… 12638
宮川 満 ……… 07516〜07521, 07719	宮本 又次 …………………… 07347	村井 了 ……………………… 14403
宮川 康雄 …………………… 12994	宮本 義己 …………………… 00330,	村井 早苗 ……………………
宮城県史編纂委員会 …… 00778, 00779	05259, 06468, 09730, 09733, 17412	17406, 17515, 17551, 17555
宮城谷 昌光 ……………………	宮本 隆司 …………………… 10889	村井 順 ……………………… 14416
05766, 10948, 10949, 16123, 16124	宮脇 俊三 ………… 03422, 03423, 04088, 04089, 06471	村井 章介 ……………………
三宅 晶子 …………………… 11415	宮脇 白夜 …………………… 11831	02059, 02490, 02491, 02862,
三宅 光華 …………………… 12529	宮脇 真彦 …………… 13160〜13162	02899, 03591, 06908, 07050,
三宅 孝太郎 ………………… 11466	妙安 ………………… 11756〜11764	07052, 07053, 07065, 07069,
三宅 唯美 …………………… 08250	明神 健太郎 …………… 16820, 16821	07071, 07217, 07218, 07613,
三宅 文子 …………………… 11407	三好 英二 …………… 12897, 12898	07637, 07740, 08266, 15076, 17027
都城市教育委員会 …………… 17174	三好 源十郎 …… 02110, 16645, 16750	村井 強 ……………………… 07240
都城市史編さん委員会 ……… 01375	三好 智朗 …………………… 09215	村井 益男 …………………… 09916
宮崎 英修 …………………… 09173	三好 利奄 …………………… 17462, 18219	邑井 操 …………… 06151, 06498
宮崎 円遵 …… 08551, 08646, 08697	三吉 規為 …………………… 05221	村井 康彦 …… 00209, 01426, 01427,
宮崎円遵著作集編集委員会 … 08585	三好 基之 …………… 17741, 18179	08041, 09832, 09895, 10148,
宮崎 幸麿 …………………… 03034	三善 康有 ……………………	11475, 11505, 11521〜11524,
宮崎 紀 ……………………… 00983	01609, 02476, 02714, 02715	11535, 11536, 11539,
宮崎 正勝 …………………… 09320	三好町立歴史民俗資料館 …… 16136	11552, 11560, 11591, 11592,
宮崎 正弘 …………………… 04380	御代田町誌編纂委員会 ……… 01097	14077, 16235, 16327〜16329
宮崎県 ……………… 17177, 17179	ミルトン, ジャイルズ ……… 17332	村石 利夫 …… 03891, 11695, 11801
宮崎県教育庁文化課 ………… 18220	ミルワード, ピーター ……… 09326	村江 蔦丸 …………………… 13096
宮崎県高等学校社会科研究会	三輪 繁市 …………………… 01783	村尾 誠一 …………… 12440, 14904
歴史部会 ………………… 17180	三輪 正胤 …………………… 12192	村尾 美恵 …………………… 14765
宮下 耕三 …… 10693, 10774, 10785	三輪 義方 …………………… 12124	村岡 典嗣 …………………… 17526
宮下 幸平 …………………… 09699	三輪 義熙 …………………… 01849	村岡 素一郎 ………… 06413, 06414
宮下 実 ……………………… 08192	閔 德基 ……………………… 17333	村上 元三 …………………… 13890
宮下 真澄 …………………… 00460	明兆 ………………… 10484, 10490	村上 公一 …………… 02092, 02124
宮島 敬一 …… 05140, 05146, 17004		村上 忠浄 …………………… 12869
宮島 新一 ……………………		村上 直 ………………………
00357, 10480, 10512, 10574, 17609	【む】	05445, 06458, 15613, 18037
宮島 保次郎 …… 06539, 16853, 16854		村上 忠順 …………… 12869, 12870
宮園 昌三 …………… 06539, 16853		村上 貞一 …………………… 02105
宮園 幸義 …………………… 17136	無以 虚風 …………………… 07980	村上 直次郎 ………… 09299, 09300,
宮田 竹三 …………………… 01813	ムイベルガー, ヨゼフ・B. … 08449	09305, 09306, 09357, 09358, 17329
宮田 俊彦 …………… 17347, 18277	武笠 三 …………… 09693, 09694	村上 信彦 …………… 00239〜00241
宮田 登 …………… 08521, 15268	むぎ社編集部 ………………… 17203	村上 博優 …………………… 15996
宮田 正信 …………………… 13085	向日市文化資料館 ……………	村上 寛 ……………………… 09666
宮田 光 …… 13282, 13291, 13352	05782, 06128, 16358	村上 正名 …………… 16692, 16709
宮田 和一郎 ………………… 13309	武蔵野文学会 ………………… 13849	村上 学 ……………………… 11211,
宮地 幸一 …………………… 14373	武蔵村山市教育委員会（武蔵村	11266, 12054, 13692, 14037,
宮地 崇邦 …………………… 13526	山市立歴史民俗資料館）… 15619	14260, 14264, 14269, 14277, 14292
宮地 直一 …………………… 09669	武蔵村山市史編さん委員会 … 00984	村上 護 ……………………… 02119
宮永 孝 …………… 11833, 17926	武者小路 実篤 ………… 14484, 14485	村上 光徳 …………… 13712, 14008
宮成 良佐 …………………… 01192		村上 美登志 …………………
宮野 賢吉 …………… 17204, 17216		11982, 11983, 13718, 14286, 14293

村上 もと ……………… 12251
村上市 ……………… 01037
村川 行弘 ……………… 11172
村木 幹侍 ……………… 00245
村崎 凡人 ……………… 14845
村瀬 正章 ……………… 06466
村瀬 茂七 ……………… 05110
村田 一司 ……………… 06534
村田 和義 ……… 08538, 08539
村田 佳代子 ……………… 17544
村田 九皋 ……………… 05606
村田 修三 …… 04173, 04280, 10971,
　10976〜10978, 11022, 16203
村田 四郎 ……………… 02133
村田 勤 ……………… 09039
村田 昇 ……………… 11998
村田 紀子 ……………… 14577
村田 寛夫 ……………… 00026
村田 正志 …… 01602, 01840〜01843,
　02721〜02723, 02750〜02755,
　02847, 02848, 02875, 02892,
　03248, 03323, 03398, 03558
村田 峯次郎 ……………… 05239
村谷 正隆 …… 02090, 02103, 02126
村戸 弥生 ……………… 11244
村中 利男 ……………… 01111
村野 宣忠 ……………… 09155
村野 孝之 …… 02122, 06612
村松 紅花 ……………… 13058
村松 定孝
　02804, 14076, 14085, 14182, 14239
村松 志孝 ……………… 04889
村松 駿吉 …… 04491, 07894, 07917
村松 剛 ……… 02975, 02976
村松 友次 ……………… 14593
村松 友視 ……………… 12692
村松 寧 ……………… 10220
村松町史編纂委員会 ……… 01039
村山 光一 ……………… 00083
村山 修一 ……………… 00054,
　00282, 01597, 02180, 02649,
　02650, 08037, 08432, 08497,
　08529, 09202, 14959, 14960, 14965
村山市史編さん委員会 …… 00796
牟禮 仁 ……………… 08472
室城 秀之 ……………… 13292
室木 弥太郎 …… 11272〜11274, 17894
室田 泰一 ……………… 02338
室津 鯨太郎 ……………… 06180
室町時代語辞典編修委員会
　……………… 11775〜11777

【め】

明月記研究会 ……… 02666〜02668

明治聖徳記念学会研究所
　……………… 00288, 01379
目賀 道明 ……… 10763, 10770
めざ ……………… 10502
目崎 徳衛
　01812, 11883, 12770, 14864

【も】

毛利 豊史 ……………… 14878
毛利 久 ……… 10125, 10126
毛利 元就 ……………… 12925
毛利元就展企画委員会 …… 09982
毛利博物館 ……………… 05246
真岡市史編さん委員会
　……………… 00886〜00888
最上 義光 ……………… 13094
茂木 秀一郎 ……………… 02147
茂木町史編さん委員会 …… 00889
茂在 寅男 ……… 00178, 07185
物集 高見 ……………… 12813
望月 華山 ……………… 08790
望月 兼次郎 ……………… 08352
望月 光 ……………… 12716
望月 真澄 ……………… 17486
望月 誠一 ……………… 17392
望月 洋子 ……………… 09389
本宿 綽保 ……………… 13990
本宮町史専門委員会 …… 00834, 00835
本宮町史編纂委員会 …… 00834, 00835
本山 一城 …… 04918, 06290, 09378
本山 桂川 ……………… 00099
本山 賢司 ……… 03986, 08046
桃生町教育委員会生涯学習課
　……………… 15149
桃井 松籟 ……………… 05716
桃川 如燕 ……………… 06227
百瀬 今朝雄 …… 01879, 06863〜06866
百瀬 正恒 ……… 08279, 08871
百瀬 明治 …… 01979, 04441,
　04442, 04455, 04847, 05259,
　05688, 05774, 06120, 06485,
　07904, 08931, 08947, 08952,
　09226, 09785, 14094, 14095, 17865
森 栄松 …… 17638, 18049, 18053
森 一弘 ……………… 17543
森 克己
　02333, 02879, 07027, 07090
森 敬三 ……………… 12996
森 茂暁 ……… 02243, 02817,
　02840, 02864, 02915, 02956,
　02982, 02983, 03029, 03224,
　03241, 06822, 08950, 09836, 14229
森 省三 ……… 16026, 16027
森 真現 ……… 06529, 16117

森 嵩正 ……………… 05830
森 銑三 ……………… 17249
森 猛 …… 16583, 16855, 17118, 17136
森 武之助 ……………… 13412
森 陶岳 ……………… 10740
森 暢 ……… 10322, 10327
森 徳一郎 ……………… 01872
森 与重 ……………… 12981
森 直太郎 ……… 14931, 14974
森 秀人 ……………… 09440
森 光繁 ……… 16789, 16790
森 実与子 ……… 04017, 07898
森 康尚 ……………… 11427
森 幸夫 ……………… 02271
森 嘉基 ……………… 12666
森 理恵 ……………… 17436
森 竜吉 …… 08946, 09009, 09011
森 禮子 ……… 09266, 16863
森岡 清美 ……………… 17481
盛岡市 ……………… 00766
盛岡市遺跡の学び館 ……… 15109
盛岡市史編纂委員会 ……… 15107
森川 哲郎 ……………… 06978
森川 保之 ……………… 12550
森口 忠 …… 17751, 17868, 18152
森重 敏 ……………… 12406
森重 都由 ……………… 09754
森下 研 ……… 07147, 09168
森下 純昭 ……………… 13289
森末 義彰 …… 09885, 09886,
　09897, 09899, 09947, 10036, 11226
森田 兼吉 ……… 00720, 00721
森田 恭二 ……………… 00226,
　03474, 03499, 03780, 05149, 06092
森田 栄 ……………… 09751
森田 草平 ……… 06043, 06071
森田 武 …… 11813, 13781, 13784
盛田 稔 ……… 17791, 17965
盛田 嘉徳 …… 08144, 11232〜11234
森町史編さん委員会 ……… 01154
森野 宗明 ……… 11740, 11754
森藤 よしひろ
　01573, 02258, 02856
森村 宗冬 ……………… 17429
森本 和夫 ……………… 09098
森本 一雄 ……… 17744, 18098
森本 繁 …… 02111, 02125,
　02127, 02128, 02436, 02437,
　05200, 05230, 05255, 05264,
　06001, 06200, 07159, 07160, 09359
森本 季子 ……………… 17562
森本 房子 ……………… 02305
森本 正男 ……………… 16574
森本 正憲 ……… 16845, 16912
盛本 昌広 ……………… 01384,
　01385, 07345, 07616, 07686, 08238
森本 元子 ……… 12253, 12927,
　12928, 14617, 14779, 14977, 14978

森谷 尅久 ････ 00329, 08304, 10473
守屋 新助 ･･････････････ 14426
守屋 毅 ･･････ 08067, 09832, 11229
森山 英一 ･･････････････ 17657
森山 重雄 ･･････････････ 17931
森山 恒雄 ･･････････････ 06035
森山恒雄教授退官記念論文集
　　刊行会 ･･････････････ 18195
森山 俊英 ･････ 01156, 16100
森山 右一 ･････ 09689, 09690
森脇 宏之 ･････ 06189, 06533
モレホン, ペドゥロ ･･････ 09423
毛呂 正憲 ･･････････････ 03166
もろさわ ようこ ･･･ 07942, 07943
両角 倉一 ･･････････････ 13074
諸根 樟一 ･･････････････ 02981
毛呂山町文化財保護審議委員
　　会 ･･････････････････ 15502
毛呂山町歴史民俗資料館
　　･･････････････ 07603, 15424
門司 宣里 ･･････････････ 16944
文集百首研究会 ･････････ 12181
文部省社会教育局 ･･･････ 09704

【や】

焼津市史編さん委員会 ･･････ 01155
八板 千尋 ･･････････････ 03125
八尾市立図書館 ･････････ 01227
八尾市立歴史民俗資料館 ･･･ 16406
八上城研究会 ･･･････････ 10988
八木 一夫 ･･････････････
　　10637, 10649, 10663, 10683
八木 源二郎 ････････････ 10874
八木 聖弥 ･･････････････ 14225
矢木 明夫 ･････ 07869, 08181
八木 田謙 ･････ 01354, 16962
八切 止夫 ･･････････････ 02382,
　　04331, 04422, 04527, 05918,
　　05921, 06405, 06441, 09412, 14159
薬師寺 孝男 ･･･ 10968, 16806
八坂神社社務所 ･･･ 03825～03828
八坂神社文書編纂委員会 ･･･ 01607
矢崎 藍 ･･･････ 12832, 12833
矢澤 一之 ･･････････････ 17613
矢沢 利彦 ･･････････････ 09345
矢島 玄亮 ･･･････ 13104～13106
八嶌 正治 ･･････････････ 11406
矢島 勝 ･･･････ 15949, 15950
矢代 和夫 ･･････････････
　　03515, 04671, 13726, 13732
矢代 和也 ･･････････････ 01467
八代 国治 ･･････････････
　　01854, 01855, 02078, 03185,
　　07422, 07423, 09527, 09528, 15497

矢代 静一 ･･････････････ 13374
安井 澄心 ･････ 08689, 16222
安井 久善 ･･････････････ 03059,
　　03230, 12470, 12484, 12488,
　　12489, 12960, 13724, 13725,
　　14213～14215, 14248, 14786
安岡 正篤 ･･････････････ 03103
安川 文時 ･･････････････ 12614
安川満俊フィルムライブラリ
　　ー ･･･････････････････ 14124
安国 良一 ･･･ 01627, 01628, 08780
安田 章 ･･････････････
　　11649, 11661, 11685, 11690
安田 章生 ･･････････････
　　12282, 12391, 14966～14968
安田 一郎 ･･････････････ 08463
安田 恢憲 ･･････････････ 08768
安田 健 ･･････････････ 12522
安田 孝子 ･･････････････ 13519,
　　13566, 13567, 13569～13580
安田 次郎 ･･････････････
　　01605, 08864, 16535, 16536
安田 常雄 ･･････････････ 07285
安田 徳子 ･････ 12143, 12507, 12508
安田 初雄 ･･････････････ 07524
安田 元久 ･････ 00169, 01403,
　　01404, 01487, 01488, 01519,
　　01566, 01647, 02060, 02242,
　　02246～02248, 02272, 02295,
　　02314, 02358～02360, 02372,
　　02376～02380, 02481, 07394,
　　07475, 07814, 07815, 07823, 09519
安田元久先生退任記念論集刊
　　行委員会 ･･･ 01487, 01488
安田 靫彦 ･･････････････ 10337
保田 與重郎 ････････････ 14850
安田 理深 ･･････････････ 09057
野洲町教育委員会 ･･･････ 16296
安永 愛 ･･････････････ 17395
安原 眞琴 ･･････････････ 12115
康広 浩 ･･････････････ 16670
安丸 良夫 ･････ 01390, 01391
安村 敏信 ･････ 10486, 17599
泰山 哲之 ･････ 00167, 01978
安良岡 康作 ･･･ 09083, 11908,
　　11909, 14310, 14340, 14349,
　　14409, 14447, 14454, 14457,
　　14460, 14464, 14500, 14501, 14544
耶蘇会 ･････････ 09357, 09358
矢田 挿雲 ･･････････････ 06049
矢田 俊文 ･･････････････ 01632,
　　04057, 04711, 04729, 04730,
　　05425, 06625, 07630, 07780,
　　08180, 10852, 11056, 15761, 15861
八千代市編さん委員会 ･･････ 00956
八代市立博物館未来の森ミュ
　　ージアム ･････ 06569, 16902
谷戸 貞彦 ･･････････････ 13236

矢土 晩翠 ･･････････････ 03030
矢富 厳夫 ･････ 10510, 10517, 17784
矢富 熊一郎 ････････････ 16636
箭内 健次 ･･････････････ 16862
柳井市立柳井図書館 ･････ 16730
弥永 貞三 ･･････････････ 00192
梁川 幸子 ･･････････････ 15150
柳川 創造 ･･････････････ 17257
柳川古文書館 ･･･ 06220, 06221
柳 史朗 ･････ 17662, 18122
柳 宗悦 ･･････････････ 10712
柳 リカ ･･････････････ 00013
柳澤 孝 ･･････････････ 10211
柳田 貞夫 ･･････････････ 08803,
　　15326, 15329, 15336, 15359, 17567
柳田 聖山 ･･････････････
　　08757, 14740, 14741, 14808
柳田 征司 ･･････････････ 11670,
　　11774, 11807～11809, 11815
柳田 敏司 ･････ 17794, 17994
柳田 純孝 ･････ 07121, 16927
柳原 敏昭 ･･･ 02213, 15043, 15216
柳原 明十 ･････ 05869, 16158
柳本 計 ･･････････････ 03033
柳谷 武夫 ･･････････････
　　06729, 06732, 06735, 06738,
　　06741, 09299, 09300, 09305, 09306
簗瀬 一雄 ･･････････････
　　00566～00576, 00601～00606,
　　00639, 11920, 12030, 12142,
　　12176, 12177, 12250, 12278,
　　12316, 12390, 12485, 12486,
　　12524, 12585, 12666, 12809,
　　12811, 12920, 12926, 12932,
　　12975, 13039, 13259, 13271,
　　13276, 13311, 13402～13404,
　　13517, 13620, 14329, 14338,
　　14339, 14345, 14352, 14367,
　　14370, 14376, 14391, 14392,
　　14618, 14828～14830,
　　14835, 17935～17937
柳瀬 虎猪 ･･････････････ 07145
梁田 忠山 ･･････････････ 17953
矢野 和泉 ･････ 16797, 16798
矢野 貫一 ･･････････････ 06615
矢野 敬一 ･････ 06970, 15395
矢野 憲作 ･･････････････ 03358
矢野 太郎 ･････ 02724, 02725,
　　03829～03832, 13708, 14136
矢野 傳十郎 ････････････ 07526
矢野 玄道 ･･････････････
　　06255, 13606, 13622, 13644
矢野 四年生 ･･ 06250, 06251, 06273
矢萩 和巳 ･･････････････ 10108
矢橋 三子雄 ････････････ 04749
八尋 舜右 ･･････････････ 14995
矢吹 晋 ･････ 07811, 17300
藪塚 喜声造 ･･･ 03150, 03151

藪小路 雅彦 ‥‥‥‥‥ 12650	山口 桂三郎 ‥‥‥‥‥	14078, 14106, 14193, 14202,
養父町教育委員会 ‥‥‥‥ 16529	10332, 10333, 10427, 10428	14205, 14208, 14210, 14211
矢部 勝久 ‥‥‥‥ 07497, 15504	山口 志道 ‥‥‥‥‥‥ 12614	山下 正男 ‥‥‥‥‥‥ 10935
矢部 誠一郎 ‥‥‥‥‥ 17903	山口 正太郎 ‥‥‥‥‥ 06849	山下 正治 ‥‥‥‥‥‥ 14040
矢部 良明 ‥‥‥‥‥ 06023,	山口 慎一 ‥‥‥‥‥‥ 12606	山下 康博 ‥‥‥‥‥‥ 04169
11489, 11499, 11508, 11544, 17593	山口 隼正 ‥‥‥‥ 16909, 16915	山下 裕二 ‥‥‥‥‥‥
山内 景樹 ‥‥‥‥‥‥ 02291	山口 正 ‥‥‥‥‥‥ 12877	10340, 10516, 10526, 10551
山内 元八 ‥‥‥‥‥‥ 15074	山口 唯七 ‥‥‥‥ 02608, 02635	山科 言緒 ‥‥‥‥‥‥ 02713
山内 舜雄 ‥‥‥‥‥‥ 09117	山口 仲美 ‥‥‥‥‥‥ 12841	山科 言継 ‥‥‥‥‥ 05473,
山内 昶 ‥‥‥‥‥‥ 17327	山口 美道 ‥‥‥‥‥‥ 05181	05474, 05476, 05478～05483
山内 美義 ‥‥‥‥ 08027, 15862	山口 博 ‥‥‥‥ 04657, 04670	山科 言経 ‥‥‥‥‥‥
山内 譲 ‥‥‥‥ 02094, 02108,	山口 博之 ‥‥‥‥‥‥ 15182	06768, 06769, 06772～06784
16639, 16643, 16651, 16652,	山口 正之 ‥‥‥‥‥‥ 17906	山科本願寺・寺内町研究会 ‥ 08171
16741, 16748, 16756, 16757, 16807	山口 保吉 ‥‥‥‥ 03054, 16174	山嶋 哲盛 ‥‥‥‥‥‥ 18054
山内 洋一郎 ‥‥‥‥‥‥	山口 陽一 ‥‥‥‥‥‥ 17530	山城 和人 ‥‥‥‥‥‥ 05715
11646, 13101, 13165, 13305, 13499	山口 銀行 ‥‥‥‥‥‥	山田 有利 ‥‥‥‥ 02908, 07047
山岡 荘八 ‥‥‥‥‥ 05029,	01312, 01313, 03512, 13488, 16732	山田 安栄 ‥‥‥‥‥‥ 07155
05620～05623, 05844, 05886,	山口県 ‥‥‥‥ 01749, 16736, 16737	山田 巌 ‥‥‥‥‥‥ 11708
06329, 06371, 06376, 06607, 07256	山口県文書館	山田 角次郎 ‥‥‥‥‥ 05870
山岡 泰造 ‥‥‥‥ 10541, 10544	05225, 05226, 16728, 16729, 16738	山田 観風讃 ‥‥‥‥‥ 14083
山折 哲雄 ‥‥‥‥‥ 05802,	山口県立美術館 ‥‥‥ 09964, 10479	山田 潔 ‥‥‥‥‥‥ 11766
05803, 09017, 09018, 09244, 09245	山崎 斌 ‥‥‥‥‥‥ 12902	山田 邦明 ‥‥‥‥‥‥
山鹿 素行 ‥‥‥‥‥‥	山崎 清司 ‥‥‥‥‥‥ 18028	03305, 03485, 04019, 04742
01911, 01955, 01956, 01958	山崎 慶輝 ‥‥‥‥‥‥ 08652	山田 愚木 ‥‥‥‥‥‥ 17956
山鹿 高興 ‥‥‥‥ 01957, 17311	山崎 賢三 ‥‥‥‥‥‥ 13230	山田 繁雄 ‥‥‥‥ 12517, 12828
山陰 加春夫 ‥‥‥‥ 01261,	やまさき 十三 ‥‥‥ 05640, 05957	山田 秋甫 ‥‥‥‥‥‥ 03162
01262, 02050, 08659, 08661, 08838	山崎 城 ‥‥‥‥‥‥ 12908	山田 順子 ‥‥‥‥‥‥ 17251
山鹿市立博物館 ‥‥‥ 07964, 17060	山崎 信二 ‥‥‥‥‥‥ 07581	山田 昭全 ‥‥‥‥‥‥
山県 大華 ‥‥‥‥‥‥ 04521	山崎 宗鑑 ‥‥‥‥‥‥ 13151	08556, 11991, 12026, 12062, 14091
山形県 ‥‥‥‥‥ 00799, 00800	山崎 猛夫 ‥‥‥‥ 16925, 16926	山田 新一郎 ‥‥‥‥‥ 03055
山形県教育委員会 ‥‥‥‥ 00797	山崎 剛嗣 ‥‥‥‥‥‥ 13242	山田 清市 ‥‥‥‥‥‥
山形県郷土研究会 ‥‥‥‥ 15173	山崎 哲人 ‥‥‥‥‥‥ 15947	12852, 12853, 12856, 12857
山形県立博物館 ‥‥‥‥‥	山崎 泰 ‥‥‥‥‥‥ 06235	山田 宗敏 ‥‥‥‥ 09211, 14812
04575, 04584, 15195	山崎 敏夫 ‥‥‥‥‥‥	山田 達夫 ‥‥‥‥‥‥ 00190
山形県立米沢女子短期大学附	12154, 12275, 12357, 12364, 12392	山田 千鶴子 ‥‥‥‥‥ 09248
属生活文化研究所 ‥ 01934, 15184	山崎 一 ‥‥‥ 15381～15383, 15392	山田 竹系 ‥‥‥‥‥‥ 01315
山形市史編さん委員会 ‥‥ 00801	山崎 誠 ‥‥‥‥‥‥ 09436	山田 俊夫 ‥‥‥‥‥‥ 14428
山形市史編集委員会 ‥‥‥ 00801	山崎 正和 ‥‥ 03221, 03405～03407,	山田 俊雄 ‥‥‥‥‥‥ 17924
山上 伊豆母 ‥‥‥‥‥ 00495	05728, 14179, 14180, 14200,	山田 豊一 ‥‥‥‥‥‥ 00553
山上 、泉 ‥‥‥‥‥‥ 12806	14336, 14379, 14537, 14551	山田 洋嗣 ‥‥‥‥‥‥ 12496
山上 登志美 ‥‥‥‥‥ 13727	山崎 正治 ‥‥‥‥ 15764, 15765	山田 文造 ‥‥‥‥ 02968, 02969
山上 仲子 ‥‥‥‥‥‥ 02672	山崎 光夫 ‥‥‥‥ 04412, 09732	山田 正男 ‥‥‥‥ 15795, 15796
山上 三千生 ‥‥‥‥‥ 12806	山嵜 泰正 ‥‥‥‥‥‥ 09298	山田 無庵 ‥‥‥‥‥‥ 11513
山川 菊栄 ‥‥‥‥‥‥ 07933	山崎 龍明 ‥‥‥ 09038, 09075, 09076	山田 宗睦 ‥‥‥‥‥‥ 02277
山川 智応 ‥‥‥‥‥‥ 09188	山路 愛山 ‥‥‥‥‥‥	山田 宗之 ‥‥‥‥‥‥ 16476
山川 均 ‥‥‥‥‥‥ 10083	02284, 03197, 03203, 06187,	山田 無文 ‥‥‥‥‥‥ 01835
山岸 常人 ‥‥‥‥ 08846, 10880	06244, 06440, 06450, 07857, 07858	山田 康弘 ‥‥‥‥ 03441, 17061
山岸 徳平 ‥‥‥‥‥‥	山路 興造 ‥‥‥‥‥‥ 11210	山田 雄司 ‥‥‥‥‥‥ 00273
13743, 13762, 14283, 14314	山地 悠一郎 ‥‥‥‥‥‥	山田 裕次 ‥‥‥‥‥‥ 13334
山岸 利政 ‥‥‥‥‥‥ 03452	02816, 03047, 03076, 14185, 15925	山田 雄司 ‥‥‥‥‥‥ 13740
山岸 素夫 ‥‥‥‥‥‥ 17782	山下 欣一 ‥‥‥‥‥‥ 00588	山田 孝雄 ‥‥‥‥‥‥
山北 篤 ‥‥‥‥‥‥ 11643	山下 宏明 ‥‥‥‥ 11212, 11334,	00104, 00620, 01846, 09673,
山北町 ‥‥‥‥‥‥ 01014	13686, 13687, 13695, 13703,	09686, 13098, 13888, 13996, 14342
山極 圭司 ‥‥‥‥‥‥ 14476	13828, 13855, 13870, 13898,	山田 良春 ‥‥‥‥‥‥ 15959
山口 明穂 ‥‥‥ 11682, 12978, 13821	13919, 13934, 13939, 13949,	岳 勇士 ‥‥‥‥‥‥ 04312
山口 修 ‥‥‥ 07167, 07168, 07170	13954, 13958, 13964, 13994,	大和を歩く会 ‥‥‥‥‥ 01242
山口 亀吉 ‥‥‥‥‥‥ 12544	13995, 14006, 14070～14072,	大和郡山市教育委員会
		‥‥‥‥‥‥ 06216, 06217

| 山都町史編さん委員会 …… 00827
| 大和文華館 …………… 10547
| 山名 隆弘 …………… 11640
| 山中 講一郎 ………… 09166
| 山中 耕作 …… 13809～13812
| 山中 信古 …………… 03013
| 山中 智恵子 ………… 02665
| 山中 正英 …………… 03431
| 山中 靖城 …………… 16283
| 山中 玲子 …………… 11325
| 山梨 輝雄 …………… 04324
| 山梨県
| 10075, 15913, 15933～15941
| 山梨県教育委員会 …… 01074
| 山梨県立考古博物館 … 05548
| 山梨県立博物館 … 04924, 04986
| 山梨市 ………………… 01075
| 山梨日日新聞社 … 04977, 09790
| 山梨日日新聞社企画局出版部
| …………………… 04901, 15928
| 山根 京一 …………… 02370
| 山根 清隆 ……………
| 13149, 13154, 13163, 14913
| 山根 正明 …… 16625, 16629
| 山根 有三 …… 09996, 10433
| 山根 幸恵
| 17748, 17784, 17803, 18163, 18167
| 山野井 亮 …………… 03901
| 山内 潤三 …………… 13869
| 山内 信 ……………… 06349
| 山辺 儀兵衛 … 00140, 00141
| 山村 竜也 ……………
| 04016, 04329, 05059, 07897
| 山室 恭子 … 04179, 04457, 05955
| 山本 悦世 …… 01286, 10742
| 山本 和明 …………… 12764
| 山本 一成 …………… 05182,
| 05191, 16686, 16720, 16733, 16734
| 山本 一彦 …… 12247, 14358
| 山本 吉左右 ………… 13194
| 山本 建三 …………… 10724
| 山本 幸作 …………… 01826
| 山本 幸司 …… 01384, 01385,
| 02303, 02304, 07616, 07686, 08238
| 山本 幸子 ……………
| 07984, 08002, 08032, 08683, 08904
| 山本 聡美 …………… 00361
| 山本 茂貴 …………… 18129
| 山本 慈昭 …… 04172, 15951
| 山本 七平 … 02909, 02910, 04983,
| 04984, 05259, 06442, 08388, 09797
| 山本 七郎 …… 02297, 02367
| 山本 修之助 ………… 00106,
| 01026, 01830, 01831, 01834, 15777
| 山本 正広 …………… 08965
| 山本 二郎 …………… 11287
| 山本 世紀 …………… 08637
| 山本 静古 …… 00106, 01026

| 山本 隆志 …… 03161, 07414
| 山本 大 ………………
| 01770, 01771, 04254, 04259,
| 04260, 05294, 05437, 06346, 16822
| 山本 直 ……… 10062, 16075
| 山本 智教 …………… 10364
| 山本 豊子 …………… 16500
| 山本 一 ……… 14768, 14897
| 山本 秀煌 …………… 09421
| 山本 浩樹 …………… 03909
| 山本 ひろ子
| 08418～08420, 08455, 08460
| 山本 博子 …………… 08966
| 山本 宏 ……………… 00208
| 山本 浩信 …………… 09073
| 山本 博文 …………… 05402
| 山本 藤枝
| 01565, 02232, 02898, 04079,
| 05575, 07922～07925, 14174
| 山本 正夫
| 00112, 00113, 00971, 00972
| 山本 マサ子 ………… 08110
| 山本 正秀 …………… 12148
| 山本 唯一 …… 11263, 13138
| 山本 幸夫 …… 17729, 18147
| 山本 芳生 …………… 11430
| 山本 義孝 …………… 15931
| 山本 理愛 …………… 08110
| 山本 律郎 … 01997, 02930, 03932
| 矢守 一彦 …………… 17448
| 八幡 和郎 … 01975, 04261, 04395,
| 04495, 05391, 08454, 17315, 17848
| 八幡 衣代 …………… 05391

【ゆ】

| 湯浅 清 ……… 14908～14910
| 湯浅 治久 … 07708, 07732, 15260
| 唯円 ………………… 14310
| 結城 進 ……………… 03513
| 結城 陸郎 …… 09745, 09748
| 結城 了悟 ……………
| 09316, 09374, 09390, 09406,
| 09420, 09422, 09427～09429
| 結城市史編さん委員会
| …………………… 00857, 00858
| 友山 士偲 …………… 14721
| 雄山閣出版株式会社講座日本
| 風俗史編集部 …… 08039～08041
| 雄山閣編輯局 ………… 06109
| 融通念仏宗教学研究所 …… 08800
| 友声会 ………………… 02796
| 有精堂編集部 … 11878, 12015
| 湯川 敏治 …… 06889, 07429

| 弓削 繁 ……… 13682～13684,
| 13938, 13948, 13957
| 湯沢 賢之助 ………… 12605
| 湯沢 幸吉郎 … 11805, 11806, 11814
| 湯次 行孝 …………… 04127
| 楪 範之 ……………… 16590
| 湯谷 稔 ……… 07088, 07683
| 湯地 丈雄 …… 07108, 07194
| UTYテレビ山梨 …… 04873
| 湯之上 早苗 … 11973, 13091
| 湯之上 隆 …… 06832, 08560
| 柚木 踏草 …………… 01193
| 弓倉 弘年 …………… 16211
| 湯本 和夫 …… 15671～15674
| 湯本 軍一 …………… 17797
| 湯山 学 ………………
| 02393, 08275, 08513, 15685,
| 15686, 15706, 15715, 15727, 15731
| 由良 哲次 …… 02869, 03231

【よ】

| 楊 暁捷 ……… 10218, 10219
| 八鹿町教育委員会 ……
| 16466, 16478, 16531
| 用田 政晴 … 05785, 07635, 16287
| 陽明文庫 …… 02706, 02708, 02710,
| 03837～03840, 05413, 05415,
| 05417, 11681, 12147, 13759, 14303
| 余語 敏男 …………… 13075
| 横井 金男 …………… 12881
| 横井 清 ……… 01413, 01454,
| 01455, 03781, 03788, 04112,
| 07802, 07803, 08059～08061,
| 08292, 09829, 09837, 09846,
| 09859, 09905, 09906, 13884
| 横井 孝 ……………… 13820
| 横尾 賢宗 …………… 08740
| 横尾 豊 …… 01785, 02178, 12277
| 横尾 義貫 …………… 16165
| 横川 末吉 … 05035, 05036, 07522
| 横倉 譲治 …………… 16242
| 横須賀市 …… 01005, 01006
| 横田 俊三 …………… 15067
| 横田 光雄 … 04272, 06817, 08425
| 横手市 ………………… 00785
| 横浜開港資料館 ……… 18034
| 横浜市 ………………… 01017
| 横浜市勤労福祉財団 …… 00228
| 横浜市ふるさと歴史財団 …… 06145
| 横浜市歴史博物館
| 02315, 06145, 07587, 08939, 10882
| 横山 昭男 …… 04756, 17985
| 横山 景三 …………… 14720
| 横山 健堂 …… 06150, 06497

横山 重朗 ･････････ 15113, 15114
横山 重 ･･･････････ 11266, 12091,
　　　12096, 13067, 13442～13454,
　　　13456, 13458～13468
横山 住雄 ･･････････････ 00100,
　01160, 05112, 17650, 18115, 18121
横山 青娥 ･････････ 00544, 00545,
　　　00666～00668, 13646, 14894
横山 高治 ･････････ 01991, 03188,
　　　05741, 06281, 06283, 16195, 16213
横山 敏男 ･･･････････････ 02081
横山 正克 ･･･････････････ 05163
横山 光輝 ･･･ 05620～05623, 06329
横山 良吉 ･･･････････････ 16819
与謝郡竹野郡聯合女子青年団
　本部 ･････････････････ 05153
与謝郡竹野郡聯合婦人会本部
　･･････････････････････ 05153
与謝野 寛 ･･･････････
　09485, 09490, 09495, 09497, 09500
吉井 勇 ･･････････････････ 12814
吉井 功児 ･･････････ 02916, 06819
吉井 敏幸 ･･････････ 08279, 08871
吉池 浩 ･････････････････ 14372
義江 彰夫 ･･･････････ 00043, 02373
吉岡 勲 ･････････････････ 01107
吉岡 五郎男 ････････ 08016, 08911
吉岡 眞之 ･･････････ 01875～01878
吉岡 康暢 ･･･ 10609, 10620, 10656
吉岡 行雄 ･･･････････････ 04211
吉海 直人 ･･･････････
　　　12516, 12584, 12646, 12709,
　　　12723～12729, 12753, 12758,
　　　12762, 12765, 12772, 12773,
　　　12796～12798, 13316, 14925
吉川 一郎 ･･･････････････ 14789
吉川 徹 ･････････････････ 15166
吉川 寅二郎 ･････････････ 03142
吉川弘文館編集部 ････････ 01449
吉沢 貞人 ･････････ 14445, 14483
吉沢 忠 ･････････････････ 10432
吉沢 義則 ･･･ 12069, 12071, 12084,
　　　12098, 12099, 12330, 13804, 13976
吉津 彦士 ･･･････････････ 16731
善積 順蔵 ･･･････････････ 06045
吉田 晶 ･････････････････ 01509
吉田 浅雄 ･･････････ 16598, 16604
吉田 雄翟 ･･････････ 05458～05464
吉田 兼見 ･･････････ 06765, 06766
吉田 清 ･････････････ 08669, 08972
吉田 究 ･･････････ 08370, 12580
吉田 慶二 ･･････････ 09296, 15194
吉田 兼好 ･･･････ 12884, 12886,
　　　12930, 14310, 14405, 14412,
　　　14413, 14417, 14418, 14421,
　　　14431～14435, 14437～14439,
　　　14444, 14446～14451, 14454,
　　　14457～14460, 14463～14465,

　　　14467, 14469～14475,
　　　14505, 14555～14557
吉田 幸一 ････ 00624, 00626, 00627,
　　　00629～00633, 12527, 12661,
　　　12699, 12736, 13026, 13258,
　　　13301, 13330, 13551, 13599, 14539
吉田 小五郎 ･･････････
　09314, 09368, 09369, 17540, 17541
吉田 早苗 ･････････ 06886, 06887
吉田 茂 ･････････････････ 03916
吉田 寿一 ･･･････････････ 09107
吉田 純一 ･････････ 17869, 17870,
　　　17891, 18056, 18065, 18066, 18069
吉田 松陰 ･･･････････････ 04521
吉田 助治 ･･･････････････ 02189
吉田 堯文 ･･･････････ 11479～11482
吉田 辰次 ･･･････････････ 17951
吉田 蒼生雄 ････････ 05458～05462
吉田 長蔵 ･･･････････････ 03238
吉田 経俊 ･･･････････････ 02489
吉田 経房 ･･･････････････ 02631
吉田 貞治 ･･････････ 06191, 07073
吉田 東伍 ･････････ 11395, 13200
吉田 陶泉 ･･･････････････ 13235
吉田 友之 ･･････････ 10532, 10533
吉田 知行 ･･･････････････ 14957
吉田 伸之 ･････････ 17394, 17896
吉田 元 ･････････････････ 08136
吉田 一 ･････････････････ 14964
吉田 弘 ･････････････････ 16150
吉田 光邦 ･･･････････････ 10204
吉田 靖 ･･････････ 17452, 17712
吉田 豊 ･･････････
　00330, 09730, 09799, 09802, 09821
吉田 義昭 ･･･････････････ 17973
吉田 龍司 ･･･････････････ 04911
吉田町 ･････････････････ 01041
吉田町歴史民俗資料館
　････････････････ 05217, 05248,
　　　05249, 09981, 10006, 10037,
　　　10055, 16682, 16685, 16690, 16703
吉永 正春 ･･････････
　　　03900, 04170, 07893, 09367,
　　　16831～16834, 16856, 16858,
　　　16859, 16904, 16934, 16935,
　　　16939～16942, 16965, 16966
吉永 昌弘 ･･･････････････ 09542
吉成 直樹 ････････ 02137, 17231, 17232
吉成 英文 ･･･････････････ 18000
吉野 光 ･････････････････ 10503
吉野川文化探訪フェスティバ
　ル（吉野川下流域）
　企画委員会 ･････････････ 16768
吉野神宮奉賛会 ･････････ 02960
吉野朝史蹟調査会 ･･･ 03068, 03254
吉原 格斎 ･･･････････････ 15265
吉原 賢二 ･･････････ 04767, 15787
吉原 幸子 ･･･ 12598, 12680, 12827

吉原 シケコ ･････････････ 14788
吉原 弘道 ･･･････････････ 01343
吉村 貞司 ･･･････････
　　　09929, 09983, 09987, 10509
吉村 亨 ･････････････ 07724, 16352
吉村 豊雄 ･････････ 17378, 18211
吉本 健二 ･･･････････････ 04467
吉本 隆明 ･･･ 00656, 14994, 14996
吉行 淳之介 ････････ 13426, 13490
依田 泰 ･････････････ 12606, 14949
四日市市 ･････････ 01187, 01188
米子市史編さん協議会
　･･･････････････････ 01277, 01278
米川 千嘉子 ･････････････ 12648
米倉 迪夫 ･･･ 02287, 10329, 10330
米沢 二郎 ･････････ 04275, 04325
米沢上杉文化振興財団 ･･････ 17984
米沢温故会 ･････････････
　　04682, 04684, 04686～04701
米沢古文書研究会 ･･･････ 12842
米沢市史編さん委員会 ･･････ 00803
米沢市立米沢図書館 ･･････ 14588
米田 明美 ･･･････････････ 12865
米田 一雄 ･･･････････････ 04365
米原 正義 ･･･ 04447, 05159, 05172,
　　　05201, 05202, 05207～05212,
　　　05424, 05439, 06089, 07895,
　　　11468, 11533, 11543, 12087, 12088
米原正義先生古希記念論文集
　刊行会 ･･･････････
　　　03999, 05536, 06815, 09887
よねもと ひとし ････ 02089, 08967
米山 一政 ･･･ 01098, 05040～05042
米山一政著作集編集委員会 ･･ 01098
米山 清一 ･･････････ 06546, 16040
米山 宗臣 ･･･････････････ 12973
与野市企画部市史編さん室 ･･ 18015
呼子 重義 ･･･････ 02096, 02104, 17009
呼子 丈太朗 ･････････････ 02148
読売新聞大阪本社 ････････ 17292
読売新聞社 ･････････ 17605, 17732
読売新聞西部本社 ････ 14816, 16952
甦える首里城と復元編集委員
　会 ･････････････ 17890, 18247
四方田 美男 ･････････････ 15490
寄居町教育委員会町史編さん
　室 ･･･････････････････ 00939
寄居町教育委員会鉢形城歴史
　館 ･･･････････ 04667, 11061, 15489
頼朝会 ･････････････････ 15667
頼朝会安房支部 ･････ 02298, 15571

【ら】

羅 濟立 ･････････････････ 11711

頼 祺一 ･････････････ 17388, 18183
頼 山陽 ･･･････････ 01948, 09694
ラインフェルド, リンダ ･････ 12642
ラウレス, ヨハネス ･･･ 06300, 09386
ラモン, ペドロ ･･･････････････ 12105

【り】

李 進熙 ･････････････････････ 00175
李 銘敬 ･････････････････････ 13555
利賀村史編纂委員会 ･･･････ 01045
利休居士三百五十年忌法要協
　賛会 ････････････････････ 11580
陸軍画報社 ･････････････････ 07022
陸上自衛隊福岡修親会 ････ 07109
利光 三津夫 ･･･････ 00195, 06828
栗東市文化体育振興事業団 ･･
　08884, 08885, 16295, 16300, 16301
栗東町史編さん委員会 ････ 01200
栗東歴史民俗博物館 ･･･････････
　　　10043, 10384, 16227, 16295
立命館大学文学部研究室 ･･･ 12872
笠 栄治 ････････ 13763, 14024, 14025
隆 慶一郎 ･･････････････････ 05728
柳 成龍 ･････････････････････ 07246
柳苑 南翠 ･･･････････････････ 03514
龍ケ崎市史編さん委員会 ･･･････
　　　　　　　････ 15324, 15325
琉球王国評定所文書編集委員
　会 ･････････････ 18255～18262
琉球新報社 ･･･････ 17222, 17226
龍虎 俊輔 ･･･････････････････ 04989
龍谷大学史学会 ････････････ 09236
龍谷大学仏教文化研究所 ･･･ 10385
龍胆寺 雄 ･･･････････････････ 03092
竜派 禅珠 ･･････････ 14683～14687
竜福 義友 ･･･････････････････ 08375
竜 粛 ･･･････････････････････ 02162,
　02177, 07166, 09499, 09506, 09877
良覚 ････････････････････････ 01619
両神村村史編さん委員会 ････ 18016
亮順 ････････････････････････ 10161
良定 ･････････････････ 00288, 01379
良恕法親王 ･････････････････ 12238
臨時陵墓調査委員会 ･･････････
　　　　　01864, 03001, 03251

【る】

ルイス・デ・グラナダ
　･･････････････ 12101, 12102, 12105
「類題抄」研究会 ･････････ 12185

ルカ, レンゾ・デ ････････････
　09282, 09395, 17016, 17017, 17563
ルーシュ, バーバラ ･･･････ 13487
ルセナ, アフォンソ・デ
　････････････････････ 09254, 17008
留萌市海のふるさと館
　････････････････････ 08113, 15025

【れ】

冷泉 貴実子 ･･････････････････ 12835
冷泉 為臣 ･････････････････ 12956
冷泉 為相 ･････････････････ 12457
冷泉 為人 ･････････････････ 14790
冷泉 為広 ･･･････････ 12935, 14571
冷泉家時雨亭文庫 ･･ 00125, 01631,
　　02493, 12197, 12937, 12938, 13032
歴史絵本研究会 ･････････････ 05999
「歴史街道」編集部 ･･････････
　　　　　　04443, 05817, 06597
歴史科学協議会 ･････････････････
　　　　　01383, 07871～07873
歴史学研究会 ･･･････････ 00050,
　01422, 01423, 01568, 01676,
　07637～07639, 07718, 07769,
　07770, 07979, 16370, 17247, 17283
歴史館いずみさの ･･････････ 16433
歴史教育者協議会 ･････････････
　　　　　01564, 09413, 17285
歴史群像編集部 ･････････････ 04235
歴史研究会出版局歴史浪漫編
　集委員会 ････････････････ 04966
歴史雑学探究倶楽部 ･･･････ 04220
歴史真相研究会 ･････････････ 04967
歴史探訪研究の会 ･･ 03918, 04411
歴史図書社 ･･････････ 04679, 04885
歴史と文学の会 ･････････････ 06082
歴史の謎を探る会 ･･････････ 01398
歴史の謎研究会 ･････････････････
　　　　03929, 03989, 04319, 07297
歴史の謎プロジェクト ････ 17298
歴史ファンワールド編集部 ･･ 05731
歴史物語講座刊行委員会
　････････････････････ 13656, 13681
連歌総目録編纂会 ･･････････ 13121
蓮生 ･･･････････････････････ 14764

【ろ】

魯認 ･･･････････････････････ 07224
六戸町 ･････････････････････ 15062
ロペス・ガイ ･･ 09265, 09275, 09276

【わ】

若江 賢三 ･･･････････････････ 09178
若尾 俊平 ･･･････････････････ 16082
若桑 みどり ････････････････ 09391
和歌史研究会 ･････ 12916～12919
若杉 準治 ･･････････ 00387, 00405
若菜 等 ･････････････････････ 14154
若林 淳之 ･･････････ 17389, 18100
若林 力 ･････････････････････ 05502
若林 俊英 ･･･････････････････ 14635
和歌文学会 ･････････････････ 14795
和歌文学輪読会 ････････････ 12195
「和歌文学論集」編集委員会
　･････ 00621, 12405, 12845, 17943
若松 実 ･･････ 07224, 07226, 07255
若松 和三郎 ････････････････ 01919
和歌森 太郎 ･･･････ 00040, 00271,
　　01561, 01565, 02225, 02232,
　　02355～02357, 02881～02884,
　　02898, 04062～04065,
　　04079, 05558～05561,
　　05575, 07854, 07922～07925,
　　08172, 08173, 15019
和歌森太郎先生還暦記念論文
　集編集委員会 ･･･ 00210, 00227
和歌山県 ･････････････････ 16564
和歌山県教育庁生涯学習局文
　化遺産課紀の川流域荘園詳
　細分布調査委員会 ･･････････
　　　01263, 07371, 16551, 16552
和歌山県史編さん委員会 ･･･ 16578
和歌山県立博物館 ････ 10413, 10457
和歌山市史編纂委員会
　････････････････････ 01269, 01270
和歌山城郭調査研究会 ･･･ 18158
和歌山市立博物館 ･･････････
　　05676, 06158, 16568, 16573
和歌山大学中世荘園調査会 ･･ 16545
和漢比較文学会 ･････････････
　　00581, 11967, 11968, 12299,
　　13696, 14699, 14702, 14703
脇坂 淳 ･･････････ 10567, 10568
脇田 修 ･･･････････････ 00248,
　05603, 05956, 06166, 07813,
　08296, 08692～08694, 17244
脇田 晴子 ･･ 01799, 03410, 04450,
　04451, 07663, 07664, 07907,
　07918, 07944, 07945, 08105,
　08154, 08300, 11318, 17399, 17578
鷲尾 雨工 ･･･････････････････ 05013
鷲尾 順敬 ･･････････ 08732～08734
鷲尾 義直 ････ 01948, 02397, 07134
鷲城・祇園城跡の保存を考える
　会 ･･････････････････････ 15361

鷲尾 隆康	03878～03881	
和島 誠一	01558, 01559	
和島 芳男		
02929, 03146, 08397, 08398, 08925		
鷲谷 豊	15158	
倭城・大坂城国際シンポ実行委員会	10927, 11094	
和束町町史編さん委員会	01212	
早稲田大学水稲文化研究所	17007	
早稲田大学水稲文化研究所・紀ノ川流域研究会	07370, 16549	
早稲田大学大学院文学研究科 西岡研究室	07461	
早稲田大学大学院文学研究科 日本文学専攻中世散文研究室	13742	
早稲田大学図書館	13045	
和田 一範	07557	
和田 喜八郎	00746	
和田 恭太郎	05254	
和田 惟一郎	05629	
和田 重厚	09241	
和田 維四郎	12966	
和田 恒彦	06555	
和田 悌五郎	02466	
和田 定節	06034	
和田 久徳	07092, 17228, 17348～17351, 18278～18281	
和多 秀乗	08667	
和田 英松		
08074～08077, 13653, 13678		
和田 英道		
00606, 03520, 14305, 14650		
和田 文次郎	06325	
和田 政雄	04751, 04844	
和田 萬吉	11370	
和田 佳子	02466	
渡部 暁	01571	
渡部 英三郎	05998	
渡辺 嘉造伊	02984, 04209	
渡辺 勝正	04980, 09794	
渡辺 克己	17141	
渡辺 京二	17270
渡辺 恵	09179
渡辺 貞麿	00555, 00587, 14069
渡辺 三省	04757, 06549
渡辺 静子	14578, 14582, 14626, 14634, 14636, 14672, 14677, 14678
渡部 淳	06343
渡辺 淳一	11423
渡辺 俊典	01114, 16057, 16058
渡部 正一	00261
渡部 昇一	01515, 01516, 01581, 01590, 02216, 02217, 04102, 04514, 05582, 06058, 13789
渡辺 昭五	00685, 08644, 11215, 11906, 12053, 13221, 13523, 14029
渡邉 俊	07791
渡辺 澄夫	01369～01371, 05351, 05352, 17131, 17132
渡辺澄夫先生古稀記念事業会	16846
渡辺 節夫	11542
渡辺 尚志	17365, 17442
渡辺 武	06072, 06078, 11055, 11162, 11173, 11175, 11179, 11181, 16426
渡辺武館長退職記念論集刊行会	11170
渡辺 保	02155, 02280, 04479, 09948
渡辺 綱也	13596
渡辺 とみ枝	12583
渡辺 豊和	05946
渡辺 信夫	00780, 04542, 17530, 17980
渡辺 一	10407, 10408
渡辺 福男	12517, 14455
渡辺 文吉	01916
渡辺 宝陽	08778, 09181
渡辺宝陽先生古稀記念論文集刊行会	17483
渡辺 誠	04496, 09786
渡辺 又次郎	12579
渡辺 村男	03081, 07279
渡辺 盛衛	05401
渡辺 守順	08889
渡部 泰明	12157, 12173
渡辺 泰多	18172
渡辺 弥太郎	15168
渡邉 裕美子	12118
渡部 義顕	04554
渡辺 義雄	10898, 10905
渡辺 世祐	01425, 01535, 02078, 02927, 03355, 03363, 03390, 03412～03415, 03488, 04937, 04938, 05485, 05488～05490, 05554, 06190, 06237, 06238, 09357, 09358, 15497, 16725
綿貫 友子	07625
綿抜 豊昭	11844, 12530, 12586, 12744, 12745, 13046, 13125, 15809, 15811
和田山町教育委員会	16465
度會 宣男	02308
度会 延佳	09703
和千坂 涼次	04770, 05025
和仁 三郎	06296, 09381
和巻 耿介	05600
蕨市立歴史民俗資料館	07602, 15423
王 淑英	12472

【ABC】

Arisawa, Ken	06345
Aston, W.G.	07287
De Becker, J.E.	07195
Granada, Fray Luis de	11821
Kazuki	05788
Ki	14154
Masuda, T.	07287
Murdoch, James	07074
Yamagata, Isoo	07074

事項名索引

【あ】

愛知県
　→愛知県（古代・中世史） …………………… 31
　→愛知県（中世史） …………………………… 413
　→愛知県（中世・近世史） …………………… 466
アイヌ
　→北海道（古代・中世史） …………………… 20
　→北海道（中世史） …………………………… 385
　→北海道（中世・近世史） …………………… 462
青森県
　→青森県（古代・中世史） …………………… 20
　→青森県（中世史） …………………………… 386
　→青森県（中世・近世史） …………………… 462
明石掃部
　→豊臣政権の武将 ……………………………… 162
　→キリシタン大名・キリシタン武士 ………… 243
英賀城　→兵庫県（中世史） …………………… 422
赤松氏　→兵庫県（中世史） …………………… 422
あきぎり　→中世王朝物語 ……………………… 341
秋田県
　→秋田県（古代・中世史） …………………… 21
　→秋田県（中世史） …………………………… 388
　→秋田県（中世・近世史） …………………… 463
秋の夜長物語　→物語文学（中世史） ………… 340
秋元氏　→戦国の群雄 …………………………… 110
秋元城
　→城郭建築（中世史） ………………………… 283
　→千葉県（中世史） …………………………… 397
悪党　→中世悪党・武士団 ……………………… 54
明智光秀　→明智光秀・本能寺の変 …………… 154
浅井氏
　→浅井氏 ………………………………………… 135
　→滋賀県（中世史） …………………………… 415
浅井長政　→浅井氏 ……………………………… 135
朝倉氏
　→朝倉氏 ………………………………………… 134
　→福井県（中世史） …………………………… 407
あさぢが露　→中世王朝物語 …………………… 341
浅間山　→災害史（中世史） …………………… 217
浅利氏　→秋田県（中世史） …………………… 388
足利氏満　→鎌倉府・東国支配 ………………… 91
足利学校
　→教育史（中世史） …………………………… 252
　→教育史（中世・近世史） …………………… 452
足利季世記　→室町時代史料 …………………… 93
足利氏
　→足利尊氏・足利氏 …………………………… 83
　→鎌倉府・東国支配 …………………………… 91
　→関東地方（中世史） ………………………… 390
　→栃木県（中世史） …………………………… 393
　→徳島県（中世史） …………………………… 430
足利成氏　→鎌倉府・東国支配 ………………… 91
足利時代　→室町時代 …………………………… 88
足利将軍　→室町幕府・足利将軍 ……………… 90

足利尊氏　→足利尊氏・足利氏 ………………… 83
足利高基　→鎌倉府・東国支配 ………………… 91
足利直冬　→足利尊氏・足利氏 ………………… 83
足利直義　→足利尊氏・足利氏 ………………… 83
足利晴氏　→鎌倉府・東国支配 ………………… 91
足利政氏　→鎌倉府・東国支配 ………………… 91
足利満兼　→鎌倉府・東国支配 ………………… 91
足利持氏　→鎌倉府・東国支配 ………………… 91
足利基氏　→鎌倉府・東国支配 ………………… 91
足利義氏　→鎌倉府・東国支配 ………………… 91
足利義教　→室町幕府・足利将軍 ……………… 90
足利義政　→足利義政 …………………………… 91
足利義見　→作家論（中世史） ………………… 378
足利義満
　→足利義満 ……………………………………… 91
　→家集（中世史） ……………………………… 331
足軽　→足軽 ……………………………………… 109
葦名氏　→葦名氏 ………………………………… 121
芦名氏　→福島県（中世史） …………………… 389
飛鳥井雅有日記　→飛鳥井雅有日記 …………… 375
飛鳥井雅経　→飛鳥井雅経 ……………………… 379
安土城
　→安土城 ………………………………………… 288
　→滋賀県（中世史） …………………………… 415
安土法難　→日蓮宗 ……………………………… 228
安土桃山時代　→安土桃山時代 ………………… 144
安土桃山時代史料　→安土桃山時代史料 ……… 172
安土桃山文化　→安土桃山文化 ………………… 257
安土問答　→日蓮宗 ……………………………… 228
吾妻鏡　→吾妻鏡 ………………………………… 246
校倉造　→建築史（古代・中世史） …………… 13
遊び　→遊戯（中世史） ………………………… 216
仇討
　→世相・事件史（中世史） …………………… 217
　→倫理・道徳（中世史） ……………………… 218
安達泰盛　→御家人 ……………………………… 61
熱田神宮　→神社（中世史） …………………… 220
姉川の戦い　→織田信長 ………………………… 146
阿仏尼　→阿仏尼 ………………………………… 379
安倍氏　→秋田県（古代・中世史） …………… 21
安保文書　→中世史料・古文書（中世史） …… 43
尼子氏
　→中世武家・武将 ……………………………… 51
　→尼子氏 ………………………………………… 135
　→中国地方（中世史） ………………………… 425
　→島根県（中世史） …………………………… 426
あまのかるも　→あまのかるも ………………… 342
天野氏　→静岡県（中世史） …………………… 412
奄美諸島　→鹿児島県（古代・中世史） ……… 37
荒木田守武
　→連歌（中世史） ……………………………… 335
　→荒木田守武 …………………………………… 379
荒木村重　→織田家の武将 ……………………… 152
有明の別　→有明の別 …………………………… 342
阿波公方　→徳島県（中世史） ………………… 430
アンジロー　→ザビエル・イエズス会 ………… 241
安東氏　→秋田県（古代・中世史） …………… 21
安藤氏　→青森県（中世史） …………………… 386

【い】

飯詰城　→青森県(中世史) ……………………… 386
飯野家文書　→中世史料・古文書(中世史) ……… 43
家
　　→家族(古代・中世史) ……………………………… 8
　　→家族(中世史) …………………………………… 216
イエズス会　→ザビエル・イエズス会 …………… 241
家忠日記　→家忠日記 …………………………… 177
医学史
　　→医学史(古代・中世史) ………………………… 10
　　→医学史(中世史) ………………………………… 252
伊賀忍者　→忍術(中世・近世史) ……………… 460
伊賀焼　→伊賀焼 ………………………………… 276
十六夜日記　→十六夜日記 ……………………… 374
胆沢城　→岩手県(古代・中世史) ………………… 21
医師　→医学史(古代・中世史) ……………………… 10
石川県
　　→石川県(古代・中世史) ………………………… 28
　　→石川県(中世史) ………………………………… 406
　　→石川県(中世・近世史) ………………………… 465
石田三成　→石田三成 …………………………… 162
伊地知氏　→中世武家・武将 ……………………… 51
石山合戦
　　→織田信長 ………………………………………… 146
　　→浄土真宗 ………………………………………… 225
石山寺縁起　→石山寺縁起 ……………………… 267
石山本願寺　→一向一揆 ………………………… 207
伊自良氏　→中世武家・武将 ……………………… 51
和泉松尾寺文書　→中世史料・古文書(中世史) ……… 43
出雲大社　→寺社建築(古代・中世史) …………… 13
伊勢神宮
　　→伊勢神宮(古代・中世史) ……………………… 9
　　→寺社建築(古代・中世史) ……………………… 13
　　→神社(中世史) …………………………………… 220
　　→神道史(中世・近世史) ………………………… 450
伊勢神道
　　→伊勢神宮(古代・中世史) ……………………… 9
　　→神道史(中世史) ………………………………… 220
伊勢物語絵巻　→伊勢物語絵巻 ………………… 264
板碑　→石彫(中世史) …………………………… 261
一条兼良　→作家論(中世史) …………………… 378
一代要記　→神道史(古代・中世史) ……………… 8
一揆史
　　→一揆史(中世史) ………………………………… 206
　　→一揆史(中世・近世史) ………………………… 448
一休宗純
　　→一休宗純 ………………………………………… 238
　　→室町時代水墨画 ………………………………… 270
　　→書道(中世史) …………………………………… 301
　　→狂歌 ……………………………………………… 339
　　→一休宗純 ………………………………………… 379
一向一揆
　　→一向一揆 ………………………………………… 207
　　→浄土真宗 ………………………………………… 225

一遍　→一遍 ……………………………………… 238
一遍上人絵伝　→一遍上人絵伝 ………………… 267
一遍聖絵　→一遍上人絵伝 ……………………… 267
伊東マンショ　→天正遣欧使節 ………………… 243
稲葉山城　→岐阜県(中世史) …………………… 411
猪苗代兼載　→猪苗代兼載 ……………………… 380
犬居城　→静岡県(中世史) ……………………… 412
犬筑波集　→犬筑波集 …………………………… 338
犬山城
　　→城郭建築(中世・近世史) ……………………… 454
　　→愛知県(中世・近世史) ………………………… 466
猪隈関白記　→猪隈関白記 ………………………… 71
茨城県
　　→茨城県(古代・中世史) ………………………… 23
　　→茨城県(中世史) ………………………………… 391
　　→茨城県(中世史) ………………………………… 463
茨木城
　　→城郭建築(中世史) ……………………………… 283
　　→大阪府(中世史) ………………………………… 420
今川氏
　　→今川氏 …………………………………………… 133
　　→静岡県(中世史) ………………………………… 412
今川義元　→今川氏 ……………………………… 133
今川了俊
　　→守護大名 ………………………………………… 91
　　→歌学・歌論書(中世史) ………………………… 315
　　→今川了俊 ………………………………………… 380
今堀日吉神社文書　→中世史料・古文書(中世史) …… 43
今物語　→説話文学 ……………………………… 347
鋳物
　　→鋳物(中世史) …………………………………… 197
　　→金工(中世・近世史) …………………………… 454
伊予水軍
　　→中世海賊・水軍 ………………………………… 56
　　→愛媛県(中世史) ………………………………… 431
岩切城　→宮城県(中世史) ……………………… 387
石清水八幡宮文書　→中世史料・古文書(中世史) …… 43
岩手県
　　→岩手県(古代・中世史) ………………………… 21
　　→岩手県(中世史) ………………………………… 386
　　→岩手県(中世・近世史) ………………………… 462
いはでしのぶ　→いはでしのぶ ………………… 342
印刷　→製造業・工業技術(中世史) …………… 197
隠者文学　→草庵文学 …………………………… 311
印章
　　→花押・印章(古代・中世史) ……………………… 4
　　→花押・印章(中世史) …………………………… 47
　　→花押・印章(中世・近世史) …………………… 445
陰徳記　→毛利氏 ………………………………… 136
陰徳太平記　→毛利氏 …………………………… 136
印旛沼　→千葉県(古代・中世史) ………………… 25
印判状　→花押・印章(中世史) …………………… 47
蔭涼軒日録　→蔭涼軒日録 ……………………… 100

【う】

ヴァリニャーノ　→ザビエル・イエズス会 ……………… 241
ウィリアム・アダムス　→外交史(中世・近世史) …… 445
上杉景勝　→上杉氏 ………………………………………… 123
上杉謙信　→上杉氏 ………………………………………… 123
上杉氏
　→鎌倉府・東国支配 …………………………………… 91
　→上杉氏 ………………………………………………… 123
　→山形県(中世史) ……………………………………… 388
　→新潟県(中世史) ……………………………………… 404
　→山形県(中世・近世史) ……………………………… 463
上杉為景　→上杉氏 ………………………………………… 123
上杉憲実記　→室町時代史料 ……………………………… 93
上田城　→長野県(中世史) ………………………………… 409
上田宗箇　→茶道(中世史) ………………………………… 297
上野城　→三重県(中世・近世史) ………………………… 467
宇喜多氏　→系譜・系図(中世史) ………………………… 48
宇佐神宮
　→神社(中世史) ………………………………………… 220
　→大分県(中世史) ……………………………………… 438
宇治拾遺物語　→宇治拾遺物語 …………………………… 349
歌合
　→歌合(古代・中世史) ………………………………… 18
　→歌合(中世史) ………………………………………… 335
うたたね　→うたたね ……………………………………… 375
歌枕　→歌枕 ………………………………………………… 17
宇都宮氏
　→中世武家・武将 ……………………………………… 51
　→福岡県(中世史) ……………………………………… 434
宇都宮朝業日記　→日記・紀行文(中世史) …………… 373
乳母　→女性史(中世史) …………………………………… 204
占い
　→祭礼・民間信仰(古代・中世史) …………………… 7
　→祭礼・民間信仰(中世史) …………………………… 210
卜部兼好
　→家集(中世史) ………………………………………… 331
　→吉田兼好 ……………………………………………… 384
噂　→民話・民間伝承(中世史) …………………………… 216
運慶　→鎌倉彫刻(中世史) ………………………………… 261
雲谷等顔　→雲谷等顔 ……………………………………… 275
雲谷派　→画家(中世史) …………………………………… 272
運輸
　→運輸・交通(古代・中世史) ………………………… 6
　→運輸・交通(中世史) ………………………………… 197
　→運輸・交通(中世・近世史) ………………………… 447

【え】

永享記　→室町時代史料 …………………………………… 93
永享後記　→室町時代史料 ………………………………… 93
栄西　→栄西 ………………………………………………… 236

叡尊　→僧侶(中世史) ……………………………………… 232
永福門院
　→家集(中世史) ………………………………………… 331
　→作家論(中世史) ……………………………………… 378
　→永福門院 ……………………………………………… 380
永平寺　→寺社建築(中世史) ……………………………… 282
蝦夷地
　→北海道(古代・中世史) ……………………………… 20
　→北海道(中世史) ……………………………………… 385
越前焼　→越前焼 …………………………………………… 277
江戸氏　→関東地方(中世史) ……………………………… 390
愛媛県
　→愛媛県(古代・中世史) ……………………………… 35
　→愛媛県(中世史) ……………………………………… 431
　→愛媛県(中世・近世史) ……………………………… 468
絵巻物
　→絵巻物(古代・中世史) ……………………………… 11
　→絵巻物(中世史) ……………………………………… 263
　→鎌倉時代絵巻物 ……………………………………… 264
　→室町時代絵巻物 ……………………………………… 268
江馬家　→中世武家・武将 ………………………………… 51
円覚寺
　→寺院(中世史) ………………………………………… 228
　→寺社建築(中世史) …………………………………… 282
塩業　→製造業・工業技術(中世史) ……………………… 197
園太暦　→園太暦 …………………………………………… 87
延暦寺　→寺院(中世史) …………………………………… 228

【お】

おあん物語　→おあん物語 ………………………………… 178
応永の外寇　→対朝鮮外交 ………………………………… 187
応永の乱　→応永の乱 ……………………………………… 92
王権
　→中世の天皇 …………………………………………… 48
　→天皇制(中世・近世史) ……………………………… 448
奥州平泉　→岩手県(古代・中世史) ……………………… 21
奥州藤原氏　→岩手県(古代・中世史) …………………… 21
往生院　→寺院(中世史) …………………………………… 228
応仁の乱　→応仁の乱 ……………………………………… 92
応仁乱消息　→室町時代史料 ……………………………… 93
近江源氏　→中世武家・武将 ……………………………… 51
往来物　→古往来(中世・近世史) ………………………… 452
大井氏　→中世武家・武将 ………………………………… 51
大石氏　→関東地方(中世史) ……………………………… 390
大分県
　→大分県(古代・中世史) ……………………………… 36
　→大分県(中世史) ……………………………………… 438
　→大分県(中世・近世史) ……………………………… 469
大内氏
　→応永の乱 ……………………………………………… 92
　→大内氏 ………………………………………………… 136
　→広島県(中世史) ……………………………………… 428
　→山口県(中世史) ……………………………………… 429
大内盛見　→応永の乱 ……………………………………… 92

| 大内義弘　→応永の乱 ……………………… 92
| 大江氏
|　　→中世武家・武将 ……………………… 51
|　　→山形県(中世史) ……………………… 388
| 大江伝記　→鎌倉時代史料 ……………………… 65
| 大江広元　→御家人 ……………………… 61
| 正親町天皇　→正親町天皇 ……………………… 51
| 大久保忠教　→徳川家臣団 ……………………… 169
| 大久保彦左衛門　→徳川家臣団 ……………………… 169
| 大坂城
|　　→大坂城 ……………………… 290
|　　→大阪府(中世史) ……………………… 420
|　　→大阪府(中世・近世史) ……………………… 467
| 大阪府
|　　→大阪府(古代・中世史) ……………………… 32
|　　→大阪府(中世史) ……………………… 420
|　　→大阪府(中世・近世史) ……………………… 467
| 大崎氏　→宮城県(中世史) ……………………… 387
| 太田氏　→太田氏 ……………………… 121
| 太田荘　→埼玉県(古代・中世史) ……………………… 24
| 大田庄　→広島県(古代・中世史) ……………………… 35
| 大館常興日記　→大館常興日記 ……………………… 100
| 太田道灌　→太田氏 ……………………… 121
| 太田道真　→太田氏 ……………………… 121
| 大谷吉嗣　→豊臣政権の武将 ……………………… 162
| 大友氏
|　　→系譜・系図(中世史) ……………………… 48
|　　→大友氏 ……………………… 139
|　　→大分県(中世史) ……………………… 438
| 大友宗麟
|　　→大友氏 ……………………… 139
|　　→キリシタン大名・キリシタン武士 ……………………… 243
| 大間成文抄　→中世官制 ……………………… 180
| 小笠原氏
|　　→系譜・系図(中世史) ……………………… 48
|　　→長野県(中世史) ……………………… 409
| 岡屋関白記　→岡屋関白記 ……………………… 72
| 岡部氏　→戦国の群雄 ……………………… 110
| 岡山県
|　　→岡山県(古代・中世史) ……………………… 34
|　　→岡山県(中世史) ……………………… 427
|　　→岡山県(中世・近世史) ……………………… 468
| 岡山城
|　　→城郭建築(中世・近世史) ……………………… 454
|　　→岡山県(中世・近世史) ……………………… 468
| 沖縄県
|　　→沖縄県(古代・中世史) ……………………… 37
|　　→沖縄県(中世史) ……………………… 441
|　　→沖縄県(中世・近世史) ……………………… 469
| 小倉百人一首　→小倉百人一首 ……………………… 322
| 桶狭間の戦い
|　　→今川氏 ……………………… 133
|　　→桶狭間の戦い ……………………… 153
| 越生氏　→中世武家・武将 ……………………… 51
| おぢ君の愚痴　→物語文学(中世史) ……………………… 340
| 織田有楽斎　→茶道(中世史) ……………………… 297
| 織田家の武将　→織田家の武将 ……………………… 152
| 小田氏　→茨城県(中世史) ……………………… 391

織田氏
　　→織田氏 ……………………… 134
　　→愛知県(中世史) ……………………… 413
小谷城
　　→城郭建築(中世史) ……………………… 283
　　→滋賀県(中世史) ……………………… 415
織田信雄　→織田氏 ……………………… 134
織田信長　→織田信長 ……………………… 146
小田原合戦　→小田原合戦 ……………………… 166
小田原城
　　→城郭建築(中世史) ……………………… 283
　　→神奈川県(中世史) ……………………… 400
小田原北条氏　→後北条氏 ……………………… 122
御伽草子　→御伽草子 ……………………… 343
御伽草子絵巻　→御伽草子絵巻 ……………………… 269
雄渡牟礼城　→大分県(中世史) ……………………… 438
小野お通　→説教浄瑠璃(中世史) ……………………… 293
小野寺氏　→中世武家・武将 ……………………… 51
小野雪見御幸絵詞　→鎌倉時代絵巻物 ……………………… 264
男衾三郎絵詞　→男衾三郎絵巻 ……………………… 265
男衾三郎絵巻　→男衾三郎絵巻 ……………………… 265
おもろさうし　→歌謡(中世史) ……………………… 339
おらしょ　→キリシタン文学 ……………………… 313
織部焼　→美濃焼 ……………………… 280
音楽史
　　→音楽史(古代・中世史) ……………………… 14
　　→音楽史(中世史) ……………………… 297
怨霊　→宗教史(古代・中世史) ……………………… 8

【か】

海運
　　→水運・海運(中世史) ……………………… 198
　　→水運・海運(中世・近世史) ……………………… 447
絵画
　　→絵画(古代・中世史) ……………………… 11
　　→絵画(中世史) ……………………… 262
　　→仏教画(中世史) ……………………… 263
　　→鎌倉時代絵画史 ……………………… 264
　　→室町時代絵画史 ……………………… 268
　　→桃山時代絵画史 ……………………… 271
　　→絵画(中世・近世史) ……………………… 453
快慶　→鎌倉彫刻(中世史) ……………………… 261
外交史
　　→外交史(古代・中世史) ……………………… 5
　　→外交史(中世史) ……………………… 184
　　→外交史(中世・近世史) ……………………… 445
外国関係
　　→外交史(古代・中世史) ……………………… 5
　　→外交史(中世史) ……………………… 184
　　→外交史(中世・近世史) ……………………… 445
廻国雑記　→廻国雑記 ……………………… 376
廻船式目　→法制史(中世史) ……………………… 178
海賊　→中世海賊・水軍 ……………………… 56
甲斐党　→中世悪党・武士団 ……………………… 54

街道	
→道（中世史）	198
→道（中世・近世史）	447
海道記　→海道記	374
海東諸国紀　→室町時代史料	93
海北友松　→海北友松	275
臥雲日件録抜尤　→室町時代史料	93
花押	
→花押・印章（古代・中世史）	4
→花押・印章（中世史）	47
→花押・印章（中世・近世史）	445
画家　→画家（中世史）	272
歌学	
→歌学・歌論書（古代・中世史）	17
→歌学・歌論書（中世史）	315
→歌学・歌論書（中世・近世史）	462
科学史	
→科学史（古代・中世史）	10
→科学史（中世史）	252
香川県	
→香川県（古代・中世史）	35
→香川県（中世史）	430
香川氏　→香川県（中世史）	430
嘉吉の乱　→嘉吉の乱	92
嘉吉物語　→室町時代史料	93
嘉喜門院　→家集（中世史）	331
覚園寺　→寺院（中世史）	228
学術	
→学術・教育史（古代・中世史）	10
→学術・教育史（中世史）	245
→学術・教育史（中世・近世史）	452
学僧　→僧侶（中世史）	232
学問	
→学術・教育史（中世史）	245
→学術・教育史（中世・近世史）	452
かくれキリシタン　→かくれキリシタン（中世・近世史）	452
掛川城	
→城郭建築（中世・近世史）	454
→静岡県（中世・近世史）	466
鹿児島	
→鹿児島県（古代・中世史）	37
→鹿児島県（中世史）	441
河後森城　→愛媛県（中世史）	431
葛西氏	
→中世武家・武将	51
→御家人	61
→東北地方（中世史）	385
→宮城県（中世史）	387
→関東地方（中世史）	390
笠木城　→福岡県（中世史）	434
風間氏　→中世武家・武将	51
加沢記　→室町時代史料	93
鍛冶	
→製鉄・鍛冶（古代・中世史）	6
→製鉄・鍛冶（中世・近世史）	447
家集　→家集（中世史）	331
梶原景時　→御家人	61

歌人　→作家論（中世史）	378
春日権現験記絵　→春日権現験記絵	267
春日社家日記　→鎌倉時代史料	65
春日大社　→寺社建築（古代・中世史）	13
春日山城　→新潟県（中世史）	404
風につれなき　→中世王朝物語	341
風に紅葉　→物語文学（中世史）	340
家族	
→家族（古代・中世史）	8
→家族（中世史）	216
家族制度	
→家族（古代・中世史）	8
→家族（中世史）	216
刀　→鎧・武具（中世史）	211
楽器	
→音楽史（古代・中世史）	14
→音楽史（中世史）	297
合戦絵　→合戦絵（古代・中世史）	12
合戦絵屏風	
→室町時代障屏画	270
→桃山時代障屏画	271
合戦史	
→合戦史（古代・中世史）	5
→合戦史（中世史）	181
→合戦史（中世・近世史）	445
勝田氏　→静岡県（古代・中世史）	30
甲冑	
→鎧・武具（古代・中世史）	7
→鎧・武具（中世史）	211
華道　→茶道・華道（中世・近世史）	460
加藤景廉　→御家人	61
加藤清正　→加藤清正	163
仮名　→言語史（中世史）	302
神奈川県	
→神奈川県（古代・中世史）	27
→神奈川県（中世史）	400
→神奈川県（中世・近世史）	464
金沢貞顕　→北条氏	63
金沢城	
→城郭建築（中世史）	283
→城郭建築（中世・近世史）	454
→石川県（中世・近世史）	465
金沢文庫　→金沢文庫	245
金沢北条氏　→北条氏	63
金森長近　→戦国の群雄	110
鐘　→鋳物（中世史）	197
兼宣公記　→室町時代史料	93
兼見卿記　→兼見卿記	176
懐良親王	
→懐良親王	81
→福岡県（中世史）	434
狩野永徳　→狩野永徳	274
狩野山雪　→狩野山雪	275
狩野山楽　→狩野山楽	275
狩野正信　→狩野正信	274
狩野派　→画家（中世史）	272
狩野光信　→狩野光信	274
狩野元信　→狩野元信	274

樺崎寺　→栃木県(中世史)	393	→関東地方(中世史)	390
兜		→埼玉県(中世史)	395
→鎧・武具(古代・中世史)	7	川中島の合戦　→川中島の合戦	131
→鎧・武具(中世史)	211	川原遺跡　→岩手県(古代・中世史)	21
貨幣		瓦	
→貨幣・金融(古代・中世史)	6	→製造業・工業技術(中世史)	197
→貨幣・金融(中世史)	196	→製造業・工業技術(中世・近世史)	447
→貨幣・金融(中世・近世史)	446	河原巻物　→差別史(古代・中世史)	7
鎌倉遺文　→鎌倉遺文	67	灌漑　→農業史(中世史)	197
鎌倉管領九代記　→鎌倉時代史料	65	閑吟集　→閑吟集	340
鎌倉九代後記　→鎌倉時代史料	65	勘合貿易	
鎌倉公方　→鎌倉府・東国支配	91	→対中国外交	184
鎌倉御家人　→御家人	61	→貿易(中世史)	200
鎌倉市　→神奈川県(中世史)	400	漢詩文	
鎌倉時代　→鎌倉時代	57	→漢詩文(古代・中世史)	20
鎌倉時代絵巻物　→鎌倉時代絵巻物	264	→漢詩文(中世史)	376
鎌倉時代絵画史　→鎌倉時代絵画史	264	→漢詩文(中世・近世史)	462
鎌倉時代史料　→鎌倉時代史料	65	寒松稿　→漢詩文(中世史)	376
鎌倉時代似絵　→鎌倉時代似絵	268	官職　→中世官制	180
鎌倉時代の日本語　→鎌倉時代の日本語	303	官地論　→室町時代史料	93
鎌倉時代の美術　→鎌倉時代の美術	258	関東管領　→鎌倉府・東国支配	91
鎌倉時代の仏教　→鎌倉時代の仏教	223	関東公方	
鎌倉時代の文学　→鎌倉時代の文学	312	→鎌倉府・東国支配	91
鎌倉時代仏教画　→鎌倉時代仏教画	264	→関東地方(中世史)	390
鎌倉大日記　→鎌倉大日記	47	関東地方	
鎌倉彫刻　→鎌倉彫刻(中世史)	261	→関東地方(古代・中世史)	23
鎌倉幕府　→鎌倉幕府	59	→関東地方(中世史)	390
鎌倉幕府の法　→鎌倉幕府の法	180	→関東地方(中世・近世史)	463
鎌倉府　→鎌倉府・東国支配	91	関八州　→関東地方(中世史)	390
鎌倉武士　→御家人	61	漢方医学　→医学史(中世史)	252
鎌倉仏教　→鎌倉時代の仏教	223	桓武平氏　→系譜・系図(古代・中世史)	4
鎌倉文化　→鎌倉文化	255	看聞日記　→看聞日記	100
鎌倉北条氏　→北条氏	63		
鎌倉和田軍記　→鎌倉時代史料	65		
上郷城　→愛知県(中世史)	413	**【き】**	
上山城			
→城郭建築(中世・近世史)	454	義演准后日記　→義演准后日記	177
→山形県(中世・近世史)	463	祇園祭　→祭礼・民間信仰(中世史)	210
亀山城		菊池氏	
→三重県(中世・近世史)	467	→御家人	61
→京都府(中世・近世史)	467	→菊池氏	83
亀山天皇　→亀山天皇	50	→熊本県(中世史)	437
蒲生氏郷　→蒲生氏郷	163	→宮崎県(中世史)	441
鴨長明　→鴨長明	380	義経記　→義経記	366
歌謡		紀行文	
→歌謡(古代・中世史)	18	→日記・紀行文(古代・中世史)	20
→歌謡(中世史)	339	→日記・紀行文(中世史)	373
→歌謡(中世・近世史)	462	儀式　→儀礼(中世史)	209
唐沢城　→栃木県(中世史)	393	儀式典例	
唐津焼　→陶芸(中世・近世史)	453	→儀礼(古代・中世史)	7
樺太　→北海道(古代・中世史)	20	→儀礼(中世史)	209
伽藍　→寺社建築(古代・中世史)	13	技術	
刈谷城　→愛知県(中世・近世史)	466	→製造業・工業技術(古代・中世史)	6
歌論書		→製造業・工業技術(中世史)	197
→歌学・歌論書(古代・中世史)	17	→製造業・工業技術(中世・近世史)	447
→歌学・歌論書(中世史)	315	岸和田城　→大阪府(中世史)	420
→歌学・歌論書(中世・近世史)	462		
河越氏			

事項名索引　くしょうけ

黄瀬戸　→美濃焼	280
貴族　→中世公家	51
北伊勢　→三重県(古代・中世史)	31
北野天神縁起　→北野天神縁起	267
北政所　→豊臣秀吉	155
北畠顕家　→北畠氏	83
北畠顕能　→北畠氏	83
北畠氏	
→北畠氏	83
→三重県(中世史)	414
北畠親房	
→北畠氏	83
→家集(中世史)	331
北山院御入内記　→室町時代史料	93
北山文化の美術　→北山文化の美術	258
吉川氏	
→中世武家・武将	51
→広島県(中世史)	428
吉記　→吉記	70
吉山明兆　→吉山明兆	272
喜連川文書　→中世史料・古文書(中世史)	43
義堂周信　→五山文学	377
木戸忠朝　→戦国の群雄	110
岐阜県	
→岐阜県(古代・中世史)	29
→岐阜県(中世史)	411
→岐阜県(中世・近世史)	466
岐阜城　→岐阜県(中世史)	411
岐部氏　→中世悪党・武士団	54
亀卜　→祭礼・民間信仰(古代・中世史)	7
木村重成　→豊臣政権の武将	162
ぎやどぺかどる	
→キリシタン語	306
→キリシタン文学	313
九州地方	
→九州地方(古代・中世史)	36
→九州地方(中世史)	432
→九州地方(中世・近世史)	469
宮廷　→中世の天皇	48
教育史	
→学術・教育史(古代・中世史)	10
→教育史(古代・中世史)	10
→学術・教育史(中世史)	245
→教育史(中世史)	252
→学術・教育史(中世・近世史)	452
→教育史(中世・近世史)	452
狂雲集　→狂雲集	378
狂歌　→狂歌	339
経覚私要鈔　→室町時代史料	93
狂言　→狂言(中世史)	297
京極為兼　→京極為兼	380
京極派　→作家論(中世史)	378
郷土史　→地方史(中世史)	384
京都府	
→京都府(古代・中世史)	32
→京都府(中世史)	418
→京都府(中世・近世史)	467
教如　→僧侶(中世史)	232

橋梁　→運輸・交通(古代・中世史)	6
玉英記抄　→玉英記抄	88
玉塵抄　→室町時代の日本語	305
玉蘂　→鎌倉時代史料	65
玉葉　→玉葉	69
清洲城　→城郭建築(中世・近世史)	454
キリシタン	
→キリスト教史(中世史)	239
→弾圧と殉教(中世史)	244
→キリスト教史(中世・近世史)	450
キリシタン語　→キリシタン語	306
キリシタン大名　→キリシタン大名・キリシタン武士	243
キリシタン武士　→キリシタン大名・キリシタン武士	243
キリシタン文化　→長崎県(中世史)	436
キリシタン文学　→キリシタン文学	313
キリシタン墓碑　→キリスト教史(中世史)	239
キリスト教　→キリスト教史(中世史)	239
→キリスト教史(中世・近世史)	450
キリスト教禁制　→弾圧と殉教(中世・近世史)	451
儀礼	
→儀礼(古代・中世史)	7
→儀礼(中世史)	209
金貨　→貨幣・金融(古代・中世史)	6
銀貨　→貨幣・金融(古代・中世史)	6
金槐和歌集　→金槐和歌集	334
金閣　→金閣	283
銀閣　→銀閣	283
近畿地方	
→近畿地方(古代・中世史)	32
→近畿地方(中世史)	415
→近畿地方(中世・近世史)	467
金工	
→金工(中世史)	281
→金工(中世・近世史)	454
近古史談　→漢詩文(中世・近世史)	462
金山　→鉱業(中世史)	197
近世史　→中世・近世史(中世・近世史)	443
金石文　→金石文	3
金融	
→貨幣・金融(古代・中世史)	6
→貨幣・金融(中世史)	196
→貨幣・金融(中世・近世史)	446

【く】

愚管記　→愚管記	87
愚管抄　→愚管抄	250
九鬼水軍　→三重県(中世史)	414
公暁　→源実朝	61
公卿補任　→公卿補任	4
公家列影図　→鎌倉時代絵巻物	264
九条兼実　→中世公家	51
九条家歴世記録　→古代・中世史料・古文書	2

日本中世史図書総覧　明治〜平成　541

グスク →沖縄県（中世史）	441
楠木氏 →楠木正成・楠木氏	81
楠木正成 →楠木正成・楠木氏	81
楠木正行 →楠木正成・楠木氏	81
朽木家文書 →中世史料・古文書（中世史）	43
鬱田氏 →戦国の群雄	110
熊谷元直 →キリシタン大名・キリシタン武士	243
熊野信仰	
→神道史（中世史）	220
→修験道（中世史）	221
熊野水軍 →中世海賊・水軍	56
熊野那智大社文書 →古代・中世史料・古文書	2
熊本県	
→熊本県（古代・中世史）	36
→熊本県（中世史）	437
→熊本県（中世・近世史）	469
熊本城	
→城郭建築（中世史）	283
→熊本県（中世史）	437
→城郭建築（中世・近世史）	454
→熊本県（中世・近世史）	469
久礼城 →愛媛県（中世史）	431
黒井城 →京都府（中世史）	418
黒田悪党 →中世悪党・武士団	54
黒田官兵衛	
→黒田孝高	164
→キリシタン大名・キリシタン武士	243
→軍師	253
黒田如水	
→黒田孝高	164
→キリシタン大名・キリシタン武士	243
黒田孝高	
→黒田孝高	164
→キリシタン大名・キリシタン武士	243
桑実寺縁起 →室町時代絵巻物	268
軍記物語 →軍記物語	352
軍師 →軍師	253
軍資金 →財政・税制史（中世史）	196
群馬県	
→群馬県（古代・中世史）	24
→群馬県（中世史）	394
→群馬県（中世・近世史）	463

【け】

慶運 →作家論（中世史）	378
桂園派 →作家論（中世史）	378
経済史	
→経済史（古代・中世史）	5
→経済史（中世史）	191
→経済史（中世・近世史）	446
系図	
→系譜・系図（古代・中世史）	4
→系譜・系図（中世史）	48
慶長見聞集 →安土桃山時代史料	172

芸能史	
→芸能史（古代・中世史）	14
→芸能史（中世史）	291
→芸能史（中世・近世史）	460
慶派 →鎌倉彫刻	261
刑罰 →法制史（中世史）	178
系譜	
→系譜・系図（古代・中世史）	4
→系譜・系図（中世史）	48
鶏籠山城 →兵庫県（中世史）	422
下剋上 →下剋上	109
華厳宗祖師絵伝 →華厳宗祖師絵伝	266
元 →対中国外交	184
剣客 →武道（中世史）	302
喧嘩両成敗 →法制史（中世史）	178
源空 →僧侶	232
剣豪	
→武道（中世史）	302
→武道（中世・近世史）	460
元寇 →元寇	185
賢江祥啓 →賢江祥啓	274
元弘の乱 →正中の乱・元弘の乱	65
健康法	
→医学史（古代・中世史）	10
→医学史（中世史）	252
兼好法師	
→家集（中世史）	331
→吉田兼好	384
言語史	
→言語史（古代・中世史）	14
→言語史（中世史）	302
→鎌倉時代の日本語	303
→室町時代の日本語	305
→キリシタン語	306
→言語史（中世・近世史）	461
源氏	
→系譜・系図（古代・中世史）	4
→中世武家・武将	51
建治三年記	
→鎌倉時代史料	65
→建治三年記	72
建春門院中納言日記 →建春門院中納言日記	374
顕昭 →家集（中世史）	331
見性院 →山内一豊	165
玄奘三蔵絵 →玄奘三蔵絵	266
源信 →家集（中世史）	331
検地	
→検地	195
→政治史（中世・近世史）	445
建築史	
→建築史（古代・中世史）	13
→建築史（中世史）	281
→建築史（中世・近世史）	454
建長寺 →寺社建築（中世史）	282
建内記 →建内記	98
源平盛衰記 →源平盛衰記	363
建武中興 →建武中興	77
建武年中行事註解 →儀礼（中世史）	209

建武の新政　→建武中興	77
剣銘文　→金石文	3
建礼門院右京大夫集　→建礼門院右京大夫集	334

【こ】

恋路ゆかしき大将　→中世王朝物語	341
甲賀忍者	
→忍術（中世史）	302
→忍術（中世・近世史）	460
後宮　→中世の天皇	48
鉱業　→鉱業（中世史）	197
工業技術	
→製造業・工業技術（古代・中世史）	6
→製造業・工業技術（中世史）	197
→製造業・工業技術（中世・近世史）	447
工芸	
→工芸（中世史）	281
→工芸（中世・近世史）	454
光厳天皇	
→光厳天皇	51
→家集（中世史）	331
→作家論（中世史）	378
香西氏	
→中世武家・武将	51
→香川県（中世史）	430
鉱山　→鉱業（中世史）	197
豪商　→商業史（中世史）	199
上月城　→兵庫県（中世史）	422
上野国武士団　→中世悪党・武士団	54
高僧　→僧侶（中世史）	232
高台寺　→寺社建築（中世史）	282
合田氏　→中世武家・武将	51
後宇多天皇　→後宇多天皇	50
高知県	
→高知県（中世史）	432
→高知県（中世・近世史）	468
交通	
→運輸・交通（古代・中世史）	6
→運輸・交通（中世史）	197
→運輸・交通（中世・近世史）	447
河野氏	
→戦国の群雄	110
→愛媛県（中世史）	431
弘法大師行状絵詞　→弘法大師行状絵詞	269
高野山文書　→中世史料・古文書（中世史）	43
甲陽軍鑑　→甲陽軍鑑	254
興隆寺文書　→古文書学（中世史）	44
鴻臚館　→福岡県（古代・中世史）	36
幸若舞　→舞曲	292
港湾　→水運・海運（中世史）	198
古往来　→古往来（中世・近世史）	452
古河公方　→鎌倉府・東国支配	91
古貨幣　→貨幣・金融（古代・中世史）	6
五箇山　→富山県（古代・中世史）	28

古唐津　→陶芸（中世・近世史）	453
古記録	
→古代・中世史料・古文書	2
→中世史料・古文書（中世史）	43
→中世・近世史料・古文書（中世・近世史）	444
国衙領　→土地制度（中世史）	191
国語	
→言語史（古代・中世史）	14
→言語史（中世史）	302
→鎌倉時代の日本語	303
→室町時代の日本語	305
→言語史（中世・近世史）	461
国際交流	
→外交史（古代・中世史）	5
→外交史（中世史）	184
→外交史（中世・近世史）	445
国際文化交流　→文化史（古代・中世史）	10
後愚昧記　→後愚昧記	87
御家人　→御家人	61
苔の衣　→中世王朝物語	341
古建築	
→建築史（古代・中世史）	13
→建築史（中世史）	281
古今著聞集　→古今著聞集	350
後三年合戦絵詞　→後三年の役絵詞	269
後三年の役絵詞　→後三年の役絵詞	269
五山文学　→五山文学	377
小侍従　→家集（中世史）	331
古事談　→古事談・続古事談	350
児島高徳　→南朝	78
小島のすさみ　→日記・紀行文（中世史）	373
児島範長　→南朝	78
御所　→御所・邸宅（中世史）	291
古城　→城郭建築（古代・中世史）	14
コスメ・デ・トーレス　→ザビエル・イエズス会	241
御成敗式目　→御成敗式目	180
古銭　→貨幣・金融（中世史）	196
古戦史　→合戦史（古代・中世史）	5
古戦場	
→合戦史（古代・中世史）	5
→合戦史（中世史）	181
→合戦史（中世・近世史）	445
古代・中世一般　→古代・中世一般	1
古代・中世史　→古代・中世史	1
古代・中世史料　→古代・中世史料・古文書	2
後醍醐天皇　→後醍醐天皇	78
古代史　→古代・中世史	1
古代寺院　→寺院（古代・中世史）	9
古代・中世文学　→文学史（古代・中世史）	14
五大老　→豊臣政権の武将	162
木造城　→三重県（中世史）	414
古天文　→科学史（古代・中世史）	10
琴　→音楽史（古代・中世史）	14
古陶	
→陶芸（中世史）	275
→陶芸（中世・近世史）	453
古道　→道（中世史）	198
後藤氏　→系譜・系図（中世史）	48

日本中世史図書総覧　明治〜平成　**543**

ことうまた　　　　　　　　　　　　　　　事項名索引

後藤又兵衛基次　→豊臣政権の武将 …………… 162
後鳥羽天皇
　→後鳥羽天皇 …………………………………… 49
　→家集（中世史） …………………………… 331
　→後鳥羽院 ………………………………… 380
子供　→家族（中世史） ………………………… 216
後奈良天皇　→後奈良天皇 ……………………… 51
後奈良天皇宸記　→後奈良天皇宸記 ………… 103
後南朝　→後南朝 ……………………………… 84
小西行長
　→小西行長 ………………………………… 164
　→キリシタン大名・キリシタン武士 ……… 243
近衛前久　→中世公家 …………………………… 51
小早川隆景　→毛利氏 ………………………… 136
後深草院二条　→後深草院二条 ……………… 381
後法興院記　→後法興院記 …………………… 101
後北条氏
　→後北条氏 ………………………………… 122
　→神奈川県（中世史） …………………… 400
後法成寺関白記　→戦国時代史料 …………… 142
小堀遠州　→茶道（中世史） ………………… 297
駒井日記　→安土桃山時代史料 ……………… 172
小牧山城　→愛知県（中世史） ……………… 413
駒競行幸絵巻　→鎌倉時代絵巻物 …………… 264
後村上天皇　→後村上天皇 …………………… 50
古文書
　→古代・中世史料・古文書 ……………… 2
　→中世史料・古文書（中世史） ………… 43
　→中世・近世史料・古文書（中世・近世史） … 444
古文書学　→古文書学（中世史） …………… 44
小山城　→静岡県（中世史） ………………… 412
後陽成天皇　→後陽成天皇 …………………… 51
暦
　→科学史（古代・中世史） ……………… 10
　→暦学（中世史） ………………………… 252
古琉球　→沖縄県（中世史） ………………… 441
コレジヨ　→キリスト教史（中世史） ……… 239
木幡の時雨　→中世王朝物語 ………………… 341
婚姻　→家族（中世史） ……………………… 216
こんてむつすむん地
　→キリシタン語 …………………………… 306
　→キリシタン文学 ………………………… 313

【さ】

災害史
　→災害史（古代・中世史） ……………… 8
　→災害史（中世史） ……………………… 217
　→災害史（中世・近世史） ……………… 449
西行
　→家集（中世史） ………………………… 331
　→西行 ……………………………………… 381
債権　→貨幣・金融（中世史） ……………… 196
西国武士団
　→中世悪党・武士団 ……………………… 54

　→九州地方（中世史） …………………… 432
財政　→財政・税制史（中世史） …………… 196
財政史　→財政史（古代・中世史） ………… 6
西大寺　→奈良県（古代・中世史） ………… 33
埼玉県
　→埼玉県（古代・中世史） ……………… 24
　→埼玉県（中世史） ……………………… 395
　→埼玉県（中世・近世史） ……………… 463
在地領主制　→土地制度（中世史） ………… 191
財津氏　→中世悪党・武士団 ………………… 54
斎藤氏　→斎藤氏 ……………………………… 134
斎藤道三　→斎藤氏 …………………………… 134
祭礼
　→祭礼・民間信仰（古代・中世史） …… 7
　→祭礼・民間信仰（中世史） …………… 210
坂井遺芳　→安土桃山時代史料 ……………… 172
堺市　→大阪府（中世史） …………………… 420
佐賀県
　→佐賀県（古代・中世史） ……………… 36
　→佐賀県（中世史） ……………………… 436
相良氏　→静岡県（古代・中世史） ………… 30
冊封使　→沖縄県（中世・近世史） ………… 469
佐久間氏　→織田家の武将 …………………… 152
酒　→食物史（中世史） ……………………… 211
佐々木氏　→中世武家・武将 ………………… 51
佐々木道誉　→佐々木道誉 …………………… 84
佐々部氏
　→戦国の群雄 ……………………………… 110
　→広島県（中世史） ……………………… 428
ささめごと　→連歌論 ………………………… 338
篠本城　→千葉県（中世史） ………………… 397
佐竹氏
　→佐竹氏 …………………………………… 121
　→茨城県（中世史） ……………………… 391
佐竹義宣　→佐竹氏 …………………………… 121
薩戒記　→薩戒記 ……………………………… 100
作家論　→作家論（中世史） ………………… 378
佐々成政　→織田家の武将 …………………… 152
佐渡
　→新潟県（古代・中世史） ……………… 27
　→新潟県（中世史） ……………………… 404
茶道
　→茶道（中世史） ………………………… 297
　→茶道・華道（中世・近世史） ………… 460
里見氏
　→里見氏 …………………………………… 121
　→千葉県（中世史） ……………………… 397
里村紹巴　→作家論（中世史） ……………… 378
猿投神社
　→愛知県（古代・中世史） ……………… 31
　→神社（中世史） ………………………… 220
真田氏
　→真田氏 …………………………………… 132
　→長野県（中世史） ……………………… 409
真田昌幸　→真田氏 …………………………… 132
真田幸村　→真田氏 …………………………… 132
実隆公記
　→実隆公記 ………………………………… 102

544　日本中世史図書総覧　明治～平成

→日記・紀行文（中世史） ……………………… 373
実躬卿記　→実躬卿記 ……………………………… 72
ザビエル
　　→ザビエル・イエズス会 ……………………… 241
　　→大分県（中世史） …………………………… 438
　　→鹿児島県（中世史） ………………………… 441
差別史
　　→差別史（古代・中世史） ……………………… 7
　　→差別史（中世史） …………………………… 211
　　→差別史（中世・近世史） …………………… 448
侍　→中世武家・武将 ……………………………… 51
小夜衣　→小夜衣 ………………………………… 343
佐和山城
　　→城郭建築（中世史） ………………………… 283
　　→滋賀県（中世史） …………………………… 415
山陰地方　→山陰地方（中世史） ………………… 426
山槐記　→山槐記 ………………………………… 69
山家集　→山家集 ………………………………… 334
三十六歌仙絵巻　→三十六歌仙絵巻 …………… 268
三種の神器　→思想史（古代・中世史） ………… 8
山椒太夫　→説教浄瑠璃（中世史） …………… 293
三条夫人　→武田氏 …………………………… 125
サントスのご作業　→キリシタン文学 ………… 313
山王霊験記　→鎌倉時代絵巻物 ………………… 264
サン・フェリペ号事件　→対南蛮外交 ………… 190
参謀　→軍師 …………………………………… 253
三昧聖　→葬儀（中世史） ……………………… 210
山陽地方　→山陽地方（中世史） ………………… 427

【し】

寺院
　　→寺院（古代・中世史） ………………………… 9
　　→寺院（中世史） ……………………………… 228
　　→寺院（中世・近世史） ……………………… 450
寺院建築　→寺社建築（古代・中世史） ………… 13
寺院法　→法制史（中世史） …………………… 178
慈円
　　→僧侶（中世史） ……………………………… 232
　　→慈円 ………………………………………… 381
塩谷朝業　→作家論（中世史） ………………… 378
史学史　→史学史（中世史） …………………… 246
滋賀県
　　→滋賀県（古代・中世史） …………………… 32
　　→滋賀県（中世史） …………………………… 415
　　→滋賀県（中世・近世史） …………………… 467
志賀文書　→中世史料・古文書（中世史） ……… 43
信楽焼　→信楽焼 ……………………………… 277
式子内親王
　　→家集（中世史） ……………………………… 331
　　→作家論（中世史） ………………………… 378
事件史　→世相・事件史（中世史） …………… 217
地獄絵　→仏教画（古代・中世史） …………… 11
四国地方
　　→四国地方（古代・中世史） ………………… 35

→四国地方（中世史） …………………………… 430
→四国地方（中世・近世史） …………………… 468
寺社建築
　　→寺社建築（古代・中世史） ………………… 13
　　→寺社建築（中世史） ……………………… 282
寺社勢力　→寺社勢力（中世史） ……………… 231
時宗　→時宗 …………………………………… 228
私聚百因縁集　→説話文学 …………………… 347
慈照寺　→銀閣 ………………………………… 283
地震
　　→災害史（古代・中世史） …………………… 8
　　→災害史（中世史） ………………………… 217
　　→災害史（中世・近世史） ………………… 449
静岡県
　　→静岡県（古代・中世史） …………………… 30
　　→静岡県（中世史） ………………………… 412
　　→静岡県（中世・近世史） ………………… 466
賤ケ岳合戦　→賤ケ岳合戦 …………………… 166
雫ににごる　→中世王朝物語 ………………… 341
私撰集　→私撰集 ……………………………… 321
思想史
　　→思想史（古代・中世史） …………………… 8
　　→思想史（中世史） ………………………… 217
　　→思想史（中世・近世史） ………………… 449
地蔵菩薩霊験記　→鎌倉時代絵巻物 ………… 264
七戸城
　　→城郭建築（中世史） ……………………… 283
　　→青森県（中世史） ………………………… 386
慈鎮　→作家論（中世史） ……………………… 378
漆器　→工芸（中世・近世史） ………………… 454
十訓抄　→十訓抄 ……………………………… 350
執権政治　→執権政治 ………………………… 63
地頭　→地頭 …………………………………… 63
忍び　→忍術（中世・近世史） ………………… 460
しのびね物語　→しのびね物語 ……………… 343
志野焼　→美濃焼 ……………………………… 280
柴田勝家　→織田家の武将 …………………… 152
ジパング　→対南蛮外交 ……………………… 190
島津氏　→島津氏 ……………………………… 141
島津忠久
　　→御家人 ……………………………………… 61
　　→島津氏 …………………………………… 141
島津歳久　→島津氏 …………………………… 141
島津義弘　→島津氏 …………………………… 141
島根県
　　→島根県（古代・中世史） …………………… 34
　　→島根県（中世史） ………………………… 426
　　→島根県（中世・近世史） ………………… 468
清水山城　→城郭建築（中世史） ……………… 283
市民　→町衆（中世史） ………………………… 216
下岡田遺跡　→広島県（古代・中世史） ……… 35
霜月騒動　→鎌倉幕府 ………………………… 59
社会史
　　→社会史（古代・中世史） …………………… 6
　　→社会史（中世史） ………………………… 200
　　→社会史（中世・近世史） ………………… 447
石神井城
　　→城郭建築（中世史） ……………………… 283

しやくれん		事項名索引	

→東京都（中世史）	399	書院造　→建築史（中世史）	281
寂蓮		荘園　→中世荘園制	192
→家集（中世史）	331	城郭建築	
→寂蓮	382	→城郭建築（古代・中世史）	14
社寺建築　→寺社建築（古代・中世史）	13	→城郭建築（中世史）	283
沙石集　→沙石集	350	→城郭建築（中世・近世史）	454
拾遺愚草　→拾遺愚草	335	城下町	
十王図　→仏教画（古代・中世史）	11	→都市（中世史）	214
住居　→建築史（中世史）	281	→集落・都市（中世・近世史）	449
宗教史		承久記　→承久記	363
→宗教史（古代・中世史）	8	承久の乱　→承久の乱	65
→宗教史（中世史）	219	商業史	
→宗教史（中世・近世史）	450	→商業史（中世史）	199
宗教美術		→商業史（中世・近世史）	447
→宗教美術（古代・中世史）	10	祥啓　→賢江祥啓	274
→宗教美術（中世史）	260	蕉堅藁　→漢詩文	376
宗教文学　→宗教文学	311	浄光明寺　→寺院	228
拾玉集　→家集（中世史）	331	尚氏　→沖縄県（中世・近世史）	469
住居史		肖像画	
→住居史（古代・中世史）	7	→絵画（古代・中世史）	11
→住居史（中世史）	212	→似絵（中世史）	264
→住居史（中世・近世史）	449	→鎌倉時代似絵	268
周山城　→京都府（中世史）	418	→肖像画（中世・近世史）	453
十三代集　→十三代集	320	正徹　→正徹	382
拾塵和歌集　→家集（中世史）	331	勝道上人　→僧侶	232
住宅		浄土教　→浄土教	224
→住居史（古代・中世史）	7	浄土思想　→浄土教	224
→住居史（中世史）	212	浄土宗　→浄土宗	225
→住居史（中世・近世史）	449	浄土真宗	
住宅建築　→民家（中世史）	291	→浄土真宗	225
袖中抄　→歌学・歌論書（中世史）	315	→仏教史（中世・近世史）	450
周文　→天章周文	273	商人	
銃砲　→鉄砲伝来	109	→商業史（中世史）	199
衆妙集　→家集（中世史）	331	→商業史（中世・近世史）	447
集落		障屏画	
→集落・都市（古代・中世史）	7	→障屏画（中世史）	264
→集落・都市（中世史）	212	→室町時代障屏画	270
→集落・都市（中世・近世史）	449	→桃山時代障屏画	271
十輪院内府記　→室町時代史料	93	→障屏画（中世・近世史）	453
儒学　→儒学（中世史）	218	障壁画　→絵画（古代・中世史）	11
修験道　→修験道（中世史）	221	称名寺　→寺院（中世史）	228
守護		勝竜寺城　→京都府（中世史）	418
→守護	63	丈六寺　→寺社建築（古代・中世史）	13
→守護大名	91	書簡集　→中世史料・古文書（中世史）	43
守護大名　→守護大名	91	書簡文　→言語史（中世・近世史）	461
守護領国体制　→大名領国制	195	職原抄　→職原抄	181
呪術　→祭礼・民間信仰（中世史）	210	食生活	
酒呑童子絵巻　→室町時代絵巻物	268	→食物史（古代・中世史）	7
聚楽第　→城郭建築（中世史）	283	→食物史（中世史）	211
首里城		食肉　→畜産業（中世史）	197
→城郭建築（中世・近世史）	454	職人	
→沖縄県（中世・近世史）	469	→製造業・工業技術（古代・中世史）	6
春霞集　→家集（中世史）	331	→製造業・工業技術（中世史）	197
殉教		職能民　→製造業・工業技術（中世史）	197
→弾圧と殉教（中世史）	244	食文化　→食物史（中世史）	211
→弾圧と殉教（中世・近世史）	451	織豊時代　→安土桃山時代	144
俊恵　→家集（中世史）	331	食物史	
順徳天皇　→順徳天皇	49	→食物史（古代・中世史）	7

事項名索引　　　　　せいしかん

→食物史(中世史) …… 211
書状　→中世史料・古文書(中世史) …… 43
女性史
　→女性史(古代・中世史) …… 6
　→女性史(中世史) …… 204
　→女性史(中世・近世史) …… 448
如拙　→大巧如拙 …… 272
書道　→書道(中世史) …… 301
書物
　→学術・教育史(中世史) …… 245
　→学術・教育史(中世・近世史) …… 452
白土城　→城郭建築(中世史) …… 283
史料
　→古代・中世史料・古文書 …… 2
　→中世史料・古文書(中世史) …… 43
　→鎌倉時代史料 …… 65
　→南北朝時代史料 …… 85
　→室町時代史料 …… 93
　→戦国時代史料 …… 142
　→安土桃山時代史料 …… 172
　→中世・近世史料・古文書(中世・近世史) …… 444
史料学
　→古代・中世史料・古文書 …… 2
　→古文書学(中世史) …… 44
寺領荘園　→寺院(中世史) …… 228
史料綜覧
　→史料綜覧(鎌倉時代) …… 67
　→史料綜覧(南北朝時代) …… 86
　→史料綜覧(室町時代) …… 98
　→史料綜覧(安土桃山時代) …… 175
城
　→城郭建築(古代・中世史) …… 14
　→城郭建築(中世史) …… 283
　→城郭建築(中世・近世史) …… 454
沈惟敬　→文禄・慶長の役 …… 188
塵芥集　→戦国分国法 …… 181
鍼灸　→医学史(中世史) …… 252
心敬
　→連歌(中世史) …… 335
　→心敬 …… 382
塵荊抄　→随筆・評論(中世史) …… 367
信仰　→宗教史(古代・中世史) …… 8
新古今和歌集　→新古今和歌集 …… 316
真言宗　→真言宗 …… 225
宍道氏　→島根県(中世史) …… 426
神社
　→神道史(古代・中世史) …… 8
　→神社(中世史) …… 220
神社建築　→寺社建築(古代・中世史) …… 13
真宗
　→浄土真宗 …… 225
　→仏教史(中世・近世史) …… 450
信生法師　→家集(中世史) …… 331
深心院関白記　→深心院関白記 …… 72
壬辰倭乱　→文禄・慶長の役 …… 188
新撰菟玖波集　→新撰菟玖波集 …… 338
信長公記　→織田信長 …… 146
神道史

→神道史(古代・中世史) …… 8
→神道史(中世史) …… 220
→神道史(中世・近世史) …… 450
神皇正統記　→神皇正統記 …… 250
陣羽織　→服飾史(中世史) …… 210
新府城　→城郭建築(中世史) …… 283
新葉和歌集　→新葉和歌集 …… 331
親鸞　→親鸞 …… 233
神話
　→宗教史(古代・中世史) …… 8
　→神話(中世史) …… 220

【す】

水運
　→水運・海運(中世史) …… 198
　→水運・海運(中世・近世史) …… 447
水軍　→中世海賊・水軍 …… 56
随身庭騎絵巻　→鎌倉時代絵巻物 …… 264
随筆　→随筆・評論(中世史) …… 367
水墨画　→室町時代水墨画 …… 270
菅浦文書　→中世史料・古文書(中世史) …… 43
菅谷館　→埼玉県(中世史) …… 395
杉田氏　→東京都(中世史) …… 399
数寄屋造　→数寄屋造(中世史) …… 282
住まい
　→住居史(古代・中世史) …… 7
　→住居史(中世史) …… 212
　→住居史(中世・近世史) …… 449
角倉了以　→商業史(中世史) …… 199
住吉物語　→住吉物語 …… 342
住吉物語絵巻　→鎌倉時代絵巻物 …… 264
洲本城
　→兵庫県(中世史) …… 422
　→城郭建築(中世・近世史) …… 454
　→兵庫県(中世・近世史) …… 467
駿府記　→安土桃山時代史料 …… 172
駿府城
　→静岡県(中世史) …… 412
　→城郭建築(中世・近世史) …… 454
　→静岡県(中世・近世史) …… 466

【せ】

世阿弥　→世阿弥 …… 295
井蛙抄　→歌学・歌論書(中世史) …… 315
製塩　→製造業・工業技術(中世史) …… 197
生活史
　→風俗・生活史(古代・中世史) …… 7
　→風俗・生活史(中世史) …… 208
　→風俗・生活史(中世・近世史) …… 448
西山国師絵伝　→室町時代絵巻物 …… 268
生死観　→思想史(古代・中世史) …… 8

日本中世史図書総覧 明治〜平成　547

せいしし　　　　　　　　　　　事項名索引

政治史
　→政治史（古代・中世史） ……………… 5
　→政治史（中世史） …………………… 178
　→政治史（中世・近世史） …………… 445
星図　→暦学（中世史） ………………… 252
税制史　→財政・税制史（中世史） …… 196
征西将軍宮　→懐良親王 ………………… 81
製造業
　→製造業・工業技術（古代・中世史） … 6
　→製造業・工業技術（中世史） ……… 197
　→製造業・工業技術（中世・近世史） … 447
正中の乱　→正中の乱・元弘の乱 ……… 65
製鉄
　→製鉄・鍛冶（古代・中世史） ……… 6
　→製鉄・鍛冶（中世・近世史） ……… 447
性風俗　→性風俗（中世史） …………… 216
晴右記　→晴右記 ………………………… 176
清和源氏　→系譜・系図（古代・中世史） … 4
関が原の戦い　→関が原の戦い ………… 170
関氏　→南朝 ……………………………… 78
関所　→運輸・交通（中世史） ………… 197
石造物　→石彫（中世史） ……………… 261
石彫
　→石彫（中世史） ……………………… 261
　→彫刻（中世・近世史） ……………… 453
石碑　→金石文 …………………………… 3
世喜宿城　→埼玉県（中世・近世史） … 463
世相　→世相・事件史（中世史） ……… 217
絶海中津　→五山文学 …………………… 377
説教浄瑠璃　→説教浄瑠璃（中世史） … 293
説経節　→説教浄瑠璃（中世史） ……… 293
雪舟等楊　→雪舟等楊 …………………… 273
雪村周継　→雪村周継 …………………… 274
切腹　→倫理・道徳（中世史） ………… 218
節用集　→言語史（中世・近世史） …… 461
説話絵　→説話絵（古代・中世史） …… 12
説話文学
　→説話文学（古代・中世史） ………… 19
　→説話文学 …………………………… 347
　→説話文学（中世・近世史） ………… 462
瀬戸内海　→水運・海運（中世史） …… 198
瀬戸焼
　→瀬戸焼 ……………………………… 278
　→美濃焼 ……………………………… 280
禅　→禅宗 ………………………………… 227
銭貨
　→貨幣・金融（古代・中世史） ……… 6
　→貨幣・金融（中世史） ……………… 196
善光寺
　→寺社建築（古代・中世史） ………… 13
　→長野県（古代・中世史） …………… 29
善光寺信仰　→仏教史（古代・中世史） … 9
戦国遺文　→室町時代史料 ……………… 93
戦国時代　→戦国時代 …………………… 103
戦国時代史料　→戦国時代史料 ………… 142
戦国大名　→戦国の群雄 ………………… 110
戦国の群雄　→戦国の群雄 ……………… 110
戦国武将　→戦国の群雄 ………………… 110

戦国分国法　→戦国分国法 ……………… 181
禅宗　→禅宗 ……………………………… 227
選集抄　→選集抄 ………………………… 349
染織工芸
　→染織工芸（中世史） ………………… 281
　→染織工芸（中世・近世史） ………… 454
善信聖人親鸞伝絵　→室町時代絵巻物 … 268
千利休　→千利休 ………………………… 299
賤民
　→差別史（古代・中世史） …………… 7
　→差別史（中世史） …………………… 211
　→差別史（中世・近世史） …………… 448
戦乱
　→合戦史（古代・中世史） …………… 5
　→合戦史（中世史） …………………… 181
　→合戦史（中世・近世史） …………… 445
泉竜寺　→寺院（中世史） ……………… 228

【そ】

宋　→対中国外交 ………………………… 184
箏　→音楽史（古代・中世史） ………… 14
相阿弥　→相阿弥（真相） ……………… 274
草庵文学　→草庵文学 …………………… 311
宗祇
　→連歌（中世史） ……………………… 335
　→宗祇 ………………………………… 382
葬儀　→葬儀（中世史） ………………… 210
葬制　→葬儀（中世史） ………………… 210
造船　→製造業・工業技術（中世史） … 197
葬送　→葬儀（中世史） ………………… 210
惣村　→村落（中世史） ………………… 212
宗長　→作家論（中世史） ……………… 378
宗長日記　→宗長日記 …………………… 376
雑兵　→足軽 ……………………………… 109
僧兵　→寺社勢力（中世史） …………… 231
相馬氏　→福島県（中世史） …………… 389
僧侶
　→僧侶（中世史） ……………………… 232
　→僧侶（中世・近世史） ……………… 450
惣領制　→家族（中世史） ……………… 216
曾我物語　→曾我物語 …………………… 366
続古事談　→古事談・続古事談 ………… 350
続史愚抄　→続史愚抄 …………………… 47
訴訟制度　→鎌倉幕府の法 ……………… 180
その他の諸国との外交　→その他の諸国との外交 … 191
尊円法親王　→家集（中世史） ………… 331
尊卑分脉　→尊卑分脉 …………………… 4
村落
　→集落・都市（古代・中世史） ……… 7
　→村落（中世史） ……………………… 212

【た】

対外関係
　→外交史(古代・中世史) ………………… 5
　→外交史(中世史) ……………………… 184
大交易時代
　→対中国外交 …………………………… 184
　→沖縄県(中世史) ……………………… 441
大航海時代
　→外交史(中世史) ……………………… 184
　→対南蛮外交 …………………………… 190
太閤検地　→検地 ……………………………… 195
大巧如拙　→大巧如拙 ……………………… 272
醍醐寺文書
　→古代・中世史料・古文書 ………………… 2
　→南北朝時代史料 ……………………… 85
大樹寺　→寺院(中世史) ……………………… 228
大乗院寺社雑事記　→大乗院寺社雑事記 …… 98
対中国外交　→対中国外交 ………………… 184
対朝鮮外交　→対朝鮮外交 ………………… 187
大塔宮　→護良親王 ………………………… 81
大徳寺　→大徳寺 ……………………………… 283
大徳寺文書　→中世史料・古文書(中世史) … 43
対南蛮外交　→対南蛮外交 ………………… 190
大日本史料
　→大日本史料(4) ……………………… 66
　→大日本史料(5) ……………………… 66
　→大日本史料(6) ……………………… 85
　→大日本史料(7) ……………………… 94
　→大日本史料(8) ……………………… 95
　→大日本史料(9) ……………………… 97
　→大日本史料(10) …………………… 173
　→大日本史料(11) …………………… 174
太平記
　→南北朝時代 …………………………… 73
　→太平記 ………………………………… 364
当麻曼荼羅縁起　→当麻曼荼羅縁起 ……… 269
大名領国制　→大名領国制 ………………… 195
高楯城　→山形県(中世史) ………………… 388
高天神城　→静岡県(中世史) ……………… 412
隆房卿艶詞絵巻　→隆房卿艶詞絵巻 ……… 265
高屋城　→大阪府(中世史) ………………… 420
高山右近
　→高山右近 ……………………………… 164
　→キリシタン大名・キリシタン武士 ……… 243
　→茶道(中世史) ………………………… 297
滝山城　→城郭建築(中世史) ……………… 283
武田勝頼　→武田氏 ………………………… 125
武田氏
　→系譜・系図(中世史) ………………… 48
　→武田氏 ………………………………… 125
　→福井県(中世史) ……………………… 407
　→山梨県(中世史) ……………………… 408
竹田城　→兵庫県(中世史) ………………… 422
武田信玄　→武田氏 ………………………… 125

武田信虎　→武田氏 ………………………… 125
竹中半兵衛
　→豊臣政権の武将 ……………………… 162
　→軍師 …………………………………… 253
武野紹鷗　→武野紹鷗 ……………………… 299
竹むきが記　→竹むきが記 ………………… 376
大宰府　→大宰府(中世史) ………………… 435
大宰府天満宮
　→福岡県(古代・中世史) ……………… 36
　→大宰府(中世史) ……………………… 435
立河氏　→東京都(古代・中世史) ………… 26
伊達氏
　→栃木県(古代・中世史) ……………… 23
　→系譜・系図(中世史) ………………… 48
　→伊達氏 ………………………………… 120
　→東北地方(中世史) …………………… 385
　→宮城県(中世史) ……………………… 387
　→宮城県(中世・近世史) ……………… 462
　→山形県(中世・近世史) ……………… 463
立野城　→城郭建築(中世史) ……………… 283
館林城　→群馬県(中世史) ………………… 394
伊達政宗　→伊達氏 ………………………… 120
田中城　→静岡県(中世・近世史) ………… 466
田中吉政　→豊臣政権の武将 ……………… 162
種子島
　→鉄砲伝来 ……………………………… 109
　→鹿児島県(中世史) …………………… 441
多麻金石文
　→金石文 ………………………………… 3
　→東京都(古代・中世史) ……………… 26
為広下向記　→日記・紀行文(中世史) …… 373
多聞院日記　→多聞院日記 ………………… 177
談山神社古文書　→中世史料・古文書(中世史) … 43
丹波焼　→丹波焼 …………………………… 278

【ち】

知恩院　→知恩院 …………………………… 231
親孝日記　→親孝日記 ……………………… 103
親俊日記　→親俊日記 ……………………… 100
親長卿記　→親長卿記 ……………………… 101
親元日記　→親元日記 ……………………… 101
筑後宇都宮氏　→福岡県(古代・中世史) … 36
畜産業　→畜産業(中世史) ………………… 197
筑前麻生文書　→中世史料・古文書(中世史) … 43
千々石ミゲル　→天正遣欧使節 …………… 243
地図
　→歴史地理(古代・中世史) …………… 8
　→歴史地理(中世史) …………………… 216
　→歴史地理(中世・近世史) …………… 449
治水
　→政治史(中世史) ……………………… 178
　→農業史(中世史) ……………………… 197
秩父丹党　→中世悪党・武士団 …………… 54
千葉県

項目	参照	頁
	→千葉県（古代・中世史）	25
	→千葉県（中世史）	397
	→千葉県（中世・近世史）	464
千葉氏		
	→中世武家・武将	51
	→御家人	61
	→佐賀県（中世史）	436
地方史		
	→地方史（古代・中世史）	20
	→地方史（中世史）	384
	→地方史（中世・近世史）	462
地方文学	→地方文学（古代・中世史）	16
茶室	→茶屋（中世史）	291
茶の湯		
	→茶道（中世史）	297
	→茶道・華道（中世・近世史）	460
茶の湯道具	→工芸（中世・近世史）	454
茶屋	→茶屋（中世史）	291
中院通勝	→家集（中世史）	331
中華若木詩抄	→中華若木詩抄	378
中近世	→中世・近世史（中世・近世史）	443
中国地方		
	→中国地方（古代・中世史）	34
	→中国地方（中世史）	425
	→中国地方（中世・近世史）	468
中世一般	→中世一般（中世史）	38
中世王権	→中世の天皇	48
中世王朝物語	→中世王朝物語	341
中世官制	→中世官制	180
中世・近世一般	→中世・近世一般（中世・近世史）	443
中世・近世史料	→中世・近世史料・古文書（中世・近世史）	444
中世公家	→中世公家	51
中世史	→中世史（中世史）	38
中世寺院	→寺院（中世史）	228
中世荘園制	→中世荘園制	192
中世城館	→城郭建築（中世史）	283
中世史料	→中世史料・古文書（中世史）	43
中世の天皇	→中世の天皇	48
中尊寺	→岩手県（古代・中世史）	21
中殿御会図	→鎌倉時代絵巻物	264
中部地方		
	→中部・東海地方（古代・中世史）	29
	→中部・東海地方（中世史）	407
	→中部・東海地方（中世・近世史）	465
朝儀諸次第	→朝儀諸次第	73
長弓寺	→寺社建築（古代・中世史）	13
長享年後畿内兵乱記	→室町時代史料	93
長慶天皇		
	→長慶天皇	50
	→家集（中世史）	331
彫刻		
	→彫刻（古代・中世史）	10
	→彫刻（中世史）	261
	→鎌倉彫刻（中世史）	261
	→彫刻（中世・近世史）	453
朝鮮侵略	→文禄・慶長の役	188
朝鮮通信使	→対朝鮮外交	187

項目	参照	頁
朝鮮の役	→文禄・慶長の役	188
長宗我部掟書	→戦国分国法	181
長宗我部氏	→長宗我部氏	138
長宗我部元親	→長宗我部氏	138
長宗我部盛親	→長宗我部氏	138
町人	→町衆（中世史）	216
長福寺文書	→古文書学（中世史）	44
長禄記	→室町時代史料	93
勅撰和歌集	→勅撰和歌集	316
塵塚物語	→随筆・評論（中世史）	367
椿葉記	→南北朝時代史料	85

【つ】

項目	参照	頁
津久井城	→神奈川県（中世史）	400
菟玖波集	→菟玖波集	338
津城	→三重県（中世・近世史）	467
土一揆	→一揆史（中世史）	206
土蜘蛛草子	→室町時代絵巻物	268
土御門天皇		
	→土御門天皇	49
	→作家論（中世史）	378
	→徳島県（中世史）	430
津戸為守	→御家人	61
経俊卿記	→鎌倉時代史料	65
鐔	→金工（中世・近世史）	454
妻籠城	→長野県（中世史）	409
津山城		
	→城郭建築（中世史）	454
	→岡山県（中世・近世史）	468
鶴岡八幡宮	→神社（中世史）	220
鶴ケ城	→福島県（中世・近世史）	463
徒然草	→徒然草	369

【て】

項目	参照	頁
庭園	→庭園（中世史）	291
帝王編年記	→史学史（中世史）	246
邸宅	→御所・邸宅（中世史）	291
鉄	→製鉄・鍛冶（古代・中世史）	6
鉄砲伝来	→鉄砲伝来	109
田楽	→舞曲（中世史）	292
天下統一	→安土桃山時代	144
天下布武	→織田信長	146
天子摂関御影	→鎌倉時代絵巻物	264
伝承		
	→民話・民間伝承（古代・中世史）	8
	→民話・民間伝承（中世史）	216
天正遣欧使節	→天正遣欧使節	243
天章周文	→天章周文	273
天正日記	→戦国時代史料	142
天神信仰	→神道史（古代・中世史）	8
田租	→財政・税制史（中世史）	196

天台宗
　→仏教史(古代・中世史) ········· 9
　→天台宗 ········· 225
天皇
　→天皇制(古代・中世史) ········· 6
　→中世の天皇 ········· 48
　→天皇制(中世・近世史) ········· 448
天皇制
　→天皇制(古代・中世史) ········· 6
　→中世の天皇 ········· 48
　→天皇制(中世・近世史) ········· 448
天文学　→科学史(古代・中世史) ········· 10
典例　→儀礼(古代・中世史) ········· 7

【と】

銅　→製鉄・鍛冶(古代・中世史) ········· 6
洞院公定日記　→南北朝時代史料 ········· 85
東海地方
　→中部・東海地方(古代・中世史) ········· 29
　→中部・東海地方(中世史) ········· 407
　→中部・東海地方(中世・近世史) ········· 465
等顔　→雲谷等顔 ········· 275
東関紀行　→東関紀行 ········· 374
東京都
　→東京都(古代・中世史) ········· 26
　→東京都(中世史) ········· 399
　→東京都(中世・近世史) ········· 464
陶芸
　→陶芸(古代・中世史) ········· 12
　→陶芸(中世史) ········· 275
　→陶芸(中世・近世史) ········· 453
刀剣　→鎧・武具(中世史) ········· 211
道元
　→道元 ········· 236
　→作家論(中世史) ········· 378
東国支配　→鎌倉府・東国支配 ········· 91
東国守護　→守護大名 ········· 91
東寺
　→寺社建築(古代・中世史) ········· 13
　→寺院(中世史) ········· 228
陶磁器
　→陶芸(古代・中世史) ········· 12
　→陶芸(中世史) ········· 275
　→陶芸(中世・近世史) ········· 453
東寺百合文書　→東寺百合文書 ········· 46
道成寺縁起　→室町時代絵巻物 ········· 268
東征伝絵巻　→東征伝絵巻 ········· 266
刀装具　→金工(中世・近世史) ········· 454
当代記　→安土桃山時代史料 ········· 172
東大寺文書　→古代・中世史料・古文書 ········· 2
藤堂高虎　→戦国の群雄 ········· 110
道徳　→倫理・道徳(中世史) ········· 218
東常縁　→東常縁 ········· 382
塔碑　→金石文 ········· 3

東北地方
　→東北地方(古代・中世史) ········· 20
　→東北地方(中世史) ········· 385
　→東北地方(中世・近世史) ········· 462
道命阿闍梨　→家集(中世史) ········· 331
遠山景朝　→御家人 ········· 61
富樫氏　→石川県(中世史) ········· 406
栂牟礼城　→城郭建築(中世史) ········· 283
言緒卿記　→言緒卿記 ········· 72
言国卿記　→言国卿記 ········· 102
土岐氏　→岐阜県(古代・中世史) ········· 29
言継卿記　→言継卿記 ········· 143
言経卿記　→言経卿記 ········· 177
徳川家康　→徳川家康 ········· 166
徳川家臣団　→徳川家臣団 ········· 169
徳島県
　→徳島県(古代・中世史) ········· 35
　→徳島県(中世史) ········· 430
　→徳島県(中世・近世史) ········· 468
徳島城
　→城郭建築(中世・近世史) ········· 454
　→徳島県(中世・近世史) ········· 468
徳政令　→徳政令 ········· 196
常滑焼　→常滑焼 ········· 279
土佐光信　→土佐光信 ········· 273
十三湊　→青森県(中世史) ········· 386
都市
　→集落・都市(古代・中世史) ········· 7
　→集落・都市(中世史) ········· 212
　→都市(中世史) ········· 214
　→集落・都市(中世・近世史) ········· 449
智仁親王　→家集(中世史) ········· 331
豊島氏
　→中世史料・古文書(中世史) ········· 43
　→中世武家・武将 ········· 51
　→関東地方(中世史) ········· 390
　→東京都(中世史) ········· 399
富田城　→島根県(中世史) ········· 426
栃木県
　→栃木県(古代・中世史) ········· 23
　→栃木県(中世史) ········· 393
　→栃木県(中世・近世史) ········· 463
土地所有
　→土地制度(中世史) ········· 191
　→経済史(中世・近世史) ········· 446
土地制度
　→土地制度(中世史) ········· 191
　→経済史(中世・近世史) ········· 446
どちりいな・きりしたん　→キリシタン語 ········· 306
鳥取県
　→鳥取県(古代・中世史) ········· 34
　→鳥取県(中世史) ········· 426
　→鳥取県(中世・近世史) ········· 468
鳥取城
　→城郭建築(中世・近世史) ········· 454
　→鳥取県(中世・近世史) ········· 468
登米氏　→宮城県(中世史) ········· 387
伴野氏　→長野県(古代・中世史) ········· 29

日本中世史図書総覧 明治～平成　551

伴野庄　→長野県（古代・中世史） ……… 29	名和長年　→南朝 ……………………………… 78
富山県	南朝　→南朝 ………………………………… 78
→富山県（古代・中世史） ……………… 28	南島通交　→その他の諸国との外交 …… 191
→富山県（中世史） …………………… 405	南島文学　→地方文学（古代・中世史） … 16
→富山県（中世・近世史） …………… 465	南都寺院文書　→古文書学（中世史） …… 44
豊岡城　→兵庫県（中世史） ……………… 422	南都七大寺　→寺社建築（古代・中世史） … 13
豊臣政権の武将　→豊臣政権の武将 …… 162	南都六宗　→旧宗派（仏教・中世史） … 224
豊臣秀次　→豊臣政権の武将 …………… 162	南蛮外交　→対南蛮外交 ………………… 190
豊臣秀長　→豊臣政権の武将 …………… 162	南蛮人　→対南蛮外交 …………………… 190
豊臣秀吉　→豊臣秀吉 …………………… 155	南蛮船貿易　→貿易（中世史） ………… 200
豊臣秀頼　→豊臣秀吉 …………………… 155	南蛮美術　→南蛮美術（中世史） ……… 259
渡来銭　→貨幣・金融（中世史） ……… 196	南蛮文化　→南蛮文化 …………………… 257
とりかへばや　→中世王朝物語 ………… 341	南北朝遺文　→南北朝遺文 ………………… 86
度量衡　→製造業・工業技術（古代・中世史） … 6	南北朝時代　→南北朝時代 ………………… 73
とはずがたり　→とはずがたり ………… 375	南北朝時代史料　→南北朝時代史料 ……… 85
頓阿　→作家論（中世史） ……………… 378	南北朝時代の文学　→南北朝時代の文学 … 312

【な】

内藤氏　→京都府（中世史） ……………… 418
苗木城　→岐阜県（中世史） ……………… 411
直江兼続　→上杉氏 ……………………… 123
永井氏　→系譜・系図（中世史） ………… 48
永井隼人　→戦国の群雄 ………………… 110
長唄　→音楽史（古代・中世史） ………… 14
中浦ジュリアン	
→天正遣欧使節 ………………………… 243
→弾圧と殉教（中世・近世史） ……… 451
長尾氏　→関東地方（中世史） ………… 390
長崎県	
→長崎県（古代・中世史） ……………… 36
→長崎県（中世史） …………………… 436
→長崎県（中世・近世史） …………… 469
長篠城　→愛知県（中世史） ……………… 413
長篠の戦い　→長篠の戦い ……………… 153
中務内侍日記　→中務内侍日記 ………… 375
長野県	
→長野県（古代・中世史） ……………… 29
→長野県（中世史） …………………… 409
→長野県（中世・近世史） …………… 465
長野氏　→群馬県（中世史） ……………… 394
長浜城　→滋賀県（中世史） ……………… 415
中山王府　→沖縄県（中世・近世史） … 469
名古屋城　→城郭建築（中世・近世史） … 454
夏戸城　→新潟県 ………………………… 404
七尾城	
→城郭建築（中世史） ………………… 283
→石川県（中世史） …………………… 406
七支刀　→金石文 …………………………… 3
なよ竹物語絵巻　→なよ竹物語絵巻 …… 269
奈良絵本　→奈良絵本 …………………… 269
奈良県	
→奈良県（古代・中世史） ……………… 33
→奈良県（中世史） …………………… 424
名和氏　→南朝 ……………………………… 78

【に】

新潟県	
→新潟県（古代・中世史） ……………… 27
→新潟県（中世史） …………………… 404
→新潟県（中世・近世史） …………… 464
二階堂氏　→福島県（中世史） ………… 389
二十一代集　→勅撰和歌集 ……………… 316
二十六聖人　→弾圧と殉教（中世史） … 244
二条良基	
→北朝 …………………………………… 83
→連歌論 ………………………………… 338
→作家論（中世史） …………………… 378
二水記　→二水記 ………………………… 102
似絵	
→似絵（中世史） ……………………… 264
→鎌倉時代似絵 ………………………… 268
日欧交渉　→対南蛮外交 ………………… 190
日明貿易　→貿易（中世史） …………… 200
二中歴　→二中歴 …………………………… 47
日蓮　→日蓮 ……………………………… 237
日蓮宗	
→日蓮宗 ………………………………… 228
→仏教史（中世・近世史） …………… 450
日蓮聖人註画讃　→室町時代絵巻物 …… 268
日記	
→日記・紀行文（古代・中世史） ……… 20
→日記・紀行文（中世史） …………… 373
新田氏	
→新田義貞・新田氏 …………………… 82
→群馬県（中世史） …………………… 394
新田義貞　→新田義貞・新田氏 ………… 82
日中関係	
→外交史（古代・中世史） ……………… 5
→対中国外交 …………………………… 184
→外交史（中世・近世史） …………… 445
日朝関係	
→外交史（古代・中世史） ……………… 5

→対朝鮮外交	187
→外交史(中世・近世史)	445
日朝貿易　→貿易(中世史)	200
日本海　→水運・海運(中世史)	198
日本語	
→言語史(古代・中世史)	14
→言語史(中世史)	302
→鎌倉時代の日本語	303
→室町時代の日本語	305
→言語史(中世・近世史)	461
日本史　→ルイス・フロイス「日本史」	175
日本二十六聖人　→弾圧と殉教(中世史)	244
忍者	
→忍術(中世史)	302
→忍術(中世・近世史)	460
忍術	
→忍術(中世史)	302
→忍術(中世・近世史)	460
忍性　→僧侶(中世史)	232

【ぬ】

沼田水軍　→中世海賊・水軍	56

【ね】

根城	
→城郭建築(中世史)	283
→青森県(中世史)	386
ねね　→豊臣秀吉	155
年貢制　→財政・税制史(中世史)	196
年中行事	
→年中行事(古代・中世史)	7
→年中行事(中世史)	210

【の】

能衣装　→染織工芸(中世・近世史)	454
能恵法師絵詞　→室町時代絵巻物	268
能楽	
→芸能史(古代・中世史)	14
→能楽・謡曲(中世史)	293
農業史	
→農業史(古代・中世史)	6
→農業史(中世史)	197
農業水利　→農業史(中世史)	197
農民　→農業史(中世史)	197
農民一揆	
→一揆史(中世史)	206
→一揆史(中世・近世史)	448
野田城　→城郭建築(中世史)	283

後鑑　→後鑑	251

【は】

俳諧　→俳諧(中世・近世史)	462
梅花無尽蔵　→漢詩文(中世史)	376
墓　→葬儀(中世史)	210
萩城　→山口県(中世・近世史)	468
幕府	
→鎌倉幕府	59
→室町幕府・足利将軍	90
長谷雄草子　→長谷雄草子	265
長谷川等伯　→長谷川等伯	274
畠山氏	
→北朝	83
→守護大名	91
→石川県(中世史)	406
畠山重忠　→御家人	61
畠作　→農業史(古代・中世史)	6
波多野氏　→神奈川県(中世史)	400
八王子城	
→後北条氏	122
→城郭建築(中世史)	283
→東京都(中世史)	399
鉢形城	
→城郭建築(中世史)	283
→埼玉県(中世史)	395
鉢ケ峯　→新潟県(中世史)	404
蜂須賀氏　→中世武家・武将	51
八幡信仰　→神道史(古代・中世史)	8
はつしぐれ　→物語文学(中世史)	340
バテレン　→キリスト教史(中世史)	239
花園天皇　→花園天皇	50
花園天皇宸記　→花園天皇宸記	72
羽生城　→埼玉県(中世史)	395
馬場氏　→系譜・系図(中世史)	48
八幡船　→倭寇	57
浜田亀山城　→島根県(中世史)	426
浜松城　→静岡県(中世・近世史)	466
早歌　→歌謡(中世史)	339
原マルチノ　→天正遣欧使節	243
犯科帳　→法制史(中世史)	178
坂東　→関東地方(古代・中世史)	23
万里集九　→漢詩文(中世史)	376

【ひ】

東山文化　→東山文化	256
東山文化の美術　→東山文化の美術	259
彦根城	
→城郭建築(中世史)	283
→滋賀県(中世・近世史)	467
美術史	

ひせんやき　　　　　事項名索引

　　→美術史（古代・中世史） ……………… 10
　　→美術史（中世史） ……………………… 257
　　→鎌倉時代の美術 ………………………… 258
　　→室町時代の美術 ………………………… 258
　　→北山文化の美術 ………………………… 258
　　→東山文化の美術 ………………………… 259
　　→桃山時代の美術 ………………………… 259
　　→南蛮美術（中世史） …………………… 259
　　→宗教美術（中世史） …………………… 260
　　→仏教美術（中世史） …………………… 260
　　→美術史（中世・近世史） ……………… 452
備前焼　→備前焼 …………………………… 279
火縄銃　→鉄砲伝来 ………………………… 109
非人　→差別史（中世史） ………………… 211
日野富子
　　→室町幕府・足利将軍 ………………… 90
　　→応仁の乱 ……………………………… 92
碑文　→金石文 ……………………………… 3
姫路城
　　→姫路城 ………………………………… 289
　　→兵庫県（中世史） …………………… 422
　　→兵庫県（中世・近世史） …………… 467
百首歌　→私撰集 ………………………… 321
百姓　→農業史（中世史） ………………… 197
百姓一揆
　　→一揆史（中世史） …………………… 206
　　→一揆史（中世・近世史） …………… 448
百人一首　→小倉百人一首 ……………… 322
百錬抄　→史学史（中世史） …………… 246
百鬼夜行絵巻　→室町時代絵巻物 ……… 268
兵庫県
　　→兵庫県（古代・中世史） …………… 33
　　→兵庫県（中世史） …………………… 422
　　→兵庫県（中世・近世史） …………… 467
屏風絵
　　→障屏画（中世史） …………………… 264
　　→室町時代障屏画 ……………………… 270
　　→桃山時代障屏画 ……………………… 271
　　→障屏画（中世・近世史） …………… 453
評論　→随筆・評論（中世史） ………… 367
平井城　→群馬県（中世史） …………… 394
平泉　→岩手県（古代・中世史） ……… 21
平尾氏
　　→系譜・系図（中世史） ……………… 48
　　→戦国の群雄 …………………………… 110
平島公方　→徳島県（中世史） ………… 430
広島県
　　→広島県（古代・中世史） …………… 35
　　→広島県（中世史） …………………… 428
　　→広島県（中世・近世史） …………… 468
琵琶湖
　　→水運・海運（中世史） ……………… 198
　　→滋賀県（中世史） …………………… 415

【ふ】

風俗
　　→風俗・生活史（古代・中世史） …… 7
　　→風俗・生活史（中世史） …………… 208
　　→風俗・生活史（中世・近世史） …… 448
風俗画
　　→鎌倉時代絵画史 ……………………… 264
　　→室町時代絵画史 ……………………… 268
　　→桃山時代風俗画 ……………………… 272
風葉和歌集　→風葉和歌集 ……………… 331
深沢城　→静岡県（中世史） …………… 412
舞曲　→舞曲（中世史） ………………… 292
武具
　　→鎧・武具（古代・中世史） ………… 7
　　→鎧・武具（中世史） ………………… 211
福井県
　　→福井県（古代・中世史） …………… 28
　　→福井県（中世史） …………………… 407
　　→福井県（中世・近世史） …………… 465
福井城
　　→城郭建築（中世・近世史） ………… 454
　　→福井県（中世・近世史） …………… 465
福岡県
　　→福岡県（古代・中世史） …………… 36
　　→福岡県（中世史） …………………… 434
　　→福岡県（中世・近世史） …………… 469
福岡城
　　→城郭建築（中世史） ………………… 283
　　→福岡県（中世・近世史） …………… 469
福島県
　　→福島県（古代・中世史） …………… 22
　　→福島県（中世史） …………………… 389
　　→福島県（中世・近世史） …………… 463
服飾史
　　→服飾史（古代・中世史） …………… 7
　　→服飾史（中世史） …………………… 210
　　→服飾史（中世・近世史） …………… 448
服装　→服飾史（古代・中世史） ……… 7
福智院家文書　→中世史料・古文書（中世史） …… 43
福富草紙　→室町時代絵巻物 …………… 268
武家
　　→中世武家・武将 ……………………… 51
　　→戦国の群雄 …………………………… 110
武家儀礼　→儀礼（中世史） …………… 209
武家故実
　　→中世武家・武将 ……………………… 51
　　→儀礼（中世史） ……………………… 209
武家社会　→封建制度（中世史） ……… 203
武家年代記　→武家年代記 ……………… 47
武家法制
　　→法制史（中世史） …………………… 178
　　→戦国分国法 …………………………… 181
武功夜話　→武功夜話 …………………… 143
武士

554　日本中世史図書総覧　明治～平成

| 事項名索引 | | へ と ろ き へ |

左列		右列	
→中世武家・武将 …… 51		仏教美術　→仏教美術(中世史) …… 260	
→戦国の群雄 …… 110		仏教文学　→仏教文学(古代・中世史) …… 16	
藤河の記　→日記・紀行文(中世史) …… 373		仏具　→宗教美術(古代・中世史) …… 10	
武士団　→中世悪党・武士団 …… 54		仏師　→彫刻(中世史) …… 261	
武士道		仏像	
→倫理・道徳(中世史) …… 218		→彫刻(古代・中世史) …… 10	
→思想史(中世・近世史) …… 449		→彫刻(中世史) …… 261	
藤の衣物語　→物語文学(中世史) …… 340		仏塔　→寺社建築(古代・中世史) …… 13	
伏見城		武道	
→城郭建築(中世史) …… 283		→武道(中世史) …… 302	
→京都府(中世史) …… 418		→武道(中世・近世史) …… 460	
伏見天皇　→家集(中世史) …… 331		府内城　→大分県(中世・近世史) …… 469	
富士見道記　→日記・紀行文(中世史) …… 373		夫木和歌抄　→夫木和歌抄 …… 331	
伏見宮貞成親王　→作家論(中世史) …… 378		部落問題	
武将		→差別史(古代・中世史) …… 7	
→中世武家・武将 …… 51		→差別史(中世史) …… 211	
→戦国の群雄 …… 110		→差別史(中世・近世史) …… 448	
藤原氏		フランシスコ会　→キリスト教史(中世史) …… 239	
→系譜・系図(古代・中世史) …… 4		フランシスコ・ザビエル　→ザビエル・イエズス会 …… 241	
→岩手県(古代・中世史) …… 21		古田織部　→茶道(中世史) …… 297	
藤原顕氏　→作家論(中世史) …… 378		古田氏　→系譜・系図(中世史) …… 48	
藤原家隆		フロイス　→ルイス・フロイス「日本史」 …… 175	
→家集(中世史) …… 331		文学史	
→藤原家隆 …… 382		→文学史(古代・中世史) …… 14	
藤原隆信　→家集(中世史) …… 331		→文学史(中世史) …… 307	
藤原為家　→家集(中世史) …… 331		→鎌倉時代の文学 …… 312	
藤原定家		→南北朝時代の文学 …… 312	
→家集(中世史) …… 331		→室町時代・安土桃山時代の文学 …… 312	
→藤原定家 …… 382		→文学史(中世・近世史) …… 461	
藤原俊成女		文化史	
→家集(中世史) …… 331		→文化史(古代・中世史) …… 10	
→藤原俊成女 …… 383		→文化史(中世史) …… 255	
藤原光俊　→作家論(中世史) …… 378		→鎌倉文化 …… 255	
藤原良経　→作家論(中世史) …… 378		→室町文化 …… 256	
婦人		→東山文化 …… 256	
→女性史(古代・中世史) …… 6		→安土桃山文化 …… 257	
→女性史(中世史) …… 204		→南蛮文化 …… 257	
→女性史(中世・近世史) …… 448		→文化史(中世・近世史) …… 452	
扶桑略記　→史学史(中世史) …… 246		文禄・慶長の役　→文禄・慶長の役 …… 188	
仏画			
→仏教画(古代・中世史) …… 11			
→仏教画(中世史) …… 263		【へ】	
→鎌倉時代仏教画 …… 264			
仏教		平家物語　→平家物語 …… 354	
→鎌倉時代の仏教 …… 223		平家物語絵巻　→平家物語絵巻 …… 265	
→室町時代の仏教 …… 224		米作　→農業史(中世史) …… 197	
→各宗派(中世史) …… 224		平氏	
仏教画		→系譜・系図(古代・中世史) …… 4	
→仏教画(古代・中世史) …… 11		→中世武家・武将 …… 51	
→仏教画(中世史) …… 263		平治物語　→平治物語 …… 353	
→鎌倉時代仏教画 …… 264		平治物語絵巻　→平治物語絵巻 …… 265	
仏教考古学　→仏教史(古代・中世史) …… 9		兵法史　→兵法史(中世史) …… 253	
仏教史		碧山日録　→室町時代史料 …… 93	
→仏教史(古代・中世史) …… 9		戸次川合戦　→戸次川合戦 …… 132	
→仏教史(中世史) …… 221		別所氏　→中世武家・武将 …… 51	
→仏教史(中世・近世史) …… 450		ペトロ岐部カスイ　→弾圧と殉教(中世・近世史) …… 451	
仏教説話　→説話絵(古代・中世史) …… 12			
仏教説話文学　→仏教説話文学(古代・中世史) …… 20			

日本中世史図書総覧　明治〜平成　555

弁内侍日記
　　→日記・紀行文（中世史） ……………… 373
　　→弁内侍日記 ……………………………… 374

【ほ】

貿易　→貿易（中世史） ………………………… 200
邦楽
　　→音楽史（古代・中世史） ………………… 14
　　→音楽史（中世史） ………………………… 297
封建社会　→封建制度（中世史） ……………… 203
封建制度　→封建制度（中世史） ……………… 203
保元物語　→保元物語 …………………………… 353
放光頌古　→漢詩文（中世史） ………………… 376
砲術　→鉄砲伝来 ………………………………… 109
北条氏邦　→後北条氏 …………………………… 122
北条氏綱　→後北条氏 …………………………… 122
北条氏照　→後北条氏 …………………………… 122
北条氏康　→後北条氏 …………………………… 122
方丈記　→方丈記 ………………………………… 367
北条貞顕　→北条氏 ……………………………… 63
北条氏（小田原）
　　→鎌倉府・東国支配 ………………………… 91
　　→後北条氏 …………………………………… 122
　　→関東地方（中世史） ……………………… 390
　　→神奈川県（中世史） ……………………… 400
北条氏（鎌倉）
　　→系譜・系図（中世史） …………………… 48
　　→北条氏 ……………………………………… 63
北条早雲　→後北条氏 …………………………… 122
北条高時　→北条氏 ……………………………… 63
北条時宗
　　→北条氏 ……………………………………… 63
　　→元寇 ………………………………………… 185
北条時頼　→北条氏 ……………………………… 63
北条政子　→北条氏 ……………………………… 63
法制史　→法制史（中世史） …………………… 178
法然　→法然 ……………………………………… 232
法然上人絵伝　→法然上人絵伝 ………………… 266
法隆寺領鵤庄　→兵庫県（古代・中世史） …… 33
慕帰絵詞　→慕帰絵詞 …………………………… 269
北越地方
　　→北越地方（古代・中世史） ……………… 27
　　→北越地方（中世史） ……………………… 403
　　→北越地方（中世・近世史） ……………… 464
北朝　→北朝 ……………………………………… 83
墓葬　→葬儀（中世史） ………………………… 210
細川勝元　→応仁の乱 …………………………… 92
細川勝元記　→室町時代史料 …………………… 93
細川ガラシャ　→細川氏 ………………………… 135
細川三斎　→茶道（中世史） …………………… 297
細川氏
　　→中世武家・武将 …………………………… 51
　　→細川氏 ……………………………………… 135
細川忠興　→細川氏 ……………………………… 135

細川幽斎
　　→細川氏 ……………………………………… 135
　　→茶道（中世史） …………………………… 297
細川頼之　→北朝 ………………………………… 83
細越城　→新潟県（中世史） …………………… 404
北海道
　　→北海道（古代・中世史） ………………… 20
　　→北海道（中世史） ………………………… 385
　　→北海道（中世・近世史） ………………… 462
法華信仰　→仏教史（中世・近世史） ………… 450
発心集　→発心集 ………………………………… 350
法相宗　→旧宗派（仏教・中世史） …………… 224
墓碑　→葬儀（中世史） ………………………… 210
堀川中納言物語　→中世王朝物語 ……………… 341
本願寺
　　→浄土真宗 …………………………………… 225
　　→本願寺 ……………………………………… 231
　　→寺院（中世・近世史） …………………… 450
本地垂迹　→仏教史（古代・中世史） ………… 9
梵鐘　→金石文 …………………………………… 3
本多作左衛門　→徳川家臣団 …………………… 169
本多重次　→徳川家臣団 ………………………… 169
本田親恒　→御家人 ……………………………… 61
本能寺史料　→中世史料・古文書（中世史） … 43
本能寺の変　→明智光秀・本能寺の変 ………… 154

【ま】

埋蔵金伝説　→埋蔵金伝説（中世史） ………… 216
前田慶次　→戦国の群雄 ………………………… 110
前田利家　→前田利家 …………………………… 164
前野家文書　→武功夜話 ………………………… 143
磨崖仏　→彫刻（古代・中世史） ……………… 10
真壁氏
　　→中世武家・武将 …………………………… 51
　　→茨城県（中世史） ………………………… 391
枕草子絵巻　→鎌倉時代絵巻物 ………………… 264
将門塚　→東京都（古代・中世史） …………… 26
まじない　→祭礼・民間信仰（中世史） ……… 210
増鏡　→増鏡 ……………………………………… 351
町衆　→町衆（中世史） ………………………… 216
町屋　→民家（中世史） ………………………… 291
松井水軍　→中世海賊・水軍 …………………… 56
松陰中納言物語　→中世王朝物語 ……………… 341
松崎天神縁起　→室町時代絵巻物 ……………… 268
松永久秀　→戦国の群雄 ………………………… 110
松本城
　　→長野県（中世史） ………………………… 409
　　→城郭建築（中世・近世史） ……………… 454
　　→長野県（中世・近世史） ………………… 465
松山城　→埼玉県（中世史） …………………… 395
松浦党
　　→中世悪党・武士団 ………………………… 54
　　→中世海賊・水軍 …………………………… 56
　　→元寇 ………………………………………… 185

→長崎県（中世史） ················· 436
松浦宮物語　→松浦宮物語 ··············· 342

【み】

三浦按針　→外交史（中世・近世史） ········ 445
三浦氏
　　　→系譜・系図（中世史） ············· 48
　　　→中世悪党・武士団 ················ 54
　　　→御家人 ························ 61
　　　→神奈川県（中世史） ············· 400
三浦党
　　　→中世悪党・武士団 ················ 54
　　　→御家人 ························ 61
三浦義村　→御家人 ······················ 61
三重県
　　　→三重県（古代・中世史） ··········· 31
　　　→三重県（中世史） ··············· 414
　　　→三重県（中世・近世史） ·········· 467
三方ケ原の戦い　→三方ケ原の戦い ········ 132
三河武士　→徳川家臣団 ················· 169
水鏡　→水鏡 ·························· 351
水野勝成　→徳川家臣団 ················· 169
御嶽城　→埼玉県（中世史） ·············· 395
三田城　→兵庫県（中世史） ·············· 422
道
　　　→道（中世史） ·················· 198
　　　→道（中世・近世史） ············· 447
三木氏　→兵庫県（中世史） ·············· 422
水無瀬神宮　→神社（中世史） ············ 220
湊氏　→秋田県（古代・中世史） ··········· 21
源家長日記　→日記・紀行文（中世史） ···· 373
源実朝
　　　→源実朝 ························ 61
　　　→家集（中世史） ················ 331
　　　→源実朝 ······················· 384
源通親　→中世公家 ····················· 51
源義経　→岩手県（古代・中世史） ········· 21
源頼朝　→源頼朝 ······················· 60
美濃攻略　→美濃攻略 ··················· 153
美濃焼　→美濃焼 ······················ 280
箕輪城　→群馬県（中世史） ·············· 394
壬生城　→栃木県（中世・近世史） ········ 463
身分制度　→社会史（中世・近世史） ······ 447
三村氏　→御家人 ······················· 61
宮城県
　　　→宮城県（古代・中世史） ··········· 21
　　　→宮城県（中世史） ··············· 387
　　　→宮城県（中世・近世史） ·········· 462
宮崎県
　　　→宮崎県（古代・中世史） ··········· 37
　　　→宮崎県（中世史） ··············· 441
　　　→宮崎県（中世・近世史） ·········· 469
宮園城　→福岡県（古代・中世史） ········· 36
明恵

　　　→家集（中世史） ················ 331
　　　→作家論（中世史） ··············· 378
三好氏　→戦国の群雄 ··················· 110
明　→対中国外交 ······················ 184
民家　→民家（中世史） ················· 291
民間信仰
　　　→祭礼・民間信仰（古代・中世史） ···· 7
　　　→祭礼・民間信仰（中世史） ········ 210
民間伝承
　　　→民話・民間伝承（古代・中世史） ···· 8
　　　→民話・民間伝承（中世史） ········ 216
民経記　→民経記 ······················· 71
民衆生活　→風俗・生活史（中世史） ······ 208
明兆　→吉山明兆 ······················ 272
民話
　　　→民話・民間伝承（古代・中世史） ···· 8
　　　→民話・民間伝承（中世史） ········ 216

【む】

むぐら　→中世王朝物語 ················· 341
無言抄　→連歌論 ······················ 338
武蔵七党　→中世悪党・武士団 ············ 54
武蔵武士団　→中世悪党・武士団 ·········· 54
武蔵坊弁慶　→岩手県（古代・中世史） ····· 21
夢窓疎石　→庭園（中世史） ············· 291
武藤氏　→中世武家・武将 ················ 51
宗像氏　→福岡県（古代・中世史） ········· 36
宗良親王
　　　→南朝 ·························· 78
　　　→家集（中世史） ················ 331
　　　→宗良親王 ····················· 384
無名抄　→無名抄 ······················ 316
無名草子　→無名草子 ··················· 367
村
　　　→集落・都市（古代・中世史） ······· 7
　　　→村落（中世史） ················ 212
　　　→集落・都市（中世・近世史） ····· 449
村上氏
　　　→中世海賊・水軍 ················ 56
　　　→戦国の群雄 ··················· 110
　　　→長野県（中世史） ··············· 409
　　　→山陽地方（中世史） ············· 427
　　　→四国地方（中世史） ············· 430
村上水軍　→中世海賊・水軍 ·············· 56
村上義清　→戦国の群雄 ················· 110
紫式部日記絵詞　→紫式部日記絵詞 ········ 265
室町時代　→室町時代 ··················· 88
室町時代絵巻物　→室町時代絵巻物 ········ 268
室町時代絵画史　→室町時代絵画史 ········ 268
室町時代障屏画　→室町時代障屏画 ········ 270
室町時代史料　→室町時代史料 ············ 93
室町時代水墨画　→室町時代水墨画 ········ 270
室町時代の日本語　→室町時代の日本語 ···· 305
室町時代の美術　→室町時代の美術 ········ 258

むろまちし　　　　　　　　事項名索引

室町時代の仏教　→室町時代の仏教 ……………… 224
室町殿日記　→室町時代史料 …………………… 93
室町殿物語　→室町時代史料 …………………… 93
室町幕府　→室町幕府・足利将軍 ……………… 90
室町幕府の法　→室町幕府の法 ………………… 181
室町文化　→室町文化 …………………………… 256

【め】

明月記　→明月記 ………………………………… 70
名僧　→僧侶（中世史） ………………………… 232
明徳記　→明徳記 ………………………………… 367
冥明抄　→室町時代史料 ………………………… 93

【も】

蒙古襲来　→元寇 ………………………………… 185
蒙古襲来絵詞　→蒙古襲来絵詞 ………………… 267
毛利氏
　→中世海賊・水軍 ……………………………… 56
　→毛利氏 ………………………………………… 136
　→中国地方（中世史） ………………………… 425
　→広島県（中世史） …………………………… 428
　→山口県（中世史） …………………………… 429
毛利水軍
　→中世海賊・水軍 ……………………………… 56
　→毛利氏 ………………………………………… 136
毛利隆元　→毛利氏 ……………………………… 136
毛利輝元　→毛利氏 ……………………………… 136
毛利元就　→毛利氏 ……………………………… 136
最上氏
　→最上氏 ………………………………………… 121
　→山形県（中世史） …………………………… 388
最上義光　→最上氏 ……………………………… 121
文字　→言語史（古代・中世史） ……………… 14
藻塩草　→連歌論 ………………………………… 338
元長卿記　→室町時代史料 ……………………… 93
物語文学
　→物語文学（古代・中世史） ………………… 18
　→物語文学（中世史） ………………………… 340
桃山時代絵画史　→桃山時代絵画史 …………… 271
桃山時代障屏画　→桃山時代障屏画 …………… 271
桃山時代の美術　→桃山時代の美術 …………… 259
桃山時代風俗画　→桃山時代風俗画 …………… 272
盛岡城　→岩手県（中世・近世史） …………… 462
森氏　→中世悪党・武士団 ……………………… 54
護良親王　→護良親王 …………………………… 81
森蘭丸　→織田家の武将 ………………………… 152
師郷記
　→室町時代史料 ………………………………… 93
　→師郷記 ………………………………………… 100
毛呂氏　→埼玉県（中世史） …………………… 395
師守記　→南北朝時代史料 ……………………… 85

モンスーン文書　→対南蛮外交 ………………… 190

【や】

やへむぐら　→中世王朝物語 …………………… 341
八尾城　→大阪府（中世史） …………………… 420
館　→城郭建築（古代・中世史） ……………… 14
八上城　→城郭建築（中世史） ………………… 283
八木城　→兵庫県（中世史） …………………… 422
冶金
　→製鉄・鍛冶（古代・中世史） ……………… 6
　→製鉄・鍛冶（中世・近世史） ……………… 447
八雲御抄　→歌学・歌論書（中世史） ………… 315
やぐら　→神奈川県（中世史） ………………… 400
八坂神社記録　→八坂神社記録 ………………… 101
八坂神社文書　→中世史料・古文書（中世史） … 43
ヤジロー　→ザビエル・イエズス会 …………… 241
耶蘇会　→ザビエル・イエズス会 ……………… 241
簗田氏　→千葉県（中世史） …………………… 397
山内一豊　→山内一豊 …………………………… 165
山形県
　→山形県（古代・中世史） …………………… 22
　→山形県（中世史） …………………………… 388
　→山形県（中世・近世史） …………………… 463
山川氏　→中世武家・武将 ……………………… 51
山口県
　→山口県（古代・中世史） …………………… 35
　→山口県（中世史） …………………………… 429
　→山口県（中世・近世史） …………………… 468
山崎城　→城郭建築（中世史） ………………… 283
山崎宗鑑　→作家論 ……………………………… 378
山路の露　→中世王朝物語 ……………………… 341
山城国一揆　→一揆史（中世史） ……………… 206
山田長政　→その他の諸国との外交 …………… 191
大和絵　→大和絵（古代・中世史） …………… 11
大和高取城　→奈良県（中世史） ……………… 424
山梨県
　→山梨県（古代・中世史） …………………… 29
　→山梨県（中世史） …………………………… 408
　→山梨県（中世・近世史） …………………… 465
山名宗全　→応仁の乱 …………………………… 92
山上宗二　→山上宗二 …………………………… 301
山本勘助
　→武田氏 ………………………………………… 125
　→軍師 …………………………………………… 253

【ゆ】

遊戯　→遊戯（中世史） ………………………… 216
結城合戦　→結城合戦 …………………………… 92
結城家文書　→中世史料・古文書（中世史） … 43
結城氏　→戦国の群雄 …………………………… 110
遊女

558　日本中世史図書総覧　明治〜平成

→女性史（中世史）		204
→性風俗（中世史）		216
融通念仏縁起　→室町時代絵巻物		268
有職故実		
→儀礼（古代・中世史）		7
→儀礼（中世史）		209
遊佐氏　→中世武家・武将		51
湯築城　→城郭建築（中世史）		283
由良氏　→戦国の群雄		110

【よ】

洋楽		
→キリスト教史（中世史）		239
→音楽史（中世史）		297
謡曲　→能楽・謡曲（中世史）		293
葉黄記　→鎌倉時代史料		65
横瀬氏　→戦国の群雄		110
横山党　→中世悪党・武士団		54
吉川興経　→戦国の群雄		110
吉田兼好　→吉田兼好		384
吉田城		
→城郭建築（中世史）		283
→愛知県（中世・近世史）		466
吉野朝　→南朝		78
淀殿　→豊臣秀吉		155
鎧		
→鎧・武具（古代・中世史）		7
→鎧・武具（中世史）		211
ヨーロッパ文化　→南蛮文化		257

【ら】

楽市楽座　→商業史（中世史）		199
洛中洛外図　→桃山時代障屏画		271

【り】

李花集　→家集（中世史）		331
利久七哲　→茶道（中世史）		297
李舜臣　→文禄・慶長の役		188
琉歌　→琉球音楽		14
琉球　→沖縄県（古代・中世史）		37
琉球王国		
→沖縄県（中世史）		441
→沖縄県（中世・近世史）		469
琉球音楽　→琉球音楽		14
琉球文学　→地方文学（古代・中世史）		16
龍造寺氏　→龍造寺氏		139
龍造寺隆信　→龍造寺氏		139
竜安寺　→寺社建築（中世史）		282

領主制　→土地制度（中世史）		191
臨済宗　→禅宗		227
倫理　→倫理・道徳（中世史）		218

【る】

ルイス・フロイス　→ルイス・フロイス「日本史」		175
呂宋助左衛門　→商業史（中世史）		199

【れ】

冷泉家古文書　→中世史料・古文書（中世史）		43
冷泉為広　→家集（中世史）		331
暦学　→暦学（中世史）		252
歴史地理		
→歴史地理（古代・中世史）		8
→歴史地理（中世史）		216
→歴史地理（中世・近世史）		449
歴史物語　→歴史物語		351
歴代古案　→歴代古案		143
歴代残闕日記　→歴代残闕日記		46
歴代宝案		
→外交史（中世・近世史）		445
→沖縄県（中世・近世史）		469
歴名土代　→中世官制		180
連歌　→連歌（中世史）		335
連歌師　→作家論（中世史）		378
連歌論　→連歌論		338
蓮如　→蓮如		239
蓮瑜　→家集（中世史）		331

【ろ】

鹿苑寺　→金閣		283
鹿苑日録　→鹿苑日録		102
六郷殿　→東京都（中世史）		399
六代勝事記　→六代勝事記		352
六道絵　→仏教画（古代・中世史）		11
六波羅探題　→鎌倉幕府		59
六角氏　→六角氏		135

【わ】

和歌		
→和歌（古代・中世史）		16
→和歌（中世史）		313
→和歌（中世・近世史）		461
若狭湾　→水運・海運（中世史）		198

和賀氏
　→岩手県(古代・中世史) ……………………… 21
　→宮城県(中世史) …………………………… 387
　→岩手県(中世・近世史) …………………… 462
我身にたどる姫君　→我身にたどる姫君 ……… 343
和歌山県
　→和歌山県(古代・中世史) ………………… 33
　→和歌山県(中世史) ………………………… 424
　→和歌山県(中世・近世史) ………………… 467
倭寇　→倭寇 …………………………………… 57
和讃　→歌謡(中世史) ………………………… 339
和紙　→製造業・工業技術(古代・中世史) ……… 6
倭城　→城郭建築(中世史) …………………… 283
和暦　→科学史(古代・中世史) ……………… 10

日本中世史図書総覧 明治〜平成

2008年11月25日 第1刷発行

発 行 者／大高利夫
編集・発行／日外アソシエーツ株式会社
　　　　　　〒143-8550 東京都大田区大森北1-23-8　第3下川ビル
　　　　　　電話(03)3763-5241(代表)　FAX(03)3764-0845
　　　　　　URL http://www.nichigai.co.jp/
発 売 元／株式会社紀伊國屋書店
　　　　　　〒163-8636 東京都新宿区新宿3-17-7
　　　　　　電話(03)3354-0131(代表)
　　　　　　ホールセール部(営業)　電話(03)6910-0519

　　　　　　電算漢字処理／日外アソシエーツ株式会社
　　　　　　印刷・製本／株式会社平河工業社

不許複製・禁無断転載　　《中性紙北越クリームハクゾウⓐ使用》
〈落丁・乱丁本はお取り替えいたします〉
ISBN978-4-8169-2144-5　　Printed in Japan,2008

> 本書はディジタルデータでご利用いただくことができます。詳細はお問い合わせください。

日本古代史図書総覧　明治～平成

B5・780頁　定価29,400円（本体28,000円）　2008.6刊

1868年～2007年に刊行された日本の古代に関する図書26,852点を収録した図書目録。鎌倉幕府開府までの古代関連の図書を法制史・外交史・美術史・文学史等の主題ごとに分類。140年間の稀覯本から最新の学説書までを包括的に調査できる。

歴史学紀要論文総覧

B5・1,140頁　定価68,000円（本体64,762円）　2007.9刊

歴史学関連（考古学を含む）の大学紀要に収載された論文を総覧できる内容細目集。古くは1920年代の創刊号から2006年までに刊行された大学紀要209誌・4,411冊より、26,130点の論文を収録。

新訂増補 海を越えた日本人名事典

富田仁 編　A5・940頁　定価15,750円（本体15,000円）　2005.7刊

安土桃山時代から明治20年代までに、日本から西洋に渡り、交流のさきがけとなった日本人の事典。使節団、留学生、商人、技術者、旅芸人、漂流者など2,102人を収録。渡航の動機や帰国後の活動などを含む詳しい経歴と参考文献を掲載。

全国地方史誌総目録

北海道・東北・関東・北陸・甲信越
A5・610頁　定価19,600円（本体18,667円）　2007.6刊

東海・近畿・中国・四国・九州・沖縄
A5・630頁　定価19,600円（本体18,667円）　2007.7刊

明治時代～現代までに刊行された、全国の各自治体が編纂・発行した地方史誌延べ2万冊を都道府県・市区町村ごとに一覧できる目録。各史誌には書誌事項のほか、原本調査により、それぞれの収録内容・範囲を記載。〈明治大学図書館 協力〉

CD- 県史誌

1 関東―近世（通史／資料）編　　　　法人版価格56,700円（本体54,000円）　2006.10発売
2 関東―近現代（通史／資料）編　　　法人版価格56,700円（本体54,000円）　2006.12発売
3 近畿・東海―近世（通史／資料）編　法人版価格49,350円（本体47,000円）　2007.9発売
4 近畿・東海―近現代（通史／資料）編　法人版価格49,350円（本体47,000円）　2008.3発売

郷土史、地方史、地域研究の典拠となる「都道府県史誌」の内容細目集。各県史誌の詳細な目次と、本文中の資料名、写真や図版の典拠などを索引化。知りたい内容がどの県史のどこに書かれているかを簡単に検索。Windows対応検索ソフト組込。

データベースカンパニー
日外アソシエーツ

〒143-8550　東京都大田区大森北1-23-8
TEL.(03)3763-5241　FAX.(03)3764-0845　http://www.nichigai.co.jp/